Imprimerie MIGNE, au Petit-Montrouge.

DICTIONNAIRE UNIVERSEL,

HISTORIQUE ET COMPARATIF,

DE TOUTES LES

RELIGIONS DE LA TERRE.

AVIS DE L'EDITEUR.

Les lecteurs assidus de nos importantes publications ont déjà pu remarquer souvent que les Dictionnaires qui constituent notre Encyclopédie théologique se complètent l'un par l'autre, en sorte qu'on ne peut guère consulter un de ces Dictionnaires sans se trouver dans la nécessité de recourir à tous les autres. Dans le premier volume du *Dictionnaire des Religions*, à mesure que les articles qui le composent passaient sous nos yeux, nous avons souvent renvoyé à d'autres articles déjà traités dans les diverses parties de l'Encyclopédie. Nous comptons sur la bienveillante attention de nos lecteurs pour nous épargner désormais ce travail : leur intelligence suppléera facilement aux nombreux renvois que nous serions obligés de faire. Nous nous contenterons de leur rappeler ici que, chacun de nos Dictionnaires ayant un auteur particulier, soit laïque, soit ecclésiastique, rien ne peut être plus curieux et en même temps plus profitable que de voir comment plusieurs plumes différentes se sont exercées sur les mêmes matières, surtout si l'on considère que nous nous sommes fait un devoir de ne confier l'exécution de notre Encyclopédie qu'à des sommités de la science sacrée et profane.

D

[Cherchez sous la lettre Y, les mots que l'on ne trouve pas ici par *Dj*. Cherchez sous *Dh*, les mots que l'on ne trouve pas ici sous D simple. Cherchez sous la lettre Z, les mots que l'on ne trouve pas ici par *Dh*.]

DABAIBA, idole adorée autrefois par les habitants des bords du Rio Grande, province de Guatémala. Cette *Dabaïba* avait été une femme très-vertueuse et si estimée, qu'elle fut, après sa mort, mise au rang des divinités. Les indigènes la regardaient comme la mère de leur grand dieu, créateur du ciel et de la terre ; ils prétendaient que les éclairs et le tonnerre étaient les effets de son courroux. On honorait Dabaïba par des jeûnes de trois ou quatre jours, et par d'autres austérités ; on se rendait en pèlerinage au lieu où était sa statue, et on brûlait des esclaves en sacrifice à son honneur.

DABBAT, nom que les Musulmans donnent à la bête de l'Apocalypse, laquelle doit paraître avant le jugement dernier avec Dedjal, l'antechrist. Un autre animal, nommé *Dabbat-el-Arz*, apparaîtra également portant dans sa main la verge de Moïse et le sceau de Salomon ; il touchera les élus avec cette verge, et tracera sur leur visage en caractères visibles le mot de *moumen*, croyant, fidèle, et appliquera l'empreinte du sceau sur le front des réprouvés, en y traçant le mot *kafer*, infidèle.

DABIS. Sur le chemin d'Osakka à Sorungo, on trouve une statue colossale de cuivre, qui représente une certaine divinité, nommée *Dabis* par quelques voyageurs. Tous les mois, on lui présente une fille vierge, qui fait au dieu une série de questions qu'on lui a apprises. Un bonze caché dans l'intérieur du simulacre satisfait à toutes les demandes. Inutile de dire que la jeune fille s'en retourne avec l'honneur d'être devenue l'épouse de Dabis.

DACHAHARA ou **DACHRA**, nom que les Indiens donnent en général aux fêtes qui tombent le dixième jour du mois. Il y en a une le 10 de la quinzaine lumineuse de Djeth (juin), en l'honneur de la déesse *Ganga* (le Gange), qui ce jour-là sortit des monts Himalaya, et coula manifestement sur la terre. Les Hindous célèbrent cette fête en faisant des actes méritoires ; ils se baignent dans le Gange et offrent le *poudja* à cette déesse, pratique qui vaut le pardon de dix sortes de fautes.

Le 10 de la quinzaine lumineuse de Kouar (octobre), ils font le poudja ou adoration de la plante nommée *sami* (*Mimosa albida*), de l'éléphant et du cheval. Les brahmanes lancent des ‘ets de maïs ou d'orge, en accom-

DICTIONN. DES RELIGIONS. II.

ENCYCLOPÉDIE THÉOLOGIQUE,

OU

SÉRIE DE DICTIONNAIRES SUR TOUTES LES PARTIES DE LA SCIENCE RELIGIEUSE,

OFFRANT EN FRANÇAIS, ET PAR ORDRE ALPHABÉTIQUE,

LA PLUS CLAIRE, LA PLUS FACILE, LA PLUS COMMODE, LA PLUS VARIÉE
ET LA PLUS COMPLÈTE DES THÉOLOGIES.

CES DICTIONNAIRES SONT CEUX

D'ÉCRITURE SAINTE, — DE PHILOLOGIE SACRÉE, — DE LITURGIE, — DE DROIT CANON, —
DES HÉRÉSIES, DES SCHISMES, DES LIVRES JANSÉNISTES, DES PROPOSITIONS ET DES LIVRES CONDAMNÉS,
— DES CONCILES, — DES CÉRÉMONIES ET DES RITES, —
DE CAS DE CONSCIENCE, — DES ORDRES RELIGIEUX (HOMMES ET FEMMES), — DES DIVERSES RELIGIONS, —
DE GÉOGRAPHIE SACRÉE ET ECCLÉSIASTIQUE; — DE THÉOLOGIE MORALE, ASCÉTIQUE ET MYSTIQUE;
— DE THÉOLOGIE DOGMATIQUE, CANONIQUE, LITURGIQUE, DISCIPLINAIRE ET POLÉMIQUE;
— DE JURISPRUDENCE CIVILE-ECCLÉSIASTIQUE,
— DES PASSIONS, DES VERTUS ET DES VICES; — D'HAGIOGRAPHIE, — DES PÈLERINAGES RELIGIEUX, —
D'ASTRONOMIE, DE PHYSIQUE ET DE MÉTÉOROLOGIE RELIGIEUSES, —
D'ICONOGRAPHIE CHRÉTIENNE, — DE CHIMIE ET DE MINÉRALOGIE RELIGIEUSES, — DE DIPLOMATIQUE CHRÉTIENNE;—
DES SCIENCES OCCULTES, — DE GÉOLOGIE ET DE CHRONOLOGIE CHRÉTIENNES.

PUBLIÉE

PAR M. L'ABBÉ MIGNE,

ÉDITEUR DE LA BIBLIOTHÈQUE UNIVERSELLE DU CLERGÉ,

OU

DES COURS COMPLETS SUR CHAQUE BRANCHE DE LA SCIENCE ECCLÉSIASTIQUE.

PRIX : 6 FR. LE VOL. POUR LE SOUSCRIPTEUR A LA COLLECTION ENTIÈRE, 7 FR.; 8 FR., ET MÊME 10 FR. POUR LE
SOUSCRIPTEUR A TEL OU TEL DICTIONNAIRE PARTICULIER.

52 VOLUMES, PRIX : 312 FRANCS.

TOME VINGT-CINQUIÈME.

DICTIONNAIRE DES RELIGIONS.

TOME DEUXIÈME.

D-I

4 VOL. PRIX : 32 FRANCS.

S'IMPRIME ET SE VEND CHEZ J.-P. MIGNE, ÉDITEUR,
AUX ATELIERS CATHOLIQUES, RUE D'AMBOISE, AU PETIT-MONTROUGE;
BARRIÈRE D'ENFER DE PARIS.

1849

DICTIONNAIRE

UNIVERSEL, HISTORIQUE ET COMPARATIF,

DE TOUTES

LES RELIGIONS

DU MONDE,

COMPRENANT

LE JUDAISME, LE CHRISTIANISME, LE PAGANISME, LE SABÉISME, LE MAGISME,
LE DRUIDISME, LE BRAHMANISME, LE BOUDDHISME, LE CHAMANISME,
L'ISLAMISME, LE FÉTICHISME, ETC., AVEC TOUTES LEURS BRANCHES ;

LES HÉRÉSIES ET LES SCHISMES QUI SE SONT INTRODUITS DANS L'ÉGLISE CHRÉTIENNE ;

LES SECTES QUI SE SONT ÉLEVÉES DANS LES AUTRES RELIGIONS ;

LES ORDRES RELIGIEUX TANT DES CHRÉTIENS QUE DES PEUPLES INFIDÈLES ;

LES RITES, USAGES, CÉRÉMONIES RELIGIEUSES, FÊTES, DOGMES, MYSTÈRES, SYMBOLES, SACRIFICES, PRATIQUES
SUPERSTITIEUSES, EN USAGE DANS TOUS LES SYSTÈMES DE RELIGION, ETC., ETC. ;

RÉDIGÉ

PAR M. L'ABBÉ BERTRAND,

DE LA SOCIÉTÉ ASIATIQUE DE PARIS;

PUBLIÉ

PAR M. L'ABBÉ MIGNE,

ÉDITEUR DE LA BIBLIOTHÈQUE UNIVERSELLE DU CLERGÉ,

OU

DES COURS COMPLETS SUR CHAQUE BRANCHE DE LA SCIENCE ECCLÉSIASTIQUE.

TOME DEUXIÈME.

4 VOL. PRIX : 32 FRANCS.

S'IMPRIME ET SE VEND CHEZ J.-P. MIGNE, EDITEUR,
AUX ATELIERS CATHOLIQUES, RUE D'AMBOISE, AU PETIT-MONTROUGE,
BARRIÈRE D'ENFER DE PARIS.

1849

pagnant de bénédictions cette distribution singulière, et ils acceptent ce qu'on leur offre en retour. Cette fête paraît avoir pour but de célébrer la victoire que Vichnou, incarné en Rama, remporta sur le géant Râvana, roi de Ceylan. Mais ce qui peut paraître singulier, c'est que l'idole à laquelle ils ont rendu un culte dans la journée, à laquelle ils ont offert des sacrifices et immolé des victimes, est, le soir, précipitée dans la rivière, au milieu des ris, des chants et des danses. (*Voy.* DASAHARA.)

DACTYLES.—I. Prêtres de Cybèle, nommés aussi *Idéens*, parce qu'ils habitaient au pied du mont Ida. Presque tous les auteurs qui en parlent nous fournissent une légende différente.

Stésimbrote les dit enfants de Jupiter et de la nymphe Ida, parce que le dieu ayant ordonné à ses nourrices de jeter derrière elles un peu de poussière prise de la montagne, il en naquit les Dactyles. D'autres les font naître de l'imposition des mains d'Ops sur le mont Ida, lorsque cette déesse passa en Crète. Ces deux mythes servaient d'enveloppe à des dogmes qu'on ne révélait qu'aux initiés.

Strabon distingue les Dactyles des Curètes et des Corybantes, et rapporte une tradition phrygienne, d'après laquelle il y aurait eu primitivement dans l'île une centaine d'hommes, nommés Idéens, qui donnèrent le jour à neuf Curètes, dont chacun eut autant de fils qu'il y a de doigts aux deux mains, d'où ces derniers reçurent le nom de Dactyles (δάκτυλος, *doigt*). Une autre opinion rapportée par le même n'admet que cinq Dactyles, inventeurs du fer, selon Sophocle. Ces cinq frères avaient cinq sœurs, et c'est de ce nombre qu'ils prirent le nom de *doigts du mont Ida*. Des cinq frères, Strabon en nomme quatre, savoir : Hercule, Salamine, Damnanée et Acmon. Pausanias les nomme tous cinq, mais leurs noms sont différents à l'exception du premier : Hercule, Péonée, Épimède, Jasius et Ida.

Le récit de Diodore de Sicile offre des différences. « Les premiers habitants de l'île de Crète, dit-il, furent les Dactyles, qui résidaient sur le mont Ida. Livrés aux cérémonies théurgiques, ils eurent pour disciple Orphée, qui porta leurs mystères en Grèce, ainsi que l'usage du fer et du feu qu'il avait appris d'eux ; et la reconnaissance des peuples leur rendit les honneurs divins. »

Suivant Diomède le Grammairien, c'étaient des prêtres de Cybèle, appelés *Idéens*, du mont Ida, en Phrygie, sur lequel cette déesse était révérée ; et *Dactyles*, parce que, voulant empêcher Saturne d'entendre les cris de Jupiter que la déesse leur avait confié, ils chantaient des vers de leur invention, sur le mètre appelé depuis *Dactyle*. Après avoir été les prêtres du Ciel et de la Terre, à laquelle ils sacrifiaient, la tête couronnée de chêne, ce qui leur avait valu le nom de Πάρεδροι, assesseurs, assistants, ils furent eux-mêmes mis au rang des dieux, et regardés comme des *Lares* ou dieux domestiques. Leur nom seul était regardé comme un préservatif, et on les invoquait avec confiance dans les plus grands dangers.

On confond quelquefois, mais à tort, les Dactyles avec les Cabires, dont le culte était bien plus étendu. Ils se rapprochent davantage des Curètes et des Corybantes.

II. Il y avait aussi des pierres appelées *Dactyli Idæi*, dont on croyait la vertu miraculeuse, et dont on faisait des espèces d'amulettes que l'on portait au pouce.

DACTYLOMANCIE, sorte de divination qui se faisait par le moyen d'anneaux fondus sous l'aspect de certaines constellations, et auxquels étaient attachés des charmes ou caractères magiques. C'est, dit-on, par ce genre de divination que Gygès savait se rendre invisible, en tournant le chaton de son anneau. Ammien Marcellin, parlant du successeur de Valens, que le peuple cherchait à deviner, dit qu'on pratiqua pour cela la dactylomancie, mais d'une manière différente. On tenait un anneau suspendu par un fil au-dessus d'une table ronde, sur laquelle se trouvaient les vingt-quatre lettres de l'alphabet. L'anneau, dans ses mouvements, se transportait sur quelques-unes de ces lettres qui, jointes ensemble, donnaient la réponse que l'on demandait. A l'occasion dont parle Ammien Marcellin, le sort fit sortir les quatres lettres Θ, E, O, Δ, initiales du nom de Théodose, qui fut en effet le successeur de Valens. Avant l'opération, l'anneau était consacré ; celui qui le tenait n'était vêtu que de toile, avait la tête rasée tout autour, et tenait en main de la verveine.

DADES, fêtes que les Grecs célébraient chaque année, pendant trois jours, et dans lesquelles ils portaient des torches allumées appelées δαδία en grec. Le premier jour était institué en mémoire des douleurs que Latone souffrit lorsqu'elle mit au monde Apollon et Diane ; dans le second on célébrait la naissance de Glycon et des dieux en général ; et dans le troisième on faisait mémoire du mariage de Podalyre et d'Olympias, mère d'Alexandre.

DAD-GAH, autel des Parsis, sur lequel brûle le feu sacré ; dans les temps primitifs, le feu était entretenu sur la terre nue. Le mot *Dâd-gâh*, signifie *lieu de justice*.

DADOUNG-AWOU, divinités des Javanais ; ce sont des génies regardés comme les patrons des chasseurs et les protecteurs des animaux sauvages des forêts.

DADOU-PANTHIS, secte hindoue, qui est une ramification de celle des Ramanandis, et par conséquent comprise dans le schisme des Vaichnavas. Elle a pour fondateur *Dadou*, élève d'un des principaux propagateurs *Kabir-Panthis*, et le cinquième dans leur lignée spirituelle après Ramanand ou Kabir, savoir : Kamal, Djamal, Bimal, Bouddhan et Dadou.

Ce dernier était de la caste des cardeurs de laine. Il naquit à Ahmadabad ; mais dans sa douzième année, il alla à Sambher en Adjmir, et de là à Kalyaupour, puis à Naraïna ; il avait alors trente-sept ans. Ce fut là qu'averti par une voix du ciel de se dévouer à la vie religieuse, il se retira au mont Bahérana, d'où, après quelque temps, il disparut sans qu'on pût trouver de lui aucune trace. Ses sectateurs croient qu'il fut absorbé dans la divinité. Ceci arriva, dit-on, vers l'an 1600, à la fin du règne d'Akbar, ou au commencement de celui de Djehanguir. On conserve encore, à Naraïna, qui est le lieu principal du culte Dadou-Panthi, le lit de Dadou et la collection des textes que ces sectaires vénèrent. Un petit édifice, sur la montagne, marque le lieu de la disparition de ce législateur.

Les Dadous-Panthis adorent Dieu sous le nom de *Rama*, et répètent continuellement son nom; ils n'admettent ni temples, ni images. Ils n'ont point de marque particulière sur le front, mais ils portent un rosaire. Ils sont partagés en trois classes : 1° Les *Viraktas*; ce sont des religieux qui vont nu-tête, et n'ont qu'une robe et un pot à eau; 2° les *Nagas* portent des armes qu'ils mettent au service des princes hindous, auprès desquels ils passent pour de bons soldats; 3° les *Bister Dharis* se livrent aux diverses fonctions de la vie commune. On partage encore cette secte en cinquante-deux subdivisions, dont les spécialités sont peu connues. Les Dadous-Panthis brûlent leurs morts; mais il n'est pas rare de trouver des religieux de cette secte qui ordonnent que leur corps soit jeté, après la mort, dans un champ ou dans un désert, pour être dévoré par les oiseaux de proie ou les bêtes féroces.

La croyance des Dadous-Panthis est consignée dans plusieurs ouvrages qui ont de l'analogie avec la doctrine des Kabir-Panthis, et qui en renferment de nombreux passages. Nous allons donner ici quelques extraits du chapitre sur la foi de leur livre doctrinal; nous les tirons de l'*Histoire de la littérature hindoui*, de M. Garcin de Tassy :

« Que la foi en Dieu caractérise toutes vos pensées, vos paroles, vos actions. Celui qui sert Dieu ne place sa confiance en rien autre.

« Si le souvenir de Dieu était dans vos cœurs, vous seriez capables d'accomplir des choses qui, sans cela, seraient impraticables; mais ils sont en bien petit nombre ceux qui cherchent la voie qui conduit à Dieu...

« O insensés! Dieu n'est pas loin de vous; il en est proche. Vous êtes ignorants, mais il connait toutes choses, et il distribue ses dons à son gré...

« Prenez telle nourriture et tel vêtement qu'il plaira à Dieu de vous départir. Vous n'avez besoin de rien autre. Contentez-vous du morceau de pain que Dieu vous accorde...

« Méditez sur la nature de vos corps qui ressemblent à des vases de terre, et mettez en dehors tout ce qui ne se rapporte pas à Dieu.

« Tout ce qui est la volonté de Dieu arrivera assurément; en conséquence, ne détruisez pas votre vie par l'anxiété, mais attendez.

« Quel espoir peuvent avoir ceux qui abandonnent Dieu, quand même ils parcourraient toute la terre? O insensés! les hommes justes, qui ont médité sur ce sujet, vous disent d'abandonner tout, excepté Dieu, puisque tout est affliction.

« Crois en la vérité, fixe ton cœur en Dieu, et humilie-toi comme si tu étais mort...

« Pour ceux qui aiment Dieu, toutes les choses sont extrêmement douces; jamais ils ne les trouveront amères, quand même elles seraient pleines de poison; bien au contraire, il les acceptent comme si c'était de l'ambroisie. Si on supporte l'adversité pour Dieu, c'est bien; mais il est inutile de faire du mal au corps...

« L'esprit qui n'a pas la foi est léger et volage, parce que, n'étant fixé par aucune certitude, il change d'une chose à l'autre...

« Ne condamne rien de ce que le Créateur a fait. Ceux-là sont ses saints serviteurs qui sont satisfaits de lui... »

Dadou dit : « Dieu est mon gain, il est ma nourriture et mon soutien. Par sa subsistance spirituelle, tous mes membres ont été nourris.... Il est mon gouverneur, mon corps et mon âme. Dieu prend soin de ses créatures comme une mère de son enfant... O Dieu! tu es la vérité; accorde-moi le contentement, l'amour, la dévotion et la foi. Ton serviteur Dadou te demande la vraie patience, et vient se consacrer à toi. »

DADOUQUES (en grec δαδοῦχοι, porte-flambeaux), nom des prêtres de Cérès, qui portaient une torche ou flambeau dans la célébration des mystères de cette déesse, en mémoire de ce que Cérès, cherchant sa fille au commencement de la nuit, alluma une torche au feu de l'Etna, et parcourut le monde, cette torche à la main. Un des prêtres courait, à son exemple, un flambeau à la main, puis le donnait à un second, qui le passait à un troisième, et ainsi de suite.

Dadouque était aussi le titre du grand prêtre d'Hercule chez les Athéniens.

DAGEBOG, ou DAIBOG, divinité des anciens Slaves, adorée à Kiew. C'était, d'après la valeur de son nom, le dieu des richesses, et il avait le pouvoir de les dispenser.

DAGODA, divinité des anciens Sarmates ou Slaves, correspondant au Zéphir des Grecs. C'est lui qui échauffait la terre par son souffle agréable et doux. Les Russes modernes expriment encore le calme de l'air, ou un beau jour, par le mot *poyoda*. Le dieu Dagoda avait pour ennemi déclaré *Pozvid*, instigateur des tempêtes.

DAGON, dieu des Philistins, adoré à Gaza et à Azot. On le représentait sous la forme d'un monstre moitié homme et moitié poisson. La tête, le buste et les bras étaient ceux d'un homme, le reste du corps était terminé par une queue de poisson; son nom vient de l'hébreu ou phénicien דג *dag*, poisson. C'est devant la statue de ce dieu que fut placée l'arche d'alliance, lorsqu'elle fut prise par les Philistins sur les Israélites; mais le lendemain matin, l'idole fut trouvée renversée sur le pavé. Replacée par les prêtres sur son piédestal, elle fut de nouveau abattue la nuit suivante, et de plus ses bras étaient rompus. Ce qui démontrait que cette double chute n'était pas un événement fortuit, c'est que les habitants de la cité furent frappés en même temps d'un double fléau, qui accompagna constamment l'arche dans toutes les satrapies où on la conduisit successivement, jusqu'à ce qu'enfin les Philistins, reconnaissant dans ce qui leur arrivait le doigt de Dieu, se décidèrent à la renvoyer aux Israélites.

Quelques mythologistes veulent que Dagon soit le dieu de l'agriculture, se fondant sur Sanchoniaton, qui dit que Cœlus eut plusieurs fils, et entre autres Dagon, ainsi nommé d'un mot phénicien *dagon*, qui signifie *le blé*. Saturne, en guerre contre Cœlus, fit une de ses femmes prisonnière, et la força d'épouser Dagon, qui inventa la charrue, enseigna aux hommes l'usage du pain, et fut par reconnaissance déifié après sa mort sous le nom de Jupiter *Agrotis* ou le laboureur.

DAGOUN, dieu des Péguans, qui rassemblera les débris de l'univers, détruit par *Kiakiak*, pour en former un monde nouveau. Son temple est bâti sur une colline dans une position si avantageuse qu'on le découvre de huit lieues à la ronde. Les prêtres seuls ont le droit d'y entrer, et cachent son idole avec tant de soin qu'ils refusent même de dire en quoi consiste sa représentation. Tout ce qu'on en sait, c'est qu'elle n'a point une figure humaine.

DAGOUTANS, esprits vénérés par les Chingalais, dans des temples appelés cavels, lesquels sont desservis par des prêtres connus sous le nom de Jaddésés.

DAHMAN, nom d'un ange qui, suivant les Persans, recevra les âmes des saints de la main de l'ange Sarosch, pour les conduire au ciel; son nom signifie *excellent*.

DAI, 1° ministre de la religion chez les Druses. Le nom de *Daï* signifie *celui qui appelle*, et peut se traduire par *missionnaire*. Les Daïs sont en effet chargés d'appeler les hommes à la connaissance de la religion, c'est à eux qu'est confié le soin de faire des prosélytes. Ils doivent remplir leurs fonctions avec autant de zèle que de discrétion. Ces adroits hypocrites cherchent d'abord à captiver la confiance du candidat, puis étudient attentivement son caractère avant de l'admettre à l'initiation. Pour frapper encore davantage son imagination, et lui donner la plus grande idée de la sublimité de leur doctrine et des mystères cachés sous les voiles les plus simples, ils l'accablent d'une multitude de questions auxquelles il n'avait jamais songé. Ils lui demandent, par exemple, pourquoi Dieu a créé le monde en sept jours; pourquoi il a formé sept cieux et sept terres; pourquoi il y a sept versets dans le premier chapitre du Coran; pourquoi le nombre des mois est fixé à douze; pourquoi Dieu a fait couler l'eau de douze sources en faveur des Israélites dans le désert. Puis ils passent à des questions encore plus absurdes, et lui demandent pourquoi l'homme a dix doigts aux mains et aux pieds; pourquoi quatre de ces doigts sont divisés en trois phalanges, tandis que le pouce n'en a que deux; pourquoi il a douze vertèbres dorsales et sept cervicales, etc. Mais ils se gardent bien de lui donner la solution de ces problèmes si importants; ils le tiennent dans une religieuse attente, dans un saint empressement de mériter un jour la connaissance de ces hautes vérités. Puis, ils exigent du récipiendaire un serment solennel qui le lie pour jamais à la secte. C'est ainsi que ces imposteurs fanatisent l'esprit de leurs adhérents.

2° Dans l'origine, les Musulmans schismatiques donnaient le nom de *Daï* aux émissaires ou missionnaires qui invitaient secrètement leurs coreligionnaires à embrasser les intérêts des descendants d'Ali, et à les reconnaître pour souverains pontifes légitimes.

DAI-BOUTS. Ce nom signifie le *Grand Bouddha*; c'est en effet le grand dieu des Japonais. Il a une infinité de temples dans l'empire, mais le plus célèbre est celui de Meaco, construit sur une éminence en dehors de la ville. Ce temple, fondé en 1588, fut détruit huit ans après par un tremblement de terre, et rebâti en 1602. Il s'élève au milieu d'une cour entourée d'une haute muraille construite en pierres de taille d'une grande dimension. A la muraille intérieure est adossée une galerie couverte, soutenue par environ 400 piliers peints en rouge. On monte au portail par huit marches; on voit à l'entrée deux figures de géants appelés *Awoun*, ou *In-yo*, ou *Ni-wo*; elles sont noires ou plutôt d'un pourpre obscur tirant sur le noir. Celle de gauche a la bouche ouverte et une de ses mains étendues; l'autre figure, au contraire, a la bouche close, la main fermée et appuyée sur le corps, avec un long bâton qu'elle tient à demi en arrière. Kæmpfer dit avoir appris que ces statues sont les symboles des deux premiers principes de la nature, l'actif et le passif, celui qui donne et celui qui ôte, celui qui ouvre et celui qui ferme, le ciel et la terre, la génération et la corruption. Mais, d'après un livret japonais imprimé au Japon vers 1710, ce seraient les images de deux anciens rois. Après avoir passé sous le portail, on entre dans une belle place qui a de chaque côté seize piliers de pierre, où l'on tient des lampes allumées, un bassin d'eau pour les ablutions et plusieurs autres objets. Au milieu de cette place est le temple, un des bâtiments les plus élevés du Japon; il est couvert d'un double toit recourbé, qui est magnifique, et dont le comble s'élève au-dessus de tous les édifices de Meaco. Le temple est soutenu par 92 piliers formés par la réunion de plusieurs pièces de bois peintes en rouge; il a 72 portes et fenêtres. Le toit inférieur est ouvert sous toute la surface du toit supérieur, lequel est supporté par un grand nombre de poutres, de montants ou poteaux différemment disposés et peints en rouge comme toute la charpente. Malgré le grand nombre d'ouvertures, le temple est fort sombre à cause de sa prodigieuse élévation. Il est pavé de dalles de marbre. Il n'a à l'intérieur aucun ornement, à l'exception de l'idole qui est monstrueuse, et toute dorée. Elle a de grandes oreilles, des cheveux frisés, une couronne sur la tête. Les épaules sont nues; la poitrine et le reste du corps sont couverts négligemment d'une pièce de drap : elle tient la main droite élevée, et laisse voir la paume de la gauche appuyée sur le ventre. Elle est assise à l'indienne, les jambes croisées, sur une fleur de lotus, soutenue par une autre fleur dont les pétales sont élevées comme pour ornement. Cette statue avec la fleur de lotus sur laquelle elle est assise, et le piédestal qui la supporte, est haute d'environ cent pieds; sa tête et la couronne passent par le toit, et ses épaules atteignent d'un pilier à l'autre, quoique ceux-ci soient éloignés de quatre brasses au moins. Cette image fut fort endommagée par un violent tremblement de terre, arrivé en 1662 ; comme elle était de métal, on la fondit et on en fit des monnaies de cuivre. On la remplaça par une autre de bois qui fut achevée en 1667, et entièrement couverte de dorure. Au dos de l'idole est attachée une immense auréole, dont les rayons ont chacun environ 90 pieds de longueur, et qui est ornée de petites figures de divinités assises sur des fleurs de lotus.

A peu de distance du temple est le *Mimi Tsouka*, ou tombeau des oreilles. C'est un pavillon qui renferme les oreilles des Coréens que les généraux du roi Taiko envoyèrent à ce prince, salées et dans des cuves.

A côté du temple de Daï-Bouts est la salle des 33,333 idoles. Elle fut construite l'an 1164. De chaque côté du grand autel sont dix rangs de degrés, élevés l'un sur l'autre d'environ un pied. Sur chaque rang, M. Titsing comptait, en 1782, cinquante statues, chacune haute d'environ 5 pieds. Elles sont supérieurement travaillées, suivant l'usage du pays, et dorées. Par le nombre de petites idoles qu'on voit sur la tête, les épaules, les bras et les mains des mille grandes, sur plusieurs desquelles on en compte de quarante à quarante-cinq, il paraîtrait qu'effectivement leur nombre monte à trente-trois mille trois cent trente-trois.

DAICA, ou fête de l'Eau, chez les Péguans. Lorsqu'on célèbre cette fête, le roi et la reine prennent le bain dans de l'eau de rose, et s'en jettent mutuellement au visage et sur le corps. A leur exemple, les seigneurs de la cour se rendent dans une plaine voisine, et là s'arrosent à l'envi les uns les autres. Le peuple, pour imiter les grands, jette de l'eau par les fenêtres, et prend plaisir à arroser les imprudents qui passent alors par les rues. Aussi les gens bien avisés prennent-ils le parti de rester chez eux, ou de satisfaire leur dévotion en allant s'asperger eux-mêmes de l'eau du fleuve.

DAI-KOK, divinité japonaise, dont le nom signifie le *Grand Noir*. C'est le dieu des richesses; on le dit originaire de l'Inde. On le représente ordinairement assis sur une balle de riz, un marteau dans la main droite, et un sac près de lui pour y enfermer ce qu'il fait sortir en frappant avec son marteau ; car, partout où il frappe, il peut en tirer tout ce dont on a besoin, comme du riz, des vivres, du drap, de l'argent, etc. Aussi les marchands ont-ils en lui une grande dévotion.

Il y a encore au Japon un autre dieu nommé *Daï-Kok*, ou *Daï-Kokf*, car le second mot s'écrit avec un caractère différent, et son nom signifie le *Grand-Esprit de l'empire*. C'est le neveu de *Ten-Sio Daï-Sin*, et il est chargé du soin d'accorder à l'État toute sorte de prospérité. On l'appelle encore *O Kouni Tama*. (*Voy*. ce mot.)

DAÏ-MONO-GINI, divinité en grande vénération chez les Japonais. Chaque année on consacre à célébrer sa fête un des jours de juillet, et l'on choisit, à cet effet, une des plus grandes rues de la ville. L'un des bouts est fermé de poutres et de planches, à l'exception d'une ouverture assez considérable par laquelle il est défendu au peuple de regarder. Après midi, paraît le dieu monté sur un beau cheval, au milieu d'une grande foule de personnes de toute sorte. Deux jeunes gens marchent à ses côtés, portant, l'un son arc, ses flèches et son carquois, et l'autre son faucon. Suivent les cavaliers, partagés en escadrons distingués chacun par une écharpe de couleur différente. Vient ensuite l'infanterie avec l'intention formelle de ne rien omettre pour contribuer à embellir la fête. Ils s'avancent en chantant, en dansant et en répétant sans cesse : « Mille ans de joie, et mille milliers d'années de félicité ! » Les prêtres suivent deux à deux, en chantant des hymnes et des cantiques. Les nobles viennent à leur suite, puis marchent six femmes vêtues d'une manière extraordinaire et contrefaisant les sorcières. Elles sont escortées d'un grand nombre de femmes qui courent comme des bacchantes, les unes après les autres ; des gens armés ferment la procession, qui pénètre ainsi dans la grande rue. On y tient toute prête la litière où doit être portée la statue de Daï-mono-gini ; vingt hommes s'en chargent, lorsque la procession paraît, et la portent en chantant des chansons faites pour la cérémonie, et dont le refrain est comme ci-dessus. Partout où l'on porte cette litière, la joie et la dévotion augmentent; les riches jettent de l'argent au peuple, et tous se prosternent devant elle (1).

DAIN, divinité naine de la mythologie *scandinave;* c'est un des génies protecteurs des arts.

DAI-NEM-BOUTS-SOUI, secte du Japon, ou plutôt association de personnes qui se dévouent d'une façon particulière au culte d'Amida. Leur nom vient des mots *Nem-bouts* ou *Namanda*, qu'ils répètent fréquemment dans leurs prières, et qui sont l'abrégé de la formule, *Namou Amida Boudzou* : Grand dieu, Amida, secourez-nous. Les Daï-nem-

_____

(1) Je n'insère cet article qu'avec toutes réserves; je l'ai tiré du *Dictionnaire* de Noël, mais je ne l'ai trouvé dans aucun auteur accrédité. Il y a plusieurs circonstances qui me font douter de sa véracité. C'est peut-être une fête locale, dont quelque voyageur aura été témoin.

bouts-sosi ne sont au fond qu'une société de mendiants paresseux, qui s'assemblent dans les rues, sur les grands chemins et dans les places publiques, priant et chantant *Namanda*, agitant des cloches, et attendant la charité des dévots pour la peine qu'ils se donnent; car ils prétendent que leurs prières et leurs cantiques en l'honneur d'Amida contribuent beaucoup au soulagement des âmes des défunts, si elles sont renfermées dans un lieu de souffrance. Ils s'assistent l'un l'autre de tout leur pouvoir, et font de l'intérêt commun de leur association une de leurs lois fondamentales. Si l'un d'entre eux vient à mourir, ils l'enterrent eux-mêmes, en s'assemblant pour cela en grand nombre; si le défunt était pauvre, et hors d'état de fournir aux dépenses de ses funérailles, ils se cotisent pour y satisfaire ; et s'il manque encore quelque chose, ils le ramassent en mendiant. Lorsque des gens riches demandent à être admis dans leur société, la première et la principale question qu'ils leur font est si, dans l'occasion, ils prêteront leurs mains secourables pour enterrer un de leurs frères morts; et s'ils s'y refusent, ils sont exclus pour cette seule raison. Ils observent cette coutume dans toute l'étendue de l'empire.

DAÏ-NITZ-NO-RAI, c'est-à-dire *grande représentation du soleil;* nom d'une idole des Japonais, placée dans une caverne nommée *Amano Matta* ou côte du ciel, dans la province d'Ize. La figure est assise sur une vache. La tradition du pays rapporte que ce fut dans cette caverne que se cacha Ten-sio Daï-Sin, et, privant de leur lumière le monde, le soleil et les étoiles, il fit voir par là qu'il est le seul seigneur, source de lumière, et souverain de tous les dieux. Tout auprès demeurent les *Kanousi* ou prêtres, pour accueillir les dévots qui s'y rendent en pèlerinage.

DAIRI. Ce mot signifie *le grand intérieur*, c'est-à-dire le palais impérial. C'est le nom que l'on donne à l'empereur du Japon, qui est en même temps le souverain pontife de la religion du Sinto. Mais depuis l'an 1180, les daïris n'ont plus que l'ombre du pouvoir temporel dont ils étaient autrefois revêtus. C'est le premier dignitaire de l'empire, appelé Séogoun ou Djogoun, qui est par le fait le souverain et le roi du Japon; cependant on a laissé au Daïri tous les honneurs et les prestiges de la dignité suprême.

La famille des Daïris est censée descendre des divinités qui anciennement ont régné sur le Japon. *Ten-sio daï-sin*, ou le Grand Esprit de la lumière du ciel, déesse qui paraît être une personnification du Soleil, est regardée comme la fondatrice de cette famille; car un de ses descendants, *Zin-mou-ten-ô*, fit la conquête de la plus grande partie du Japon, et prit le titre d'empereur, 660 ans avant Jésus-Christ.

Les Daïris portent, comme les empereurs de la Chine, le titre de *Ten-si*, ou fils du ciel. Leur race est censée impérissable, et le peuple croit que quand un Daïri n'a pas d'enfant, le ciel lui en procure un. Encore aujourd'hui, quand un empereur du Japon se trouve sans héritier, il finit par en trouver un près d'un des arbres plantés à côté de son palais. C'est ordinairement un enfant choisi secrètement par lui-même dans une des familles les plus illustres de sa cour, et qu'on a soin de placer à l'endroit indiqué. Il semble cependant que la loi, ou du moins la coutume, ait veillé à ce qu'il ne manque pas de postérité, car le Daïri a le droit d'avoir quatre-vingt-une femmes, c'est-à-dire neuf fois neuf, nombre que les Japonais regardent comme le plus parfait; cependant il n'en prend jamais autant, et, à proprement parler, il n'en a que neuf, dont chacune a huit servantes, ce qui ensemble fait le nombre de quatre-vingt-une. La première de ces neuf femmes est considérée comme son épouse principale ; elle est suivie de trois autres qui ne comptent pas parmi les neuf, mais qui, jointes à elles, font le nombre de douze, ce que le peuple compare aux douze signes du zodiaque.

Le nom du Daïri est inconnu pendant sa vie ; ce n'est qu'après sa mort que son successeur lui donne un titre honorifique, sous lequel il est mentionné dans l'histoire. Quoique les Daïris soient censés pendant leur vie être attachés à la religion primitive du Japon, ou celle de *Sin-to*, on observe des usages bouddhiques à leurs funérailles, qui ont lieu près du temple Zin-you-si, situé en dehors de la cour impériale, et à côté du temple du Daï-bouts ou du grand Bouddha. En face de ce temple coule une petite rivière. C'est sur le pont qui est construit dessus que le corps du défunt est porté avec toute la pompe étalée par les Daïris durant leur vie; mais arrivé là il est reçu par les prêtres de Chaka, et inhumé suivant leur rite.

Le Daïri est habillé par deux de ses femmes. Tous les jours ce prince change de vêtements pour lesquels on se sert d'étoffes très-fortes et précieuses. Deux de ces étoffes sont de couleur pourpre avec des fleurs blanches ; la troisième, toute blanche, est tissue en fleurs. Personne autre que le Daïri n'a le droit de porter ces étoffes, à moins que ce prince ne lui en fasse cadeau, ou ne lui en permette l'usage. Elles sont même interdites pour les vêtements du Seogoun, ou roi temporel.

Quand les femmes du Daïri entrent chez lui, elles ne doivent pas avoir de chaussons ni être coiffées ; elles viennent pieds nus et les cheveux flottants; dans leurs appartements elles les nouent ou en portent les tresses dans un sac d'étoffe très-fine.

Tout ce qui est nécessaire pour ses repas, et tout ce dont il se sert personnellement est renouvelé chaque jour. Anciennement il mangeait dans des jattes de terre, symbole de la simplicité des premiers habitants du Japon ; à présent ces jattes sont de porcelaine. Ces vases sont brisés ordinairement, car si quelqu'un venait à manger dans cette vaisselle sanctifiée, sa bouche et sa gorge ne manqueraient pas de s'enfler et de s'enflammer aussitôt. L'étiquette la plus rigide préside à toutes ses actions et à tout ce qui l'environne. Le premier jour de l'an on lui offre à quatre heures du matin de l'eau de la rivière Kama-Gawa pour se laver. Cette eau passe pour la meilleure de l'empire. De même, le premier jour du sixième mois, on lui présente de la glace de la montagne Fousi, que le Seogoun lui envoie de Yédo.

Le Daïri est regardé comme trop saint pour toucher la terre; cependant il se promène bien dans son palais, mais il est porté quand il sort. Néanmoins il est arrivé, en 1732, à l'occasion d'une mauvaise récolte dans l'ouest et dans le midi de l'empire, d'où l'on tire le plus de riz, que le Daïri régnant marcha nu-pieds sur la terre, afin d'obtenir du ciel la fécondité. C'est pendant son sommeil qu'on lui rogne les ongles, ce qu'on nomme voler. Comme il n'est pas permis de lui raser les cheveux de la tête, ni la barbe, on les coupe quand il fait semblant d'être bien endormi. Les Japonais nomment ce sommeil *le sommeil du lièvre*.

Ce prince, étant assis, tient ordinairement dans la main un petit bâton en forme d'éventail fermé, et fait d'un bois qui ne croît, assure-t-on, que sur la montagne Kouraghe. Anciennement ce bâton était d'ivoire et servait comme de tablettes pour écrire; à présent il remplace le sceptre. Les habits que le Daïri a portés sont serrés tous les jours soigneusement, et on les conserve pour les brûler à un temps fixe; car on est persuadé que si un laïque avait l'audace de les porter, il en serait puni par une enflure douloureuse de toutes les parties de son corps. Ce prince a de jeunes garçons de neuf à dix ans pour *porte-coton*, et l'on enterre ses excréments.

Dans les premiers temps, il était obligé de s'asseoir sur son trône, durant quelques heures de la matinée, avec la couronne impériale sur la tête, et de s'y tenir immobile comme une statue, sans remuer ni les mains ni les pieds, ni la tête, ni les yeux, ni aucune partie de son corps. Cette profonde immobilité était le présage de la paix et de la tranquillité de l'empire. Si par malheur il s'était détourné d'un côté ou de l'autre, ou qu'il eût fixé ses regards vers quelque province de ses Etats, on eût appréhendé que la guerre, la famine, le feu, ou quelque autre calamité eût désolé cette province ou l'empire. Mais, comme on remarqua depuis que la couronne elle-même était le palladium dont l'immobilité assurait le repos de la nation, on jugea à propos de ne plus assujettir l'empereur à un cérémonial aussi gênant, et de le laisser vivre dans une molle oisiveté et dans les plaisirs. Ainsi la couronne tient aujourd'hui sur le trône la place que le Daïri était obligé d'occuper autrefois.

Quoique le Daïri soit actuellement privé par les Seogouns de toute influence dans le gouvernement, on le consulte néanmoins dans les affaires majeures. Sans cette formalité, personne ne respecterait les ordres émanés du Seogoun; car les Japonais ne reconnaissent que le Daïri comme véritable chef de l'empire. Ils disent que, de même que le monde n'est éclairé que par un seul soleil, ainsi il ne peut y avoir qu'un chef suprême. C'est lui qui confère les titres d'honneur qui distinguent la noblesse. Il les vend communément au plus offrant, ce qui lui procure d'immenses richesses. Il touche en outre une pension considérable que lui fait le Seogoun. Cependant tous ces revenus suffisent à peine au faste et à la magnificence qu'il est obligé d'étaler pour soutenir sa dignité.

C'est encore le Daïri qui a seul le privilége de procéder à la canonisation des défunts, et de les placer au rang des dieux; mais lui-même est canonisé de son vivant, ou plutôt regardé comme un dieu sur la terre. Tous les dieux même, à ce que prétendent les Japonais, viennent une fois l'année lui rendre visite et lui faire leur cour. C'est pendant le dixième mois qu'ils sont ainsi obligés de se tenir d'une manière invisible auprès de sa personne sacrée. C'est pourquoi ce mois est appelé par les Japonais *Kami-na-tsou-ki*, ou le mois sans dieux, et on ne célèbre aucune fête pendant toute sa durée, parce que les dieux ont quitté leurs temples pour se rendre à la cour. Enfin les Japonais ont une si haute idée de la sainteté de leur empereur, que tout ce qui le touche est réputé sacré, et l'eau qui a servi à lui laver les pieds est recueillie avec soin comme une chose sainte.

Sa résidence est à Meaco, où son palais occupe la partie nord-est de la ville; son épouse principale y loge avec lui; ses autres femmes habitent des palais attenants. Tous les ans le Seogoun lui envoie des ambassadeurs pour lui porter ses compliments le premier jour de l'année; ensuite le Daïri lui dépêche une ambassade à Yédo dans le même but, et ces députés sont reçus comme le Daïri lui-même. Le Seogoun vient à leur rencontre et les conduit à la salle d'audience, où, pendant tout le temps qu'ils s'acquittent de leur commission, il reste incliné devant eux, touchant de sa tête les nattes qui couvrent le sol. L'audience solennelle finie, le Seogoun reprend son rang, et ce sont les ambassadeurs qui s'inclinent alors de la même manière devant lui, et restent dans cette position tout le temps qu'il leur parle.

Le Japon eut aussi son schisme; de l'an 1337 à l'an 1443, il y eut dans le sud une succession de Daïris, en opposition directe avec les souverains légitimes.

DAI-SI, c'est-à-dire *grand-maître*; c'est un titre honorifique qu'on donne, dans le Japon, à des bonzes ou prêtres bouddhistes d'un mérite distingué.

DAI-SIN. Ce mot signifie la *grande divinité*; c'est le nom que les Japonais donnent à la déesse *Ten-sio daï-sin* (*Voy.* ce mot), qui a dans la province d'Ize un temple célèbre, appelé *Daï-sin-gou*, auquel on se rend de tous côtés en pèlerinage. Il ne faut pas confondre le nom de *Daï-sin*, grand esprit, avec un titre japonais qui s'écrit différemment, mais qui se prononce de même et qui signifie *grand ministre*.

DAI-SIO-YE, nom d'un célèbre pèlerinage du Japon, institué par le 40ᵉ Daïri, vers l'an 674 de Jésus-Christ. Ce doit être une tâche bien pénible, puisque l'empereur est obligé, le onzième mois, qui correspond à notre mois de décembre, de se baigner de grand matin dans l'eau froide, et d'y faire en même temps ses prières. Mais nous avons de bonnes raisons de croire que cet usage religieux n'existe plus depuis long-temps, du moins pour les Daïris.

DAI-SO-DZOU, nom d'une dignité ecclésiastique dans la religion bouddhique, au Japon.

DAI-SO-ZIO, autre titre ecclésiastique, dans le Japon. C'est encore un haut dignitaire religieux qui en est revêtu.

DAITCHING, dieu de la guerre chez les Mongols et les Kalmouks. Dans les expéditions militaires, son image, peinte sur les étendards, est portée devant les armées, et parfois les ennemis captifs lui doivent être immolés en sacrifice.

DAITÈS (du grec δαίτη, festin), dieu bienfaisant, que les Troyens regardaient comme l'inventeur des festins parmi les hommes.

DAITRÈS, ministres des sacrifices chez les Grecs, chargés d'égorger et de dépecer les bœufs que l'on immolait dans les fêtes appelées *Buphonies*.

DAITYA, démons de la mythologie indienne; ils tirent leur nom de *Diti*, leur mère, une des femmes de Kasyapa. Ils sont les ennemis des dieux, ainsi que les Danavas, les Rakchasas, les Asouras. Tous ces noms expriment la même idée; ce sont les Titans des épopées hindoues, qui travaillent sans cesse à arracher aux *Souras*, ou bons génies, leurs rivaux, l'empire et l'autorité qu'ils possèdent.

DAKCHA, un des fils de Brahmâ, né du pouce de sa main droite, d'autres disent de son souffle, pour l'aider à peupler le monde. Il eut soixante filles, dont vingt-sept sont les nymphes qui président aux astérismes lunaires, et qui sont les femmes du dieu Tchandra (*Lunus*). Treize autres furent mariées au sage Kasyapa. Une d'entre elles devint l'épouse du dieu Siva; elle s'appelait Sati. Dakcha, irrité un jour contre son divin gendre qui avait refusé de le saluer dans une assemblée, négligea de l'inviter à un sacrifice où il avait réuni tous les dieux et tous les sages. Sati, de douleur, se précipita dans le feu du sacrifice. Siva envoya des génies sous la conduite de Virabhadra, afin de troubler la cérémonie. Tout fut renversé, les dieux frappés et mutilés, et Dakcha lui-même décapité par son gendre. Les dieux, touchés de son sort, lui donnèrent une autre tête : c'était celle d'un bélier. Cette légende est sculptée sur les murs des souterrains d'Ellora et d'Eléphanta.

DAKCHINAS. On appelle ainsi, en indien, les adorateurs d'une déesse, ou plutôt d'une faculté active, de l'énergie d'un dieu, faculté qui est considérée comme son épouse, suivant la théogonie brahmanique. Lorsque ce culte est rendu publiquement, et d'après le rite ordonné par les Védas et les Pouranas, il est exempt des pratiques impures attribuées à quelques branches des adorateurs de la *Sakti*, ou faculté féminine. C'est pourquoi on appelle ce culte *Dakchina*, ou de la main droite. La seule pratique qui peut faire exception au caractère général de ce mode d'adoration est l'offrande du sang, car on y immole un certain nombre d'animaux. En différents cas, on offre la vie de l'animal sans effusion de sang, mais c'est au prix d'un rite barbare, qui consiste à assommer la pauvre bête à coups de poing; d'autres fois on offre le sang sans ôter la vie. Toutefois ces pratiques ne sont pas considérées comme orthodoxes. Ces animaux sont offerts à la terrible déesse Kali ou Dourga. Ce culte est peu répandu.

Quoique le culte appelé *Sakta* puisse être adressé à quelque déesse que ce soit, cependant il a ordinairement pour objet la femme de Siva, et Siva lui-même, comme identifié avec son épouse.

DAKHMÉ, lieu de sépulture des Persans et des Tartares; c'est aussi le nom d'une chapelle sépulcrale dans laquelle on dépose le corps de grands personnages décédés. A la mort d'Houlakou, prince tartare, arrivée l'an 1264 de Jésus-Christ, son corps fut déposé, suivant l'ancien usage des Tartares mongols, dans un *dakhmé*, où l'on enferma quarante jeunes filles bien parées, et avec des vivres seulement pour trois jours. Cette pratique barbare, observée depuis plusieurs siècles par cette nation, ne fut abolie que sous le règne de Ghazan-Khan, lorsqu'il embrassa le musulmanisme en 1294.

DAKINI, génie de la mythologie hindoue; espèce de lutin femelle.

DAKKINS, nom des sorciers, chez les Nègres de Loango, en Afrique.

DALAI-LAMA, connu, en Europe, sous le nom de *Grand Lama*; c'est le souverain pontife de la religion des Tibétains, et, en général, de tous les Tatares qui professent le bouddhisme ou le chamanisme. Son nom vient du mot tibétain *lama*, qui signifie *supérieur*, ou *prêtre supérieur*, et du mongol *dalaï*, qui veut dire *la mer*, ce qui désigne ici l'immense étendue de l'esprit du Grand Lama.

On sait depuis longtemps que, dans l'opinion des Indiens, les âmes des hommes et des dieux mêmes sont soumis à la transmigration, et assujettis à se montrer successivement dans l'univers sous des noms différents. Bouddha, ce célèbre réformateur, qui naquit, il y a près de 3,000 ans, dans la personne de *Chakia-mouni*, a largement usé de ce privilége pour perpétuer sa doctrine, et la préserver à jamais de toute altération. En conséquence, à peine était-il mort, 970 ans avant notre ère, qu'il reparut immédiatement et devint lui-même son propre successeur. Il tira beaucoup d'avantages de cette manière d'agir, et, s'y attachant invariablement par la suite, il ne mourut plus que pour renaître. C'est ainsi que le dieu Bouddha est encore vivant à présent même, sous le nom de Grand Lama, dans la ville de Botala, capitale du Tibet.

Les premiers patriarches qui héritèrent de l'âme du Bouddha vivaient d'abord dans l'Inde, à la cour des rois du pays, dont ils étaient les conseillers spirituels, sans avoir, à ce qu'il semble, aucune fonction particulière à exercer. Le dieu se plaisait à renaître, tantôt dans la caste des brahmanes ou dans celle des guerriers, tantôt parmi les marchands ou les laboureurs, conformément à son intention primitive qui avait été d'abolir la distinction des castes. Le lieu de sa naissance ne fut pas moins varié : on le vit paraître tour à tour dans l'Inde septentrionale, dans le midi, à Candahar, à Ceylan, conservant toujours, à chaque vie nouvelle, la mémoire de ce qu'il avait été dans ses existences antérieures. On sait que Pythagore se ressouvenait parfaitement d'avoir été tué autrefois par Ménélas, et qu'il reconnut à Argos le bouclier qu'il avait au siége de Troie ; c'est d'après le même principe qu'un Lama, écrivant en 1774, à M. Hastings, pour lui demander la permission de bâtir une maison de pierre sur les bords du Gange, faisait valoir, à l'appui de sa demande, cette circonstance remarquable, qu'il avait jadis reçu le jour dans les villes d'Allahabad, de Bénarès, de Patna, et dans d'autres lieux des provinces de Bengale et d'Orissa. La plupart de ces pontifes, quand ils se voyaient parvenus à un âge avancé, mettaient eux-mêmes fin aux infirmités de la vieillesse, en montant sur un bûcher, et hâtaient ainsi le moment où ils devaient goûter de nouveau les plaisirs de l'enfance. Cet usage s'est conservé de nos jours, avec cette modification essentielle, que les Grands Lamas d'aujourd'hui, au lieu de se brûler vifs, comme Calanus et Peregrinus, ne sont livrés aux flammes qu'après leur mort.

Au ve siècle de notre ère, Bouddha, alors fils d'un roi de Mabar, dans l'Inde méridionale, jugea à propos de quitter l'Hindoustan pour n'y plus revenir, et d'aller fixer son séjour à la Chine. On peut croire que cette émigration fut l'effet des persécutions des brahmanes, et de la prédominance du système des castes. Le dieu s'appelait alors *Bodhidharma* ; à la Chine, où l'on a coutume de défigurer les mots étrangers, on l'a nommé *Tamo*, et plusieurs missionnaires qui en avaient entendu parler sous ce nom, ont cru à tort qu'il s'agissait en cette occasion de saint Thomas, l'apôtre des Indes. La translation du siége patriarcal fut le premier événement qui changea le sort du bouddhisme. Proscrit dans la contrée qui l'avait vu naître, ce système religieux y perdit insensiblement le plus grand nombre de ses partisans, et les faibles restes, auxquels il est maintenant réduit dans l'Inde, sont encore privés de cette unité de vues et de traditions, qu'entretenait autrefois la présence du chef suprême. Au contraire, les pays où le bouddhisme avait précédemment étendu ses conquêtes, la Chine, Siam, le Tunquin, le Japon, la Tatarie, devenus sa patrie d'adoption, virent augmenter rapidement la foule des convertis. Des princes, qui avaient embrassé le culte étranger, trouvèrent glorieux d'en avoir les pontifes à leur cour, et les titres de *Précepteur du royaume* et de *Prince de la doctrine* furent décernés tour à tour à des religieux nationaux ou étrangers, qui se flattaient d'être animés par autant d'êtres divins et subordonnés à Bouddha, vivant sous le nom de patriarche.

Pendant huit siècles, les patriarches furent ainsi réduits à une existence précaire et dépendante, et c'est durant cette période de confusion et d'obscurité que le fil de la succession avait dû échapper à toutes les recherches de l'histoire. Les *Maîtres du royaume* formaient l'anneau inaperçu qui rattachait aux anciens patriarches des Indes la chaîne des modernes pontifes du Tibet. Ceux-ci durent l'éclat dont ils brillèrent au XIIIe siècle aux conquêtes de Tching-kis-Khan et de ses premiers successeurs. Comme jamais aucun prince d'Orient n'avait gouverné d'aussi vastes régions que ces potentats, dont les lieutenants menaçaient à la fois le Japon et l'Egypte, Java et la Silésie, jamais aussi titres plus magnifiques n'avaient été conférés aux *Maîtres de la doctrine*. Le Bouddha vivant fut élevé au rang des rois, et, comme le premier qui se vit honoré de cette dignité terrestre était un Tibétain, on lui assigna des domaines dans le Tibet, et le mot de *Lama*, qui signifiait *prêtre*, dans sa langue, commença en lui à acquérir quelque célébrité. La fondation du grand siége lamaïque de Botala n'a pas d'autre origine, et elle ne remonte pas à une époque plus reculée.

La dynastie qui détrôna les Mongols sembla vouloir l'emporter sur eux en zèle et en vénération pour les pontifes tibétains. Les titres qu'obtinrent alors les patriarches devinrent de plus en plus fastueux. Ce fut le *Grand roi de la précieuse doctrine*, *Précepteur de l'empereur*, le *Dieu vivant, resplendissant comme la flamme d'un incendie*. Huit rois, esprits subalternes, formèrent son conseil sous les noms de *Roi de la miséricorde*, *Roi de la science*, *Roi de la conversion*, etc., titres qui feraient concevoir la plus haute idée de leurs vertus et de leurs lumières, s'ils devaient être pris au pied de la lettre. Alors seulement, vers l'époque du règne de François Ier, naquit ce titre encore plus magnifique de *Dalaï-Lama*, ou Lama pareil à l'Océan.

Le Grand Lama, après avoir uni pendant un certain temps le pouvoir temporel au spirituel, se trouve maintenant être un simple vassal de l'empereur de la Chine ; mais le ministre des rites l'autorise à prendre le titre de *Bouddha vivant par lui-même, excellent Roi du ciel occidental, dont l'intelligence s'étend à tout, Dieu suprême et sujet obéissant*. C'est sans doute en vertu du dernier attribut de ce titre que, dans le siècle dernier, un des principaux Lamas ayant encouru la disgrâce de l'empereur Khien-loung, se vit obligé, malgré sa répugnance, à faire un voyage à la cour. Accueilli avec des honneurs extraordinaires, et reçu comme un dieu, il n'en mourut pas moins, quelques jours après son arrivée à Péking, d'une maladie qui ne fut pas un mystère pour les médecins.

On a écrit et répété mille fois, en Europe, que les bouddhistes sont persuadés que le Dalaï-Lama ne meurt pas; que, quand l'un d'eux a perdu la vie, ceux qui l'approchent cachent soigneusement sa mort, et s'empressent de chercher un jeune homme qui lui ressemble: que ce qui favorise cette substitution, c'est le voile dont le Grand Lama est toujours couvert et qui empêche que le peuple puisse reconnaître ses traits. Ce sont autant de faussetés. Le Dalaï-Lama n'est point voilé, et, s'il l'était, il ne serait pas nécessaire de chercher, pour le remplacer, quelqu'un qui lui ressemblât; au reste, les Lamas mourant ordinairement dans un âge avancé, il est certain qu'un jeune homme ne peut pas ressembler de tous points à un vieillard. Aussi il n'en est point ainsi; tout le peuple sait fort bien que les Lamas et le Grand Lama lui-même sont sujets à mourir, ou, suivant son expression; à *changer de demeure*. On annonce sa mort avec grand bruit dans la ville de Lassa et dans tout le pays; on dépêche même des courriers à Péking pour en informer l'empereur et les Lamas qui résident dans la Chine, où ils jouissent des honneurs du mandarinat. Dès que cet événement est divulgué, on ôte de dessus le portail de la grande lamaserie l'effigie du souverain pontife défunt, et on y expose l'image de son successeur aussitôt qu'on l'a trouvé. Tout le monde, et même le simple peuple, sait donc parfaitement que le Grand Lama est mort; mais sa religion l'oblige à croire que l'âme sainte et auguste de Bouddha qui l'a animé, passe après sa mort dans le corps de celui qui est appelé à être son successeur.

Ce dernier ne paraît pas être choisi à l'avance. Il se passe souvent plusieurs mois avant que les signes miraculeux qui le désignent se soient manifestés. Ces signes sont ordinairement une science précoce qui se révèle spontanément dans un jeune enfant qui le plus souvent est encore d'un âge à ne pouvoir pas même parler. Ainsi on l'entend tout à coup énoncer avec aplomb et avec assurance les mystères les plus abstraits de la religion bouddhique, raisonner sur toutes les parties de la doctrine, et souvent s'énoncer dans une langue étrangère inconnue à ses parents et aux personnes du voisinage. Il annonce que tel patriarche, décédé depuis peu, s'est incarné en lui, que telle lamaserie lui appartient, qu'il demande à être réintégré dans ses droits. On députe aussitôt aux prêtres de la lamaserie indiquée, qui viennent s'assurer de la vérité de l'incarnation, examiner les signes par lesquels elle s'est manifestée, et, comme dernier moyen de preuves, ils lui apportent les différents objets à l'usage du Lama défunt mêlés à un grand nombre d'autres. Si le jeune enfant ne se trompe point et indique exactement les objets qui étaient à son usage dans sa vie antérieure, il est reconnu pour incarnation véritable, et conduit avec grande pompe à sa lamaserie; sinon il est rejeté comme imposteur. Cet enfant est pris indifféremment dans tous les états de la société, les plus humbles comme les plus élevés. Ces faits m'ont été attestés par un savant missionnaire, qui depuis longtemps vit avec les Tibétains et les Tatares, et qui a résidé plusieurs fois dans des lamaseries. Y a-t-il en cela prestiges du démon, y a-t-il connivence adroite et sourdes menées? C'est ce qui n'a pas encore été éclairci jusqu'à présent.

Le Dalaï-Lama qui réside à Botala, montagne auprès de Lassa, a juridiction sur tous les Lamas du bouddhisme, qui sont également des incarnations de Bouddha ou de quelqu'un des Bodhisatwas. On le vénère comme un dieu incarné, on n'approche de lui qu'avec le plus grand respect, on lui adresse ses prières comme à une divinité, on lui offre de l'encens. La plupart des livres européens qui parlent de ce dieu prétendu, avancent que ses adorateurs poussent la superstition et l'absurdité jusqu'à conserver ses excréments comme de précieuses reliques, qu'on envoie comme une insigne faveur aux personnages les plus puissants; mais le même missionnaire que j'ai cité plus haut m'a assuré qu'il n'avait jamais entendu énoncer de faits semblables dans ses nombreuses pérégrinations.

Il y a déjà longtemps qu'on a signalé la ressemblance frappante qui existe entre les institutions, les pratiques et les cérémonies qui constituent la forme extérieure du culte du Grand Lama, et celle de l'Eglise romaine. Chez les Tatares, en effet, on retrouve un souverain pontife, des patriarches chargés du gouvernement spirituel des provinces, un conseil de Lamas supérieurs qui se réunissent en conclave pour l'élection du pontife, et habillés de rouge comme nos cardinaux, des couvents de moines et de religieuses, des prières pour les morts, la confession auriculaire, l'intercession des saints, le jeûne, le baisement des pieds, les litanies, les processions, l'eau bénite, etc. Ces pratiques sont-elles de l'essence même du lamaïsme? ou bien ont-elles été empruntées en partie au catholicisme à l'époque où il était florissant dans ces contrées? Nous laissons à de plus habiles le soin de décider la question.

DALÉISTES, sectaires écossais, qui firent schisme dans l'Eglise presbytérienne; ils avaient pour chef un nommé David Dale, qui avait été lié avec les Glassites, partisans de John Glass. Ce dernier enseignait que tout établissement *civil*, en faveur d'une religion, est contraire à l'Ecriture sainte. Mais David Dale, mécontent de la conduite mondaine de certains membres de la congrégation glassite, se sépara d'eux, et établit à Glasgow et dans plusieurs villes d'Ecosse des congrégations séparées. Les Daléistes différaient des Glassites sur quelques points de doctrine, de discipline et de pratique. (*Voy.* GLASSITES.)

DALMATIQUE, vêtement ecclésiastique que portent les diacres, lorsqu'ils servent à l'autel, ou qu'ils remplissent certaines fonctions de leur ordre. On l'appelle ainsi, parce que l'usage en est venu de Dalmatie, où sans doute les habits de cette forme étaient communs à tous les laïques. Autrefois les empereurs étaient revêtus de la dalmatique, lorsqu'ils étaient sacrés à Rome; les rois de France étaient dans le même usage, et en portaient une sous leur manteau royal, le jour de leur sacre. La dalmatique diaconale doit être de la même couleur que les ornements dont le célébrant est revêtu à l'autel; elle est ordinairement en soie ou en étoffe précieuse, et garnie de galons d'or ou d'argent. Elle est maintenant entièrement ouverte sur les côtés, mais il paraît qu'autrefois elle était fermée ainsi que les manches : en effet, lorsque l'évêque officie pontificalement, il porte encore une dalmatique entièrement fermée par-dessous sa chasuble. Actuellement la dalmatique ne diffère en rien de la tunique, vêtement du sous-diacre, qui est de la même forme; cette dernière devrait être plus longue.

DALOU, génie qui préside à la constellation des Poissons, suivant la mythologie des Parsis.

DAM. Les théologiens distinguent deux sortes de peines pour les damnés : la peine du *dam* et la peine du sens. La première est la privation de la vue de Dieu; la seconde consiste dans les supplices qu'ils ont à endurer.

DAMBAC, nom d'un roi qui régnait dans les temps fabuleux des Orientaux. Ce temps mythique est celui qui a précédé la création d'Adam, comme le temps fabuleux des Grecs est celui qui était antérieur au déluge de Deucalion. Ce Dambac commandait à des peuples antéadamiques, qui avaient la tête plate, et que les Persans appellent pour cette raison *Nim-ser*, demi-têtes. Ils habitaient dans l'île de Mouscham, l'une des Maldives, et lorsqu'Adam vint dans l'île de Serandib, qui est celle de Ceylan, ils se soumirent à lui, et eurent, après sa mort, la garde de son tombeau. Ces peuples faisaient leur garde de jour, et les lions la nuit, de crainte que les Diws, ou mauvais génies, ennemis d'Adam et de sa postérité, ne l'enlevassent son corps.

DAM-CHAI, cérémonie religieuse pratiquée par les Annamites, pendant le septième mois, en l'honneur des défunts.

DAMENGARE, partie essentielle du sacrifice chez les anciens Lapons idolâtres. Le Blodmanden, ou sacrificateur, après avoir égorgé l'animal et l'avoir divisé en plusieurs parties, en détachait les yeux, les oreilles, le cœur, le poumon, les parties sexuelles, si c'était un mâle, et de plus un petit morceau de chair pris de chaque membre. Toutes ces parties et tous ces morceaux de chair étaient mis avec tous les os dans un coffre d'écorce de bouleau, et rangés dans leur ordre naturel. C'était en cela qu'on faisait consister l'essence et la perfection du sacrifice. Le coffre qui contenait le Damengare était enterré solennellement avec des rites particuliers; et c'était sur l'endroit où le coffre était enterré qu'on érigeait les représentations de la divinité.

DAMIA, déesse que les Latins paraissent avoir reçue des Grecs, car elle était aussi honorée à Epidaure. Les cérémonies de son culte avaient lieu à huis-clos et les fenêtres fermées. Les hommes en étaient sévèrement exclus, et il était strictement interdit aux femmes de révéler ce qui s'y passait. Neuf jours et neuf nuits se passaient en fêtes, danses, chants, etc. On croit que Damia était la même que la Bonne-Déesse. On lui offrait, le premier jour de mai, un sacrifice appelé *damion*.

DAMIANITES. Ce nom fut donné à certains hérétiques du VIe siècle, qui étaient une branche des Acéphales-Sévérites, et qui n'admettaient point de distinction de personnes en Dieu. Ils étaient ainsi appelés de l'évêque *Damien*, leur chef.

Les religieuses de Sainte-Claire furent aussi, pendant quelque temps, connues sous le nom de *Damianites*, à cause du monastère de Saint-Damien, qui fut la première maison de leur ordre.

DAMIAS, prêtresse de la Bonne-Déesse, ainsi appelée de *Damia*, surnom de cette divinité.

DAMIES, fêtes et cérémonies religieuses, célébrées à Rome en l'honneur de la déesse *Damia*.

DAMNATION, peine éternelle qui attend les réprouvés dans l'autre vie. Elle est la peine des péchés mortels commis en ce monde. On peut dire que c'est un dogme universel; car la plupart des religions reconnaissent l'éternité des peines. C'est donc une des traditions primitives, qui ne se sont jamais effacées dans la mémoire des hommes.

DAMNIT, bons génies des Javanais; ils ont la forme humaine et sont les protecteurs des maisons et des villages.

DAMONA, divinité des eaux thermales, chez les anciens Celtes.

DAMZOG, esprit follet des nègres du Dârfour. Voici une anecdote racontée à ce sujet par le musulman Mohammed-al-Tounisi, dans son *Voyage au Soudan*; j'emprunte la traduction de M. Perron, professeur à l'école de médecine du Kaire :

« Etant au mont Marrah, j'allai chez un individu de Noumlayh. Arrivé à la maison, je n'y vis personne; mais j'y entendis une voix forte, effrayante, qui me fit frissonner, et qui me cria : « *Akibê,* » c'est-à-dire, il n'y est pas. J'allais avancer encore et demander où était mon homme. Un individu qui passa alors près de moi me tira et me dit : « Va-t'en, sauve-toi; celui qui te parle n'est pas un être humain. — Eh! qu'est-il donc ? — C'est le génie gardien de la maison; ici nous avons chacun le nôtre. Ces génies sont les *Damzogs.* » J'eus peur et je pris le chemin par où j'étais venu. A mon retour de ce voyage au Marrah, j'allai rendre visite à Ahmed-Badawi, qui m'avait amené du Kaire et conduit au Dârfour. Je lui contai cette aventure. « Cet homme avait raison, » me dit Ahmed; puis il m'apprit des choses plus merveilleuses encore. « Mon fils, me dit-il, dans les premiers temps que je faisais le commerce, j'avais entendu répéter souvent que les Damzogs s'achetaient et se vendaient, et que celui qui en voulait un devait aller chez ceux qui en avaient, et en achetait un au prix qu'il plaisait au possesseur d'en demander; qu'on venait ensuite avec un pot de lait, et qu'on le donnait au maître du logis. Celui-ci, avec le lait, va dans l'endroit où sont les Damzogs, les salue, et suspend le pot de lait contre le mur; puis il dit à ces génies : Un de mes amis, un tel, très-riche, craint les voleurs et désire que je lui donne un gardien : quelqu'un de vous voudrait-il aller chez lui? Il y a du lait en abondance ; c'est une maison de bénédiction. Il a même apporté déjà ce pot de lait. Les Damzogs refusent d'abord : Non, non, personne n'ira. Le maître de la maison les conjure, les supplie de se rendre à son désir : Oh! que celui de vous qui veut bien aller chez lui, descende dans le pot de lait. L'homme s'éloigne un peu, et aussitôt qu'il entend le bruit de la chute du Damzog dans le lait, il va vite couvrir le vase avec un couvercle tissu de folioles de dattier, le décroche ainsi couvert et le donne à l'acheteur qui l'emporte chez lui. Celui-ci suspend le vase dans sa maison et le confie aux soins d'une esclave ou d'une femme qui, chaque matin, vient le prendre, en vide le lait, le lave, y remet du lait fraîchement trait et le suspend à la même place. Par là on est en sécurité contre tout vol, contre toute perte que ce soit. Je traitais tout cela de rêverie et de mensonge. Mais mes biens s'accrurent; mes esclaves, mes domestiques me volaient, et par aucun moyen je ne pouvais réussir à les en empêcher. On me conseilla d'acheter un Damzog. Je suivis ce conseil.... je suspendis le pot au lait dans mon magasin.... A compter de ce jour, on ne me vola plus rien ; je laissais même la porte ouverte sans le moindre danger, et cependant il était rempli de toutes sortes de marchandises. Quiconque allait y prendre quelque chose sans ma permission, le Damzog lui cassait le cou. Nombre de mes esclaves y furent tués. J'étais désormais tranquille.

« Mais j'avais un fils; il grandit, et le goût des femmes vint le talonner. Il voulut faire cadeau de quelques verroteries, de grisgris, de quelques parures, à celles qu'il aimait. Il épia un moment favorable, et un beau jour il prit les clefs du magasin et l'ouvrit; il y entrait, quand le Damzog lui rompit le cou. Il mourut à l'instant même. Je l'aimais d'un bien vif amour; je jurai par ma main droite que le Damzog ne resterait plus chez moi; j'essayai de le chasser, mais je ne pus y réussir; j'en témoignai ma peine à un de mes amis. Il me conseilla de préparer un grand repas, et d'y inviter un bon nombre de convives qui viendraient tous avec chacun un fusil et de la poudre, accourraient en masse au magasin, et tout d'une fois déchargeraient leurs fusils, en criant ensemble et à très-haute voix : *Damzog ayah*, c'est-à-dire : Où est le Damzog? On répète les décharges d'armes, on recommence les cris, et on entre dans l'endroit où sont les objets gardés. D'ordinaire le Damzog s'épouvante et s'enfuit.

« Je fis cette cérémonie, et le Damzog disparut, grâce à Dieu! et je fus délivré de la présence de ces lutins infernaux. »

DAN, divinité adorée autrefois chez les anciens Germains, et qu'on croit la même que Jupiter, appelé aussi par les Grecs *Dan*, *Den*, *Zan* ou *Zen*.

DANAÏDES, mythe célèbre chez les Grecs; les Danaïdes étaient cinquante sœurs, filles de Danaüs, roi d'Argos. Ce prince avait d'abord régné en Egypte, conjointement avec son frère Egyptus; mais, après neuf ans de concorde, ce dernier voulut donner les cinquante fils qu'il avait aux filles de Danaüs ; mais Danaüs refusa cette union, parce qu'il avait dessein de contracter plusieurs alliances avec ses voisins, dans l'espoir qu'ils favoriseraient ses desseins. Pour donner à son frère une raison plausible de son refus, il avait publié qu'un oracle l'avait averti qu'il périrait par la main d'un de ses gendres, et qu'en conséquence il avait résolu de ne point marier ses filles. Cependant comme Egyptus persistait dans ses prétentions, Danaüs s'enfuit avec ses filles, et se réfugia d'abord à Rhodes, puis à Argos, dont il devint roi. Egyptus, jaloux des accroissements que la puissance de son frère allait recevoir des alliances qu'il était sur le point de contracter avec les princes de la Grèce, envoya ses cinquante fils à Argos, à la tête d'une puissante armée, et força de cette manière Danaüs à leur donner ses filles en mariage. Celui-ci se vengea, en ordonnant à ses filles d'égorger leurs maris la première nuit de leurs noces, au moyen d'un poignard caché sous leurs robes. Elles obéirent toutes, à l'exception d'Hypermnestre, qui sauva son mari Lyncée, à la faveur d'un flambeau. Jupiter, pour punir ces filles cruelles de leur inhumanité, les condamna à remplir éternellement, dans le Tartare, un tonneau sans fond. Hérodote dit que les Danaïdes portèrent d'Egypte dans le Péloponèse le culte de Cérès ou des Thesmophories, et qu'il y fut ensuite supprimé par les Doriens, excepté dans l'Arcadie où il fut religieusement conservé.

Les cinquante Danaïdes sont sans doute la personnification des cinquante semaines de l'année antique, représentée elle-même par le cercle ou tonneau sans fond; elles sont sans cesse occupées à remplir leur tonneau, comme les cinquante semaines recommencent successivement leur révolution chaque année. Il en était de même des cinquante Pallantides.

DANAÜS, Egyptien, fils de Bel et père des cinquante Danaïdes. Il devint roi d'Argos, en dépouillant de ses Etats Gélanor qui lui avait généreusement donné asile. Pendant le combat entre ces deux princes, les dieux firent connaître par un signe que Gélanor, dont le symbole était un taureau, serait vaincu par Danaüs, qui avait un loup pour attribut; car un taureau qui paissait au pied des murs de la ville fut dévoré par un loup aux yeux du peuple. Suivant d'autres auteurs, il usurpa la couronne au détriment de Sthénélus, roi d'Argos, l'an 1475 avant Jésus-Christ. — Danaüs pourrait bien être un *Danava*, ou mauvais génie de la mythologie hindoue.

DANAVA. Ce sont, avec les Daityas et les Asouras, les mauvais génies ou démons de la mythologie indienne. Les Danavas tirent leur nom de *Danou*, leur mère, une des femmes de Kasyapa. Ainsi que les enfants de Diti, autre épouse du même sage, ils sont considérés comme les ennemis irréconciliables des dieux. Il paraît qu'en réalité c'était un peuple guerrier, habitant le Magadha et les contrées voisines vers le midi. Ce mot s'emploie en général pour désigner un adversaire des dieux. Cependant ces derniers sont également enfants de Kasyapa, mais par d'autres femmes; et les uns et les autres sont également descendants de Brahmâ.

DANDH, DANDHYA, ou DJANYOU, cordon sacré des brahmanes, qui le portent en bandoulière de l'épaule gauche à la hanche droite. Il se compose de trois petites ficelles, formées chacune de neuf fils. Le coton dont il est fabriqué doit être cueilli sur la plante de la propre main d'un brahmane, être cardé et filé par des gens de la même caste, afin qu'il ne puisse pas contracter de souillure en passant par des mains impures. Lorsque les brahmanes sont mariés, leur cordon a neuf ficelles au lieu de trois. Les brahmanes et tous les autres personnages qui ont droit de porter ce cordon, y attachent plus de prix et s'en montrent certainement plus fiers que ne le font en Europe les grands que leur naissance ou leurs services autorisent à porter des décorations. On donne solennellement l'investiture du cordon brahmanique vers l'âge de cinq à neuf ans; le jeune adepte prend alors le titre de *Brahmatchari*. Voy. les cérémonies de l'investiture du cordon brahmanique au mot BRAHMATCHARI.

DANDIS, secte de religieux hindous, ainsi appelés du *danda*, ou petit bâton qu'ils portent à la main; c'est un des quatre ordres de mendiants légitimes. Ils se rasent les cheveux et la barbe, n'ont qu'une pièce d'étoffe autour des reins et ne vivent que de la nourriture qu'ils obtiennent chez les brahmanes une fois par jour seulement, et qu'ils reçoivent dans un pot de terre qu'ils portent toujours avec eux. Ils doivent vivre seuls, auprès des villes, mais non dans l'intérieur des cités; cependant cette règle est rarement observée, et les Dandis sont généralement réunis, comme les autres mendiants; dans des *Maths* ou couvents, situés dans les villes. Les Dandis ne sont pas assujettis à des temps ou à des modes particuliers d'adoration; cependant ils passent le temps à méditer, à étudier le Védantha, et se livrent à des pratiques analogues à celles des Yoguis. Ils suivent la doctrine de Sankara-Atcharya; or, comme ce prédicateur était une incarnation de Siva, les Dandis vénèrent ce dieu et ses incarnations de préférence aux autres membres de la triade hindoue, et ils portent sur le front la marque de Siva, consistant en une triple ligne horizontale, tracée avec de la bouse de vache. Leur *Manka* d'initiation, ou mot d'ordre, est *Nama Sivaya*, Adoration à Siva ! Cependant il n'est pas nécessaire, pour être Dandi, d'appartenir à la secte de Siva; ceux qui font profession d'adorer particulièrement ce dieu, subissent, à l'époque de leur initiation, une petite incision à la partie intérieure du genou, d'où on leur tire du sang, ce qui est regardé comme une offrande agréable à la divinité. Les Dandis se distinguent encore par la manière dont ils traitent leurs morts; car ils ne les brûlent pas, comme la plupart des autres Indiens, mais ils les enterrent après les avoir mis dans une bière; ou bien ils les jettent dans une rivière sacrée, lorsqu'ils en ont une dans leur voisinage. La raison de cette conduite est que l'usage du feu leur est interdit en toute circonstance.

Les Hindous des trois premières castes peuvent devenir Sanyasis ou Dandis; mais à l'époque actuelle, qui est regardée comme un temps de dégénérescence, un Indien de quelque caste que ce soit peut adopter le genre de vie et les emblèmes de cet ordre; aussi on en rencontre souvent qui, sans être attachés à une communauté, prennent le caractère de cette classe de mendiants. Ils constituent ce qu'on appelle simplement les Dandis, et on les considère comme inférieurs aux membres primitifs de l'ordre, distingués par le titre de *Dasnamis*, et qui n'admettent que des brahmanes dans leur confrérie.

Solvyns assure que quand ils daignent rendre visite aux Européens, il faut leur préparer une cabane neuve pour les recevoir, un palanquin neuf pour les transporter, de la vaisselle neuve pour les servir; bref, ils exigent que tout ce qu'on met à leur service n'ait jamais été souillé par un usage quelconque.

DANIEL, l'un des quatre grands prophètes de l'Ancien Testament. Cependant les Juifs ne le reconnaissent pas pour prophète, parce que, suivant eux, l'inspiration ne pouvait atteindre que ceux qui résidaient dans la terre de Judée, et que Daniel vivait à la cour des rois de Babylone; c'est pourquoi ils mettent ses œuvres au rang des hagiographes.

Daniel était du nombre des Juifs qui avaient été emmenés en captivité par Nabuchodonosor; mais la science de ce jeune homme, sa sagesse précoce, la dignité de son maintien, jointes à la beauté de sa figure et à la grâce de sa personne, plurent au vainqueur, qui l'admit au nombre des officiers de son palais, avec trois autres jeunes Israélites. Daniel et ses compagnons surent se préserver de la contagion des cours et de l'idolâtrie babylonienne; ils conservèrent intacte la foi qu'ils avaient reçue de leurs pères, et remplirent toujours les prescriptions de leur religion, sans ostentation, comme sans respect humain, ce qui leur attira plusieurs fois l'animosité des grands du royaume; et ils furent condamnés à des supplices différents, auxquels ils échappèrent miraculeusement par la protection du vrai Dieu, ainsi que le reconnut le monarque païen lui-même.

Daniel jouit toujours d'une grande considération sous les rois Nabuchodonosor, Balthasar et Darius, parce que, éclairé d'une révélation divine, il avait, à différentes époques, découvert et expliqué leurs songes, ce qui le faisait considérer comme le plus habile des devins ou magiciens. Ces songes étaient réellement envoyés de Dieu, comme l'événement l'a prouvé; en effet, ils étaient la prophétie de tout ce qui devait arriver dans la succession des grandes monarchies, jusqu'au règne spirituel du Messie et à l'établissement de la religion chrétienne. Daniel eut aussi lui-même plusieurs révélations directes fort importantes; on peut même dire qu'il est le plus explicite des prophètes, car non-seulement il annonçait les choses futures, mais il fixait encore la date de leur accomplissement. C'est ainsi qu'il annonça la venue et la mort du Messie au bout de soixante-douze septenaires d'années, à dater du décret de la réédification du temple.

Le livre de Daniel, tel qu'il est en usage dans l'Église catholique, contient différentes parties qui ne se trouvent pas dans le texte hébreu, admis par les Juifs et par les communions protestantes; soit qu'elles aient disparu du livre original, soit que, ce qui est plus probable, elles aient été écrites séparément. Ce sont, 1° le cantique que les trois jeunes gens chantèrent au milieu des flammes de la fournaise où ils avaient été jetés; 2° l'histoire touchante de la chaste Susanne; et 3° la découverte de la fraude des prêtres de Bel, la destruction de cette idole, et une seconde condamnation de Daniel à la fosse aux lions. Ces parties sont appelées *deutérocanoniques*, parce qu'elles n'ont pas été admises universellement par toutes les Églises.

Les orientaux prétendent que Daniel convertit à la vraie foi les rois persans Lohrasp et Cyrus, et qu'il prêcha la religion véritable dans tout l'Irac babylonien, c'est-à-dire la Chaldée. Ils lui attribuent l'invention de la géomancie, et un livre qui a pour titre l'Explication des songes.

DANIEL, Juif fanatique qui parut à Smyrne en 1703, et succéda à Sabthaï-Tsévi, autre fourbe qui avait voulu se faire passer pour le Messie, et avait eu la tête tranchée. Daniel soutenait que Sabthaï n'était pas mort, qu'à la vérité il s'était caché, mais qu'il reparaîtrait bientôt. Ce fanatique avait l'adresse de se faire regarder comme un homme extraordinaire. En prononçant quelques paroles, il s'élevait avec une telle rapidité, qu'on aurait dit qu'il était enlevé par une force majeure; et, par un effet d'optique ou de physique, il faisait paraître un globe de feu, qui changeait de place et suivait les mouvements du fourbe, et finissait par disparaître, après être resté quelque temps sur sa poitrine. On ignore comment finit cet imposteur, qui fut seulement banni de Smyrne.

DANSE. 1° La danse paraît avoir fait autrefois partie du culte judaïque, du moins en quelques circonstances solennelles. On sait que David dansa devant l'arche du Seigneur, lorsqu'il l'amena à Jérusalem. Cependant il n'y eut jamais, dans les cérémonies du culte, de ces danses où les deux sexes étaient confondus, comme chez les païens.

2° Jamais la danse n'a fait partie du culte chrétien, à moins que ce ne fût dans quelques sectes fanatiques, qui ont toujours été désavouées par l'Église.

3° Les Musulmans prohibent sévèrement la danse, non-seulement dans les cérémonies religieuses, mais même dans les fêtes civiles et dans les assemblées profanes. Les hommes ne dansent jamais; mais il y a des troupes de danseuses qui sont fort peu considérées, et que les particuliers louent dans leurs fêtes de famille pour amuser les spectateurs.

Il y a cependant chez les Musulmans certains ordres de derviches ou religieux qui pratiquent une espèce de danse dans leurs réunions religieuses. Leurs exercices se font en se tenant par la main, en avançant toujours par le pied droit, et en donnant à chaque pas, aux mouvements du corps, beaucoup plus d'action et de force. Aussi ces exercices sont appelés *Daur*, terme qui répond à danse ou plutôt à cercle ambulant. La durée de ces danses est arbitraire : chacun est libre de quitter quand bon lui semble. Cependant tous se font un devoir d'y tenir le plus longtemps possible. Les hommes les plus robustes et les plus enthousiastes s'efforcent toujours de l'emporter sur les autres par une plus longue persévérance; ils se dégagent la tête, ôtent leur turban, forment un second cercle au milieu du premier, s'entrelacent les bras sur les épaules les uns des autres, élèvent graduellement la voix et répètent sans cesse : *Ya Allah*, ô Dieu! ou *Ya Hou*, ô lui! en redoublant chaque fois les mouvements du corps, et ne cessant enfin qu'à l'entier épuisement de leurs forces. Les religieux de l'ordre des Roufayis excellent dans ces exercices.

4° La danse jouait un grand rôle dans l'ancien paganisme; elle était très-fréquente dans les cérémonies religieuses des Grecs, et surtout des Phéniciens et autres peuples de l'Orient, où elle était l'occasion de grandes débauches, tant à cause de la réunion des deux sexes, qu'à cause que la licence était trop souvent autorisée par le culte. Ces danses s'exécutaient, ou dans les temples, comme celles qui avaient lieu à l'occasion des sacrifices, aux mystères d'Isis et de Cérès; ou dans les places publiques, comme aux Bacchanales; ou dans les bois, comme les danses rustiques et champêtres, en l'honneur du dieu Pan.

Les danses les plus célèbres chez les Grecs étaient celles des *Curètes* et des *Corybantes*, introduites par ces ministres de la religion sous les Titans. Ils les exécutaient au son des tambours, des fifres, des chalumeaux, et au bruit tumultueux des sonnettes, au cliquetis des lances, des épées et des boucliers. On prétendait que ces danses tumultueuses rappelaient celles que les gardiens de l'enfance de Jupiter avaient coutume d'exécuter, pour empêcher le vieux Saturne d'entendre les vagissements de son fils qu'il réservait à la mort. — La danse des *Lapithes*, inventée, dit-on, par Pirithoüs. Elle s'exécutait au son de la flûte, à l'issue des festins, pour célébrer quelque victoire importante. C'était une imitation du combat des Centaures et des Lapithes, ce qui la rendait difficile et pénible.

La danse des *Saliens* est célèbre chez les Romains. Numa Pompilius l'institua en l'honneur de Mars, et la fit exécuter par douze prêtres appelés *saliens* ou sauteurs, et choisis parmi la plus illustre noblesse. Ces ministres portaient les boucliers sacrés par la ville en dansant et en chantant des vers appelés aussi *saliens*. Lorsqu'ils dansaient, ils étaient revêtus de la *trabea* et coiffés du *galerus*; de la main droite ils tenaient une pique, et ils avaient l'*ancile* ou bouclier passé au bras gauche.

5° La danse fait partie intégrante du culte chez les Indiens, mais elle n'est exécutée que par des femmes : ce sont des courtisanes qui prennent le titre de *Devadasis*, ou servantes des dieux ; mais le peuple les désigne sous le nom plus énergique de *prostituées*; en effet, elles sont tenues par leur profession d'accorder leurs faveurs à quiconque les requiert, moyennant finance. Ces danseuses débauchées sont cependant consacrées d'une manière spéciale au culte des dieux de l'Inde. Chaque pagode un peu notable en a à son service une troupe de huit, douze ou davantage. Leurs fonctions officielles consistent à danser et à chanter deux fois par jour, matin et soir, dans l'intérieur des temples, et, de plus, dans toutes les cérémonies publiques. Elles s'acquittent de ces danses religieuses avec assez de grâce, quoique leurs attitudes soient lascives, et que leurs gestes manquent de décence. Elles assistent aussi aux mariages et aux autres solennités de famille pour y déployer leurs talents. (*Voy.* BAYADÈRES.)

6° Il serait fastidieux de considérer la danse dans tous les pays du monde ; qu'il nous suffise d'énoncer qu'elle est fort en vogue, comme cérémonie religieuse, parmi un grand nombre de peuples de l'Afrique et de l'Amérique.

DANSEURS, fanatiques du XIV° siècle; c'étaient des hommes et des femmes de la dernière classe du peuple, qui allaient de ville en ville, demandant l'aumône, et souvent mettant à contribution les habitants. A mesure qu'ils entraient dans les villes, ils s'assemblaient sur les places publiques, et, se tenant par la main, ils dansaient et s'agitaient jusqu'au point de perdre la respiration et de tomber sans connaissance. En cet état, ils prétendaient avoir des révélations et des visions mystérieuses. Ces malheureux se répandirent surtout dans le pays de Liége, le Hainaut et la Flandre. Ils étaient un objet de pitié et souvent de terreur pour ceux qui les rencontraient. Les prêtres de Liége employèrent les exorcismes pour les guérir. Cette folie fit cependant des dupes, depuis l'an 1280, où elle avait pris naissance, jusqu'en 1406, où elle disparut entièrement.

DAO-LO, dieu des voyageurs chez les Tunquinois. Les paysans et le bas peuple, quand ils se mettent en colère, invoquent ordinairement Dao-lo, et, par une sorte d'imprécation, ils le prient de les faire périr misérablement, avant d'atteindre le terme de leur carrière, ou de les remettre en la puissance d'un autre démon appelé Han-Khien; ce dernier a la garde temporaire des bourgs et des villages.

DAOUZINA, un des dieux subalternes honorés dans les îles de l'archipel Viti.

DAPHNÉ, nymphe, qui passe pour être la fille du fleuve Pénée. Elle fut le premier objet de l'amour d'Apollon exilé du ciel par Jupiter; mais elle lui préféra Leucippe, jeune prince de son âge. Le dieu berger, poursuivant la nymphe insensible à ses vœux, l'atteignit sur les bords du fleuve. Daphné, épuisée de fatigue, implora le secours de son père, qui, pour la soustraire aux importunités du dieu, la métamorphosa en laurier. Apollon, désappointé, se contenta d'en détacher un rameau dont il se fit une couronne, et voulut que désormais le laurier lui fût consacré et devint la récompense des poëtes. Cette fable est fondée sur l'équivoque du nom de *daphné*, qui, en grec, signifie *laurier*. Les Spartiates honoraient Daphné comme une déesse, sous le nom de Pasiphaé; elle rendait dans leur ville des oracles qui avaient beaucoup de réputation.

Les Indiens ont aussi leur Daphné, métamorphosée en arbre pour avoir repoussé les embrassements du Soleil. Cet arbre est une espèce de *mimosa*, qui ne développe ses rameaux que pendant la nuit, et les referme au lever du soleil.

DAPHNÉPHAGES, ou *mangeurs de laurier*; devins grecs qui, avant de rendre leurs oracles, mangeaient des feuilles de laurier, parce que cet arbrisseau était consacré à Apollon, voulant faire croire ainsi que ce dieu les inspirait.

DAPHNÉPHORE, ministre du culte, qui exerçait ses fonctions dans les *Daphnéphories*. (*Voy.* l'article suivant.)

DAPHNÉPHORIES, fêtes que les Béotiens célébraient tous les neuf ans en l'honneur d'Apollon. Un jeune homme appartenant à une des meilleures familles de la ville, d'une belle figure, d'une taille avantageuse, revêtu d'habits magnifiques, les cheveux épars, ayant sur la tête une couronne d'or, et à ses pieds des souliers nommés *iphicratides*, d'Iphicrate, leur inventeur, portait en grande pompe une branche d'olivier, ornée de guirlandes de laurier et de toutes sortes de fleurs, surmontée d'un globe d'airain, auquel étaient suspendus plusieurs autres petits. Le premier représentait le soleil ou Apollon; le deuxième, plus petit, désignait la lune; et les autres, les étoiles. Les couronnes qui environnaient ces globes, au nombre de soixante-cinq, étaient les types de la révolution annuelle du soleil. Le jeune homme, ministre de cette fête, s'appelait *Daphnéphore*. Précédé d'un de ses plus proches parents portant une baguette entrelacée de guirlandes, et suivi d'un chœur de vierges qui tenaient des rameaux, il marchait vers le temple d'Apollon, surnommé *Isménius* et *Galaxius*, où l'on chantait des hymnes en l'honneur du dieu. Voici l'origine de cette solennité : les Éoliens, habitant Arné et le territoire adjacent, avertis par un oracle de quitter leur ancienne résidence, envahirent le territoire des Thébains, alors assiégés par les Pélasges. C'était l'époque de la fête d'Apollon, religieusement observée par les deux partis. Ils convinrent d'une suspension d'armes; et les uns ayant coupé des branches de laurier sur l'Hélicon, les autres près du fleuve de Mélas, les portèrent en pompe, suivant l'usage, au temple d'Apollon. Le même jour, Polémétas, général des Béotiens, vit en songe un jeune homme qui lui faisait présent d'une armure complète, et lui commandait que, tous les neuf ans, les Béotiens fissent des prières solennelles au dieu, en tenant des branches de laurier. Trois jours après cette vision, le général fit une sortie si heureuse, qu'il força les assaillants à renoncer à leur entreprise. Ce fut en mémoire de ce succès que les Béotiens instituèrent les *Daphnéphories*, dont le nom désigne l'action de *porter des lauriers*.

DAPHNÉPHORIQUE, hymne chanté par les vierges dans les Daphnéphories, pendant que les prêtres portaient des lauriers dans le temple d'Apollon.

DAPHNOMANCIE, divination par le moyen du *laurier*. On en jetait une branche dans le feu; si elle pétillait en brûlant, c'était un bon augure; mais si elle brûlait sans faire de bruit, c'était un présage des plus fâcheux.

DARARIENS, secte musulmane, née dans la Perse, et qui se répandit en Syrie et en Égypte, sous le khalifat de Hakem. Elle avait pour chef un certain Mohammed el Somaïl, surnommé *Darari*. Cet homme, ne trouvant pas la religion de Mahomet assez favorable à la nature corrompue, entreprit d'en retrancher toutes les austérités et les pratiques gênantes qui s'y trouvent. Il abolit la prière, le jeûne, l'aumône, les pèlerinages, et ouvrit une école de libertinage et de débauches. Cette nouvelle doctrine fut avidement adoptée, et Darari se vit bientôt à la tête d'un grand nombre de partisans. Il trouva un puissant protecteur dans la personne du khalife Hakem. Ce prince avait perdu la raison, on ne sait par quel accident. Dans sa folie, il voulut se faire passer pour Dieu. Les extravagances les plus absurdes d'un souverain trouvent toujours de lâches approbateurs. La prétendue divinité du khalife fut reconnue par 16,000 personnes, dont Hakem eut soin de faire écrire les noms dans un catalogue. Darari ne fut pas des derniers à encenser l'absurde impiété du khalife. Satisfait du titre de Moïse, qu'il s'attribuait effrontément, il osa soutenir en public que Hakem était en effet le créateur du monde; mais son impudent blasphème fut bientôt puni. Un jour qu'il était dans le chariot du khalife, un Turc zélé le poignarda. Après sa mort, la maison qu'il habitait au Kaire fut démolie, et un grand nombre de ses sectateurs furent massacrés. Un des disciples de Darari, nommé Hamza, prit sa place, et, protégé par le khalife, il continua d'enseigner la même doctrine dans les États de ce prince. Entre autres impiétés, il soutenait qu'il était permis aux frères d'épouser leurs sœurs, et aux pères leurs filles. Cette secte s'étendit sur la côte maritime de la Syrie, et dans le mont Liban; les partisans de cette doctrine sont maintenant connus sous le nom de Druzes. Cependant ces sectaires soutiennent qu'il ne faut pas s'arrêter à l'écorce de la lettre extérieure, mais que certaines prescriptions qui paraissent impies à ceux qui ne sont pas initiés, servent de voile à une doctrine ésotérique dont la morale est très-pure. (*Voy.* DRUZES, HAKEM, HAMZA.)

DARBHA, herbe sacrée des Hindous; c'est une plante de la famille des borraginées (le *Poa cynosuroïdes*). Elle se trouve partout, mais principalement dans les lieux humides et marécageux. Elle croît à la hauteur d'environ deux pieds; sa largeur est à peu près de quatre lignes, et sa sommité est très-pointue. Elle est extrêmement âpre au toucher; frottée à rebours avec les doigts, elle est capable d'enlever l'épiderme et de faire sortir le sang. Les brahmanes l'ont en grande vénération; ils en ont toujours chez eux, et ne font aucune cérémonie sans l'employer; ils en répandent chaque jour dans leur maison, après l'avoir purifiée par des lavages.

Les légendes indiennes ne s'accordent pas exactement sur l'origine de cette herbe sacrée. Selon quelques-unes, au temps où les dieux et les géants réunis barattaient la mer de lait à l'aide du mont Mérou pour en faire sortir l'*amrita* ou ambroisie qui devait leur procurer l'immortalité, cette montagne, en tournoyant sur le dos de Vichnou métamorphosé en tortue, en détacha un grand nombre de poils qui y avaient crû; et ces poils, jetés par les vagues sur le rivage, y prirent racine et devinrent l'herbe *Darbha*.

On lit ailleurs que les dieux, buvant avec avidité l'amrita qu'ils avaient enfin extrait, avec des travaux infinis, de la mer de lait, ils en laissèrent tomber quelques gouttes sur cette herbe, ce qui lui communiqua le degré de sainteté qu'on lui attribue.

Enfin, s'il faut s'en rapporter à d'autres, lorsque Mohini, c'est-à-dire Vichnou, métamorphosé en courtisane de ce nom, distribuait l'amrita aux dieux, en appuyant sur l'aine le vase contenant cette boisson, certains poils s'échappèrent de son corps, et, tombant sur la terre, y prirent racine, ce qui produisit l'herbe darbha.

Quoi qu'il en soit, cette herbe est regardée comme une partie de Vichnou lui-même; et à ce titre, elle reçoit les adorations et les sacrifices des brahmanes. Une fête annuelle est même instituée pour honorer cette herbe divine; elle se célèbre le huitième jour de la lune du mois de Bhadon (septembre), et porte le nom de *Darbha achtami*. En lui offrant le sacrifice ce jour-là, on procure l'immortalité et le bonheur à dix de ses ancêtres; de plus, on voit sa postérité croître et se propager comme l'herbe *Dharba*, l'une des plus fécondes du règne végétal, quoique peut-être l'une des plus inutiles, car elle ne paraît avoir aucune propriété médicinale, culinaire ou autre.

DAR EL-CARAR, *séjour de fixité*; nom que les Musulmans donnent à l'un des huit paradis.

DAR EL-ISLAM, ou DAR EL-SALAM, séjour de la paix; nom que les Musulmans donnent à l'un des huit paradis; il correspond au titre de Jérusalem céleste, sous lequel les chrétiens désignent le ciel, d'après l'Apocalypse. Peut-être même les Mahométans ont-ils eu en vue la ville de Jérusalem, dont le nom signifie en hébreu: *Vision de paix*.

DARKCHA, divinité indienne qui est du nombre des dix *Viswas*, génies qui sont vénérés principalement dans les cérémonies funèbres appelées sraddhas.

DARMA. *Voy.* DHARMA.

DARON, fête grecque dont Hésychius ne nous a conservé que le nom. Meursius soupçonne qu'elle avait trait à un certain Daron, révéré par les Macédoniens comme ayant le pouvoir de rendre la santé aux malades.

DAROUDJ, troisième classe des mauvais génies, chez les Persans; leur nom vient du zend *droudj*, qui signifie cruel, d'où le latin *trux*. *Voy.* DÉROUDJ.

DAROUS, prêtres des Parsis; le mot *darou* signifie médecine.

DARPÉNON, nom tamoul d'une cérémonie instituée en mémoire des morts, et qui a lieu spécialement tous les mois, les jours de nouvelle et de pleine lune, à moins qu'il ne tombe alors une fête particulière. Les Hindous, après s'être purifiés par le bain, s'asseyent devant un brahmane qui récite des prières; ensuite, avec un petit vase de cuivre nommé *chimbou*, il leur verse de l'eau dans une main qu'ils lui présentent ouverte et penchée de son côté, et il jette sur cette main des feuilles de l'herbe *darbha* et des graines de gengéli, en nommant les personnes pour lesquelles il prie. Ces prières s'adressent aux dieux protecteurs des morts.

DARVAND, nom des mauvais génies dans la théogonie des Parsis. Les Darvands sont opposés aux Amschaspands, ou bons génies.

DASA-DANA (*decem dona* ou les dix dons); les Hindous appellent ainsi les présents que les parents d'un défunt doivent faire aux brahmanes qui président aux funérailles. Ces dons consistent en vaches, terres, graines de sésame, or, beurre liquéfié, toiles, diverses sortes de grains, sucre, argent et sel. Ces dix articles offerts aux brahmanes sont fort agréables aux dieux, et ne manquent pas de procurer à celui qui les offre un séjour fortuné après la mort.

DASAHARA, grande fête de la déesse Kali ou Dourga, épouse de Siva, célébrée avec des cérémonies ordinaires dans l'ouest de l'Hindoustan, tandis que dans le Bengale elle est accompagnée d'un grand appareil et dure dix jours; elle commence le premier jour du mois d'Acin ou Kouar. Les Indiens se procurent des statues de terre de Dourga et des autres déesses, et leur adressent leurs adorations et leurs prières, qu'ils accompagnent d'aumônes et d'autres bonnes œuvres; d'autres vont dans les temples ou dans les lieux consacrés spécialement aux déesses dont il s'agit, et offrent là leur *poudja* et leur sacrifice. Par ces actes méritoires on obtient du ciel le bien-être, la prospérité. (*Voy.* NAWARATRI.)

DASNAMIS, religieux hindous, appartenant à l'ordre des *Dandis*, dont ils sont même la partie la plus noble, étant pris parmi les brahmanes, tandis que le reste des Dandis est pris indifféremment dans les castes inférieures. Ils font remonter leur origine à Sangkara Atcharya, personnage qui paraît avoir beaucoup d'importance dans l'histoire religieuse de l'Hindoustan, mais auquel on a attribué souvent une influence beaucoup plus grande que celle qu'il a en effet. Les Dasnamis (*decem nomina*), sont partagés en dix classes, ainsi que l'indique leur nom; chacune de ces classes remonte à un des disciples en seconde ligne de Sangkara. En effet, ce législateur eut d'abord quatre disciples principaux, savoir: *Padmapada*, *Hastamulaka*, *Soureswara* ou *Mandana*, et *Trotaka*. Le premier eut deux pupilles: *Tirtha* et *Asrama*; le second, deux: *Vana* et *Aranya*; le troisième, trois: *Saraswati*, *Pouri* et *Bharati*; le quatrième, trois: *Guiri*, *Parvata* et *Sagara*. Ces noms étaient sans doute des appellations emblématiques; mais tout brahmane qui entre dans l'ordre des Dasnamis doit adopter une de ces dix classes, et en joindre le nom à son nom propre. Ceux qui appartiennent aux classes *Tirtha*, *Asrama*, *Saraswati* et *Bharati*, sont regardés comme ayant conservé la vraie doctrine de Sangkara, et sont en effet les plus habiles à exposer les dogmes du Védanta. Les autres paraissent avoir dégénéré de leur institut; en effet, ils ont abandonné le *danda* ou bâton, et ne se font aucun scrupule de faire usage de vêtements, de monnaie et d'ornements; on distingue en général ces derniers sous le nom d'*Atits*. Comme les vrais Dandis, ils vivent dans les couvents, mais ils se mêlent des affaires temporelles, font le commerce et achètent quelquefois des propriétés; souvent aussi ils remplissent les fonctions de prêtres dans les temples des dieux. Quelques-uns même se marient, mais alors on les distingue des autres Atits par le nom de *Samyognis* (conjuges). *Voy.* DANDIS, ATITS.

DATAIRE, officier de la cour de Rome; c'est un prélat et quelquefois un cardinal député par le pape pour recevoir toutes les requêtes qui lui sont présentées. Il peut même octroyer les provisions des bénéfices lorsqu'elles ne s'élèvent pas au-dessus de vingt-quatre ducats de rente annuelle; autrement il doit les présenter à la signature du souverain pontife. Il a sous lui un sous-dataire et un grand nombre d'employés distribués en différents bureaux.

DATERIE. La Daterie et la Chancellerie du pape n'étaient autrefois qu'une même chose; mais le grand nombre d'affaires a obligé d'en faire deux tribunaux, qui ont tant de relation l'un avec l'autre, que la Daterie ne fait qu'expédier ce qui a passé par la Chancellerie.

DATOU, nom des prêtres des Battaks, peuple de l'île de Sumatra. Lorsque les Battaks veulent faire la guerre, ou commencer quelque entreprise importante, ou bien quand ils ont éprouvé quelque malheur, ils ont recours au Datou, pour savoir de lui quel démon ils doivent apaiser, quelle victime il faut immoler. Dans ce cas, on invite ses amis à une fête qui dure trois jours et trois nuits, pendant lesquels on ne cesse de boire, de manger et de danser. Le troisième jour, au milieu de la danse, l'un des convives qui joue le rôle de compère du prêtre, tombe tout à coup à terre, et fait semblant d'être sans connaissance; un moment après il se relève, et prétend qu'il est le démon qu'on veut apaiser, et qui vient prendre part au festin. Il répond aux questions que lui adresse le maître du festin, de manière à donner à ses paroles la tournure d'une prédiction, et lui promet d'intercéder pour lui auprès des divinités supérieures, puis il se laisse tomber de nouveau par terre; un moment après il se relève, comme s'il sortait d'un profond sommeil, et la comédie est jouée.

DAULIES, fêtes célébrées à Argos en mémoire de Jupiter métamorphosé en pluie d'or pour séduire Danaé. Il y avait dans la même ville une autre fête civile du nom de *Daulie*, instituée en mémoire du combat de Prétus contre Acrise.

DAVID, prophète et roi des Juifs, et l'un des ancêtres du Sauveur du monde. Il fut élevé sur le trône, de la condition de simple berger, l'an 1063 avant Jésus-Christ. Dieu lui-même fit choix de ce prince pour gouverner son peuple, et chargea le prophète Samuel de l'oindre de l'huile sacrée. Saül, alors roi des Juifs, avait encouru par sa désobéissance la disgrâce du Seigneur, qui l'avait rejeté, lui et sa postérité. Il régna cependant encore plusieurs années, et David eut le temps, par ses exploits glorieux contre les Philistins, de se rendre digne aux yeux des peuples du choix que le Seigneur avait fait de lui pour occuper le trône de Juda. Il mérita même d'épouser une des filles de Saül, quoique ce prince, en proie à la plus noire jalousie, ne lui eût accordé cette faveur que pour le perdre plus facilement. Saül ayant été tué dans une bataille contre les Amalécites, l'an 1055 avant J.-C.,

David fut unanimement reconnu roi de Juda. Il signala son règne par la défaite de tous ses ennemis, et surtout par le beau dessein qu'il conçut de déposer l'arche du Seigneur dans un temple magnifique. Il avait déjà fait tous les préparatifs nécessaires, lorsque Dieu lui fit dire par le prophète Nathan qu'il se contentait de sa bonne volonté, mais qu'il ne voulait pas qu'un prince qui avait répandu tant de sang dans les différentes guerres qu'il avait eu à soutenir, lui bâtit un temple de paix. Cette gloire était réservée à Salomon. Deux fautes graves ternirent l'éclat du règne de David. La première fut l'adultère qu'il commit avec Bethsabée, dont il fit périr le mari nommé Urie. Dieu lui fit connaître son péché par le ministère du prophète Nathan, en le menaçant de châtiments terribles; et ce prince en conçut un repentir si vif et si sincère, que le Seigneur lui pardonna. La révolte de son fils Absalon, qui le contraignit à sortir nu-pieds de Jérusalem, fut l'épreuve dont Dieu se servit pour le purifier de sa faute. Après plusieurs années de la plus heureuse prospérité, David, par un mouvement de vanité, fit faire le dénombrement des forces de son royaume. Il reconnut bientôt sa faute; mais Dieu l'en punit en lui laissant le choix d'un de ces trois fléaux, ou une famine de trois ans, ou une guerre de trois mois, ou une peste de trois jours. David choisit le dernier, comme le plus court; mais il n'en vit pas moins périr, dans cet espace de temps, jusqu'à 70,000 de ses sujets. Il pleura ses péchés le reste de ses jours, et mourut dans la paix du Seigneur, après avoir placé sur le trône son fils Salomon.

David composa quantité de psaumes ou cantiques spirituels, moraux et prophétiques, que la Synagogue et l'Eglise ont mis au nombre des livres sacrés. Le psautier, qui renferme leur collection, contient cent cinquante psaumes, que les uns attribuent en totalité à David, mais que d'autres, avec plus de vraisemblance, croyent être de différents auteurs. Dans ce second sentiment, David n'en aurait guère composé que soixante-dix.

Les Orientaux disent que lorsque David, qu'ils appellent *Daoud* ou *Dawoud*, chantait ses psaumes, la douce mélodie de sa voix avait la vertu d'enchanter les oiseaux, d'amollir le fer, d'aplanir les montagnes, de faire mouvoir les pierres, et que, pendant les quarante jours qu'il pleura son péché, les larmes qu'il répandait faisaient croître les plantes.

Ils citent encore à ce sujet une anecdote apocryphe, mais que nous insérons ici, parce qu'elle est fort belle: Dieu, apparaissant un jour à David, lui dit: « Tu me demandes toujours l'entrée du paradis, en implorant ma miséricorde, et tu ne me demandes jamais la possession d'un désir ardent et d'un amour brûlant pour moi; cependant j'ai une complaisance toute particulière pour les cœurs que j'ai doués de cette vertu, et je répands sur eux les lumières de ma face. »

DAVIDIQUES, disciples de David Georges,

fanatique, natif de Delft en Hollande, qui exerçait la profession de peintre sur verre dans la ville de Gand. Il commença à dogmatiser vers l'an 1525, débitant qu'il était le vrai Messie, le troisième David, neveu de Dieu, non par la chair, mais par l'esprit. Avec les Sadducéens il niait la vie éternelle, la résurrection des morts et le dernier jugement; avec les Adamites, il réprouvait le mariage, et admettait la communauté des femmes; avec les Manichéens, il affirmait que l'âme ne pouvait être souillée par le péché, et que le corps seul pouvait en être taché. Mais, peu conséquent avec lui-même, tout en niant la vie à venir, il annonçait que, le ciel étant vide, il avait été envoyé pour adopter des enfants qui fussent dignes de ce royaume éternel, et pour racheter Israël, non par la mort comme Jésus-Christ, mais par la grâce; que les âmes des infidèles seraient sauvées, tandis que celles des apôtres étaient damnées. Il prétendait que nier Jésus-Christ dans un cas pressant n'était pas un crime, et il se moquait des martyrs qui avaient préféré la mort à l'apostasie. La guerre que les catholiques faisaient à ses sectateurs l'obligea de passer de la Flandre où il était, dans la Frise, où il continua de publier ses dogmes pernicieux, combattant les anges, les démons, le baptême, le mariage, l'Écriture sainte et la vie éternelle, et débitant en même temps les maximes les plus monstrueuses et les plus infâmes. L'empereur Charles-Quint employa les édits les plus sévères, le fer et le feu, pour réprimer ces hérétiques. Georges se sauva à Bâle, le 1er avril 1544, avec quelques-uns de ses compagnons, et y prit le nom de Jean Bruck. Il se présenta aux habitants de la ville comme un homme persécuté pour Jésus-Christ, et supplia le sénat de lui accorder un asile. Le sénat fit droit à sa requête, et lui permit de demeurer à Bâle, où il vécut jusqu'à sa mort arrivée en 1556. Il laissa quelques disciples cachés, auxquels il promit de ressusciter trois ans après sa mort; il ne fut pas tout à fait faux prophète, car les magistrats de Bâle, informés de cette promesse impie, firent exhumer son corps le jour même qu'il devait ressusciter, et condamnèrent son corps à être brûlé publiquement avec ses écrits. Il y a encore des restes de cette secte ridicule dans le Holstein, et surtout à Frédéricstadt, où ils sont mêlés avec les Arminiens.

DAVID JONES, être fantastique, créé par la superstition des marins anglais, qui le disent chef de tous les esprits malfaisants de la mer. Ils prétendent qu'il se rend visible sous différentes formes : tantôt enveloppé dans un ouragan, tantôt sous une trombe, ou de mille autres manières, pour avertir de leur malheur les victimes dévouées à la mort. Quand leur imagination effrayée le personnifie, elle lui donne de grands yeux, trois rangées de dents aiguës, des cornes sur la tête, une taille énorme, et de larges narines d'où sort un feu bleuâtre.

DAWOUD TAYI-EBA SOLEIMAN, un des imâms fondateur des rites orthodoxes chez les Musulmans. Il mourut à Koufa, l'ancienne capitale des khalifes Abbassides, l'an de l'hégire 165 (781 de J.-C.). Il eut peu d'adhérents; aussi le rite dont il est le fondateur est-il oublié depuis longtemps. (*Voy.* IMAM.)

DCHAGDCHAMOUNI, le Bouddha actuel des Mongols, le même dont le nom est orthographié en sanscrit *Sakya-Mouni*. Cette divinité, qui gouverne la période présente de l'univers, a déjà subi une multitude innombrable d'incarnations pour s'abaisser sur la terre et retirer le genre humain de l'état de péché. Souvent aussi il s'est revêtu d'une plus haute nature; son individualité s'est divisée et ses émanations sont devenues les âmes de plusieurs Bourkhans. Dans les livres sacrés on lui donne le titre d'*Elu parfait*, et dans le langage vulgaire, il est appelé le *Docteur des dieux*.

M. Ozanam décrit ainsi sa dernière apparition, pendant laquelle il fonda la religion chamanique : « Au temps où l'âge des hommes était de cent ans, le pays d'Ænnœlkœk, c'est-à-dire l'Inde, le vit naître; un des plus illustres princes du pays fut son père : sa mère l'enfanta sans douleur par l'aisselle droite. Khourmousta Tœngœri descendit du Sumnœr (*Soumérou*) pour plonger le nouveau-né dans l'eau sainte. A peine sorti de l'enfance, le dieu consacra dix ans à l'étude approfondie de toutes les sciences et de tous les arts. Bientôt il surpassa dans cet exercice tous les jeunes gens ses condisciples. Ses parents, contraires à ses désirs, voulurent l'engager dans les liens du mariage. Il céda enfin à leurs prières, mais il y mit cette seule condition : que l'épouse qui lui serait destinée réunirait trente-deux vertus. Ce précieux trésor s'offrit à lui; il célébra ses noces, et un an après il eut un fils qui reçut le nom de Rakholi. Alors il renonça pour jamais à la pompe des cours, s'enfuit dans le désert, rasa sa tête et se dévoua à la vie solitaire. Il quitta ce lieu après seize ans de mortification, renouvela, par l'usage du lait, ses forces épuisées, et ne se consacra plus qu'au bonheur des créatures. Le khan des Choumnous, voulant éprouver sa sainteté, vint le trouver et lui demanda la permission d'essayer d'abattre sa tête. Dchagdchamouni le lui permit; mais en vain le khan employa-t-il tour à tour le fer, l'eau et le feu, il ne put lui faire aucun mal. Après avoir accompli l'œuvre de la conversion des peuples, le dieu incarné établit son séjour à Olchirton, pour y continuer le gouvernement du monde. Ses légendes sont contenues dans beaucoup de livres souvent volumineux. Il est représenté assis, nu jusqu'à la ceinture, les jambes croisées sous le corps; on le peint ordinairement de couleur jaune. Ses oreilles offrent de longues entailles, sa main droite est abaissée vers le sol, dans la gauche il porte un vase noir. » *Voy.* BOUDDHA, CHEKIA-MOUNI, BOUDS, FO, etc.

DEASTER, dieu domestique des anciens Sarmates. C'était à lui qu'était confié le soin du feu. Il avait la charge d'empêcher qu'il ne s'éteignît pendant la nuit, et qu'il ne s'en échappât quelque étincelle qui pût incendier la maison.

DÉCALOGUE. On donne ce nom qui veut dire les *dix paroles*, aux commandements que Dieu donna au peuple d'Israël, par le ministère de Moïse, sur le mont Sinaï. Ces dix préceptes n'étaient pas des commandements nouveaux, ils n'étaient que le renouvellement des anciennes prescriptions de la loi naturelle, dont la plupart avaient été oubliées par les peuples tombés dans l'idolâtrie, oubli contre lequel le Tout-Puissant voulait prémunir les Israélites. C'est pourquoi ils ne furent pas promulgués comme les autres lois lévitiques, qui toutes furent énoncées par Moïse et Aaron, son frère; le Décalogue retentit miraculeusement aux oreilles de tous les émigrés de l'Egypte, au milieu des éclairs, au son des trompettes, au bruit du tonnerre, afin que la solennité de la promulgation en constatât l'importance à tous ceux qui en furent les témoins. De plus le Seigneur remit à Moïse ces dix commandements écrits sur deux tables de pierre, qui furent conservées dans l'Arche d'alliance jusqu'à l'époque de la captivité.

Le Décalogue est comme le sommaire de toute la loi; cependant on ne considère pas ses prescriptions comme particulières au peuple juif; en effet, tous les articles en sont acceptés et consentis par les nations les plus éclairées, quelle que soit leur religion; aussi toutes les communions chrétiennes sont-elles entrées en participation de ce précieux héritage de la Synagogue.

Quoique bien connu de tous nos lecteurs, nous allons cependant le rapporter ici, tel qu'il est énoncé dans le livre de l'Exode, tant pour constater des variantes introduites dans la division des préceptes par certaines communions, que pour le confronter avec quelques autres Décalogues.

Ier COMMANDEMENT.

« Dieu prononça toutes ces paroles, en disant : Je suis Jéhova, ton Dieu, qui t'ai tiré de la terre d'Egypte, de la maison d'esclavage.

« Tu n'auras point d'autres Dieux devant moi.

IIe.

« Tu ne feras point de sculpture, ni aucune image de ce qui est en haut dans le ciel, ni de ce qui est en bas sur la terre, ni de ce qui est dans les eaux au-dessous de la terre. Tu ne te prosterneras point devant elles, et tu ne les adoreras pas; parce que je suis Jéhova, ton Dieu, le Dieu fort et jaloux, qui punit l'iniquité des pères sur les enfants, jusqu'à la troisième et à la quatrième génération de ceux qui me haïssent, et qui fais miséricorde en mille générations à ceux qui m'aiment et qui gardent mes préceptes.

IIIe.

« Tu ne prendras point le nom de Jéhova, ton Dieu, en vain; car Jéhova ne tiendra point pour innocent celui qui aura pris son nom en vain.

IVe.

« Souviens-toi du jour du repos pour le sanctifier. Tu travailleras, et tu feras tout ton ouvrage pendant six jours; mais le septième jour est le repos de Jéhova, ton Dieu. Tu ne feras aucune œuvre, ni toi, ni ton fils, ni ta fille, ni ton serviteur, ni ta servante, ni tes bestiaux, ni l'étranger qui est dans tes murs; parce que Jéhova a fait, en six jours, le ciel, la terre, la mer, et tout ce qu'ils renferment, et il s'est reposé le septième jour; c'est pourquoi Jéhova a béni le septième jour et il l'a sanctifié.

V^e.

« Honore ton père et ta mère, afin que tes jours soient prolongés sur la terre que te donne Jéhova, ton Dieu.

VIe.

« Tu ne tueras point.

VIIe.

« Tu ne commettras point de fornication.

VIIIe.

« Tu ne déroberas point.

IXe.

« Tu ne porteras point de faux témoignage contre ton prochain.

X^e.

« Tu ne désireras point la maison de ton prochain. Tu ne désireras point la femme de ton prochain, ni son serviteur, ni sa servante, ni son bœuf, ni son âne, ni rien de ce qui est à ton prochain. »

Chez les catholiques romains et dans plusieurs autres communions, les commandements sont partagés autrement : les deux premiers n'en forment qu'un, qui oblige à ne reconnaître qu'un seul Dieu, et qui défend d'adorer les idoles ou les dieux étrangers. Mais le dixième se divise en deux, dont le premier défend de désirer la femme d'autrui, et défend en général tout désir d'action deshonnête; et le second prohibe le désir du bien de son prochain. Les juifs et les protestants comptent les préceptes suivant l'ordre indiqué ci-dessus.

DÉCALOGUE DES BOUDDHISTES.

1° « Ne tuer rien qui soit vivant.
2° « Ne pas dérober.
3° « Ne commettre aucune action impudique.
4° « Ne pas dire de mensonge ou de fausseté.
5° « Ne boire aucune boisson spiritueuse. »

Les laïques doivent, aussi bien que les religieux, observer ces cinq commandements; les suivants concernent uniquement le clergé bouddhique. Les religieux doivent :

6° « N'oindre ni la tête, ni le corps.
7° « N'assister à aucun chant ou spectacle.
8° « Ne pas dormir sur un lit haut et large.
9° « Ne manger qu'une fois le jour et avant midi.
10° « Ne posséder aucune propriété. »

DÉCALOGUE DE L'EMPEREUR DE LA CHINE.

Un sage, nommé Liu-Koung-tchu, ayant été élevé à la dignité de premier ministre, présenta à l'empereur Tchi-tsoung un petit

livre contenant les dix préceptes suivants, compris en vingt caractères chinois, chaque précepte étant renfermé dans deux caractères.
1° « Craignez le ciel.
2° « Aimez le peuple.
3° « Travaillez à votre perfection
4° « Appliquez-vous aux sciences.
5° « Elevez les sages aux emplois.
6° « Ecoutez les avis.
7° « Diminuez les impôts
8° « Modérez la rigueur des supplices.
9° « Evitez la prodigalité.
10° « Fuyez la débauche. »

DÉCALOGUE DES CHÉOU-KIAI.

Les Chéou-Kiai sont, en Chine, des bonzes qu'on pourrait appeler de la stricte observance, par comparaison avec les autres qui suivent une règle moins sévère. Ces commandements sont à peu près les mêmes que ceux des Bouddhistes ; les Chéou-Kiai sont en effet de cette religion.
1° « Ne point boire de vin.
2° « Ne point manger de viande.
3° « Ne point commettre de fornication.
4° « Ne point mentir.
5° « Ne point tuer d'animaux.
6° « Ne pas dormir dans un lit élevé, large et long.
7° « Ne point dérober.
8° « Ne point porter d'habits de soie ou ornés de fleurs.
9° « Ne point chanter ni danser.
10° « Ne point recevoir d'or, ni désirer de posséder de l'argent. »

DÉCALOGUE DE MINH-MÊNH.

On sait que Minh-Mênh est le père et le prédécesseur de Thiu-thri, roi actuel des Annamites. Ce cruel persécuteur du nom chrétien a voulu composer un Décalogue, pour l'imposer à ses sujets comme règle de conduite. Nous aurions bien désiré posséder la traduction de cette pièce curieuse, mais elle n'est pas encore parvenue en Europe, du moins que nous sachions. Nous sommes obligés de nous contenter d'énoncer la formule principale de chaque précepte, telle que nous la trouvons dans une lettre de Mgr Havard, évêque de Castorie, insérée dans le IXe volume des *Annales de la Propagation de la foi*. C'est dans la même lettre que nous puisons les détails qui suivent.

Le roi Minh-Mênh, par son édit du 6 janvier 1833, proscrivit la religion catholique dans toute l'étendue de ses États ; le résultat de cette mesure fut une persécution affreuse qui fit couler à grands flots le sang des martyrs sur le sol annamite. Mais ce prince astucieux, comprenant bien que la religion ne consiste pas entièrement dans les pratiques extérieures, résolut de l'étouffer dans le cœur même de tous ses sujets. Réfléchissant donc sur tous les moyens d'atteindre plus sûrement ce terme affreux de tous ses désirs, il se rappela que le Décalogue des chrétiens était la principale règle de leur conduite, que les païens eux-mêmes le citaient avec éloge, et que quatre fois par année les fidèles se réunissaient en grand nombre pour célébrer ensemble les saints mystères. Le roi avait trop d'esprit pour croire qu'il lui était possible d'anéantir un culte, sans rien substituer à sa place : en prince philosophe, il résolut donc d'opposer, en quelque sorte, culte à culte, fêtes à fêtes, et décalogue à décalogue. Ainsi il fit feuilleter une foule d'ouvrages de morale, ceux de Confucius entre autres, dont on a noté par ses ordres les plus beaux endroits, ainsi que tous ceux qui pouvaient avoir quelque analogie avec la doctrine des chrétiens ; ensuite on a cousu tout cela du mieux possible, et l'on obtint ainsi un corps de doctrine que l'on divisa en dix articles. Une préface emphatique rappelait aux Annamites que, désirant marcher sur les traces de ses augustes prédécesseurs, le roi, dans sa paternelle sollicitude, avait composé ces dix préceptes. Leur exacte observance, y est-il dit, ne peut manquer d'obtenir du ciel une paix heureuse pour tous les habitants du royaume, et les plus abondantes moissons.

Un autre décret régla le cérémonial de la réception de cette pièce importante. Partout on dut se préparer à la recevoir avec un religieux recueillement : il fallut aller processionnellement à sa rencontre, la porter avec respect sur ses épaules. Il était ordonné de la renfermer dans une sorte de châsse, comme les reliques des saints ; de temps à autre on devait lui faire un certain nombre de salutations et de prostrations. Quatre fois l'année, c'est-à-dire au commencement de chaque saison, on devait se réunir pour en entendre la lecture et l'interprétation faite par un lettré : hommes, femmes et enfants, grands et petits, personne enfin n'était exempt de prendre part à cette grande cérémonie.

Le temps désigné pour la première lecture étant donc arrivé, le roi envoya un paquet d'imprimés de ce Décalogue à tous les gouverneurs de province ; ceux-ci les envoyèrent à leurs inférieurs, et ainsi jusqu'aux chefs des plus petits villages. En présence des mandarins, tout se passa avec le cérémonial prescrit ; mais, en l'absence de ceux-ci, le peuple manqua grandement de respect à ce fameux Décalogue. Dans plusieurs endroits, les chefs des villages s'étant rendus chez le mandarin pour le recevoir, furent obligés d'attendre quelque temps à la porte ; en sorte qu'ils se mirent à boire pour calmer leur ennui, et la plupart rapportèrent dans leurs poches ce qu'ils devaient porter en cérémonie sur leurs épaules. La prédication n'eut pas un meilleur succès ; les païens mêmes n'en furent pas contents ; ils se gênèrent guère pour dire que le roi se moquait d'eux, qu'il voulait les amuser avec des colifichets comme les enfants, que chacun savait bien d'avance tout ce que renfermait son bel imprimé, etc. ; tant il est vrai que tous ces catéchismes de préceptes naturels n'ont jamais satisfait le cœur de l'homme, et qu'ils y laissent un vide immense que rien ne saurait remplir que la véritable religion. Ce Décalogue de Minh-Mênh ressemble beaucoup au culte de la Raison de nos patriotes français : au reste, voici un petit précis de cette pièce que le roi regardait comme son chef-d'œuvre.

Ier COMMANDEMENT.

« Garder exactement les rapports sociaux. »

C'est comme qui dirait les *droits de l'homme*. Mais au Tong-King on les entend autrement qu'en France. Ces rapports sociaux sont ceux du roi aux sujets ; les droits du roi sont tout, ceux des sujets absolument rien ; viennent ensuite ceux du père au fils, du mari à la femme, des frères entre eux, puis des amis ou des hôtes. Ces cinq espèces de rapports jouent un grand rôle dans tous les livres de morale chinoise, dont on se sert uniquement dans le royaume d'Annam.

IIe.

« Porter en toute chose une grande pureté d'intention. »

Cette droiture est fort recommandée comme étant la règle de nos actions, qui seront toutes bonnes si notre cœur est droit, simple et juste ; mauvaises, si l'on s'écarte de cette droiture. Ce précepte paraît emprunté à l'Evangile.

IIIe.

« Remplir avec diligence les devoirs de son état et de sa condition. »

Il faut être content de sa condition, ne pas se plaindre de l'état où il a plu au ciel de nous faire naître, en remplir les devoirs avec soin et avec joie, travailler avec ardeur et contentement. Cela regarde tout le monde : laboureurs, artisans, marchands, soldats, tous doivent être satisfaits ; alors le bonheur des sujets de Sa Majesté sera parfait.

IVe.

« Sobriété dans le boire et dans le manger. »

Ce commandement prescrit d'user modérément des biens que le ciel nous a donnés, de ne pas imiter ceux qui, dans certains jours de débauche, consument tout leur avoir et meurent ensuite de faim pendant tout le reste de l'année. Il est dit que l'intempérance, ainsi que la passion du jeu, engendre la pauvreté, les vols et les brigandages.

V^e.

« Garder les usages et les rites. »

Mgr Havard supprime les développements de ce précepte, comme ne répondant pas au titre, et n'étant que de longues et vagues dissertations en dehors du texte.

VIe.

« Les pères et les mères doivent élever leurs enfants avec soin, et les frères aînés rendre le même service à leurs cadets. »

Le roi regarde l'éducation domestique comme la base de l'édifice social, et avec raison : aussi cet article a-t-il été reçu avec applaudissement.

VIIe.

« Eviter les mauvaises doctrines et n'étudier que les bonnes. »

Le législateur désire que tous les hommes se livrent à l'étude et ne laissent même passer aucun jour sans lire, apprendre ou étudier ; mais qu'ils se gardent bien d'avaler le poison avec les aliments qui sont destinés à les nourrir. C'est en cet endroit que Minh-Mênh se livre sans mesure à toute sa haine pour le nom chrétien : il dit que de toutes les fausses doctrines celles du christianisme sont les plus opposées à la raison et les plus dangereuses pour les bonnes mœurs ; que ses partisans vivent confondus pêle-mêle, hommes et femmes, comme des brutes ; que plusieurs ont déjà payé de leur tête la folie qui les avait engagés dans les superstitions de ce culte ; que les peuples doivent donc bien se garder de les imiter ; mais que tous doivent suivre en tout point les usages anciens et les rites accoutumés dans le royaume, soit dans les mariages et les enterrements, soit dans le culte des ancêtres et celui des génies tutélaires, c'est-à-dire qu'il veut obliger tous les chrétiens à prendre part aux cérémonies idolâtriques.

VIIIe.

« Gardez la chasteté et la pudeur. »

Minh-Mênh recommande cette vertu à ses peuples, sans doute pour imiter notre Décalogue ; il promet des récompenses aux personnes qui se distingueront dans la pratique de cette vertu, il punira le vice qui y est contraire. Ce précepte peut paraître singulier dans la bouche d'un législateur entouré d'un sérail nombreux ; et ses sujets trouveraient sans doute plus commode d'imiter sa conduite que de garder son commandement.

IXe.

« Observer exactement les lois du royaume. »

Entre autres recommandations que fait cet article, on insiste sur l'exactitude à payer le tribut, ce qui a fait murmurer les auditeurs ; car rien n'irrite plus les esprits, dans la Cochinchine et le Tong-King, que d'entendre parler d'impôts, comme rien ne flatte tant que leur remise.

X^e.

« Pratiquer des bonnes œuvres. »

Ce précepte est sans doute emprunté à la morale chrétienne, car on ne trouve rien d'exprès sur ce sujet dans les livres des philosophes chinois. Il est dit, entre autres choses, sur ce chapitre : « Soyez persévérants dans la pratique des bonnes œuvres ; » et encore : « Faites aujourd'hui une bonne œuvre, demain une autre ; ne vous relâchez jamais, et vous aurez une abondance inépuisable de bonnes œuvres. » Ces maximes vraiment belles semblent une réminiscence de l'Evangile.

DÉCANS. Les Egyptiens, qui avaient divisé leur pays en trente-six nomes ou gouvernements, divisèrent également l'année en trente-six portions égales de dix jours chacune ; et ils mirent chacune de ces portions sous la protection d'une divinité inférieure, qu'on appelait *Decan*. Chaque mois était ainsi sous la protection de trois Decans. Les trois premiers étaient ceux qui composaient le signe du Cancer ; ils s'appelaient *Sôthis, Sit* et *Khnoumis.* C'est à ces trente-six Decans que le roi Necepso attribuait, dans ses livres d'astrologie, comme nous l'apprenons de Julius Firmicus, les influences les plus étendues sur les maladies et la santé, *omnia vitia valetudinesque.*

DÉCENNALES, fêtes romaines célébrées par les empereurs, chaque dixième année de leur règne : ils y offraient des sacrifices aux dieux, donnaient des jeux au peuple et distribuaient des largesses. Ce fut Auguste qui le premier institua ces solennités, et son exemple fut suivi par ses successeurs. Les vœux que faisait alors le peuple pour la santé de l'empereur et la conservation de l'État, paraissent avoir succédé à ceux que faisaient les censeurs, au temps de la république, pour la prospérité du gouvernement. Le but d'Auguste, en introduisant ces fêtes, était de conserver le souverain pouvoir sans blesser les citoyens, et sans permettre qu'ils y missent d'entraves ; car, durant leur célébration, le prince déposait son autorité entre les mains du peuple, qui ne manquait pas de la lui rendre.

DÉCHAUSSÉS, hérétiques qui prétendaient que, pour être sauvé, il fallait marcher nu-pieds. Saint Augustin en parle dans son livre *des Hérésies.*

DÉCHAUX ou DÉCHAUSSÉS (CARMES). (*Voy.* CARMES.)

DECIMA, divinité romaine, dont la fonction était de préserver le fœtus de tout accident, lorsqu'il allait jusqu'au dixième mois. — *Decima* était aussi le nom d'une des Parques chez les Romains.

DECIMATRUS, jour de fête chez les Falisques, ainsi nommé, parce qu'il était célébré le dixième jour des Ides.

DÉCIMES, dixième partie des revenus ecclésiastiques, levée, dans certains pays, pour les besoins de l'Eglise et de l'État. Philippe-Auguste, roi de France, ayant entrepris une croisade contre Saladin, soudan d'Égypte, ordonna une levée sur les biens du clergé, qui est la première qu'on ait qualifiée du nom de *décime.* Tous ceux qui possédaient des bénéfices ou des biens ecclésiastiques étaient sujets aux décimes : il n'y avait que fort peu d'exceptions. Les décimes se levaient dans toutes les provinces de la France. Les seuls pays qui en fussent exempts étaient les trois évêchés, Metz, Toul et Verdun ; l'Artois, la Flandre française, la Franche-Comté, l'Alsace et le Roussillon.

Dans l'ancienne loi, il était ordonné aux Lévites de donner au grand prêtre la dixième partie des dîmes qu'ils recevaient du peuple. Autrefois les rois de France, quand ils avaient besoin d'argent, obtenaient du pape la permission de lever des décimes sur le clergé. Ce n'était alors qu'un subside passager ; mais depuis l'assemblée de Melun, tenue en 1580, les décimes devinrent un tribut constant, appelé *don gratuit,* que le roi levait sur tous les bénéfices du royaume, et dont il renouvelait le contrat tous les dix ans.

DÉCRET. On donne le nom de *décret* à plusieurs collections d'anciens canons, particulièrement à celles qui ont été faites par Bouchard de Worms, par Yves de Chartres, et par Gratien. Le décret de Bouchard de Worms et celui d'Yves de Chartres, qui n'en est souvent qu'une copie, sont remplis de fautes et ne méritent aucune confiance. Le décret de Gratien, moine bénédictin, est beaucoup plus exact. Il a pour titre : *Concordantia discordantium canonum* (Concordance des canons qui ne s'accordent pas). En effet, Gratien, dans cet ouvrage composé en 1151, s'est particulièrement attaché à concilier les différents canons qui paraissent se contredire. On distingue trois parties dans le décret de Gratien. Dans la première, il s'agit des principes, du droit et des personnes ; dans la seconde, il est parlé des jugements ; et la troisième roule sur les choses sacrées. On a prétendu, mais sans fondement, que le pape Eugène III avait approuvé et confirmé cette collection qui fut faite sous son pontificat. Quoiqu'elle soit préférable à toutes les autres, il s'en faut encore beaucoup qu'elle ait la perfection que demande un ouvrage de cette espèce ; les fautes qu'on y trouve en assez grand nombre ont engagé quelques savants hommes à y faire des corrections. Le décret de Gratien forme la première partie du corps de *droit canonique.*

On donne aussi le nom de *décret* aux décisions des conciles, parce qu'elles commencent par ces paroles : *Decrevit sancta synodus* (le saint synode a décrété). Cependant les décisions qui regardent la discipline sont plus particulièrement appelées *décrets ;* et celles qui concernent la foi sont nommées *canons.*

DÉCRET (NUIT DU), une des sept nuits saintes des Musulmans. C'est celle pendant laquelle ils supposent que le Coran est descendu du ciel pour être révélé à Mahomet. Ils l'envisagent comme étant spécialement consacrée à des mystères ineffables, ce qui la met fort au-dessus de toutes les autres. C'est une opinion commune, que mille prodiges secrets et invisibles s'opèrent dans cette nuit, que tous les êtres inanimés y adorent Dieu, que toutes les eaux de la mer perdent leur salure et deviennent douces dans ce moment mystérieux, qu'enfin telle est sa sainteté, que les prières faites dans cette nuit seule équivalent en mérite à toutes celles que l'on ferait pendant mille lunes consécutives ; ce qui est fondé sur le chapitre XCVII du Coran, qui porte le titre de *Nuit du décret,* ou mieux *de l'heureuse destinée* (en arabe *el-cadr*) (1).

Il contient cinq versets ; le voici dans son

---

(1) J'appelle cette nuit, la *Nuit du décret,* pour me conformer aux anciennes traductions ; car les traducteurs modernes rendent plus exactement le mot *El-cadr* par *heureuse destinée.* Savary, dans sa traduction du Coran, a éludé la difficulté en l'appelant la *nuit célèbre.*

entier: « Certes, nous l'avons fait descendre (le Coran) dans la nuit de l'heureuse destinée. Et voici ce que t'apprend la nuit de l'heureuse destinée. La nuit de l'heureuse destinée est plus excellente que mille mois. Dans cette nuit, les anges et l'Esprit descendirent avec la permission de Dieu, portant ses ordres sur toutes choses : et la paix régna jusqu'au lever de l'aurore. » Toutefois, disent les docteurs musulmans, il n'a pas plu à Dieu de la révéler aux fidèles; nul prophète, nul saint n'a pu la découvrir; de sorte qu'on ignore encore l'incidence de cette nuit si favorisée du ciel. On la suppose cependant dans une des nuits impaires du mois de Ramadhan; c'est pourquoi on la célèbre tous les ans, le 27 de cette lune de jeûne et de pénitence. On illumine les minarets et l'on va prier dans les temples : c'est aussi un devoir pour les Mahométans de garder la continence ce jour-là.

DÉCRÉTALES. On donne ce nom aux rescrits et lettres écrits par le souverain pontife, en réponse aux questions de doctrine et de discipline qui lui ont été adressées. Il y a cinq collections de décrétales qui, avec le décret de Gratien, constituent ce que l'on appelle le Corps de droit canonique; ce sont, 1° les *Décrétales* de Grégoire IX; 2° le *Sexte* de Boniface VIII; 3° les *Clémentines*; 4° les *Extravagantes* de Jean XXII; 5° les *Extravagantes* communes ; ce dernier recueil est fermé à l'an 1483; depuis cette époque il n'a plus été rédigé de recueil de décrétales, universellement admis.

On appelle *Fausses Décrétales* un recueil d'anciens canons dont on a beaucoup parlé. Les protestants, avec Fleury et tous les écrivains gallicans, ont beaucoup exagéré la funeste influence que, suivant eux, ces canons ont eue sur la discipline ecclésiastique. Des recherches plus exactes et plus impartiales ont prouvé que ces décrétales, faussés quant à la source où l'auteur prétend avoir puisé ces pièces, ne sont pas fausses quant aux points de discipline ou de doctrine qu'il voulait établir. Ce qui fit que personne ne réclama contre lui, c'est qu'il conseillait de faire ce qui était pratiqué ou avait été pratiqué avant lui, ou ce qui était fondé sur une logique exacte. On le prouve surtout en ce qui concerne la puissance du pape et des métropolitains. Au reste ces questions sont plutôt du ressort du droit canonique; c'est pourquoi nous renvoyons au *Dictionnaire de droit canonique* qui fait partie de cette *Encyclopédie*.

DÉDALE, un des plus habiles ingénieurs de l'antiquité; on le dit descendant des anciens rois d'Athènes, et instruit par Mercure. Il devint célèbre en architecture et en sculpture, et on lui attribue l'invention de la cognée, du niveau, du vilebrequin, etc. Il fut le premier qui substitua les voiles à la rame pour naviguer. A l'époque reculée où il vivait, il n'en fallait pas tant pour faire rendre à un mortel les honneurs divins; aussi était-il honoré comme un dieu, au rapport de Diodore de Sicile, dans une île près de Memphis, où on lui avait élevé un temple.

Malheureusement, sa vie et ses travaux ont été enveloppés, par les écrivains des anciens âges, d'un voile qu'il est parfois fort difficile de soulever. Ainsi ils rapportent que Dédale construisait des statues animées, qui voyaient et qui marchaient, ce qui indique un progrès de l'art; le premier sans doute il sut donner de l'expression aux regards; le premier peut-être il sculpta et détacha les jambes des statues, leur donna des attitudes hardies, tandis qu'auparavant les statues avaient les jambes informes, au repos, ou bien n'étaient qu'une gaîne à la partie inférieure : à moins qu'on ne veuille admettre qu'il avait fabriqué des statues de bois qui se mouvaient au moyen d'un mécanisme intérieur; c'est ce qu'on pourrait inférer d'un passage d'Aristote. Mais Pausanias favorise le premier sentiment, car il en avait quelques-unes; or il avoue qu'elles étaient choquantes par l'irrégularité des proportions, mais il leur accorde une sorte d'expression et de vie.

Jaloux de son neveu qui menaçait de le surpasser dans son art, il s'en débarrassa par la mort. Obligé de fuir après cette basse vengeance, il se réfugia en Crète, à la cour de Minos, et y construisit le labyrinthe si célèbre dans l'antiquité. Dédale fut la première victime de son invention, car ayant favorisé les amours adultères de Pasiphaé, épouse de Minos, il fut enfermé dans le labyrinthe avec son fils Icare, pour être exposé à la voracité du Minotaure. C'est là, disent les poëtes, qu'il fabriqua pour lui-même et pour son fils des ailes artificielles dont les plumes étaient réunies avec de la cire, et lui ayant enseigné la manière de s'en servir, ils prirent ensemble leur vol par-dessus les murs de la forteresse. Dédale avait recommandé à son fils de ne pas s'approcher trop près du soleil. Mais Icare, oubliant les recommandations paternelles, vit fondre la cire de ses ailes, tomba dans la mer Egée et s'y noya. Il serait peut-être ridicule de voir dans ce fait le premier essai d'une tentative renouvelée infructueusement à différentes époques; nous préférons y reconnaître le premier usage des voiles adaptées à une barque, que le jeune Icare, dans son impéritie, ne sut pas diriger. Les voiles en effet peuvent être considérées comme les ailes d'un navire. Le malheureux père aborda seul en Sicile, d'autres disent en Egypte, auprès du roi Cocalus, qui d'abord lui donna un asile, mais qui finit par le faire étouffer dans une étuve, pour prévenir l'effet des menaces de Minos.

DÉDALIES, fêtes que les Platéens célébraient tous les ans, depuis leur retour dans leur patrie, dont ils avaient été exilés soixante ans auparavant par les Thébains. Les Athéniens, chez lesquels ils s'étaient réfugiés, leur ayant permis de retourner dans leur pays et de rebâtir leur ville, ils instituèrent les Dédalies en mémoire de ce rétablissement, et comme leur exil avait duré soixante ans, chaque soixantième année, ils célébraient cette fête avec une plus grande magnificence.

Les Platéens célébraient une fête du même nom à Alalcomène, où était le bois le plus considérable de la Béotie. Le peuple s'y rassemblait et exposait en plein air les pièces de chair des victimes, observant avec soin de quel côté dirigeaient leur vol les corbeaux qui venaient à cette espèce de curée. Tous les arbres sur lesquels ils s'étaient abattus étaient coupés et taillés en statues que les Grecs appelaient *Dædala*, du nom de Dédale.

Les Grecs célébraient encore une autre fête nommée aussi *Dédalie*, en mémoire de la réconciliation de Jupiter avec Junon.

DÉDICACE, consécration d'un temple, d'un autel, d'une statue, etc.

1° Les cérémonies de la dédicace étaient très-solennelles chez les Juifs ; le premier exemple que nous en voyons dans l'Ecriture sainte est la dédicace du tabernacle, élevé dans le désert par l'ordre du Tout-Puissant, qui avait pour ainsi dire présidé à sa confection ; car il en avait donné toutes les dimensions, spécifié tous les ornements, et indiqué tout le mobilier. Lors donc que tout fut terminé, ainsi que l'avait ordonné le Seigneur, on procéda à la dédicace, ou plutôt Dieu lui-même se chargea de le consacrer. Après qu'on y eut offert pour la première fois des parfums, des sacrifices et des holocaustes, la nuée apparut sur le tabernacle et l'enveloppa tout entier ; il fut rempli d'une lumière miraculeuse, à tel point que les prêtres et Moïse lui-même ne pouvaient pénétrer dans l'intérieur, parce que, suivant l'expression du texte sacré, il était rempli de la majesté du Seigneur.

La dédicace du temple, bâti dans la suite par Salomon à Jérusalem, ne le céda point à celle du tabernacle en pompe et en effets miraculeux. Salomon avait tout disposé pour rendre cette solennité la plus auguste qu'il fût possible ; tout le peuple d'Israël avait été convoqué et était accouru de toutes parts à cette cérémonie nouvelle pour lui. Les prêtres allèrent chercher l'arche d'alliance, qui était dans le tabernacle, avec tous les instruments du ministère lévitique, et les portèrent au temple avec un appareil imposant. Ils étaient précédés du roi et de toute la foule, qui manifestait sa joie par des cantiques accompagnés de toutes sortes d'instruments de musique. On s'arrêtait fréquemment dans le chemin pour immoler des brebis et des bœufs. Lorsque les prêtres eurent placé dans le sanctuaire ce précieux dépôt, aussitôt un épais nuage remplit le temple, et y répandit une obscurité profonde, tellement que les prêtres ne pouvaient y exercer les fonctions de leur ministère. *La gloire de Dieu*, dit encore l'Ecriture, *avait rempli le temple*. Cependant les lévites, vêtus de robes de lin, soutenus de cent-vingt chantres, célébraient les miséricordes du Seigneur, au son de divers genres d'instruments. Alors Salomon prononça un discours au peuple, dans lequel il lui rappela à quelle occasion il avait bâti le temple ; puis tombant à genoux, et élevant ses mains vers le ciel, il s'adressa au Tout-Puissant, et lui fit une prière touchante, le conjurant de répandre sa bénédiction sur cette maison qu'il lui avait fait la grâce d'ériger à sa gloire. *Seigneur, mon Dieu*, ajouta-t-il, *exaucez les prières que votre serviteur répand en votre présence. Ecoutez les prières de ceux qui viendront prier en ce lieu, et exaucez-les. Si votre peuple d'Israël, vaincu par ses ennemis, à cause des péchés qu'il aurait commis contre vous, vient dans ce temple avec un cœur sincèrement contrit, exaucez-le du haut des cieux, pardonnez les péchés de votre peuple. Si le ciel, devenu d'airain, refuse à la terre sa rosée, et que votre peuple vienne dans le temple s'humilier devant vous et implorer votre clémence, Seigneur, ouvrez les cieux en leur faveur, et rafraîchissez les campagnes desséchées. Si la peste ou la famine afflige votre peuple, et qu'il vienne en ce lieu lever les mains vers vous, exaucez-le du haut de votre trône céleste, et accordez-lui l'objet de ses désirs. Daignez écouter même les vœux de l'étranger, qui viendra d'une terre lointaine, pour s'approcher de votre sanctuaire avec respect et avec confiance, et que tous les peuples de la terre reconnaissent que ce temple est vraiment la maison du Seigneur. Quand les Israélites, occupés à combattre leurs ennemis, ou retenus captifs dans une contrée étrangère, tourneront leurs regards et dirigeront leurs prières vers Jérusalem et vers votre temple auguste, vous entendrez leur voix du haut du ciel, et vous leur accorderez votre secours*. Après que le roi eut terminé sa prière, le feu descendit du ciel et dévora les holocaustes et les victimes. Les victimes qui furent immolées ce jour-là, tant par Salomon que par le peuple, se montèrent au nombre de vingt-deux mille bœufs, et de cent vingt mille brebis (1).

Lorsqu'au retour de la captivité de Babylone, les Israélites eurent relevé de ses ruines le temple de Jérusalem, Esdras en fit aussi la dédicace avec la solennité que comportait le malheur des temps. On immola à cette occasion cent veaux, deux cents béliers, quatre cents agneaux, et douze chevreaux, suivant le nombre des tribus d'Israël. Les jeunes gens étaient dans la joie en contemplant ce qu'ils appelaient les magnificences du second temple, mais les vieillards, qui avaient vu le premier, pleuraient en comparant sa splendeur au dénûment de celui qu'ils avaient sous les yeux.

Ce second temple ayant été dans la suite profané par Antiochus, on en fit une nou-

(1) Nos humanitaires modernes taxeront sans doute de prodigalité absurde cette prodigieuse multitude de victimes ; mais il ne faut pas oublier que la chair des animaux sacrifiés était mangée presque en entier, tant par les sacrificateurs que par ceux qui avaient fourni les victimes et par leurs parents et amis. Ces milliers de victimes sont donc une preuve de la foule immense qui était accourue à Jérusalem. Il est à croire que la nation presque tout entière était présente à cette solennité.

velle dédicace, 164 ans avant l'ère chrétienne. Les Juifs en renouvellent encore chaque année la mémoire, et ils nomment cette dédicace *Hanouca*, c'est-à-dire *renouvellement*.

2° La consécration d'une église neuve, dans l'Église latine, se fait par un évêque, avec les cérémonies prescrites par le Rituel. Ces cérémonies sont en si grand nombre, qu'il serait difficile d'en donner une description exacte. Nous nous bornerons à parler des principales.

La dédicace se fait ordinairement un dimanche ou un jour de fête. On s'y prépare par un jeûne de trois jours. Dès la veille, on renferme dans un vase les reliques qui doivent être mises sous l'autel de la nouvelle église : on y joint trois grains d'encens avec un morceau de parchemin sur lequel on a marqué l'année, le mois et le jour de la dédicace, le nom de l'église, et celui de l'évêque qui fait la cérémonie. Le vase, après avoir été scellé, est déposé dans quelque lieu décent, hors de l'église, et on célèbre l'office de la nuit en leur présence. Le matin l'évêque vient à l'église et fait allumer douze cierges qui sont placés devant autant de croix peintes sur les murs ou les colonnes dans le pourtour de l'église ; on fait sortir tout le monde à l'exception d'un diacre revêtu d'une aube et d'une étole. Il se rend au lieu où les reliques ont été déposées, et y récite les sept psaumes de la pénitence ; il revient alors à la porte de l'église où l'on chante les litanies des saints. Ensuite le clergé fait trois fois processionnellement le tour de l'église en dehors, pendant que l'évêque bénit les murs en les aspergeant la première fois vers le sommet, la seconde fois vers les fondations, et la troisième fois au milieu. Chaque fois qu'il passe devant la porte principale de l'église, on y chante un répons, et après que l'évêque a récité une oraison, il frappe à la porte avec sa crosse, en disant : *Ouvrez les portes principales ; élevez-vous, portes éternelles, et le roi de gloire entrera.* Le diacre demande de l'intérieur : *Quel est ce roi de gloire ?* L'évêque répond : *C'est le Seigneur tout-puissant, c'est le Dieu des armées.* À la dernière fois, l'évêque trace sur le seuil avec sa crosse le signe de la croix, en récitant ce vers latin :

Ecce crucis signum, fugiant phantasmata cuncta.

La porte s'ouvre, l'évêque est reçu dans l'église par le diacre, avec le clergé seulement. On chante le *Veni Creator*, pendant lequel un clerc répand de la cendre en forme d'X dans toute la longueur du pavé de l'église ; ensuite on achève les litanies, et différentes autres prières, suivies du cantique *Benedictus* ; et en même temps l'évêque trace avec sa crosse l'alphabet grec et l'alphabet latin en grandes lettres sur les bandes de cendres, pour montrer l'union des Églises orientale et occidentale. Puis il bénit de l'eau qu'il mêle de sel, de cendre et de vin, en prononçant des exorcismes sur chacune de ces substances ; il va ensuite à la porte de l'église et y trace le signe de la croix en haut et en bas. De là il se rend au grand autel pour le bénir ; et pendant le chant du psaume *Judica me, Deus*, entrecoupé d'antiennes, il trempe le pouce dans l'eau qu'il vient de bénir, et en fait un signe de croix sur le milieu de la table de l'autel et un autre aux quatre coins, en prononçant des paroles de consécration ; puis il fait sept fois le tour de l'autel en l'aspergeant de la même eau bénite, pendant que l'on chante le psaume *Miserere*, interrompu sept fois par l'antienne *Asperges me*. Il fait ensuite trois fois le tour de l'église à l'intérieur pour bénir les murs et le pavé en y jetant de l'eau bénite, de la même manière qu'il a fait à l'extérieur. Après toutes ces aspersions accompagnées de psaumes et de prières, l'évêque bénit le ciment destiné à sceller l'autel, et il se rend processionnellement avec le clergé au lieu où sont les reliques ; les prêtres les apportent sur un brancard soutenu sur leurs épaules ; ils entrent dans l'église suivis de tout le peuple. L'évêque dépose les reliques dans l'intérieur de l'autel, et, trempant dans le saint chrême le pouce de la main droite, il fait des onctions sur la pierre qui doit les couvrir, les encense, puis il ajuste cette pierre, l'enduit de ciment bénit, et les maçons achèvent de la consolider ; il la consacre de nouveau avec le saint chrême, l'encense encore ainsi que l'autel qu'il consacre aussi en l'oignant du chrême et de l'huile des catéchumènes au milieu et aux quatre coins, puis il répand de l'un et de l'autre sur l'autel et l'en frotte tout entier avec la main droite ; nous passons sous silence les psaumes et les nombreuses prières qui sont chantés ou récités pendant cette cérémonie. De là l'évêque consécrateur va faire l'onction des douze croix qui ont été peintes sur la muraille, les encense alternativement, retourne à l'autel et bénit des grains d'encens, que l'on met brûler avec des croix de cire sur toutes les onctions qui ont été faites à l'autel, et sur les douze croix de l'église ; lorsque ces substances sont consumées, on en recueille avec soin les cendres et on les jette dans la piscine. L'évêque termine la cérémonie en traçant encore une croix avec le chrême sur le devant de l'autel, et aux endroits où la table se joint aux supports ; après quoi il bénit tout ce qui sert à parer l'autel.

Quand une église a été ainsi dédiée, on en célèbre tous les ans la mémoire à pareil jour, par une fête que l'on appelle l'*Anniversaire de la dédicace*. On prétend que le pape saint Sylvestre est le premier qui ait introduit dans l'Église les cérémonies de la dédicace, lorsqu'il consacra l'église bâtie par Constantin dans son palais de Latran, sous l'invocation de saint Pierre et de saint Paul.

3° Quand les Grecs veulent bâtir une église, le patriarche ou l'évêque, revêtu de ses ornements pontificaux, se rend à l'endroit où l'on doit jeter les fondations. Il encense toute l'enceinte, et pendant l'encensement, le clergé chante des hymnes et des prières en l'honneur du saint auquel cette église va être dédiée. Etant arrivé au lieu où doit s'élever l'autel, le célébrant fait une prière dans laquelle il demande à Dieu la bénédiction et la prospérité de cet édifice sacré. Après cela, il prend une pierre, trace avec elle une croix et la pose sur les fondements en disant : *Dieu l'a fondée, et elle ne sera jamais ébranlée.* Ensuite on plante une croix de bois derrière la sainte table, pour en éloigner les puissances de l'enfer.

Lorsque le bâtiment est terminé, on place l'autel à l'endroit où il doit être, en chantant quelques antiennes et des versets de psaumes. Le consécrateur prononce la bénédiction, et l'encense tout autour, pendant que le diacre récite des prières, dans lesquelles on demande à Dieu, entre autres choses, qu'*il change au corps et au sang de son Fils les victimes non sanglantes qui lui seront offertes sur cet autel.* On procède ensuite à l'ablution de l'autel ; le patriarche ou évêque consécrateur, accompagné du chartophylax et de quelques autres dignitaires, commence par l'encenser, à quoi il ajoute le signe de la croix avec une oraison à voix basse. Alors il dépouille l'autel, avec l'assistance des évêques présents à cette cérémonie, pendant que les diacres chantent des psaumes. On apporte ensuite tout ce qui est nécessaire pour l'ablution. Le chartulaire s'avance avec une espèce de petit seau, qu'il renverse sur la sainte table, disant en même temps : *Bénissez, monseigneur.* Le patriarche donne aux prêtres présents à la cérémonie les linges sacrés pour frotter cette sainte table, et les éponges pour l'essuyer, après avoir versé dessus de l'eau de rose. Ensuite on lui met d'autres parements, et l'on fait une prière, qui est suivie d'un encensement circulaire de la sainte table, et d'une bénédiction accompagnée d'un signe de croix. La cérémonie finit par la distribution des éponges qui ont servi à purifier la table de l'autel.

La consécration de l'*Antimense*, espèce d'autel portatif, a ses cérémonies particulières. D'abord on fait sur cet antimense une triple aspersion en chantant trois fois l'antienne, *Vous me laverez avec de l'hysope,* etc., à quoi le patriarche ajoute la bénédiction. Après l'avoir donnée, il prend un vase qui renferme des parfums, fait avec ce vase trois croix sur l'antimense, l'une au milieu, les deux autres à droite et à gauche, et chante encore une antienne. Viennent ensuite divers encensements et des prières. On apporte les reliques ; le patriarche y verse du saint chrême et les consigne dans un reliquaire qui est mis derrière l'antimense. On récite encore quelques prières qui terminent la consécration.

4° Les cérémonies de la dédicace, chez les Luthériens et les Anglicans, sont de la plus grande simplicité ; elles consistent dans une procession que l'on fait autour de la nouvelle église en chantant des psaumes et des cantiques, dans une lecture biblique analogue à la circonstance, et dans un discours prononcé par l'un des principaux ministres du lieu. Le tout se termine ordinairement par un festin.

5° Les Romains faisaient aussi la dédicace de leurs temples avec beaucoup de solennité. C'était un des principaux magistrats de la république qui présidait à cette cérémonie du temps de la république ; dans la suite, elle fut réservée aux empereurs. Suivant la loi *Papiria,* la dédicace devait être autorisée par le sénat et le peuple avec le consentement du collège des augures. D'abord on environnait de guirlandes et de festons le temple qu'on voulait consacrer. Les vestales, tenant en main des branches d'olivier, répandaient de l'eau lustrale sur les murs extérieurs. Le magistrat tenait d'une main un des jambages de la porte, et le pontife, l'appelant par son nom, prononçait ces paroles, que le magistrat répétait après lui : « Venez, pendant que je dédie ce temple, venez prendre ce poteau. » De là on procédait à la consécration du parvis du temple, en immolant une victime dont les entrailles étaient déposées sur un autel de gazon. Le temple ainsi dédié acquérait la dénomination d'*auguste,* et une inscription publique portait le nom et la qualité de celui qui dédiait, et l'année de la dédicace. La statue du dieu ou de la déesse à qui le temple était consacré, ointe d'essences précieuses, était couchée sur un lit de parade. En ces occasions, on donnait au peuple des jeux, des fêtes et des spectacles, et on faisait tous les ans la commémoration de cette solennité.

6° L'islamisme ne prescrit aucune cérémonie pour la consécration de ses temples. La première prière publique que l'on y fait en corps d'assemblée suffit pour les vouer au culte, et ordinairement on observe que ce soit le *namaz* solennel des vendredis. Si c'est une mosquée impériale, le monarque s'y rend alors avec toute sa cour, et presque tout le corps des Oulémas. Il est aussi d'un usage assez général que tout sultan qui ordonne la construction d'une mosquée, y pose de sa main la première pierre ; cette cérémonie est toujours accompagnée de sacrifices, d'aumônes et de libéralités.

7° Dans l'Inde brahmanique, une idole ne peut devenir un objet de culte, avant d'avoir été consacrée par une foule de cérémonies : il faut que la divinité soit évoquée, qu'elle vienne s'y fixer, s'y incorporer pour ainsi dire ; et c'est l'affaire d'un brahmane pourohita. Les nouveaux temples sont aussi soumis à une inauguration solennelle, et l'on consacre scrupuleusement tous les objets destinés à leur service.

8° Toute loge maçonnique, dit M. B. Clavel, doit tenir ses assemblées dans un local approprié à cet usage et solennellement consacré.

En Ecosse et aux Etats-Unis particulièrement, les maçons qui font construire un temple en posent processionnellement la première pierre. A cet effet, les frères se réunissent dans la demeure de l'un d'eux. Là, tous se décorent de leurs insignes. Les abords de la pièce où se tient l'assemblée sont gardés par les tuileurs. La séance s'ouvre, et le frère qui doit présider à la cérémonie en expose l'objet par un discours. Bientôt le cortége se forme et se dirige, à travers les rues, vers l'emplacement où doit s'élever l'édifice projeté. En tête marchent deux tuileurs, l'épée nue à la main, suivis de la *colonne d'harmonie*, ou de frères jouant de divers instruments. Viennent alors un troisième tuileur et plusieurs *stewards* ou experts, qu'on reconnaît à leurs baguettes blanches. Derrière les stewards, s'avancent successivement le secrétaire avec son sac, le trésorier avec son registre, le vénérable ayant devant lui le porte-étendard; et à ses côtés les deux surveillants ; puis un chœur de chanteurs, l'architecte de la loge et le porte-glaive. A ces frères succèdent un vénérable, portant, sur un coussin, la Bible, l'équerre et le compas ; le chapelain, les officiers de la Grande Loge qui ont pu se transporter sur les lieux, le principal magistrat de la ville, les vénérables et les surveillants des loges du voisinage, avec leurs bannières déployées ; ensuite, le vénérable de la plus ancienne de ces loges, qui porte, appuyé contre sa poitrine, le *livre des Constitutions*, c'est-à-dire les statuts généraux de la franc-maçonnerie ; enfin le président de la fête qui est ordinairement le grand maître, ou son délégué. Deux experts ferment la marche.

En arrivant sur les lieux où doit s'accomplir la cérémonie, le cortége passe sous un arc de triomphe et va se distribuer sur des gradins qui ont été dressés pour cette occasion. Le président et ses assistants ont des sièges à part. Quand tout le monde est placé et que le silence s'est établi, le chœur entonne un hymne à la louange de la maçonnerie. Le chant terminé, le président se lève et avec lui tous les frères ; le chapelain récite une courte prière, et, sur l'ordre du président, le trésorier dépose sous la pierre, qu'on a hissée à l'aide d'une machine, des monnaies et des médailles de l'époque. Les chants recommencent ensuite ; puis la pierre est descendue et convenablement scellée à la place qu'elle doit occuper. Alors le président quitte son siége, et, suivi des principaux officiers de la loge, va frapper trois coups de son maillet sur cette pierre, où se trouvent gravés la date de la fondation, le nom du souverain régnant ou du magistrat suprême en exercice, celui du grand maître des francs-maçons, etc. Après avoir rempli cette formalité mystérieuse, le président remet à l'architecte les divers instruments dont se servent les maçons, et l'investit de la conduite spéciale des travaux de construction du nouveau temple. De retour à sa place, il prononce un discours approprié à la circonstance ; on fait une collecte au profit des ouvriers qui vont coopérer à l'édification du temple, et la cérémonie est terminée par un dernier chant en l'honneur de la maçonnerie. Le cortége se reforme et retourne au local d'où il était parti. Là, les travaux sont fermés ; et tous les assistants sont réunis dans un banquet.

Lorsque le temple est construit, on l'inaugure avec solennité. L'assemblée se forme dans une pièce voisine de la loge, où, sans ouvrir les travaux, chacun se décore de ses insignes et se place suivant l'ordre hiérarchique de ses fonctions ou de son grade. Le vénérable fait ensuite connaître l'objet de la réunion, et il invite les frères à se transporter processionnellement dans le nouveau temple. Un expert ouvre la marche en tête des frères de l'harmonie ; puis viennent les membres de la loge, à l'ordre, et l'épée à la main. Derrière eux s'avancent les maîtres des cérémonies, le secrétaire avec son *livre d'or*, l'orateur avec les règlements de l'atelier, le trésorier avec son registre, l'hospitalier avec le tronc de bienfaisance, le garde des sceaux avec le sceau et le timbre de la loge, les autres officiers avec les marques de leur dignité. Les visiteurs vont à la suite. Après eux vient le vénérable, précédé du porte-étendard et du porte-épée ; il porte sur un coussin les trois maillets de l'atelier, la Bible, l'équerre et le compas. A ses côtés sont les deux surveillants, qui marchent les mains vides. La procession se termine par les membres de la Grande Loge, s'il y en a, et par deux experts armés de glaives, qui ferment la marche.

Le temple n'est éclairé que par trois lampes placées au pied de l'autel, dans lesquelles brûle de l'esprit de vin, et par la gloire du Jéhova, qu'on a recouverte d'un voile noir. Le cortége se rompt au moment où il entre dans la loge, et chacun se place, à l'exception du vénérable, des surveillants et du maître des cérémonies, qui restent à l'occident, entre les deux colonnes.

« Mes frères, dit le vénérable, le premier vœu que nous devons former, en entrant dans ce temple, est qu'il soit agréé par le grand Architecte de l'univers, à qui nous l'avons dédié ; le second vœu, que tous les maçons qui viendront y travailler après nous soient animés, comme nous le sommes, de sentiments de fraternité, d'union, de paix et d'amour de l'humanité. »

En achevant ces mots, le vénérable, suivi des surveillants, fait un premier voyage autour du temple, en commençant par le midi. Arrivé au pied de l'autel, il allume les trois étoiles de son chandelier, et le candélabre de l'orient. Au même instant, le maître des cérémonies découvre la gloire du Jéhova.

« Que ces flambeaux mystérieux, reprend le vénérable, illuminent de leurs clartés les profanes qui auront accès dans ce temple, et leur permettent d'apprécier la grandeur et la sainteté de nos travaux ! »

Le vénérable et les surveillants font un second voyage, en passant par le nord. Parvenus à l'autel du premier surveillant, cet officier allume son étoile et le candélabre de l'occident, et il dit :

« Que ce feu sacré purifie nos âmes ; que la lumière céleste nous éclaire, et que nos travaux soient agréables au grand Architecte de l'univers ! »

Un troisième voyage a lieu ensuite. Le second surveillant, arrivé à la place qu'il doit occuper, allume son étoile et le candélabre du midi.

« Que ces lumières, dit-il, nous dirigent dans la conduite de notre œuvre ! qu'elles nous enflamment de l'amour du travail, dont le grand Architecte de l'univers nous a fait une loi et dont il nous donne de si adorables exemples ! »

Après cette triple station, le vénérable et les surveillants retournent à l'autel de l'orient. Le maître des cérémonies verse de l'encens dans des cassolettes ; les autres officiers allument les bougies placées sur leurs autels ; les frères servants complètent l'éclairage de la loge. Pendant ce temps, les frères sont restés debout et le glaive à la main.

« Reçois, ô grand Architecte de l'univers, dit le vénérable, l'hommage que te font de ce nouveau temple les ouvriers réunis dans son enceinte. Ne permets pas qu'il soit jamais profané par l'inimitié ou par la discorde. Fais, au contraire, que la tendresse fraternelle, le dévouement, la charité, la paix et le bonheur, y règnent constamment ; et qu'unis pour le bien, nos travaux aient ce résultat ! Amen ! »

Tous les frères répondent Amen !

« Frères premier et second surveillants, dit ensuite le vénérable, reprenez les maillets dont vous avez fait jusqu'ici un si habile et si prudent usage. Continuez de maintenir, avec leur aide, l'ordre et l'accord sur vos colonnes, et veillez à ce que le seul bruit de leurs harmonieuses percussions parvienne à mes oreilles pendant le cours de nos travaux. La prospérité de cet atelier et le bonheur des frères sont à ce prix. »

Le vénérable adresse pareillement quelques instructions aux divers officiers, et le maître des cérémonies les reconduit successivement à leurs places.

Ce cérémonial achevé, l'harmonie se fait entendre, et quand elle a cessé, les travaux sont ouverts au grade d'apprenti, en la forme accoutumée. Il est d'usage que l'orateur prononce ensuite un discours préparé pour cette occasion, et qu'un banquet termine la solennité.

DEDJAL. Ce mot, qui en arabe signifie menteur, imposteur, est ce que les Musulmans donnent à l'Antechrist. Ils croient qu'il viendra sur la terre avant le jugement dernier, monté sur un âne, comme autrefois Jésus-Christ. Il s'efforcera de pervertir les hommes, de les séduire et de les jeter dans la voie de perdition. Il rencontrera Jésus-Christ à Damas ; mais il ne pourra soutenir sa présence ; il tombera mort devant lui et se fondra comme le sel.

DÉESSES. Le principal motif qui a porté les anciens à admettre des divinités femelles a été incontestablement l'idée qu'ils se faisaient de l'origine des choses. L'univers était considéré partout comme un ensemble, conduit et orné par une intelligence supérieure ; Prakriti, φύσις, nature, ces mots expriment la même chose, en sanscrit, en grec et en latin. « Tout ce qui existe fait partie de la nature ; rien n'existe que la nature : » telle est l'idée exprimée dans les hymnes orphiques. Apollonius, selon Philostrate, entendit de la bouche de Jarchas (Yarkas), philosophe indien, ce qui, sans doute, n'était pas inconnu dans l'Occident, que tous les éléments avaient de tout temps existé simultanément, et que le monde était un animal à la fois mâle et femelle, qui exerçait les fonctions de père et de mère en produisant avec d'autant plus d'ardeur tout ce qui vit, qu'il réunissait les deux sexes en lui-même.

Plusieurs anciens peuples envisageaient dans le double sexe des divinités le principe actif et passif de la nature. C'est dans ce sens que Platon imagina sa figure nuptiale. Dans son système des nombres cosmiques, le nombre pair était féminin, le nombre impair masculin, et de l'union de ces deux nombres provenait l'univers. Les Egyptiens avaient des divinités qui réunissaient les deux sexes ; ils avaient un Hephæstos homme-femme, et une Athénée femme-homme. On sait combien de fois, chez les Grecs et les Latins, les mêmes divinités étaient tantôt mâles et tantôt femelles. En effet, selon Arnobe, on les interpellait par ces mots : Sive tu deus es, sive tu dea. Ainsi Minerve, suivant quelques-uns, était hermaphrodite, la Lune était invoquée tantôt sous le nom de Lunus, tantôt sous celui de Luna. Il y a plus, Vénus elle-même, ce type devenu dans la suite si essentiellement féminin, fut d'abord d'un sexe douteux ; il en est de même de l'Amour, de Vulcain et de Jupiter même. De là vient que l'on trouve fréquemment dans les monuments de l'Orient et de l'Occident des images de déesses avec les attributs des deux sexes. Plus tard, ce qui n'avait été d'abord qu'une conception mythologique, fut accepté comme une réalité par la foule ignorante, qui admit dans le ciel une génération analogue à ce qui se passait sur la terre. L'Olympe des Grecs compta à peu près autant de divinités femelles que de mâles. A côté des six grands dieux : Jupiter, Neptune, Mars, Apollon, Mercure et Vulcain, étaient assises autant de grandes déesses, Junon, Minerve, Vesta, Diane, Cérès et Vénus ; c'est ce que les Latins appelaient Dii consentes. Il en était de même des divinités inférieures. Les déesses de l'Olympe ne dédaignaient pas de s'unir quelquefois à de simples mortels : c'est ainsi que Thétis épousa Pélée ; Vénus, Anchise, etc. Mais dans l'opinion commune, les hommes appelés à ces unions divines ne vivaient pas longtemps.

L'attribution du double sexe aux dieux, résultant de l'observation des phénomènes de la nature, a été générale chez tous les peuples de l'antiquité, mais diversement modifiée ou épurée, selon les progrès de la philosophie. Les Perses, qui suivaient la doctrine de Zoroastre, avaient bien des Izeds, mâles et femelles, mais ils n'admettaient pas une union sexuelle entre leurs divinités. Aux Hindous appartient en propre la manière abstraite de représenter sous la forme femelle appelée *Sakti*, comme distincte de chaque dieu, l'énergie qui lui est inhérente, c'est-à-dire non-seulement la puissance génératrice, mais toute faculté et toute vertu qui peut être attribuée à un être divin. Les Saktis ne sont donc, à proprement parler, ni épouses, ni filles d'autres dieux. Parmi les déesses des Grecs, Pallas seule pourrait être appelée une sakti, dans le sens indien, en tant qu'elle sortit toute formée du cerveau de Jupiter. Ainsi Sarasvati, Lakhmi et Dourga sont moins les épouses que la personnification de l'énergie active de Brahmâ, Vichnou et Siva. Aussi nous ne voyons pas qu'elles aient d'enfants proprement dits ; et toutes les fois qu'un des dieux de la triade s'incarne sur la terre sous la forme d'un homme, la déesse sa compagne s'incarne en même temps dans la personne d'une femme. Le système swabharika se rapproche davantage de la conception occidentale; car, dans cette philosophie, les déesses sont la personnification de la matière inerte. (M. Troyer, *Observ. sur l'Ananda-Lahari*.)

DÉESSE NATURE, ou *Grande déesse*, honorée dans l'ancien paganisme; c'était la personnification du pouvoir producteur. Vénérée à Babylone, où elle avait une statue d'or sur le sommet du temple de Bélus, sous le nom de Rhéa ou Mylitta, elle passa dans la mythologie hellénique, où on lui érigea des temples à Ephèse, à Paphos, à Perga. Elle était aussi adorée en Syrie, dans le célèbre sanctuaire d'Hiérapolis, dont Lucien, qui était Syrien et de la ville de Samosate, nous donne une description détaillée. Ce temple, situé sur une éminence au milieu de la ville, était environné d'une double muraille, dont l'une était vieille et l'autre neuve. Au côté septentrional du temple était une cour de 5 à 600 pieds en circonférence, dans laquelle on voyait de chaque côté d'une prodigieuse hauteur. La façade du temple, tournée vers l'orient, semblait cachée par une terrasse haute d'environ huit pieds, qui se trouvait devant. Tout l'édifice était construit à la manière des temples ioniens ; les portes en étaient dorées; l'or éclatait en plusieurs autres endroits, et principalement au dôme de ce bâtiment. L'air qu'on y respirait était agréable ; il était même tellement parfumé, que les habits de ceux qui y entraient en contractaient l'odeur et la conservaient assez longtemps. Ce temple avait son sanctuaire, dans lequel il n'était pas permis aux ministres mêmes d'entrer, à moins qu'ils ne fussent entièrement dévoués aux dieux qu'on y adorait, ou qu'ils n'eussent avec eux quelque relation particulière. Dans l'intérieur de ce sanctuaire qui était toujours ouvert, il y avait trois statues d'or. Celle de la Grande Déesse était portée par des lions ; elle tenait d'une main un sceptre et de l'autre une quenouille ; sa tête était couronnée de tours. Les lions sont aussi l'attribut de Cybèle. La déesse phénicienne Astarté, qui est la même divinité, était représentée assise sur un livre, comme on le voit sur différentes médailles carthaginoises.

DÉESSE DE LA RAISON, la plus absurde et la plus infâme des conceptions enfantées par le dévergondage de la révolution française. Après avoir déclamé, tonné contre ce qu'ils appelaient les superstitions religieuses, après avoir décrété l'abolition de Dieu, les démagogues, comme s'ils eussent eu involontairement la conviction qu'il fallait nécessairement une religion, établirent ce qu'ils appelèrent le *culte de la Raison*. Cruelle moquerie ; car de même qu'ils avaient employé la violence, le fer et le feu pour détruire les symboles et les ornements de l'ancien culte catholique, ils recoururent aux moyens de rigueur, aux menaces, aux persécutions pour contraindre les populations à adopter le culte et les fêtes de leur institution. On comprend que cette nouvelle déesse n'était pas la *Raison éternelle*; la raison éternelle n'est autre que Dieu, et ils n'en voulaient pas. C'était donc la Raison humaine ; or les voilà tombés en pleine idolâtrie. Conséquence digne de leurs principes ! Mais ce n'est pas tout, à ce culte il faut un symbole. Ce symbole, ils le trouvèrent ; ce fut une *prostituée !* Mais laissons parler un témoin oculaire et non suspect (l'évêque Grégoire).

« Les proconsuls étaient partout les ordonnateurs de la fête, ayant une escorte militaire, des canons et des pétards ; diverses inscriptions, les unes républicaines, les autres anti-chrétiennes, se faisaient lire sur les flammes et les drapeaux. Les cérémonies religieuses étaient travesties sous des formes grotesques ; les ministres de la religion étaient représentés sous des emblèmes qu'on croyait propres à les couvrir de ridicule ou d'horreur, tels que des marottes, des poignards; d'autres acteurs, mêlant à des formules liturgiques des actions cyniques et des propos crapuleux, marchaient couverts d'ornements sacrés, dont on couvrait également des chiens, des boucs, des porcs, mais presque toujours des ânes caparaçonnés de manière à marquer, le plus énergiquement possible, l'impiété brutale. Au milieu de ces groupes, traînés sur un char ou portés par des hommes, s'élevait une prostituée, nommée *Déesse de la Raison* ; près d'elle figuraient d'autres personnes du même sexe, quelquefois affublées de chasubles. On conçoit que les chants et les discours étaient analogues.

« Le local de la société populaire, une place publique, ou l'arbre de la liberté, étaient les points de départ et de station ; de là on se rendait au *temple de la Raison*. Les églises les plus distinguées, les cathédrales surtout, étaient préférées. La hache avait d'abord mis en pièces les chaires, les tabernacles, les crucifix, et profané les saintes hosties. Des bustes de Socrate, Brutus, Beaurepaire, Marat, Lepelletier, J.-J. Rousseau et Voltaire, étaient substitués aux statues et aux tableaux religieux. Sur le maître-autel s'élevait un échafaudage figurant une montagne au haut de laquelle était installée la *Déesse de la Raison* ; autour d'elle étaient des candélabres, des urnes et des cassolettes où fumait l'encens ; sur l'estrade était l'orchestre confié, dans les villes qui avaient un théâtre, aux histrions des deux sexes..... Les *Déesses de la Raison* étant toujours partie intégrante de la fête, leur exaltation, sur un trône qui remplaçait le tabernacle, présentait l'image de Vénus et de la débauche, substituée au culte du vrai Dieu. On sait d'ailleurs que les mœurs de la plupart établissent la justesse de ce parallèle ; et quelle autre qu'une impie et une impure aurait eu l'effronterie de s'asseoir ainsi sur l'autel du Dieu vivant ? »

À Notre-Dame de Paris, une actrice de l'Opéra fut l'objet de tous les hommages idolâtriques. On a écrit et répété plusieurs fois, en Allemagne et en France, qu'elle avait été exposée toute nue à la vénération publique ; mais cette assertion s'est heureusement trouvée fausse : c'est un crime de moins dans une accumulation de crimes. Les journaux du temps disent que son vêtement se composait d'une tunique blanche, d'une ceinture de pourpre et d'un manteau d'azur.

À Châlons-sur-Marne, huit *montagnards* portaient la déesse de la Raison, qui avait pour suivantes deux *nymphes* ; ailleurs elle était accompagnée de *vestales !*

Au Mans, on eut trois déesses : la Liberté, la Justice et la Vérité. En effet, de l'idolâtrie on tombait dans le polythéisme, et c'étaient toujours des femmes qui représentaient ces vertus républicaines déifiées ; il y en eut même plusieurs qui cumulèrent les diverses fonctions divines. En effet, l'actrice qui remplit le rôle de la *Déesse Raison*, dans l'église Notre-Dame de Paris, paraît être la même qui avait auparavant représenté la *Déesse de la Liberté* ; peut-être aussi portait-elle en même temps les deux titres. Quoi qu'il en soit, c'est à sa première inauguration que le procureur de la commune prononça à la Convention ces mémorables paroles : « Vous le voyez : nous n'avons pas pour nos fêtes des idoles inanimées ; c'est un chef-d'œuvre de la nature que nous avons revêtu des habits de la liberté, et son image sacrée a embrasé tous les cœurs. » La *Déesse de la Liberté*, qui était venue dans la salle, portée sur les épaules, prit alors place à côté du président, qui lui donna l'accolade ; la musique exécuta l'hymne à la liberté, et la moitié de la Convention partit, accompagnée d'une horde fanatique, pour aller fêter la Raison et la Liberté dans leur nouveau temple. Ainsi la basilique où, depuis des siècles, retentissaient les vérités évangéliques, fut livrée à une tourbe de prostituées, d'histrions et d'atroces persécuteurs. Ces scènes impies avaient été prédites par le P. Beauregard, prêchant dans la même basilique, treize ans auparavant.

« Oui, s'écria-t-il à la religion que les philosophes en veulent ; la hache et le marteau sont dans leurs mains, ils n'attendent que l'instant favorable pour renverser l'autel. Oui, vos temples, Seigneur, seront dépouillés et détruits, vos fêtes abolies, votre nom blasphémé, votre culte proscrit. Mais qu'entends-je, grand Dieu ? que vois-je ? Aux cantiques inspirés qui faisaient retentir ces voûtes sacrées en votre honneur, succèdent des chants lubriques et profanes ! Et toi, divinité infâme du paganisme, impudique Vénus, tu viens ici même prendre audacieusement la place du Dieu vivant, t'asseoir sur le trône du Saint des saints, et y recevoir l'encens coupable de tes nouveaux adorateurs. »

DÉFENSEURS. Il est souvent fait mention des défenseurs dans les auteurs et les monuments ecclésiastiques postérieurs au temps des persécutions. C'étaient des officiers chargés d'intercéder auprès des princes et des magistrats, pour l'Église et les personnes ecclésiastiques, et de maintenir leurs priviléges, leurs immunités et leurs prérogatives. Ce sont les empereurs chrétiens qui établirent cette charge, et qui donnèrent des défenseurs aux Églises. Plus tard, en France, les avocats du clergé remplissaient la même fonction.

DEFTER, DEFTERA, DOFTER ou DOUGHTER, est le nom des savants de l'Abyssinie, de ceux qui se livrent à l'étude de l'Écriture sainte et à des occupations littéraires. Ils portent l'habit ecclésiastique, mais ils ne s'engagent par aucun vœu. Ce nom paraît venir par corruption du latin *doctor* ou du portugais *doutor*, qui signifient l'un et l'autre *docteur*.

DÉGRADATION. C'est en général la destitution d'une dignité, d'un degré d'honneur. Nous parlerons d'abord ici de la dégradation d'un ecclésiastique. On en distingue de deux sortes : la première, simple et verbale, est une sentence portée par l'évêque, par laquelle il prive un ecclésiastique de ses offices et bénéfices, ou seulement d'une seule de ces choses. C'est moins une dégradation qu'une suspense ou un interdit. Cette sentence n'ôte pas à l'ecclésiastique les priviléges de la cléricature, ni l'espérance d'être rétabli dans son premier état. La seconde sorte de dégradation, qu'on appelle actuelle ou solennelle, n'a lieu que dans le cas où un ecclésiastique doit être abandonné à la justice séculière, pour avoir commis quelque grand crime qui mérite une peine infamante. Dans ce cas, il était autrefois d'usage de conduire le criminel sur un échafaud, où il était dégradé solennellement par un évêque. Là on le revêtait de tous les insignes de sa dignité ou de l'ordre qu'il avait reçu ; on le conduisait à genoux devant l'évêque dégradateur, qui adressait au peuple un discours au sujet de cette cérémonie ; puis lui ôtait solennellement tous les insignes, en prononçant en même temps des paroles qui exprimaient qu'il les avait profanés par ses crimes, et qu'il avait perdu ainsi le droit de les porter. Mais il faut observer qu'on le dégradait non-seulement de l'ordre qu'il exerçait, mais encore de tous les ordres inférieurs qu'il avait reçus. Ainsi, si le coupable était évêque, on le dégradait d'abord de la dignité épiscopale, en lui ôtant la mitre, le livre des Évangiles, l'anneau, la crosse et les gants, et en lui grattant légèrement la tête avec un couteau ou un morceau de verre, comme pour faire disparaître la trace de l'onction sainte. On procédait ensuite à sa dégradation de l'ordre sacerdotal, en lui retirant le calice et la patène, la chasuble et l'étole, et en lui grattant sur les mains à la place des onctions ; de l'ordre du diaconat, en lui ôtant l'évangéliaire, la dalmatique et l'étole transversale ; du sous-diaconat, en lui ôtant l'épistolier, la tunique, le manipule, l'amict, etc. ; de l'ordre d'acolyte, en lui ôtant les burettes, le cierge et le chandelier ; de l'ordre d'exorciste, en lui ôtant le livre des exorcismes ; de l'ordre de lecteur, en lui ôtant le livre des leçons ; enfin de l'ordre de portier, en lui retirant des mains les clefs de l'église. Il le dégradait ensuite de la tonsure cléricale, en lui ôtant le surplis, et en lui coupant les cheveux, qu'un barbier rasait entièrement pour faire disparaître toute trace de la tonsure. Enfin, on le revêtait de l'habit laïque et on le livrait, s'il y avait lieu, au bras séculier, en recommandant aux juges d'avoir pour lui de l'indulgence. On en agissait de même pour les clercs d'un ordre inférieur. Ces cérémonies eurent lieu pour Jean Hus avant son supplice.

Il est à remarquer qu'un ecclésiastique réduit à l'état laïque par la dégradation, soit verbale, soit actuelle, conserve toujours le caractère clérical, et demeure soumis aux obligations qu'il exige. Il est tenu de garder le célibat comme avant, et de réciter l'office canonial, observant cependant d'omettre le *Dominus vobiscum*.

On dégradait autrefois tous les ecclésiastiques qui étaient condamnés à mort ; mais dans la nouvelle législation française, cette formalité n'a plus lieu ; il paraît même qu'elle a été abolie presque partout, à cause des retards et des difficultés qu'elle apportait dans la poursuite des affaires criminelles.

La dégradation de noblesse était autrefois accompagnée de plusieurs cérémonies religieuses. « En 1523, dit Saint-Foix, le capitaine Frang, gouverneur de Fontarabie, ayant rendu honteusement cette place aux Espagnols, fut condamné à être dégradé de noblesse. On l'arma de pied en cap ; on le fit monter sur un échafaud, où douze prêtres, assis et en surplis, chantèrent les vigiles des morts, après qu'on lui eut lu la sentence qui le déclarait *traître, déloyal, vilain et foi-mentie*. A la fin de chaque psaume, ils faisaient une pause, pendant laquelle un héraut d'armes le dépouillait de quelque pièce de son armure, en criant à haute voix : Ceci est le casque du lâche ; ceci son corselet ; ceci son bouclier, etc. Lorsque le dernier psaume fut achevé, on lui renversa sur la tête un bassin d'eau chaude ; on le descendit ensuite de l'échafaud avec une corde qu'on lui passa sous les aisselles ; on le mit sur une claie, on le couvrit d'un drap mortuaire, et on le porta à l'église, où les douze prêtres l'environnèrent et lui chantèrent sur la tête le psaume *Deus laudem meam ne tacueris*, dans lequel sont contenues plusieurs imprécations contre les traîtres ; ensuite on le laissa aller et survivre à son infamie. »

DEHA, ou DAHA, grande solennité religieuse célébrée par les Persans et par les Musulmans de l'Inde, appartenant à la secte des Schiites. Elle a lieu les dix premiers jours de Mobarrem (premier mois de l'année lunaire), d'où elle est appelée *déha* (du persan *deh*, dix), ou *aschara* (de l'arabe *acher*, qui a la même signification). Ces dix jours sont consacrés à un deuil général en commémoration de la mort de l'imam Hoséin, fils du khalife Ali ; ce qui a fait donner aussi à cette solennité religieuse le nom d'*Id el-Catl* (la fête du meurtre).

Hoséin, petit-fils de Mahomet par sa mère Fatima, avait des droits à la souveraineté spirituelle et temporelle ; mais Yézid avait réussi par ses artifices à se faire reconnaître khalife dans la Syrie. Les habitants de Coufa écrivirent à Hoséin de venir se mettre à leur tête pour faire valoir ses droits. Le fils d'Ali part de Médine avec toute sa famille et un petit corps de troupes ; arrivé dans le désert de Kerbéla, non loin de la ville de Coufa, il se voit cerné par les troupes nombreuses de son compétiteur. Harcelé pendant dix jours entiers, privé totalement d'eau et en grande partie de vivres, consumé, ainsi que tous les siens, par une soif intolérable sous un ciel de feu, il vend chèrement sa vie, et est taillé en pièces avec tous ses compagnons, après des prodiges inouïs de bravoure. Ses tentes furent brûlées et les femmes de sa maison faites prisonnières avec son fils Ali, surnommé *Zéin el-abédin*, le seul qui échappa au carnage, parce qu'étant malade il n'avait pu prendre part au combat.

« En mémoire de ce funeste événement, dit Djavan, auteur hindoustani, traduit par M. Garcin de Tassy, on a établi la fête lugubre de Moharrem. Quiconque y prendra part en recevra la récompense dans le ciel. On doit manifester par des pleurs et des cris l'horreur qu'on éprouve pour le lâche attentat qui priva de la vie le petit-fils du Prophète ; ou, si on ne peut le faire soi-même, on doit charger quelqu'un de ce devoir... Dès le moment où la nouvelle lune paraît sur l'horizon, le dévot musulman fait entendre des soupirs et des gémissements, et prépare ce qu'on appelle *le festin du deuil*, à savoir : d'un côté, de l'eau pour étancher la soif des gens altérés ; de l'autre, des vases de sorbets destinées aux pleureurs. Ces oblations sont chaque jour préparées, depuis le premier jusqu'au dix du mois. En outre, chacun s'étant revêtu d'habits noirs, ayant planté des bannières et disposé des représentations de la tombe d'Hoséin, pleure en se frappant la tête pour exprimer son chagrin. On prépare une salle tendue de noir, avec une chaire dans la partie supérieure. C'est là qu'on lit, chaque soir des dix jours, la triste narration de l'événement qui est l'objet de cette fête. Celui à qui est confié ce soin accompagne sa lecture de tels gémissements, qu'ils passent toute borne. A leur tour, les assistants donnent des marques extérieures de leur douleur, par des lamentations et des cris de *Salam!* (Paix sur Hoséin!) On chante ensuite un poëme élégiaque en l'honneur du saint, poëme plein de détails lamentables sur son martyre, et qui excite dans l'assemblée de nouveaux sanglots. »

« Les représentations de la tombe de Hoséin, continue M. Garcin de Tassy, ou, pour mieux dire, de la chapelle qui renferme son tombeau, sont plus ou moins richement ornées. On leur donne le nom métaphorique de *taazia*, deuil, ou simplement de *tabout*, cercueil. On les porte en procession dans les rues le dixième jour, et elles sont ensuite déposées en terre ou jetées dans une rivière ou un étang. Si ces cénotaphes sont très-riches, on se contente de renoncer à l'image du tombeau, et on rapporte la figure de l'édifice, qu'on place dans l'*imam-bara*, ou même dans le monument de Kerbéla. Quelquefois, pour représenter l'inhumation de l'imam Hoséin, on dépose simplement dans la terre des fleurs que l'on prend sur ces cénotaphes, et cette cérémonie termine le deuil.

« La salle tendue de noir, dont il a été question, est sans doute l'édifice nommé proprement *imam-bara*, maison de l'imam... Cet édifice est désigné sous le nom de *maison du deuil*; il est connu dans l'Inde seule, et spécialement destiné à la célébration de la fête funèbre instituée en mémoire du martyre de Hoséin. Afsos nous apprend que les imam-baras sont en très-grand nombre à Calcutta. Le moindre musulman aisé, homme ou femme, dit-il, en fait construire un attenant à sa maison, avec un petit cénotaphe, élevé de deux ou trois coudées, sur une sorte de terrasse de la même longueur et largeur. Il l'entoure souvent d'un enclos et y joint d'autres édifices accessoires, sans être arrêté par les frais énormes qu'entraînent ces constructions.

« C'est dans l'imam-bara que les fidèles, la plupart vêtus de vert ou de noir, s'assemblent, comme nous l'avons vu, les dix premiers jours de Moharrem, pour entendre lire, du haut de la chaire qui y est dressée, la tragique histoire du martyre de Hoséin, à laquelle on ajoute quelquefois la narration de la mort de Hasan (1) et d'autres saints. Cette relation est, comme il a été dit, avec un ton et des gestes propres à exciter l'émotion dans le cœur des auditeurs. A chaque pause, les gens qui composent l'assemblée frappent leur poitrine en prononçant alternativement les noms de Hoséin et de Hasan. Des bandes de dévots, animés par ces lectures, parcourent les rues en faisant de folles démonstrations de douleur, et comme ils sont pour la plupart armés, il est quelquefois dangereux de les rencontrer dans cet état de frénésie religieuse. Il paraît qu'on provoque quelquefois ces dévots fanatiques; car, le 9 juillet 1828, quelques jours avant l'époque où commençait le moharrem 1244, la police de Bombay publia une ordonnance conforme aux règlements du gouvernement de 1827, où, entre autres choses, il était dit que tout musulman qu'on trouverait assistant aux processions des cercueils en état d'ivresse, excitant du tumulte ou proférant des discours injurieux tendant à mettre la désunion entre les habitants, serait de suite mis en prison; mais que, d'un autre côté, on se saisirait aussi de ceux qui molesteraient les musulmans en leur jetant des pierres, de la boue, etc., ainsi que des personnes qui interrompraient la procession pacifique du cheval, qui a lieu la dernière nuit de la fête.

« On a déjà vu que le dixième jour était celui où l'on transporte dans un lieu désigné les images du cercueil d'Hoséin, soit pour les jeter dans la rivière, soit pour les déposer en terre. On conduit des chevaux et même des éléphants à ces processions pompeuses; mais, par le cheval dont il a été question dans l'ordonnance de la police de Bombay, il faut entendre un mannequin représentant le cheval d'Hoséin, percé de flèches de toutes parts.

« L'eau qui fait partie du festin de deuil dont il a été parlé... contraste avec le manque de cette liqueur, *la plus estimée de toutes lorsqu'on en est privé, et la moins appréciée lorsqu'on en trouve en abondance* (paroles d'Ali), manque que Hoséin éprouva à Kerbéla, et qui fut une de ses plus terribles souffrances.

« Le récit de ce qui se passe à Calcutta, dans cette circonstance, fidèlement rapporté par l'écrivain musulman Afsos, complétera la narration de Djawan.

« Le 7 du mois de Moharrem, dit-il, les musulmans de Calcutta qui veulent prendre part à la fête du *taazia* ou deuil, qui a lieu à cette époque en commémoration du martyre du saint imam Hoséin, se réunissent, et, chargés de bannières et de drapeaux, ils s'acheminent vers un lieu désigné de réunion, en faisant entendre des cris perçants et des gémissements lugubres, et reviennent de là dans leurs habitations respectives. Les rues sont encombrées d'une telle quantité de monde, qu'on est forcé de se laisser entraîner par la multitude, sans être maître d'aller où l'on veut. Cette foule inonde la ville depuis midi jusqu'à la nuit, célébrant à sa manière, par des clameurs aiguës, la fin déplorable du petit-fils du Prophète. On nomme généralement, à Calcutta, cette fête *deuil de midi*. En ce jour solennel, les musulmans, hommes ou femmes, portent aux imam-baras, grands ou petits, des oblations de volaille rôtie, de pain ou de riz cuit, oblations sur lesquelles ils font réciter le *fatiha* de Hoséin. On immole en ce jour une si grande quantité d'oiseaux de basse-cour, qu'on voit couler un ruisseau de sang dans chaque rue de la ville.

(1) Hasan était le frère aîné de Hoséin : il mourut empoisonné par les suggestions du kalife Yézid.

« Les musulmans du bas peuple se livrent, à cette occasion, à des actes ridicules. Celui-ci, pour accomplir un vœu, vient dans un imam-bara, un réchaud sur la tête, et fait cuire du riz au lait ; celui-là, par le même motif, se présente dans la salle, ayant à la bouche une sorte de serrure pareille à une petite broche ou au mors d'un cheval, laquelle tient au moyen de deux plaques de fer qui s'enfoncent dans les joues et les déchirent quelquefois. Ce sot animal, insensible à la douleur, circule autour du cénotaphe de l'imam-bara, et si la serrure se détache et tombe au troisième ou au septième tour, il en tire la conséquence que Dieu agrée son vœu, et le petit peuple de s'extasier et de crier au miracle. L'homme au riz au lait veut faire savoir par sa singerie qu'il a un rhume; aussi a-t-il soin de se bien couvrir, ferait-il une chaleur accablante. Ce qu'il y a de plaisant, c'est que ces gens superstitieux s'imaginent que s'ils vont faire ces simagrées à un imam-bara autre que celui auquel ils ont promis de se rendre, le riz ne se cuit pas et la serrure ne tombe pas. Et il ne faut pas croire qu'il dépende des gens instruits d'empêcher ces sottises. Si le saint imam même, dont ils célèbrent si ridiculement le martyre, paraissait au milieu de nous, il ne pourrait y parvenir. On a dit avec raison : Chacun a son grain de folie. Ainsi se passent les dix premiers jours de Moharrem. »

Je compléterai ces détails sur la fête du Deha dans l'Hindoustan, par l'extrait suivant emprunté au *Moniteur Indien :*

« A cette époque, la plus grande tristesse règne dans toutes les classes : on affecte de négliger sa personne ; on ne va plus au bain ; on ne change plus d'habits ; les grands dévots vont même jusqu'à se couvrir de haillons. Les mosquées sont tendues de noir ; des ministres de la religion montent en chaire, et débitent, d'un ton lamentable, tous les détails de la mort de Hoséin. On élève sur divers points des *taazias*, c'est-à-dire des simulacres du tombeau de Hoséin. Ces tombeaux sont formés d'une charpente très-mince recouverte d'étoffes légères, de galons, de papier doré, etc. On place près de chacun de ces tombeaux de grandes jattes pleines d'eau fraîche et de sorbets, pour que chacun puisse venir se désaltérer. Autour des mêmes édifices on plante des perches dont les unes sont surmontées de banderoles, les autres de grandes mains ayant les doigts étendus, emblèmes des cinq personnes regardées comme sacrées par les Schiites (c'est-à-dire, Mahomet, Ali, son gendre, Fatima, sa fille, Hasan et Hoséin, ses petits-fils). Devant les *taazias* sont étendues des toiles blanches, sur lesquelles viennent se placer des groupes nombreux. Un Molla débite les *marsyâs* (stances élégiaques), en prenant les intonations qu'il croit les plus propres à émouvoir les assistants ; ceux-ci écoutent avec l'attention la plus soutenue ; bientôt ce récit excite la plus vive émotion, et lorsque l'orateur en vient aux détails de la mort de Hoséin, non-seulement on voit les larmes s'échapper des yeux de tous les fidèles, mais la plupart même d'entre eux se découvrent la poitrine et se frappent assez rudement; et, le degré d'enthousiasme allant toujours croissant, ils finissent par y mettre une sorte de fureur, et se frappent avec la plus grande violence, poussant de profonds gémissements et des cris effrayants. Quelques-uns se font volontairement des blessures, en mémoire de la manière fatale dont périt Hoséin.

« Dans les lieux publics, on voit des histrions qui représentent les principales scènes de cet événement tragique, et dans les rues, on porte en procession des bannières avec des peintures qui rappellent la même catastrophe. Des bandes nombreuses, dont les unes représentent les soldats de Hoséin et les autres ses ennemis, en viennent aux mains et se battent avec un tel acharnement, qu'il y a toujours un assez grand nombre de blessés dans ces escarmouches, et que souvent même des gens y perdent la vie. Les individus qui prennent part à ces combats sont atteints d'une espèce de frénésie ; ceux qui succombent sont enterrés avec pompe, le dixième jour du *Déha*. Il faut remarquer que des personnes d'un certain rang ne se mêlent jamais dans ces scènes tumultueuses, et qu'il n'y a que des gens du peuple qui y prennent part. »

Nous avons donné au public, en 1845, sous le nom de *Séances de Haidari*, la traduction d'un ouvrage hindoustani, contenant les récits et les élégies qui sont débités dans la fête du *Déha*, et c'est de l'introduction à cet ouvrage que nous avons tiré les détails qui précèdent.

En Perse, pendant toute la durée du *Déha*, on ne sonne point des trompettes et des timbales aux heures accoutumées. Les gens dévots ne se rasent ni le visage, ni la tête ; ils ne vont point au bain, ne se mettent point en voyage et s'abstiennent, autant que possible, de toute affaire séculière. Plusieurs s'habillent de noir ou de violet, qui sont les livrées du deuil. Tous affectent une démarche et un visage tristes, et chacun contribue à faire paraître un deuil public. On rencontre aussi par toute la ville, pendant ces dix jours, depuis le matin jusqu'au soir, des pelotons de gens de la lie du peuple, les uns presque nus et barbouillés de noir, les autres teints de sang ; les autres armés de pied en cap, l'épée nue à la main. D'autres vont par les rues, frappant des cailloux l'un contre l'autre, faisant des contorsions, et criant à tue-tête : Hoséin ! Hasan ! Ceux qui sont barbouillés de noir prétendent représenter l'ardeur de la soif, et la chaleur intolérable qu'eut à souffrir Hoséin, laquelle fut si grande, dit-on, qu'il en devint tout noir, et que la langue lui sortait de la bouche ; c'est pourquoi ils tirent leur propre langue autant qu'il leur est possible. Ceux qui sont teints de sang ont la prétention de représenter Hoséin, qui reçut tant de blessures, que tout son sang s'échappa de ses veines avant de perdre la vie. Ces fanatiques vont ainsi parcourant les rues et demandant à toutes les boutiques une aumône qu'on ne leur refuse guère. Ils rançonnent surtout les Juifs et les Chrétiens, en leur disant : « C'est vous autres qui avez fait tuer notre prophète: donnez-nous quelque chose pour son sang. » C'est pourquoi les Juifs et les Arméniens se tiennent le plus qu'ils peuvent renfermés dans leurs maisons pendant ces dix jours. Les enfants eux-mêmes, croyant faire beaucoup de peine aux étrangers, ne manquent pas de crier aux oreilles de ceux-ci : « Maudit soit Omar ! » comme s'ils prenaient beaucoup d'intérêt à la mémoire de ce khalife, que les Persans regardent comme un usurpateur.

Durant ces jours de deuil, au coin des grandes rues, aux carrefours et dans les places, il y a des espèces de théâtres avec une chaire; d'énormes pièces de toiles tendues servent de tentes, et protègent les orateurs et les auditeurs contre le soleil et la pluie. Les galeries et les fenêtres des maisons qui donnent sur le lieu, ainsi couvert sont réservées pour la noblesse. On y assigne des places aux auditeurs d'après le rang respectif qu'ils tiennent dans la société. Par terre, le plus souvent dans un compartiment séparé, vont s'asseoir les femmes. Elles s'y placent comme elles peuvent, sur le sable nu, sans autre confort que celui de petits bancs, que chacune doit apporter avec elle. Le reste du parterre est rempli par des gens assis à la manière orientale, c'est-à-dire accroupis sur leurs genoux. Les différents groupes sont parcourus par des *saquis* ou porteurs d'eau, qui, avec leurs sacs de cuir remplis du précieux liquide, suspendus en bandoulière, et une soucoupe à la main, offrent à boire en commémoration de la soif qui dévorait les gens de l'imam surpris au milieu d'un désert aride. Souvent cette fonction de *saqui* exercée en cette circonstance est la conséquence d'un vœu fait pour obtenir le rétablissement de la santé. Ce sont, pour la plupart, de jeunes enfants que leurs parents ont voués à cette fonction pendant un ou plusieurs *taazias*; ils sont vêtus avec luxe, les cils et les sourcils peints en noir, la chevelure frisée en boucles flottantes, et coiffés d'un bonnet de cachemire, resplendissants de perles et de pierres précieuses ; ils servent du sorbet au public.

Alors un homme grave et dévot se met à entretenir le peuple sur le sujet de la fête, en attendant que l'orateur vienne. Celui-ci commence par la lecture d'un chapitre d'un livre intitulé *El-catl*, le meurtre, qui contient la vie et la mort de Hoséin, en dix chapitres, pour chacun des jours de la fête. Puis il fait un long discours, dans lequel il excite le peuple à gémir et à pleurer; car, disent-ils, une seule larme versée sur Hoséin peut effacer un monceau de péchés aussi haut que le mont Sinaï; aussi les assistants n'y font pas faute; ils se frappent la poitrine, poussent des cris de douleur et des hurlements ; les femmes surtout l'emportent sur les hommes par leurs démonstrations énergiques.

D'autres fois on représente sur ces théâtres des drames qui retracent les différentes péripéties de l'histoire d'Hoséin. Le spectacle est alors précédé d'un discours analogue à la circonstance, prononcé par le *rouzékhan*, ou récitateur du prologue, qui prépare les auditeurs aux impressions douloureuses par des légendes débitées en prose ou en vers.

Les grands personnages se mêlent rarement à la foule. Ils font venir dans leurs maisons des ministres du culte, qui s'y rendent chaque jour sur les quatre heures après midi. L'entretien roule sur le sujet présent, chacun rapportant les passages les plus saillants des différents auteurs, avec les pensées suggérées par le sujet. A sept heures, on lit le chapitre du jour, sur lequel les plus doctes de la compagnie font leurs remarques ; sur les neuf ou dix heures, on sert une collation à l'assemblée, puis on la congédie jusqu'au lendemain, et ainsi de suite jusqu'au dernier jour, qui est la grande fête; alors on passe la nuit en prières.

DEHRA, nom que l'on donne, dans l'Inde, aux temples où les Djains accomplissent leurs cérémonies religieuses (*Voy.* DJAINS). Ces sectaires en possèdent de bien dotés et qui jouissent d'une grande réputation. Il y en a un dans le Meissour, à Sravana-Balagola, non loin du fort de Seringapatam, qui est élevé au centre de trois montagnes, sur l'une desquelles on remarque une statue gigantesque d'environ 70 pieds de hauteur, sculptée dans le roc et d'une seule pièce. C'est un ouvrage d'un travail prodigieux; pour l'exécuter, il a fallu aplanir le sol depuis le sommet de la montagne jusqu'au-dessous de la base de la statue, et, à ce niveau, la façonner en terrasse, en laissant subsister au milieu la masse de rocher destinée à recevoir les formes de l'idole. C'est une belle pièce de sculpture indienne; plusieurs Européens qui l'ont vue, ont paru très-satisfaits de la justesse de ses proportions. Elle représente un célèbre pénitent nirvani, appelé Gaumatta, fils d'Adiswara.

DEHRI, nom des prêtres des Khonds sur la côte d'Orissa, dans l'Hindoustan. Ces Dehris sont consacrés au culte des divinités locales.

DÉIFICATION, action de mettre des hommes au rang des dieux.

1º Les anciens distinguaient deux sortes de divinités : les unes immortelles, comme le Soleil, la Lune, les Astres, les Éléments ; les autres, mortelles, c'est-à-dire les grands hommes qui, par leurs belles actions, avaient mérité les honneurs divins. On peut réduire à six ou sept classes ceux qui furent l'objet de la déification, chez les Grecs et les Romains : 1º Ceux à qui l'imagination des poëtes a donné naissance ; 2º ceux que la douleur paternelle ou filiale prit d'abord pour l'objet de ses regrets, et bientôt après d'un culte destiné à les adoucir; 3º les anciens rois, tels qu'Uranus, Saturne, etc.; 4º ceux qui avaient rendu à l'humanité de grands services par l'invention de quelque art nécessaire à la vie, ou par leurs conquêtes et leurs victoires, comme Hercule, Esculape, etc.; 5º les anciens fondateurs des villes, comme Romulus;

6° ceux qui avaient découvert des pays ou y avaient conduit des colonies, et tous ceux en un mot qui étaient devenus l'objet de la reconnaissance publique; 7° enfin ceux que la flatterie éleva à ce rang; et de ce nombre furent les empereurs romains, dont le sénat ordonnait l'apothéose. (*Voy.* APOTHÉOSE.)

2° Les Japonais ont mis au nombre de leurs *Kamis* ou dieux, les fondateurs de leur empire, et leurs premiers souverains. Maintenant encore le Daïri ou empereur souverain jouit du droit de mettre au nombre des Kamis, soit les rois ses prédécesseurs, soit les personnages recommandables par leurs vertus et leurs hauts faits; et ce n'est qu'après cette espèce de canonisation ou déification qu'il est permis de leur ériger des temples et de leur rendre les honneurs divins.

3° La plupart des anciens peuples de l'Europe avaient pour divinités les premiers fondateurs de leur nation. L'Odin des Scandinaves était le chef colonisateur de ces tribus venues de l'Asie. Il en était de même en Amérique. *Manco-Capac*, fondateur de l'empire du Pérou, et *Bochica*, de celui de Cundinamarca, étaient devenus pour ces peuples des divinités de premier ordre.

DÉIPHOBE, sibylle de Cumes, fille de Glaucus et prêtresse d'Apollon. Ovide raconte comment elle devint sibylle. Apollon, pour la rendre sensible, offrit de lui accorder tout ce qu'elle souhaiterait : elle demanda de vivre autant d'années qu'elle tenait dans la main de grains de sable qu'elle venait de ramasser; mais elle oublia malheureusement de demander en même temps la conservation de sa jeunesse et de sa fraîcheur. Apollon la lui offrit pourtant, si elle voulait condescendre à ses désirs; mais Déiphobe préféra l'avantage d'une chasteté inviolable au plaisir de jouir d'une jeunesse éternelle; en sorte qu'une triste et languissante vieillesse succéda à ses belles années. Du temps d'Enée, elle avait déjà vécu 700 ans, disait-elle, et, pour remplir le nombre de ses grains de sable qui devait être la mesure de sa vie, il lui restait encore 300 ans, après lesquels son corps, consumé et dévoré par les années, devait être presque réduit à rien, et on ne devait la reconnaître qu'à la voix que le Destin lui laisserait éternellement. Cette sibylle, inspirée d'Apollon, rendait ses oracles du fond d'un antre, dans le temple de ce dieu. Cet antre avait cent portes, d'où sortaient autant de voix terribles qui faisaient entendre les réponses de la prophétesse. Déiphobe était aussi prêtresse d'Hécate, qui lui avait confié la garde des bois sacrés de l'Averne. C'est pour cela qu'Enée s'adresse à elle, afin de descendre aux enfers. Les Romains élevèrent un temple à cette sibylle, dans le lieu même où elle avait rendu ses oracles, et l'honorèrent comme une divinité.

DÉISME, DÉISTES. Les Déistes croient en Dieu, mais ils rejettent toute révélation écrite. Ils s'accordent tous à préconiser, de la manière la plus extravagante, ce qu'ils appellent la religion naturelle, bien qu'ils diffèrent beaucoup, lorsqu'il s'agit d'établir quelle est sa nature, son extension, son importance et les obligations qu'elle impose. Le docteur Clarke, dans son *Traité sur le déisme*, les divise en quatre classes, suivant les articles de foi qu'ils admettent.

Les premiers sont ceux qui prétendent croire à l'existence d'un Etre éternel, infini, indépendant, intelligent, et qui évitent le nom d'Epicuriens et d'Athées, en enseignant aussi que cet Etre supérieur a fait le monde; quoique en même temps ils s'accordent avec les Epicuriens en soutenant que Dieu ne se mêle en rien du gouvernement du monde, et ne s'occupe point de ce qui s'y passe.

La seconde espèce de Déistes sont ceux qui admettent non-seulement l'existence de Dieu, mais encore son action providentielle par rapport au monde physique; mais qui, ne mettant aucune différence entre le bien et le mal moral, nient que Dieu fasse attention aux actions des hommes, dont la moralité, suivant eux, dépend de la constitution arbitraire des lois humaines.

La troisième espèce de Déistes sont ceux qui, ayant des sentiments exacts sur les attributs de Dieu, sur sa providence et sur ses perfections, rejettent cependant la notion de l'immortalité de l'âme, croient que l'homme périt totalement à la mort, et que les générations se succèdent perpétuellement, sans aucun renouvellement ou rétablissement des choses.

Enfin, une quatrième classe de Déistes sont ceux qui croient l'existence d'un Etre suprême et admettent l'action de sa providence dans le gouvernement de l'univers. Ils reconnaissent aussi une religion naturelle avec l'obligation d'en observer les devoirs; mais ils prétendent que cette religion ne gît que dans les préceptes et les dogmes que peuvent découvrir les seules lumières de la raison, et qu'une révélation divine est parfaitement inutile.

Ces quatre classes de Déistes ont cela de commun entre elles, qu'elles ne professent aucune sorte de culte extérieur.

Y a-t-il un peuple qui professe expressément le pur déisme ? Nous ne craignons pas de répondre, non. Car tout peuple, pris dans sa généralité, admet un culte extérieur, professe certains dogmes et reconnaît des mystères. Les anciens Chinois eux-mêmes, les seuls que l'on pourrait nous objecter, joignaient à l'adoration du ciel supérieur et invisible le culte des esprits, et avaient de nombreuses cérémonies pour les honorer. Si l'on veut que les Déistes aient été quelquefois réunis en corps, ils n'ont formé tout au plus qu'une légère fraction de la nation dont ils faisaient partie. Encore ont-ils été toujours fort peu conséquents avec eux-mêmes. Les *Théophilanthropes* de la révolution française avaient établi un simulacre de culte. Les partisans de l'abbé Châtel avaient fabriqué, sous le nom d'*Eglise catholique française*, une religion hybride, dans laquelle, tout en se donnant pour purs Déistes, ils avaient conservé des cérémonies et des formules qui étaient un non-sens. Les *Kabir-Panthis* de l'Inde professent la croyance au *Logos*, ont des temples, des prescriptions, des prohibitions, un symbole rédigé et commenté. Les *Saint-Simoniens* pouvaient, plus que tous autres, passer pour une société de Déistes ; encore avaient-ils des exercices réglés, un costume, des règles de communauté, etc.; ils essayaient de formuler un symbole assez compliqué. Robespierre abordait la question plus hardiment ; il reconnaissait *l'existence de l'Etre suprême et l'immortalité de l'âme*, sans s'inquiéter du reste.

Les Déistes proprement dits ne sont donc que des individus isolés, comme on en trouve beaucoup de nos jours, surtout en Allemagne et en France, qui se vantent d'avoir une religion plus épurée que les autres, mais qui, en réalité, n'en ont aucune ; car, pour peu qu'on pénètre dans leur intimité, on ne tarde pas à s'apercevoir que le sentiment religieux est nul en eux, et que l'idée de la divinité est le moindre de leurs soucis.

DÉISTES DE BOHÊME. Parmi les Réformés de la Bohême on compte quelques milliers d'individus qui, sous le nom de *Déistes*, rejettent toute révélation. Ce sont des gens sans instruction ; ils lisent cependant la Bible, mais ils la regardent comme un ouvrage purement humain ; ils ont aussi quelques écrits des *Frères bohémiens*, dont ils sont les descendants. Ils professent extérieurement le protestantisme pour jouir de la tolérance accordée par Joseph II. On prétend qu'ils se distinguent par une observance scrupuleuse de leurs devoirs, mais aussi par une grande réserve et une ténacité insurmontable à leur croyance. Le gouvernement, après plusieurs tentatives infructueuses pour les ramener à notre croyance, a pris le parti de fermer les yeux sur eux. On présume que leur déisme date de la guerre de trente ans ; forcés alors par le gouvernement d'embrasser la religion catholique qu'ils haïssaient, ils sont restés cent cinquante ans sans instruction. On les appelle aussi *Nihilistes*, parce qu'ils ne croient à rien.

DÉITTIS. Les bouddhistes de la Barmanie appellent ainsi les incrédules, c'est-à-dire les hommes impies qui n'ajoutent aucune foi aux révélations de Godama, qui nient l'anéantissement final, qui ne croient pas à la métamorphose des hommes en animaux ou en êtres d'une substance supérieure, qui prétendent qu'il n'y a aucun mérite à faire l'aumône et à se livrer aux bonnes œuvres; ceux enfin qui adorent les *Nats* des bois et des montagnes. Tous ces malheureux, s'ils persistent dans leur incrédulité et s'ils viennent à mourir dans leur aveuglement, seront tourmentés pendant la durée d'un nombre infini de mondes, dans un enfer préparé exprès pour eux ; ils y demeureront embrochés la tête en bas, et fixés au pal incandescent, sans pouvoir faire le moindre mouvement.

DÉJADOS, c'est-à-dire *quiétistes*, espèce d'illuminés qui se répandirent, vers l'an 1575, dans les diocèses de Séville et de Cadix. Leur chef était un nommé Villalpande, secondé par une carmélite, Catherine de Jésus.

Ils débitaient, qu'unis à Dieu par la contemplation et la prière, ils n'avaient pas besoin de sacrements ni de bonnes œuvres pour s'élever à la perfection. Un édit fut rendu contre eux en 1623; on condamna soixante-seize propositions de leur doctrine, et sept ou huit mille d'entre eux confessèrent leurs erreurs.

DELIBAMENTA, libations faites par les Latins en l'honneur des dieux infernaux.

DÉLIES. 1° Fête quinquennale instituée par Thésée, lorsque, vainqueur du Minotaure, il ramena de Crète les jeunes Athéniennes qui devaient être sacrifiées à ce monstre, et plaça dans un temple d'Athènes la statue de Vénus qu'Ariadne lui avait donnée, et à la protection de laquelle il attribuait le succès de son entreprise. On couronnait de guirlandes la statue de la déesse, et on formait une danse nommée *la grue*, dans laquelle les jeunes filles cherchaient à retracer, par des figures et des pas, les détours du Labyrinthe : cette fête coïncidait vraisemblablement avec la suivante.

2° Fête célébrée par les Athéniens en l'honneur d'Apollon Délien. Les principales cérémonies consistaient en une ambassade quinquennale des Athéniens à l'Apollon de Délos. Cette députation, composée de citoyens distingués, nommés *Déliastes* ou *Théores* (voyants), partait sur un vaisseau dont la poupe était couronnée de laurier par les mains d'un prêtre d'Apollon, et accompagné de quatre autres, portant tout ce qui était nécessaire aux sacrifices. Le chef de la députation s'appelait *Architéore*. Les Déliastes étaient aussi couronnés de laurier. A leur arrivée à Délos, ils offraient des sacrifices à Apollon avec des cérémonies pompeuses, des danses et des ballets. Quatre céryces ou prêtres descendant de Mercure s'embarquaient avec eux, et devaient résider toute l'année à Délos. Lorsqu'ils revenaient à Athènes, le peuple allait au-devant d'eux, et les recevait avec de grandes acclamations de joie. Ils ne quittaient leurs couronnes que lorsque leur commission était finie, et alors ils les consacraient dans le temple de quelque dieu. Tout le temps que duraient l'aller et le retour de la députation, était compris sous le nom de Délies; et pendant ces jours-là les lois défendaient d'exécuter aucun criminel, privilège particulier à cette fête d'Apollon, et dont ne jouissaient pas même celles de Jupiter ; car Plutarque remarque que ce fut un jour consacré à ce dieu qu'on fit prendre à Phocion le poison dont il devait périr; et on attendit au contraire trente jours pour le donner à Socrate, parce que sa condamnation était tombée à l'époque des Délies. Suivant Thucydide, cette fête fut instituée la cinquième année de la guerre du Péloponèse, lorsque les Athéniens purifièrent l'île de Délos, en enlevèrent tous les tombeaux, et défendirent d'y naître et d'y mourir. Les malades devaient être transportés dans une petite île appelée Rhenia. Barthélemi donne une description brillante et détaillée de ces fêtes dans le *Voyage du jeune Anacharsis*.

3° Les Ioniens et les habitants des îles voisines de l'Ionie célébraient une fête à peu près semblable, et dont l'institution était antérieure à celle des Athéniens.

DÉLIL, c'est-à-dire *directeur;* nom que donnent les Musulmans aux gardiens du sanctuaire de la *Kaaba*, à la Mecque. Ce sont eux qui, chaque année, sont chargés d'enlever de dessus l'édifice sacré le voile qui le couvre habituellement, et de lui en substituer un nouveau fourni par le sultan, ou par les souverains de l'Égypte.

DÉLIVRANCE (ANNÉE DE LA). C'est le nom que les Musulmans donnent à l'année où fut conçu et où naquit Mahomet, en mémoire de la délivrance prétendue miraculeuse du temple de la Mecque, laquelle arriva en même temps. Cet événement doublement mémorable pour eux a servi d'époque pour calculer les années jusqu'à l'établissement de l'hégire. Voici comment il est raconté par les écrivains mahométans :

Abraha, roi du Yémen, sous la dépendance de l'empereur d'Abyssinie, cherchait, par tous les moyens possibles, à rendre la religion chrétienne dominante dans le pays. Voyant avec le plus grand chagrin que ses sujets, lorsqu'arrivait le temps du pèlerinage de la Mecque, se rendaient dans cette ville et s'y livraient à des cérémonies païennes, il résolut de bâtir à Sana une église si belle que toutes les tribus de l'Arabie en feraient un lieu de dévotion. Au-dessus de l'autel était suspendue une perle d'un si grand éclat que, par la nuit la plus obscure, elle répandait autant de clarté qu'une lampe. Lorsque ce temple fut complétement achevé, il ordonna par un édit qu'on eût à y célébrer toutes les fêtes religieuses. Une telle prétention excita la colère des habitants du Hedjaz, et deux hommes de la tribu des Coréischites (la principale de la Mecque, et la gardienne de la Kaaba), s'étant introduits dans le sanctuaire la veille d'un jour solennel, le souillèrent de la manière la plus injurieuse. La colère d'Abraha ne connut plus de bornes, lorsqu'il apprit cet acte grossier, et en soupçonnant aussitôt les véritables auteurs, il jura de ne pas laisser pierre sur pierre du temple de la Kaaba. A cet effet il rassembla une armée de 40,000 hommes, dont il prit en personne le commandement, se mit en marche, monté sur un éléphant blanc, remarquable par sa haute taille. Il mit en fuite les habitants du Téhama, qui avaient voulu s'opposer à son passage, arriva à Taïef, et s'y empara de tous les troupeaux de la contrée, parmi lesquels se trouvaient deux cents chameaux appartenant à Abd-el-Mottalib, aïeul de Mahomet, et l'un des principaux chefs de la Mecque.

Les habitants de cette ville furent consternés à l'annonce de cette formidable expédition, car ils disposaient de forces trop inégales pour pouvoir espérer de résister longtemps. Abd-el-Mottalib se rendit au camp d'Abraha, où ce prince, pensant qu'il venait offrir sa soumission, le reçut avec les distinctions dues à son rang. « Je viens, dit le Coréischite, pour demander la restitution de mes troupeaux. » — « Pourquoi n'est-ce pas plutôt, reprit Abraha, pour implorer ma clémence en faveur de ce temple, objet de votre culte et source de vos richesses ? » — « Les chameaux sont à moi, répondit Abd-el-Mottalib, et la Kaaba appartient aux dieux, qui sauront bien la défendre : d'autres rois ont tenté de la détruire, mais leurs projets n'ont jamais tourné qu'à leur confusion. » Les chameaux furent rendus, et Abd-el-Mottalib, se retirant avec ses concitoyens dans les montagnes, abandonna le temple à la protection du ciel, dont il appelait la vengeance sur la tête des sacrilèges.

Ses prières furent exaucées, dit la tradition musulmane. Abraha voulut entrer dans la ville, monté sur son éléphant, dont le nom nous a été conservé, et qui s'appelait *Mahmoud*, c'est-à-dire *loué;* mais ni la violence, ni les caresses ne purent le décider à faire un pas dans cette direction. Si on le tournait du côté de la Syrie ou du Yémen, il se mettait en marche avec vitesse ; dès qu'on le tournait vers le temple, il tombait à genoux et semblait adorer le lieu que son maître venait détruire. Au même instant un nuage épais sembla s'élever du côté de la mer, et s'étendre sur toute l'armée d'Abraha ; c'étaient des bandes innombrables d'oiseaux semblables à des hirondelles, au plumage blanc et noir mélangé de vert et de jaune. Chacun d'eux était armé de trois petites pierres de la grosseur d'une lentille. Ils en tenaient une au bec, et deux dans leurs serres. Chaque pierre portait écrit le nom de celui qu'elle devait frapper : toutes ces pierres lâchées en même temps sur la tête des soldats, tombèrent avec une telle impétuosité, qu'elles percèrent leur coiffure, leur traversèrent le corps depuis le haut jusqu'en bas, et s'enfoncèrent profondément dans la terre. Tous ceux qui en furent atteints périrent sur-le-champ ; parmi ceux qui échappèrent, les uns furent entraînés dans la mer par des torrents envoyés de Dieu, les autres périrent dans les déserts. Le seul Abraha réussit à atteindre Sana, pour rendre compte à son suzerain du malheureux succès de son entreprise ; mais à peine eut-il terminé son récit qu'il tomba mort aux pieds de l'empereur, frappé par un de ces oiseaux qui l'avait suivi à travers le désert. D'autres écrivains disent qu'il mourut dans les souffrances d'une longue et douloureuse maladie.

DELPHES, ville de la Phocide, située dans une vallée au sud-ouest du Parnasse ; on l'appelait aussi *Pytho*. Cette ville passait chez les anciens pour être le milieu de la terre. Jupiter, dit Claudien, voulant marquer le milieu de l'univers, fit voler avec la même rapidité deux aigles, l'un du levant, l'autre du couchant ; ils se rencontrèrent dans cette ville. De là vient qu'on mit dans le temple de Delphes un nombril de pierre blanche, duquel pendait un ruban représentant le cordon ombilical, et sur lequel étaient sculptés deux aigles en mémoire de cet événement. Cette ville était célèbre par son temple d'Apollon et par les oracles qui s'y rendaient. Voici, au rapport des anciens, l'origine de cet oracle :

Il y avait près du mont Parnasse une ouverture dont on ne s'était point aperçu, et d'où il sortait des exhalaisons fort épaisses. Des chèvres qui paissaient par hasard autour de cette excavation, frappées des vapeurs qui s'en exhalaient, devinrent tout à coup furieuses, et commencèrent à bondir d'une manière extraordinaire, en jetant des cris perçants. Le chevrier nommé Corétas, étonné de cet événement, s'approcha de l'endroit où paissait son troupeau; les exhalaisons produisirent sur lui le même effet. Il fut saisi d'un délire soudain, et se mit à prophétiser. Revenu à lui-même, il conta son aventure; et plusieurs personnes étant allées sur les lieux éprouvèrent la même fureur prophétique. Il n'en fallut pas davantage pour faire regarder la caverne comme sacrée. On s'y rendit en foule de tous côtés ; mais cette dévotion devint funeste à plusieurs, qui, dans l'accès d'une sainte folie, se précipitèrent dans la caverne ; c'est pourquoi on en couvrit l'ouverture d'un trépied. Cependant, comme on ne savait à quel dieu attribuer cette vertu, on crut d'abord que c'était la terre qui la produisait, et on honora en ce même endroit cette divinité invisible ; on lui offrit des chèvres en sacrifice, et l'on y bâtit dans la suite, à mi-côte du Parnasse, le temple et la ville de Delphes. Dans la suite on fit honneur de l'oracle à Thémis, qui le possédait du temps du déluge de Deucalion. Enfin Apollon étant venu sur le Parnasse, revêtu de ses habits immortels parfumés d'essences, et tirant de sa lyre d'or des sons mélodieux, s'empara de force du sanctuaire, tua le dragon appelé le serpent Python, que la Terre avait commis à sa garde, d'où il acquit le surnom de *Pythien*. Ce serpent était un brigand, nommé *Pythis*, qui détroussait les dévots qui se rendaient à la grotte, et enlevait les offrandes qu'on y apportait. Cet exploit détermina les peuples à regarder Apollon comme l'auteur des oracles qui se rendaient dans le temple. Alors on commença à ne plus permettre indifféremment à toutes sortes de personnes de recevoir les exhalaisons prophétiques, et l'on confia le soin de prononcer les oracles à de jeunes filles consacrées à la sœur d'Apollon. Mais un Thessalien, nommé Echécrate, étant devenu amoureux d'une de ces jeunes prophétesses, appelée Phébade, et ayant osé l'enlever sans respect pour sa dignité, afin de prévenir cet inconvénient, on substitua aux jeunes filles de Diane des femmes avancées en âge, qu'on appelait *Pythiennes*.

Les anciens débitaient plusieurs fables sur le temple de Delphes, et disaient qu'il avait été bâti cinq fois. D'abord on n'avait employé pour sa construction que des branches de laurier entrelacées; mais ce premier temple n'étant pas assez solide, les abeilles en avaient bâti un second avec leur cire. Vulcain en avait ensuite construit un troisième qui était tout d'airain, et il y avait au lambris des vierges d'or, qui chantaient et formaient des concerts admirables ; mais la terre s'entr'ouvrit peu de temps après et engloutit cet édifice. Un quatrième fut construit en pierres par Agamède et Trophonius, la première année de la cinquième olympiade, mais, ayant été brûlé, l'an 548 avant Jésus-Christ, les Amphictyons en firent édifier un cinquième, aux frais duquel toutes les villes de la Grèce se firent un devoir de contribuer : ce temple, le plus grand et le plus riche de tous, devint un des plus fameux de la Grèce. On y entretenait jour et nuit un feu continuel. Il était desservi par un grand nombre de ministres de l'un et de l'autre sexe, qui avaient chacun leurs fonctions spéciales. On y remarquait, entre autres, plusieurs troupes de jeunes garçons et de jeunes filles, destinés à chanter les louanges d'Apollon, et à former des danses religieuses dans son temple ; ce qui contribuait beaucoup à la pompe et à la solennité des fêtes qu'on y célébrait. La merveilleuse caverne, qu'on avait eu soin d'enfermer dans l'enceinte du temple, devint aussi plus célèbre depuis que les oracles s'y rendirent avec plus d'appareil et de cérémonie. Le trépied qui en fermait l'entrée était environné de branches de laurier. On ajoutait aux vapeurs qui en sortaient, par la fumée de plusieurs substances odoriférantes que l'on brûlait au-dessous ; ce qui formait un épais nuage dans le temple, et y répandait une obscurité mystérieuse. La voix de la Pythie assise sur le trépied, sortant du sein de ce nuage, en paraissait plus frappante et plus auguste ; d'ailleurs l'activité de ces parfums contribuait beaucoup à procurer à la prêtresse ce délire sacré, avant-coureur de l'inspiration du dieu et des oracles qu'elle allait prononcer. Mais la Pythie n'était pas inspirée en tout temps et en toute occasion. Il y avait auparavant bien des cérémonies à observer et un grand nombre de précautions à prendre. Au commencement, il fallait souvent sacrifier pendant un an entier, avant de se rendre le dieu propice. Alors il n'inspirait la Pythie qu'une fois l'année, dans le premier mois du printemps. On obtint enfin d'Apollon qu'il la favoriserait de son esprit divin une fois par mois. Tous les jours du mois n'étaient pas convenables ; il y en avait qu'on regardait comme des jours malheureux, et où il n'était pas permis d'interroger l'oracle. La Pythie n'eût osé se rendre ces jours-là au sanctuaire, parce que, disait-on, quand même elle y eût été contrainte par violence, sa vie n'aurait pas été en sûreté. Aussi, dans ces occasions, elle cherchait à contenter par quelque réponse adroite ceux qui voulaient la forcer à monter sur le trépied.

Quand il était permis de consulter l'oracle, on s'y préparait par des sacrifices. Il y avait cinq sacrificateurs en titre d'office, qui immolaient eux-mêmes les victimes. Ils devaient s'assurer auparavant si elles étaient pures, saines, entières, et si elles réunissaient toutes les qualités requises. Il fallait, lorsque la victime refusait les effusions d'eau ou de vin, qu'elle tremblât et frémît dans toutes les parties de son corps. Ce n'était pas assez qu'elle secouât la tête, comme dans les sacrifices ordinaires ; si les palpitations ne se faisaient pas ressentir dans tous ses membres, la prêtresse n'était pas installée sur le trépied, dans la crainte qu'il n'arrivât des accidents. Après l'inspection des qualités requises à l'extérieur, on procédait à l'examen des parties internes, en lui présentant de la nourriture, par exemple, de la farine aux taureaux, et une espèce particulière de pois aux sangliers. Si ces animaux refusaient de manger, on les rejetait comme impropres au sacrifice. Les chèvres n'étaient éprouvées qu'avec de l'eau froide. De son côté la Pythie s'était préparée par une abstinence de trois jours, au bout desquels elle se baignait dans l'eau de la fontaine de Castalie, ou s'y lavait au moins les mains et les pieds. Après cette purification extérieure, elle avalait une certaine quantité d'eau de la même fontaine, et mâchait quelques feuilles de laurier qu'on avait cueillies auprès. Le jour de l'installation, on attendait l'arrivée d'Apollon, qui manifestait sa présence en secouant lui-même le laurier qui était devant la porte de son temple. Alors les grands prêtres, qu'on appelait autrement les prophètes, conduisaient la Pythie au sanctuaire et la plaçaient sur le trépied. Elle y était assise dans la situation la plus propre à recevoir l'émanation prophétique. Dès qu'elle se sentait pénétrée de l'exhalaison divine, on voyait ses cheveux se dresser sur sa tête ; ses yeux étaient hagards, sa bouche écumait, un tremblement subit et violent s'emparait de tout son corps. Elle voulait s'arracher aux prophètes qui la retenaient de force sur le trépied ; ses cris, ses hurlements faisaient retentir le temple, et jetaient une sainte frayeur dans l'âme des assistants. Dans cet état violent, elle proférait, par intervalles, quelques paroles mal articulées, que les prophètes recueillaient avec soin, et qu'ils arrangeaient ensuite pour leur donner la liaison et la structure nécessaires. Ils les rédigeaient communément en vers, mais de telle manière que, quel que fût l'événement, la prédiction se trouvait accomplie, comme dans cette réponse faite à Pyrrhus qui demandait quel serait le résultat de la guerre contre les Romains :

Aio te, Æacida, Romanos vincere posse.

Il se crut assuré de la victoire, il se battit et fut vaincu, mais la structure de ce vers était telle, que sa défaite ne donna point de démenti à l'oracle (1). Lorsque la Pythie était demeurée sur le trépied un temps suffisant, les prophètes la ramenaient dans sa cellule, où elle était plusieurs jours à se remettre de ses fatigues. Quelquefois, si l'on en croit Lucien, une prompte mort était la suite de son enthousiasme.

Au dehors du sanctuaire, sur le perron du temple, il y avait une troupe de femmes rangées en haie, pour empêcher les profanes d'approcher du trépied sacré. Dans le même lieu se tenait un ministre du temple, dont les fonctions étaient assez fatigantes. Dès le lever du soleil, il fallait qu'il balayât le temple avec des branches de laurier cueillies à la fontaine de Castalie. Il devait attacher des couronnes du même laurier sur les portes et les murailles du temple, sur les autels, autour du trépied sacré, et il en distribuait aux prophètes, aux poëtes, aux sacrificateurs et aux autres ministres. Il allait ensuite puiser de l'eau à la fontaine de Castalie, dans des vases d'or ; il en remplissait les vases sacrés qui étaient placés à l'entrée du temple, et où l'on était obligé de se purifier les mains en entrant. Après cela il prenait un arc et un carquois pour aller donner la chasse aux oiseaux qui se posaient sur les statues dont le temple était environné. Il devait d'abord les chasser en les effrayant ; mais s'ils s'opiniâtraient à rester ou à revenir sur le temple et sur les statues, il fallait qu'il les tuât. La colombe seule était privilégiée, elle pouvait même habiter dans le temple. Pendant tout le temps que duraient les fonctions de ce ministre, il devait apporter une scrupuleuse attention à se garantir de tout ce qui aurait pu donner atteinte à sa pureté.

Les richesses du temple de Delphes excitèrent plusieurs fois la cupidité. Pyrrhus, Xerxès, les Phocéens, les Gaulois, l'empereur Néron, s'approprièrent tour à tour ces trésors sacrés. Ce dernier poussa l'impiété et le sacrilège jusqu'à faire boucher la mystérieuse caverne, et la souilla par le sang de plusieurs hommes qu'il fit égorger dessus. Mais à cette époque, l'oracle de Delphes était bien déchu de son crédit. Plusieurs historiens rapportent que, vers le temps où Jésus-Christ vint au monde, Apollon cessa de prophétiser à Delphes ; que l'empereur Auguste y ayant envoyé des députés pour savoir la raison de ce silence, il leur fut répondu par ces vers :

Me puer Hebræus, divos Deus ipse gubernans,
Cedere sede jubet, tristemque redire sub orcum,
Aris ergo dehinc tacitis absceaito nostris.

« Un enfant hébreu, maître des dieux, et Dieu lui-même, me force de quitter la place, et de rentrer dans les enfers : éloigne-toi donc de mes autels désormais condamnés au silence. » On peut révoquer en doute l'authenticité de ce dernier oracle de Delphes ; mais il demeure certain que l'oracle se tut vers le temps où naquit le Sauveur des hommes.

DELPHINIES, fête que les Eginètes célébraient en l'honneur d'Apollon de Delphes. Le mois où cette fête tombait, et qui répondait à peu près au mois de juin, s'appelait *Delphinius*. Les Athéniens célébraient, le six du mois de munychion, une fête du même

---

(1) Je n'ignore point que quelques-uns s'inscrivent en faux contre ce vers latin, parce que la réponse a dû être donnée en grec à Pyrrhus qui était Grec ; mais on a pu conserver dans cette traduction une amphibologie qui existait dans la langue originale.

nom, en l'honneur d'Apollon Delphinius, qui avait un temple dans leur ville.

DELUBRUM. Quoique ce mot latin se prenne pour toute sorte de maisons sacrées, ce n'était à proprement parler que l'endroit où les anciens plaçaient la statue d'un dieu, ou bien une fontaine qui était devant le temple, dans laquelle on se lavait avant d'entrer.

DELUENTINUS, dieu que les habitants de Crustumies invoquaient en temps de guerre, pour être préservés de tout ravage de la part de leurs ennemis.

DÉLUGE. 1. « Lorsque les hommes eurent commencé à se multiplier sur la terre, et à engendrer des filles, les enfants de Dieu voyant que les filles des hommes étaient belles, prirent pour épouses celles qui leur plurent. Et Jéhova dit: Mon esprit ne luttera point toujours avec les hommes, car ils ne sont que chair, et leurs jours ne seront que de cent vingt ans. En ces jours-là, il y avait sur la terre des géants, nés du commerce des enfants de Dieu avec les filles des hommes. Ce sont ces hommes puissants, renommés dans l'antiquité. Et Jéhova vit que la malice des hommes était grande sur la terre, et toute l'imagination des pensées de leur cœur n'était que mal en tout temps. Jéhova se repentit donc d'avoir fait l'homme sur la terre, et en eut du déplaisir dans son cœur. Alors Jéhova dit: J'exterminerai de dessus la terre les hommes que j'ai créés, depuis l'homme jusqu'aux quadrupèdes, aux reptiles et aux oiseaux du ciel; car je me repens de les avoir faits. Mais Noé trouva grâce aux yeux de Jéhova.... Or Noé était un homme juste et parfait en son temps. Il marcha constamment avec Dieu; et il avait engendré trois fils, Sem, Cham et Japhet. Mais toute la terre était corrompue devant Dieu et remplie d'iniquité. Dieu regarda donc la terre, et vit qu'elle était corrompue; car toute chair avait corrompu sa voie sur la terre. Et Dieu dit à Noé: La fin de toute chair est venue devant moi, car les hommes ont rempli la terre d'iniquité; voilà que je vais les exterminer avec la terre. Fais-toi une arche de bois de sapin; tu la feras avec des loges, et tu la calfeutreras de bitume par dedans et par dehors. Tu la feras de la longueur de 300 coudées, de la largeur de 50, et de la hauteur de 30. Tu donneras du jour à l'arche, et tu feras son comble d'une coudée de hauteur, et tu mettras la porte de l'arche sur le côté et tu y pratiqueras un compartiment inférieur, un second et un troisième. Je ferai venir un déluge d'eaux sur la terre, pour détruire toute chair en laquelle il y a esprit de vie sous les cieux, et tout ce qui est sur la terre expirera. Mais j'établirai mon alliance avec toi, et tu entreras dans l'arche, toi, tes fils, ta femme et les femmes de tes enfants. Et de tout ce qui a vie, tu en feras entrer deux de chaque espèce dans l'arche, pour les conserver avec toi, le mâle et la femelle; des oiseaux selon leur espèce, des quadrupèdes selon leur espèce, et de tous les reptiles selon leur espèce. Un couple de chacun entrera avec toi pour être conservé en vie. Prends aussi avec toi des comestibles de toute sorte, fais-en des amas, afin qu'ils servent de nourriture pour toi et pour eux. Noé fit tout ce que Dieu lui avait commandé.

« Jéhova dit à Noé: Entre dans l'arche, toi et toute ta famille; car je t'ai vu juste devant moi en ce temps-ci. Tu prendras de tous les animaux purs sept couples, les mâles et leurs femelles; mais des animaux non purs, un couple seulement, le mâle et sa femelle. Tu prendras aussi des oiseaux du ciel sept couples, les mâles et leurs femelles, afin d'en conserver la race sur toute la terre. Car, dans sept jours, je ferai pleuvoir sur la terre, pendant quarante jours et quarante nuits, et j'exterminerai de dessus la terre tous les êtres que j'ai créés. Noé fit tout ce que Jéhova lui avait commandé. Or Noé était âgé de six cents ans, lorsque le déluge des eaux vint sur la terre. Noé entra donc dans l'arche, et avec lui ses fils, sa femme et les femmes de ses enfants, pour se garantir du déluge. De tous les animaux purs et des non purs, des oiseaux et de tout ce qui avait mouvement sur la terre, vinrent deux à deux dans l'arche, le mâle et la femelle, ainsi que Dieu l'avait ordonné à Noé. Et il arriva que le septième jour, les eaux du déluge tombèrent sur la terre. En l'an 600 de la vie de Noé, le dix-septième jour du second mois, toutes les sources du grand abîme se rompirent, les écluses des cieux furent ouvertes, et la pluie tomba sur la terre pendant quarante jours et quarante nuits.... Or les eaux crûrent et soulevèrent l'arche et l'élevèrent au-dessus de la terre. Les eaux s'accrurent et montèrent considérablement, et l'arche flottait au-dessus des eaux. Les eaux s'élevèrent tellement que les plus hautes montagnes qui sont sous les cieux en furent couvertes: les eaux étaient montées de quinze coudées par-dessus... Toute chair qui avait mouvement sur la terre expira, tant des oiseaux que des bestiaux, des quadrupèdes et de tous les reptiles qui se traînent sur la terre, et tous les hommes. Tous les êtres qui avaient un souffle de vie sur le continent périrent. Ainsi fut extermi é tout ce qui se trouvait sur la terre, depuis les hommes jusqu'aux animaux, aux reptiles et aux oiseaux du ciel ; tout fut détruit ; il ne resta que Noé et ce qui était avec lui dans l'arche. Les eaux se maintinrent sur la terre durant cent cinquante jours.

« Or Dieu se souvint de Noé et de tous les animaux et de tous les bestiaux qui étaient avec lui dans l'arche, et Dieu fit passer un vent sur la terre, et les eaux s'arrêtèrent; les sources de l'abîme et les écluses des cieux se refermèrent, et la pluie ne tomba plus du ciel. Les eaux s'écoulèrent de dessus la terre avec un mouvement de flux et de reflux, et elles diminuèrent au bout de cent cinquante jours. Le dix-septième jour du septième mois, l'arche s'arrêta sur les montagnes d'Ararat, et les eaux allèrent en diminuant de plus en plus jusqu'au dixième mois, et au premier jour du dixième mois, les sommets des montagnes apparurent. Au bout de quarante jours, Noé ouvrit la fenêtre de l'arche qu'il avait faite, et il lâcha un corbeau qui sortit, allant et revenant, jusqu'à ce que les eaux se fussent desséchées sur la terre. Il fit partir aussi une colombe pour voir si les eaux avaient baissé sur la terre; mais la colombe, ne trouvant pas une place où poser son pied, retourna à l'arche, car les eaux étaient sur toute la face de la terre, et Noé étendant la main la reprit et la fit rentrer dans l'arche. Après avoir attendu encore sept autres jours, il lâcha encore la colombe hors de l'arche; elle revint vers le soir portant à son bec une feuille arrachée à un olivier. Noé comprit que les eaux étaient diminuées sur la terre. Il attendit encore sept autres jours, puis il lâcha la colombe qui ne revint plus.

« L'an 601 de la vie de Noé, le premier jour du premier mois, les eaux furent desséchées de dessus la terre; Noé ôtant la couverture de l'arche regarda, et vit que la surface de la terre se séchait; et au vingt-septième jour du second mois, la terre était tout à fait sèche. Dieu parla à Noé et lui dit: Sors de l'arche, toi et ta femme, tes fils et les femmes de tes fils; fais sortir avec toi tous les animaux de toute chair, tant des oiseaux que des quadrupèdes, et tous les reptiles qui rampent sur la terre; qu'ils se perpétuent sur la terre, qu'ils croissent et s'y multiplient. Noé sortit donc, et avec lui ses fils, sa femme et les femmes de ses enfants; tous les quadrupèdes, tous les reptiles, tous les oiseaux, tout ce qui se meut sur la terre, selon leur espèce, sortirent de l'arche. Noé construisit un autel à Jéhova, et prit de tous les animaux purs et de tous les oiseaux purs, et il en offrit des holocaustes sur l'autel. Et Jéhova sentit une odeur agréable, et dit en son cœur: Je ne maudirai plus la terre à l'occasion des hommes, quoique l'imagination du cœur des hommes soit mauvaise dès la jeunesse, et je ne frapperai plus tout être vivant, comme j'ai fait. Tant que durera la terre, les semailles et les moissons, le froid et le chaud, l'été et l'hiver, le jour et la nuit ne cesseront plus. Et Dieu bénit Noé et ses enfants et leur dit: Croissez, multipliez et remplissez la terre. Que tous les animaux de la terre, tous les oiseaux du ciel, tout ce qui se meut sur la terre, tous les poissons de la mer, vous craignent et vous redoutent; ils sont livrés entre vos mains. Tout ce qui se meut et qui a vie vous servira d'aliment; je vous donne toutes ces choses, ainsi que les légumes des champs. Toutefois vous ne mangerez pas la chair avec ce qui l'anime, c'est-à-dire avec son sang. »

Tel est le récit de l'écrivain sacré, qui ajoute que Dieu établit l'arc-en-ciel comme signe de l'alliance qu'il contractait avec le genre humain, et par laquelle il s'engageait à ne plus faire périr par le déluge la race des hommes.

Il n'est peut-être pas de fait antique mieux constaté, et appuyé d'une autorité plus imposante que celui du déluge universel; les découvertes de la géologie, d'accord avec les traditions de tous les peuples de la terre, viennent rendre justice au récit inspiré de Moïse et ne laissent plus lieu au moindre doute. La géologie n'étant pas du ressort de cet ouvrage, nous nous contenterons de dérouler sous les yeux de nos lecteurs les traditions des principales nations de l'univers, qui toutes s'accordent à placer cet événement à peu près vers la même époque, c'est-à-dire 4 à 5000 ans avant le temps où nous sommes actuellement. Les dates fournies par les Chaldéens, les Chinois, les Indiens et les Grecs, coïncident d'une manière frappante avec l'époque indiquée par Moïse. On sait au reste que le déluge, arrivé l'an du monde 1656, d'après la chronologie biblique, ne peut pas être aussi exactement déterminé, quant au laps de temps qui s'est écoulé depuis. Le texte des Septante (celui qui allonge le plus l'intervalle entre le déluge et nous) ne fait remonter cette grande catastrophe qu'à 5368, avant l'époque actuelle 1848; et selon le texte hébreu dont la chronologie est la plus courte, à 4196, en suivant le calcul d'Ussérius, ou à 4421, en suivant celui de Fréret.

2. Les *Grecs*, qui ont toujours tout confondu, qui ont tout localisé, ou plutôt qui ont circonscrit tous les événements dans les limites de leur pays, soit par orgueil, soit par ignorance des temps et des lieux, reconnaissent deux déluges, celui d'Ogygès et celui de Deucalion; ils prétendent assigner à ces deux cataclysmes des époques et des lieux différents, mais ils ajoutent à leurs récits des circonstances inconciliables entre elles et avec ces époques mêmes.

Le déluge d'Ogygès serait arrivé dans l'Attique et la Béotie; sa date, telle qu'elle a été fixée par Varron et rapportée par Censorin, à 1600 ans avant la première olympiade, remonterait à 4224 ans, c'est-à-dire, à 28 ans près, à l'époque fixée pour le déluge de Noé, par le texte hébreu de la Genèse, selon le calcul d'Ussérius. Le second déluge serait celui de Deucalion; il offre les traits les plus frappants avec le récit de la Genèse. Jupiter, voyant croître la malice des hommes, résolut de submerger le genre humain. Deucalion, fils de Prométhée et mari de Pyrrha, régnait alors en Thessalie; c'était l'époque de transition de l'âge d'airain à l'âge de fer : guidé par une inspiration divine, ce prince construisit un coffre, ou arche de bois, appelée *larnax*, qu'il garnit de toutes les provisions qui lui étaient nécessaires; il embarqua aussi avec lui, suivant Lucien, des animaux de toute espèce, et vogua ainsi sur les flots pendant que toute la face de la terre était inondée. Dès qu'il sentit les eaux baisser, il envoya des colombes pour s'assurer si la terre était découverte. Son arche aborda ensuite sur une haute montagne, qu'Apollodore et Pindare appellent le Parnasse, mais qui est le mont Athos, suivant Servius, et l'Etna suivant Hygin. A peine débarqués, Deucalion et Pyrrha érigèrent un autel et offrirent un sacrifice à Jupiter Phryxien ou sauveur. Ils allèrent ensuite consulter la déesse Thémis, qui rendait ses oracles au pied du Parnasse, et reçurent cette réponse : « Sortez du temple ; voilez-vous le visage ; détachez vos ceintures, et jetez derrière vous les os de votre grand'mère. » Ils ne comprirent pas d'abord le sens de l'oracle, et leur piété fut alarmée d'un ordre qui paraissait cruel. Mais Deucalion, après y avoir bien réfléchi, comprit que la terre étant leur mère commune, ses os étaient des pierres. Ils en ramassèrent donc, et les ayant jetées derrière eux, ils s'aperçurent que celles de Deucalion étaient changées en hommes, et celles de Pyrrha en femmes. Bien que les Grecs regardent ce déluge comme seulement local, cependant ils ne s'accordent pas entre eux sur les contrées qui furent submergées ; Diodore pense que ses effets ont pu s'étendre jusque vers la haute Egypte. Ovide ne balance pas à le rendre universel ; au reste, si tous les hommes n'eussent pas été détruits, quelle nécessité de recourir à un prodige pour repeupler la terre ? Le déluge de Deucalion et celui de Noé sont donc identiques ; ces deux événements arrivent à la même époque, dans le siècle d'airain, lorsque la terre est couverte de crimes énormes ; tous deux arrivent par ordre de la divinité irritée de tant de forfaits ; dans tous deux, un grand personnage, le seul homme juste de la terre, est sauvé par une arche ; dans tous deux, ce personnage s'assure de la retraite des eaux par l'émission de colombes ; il aborde sur une haute montagne, il offre un sacrifice au dieu qui l'a sauvé ; enfin il repeuple la terre. « Selon quelques auteurs, dit M. Letronne, les déluges de Noé, d'Ogygès et de Deucalion seraient le même. Des rapports de circonstance, le nom d'*Inachides* (*Noachus*), de la constellation de Persée, et l'étymologie de celui de Deucalion (fabricateur de coffre), semblent donner du poids à ce sentiment. Si l'on considère que les traditions des premières colonies de la Grèce datent de leur arrivée dans ce pays, qu'elles se rattachent comme point de départ, et sans transitions intermédiaires, à une ère commune, celle du déluge, les époques de ces cataclysmes ne différeront qu'en apparence. » *Voy.* DEUCALION.

3. Les traditions *phéniciennes* concordent avec celles des Grecs ; ces derniers même paraissent leur avoir emprunté le récit qu'ils font du déluge. Les habitants de Hiérapolis soutenaient qu'à l'époque de la grande inondation, il s'était ouvert dans leur pays un abime qui engloutit toutes les eaux ; et que Deucalion, en mémoire de cet événement, y dressa un autel et y bâtit un temple à Hiérapolis. On y voyait en effet une ouverture fort petite, du temps de Lucien, qui suppose qu'autrefois elle avait dû être plus grande. Tous les ans, dans la même ville, on célébrait une fête commémorative du déluge. Les Syriens, les Arabes et les peuples d'au delà de l'Euphrate, accouraient deux fois l'année à Hiérapolis ; allaient puiser de l'eau à la mer, c'est-à-dire au lac voisin, l'apportaient dans le temple et la versaient dans l'ouverture dont nous avons parlé. C'était encore Deucalion qui, disait-on, avait institué cette cérémonie pour conserver la mémoire du déluge.

4. Le récit des *Chaldéens* n'est pas moins précis. Xisuthrus, au rapport de Bérose cité par George Syncelle, régnait à Babylone sur les hommes de la dixième génération. Cronos lui apparut en songe, et l'avertit que le quinzième jour du mois dœsius, toute la race des humains périrait par le déluge. Il lui ordonna en conséquence de mettre par écrit l'histoire de tous les événements arrivés jusque-là, et d'enterrer cet écrit à Sippara, ville du soleil. Il lui commanda aussi de construire un vaisseau où il se retirerait avec ses parents et ses amis, après y avoir mis les provisions nécessaires, et d'y faire entrer des oiseaux et des quadrupèdes. Enfin il lui recommanda, lorsqu'on lui demanderait où il se rendait avec son vaisseau, de répondre qu'il allait vers les dieux pour les prier de rendre heureux le genre humain. Xisuthrus exécuta fidèlement ces ordres. Il construisit un vaisseau long de cinq stades (environ 472 toises) et large de deux (189 toises), où il entra avec sa femme, ses enfants et ses amis. Le déluge arriva aussitôt. Au bout d'un certain temps, voulant connaître si les eaux s'étaient retirées, Xisuthrus lâcha quelques oiseaux qui revinrent bientôt au vaisseau, parce qu'ils ne trouvèrent ni nourriture, ni lieu où ils pussent se reposer. Quelques jours après, il donna la liberté à quelques autres oiseaux, qui revinrent avec un peu de boue aux pattes. Enfin, il en laissa envoler pour la troisième fois ; ceux-ci ne revinrent plus. Xisuthrus jugeant par là que la terre commençait à se dessécher, fit une ouverture au vaisseau et reconnut qu'il s'était arrêté sur une montagne. Il sortit alors avec sa femme, sa fille et son pilote, baisa la terre, érigea un autel, offrit un sacrifice aux dieux et disparut avec ces trois personnes. Les gens qui étaient restés dans le vaisseau, ne voyant revenir ni leur chef, ni ceux qui l'avaient accompagné, mirent pied à terre pour les chercher. Pendant qu'ils les appelaient à grands cris, ils entendirent une voix qui leur ordonna d'être religieux envers les dieux, et qui leur apprit que la piété de Xisuthrus lui avait mérité d'être transporté dans le séjour des dieux avec ceux qui étaient sortis du vaisseau en même temps que lui. La même voix leur donna ordre de se rendre à Babylone, de prendre les écrits qui étaient cachés à Sippara, et d'en faire part à la postérité. L'endroit indiqué se trouvait en Arménie. Dès que la voix eut cessé de se faire entendre, ils offrirent des sacrifices aux dieux, prirent ensemble la route de Babylone, déterrèrent les écrits dont la voix céleste leur avait parlé, rebâtirent la ville du soleil, construisirent des temples et fondèrent plusieurs villes.

5. Les *Égyptiens* rapportent que, dans le

temps qu'Osiris était occupé à instruire les hommes en Ethiopie, le Nil vint à déborder aux approches du solstice, et que, s'étant répandu dans les plaines, il occasionna un déluge qui aurait noyé tous les hommes, si Hercule n'eût arrêté les eaux en élevant des digues et sauvé ainsi une partie du genre humain. Ce récit ne fait évidemment allusion qu'à un déluge partiel; mais Mutardi cité, d'après Albumassar, deux anciens livres égyptiens, où on lisait que le monde avait été renouvelé après le déluge, lorsque le soleil était au premier degré du Bélier, et Régulus dans la colure du solstice. Diodore rapporte également que les Thébains avaient construit un grand navire de bois de cèdre, de 280 coudées de long, doré en dehors et argenté en dedans, et qu'on l'avait consacré au dieu le plus honoré à Thèbes. Deux colombes, suivant Hérodote, s'étaient envolées de cette ville et étaient parties chacune pour une contrée différente; l'une d'elles arriva à Dodone et se percha sur un hêtre.

6. Les auteurs *arméniens* du moyen âge s'accordent à peu près avec l'une des chronologies de la Genèse, lorsqu'ils font remonter le déluge à 4944 ans; et l'on pourrait croire qu'ayant recueilli les vieilles traditions, et peut-être extrait les vieilles chroniques de leur pays, ils forment une autorité de plus en faveur de la nouveauté des peuples; mais quand on réfléchit que leur littérature historique ne date que du v° siècle, et qu'ils ont connu Eusèbe, on comprend qu'ils ont dû s'accommoder à sa chronologie et à celle de la Bible. Cependant il est certain que la tradition du déluge existait en Arménie bien avant la conversion des habitants au christianisme; et la ville qui, selon Josèphe, était appelée le *lieu de la Descente*, existe encore au pied du mont Ararat, et porte le nom de *Nachidchevan*, qui a en effet ce sens-là. Les Arméniens soutiennent que l'arche qui a sauvé la race humaine du déluge est encore actuellement sur cette montagne, appelée pour cela par les Persans *Koh-Nouh*, la montagne de Noé, ou *Sahat-Topuz*, heureuse colline. Ils ajoutent que jamais personne n'a pu monter jusqu'au lieu où elle s'arrêta. Ils croient cela fermement sur la foi d'un prétendu miracle arrivé à un moine d'Etchmiadzin, nommé Jacques, qui fut depuis évêque de Nisibe. On raconte que ce moine, prévenu de la commune opinion que ce mont était assurément celui où l'arche se reposa après le déluge, forma le dessein de parvenir à son sommet ou de mourir dans l'entreprise; qu'il parvint à la moitié, mais qu'il ne put jamais passer outre, parce qu'après avoir monté tout le jour, il se trouvait la nuit, durant son sommeil, reporté miraculeusement au lieu d'où il était parti le matin; que cela continua longtemps de la sorte; mais qu'enfin Dieu exauça les vœux de ce moine, en partie du moins; car un ange lui apporta une pièce de l'arche, en lui disant de ne plus se fatiguer vainement à monter à un lieu dont Dieu avait interdit l'accès aux hommes. Cependant les auteurs anciens, tels que Josèphe, Bérose et Nicolas de Damas, assurent que, de leur temps, on montrait les restes de l'arche, et qu'on prenait, comme un préservatif salutaire, la poudre du bitume dont elle était enduite.

7. Nous consignons ici la tradition *musulmane* sur le déluge; cependant elle ne peut pas corroborer l'authenticité de ce grand événement, car elle est calquée tout entière sur la Bible, sauf cependant les erreurs que les Musulmans y ont glissées à dessein. Voici comme s'exprime Munedjun-Baschi-Ahmed-Effendi, d'après la traduction de Mouradgea d'Ohsson.

« Noé fut d'abord appelé *Siken*. Ce mot indiquait qu'en sa personne se concentraient la génération passée et la génération future. Il eut ensuite le nom de *Nouh*, dérivé de *Nouha*, qui signifie gémir, se lamenter, à cause de ses larmes et de ses gémissements sur les iniquités et la corruption générale des hommes. Ce patriarche, vénéré comme le second père du genre humain, était d'un caractère dur et sévère. Il exerçait le métier de charpentier. A l'âge de cinquante ans, il reçut du ciel des ordres pour prêcher les peuples, les rappeler à la foi et les exhorter à la pénitence. Mais son zèle, ses prédications, ses efforts, furent inutiles. Le monde était plongé dans la corruption et dans l'impiété. Ses conseils et ses menaces ne produisirent qu'un soulèvement général; on alla même jusqu'à frapper ce patriarche. Noé, désespérant de la conversion de ces infidèles, demanda leur perte à l'Eternel. « Ne permettez pas, ô mon Dieu! s'écria-t-il, qu'aucun d'eux continue à vivre et à marcher sur la surface de la terre. » Sa prière fut exaucée. Il eut ordre de construire l'arche. Ce vaisseau, long de 300 pieds, sur 50 de largeur et 30 de hauteur, fut commencé 100 ans avant le déluge, l'année même de la naissance de *Sem*, son fils.

« L'arche, entièrement construite de bois d'ébène, reçut à Cufa la famille de Noé, avec des oiseaux et des animaux de toute espèce, mâles et femelles, ainsi que le corps d'Adam, enfermé dans un cercueil de buis. Tel fût l'ordre de l'Eternel. Yam, que l'on appelait encore Canaan, quatrième fils de Noé, indocile à la voix de son père, refusa d'entrer dans l'arche et périt avec le reste du genre humain. Le déluge commença le 17 de la lune de séfer, et continua quarante jours et quarante nuits sans interruption. Toute la terre en fut submergée, et resta couverte de ces eaux célestes pendant 150 jours. A ce terme, l'arche, jusqu'alors flottante sur les eaux, s'arrêta sur la montagne de Djoudi en Arabie. C'est là que Noé en sortit avec sa famille, et qu'il rendit des actions de grâces au ciel, en immolant des victimes. Alors Dieu bénit sa postérité, lui renouvela ses lois, et lui donna l'arc-en-ciel pour signe de sa grâce et de sa réconciliation. Noé se fixa en ce lieu avec Sem, Cham et Japheth, ses enfants, et le reste de sa famille, au nombre de 80 personnes, ce qui fit appeler cette habitation *Caryat-el-Sémanin*, le village des Quatre-

Vingts. Le premier soin de Noé fut de remettre le corps d'Adam dans la grotte de la montagne *Djebel-Abi-Cobais*, qui domine la Mecque. »

8. D'après les livres des *Parsis*, le souverain Créateur sut que le mauvais génie se disposait à tenter l'homme; il ne jugea pas à propos de l'empêcher par lui-même, il se contenta de députer des anges pour veiller sur l'homme. Cependant le mal augmenta, l'homme se perdit, et Dieu envoya un déluge qui dura dix jours et dix nuits, et détruisit le genre humain. L'apparition de *Kaioumors* (l'homme-taureau, le premier homme) y est aussi précédée de la création d'une grande eau.

9. Les *Hindous* croient, dit William Jones, que, sous le règne de Vaivaswata, ou enfant du Soleil, toute la terre fut submergée, et tout le genre humain détruit par un déluge, à l'exception de ce prince religieux, des sept Richis et de leurs épouses. Cette histoire est racontée avec autant de clarté que d'élégance, dans le VIII⁰ livre du Bhagawata; je me bornerai à en présenter ici un abrégé.

« Le démon Hayagriva ayant soustrait les Védas à la vigilance de Brahma, tandis qu'il se reposait à la fin du sixième Manawantara, toute la race des hommes devint corrompue, hormis les sept Richis et Satyavrata, qui régnait alors à Dravira. Un jour que ce prince s'acquittait de ses ablutions dans la rivière Kritamala, Vichnou lui apparut sous la forme d'un petit poisson, et, après avoir augmenté en stature dans divers fleuves, il fut placé par Satyavrata dans l'Océan, où il adressa ces paroles à son adorateur surpris : « Dans sept jours, un déluge détruira toutes les créatures qui m'ont offensé; mais tu seras mis en sûreté dans un vaisseau merveilleusement construit. Prends donc des herbes médicinales et des graines de toute espèce, et entre sans crainte dans l'arche avec les sept personnages recommandables par leur sainteté, vos femmes et des couples de tous les animaux. Tu verras alors Dieu face à face, et tu obtiendras des réponses à toutes les questions. » Il disparut à ces mots, et au bout de sept jours, l'océan commença à submerger les côtes, et la terre fut inondée de pluies continuelles. Satyavrata, étant à méditer sur la divinité, aperçut un grand navire qui s'avançait sur les eaux. Il y entra, après s'être exactement conformé aux instructions de Vichnou, qui, sous la forme d'un vaste poisson, permit que le navire fût attaché, avec le grand serpent marin en guise de câble, à sa corne démesurée. Quand le déluge eut cessé, Vichnou tua le démon, recouvra les Védas, instruisit Satyavrata dans la science divine, et le nomma septième Manou, en lui donnant le nom de Vaivaswata. »

D'après les *Transactions philosophiques* de 1701, les Indiens racontent qu'un déluge arriva, il y a environ 21,000 ans; que toute la terre fut couverte par la mer, à l'exception d'une montagne dans le nord. Ce déluge dura 120 ans, 7 mois et 3 jours. Sept hommes et une seule femme furent sauvés du déluge universel.

Dans la *Dissertation historique de la religion des Banians*, donnée par l'Anglais Lord, il est rapporté que le monde ayant été peuplé par les quatre pères du genre humain, la méchanceté et les crimes se répandirent sur la terre; les brahmanes étaient devenus irréligieux et mondains; les kchatriyas, injustes et oppresseurs; les soudras, trompeurs et faussaires; les vaisyas, paresseux et débauchés. Dieu fut irrité de l'iniquité croissante, et résolut de faire périr les hommes par un déluge. Les cieux se couvrirent de ténèbres, la mer s'enfla comme pour se joindre avec les nues. On entendit de grands bruits dans l'air; le tonnerre et les éclairs éclatèrent aux pôles du monde, et il y eut un déluge universel, qui détruisit toutes les nations de la terre, et lava le monde des infamies dont il s'était souillé. Par ce moyen les corps furent punis de leurs crimes, mais les âmes furent reçues dans le sein de Dieu. Ainsi finit le premier âge, suivant la tradition des Banians.

10. Les *Tartares* qui professent le chamanisme reconnaissent que chaque âge du monde se termine par un déluge universel. Suivant leur cosmogonie, les premiers hommes, déjà déchus de leurs prérogatives célestes, et réduits à une condition misérable sur la terre, ajoutèrent le crime à leur malheur. L'envie, la jalousie, s'emparèrent de leurs cœurs. On ne vit plus que des infortunés, tous occupés à se dépouiller, à se frapper, à se détruire; la terre fut livrée au pillage, aux combats, aux massacres; tous les vices et tous les maux l'infectèrent à la fois; la vie humaine décroissait à mesure que les hommes devenaient plus méchants. Enfin, on entendit la voix des Tenguéris ou esprits célestes, qui, du haut du ciel, annoncèrent que bientôt tomberait une pluie abondante, mêlée de glaives et de fers tranchants. Les hommes épouvantés rassemblèrent des aliments pour plusieurs jours; car un petit nombre de jours équivalait alors à des années, tant la vie était courte; ils se renfermèrent avec leurs provisions dans le creux des rochers. La tempête éclata, comme elle avait été prédite; il plut des glaives durant sept jours. Toute la terre fut couverte de sang, de cadavres déchirés, d'ossements dépouillés; mais les eaux tombant sans cesse du ciel, entraînèrent toutes les immondices dans l'océan, et purifièrent la demeure des humains. Ce fut la fin du premier âge. Les hommes qui avaient échappé au fléau sortirent de leurs cavernes. Un esprit céleste fut envoyé sur la terre avec une loi nouvelle; il se nommait Mazouchir. Sa taille était d'une hauteur extraordinaire, son front serein, son regard doux, sa beauté divine. Les hommes étonnés lui demandèrent comment il était devenu si beau : « C'est, dit-il, que j'ai foulé aux pieds la cupidité, la luxure et toutes les passions. Mortels, suivez mon exemple, et vous deviendrez semblables à moi. » Les hommes, à sa voix, furent pénétrés de l'hor-

reur du crime, et n'eurent plus de passions que pour les charmes de la vertu. Ils l'embrassèrent et elle fit leur bonheur. Ils jouirent d'une vie de 80,000 ans, passée tout entière dans une félicité indicible. Telles sont entre autres les traditions des Mongols et des Kalmouks.

11. Les *Chinois* n'ont pas la tradition d'un déluge universel proprement dit; mais leur histoire fait mention d'une inondation considérable arrivée sous l'empereur Yao, 2297 ans avant Jésus-Christ. Les annales chinoises disent cependant que tout fut submergé; et le Chou-King met ces paroles dans la bouche de l'empereur : « Grands du royaume, on souffre encore beaucoup de l'inondation des eaux, *qui couvrent les collines* de toutes parts, dépassent les montagnes, et paraissent aller jusqu'aux cieux. Y a-t-il quelqu'un qui puisse remédier à ces désastres? » Chun fut choisi pour cette œuvre importante; il y travailla activement, et s'adjoignit la coopération d'un jeune homme nommé Yu, qui en vint à bout au moyen de travaux immenses. On admire encore à présent les jetées et les canaux que l'on prétend qu'il fit construire alors. Quand la grande inondation s'éleva jusqu'au ciel, dit ailleurs le Chou-King, quand elle environna les montagnes et passa au-dessus des lieux les plus élevés, les peuples troublés périrent dans les eaux.

Antérieurement à Yao, il est encore fait mention d'un autre déluge arrivé du temps de Fo-hi, environ 3100 ans avant notre ère. Un rebelle nommé Koung-Koung, voulant perdre Koung-Sang, frappa de la corne la montagne Pan-tcheou avec une telle violence que les colonnes qui supportaient le ciel furent brisées, et que les liens de la terre se rompirent. Le ciel s'écroula au nord-ouest et au sud-est; la terre fut fondue, il en résulta un déluge universel. Ce Koung-Koung avait le visage d'un homme, le corps d'un serpent et le poil roux; il paraît n'être que la personnification du mauvais principe.

Ces deux déluges n'en font probablement qu'un. Au reste, plusieurs savants, et entre autres le célèbre Cuvier, ne balancent pas à identifier le déluge de Yao avec celui de Noé.

12. Les traditions de l'ancienne Europe sont moins précises que celles de l'Orient; néanmoins on y trouve encore des souvenirs du déluge de Noé.

Dans la mythologie *scandinave* on voit les enfants de Bore mettre à mort le géant Ymer, mauvais génie, et père de toute la race des géants aussi méchants que lui. Il s'écoula, dit l'Edda, tant de sang de ses plaies, que toutes les familles des géants de la gelée y furent noyées, à la réserve de Bergelmer, qui s'échappa avec tous les siens de ce déluge universel, en montant sur une barque; et par là s'est conservée la race des géants de la gelée. Tout différent qu'est ce mythe du récit mosaïque, on y retrouve cependant le souvenir des géants antédiluviens mentionnés dans la Genèse, d'un seul homme sauvé avec sa famille, et de la barque qui fut pour ceux-ci un moyen de salut.

13. Suivant les *Celtes*, tout le genre humain périt par le déluge, à l'exception de Dwivan et de Dwivach, qui échappèrent à l'aide d'un vaisseau sans voiles; ce vaisseau contenait en outre un individu mâle et femelle de tous les animaux qui existaient.

14. Les *Lapons* disent que la terre était entièrement habitée, avant que Dieu l'eût submergée. Lorsqu'ensuite les mers et les fleuves sortirent de leur lit et inondèrent tout le globe, le genre humain périt tout entier, à l'exception d'un frère et d'une sœur, que Dieu prit sous ses bras et transporta sur la montagne de Passeware. Le déluge fini, ces deux enfants se séparèrent, pour chercher s'il n'était pas resté d'autres hommes dans le monde. Ces voyageurs se rencontrèrent au bout de trois ans, mais malheureusement pour leur amour, ils reconnurent qu'ils étaient frère et sœur. Ils se quittèrent de nouveau, et se retrouvèrent encore après un second voyage de trois ans; enfin, après une troisième séparation, qui dura le même laps de temps, ils se revirent sans se reconnaître; et n'ayant plus scrupule pour vivre ensemble, ils devinrent la souche des hommes qui repeuplèrent la terre.

15. Nous allons maintenant parcourir quelques-uns des peuples du nouveau monde, et des terres encore plus récemment découvertes. Leurs indications et leurs récits ont une importance immense; car ils prouvent, ou qu'ils ont reçu leurs doctrines de l'ancien monde, à une époque dont le souvenir est perdu, ou qu'ils ont conservé plus ou moins pures quelques-unes des traditions primitives.

Les *Brésiliens* disent qu'un étranger puissant, qui haïssait mortellement leurs ancêtres, les fit tous périr par une prodigieuse inondation. Il n'y eut qu'un frère et une sœur qui se sauvèrent pour repeupler la terre. Cette tradition est conservée dans leurs chants populaires. Quelques-uns des indigènes qui vivent sur les côtes, disent que la famille de Tamandouaré de Toupa, vieillard blanc, avait seule été avertie par D.eu, de grimper sur des palmiers, et d'y attendre l'inondation qui fit périr le genre humain. Quand les eaux se furent écoulées, cette famille descendit et repeupla la terre.

16. Les *Péruviens* admettent un déluge universel arrivé dans les anciens temps, auquel il n'échappa que six personnes, qui rétablirent le genre humain; Manco-Capac, leur premier roi, descendait d'une de ces six personnes. Suivant Acosta, il y eut sept personnes qui purent se soustraire au déluge universel, en se réfugiant dans la caverne de Pacaritambo. Ce sont ceux qui furent la souche des Incas. Les peuples du Pérou avaient aussi beaucoup de vénération pour l'arc-en-ciel.

17. Dans la cosmogonie des habitants de l'ancien *Cundinamarca*, il est rapporté que les Muyscas, s'étant extrêmement multipliés après la création, offensèrent le dieu Chibchachum, protecteur de leur nation. Celui-ci, pour les punir, créa les torrents de Sopo

et de Tibito ; car comme le saut du Tequendama n'existait pas encore, l'eau montait toujours dans la plaine, et il n'était plus possible de rien cultiver, de sorte que la population, qui s'était réfugiée sur les montagnes, était menacée d'être submergée. Dans cette situation désespérée, les hommes s'adressèrent à Bochica, leur dieu suprême, qui leur apparut assis sur l'arc-en-ciel, et tenant à la main une baguette d'or. « J'ai entendu vos prières, leur dit-il, et je punirai Chibchachum ; cependant je ne détruirai pas les rivières qu'il a créées, parce qu'elles vous seront utiles dans les temps de sécheresse ; mais je vais ouvrir un passage aux eaux. » A ces mots, il lance sa baguette d'or contre la montagne et la fend dans toute sa hauteur, à l'endroit où maintenant le Funzha forme la célèbre cataracte connue sous le nom de Saut du Tequendama. Toutes les eaux s'écoulèrent par cette ouverture, et la plaine redevint habitable. Pour punir Chibchachum, Bochica le condamna à porter sur ses épaules la terre qui était autrefois soutenue par de grosses colonnes de bois de gaïac. Quand pour se soulager il transporte la terre d'une épaule à l'autre, ce mouvement occasionne des tremblements de terre.

18. Les *Mexicains* divisaient l'histoire du monde en quatre grandes époques, dont deux s'étaient déjà écoulées ; ils nommaient la première *Atonatiuh*, ou soleil de l'eau, et croyaient que le monde, alors habité par des géants, avait été détruit par une inondation générale. Un seul homme, nommé *Coxcox* ou *Teocipactli*, avait échappé à la destruction universelle, en s'embarquant dans un *acalli* spacieux, avec sa femme, ses enfants, plusieurs animaux et des graines, dont la conservation était chère au genre humain. Lorsque le grand esprit *Tezcatlipoca* ordonna que les eaux se retirassent, Coxcox fit sortir de sa barque un vautour ; mais cet oiseau ne revint pas, parce que, se nourrissant de la chair des cadavres, il trouva une abondance de nourriture sur la terre encore humide. Coxcox envoya encore plusieurs autres oiseaux, parmi lesquels le colibri seul revint, en tenant dans son bec un rameau garni de feuilles ; alors le Noé mexicain, voyant que le sol commençait à se couvrir de verdure, quitta sa barque près des montagnes de Colhuacan, et descendit à terre avec sa femme. Ce couple mit au monde un grand nombre d'enfants, qui tous naquirent muets ; mais après qu'ils se furent beaucoup multipliés, il vint un jour une colombe qui du haut d'un arbre où elle s'était perchée, leur distribua des langues et leur donna l'usage de la parole.

19. Les *Tlascalteques*, au contraire, croyaient que les hommes qui avaient échappé au déluge avaient été changés en singes, mais qu'ils avaient recouvré peu à peu la raison et la parole. La même tradition diluvienne existe avec quelques variantes chez les *Aztèques*, les *Miztèques*, les *Zapotèques* et les *Méchoacanèses*, et chacun de ces peuples fait remonter son origine à ce grand événement.

20. Selon les documents recueillis par François Nunez de la Véga, le Wodan des *Chiapanèses* était petit-fils de cet illustre vieillard qui, lors de la grande inondation dans laquelle périt la majeure partie du genre humain, fut sauvé dans un radeau, lui et sa famille. Wodan coopéra à la construction du grand édifice que les hommes entreprirent ensuite, pour atteindre les cieux ; mais l'exécution en fut interrompue, et chaque famille reçut alors une langue différente.

21. Les *Caraïbes* reconnaissaient qu'il y avait eu un déluge, et en attribuaient la cause à la méchanceté des hommes de ce temps-là.

22. Les peuples d'*Achagua* désignaient le déluge par l'expression de *Caténanemou*, ou submersion générale du grand lac. Un des insulaires de *Cuba* apostropha ainsi Gabriel de Cabrera : « Pourquoi me grondes-tu, puisque nous sommes frères ? Ne descends-tu pas, comme moi, de celui qui construisit le grand vaisseau qui sauva notre race ? »

23. Les *Floridiens* disent que le soleil ayant retardé de vingt-quatre heures sa course ordinaire, les eaux du grand lac Théomi débordèrent avec une telle abondance, que les sommets des plus hautes montagnes en furent couverts, à la réserve de celle d'Olaimi, que le soleil garantit de l'inondation générale, à cause du temple qu'il s'y était bâti de ses propres mains, et que les Apalachites consacrèrent dans la suite comme un lieu de pèlerinage, où ils allaient porter à cet astre leurs hommages religieux. Tous ceux qui purent gagner cet asile furent préservés du déluge. Au bout de 24 heures le soleil reparut, dessécha les eaux et dissipa les vapeurs qu'elles avaient occasionnées.

24. Athaënsic, la grande déesse des *Iroquois*, donna naissance au genre humain ; mais sa race s'éteignit presque tout entière à la troisième génération. Le Grand-Esprit envoya un déluge. Messou, qui est leur Noé, voyant ce débordement, députa un corbeau pour s'enquérir de l'état des choses, mais le corbeau s'acquitta mal de sa commission ; alors Messou fit partir le rat musqué, qui lui apporta un peu de limon. Messou rétablit la terre dans son premier état ; il lança des flèches contre le tronc des arbres qui restaient encore debout, et ces flèches devinrent des branches. Il épousa ensuite par reconnaissance une femelle du rat musqué : de ce mariage naquirent tous les hommes qui peuplent aujourd'hui le monde.

25. Chez certains sauvages du *Canada*, on retrouve une réminiscence confuse du déluge ; mais cette inondation universelle avait précédé la création ; cependant on y remarque une triple mission d'animaux pour retirer la terre du sein des eaux. C'est d'abord le castor qui échoue dans sa tentative ; puis le rat musqué, qui en vient à bout à son second voyage ; ce qui rappelle l'émission du corbeau, et la double émission de la colombe, de l'arche de Noé. Au reste, le corbeau joue aussi un rôle dans cette cosmogonie ; car c'est lui qui fut chargé d'explorer la terre,

après sa formation. *Voy.* ces traditions curieuses à l'article WISKAIN.

26. Les *Mandans* prétendent que le déluge a été suscité autrefois par des tribus d'hommes blancs pour faire périr leurs ancêtres. Les blancs firent monter les eaux à une telle hauteur, que toute la terre fut submergée. Alors le premier homme (qu'ils regardent comme une de leurs divinités) inspira aux humains l'idée de construire sur une éminence une tour ou une forteresse en bois, et leur promit que l'eau ne dépasserait pas ce point. Ils suivirent son avis et construisirent l'arche sur le bord inférieur de la rivière du Cœur; elle était d'une fort grande dimension, de sorte qu'une partie de la nation y trouva son salut, pendant que le reste périt dans les flots. En souvenir de cet événement mémorable, ils placèrent, dans chacun de leurs villages, un modèle en petit de cet édifice; ce modèle existe encore. Les eaux baissèrent après cela, et aujourd'hui on célèbre, en mémoire de cette arche, la fête d'Okippe, qui dure quatre jours.

27. Les îles *Taïti* avaient aussi leur histoire diluvienne. Taaroa, le premier des dieux, courroucé un jour contre le monde, le précipita dans la mer. Tout fut submergé, à part quelques points saillants qui, se maintenant au-dessus des eaux, formèrent les îles actuelles. Tel est le récit dans les groupes de l'Est. Le groupe de l'Ouest en a un autre. Le dieu des eaux, Roua-Hatou, dormait un jour au fond de la mer sur son lit de corail, quand un pêcheur se hasarda sur ce lieu quoiqu'il fût taboué. Il jeta ses hameçons qui s'engagèrent dans la chevelure du dieu. Croyant avoir fait une belle capture, il tira si fort, que le dieu vint à la surface de l'eau. Furieux d'avoir été dérangé : « Tu vas périr, dit le Neptune taïtien.—Pardon, pardon! » cria le pêcheur effrayé et se jetant à genoux. Le dieu fut touché; il gracia l'homme, mais il voulut passer sa mauvaise humeur sur les îles. Un déluge fut résolu. Débonnaire jusqu'à la fin, il indiqua au pauvre pêcheur une île de récifs nommée Toa-Marama, située à l'orient de Raïatéa. Cet homme s'y rendit avec un ami, un cochon, un chien et une couple de poules. Ils y étaient arrivés à peine, que l'Océan commença à monter; la population fuyait devant lui, mais l'Océan monta toujours jusqu'à ce qu'elle eût péri tout entière. Cet acte de destruction accompli, les eaux se retirèrent. Le pêcheur revint alors avec ses compagnons; il fut le Noé de ce déluge. Les insulaires donnent, comme preuve évidente du déluge, les blocs madréporiques et les coquilles existant sur les cimes les plus élevées, et qui n'ont pu y être transportés que par la mer.

28. Les Madécasses ont localisé pour leur contrée le récit génésiaque emprunté des Musulmans. Les descendants d'Adam, disent-ils, ayant irrité le Tout-Puissant, celui-ci, pour les punir, couvrit la terre d'un déluge qui les engloutit. Noé avait, par l'ordre de Dieu, construit une arche, sur laquelle il se sauva avec sa femme, ses enfants, ses parents, ses domestiques, un mâle et une femelle de chaque espèce d'animaux. Les montagnes de Zaboullifat au nord, de Zablicatourne au midi, de Zanbarillof à l'ouest, et de Zabalibarani à l'est, furent les seules que les eaux ne couvrirent pas entièrement; mais elles ne servirent d'asile à personne. Les eaux s'étant écoulées, Noé sortit de l'arche, et se rendit à Jérusalem, puis à la Mecque. Il reçut de la part de Dieu quatre volumes, dans lesquels la loi était contenue. Le premier, nommé *Al-fourcan* ou *Coran*, était pour lui; le second, appelé *Sorat*, devait être remis à Moïse; le troisième, *Azomboura*, était pour David; le Christ, qu'ils nomment *Raïous Raissa*, devait avoir le quatrième, appelé *Al-indzil*.

DELVENTINUS, dieu des anciens Étrusques, dont on ne connaît guère que le nom.

DEMAROON, ou DEMARUS, divinité des anciens Phéniciens Cronos avait une concubine qu'il donna en mariage à Dagon, quoiqu'il l'eût lui-même rendue enceinte. Elle accoucha peu de temps après d'un enfant qui fut appelé *Démaroon*, et que plusieurs ont confondu avec Jupiter.

DÉMÉTER, D'AMATER, ou DÉMÉTRA, nom grec de Cérès. On croit que le mot Δημήτηρ est identique à Γαμήτηρ, qui signifie la *Terre mère*. Les Grecs lui avaient consacré le dixième mois de leur année, appelé pour cette raison *Démétrios*. Il répond au temps de la moisson, époque où Cérès fait part de ses dons aux hommes.

DÉMÉTRIES, fête célébrée par les Grecs et par les habitants de Tarse en Cilicie, en l'honneur de Cérès. Les dévots s'y flagellaient avec des fouets d'écorce d'arbre, appelés *Morottes*. Les cérémonies étaient dirigées par une prêtresse de la famille des Pœménides.

Le 30 du mois munychion on célébrait une autre fête appelée aussi *Démétries*, dans laquelle on vénérait Bacchus sous le nom de *Démétrius*. On y représentait les voyages de ce dieu dans la plus grande partie de la terre.

Enfin, le 13 du même mois, il y avait encore une fête de même nom, en l'honneur de Démétrius Poliorcète, ou le preneur de villes.

DEMI-ARIENS. On appela ainsi, dans le IV⁰ siècle, ceux qui tenaient à peu près le milieu entre les catholiques et les ariens, en établissant que le Fils de Dieu était semblable à son Père en substance, mais en niant en même temps qu'il fût de la même substance; c'est-à-dire qu'ils substituaient dans le symbole le mot ὁμοιούσιος, *similis substantiæ*, au mot ὁμοούσιος, *consubstantialis*. Les évêques du concile d'Ancyre, tenu en 358, tombèrent dans cette hérésie; mais ils n'eurent l'approbation ni des catholiques, ni des ariens. En 362, ils formèrent un nouveau corps sous le nom de macédoniens.

DEMI-DÉESSES, femmes illustres ou descendues des dieux, auxquelles on rendait après leur mort les honneurs divins.

DEMI-DIEUX. Les anciens appelaient ainsi les dieux de deuxième ordre, qui tiraient leur origine des dieux, ainsi que les héros des temps mythologiques, que leurs exploits ou leur vertu supérieure avaient élevés au rang des divinités, tels que Hercule, Jason, Thésée, Castor et Pollux, Persée, Bellérophon, Esculape, Orphée, Cadmus, Achille, etc., etc. La plupart passaient pour être le fruit de l'union d'une divinité avec un être mortel. On leur érigeait des temples dans quelques lieux, mais on ne les honorait que d'un culte secondaire.

La plupart des systèmes religieux polythéistes ont aussi des demi-dieux, qu'ils appellent aussi quelquefois esprits ou génies. On pourrait comparer aux demi-dieux des Grecs les *Dévatas* des Indiens, par comparaison avec les *Dévas*, qui sont leurs grands dieux.

DEMI-JUIFS, secte particulière de Juifs, qui parut en Silésie et ailleurs, du temps de la réforme de Calvin, et qui subsiste encore en quelques endroits. Ils font peu de cas du culte et des cérémonies judaïques, et prétendent que toute la religion consiste dans le Décalogue. Une de leurs opinions est que le Messie est uniquement destiné pour les Juifs, qui est le véritable peuple de Dieu, et que les païens ne doivent point profiter de sa venue. Le chef de ces hérétiques est appelé Seïdelius.

Actuellement encore, il y a en France et en Allemagne de nombreuses sociétés de juifs qui demandent l'abolition du culte judaïque, même de la circoncision et du sabbat, et veulent que cette religion soit modifiée de manière à concorder avec la religion et les usages des peuples au milieu desquels les juifs sont répandus.

DÉMISSION D'UN BÉNÉFICE, acte par lequel un ecclésiastique renonce à un bénéfice qu'il possède. La démission pure et simple est celle qui laisse au collateur la liberté de conférer le bénéfice à quelque sujet de son choix. Il y a une autre sorte de démission, qu'on appelle *résignation*, par laquelle celui qui se démet cède son bénéfice à un autre. Dans l'un et l'autre cas, l'acte de la démission doit être remis entre les mains du supérieur. La seconde espèce de démission n'a plus maintenant lieu en France.

DÉMIURGE, nom que les platoniciens donnaient au Créateur de l'univers; c'est ce que signifie le mot grec Δημιουργός. Dans les mystères d'Eleusis, le Demiurge ou Créateur était représenté par l'hiérophante ou orateur sacré.

DÉMOGORGON, divinité ou génie de la Terre. C'était, dit Bocace, sur la foi de Théodotion, un vieillard crasseux, couvert de mousse, pâle et défiguré, qui habitait dans les entrailles de la terre, ayant pour compagnons le Chaos et l'Eternité. Ennuyé de cette solitude, il se fit une petite boule, sur laquelle il s'assit; et s'étant élevé dans les airs, il environna toute la terre et forma ainsi le ciel. Passant par hasard au-dessus des monts Acrocerauniens, ou frappés de la foudre, il en tira la matière ignée qu'il envoya dans le ciel, pour éclairer le monde, et dont il forma le Soleil, qu'il donna en mariage à la Terre, union qui produisit le Tartare, la Nuit, etc. Fatigué au fond de sa caverne des douleurs que ressentait le Chaos, il tira de son sein la Discorde, qui abandonna le centre de la terre pour se porter à sa surface. Il fit naître de la même manière Pan, les trois Parques, le Ciel, Pitho et la Terre, son huitième enfant. Le neuvième fut l'Erèbe, qui eut une nombreuse postérité. Cette divinité était particulièrement adorée en Arcadie; et telle était la vénération des habitants pour ce nom redoutable, qu'il n'était pas permis de le prononcer. Des auteurs ont pensé que ce Démogorgon était un magicien si habile dans son art, qu'il avait à ses ordres les fantômes et les génies aériens, les forçait d'obéir à ses volontés, et punissait sévèrement ceux qui ne s'y conformaient pas exactement.

DÉMON. Le mot *démon* n'avait pas autrefois l'acception qu'il a reçue depuis dans les langues modernes; il exprimait en général un dieu, un esprit, un génie, un être enfin supérieur à l'homme. De là vient que les anciens employaient le mot *Agathodémon* (Ἀγαθοδαίμων) pour exprimer un bon génie, un dieu bon, et le mot *Kakodémon* (Κακοδαίμων) pour désigner un mauvais esprit Mais maintenant le mot *Démon* se prend presque toujours en mauvaise part.

1. Les *chrétiens* appellent *démons* les anges rebelles, créés de Dieu pour être heureux éternellement dans le ciel, mais qui, en conséquence de leur orgueil et de leur désobéissance, ont mérité d'être expulsés du séjour du bonheur et précipités dans les abîmes de l'enfer. Cependant ils jouissent encore sur la terre d'un pouvoir qui a été diminué depuis l'acte de la rédemption des hommes par Jésus-Christ, mais qui ne sera totalement anéanti qu'à la consommation des siècles. Ils s'occupent à tenter les hommes, et cherchent à les entraîner au mal par leurs dangereuses suggestions. L'Evangile nous apprend que Satan, leur chef, a même eu l'audace de tenter Jésus-Christ dans le désert, après son baptême, sans doute pour s'assurer s'il était véritablement le Fils de Dieu. Au reste, la foi nous apprend que les démons sont dé purs esprits, immortels, sans forme et sans figure; mais le peuple, peu éclairé, se les figure noirs, hideux, et d'un aspect épouvantable.

2. On lit dans le Thalmud des *Juifs* que les démons ont trois propriétés communes avec les anges, et trois avec les hommes. Comme les anges, ils ont des ailes; ils peuvent se transporter d'une extrémité du monde jusqu'à l'autre; ils connaissent l'avenir. Comme les hommes, ils mangent et boivent; ils engendrent et se multiplient; ils sont sujets à la mort. Plusieurs rabbins ont également prétendu que les démons étaient descendants d'Adam; car, après avoir été chassé du paradis terrestre, ce

lui-ci fut excommunié pendant 130 ans; et pendant ce laps de temps qu'il demeura séparé de sa femme, il engendra les démons et les fantômes. Eve de son côté eut pendant cette séparation commerce avec certains esprits qui la rendirent mère d'autres démons. Ces rabbins fondent leurs opinions saugrenues sur le texte de la Bible. En effet, disent-ils, l'Ecriture rapporte qu'à l'âge de 130 ans, *Adam engendra à son image et à sa ressemblance*; donc jusqu'à cet âge, il avait engendré, mais non point à son image; et ces êtres nés de lui ne peuvent être que les démons. Quant à Eve, n'est-elle pas appelée la mère de tout ce qui a vie : *Mater omnium viventium?*

3. Les **Musulmans** reconnaissent des démons de différentes sortes; tels sont les *Djinn*, ou génies, les *Péri* ou fées, les *Div*, ou esprits, les *Ghoul* et les *Afrit*, espèces d'ogres, de vampires, etc. (*Voy.* ces noms à leurs articles respectifs.) Le chef de tous est *Scheitan*, ou Satan.

4. Les **Platoniciens**, après Pythagore, donnaient le nom de démons à certains êtres intermédiaires entre la Divinité et les hommes, disposés comme par étages, et en conséquence plus puissants et plus éclairés les uns que les autres. Ces êtres surnaturels faisaient, pour ainsi dire, passer de main en main les vœux que les mortels adressaient aux dieux, et rapportaient aux hommes les grâces que les dieux leur accordaient en échange. C'étaient donc eux qui recueillaient les prières et les sacrifices; c'étaient eux qui rendaient les oracles. A chaque homme, dit Ménandre, est donné à sa naissance un démon ou bon génie, qui lui sert pendant toute sa vie de maître ou de guide. Plutarque ajoute que ces démons prennent quelquefois les hommes en amitié, qu'ils les avertissent de leurs devoirs, les dirigent dans le chemin de la vertu, veillent à leur sûreté, et les retirent des périls où les jette leur inexpérience. Or, ces êtres intermédiaires, selon ces philosophes, ne sont pas de pures intelligences; ils sont revêtus d'un corps subtil et imperceptible à nos sens. L'univers en est rempli; il y en a dans l'air, dans la mer, sur les montagnes, dans les forêts. Socrate prétendait avoir un démon familier qui était son conseiller et son guide. Cependant il ne le portait jamais à aucune entreprise, mais il se contentait de l'arrêter, lorsqu'il lui aurait été préjudiciable d'agir. Les poètes donnaient aussi le nom de démons aux mânes ou ombres des morts.

5. Les démons des *Parsis*, ou *Guèbres* sont les génies qui, sous les ordres d'Ahriman, le mauvais principe, sont constamment en lutte contre Ormuzd ou le bon principe.

6. La mythologie *hindoue* n'est pas moins féconde en démons malfaisants qu'en divinités; les Indiens les divisent en plusieurs classes, dont les principales sont les *Daityas*, les *Danavas*, les *Rakchasas*, les *Asouras*; ce dernier vocable peut être regardé comme le nom générique; car il exprime les esprits de ténèbres, ennemis des dieux lumineux ou *Souras*, contre lesquels ils sont perpétuellement en guerre, comme les Titans de la mythologie grecque.

7. Les **Bouddhistes** admettent huit espèces de démons. Ce sont : 1° les *Gandharvas*, ou corps odorants, qui ne boivent pas de vin et ne mangent pas de chair; ce sont les musiciens d'Indra. 2° Les *Pisatchas*, qui respirent les esprits animaux des hommes et la vapeur des graines. 3° Les *Koumbhandas*, qui ont les parties naturelles faites comme une cruche. 4° Les *Prétas*, ou démons de la faim, qui, dans toute la durée de leur Kalpas, n'entendent parler ni de nourriture ni d'eau. 5° Les *Nâgas*, ou Dragons; ils sont de quatre espèces : ceux qui gardent les palais des dieux et les soutiennent pour les empêcher de tomber; ceux qui conduisent les nuages et font tomber la pluie pour l'avantage des hommes; les dragons de la terre, qui font couler les fleuves et percent les lacs; ceux qui sont cachés, qui gardent les trésors des rois et des hommes opulents. 6° Les *Poutanas*, ou démons faméliques et fétides; ce sont ceux qui président aux maladies pestilentielles. 7° Les *Yakchas* ou Braves; ils sont de trois sortes : ceux de la Terre, ceux de l'Air et ceux du Ciel. 8° Les *Rakchasas*, rapides ou redoutables, dont la colère est très à craindre.

8. Le culte des démons était fort répandu dans l'île de *Ceylan* et dans la plupart des contrées de l'Asie méridionale et orientale, avant l'introduction du bouddhisme. On y adorait les génies locaux ou *Nat*, parmi lesquels les serpents *Nagas* jouaient le rôle principal. Le bouddhisme n'a pu détruire entièrement cette croyance; elle est même intimement liée aux dogmes actuels, dans la religion des Chingalais, où il adorait aussi autrefois les *Balis*, démons monstrueux qui président aux neuf astres du système planétaire, et influent sur la santé et sur le destin des hommes nés sous l'influence de ces astres. Les Chingalais sacrifient encore à d'autres démons pour détourner leur funeste influence.

9. Dans le royaume de *Siam*, on a beaucoup de vénération pour les démons malfaisants. On rapporte qu'à l'époque de l'introduction du bouddhisme dans ce pays, il y avait fort peu d'habitants, mais beaucoup de démons qui se mirent à disputer sur la loi avec les missionnaires. Mais ils furent vaincus et forcés de permettre à ceux-ci de s'établir dans la contrée. La nuit suivante, chacun des deux partis se mit à construire un temple avec une tour. Le lendemain, celui des bouddhistes se trouvait entièrement achevé et le toit couvert de tuiles; mais voyant que la tour des démons était également terminée, ils excitèrent un vent qui la fit pencher de côté; les démons mirent alors un bonnet en guise de toit sur la tour. Encore aujourd'hui celle-ci se trouve penchée, tandis que le temple des bouddhistes reste tout droit. A présent que le bois de sa charpente est pourri, on a lié les tuiles de l'édi-

fice avec des cordes faites de filaments de palmier.

10. Les *Tibétains* reconnaissent les mêmes ordres de démons que les bouddhistes. Ils ont de plus deux autres classes d'esprits, ou démons, qu'ils appellent *Dré* et *Dhoudh*. (*Voy.* ces mots.)

11. Les *Chinois* reconnaissent deux sortes d'esprits, les *Chin* ou bons génies, et les *Kouey* ou démons. On peut mettre au nombre de ces derniers un certain nombre d'esprits que l'on supposait gouverner ou habiter la surface du monde, dans le temps que le grand Yu travaillait, sous les ordres de l'empereur Chun, à faire écouler les eaux du déluge. Ce sont des monstres ou animaux fantastiques, dont les uns ont des corps de dragons, de chevaux, de tigres, avec une tête humaine; d'autres sont comme une masse informe et ailée; d'autres n'ont qu'une jambe, qu'un bras, etc.; d'autres enfin vomissent des flammes. On trouve la description de ces démons dans une cosmographie chinoise intitulée *Chan-hai-King*, ou livre des montagnes et des mers, dont M. Bazin a donné des extraits dans le *Journal asiatique* de Paris, novembre 1839.

12. Le P. Marini rapporte que les Tong-Kinois ont beaucoup de familiarité avec le démon, et qu'ils font avec lui un pacte en vertu duquel le démon leur obéit si ponctuellement, qu'il semble que sa promptitude à exécuter les ordres qui lui sont prescrits précède la voix de celui qui commande; car à peine touchent-ils un certain instrument, qu'il part incontinent, comme au son d'une cloche, pour s'acquitter exactement des commissions dont on le charge.

13. Les *Yézidis* pensent qu'on ne doit pas mal parler du démon. On n'est pas obligé, disent-ils, de maudire un ministre d'État quand il a perdu la faveur de son prince; la charité oblige au contraire de le plaindre et de lui souhaiter du bien; or le démon est un courtisan disgracié qui peut rentrer en faveur; qui sait si un jour il ne rentrera pas en grâce? Si cela arrivait, il pourrait se venger des insultes qu'il aurait reçues pendant le temps de sa disgrâce. Si au contraire il n'obtient pas sa réconciliation, malheur à ceux qui l'auront maudit sur la terre; il déchargera sur eux sa rage et sa colère.

4. S'il faut s'en rapporter au récit de certains voyageurs anciens, les nègres qui habitent la *Côte-d'Or* seraient adorateurs du démon, et sembleraient en convenir, car ils se figurent que leur dieu est noir. Leurs prêtres assurent qu'il leur apparaît souvent au pied de l'arbre des fétiches sous la forme d'un grand chien noir. Mais depuis qu'ils ont appris des blancs que ce grand chien noir s'appelle le diable, ils en ont une peur extrême; il ne faut que prononcer ce nom devant eux et y joindre quelque imprécation pour les faire trembler et tomber en défaillance. Il paraît même que le démon les maltraite fréquemment; on les entend crier alors, et on voit les meurtrissures et la marque des coups qu'il leur a donnés; à tel point qu'ils sont quelquefois obligés de rester sur le grabat pendant plusieurs mois. Aussi, disent-ils aux Européens : Vous êtes bienheureux, vous autres blancs, d'avoir un Dieu bon, qui vous accorde l'objet de vos demandes, et qui ne vous inflige pas de mauvais traitements. Lorsqu'il s'élève quelque orage, ou qu'ils entendent le tonnerre, ils se renferment dans leurs cases, et craignent de se montrer dehors, disant que le Dieu des blancs est en colère contre eux.

15. Outre le Dieu juste, bon et parfait, les peuples du *Congo* reconnaissent aussi un mauvais génie qu'ils appellent *Zambi-a-N'bi*, dieu de méchanceté. Celui-ci ne se plaît que dans le désordre et dans le mal qu'il fait aux hommes; c'est lui qui leur conseille l'injustice, le parjure, les vols, les empoisonnements et tous les crimes. Il est l'auteur des accidents, des pertes, des maladies, de la stérilité des campagnes, en un mot de tous les fléaux qui affligent le genre humain, et de la mort même. Aussi les nègres font-ils tous leurs efforts pour l'apaiser. Les uns, pour se le rendre propice, ne mangent jamais de volaille ou de gibier; d'autres s'abstiennent de certaines espèces de poissons, de fruits ou de légumes. Il n'en est aucun qui ne fasse profession de s'abstenir toute sa vie de quelque sorte de nourriture pour le même motif. La seule manière de lui faire des offrandes est de laisser périr sur pied, en son honneur, quelques arbrisseaux chargés de leurs fruits; le bananier est celui qu'ils lui consacrent de préférence.

16. Les *Madécasses* craignent le démon et les autres esprits malins; ils croient que le diable leur apparaît sous la forme d'un dragon de feu, et qu'il s'empare quelquefois de leur corps. Pour s'en délivrer, ou du moins pour se soulager, ils prennent en main une zagaie, et se mettent à danser et à sauter avec mille contorsions extravagantes. Tous ceux du village dansent autour de ces possédés. Ils ont une espèce d'apologue, d'après laquelle le diable aurait eu sept enfants, qui firent tant de mal sur la terre, que les hommes demandèrent à Dieu d'être délivrés de leur funeste influence. Ces sept enfants engendrèrent dans le monde les sept péchés capitaux, qui sont le vol, la luxure, le mensonge, la gourmandise, le meurtre, l'orgueil et l'oisiveté. Dans leurs jours de fêtes, les Madécasses associent le démon dans le culte qu'ils rendent à Dieu. Quand ils immolent un bœuf en sacrifice, celui qui le dépèce prend la première pièce et la jette à sa droite en disant : Voilà pour le diable; puis il en prend une seconde qu'il jette à gauche, en disant : Voilà pour Dieu.

17. Les *Floridiens* adoraient le démon, ou plutôt le mauvais principe, qu'ils opposaient à leur divinité suprême. Persuadés que cette dernière puissance ne saurait leur nuire, à cause de la bonté dont elle est douée, ils tâchaient d'apaiser l'autre, qui parfois, disaient-ils, les tourmentait cruellement. Car le démon leur faisait des incisions dans la chair, les effrayait par des visions, et leur

apparaissait de temps en temps, pour les obliger à lui sacrifier des victimes humaines.

En général, les peuples de l'Amérique du Nord admettaient deux principes: *Kitchi-Manitou*, le bon esprit ou Dieu, et *Matchi-Manitou*, le mauvais esprit ou le Diable.

18. Les anciens *Caraïbes* reconnaissaient, outre un Dieu suprême, un mauvais esprit appelé *Maboia*, qu'ils regardaient comme l'auteur de tous les maux. Ils le priaient sans règle et sans détermination de temps ni de lieu, dit le P. Labat, sans chercher à le connaître, sans en avoir aucune idée un peu distincte, sans l'aimer en aucune manière, seulement pour l'empêcher de faire du mal. Ils disaient que le premier principe étant bienfaisant, il était inutile de le prier. Ils regardaient aussi le démon comme l'auteur de toutes les maladies, et, au lieu de soulager les malades par les remèdes que pouvait leur fournir la nature ou l'expérience, ils ne songeaient qu'à détourner le courroux du Maboia par des opérations magiques.

19. Dans l'île de *Bali*, près de Java, les indigènes reconnaissent, outre les *Dévas*, ou dieux, des *Djinns*, ou démons, qui sont considérés comme les auteurs du mal; c'est à eux qu'on attribue toutes les calamités qui fondent sur la nature humaine. Ces mauvais génies font leur résidence sur la terre, et choisissent différents lieux pour leur domicile. Si quelqu'un vient à s'approcher par hasard de leur demeure, il tombe aussitôt victime de la colère de ces êtres vindicatifs et méchants.

20. Les anciens *Mariannais* étaient peut-être le seul peuple de la terre qui crût au démon sans croire en Dieu. Les âmes des méchants descendaient en enfer, où elles étaient cruellement tourmentées par *Kaifi*, ou le diable, qui les chauffait, comme le forgeron chauffe le fer, et les battait continuellement.

21. Il en était à peu près de même des *Aétas*, ou anciens habitants des îles Philippines, qui, sans croire à l'immortalité de l'âme, sans admettre des récompenses et des peines futures, redoutaient la puissance de certains génies malfaisants, appelés *Nonos*, auxquels ils offraient des sacrifices.

22. Les insulaires de Tonga appellent les démons *Hotoua-Hou*; ils sont très-nombreux; mais on n'en connaît que cinq ou six qui résident à Tonga, pour tourmenter les hommes plus à leur aise. On leur attribue toutes les petites contrariétés de cette vie. Ils égarent les voyageurs, les font tomber, les pincent, leur sautent sur le dos dans l'obscurité; ce sont eux qui donnent le cauchemar, qui envoient les mauvais rêves, etc. Ils n'ont ni temples, ni prêtres, et on ne les invoque jamais.

23. Les *Australiens* admettent, outre un bon esprit qu'ils appellent *Koyan*, un mauvais génie nommé *Potoyan*. Ce dernier est sans cesse occupé à leur jouer de mauvais tours. Son arrivée s'annonce par un sifflement particulier, bas et prolongé, qui les effraie horriblement. C'est pourquoi les indigènes se gardent bien de siffler quand ils passent sous une roche, dans la crainte qu'elle ne s'écroule sur eux.

Nous aurions pu rapporter ainsi successivement les croyances d'une multitude d'autres peuples, touchant le démon; mais nous avons dû nous borner à ces indications sommaires, pour ne pas tomber dans des redites; et nous renvoyons aux articles spéciaux pour les particularités que ce sujet peut offrir chez certains peuples.

DEMROUSCH ou DEMROUSCH-NÉRÉ, génie de la religion persane; il commandait les dives avec le géant Argenk, lors de la guerre que leur déclara Taha-mourath, monarque persan. Tous deux furent vaincus et tués. (*Voy.* DIVES.) Demrousch, comme le Cacus latin, faisait son séjour dans une caverne, au milieu d'un trésor immense qu'il avait amassé du butin de la Perse et des Indes, où il faisait des courses très-fréquentes. Il y retenait aussi prisonnière la péri Merdjane, lorsqu'il fut vaincu par Thahamourath.

DEN, un des dieux des anciens Grecs, le même que *Zeus* ou Jupiter.

DÉNAM, idole des anciens Arabes, vénérée particulièrement dans la tribu des Béni-Tayhs. Elle fut renversée avec une multitude d'autres par les généraux de Mahomet.

DÉNATES, dieux domestiques, plus communément appelés *Pénates*. *Voy.* ce mot.

DENDRITIS, nom sous lequel Hélène fut adorée après sa mort. Elle fut ainsi appelée du mot δένδρον, arbre, parce que cette princesse mit, dit-on, un terme à sa vie en se pendant à un arbre.

DENDROLIBANOS, c'est-à-dire *arbre du Liban*. On en tressait des couronnes pour les dieux, et l'on croyait qu'il n'y avait point de sacrifice qui pût leur être plus agréable.

DENDROPHORE, c'est-à-dire *qui porte un arbre*; on appelait ainsi le dieu Sylvain, représenté portant un cyprès.

On donnait encore le nom de *Dendrophores* à ceux qui, dans les fêtes religieuses, étaient chargés de porter des arbres en l'honneur des dieux. Les Romains avaient des compagnies de Dendrophores qui suivaient les armées; mais l'on n'est pas d'accord sur la nature de leurs fonctions, et l'on ignore si elles étaient religieuses ou purement mécaniques.

DENDROPHORIE, cérémonie qui avait lieu dans certaines fêtes chez les anciens; elle consistait à porter des arbres en procession en l'honneur des dieux, et particulièrement dans les sacrifices offerts à Bacchus, à Cybèle et à Sylvain. Arnobe nous apprend qu'à la fête de Cybèle on promenait un pin par la ville, et on le plantait ensuite, en mémoire de celui sous lequel le jeune Atys s'était mutilé. On ornait ses branches de festons et de guirlandes, comme la déesse avait fait à l'arbre témoin du malheur de son amant; enfin on en couvrait le tronc avec de la laine, en mémoire de la toison de brebis dont Cybèle avait voilé la poitrine du jeune mortel.

DÉNICALES, cérémonie pratiquée par les Romains, le dixième jour après la mort de quelqu'un, à l'effet de purifier la maison.

DÉNICHI, une des trois divinités japonaises qui président à la guerre; on l'appelle aussi *Kogi*. On le représente avec trois têtes, dont chacune est couverte d'une espèce de toque, qui a des barbes flottantes sur les épaules, et avec quarante mains. Selon quelques-uns, c'est une figure allégorique d'un dieu en trois personnes, si l'on en croit les sectateurs de la religion de Bouds-do, ces trois têtes désignent le soleil, la lune et les éléments; le corps représente la matière première, et les quarante mains sont les symboles des qualités célestes et élémentaires. Quelques auteurs européens conjecturent que Dénichi est le même qu'*Amida*, ou *Kwon-won* son fils. En ce cas, le nom *Dénichi* ne serait que la dénomination du simulacre.

DÉO ou **DIO**. 1° Nom grec de Cérès, que quelques-uns font dériver du verbe δάω, *je trouve*; mais qui vient plus probablement de Δῆ, la *Terre*; en effet, le nom commun de cette déesse est Δημήτηρ, la *Terre-mère*.

2° *Déo* est encore un mot indien qui signifie dieu, et comme tel il est analogue au latin *Deus, Dei, Deo*; en effet, ils viennent l'un et l'autre de la racine sanscrite *Déva*. *Voy.* ce mot.

3° *Déo* est aussi le nom d'une classe nombreuse de démons redoutés des habitants des montagnes de Kamaon, dans l'Inde. Il y a peu de villages qui n'aient leur *Déo*. Parmi ces mauvais génies, les uns s'attachent à persécuter les hommes; les autres, les femmes ou les enfants; les *Déos* inférieurs exercent leur méchanceté sur les bestiaux.

DÉOIS, un des noms de Proserpine, tiré de celui de sa mère, appelée *Déo*.

DÉOTA, nom générique des divinités inférieures des Hindous. *Voy.* Dévata.

DÉOVELS, ou **DÉWALS**, temples de l'île de Ceylan, desservis par les *Koppouhs*, prêtres du second ordre. Ces temples ont peu de revenus; aussi ces prêtres sont-ils obligés de labourer la terre pour fournir à leur subsistance, et ne sont pas exempts des charges de la société.

DÉPESTA, vase à mettre du vin que les Sabins plaçaient les jours de fête sur la table de leurs dieux.

DÉPORT, droit dont jouissaient autrefois, en quelques diocèses, les évêques ou les archidiacres, et qui consistait à percevoir, pendant l'espace d'une année, les revenus d'une cure devenue vacante par la mort, à la charge de la faire desservir.

DÉPOSITION. 1° Sentence qui prive un ecclésiastique de tout office ou bénéfice. La déposition, quant à l'effet, ne diffère pas de la dégradation, mais elle n'entraîne pas, comme cette dernière, les formalités ignominieuses que nous avons décrites à l'article Dégradation, et qui même ne sont plus en usage aujourd'hui. Elle se fait sans aucune autre cérémonie que la sentence du juge ecclésiastique.

2° Dans le style ecclésiastique, on appelle encore *Déposition*, le jour de la mort d'un saint ou de son inhumation. Cette expression, longuement expliquée dans le 70° sermon de saint Ambroise, est fréquemment employée dans les inscriptions funèbres, dans les martyrologes et dans les calendriers de l'Église romaine.

DÉPUTÉS SACRÉS, envoyés par les Grecs à Delphes ou à Olympie, pour y faire, au nom des villes, les sacrifices solennels dans les fêtes publiques, ou pour consulter les oracles. *Voy.* Delphes.

DÉRADIOTÈS, ou **DIRADIOTIS**, surnom d'Apollon à Argos, où il avait un temple bâti sur une hauteur par Pithoéus. Les oracles y étaient rendus par une femme, à laquelle toute communication avec les hommes était interdite.

DERDER, nom générique des prêtres séculiers chez les Arméniens. Le mariage leur est permis comme aux laïques. (*Voy.* Prêtres.)

DERFINTOS, dieu du second ordre, chez les anciens Slaves; il présidait à la paix. On l'appelait encore *Kolida*.

DERGAH. Les Hindous musulmans donnent ce nom, qui signifie proprement *cercueil*, à la tombe d'un saint personnage, où les pèlerins vont faire leurs dévotions. On s'y rend processionnellement à certaines époques, et généralement les jeudis ou vendredis de chaque semaine, pour y réciter des prières et y déposer des offrandes. Pendant la marche religieuse on porte des bannières ou des pièces d'étoffes suspendues à des piques. On les fiche en terre pendant les prières et les cérémonies du culte. Les offrandes consistent principalement en fleurs, sucreries, pâtisseries, en légumes, en huile amère et en mélasse.

DERIMHER, nom du temple des Parsis ou Gentoux; ce mot signifie *Porte de la miséricorde*. Celui qui existe à Surate, et qui a été vu par Anquetil, est un édifice en bois, en plâtre et en terre, qui ne diffère en rien, quant à la forme extérieure, des autres bâtiments de la ville. L'emplacement présente un carré long, divisé en deux parties, est et ouest. Dans la première, située à gauche, est l'*Atesch-gâh*, ou chapelle du feu; et dans la seconde se trouve l'*Arvis-gâh*, ou lieu de la prière.

DERKAWIS, secte musulmane qui, depuis assez peu de temps, s'est élevée en Afrique, particulièrement dans l'Algérie et les états voisins. Ses membres sont unis par des liens d'association analogues à ceux des francs-maçons; ils tirent leur nom d'un marabout célèbre, Sidi-el-Arbi Derkawi, de Derka, petite ville du royaume de Fez. Leur but est de lutter contre tous les chefs temporels, qui ne se servent du pouvoir que pour opprimer les populations musulmanes, changer leurs mœurs primitives, et les empêcher de se gouverner d'après le Coran. Et cependant, sectateurs de la lettre plutôt que de l'esprit du Coran, ils vivent dans le plus grand mysticisme. Professant le plus profond mépris pour les choses de ce monde, ils rejettent toute autorité qui ne fait pas servir sa puissance à la propagation de l'islamisme ; c'est pourquoi, en Algérie, dans le Maroc, ils ont toujours été en révolte contre les Turcs et contre les Scheikhs ; de là le mot de Derkawis a toujours été pris dans le sens de révoltés.

Les Derkawis sont reconnaissables à leur vêtement extérieur, qui est toujours composé d'un luxe inouï de haillons, bien que parfois les burnous et les haïks intérieurs soient riches et propres ; nul Arabe aisé ne se présente dans leurs assemblées avec un burnous neuf, sans le trouer ou le déchirer ; les plus fanatiques se vêtissent de nattes, de morceaux de tapis, de pans de vieilles tentes. Mais comme, par nécessité, un grand nombre d'Arabes n'ont pas d'autres vêtements, les Derkawis se reconnaissent en outre à des inflexions de voix, à un certain grasseyement des consonnes gutturales, qui entrecoupe la parole avec un rhythme gradué et presque musical. Ils ne rasent point leurs cheveux, portent à leur cou un long chapelet et à la main un gros bâton. Ils complètent cette reconnaissance en portant la main droite sur le cœur, et prononçant avec une sorte d'inspiration le mot *Allah* (Dieu). Parmi les Derkawis, les uns sont très-pauvres et mènent la vie d'ermites et de mendiants ; les autres sont riches et appartiennent aux premières familles du pays.

Quels sont les statuts de cette secte ? La lettre du Coran d'abord, ainsi que nous l'avons dit, puis des règlements particuliers qui ne sont connus que des Scheikhs des principales assemblées. Comme les francs-maçons, les Derkawis ont leurs loges (*Foundouc*), et leur Grand-Orient, qui est la *Djama* (assemblée) des Scheikhs ; cette assemblée nomme annuellement son président par voie d'élection ; ce président est le grand-maître de l'ordre, et exerce, on le comprend, une influence puissante ; chaque foundouc élit également les Scheikhs en assemblée générale. Pour être scheikh, il faut être marabout et lettré, et présenter à l'assemblée soit un ouvrage écrit sur le derkawisme, soit un commentaire rectifié du Coran, ou bien faire des prédications qui réunissent les suffrages, ou excitent le fanatisme des auditeurs. Une espèce de commission, choisie parmi les chefs, soumet à une enquête la vie et les mœurs du candidat, et, sur son rapport, l'assemblée générale est appelée à émettre son vote. Les partisans du candidat se rangent près de lui, et, s'ils sont les plus nombreux, il est élu.

Celui qui aspire à être affilié dans l'ordre, comme simple membre, endosse des haillons et se rend, pieds nus, dans une assemblée quelconque : s'il obtient la permission d'y assister, il y récite des prières, est soumis à des épreuves, et les chefs proclament son affiliation.

Les Derkawis possèdent, soit dans leurs foundoucs, soit dans les lieux cachés au sein des montagnes, des dépôts d'armes et de munitions dont ils font usage au besoin. Leur principal dépôt est sur le mont Wenséris, centre de la société, dans la province d'Oran. Avant la prise de Mascara par les Français, les Derkawis avaient un lieu de réunion dans cette ville ; mais depuis ils l'ont transporté sur le Schélif.

Leurs assemblées ont pour but apparent la pratique des devoirs religieux. Ils y discutent des questions théologiques, et leurs prédications rappellent les fidèles à l'observance rigoureuse de la loi du prophète. Mais la politique vient souvent se placer dans leurs discours à côté de la religion ; et en même temps que l'intégrité du Coran, ils prêchent l'indépendance de la nationalité arabe.

Chaque Derkawi ou affilié d'un foundouc tient à la disposition pleine et entière du grand maître, scheikh de la Djama, non-seulement tous ses biens, mais encore sa vie. Les affiliés de chaque foundouc correspondent entre eux à l'aide d'envoyés spéciaux choisis par le grand scheikh.

Lorsque les Derkawis se réunissent, ils vivent en commun et ne se nourrissent que de *rouina*, farine d'orge qu'ils mangent en la délayant dans de l'eau, et qu'ils apportent de leurs familles dans une peau de bouc préparée. Si des circonstances particulières font prolonger la session au delà du temps déterminé, et que leurs provisions viennent à manquer, ils détachent deux d'entre eux, qui vont de douar en douar implorer, comme des frères mendiants, la charité des Arabes, et qui rapportent le fruit de leurs quêtes.

Les Derkawis sont nombreux, sans que toutefois on puisse préciser le chiffre de ces sectaires. Ils ont des ramifications étendues parmi les tribus indépendantes, et surtout parmi les Kabiles, entre autres ceux de la Tafna. Abd-el-Kader ne s'est jamais cru assez puissant pour oser les poursuivre ; cependant presque tous les membres de sa famille appartiennent à cette secte ; son frère, Sidi Moustafa, et son cousin, Sidi Abd-el-Kader bou-Taleb, en sont aujourd'hui les soutiens et les principaux chefs.

DERKÉTO, ou DERCÉTO, appelée aussi *Dercétis* et *Dircé* ; divinité des Syriens, adorée principalement à Ascalon. Son simulacre avait la tête et le buste d'une femme, et la partie inférieure se terminait en queue de poisson ; il avait ainsi beaucoup de rapport avec Dagon, et peut-être était-ce la même divinité.

Derkéto ayant offensé Vénus, cette déesse, pour se venger, lui inspira un violent amour pour un jeune prêtre. La jeune fille, ayant eu de lui une fille, conçut une telle honte de sa faiblesse, qu'elle tua son amant, et exposa son enfant dans un lieu désert. Des colombes se chargèrent de nourrir cette petite fille, et lui apportèrent d'abord du lait, puis du fromage qu'elles enlevaient des cabanes des bergers. Ceux-ci, s'apercevant que leurs fromages étaient rongés, cherchèrent à en découvrir la cause. Ils observèrent donc attentivement, et s'aperçurent que des colombes venaient picorer leurs fromages ; ils les suivirent et découvrirent l'enfant qu'ils donnèrent à l'un d'entre eux, nommé Simmias. Celui-ci l'adopta et l'appela *Sémiramis*. Quant à Derkéto, elle s'était précipitée dans un lac, où elle fut métamorphosée en poisson. Les Ascalonites déifièrent la mère et la fille, leur érigèrent des autels, et leur rendirent un culte; en l'honneur de l'une et de l'autre ils regardaient comme sacrés les poissons et les colombes, et s'abstenaient de leur chair.

Il paraît qu'on a confondu aussi Derkéto avec Atergatis. *Voy.* ATERGATIS.

DÉROUDJ. C'est, dans le système religieux des Persans, un démon opposé particulièrement à l'ange de l'agriculture. Les crimes qu'il provoque, et qui par conséquent sont appelés ses œuvres, sont : Manquer à sa parole, enfreindre les pactes, refuser les gages aux serviteurs, la nourriture aux bêtes de somme, les appointements aux maîtres d'école, le salaire aux paysans, l'eau aux pièces de terre.

DERVISCH, nom générique des religieux musulmans ; c'est un mot persan qui signifie littéralement *le seuil de la porte*, mais qui indique métaphoriquement l'esprit d'humilité, de retraite et de persévérance, qui doit former le caractère principal de cette espèce de moines ; en arabe, on les appelle plus communément *faquir*, c'est-à-dire *pauvres*.

On fait remonter leur institution à Owéis-Carni, natif de Carn, dans l'Yémen, qui parut l'an 37 de l'hégire (657 de Jésus-Christ). Déjà auparavant les khalifes Abou-Bekr et Ali avaient établi des espèces de congrégations religieuses, dans lesquelles on faisait profession d'une plus grande régularité que le commun des fidèles, et on se livrait à des prières, des jeûnes et des pratiques de pénitence en dehors des prescriptions communes. Mais, à l'époque dont nous venons de parler, Owéis se mit à publier que l'ange Gabriel lui était apparu en songe, et qu'il lui avait ordonné de la part de Dieu de quitter tout à fait le monde pour se livrer à une vie contemplative et pénitente. Ce visionnaire prétendait encore avoir reçu du ministre céleste le plan de sa conduite et les règles de son institut. Elles consistaient dans une abstinence continuelle, dans l'éloignement de la société des hommes, dans le renoncement aux plaisirs même les plus innocents, et dans la récitation d'une infinité de prières le jour et la nuit. Owéis renchérit sur ces pratiques; il alla jusqu'à se faire arracher toutes les dents en l'honneur, disait-il, du prophète qui en avait perdu deux dans la journée d'Ohod. Il exigea de ses disciples le même sacrifice. Il prétendait que tous ceux qui seraient spécialement favorisés du ciel et véritablement appelés aux exercices de son ordre, perdraient leurs dents d'une manière surnaturelle ; qu'un ange les leur arracherait au milieu d'un sommeil profond, et qu'à leur réveil ils les trouveraient toutes sur leur chevet. L'épreuve d'une pareille vocation était sans doute trop violente pour attirer à cet institut un grand nombre de prosélytes ; il ne jouit d'un certain lustre aux yeux du fanatisme et de l'ignorance, que dans les premiers siècles du musulmanisme. Depuis, il resta confiné dans le Yémen où il avait pris naissance, et où ses partisans se virent toujours réduits à un très-petit nombre.

Malgré son discrédit, cette association singulière ne laissa pas cependant de contribuer à l'institution des autres ordres monastiques, qui tous tirent leur origine des deux grandes congrégations d'Abou-Bekr et d'Ali, et qui eurent pour fondateurs les plus ardents ou les plus ambitieux de leurs vicaires successifs. Chacun donna son nom à son institut, en prenant lui-même la qualification de *Pir*, synonyme de *Scheikh*, l'un et l'autre signifiant doyen ou plus ancien. Chaque siècle vit naître dans tous les États mahométans quelques-unes de ces sociétés qui presque toutes existent encore aujourd'hui, et dont les plus distinguées sont au nombre de trente-deux. En voici le tableau chronologique avec le nom de leur instituteur, le lieu et l'année de sa mort :

ORDRES RELIGIEUX.	FONDATEURS.	LIEU DE LA MORT.	ANNÉE DE LA MORT.	
			AN de l'hég.	de J.-C.
Les Eulwanis.	Scheikh Eulwan.	Djidda.	149	766
Les Edhemis.	Ibrahim Edhem.	Damas.	161	777
Les Bestamis.	Bayezid Bestami.	Djebel-Bestam, en Syrie.	261	874
Les Sacatis.	Sirri Sacati.	Baghdad.	295	907
Les Cadris.	Abd-el-Kader Guilani.	Baghdad.	561	1165
Les Rufayis.	Seid Ahmed-Rufayi.	Entre Baghdad et Bassora.	578	1182
Les Souherwerdis.	Schihab-ed-din Sou-Herwerdi.	Baghdad.	602	1205
Les Koubrewis.	Nedjm-ed-din Koubra.	Kharzem.	617	1220
Les Schazilis.	Aboul-Hasan Schazili.	La Mecque.	656	1258
Les Maulawis.	Djelal-ed-din Maulana.	Connya.	672	1273
Les Bédéwis.	Aboul Fetan Ahmed Bédéwi.	Tanta, en Egypte.	675	1276
Les Nakschibendis.	Pir Mohammed Nakschibendi.	Casr-Arifan, en Perse.	719	1319
Les Sadis.	Sad-ed-din Djébawi.	Djeba, près Damas.	736	1335
Les Bektaschis.	Hadji Bektasch Khorasani.	Kir-Scheher.	759	1357
Les Khalwétis.	Omar Khalwéti.	Césarée.	800	1397
Les Zéinis.	Zéin-ed-din Abou-Bekr-Khafi.	Cufa.	838	1434
Les Babayis.	Abdel-Ghani Pir-Babayi.	Andrinople.	870	1465
Les Beiramis.	Hadji Beiram-Ancaréwi.	Angora.	876	1471
Les Eschréfis.	Seid Abdalla-Eschref-Roumi.	Tchin-Iznik.	899	1493

ORDRES RELIGIEUX.	FONDATEURS.	LIEU DE LA MORT.	ANNÉE DE LA MORT.	
			AN de l'hég.	de J.-C.
Les Bekris.	Pir Abou-Bekr-Wéfayi.	Alep.	902	1492
Les Sounboulis.	Sounboul Yousouf-Boléwi.	Constantinople.	936	1529
Les Goulschenis.	Ibrahim Goulscheni.	Le Caire.	940	1533
Les Ighith-Baschis.	Schems-ed-din Ighith-Baschi.	Magnésie	951	1544
Les Omm-Sinans.	Scheikh Omm-Sinan.	Constantinople.	959	1552
Les Djelwétis.	Pir Uftadé-Mohammed-Djelwéti.	Brousse.	988	1580
Les Euschakis	Housam-ed-din Euschaki.	Constantinople.	1001	1592
Les Schemsis.	Schems-ed-din Siwasi.	Médine.	1010	1601
Les Sinan-Ommis.	Alim Sinan-Ommi.	Ebmali.	1079	1668
Les Niyazis.	Mohammed Niyazi-Misri.	Lemnos.	1106	1694
Les Mouradis.	Mourad Schami.	Constantinople.	1132	1719
Les Nonreddinis.	Nour-ed-din Djerrahi.	Constantinople.	1146	1733
Les Djémalis.	Mohammed Djémal-ed-din Edirnéwi.	Constantinople.	1164	1750

Trois de ces ordres, les Bestamis, les Nakschibendis et les Bektachis, appartiennent à la congrégation d'Abou-Bekr; tous les autres descendent de celle d'Ali. Au reste, chaque fondateur a imprimé à son ordre un caractère distinctif, par les règles, les statuts et les pratiques qu'il y a établis. Les différences qu'on y remarque s'étendent jusqu'à l'habit. Chaque ordre a un costume particulier, et dans la plupart cette variété existe même entre les Dervischs et les Scheikhs leurs supérieurs; elle se remarque principalement dans les turbans, dans la coupe de l'habit, dans les couleurs et dans la nature de l'étoffe qu'on y emploie. Les Scheikhs portent des robes de drap vert ou blanc, et ceux qui, en hiver, les font garnir de fourrures, s'en tiennent au petit gris ou à la martre zibeline. Très-peu de Dervischs se permettent l'usage du drap. Ils se revêtent d'une espèce de feutre qui se fabrique dans quelques villes de l'Anatolie. Il y a des ordres où les religieux sont coiffés d'un bonnet haut ou bas; mais, dans la plupart, ils portent des turbans de forme différente, ou qui se distinguent par les plis du drap et de la mousseline. Généralement tous les Dervischs laissent croître leur barbe. Plusieurs laissent également croître leurs cheveux, contrairement à l'usage des laïques; ils prétendent imiter par là l'usage de Mahomet et de quelques-uns de ses disciples. Chacun d'eux est tenu d'avoir un chapelet de 33, 66, ou plutôt 99 grains, suivant le nombre des noms de Dieu ou des attributs que les Musulmans donnent à la Divinité. (*Voy.* CHAPELET.) Quelques-uns les ont toujours à la main, d'autres à la ceinture, et tous sont obligés de les réciter plusieurs fois dans la journée, avec des prières particulières à chaque ordre.

Les statuts de presque tous ces ordres exigent de chaque Dervisch qu'il répète souvent dans la journée les sept premiers attributs de la Divinité, lesquels consistent en ces paroles: 1° *La ilahi ill' Allah*, il n'y a point de Dieu, sinon Dieu; confession relative à son unité; 2° *Ya Allah!* O Dieu! exclamation qui rappelle sa toute-puissance; 3° *Ya hou!* O lui! celui qui est; reconnaissance authentique de son existence éternelle; c'est le Jéhova des Hébreux; 4° *Ya Hacc!* O Juste! 5° *Ya Khay!* O Vivant! 6° *Ya Cayyoum!* O Existant! et 7° *Ya Cahhar!* O Vengeur! Ces paroles font allusion aux sept firmaments et aux sept lumières divines, d'où émanent, selon eux, les sept principales couleurs: le blanc, le noir, le rouge, le jaune, le bleu, le vert foncé et le vert clair.

C'est par le moyen de ces paroles mystérieuses que l'on procède à l'initiation des Dervischs dans la plupart de ces ordres. Le sujet qui s'y destine est reçu dans une assemblée de frères, présidée par le Scheikh qui lui touche la main, et lui souffle à l'oreille trois fois de suite les premières paroles: *La ilahi ill' Allah*, en lui ordonnant de les répéter cent une, cent cinquante-une, ou trois cent une fois par jour. Le récipiendaire, docile aux ordres de son chef, s'oblige en même temps à vivre dans une retraite parfaite, et à rapporter exactement au Scheikh les visions et les songes qu'il peut avoir dans le cours de son noviciat. Ces songes, outre qu'ils caractérisent et la sainteté de sa vocation et son avancement spirituel dans l'ordre, sont encore autant de moyens surnaturels qui dirigent le Scheikh sur les époques où il peut encore souffler à l'oreille du néophyte les secondes paroles *Ya Allah!* et successivement toutes les autres jusqu'à la dernière. Le complément de cet exercice demande six, huit ou dix mois, quelquefois même davantage, suivant les dispositions plus ou moins heureuses du candidat. Parvenu au dernier grade de son noviciat, il est pour lors censé avoir pleinement rempli sa carrière, et acquis le degré de perfection nécessaire pour être aggrégé solennellement dans le corps auquel il s'est dévoué. Il y a des ordres dans lesquels les épreuves sont beaucoup plus rigoureuses. *Voy.* MAULAWIS, et CARA COULLOUKDJI.

Chaque institut impose à ses membres l'obligation de réciter certaines prières à différentes heures du jour, tantôt en commun, tantôt en particulier. Plusieurs ont encore des pratiques qui leur sont propres, et qui consistent en danses, ou plutôt en évolutions religieuses. Dans chaque couvent il y a une salle tout en bois, consacrée à ces exercices, d'une construction extrêmement simple; on n'y voit aucune espèce d'ornements; le milieu du mur, du côté de la Mecque, présente une espèce de niche qui indique la *Quibla* ou direction sacrée; le devant est garni d'un petit tapis, le plus souvent d'une peau de mouton, où se place le Scheikh de la communauté ; au-dessus de la niche, on lit le nom du fondateur de l'ordre. Dans quelques salles, cette inscription est surmontée de deux autres, dont la première contient la profession de foi, et la seconde les paroles du *Besmélé* (Au nom de Dieu clément et miséricordieux!). Dans d'autres on voit sur le mur, à droite et à gauche de la niche, des tablettes où sont écrits en gros caractères le nom de Dieu, *Allah*, celui de Mahomet et ceux des quatre premiers khalifes. Ailleurs, on lit encore les noms de Hasan et de Hoséin, ou des versets du Coran, ou des sentences morales.

Les exercices qui se font dans ces salles sont de différents genres, suivant les règles de chaque institut ; mais dans presque tous on commence par la récitation que fait le Scheikh des sept paroles mystérieuses dont nous avons parlé plus haut ; il chante ensuite divers passages du Coran, et à chaque pause, les Dervischs, placés en cercle au milieu de la pièce, répondent en chœur, tantôt par le mot d'*Allah*, tantôt par celui de *Hou*. Dans quelques-unes de ces sociétés, ils restent assis sur les talons, les coudes bien serrés les uns contre les autres, et en faisant tous dans la même mesure de légers mouvements de la tête et du corps. Dans d'autres, le mouvement consiste à se balancer lentement de droite à gauche, et de gauche à droite, ou bien à incliner méthodiquement tout le corps en avant et en arrière. Il y a des sociétés où ces mouvements, commencés assis, se continuent debout, toujours à pas cadencés, l'air contrit, et les yeux fermés ou fixés sur la terre. *Voy.* DANSE, n° 3 ; RUFAYS, SADIS et MAULAWIS.

Mais ces pratiques communes et obligatoires pour les Dervischs de tous les instituts, ne sont pas les seules qui exercent leur dévotion. Les plus zélés d'entre eux se vouent encore volontairement aux actes les plus austères ; les uns s'enferment dans leurs cellules pour y vaquer, pendant des heures entières, à la prière et à la méditation ; les autres passent souvent toute une nuit à proférer les mots de *Hou* et d'*Allah*, ou bien ceux de *La ilahi ill' Allah*. Les sept nuits réputées saintes, ainsi que celles du jeudi au vendredi, et du dimanche au lundi, sanctifiées chez eux par la conception et la nativité du Prophète, sont spécialement consacrées à ces actes de pénitence. Pour se dérober au sommeil, quelques-uns se tiennent, durant ces nuits, dans des positions très-incommodes ; assis les pieds posés sur terre, et les deux mains appuyés sur les genoux, ils se fixent dans cette attitude par une lanière de cuir qui leur embrasse le cou et les jambes ; d'autres lient leurs cheveux à une corde attachée au plafond.

Il en est aussi qui se vouent à une retraite absolue et à une abstinence des plus rigides, ne vivant que de pain et d'eau pendant douze jours consécutifs, en honneur des douze Imans de la race d'Ali. Les plus dévots observent quelquefois ce pénible régime pendant quarante jours de suite. Chez tous, ces mortifications ont pour objet l'expiation des péchés, la sanctification des âmes, la gloire de l'islamisme, la prospérité de l'Etat, et le salut général du peuple musulman. Chaque fois ils prient le ciel de préserver la nation de toutes les calamités publiques, telles que la guerre, la famine, la peste, les incendies, les tremblements de terre, etc.

Généralement toutes ces sociétés de moines se trouvent répandues dans les diverses contrées musulmanes ; elles ont partout des couvents qui sont habités chacun par vingt, trente ou quarante Dervischs subordonnés à un Scheikh, et presque tous dotés par les bienfaits et les legs continuels des personnes pieuses. Chaque communauté ne donne cependant à ses Dervischs que la nourriture et le logement. La nourriture ne consiste qu'en deux plats, rarement ils en ont trois. Chacun dîne dans sa cellule ; il leur est permis néanmoins de se réunir trois ou quatre et de manger ensemble. Ceux qui sont mariés ont la liberté d'avoir une habitation particulière, mais ils sont obligés de venir coucher au couvent une ou deux fois la semaine, surtout la nuit qui précède leurs danses ou leurs exercices publics. Quant au vêtement et aux autres besoins de la vie, c'est à eux à y pourvoir ; et c'est pour cela que plusieurs d'entre eux exercent un art ou un métier quelconque. Ceux qui ont une belle main s'appliquent à transcrire les livres ou les ouvrages les plus recherchés. Si quelqu'un manque de ressource en lui-même, il en trouve toujours ou dans l'humanité de ses parents, ou dans la bienfaisance des grands, ou dans les générosités de son Scheikh.

Quoique tous ces instituts soient réputés ordres mendiants, il n'est cependant permis à aucun Dervisch de mendier, surtout en public ; il faut toutefois excepter de cette prohibition les Bektaschis, qui se font un mérite de ne vivre que d'aumônes.

Bien que nullement engagés par les liens du serment, tous étant libres de changer de communauté, et même de rentrer dans le monde et d'y embrasser le genre d'occupation qui leur plaît, il est rare cependant de voir quelqu'un parmi eux user de cette faculté. Chacun se fait un devoir sacré de terminer ses jours dans son habit de religion. Ils ont généralement un extérieur modeste. On ne les rencontre nulle part qu'ils n'aient la tête inclinée et la contenance la plus respectueuse. Jamais ils ne saluent, particulièrement les Maulawis et les Bektaschis, que par le mot de *Ya-Hou*, O Dieu ! et les plus dévots ou les plus enthousiastes ne parlent que de songes, de visions, d'esprits célestes, d'objets surnaturels, etc. Plusieurs Dervischs, et surtout les Scheiks, s'arrogent aussi le pouvoir d'interpréter les songes, de guérir les maladies, de prédire l'avenir, de charmer les serpents, de conjurer les démons. Leur insuccès n'empêche pas le petit peuple d'avoir en eux la plus grande confiance, mais il les discrédite souvent dans l'esprit des gens sensés. Ce qui ajoute encore à cette défaveur personnelle, c'est l'immoralité de plusieurs d'entre eux. On en voit qui allient la débauche avec les pratiques les plus austères de leur état, et qui donnent au public le scandaleux exemple de l'ivrognerie, de la dissolution et des excès les plus honteux. Les moins réservés de tous sont les Derviches voyageurs, que l'on appelle Seyahs. *Voy.* SÉYAHS, SCHEIKS, FAQUIRS.

DÉRYA-DASIS, classe de religieux hindous qui appartiennent à l'ordre des Bairaguis. *Voy.* BAIRAGUIS et VAIRAGUIS.

DESOU, le dieu du Ciel, chez les Nègres du Congo ; ils l'appellent encore *Deus-cata*, le Dieu unique.

DESPOINA, mot grec qui signifie *souveraine* (δέσποινα). On donnait ce titre à Vénus dans la Grèce, à Cérès en Arcadie, et à Proserpine adorée à Cyzique.

DESPOTÈS, en grec δεσπότης. Ce mot, qui a perdu sa signification primitive, n'est plus employé maintenant que pour désigner un maître, un souverain temporel. Le terme même de *despote* emporte chez nous l'idée de tyran, ou du moins d'un chef qui régit ses sujets suivant son bon plaisir, et qui n'a pas d'autre loi que sa volonté. Mais il n'en fut pas ainsi dans le principe, le titre de *Despotès* ne s'attribuait qu'à Dieu seul ; nous en trouvons un témoignage frappant dans la tragédie d'*Hippolyte*, où Euripide met dans la bouche d'un serviteur de ce prince ces paroles mémorables :

Ἄναξ, Θεοὺς γὰρ Δεσπότας καλεῖν χρεών.

« O *Roi !* car le nom de *Despote* n'appartient qu'aux Dieux. »

En effet, ce mot grec est indien d'origine ; nous le retrouvons en sanscrit sous la forme de *Des-pati*, c'est-à-dire littéralement, *le Seigneur de la région*. Or, par cette locution, les Hindous entendent généralement le Seigneur ou le Maître de la région céleste. Le grec *Despotès* a la plus grande analogie avec le latin *Diespiter*, qui ne s'attribue qu'à la Divinité. *Voy.* DIESPITER.

DESSERTE. On donne communément ce nom au service qu'un ecclésiastique titulaire d'une paroisse fait dans une autre paroisse qui n'a pas de pasteur. On appelle aussi *Desserte* une paroisse gouvernée par un pasteur amovible, à la différence des *Cures*, dont les pasteurs sont inamovibles.

DESSERVANT. On donnait autrefois ce nom à un ecclésiastique chargé de desservir par intérim un bénéfice devenu vacant, ou dont le titulaire était interdit. Ce desservant était rétribué sur les revenus de la cure ou du bénéfice auquel il donnait ses soins.

Maintenant on appelle *Desservant*, en France, l'ecclésiastique chargé d'une paroisse rurale ou de second ordre, c'est-à-dire dont le pasteur est amovible au gré de l'évêque. Cependant ce titre commence à tomber en désuétude ; on le remplace communément par celui de Curé, et avec raison ; car les Desservants ont la même responsabilité et les mêmes devoirs à remplir que ceux auquel les articles organiques avaient réservé le nom de *Curés*.

DESTIN. La plupart des mythologues et des philosophes modernes, se copiant les uns les autres, avancent que les anciens considéraient le destin comme une divinité aveugle, absolue, inflexible, dont les arrêts étaient irrévocables, qui exerçait son pouvoir immuable sur les dieux comme sur les hommes ; de sorte que tout se faisait par une nécessité fatale dans le monde et dans le ciel païens. Mais M. Bonnetty démontre, dans le IV° volume des *Annales de philosophie chrétienne*, que cette définition a été formulée, il n'y a pas plus de deux ou trois siècles, par ceux qui ont les premiers donné un système d'éducation publique, et qu'elle a induit en erreur tous ceux qui ne pensent que d'après les livres classiques. Pour démontrer cette erreur, le même savant examine l'étymologie des différents vocables employés par les anciens pour désigner ce que nous appelons le destin. Ce sont :

1° Μοῖρα, qui vient de la racine μείρω, partager, diviser, et qui exprime proprement la portion, le sort destinés à chacun, absolument comme les mots κλῆρος, *pars*, *sors*, de la Bible. Il signifiait aussi le Destin, mais alors même il ne renfermait pas l'idée de cause aveugle et fatale. Dans les auteurs grecs, Θεία μοῖρα, *fatum divinum*, était la même chose que *Providence divine*. Aristote l'oppose à la Fortune, divinité aveugle, dans cette phrase de ses *Éthiques* : Ἢ κατά τινα θείαν Μοῖραν, ἢ καὶ διὰ τύχην παραγίνεται. « Cela arrive ou par l'effet de la Providence divine, ou par l'effet du hasard. » Hiéroclès dit que *le Sort* (Μοῖρα) *dépend, à la fin, de la Providence, de l'ordre du monde et de la volonté divine.*

2° Αἶσα, d'après Aristote, vient des mots ἀεὶ οὖσα, *ce qui est toujours*. Dans ce sens, Αἶσα serait précisément ce que l'on appelle les décrets immuables de Dieu. Il est si peu vrai que ce sort ou ce destin fussent aveugles, qu'Homère dit que le *mauvais sort* est envoyé par Jupiter. Plusieurs auteurs se servent même de ce mot pour exprimer l'*Espérance*.

3° Κήρ n'est jamais pris ni par les philosophes, ni par les poëtes, dans le sens absolu que nous attachons au mot destin. Achille s'exprime ainsi au moment de la mort d'Hector : « Je subirai mon sort (κήρ) lorsque Jupiter et les autres dieux voudront qu'il s'accomplisse. »

4° Χρέως signifie proprement *une dette*, et par extension *la mort*. Le poëte Alciphron dit : « Il nous a été échu en partage de vivre et de mourir, et il nous est impossible d'éviter cette nécessité (χρέως), » dans le même sens que saint Paul a dit : « Il est échu à tout homme de mourir une fois. »

5° Πεπρωμένη signifie proprement les choses *terminées, finies ;* c'est dans ce sens qu'Athénée disait : « Quel est celui de nous qui connaît ce qui doit arriver et ce qui a été *pré-*

paré, déterminé pour être souffert par chacun de nos amis? » Or c'est ce que nous pouvons tous dire de nous-mêmes.

6° Εἱμαρμένη vient de la même racine que μείρω (de μείρω, partager), et indique ainsi *la part divisée à chacun par Dieu*. « Le Destin (Εἱμαρμένη), dit Thalès, est la plus forte de toutes les puissances : elle gouverne le monde; *elle est le jugement et le pouvoir immuable de la Providence.* » — Héraclite pensait que le Destin était le *Logos*, la Raison ou le Verbe pénétrant l'extérieur du monde; que ce Destin était l'Esprit universel, la Raison suprême. Suivant Platon, le Destin est, comme action, l'ordonnance immuable, l'ensemble des lois de Dieu; comme substance, il est l'âme de l'univers. L'école platonicienne admettait un *ordre fatal* qu'elle appelait *Ame, Esprit, Dieu, Loi divine, Providence, Sagesse parfaite, Prudence universelle*, dont l'empire embrasse la terre et les cieux. Toutes ces dénominations, nous pouvons les donner à Dieu, elles énoncent ses véritables attributs.

7° *Fatum*, en latin, vient de *fari, fatus*, parler, et signifie, *ce qui a été dit, la parole*. C'est le *Logos* d'Héraclide, le *Verbum* de nos livres sacrés; aussi Robert Etienne explique-t-il ce mot par ceux-ci : « *Jussum et dictum Dei*, ordre et parole de Dieu. »

8° Enfin, le destin se rend encore en latin par *Necessitas fatalis*; or Cicéron va nous expliquer ce qu'on entend par ces expressions : « La nécessité du Destin, dit-il (en joignant ensemble les deux mots les plus durs de la langue), la nécessité du Destin est ce qui a été établi et désigné de Dieu, pour arriver; c'est la série éternelle des causes; ce sont les causes éternelles des choses futures; ce sont les causes renfermées dans la nature des choses. » Et ailleurs : « La raison nous oblige de convenir que toutes choses se font par le *Fatum* (nous, nous disons : Toutes choses ont été faites par le Verbe). Or, j'appelle *Fatum* ce que les Grecs nommaient Εἱμαρμένη, c'est-à-dire l'ordre et la série des causes, lorsqu'une cause étant jointe à une autre cause, produit d'elle-même un effet. C'est la vérité éternelle, se répandant sur ce monde de toute éternité; ce qui fait qu'il n'arrive rien qui ne dût advenir, et que de même il n'est rien qui doive advenir dont la nature ne contienne la cause qui doit le produire. » Dans un autre endroit, il dit qu'un personnage était devenu consul par l'effet du *Fatum*, et il ajoute aussitôt, *c'est-à-dire, par une certaine volonté et une certaine faveur de Dieu.*

La thèse précitée contient une multitude d'autres témoignages qui prouvent jusqu'à l'évidence que les anciens ne considéraient point le Destin comme une puissance supérieure à Dieu, mais qu'ils le regardaient ou comme l'expression de la providence et de la volonté divine, ou comme l'enchaînement nécessaire des causes.

Hésiode en fait un dieu, fils de la Nuit et du Chaos.

DESTOUR, ministre de la religion chez les Parsis. Ce mot signifie *règle, loi*. Les Destours correspondent à peu près à nos docteurs en théologie. On donne ce nom à ceux qui étudient la loi et cherchent à en approfondir le sens, sans exercer les fonctions du ministère public.

Le *Destour-Destouran* ou Docteur des Docteurs portait autrefois le titre de *Mobed-Mobédan*; c'est le chef des Destours d'une ville ou d'une province; c'est lui qui éclaircit les points de la loi et décide les cas de conscience. Son nom, qui signifie *règle des règles*, indique qu'il est aux docteurs ce que ceux-ci sont aux autres hommes, savoir, une règle vivante de la doctrine qu'il faut croire, et de la conduite que l'on doit tenir. Au temps de Chardin, le Destour-Destouran, résidant à Yezd, ville à l'est de d'Ispahan, était le chef de toute la religion des Parsis. On l'appelle encore *Destouran-Destour* et *Destour-i-Destour*.

Les *Destours-Mobeds* sont ceux qui non-seulement ont étudié la loi, mais l'enseignent au peuple, et exercent les fonctions du ministère public. *Voy.* Parsis.

DESTRUCTIONISTES, sectateurs de l'Anglais Samuel Bourne, qui, sur la fin du siècle dernier, soutenait que les enfants des pécheurs, qui mouraient avant l'âge de raison, étaient anéantis. *Voy.* Bournéans.

DÉSULTEUR, nom que les païens donnaient à ceux qui révélaient les mystères des orgies de Bacchus, lesquels ne devaient point être connus du peuple.

DEUCALION, fils de Prométhée et mari de Pyrrha, roi de Thessalie. Ce fut sous son règne qu'arriva le déluge, auquel il échappa seul avec sa femme, et devint le restaurateur du genre humain. *Voy.* Déluge, n° 2.

Nous ajouterons ici que le mythe de Deucalion pourrait être d'origine indienne : en effet, nous trouvons dans l'Inde un *Deva-Kala-Yavana* (*Deo-Kal-Youn*, suivant la prononciation vulgaire), dont le nom pourrait se traduire par *Déva-Kala le Grec*. Ce Deokalyoun, ayant attaqué Krishna à la tête des peuples septentrionaux (des Scythes, tel qu'était le Deucalion grec, suivant Lucien), fut repoussé par le feu et par l'eau. La ressemblance va jusqu'à son père Garga, dont l'un des surnoms est *Pramathésa* (Prométhée), et qui, selon une autre légende, est dévoré par l'aigle Garouda.

M. de Humboldt a retrouvé la fable de Deucalion et de Pyrrha sur les bords de l'Orénoque. Les indigènes racontent qu'un cataclysme ayant détruit le genre humain, il n'échappa qu'un homme et une femme qui repeuplèrent le monde, en jetant derrière eux, non des pierres, mais les fruits d'un palmier.

DEUIL, témoignage extérieur de tristesse et d'affliction, que les hommes ont coutume de donner à la mort de leurs parents et de leurs proches. Le deuil ayant presque partout quelque chose de religieux, en ce qu'il fait partie des funérailles, nous allons parcourir ce que les usages des différents peuples offrent de plus saillant sur ce sujet.

1. « Les marques du deuil chez les Israélites, dit l'abbé Fleury, étaient de déchirer ses habits, sitôt que l'on apprenait une mauvaise nouvelle, ou que l'on se trouvait présent à quelque grand mal, comme un blasphème, ou un autre crime contre Dieu, se battre la poitrine, mettre ses mains sur la tête, se la découvrir, ôtant la coiffure, et y jeter de la poussière ou de la cendre, au lieu de parfums qu'ils y mettaient dans la joie... Tant que le deuil durait, il ne fallait ni s'oindre, ni se laver, mais porter des habits sales et déchirés, ou des sacs, c'est-à-dire des habits étroits ou sans plis, et par conséquent désagréables ; ils les nommaient aussi *cilices*, parce qu'ils étaient faits de gros camelot, ou de quelqu'étoffe semblable, rude et grossière. Ils avaient les pieds nus aussi bien que la tête, mais le visage couvert. Quelquefois ils s'enveloppaient d'un manteau pour ne point voir le jour, et cacher leurs larmes. Le deuil était accompagné de jeûne, c'est-à-dire que, tant qu'il durait, ou ils ne mangeaient point du tout, ou ils ne mangeaient qu'après le soleil couché, et des viandes fort communes, comme du pain, quelques légumes, et ne buvaient que de l'eau. Ils demeuraient enfermés, assis à terre, ou couchés sur la cendre, gardant un profond silence, et ne parlant que pour se plaindre, ou pour chanter des cantiques lugubres. Le deuil pour un mort était d'ordinaire de sept jours. Quelquefois on le continuait pendant un mois, comme pour Aaron et Moïse. Quelquefois il allait jusqu'à soixante-dix jours, comme pour le patriarche Jacob. Il y avait des veuves qui continuaient leur deuil toute leur vie, comme Judith et Anne la prophétesse. » Le même auteur fait cette réflexion au sujet du deuil des Juifs : « En général les Israélites et tous les anciens étaient plus naturels que nous, et se contraignaient moins sur les démonstrations extérieures des passions. Ils chantaient et dansaient dans la joie ; dans la tristesse, ils pleuraient et gémissaient à haute voix ; quand ils avaient peur, ils l'avouaient franchement ; quand ils étaient en colère, ils se disaient des injures, etc. »

2. Les Juifs modernes portent ordinairement les habits de deuil en usage dans les pays où ils vivent ; mais ils ont quelques usages particuliers que nous trouvons consignés dans Léon de Modène : ainsi lorsque les proches parents sont de retour des funérailles, ils se renferment dans leurs maisons, ôtent leurs souliers et s'asseyent à terre ; en cette situation ils font un repas qui consiste en pain, en vin et en œufs durs. Celui qui prononce la bénédiction de la table, y joint quelques paroles de consolation. Dans le Levant, et en plusieurs autres lieux, les parents et les amis envoient pendant sept jours aux parents du mort, de quoi faire de grands repas, auxquels ils viennent eux-mêmes prendre part pour les consoler. Aussitôt que le mort est emporté du logis, on ploie en deux son matelas, et on roule ses couvertures, qu'on laisse sur la paillasse ; puis on allume une lampe au chevet du lit, où elle doit brûler sans interruption durant sept jours. Pendant cet espace de temps, les proches parents ne peuvent sortir de la maison mortuaire, excepté le jour du sabbat, auquel ils se rendent à la synagogue, ni prendre leurs repas autrement qu'assis à terre, ni vaquer à aucun travail, ni s'occuper d'aucune affaire temporelle. Les personnes mariées doivent garder la continence ; soir et matin il doit se trouver avec eux une dizaine de personnes pour faire les prières ordinainaires en leur compagnie, et prier pour l'âme du défunt. Au bout des sept jours les proches parents sortent de chez eux et vont à la synagogue, où plusieurs font allumer des lampes. Ils y font des prières et promettent des aumônes ; ce qui se renouvelle à la fin du mois et à la fin de l'année. Si le mort est un rabbin ou un personnage considérable, on prononce ce jour-là son oraison funèbre. Pendant le reste du mois, les parents du défunt ne doivent ni se raser, ni couper leurs ongles et les cheveux. L'usage du bain et des parfums leur est interdit. Le fils a coutume de dire tous les jours, soir et matin, dans la synagogue la prière *Cadisch* (*Voy.* ce mot), pour l'âme de son père ou de sa mère, et cela pendant onze mois de suite ; quelques-uns jeûnent tous les ans, le jour que l'un ou l'autre est mort.

3. Chez les Grecs, le neuvième et le trentième jour après les funérailles, les parents du défunt, habillés de blanc et couronnés de fleurs, se réunissaient pour rendre de nouveaux honneurs à ses mânes ; et tous les ans, au jour anniversaire de la naissance de celui dont on pleurait la perte, on se rassemblait encore pour se livrer aux regrets et à la douleur. Il était encore d'un usage assez général de se couper les cheveux et de les déposer sur la tombe du défunt ; on y faisait aussi des libations d'eau, de vin, de lait et de miel.

4. Le deuil des Romains durait dix mois ; mais il pouvait être abrégé pour quelque réjouissance publique ; pendant ce temps les parents rendaient de fréquents honneurs à l'urne où étaient déposées les cendres du défunt. Au reste il appartenait aux pontifes de décider quelles cérémonies il fallait observer dans les funérailles, et combien de temps devait durer le deuil.

5. Nous ne parlerons pas ici de la manière de porter le deuil parmi les chrétiens occidentaux ; nous n'apprendrions là-dessus rien de nouveau, ni de fort intéressant pour personne. Mais les usages des Orientaux nous fourniront plusieurs particularités. Le deuil des chrétiens grecs est beaucoup plus brillant et plus fastueux que celui des Latins. Les premiers ont retenu l'usage des pleureuses, qui, au rapport des voyageurs, étourdissant par leurs lamentations affectées tous ceux qui assistent aux funérailles. Pendant les huit premiers jours du deuil, les proches parents du mort ne font point de cuisine chez eux. Ils sont censés trop abîmés dans leur douleur pour songer à la conser-

vation de leur vie ; leurs amis ont soin de leur envoyer à manger. Le troisième jour, suivant Tournefort, on fait porter à l'église ou sur la fosse du défunt des *colybes*, espèce de poudding de froment et de fruits secs (*Voy.* COLYBES) , et on fait célébrer la messe pour le défunt. Les autres jours, jusqu'au neuvième, on dit seulement la messe ; le neuvième jour on fait la même cérémonie que le troisième. Le quarantième jour après le décès, à la fin du troisième mois, du sixième, le neuvième et au bout de l'an, on répète l'envoi des colybes et la célébration des messes, avec des larmes et avec les marques de la plus grande affliction. Tous les ans, les héritiers font porter les colybes à l'église, le jour anniversaire du décès ; mais alors la cérémonie a lieu sans lamentations. Tous les dimanches de la première année du décès, et quelquefois même de la seconde, on donne à un pauvre un grand gâteau, du vin, de la viande et du poisson ; le jour de Noël, on fait la même charité. Plusieurs donnent soir et matin aux pauvres la portion de viande, de vin, de pain et de fruits, que le mort eût mangée s'il eut vécu, et cela pendant la première année du deuil.

6. Le deuil des Géorgiens est, selon Chardin, un deuil de désespérés. Lorsqu'une femme perd son mari ou un proche parent, elle déchire ses habits, se dépouille nue jusqu'à la ceinture, s'arrache les cheveux, s'enlève avec les ongles la peau du corps et du visage, se bat le sein, crie, hurle, grince les dents, écume, fait la furieuse et la possédée dans un excès épouvantable. Les hommes témoignent leur douleur d'une manière aussi singulière ; ils déchirent leurs habits, se font raser la tête et le visage, et se frappent la poitrine. Le deuil dure quarante jours. Durant les dix premiers, les parents du mort et grand nombre d'hommes et de femmes de toutes conditions viennent le pleurer. Ces personnes se rangent en cercle autour du cadavre, et, déchirées, comme nous venons de le dire, elles se frappent la poitrine des deux mains, en criant ; *Vaih! vaih!* Les cris et les coups sont mesurés et rendent un son effroyable. Tout cela forme une affreuse image de désespoir, qu'on ne peut regarder sans frémir. Il arrive tout d'un coup qu'on n'entend rien ; le deuil s'arrête, tout le monde se tient dans un profond silence, puis tout d'un coup il s'élève un cri général et on retombe dans les premiers emportements.

7. Chez les Coptes, la perte d'un parent est tout autrement célébrée qu'en Europe. Les femmes vont prier et pleurer sur la sépulture des morts, au moins deux jours de la semaine ; et la coutume est de jeter alors sur les tombeaux une sorte d'herbe que les Arabes appellent *rihan*, et qui est notre basilic. On les couvre aussi de feuilles de palmier. Il paraîtrait que par cette offrande on cherche à soulager les défunts, et qu'en les couvrant de cette verdure, on a intention de les rafraîchir et de leur procurer de l'ombrage. Outre cela on s'assemble tous les ans le jour anniversaire de la mort d'une personne ; on se rend à l'église où elle est inhumée, pour la pleurer, et là, le deuil dure deux ou trois jours consécutifs, sans que l'on quitte la place.

8. Pendant le deuil des Russes, qui est de quarante jours, on fait trois festins mortuaires, savoir ; le troisième, le neuvième et le vingtième jour après la sépulture. On fait venir un prêtre, qui doit employer ces quarante jours à prier soir et matin pour la personne défunte, dans une tente dressée à cet effet près du tombeau.

9. Le deuil est inconnu aux Musulmans, d'après un principe de résignation qui leur interdit toute marque extérieure de douleur. Ils disent que, pour punir une personne qui s'arracherait les cheveux en signe de deuil, Dieu lui bâtirait autant de maisons dans l'enfer qu'elle se serait arraché de poils sur la tête. D'autres prétendent que Dieu rétrécira le tombeau de tous ceux qui auront porté des habits noirs pendant leur vie, et qu'ils ressusciteront aveugles. Cependant, en certains pays musulmans, on prenait autrefois le deuil à la mort des souverains ; dans l'empire ottoman il était au plus de trois jours ; mais cet usage a été aboli depuis.

10. Les Persans, bien que musulmans, ont un deuil de quarante jours. Il ne consiste point à porter des habits noirs, mais à jeter des cris, à être assis immobile, à demi vêtu d'une robe brune ou pâle, à se refuser la nourriture huit jours durant, comme pour dire qu'on ne veut plus vivre. Les amis envoient porter leurs compliments de condoléance, ou viennent eux-mêmes pour chercher à consoler. Le neuvième jour on mène les hommes au bain, on leur fait raser la tête et la barbe, on leur donne des habits neufs ; après quoi le deuil est passé quant à l'extérieur, et l'on va rendre des visites. Mais les lamentations continuent dans la maison jusqu'au quarantième jour, non pas sans cesse, mais deux ou trois fois la semaine, surtout aux heures que le défunt a rendu l'esprit ; ce qui va toujours en diminuant, jusqu'au quarantième jour, où on n'en parle plus.

11. Chez les Hindous, le deuil dure un an, pendant lequel on pratique un grand nombre de cérémonies, dont voici les principales. — Le lendemain des funérailles, celui qui a présidé au deuil, se rend au lieu où le corps a été consumé, accompagné de ses parents, de ses amis et d'un certain nombre de Brahmanes ; il prend un bain dans la rivière ou l'étang voisin, fait des libations d'huile et d'eau, répand des herbes sacrées, fait cuire ensemble du riz et des pois qu'il jette ensuite aux corneilles ; le tout est accompagné de nombreuses formalités ; l'omission de la moindre d'entre elles compromettrait le salut du défunt, et obligerait de recommencer toutes les cérémonies ; puis l'héritier fait des présents de bétel, de vivres et de toile neuve aux brahmanes. — Le troisième jour, il dresse une tente dans sa cour, y fait cuire du riz, des pois, sept espèces de légumes, des gâteaux, etc., et les recouvre d'une toile. Il se rend au lieu funéraire, y fait ses ablutions, récite des

formules sacrées, recueille les cendres et les ossements du défunt, en jette une partie dans la rivière, fait le *poudja* ou l'adoration à ce qui reste du corps du défunt, dresse une petite butte de terre sur l'emplacement du bûcher, y place trois pierres qu'il consacre par des onctions et des formules sacrées, leur offre le poudja, fait de nouvelles préparations culinaires au bord de l'étang, et présente ces mets aux trois pierres qui représentent l'âme du défunt, et deux divinités protectrices des morts; puis il fait à un brahmane un nouveau cadeau de toile et de provisions de bouche. Le tout se passe avec des rites fort compliqués, qui se répètent quotidiennement jusqu'au neuvième jour. Leur continuité a pour but, 1° d'empêcher le défunt d'endurer la faim ou la soif, ou de rester nu; 2° de procurer sa prompte et heureuse régénération spirituelle et corporelle. — Le dixième jour, nouveaux apprêts dans la maison, nouvelles cérémonies à l'emplacement du bûcher; mais cette fois la veuve, s'il y en a une, après avoir fait ses ablutions, se peint les paupières avec de l'antimoine, le front avec du vermillon, le cou avec de la poudre de sandal, les bras et les jambes avec du safran; elle se pare de ses vêtements les plus riches, de ses joyaux les plus précieux, entrelace des fleurs rouges dans ses cheveux et suspend à son cou des guirlandes de fleurs odoriférantes. Elle se rend au champ funéraire entourée de femmes mariées qui pleurent avec elle et la comblent de témoignages d'affection. Ses parents, ses amis et des brahmanes s'y rendent avec elle; là on renchérit encore sur les mômeries qui ont eu lieu les jours précédents; on fait encore des libations, des adorations; on prend des bains; on jette à l'eau les trois pierres sacrées; on fait des prières et des vœux pour l'introduction du défunt dans le ciel, etc. Après de nouveaux présents faits aux brahmanes, les hommes obtiennent enfin la permission de se faire raser, ce qui leur était interdit pendant les dix premiers jours. Enfin on fait une couche de terre épaisse de quatre doigts, sur laquelle on met une petite boule aussi de terre, qui reçoit le nom du défunt; alors la veuve, entourée de ses compagnes, et sans donner aucun signe de tristesse, se dépouille de ses joyaux et de ses parures, efface les couleurs artificielles dont elle s'était fardé les différentes parties du corps, et place sa dépouille auprès de la boule de terre qui représente son mari, en prononçant ces paroles : « Je les quitte pour te témoigner mon amour et mon dévouement. » Le brahmane officiant bénit de l'eau, en fait boire un peu aux assistants et leur en répand quelques gouttes sur la tête pour les purifier des souillures qu'ils ont contractées en prenant part à des cérémonies funèbres. L'héritier fait présent à chacun d'eux d'une noix d'arec et d'une feuille de bétel, puis il donne une toile blanche à la veuve qui s'en revêt aussitôt. Enfin on se rend à la maison du défunt, d'où, après avoir visité une lampe qui a dû rester allumée jusque-là sur la place où il a rendu le dernier soupir, on ne rentre chez soi qu'après s'être lavé les pieds à la porte. — Le onzième jour, ses ablutions faites, il va inviter dix-neuf brahmanes, auxquels il sert d'abord à manger à l'intention du défunt; puis il porte des vivres au bord de l'étang, allume du feu, lui fait ses adorations, offre des présents aux brahmanes, et on procède à la *délivrance du taureau*: à cet effet on en a choisi un qui ait les conditions requises, et on le lâche après lui avoir imprimé avec un fer chaud la marque du dieu Siva; c'est encore un présent fait à un brahmane. L'héritier fait à chacun de ceux qu'il a invités un présent de deux pièces de toile, leur sert de nouveau à manger, fait trois boulettes des vivres qu'il a apportés et les jette aux vaches. — Le douzième jour il doit inviter huit brahmanes, avec lesquels il accomplit de nouvelles cérémonies, dont nous faisons grâce à nos lecteurs. — Il y en a encore d'autres pour le treizième jour, et d'autres pour le vingt-septième; mais dans ce dernier jour il n'y a que trois brahmanes. Toutes se terminent par le don d'une pièce de toile, et dans chacune on doit servir un repas aux brahmanes invités, ce qui ne laisse pas que de rendre le cérémonial du deuil fort onéreux. — Les mêmes rites se répètent les 30°, 45°, 60°, 75°, 90°, 120°, 175°, 190°, 210° 240°, 270°, 300° et 330° jours après le décès. — Enfin on doit célébrer durant toute sa vie, sans y manquer, le jour anniversaire de la mort de son père et de sa mère, en observant à chaque fois une multitude de formalités, et en faisant des largesses aux brahmanes. — Ce formulaire n'est praticable que pour les personnes riches; aussi peut-il être abrégé pour les individus des castes inférieures; mais il y a une foule de prescriptions dont l'exécution est de rigueur, et qui entraînent tout le monde à des frais considérables. Pour les Kchatriyas et les Vaisyas, les cérémonies ne durent que douze jours, et trois jours seulement pour les Soudras.

12. Dans l'île de Ceylan, les hommes témoignent leurs regrets aux morts par des soupirs, les femmes par des cris et des hurlements. Elles détachent leurs cheveux, les éparpillent sur leurs épaules et, mettant les mains derrière la tête, entonnent avec un bruit assourdissant le récit des vertus et des bonnes qualités du défunt. Ce deuil dure trois jours, à deux reprises, le matin et le soir. Quelques jours après la mort d'une personne, ses parents ou ses amis font venir un prêtre qui passe la nuit à chanter et à prier pour le repos de son âme; le lendemain on régale le prêtre et on lui fait des présents; en récompense, le prêtre rassure les intéressés sur le salut de celui qu'ils pleurent.

13. A Siam, il n'y a pas de deuil d'étiquette et d'obligation, comme dans la Chine; on n'y donne de marques de douleur qu'autant qu'on est affligé; de sorte qu'il est plus ordinaire, en ce pays, de voir le père et la mère y prendre le deuil de leurs enfants, que ceux-ci le porter en mémoire de leurs parents. Quelquefois le père se fait talapoin et la mère talapouine, ou au moins ils se rasent la tête

l'un et l'autre ; mais il n'y a que les véritables talapoins qui puissent aussi se raser les sourcils.

14. Au Pégu, lorsqu'on est de retour d'un convoi funèbre, on fait une fête qui dure deux jours, au bout desquels la veuve du mort et ses amies vont pleurer le défunt sur la place où il a été brûlé. Après que le temps destiné aux pleurs est expiré, ces femmes recueillent et enterrent les ossements que le feu a épargnés. Le deuil des hommes et des femmes consiste principalement à se raser la tête. C'est une marque d'affliction qui ne s'accorde qu'à des personnes extrêmement considérées ; car on dit que ces peuples font un cas tout particulier de leur chevelure.

15. Dans le Tung-king l'habit de deuil est blanc, et le grand deuil consiste à se priver de plaisirs. Une des marques extérieures est de ne pas porter des habits de soie. Le deuil de père et de mère se porte vingt-sept mois ; mais les enfants doivent en célébrer l'anniversaire toute leur vie. La veuve porte le deuil de son mari trois ans ; le mari porte celui de sa femme autant qu'il lui plaît ; les frères et les sœurs un an. Outre cela, les femmes et les enfants doivent porter trois ans le deuil du Vua, ou roi ; les conseillers d'État un an ; les mandarins trois ou quatre mois, et tout le peuple en général vingt-sept jours. Dans le cours de la première année du deuil, on honore la mémoire du mort, le 1er, le 3e, le 7e, le 50e le 100e jour, et an bout de l'an. Le nouveau roi porte le deuil de son prédécesseur : pendant ce temps il ne mange que dans de la vaisselle vernissée de noir. Il se fait raser la tête, et la couvre d'un bonnet de paille ; les mandarins d'État et les princes de sa maison sont coiffés de même. Trois cloches sonnent sans discontinuer au palais, depuis le moment où le monarque est expiré jusqu'à ce que son corps soit déposé dans une galère, pour être déposé au lieu ordinaire de la sépulture des rois. Le troisième jour après le décès du roi, les mandarins vont à la cour faire leurs compliments de condoléance, et le dixième, tout le peuple a la liberté d'aller voir cette majesté défunte.

16. En Chine, pendant le temps du deuil, on ne peut exercer aucune charge publique ; un mandarin est obligé d'abandonner sa charge, un ministre d'État son emploi, pour se retirer en sa maison, et pour donner tout ce temps à la douleur. On ne doit s'asseoir que sur un petit siége de bois ; les aliments sont grossiers ; on n'use que de légumes. Les habits sont d'étoffe grossière, et on ne couche que dans de méchants lits. On n'emploie même pendant ce temps de deuil que des paroles et des expressions convenables à sa douleur. Les Chinois en deuil quittent le jaune et le bleu, qui sont chez eux les couleurs de joie et de cérémonie, et ne s'habillent que de blanc. Depuis les princes jusqu'aux derniers des artisans, nul, au rapport du P. Lecomte, n'ose porter des habits d'une autre couleur ; et ordinairement ils se ceignent le corps d'une corde. Autrefois les enfants portaient le deuil de leur père et de leur mère, et les femmes, celui de leur mari, pendant trois années entières ; présentement il se trouve réduit à vingt-quatre mois, qui se partagent en trois époques, c'est-à-dire huit par chaque année ; si le père et la mère meurent en même temps, il faut le porter six ans. Ils fondent ce deuil long et rigoureux sur le soin particulier que les parents sont obligés de prendre pour leurs enfants dans les trois premières années de leur vie. « C'est pour cela, disent-ils, que nous employons autant de temps à les pleurer, afin de reconnaître la peine et l'embarras que nous leur avons causés dans ce premier temps de notre enfance. » — C'est la loi qu'un père porte trois ans le deuil de son fils aîné, s'il n'a pas laissé d'enfants. Pendant ce temps de deuil, que l'on appelle *sang*, on porte tous les matins devant la tablette où est écrit le nom du défunt, une tasse pleine de riz ; cérémonie qui est appelée *Kong-fan*. Chaque jour de la nouvelle et de la pleine lune, on a coutume de brûler des parfums devant ces tablettes, de leur offrir des viandes, d'allumer des cierges, etc. Le deuil pour un père oblige encore ses enfants à une continence sévère au moins pendant la première année, et si pendant ce temps sa fille ou sa bru devenait enceinte, elle et son mari seraient sévèrement punis. Le deuil pour les autres parents dure plus ou moins, selon la proximité. « Les Chinois, dit le Gentil, ne peuvent se marier dans le temps qu'ils portent le deuil de leur père et de leur mère ; et quand un deuil imprévu survient, ce deuil rompt toute sorte d'engagement, en sorte qu'un homme fiancé, qui perd père ou mère, ne peut épouser sa fiancée qu'après que le deuil est fini. Ce deuil est cause que le mariage ne s'accomplit souvent qu'après que le corps du défunt a été inhumé ; ce qui ne se fait que plusieurs mois après, et quelquefois bien plus longtemps. » — Lorsque l'empereur ou l'impératrice viennent à mourir, on porte le deuil dans toute l'étendue de l'empire. Après la mort de l'empereur Kang-hi, tous les tribunaux furent fermés pendant l'espace de cinquante jours, et le successeur du défunt ne s'occupa d'aucune affaire. Les cours du palais étaient remplies de mandarins plongés dans la douleur, qui demeuraient toute la nuit exposés aux injures de l'air. Pendant trois jours ils allèrent à cheval rendre leurs hommages à la tablette sur laquelle était gravé le nom de l'empereur. »

17. Au Japon, la tendresse des enfants envers leurs père et mère se manifeste encore après leur mort ; ils brûlent des parfums pendant toutes les cérémonies de l'enterrement, et plantent des fleurs sur leur tombeau, qu'ils viennent visiter pendant plusieurs années, quelques-uns même jusqu'à la fin de leur vie ; d'abord toutes les semaines, ensuite tous les mois, enfin une fois au moins par an, à la fête des lanternes, qui se célèbre en l'honneur des ancêtres.

18. Le deuil des Coréens est, comme celui des Chinois, long et rigoureux. Pour un père

ou une mère, il dure ordinairement trois ans entiers. Pendant tout ce temps on est strictement obligé à la continence, et si l'on violait cette loi, les enfants qui naîtraient de cette union illicite ne seraient pas considérés comme légitimes. Il n'est pas même permis de remplir alors aucune des fonctions d'un emploi public dont on serait revêtu. L'usage du bain est également interdit. Un homme en deuil est, aux yeux des Coréens, un homme *mort*; il ne voit plus la société; à peine se permet-il de regarder le ciel. Ses habits, même s'il est riche, sont toujours grossiers. S'il sort, c'est le visage couvert d'un voile; si on l'interroge en route, il peut se dispenser de répondre; il est *mort*. Tuer un animal quand on est en deuil, c'est un crime, s'agit-il même d'un serpent ! A la capitale, quand un noble en deuil rencontre un mandarin, il se réfugie dans la première maison voisine de peur d'être interrogé. En voyage et dans les auberges, il se retire dans une chambre solitaire, et refuse toute communication avec qui que ce soit.

19. Au Tibet, le deuil consiste en ce que les hommes et les femmes ne se montrent pas en habits de cérémonie pendant cent jours, ne peignent pas leurs cheveux et ne se lavent pas; de plus, les femmes ne portent pas de boucles d'oreille, ni de chapelets au cou. Tout le reste est permis. Les riches font venir quelquefois des lamas pour réciter des prières afin d'obtenir le repos de l'âme du défunt; tout cela se termine au bout d'un an.

20. Chez les Ostiaks, une femme qui a perdu son mari, pour mieux témoigner la douleur qu'elle en ressent, prend une idole et lui met les habits du mort, la couche avec elle, et affecte de l'avoir toujours devant les yeux, afin de nourrir sa douleur et de conserver la mémoire de son époux. Mais après avoir baisé et honoré pendant une année cette chère idole, elle finit par la reléguer dans un coin de la cabane, et il n'est plus question du mort.

21. Le deuil des habitants du Congo est très-rigoureux. Les parents du défunt, pendant un certain temps, renoncent absolument au commerce du monde; les trois premiers jours, ils ne prennent aucune nourriture. Les parents et les esclaves se rasent la tête, se frottent le visage d'huile, de limon et de diverses sortes de poudres, qui servent comme de colle pour supporter de petites plumes dont ils se couvrent la figure. Les femmes expriment leur douleur par des chants accompagnés de danses. L'une d'entre elles, à l'occasion de la mort de son mari, déplorait son malheur et celui de ses enfants, en comparant le défunt au toit de la maison, dont la chute entraîne bientôt la ruine totale de l'édifice. « Hélas ! s'écriait-elle, le faîte est tombé, voilà tout l'édifice exposé à l'injure des saisons : c'en est fait, la ruine est inévitable. » Si le défunt est d'un rang distingué, les parents se contentent de se raser le dessus de la tête, qu'ils environnent d'écorces d'arbres ou d'une bande de toile. Les veuves qui demeurent à la cour ou dans les villes, sont obligées de rester enfermées dans leurs maisons, pendant une année entière. Ce terme expiré, lorsqu'elles reparaissent dans le monde, elles portent un bonnet qui leur descend par derrière, jusque sur les épaules. Leur habillement est noir, ouvert par les côtés, et leur descend devant et derrière jusqu'aux genoux.

22. Autrefois, à Loango, la principale cérémonie du deuil consistait à enterrer toutes vivantes douze jeunes filles, qui se disputaient cet honneur. Elles s'équipaient du mieux qu'il leur était possible, et leurs parents leur fournissaient une provision de hardes et de tout ce qu'on jugeait nécessaire dans l'autre monde. Maintenant cette coutume est abolie, et le deuil se résume à boire et à manger, pendant huit jours entiers, sur le tombeau du prince. Ces repas sont entremêlés de larmes et de regrets.

23. Chez les Nègres de Cabo-del-Monte, le deuil consiste en un vœu solennel avec serment de jeûner huit ou dix jours, et même un mois, lorsque le défunt est l'objet d'une considération particulière. Pendant ce temps-là les Nègres doivent s'abstenir de tout commerce et de toute fréquentation avec leurs femmes. Ils ne portent point d'habits de couleur, ont la tête rasée et couchent à terre. Quand le temps du jeûne est expiré, ils se relèvent de leur vœu, en renouvelant la cérémonie par laquelle ils l'ont commencé, c'est-à-dire en levant les mains vers le ciel en présence d'un fétiche; après quoi on fait un festin en l'honneur du mort.

24. Chez les Soulimas, on choisit un jour pour honorer la mémoire du défunt, dans le courant du mois qui suit le décès. L'assemblée, composée de tous les membres de la famille, se réunit dans la cour d'un des parents, et l'on passe la journée dans la joie la plus extravagante : les hommes dansent, crient et tirent des coups de fusil; les Guiriots jouent de leurs instruments, et les femmes dansent par groupes. Dans cette circonstance seulement les femmes peuvent se permettre des gestes indécents.

25. Les Jaguas, après avoir inhumé leurs morts, terminent la cérémonie par des plaintes et des regrets qui durent quelques jours. Tous les mois on réitère ce deuil, qui est accompagné de sacrifices et de festins mortuaires, autant que les moyens de la famille peuvent le permettre.

26. Les habitants du Monomotapa conservent les ossements de leurs proches parents, et leur rendent tous les huit jours une espèce de culte religieux. Ils s'habillent alors de blanc, leur présentent des viandes sur une table proprement couverte, et, après avoir prié les âmes pour leur monarque et pour eux-mêmes, ils se régalent des mets qui composent ce repas funèbre. Dans quelques pays voisins le deuil dure huit jours, depuis le lever du soleil jusqu'à une heure après son coucher. Ce deuil est mêlé de pleurs, de danses et de chansons. Ensuite on mange et on boit en l'honneur du trépassé.

27. Vers la rivière de Quizanga, le deuil a

lieu deux heures chaque jour pendant huit jours. Vers minuit un de l'assemblée entonne les lamentations, et toute la compagnie répond sur le même ton, avec accompagnement de pleurs. Le jour, on se rend au sépulcre pour porter au défunt de quoi vivre. Ceux qui procèdent à cette cérémonie ont de la farine sur la joue et sur l'œil gauche. Ils prononcent des paroles sur la tombe, mais on ignore si ce sont des invocations adressées au défunt, ou des prières faites pour lui. On ne peut se laver le visage pendant toute la durée du deuil.

28. Dans le Canada, les femmes portent le deuil un an entier; et, pendant ce temps-là il ne leur est point permis de se divertir. Le père et le frère du mari défunt ont soin de la veuve. Le baron de la Hontan dit au contraire que le veuvage du Canada n'est que de six mois. Il ajoute que si, pendant ce temps-là, celui des deux conjoints qui reste songe à l'autre deux nuits de suite pendant son sommeil, alors il s'empoisonne d'un grand sang-froid, avec des chants et toutes les marques extérieures de la joie, car c'est une preuve que le mort s'ennuie dans le pays des âmes; mais si le veuf ou la veuve ne rêve qu'une fois de son conjoint, ils ne se croient pas obligés d'aller lui tenir compagnie, car l'Esprit des songes, en ne paraissant qu'une fois, a témoigné qu'il n'était pas bien sûr de son fait.

29. Les Mandans exposent les corps de leurs parents sur un échafaudage d'environ dix pieds de haut, afin, disent-ils, de pouvoir regarder en pleurant ceux qu'ils aimaient. Ils en portent le deuil pendant une année entière; dans cette occasion ils se coupent les cheveux, s'enduisent le corps d'argile blanche ou grise, et se font fréquemment des entailles aux bras ou aux jambes avec un couteau ou un silex tranchant, de sorte qu'ils paraissent tout couverts de sang. Dans les premiers jours qui suivent le décès, on n'entend que des pleurs et des gémissements. Lorsqu'un Mandan est tué à la guerre, et que la famille en reçoit la nouvelle, sans qu'on ait pu rapporter le corps, on roule une peau de bison et on la porte hors du village. Tous ceux qui veulent pleurer le mort se rassemblent et jettent sur le cénotaphe une foule d'objets de prix, dont ils font présent aux assistants, pendant que la famille se coupe les cheveux, pleure et gémit.

30. Quand le cacique de la Floride était de retour d'une expédition guerrière, les femmes de ceux qui avaient été tués dans les combats allaient tout échevelées se jeter à ses pieds, les arrosaient de leurs larmes, et le conjuraient de ne pas laisser sans vengeance la mort de leurs époux; puis elles se coupaient les cheveux, et allaient les répandre sur la sépulture de leurs maris. Elles ne pouvaient plus convoler à d'autres noces que leurs cheveux ne fussent devenus assez grands pour flotter sur leurs épaules.

31. Chez les Caraïbes, après qu'on avait descendu le mort dans la fosse, on allumait un feu tout auprès, et toute l'assemblée se rangeait en cercle et accroupie autour de ce feu; les hommes se plaçaient derrière les femmes, et invitaient celles-ci à pleurer, en leur touchant le bras. Alors tous pleuraient à la fois, en faisant de longues et fréquentes exclamations sur le défunt, et en lui demandant la cause de sa mort.

32. On peut à juste titre appeler terrible le deuil qui avait lieu après la mort de l'empereur du Mexique. Les quatre premiers jours qui suivaient le décès, les femmes du monarque défunt, ses filles et ses plus fidèles sujets apportaient des offrandes au pied de sa statue. Le cinquième jour, les prêtres immolaient quinze esclaves; le vingtième, cinq; le soixantième, trois; enfin neuf, le quatre-vingtième, sans compter ceux qui avaient été sacrifiés dans la cérémonie des funérailles, et qui devaient se monter au nombre de deux cents au moins.

33. Le deuil des Américains du Darien, de Panama, de Cumane et de Vénézuéla, consistait, dit-on, à détremper les cendres du défunt dans quelque liqueur, et à la boire. C'était particulièrement à l'égard de leurs caciques qu'ils pratiquaient cette cérémonie. Généralement ils pleuraient, durant plusieurs jours, sur les morts qu'ils avaient aimés ou respectés.

34. Les peuples qui habitent aux environs du fleuve Orénoque pendent dans leurs cabanes les squelettes de leurs morts, et les ornent de plumes et de colliers, après que la pourriture a consommé toutes les chairs. Les Arvaques, qui habitent au sud du même fleuve, réduisent en poudre les os de leurs caciques, et, l'opération faite, les femmes et les amis de ces guerriers font infuser cette poudre dans leur boisson, et à l'imitation de la veuve de Mausole, ensevelissent dans leurs entrailles ceux qui étaient, pendant leur vie, l'objet de leur affection.

35. Au Pérou, le premier mois après la mort du roi se passait tout entier en pleurs. Les habitants de la capitale le pleuraient tous les jours, avec de grandes démonstrations de douleur. Tous ceux qui composaient les différents quartiers de Cusco s'assemblaient, portant les enseignes de l'Inca, ses bannières, ses armes, ses habits, et tout ce qu'il fallait enterrer avec lui pour honorer ses funérailles. Ils entremêlaient à leurs plaintes le récit des victoires que l'Inca avait remportées, de ses exploits mémorables, du bien qu'il avait fait aux provinces auxquelles chacun d'eux appartenait. Le premier mois du deuil écoulé, ils le renouvelaient tous les quinze jours, à chaque conjonction de la lune, pendant toute la première année. Enfin on la terminait avec toute la solennité et toute la douleur imaginable. Il y avait à cet effet des pleureurs qui chantaient d'un ton lugubre les exploits et les vertus du défunt. Les Incas du sang royal en agissaient de même, mais avec plus de pompe et d'appareil. Cela se pratiquait encore dans les autres provinces de l'empire; chaque seigneur y donnait toutes les marques possibles du regret qu'il avait de la mort du souverain. On visitait les lieux que le prince avait favorisés

de ses faveurs, ou seulement de sa présence. On honorait de la même manière la mémoire des Curacas et des autres grands seigneurs.

36. Le deuil des Mariannais dure sept ou huit jours et quelquefois davantage; on le proportionne à l'affection qu'on portait au défunt, ou aux faveurs qu'on en a reçues. Tout ce temps se passe en pleurs et en chants lugubres. On fait quelques repas autour de la tombe du défunt ; on la charge de fleurs, de branches de palmier, de coquillages et de tout ce qu'on a de plus précieux. La désolation des mères qui ont perdu leurs enfants est inconcevable : comme elles ne cherchent qu'à entretenir leur douleur, elles coupent quelques cheveux de leurs enfants, et les gardent comme un objet cher et précieux. Elles portent à leur cou un cordon auquel elles font autant de nœuds qu'il y a de nuits que leur enfant est mort. Si la personne qui meurt appartient à la haute noblesse, leur douleur est alors sans mesure. Ils entrent dans une espèce de fureur et de désespoir ; ils arrachent leurs arbres, ils brûlent leurs maisons, ils brisent leurs bateaux, déchirent leurs voiles et en attachent les morceaux au devant de leurs maisons. Ils jonchent les chemins de branches de palmier, et élèvent des monuments en l'honneur du défunt. Si celui-ci s'est signalé à la pêche ou par les armes, qui sont deux professions de distinction parmi eux, ils couronnent son tombeau de rames ou de lances, pour marquer sa valeur ou son adresse à la pêche. S'il s'est rendu illustre dans l'une et l'autre profession, on entrelace les rames et les lances et on lui en fait une espèce de trophée. Tout cela est accompagné de chants lamentables. «Il n'y a plus de vie pour moi, dit un des chanteurs ; ce qui m'en reste ne sera qu'ennui et amertume : le soleil qui m'animait s'est éclipsé; la lune qui m'éclairait s'est obscurcie ; l'étoile qui me conduisait a disparu. Je vais être enseveli dans une nuit profonde, et abîmé dans une mer de pleurs et d'amertume. » — A peine celui-ci a-t-il cessé, que l'autre chanteur s'écrie : « Hélas ! j'ai tout perdu. Je ne verrai plus ce qui faisait le bonheur de mes jours et la joie de mon cœur. Quoi ! la valeur de nos guerriers, l'honneur de notre race, la gloire de notre pays, le héros de notre nation n'est plus ! Il nous a quittés ! Qu'allons-nous devenir ? La vie nous sera désormais impossible. » Ces lamentations durent tout le jour et une partie de la nuit.

37. « Nulle part, dit M. Doményde Rienzi, le culte des morts n'est plus révéré qu'à Hawaï (îles Sandwich) ; nulle part les marques de douleur et de deuil ne sont plus bruyantes, plus exagérées. Mais c'est surtout à la mort d'un roi que la douleur publique se manifeste sous des formes incroyables pour les Européens. Les tatouages extraordinaires, les mutilations, les jeûnes, les prières, les sacrifices, rien n'est épargné. » A la mort de la princesse Keo-Pouo-Lani, les habitants de l'île, au nombre de plus de 5000, se portèrent vers la case de la défunte, hurlant, gémissant, se tordant les bras de désespoir, affectant les poses les plus bizarres et les plus expressives. Les femmes échevelées, les bras tendus vers le ciel, la bouche ouverte et les yeux fermés, semblaient invoquer une catastrophe pour marquer le jour néfaste ; les hommes croisaient leurs mains derrière la tête et semblaient abîmés dans la douleur ; ils se jetaient la face contre terre en se roulant dans la poussière, ou bien ils se jetaient par terre, et simulaient des convulsions épileptiques. Toute cette douleur paraissait sincère. Quelquefois, à ces expressions d'affliction profonde, se joignaient des vers chantés en l'honneur du défunt. Voici la complainte que M. Ellis, missionnaire protestant, nous a conservée, telle qu'elle fut chantée sur le tombeau de Kiay-Mokou, gouverneur de Mawi, par une de ses femmes :

Mort est mon seigneur et mon ami ;
Mon ami dans la saison de la famine,
Mon ami dans le temps de la sécheresse ;
Mon ami dans ma pauvreté ;
Mon ami dans la pluie et dans le vent ;
Mon ami dans la chaleur et dans le soleil ;
Mon ami dans le froid de la montagne ;
Mon ami dans la tempête ;
Mon ami dans le calme ;
Mon ami dans les huit mers ;
Hélas ! hélas ! il est parti, mon ami,
Et il ne reviendra plus !

Voy. FUNÉRAILLES, n° 124.

38. Dans l'île Taïti, le costume de deuil était fort singulier et d'un prix très-élevé. Il était composé des productions les plus rares du sol et de la mer, et travaillé avec un soin et une adresse extrême. Cet ajustement consistait en une planchette demi-circulaire, d'environ deux pieds de long et de quatre à cinq pouces de large. Cette planchette était garnie de cinq coquilles de nacre de perles choisies, attachées à des cordons de bourre de coco passés dans les bords des coquilles et dans plusieurs trous dont le bois était percé. Une autre coquille de la même espèce, mais plus grande, festonnée de plumes de pigeon gris-bleu, était placée à chaque extrémité de cette planchette, dont le bord concave était tourné en haut. Au milieu de la partie concave, on voyait deux coquilles qui formaient ensemble un cercle d'environ six pouces de diamètre, et, au sommet de ces coquilles, il y avait un très-grand morceau de nacre oblong, s'élargissant un peu vers l'extrémité supérieure, et de neuf à dix pouces de hauteur. De longues plumes blanches, tirées de la queue des oiseaux du tropique, formaient autour un cercle rayonnant. Du bord convexe de la planche pendait un tissu de petits morceaux de nacre, qui, par l'étendue et la forme, ressemblait à un tablier ; on y comptait dix à quinze rangs de pièces d'environ un pouce et demi de long, et un dixième de pouce en largeur ; chacune était trouée aux deux extrémités, afin de pouvoir être attachée aux autres rangs. Les rangées étaient parfaitement droites et parallèles entre elles, les supérieures coupées et extrêmement courtes à cause du demi-cercle de la planche, les

inférieures étaient aussi plus étroites, et aux extrémités de chacune était suspendu un cordon orné de coquillages et quelquefois de grains de verre d'Europe. Du haut de la planchette flottait un gland ou une queue ronde de plumes vertes et jaunes sur chaque côté du tablier; ce qui était la partie la plus brillante du vêtement. Toute cette parure tenait à une grosse corde attachée autour de la tête du pleureur; par-devant, elle tombait perpendiculairement; le tablier cachait sa poitrine et son estomac, la planchette couvrait son cou et ses épaules, et les coquilles masquaient son visage. Une de ces coquilles était percée d'un petit trou à travers lequel celui qui portait le deuil regardait pour se conduire. La coquille supérieure et les longues plumes dont elle était entourée s'étendaient au moins à deux pieds au delà de la hauteur naturelle de l'homme. Le reste de l'habillement n'était pas moins bizarre. Le pleureur mettait d'abord le vêtement ordinaire du pays, c'est-à-dire une natte ou une pièce d'étoffe trouée au milieu; il plaçait dessus une seconde pièce de la même espèce, mais dont la partie de devant, qui retombait presque jusqu'aux pieds, était garnie de boutons de coque de coco; une corde d'étoffe brune et blanche attachait ce vêtement autour de la ceinture. Un large manteau de réseau, entouré de grandes plumes bleuâtres couvrait tout le dos, et un turban d'étoffes brunes et jaunes, retenues par de petites cordes brunes et blanches, était placé sur la tête. Un ample chaperon d'étoffe avec des rayures parallèles et alternativement brunes, jaunes et blanches, descendait du turban sur le cou et sur les épaules, afin qu'on n'aperçût presque rien de la figure humaine. — Ordinairement le plus proche parent du mort portait cet habillement bizarre. Il tenait dans une main deux grandes coquilles perlières, avec lesquelles il produisait un son continu, et dans l'autre un bâton armé de dents de goulu, dont il frappait tous ceux qui s'approchaient de lui par hasard.

On n'a jamais pu découvrir quelle est l'origine et le motif de cette singulière coutume; mais il semble qu'elle est destinée à inspirer de l'horreur; et l'ajustement singulier qu'on vient de décrire, ayant cette forme effrayante et extraordinaire que les femmes attribuent aux esprits et aux fantômes, on est tenté de croire qu'il y a quelque superstition cachée sous cet usage funéraire. Peut-être imaginaient-ils que l'âme du mort exige un tribut d'affliction et de larmes, et c'est pour cela qu'ils appliquaient à ceux qu'ils rencontraient des coups de dents de goulu; mais leur douleur n'allait pas jusqu'à se frapper eux-mêmes.

39. Dans l'Australie, ceux qui ont perdu un parent se couvrent la face de noir ou de blanc, et se font quelques pustules au front, autour des tempes et sur les os des joues. Ils se coupent aussi le bout du nez, ou l'égratignent pour en faire couler du sang en guise de larmes. Durant le deuil on ne porte ni ornements, ni plumes. Et s'il arrive qu'on porte le même nom que la personne morte, on le change pendant un certain temps, afin que celui du mort ne soit pas proféré.

40. En signe de deuil les indigènes de la terre du Roi-Georges se peignent une bande blanche sur le front en travers et en descendant sur les pommettes des joues. Les femmes s'appliquent la couleur blanche en larges taches.

41. Les Ovas de l'île Madagascar manifestent leur douleur par une attitude solennelle, en faisant un fréquent usage du valleya, dont ils jouent en répétant d'un ton mélancolique quelques phrases accompagnées de sons appropriés à la circonstance, et suivies d'une pause grave. Quand on a perdu un parent ou un ami, on témoigne son affliction en défaisant les tresses de ses cheveux, et en marquant, par ses actions, par ses gestes et par la couleur sombre de ses vêtements, sa douleur profonde. Une loi des Ovas interdit à tout membre de la famille royale l'approche d'un cadavre et l'assistance à des funérailles.

DEURHOFIANIENS, secte mystique, née dans les Pays-Bas, vers le commencement du siècle dernier. Elle avait pour chef un certain Deurhof, qui professait une espèce de spinosisme; mais pour échapper à la surveillance des lois, les membres se réunissaient dans des endroits écartés, où, après avoir fumé et pris du thé, on traitait de matières religieuses. Cette secte ne subsiste plus depuis longtemps.

DEUTÉROCANONIQUES, ou *canoniques de second ordre*. On appelle de ce nom les livres de l'Ecriture sainte qui ont été insérés dans le Canon biblique plus tard que les autres, soit parce qu'ils ont été écrits plus tard que les autres, soit parce que leur authenticité n'a pas été d'abord universellement admise par toutes les Eglises, mais qui maintenant font partie intégrante du texte sacré pour les catholiques. L'Eglise catholique s'est fondée, pour les admettre, sur le témoignage presque universel des Eglises antiques et des Pères des premiers siècles.

Les Deutérocanoniques de l'Ancien Testament, sont: la Sagesse, l'Ecclésiastique, Tobie, Judith, le livre de Baruch, et les deux livres des Machabées. Les parties deutérocanoniques de livres protocanoniques sont, dans le livre de Daniel: le cantique des trois jeunes gens dans la fournaise, l'oraison d'Azarias, l'histoire de Bel, celle du dragon et celle de Susanne; et les additions au livre d'Esther. Ces livres ou ces parties deutérocanoniques ne se trouvent pas dans le Canon des Juifs, et n'existent plus en hébreu. Les protestants les ont rejetés; mais ils sont reconnus authentiques par toutes les Eglises chrétiennes d'Orient et d'Occident.

Les Deutérocanoniques du Nouveau Testament sont: l'Epître de saint Paul aux Hébreux, la seconde de saint Pierre, la seconde et la troisième de saint Jean; celle de saint Jacques, celle de saint Jude et l'Apocalypse de saint Jean. Il y a de plus quelques passages des Evangiles de saint Marc et de saint

Jean qui sont deutérocanoniques. Les protestants avaient d'abord rejeté la plupart de ces livres; mais maintenant ils les admettent presque tous dans leurs bibles.

DEUTÉRONOME, c'est-à-dire, *seconde loi*, de δεύτερος, second, et νόμος, loi. On appelle ainsi le dernier livre du Pentateuque. Moïse y fait une espèce de récapitulation de la loi donnée sur le mont Sinaï, en faveur de ceux qui étaient nés depuis sa promulgation. Ce saint législateur expose succinctement, dans le Deutéronome, tout ce qui s'était passé depuis la sortie d'Égypte jusqu'alors. Il répète les principaux points de la loi; il les explique au peuple et y ajoute de nouveaux règlements. Il exhorte ensuite les Juifs à la pratique fidèle de tous les commandements du Seigneur, et déclare enfin que Josué est celui que Dieu a choisi pour être son successeur. On trouve aussi dans le Deutéronome ce beau cantique que Moïse composa avant de mourir, dans lequel il retrace les bienfaits de Dieu envers les Juifs, et s'élève contre l'ingratitude de ce peuple. Le Deutéronome est terminé par le récit de la mort de Moïse, qui, après avoir donné sa bénédiction à toutes les tribus assemblées, rendit le dernier soupir sur la montagne de Nébo, à la vue de la Terre promise. — Ce livre a été écrit par Moïse, à l'exception du dernier chapitre, qui est comme le commencement de celui de Josué. Primitivement il ne faisait qu'un tout avec les livres précédents. La division du Pentateuque en cinq livres n'eut lieu que beaucoup plus tard, pour la facilité des recherches. Les Juifs l'appellent אלה הדברים *Elle haddebarim* (*Hæc sunt verba*), ou במדבר *Bemidbar* (*In deserto*); ce sont les premières paroles du texte.

DEUTÉROSE; c'est le nom que l'on donne à la *Mischna* ou seconde loi des Juifs. Δευτέρωσις, en grec, a la même signification que משנה *Mischna* en hébreu; l'un et l'autre signifient *seconde* ou plutôt *itération*. *Voy.* MISCHNA.

Eusèbe a accusé les Juifs de corrompre le vrai sens des Écritures par les vaines explications de leurs *Deutéroses*. Saint Épiphane dit qu'on en citait de quatre sortes : les unes sous le nom de Moïse, les autres sous le nom d'Akiba; les troisièmes sous le nom de Dadda ou de Juda, et les quatrièmes sous le nom des enfants des Asmonéens ou Machabées.

DEUX. Depuis Pythagore, qui avait regardé ce nombre comme représentant le mauvais principe, il était, aux yeux de plusieurs, le plus malheureux de tous. Platon, imbu de cette doctrine, comparait ce nombre à Diane, toujours stérile, et partant peu honorée. C'est d'après le même principe que les Romains avaient dédié à Pluton le deuxième mois de l'année et le deuxième jour du mois, parce que tout ce qui était de mauvais augure lui était consacré.

DÉVA. 1° Ce mot signifie *dieu*, dans la langue sanscrite; il vient de la racine *div*, le ciel, qui dérive elle-même du primitif *div*, briller; la terminaison *a* désigne l'adjectif possessif; il exprime donc *celui qui possède la splendeur* ou *celui qui habite le ciel*. Les Hindous l'emploient, soit pour spécifier le Dieu suprême, soit plus communément pour désigner leurs nombreuses divinités principales, par opposition aux Asouras, aux Daityas, aux Rakchasas, etc., qui sont des puissances malfaisantes et qu'on pourrait comparer aux démons.

C'est du mot *Déva* que sont sorties la plupart des dénominations de la Divinité en usage dans nos langues européennes, telles que Θεός, *Deus*, *Divus*, *Dieu*, *Dia*, *Dewas*, etc., etc. *Voy.* l'article DIEU, n° 14.

Les Indiens ajoutent souvent le mot *Déva* aux noms propres des princes et des personnages illustres. Les Latins ont de même prostitué le titre de *Divus* à leurs empereurs. *Voy.* DÉVATA.

2° D'après la mythologie des Javanais, les *Dévas* sont des êtres d'un ordre supérieur, des dieux tutélaires, qui règnent sur les éléments, les montagnes, les forêts, les États et les provinces. Ils accueillent les prières et les sacrifices des hommes. Ils les animent, les inspirent, les guident, les protégent, et fixent leurs demeures, les uns dans les forêts; les autres sur le sommet ou dans les flancs des montagnes, ceux-ci sur les bords des fleuves et des torrents, ceux-là dans les eaux tranquilles des ruisseaux. Ils ont pour ennemis les *Djinns*, ou mauvais démons.

DÉVADASSIS, c'est-à-dire *servantes des dieux*, nom que prennent, dans l'Inde, les courtisanes ou danseuses attachées au service des temples. Elles sont plus connues des Européens sous le nom de BAYADÈRES. *Voy.* ce mot.

DÉVAKI, fille de Dévaka, roi de Mathoura, et mère de Krichna, la plus célèbre des incarnations de Vichnou. Elle épousa Vasoudéva, directeur des domaines de cette province. Mais pendant les réjouissances des noces, un mauvais génie vint troubler la joie et dit à Kansa, frère de Dévaki et alors roi de Mathoura : « Pourquoi te réjouis-tu? ce mariage te sera funeste, et le huitième enfant qui naîtra de ta sœur causera ta perte. » A cette nouvelle, Kansa fit cesser les réjouissances et voulut tuer sa sœur; mais on l'en empêcha, et il se contenta de l'enfermer avec son mari, à condition qu'elle lui livrerait tous ses enfants. Il mit avec eux dans le logement qu'il leur avait assigné, et qui leur tenait lieu de prison, un âne qui, chaque fois que la princesse accouchait, faisait un cri. Le tyran accourait à ce signal, prenait l'enfant et le précipitait du haut de la maison en bas. Il en avait ainsi détruit sept et préparait le même sort au huitième; mais un concours extraordinaire de circonstances merveilleuses sauva l'enfant divin, qui n'était autre que Vichnou, incarné sous le nom de Krichna, pour le salut du monde. D'autres disent que tous les enfants de Dévaki furent sauvés par l'adresse de Vasoudéva, et à l'insu de sa femme, qu'ils furent élevés au milieu des bergers, et qu'ils ne furent reconnus de leur mère qu'au moment où ils vinrent en héros pour punir leur persécuteur.

Après avoir joui de leurs triomphes, elle ne put résister à leur perte; elle mourut alors pour ne plus renaître, car du temps de Swayambhouva, elle avait été Prichni, femme du roi Soutapas, et plus tard Aditi, femme de Kasyapa. *Voy.* ADITI et KRICHNA.

DÉVALOKA, ou *monde des dieux*, paradis suprême, résidence du Créateur, situé bien au-dessus des cieux de Brahma, de Vichnou, de Siva et d'Indra. C'est là que vont se réunir, après leur mort, les âmes des saints personnages qui ont traversé sans faillir les divers mondes d'épreuves et de purification. A l'entrée de ce paradis est un large fossé plein des eaux de la volupté périssable, de la colère, de la luxure, de l'orgueil et de l'envie. Sur les bords se tiennent les Asouras, occupés à tenter les bienheureux. Plus loin se trouve une mer qui rend aux vieillards qui s'y baignent les forces et l'éclat de la jeunesse; puis Kalpavriksha, l'arbre du devoir; ensuite la sainte ville de Sabha (assemblée), cité d'une vaste circonférence, au milieu de laquelle est l'Edifice invincible, qui a pour portiers Indra et Brahma. Dans le centre de cet édifice est une estrade qu'on appelle Intelligence universelle, et qui supporte un trône nommé Abondance de lumière. Une femme d'une éclatante beauté y est assise. A travers les vêtements qu'elle porte, on découvre tous les mondes sous l'apparence de femmes parées de voiles transparents, et parmi lesquelles on remarque des figures charmantes, comme celles de mères pleines de tendresse, tenant à leurs enfants un langage doux et gracieux. Dans cette partie centrale de la sainte cité réside aussi la Science qui purifie le cœur.

Lorsqu'un nouveau bienheureux se présente au bord du fossé, les Asouras qui en défendent l'accès, prévoyant l'inutilité de leurs efforts, se hâtent de s'éloigner pour lui livrer passage. Pour traverser ce fossé, ainsi que la mer où l'on se dépouille de ses années, il faut que le saint pénitent soit exempt de passions, telles que la colère, l'avarice, la luxure, l'orgueil et l'envie, et que son cœur soit purifié de tout mauvais penchant, de toute pensée vicieuse. Alors il est affranchi de toutes les œuvres méritoires ou blâmables. Quand il passe sous l'arbre Kalpavriksha, il sent tous les délicieux parfums dont jouit le Créateur. En entrant dans la ville, il participe à la science de Dieu dans ce qu'elle a de plus excellent. Parvenu au milieu de l'Edifice invincible, il est pénétré de toute la lumière divine, de telle sorte qu'Indra et Brahma ne peuvent pas plus supporter l'éclat dont il rayonne que la splendeur dont brille le Créateur lui-même, et il s'aperçoit qu'il est grand comme Dieu. Lorsqu'il monte sur l'estrade, il reçoit l'intelligence universelle, il connaît tous les mondes; et lorsqu'il s'assied sur le trône, il semble qu'il s'asseye sur le Créateur. Ce trône resplendit de la plus vive clarté; ses deux pieds de derrière sont le passé et l'avenir; les deux autres sont les vrais biens de la terre; ses deux bras sont deux versets du Sama-Véda lus avec mélodie; les deux côtés qui font la largeur du trône sont aussi deux versets du même livre; les autres versets du Sama et tous ceux du Rig-Véda sont comme la trame du tissu du trône; les versets du Yadjour-Véda en sont comme la chaîne; la lumière de la lune en est le siége; l'harmonie du Sama-Véda en est le tapis; et les mesures des Védas en sont le coussin.

C'est là que le Créateur est assis. Le saint pénitent s'avance et s'assied aussi sur ce trône. Le Créateur lui demande: « Qui es-tu? » Il répond: « Je suis le temps; je suis le passé, le présent et l'avenir. Je suis émané de celui qui est la lumière par lui-même; tout ce qui fut, est et sera, émane de moi. Vous êtes l'âme de toute chose; et tout ce que vous êtes, je le suis. »

DÉVANAGARI, nom que les Hindous donnent à l'écriture sanscrite, comme si elle était le système graphique usité *dans la ville des dieux*; c'est la signification de ce terme. Le sanscrit, langue sacrée de l'Inde, jouit en effet de l'alphabet le plus riche, le plus complet, et sans contredit le mieux coordonné de tous ceux qui existent. C'est dans ce système que sont écrits tous les anciens livres sacrés de l'Inde: les Védas, le Mahabharata, les Pouranas, etc.

DÉVANGA, personnage mythologique des Hindous, fondateur de la tribu des Tisserands. D'après une légende de la collection Mackenzie, ce Dévanga était une émanation du corps de Sadasiva; il fut produit lorsque ce dieu, plongé dans des méditations profondes, cherchait comment les êtres nouvellement créés devaient être habillés. Vichnou lui ayant donné les fibres de la tige d'un lotus qui avait poussé dans son nombril, et le démon Maya lui ayant fourni de son côté un métier à tisser avec tous les ustensiles nécessaires, il fabriqua des vêtements pour tous les dieux, pour les esprits du ciel et de l'enfer, et pour les habitants de la terre. Maya l'établit roi d'Amodapattam, et Vichnou lui fit des présents inestimables, et lui donna en mariage deux femmes, l'une fille du grand serpent Sécha, et l'autre fille de Sourya ou du Soleil.

Dévanga eut trois enfants de la fille du Soleil, et un de la fille de Sécha. Ce dernier conquit Sourachtra. Les premiers succédèrent à leur père à Amodapour; mais ayant été attaqués par plusieurs princes coalisés contre eux, ils furent détrônés et réduits à une condition infime. Alors ils se mirent à exercer, pour gagner leur vie, le métier qu'ils avaient appris de leur père, et donnèrent ainsi naissance à la caste des tisserands. Ce revers de fortune était l'effet d'une imprécation prononcée par la nymphe Rembha contre Dévanga, qui n'avait pas voulu répondre à ses avances. La faveur de Siva détourna l'effet de cette malédiction de dessus la tête de Dévanga, mais ses enfants ne purent l'éviter.

DÉVAPATI, un des noms d'Indra, roi du ciel, dans la mythologie hindoue. Ce mot signifie *seigneur des dieux*. *Voy.* INDRA, DÉVENDRA.

DÉVATA, DIVATA, DÉVÉTA, DEUTA, noms que les Hindous donnent à leurs divinités, qu'ils supposent habiter le ciel; c'est en effet ce que signifie ce mot, qui est dérivé de DÉVA. (*Voy.* ce mot.) Souvent les deux expressions sont prises l'une pour l'autre.

Les Indiens comptent trente-trois millions de Dévatas, ou, selon d'autres, trois cent trente millions. Ils les divisent en plusieurs classes, qui sont :

1° Les 8 Vasous (*Voy.* AGHTA-DIKOU-PALAKA);
2° Les 2 Aswinis ;
3° Les 12 Adityas ;
4° Les 10 Visvadévas ;
5° Les 36 Touchitas ;
6° Les 64 Abhaswaras ;
7° Les 49 Anilas ;
8° Les 220 Maharadjikas ;
9° Les 12 Sâdhyas ;
10° Les 11 Roudras ;

Puis vient la foule innombrable,

11° Des Kinnaras ;
12° Des Gandharvas ;
13° Des Apsarasas ;
14° Des Siddhas ;
15° Des Yakchas ;
16° Des Gouhyakas, etc.

Tous ces êtres célestes doivent leur naissance, ainsi que les démons, les animaux et les plantes, au sage Kasyapa, petit-fils de Brahmâ, le premier des Brahmânes.

DÉVAYANI, déité indienne, fille de Soukra, régent de la planète de Vénus. Elle avait d'abord aimé Katcha, élève de son père, auprès duquel il étudiait le secret de ressusciter les morts. Dévoré plusieurs fois par les mauvais génies, Katcha avait été rappelé à la vie par son maître. Quand, maître du secret qu'il était venu apprendre, il voulut retourner chez son père, Dévayani insista pour l'épouser ; mais Katcha s'y refusa, parce qu'étant fille de son précepteur, il y avait entre eux affinité spirituelle. Celle-ci, irritée, prononça contre lui une imprécation qui rendait tout sa science inutile ; lui, de son côté, la condamna à devenir l'épouse d'un Kchatriya. En effet, elle épousa le roi Yayati, et en eut deux enfants ; mais elle découvrit bientôt qu'il avait épousé secrètement la princesse Sarmichta, son ennemie, qui lui avait donné trois fils. Elle s'en plaignit à son père, qui punit Yayati par une vieillesse anticipée ; toutefois, touché de ses prières, il lui permit de faire passer sa décrépitude à celui qui voudrait accepter ce présent, et lui donner sa jeunesse en échange. Les deux fils de Dévayani et les deux aînés de Sarmichta repoussèrent sa proposition ; le plus jeune y consentit : c'était Pourou, à qui plus tard Yayati, reprenant la vieillesse qui lui appartenait, rendit la jeunesse qu'il avait empruntée ; de plus il lui donna son trône qu'il méritait par sa piété filiale.

DÉVENDRA ; c'est-à-dire le *dieu Indra*, regardé par les Hindous comme le roi du Swarga, ou premier ciel ; il y règne sur trois cent trente millions de divinités secondaires, et de là il préside à la partie Est de l'univers. Les âmes admises dans son paradis n'y demeurent pas éternellement ; après y avoir joui pendant un certain temps de toute sorte de plaisirs sensuels, elles retournent sur la terre pour recommencer une nouvelle vie. (*Voy.* INDRA et SWARGA). Dévendra a beaucoup de rapport avec le Jupiter des anciens ; et comme lui il était très-enclin aux voluptés ; ses aventures ne sont pas sans analogie avec celles du souverain de l'Olympe.

On raconte de lui, qu'ennuyé des plaisirs du ciel, il descendit un jour sur la terre sous une forme humaine, et se rendit chez une courtisane, lui demanda ses faveurs, et lui paya d'avance la somme convenue. La nuit venue, le dieu voulut éprouver si cette courtisane l'aimait véritablement ; il feignit d'être saisi tout à coup d'un mal violent, et, après avoir poussé des cris aigus, il se tut, demeura immobile, contrefaisant le mort. Sa maîtresse, ne doutant point qu'il eût perdu la vie, éclata en soupirs et en sanglots, et porta la douleur jusqu'à vouloir être brûlée sur le bûcher avec Dévendra. Elle était sur le point d'exécuter cette généreuse résolution, lorsque le dieu parut tout à coup à ses yeux plein de vie, loua son attachement et son courage, et promit de la récompenser, en lui donnant une place dans le Swarga ; promesse qu'il exécuta fidèlement.

Il fut moins heureux dans une autre aventure. Ayant appris qu'un célèbre pénitent, nommé Gautama, avait choisi pour sa retraite une petite solitude voisine du Gange, et qu'il y vivait tranquillement et saintement avec sa femme, qui était une des plus belles personnes qu'il y eût au monde, il quitta une seconde fois le ciel, descendit sur la terre, se rendit à la retraite du pénitent, vit sa femme et en devint éperdument amoureux. Il résolut de la séduire, mais s'étant assuré que cette charmante personne était aussi vertueuse que belle, il comprit que son dessein ne réussirait jamais s'il ne mettait en œuvre quelque stratagème. Il remarqua que Gautama ne manquait jamais de se lever tous les matins, au chant du coq ; pour aller faire ses ablutions dans le Gange ; il prit alors la forme d'un coq, s'alla poster un jour auprès de l'ermitage, et chanta, mais beaucoup plus matin que le coq du logis avait accoutumé de faire. Le fervent Gautama se réveilla en sursaut, et bien qu'il eût encore une grande envie de dormir, il se leva néanmoins, et prit le chemin du fleuve. Y étant arrivé, il connut aux étoiles reflétées dans l'eau qu'il n'était pas plus de minuit, et prit le parti de retourner chez lui pour s'y reposer encore un peu. Il y trouva le dieu qui avait pris sa place auprès de sa femme. Dans son courroux, il le maudit, et, pour le punir sur tout son corps la figure de l'instrument de son crime. L'infortuné Dévendra se trouva donc réduit à n'oser plus se montrer à personne, de sorte que, pénétré de l'humiliation qu'il avait retirée de sa criminelle entreprise, il se jeta aux pieds de Gautama, et le supplia avec beaucoup d'instances d'avoir pitié de lui et de modérer la rigueur de sa peine. Le pénitent, touché des supplications du dieu, voulut bien consentir à ce que ces marques infamantes, tout en étant constamment aperçues de Dévendra, ne fussent pas vues des autres, mais leur parussent comme autant d'yeux. C'est pourquoi les Hindous le représentent souvent, comme les anciens figuraient Argus. Gautama, non content de la vengeance qu'il avait tirée du dieu, étendit son ressentiment sur sa femme, qui, en punition de son adultère, quoique involontaire, fut, par la force de ces imprécations, changée en pierre. Toutefois, le dieu Vichnou, incarné dans la suite en Rama, étant venu un jour à marcher par hasard sur cette pierre, elle reprit sa première forme et redevint une très-belle femme. Elle retourna avec son mari qui la reçut avec joie, et depuis vécut en bonne harmonie avec elle.

DÉVENDRALOKA, paradis de Dévendra. *Voy.* SWARGA et INDRALOKA.

DEVERRA, déesse qui présidait, chez les Romains, au balayage des maisons et des greniers. Son nom vient de *verrere*, balayer. On l'invoquait surtout quand il s'agissait d'amasser en tas le blé séparé de la paille, et quand, après la naissance d'un enfant, on balayait la maison pour empêcher le dieu Sylvain d'y entrer, dans la crainte qu'il ne tourmentât la mère.

DEVERRONA; la même que *Deverra*. Elle présidait sous ce nom à la récolte des fruits que l'on assemblait en monceaux.

DÉVI, mot sanscrit qui signifie *déesse*; aussi le donne-t-on à toutes les déesses en général; mais on en qualifie plus particulièrement Dourga, l'épouse de Siva, qui est la déesse la plus vénérée et la plus redoutée de toutes celles du Panthéon indien. Il y a un fragment des Pouranas consacré tout entier à célébrer sa victoire sur les démons; en voici l'analyse, d'après M. Burnouf:

A la fin d'un kalpa, ou d'un des grands âges de l'univers, pendant que Vichnou dormait étendu sur le serpent Sécha, deux géants, nommés Kaitabha et Madhou, cherchèrent à détrôner Brahma. Celui-ci, du haut du lotus où il était assis, appela à son secours Dévi, qui lui apparut et réveilla Vichnou. Le dieu attaqua les géants, qui, frappés de terreur par Dévi, tombèrent et périrent sous ses coups.

Plus tard, un démon nommé Mahicha détrôna les dieux et les chassa du ciel. Les vaincus se présentèrent devant Vichnou qui, à la nouvelle de leur défaite, poussa un grand cri et fit retentir sa conque. La redoutable Dévi apparut, concentrant en elle la puissance de tous les dieux ensemble, car chacun d'eux composait une partie de son corps; elle s'avança au-devant de Maichah, terrassa l'armée ennemie et la mit en déroute. A la vue de ses troupes en désordre, l'Asoura se précipita sur l'armée de la déesse, et un instant y porta le trouble; mais Dévi lui lança une chaîne, dans les replis de laquelle elle l'enlaça fortement. Le démon lui échappe cependant en changeant de forme; il devient lion, puis homme, puis éléphant : enfin contraint de reprendre sa première forme, il tombe sous les coups de Dévi qui lui tranche la tête.

Une autre fois, les dieux, vaincus de nouveau par deux autres démons, se rassemblèrent autour du mont Himalaya, sur lequel Dévi avait fixé son séjour, et la supplièrent de leur accorder son appui bienveillant. Soumbha, l'un des Asouras, qui avait vu la déesse, envoya un ambassadeur lui faire des propositions de mariage; mais rebuté par elle, il appela à son secours Dhoumra-Lotchana, autre démon, et lui ordonna de s'emparer de Dévi; Dhoumra-Lotchana lui livre un combat dans lequel il trouve la mort. En vain Soumbha renouvelle ses tentatives en faisant fondre contre elle les Asouras Tchanda et Mounda, la déesse leur tranche encore la tête. Soumbha se prépare de nouveau au combat; les épouses de Brahma, d'Isa, de Kartika, de Vichnou et d'Indra, s'incarnent et arrivent au secours de la déesse. Dévi lutte contre le démon Raktavidja, et le met à mort; elle livre ensuite le combat à Nisoumbha, frère de Soumbha; elle le tue et met en fuite toute l'armée ennemie. Soumbha, furieux de tant de défaites, ne s'avoue pas encore vaincu; il crie à la déesse : « Ne t'enorgueillis pas, ô Dévi, de tes succès ; tu triomphes, mais tu n'es pas seule, et d'autres que toi ont part à la victoire. » La déesse répond : « Je suis seule dans le monde; quel autre que moi existe dans l'univers? Regarde et vois ces forces diverses rentrer dans mon sein. » A ces mots, les forces des dieux sont absorbées par Dévi, et la déesse reste seule en face de l'Asoura. « Me voilà seule, s'écrie-t-elle; avance et combats. » Une lutte terrible s'engage. Enfin, la déesse terrasse le démon et le perce de son glaive. Les dieux, sous la conduite d'Agni, s'avancèrent en chantant un hymne en l'honneur de la déesse. Satisfaite de leurs éloges, elle leur promit qu'elle exaucerait leurs vœux. Les dieux demandèrent la paix pour les trois mondes; Dévi se rendit à leurs prières, prédit ses apparitions futures, et énuméra les récompenses qui attendaient ceux qui seraient fidèles à son culte. *Voy.* DOURGA, PARVATI.

DEVIANA, surnom que les Romains donnaient à Diane, patronne des chasseurs, parce que ceux-ci sont sujets à s'égarer. Son nom vient de *devius* (*devia*), qui va hors de la voie.

DEVINS. On appelle ainsi ceux qui font profession, non-seulement de découvrir les choses cachées, mais encore de prédire l'avenir. La superstition, l'ignorance et la curiosité ont, de tout temps, accrédité les devins. Le titre de *divinus* (proprement divin), que leur donnaient les Latins, montre qu'on les croyait réellement inspirés du ciel.

1. Dans la loi des Juifs, il était sévèrement défendu d'exercer le métier de devin, et de consulter ceux qui se donnaient pour tels. Saül est loué, dans l'Écriture sainte, d'avoir expulsé les devins, les sorciers et les magiciens. Ce prince néanmoins alla consulter la pythonisse, avant de livrer la bataille où il trouva la mort.

2. Jamais la religion chrétienne n'a toléré les devins proprement dits; mille fois les conciles ont lancé contre ces imposteurs la foudre de leurs anathèmes; les princes chrétiens ont porté plusieurs fois contre eux des lois rigoureuses et les ont condamnés au dernier supplice. Ce qui n'a pas empêché qu'il n'y eût des devins dans presque tous les siècles; et maintenant il se trouve encore, quoique plus rarement, des gens qui exercent dans nos contrées ce triste métier.

3. Les Grecs avaient des devins qui jouissaient d'un haut crédit, il y en avait même d'entretenus dans le Prytanée; mais le plus célèbre d'entre eux fut sans contredit Calchas, qui était l'oracle des Grecs au siége de Troie. Ceux et celles qui rendaient des oracles, dans les différents sanctuaires, n'étaient au résumé que des devins. *Voy.* ORACLES, DELPHES.

4. Chez les Romains les devins étaient organisés en corps religieux; et l'on ne saurait trop s'étonner, en considérant jusqu'à quel point un peuple si judicieux sous tant d'autres rapports a poussé la crédulité et la superstition. *Voy.* ARUSPICES, AUGURES, SIBYLLES.

5. Selon le code religieux des musulmans, ajouter foi aux prédictions des devins sur les événements occultes et à venir, est un acte d'infidélité. Ce principe est fondé sur les préceptes de Mahomet, qui condamne tous les devins, et ceux qui prétendent découvrir les secrets et manifester les choses futures par la voie des sciences mystérieuses, et par un commerce intime avec les esprits. Il n'y a que Dieu seul, disent-ils, qui puisse prévoir et annoncer l'avenir par la bouche des saints personnages favorisés de ses inspirations et du don des miracles. De toutes les prédictions réputées humaines, on ne doit admettre que celles qui sont fondées sur les expériences physiques, etc. Néanmoins il se trouve un fort grand nombre de devins, dans les pays musulmans, et ils y font une infinité de dupes. Les Mahométans regardent l'Egypte comme le berceau de la divination. Suivant eux, les princes de la dynastie des Misraïmiens qui ont régné sur cette contrée au nombre de dix-neuf, étaient tous versés dans l'art de la magie et de la divination; mais les plus fameux furent, 1° *Nacrasch*, le premier qui représenta en figures et en images les douze signes du zodiaque; 2° *Gharnak*, qui publia ces secrets mystérieux, jusque-là réservés à sa famille; 3° *Khaslim*, auteur du nilomètre; 4° *Hersal*, qui se voua au culte des idoles; 5° *Sehlouk*, qui adora le feu; 6° *Sourid*, son fils, qui éleva les premières pyramides, et qui passe pour l'inventeur de ce miroir merveilleux que les anciens poëtes orientaux ont tant chanté dans leurs vers; 7° enfin Pharaon, qui s'efforça de faire périr Noé, mais qui périt dans le déluge universel.

6. Dans l'Inde, on rencontre à chaque pas des troupes de devins et de sorciers, qui débitent à tout venant leurs oracles, et qui, moyennant salaire, déroulent aux yeux du riche comme du pauvre les secrets de leur destinée. On les consulte pour connaître la cause et la nature des maladies dont on est affecté. Mais, outre ces devins de bas étage, les Indiens en ont d'autres qui exploitent plus en grand la crédulité publique, et qui, plus que les premiers, sont le fléau de la société. *Voy.* ENCHANTEURS, MAGICIENS.

7. Les Tunquinois n'entreprennent aucune affaire sans avoir consulté le devin. Celui-ci, avant de répondre aux questions posées, prend un livre rempli de cercles, de caractères et de figures bizarres, demande l'âge du consultant et jette les sorts. Ce sont deux ou trois petites pièces de cuivre qui portent des caractères gravés d'un seul côté. Si ces pièces, jetées en l'air, retombent à terre de manière que le côté uni soit tourné vers le ciel, c'est un mauvais signe; c'en est un bon si elles tombent autrement; mais si les deux pièces retombent chacune dans un sens différent, c'est un excellent présage.

8. Les devins jouent un grand rôle parmi les peuplades barbares de l'Afrique et de l'Amérique; dans plusieurs d'entre elles, ils sont même les seuls ministres du culte; mais pour éviter les répétitions, nous renvoyons aux articles spéciaux tels que: ENCHANTEURS, JONGLEURS, MAGICIENS, TALISMANS, GRIGRIS, etc.

DÉVOT. On appelle ainsi un fidèle dévoué au service de Dieu et exact à remplir les devoirs de la religion. Mais le nom de *dévot*, dont un vrai chrétien devrait se faire honneur, est souvent pris en mauvaise part, et désigne un hypocrite ou tartufe qui, sous le masque spécieux de la piété, se joue de Dieu et des hommes. On qualifie également en mauvaise part du nom de *dévotes*, les femmes plus attachées à l'extérieur qu'à l'essentiel de la religion, plus occupées de leur directeur que de Dieu, de leur prochain que d'elles-mêmes, et dont la dévotion n'est souvent qu'un épicurisme raffiné, qui sait allier le repos de la conscience et les honneurs de la sainteté avec la volupté la plus recherchée, et les agréments les plus délicieux de la vie. Enfin on en est venu au point que, quand on veut appliquer cette qualification à une personne d'une religion éclairée, on est obligé d'user de périphrase et de dire, *un vrai dévot, une personne véritablement dévote*.

DÉVOTION, attachement solide et sincère à tous les devoirs que prescrit la religion. Les caractères de la véritable dévotion peuvent se réduire à la charité, à la modestie et à la prudence. Ce sont aussi les vices opposés à ces trois vertus qui caractérisent la fausse dévotion. Ainsi, lorsqu'on voit un chrétien faire étalage aux yeux du public de ses bonnes œuvres et de ses pratiques de piété; lorsqu'il s'autorise de sa prétendue sainteté pour mépriser les autres hommes; lorsqu'il se conduit par l'esprit de parti ou de cabale; lorsque, par un zèle outré, il se porte à des excès que condamnent la religion et la saine morale, c'est une preuve non équivoque qu'il n'a pas une véritable dévotion. *V.* PIÉTÉ.

DÉVOUEMENT, cérémonie religieuse en usage chez les anciens païens, par laquelle un homme se devouait aux divinités infernales, et était censé attirer sur sa tête seule tous les maux qui menaçaient sa patrie.

1. L'exemple le plus célèbre du dévouement, chez les Grecs, est celui de Codrus, dernier roi d'Athènes, qui, lors de la guerre des Athéniens contre les Ioniens, ayant appris de l'oracle que la victoire resterait à celui des deux peuples qui perdrait son général dans la bataille, se jeta volontairement dans la mêlée, sous les habits d'un simple paysan et y trouva la mort. Son armée électrisée par ce généreux sacrifice remporta une signalée victoire.

2. L'histoire romaine fait mention de plusieurs dévouements semblables; elle cite avec éloge Decius Mus, consul romain, qui, dans une bataille contre les Latins, se dévoua aux dieux infernaux pour assurer la victoire aux Romains, et, comme Codrus, périt dans la mêlée. Il eut un fils et un petit-fils qui, dit-on, imitèrent son dévouement, le premier dans une bataille livrée aux Gaulois et aux Samnites, le second dans la guerre contre Pyrrhus. — Un large gouffre s'étant ouvert au milieu du forum, et l'oracle ayant déclaré qu'il ne se refermerait que lorsque Rome y aurait jeté ce qu'elle avait de plus précieux; un jeune homme nommé Curtius, déjà célèbre par ses exploits, se précipita tout armé dans l'abîme, et le gouffre, dit-on, se referma aussitôt.

Lorsqu'un général romain se dévouait pour le salut de toute l'armée, il s'avançait au premier rang et prononçait à haute voix la formule suivante: « Janus, Jupiter, Mars, Quirinus, Bellone, dieux domestiques, dieux nouvellement reçus, dieux du pays, dieux mânes, je vous adore, je vous demande grâce avec confiance, et vous conjure de favoriser les efforts des Romains, de leur accorder la victoire, et de répandre l'épouvante et la mort sur les ennemis; c'est le vœu que je fais, en dévouant avec moi aux dieux mânes et à la terre, leurs légions et celles des alliés pour la république romaine. » Quand le général qui s'était dévoué périssait, son vœu se trouvant rempli, on lui rendait les derniers devoirs avec grande pompe. Mais s'il survivait, les exécrations qu'il avait prononcées contre lui-même le rendaient incapable d'offrir aucun sacrifice aux dieux. Il était obligé, pour se purifier, de consacrer ses armes à Vulcain ou à tel autre dieu qui lui plaisait, en immolant une victime, ou au moyen de quelque autre offrande. — Si le soldat dévoué pour son général perdait la vie, tout paraissait heureusement consommé; si au contraire il en réchappait, on enterrait une statue haute de sept pieds et plus, et l'on offrait un sacrifice expiatoire. Cette figure était apparemment le simulacre du soldat consacré à la terre, et la cérémonie de l'enfouir était l'accomplissement mystique du vœu non acquitté. Il n'était pas permis aux magistrats romains qui y assistaient de descendre dans la fosse où cette statue était descendue, pour ne pas souiller dans ce lieu maudit la pureté de leur ministère. Le javelot que le consul avait sous ses pieds en faisant le dévouement, était gardé soigneusement, de peur qu'il ne tombât entre les mains des ennemis, ce qui eût été un fâcheux présage de supériorité sur les armes romaines. Si néanmoins ce malheur arrivait, malgré toutes les précautions, il n'y avait d'autre remède que de faire, en l'honneur de Mars le sacrifice appelé *suovetaurilia*.

D'autres fois c'étaient les armées ennemies qui étaient ainsi dévouées aux dieux infernaux par le dictateur ou le consul. Macrobe nous en a conservé la formule: « O père Dis (Pluton), Jupiter, Mânes, de quelque nom qu'on vous puisse appeler, je vous prie de remplir cette ville ennemie et l'armée que nous allons combattre, de crainte et de terreur. Faites que ceux qui porteront les armes contre nos légions et nos armées soient mis en déroute; qu'ils soient privés de la lumière céleste; que les villes et les campagnes, avec leurs habitants de tout âge, vous soient dévoués, selon les lois par lesquelles les plus grands ennemis vous sont dévoués. Je les dévoue, en vertu de l'autorité de ma charge, pour le peuple romain, pour notre armée, pour nos légions, afin que vous conserviez nos commandants et ceux qui combattent sous leurs ordres. »

Les lois dévouaient aussi les criminels à la mort; telle était celle que porta Romulus contre les patrons qui feraient tort à leurs clients. Lorsque le coupable était publiquement dévoué, il était permis à tout le monde de le tuer. — La flatterie introduisit, du temps d'Auguste, une nouvelle sorte de dévouement. Ce fut un tribun du peuple, nommé Pacuvius, qui en donna le premier l'exemple et qui se dévoua, à la manière des peuples barbares, pour obéir aux ordres du prince, même aux dépens de sa vie. Cet exemple fut imité; et Auguste, tout en paraissant honteux de cet excès de basse adulation, ne laissa pas d'en récompenser l'auteur.

3. La coutume de se dévouer aux saints commença à s'introduire chez les catholiques vers le IXe ou Xe siècle. Le fidèle contractait avec le saint un engagement solennel, par lequel il se liait quelquefois lui et ses enfants. Il s'obligeait à lui payer tous les ans un certain tribut. Le saint de son côté était supposé s'engager tacitement à protéger son client, et à lui obtenir les moyens d'opérer son salut. On dit que cette dévotion subsiste encore dans quelques pays catholiques. Nous allons donner l'abrégé d'un formulaire de cet engagement spirituel. Il est de l'an 1030.

AU NOM DE LA SAINTE TRINITÉ.

« Moi, Ghisla, née à Gand, et de parents libres, convaincue par l'exemple et par les exhortations des saints, que l'humilité est la première de toutes les vertus chrétiennes, ai pris la résolution de donner un exemple de cette humilité, en me dévouant de corps et d'esprit au service de quelqu'un d'eux, afin que, sous sa protection, et avec son assistance, je puisse avoir part à la miséricorde divine. A cet effet, je me dévoue, tant moi que ma postérité, à sainte Gertrude, que j'ai choisie pour ma patronne et pour celle de ma famille, afin que, par cette marque de notre servitude volontaire, nous obtenions la rémission de nos péchés: en foi de quoi je m'engage, tant pour moi que pour ma postérité, de payer annuellement, le 17 avril, au grand autel de sainte Gertrude, la somme de..... Et, de peur que personne ne présume de violer notre engagement, sentence d'anathème a été publiée dans l'église de Nivelle, contre le violateur d'icelui, afin qu'il périsse avec Dathan et Abiron. Fait à Nivelle, en présence de témoins, l'an de grâce 1030. »

Il y a d'autres manières de se dévouer ou de s'engager au service d'un saint, où les marques de cette servitude religieuse sont un collier que l'on porte au cou et une chaîne que l'on se met autour du bras, et que l'on ne doit quitter qu'avec la vie. Cet usage était autrefois observé par les dévots à la sainte Vierge. Deux décrets du saint office de Rome, donnés en 1673, condamnent toutes les confréries de l'esclavage de la sainte Vierge, et défendent l'usage des chaînes, images et médailles qui représentent cet esclavage, et les livres qui traitent de cette dévotion. On voit, dans les figures dont ces livres sont ornés, des hommes enchaînés, dont les chaînes descendent de Jésus-Christ, du saint ciboire, de la sainte Vierge, de saint Joseph, etc. C'est cette prétendue captivité spirituelle qu'on nomme esclavage.

On peut mettre au nombre des engagements contractés ainsi envers les saints, l'inféodation que Louis XI fit à la sainte Vierge du comté du Boulonnais, en 1478. Il était dit dans les lettres patentes que lui et ses successeurs tiendraient immédiatement ce comté de la sainte Vierge, et que, lorsqu'ils en prendraient possession, ils lui feraient hommage d'un cœur d'or. Louis XIV n'a pas refusé d'acquitter cette dette pour lui et pour Louis XIII, son père; et il a donné à cette intention 12,000 livres.

4. Dans les calamités publiques, les Gaulois chargeaient un homme de toutes leurs iniquités et de tous les malheurs qui les menaçaient. Ils l'accablaient d'imprécations et le dévouaient à la colère céleste. En temps de peste, les Druides de Marseille engageaient quelque homme pauvre à se dévouer volontairement pour le salut commun, lui faisant accroire que ce généreux sacrifice lui procurerait une place parmi les dieux. Ce malheureux était nourri délicatement, fêté et caressé pendant une année entière. Ce terme expiré, on le couronnait de fleurs, et, après l'avoir chargé de malédictions, on le précipitait du haut d'un rocher. Si quelque personne plus distinguée voulait s'offrir pour la patrie, on lui faisait l'honneur de la lapider hors de la ville. Quelquefois ces victimes publiques étaient clouées ou attachées à quelque arbre, et là on les tuait à coups de flèches. Souvent on les plaçait sur un monceau de foin, avec un certain nombre d'animaux, et l'on réduisait le tout en cendres.

5. Il n'y a peut-être pas de contrée où les sacrifices volontaires soient plus fréquents que dans l'Inde. C'est là que l'on trouve par milliers des dévots à Vichnou et à Siva qui se vouent au service de leur divinité au prix des tortures les plus révoltantes. L'un se fait passer des crampons de fer sous les omoplates, et suspendre en l'air à une bascule, à laquelle on imprime un mouvement circulaire; l'autre parcourt pieds nus un brasier d'environ vingt pieds de long; cet autre se perce les deux joues, et y introduit un fil de métal qui passe à travers les deux mâchoires entre les dents, et reste ainsi pendant des jours et des semaines entières sans pouvoir ouvrir la bouche qu'avec les douleurs les plus cuisantes; un autre s'enfile de la même manière, ou les narines, ou la peau du gosier, etc. On en voit qui se coupent, de leurs propres mains, la moitié de la langue, déposent la portion amputée dans un coco ouvert, et l'offrent à genoux à leur divinité. D'autres enfin s'engagent d'aller en pèlerinage à quelque temple éloigné, en mesurant avec leur corps la route entière. En conséquence, dès le seuil de sa porte, le pèlerin s'étend par terre, se relève, avance jusqu'à l'endroit où a porté sa tête, se couche de nouveau à plat ventre et continue ce manège jusqu'à sa destination. On en a vu entreprendre d'arpenter de la sorte l'espace de chemin qui existe entre la ville sainte de Bénarès et le temple de Djagadnatha, ce qui comprend plus de deux cents lieues. Il en est qui s'astreignent pendant des années entières à un régime débilitant, et après un long martyre, meurent enfin d'étiolement et d'inanition. D'autres enfin se précipitent, dans les processions publiques, devant le char qui porte l'idole et se font écraser sous ses roues massives. Nous ne parlons pas de ceux qui restent un temps prodigieux sans prendre la moindre nourriture, de ceux qui se balancent, suspendus par les pieds, au-dessus d'un brasier qu'ils ont soin d'attiser eux-mêmes; de ceux qui se précipitent dans le Gange ou dans un autre fleuve sacré; de ceux qui se font enterrer tout vivants, et de mille autres supplices auxquels se soumettent ces pauvres victimes de la superstition et du fanatisme.

6. Les sectateurs de la religion bouddhique se livrent également à des pratiques non moins révoltantes. Il en est qui font brûler sur la peau de leur tête rasée des drogues qui se consument lentement et leur causent des douleurs intolérables. Perdre volontairement la vie en l'honneur d'Amida ou de Bouddha est en grand honneur au Japon. Quand le dévoué a choisi la noyade; il s'embarque dans une petite nacelle dorée et ornée de banderoles et de pavillons de soie; il s'attache des pierres au cou, aux jambes et au milieu du corps, et se précipite dans la rivière ou dans la mer, au milieu d'un grand concours de peuple, ou bien il fait un trou à son embarcation qui coule à fond peu à peu. Il en est qui s'enferment dans une grotte étroite, faite en forme de sépulcre, dans laquelle on ne peut qu'à peine se tenir assis. Ils s'y font murer, sans qu'il y reste d'autre ouverture qu'un soupirail fort petit. Dans ce tombeau, le martyr d'Amida l'invo-

que sans cesse jusqu'à la mort. On fait à tous ces fanatiques de magnifiques funérailles; on leur érige des chapelles, on compose des poëmes en leur honneur.

7. L'historien arabe Ibn-Bathoutha a été témoin d'un semblable dévouement exécuté par un homme, non plus en l'honneur d'une divinité ou pour le salut public, mais uniquement pour témoigner son amour à un prince. Ceci eut lieu dans l'île de Java; voici les paroles de l'historien, d'après la traduction de M. Dulaurier : « Je vis à la cour du sultan un homme qui avait à la main un couteau semblable à un scalpel de chirurgien, et qu'il avait mis sur sa nuque. Dans cette position il prononça un long discours que je ne compris pas; puis il saisit le couteau, avec ses deux mains à la fois, et se coupa le cou. Cet instrument était si tranchant, et la force avec laquelle il le tenait était telle, que sa tête tomba par terre. Je ne pouvais revenir de mon étonnement. « Y a-t-il personne, me dit le sultan, qui en fît autant chez vous? — Jamais, lui répondis-je, je n'ai été témoin d'un trait pareil. » Il se mit à rire et reprit : « Voilà mes serviteurs; ils se donnent la mort par amour pour moi. » Alors il commanda que le corps fût enlevé et brûlé. Les ministres du roi, les grands, ainsi que l'armée et le peuple, se rendirent à cette cérémonie; puis il pourvut abondamment à l'entretien des enfants de cet homme, de sa femme et de ses frères, lesquels acquirent une très-grande considération à cause de cet acte de dévouement. Une personne qui avait assisté à la réunion me raconta que le discours tenu par cet homme était la profession de son amour pour le sultan, et une déclaration qu'il se donnait la mort pour le lui montrer, ainsi que son père l'avait fait pour le père du sultan régnant, et son grand-père pour le grand-père de ce prince. »

DEW. Ce mot, dans les langues indiennes, signifie *dieu* et *bon génie*, car il est le même que le sanscrit DÉVA (*Voy.* ce mot). Mais, en persan, il se prend presque toujours en mauvaise part, et signifie un *démon*. Les *Dews* ou *Diva* sont la troisième classe des mauvais génies; ce sont eux qui envoient les maladies, qui enveniment les passions, et qui font descendre sur les hommes toutes les calamités auxquelles on est exposé dans la vie. *Voy.* DIV.

DÉWAL, temple des habitants de l'île de Ceylan. Les Singalais appellent *vehar* les temples consacrés à Bouddha; et ils distinguent par le nom de *Déwal* ceux qui sont érigés en l'honneur de leurs autres divinités.

DÉWALI, fête solennelle célébrée par les Hindous, et qui dure depuis le huitième jour de la quinzaine obscure de Kartik jusqu'au second jour de la quinzaine lumineuse. « Pendant ce temps, dit M. Garcin de Tassy, dans sa notice sur les fêtes populaires des Hindous, on lave avec de la bouse de vache les portes et les murs qui ont été salies durant les pluies; on badigeonne les maisons avec du plâtre, et on les rend luisantes. On nettoie tous les ustensiles et ornements de métal; les rues et les ruelles sont balayées; et au soir on allume les lampes. Ce dernier usage a lieu depuis le temps de Radja-Nal, qui, le premier, fit illuminer à cette occasion.

« Le onzième jour, les Hindous font des actes méritoires, et le *poudja* (adoration) de l'idole de Lakchmi. A minuit, les dévots à cette déesse renferment leur argent dans un coffre, et lui rendent un culte en l'honneur de Lakchmi, la déesse des richesses. Ce jour est le principal de la fête.

« Au treizième jour, nommé *Dhan-téras*, ils font le poudja de Lakchmi sous le nom de Dhan.

« Au quatorzième, à partir du lever de la lune, les Hindous oignent leur corps d'huile et de parfums, et se lavent avec de l'eau chaude. Ils offrent en sacrifice des lampes et des feuilles de tchintchira en les jetant de dessus leur tête, acte par lequel leurs péchés sont remis, et ils obtiennent le bonheur. A pareil jour eut lieu la naissance du singe Hanouman; aussi beaucoup d'Hindous sont occupés jour et nuit à faire le poudja de ce personnage vénéré, et à se livrer à d'autres exercices méritoires.

« Au jour de la Syzygie, c'est-à-dire le premier de la quinzaine lumineuse, ils offrent des oblations pour les morts, celle entre autres qui se nomme *tarpan*, et qui consiste en trois pleines mains d'eau. A la nuit, ils exécutent le poudja de la déesse Lakchmi, et ayant fait des *batachas* (sucreries très-légères, ou sorte de gâteaux en sucre soufflés), et d'autres sucreries de différentes sortes, ils les offrent à l'idole et font la veillée religieuse, à laquelle ils invitent leurs parents et leurs amis. Une fois réunis, ils boivent, mangent et se livrent à la joie. Ils nomment ce jour *Gobar-dhan-Padiva*, le premier de Gobar-dhan, parce qu'ils offrent à Lakchmi, sous le nom de Gobar-dhan, des mets cuits qu'ils distribuent ensuite, en accompagnant cet acte d'aumônes et d'autres bonnes œuvres. Ils font aussi le poudja de Madhab, c'est-à-dire de Krichna, usage qui a lieu depuis le temps où cette apparition de Vichnou se manifesta sur la terre. Ils se livrent en outre, en ce jour, à différents jeux.

« Au second jour de la quinzaine lumineuse de la lune de Kartik qu'on nomme *Bhai-doudj* (le second du frère), les sœurs ayant fait venir leurs frères auprès d'elles, leur donnent à manger différentes sortes de nourriture, et leur remettent une robe. Les frères font aussi à leurs sœurs des cadeaux conformes à leurs moyens. Ces témoignages d'amitié fraternelle assurent une longue existence. Du reste, l'origine de cette cérémonie remonte à Yama-Radja (le Pluton des Hindous), qui alla à pareil jour à la maison de sa sœur jumelle Yamouna, et reçut d'elle les mêmes dons. Yamouna, après avoir fait le poudja de son frère, dit : « Les femmes qui se comporteront comme je viens de le faire, recevront de mon frère Yama-Radja l'absolution de leurs péchés. »

« La fête nommée Déwali, nous dit l'historien hindoustani Djawan, est fixée au 27 de la lune de Kartik. En ce jour on vend des figurines en terre, représentant Rama et Lakchmi, à côté l'un de l'autre ; car les Hindous sont dans l'usage de faire des statues d'argile représentant les incarnations de leurs dieux. Les potiers les placent artistement dans leurs boutiques, coloriées convenablement et ointes de beurre, et ayant par cette exhibition frappé de folie (1) l'esprit des passants, ils gagnent de l'or avec de la terre. Toutefois rien n'est déterminé pour les figures ; on laisse un champ libre au goût des artistes. Ils font mille statues si bien façonnées, que le plus habile statuaire serait stupéfait en les voyant. De leur côté, les confiseurs, sous des tentes, vendent des batachas et des sucreries de toute espèce. En un instant, tout est enlevé ; les grains torréfiés et les autres comestibles ont le même débit.... A la nuit, on illumine les édifices, et le peuple jouit du spectacle des lampes. Quoique la fête de Déwali soit hindoue, les musulmans ne laissent pas d'y prendre part. La nuit du Déwali est célèbre chez tous les habitants de l'Inde ; on fait venir chez soi des jongleurs et des magiciens... Et tandis que les uns passent la nuit entière occupés à faire les cérémonies du poudja, les autres s'amusent jusqu'au matin à des jeux de hasard. »

DEWTA. *Voy.* DÉVATA.

DEWTAN, c'est-à-dire le lever de la Divinité ; fête célébrée par les Hindous, le 11 de la quinzaine lumineuse de la lune de Kartik, en mémoire de Vichnou, qui, ce jour-là, sort de son sommeil. Les Hindous font en son honneur des œuvres méritoires et la veillée religieuse. Ils se privent même de sommeil pendant toute la durée de la fête, et observent un jeûne rigoureux.

Le 12 de la même quinzaine, il est permis de rompre le jeûne du jour précédent, et on donne à manger aux Brahmanes. En ce jour, se terminent par le poudja du *toulsi* (basilic commun) les rites observés pendant les quatre mois du repos supposé de Vichnou.

DEXICRÉONTIQUE, surnom de Vénus ; il lui fut donné, dit-on, d'un certain Dexicréonte qui guérit les femmes de Samos du culte qu'elles rendaient à cette déesse en se prostituant sans pudeur au premier venu. — Selon d'autres, le Dexicréonte à qui Vénus dut ce surnom fut un négociant qui, se trouvant dans l'île de Chypre, et ne sachant de quoi charger son navire, consulta la déesse ; celle-ci lui conseilla de ne prendre que de l'eau pour toute cargaison. Dexicréonte obéit, et partit avec les autres marchands qui le plaisantèrent sur ses colis. Mais à peine furent-ils en pleine mer, qu'il survint un calme plat qui les y retint tout le temps qu'il fallut à Dexicréonte pour échanger son eau contre les effets précieux de ceux qui s'étaient moqués de lui. Ainsi enrichi, il éleva, par reconnaissance, une statue à la déesse qui l'avait aussi bien inspiré.

DEXTRATIO, *tour à droite*, cérémonie usitée dans le culte des anciens Romains.

1) Remarquons que c'est un musulman qui parle.

Solin nous apprend qu'on en exécutait trois dans les libations faites à Jupiter Tarpéien.

DHAN, ou DANYA, c'est-à-dire riche, un des noms de Lakchmi, déesse des richesses chez les Hindous. Le treizième jour de la quinzaine obscure de la lune de Kartik lui est consacré sous le nom de *Dhan téras*. Ce jour-là on fait le *poudja* (adoration) de la déesse ; et il y a illumination en l'honneur de Yama, le Pluton indien. *Voy.* LAKCHMI, DÉWALI.

DHANVANTARI, médecin des dieux, suivant la mythologie hindoue ; ce fut lui qui, lors du barattement de l'Océan, sortit du sein des eaux, portant l'*amrita* ou breuvage de l'immortalité. Cette divinité est regardée comme une transformation de Vichnou, mais accidentelle et momentanée. On ne lui érige point de temples ; on place seulement son tableau dans ceux de Vichnou ; il y est représenté sous la figure d'un savant occupé à la lecture. *Voy.* BARATTEMENT DE LA MER.

DHARARIS, sectaires musulmans, disciples de Dharar, fils d'Amrou, qui disaient que l'on verra Dieu après la résurrection, au moyen d'un sixième sens ajouté aux cinq autres.

DHARMA, DHAMMA, DARMA, et plus correctement BODHI-DHARMA, vingt-huitième patriarche de la religion bouddhique, vivait au commencement du VI° siècle de l'ère chrétienne. Il fut le principal fondateur du bouddhisme dans la Chine et au Japon. Déjà, il est vrai, les doctrines de Chakya avaient pénétré dans ces contrées ; mais elles n'y furent établies d'une manière stable et permanente que par Bodhi-Dharma. Ce célèbre personnage passa de l'Hindoustan en Chine, sous le règne de Wou-ti, de la dynastie des Liang ; il conféra avec le roi sur les nouveaux dogmes, et se retira ensuite sur la montagne de Soung-chan, où il demeura neuf ans, occupé à la contemplation et à la prédication de sa loi. Son genre de vie extraordinaire et ses austérités excessives donnaient un grand poids à ses paroles. Les herbes et les racines étaient son unique nourriture. Il était jour et nuit enseveli dans une méditation profonde. Il s'engagea même, par un vœu exprès, à ne jamais dormir. Après des veilles prolongées pendant plusieurs années, il fut à la fin si accablé de fatigues et de jeûnes, qu'une nuit il succomba au sommeil. Le lendemain, à son réveil, il s'aperçut qu'il venait de manquer à son vœu, et pour prévenir à tout jamais une semblable infraction, il se coupa les paupières et les jeta à terre. Étant revenu le jour suivant au lieu où il s'était si cruellement puni, il observa avec étonnement que ses paupières étaient transformées en deux arbrisseaux. Dharma en goûta quelques feuilles, et éprouva aussitôt dans tous ses sens une certaine agitation qui lui inspirait de la gaieté, lui dégageait la tête, et le rendait plus propre à la contemplation. Ces arbrisseaux étaient précisément ceux qui portent le thé, dont l'usage et la vertu étaient alors inconnus. Charmé de la découverte, Dharma se hâta de la communiquer à ses disciples. Ce fut ainsi que l'usage du thé se répandit. Dans le Japon, on donne encore à cette plante, entre autres noms, celui de paupières de Dharma. Ce patriarche est en grande vénération dans la Chine et dans le Japon; on le représente communément sans paupières, ayant sous ses pieds un roseau, à l'aide duquel on assure qu'il traversait les fleuves et les mers. Quelques Japonais prétendent que Dharma a porté le bouddhisme dans leur pays, mais ils sont dans l'erreur; ce missionnaire demeura en Chine et il y mourut. Le Japon reçut cette religion des Chinois et des Coréens.

Les Chinois, qui ne peuvent articuler la plupart des mots étrangers et qui manquent dans leur langue de la lettre R, prononcent son nom *Ta-mo*; d'où les anciens missionnaires avaient conclu qu'il s'agissait de l'apôtre saint Thomas, et que ce bienheureux disciple du Sauveur avait pénétré jusque dans la Chine.

DHARMA-DÉVA, dieu de la justice chez les Indiens; c'est le même que Yama, le juge des morts. Comme dieu de la justice et de la vertu, on le représente sous la figure d'un bœuf. Les Hindous lui bâtissent toujours une chapelle devant celle de Siva, parce qu'il est la monture habituelle de ce dieu. Dans les petits temples, on le place devant la porte, sur un piédestal informe, et, dans les grands, sa chapelle est d'une construction différente de celle des autres divinités. Elle se compose d'un piédestal carré, dont les quatre coins sont ornés de colonnes destinées à soutenir une couverture qui met l'idole à l'abri des injures des saisons. Dans les temples où Siva est représenté sous une figure humaine, ce dieu est monté sur un taureau blanc qui est Dharma-Déva. On donne aussi à ce dernier le nom de *Baswa*, qui signifie simplement *taureau*. On le confond quelquefois avec Nandikeswara, portier du Kailasa (paradis de Siva), qu'on représente avec une tête de bœuf; mais le culte de ce dernier est différent, de même que la chapelle qu'on lui dédie aussi dans les temples de Siva. *Voy.* YAMA, BASWA.

DHARMA-SANYASA, fête hindoue célébrée dans le mois de Baisakh. *Voy.* TCHARK-POUDJA.

DHATRI, un des noms de Brahma; ce mot signifie créateur.

DHÉBA, ordre de religieux chez les bouddhistes du Tibet. Ils ont les cheveux relevés et attachés sur la tête, portent une longue robe et un chapelet.

DHE-JIN-CHEH-BA, nom que l'on donne dans le Tibet aux bouddhas qui sont venus dans le monde pour ne plus mourir; ce mot signifie, comme le chinois *jou-laï*, venu ainsi, c'est-à-dire venu de telle sorte qu'il n'est plus soumis à une innovation postérieure; tels sont les bouddhas suprêmes, objets de la vénération profonde de tous les bouddhistes.

DHEMMIS, anciens sectaires musulmans qui soutenaient que Mahomet n'était que l'envoyé et le ministre d'Ali, mais qu'il abusa de sa mission pour se faire reconnaître lui-même comme prophète, et qu'ensuite il apaisa Ali en lui donnant pour femme sa fille Fatima. Quelques-uns d'entre eux reconnaissent Ali et Mahomet pour dieux, et donnent la priorité à Mahomet. D'autres font part de la divinité à cinq personnages, savoir: Mahomet, Ali, Fatima, Hasan et Hoséin. Les cinq ne sont, suivant eux, qu'une même chose, et l'esprit réside en eux avec une parfaite égalité, sans que l'un ait aucun avantage sur l'autre. Ils prononcent *Fatim* et non *Fatima* avec la terminaison du féminin.

DHERMAMRITA KATHA, code religieux et moral des Djainas, rapporté par Gautama, disciple de Verddhamana, le dernier des Djinas. Il consiste en huit injonctions et quatre prohibitions:

1° Écarter le doute; 2° s'acquitter de ses devoirs sans en attendre de profit; 3° prodiguer des soins médicaux aux personnes d'une sainteté éminente, lorsqu'elles sont malades; 4° avoir une foi ferme; 5° cacher ou pallier les défauts des autres; 6° affermir ceux qui ont une foi chancelante; 7° faire du bien à tous ceux qui professent la même croyance; 8° convertir les autres à la même foi; 9° n'attenter à la vie d'aucun animal; 10° ne point mentir; 11° ne point dérober; 12° ne point s'adonner aux plaisirs sensuels.

DHODH-KHAM, ou DHODH-PAI-KHAM, c'est-à-dire région de la concupiscence, un des enfers des Tibétains; il est le séjour des *Dhoudh* et a pour chef *Garab-vang-tsiough*, qui, chaque jour, envoie dans le monde cinq flèches, qui sont l'orgueil, la luxure, la colère, l'envie et la paresse. Ceux qui en sont frappés sont enrôlés sous son joug et deviennent très-méchants. *Voy.* DOUDH, GARAB-VANG-TSIOUGH.

DHOHA, prière de la matinée en usage dans quelques rites musulmans; elle est en dehors des cinq prières canoniques, et on peut la faire dans le temps qui s'écoule depuis l'instant où le soleil est élevé au-dessus de l'horizon de la hauteur d'une lance jusqu'à l'heure précise de midi. Cette prière est du nombre de celles qui ne doivent pas être faites en commun, parce que Mahomet a dit: « Il n'y a que les pénitents qui observent de faire la prière de la matinée: c'est la prière des pénitents » Les Musulmans prétendent que la prière du Dhoha a été instituée par Abraham, lorsque, ayant fait toutes les dispositions pour le sacrifice de son fils, ce saint patriarche se mit à prier en attendant que le soleil eût atteint environ la moitié de son élévation entre l'horizon et le méridien, afin que cet astre brillant pût, dans toute sa splendeur, être témoin de cet acte si méritoire du père et du fils. Dans cette prière, on fait quatre prostrations en mémoire des quatre sortes d'afflictions et de tourments intérieurs qu'il eut à combattre tout à la fois avant d'appliquer le couteau sur la gorge de son fils. Ces quatre tourments étaient, 1° la douleur d'être lui-même le meurtrier de son fils; 2° la pensée de la douleur que ferait éprouver à son fils bien-aimé l'arme fatale; 3° l'idée de l'excessive affliction dont sa mère serait accablée en apprenant ce tragique événement; 4° la vue de l'impossibilité absolue de résister à l'ordre de Dieu.

Cette prière paraît en usage chez les Musulmans des rites Schaféï, Hanéfi et Maleki; mais elle n'est point admise par les Schiites. Les Fatémites ne l'admettaient pas non plus; car Makrizi raconte qu'en l'année 393, treize personnes, convaincues d'avoir fait la prière Dhôha, furent battues, promenées publiquement sur des chameaux, et tenues en prison durant trois jours.

DHOR-DZÉ, nom tibétain de huit divinités, nommées en chinois *Kin-kang* et en mongol *Vatsirtou*, qui ont la direction de la plage occidentale du monde. On les représente comme des guerriers d'un air farouche, mais parfaitement ressemblants entre eux, avec des cuirasses d'or et portant dans leurs mains des glaives d'une matière précieuse. Ils sont chargés de protéger la loi de Bouddha; c'est pour cette raison qu'on place leurs statues devant les temples.

DHOR-DZÉ-PHAGH-MO, divinité bouddhique des Tibétains, qui la regardent comme une incarnation du génie femelle de la Grande Ourse. A l'époque des troubles occasionnés dans le Tibet par le Dhéba Sanghié, elle prit la forme d'une truie et se sauva dans le pays de Zang. *Phag-mo*, en effet, signifie une truie, en tibétain. Les Indiens du Népal la regardent comme étant la même déesse que Bhavani. La déesse réside dans un monastère situé sur une montagne au milieu d'un lac, à trois journées de Lhassa. On la transporte processionnellement à la ville, à des époques déterminées, ce qui a lieu avec grande pompe. Elle est pendant toute la route précédée de deux encensoirs toujours allumés et fumants. La déesse vient ensuite, portée sur un trône et couverte d'un riche pavillon; le supérieur du monastère se tient à son côté, et elle est suivie d'environ trente religieux qui composent sa cour. Lorsqu'on est arrivé à Lhassa, les ecclésiastiques et les laïques viennent lui rendre leurs hommages, se prosternent trois fois devant elle, lui offrent des présents et vont baiser une espèce de cachet que tient la déesse, ce qui les rend participants de sa divinité. Cette déesse est réellement vivante, mais elle n'est pas choisie parmi les plus belles femmes, car il faut qu'elle vienne au monde décorée d'un groin de pourceau, en témoignage que le génie de la constellation s'est incarné en elle. Elle est la supérieure générale de tous les couvents d'hommes et de femmes bâtis dans les îles du grand lac dont nous venons de parler.

DHOUDH, démons des Tibétains; ce sont les âmes des hommes et des femmes qui ont mérité, par leurs mauvaises actions, d'être précipitées dans l'enfer nommé *Dhodh-kam*, où ils n'ont d'autre occupation que de chercher à nuire aux vivants. Aussi, quand ils renaissent de nouveau sur la terre, ils persé- vèrent dans leur méchanceté. Ce sont eux qui commettent les grands forfaits et qui sont le fléau de la société. Ce sont les *Dhoudh* qui tentent les hommes et les entraînent au mal.

DHOU'L-KAFFAIN (qui a deux mains) et DHOU'L-KHALA. Ce sont deux idoles de bois adorées autrefois dans une contrée de l'Arabie, et que Mahomet fit réduire en cendres.

DHOU-MAA, premier ministre spirituel de la religion des Druses. Ce nom signifie *l'Intelligence*. Ce Dhou-maa n'est autre que Hamza, le grand propagateur de la doctrine qui attribue la divinité à Hakem Biamr Allah. Or Hamza, d'après les Druses, se serait manifesté sept fois depuis Adam. A l'époque du père du genre humain, il a paru sous le nom de *Schatnil*; du temps de Noé, on l'appelait *Pythagore*; du temps d'Abraham, son nom était *David*; du temps de Moïse, il se nommait *Schoaib*; du temps de Jésus, il était le vrai Messie, et se nommait *Eléazar*; du temps de Mahomet, on l'appelait *Salman le Persan*; enfin du temps de Saïd, il portait le nom de *Saleh*. Comme la plupart de ces prétendues manifestations de Hamza, en qualité de *Dhou-maa*, sont des personnages historiques, on voit que les Druses sont peu difficiles en fait de chronologie.

Dhou-maa, ou l'Intelligence, est, suivant eux, la première production du Créateur, et même la seule production immédiate de sa toute-puissance; le Créateur l'a formé de sa propre lumière, et c'est par son moyen que les autres créatures ont reçu l'existence. Dhou-maa est donc l'Adam universel. Or, les Druses reconnaissent trois Adam : Adam, le pur ou l'universel; Adam le révolté ou le partiel, qui est Enoch, et Adam l'oublieux ou le matériel, qui est Scharkh, surnommé Seth. Schatnil les choisit l'un après l'autre pour ses ministres et les établit pour le remplacer dans le ministère de la prédication. Chacun d'eux porte le surnom d'Adam, parce qu'ils sont les pères des unitaires et les pontifes de ceux qui étaient au-dessous d'eux. *Voy.* SCHATNIL.

DHOU-MAÇA, second ministre spirituel de la religion des Druses. C'est l'âme ou la volonté; c'est Eve, épouse d'Adam l'universel, ou mieux Dhou-maça est Adam le partiel; il s'est manifesté sept fois depuis le commencement du monde sous les noms d'Adam le partiel, Hermès, Enoch, Edris, Jean, Ismaïl, fils de Mohammed-Témimi et Micdad. Ce dernier personnage vivait du temps de Mahomet. Le Jean cité précédemment était chrétien, mais les livres des Druses, qui brouillent et confondent tout, le nomment indifféremment *l'apôtre Jean Bouche-d'or*, *Jean-Baptiste*, *Jean l'Évangéliste des hommes*. On voit qu'il n'est fait par eux aucune distinction entre trois personnages bien distincts.

DHOUMRA-LOTCHANA, un des Asouras, ou démons de la mythologie hindoue, tué par la déesse Dévi dans son combat contre les géants.

DHOUNDHOU, génie malfaisant, qui, suivant la mythologie hindoue, incommodait le saint solitaire Outtanka, et l'empêchait d'accomplir ses devoirs religieux. Ce monstre vomissait des flammes, obscurcissait la lumière du soleil et soulevait des tourbillons de poussière. Il fut vaincu par Kouvalaswa, roi d'Aoude; mais le combat que ce prince livra au génie fut si acharné, qu'il y perdit quatre-vingt-dix-sept fils sur cent qu'il avait. Il remporta de sa victoire le surnom de *Doundhoumara*, c'est-à-dire vainqueur de Dhoundhou.

DHOUNGARRI-PENNOU, dieu des Khonds, adoré seulement dans les districts d'Hodzoghoro et de Tenteliaghor. Les Khonds paraissent adorer en lui le principe conservateur, ou plutôt le principe des choses telles qu'elles sont.

Sur une haute montagne, considérée comme l'autel naturel de Dhoungarri, on répand tous les ans le sang des victimes, en présence d'un concours immense de fidèles qui s'écrient : « Puissions-nous toujours vivre comme nos ancêtres, et que nos enfants, dans la suite, vivent comme nous ! » On lui sacrifie des buffles, des chèvres et des pourceaux. Ces sacrifices sont pour la population tout entière une occasion d'ivresse et de débauche.

DHOURAINDI, ou DAULAINDI, nom d'une fête que les Hindous célèbrent le premier jour de la lune de Tchaït, et qui fait partie de la grande solennité du Holi. Ce jour-là les Indiens appliquent sur leur front de la cendre de bâtons brûlés avec des cérémonies religieuses, et en jettent sur leurs parents et amis. Ils se baignent dans le Gange ou dans une autre rivière sacrée, et quittent leurs vêtements de couleurs, et prennent différents costumes de fantaisie.

DHRITI, divinité secondaire des Hindous; c'est un des huit Viswas, honorés spécialement dans les cérémonies funèbres. Son nom signifie constance.

DHYANA, mot indien, qui chez les Bouddhistes désigne la plus profonde méditation sur les objets abstraits de la philosophie religieuse, par laquelle on parvient au plus haut degré de sagesse et de vertu. Il exprime cette rêverie abstraite qui a été plus ou moins favorablement reçue dans la plupart des religions de l'Asie, mais qui est le caractère particulier et dominant du bouddhisme. C'est par le moyen de cette abstraction mentale, jointe à l'abnégation entière de tous les objets extérieurs, que les partisans de la doctrine de Chakya pensent parvenir à l'anéantissement final ou éternel repos.

DHYANIS, classe de Bouddhas d'origine céleste; ce sont les Bouddhas primitifs, suivant la théogonie du Népal. L'épithète de Dhyani, appliquée à une classe de Bouddhas peut évidemment être interprétée par athée; mais il est à remarquer que les partisans du système Aïshvarika attribuent ce Dhyana créateur à un *Adi-Bouddha*, ou Bouddha primordial, existant par lui-même, infini, sachant tout, et dont un des attributs est la possession partielle de cinq sortes de sagesse. Ce fut par la vertu de ces cinq sortes de sagesse que, par cinq actes successifs de Dhyana, il créa dans le commencement et dans la durée du monde actuel les cinq Dhyanis, dont voici les noms : *Vaïrotchana*, *Aïkchobhya*, *Ratnasambhava*, *Amitabha* et *Amoghasiddha*.

On serait fondé à supposer que le Bouddha suprême, après avoir créé ces cinq êtres célestes, leur aurait dévolu les soins actifs de la création et du gouvernement du monde; cependant il n'en est pas ainsi : l'esprit du bouddhisme pur est éminemment la quiétude, et voilà pourquoi les œons les plus exaltés sont exemptés de la dégradation d'agir. Chacun d'eux reçoit, avec son existence, les vertus du *Djnyana* et du *Dhyana* pour l'exercice desquels, par *Adi-Bouddha*, il est redevable de son existence; et par une pratique semblable, il produit un *Dhyani Bodhisatwa*. Ceux-ci sont, l'un après l'autre et successivement, les auteurs actifs et tertiaires des créations. Celles-ci sont périssables, et depuis le commencement des temps, trois ont passé. Ainsi le présent monde est l'œuvre du quatrième Bodhisatwa, qui est maintenant seigneur de la marche des choses; et au Népal, ses adorateurs ont coutume de l'investir de toutes les forces d'un Dieu suprême et unique, le *Præsens Divus* étant, comme à l'ordinaire, l'univers. Quand le système des mondes existant aura achevé son cours, les emplois de créer et de gouverner le monde futur seront dévolus au cinquième Bodhisatwa.

DIA. 1. Ce nom, qui signifie proprement *déesse*, a été donné autrefois à plusieurs divinités femelles. C'est ainsi qu'on donna à Cybèle le nom de *Dia*, car elle était spécialement vénérée sous le nom de *Bonne Déesse*. C'était dans le bois sacré de Dia, que les frères Arvales tenaient leurs assemblées. Hébé paraît avoir été également adorée sous le nom de *Dia* par les Sidoniens, qui lui avaient élevé un temple célèbre.

2. Les Sibériens donnaient le nom de *Dia* à leur principale divinité, on voit la figure sur leurs médailles ou *numismata sacra*. Une de ces médailles, trouvée dans une chapelle voisine de la rivière Kemschik, est déposée dans le cabinet impérial de Saint-Pétersbourg. L'image gravée sur l'un des côtés se partage en trois figures humaines vers l'extrémité supérieure, et se termine en une seule et même figure humaine vers l'extrémité inférieure. Cette idole a les jambes croisées, et paraît être assise sur un siége élevé. Un arc couché à ses pieds caractérise la royauté et la puissance. Ce siége peut représenter une urne ou un puits, pour faire entendre que la divinité soutenue par ses propres forces, et renfermée en elle-même, en unité et en trinité, est assise sur le néant, au-dessus de l'abîme. Telle est du moins l'idée générale que ces peuples paraissent avoir de l'être qu'ils adorent. Une des trois personnes de la figure occupe le devant; sa taille et sa force, supérieures à celles des deux autres, son visage plus mâle, son air plus âgé, sa tête plus grosse, plus élevée, et cou-

verte d'une grande mitre, semblent annoncer une sorte de prééminence. Ses bras, garnis de bracelets, sont croisés en avant; elle a l'air pensif, et se montre un peu de profil, les yeux tournés vers la figure qui est à sa droite. Celle-ci a le visage plus jeune et l'air plus animé que les deux autres. Sa tête est couverte d'un petit bonnet rond, et ses deux bras garnis de bracelets sont tournés du même côté. Sa main droite, plus élevée, tient un cœur enflammé, symbole de son amour pour les mortels; et sa gauche un sceptre couché, dans l'attitude d'un cerf vigilant. La figure à gauche a des traits plus vieux et plus pensifs. De sa main droite elle tient un miroir, peut-être pour signifier qu'elle découvre ce qui se passe dans le cœur de l'homme, et de sa gauche, une tige garnie de feuilles et de fleurs, dans laquelle on croit reconnaître le lotus si renommé dans les mythologies grecque, indienne et égyptienne. Ainsi la première, dont sortent les deux autres, serait le Créateur; la seconde, la Force, l'Amour et le Commandement; et la troisième, la Providence de cette espèce de Trinité. Stzahlenberg, qui donne la description de cette médaille dans sa *Description de Sibérie*, table v, dit qu'elle est de terre cuite; qu'on en trouve un grand nombre dans les anciens tombeaux de cette contrée; que le Dalaï-Lama en distribue de pareilles aux Kalmouks et aux Mongols, qui les placent dans leurs temples et dans leurs maisons à l'endroit où ils font leurs prières.

3. *Dia* est enfin le mot qui signifie *Dieu*, dans la langue irlandaise. Il tire son origine du vocable indien *Déva*.

DIABLE. 1. C'est le nom qui est donné dans l'Ecriture sainte à l'esprit du mal, au chef des mauvais anges, qui a été chassé du ciel à cause de sa révolte contre son Créateur; ce nom est grec (διάβολος) et signifie calomniateur. Le mauvais principe de Manès, l'Ahriman des Perses; cet être malfaisant que plusieurs peuples idolâtres craignent et honorent beaucoup plus que le dieu bienfaisant, ne sont autre chose que le diable. Nous n'admettons pas cependant cette proposition de La Croix, qui avance dans son *Dictionnaire des cultes religieux*, que *presque toutes les idoles érigées par l'ignorance et la superstition ne sont autre chose que le diable*; car la plupart des nations idolâtres ne voient au contraire dans leurs idoles que le simulacre du dieu du ciel, d'un génie local, ou d'un esprit bienfaisant, ainsi qu'il est facile de s'en convaincre en parcourant les différents articles de ce Dictionnaire. Kæmpfer dit aussi que les Japonais considèrent le renard comme étant animé par le diable, ou plutôt comme le diable lui-même; mais on verra aux articles INARI et RENARD, que cet animal est pour les Japonais un génie plutôt bon que mauvais, et que le peuple a en lui la plus grande confiance. *Voy.* AHRIMAN, DÉMON, IBLIS, SATAN.

2. Quelques voyageurs prétendent que le diable est fort respecté chez les Nègres de la Côte-d'Or, en Afrique, et qu'avant de prendre leur repas, ils ont toujours soin de jeter un morceau de pain à terre pour ce mauvais génie. Dans le canton d'Anté, ils se représentent le diable comme un géant énorme, dont la moitié du corps est pourrie, et qui, par son attouchement seul, cause infailliblement la mort. Ils n'oublient rien de ce qui peut détourner la colère de ce monstre redoutable; et, comme ils le supposent gourmand, ils exposent de tous côtés sur les chemins une si grande quantité de vivres pour sa nourriture, que le diable le plus affamé en serait satisfait.

Presque tous les habitants de cette côte pratiquent une cérémonie bizarre et extravagante, par laquelle ils prétendent chasser le diable de leurs villages. Des témoins oculaires ont rapporté que, huit jours avant cette cérémonie, on s'y prépare par des danses, des festins et des réjouissances qui retracent la licence effrénée des anciennes saturnales. Il est alors permis d'insulter les personnes les plus distinguées. Les propos les plus injurieux ne sont réprimés par aucune punition, et tous les crimes qui ne consistent qu'en paroles peuvent se commettre impunément. Le jour destiné pour chasser le diable étant arrivé, le peuple commence dès le matin à pousser des cris horribles. Les habitants courent de tous côtés, comme des furieux, jetant devant eux des pierres, des morceaux de bois, et tout ce qui se rencontre sous leurs mains. Pendant ce temps-là les femmes ont soin de fureter dans tous les endroits les plus secrets de leur maison, et de récurer leur vaisselle, de peur que le diable ne se cache dans quelque coin, ou dans quelque vieille marmite. Lorsque les hommes sont fatigués de leur course, ils rentrent chez eux, persuadés que le diable est bien loin. Cette cérémonie se pratique en même temps dans plus de cent villages.

3. Dans quelques îles voisines des Philippines, on ne trouve aucune espèce de culte religieux. Les habitants se vantent seulement d'avoir des entretiens avec le diable; mais, malgré leur prétendue familiarité avec cet esprit malin, ils évitent d'avoir avec lui aucun tête-à-tête. Ils racontent que plusieurs de leurs compatriotes s'étant hasardés de converser seuls avec lui, ont été mis à mort par ce génie malfaisant: c'est pourquoi ils s'assemblent toujours en grand nombre, lorsqu'ils veulent avoir quelque conversation avec lui.

4. Les habitants du Pégu regardent le diable comme l'auteur de tous les maux qui leur arrivent. Ils le craignent beaucoup, et, par cette raison, lui font beaucoup d'offrandes. C'est à lui qu'ils ont recours dans leurs maladies. Pour apaiser la colère de cet esprit malin, ils élèvent un échafaud sur lequel ils placent une grande quantité de mets. Ce festin destiné pour le diable est accompagné d'illuminations et de musique. La cérémonie est dirigée par un vieux sorcier, qu'un long commerce avec le diable a rendu habile dans tout ce qui concerne le culte de cette divinité malfaisante, et que, pour cette raison, l'on

appelle *le père du diable.* Quelques Péguans dévots courent le matin par les rues, tenant d'une main un flambeau, de l'autre un panier plein de riz, et crient de toutes leurs forces qu'ils vont donner au diable son déjeuner. Ils s'imaginent par cette pratique se garantir de la méchanceté du diable pour toute la journée. Quelques-uns, avant le repas, ne manquent jamais de jeter derrière eux quelques morceaux pour sa nourriture. Dans un canton nommé Tavai, ils ont soin de pourvoir abondamment leurs maisons de toute sorte de vivres au commencement de l'année; ils en abandonnent ensuite la possession au diable pendant l'espace de trois mois, espérant par ce moyen se procurer le repos et la tranquillité durant le reste de l'année. Ces peuples ont une si grande frayeur du diable, qu'ils s'imaginent sans cesse le voir à leurs trousses; et si, par hasard, ils rencontrent un homme masqué, ils fuient à toutes jambes, croyant qu'un mauvais génie s'avance pour les tourmenter.

5. C'est principalement dans le temps de leurs maladies que les insulaires de Ceylan craignent le ressentiment du diable : c'est alors qu'ils redoublent leurs vœux et leurs prières pour apaiser ce génie redoutable.

6. Les insulaires des Maldives ne leur cèdent point en superstition sur cet article : offrandes, festins, prières, ils mettent tout en usage lorsqu'ils sont malades, pour se rendre le diable favorable, persuadés qu'il est l'auteur de toutes leurs infirmités. Ils immolent aussi en son honneur des coqs et des poules.

7. Quant au culte que rendent au diable les autres peuples de la terre, ou à l'idée qu'ils en ont, voyez l'article DÉMON.

DIACÉNÉSIME, nom donné, dans les liturgies anciennes, au dimanche de *Quasimodo,* du mot grec διακαίνησις, qui signifie *renouvellement,* parce qu'en ce jour on renouvelait toutes les cérémonies de la fête de Pâques. L'on trouve ce mot cité dans le *Typicon* de Curopalate.

DIACONAT, du grec διακονέω, *servir;* ordre sacré qui précède immédiatement celui de la prêtrise, dans la religion chrétienne.—1. Le diaconat fait partie des ordres appelés majeurs tant dans l'Eglise latine que dans l'Eglise orientale. Cet ordre donne le droit radical de lire publiquement l'Evangile, de prêcher, de baptiser, d'offrir à l'autel conjointement avec le prêtre, et d'aider le prêtre ou l'évêque dans les fonctions sacrées. L'évêque le confère en imposant les mains sur le sujet qui lui est présenté, en lui mettant entre les mains le livre des Evangiles, et en le revêtant de l'étole et de la dalmatique. Ces cérémonies sont accompagnées d'une oraison par laquelle le prélat consécrateur invoque le Saint-Esprit en faveur du nouveau diacre. En imposant les mains sur sa tête, il lui dit : *Recevez l'Esprit-Saint, pour avoir la force de résister au diable et à ses tentations. Au nom du Seigneur.* — En lui mettant l'étole sur l'épaule gauche : *Recevez l'étole blanche de la main de Dieu, remplissez votre ministère; car Dieu est puissant pour augmenter en vous sa grâce.* En le revêtant de la dalmatique : *Que le Seigneur vous revête de l'habit du salut, et du vêtement de la joie, et qu'il vous environne toujours de la dalmatique de la justice.* Enfin, en lui remettant le livre des Evangiles : *Recevez le pouvoir de lire l'Evangile dans l'Eglise de Dieu, tant pour les vivants que pour les défunts. Au nom du Seigneur.* On convient que l'imposition des mains est le seul rite nécessaire pour la validité de l'ordination ; et il paraît en effet que cette cérémonie était la seule usitée dans les premiers siècles.

2. Dans l'Eglise grecque, celui qui doit être ordonné est présenté par deux anciens diacres qui l'amènent au sanctuaire, dont ils font trois fois le tour. Ils le présentent à l'évêque, qui lui fait trois fois le signe de la croix sur la tête, lui fait ôter sa ceinture et l'habit de sous-diacre. On le fait incliner devant la sainte table, sur laquelle il appuie le front. L'archidiacre dit quelques prières, et l'évêque, imposant les mains sur sa tête, dit la formule : *La grâce divine élève un tel, sous-diacre très-pieux, à la dignité de diacre; prions pour lui, afin que la grâce divine descende sur lui.* On fait ensuite d'autres prières, après lesquelles l'évêque, lui imposant les mains de nouveau, prononce une oraison par laquelle il demande à Dieu, pour celui qui reçoit le diaconat, la grâce qu'il accorda à saint Etienne. Il impose les mains une troisième fois, et il dit une autre oraison, après laquelle il lui met l'étole sur l'épaule gauche, et alors on crie : ἄξιος, *il est digne.* On lui met enfin entre les mains le ῥιπίδιον ou éventail, dont les Grecs se servent pour écarter les mouches de dessus l'autel, puis, dans la liturgie, il commence les prières appelées *diaconales,* et lorsque les diacres approchent de la communion, il la reçoit le premier.

3. Chez les Jacobites et les Maronites, après diverses prières, on fait approcher de l'autel celui qui doit être ordonné diacre : l'archidiacre le présente à l'évêque. On fait les prières communes, et une particulière ; l'évêque dit la formule : *La grâce divine,* etc., comme chez les Grecs, et après une oraison, on lui donne l'aube ou χιτώνιον, et l'*orarium* ou étole. Puis, après un répons et un psaume, on lui présente le livre des Epîtres de saint Paul, et il lit l'endroit de l'Epître à Timothée où il est parlé des devoirs des diacres. On chante un autre répons touchant la dignité de l'Eglise et de ses ministres. Le nouveau diacre met de l'encens dans l'encensoir, et on lui fait faire le tour de l'église portant le livre des Epîtres. Il le remet sur la crédence, et prend l'*anaphora,* c'est-à-dire le voile dont on couvre la patène et le calice quand on les porte à l'autel. On chante encore quelques prières, et le candidat se prosterne devant l'autel. L'évêque lui impose les mains et dit : *Un tel est ordonné,* et l'archidiacre continue à haute voix : *Diacre du saint autel de la sainte Eglise de la ville de N.* Pendant que l'évêque impose les mains, deux autres diacres tiennent chacun un

éventail élevé sur la tête de celui qui est ordonné. Quand l'évêque donne la paix, le nouveau diacre baise l'autel, ensuite l'évêque, et il reçoit à la fin la communion, après laquelle il écoute une petite exhortation que lui fait le célébrant.

4. Suivant le rite nestorien, l'évêque est debout à sa place, et après quelques prières chantées par le chœur et entonnées par l'archidiacre, l'évêque demande, par une oraison à Dieu, la grâce pour ceux qui sont appelés au diaconat, afin qu'ils puissent s'acquitter dignement de leur ministère. Il se prosterne ensuite pour remercier Dieu de la puissance qu'il lui a donnée d'ordonner les autres. Pendant cette prière et quelque autre suivante, ceux qui doivent être ordonnés sont prosternés jusqu'à terre. Ensuite il leur fait le signe de la croix sur la tête, et il leur impose la main droite, tenant la gauche élevée vers le ciel. Après une nouvelle prière, il leur fait encore sur la tête le signe de la croix. Ils se prosternent ; il leur ôte ensuite l'étole qu'ils avaient au cou, et il la leur met sur l'épaule gauche. Il leur fait toucher le livre des Epîtres de saint Paul, présenté par l'archidiacre, et il fait le signe de la croix sur leur front. Enfin il dit : *Un tel est séparé, sanctifié et consacré au ministère ecclésiastique et au service lévitique de saint Etienne, au nom du Père*, etc.

DIACONESSES. L'institution des diaconesses est aussi ancienne dans l'Eglise que celle des diacres mêmes, et nous la voyons très-clairement dans les écrits des apôtres. Saint Paul, sur la fin de son Epître aux Romains, parle avec éloge de la diaconesse Phébé, par laquelle il l'envoya à Rome, ne faisant point de difficulté de confier une pièce si précieuse à cette sainte femme. *Je vous recommande*, dit-il, *notre sœur Phébé, diaconesse de l'Eglise de Corinthe, qui est au port de Cenchrée ; afin que vous la receviez au nom du Seigneur, comme on doit recevoir les saints, et que vous l'assistiez dans toutes les choses où elle pourrait avoir besoin de vous ; car elle en a assisté plusieurs, et moi en particulier.* Depuis ce temps il est fait fréquemment mention des diaconesses dans les Pères et les auteurs ecclésiastiques. On ne confiait pas ce ministère à toute sorte de personnes. Les évêques les choisissaient avec grand soin parmi les filles qui avaient voué à Dieu leur virginité, ou parmi les veuves qui n'avaient été mariées qu'une fois, et qui, après la mort de leurs maris, avaient donné des preuves d'une piété solide, et avaient promis à Dieu de garder la chasteté le reste de leur vie.

Bien qu'elles n'aient jamais été considérées comme faisant partie et comme membres de la hiérarchie ecclésiastique, on leur conférait une espèce d'ordination, avec les mêmes cérémonies à peu près que celles qui s'observaient dans l'ordination des diacres ; car l'évêque leur imposait les mains et faisait en même temps sur elles la prière ou bénédiction ; cela s'appelait *ordination* chez les Latins, et χειροτονία chez les Grecs, qui est le terme dont ils se servent pour désigner l'ordination des ministres de l'Eglise. D'après les *Constitutions apostoliques*, l'évêque leur imposait les mains en présence du sénat des prêtres, des diacres et des diaconesses, en prononçant cette prière : *Dieu éternel, Père de Notre-Seigneur Jésus-Christ, qui avez créé l'homme et la femme, qui avez rempli de votre esprit Marie, Anne, Débora et Olda ; qui n'avez pas dédaigné de faire naître d'une femme votre Fils unique, qui en avez établi des gardes aux portes du tabernacle et dans le temple, jetez les yeux sur votre servante qui est promue au ministère* (τὴν προχειριζομένην εἰς διακονίαν), *et donnez-lui votre Esprit-Saint, purifiez-la de toute souillure de la chair et de l'esprit, afin qu'elle puisse s'acquitter dignement de l'emploi qu'on lui confie pour votre gloire, et à la louange de Jésus-Christ.* L'apôtre saint Paul ne veut pas qu'on ordonne une diaconesse qui ait moins de soixante ans : cependant le concile *in Trullo* réduit cet âge à quarante.

Les diaconesses étaient d'un grand secours aux évêques pour les aider dans le gouvernement du peuple fidèle ; elles exerçaient leurs fonctions tant au dedans qu'au dehors de l'église. C'était d'elles surtout que les pasteurs se servaient pour prendre soin des pauvres, des malades de leur sexe et des orphelines. Elles étaient aussi chargées, selon le IV° concile de Carthage, d'instruire les personnes du sexe qui aspiraient à la grâce du baptême ; elles leur apprenaient comment elles devaient répondre aux interrogations qu'on leur faisait avant le baptême ; et comment elles devaient vivre après avoir reçu cette grâce. Elles étaient surtout d'un grand usage dans le temps que la plupart se faisaient baptiser dans l'âge adulte. C'étaient elles qui aidaient les femmes à se dépouiller de leurs habits pour entrer dans les fonts sacrés. De plus, suivant les Constitutions apostoliques, le diacre leur oignait le front, et les diaconesses leur faisaient l'onction sur le reste du corps, comme cela se pratique en Orient. Elles recevaient celles qui sortaient du bain sacré comme les diacres recevaient les hommes. De plus, selon les mêmes Constitutions, les évêques et les diacres ne devaient parler à aucune femme qu'elles ne fussent présentes. Saint Epiphane leur attribue les mêmes fonctions, et dit que cela a été ainsi établi pour la bienséance, et afin de mettre à couvert des soupçons la réputation des ministres de l'Eglise. De plus, dans l'église, elles gardaient les portes par où entraient les femmes, qui étaient différentes, au moins en plusieurs endroits, de celles par lesquelles les hommes y entraient, ce qui se pratiquait surtout en Occident. Elles veillaient dans les assemblées de religion sur les personnes de leur sexe ; elles avaient soin que chacune fût placée à son rang, que le silence s'observât, et que la bienséance fût gardée en toute chose.

« Les prélats, dit l'abbé Fleury, usaient d'une grande patience et d'une grande discrétion pour gouverner toutes ces femmes, pour maintenir les diaconesses dans la sobriété et l'activité nécessaires à leurs fonctions, mais difficiles à leur âge; pour empêcher qu'elles ne devinssent trop faciles ou trop crédules, ou qu'elles ne fussent inquiètes, curieuses, malicieuses, colères et sévères avec excès. Il fallait prendre garde que, sous prétexte de catéchisme, elles ne fissent les savantes et les spirituelles; qu'elles ne parlassent indiscrètement des mystères, ou ne semassent des erreurs; qu'elles ne fussent parleuses et dissipées. »

Fleury dit encore qu'il y eut des diaconesses depuis les apôtres jusqu'au VIe siècle; mais elles subsistèrent beaucoup plus longtemps, car l'histoire ecclésiastique en fait mention et les suppose encore employées, au moins dans quelques Eglises, jusqu'au VIIIe et au IXe siècle.

DIACONIE, lieu où l'on renfermait autrefois les trésors des églises, et qui était ainsi nommé parce que la garde des reliques et de tout ce qui constituait les richesses sacrées des églises était sous la surveillance spéciale des diacres. D'après le décret du concile de Brague, 5e canon, les diacres seuls étaient chargés de porter les reliques en procession, et de les renfermer dans les trésors. — Le *diaconium* était donc la sacristie même.

Dans la primitive Eglise, on donnait encore ce nom au lieu destiné pour les pauvres et les malades, qui y étaient nourris des revenus de l'église et des aumônes des fidèles. L'abbé Fleury nous apprend qu'on n'y recevait point ceux qui pouvaient travailler, mais seulement les vieillards, les aveugles, les estropiés et tous ceux que leurs infirmités mettaient hors d'état de pouvoir gagner leur vie. « C'étaient ceux-là, dit-il, dont les chrétiens prenaient soin; et Prudence nous les décrit, quand il représente ceux que saint Laurent fit voir au préfet de Rome, comme les trésors de l'Eglise; et ils prenaient aussi grand soin des enfants : premièrement, des orphelins, enfants des chrétiens, et surtout des martyrs; puis ils prenaient soin des enfants exposés, et de tous ceux dont ils pouvaient être les maîtres, pour les élever dans la véritable religion. Tout ce soin des pauvres avait pour but de leur procurer des biens spirituels, à l'occasion des temporels. C'est pourquoi on préférait toujours les chrétiens aux infidèles, et entre les chrétiens, les plus vertueux. On abandonnait les incorrigibles. On ne recevait pas les aumônes de toute sorte de gens indifféremment. On refusait celles des excommuniés et des pécheurs publics, comme les usuriers, les adultères et les femmes débauchées. On aimait mieux exposer les pauvres à manquer du nécessaire, où plutôt on se confiait à la providence divine, qui saurait y pourvoir d'ailleurs. »

DIACRE. 1. Ministre de l'Eglise, destiné à aider, dans les fonctions saintes, le prêtre et l'évêque. Voici, d'après les Actes des apôtres, l'origine de leur institution. Le nombre des disciples de Jésus-Christ s'augmentant de jour en jour, les Juifs hellénistes se plaignirent hautement de ce que, dans les distributions qui avaient lieu chaque jour, on avait moins d'égard à leurs veuves qu'à celles des autres Juifs. Les apôtres, ayant à ce sujet assemblé la multitude des disciples, leur dirent: *Il n'est pas juste que nous quittions le soin de la parole de Dieu pour veiller à la distribution de la nourriture corporelle; choisissez donc entre vous, mes frères, sept personnes d'une probité reconnue, pleines de l'Esprit-Saint et de sagesse, auxquelles nous puissions confier ce ministère.* Cette proposition plut à la multitude, qui choisit pour cet emploi Etienne, homme plein de foi et de l'Esprit-Saint, Philippe, Prochore, Nicanor, Timon, Parménas et Nicolas d'Antioche. Ils furent présentés aux apôtres qui leur imposèrent les mains. Le nombre des diacres fut longtemps fixé à sept pour chaque église. Il n'y en avait pas autrefois davantage à Rome; et ils avaient chacun un quartier dans cette grande ville, qui leur était affecté. On voit, par le récit de leur institution, qu'ils furent d'abord comme les économes des revenus de l'Eglise, sous l'inspection des évêques. « Il était de leur charge, dit l'abbé Fleury, de recevoir tout ce qui était offert pour les besoins communs de l'Eglise, de le mettre en réserve, le garder sûrement, et le distribuer suivant les ordres de l'évêque qui en ordonnait sur le rapport qu'ils lui faisaient des nécessités particulières. Il était donc de leur devoir de s'informer de ces nécessités, d'avoir des listes exactes, tant des clercs que des vierges, des veuves et des autres pauvres que l'Eglise nourrissait : c'était à eux d'examiner ceux qui se présentaient de nouveau, et à veiller sur la conduite de ceux qui étaient déjà reçus, pour voir s'ils étaient dignes d'être assistés. C'était à eux à pourvoir au logement des étrangers et à savoir par qui et comment ils seraient défrayés. Les laïques s'adressaient à eux pour tout ce qu'ils voulaient demander ou faire savoir à l'évêque, dont ils n'approchaient pas si librement, par respect, et de peur de l'importuner. Ainsi la vie des diacres était fort active. Il fallait aller et venir souvent par la ville, et quelquefois même faire des voyages au dehors; et c'est pour cette raison qu'ils ne portaient ni manteaux, ni grands habits, comme les prêtres, mais seulement des tuniques et des dalmatiques, pour être plus disposés à l'action et au mouvement. » C'étaient encore les diacres qui veillaient sur les fidèles, pour avertir l'évêque, quand il y avait des querelles ou des péchés scandaleux. En un mot, le diacre était le ministre naturel et direct de l'évêque, d'où lui vient son nom; διάκονος, en grec, ne signifiant pas autre chose que *ministre*.

Les diacres ne tardèrent pas à être investis de fonctions sacrées : ils apportaient à l'autel les offrandes du peuple; ils aidaient le célébrant à donner la communion aux fidèles; pendant longtemps ils furent en possession de distribuer le calice. Ils avaient mission de prêcher et de baptiser en l'absence de l'évêque ou du prêtre. Le droit de conférer ce dernier sacrement se trouve constaté dans les Actes des apôtres, où nous voyons le diacre Philippe baptiser l'eunuque de la reine Candace. On peut même dire que l'institution des diacres est antérieure dans l'Eglise à celle des prêtres, car le sacerdoce proprement dit paraît avoir été institué plus tard. C'est pourquoi, dans la suite des temps, il y en eut qui furent tellement enflés de la dignité de leurs fonctions, qu'ils en vinrent à se croire supérieurs aux prêtres. Quelques-uns eurent la témérité de communier les prêtres eux-mêmes et de célébrer les mystères. Mais différents conciles réprimèrent leur hardiesse et resserrèrent l'emploi de diacre dans de justes bornes. Le concile de Nicée leur défendit de donner la communion aux prêtres. Celui d'Arles leur interdit d'offrir le saint sacrifice; et le pape Gélase décréta que les diacres ne donneraient la communion au peuple qu'en l'absence de l'évêque et du prêtre. Les diacres étaient autrefois admis dans les conciles, mais il ne leur était pas permis de s'asseoir; ils restaient debout derrière les prêtres; cependant on leur retrancha cette prérogative dans le VIII° siècle.

On a donné quelquefois à des diacres des paroisses à gouverner. L'évêque leur permettait de baptiser les enfants, de réconcilier les excommuniés; mais ils n'ont jamais pu absoudre les pécheurs, ni célébrer la messe. Leurs principales fonctions ont toujours été d'assister le prêtre à l'autel, et de l'aider dans les fonctions qui concernent le sacrifice de la messe, l'administration des sacrements et les diverses cérémonies du culte divin; de lire l'Evangile au peuple. Autrefois ils étaient chargés de faire sortir de l'église les pénitents, les excommuniés, les infidèles et tous ceux qui ne devaient pas assister au sacrifice. Ils avaient la surveillance dans les temples, maintenaient l'ordre pendant les offices publics, et veillaient à ce que chacun gardât pendant les saints mystères la modestie, le silence et le recueillement.

Il ne paraît pas que, dans les premiers siècles, les diacres aient été universellement astreints à la loi du célibat; mais depuis longtemps la discipline a changé sur cet article; ils ont dû faire profession de continence perpétuelle en recevant l'ordre du sous-diaconat. Cependant on a des exemples que le souverain pontife a relevé des diacres du vœu de chasteté, pour des raisons d'Etat ou d'autres motifs graves. On cite entre autres une dispense de ce genre accordée en faveur du prince Casimir, appelé au trône de Pologne par les vœux de la nation.

Maintenant encore il y a des diacres qui sont supérieurs aux prêtres, mais ils portent le titre d'*archidiacres*, et sont communément revêtus du caractère sacerdotal; il en est de même des cardinaux-diacres, successeurs des anciens diacres de l'Eglise de Rome, et qui sont presque toujours revêtus du caractère épiscopal.

Les ornements du diacre, lorsqu'il sert à l'autel, sont, outre l'amict, l'aube et la ceinture qui lui sont communs avec le prêtre et le sous-diacre, le manipule sur le bras gauche, l'étole placée sur l'épaule gauche et descendant transversalement sous le bras droit, où les deux extrémités sont attachées, et la dalmatique, de la couleur de la fête qu'on célèbre.

Il est fort rare maintenant de recevoir le diaconat pour en exercer les fonctions perpétuellement, ou jusqu'à ce que les besoins de l'Eglise obligent à monter plus haut; l'ordre de diacre n'est plus qu'un degré transitoire par lequel il faut passer, avant de parvenir aux fonctions du sacerdoce.

2. Les diacres des Eglises orientales exercent à peu près les mêmes fonctions que ceux de l'Occident, mais ils ne sont pas astreints à la loi du célibat; ceux mêmes qui ne sont pas encore mariés ont soin de prendre une femme avant de recevoir le sacerdoce, car alors ils ne pourraient plus recevoir le sacrement de mariage, bien que les prêtres ont la faculté de vivre avec la femme qu'ils ont épousée avant leur ordination. — Les diacres orientaux ne portent point la dalmatique. Leur ornement distinctif est l'*orarium* ou étole, passée sur le cou et arrêtée sous les bras de manière à former une croix transversale sur le dos et sur la poitrine.

3. La Rubrique anglicane nous apprend que la véritable fonction du diacre est de pourvoir aux besoins des pauvres, d'assister le ministre à la cène, de bénir ceux qui veulent recevoir le mariage, de baptiser, de présider aux inhumations, et enfin de prêcher, de lire aux peuples l'Ecriture sainte et les homélies. L'ordination de ces diacres consiste en une exhortation qui leur est faite, après laquelle un archidiacre, ou celui qui en tient lieu, les présente à l'évêque; celui-ci, après avoir demandé à l'archidiacre s'il les a examinés et trouvés dignes du diaconat, s'adresse au peuple, tant pour savoir s'il n'y a aucun empêchement à leur élection, que pour les recommander aux prières des fidèles. Après ces prières et quelques litanies, on lit aux candidats le passage de la première Epître à Timothée qui renferme les devoirs des diacres, ou celui des Actes des apôtres qui rapporte l'élection des premiers diacres. L'évêque reçoit des ordinands le serment de *suprématie*, et leur demande, entre autres questions, s'ils se croient appelés aux fonctions du diaconat par un mouvement intérieur du Saint-Esprit. Sur leurs réponses affirmatives, il leur remet entre les mains le Nouveau-Testament, et leur donne le pouvoir de lire la parole de Dieu et de prêcher. Il se communie et donne la communion aux nouveaux diacres. La cérémonie finit par une prière convenable à la circonstance et par la bénédiction.

DIACTOR, du grec διάγω, *transmettre*; surnom de Mercure, tiré de sa fonction principale, qui est celle de messager des dieux.

DIALIES, fêtes romaines, instituées par Numa, en l'honneur de Jupiter (Διό;), et présidées par le *Flamen Dialis*, qui toutefois pouvait être suppléé en cas de maladie ou de quelque occupation publique.

DIALIS FLAMEN, prêtre de Jupiter, chez

les Romains. Il tenait le premier rang parmi les prêtres et ne le cédait dans les cérémonies et dans les festins qu'au grand pontife et au roi des sacrifices. Il jouissait de la plus haute considération; il avait la chaise d'ivoire, la robe royale, l'anneau d'or, le droit de se faire précéder d'un licteur, et, en certaines occasions, celui d'ôter les chaînes aux condamnés, et d'empêcher qu'on ne les battît de verges, lorsqu'ils se trouvaient par hasard sur son passage; un prisonnier devenait libre, s'il trouvait le moyen d'entrer dans sa maison ou de se jeter seulement à ses pieds. Sa simple attestation valait un serment. Il avait son entrée dans le sénat; cependant il ne pouvait posséder aucune magistrature, afin que tout son temps fût consacré au culte de Jupiter. Sa présence dans la ville était jugée si nécessaire, qu'il ne pouvait s'absenter que dix jours, pour quelque raison que ce fût; cette absence ne pouvait être réitérée qu'une seule fois dans l'année, avec le consentement du souverain pontife, et jamais dans les jours de sacrifices publics. C'était de sa maison qu'on apportait le feu pour les sacrifices. C'était lui qui bénissait les armées et qui prononçait les conjurations et les dévouements contre les ennemis. Son bonnet était fait de la peau d'une brebis blanche, immolée par lui à Jupiter; tous les mois il en sacrifiait une le jour des Ides. A la pointe de son bonnet, il portait une petite branche d'olivier, attachée avec un ruban.

Le *Dialis* était soumis à des lois bizarres qui le distinguaient des autres prêtres. Aulu-Gelle nous les a conservées. 1° Il lui était défendu de monter à cheval; 2° de voir une armée hors de la ville, ou une armée rangée en bataille : c'est pour cette raison qu'il n'était jamais élu consul, au temps où les consuls commandaient les armées ; 3° il ne lui était jamais permis de jurer; 4° il ne pouvait se servir que d'une sorte d'anneau, percé d'une certaine manière; 5° il n'était permis à personne d'emporter du feu de la maison de ce flamine, hors le feu sacré; 6° si quelque homme lié ou garrotté entrait dans sa maison, il fallait d'abord lui ôter les liens, les faire monter, par la cour intérieure de la maison, jusque sur les tuiles, et les jeter du toit dans la rue; 7° il ne pouvait avoir aucun nœud ni à son bonnet sacerdotal, ni à sa ceinture, ni autre part; 8° si un criminel que l'on menait fouetter se jetait à ses pieds pour lui demander grâce, c'eût été un crime de le fouetter ce jour-là; 9° il n'était permis qu'à un homme libre de couper les cheveux au *Dialis*; 10° il ne lui était pas permis de toucher une chèvre, ni chair crue, ni lierre, ni fève, ni même de proférer le nom d'aucune de ces choses; 11° il lui était défendu de couper des branches de vigne; 12° les pieds du lit où il couchait devaient être enduits d'une boue liquide; il ne pouvait coucher dans un autre lit trois nuits de suite, et il n'était permis à aucun autre de coucher dans ce lit, au pied duquel il ne fallait mettre aucun coffre, ni hardes, ni fer; 13° les rognures de ses ongles et de ses cheveux devaient être enterrées sous un chêne vert; 14° tout jour était jour de fête pour le *Flamen Dialis*; 15° il ne lui était pas permis de sortir à l'air sans son bonnet sacerdotal; il pouvait le quitter dans sa maison pour sa commodité; cela lui fut accordé dans la suite, dit Sabinus, par une dérogation expresse, lorsque les pontifes le déchargèrent encore de quelques autres prescriptions trop assujettissantes; 16° il ne lui était pas permis de toucher de la farine levée; 17° il ne pouvait ôter sa tunique intérieure qu'en un lieu couvert, de peur de paraître nu sous le ciel, et comme sous les yeux de Jupiter; 18° dans les festins, personne n'avait la préséance sur le *Flamen Dialis*, sinon le roi des sacrifices; 19° si sa femme venait à mourir, il perdait sa dignité de flamine; 20° il ne pouvait divorcer avec sa femme, la mort seule pouvait les séparer; 21° il lui était défendu d'entrer dans un lieu où il y eût un bûcher à brûler les morts; 22° il ne lui était pas permis de toucher à un mort; il pouvait cependant assister à un convoi.

DIAMASTIGOSE, fête de la flagellation (διαμαστιγῶ, *flageller*), qui avait lieu à Lacédémone en l'honneur de Diane. Elle consista d'abord à fouetter sur l'autel de cette déesse l'élite de la jeunesse spartiate ; mais dans la suite on ne choisit plus que des enfants d'esclaves. Pour que l'officier chargé de cette opération ne cédât pas à la pitié que devaient inspirer les cris des victimes durant la cérémonie, la prêtresse de Diane tenait la statue de la déesse, qui, ordinairement fort légère, devenait, si les enfants étaient épargnés, tellement pesante que la prêtresse ne pouvait plus la soutenir. Les mères mêmes embrassaient leurs enfants au milieu de ces rudes épreuves, pour les encourager à souffrir avec constance. Aussi, au rapport de Cicéron, ne leur vit-on jamais verser une larme, ou donner le moindre signe d'impatience. Les victimes de cette cruelle superstition étaient enterrées avec des couronnes, en signe de joie et de victoire, et honorées de funérailles faites aux dépens du trésor public. Dans la suite on se contenta de fouetter jusqu'au premier sang ces enfants qu'on nommait Βωμονείκαι, c'est-à-dire *combattants sur l'autel*, du genre de rivalité que cette cruelle opération mettait entre eux.

Les anciens auteurs sont partagés sur l'origine de cette coutume. Suivant les uns, elle avait été établie par Lycurgue, afin que la jeunesse fût endurcie de bonne heure à la douleur et à la vue du sang. Selon les autres, ce fut pour satisfaire à un oracle qui commandait de verser le sang humain sur l'autel de Diane. D'autres font remonter cet usage à Oreste, qui le transporta de Scythie en Laconie, avec l'image de Diane Taurique. On rapporte aussi que Pausanias, général lacédémonien, sacrifiant aux dieux avant de livrer bataille à Mardonius, fut attaqué par un corps de Lydiens, qu'il repoussa avec des fouets et des bâtons, seules armes que les Lacédémoniens eussent en ce moment, et que cette solennité fut instituée pour perpétuer la mémoire du fait.

DIAMBILISCH, c'est-à-dire *monseigneur le diable*; nom que les Madécasses donnent au démon, qui, en certains cantons de l'île, est plus révéré que *Zahan-har*, le vrai Dieu. Le prêtre offre à Diambilisch les prémices des sacrifices.

DIANE. Cicéron compte plusieurs déesses de ce nom : la première fille de Jupiter et de Proserpine, mère de Cupidon ailé; la seconde, fille de Jupiter et de Latone; le père de la troisième était Upis, et sa mère Glaucé. Mais les poëtes et la plupart des anciens auteurs ont célébré celle qui passe pour fille de Jupiter et de Latone, et que l'on croit sœur d'Apollon. C'est à cette dernière qu'on a rendu les honneurs divins, bâti des temples et érigé des autels.

Une austérité farouche, une humeur fière et vindicative, tel est le caractère qu'on lui donne communément. Elle préférait le séjour des bois à celui de l'Olympe, et l'exercice pénible de la chasse aux doux amusements des autres déesses. Un carquois, un arc, des flèches, une courte tunique, tels étaient sa parure et ses ornements. Insensible aux attraits de l'amour, elle ne se contenta pas de garder elle-même une chasteté perpétuelle, elle imposa aussi cette loi sévère aux nymphes ses compagnes. Ses amours avec Endymion doivent être mis sur le compte de la Lune, et non de la déesse des bois, car la déesse objet de cet article avait trois noms, trois fonctions et trois caractères différents; ou plutôt les anciens auront confondu ensemble trois déités bien distinctes. Lorsque, dans le ciel, elle réfléchissait la lumière du soleil, on l'appelait *Phébé* ou la *Lune;* elle était alors quinteuse, capricieuse, et par conséquent amoureuse. Lorsqu'elle faisait retentir les enfers de ses hurlements, c'était *Hécate*, la cruelle, la redoutable et la sanguinaire. Mais lorsque, sur la terre, elle poursuivait les timides chevreuils et les biches fugitives, elle portait le nom de *Diane;* et sous cet aspect elle était chaste, mais fière, hautaine, vindicative, et d'une délicatesse extrême sur ce qui touchait à l'honneur : elle avait même quelque chose de martial et de guerrier. Nous ne la considérons ici que sous ce dernier point de vue.

On dit que lorsque sa mère accoucha d'elle et de son frère, Diane vit le jour la première et aida Latone à se délivrer d'Apollon. Témoin des douleurs maternelles, elle conçut une telle aversion pour le mariage, qu'elle obtint de Jupiter la grâce de garder une perpétuelle virginité, ainsi que Minerve sa sœur; ce qui fit donner à ces deux déesses, par l'oracle d'Apollon, le nom de *vierges blanches*. Les fonctions qu'elle remplit en cette occasion auprès de sa mère sont sans doute le motif pour lequel elle était invoquée par les femmes en couche, car on la supposait présider à la naissance des enfants. Jupiter l'arma lui-même d'un arc et de flèches, la fit reine des bois, et lui donna un cortége composé de soixante nymphes, appelées *Océanies*, et de vingt autres nommées *Asies*, vivant toutes, comme leur maîtresse, dans une chasteté irréprochable. Son occupation la plus ordinaire était la chasse; ce qui la fit regarder comme la divinité spéciale des chasseurs et même des pêcheurs, et en général de tous ceux qui faisaient usage de filets pour la destruction des animaux.

La mythologie rapporte plusieurs traits qui ne font pas honneur à sa patience et à sa longanimité; elle ignorait ce que c'était qu'oublier une injure et pardonner une offense. Lorsqu'il s'agissait de se venger, elle ne reculait devant aucune mesure quelque rigoureuse qu'elle fût; moissonner les troupeaux par des épidémies, détruire les moissons, humilier les parents par la perte de leurs enfants, étaient des jeux de son ressentiment. — Un roi de Calydon ayant négligé de l'inviter à un festin auquel il avait convoqué tous les dieux, Diane se vengea de cet affront en envoyant sur ses terres un sanglier monstrueux, qui y fit d'horribles ravages. — Agamemnon ayant tué par hasard une biche consacrée à cette déesse, il n'en fallut pas davantage pour enflammer sa colère et attirer sa vengeance. Elle retint, dans le port d'Aulide, toute l'armée des Grecs, et demanda le sang d'Iphigénie, fille du prince. — Un des monuments les plus célèbres de sa vengeance est la métamorphose d'Actéon : c'est aussi la fable la plus curieuse que racontent les poëtes au sujet de Diane. Ovide a décrit cette métamorphose avec complaisance, et dépeint le jeune chasseur si aimable, que toute autre que Diane lui eût pardonné. Le soleil, parvenu au milieu de sa course, dardait sur la terre ses rayons dévorants, lorsque Actéon, fatigué d'avoir poursuivi les bêtes sauvages dans la vallée de Gargaphie, en Béotie, chercha l'ombre et le repos. Son malheur le conduisit dans un sombre vallon, où d'antiques cyprès formaient un délicieux ombrage. A l'extrémité de ce vallon était une grotte que la nature avait pris soin de creuser elle-même. A côté de la grotte coulait une fontaine plus claire que le cristal, dont les bords étaient revêtus d'un verdoyant gazon. C'est là que Diane, fatiguée de la chasse, avait coutume de prendre le bain. Ce jour-là même, elle s'y était rendue comme à son ordinaire. Déjà ses nymphes l'avaient dépouillée de ses vêtements et étaient entrées avec elle dans la fontaine, lorsque Actéon, guidé par son mauvais sort, arriva dans ce lieu, et jeta par hasard sur la déesse des regards indiscrets. A la vue d'un homme, les chastes compagnes de Diane poussèrent des cris perçants; et plus jalouses de l'honneur de leur maîtresse que du leur propre, elles s'empressèrent de couvrir de leur corps virginal celui de Diane. Qui pourrait exprimer le trouble et le dépit de la fière déesse, lorsqu'elle se vit exposée toute nue aux regards d'un homme? Quoique couverte par ses nymphes, la pudeur lui fit cependant détourner la tête; et ne pouvant en ce moment se servir de ses flèches pour punir le téméraire, elle prit un peu d'eau dans le creux de sa main, et la jeta au visage du malheureux Actéon : « Va, lui dit-elle, va te vanter, si tu peux, d'avoir vu Diane au bain. » A l'instant même, Actéon perdit sa figure naturelle, et fut métamorphosé en cerf. La colère de Diane ne fut pas encore satisfaite ; elle anima les chiens du chasseur contre leur propre maître, qu'ils déchirèrent impitoyablement sans le connaître.

Diane était ordinairement représentée sous la figure d'une jeune fille, les cheveux épars ou noués par derrière, la robe retroussée sur le genou, armée d'un arc, le carquois sur le dos, chaussée du cothurne, et un chien à ses pieds. Elle a le sein droit découvert. Souvent on lui voit un croissant sur la tête, parce que Diane est aussi la Lune dans le ciel. Les poëtes la dépeignent tantôt se promenant sur un char traîné par des biches ou des cerfs blancs, tantôt montée elle-même sur un cerf, tantôt courant à pied avec son chien, et presque toujours entourée de ses nymphes, armées comme elle d'arcs et de flèches, mais qu'elle dépasse de toute la tête. Celle des Sabins était couverte d'une espèce de cuirasse, tenant d'une main son arc débandé et ayant un chien auprès d'elle. Ses statues étaient multipliées dans les bois, et la représentaient chassant, ou dans le bain, ou se reposant des fatigues de la chasse.

On lui offrait en sacrifice les premiers fruits de la terre, des bœufs, des béliers et des cerfs blancs, quelquefois même des victimes humaines, témoin Iphigénie chez les Grecs. Les Lacédémoniens en immolaient à Diane Orthienne. Les Achéens lui sacrifiaient un jeune garçon et une jeune fille. Dans la Tauride, où elle avait un temple, tous les Grecs naufragés sur cette côte étaient égorgés en l'honneur de Diane, ou jetés dans un précipice.

La dévotion des peuples lui avait érigé plusieurs temples fameux. A Castabula, en Cilicie, elle en avait un, où ses adorateurs marchaient sur des charbons ardents. A Rome, sur le mont Aventin, il y en avait un autre remarquable par les cornes de vache dont il était orné. Plutarque et Tite-Live rapportent cette particularité au sacrifice de la vache du Sabin ANTRON CORACE (*Voy.* ce mot) ; mais il est possible que ces cornes soient le symbole du croissant de la lune. Mais le plus célèbre de tous les sanctuaires de Diane était sans contredit le temple d'Ephèse, construit sur les dessins du fameux architecte Actiphon, et qui passait pour une des sept merveilles du monde. Cet édifice avait 425 pieds de long et 237 de large ; l'extérieur était décoré de tout ce que la nature et l'art offrent de plus précieux et de plus rare. L'or, l'argent, les pierres précieuses, les tableaux, les statues, étaient prodigués dans le temple. On y comptait 127 colonnes hautes de 60 pieds, dont chacune avait été érigée par un roi qui s'était efforcé de l'embellir et de la rendre digne de cet auguste lieu. Diane y était représentée toute couverte de mamelles. Cet admirable monument, que

tous les peuples et les princes d'Asie avaient décoré à l'envi, fut détruit par l'orgueil fanatique d'un homme obscur, qui, possédé du désir de s'immortaliser, ne trouva point de plus sûr moyen que de brûler le temple d'Ephèse. En conséquence, il y mit le feu, la nuit même que naquit Alexandre le Grand. Le sénat d'Ephèse, instruit du motif qui avait porté ce fanatique à commettre ce crime, fit une défense expresse de jamais prononcer son nom. Mais cette mesure fut impuissante, et le nom d'*Erostrates* passera incontestablement à la postérité la plus reculée.

DIANIUM, lieu de Rome dont parle Tite-Live, ainsi nommé, ou parce qu'il était consacré à Diane, ou parce qu'il y avait une statue de cette divinité.

DIANTINIES, fête de Sparte, dont on ne nous a transmis que le nom.

DIASIES, fête que les Athéniens célébraient le 30 du mois Anthestérion, en l'honneur de Jupiter Milichius, c'est-à-dire propice. Le but de cette fête était de prier le dieu de détourner les maux dont on était menacé. On la solennisait hors de l'enceinte de la ville. Il s'y faisait un grand concours de peuple, et tous y affectaient une profonde tristesse. Cette fête était accompagnée d'une foire célèbre, dans laquelle on vendait toute sorte de marchandises.

Il paraît qu'on en célébrait une autre du même nom le 19 du mois Munychion. On y faisait une grande procession à cheval. Les pères donnaient alors des présents à leurs enfants. Plutarque dit que ce jour-là on conduisait des chevaux à Jupiter avec grande pompe.

DIBARADANÉ, nom tamoul d'une cérémonie appelée en sanscrit *Dipa*. Elle consiste à offrir aux dieux une lampe allumée, et fait partie du *poudja* ou grande adoration journalière. Le brahmane qui officie tient d'une main une clochette qu'il sonne, et de l'autre une lampe de cuivre dans laquelle brûle du beurre en guise d'huile ; il la fait passer et repasser autour de la statue du dieu ou de l'objet auquel on veut rendre un honneur spécial. Quand la cérémonie est publique, les bayadères exécutent en même temps des chants et des danses. Les assistants, dans le recueillement et les mains jointes, adressent leurs vœux à l'idole ; après quoi le brahmane rompt les guirlandes qui l'ornaient, en distribue les fragments au peuple, et reçoit de lui les offrandes qu'il apporte à la divinité.

DIBATA-ASI-ASI, divinité suprême des Battaks, peuples qui habitent l'île de Sumatra. C'est ce dieu qui, après avoir créé le monde, en a confié la direction à ses trois fils Batara-Goura, Sori-Pada et Mangana-Boulan. Ceux-ci gouvernent l'univers par l'entremise de leurs wakils ou lieutenants, qui sont divisés en trois classes de grades différents, dont chacune a ses fonctions particulières. Batara-Goura est le dieu de la clémence ; Sori-Pada, celui de la justice, et Mangana-Boulan, l'auteur du mal, le tentateur éternel.

DICÉ, en grec δίκη, procès, justice ; nom d'une divinité des Grecs, qu'ils supposaient fille de Jupiter et de Thémis. Elle était une des déesses qui présidaient à la justice. C'était elle qui accusait les coupables au tribunal de Jupiter. On lui attribuait aussi la réussite et le bon succès des entreprises. Elle était vierge, symbole de la parfaite intégrité qui convient aux juges.

DICÉRION. On appelait ainsi un cierge à deux branches dont l'évêque se servait dans les premiers siècles pour bénir le peuple, et qu'il tenait fréquemment à la main. L'instrument et la cérémonie sont encore en usage dans les Eglises orientales.

DICTAME, plante que les Grecs offraient, avec le pavot, à Junon Lucine.

DICTÉEN, DICTÉENNE. *Dictéen* était un surnom de Jupiter, pris de l'autre de Dicté, où Rhéa sa mère l'avait mis au monde, et où il avait été élevé.

On appelait Dictéennes les nymphes de l'île de Crète, à cause du mont Dicté, un des principaux de l'île.

DICTYNNE, nymphe de l'île de Crète, que l'on confond quelquefois avec Minerve ou Diane. On dit que, poursuivie par Minos amoureux, cette nymphe se jeta du haut d'un rocher, et qu'elle tomba dans un filet de pêcheurs ; ce qui lui valut le nom de *Dictynne*, en grec δίκτυον, *rets*. On lui attribue aussi l'invention des filets propres à la chasse. C'est ce qui l'a fait confondre avec Diane, surnommée *Dictynéenne* par les Phocéens et les Lacédémoniens. *Voy.* BRITOMARTIS.

DICTYNNIE, fête célébrée à Sparte, en l'honneur de Diane surnommée Dictynne.

DID, ou **DIDO**, dieu secondaire des anciens Slaves, adoré principalement à Kiew. Il était regardé comme un des fils de Lada, la Vénus slavonne. Son emploi consistait à éteindre les feux amoureux allumés par son frère Léla. Son nom se retrouve encore actuellement, avec celui de son frère, dans les chansons populaires, surtout dans celles qui se chantent aux noces.

DI-DA, nom d'une idole chez les Cochinchinois.

DIDILIA, ou **DIDILLA**, déesse des anciens Slaves ; elle correspondait à l'Ilithye ou à la Lucine des Grecs et des Latins. Les femmes stériles l'invoquaient pour obtenir la fécondité.

DIDYME, du grec δίδυμος, jumeau, jumelle ; surnom de Diane, sœur jumelle d'Apollon.

DIDYMÉES, jeux grecs célébrés à Milet en l'honneur d'Apollon Didyméen.

DIDYMÉEN, de δίδυμος, jumeau ; surnom d'Apollon, soit parce qu'il est le frère jumeau de Diane, soit parce qu'il était considéré sous le double point de vue de dispensateur de la lumière du jour, et de principe de celle de la lune pendant la nuit.

DIDYMÉON, quartier de la ville de Milet, où Apollon Didyméen avait un temple et un oracle. Julien, voulant remettre en crédit cet oracle qui était tout à fait tombé, prit le titre de prophète de l'oracle de Didyme.

DIÉMATS, petites estampes chargées de caractères que les guerriers de l'île de Java portent comme des talismans, et avec lesquels ils se croient invulnérables ; persuasion qui ajoute à leur intrépidité.

DIES, *le jour* ; c'était la personnification féminine du jour et de la lumière. Cette divinité passait pour la femme du Ciel, dont elle eut Mercure et la première Vénus.

DIESPITER, un des noms de Jupiter, considéré par quelques-uns comme père de la lumière, *diei pater*; d'autres auteurs le font dériver de Διός, génitif de Ζεύς, nom grec de Jupiter ; enfin Servius, Macrobe et saint Augustin l'interprètent par *Dieipartus*, le jour étant la production naturelle de Jupiter. Nous croyons ces diverses étymologies fausses ; la première n'est qu'un grossier solécisme ; on l'évite en tirant ce vocable du sanscrit *Des-pita*, ou *Divespatir*, le père de la région (céleste) ; il est ainsi corrélatif du grec δεσπότης et du slavon *Gospodi*, dérivés eux-mêmes du sanscrit *Des-pati*, le seigneur de la région (céleste) ; dénomination qui convient éminemment au souverain être. *Voy.* DESPOTÈS.

DIEU. Un des points qui intéressent au plus haut degré la philosophie, l'histoire et la théologie, est la connaissance de l'idée que les différents peuples se sont formée et se forment encore de la Divinité. On a composé bien des traités sur cette matière ; mais quelque complets qu'ils soient, il y manque cependant quelque chose ; car on s'est contenté de recueillir les sentiments des philosophes et des écrivains de diverses nations, qui ne sont venus que plusieurs siècles après l'origine des sociétés, ou bien les données fournies par les voyageurs qui, la plupart, n'avaient séjourné que peu de temps chez des peuples dont ils connaissaient à peine la langue. Par ce moyen, on a obtenu les systèmes ou les raisonnements d'écrivains influencés la plupart du temps par l'éducation, la philosophie ou les préjugés, plutôt que la véritable tradition reçue ou adoptée lors de la formation des peuples.

Donnons un exemple.

Quand il s'agit de la théologie des anciens Grecs, on compulse, on discute, on compare les témoignages que nous ont laissés Homère, Pythagore, Platon, Aristote, etc. ; à la bonne heure ; mais ce ne sont encore que les témoignages de leur époque. Ne serait-il pas à propos de remonter plus haut, de rechercher ce que l'on pensait de Dieu, ce que l'on en disait aux temps d'Ogygès, de Cécrops, de Cadmus, et même avant eux ? Mais, répondra-t-on, nous n'avons point de monuments datant d'une époque aussi reculée, point de livres, de poëmes, de chants populaires. Il est vrai qu'il nous reste bien peu de monuments sur ce sujet ; mais, si petit qu'il soit, nous en avons au moins *un*, et ce monument est le nom même de DIEU, en grec Θεός, nom antérieur à Cadmus, à Cécrops, à Ogygès. — C'est bien peu, dira-t-on. — Raison de plus pour y tenir ; tirons-en parti le plus possible ; décomposons ce mot, analysons-le, comparons-le, cherchons son étymologie réelle, son origine : voyons à quel peuple les Grecs ont pu l'emprunter, ou s'il est un terme idiotique ; nous en tirerons de précieuses inductions qui, plus tard peut-être, se changeront en certitude.

Ce que je dis des Grecs trouve son application par rapport à presque tous les autres peuples ; c'est ce qui m'a engagé à recueillir le *nom de Dieu* tel qu'il est énoncé dans toutes les langues que j'ai pu compulser. On pourra voir, dans les tableaux suivants, sous quel aspect les différents peuples ont principalement envisagé la Divinité, comparer les dénominations diverses qu'ils ont employées pour exprimer ses attributs, et s'assurer quelles sont les sociétés qui en ont adopté ou qui en ont reçu une idée plus juste ; on se convaincra enfin que, de toutes les grandes familles des anciens âges, c'est la famille *sémitique*, et surtout la *postérité de Jacob*, qui nous a laissé de Dieu la qualification la plus exacte, la plus respectueuse et la plus digne de lui.

Ce travail avait déjà été inséré dans les *Annales de philosophie chrétienne*, années 1841 et 1842 ; mais depuis j'ai recueilli encore de nombreuses dénominations, j'ai corrigé plusieurs erreurs qui s'y étaient glissées, et j'ai donné plus de développement à la plupart des articles. Toutefois cette synglosse est loin d'être complète ; malgré les livres nombreux que j'ai compulsés, il y a encore bien des idiomes dont je n'ai pu prendre connaissance ; il y a des dénominations dont j'ignore la signification et l'étymologie ; je les rapporterai cependant : d'autres plus habiles pourront compléter cette esquisse à l'aide de la *philologie*, science nouvelle qui fait, chaque jour, d'immenses progrès (1).

מִמִּזְרַח־שֶׁמֶשׁ וְעַד־מְבוֹאוֹ גָּדוֹל שְׁמִי בַּגּוֹיִם וּבְכָל־
מָקוֹם מֻקְטָר מֻגָּשׁ לִשְׁמִי וּמִנְחָה טְהוֹרָה כִּי־גָדוֹל שְׁמִי
בַּגּוֹיִם אָמַר יְהֹוָה צְבָאוֹת:

מלאכי א א׳

Τίς οὐ μὴ φοβηθῇ σε, Κύριε, καὶ δοξάσῃ τὸ ὌΝΟΜΑ σου, ὅτι μόνος ὅσιος· ὅτι πάντα τὰ ἔθνη ἥξουσι καὶ προσκυνήσουσιν ἐνώπιόν σου.

(Ἀποκάλ. κεφ. ΔΙΙ, στίχ. δ′)

LANGUES ASIATIQUES.

Ier GROUPE. — LANGUES SÉMITIQUES (2).

1. Les Hébreux.

Sans doute on n'exigera pas de nous que nous exposions ici l'idée que les Juifs se faisaient du Tout-Puissant ; leur doctrine est consignée tout entière dans la Bible, et l'on sait que nulle part on ne peut trouver des notions aussi claires, aussi explicites sur l'unité de Dieu, sa grandeur, sa sainteté, sa toute-puissance, son action perpétuelle et providentielle sur toutes les créatures, son autorité sur les hommes. Aucune autre théogonie ne peut nous montrer des pages plus sublimes et en même temps plus exactes sur l'existence du souverain Etre, sur ses perfections et ses attributs.

On sait qu'en fait de théologie (à prendre ce mot dans sa plus stricte acception), Moïse s'est appliqué spécialement à inculquer aux Juifs le dogme de l'unité de Dieu : il y revient sans cesse ; il en fait l'exorde de ses principaux discours ; il sentait que les Israélites sortaient d'un pays où presque toutes les créatures avaient été déifiées, et qu'ils avaient besoin d'être sans cesse ramenés à un dogme qui sans doute avait reçu de profondes atteintes pendant un séjour de plusieurs siècles en Egypte. Il semble même qu'il craignit de les initier à la connaissance de la Trinité, car il y est à peine fait allusion dans tout l'Ancien Testament. En effet, les traditions du dogme trinitaire sont bien moins explicites dans les livres des Juifs que dans ceux de plusieurs autres nations antiques. Mais ces nations étaient polythéistes, et il était à craindre que des notions prématurées sur un Dieu trin et un ne conduisissent les Hébreux à une erreur semblable.

Des esprits inquiets et jaloux ont prétendu que les Juifs n'avaient qu'un Dieu local, que Jéhova était, il est vrai, le roi de la Judée, mais que les Hébreux eux-mêmes bornaient à peu près son empire aux limites de leur territoire. Une semblable assertion accuse une insigne mauvaise foi ou une profonde ignorance. Ecoutons un instant le roi David : « Nations de l'univers, louez toutes le « Seigneur ; écoutez-moi, vous tous qui ha-« bitez *le temps* (*Ps.* XLVII. 2). Le Seigneur « est bon pour tous les hommes, et sa misé-« ricorde se répand sur tous ses ouvrages « (CXLIV. 9). Son royaume embrasse tous les « siècles et toutes les générations (*Ibid.* 13). « Peuples de la terre, poussez vers Dieu des « cris d'allégresse, chantez des hymnes à la « gloire de son nom, célébrez sa grandeur « par vos cantiques, dites à Dieu : La terre « entière vous adorera, elle célébrera par « ses hymnes la sainteté de votre nom. Peu-« ples, bénissez votre Dieu, et faites reten-« tir partout ses louanges (LVI. 1. 4. 8). Que « vos oracles, Seigneur, soient connus de « toute la terre, et que le salut que nous te-« nons de vous parvienne à toutes les na-« tions (*Ibid.* 3). Pour moi, je suis l'ami, le « frère de tous ceux qui vous craignent, de « tous ceux qui observent vos commande-« ments (CXVIII. 63). Rois, princes, grands

---

(1) En classant les langues sous différents groupes, je n'ai pas prétendu faire un système ; j'ai voulu uniquement éviter la confusion qui résulterait d'une nomenclature interminable, où l'on ne verrait aucun point de réunion. J'ai suivi principalement les divisions d'Adelung et de Balbi, qui se sont efforcés de grouper les langues suivant leur rapport de parenté ou de filiation. Cependant les idiomes des peuplades barbares de l'Asie, de l'Afrique et de l'Amérique, encore trop peu connus, n'ont, la plupart, dans ma méthode de classification, d'autre rapport que celui des localités.

(2) Le terme *Sémitique*, employé pour distinguer la langue hébraïque et ses sœurs, est peu exact ; je m'en sers cependant, à défaut d'autre, parce qu'il est généralement admis.

« de la terre, peuples qui la couvrez, louez
« le nom du Seigneur, car il n'y a de grand
« que ce nom (CXLVII. 11. 12) ! Que tous les
« peuples réunis à leurs maîtres ne fassent
« plus qu'une famille pour adorer le Sei-
« gneur (CI. 23). Nations de la terre, applau-
« dissez, chantez, chantez notre Roi ! chan-
« tez....; car le Seigneur est le roi de l'uni-
« vers ; chantez avec intelligence (XLVI. 8).
« Que tout esprit loue le Seigneur (CL. 5) ! »

Les Hébreux donnaient à Dieu les noms
suivants, que l'on trouve tous dans la Bible :

1. אֱלוֹהַּ, *Éloah*, de la racine אָלָה *alah*, qui
ne se trouve plus qu'en arabe, et qui signifie *adorer*. *Éloah* veut dire l'*Être adorable*
par excellence, et cette appellation est plus
juste et plus en rapport avec l'idée de Dieu
que celle de *céleste*, usitée dans la plupart
des autres idiomes. On sait que les Hébreux
employaient presque toujours ce mot au
pluriel אֱלֹהִים *Élohim*, tout en professant rigoureusement le dogme de l'unité de Dieu ;
aussi le verbe ou l'attribut qui l'accompagne
est-il presque constamment au singulier.
בְּרֵאשִׁית בָּרָא אֱלֹהִים אֵת הַשָּׁמַיִם וְאֵת הָאָרֶץ, Au
commencement *les Dieux créa* le ciel et la terre.
(Gen. 1. 1.) שְׁמַע יִשְׂרָאֵל יְהוָה אֱלֹהֵינוּ יְהוָה אֶחָד.
Écoute, Israël : Jéhova *Dieux* de nous, Jé-
hova est *un*. (Deut. VI. 4.) Ils s'exprimaient
de la sorte pour donner une marque de leur
profond respect envers la Divinité : ainsi
dans la plupart des langues modernes de
l'Europe et même dans plusieurs de celles
de l'Asie, on interpelle au pluriel les personnes auxquelles on veut témoigner du
respect.

2. אֵל *El*, de la racine אוּל *oul* ou אִיל *il*,
la force : ce mot signifie donc l'*Être fort* ou
puissant.

3. אֲדֹנָי *Adonai*, composé du mot אָדוֹן *adon*,
seigneur, maître, et du pronom affixe de la
première personne ; ce vocable veut dire
ainsi *mon seigneur*, ou plutôt *mes seigneurs*,
au pluriel respectueux, par la même raison
que l'on dit אֱלֹהִים *les dieux* (1).

4. שַׁדַּי *Chaddai* ; ce mot vient encore
d'une racine qui ne se trouve plus que dans
l'arabe et qui signifie *puissant* : on le traduit

---

(1) C'est du mot *Adoni* ou *Adonai* que vient l'*Adonis* des Syriens tant chanté par les Grecs.
(2) La véritable prononciation du nom *tétragramme*
est un sujet de grande controverse parmi les savants ; Sanchoniaton l'écrit Ιευω : Diodore (l. I. n.
94), Macrobe (l. I. Satur. c. 18), Origène (*contra
Cels.* VI. p. 296), Epiphane (her. 26), St Irénée (her.
I. 34) l'écrivent Ιαω ; S. Clément d'Alex. (*Strom.* v.
c. 6) Ιαου ; d'après Théodoret (in Exod. qu. 15), les
Samaritains Ιαβε, et les Juifs ιαε Varron disait (*Augus.
in Ev.* l. I. 12) que *Joris* était le Dieu des Juifs
(voir *hist. univ.* tome III, note III.) D'autres parmi
les anciens *Iahoh, Iavo, Iaou*, et même *Iaod* et *Iaoth*.
Parmi les modernes, L. Cappel le prononce *Iavo* ;
Drusius, *Iave* ; Hottinger, *Iehva* ; Mercerus et Cor-
neille Lapierre, *Iéhévah* ; d'autres *Iova, Ivé, Iéhévé,
Icou, Iao, Aya* ; les orientaux , *Iehou* ; les latins *Iu,
Iou, Iovi* : c'est le nom qu'ils donnent au père des
Dieux : *Jovi, Ju-piter*, pour *Jou-pater*. Les Chinois

---

ordinairement par *tout-puissant*. Saint Jérôme, après Aquila, et Maimonide le rendent
par *celui qui se suffit à lui-même*, en le déri-
vant du relatif שׁ *celui qui*, et de די *dai*, l'action de se suffire.

5. עֶלְיוֹן *Élion*, de la racine עלה *alah*, élever, monter ; le *Très-Haut*, d'où Ἥλιος, nom
du soleil chez les Grecs.

6. יְהוָֹה *Yéhova*. Ce mot est moins l'appellation de Dieu que son nom propre. C'est le
vocable qui, de toutes les locutions, résume
le plus complétement l'idée que l'on doit se
former du souverain Être : aussi nous est-il
donné comme révélé de Dieu lui-même. Sa
racine est הוה *hava*, être ; il signifie donc
l'*Être* par excellence, *celui qui existe par
lui-même*. De plus, ce mot représentant le
passé הוה *hava*, par sa syllabe finale, ה, le
présent הֹוֶה *hové*, par sa voyelle médiale, ו,
et ayant pour initiale la lettre י, *y*, caractéristique et formative du futur, il est véritablement l'emblème de l'éternité (Voyez
Sarchi, *Grammaire raisonnée et
comparée*, pag. 435) ; il exprime *celui qui
était, qui est et qui sera* : c'est pourquoi
l'apôtre saint Jean le traduit par ὁ ὤν,
καὶ ὁ ἦν, καὶ ὁ ἐρχόμενος ; *qui est et qui érat,
et qui venturus est*. (*Apocal.* 1. 4). C'est en
ce sens qu'Aristote (*lib.* I *de cœlo*), appelle
Dieu Ἀιών pour ἀεὶ ὤν, c'est-à-dire *toujours
existant*.

Il est probable qu'au temps de Moïse, et
même plus tard, on prononçait ce mot sacré ;
mais le profond respect que les dépositaires
de la loi s'efforçaient d'imprimer aux Israélites pour ce nom ineffable porta peu à peu
le peuple à ne le prononcer jamais, dans la
crainte de le profaner. On lui substituait dans
la lecture le mot אֲדֹנָי *Adonai*, composé de
quatre lettres, comme יְהוָֹה *Yéhova*. Le
grand prêtre seul le proférait ; encore ne le
faisait-il qu'une fois l'an, le jour de l'expiation, lorsqu'entré dans le saint des saints, il
bénissait solennellement le peuple au bruit
des acclamations et des fanfares. Sa prononciation était même un mystère connu de très-
peu de personnes dans la famille du grand
prêtre : c'est ce qui fait qu'elle est perdue depuis la ruine du second temple (2). L'épella-
eux-mêmes ne l'ont pas ignoré ; ils le prononcent
I-hi-wei, 微 希 夷 (voyez Rémusat, *Mélanges
asiat.*, I p. 91, et *Nouv. Journal asiat.* VII, p. 404).
L'épellation actuelle *Jéhova* ou *Yéhova* ne saurait appartenir au nom tétragramme ; on en peut voir les
raisons dans la *Grammaire hébraïque* de Sarchi. Les
Juifs modernes représentent souvent ce nom par
deux yod יי, et même par trois ייי. Ceux qui désire-
raient connaître plusieurs particularités curieuses
sur ce sujet, pourront consulter entre autres P. Ga-
latin, *De arcanis catholicæ veritatis*, cap. XI et XII. —
J. Buxtorff, *Epitome radicum*, voce הוה, et les œuvres de M. Drach. Observons seulement que, pendant
longtemps, les Juifs ont prétendu que la connaissance
de la véritable prononciation du tétragramme donnerait à celui qui la posséderait un pouvoir illimité
sur tous les éléments et même sur les esprits ; et que

tion moderne ne vient que des points voyelles qu'on y a ajoutés depuis, et qui appartiennent au mot אֲדֹנָי *Adonai*, que l'on prononce encore actuellement dans les lectures privées et publiques, toutes les fois que l'on rencontre ce Nom ineffable; à moins qu'il ne soit précédé ou suivi du mot *Adonaï* lui-même, auquel cas on prononce *Elohim*, afin de ne pas répéter le même mot. *Voy.* JEHOVA.

Ce serait une témérité, sans doute, de taxer de superstition la règle que se sont imposée les juifs de ne proférer jamais le nom *incommunicable*; car les apôtres eux-mêmes se sont conformés à cet usage, et, dans leurs citations, ils le traduisent constamment par Κύριος, Seigneur, comme l'avaient fait avant eux les Septante : la Vulgate le rend toujours par *Dominus*. Origène, qui, dans ses *exaples*, a mis en regard du texte hébreu l'épellation littérale en caractères grecs, exprime le nom sacré par Ἀδωναΐ.

7. יָהּ *Yah*, autre nom sacré, dérivé de la même racine que le précédent, dont il est comme l'abrégé; c'est celui qui entre dans la composition de cette formule si fréquente chez les juifs et chez les chrétiens : הַלְלוּ־יָהּ *hallélou-Yah*, louez Yah (1) !

8. אֶהְיֶה *Ehyé*; même racine que יְהֹוָה *yéhova*; c'est la première personne du présent ou futur, *je suis* ou *je serai*. Plusieurs le regardent avec raison comme un nom propre, car il est écrit : אֶהְיֶה שְׁלָחַנִי אֲלֵיכֶם, *Ehyé m'a envoyé vers vous*. (*Exode*, III. 14.)

Il n'est pas inutile de connaître les dénominations qu'emploient les Juifs modernes pour exprimer la Divinité : entre un assez grand nombre, les principales sont :

9. שֵׁם *Schem* ou הַשֵּׁם *haschschem*, qui signifie *nom*, le nom par excellence. Ils l'emploient, ainsi que les vocables suivants, partout où l'on peut mettre le mot *Dieu*.

10. שָׁמַיִם *Schamayim*, ou sous la forme chaldaïque שְׁמַיָּא *Schmaya*, les cieux, parce qu'ils sont le siège du souverain Être. Nous verrons par la suite qu'un grand nombre d'autres peuples emploient aussi le mot *ciel* pour exprimer Dieu.

11. הַגְּבֹהוּת *Haggaboah*, le Très-Haut.

12. הוּא *Hou*; ce mot est le pronom *lui*; il est employé fréquemment par les Juifs cabalistes et par les Orientaux.

II. *En Chaldéen.*

1. ܐܠܗ *Elah*, ou emphatiquement ܐܠܗܐ *Elaha*; même racine que אֱלוֹהַּ *Eloah* des Hébreux : l'*Être adorable*.

2. ܡܪ *Mar* ou ܡܪܐ *Maré*; ce vocable d'origine babylonienne signifie *maître, seigneur*; il peut venir de la racine מר *mar* pour אָמַר *amar*, dire, commander, d'où dérive aussi le titre arabe أمير *Émir, Commandant*. On dit encore ܡܪܢ *Maran*, Seigneur, ou Notre Seigneur; ce mot syro-chaldéen se trouve dans l'anathème porté par saint Paul : *Maran atha*, le Seigneur vient (*I. Cor.* XVI. 22).

III. *En Syriaque.*

1. ܐܠܗ *Alo* et ܐܠܗܐ *Aloho*, Dieu.
2. ܡܪܐ *Moré* et ܡܪܝܐ *Moryo*, Maître, Seigneur.

Ces vocables, ainsi que les suivants, ont une étymologie commune avec le chaldéen.

IV. *En Samaritain.*

1. אלה *Ela* ou אלהה *Eléha*, Dieu.
2. מרה *Maré*, Seigneur.

V. *En Phénicien.*

Je comprends sous ce titre tous les peuples anciens qui habitaient les régions voisines de la Judée, tels que les Araméens, les Philistins, les Ammonites, les Moabites, les Tyriens, etc., qui tous parlaient des idiomes congénères. Les principaux vocables en usage chez eux pour exprimer la Divinité sont :

1. אֵל *El, Il*, אֱלָהּ *Élah*; toujours de la racine אלה *alah*, adorer, ou אַיִל *éyal*, la force.

2. בַּעַל *Baal*, בֵּעֵל *Béel*, et par contraction בֵּל *Bel*, le Seigneur. Ce vocable dérivé de la racine בַּעַל *baal*, dominer, était très-commun en Orient; on le trouve souvent dans les écrits grecs et latins sous la forme Βῆλος, *Belus*. Il exprimait la divinité en général; lorsqu'on voulait spécifier une divinité particulière, on ajoutait au mot générique une qualification, comme *Baal-bérith*, le Dieu de l'alliance, *Baal-schemen*, le dieu du ciel, *Baal-péor* ou *Béel-phégor*, etc.

3. מֶלֶךְ *Mélek*, מֹלֶךְ *Molek* ou *Moloch*, מַלְכָּם *Malkam*, מִלְכֹּם *Milkom*; tous ces vocables viennent de la racine מָלַךְ *malak*, régner, et signifient *le Roi du ciel*, ou *le Roi par excellence*; c'est de là que viennent aussi les composés אֲדְרַמֶּלֶךְ *Adrammélek*, le Dieu magnifique, עֲנַמֶּלֶךְ *Anammélek*, le Dieu propice.

4. מרנש *Marnas*, seigneur des hommes.

---

les miracles de Jésus-Christ ont été opérés par la puissance magique qu'il avait acquise en dérobant dans le sanctuaire ce nom ineffable.

(1) Des deux caractères qui composent ce mot, le premier vaut 10 et le second 5; réunis ils forment donc le nombre 15; mais les Juifs, de peur de profaner le nom de Dieu, représentent ce chiffre par les caractères numériques טו, qui, valant 9 et 6, forment aussi le nombre 15.

Ce nom était attribué principalement à la divinité adorée à Gaza (Hieronym. *Ep. 7 ad Lœtam*).

VI. En Punique.

1. ALON; ce mot se trouve dans Plaute (*Pœnulus*, act. v. scena 1); mais, comme il est figuré en caractères latins, il est permis de douter s'il vient, comme les précédents, du radical אלה *alah*, adorer, ou de עלה *alah*, élever, monter; en d'autres termes, s'il est corrélatif d'*Eloah*, l'Être adorable, ou d'*Elion*, le Très-Haut.

2. BAL, *le Seigneur*, du phénicien בעל *baal*; ce mot entre dans la composition de certains noms propres, tels que *Anni-bal*, corrélatif de l'hébreu *Ananyah*, grâce du Seigneur, et *Azdrubal*, corrélatif d'*Azar-yah*, secours du Seigneur.

3. HAMILKA; ce mot que nous apprenons d'Athénagore (*Legat. pro Christianis*), a dû s'écrire המלכא et signifie *le Roi* par excellence.

VII. En Arabe.

1° إله ou إلاه *Eláhon*, et vulgairement, *Elah* ou *Ilah*. On l'emploie plus communément avec l'article en élidant la première radicale, الله *Allaho*, vulgairement *Allah*. Ce mot vient de la même racine que l'hébreu *Eloah*, et a été imposé par les musulmans à tous les peuples soumis au joug de l'islamisme; il a même fait oublier à la plupart d'entre eux l'ancienne appellation en usage au temps où ils étaient idolâtres. Le mot *Allah* cependant est bien antérieur chez les Arabes à la prédication de Mahomet : car les tribus qui habitaient cette vaste péninsule s'étaient toujours servies de cette expression pour désigner le souverain Seigneur, du temps même où ils étaient sabéens.

Les Arabes modernes se vantent de posséder dans leur langue, la plus riche et la plus répandue de l'univers, quatre-vingt-dix-neuf noms de Dieu, sans compter le mot *Allah*; mais les autres langues pourraient en avoir presque autant, car ce sont moins des noms que des qualifications ou attributs. Cependant, comme ils sont très-propres à nous apprendre l'idée que les nations musulmanes se forment de l'Être souverain, et que d'ailleurs les ouvrages où ils sont consignés sont rares, nous allons les rapporter ici avec leur signification. Ils consistent tous en un seul mot, à l'exception du quatre-vingt-quatrième et du quatre-vingt-cinquième; c'est pourquoi nous les traduisons aussi par un seul mot français; mais si quelqu'un trouvait quelqu'une de ces expressions obscure, il pourrait recourir au *chapelet musulman* que nous avons inséré dans le premier volume, où nous avons donné un peu plus d'extension aux vocables. Si quelques expressions avaient ici un autre sens que dans le *chapelet* susdit, c'est qu'en effet le terme arabe peut quelquefois se traduire de plusieurs manières différentes.

2 *El-Rahman*, le Clément.
3 *El-Rahim*, le Miséricordieux (1).
4 *El-Mélik*, le Roi.
5 *El-Coddous*, le Saint.
6 *El-Sélam*, la Paix.
7 *El-Moumen*, le Fidèle.
8 *El-Mohaimen*, le Tuteur.
9 *El-Aziz*, l'Excellent.
10 *El-Djebbar*, le Puissant.
11 *El-Motakabber*, l'Auguste.
12 *El-Khalec*, le Créateur.
13 *El-Bari*, le Fondateur.
14 *El-Moçawwer*, le Formateur.
15 *El-Ghaffar*, l'Indulgent.
16 *El-Cahhar*, le Victorieux.
17 *El-Wahhab*, le Donateur.
18 *El-Razzac*, le Conservateur.
19 *El-Fattah*, le Vainqueur.
20 *El-Alim*, le Savant.
21 *El-Cabedh*, Celui qui contient tout.
22 *El-Baset*, l'Immense.
23 *El-Hafedh*, Abaissant (les superbes).
24 *El-Rafé*, Exaltant (les humbles).
25 *El-Moezz*, le Glorifiant.
26 *El-Mazell*, l'Humiliant.
27 *El-Sami*, l'Écoutant.
28 *El-Bacir*, le Voyant.
29 *El-Hakem*, le Juge.
30 *El-Adl*, le Juste.
31 *El-Latif*, l'Aimable.
32 *El-Khabir*, l'Habile.
33 *El-Halim*, le Doux.
34 *El-Azim*, le Très-Haut.
35 *El-Ghafour*, le Propice.
36 *El-Schekour*, le Reconnaissant.
37 *El-Ali*, l'Élevé.
38 *El-Kebir*, le Grand.
39 *El-Hafiz*, le Gardien.
40 *El-Moquit*, le Nourrissant.
41 *El-Hasib*, le Computateur.
42 *El-Djelil*, le Glorieux.
43 *El-Kerim*, le Généreux.
44 *El-Raquib*, l'Observateur.
45 *El-Modjib*, l'Exauçant.
46 *El-Wasé*, le Vaste.
47 *El-Hakim*, le Sage.
48 *El-Wédoud*, l'Aimant.
49 *El-Medjid*, le Glorifié.
50 *El-Baeth*, le Producteur.
51 *El-Schehid*, le Témoin.
52 *El-Hacc*, la Vérité.
53 *El-Wakil*, l'Administrateur.
54 *El-Caui*, le Fort.
55 *El-Metin*, le Stable.
56 *El-Wéli*, le Patron.
57 *El-Hamid*, le Loué.
58 *El-Mohci*, le Numérateur.
59 *El-Mobdi*, le Procréateur.
60 *El-Moïd*, le Ressuscitant.
61 *El-Mohyi*, le Vivifiant.
62 *El-Momit*, Donnant la mort.
63 *El-Hayy*, le Vivant.
64 *El-Cayoum*, le Perpétuel.

---

(1) Ces deux attributs entrent dans la composition de cette célèbre formule aussi fréquente chez les musulmans que le signe de la croix chez les catholiques : *Bism Illah ir-rahman ir-rahim*; « Au nom de Dieu clément et miséricordieux. »

65 *El-Wadjed*, l'Inventeur.
66 *El-Madjed*, le Glorificateur.
67 *El-Wahed*, l'Unique.
68 *El-Cemed*, l'Éternel.
69 *El-Cader*, le Prédestinant.
70 *El-Caser*, le Puissant.
71 *El-Caddem*, le Préexistant.
72 *El-Wakkher*, Existant après (tous les temps).
73 *El-Awal*, le Premier.
74 *El-Akher*, le Dernier.
75 *El-Zaher*, le Manifeste.
76 *El-Baten*, le Caché.
77 *El-Wâli*, le Président.
78 *El-Motaala*, le Très-Élevé.
79 *El-Barr*, le Pur.
80 *El-Thawwab*, le Rémunérateur.
81 *El-Montaquem*, le Vengeur.
82 *El-Afou*, le Pardon.
83 *El-Rawwaf*, l'Indulgent.
84 *Malek-el-Moulk*, Souverain du monde.
85 *Zoul-djelal wal-ikram*, Possesseur de la gloire et de la magnificence.
86 *El-Casat*, l'Équitable.
87 *El-Djamé*, Assemblant (les hommes au jour du jugement).
88 *El-Ghani*, le Riche.
89 *El-Moghni*, l'Enrichissant.
90 *El-Mané*, le Défenseur.
91 *El-Dharr*, le Contraignant.
92 *El-Nafé*, le Salutaire.
93 *El-Nour*, la Lumière.
94 *El-Hadi*, le Directeur.
95 *El-Bedi*, l'Admirable.
96 *El-Baqui*, le Permanent.
97 *El-Wareth*, l'Héritier.
98 *El-Raschid*, le Guide.
99 *El-Cabour*, le Patient.

Les Arabes n'ont point inséré dans cette longue nomenclature le mot *El-Rabb*, le Seigneur, dont ils se servent très-fréquemment, sans doute parce qu'il ne se trouve jamais isolément dans le Coran, mais complété par un régime, comme *Rabb-i*, mon Seigneur, *Rabb el-alemin*, Seigneur de l'univers. On peut y joindre encore le pronom *Hou*, lui, c'est-à-dire il est, il existe, fréquemment employé à la place du nom de Dieu, et qui est ainsi corrélatif de l'hébreu *Jéhova*.

Les musulmans citent rarement le nom de Dieu sans le faire suivre de la formule *Taala*, c'est-à-dire qu'il soit exalté!

II° GROUPE. — LANGUES ARIENNES.

VIII. En Zend.

Les anciens habitants des régions ariennes étaient monothéistes. Voisins des temps et des lieux où avaient vécu les patriarches, ils avaient reçu d'eux la notion d'un seul Dieu. Mais plus tard, lorsque les traditions primitives commencèrent à s'effacer, ils crurent pouvoir expliquer la coexistence du bien et du mal sur la terre en admettant deux principes, l'un bon et l'autre mauvais. Le premier était la lumière, ils le nommaient *Ormuzd*, l'*Oromazes* des Grecs; le second, appelé *Ahriman* (*Arimanes*), était les ténèbres. Longtemps en lutte l'un contre l'autre, ils en étaient enfin venus à une espèce de compromis, qui était l'origine de tout ce qu'il y avait de bien et de mal en ce monde. Or, comme ces deux génies marchaient chacun à la tête d'une multitude d'autres esprits, il est certain qu'ils puisèrent cette conception dans la connaissance qu'ils avaient de la chute des mauvais anges. Mais quand on étudie à fond leur religion, on acquiert la certitude qu'au-dessus d'Ormuzd et d'Ahriman, ils reconnaissaient un Dieu suprême et indépendant de l'un et de l'autre; c'est donc à tort qu'on a donné à ceux-là le nom de principes; ou bien il faut admettre qu'ils ne les considéraient comme principes que par rapport à l'influence qu'on leur prêtait sur la terre. Mais ils attribuaient tant de pouvoir à ces prétendus principes, qu'ils laissaient peu de chose à faire au Dieu suprême, auquel ils donnaient le nom de *Yezd* ou l'adorable. Enfin Zoroastre parut avec éclat sous le règne de Darius fils d'Hystaspe, et il donna à la religion des Perses les formes qu'elle a conservées jusqu'à présent.

1. ⁂ *Daéva*, ce mot, corrélatif du sanscrit *déva*, sera expliqué plus loin.

2. ⁂ *Ahura-Mazdao*; c'est le vocable connu depuis longtemps sous la forme *Ormuzd*. Les anciens Perses donnaient ce nom au premier des Amchaspand (les sept premiers bons esprits créés), mais il a dû originairement s'appliquer uniquement à la divinité ou bon principe; car *Ahura* est le correspondant exact du sanscrit *asu-ra* (1), un des noms de Brahmâ en tant que possédant la vie; *mazdâo* se décompose en *mazdao*, grandement savant (magniscius) (2). Je hasarderai donc de traduire cette expression par *le possesseur de la vie, souverainement savant*.

IX. En Persépolitain.

𐎱 𐏃 𐎡 𐏐 𐎠 𐎢 𐎼 𐎶 𐏀 𐎭 *Auramazda*. C'est encore le nom d'Ormuzd, considéré comme Dieu; en effet on lit en tête de plusieurs inscriptions persépolitaines :

| 𐎱𐏐 𐏃𐏐 𐎠𐏐 𐎢𐎼𐎶𐏐 𐎠𐏐 𐎡𐏐 |
| 𐎱𐏐 𐏃𐏐 𐎠𐏐 𐎢𐎼𐏐 𐎠𐏐 𐎡𐏐 |
| 𐎺𐏐 𐎡𐏐 𐎠𐏐 𐎢𐎼𐏐 𐎠𐏐 𐎹𐏐 𐎠𐏐 |
| 𐎱𐏐 𐏃𐏐 𐎠𐏐 𐎡𐏐 𐎢𐎼𐏐 |

Bu izrak Auramazda ; ah miocht buanan; « Ormuzd est l'être divin; il est le plus grand des êtres (Burnouf, *Mém. sur deux inscript. cunéiformes*, II° partie, p. 119, et III° partie, p. 126). »

---

(1) Il ne faut pas confondre *asu-ra*, un des noms de Brahmâ, ainsi que le démontre un petit lexique védique que possède M. Burnouf, avec *â-sura*, les démons ennemis des *suras* ou des dieux (lumineux).

(2) Notes communiquées par M. Eug. Burnouf. — Voyez aussi son *commentaire sur le Yaçna*.

x. *En Pehlvi.*

1. Khoda ; ce mot est venu par contraction du zend *qa-dâta* (*à se datus*), donné de lui-même ; de là est dérivé le Gott et God des langues germaniques, vocables dont le son ne rappelle plus à l'esprit la signification première, mais qui, dans l'origine, désignaient l'*être incréé*, celui que la mythologie indienne nomme *Swayam-bhoû*, existant par lui-même, ou *Swayam-datta*, donné de soi-même. « Tel qu'il est, toutefois, dit M. Burnouf, le mot *Khoda* et Gott a encore étymologiquement un sens plus élevé que le *dévas*, Θεός, *deus*, des Indiens, des Grecs et des Latins, lequel ne désigne que l'*être qui réside dans le ciel* ; et l'avantage d'avoir gardé pour l'idée de *Dieu* une expression plus grande et plus philosophique est incontestablement acquis aux peuples d'origine persane (*Nouv. Journal asiatique*, tome III, p. 345.). » Cette expression néanmoins le cède encore, ce semble, à celle qui nous est offerte dans l'hébreu יהוה *yéhova*, qui joint à l'idée d'existence celle d'éternité.

2. Mona, le *Roi* par excellence.
3. Ihan, nom donné primitivement aux génies célestes.
4. Djatoun, nom de Dieu et des bons génies.
5. Anhouma ; c'est une altération du zend *Ahurama* [zda] (1).

xi. *En Persan :*

1. خدا *Khoda* ou خدای *Khodai* ; c'est le mot pehlvi ci-dessus.
2. یزد *Iezd*, ایزد *Ized*, یزدان *Iezdan* ; ces mots sont des altérations très-légères du zend *Yazatâ*, lequel est exactement le sanscrit *yadjata*, adjectif védique composé de *yadj*, honorer par le sacrifice, et du suffixe *ata*, qui, ajouté au radical, a la valeur de l'adjectif latin en *bilis*, capable ou digne de... *Yezd*, *yazata* ou *yadjata*, doit donc se traduire littéralement par *digne d'être honoré du sacrifice*, ou plus simplement par *adorable*, et se trouve ainsi corrélatif de l'hébreu *Éloah* (Voyez *Commentaire sur le Yaçna*, t. 1, p. 218 et 219. — *Journal asiat.* 3 série. t. X. p. 325). Les Perses donnèrent aussi ce nom à un grand nombre de génies, objet de leur culte.

3. پروردگار *Perverdigar*, celui qui nourrit tout.

4. جهان بان *Djéhanban*, le protecteur, le gardien du monde.

5. داراد *Darad* ou داور *Dawer*, le souverain.

6. دادار *Dadar* ou دادگر *Dadger*, le distributeur ou l'administrateur de la justice.

7. کردگار *Kirdigar*, le créateur.
8. آفریدگار *Afridgar*, le créateur.
9. خداوند عالمین *Khodawend alémin*, le maître des mondes ; le premier de ces deux mots dérivé lui-même de خدا *Khoda*, signifie *Seigneur*.
10. الله *Allah* ; les Persans, en qualité de musulmans, donnent à la divinité tous les noms arabes.

xii. *En Afghani ou Pouchto.*

خدا *Khouda* ou خدای *Khoudaï*.

xiii. *En Kourde.*

خدی *Khoudi*, dérivé du persan ainsi que le précédent.

III⁰ GROUPE. — LANGUES INDIENNES

Au-dessus de la multitude prodigieuse de divinités qui peuplent le panthéon hindou, les plus instruits d'entre les Indiens admettent un Dieu « auteur et principe de toutes choses, éternel, immatériel, présent partout, indépendant, infiniment heureux, exempt de peines et de soucis ; vérité pure, source de toute justice ; qui gouverne tout, qui dispose de tout, qui règle tout ; infiniment éclairé, parfaitement sage ; sans forme, sans figure, sans étendue, sans nature, sans nom, sans caste, sans parenté ; d'une pureté qui exclut toute passion, toute inclination, toute composition. » On voit par cette définition que les anciens Hindous étaient essentiellement monothéistes, et que ce n'est qu'à une époque postérieure que le polythéisme et l'idolâtrie sont venus souiller et presque effacer une croyance aussi pure.

xiv. *Sanscrit.*

Parmi les langues indiennes, je mets au premier rang le sanscrit, idiome dont la connaissance a été longtemps un puits scellé pour l'Europe savante, et dont l'origine est encore un mystère ; c'est à cette langue que l'on rattache les principales familles des langues de l'Europe et de l'Asie ; quelques-uns même veulent y trouver la source de tous les idiomes de l'univers.
Pour nommer la divinité, on s'y sert des vocables suivants :

1. देव DÉVA , mot tiré de la racine *div*, le ciel, qui vient elle-même du primitif *div*, briller ; la terminaison *a* désigne l'adjectif possessif ; il exprime donc *celui qui possède la splendeur* ; ou *celui qui habite le ciel*. C'est de ce mot que les Grecs ont tiré les vocables Θεός, Ζεὺς ou Δεὺς, génit. Διός ; les Latins *Deus*, *Divus*, etc. (2).

---

(1) Anquetil. *Zend-avesta*. tome. iii. *Dictionnaires* ; mais ce savant se trompe en traduisant *Anhuma* , ainsi que *Ahura-mazda*, par *la grande lumière*.

(2) Comme c'est au sanscrit qu'un très-grand nombre de langues ont emprunté le vocable qui dénomme la divinité, il est important de bien constater ce fait ; c'est pourquoi nous allons transcrire ici

2. भगवान् BHAGAVAN; ce mot signifie proprement *adorable*; il est ainsi corrélatif du sémitique אלוה *élouh*, qui offre la même idée: il vient de la racine *bhag*, pouvoir divin, souveraine félicité, qui a fourni Богъ, *Bog*, nom de Dieu dans les langues slaves, ainsi qu'on le verra en son lieu.

3. भावन BHAVANA: ce mot dérivé de la forme causale de भू *bhou*, être, signifie *celui qui fait subsister*, ou *par qui tout existe* (*Nouv. journ. asiat.*, tome III, page 231).

4. लोककर्ता LOKAKARRTA; le créateur des mondes.

5. ईश्वर ISWARA; maître, gouverneur; du verbe *is*, gouverner.

6. ब्रह्म BRAHMA; les lexicographes hindous dérivent ce mot de la racine वृह् *vrih*, accroître; il représente le pouvoir créateur. Il ne faut pas confondre ce vocable avec ब्रह्मा *Brahmâ*; première personne de la *trimourti* ou trinité indienne; car il exprime le Dieu suprême, l'Être souverain (*Nouv. Journ. asiat.*, t. VIII, p. 232).

7. स्वयंभू SWAYAMBHOU; mot formé du verbe substantif et du pronom réfléchi: *Celui qui existe par lui-même*.

8. PARABRAHMA, le Brahma suprême, ou le Dieu souverain.

9. PARAMATMA, l'âme ou l'intelligence suprême, primitive.

10. ॐ AUM. « Ce mot, dit Klaproth, « est chez les Hindous le nom mystique de « la divinité, par lequel commencent toutes « les prières. On le dit composé de अ *A*, le « nom de Vichnou, उ *U*, celui de Siva, et « म *M*, celui de Brahmâ. » Il est ainsi le compendium de la *trimourti* indienne (*Ibid.*, t. VII, p. 183).

11. सुर SOURA, Dieu ou esprit, dans l'acception de *lumineux*, du radical *sour*, briller.

12. अमर AMARA ou AMARTYA, l'immortel, formé de *a* privatif et de *mara*, mourir.

13. DEVATA ou DAIVATA, le céleste, l'habitant du ciel.

14. NIRDJARA, exempt d'infirmité.

15. TRIDASHA, de *tri*, trois, et *dasha*, état. Les Hindous supposent que les divinités secondaires sont, comme les humains, soumises à la triple nécessité de naître, de vivre et de mourir.

16. TRIDIVÉSHA, qui réside dans les trois cieux.

17. VIBOUDHA, le vigilant, celui qui veille.

18. SOUPARVANA, qui remplit tout.

19. SOUMANAS, excellente intelligence.

20. DIVAÏKAS, celui qui fait son séjour dans le ciel (*cœlicola*).

21. DIVICHAT, celui qui habite dans le ciel.

22. BARHIMOUKHA, qui a le visage étincelant.

23. KRATOUBOUDJA, qui se nourrit de sacrifices.

Les onze derniers vocables, tirés de l'*Amarakocha*, s'attribuent plus spécialement aux divinités secondaires. Souvent même les Hindous, dans leur monstrueuse théogonie, donnent aux dieux inférieurs qu'ils adorent quelques-uns des douze premiers, lesquels cependant appartiennent essentiellement à la divinité suprême, à l'essence sans bornes qu'ils admettent au-dessus de tous les êtres.

xv. *En Hindoui, Brâdj-Bhakha, Mahratti, Goudjarati, Kanara, Orissa, Vikanera*, etc.

Toutes ces langues de l'Inde moderne, étant dérivées du sanscrit, ou du moins ayant beaucoup d'affinité avec cet idiome, offrent, pour exprimer la divinité, les mêmes dénominations qu'en sanscrit; et principalement :

1. DEW ou DÉVA et DÉVITA ou DÉVATA, le Céleste, ou le Resplendissant.

2. BHAGAVAN, BHAGWAN ou BHAGWANT, l'Adorable.

3. ISWAR, ISWARA, ISOR, ICHWOR; le Souverain maître.

4. PARAMESWAR, PARMÉSUOR, PARMECHWOR, formé de *parama*, premier, et *iswara*, maître; le Premier maître, le Souverain Seigneur. C'est le terme dont se servent de préférence les chrétiens de la péninsule.

xvi. *En hindoustani.*

Cette langue étant empruntée au sanscrit, au persan et à l'arabe, offre des dénominations de Dieu prises dans ces trois idiomes.

---

une note de M. Kurz, qui établit clairement les procédés généraux de dérivation.

« En sanscrit, dit-il, l'*i* de *div*, ciel, se change en *e* par *Gouna*, et en ajoutant *a* de l'adjectif possessif, on a au nominatif *devas*, celui qui demeure dans le ciel, Dieu. *Devas=Deus*, où le *v* a été changé en *u* (prononcez *ou*) comme dans *uvâtcha* pour *vavâtcha*, *quatio* et *concutio*, *solvo* et *solutus*, *avispex* et *auspex*, *gavisus* et *gaudere*, etc. Comparez encore avec *div* et *diuturnus*, le mot *divus* où se retrouve la racine *div* dans toute sa pureté.

« Ζεύς, que les Crétois nommaient Δεύς, génitif Διός, est le même que *Deus*, et on y retrouve encore la racine *div* ainsi que dans Θεός, où le digamma primitif s'est changé en *o*. Le mot *Diespiter* est de la même origine et veut dire *père du ciel* et non *père du jour*, et *Jupiter* n'est pas autre chose. Le *d* est très-souvent supprimé au commencement des mots (*dvi* et *vinsati*; *duo* et *viginti* : *zwei* et *beide*; *is* et *dieser*, etc.; peut-être aussi *Dioné* et *Juno*); on a fait *Ju-piter* de *iv* ou *Div*, comme on a fait *solutus* de *solvo*. La racine *div* se trouve encore dans *teufel*; bas allemand, *düwel*; anglais, *devil*; persan, *dew*; peut-être même dans *tien* et *ti* chinois. » (*Nouveau Journal asiat.*, tome v, page 407.)

Nous n'admettons pas cependant l'étymologie que donne M. Kurz de Jupiter, que nous sommes fondé à croire dérivé du *Jou*, *Jéhova* hébreu, ainsi qu'on le verra en son lieu.

1. Vocables sanscrits.

परमेश्वर پرمسور *Parameswar*, le premier maître.

ईश्वर اسور *Iswar*, le maître, le gouverneur.

भगवान بهگوان *Bhagwán* et بهگونت *Bhagwant*.

हर هر *Har* ou हरि هری *Hari*; ce mot signifie aussi *seigneur*; de là est venu le *herus* latin et le *herr* teutonique.

विष्णु بشن *Vichnou* ou *Bichan*.

नारायण ناراین *Náráyan*.

राम رام *Ram*. Ces trois derniers vocables sont proprement des noms de Vichnou considéré comme l'Etre souverain, et par extension on les emploie pour exprimer Dieu. C'est ainsi que dans quelques livres chrétiens, entre autres dans l'*Imitation*, on se sert des mots *Jésus* et *Christ*, pour désigner l'Etre suprême (1).

2. Vocables persans.

خدا *Khouda*, Dieu.

یزد *Iazd*, ایزد *Ezid*, یزدان *Iazdàn*, l'adorable.

پروردگار *Parwerdégàr*, celui qui nourrit tout.

آفریدگار *Afridgàr* et آفریننده *Afrinanda*, le créateur.

کردگار *Kirdigàr*, le créateur.

3. Vocables arabes.

الله *Ilah* ou الله *Allah*, Dieu.

رب *Rabb*, Seigneur.

بار *Bár* et باری *Bàri*, créateur.

خلاق *Khallàq* et خالق *Khàliq*, créateur.

کبریا *Kibriya*, la grandeur.

حق *Haqq*, la vérité. (Shakespear, *A dictionary hindustani and english*.)

XVII. En khond.

1. Pennou, Dieu; mot dont j'ignore l'étymologie.
2. Béra Pennou, le Dieu de la terre; il est regardé comme la suprême puissance. (*Journal asiatique* de Londres, n. XIII.)

XVIII. En bengali.

1. ईश्वर *Iswar*, le souverain de l'univers.
2. त्रिदश *Tridach*, de *tri*, trois, et *dach*, état; parce que, suivant le système hindou, la divinité se trouve comme les mortels dans le triple état de naissance, d'existence et de destruction. (Wilson, *A dictionary sanscrit and english*.)

---

(1) *Note* communiquée par M. Garcin de Tassy.
(2) Cette expression est depuis longtemps connue en Europe sous la forme altérée transmise par les Portugais, c'est le *Zamorin* de Calicut, un des princes établis par le dernier roi du Malabar, après le partage de son empire. (*Nouveau journal asiat.*, t. I, p. 275.)

3. देव *Déva*, du radical sanscrit *div*, espace lumineux, le ciel.

4. परमपुरुष *Parampourous*, de *parama* mier, et *pourous*, homme, être : *le premier être*.

XIX. En néwari ou langue du Népal.

Cette langue emprunte au sanscrit les mots:
1. Déva, Dieu.
2. Bhagouan, Seigneur.
3. Iswar, Seigneur.

Si le Néwar veut exprimer dans sa langue l'idée de Dieu, il est obligé d'avoir recours à une périphrase, et il dit :

4. Adjhi-déo, « composé de *adjhi*, grand-père, et de *deo*; et ainsi, par respect pour ses ancêtres, il en marque également à son créateur qu'il appelle littéralement *le père de son père*, ou *le premier père* (*Nouv. journal asiat.*, t. VI, p. 85). »

XX. En tamoul.

1. தேவன் *Déven*, le céleste; du sanscrit *déva*.

2. பிரான் *Pirán*, Dieu, prince; mot dérivé aussi d'une racine sanscrite qui signifie *parfait*.

3. தம்பிரான் *Tambirán* ou *Tambouran*; M. Burnouf fait dériver ce terme du pronom *tan*, lui, eux, et de *pirán*, Dieu. Il peut donc signifier *leur Dieu*, comme *Nambiran*, *notre Dieu* (2). Mais ne serait-il pas plus naturel de l'entendre dans le sens de *Il est Dieu*, ou en le rapprochant de l'étymologie sanscrite, *celui qui est parfait*? Appliqué aux hommes, ce mot veut dire *roi*, *prince*, *seigneur*.

4. செம்பிரான் *Chembirán*, de *chem*, juste, et *Pirán*, Dieu, *Dieu juste*.

5. Souvami, maître, seigneur; titre honorifique dérivé du sanscrit.

6. Paravastou, de *para*, premier, et *vastou*, être : *le premier être*.

XXI. En malabar.

1. പരമേശ്വരൻ *Paramesouaren*, le premier souverain.

2. സർവേശ്വരൻ *Sarouvesouaren*, le maître de toutes choses.

3. ദേവൻ *Déven*, Dieu.

4. കർത്താവ് *Karttava*, le Créateur, de racine sanscrite *kri*, faire, créer, de laquelle vient aussi le latin *creare* et ses dérivés.

5. തമ്പുരാൻ *Tambouran*, comme en Tamoul; c'est le mot dont se servent de préférence les chrétiens. (*Alphabetum Grandonico-Malabar*, Romæ, 1772).

XXII. En telougou.

1. దేవత *Dévata*, Dieu, mot sanscrit.

2. భగవత్ *Bhagavat*, la divinité, l'adorable.

3. అమర *Amar*, l'immortel.

4. విధాత *Vidhata*, le créateur.

5. ఈశ్వరుని *Ichwarouni*, le souverain maître.

6. జేజే *Djédjé*, Dieu. (Campbell, *A Grammar of the teloogoo language*.)

XXIII. *En Tzengari.*

Les Tzengaris ou Tsiganes sont des peuplades vagabondes répandues dans presque tout l'univers et connues en Europe sous le nom de Gitanos, Gypsies, Egyptiens, Bohémiens, etc.; comme ils parlent un idiome appartenant au système indien, ils donnent à Dieu le nom de :

DEVA, DÉVEL ou DEL, suivant leurs différents dialectes.

XXIV. *En Chingalais.*

1. దేవో *Déwo*, *Déo* et *Déwiyo*, dérivé du sanscrit par le pali *Dévo*.
2. *Bhagava*, l'adorable.

XXV. *En Pali.*

1. దేవో *Devo*, Dieu.
2. భగవా *Bhagavá*, l'adorable.

Ces deux expressions sont dérivées du sanscrit.

XXVI. *En Kouki.*

Ngion-Mi, Dieu.

IVe GROUPE. — LANGUES DE LA RÉGION INDO-CHINOISE.

La plupart des peuples qui habitent cette région, et quelques-uns de la région précédente, professent le bouddhisme, et par conséquent ne se font pas de Dieu la même idée que les autres systèmes de religion ; ils le considèrent comme une entité, comme une façon d'être, plutôt que comme un être distinct. C'est pourquoi plusieurs manquent même d'un mot propre pour exprimer la Divinité, et sont obligés d'avoir recours à une figure ou à une périphrase. Cependant plusieurs des vocables que nous allons citer sont antérieurs au bouddhisme ; et nous allons voir qu'ils rentrent dans l'idée de *céleste* que nous avons trouvée chez les Hindous. On a beaucoup disputé aussi pour savoir si les anciens Chinois avaient une connaissance exacte de la Divinité ; nous regardons la question comme définitivement jugée en leur faveur, et nous renvoyons, sur ce sujet, à ce que nous avons déjà dit sur le mot *Chang-ti*, à ce que nous dirons plus tard à l'article *Thien*, et à l'ouvrage du P. Prémare, inséré dans les *Annales de philosophie chrétienne*.

XXVII. *En Ava.*

Kiak, Dieu.

XXVIII. *En Barman.*

1. ဒေဝ *Déva*; mot sanscrit emprunté du pali.
2. ဘုရား *Bourá* (prononcez *Prá*), Dieu objet d'adoration, seigneur, maître.
3. ဘုရားသခင် *Prá-Sakheng*, le suprême objet de l'adoration.
4. သခင်ဘုရား *Sikhem-Prá*, le souverain Dieu ; composé de *sikheng*, seigneur, maître, et *Prá* Dieu.
5. သခင် *Sakheng* et *Sikheng*, seigneur, maître, gouverneur.
6. အရှင် *Acheng*, seigneur, maître.
7. အရှင်စော *Acheng-Tsau*; *tsau* est un titre respectueux qui, ajouté à *acheng*, ne s'emploie que pour exprimer la divinité.
8. မြတ်စွာဘုရား *Mrat-tswá-Prá*, le très-excellent Dieu. (Judson, *a Dictionnary of the Burman language*.)

XXIX. *En Siamois.*

1. พระ *Phrah*, Dieu, puissance, majesté. (Tow, *a Grammar of the Thai or Siamese language*.) Il est probable que ce vocable a la même étymologie que le *Prá* barman. Les princes de la terre ont en ce pays, comme en beaucoup d'autres, usurpé ce nom.
2. TCHAOU, titre honorifique qui correspond au barman *Tsau*, monseigneur.

XXX. *En Bhot ou Tibétain.*

1. ལྷ *Lha*; ce mot veut dire primitivement *le ciel*, comme *Déva* en sanscrit ; c'est maintenant le nom commun de la divinité.
2. དཀོན་མཆོག *Khon-tsiogh*, le très-précieux ou le très-saint ; c'est l'expression dont se servent de préférence les chrétiens ; elle est composée de *khon*, rare, précieux, inestimable, et de *tsiogh*, suprême, excellent.
3. ཀུན་ཐུབ *Vang-tchough*, le tout puissant.
4. རང་གྲུབ *Rang-troub*, existant par lui-même ; ce mot est par conséquent corrélatif du sanscrit *swayambhou*, du zend *qa-data* et du pehlvi *khoda*. Les chrétiens du Tibet parlent rarement de Dieu ou des personnes de la sainte Trinité sans faire précéder leur nom de cette formule, afin de ne les pas confondre avec les déités du bouddhisme et du lamaïsme.
5. དཔོན་པོ *Pon-bo*, le maître, le seigneur. (Voyez *Alpabeth. tibetanum* et *Nouv. Journ. asiat.* t. VII, p. 271.)
6. SENG-GHIE ; c'est le nom tibétain de Bouddha employé pour exprimer la divinité en général.
7. DJOBI, mot dont j'ignore la signification.

xxxi. *En Chinois.*

1. 天 *Thien.* Ce mot veut dire proprement *le ciel.* Il est maintenant hors de doute que, par cette expression, les Chinois comprennent aussi, ou du moins comprenaient autrefois *l'être supérieur;* c'est ainsi que nous voyons les Hébreux donner à Dieu le nom םימש *schamayim* ou אימש *schmaya*, les cieux; et un grand nombre de peuples tirer la dénomination du Tout-Puissant du sanscrit *Déva,* le céleste, lorsqu'ils ne la prennent pas dans leur propre langue(1).

Le caractère 天 *thien,* considéré dans ses éléments graphiques, parle aussi à nos yeux; car, si l'on s'en rapporte à la forme moderne, on voit qu'il est composé du signe 大 *ta* qui, représentant l'homme embrassant le plus d'espace possible, c'est-à-dire debout; les bras étendus, les jambes écartées, signifie *grand, grandeur,* et du signe de l'unité 一 *y*; ainsi, en réunissant les deux symboles, on obtient *première grandeur* ou *grandeur unique*, image qui n'est pas indigne du souverain des cieux. Mais si nous consultons les formes antiques du même caractère, il y a alors certitude que les anciens Chinois entendaient par ce mot autre chose que le ciel matériel. En effet, le dictionnaire *Lou chu thong* nous offre les formes, qui témoignent qu'anciennement c'était bien une tête humaine (seule image possible de l'intelligence), qui dominait ce caractère, et que la ligne droite qui la remplace aujourd'hui ne lui a été substituée que par les exigences du système de quadrature imposé à l'écriture moderne (2).

2. 天主 *Thien-tchu*; en ajoutant au précédent le mot *tchu*, seigneur, on obtient la formule *Seigneur du ciel,* qui est l'expression familière aux chrétiens, et qui a été imposée par les décisions de la Propagande, comme plus correcte et prévenant toute amphibologie.

3. 帝 *Ti.* Ce terme se traduit communément par *Empereur.* « Cependant, dit M. Kurz (*Nouveau Journal asiat.*, tome V, page 404), si nous recherchons la signification primitive de *ti,* nous trouvons qu'il veut dire le *maître*, le *souverain du ciel,* ou plutôt encore l'*esprit du ciel* (Dictionnaire *Phin tseu tsian.*). L'empereur ayant reçu son autorité du souverain du ciel lui-même, on le désigne aussi par ce nom emprunté, pour exprimer le haut degré de vénération et d'obéissance que les hommes doivent lui porter.» On peut voir aussi sur ce vocable les témoignages recueillis dans les *Annales de philosophie chrétienne* (tom. XV, p. 149 et suiv.), qui démontrent que *ti* a désigné primitivement *Dieu lui-même,* entre autres celui de l'empereur Kang-hi, qui donne cette définition : « *Ti* est le seigneur de tous les esprits.» Il ne faut pas omettre non plus l'analogie phonique qui existe entre ce mot *Ti* et ceux de *Thien* (3), *Déva,* Θεός, *Deus,* et leur nombreuse famille.

4. 上帝 *Chang-ti,* formé du précédent par l'addition de *Chang,* haut, suprême; le *suprême empereur;* cette formule distinguant l'empereur du ciel de celui de la terre, ôte toute amphibologie.

5. 皇天 *Hoang-thien,* l'auguste ciel; mais le P. Prémare observe que le groupe *hoang* étant composé des deux caractères 自 *tsee* (par soi-même) et 王 *vang* (roi), le sens qu'il doit offrir, d'après la règle du *Chou-ven,* est celui de *régnant par lui-même* (*Annales de Philosophie chrét.*, tome XV, p. 137); or cette expression ainsi formulée : *le ciel régnant par lui-même,* ne saurait convenir au ciel matériel.

6. 上天 *Chang-thien,* le ciel suprême, (celui qui est plus élevé que le ciel). (*Nouveau Journal asiatique.*, VI, page 443).

7. 真主 *Tching-tchu,* le véritable seigneur; c'est l'expression dont se servent les Chinois musulmans; ils disent aussi simplement 主 *Tchu,* le seigneur.

8. 太一 *Tay-y,* la grande unité; nom donné au souverain suprême dans les anciens livres chinois (*Annales de Philosophie chrét.*, XV, page 325).

9. 道 *Tao,* la voie, la raison, ou l'éternelle raison. Ce nom a encore plus que les précédents d'intimes rapports de pronunciation avec le Θεός grec, le *Deus* latin, etc. (*Ibidem.* 327; — et M. Pauthier, *la Chine,* p. 114).

10. 天地 *Thien ty,* mot à mot *ciel et terre;* appellation fréquemment employée par les Chinois pour désigner l'être suprême (Medhurst, *a Dictionnary of the Hok-këen dialect.* Macao, 1832).

---

(1) Voyez dans les *Annales de philosophie chrétienne* (tome XV, p. 136 et suiv.), les nombreux témoignages recueillis par le P. Prémare et par M. Bonnetty, qui tous prouvent d'une manière irréfragable que par le mot *thien* les Chinois entendaient aussi une intelligence supérieure.

(2) Ce système de quadrature est tellement inhérent à l'écriture actuelle, que l'image même du soleil qui autrefois était ronde, comme chez tous les peuples, et se figurait ainsi ⊙, est maintenant représentée par ce signe 日, où l'on voit que le point central a été lui-même allongé en ligne droite.

(3) D'autant plus que, dans le Fo-kien, le caractère *thien* se prononce *ti*.

11. 神眞 *Tching chin*, le vrai Dieu ; cette locution distingue le Dieu véritable des esprits ou génies qui portent le nom générique de *Chin*.

XXXII. *En Annamite.*

1. 主德 *Duc chua trói*. La première syllabe *duc* signifie *vertu, excellence* ; c'est le titre le plus honorifique. *Chua* est le mot chinois *tchu*, seigneur, et *trói* (prononcé *blòi* par les Tunquinois, et *tlòi* dans d'autres provinces), veut dire *le ciel*. Ce dernier mot est composé lui-même des deux caractères chinois *thien* et *chang* superposés, qui signifient *le ciel supérieur*. La formule entière se traduit par *le très-excellent Seigneur du ciel* (1).

2. 主天 *Thiên chua*, le seigneur du ciel ; c'est absolument l'expression chinoise *Thiên tchu*.

3. 帝主 *Chua té*, le Dieu gouverneur.

4. 主上 *Tuong chua*, le suprême Seigneur.

5. 窮無則法等 *Dang phép tac vô cùng*, la puissance infinie.

XXXIII. *En Samang.*

Les Samangs, peuple qui habite la presqu'île de Malaca, appellent Dieu :
SIAN.—M. Klaproth (*Nouv. Journal asiat.*, tome XII, page 241) rapproche ce vocable du malai *Touhan* ; mais ne serait-ce pas plutôt une corruption du chinois *thien*, que l'on prononce aussi *thian* ?

XXXIV. *En Formosan.*

ALID. Dieu. — Adelung et Klaproth (*Mithridates*, t. I, p. 582.—*Mém. relatifs à l'Asie*, t. I) comparent ce vocable à l'arabe *Allah* ; il n'est cependant pas probable qu'il en dérive.

XXXV. *En Japonais.*

Il y a dans ce pays deux idiomes : le *koyé*, dérivé du chinois, et le *yomi*, qui sans doute est l'ancienne langue ; les Japonais se servent de l'écriture chinoise et ont aussi des caractères particuliers.

1. 三力 *Ka-mi*, esprit, âme. Ce nom n'est pas particulier au Tout-Puissant ; on ne peut même le lui donner que par extension ; car il désigne plutôt les *génies*, les *esprits célestes*, ou les *âmes divinisées* : ce mot est *yomi*.

2. 神 *Sin* ; ce mot *koyé* signifie aussi *esprit, génie* ; pour exprimer précisément le Très-Haut on dit 神太 *Dai-sin*, le grand Esprit.

(1) Voyez du Ponceau, *Transactions of the american philosophical society*, vol. II, p. 145, et les magnifiques *Dictionnaires Annamites* de Mgrs Pigneaux et

3. 祇天 *Ten-mei*, l'esprit du ciel, et

4. 主天 *Ten-sou*, le seigneur du ciel ; ces deux expressions *koyé* sont employées de préférence par les chrétiens, lorsqu'ils ne se servent pas des mots *Deos, Deus*, importés par les Portugais.

XXXVI. *Les Aïnos et les habitants des îles Yeso, Tarakaï et Kouriles, et du fleuve Sakhalien.*

1. KAMOÏ, KAMOUI, Esprit, Génie, Dieu ; vocable dérivé du japonais *Kami*.

2. IÉSOUH ; c'est le nom du Sauveur, importé par les Moscovites ; ces peuples l'emploient aussi pour désigner Dieu en général.

V· GROUPE. — LANGUES TATARES.

Les peuples tatares professent un système religieux, appelé *Chamanisme* ; c'est une espèce de bouddhisme corrompu, ou plutôt une sorte de compromis entre le bouddhisme et l'idolâtrie proprement dite ou fétichisme. Chez la plupart d'entre eux les Bouddhas ou Bodhisatwas sont devenus des dieux tels que les entendent les idolâtres en général. Cependant on voit, par la plupart des vocables suivants, qu'un certain nombre reconnaît un dieu suprême, supérieur à toutes les autres divinités. C'est encore l'idée de *ciel* ou de *céleste*, qui a fourni le nom de la Divinité dans quelques-unes de ces langues.

XXXVII. *En Coréen.*

1. PONTCHAA.

2. KHOTA ; ce mot rappelle le ‎خدا *Khoda* persan.

3. Les Coréens emploient aussi un grand nombre de mots chinois prononcés à leur manière ; c'est ainsi qu'ils disent *Tchen* pour *Thien*, Dieu ou le ciel.

XXXVIII. *En Mandchou.*

1. ‎ᠠᠪᡴᠠ‌ᡳ‌ᡴᠠᠨ *Apka-i khan* ; l'empereur du ciel.

2. APKA-I EDCHEN, le seigneur du ciel ; ces deux locutions composées correspondent exactement au *Thien-tchu* des Chinois.

3. ‎ᡨᠣᠣᠰᡝᠩᡤᠠ *Toosengga*, le Tout-Puissant.

4. KOURMOUSDA, nom employé par les païens ; c'est l'Ormuzd des Parsis.

XXXIX. *Les Hioung-Nou ou Thou-Khiu.*

C'est un ancien peuple nomade qui habitait au nord et au nord-est de la Chine, et de qui sans doute sont venus les Turcs (*Journal asiat.*, t. VII, p. 257 ;—et Klaproth, *Asia polyglotta*, p. 212). Ils nommaient Dieu :

TENGHIRI ; ce mot veut dire primitivement *le ciel*, comme dans presque tous les idiomes tatares ; par extension il s'applique à la divinité.

Taberd, vicaires apostoliques en Cochinchine, Sérampore, 1838.

XL. *Les Tongouses.*

1. Naniyau ; on reconnaît dans ce vocable la racine *nian* qui, en lamoute, signifie *le ciel.*

2. Foya ; ce mot est dérivé de *Fo* ou *Foe*, appellation chinoise du *Bouddha* indien ; par extension il exprime Dieu en général. On trouve aussi ce vocable prononcé *Boa*.

XLI. *Les Mongols.*

1. بورخان *Bourkhan* ; ce mot est en mongol l'équivalent de *Bouddha* en sanscrit ; mais un grand nombre de peuplades tatares l'emploient pour spécifier le dieu suprême.

2. تنكرى *Tégri*, le ciel.

3. ارکتو *Erkétou*, le Tout-Puissant (Klaproth, *Nouv. Journal asiatique*, tome VII, p. 176 et suiv. — *Asia polyglotta*, p. 278 et suiv.).

4. *Tenguéri in etchen* ; le seigneur du ciel.

XLII. *Les Khalkas, les Bourétes et les Eleuths.*

Bourkhan, Dieu, ou *Tenghiri-Bourkhan*, Dieu du ciel.

XLIII. *Les Oïgours.*

تنكرى *Tengri*, le ciel.

XLIV. *Les Téléoutes.*

1. Teghir, le même que *tengri*, le ciel.
2. Khoudai, terme emprunté au persan.
3. Kaïra-kam, seigneur du ciel (Pietkiewicz, *Dict. de la conversation*, art. *Chamanisme*) ; il faut probablement lire *Taïra* ou *Téghira*, du tatare *tagri*, ou *tengri*.

XLV. *En Kalmouk.*

بورخان *Bourkhan*, Dieu, terme mongol.

XLVI. *En Turc.*

1. الله *Allah*, Dieu, mot arabe.

2. تنكرى ou تكرى *Tanri*, *Tenri*, *Tengri*, le ciel ; mot commun à la plupart des Tatares.

3. خداى *Khoudaï* ; mot persan adopté de préférence par les Turcs septentrionaux.

4. رب *Rabbi*, mon seigneur.

5. مولا *Mevla*, le maître, le seigneur.

6. بك *Bey*, seigneur.

XLVII. *En Qaratchaï.*

1. تكرى *Taïri*, le ciel.

2. حضرت حق *Hazret-i haqq*, la majesté divine.

XLVIII. *En Nogaï, en Quoumouq, en Qizylbach, en Qazakh, et généralement chez tous les Tatars musulmans.*

الله *Allah*, Dieu.

XLIX. *En Tatar-Kouchha.*

Tagri, le ciel.

VIe GROUPE. — LANGUES DE LA RÉGION CAUCASIQUE.

La plupart des peuples de cette région professent le christianisme ; mais cette religion est mêlée chez plusieurs d'entre eux à de grossières superstitions. Il serait assez difficile de déterminer la religion qu'ils suivaient antérieurement, excepté pour les Arméniens qui paraissent avoir subi l'influence des anciens Perses ; leur ancienne religion était le magisme, ou du moins un système religieux analogue. Quant aux autres nations, elles étaient probablement idolâtres ou fétichistes ; quelques-unes le sont encore. Un petit nombre a embrassé le mahométisme.

L. *En Arménien.*

1. Ա*ստուած*, *Asdovadz* ; ce vocable, d'après M. Eug. Boré, vient primitivement de l'arien *Indz*, que nous avons vu plus haut, et qui signifie *esprit, génie, Dieu* ; comme le ծ *dz* final se dédouble *sd*, ce mot équivaut à *Asdauts-asd* ou *azd*, composition qui donne *Iezdan Iezd, Deorum Deus*. (*Journ. asiat.*, juin 1841, p. 652).

2. Տէր, *Dér*, le seigneur.

LI. *En Géorgien.*

1. ღმერთი *Ghmerthi*, mot dont j'ignore l'étymologie.

2. ღუთი *Ghouthi* et ღთი *Ghthi*. Le premier de ces deux vocables offre assez de ressemblance avec le *God* ou *Gott* des nations germaniques, et avec le *Khoda* arien (*Nouv. Journal asiat.*, t. I, p. 441). Le second en est sans doute l'abrégé, s'il n'est pas une abréviation du précédent.

3. ღუდა *Ghouda* ; il est impossible de méconnaître dans ce vocable le *Khoda* des langues parses, avec lesquelles le géorgien a plus d'une affinité ; ce mot se lit entre autres dans le roman intitulé : *l'Homme à la peau de tigre*. On trouve encore *Khotta* et *Khoththa* qui confirment cette étymologie.

4. ოჳფალი *Ouphali*, seigneur.

LII. *En Mingrélien.*

Ghoromthi ou Gorounti, corrompu du géorgien *Ghmerthi*, ainsi que les trois suivans.

LIII. *En Souane.*

Gherbet.

LIV. *En Kiémer ou Gonia.*

Gormoti.

LV. *En langue hope ou krainza.*

Ormoti.

LVI. *En Tchétchense.*

Délé, Dalé, ou Doelé.

LVII. *En Ingouche.*

Déla et Daia.

LVIII. *En Touchi.*

Dalé. Ce mot et ceux des deux langues précédentes paraissent formés de *Da*, qui signifie *père*.

LIX. *En Tcherkesse ou Circassien.*

TKHA et THA; on peut comparer ce mot au géorgien *tchkwa*, esprit.

LX. *En Abaze.*

ANTCHA.

LXI. *En Ossète.*

1. KHOUTSAW, Dieu; mot dérivé, selon Klaproth, du persan خدا *Khoda*.
2. KHITSAW, seigneur, dérivé du persan خديو *khidziw*, qui signifie aussi *seigneur*. Il est probable que le précédent a la même étymologie.

LXII. *En Dogour.*

KHTSAU; même origine que les vocables ossètes.

LXIII. *En Lesghi ou Kouraèle.*

KYSSER, Dieu; on peut remarquer dans ce mot la racine *ser* qui, en lesghi, signifie *le ciel*.

LXIV. *En Qazi-qoumouq.*

BSAAL; ce mot (qu'on trouve aussi transcrit *Saal*, *Zaal* et *Wussal*), pourrait venir du géorgien *tsa*, le ciel

LXV. *En Akoucha.*

ZALLA et TSALLA; même racine.

LXVI. *En Andi.*

Tsow, Zo, ZOB; ces mots viennent de *zob*, *zouw*, le ciel.

LXVI. *En Khondsakh, en Antsoukh et en Tchari.*

BÉDJET. J'ignore l'étymologie de ce vocable et des suivants; peut-être pourrait-on les rapprocher du mot *béchi* qui, en andi, signifie *puissance*.

LXVIII. *En Aware.*

BÉDJET, BÉTCHAS.

LXIX. *En Dido et en Ounso.*

BETCHED, BETCHET.

LXX. *En Kaboutch.*

BECHED. (Voyez, pour la nomenclature caucasique, Klaproth, *Voyage en Géorgie et au mont Caucase*, t. II; — *Asia polyglotta*, p. 115 et suiv. — Adelung, *Mithridates*, t. IV, p. 143 et suiv.)

LXXI. *A Bakou.*

Près la mer Caspienne est une colonie d'Hindous, adorateurs du feu, qui appellent Dieu :

RAMA; c'est le nom de la dixième incarnation de Vichnou; mais cette tribu l'emploie pour exprimer l'Être divin en général.

VII· GROUPE. — LANGUES DE LA RÉGION BORÉALE.

Les peuples de l'Asie septentrionale, qui n'ont pas embrassé le christianisme des Moscovites, sont encore plongés dans le fétichisme ou idolâtrie grossière. Les plus avancés professent le chamanisme, comme les nations tatares, avec lesquelles ils ont des rapports d'origine et de mœurs.

LXXII. *En Tchouvache.*

TON ou TORA; c'est un mot scandinave qui veut dire *créateur*.

LXXIII. *En Yakoute.*

TANGARA, dérivé du tatare *tengri*, le ciel.

LXXIV. *En Permien.*

YEN; ce mot entre dans la composition de *yenech* ou *yen-welt*, qui signifie *ciel* en zyriaine.

LXXV. *En Zyriaine.*

1. YEN ou EN, même mot que le précédent.
2. GOSPOD, seigneur, terme pris de la langue russe, qui sera expliqué en son lieu.

LXXVI. *En Wogoul.*

THORON, *le monde;* ce vocable offre une idée que nous n'avons pas encore observée en Asie; ces peuples cependant ne professent point le panthéisme, car ils considèrent *Thoron* comme le *créateur* de l'univers

LXXVII. *En Ostiak.*

THOROM, le monde, Dieu, ou *Noum-thorom*, le Dieu du ciel. L'adjonction de l'expression *noum*, le ciel, au vocable *thorom*, prouve clairement que ces peuplades ne considèrent pas le *Thorom* comme le monde matériel. (Pietkiewicz, *Dict. de la conversation,* art. *Chamanisme.*)

LXXVIII. *En Tchérémisse.*

YOUMA; ce mot tire son origine des langues finnoises, où il exprime Dieu en général. *Jumala* était autrefois la principale divinité des Lapons-Danois.

LXXIX. *En Wotiak.*

YOUMAR; même étymologie que le précédent.

LXXX. *En Mordouine.*

1. CHKAI; ce mot veut dire primitivement *le ciel.*
2. PAZ, Seigneur, Dieu.

LXXXI. *Les Samoyèdes de l'Obdorsk.*

KHAI; mêmes signification et étymologie que le précédent.

LXXXII. *Les Samoyèdes de Narym et de Ket.*

NOUM, NOM; ce mot veut dire *le ciel* dans les dialectes samoyèdes; il est corrélatif du slavon Небо, *Niebo*, qui a la même signification, et du latin *nubes*, les nuées du ciel. Remarquons en passant le rapprochement signalé par Klaproth (*Asia polyglotta*), entre ce vocable et son homophone latin *Numen*, la divinité.

LXXXIII. *Les Kamatches et les Samoyèdes de Motor.*

NOUM.

LXXXIV. *Les Samoyèdes de Juraz, de Tym et de Karaz.*

NOUB, NOB; même étymologie que les précédents.

LXXXV. *Les Samoyèdes de Koibal.*

KHOUDAI, Dieu; mot persan.

LXXXVI. *Les Samoyèdes de Soyet.*

OULOU-KOUDAI, le grand Dieu ; expression turque.

LXXXVII. *Les Ostiaks du Jéniséi.*

Ils appellent Dieu :
1. En dialecte d'Imbazk. EIS. ES.
2. » de Pampokolsk, ETCH.
3. » d'Assan, EUS, OCH, ETCH.
4. » de Koït, ECH.
5. » d'Arin, ES.

Tous ces mots appartiennent à la même racine et signifient primitivement *le ciel.*

LXXXVIII. *Les Youkaghirs.*

KHAIL (Sur le groupe des langues boréales, voyez entre autres l'*Asia polyglotta*, p. 142 et suiv.).

LXXXIX. *Les Koriaques.*

1. ANGAN ; ce mot ressemble à *ankan*, qui veut dire *la mer*, dans la même langue.
2 KOOIKIMAKOU.

XC. *Les Kamtchadales.*

KOUT, KOUTCHA, KOUTCHAI. Klaproth compare ces mots au persan *Khouda*, *Khoudai*; ils pourraient venir du kamtchadale *koutch*, le soleil, astre qu'un grand nombre de peuples ont regardé comme l'image ou l'emblème de la divinité. De plus on trouve dans l'Amérique septentrionale des tribus qui ne donnent point à Dieu d'autre nom que celui de *Soleil*.

XCI. *Les Américains polaires*,

que l'on trouve dans les régions boréales de l'Asie.

AGHAT; on peut rapprocher ce mot de *Gude*, *Gudia*, esquimaux et groënlandais , et du *Khoda* persan.

LANGUES EUROPÉENNES. (1).

Ier GROUPE. — LANGUE EUSKARIENNE.

Ce groupe n'est actuellement composé que des divers dialectes de la langue Euskarienne ou Escualdunac, appelée communément langue Basque.

XCII. *En Eskuara.*

Le peuple basque, dont l'origine se perd dans la nuit des temps, et dont la langue est encore un mystère, appelle Dieu :

1. JAINCOA ; ce mot peut venir de *Gaincoa*, celui d'en haut: « antonomase énergique, dit le savant et pieux abbé Darigol (*Dissertation critique et apologétique sur la langue basque*), expression plus sublime que tous les superlatifs employés par les Grecs, les Latins, les Français, etc., pour remplacer le nom propre de Dieu. Quoique cette étymologie ne soit nullement forcée, continue le même auteur, nous ne balançons pas à lui préférer celle que nous suggère la prononciation du mot *Jaincoa* , usitée dans les provinces espagnoles : *Jaongoica* ou *Jabe-on-goica*, le bon maître d'en haut. Quoi de plus philosophique ! »

2. JAON, JAUN, IAON, CHAON, KHAON , bon maître, bon seigneur ; ces différents vocables sont le même mot prononcé avec l'articulation propre à chaque province (A. Chaho et d'Abbadie, *Etudes grammaticales sur la langue euskarienne*). On le trouve aussi articulé *Jauna* ou *Jabea*. N'oublions pas de signaler en passant le rapport intime qu'a cette expression avec le nom incommunicable des livres saints, articulé *Ia*, *Iao*, *Jabé*, *Javé*, *Jéhova*.

3. NABUSIA et NAGUSIA.

IIe GROUPE. — LANGUES CELTIQUES.

XCIII. *En Hybernien, ou Irlandais et en Gaélic.*

1. DIA, du primitif sanscrit *div*, briller , d'où *div*, le ciel, et *Déva*, le céleste ; vocable où l'idée de Dieu est liée à celle de la *lumière*, son symbole le plus pur et le plus frappant (A. Pictet : *Nouv. Journ. asiat.*, t. II, p. 460).

2. THIGHEARNA, seigneur; on prononce aussi *Thiarna* ou *Tiearna*. J'ignore l'étymologie de ce mot, et dans quelle acception il était employé par les habitants de l'ancienne Hybernie.

3. AESFHEAR, AESAR; cette expression usitée aussi pour exprimer le souverain être , n'est autre que le sanscrit ईश्वर *Iswara* , le souverain gouverneur (Pictet, *ibid*.—Bopp : *Glossär. sanscr.*).

XCIV. *En Gallois ou Kimraeg.*

1. DUW, DEW, Dieu ; même étymologie que le *Dia* hybernien ; il reproduit même plus fidèlement le radical.

2. ARGLWYDD, seigneur.

3. NER, le souverain, le gouverneur; du sanscrit नृ *nâra*, le maître ; ce dernier vient lui-même de la racine नृ *nri*, conduire, diriger (A Pictet, *ibid*).

XCV. *En Manx ou Gaélic de l'île de Man.*

1. JEE, Dieu. Doit-on regarder ce vocable comme une corruption du *Deva* indien , ou faut-il le rapprocher du sémitique *Iah, Jaoh, Jéhova?*

2. HIARN ou JIARN, maître, seigneur; ce mot paraît être corrélatif du *Thiarna* ou *Thighearna*, irlandais.

XCVI. *En Armoricain ou Brezouneeq.*

1. DOUÉ, Dieu; ce mot ne vient point du latin par l'intermédiaire du vieux français, comme

---

(1) Si nous rapprochons un certain nombre de vocables européens des langues de l'Asie; du sanscrit particulièrement, nous prions ceux de nos lecteurs, qui ne seraient point au courant de ces matières, de ne pas regarder ce rapprochement comme forcé; il est maintenant prouvé et universellement admis que les familles thraco-pélasgique, germanique, celtique et slave, sont filles ou sœurs des langues de l'Arie et de l'Inde. Voyez entre autres : Bopp, *Vergleichende Grammatik des Sanscrits, Zend, Griechischen, Lateinischen, Lituanischen, Gotischen and Deutschen.* — W. de Schlegel, *De l'origine des Hindous*, dans le IIe vol. des *Transactions of the royal society litterature*. — Eichhoff, *Parallèle des langues de l'Europe et de l'Inde*; et *Histoire de la langue et de la littérature des Slaves.* — A. Pictet, *De l'affinité des langues celtiques avec le sanscrit*, etc.

plusieurs pourraient le penser; mais bien du sanscrit, avec lequel la langue brezounecq a une affinité incontestable.

2. AOTROU, seigneur, monseigneur. Cette qualification n'a été donnée au Tout-Puissant que depuis le christianisme; du reste on la donne indistinctement à tout homme; aussi nous ne la citons que pour mémoire.

XCVII. En Celtique ou Gaulois ancien.

1. Dès, Dé, Dio; ces mots qui viennent originairement de l'Orient, comme les précédents, ont été pris à tort par les auteurs latins pour le nom de Pluton, appelé aussi Dis par les Romains.

2. TEUT, TEUTATÈS; le premier de ces deux mots n'est pas sans analogie avec le Θεός grec; le second peut venir de teut, peuple, et atta, père, ce qui signifierait le père du peuple ou des peuples.

III° GROUPE. — LANGUES THRACO-PELASGIQUES OU GRECO-LATINES.

XCVIII. En Grec.

ΘΕΟΣ. On a déjà vu (col. 196) que ce vocable vient du sanscrit देव Déva, l'habitant du ciel, le céleste. Le même mot était prononcé et écrit Θιός, en crétois, Σιός et Σιός, en dialecte dorien; et Σιόρ en dialecte laconien, par le changement du ς final en ρ (1).

2. Ζεύς, Διός; c'est le nom que les Hellènes donnaient au plus grand des dieux. On le fait communément dériver du verbe ζῆν, vivre; cette étymologie, bonne tout au plus pour le nominatif Ζεύς, n'est pas admissible pour les cas obliques. Au reste Ζεύς, aussi bien que son génitif Διός et le latin Deus, qui est sa transcription littérale (les anciens Latins n'ayant point la lettre z), se rattache au sanscrit Deva.

3. Κύριος; ce mot qui vient de κῦρος, autorité absolue, était employé par les Grecs pour désigner celui qui était maître d'un affranchi ou d'un serviteur libre, à la différence de δεσπότης, qui indiquait le possesseur d'un esclave; voilà sans doute pourquoi le premier a été choisi par les Septante et ensuite par tous les chrétiens pour qualifier celui qui voulait être servi plutôt par des enfants que par des esclaves.

4. Δεσπότης, terme qui, comme un grand nombre d'autres, a été profané par les hommes. Les Grecs en qualifiaient les rois et les princes; les esclaves appelaient ainsi leur maître; l'expression de despote emporte même aujourd'hui avec elle une idée d'oppression et de tyrannie incompatible avec la connaissance que nous avons des attributs de Dieu.

(1) Exemple frappant de l'altération que subissent souvent les mots primitifs en passant par d'autres langues. Ainsi personne n'a jamais douté que Σιός ou Σιός ne fût une altération de l'attique Θεός (l'aspiration jointe au T assimilant dans un grand nombre d'organes cette articulation à celle de la lettre S); d'un autre côté on a toujours été en possession de croire que le Θεός grec était identique au Deus latin. Il demeure donc prouvé que Σιός vient du sanscrit

Mais remontons à la source, cherchons l'étymologie de ce mot et nous verrons qu'il n'appartient qu'au souverain maître: il vient en effet du sanscrit Dis-pati ou Des-pati, le seigneur de la région céleste. Si nous rapprochons ce mot du latin Diespiter, qui a la même signification, cela nous en fournira une nouvelle preuve. Les Hellènes cependant n'avaient pas tellement perdu le souvenir de l'acception primitive de ce vocable que nous n'en trouvions quelques traces dans les auteurs anciens. Ainsi, dans la tragédie d'Hippolyte, Euripide met dans la bouche d'un serviteur de ce prince ces paroles remarquables :

Ἄναξ, Θεούς γάρ ΔΕΣΠΟΤΑΣ καλεῖν χρέων.

« O Roi! car le nom de Despote appartient aux dieux seuls. »

5. Δαίμων, esprit, génie; ce mot, qui désigne un être surhumain en général, a souvent été employé par les anciens Grecs pour exprimer la divinité; on en a des preuves même dans le Nouveau Testament (Acta Apost. XVII, 18). Plus tard, afin de distinguer le bon principe de l'esprit du mal, on l'appela Εὐδαίμων ou Ἀγαθοδαίμων, le bon génie. Actuellement le terme de démon est pris en mauvaise part, surtout par les chrétiens.

6. Ἀνάκτωρ, le souverain, le roi suprême.

7. Ἰαώ, transcription grecque du nom ineffable יהוה Jéhova.

XCIX. En Albanais.

1. Περντία (prononcez Perdia), Dieu; les deux dernières syllabes nous rappellent encore l'origine indienne.

2. Ζιότ ou Ζότι, le seigneur; ce mot paraît venir par corruption du grec Θεός; les lettres Θ et Ζ se confondant fréquemment dans la prononciation.

3. Τινεζότ, le seigneur.

c. En Etrusque.

AESAR, Dieu; ce nom fait heureusement partie du très-petit nombre de mots étrusques que nous ont transmis les latins (Suétone, cap. 97). Il n'est autre, ainsi que son analogue irlandais, que le sanscrit ईश्वर Iswar, le souverain gouverneur, Dieu.

CI. En Ombrien.

1. DI, DEI, Dieu; dérivé par corruption du vocable indien déva.

2. ERER, ERAR, seigneur; ce mot vient, ainsi que le latin Herus et le teutonique Herr du sanscrit हर har, surnom de Vichnou employé pour exprimer la divinité.

3. IVVE; c'est le nom du grand Dieu; impossible d'y méconnaître le tétragramme hébreu יהוה Jéhova. Nos lecteurs nous sauront

Deva, malgré la disparité d'articulation de la première lettre, parce que les modes de transition nous ont été heureusement transmis; mais supposons pour un instant Deus et Θεός perdus, on rirait de celui qui voudrait rattacher Σιός ou Σιόρ à Deva. Or combien n'avons-nous pas perdu d'heureuses étymologies, faute d'avoir conservé les modifications successives qui ont dû altérer plus ou moins le langage!

gré, sans doute, d'ajouter ici les différentes épithètes que les Sabins-Ombriens donnaient à Dieu ; on y verra l'idée que les anciennes populations italiques se formaient du souverain être.

Serfe, sauveur,   lat. *servare*.
Kapirv, Cabire ou le très-puissant, sem. כביר.
Eso, Esona, Esu-numen, le dieu fort.
Fossei, le lumineux,   grec. φῶς.
Fabv, Fabiv, l'auteur de la parole, lat. *fari*.
Ferhtru, le Férétrien, celui qui frappe, lat. *ferire*.
Nerv, Nerf, le fort.   sanscr. *Nara*.
Ocrer, Orer, le haut, le montagneux, mot sabin.
Parcersei, le pacifique.   lat. *pace*.
Persei, le destructeur des méchants, lat. *perdo*.
Prestota, le secoureur.
Sansie, le saint,   lat. *sanctus*.
Tikamne, le père du sort,   grec. τύχη.
Hondv, le Dieu des pluies,   lat. *unda*.
Nimetv, le neigeux,   lat. *nix*.
Nepitv, le nébuleux,   lat. *nubes*.
Sonitv, le tonnant,   lat. *sonitus*.
Oltv, le vengeur,   lat. *ultor*.
Vvfivne, le vivifiant (1),   lat. *vivificans*.

cii. *En Latin ancien.*

1. DEVVS, voyez *Divus*, ci-après.
2. CERVS MANVS ; ce mot (prononcé *Kerous manous*) signifie, d'après Festus, *le bon Créateur*, en effet cette expression composée vient du primitif *ker* ou *kri*, faire, créer, que l'on trouve encore en sanscrit, et de *manus*, que l'on disait autrefois pour *bonus*, ainsi qu'on peut le reconnaître sous la forme négative *im-manis* (*non bonus*).

ciii. *En Latin classique.*

1. DIVVS ; aucune langue n'a retenu plus purement que la latine l'articulation du nom que tant de peuples ont reçu de l'Inde ; en effet, en retranchant la terminaison *us*, propre au latin, on obtient la racine sanscrite दिव् *div*, briller, la lumière céleste.

2. DEVS ; ce mot ne vient point de la racine grecque ζάω, vivre, par le substantif Ζεύς, ni même de Θεός ainsi que l'enseignent les hellénistes ; mais comme le précédent, dont il n'est qu'une variante, comme Ζεύς et comme Θεός, il représente l'indien *Déva*, le céleste, ou le possesseur du ciel. Les dénominations prises dans les autres langues de ce groupe étant pour la plupart tirées du latin *Deus*, il sera inutile d'insister davantage sur cette étymologie.

3. NVMEN ; mot dérivé du sanscrit नम

---

(1) Tous ces vocables sont extraits des célèbres *Tables Eugubines* trouvées en 1456 près d'Eugubium. Elles sont en bronze et au nombre de sept ; deux d'entre elles offrent des inscriptions en caractères latins et les cinq autres dans l'ancien caractère pélasge, appelé communément étrusque. Bien des savants se sont efforcés d'interpréter ces inscriptions ; leurs essais plus ou moins heureux sont loin d'avoir résolu toutes les difficultés. Je rapporte ici l'inter-

nama, adoration, inclination respectueuse ; ce vocable est donc corrélatif de l'hébreu אלהים *Elohim*, l'adorable.

4. IOVI. Peut-être serons-nous taxés de témérité, de mettre au nombre des dénominations du vrai Dieu, un nom prostitué pendant si longtemps à l'impur fils de Saturne : mais ne craignons pas de restituer à Dieu ce qui lui appartient. Ce mot est le nom trois fois saint ; c'est le nom incommunicable, représentant exactement par ses quatre lettres l'ineffable tétragramme יהוה *Jéhova*. Lorsque les Latins l'énonçaient comme sujet d'une proposition, ils y ajoutaient constamment l'idée de paternité, *Ju-piter* pour Jou-pater, Jéhova le père.

5. DIES-PITER ; on a cru, pendant longtemps, que ce vocable signifiait *le père du jour, Diei-pater*; on évite ce grossier solécisme en le tirant du sanscrit *Des-pita*, le père de la région céleste. Forcellini remarque que dans quelques manuscrits d'Aulu-Gelle (*Nuits Attiques*, l. v, c. 12), on lit *Diespater*, ce qui peut encore représenter, comme Δεσπότης, l'indien *Des-pati*, le souverain de la région céleste.

6. DOMINUS. Les deux vocables précédents ayant été presque uniquement consacrés par les Romains, surtout dans les derniers âges, à désigner le chef de leurs faux dieux ; les Chrétiens, afin d'éloigner toute idée païenne, leur ont partout substitué le mot *Dominus*, qui exprime le domaine, l'autorité suprême. Il ne paraît pas qu'antérieurement au christianisme ce nom ait été donné à la divinité.

civ. *En Ramon ou langue des Grisons.*

DIU, DIAUS, DEUS, DIEU, suivant les différents dialectes.

cv. *En Italien.*

1. ancien : DEO, IDDEO.
2. moderne : DIO, IDDIO ; l'addition de l'i avant le mot *Deo* ou *Dio* tient à une euphonie particulière à la langue italienne.
3. DOMENEDDIO, Seigneur-Dieu.

cvi. *En Gergo, ou Argot italien.*

ANTICROTO, Dieu.

cvii. *En Piémontais.*

DIOU.

cviii. *En Langue Romane.*

DIU, DIUS, DEI, DEU, DIOU, DIEOU, DI, DEOU, DIEU.

cix. *En Catalan.*

DIOS, DIEU, DEU.

cx. *En Castillan.*

DEU.

prétation donnée par Passeri, dans le journal de Calogheri, intitulé : *Raccolta d'ospuscoli sientifici*, t. XXII et XXV. Ce savant, très-versé dans les antiquités de l'Italie, a expliqué ces tables par les rapports qu'elles pouvaient avoir avec les anciennes langues du Latium et de l'Étrurie. Il est facile de se convaincre que ses explications des noms de Dieu sont, du moins pour la plupart, fondées en analogie.

CXI. *En Espagnol.*

1. Dios.
2. Ala; les Espagnols ont emprunté ce mot de l'arabe الله; il rappelle la domination des Maures dans la Péninsule. On s'en sert encore quelquefois, par exemple, dans cette exclamation : *Valga me Ala!* Dieu me soit en aide !

CXII. *En Portugais.*

Deos, Deus.

CXIII. *Les Gitanos d'Espagne* (1).

1. Debel; ce terme accuse évidemment une origine sanscrite, surtout lorsque l'on considère que la lettre *b* a été longtemps, en Espagne, confondue avec le *v*, dans la prononciation et dans l'écriture.
2. Erano (prononcé *Eragno*).

CXIV. *En Français.*

1. Ancien : Dié, Déé, Deu, Deus, Dex, Diex, Dix, Deou, etc. Tous ces mots et quelques autres encore ne sont qu'une corruption du latin *Deus*; car avant que la langue française fût soumise à des règles fixes, chacun employait une orthographe purement arbitraire, qui variait de ville à ville, et d'année en année.
2. Moderne : Dieu.

Les langues dérivées immédiatement du latin offrent encore une autre expression très-fréquemment employée pour exprimer la divinité; c'est celle de *signore*, en italien; *signur*, *segner*, *senger*, en raman; *ségnour*, en piémontais; *senyor* en castillan; *señor*, en espagnol; *senhor*, en portugais; *seigneur*, en français. On ne peut tirer aucune induction de ce terme, parce qu'il est comparativement très-moderne; cependant, comme il est extrêmement usité, nous ferons quelques remarques sur sa signification intrinsèque.

Il dérive du latin *senior*, vieillard, homme avancé en âge. Comme les hautes fonctions, surtout dans l'Église, n'étaient guère conférées autrefois qu'à des hommes d'un âge avancé, on s'accoutuma peu à peu à donner le titre de *senior* à tous ceux qui en étaient revêtus quel que fût leur âge. Il en a été à peu près de même du mot grec Πρεσβύτερος, prêtre, qui a la même signification que le latin *senior*. Puis, quand cette expression n'offrit plus que l'idée de supériorité, on s'en servit aussi pour qualifier le souverain maître de tout ce qui existe.

Dans le moyen âge, nos ancêtres donnaient aussi à Dieu le titre de *Syres*, *sire*, *sires*; on n'est pas d'accord sur l'étymologie de ce mot que les uns font dériver du teutonique *herr*, le maître, d'autres du celtique *Syra*, père ou *syr*, noble; quelques-uns, enfin, du grec κύριος, le seigneur.

On a encore qualifié Dieu du titre de *don* ou *dom* qui vient du latin *Dominus*; mais tous ces noms ou titres ont toujours été attribués indifféremment à Dieu et aux hommes; il en est de même de l'anglais *lord*, du teutonique *herr*, et de plusieurs autres.

(1) Leur langue n'appartient aucunement au système thraco-pélasgique, mais au système indien;

CXV. *En Valaque*

1. Doumnezeou, Dieu.
2. Domnoul et Doamné, seigneur.

Ces différents vocables viennent du latin *Dominus*.

IVe GROUPE. LANGUES TEUTONIQUES.

CXVI. *En Gothique d'Ulphilas.*

1. Guth, Gotha, Dieu. Ce mot indique la transition de l'Orient à l'Occident; il tient le milieu entre le *Khoda* pehlvi et le *Gott* ou *God* plus moderne. Ce vocable, comme nous l'avons déjà remarqué, n'est pas primitif, mais il dérive lui-même du zend *qâ-datâ* (a se datus); idée plus digne de Dieu que les expressions celtiques et thraco-pélasgiques.
2. Fraujin, seigneur.

CXVII. *En langue Théotisque ou Francique.*

1. Kot, Gkot, Gott, Got, God, Dieu. (Gley; *langue et littérature des anciens Francs.*) Nous n'insisterons plus sur cette racine, qui se retrouve dans toute la famille germanique, et qui est tirée du pehlvi, comme nous venons de le rappeler.
2. Truhtin, Druhtin, Drohtin, seigneur, roi. Comparez à ce mot le sanscrit *dridha*, fort, puissant, de la racine *drih*, s'accroître.

CXVIII. *En Allemand moderne*

1. Gott, Dieu.
2. Herr, seigneur; on peut comparer ce mot au latin *Herus* et au sanscrit *har*, *hari*, qui ont la même signification. D'autres savants le font venir du sanscrit *sri*, titre honorifique que l'on prépose au nom des divinités, et des personnages ou des choses vénérables.

CXIX. *En Hollandais*

God, Heer.

CXX. *En Flamand.*

Godt, Heere.

CXXI. *En Anglais*

God, Lord. Ce dernier mot signifie *seigneur*. On n'en peut tirer aucune conséquence, par rapport à l'idée de Dieu, car il se donne aussi communément aux hommes élevés en dignité.

CXXII. *En Suédois, en Danois et en Norvégien.*

Gud, Herre.

CXXIII. *En Norvégien ancien ou Norsk*

1. Régin. C'est ainsi que les païens appelaient leurs dieux; ce mot vient du sanscrit *radjan*, roi, prince, souverain, dérivé lui-même de la racine *radj*, briller, resplendir. (Holmboe : *Sanskrit og oldnorsk, en sprogsammenlignende afhandling.* Christiania, 1846.)
2. Drottin, seigneur, roi; du sanscrit *dridha*, fort, puissant, ainsi que nous l'avons vu plus haut. *Ibidem.*

nous ne la plaçons ici que par la difficulté de la rapporter à son véritable groupe.

CXXIV. *En Islandais.*

Gub, Dieu, Drott, Seigneur. Ce dernier est le même que le *Truhtin* théotisque, et le *Drottin* norsk.

CXXV. *En Scandinave.*

1. As (pluriel *Æsir*), Dieu. M. Mallet dit que dans la langue scythique, *as* signifie le Seigneur, le Dieu suprême, et que ce nom était dans ce sens en usage chez plusieurs peuples celtes, et même chez les Étrusques ou Toscans; en effet, nous avons vu plus haut que *Æsar* était le nom de Dieu en étrusque. La mythologie scandinave portait qu'il y avait douze dieux (*œsir*) et douze déesses (*asyn*) qui méritaient les honneurs divins; mais au-dessus d'eux tous il y avait une divinité suprême, supérieure à toutes les autres (Burnet, *Parallèle des Religions,* tom. II).

2. Fan-as, le seigneur-dieu.

3. Tor, Tora, Tuira; ce mot signifie proprement, le *Créateur.* Chez les anciens Scandinaves, c'était le nom d'une divinité particulière; on l'employa dans la suite, et plusieurs peuples s'en servent encore pour exprimer le Dieu suprême, ou le vrai Dieu.

L'Edda, précieux recueil de la mythologie scandinave, donne à l'Etre souverain un grand nombre de noms; voici les principaux : on y apprendra l'idée que les païens du Nord se formaient de la divinité.

1. *Allfader*, le Père de tout, ou le Père tout-puissant.
2. *Hérion*, le Seigneur.
3. *Nikar*, le Sourcilleux.
4. *Nikuder*, le Dieu de la mer.
5. *Fiolner*, Celui qui sait beaucoup.
6. *Ome*, le Bruyant.
7. *Biflid*, l'Agile.
8. *Vidrer*, le Magnifique.
9. *Svidrer*, l'Exterminateur.
10. *Svider*, le Sage.
11. *Oske*, Celui qui choisit les morts.
12. *Falker*, l'Heureux.
13. *Heriafadur*, le Dieu ou le père des armées.
14. *Valgautr*, Celui qui désigne ceux qui doivent périr dans le combat.
15. *Valfader*, le Père des guerriers morts sur le champ de bataille.
16. *Helblinde*, Celui qui laisse aveugler les yeux par la mort, ou le Dieu de la vie et de la mort.
17. *Draugadrot*, le Dieu des inanimés.

La plupart de ces noms, donnés par un peuple essentiellement guerrier, rappellent le dieu des armées, *Jéhova Sabaoth*, de la Bible.

Ils nommaient encore la suprême triade, *Har, Janfchar* et *Tridi*, le supérieur, l'égal du supérieur et le troisième. Avaient-ils une idée de la Trinité? (*Voy.* Noël; *Dictionnaire de la fable;* — de Corberon, *Contes populaires de l'Allemagne,* et Riambourg, *Annales de Philos. chrét.,* t. X.)

V° GROUPE. — LANGUES SLAVES.

CXXVI. *En langues Slavone, Russe, Illyrique, etc.*

1. Богъ, Dieu; ce mot vient de la racine sanscrite *bhag,* pouvoir divin, excellence, félicité (Reiff, *Dictionnaire étymologique de la langue russe*); d'où le vocable indien *Bhagavat,* l'adorable. *Bogh* était aussi le nom d'une idole ou divinité des Sabéens de la Chaldée, appelés de son nom Boghdadiens (*Journal asiat.,* 3° série, tom. XII).

2. Господь, Seigneur; ce terme, d'après Reiff, vient du grec δεσπότης, formé lui-même, comme le latin *Diespiter,* du sanscrit *des-pati* ou *des-pita,* seigneur ou père de la région céleste. Ce vocable convient donc uniquement à Dieu; les hommes, cependant, l'ont usurpé sous les formes *Gospodi, Hospodi, Hospodar,* etc. Suivant Bopp (*Glossar. sanscr.*), il vient de *Vis-pati,* seigneur des hommes.

CXXVII. *En Serbe ou Servien.*

1. Boxé (prononcez *Bojé*), Dieu; voyez le *bog* des Russes.

2. Bi, dans un autre dialecte.

3. Gospodine, Seigneur.

CXXVIII. *En Polonais.*

1. Bog, Dieu.

2. Pan, seigneur; on retrouve ce vocable chez les Grecs, les Romains et les Egyptiens; cependant il est employé indistinctement par les Polonais pour qualifier Dieu et les hommes, et correspond, comme un grand nombre de ceux que nous avons cités en seconde ligne, aux mots français : *Seigneur, monseigneur* et *monsieur.* C'est pourquoi nous ne citons ces mots la plupart du temps que pour mémoire.

CXXIX. *En Vende ou Vénède.*

1. Bogh, Dieu.

2. Knes, Seigneur.

CXXX. *En Lithuanien.*

1. Diewas, Dieu; encore un mot venu du sanscrit *Déva,* le céleste; il en est de même du vocable letton.

2. Ponas, seigneur.

CXXXI. *En Letton.*

1. Dews, Dieu.

2. Kungs, Seigneur; ce dernier a des rapports de prononciation avec le teutonique *Kænig, King,* roi; aurait-il la même étymologie?

VI° GROUPE. — LANGUES FINNOISES.

CXXXII. *En Rhunique:*

ΡΠ┤ ΙΡΠ┤; *Kud, Ikud,* où reconnaît encore ici une origine arienne, *Khòda,* Dieu.

CXXXIII. *En Finnois.*

1. Jumala (prononcez *Youmala*). Ce mot, chez les peuples finnois, est la plus haute expression du caractère divin; il emporte essentiellement l'idée de puissance créatrice. Aussi ce n'est pas seulement au grand Dieu, ou plutôt au principe suprême et universel des choses qu'il était appliqué; mais à tous les dieux qui tenaient un rang élevé

dans la hiérarchie mythologique, de même à peu près que le *Bog* des Slaves ; terme appellatif, convenant à tous les êtres déifiés. C'est donc à tort que certains écrivains ont particularisé le mot *Jumala* ; ils sont tombés dans l'erreur de ceux qui transforment en noms propres les simples expressions épithétiques. (Léouzon le Duc, *La Finlande*, etc. 1845, t. I.)

2. *Herra*, Seigneur, terme emprunté au teutonique.

CXXXIV. En Esthonien.

1. JUMMAL, Dieu ; même sigification qu'en finnois.

2. ISSAND, Seigneur ; comparez la racine sanscrite *is*, dominer, gouverner, commander.

CXXXV. En Lapon.

1. JUMALA ou IBMEL. Ces deux mots ont la même étymologie.

2. AILEK, Dieu ou génie.

3. HÆRRA, Seigneur ; expression moderne, tirée du teuton.

4. ATZHIE, source ou principe universel. *Radien-Atzhie* était chez les anciens Lapons un de leurs dieux souverains, peut-être celui qui était au-dessus de tous les autres. Depuis qu'ils sont devenus chrétiens, ils ont donné ce nom à la première personne de la sainte Trinité.

CXXXVI. En Madjar ou Hongrois.

1. ISTEN, Dieu. J'ignore l'étymologie de ce nom ; mais on peut y reconnaître soit le verbe substantif *ist*, *est*, l'Etre existant par lui-même ; soit le pehlvi *Yezd*, Dieu, génie.

2. UR, Seigneur.

LANGUES D'AFRIQUE.

Ier GROUPE. — LANGUES DE LA RÉGION DU NIL (1).

CXXXVII. En Egyptien.

Les anciens Egyptiens donnaient à la divinité différents noms, et la représentaient sous différents symboles.

1. KNEF et KNOUFIS ; ils entendaient par cette expression, le Dieu souverain, unique, qui n'est jamais né et ne mourra jamais ; suivant Sanchoniaton, c'est celui que les Phéniciens appelaient Ἀγαθοδαίμων, le bon génie. Quelques-uns veulent que ce dieu soit le même que celui qui est cité par Jamblique sous le nom d'Hemeph (Ἡμήφ). Kircher considère même ce dernier mot comme dérivé de ⲂⲈⲚⲪ︤Ⲧ︥ *Hemphtha*, le Tout-Puissant, opérant toutes choses par le moyen de *Phtha*, son fils, ἐν φθά. (*Voy.* Plutarque, *de Iside et Osir.* — Eusèbe, *Præpar. ev.* l. I, c. 10 ; — Jamblique, *de Myst.* sect. VIII, ch. 3 ; — Kircher, *Prodromus coptus*, c. VI ; — Pianciani, *Essai sur la cosm. égypt.* ; et Champollion-Figeac, *Egypte ancienne*, p. 244.)

2. Ⲫ︤Ⲧ︥ *Phtha*. Ce mot signifie le feu. Lorsque les traditions primitives étaient pures encore, les Egyptiens entendaient par *Phtha*, le feu générateur, cause médiate de la fécondation des êtres, ou même simplement le feu ordinaire ; mais quand la manie de tout diviniser se fut introduite, on oublia presque sa signification première, pour en faire le plus grand et le père des dieux. Les Grecs traduisirent ce mot par Ἥφαιστος, et les Latins par *Vulcanus* ; ces deux mots signifient aussi le *feu*. Selon d'autres auteurs, *Phtha* exprime l'idée d'*opifex*, *constitutor*, *ordinator* ; mais par cette traduction, ils donnent plutôt l'idée que les Egytiens se faisaient du dieu *Phtha* que la signification de ce terme. (Clém. Alex. *Admon.* IX, n. 6 ; — Ammien Marcell. l. XVII, c. 6 ; — Cours de Gébelin ; *Hist. du Calendr.* ; — La Mennais, *Essai sur l'Indiffér.*, t. III).

Dans l'écriture hiéroglyphique, on rendait encore ce mot par un monogramme figuré de ces diverses manières : ⊕, ⊕+, ⊕ et ♀ qui représentent le monde ou l'œuf générateur, symbole fréquent dans la cosmogonie égyptienne, et par le *thau* ou la *croix*, caractère mystérieux qui offrait l'image de l'instrument de la régénération des hommes. (Kircher, *Prodrom. copt.*, p. 164). On pourrait voir aussi dans ce monogramme, l'origine du mot copte Ⲫ︤Ⲧ︥ *Phtha*, écrit seulement avec deux consonnes sans voyelle, contrairement au génie de l'idiome, et qui ne serait que le signe ⊕+, dédoublé ainsi ⊙ +.

3. ⲢⲢⲨ. Ces caractères démotiques offrent sans nul doute l'idée de Dieu ; mais d'après M. de Robiano, ils n'auraient pas une épellation propre, ce serait plutôt des hiéroglyphes cursifs que des caractères phonétiques. Alors ils devaient le prononcer *Phtha*, puisque c'était le terme le plus universel pour exprimer la divinité (*Etudes sur l'Ecriture, les hiérogl. et la langue d'Egypte*).

4. ⲀⲘⲞⲚ ou AMMON ; ce nom exprimait, suivant Jamblique, l'esprit créateur et formateur du monde (*De Myst.* sect. VIII, cap. 3).

5. L'épervier n'avait pas non plus d'épellation particulière ; il exprimait la divinité en général, d'après Clément d'Alexandrie (*Strom.* lib. v, cap. 7), et la plupart des anciens auteurs. (Horapollon, *Hiérog.* lib. I, c. 6). Lorsqu'on voulait désigner des divinités particulières, on chargeait la tête de l'épervier de différents attributs.

6. ⲚⲞⲨⲦⲈⲢ, Dieu. La hache qui précède ce nom était encore, prise isolément, un des symboles généraux de la divinité.

CXXXVIII. En Copte.

1. Ⲫ︤Ⲧ︥ PHTHA ; plusieurs savants s'obstinent à ne voir dans cette expression qu'une abré-

---

(1) En divisant par groupes les langues de l'Afrique et de l'Amérique, nous n'avons pas prétendu les classer selon leur dérivation et leurs caractères respectifs ; elles n'ont pas été assez étudiées pour cela. Nous avons voulu seulement réunir comme en un faisceau celles qui sont parlées à peu près dans les mêmes parages.

viation de *Phnouta* ou *Pinouta*, qui est le mot suivant précédé de l'article. Il ne faudrait pas s'en rapporter au témoignage des coptes, fort ignorants en fait d'antiquité. C'est la transcription du hiéroglyphe Égyptien rapporté ci-dessus; il est ainsi écrit sans voyelle, par la raison que nous avons indiquée. Dans les anciennes traductions de l'Écriture sainte, il correspond souvent au mot *Iéhova* יהוה (*Prodr. copt.* cap. 6).

2. ⲚⲞⲨⲦⲀ Nouta, et ⲚⲞⲨⲦⲈ Nouté en dialecte saïdique, ⲚⲞⲨⲦⲒ Nouti en memphitique, et ⲚⲞⲨⲦ Nout en bachmourique ou oasitique, appartiennent tous trois à la même racine égyptienne, et sont les termes les plus ordinaires pour exprimer Dieu: ils sont ordinairement précédés de l'article *P* ou *Pi* (Adelung, *Mithridates*, tom. III, 1ʳᵉ part.).

3. Ⲟⲥ Os, le seigneur, et avec le pronom ⲠⲀⲚⲞⲤ Panos, notre seigneur; c'est de cette expression que dérive le nom de *Pan*, que les anciens Égyptiens donnaient à l'Etre éternel, et le *Pan* des Grecs et des Latins (*Mém. de l'Acad. des Inscript.*, t. LXVI).

CXXXIX. *En Éthiopien ou Abyssinique.*

1. እግዚእ : Egzie, maître, seigneur; de la racine ጋዛ *gaza*, qui, en amharic, signifie dominer.

2. እግዚአብሔር : Egziabher; il en est qui font dériver ce mot du vocable précédent, suivi de አብ: père, et ሄር: *her*, bon, le seigneur bon père; mais nous préférons, avec Ludolf (*Lexicon æthiopico-latinum*), le décomposer en እግዚእ *egzia*, seigneur, et ብሔር *bher*, région, contrée; le seigneur des régions ou de tout l'univers; en plusieurs manuscrits éthiopiens, ce vocable est constamment divisé de la sorte *Egzia-bher*, ce qui confirme ce sentiment. De plus on emploie indifféremment dans cette langue, à la place d'*Egziabher*, les formules *Egzia-Koulou*, le seigneur de tout, et *Egzia Koulou, alam*, le seigneur de tout l'univers; c'est dans le même sens que Dieu est encore appelé en éthiopien *Akhazé koulou alam*, le dominateur de tout l'univers, *Za-Koulou yekhaz*, celui qui contient tout.

3. አምላክ : *Amlak*, Dieu; du verbe *malak*, gouverner, régner, ou de *amlak*, adorer; cette dernière étymologie donnerait au mot *Amlak* le sens d'*adorable*, comme אלוה *éloah*, en hébreu.

4. ንጉሥ : Nagasi, le souverain roi, de *nagas*, régner.

CXL. *En Tigréen vulgaire.*

Esgher, Esghil, Sghio, Dieu; ces trois mots, ainsi prononcés, suivant les différents dialectes, sont dérivés par corruption de l'éthiopien *Egzie*, *Egziabher* (Salt., *Voyage en Abyssinie*, t. I; — Combes et Tamissier, *Voyage en Abyss.*).

CXLI. *En Amharic.*

Ceux qui parlent la langue amharique se servent des mêmes mots que les éthiopiens proprement dits; je trouve de plus:
1. Igzer, articulation corrompue d'*Egziabher*.
2. Guéta, seigneur.

CXLII. *En Saho.*

Valla, du mot arabe *Allah*, Dieu.

CXLIII. *En Shangalla.*

Rabbi, monseigneur. Ce mot est arabe.

CXLIV. *En Dialecte de la tribu de Dizzéla.*

Moussa-Gouzza. J'ignore la signification précise de ce vocable; cependant la seconde partie paraît venir de *goza*, qui dans leur langue signifie *ciel*; peut-être le *maître* du ciel : au reste cette tribu n'a qu'une notion très-imparfaite de la divinité.

CXLV. *En Agow.*

Yédéra.

CXLVI. *En Baréa.*

Ibbéri.

CXLVII. *Dans les langues Danakil, Souaken et Adaiel.*

Allah; c'est le mot arabe : en effet ces tribus professent la religion musulmane.

CXLVIII. *En Dungola.*

Artigge.

CXLIX. *En Barabra.*

Nourrka; ce mot signifie aussi *ombre*, *ombrage*.

IIᵉ GROUPE. — LANGUES DE LA RÉGION ATLANTIQUE.

CL. *En Libyen ancien.*

Alon ou Olan. Après les dix vers puniques insérés dans le *Pœnulus* de Plaute, et dont nous avons parlé sous le n° VI, on lit six autres vers qui paraissent être dans une langue différente du punique, et que plusieurs pensent être le *libyen*. L'auteur reproduit dans ce dernier idiome ce qu'il vient d'exprimer en punique, et ce qu'il va enfin traduire en latin. Or, les seuls mots que l'on ait pu jusqu'ici déchiffrer avec certitude dans ces six vers, sont, outre les noms propres, les vocables *Alonim* ou *Olanim* et *Olanas*, les dieux et les déesses; ce qui donne le singulier *Olan*, corrélatif du punique *Alon*, emprunté évidemment à la racine semitique עלה *ala*, être élevé; le Très-Haut

CLI. *Les populations turques et arabes, qui habitent les régions atlantiques, se servent toutes des mots :*

الله Allah et ربّي Rabbi, qui sont arabes.

CLII. *En Berbère ou Cabyle.*

1. الله Allah, Dieu.

2. ربّي Rabbi, mon seigneur, ou Arbi.

3. اكّيد مكرن Aguid mokorn. Comparez ce dernier vocable avec les appellations guanches, n° CLIV.

CLIII. *En Silha.*

1. ERBI ou REBBI ; c'est encore le *Rabbi* des Arabes.
2. AMOUCRAN ; voyez le n° suivant.

CLIV. *Dans la langue des Guanches.*

1. Dans la grande Canarie.

ALCORAC ou ACORAN ; ces deux mots représentaient, chez les Guanches, le grand principe, le Dieu sublime et tout-puissant, le conservateur du monde :

2. En dialecte shellūh :

M'KOORN ; on trouve dans ce mot et dans les précédents la racine *Koran*, qui signifie *homme* (Vater, *Mithridates*, t. IV).

3. En dialecte Haouarythe (île de Palma).

ABORA ; c'était le Dieu de l'univers, qui siégeait au plus haut des cieux et faisait mouvoir tous les astres ; le régulateur des mouvements célestes.

4. En dialecte de Ténérife :

ACHAMAN, le Dieu suprême ; on lui donnait encore les noms suivants :

ACHGUAYAXIRAXI, le Conservateur du monde.

ACHGUARERGENAM, Celui qui soutient tout.
ACHAHURAHAN, le Très-grand.
ACHICANAC, le Sublime.
ATGUAYCHAFUNATAMAN, Celui qui soutient le ciel et la terre.

MENCEY, Seigneur (Berthelot, *Mémoire sur les Guanches*, dans les Mémoires de la société ethnologique, t. I).

5° Dans l'île de Fer :

ERAOHAHAN, le Dieu des hommes ; ce vocable pourrait être une modification de l'expression arabe *Er-rahman*, le Très-clément. (*Id.*, tom. II).

III° GROUPE. — LANGUES DE LA NIGRITIE MARITIME ET CENTRALE.

CLV. *En Wolof.*

YALLA ou HIALLA ; ce mot est évidemment dérivé de l'arabe *Allah*. Avant que les Wolofs eussent embrassé le mahométisme, ils n'avaient pas de mot propre pour exprimer la divinité, quoiqu'ils rendissent un culte aux esprits (*Recherches sur la langue wolofe*, p. 11).

CLVI. *En Sérère.*

ROGUÉ, Dieu ; ce mot signifie aussi *le ciel* dans la même langue. Le *Mithridates* d'Adelung (tome III, Ire partie) porte *Aogué*, mais c'est sans doute une faute ; la première leçon est tirée des Mémoires de la société ethnologique, t. II, d'après un manuscrit de la Bibliothèque royale.

CLVII. *En Mandingue.*

1. ALLA ou HALLA, comme les Arabes.
2. KANNIBA.

CLVIII. *En Bambara.*

NGALA ; on pourrait considérer ce mot comme étant l'arabe *Allah*, précédé d'une articulation gutturale ; mais il est plus probable qu'il signifie *le ciel* ; en effet, ce mot se retrouve dans la composition du vocable jallonka *marguétangala*. Voir n° CLIX.

CLVIII bis. *En langue Kyssour.*

VALLOYÉ ; ce mot paraît être une corruption de l'arabe *Allah*, Dieu, que le peuple kyssour emploie aussi.

CLIX. *En Jallonka.*

MARGUÉTANGALA ; ce mot signifie aussi *ciel*, dans la même langue.

CLX. *En Foula et en Saracolé.*

ALLA, comme les Arabes ; mais il est digne de remarque que le ciel se dise aussi *alla* en langue saracolé.

CLXI. *En langue des Bagnons.*

DIN, Dieu ; le ciel s'appelle *diin* dans la même langue.

CLXII. *En langue Floupe.*

HEBITTE, Dieu ; ce vocable n'est pas sans un rapport frappant avec le mot *Himetty*, qui veut dire *le ciel*, dans la même langue.

CLXIII. *En langue Sokko.*

1. OURBARI.
2. DAUNI.
3. MANSA ; ce mot signifie *prince, gouverneur*, en langue mandingue.
4. Ils disent aussi ALLA.

CLXIV. *En langue Bullom.*

1. FOY, Dieu ; ce mot signifie le *ciel* dans la même langue.
2. BAH-TOUKEH ; *toukeh* veut dire aussi *ciel*, en langue bullom, et *bah* signifie sans doute *grand*, comme dans plusieurs des idiomes de la Nigritie ; ce qui offrirait l'idée de *grand-ciel* ou *maître du ciel*. Ba signifiant aussi *père*, *Bah-Toukeh* pourrait se traduire par *Père céleste*.

CLXV. *En Sousou.*

ALLAH, Dieu, mot arabe.

CLXVI. *En Kanga.*

NESOUA ; ce mot indique aussi le *ciel*.

CLXVII. *En Mangré.*

JANKOMBOUM ; voyez plus bas n^{os} CLXXII et suivants.

CLXVIII. *En langue de Gien.*

GRÉBO.

CLXIX. *En langue des Quojas.*

KANNO ; les Quojas entendent par ce mot le *Créateur de tout* ce qui existe (*Hist. génér. des Voyages*, t. XII.) Ils lui attribuent un pouvoir infini, une connaissance universelle et l'immensité de nature qui le rend présent partout (Burnet, *Parallèle des Religions*, t. I).

CLXX. *En langue d'Issini.*

1. ANGHIOUMÉ, Dieu et le ciel.
2. BOSSUM ou BOSSESO, Dieu, chose sainte et sacrée.

CLXXI. *En Pongua ou langue de Gabon.*

AGNAMBIA, Dieu.

CLXXII. *En langue de Fétou.*

JAN-KOMMÉ ou JAN-KOMPON. Ces deux mots signifient aussi, *vent, pluie, tonnerre, éclair*

(*Mithridates*, t. III, Ire *partie*). Ces peuples auraient-ils donné au Tout-Puissant le nom de ces phénomènes naturels ; ou n'est-il pas plus probable que, les considérant comme des actes immédiats du souverain Être, ils les auront appelés du nom même de celui qui les produisait ? On peut encore rapprocher ce vocable de celui de la langue Amina, n° CLXXIV.

CLXXIII. *En langue de Fanté.*

NIAN-KOMPONG ; ce mot paraît avoir la même racine que le précédent ; la première syllabe, *nian*, a du rapport avec *niamé* qui, dans l'idiome des Fantés, signifie *le ciel*.

CLXXIV. *Chez les Aminas et les Akkins.*

JAN-KOMBOUN ; dans la langue amina, ce mot veut dire également *le ciel*. On peut encore le comparer aux vocables qui expriment la divinité dans les langues précédentes.

CLXXV. *Chez les Akripons.*

KINKOU.

CLXXVI. *En langue Akra.*

1. NIOMBO.
2. JONGMA.
3. LUMMO, maître, Seigneur.

CLXXVII. *En langue Tambi*

TJEMBOT-JAUWI. Voy. n° CLXXXV

CLXXVIII. *En Papaa.*

1. MA ; ce mot veut dire *maître, seigneur*, en langue *kakongo*.
2. GAJIWODOU ; on pourrait rapprocher ce mot de *jiwel*, ciel, dans la même langue.

CLXXIX. *En Watje.*

1. JEMBAY, DJAUBENDJE, GIMOIHOU ; ces trois mots paraissent être le même vocable prononcé différemment, ou recueilli par différents voyageurs.
2. MIASSOU.

CLXXX. *En Atje.*

GAJIWODOU ; voyez langue papaa, n° CLXXVIII.

CLXXXI. *En Yébou.*

OBBA OL-OROUN, mot à mot, le roi du ciel ; ou simplement OLOROUN, pour *olou-oroun*, c'est, suivant les Yébous, le maître du ciel ; c'est, suivant les Yébous, l'être immatériel, invisible, éternel, supérieur à toutes les autres divinités, la volonté suprême qui a créé et qui gouverne toutes choses. Ils donnent aux dieux secondaires le nom d'*Orissa* (Davezac, dans les *Mémoires de la société ethnol.*, t. II).

CLXXXII. *En langue de Borgou et en Yarriba.*

ALLA, comme en arabe.

CLXXXIII. *En Wawou.*

BARRIADAD, Dieu et le ciel.

CLXXXIV. *En Tembou.*

1. So ; ce mot veut dire aussi *le ciel*.
2. NABOULKOU.

CLXXXV. *En Kassenti.*

OUWENTJAUWI ; on peut rapprocher ce mot de *Tjembot-jauwi*, en langue tambi, n° CLXXVII. Il est possible que *Ouwent* ait aussi quelque rapport avec *Ouwin*, soleil, en idiome kassenti.

CLXXXVI. *En Fellata.*

DIOMIRAO ; quelques-uns rapprochent ce vocable du madécasse *zaanhar* (Voy. *Mém. de la société ethnologique*, t. I, p. 250).

CLXXXVII. *En Beghermeh.*

RAH.

CLXXXVIII. *En Affadeh.*

KMANI.

CLXXXIX. *En Mobba.*

KALAH.

CXC. *En Chellouk.*

KELGUÉ.

CXCI. *Dans le Dârfour.*

KALGUÉ-ALLAH.

CXCII. *Dans le Dâr-runga.*

KINGA ; ce mot veut dire aussi pluie. (Pour la plupart des langues de la Nigritie, voyez *Mithridates*, t. III, 1re partie).

IVe GROUPE. — LANGUES DE L'AFRIQUE ÉQUATORIALE.

CXCIII. *Dans le Kongo, le Loango et le Mandongo.*

1. ZAMBI ; ce mot veut dire *esprit*.
2. ZAMBI A-N'PONGOU ; cette expression désigne plus particulièrement *l'Esprit suprême*, distingué des autres esprits. L'abbé Proyart le cite cependant comme le nom d'une maladie envoyée de Dieu, en punition du parjure (*Histoire de Loango, Ka-Kongo*, pag. 143) ; c'est possible : les insulaires de la mer du Sud donnent aussi le nom de Dieu, *Atoua*, à une certaine maladie. Mais ce qui prouve que *Zambi a-n'pongou* est vraiment le nom du Tout-Puissant, c'est qu'en langue mandongo, ce mot signifie aussi *le ciel*.
3. DEOUSKATA, le Dieu unique.
4. DÉSOU, le Dieu du ciel ; ces deux derniers noms sont ceux qui sont donnés à la divinité par les plus instruits des nègres (Cavazzi, *Istorica descriz. de tre regni Congo, Malamba et Angola*). Ces peuples, en effet, admettent un Être souverain qui, n'ayant point de principe, est lui-même le principe de toutes choses. Ils croient qu'il a créé tout ce qu'il y a de bon dans l'univers ; qu'il aime la justice, et qu'il punit la fraude et le parjure.

CXCIV. *Dans les langues d'Angola et de Kamba.*

1° SAMBI, esprit ; de même que le *Zambi* du Congo.
2. SAMBI A-N'BOUGNO, l'esprit du ciel.

CXCV. *En langue Ibo.*

1. TCHOUKKO ; ce mot signifie *le ciel*.
2. TCHOUKKO-ABIAMAY ; cette expression veut dire probablement *l'esprit* ou *le seigneur du ciel*.

CXCVI. *En Karabari.*

TCHOUKKOU, et TCHOUKKOU-ABAMMA ; même étymologie que dans l'idiome précédent.

CXCVII. *En Galla.*

WAK ou IWAK ; littéralement *le ciel.*

CXCVIII. *En Somauli.*

ILLAH, Dieu, mot arabe.

CXCIX. *Dans le pays d'Hurrur.*

GOÉTA; ce mot a une analogie d'articulation avec le *khoda* des Persans.

CC. *En Makoua.*

WHÉRIMB.

CCI. *En Monjou.*

MOLOUNGOU ou MONLOUGO (Voy. les *Vocabulaires* de Salt, *Voyage en Abyssinie*, t. I).

V° GROUPE. — LANGUES DE L'AFRIQUE AUSTRALE.

CCII. *Dans le Monomotapa.*

1. ATOUNO.
2. MAZIRI.
3. MEZIMO ; ce dernier mot signifie proprement *esprit*; du reste, on n'a que des données assez vagues sur la religion de ces peuples. Comparez les mots *Maziri* et *Mezimo* avec le vocable séchouana.

CCIII. *Dans le Sofala.*

1. MOZIMO, comme ci-dessus.
2. GUIGUIMO; ce mot qui signifie *Seigneur du ciel*, était autrefois fort répandu dans toute la Nigritie, avant l'extension de la religion musulmane dans ces contrées.

CCIV. *En Moutchouana.*

MIRIMMOU ; voyez MORIMO, en Sechouana.

CCV. *En Zoula.*

1. SETOUNTA ou SETOUTA, esprit, génie.
2. NAPOUTSA, nom du bon principe, opposé au mauvais, appelé *Kofané.*

CCVI. *En Sessouto.*

MORIMO ou BARIMO, esprit; voyez le n° suivant.

CCVII. *En Sechouana.*

BARIMO. MM. Arbousset et Daumas, missionnaires évangéliques (*Relat. d'un voyage d'exploration au nord-est de la colonie du Cap de Bonne-Espérance*), comparent ce vocable à l'hébreu *Balim* בעלים, les dieux des païens; car, en sechouana, les lettres *r* et *l* se prennent indifféremment l'une pour l'autre, et la voyelle *o* serait ajoutée à *Balim* ou *Barim*, parce que les mots de cette langue se terminent rarement par des consonnes, et jamais par une seule.

Les mots *Mezimo*, *Mozimo*, *Morimo*, *Mirimmou*, que l'on a vus plus haut, sont sans doute corrélatifs du séchouana *Barimo.*

CCVIII. *En Béchouana et en Marimo.*

MORÉNA; ce mot signifie un simple chef chez ces peuples qui n'ont presque point de religion; cependant les plus éclairés d'entre eux reconnaissent un *moréna* dans le ciel, qu'ils appellent le *puissant* maître de toutes choses. Ils donnent aux mânes de leurs aïeux le nom de *Barimo* au pluriel, ou de *Morimo* au singulier.

CCIX. *En Lighoya.*

1. MONGALINTO, seigneur et maître des choses.
2. MERIMO, Dieu, âme ou esprit.

CCX. *En Bassouto.*

MORIMO, Dieu. Un de leurs chefs, qui n'avait d'autres lumières que celles de la raison, disait : «Il est au ciel un Être puissant, qui a créé toutes choses. Rien ne m'autorise à croire qu'aucune des choses que je vois ait elle-même pu se créer. S'en crée-t-il aucune aujourd'hui ?» (Arbousset et Daumas, *Vogaye d'exploration*, etc.).

CCXI. *En Namaqua.*

HAIDJI-AIBID.

CCXII. *En Maccolong.*

1. KAANG, chef qui habite dans le ciel.
2. KUE-AKENGTENG, l'homme de toutes choses, c'est-à-dire le maître de tout. Suivant l'expression des Maccolongs eux-mêmes, on ne le voit point des yeux, mais on le connaît dans le cœur (Arbousset et Daumas, *Voyage d'exploration*).

CCXIII. *En Séroa.*

1. NGO, Dieu.
2. KAANG, seigneur, chef.

CCXIV. *A la baie de Saldanha.*

1. GA, Dieu ; autre articulation du *ngo* seroa.
2. HOMMA ; ce mot signifie aussi *le ciel.*

CCXV. *En Hottentot (d'après les anciens voyageurs).*

1. TIKQUOA, Dieu, chef.
2. GOUNYA, Dieu ; ils disent aussi *Gounya-Gounya*, Dieu des dieux. *Tikqûoa*, d'après quelques voyageurs, paraît désigner le mauvais principe; cependant on trouve *Gounya-Tikqûoa*, pour spécifier le vrai Dieu (*Voyez* Kolben, Juncker, Tachard, Boving).

CCXVI. *En Madécasse*

1. ZAN-HAR, *Yan-har, Zana-har, Zahan-Haré*, ou *Janga-Hari*; ce sont différentes manières de prononcer le même mot, car le *z* et les *j* sont représentés en madécasse par la même lettre. On dit même *Rana-har*, dans le dialecte sakalave. Sonnerat (*Voyage aux Indes et à la Chine*, t. II) donne à *Zan-har* la signification de *grand* et de *Dieu tout-puissant ;* et Challan dit que *Zaanhar* est le premier prince, le principe de toutes choses.
2. ANDRIA-MANITRA ; *andria*, *andrian*, *anrian*, signifie dominateur, prince, roi ; et *manitra* est pour *lanitra*, le ciel ; cette expression complexe signifie donc *le Roi des cieux* (*W. von Humboldt, uber die kawisprache*, t. II).
3. ANHARAÏ ou OUNHORAÏ; ces vocables qui correspondent à *Zana-har*, sont usités dans le sud.

LANGUES D'AMÉRIQUE.

Ier GROUPE. — LANGUES DE LA RÉGION AUSTRALE.

CCXVII. *Les Araucans ou Chiliens.*

1. PILLAN; ce mot dérive de *poulli* ou *pilli*, âme, esprit. C'est le nom que les Araucans donnaient à l'Être souverain, auteur de toutes choses. Je trouve aussi ce mot avec la signification de *tonnerre*.
2. HUENOU-PILLAN, l'esprit du ciel.
3. NGEN, l'Être par excellence.
4. EUTAGEN, le grand Être. Ils lui donnaient aussi les épithètes de *Thalcavé*, tonnant; *Vivennvoé*, créateur de tout; *Vilpévilvoé*, tout-puissant; *Molghelle*, éternel; *Aunonolli*, infini. Ils disent qu'il est le grand-maître du monde invisible (*Essai sur l'indifférence*, tom. III; — *Annales des voyages*, tom. XVI). On voit que ces peuples avaient des notions exactes de la divinité, car ils usaient de ces vocables avant l'arrivée des Européens. Les Espagnols ont depuis importé chez eux le mot *Dios*, chose assez inutile, puisque la langue des Araucans ne laissait rien à désirer pour désigner et qualifier le souverain Être.

CCXVIII. *Les Patagons.*

TOQUICHEN, gouverneur du peuple. Les Patagons ont du reste des notions assez étendues sur la divinité.

IIe GROUPE. — LANGUES DE LA RÉGION GUARANI-BRÉSILIENNE.

CCXIX. *En Guarayo.*

TAMOI, le grand père.

CCXX. *En Guarani.*

TOUPA. Voyez plus bas, langue Tupi.

CCXXI. *En Brésilien.*

1. TOUPAN et TOUPANA. Voyez le n° suivant.
2. HI; ce mot est une exclamation d'allégresse. Les Brésiliens en avaient fait le nom de l'Être suprême, du moins c'est le sentiment de M. Chaho (*Gramm. euscarienne*, p. 14); mais ne pourrait-on pas dire avec autant de vraisemblance que, c'est du nom de Dieu, *Hi*, que les Brésiliens ont tiré leur cri de joie *hii?* comme les Grecs et les Latins ont tiré les acclamations *evohe* et ἐλελεῦ des noms de Dieu יהוה *Jéhova* et אלה *Eloah*, ou הללו-יה *hallelou-yah!*

CCXXII. *En Tupi.*

TOUPA. Les mots *Toupa, Toupan, Toupana*, sont très-répandus dans les langues parlées à l'orient de l'Amérique du sud. Quelle est l'étymologie de ces vocables? Serait-ce *Toupan*, qui, dans la langue des Tupis, signifie *le tonnerre?* C'est ce que supposent la plupart des auteurs qui en ont parlé. S'il en était ainsi, comme il n'est pas probable que ces populations aient donné à Dieu le nom du tonnerre, on doit en conclure avec plus de vraisemblance qu'ils auront au contraire donné à ce phénomène le nom du Tout-Puissant, parce qu'en l'entendant ils auront cru entendre Dieu lui-même. C'est ainsi que les Hébreux appelaient le tonnerre קול-יה *col-yah*, la voix de Jéhova. Nous avons vu également des hordes africaines exprimer les différents phénomènes de la nature par un nom commun, qui est en même temps le nom de la divinité. N° CLXXII.

Une étymologie aussi rationnelle serait le mot *Touba*, qui, en guarani et en tupi, signifie *père*; nous voyons en effet qu'un certain nombre de nations du Nouveau-Monde donnent au souverain Être le nom de *Père*.

CCXXIII. *En Kiriri.*

TOUPA, Dieu.

CCXXIV. *En Payagua.*

VALGAS, Seigneur.

CCXXV. *En Mbaya.*

KONOENATAGODI.

CCXXVI. *En Mokobi.*

ABOGDI, Dieu. Il serait singulier peut-être de rapprocher ce mot du moscovite *Bog*, et du sanscrit *Bhagwat*, qui expriment la divinité dans ces deux langues.

CCXXVII. *En Loulé.*

ANO.

CCXXVIII. *En Botecudo.*

OUEGGIARARA; nom que les Botecudos donnent à l'Être souverain.

IIIe GROUPE. — LANGUES DE LA RÉGION PÉRUVIENNE.

CCXXIX. *En Quichua ou Péruvien.*

1° PACHA-CAMAC. C'était, chez les Péruviens, le nom du Dieu suprême. Ce nom vient de *pacha*, le monde, et *camac* participe du verbe *camar*, vivifier, animer. *Camar* est tiré lui-même de *cama*, qui veut dire *l'âme*. Pacha-camac signifie donc celui qui est l'âme de l'univers, le vivificateur du monde. Les Hindous donnent à Dieu dans le même sens le nom de *Param-atma*, la grande âme, ou la première âme. Pacha-camac était, pour les Péruviens, le seul Dieu, invisible, éternel, tout-puissant, auteur et source de toute chose, et méritant de la part des hommes la plus profonde vénération (*Mém. de l'Acad. des Inscriptions*, t. LXXI). Ils lui donnaient encore les noms de *Viracocha, Pachaiachacic, Ousapou, Chourai* et *Choun*.
2. ATAGOUJOU; c'était le Dieu créateur du ciel et de la terre, et qui les gouvernait.
3. CAPAC, le riche.

CCXXX. *Les Zamoucas.*

TOUPA, comme les Brésiliens, ou *Toupadé*

CCXXXI. *Les Chiquitos.*

1. TOUPAS, dérivé du brésilien.
2. ZOICHACOU; ce mot veut dire *Notre-Seigneur*.

CCXXXII. *Les Mossas, les Chiquitos et les Kaioubabis.*

MAIMONA.

CCXXXIII. *Les Mobimis.*

BOLAU.

CCXXXIV. *Les Sapiboconis.*

EROUCHI.

CCXXXV. *Les Omaguas.*

DIOS. Les Espagnols ont importé ce mot de leur langue parmi presque toutes les peuplades auxquelles ils ont prêché l'Evangile.

IV° GROUPE.—LANGUES DE LA RÉGION ORÉNOCO-AMAZONE, OU ANDES-PÉRIME.

CCXXXVI. *En Maipuri.*

POURROUNA-MINAN.

CCXXXVII. *En Saliva.*

1. POUROU.
2. DIOSI; mot d'origine espagnole.

CCXXXVIII. *En Yaroura.*

1. ANDÉRÉ. On reconnaît dans ce nom le mot *Andé*, qui signifie *le ciel*.
2. CONOMÉ. Ce nom peut venir de *Canaamé*, qui signifie *le premier.*

CCXXXIX. *En Bétois.*

MÉMÉLOU.

Ces immenses contrées renferment un nombre infini d'autres tribus dont on ignore la langue. Parmi celles où la foi a été prêchée on trouve souvent, pour exprimer la divinité, le mot *Dios* ou *Diosi*, que leur ont imposé les Espagnols; mais ces derniers ont négligé la plupart du temps de nous apprendre le vocable indigène.

CCXL. *Les Arraouaks.*

1. ALABÉRI.
2. ADAIJAHOU, Seigneur, maître.

CCXLI. *Les Accouaïs.*

MACONAIMA; ce nom signifie *celui qui travaille dans l'ombre.*

CCXLII. *En Tamanaca.*

AMALIVACA.

CCXLIII. *Dans la Guyane hollandaise.*

YOWAHOU.

CCXLIV. *En Galibi.*

1. TAMOUSSI CABOU, de *tamoussi*, vieillard, et *cabou*, ciel; *le vieillard du ciel* ou *l'ancien des cieux*; quelques-uns prétendent que les Galibis le regardent comme leur ancêtre.
2. TAMOUÇOU; ce mot n'est peut-être qu'une apocope du précédent. Les indigènes croient qu'il habite la région supérieure de l'air, et lui attribuent le pouvoir de régir à son gré tout ce qui est sur la terre.
3. DIOSSO, mot espagnol.
4. IBAPPORO BOUITOUNOU, le capitaine des hommes.

CCXLV. *En Waron.*

ILLAMO, Dieu.

CCXLVI. *En Caraïbisce.*

1. MACONAIMA, comme en *accouaï.*

DICTIONN. DES RELIGIONS. II

2. TAMOUÇOU, l'ancien ou le vieillard.

CCXLVII. *Parmi d'autres peuplades du haut Orénoque.*

CATCHMANA. Il est regardé par les indigènes comme le bon principe.

CCXLVIII. *En Guaïmi.*

1. NOUCARNALA; c'est l'auteur du ciel, de la terre et de la lumière.
2. NOUBOU; les Guaïmis regardent *noubou* comme un dieu invisible, car ils supposent que son trône est sur une montagne, dont ils n'osent jamais approcher qu'à la distance d'une lieue. J'ignore cependant s'ils en font un être distinct de *Noucarnala.*

CCXLIX. *En Muysca.*

Dios; c'est le mot espagnol; mais cette nation, une des plus illustres du nouveau continent, avait une riche théogonie. Le principal objet de leur culte était *Bochica*, leur fondateur et leur législateur. Ils avaient en outre une multitude de divinités secondaires; mais j'ignore s'ils rendaient un culte au Dieu suprême, supérieur à Bochica et à leurs anciens héros.

CCL. *Dans les îles Caraïbes.*

On trouve dans ces parages, ainsi qu'en plusieurs autres localités, cette particularité, que les femmes parlaient une langue différente de celles des hommes. Pour exprimer la divinité les hommes disaient:

ICHEIRI ou IOULOUCOU; et les femmes:

CHEMIIN ou CHEMUN. Ce dernier mot est le שמים *Chamayim* ou שמין *Chemiin* hébreu, qui signifie *les cieux*, et dont les Juifs se servent pour exprimer Dieu. On a du reste signalé bien d'autres rapports entre les peuples de ces régions et les Juifs.

CCLI. *Dans l'ancienne langue d'Haïti.*

JOKANNA ou GNAMAONOGAN. C'était le créateur et le premier moteur de l'univers.

V° GROUPE.—LANGUES DE L'ISTHME.

CCLII. *En Pokonkhi.*

NIM-AVAL, grand-maître.

CCLIII. *En Yukatèque.*

1. KOU.
2. KAYOUM. Ce mot signifie *notre père.*

CCLIV. *En Tarasque.*

AVANDA, la raison personnifiée.

CCLV. *En Mexicain.*

1. TÉOTL, le prince, le très-élevé. On a de tout temps été frappé de l'affinité de ce mot avec le grec Θεός, affinité qui devient encore plus évidente dans les mots composés, tels que *Téoyotl*, divinité, θειότης; *Téocalli*, maison de Dieu, qui rappelle la forme hellénique θεοκαλιά, même signification. Il y a bien d'autres rapports entre les Mexicains et les peuples de l'ancien continent, surtout les Egyptiens et les Hellènes.

2. TEUCTLI, seigneur ; ce nom, qui paraît dérivé du précédent, s'appliquait en général à la divinité ; on le donnait aussi aux juges ; dans la Bible on voit aussi les juges qualifiés d'*Elohim*, les dieux.

CCLVI. *En Zapotèque.*

PITÁO, Dieu.

CCLVII. *En Mistèque.*

NOUHOU. Ce mot veut dire *la terre* dans la même langue.

CCLVIII. *En Toltèque.*

1. IPALNÉ-MOANI, existant par lui-même ; c'est le *Swayambhou* des Indiens.
2. TLOQUE-NAHUAQUE, celui qui renferme tout en lui.

CCLIX. *En Huastèque.*

1. DIOS, mot espagnol.
2. TZALLÉ, seigneur, maître.

CCLX. *En Othomi.*

1, OKHA, Dieu. Ce mot se décompose en *O* se souvenir, et *Kha*, saint, divin ; *le saint souvenir*. La syllabe *O* est aussi, dans la langue de ce peuple, le temps présent du verbe connaître ; dans ce sens le vocable *Okha* signifierait *la sainte connaissance*. « Si ce nom, dit Emmanuel Naxèra (*Transactions of the american philosophical society, at Philadelphia,* vol. V, new series), le cède en magnificence à celui qu'emploient les Tarasques, AVANDA (la raison personnifiée), il est sans contredit plus sublime que le mexicain TÉOTL (le Prince l'Exalté), et que le quichua *Capac* (le riche).
2. Go, seigneur ; particule qui exprime le respect.
3. TÈTÈ, le créateur.
4. THA KHY, ou THA Y, Père vénérable ; ces vocables ne s'emploient que pour exprimer la divinité ; quand il s'agit d'un homme, on dit simplement THA, père.
5. KHA THA, le saint Père.
6. SAM-MI, le sublime.

CCLXI. *Dans le Méchoacan.*

TOUKAPACHA. C'est l'auteur de tout ce qui existe, et l'arbitre souverain de la vie et de la mort des hommes. On place son trône dans le ciel, vers lequel on tourne les yeux toutes les fois qu'on l'invoque.

VI° GROUPE. — LANGUES DE LA PARTIE CENTRALE DE L'AMÉRIQUE DU NORD.

CCLXII. *En langue Cora.*

TATAHUACAN.

CCLXIII. *En Tarahumara.*

TEPAGATIGAMEKE, celui qui est en haut. Les hébreux disaient de même עליון *Elion*, et les Grecs Ὕψιστος, le très-élevé, le très-haut.

Je n'ai trouvé, pour les langues *Pima* et autres, que les mots *Dioch, Dios*, qui viennent des missionnaires espagnols.

CCLXIV. *Les Nadowessis.*

1. WAKON, esprit, âme.

2. TONKO-WAKON, le grand esprit ; cette formule se retrouve dans la plupart des langues de l'Amérique du nord.

CCLXV. *Les Yanctous.*

WAKATOUNEA.

CCLXVI. *Les Osages.*

OUAKANDA. On remarque dans ce vocable la même racine que dans le précédent. Laurent le traduit par *maître de la vie* (*Voyage aux Etats-Unis*, dans les *Annales des voyages*, 1838).

CCLXVII. *Les Winnebagoes*

MAHAHNAH.

CCLXVIII. *Les Arkansas.*

OUAKANTAQUE, le grand esprit ; de *ouakan* esprit, et *taque*, grand.

CCLXIX. *Les Minétares.*

MANHOPA.

CCLXX. *Les Nottaways.*

QUAKERHUNTE.

VII° GROUPE. — LANGUES DE LA RÉGION ALLÉGHANIQUE.

CCLXXI. *Les Natchez.*

KOYOCOP CHILL, de *coyocop*, esprit, et *chill*, très-haut ; *l'esprit sublime.*

CCLXXII. *Les Muskoghés.*

IFIKILSA.

CCLXXIII. *Les Chactas.*

ICHTOHOULLO-ABA ; ce mot vient de *ichto*, grand et *houllo*, saint, vénérable ; *le grand adorable* (*Mithridates*, t. III, 3° partie) ; ce vocable réunit les attributs les plus dignes de Dieu.

CCLXXIV. *Les Mohawks.*

1. NIYOH ; ce mot n'est que la transcription mohawke du mot français *Dieu*.
2. RAWENNIGOH, le seigneur.
3. LAWANEEA. Ce mot me paraît une prononciation ou une transcription vicieuse du précédent.

CCLXXV. *Les Oneydas.*

NIYOOH, Dieu ; terme français.

CCLXXVI. *Les Onondagos.*

1. NIOH ou NIOH HAWONEO, Dieu.
2. OTKON, esprit, âme. En langue hurone, ce mot veut dire *chef, capitaine.*

CCLXXVII. *Les Sénécas.*

HAVENEU ou HOWWENEAH.

CCLXXVIII. *Les Cayougas.*

HAUWENEYOU.

CCLXXIX. *Les Tuscaroras.*

YEWAUNIYOU.

CCLXXX. *Les Yanctous.*

WAKATOUNEA.

CCLXXXI. *Les Iroquois.*

1. NIOH, Dieu. Dans les langues iroquoises Dieu est communément appelé *Niio* ; d'après un manuscrit qui m'a été communiqué d'Amérique, les Iroquois n'ont pas dans leur langue de mot propre pour signifier Dieu ; *Niio*

serait un terme emprunté au français suivant le génie de la langue iroquoise, qui, manquant de la consonne *d* et de la voyelle *eu*, a remplacé la première par *n* la seconde par *io*. Mais on se sert le plus souvent de *Rawennio*, le maître le seigneur, 3e personne masculine du verbe *Kewennio*, être maître, commander. Notre Seigneur se rend par *Sonkwawennio*. Les mots *Houweneah, Hauwenryou, Yewauniyou,* etc., des peuples congénères viennent sans doute du même verbe, modifié suivant les dialectes particuliers.

2. HAWONIO, seigneur.
3. GARONHIA, ciel ou maître du ciel.

CCLXXXII. *Les Hurons.*

1. OCKI, esprit, génie.
2. SORONHIATA, ciel, existant.

CCLXXXIII. *Les Powhatans.*

OKIS. M. Duponceau pense que ce terme est abrégé de *kichokis*, soleil (*Mém. sur le système gramm. de quelq. nations de l'Amér. du Nord*); mais il me semble préférable de le rapprocher du Huron *Ocki*, esprit. Ce vocable se retrouvait encore dans la Floride sous la forme *Okée*.

CCLXXXIV. *En Lénappé.*

1. WELSIT-MANITTO. Le premier mot est formé de la racine *wulit*, bon, beau, et *manitto* veut dire *esprit*, dans toutes les langues qui appartiennent à la famille lénappé. Cette expression doit donc se rendre par *le bon esprit* (Duponceau, *Mém. sur le syst. gramm.*).
2. KITTANNITOWIT ou *Gétanittowit*, le grand esprit; ce mot est formé par contraction de *Kitta* ou *Kita*, grand, et de *manito*, esprit, dont on retranche la première syllabe *ma*, et à la fin duquel on ajoute la terminaison *wit*, qui indique le mode d'existence.
3. PATAMAWOS. Ce terme est dérivé du verbe *patamauwan*, adorer; il signifie donc *l'adorable*, comme l'oriental אלוה *Eloah*. On lie souvent ce vocable au précédent : *Gétanittowit-Patamawos*, le grand esprit adorable.
4. KITCHI-MANITO, le bon esprit, ou le grand esprit.
5. NIHILLALID. Ce mot correspond au latin *Dominus* et au français *mon maître, mon seigneur* (celui qui me possède). La racine *Nihilla* implique l'idée de supériorité, de maîtrise, de possession.
6. NIBILLALQUENK, formé du précédent et d'une terminaison pronominale indiquant la première personne du pluriel, *notre seigneur* (celui qui nous possède).
7. GICHELEMUCHQUENK, notre Créateur.
8. WÉTOCHEMUXIT, notre père.

CCLXXXV. *En Shawanon.*

1. MANITAU, esprit.
2. WISSÉ-MANNITO, le bon esprit. Ce vocable est corrélatif du lénappé *Welsit-Manitto*.
3. WEST-HILLIQUA, le bon maître.

CCLXXXVI. *Les Miamis.*

1. MONETOWA, l'esprit.
2. KITCHI-MONETOWA, le grand esprit.

CCLXXXVII. *Les Pottowatomis.*

KCHEMMITTO, grand esprit; corrélatif de *Kitche-Manito*.

CCLXXXVIII. *En Délaware.*

KICHALAMOCOEUP; *Kicha* veut dire grand; j'ignore la signification du reste de ce mot, à moins que ce vocable ne soit corrélatif du minsi *Kichallomeh*.

CCLXXXIX. *En Virginien.*

1. MANIT, Dieu.
2. OKEE, esprit.

CCXC. *En Minsi.*

1. PACHTAMAWOS, l'adorable, comme en lénappé.
2. GICHTANNETOWIT, le grand esprit.
3. KICHALLOMEH, créateur des âmes.

CCXCI. *Dans la Nouvelle-Suède.*

MANETTO, esprit.

CCXCII. *Les Narragansets.*

MANIT-MANITOWOK, ce qui signifie, je pense, *esprit des esprits*.

CCXCIII. *Les Naticks.*

MANITTOU, esprit.

CCXCIV. *Dans la Nouvelle-Angleterre.*

KETAN; je suppose que ce mot veut dire *le grand*.

CCXCV. *Les Mohicans.*

1. MANNITFOUH, esprit.
2. POUHTAMMAUWOUS ou *Potamauwous*, l'adorable.
3. JINOUIS.

CCXCVI. *En Chippeway.*

KITCHI-MANITAU, le grand esprit.

CCXCVII. *Les Mississagues.*

MUNGO-MINNATO. Ces deux mots signifient *esprit*; c'est donc *l'esprit par excellence*, ou *l'âme des esprits*.

CCXCVIII. *En Algonkin.*

1. KITCHI-MANITOU ou *mannitou*, le grand esprit.
2. KIJE-MANITOU, le bon esprit.

CCXCIX. *Les Knistenaux.*

KIJAI-MANITOU, le bon esprit.

CCC. *En Abenaqui.*

1. KIJÉ-MANITO, le bon esprit.
2. KETSINIOUESKOU, le grand génie; *niouesskou* signifie *esprit, génie*.
3. DEBELMELAKOU.

CCCI. *Les Ottavas.*

KIGÉ MANITO le bon esprit.

CCCII. *Dans la Louisiane.*

MINGUO-CHITOU, le grand esprit.

CCCIII. *En langues cochimi, Laymona,* etc.

Ces langues, et plusieurs autres de la côte occidentale, ne m'ont fourni que les mots *dios* et *diosjua*, apportés par les missionnaires espagnols; je n'ai pu trouver les termes idiotiques pour exprimer le nom de Dieu, parmi les nombreuses peuplades qui habitent le long de cette côte.

VIII° GROUPE.—LANGUES DE LA RÉGION BORÉALE.

CCCIV. *Les Micmacs ou Souriquois.*

KEICHOURK. Ce mot veut dire proprement le soleil (*Duponceau, Mém. sur les langues de l'Amér. du Nord*). C'est la première fois que nous trouvons le nom de cet astre appliqué au souverain Être. Est-ce parce que ces peuples adoraient autrefois le soleil; ou voyaient-ils dans le plus éclatant des corps célestes l'image de la Divinité? En d'autres termes, est-ce Dieu ou le soleil que ces peuples ont adoré le premier?

CCCV. *Nouvelle-Angleterre.*

KICHTAN.

CCCVI. *En Scoffie.*

CHEICHOURK, même signification.

CCCVII. *Dans la langue des montagnards Canadiens.*

1. CHEYCHOURK, le soleil.
2. ATAHOKAM, c'est-à-dire *le créateur du monde.*
3. TSHISHE-MANITOU, le grand esprit.

CCCVIII. *A l'embouchure du fleuve Saint-Laurent.*

ATAHAUTA, le créateur du monde.

CCCIX. *En Mandan.*

OHMAHANK-NOUMAKCHI, le seigneur de la vie. C'est le premier, le plus sublime et le plus puissant des êtres; c'est lui qui a créé la terre, les hommes et tout ce qui existe.

CCCX. *A la baie d'Hudson.*

OUKOUMA, le grand chef.

CCCXI. *En Esquimaux.*

GOUDIA, Dieu. Ce mot a du rapport avec le *Gud* suédois, auquel peut-être il a été emprunté, et par lui avec le *Khuda* persan.

CCCXII. *En Groënlandais.*

1. GOUDE et GOUM, Dieu.
2. N'ALEGAK, seigneur.
3. TORNGARSOUK; c'est, chez les Groënlandais, le bon principe, un des deux esprits qui gouvernent le monde.

CCCXIII. *En Tchouyatse.*

AGAUM. Adelung, dans son *Mithridates* (tom. III, 2° partie), rapproche les mots *Agaum* et *Agaim*, et même le groënlandais *Gum*, du vocable *Kamoui*, usité dans les Kouriles, et qui vient lui-même du japonais *Ka-mi*, qui exprime les génies célestes.

CCCXIV. *En Kadjak.*

AGAIM, comme le précédent.

CCCXV. *En Tchouktche.*

1. AGHAT.
2. EN'EN.
3. ISTLÆ.

LANGUES DE L'OCÉANIE.

On comprend sous le nom d'*Océanie* les îles innombrables répandues dans le grand Océan; on les divise communément en *Malaisie, Micronésie, Mélanaisie* et *Polynésie*. Comme la plus grande partie de l'Océanie offre aux Européens des peuples tout nouveaux pour eux, nous joindrons à notre synglosse un court aperçu de leur religion.

Ier GROUPE. — LANGUES DE LA MALAISIE.

Ce groupe renferme les îles connues autrefois sous le nom d'Archipel Indien; plusieurs d'entre elles ont une grande étendue, entre autres Sumatra et Bornéo. Quoique cette partie de l'Océanie soit depuis longtemps connue et fréquentée des Européens, on a en général assez peu de données sur les anciennes religions de ses habitants; cela tient principalement à ce que les Musulmans, qui ont porté l'islamisme dans ces contrées, se sont efforcés d'y éteindre tout souvenir du culte primitif. Les missionnaires espagnols ont agi à peu près de même dans les archipels qu'ils ont convertis au christianisme. A une époque de beaucoup antérieure, la plupart de ces peuples avaient subi l'influence brahmanique ou bouddhique. On trouve encore dans l'intérieur des terres des peuplades idolâtres et barbares, mais avec lesquelles on a eu jusqu'à présent fort peu de rapport.

CCCXVI. *Les Malais.*

Les Malais habitent principalement la presqu'île de Malaca, et sont en outre répandus dans toutes les îles de la Malaisie. La plus grande partie sont Musulmans, les autres sont bouddhistes ou chrétiens. Ils donnent à Dieu les noms suivants:

1. تُوهَن TOUHAN, le dominateur suprême. Ce nom est dérivé de تُوان *touan*, maître, ou de تُوه *touah*, ancien, vieillard. On dit aussi *Mahatouhan*, le grand seigneur.
2. DÉVA, le céleste; mot sanscrit.
3. ALLAH, Dieu, ou ALLA TAALA, Dieu Très-Haut, expression arabe; c'est le terme le plus usité.
4. BÉRALA; mot ancien qui ne s'applique plus qu'aux idoles.

CCCXVII. *Iles Maldives.*

Leurs appellations de la Divinité semblent des phrases toutes construites.

1. *Mai Kalàng-ge raskang foulou.* Le grand Dieu et le Très-Haut.
2. *Bodou Souwaming-ge.* Le grand seigneur.
3. *Esouwaming-ge raskang.* Le Seigneur est le Très-Haut, ou le chef.
4. *Déwatai-ge raskang.* Dieu est le chef (*Journal of the asiatic society*, n. XI).

CCCXVIII. *Iles Nicobar.*

Les habitants de cet archipel ont l'idée de Dieu, d'un être supérieur, à qui ils donnent le nom de KNALLEN.

CCCXIX. *Les Achinais.*

Ce sont un des quatre peuples qui habitent

Sumatra; ils professent le mahométisme, ainsi que les deux suivants; en conséquence ils appellent Dieu ALLAH; ce nom même n'est pas inconnu aux peuplades païennes répandues dans cette grande île.

CCCXX. *Les Lampouns.*

1. ALLAH-TALLA. Dieu Très-Haut.
2. GOUSTI, seigneur.

CCCXXI. *Les Rejangs.*

OULA-TALLO. Ce vocable, comme le précédent, n'est autre que l'arabe ALLAH TAALA, Dieu Très-Haut. Le second mot n'est à proprement parler qu'une simple précation qui signifie *qu'il soit exalté!*

CCCXXII. *Les Battas.*

Ce peuple habite aussi Sumatra; mais il est plus barbare que les précédents: quoique professant le paganisme, il reconnaît un seul Dieu suprême qu'il appelle DAIBATTA ou DIBATA; c'est l'indien *Dévata*, Dieu, esprit céleste; afin de les distinguer des esprits inférieurs, ils le nomment encore *Dibata-Asi-asi* (Marsden, Histoire de Sumatra; — Doményy de Rienzi, Océanie, t. I).

CCCXXIII. *Les Javanais.*

Il y a environ trois siècles que les Javanais ont abjuré le bouddhisme pour le mahométisme; ils donnent à Dieu des noms tirés du basa Krama, de l'indien et de l'arabe; ainsi:

1. PANGUÉRANG, ce mot basa-krama signifie *prince, seigneur, Dieu*; il correspond au mot arabe *rabb*, seigneur.
2. YEWANG-WIDI.
3. GOUSTI, seigneur.
4. DÉVA, le céleste; ou MAHA-DÉVA le grand Dieu; on prononce aussi *Dieng*, dans quelques localités.
5. GOUNONG, Dieu.
6. DEOUTA; c'est le *Dévata* des Indiens.
7. ALAH, Dieu, ou ALLAH-TALLA, Dieu très-haut.

CCCXXIV. *Dans l'île de Bali.*

Les insulaires de Bali professent presque tous le brahmanisme, très-peu le mahométisme; on les entend donner indifféremment à la Divinité les noms de,
1. DÉVA, le céleste; mot indien
2. ALLAH, Dieu; mot arabe.
3. TOUHAN, Seigneur; mot malai.
4. BATARA; ce mot vient sans doute du sanscrit *avatara*, qui signifie incarnation divine, ou descente d'un Dieu sur la terre; mais chez les Balinais, il semble avoir perdu sa signification primitive pour exprimer simplement la divinité en général.

CCCXXV. *En Madoura.*

PANGUÉRANG, Seigneur, Dieu.

CCCXXVI. *En Sonda.*

HONGYEWANG et SANGYEWANG

CCCXXVII. *Iles Moluques.*

Les habitants de cet archipel, qui est sous la domination hollandaise, professent un mahométisme mélangé de pratiques de l'ancienne religion brahmanique. Il y a aussi beaucoup de chrétiens.

CCCXXVIII. *Ile Célèbes.*

Les Macassarais et les Boughis, habitants de l'île Célèbes, sont musulmans depuis environ deux cents ans; antérieurement ils professaient une espèce de sabéisme, rendant leurs hommages au soleil et à la lune, qu'ils croyaient éternels comme le ciel, et leur sacrifiaient des bœufs, des vaches et des cabris. Ils en avaient aussi les figures dans leurs maisons, et se prosternaient devant elles lorsque des nuages leurs dérobaient l'objet de leur vénération (*Hist. génér. des voyages*, t. XXXIX). Les Boughis expriment la Divinité par les mots,

POUANG, Dieu.
BARAHALA; mais ce dernier mot désigne maintenant une idole. Voyez *Tagalas*, n° CCCXXXI.

CCCXXIX. *Les Harfouras.*

Ce sont des peuples sauvages de la même île. Leur religion est une espèce de manichéisme dans lequel ils rendent de préférence un culte aux esprits malfaisants. Les Harfouras de Manado appellent Dieu EMPON.

CCCXXX. *Les Dayas.*

Les Dayas habitent l'île de Bornéo; ils appellent Dieu *l'ouvrier* du monde, et lui donnent le nom de DIWATA ou DÉWATA, qui rappelle une origine indienne; mais ceux qui professent le mahométisme le nomment ALLAH. On n'a qu'une connaissance fort vague des autres tribus qui habitent cette île.

CCCXXXI. *Les Tagalas.*

Ce sont les anciens habitants de l'île de Luçon; ils ont embrassé le christianisme depuis près de trois siècles, ainsi que tous les autres peuples du vaste archipel des Philippines. Jusqu'à présent on a trouvé fort peu de chose qui puisse jeter du jour sur leur ancienne religion. Cependant les noms de DIVA et DIVATA, que l'on trouve chez eux pour exprimer la Divinité, démontrent que le brahmanisme s'était introduit chez eux. Quelques traditions conservées dans des espèces de chansons nous apprennent qu'ils adoraient un dieu nommé *Bathala-May-Capal*, ou dieu fabricateur. Ils honoraient aussi des divinités inférieures et entremêlaient leur culte d'un grossier fétichisme. Le mot *Bathala*, Dieu, semble encore dérivé du sanscrit *Avatara*, incarnation divine.

CCCXXXII. *Les Bissayas.*

Autre peuple de ces mêmes îles, qui nous a transmis le nom de DIVATA, Dieu, lequel accuse encore une origine indienne.

CCCXXXIII. *A Maïndanao.*

Dieu est appelé ALLA-TALLA par la partie mahométane de l'île.

II° GROUPE. — LANGUES DE LA MICRONESIE.

Ce groupe, situé au nord de l'océanie, est

ainsi appelé, parce que les îles qui le composent ont toutes fort peu d'étendue.

CCCXXXIV. Iles Mariannes.

Les Mariannais sont actuellement chrétiens; mais, avant leur conversion, ils n'avaient, d'après le témoignage des historiens aucune idée de la Divinité; point de temples, point de culte, point de prêtres. Cependant ils admettaient l'immortalité de l'âme, et des récompenses et des peines dans l'autre vie. Ceux qui mouraient de mort violente allaient dans l'enfer ou *zazarragouan*, où ils étaient tourmentés par le *kaifi* ou mauvais esprit; pour jouir du paradis, il fallait mourir de mort naturelle. Les Mariannais donnaient encore aux esprits le nom d'*Anits*, mais ils n'avaient point de mot pour exprimer Dieu. (*Le P. le Gobien, Hist. des Mariannes; — Le P. Murillo Velarde; — Dom Luis de Torres.*)

CCCXXXV. Iles Pelew.

Les Pelewiens sont encore très-peu connus : ils professent le plus profond respect pour l'Etre puissant qu'ils appellent YARRIS (*H. Holden, A narrative of the shipwreck*, etc.). Mieux inspirés que les Mariannais, ils croient que le ciel est la récompense des âmes vertueuses, tandis que celles des méchants resteront sur la terre pour souffrir. C'est le témoignage qu'en rendit *Libou*, fils du roi *Abba-Thule*, lorsqu'il vint en Angleterre.

CCCXXXVI. Ile Ualan.

Le peu de connaissance que, jusqu'à présent, les voyageurs ont eu de la langue des Ualanais ne leur a pas permis de s'instruire de leur religion. D'après Lütke, navigateur russe, ils croient à l'immortalité de l'âme, et adorent principalement SITET-NAZUENZIAP, qu'ils paraissent considérer comme l'auteur de leur race et leur divinité.

CCCXXXVII. Iles Carolines.

Les Carolins occidentaux croient aussi à une autre vie, où les bons seront récompensés et les méchants punis; ils vénèrent les esprits et ont une théogonie fort curieuse, qu'il serait intéressant de comparer à certaines traditions antiques. Leur grand esprit porte le nom d'ELIBULEP.

CCCXXXVIII. Ile Satarval.

Les habitants de cette île, l'une des Carolines, donnent à Dieu le nom de IALOUSSOU.

CCCXXXIX. Iles Marschall.

Les naturels de ce groupe adorent un Dieu invisible qui réside dans le ciel; ils lui présentent des offrandes de fruit, sans temples, ni prêtres. Dans leur langue, IAGUEACH signifie Dieu.

CCCXL. Iles Iouli.

Voici ce que rapporte Choris au sujet d'un insulaire qui s'était volontairement embarqué dans l'expédition de Kotzbüe : « Nous avions vainement essayé, pendant plusieurs semaines, de demander à Kadou ses idées sur Dieu; il faisait tous ses efforts pour nous comprendre, mais inutilement. Enfin, un jour il y réussit; son visage était enflammé, tout son corps tremblait. « Ah! s'écria-t-il, vous voulez savoir le nom de celui que nous ne voyons ni n'entendons (en même temps il se bouchait les yeux et les oreilles); son nom est TAUTOUP. » Lui ayant demandé où il demeurait, il montra le ciel »(*D. de Rienzi, Océanie*, tom. II).

CCCXLI. Iles Mulgraves.

Les habitants connaissent un grand esprit nommé KENNIT; ils semblent le craindre plus que l'aimer. Ils admettent aussi des esprits inférieurs

CCCXLII. Iles basses de l'archipel des Carolines.

Les insulaires ont une grande vénération pour les esprits; chaque groupe d'îlots est sous la dépendance d'un génie nommé HANNO ou HANNOULAPPÉ, qui pourvoit aux besoins des habitants, et qui est lui-même subordonné à un être qui lui est infiniment supérieur.

III* GROUPE. — LANGUES DE LA MÉLANAISIE.

CCCXLIII. Les Papous.

Les Papous donnent à la Divinité le nom de WAT; on a fort peu de données sur leur religion.

CCCXLIV. Nouvelle-Irlande.

Les insulaires de la Nouvelle-Irlande adorent des idoles; leur principale porte le nom de *Prapraghan*. Chez eux le mot BAKOUÏ paraît désigner la Divinité (*Lesson, Voyage autour du monde*, tom. II).

CCCXLV. Ile Vaigiou.

Les habitants de cette île sont adonnés au fétichisme pur, et ont élevé un temple à leurs dieux, qui paraissent être nombreux. Ceux de la baie d'*Offach* ont la même religion.

CCCXLVI. Iles Salomon.

Les habitants de l'archipel Salomon sont livrés à une grossière idolâtrie, adorant des serpents, des crapauds et d'autres animaux.

CCCXLVII. Ile Vanikoro.

Les Vanikoriens expriment le nom de Dieu par le mot ATOUA, qui appartient au système polynésien; du reste, ils pratiquent le fétichisme. Le volume *Philologie* du voyage de l'*Astrolabe* donne aussi le mot MOE-MAMALEGNOE, comme exprimant le nom de la Divinité.

CCCXLVIII. Ile Tikopia.

Les Tikopiens ont le même culte, et donnent à Dieu les noms polynésiens d'ATOUA et TAN-HAROA.

CCCXLIX. Archipel Viti.

On a peu de données sur la religion de ce peuple : on sait seulement que chez eux ZAN-HOUALOU est un dieu de premier ordre, qui habite le ciel avec les divinités inférieures. Il paraît cependant qu'il est soumis lui-même à ONDEN-HEŸ, qui a créé le ciel, la terre et les autres dieux, et auquel les âmes des hommes vont se réunir après la mort. Il n'y a point d'images pour représenter la Divinité. D'après le *Voyage de l'Astrolabe*, le nom de Dieu en Vitien est KALOU-LÉVOU. Ce vocable paraît venir de *kalou-kalou*, étoile, et de *lévou-lévou*, grand, ce qui donne la signification de *grande étoile*. Kalou signifie aussi *siffler*.

CCCL. *Nouvelle-Galles du sud.*

Quelques tribus de cette contrée de l'Australie croient à l'existence d'un bon esprit nommé *Koyan*, qui n'est occupé qu'à leur rendre de bons offices ; et d'un mauvais esprit appelé *Potoyan*, qu'ils redoutent beaucoup, parce qu'il ne cherche qu'à leur jouer de mauvais tours.

CCCLI. *Golfe Saint-Vincent.*

Les habitants de cette côte donnent à Dieu le nom de MEŸO. Mais il est à remarquer que ce mot signifie *homme* dans la langue des naturels.

CCCLII. *Baie de Jervis.*

Sur cette côte de l'Australie, le nom de Dieu paraît être IENDERE.

CCCLIII. *Port Dalrymple (Tasmanie).*

M. Gaimard remarque que la femme indigène de la bouche de laquelle il recueillit un petit vocabulaire, énonça bien positivement que les expressions correspondantes aux mots *chef* et *Dieu* n'existaient point dans la langue (*Voyage de l'Astrolabe, Philologie*).

IVe GROUPE. — LANGUES DE LA POLYNÉSIE.

Cette partie de l'Océanie est la plus orientale ; les peuples qui l'habitent accusent tous une origine commune et parlent les dialectes de la même langue, quoique parfois éloignés les uns des autres de douze et même quinze cents lieues. Bientôt l'idolâtrie aura disparu de ces îles nombreuses ; déjà des archipels entiers sont chrétiens ; nous voudrions pouvoir ajouter : et catholiques.

CCCLIV. *Iles Hawaï.*

Quoique les habitants de ces îles adorassent des idoles, ainsi que tous les indigènes de la Polynésie, ils admettaient tous l'existence d'un être supérieur, spirituel, invisible et tout-puissant, appelé dans leur langue AKOUA, Dieu, ou NOUI-AKOUA, le grand Dieu. L'immortalité de l'âme, les peines et les récompenses dans une autre vie, étaient des dogmes familiers à toutes ces tribus.

CCCLV. *Iles Nouka-Hiva.*

Dans la langue de ces insulaires, le nom de Dieu est ATOUA. C'est le même mot qu'à Hawaï, quoique dans ces dernières îles l'articulation ait été modifiée suivant le génie de la langue.

La plupart des îles de la Polynésie se servent, pour exprimer la Divinité en général, d'une expression qui est toujours la même, avec une légère différence d'articulation ;

ainsi *Atoua, Etoua, Akoua, Hotoua*, etc. Le thème primitif paraît être *Atoua*, qui est en effet le plus répandu. Son étymologie n'est pas certaine ; toutefois on peut le rapprocher du malais *Touan*, Dieu. Signalons aussi le rapport phonique qui existe entre *Atoua* et les vocables de l'ancien continent, *Déva*, Θεός, *Deus*, etc. Quelques-uns prétendent que le mot *Atoua* signifie esprit.

CCCLVI. *Iles Pomotou.*

Dieu est nommé ATOUA, ETOUA.

CCCLVII. *Ile Taïti.*

Cette île, qui est regardée comme la métropole de toute la Polynésie, appelle aussi Dieu ATOUA. Les premiers missionnaires protestants avaient cru reconnaître chez ce peuple la croyance à une trinité qui rappelait le dogme chrétien, et qui se composait de :

Tane te Madoua, le père ;
Oro, Mataou, Atoua te tamaïdi, Dieu, le fils, et
Taaroa, manou te hoa, l'oiseau esprit (*Dumont d'Urville et Lesson, Voyage autour du monde*).

Mais M. Ellis a prouvé que cette prétendue découverte était fondée sur une interprétation forcée et inadmissible.

CCCLVIII. *Archipel Tonga.*

Les habitants de ces îles comprennent leurs divinités sous le nom général de HOTOUA, qui répond à l'*Atoua* des Taïtiens. Ces peuples ont une théogonie assez riche et une cosmogonie qui rappelle les traditions mosaïques.

CCCLIX. *Ile Raro-Tonga.*

Dieu est appelé ATOU, maître, seigneur, corrélatif d'*Atoua*, ou du malais *touah*, seigneur.

CCCLX. *Nouvelle-Zélande.*

Parmi les habitants de cette île, les mots ATOUA, ETOUA, EATOUA, s'appliquent aussi à la Divinité en général ; le mot *waïdoua* désigne plus spécialement les esprits et les âmes. Ce dernier vocable est peut-être celui qui est prononcé *Eatoua* dans les autres archipels : il a, comme on le voit, beaucoup de rapport avec le nom de Dieu ; peut-être en est-il dérivé. — On demandait un jour à un insulaire comment il se figurait *Atoua* ? — « Comme une ombre immortelle, » répondit-il. Un autre, à qui M. d'Urville adressait la même question, dit : « C'est un esprit, un souffle tout-puissant. » (*Voyage autour du monde.*) D'après M. Lesson (*Voyage*, t. II), les dieux principaux de la Nouvelle-Zélande seraient : Dieu le père, nommé *Noui-Atoua* ; Dieu le fils, et Dieu l'oiseau, ou esprit, *Ouidoua*.

Guido Malatesta (*Nouvelles Ann. des Voyages*, février, 1842) donne les noms d'une série de divinités qui pourraient n'être que les attributs du Dieu suprême ; ce sont :

1. *Maaoui Rangui*, Dieu du ciel.
2. *Maaoua*, Dieu suprême.

3. *Tovacki*, Dieu des éléments et du tonnerre.
4. *Tipocko*, Dieu de la mort (*Rockialo*, selon Jules de Blosseville).
5. *Koukoula*, Dieu du jour.
6. *Ékotoro*, Dieu des larmes.
7. *Rokou Etoua*, Dieu tutélaire.
8. *Taneva*, Dieu de la mer ou de l'eau.

CCCLXI. *Ile Rotouma.*

Ses habitants ont des idées fort superficielles de la Divinité; ils la considèrent comme un être ou génie suprême qui leur donne la mort; aussi appellent-ils la mort : *Atoua* (*Lesson*, *Voyage*, tom. II).

CONCLUSION.

Nous avons réuni les noms de Dieu dans toutes les langues qu'il nous a été permis de compulser; si quelques-unes ne figurent pas dans ces tableaux, les vocables usités dans ces dernières se rattachent pour la plupart à ceux que nous avons fait entrer dans cette synglosse. Dans les langues bien connues, nous avons pu remonter à l'étymologie de la plus grande partie des dénominations en usage pour exprimer le souverain Être ; mais, dans les idiomes moins étudiés, nous n'avons pu que donner purement les vocables, en attendant que les progrès de la linguistique aient jeté sur eux un jour plus parfait.

On pourrait actuellement rédiger des tableaux synoptiques d'un autre genre, et d'une méthode plus rationnelle : ce serait de prendre chacun des termes originaux et primitifs dont on s'est servi pour peindre la Divinité par la parole, et de suivre la filiation de ces termes, ou des idées exprimées par eux, parmi les différents peuples. Ainsi nous verrions l'élément indien, sous la formule *Déva*, se répandre du côté de l'occident dans l'Asie, et de là jusqu'aux extrémités de l'Europe ; et du côté de l'orient, se propager d'île en île jusqu'aux écueils les plus reculés de l'Océan Pacifique ; modifié successivement d'après les articulations propres aux différents peuples.

D'autres populations, sans avoir adopté le vocable, en ont conservé l'idée : ainsi la signification de *ciel*, *céleste*, *habitant du ciel*, inhérente aux termes *Déva*, *Div*, Θεός, *Deus*, *Divus*, etc., se retrouve dans les dénominations en usage chez la plupart des nations de l'Asie et de l'Afrique.

L'élément arien (ou peut-être indien encore), sous la formule *Khoda*, *Gott*, *God*, règne surtout dans l'Iran, et est devenu, même en Europe, l'appellation usuelle pour les langues d'origine teutonique. L'idée qu'il offre (*donné de lui-même*) est bien plus noble et plus digne de Dieu que celle que nous fournit la formule *Déva*.

L'élément *El, Allah* se trouve seulement dans les langues dites sémitiques, les dialectes abyssins exceptés ; et l'idée qu'il exprime (*être adorable*) appartient bien aux peuples qui ont hérité plus directement des traditions primitives et de la révélation. Le vocable arien est plus grandiose peut-être et peint plus fidèlement l'essence et la nature du Très-Haut ; mais le vocable sémitique exprime plus heureusement les rapports qui doivent exister entre les hommes et la Divinité.

Toutefois, l'idée d'*adorable* se trouve sous une autre forme dans les langues slaves (*Bog*) et dans les langues lénappé (*Pachtamawos*).

En Amérique, on voit dans la plupart des langues le nom de Dieu exprimé par l'idée d'*âme*, *esprit*, *génie*, ce qui exclut tout soupçon d'un Dieu matériel, chez ces peuples considérés naguère comme les plus sauvages du globe ; aussi l'adoration des idoles était-elle bien moins fréquente dans le nouveau monde que dans l'ancien continent.

En conséquence de nos recherches, il est facile de se convaincre, en premier lieu, que les nombreux vocables consacrés à exprimer la Divinité, dans toutes les langues, ne sont point des articulations arbitraires, prises au hasard et vides de sens, mais qu'ils expriment ou l'essence de Dieu même, ou ses principaux attributs, ou ses rapports avec la créature ; en second lieu, que la plupart des peuples ont conservé, malgré les ténèbres de l'idolâtrie et du polythéisme, dans lesquelles plusieurs d'entre eux étaient plongés, une idée assez exacte du souverain Être, précieux débris des traditions antiques et de la révélation primitive. Enfin, en suivant attentivement la dérivation et l'analyse de ces vocables, nous sommes insensiblement ramenés, de contrée en contrée, jusqu'à cette ancienne Arie, où les Livres saints placent l'origine des hommes et des choses.

DIEUX. 1. Saint Clément d'Alexandrie distribue en sept classes les dieux des païens de son temps : la première comprend les dieux des étoiles ; la seconde, ceux des fruits ; la troisième, ceux des châtiments ; la quatrième, ceux des passions ; la cinquième, ceux des vertus ; la sixième, les dieux qu'on appelait *majorum gentium* ; et la septième, ceux des bienfaiteurs de l'humanité, déifiés par la reconnaissance, tels qu'Esculape, etc.

Jamblique en admet huit classes : dans la première il place les grands dieux, invisibles et présents partout ; dans la seconde, les archanges ; dans la troisième, les anges ; dans la quatrième, les démons ; dans la cinquième, les grands archontes, ou ceux qui président au monde sublunaire et aux éléments ; dans la sixième, les petits archontes, ou ceux qui président à la matière ; dans la septième, les héros ; et dans la huitième, les âmes.

La division la plus communément admise, suivant Noël, est en dieux naturels et dieux animés, grands dieux et dieux subalternes, dieux publics et dieux particuliers, dieux connus et dieux inconnus ; ou enfin, d'après la division usitée chez les mythologues modernes, dieux du ciel, de la terre, de la mer et des enfers. Il est à remarquer que *dii* s'emploie ordinairement en latin pour les dieux de premier ordre, et *divi* pour ceux du deuxième ou du troisième.

1. Dieux naturels; c'est-à-dire le soleil, la lune, les étoiles et les autres êtres physiques.

2. Dieux animés; ce sont les hommes qui, par leurs grandes et belles actions, avaient mérité d'être déifiés.

3. Dieux grands, *Dii majorum gentium*. Les Grecs et les Romains reconnaissent douze grands dieux, dont les noms, dit Hérodote, étaient venus d'Egypte. Une des folies d'Alexandre fut de prétendre être le treizième de ces grands dieux, dédaignant d'être associé à la foule des divinités secondaires. *Voy.* Consentes.

4. Dieux subalternes, ou des moindres nations, *Dii minorum gentium*. Ce sont tous les autres dieux après les douze Consentes. Le nombre en était presque infini, puisqu'on les porte à 30,000 pour l'empire romain. Non contents en effet de la foule de divinités que la superstition de leurs pères avait introduites, les Romains embrassaient le culte de toutes les nations subjuguées, et se faisaient encore tous les jours de nouveaux dieux.

5. Dieux publics, ceux dont le culte était établi et autorisé par les lois des douze tables; par exemple, les douze grands dieux.

6. Dieux particuliers, ceux que chacun choisissait pour l'objet de son culte. Tels étaient les dieux Lares, les Pénates, les âmes des ancêtres, qu'il était permis à chaque particulier d'honorer à son gré.

7. Dieux connus. Varron range dans cette classe tous les dieux dont on savait les noms, les fonctions, les histoires, comme Jupiter, Apollon, le Soleil, la Lune, etc.

8. Dieux inconnus. Dans cette deuxième classe étaient placés ceux dont on ne savait rien d'assuré, et qu'on ne voulait cependant pas laisser sans autels et sans sacrifices. Plusieurs auteurs parlent des autels élevés aux dieux inconnus en plusieurs endroits. On connaît l'à-propos de saint Paul parlant devant l'Aréopage, au sujet d'un autel érigé près d'Athènes, sur lequel il avait lu cette inscription : *Ignoto Deo*.

9. Dieux du ciel ; Cœlus, Saturne, Jupiter, Junon, Minerve, Mars, Vulcain, Mercure, Apollon, Diane, Bacchus, etc.

10. Dieux de la terre ; Cybèle, Vesta, les dieux Lares, les Pénates, les dieux des jardins, Pan, les Faunes, les Satyres, Palès, les Nymphes, les Muses, etc.

11. Dieux de la mer : l'Océan et Tethys, Neptune et Amphitrite, Nérée et les Néréides, Doris et les Tritons, les Naïades, les Sirènes, Éole et les Vents, etc.

12. Dieux des enfers : Pluton, Proserpine, Éaque, Minos, Rhadamanthe, les Parques, les Furies, les Mânes, Charon, etc.

II. Voici comment Champollion le jeune rend compte de la hiérarchie des dieux égyptiens : « C'est dans le temple de Kalabschi, en Nubie, que j'ai découvert une nouvelle génération de dieux, qui complète le cercle des formes d'Amon, point de départ et point de réunion de toutes les essences divines. *Amon-Ra*, l'être suprême et primordial, étant son propre père, est qualifié de mari de sa mère (la déesse *Mouth*), sa portion féminine renfermée en sa propre essence à la fois mâle et femelle, Ἀρσενόθηλυς: tous les autres dieux égyptiens ne sont que des *formes* de ces deux principes constituants, considérés sous différents rapports pris isolément. Ce ne sont que de pures abstractions du grand être. Ces formes secondaires, tertiaires, etc., établissent une chaîne non interrompue qui descend des cieux, et se matérialise jusqu'aux incarnations sur la terre, et sous forme humaine. La dernière de ces incarnations est celle d'*Horus*, et cet anneau extrême de la chaîne divine forme, sous le nom d'*Horammon*, l'Ω des dieux, dont *Amon-Horus* (le grand Amon, esprit actif et générateur) est l'A. Le point de départ de la mythologie égyptienne est une *triade* formée des trois parties d'Amon-Ra, savoir: *Amon* (le mâle et le père), *Mouth* (la femelle et la mère), et *Khons* (le fils enfant). Cette triade s'étant manifestée sur la terre, se résout en *Osiris*, *Isis* et *Horus*. Mais la parité n'est pas complète, puisque Osiris et Isis sont frères. C'est à Kalabschi que j'ai enfin trouvé la triade finale, celle dont les trois membres se fondent exactement dans les trois membres de la triade initiale : Horus y porte en effet le titre de mari de la mère; et le fils qu'il a eu de sa mère, et qui se nomme *Malouli* (le *Mandouli* des Proscynéma grecs), est le dieu principal de Kalabschi, et cinquante bas-reliefs nous donnent sa généalogie. Ainsi la triade finale se formait d'Horus, de sa mère Isis et de leur fils Malouli, personnages qui rentrent exactement dans la triade initiale, Amon, sa mère Mouth et leur fils Khons. Aussi Malouli était-il adoré à Kalabschi sous une forme pareille à celle de Khons, sous le même costume, et orné des mêmes insignes. »

M. Champollion-Figeac ajoute les réflexions suivantes à la savante théorie de son frère : « Ainsi l'ensemble du système de la hiérarchie religieuse égyptienne était composé d'une série de triades, diversifiées sans être isolées, s'enchaînant les unes aux autres par des alliances collatérales attentivement constituées, et chaque temple de l'Egypte était spécialement consacré à une de ces triades.

« Chaque nome ou province avait sa triade; et celle qui était adorée dans le temple de la capitale d'un nome, était aussi l'objet du culte public dans tous les temples des autres lieux du même nome; chaque nome ayant ainsi, on pourrait dire, un culte particulier voué à trois portions distinctes de l'être divin, lesquelles avaient leurs noms et leurs formes spéciales.

« D'autres divinités étaient en même temps adorées dans un même temple pour des motifs particuliers: c'étaient des divinités synthrones auxquelles on adressait des prières et des offrandes, après avoir fait ce qui était dû à la triade. »

III. Pour la division des dieux de l'Inde, *voy.* Dévata.

DIFFARÉATION. C'était, chez les Romains, la rupture du mariage contracté par confarréation. On y offrait aussi le gâteau ou pain de froment.

DIGAMBARA. 1° Une des deux principales divisions de la secte des djainas, dans l'Inde. L'autre s'appelle *Swétambara*. Les premiers paraissent avoir les prétentions les mieux fondées à l'antiquité, et avoir été les plus répandus. La différence qui existe entre ces deux rites se trouve exprimée dans leur propre dénomination, car *digambara* signifie revêtu d'air, c'est-à-dire nu, et *swétambara*, vêtu de blanc; ce qui est en effet le costume des docteurs. Maintenant, néanmoins, les digambaras ne vont plus nus, mais ils portent des vêtements de couleur. Ils n'ont gardé l'usage de la nudité que pour le temps de leurs repas, mettant de côté leur couverture lorsque leurs disciples leur apportent la nourriture. Cependant la différence qui existe entre les deux sections ne gît point seulement dans le costume, elle comprend une liste qui ne renferme pas moins de 700 points, dont 84 sont regardés comme de la plus haute importance. En voici quelques-uns :

Les swétambaras ornent les images des *tirthankaras*, ou saints divins, avec des anneaux, des colliers, des bracelets, des tiares d'or et des joyaux; les digambaras laissent leurs idoles sans aucune espèce d'ornements.

Les swétambaras assurent qu'il y a douze cieux et soixante-quatre Indras; les digambaras soutiennent qu'il y a seize cieux et cent monarques célestes.

Les swétambaras permettent à leurs gourous de manger dans de la vaisselle; les digambaras reçoivent dans leurs mains ouvertes la nourriture que leur apportent leurs disciples.

Les swétambaras considèrent comme essentiel à un ascète de porter avec lui une brosse et un pot à eau; les digambaras nient l'importance de ces objets.

Les swétambaras assurent que les Angas, ou livres sacrés, sont l'œuvre des disciples immédiats des tirthankaras; les digambaras, avec plus de raison, soutiennent que les principales autorités de la religion djainas sont de la composition des docteurs ou atcharyas postérieurs.

Mais si les digambaras ont raison, quant à ce dernier article, tout le monde ne les approuvera peut-être pas lorsqu'ils avancent que les femmes ne peuvent pas obtenir le *nirvana*, contrairement à la doctrine plus galante de leurs adversaires, qui admettent pour le beau sexe la félicité de l'anéantissement final.

Ces deux branches de djainas vivent, l'une à l'égard de l'autre, dans une animosité mutuelle, dont l'intensité est, comme il arrive ordinairement, en raison inverse de la futilité de leurs motifs.

2° On appelle encore *Digambaras* un ordre de religieux hindous, qui vont tout nus; ils font partie des sectes de Siva.

DIGNITAIRE. On donne ce nom à celui qui est revêtu d'une dignité dans quelque église cathédrale ou collégiale : tels sont le doyen, le trésorier, le grand-chantre, etc. *Voyez* ce qui concerne chacune de ces dignités à leur article spécial.

DIIPOLIES, ancienne fête célébrée à Athènes, le 14 du mois scirrophorion, en l'honneur de Jupiter Polieus, ou protecteur de la ville. On l'appelait encore *Buphonies*, parce qu'on y immolait un bœuf (de βοῦς, bœuf, et φονεύω, tuer). Le jour de cette solennité, on déposait des gâteaux sacrés sur une table d'airain, autour de laquelle on chassait des bœufs choisis; et le premier qui en mangeait était sacrifié sur-le-champ. Trois familles, au rapport de Porphyre, étaient employées à ces cérémonies. La fonction de la première était de chasser les victimes, ce qui lui faisait donner le nom de κεντριάδαι; ceux qui l'assommaient s'appelaient βούτοποι, et ceux qui l'égorgeaient δαιτροί. Mais tous ceux qui étaient censés avoir eu part à la mort de l'animal étaient appelés en justice l'un après l'autre, et successivement déclarés absous de l'accusation, jusqu'à ce qu'on fût arrivé au couteau, qui seul était condamné comme ayant réellement tué le bœuf. Porphyre nous apprend comment se faisait cette singulière procédure : « On intentait d'abord l'accusation contre les filles qui avaient apporté l'eau pour arroser la pierre sur laquelle on aiguisait le couteau; les filles rejetaient le crime sur celui qui avait aiguisé le couteau; celui-ci sur l'homme qui avait frappé le bœuf; cet autre sur le couteau qui, ne pouvant accuser personne, se trouvait ainsi le seul coupable, et était jeté à la mer. » Voici à quoi l'on attribue l'origine de cette cérémonie : Un jour de fête consacré à Jupiter, un bœuf ayant mangé du gâteau sacré, le prêtre, nommé Taulon, mû d'un zèle religieux, tua l'animal profane; mais il fut obligé de chercher son salut dans la fuite, et un jugement solennel déclara le bœuf innocent.

DIJOVIS. Aulu-Gelle donne pour étymologie de ce mot, sous lequel les Romains désignaient Jupiter, *die juvans*, comme favorisant les mortels du don de la lumière. Mais cette dérivation est absurde, comme la plupart des étymologies laissées par les anciens grammairiens latins. On peut regarder ce vocable comme composé des noms grecs et latins du dieu suprême (Διός et *Jovis*); ou bien comme le nom de *Jovis* précédé de la racine de *deus*, *dii*, *divus*; il signifierait alors *le dieu Jupiter*. On sait, au reste, que le mot *Jovi* est la transcription exacte de l'hébreu יהוה *Jéhova* (Jova).

DIKCHA, cérémonie en usage chez les Indiens, pour admettre les postulants dans les sectes spécialement consacrées à Vichnou ou à Siva. Ce mot veut dire initiation. Le dikcha consiste à prononcer sur le néophyte plusieurs mantras ou prières adaptées à la circonstance, et à lui donner tout bas à l'oreille quelques instructions secrètes; le tout dans un langage qui, le plus souvent, n'est pas même compris par le gourou qui préside à la cérémonie. Après l'initiation, le nouvel adepte acquiert un droit perpétuel à tous les privilèges de la secte dans laquelle il a été enrôlé. Des personnes de toutes les castes peuvent être incorporées dans la secte de Vichnou, et en porter après cela sur leur front la marque distinctive. Les parias eux-mêmes n'en sont pas exclus; on observe même que partout ce sont les tribus les plus infimes qui abondent dans cette classe. L'initiation à la secte de Siva ne souffrirait peut-être pas de plus grandes difficultés; mais, comme, en s'y affiliant on prend l'engagement de renoncer pour toujours à l'usage de la viande et à celui des liqueurs enivrantes, les basses tribus, où l'on en fait publiquement usage, trouvent ces deux conditions trop dures; aussi ne voit-on guère dans cette classe que des soudras des hautes castes, et presque point de parias.

DIMANCHE, jour de la semaine consacré spécialement au culte du Seigneur, chez les chrétiens. Il a succédé au sabbat des juifs institué pour célébrer le repos de Dieu, après la création de l'univers. Ce sont les apôtres qui peu à peu ont opéré ce changement; leur but principal a été d'honorer d'une manière particulière le jour où le Sauveur, en sortant glorieux du tombeau, a mis le sceau à la rédemption du genre humain. De plus, par une coïncidence qui sans doute n'est pas fortuite, il se trouve que chacune des personnes de la très-sainte Trinité a accompli ce jour-là même son œuvre la plus merveilleuse et la plus éclatante. Ainsi, c'est le dimanche que le Père a tiré du néant le ciel et la terre, et procédé à la création; c'est le dimanche que le Fils est ressuscité triomphant et glorieux; c'est le dimanche que le Saint-Esprit est descendu pour la première fois et ostensiblement sur l'Église naissante.

L'Église, mue par l'Esprit de Dieu, a transporté au dimanche les obligations que le Seigneur avait assignées au samedi dans la loi ancienne. Ces obligations consistent à s'abstenir des œuvres serviles, et à s'occuper ce jour-là d'œuvres saintes, telles que la prière, la méditation, et l'instruction. L'Église y a ajouté de plus le précepte d'entendre la sainte messe. Toutes les sectes qui se sont élevées dans l'Église ont conservé religieusement la sanctification du dimanche. On cite surtout l'Angleterre comme le pays où le dimanche est le mieux observé.

Il a été longtemps d'usage, dans l'Église d'Occident, de distinguer les dimanches par les premiers mots de l'introït; cet usage ne subsiste plus guère que pour le dimanche qui suit Pâques immédiatement, et que l'on appelle le dimanche de *Quasimodo*, de ces paroles de l'introït: *Quasimodo geniti infantes*. Les dimanches de carême sont encore désignés dans les calendriers sous les noms de *Reminiscere, Oculi, Lætare, Judica*.

Nous avons vu que, chez les juifs, le jour saint est le samedi; chez les musulmans, c'est le vendredi, et chez les Indiens, le mardi.

DIMATER, surnom de Bacchus, ainsi appelé, parce qu'il avait eu deux mères; c'est pour la même raison qu'on l'appelait encore *Bimater, Digonos, Dionysios*. Voyez BACCHUS.

DIME. Depuis la révolution du dernier siècle, toute espèce de dîme est abolie en France; nous allons cependant entrer dans quelques détails à ce sujet, pour apprendre ce qui avait lieu autrefois. Du reste, il y a des pays où on les perçoit encore, tant dans les États catholiques que dans les contrées protestantes.

La *dîme* ou *dixme* est, suivant l'étymologie du mot, la dixième partie des fruits d'un héritage, ou autre portion approchante, qui se paye à l'Église ou aux seigneurs temporels. On distinguait les dîmes *inféodées* et les dîmes *ecclésiastiques*. Les dîmes inféodées étaient celles qui avaient été aliénées aux seigneurs ecclésiastiques ou temporels, et qui étaient possédées comme biens profanes par des laïques. Les dîmes ecclésiastiques étaient destinées à servir à la subsistance des ministres de la religion; nous ne parlons ici que de ces dernières.

1° Les dîmes, dans l'ancienne loi, étaient de droit divin : c'était la portion de Dieu même, qui s'était réservé expressément les prémices de tous les fruits de la terre. Les Juifs étaient donc obligés de donner au Seigneur la dixième partie de leurs biens. Les lévites étaient chargés de lever ce tribut; et, comme ils n'avaient point eu de portion assignée dans le partage de la terre promise, Dieu leur abandonnait la jouissance des offrandes du peuple. Sur les dîmes que les lévites recueillaient, on en prélevait d'autres destinées à l'entretien des prêtres. On peut mettre aussi au nombre des dîmes certains repas de religion que les Juifs étaient obligés de donner tous les trois ans aux prêtres, aux lévites, aux veuves et aux étrangers. Les Juifs avaient une façon particulière de décimer leur bétail. Un homme qui, sur dix agneaux, en aurait mis un à part pour la dîme, n'aurait pas agi régulièrement. On renfermait tous les agneaux, chevreaux, ou veaux, dans une étable qui avait une porte si étroite que deux de ces animaux ne pouvaient y passer de front. On amenait ensuite les mères devant la porte, afin que les jeunes, en entendant leur voix, s'empressassent de sortir. Il fallait, outre cela, qu'ils sortissent d'eux-mêmes et sans y être forcés; et, à mesure qu'ils sortaient l'un après l'autre, ceux qui se tenaient auprès de la porte les comptaient jusqu'à dix. Le dixième était aussitôt marqué de rouge, et le maître disait : « Celui-ci sera consacré à payer les dîmes. »

2° Les dîmes ne sont pas de droit divin dans la loi nouvelle. Les églises peuvent posséder des immeubles, et les clercs leur patrimoine; cependant ces biens n'étant pas toujours suffisants pour la subsistance des ministres, les fidèles se trouvaient obligés d'y suppléer. Cette obligation était fondée sur le droit positif. Dans les premiers siècles de l'Église, lorsque la charité animait tous les cœurs et en bannissait tout esprit d'intérêt, il n'y avait point d'autres dîmes que les oblations volontaires des fidèles. Mais, vers la fin du x° siècle, la charité s'étant considérablement refroidie, on fut obligé de forcer les chrétiens à contribuer à l'entretien de leurs pasteurs. La puissance temporelle concourut avec l'autorité spirituelle pour rendre cette obligation indispensable. La dîme n'était pas toujours la dixième partie des fruits : communément elle était moindre ; on suivait là-dessus l'usage des lieux. On distinguait les grosses et les menues dîmes. Les grosses consistaient en blés, vins, foins et autres gros fruits ; ceux à qui elles appartenaient étaient appelés *gros décimateurs*. Les menues dîmes consistaient en herbages et en légumes ; on les appelait autrement *dîmes vertes*. Les dîmes *novales* étaient celles qui se levaient sur les terres nouvellement défrichées. Il y avait aussi des dîmes de *charnage*, qui consistaient en veaux, agneaux, etc., selon la coutume des pays. Les curés de campagne jouissaient ordinairement des dîmes de leurs paroisses, et c'était une juste récompense de leurs travaux. Ils n'avaient pas besoin pour les posséder d'autre titre que de leur clocher : cependant ils étaient quelquefois privés des grosses dîmes, et ils n'avaient que les menues et les novales. Lorsque les curés n'avaient pas la dîme, on leur assignait une rente qu'on appelait *portion congrue*, que le gros décimateur était obligé de leur payer : cette rente avait été fixée d'abord à 300 livres, par les arrêts du parlement de Paris, mais depuis elle avait été portée à 500 livres.

On appelle dîme *saladine* un impôt que levèrent, en 1188, les rois de France et d'Angleterre croisés contre Saladin, pour le recouvrement de la Terre-Sainte. Cette taxe était le dixième du revenu de chaque particulier. Les ecclésiastiques la payèrent aussi bien que les laïques ; les seuls croisés et quelques ordres religieux en furent exempts.

3° La dîme est obligatoire dans la religion musulmane ; cependant elle n'est pas levée au profit des ministres du culte, comme chez les chrétiens, mais en faveur des pauvres de la même religion, soit hommes, soit femmes, soit enfants, de toute famille et de toute tribu, à l'exception des proches parents et de la tribu des Béni-Haschem, la plus noble entre tous les musulmans. Cette dîme doit être annuelle, et toujours en raison des biens réels et effectifs de chaque musulman ; c'est pourquoi il faut ajouter chaque année aux capitaux les profits de l'année précédente ; toutefois on n'est proprement obligé qu'au quart de la dîme (deux et demi pour cent) sur tous les biens qui y sont légalement assujettis. Il y a encore cette différence entre la dîme des juifs et des chrétiens et celle des musulmans, que cette dernière ne porte pas sur les produits du sol, mais sur les bestiaux et les biens mobiliers. On en fait cinq articles distincts.

ARTICLE 1er. *De la dîme sur les chameaux.*

Pour payer la dîme des chameaux il faut en posséder cinq, ce qui équivaut à 200 talents ; cette dîme consiste en un mouton ; on ne paye pas davantage pour neuf, suivant le tarif ci-joint :

De 5 à 9 chameaux, on donne 1 mouton ; de 10 à 14 chameaux, 2 moutons ; de 15 à 19, 3 moutons ; de 20 à 24, 4 moutons ; de 25 à 35, 1 chamelle de 2 ans ; de 36 à 45, 1 chamelle de 3 ans ; de 46 à 60, 1 chamelle de 4 ans ; de 61 à 75, 1 chamelle de 5 ans ; de 76 à 90, 2 chamelles de 3 ans ; de 91 à 120, 2 chamelles de 4 ans ; de 121 à 125, 2 chamelles de 4 ans et 1 mouton ; de 126 à 130, 2 chamelles de 4 ans et 2 moutons ; de 131 à 135, 2 chamelles de 4 ans et 3 moutons ; de 136 à 140, 2 chamelles de 4 ans et 4 moutons ; de 141 à 145, 2 chamelles de 4 ans et 1 de deux ans ; de 146 à 150, 3 chamelles de 4 ans ; de 151 à 155, 3 chamelles de 4 ans et 1 mouton ; de 156 à 160, 3 chamelles de 4 ans et 2 moutons ; de 161 à 165, 3 chamelles de 4 ans et 3 moutons ; de 166 à 170, 3 chamelles de 4 ans et 4 moutons ; de 171 à 175, 3 chamelles de 4 ans et 1 de deux ans ; de 176 à 185, 3 chamelles de 4 ans et 1 de 3 ans ; de 186 à 200, 4 chamelles de 4 ans.

Passé ce nombre on recommence sur le même pied.

ARTICLE 2. *De la dîme sur les bœufs.*

Il faut posséder au moins 30 bœufs pour en payer la dîme qui est alors d'un veau de deux ans, suivant ce tarif :

De 30 à 39 bœufs, on donne 1 bœuf de 2 ans ; de 40 à 59, 1 bœuf de 3 ans ; de 60 à 79, 1 vache de 3 ans et un bœuf de 2 ans ; de 80 à 89, 2 vaches de 3 ans ; de 90 à 99, 3 bœufs de 2 ans ; de 100 à 109, 2 bœufs de 2 ans et 1 vache de 3 ans ; de 110 à 119, 2 bœufs de 2 ans et 2 vaches de 3 ans ; de 120 à 129, 4 bœufs de 2 ans, ou 3 vaches de 3 ans.

Passé ce nombre, on recommence sur le même pied. Les buffles sont compris dans le tarif des bœufs.

ARTICLE 3. *De la dîme sur les moutons.*

Le taux sur les moutons fait exception à la loi générale ; on ne paye rien avant la quarantaine.

De 40 à 120 moutons, on donne 1 mouton ; de 121 à 399, 3 moutons ; de 400 à 499, 4 moutons.

A partir de ce nombre on ajoute un mouton par chaque centaine en plus, ce qui réduit le taux à un pour cent. La chèvre, le bouc et l'agneau sont compris dans cet article.

ARTICLE 4. *De la dîme sur les chevaux.*

Il faut posséder cinq chevaux pour en payer la dîme, qui est alors d'un sequin par tête, ou bien deux et demi pour cent sur leur estimation réelle. Mais toute bête de somme et de monture qui est à l'usage particulier du musulman est exempte de la dîme. Les mulets et les ânes sont assimilés aux chevaux pour le paiement de la dîme. Du reste toutes ces dîmes peuvent être payées en nature ou en espèce, au gré du propriétaire.

ARTICLE 3. *De la dîme sur l'or, l'argent et les effets mobiliers.*

La somme d'argent sujette à la dîme est de 200 drachmes, et celle de l'or est de 20 *miscals*. Cette dîme est de deux et demi pour cent tant sur l'une que sur l'autre. Ce taux est le même pour l'or et l'argent monnayé ou non, comme pour les ornements et les bijoux de l'un et de l'autre sexe, bagues, montres, colliers, bracelets, boucles d'oreilles, etc.; et pour tous les ustensiles, vases, coupes en or ou en argent, dès qu'ils sont un objet de luxe ou de commerce.

On raconte que Mahomet voyant un jour deux femmes faire les tournées de précepte autour du temple de la Mecque, toutes deux portant des bracelets d'or, leur demanda si elles en payaient la dîme; elles lui répondirent que non. « Voulez-vous donc, répliqua-t-il, porter au lieu de ces bracelets d'or, des bracelets de feu?—A Dieu ne plaise ! » répondirent-elles avec la plus vive émotion. « Eh bien, continua le réformateur, soyez désormais attentives à en payer la dîme. »

4. C'était la coutume, chez les anciens Grecs, de consacrer aux dieux la dixième partie du butin fait sur les ennemis

DIMÉRITES, de διμερής, *divisé*. Ce nom fut donné aux hérétiques appollinaristes, parce qu'ils prétendaient que Jésus-Christ, en s'incarnant, avait pris une âme dépourvue d'entendement, et que c'était le Verbe qui suppléait à cette faculté.

DIMESSES. On appelle ainsi, dans l'Etat de Venise, des filles ou veuves qui se consacrent volontairement à l'instruction des jeunes filles, et au service des malades de leur sexe dans les hôpitaux. Les Dimesses sont nommées autrement *Modestes*. Elles forment une congrégation qui fut établie, en 1572, par les soins de Dejanira Valmarona.

DIMISSOIRE, lettres par lesquelles un évêque permet à un de ses diocésains de se faire ordonner par un autre évêque. Ceux qui reçoivent les ordres sans dimissoire sont punissables ainsi que les évêques qui les confèrent; ceux-ci, parce qu'ils entreprennent sur la juridiction d'un autre évêque, et risquent de donner un mauvais sujet à l'Eglise, en ordonnant un clerc qu'ils ne connaissent pas; ceux-là, parce qu'ils manquent à l'obéissance qu'ils doivent à leur évêque, et se dérobent, autant qu'il est en eux, à son autorité pastorale. Le concile de Bourges, tenu en 1528, recommande aux évêques de n'accorder de dimissoires qu'après un examen suffisant de la capacité du sujet, et qu'à ceux qui, étant jugés capables, auront un bénéfice ou un titre patrimonial. Un clerc qui, sans avoir obtenu de dimissoire, aurait reçu la tonsure des mains d'un évêque autre que le sien, ne pouvait posséder aucun bénéfice. Si cependant, dans ses lettres de tonsure, était insérée la clause *rite dimisso*, le parlement de Paris n'exigeait pas que, pour obtenir le bénéfice, il représentât son dimissoire; mais il y était tenu au grand conseil.

DINDYMÈNE, ou DINDYMIE, surnoms de Cybèle, pris ou de Dindyme sa mère, ou d'un lieu de Phrygie, appelé Dindymus. Deux autres montagnes, l'une dans la Troade, et l'autre dans la Thessalie, portaient le même nom. La déesse avait, sous celui de Dindymène, un temple à Magnésie, dont la fille de Thémistocle avait été prêtresse.

DIO, premier nom que porta Cérès, lorsqu'elle régna en Sicile. (Voyez son étymologie au mot DEO.) Il se pourrait aussi que ces vocables vinssent de *Dea*, *Dia*, *Diva*, *Déva*.

DIOCÈSE, en grec διοίκησις, *administration, province*; on appelle ainsi la circonscription de territoire soumise à la juridiction spirituelle d'un archevêque ou d'un évêque. Mais autrefois, dans l'Eglise d'Orient, le terme de *diocèse* exprimait toute l'étendue de la juridiction d'un patriarche ou d'un exarque. Tout l'Orient était partagé en cinq grands diocèses, dont chacun contenait plusieurs provinces qui avaient leurs métropolitains. Ces derniers reconnaissaient pour supérieur ecclésiastique l'évêque qui occupait le premier siège du diocèse, et qui se nommait alors ou archevêque, ou patriarche, ou exarque, ou évêque ayant intendance sur le diocèse, comme s'exprime le premier concile de Constantinople. Ces diocèses étaient, 1° celui d'Egypte, dont Alexandrie était la capitale; 2° celui d'Orient proprement dit, qui renfermait plusieurs provinces limitrophes de la Perse, comme la Syrie, la Mésopotamie, l'Osroène, etc., qui reconnaissaient pour leur chef l'évêque d'Antioche; 3° le diocèse d'Asie, dont Ephèse était la capitale, et qui s'étendait dans toutes les provinces méridionales de ce qu'on a appelé depuis l'Asie-Mineure, jusqu'à la Cilicie, qui faisait partie du diocèse d'Orient; 4° le diocèse du Pont, dont Césarée en Cappadoce était la capitale; il comprenait les provinces septentrionales de l'Asie-Mineure; 5° enfin le diocèse de Thrace, dont Héraclée était le premier siège, avant que Constantin eût fait de Byzance la capitale de l'empire romain.

Les chefs de ces diocèses ordonnaient les métropolitains, et connaissaient des causes des provinces, qui étaient portées devant eux par appel, surtout lorsque les évêques avaient lieu de se plaindre de leurs métropolitains, et c'était à eux à terminer les différends.

Quelques auteurs ecclésiastiques font féminin le mot *diocèse* pris dans ce sens; et l'emploient au masculin lorsqu'il s'agit des temps modernes, où chaque évêque a son diocèse.

Le nombre de diocèses, dont se compose aujourd'hui l'Eglise romaine, peut-être évalué à environ 7 à 800. Il a été autrefois beaucoup plus considérable.

DIOCLÉES, fêtes instituées à Mégare par Aliathoüs, fils de Pélops, en l'honneur de Dioclès, héros grec, qui, dans un combat, avait été tué pendant qu'il couvrait de son bouclier un jeune homme qui lui était cher Ce Dioclès était un Athénien, comme on le voit par ces vers de Théocrite : « O vous qui « excellez dans l'art de manier la rame, « Mégariens, puissiez-vous être toujours « heureux! puisque entre les étrangers vous « avez spécialement honoré l'Athénien Dio- « clès, célèbre par ses amours. Chaque année, « au retour du printemps, les jeunes garçons « s'assemblent sur son tombeau, etc. »

DIOMÈDE, fils de Tydée et roi de Calydon, fut élevé à l'école du célèbre centaure Chiron, ainsi que la plupart des anciens héros de la Grèce. Il commanda les Étoliens au siège de Troie, et s'y distingua par tant de belles actions, qu'on le regardait comme le plus brave de l'armée, après Achille et Ajax, fils de Télamon. Homère représente ce héros comme le favori de Pallas. Cette déesse l'accompagne sans cesse; c'est par son secours qu'il tue plusieurs rois de sa main, qu'il sort avec gloire de combats singuliers contre Hector, Énée et les autres princes troyens; qu'il s'empare des flèches de Philoctète à Lemnos, et des chevaux de Rhésus; qu'il enlève le palladium; enfin qu'il blesse Mars, et Vénus même accourue au secours de son fils Énée, et qui ne le sauva qu'en le couvrant d'un nuage. La déesse en conçut un tel dépit, que, pour s'en venger, elle inspira à sa femme Egiale une violente passion pour un autre. Diomède, instruit de cet affront, n'échappa qu'avec peine aux embûches qu'elle lui tendit à son retour, en se réfugiant dans le temple de Junon, et alla chercher un établissement en Italie, où le roi Daunus lui ayant cédé une partie de ses États, et donné sa fille en mariage, il fonda la ville d'Arpi ou d'Argyripa. Après sa mort, il fut regardé comme un dieu, et eut un temple et un bois sacré sur les bords du Timave.

Les anciens appelèrent de son nom, *Diomédées*, certaines îles de la mer Adriatique, dans l'une desquelles mourut ce héros, et où ses compagnons furent changés en oiseaux. Il en reste encore, dit Strabon, et leur façon de vivre approche de celle de l'homme, tant par leur manière de se nourrir, que par leur familiarité à l'égard des gens de bien, et leur soin à éviter les scélérats.

DIOMÉES, fêtes grecques, instituées en l'honneur de Jupiter Dioméus, ou d'un héros athénien nommé Diomus, dont les habitants d'une ville de l'Attique prirent le nom de Diomiens.

Ce Diomus était un favori d'Hercule, et il obtint après sa mort les honneurs divins

DIONÉ, divinité du paganisme, qui, selon les poëtes, était fille de l'Océan et de Téthys. Elle eut de Jupiter, Vénus, surnommée Dionée, du nom de sa mère. C'est entre ses bras que Vénus se précipita tout en pleurs, après que Diomède l'eût blessée à travers sa robe brillante qu'elle tenait étendue sur son fils Énée, et contre laquelle tous les traits des Grecs venaient s'amortir.

DIONÉE, surnom de la Vénus, fille de Dioné, et femme de Vulcain; c'est celle-là qui fut l'objet des amours de Mars.

DIONYSIADES, *Dionysiaques* et *Dionysies*; fêtes en l'honneur de Bacchus, surnommé Dionysius. Originaires d'Égypte, elles furent portées en Grèce par Mélampus. Plutarque assure qu'Isis et Osiris étaient les mêmes que Cérès et Bacchus, et les Dionysiaques grecques les mêmes que les Pamylies égyptiennes: Les Athéniens les célébraient avec plus de pompe que tout le reste de la Grèce, et comptaient par elles leurs années, parce que le premier archonte y présidait. Les principales cérémonies étaient des processions où l'on portait des vases remplis de vin et couronnés de pampres. Suivaient des vierges choisies appelées *Canéphores*, parce qu'elles portaient des corbeilles d'or, remplies de toute sorte de fruits, dont s'échappaient des serpents apprivoisés qui inspiraient de l'effroi aux spectateurs. Des hommes travestis en Silènes, Pans et Satyres, faisaient mille gestes bizarres. Venaient ensuite les *Phallophores*, portant de longues perches terminées par les organes sexuels de l'homme, emblème de la fécondité de la nature. Ces gens, couronnés de violettes et de lierre, et le visage couvert de verdure, chantaient des airs appelés *Phalliques*. Ils étaient suivis des *Ityphalles*, habillés en femmes, parés de vêtements blancs, couronnés de guirlandes, les mains couvertes de gants formés de fleurs, et dont les gestes imitaient ceux de l'ivresse. On y portait aussi des vans, instrument mystique, regardé comme essentiel aux mystères de Bacchus. Enfin, une multitude de personnes de l'un et de l'autre sexe, la plupart couvertes de peaux de faon, cachées sous un masque, chantant des chansons licencieuses, les unes s'agitant comme des insensées et s'abandonnant à toutes les convulsions de la fureur; les autres exécutant des danses irrégulières et militaires, mais tenant des vases au lieu de boucliers, et se lançant, en forme de traits, des thyrses dont elles insultaient quelquefois les spectateurs. Tant que duraient les fêtes, la moindre violence contre un citoyen était un crime, et toute poursuite contre un débiteur était interdite. Les jours suivants, les délits et les désordres qu'on y avait commis étaient punis avec sévérité. *Voy.* BACCHANALES.

Le mot *dionysiaques* est un terme général, car cette solennité admettait plusieurs divisions. Telles étaient, 1° les *Anciennes*, célébrées le 12 du mois anthestérion, à Limna, dans l'Attique, où Bacchus avait un temple. Les principaux officiants étaient quatorze femmes, chargées par un des archontes de tous les préparatifs. On les appelait γεραίραι ou les vénérables; et avant d'entrer en possession de leur office, elles prêtaient serment, en présence de la femme de l'archonte, qu'elles étaient pures; 2° les *Arcadiques*, observées en Arcadie, où les enfants, après avoir reçu des leçons de musique, d'après Philoxène et Timothée, étaient produits tous les ans sur le théâtre, et y célébraient la fête de Bacchus par des chansons, des danses et des jeux; 3° les *Néotères* ou nouvelles, peut-être les mêmes que les quatre grandes, qui se célébraient dans le mois élaphébolion; 4° les *Petites*, sortes de préparation aux premières, et qui avaient lieu en automne; 5° les *Braaronies*, fameuses par toute sorte d'excès et de dissolutions; 6° les *Nyctélies*, dont il n'était pas permis de révéler les mystères; 7° les *Triétériques*, instituées par Bacchus lui-même, en mémoire de son expédition des Indes, qui avait duré trois ans. Les mystères qui précédaient ou suivaient ces processions consistaient dans les mêmes scènes que celles d'Eleusis, et surtout dans le massacre de Bacchus par les Titans; tableau allégorique des révolutions du monde physique, et commémoration des persécutions qu'avaient souffertes les premiers adorateurs de Bacchus.

DIONYSIAQUES, prêtresses de Bacchus à Sparte; tous les ans elles se disputaient entre elles le prix de la course.

DIONYSIUS ou *DIONYSUS*, un des noms grecs de Bacchus, sur l'étymologie duquel on n'est pas d'accord. Les uns le font venir de Διός Jupiter et νύσος, boiteux, en dialecte de Syracuse, parce que renfermé, après la conflagration de sa mère, dans la cuisse de Jupiter, il aurait blessé son père d'une de ses cornes, et l'aurait rendu boiteux. Les autres le dérivent du même mot *Dios* et de *Nysa*, nom du mont sur lequel il aurait été élevé, ou de la nymphe qui l'aurait nourri. La première partie de ce vocable viendrait, suivant d'autres, de *Dia* ou Naxos, l'une des Cyclades.

La philologie moderne a proposé de nouveaux points de rapprochement. Comme Bacchus nous est venu de l'Orient, on a cru qu'on devait retrouver son nom chez les Arabes et chez les Indiens. C'est pourquoi on a voulu trouver le nom Dionysios dans celui de *Dhou-Nawas*, ancien roi du Yémen. D'autres trouvent à ce vocable une physionomie indienne; ce serait *Diva-Nisa*. On le supposerait né sur le mot *Mérou*, nom homophone à celui de Μηρός, qui, en grec, signifie *cuisse*, d'où la fable qu'il serait né de la cuisse de Jupiter.

DIOPÈTES, statues de Jupiter, de Diane et d'autres divinités que les anciens croyaient descendues du ciel.

DIO-SANTO, nom d'origine portugaise, par lequel les nègres de la Côte-d'Or désignent le jour consacré à honorer le fétiche domestique. Ce jour et cette solennité ont lieu une fois par semaine.

DIOS-BOUS, c'est-à-dire *bœuf de Jupiter*; fête milésienne en l'honneur du souverain des dieux, dans laquelle on lui immolait un bœuf.

DIOSCODION, c'est-à-dire *peau de Jupiter*. On appelait ainsi la peau d'une victime sur laquelle on faisait marcher les aspirants à l'initiation des mystères d'Eleusis.

DIOSCORIENS, anciens hérétiques, qui suivaient les sentiments d'Eutychès, ou plutôt de Dioscore, évêque d'Alexandrie, fauteur d'Eutychès. Ce Dioscore fut condamné avec son chef dans le concile général de Chalcédoine, et ensuite relégué à Gangres dans la Paphlagonie, où il mourut. Mais pendant sa vie, et même après sa mort, il eut un grand nombre de sectateurs, principalement à Alexandrie, auxquels on donna le nom de *Dioscoriens*. *Voy.* EUTYCHIENS.

DIOSCURES, c'est-à-dire *fils de Jupiter*; surnom de Castor et Pollux. Glaucus fut le premier qui les appela ainsi, lorsqu'il apparut aux Argonautes dans la Propontide. A Lacédémone, ils étaient représentés sous l'emblème de deux poteaux de bois également éloignés l'un de l'autre, et joints ensemble par deux traverses à égale distance, absolument comme on représente encore en astronomie le signe des Gémeaux. Cette figure s'appelait *Dokana*. Quand on les figurait sous la forme humaine, on les représentait montés sur des chevaux blancs, revêtus d'une tunique blanche et d'un habit de pourpre, ayant sur la tête un bonnet qui avait la forme d'œuf coupé en deux et surmonté d'une étoile.

On a aussi donné ce nom aux Anaces, aux Cabires, et à trois frères que Cicéron nomme Aléon, Mélampus et Eumolus.

DIOSCURIES, fêtes que les Grecs célébraient en l'honneur des Dioscures. Elles avaient lieu principalement à Sparte, berceau de ces deux héros. On la solennisait encore à Cyrène. Comme elles arrivaient dans le temps des vendanges, cette circonstance la rendait très-joyeuse et fort bruyante. La lutte était un des jeux qu'on y donnait.

DIPANKARA, et en mongol *Dibonghira*; divinité bouddhique. On représente ce dieu de couleur jaune, assis comme Chakya Mouni, et la main droite élevée. Dipankara réuni avec Maitréya et Chakya Mouni forme une espèce de trinité, regardée par les bouddhistes du Népal, comme protectrice du monde actuel. Cette trinité est nommée en tibétain *Dissoum sandji*, les trois saints, et en mogol, *Gourban tsagan Bourkhan*, les trois dieux blancs.

DIPHTÉRA, peau de la chèvre Amalthée, sur laquelle on croyait que Jupiter écrivait toutes les destinées des humains.

DIPNOPHORES. Thésée, après son retour de Crète, où il avait tué le Minotaure, institua une fête appelée des Rameaux. Parmi les ministres qui accomplissaient les cérémonies prescrites, il y avait des femmes que l'on appelait *Dipnophores*, parce qu'elles apportaient les mets (de δεῖπνον, mets, souper). Elles représentaient les mères des jeunes enfants qui avaient été choisis par le sort pour être livrés avec Thésée au Minotaure, et à qui celles-ci portèrent, avant leur départ d'Athènes, des provisions de bouche. Ces mêmes femmes contaient aussi des fables, en mémoire de ce que les mères firent à leurs enfants plusieurs contes pour les distraire et pour les empêcher de songer à leur malheur.

DIPTÈRE, c'était, chez les Grecs, un temple entouré de deux rangs de colonnes, qui formaient des espèces de portiques appelés *ailes*.

DIPTYQUES. Les dyptes étaient autrefois fort communs dans l'Église; c'était un catalogue des défunts dont on faisait mémoire dans la célébration des saints mystères. On y insérait aussi le nom des vivants, et surtout des évêques avec lesquels on était uni de communion. De là ces expressions si fréquentes dans l'histoire ancienne de l'Eglise. « Insérer dans les diptyques, » ou « effacer des diptyques, » pour exprimer qu'on était uni de foi et de prières avec tel personnage, ou qu'on ne voulait plus communiquer avec lui à cause des crimes qu'il avait commis, ou de l'hérésie dans laquelle il était tombé. Le nom de *diptyques* désigne des tablettes doubles qui se refermaient sur elles-mêmes, à peu près comme nos livres; elles étaient en bois de citronnier ou en ivoire, et sculptées avec beaucoup d'art.

DIRECTEUR. 1. On donne ce nom aux supérieurs de certaines communautés, comme cela avait lieu à l'égard du chef de la congrégation du Saint-Sacrement; à ceux qui sont à la tête des confréries; à ceux qui dirigent les études théologiques dans les séminaires.

Autrefois on appelait encore plus particulièrement de ce nom un ecclésiastique qui dirigeait la conscience des personnes pieuses; ce devait être l'affaire du confesseur; mais, par un abus ridicule, plusieurs personnes, qui faisaient profession de la spiritualité la plus raffinée, et particulièrement les femmes et les religieuses, avaient cru devoir séparer les fonctions du directeur de celles du confesseur, persuadées sans doute que plus elles auraient de guides dans la voie du ciel, plus sûrement elles y arriveraient. Elles avaient un confesseur pour écouter leurs péchés et leur donner l'absolution. C'était lui qui était chargé de la grosse besogne, s'il est permis de s'exprimer ainsi. Les fonctions du directeur étaient plus relevées et en même temps plus délicates; c'était à lui que l'on communiquait l'état de son âme, les consolations ou les sécheresses que l'on éprouvait dans l'oraison, les inspirations que l'on recevait, les tentations dont on était tourmenté. C'était à lui à résoudre les doutes, à prescrire les livres qu'on devait lire, les sermons que l'on devait entendre, les bonnes œuvres que l'on devait pratiquer. Enfin, c'était lui qui était chargé de tout le détail de la spiritualité. Maintenant cette distinction est à peu près abolie, et le mot directeur est devenu synonyme de celui de confesseur.

2. Les Hindous ont aussi des directeurs spirituels, appelés *Atcharya* et *Gourou*.

DIREFSCH-KEABIYANI, étendard sacré des anciens Perses; son origine remonte à Dhohak, cinquième roi de la première dynastie des Pischdadiens. La mythologie persane, qui donne à ce Dhohak un règne de 328 ans, le représente aussi comme un monstre de cruauté. Chaque jour il faisait égorger deux hommes, pour en appliquer la cervelle sur deux ulcères qu'il avait aux épaules. Cette cruelle boucherie dura plusieurs années. Un forgeron d'Ispahan délivra enfin la Perse de son tyran. Cet artisan, nommé Kéabi, voyant ses deux enfants égorgés, fait de son manteau un étendard, et soulève le peuple par ses lamentations et ses gémissements. Dhohak se dérobe à leur fureur. Le peuple, dans sa reconnaissance, offre le trône à son libérateur. Kéabi le refuse généreusement, et fait proclamer Féridoun, petit-fils de Djemschid. Les perquisitions rigoureuses du nouveau monarque font découvrir Dhohak, qui expie par la mort toutes les horreurs de son règne. Cet événement ayant eu lieu le jour même de l'équinoxe d'automne, Féridoun en fit une grande fête, dont l'anniversaire fut célébré depuis dans toute la Perse, sous le nom de *Beiram* ou de *Mihrdjan*. La reconnaissance de Féridoun éleva en même temps Kéabi aux premières dignités de l'Etat. Il enrichit même son drapeau de pierres précieuses, en fit la première bannière de son empire, et la consacra sous le nom de *Direfsch Keabiyani*, c'est-à-dire le drapeau de Kéabi. On le conservait religieusement comme le symbole de la félicité et de la gloire de l'Etat. C'est ce même drapeau qui tomba au pouvoir du Kalife Omar, l'an 636 de Jésus-Christ. Cet oriflamme était couvert d'or et de pierreries, et enveloppé dans des peaux de tigres.

DIRES, déités latines, filles de l'Achéron et de la Nuit; elles étaient au nombre de trois. Placées auprès du trône de Jupiter, elles recevaient ses ordres pour aller troubler le repos des méchants, et exciter des remords dans leur âme. On les nommait *Dires*, dans le ciel, c'est-à-dire cruelles; Furies ou Euménides, sur la terre; et Chiennes du Styx, dans les enfers. *Voy.* EUMÉNIDES, FURIES.

DIS. 1. Nom que les anciens donnaient à Pluton, dieu des enfers. On le fait dériver à tort du mot latin *dis* pour *dives* qui signifie *riche*, et qui ainsi serait plutôt le nom de *Plutus*, dieu des richesses. L'étymologie que donne Cicéron approche davantage de la vérité; il dit que ce nom a été donné à Pluton parce que la nature lui est consacrée, *Dis, quia natura dicata est*. Nous croyons, nous, que le vocable *dis* est un des mots nombreux que la langue latine a empruntés au sanscrit, et qu'il exprime tout simplement la Divinité, comme les mots *deus, dii, dévas*, etc. Par la suite, le terme *dis, ditis*, aura été appliqué spécialement à Pluton. Il pourrait aussi dériver de l'indien *Diti*, nom de la mère des *Daityas* ou démons; ce qui conviendrait assez au roi des enfers.

2. *Dis* était aussi une des principales divinités des Gaulois. Cependant il ne faudrait pas admettre avec Jules César que les Celtes rapportaient leur origine au dieu des enfers. Ce n'était pas la faute de nos pères, si les Romains avaient donné à Pluton un nom analogue à celui de leur grand dieu. Les Éduens lui avaient consacré, à Autun, un temple dont on voit encore les vestiges; et plus loin, la tête de ce dieu fut placée sur une fontaine. Les habitants de Saint-Romain, en Bourgogne, où cette source était située, paraissent l'avoir honoré longtemps sous le nom de *Saint Ploto*. Dans le commencement de ce

siècle, on venait encore des villages éloignés mettre sous sa protection les enfants malades, et tremper leurs habillements dans la fontaine.

DISANDAS, divinité des Cappadociens. *Voy.* SANDAS.

DISCERNANTS, nom que l'on a donné, dans le siècle dernier, à une fraction de jansénistes par rapport à l'œuvre des convulsions. Les Discernants n'approuvaient pas toutes les jongleries des convulsionnaires, mais ils soutenaient qu'il fallait *discerner* ce qui venait de l'esprit de Dieu, de ce qui n'était que l'effet du fanatisme; en un mot, suivant leur expression, les convulsions étaient de la fange qui recelait des parcelles d'or.

DISCIPLES. 1. Outre ses douze apôtres, Jésus-Christ, dans le cours de sa divine mission, avait choisi 72 disciples parmi les plus zélés de ses auditeurs. Il les envoyait deux à deux devant lui, dans les villes et les bourgades où il devait aller prêcher, avec mission de préparer les voies à l'Evangile, et pouvoir de guérir les malades et de chasser les démons. Il leur commandait de ne porter ni sac, ni besace, ni souliers, ni vêtements de rechange; de demeurer dans la même maison où ils auraient d'abord été reçus, et de ne compter pour leur subsistance que sur la divine Providence et la charité publique. Ces 72 disciples représentaient les prêtres de la loi nouvelle, comme les apôtres en étaient les évêques. Aussi ce fut parmi eux que furent choisis, après la résurrection du Sauveur, ceux qui furent appelés à gouverner les Eglises. Saint Mathias, qui fut agrégé au collége apostolique en remplacement de Judas, était un des disciples de Jésus.

2. Mahomet eut aussi ses disciples, connus sous le nom d'*Ashab* ou compagnons : on qualifie de ce titre tous ceux qui eurent rapport avec lui durant sa vie, qui embrassèrent sa doctrine, qui furent admis en sa présence, ou qui assistèrent à ses prédications. On en porte le nombre à 114,000. Ils étaient partagés en deux classes : les *Mihadjirs* ou réfugiés de la Mecque, qui l'avaient accompagné dans sa fuite de cette ville, et les *Ansars* ou auxiliaires, qui étaient de Médine et vinrent se réunir aux premiers.

DISCIPLES DE CHRIST, sectaires des Etats-Unis, appelés aussi *Campbellites* et *Réformateurs*. L'origine de cette société est assez récente. Vers le commencement de ce siècle, plusieurs ministres de différentes communions protestantes commencèrent à prêcher la Bible seule, abstraction faite de tout symbole et de toute addition humaine, prétendant ramener les chrétiens de toutes les dénominations au pur enseignement des apôtres. Mais ce ne fut qu'en 1823 qu'Alexandre Campbell, de Bethany, dans la Virginie, entreprit la restauration de l'Evangile et de l'ordre de choses primitifs, dans une publication périodique intitulée *The Christian Baptist*. Cet Alexandre qui avait, ainsi que son père, renoncé au presbytérianisme en 1812, se réunit, avec les congrégations qu'il avait formées, à l'association de Redstone, rejetant tout symbole humain comme marque d'union, et faisant profession de n'admettre que la Bible seule. Cette union s'effectua en 1813. Mais, tout en proclamant que l'Ecriture sainte était suffisante pour la perfection du caractère chrétien tant dans la conduite privée que dans la vie publique, tant à l'égard de l'Eglise que par rapport à l'Etat, il s'éleva parmi eux un parti puissant en faveur d'un symbole. Après dix ans de lutte soutenue, Alexandre Campbell et l'Eglise à laquelle il appartenait se réunirent à l'association de Mahon, établie dans l'ouest de l'Ohio, regardant cette congrégation comme plus favorable aux vues de sa réforme. Dans le cours des débats sur le sujet du baptême qu'il eut à soutenir en 1820 contre Walker, ministre dissident, et, en 1823, contre M'Calla, ministre presbytérien du Kentucky, il commença à exposer le plan de sa réforme, et à la faire adopter par la communauté baptiste. Voici en quoi consistent les points de doctrine et les pratiques des disciples de Christ, d'après leurs propres paroles.

Ils regardent toutes les sectes comme s'étant plus ou moins éloignées de la simplicité de foi et de conduite des premiers chrétiens, et comme formant ce que l'apôtre saint Paul appelle une apostasie. Ils attribuent cette prétendue défection aux innombrables symboles, formulaires, liturgies et livres de discipline adoptés comme liens de communion, dans toutes les sectes enfantées par le luthéranisme. L'effet de ces *covenants* synodiques, de ces articles de foi conventionnels, de ces règlements de politique ecclésiastique, a été, suivant eux, l'introduction d'une nouvelle nomenclature, d'un vocabulaire humain de mots religieux, de phrases et de formules techniques, qui ont remplacé le style des divins oracles, et qui ont affecté à la parole sainte des idées totalement inconnues aux apôtres de Jésus-Christ.

Pour remédier à ces aberrations, ils proposent d'établir au moyen de l'Ecriture sainte, conformément aux règles d'interprétations les mieux établies et les plus universellement reçues, le vrai sens des termes principaux et des sentences fournies par les livres saints, et de ne les employer que dans l'acception que leur donnaient les apôtres.

En exprimant ainsi les idées communiquées par le Saint-Esprit, au moyen des termes et des expressions que nous ont laissés les apôtres, et en répudiant tout le langage technique et artificiel de la théologie scholastique, ils se proposent de rétablir la pure parole de la foi; et en accoutumant la famille de Dieu à se servir du langage du Père céleste, ils espèrent favoriser les moyens de sanctification par la foi, et mettre un terme aux discordes et aux débats qui ont toujours été excités par les discours et les enseignements de la sagesse humaine; car ils croient que parler toujours des mêmes choses dans le même style, est un moyen certain de penser toujours la même chose.

Ils font une différence bien tranchée entre

DICTIONN. DES RELIGIONS. II.

la foi et les opinions, entre le témoignage de Dieu et les raisonnements humains, entre les paroles de l'Esprit saint et les inductions des théologiens. Leurs seuls liens d'union sont la foi au témoignage de Dieu et l'obéissance aux commandements de Jésus, et non point une convention fondée sur des idées ou des opinions abstraites touchant ce qui a été dit et écrit par l'autorité divine. De là toutes les spéculations, les questions, les disputes de mots, les raisonnements abstraits fondés sur des symboles humains, ne sauraient trouver place dans leur association religieuse. Regardant le calvinisme et l'arminianisme, les conceptions trinitaires et unitaires, comme des extrêmes engendrés les uns des autres, ils les évitent avec soin, comme également éloignés de la simplicité et de la tendance pratique des promesses et des préceptes, de la doctrine et des faits, des exhortations et des précédents de l'institution chrétienne.

Ils espèrent parvenir à l'unité d'esprit et à un accord durable, par la confession pratique d'une foi, d'un seigneur, d'une immersion (baptême), d'une espérance, d'un corps, d'un esprit, d'un Dieu et Père de tout; et non point par l'unité des opinions, ni par l'unité des formes, des cérémonies et des modes d'adoration.

Ils regardent l'Ancien et le Nouveau Testament comme contenant les révélations divines, et tout ce qui est nécessaire pour rendre parfait l'homme de Dieu. Le Nouveau-Testament, qui comprend les oracles de Jésus-Christ, est le fondement de la religion chrétienne. Les témoignages de Matthieu, de Marc, de Luc et de Jean, mettent dans tout son jour cette grande proposition : que *Jésus de Nazareth est le Messie, fils unique et bien-aimé de Dieu, seul sauveur du monde*. Les Actes des apôtres sont la narration divinement autorisée de l'origine et des progrès du royaume de Jésus-Christ, laquelle rapporte l'entier développement de l'Évangile par la descente du Saint-Esprit et par le départ des apôtres pour établir sur la terre l'Eglise de Jésus-Christ. Les Epîtres offrent l'application de la doctrine des apôtres à la pratique des individus et des congrégations; elles développent les tendances de l'Evangile dans la conduite de ceux qui l'enseignaient; elles forment comme l'étendard de la foi et de la morale chrétienne, qui signale l'intervalle qui doit s'écouler entre l'ascension du Sauveur et son retour glorieux. L'Apocalypse est un exposé figuratif de l'état de l'Eglise pendant le même espace de temps.

Ils regardent comme propre à recevoir leur baptême, celui-là seul qui croit au témoignage que Dieu a donné de Jésus de Nazareth, en disant : *Celui-ci est mon Fils bien-aimé, en qui j'ai mis mon affection;* ou, en d'autres termes, celui-là seul qui croit à ce que les évangélistes et les apôtres ont rapporté de lui, depuis sa conception jusqu'à son couronnement dans le ciel, et qui veut lui obéir en toutes choses. Ils considèrent l'immersion au nom du Père, du Fils et du Saint-Esprit, après une confession de foi publique, sincère et intelligente, comme nécessaire pour avoir part aux privilèges du royaume du Messie, et comme un gage solennel de la rémission des péchés passés, de l'adoption dans la famille de Dieu, et de l'héritage céleste.

Le Saint-Esprit est promis seulement à ceux qui croient au Sauveur et qui lui obéissent. Personne ne doit s'attendre à recevoir ce moniteur et ce consolateur céleste, s'il n'obéit à l'Evangile.

Aussi, lorsqu'ils prêchent la foi et la repentance ou changement de cœur, comme disposition préparatoire pour recevoir l'immersion, la rémission et le Saint-Esprit, ils disent aux pénitents ou à ceux qui croient et se repentent de leurs péchés, ce que disait saint Pierre à sa première prédication : « Que chacun de vous soit plongé au nom du Seigneur Jésus, pour la rémission des péchés, et vous recevrez le don de l'Esprit-Saint. » Ils enseignent aux pécheurs que Dieu commande à tous les hommes de se réformer et de se convertir, que le Saint-Esprit lutte avec eux par les apôtres et les prophètes, que Dieu les supplie de se réconcilier par le moyen de Jésus-Christ, que c'est le devoir de tout homme de croire à l'Evangile et de se convertir à Dieu.

Les croyants, qui ont reçu l'immersion, sont réunis en sociétés, selon les rapports qu'ils ont les uns avec les autres; ils s'assemblent tous les dimanches en l'honneur de la résurrection de Jésus, pour rompre le pain en commémoration de la mort du Fils de Dieu, pour lire et écouter les divins oracles, pour unir leurs prières, pour contribuer aux nécessités des fidèles, et pour se perfectionner dans la sainteté et dans la crainte de Dieu.

Chaque congrégation choisit ses surveillants et ses diacres qui président et qui administrent les affaires, et chaque Eglise, soit à elle seule, soit avec la coopération des autres, députe un ou plusieurs évangélistes pour prêcher la parole et pratiquer l'immersion sur ceux qui croient, pour former des congrégations, et pour étendre la connaissance du salut, lorsque cela est nécessaire, autant que leurs moyens le permettent. Cependant chaque Eglise regarde ces évangélistes comme ses serviteurs; c'est pourquoi ceux-ci n'ont pas le contrôle sur les congrégations qu'ils ont formées, car ces congrégations ne sont soumises qu'aux présidents et aux anciens choisis par elles. Ces prédicateurs enseignent que les conditions essentielles pour être admis dans le royaume des cieux sont la persévérance dans toute œuvre de foi, le travail de l'amour, et la patience de l'espérance.

Tels sont les principaux points de foi et les pratiques de ceux qui désirent être reconnus pour *Disciples de Christ*. Cependant aucune société parmi eux ne prétend faire de ces articles une confession de foi et un symbole de ralliement; ils ne les formulent ainsi que pour ceux qui se trouvent dans l'occasion de rendre raison de leur foi, de leur espérance et de leurs pratiques.

DISCIPLINANTS, confrérie de Pénitents, établie en Espagne, et dont les membres se donnent la discipline en public, en certaines occasions, et principalement à la procession du vendredi saint. Ce jour-là, les disciplinants de Madrid portent un long bonnet couvert de toile de batiste, de la hauteur de trois pieds, et de la forme d'un pain de sucre, d'où pend un morceau de toile, qui tombe par-devant et leur couvre le visage. Ils ont aussi une jupe de toile, qui descend jusque sur les souliers. Ils se fustigent par règle et par mesure, avec une discipline faite de cordelettes, au bout desquelles on attache de petites boules de cire, garnies de verre pointu. Il y en a qui prennent ce dévot exercice par un véritable motif de piété; mais, ce que l'on aurait peine à concevoir, si l'on ne connaissait le génie des Espagnols, qui, plus que tout autre peuple, savent allier la religion avec les plaisirs, c'est qu'il n'est pas rare de voir des jeunes gens entrer dans cette confrérie pour faire la cour à leurs maîtresses. Ces Disciplinants ont des gants et des souliers blancs, une jupe de fine batiste artistement plissée, une camisole dont les manches sont attachées avec des rubans; de plus ils portent à leur bonnet et à leur discipline une livrée aux couleurs de leur maîtresse. Ils ne manquent pas de redoubler la force des coups et de se mettre en sang le dos et les épaules, lorsqu'ils passent devant sa maison. D'autres, qui n'ont pas encore fait de choix, savent cependant se fouetter si adroitement, lorsqu'ils rencontrent quelque dame dont ils désirent se faire remarquer, qu'ils font rejaillir leur sang jusque sur elle; l'objet de cette singulière galanterie s'en trouve éminemment flatté, et a soin de faire tenir ses remerciements au zélé pénitent. — Ce ne sont pas seulement les gens du peuple ou les bourgeois qui entrent dans cette confrérie, mais aussi les personnages de la plus haute qualité. On voit à Séville jusqu'à 7 et 800 disciplinants à la fois, et ils ont la réputation de se fustiger plus rudement que ceux de Madrid. Après la procession, les Pénitents se font laver leurs plaies avec des éponges trempées de sel et de vinaigre pour arrêter le sang; puis ils se réunissent pour prendre un repas magnifique.

DISCIPLINE, instrument de pénitence en usage dans différentes communautés religieuses; c'est une espèce de fouet à une ou plusieurs cordes garnies quelquefois de pointes de métal, dont les pénitents se flagellent suivant leur dévotion, ou d'après les modes imposés par la règle des communautés.

DISCIPLINE ECCLÉSIASTIQUE. Les règles que les saints canons ont prescrites pour le gouvernement spirituel de l'Eglise, les décrets des papes, les mandements des évêques, les lois des princes chrétiens en matière ecclésiastique, forment ce que l'on appelle la *discipline* et la *police extérieure de l'Eglise*. Il y a dans cette discipline des maximes constantes et immuables, qui ne peuvent changer sans entraîner la ruine de la religion; il y en a d'autres moins importantes, qui varient selon les temps et les lieux.

DISCORDE, divinité malfaisante, à laquelle les poëtes attribuaient non-seulement les guerres entre les Etats, mais les dissensions entre les particuliers, les querelles dans les familles, les brouilleries dans les ménages. Jupiter l'exila du ciel, parce qu'elle ne cessait de mettre la divison parmi les immortels. C'est elle qui, piquée de n'avoir pas été invitée aux noces de Thétis et de Pélée, jeta au milieu des déesses la pomme fatale, cause de cette fameuse contestation, dont le berger Pâris fut établi juge. Virgile lui donne une chevelure hérissée de serpents, et attachée par des bandelettes sanglantes. Pétrone la dépeint les cheveux épars, la bouche écumante, les yeux abattus, grinçant les dents, distillant de sa langue un venin infect, la tête coiffée de couleuvres, portant un vêtement déchiré, agitant d'une main sanglante une torche enflammée, et de l'autre des rouleaux sur lesquels on lit ces mots : *guerres, confusions, querelles*. Aristide la peint avec des yeux hagards, un teint pâle, des lèvres livides, et un poignard dans le sein.

DISEN, épithète commune à toutes les walkiries, et même à toutes les déesses de la mythologie scandinave; elle désigne la puissance. Les montagnards d'Islande en ont fait une divinité à laquelle ils attribuent la puissance de décider du sort des humains. On appelait *Disa Blot* les sacrifices qu'on lui offrait. *Blot* signifie en général, dans le nord, le culte des païens.

DISMATRES, nom des Parques, chez les Italiens et les Gaulois; ce nom veut dire les mères du royaume de Pluton (*Dis*). Voy. **MATRES**.

DISPATER, ou **DISPITER**, nom de Pluton, formé de *Dis* et de *Pater*; c'est-à-dire *père des richesses*, suivant quelques-uns. Nous avons vu, à l'article Dis, que cette étymologie est fausse. Quintilien l'interprète au contraire par, Celui qui dépouille de leurs biens ceux qui pénètrent dans son empire. Nous croyons, nous, que *Dispiter* est le même mot que *Diespiter*, le père de la région céleste; nom qui devrait appartenir de préférence à Jupiter, et qui a été attribué à Pluton, lorsque l'ignorance de l'étymologie primitive a fait prendre le change sur le nom de *Dis*. Quoi qu'il en soit, ce Dispiter avait un temple dans la onzième région de Rome.

DISPENSE, permission que donnent les supérieurs ecclésiastiques d'agir, en certains cas, contre la discipline et les canons de l'Eglise. Il y a des dispenses *dues* : ce sont celles que l'on accorde dans les cas de nécessité; il y en a de *permises* : ce sont celles que l'on accorde pour des raisons valables et légitimes. Le pape seul a droit de donner certaines dispenses en matière considérable; les autres, moins importantes, peuvent être accordées par les évêques. Dans les premiers siècles de l'Eglise, les évêques étaient en possession d'accorder toutes sortes de dispenses, à cause surtout de la difficulté de recourir au souverain pontife, dans les temps de persécution. Plus tard, on renvoyait quelquefois ceux qui en demandaient aux conciles provinciaux et au pape, afin de rendre ces sortes de grâces plus rares, par la difficulté de les obtenir. Insensiblement la coutume d'envoyer les fidèles à Rome pour des dispenses considérables s'accrédita tellement, que, sous le règne de Charlemagne, les évêques n'accordaient presqu'aucune dispense des canons ecclésiastiques. Cependant il existe encore aujourd'hui certains diocèses dont les évêques accordent des dispenses de toute sorte.

Les articles pour lesquels on a plus communément besoin de dispense, sont le mariage, les irrégularités et les vœux.

Pour ce qui regarde les dispenses de mariage, voici les règles que l'Eglise observe. Parmi les empêchements de mariage qu'on appelle *dirimants*, les uns sont de droit divin, les autres de droit ecclésiastique. L'Eglise ne dispense jamais que de ces derniers. Par exemple, elle ne dispense pas de l'empêchement de consanguinité ou de l'affinité en ligne directe. Elle ne saurait permettre à un père d'épouser sa fille, à un frère de se marier avec sa sœur; mais elle peut permettre à un oncle d'épouser sa nièce, à un cousin germain d'épouser sa cousine, lorsqu'il y a de grandes raisons d'accorder ces dispenses. Maintenant cependant l'Eglise se montre plus facile pour la France, à cause des lois civiles qui ne reconnaissent pas d'empêchement dans ce dernier degré. Le pape dispense aussi de l'empêchement de l'honnêteté publique : par exemple, si un homme, après avoir été fiancé avec une fille, est empêché par quelque accident de conclure le mariage, le pape peut lui permettre d'épouser la mère ou la sœur de cette même fille, quoique les canons et l'honnêteté publique le défendent. Il en serait de même d'un homme qui, s'étant marié avec une fille sans avoir consommé le mariage, se trouverait dans la nécessité d'épouser la mère ou la sœur de cette fille. L'empêchement qui provient du rapt ne peut jamais être levé, tant que le ravisseur tient en son pouvoir la personne enlevée. Celui qui est fondé sur les ordres sacrés est levé fort rarement; cependant on en a un exemple mémorable dans la dispense accordée par le pape Pie VII à tous les prêtres français qui avaient contracté mariage pendant la révolution devant l'officier civil, pour faire ratifier ce mariage devant les pasteurs ecclésiastiques. Le pape dispense des empêchements d'adultère et d'homicide, mais difficilement de ce dernier, et, si l'adultère et l'homicide se trouvent joints ensemble, on n'en peut jamais obtenir dispense. Les empêchements qui naissent de la parenté spirituelle, étant tous de droit ecclésiastique, peuvent aussi être levés par le pape, et ces sortes de dispenses s'accordent assez aisément; cependant on ne permet que fort rarement à un parrain d'épouser sa filleule. C'est à la daterie que s'expédient les dispenses pour les empêchements publics, parce que ce tribunal est pour le for extérieur; mais les dispenses des empêchements secrets sont expédiées à la Pénitencerie, tribunal de for intérieur. — Les pauvres, qui n'ont pas le moyen de faire venir une dispense de Rome, s'adressent à leur évêque qui, dans ce cas, leur donne lui-même les dispenses nécessaires.

Pour ce qui regarde les dispenses de l'irrégularité et des vœux, *voyez* les articles IRRÉGULARITÉ, VŒUX.

Toute dispense est nulle, quand elle est obreptice ou subreptice. On appelle dispense *obreptice*, celle que l'on obtient sur un faux exposé et sur de fausses raisons. La dispense est *subreptice*, lorsque, dans la supplique qu'on présente pour l'obtenir, on a supprimé quelque chose de vrai, que le droit ou le style de Rome veut que l'on expose. Les dispenses de mariage sont communément adressées à l'ordinaire, c'est-à-dire à l'évêque diocésain, et les parties ne peuvent s'en servir qu'elles n'aient été fulminées par l'official.

DISSENTERS, ou DISSIDENTS, nom sous lequel on comprend, en Angleterre, tous ceux qui n'appartiennent pas à l'Eglise anglicane, mais surtout les Presbytériens, les Indépendants et les Baptistes. Quelquefois on restreint l'acception de ce mot aux sociétés qui rejettent l'épiscopat, sans y comprendre les catholiques, les quakers et les juifs. — On distingue sous le nom d'*Anciens dissidents* (*Old Dissenters*), ceux qui suivaient le parti de Caméron, vers la fin du XVII° siècle. *Voy.* CAMÉRONIENS.

DITHYRAMBE (de δὶς *deux fois* et θύρα *porte*); 1° surnom de Bacchus, soit parce qu'il était né deux fois, soit parce qu'ayant été mis en pièces par les géants, Cérès rassembla ses membres épars et lui rendit la vie. Dans l'une comme dans l'autre hypothèse, il avait franchi deux fois les portes de la vie.

2° C'était aussi le nom d'un hymne en l'honneur de Bacchus. L'enthousiasme, le désordre et l'irrégularité régnaient dans ce genre de poésie, et témoignaient que l'auteur en composant son poëme était transporté des fureurs de ce Dieu.

DITI, déité hindoue, une des femmes de Kasyapa, mère des Daityas, ou démons. Etant un jour à se promener avec Kadrouva-Vinata, autre épouse de Kasyapa, elle aperçurent Outchaisesrava, cheval d'Indra. Diti l'admirant s'écria : « Quel cheval magnifique! quelle blancheur éclatante! il n'a pas la plus petite tache noire. » Sa compagne soutint qu'il avait une tache noire vers la queue. Chacune soutenant son sentiment, elles remirent l'examen au lendemain, parce qu'il était tard, à la condition que celle qui perdrait la gageure serait l'esclave de l'autre, ainsi que leurs enfants. Pendant la nuit, Kadrouva-Vinata, qui était mère des démons Nagas ou serpents, commanda à l'un d'entre eux d'aller se placer sur la croupe du cheval, de manière à ce qu'il y parût une tache noire. Diti qui ne put découvrir la fourberie s'avoua vaincue et devint l'esclave de sa rivale. Cette femme était aussi sainte que Kadrouva était méchante. Les saints la consolèrent dans son affliction et lui prédirent qu'elle aurait des enfants qui la délivreraient.

Elle devint enceinte et accoucha de deux œufs. Elle attendit longtemps leur éclosion; mais l'impatience l'ayant prise, elle en ouvrit un qui n'avait encore que la partie supérieure du corps, le reste n'étant pas encore formé. Arouna, c'est le nom de l'enfant, témoigna un grand chagrin de ce que sa mère était cause de son imperfection, et lui annonça qu'elle serait encore esclave durant 500 ans; car l'œuf ne devait éclore qu'au bout de ce laps de temps. Quant à lui, il entra au service du soleil (*sourya*), et prit la conduite de son char. Cinq cents ans après, l'autre œuf étant éclos, il en sortit l'oiseau Garouda, qui servit Kadrouva et ses enfants: mais, lassé de cet esclavage, il demanda à sa mère pourquoi ils étaient esclaves et s'il n'y avait point de remède à cet état. Elle lui répondit qu'il faudrait pour cela qu'il allât chercher l'*amrita* (ambroisie), qui était gardée dans le *Dévendra loka*. Garouda prit son vol, et s'empara de l'amrita après avoir remporté la victoire sur les Dévatas qui la gardaient, et éteint le feu dont elle était environnée. Ils le prièrent en vain de leur laisser ce dépôt qui leur était confié; il leur dit qu'ils seraient les maîtres de le reprendre quand il s'en serait servi pour délivrer sa mère. Il demanda en même temps à Dévendra de pouvoir manger des serpents, ce qui lui fut accordé. Il alla retrouver sa mère; mais la perfide Kadrouva se saisit de l'amrita, et allait la boire avec ses fils, quand Dévendra envoya aussitôt un Dévata, sous la figure d'un brahmane, qui lui dit : « Gardez-vous bien de profaner cette boisson, en ne la prenant pas avec les préparations requises. Il faut auparavant laver votre corps et prendre des habits purs. » Kadrouva fit mettre l'amrita sur une sorte d'herbe appelée darbha, et alla se purifier avec ses enfants. L'amrita fut enlevée pendant son absence, et il n'en resta que quelques gouttes sur cette herbe. Les serpents étant de retour se contentèrent de la lécher, mais cette paille qui est fort tranchante leur fendit la langue; de là vient que la langue des serpents est fourchue. Le bec de Garouda ayant touché l'amrita devint blanc, aussi bien que son cou, et Vichnou choisit cet oiseau pour le porter.

Suivant d'autres mythologues hindous, Kadrou et Vinata sont deux femmes différentes, et Garouda serait fils de cette dernière.

Diti est encore la mère de Vayou ou Marouta, dieu du vent.

DIURNAL, livre d'office à l'usage des ecclésiastiques dans les ordres sacrés. Il contient l'office de chaque jour, à l'exception des matines ou office de la nuit; d'où son nom de *diurnal* (*à diurno*).

DIUS-FIDIUS, ou *Medi-Edi*, ou simplement *Fidius*; dieu de la bonne foi, chez les anciens Sabins : son culte fut importé à Rome. Les Romains juraient fréquemment par cette divinité. La formule du serment était *Me Dius Fidius*, sous-entendu *adjuvet*. Puisse le dieu Fidius me venir en aide! C'est dans le même sens que l'on disait, *Me Hercules!* et par contraction *Me Hercle!* Fidius passait pour fils de Jupiter; quelques-uns l'ont confondu avec Hercule.

DIVALES, fêtes romaines, établies en l'honneur d'Angérone, à l'occasion d'une espèce d'esquinancie dangereuse dont les hommes et les animaux furent attaqués pendant assez longtemps.

DIV ou DIVE, signifie, en persan, une créature qui n'est ni homme, ni ange; ni diable ; c'est un génie ou un démon corporel, un géant qui n'est pas de l'espèce humaine. Entre ces Dives, il y en a que les Persans appellent *Ner* ou *Néré*, c'est-à-dire mâles, parce qu'ils sont les plus terribles et les plus méchants de tous. Il y en a d'autres moins terribles qu'ils nomment *Péri*, et qui passent communément pour les femelles, bien que les Péris soient une espèce à part, et soient engendrés par d'autres Péris, et non point par les Nérés. Les plus célèbres parmi ces Nérés, et qui ont fait le plus de mal aux hommes dans les anciens temps, sont Demrousch Néré, Séhélan Néré, Mordasch Néré, Kahameradj Néré, lesquels ont tous fait la guerre aux premiers monarques de l'Orient; et l'un de ces derniers fut surnommé *Div-bend*, le lieur de Dives, pour les avoir vaincus, faits prisonniers et confinés dans les cavernes des montagnes.

Wahed, fils de Mandas, dit que Dieu, avant la formation d'Adam, créa les Dives, et leur donna ce monde à gouverner pendant l'espace de 7000 ans ; que les Péris leur avaient succédé, et avaient occupé le monde pendant 2000 ans sous l'empire de Djan-ben-Djan, leur unique souverain ; mais que ces deux races étant tombées dans la désobéissance, Dieu leur donna pour chef Eblis, qui, d'une nature plus noble et formée de l'élément du feu, avait été élevé parmi les anges. Eblis, après avoir reçu les ordres de Dieu, descendit sur la terre et fit la guerre aux Dives et aux Péris qui s'étaient unis pour leur commune défense. Cependant quelques-uns des Dives se rangèrent du côté d'Eblis et demeurèrent en ce monde jusqu'au siècle d'Adam, et même plus tard, car Salomon en avait à son service. Eblis, fortifié de ce secours, défit les rebelles et leur roi, et devint ainsi en peu de temps seigneur de ce bas monde, qui n'était encore rempli que de génies. *Voy.* DEW, EBLIS.

DIVAN, livre sacré des Sabis, Mendéens ou Chrétiens de Saint-Jean. Ce livre fait Dieu corporel, ayant un fils qui est Gabriel ; il fait pareillement les anges des démons corporels, de l'un et de l'autre sexe, ajoutant qu'ils s'allient entre eux et qu'ils s'engendrent. Il porte que Dieu créa le monde par le ministère de l'ange Gabriel ; qu'il se fit aider par 50,000 démons ; qu'il posa le monde sur l'eau comme un ballon qui flotte ; que les sphères célestes sont entourées d'eau, et que le soleil et la lune voguent tout autour, chacun dans un grand navire. Ce livre fabuleux raconte de plus que la terre était si fertile au moment de la création, que l'on récoltait le soir ce qui avait été semé le matin; que Gabriel enseigna l'agriculture à Adam ; mais qu'ayant péché, il oublia ce qu'il en avait appris, et ne put en retrouver que ce que nous en savons. Quant à ce qui regarde l'autre vie, il enseigne que c'est un monde comme celui-ci, à l'égard de ce qui s'y passe, mais infiniment plus délicieux et plus parfait; qu'il y a un jugement final, où deux anges pèsent les actions de tous les hommes; et que les enfants qui meurent avant l'âge de discrétion, vont dans un lieu de délices où ils sont gardés jusqu'au jour du jugement, et où ils croissent jusqu'à la perfection naturelle pour pouvoir rendre compte à Dieu. Ce Divan promet enfin un pardon final aux Sabis, les assurant qu'ils seront sauvés un jour, après avoir souffert les peines dues à leurs péchés.

DIVAVALI, fête hindoue, célébrée par les Tamouls, dans le mois d'assin, la veille de la nouvelle lune. Elle a lieu en mémoire de la défaite d'un Rakchasa ou démon, nommé Naraka, exterminé par Vichnou, parce qu'il faisait beaucoup de mal aux hommes. Cette fête n'est célébrée que dans les maisons, et elle ne consiste qu'à se laver la tête avant le lever du soleil; elle fut instituée par Vichnou lui-même, qui annonça que tous ceux qui feraient cette ablution auraient le même mérite que s'ils se fussent baignés dans le Gange. Le reste de la journée se passe en divertissements; c'est une des plus grandes fêtes du Guzarate.

DIVIANA, Diane ou la Lune, considérée, selon Varron, sous sa double acception de hauteur ou de largeur.

DIVIN, en latin *divus*; les Romains donnaient le nom de *divi*, divins, à des hommes qui, par leurs vertus et leurs hauts faits, avaient mérité d'être mis au rang des dieux, tels que les guerriers, les héros, les bienfaiteurs de l'humanité. On appelait encore ainsi les Lares ou dieux domestiques.

DIVINATION, art de deviner et de connaître l'avenir par des moyens superstitieux. L'homme, toujours inquiet sur l'avenir, ne se contenta pas de le chercher dans les oracles des dieux et dans les prédictions des sibylles; il entreprit de le découvrir de mille autres manières, et inventa plusieurs sortes de divinations, pour lesquelles même il établit des maximes et des règles, comme si des connaissances aussi frivoles avaient pu se réduire en règles et en maximes. Cet art chimérique, enfanté par la vaine curiosité des hommes, fut longtemps en vogue chez les nations les plus policées. On sait combien les Grecs et les Romains étaient entêtés de leurs présages et de leurs augures. Cependant les plus sages d'entre eux s'en moquaient intérieurement; et, s'ils ne disaient pas librement ce qu'ils en pensaient, c'était de peur de choquer le peuple : ce qui n'a pas empêché qu'ils ne se soient échappés quelquefois jusqu'à plaisanter ouvertement sur la fureur que le peuple avait de vouloir tirer des présages des événements les plus simples et les plus naturels. Un homme étant venu dire à Caton que les rats avaient mangé ses souliers pendant la nuit, et lui demandant ce que cela signifiait : « Je ne vois dans cet événement rien que de fort naturel, répondit Caton; mais si vos souliers avaient mangé les rats, cela me semblerait plus extraordinaire et pourrait présager quelque chose. »

1. Qui croirait que, dans un siècle tel que le nôtre, la divination fût encore en usage, si on ne savait que le peuple est presque toujours le même dans tous les temps, et se ressent à peine de l'accroissement des lumières que reçoivent les gens instruits? Il y a encore une infinité de choses naturelles et indifférentes que le vulgaire superstitieux interprète sérieusement, soit en bien, soit en mal. Les personnes mêmes qui ont reçu une instruction avancée et qui tiennent un certain rang dans la société, ne sont pas toujours exemptes de cette superstition. Il n'est pas rare de voir, à Paris même, des femmes d'une position assez élevée consulter les devins ou les devineresses, ou chercher à connaître, dans des combinaisons de cartes, ce qui doit leur arriver, et faire de cette recherche puérile et ridicule l'objet de leur application et le sujet de leur espérance ou de leur appréhension.

Il y a une divination naturelle, raisonnable et permise; c'est celle qui consiste à prévoir les événements naturels, tels que le beau temps ou la pluie, le calme ou la tempête, par l'observation de signes qui, dans le cours ordinaire de la nature, précèdent communément telle ou telle variation de l'air. Nous en dirons à peu près autant des événements politiques, qu'on peut prédire ou du moins présager en en étudiant les causes. Mais toutes les autres espèces de divinations, qui sont artificielles et imaginées par la superstition, ne peuvent être pratiquées innocemment. Telle est entre autres la divination par des événements particuliers ou par des rencontres. Ceux-là s'en rendent coupables qui croient, par exemple, qu'on sera malheureux à la chasse si l'on rencontre un moine, et qu'on sera heureux si l'on aperçoit une femme débauchée, ou si l'on tient des discours déshonnêtes; qu'il arrivera malheur si l'on se trouve treize à table, ou si l'on renverse la salière, si l'on répand du vin, si deux couteaux se trouvent fortuitement disposés en forme de croix, si l'on marche sur des fétus croisés d'une certaine façon; que c'est un mauvais présage si une chouette vient à crier trois fois sur le toit d'une maison, si la poule chante avant le coq, si la femme parle avant son mari; que quand une femme nouvellement accouchée prend pour marraine de son enfant une femme grosse, l'un ou l'autre des deux enfants périra dans l'année; que, de deux mariages contractés à la même messe, ceux des nouveaux mariés dont les noms et prénoms réunis sont composés de lettres en nombre impair, mourront les premiers; que pour savoir si un malade mourra de la maladie dont il est attaqué, il n'y a qu'à lui mettre du sel dans la main, et que si le sel fond, il en mourra, sinon il s'en relèvera.

Telle est encore la divination par les songes. Quelque absurde et quelque ridicule qu'elle soit, on trouve encore nombre de gens qui y ajoutent la foi la plus robuste. Ils sont persuadés, par exemple, que si on passe, en rêvant, un pont rompu, c'est un présage de danger; que si l'on perd ses cheveux, cela signifie que quelque ami est mort; que si on lave ses mains, c'est signe d'ennui et de chagrin; que si on les voit sales, c'est un présage de perte ou de danger; que si on garde un troupeau de moutons, on aura de la douleur; que si l'on prend des mouches, on recevra quelque injure; que quelque parent mourra bientôt lorsqu'on songe la nuit qu'on a perdu une dent, etc., etc. Il y a des livres entiers composés sur ce futile objet; et, il y a peu d'années, lorsque les bureaux de loterie existaient, des milliers de malheureuses femmes ne manquaient pas de consulter chaque jour leur *Clef des songes*, pour savoir quelle somme elles devaient confier aux chances du sort.

D'autres prétendent arriver à la connaissance de l'avenir ou des choses cachées par des moyens plus actifs; connaître si telle personne est morte, en mettant une clef dans l'Evangile de saint Jean, ou en suspendant dans un verre d'eau une alliance bénie suspendue à un cheveu; avoir révélation de l'heure de leur mort, au moyen de certaines oraisons récitées tel nombre de fois et à tels jours désignés; obtenir telle faveur en portant au bras certaines paroles écrites sur tel sorte de parchemin, etc. Nous traitons de la plupart de ces divinations, chacune à son article.

Enfin, un dernier genre de divination, longtemps accrédité dans le moyen âge, était les moyens judiciaires appelés *Epreuves*. Voyez cet article.

2. Il est parlé dans l'Ecriture sainte de neuf espèces de divinations. La première avait lieu par l'inspection des étoiles, des planètes et des nuées; c'est l'astrologie judiciaire ou apotélesmatique, ce que Moïse nomme מעונן *Meonen*. La seconde est désignée sous le nom de מנחש *Menakhesch*, que la Vulgate et la plupart des interprètes ont rendue par augures. La troisième y est appelée מכשף *Mekascheph*, que les Septante et la Vulgate traduisent par maléfices, ou pratiques occultes et superstitieuses. La quatrième est appelée חברים *Khabarim*, enchantements. La cinquième consistait à interroger les esprits pythons (אוב *ob*). La sixième, que Moïse appelle ידעני *Iddeoni*, était proprement le sortilège et la magie. La septième s'exécutait par l'évocation et l'interrogation des morts; c'était par conséquent la nécromancie. La huitième était la rhabdomancie, ou sort par la baguette ou les bâtons, dont il est question dans Osée; à cette huitième espèce on peut rapporter la bélomancie qu'Ezéchiel a connue. La neuvième et dernière était l'hépatoscopie ou inspection du foie. Le même livre fait encore mention des diseurs de bonne aventure, des interprètes des songes, des divinations par l'eau, par le feu, par l'air, par le vol des oiseaux, par leur chant, par les foudres, par les éclairs, et en général par les météores, par la terre, par des points, par des lignes, par des serpents, etc. Les Juifs s'étaient infectés de ces différentes superstitions en Egypte, ou les avaient empruntées aux Chananéens et aux Phéniciens au milieu desquels ils vivaient.

3. La divination était une partie considérable de la théologie païenne; elle était même autorisée par les lois, particulièrement chez les Romains. Cicéron, dans son *Traité sur la Divination*, examine d'abord s'il est vrai qu'il puisse y en avoir, et dit que les philosophes avaient à ce sujet trois opinions. Les uns soutenaient que, dès qu'on admettait des dieux, il fallait nécessairement admettre la divination; les autres prétendaient qu'il pouvait y avoir des dieux sans qu'il y eût de divination; d'autres, enfin, étaient persuadés que, quand même il n'y aurait point de dieux, la divination pouvait exister. Les Romains distinguaient la divination en artificielle et en naturelle. — Ils appelaient divination *artificielle*, un pronostic ou une induction fondée sur des signes extérieurs, liés avec des événements à venir; et divination *naturelle*, celle qui présageait les choses par un mouvement purement intérieur et une impulsion de l'esprit, indépendamment d'aucun signe extérieur.

Ils subdivisaient celle-ci en deux espèces, l'innée et l'infuse. L'*innée* avait pour base la supposition que l'âme, circonscrite en elle-même, et commandant aux différents organes du corps, sans y être présente par son étendue, avait essentiellement des notions confuses de l'avenir, comme on s'en convainc, disaient-ils, par les songes, les extases, et ce qui arrive à quelques malades aux approches de la mort, et à la plupart des autres hommes, lorsqu'ils sont menacés d'un péril imminent. L'*infuse* était appuyée sur l'hypothèse que l'âme, semblable à un miroir, était éclairée sur les événements qui l'intéressaient par une lumière réfléchie de Dieu ou des esprits.

Ils divisaient aussi la divination artificielle en deux espèces: l'une *expérimentale*, tirée des causes naturelles, telles que les prédictions que les astronomes font des éclipses, etc., ou les jugements que portent les médecins sur la terminaison des maladies, ou les conjectures que forment les politiques sur les révolutions des Etats; l'autre *chimérique*, extravagante, consistant en pratiques capricieuses, fondées sur de faux jugements, et accréditées par la superstition. Cette dernière branche mettait en œuvre la terre, l'eau, l'air, le feu, les oiseaux, les entrailles des animaux, les songes, la physionomie, les lignes de la main, les points amenés au hasard, les noms, les mouvements d'un anneau, d'un sas, et les ouvrages de quelques auteurs; d'où vinrent les sorts appelés *Prénestins*, *Virgiliens*, *Homériques*. Voyez AUGURES, AUSPICES, ARUSPICES.

4. Nous avons vu, à l'article DEVINS, que la loi musulmane proscrivait la divination;

cependant la confiance qu'y avaient les peuples était si puissamment enracinée, que Mahomet lui-même, le destructeur du culte des idoles, ne put jamais détruire les illusions de la magie, de l'astrologie, des augures, des songes, etc. Malgré la prohibition sévère qu'en fait la loi, non-seulement elles ont toujours régné en Arabie, mais elles se sont encore propagées dans toutes les contrées où les premiers Arabes mahométans ont imprimé, le sabre à la main, le caractère de l'islamisme et celui de leurs superstitions. On voit, dans l'histoire de ces peuples, combien celles-ci ont influé sur les projets des monarques, sur les opérations politiques, sur les révolutions des États, sur la destinée des nations, comme sur le sort particulier des familles et des simples individus. — Les scheikhs, ou supérieurs des communautés de derwischs, exercent ostensiblement la divination, et ils sont à cet égard fort accrédités auprès des grands comme auprès du simple peuple.

5. En Chine, quand il s'agit de fonder une ville, ou de décider quelque affaire importante, on consulte les sorts; ce qui se fait de deux manières : ou par une certaine plante appelée *chi*, ou par l'écaille de la tortue. On ne sait pas bien comment se pratiquait dans les anciens temps la divination par la plante *chi*. Actuellement, suivant M. Biot, on pose à droite et à gauche un paquet de feuilles de cette plante; on récite des paroles mystérieuses, et, en prenant une poignée de feuilles dans chaque paquet, on augure d'après leur nombre. Suivant le P. Hyacinthe Bitchourinski, on prend une tige sèche de cette plante, on la fend et on la coupe en forme de baguettes minces, d'un pied de longueur. On devine au moyen du livre sacré, appelé *Y-King*. La divination par la tortue se faisait en posant du feu sur une écaille de tortue, et en augurant d'après la direction des stries que la chaleur y formait. Dans le Chi-King, nous voyons l'ancien chef Tan-Fou placer le feu sur l'écaille de la tortue, avant de se fixer avec sa tribu au pied du mont Khi. Des officiers âgés avaient la charge d'interpréter les songes de l'empereur. Des devins expliquaient aussi les songes des hommes puissants. La vue d'une pie était de bon augure; il était au contraire fâcheux de voir un corbeau noir ou un renard roux.

Lord Macartney nous apprend que, dans toutes leurs entreprises importantes, les Chinois cherchent à en connaître l'issue, soit en consultant leurs divinités, soit en mettant en œuvre différentes pratiques superstitieuses. Quelques-uns mettent dans le creux d'un bambou plusieurs petits bâtons consacrés, marqués et numérotés. Le consultant, à genoux devant l'autel, secoue le bambou, jusqu'à ce qu'un des bâtons tombe à terre. On en examine la marque, et celle qui y correspond dans un livre que le prêtre tient ouvert, répond à la question proposée. Quelquefois les réponses se trouvent écrites sur une feuille de papier collée dans l'intérieur du temple. D'autres jettent en l'air un polygone de bois dont chaque face a sa marque particulière; et quand il tombe, le signe qui se trouve au-dessus est celui qui indique la réponse. Si cette réponse est favorable, celui qu'elle concerne se prosterne avec reconnaissance, et entreprend avec confiance l'affaire qui l'intéresse; sinon, il jette en l'air le même bois, une seconde et une troisième fois, et la dernière décide irrévocablement ce qu'il doit faire.

6. A Hlassa, capitale du Tibet, il y a diverses méthodes de divination. Quelquefois les lamas devinent en traçant sur une feuille les huit figures appelées *Koua* et certains mots tibétains. Ils figurent aussi ces huit koua avec des grains d'orge grise, et arrachent les fils de différentes couleurs. Ils devinent également en comptant les grains de leur chapelet, en traçant des raies sur la terre, ou en brûlant des os de mouton. Quelquefois ils regardent dans une jatte d'eau et voient ce qui doit arriver. Les méthodes de divination, quoique très-variées, sont très-justes, dit le P. Hyacinthe, si le devin sait bien son métier. Les femmes pratiquent également cet art. Une autre manière de deviner consiste en ce que le devin ouvre son livre sacré, le présente à celui qui l'interroge, et celui-ci y reconnaît clairement le bonheur ou le malheur futur. Ce moyen de deviner a quelque analogie avec les sorts sacrés employés en Chine.

7. Les Slaves avaient plusieurs modes de divination. Le premier s'exécutait de la manière suivante : On jetait en l'air des disques de bois appelés *kroujcki*, blancs d'un côté, noirs de l'autre. Lorsque le côté blanc se trouvait en dessus, le présage était heureux, et sinistre, si le noir prévalait. Lorsque l'un montrait le côté blanc et l'autre le côté noir, le succès devait être médiocre. La deuxième divination se faisait par le moyen du cheval *Swétowid* (*Voyez* ce mot). La troisième se tirait des évolutions que décrivait le vol des oiseaux; la quatrième, des cris des animaux et de leur rencontre; la cinquième, des ondulations de la flamme et de la fumée; la sixième, du cours des eaux et des différentes formes que prenaient les flots et l'écume; la septième, propre aux Alains, se faisait en mêlant ensemble des branches d'osier, les en retirant ensuite l'une après l'autre, à un temps marqué, et en prononçant des paroles consacrées.

8. Chez les Muyscas, peuple du plateau de Bogota, en Amérique, quand un enfant venait au monde, pour savoir s'il serait heureux ou malheureux, on prenait un peu de coton que l'on mouillait avec du lait de la mère, et qu'on enveloppait ensuite avec des joncs, de manière à en faire une boule, que l'on jetait dans le fleuve. Six jeunes gens, bons nageurs, se précipitaient aussitôt : si le courant entraînait la boule avant qu'ils pussent l'atteindre, on croyait que l'enfant serait malheureux; dans le cas contraire, ils la rapportaient en triomphe comme l'indice d'un bonheur certain. On célébrait alors une fête; puis chaque jeune garçon s'approchait

du nouveau-né et lui coupait une mèche de cheveux, jusqu'à ce qu'il ne lui en restât plus. On jetait ces cheveux dans le fleuve, et on y baignait ensuite l'enfant.

Pour découvrir les voleurs, les Chèques employaient le moyen suivant. Ils supposaient dix directions correspondantes aux dix doigts des mains; et après s'être enivrés de fumée de tabac, si l'un de leurs doigts venait à trembler, ils déclaraient que le voleur s'était dirigé de ce côté. *Voyez* DEVINS, ENCHANTEMENTS, MAGIE, JONGLEURS, etc.

DIVINITÉ. Ce mot est employé, en français, sous deux acceptions : comme terme abstrait, il exprime l'essence, le pouvoir et les attributs de Dieu; comme terme concret, on s'en sert comme synonyme du mot Dieu, et il désigne un individu, un personnage réel ou fictif, qu'on regarde comme un Dieu. Comme tel, le mot divinité est absolument synonyme du *numen* des Latins. *Voyez* DIEU, DIEUX.

DIVIPOTES, dieux que les Samothraces nommaient Θεοδύναται, *théodynates*, divinités puissantes. On en comptait deux : le ciel et la terre, ou l'âme et le corps, ou l'humide et le sec. Peut-être étaient-ils les mêmes que les Cabires.

DIVONA, *divine*, fontaine au milieu de Bordeaux, que les Celtes avaient déifiée. Ausone l'a célébrée dans ses vers.

DIVORCE, cérémonie qui dissout l'union conjugale, et donne aux époux séparés la liberté de contracter chacun une autre alliance.

1. Le divorce était permis chez les Juifs, d'après la loi de Moïse; mais les termes dont se sert le saint législateur démontrent ce que dit plus tard Jésus-Christ, c'est-à-dire que cette faculté n'avait été accordée aux Israélites qu'à cause de la dureté de leur cœur. Voici, en effet, les termes de la loi (*Deutér.*, XXIV, 1) : « Si un homme, ayant épousé une femme et ayant vécu avec elle, en conçoit ensuite du dégoût, à cause de quelque défaut honteux, il lui donnera par écrit une lettre de divorce, et la lui ayant mise entre les mains, il la renverra hors de sa maison. Que si, en étant sortie et ayant épousé un second mari, celui-ci conçoit aussi de l'aversion pour elle, et qu'il la renvoie encore hors de chez lui, en lui mettant en main une lettre de divorce, ou qu'il vienne lui-même à mourir, le premier mari ne pourra plus la reprendre pour sa femme, parce qu'elle a été souillée et que ce serait une abomination devant le Seigneur. Ne souillez point par un tel péché la terre que le Seigneur votre Dieu vous donne en héritage. »

Autrefois, dit Léon de Modène, un mari jaloux menait sa femme au sacrificateur, qui lui donnait à boire d'une certaine eau, dont elle mourait si elle était coupable, et dont elle n'éprouvait aucun mal, si elle était innocente. *Voyez* ÉPREUVES. Mais maintenant un mari jaloux se contente de défendre à sa femme de voir celui qui lui fait ombrage. Si néanmoins le bruit court ensuite qu'elle en use mal, que les indices soient contre elle, ou s'il les surprend en flagrant délit, alors il est contraint par les rabbins de répudier sa femme, quand même il ne le voudrait pas, et de s'en séparer pour toujours. Cependant cette femme répudiée a la liberté de se marier avec qui il lui plaît, hormis toutefois avec celui qui a donné lieu de la répudier.

Quand une femme ne donnerait par sa conduite aucun sujet de plainte à son mari, celui-ci peut cependant la répudier, pourvu qu'il en soit dégoûté, suivant la teneur de la loi du Deutéronome. Néanmoins, à moins d'être jaloux ou d'avoir quelque défaut notable à reprocher à sa femme, on ne doit point la répudier. C'est pour empêcher qu'on abuse de ce privilège que les rabbins ont établi plusieurs formalités qui exigent beaucoup de temps. En effet, il arrive souvent qu'avant qu'on puisse écrire la lettre de divorce, les parties se sont réconciliées et vivent bien ensemble.

La formule de ces lettres de divorce appelées *ghet* (גט) est dressée par un écrivain public, en présence d'un ou de plusieurs rabbins; elle doit être écrite sur un vélin qui soit réglé, et ne contenir ni plus ni moins de douze lignes, en lettres carrées, avec une multitude de minuties, tant dans les caractères que dans la manière d'écrire et dans les noms et surnoms du mari et de la femme. De plus, l'écrivain, les rabbins et les témoins ne doivent être parents ni des époux ni entre eux. Voici, d'après Maïmonide, quelle doit être la forme de la lettre :

« Ce jourd'hui, tel jour de la semaine, tel
« jour de tel mois, en telle année depuis la
« création du monde, suivant que nous
« avons accoutumé de supputer; en tel lieu,
« moi *un tel*, fils d'*un tel*, de tel lieu, quels
« que puissent être d'ailleurs mon nom; mon
« surnom, celui de mes parents et celui de
« mon pays, de ma propre volonté et de ma
« pleine liberté, sans contrainte aucune, je
« te répudie, je te quitte et je te chasse, toi
« *une telle*, fille d'*un tel*, de telle ville, quels
« que puissent être d'ailleurs ton nom, ton
« surnom, celui de ton pays et celui de tes
« parents; toi qui as été ci-devant mon
« épouse, je te répudie maintenant; je te
« quitte et je te chasse, afin que tu sois libre
« et maîtresse de toi-même, afin que tu
« puisses te marier à qui il te conviendra, et
« que personne ne soit éconduit par toi à
« cause de moi, à dater de ce moment et à
« l'avenir. C'est pourquoi tu peux être re-
« cherchée par quelque homme que ce soit.
« Je te donne à cet effet cet écrit de divorce,
« ce livret de répudiation, et cette lettre
« d'expulsion, selon la loi de Moïse et d'Is-
« raël. »

La lettre écrite, le rabbin interroge adroitement le mari pour savoir s'il s'est porté volontairement à faire ce qu'il fait. On tâche de faire en sorte qu'il y ait au moins dix personnes présentes à la cérémonie, sans compter les témoins. Si le mari persiste dans sa résolution, le rabbin commande à la femme d'ouvrir les mains et de les approcher l'une de l'autre pour recevoir cet acte, de peur qu'il ne tombe à terre; et après l'avoir interrogée de nouveau, le mari lui donne ce parchemin, en disant : « Voilà ta répudia-« tion. Je t'éloigne de moi, et te laisse la li-« berté d'épouser qui tu voudras. » La femme le prend et le rend au rabbin, qui le lit encore une fois; après quoi elle est libre. Le rabbin avertit ensuite la femme de ne point convoler à un second mariage avant trois mois, de peur qu'elle ne soit enceinte. A partir de ce moment, cet homme et cette femme ne peuvent plus demeurer ensemble, et chacun d'eux peut se remarier.

2. Chez les Romains, le divorce était autorisé par une loi de Romulus; mais cette loi, rapportée par Plutarque, n'établit point la réciprocité de répudiation, elle en restreint au contraire le droit pour les maris. Ils ne pouvaient répudier leurs femmes qu'en trois cas : si elles étaient coupables d'empoisonnement, d'adultère ou de supposition d'enfant; hors de là, le mari qui aurait répudié sa femme devait lui donner la moitié de son bien et l'autre à Cérès; de plus il était dévoué aux dieux infernaux. Les douze tables contenaient aussi une loi dont on n'a point le texte, mais dont on retrouve le sens et la formule dans diverses citations. Mais malgré cette latitude laissée aux maris mécontents, il paraît certain que pendant cinq cents ans on ne vit à Rome aucun exemple de divorce, c'est-à-dire jusqu'au jour où Carvilius Ruga, le premier, quitta sa femme stérile, pour remplir le serment qu'il avait fait aux censeurs de donner des enfants à l'Etat, ce qui lui attira le blâme général. Son exemple eut fort peu d'imitateurs tant que la république conserva l'austérité de ses mœurs; mais lorsque le luxe et la débauche commencèrent à apporter la corruption parmi le peuple, l'état des choses fut bien changé. D'abord, vers le temps de Caton le censeur, la faculté de demander le divorce devint réciproque. Alors la licence fut sans bornes; les femmes se débarrassèrent des formalités matrimoniales, éludèrent la prescription annuelle par une absence de trois jours, gardèrent leur nom et leur propriété dans le contrat, et se rendirent égales aux maris. De là le divorce, auparavant si rare, devint pour ainsi dire journalier. On voyait des patriciennes compter les années par leurs mariages plutôt que par les consulats, et même changer huit fois d'époux en cinq automnes; à peine trouvait-on des mariages durables. — La formule de divorce usitée chez les Romains consistait dans ces paroles : *Res tuas tibi habeto*: Soyez la maîtresse de vos biens.

3. Jésus-Christ ayant ramené le mariage à son institution primitive, l'a proclamé indissoluble et a aboli le divorce; il convient que le divorce avait été permis par Moïse, mais il prononce que c'était une dérogation à ce qui avait été établi dès l'origine des choses, et qu'elle avait été tolérée sans doute pour éviter de plus grands maux. En conséquence il défend aux chrétiens de se séparer d'avec leurs femmes, exceptant seulement le cas d'adultère; mais en ce cas même, si la séparation de corps est permise, il n'est loisible de se remarier ni à l'un ni à l'autre des deux époux.

L'Eglise paraît avoir eu beaucoup de peine, dans les premiers siècles, à empêcher le divorce; car les princes chrétiens, imbus des coutumes romaines, non-seulement toléraient cet abus, mais ils l'ont quelquefois autorisé dans leurs Etats. Constantin permit le divorce dans tout son empire par une loi qu'on lit encore dans le code théodosien; elle laissait aux Romains la liberté de dissoudre leurs mariages toutes les fois qu'ils le jugeraient à propos. Justinien crut faire beaucoup en ne permettant le divorce que pour certaines raisons, qu'il marque dans une de ses novelles. A l'exemple des empereurs, les rois des différentes nations qui s'étaient emparés des différentes provinces de l'empire, autorisèrent le même dérèglement : entre autres Théodoric, roi des Ostrogoths, en Italie, sur la fin du ve siècle, et les rois des Visigoths, en Espagne, où le divorce a régné depuis le ve siècle jusqu'au xiiie, qu'il fut défendu par Alphonse X. Les rois de France de la première et de la seconde race l'ont également autorisé. Charlemagne en donna l'exemple en répudiant la fille de Didier, roi des Lombards, qu'il avait épousée. Cependant il le défendit peu après comme on le voit dans trois endroits de ses capitulaires. Les lois d'Allemagne permettaient aussi le divorce dans le viie siècle; il en était de même dans les îles Britanniques vers le xe.

On a donc vu des chrétiens dans ce sentiment, que le lien du mariage pouvait se dissoudre du vivant même des deux époux, surtout à cause des débauches de l'un d'eux; et ceux que le préjugé du temps avait entraînés dans ce sentiment, se croyaient autorisés par les paroles de Jésus-Christ, qu'ils interprétaient dans leur sens. Il s'en est même trouvé qui ont cru qu'un mari et une femme pouvaient dissoudre leur mariage pour d'autres causes que l'adultère. Telle était cette femme chrétienne, dont parle saint Justin dans sa première apologie, qui, de l'avis et du conseil de ses parents, selon les droits que lui en donnaient les lois romaines, se sépara de son mari à cause de la mauvaise conduite de celui-ci, désespérant de le voir jamais changer. Mais il ne paraît pas qu'elle se soit remariée avec un autre homme. Origène remarque aussi qu'il y avait des évêques qui, de son temps, toléraient le divorce; mais il ajoute qu'ils ne le souffraient que par condescendance, pour empêcher les hommes de vivre dans la dissolution et dans la débauche. Toutefois ce n'était pas là le sentiment de l'Eglise, qui a toujours cherché à obvier à cet abus par les décisions de ses conciles. Le concile de Milève, entre autres, tenu l'an 416, dit que l'indissolubilité du mariage est fondée sur la doctrine de l'Evangile et sur la discipline apostolique.

« Si l'Occident, dit l'abbé Renaudot, fit céder les lois romaines et les constitutions de plusieurs peuples, qui permettaient le divorce, avec la liberté de se remarier, à ceux qui avaient convaincu leurs femmes d'adultère, l'Orient conserva une pratique toute contraire. » Car sur le fondement qu'ils établissaient dans les paroles de Jésus-Christ, touchant l'indissolubilité du mariage, les Orientaux la reconnaissaient telle qu'ils n'accordaient pas le divorce en plusieurs cas auxquels les lois romaines le permettaient. Mais trouvant que Jésus-Christ avait excepté l'adultère, ils entendirent ces paroles de telle manière qu'ils crurent que le divorce complet, enfermant la liberté de se remarier, pouvait en ce cas-là être accordé; et telle a été et est encore présentement la pratique de toutes les Eglises orientales.

L'Eglise latine, sans approuver cet abus, l'a toléré chez les Grecs, et ne les a pas contraints de l'abandonner dans les différentes réunions des deux Eglises, qui se sont faites de temps en temps. Au concile de Florence cette difficulté fut proposée aux Grecs; mais ce ne fut qu'après la publication solennelle du décret d'union, qu'on leur fit cette question avec quelques autres, sur lesquelles, selon les actes des Grecs, et même selon les actes latins, ils répondirent à la satisfaction du pape. On ne sait pas quelles furent ces réponses; mais il est certain que le pape n'ajouta rien au décret, que l'union fut publiée et l'acte signé, et qu'ensuite les Grecs reprirent le chemin de Constantinople.

4. Le divorce est aussi en usage, en certains cas, chez les protestants. C'est le consistoire qui juge de la validité des raisons qui portent un mari à en venir à cette extrémité.

5. Mahomet, tout en permettant le divorce, paraît cependant désirer que les maris n'abusent pas outre mesure de cette faculté. Il ordonne qu'après la troisième fois qu'un époux aurait répudié sa femme, il ne puisse plus la reprendre, à moins que la femme répudiée de cette façon n'eût été mariée à un autre et répudiée ensuite. Ce commandement, dit l'Anglais Sale, a été d'un si bon effet que très-peu de gens parmi les mahométans en viennent jusqu'au divorce; et on en voit encore moins qui reprennent la femme qu'ils ont répudiée, à cause de la honte qui accompagne un tel retour.

Le Coran établit en principe, dit M. de Sicé de Pondichéry, que la femme répudiée doit reprendre la dot qui lui a été promise lors de son mariage. Mais il semble qu'il n'a pas précisé les cas où le musulman peut se séparer de sa femme; et les imams ou commentateurs du Coran, dans le but de combler cette lacune, créèrent des causes qui permettent le divorce légalement. L'homme peut légalement divorcer : 1° si sa femme est atteinte d'une maladie incurable ; 2° si elle a un caractère opiniâtre qui ne veut jamais céder ; 3° si elle quitte à tout instant sa maison ; 4° si elle se familiarise trop avec les étrangers; 5° si elle a de l'indifférence pour son mari; 6° si elle est négligente et sans propreté; 7° si elle a l'habitude d'aller se plaindre aux autres des actions de son mari; 8° si elle accueille froidement les personnes qui viennent loger ou manger avec son mari; 9° si elle n'a point d'affection pour ses enfants; 10° si elle les repousse et les éloigne d'elle; 11° si elle s'engage en qualité de nourrice sans la permission de son mari; 12° si elle est stérile; 13° si elle vole son mari; 14° si elle agit contrairement aux usages. — La femme peut demander à divorcer : 1° si son mari est atteint d'un mal incurable; 2° s'il est impuissant; 3° s'il se conduit contrairement aux lois.

Les imams admettent trois sortes de répudiation : la première a lieu avec la condition de reprendre sa femme, sans célébrer un nouveau mariage; la seconde, avec la condition de la reprendre, mais en célébrant un nouveau mariage; et la troisième, avec la faculté de la reprendre en célébrant un nouveau mariage, mais après que la femme aura été mariée à un autre, et que cet autre l'aura eu répudiée à son tour, pour la première ou la seconde fois.

L'époux est tenu de pourvoir à la nourriture et aux vêtements de sa femme répudiée, d'une manière convenable. Son héritier y est tenu aussi bien que lui. L'époux ne peut empêcher sa femme répudiée de se remarier, ni même de renouer les liens du mariage avec son premier mari, si toutefois elle en avait eu un. La femme est obligée d'allaiter son enfant deux ans entiers, si le père veut que le temps soit complet. Elle ne peut le mettre en nourrice qu'avec le consentement de son mari.

Suivant M. Silvestre de Sacy, les musulmans ont quatre sortes de divorces : 1° celui qui a lieu par une formule qui, pour être valable, a besoin d'être réitérée; 2° celui qui se fait par ces mots que le mari dit à sa femme : « Choisis, agis à ton choix ; » 3° le divorce qui permet une réconciliation; 4° le divorce opéré par ces mots du mari à sa femme : « Tu es libre de t'en aller quand tu voudras. »

6. Les livres des Parsis fixent les cas dans lesquels un mari peut répudier sa femme : ce sont, la débauche publique de la femme, son abandon à la magie, sans doute à la magie goétique; le refus, quatre fois de suite, du devoir conjugal, et la liberté qu'elle accorde de l'approcher dans son état d'impureté. Mais, si l'on en croit Tavernier, cette permission est aujourd'hui bien resserrée. Il n'y a plus que deux cas, selon lui, qui autorisent le divorce : l'adultère évident de l'épouse, ou son entrée dans la religion de Mahomet; encore doit-on attendre un an, dans l'espoir que le temps ne s'écoulera pas sans qu'elle ait reconnu sa faute, et témoigné le désir de l'expier. La femme ainsi renvoyée ne peut exiger de son mari, ni un douaire, ni aucune des promesses qu'il lui a faites.

7. Il y a sept sortes de femmes que les Chinois peuvent répudier, d'après les lois morales de Confucius : 1° celles qui manquent à l'obéissance qu'elles doivent à leur père et à leur mère ; 2° celles qui sont stériles ; 3° celles qui sont infidèles à leur mari; 4° celles qui sont jalouses; 5° celles qui sont infectées

de quelque mal contagieux ; 6° celles dont on ne peut arrêter le babil, et qui étourdissent par leur caquet continuel ; 7° celles qui sont sujettes à voler et capables de ruiner leur mari. Il y a cependant des conjonctures où il n'est pas permis à un mari de répudier sa femme : par exemple, si, dans le temps que le mariage a été contracté, elle avait des parents, et que, les ayant perdus par la suite, il ne lui reste plus aucune ressource ; ou bien si, conjointement avec son époux, elle a porté le deuil triennal pour le père ou la mère de son mari.

8. Les Siamois ont la faculté de divorcer quand ils sont mécontents l'un de l'autre, mais cela n'arrive guère que dans le commun du peuple ; les riches, qui ont plusieurs femmes, gardent celles qu'ils n'aiment pas, comme celles qui leur plaisent. Quoique le mari soit naturellement le maître du divorce, cependant il arrive rarement qu'il le refuse à sa femme, quand celle-ci le demande avec instance ; il lui rend sa dot, et les enfants se partagent dans l'ordre suivant : la femme prend le premier, le troisième, le cinquième, en un mot, tous ceux qui se trouvent dans l'ordre impair ; le père garde tous les autres. De là il arrive que, s'il n'y a qu'un enfant, il appartient à la mère, et que si le nombre des enfants est impair, la mère en a un de plus ; soit qu'on ait jugé que la mère en aurait plus de soin que le père, soit que les ayant portés dans ses flancs, et les ayant nourris de son lait, elle semble y avoir plus de droit que le père ; soit, enfin, qu'on juge qu'étant plus faible, elle a plus besoin que le père du secours de ses enfants. Après le divorce, il est permis au mari et à la femme de se remarier à qui ils veulent, et il est libre à la femme de le faire dès le jour de la répudiation.

Quoique le divorce soit permis, les Siamois ne laissent pas de le regarder comme un grand mal, et comme la perte presque certaine des enfants, qui sont d'ordinaire fort maltraités dans les seconds mariages de leurs parents.

9. L'indissolubilité du mariage est un principe solidement établi chez les Indiens. Un homme ne peut répudier son épouse légitime dans aucun cas, excepté celui d'adultère ; et si l'on voit des exemples contraires à cette règle, ce n'est que parmi les hommes les plus tarés et les plus ignobles des basses castes. Mais un mariage peut être dissous s'il a été contracté en dépit d'empêchements qui, selon les usages du pays, entraînent nullité.

10. La loi du Tunquin permet au mari de répudier sa femme ; mais la femme ne jouit pas de ce privilége. Si elle parvient à obtenir le divorce, c'est avec beaucoup de peine. La raison de cette différence est que le mari achète pour ainsi dire sa femme, et que celle-ci devient sa propriété. Quand un personnage de distinction veut divorcer, il cherche à éviter l'éclat, et il se contente de faire présenter à sa femme un acte par lequel il déclare la volonté qu'il a de se séparer d'elle, et la liberté qu'il lui laisse de chercher un autre mari ; cette simple formalité rompt le mariage. Mais si le mari appartient à la classe du peuple, il prend en présence de témoins le bâtonnet qui lui sert de fourchette dans ses repas, et le rompt en deux ; il en fait de même d'une petite monnaie de cuivre ; il prend la moitié de ces deux objets et donne l'autre à la femme qu'il répudie, et chacun d'eux garde sa part dans un morceau d'étoffe ; sans cette cérémonie, le divorce ne passerait pas pour légitime. Après cela le mari est tenu de rendre à la femme tout ce qu'elle lui a apporté en mariage, et de garder les enfants nés de leur union. Il arrive quelquefois qu'ils se réconcilient après la séparation ; alors ils peuvent retourner ensemble comme auparavant, sans autre cérémonie, supposé que la femme répudiée n'ait point pris un autre mari. Cependant on doit donner avis de la réconciliation au Mandarin.

11. Les maris japonais ont le droit de répudier leurs femmes quand cela leur convient et sans en donner le motif ; mais un homme qui a la réputation d'être inconstant n'obtient la main d'une jeune fille qu'à un prix énorme. Les grands cependant ne répudient pas leurs femmes ; mais ils suppléent à ce droit dont ils ne veulent pas user, en prenant simultanément d'autres femmes. Il paraît que les femmes ont également la liberté de provoquer le divorce.

12. Dans les îles Moluques, quand il s'agit de divorcer, et que c'est la femme qui le demande, il faut premièrement qu'elle rende les présents de noce qu'elle a reçus, puis elle verse de l'eau sur les pieds de son mari, en signe qu'elle se purifie des impuretés qu'elle a contractées avec lui.

13. Au Canada, quand un mari et une femme ont résolu de se quitter, on porte dans la cabane où a eu lieu le mariage, les morceaux de la baguette que tenaient les époux pendant la cérémonie, et on les brûle solennellement. L'homme et la femme ainsi séparés ont la liberté de se remarier ; cependant la bienséance ne veut pas que la femme convole en secondes noces du vivant du premier mari. Les enfants sont partagés également ; s'ils sont en nombre impair, la femme en a un de plus que le mari, comme cela a lieu dans le royaume de Siam.

14. Dans la Virginie, il était permis aux époux de se quitter, s'ils ne vivaient pas en bonne intelligence ; cependant le divorce n'y était pas en bonne odeur, et les gens mariés poussaient rarement leurs démêlés jusqu'à la séparation. Quand on en venait là, tous les liens du mariage étaient rompus ; les parties avaient la liberté de se remarier. Chacun prenait les enfants qu'il aimait le plus ; et si les parties intéressées n'étaient pas d'accord sur cet article, on séparait les enfants en nombre égal, et l'homme choisissait le premier.

15. Le divorce était fréquent au Mexique. Il suffisait pour le faire que le consentement fût réciproque ; et ce procès n'était point

porté devant les juges. Ceux qui en connaissaient le décidaient sur-le-champ. La femme gardait les filles, et le mari les garçons. Mais du moment que le mariage était ainsi rompu, il était défendu, sous peine de la vie, de se remettre ensemble; et le péril de la rechute était l'unique remède que les lois eussent imaginé contre le divorce, où l'inconstance naturelle de ces peuples les portait aisément.

16. Dans les îles Mariannes, les femmes jouissaient des droits qui sont ailleurs le partage des maris; ceux-ci n'avaient aucune autorité sur elles et ne pouvaient les maltraiter en aucun cas, même pour cause d'infidélité; leur unique ressource était le divorce. Mais s'ils manquaient eux-mêmes à la foi conjugale, l'épouse en tirait une vengeance signalée : les unes en informaient toutes les femmes du canton, qui se rendaient armées d'une lame à l'habitation du coupable; elles ravageaient ses moissons, coupaient ses arbres, pillaient sa maison; les autres se contentaient d'abandonner le mari dont elles avaient à se plaindre, et de faire savoir à leurs parents qu'elles ne pouvaient plus vivre avec lui : ceux-ci alors se chargeaient de cette cruelle exécution, et l'époux coupable s'estimait trop heureux s'il en était quitte pour la perte de sa femme et de ses biens. De quelque côté que vînt la cause du divorce, la femme avait le pouvoir de se remarier; ses enfants la suivaient et étaient adoptés par le nouvel époux; de sorte qu'un mari avait la douleur de perdre à la fois ses enfants et sa femme, par l'inconstance d'une épouse capricieuse. S'il n'avait pas toute la déférence qu'elle se croyait en droit d'exiger, si sa conduite n'était pas réglée, ou si c'était un homme fâcheux, peu complaisant, peu soumis, elle le maltraitait, le quittait et rentrait dans une pleine et entière liberté.

17. Le divorce a lieu dans un grand nombre d'autres nations; mais nous n'avons trouvé, dans les auteurs qui en parlent, aucune particularité digne d'être mise sous les yeux de nos lecteurs.

DIVOULIGAI, fête indienne célébrée dans le mois de kartik, et dont nous parlons sous le titre DÉVALI. Voici quelques particularités observées dans le sud de la presqu'île. La fête des Lampes, ou *Divouligaï*, dure plusieurs jours pendant lesquels les Hindous mettent, chaque soir, des lampes allumées devant les portes de leurs maisons, ou dans des lanternes de papier, qu'ils attachent au bout de longues perches plantées dans la rue; cette fête paraît principalement destinée à honorer le feu. Cependant comme c'est aussi le temps où la plupart des céréales arrivent à maturité, les cultivateurs, en plusieurs endroits, se rassemblent et vont en troupe auprès de leurs champs, où ils offrent aux productions dont ils sont couverts des adorations et des sacrifices de béliers ou de boucs, à l'effet de remercier ces fruits d'être arrivés à maturité pour servir à la nourriture des hommes. Chaque cultivateur va aussi, trois jours de suite, se prosterner et déposer des offrandes de fleurs, de lampes allumées, de riz bouilli et de fruits, devant le tas de fumier qu'il a amassé pour servir d'engrais, et le supplie humblement de bien fertiliser ses terres et de lui procurer d'abondantes moissons. Ce culte, comme on le voit, ressemble assez à celui que les Romains rendaient à leur dieu Sterquilinius.

DJAADIS, sectaires musulmans, qui croyaient, comme tous les motézélés ou schismatiques, que le Coran, bien qu'il fût la parole de Dieu, était cependant du nombre des choses créées. Ils tiraient leur nom de Djaad, fils de Dirham, qui, en l'an 123 de l'hégire (741 de J.-C.), commença à s'élever contre l'opinion commune qui considérait le Coran comme un livre incréé et éternel.

DJABARIS, sectaires musulmans qui prétendent que l'homme n'a aucun pouvoir ni sur sa volonté ni sur ses actions, mais qu'il est conduit et dirigé par un agent supérieur, et que Dieu exerçant une puissance absolue sur ses créatures, les destine à être heureuses ou malheureuses, selon qu'il le juge à propos. Quand il s'agit d'expliquer cette opinion, ces jansénistes de l'Orient disent que l'homme est tellement forcé et nécessité à faire tout ce qu'il fait, que la liberté d'opérer le bien ou le mal ne dépend pas de lui, mais que Dieu produit en lui toutes ses actions, comme il fait dans les créatures inanimées et dans les plantes le principe de leur vie et de leur être. Cette doctrine de la prédestination est universellement reçue dans la plupart des pays mahométans. — Le nom de *djabari* signifie *forçat*. Voy. DJEHÉMITES.

DJAFARIYÉS, sectaires musulmans qui appartiennent à la branche des motézélés. Ils tirent leur nom de *Djafar*, fils de Djafar, fils de Moubaschir, qui prétendait que Dieu ne saurait être plus injuste envers les hommes raisonnables que ne le sont les enfants et les maniaques. Djafar, fils de Moubaschir et père de l'hérésiarque, passait pour un des esprits forts les plus célèbres de son temps.

DJAGA, fête des étoiles chez les Hindous. Les brahmanes étranglent un mouton dont ils extraient le cœur qu'ils coupent en petits morceaux après l'avoir fait cuire. Ces morceaux sont distribués à tous ceux qui ont pris part à ce sacrifice. C'est la seule occasion où les brahmanes mangent de la viande. *Voy.* EKYAM.

DJAGAD-DHATRI, c'est-à-dire *nourricière du monde;* un des noms de la déesse Dourga, épouse de Siva.

DJAGAD-NATHA, c'est-à-dire *Dieu du monde*, nom sous lequel Vichnou est adoré particulièrement dans un temple de la côte d'Orissa, connu vulgairement en Europe sous le vocable *Jagguernat*, corruption de *Djagad-natha*. Voici l'histoire du temple et de l'idole, telle qu'elle est rapportée par M. l'abbé Dubois, dans les *Mœurs et institutions des peuples de l'Inde*.

« Indra-Ména régnait sur ce pays. Animé du désir de travailler au salut de son âme, ce prince voyait avec peine qu'il n'avait encore rien fait qui pût lui assurer un sort heureux après sa mort. Cette pensée l'affligeait beaucoup : il fit part de son anxiété à Brahma à quatre faces, dont il avait fait sa divinité favorite. Brahma, témoin des regrets sincères et de la fervente piété de ce prince, en fut touché, et il lui adressa un jour ces paroles consolantes : « Cesse, grand roi, d'être inquiet sur ton sort futur ; je vais t'indiquer le moyen d'assurer ton salut. Sur les rivages de la mer, il existe un pays nommé *Outkala-désa* ; là s'élève la montagne *Nila*, nommée aussi *Pourouchatma*, qui a un yodjana d'étendue (trois lieues) : ce dernier nom lui vient de celui du dieu qui y avait autrefois établi sa demeure. Cette montagne est un lieu saint, dont l'aspect a la vertu d'effacer les péchés. Dans les yougas (âges) précédents, un temple d'or massif y avait été consacré à Vichnou : ce temple subsiste encore ; mais il a été enseveli sous les sables rejetés par les vagues de la mer, et est à présent invisible. Fais-en revivre la mémoire, et rends-lui son lustre antique, en renouvelant les sacrifices qu'on y offrait jadis ; tu t'assureras par là un lieu de félicité après ta mort. »

« Le roi Indra-Ména, charmé de ce qu'il venait d'entendre, demanda à Brahma quels avaient été les fondateurs de ce temple magnifique, et où était au juste l'emplacement sur lequel il avait été construit. « Ce sont tes ancêtres, grand roi, répondit Brahma, qui l'érigèrent dans le youga précédent, et qui procurèrent par là aux hommes le bonheur ineffable de voir sur la terre l'Être suprême. Va donc tirer de l'oubli un lieu si vénérable ; fais-y descendre de nouveau la divinité, et tu procureras au genre humain le même bonheur. » — « Mais comment, repartit le prince, découvrirai-je un temple enseveli profondément dans le sable, à moins que vous ne me le montriez vous-même ? » — Brahma lui donna quelques indices, et ajouta qu'il trouverait, non loin de la montagne Nila, un étang où vivait une tortue aussi ancienne que le monde, qui lui fournirait à cet égard des renseignements plus précis. Indra-Ména rendit grâces à Brahma, et se mit sans délai en route pour cet étang.

« A peine fut-il arrivé sur ses bords, qu'une tortue d'une grosseur prodigieuse, s'approchant de lui, lui demanda qui il était et ce qu'il cherchait dans ce lieu désert. — « Je suis, répondit le prince, kchatriya de naissance, et souverain d'un grand royaume ; mais l'énormité de mes péchés et le remords que j'en ressens m'attristent et me rendent le plus malheureux des hommes. Brahma à quatre faces m'a fait connaître vaguement qu'il existe un lieu sacré près de la montagne Nila, en m'assurant que j'obtiendrais de vous tous les éclaircissements nécessaires pour me guider dans mes recherches. » — « Je suis charmée, prince, répondit la tortue, que vous me fournissiez l'occasion de contribuer à votre bonheur. Je ne suis pas cependant en état de vous satisfaire en tout point sur ce que vous désirez apprendre, car le grand âge m'a fait perdre en partie la mémoire ; mais les indices que je vous donnerai pourront vous être utiles. Il est très-vrai qu'il existait autrefois, près de la montagne Nila, un temple fameux par ses richesses : le dieu à quatre bras, le dieu des dieux, le grand Vichnou, y avait établi sa demeure ; tous les autres dieux s'y rendaient régulièrement pour lui offrir leurs hommages, et c'était aussi le lieu qu'ils choisissaient de préférence pour se livrer à leurs amours. Depuis longtemps les sables que la mer a rejetés de son sein recouvrent cet asile sacré ; et le dieu, n'y recevant plus les témoignages de respect accoutumés, l'a délaissé pour retourner au Vaïkounta. Tout ce que j'en sais, c'est que cet édifice est enfoui d'un yodjana (trois lieues) dans le terrain sablonneux ; mais j'ai perdu la trace de l'emplacement qu'il occupait. Il vous reste néanmoins un moyen sûr de le connaître. Rendez-vous à l'étang appelé Markandya : vous trouverez sur ses rives une corneille douée de l'immortalité, et qui a présents à la mémoire tous les événements des temps les plus reculés. Interrogez-la, et vous obtiendrez d'elle des renseignements infaillibles. »

« Le roi s'empressa de diriger ses pas vers l'étang Markandya, et y trouva en effet une corneille que son extrême vieillesse avait fait devenir toute blanche. Après s'être prosterné, il lui dit en joignant les mains : « O corneille, qui jouissez du don de l'immortalité ! vous voyez devant vous un roi dévoré de chagrin ; et il n'est que vous qui puissiez le soulager. » — « Quel est donc, reprit la corneille, le sujet de vos peines, que puis-je faire pour vous ? » — « Je vais vous l'apprendre, repartit Indra-Ména ; mais ne me cachez rien, je vous en supplie, de ce que je désire savoir. Dites-moi d'abord quel fut le premier roi qui régna dans ce pays, et ce qu'il fit de remarquable. » — La corneille, qui possédait à fond l'histoire ancienne, n'hésita point à satisfaire le monarque, et lui répondit en ces termes : « Le premier roi de ces contrées se nommait Satouranouna. Il eut pour fils Vichya-Vahou. Celui-ci donna le jour à Indra-Ména, prince qui, ayant toujours eu pour Brahma à quatre faces une piété sincère, fut jugé digne, après sa mort, d'aller jouir de la présence de ce dieu. Satouranouna fit chérir son gouvernement par son extrême bonté ; car il eut pour ses sujets la tendresse d'un vrai père. Parmi les actions éminemment méritoires qui signalèrent son règne, il en est une qui éternisera son nom. Ce fut lui qui eut la gloire et le bonheur de faire descendre du Vaïkounta sur la terre le dieu des dieux. Il lui fit construire pour sa demeure, au pied de la montagne Nila, un temple magnifique, dont les murailles étaient d'or massif, et l'intérieur était enrichi des pierreries les plus précieuses. Le temps qui détruit tout a respecté cet édifice, et il subsiste encore aujourd'hui parfaitement intact. Mais depuis longtemps les sables de la mer amoncelés sur le rivage l'ont englouti dans leur sein. Le dieu qui habitait ce lieu révéré a cessé, il est vrai, d'y faire sa demeure; cependant il n'a pas voulu fuir une montagne consacrée par sa présence, et il y a fixé son séjour en prenant la forme d'un *vépou* (margousier). Un jour le fameux pénitent Markandya, qui, depuis nombre de siècles, faisait pénitence sur cette montagne, s'apercevant que cet arbre ne donnait point d'ombre, en fut indigné; et soufflant dessus, il le réduisit en partie en cendres. Cependant, comme cet arbre était Vichnou, l'être suprême, et par conséquent immortel, il ne put le détruire tout entier, et il en reste encore le tronc. La seule chose que j'ignore, c'est l'endroit précis où cet arbre existait... »

« Ici Indra-Ména interrompit la corneille, et lui demanda si elle reconnaîtrait au moins la place où le temple existait. Elle répondit affirmativement. Alors ils se mirent l'un et l'autre en route pour s'y rendre. A l'endroit où ils s'arrêtèrent, la corneille se mit à creuser avec son bec dans le sable, jusqu'à la profondeur d'un yodjana, et vint enfin à bout de mettre à découvert, dans toute son étendue, le temple magnifique qui avait servi de demeure à Narayana, le dieu des dieux. Après qu'elle le lui eut montré au roi, elle le recouvrit de sable comme auparavant.

« Le roi, convaincu de la réalité de tout ce que la corneille lui avait dit, et transporté de joie d'avoir enfin trouvé ce qu'il cherchait avec tant d'ardeur, questionna encore sa conductrice sur les moyens qu'il aurait à employer pour rendre à un lieu si digne de vénération son antique renommée et sa splendeur. — « Ce que vous me demandez là, repartit la corneille, est hors de ma sphère. Allez trouver Brahma à quatre faces, et il vous apprendra la conduite que vous devez tenir pour arriver à vos fins. »

« Indra-Ména suivit ce conseil; il alla de nouveau trouver Brahma, lui offrit plusieurs fois ses adorations, et lui parla ainsi : « J'ai enfin vu de mes propres yeux, près de la montagne Nila, le superbe temple qui servit jadis de demeure au grand Vichnou. Je viens à présent vous consulter, Dieu puissant, sur la conduite que je dois tenir pour rallumer dans l'esprit des peuples la ferveur que ce lieu sacré dut leur inspirer dans d'autres temps. Si j'y fais bâtir une ville, quel nom lui donnerai-je ? Vichnou, je le sais, viendra de nouveau, sous la forme d'un tronc d'arbre, honorer ce lieu de sa présence ; mais comment y viendra-t-il ? et quels sont les sacrifices et les offrandes qu'il faudra lui faire? Daignez, grand Dieu, m'éclairer et me tirer d'incertitude. »—« Pour accomplir, répondit Brahma, la louable entreprise que tu médites, érige un nouveau temple au-dessus de l'endroit où se trouve enseveli l'ancien. Tu lui donneras le nom de *Skridehoul*. Dispense-toi de le faire aussi riche que le premier, parce que les peuples modernes, réduits à la misère, l'enlèveraient par pièces, et ton travail deviendrait inutile. Il suffira qu'il soit construit en pierres. Afin de procurer aux dévots qui viendront le visiter en foule les aisances qui leur seront nécessaires, fais bâtir auprès du temple une ville qui recevra le nom de *Pourouchatma*. A peine l'ouvrage sera-t-il achevé, que le tronc d'arbre, c'est-à-dire Krichna lui-même, paraîtra sur le bord de la mer. Tu le transporteras avec pompe dans le nouveau temple. Le charpentier Vichya Karma viendra le façonner, et lui donnera la figure et la forme du dieu. Tu placeras auprès de ce dieu sa sœur Soubhadra, et son frère Bala-Rama. Tu lui feras offrir des sacrifices jour et nuit, mais surtout le matin, à midi et le soir. Ce sera un moyen infaillible de t'assurer à toi et à tous ceux qui suivront ton exemple, l'entrée dans le séjour fortuné du Vaïkounta. Comme Vichnou ne pourra pas consommer la grande quantité de vivres qui lui sera offerte par la multitude des dévots, les hommes trouveront un moyen de se purifier et d'obtenir la rémission de leurs péchés en mangeant ses restes. Heureux ceux qui pourront s'en procurer la plus mince parcelle! ils iront à coup sûr au Vaïkounta après leur mort. Pour te donner une idée du prix inestimable des restes du repas de Krichna, il suffit de te dire que si, par accident ou inadvertance, on en laissait tomber quelques bribes sur la terre, les dieux eux-mêmes se les disputeraient, les chiens en eussent-ils déjà dévoré une partie. En un mot, quand un paria retirerait de la gueule d'un chien, pour le porter à la bouche d'un brahmane, du riz destiné à Krichna, ce riz est si pur et a tant de vertus, qu'il purifierait ce brahmane à l'instant. C'est la déesse Lakchmi qui fait la cuisine et prépare les mets destinés à Krichna, et la déesse Anna Pourna prend soin de les servir. Une partie de l'arbre Kalpa descendra du Swarga pour prendre racine au milieu de la nouvelle ville : tu sais que cet arbre est immortel, et qu'il n'en coûte que de lui demander tout ce qu'on souhaite pour être sûr de l'obtenir. La vue seule du temple que tu dois faire ériger sera suffisante pour procurer des avantages inappréciables. Y recevoir des coups de bâton des mains des prêtres chargés de le desservir sera une œuvre singulièrement méritoire. Indra et les dieux qui composent son cortége viendront habiter la nouvelle ville, et tiendront compagnie au dieu Krichna. Le côté de la ville qui fera face à la mer aura encore quelque chose de plus sacré que les autres parties; ceux qui habiteront de ce côté-là croîtront de jour en jour en vertu; tu donneras le nom de *Kanaka* (poudre d'or) au sable que la mer y déposera. Tout homme qui mourra sur ce sable ira indubitablement au Vaïkounta. Voilà, prince, la réponse aux demandes que tu m'as faites. Va sans délai exécuter ce que je viens de te prescrire; en attendant, Vichnou, sous la figure de l'arbre qui doit servir à former le tronc dont je t'ai parlé, croîtra, et deviendra propre à l'usage auquel il est destiné. » Indra-Ména, après avoir rendu à Brahma des actions de grâces, se mit en devoir de lui obéir.

« Le temple et la nouvelle ville furent bâtis avec la plus grande promptitude. Cependant, déjà les travaux étaient achevés, et le dieu ne paraissait pas. Ce retard commençait à inquiéter le prince, lorsqu'un jour qu'il s'était levé de grand matin, il aperçut enfin sur le bord de la mer le tronc d'arbre si impatiemment attendu. Il se prosterna plusieurs fois la face contre terre, et dans l'excès de sa joie, il s'écria : « O jour le plus fortuné de ma vie! j'ai en ce moment des preuves certaines que je suis né sous une étoile favorable, et que mes sacrifices ont été agréables aux dieux. Rien ne saurait égaler le fruit que j'en retire, puisque je vois de mes propres yeux l'être suprême, celui que les hommes les plus éclairés et les plus vertueux n'ont pas la faveur de voir. » Quand il eut rendu au tronc d'arbre ces premiers hommages, le roi alla se mettre à la tête de cent mille hommes, qui vinrent au-devant du nouveau dieu et le chargèrent sur leurs épaules. Il fut transporté dans le temple avec la plus grande pompe.

« Le fameux charpentier Vichya Karma ne tarda point à arriver. Il se chargea de donner la figure et la forme du dieu Krichna au tronc d'arbre qui venait d'être déposé dans le temple. Il promit de finir l'ouvrage dans une seule nuit ; mais ce fut à condition que personne ne le regarderait travailler : un simple coup d'œil indiscret jeté sur son ouvrage devait suffire pour lui faire tout abandonner sans retour. Ce point convenu, Vichya Karma mit aussitôt la main à l'œuvre. Comme il travaillait sans faire de bruit, le roi, toujours dans l'inquiétude, s'imagina qu'il s'était enfui pour ne point tenir ses engagements ; et, afin de s'assurer du fait, il alla tout doucement regarder à travers les fentes de la porte. Ce fut avec plaisir que son ouvrier s'occupait paisiblement, et il se retira bien vite. Mais Vichya Karma l'avait aperçu : piqué de ce manque de parole, il laissa là l'ouvrage, qui se trouvait à peine ébauché et n'offrait que quelques traits confus de forme humaine. Enfin le tronc d'arbre resta à peu près dans son premier état, et tel qu'on le voit encore aujourd'hui. Indra-Ména fut fâché de ce contre-temps, mais le tronc d'arbre n'en devint pas moins son dieu, et même il lui donna sa fille en mariage. Les noces furent célébrées avec une extrême magnificence. »

Après avoir ainsi rapporté la légende mystérieuse extraite des chroniques du temple, il est temps de passer au réel et au positif ; nous l'extrayons du *Voyage autour du monde*, publié sous la direction de Dumont d'Urville.

Tout le territoire situé dans un rayon de huit à dix lieues autour du temple est regardé comme sacré ; mais la portion la plus sainte, le sanctuaire mystérieux, est entouré d'un mur d'enceinte qui forme presque un carré, ayant 612 pieds de largeur sur 584 de long. Dans cette enceinte sont environ cinquante temples, dont le plus remarquable consiste en une espèce de tour en pierre, haute de 172 pieds, arrondie en courbe sur chaque côté, et surmontée d'un dôme bizarre et indescriptible. Les deux édifices voisins, moins hauts, ont une forme pyramidale, et leurs toits montent graduellement par assises. L'idole Djagad-Natha, son frère Bala-Rama, sa sœur Soubhadra, occupent la tour. Le premier bâtiment pyramidal, qui a 37 pieds sur chaque face en dedans, est adjacent à la tour. C'est là qu'on adore l'idole pendant la fête des bains. En avant du temple se prolonge un bâtiment plus bas, dont le toit est soutenu par des piliers que surmontent des figures d'animaux fabuleux ou naturels. Ce bâtiment sert comme de vestibule, à la suite duquel vient une pièce analogue, où l'on apporte chaque jour la nourriture destinée aux pèlerins.

Le temple de Djagad-Natha, élevé par Radja Aming Dhéarn Déo, a été terminé en 1298. Les toits sont ornés de figures monstrueuses, et des statues en pierre, dans les attitudes les plus indécentes, sont sculptées en relief sur les murs de la pagode. L'entrée principale est sur la face orientale. A l'intérieur règne une seconde enceinte, sur un sol plus haut de 15 pieds. Près du mur extérieur, on remarque une colonne de basalte fort élégante, avec un piédestal richement sculpté. Son fût, d'une seule pierre, a 16 faces, et porte à son sommet, élevé de 35 pieds, la statue d'Hanouman, divinité hindoue à tête de singe. Près de l'angle nord-est du mur extérieur du temple est une haute arcade en *pot-stone*; elle sert aux Hindous, durant la fête du Dola Yatra, pour balancer des idoles en or et en argent. L'escarpolette est attachée à l'arche en pierre avec des chaînes d'airain. Comme ce local est sur une plateforme élevée, les fidèles peuvent voir de très-loin l'idole qu'on asperge d'eau de rose, et qu'on saupoudre de poudre rouge.

Cette idole de Djagad-Natha, aux pieds de laquelle accourent les dévots des régions les plus reculées, est taillée de la manière la plus grossière, ainsi que nous l'avons rapporté plus haut. La statue ne va pas au delà des reins ; elle est sans doigts et sans mains, avec des moignons en guise de bras ; mais à ces moignons les brahmanes attachent par fois des mains en or. Le temple est desservi par 4,000 familles, dans lesquelles il faut comprendre les cuisiniers chargés de préparer la nourriture sacrée. Un voyageur anglais a réussi à se procurer l'état de la consommation journalière. Pour l'idole et ses desservants, il faut chaque matin 220 livres de riz, 97 de koulli (sorte de légume), 24 de moung (espèce de graine), 188 de beurre, 80 de mélasse, 32 de végétaux, 10 de lait aigre, 2 et demie d'épices, 2 de bois de sandal, 2 tolas de camphre, 20 livres de sel, 4 roupies (environ 11 francs) de bois, plus 22 livres d'huile à brûler pour la nuit. La nourriture sacrée est présentée en trois fois à l'idole. Pendant ce repas, les portes sont fermées aux profanes ; et nul n'entre dans le sanctuaire, si ce n'est quelques serviteurs intimes ; seulement à l'extérieur dansent les bayadères de la pagode. Au bout d'une heure, les portes s'ouvrent au son d'une cloche, et la nourriture est enlevée. La portion des vivres destinée aux habitants n'est point portée dans la grande tour : on les distribue dans l'édifice au toit pyramidal, et l'idole, qui peut les voir, les bénit de loin et les sanctifie.

Pendant la fête de Rath Yatra, où 200,000 pèlerins campent aux environs de Djagad-Natha, les 400 cuisiniers sont en permanence. Les potiers de la pagode ont préparé d'avance les vases nécessaires pour recevoir la nourriture, et cette activité ne cesse que lorsque l'idole voyage dans son char, pour aller visiter le lieu où elle a été fabriquée.

Djagad-Natha compte douze fêtes dans l'année ; mais celle de Rath-Yatra, ou du char, est la plus importante. Elle a lieu au mois de juin ou juillet. Le nombre des pèlerins qu'elle attire varie, suivant l'état de la saison, de 100 à 200,000. Des pluies périodiques rendent, vers cette époque, toute la contrée malsaine, et déciment les visiteurs, obligés de camper en plein air. D'autres Hindous entreprennent le pèlerinage dans la saison sèche, et à l'occasion de la fête nommée Tchandman Yatra. La ville expédie alors plusieurs idoles qui vont prendre un bain dans son étang parfumé d'eau de sandal, et qui fait partie d'un temple des environs. Le docteur Carey évalue à 1,200,000 le nombre des pèlerins qui se rendent chaque année à ces solennités.

La police de toutes ces fêtes est de la compétence des brahmanes, qui y procèdent au moyen de cannes et de bâtons dont ils usent avec largesse ; ce qui ne laisse pas d'indisposer quelquefois le peuple, qui gémit encore de la taxe imposée aux pèlerins. Cet impôt est à chaque fête tantôt de 10 roupies, tantôt de 5, suivant le tarif.

L'idole est renouvelée toutes les fois que deux nouvelles lunes se rencontrent dans le mois d'Assin, ce qui arrive à peu près tous les dix-sept ans. On choisit alors dans les forêts un arbre sur lequel jamais corbeau ou oiseau mangeant charogne ne se soit perché ; les brahmanes le reconnaissent à certains indices. Quand le tronc est abattu, des charpentiers le dégrossissent, puis le livrent aux prêtres qui achèvent l'œuvre dans le plus grand mystère. L'esprit de Djagad-Natha, retiré de la vieille idole, est transféré dans la nouvelle par un homme qui ne survit guère à la solennelle opération. Avant la fin de l'année, il est enlevé de ce monde.

Après la fête de Tchandman Yatra vient la cérémonie du Tchand-Yatra, qui consiste à porter l'idole hors de la tour, sur une plate-forme élevée au-dedans du mur d'enceinte ; après quoi Djagat-Natha se fait celer de nouveau ; les prêtres le disent malade. Vers la fin de juin, il reparaît pour le grand Rath-Yatra. Trois raths ou chars en bois sont préparés pour la cérémonie. Le plus grand a seize roues, chacune de six pouces d'épaisseur. L'espace où doit se placer l'idole a 21 pieds sur chaque face, et le char entier est haut de 35 pieds. Formé d'une charpente peinte et décorée, le char est surmonté d'un dôme que couvrent des draps anglais écarlates ou bleus ; au devant, en guise de conducteur, est une figure sculptée comme la poulaine d'un navire, et dont la main semble diriger plusieurs chevaux en bois suspendus devant le char.

Quand, au premier jour de la fête, le temple s'ouvre à cette nuée d'adorateurs, ils s'y précipitent avec une si fervente énergie que, dans cette presse d'hommes et de femmes, on compte presque tous les ans une dizaine de victimes. Mortes, on les rejette hors du temple avec des crocs en fer, et la fête continue. Un grand cri de surprise, poussé par la multitude, annonce la venue du dieu. Il paraît, traîné par des prêtres qui font avancer la massive idole jusqu'au bas des degrés, où le char solennel le reçoit. Sur les deux chars plus petits sont hissées les idoles Balarama et Soubhadra. Au coucher du soleil, arrive le grand-prêtre : c'est le radja de Khourda, venu de ses domaines dans un palanquin, suivi d'un merveilleux éléphant, avec ses riches caparaçons. Après lui, marche sa suite, montée sur d'autres éléphants, puis les autorités anglaises, et enfin une noire traînée d'hommes qui ne finit qu'à l'horizon. Ce mur vivant d'animaux impassibles, ces belvédères implantés sur leur dos, ce char monstrueux où se dressent les idoles, ces brahmanes sortis par milliers de leur sanctuaire, cette tourbe qui hurle et adore, ce bruit de clochettes et de voix, cet aspect religieux si étrange et si varié, ce mouvement, cette confusion et ce tapage, ce tableau à mille scènes dont le temple de Djagad-Natha forme le dernier plan, tout cela compose la plus étrange fantasmagorie que l'imagination puisse rêver.

A son arrivée, le radja met pied à terre près du char de Bala-Rama. Il est vêtu de mousseline blanche et marche nu-pieds. Pour l'aider dans son chemin, un brahmane vigoureux lui tient le bras, tandis que d'autres écartent la foule en faisant jouer le bâton. Le radja monte sur le char de Bala-Rama, aux fanfares des trompettes indiennes et aux acclamations de la multitude. Il adore l'idole, et nettoie le plancher du char sur lequel il jette de l'eau de sandal ; puis il va accomplir la même cérémonie sur les chars des deux autres idoles, et il en descend orné de guirlandes de fleurs que les prêtres ôtent à la statue. Enfin, le radja donne un coup d'épaule au char, comme pour le faire avancer, et ce n'est que de ce moment que la procession commence.

Alors la scène change et s'anime. Disposés en files régulières, plusieurs milliers d'hommes, armés de rameaux verts, se fraient un chemin à travers les masses compactes ; ils arrivent ainsi, sautant et chantant, jusqu'au pied des chars : ils en touchent les parois avec leurs rameaux, enlèvent les plates-formes, s'attellent à de longs câbles, et, la tête tournée vers l'idole, ils commencent à la faire avancer. Bala-Rama marche en tête, ensuite Djagad-Natha, qui fait craquer les essieux de son char ; enfin Soubhadra. Ce mouvement n'a pas lieu sans réagir sur la multitude enthousiaste. Les pèlerins se jettent sur les énormes roues des chars, sollicitent une place de faveur aux câbles qui les traînent, s'attachent aux essieux, se glissent sous l'immense caisse, cherchent d'une façon ou d'autre à donner leur part d'impulsion aux vastes machines roulantes. A mesure que les chars labourent le chemin, les adorateurs jettent vers l'idole des pièces d'or et d'argent avec des noix de coco. Les brahmanes renvoient les noix bénites, et gardent les pagodes à l'étoile et les roupies sicca. Pendant le cours de la procession, de jeunes brahmanes, bondissant au milieu de la foule, stimulent de leurs verges, tantôt ceux qui tirent le rath, tantôt ceux qui se pressent autour. De riches Hindous avancent la main pour toucher les câbles, en témoignage de leur concours à la cérémonie ; des femmes cherchent à baiser le char et les roues ; elles élèvent leurs enfants au-dessus de leur tête, pour que l'idole les voie et les bénisse. Nul aujourd'hui, comme jadis, ne se dévoue plus à l'honneur d'être écrasé ; mais plusieurs fois encore, au milieu de ce flux et reflux d'hommes, un câble rompu, un faux pas, une chute, déterminent des accidents et coûtent la vie à quelques victimes. Quand une fois le char s'ébranle pour sa promenade processionnelle, il ne s'arrête plus pour personne ; il écrase, et continue sa route. Cette chance de mort n'est pas, au reste, la seule qui attende le pèlerin de Djagad-Natha : les maladies et la faim taillent largement dans cette population nomade. La route qui conduit à la ville sainte est, en tout temps, jonchée de cadavres, et les chacals des environs partagent ainsi avec les brahmanes les bénéfices de ces solennités. Hamilton assure que dans un espace de 50 milles de distance de la ville, les routes sont couvertes des ossements de ceux qui sont morts en se rendant à ce célèbre pèlerinage ou à leur retour.

DJAHIDHIYÉ, sectaires musulmans, disciples d'Amrou, fils de Bahr-el-Djahidh, un des savants les plus illustres parmi les mahométans, qui vivait du temps des khalifes Motassem et Motewekkil. Ils disaient que le feu de l'enfer attire ceux qui doivent y entrer, que le bien et le mal sont des actions de l'homme, que le Coran est un corps tantôt mâle, tantôt femelle, et qu'il peut devenir tantôt un homme, tantôt une brute.

DJAHIM, l'un des sept enfers, suivant la doctrine musulmane ; c'est celui qui est destiné aux païens, aux idolâtres ; en un mot, à tous ceux qui admettent la pluralité des dieux.

DJAHMIS, ou DJÉHÉMITES, sectaires musulmans, disciples de Djahm, fils de Safwan, qui fut mis à mort sous la fin de la dynastie des Omiades. Il niait tous les attributs de Dieu, et ne voulait pas que l'on donnât à Dieu les mêmes qualités par lesquelles on qualifie les créatures. Il disait que l'homme n'a de pouvoir pour rien, et qu'on ne peut lui attribuer ni le pouvoir, ni la faculté d'agir ; que le paradis et le feu cesseront d'exister, et que les habitants de l'un et de l'autre monde seront privés de tout mouvement ; que quiconque connaît Dieu et ne confesse pas sa foi n'est pas pour cela infidèle, parce que son silence ne détruit point la connaissance qu'il a, et qu'il n'en est pas moins croyant. Les Motazales accusaient Djahm d'impiété, parce qu'il refusait à l'homme le pouvoir de produire ses actions ; et les Sunnites le traitaient d'impie, parce qu'il niait les attributs divins, qu'il soutenait que le Coran est créé, et qu'il se refusait à croire qu'on dût voir Dieu au dernier jour. Il soutenait aussi qu'on peut légitimement se révolter contre un prince qui abuse de son pouvoir. (Sylvestre de Sacy : *Exposé de la religion des Druzes*, tome I., p. XVI.) *Voy.* DJÉHÉMITES.

DJAINAS. L'origine des Djainas est plongée dans l'obscurité qui environne toute l'histoire ancienne chez les Hindous. Toutefois leur système religieux paraît être un des plus récents de ceux qui se partagent cette vaste péninsule. M. Colebrooke le fait remonter au IXᵉ siècle avant l'ère chrétienne ; mais, selon M. l'abbé Dubois, il serait beaucoup plus ancien.

Le nom de *Djaina* est un mot composé, désignant une personne qui a renoncé à la manière de vivre et de penser du commun des hommes. Un vrai Djaina doit être disposé à une entière abnégation de soi-même, et se mettre au-dessus du mépris et des contradictions auxquelles il peut se trouver en butte à cause de sa religion, dont il doit conserver jusqu'à la mort les principes sans altération, dans la ferme persuasion qu'elle seule est la véritable religion sur la terre, la seule religion primitive de tout le genre humain.

Dans les temps les plus reculés, il paraît que les Hindous avaient une religion assez conforme aux principes de la religion naturelle, et aux traditions primitives. Par la succession des temps, cette religion fut peu à peu considérablement corrompue dans plusieurs de ses points essentiels ; à sa place furent substitués les falsifications, les idées superstitieuses et détestables du culte brahmanique. Oubliant ou mettant de côté les anciens dogmes, les brahmanes ont inventé un nouveau système religieux, dans lequel on aperçoit à peine un vain fantôme du culte primitif des Indiens. En effet, ce sont eux qui ont forgé les quatre Védas, les dix-huit Pouranas, la Trimourti et les fables monstrueuses qui s'y rapportent, telles que les Avataras de Vichnou, l'infâme Linga, le culte de la vache et d'autres animaux, le sacrifice du cheval ou du bélier, etc., etc. Les Djainas non-seulement rejettent toutes ces conceptions et pratiques subreptices, mais encore ils les regardent avec une horreur particulière. Ces innovations sacrilèges introduites par les brahmanes n'eurent lieu que successivement. Les Djainas qui, jusque-là avaient formé une même corporation avec les brahmanes, cimentée par la même foi et les mêmes principes, ne cessèrent, dès l'origine, de s'opposer de tout leur pouvoir à ces changements ; mais voyant que leurs remontrances ne produisaient que peu d'effet, et que le système religieux des novateurs faisait tous les jours des progrès parmi la multitude, ils se virent enfin réduits à la triste nécessité d'une rupture ouverte. Elle éclata à l'occasion de l'ékya, sacrifice dans lequel un être vivant (ordinairement un bélier) est immolé ; ce qui est contraire aux principes les plus sacrés et les plus inviolables des Indiens, qui proscrivent toute espèce de meurtre, sous quelque prétexte et pour quelque motif qu'il soit commis. Dès ce moment, les choses en vinrent aux dernières extrémités. Ce fut alors seulement que les défenseurs de la religion primitive dans toute sa pureté prirent le nom de Djainas, et formèrent une association distincte, qui fut composée de Brahmanes, de Kchatriyas, de Vaisyas et de Soudras, les membres de ces quatre tribus étant les descendants des Indiens de toute caste qui se réunirent dans l'origine pour s'opposer aux innovations des brahmanes, et les seuls qui aient conservé intacte jusqu'à présent la religion de leurs pères.

A la suite de cette scission, les Djainas, ou vrais croyants, ne cessèrent de reprocher aux brahmanes leur apostasie ; et ce qui n'avait d'abord fourni matière qu'à des disputes scolastiques, finit par faire éclore le germe d'une guerre longue et sanglante. Les Djainas soutinrent longtemps la lutte avec succès ; mais à la fin, la majorité des Kchatriyas et autres tribus ayant adopté les innovations des brahmanes, ceux-ci reprirent le dessus, et réduisirent bientôt leurs adversaires au dernier degré d'abaissement. Ils renversèrent partout leurs temples, détruisirent les objets de leur culte, les privèrent de toute liberté religieuse et politique, les exclurent des charges et des emplois civils ; enfin, ils les persécutèrent de tant de manières, qu'ils vinrent à bout d'en faire disparaître presque entièrement les traces dans plusieurs provinces de l'Inde, où ces antagonistes redoutables avaient été jadis florissants.

Quand commencèrent ces persécutions et ces guerres ? c'est ce qu'on ne saurait dire avec précision ; mais il paraît démontré qu'elles eurent une longue durée, et ne prirent fin que dans ces temps modernes. Il n'y a pas plus de quatre à cinq siècles que les Djainas exerçaient la puissance souveraine dans diverses provinces de la presqu'île. Aujourd'hui les brahmanes ont la prépondérance partout. Les Djainas, au contraire, sont sans crédit, et l'on n'en connaît aucun qui occupe un emploi de quelque importance ; ils sont confondus dans les classes mitoyennes, et se livrent à l'agriculture et surtout au négoce, profession de la tribu de Vaisyas, qui compte dans son sein le plus grand nombre de ces sectaires. Les ustensiles de cuisine et de ménage, en cuivre et autres métaux, sont la principale branche de leur commerce. Les brahmanes attachés aux opinions des Djainas sont peu nombreux. M. Dubois cite cependant un village du Meissour, nommé Maleyour, qui en renferme cinquante ou soixante familles ; elles y ont un temple assez fameux, dont le gourou est un brahmane Djaina. Dans les autres principaux temples des Djainas, les gourous ou pontifes sont tirés de la caste des Vaisyas ou marchands. C'est pour avoir ainsi usurpé les fonctions sacerdotales, et aussi pour avoir altéré la religion des vrais Djainas, en y glissant quelques-unes des innovations des brahmanes leurs adversaires, que les Djainas vaisyas sont regardés par les brahmanes de la même secte comme hérétiques. Cependant ces dissidences n'ont pas encore occasionné entre eux de dissensions sérieuses.

Les Djainas sont divisés en deux principales sectes : les *Digambaras* et les *Swetambaras*; celle-ci enseigne, dit M. Dubois, qu'il n'y a pas d'autre félicité suprême que celle qui résulte des plaisirs sensuels, et surtout des jouissances charnelles avec les femmes. *Voy.* DIGAMBARAS.

Doctrine des Djainas.

Les Djainas, suivant M. Dubois, reconnaissent un seul être suprême, auquel ils donnent les noms de *Djain-eswara*, seigneur des Djainas; *Paramatma*, âme suprême. *Paraparavastou*, premier être, et plusieurs autres qui expriment sa nature infinie. C'est cet être seul qui reçoit les adorations et les hommages des vrais Djainas ; c'est à lui que se rapportent les marques de respect qu'ils donnent souvent à leurs saints personnages désignés sous les noms de *Salak-pourouchias* ou *Tirthankaras*, et à d'autres objets sacrés représentés sous une forme humaine ; parce que ceux-ci, en obtenant après leur mort la possession du *mokcha* ou félicité suprême, ont été intimement unis et incorporés à la divinité.

L'être suprême est un et indivisible, spirituel, sans parties ou étendue. Ses quatre principaux attributs sont les suivants : 1° *Ananta-djnyana*, sagesse infinie ; 2° *Ananta darsana*, intuition infinie, connaissant tout, étant présent partout ; 3° *Ananta-Virya*, pouvoir infini ; 4° *Ananta soukha*, bonheur infini.

Ce grand être est entièrement absorbé dans la contemplation de ses perfections infinies, et dans la jouissance non interrompue du bonheur qu'il trouve en dedans de son essence. Il n'a rien de commun avec les choses de ce monde, et ne se mêle pas du gouvernement de ce vaste univers. La vertu et le vice, le bien et le mal, qui règnent dans le monde, lui sont également indifférents.

La vertu étant juste de sa nature, ceux qui la pratiquent dans ce monde trouveront leur récompense dans une autre vie, par une renaissance heureuse, ou par leur admission immédiate aux délices du swarga. Le vice étant injuste et mauvais de sa nature, ceux qui s'y livrent subiront leur punition dans l'autre monde par une mauvaise renaissance. Les plus coupables iront droit au *naraka* après leur mort, pour y expier leurs crimes. Mais, dans aucun cas, la Divinité n'intervient dans la distribution des récompenses ou des châtiments, ni ne fait aucune attention aux actions bonnes ou mauvaises des hommes ici-bas.

La matière est éternelle et indépendante de la Divinité. Ce qui existe maintenant a toujours existé et existera toujours. Non-seulement la matière est éternelle, mais encore l'ordre et l'harmonie qui règnent dans l'univers, le mouvement fixe et uniforme des astres, la séparation de la lumière d'avec les ténèbres, la succession et le renouvellement des saisons, la production et la reproduction de la vie animale et végétale, la nature et les propriétés des éléments; tous les objets visibles, en un mot, sont éternels aussi, et subsisteront à jamais tels qu'ils ont subsisté de tout temps.

Suivant M. Wilson, les Djainas ne reconnaissent pas de cause première, éternelle et providentielle, et ils n'admettent pas d'âme ou d'esprit distinct du principe vivant. Tout ce qui existe peut être rapporté à deux chefs, qui sont la vie (*djiva*), ou le principe vivant et sentant; et l'inertie (*adjiva*) qui est les diverses modifications de la matière inanimée. L'un et l'autre sont incréés et impérissables. Leurs formes et leurs conditions peuvent changer, mais jamais ils ne seront détruits, et, à l'exception des cas extraordinaires dans lesquels un principe particulier d'existence est soumis à des actes corporels, la vie et la matière procèdent suivant un cours déterminé; et les mêmes formes, les mêmes caractères, les mêmes événements se renouvellent à des périodes fixes.

Les Djainas rangent tous les objets sensibles ou abstraits en neuf ordres qu'ils appellent *tatwas*, vérités ou existences, dont nous allons donner une courte notice.

1. *Djiva*, la vie ou le principe vivant et sentant, qui existe sous diverses formes, mais qu'on peut ramener à deux classes, suivant qu'elles sont accompagnées ou privées de mouvement. La première comprend les animaux, les hommes, les démons et les dieux; la seconde, toutes les combinaisons des quatre éléments, qui sont la terre, l'eau, le feu et l'air, telles que les minéraux, les vapeurs, les météores, les tempêtes et tous les produits du règne végétal. — Tous les êtres peuvent encore être partagés en cinq classes suivant le nombre de leurs facultés : la première comprend tous les corps privés de sensation, mais qui ont une vitalité subtile, perceptible seulement aux êtres surhumains; ils n'ont qu'une propriété qui est celle de la forme, tels que les minéraux et autres corps semblables. La seconde comprend les êtres qui ont deux propriétés : la forme et la figure, tels que les limaçons, les vers, et en général tous les insectes. La troisième classe renferme ceux qui, aux propriétés de la forme et de la figure, ajoutent la faculté de sentir, tels que les poux, les puces, etc. Dans la quatrième classe sont rangés les êtres qui, aux propriétés précédentes, réunissent la faculté de voir, comme les abeilles, les moucherons, etc. Enfin, dans la cinquième se trouvent les êtres qui jouissent de la forme, de la vision, de l'audition, de l'odorat et du goût, comme les animaux, les hommes, les démons et les dieux.—A ces cinq classes d'êtres vivants on en ajoute quelquefois deux autres qui comprennent les êtres venus au monde par génération et ceux qui naissent spontanément. Ces sept ordres sont encore divisés chacun en complets et incomplets, ce qui forme quatorze classes d'êtres vivants. Suivant les actes qui ont été opérés dans chaque condition, le principe vital passe dans un ordre supérieur ou inférieur, jusqu'à ce qu'il soit entièrement délivré de toute connexion corporelle.

2. *Adjiva*, le second prédicat de l'existence, comprend les objets et les propriétés dénués de conscience et de vie. Ces propriétés semblent être classées vaguement, et être en général incapables d'interprétation; cependant on en compte communément quatorze, suivant le nombre des modifications de la vitalité. Je fais grâce à mes lecteurs des définitions abstruses des classes renfermées dans cet ordre.

3. *Pounya*, le troisième prédicat, est *le bien*, c'est-à-dire tout ce qui cause le bien-être des êtres vivants. Les subdivisions de cette catégorie sont au nombre de 42; il suffira d'énumérer les principales, qui sont : 1° une haute naissance, un rang distingué, l'estime des hommes; 2° l'état d'homme, soit qu'on ait passé d'une autre forme d'existence, soit qu'on ait mérité de demeurer dans la même classe d'êtres; 3° l'état de divinité; 4° l'état de vitalité supérieure, ou la possession des cinq organes des sens; 5° la possession d'un corps, ou de la forme d'une des cinq classes d'êtres vivants; 6° l'état élémentaire, qui résulte de l'agrégation des éléments, comme les corps des hommes et des bêtes; 7° l'état de transmigration par lequel on passe en conséquence de ses actes dans les formes des esprits ou des dieux; 8° l'état adventice, comme celui des Pourvadharas, qui n'avaient qu'une coudée, lorsqu'ils arrivèrent à contempler les Tirthankaras dans le Mahavidehakchétra; 9° la forme obtenue par la suppression des défauts de la mortalité; dans cet état le feu peut être rejeté du corps; 10° la forme qui est la conséquence nécessaire des actes. Ces deux derniers biens ont toujours été nécessairement réunis, et ne peuvent être séparés que par le Mokcha ou la délivrance finale. Les autres variétés de bonheur sont la couleur, l'odeur, la saveur, le toucher, la chaleur, la fraîcheur, etc.

4. *Papa*, ou le mal; ce prédicat implique ce qui cause l'infortune des hommes; il comprend 82 classes, dont cinq *avaranas* ou difficultés d'acquérir autant de degrés d'intelligence ou de sainteté; cinq *antarâyas*, désappointements ou empêchements, comme ne point atteindre ce qu'on est sur le point d'obtenir, ne pouvoir se servir d'un objet qu'on

a en sa possession, le défaut de vigueur dans un corps qui jouit de la santé; quatre *dersanavasanas*, obstructions ou empêchements pour arriver à la connaissance qui dérive des sens ou de l'entendement, ou à l'acquisition de la science divine; cinq autres états qui sont le sommeil, une naissance inférieure, le châtiment comme condition d'existence, tels ceux qui sont condamnés au purgatoire; la croyance aux faux dieux, le défaut de taille ou de forme; enfin, toutes les passions et les infirmités humaines, comme la colère, l'orgueil, l'envie, et même le rire et l'amour.

5. *Asrava*, c'est-à-dire la source d'où procèdent les mauvaises actions des êtres vivants. Ce sont les cinq organes des sens; les quatre passions, qui sont la colère, l'orgueil, l'envie et la fraude; les cinq infractions aux commandements positifs, comme le mensonge, le larcin, etc.; les trois *yogas* ou attachements de l'esprit, de la parole et du corps à un acte quelconque; enfin, les actes, dont 26 variétés sont spécifiées comme opérées par une partie du corps, par une arme, par un instrument; ceux qui proviennent de la haine ou de la colère; ceux qui sont inchoatifs, progressifs ou conclusifs; ceux qui sont opérés par soi-même ou par le moyen d'une autre créature; ceux qui sont suggérés par l'impiété ou l'incrédulité à la doctrine des Tirthankaras.

6. *Samvara*, le sixième ordre, est celui par lequel les actes sont accomplis ou empêchés; il y en a 57 variétés réunies en six classes : 1° l'attention actuelle que l'on apporte à un objet, par exemple, examiner expressément s'il y a un insecte sur le chemin ; s'observer pour ne pas dire ce qu'on ne voudrait pas; distinguer un des 42 défauts qui peuvent se trouver dans les aliments reçus par charité, etc.; 2° le secret qui consiste à avoir de la réserve en son esprit, en ses paroles et en sa personne; 3° la patience : par exemple, celui qui a fait vœu d'abstinence, doit supporter la faim et la soif; celui qui se livre aux pratiques de l'abstraction djaina, qui exigent l'immobilité, doit endurer le froid et la chaleur ; si quelqu'un échoue dans son entreprise, il ne doit point murmurer; s'il est outragé ou frappé, il doit se soumettre patiemment ; 4° les devoirs d'un ascète, qui sont au nombre de dix, savoir : la patience, la douceur, l'intégrité, le désintéressement, l'abstraction, la mortification, la vérité, la pureté, la pauvreté et la continence; 5° la conviction et la conclusion, comme les axiomes suivants : les existences du monde ne sont pas éternelles; il n'y a pas de refuge après la mort; la vie est une perpétuelle migration dans les huit millions quatre cent mille formes d'existences. Cette classe renferme encore la perception de la source d'où procèdent les mauvaises actions, etc. La sixième classe est la pratique ou l'observance, qui est de cinq sortes : 1° la pratique conventionnelle qui consiste à faire ou à éviter telles actions, parce qu'elles sont permises ou défendues ; 2° prévenir le mal, comme la destruction d'un être vivant ; 3° se purifier par les mortifications et les pénitences autorisées par l'exemple des anciens sages ; 4° pratiquer ce qu'ont fait les personnages parvenus à un certain degré de sainteté ; 5° pratiquer la même chose après que tous les obstacles et toutes les impuretés de la nature humaine ont été surmontés ou détruits.

7. *Nirdjara*, le septième ordre, est la pratique religieuse qui détruit les impuretés humaines, ou, en d'autres termes, la pénitence ; elle est de deux sortes, l'extérieure et l'intérieure : la première comprend le jeûne, la continence, le silence et les macérations corporelles ; la seconde consiste dans le repentir, la piété, la protection accordée aux gens vertueux, l'étude, la méditation, le mépris ou l'éloignement tant des vertus que des vices.

8. *Bandha*, c'est-à-dire l'association entière de la vie avec les actions, comme du lait avec l'eau, du feu avec un fer chaud ; elle est de quatre sortes : 1° la disposition naturelle de l'essence d'une chose ; 2° la durée, c'est-à-dire tout le temps de la vie ; 3° le sentiment ou la qualité sensible ; 4° l'individualité anatomique. Les caractères de ce principe sont expliqués par ses effets : 1°, conformément à ses propriétés naturelles, il guérit du flegme, de la bile, etc ; 2° il reste cause efficiente, mais pour un temps donné ; 3° il est doux, amer, sur, etc.; 4° il est divisible en portions grandes ou petites, qui gardent chacune les propriétés de toute la masse.

9. Le dernier des neuf principes est le *Mokcha* ou l'affranchissement que l'esprit vital obtient des liens de l'action. Il a neuf qualités : 1° Il est la détermination de la nature réelle des choses, la conséquence du cours progressif accompli dans les différents stages de l'être et de la purification. Elle ne peut être obtenue que par les créatures vivantes de l'ordre supérieur, c'est-à-dire par celles qui ont les cinq organes des sens; par celles qui ont un corps doué de conscience et de mouvement; par celles qui sont engendrées, et non par celles qui naissent spontanément; par celles qui ont atteint l'exemption des infirmités humaines, qui sont dans l'état de perfection où l'existence matérielle et élémentaire est détruite ; par celles enfin qui sont parvenues à la connaissance et à la vision suprêmes ; 2° il est réglé suivant la faculté que les personnes ou les choses ont d'être émancipées ; 3° il dépend de l'essentialité de certains lieux sacrés dans lesquels seuls on peut l'obtenir; 4° il requiert le contact ou de l'identité du principe de vie individuel avec celui de l'univers, ou d'une de ses parties ; 5° il exige les temps ou les âges auxquels on peut obtenir cette émancipation, ou certaines périodes passées dans différentes transmigrations; 6° il est en raison de la différence des tempéraments ou des dispositions ; 7° il suppose l'existence de la partie impérissable de tout corps vivant, dans lequel résident les essences purifiées ; 8° il est

conforme à la nature ou à la propriété de cette existence pure qui a obtenu la parfaite connaissance et les autres perfections nécessaires à la délivrance finale; 9° enfin, il est en raison du degré dans lequel les différentes classes des êtres obtiennent l'émancipation.

Nous pourrions pousser plus loin ces développements, mais nous croyons que cet exposé suffit pour donner un aperçu du système philosophique des Djaïnas; il est temps de revenir aux conceptions qui ont un rapport plus direct avec la religion.

Mythologie des Djaïnas.

Si, dans le principe, les Djaïnas ont fait schisme avec les brahmanes, ne voulant pas admettre la monstrueuse théogonie de ces derniers, il n'en est pas moins vrai qu'ils ont fini par l'adopter en grande partie, tout en la modifiant pour la faire concorder avec leur système de doctrine.

Ils reconnaissent donc quatre classes d'êtres divins, qu'ils nomment *Bhouvanapatis*, *Vyantaras*, *Djyotichkas* et *Vaimanikas*.

La première comprend dix ordres, qui sont les *Asouras*, les serpents, *Garouras*, les *Dikpalas*, le feu, l'air, l'océan, le tonnerre et l'éclair; chacune de ces classes habite un enfer ou une région particulière au-dessous de la terre.

La seconde classe comprend huit ordres : les *Pisatchas*, les *Bhoutas*, les *Kinnaras*, les *Gandharvas* et d'autres déités monstrueuses et terrestres, qui habitent les montagnes, les forêts, les déserts et les basses régions de l'air.

La troisième a cinq ordres : le soleil, la lune, les planètes, les astérismes et les autres corps célestes.

La quatrième renferme les dieux du kalpa présent et des âges passés.

Les dieux du premier rang sont ceux qui sont nés dans les cieux : *Saudherma*, *Isana*, *Mahendra*, *Brahma*, *Sanatkoumara*, *Soukra*, et les autres au nombre de douze; et ceux qui sont nés dans les kalpas, lorsque *Soudherma* et les autres saints personnages exerçaient l'autorité divine. Ceux du second rang résident dans deux divisions de cinq et de neuf cieux. Les cinq premiers cieux s'appellent *Vidjaya*, *Vaidjayanti*, etc. Les neuf autres se nomment *Anouttara*, parce qu'il n'y a plus d'autre ciel au delà, et qu'ils couronnent la triple construction de l'univers. Un grand nombre d'*Indras* règnent sur les habitants des cieux; mais il y en a deux qui sont reconnus comme les chefs; ce sont *Soukra* et *Isana*, l'un régent de la région du nord, et l'autre de celle du sud; le premier a 84,000 dieux à sa suite, dont chacun a des myriades de compagnons et de serviteurs.

Au-dessus de tous les dieux brillent au rang le plus élevé les Tirthankaras, ou les personnages qui ont mérité, par leur sainteté, de parvenir à la suprême béatitude.

Les Tirthankaras.

Suivant M. Wilson, les Djaïnas comptent 72 *Tirthankaras*, dont 24 qui ont illustré la période passée, 24 pour l'âge actuel, et 24 pour l'âge à venir. On voit dans leurs temples les statues de tous ces saints personnages, ou d'un certain nombre d'entre eux, souvent d'une dimension colossale et ordinairement de marbre blanc ou noir; ceux qui jouissent de plus de crédit dans l'Hindoustan sont *Parswanath* et *Mahavira*, les vingt-troisième et vingt-quatrième *Djinas* de l'ère actuelle, qui paraissent avoir dépassé de bien loin tous leurs prédécesseurs.

Les noms que les Djaïnas donnent à celui qui est parvenu à cette sublime dignité témoignent de la haute idée qu'en ont les adorateurs; ils lui confèrent en effet les titres de *Djagat-prabhou*, seigneur de l'univers; *Kchinakermma*, libre des actes et des sujétions corporelles; *Sarvadjna*, qui sait tout; *Adhiswara*, suprême seigneur; *Dévadidéva*, dieu des dieux, et d'autres qualifications semblables. Mais les vocables qui expriment le caractère spécifique de ces saints sont : *Tirthankaras*, celui qui a traversé (le monde comparé à l'océan); *Kévali*, possesseur du *kévala* ou de la nature spirituelle; *Araht*, celui qui a droit aux hommages des dieux et des hommes; *Djina*, qui a remporté la victoire sur toutes les passions et les infirmités humaines.

Outre ces épithètes fondées sur des attributs d'un caractère général, il y en a d'autres caractéristiques communes à tous les Djinas d'une nature spécifique. Ces épithètes sont des attributs surnaturels au nombre de trente-six; quatre d'entre eux, ou plutôt quatre classes concernent la personne d'un Djina, comme la beauté de sa forme, la bonne odeur de son corps, la couleur blanche de son sang, la frisure naturelle de ses cheveux, le non-accroissement de sa barbe, de ses cheveux, de son corps, son exemption des impuretés naturelles, de la faim, de la soif, des infirmités; ces propriétés sont considérées comme nées avec lui. Il peut réunir autour de lui des millions d'êtres, de dieux, d'hommes, d'animaux, dans un espace comparativement très-petit; sa voix est perceptible à une grande distance; son langage est compris des animaux, des hommes et des dieux; sa tête est environnée d'une auréole lumineuse, plus brillante que le disque du soleil; à une immense distance autour de lui, il n'y a ni maladie, ni inimitié, ni orage, ni disette, ni peste, ni guerre. Il a encore dix-neuf attributs d'origine céleste, comme les pluies de fleurs et de parfums, le son des cymbales du firmament, et les services domestiques qui lui sont rendus par Indra et par les dieux.

Outre les caractères génériques à tous les Djinas, les vingt-quatre de l'âge présent sont distingués entre eux par la couleur, la taille et la longévité. Deux d'entre eux sont rouges, deux autres blancs, deux bleus, deux noirs, les autres sont de couleur d'or ou d'un brun jaunâtre. Les deux autres particularités sont réglées avec une précision systématique; elles sont soumises à un décroissement successif et régulier depuis *Richâbha*, le premier Djina, qui avait 500 brasses de haut, et vécut 8,400,000 ans, jusqu'à *Mahavira*, le vingt-quatrième, qui était réduit à la taille humaine et ne vécut que 40 ans sur la terre. Mais, suivant M. Colebrooke, les deux derniers Djinas sont les seuls historiques, les autres sont des personnages purement mythologiques. *Voyez* MAHAVIRA.

Le récit de M. l'abbé Dubois diffère de celui de Wilson. « Outre Adiswara, dit ce savant missionnaire, le plus saint et le plus parfait de tous les êtres qui parurent sur la terre sous une forme humaine, les Djainas en reconnaissent encore 63 qu'ils désignent sous le nom générique de *Salaka-pourouchas*, et qui sont l'objet de leur culte. Ces vénérables personnages se subdivisent en cinq classes : 24 *Tirtharous*, 12 *Tchakravartis*, 9 *Vasa-dévatas*, 9 *Bala-vasa-dévas*, et 9 *Bala-Ramas*.

« Les 24 Tirtharous (*Tirthankaras* de Wilson) sont les plus saints et les plus révérés; leur condition est la plus sublime à laquelle un mortel puisse parvenir. Ils vécurent tous dans l'état très-parfait de *nirvani*; ils ne furent sujets à aucune infirmité ou maladie, à aucun besoin, à aucune faiblesse, ni même à la mort. Après avoir fait un long séjour sur la terre, ils quittèrent volontairement leurs corps, et allèrent directement au Mokcha, où ils se trouvèrent réunis et identifiés à la Divinité. Tous les Tirtharous vinrent du Swarga, et prirent la forme humaine dans la tribu des Kchatriyas; mais ils furent ensuite incorporés dans celle des Brahmanes par la cérémonie du *dikcha*. Durant leur vie, ils donnèrent aux autres hommes des exemples de toutes les vertus, les exhortèrent par leurs préceptes et leurs actions à se conformer aux règles de conduite tracées par Adiswara, et se livrèrent tout entiers à la pratique de la contemplation et de la pénitence. Quelques-uns d'entre eux vécurent des millions d'années. Cependant le dernier de tous ne parvint qu'à l'âge de 84 ans. Ils existèrent les uns et les autres dans la période tchatourta-kala : quelques-uns furent mariés, mais la plupart gardèrent le célibat dans la profession de Sanyassis.

« Les 12 Tchakravartis, ou empereurs reconnus par les Djainas, furent les contemporains des 24 Tirtharous. Ils se partagèrent le gouvernement temporel du Djambou-dwipa. Ils vinrent en droite ligne du swarga, et vécurent sur la terre dans la noble tribu des Kchatriyas : quelques-uns furent initiés dans la caste des brahmanes par la cérémonie du dikcha, finirent leur vie dans la condition de pénitent nirvâni, et, après leur mort, obtinrent le moukti ou mokcha, c'est-à-dire la suprême félicité. D'autres retournèrent au swarga. Mais trois d'entre eux, ayant mené une vie tout à fait criminelle sur la terre, furent condamnés aux peines du naraka.

« Les douze Tchakravartis furent souvent en guerre les uns contre les autres; mais ils eurent surtout à lutter contre les 9 Vasa-dévatas, les 9 Bala-vasa-dévas et les 9 Bala-ramas, qui tous exercèrent la souveraine puissance dans différentes provinces de l'Inde. »

Métempsycose.

Par tout ce que nous avons rapporté ci-dessus, on a vu que la doctrine de la transmigration des âmes est un des points fondamentaux du système religieux des Djainas, comme il l'est parmi les brahmanistes et les bouddhistes. Mais les Djainas ne s'accordent point avec les brahmanes en ce qui concerne les quatre *lokas* ou mondes. Ils rejettent aussi les trois principaux séjours de béatitude, qui sont le *satyaloka*, le *vaikounta* et le *kailasa*, c'est-à-dire les paradis de Brahma, de Vichnou et de Siva. Ils admettent trois mondes seulement, qu'ils expriment par le nom générique de *Djaga-triya*, et qui sont l'*ourddha-loka* ou monde supérieur, l'*adha-loka* ou enfer, appelé aussi *patala*, et le *madhya-loka*, ou monde du milieu, c'est-à-dire la terre, séjour des mortels.

L'ourdha-loka, nommé aussi *swarga* ou le ciel, est la première division du djaga-triya. Dévendra en est le souverain. On y compte seize étages ou cieux différents, dans lesquels la mesure de bonheur est graduée en proportion des mérites des âmes vertueuses qui y sont admises. Le premier et le plus élevé est le *sadhou-dharma*; il n'y a que les âmes éminemment pures qui puissent y avoir accès; elles y jouissent d'un bonheur non interrompu pendant 33,000 ans. L'*achouda-karpa*, qui est le dernier et le plus inférieur des seize cieux, est destiné aux âmes qui n'ont ni plus ni moins de vertu qu'il en faut pour entrer dans l'ourdha-loka; elles y jouissent pendant 1000 ans de la qualité de bonheur qui leur est départie. Dans les autres demeures intermédiaires, l'étendue et la durée du bonheur sont fixées dans une progression relative. Des femmes de la plus rare beauté embellissent ces séjours délicieux. Cependant les bienheureux n'ont avec elles aucune accointance; la vue seule de ces objets enchanteurs suffit pour enivrer leurs sens et les plonger dans une extase continuelle, bien supérieure à tous les plaisirs mondains. A cela près, le swarga des Djainas diffère peu de celui des brahmanes. Au sortir de l'ourdha-loka, après l'expiration du temps assigné, les âmes des bienheureux renaissent sur la terre pour y recommencer la série des transmigrations.

L'adha-loka, second monde du Djaga-triya, appelé aussi quelquefois *patala* ou *naraka*, est le monde inférieur, destiné à être la demeure des grands pécheurs, c'est-à-dire de ceux dont les fautes sont si énormes et en si grand nombre, qu'elles ne sauraient être expiées par les renaissances les plus abjectes. L'adha-loka est divisé en sept enfers, dans chacun desquels la rigueur des châtiments est proportionnée à la gravité des crimes. Le moins redoutable est le *retna-pravai*, où les âmes pécheresses sont tourmentées pendant 1,000 ans consécutifs. La violence et la durée des supplices vont toujours croissant dans les autres enfers, au point que dans le *maha-damai-pravai*, qui est le septième, les maux que l'on endure sont au delà de toute expression. Là sont relégués les scélérats les plus corrompus, qui ne verront finir leurs horribles et continuelles souffrances qu'au bout de 33,000 ans révolus. Les femmes, que la faiblesse de leur complexion rend incapables de supporter d'aussi rudes épreuves, ne vont jamais, quelque méchantes qu'elles aient été, dans cet épouvantable *maha-damai-pravai*.

Le madhya-loka, ou monde intermédiaire, est celui qu'habitent les mortels, et où règnent la vertu et le vice. Il a un rédjou d'étendue, c'est-à-dire l'espace que le soleil parcourt en six mois. Le *djambou-dwipa*, qui est la terre sur laquelle nous vivons, n'occupe qu'une petite partie du madhya-loka; il est environné de tous côtés par un vaste océan, et à son centre se trouve un lac immense, qui a 100,000 yodjanas, ou 3 à 400,000 lieues d'étendue. Au milieu de ce lac s'élève la fameuse montagne Maha-Mérou. *Voyez* DJAMBOU DWIPA.

Succession et division du temps.

La durée du temps se divise en six périodes, qui se succèdent sans interruption de toute éternité. A la fin de chacune, il s'opère une révolution totale dans la nature, et le monde est renouvelé.

La première, appelée *pratama-kala*, a duré quatre kothis de kothis ou 40 millions de millions d'années;

La seconde, *dwitiya-kala*, 30 millions de millions;

La troisième, *tritiya-kala*, 20 millions de millions;

La quatrième, *tchatourta-kala*, dix millions de millions, moins 42,000 ans.

La cinquième période, appelée *pantchama-kala*, temps d'inconstance et de changement, est l'âge dans lequel nous vivons maintenant. Elle doit durer 21,000 ans; l'année actuelle de l'ère chrétienne 1849 correspond à l'an 2494 du pantchama-kala des Djainas. — Le point de départ de cette période, qui ne remonte qu'à 645 ans avant notre ère, fait supposer à M. Dubois qu'il pourrait bien marquer l'époque de la scission entre les Djainas et les brahmanes. Un événement si notable, ajoute-t-il, a bien pu donner naissance à une ère nouvelle. Si cette conjecture était confirmée, il serait plus facile de préciser le temps où les principales fables de la théogonie indienne prirent naissance; puisqu'il paraît que ce furent les idées nouvelles, introduites par les brahmanes dans le système religieux, qui occasionnèrent le schisme qui subsiste encore.

La sixième et dernière des périodes, le *sachtha-kala*, durera de même 21,000 ans, et fournira ainsi, avec la période précédente, les 42,000 ans qui manquent à la quatrième pour perfectionner son kothi. Dans ce dernier âge, l'élément du feu disparaîtra de dessus la terre, et les hommes n'auront d'autre nourriture que quelques reptiles, des racines et des herbes insipides, qui croîtront çà et là en petite quantité. Il n'y aura alors ni distinction ni subordination entre les castes, aucune propriété publique ou particulière, aucune forme de gouvernement, ni rois, ni lois; les hommes mèneront une vie sauvage.

Cette période finira par le *djala-praleya*, ou déluge, qui inondera toute la terre, excepté la seule montagne d'argent appelée Vidyarta. Ce déluge sera produit par une pluie continuelle durant 47 jours, et ses résultats seront le bouleversement et la confusion des éléments. Un petit nombre de personnes, qui habiteront près de la montagne d'argent, iront se réfugier dans les cavernes que recèlent ses flancs, et seront sauvées de la ruine universelle. Après cette grande catastrophe, ces élus sortiront de la montagne et repeupleront la terre. Alors les six périodes recommenceront et se succéderont l'une à l'autre comme auparavant.

Sciences des Djainas.

Leurs sciences sont contenues dans quatre *védas*, 24 *pouranas* et 64 *sastras*. Bien que ces noms servent aussi à désigner les livres sacrés des brahmanes, leur contenu est totalement différent.

Les noms des 4 védas sont: *Pratamani-yoga*, *Tcharanani-yoga*, *Karanani-yoga* et *Draviyani-yoga*. Ces quatre livres furent écrits par Adiswara, le plus ancien et le plus célèbre de tous les saints personnages reconnus par les Djainas. Il descendit du Swarga, prit une forme humaine, et vécut sur la terre un pourva kothi, ou cent millions de millions d'années. Non-seulement il passe pour l'auteur des védas, mais c'est encore lui qui divisa les hommes en castes, qui leur donna des statuts, une forme de gouvernement, et régla les liens qui unissent les membres de la société.

Le second véda enseigne les règles civiles de la société, des castes, des conditions, etc. Le troisième fait connaître la nature, l'ordre et la composition du djaga-triya. Le quatrième renferme les systèmes métaphysiques des Djainas et plusieurs matières de controverse. Leurs Pouranas, comme ceux des brahmanes, racontent une multitude de faits légendaires qui roulent la plupart sur les Tirthankaras, ou docteurs déifiés. Ils ont en outre une foule d'ouvrages en langues anciennes ou modernes, qui traitent de la théologie, de la métaphysique, de l'astronomie, de l'astrologie, de la médecine, etc.

Devoirs des Djainas.

Les principes essentiels de foi sont communs à toutes les classes; mais il y a quelques différences entre les devoirs des *yatis* ou religieux, et ceux des *sravakas* ou laïques. La foi implicite à la doctrine et aux actions des Tirthankaras est obligatoire aux uns et aux autres; mais les premiers doivent mener une vie d'abstinence, de silence et de continence, tandis que les derniers ne sont obligés d'ajouter à leur code moral et religieux que le culte pratique des Tirthankaras, et un profond respect pour ceux qui suivent les voies de la perfection.

Le code moral des Djainas est exprimé en cinq *mahavratas* ou grands devoirs, qui sont: s'abstenir d'attenter à la vie des êtres, garder la vérité, l'honnêteté, la chasteté, et bannir de son cœur les désirs mondains. Il y a quatre *dharmas* ou mérites : la libéralité, la douceur, la piété et la pénitence. On doit restreindre trois choses : son esprit, sa langue et son corps. Il y a de plus un certain nombre de prescriptions ou de prohibitions de moindre importance; comme de s'abstenir, en certains temps, de sel, de fleurs, de fruits verts, de racines, de miel, de raisin, de tabac; de boire de l'eau filtrée trois fois; de ne point laisser un liquide découvert, de peur qu'un insecte ne vienne à s'y noyer; de ne point faire commerce de savon, de natron, d'indigo ou de fer ; de ne point manger dans l'obscurité de peur d'avaler un moucheron. Les personnes scrupuleuses portent un morceau d'étoffe devant la bouche, afin que les insectes ne puissent y entrer en volant, et mettent sous leur bras un petit balai pour balayer la place où ils veulent s'asseoir et en écarter les fourmis et les autres créatures vivantes. En un mot, la doctrine djaina est un système de quiétisme, calculé pour rendre ceux qui le suivent parfaitement inoffensifs, et pour leur inspirer une apathique indifférence pour le monde présent et pour le monde futur.

A ces notions de discipline extraites de Wilson, nous ajouterons d'autres observations tirées de l'ouvrage de M. Dubois.

Dans aucune circonstance les Djainas ne prennent de la nourriture substantielle avant le lever ou après le coucher du soleil: leurs repas ont toujours lieu pendant que cet astre est sur l'horizon. Ils n'ont point de jours anniversaires pour honorer la mémoire des défunts et faire des offrandes à leur intention. Dès qu'un des leurs est mort et que ses obsèques sont faites, il est mis en oubli, et l'on ne parle plus de lui. Ils ne se mettent jamais de cendres sur le front, comme le font la plupart des Indiens; ils se contentent d'y tracer, avec la pâte de sandal, la petite marque circulaire appelée *botou*, ou bien une raie horizontale. Plusieurs dévots s'appliquent en forme de croix un de ces mêmes signes sur le front, le cou, l'estomac et les deux épaules, en l'honneur de leurs cinq principaux Tirthankaras.

Les Djainas sont encore plus rigides que les brahmanes en fait d'aliments. Non-seulement ils s'abstiennent de toute nourriture animale, et des végétaux dont la tige ou la racine s'arrondit en forme de tête, tels que les ognons et les champignons, mais ils rejettent en outre divers fruits que les brahmanes admettent sur leurs tables, comme l'aubergine et ceux en général qui sont susceptibles d'être piqués des vers, dans la crainte de leur ôter la vie. Les principaux et presque les seuls aliments dont ils se nourrissent sont le riz, le laitage et des pois de diverses espèces. Ils ont en horreur l'*assa-fœtida*, dont les brahmanes sont si friands, au grand étonnement des Européens.

Lorsqu'ils prennent leurs repas, une personne assise à côté d'eux sonne une clochette, ou frappe sur une plaque de bronze retentissante. Ce bruit a pour objet d'empêcher qu'ils ne puissent entendre les paroles impures que les voisins ou les gens qui passent dans la rue s'aviseraient de proférer. Eux et leurs mets seraient souillés, si ces paroles parvenaient à leurs oreilles.

Leur crainte d'ôter la vie à un être vivant est poussée si loin, que leurs femmes, avant d'enduire le parquet de fiente de vache, suivant la coutume de l'Inde, ont coutume de le balayer d'abord bien doucement, pour écarter, sans leur faire de mal, les insectes qui peuvent s'y trouver. En négligeant cette précaution, elles courraient le risque, à leur grand regret, d'écraser en frottant quelqu'une de ces pauvres petites bêtes. Une autre attention, dont pour un autre motif on s'accommoderait fort en Europe, consiste à éplucher avec un soin minutieux tous les objets qui entrent dans la préparation des mets, afin d'en exclure, le plus délicatement possible, les corpuscules vivants qui y sont logés. L'orifice du vase dans lequel on puise l'eau pour les usages domestiques est toujours recouvert d'un linge au travers duquel elle filtre. Cet appareil s'oppose à ce que les animalcules, qui nagent à la surface du réservoir, ne s'introduisent dans le vase, et n'aillent se faire engloutir dans les entrailles d'un Djaina. Lorsqu'un voyageur altéré veut étancher sa soif dans quelque étang ou ruisseau, il se couvre la bouche avec un linge, se penche et boit à même en suçant.

Rituel des Djainas.

Leur rituel est aussi simple que leur code. Le *yati* ou religieux se dispense, suivant son bon plaisir, des actes du culte extérieur. Le laïque qui a fait un vœu est seulement tenu de visiter journellement un temple où il y ait quelques images des Tirthankaras ; il en fait trois fois le tour, rend ses respects aux images, leur offre une bagatelle, un fruit, une fleur, et prononce quelque *mantra* ou formule, comme la suivante : « Salut aux vénérables; salut aux pures existences; salut aux sages ; salut aux docteurs; salut à tous les saints qui sont dans l'univers ! » Il répète aussi la prière du matin : « O Seigneur ! je sollicite le pardon en faveur de votre esclave, pour toutes les pensées mauvaises qu'il a pu avoir durant la nuit. Je courbe la tête devant vous. » L'adorateur reste quelquefois pour entendre lire quelques traits de la vie des Tirthankaras, ou quelque autre livre édifiant; puis il retourne à ses occupations.

Le lecteur dans un temple djaina est un *yati* ou dévot ; mais le prêtre, celui qui sert les idoles, celui qui reçoit les offrandes, celui qui préside aux cérémonies, sont ordinairement des brahmanes, ainsi que nous l'avons vu plus haut. C'est en effet une particularité digne de remarque, que les Djainas ne puissent avoir des prêtres tirés de leur sein; mais c'est la conséquence de la doctrine et des exemples des Tirthankaras qui n'ont point établi de rites, ni par eux-mêmes, ni par leurs disciples, et qui n'ont point laissé d'instruction sur la manière de les observer. Ceci démontre encore le vrai caractère de cette forme de foi, qui consiste à s'éloigner des pratiques établies, dont l'observance est regardée par les docteurs Djainas comme parfaitement indifférente.

La présence des brahmanes en qualité de ministres, le laps du temps, et la tendance du génie hindou à multiplier les objets de vénération, semblent avoir introduit différentes innovations dans le culte des Djainas, en diverses localités de l'Hindoustan; et dans l'Inde supérieure, le rituel en usage est souvent mélangé de formules dérivées des *Tantras*, et qui appartiennent proprement au culte des Saivas et des Saktas. Les images des *Bhairavas*, ces féroces compagnons de Siva et de Kali, prennent place dans les temples des Djainas, et ceux-ci ne dédaignent pas d'adresser quelquefois, comme les autres Hindous, leurs adorations aux déesses Saraswati et Dévi.

Les fêtes des Djainas leur sont particulières, et sont établies spécialement aux jours consacrés par la naissance ou la mort de quelques-uns des Tirthankaras, principalement des deux derniers, Parswanath et Verddhamana. Les endroits où ces personnages sont nés ou sont morts sont aussi des lieux de pèlerinage, qui attirent à certaines époques un grand concours de pèlerins.

Outre ces fêtes qui leur sont propres, les Djainas en observent quelques-unes de concert avec les Hindous, comme le *Vasantayatra*, ou fête du printemps, le *Sripantchami* et d'autres. Ils ont aussi en vénération certains jours de la lune, comme le second, le cinquième, le huitième, le onzième et le douzième. Ces jours-là on ne doit rien entreprendre, ni se mettre en voyage; mais il faut jeûner, ou du moins garder l'abstinence et la continence.

DJAKORO, nom des prêtres des Khonds, dans la partie ouest de la côte d'Orissa. *Voy.* KOUTTAGOTTAROU.

DJALALI-FAQUIR, classe de religieux musulmans, qui desservent les mosquées, ou sont préposés à la garde des tombeaux des saints mahométans. Ils tirent leur nom de leur fondateur Djalal-Bokhari, un des saints de l'Inde musulmane, qui mourut l'an 1374 de Jésus-Christ. Les musulmans indiens font des offrandes de riz, qu'ils distribuent aux pauvres, les vendredis du mois de Redjeb.

DJALOUTI. Les *Djaloutis* sont, suivant les écrivains musulmans, une ancienne secte des juifs orientaux, qui poussaient à l'excès le dogme de l'assimilation, qui consiste à attribuer à Dieu les qualités ou les formes des choses créées; opinion que Schahrestani assure, bien qu'à tort, être comme innée dans les juifs.

DJAMADAGNI, sage mouni hindou, fils de Richika. Il avait épousé Rénouka, fille du radja d'Ayodhya, et eut pour fils le terrible Parasou-Rama, incarnation de Vichnou. Il demeurait à Gandhara, où il se livrait à la contemplation et aux pratiques austères de la pénitence. Un soir, dans la saison des pluies, Kartavirya, roi de Mahichmatipouri, chassant dans la forêt où résidait ce saint religieux, descendit dans son ermitage avec une suite innombrable. Toute cette multitude fut parfaitement traitée, et le pauvre anachorète trouva encore moyen de faire au roi de riches présents. Kartavirya était étonné; car le solitaire n'avait qu'une vache; mais c'était Kamadhénou, la vache d'abondance, produite par le barattement de la mer, que Brahma lui avait confiée. Le roi voulut avoir cette vache; le sage la lui refusa, quoique le prince lui offrit tout son royaume. Kartavirya revint pour s'en emparer à la tête d'une nombreuse armée; mais Kamadhénou fond au milieu des assaillants, les met en déroute, et s'élève triomphante dans les cieux. Outré de dépit, le roi met à mort Djamadagni. Rénouka se brûla sur le bûcher de son mari, et Parasou-Rama les vengea l'un et l'autre en répandant le sang de Kartavirya et en exterminant toute la tribu des Kchatriyas. *Voy.* PARASOU-RAMA.

DJAMBAVAN, monstre des bois, dans la mythologie hindoue. On le représente comme un ours. Il osa combattre Krichna, et la conséquence de cette lutte fut que le dieu épousa Djambavati, fille du monstre, dont il eut un fils appelé Samba.

DJAMBOU-DWIPA. Suivant la cosmogonie des Djainas, le *Djambou-dwipa*, ou l'île de l'arbre Jambos, est le monde que nous habitons. Un immense océan l'environne de tous les côtés, et au milieu est un lac de 400,000 lieues d'étendue, du milieu duquel s'élève le mont *Mérou*. Le Djambou-dwipa est divisé en quatre parties égales, situées aux quatre points cardinaux du mont Mérou : l'Inde est dans la partie appelée *Bharata-Kchétra*, ou la contrée de Bharata. Ces quatre parties du Djambou sont encore séparées l'une de l'autre par six hautes montagnes, qui portent les noms de Himavata, Maha-Himavata, Nichada, Nila, Aroumani et Sikari; elles s'étendent dans la même direction, de l'est à l'ouest, en traversant le Djambou d'une mer à l'autre.

Ces montagnes sont entrecoupées par de vastes et profondes vallées, où les arbres, les arbrisseaux et les fruits, qui croissent spontanément, sont d'un incarnat magnifique. Ces délicieuses retraites sont habitées par des personnes vertueuses. Les enfants de l'un et de l'autre sexe y sont propres à la génération 48 heures après leur naissance. Les hommes n'y sont pas sujets à la douleur et aux maladies. Toujours heureux et contents, ils s'y nourrissent des plantes succulentes et des fruits délicieux que la terre y produit sans culture. Après leur mort, ils vont jouir des délices du Swarga.

Du sommet du mont Mérou sort une source qui alimente quatorze grands fleuves, dont les deux principaux sont le Gange et le Sindhou. Tous ces fleuves ont un cours régulier, et ne sont soumis à aucune variation. Différents du faux Gange et du faux Sindh des brahmanes, dont les eaux sont sujettes à s'élever et à baisser, le Gange et le Sindh des Djaïnas ne sont jamais guéables, et leurs eaux conservent toujours le même niveau.

Le nom des 14 fleuves des Djaïnas sont, le Gange, le Sindhou, le Rohita-Toya, le Rohita, le Hari-Toya, le Harikanta, le Sitta, le Sitodha, le Nari, le Narikanta, le Swarna-Roula, le Roupaya-Roula, le Rikta et le Riktodha.

La mer qui environne le Djambou-dwipa a deux cent mille yodjanas, ou 800,000 lieues de longueur. Au delà de cet océan il existe trois autres continents, séparés l'un de l'autre par une mer immense, formés à peu près comme le Djambou-dwipa, et habités aussi par l'espèce humaine.

A l'extrémité du quatrième continent, appelé Pouskara-vrata-dwipa, se trouve le Manouch-outtara-parvata, haute montagne qui est la dernière limite du monde habitable. Aucun être vivant n'a jamais dépassé cette montagne, dont le pied est baigné par un océan incommensurable, parsemé d'une infinité d'îles inaccessibles à l'espèce humaine.

Les Indiens brahmanistes ne regardent pas le Djambou-dwipa comme la totalité du continent que nous habitons, mais seulement comme la partie dans laquelle est situé leur pays. D'après leur système, le Djambou est un des quatre *dwipas* (grandes îles) qui environnent la montagne centrale appelée Mérou. *Voy.* MÉROU.

Les bouddhistes reconnaissent aussi quatre dwipas autour du mont Mérou. Le Djambou est le continent méridional; son étendue est de 21 mille yodjanas (1), du sud au nord, et de 7000 de l'est à l'ouest. Dans la partie occidentale s'élève un arbre nommé aussi djambou, c'est l'Eugenia jambos des botanistes, au pied duquel coule un fleuve dont les eaux roulent un sable d'or. La durée de la vie des habitants est de cent ans; ils ont quatre coudées de haut.

A une époque fort reculée, le Djambou-dwipa était gouverné par quatre princes. A l'est régnait le roi des hommes. On lui avait donné ce titre, parce que la population de ses États était très nombreuse, et que les mœurs y étaient raffinées; la science, la justice et l'humanité en honneur. La température de cette région était douce et agréable. La contrée du sud obéissait au roi des éléphants, ainsi nommé, parce que le climat chaud et humide de ce pays était favorable à la multiplication de ces animaux. Les peuples auxquels il commandait étaient d'un caractère féroce et violent; ils s'adonnaient à la magie et aux sciences occultes; toutefois ils avaient la faculté de purifier leur cœur et de s'af-

(1) Le yodjana est d'environ 3 à 4 lieues.

franchir des vicissitudes de la vie et de la mort, en se livrant à des pratiques de piété. Le roi des choses précieuses avait pour domaine la contrée occidentale, qui confinait à la mer; il tirait son nom des perles et autres objets de prix que cet élément produit en abondance. Les habitants de ce pays ignoraient les rites religieux et les devoirs sociaux, et toute leur activité tendait à l'acquisition des richesses. La région septentrionale était sous la domination du roi des chevaux, ainsi appelé, parce que ces animaux se trouvaient en grand nombre dans ses domaines, où leur alimentation était favorisée par un terrain froid et compacte. Les peuples de cette contrée unissaient la cruauté à la bravoure. Il est vraisemblable, observe M. Clavel, que cette conception mythologique, en désignant l'Asie sous le nom de Djambou-dwipa, a voulu faire ici allusion aux quatre grands empires qui divisaient anciennement cette partie du monde. Dans cette hypothèse, le roi des hommes serait l'empereur de la Chine; le roi des éléphants, le grand radja des Indes; le roi des choses précieuses, le souverain de la Perse, et le roi des chevaux, le monarque des populations nomades du nord.

DJAMBOUKESWARA, ou DJAMBOUKISMA, lieu sacré de l'Inde, situé au sud du Kavéri; il tire son nom d'un mouni nommé Djambou ou Djambuka, qui offrit à Siva un fruit de jambosier. Ce dieu après l'avoir mis dans sa bouche le cracha à terre; le religieux le ramassa et le plaça sur sa tête. Cet acte de vénération plut tellement à Siva, qu'il consentit à résider à l'endroit où il avait rejeté ce fruit. Parvati ayant encouru le déplaisir de ce dieu, fut condamnée par lui à demeurer sur la terre dans ce même lieu, où elle fut adorée sous le nom d'*Akhilandeswari* (souveraine de l'univers).

DJAMI, nom que les musulmans donnent aux principales mosquées; ce mot signifie lieu de congrégation ou d'assemblée. Ces espèces de cathédrales ont été fondées par les sultans ou par les princes et princesses de leur sang, qui leur ont assigné des revenus considérables. Elles ont, dans leur enceinte, des écoles ou académies, dont les muderis (professeurs) sont chargés d'enseigner les lois et le Coran. On fait à ces maîtres une pension annuelle, proportionnée aux revenus du Djami. C'est de ces écoles que le sultan tire les mollas.

DJAMPA, cérémonie expiatoire en usage chez les Indiens. Voici en quoi elle consiste. Les pénitents se préparent à cette épreuve par plusieurs jours de jeûne et d'abstinence; puis on les promène dans la ville au son des instruments, parés de fleurs rouges, et portant des fruits qu'ils jettent sur leur passage, et que les spectateurs recueillent avec un empressement religieux. Arrivés au lieu de la scène, ils montent sur des échafauds à plusieurs étages dressés exprès pour la solennité, et, placés plus ou moins haut suivant leur degré de zèle, ils se précipitent sur des matelas de paille ou de coton, garnis d'instruments aigus et tranchants. Des brahmanes tiennent ces matelas pour y recevoir les patients; ils ont l'adresse de se prêter à la chute du corps, de manière à diminuer le choc et à leur éviter des blessures mortelles, car l'essentiel est qu'il y ait beaucoup de sang répandu. On prétend que c'est pour rendre les blessures moins dangereuses et plus faciles à guérir que les victimes des deux sexes se préparent par le jeûne à cette cruelle expiation. Lorsqu'elles sont couvertes de sang, c'est le sujet d'une nouvelle course triomphale, dans laquelle elles sont portées par les brahmanes aux acclamations de la multitude. Pendant la marche les musiciens font entendre le son de leurs instruments de musique, et les pénitents de toute espèce, qui se mêlent au cortége, s'efforcent d'édifier la foule par le spectacle de leurs sanglantes macérations. L'un se perce la langue avec une aiguille, ou se la fend avec un coutelas; l'autre se traverse les doigts avec un fil de fer; cet autre se fait sur le front, sur la poitrine, sur les épaules, le nombre mystique de 120 blessures; d'autres enfin se pratiquent au-dessus des hanches de larges ouvertures, dans lesquelles ils passent des cordes, des roseaux, ou tiennent dans le creux de leur main des charbons enflammés sur lesquels ils brûlent des parfums; le tout pour l'expiation de leurs propres péchés, ou des péchés de ceux qui les payent pour accomplir ces rudes pénitences.

DJAN, ou DJAN-BEN-DJAN, c'est-à-dire génie, fils de génie; c'est, suivant l'histoire mythologique des Persans, le nom d'un souverain de ces créatures qui tiennent le milieu entre les anges et les hommes, et l'on appelle les *Djinn*, esprits, ou les *Péris*, fées. Ces dernières gouvernèrent le monde pendant deux mille ans, sous la conduite de Djan-ben-Djan leur unique monarque; mais ces génies s'étant révoltés contre Dieu, le Seigneur envoya Eblis pour les chasser et les confiner dans les contrées du monde les plus reculées, où quelques-uns d'entre eux subsistent encore, mais en fort petit nombre; car la plupart de ceux qui avaient échappé à Eblis furent exterminés par Kayoumors, premier roi des Persans. Les Orientaux regardent les pyramides d'Egypte comme des monuments de la puissance de Djan-ben-Djan; son bouclier n'est pas moins fameux parmi eux que celui d'Achille parmi les Grecs. Outre sa composition, dans laquelle le nombre de sept se rencontrait, soit à l'égard des peaux dont il était couvert, ou des cercles qui l'environnaient, il avait été fabriqué par art talismanique, en sorte qu'il détruisait tous les charmes et enchantements que les démons ou les géants pouvaient opérer par l'art goétique ou magique. Trois Solimans ou Salomons, monarques universels de la terre habitable, l'eurent en leur possession et s'en servirent pour exécuter leurs merveilleux exploits. Il tomba ensuite entre les mains de Kaïoumors, qui le laissa par succession à son fils Siamek, et celui-ci à Tahmouras, surnommé *Divbend* ou le vainqueur des Dives.

On donne le nom de *Béni-el-Djan* ou tribu de Djan aux esprits qui ne sont ni anges ni démons, et qui ont peuplé la terre longtemps avant la création d'Adam. Le Coran dit que Dieu les avait formés d'un feu ardent et bouillonnant, mais qu'il les extermina, parce qu'ils ne voulurent pas se soumettre à l'homme qui avait été tiré de la terre. *Voy.* DJIN, DEW, GÉNIES.

DJANGAMAS, sectaires indous, consacrés au culte de Siva; leur marque caractéristique est l'emblème du *linga* qu'ils portent sur eux. Ils en font de petites figures en cuivre ou en argent, qu'ils portent ordinairement dans un étui suspendu à leur cou ou attaché à leur turban. Comme les autres Saivas, ils se barbouillent le front de cendres, et portent des colliers et des chapelets faits de grains d'une plante consacrée à Roudra. Les religieux de cette secte ont communément leurs habits saupoudrés d'ocre rouge. Ils ne sont pas nombreux dans le haut Hindoustan, où on les rencontre rarement; on y voit cependant des mendiants de cette secte, conduisant un taureau, type vivant de Nandi, le taureau de Siva, orné de housses de différentes couleurs, et de colliers de coquilles appelées cauries. Le conducteur a une clochette à la main, et dans cet équipage, il voyage de place en place et subsiste d'aumônes. Dans le sud de l'Inde, les sectateurs du linga sont très-nombreux, et les prêtres officiants sont pris communément dans la secte des Djangamas, et sont désignés sous les titres d'*Aradhyas* et de *Pandaras*. Cette secte y est aussi connue sous le nom de *Vira Saiva*.

Le fondateur ou plutôt le restaurateur de ce système religieux est appelé *Baswa*, *Baswana* ou *Baswapa*; il paraît avoir vécu dans la première moitié du XIe siècle. (*Voyez* un aperçu de sa vie à l'article BASWA.)

DJANMACHTAMI, grande fête des Hindous, qui tombe le 8 du mois de bhadon (fin d'août), et qui a lieu pour célébrer l'anniversaire de la naissance de Krichna. Sa durée est ordinairement de six jours, mais dans quelques provinces on l'a réduite à deux. La fête est annoncée par le son des tambours, des cymbales et autres instruments bruyants, et par des salves d'artillerie. Dans une tente immense, qu'on élève pour la solennité et qu'on décore avec soin, on dispose, à l'une des extrémités, une espèce de temple gothique rehaussé de dorures; au centre est placée l'image du dieu enfant qui repose dans une sorte de berceau orné de guirlandes de fleurs, de perles et de riches joyaux. La tente est consacrée par un grand *poudja* (adoration solennelle); les brahmanes pratiquent diverses cérémonies près du berceau, et chacun s'empresse d'y venir faire ses dévotions. Dans la soirée, des troupes de bayadères exécutent des danses gracieuses, et représentent, dans leurs ballets, diverses scènes de l'enfance et de l'adolescence de Krichna, qui passa ses premières années parmi les *gopis* (bergères) de Gokoula. Les radjas, à cette occasion, font souvent venir à grands frais, de Mathoura, de jeunes enfants de la caste des brahmanes, qui représentent aussi les jeux et les amours champêtres de Krichna. Le costume de ces acteurs est toujours riche et élégant; leurs danses sont accompagnées de stances en langue Bradj-bhakha. — Le *Djanmachtami*, ou, suivant une autre prononciation, le *Djenem-achtemi*, est l'une des fêtes les plus agréables du culte brahmanique.

DJANNI, nom que les Khonds, peuple de la côte d'Orissa, dans l'Hindoustan, donnent aux prêtres consacrés au culte de Béra Pennou, dieu de la terre. *Voy.* BÉRA PENNOU.

DJANYOU. *Voy.* DANDHYA.

DJAROUDIS, sectaires musulmans, appartenant à la branche des *zeidis*. Ils prétendent que l'intention de Mahomet était de laisser l'imamat à Ali; qu'après Hasan et Hoséin l'imamat était incertain dans leurs enfants, et que ceux-là seulement qui prirent les armes pour soutenir leurs droits étaient des imams. Ils ne sont pas d'accord sur le dernier imam, attendu encore. Les Djaroudis tirent leur nom d'Aboul-Djaroud al-Bakir, surnommé Serdjoun, du nom d'un démon que l'on suppose habiter sur le rivage de la mer.

DJATAKA, livre sacré des bouddhistes du Népal; il traite des actions opérées dans les naissances antérieures.

DJATA-KARMA, cérémonie en usage dans l'Inde pour la purification des femmes après leurs couches. La maison où l'accouchement a eu lieu et tous ceux qui l'habitent sont souillés pour dix jours; avant l'expiration de ce terme, ils ne peuvent communiquer avec personne. Le onzième jour, on donne au blanchisseur tous les linges et vêtements qui ont servi durant cette période, et les femmes commencent à purifier la maison en enduisant le parquet d'une couche de fiente de vache, sur laquelle elles tracent des figures avec leurs doigts, et répandent par dessus une couche de la plante *darbha*. On fait ensuite venir un prêtre ou brahmane pourohita. Sur une estrade en terre, dressée au milieu de la maison et couverte d'une toile, prennent place le mari et la femme ayant son enfant dans ses bras. Le pourohita s'approche d'eux, fait le *san-kalpa* ou préparation mentale, offre le poudja à Ganécha, et consacre l'eau lustrale. Il verse un peu de cette eau dans le creux de la main du père et de la mère de l'enfant, qui en boivent une partie et répandent l'autre sur leur tête. Il asperge avec cette même eau la maison et tous ceux qui l'habitent, puis va jeter dans le puits ce qui en reste. Par cette cérémonie, qui se nomme *Djata-karma* (cérémonie du nouveau-né), toute trace de souillure disparaît; mais l'accouchée ne retrouve son état de parfaite pureté qu'au bout du mois; jusque-là elle doit vivre dans un lieu isolé et n'avoir de communication avec personne.

DJATAYOU, personnage merveilleux de la mythologie hindoue; il joue un rôle assez important dans le Ramayana. C'était un milan, fils de Garouda et de Syéni. D'autres le font fils d'Arouna. Cet oiseau avait déjà vu plusieurs renouvellements du monde, ou règnes de Manou, *manwantaras*, quand, apercevant Ravana qui enlevait Sita, femme de son ami Rama, il vola pour la délivrer, et trouva la mort dans cette entreprise. Mais il vécut assez pour donner à Hanouman des renseignements sur la route tenue par le ravisseur. Djatayou avait été aussi l'ami de Dasaratha, père de Rama. Ce prince était un jour allé pour sauver Rohini des mains de Sani; son char, qui le transportait dans l'air, avait été consumé par un regard de ce dernier. Le roi, en tombant, fut soutenu sur les ailes de Djatayou.

DJAUSCHEN, c'est-à-dire *cuirasse*, *cotte de mailles*; les Persans appellent ainsi la collection des noms de Dieu, parce que ces noms forment comme une défense semblable à l'armure ainsi appelée. Ces noms sont, en arabe, divisés par dizaines, chaque dizaine d'une rime ou terminaison, et d'une mesure de syllabes. Il y en a mille et un, pour indiquer, disent-ils, que les mille noms n'expriment que la même chose. Voici, d'après Chardin, la première dizaine, qui donnera une idée du reste.

« Ô Dieu! je t'invoque par ton nom! ô Dieu! ô donateur! ô bienfaisant! ô miséricordieux! ô fort! ô grand! ô ancien! ô savant! ô pardonnant! ô guérissant! »

Beaucoup de gens portent et font porter à leurs enfants cette espèce de cotte de mailles, en manière de talisman, soit suspendue au cou, soit attachée au bras.

DJAYANTA, un des onze Roudras ou personnifications du dieu Siva.

DJAYINI, divinité hindoue, une des formes de la déesse Saraswati, épouse de Brama. Ce nom signifie *la Victorieuse*.

DJEBAIYÉ, sectaires musulmans, qui appartiennent à la grande branche des *Motézélés* ou schismatiques. Ils prétendent que la parole de Dieu est composée de lettres et de sons, que l'homme est la créature de ses actions, que le fidèle ou l'infidèle qui a commis de grands crimes sans s'en être repenti reste à jamais dans l'enfer, tandis que les musulmans orthodoxes soutiennent que les tourments de l'autre vie ne seront pas éternels pour les fidèles. Les Djebaiyés disent aussi que les saints n'ont point le pouvoir de faire des miracles, et que les prophètes sont des fanatiques. Ils tirent leur nom d'Abou Ali Mohammed, fils d'Abdoul Wéhab al-Djébayé.

DJÉDÉENS, secte de Caraïtes, qui habitent dans des cavernes, et commencent leurs mois à la nouvelle lune. Elias Haabel les accuse de représenter le Créateur sous des images, et de corrompre la loi divine par des commentaires pleins d'absurdité.

DJEFR. Ce nom signifie en persan, charme, amulette, talisman. On donne le nom de

Djefr kitabi, ou livre talismanique, à un ouvrage écrit sur une membrane faite de la peau d'un chameau, sur laquelle Ali et Djafar Sadic ont écrit en caractères mystiques la destinée du mahométisme et les grands événements qui doivent arriver dans le monde jusqu'à la consommation des siècles. Sélim I le trouva dans l'Egypte qu'il venait de conquérir et le déposa au sérail de Constantinople. Mourad IV, l'ayant consulté, crut y trouver son nom et la prédiction de sa mort prochaine. Dans sa douleur, il cacheta ce livre et prononça mille anathèmes contre quiconque oserait y toucher jamais.

DJEHEMITES, ou DJAHMIS, sectaires musulmans, disciples de Djéhem, fils de Safwan, et qui se rattachent à la branche des Djabaris, dont ils différent en ce que ces derniers attribuent à l'homme la faculté d'acquérir du mérite d'une action sans qu'il fasse de l'impression lui-même, tandis que les Djehémites nient et l'impression et l'acquisition du mérite. Du reste, les uns et les autres enseignent que toutes les actions de l'homme sont forcées ou médiatement ou immédiatement ; que les hommes n'ont pas plus de pouvoir et de volonté que les minéraux ; que Dieu ne sait point les choses avant qu'elles existent, et les événements avant qu'ils arrivent; enfin, que la parole de Dieu est créée. *Voy.* DJABARIS, DJAHMIS.

DJEHENNEM, nom de l'enfer chez les musulmans, qui ont emprunté ce terme aux juifs et aux chrétiens ; en effet, l'origine de ce mot vient de l'hébreu גיא הנם *ghé hinnom,* la vallée des enfants d'Hinnom, où les Amorrhéens faisaient brûler vifs les enfants en l'honneur de Moloch. En arabe, ce mot signifie un puits très-profond.

Les mahométans disent qu'il y a sept enfers ou sept degrés de damnation : le premier porte de préférence le nom de Djehennem ; c'est le moins rigoureux ; il est destiné aux adorateurs du vrai Dieu, tels que les musulmans, qui auront mérité par leurs crimes d'y être précipités. Suivant la doctrine de l'islamisme, les supplices qu'on y endure ne seront point éternels; car Mahomet intercédera pour son peuple au jour du jugement et obtiendra la délivrance des damnés appartenant à sa religion. *Voy.* ENFER.

DJELWÉTIS, ordre de religieux musulmans, fondé à Brousse, par Pir Uftadé Mohammed Djelwéti, mort l'an 988 de l'hégire (1580 de J.-C.). *Voy.* DERWISCH.

DJÉMALIS, ordre de religieux musulmans, fondé à Constantinople par Mohammed Djemal-eddin Erdinéwi, mort l'an 1164 de l'hégire (1750 de J.-C.). *Voy.* DERWISCH.

DJEMRÉ et ACABÉ, lieux de station pour les musulmans qui font le pèlerinage de la Mecque. On sait que les mahométans soutiennent que c'est Ismaël, et non Isaac, qui devait être immolé par Abraham, et que ce mémorable sacrifice eut lieu sur une montagne près de la Mecque. Or, pendant que ce saint patriarche s'y rendait avec son fils, dit la tradition musulmane, le diable lui apparut à Djemré, puis à Acabé, et, dans ces deux endroits, il s'efforça de le détourner d'obéir à l'ordre de Dieu ; mais Abraham chassa à coups de pierres Satan le tentateur. C'est en mémoire de ce fait que les pèlerins qui se rendent à la vallée de Mina doivent jeter sept pierres vers Djemré et Acabé, en récitant ces paroles : « Au nom de Dieu ! Dieu est grand en dépit du démon et des siens. O Dieu ! rends les travaux de mon pèlerinage dignes de toi et agréables à tes yeux. Accorde-moi le pardon de mes offenses et de mes iniquités. »

Ces pierres peuvent être prises sur le chemin, mais jamais parmi celles qui auraient déjà été jetées par d'autres. Il faut, porte le rituel, qu'elles aient été lavées et que leur grosseur n'excède pas celle d'une fève, afin de témoigner par là plus de mépris au démon, et d'éviter les accidents qui pourraient arriver dans une grande foule. Posées sur le pouce joint au petit doigt, on doit les lancer avec force pour qu'elles aillent tomber à la distance de cinq pics au moins. On ajoute que ces pierres lancées ainsi par les fidèles sont immédiatement enlevées par les anges ; sans ce miracle constant, les trois Djemrés seraient impraticables, attendu la quantité prodigieuse de pierres que les pèlerins y jettent depuis tant de siècles.

DJEMSCHID, quatrième roi de la dynastie des Pischdadiens, en Perse. Suivant certains livres des Parsis, il fut enlevé au ciel, où Ormuzd lui mit entre les mains un poignard d'or avec lequel il coupa la terre et en forma la contrée Vermaneschné où naissaient les hommes et les animaux. La mort n'avait aucun empire sur cette contrée, qui fut cependant désolée par un hiver rigoureux. Cette saison désastreuse couvrit les montagnes et les plaines d'une neige brûlante à laquelle rien ne put résister. Djemschid fut le premier qui vit l'Être souverain face à face, et produisit des prodiges par la voix qu'Ormuzd mit dans sa bouche.

Cependant les chroniques persanes racontent tout différemment les événements de son règne ; mais la plupart ne concordent pas ensemble à son sujet : les unes le font roi des génies appelés *Péris,* d'autres, roi des hommes. Les unes le représentent comme un prince sage, vertueux et législateur, d'autres, comme un monarque impie et corrompu. L'opinion la plus accréditée est qu'après un règne de 700 ans il se crut immortel, et voulut se faire rendre les honneurs divins. A cet effet il fit faire plusieurs statues à son image et les envoya dans toutes les provinces de son empire, en enjoignant aux peuples de les adorer sous son nom. Dieu, pour abattre l'orgueil de ce prince, lui suscita un terrible ennemi dans la personne de Schédad, fils d'Ad, roi d'Arabie, qui le détrôna. Djemschid s'enfuit et erra de par le monde pendant dix ans, sans être reconnu, disent les uns ; en conquérant, selon les autres. Il fonda un nouvel empire qu'il gouverna pendant cent ans, et ses victoires lui valurent le nom *Dhoul-carnéin,* ou le héros aux deux cornes, titre que porta ensuite Alexandre le Grand. Suivant quelques historiens, il fut enfin vaincu par Zohak ou Dhohak, qui le fit scier en deux avec une arête de poisson.

Son nom primitif était *Djam*; on y ajouta celui de *Schid*, qui, en ancien persan, signifie *soleil*, soit à cause de sa grande beauté et de la majesté de son visage, qui éblouissait tout le monde, soit à cause de l'éclat de ses grandes actions. D'autres rapportent qu'en creusant les fondements de la ville d'Estakhar, on trouva un vase de turquoise, qui contenait quatre livres ou deux pintes de liqueur: ce vase précieux fut nommé par excellence *Djam-schid*, vase du soleil, d'où ce prince a tiré son nom. Quoi qu'il en soit, la coupe de Djemschid est célèbre dans la mythologie orientale, où elle est le symbole tantôt de la nature et du monde, tantôt du vin, tantôt des enchantements et de la divination, tantôt de la chimie et de la pierre philosophale.

DJÉNAH, troisième ministre spirituel de la religion des Druzes; c'est la personnification de la parole ou du verbe. Dans cette théorie unitaire, empruntée au christianisme, le Djénah est la première des productions nées de l'union de *Dhou-maa*, l'intelligence, avec *Dhou-maça*, l'âme. Ce ministre, comme les deux précédents, paraît s'être manifesté dans les temps antérieurs à Hakem Biamr Allah; mais les Druzes ne parlent guère que de la manifestation qui a eu lieu à l'époque de ce khalife fatimite, en la personne de Mohammed, fils de Wahab, surnommé Ridha, qui avait le titre de secrétaire de la puissance divine.

Le nom de *Djénah*, qui signifie proprement *aile*, se donne aussi aux quatrième et cinquième ministres de la religion unitaire; mais, dans ce cas, ceux-ci sont distingués de la parole ou troisième ministre par l'épithète de *droite* et de *gauche*; car *l'aile droite* est le quatrième ministre nommé aussi le *sabek*, et *l'aile gauche* est le cinquième ministre appelé autrement le *tali*.

DJÉNAHIS, sectaires musulmans, qui font partie de la grande division des schiites. Ils avancent que l'esprit de Dieu transmigra d'Adam à Seth et aux autres prophètes jusqu'à Ali, à ses trois enfants, et enfin à Abdalla, fils de Djafar, surnommé *Dhoul-Djénahéin*. Ils nient la résurrection, et croient qu'il est permis de boire du vin et de s'abandonner à la fornication. Le surnom de *Dhoul-Djénahéin*, que portait leur fondateur, signifie *qui a deux ailes*. Celui-ci, dit M. Sylvestre de Sacy (*Exposé de la relig. des Druzes*), prétendait être Dieu, et disait que la science poussait dans son cœur comme les champignons sur la terre. Il expliquait allégoriquement le Coran, et, se fondant sur ce passage : « Ceux qui croient et font de bonnes œuvres ne sont coupables d'aucun péché par rapport aux aliments dont ils se nourrissent, pourvu qu'ils craignent Dieu, qu'ils croient et qu'ils fassent de bonnes œuvres;» il soutenait que toutes les lois du Coran qui interdisent l'usage des animaux morts naturellement, du sang et de la chair de porc, ne sont que des expressions figurées, qui désignent certains personnages qu'on doit avoir en horreur, tels que les premiers khalifes Abou-Bekr, Omar, Othman et Moawia, et que toutes les obligations que Dieu impose dans le Coran désignent aussi métaphoriquement certains personnages pour lesquels on doit avoir de l'attachement, comme Ali, Hasan, Hoséin et leurs enfants.

DJÉNAZÉ-NAMAZI, ou SALAT EL-DJÉNAZÉ, prière pour les morts chez les musulmans; elle a lieu après l'ablution du cadavre, et doit être prononcée par le cadhi ou par celui qui remplace le ministre du culte. Voici en quoi elle consiste:

« Dieu très-grand ! Dieu très-grand ! Il n'y a d'autre dieu que Dieu. Dieu très-grand ! Dieu très-grand ! A Dieu soit la gloire!

« Je te rends grâces, ô mon Dieu ! je te loue; ton nom est béni, ta grandeur est exaltée; il n'y a pas d'autre Dieu que toi.

« Dieu très-grand ! Dieu très-grand ! etc.

« O Dieu ! donne ton salut de paix à Mahomet et à la race de Mahomet, comme tu as donné ton salut de paix à Abraham et à la race d'Abraham. Bénis Mahomet et la race de Mahomet, comme tu as béni Abraham et la race d'Abraham. Louanges, grandeurs, exaltations sont en toi et pour toi.

« Dieu très-grand ! Dieu très-grand ! etc.

« O Dieu ! fais miséricorde aux vivants et aux morts, aux présents et aux absents, aux petits et aux grands, aux mâles et aux femelles d'entre nous. O Dieu ! fais vivre dans l'islamisme ceux d'entre nous à qui tu as donné la vie, et fais mourir dans la foi ceux d'entre nous à qui tu donnes la mort. Distingue ce mort par la grâce du repos et de la tranquillité, par la grâce de ta miséricorde et de ta satisfaction divine. O Dieu ! ajoute à sa bonté s'il est du nombre des bons, et pardonne sa méchanceté s'il est du nombre des méchants. Accorde-lui paix, salut, accès, et demeure auprès de ton trône éternel; sauve-le des tourments de la tombe et des feux de l'éternité ; accorde-lui le séjour du paradis en la compagnie des âmes bienheureuses. O Dieu ! convertis son tombeau en un lieu de délices égales à celles du paradis, et non en fosse de souffrances semblables à celles de l'enfer; fais-lui miséricorde, ô le plus miséricordieux des êtres miséricordieux !

« Dieu très-grand ! Dieu très-grand ! etc. »

Cette prière est la même pour les deux sexes, mais elle diffère pour les enfants et les insensés, attendu leur innocence et la certitude de leur béatification. Voici la prière qui les concerne : « O Dieu ! que cet enfant soit le précurseur de notre passage à la vie éternelle! O Dieu ! que cet innocent soit le gage de notre fidélité et de votre récompense céleste, comme aussi notre intercesseur auprès de votre clémence divine ! »

DJENG. Devins du Japon, qui font profession

de découvrir ce qui est caché, et de trouver les choses perdues. Ils habitent des huttes perchées sur le sommet des montagnes, où ils endurent toute la rigueur des saisons, et ils ont à peine figure humaine. Il leur est permis de se marier, mais seulement avec des femmes de leur race et de leur secte. Un missionnaire prétend que le signe caractéristique de ces devins est une corne qui leur pousse sur la tête. Il ajoute que le diable leur ordonne de l'attendre sur le sommet d'une certaine montagne. Sur le midi, ou plus souvent sur le soir, il passe au milieu de l'assemblée, où sa présence cause une vive émotion. Une force irrésistible et intérieure entraîne ces malheureux qui suivent le démon, et sont précipités dans les abîmes.

DJENNA, DJENNÉ, ou DJENNET, nom que les musulmans donnent au paradis en général, dont ils admettent huit étages ou degrés de béatitude, tandis qu'ils ne reconnaissent que sept enfers ou degrés de damnation, pour faire entendre que la miséricorde de Dieu surpasse sa justice. Ces huit paradis portent les noms de *Dar el-Carar*, *Dar el-Salam*, *Méewa*, *Naïm*, *Khould*, *Firdaus*, *Wassilé* et *Adn* ou *Eden*.

Le bonheur du paradis consiste, suivant les mahométans, dans les plaisirs sensuels unis à la vision béatifique. Les bienheureux, disent-ils, après avoir bu de l'eau de l'étang de vie, prennent le chemin du paradis; un ange nommé Rizwan, qui est le portier de ce séjour enchanteur, leur en ouvre la porte. Ils y entrent et vont s'asseoir sur les rives du Kauther, fleuve de délices intarissables. Ce fleuve est couvert d'un arbre d'une dimension extraordinaire, car chacune de ses feuilles est si grande, qu'un homme qui courrait en poste 50,000 ans durant, ne serait pas encore sorti de dessous. Mahomet et Ali, son gendre, sont les échansons de ce délicieux nectar, qu'ils servent dans des vases précieux, montés eux-mêmes sur des *paï-duldul* (animaux qui ont les pieds de cerf, la queue de tigre et la tête de femme), et suivis d'innombrables troupes de houris, vierges célestes, d'une beauté ravissante, créées pour le plaisir des élus. On ne peut jamais être coupable de crime dans l'usage de ces voluptés, parce que tout est permis et rien ne lasse. Il n'y a plus là de loi qui rende les choses commandées ou défendues, honnêtes ou déshonnêtes. La santé y est éternelle comme la vie. *Voyez* PARADIS.

DJENNAT ADN, ou EDEN, *jardin d'Eden*; c'est celui que nous appelons le paradis terrestre, celui dans lequel Adam fut transporté et d'où il fut chassé après sa désobéissance. Les musulmans le regardent comme le plus élevé des huit paradis. L'ange Gabriel en tient les clefs; des légions d'autres anges subalternes en défendent l'entrée. Le sol en est de musc ou de la farine la plus pure mêlée de safran; les pierres sont des rubis, des perles, des jaspes, etc.; les murailles sont d'argent, et le tronc des arbres est d'or massif. L'arbre qui se trouve au milieu du jardin est appelé *Touba*, c'est l'arbre de vie. De ses racines jaillissent tous les ruisseaux de lait et de miel qui arrosent ce séjour enchanteur. Les justes ou les vrais croyants seront tous de la taille la plus avantageuse, et d'une beauté égale à celle du prophète Jésus. Mahomet, en qualité d'apôtre chéri de Dieu, les fera asseoir sur les chaises du repos éternel, revêtus d'habits de drap d'or fond vert, enrichis de pierreries. On leur servira sur une table longue, faite d'un seul diamant, les mets les plus exquis, et des fruits dont l'excellence sera au-dessus de tout ce qu'un mortel peut imaginer. Mais avant tout, les bienheureux iront se désaltérer à l'étang de Mahomet et à deux fontaines, dont l'une doit les purifier de tout ce qui pourrait rester d'excréments dans leurs intestins, et l'autre servira à les baigner pour paraître avec plus d'éclat dans ce lieu d'ineffable félicité. Ils se trouveront au milieu d'un jardin enchanté, ombragé de feuillages d'une couleur tenant le milieu entre le vert et le jaune, qui formeront des berceaux admirables. Dieu, en formant ce paradis, y créa ce que l'œil n'a point vu, ce que l'oreille n'a point entendu, et ce que le cœur de l'homme n'a point compris. De plus, il donna à ce jardin l'usage de la parole, et il lui fit proférer ces mots : « Il n'y a d'autre dieu que Dieu. » *Voyez* EDEN.

DJÉRÉAHS, planètes que les habitants de Ceylan croient occupées par autant de déités arbitres de leur sort. Ils leur attribuent le pouvoir de rendre leurs favoris heureux en dépit des dieux et des démons. Ils forment autant d'images d'argile qu'ils supposent de divinités mal disposées, et leur donnent des figures monstrueuses. Le festin qui a lieu en cette occasion est accompagné du bruit des tambours. Les danses suivent jusqu'au point du jour; les images sont jetées sur les grands chemins, et les restes du festin sont abandonnés au peuple

DJESCHN, ou DJESCHNI; ce mot signifie en général, chez les Persans, une fête, mais plus particulièrement celle qui se célèbre chaque mois, le jour qui porte le nom du même mois. Par exemple, Fervardin est le nom d'un des mois du calendrier persan, et est encore celui d'un des jours de chaque mois, à savoir du dix-neuvième; c'est pourquoi le jour nommé Fervardin est fêté dans le mois qui porte aussi ce nom. On peut dire la même chose d'Ardbehescht et des autres.

DJIAN-RAI-ZIGH, divinité des bouddhistes du Tibet; son nom signifie *celui qui contemple avec les yeux*; son vocable sanscrit est *Avalokiteswara*, c'est un des *Bodhisatwas*. *Voyez* ces mots.

Djian-rai-zigh passe pour avoir toujours montré une affection particulière pour le Tibet, et les habitants de cette contrée prétendent même que c'est lui qui l'a peuplée le premier. D'après leur récit, ce dieu s'étant concerté avec Dziam-djang, autre Bodhisatwa, sur les moyens de donner des habitants à cette région couverte de neiges eternelles, Dziam-djang exposa que, pour parvenir à ce but, il fallait qu'un d'eux prît la forme d'un singe mâle, et qu'on disposât un génie de l'atmosphère à se transformer en singe femelle pour procréer des êtres semblables aux hommes. En effet, Djian-rai-zigh devint le singe *Bhrasrimpho*, tandis que le génie aérien prit la forme de *Bhrasrinmo*. Ils donnèrent la vie à trois fils et à trois filles, qui peuplèrent d'hommes le Tibet, et devinrent ainsi les premiers ancêtres de ses habitants actuels.

Non content d'avoir donné naissance aux peuples du Tibet, il voulut encore s'incarner dans la suite pour les convertir au bouddhisme. Voici l'histoire de sa naissance merveilleuse d'après une légende traduite du mongol par M. Schmidt :

Le roi Dehdou saïn voulant offrir à Bouddha un sacrifice de fleurs, dépêcha quelques-uns des siens aux bords de la mer des Padma ou Lotus, pour y cueillir de ces fleurs. Ses envoyés aperçurent dans la mer une très-grande tige de padma, au milieu de laquelle il y avait un bouton colossal entouré d'une foule de grandes feuilles, et jetant des rayons de lumière de différentes couleurs.

Les envoyés en firent leur rapport au roi, qui, rempli d'étonnement, se rendit avec sa cour et des offrandes sur un grand radeau à la place de la mer où se trouvait cette tige merveilleuse. Y étant arrivé, il présenta ses offrandes et prononça la bénédiction; le bouton s'ouvrit alors des quatre côtés, et au milieu apparut l'apôtre de l'empire de neige, né en qualité de khoubilkhan (incarnation d'un Bouddha). Il y était assis, les jambes croisées, avait un visage et quatre mains; les deux mains antérieures étaient jointes devant le cœur, dans la position de la prière, la troisième, à droite, tenait un rosaire de cristal, et la quatrième, à gauche, une fleur de padma blanche, qui penchait vers l'oreille. Sa tête et ses oreilles étaient ornées de pierres précieuses, et l'écharpe qui tombait de son épaule gauche sur sa poitrine brillait de la couleur d'une montagne de neige éclairée par le soleil. Sur sa figure, dont l'éclat se répandait vers les dix régions du monde régnait un sourire qui pénétra dans tous les cœurs. Le roi et sa suite portèrent le khoubilkhan au palais en poussant des cris de joie et entonnant des hymnes. Le roi se rendit devant le Bouddha éternel (*Amitabha*) et lui demanda la permission d'adopter pour fils le khoubilkhan né dans la mer de Lotus. Mais sa demande ne fut pas agréée, et il apprit la véritable origine de ce khoubilkhan.

Le Bouddha suprême étendit la main sur la tête du nouvel incarné, et le consacra souverain précepteur de l'empire de neige, c'est-à-dire du Tibet, avec plein pouvoir de chasser les esprits malfaisants, d'opérer des prodiges et de sauver les hommes par la vertu des six syllabes : OM MA NI PAD MÉ HOUM. Le khoubilkhan fit vœu de ne point retourner dans l'empire de la béatitude jusqu'à ce qu'il eût accompli sa divine mission. Il se rendit alors dans les régions infernales, prononça les six syllabes, et détruisit les peines des enfers froids et chauds. De là il s'éleva à la région des Birid (démons faméliques), prononça les six syllabes et détruisit la peine de la faim et de la soif éternelle. Il monta au royaume des animaux, et détruisit la peine que leur produit la chasse. Puis il se rendit dans l'empire des hommes, et détruisit la peine de la naissance, de l'âge, des maladies et de la mort. Il s'éleva après à l'empire des Assouris, et détruisit l'envie qui les tourmente pour se disputer et se combattre. De là il se rendit dans la région des Tégris, et détruisit le danger de leur mort et de leur chute, le tout en prononçant chaque fois les six syllabes mystérieuses. Enfin il aborda le grand royaume de neige ; il y aperçut les trois districts supérieurs du Ngœri comme un vaste désert ; il descendit dans le pays des bêtes fauves qui se nourrissent d'herbe, leur apprit les six syllabes, et les rendit propres à la délivrance ; il se comporta de même dans les districts inférieurs qui étaient le pays des oiseaux, et dans les districts du milieu, empire des bêtes farouches. De là il se rendit dans le pays de Dieu (*Hlassa*), à la montagne rouge, où il aperçut la mer d'Otang comme un enfer terrible ; il vit que plusieurs millions d'êtres y étaient bouillis, brûlés, martyrisés ; il vit les tourments insupportables qui leur étaient occasionnés par la faim et la soif, et il entendit leurs vaines clameurs et des hurlements qui lui perçaient le cœur. Une larme tomba alors de son œil droit ; cette larme ayant atteint le sol, se changea en la puissante déesse de la colère, qui lui dit : « Fils d'illustre origine, ne désespère pas du salut des êtres vivants dans l'empire de neige ; je viens à ton secours pour avancer l'œuvre de leur délivrance. » Après ces mots elle se replongea dans l'œil droit du Dieu. Une larme de son œil produisit de même la déesse Dara qui rentra dans son orbite. Djian-rai-zigh pria alors pour le salut des damnés qui bouillaient dans cette mer de feu, prononça les six syllabes, et les tourments des damnés cessèrent ; leur esprit fut tranquillisé, et ils se virent transportés sur le chemin du Bodhi (ou de la sagesse divine). Le saint précepteur ayant ainsi rendu propres à la délivrance les six espèces d'êtres vivants dans les trois royaumes du monde, se trouva fatigué, se reposa et tomba dans un état de contemplation intérieure.

Après quelque temps ses regards se portèrent en bas du mont Botala, et il vit qu'à peine la centième partie des habitants de l'empire de neige avaient été conduits sur le chemin de la délivrance. Son âme en fut si douloureusement affectée, qu'il eut le désir de retourner dans son paradis. A peine l'avait-il conçu, que sa tête se fendit en dix, et son corps en mille pièces. Il adressa alors une prière au Bouddha suprême, qui lui apparut dans le même moment, guérit la tête et le corps fendu du saint maître, le prit par la main et lui dit : « Fils d'illustre origine, vois les suites inévitables de ton vœu ; mais puisque tu l'avais fait pour l'illustration de tous les Bouddhas, tu as été guéri sur-le-champ. Il augmentera la béatitude ; ne sois donc plus triste ; car quoique la tête se soit fendue en dix pièces, chacune aura par ma bénédiction une face particulière, et au-dessus d'elles sera placé mon propre visage rayonnant. Quoique ton corps se soit fendu en mille morceaux, ils deviendront par ma bénédiction mille mains qui représenteront les mille monarques du monde. Dans les paumes de tes mille mains se formeront, par ma bénédiction, mille yeux qui représenteront les mille Bouddhas d'un âge complet du monde, et qui te rendront l'objet le plus digne d'adoration. » *Voyez* Ho-pamé.

DJINA, nom générique des dieux ou êtres supérieurs, objets de la vénération des Djainas ; il exprime celui qui, durant sa vie, a remporté la victoire sur toutes les passions et les infirmités humaines. La dénomination particulière des Djinas est celle des *Tirthankaras*. Voyez ce que nous disons de ces personnages, à l'article Djaina.

DJINENDRA, 1° divinité des Bouddhistes du Népâl, personnification du feu. Je trouve la mention de ce dieu dans la strophe suivante, tirée d'une hymne adressée aux sept Bouddhas. «J'adore Djinendra, le feu qui consume la douleur, le trésor de la science sacrée, que tout le monde vénère, qui a porté le nom de Vipaswi, qui est né de la race des monarques puissants, dans la ville de Baudoumatti, qui a été pendant quatre-vingt mille ans le précepteur des dieux et des hommes, et par lequel, doué de dix sortes de pouvoirs, le degré de Djinendra fut obtenu au pied d'un arbre *patala*. »

2° Un autre *Djinendra* surnommé *Souri*, est le fondateur d'une petite secte de Djainas, nommée *Lampaka*, qui rejette les images.

DJINN, 1° sorte de créatures qui, selon les musulmans, tiennent le milieu entre les anges et les hommes. Les anges ne peuvent ni enfanter, ni engendrer, et sont impeccables, tandis que les génies se reproduisent, sont sujets au péché et passibles des châtiments de la vie future. Quelques-uns pensent que Iblis, ou le diable, est le père et le chef des génies. *Voyez* Djan, Dew, Génies.

2° Parmi les habitants de l'île de Bali, les Djinns sont de mauvais esprits, considérés comme les auteurs du mal. On les rend responsables de toutes les misères, de toutes les calamités qui frappent le genre humain. Ils font leur résidence sur la terre, et choisissent différents lieux pour leur habitation. Si par hasard un homme s'approche de leur demeure, il tombe aussitôt, victime de la colère de ces esprits vindicatifs et malfaisants.

3° Les habitants du mont Elbrouz, en Géorgie, racontent que cette montagne est fréquentée par les Djinns, esprits malins ou démons, dont le prince se nomme *Djinn-Padischah*, roi des génies. Ils débitent, sur les assemblées annuelles de ces lutins, autant de fables que les Allemands du nord sur les sabbats du Broken.

DJINNISTAN, pays des *Djinns* ou génies ; les Persans supposent qu'il est situé dans la montagne de Caf, qui environne toute la terre habitable.

DJNYANA, sagesse, intelligence. Les Bouddhistes du Népâl reconnaissent dans Adi-Bouddha ou le Bouddha primitif cinq sortes de sagesse en vertu desquelles il a créé les cinq Bouddhas suprêmes, pendant la durée du monde actuel. Voici la liste de ces Djnyanas personnifiés, et des Bouddhas qu'ils ont produits :

Djnyanas :	Bouddhas :
1. Souvi souddha Dharma Dhatou,	Vairotchana.
2. Adarchana,	Akchobya.
3. Prativekchana,	Retnasambhava.
4. Santa,	Amitabha.
5. Krityanouchthan,	Amoghasiddha.

Ces cinq Bouddhas ont été produits par cinq répétitions du mot *Loka sansardjana*, qui est le nom générique du *Dhyana* de la création. *Voyez* Dhyana. Voilà pourquoi ces êtres adorés par les Népalis sont appelés *Dhyani Bouddhas*.

DJOGUIS, ou YOGUIS, sectaires hindous, partisans du *Yoga*, école philosophique qui soutient, entre autres choses, qu'il est possible d'avoir, même en cette vie, un pouvoir absolu sur la matière élémentaire, par le moyen de certaines pratiques de dévotion. Ces pratiques consistent principalement à retenir le plus longtemps possible sa respiration, à respirer d'une certaine manière, à se tenir en 84 postures différentes ; à fixer les yeux sur le bout de son nez, et à tâcher, par la force de l'abstraction mentale, d'effectuer une union intime entre la portion d'esprit vital résidant dans le corps, et celui qui pénètre toute la nature, et qui est identique à Siva, considéré comme l'être suprême et l'essence de toute création. Lorsque cette union est effectuée, le Djogui est délivré des liens corporels et du poids de la matière, il acquiert le pouvoir de commander à toute substance terrestre. Il peut se rendre plus brillant que les objets les plus lumineux, plus pesant que les matières les plus compactes ; il peut devenir aussi vaste et aussi petit que bon lui semble, traverser l'espace, animer un corps mort en y infusant son propre esprit, se rendre invisible, atteindre ce qui est le plus éloigné, acquérir la connaissance du passé, du présent et de l'avenir, enfin être uni à Siva, et en conséquence s'exempter de renaître encore sur la terre. Ces facultés surnaturelles s'acquièrent suivant le degré plus ou moins grand de perfection auquel on parvient dans le cours de l'initiation. Mais fort heureusement pour les Djoguis de nos jours, on convient généralement que l'entier accomplissement des rites pour obtenir ce pouvoir surhumain n'est pas praticable dans l'âge actuel, à cause de la brièveté de la vie humaine, et parce qu'il exige un grand nombre de renaissances successives. C'est pourquoi il est défendu de tendre à ce pouvoir suprême, et de chercher à parvenir au Yoga. Toutefois ceux qui font encore profession de Djoguis méprisent cette prohibition, et s'efforcent d'obtenir par le moyen du *Yoga* la puissance de commander aux éléments. Ils s'exercent principalement à la pratique des postures et des gestes prescrits, à retenir leur haleine, et à fixer leurs pensées jusqu'à ce que l'effet réalise quelque peu leur attente; alors leur esprit, dans son état de surexcitation, donne naissance à une foule de conceptions étranges et monstrueuses, qui leur semblent réelles et positives. Il ne faut qu'une année d'application intense de l'esprit pour devenir adepte dans le Yoga, tandis qu'on n'exige que six mois pour obtenir les facultés inférieures.

Toutefois il y a peu de Djoguis qui tendent à la perfection, et leurs prétentions se bornent à commander en partie seulement à leurs facultés corporelles et spirituelles. Ils s'imaginent en donner des preuves par de misérables jongleries qui trompent le vulgaire. Une de leurs momeries les plus communes est de promener sur un malade ou un enfant nouveau-né un *tchowri* ou bouquet de plumes de perroquet, pour le guérir de sa maladie ou pour le préserver de l'influence du mauvais œil. M. Wilson cite un brahmane de Madras qui, par des procédés ingénieux, semblait s'asseoir suspendu en l'air, et qui prétendait pouvoir demeurer sous l'eau un temps considérable; ses compagnons et lui voulaient faire accroire qu'il devait cette faculté à l'observance des pratiques du Yoga.

Souvent dans l'Inde, le terme de Djogui est synonyme de celui de *Sannyasi* et de *Bairagui*, et désigne en général un religieux hindou; on voit un grand nombre de mendiants et de vagabonds qui prennent ce titre; ils se distinguent des autres par un plus grand charlatanisme : comme la plupart des religieux mendiants, ils disent la bonne aventure, interprètent les songes et exercent la chiromancie; de plus ils sont aussi empiriques et prétendent guérir les maladies au moyen de certaines drogues, de charmes et d'enchantements. En outre il y en a beaucoup parmi eux qui sont musiciens, ils chantent et jouent des instruments. Ils instruisent aussi des animaux; on en voit souvent qui voyagent de côté et d'autre avec un jeune taureau, une chèvre, ou un singe, qui obéissent à leur commandement et amusent le peuple par leurs gestes, leurs postures et leurs tours.

Le vêtement de cette classe de Djoguis consiste généralement en un chapeau et une robe ou froc de différentes couleurs. Ils font profession d'adorer Siva, et portent souvent la figure du linga sur leur bonnet, comme les Djangamas. *Voyez* YOGA, KANPHATA-DJOGUIS, SARINGUIHAR.

DJOHUR, sacrifice terrible, usité chez les Hindous du Radjastan, mais seulement dans des circonstances extraordinaires; il consiste à massacrer toutes les femmes pour les sauver du déshonneur et de la captivité. Voici, d'après les *Annales du Meswar*, comment eut lieu cette affreuse cérémonie, lors du siège de Tchittore par le sultan Ala-Eddin :

« Le bûcher funéraire fut allumé dans la grande retraite souterraine, dans des appartements impénétrables à la lumière du jour, et les défenseurs de Tchittore virent s'avancer la file des reines, leurs femmes et leurs filles, au nombre de plusieurs milliers. La belle *Padmani* (la reine) fermait la marche, à laquelle s'étaient réunies toutes les femmes dont la beauté ou la jeunesse pouvait être souillée par la brutalité des Tartares. On les conduisit à la caverne, dont on referma l'entrée sur elles, et où elles trouvèrent dans les flammes un asile contre le déshonneur. »

DJOM, ou GOM, l'Hercule égyptien. On le représentait avec un visage de couleur verte, le corps couvert d'une longue robe rayée, et la tête surmontée d'une ou deux plumes.

DJOO, un des noms tibétains d'un Bouddha, ou d'un être surnaturel venu au monde pour ne plus mourir. Il y a dans le Tibet une image très-vénérée de Chakya-mouni, dont l'histoire est ainsi rapportée dans les livres mongols:

Chakya-mouni étant âgé de 80 ans, ses adorateurs le prièrent, puisqu'il se préparait à quitter ce monde, de leur laisser son image; il y consentit, et les artistes les plus habiles furent chargés de faire une statue composée des choses les plus précieuses, qui le représenterait tel qu'il était à l'âge de 12 ans. Il était figuré vêtu de son habit ecclésiastique, assis, les jambes croisées sur une fleur de lotus. Chakya-mouni donna à cette image sa bénédiction, en prédisant que mille ans après sa mort elle contribuerait puissamment à la conversion d'une grande partie du genre humain. En effet, il arriva à cette époque une ambassade chinoise dans l'Inde pour demander cette image connue sous le nom de *Djoo*. On la refusa à plusieurs reprises, jusqu'à ce que la statue elle-même, qui auparavant avait eu le visage tourné vers le sud, se retourna et regarda l'orient, où le côté de la Chine. Ce miracle décida la remise de l'image; l'ambassade l'emporta avec elle, et un grand nombre de prêtres l'accompagnèrent pour répandre la loi de Bouddha dans ce pays. La statue divine fut pendant longtemps honorée en Chine, et sa présence contribua puissamment à convertir les habitants de cet empire. Quand le bouddhisme commença à se répandre dans le Tibet, le roi de ce pays envoya en Chine demander en mariage une princesse de la dynastie des Thang, et avec elle l'image du *Djoo* Chakya-mouni. La cour chinoise refusa ce dernier point avec opiniâtreté, jusqu'à ce qu'enfin l'ambassadeur tibétain l'obtînt par une gageure, dont l'objet était un habit sans couture. L'image fut donc portée au Tibet, et placée au mont Botala, où elle se trouve encore. Cet événement eut lieu vers l'an 640 de Jésus-Christ.

DJORI-PENNOU, dieu des cours d'eaux, chez les Khonds, peuple de l'Inde; mais il ne paraît pas que son culte soit soumis à des rites particuliers.

DJOSIE, idole que les Chinois de Batavia placent dans leurs jonques. Tous les ans, ils en prennent une nouvelle, qu'ils mettent en suite dans leur temple de Batavia, et rappor tent en Chine celle de l'année précédente. Ils commencent par mettre à terre cette idole, qui est d'or, et peut avoir environ quatre pouces de haut, avant de décharger leurs marchandises. A terre et sur le bâtiment, ils entretiennent sans cesse de la lumière et brûlent de l'encens devant cette idole; le soir, on brûle un morceau de papier argenté devant sa chapelle.

Nous ignorons si ces usages, dont Stavorinus a été témoin, subsistent encore aujourd'hui.

DJOUGADIA, nom que les Hindous donnent à plusieurs de leurs fêtes. J'en trouve quatre dans le *Mémoire* de M. Garcin de Tassy, *sur les fêtes populaires des Hindous.*

La première a lieu le troisième jour de la quinzaine lumineuse de la lune de baisakh, en mémoire de ce que le radja de Bhagiratha transporta la déesse Ganga (le Gange) du séjour de Brahma sur le mont Himalaya. En ce jour, les dévots augmentent le nombre de leurs aumônes et de leurs bonnes œuvres.

Il y en a une autre le treizième jour de la quinzaine obscure de la lune de Bhadon. C'est l'anniversaire du *Dwapara youga*, troisième âge du monde, que les Grecs et les Romains nomment l'âge d'airain. Ce jour-là, les Hindous font des aumônes et se livrent à la contemplation.

La troisième a lieu le 9 de la quinzaine lumineuse du mois de kartik; les Hindous, conformément à leurs moyens, donnent aux brahmanes une gourde et d'autres objets. Par cet acte on obtient du ciel une augmentation de progéniture, etc.

Enfin la quatrième est célébrée à la jonction de la lune de Magh, en mémoire de la transition d'un âge à l'âge suivant; car c'est en ce jour que le *tréta-youga*, ou l'âge d'argent, succéda au *satya-youga* (âge d'or); le *dwapara* (âge d'airain) au *tréta*, et le *kali-youga* (âge de fer) au *dwapara*. Cependant nous venons de voir que le dwapara passé aussi pour avoir commencé le 15 de la lune de bhadon.

DJOUGA-PENNOU, dieu de la petite vérole chez les Khonds. Ce peuple prétend que Djouga-Pennou sème la petite vérole sur les hommes comme ceux-ci sèment le grain sur la terre. Lorsqu'un village est menacé par cette terrible maladie, tout le monde l'abandonne, à l'exception d'un petit nombre qui restent pour offrir le sang des buffles, des chèvres et des brebis au pouvoir destructeur. Les habitants des hameaux voisins s'imaginent prévenir ce fléau en plantant des épines sur les chemins qui mènent au lieu qui en est infesté

DJOULAKIS, sectaires musulmans qui appartiennent à la branche de Moschabbihs, ou anthropomorphites; ils tirent leur nom de Hescham, fils de Salem, Djoulaki. Celui-ci enseignait que Dieu a la figure humaine; que sa moitié supérieure est concave, et sa moitié inférieure solide; qu'il a des cheveux noirs; qu'il n'est point formé de chair et de sang, mais qu'il est une lumière expansible; qu'il a cinq sens, comme ceux de l'homme; des mains, des pieds, une bouche, des yeux, des oreilles et des poils noirs, à l'exception de la barbe et des poils du pubis.

Il soutenait encore que l'imam ou pontife de la religion ne peut pas pécher, mais que les prophètes ne jouissent pas de cette prérogative; que Mahomet, par exemple, a péché et désobéi à Dieu, en recevant une rançon pour les prisonniers qu'il avait faits à la journée de Bedr.

DJOULA SAÑNYASA, acte religieux chez les Hindous, qui consiste à grimper sur un échafaud, et à s'y tenir la tête en bas au-dessus d'un feu qui brûle au-dessous. D'autres se font suspendre par les pieds au-dessus d'un brasier, et se balancent ainsi en ayant soin d'attiser eux-mêmes le feu allumé sous leur tête.

DJOUMA, c'est-à-dire *assemblée, jour d'assemblée;* nom du vendredi chez les musulmans. Ce jour est pour eux ce qu'est le dimanche pour les chrétiens; cependant ils ne le chôment point en s'abstenant de travail. Le Djouma n'est distingué des autres jours que par le namaz ou prière publique, qui a lieu à la mosquée. Ce n'est que pendant la durée de cette prière que le peuple est obligé de suspendre tout travail et toute occupation quelconque. Le reste de la journée, chacun peut vaquer à ses travaux ordinaires. Les musulmans ont substitué le vendredi au dimanche, en mémoire de la création de l'homme, qui eut lieu ce jour-là.

DJOUTI, prêtre officiant des Parsis.

DJUZ-KHAN, lecteurs musulmans dans les *djamis*, ou mosquées impériales; leur nom vient de *djuz*, section, et *khan*, lecteur. Il y en a trente dans chaque mosquée. Leur fonction est de lire chacun par jour une des trente sections du Coran; en sorte que, chaque mois, ce livre se trouve lu en entier. Le but de cette lecture est de procurer le repos des âmes des musulmans qui ont laissé quelque legs à cette intention. C'est pourquoi les Djuz-khan lisent aussi près des sépulcres, dans les mosquées ordinaires et aux autres lieux de dévotion. De plus, ils lisent à certaines heures du jour des livres traduits de l'arabe en turc, qui traitent de l'islamisme, et les expliquent en forme de catéchisme aux simples et aux ignorants. Ils ont en outre des livres de poésie arabe et persane, contenant de belles maximes qu'ils citent dans l'occasion.

DJWALAMOUKHI. On appelle ainsi, dans l'Inde, une place où l'on voit des feux sortir de terre. On en fait une personnification de la deesse Dourga, objet de la vénération des Hindous. Il existe près de Balkh un lieu de cette espèce, où l'on se rend en pèlerinage de toutes les contrées de l'Inde. Le sol y produit en abondance le gaz hydrogène, qui s'enflamme dès l'instant qu'il est en contact avec l'air extérieur. D'autres fois, dans un temps de vent, quand on applique une lumière à l'orifice du gouffre, la flamme s'allume et se trouve entretenue par le torrent de gaz qui s'en échappe. *Voyez* BAKOU.

DJYOTICHKA, la troisième classe des êtres divins, dans la théogonie des Djainas; elle comprend cinq ordres : le soleil, la lune, les planètes, les constellations et les autres corps célestes.

DOADJI, ministres musulmans, commis à la porte du divan. Avant de l'ouvrir, ils font des prières pour les âmes des sultans défunts et pour la prospérité du prince régnant.

DOCÈTES, ou DOCITES, hérétiques qui parurent sur la fin du IIᵉ siècle; ils soutenaient que Jésus-Christ n'avait qu'un corps apparent et fantastique : c'est de cette opinion qu'ils ont tiré leur nom, qui vient du grec δοκέω, *paraître, sembler*. Jules Cassien, leur chef, était un grand apologiste de la continence, et disait que le fruit défendu qu'avaient mangé nos premiers parents était le mariage, et les habits de peaux, la chair humaine. Il avait été disciple de Tatien, et fut de la secte des *Encratites*.

DOCTEUR. 1. *Docteurs de l'Eglise.* On donne ce nom à ceux dont la doctrine est reçue, autorisée et suivie dans l'Église depuis plusieurs siècles. On confond quelquefois ce titre avec celui de Pères de l'Église; cependant il y a entre eux une différence : tous les Pères de l'Église sont docteurs, mais tous les docteurs ne sont pas Pères de l'Église. Car 1° ils ne sont pas tous saints : Tertullien et Origène sont deux des plus grands docteurs de l'Église, mais le premier est mort dans l'hérésie, et on a sujet de douter du salut du second. 2° L'Église ne regarde comme ses Pères que ceux qui ont été revêtus du sacerdoce; or, plusieurs docteurs sont demeurés laïques, entre autres saint Prosper.

Les quatre principaux docteurs de l'Église d'Orient sont saint Athanase, saint Jean Chrysostome, saint Basile et saint Grégoire de Nazianze.

Les quatre principaux de l'Église d'Occident sont saint Augustin, saint Jérôme, saint Ambroise et saint Grégoire le Grand.

2. *Docteurs en théologie.* « Le titre de docteur, dit M. Bonnetty (*Annales de philosophie chrétienne, Dictionnaire de diplomatique*), a été créé, peu avant le milieu du XIIᵉ siècle, pour remplacer celui de *maître*, devenu trop commun. On attribue l'établissement des degrés du doctorat, tels qu'on les avait dans l'ancienne Sorbonne, à Irnerius, qui en dressa lui-même le formulaire. La première installation solennelle d'un docteur, selon cette forme, se fit à Bologne, en la personne de Bulgarus, professeur de droit. L'université de Paris suivit cet usage pour la première fois vers l'an 1148, en faveur et pour l'installation du fameux Pierre Lombard. — De plus, on croit que le nom de *docteur* n'a été un titre et un degré, en Angleterre, que sous le roi Jean, vers 1207.

« Voici maintenant quelles étaient les formalités à remplir pour obtenir le degré de docteur en théologie. Les différentes universités du royaume n'exigeaient point toutes le même temps d'étude pour obtenir ce degré, et n'observaient point les mêmes cérémonies de l'inauguration ou prise de bonnet. Dans la faculté de théologie de Paris, on demandait sept années d'études, savoir : deux de philosophie, après lesquelles on recevait communément le bonnet de maître-ès-arts; trois de théologie, qui conduisaient au degré de bachelier en théologie; et deux de licence, pendant lesquelles les bacheliers étaient dans un exercice continuel de thèses et d'argumentations sur l'Ecriture, la théologie scolastique et l'histoire ecclésiastique.

« Les bacheliers qui, après avoir reçu de l'université la bénédiction de licence, désiraient obtenir le bonnet de docteur, allaient demander jour au chancelier, qui le leur assignait; le licencié avait pour lors deux actes à faire : l'un le jour même de la prise du bonnet, l'autre la veille. Dans celui-ci il y avait deux thèses; la première était soutenue par un jeune candidat, appelé *auliculaire*. Deux bacheliers du second ordre disputaient contre lui; le licencié était auprès de lui. Le grand-maître d'études, qui avait ouvert l'acte en disputant contre le candidat, présidait à la thèse nommée *tentative*, et qui durait environ trois heures. Le second acte que devait faire le licencié se nommait *vespérie*, parce qu'il se faisait toujours le soir. Deux docteurs, appelés l'un *magister regens*, et l'autre *magister terminorum interpres*, y disputaient contre le licencié, chacun pendant une demi-heure, sur un point de l'Écriture sainte ou de la morale. L'acte était terminé par un discours prononcé par le grand-maître d'études.

« Le lendemain, le licencié, revêtu de la fourrure de docteur, précédé des massiers de l'université, et accompagné de son grand-maître d'études, se rendait à la salle de l'archevêché; il se plaçait dans un fauteuil, entre le chancelier ou sous-chancelier et le grand-maître d'études. La cérémonie commençait par un discours que prononçait le chancelier ou sous-chancelier; le récipiendaire y répondait par un autre discours, après lequel le chancelier lui faisait prêter les serments accoutumés et lui mettait le bonnet sur la tête. Il le recevait à genoux, se relevait, reprenait sa place et présidait à une des thèses qu'on nommait *aulique*, parce qu'elle se célébrait dans la salle (*aula*) de l'archevêché; la matière n'en était point déterminée et était au choix du répondant. Le nouveau docteur rouvrait la thèse par un argument qu'il faisait au soutenant.

« Le nouveau docteur se présentait au *prima mensis* suivant, c'est-à-dire à la plus prochaine assemblée de la faculté, prêtait les serments accoutumés, et, dès ce moment, il était inscrit au nombre des docteurs. Mais il ne jouissait point encore pour cela de tous les privilèges, droits, émoluments, attachés au doctorat; il n'avait le droit d'assister aux assemblées, de présider aux thèses, d'exercer les fonctions d'examinateur, censeur, etc., qu'au bout de six ans : alors il soutenait une dernière thèse, nommée *résumpte*, et il entrait en pleine jouissance des droits du doctorat.

« Les docteurs en théologie étaient obligés, comme les autres, de se présenter à l'examen de l'évêque, pour prêcher ou pour confesser. S'ils obtenaient des bénéfices en cour de Rome, *in formâ dignum*, où si leurs provisions étaient *en forme gracieuse*, pour un bénéfice à charge d'âmes, ils étaient également assujettis, par les canons et les ordonnances, à cet examen.

« On voit que la forme du doctorat, dans l'ancienne université, avait fait de cette institution une science de mots plus que de choses; la moitié des forces de l'esprit était employée à des puérilités scolastiques et aristotéliciennes : elle empêchait d'ailleurs tout progrès dans les études. Lors de la formation de la nouvelle université, on voulut aussi faire des docteurs en théologie; on a voulu même, à différentes reprises, exiger ce grade pour être professeur à la faculté de théologie, mais toutes ces tentatives ont échoué. »

Les écoles ont donné à certains docteurs célèbres des épithètes qui servent à distinguer leur genre de doctrine. Alexandre de Halès est appelé le *docteur irréfragable*; saint Thomas, le *docteur angélique*; saint Bonaventure, le *docteur séraphique*; Jean Duns ou Scot, le *docteur subtil*; Raimond Lulle, le *docteur illuminé*; Roger Bacon, le *docteur admirable*; Guillaume Ockam, le *docteur singulier*; Jean Gerson, le *docteur très-chrétien*; Denis le Chartreux, le *docteur extatique*.

3. *Docteur* est aussi le titre d'une dignité ou office dans l'Eglise Grecque. On donne le nom de *docteur de l'Evangile* au prêtre qui est chargé d'interpréter les Evangiles. Celui qui explique les Epîtres de saint Paul est appelé *docteur de l'Apôtre*.

DOCTRINE CHRÉTIENNE. 1. Congrégation de prêtres séculiers, instituée par le bienheureux César de Bus, de la ville de Cavaillon, dans le comtat Venaissin, et approuvée par Clément VIII en 1593. L'objet de l'institut était de catéchiser le peuple et de lui enseigner les mystères et les préceptes de l'Evangile. Paul V, pour satisfaire au désir qu'ils avaient d'embrasser l'état régulier, réunit, en 1616, leur congrégation avec celle des *somasques*, qui était régulière; mais cette réunion fit éclore entre les deux congrégations plusieurs disputes assez vives, qui auraient occasionné la ruine de celle de la Doctrine chrétienne si le pape Innocent X ne les eût terminées en rétablissant les doctrinaires dans leur premier état, ce qui eut lieu en 1647. Benoît XIII, en 1725, unit la congrégation de Naples à celle d'Avignon, pour en former une seule sous le nom de *Clercs séculiers de la Doctrine chrétienne d'Avignon*; de manière que la congrégation tout entière demeura composée de quatre provinces : celles de Rome, d'Avignon, de Toulouse et de Paris. Le vicaire général de la province romaine devait être Romain, avec voix active et passive dans les chapitres provinciaux, qui étaient tenus tous les trois ans, et les généraux, qui avaient lieu tous les six ans. En 1747, Benoît XIV, s'étant fait rendre compte de l'état de la province romaine, la trouva, dit-il, dans un état déplorable de décroissance : il n'y avait plus que trente-huit prêtres, clercs, et soixante-dix frères laïques, pour huit maisons ou collèges, sans espoir de pouvoir améliorer cet état de choses, puisqu'il n'existait ni maison d'études, ni noviciat. Renonçant donc à l'espoir de réformer cette province, il l'unit encore à celle d'Avignon. La congrégation était donc réduite à trois provinces à l'époque de la révolution. Elle était, en France, gouvernée par un général français, avec l'aide de trois assistants, de deux procureurs généraux et d'un secrétaire général; elle comprenait cinquante maisons ou collèges. Le général résidait dans la maison de Paris, qu'on nommait la *maison de Saint-Charles*, parce que l'église était sous l'invocation de ce saint. M. de Bonnefoux, dernier supérieur général, est mort en 1806.

2. Il y a une confraternité instituée sous le nom de *Doctrine chrétienne*, en Italie, en 1560, par un gentilhomme milanais nommé Marc Cusani. Le but de cet établissement est l'instruction des fidèles. Cette confraternité a fait éclore une congrégation du même nom, dont Marc Cusani, qui avait été ordonné prêtre, fut aussi le fondateur. Ces deux sociétés, après avoir été quelque temps unies ensemble, se séparèrent en 1596, et commencèrent à former deux corps différents. Le pape Paul V a accordé à la confraternité de la Doctrine chrétienne le privilège de pouvoir rendre la liberté et la vie à deux criminels, tous les ans.

DODÉCAMERON, nom donné dans les liturgies grecques à l'espace de temps compris entre la fête de Noël et celle de l'Epiphanie, parce que ce temps est composé de douze jours; et on donne le nom de dimanches vacants aux deux dimanches qui se trouvent compris dans ce laps de temps.

DODÈME, divinité tutélaire chez les Pottowatomis, peuple de l'Amérique du nord. Chaque individu a son dodème particulier, qui lui est imposé vers l'âge de 17 ans, après les cérémonies de l'initiation. Le premier animal qui se présente à lui, le jour où il a reçu un nom, devient son *dodème* pour toute sa vie; et il doit en porter constamment une marque sur lui, comme une griffe, une dent, la queue, ou une plume. Après sa mort, son dodème est peint en rouge sur un poteau planté devant son tombeau.

DODONE, ville d'Epire, célèbre par ses oracles, sa forêt, ses colombes et sa fontaine; suivant Hérodote l'oracle de Dodone surpassait en antiquité tous les oracles de la Grèce. On en attribuait l'origine à un présent que Jupiter avait fait à sa fille Thébé, de deux colombes qui avaient le don de la parole. Elles s'envolèrent un jour de Thèbes en Egypte, pour aller, l'une en Libye fonder l'oracle de Jupiter Ammon, l'autre en Epire, dans la forêt de Dodone, où s'étant perchée au faîte d'un grand chêne, elle donna l'ordre de fonder en cet endroit l'oracle de Jupiter Pélasgique. Mais Hérodote fait un récit plus probable de l'établissement de cet oracle: Les prêtres de la Thébaïde lui avaient, dit-il, raconté que des marchands phéniciens avaient autrefois enlevé de leur pays deux femmes ou prêtresses; qu'ils avaient vendues, l'une en Libye, l'autre en Grèce, et que ces deux femmes avaient les premières introduit la forme des oracles dans l'un et l'autre pays. Je leur demandai, ajoute-t-il, d'où ils tenaient ce fait; ils me dirent qu'ils avaient pris soin de s'en assurer, sans avoir pu néanmoins rien apprendre au delà de ce qu'ils m'en disaient. Mais j'ai ouï raconter depuis aux ministres de Dodone, que deux colombes ayant volé, l'une en Libye, et l'autre chez eux, avaient fait établir leur oracle et celui de Jupiter Ammon. Pour moi, continue Hérodote, voici ce que je pense de cette fable : Si les marchands ont enlevé de la Thébaïde deux devineresses, et les ont vendues, l'une en Libye, l'autre en Grèce, cette dernière aura été vendue aux Pélasges, et se trouvant esclave chez eux, y aura établi sous un hêtre un temple à Jupiter, selon le rite égyptien usité dans son pays natal ; elle aura voulu continuer en Grèce le même métier qu'elle faisait en Thébaïde ; de là sera venue l'institution de l'oracle, et le respect si longtemps conservé pour la mémoire de la fondatrice. Quand elle a commencé à pouvoir parler grec, on a su d'elle comment elle avait été enlevée par les Phéniciens, et comment sa sœur avait été vendue en Afrique. Si les Dodonéens les ont appelées *colombes*, cela vient, à ce que je crois, de ce qu'étant étrangères, ils n'entendaient pas leur langage, qu'ils prenaient pour un chant ou un gazouillement ; tant que l'esclave parla égyptien, il leur sembla qu'elle roucoulait comme un pigeon ; quand elle vint à parler grec, pour lors ils trouvèrent qu'elle parlait à voix humaine. Quant à ce que l'on dit que cet oiseau était noir, je n'ai pas de peine à croire qu'une Égyptienne, voisine de l'Éthiopie, fût de cette couleur. Au reste, les deux oracles de la Thébaïde et de Dodone ont presqu'absolument le même rite, et c'est de l'Égypte que nous est venue la méthode de l'art divinatoire pratiqué dans nos temples. Hérodote aurait pu ajouter que le nom de πέλειαι, qu'on donnait alors aux prêtresses de Dodone, signifie également, en langue thessalienne, *colombes* et *vieilles femmes* ou *prophétesses*.

Quoi qu'il en soit de son origine, l'oracle de Dodone rendait ses réponses de différentes manières : par l'agitation des feuilles de certains arbres, par le murmure des sources, par le bruit des chaudrons de cuivre, par de prétendues colombes perchées sur des branches d'arbres, par les sorts jetés au hasard. Les arbres étaient de l'espèce du chêne et de celle du hêtre. Ces chênes et ces hêtres passaient pour divins; les anciens Grecs font souvent mention du chêne parlant, du hêtre prophétique et de Jupiter qui rendait ses oracles par leur organe, mais sans expliquer de quelle manière. Ainsi, il y a grande apparence que c'était par le bruissement des feuilles agitées des vents auxquels la forêt était fort exposée. Les prêtresses du temple expliquaient aux consultants le bruit qu'ils avaient entendu. On est mieux instruit sur la manière dont l'oracle était rendu par le son des bassins de cuivre, quoiqu'il y ait quelque variété dans le détail des circonstances. Selon les uns, il y avait, dans le temple de Dodone, deux colonnes parallèles et placées près l'une de l'autre. A celle de droite était suspendue une petite chaudière, semblable à celles dont on se sert dans les ménages ; celle de gauche supportait la statue d'un petit garçon, tenant de la main droite un fouet dont les cordes étaient trois petites chaînes de bronze terminées par des boutons de même métal, et flexibles comme des cordelettes. Dès que le vent s'élevait, il agitait le fouet qui allait frapper le chaudron, et le bruit durait sans intermission jusqu'à ce que le vent tombât. Le temple de Dodone, dit un autre auteur, n'est pas fermé de murailles, mais entouré d'espèces de trépieds ou de bassins de cuivre suspendus fort près les uns des autres. Dès que l'on en touche un, il va frapper et faire résonner le suivant, et ainsi à la ronde, jusqu'au premier, qui continue le même mouvement, de sorte que le bruit et l'agitation circulent pendant un assez long temps. Les prêtresses annonçaient l'avenir sur la durée, l'intensité et la variété du son ; de là le proverbe, *airain de Dodone*, pour désigner un babillard. Il est même possible que le nom de *Dodone* ne soit qu'une onomatopée tirée du bruit sonore des bassins de cuivre.

Le murmure des fontaines était une troisième manière d'y conjecturer l'avenir. La principale sortait du pied d'un grand chêne prophétique, et annonçait les événements par le bruit de ses eaux, qu'une vieille prêtresse, appelée *Pélias*, expliquait aux consultants. Une autre fontaine, près du temple, était remarquable par plusieurs phénomènes singuliers. Si l'on présentait une torche éteinte à la surface de l'eau, sans y toucher, elle s'allumait aussitôt, et même d'assez loin. Cependant cette eau était froide à la main, et, comme les autres, elle éteignait les flambeaux allumés qu'on y plongeait. Cette source avait un cours réglé sur celui du soleil, mais en sens contraire. Elle baissait ou remontait en même temps et en même proportion que le soleil montait et descendait sur l'horizon : tous les jours à midi, elle était à sec ; puis elle croissait peu à peu jusqu'à minuit, temps de la plus grande hauteur, depuis lequel elle commençait à décroître jusqu'à midi, où elle tarissait tout à fait ; ce qui la faisait nommer *anapauomène* ou intermittente.

Les réponses que rendaient aux curieux certaines colombes noires, perchées sur les arbres de la forêt, étaient la manière la plus ordinaire de prononcer l'oracle. Les chênes eux-mêmes promulguaient aussi des réponses, au moyen de prêtres cachés dans le tronc de ces arbres; et comme le respect tenait les consultants à une certaine distance, ils ne pouvaient s'apercevoir de cette supercherie; c'était sans doute par le même moyen qu'on faisait parler les colombes.

Enfin il y avait une dernière manière de consulter par les sorts l'oracle de Dodone. Les sorts, autant qu'on peut le conjecturer, étaient, soit des bulletins sur lesquels, après avoir écrit diverses phrases relatives au sujet de la question, on en tirait un au hasard; soit des lettres ou autres signes quelconques, que l'on jetait dans une urne, d'où un enfant en tirait un certain nombre, que la prêtresse ajustait pour le mieux et expliquait à sa fantaisie; soit des dés gravés de certaines figures, soit enfin toutes ces choses combinées ensemble; car il paraît qu'on disposait quelquefois ces signes sur les cases d'une même table, sur laquelle on jetait les dés, en tirant des pronostics des cases sur lesquelles ils s'arrêtaient.

La confiance qu'on avait à l'oracle de Dodone n'était pas seulement renfermée dans la Grèce. Les femmes grosses, chez les Hyperboréens, c'est-à-dire, selon quelques-uns, chez les peuples d'au delà du mont Boras en Macédoine, y envoyaient quelquefois pour obtenir des couches heureuses. Parfois, dit-on, l'oracle rendait des réponses fort cruelles, et ordonnait des sacrifices humains, comme un moyen de calmer les maux que les dieux avaient envoyés sur la nation. Il réglait aussi les choses et les cérémonies relatives aux rites sacrés qu'on devait observer dans les fêtes de chaque divinité. Les prêtres du temple de Dodone s'appelaient *Helli* ou *Selli*.

DODONIES, nymphes qui passent pour avoir été les nourrices de Bacchus; on les appelle aussi *Atlantides*. Elles étaient au nombre de sept, dont voici les noms : Ambrosie, Eudore, Pasithoé, Coronis, Plexaure, Pytho et Tythé.

On donnait aussi ce nom aux trois vieilles femmes qui rendaient les oracles de Dodone, tantôt en vers, et tantôt par les sorts.

DOGME, point de foi proposé à la croyance des fidèles, dans la plupart des religions. Les dogmes, dit Cicéron, sont les décrets établis par chaque secte, il n'est pas plus permis de les enfreindre que de trahir sa patrie. La religion et les sectes philosophiques ne peuvent subsister sans dogmes; d'où Laërce conclut qu'une société qui n'a point de dogmes ne peut prétendre au nom de secte. Toutefois, dans l'Eglise chrétienne, le mot dogme a une acception encore plus rigoureuse, car il exprime un article de foi, que l'on est absolument tenu de croire et de professer, sous peine de passer pour hérétique et d'être banni de la communauté des fidèles. En ce sens, les Grecs et les Latins n'avaient point de dogmes proprement dits, car le plus grand vague régnait dans toutes leurs formules religieuses; il faut en excepter néanmoins les sectes qui avaient une doctrine ésotérique, couverte du voile du mystère.

DOGODA, dieu des anciens Slaves; c'était le zéphyr qui envoyait le beau temps et les vents tempérés.

DOI-CAU, étoffe de soie que les Cochinchinois étendent sur la tête de toutes les femmes, pendant les funérailles; ils s'imaginent que leurs divinités et les âmes des défunts viennent se promener au-dessus.

DOIGT. 1. Le nombre des doigts employés pour faire le signe de la croix n'a pas toujours été regardé comme indifférent; les eutychiens ne portaient qu'un doigt au front, à la poitrine et aux épaules, pour exprimer qu'ils ne reconnaissaient qu'une nature en Jésus-Christ. Les catholiques en élevaient deux pour la raison contraire. D'autres en employaient trois pour désigner les trois personnes de la sainte Trinité, comme le font encore les Russes. Mais les Raskolniks observent avec scrupule de ne se servir que de l'index et du doigt du milieu, parce que, disent-ils, trois doigts sont le symbole de l'Antechrist. Maintenant le nombre des doigts est regardé comme assez indifférent, et l'usage a prévalu, du moins dans nos contrées, de porter la main, tous les doigts étendus, pour faire le signe de la croix.

2. Les Romains l'avaient mis sous la protection de Minerve. C'était du bout du doigt qu'on prenait dans l'*acerra* les parfums pour les jeter dans le feu. Le Janus consacré par Numa marquait, par l'arrangement de ses doigts, 354 jours, pour signifier qu'il présidait à l'année, composée alors de ce nombre de jours, parce qu'elle était lunaire.

3. *Doigt d'Hercule.* Hercule, dit le grammairien Ptolémée Chennus, perdit un doigt dans le combat qu'il livra au lion de Némée; ou, selon d'autres, piqué par une raie venimeuse, il fut obligé de se le couper; et l'on voyait à Lacédémone un monument érigé à ce doigt coupé. Il était surmonté d'un lion de pierre, symbole de la force d'Hercule. De là, ajoute cet auteur, l'usage de placer des lions sur des cippes et autres monuments.

4. Dans le royaume de Macassar, quand le malade est à l'agonie, l'*agguis* (prêtre mahométan) le prend par la main, et marmottant des prières, lui frotte doucement le doigt du milieu, afin de favoriser, par cette friction, un chemin à l'âme, qui sort toujours par le bout du doigt.

5. Les Turcs, est-il dit dans le voyage d'Espagne à Bender, mangent le riz quelquefois avec des cuillers de bois, et le plus souvent sans fourchettes, avec trois doigts seulement, dans la persuasion où ils sont que le diable mange avec les deux autres.

DOKALFAHEIM, un des trois mondes inférieurs, qui, suivant la mythologie des Scandinaves, se trouvent sous la terre; on l'appelle encore *Swartalfaheim*, monde des génies de l'obscurité. Les deux autres mondes souterrains sont *Helheim*, l'empire de la mort, et *Niflheim*, l'empire des ténèbres.

DOLA-YATRA, fête religieuse des Hindous, confondue, en plusieurs provinces, avec le Holi, mais qui est une solennité à part dans d'autres districts, comme dans le Bengale. Elle a lieu le 14 de la quinzaine lumineuse de la lune de Phalgoun, vers la mimars. On la célèbre en l'honneur de Krichna enfant, la plus célèbre des incarnations de Vichnou. Les chefs de famille jeûnent ce jour-là; le soir on fait le *poudja* ou l'adoration du feu; après quoi le brahmane officiant saupoudre d'une poussière rouge une image de Krichna, consacrée pour cette occasion, et distribue aux assistants une certaine quantité de la même poudre. Après cette cérémonie on fait un feu de joie sur une place préparée à cet effet, et on y précipite une espèce de mannequin fait de bambou, et que l'on appelle *Holika;* il représente une espèce d'ogresse nommée Holi. Cette effigie est amenée processionnellement par des brahmanes ou des Vaichnavas accompagnés de musiciens et de chanteurs. Le reste de la journée se passe dans la joie et les divertissements.

Le lendemain matin, avant l'aurore, on apporte la statue de Krichna et on la place dans un berceau, auquel on imprime quelques mouvements dès que le jour paraît; on répète la même chose à midi, et vers le coucher du soleil. Pendant la journée, on s'amuse avec les amis, qui ne manquent pas de venir vous visiter à cette occasion, à se jeter les uns aux autres des poignées de poudre rouge, ou à s'arroser mutuellement d'eau de rose, soit naturelle, soit teinte également en rouge. L'endroit où est élevé le berceau du dieu est le lieu ordinaire de ce divertissement, qui dure plusieurs jours. Les enfants et les gens des basses classes vont dans les rues, jettent de la poudre sur les passants et les arrosent d'un liquide rouge, au moyen de seringues, en accompagnant ces mauvaises plaisanteries de paroles injurieuses et obscènes. Les femmes et les gens qui se respectent sont obligés de rester chez eux s'ils ne veulent pas être insultés.

Les habitants de la province d'Orissa ne font pas de feu de joie, mais ils observent la cérémonie du berceau et se jettent de la poudre colorée. Ils ont aussi quelques usages particuliers. Leurs Gosains, leurs brahmanes et les sectateurs de Tchaitanya portent en procession des images qui représentent Krichna dans son enfance, et les mènent chez leurs disciples et chez leurs patrons, auxquels ils offrent de la poudre rouge et de l'essence de rose; ils en reçoivent à leur tour des présents en argent ou en étoffes. *Voyez* HOLI.

DOLABRE, sorte de couteau en usage dans les sacrifices, où il servait à disséquer les victimes. On le voit sur les médailles des empereurs, qui ont uni la dignité de pontifes au titre de césar.

DOLICHENIUS, ou *DOLICHENUS.* On a trouvé à Marseille une statue de marbre, haute de onze ou douze pieds, représentant un guerrier le casque en tête, couvert de la cuirasse et armé d'une épée. Il était debout sur la croupe d'un taureau, et sous le taureau était un aigle. Au bas de la statue on lisait cette inscription : DEO DOLICHENIO OCT. PATERNVS EX IVSSV EIVS PRO SALVTE SVA ET SVORVM. C'est-à-dire : Octavius Paternus a consacré ce monument au dieu Dolichenius, par son ordre, pour sa conservation et celle de sa famille. Les savants ne sont pas d'accord sur ce qui regarde ce dieu Dolichenius; les uns veulent que ce soit le dieu Mars; il en a en effet le costume; d'autres y reconnaissent Apollon; d'autres enfin prétendent que l'aigle et le taureau désignent Jupiter. On possède une médaille de Mylassa, dans l'Asie Mineure, où Jupiter est nommé *Dolichenus;* il est représenté armé d'une hache à deux tranchants.

DOLIUS, un des noms de Mercure, considéré comme le dieu du commerce, et, par extension, comme le dieu de la fraude et du dol (*à dolo*).

DOLMEN, mot breton qui signifie *table de pierre.* On donne ce nom aux autels élevés au milieu des forêts et sur lesquels les anciens druides immolaient des victimes humaines. Il en existe encore un grand nombre en France, particulièrement dans la Basse-Bretagne; on en voit même à Epônes, près de Mantes, dans le département de Seine-et-Oise. Ils consistent pour la plupart en plusieurs pierres verticales, surmontées d'une ou deux pierres plates posées horizontalement. Sur ces tables sont ordinairement creusés de main d'homme des bassins circulaires de petite dimension, formant en quelque sorte des vases qui communiquent entre eux par des rigoles, et qui sans doute étaient destinés à recevoir les libations ou le sang des victimes. A quelques-uns de ces dolmens ou autels, la table est perforée de telle sorte qu'en se plaçant au-dessous on pouvait être arrosé par les libations faites sur l'autel, ou recevoir le baptême de sang, lorsqu'un animal ou une victime humaine y étaient sacrifiés; moyen de purification malheureusement trop accrédité dans ces siècles de barbarie, et dont trop de preuves existent dans les auteurs, pour qu'on puisse le révoquer en doute. En faisant des fouilles près de ces autels, on trouve souvent des fragments d'os calcinés, des cendres et des coins creux en airain qui étaient sans doute des haches servant aux sacrifices.

DOLOTSAVA, cérémonie du balancement du berceau de Krichna, qui a lieu dans l'Inde, aux solennités du *Holi* et du *Dola-Yatra. Voyez* ces articles.

DOMASCHNIE DOUGHI, ou DOMOWIE, *follets, lutins;* demi-dieux qui, dans la mythologie slave, répondaient aux génies tutélaires des demeures, et qu'aujourd'hui le peuple russe prend pour les diables des maisons.

DOMATITÈS, surnom sous lequel Neptune avait un temple à Sparte, comme le dieu qui dompte le vent et les tempêtes.

DOMICIUS, dieu que les Romains invoquaient dans le temps des noces, afin que la femme demeurât assidûment dans la maison de son mari, et y vécût en paix avec lui.

DOMIDUCA et **DOMIDUCUS**, divinités romaines que les Romains invoquaient quand on conduisait la nouvelle mariée dans la maison de son mari. Plusieurs croient que la première était la même que Junon.

DOMINE. Les nègres de Popo ou Papa, sur la Côte-d'Or, appellent leurs prêtres du nom latin de *Domine*. Il faut, disent les anciens voyageurs, gagner ces prêtres par des présents, et ne négliger aucune précaution, si l'on veut trafiquer dans ce pays avec quelque sûreté.

DOMINICAINES, religieuses de l'ordre de saint Dominique; elles furent établies par saint Dominique lui-même, lorsque, de concert avec Innocent III, il porta la réforme chez certaines religieuses qui ne gardaient point la clôture, et n'observaient presqu'aucun article de leur règle, vivant soit chez leurs parents, soit dans de petits monastères isolés. Il les réunit dans le couvent de Saint-Sixte, et leur donna la règle et l'habit de son ordre. Dans quelques endroits on leur donnait le nom de *précheresses*, comme les Dominicains étaient appelés *frères prêcheurs*. A l'époque de la révolution, les Dominicaines avaient 44 couvents en France.

DOMINICAINS (1). L'ordre des *Frères prêcheurs* prit son origine en France, mais ce fut un Espagnol qui le fonda. Né en 1170, dans la ville de Calahorra, dans le diocèse d'Osma, province de la Vieille-Castille, Dominique, issu d'une famille noble, se distingua dans sa jeunesse par une rare piété et un grand amour pour l'étude. Entré dans la carrière ecclésiastique, il fut remarqué de son évêque, qui le nomma, à l'âge de 24 ans, chanoine de son église, et l'attacha en quelque sorte à sa personne; aussi l'emmena-t-il avec lui dans le voyage qu'il fit dans le nord de l'Europe et à Rome. C'était alors l'époque où un composé de croyances moitié musulmanes, moitié chrétiennes, s'était formé dans le midi de la France; ses partisans avaient séduit une grande partie de la population, et étaient parvenus à implanter et à populariser, au sein de la France et du catholicisme, une sorte de manichéisme et tous les désordres de morale pratique qui en découlent. Justement alarmées d'un pareil état de choses, les autorités spirituelles et temporelles cherchèrent à s'y opposer, mais en vain; le mal prévalait, une épouvantable anarchie désolait les populations; des excès intolérables se commettaient de part et d'autre. Les ordres religieux existants et le clergé avaient en grande partie perdu de vue la morale et l'exemple de l'Évangile; ils vivaient dans le faste et souvent dans une scandaleuse mondanité; le peuple végétait dans une ignorance profonde de la vraie doctrine évangélique; les plus grossières superstitions, les croyances les plus impies et les plus absurdes avaient gagné les esprits des habitants des campagnes et des villes. C'est dans cet état que Dominique trouva la religion et la société dans le midi de la France. Alors il forma le projet d'appliquer à ce mal invétéré deux remèdes nouveaux : *l'exemple d'une vie vraiment chrétienne, et l'enseignement de la doctrine évangélique par la prédication.* C'est ce qu'il exécuta avec une constance et une fermeté de volonté que l'on peut à peine concevoir en notre temps.

Nous ne suivrons pas minutieusement les débuts de cette grande œuvre; nous la prenons toute formée, et nous allons dire quels étaient les ouvriers qu'elle façonna.

Celui qui voulait entrer dans l'ordre devait subir un noviciat d'un an; ce n'est qu'au bout de ce temps qu'il obtenait la faveur d'être reçu. Or voici quelques-unes des choses qu'on exigeait de lui.

Le prieur chargé de l'instruction des novices devait surtout leur apprendre l'humilité de cœur et celle du corps; à abandonner leur propre volonté; comment ils devaient demander et obtenir pardon de leurs fautes; se prosterner devant ceux qu'ils auraient scandalisés et ne se relever qu'après en avoir obtenu le pardon; comment ils ne devaient disputer avec personne, ni juger personne, interpréter toutes les actions en bien.

Les frères ne devaient ni rire d'une manière désordonnée, ni jeter leurs regards sur toutes choses, ni dire des paroles inutiles; ne point traiter leurs livres ou leurs habits avec négligence; ce qui était une faute légère.

Être en discussion avec quelqu'un d'une manière inconvenante en présence des séculiers; avoir coutume de rompre le silence; garder quelque rancune ou dire quelque injure à celui qui a proclamé ou découvert ses manquements au chapitre; aller à cheval, manger de la chair, porter de l'argent en voyage, regarder une femme ou parler seul avec elle; écrire une lettre ou en recevoir sans permission; c'étaient des fautes graves pour lesquelles on infligeait des prières et des jeûnes au pain et à l'eau.

Résister à son supérieur, frapper quelqu'un, cacher quelque chose qu'on a reçue, commettre quelqu'action digne de mort dans le siècle; c'était une faute très-grave. Que le coupable soit flagellé dans le chapitre, dit la règle; qu'il mange à terre dans le réfectoire un pain grossier; que personne ne lui parle, si ce n'est les anciens, pour l'exhorter au repentir.

Commettre le péché de la chair; accuser faussement quelqu'un d'une faute grave; jouer aux jeux de hasard; intriguer contre ses supérieurs, tout cela était puni de la prison et d'autres peines, dont la dernière était d'être renvoyé de l'ordre.

Tous les jours, une cérémonie lugubre, extraordinaire, venait encore dompter les volontés rebelles : la communauté s'assemblait, et là tous ceux qui avaient commis quelque faute, se prosternaient tout de leur long contre terre, sur le côté, afin que la honte parût sur le visage, et le prieur ordon-

---

(1) Article extrait du *Dictionnaire de Diplomatique*, par M. Bonnetty, inséré dans les *Annales de philosophie chrétienne*.

vait une punition, souvent une flagellation qui était exécutée séance tenante. Bien plus, ceux qui avaient vu quelques manquements à la règle, étaient obligés de les révéler, pourvu qu'ils pussent prouver leur dire par quelqu'un de présent. L'accusé s'humiliait, remerciait celui qui l'avait proclamé, subissait la pénitence, et tous ensemble ils chantaient ce cantique : « Toutes les nations, louez le Seigneur ; notre aide est dans le nom du Seigneur. »

On voit ce que devaient être, dans la société, de tels hommes, trempés, durcis, purifiés de la sorte, et maîtres jusqu'à ce point d'eux-mêmes. D'ailleurs il était enjoint de laisser parfaitement libres les novices qui voulaient quitter le couvent, de leur rendre tout ce qu'ils avaient apporté, et de ne pas même les molester par des paroles.

Les études étaient toutes dirigées pour faire non des païens ou des rhéteurs, mais des hommes connaissant parfaitement la foi évangélique, et capables de l'enseigner et de la faire goûter aux autres. Les novices ne devaient donc point étudier dans les livres des païens et des philosophes, mais seulement en prendre connaissance en passant. Ils ne devaient point communément apprendre les sciences séculières, ni les arts libéraux, mais seulement les livres de théologie ; mais qu'ils y soient tellement attentifs, dit la règle, que le jour, la nuit, dans le couvent, en voyage, ils lisent ou méditent quelque chose qui y ait rapport, et, autant que possible, l'apprennent par cœur.

Ceux qui paraissaient aptes aux études devaient être envoyés aux universités ; toutes les provinces devaient en envoyer deux à celle de Paris, et, outre cela, chaque province, excepté celles de Grèce, d'Asie et de Terre-Sainte, devait avoir, dans un de ses couvents, une université ou étude générale.

Chaque province devait fournir à ceux qu'elle envoyait sa bibliothèque, des livres d'histoire et des sentences. Tous les jours conférence et discussion. Permission de lire, de prier, et même de veiller à la lumière, pour étudier dans les cellules.

Les bacheliers étaient obligés de subir un nouvel examen en entrant dans l'ordre. On ne pouvait être maître ou docteur, si l'on n'avait étudié, pour ce grade, au moins quatre ans dans une université. Aucune personne ne devait lire la Bible dans un sens littéral autre que celui qui était approuvé par les saints Pères.

Le prix de tout livre vendu devait être appliqué à acheter de nouveaux livres ou manuscrits ; aucun livre ne pouvait être publié sans la permission du supérieur.

Personne ne devait être promu aux ordres, s'il ne savait la grammaire, et parler et écrire en latin, sans fausse latinité.

Chaque couvent devait avoir au moins douze frères, dont dix devaient être clercs. Ces maisons ne devaient avoir ni curiosités, ni superfluités notables, en sculpture, en peinture, en pavés ; c'étaient choses contraires à la pauvreté. Les frères ne pouvaient avoir ni biens-fonds, ni rentes, ni église ayant charge d'âmes.

Les supérieurs étaient élus par la majorité des frères. Aucun prieur ne pouvait être élu ou confirmé, à moins qu'il ne sût parler selon les règles de la grammaire, sans fausse latinité, et qu'il ne sût la morale de l'Ecriture, pour pouvoir convenablement l'exposer dans le couvent.

On a reproché aux Dominicains d'avoir été chargés de l'inquisition des hérétiques. Sur cela nous dirons que la part qu'ils y prirent leur est commune avec d'autres ordres, ceux de Citeaux et des Franciscains, et surtout avec les conciles, les papes, les rois, les peuples, qui tous la voulurent et la crurent nécessaire pour réprimer les envahissements des hérétiques qui ne visaient à rien moins qu'à dominer par la crainte l'ordre temporel et spirituel des sociétés. L'inquisition, formulée dans le concile de Vérone, en 1184, en exercice dans le Languedoc, en 1198, sous la direction des Cisterciens, était depuis vingt ans établie, quand Dominique entra en scène. On peut dire que les moyens qu'il mit en œuvre furent directement opposés au principe de l'inquisition ; ce principe d'ailleurs, celui de pardonner au coupable qui avoue sa faute, était un progrès à cette époque, et fut dénaturé entre les mains de l'autorité civile.

Tels furent au commencement les collaborateurs de saint Dominique ; aussi ne doit-on pas s'étonner de la sensation profonde qu'ils firent parmi les populations. « Les Frères prêcheurs, dit un historien renommé par sa partialité contre les moines (Matthieu Paris), se recommandaient surtout par leur pauvreté volontaire ; on les voyait dans les grandes villes, au nombre de six ou sept ensemble, ne songeant point au lendemain ; et, conformément au précepte de l'Evangile, ils vivaient de l'Evangile ; ils donnaient sur-le-champ aux pauvres les restes de leurs repas ; ils couchaient dans leurs habits, et avec des nattes pour toute couverture, n'ayant pour oreiller qu'une pierre, et toujours prêts à annoncer l'Evangile. »

De tous côtés on courait les voir et les entendre ; tous les évêques, tous les princes voulaient les avoir pour prêcher la parole de Dieu. Aussi quand Dominique mourut saintement, en 1221, c'est-à-dire neuf ans seulement après l'approbation de son institut par Honorius, en 1216, toute l'Europe catholique avait reçu les Frères prêcheurs ; ils formaient 8 provinces qui comprenaient 60 couvents.

Les Dominicains furent établis à Paris par le P. Matthieu, qui y fut envoyé par saint Dominique en 1217. Un doyen de Saint-Quentin, régent en théologie, nommé Jean, leur donna dans la rue Saint-Jacques une maison et un oratoire dédiés à saint Jacques, d'où leur vint, en France, le nom de *Jacobins*.

Les Dominicains forment encore un des principaux ordres de l'Eglise ; ils ont des missions en Chine et en Amérique ; à Rome, ils exercent la charge de *maîtres du sacré palais*, et, à ce titre, donnent seuls l'autorisation d'imprimer les livres.

Lors de la suppression des communautés religieuses, en 1790, les Dominicains avaient en France six provinces réparties ainsi qu'il suit :

				couvents d'hommes.		de femmes.
1re	Toulouse,	2e	de l'ordre, avec	24	16	
2e	France,	3e		34	9	
3e	Provence,	17e		22	11	
4e	Occitanie,	32e		32	2	
5e	Paris,	35e		27	3	
6e	Saint-Louis,	45e		12	3	
D'aucune province				6		
				157	44	

Le révérend père Lacordaire tente en ce moment de rétablir dans notre patrie l'ordre des Dominicains ; sa parole puissante excite partout les vives sympathies de la jeunesse actuelle. Puisse-t-il réussir dans ses évangéliques projets !

DOMINICAL. On appelait ainsi, dans la primitive Eglise, le voile dont les femmes se couvraient la tête, en signe de respect, pour recevoir la sainte communion. Ce pieux usage, tombé en désuétude à Paris, subsiste encore dans un grand nombre de provinces.

Il y en a qui donnent le nom de *Dominical* au linge ou voile que les femmes tenaient étendu sur leurs mains en approchant de la sainte table, afin d'y recevoir l'eucharistie. Il a été en effet d'usage pendant plusieurs siècles de donner l'hostie consacrée aux hommes sur la main nue, et aux femmes sur un linge ; et chacun la portait soi-même à la bouche.

Le nom de *Dominical* vient du corps du Seigneur, *corpus dominicum*.

DOMINICALE. 1. Dans les premiers siècles du christianisme, on donnait ce nom aux leçons de l'Ecriture, qu'on lisait tous les dimanches. Maintenant on appelle *dominicales* les sermons ou homélies composés sur les évangiles de tous les dimanches de l'année.

2. *Lettre dominicale*. C'est la lettre qui, dans les calendriers, sert à marquer les dimanches de l'année. Ces lettres, qui sont les sept premières de l'alphabet, furent introduites par les premiers chrétiens, à la place des lettres nundinales du calendrier romain. La lettre A est toujours affectée au premier janvier, le B au deuxième jour, le C au troisième, et ainsi de suite invariablement jusqu'au 31 décembre, qui est aussi marqué par un A ; en sorte que si le premier janvier est un dimanche, tous les jours du calendrier qui portent la lettre A seront autant de dimanches ; il en est de même des autres lettres. Il faut excepter cependant les années bissextiles qui ont deux lettres dominicales, l'une servant jusqu'au 23 février, et l'autre depuis le 24 du même mois jusqu'à la fin de l'année, à cause du jour supplémentaire intercalé immédiatement avant le 24 février.— La lettre dominicale change tous les ans, par la raison que l'année de 365 jours a un jour de plus que 52 semaines ; la lettre de l'année suivante est toujours celle qui précède, dans l'ordre alphabétique, celle de l'année que l'on vient de quitter, ou la dernière des deux lettres, dans les années bissextiles.

3. *Oraison dominicale*. C'est la prière que Jésus-Christ nous a enseignée, et que toutes les communions chrétiennes ont religieusement conservée. On sait qu'elle comprend sept vœux ou demandes, dont les trois premières ont un rapport direct à Dieu, et les quatre autres regardent plus particulièrement le chrétien. Les chrétiens d'Orient et les protestants la terminent par la formule suivante : *Car à vous appartient le règne, la puissance et la gloire, dans les siècles des siècles*. Mais elle n'appartient point à l'Oraison dominicale, elle est venue de l'usage des Orientaux de terminer ainsi la plupart de leurs prières ; ils l'ont donc ajoutée à la prière du Seigneur, d'où elle s'est glissée insensiblement dans la plupart des exemplaires de l'évangile de saint Matthieu.

DOMMOSINGHIANI, divinité des Khonds, peuple de l'Hindoustan ; c'est le dieu tutélaire du district de Dommosinghi, qui est sous sa dépendance. Ses prêtres portent le nom d'*abbayas*.

DOMNA, nom sous lequel on adorait Proserpine, à Cyzique ; il signifie *la dame, la souveraine*, comme le nom de *Despoina* qu'on lui donnait encore.

DOMOTROI, génies des anciens Slaves ; c'étaient des esprits domestiques analogues aux dieux Lares des Romains. Ils étaient représentés le plus ordinairement sous la forme de reptiles. On leur présentait du laitage et des œufs ; et il y avait peine de mort contre quiconque se fût permis d'offenser ces hôtes protecteurs. Chacun d'eux avait des fonctions particulières, pour la conservation de l'économie domestique.

DOMOVIÉ-DOUKI, génies tutélaires de l'intérieur des maisons ; esprits domestiques des anciens Slaves. *Voy*. DOMASCENIÉ-DOUKI.

DON, fleuve sacré des anciens Slaves. Il était adoré par eux comme le Bog et plusieurs autres lacs, et recevait des hommages et des sacrifices.

DONARIA, présents que les Romains offraient aux dieux, et qu'on attachait dans leurs temples, pour les remercier d'un bienfait, ou pour obtenir d'eux quelque grâce. Ces présents étaient proportionnés aux facultés de celui qui les faisait. Le prêtre avait soin d'en diminuer le nombre de temps en temps, de crainte que la trop grande quantité n'encombrât le temple. Dans les temps malheureux, la ville s'en emparait comme une ressource pour l'Etat ; cela eut lieu entre autres après la bataille de Cannes. On appelait aussi *Donaria* le lieu où l'on mettait les présents faits aux dieux, et, abusivement, le temple lui-même.

DONATISTES, schismatiques du IVᵉ siècle, qui se séparèrent, 1° de la communion de Cécilien, évêque de Carthage, homme d'une vertu et d'une foi inattaquables, mais qu'ils accusaient d'avoir été ordonné par un évêque qui avait été *traditeur* durant la persécution, c'est-à-dire qui avait livré aux païens les livres saints et les vases sacrés; 2° de toute l'Eglise, parce que toute l'Eglise était demeurée unie de communion avec Cécilien et non pas avec Majorin, ordonné, pour le même siège, par Donat, évêque des Cases-Noires.

Toutefois ce Donat, évêque des Cases-Noires, n'est pas celui qui donna son nom à la secte, mais bien un autre Donat, homme qui avait des qualités éminentes, mais un orgueil insurmontable; il fut le plus ferme appui de Majorin, et fût élu par les schismatiques pour lui succéder.

En vain le pape Miltiade, et quelques évêques des Gaules, en vain un concile tenu à Rome, un autre à Arles, déclarèrent l'élection valable; les évêques d'Afrique, forts de leur nombre de trois cents, résistèrent au pape, au concile, à toute l'Eglise, se persuadant faussement, ainsi que les montanistes, qu'il n'y avait point de mesure à garder dans le bien, ou de défiance de soi dans les bonnes intentions; ils préférèrent rester séparés, alléguant qu'ils ne voulaient pas se souiller avec l'indulgence de l'Eglise.

Le schisme naît presque toujours de l'erreur, ou il la produit. Bientôt les Donatistes descendirent dans les dernières conséquences du schisme, et enseignèrent diverses erreurs pour justifier leur conduite. Ces erreurs consistaient en deux choses principales: la première, que la véritable Eglise avait péri partout, excepté dans leur parti; aussi traitaient-ils toutes les autres Eglises de prostituées, qui étaient dans l'aveuglement; la seconde, que le baptême et les autres sacrements, conférés hors de leur église, étaient nuls; en conséquence, ils rebaptisaient tous ceux qui, sortant de l'Eglise catholique, entraient en société avec eux.

Le grand nombre d'évêques qui soutenaient les Donatistes, et leur vertu austère, attachèrent beaucoup de personnes à leur parti; car c'est une remarque qu'il convient de faire, que la rigueur, l'austérité et la pénitence attirent partout le respect et presque la vénération et la croyance de l'humanité, qui rend ainsi un éclatant témoignage à sa chute et au besoin qu'elle a de se purifier.

Mais bientôt, l'esprit de division, père de toutes les sectes, et qui, ainsi que le Saturne de la mythologie, dévore ses propres enfants, se mit parmi eux. Ils se partagèrent en petites branches, connues sous le nom de *claudianistes*, *rogatistes*, *urbanistes*, *pétiliens*, *priscianistes* et *maximianistes*, selon les maîtres particuliers par lesquels ces brebis sorties du grand bercail se laissaient conduire.

Comme plusieurs fois ils troublèrent la tranquillité de l'empire, les empereurs Constantin, Constance, Théodose et Honorius portèrent contre eux des édits sévères. Ils subsistèrent pourtant en Afrique jusqu'à la conquête des Vandales, et même après. Saint Augustin et Optat de Milève écrivirent contre leurs erreurs.

DON DE DIEU, nom que les doukhobortses, dissidents de l'Eglise nationale de Russie, donnent à une colonie qu'ils ont fondée sur la rive droite de la Molochne. En 1816, leur nombre s'élevait à 1,133 individus, répartis en huit villages, où ils vivaient paisiblement, tout en cherchant à faire des prosélytes. L'empereur Alexandre les y plaça au commencement de son règne, pour les dédommager en quelque sorte des épreuves rigoureuses auxquelles les avait soumis l'empereur Paul, dans l'intention de les faire renoncer au système d'égalité qu'ils professaient. *Voy.* DOUKHOBORTSES.

DONS DU SAINT-ESPRIT. On appelle ainsi communément les grâces intérieures que le Saint-Esprit répand dans l'âme des fidèles, lorsqu'ils reçoivent le sacrement de confirmation; ils sont au nombre de sept, savoir: la Sagesse, l'Intelligence, le Conseil, la Force, la Science, la Piété et la Crainte de Dieu. Mais les dons du Saint-Esprit proprement dits étaient le pouvoir surnaturel dont Dieu favorisait assez souvent les premiers chrétiens pour l'établissement de son Eglise; tels étaient le don des langues, le don de prophétie et le don de faire des miracles. Ce sont ces dons que Simon le Magicien crut pouvoir acheter à prix d'argent.

DONDOS, nom que l'on donne, dans le Congo, à des hommes blancs, quoique nés d'un père et d'une mère nègres. Les familles dans lesquelles naît des enfants de cette espèce sont dans l'usage de les présenter au roi, qui les fait élever dans la pratique de la sorcellerie: ils servent de sorciers au prince noir, et l'accompagnent sans cesse. Leur état les fait respecter de tout le monde.

Les rois de Loango les choisissent pour conseillers, magiciens et présidents des cérémonies religieuses. Ce sont eux qui font la prière devant le souverain. Ils ont le privilège d'être placés autour de son dais, accroupis sur des nattes et des tapis. Ces albinos sont aussi faibles de corps que d'esprit; mais leur infirmité paraît surnaturelle aux nègres, c'est ce qui les fait regarder comme des gens inspirés.

DONINDA, nom d'une divinité celtique, qui n'est connue que par une inscription trouvée à Maley, près de Lausanne.

DONON, ou SAPAN-DONON, fête célébrée dans le royaume de Pégu. Le roi se rend dans un palais hors de la ville, situé sur le bord de la rivière. Les courtisans, montés deux à deux sur une barque, disputent à l'envi à qui abordera le premier. Le roi, qui est juge de ces juges, donne pour prix une statuette d'or à ceux qui ont devancé les autres, une statue d'argent à ceux qui suivent immédiatement; quant à ceux qui sont restés en arrière, on les revêt d'un habit de veuve, et on les expose ainsi affublés à la risée de toute la cour. Cette fête dure un mois.

DOOPS-GEZINDEN, nom que l'on donne communément aux mennonites de la Hollande, où ils sont nombreux; car ils y ont près de 200 églises, dont 56 en Frise. Ces mennonites affectionnent cette dénomination hollandaise, à peu près synonyme du nom de baptistes qu'on donne en Angleterre à ceux de la même communion.

DORDION, divinité obscène, à laquelle, selon Platon, dans son Phédon cité par Athénée, les femmes lascives offraient des présents.

DORDZIAK, ou DORDZIÉ, cérémonie en usage dans le Tibet pour l'expulsion du prince des démons; voici en quoi elle consiste. On choisit un des lamas ou prêtres pour représenter le Dalaï-lama, et un homme du peuple pour représenter le prince des démons. Celui-ci a la joue gauche barbouillée de blanc, et la droite de noir ; il se coiffe de grandes oreilles vertes, son chapeau est surmonté d'un petit drapeau; de la main gauche il tient un bâton court, et de la droite une queue de vache. Le représentant du Dalaï-lama se rend sur la place publique, où il s'assied sur une estrade; les autres lamas se placent à ses côtés, et tiennent un office, après lequel le diable sort au son des tambours et des conques, en faisant des sauts étonnants. Il se présente devant le Dalaï-lama simulé, et lui dit en se moquant de lui : « Ce que nous apercevons par les cinq sources d'intelligence n'est pas illusoire; tout ce que tu enseignes n'est pas vrai (1). » Le Dalaï-lama réfute cette thèse; tous les deux s'efforcent de prouver la vérité de leurs assertions. A la fin ils conviennent de s'en rapporter au sort: chacun d'eux prend un dé de la grosseur d'une noix; le Dalaï-lama jette le sien trois fois sur un plat d'argent, et amène toujours le nombre *six*; le diable jette son dé trois fois par terre, mais il n'amène que l'*as*; car ce nombre est répété sur les six faces de son dé, de même que le nombre *six* se trouve six fois sur celui du Dalaï-lama. Celui-ci appelle les esprits du ciel; alors les lamas habillés en esprits paraissent et chassent le prince des démons, qui prend la fuite; les prêtres et les laïques le poursuivent avec des arcs et des flèches, des fusils et des canons. On a disposé d'avance sur une montagne des tentes près desquelles on va se placer, pour voir dans quel ravin le roi des démons ira se cacher; alors on lui tire des coups de canon pour le forcer à aller plus loin; c'est par là que finit la cérémonie. Celui qui joue le rôle de démon est un homme loué; il trouve dans l'endroit où il doit se retirer des provisions de bouche préparées d'avance pour plusieurs mois, et il ne peut sortir de sa retraite que lorsqu'elles sont entièrement consommées.

DORIENS, jeux que les Doriens célébraient à frais communs sur le promontoire Triopon, en l'honneur des nymphes, d'Apollon et de Neptune. Tous les Doriens n'y étaient pas admis indistinctement, mais seulement ceux de la Pentapole dorique, ou des cinq villes, dont quatre étaient dans les îles de Rhodes et de Cos, et la cinquième était Gnide.

DORIS, divinité secondaire des anciens Grecs; c'était une nymphe marine, fille de l'Océan et de Téthis. Elle épousa son frère Nérée, dont elle eut cinquante nymphes, appelées *Néréides* du nom de leur père, ou *Dorides* de celui de leur mère.

DORPIA, premier jour des Apaturies, ainsi appelé de δόρπος souper, parce que chaque tribu se réunissait sur le soir et prenait part à un repas somptueux. *Voy.* APATURIES.

DOSITHÉENS ou DOSTHÉNIENS, sectaires juifs, ainsi appelés d'un magicien de Samarie, appelé Dosithée, et regardé comme le premier des hérésiarques. Il paraît avoir vécu vers le temps des apôtres. Comme il s'était beaucoup appliqué à la magie, il séduisait l'imagination par des prestiges, par des enchantements et par des tours d'adresse; il voulut même se faire passer pour le Messie, et il trouva des gens qui crurent à sa parole. Mais comme les prophètes annonçaient le Messie sous des caractères qui ne pouvaient convenir qu'à Jésus-Christ, Dosithée changea les prophéties en les appropriant, et ses disciples soutinrent qu'il était le Messie prédit par les prophètes. Il n'avait à sa suite que trente disciples, suivant le nombre des jours du mois, et il n'en voulait pas davantage. Il avait admis avec eux une femme qu'il appelait la Lune; il observait la circoncision et jeûnait beaucoup. On prétend que, pour faire croire qu'il était monté au ciel, il se laissa mourir de faim dans une caverne, où il s'était retiré à l'insu de tout le monde. — Les Dosithéens professaient une grande estime pour la virginité; entêtés de leur chasteté, ils regardaient avec un souverain mépris le reste du genre humain, ne voulant communiquer avec quiconque ne pensait et ne vivait pas comme eux. Ils avaient des pratiques singulières, auxquelles ils étaient fort attachés; telle était celle de demeurer vingt-quatre heures dans la posture où ils se trouvaient lorsque le sabbat commençait. En restant ainsi 24 heures plantés debout, la main droite ou la gauche étendue, ils s'imaginaient observer littéralement le précepte du repos, et mériter plus que ceux qui employaient ce jour en bonnes œuvres. Un des disciples de Dosithée étant mort, il prit à sa place Simon le Magicien, qui surpassa bientôt son maître et devint à son tour chef de secte. La secte des Dosithéens subsista en Egypte jusqu'au VIe siècle. *Voy.* DOSTAN.

DOSTAN, ou DOSTANIS, secte de Samaritains, la même que les dosithéens. Suivant les auteurs arabes, les Dostanis élevèrent un

---

(1) On sait que cette proposition est précisément la contradictoire de la doctrine bouddhique. *Voy* BOUDDHISME.

autel particulier et adoptèrent des coutumes opposées à celles de leurs pères. Ils ne voulaient pas permettre qu'on se servît de ces mots: Que notre Dieu soit béni éternellement! ni qu'on prononçât le nom de *Jéhova*; ils y substituaient le mot *Dieu*. Ils eurent leurs synagogues particulières et leurs prêtres. Ils disaient que les récompenses et les châtiments s'exécutent en ce monde, différant en cela des *Kouschanis* qui reconnaissaient la vie future, ses récompenses et ses châtiments. *Voy.* DOSITHÉENS.

DOUIAKOUJACK, montagne célèbre au Kamtschatka, dont le nom désigne un rocher escarpé; elle est située dans une île déserte, à l'ouest de Poromondir, la deuxième des îles Kouriles. Les peuples d'alentour ont, au sujet de cette montagne, des traditions mythologiques analogues au mythe des amours d'Alphée et d'Aréthuse chez les Grecs. Ils rapportent qu'elle était autrefois au milieu du grand lac Kourile, sur la pointe du Kamtschatka; mais comme son sommet interceptait la lumière aux montagnes voisines, elles lui firent la guerre, et l'obligèrent de chercher un asile à l'écart, dans la mer. Ce fut à regret qu'elle quitta ce lac chéri; et, comme monument de sa tendresse, elle y laissa son cœur. C'est un rocher qui est encore dans le lac Kourile, et qu'on appelle *Outchitchi*, cœur de roche; mais le lac, la payant de retour, courut après elle, quand elle se leva de sa place, et s'y fraya vers la mer un chemin qui est aujourd'hui le lit de la rivière Dozérnaïa.

DOUKHOBORTSES, c'est-à-dire *combattants spirituels*; ce sont des dissidents de l'Eglise nationale en Russie. Ils s'élevèrent sous le règne d'Anne Iwanowa, se fondant sur ce que, depuis la suppression du patriarcat par le czar Pierre Ier, cette Eglise manque d'un chef, membre intégrant et nécessaire de la véritable Eglise. Ils emploient pour leur culte l'ancienne liturgie slavonne, telle qu'elle existait avant la révision faite par le patriarche Nicon, et traitent d'innovations coupables tout ce qui a été introduit postérieurement; en cela ils concordent avec les Raskolnicks. Tzschirner prétend qu'ils rejettent le dogme de la Trinité, qu'ils n'admettent des saintes Ecritures que l'Evangile, et qu'ils n'ont ni temples, ni prêtres. Mais ces assertions paraissent peu fondées; elles sont en contradiction avec les détails suivants puisés à d'autres sources.

Les Doukhobortses se disent descendants des trois jeunes Hébreux sauvés miraculeusement de la fournaise, Sidrac, Misac et Abdénago. Ils ne fréquentent pas les temples grecs, parce que l'Eglise extérieure est corrompue; ils l'assimilent à une caverne de voleurs. Ils n'honorent pas les images, nient l'utilité des cérémonies, n'admettent aucun sacrement, font peu de cas de l'Ecriture sainte, prétendant posséder la Bible dans leur cœur.

Ils rejettent, dit-on, les dénominations de père et de mère, attendu que Dieu seul peut être appelé père; c'est pourquoi ils n'ont point de noms de famille. On a même avancé qu'ils méconnaissaient l'union conjugale; ce qui a pu le faire croire, c'est que chez eux le mariage n'est qu'un acte civil. Ils admettent en principe que la terre a été donnée en commun à la race humaine, d'où quelques-uns ont conclu que la communauté des biens était établie parmi eux. Ils sont tellement unis, que si l'un d'eux s'était rendu coupable de quelque désordre, c'est en vain que l'on tenterait de le prouver par des témoins pris dans leur secte; ils ne savent jamais rien.

Ils ne reconnaissent ni lieux, ni jours privilégiés pour l'exercice du culte. Cependant ils observent les fêtes chômées par l'Eglise russe, parce qu'alors le travail est suspendu, et que d'ailleurs, s'ils enfreignaient la règle établie, ils seraient passibles de punitions. Chacun peut tenir chez lui l'assemblée religieuse; ils soupent ensemble, et si l'hôte n'a pas le moyen d'acquitter tous les frais, les convives y suppléent. Les hommes entre eux se saluent en s'inclinant trois fois en l'honneur de la sainte Trinité, et en s'embrassant trois fois. Les femmes de leur côté en font autant. On chante des cantiques, et, comme il n'y a pas de prêtres, la fonction d'instruire appartient à tout le monde, y compris les femmes. A la fin du service, ils s'embrassent comme au commencement. Ils ont rejeté le signe de la croix.

Il fut un temps où ils tutoyaient même les magistrats, et refusaient de se découvrir dans les tribunaux. Quelques-uns furent en conséquence incarcérés; à d'autres on refusa d'entendre leurs réclamations en justice; c'est pourquoi ils se ravisèrent, et maintenant ils se conforment aux usages reçus. C'est là sans doute ce qui les a fait appeler les quakers de la Russie.

Ils ont établi des colonies en plusieurs provinces de la Russie; il y en a une entre autres sur la rivière Molochne, qu'ils appellent *Don de Dieu* (*Voyez* cet article), et une autre dans les steppes de la Crimée, où ils ont formé un établissement considérable. Ils s'y font estimer par leur sobriété, leur industrie et leur loyauté.

DOUKKOUN, prêtres javanais des habitants des monts Ten-gar. Ces prêtres, qui sont au nombre de quatre, ont la garde des livres sacrés. Ils n'ont conservé aucune tradition relative au temps de leur établissement dans ces montagnes, au pays d'où ils sont venus et d'où ils ont tiré les livres sacrés dont ils observent encore la doctrine religieuse. Ces livres, disent-ils, leur ont été transmis par leurs ancêtres. Leur emploi est héréditaire; leur seule fonction est de pratiquer les cérémonies ordonnées par ces livres, et de les transmettre intacts à leurs enfants. Ce sont trois ouvrages écrits sur des feuilles de palmier; ils traitent de l'origine du monde, des attributs de la Divinité, et des cérémonies à observer en diverses occasions. Le Doukkoun bénit les premiers-nés, et préside aux noces et aux enterrements.

DOUNDIYAS, ordre religieux chez les

Djainas; ceux qui en font partie affectent un attachement extrême au code moral; mais ils méprisent toute forme de prières établie, et tout mode de culte extérieur; les *Samvéguis* au contraire suivent les pratiques usuelles, et subsistent d'aumônes, mais ils n'en acceptent qu'autant qu'il leur en faut pour leurs besoins présents.

DOURBACHTAMI, ou DARBHACHTAMI, fête célébrée le 8 de la quinzaine lumineuse de la lune de bhadon. Les Hindous font en ce jour des œuvres méritoires en l'honneur de Lakchmi. C'est encore ce jour-là qu'on fait à Bénarès le pèlerinage à l'étang de cette déesse. Le nom de cette fête vient de l'herbe *dourba* ou *darbha*, qui est l'*Agrostis radiata* de Linné. Les Indiens assurent que si l'on s'acquitte des cérémonies prescrites dans cette solennité, on verra sa famille croître comme cette plante, et que l'on procurera l'immortalité et le bonheur à dix de ses ancêtres.

DOURGA, une des grandes déesses de la mythologie hindoue; c'est l'épouse de Siva, troisième personne de la *trimourti* indienne. D'abord fille de Dakcha, elle épousa Siva sous le nom de Sati, et mourut en voyant le mépris que son père avait pour son gendre. Elle revint au monde, comme fille de la montagne Himala ou Himalaya, et de Ménaka. Dans cette seconde naissance son nom est *Parvati*, c'est-à-dire la montagnarde, ou bien *Ouma*, à cause des austérités auxquelles elle se livra pour attirer l'attention de Siva. De même que ce dieu terrible est craint et honoré sous le nom de Kalâ, le noir, elle porte aussi celui de Kali, et comme telle elle n'est pas moins redoutée que son mari; c'est la déesse du sang, des guerres, des vengeances et de la mort: les noms de Tchandi, la courroucée, et de Dourgâ, qu'on lui donne encore, ne sont pas moins effrayants. Ce dernier lui vient du géant Dourga dont elle a triomphé. Les poëmes sacrés sont remplis du récit de ses exploits. Elle s'est incarnée sous la forme d'une abeille pour détruire Arana, le grand asoura. On la représente avec dix bras. Dans une de ses mains droites, elle a une lance dont elle perce le géant Mahicha; d'une de ses mains gauches tient la queue d'un serpent et les cheveux du géant dont le serpent mord la poitrine. Ses autres mains sont toutes étendues derrière sa tête, et sont armées de divers instruments de guerre. Contre sa jambe droite est couché un lion; à gauche le géant qu'on vient de nommer.

Voici à quelle occasion elle le terrassa: Indra avait été établi monarque universel du monde, mais le mauvais génie Mahichasoura voulut s'y opposer; il forma un parti puissant contre Indra, lui déclara la guerre, et le contraignit à s'enfuir avec tous les dévas. Mahichasoura, devenu maître du monde, fit bientôt sentir son influence malfaisante, et occasionna une multitude de meurtres, de ravages et de désordres. Indra, qui s'était retiré avec les bons génies dans un petit coin du monde, touché de compassion à la vue des maux qui affligeaient l'univers, pria les trois divinités suprêmes de remédier aux désordres qui étaient la suite de l'usurpation de Mahicha. Ses vœux furent exaucés; les trois êtres divins envoyèrent sur la terre la puissante Dourga, qui extermina le tyran et tous les Asouras qui avaient trempé dans sa révolte.

Sous le nom de *Dourgâ* qui signifie *d'un accès difficile*, l'épouse de Siva paraît avoir une certaine analogie avec la Pallas des Grecs; emblème de la valeur unie à la sagesse. Toutes deux tuèrent des démons et des géants de leurs propres mains; toutes deux protègent les hommes sages et vertueux qui leur adressent leurs hommages. Après avoir fait le bonheur de l'Inde, elle s'est retirée dans le Gange, où elle reçoit ceux qui s'y précipitent. Aussi les Hindous regardent-ils comme très-heureux ceux qui se noient dans ce fleuve sacré, et se gardent-ils bien de chercher à les sauver. *Voyez* KALI, DEVI, PARVATI, BHAVANI.

DOURGA-POUDJA, fête célèbre des Hindous; elle a lieu le premier jour de la quinzaine lumineuse de la lune d'assin (octobre), et dure jusqu'au neuvième jour. On y vénère Dourga, Saraswati et les principales déesses, et on accompagne le *poudja* ou adoration d'aumônes et d'autres bonnes œuvres.

« Les uns, dit M. Garcin de Tassy, dans sa *Notice sur les fêtes populaires des Hindous*, se contentent de se procurer des statues de terre représentant ces différentes divinités, et leur adressent leurs adorations et leurs prières; d'autres vont dans les lieux consacrés spécialement aux déesses dont il s'agit, et offrent là leur poudja et leur sacrifice. Par ces actes méritoires on obtient du ciel le bien-être et la prospérité.

« Du 7 au 9, on réunit tous les livres et on n'en ouvre pas un seul. On donne aux pauvres des vêtements et d'autres objets, et on se livre aux exercices du culte. »

Voici la description qu'Afsos, historien hindoustani, donne de cette fête:

« Le Dourga-poudja, dit-il, se célèbre avec une grande pompe et occasionne de fortes dépenses. Le véritable nom de cette fête est *Navaratri*: elle commence à la pleine lune de kouar (ou assin) et finit le 10. Du sixième au neuvième jour, les Hindous s'occupent à nettoyer leurs habitations en les frottant du haut en bas avec de la bouse de vache, et ayant placé l'idole en terre de Dourga dans un endroit apparent de la maison, ils se livrent aux exercices de leur culte devant un vase d'argile tout neuf et rempli d'eau. Le dixième jour, après avoir oint de beurre la statue dont nous venons de parler, ils la précipitent dans la rivière au milieu d'une foule immense, avec un grand appareil et au son de mille instruments de musique. Une des nuits de cette fête, et particulièrement de la sixième à la dixième, la plupart des Hindous de Calcutta donnent, selon leurs moyens, une grande soirée consacrée au plaisir. Quoiqu'ils soient généralement connus par leur caractère lésineux, ils font trêve, à cette époque, à leur inclination, et se livrent à de grandes dépenses, pour donner à cette solennité tout l'éclat possible. Non contents d'admettre à leur réunion nocturne leurs coreligionnaires, ils y invitent les gens riches et distingués d'entre les musulmans et même d'entre les Européens, qui du reste trouvent ces fêtes charmantes. Sous une tente magnifique, des tapis de différentes couleurs ornent la grande salle, découverte destinée à la réception; de superbes candélabres enrichis de cristaux, des lanternes et des lampes en grand nombre y répandent la clarté. Des boîtes d'argent ou d'or, pleines de bétel, des fioles d'essence de rose, sont disposées symétriquement. Cent vases couverts de bouquets ou de guirlandes de fleurs ont aussi leur place choisie. Au milieu de la salle, de jeunes danseurs, de sémillantes bayadères exécutent de dix en dix, de vingt en vingt, des danses voluptueuses...... La danse et la musique ne cessent qu'au matin; alors seulement la foule des spectateurs commence à se retirer. »

« Cette solennité, continue M. Garcin de Tassy, telle qu'elle est actuellement célébrée, est d'origine récente; elle n'est guère connue qu'au Bengale.

« A côté de la statue de Dourga dont il a été parlé, laquelle est quelquefois accompagnée de celles de ses filles Lakchmi et Saraswati, on place ordinairement deux autres statues : celle de Ganecha à tête d'éléphant, et celle de Kartikéya sur le paon emblématique. Dourga est représentée avec dix bras, dont les mains sont munies de différentes armes. A ses pieds on voit une figure humaine d'un bleu foncé, qui représente un géant tué par cette déesse, et une figure de lion, animal qui lui sert de monture. »

DOURVASAS, personnage de la mythologie hindoue, qui passe pour être une incarnation de Siva, quand la trimourti ou triade indienne descendit dans le sein d'Anasouya, épouse d'Atri. Ce mouni tient en conséquence du caractère du dieu terrible incarné en lui; il est toujours prompt à maudire, pour peu qu'il se croie offensé; et les légendes sont remplies de malheurs causés par son humeur acariâtre et susceptible. *Voyez* ATRI.

DOUSANIS, nom que les orientaux donnent à une ancienne secte de samaritains, connue des chrétiens sous le nom de *Dosithéens*. Suivant eux, Dousis ou Dosithée avait altéré les livres de la loi et corrompu le Pentateuque. *Voyez* DOSITHÉENS et DOSTANIS.

DOUZAKH, nom de l'enfer chez les Persans. Dans la religion des Parsis, Douzakh est le royaume primitif d'Ahrimane, le mauvais principe. C'est là que fut refoulé ce dieu du mal avec tous ses anges, après un combat acharné de 90 jours, que lui livra Ormuzd à la tête des Amschaspands et de tous les bons génies. Mais Ahrimane, faisant un dernier et suprême effort, parvint à sortir de son empire ténébreux, se fraya un chemin à travers la terre, remonta vers les cieux, et resta maître de la moitié de l'univers, dont il partage la direction avec son compétiteur. L'enfer ou Douzakh est le séjour des réprouvés ; les dews leur y font endurer les tourments les plus cruels. Toutefois la rigueur et la durée des châtiments sont proportionnées à la grandeur des fautes. Les prières et les bonnes œuvres des parents et des saintes âmes ont le pouvoir d'en rapprocher le terme; mais la plupart des réprouvés demeureront dans Douzakh jusqu'à la fin des siècles.

DOXOLOGIE. On appelle ainsi, en style liturgique, une formule par laquelle on rend gloire à Dieu, parce qu'elle commence généralement par le mot *gloria*, en grec δόξα. Les Grecs appellent *grande doxologie* l'hymne des anges : *Gloria in excelsis Deo*, et *petite doxologie*, le *Gloria Patri* que l'on chante communément à la fin des psaumes et des cantiques. Les hymnes de l'Eglise se terminent presque toujours par une doxologie composée sur le même mètre que toute la pièce. Enfin, on donne aussi le nom de doxologie à ces paroles qui terminent l'oraison dominicale chez les orientaux et les protestants : *Car à vous appartient le règne, la puissance et la gloire dans les siècles des siècles.* Voyez *Oraison dominicale*, à l'article DOMINICALE.

DOYEN. On donnait autrefois ce titre, dans les anciens monastères, à un supérieur établi sous l'abbé, pour avoir soin de dix moines, à l'imitation des Romains qui appelaient doyen (*decanus*) un officier qui avait dix soldats sous ses ordres.

Le *doyen* est aujourd'hui le premier dignitaire dans la plupart des églises cathédrales et collégiales. C'est lui qui est à la tête du chapitre, et qui officie aux fêtes solennelles, en l'absence de l'évêque.

On appelait *doyen rural* un prêtre qui avait droit de visite sur les curés de campagne, dans l'étendue d'un doyenné. Il devait veiller sur la conduite et sur les mœurs des curés, et avertir l'évêque des désordres qu'il pouvait remarquer. Dans un cas de nécessité, il pouvait donner à un prêtre le pouvoir de confesser pendant quinze jours. Il indiquait et tenait les conférences ecclésiastiques; en un mot il avait l'inspection du spirituel et même du temporel des églises qui étaient dans le doyenné. Maintenant ces prérogatives, ces fonctions, et d'autres semblables, sont dévolues, en France, aux curés de cantons, en vertu de pouvoirs à eux accordés par l'évêque; c'est pourquoi, en plusieurs diocèses, on leur donne le titre de doyens.

DRAC, nom que l'on donne, en Languedoc, aux esprits follets. « L'idée qu'on se forme des Dracs, dit M. Astruc, dans ses *Mémoires pour servir à l'histoire naturelle du Languedoc*, c'est que ce sont des esprits follets, capricieux, inquiets, ordinairement malfaisants. Les meilleurs d'entre eux se plaisent du moins à faire des malices et des tours de page. On croit pourtant qu'ils prennent certaines gens en amitié, et qu'ils leur rendent d'assez grands services. Du reste, on leur attribue le pouvoir de se rendre invisibles ou de se montrer sous telle forme qu'il leur plaît. »

DRAGON. 1. En style biblique et ecclésiastique, le dragon, le grand dragon, le dragon infernal, sont autant de noms que l'on donne à Satan, le prince des démons.

2. L'Ecriture sainte parle, au livre de Daniel, d'un dragon ou serpent adoré par les Babyloniens. Daniel avait démontré au roi que l'idole de Bel n'était pas un dieu vivant, en lui découvrant la supercherie des prêtres qui venaient la nuit, en secret, manger ou enlever les vivres que l'on mettait devant l'idole pendant le jour, pour faire croire que c'était le dieu qui s'en était nourri. C'est pourquoi le roi dit à Daniel en parlant du dragon : « Vous ne pouvez nier au moins que celui-ci ne soit pas un dieu vivant ; adorez-le donc. » — « Je n'adore que mon Dieu, répondit Daniel, car il est le seul Dieu vivant ; et si vous le permettez, je vous montrerai que le Dragon n'est pas un dieu, car je me fais fort de le faire mourir sans épée et sans bâton. » — « Faites, » lui dit le roi. Daniel composa un bol avec de la poix, de la graisse et du poil, et le donna à manger au Dragon qui creva sur-le-champ. « Voilà celui que vous adoriez, » dit le prophète.

3. Chez les anciens, le dragon était un animal consacré à Minerve, pour marquer, dit-on, que la véritable sagesse ne dort jamais, et à Bacchus, pour exprimer les fureurs de l'ivresse. Plutarque le donne pour attribut aux héros. Il est à remarquer que le grec δράκων signifie tout à la fois *dragon* et *surveillant*, équivoque qui fait tout le fondement de la fable du dragon des Hespérides et de plusieurs autres semblables.

Le dragon joue un grand rôle dans la mythologie des Grecs ; c'est en semant les dents d'un dragon que Cadmus repeupla l'Attique ; Cérès se promène sur un char traîné par des dragons ; c'est un dragon qui était commis, dans la Colchide, à la garde de la toison d'or, et un autre à celle des fruits du jardin des Hespérides ; Andromède était exposée à un dragon, lorsqu'elle fut délivrée par Persée ; les dragons paraissaient quelquefois pendant l'oblation des sacrifices, et dégustaient les offrandes. Enfin un dragon gardait, à Delphes, l'ouverture de l'antre où Thémis prédisait l'avenir ; selon d'autres mythologues, c'était le dragon lui-même qui rendait les oracles. Apollon le tua et s'empara de la caverne et de l'oracle.

4. Les dragons ont quelque part au culte superstitieux des Chinois ; ils sont les armoiries et les insignes de l'empire. Les Chinois les peignent sur leurs habits, sur leurs livres, sur leurs étoffes, dans leurs tableaux. Fo-hi, l'inventeur des 64 symboles, autorisa le premier la superstition des dragons. Dans la seule vue de donner du poids à ces symboles, dont il voulait faire prévaloir le système, il crut devoir appeler le merveilleux à son secours. Fo-hi dit au peuple qu'il avait vu ces symboles sur le dos d'un dragon, qui s'était élancé vers lui du fond d'un lac. « Cet empereur, dit le P. Marini, choisit le dragon avec d'autant plus de confiance, que cet animal passe, parmi les Chinois, pour être d'un heureux présage. Les dragons de l'empereur étaient représentés avec cinq griffes à chaque pied. Si quelqu'un employait la figure de cet animal en guise de symbole, il lui était défendu, sous peine de la vie, de lui donner plus de quatre griffes. Que Fo-hi soit le premier qui ait inspiré la superstition du dragon, ou qu'il ait trouvé cette croyance établie avant lui, toujours est-il apparent qu'elle est fort ancienne chez les Chinois. Et comme les fables des serpents monstrueux sont en général d'une antiquité très-reculée, il est probable que les nations idolâtres ont tiré cette conception d'une tradition commune et primitive.

Non-seulement les Chinois croient le dragon la source de tous les biens qui leur arrivent, ils s'imaginent encore qu'il leur donne et la pluie et le beau temps. C'est lui qui fait tonner ; c'est lui qui forme les orages. N'est-ce pas là le prince des puissances de l'air dont il est parlé dans les saintes Ecritures ? Enfin, de même que les anciens ont mis la toison d'or et les pommes d'or du jardin des Hespérides sous la garde d'un dragon, de même que le peuple croit encore à présent que les mines et les trésors souterrains sont gardés par des monstres, des esprits et des lutins ; les Chinois croient que le dragon tient sous sa puissance les biens de la terre, et règne particulièrement sur les montagnes. C'est à cette crédulité qu'ils doivent la superstition de chercher avec beaucoup de peine *les veines* de cette bête énorme, lorsqu'ils font creuser des tombeaux. Ils font dépendre de cela le bonheur et la prospérité des familles.

5. Le dragon est aussi un symbole dans le Japon, mais il est distingué du dragon chinois en ce qu'il n'a que trois ongles. Les Japonais prétendent qu'il se tient au fond de la mer ; il cause des trombes toutes les fois qu'il sort de l'eau pour se promener dans l'air. Le dragon est représenté dans les armoiries du souverain et sur tout ce qui est à son service, tenant dans les griffes de sa patte droite une perle ou quelque autre joyau de prix. Quelquefois les Japonais le dépeignent avec des mains, et sous d'autres figures bizarres et monstrueuses. Tel était celui qui faisait sa résidence près d'un certain lac, et qui tua une scolopendre énorme qui infestait le pays. Cette scolopendre, longue d'environ dix ou douze pieds, avait quarante jambes, et faisait son séjour sur une colline, d'où elle descendit une nuit, et se rendit à la caverne d'un dragon, dont elle détruisit et mangea les œufs ; il s'ensuivit un combat terrible entre les deux monstres ; mais le dragon obtint une victoire complète et tua son ennemi. Le peuple reconnaissant érigea dans le même lieu un temple qui subsiste encore.

DRAOPADI, une des cinq vierges à laquelle les brahmanes adressent chaque jour leurs prières, et qu'ils proposent à toutes les femmes comme modèle de fidélité conjugale

Sa légende est des plus extraordinaires. Dans l'antiquité la plus reculée, elle était mariée à un homme débauché, qui avait dépensé toute sa fortune et ruiné son tempérament dans la fréquentation des femmes de mauvaise vie. Dans le triste état où il était réduit, il prétendait qu'il ne pouvait rompre avec ses habitudes, et qu'il mourrait infailliblement s'il ne continuait ses désordres infâmes ; mais, incapable de se mouvoir, il s'abandonnait à la désolation. « Prenez courage, lui dit son épouse, je vous porterai. » En effet, elle le chargea une nuit sur ses épaules et le porta dans une maison de prostitution ; mais l'obscurité ne lui permettant pas d'apercevoir un poteau sur lequel résidait un saint anachorète, elle le heurta, ce qui interrompit les profondes méditations du pieux mouni. Celui-ci, irascible comme la plupart de ses confrères, prononça une imprécation qui dévouait à la mort, avant le lever du soleil, celui qui lui avait occasionné cette importunité. Tremblant pour la vie de son mari, la sainte femme défendit au soleil de se lever ; il ne leva point, ni en un mois, ni en un an, ni même en plusieurs années. Alors tous les habitants du monde s'adressèrent à Indra, à Brahma et à tous les Dévatas, qui vinrent trouver cette femme, et lui dirent : « Nous t'accordons tout ce que tu nous demanderas, mais permets que le soleil se lève ; que veux-tu donc ? » — « Mon mari, mon mari, mon mari, mon mari, mon mari, » répéta-t-elle cinq fois. Alors il lui fut répondu que ses vœux seraient accomplis dans une vie subséquente ; elle mourut et fut transportée au Swarga.

Vers la fin du Tréta-Youga ou troisième âge du monde, elle revint au monde, sous le nom de Draopadi, fille de Droupada, roi de Pantchala, et épousa les cinq Pandavas, fils du roi Pandou ; du moins c'est ce que rapporte le Mahabharata, grande épopée indienne ; mais il est probable qu'elle n'était l'épouse que de l'aîné, nommé Youdichtira ; et l'étroite union qui subsista toujours entre les cinq frères fit croire qu'elle était attachée à chacun d'eux par les mêmes liens. Quoi qu'il en soit, les cinq frères se montrèrent peu dignes de leur épouse ; car comme ils avaient à lutter contre les Kauravas, leurs cousins et leurs compétiteurs à la souveraineté de l'Inde, ils convinrent de s'en rapporter au sort ; ils jouèrent aux dés leur couronne, leurs propriétés, leur fortune et leurs propres personnes, toujours dans l'espoir que les dés leur deviendraient favorables ; mais les Kauravas étaient habiles dans l'art de piper les dés. Enfin, ils jouèrent Draopadi, et la perdirent encore. Tombée au pouvoir du vainqueur, qui voulait la dépouiller de ses vêtements et insulter à sa vertu, elle invoqua le dieu incarné dans la personne de Krichna, qui vint à son secours, et faisait paraître sur son corps un nouveau vêtement, à mesure que l'insolent lui arrachait sa robe. Enfin, de guerre lasse, le vainqueur proposa de confier de nouveau aux dés la liberté de Draopadi ; elle accepta, et comme les dés pipés ne pouvaient rien contre elle, elle regagna sa liberté et celle des cinq frères, qui s'en allèrent avec elle errant par le monde pendant 12 ans, en habits de pèlerins. Le temps de l'exil accompli, les Pandavas revinrent réclamer aux Kauravas le partage de leurs biens ; mais ceux-ci s'y étant refusés, il s'ensuivit cette guerre si célèbre dans l'Inde sous le nom de bataille de Bharata, et dans laquelle il périt environ dix millions d'hommes. Quand les Pandavas, dégoûtés du monde, se retirèrent dans la solitude, elle les accompagna et se livra avec eux aux pratiques les plus austères de la religion et de la pénitence. Elle donna le jour à cinq enfants. L'auteur de ce *Dictionnaire* a donné, dans le *Journal asiatique*, l'histoire des Pandavas, traduite sur un texte hindoustani.

DRAVIR, secte de Djainas, fondée dans le v° siècle, d'autres disent dans le vn°, par Badjrabanda, disciple d'un célèbre prédicateur digambara, nommé Kounda Kound Atcharya.

DRÉ, une des classes des mauvais génies chez les bouddhistes du Tibet ; ce sont les âmes de ceux qui, par un attachement excessif aux choses de ce monde, aux richesses ou aux beautés corruptibles, etc., ont mérité de rester indéfiniment dans le *bar-dho*, temps intermédiaire entre la mort et une nouvelle renaissance. Cet intervalle n'est ordinairement que de sept jours ; mais les âmes des hommes et des femmes qui se sont trop attachés aux choses de la terre, y demeurent pendant une longue série d'années, errant dans les airs, irritées, inconsolables, et déchargeant leur dépit sur les pauvres humains qui sont encore sur la terre, en cherchant à leur faire tout le mal possible. Après qu'ils ont ainsi passé un certain temps dans les airs, ils descendent dans le Nar-mé, c'est-à-dire dans le feu de la souffrance, où ils deviennent des démons, exécuteurs de la justice dans les enfers. Et bien qu'ils tourmentent cruellement les damnés, ils souffrent encore avec plus d'intensité que les victimes de leurs fureurs.

Les Tibétains donnent encore le nom de *Dré* à un mauvais esprit qui tient registre des mauvaises actions des hommes, comme il y a un bon génie nommé *Lha* qui tient note des bonnes. A la mort d'un homme, chacun d'eux présente le résultat de ses observations, sous forme de petites pierres blanches et noires, au juge des morts, qui décide, sur le nombre et la couleur de ces pierres, du genre et du degré de récompense ou de peine que mérite le défunt.

DRICHTI-DOCHA. Les Hindous appellent ainsi un sort jeté par les regards. C'est pour s'en préserver qu'ils ont inventé la cérémonie de l'*aratti. Voyez* cet article. Leur crédulité à cet égard ne connaît point de bornes. Ils pensent que non-seulement les hommes et les animaux, mais les êtres inanimés eux-mêmes, peuvent être en butte au *drichti-docha*. C'est pourquoi ils ont coutume de dresser, dans les jardins et autres lieux situés près des grandes routes, une perche surmontée d'un grand vase de terre, blanchi de chaux à l'extérieur, afin que les regards des passants malintentionnés, tombant de prime abord sur cet appareil, y laissent toute leur influence maligne, et que les champs et les productions de la terre en soient préservés. — On sait que les Arabes et les Egyptiens ont la même superstition.

DRIMAQUE, divinité locale de l'île de Chio. C'était un esclave fugitif qui, s'étant retiré sur les montagnes, devint le chef d'une bande de voleurs et désola l'île. Les habitants mirent sa tête à prix. A cette nouvelle, Drimaque, déjà avancé en âge, pressa un jeune homme, auquel il était fort attaché, de lui couper la tête et de la porter à la ville, pour obtenir la récompense proposée. Le jeune homme s'en défendit d'abord, mais enfin vaincu par les instances du bandit, il lui trancha la tête et la porta aux magistrats. Les insulaires, charmés de la générosité de Drimaque, lui bâtirent un temple, et le déifièrent sous le nom de héros pacifique. Les voleurs le regardaient comme leur dieu, et lui apportaient la dîme de leurs vols et de leurs brigandages.

DROIT CANON ou CANONIQUE, collection de décisions tirées de l'Ecriture sainte, des conciles, des décrets et constitutions des papes, des sentiments des Pères de l'Eglise, et de l'usage approuvé par la tradition. Le Droit canonique est ainsi appelé du terme grec κανών, qui signifie *règle*, ou bien de ce qu'il a été composé en grande partie des canons des apôtres et de ceux des conciles.

Considéré comme recueil de lois ecclésiastiques, le Droit canon se divise en Droit ancien et Droit moderne.

Le *Droit ancien* contient les Canons des apôtres, les Constitutions apostoliques, quatre collections grecques de canons tirés pour la plupart des conciles généraux, et quatre collections latines, dont la première a été rédigée vers l'an 460, sous le pape saint Léon; la seconde est due à Denis le Petit; la troisième à saint Isidore de Séville, et la quatrième à Isidore Mercator. Il y a encore quelques autres compilations latines qui, avec les précédentes, forment ce qu'on appelle le Droit ancien. Il s'arrête vers le milieu du XIIe siècle, et ne fait plus autorité nulle part, non pas en ce qui regarde les Canons et Décrétales authentiques qu'il contient, mais comme collection.

Le *Droit nouveau* comprend six différentes compilations ou collections de Canons, de Décrets et de Décrétales, réunies sous le titre de *Corpus Juris Canonici*. La première de ces collections est le *Décret* de Gratien, publié vers l'an 1151; la seconde, les *Décrétales* de Grégoire IX; la troisième, le *Sexte* de Boniface VIII; la quatrième, les *Clémentines*; la cinquième, les *Extravagantes* de Jean XXII; et la sixième les *Extravagantes communes* : ce dernier recueil est fermé à l'an 1483. C'est ce Droit nouveau qui a force de loi dans l'Eglise, et qui est reçu et suivi partout, quoique les diverses collections qui le composent ne jouissent pas toutes de la même autorité.

Depuis cette dernière époque, il y a eu diverses collections de Bulles de papes, sous le nom de *Bullaires*, qui, n'ayant reçu aucune sanction, ne font point autorité comme collections, bien que les Bulles qu'elles contiennent portent avec elles leur autorité, puisqu'elles sont émanées des souverains pontifes.

L'étude du Droit canon est très-utile pour connaître la discipline de l'Eglise; abandonnée trop longtemps en France, elle commence à y reprendre faveur. Il est à désirer qu'elle soit poursuivie avec zèle.

DROTTS, ou DROTTERS, c'est-à-dire *seigneurs*; nom des prêtres scandinaves : ils étaient issus d'une famille regardée comme sainte, et qui s'appelait la race de *Bor*, ou les enfants des dieux, race bonne et vertueuse que l'Edda oppose à celle des *Rimtulfes* ou géants de la gelée. Dans les premiers temps, les pontifes suprêmes et les principaux d'entre les prêtres étaient comme des magistrats, des princes, ou même des rois. Ces prêtres faisaient leur demeure autour du temple, et ils étaient chargés d'égorger les victimes et d'annoncer au peuple la volonté des dieux; ce qui leur donnait une grande autorité; et plusieurs fois on poussa si loin le respect pour leurs décisions, qu'on ne fit aucune difficulté de répandre le sang des rois, lorsqu'ils le demandèrent. Chacun des trois grands dieux avait ses prêtres et ses offices particuliers; mais tout le sacerdoce était sous la direction de douze chefs de sacrifices.

DROUASP, génie qui préside aux troupeaux dans la théogonie des Parsis.

DRO-VA. Les bouddhistes du Tibet donnent à tous les êtres du monde le nom de *Dro-va*, c'est-à-dire *marcheurs*, parce que leurs âmes sont sujettes à la transmigration. Ils les divisent en six classes, savoir : les dieux, les démons, les hommes, les animaux, les démons faméliques et les habitants de l'enfer.

DRUIDES, DRUIDISME. Les Druides remplissaient chez les Gaulois la double fonction de prêtres et d'instituteurs. On fait communément dériver leur nom du celtique *derw*, *derou*, *dru*, corrélatif du grec δρῦς, chêne, parce qu'ils accomplissaient leurs principaux mystères dans la profondeur des forêts. Cette étymologie me paraît peu concluante, et je préférerais regarder le mot *Druide* ou *Druithe*, ainsi que le prononçaient les Gaulois, comme ayant une origine commune avec le *Drott*, *Drutt*, des Scandinaves, qui était également le titre des prêtres et qui veut dire, *maître*, *seigneur*; en effet, sans parler de la religion de l'un et de l'autre peuple, qui était le druidisme sous deux formes à peine différentes, les prêtres jouissaient dans les deux nations d'une autorité extraordinaire tant dans l'ordre temporel que dans l'ordre spirituel.

D'après les anciens auteurs (1), le corps des Druides doit être considéré comme ayant été partagé en cinq classes : les *Vacies*, chargés des sacrifices, des prières et d'interpréter les dogmes de la religion; les *Séronides*, consacrés à l'instruction de la jeunesse et à l'enseignement des sciences, de l'astronomie, de la théologie, de la philosophie; les *Bardes*, poëtes, orateurs et musiciens, chargés d'animer les guerriers au combat et d'encourager les hommes à la vertu; les *Eubages*, ou les devins, occupés de connaître l'avenir par l'inspection des entrailles des victimes, ou du vol des oiseaux; enfin les *Causidiques*, spécialement chargés de l'administration de la justice civile et criminelle.

D'autres auteurs, modernes il est vrai, ne veulent compter, dans la hiérarchie druidique, que trois ordres distincts : les *Druides* et les *Ovates*, formant la classe sacerdotale, et les *Bardes*. — Les Druides étaient les premiers de la hiérarchie. En eux résidaient la puissance et la science. — Les Ovates, interprètes des Druides auprès du peuple, étaient chargés de la partie extérieure du culte et de la célébration des sacrifices. — Les Bardes conservaient dans leur mémoire les généalogies et les traditions nationales. Ils célébraient les exploits des guerriers.

L'institution des Druides remontait à la plus haute antiquité. Les Druides étaient à la fois les ministres de la religion et de la justice; et, en l'absence de toutes lois écrites, ils étaient ainsi réellement les régulateurs absolus, les maîtres de toute la nation. Ils concouraient à l'élection des chefs et des magistrats; ceux-ci ne pouvaient convoquer l'assemblée générale de la nation sans avoir obtenu leur aveu. Ils jugeaient les crimes, ils décidaient toutes les questions soulevées sur les possessions territoriales et sur leurs limites. Ils décernaient les récompenses et appliquaient les peines. La plus grande des peines était l'interdiction des sacrifices. L'interdit était regardé comme impie; chacun le fuyait; il ne pouvait remplir aucun emploi, il n'avait plus même aucun droit à la protection de la justice. Les Druides étaient exempts de contributions, de service militaire et de toute autre espèce de charge. Afin de mieux conserver le respect qu'ils inspiraient, et pour assurer davantage leur autorité, ils s'environnaient de mystère et d'obscurité; ils établissaient leur séjour dans d'épaisses et antiques forêts. On ne faisait aucun sacrifice en leur absence; leur intercession était indispensable pour invoquer les faveurs célestes; leur opinion décidait de la guerre ou de la paix. Leur influence sur les Gaulois était telle, qu'ils pouvaient, en se jetant au milieu de deux peuplades disposées à combattre, empêcher une bataille prête à se livrer.

Les Druides avaient un chef électif, tout-puissant parmi eux et sur le peuple. Ils se réunissaient tous les ans en une assemblée solennelle, dans le pays des Carnutes; le lieu de leur réunion paraît avoir été Lèves, près de Chartres, qui était regardé comme le centre de la Gaule celtique. Ils avaient aussi un autre point d'assemblée annuelle dans le pays des Éduens, près de Bibracte, sur une colline qui est nommée encore le mont *Dru*. Dreux et quelques autres villes de France indiquent aussi, par leur nom, des lieux de résidence ou d'assemblée des Druides.

Nulle condition dans l'État n'était plus noble ni plus digne d'envie. Les parents s'empressaient de briguer pour leurs enfants l'honneur d'être admis dans le corps des Druides. Mais les études, qui duraient vingt années avant l'initiation, étaient aussi pénibles que longues. Les élèves devaient apprendre et conserver dans leur mémoire un grand nombre de vers contenant toute la doctrine druidique, et qu'il était défendu d'écrire.

Les Druides enseignaient que la matière et l'esprit sont éternels; que la substance de l'univers reste inaltérable sous la perpétuelle variation des phénomènes, où domine tour à tour l'influence de l'eau et du feu; qu'enfin l'âme de l'homme est soumise à la métempsycose. A ce dernier dogme se rattachait l'idée morale de peines et de récompenses; ils considéraient les degrés de transmigration inférieurs à la condition humaine comme des états d'épreuve et de châtiment. Ils croyaient à un autre monde, à un monde de bonheur, où l'âme conservait son identité, ses passions, ses habitudes. Aux funérailles, on brûlait des lettres que le mort devait lire ou remettre à d'autres morts. Souvent même on prêtait de l'argent qui devait être remboursé dans l'autre vie.

La métempsycose et la vie future faisaient la base du système des Druides, mais leur science ne se bornait pas à ces deux notions; ils étaient métaphysiciens, physiciens, médecins, sorciers, et surtout astronomes. Leur année se composait de mois lunaires; ce qui faisait dire aux Romains que les Gaulois mesuraient le temps par nuits et non par jours. La médecine druidique était uniquement fondée sur la magie: Il fallait cueillir le *samolus* (mouron d'eau) à jeun et de la main gauche, l'arracher de terre sans le regarder, et le jeter de même dans les réservoirs où les bestiaux allaient s'abreuver, et où il devait leur servir de préservatif contre les maladies. On se préparait à la récolte du *selago* (savinier) par des ablutions et par une offrande de pain et de vin : on partait nu-pieds, habillé de blanc; sitôt qu'on avait aperçu la plante, on se baissait comme par hasard, et glissant la main droite sous le bras gauche, on l'arrachait sans jamais employer le fer, puis on l'enveloppait d'un linge qui ne devait servir qu'une fois. Un autre cérémonial était prescrit pour la verveine. Mais le remède universel, la panacée, était

---

(1) Cet article est tiré en grande partie du deuxième volume de la *France pittoresque*, par M. A. Hugo.

le gui. Les Druides croyaient que cette plante parasite était semée sur le chêne par une main divine; l'union de l'arbre sacré avec la verdure éternelle du gui était à leurs yeux un vivant symbole du dogme de l'immortalité. On cueillait le gui en hiver, à l'époque de sa floraison, lorsque ses longs rameaux, ses feuilles vertes et ses fleurs jaunes, enlacés à l'arbre dépouillé, représentent mieux l'image de la vie au milieu de la nature morte. C'était le sixième jour de la lune qu'il devait être coupé; un druide, en robe blanche, montait sur l'arbre, une serpe d'or à la main, et tranchait la racine de la plante, que d'autres Druides, placés au-dessous, recevaient dans un voile blanc. Ensuite on immolait deux taureaux blancs. Les Druides prédisaient l'avenir d'après le vol des oiseaux et l'inspection des entrailles des victimes. Ils fabriquaient aussi des talismans, tels que ces chapelets d'ambre que les guerriers portaient dans les batailles, et qu'on retrouve dans les tombeaux gaulois; le plus recherché de ces talismans était l'œuf de serpent. « Durant l'été, dit Pline, on voit se rassembler dans certaines cavernes de la Gaule des serpents nombreux, qui se mêlent, s'entrelacent, et avec leur salive, jointe à l'écume qui suinte de leur peau, produisent cette espèce d'œuf. Lorsqu'il est parfait, ils l'élèvent et le soutiennent en l'air par leurs sifflements; c'est alors qu'il faut s'en emparer, avant qu'il ait touché la terre. Un homme, aposté à cet effet, s'élance, reçoit l'œuf dans un linge, saute sur un cheval et s'éloigne à toute bride; les serpents le poursuivent, jusqu'à ce qu'il ait mis une rivière entre eux et lui. » L'œuf de serpent devait être enlevé à une certaine époque de la lune; on l'éprouvait en le plongeant dans l'eau; s'il surnageait, quoique entouré d'un cercle d'or, il avait la vertu de faire gagner les procès, et d'ouvrir un libre accès auprès des rois. Les Druides le portaient au cou, richement enchâssé, et le vendaient à très-haut prix. On suppose que cet œuf merveilleux n'était autre chose que la coquille blanchie d'un oursin de mer.

Than, Theut, Teutatès, était le Mercure gaulois, le Jupiter ou dieu suprême suivant quelques auteurs. — *Tarann, Taranis*, l'esprit de la foudre, était, suivant d'autres, le dieu du ciel, le moteur et l'arbitre du monde. — *Heus* ou *Hésus*, présidait à la guerre. — *Belenus, Bel* ou *Bélen*, le soleil, faisait naître les plantes salutaires et était le dieu de la médecine. — *Dis*, le dieu des enfers, s'il faut en croire Jules César; mais il était plutôt le dieu suprême, le dieu qui n'était représenté par aucune image. — L'éloquence et la poésie avaient aussi leur symbole dans *Ogmius*, l'Hercule gaulois, armé de la massue et de l'arc, et entraînant après lui des hommes attachés par l'oreille à des chaînes d'or et d'ambre qui sortaient de sa bouche. Les Gaulois avaient en outre une multitude de divinités locales, dont on trouve encore les noms sur différents monuments.

Il paraît que, dans le principe, les Gaulois avaient adoré des objets matériels, des phénomènes, des agents de la nature, tels que des lacs, des fontaines, des pierres, des vents, en particulier le terrible *kirck* (le vent de cers, bien connu en Languedoc). Ce culte grossier fut, avec le temps, élevé et généralisé. Ces êtres, ces phénomènes eurent leurs génies; il en fut de même des lieux et des tribus. De là, *Vosège*, déification des Vosges; *Pennin*, des Alpes; *Arduinne*, des Ardennes. De là, le génie des Arvernes; *Bibracte*, déesse et cité des Eduens; *Aventia*, chez les Helvètes; *Némausus* (Nîmes), chez les Arécomiques, etc., etc.

La religion druidique avait sinon institué, du moins adopté et maintenu les sacrifices humains; on prenait pour victimes des prisonniers de guerre. Quelques peuples celtes immolaient les étrangers qu'une tempête ou quelque autre accident faisait tomber entre leurs mains; d'autres, des vieillards infirmes et décrépits. Ailleurs on choisissait les victimes par le sort. Ces sortes de sacrifices s'étaient extrêmement multipliés chez les Gaulois par l'effet de leur attachement aux pratiques de leur religion, et par celui de la doctrine des Druides, qui enseignaient que la vie de l'homme ne pouvait être rachetée que par celle de son semblable. Quiconque se croyait en danger de mort, faisait vœu de s'immoler lui-même dans un certain temps, s'il ne pouvait sacrifier d'autres hommes à sa place. Dans les sacrifices offerts au nom des cités et des peuples, on immolait des criminels, comme les victimes les plus agréables à la divinité. A leur défaut, on prenait des innocents, apparemment des esclaves, ou des gens séduits par les promesses des Druides. Les prêtres perçaient la victime au-dessus du diaphragme, et tiraient leurs pronostics de la façon dont elle tombait, des convulsions des membres, de l'abondance et de la couleur du sang. Quelquefois ils la crucifiaient à des poteaux dans l'intérieur des sanctuaires, ou faisaient pleuvoir sur elle, jusqu'à la mort, une nuée de flèches et de dards. Souvent aussi on remplissait un colosse en osier d'hommes vivants; un prêtre y mettait le feu, et tout disparaissait dans les flots de fumée et de flammes. Ces horribles offrandes étaient remplacées fréquemment par des dons votifs. Comme quelques-uns des peuples primitifs de l'Amérique, les Gaulois jetaient des lingots d'or et d'argent dans les lacs.

Ils immolaient aussi des animaux, particulièrement des chevaux et des chiens. Au lieu d'égorger les victimes, il leur était plus ordinaire de les assommer ou de les étrangler. Ils ne brûlaient aucune partie des animaux qu'ils avaient sacrifiés. A proprement parler, ils n'en offraient aux dieux que la vie, ou tout au plus la tête que l'on suspendait à un arbre consacré. Après quelques prières que le sacrificateur prononçait sur la victime, soit en l'offrant, soit en la disséquant, il la rendait à celui qui l'avait présentée, pour la manger avec ses parents et ses amis, dans le sanctuaire même où elle avait été immolée. Ainsi les sacrifices et les assemblées religieuses finissaient toujours par un festin.

Sous la domination romaine, la plupart des Gaulois, cédant à l'influence d'une religion plus riante et plus douce, secouèrent le joug despotique des Druides. Pendant le consulat de Cornélius Lentulus et de Licinius Crassus, le sénat défendit par un décret tout sacrifice humain. Néanmoins, malgré cet édit, malgré les ordres sévères des empereurs, malgré les efforts même de Claude, qui avait aboli le culte et le sacerdoce druidiques, les prêtres de Teutatès et d'Hésus continuèrent longtemps encore à convoquer les fidèles au fond de leurs forêts et à y faire couler solennellement le sang des hommes. Après l'établissement du christianisme, on les retrouve dans la Gaule et dans la Grande-Bretagne, sous le nom caractéristique de *Senans, Senani* (prophètes et devins). Procope rapporte que Théodebert ayant pénétré en Italie à la tête d'une nombreuse armée, et s'étant emparé du pont de Pavie, ses soldats offrirent en sacrifice les femmes et les enfants des Goths qu'ils avaient pris, et jetèrent leurs corps dans le fleuve, persuadés que cette inhumanité leur procurerait un heureux succès; car, ajoute l'historien cité, les Francs, quoique chrétiens, observent encore plusieurs de leurs superstitions anciennes. Ils immolent des victimes humaines, et emploient dans leurs augures des rites exécrables.

En un mot, les Druides étaient si impérieux et si absolus, que, quand une assemblée avait été convoquée, ils faisaient mourir impitoyablement celui qui y arrivait le dernier, afin de rendre les autres plus diligents. L'histoire nous a conservé le nom d'un Druide fameux par sa cruauté : il s'appelait Hérophile; ce monstre, enseignant l'anatomie à ses disciples, faisait ses démonstrations non sur des cadavres, mais sur des corps qu'il disséquait vivants, et l'on prétend qu'il opéra ainsi sur plus de sept cents personnes.

DRUIDESSES, femmes gauloises ou celtes qui exerçaient la triple fonction de prêtresses, de magiciennes et de prophétesses. Il ne paraît pas qu'elles fussent assujetties à une loi et à des règlements identiques, car les historiens nous ont laissé à leur sujet les récits les plus contradictoires; ici, la druidesse ne pouvait dévoiler l'avenir qu'à l'homme qui l'avait profanée; là, elle se vouait à une virginité perpétuelle; ailleurs, quoique mariée, elle était astreinte à de longs célibats, et ne pouvait voir son mari qu'une fois l'année. Elles avaient le droit d'offrir des sacrifices et d'immoler des victimes, surtout en temps de guerre et en l'absence de leurs maris, car il arrivait souvent que les femmes des druides partageaient avec leurs époux les fonctions du sacerdoce. Il y avait même des sanctuaires où les femmes seules pouvaient offrir des sacrifices et répondre, de la part de la divinité, à ceux qui venaient consulter l'oracle : tel était le sanctuaire des Namnètes, situé à l'embouchure de la Loire, dans un des îlots de ce fleuve. Quoiqu'elles fussent mariées, nul homme n'osait approcher de leur demeure ; c'étaient elles qui, à des époques déterminées, venaient visiter leurs maris sur le continent. A Séna (île de Sein) était l'oracle célèbre des neuf vierges terribles, appelées *Sênes*, du nom de leur île. Pour avoir le droit de les consulter, il fallait être marin et avoir fait ce pèlerinage dans ce seul but. Ces vierges connaissaient l'avenir; elles guérissaient les maux incurables ; elles prédisaient et provoquaient les tempêtes.—Quelquefois ces femmes devaient assister à des sacrifices nocturnes, toutes nues, le corps teint de noir, les cheveux en désordre, s'agitant dans des transports frénétiques.

La principale fonction des druidesses était de consulter les astres, de tirer des horoscopes et de prédire l'avenir, le plus souvent par l'inspection des entrailles des victimes humaines qu'elles égorgeaient. Strabon nous a conservé le détail de ces sanglantes cérémonies telles qu'elles étaient pratiquées chez les Cimbres, qui étaient une branche des anciens Celtes. «Dans ces occasions, dit-il, les druidesses s'habillaient de blanc; elles étaient déchaussées et portaient une ceinture d'airain. Dès que les Cimbres avaient fait quelques prisonniers, ces femmes accouraient l'épée à la main, jetaient les prisonniers par terre et les traînaient jusqu'au bord d'une citerne, à côté de laquelle il y avait une sorte de marchepied sur lequel se tenait la druidesse officiante. A mesure que l'on amenait devant elle un de ces infortunés, elle lui plongeait un long couteau dans le sein et observait la manière dont le sang coulait. Les autres druidesses qui l'assistaient dans ces fonctions, ouvraient les cadavres, en examinaient les entrailles, et en tiraient des prédictions qui, communiquées à l'armée ou au conseil, servaient à diriger les opérations les plus importantes. Les druidesses de la dernière classe avaient coutume de tenir des assemblées nocturnes sur le bord des étangs et des marais. Là, elles consultaient la lune et pratiquaient un grand nombre de cérémonies superstitieuses.»

Les druidesses étaient encore plus respectées chez les Germains que chez les Gaulois. Les premiers n'entreprenaient rien d'important sans avoir consulté ces prophétesses, qu'ils regardaient comme inspirées; et quand ils auraient été certains de la victoire, ils n'auraient osé livrer bataille, si les druidesses s'y étaient opposées. On a recherché quelle pouvait être l'origine de cette grande vénération qu'inspiraient ces sortes de femmes. On peut conjecturer que les Germains, presque toujours retenus loin de chez eux par des expéditions militaires, confiaient à leurs femmes le soin des malades et des blessés ; que ces femmes, dans le cours de leurs occupations paisibles, eurent occasion d'étudier les vertus des herbes et des plantes, dont elles se servirent ensuite pour opérer des choses qui tenaient du prodige; qu'elles joignirent à ces connaissances des observations superstitieuses sur les astres, le vol des oiseaux, le cours des rivières, par le moyen desquelles plusieurs des plus habiles parvinrent à se faire passer pour inspirées, et firent quelques prédictions confirmées par le hasard.

Le pouvoir des druidesses sur l'esprit des Gaulois dura, malgré les édits des empereurs et les préceptes du christianisme, bien plus longtemps que celui des druides. On les voit encore au temps des rois de la seconde race, sous les noms redoutés de *fanæ, fatuæ gallicæ*, exerçant un grand empire sur l'esprit des Gaulois et même sur celui des Francs. Le peuple les croyait initiées à tous les secrets de la nature ; il les supposait immortelles. On leur attribuait le pouvoir de métamorphoser les hommes en animaux de toute espèce, surtout en loups. Le bonheur des familles dépendait, disait-on, de leur amitié ou de leur haine. Pour donner plus de force à ces croyances superstitieuses, elles établissaient leur demeure dans des lieux cachés ; elles habitaient au fond des puits desséchés, dans le creux des cavernes, aux bords des torrents. Ce sont elles qui figurent sous le nom de *fées* dans toutes nos traditions populaires ; ce sont les héroïnes de ces contes merveilleux dont on amuse encore les enfants ; peut-être même plusieurs des sorcières qui furent brûlées dans le moyen âge étaient les derniers restes des druidesses.

DRUZES, secte d'Orientaux que l'on rattache communément au musulmanisme, quoiqu'elle ait assez peu de rapport avec les mahométans, et qu'elle anathématise Mahomet lui-même ; cependant elle est sortie du sein de l'islamisme avec lequel elle a fait scission.

On peut partager tous les musulmans en deux grandes branches principales : les *Sunnites* ou orthodoxes, et les *Schiites* ou schismatiques. Les premiers reconnaissent comme successeurs légitimes du pouvoir temporel et spirituel de Mahomet les quatre premiers khalifes, Aboubekr, Omar, Othman et Ali, puis Moawia, chef des khalifes de la dynastie des Ommiades ; les schiites regardent les trois premiers comme des usurpateurs qui ont exercé le souverain pouvoir au détriment d'Ali, seul héritier légitime du prophète, et n'admettent que celui-ci et ses descendants en qualité d'*imams* véritables, c'est-à-dire de souverains pontifes ; or ces imams sont, d'après les schiites, au nombre de douze, savoir :

1. Ali, cousin et gendre de Mahomet ;
2. Hasan, fils aîné d'Ali ;
3. Hosein, fils cadet d'Ali ;
4. Ali, surnommé Zéin-el-Abédin, fils de Hosein ;
5. Mohammed Baquir, fils de Zéin-el-Abédin ;
6. Djafar Sadic, fils de Mohammed Baquir ;
7. Mousa, fils de Djafar ;
8. Ali Ridha, fils de Mousa ;
9. Abou-Djafar Mohammed, fils d'Ali Ridha ;
10. Ali Askéri, fils d'Abou-Djafar ;
11. Hasan Askéri, fils d'Ali Askéri ;
12. Mohammed Mehdi, fils d'Hasan Askéri, qui disparut dans son enfance, et que les schiites supposent encore vivant, mais caché. *Voyez* SCHIITES, IMAM, MEHDI.

Mais il s'éleva un nombre presque infini de sectes parmi les schiites : l'une d'entre elles reconnut les six premiers imams comme légitimes, mais elle s'écarta de l'opinion commune en admettant que l'imamat avait passé de Djafar Sadic, non point à Mousa, mais à Ismaïl, autre fils de Djafar, d'où elle prit le nom d'*Ismaéliens*. Cette secte se propagea rapidement dans la Syrie, l'Arabie et la Perse, et devint ennemie acharnée des autres musulmans. *Voyez* ISMAÉLIENS.

Obéid Allah, un des descendants d'Ismaïl, parvint à fonder dans l'occident une dynastie puissante qui prit le nom de *Fatimite*, du nom de Fatima, fille de Mahomet, épouse d'Ali et mère des Imams ; et il réussit à la consolider au moyen de l'enseignement secret et de neuf degrés d'initiation par lesquels on passait avant de parvenir au grade d'adepte. Son descendant, Moezz Lidin-Allah, troisième khalife fatimite, s'empara de l'Egypte et d'une grande partie de la Syrie et de l'Arabie. A son fils Aziz succéda Hakem-Biamr-Allah, khalife insensé, qui se fit passer pour la divinité. La dynastie des Fatimites avait toujours employé, comme tous les Ismaéliens, des missionnaires ou *daïs* pour se faire des partisans. Or, parmi les daïs de Hakem se trouvait Hamza qui, connaissant le désir du khalife de se faire passer pour dieu, travailla avec ardeur à lui procurer des adorateurs, dans l'intention, sans doute, de se faire chef de secte, tout en gagnant la faveur de son maître. Grâce à son zèle et à la terreur qu'inspirait Hakem, cette nouvelle religion se propagea rapidement dans l'Afrique, l'Egypte, la Syrie, l'Arabie, et pénétra même dans l'Irac ; mais, à la mort de l'objet de leur adoration, elle s'éteignit dans toutes ces contrées, excepté dans les montagnes du Liban, où les Druzes la conservèrent avec zèle. C'est ici le lieu d'exposer les doctrines de cette secte, telles que Hamza les enseignait, et nous ne saurions mieux faire que d'en reproduire le sommaire que M. de Sacy a donné au commencement de son introduction à l'*Exposé de la religion des Druzes*.

« Reconnaître un seul Dieu sans chercher à pénétrer la nature de son être et de ses attributs ; confesser qu'il ne peut être ni saisi par les sens ni être défini par les discours ; croire que la divinité s'est montrée aux hommes, à différentes époques, sous une forme humaine, sans participer à aucune des faiblesses et des imperfections de l'humanité ; qu'elle s'est fait voir au commencement du ve siècle de l'hégire sous la forme de Hakem Biamr-Allah ; que c'est là la dernière de ses manifestations, après laquelle il n'y en a plus aucune à attendre ; que Hakem a disparu en l'an 411 de l'hégire, pour éprouver la foi de ses serviteurs, donner lieu à l'apostasie des hypocrites et de ceux qui n'avaient embrassé la vraie religion que par l'espoir des récompenses mondaines et passagères ; que, dans peu, il va reparaître plein de gloire et de majesté, triompher de tous ses ennemis, étendre son empire sur toute la terre, et rendre heureux pour toujours ses adorateurs fidèles; croire que l'*Intelligence universelle* est la première des créatures de Dieu, la seule production immédiate de sa toute-puissance; qu'elle s'est montrée sur la terre à l'époque de chacune des manifestations de la divinité, et a paru enfin, du temps de Hakem, sous la figure de Hamza, fils d'Ahmed; que c'est par son ministère que toutes les autres créatures ont été produites; que Hamza seul possède la connaissance de toutes les vérités; qu'il est le premier ministre de la vraie religion, et qu'il communique immédiatement ou médiatement aux autres ministres et aux simples fidèles, mais dans des proportions différentes, les connaissances et les grâces qu'il reçoit de la divinité, et dont il est l'unique canal; que lui seul a immédiatement accès auprès de Dieu et sert de médiateur aux autres adorateurs de l'être suprême; reconnaître que Hamza est celui à qui Hakem confiera son glaive pour faire triompher sa religion, vaincre tous ses rivaux, et distribuer les récompenses et les peines suivant les mérites de chacun; connaître les autres ministres de la religion et le rang qui appartient à chacun d'eux; leur rendre à tous l'obéissance et la soumission qui leur sont dues; confesser que toutes les âmes ont été créées par l'Intelligence universelle; que le nombre des hommes est toujours le même, et que les âmes passent successivement dans différents corps; qu'elles s'élèvent, par leur attachement à la vérité, à un degré supérieur d'excellence, ou s'avilissent en négligeant ou abandonnant la méditation des dogmes de la religion; pratiquer les sept commandements que la religion de Hamza impose à ses sectateurs, et qui exige d'eux principalement la véracité dans les paroles, la charité pour leurs frères, le renoncement à leur ancienne religion, la résignation et la soumission la plus entière aux volontés de Dieu; confesser que toutes les religions précédentes n'ont été que des figures plus ou moins parfaites de la vraie religion; que tous leurs préceptes cérémoniels ne sont que des allégories, et que la manifestation de la vraie religion entraîne l'abrogation de toutes les autres croyances; tel est, en abrégé, le système de la religion enseignée dans les livres des Druzes, dont Hamza est le fondateur, et dont les sectateurs sont nommés *unitaires*.

Une telle doctrine ne devait pas subsister longtemps sans éprouver des altérations; en effet, même du vivant de Hamza, et malgré ses efforts, l'immoralité commença à s'introduire, et il paraît que le veau, emblème des ennemis de ce culte, est devenu, par une conversion étrange mais naturelle, un des objets de l'adoration des Druzes. M. de Sacy s'était réservé de traiter cette question dans un livre séparé, mais sa mort l'a empêché de se livrer à ce travail.

Entrer dans les détails de cette religion nécessiterait une dissertation presque aussi longue que les deux volumes de M. de Sacy; c'est pourquoi nous nous contenterons d'insérer ici le formulaire ou catéchisme des Druzes, que nous empruntons tant à la *Relation historique des affaires de Syrie*, par M. Laurent, qu'à l'*Exposé de la religion des Druzes*; il donnera une idée des doctrines professées par ce peuple, mais il ne les dévoile pas d'une manière complète, une doctrine isotérique qu'il a été jusqu'ici impossible de pénétrer, et qui n'est connue que des seuls *aquels* ou initiés.

Formulaire ou Catéchisme des Druzes.

DEMANDE. Etes-vous Druze?
RÉPONSE. Oui, par la grâce de notre seigneur Hakem Biamr-Allah.
D. Qu'est-ce qu'un Druze?
R. C'est celui qui adore notre seigneur Hakem, l'auteur de toutes choses.
D. Que nous commande-t-il?
R. De l'adorer, de dire la vérité, et d'observer les sept commandements.
D. Qu'est-ce qui est permis, et qu'est-ce qui est péché ou injuste?
R. Ce qui est permis ou juste, c'est l'instruction des spirituels, la nourriture des cultivateurs et des ouvriers; ce qui est péché ou injuste, ce sont les richesses qu'envahissent les rois, la nourriture des infidèles et les biens des morts, que se sont appropriés les moines.
D. En quel temps a paru notre seigneur Hakem?
R. En l'année 400 de l'hégire de Mahomet.
D. Comment a-t-il paru?
R. En se faisant passer pour un descendant de Mahomet, afin de cacher ainsi sa divinité.
D. Pourquoi a-t-il caché sa divinité?
R. Parce qu'il jouissait alors de peu de considération, et que ses amis étaient en petit nombre.
D. Quand s'est-il manifesté en faisant connaître sa divinité?
R. En la huitième année après 400.
D. Pendant combien d'années sa divinité est-elle demeurée manifestée?
R. Pendant la huitième année en entier. Elle s'est cachée pendant la neuvième année, parce que c'était un temps d'épreuve et de secret. Elle s'est manifestée de nouveau au commencement de la dixième et pendant la onzième. Ensuite elle s'est encore cachée au commencement de la douzième, et elle ne doit plus reparaître jusqu'au jour du jugement.
D. Qu'entend-on par le jour du jugement?
R. On entend le jour où il doit paraître avec son humanité, et exercer ses jugements sur les hommes avec le glaive et d'une manière rigoureuse.
D. Quand et comment cela arrivera-t-il?
R. C'est une chose que l'on ignore, mais il paraîtra certains signes qui feront connaître ce moment.
D. Quels seront ces signes?
R. Ce sera quand vous verrez les rois gouverner selon leurs fantaisies, et les chré-

tiens avoir le dessus sur les musulmans.

D. Dans quel mois cela arrivera-t-il?

R. Au mois de djoumada ou de redjeb, suivant le calcul de ceux qui suivent l'ère de l'hégire.

D. Quel jugement exercera-t-il sur les hommes des différentes sectes et religions?

R. Il tombera sur eux avec le glaive et avec rigueur, et les fera tous périr.

D. Qu'arrivera-t-il lorsqu'ils auront péri?

R. Ils reviendront au monde en renaissant une seconde fois par la métempsycose, et ensuite il les jugera comme bon lui semblera.

D. Comment les jugera-t-il

R. Ils seront divisés en quatre classes, savoir: les chrétiens, les juifs, les apostats et les unitaires.

D. Comment chaque classe sera-t-elle subdivisée?

R. Parmi eux, les chrétiens, ce sont les nosaïris et les moutawélis; les juifs, ce sont les musulmans; et les apostats, ce sont ceux qui ont abandonné la religion de notre seigneur Hakem, digne de louange.

D. Comment traitera-t-il les unitaires?

R. Il leur donnera l'autorité, le gouvernement, la puissance, les richesses, l'or et l'argent, et ils seront, dans le monde, émirs, pachas et sultans.

D. Comment traitera-t-il les apostats?

R. Le châtiment qu'ils éprouveront sera extrêmemen' douloureux; il consistera en ceci: tout ce qu'ils mangeront et ce qu'ils boiront sera amer; ils vivront dans l'assujettissement et seront soumis à des travaux pénibles sous les unitaires; il leur fera porter un bonnet de peau de cochon de la hauteur d'une coudée; ils porteront tous à leurs oreilles des anneaux de verre noir, qui, dans l'été, les brûleront comme le feu, et, dans l'hiver, leur paraîtront aussi froids que la neige. Les juifs et les chrétiens subiront les mêmes peines; mais elles seront moins rigoureuses.

D. Combien de fois notre seigneur Hakem a-t-il paru sous une forme corporelle?

R. Il a paru de la sorte dix fois, et il a porté le nom des *lieux* (c'est-à-dire des personnages humains) dans lesquels il a paru. Ce sont: Ali, Albar, Alya, Moïll, Caïm, Moezz, Aziz, Abou-Zakarya, Mansour, Hakem.

D. En quel endroit a paru le premier de ces *lieux*?

R. Dans l'Inde, en une ville appelée *Tchinmatchin*.

D. Où a paru Albar?

R. En Perse, dans une ville nommée Ispahan. C'est à cause de cela que les Perses disent *Bar-Khodaï* (1). Alya a paru dans le Yémen; Moïll, dans le Maghreb; il était sous la figure d'un homme qui louait des chameaux et qui en possédait plus de mille. Kaïm a paru dans le Maghreb, dans une ville nommée Mehdiya; de là il est venu en Egypte, il y a manifesté sa divinité, et y a construit un port nommé Raschida; Abou-Zakaria et Mansour ont paru, l'un et l'autre, à Mansourya. Le nom de Mansour était Ismaël.

D. Combien de fois a paru Hamza, et quels noms a-t-il portés?

R. Il a paru dans toutes les révolutions, depuis Adam jusqu'au prophète Ahmed (Mahomet), sept fois en tout.

D. Quel nom a-t-il porté chaque fois?

R. A l'époque du siècle d'Adam, on le nommait *Schatnil*; du temps de Noé, on l'appelait *Pythagore*; du temps d'Abraham, son nom était *David*; il se nommait *Schouib*, du temps de Moïse; du temps de Jésus, il était le vrai messie et se nommait *Eléazar*; du temps de Mahomet, on l'appelait *Salman* le Persan; enfin on le nommait *Saleh*, du temps de Saïd.

D. Quelle est l'étymologie du mot *Druze*?

R. Le mot *Druze* signifie étudier; il a été adopté par ceux qui ont embrassé et reconnu la religion de notre seigneur Hakem Biamr-Allah, fils d'Ismaël, celui qui a apparu par sa propre volonté, de lui-même à lui-même, dans un état semblable au nôtre.

D. Que signifie ce mot *yah* dont se servent les femmes parmi nous, et *weh* dont se servent les hommes pour jurer?

R. Sachez que pour les femmes il y a un nom féminin, et pour les hommes un nom masculin. Cet usage n'a d'autre but que de supprimer et d'abolir le serment; car *yah* signifie indifféremment *oui* et *non*; c'est pourquoi on dit *la yah* et *ei yah*, ce qui est la même chose que si l'on disait *ya akhi naam* (oui, mon frère), et *ya akhi la* (non, mon frère). Il en est de même quand on dit *ei weh* et *la weh*, sachez cela.

D. Quel est notre but quand nous parlons avec éloge de l'Evangile?

R. Notre but en cela est de glorifier le nom d'Alkaïm-Biamr-Allah, qui est le même que Hamza; car c'est lui qui a enseigné l'Evangile. D'ailleurs nous sommes obligés d'approuver devant les hommes, de quelque religion que ce soit, la croyance dont ils font profession. Outre cela, l'Evangile est fondé sur une sagesse divine, et son sens allégorique figure la religion unitaire.

D. Pourquoi, lorsqu'on nous interroge à ce sujet, rejetons-nous tout autre livre que le Coran?

R. Sachez que, comme nous sommes obligés de nous cacher sous le voile du mahométisme, il faut nécessairement que nous recevions le livre de Mahomet. Nous n'encourons aucun reproche maintenant en faisant cela, non plus qu'en faisant les prières que l'on récite aux funérailles des morts, par la seule raison qu'il faut que nous tenions notre croyance cachée; car la religion dont nous faisons une profession extérieure exige cela de nous.

D. Que devons-nous dire au sujet des martyrs dont les chrétiens vantent le courage et le nombre?

R. Nous disons que Hamza n'a pas jugé à propos de les reconnaître; qu'au contraire

---

(1) *Bar-Khodaï* est en persan, un des noms de Dieu.

il les rejette comme apocryphes, quoiqu'ils aient en leur faveur le témoignage de tous les historiens.

D. S'ils nous disent que la certitude de leur religion est appuyée sur des preuves plus solides et plus fortes que la parole de Hamza, que leur répondrons-nous?

R. Nous devons d'abord leur demander où sont leurs livres et leurs miracles, si leurs doctrines s'accordent avec les temps passés, s'ils sont unis; et ce, pour mieux parvenir à nous éclairer à leurs dépens sur la venue de Hamza, et pour mieux respecter les mystères profonds de notre sainte religion.

D. Par quoi avons-nous connu l'excellence du ministre de la vérité, Hamza, fils d'Ali?

R. Par le témoignage qu'il s'est rendu à lui-même, lorsqu'il a dit :....« Je suis la première des créatures du Seigneur; je suis sa voie; je suis celui qui connaît ses commandements. Je suis la montagne, je suis le livre écrit, la maison bâtie. Je suis le maître de la résurrection et du dernier jour; je suis celui qui sonne de la trompette; je suis l'imam des hommes religieux et le maître des grâces. C'est moi qui abroge et anéantis toutes les religions; c'est moi qui détruis les mondes et qui annule les deux articles de la profession de foi musulmane. Je suis ce feu allumé qui domine les cœurs. »

D. Comment savez-vous que la parole de Hamza est vraie?

R. Gardez-vous de prononcer une pareille iniquité; cette question vous fait douter de la vérité que Hamza et ses compagnons ont annoncée, plus persuasive que celle que se vantent de posséder les chrétiens.

D. En quoi consiste la foi du Druze reconnu Aquel?

R. Tout ce qui est admis comme impiété parmi les différentes religions fait le fondement de la foi du Druze spirituel; il croit tout ce que ces sectes rejettent comme impiété, ainsi qu'il est exprimé dans le livre des prédictions.

D. Si quelque profane parvient à connaître la religion de notre seigneur, qu'il l'embrasse et qu'il croie à ses doctrines, sera-t-il sauvé?

R. Non, car la porte céleste est fermée pour les infidèles, les ordres de Dieu sont accomplis et la plume des docteurs est émoussée. A sa mort, le profane qui aura voulu se faire croyant rentrera parmi sa nation et deviendra ce qu'il était.

D. A quelle époque a eu lieu la création des âmes?

R. Après celle de l'Intelligence, qui est Hamza, fils d'Ali; il les a créées par sa lumière; le nombre est compté; il ne pourra ni augmenter ni diminuer pendant la durée de tous les siècles.

D. Les femmes peuvent-elles être croyantes?

R. Oui, parce que notre seigneur a écrit les lois qui les concernent; elles sont contenues dans deux livres particuliers qui traitent du devoir des femmes et du devoir des filles.

D. Que devons-nous répondre à ceux qui prétendent adorer le Seigneur qui a créé le ciel et la terre?

R. Que cette assertion de leur part prouve leur ignorance; il n'y a nulle adoration, si ce n'est celle de notre seigneur Hakem, celui qui gouverne par lui-même.

D. Comment les *Hédouds* ou ministres se sont-ils initiés à la sagesse du Très-Haut?

R. Par la voix de Hamza, d'Ismaël et de Béha-ed-Din.

D. En combien de parties divise-t-on la science?

R. En cinq parties: deux appartiennent à la religion, deux à la nature, et la cinquième est la plus excellente de toutes; c'est la véritable science, celle que l'on désigne spécialement par ce nom, la sagesse de Hamza, fils d'Ali, qui nous initie dans tous les mystères de notre foi.

D. En combien de parties se subdivise chacune de ces divisions?

R. On les subdivise en plusieurs parties. De ces quatre parties dont nous avons parlé, il y en a deux qui renferment dans leurs subdivisions toutes les religions, et deux dont les subdivisions renferment toutes les sciences qui ont pour objet les choses naturelles. Quant à la cinquième partie dont on a dit qu'elle ne se subdivise point, qu'elle est la vérité par excellence, la véritable science, c'est la science de la religion des Druzes, c'est la doctrine de Hamza, fils d'Ali, serviteur de notre seigneur Hakem.

D. A quoi distinguons-nous notre frère unitaire, quand nous le rencontrons dans un chemin, ou qu'il vient à passer chez nous, et qu'il se donne pour un des nôtres?

R. Lorsque nous nous rencontrons avec lui, après lui avoir fait les premiers compliments de politesse et l'avoir salué, nous lui disons: *Les laboureurs, dans votre pays, sèment-ils la graine de myrobolan?* S'il répond: *Oui, elle est semée dans le cœur des croyants;* nous l'interrogeons sur la connaissance des ministres. S'il nous répond, nous le reconnaissons pour notre frère; s'il ne répond pas, nous le regardons comme un étranger.

D. Quels sont les cinq *Hédouds* ou ministres dont vous parlez?

R. Hamza, Ismaël, Mohammed, Abou-Elkaï et Béha-ed-Din.

D. Ceux d'entre les Druzes qui sont *djahel* ou ignorants, obtiendront-ils le salut et une place auprès de Hakem, s'ils se trouvent encore, à leur mort, dans le même état d'ignorance?

R. Il n'y aura jamais de salut pour eux; ils seront pour toute l'éternité auprès de notre seigneur, dans un état d'assujettissement et de honte.

D. Comment les Nosaïris se sont-ils séparés des unitaires, et ont-ils abandonné la religion unitaire?

R. Ils se sont séparés en suivant la doctrine de Nosaïri, qui prétendait être le serviteur de notre seigneur l'émir des croyants, qui niait la divinité de notre seigneur Hakem, et faisait profession de croire à la divinité d'Ali, fils d'Abou-Taleb; il disait aussi que la Divinité s'était manifestée successivement dans les douze imams de la famille du prophète; qu'elle était disparue, après s'être manifestée dans Mohammed, le Mehdi, le Kaïm: qu'elle s'était cachée dans le ciel, et que, s'étant enveloppée d'un manteau bleu, elle avait fixé son séjour dans le soleil. Il disait encore que tout Nosaïri, lorsqu'il s'est purifié en passant par les différentes révolutions, en revenant dans le monde et reprenant l'habit de l'humanité, devient, après cette purification, une étoile dans le ciel, ce qui est son premier centre. Si, au contraire, il s'est rendu coupable de péché, en transgressant les commandements d'Ali, fils d'Abou-Taleb, le seigneur suprême, il revient dans le monde comme juif, musulman sunnite ou chrétien, ce qui se réitère de la sorte, jusqu'à ce qu'il soit aussi pur que l'argent que l'on a purifié par le plomb; et alors il devient une étoile dans le ciel. Quant aux infidèles qui n'ont point adoré Ali, fils d'Abou-Taleb, ils deviendront des chameaux, des mulets, des ânes, des chiens, des moutons, destinés à être immolés, et autres choses semblables. Mais si nous voulions expliquer tout cela, et en particulier la transmigration des âmes dans les brutes et les animaux sans raison, cela nous mènerait trop loin. Ils ont plusieurs autres dogmes et un grand nombre de livres impies qui traitent de choses semblables.

D. Qu'entend-on par le point du compas ou du repos?

R. C'est Hamza, fils d'Ali.

D. Qu'entend-on par la voie droite?

R. C'est Hamza, fils d'Ali. C'est aussi lui que l'on appelle le *Kaïm* (le chef) de la vérité, l'Imam du siècle, l'Intelligence, le Précédant, le Prophète généreux, la Cause des causes.

D. Qu'est-ce que *Dhou-maça*?

R. C'est Adam le partiel, Hermès, Enoch, Edris, Jean, Ismaïl, fils de Mohammed Témimi, le daï. Du temps de Mahomet, fils d'Abdallah, on le nommait Mikdad.

D. Qu'entend-on par l'ancien (*cadim*) et l'éternel (*azel*)?

R. L'ancien, c'est Hamza; l'éternel, c'est son frère Ismaïl, qui est l'âme.

D. Qu'entend-on par les pieds de la sagesse?

R. Ce sont les trois prédicateurs.

D. Quels sont ces trois prédicateurs?

R. Ce sont Jean, Marc et Matthieu.

D. Pendant combien d'années a duré leur prédication?

R. Pendant 21 ans; la prédication de chacun d'eux a duré 7 ans.

D. En quoi consistait leur prédication?

R. Ils annonçaient l'avènement du messie véritable.

D. Comment les ministres saluaient-ils Hakem, quand ils se présentaient devant lui?

R. Ils disaient d'une voix basse: « Que la paix émane de toi, notre seigneur, et qu'elle retourne vers toi, car la paix t'appartient par excellence; ta religion est le séjour de la paix. Tu es digne d'être béni et exalté, notre seigneur très-haut, à qui appartiennent la gloire et l'honneur. »

D. Quelles sont les cinq vierges sages?

R. Ce sont les cinq Hédouds qui ont prêché les doctrines de notre seigneur; ils jouissent avec lui de sa gloire céleste dans le vaste empyrée.

D. Qu'est-ce que les cinq vierges ignorantes?

R. Ce sont les Hédouds qui ont prêché de fausses doctrines, ceux-là auront de terribles châtiments à endurer.

D. Quel est le nombre de ceux qui ont prêché la vérité?

R. On en compte deux cents, tous voués à la vocation de prophétiser, en prêchant la piété et en combattant pour l'amour de la religion de notre seigneur Hakem.

D. De combien est le nombre de ceux qui ont propagé l'erreur ou le mensonge?

R. Ils sont vingt-six, parmi lesquels se trouvent Eblis (le démon), ses femmes et ses enfants, Mahomet, Ali et ses enfants, et les douze Imams que révèrent les Moutawélis.

D. Quels sont les trois ministres (Hédouds) qui ne se personnifient et ne se manifestent que du temps de Hamza, chef du siècle (*Kaïm-Alzéman*)?

R. Ce sont la Volonté, le Vouloir et la Parole. Du temps du messie, c'étaient Jean, Matthieu et Marc; du temps de Mahomet, c'étaient Mikdad, Madhaoun, fils de Yaser, et Abou-Dharr Guifari; du temps de Hamza, c'étaient Ismaïl, Mohammed, dit la Parole, et Ali Beha-Eddin.

D. Comment faut-il entendre ce qui est dit dans le traité adressé à Khomar, fils de Djeïsch, Soleïmani, qu'il est le frère de notre seigneur digne de louange?

R. Notre seigneur, s'étant manifesté, a agi extérieurement, de manière à faire croire qu'il était véritablement fils de son père; ce que voyant Khomar, il s'est imaginé que notre seigneur était son frère et était né réellement, quoique la chose ne fût ainsi qu'en apparence. Cela a servi à augmenter l'égarement de Khomar, et à donner à notre seigneur un motif contre lui pour le faire mettre à mort.

D. Que signifie l'action de notre seigneur, qui se servait, pour monture, d'ânes sans selle?

R. L'âne est l'emblème de *Nâtek*; notre seigneur monte dessus, cela indique qu'il détruit et abroge la loi. On trouve une preuve de cela dans le Coran, où on lit *que de tous les animaux l'âne est celui dont la voix est la plus désagréable*. Les ânes, dans ce texte, signifient les prophètes qui ont apporté au monde la loi extérieure.

D. Que signifie l'étoffe de laine noire que notre seigneur portait pour vêtement?

R. C'est un habillement de deuil qui indiquait l'épreuve à laquelle seraient exposés après lui ses adorateurs.

D. Pourquoi a-t-il construit les pyramides d'Egypte?

R. Pour en faire le sanctuaire de la sagesse et y déposer les droits et les doctrines des hommes, afin qu'ils y soient conservés jusqu'à sa nouvelle venue.

D. Pourquoi apparaît-il de temps en temps?

R. Pour édifier les croyants et les rendre fidèles à la religion.

D. Comment s'opère la métempsycose ou transmigration d'une âme dans un corps?

R. A mesure qu'un individu meurt, un autre naît; c'est ainsi qu'existe le monde.

D. Est-il permis de manger de notre propre fruit?

R. Oui, pourvu que ce soit dans l'ombre du mystère?

D. Quel est le chef du siècle (*Kaïm Alzéman*)?

R. C'est Hamza, fils d'Ali.

D. Quel est le nom des musulmans?

R. C'est *Tenzil*.

D. Quel est le nom des chrétiens?

R. C'est *Tawil*, c'est-à-dire ceux qui ont interprété les paroles de l'Evangile : quant au nom *Tenzil*, que portent les musulmans, il signifie qu'ils assurent que le Coran est descendu du ciel.

D. Comment est traité un *aquel* (initié), quand il se rend coupable de fornication?

R. S'il se repent, il faut qu'il s'humilie pendant sept ans, et qu'il aille visiter les initiés en pleurant; mais s'il ne fait pas pénitence, il meurt dans l'état d'un apostat et d'un infidèle.

D. Qu'a laissé notre seigneur lorsqu'il a disparu?

R. Il a écrit une charte, l'a suspendue à la porte de la mosquée, et l'a nommée *la charte suspendue*.

D. Qu'a dit notre seigneur au sujet de Mohammed, qui prétendait être fils de notre seigneur?

R. C'était un bâtard; il était fils d'un esclave; mais notre seigneur disait, pour l'apparence seulement, qu'il était son fils.

D. Que fit Mohammed après la disparition de Hakem?

R. Il monta sur le trône et dit : « Je suis fils de Hakem; adorez-moi comme vous l'avez adoré. »

D. Que lui répondit-on?

R. Hamza lui répondit : « Notre seigneur, digne de louange, Hakem, n'a point eu d'enfants ni de père. » — « De qui donc suis-je fils? » repartit Mohammed. On lui dit : « Nous l'ignorons. » — « Je suis donc un bâtard? » ajouta-t-il encore. Hamza lui répondit : « Vous l'avez dit, et vous avez rendu témoignage contre vous-même. »

D. Qu'était donc ce Mohammed, qui paraissait extérieurement fils de Hakem?

R. C'était Mohammed, fils d'Abdallah.

D. Comment Hakem a-t-il souffert qu'il passât extérieurement pour son fils, et ne l'a-t-il pas fait mourir?

R. Par une raison pleine de sagesse, afin qu'il fût la cause d'une persécution, que la patience des serviteurs de Hakem fût éprouvée, et qu'ils méritassent une plus grande récompense; que les polythéistes, au contraire, qui se trouvaient parmi eux, ne pussent demeurer fermes et qu'ils apostasiassent.

D. Quels sont les génies et les anges dont il est parlé dans le livre de la sagesse de Hamza?

R. Ce sont ceux qui adorent notre seigneur, le dieu adoré en tout temps.

D. Quels sont les démons et les diables?

R. Ce sont ceux qui ne sont point adorateurs de notre seigneur.

D. Qu'est-ce qu'une époque?

R. Les époques sont les temps ou les doctrines des prophètes qui ont tour à tour apparu, tels qu'Adam, Noé, Abraham, Moïse, Jésus, Mahomet et Saïd. Tous ces prophètes n'ont été qu'un seul esprit, transmis de l'un à l'autre. C'est aussi le méchant Eblis ou Harout, fils de Tarsmah ou Adam, le rebelle, le même que Dieu a chassé du paradis terrestre, c'est-à-dire celui que notre seigneur a refusé d'admettre comme croyant.

D. Que faisait Eblis auprès de notre seigneur?

R. Il était aimé; mais étant devenu orgueilleux, il ne voulut point se soumettre aux ordres du grand vizir Hamza; c'est pourquoi il fut maudit et chassé du paradis.

D. Quels sont les grands anges qui portent le trône du seigneur?

R. Ce sont les cinq ministres; leurs noms sont : Gabriel, qui est Hamza; Michel, qui est son second frère; Israfel, Azaréel et Métatron. Gabriel est Hamza; Michel, Mohammed, fils de Wahab; Israfel, Sélama, fils d'Abd-el-Wahhab; Azaréel, Béha-Eddin, et Métatron, Ali, fils d'Ahmed. Ce sont les cinq vizirs qu'on nomme le *Précédant*, le *Suivant*, l'*Application*, l'*Ouverture* et le *Fantôme*.

D. Quels sont ceux qu'on nomme les quatre femmes ou harems?

R. Ce sont Ismaïl, Mohammed, Sélama, Ali, qui sont la Parole, l'Ame, Béha-Eddin et Aboul-Khaïr.

D. Pourquoi les nomme-t-on femmes?

R. Parce que Hamza tient à leur égard le rang de mari, et ils sont ses femmes, en ce qu'ils tiennent à son égard le rang de femmes, par l'obéissance qu'ils lui rendent.

D. Que doit-on penser de l'Evangile qui est entre les mains des chrétiens, et quel est à ce sujet notre enseignement?

R. L'Evangile est vrai, car il contient la parole du véritable messie, qui, du temps de Mahomet, portait le nom de Salman le Persan, et qui est Hamza, fils d'Ali. Le faux messie est celui qui est né de Marie, car il est fils de Joseph.

D. Où était le véritable messie, tandis que le faux messie était avec les disciples?

R. Il l'accompagnait et était au nombre de ses disciples; il prononçait les paroles de l'Evangile, et il instruisait le messie, fils de Joseph, lui prescrivait ce qu'il devait faire conformément aux lois de la religion chrétienne, et celui-ci écoutait avec docilité toutes ses paroles. Mais ayant ensuite désobéi aux paroles du vrai messie, celui-ci inspira aux juifs de la haine pour lui, et ils le crucifièrent.

D. Que lui arriva-t-il après qu'il eut été crucifié?

R. On le mit dans le tombeau; mais le véritable messie vint, le déroba de dedans le tombeau et le cacha dans le jardin; puis il répandit parmi les hommes le bruit que le messie était ressuscité d'entre les morts.

D. Pourquoi agit-il ainsi?

R. Pour établir la religion chrétienne, et afin que les hommes s'attachassent à la doctrine que le faux messie leur avait enseignée.

D. Pourquoi en a-t-il agi ainsi, de manière à tromper les infidèles?

R. Il a agi ainsi, afin que les unitaires pussent demeurer cachés à l'abri de la religion du messie, sans que personne les connût.

D. Quel est donc celui qui est ressuscité du tombeau, et qui est entré, les portes fermées, dans le lieu où étaient les disciples?

R. C'est le messie vivant et immortel, qui est Hamza, le serviteur et l'esclave de notre seigneur Hakem.

D. Qui est-ce qui a manifesté et annoncé l'Evangile?

R. C'est Matthieu, Marc, Luc et Jean: ce sont eux qui sont les quatre femmes dont nous avons parlé.

D. Comment les chrétiens n'ont-ils pas connu la religion de l'unité?

R. Par l'opération de Dieu, qui est Hakem Biamr-Allah (1).

D. Comment Dieu peut-il trouver bon le mal et l'infidélité?

R. C'est l'usage de notre seigneur, qui est digne de louange, d'égarer les uns et de diriger les autres, comme il est dit dans le Coran: *Il a donné la connaissance aux uns, et il s'est détourné des autres*.

D. Si l'infidélité et l'égarement viennent de lui, pourquoi les châtiera-t-il?

R. Il les châtiera, parce qu'il lui est permis de les tromper, et qu'ils ne lui ont pas obéi.

D. Mais comment peut obéir un homme qui s'est trompé, puisque la chose a été obscure pour lui, ainsi qu'il est dit dans le Coran: *Nous les avons induits en erreur, et nous les avons trompés?*

R. On ne doit pas lui demander compte de cela, car on ne peut demander raison à Hakem de la manière dont il agit envers ses serviteurs. En effet, il a dit: *On ne lui demande pas raison de ce qu'il fait; c'est à eux que l'on demandera compte.*

D. Que signifient ces danses de baladins, ces jeux de coups de fouet et ces mots obscènes destinés à exprimer les parties sexuelles de l'homme et de la femme, que l'on prononçait en présence de notre seigneur Hakem, digne de louange?

R. Il agissait en cela par un motif de profonde sagesse, qui sera manifesté en son temps.

D. Quelle est cette profonde sagesse?

R. Par la danse il figurait les lois et les prophètes, parce que chacun d'eux a passé en son temps, il a *sauté*; ses ordonnances ont été abolies, et il a disparu.

D. Quelle est la sagesse cachée sous le jeu des coups de fouet?

R. En jouant avec des fouets, on en est frappé sans être blessé; c'est l'emblème de la science, qui n'est ni nuisible, ni utile.

D. Quel motif de sagesse avaient les propos grossiers où l'on nommait les parties génitales de l'un et de l'autre sexe?

R....... *Membrum virile vehementer agit et movetur in vas muliebre*; de même notre seigneur Hakem, dont la puissance est suprême, dompte les polythéistes par sa force, ainsi que nous le lisons dans le traité intitulé: *Le véritable sens des actions ridicules*.

D. Pourquoi Hamza, fils d'Ali, nous a-t-il ordonné de cacher la doctrine de la sagesse, et de ne point la découvrir?

R. Parce qu'en elle sont contenus les mystères et les promesses de notre seigneur Hakem. Nous ne devons la découvrir à personne, parce qu'elle contient le salut des âmes et la vie des esprits.

D. Mais ne sommes-nous pas avares, en ne voulant pas que tous les hommes soient sauvés?

R. Ce n'est pas là une action faite par un principe d'avarice, car la prédication est supprimée, la porte est fermée. Ceux qui ont été incrédules le sont pour toujours, et ceux qui ont cru, ont cru sans retour.

D. Que signifient l'aumône et son abolition?

R. Parmi nous l'aumône ne doit être faite qu'à nos frères unitaires adeptes *(aquels)*; envers tout autre elle est prohibée, et ne peut jamais être permise.

D. Quel est le but que l'on se propose en demeurant dans un lieu séparé, et en y affligeant son âme?

R. Notre intention est que, quand Hakem viendra, il nous rende selon nos œuvres, et nous établisse dans ce monde vizirs et pachas, revêtus de hautes dignités.

DRYADES, nymphes des bois chez les anciens Grecs, de δρῦς, chêne, divinités secondaires qui présidaient aux bois, aux forêts et aux arbres en général. Noël dit qu'on les avait imaginées pour empêcher les peuples de détruire trop facilement les forêts. Pour couper des arbres, il fallait que les ministres de la religion déclarassent que les nymphes les avaient abandonnés. Le sort des Dryades était plus heureux que celui des Hamadryades qui résidaient sous l'écorce des chênes. Elles pouvaient errer en liberté, danser autour des chênes qui leur étaient consacrés, et survivre à la destruction des arbres dont elles étaient protectrices. Il leur était même permis de se marier. Eurydice, épouse d'Orphée, était une dryade. On les représentait sous la figure d'une femme robuste et fraîche, dont la partie inférieure se terminait en une sorte d'arabesque, exprimant par ses contours allongés, un tronc et les racines

---

(1) *Biamr Allah* ou *Biamr Illahi*, veut dire *par l'opération de Dieu*.

d'un arbre. La partie supérieure, sans aucun voile, était ombragée d'une chevelure flottante au gré des vents. La tête était coiffée d'une couronne de feuilles de chêne : on mettait une hache entre leurs mains, parce qu'on croyait que ces nymphes punissaient les outrages faits à l'arbre qui était sous leur garde.

DRYAS, nymphe fille de Faune. On la révérait comme la déesse de la modestie et de la pudeur. On lui offrait des sacrifices auxquels il n'était pas permis aux hommes d'assister.

DRYMNIUS, nom que les habitants de la Pamphylie donnaient à Jupiter, suivant les uns, à Apollon, suivant les autres.

DRYOPIES, fêtes que l'on célébrait à Asine, ville de l'Argolide, en l'honneur de Dryops, arcadien, fils d'Apollon, et chef des Doriens, qui allèrent s'établir dans le Péloponèse.

DRYPHAS, surnom de Diane, adorée sur le mont Dryphis où elle avait un temple; cette montagne était située sur le promontoire Céné, dans l'île de Négrepont.

DRY-QUAKERS, ou *Quakers secs*, dénomination anglaise dont on qualifie les quakers les plus rigides, et dont le costume est le plus austère; tels sont en général les vieillards. Quant aux jeunes gens qui ont mis de côté le grand chapeau, qui ne dédaignent pas d'user de boucles, de boutons et de ganses dans leurs vêtements, en un mot qui se plient davantage aux usages du monde, on les nomme *Wet-Quakers* ou Quakers humides. *Voy.* QUAKERS.

DSI-GOKF, enfer des bouddhistes du Japon : c'est la prison ténébreuse dans laquelle les âmes des méchants sont tourmentées pendant un certain temps, en proportion de leurs crimes. Ces âmes infortunées peuvent cependant éprouver quelque soulagement par les bonnes œuvres de leurs parents et de leurs amis, principalement par des prières et des offrandes adressées à Amida. Ce dieu peut en certains cas fléchir Yama, juge souverain des enfers, qui a devant les yeux un grand miroir, où sont fidèlement réfléchies les actions les plus secrètes des hommes. Lorsque ces âmes ont expié leurs crimes, elles sont renvoyées sur la terre pour passer dans le corps d'animaux immondes, dont les inclinations sont en rapport avec les anciens vices. De là elles passent dans des animaux d'une nature plus noble, et ainsi successivement, jusqu'à ce que, après une entière purification, elles soient dignes de rentrer dans des corps humains, où elles recommencent à courir une nouvelle carrière de mérites ou de démérites.

DSI-SOO, divinité japonaise qui préside aux grands chemins et protège les voyageurs. On voit, le long des chemins, sa statue ornée de fleurs, sur un piédestal d'environ six à sept pieds de hauteur, avec deux pierres un peu moins élevées devant elle. Ces deux pierres, qui sont creuses, peuvent être considérées comme des autels; on y met des lampes que les voyageurs allument en l'honneur de Dsi-soo. Avant que de les allumer et d'offrir quelque chose à ce dieu, on doit se laver les mains; et pour cet effet, il y a toujours un bassin plein d'eau à quelque distance de l'idole. Au pied de la statue on voit quelquefois trois singes, dont l'un se bouche les yeux avec les pattes de devant, l'autre les oreilles, et le troisième la bouche. C'est, dit-on, un emblème qui enseigne qu'il faut se mettre en garde contre trois sortes de fautes que l'on peut contracter soit en voyant, soit en entendant, soit en proférant des choses impures. Souvent les mendiants sollicitent la charité des voyageurs pour l'amour de ce dieu, dont ils ont soin d'entretenir les images.

DUALISME. 1. Système religieux qui admet deux principes, deux dieux ou deux êtres indépendants, dont l'un est le principe du bien et l'autre le principe du mal.

Cette opinion, que l'on peut regarder comme la première et la plus antique hérésie de la religion naturelle et primitive, a eu son origine dans un point de foi, dans un dogme révélé. Si les dualistes se fussent contentés d'enseigner qu'il y a dans le monde un esprit mauvais qui lutte contre l'œuvre de Dieu, et qui cherche à opprimer sa créature, leur doctrine eût été irréprochable, conforme à la révélation et aux saintes Ecritures. Mais ils prétendirent que ce mauvais esprit était égal au bon, indépendant du bon, incréé comme lui, ou du moins procédant comme lui d'une cause nécessaire, et voilà en quoi ils errèrent.

On a coutume de faire remonter la conception du dualisme aux mages des Persans; Hyde croit pourtant que l'opinion de deux principes indépendants n'est qu'un sentiment particulier d'une secte des Perses, qu'il appelle hérétique, et que l'ancien sentiment des mages était semblable à celui des chrétiens, touchant le diable et ses anges.

Le dualisme a été extrêmement répandu. Plutarque croit qu'il a été l'opinion constante de toutes les nations et des plus sages d'entre les philosophes. Il l'attribue, dans son livre d'Isis et d'Osiris, non-seulement aux Persans, mais encore aux Chaldéens, aux Egyptiens et aux Grecs. En effet les Egyptiens appelaient le dieu bon *Osiris*, et le mauvais *Typhon;* ils les symbolisaient encore sous les attributs de la lumière et des ténèbres; les Persans avaient leur *Oromazd* et leur *Ahriman;* les Grecs, leurs bons et leurs mauvais démons; les Romains, leurs *Joves* et leurs *Vejoves,* c'est-à-dire leurs dieux bienfaisants et leurs dieux malfaisants. Les astrologues exprimèrent le même sentiment par des signes et des constellations favorables ou malignes; les philosophes, par des principes contraires, et en particulier les pythagoriciens, par leur monade et leur dyade.

Ce ne sont pas seulement les peuples civilisés de l'ancien monde qui ont professé le dualisme; cette croyance est encore répandue dans une multitude de contrées barbares. Les nègres du Congo ont leur *Zambi an pongou* et leur *Zambi an-bi;* toutes les peuplades de l'Amérique du Nord adorent *Matchi-Manitou* conjointement avec *Kitchi-Manitou*; il n'y a pas jusqu'aux sauvages de l'Australie qui ne croyent en *Koyan* et en *Potoyan*. Une multitude d'autres peuples admettent également deux principes, l'un bon et l'autre mauvais ; et, dans plusieurs contrées, c'est le mauvais principe qui compte un plus grand nombre d'adorateurs, parce qu'il est plus redouté que le bon.

2. Il y a une autre sorte de *dualisme*, que j'appellerais plutôt *dualité*, et qui consiste à admettre deux principes, non pas opposés, mais concordant ou plutôt se complétant l'un par l'autre ; ce sont les principes mâle et femelle, ou Dieu et la nature, le créateur et la matière, coéternels l'un à l'autre, que les anciens jugeaient nécessaires pour la procréation et la fécondation de l'univers. On la retrouve dans un grand nombre de religions anciennes, et même il a quelquefois subsisté simultanément avec la conception des deux principes opposés. C'est ainsi que les Egyptiens avaient Osiris et Isis ; les Assyriens Baal et Astarté ; les Chaldéens, Cronos et Mylitta ; chez les Grecs, le Ciel et la Terre, ou le Soleil et la Lune ; chez les Indiens, le Linga et le Yoni ; les Chinois les principes *Yan* et *In*. *Voy*. DWAITA.

3. Enfin, les musulmans qui appartiennent à la secte des motazales, et qu'on nomme *Thanéwis*, ne sont dualistes qu'en tant qu'ils enseignent que, dans les actions des hommes, le bien vient de Dieu et le mal du cœur humain.

DUEL. 1. Le duel proprement dit a été inconnu à toute l'antiquité païenne, comme il l'est encore à la plupart des nations du monde. Il a été importé dans nos contrées par les Barbares du Nord, qui vinrent jeter les fondements des nations modernes sur les ruines de l'empire romain ; et, chose digne de remarque, les peuples les plus policés du monde ont conservé cette coutume cruelle, injuste et sauvage, en dépit des lois divines et humaines. Bien plus, dans les siècles du moyen âge, le duel a été non-seulement toléré, mais autorisé et prescrit en certaines circonstances, par ceux-là mêmes qui avaient mission de l'empêcher et de le punir. Il faisait partie de ces épreuves judiciaires auxquelles on avait recours dans les causes embarrassées, et qu'on appelait pour cela, quoique fort improprement, *jugement de Dieu*.

Lorsque deux particuliers avaient ensemble quelque différend, et qu'on ne pouvait décider par les voies ordinaires de la justice lequel des deux avait raison, on leur accordait le champ, c'est-à-dire qu'on leur permettait de se battre en champ clos, et celui des deux qui était vaincu était censé avoir tort. Il en était de même lorsqu'une personne accusait une autre de quelque crime, et qu'elle n'avait pas de preuves suffisantes pour appuyer son accusation : on ordonnait alors le combat entre l'accusateur et l'accusé. Si ce dernier succombait, il était réputé coupable : ainsi la force, la bravoure et l'adresse tenaient alors lieu d'innocence et de bon droit. Quiconque était habile dans l'art de l'escrime pouvait être impunément scélérat. Il y a sans doute lieu d'être surpris qu'une telle manière de procéder ait été approuvée par des prélats et des papes. Nicolas Ier appelait le duel judiciaire un légitime conflit autorisé par les lois. Le pape Eugène III, auquel on demandait si l'on pouvait en conscience permettre ces sortes de combats, répondit qu'il fallait suivre la coutume. Il y a plus ; les ecclésiastiques et les moines autorisaient par leur exemple la pratique des duels. Pierre le Chantre, qui écrivait vers 1180, dit que quelques Eglises jugent et ordonnent le duel, et font combattre les champions dans la cour de l'évêque ou de l'archidiacre. Sous le règne de Louis le Jeune, les religieux de Saint-Germain-des-Prés, dit Saint-Foix, ayant demandé le duel pour prouver qu'Etienne de Marci avait eu tort d'emprisonner un de leurs serfs, les deux champions combattirent longtemps avec un égal avantage ; mais enfin, à l'aide de Dieu, dit l'historien, le champion de l'abbaye emporta l'œil de son adversaire, et l'obligea de confesser qu'il était vaincu.

La superstition croyait sanctifier ces combats, en y mêlant plusieurs cérémonies religieuses. L'auteur que nous venons de citer rapporte quelques articles des règlements de Philippe le Bel sur les duels, où l'on voit ce mélange bizarre et sacrilége. Il y est dit, qu'au jour désigné, les deux combattants partiront de leurs maisons, à cheval, la visière levée, et faisant porter devant eux glaive, hache, épée, et autres armes raisonnables, pour attaquer et se défendre ; qu'ils marcheront doucement, faisant de pas en pas le signe de la croix, ou bien ayant à la main l'image du saint auquel ils ont le plus de confiance et de dévotion ; qu'arrivés dans le champ clos, l'appelant, ayant la main sur le crucifix, jurera sur la foi du baptême, sur sa vie, son âme et son honneur, qu'il croit avoir bonne et juste querelle, et que d'ailleurs il n'a sur lui, sur son cheval, ni en ses armes, herbes, charmes, paroles, prières, conjurations, pactes ou incantations dont il veuille se servir ; l'appelé fera le même serment.

En Allemagne, dit le même auteur, on mettait un cercueil au milieu du champ clos. L'accusateur et l'accusé se plaçaient, l'un à la tête, et l'autre au pied de ce cercueil, et y restaient quelques moments en silence, avant de commencer le combat.

Nous avons vu que les clercs et les moines qui demandaient ou acceptaient le duel ne combattaient pas par eux-mêmes, mais choisissaient un champion qui se battait pour eux ; il en était de même des femmes et de toutes les personnes qui ne pouvaient manier les armes.

2. Les Japonais ont une façon fort singulière de procéder au duel, si toutefois on peut appeler duel le suicide légal. Celui qui se croit offensé se fait une blessure, une amputation ou même s'ôte la vie à lui-même,

et l'adversaire est tenu d'en faire autant; il est inouï que celui qui a reçu ce singulier cartel ait jamais manqué d'y répondre ainsi. Citons un exemple entre mille :

Un jour deux seigneurs attachés au palais du Seogoun se rencontrèrent dans l'escalier; l'un descendait les degrés avec un vase vide, l'autre les montait avec un plat destiné à la table royale. Le hasard fit que leurs sabres se heurtèrent. C'était un bien misérable incident; au lieu de passer sans y prendre garde, celui qui descendait s'en fâcha. L'autre fit des excuses, ajoutant qu'après tout, le malheur était petit, qu'il n'y avait au fond de cela que deux sabres qui s'étaient touchés et que l'un valoit l'autre. « L'un vaut l'autre ! reprit l'offensé ; vous allez voir que non. » Et tirant son arme, il s'ouvrit le ventre. Sans dire un mot, le second enjambe l'escalier, court poser son plat sur la table du roi, puis revenant essoufflé vers son adversaire qui agonisait : « Sans le service du prince, lui cria-t-il, je n'aurais pas tant tardé. Un sabre vaut l'autre, » ajouta-t-il après s'être aussi fendu le ventre.

Le même point d'honneur règne parmi le bas peuple. Une femme qui en veut à sa voisine va se pendre à la porte de celle-ci, pendant la nuit, ou se casser la tête sur la borne de sa maison ; bien assurée que sa commère, trouvant le cadavre en ouvrant sa maison le matin, ne manquera d'accomplir la même cérémonie à la porte de son logis.

DUELLONA, ancien nom latin de Bellone, de même qu'on disait *duellum* au lieu de *bellum*, sans doute par rapport aux combats singuliers qui avaient lieu souvent autrefois, lorsque des armées ennemies remettaient le sort des armes entre les mains de deux champions.

DUGOLS, c'est-à-dire *parleurs*, nom que les habitants de l'Araucana, en Amérique, donnent à leurs magiciens, ou enchanteurs, qu'ils consultent dans toutes leurs affaires importantes.

DUIS, ou DUS, dieu adoré autrefois dans la Grande-Bretagne, dans la contrée habitée par les Brigantes. On ne le connaît que par l'inscription d'un autel antique, trouvée à Gretland. Campden, qui la rapporte, croit que c'est un dieu topique, ou le génie des Brigantes, car les différentes peuplades de la Grande-Bretagne avaient alors chacune leur divinité. Il se pourrait aussi que *Duis* fût le même que le *Dis* des Germains et des Gaulois, c'est-à-dire le dieu suprême. Voy. DIS.

DULCINISTES, hérétiques partisans d'un nommé Dulcin, ou Doucin, né en Lombardie, et disciple de Ségarel. Après la mort de son maître, il devint chef de sa secte, connue sous le nom d'*Apostolique*; mais il enchérissait encore sur les erreurs de ces sectaires, soutenant que tout devant être en commun entre les chrétiens, il est permis de prendre le bien d'autrui, et que les hommes et les femmes peuvent indifféremment cohabiter ensemble. Il paraît qu'ils devinrent assez nombreux, et qu'ils commirent des désordres, car le pape fit prêcher contre eux une croisade en 1290. L'armée des croisés, conduite par Reinier Advocati, évêque de Verceil, serra de si près les Dulcinistes dans leurs montagnes, qu'on en prit environ 150, entre autres Dulcin, leur chef, et Marguerite de Trente, sa concubine, qui passait pour sorcière. Ayant été déclarés hérétiques par le jugement de l'Église, ils furent livrés au bras séculier qui les condamna à mort ; tous deux furent démembrés et coupés en pièces, Marguerite la première aux yeux de Dulcin ; puis on brûla leurs membres et leurs os. On punit plusieurs de leurs complices à proportion de leurs crimes ; mais la secte ne fut pas éteinte pour cela. Voy. APOSTOLIQUES.

DULIE, nom par lequel les théologiens désignent le culte que l'on rend aux saints de l'Église catholique, et qui consiste soit à les féliciter des vertus qu'ils ont pratiquées par le secours de la grâce du Seigneur, et de la gloire dont il les couronne dans le ciel ; soit à les invoquer et à solliciter leur intercession auprès de Dieu. Il ne faut pas confondre ce culte, qui n'est qu'un témoignage de respect et de vénération (δουλεία, *service, servitude*), avec le culte de *latrie* (λατρεία), ou d'adoration, dû à Dieu seul. Saint Augustin en explique très-bien la différence dans ce passage tiré de ses écrits contre Fauste, liv. xx : *Colimus martyres eo cultu dilectionis et societatis quo et in hac vita coluntur sancti Dei homines.... at vero illo cultu qui græce latria dicitur.... cum sit quædam proprie Divinitati debita servitus, nec colimus, nec colendum dicimus, nisi unum Deum*, etc.

DUMPLERS, secte de baptistes, ainsi appelés par dérision, du verbe anglais *tumble*, jeter, renverser ; ce qui fait allusion à la manière dont ils administrent le baptême par trois immersions, en plongeant sous l'eau la tête du catéchumène agenouillé. Voy. DUNKERS.

DUNIKEN, nom d'un esprit malin dans la religion du Japon.

DUNKERS, ou TUNKERS, secte de baptistes, la plus singulière de celles qui sont établies dans les États-Unis. Leur nom vient de l'allemand *tunken*, qui signifie *tremper, plonger*, parce qu'ils baptisent les adultes par immersion totale, coutume qui d'ailleurs leur est commune avec plusieurs autres sectes baptistes. Un certain nombre de calvinistes de la Suisse, de la Silésie, du Palatinat, de l'Alsace, qui avaient éprouvé des persécutions au commencement du xviii siècle, se réunirent à Swarzenau, dans le duché de Clèves, y concertèrent la forme de culte qu'ils voulaient suivre, et franchirent l'Atlantique, sous la conduite de Conrad Peyssel, qui en forma une congrégation à 60 milles de Philadelphie, dans un canton riant du comté de Lancastre, qu'il appela *Ephrata*, ombragé aujourd'hui de mûriers gigantesques qui protégent une foule de petites maisons en bois, habitées par les Dunkers ; elles sont disposées sur deux lignes parallèles, et les sexes y vivent séparément. Ephrata ne comptait, en 1777, que 500 cabanes ; de nos jours la colonie se compose de 30,000 fidèles au moins; chiffre considérable, quand on songe à la rigueur de l'établissement, car les Dunkers peuvent être considérés comme les chartreux du protestantisme.

Les Dunkers professent la communauté des biens. Ils portent toujours une longue robe traînante, avec ceinture et capuchon, comme les religieux de Saint-Dominique. Ils se laissent croître les cheveux et la barbe. La communauté est composée d'hommes et de femmes; elle a trois églises: *Béthanie* pour les hommes, *Sharon* pour les femmes, et *Sion*, où se réunissent les deux sexes pour leurs agapes. Les noms de leurs églises, comme celui de la colonie, sont, comme on le voit, tirés de l'Ancien Testament. Les Dunkers ne mangent de la viande que dans les rares occasions de leurs festins en commun, qu'il appellent *Agapes* ou *fêtes de l'amour*, seules réunions où les deux sexes se rencontrent. Leur nourriture habituelle se compose uniquement de racines et de végétaux. Ils couchaient autrefois sur un banc, avec un morceau de bois pour oreiller; mais ils ont adouci cette sévérité et présentement ils ont des lits; cependant la mortification est toujours regardée comme un devoir pour imiter Jésus-Christ dans ses souffrances; chacun doit même faire des œuvres de surérogation appliquables au salut des autres. Les autres sectes américaines leur reprochent leurs mortifications stériles, et les accusent de croire au mérite des œuvres. Ils nient l'imputation du péché d'Adam à sa postérité, et l'éternité des peines. Les justes, dans l'autre monde, prêchent l'Évangile à ceux qui ne l'ont pas connu ici-bas. Les années sabbatiques et jubilaires sont le type de certaines périodes pour admettre au ciel les personnes purifiées après leur mort. Aux périodes sabbatiques sont délivrés ceux qui reconnaissent Jésus-Christ comme rédempteur; mais les obstinés ne le sont qu'aux années jubilaires.

Ils font des onctions aux infirmes pour obtenir leur guérison. Le régime ecclésiastique de la secte est à peu près celui des baptistes. Pour la distribution des aumônes, il y a des diacres et des diaconesses. Celles-ci sont choisies parmi les veuves; chaque frère peut prêcher, et celui qui s'en acquitte le mieux est communément choisi pour ministre. Ils ont pour maxime de ne pas se défendre, de ne pas faire la guerre, ni jurer, ni plaider, ni prêter à intérêt. Le goût de la retraite, des mœurs pures, une probité sévère, les ont fait surnommer les innocents Dunkers. Ils sont tous célibataires; le mariage les sépare de la colonie, sans rompre les liens de la communauté spirituelle. Ceux qui prennent ce parti vont s'établir dans le voisinage de la congrégation.

Les Dunkers ont fondé quelques autres colonies, la plupart dans la Pensylvanie.

DURIN, divinité naine de la mythologie scandinave; c'était un des génies qui présidaient aux arts.

DUSARÈS, dieu des Arabes Nabathéens, selon Etienne de Bysance. Suidas, qui croit que Dusarès était le même que Mars, dit que ce dieu recevait les plus grands honneurs à Pétra d'Arabie; que le simulacre sous lequel il était représenté était une pierre noire, quadrangulaire, d'un travail grossier, haute de 4 pieds, large de deux, posée sur une base d'or; qu'on lui immolait des victimes dont le sang était répandu en forme de libation; que tout le temple était enrichi d'or et d'un grand nombre d'offrandes.

DUSIENS, démons malfaisants respectés et redoutés des Gaulois. On croyait qu'ils tourmentaient les femmes et même en abusaient. Ces sortes de démons sont appelés plus communément *incubes*. Quelques-uns regardent le mot *dusii* comme synonyme de *pilosi*, les velus; les hébreux appelaient les démons *séirim*, qui a la même signification. D'autres rapprochent ce mot du grec δύω, *subire*, ce qui lui donne la valeur d'*incube*.

DUUMVIRS SACRÉS, prêtres romains, choisis par l'assemblée du peuple, toutes les fois qu'il s'agissait de faire la dédicace d'un temple. Les deux magistrats chargés de la garde des livres sybillins s'appelaient *Duumviri sacrorum*.

DWAITA. Les philosophes indiens peuvent être divisés en deux grandes classes principales, suivant qu'ils sont partisans du système *dwaita* ou de celui appelé *adwaita*. La première secte comprend ceux qui reconnaissent deux êtres distincts, Dieu et le monde, ou la matière qu'il a modifiée, et à laquelle il est uni. La seconde n'admet qu'un seul être, une seule substance, qui est Dieu.

Selon le système *Dwaita*, Dieu est répandu partout; il pénètre la matière et s'incorpore pour ainsi dire avec elle; il est présent dans tous les êtres animés et inanimés. Il ne subit cependant aucun changement, aucune altération par cette coexistence, quels que soient les vices et les défauts des êtres auxquels il est uni. A l'appui de ce dernier fait, les partisans du *Dwaita* invoquent, comme terme de comparaison, le feu qui, bien qu'il s'incorpore avec toutes les substances pures et impures, ne perd rien lui-même de sa pureté, et les rayons du soleil qui ne contractent aucune souillure en pénétrant les tas d'ordure et de boue.

D'après ces sectaires, nos âmes émanent de la Divinité et en sont une portion : de même que la lumière dérive du soleil, qui éclaire le monde par une infinité de rayons; de même qu'une quantité innombrable de gouttes d'eau dérivent du même nuage; de même enfin que divers joyaux émanent d'un même lingot d'or. Quelle que soit la divisibilité des rayons, des gouttes d'eau et des joyaux, c'est toujours au même soleil, au même nuage, au même lingot d'or qu'ils appartiennent.

Cependant, du moment que l'âme a été unie à un corps, elle s'est trouvée emprisonnée et ensevelie dans les ténèbres de l'ignorance et du péché, ainsi qu'une grenouille qui est tombée dans la gueule d'un serpent, dont il lui est impossible de se dégager. Quoique cette âme, dans sa prison, continue d'être une même chose avec la Divinité, elle est néanmoins en quelque sorte désunie et séparée d'elle. Mais quelle que soit la dignité ou la grandeur de celui qui revêt une forme humaine, fût-il un dieu ou un géant, dès lors il devient sujet à toutes les erreurs, à tous les vices et à tous les égarements qui sont la suite de cette réunion d'une âme avec un corps. Les vicissitudes qui affectent l'âme pendant la durée de cette union, ne s'attachent pourtant pas à la Divinité qui en fait partie. Dans cet état on pourrait la comparer à la lune dont l'image se réfléchit dans l'eau : si l'on agite cette eau, l'image de la lune s'agitera aussi ; mais dira-t-on que la lune elle-même est agitée ? Les commotions de l'âme durant son union avec les différents corps, sont, pour la Divinité dont elle émane, un sujet de récréation : quant à cette âme, elle est immuable et ne change jamais. Son union avec les corps dure jusqu'à ce que, par la pratique de la contemplation et de la pénitence, elle soit parvenue à un degré de sagesse et de perfection qui lui permette de se réunir de nouveau, inséparablement et pour toujours à la Divinité ; jusque là elle ne cessera de transmigrer d'un corps dans un autre.

DWALIN, divinité naine de la mythologie scandinave ; c'est un des génies qui présidaient aux arts.

DWAPARA-YOUGA, nom que les Hindous donnent au troisième âge du monde, correspondant au siècle d'airain de la mythologie grecque. Dans cette période, le genre humain déchut des bonnes qualités dont il était doué dans le *tréta-youga* où second âge ; les hommes n'eurent plus que la dixième partie de la vertu de leurs ancêtres, et leur vie fut réduite à mille ans. Le dwapara-youga a duré 864,000 ans, et s'est terminé l'an 3100 avant la naissance de Jésus-Christ, époque à laquelle a commencé le *kali-youga*, âge actuel. Le dwapara-youga est la période héroïque de l'histoire indienne ; c'est pendant sa durée que se sont passées la plupart des aventures de leurs dieux et de leurs héros, racontées dans le Ramayana et le Mahabharata. Cet âge s'est terminé par la célèbre bataille entre les Pandavas et les Kauravas, aussi fameuse chez les Indiens que la guerre de Troie chez les Grecs.

DWERGARS, ou DWERGUES, divinités des anciens Scandinaves ; elles ont une taille de pygmées, et sont la personnification des forces élémentaires de la nature. Elles ont chacune,

en conséquence, leurs fonctions séparées ; les unes sont les génies de la lune comme *Nyi* et *Nidi ;* les autres président aux quatre régions du ciel, comme *Nordri*, *Sudri*, *Austri* et *Westri ;* d'autres sont les génies de l'air, comme *Windalfr*, ou des génies de saisons, comme *Frosti*. Les unes habitent l'eau, comme *Aï* et *Hlœwangr ;* les autres, les marécages, comme *Loni ;* d'autres, les hauteurs, comme *Hangspori ;* d'autres enfin, les arbres, comme *Eikenskialdi*. *Bifur* et *Bafurr* sont peureux ; *Weigr*, *Thorinn* ont le caractère ardent, audacieux ; *Dainn*, *Nabhi*, *Monsogner*, *Dwalin*, *Durin*, sont d'habiles artistes ; *Althiofr* est voleur ; *Nipingr* est méchant, etc.

DYÉ ; c'est, selon Chardin, l'ange protecteur des voyageurs dans le système religieux des Parsis.

DYMON, un des quatre dieux Lares révérés par les Egyptiens. Les savants soupçonnent que son nom véritable est *Dynamis*, la puissance. *Voy*. ANACHIS.

DYSER, déesses des anciens Goths, que l'on supposait employées à conduire les âmes des héros dans le palais d'Odin, où elles buvaient de la bière dans des coupes faites des crânes de leurs ennemis.

DZIADI, ou CHAUTURAY, fête des morts chez les anciens Lithuaniens. On la célébrait tous les ans avec grande pompe. Elle commençait par un festin auquel étaient conviées les âmes des défunts, et elles étaient supposées prendre place au banquet. On gardait un religieux silence pendant le repas, ensuite on les congédiait en leur demandant leur bénédiction. Puis le peuple allait visiter avec respect les tombeaux épars dans la campagne. *Voy*. CHAUTURAY.

DZIAM-DJANG, ou MANDJOUSRI, un des bodhisatwa de la théogonie tibétaine ; il forme une espèce de trinité avec *Tchana-dhordze*, et *Djian-raï-zigh*. Le nom de *Dziam-djang* signifie *excellent chanteur* ou *musicien*. Il s'incarne successivement dans le corps du grand lama du couvent de Sechia, dans le Tibet.

DZOR-DZI, pilon sacré, en grande vénération parmi les Tibétains qui prétendent qu'il est venu de l'Inde à travers les airs, et se plaça de lui-même dans le temple de Séra, au nord de Hlassa. Les kambos du couvent le considèrent comme un objet très-saint, et les habitants du Tibet viennent, une fois par an, se prosterner devant lui. *Voy*. SÉRA-POUNDZÉ.

E

[Cherchez par Æ, OE les mots que l'on ne trouve pas ici par E simple.]

EACÉES, fêtes célébrées à Egine en l'honneur d'Eaque, juge des enfers. *Voyez* ÆACÉES.

EANES, nom que l'on donnait aux prêtres saliens ; il vient de Janus appelé aussi *Eanus*.

EANTIDE, surnom de Minerve, adorée sous ce nom dans la citadelle de Mégare, où

elle avait une statue dédiée apparemment par Ajax, lorsqu'il prit possession de son royaume.

EANUS, un des noms de Janus, ainsi appelé, dit Macrobe, *ab eundo*, parce qu'il va toujours, étant pris pour le monde qui est sans cesse en mouvement ; cette étymologie nous paraît très-hasardée ; *Eanus* est le même mot que *Janus* : la permutation de l'E en I est très-fréquente dans toutes les langues. Ainsi les Latins disaient *Menerva, Leber, Magester*, pour *Minerva, Liber, Magister*. Voyez JANUS.

EAQUE, un des juges des enfers chez les anciens ; c'est lui qui avait la charge de juger les Européens. *Voyez* ÆAQUE.

EASTER, déesse des Saxons, que Bochart croit la même qu'Astarté. Son nom signifie *résurrection*. Ses fêtes se célébraient au commencement du printemps.

EATOUAS, divinités subalternes des Taïtiens, enfants du dieu suprême *Taroataihetounou* et du rocher *Tepapa*. Ils sont en très-grand nombre et des deux sexes. Les hommes adorent les Eatouas mâles, et les femmes les Eatouas femelles. Ils ont chacun des moraïs auxquels les personnes d'un sexe différent ne sont pas admises, quoiqu'ils en aient aussi d'autres où les hommes et les femmes peuvent entrer. Les hommes font les fonctions de prêtres pour les deux sexes ; mais chaque sexe a les siens, et ceux qui officient pour les hommes, n'officient point ordinairement pour les femmes, et réciproquement. Les Taïtiens, du temps du capitaine Cook, croyaient que le grand Atoua lui-même était sujet au pouvoir de ces génies inférieurs auxquels il avait donné l'existence ; que ceux-ci le dévoraient souvent, mais qu'il avait le pouvoir de revenir à la vie.

Une seconde classe d'Eatouas se compose de certains oiseaux, tels que le héron pour les uns, le martin-pêcheur pour les autres. Il ne paraît pas cependant que les insulaires rendissent à ceux-ci aucune espèce de culte ; mais ils portaient une attention particulière à tous leurs mouvements, pour en tirer des inductions relatives à la bonne ou à la mauvaise fortune ; ils ne les tuaient point et ne leur faisaient aucun mal. Une superstition semblable existe encore dans la plupart des contrées de l'Europe, où le peuple a une sorte de vénération superstitieuse pour certains oiseaux, tels que le rouge-gorge, l'hirondelle, la cigogne, etc. — On peut mettre dans cette seconde classe d'Eatouas certaines espèces de coquillages, et un assez grand nombre de plantes, particulièrement une sorte de fougère qui portait le nom d'un de leurs grands dieux, *Oro*.

La troisième classe comprend les âmes des défunts. A la sortie du corps, les âmes sont saisies par *Taroa*, le dieu suprême ou oiseau, qui les avale dans l'intention d'en purifier la substance, et de les pénétrer de la flamme éthérée et céleste que la Divinité peut seule donner. Alors ces esprits purs, débarrassés de leur enveloppe terrestre, errent autour des moraïs ou tombeaux, et ont des prêtres destinés à leur adresser des offrandes et à les apaiser par des sacrifices ; tout homme qui profane par sa présence l'enceinte des moraïs ou les cérémonies mystérieuses des funérailles, doit payer par la mort son sacrilège. L'âme seule des justes est admise à partager la divinité et à devenir *Eatoua* ; l'âme des méchants est au contraire précipitée dans l'enfer.

Maintenant toutes ces superstitions ont tombé en face du christianisme qui est professé dans tout l'Archipel. Autrefois quiconque avait offensé *Eatoua* devait s'attendre à mourir, à moins d'obtenir son pardon par des offrandes et des sacrifices. La puissance attribuée à ces âmes divinisées était immense ; pendant la nuit elles se plaisaient à renverser les montagnes, entasser les rochers, combler les rivières, et donner ainsi des preuves non équivoques de leur pouvoir. Leurs demeures habituelles étaient les environs des tombeaux, la profondeur des forêts, la solitude des gorges des montagnes. On les entendait murmurer dans les ondes, bruire dans la feuillage, siffler dans les vents ; on les voyait voltiger comme des fantômes blancs aux reflets argentés de la lune.

C'est l'Eatoua protecteur qui inspirait les songes auxquels les Taïtiens ajoutaient la foi la plus robuste. Ils croyaient que le génie tutélaire prenait l'âme pendant le sommeil, l'enlevait du corps, et la guidait dans la région des esprits. De celui qui rendait le dernier soupir on disait *ari-po*, il va dans la nuit.

EATOUKA, divinités secondaires de la Nouvelle-Zélande, dont parle Forster, compagnon du capitaine Cook ; ce sont probablement les mêmes que les *Eatouas* des Taïtiens. *Voyez* EATOUAS.

EAU. L'eau joue un rôle important dans la plupart des religions, soit comme divinité, soit comme principe primitif des êtres, soit comme moyen d'ablution et de purification.

1. La plupart des anciens peuples considéraient l'eau comme une divinité. Les philosophes grecs paraissent avoir tiré du sanctuaire de l'Egypte l'opinion d'après laquelle ils regardaient cet élément comme le principe de toutes choses. Ils pensaient que l'eau existait antérieurement à l'organisation matérielle des autres parties du globe. Cette opinion pouvait avoir sa source dans les traditions primitives. En effet, la cosmogonie génésiaque nous montre le globe terrestre enseveli sous les eaux avant que le Tout-Puissant eût procédé à l'arrangement de l'univers. La géologie nous découvre aussi l'action de l'eau dans la formation des différentes couches de la terre. Ce principe de l'*humidité*, qui, suivant les philosophes, était la mère et la nourrice des êtres, fut appelé par les Grecs l'*Océan*, et par les Egyptiens le *Nil*. Ce nom devint celui du grand fleuve qui arrosait le pays de ces derniers.

De là les anciens avaient divinisé la plupart des fleuves et des fontaines. Les Egyptiens donnaient au Nil les épithètes de *très-saint*, de *père* et de *conservateur de la contrée* ; ils le considéraient même comme une manifestation réelle d'Ammon, leur divinité suprême. Hésiode recommande, comme un devoir de religion, d'adresser sa prière aux dieux des fleuves, le visage tourné vers leurs eaux, et de s'y laver les mains avant que de les traverser. « Les dieux, ajoute-t-il, font sentir leur colère à ceux qui traversent un fleuve sans s'y être lavé les mains. »

2. Les Parsis joignent au culte du feu celui de l'eau. Leurs livres sacrés leur défendent d'en faire usage pendant la nuit, de peur de la profaner; ou, si on ne peut éviter de s'en servir, de ne l'employer qu'avec beaucoup de précautions. Les mêmes livres recommandent, lorsqu'on met un vase d'eau sur le feu, d'en laisser vide environ un tiers, de peur qu'en bouillant elle ne se répande sur le foyer. Pour que l'eau des étangs ne soit ni troublée, ni salie, ils doivent la débarrasser des animaux qui l'infectent, comme les tortues, les grenouilles, etc.

3. La divinité de l'eau est, suivant l'abbé Dubois, reconnue incontestablement pour un article de la croyance des Hindous. Le brahmane l'adore et lui adresse des prières, lorsqu'il fait ses ablutions quotidiennes; il invoque alors les rivières saintes, entre autres le Gange, et tous les étangs sacrés; il fait souvent à l'eau des offrandes, en jetant dans les rivières et les étangs, surtout aux lieux où il se baigne, de petites pièces d'or et d'argent, et quelquefois des perles et d'autres bijoux de prix. Les marins, les pêcheurs, toutes les personnes qui fréquentent la mer, se rendent de temps en temps sur ses bords, pour lui offrir des adorations et des sacrifices. Lorsque, après une longue sécheresse, une pluie féconde, venant ranimer l'espoir du laboureur, remplit ces grands réservoirs où les eaux sont recueillies pour servir ensuite à l'arrosement des champs de riz, aussitôt les habitants y accourent. *La dame est arrivée!* s'écrient-ils avec des signes d'allégresse, et en s'inclinant, les mains jointes, vers l'eau qui remplit la citerne : des boucs et des béliers sont ensuite immolés en son honneur. — A l'époque de l'année où le Kavéri débordé inonde les plaines brûlantes et stériles qui longent son cours, et y répand la fraîcheur et la fertilité, ce qui arrive ordinairement vers le milieu de juillet, les habitants de ce côté de la presqu'île se rendent en foule sur ses bords, quelquefois de fort loin, pour féliciter *la dame* sur son arrivée, et lui consacrer des offrandes de toute espèce : ce sont des pièces de monnaie qu'on lui jette, afin qu'elle ait de quoi fournir à ses dépenses; des pièces de toile pour se vêtir; des bijoux pour se parer; du riz, des gâteaux, des fruits et autres comestibles, pour assouvir sa faim; enfin des ustensiles de ménage, tels que corbeilles, vases de terre, etc., comme si tout cela lui était nécessaire pour vivre dans l'aisance et jouir des commodités de la vie.

Lorsque les Hindous font la cérémonie journalière appelée *Sundhya*, ils adressent à l'eau les invocations suivantes.

« Eau de la mer, des fleuves, des étangs, des puits, et enfin de tout autre endroit quelconque, soyez favorable à mes prières et à mes vœux! Ainsi qu'un voyageur fatigué par la chaleur trouve du soulagement à l'ombre d'un arbre, ainsi puissé-je trouver en vous du soulagement à mes maux, et le pardon de mes péchés!

« Eau! vous êtes l'œil du sacrifice et du combat! vous êtes d'un goût agréable! vous avez pour nous les entrailles d'une mère, vous en avez aussi les sentiments! Je vous invoque avec la même confiance que celle d'un enfant qui, à la vue de quelque danger, va se jeter entre les bras d'une mère qui le chérit tendrement; purifiez-moi de mes péchés, et purifiez tous les hommes avec moi.

« Eau! dans le temps du déluge, Brahma, la sagesse suprême, dont le nom ne contient qu'une lettre, existait seul, et il existait sous votre forme. Ce Brahma, répandu et confondu avec vous, fit pénitence et par le mérite de sa pénitence il créa la nuit. Les eaux, éparses sur la terre, s'étant retirées dans un même lieu, formèrent la mer. De la mer furent créés le jour, les années, le soleil, la lune, et Brahma à quatre visages. Ce dernier créa de nouveau le ciel, la terre, l'air, les mondes inférieurs, et tout ce qui existait avant le déluge. »

4. Le peuple de Cibola en Amérique, si l'on s'en rapporte à François Vasquez, n'adorait que l'eau, parce que, disait-il, c'est l'eau qui fait croître les grains et les autres aliments; ce qui montre qu'elle est l'unique soutien de la vie.

EAU BÉNITE. L'eau chez les chrétiens est employée dans trois occasions différentes : au saint sacrifice de la messe, pour la collation du sacrement de baptême, et pour l'aspersion, ou la bénédiction des personnes et des choses.

1. Avant de procéder à l'oblation du sacrifice, après que le diacre a versé dans le calice le vin destiné à être consacré, le sous-diacre y ajoute une ou deux gouttes d'eau. On croit que ce mélange est d'institution divine, quoique nous ne lisions pas dans l'Évangile que Jésus-Christ l'ait opéré; du moins comme c'est une pratique observée par toutes les Églises tant de l'Orient que de l'Occident, il est certain que ce sont les apôtres qui l'ont établie. On donne à ce mélange trois raisons symboliques : 1° le vin représente Jésus-Christ, et l'eau le peuple fidèle ; l'union des deux liqueurs exprime l'unité du corps mystique que forme l'Église unie à son divin chef; c'est pourquoi le célébrant bénit l'eau et non point le vin. Dans les messes des morts, on ne bénit pas l'eau, parce que le sacrifice est offert spécialement pour les âmes des défunts sur lesquelles le prêtre ne saurait avoir de juridiction; 2° le mélange de l'eau au vin est le symbole de la sobriété que les chrétiens doivent apporter dans leurs repas; 3° enfin, il est la figure de l'eau qui sortit avec le sang du côté du Sauveur, lorsqu'un soldat lui porta un coup de lance sur la croix; c'est sans doute la raison pour laquelle, dans les Églises orientales, on fait chauffer l'eau avant de la mettre dans le calice.

2. L'eau du baptême, appelée aussi *Eau*

baptismale, doit être pure, naturelle, c'est-à-dire qu'elle ne doit être affectée d'aucun mélange qui lui ôte sa qualité d'eau. On la bénit solennellement le samedi saint et la veille de la Pentecôte, parce que c'étaient autrefois les jours auxquels on administrait publiquement le baptême aux catéchumènes. Le prêtre prononce une longue prière modulée sur un chant particulier, pendant laquelle il exprime avec l'eau plusieurs actions symboliques; ainsi il en jette vers les quatre parties du monde, en souvenir des quatre fleuves qui sortaient du paradis terrestre, et pour exprimer que toutes les nations du monde sont appelées à la grâce du sacrement; il fait dessus des signes de croix, pour exprimer que les eaux du baptême tirent leur vertu de la croix et de la mort du Fils de Dieu; il y plonge par trois fois le cierge pascal allumé, symbole de la vertu fécondante du Saint-Esprit; il verse dans cette eau de la cire fondue du cierge pascal, pour la sanctifier; enfin, il la consacre en y versant de l'huile des catéchumènes et du saint chrême, qui sont employés dans l'administration du baptême. Mais avant cette dernière cérémonie, on puise dans les fonts baptismaux de l'eau qui vient d'être ainsi bénite, et on la verse dans de grands vases préparés à cet effet, où se trouve déjà une certaine quantité d'eau qui est ainsi sanctifiée par ce mélange avec l'eau sainte. Les fidèles viennent puiser de cette eau et en emportent dans leurs maisons. Quant à l'eau baptismale mélangée d'huile et de saint chrême, elle est uniquement réservée pour le baptême.

3. L'*eau bénite*, proprement dite, est celle qui est tirée des fonts baptismaux avant l'infusion des huiles saintes, ainsi que nous venons de le dire. On la bénit encore d'une autre manière, tous les dimanches, avant la messe paroissiale. Le célébrant prononce sur elle des exorcismes, des bénédictions et des prières, et y mélange du sel pareillement exorcisé et bénit. Puis il en asperge les autels, les croix, les images, le clergé et enfin tout le peuple assemblé dans l'église, pendant que le chœur chante des antiennes analogues à la cérémonie. Cette bénédiction n'a pas lieu les jours de Pâques et de la Pentecôte, parce qu'en ces deux fêtes on se sert de l'eau bénite la veille dans les fonts baptismaux. On emploie cette eau bénite indifféremment de l'une ou de l'autre manière dans la plupart des bénédictions et des consécrations des personnes et des choses. Presque tous les objets offerts à la bénédiction des évêques ou des prêtres doivent être aspergés d'eau bénite. On en met aussi à la porte des églises, dans des vases appelés *bénitiers*; les fidèles y plongent l'extrémité de leur mains ou de leurs doigts, et en font le signe de la croix, en entrant dans le temple. Nous avons dit que les personnes pieuses en emportaient aussi dans leurs maisons, car elle est regardée comme un préservatif contre les dangers du corps et de l'âme; c'est pourquoi on la dépose dans de petits bénitiers que l'on place le plus souvent auprès du lit; afin d'en prendre en se levant et en se couchant; plusieurs en aspergent leurs appartements quand il tonne, ou quand ils ont quelque accident à redouter. Enfin elle sert au prêtre qui vient administrer les sacrements à domicile, et lorsqu'une personne est décédée, tant que le cadavre reste dans la maison.

L'eau bénite est, dans l'Église catholique, un symbole et un moyen de purification; non pas qu'une personne qui en fait usage ou qui en est aspergée soit regardée comme purifiée de ses souillures corporelles ou spirituelles, quelles que soient d'ailleurs ses dispositions, ainsi que cela a lieu chez les musulmans, les Hindous et autres peuples infidèles; mais l'Église croit que le juste qui en use peut, par ce moyen, contribuer à chasser le démon, à éloigner ou affaiblir les tentations, à expier ses péchés véniels, etc., et que le pécheur peut, en en prenant avec foi et avec un désir sincère de se convertir, prédisposer par là son âme à se convertir. Pour ceux qui en prennent en entrant dans l'église, elle exprime la pureté de cœur avec laquelle ils doivent s'approcher de Dieu. Cet usage est fort ancien, et l'Église, en recevant dans son sein les gentils convertis à la foi de Jésus-Christ, a substitué l'eau bénite à l'eau lustrale des païens de la Grèce et de Rome.

Les protestants ont rejeté l'usage de l'eau bénite comme une superstition grossière.

EAU D'ABLUTION. 1. Les juifs étaient soumis à une multitude d'ablutions, car ils devaient se baigner toutes les fois qu'ils avaient contracté une souillure légale ou corporelle; mais d'après l'Écriture sainte, il ne paraît pas qu'ils fussent assujettis à des pratiques particulières, à des rites déterminés pour prendre ces bains. Il suffisait qu'ils se lavassent dans une eau pure.

2. Il n'en est pas de même des musulmans; qui, outre les rites et les formules qui doivent accompagner leurs *ablutions* (voyez ce mot), doivent encore faire attention à la nature du liquide et à une multitude de prescriptions et de prohibitions imposées par leur code religieux. Ainsi, l'eau requise pour les ablutions doit être pure, et on peut prendre indifféremment de l'eau de pluie, de source, de fontaine, de ruisseau, de fleuve, de neige, de glace, et de la mer, parce que toutes ces eaux peuvent être considérées comme eaux du ciel; mais de plus elles doivent avoir les trois qualités qui leur sont propres, savoir, le goût, la couleur et l'odeur. Le défaut d'une de ces qualités ne les rendrait pas impures; mais s'il en manque deux à la fois, l'eau est réputée impure, et comme telle, impropre aux purifications. Nulle boisson composée, comme le sorbet; nulle eau de senteur, comme l'eau de rose; nulle eau chargée d'aromates, de feuilles d'arbres ou de fruits; le vinaigre, ni le bouillon, ne peuvent servir aux ablutions, ni pour les vivants, ni pour les morts. La plus légère immondice qui tombe dans une eau dormante la rend impure, à moins que cette immondice ne soit imperceptible, et que le bassin

où l'eau est contenue n'eût dix pieds de longueur sur dix de largeur, avec trois doigts d'eau, de sorte qu'en en prenant avec le creux de la main, il ne fût pas possible d'en voir le fond. L'eau qui aurait déjà servi à une purification, ne peut être employée pour une autre. Il en serait de même de l'eau d'un puits ou d'un bassin, dans lequel un homme impur serait entré, même sans aucune intention de s'y purifier. L'eau est également impure s'il s'y trouve une bête morte, à moins que ce ne soit les cadavres des poissons qui y vivent habituellement. Cependant les insectes dont le sang ne circule pas, comme les mouches, les cousins, les abeilles, les scorpions, etc., ne rendent pas l'eau impure.

Un puits souillé par le mélange ou par la chute d'un objet impur, doit être purifié par l'extraction d'un certain nombre de seaux d'eau; si c'est un rat, un moineau, un reptile, il suffit d'en tirer trente seaux pour que le reste de l'eau soit pure; si c'est un pigeon, une poule, un chat, il en faut soixante; mais si c'est un chien, un mouton, ou si l'animal, quel qu'il soit, se trouve déjà tout gonflé, ou bien si c'est un homme noyé, alors le puits ou la citerne est entièrement impur, et exige d'être vidé jusqu'à siccité. Si l'eau est continuellement alimentée par une source, il faut en tirer au moins la quantité qui s'y trouvait au moment de la souillure, ce qui ne doit jamais être au-dessous de trois cents seaux. Les purifications faites par mégarde avec une eau souillée doivent être réitérées, ainsi que les prières qui les ont suivies. Si on n'a pas été témoin de la chute du corps impur, l'eau est censée souillée depuis vingt-quatre heures; mais si l'objet est gonflé ou dissous, l'impureté de l'eau compte depuis trois jours, et jamais au-delà.

3. Les Hindous ont des règles encore plus minutieuses à l'égard de l'eau requise pour leurs ablutions.

EAU LUSTRALE. 1. Les juifs avaient de l'eau lustrale; elle était faite d'eau vive dans laquelle on mettait de la cendre provenant d'une vache rousse, offerte en sacrifice, suivant le rite indiqué au livre des Nombres, chap. XIX. On s'en servait pour purifier ceux qui avaient contracté quelque impureté, par l'attouchement d'un cadavre, d'un sépulcre; on en purifiait aussi les maisons ou les tentes dans lesquelles s'était trouvé un corps mort. Il ne paraît pas qu'il eût besoin pour cela de l'intervention des prêtres ou des lévites. Un homme pur prenait de l'hysope, la trempait dans cette eau, et en aspergeait les objets et les personnes; mais, chose singulière, celui qui portait l'eau lustrale et celui qui faisait l'aspersion devenaient impurs, tandis que ceux qui en étaient aspergés recouvraient la pureté.

2. Chez les Grecs, on employait pour les purifications l'eau de mer, quand on pouvait s'en procurer, mais le plus souvent on se servait d'eau lustrale; c'était une eau commune dans laquelle on avait plongé un tison ardent, pris sur l'autel pendant que la victime était brûlée. On en remplissait des vases dans les vestibules des temples, dans les lieux où se tenait l'assemblée générale, et autour des cercueils où les morts étaient exposés à la vue des passants. Cette eau servait à purifier les enfants d'abord après leur naissance, ceux qui entraient dans les temples, ceux qui avaient commis un meurtre, même involontaire, ceux qui étaient affligés de certains maux regardés comme des signes de la colère céleste, telle que la peste, la frénésie, etc.; tous ceux enfin qui voulaient se rendre agréables aux dieux. Cette cérémonie fut insensiblement appliquée aux temples, aux autels, à tous les lieux que la Divinité devait honorer de sa présence; aux villes, aux rues, aux maisons, aux champs, à tous les endroits profanés par le crime, ou sur lesquels on voulait attirer les faveurs du ciel.

3. Voici comment les brahmanes procèdent à la confection de l'eau lustrale: Après avoir préalablement purifié avec de la fiente de vache un lieu quelconque, on l'arrose avec de l'eau; puis le Pourohita, qui préside à la cérémonie, s'assied le visage tourné vers l'orient. On place devant lui une feuille de bananier, sur laquelle on met une mesure de riz; à côté on place un vase de cuivre plein d'eau, et dont les parois extérieures ont été blanchies à la chaux; on couvre de feuilles de manguier l'orifice du vase, et on le pose sur le riz. On met auprès un petit tas de safran pour représenter le dieu Ganécha, auquel on offre des adorations, du sucre brut et du bétel. On jette ensuite dans le vase, en récitant des formules sacrées, de la poudre de sandal et des grains de riz teints de safran, et, par cette opération, l'eau contenue dans le vase devient l'eau sacrée du Gange. Enfin, on offre au même vase un sacrifice, des bananes et du bétel. L'eau lustrale ainsi fabriquée purifie les lieux et les personnes qui ont contracté des souillures.

Mais quelle que soit la vertu de cette eau lustrale, elle n'approche pas de la sainte efficacité de la mixtion appelée *Pantcha-Karya*, c'est-à-dire les cinq substances qui sortent du corps de la vache, savoir: le lait, le caillé, le beurre liquéfié, la fiente et l'urine de cet animal. Ce précieux mélange, pris soit à l'extérieur, soit à l'intérieur, purifie toute sorte de péchés. *Voyez* PANTCHA-KARYA.

4. Les Langiens, suivant le P. Marini, ont une espèce d'eau bénite, que les Talapoins envoient aux malades comme un remède souverain et une médecine salutaire; ils en gardent toujours une grande quantité à cette fin, parce qu'en échange on leur donne un nombre égal de bouteilles d'excellent vin. Cette eau est en si grande estime auprès du peuple, que chacun veut en avoir à quelque prix que ce soit, et bien qu'ils n'aient jamais éprouvé l'effet qu'ils en attendent, ils ne laissent pas d'en demander incessamment, espérant toujours qu'elle leur procurera la guérison de leurs maladies et de leurs infirmités.

ÉBIONITES, hérétiques du premier siècle de l'ère chrétienne. On n'est pas d'accord sur l'origine de leur nom. Origène a cru qu'ils avaient été ainsi appelés du mot hébreu *ébion*, qui signifie *pauvre*, parce qu'ils étaient, dit-il, pauvres de sens, et qu'ils manquaient d'esprit. Eusèbe, qui a eu égard à la même étymologie, prétend que ce nom leur a été donné, parce qu'ils avaient de pauvres sentiments sur Jésus-Christ, qu'ils croyaient être un pur homme; mais tout cela, dit Simon, dans son *Histoire critique du texte du Nouveau Testament*, n'est qu'une simple allusion au nom de ces sectaires, qui signifie *pauvre* dans la langue hébraïque. Il y a plus d'apparence que les juifs les appelèrent ainsi par mépris, parce qu'en ces premiers temps il n'y avait presque que des pauvres qui embrassassent la religion chrétienne. Origène semble confirmer cette opinion dans ses livres contre Celse, où il dit qu'on appela Ebionites ou pauvres ceux d'entre les juifs qui crurent que Jésus-Christ était véritablement le Messie prédit par les prophètes. On pourrait dire aussi que ces premiers chrétiens prirent eux-mêmes ce nom, conformément à leur profession. En effet, saint Epiphane a remarqué qu'ils se vantaient d'être pauvres, à l'imitation des apôtres. Le même saint Epiphane a cru néanmoins qu'il y a eu un homme appelé *Ebion*, chef de la secte des Ebionites, et qui vivait en même temps que les nazaréens et les cérinthiens : il décrit au long et avec exactitude l'origine de cette secte, qu'il fait commencer après la destruction de Jérusalem, les premiers chrétiens, appelés nazaréens, en sortirent pour aller demeurer à Pella. Les Ebionites ne sont donc qu'un rejeton des nazaréens; mais ils altérèrent en plusieurs points la pureté et la simplicité de la croyance de ces premiers chrétiens. C'est pourquoi Origène a distingué deux sortes d'Ebionites dans ses livres contre Celse. Les uns croyaient que Jésus-Christ était né d'une vierge, et les autres croyaient qu'il était venu au monde à la manière des autres hommes. Les premiers n'avaient que des sentiments orthodoxes, si ce n'est qu'ils joignaient à la religion chrétienne les cérémonies de l'ancienne loi, de même que les nazaréens. Ils différaient néanmoins de ceux-ci en plusieurs choses, et principalement en ce qui regarde l'autorité des livres saints; car les nazaréens recevaient toute l'Ecriture qui est renfermée dans le canon des juifs; les Ebionites au contraire rejetaient tous les prophètes: ils avaient en horreur les noms de David, de Salomon, d'Isaïe, de Jérémie et d'Ezéchiel. Ils ne considéraient comme Ecriture sainte que le seul Pentateuque, ce qui semble indiquer qu'ils étaient plutôt sortis des samaritains que des juifs. Comme les nazaréens, ils se servaient de l'Evangile hébreu de saint Matthieu, qu'ils appelaient aussi Evangile des douze apôtres; mais ils avaient corrompu leur exemplaire en beaucoup d'endroits : ils en avaient supprimé la généalogie de Jésus-Christ, qui se trouvait tout entière dans celui des nazaréens ; et même dans l'exemplaire qui était à l'usage des cérinthiens. Ces derniers, qui étaient dans les mêmes sentiments que les Ebionites sur la naissance de Jésus-Christ, appuyaient leur erreur sur cette généalogie. Outre l'Evangile hébreu de saint Matthieu, les Ebionites avaient adopté plusieurs autres livres sous les noms de Jacques, de Jean, et des autres apôtres. Ils se disaient disciples de saint Pierre et rejetaient saint Paul, qu'ils chargeaient de calomnies, disant qu'il n'était pas juif d'origine, mais un gentil prosélyte qui, étant à Jérusalem, avait voulu épouser la fille d'un sacrificateur; que, pour cet effet, il s'était fait circoncire, et que n'ayant pu l'obtenir, il s'était mis de dépit à combattre la circoncision et la loi. Pour attribuer leurs erreurs à saint Pierre, ils avaient corrompu la relation de ses voyages, écrite par saint Clément. Comme les fidèles, ils observaient le dimanche, donnaient le baptême et consacraient l'eucharistie, mais avec de l'eau seule dans le calice. Ils disaient que Dieu avait donné l'empire de toutes choses à deux personnes, au Christ et au diable; que le diable avait tout pouvoir sur le monde présent, le Christ sur le siècle futur, etc. Leur secte, qui avait commencé vers l'an 74, fut toujours assez peu nombreuse ; elle fit encore un peu de bruit en 103, puis en 119, enfin elle s'éteignit bientôt après.

EBLIS. Ce mot, corrompu du grec διάβολος, est le nom que les mahométans donnent au chef des démons.

Longtemps avant la création du monde il était le chef des djins, des dives et des génies qui avaient l'empire du monde ; mais Eblis était d'une nature plus élevée que celle de ses sujets, car ceux-ci participaient à l'élément terrestre, tandis que les anges auxquels appartenait Eblis étaient formés de l'élément du feu. Celui-ci ayant donc reçu les ordres de Dieu, descendit du ciel en ce monde, fit la guerre aux dives et les subjugua; aidé de leur secours, il attaqua et défit en combat général Djan, le monarque des esprits, et par ce moyen il devint en peu de temps le seigneur universel de ce bas monde. Arrivé à ce point de gloire et d'honneur, son cœur s'enfla ; il oublia qu'il était venu pour punir les créatures rebelles, et ne fut pas plus sage que les monarques ses devanciers, car il porta l'audace jusqu'à dire : « Qui est semblable à moi ? Je monte au ciel quand il me plaît ; et si je descends sur la terre, je la vois entièrement soumise à mes volontés. » Dieu irrité de son orgueil, résolut pour l'humilier de créer le genre humain, qu'il tira de la terre, et la lui donna à gouverner. Il lui ordonna, ainsi qu'à tous les autres anges, d'adorer Adam qu'il venait de créer; tous obéirent, à l'exception d'Eblis, qui, à la tête d'une troupe d'esprits qu'il avait gagnés, refusa opiniâtrément de se soumettre, apportant pour motif de sa rébellion, qu'il ne convenait pas que des êtres tirés de l'élément du feu se prosternassent devant une créature terrestre. Le Très-Haut prononça alors sa condamnation : « Sors d'ici, lui dit-il, car tu seras pour toujours privé de ma grâce, et tu seras maudit jusqu'au jour du jugement. » Les musulmans disent en effet que la malédiction du démon doit durer jusqu'à la fin du monde, et qu'ensuite il sera tourmenté dans les enfers.

La révolte de cet esprit lui valut les noms d'*Iba* ou réfractaire, de *Scheitan* ou calomniateur, et d'Eblis ou désespéré. Son premier nom était *Harith*, qui signifie gouverneur ou gardien.

Les mahométans disent qu'Eblis mourra à la fin du monde, au son de la première trompette ; mais il ressuscitera quarante ans après, avec tous les hommes, lorsque sonnera la seconde trompette qui sera celle du jugement. Ils disent aussi qu'au moment de la conception de Mahomet, le trône d'Eblis fut précipité au fond des enfers, et que les idoles des gentils furent renversées.

EBROUHARIS. Les derwisch, ainsi nommés chez les Turcs, ne sont occupés que des choses célestes ; ils implorent nuit et jour la miséricorde de Dieu sur eux. Par leur abstinence, leurs bonnes œuvres et leurs pratiques de dévotion, ils acquièrent, disent-ils, une sainte disposition pour mériter la gloire céleste. Cependant, malgré la sainteté apparente de leur vie, et les vertus de leur fondateur, ils sont peu considérés par les Turcs, qui les regardent comme hérétiques, parce qu'ils se dispensent du pèlerinage de la Mecque, sous prétexte que leur vie contemplative leur rend ce saint lieu toujours présent dans leurs cellules.

ECASTOR ET MECASTOR, formules de serment propres aux femmes romaines, et correspondant à *Ædepol*, jurement des hommes. Ces mots sont composés d'*æde* et de *Castoris* ou de *Pollucis*, comme si l'on disait : *Par le temple de Castor ou de Pollux !* ou bien *e* serait pour *me*, sous-entendant *juvet*. *Me Castor juvet !* Castor me soit en aide !

ECBASIUS, surnom sous lequel les Grecs offraient des sacrifices à Apollon, lorsqu'après une navigation heureuse ils abordaient au port. Ce nom vient du verbe ἐκβαίνω, *débarquer*.

ECCE HOMO ! On donne ce nom à une statue, à un tableau, à une gravure où Jésus-Christ est représenté revêtu d'un manteau d'écarlate, couronné d'épines, un roseau à la main, sanglant, pâle, défiguré, en un mot dans l'état où il était lorsque Pilate le présenta aux juifs, en leur disant : *Ecce Homo !* « Voilà l'homme ! »

ECCERE, pour *ex Cerere*, ou *æde Cereris*, « par Cérès ! » Jurement usité chez les Romains.

ECCLÉSIARQUE (du grec ἐκκλησία, église, assemblée, et ἀρχὸς, chef) ; officier des églises grecques, dont la principale fonction était d'assembler le peuple à l'église. Il était aussi chargé d'allumer les cierges, de faire diverses lectures, et de veiller à ce qui concernait l'entretien de l'église.

ECCLÉSIASTE, en grec ἐκκλησιαστὴς, et en hébreu קהלת *cohéleth* ; l'un et l'autre signifient *harangueur, prédicateur* ; c'est le titre d'un ouvrage attribué à Salomon, qui fait partie de l'Ancien Testament, et que l'Eglise, après la synagogue, a reconnu pour canonique et inspiré de Dieu.

Cependant plusieurs s'étonnent de voir l'*Ecclésiaste* au nombre des livres saints ; ils sont scandalisés de plusieurs passages qui s'y trouvent, et qui leur semblent accuser un auteur épicurien ou sceptique. Il paraît même que ces scrupules ne sont pas modernes ; déjà les juifs, au rapport de saint Jérôme, avaient fait difficulté d'insérer ce livre dans le canon des Ecritures, de peur que les esprits faibles ne fussent offensés de certains passages répandus dans le contexte, et surtout dans le chapitre III. En voici quelques-uns : « C'est pourquoi la fin des hommes et celle des bêtes est la même, et leur condition est la même ; comme l'homme meurt, ainsi meurent les animaux ; les uns et les autres respirent de même ; et l'homme n'a rien de plus que la bête ; car tout est vanité. Tous tendent à un même lieu ; tous ont été tirés de la terre, et tous retourneront également dans la terre. Qui sait si le souffle des enfants des hommes monte en haut, et si le souffle des bêtes descend en bas ? J'ai donc connu qu'il n'y a rien de meilleur à l'homme que de se réjouir dans ses œuvres, et que c'est là son partage ; car qui le mettra en état de connaître ce qui doit arriver après lui ? »

D'abord, nous croyons que ces paroles bien entendues et comparées avec le texte général de l'ouvrage, ne sont ni matérialistes, ni sceptiques ; elles peuvent fort bien s'entendre de la vie animale, tant des hommes que des animaux, et non point de l'âme intelligente dont l'auteur ne parle point ici. Plus loin, il conseille à un jeune homme de se livrer à la joie et aux plaisirs de son âge ; mais il l'avertit aussitôt que *Dieu entrera en jugement avec lui, et lui en demandera compte*. Il l'exhorte dans le chapitre suivant à se souvenir de son Créateur dans sa jeunesse, avant qu'il soit courbé sous le poids des années. Parlant de la mort, il dit : « *L'homme ira dans la maison de son éternité ; la poussière rentrera dans la terre d'où elle a été tirée ; et l'esprit retournera à Dieu qui l'a donné*. Enfin l'Ecclésiaste se termine par ces admirables paroles : *Ecoutons tous ensemble la fin de ce discours : Craignez Dieu et observez ses commandements ; car c'est là tout l'homme. Dieu fera rendre compte en son jugement de tout ce qui est caché, soit en bien, soit en mal*.

Mais quand même il se trouverait dans l'Ecclésiaste plusieurs passages auxquels on ne pourrait donner que difficilement une interprétation conforme à la foi, cela ne pourrait infirmer en rien l'authenticité du livre et la bonne doctrine de l'auteur. Car si cet ouvrage eût paru de notre temps, on aurait pu bien le pourrait intituler : *Voyages d'un philosophe à la recherche de la vérité*. En effet, l'auteur raconte pour ainsi dire sa vie, il expose quels ont été son but, son intention, ses recherches, ses essais, et pose nécessairement, à la fin de chacune de ses *étapes*, les conclusions auxquelles il est arrivé. Nous voyons qu'à mesure qu'il avance sa doctrine s'élabore, la vérité se fait jour dans son esprit, sa morale s'épure, jusqu'à ce qu'enfin la conviction religieuse se soit totalement emparée de son esprit; c'est alors qu'il tire la belle conclusion que nous avons rapportée plus haut.

D'autres ont voulu voir, dans l'Ecclésiaste, une espèce de dialogue entre un croyant et un sceptique. Il est possible que c'eût été primitivement le but de l'auteur; alors ce serait l'absence de la désignation des interlocuteurs qui jetterait quelquefois du doute sur certains passages.

Cet ouvrage aurait pu aussi être extrait d'un autre plus considérable qui aurait eu pour auteur Salomon; car le style hébreu de l'Ecclésiaste, tel que nous l'avons, paraît être postérieur à l'époque de ce grand monarque, où la littérature hébraïque était dans toute sa splendeur. En effet, le style de ce livre accuse une époque de décadence de la langue, telle qu'elle a dû exister dans les temps voisins d'Esdras.

ECCLÉSIASTIQUE, un des livres de l'Ancien Testament; il est mis au nombre des *deutérocanoniques*, ou canoniques de seconde classe, parce que, dans l'origine, il n'a pas été universellement admis comme inspiré par toutes les Églises chrétiennes. Les juifs ne l'ont point dans leur canon, et les protestants l'ont rejeté.

Ce livre a été composé par un docteur juif, nommé Jésus, fils de Sirach, qui l'écrivit en hébreu, sous le pontificat d'Onias III, selon le sentiment le plus probable; c'est ce qui explique pourquoi il n'a pas été inséré dans le canon des Hébreux, que les juifs ont regardé comme clos définitivement par Esdras, et auquel, en conséquence, ils ne se sont jamais permis de rien ajouter. Il fut ensuite traduit en grec par le petit-fils même de l'auteur, sous le règne de Ptolémée Physcon; et c'est sous cette forme que nous l'avons maintenant : la traduction latine de la Vulgate en diffère en plusieurs endroits. L'original hébreu est perdu depuis longtemps; cependant saint Jérôme assure en avoir vu un exemplaire hébreu, qui avait pour titre משלי, *Mischlé*, proverbes ou paraboles. — Ce livre porte en grec le titre de *Sagesse de Jésus, fils de Sirach*.

L'Ecclésiastique est divisé en 51 chapitres. Les 42 premiers renferment une doctrine admirable pour tous les âges et pour toutes les conditions, énoncée sous forme de proverbes ou de conseils. Le quarante-troisième exalte la puissance de Dieu et les merveilles de ses œuvres. Les 7 chapitres suivants sont consacrés à l'éloge des grands hommes, depuis Hénoch jusqu'au grand-prêtre Simon, fils d'Onias. Le cinquante-unième et dernier est une prière adressée à Dieu.

ECCLÉSIASTIQUES, nom sous lequel on comprend en général tous ceux qui sont consacrés au service des autels, dans la religion chrétienne, depuis les évêques et même le pape, jusqu'aux simples clercs qui ont reçu la tonsure. Le titre d'*ecclésiastique*, donné à un clerc, ne préjuge en aucune manière le rang qu'il occupe dans la hiérarchie de l'Eglise. *Voy.* CLERC, CLERGÉ.

ECDICES, officiers de l'Eglise grecque, qui se tiennent à la gauche du patriarche dans les cérémonies publiques, après l'archiprêtre, le second visiteur, et le préfet des églises; leur nom peut se rendre par *assesseurs*.

ECDYSIES, fête que les habitants de Phestos, dans l'île de Crète, célébraient en mémoire d'un prodige opéré par la déesse Latone.

Lamprus, fils de Landion, citoyen de cette ville, avait épousé Galatée, fille d'Eurytius; mais comme sa fortune ne répondait point à la noblesse de son origine, il avait ordonné à sa femme de faire mourir son enfant, si elle accouchait d'une fille. Galatée ayant en effet donné le jour à une fille, en l'absence de son mari, elle la lui présenta à son retour, sous le nom de Leucippe et sous les habits d'un garçon; mais craignant de voir son secret découvert, elle se rendit au temple de Latone avec son enfant, et conjura la déesse de vouloir bien la changer en garçon. Sa prière fut exaucée. Les Phestiens consacrèrent la mémoire de ce prodige par une fête nommée *Phytia*, du verbe φύειν, *naître*, parce que Leucippe avait en quelque sorte reçu une nouvelle naissance, et *Ecdysia*, du verbe ἐκδύειν, *dépouiller*, parce qu'elle avait dépouillé les vêtements de son sexe pour prendre ceux de l'autre.

ÉCHÉCHIRIE (du grec ἔχειν χειρά, *retenir sa main*), déesse des trêves ou suspensions d'armes. Elle avait une statue à Olympie, où elle était représentée recevant une couronne d'olivier.

ÉCHETLÉE, héros honoré par les Athéniens. — A la journée de Marathon, un inconnu, qui avait l'air et les habits d'un paysan, vint se ranger du côté des Athéniens pendant la mêlée, tua un grand nombre d'ennemis avec le manche de sa charrue, et disparut aussitôt après. Les Athéniens ayant consulté l'oracle pour savoir quel était cet inconnu, reçurent pour réponse qu'ils devaient honorer le héros *Échetlée*; or ce mot signifie tout simplement *manche de charrue*, en grec ἐχέτλη.

ÉCHEYDÉ, l'enfer des Guanches, habitants des îles Canaries. C'était, suivant eux, une fournaise ardente, située au centre de la terre, au fond d'un volcan formidable, que ne cessait d'attiser Guayota, le génie du mal. Les Guanches juraient par Écheydé, comme les anciens par l'Orcus, le Styx, le Tartare, etc.

ÉCHIDNA. 1. Déité des anciens Grecs, fille de Chrysaor et de la nymphe Callirhoé. Celle-ci, dit Hésiode, enfanta dans un antre profond un monstre qui n'eut jamais rien de semblable parmi les dieux et les hommes, la redoutable *Échidna*, moitié nymphe au visage agréable, aux yeux noirs, et moitié serpent dont la vue fait horreur, qui est moucheté de diverses couleurs, qui se nourrit de carnage dans le sein de la terre. Il se tient dans une caverne profonde, sous un rocher, loin des dieux et des hommes. Telle est la demeure que les immortels ont assignée à la cruelle Échidna qui ne vieillit jamais. On dit que Typhon, vent orageux et violent, a eu commerce avec cette belle aux yeux noirs; que de là sont venus *Orthos*, chien de Géryon, ensuite *Cerbère*, chien de Pluton, monstre à cinquante têtes, d'une taille et d'une force extraordinaire, d'une voix terrible et d'une cruauté égale. Il en est venu encore l'*Hydre* de Lerne, qui fit tant de ravages. Échidna enfanta ensuite la *Chimère*, animal cruel, monstrueux, d'une vitesse extrême; il avait trois têtes : l'une de lion, l'autre de chèvre, la troisième d'un dragon, et ressemblait à ces trois animaux : par le devant du corps au lion; à la chèvre par le milieu; à un serpent par derrière; et vomissant des torrents de flamme. Échidna donna enfin naissance au *Sphinx* et au *Lion* de Némée. Son nom signifie *serpent* ou *vipère* (ἔχιδνα).

2. Une autre Échidna, ou peut-être la même, est représentée par Hérodote, comme une princesse des régions hyperboréennes, aussi affreuse que la précédente. Elle enleva d'abord les cavales d'Hercule, puis elle eut de ce héros trois enfants : Agathyrse, Gélon et Scythe. En la quittant, Hercule lui remit un arc avec ordre de retenir dans le pays celui de ces fils qui pourrait le bander. Lorsqu'ils furent devenus grands, Échidna exécuta les ordres d'Hercule, fit sortir de la contrée les deux premiers qui n'avaient pu bander l'arc, et retint le troisième, le seul qui y réussit. C'est de lui que sortirent les rois Scythes, et la contrée fut appelée de son nom.

ÉCHINADES, nymphes, au nombre de cinq, qui, ayant fait un sacrifice de dix taureaux, invitèrent à la fête toutes les divinités champêtres, à l'exception du fleuve Achéloüs. Ce dieu piqué de cet oubli fit enfler ses eaux qui, en se débordant, entraînèrent dans la mer les cinq nymphes avec le lieu où se célébrait la fête. Neptune, touché de leur sort, les métamorphosa en îles situées à l'embouchure de l'Achéloüs, dans la mer d'Ionie.

ÉCHO. 1. Les Grecs avaient fait de ce phénomène de la nature une nymphe, fille de l'Air et de la Terre, ce qui ne manquait pas de bon sens. Les poëtes disaient qu'elle était une des suivantes de Junon, et qu'elle favorisait Jupiter dans ses amours, en amusant la déesse par des discours interminables, lorsque le dieu était avec ses maîtresses. Mais Junon s'étant aperçue de son artifice, l'en punit en la condamnant à ne plus parler sans qu'on l'interrogeât, et à ne répondre qu'en peu de mots aux questions qui lui seraient faites. Éprise du beau Narcisse, elle le suivit longtemps, sans pourtant se laisser voir. Après avoir éprouvé les mépris de son amant, elle se retira dans le fond des bois, et n'habita plus que les antres et les rochers. Consumée de douleur et de regrets, il ne lui resta que les os et la voix. Pan, suivant d'autres, devint amoureux d'Echo, et en eut une fille appelée Syringe, ou Iringe.

2. Les anciens Écossais croyaient que l'Echo était un esprit qui se plaisait à répéter les sons.

3. Certains peuples de l'Amérique, entre autres ceux de Paria, s'imaginaient que l'Echo n'était autre chose que la voix des âmes qui se promenaient dans la campagne.

ÉCLAIRS. 1. Les Grecs rendaient une espèce de culte aux éclairs, en faisant, avec les lèvres, un bruit appelé *poppysma*. Les Romains honoraient sous ce nom une divinité champêtre, pour qu'elle préservât les biens de la terre.

2. On sait que les anciens tiraient des pronostics des éclairs, suivant leur intensité, leur spontanéité, le lieu où ils paraissaient, leur nombre, etc. Cette superstition existe encore en plusieurs contrées de l'Europe.

3. Les Mandans, de l'Amérique septentrionale, croient que l'éclair est produit par l'éclat des yeux d'un oiseau gigantesque, dont le bruit des ailes occasionne le bruit du tonnerre.

ÉCLIPSE. L'ignorance et la superstition d'un grand nombre de peuples semblent avoir consacré, dans les fastes de leur religion, ce phénomène causé par l'interposition de la lune entre le soleil et la terre, ou de la terre entre le soleil et la lune. Nous rapporterons ici quelques-unes de leurs opinions à ce sujet.

1. Les anciens païens les regardaient comme des présages funestes. La cause des éclipses de lune était attribuée aux visites que Diane ou la Lune rendait à Endymion, dans les montagnes de Carie. D'autres prétendaient que les magiciennes, surtout celles de Thessalie, où les herbes vénéneuses étaient plus communes, avaient le pouvoir, par leurs enchantements, d'attirer la lune sur la terre, et qu'il fallait faire un grand bruit de chaudrons et autres instruments sonores pour l'empêcher d'entendre leurs évocations et leurs chants magiques. Cet usage a pu être emprunté des Égyptiens, qui honoraient Isis, une des personnifications de la Lune, avec un bruit pareil de chaudrons, de tambours et de timbales. Une éclipse totale était pour le peuple ignorant un événement terrible, un bouleversement terrible, une guerre à mort contre le soleil ou contre la lune, et il répandait la consternation dans tous les esprits. L'annonce des éclipses et leur insertion dans les calendriers ne suffisait pas pour rassurer le vulgaire, et il s'est passé bien du temps avant que la multitude pût considérer ces phénomènes avec un œil d'indifférence et de simple curiosité.

2. Encore aujourd'hui, il y a, en Europe, un peuple imbu de cette superstition. Les Lapons sont persuadés que les éclipses de lune sont occasionnées par les démons qui dévorent cet astre. C'est pourquoi ils font vers le ciel des décharges d'armes à feu, afin

d'épouvanter les mauvais génies et de secourir la lune.

3. Le rituel musulman offre des prières pour le temps des éclipses, non que Mahomet, qui les institua, partageât à leur sujet l'erreur des anciens Arabes, mais afin de rassurer le peuple contre l'effroi qu'elles pourraient lui causer. Mahomet ayant perdu son fils Ibrahim, dont la mort coïncida avec une éclipse de soleil, le peuple parut frappé de cet événement. « Certes, dit Mahomet, le soleil et la lune sont deux signes de Dieu très-haut; mais ils ne s'éclipsent ni pour la mort, ni pour la naissance de personne. A l'apparition de ces signes, abandonnez tout pour recourir à la prière. »

Pendant l'éclipse de soleil, la prière doit être faite en commun et présidée par un imam; à défaut de ce ministre il faut la faire chacun à son particulier. Elle consiste à faire un *namaz* de deux *rikats*, et à réciter le second et troisième chapitres du Coran, qui sont les plus longs du livre. L'imam doit les prononcer à voix basse et lentement, jusqu'à ce que l'astre ait recouvré sa lumière. — La prière pour les éclipses de lune ne doit jamais être faite en commun; chacun la fait chez soi ou ailleurs par un *namaz* de quatre *rikats*. Maintenant que les plus instruits des musulmans se rendent parfaitement compte des éclipses, aussi bien que les Européens, ils voient d'un œil tranquille, ces phénomènes célestes, sans recourir aux prières prescrites par la loi, qu'ils abandonnent au vulgaire ignorant.

4. Les Persans ne sont pas moins instruits que les Arabes, mais le simple peuple, au rapport de Chardin, explique les éclipses de soleil de la manière la plus extravagante. Dieu, disent-ils, tient le soleil enfermé dans un tuyau qui s'ouvre et se ferme à son extrémité par un volet. Ce bel œil du monde éclaire l'univers et l'échauffe par ce trou; et quand Dieu veut punir les hommes par la privation de la lumière, il envoie l'ange Gabriel fermer le volet : aussi, dans la prière composée pour les éclipses, prient-ils Dieu d'apaiser sa colère, et rouvrir la porte à ce grand astre. — Quant aux éclipses de lune, ils s'imaginent que la lune est alors aux prises avec un énorme dragon; c'est pourquoi ils font grand bruit, pour épouvanter le monstre et le mettre en fuite.

5. Les livres sacrés des Indiens racontent que les dieux et les démons ayant, par leurs efforts réunis, obtenu l'*amrita* ou breuvage d'immortalité (*Voy.* BARATTEMENT DE LA MER), ils combattirent les uns contre les autres pour la possession de la précieuse liqueur. Vichnou ayant réussi à s'en emparer, il le fit boire aux dévas; mais Râhou, l'un des mauvais génies, prit la forme d'un déva, se glissa parmi les dieux et vint en boire à son tour. Le soleil et la lune, qui avaient découvert la supercherie, en prévinrent Vichnou, et ce dieu, d'un coup de son disque tranchant, fit tomber la tête du monstre avant que la liqueur fût parvenue à son gosier; son corps mourut, mais sa tête qui avait participé à l'*amrita* fut douée d'immortalité. Plein de courroux contre les deux astres qui l'avaient dénoncé, Râhou est sans cesse occupé à les poursuivre dans les espaces célestes, et toutes les fois qu'il les rencontre, il cherche à les dévorer. Telle est la cause des éclipses. C'est pour obtenir la délivrance de ces astres que les Hindous se livrent à la prière, à des ablutions et à des pratiques de piété pendant la durée des éclipses. Aussi l'époque de l'apparition de ces phénomènes est-elle soigneusement indiquée dans les almanachs publiés annuellement par les brahmanes astrologues.

« Le 2 juillet 1666, dit le voyageur Tavernier, à une heure après midi, il y eut une éclipse de soleil. Il y eut alors une multitude prodigieuse de gens qui accouraient de tous côtés pour venir se laver dans le Gange. Ce lavement doit commencer trois jours avant qu'on voie l'éclipse. Pendant ces trois jours, les Hindous apprêtent toute sorte de riz, de laitage et de confitures pour les poissons et les crocodiles qui sont dans le fleuve. Tout cela s'y jette aussitôt que les brahmines l'ordonnent, et qu'ils connaissent que c'est la bonne heure. Quelque éclipse que ce soit, ou de soleil ou de lune, dès qu'elle commence, les idolâtres ont accoutumé de casser toute la vaisselle de terre qui leur sert pour le ménage, et de n'en pas laisser une pièce en son entier. Les brahmines cherchent dans leurs livres l'heure favorable à cette cérémonie. Quand elle est venue, ils crient au peuple de jeter ses offrandes dans le Gange. Alors il se fait un bruit horrible de clochettes, de tambours et de plaques de métal, qu'ils frappent l'une contre l'autre. Dès que les offrandes sont dans le fleuve, le peuple y entre, s'y frotte, s'y lave le corps jusqu'à ce que l'éclipse soit finie.... Les brahmines qui sont à terre, au bord du rivage, essuient le corps de ceux qui sortent de l'eau, et leur donnent du linge sec dont ils se couvrent le ventre : ensuite ils les font asseoir dans un endroit où les plus riches de ces gentils ont fait apporter du riz et plusieurs autres provisions. Ces mêmes brahmines consacrent avec de la bouse de vache un petit espace en carré du terrain où ils sont assis, et surtout observent avec grand soin qu'il ne s'y trouve aucun insecte. Ils tracent dans ce petit espace de terre plusieurs sortes de figures, sur chacune desquelles ils mettent un peu de bouse de vache avec deux ou trois petites branches de bois que l'on frotte bien, de peur qu'il ne s'y rencontre quelque insecte; sur ces petites branches ils mettent du riz, des légumes et autres choses de cette nature, à quoi ils ajoutent du beurre, et y mettent le feu; ensuite ils observent la flamme, et forment, sur ses différentes agitations, des prédictions touchant la récolte de ces grains. »

Bernier nous fournit d'autres détails sur les pratiques superstitieuses auxquelles se livrèrent les Hindous, pendant cette fameuse éclipse de 1666. Il en fut lui-même témoin oculaire, car il habitait alors dans une maison située sur le bord de la rivière Djevnna (en sanscrit Yamouna). Du haut de sa terrasse il vit des deux côtés de la rivière les Indiens plongés dans l'eau jusqu'à la ceinture, les yeux fixés vers le ciel, afin de se cacher entièrement sous l'eau, dès que l'éclipse commencerait. Les enfants des deux sexes étaient entièrement nus, les hommes avaient les cuisses couvertes d'une espèce d'écharpe, et les femmes d'un simple drap. De l'autre côté de la rivière il vit les radjas, les banquiers et les marchands, qui étaient sous des tentes avec leurs familles. Ils avaient planté dans la rivière des espèces de paravents qu'ils nomment *kanates*, afin que personne ne les vît se laver. Dès que l'éclipse commença, tous les Indiens se plongèrent dans l'eau plusieurs fois de suite, poussant de grands cris : puis, levant les yeux et les mains vers l'astre éclipsé, ils le saluèrent par plusieurs inclinations profondes, marmottant certaines prières, et faisant plusieurs contorsions ridicules. Ils prirent aussi de l'eau dans le creux de leur main, et la jetèrent vers le soleil. Lorsque cet astre eut repris sa clarté, ils sortirent de l'eau. Mais, avant de se retirer, ils jetèrent par dévotion plusieurs pièces d'argent dans la rivière, et se revêtirent d'habits nouveaux qui avaient été apportés exprès sur le rivage. Les plus dévots firent présent aux brahmanes de leurs anciens habits.

La superstition des Indiens ne surprendra pas ceux qui savent qu'une éclipse répandait autrefois l'alarme et la consternation dans toute l'Europe. En 1654, les Européens ne se montrèrent guère plus sages que les Hindous, pendant l'éclipse de soleil qui arriva cette année. Une terreur panique avait bouleversé toutes les têtes. Les uns achetaient d'une certaine drogue qu'ils regardaient comme un préservatif contre le mauvais effet de l'éclipse; les autres se tenaient renfermés dans leurs chambres, les portes et les fenêtres bien closes. Quelques-uns, plus timides, allaient se cacher dans les caves. La plupart couraient en foule vers l'église, persuadés que le monde allait être enseveli dans une nuit éternelle.

Les femmes enceintes, dans les Indes, se tiennent également soigneusement renfermées dans leurs maisons, sans oser en sortir pendant la durée de l'éclipse, dans la crainte que Rahou, le génie malfaisant qui cause l'éclipse, ne dévore le fruit de leur sein. — Au reste, il paraît que les cérémonies qu'on vient de décrire ont lieu principalement pour les éclipses de soleil; car les Hindous ont l'air de s'inquiéter peu de celles de lune.

6. Les Siamois s'imaginent, comme les Indiens et les Chinois, que les éclipses de soleil et de lune sont occasionnées par un dragon aérien qui veut dévorer l'astre ; et pour délivrer celui-ci ils font un grand bruit avec des poêles et des chaudrons, croyant par ce moyen faire lâcher prise à l'animal.

7. Il en est de même des Tunkinois, qui, au moment de l'éclipse, non contents de pousser de grands cris et de faire raisonner les instruments culinaires, y ajoutent encore le bruit des cloches, des tambours, et même celui de l'artillerie; car le roi du Tunquin fait, à cette occasion, mettre toutes ses troupes sur pied, et leur fait prendre les armes.

8. L'empereur Wen-ti, qui régnait à la Chine 170 ans avant Jésus-Christ, publia à l'occasion d'une éclipse de soleil la déclaration suivante :

« J'ai toujours entendu dire que le Ciel donne aux peuples qu'il produit des supérieurs pour les nourrir et les gouverner. Quand ces supérieurs, maîtres des autres hommes, sont sans vertus et gouvernent mal, le Ciel, pour les faire rentrer dans leur devoir, leur envoie des calamités ou les en menace. — Il y a eu, cette onzième lune, une éclipse de soleil ; quel avertissement n'est-ce pas pour moi ! En haut, les astres perdent leur lumière ; en bas, mes peuples sont dans la misère. Je reconnais en tout cela mon peu de vertu. Aussitôt que cette déclaration sera publiée, qu'on examine dans tout l'empire, avec toute l'attention possible, quelles sont mes fautes afin de m'en avertir; qu'on cherche, et que l'on me présente, pour remplir cette fonction, les personnes qui ont le plus de lumières, de droiture et de fermeté. De mon côté, je recommande à tous ceux qui sont en charge, de s'appliquer plus que jamais à bien remplir leurs devoirs, et surtout à retrancher au profit du peuple toute dépense inutile. Je veux en donner l'exemple ; et, ne pouvant laisser mes frontières entièrement dépourvues de troupes, j'ordonne qu'on n'y en laisse que ce qui est nécessaire. »

Il est singulier que les Chinois, qui sont sans contredit, les plus anciens astronomes du monde, n'aient pas été en cette matière plus raisonnables que les autres. Ils se sont imaginé que, dans le ciel, il y avait un dragon d'une prodigieuse grandeur, ennemi déclaré du soleil et de la lune qu'il veut dévorer. Ainsi, dès qu'on s'aperçoit du commencement de l'éclipse, ils font tous un bruit épouvantable de tambours et de bassins de cuivre, sur lesquels ils frappent de toutes leurs forces, et jusqu'à ce que le monstre, effrayé du bruit, ait lâché prise. D'autres croient que les éclipses sont occasionnées par un mauvais génie qui, de sa main droite, cache le soleil, et la lune de sa main gauche. C'est un crime capital, pour un astronome, que de ne pas prédire une éclipse; l'ignorant qui se trompe sur cet article est puni de mort. Lorsqu'il doit y en avoir une, le tribunal des rites a soin de faire mettre, quelques jours auparavant, dans une place publique, une affiche où sont marqués en gros caractères le jour, l'heure, et même la minute où l'éclipse doit paraître. Il ne manque pas aussi d'en faire donner avis aux mandarins de tous les ordres, qui, revêtus de leurs habits de cérémonie, se rendent dans la cour du tribunal d'astronomie ; et tandis que les observateurs sont à la tour occupés à examiner les tables sur lesquelles est tracé le cours des astres, à déterminer le commencement, la durée et la fin de l'éclipse, les autres mandarins sont à genoux dans une salle ou une cour du palais, toujours attentifs à ce qui se passe dans le ciel. Dès que le phénomène commence, ils se prosternent tous, et se frappant le front contre terre, soit devant le soleil, comme pour lui porter compassion, ou devant le dragon, pour le prier de laisser le monde en repos, et de ne pas dévorer un astre qui lui est si nécessaire. En même temps, le son des tambours et des timbales retentit dans toute la ville. Ce qu'il y a de plus étonnant, c'est que ces cérémonies superstitieuses soient encore en usage de nos jours, bien que tous ces mandarins sachent parfaitement à quoi s'en tenir sur la cause des éclipses; mais on sait que, de tous les peuples de la terre, les Chinois sont les plus scrupuleusement attachés aux anciens usages.

9. Les Nègres Mandingues, bien que professant le mahométisme, donnent une raison absurde des éclipses de lune; ils les attribuent à un chat qui met sa patte entre la lune et la terre; et pendant tout le temps que dure le phénomène, ils ne cessent de chanter et de danser.

10. Aux éclipses de lune, la plupart des sauvages qui habitaient la Floride, s'imaginaient, comme les Orientaux, que cet astre était en danger d'être dévoré par un dragon. Pour le sauver de ce péril, ils dansaient toute la nuit, jeunes et vieux, hommes et femmes, en faisant de petits sauts, les pieds joints. Ils mettaient une main sur leur tête, l'autre sur leur hanche; ils ne chantaient point, ils ne faisaient que pousser des cris lugubres et effrayants. Ceux qui avaient une fois commencé à danser, étaient obligés de continuer jusqu'au jour, sans pouvoir y renoncer pour quelque raison que ce fût. Cependant une jeune fille tenait à la main une calebasse, dans laquelle il y avait quelques petits cailloux. Elle la remuait vivement, et tâchait d'accorder sa voix avec le bruit qu'elle faisait.

11. Les Mexicains jeûnaient pendant les éclipses. Les femmes se maltraitaient, et les filles se tiraient du sang des bras. Ils s'imaginaient que la lune avait été blessée par le soleil pour quelque querelle de ménage.

12. Quand le soleil s'éclipsait, les Péruviens le croyaient fâché contre eux, et regardaient comme une preuve de sa colère le trouble qui, disaient-ils, paraissait sur son visage. Lorsque la lune était éclipsée, ils s'imaginaient qu'elle était malade; qu'elle mourrait infailliblement, si l'éclipse était complète. Pour éviter ces malheurs, ils faisaient le plus de bruit qu'ils pouvaient avec des cornets, des tambours et des trompettes. Ils attachaient des chiens à des arbres, et leur donnaient de grands coups de fouet, pour les obliger d'aboyer si haut, que la lune, évanouie par la force de la douleur, fût réveillée par les cris de ces animaux qu'elle aimait à cause des services signalés qu'ils lui avaient rendus autrefois.

ÉCOLES. 1. On appelle ainsi les divers enseignements de la philosophie, enseignés dans *différentes* nations, à *différents* âges et par *différents* sages. Comme plusieurs d'entre eux sont intimement unis à la religion, et qu'il en est souvent question dans notre Dictionnaire, nous croyons devoir donner ici un tableau synoptique de toutes ces écoles, tel qu'il a été publié par les professeurs du collége de Juilly, dans l'ouvrage intitulé : *Précis de l'histoire de la philosophie.*

Dans l'état actuel de la science, les Écoles philosophiques peuvent se diviser en cinq grandes périodes, savoir :

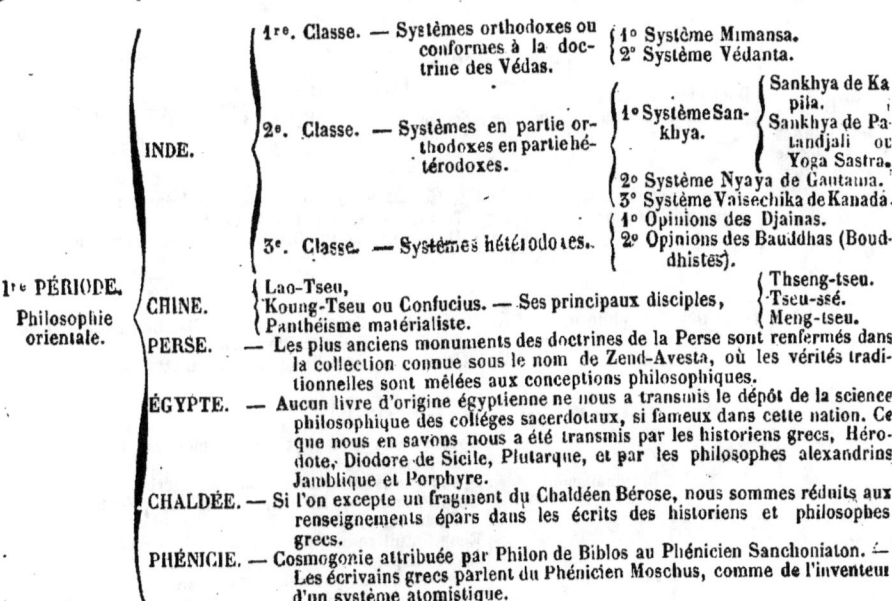

1re PÉRIODE. Philosophie orientale.

INDE.
- 1re. Classe. — Systèmes orthodoxes ou conformes à la doctrine des Védas.
  - 1° Système Mimansa.
  - 2° Système Védanta.
- 2e. Classe. — Systèmes en partie orthodoxes en partie hétérodoxes.
  - 1° Système Sankhya.
    - Sankhya de Kapila.
    - Sankhya de Patandjali ou Yoga Sastra.
  - 2° Système Nyaya de Gautama.
  - 3° Système Vaisechika de Kanada.
- 3e. Classe. — Systèmes hétérodoxes.
  - 1° Opinions des Djainas.
  - 2° Opinions des Bauddhas (Bouddhistes).

CHINE.
- Lao-Tseu,
- Koung-Tseu ou Confucius. — Ses principaux disciples,
  - Thseng-tseu.
  - Tseu-ssé.
  - Meng-tseu.
- Panthéisme matérialiste.

PERSE. — Les plus anciens monuments des doctrines de la Perse sont renfermés dans la collection connue sous le nom de Zend-Avesta, où les vérités traditionnelles sont mêlées aux conceptions philosophiques.

ÉGYPTE. — Aucun livre d'origine égyptienne ne nous a transmis le dépôt de la science philosophique des colléges sacerdotaux, si fameux dans cette nation. Ce que nous en savons nous a été transmis par les historiens grecs, Hérodote, Diodore de Sicile, Plutarque, et par les philosophes alexandrins Jamblique et Porphyre.

CHALDÉE. — Si l'on excepte un fragment du Chaldéen Bérose, nous sommes réduits aux renseignements épars dans les écrits des historiens et philosophes grecs.

PHÉNICIE. — Cosmogonie attribuée par Philon de Biblos au Phénicien Sanchoniaton. — Les écrivains grecs parlent du Phénicien Moschus, comme de l'inventeur d'un système atomistique.

IIᵉ PÉRIODE. Philosophie grecque.	1ʳᵉ Évolution. — De Thalès à Socrate.	Ecole ionique.	Thalès de Milet. Anaximandre. Anaximène. Anaxagoras.
		Ecole italique.	Phérécide de Scyros. Pythagore. Timée de Locres. Le livre qui porte le nom d'Ocellus Lucanus.
		Ecoles éléatiques.	Ecole métaphysicienne. — Xénophane. Parménide. Zénon d'Élée. Ecole physicienne. — Leucippe. Démocrite d'Abdère.
		Ecole intermédiaire. Sophistes.	Héraclite. Empédocle. Gorgias, Sicilien. Protagoras, Grec. Prodicus, Grec. Polus. Thrasimaque. Calliclès. Hippias, etc.
	2ᵉ Évolution de Socrate à Sextus Empiricus.	Socrate. Phase de croissance. { Ecoles préparatoires.	Antisthène, Grec, ou école cynique. Aristippe, ou école de Cyrène. Pyrrhon, ou école sceptique. Euclide, ou école de Mégare.
		Grandes Écoles.	Platon. Epicure, Grec. Aristote. Zénon, Chrysippe.
		Phase de décroissance. { Continuation de l'école Platonicienne.	Arcésilas. Carnéade. Cicéron.
		Continuation de l'école Aristotélicienne.	Théophraste. Dicéarque. Straton. Démétrius de Phalère, etc. A Rome, Andronicus. A Alexandrie, Alexandre d'Aphrodise.
		Continuation de l'école Épicurienne.	On compte, jusqu'au siècle d'Auguste, dix chefs de cette école, dont aucun n'a laissé de traces. — Lucrèce fut le poète de l'épicuréisme.
		Continuation de l'école Stoïcienne.	Cléante. Zénon de Tarse, etc. A Rome, Sénèque, Epictète et l'empereur Antonin.
		Ecole sceptique.	Onésidème. Zeuxippe. **Sextus Empiricus**.
IIIᵉ PÉRIODE. Philosophie des 1ᵉʳˢ siècles de l'ère chrétienne.	Doctrines opposées au christianisme.	Doctrines orientales. { Gnosticisme. — Saturnin. Bardésanes. Basilide. Valentin. Manichéisme.	
		Doctrine gréco-orientale. — Eclectisme alexandrin. { Philon. Ammonius Saccas. Plotin. Porphyre. Jamblique. Hiéroclès. Proclus.	
		Philosophie cabalistique.	
	Doctrines conformes au christianisme.	Pères de l'Eglise. — S. Justin. Tatien. S. Irénée. Hermias. Athénagore. Tertullien. Clément d'Alexandrie. — Ouvrages attribués à S. Denis aréopagite. Origène. Arnobe. Lactance. S. Augustin.	
	Transition de la philosophie ancienne à la philosophie du moyen âge.	En Occident. — Boèce. Cassiodore. Claudien Mamert. Isidore de Séville. Bède. Egbert. En Orient. — Jean Philiponus. Jean Damascène.	
IVᵉ PÉRIODE. Philosophie du moyen âge.	Arabes.	Travaux logiques. — Alkendi. Alfarabi.	
		Rationalisme.	Spéculations métaphysiques et morales. — Al-Djobba. Al-Assabri. Spéculations relatives au monde matériel. — Avicenne. Scepticisme. — Al-Gazel. Suite des Médabbérim ou Parleurs.
		Illuminisme.	Ecole intuitive ou enthousiaste. — Ebn Baiha dit Avempas, Espagnol. Tophaïl de Cordoue. Eclectisme spiritualiste. — Averroès. Panthéisme matérialiste. — Sociétés secrètes de **Syrie** et d'Egypte.

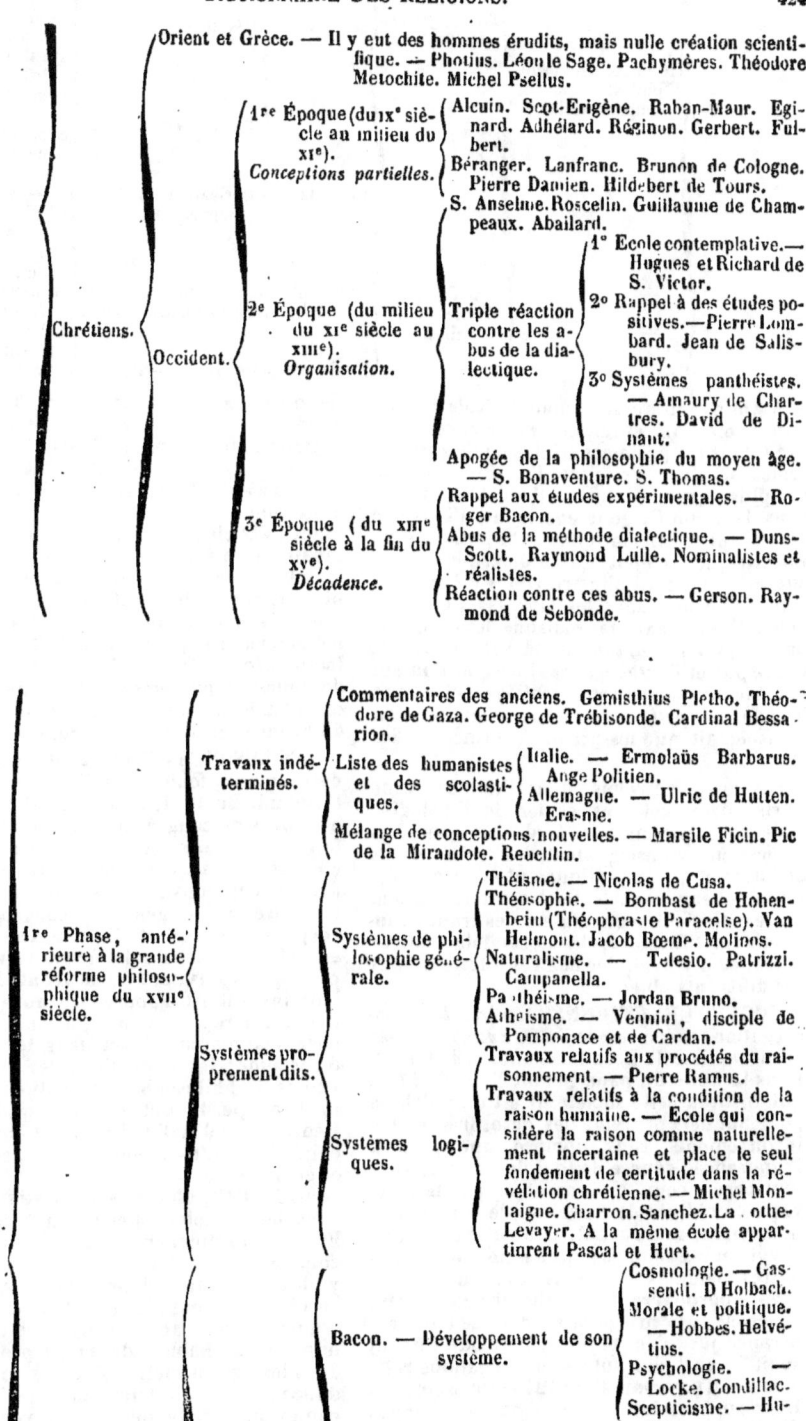

Chrétiens.
- Orient et Grèce. — Il y eut des hommes érudits, mais nulle création scientifique. — Photius. Léon le Sage. Pachymères. Théodore Metochite. Michel Psellus.
- Occident.
  - 1re Époque (du IXe siècle au milieu du XIe). *Conceptions partielles.*
    - Alcuin. Scot-Erigène. Raban-Maur. Eginard. Adhélard. Réginon. Gerbert. Fulbert.
    - Béranger. Lanfranc. Brunon de Cologne. Pierre Damien. Hildebert de Tours.
    - S. Anselme. Roscelin. Guillaume de Champeaux. Abailard.
  - 2e Époque (du milieu du XIe siècle au XIIIe). *Organisation.* Triple réaction contre les abus de la dialectique.
    - 1° Ecole contemplative. — Hugues et Richard de S. Victor.
    - 2° Rappel à des études positives. — Pierre Lombard. Jean de Salisbury.
    - 3° Systèmes panthéistes. — Amaury de Chartres. David de Dinant.
  - 3e Époque (du XIIIe siècle à la fin du XVe). *Décadence.*
    - Apogée de la philosophie du moyen âge. — S. Bonaventure. S. Thomas.
    - Rappel aux études expérimentales. — Roger Bacon.
    - Abus de la méthode dialectique. — Duns-Scott. Raymond Lulle. Nominalistes et réalistes.
    - Réaction contre ces abus. — Gerson. Raymond de Sebonde.

Ve PÉRIODE.
Philosophie moderne.

- 1re Phase, antérieure à la grande réforme philosophique du XVIIe siècle.
  - Travaux indéterminés.
    - Commentaires des anciens. Gemisthius Pletho. Théodore de Gaza. George de Trébisonde. Cardinal Bessarion.
    - Liste des humanistes et des scolastiques.
      - Italie. — Ermolaüs Barbarus. Ange Politien.
      - Allemagne. — Ulric de Hutten. Erasme.
    - Mélange de conceptions nouvelles. — Marsile Ficin. Pic de la Mirandole. Reuchlin.
  - Systèmes proprement dits.
    - Systèmes de philosophie générale.
      - Théisme. — Nicolas de Cusa.
      - Théosophie. — Bombast de Hohenheim (Théophraste Paracelse). Van Helmont. Jacob Bœme. Molinos.
      - Naturalisme. — Telesio. Patrizzi. Campanella.
      - Panthéisme. — Jordan Bruno.
      - Athéisme. — Veninni, disciple de Pomponace et de Cardan.
    - Systèmes logiques.
      - Travaux relatifs aux procédés du raisonnement. — Pierre Ramus.
      - Travaux relatifs à la condition de la raison humaine. — Ecole qui considère la raison comme naturellement incertaine et place le seul fondement de certitude dans la révélation chrétienne. — Michel Montaigne. Charron. Sanchez. La Mothe-Levayer. A la même école appartinrent Pascal et Huet.
  - Bacon. — Développement de son système.
    - Cosmologie. — Gassendi. D'Holbach.
    - Morale et politique. — Hobbes. Helvétius.
    - Psychologie. — Locke. Condillac.
    - Scepticisme. — Hume.

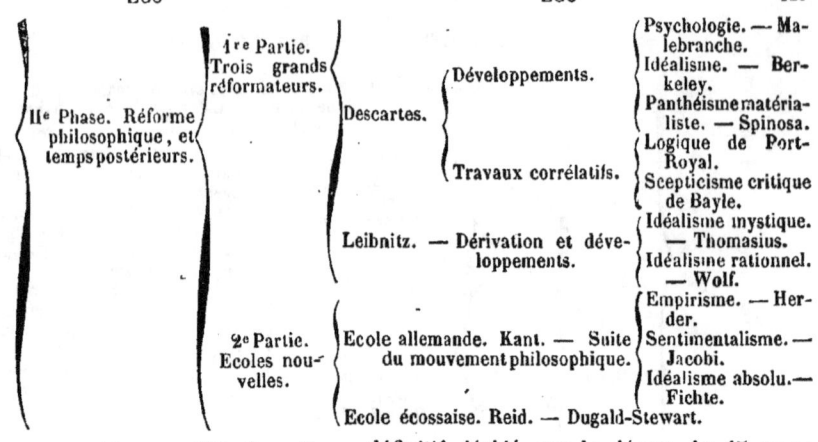

2. On donne aussi le nom d'*Ecole* au lieu public où l'on enseigne les sciences. Il y avait dans les premiers siècles de l'Eglise des écoles où l'on expliquait l'Ecriture sainte. La plus fameuse était celle d'Alexandrie, dans laquelle Origène enseignait l'Ecriture sainte, les mathématiques et la philosophie. En Afrique, c'était l'archidiacre que l'on chargeait du soin d'instruire les élèves. Il y avait des écoles dans les paroisses, dans les monastères et dans les maisons des évêques; on y apprenait le *psautier*, la *note*, le *chant*, le *comput* et l'*orthographe*. Lorsque l'on eut fondé les universités et les colléges, on donna le nom de *petites écoles* à celles où l'on n'enseignait que les premiers principes des lettres.

Il y avait autrefois, dans l'université de Paris, deux célèbres écoles de théologie, celle de Sorbonne et celle de Navarre. Les professeurs y enseignaient des traités qu'ils dictaient et qu'ils expliquaient à leurs auditeurs, et sur lesquels ils les interrogeaient ou les faisaient argumenter. Ces traités roulaient sur l'Ecriture, la morale, la controverse, et il y avait des chaires affectées pour ces différents objets.

ÉCOLES CHRÉTIENNES (*Frères des*), congrégation fondée vers la fin du XVII° siècle par Jean-Baptiste de Lasalle, chanoine de Reims. Dans la bulle du pape Benoît XIII, de 1724, qui institua cette société, il est dit qu'elle a pour but de « prévenir les désordres et les inconvénients sans nombre que produit l'ignorance, source de tous les maux, surtout parmi ceux qui, accablés par la pauvreté ou obligés de travailler de leurs mains pour vivre, se trouvent, faute d'argent, privés de toutes connaissances humaines. » Des lettres patentes de Louis XV, du 26 avril 1725, approuvèrent la bulle et autorisèrent la société, qui prospéra au delà de toute espérance jusqu'en 1792, époque où l'institut subit le sort des autres congrégations religieuses. Il comptait alors 121 établissements. Leur suppression ne dura pas longtemps : dès l'an III, leur nom et leurs services furent rappelés dans les deux conseils, leur rétablissement fut résolu en 1802, et leur rappel définitif décidé par le décret du 17 mars 1808.

Depuis, le nombre de leurs établissements n'a cessé d'augmenter. En 1824, il était de 210, de 245 en 1830, et, en 1835, le nombre en était monté à 310, divisés en 571 écoles, formant 1432 classes, et donnant le bienfait de l'instruction à 138,840 enfants, non compris les classes d'adultes au nombre de 44, réunissant ensemble 2910 ouvriers ou domestiques. Le nombre des frères n'était guère, à cette dernière époque, que de 1600. Depuis, le nombre des frères s'est accru avec celui de leurs établissements. Le siége de l'ordre est à Paris, mais l'institut a des maisons hors de France, en Italie et ailleurs.

ÉCOLES PIES (*Clercs réguliers des*), ordre de religieux, fondé en Italie par saint Joseph Casalani. En 1617, le pape Paul V les réunit en corps de congrégation, et les autorisa à faire des vœux simples d'obéissance, de chasteté et de pauvreté, avec pouvoir de dresser des constitutions. Quatre ans après, Grégoire XV érigea leur congrégation en corps religieux ; et Clément IX substitua, en 1669, les vœux solennels aux vœux simples qu'ils faisaient auparavant. L'objet de leur institut est d'apprendre aux enfants à lire, à écrire, à calculer, à tenir les livres chez les marchands et dans les bureaux; d'enseigner les humanités, les langues savantes, la philosophie, les mathématiques et la théologie. Ils ont des maisons dans plusieurs villes d'Italie ; ils en ont aussi en Espagne, en Autriche, en Moravie, en Hongrie et en Pologne.

ÉCONOME, officier ecclésiastique, chargé dans les premiers siècles du temporel des Eglises, particulièrement dans l'Orient. Le concile de Calcédoine veut absolument qu'il y ait un économe dans chaque église pour en régir les biens; le second concile de Nicée donne pouvoir au patriarche de Constantinople d'en établir, de sa propre autorité, dans les églises métropolitaines de sa dépendance, si les titulaires négligeaient de se conformer à cette mesure. Il veut qu'il en soit de même à l'égard des monastères. Les canons ordonnaient que l'économe fût pris parmi les membres du clergé, à l'exclusion

DICTIONN. DES RELIGIONS. II.

des laïques. C'était ordinairement un prêtre ou un diacre. Nous voyons, par les Actes des Apôtres, que les diacres furent originairement institués pour remplir cette fonction ; et le diacre saint Laurent avait, à Rome, l'administration des biens de l'Eglise. Saint Isidore de Séville expose en ces termes les devoirs et les fonctions des économes:

« C'est à l'économe qu'appartient la réparation et la construction des églises ; c'est à lui qu'il convient de soutenir les intérêts de l'église, soit en demandant, soit en défendant devant les juges. C'est lui qui est le receveur des redevances et qui en tient registre. Il prend soin de la culture des champs et des vignes, des affaires qui concernent les possessions de l'église, et les servitudes qu'elle a droit d'exiger. Il est chargé de distribuer aux clercs, aux veuves et aux dévotes les choses dont elles ont besoin chaque jour pour vivre. Il a soin de ce qui regarde les habillements et du vivre des domestiques, des serfs et des artisans, et il doit exécuter tout cela sous les ordres et sous la dépendance de l'évêque. »

Maintenant, en Occident, les fonctions des économes sont dévolues à un conseil d'administrateurs ecclésiastiques ou laïques, connus sous le nom de *Marguilliers*.

ÉCOUTANTS, ou AUDITEURS. On appelait de ce nom, 1° la première classe des catéchumènes : c'étaient ceux qui, désirant se convertir de l'infidélité à la loi de Jésus-Christ, écoutaient la parole de Dieu dans l'église, sans toutefois demander encore le baptême ; 2° la seconde classe des pénitents, c'est-à-dire ceux qui avaient passé le temps prescrit dans le rang des *pleurants*. Les uns et les autres avaient le privilége d'assister dans l'église à la lecture de l'Ecriture sainte, au chant des psaumes, aux discours et aux instructions qui suivaient presque toujours la récitation de l'Evangile : ce privilége, au reste, leur était commun avec les juifs, les païens et même les hérétiques. On ne faisait point sur eux de prières ni d'impositions de mains. Le sermon étant fini, tous ces gens-là se retiraient ; ce qui leur était solennellement dénoncé par le diacre, comme on le voit dans les Constitutions apostoliques. — Les pénitents publics passaient ordinairement trois ans dans la classe des Ecoutants ; de là ils entraient dans celle des *Prosternés*.

ÉCRITURE SAINTE. On donne ce nom à la collection des livres canoniques de l'Ancien et du Nouveau Testament, qui forment, avec la tradition, la règle de foi et des mœurs des chrétiens. Les livres de l'Ecriture sainte ont été composés par des hommes, mais ces hommes étaient inspirés de Dieu. Ils n'écrivaient que ce que leur dictait l'Esprit saint ; ce n'est donc pas eux qui parlent dans leurs ouvrages, mais Dieu même. Les caractères de la divinité brillent partout d'une manière si sensible dans les saintes Ecritures, que tout homme d'un jugement sain, quand même il ne serait pas éclairé des lumières de la foi, reconnaîtrait aisément qu'elles ne sont pas l'œuvre de l'esprit humain. Il ne faudrait cependant pas croire, comme les missionnaires protestants, qu'il suffit de répandre la Bible parmi les nations infidèles pour les convertir. Si la lecture des Livres saints peut les étonner, elle ne saurait les éclairer complétement, à moins que leur intelligence n'ait été préalablement préparée à les comprendre. *Voyez* BIBLE, et CANON *des livres saints*.

Nous ajouterons ici que la division de l'Ecriture sainte, ou plutôt de l'Ancien Testament, en chapitres et en versets, fut faite par Etienne Langhton, créé cardinal en 1212. Elie Dupin attribue cette division au cardinal Hugues ; mais ces deux auteurs conviennent sur le même siècle. Ce fut le célèbre Robert Etienne qui, en 1551, distribua le Nouveau Testament en versets, et donna à ces divisions l'ordre fixe qui règne maintenant. Au commencement du IV° siècle, les Evangiles et les Epîtres avaient bien déjà leurs divisions et subdivisions, qu'Eusèbe de Césarée attribue à Origène ; mais les chapitres et les versets n'avaient pas partout, à beaucoup près, une forme égale ; et jusqu'au temps des divisions modernes, il n'y eut rien de fixe.

ECTHÈSE, exposition de foi que l'empereur Héraclius fit publier, en 639, en forme d'édit, à l'occasion des troubles qu'excita l'hérésie des monothélites, qui soutenaient qu'il n'y avait en Jésus-Christ qu'une seule volonté. Sergius, patriarche de Constantinople, un des principaux chefs du monothélisme, fit tant par ses brigues à la cour, qu'il arracha à l'empereur cet édit favorable à son erreur, dans lequel il était déclaré qu'il n'y avait en Jésus-Christ qu'une seule volonté et une seule opération. L'ecthèse fut condamnée dans le concile de Constantinople, sixième général. Héraclius, avant de mourir, écrivit au pape une lettre dans laquelle il désavouait cette exposition de foi, et déclarait qu'elle avait été composée par le patriarche Sergius, auquel il avait simplement accordé la permission de la faire publier au nom de l'empereur.

ÉCUMÉNIQUE, en grec οἰκουμενικός, c'est-à-dire *universel*; titre que l'on donne aux conciles généraux, c'est-à-dire à ceux où se trouvent des évêques de toutes les parties du monde chrétien. *Voyez* CONCILE.

EDDA, ce mot, qui signifie *l'Aïeule*, est le livre qui contient les traditions mythologiques des anciens Scandinaves. On connaît deux recueils de ce nom.

L'ancienne Edda fut composée, ou plutôt compilée, sur des poëmes d'une date très-reculée par Sœmund Sigfusson, surnommé *Frode* ou le Savant, né en Islande vers 1057. Sœmund fut un des premiers qui osèrent mettre par écrit les anciennes poésies religieuses des Scaldes, que beaucoup de personnes savaient encore par cœur dans ce temps-là. Il paraît qu'il se borna à réunir en un seul corps celles d'entre ces pièces qui lui semblèrent les plus propres à fournir une abondante moisson d'expressions et de figures poétiques. La plus grande partie de cette compilation est perdue; ce qui en reste comprend quatre parties: 1° la *Voluspa*, ou oracles de la sibylle Vola, fille de Heimdall, le portier des dieux; il semble que c'est le texte dont l'Edda est le commentaire; 2° le *Vaftrudnis-maal*, discours du géant Vaftrudnis; 3° le *Havamaal*, discours sublime d'Odin, où se trouvent les leçons de morale que l'on croyait données par ce dieu; 4° enfin, le *Runa-Kapitule*, ou chapitre runique, court abrégé de l'ancienne magie, particulièrement des enchantements opérés au moyen des caractères runiques. Le tout est divisé en 37 chants, fables ou Sagas. Treize traitent de la théogonie et de la cosmogonie scandinaves; vingt et un des exploits attribués aux héros mythologiques; les trois autres de dogmatique et de morale.

Mais, comme le livre de Sœmund Sigfusson était volumineux, obscur et peu propre à faciliter l'étude de la littérature nationale, Snorro Sturleson le réduisit, 120 ans après, en un traité de mythologie poétique, plus méthodique et plus intelligible, que l'on nomme la nouvelle Edda. Snorro était d'une des plus illustres familles de l'Islande. Deux fois il remplit la première magistrature dans son pays, où il fut juge suprême pendant les années 1215 et 1222. Il mourut en 1241, à l'âge de 60 ans. Son Edda est en deux parties; la première et la plus intéressante est un entretien qu'un roi de Suède est supposé avoir à la cour des dieux. Les principaux dogmes de la théologie scandinave y sont exposés d'après les Scaldes ou poëtes nationaux. La seconde, qui est aussi un dialogue, mais entre d'autres personnages, ne consiste qu'en récits de différents événements qui se sont passés entre les dieux. Mallet, auteur de l'*Histoire de Danemarck*, démontre que cet ouvrage de Snorro n'est point le fruit de l'imagination de l'écrivain, mais qu'il présente la véritable religion de la Scandinavie, pendant tout le temps qui a précédé le christianisme. Il se fonde sur les anciens mémoires que l'on a sur ce pays; sur les écrivains grecs et latins postérieurs au VI° siècle de notre ère; sur les monuments runiques, la tradition, les pratiques populaires, les noms des jours, plusieurs façons de parler encore aujourd'hui en usage, des fragments de poésie des anciens Scaldes du nord.—L'Edda est écrite dans l'ancienne langue de la Scandinavie, dont le suédois moderne se rapproche beaucoup.

D'après ce que nous venons de dire, il serait difficile de mettre l'Edda de Snorro sur la même ligne que les livres sacrés des autres peuples; celle de Sœmund elle-même est trop récente, pour qu'elle puisse soutenir, sous le rapport de l'authenticité et de l'ancienneté, la concurrence avec les Védas ou le Zend-Avesta; toutefois l'une et l'autre n'en sont pas moins des documents fort précieux, et d'un haut intérêt pour les différentes branches de la religion et de la littérature.

EDÈME, citoyen de Cytnos, dans les îles Cyclades, que ses compatriotes adorèrent comme un dieu après sa mort, au rapport de saint Clément d'Alexandrie.

ÉDEN, nom de l'endroit où était situé le paradis terrestre, et par suite le paradis lui-même fut appelé du même nom, qui, en hébreu, signifie *volupté, délices*. « Jéhova, dit la Genèse, planta un jardin dans Eden, du côté de l'orient, et y plaça l'homme qu'il avait créé. Le seigneur Dieu fit sortir de terre toutes sortes d'arbres agréables à la vue et bons à manger, l'arbre de vie au milieu du jardin, ainsi que l'arbre de la connaissance du bien et du mal. Un fleuve sortait d'Eden pour arroser le jardin, et de là il se séparait pour former quatre courants principaux. Le nom de l'un est le Phison, c'est celui qui fait le tour de tout le pays d'Havila où l'on trouve de l'or; l'or de ce pays est bon; c'est là aussi que se trouvent le bdellium et l'onyx. Le nom du deuxième fleuve est le Gihon, c'est celui qui entoure le pays de Chus. Le nom du troisième fleuve est Hiddekel (le Tigre), c'est celui qui se dirige vers l'Assyrie; et le quatrième fleuve, c'est l'Euphrate. »

De ces quatre fleuves, les deux derniers sont bien connus, c'est donc sur les rives du Tigre et de l'Euphrate qu'il faut chercher la situation du paradis terrestre et la contrée d'Eden; mais on n'est pas d'accord sur les deux autres fleuves. Beaucoup de savants se sont évertués à préciser la localité du paradis terrestre, mais sans beaucoup de succès. La chose est dans le fond assez indifférente; il doit être même à peu près impossible d'arriver à quelque chose de positif, car les lieux ont dû être considérablement modifiés par le déluge universel de Noé.

Les Arabes ont plusieurs traditions sur le jardin d'Eden; on en peut voir plusieurs à l'article DJENNAT ADN. Nous ajouterons ici que Dieu, après l'avoir créé, lui commanda de parler, et qu'il prononça ces paroles : « Il n'y a d'autre Dieu que Dieu. » Ayant reçu ordre de parler une seconde fois, il s'écria : « Que les fidèles seront heureux ! » Enfin ayant reçu un semblable commandement pour la troisième fois, on entendit ces mots : « Jamais les avares ni les hypocrites n'auront entrée chez moi: » Ce jardin, disent encore les musulmans, a huit portes, et les portiers qui en ont la garde ne doivent y laisser pénétrer personne avant les savants qui font profession de mépriser les choses de la terre et de désirer celles du ciel. Ces huit portes du paradis correspondent aux sept portes de l'enfer, d'où les mahométans concluent qu'il est plus facile de se sauver que de se perdre, parce que la miséricorde de Dieu est plus grande que sa justice.

EDESIE, du latin *edere*, manger : déesse qui présidait à la nourriture chez les Romains. Les boissons avaient leur divinité particulière, appelée *Bibésie*.

EDHÉMIS, religieux musulmans, fondés par Ibrahim Edhem, mort à Damas, l'an 161 de l'hégire (777 de J.-C.). Cet Ibrahim passait les jours et les nuits dans les mosquées, occupé à lire le Coran, et prononçait souvent ces paroles : « O Dieu! tu m'as donné tant de sagesse que je connais évidemment que tu prends soin de ma conduite ; c'est pourquoi, ô Dieu! méprisant toute puissance et toute domination, je me consacre à la méditation de la philosophie, et veux par là t'être agréable. »

Les Edhémites se nourrissent de pain d'orge et se livrent à de longs jeûnes. Ils portent un habit de gros drap et un bonnet de laine garni d'un turban. Ils ont à leur cou un morceau de drap blanc et rouge. Ils se croient illuminés et passent pour tels. Ces religieux sont répandus principalement en Perse, dans la province de Khorassan.

ÉDITH, nom que les rabbins donnent à la femme de Loth, qui fut changée en statue de sel. Ce nom signifie, en hébreu, *témoignage*, parce que ce miracle permanent fut un témoignage de son incrédulité.

ÉDON, en latin *Edonus* et *Edonius*, surnom de Bacchus ; c'est sans doute le mot hébreu אדון *adon*, qui signifie *seigneur* ou *dieu*, d'où est venu le nom d'Adonis. Les Bacchantes étaient aussi surnommées *Edonides*.

ÉDRIS, prophète vénéré des musulmans, le même qu'Enoch, sur lequel ils ont conservé diverses traditions. Ils disent qu'il fut le premier qui fit la guerre aux infidèles de la race de Cabil ou Caïn, et qu'il introduisit la coutume de faire esclaves ceux qui avaient été pris dans ces sortes de guerre. Il avait reçu du ciel, avec le don de science et de sagesse, trente volumes contenant les secrets les plus cachés ; c'est ce qui a donné en Orient tant de vogue aux livres qui paraissaient sous le nom d'Enoch. C'est à lui qu'ils attribuent l'invention de la plume, de l'aiguille, de l'astronomie, de l'arithmétique et de la géomancie. Ils lui donnent 365 années de vie, conformément à la Genèse, et croient, comme nous, qu'il a été enlevé au ciel ; mais ils disent de plus qu'il fut envoyé de Dieu aux caïnites, qui étaient fort débordés, pour les ramener dans le sentier de la vertu ; mais que ceux-ci ayant refusé de l'écouter, il leur fit la guerre, et réduisit en servitude leurs femmes et leurs enfants.

Edris, suivant les musulmans, aurait été la cause involontaire de l'idolâtrie ; car, après son enlèvement, un de ses amis, désolé de sa perte, forma, à l'instigation du démon, une statue qui le représentait tellement au naturel, qu'il s'entretenait des jours entiers auprès d'elle, et lui rendait des honneurs particuliers, qui peu à peu dégénérèrent en superstition et en idolâtrie. *Voy.* ÉNOCH.

EDUCA, *Edulie*, *Edulique*, *Eduse*, différents noms d'une divinité romaine qui présidait à l'éducation et à l'alimentation des enfants ; c'était sans doute la même qu'Edésie. On mettait les petits enfants sous sa protection ; on lui faisait des offrandes lorsqu'on les sevrait, et lorsqu'on commençait à leur faire prendre une nourriture solide.

EFÉQUÈNES, temples des Guanches, anciens habitants des îles Canaries. Ces temples étaient circulaires, deux murs concentriques formaient une double enceinte, dont l'entrée principale était assez étroite. C'était dans ces temples, situés la plupart sur le sommet des montagnes, qu'ils déposaient des offrandes de beurre, et faisaient des libations avec du lait de chèvre, en l'honneur de leurs divinités.

EFESROUTHREM, un des cinq génies, qui, suivant les anciens mages de la Perse, présidaient aux cinq parties du jour ; les quatre autres étaient Havan, Rapitan, Osiren et Oschen. Ces génies étaient mâles ; les esprits femelles correspondants présidaient aux cinq jours épagomènes.

EFFARI ET *EFFATA*, termes d'augures, qui appelaient *effari* ou *terminare templum*, l'action de tracer les limites d'un temple qu'on voulait bâtir.

EFFERRI, autre expression augurale pour désigner la consécration d'un arbre, faite par la chute de la foudre sur son feuillage.

EFFRONTÉS, une des nombreuses sectes nées du délire de l'anabaptisme. *Voy.* ANABAPTISTES.

ÉGÉE, neuvième roi des anciens Athéniens, père du célèbre Thésée. Il passe pour avoir introduit à Athènes le culte de Vénus-Uranie, pour en obtenir la faveur de devenir père. Lorsqu'il envoya son fils combattre le Minotaure, avec un vaisseau portant le pavillon noir, il lui recommanda d'arborer à son retour la voile blanche, en signe de la victoire qu'il aurait remportée. Quelque temps après ayant aperçu du haut d'un rocher où son impatience le conduisait tous les jours, le vaisseau qui revenait avec la voile noire, parce que la joie de la victoire avait fait oublier la recommandation du roi, il crut son fils mort, et n'écoutant que son désespoir, il se précipita dans la mer. Les Athéniens, pour consoler leur libérateur, élevèrent son père au rang des dieux de la mer, le déclarèrent fils de Neptune, et donnèrent son nom à la mer voisine, aujourd'hui l'Archipel.

ÉGÉON, géant, fils de Titan et de la Terre, le même que Briarée aux cent bras. Neptune, après l'avoir vaincu, le précipita dans la mer ; mais s'étant dans la suite réconcilié avec lui, il l'éleva au rang des divinités marines. C'est du sein de la mer qu'il avait secouru les Titans contre Jupiter, lors de la guerre des dieux.

ÉGÉRIE. 1. Une des divinités qui présidaient aux accouchements chez les Romains. Les femmes lui croyaient la vertu de faire venir l'enfant sans peine et sans efforts ; c'est pourquoi elles l'invoquaient dans leurs grossesses, pour obtenir une heureuse délivrance. Son nom vient du latin *egerere*, faire sortir.

2. Nymphe de la forêt d'Aricie, fort révérée des Romains, depuis le rôle que lui fit jouer le roi Numa Pompilius. Ce prince, voulant policer ce peuple encore sauvage et lui faire respecter les constitutions qu'il établis-

sait, lui persuada qu'il avait un commerce intime avec la nymphe Egérie. A cet effet il s'enfonçait souvent dans un bois voisin de Rome, sous prétexte de la consulter, afin de donner à ses lois l'autorité de la religion. Quelques écrivains ont cru Egérie l'épouse de Numa. Ovide a suivi cette opinion et assure que la nymphe contribua, par ses conseils, à la félicité de Rome et à la gloire de son mari. La mort de Numa lui causa une douleur si vive et si durable, qu'elle quitta Rome, et, pour mieux le pleurer, se retira dans la forêt d'Aricie, où ses plaintes et ses sanglots interrompirent plus d'une fois les sacrifices de Diane. La déesse, touchée de cette affliction sincère, que rien n'avait pu affaiblir, la métamorphosa en une fontaine dont les eaux ne tarissent pas, et que l'on montre encore aujourd'hui sous le nom de fontaine Egérie.

EGHO, dieu des Nègres qui habitent les bords du vieux Kallabar ou Calbary, rivière de Guinée. Snelgrave, voyageur anglais, dit avoir été témoin d'un sacrifice humain, fait par le chef du canton à cette divinité pour la prospérité de ses Etats.

EGIDE, bouclier couvert d'une peau de chèvre, d'où lui vient son nom (αἰξ, αἰγός, chèvre). Les poëtes appellent ainsi tous les boucliers des dieux. Jupiter en avait une revêtue de la peau de la chèvre Amalthée. Homère en donne une d'or à Apollon. Mais depuis la victoire de Minerve sur le monstre Egiès, le nom en fut affecté au bouclier de cette déesse. Cependant, si on étudie attentivement les anciens, on se convaincra que l'Egide était plutôt la cuirasse que le bouclier de cette déesse; ce qui a pu contribuer à propager cette erreur, c'est que la tête de Méduse était incrustée sur l'une et sur l'autre. Dans l'Iliade, Minerve couvre ses épaules de l'Egide immortelle, où est représentée la tête de la Gorgone Méduse, environnée de serpents, et de laquelle pendent cent rangs de franges d'un travail exquis. Autour de l'Egide étaient la Terreur, la Dissension, la Force, la Guerre, etc.

L'Egide autour du bras, comme sur la pierre gravée qui représente Jupiter Axur, désigne l'agitation des combats; sur les genoux, comme sur ceux de Tibère dans l'Apothéose d'Auguste, c'est un signe de repos; sur la poitrine du prince, elle indique la protection de Minerve, c'est-à-dire la sagesse. Jupiter, dans le camée de la bibliothèque du roi, l'a sur l'épaule; l'amour portant l'Egide exprime la victoire de ce dieu sur Jupiter.

EGIÈS, monstre horrible et indomptable, né de la Terre, et qui vomissait des tourbillons de flamme mêlés d'une épaisse fumée. Il fit de grands ravages dans la Phrygie, la Phénicie, l'Egypte et la Libye, mettant en feu les forêts et les campagnes, et obligeant les habitants à quitter le pays. Minerve, par l'ordre de son père, combattit ce monstre, et, après l'avoir vaincu, en porta la peau sur sa cuirasse. La Terre, mère du monstre, irritée de sa mort, enfanta les Géants, qui firent la guerre aux dieux.

EGIOCHUS, ou EGIUCHUS, surnom de Jupiter. *Voyez* ÆGIÆUS.

EGIPANS, divinités champêtres, dont les anciens prétendaient que les bois et les montagnes étaient peuplés. Ils les représentaient comme de petits hommes tout velus, avec des cornes et des pieds de chèvre (αἴγος). C'était aussi un surnom du dieu Pan, que l'on peignait sous la même forme. D'autres disent que le premier qui porta ce nom était fils de Pan et de la nymphe Æga, qu'il inventa la trompette faite d'une conque marine, et que, par cette raison, on lui donna une queue de poisson.

Les anciens parlent encore de certains monstres de la Libye, auxquels on donnait le même nom. Ces animaux avaient un museau de chèvre, avec une queue de poisson. C'est ainsi qu'on représente le Capricorne. On trouve cette même figure sur plusieurs monuments égyptiens et romains.

EGITHE (en grec αἴγιθος), espèce d'oiseau de proie, dont les anciens tiraient le présage le plus heureux en faveur des mariages et des bestiaux.

EGLÉ (du grec αἴγλη, splendeur), nom de l'une des trois Grâces. C'était aussi le nom de la mère des trois Grâces, dont le soleil était le père.

EGLÈTES. *Voyez* ÆGLÈTES.

EGLISE, ce terme particulier aux chrétiens, peut se prendre en deux sens bien distincts.

I. Dans le sens propre et spirituel, c'est l'assemblée des personnes unies par la profession d'une même foi. De là les expressions d'*Eglise catholique*, *Eglise protestante*, *luthérienne*, *calviniste*, *baptiste*, *évangélique*, etc.

Les catholiques soutiennent qu'il n'y a qu'une seule véritable Eglise; c'est celle qui a été fondée par Jésus-Christ même, avec autorité sur la terre d'instruire et de diriger les fidèles, de leur apprendre les dogmes qu'ils doivent croire, et les erreurs dont ils doivent se préserver.

Or, comme la plupart des communions chrétiennes, bien qu'ayant relativement des dogmes et une foi différente, prétendent chacune être la véritable Eglise à l'exclusion des autres; il importe que l'Eglise véritable ait des caractères, notes ou signes sensibles, auxquels il soit facile de la reconnaître. Ces caractères sont pris des circonstances du temps, du lieu, des choses et des personnes; et on les nomme *apostolicité*, *catholicité*, *visibilité* et *perpétuité*.

1. L'*apostolicité* marque le temps où l'Eglise chrétienne a dû naître et commencer; c'est-à-dire que la vraie Eglise de Jésus-Christ a dû prendre naissance, lorsque Jésus-Christ était sur la terre; qu'ainsi telle société chrétienne qui a commencé dès lors, a déjà un préjugé en faveur de son établissement divin; et telle autre société chrétienne, qui n'a commencé que depuis, ne peut se vanter d'avoir été divinement instituée.

2. Puisque l'Eglise chrétienne ne peut avoir été établie que par Jésus-Christ, il faut qu'elle l'ait été dans le lieu où il a vécu

et où il a publié sa doctrine. Ainsi la vraie Eglise chrétienne ne peut se trouver que dans une société formée dans le lieu où Jésus-Christ a enseigné. Si donc une société chrétienne montre qu'elle s'est formée dans ce lieu, c'est un autre préjugé en faveur de son institution divine ; au contraire, on démontrera que telle autre société chrétienne ne peut être la vraie Eglise fondée par Jésus-Christ, si l'on fait voir qu'elle est née dans un autre lieu que celui où Jésus-Christ a enseigné et prêché sa doctrine. Voilà en quoi consiste la *catholicité* de l'Eglise. Une société chrétienne est *catholique*, en tant qu'elle n'est d'aucun lieu particulier, que de celui où l'Eglise de Jésus-Christ a dû être fondée. Le mot *catholique* signifie universel : la société dont les fondements auront été jetés dans le lieu où Jésus-Christ a vécu et a promulgué ses oracles, sera universelle, c'est-à-dire de tous les lieux, parce qu'elle ne sera que de celui dont elle doit être ; mais ce caractère ne pourra convenir à une société qui aura été instituée et aura pris son commencement ailleurs que là où Jésus-Christ a établi son Eglise, parce qu'on pourra dire que cette société est de tel lieu, autre que celui où a commencé l'Eglise de Jésus-Christ (1).

3. L'Eglise n'a, ni ne peut avoir un culte purement spirituel et intérieur ; toutes les sociétés chrétiennes doivent en convenir ; le droit et le fait les y obligent : le droit, puisque toute religion doit rendre à Dieu un culte intérieur et un culte extérieur ; le fait, puisque, à la première notion que l'on prend de la religion chrétienne, on voit clairement qu'elle a des sacrements et qu'elle ordonne une profession de bouche, en même temps qu'elle exige la croyance du cœur. Une société chrétienne qui serait invisible ne pourrait donc être reconnue pour la vraie Eglise de Jésus-Christ ; et si une autre société chrétienne est visible et sensible, elle aura par devers elle un préjugé favorable pour se faire regarder comme vraie Eglise.

4. Que Jésus-Christ ait établi ou non son Eglise pour être perpétuelle et pour subsister sans interruption jusqu'à la fin et la consommation de l'univers sensible, cela n'importe ici en aucune manière. Mais, si une société chrétienne est en possession de faire voir qu'en remontant depuis le moment où nous sommes jusqu'au temps où Jésus-Christ a été sur la terre, elle n'a pas cessé un instant d'exister, visiblement, il est hors de doute qu'elle pourra faire valoir cette *perpétuité*, pour montrer qu'elle est la vraie Eglise de Jésus-Christ ; au lieu qu'une autre société chrétienne serait privée de cet avantage, si on pouvait la convaincre qu'à telle époque elle n'existait pas d'une manière sensible.

Au moyen de ces caractères, il est aussi aisé de distinguer, parmi toutes les communions chrétiennes, quelle est la vraie Eglise de Jésus-Christ, qu'il le serait de distinguer une société profane, qui ne serait point mystérieuse, qui existerait depuis nombre de siècles, et qui se serait divisée en plusieurs sectes ; qu'il serait, dis-je, aisé de reconnaître le tronc de cette société des sectes qui s'en seraient détachées.

Or, il est une société chrétienne, entre toutes les autres, qui reconnaît le pape ou évêque de Rome pour son chef, que, par cette raison, l'on appelle Eglise romaine, qui est dominante dans plusieurs Etats de l'Europe, et qui est répandue dans toutes les parties du monde. Tous les chrétiens qui appartiennent à cette société, prétendent qu'elle est la seule à laquelle conviennent les quatre caractères qu'on vient d'exposer.

Notre société, disent-ils d'abord, est *apostolique*. Nous défions de montrer qu'elle n'a pas été fondée dès le siècle et le temps où Jésus-Christ établissait sa religion, et de citer en deçà une époque où elle ait pris naissance. Si l'on pouvait fixer cette époque, on pourrait aussi nommer l'auteur de notre société, et lui en donner le nom, l'appeler par exemple grégorienne, léonine, etc., si c'est un Grégoire, un Léon, etc., qui en est le fondateur. Mais jusqu'ici on n'a pu la désigner par aucun nom pareil.

Elle est *catholique*. A la vérité on l'appelle, et nous-mêmes nous l'appelons Romaine, mais ce nom ne désigne en aucune façon le lieu où elle a pris naissance ; tout le monde sait qu'elle ne le porte qu'à cause de son chef visible, qui est l'évêque de Rome. Il n'y a d'ailleurs aucun autre lieu d'où elle tire, et d'où l'on puisse tirer un nom qui lui soit applicable, et qui marque où c'est là que les fondements en ont été jetés. Elle est donc de tous les lieux, puisqu'elle n'est que de celui où Jésus-Christ a vécu, a prêché et enseigné sa doctrine ; elle est donc universelle ou catholique.

Pour le caractère de *visibilité*, comment pourrait-on le lui contester ? N'est-elle pas visible dans ses sacrements, dans ses cérémonies, ses fêtes, ses solennités et la manière de les célébrer, dans ses jours de jeûne, dans le sacrifice de la messe et toute la pompe avec laquelle on l'offre ; dans ses ministres, dans les synodes et les conciles qu'ils tiennent ; dans ses temples, dans ses images peintes ou sculptées ; dans ses ordres religieux et ses congrégations ecclésiastiques, dans les marques de leur christianisme que les simples fidèles portent sur eux, ou qu'ils gardent dans leurs maisons, etc. ?

Ce n'est pas d'aujourd'hui qu'elle a cette visibilité ; elle est *perpétuelle*, et, tant qu'elle a existé, elle a toujours été visible en toutes ces manières. Ici, tous les monuments déposent de sa perpétuité, et ce sont les monuments qui en même temps contribuent le plus à la rendre visible. Mais ce qui montre d'une manière encore plus persuasive qu'elle est perpétuelle, c'est la succession non interrompue de ses pontifes ou de ses évêques dans toutes les Eglises particulières, et sur-

---

(1) Cette exposition du caractère de catholicité n'exclut point celle que nous avons donnée, au volume précédent, art. CATHOLIQUE.

tout de ceux qui ont occupé le siége de Rome, et auxquelles les Eglises particulières n'ont pas seulement été constamment attachées, mais ont donné dans tous les temps des marques très-sensibles de leur attachement. — Enfin, disent les chrétiens catholiques, il ne faut que lire l'histoire du christianisme pour se convaincre de la perpétuité, de la visibilité, de la catholicité, de l'apostolicité de notre Eglise, et que nulle autre société chrétienne n'a, comme elle, le droit de les revendiquer.

Outre les caractères dont nous venons de parler, la vraie Eglise a des propriétés qui lui sont inhérentes. — Comme le christianisme impose aux hommes un double culte, l'intérieur et l'extérieur, les chrétiens catholiques comparent l'Eglise à un corps, que l'on peut envisager tantôt comme animé, tantôt en faisant abstraction de l'âme qui l'anime et le vivifie. De même, disent-ils, on peut envisager l'Eglise sous deux points de vue, en distinguant en elle, et en détachant par l'esprit un culte de l'autre. Le culte intérieur en fait l'âme, parce que c'est lui qui rend l'homme agréable à Dieu, et qui lui fait agréer le culte extérieur; celui-ci n'est que le corps de l'Eglise. — Mais, à ne considérer l'Eglise que dans son corps, c'est-à-dire à raison de son culte extérieur, les chrétiens lui attribuent de grandes propriétés, qu'ils prétendent lui avoir été attachées par son auteur. Son culte extérieur embrasse trois choses en général : la première est la profession de certains dogmes et de certaines maximes ; la seconde, la participation aux sacrements ; la troisième, la soumission ou l'obéissance à des pasteurs légitimes, subordonnés au pape, évêque de Rome, chef visible de l'Eglise et vicaire de Jésus-Christ (1).

1° On dit d'abord que l'Eglise est *une*, et qu'elle l'est dans chacun de ces trois liens extérieurs qui unissent entre eux tous ses membres. Elle est une dans la profession de ses dogmes et de ses maximes, parce que, quelque part qu'elle soit établie, elle exige la profession des mêmes maximes et des mêmes dogmes ; elle est une dans la participation aux sacrements, parce qu'elle suit partout les mêmes règles dans leur administration, et que si, par exemple, un baptisé a été excommunié ou exclus de la participation des sacrements, dans quelque Eglise particulière, nulle autre Eglise ne l'admettra à leur participation ; elle est une dans l'obéissance et la soumission aux pasteurs légitimes, parce qu'elle n'a qu'un chef suprême visible, et qu'il faut faire profession de lui être soumis au moins médiatement, en se soumettant aux pasteurs qui le reconnaissent pour chef.

2° Elle est *sainte* : elle l'est dans la profession de ses dogmes et de ses maximes ; elle ne peut en professer qui ne soient propres à sanctifier: dans ses sacrements, elle ne peut en avoir qui puissent souiller l'âme, ni même qui soient inutiles à sa sanctification ; dans sa soumission aux pasteurs, qu'elle ne professe et qu'elle n'exige que pour faire rendre l'hommage de l'obéissance à son chef invisible, auteur de toute sainteté.

3° Elle pourrait cependant cesser d'être sainte, si elle était sujette à l'erreur; mais elle est *infaillible*. Elle l'est dans sa croyance, parce qu'il ne peut pas arriver que le corps, la société, la totalité des fidèles, embrasse l'erreur ; elle l'est dans sa doctrine, parce que l'universalité des pasteurs, chargés de l'enseignement, ne peut enseigner aucune erreur ; et c'est même ce qui résulte de ce qu'elle est infaillible dans sa croyance ; car les fidèles, obligés d'écouter la voix de leurs pasteurs, se trouveraient dans la nécessité d'embrasser l'erreur, si l'universalité et l'unanimité morale des pasteurs l'enseignaient.

4° Dans l'un et l'autre cas, l'Eglise cesserait d'être et ne subsisterait plus. Mais, si l'on peut imaginer quelque autre manière dont elle cesserait, elle n'y est point sujette, car elle est *indéfectible*, et jusqu'à la fin et la consommation de toutes les choses visibles, il y aura des chrétiens.

5° Elle sera même *universelle* et catholique, tant qu'elle subsistera, c'est-à-dire qu'elle sera répandue dans tout l'univers, et elle effacera et éclipsera toujours par son éclat toutes les autres sociétés chrétiennes qui s'en seront séparées.

6° Mais la propriété la plus intéressante que les chrétiens attribuent à l'Eglise, est que *hors d'elle il n'y a pas de salut*, c'est-à-dire point de part aux fruits de la satisfaction de Jésus-Christ ; ce qui est fondé sur ce que l'Eglise est dépositaire de tous les moyens de sanctification que Dieu a établis. — Il faut cependant expliquer cette maxime importante. Il n'y a pas de salut hors de l'Eglise, c'est-à-dire pour ceux qui n'appartiennent ni au corps, ni à l'âme de l'Eglise ; mais, comme on peut appartenir à son corps, sans appartenir à son âme, on peut également appartenir à son âme, sans être membre de son corps ; et ceci suffit pour avoir droit d'espérer le salut. — On peut d'abord appartenir uniquement à son corps ; pour cela, il suffit de rendre à Dieu le culte extérieur qu'elle prescrit, sans être animé des sentiments du culte intérieur, par exemple, faire profession de ses dogmes et de ses maximes, sans y ajouter aucune foi. — On ne peut, en second lieu, appartenir à son âme, quand c'est par sa faute qu'on n'appartient pas à son corps, parce que la faute que l'on commet suppose qu'on ne veut pas appartenir à son corps ; et ce défaut de volonté ne peut s'accorder avec le culte intérieur. — Troisièmement, comme on peut être pénétré des sentiments qui forment le culte intérieur, sans pouvoir exercer les actes du culte extérieur, il est possible

---

(1) On n'appelle point le pape *successeur* de Jésus-Christ, parce qu'on ne succède à une personne dans une dignité, que quand cette personne l'a perdue par la mort naturelle ou civile ou par l'abdication volontaire, et que, d'aucune de ces manières, Jésus-Christ n'a perdu le titre de chef de l'Eglise.

que, sans appartenir au corps de l'Eglise, on appartienne à son âme.—On n'entre dans le corps de l'Eglise que par le baptême. Il est vrai qu'avant de le recevoir on peut faire une profession extérieure de croire à ses dogmes et à ses maximes, d'être même soumis à ses pasteurs ; mais on n'a pas encore droit d'être admis à la participation de ses sacrements ; ce qui est néanmoins nécessaire pour être de son corps. Si quelqu'un, étant à portée de recevoir le baptême, négligeait de se faire baptiser, sa négligence seule suffirait pour qu'il n'appartint pas à l'âme de l'Eglise.—Quoique baptisé, un homme peut ne plus être membre du corps de l'Eglise ; il peut avoir abjuré extérieurement les dogmes et les maximes de l'Eglise en tout ou en partie, avoir été dépouillé par un jugement du droit de participer aux sacrements, ne point reconnaître les pasteurs légitimes, et vivre séparé de leur obéissance ; chacune de ces choses suffit pour l'exclure du corps de l'Eglise et l'en retrancher.— D'une autre part, un homme qui n'est point encore baptisé, qui ne connaît pas même le baptême ou du moins sa nécessité, qui cependant est d'ailleurs suffisamment instruit ; un second qui n'est pas non plus baptisé, qui est instruit suffisamment, mais qui n'est point à portée de recevoir le baptême, et qui a la volonté sincère d'être initié à ce sacrement ; l'une et l'autre de ces deux personnes peuvent avoir déjà reçu intérieurement le Saint-Esprit, et, par son opération, la grâce qui sanctifie. Si cela est, ils appartiennent tous deux à l'âme de l'Eglise, sans qu'ils soient membres de son corps. — Un baptisé peut avoir été frappé d'une sentence d'excommunication qu'il n'avait pas méritée, parce qu'il était innocent ; un autre peut avoir reçu le baptême dans une société chrétienne séparée de l'Eglise, et faire, de bonne foi ou sans opiniâtreté, profession de rejeter, comme ceux de sa secte, ceux des dogmes de l'Eglise, qui ne sont pas fondamentaux, ou de ne pas reconnaître ses pasteurs légitimes ; ces deux hommes baptisés, qu'on suppose d'ailleurs avoir conservé la grâce de leur baptême, ne seraient point du corps de l'Eglise, mais ils appartiendraient à son âme. Il faut dire la même chose, à plus forte raison, des enfants baptisés dans des sociétés séparées de l'Eglise, et qui n'ont pu encore perdre leur innocence baptismale. Il est vrai que ceux-ci appartiennent au corps même de l'Eglise, jusqu'à ce qu'ils fassent publiquement profession de ce qui tient éloignée et séparée de l'Eglise la secte des parents dont ils sont nés. — C'est par la grâce sanctifiante qu'on appartient à l'âme de l'Eglise. Cependant les pécheurs qui ont eu le malheur de la perdre, qui ne sont point excommuniés, qui n'ont point quitté l'Eglise pour s'attacher ouvertement à quelque secte séparée, ne sont pas seulement du corps de l'Eglise, mais peuvent tenir encore à son âme, quoique d'une manière imparfaite, par leur soumission intérieure aux pasteurs légitimes, par quelque désir qu'ils ont de recouvrer la grâce habituelle, par la croyance des dogmes et des maximes de l'Eglise.

Dans un sens moins restreint on pourrait définir l'Eglise *la société de ceux qui servent Dieu sous Jésus-Christ leur chef;* cette définition donne à l'Eglise l'extension la plus large, et comprend tous ceux qui ont été, qui sont et qui seront sauvés depuis Adam jusqu'à la consommation des siècles.

Avant la venue de Jésus-Christ, il y a eu des hommes saints ; or, comme ils ont été sanctifiés en vertu des mérites prévus de Jésus-Christ, il faut qu'ils aient servi Dieu selon l'esprit de Jésus-Christ. Ainsi, en détachant de la notion de l'Eglise chrétienne ce qui lui est propre, comme ayant été fondée par Jésus-Christ, et comme supposant son avénement passé, c'est-à-dire en détachant la participation aux sacrements, tels que les ont les chrétiens, et l'obéissance aux pasteurs légitimes, dont le pape est le chef, il se trouvera que les saints du temps qui a précédé la venue de Jésus-Christ, et ceux du temps présent, ont eu la même religion, et ont rendu à Dieu le même culte, puisque les uns et les autres ont servi ou servent Dieu dans l'esprit de Jésus-Christ, et qu'il n'y a de différence entre eux qu'en ce que les premiers regardaient Jésus-Christ comme devant venir, et que les seconds le regardent comme arrivé.

Suivant la même définition, l'Eglise comprend encore non-seulement ceux qui vivent sur la terre, mais aussi ceux qui jouissent déjà de la gloire éternelle, et ceux qui ont l'assurance d'y parvenir un jour ; d'où la division de l'Eglise en trois corps appelés : le premier, Eglise *triomphante,* composé des âmes de ceux qui, après avoir triomphé dans le monde des obstacles qui s'opposaient à leur salut, ont reçu dans le ciel la récompense de leur victoire ; le second, Eglise *militante,* composé de ceux qui combattent actuellement sur la terre ; et le troisième, *Eglise souffrante,* de ceux qui achèvent de se purifier dans le purgatoire, et qui ont l'assurance de posséder un jour la gloire éternelle, lorsque leur temps d'épreuve sera passé. *Voy.* COMMUNION DES SAINTS.

II. Dans le sens figuré et matériel, le mot *Eglise* signifie le lieu où s'assemblent les membres de l'Eglise militante, pour rendre à Dieu le culte extérieur qu'ils lui doivent. Dans ce sens le mot église est synonyme de celui de *temple;* mais si on peut appeler temples les édifices dans lesquels s'assemblent les chrétiens, on ne donne jamais le nom d'églises aux lieux d'assemblée des juifs, des infidèles et des idolâtres.

1. Nous ne donnerons pas la description des églises servant actuellement au culte catholique ; il n'est aucun de nos lecteurs qui ne puisse s'en rendre parfaitement compte ; mais nous transcrirons ici la description que fait l'abbé Fleury des premières qui furent érigées par les chrétiens, en observant que les lieux d'assemblées, à l'époque du berceau du christianisme et dans le temps des persé-

cutions, étaient les maisons des simples particuliers, les cavernes et les catacombes.

« L'église, dit ce savant écrivain, était séparée, autant qu'il se pouvait, de tous les bâtiments profanes, éloignée du bruit, et environnée de tous côtés de cours, de jardins ou de bâtiments dépendants de l'Église même, qui tous étaient renfermés dans une enceinte de murailles. D'abord on trouvait un portail ou premier vestibule, par où l'on entrait dans un péristyle, c'est-à-dire une cour carrée, environnée de galeries couvertes, soutenues de colonnes, comme sont les cloîtres des monastères. Sous ces galeries se tenaient les pauvres, à qui l'on permettait de demander l'aumône à la porte de l'église ; et au milieu de la cour étaient une ou plusieurs fontaines pour se laver les mains et le visage avant la prière : les bénitiers leur ont succédé. Au fond était un double vestibule d'où l'on entrait par trois portes dans la salle, ou basilique, qui était le corps de l'Église ; je dis qu'il était double, parce qu'il y en avait un en dehors et un autre en dedans, que les Grecs appelaient *narthex*. Près de la basilique, en dehors, étaient au moins deux bâtiments, le baptistère à l'entrée, au fond la sacristie ou le trésor, nommé aussi *secretarium* ou *diaconicum*, et quelquefois il était double. Souvent, le long de l'église, il y avait des chambres ou cellules pour la commodité de ceux qui voulaient méditer et prier en particulier : nous les appellerions des *chapelles*.

« La basilique était partagée en trois, suivant sa largeur, par deux rangs de colonnes qui soutenaient la galerie des deux côtés, et dont le milieu était la *nef*, comme nous voyons à toutes les anciennes églises. Vers le fond, à l'orient, était l'autel, derrière lequel était le *presbytère* ou *sanctuaire*; c'est ce que l'on nomma depuis le *chevet de l'église*. Son plan était un demi-cercle qui enfermait l'autel par derrière ; le dessus, une voûte en forme de niche qui le couvrait : on la nommait en latin *concha*, c'est-à-dire *coquille* ; et l'arcade qui en faisait l'ouverture s'appelait en grec *absis*. Peut-être les chrétiens avaient-ils d'abord voulu imiter la séance du Sanhédrin des juifs, où les juges étaient ainsi en demi-cercle, le président au milieu. L'évêque tenait la même place dans le presbytère. Il était au milieu avec les prêtres à ses côtés ; et sa chaire, nommée *thrônos* en grec, était plus élevée que leurs sièges. Tous les sièges ensemble s'appelaient en grec *synthrônos*, en latin *consessus*; quelquefois aussi on le nommait *tribunal*, et en grec *béma*, parce qu'il ressemblait aux tribunaux des juges séculiers. Dans les basiliques, l'évêque était comme le magistrat, et les prêtres ses conseillers. Ce tribunal était élevé, et l'évêque en descendait pour s'approcher de l'autel, qui était enfermé par devant d'une balustrade à jour, hors de laquelle était encore un autre retranchement dans la nef, pour placer les chantres, que l'on nomma depuis, par cette raison, *chœur*, en grec *choros*; ou *cancel*, du mot latin *cancelli*. Ces chantres n'étaient que de simples clercs destinés à cette fonction. A l'entrée du chœur était l'*ambon*; c'est-à-dire une tribune élevée où l'on montait des deux côtés, servant aux lectures publiques, nommée depuis *pupitre, lutrin* et *jubé*. Si l'ambon était unique, il était au milieu ; mais quelquefois on en faisait deux pour ne point cacher l'autel. A la droite de l'évêque et à la gauche du peuple était le pupitre de l'évangile, et de l'autre côté, celui de l'épître. Quelquefois il y en avait un troisième pour les prophéties.

« L'autel était une table de marbre ou de porphyre, quelquefois d'argent massif, ou même d'or, enrichie de pierreries ; car on croyait ne pouvoir employer des matières assez précieuses pour porter le Saint des saints ; et les cérémonies de la consécration des autels marquent encore assez ce respect; mais quelquefois elle n'était que de bois. Elle était soutenue de quatre pieds, ou petites colonnes, riches à proportion ; et on la plaçait, autant qu'il était possible, sur la sépulture de quelques martyrs ; car, comme on avait coutume de s'assembler à leurs tombeaux, on y bâtit des églises ; et de là est venue enfin la règle de ne point consacrer d'autel, sans y mettre des reliques. C'étaient ces sépulcres des martyrs qu'on appelait *mémoires* ou *confessions* : elles étaient sous terre, et l'on y descendait par devant l'autel. Il demeurait nu hors le temps du sacrifice, ou seulement couvert d'un tapis ; et rien n'était posé immédiatement dessus : depuis on l'environna de quatre colonnes aux quatre coins, soutenant une espèce de tabernacle qui couvrait tout l'autel, et que l'on nommait *ciboire*, à cause de sa figure qui était comme une coupe renversée ; car les anciens avaient des coupes qu'ils nommaient *ciboria*, du nom d'un certain fruit d'Égypte. Tout cela était orné magnifiquement. Le ciboire et les colonnes qui le soutenaient étaient souvent d'argent ; et il y en avait du poids de trois mille marcs. Entre ces colonnes, on mettait des rideaux d'étoffes précieuses pour enfermer l'autel des quatre côtés. Le ciboire était orné d'images et d'autres pièces d'or ou d'argent, pour représenter le Saint-Esprit. Quelquefois on y renfermait l'eucharistie que l'on gardait pour les malades ; et quelquefois on la gardait dans de simples boîtes, telles que sont nos ciboires (modernes). Quelquefois on couvrait d'argent l'abside entière ; du moins on la revêtait de marbre aussi bien que la conque. Les colonnes qui soutenaient la basilique étaient de marbre, avec des chapiteaux de bronze doré. Elle était pavée de marbre, et souvent tout incrustée en dedans. »

Nous trouvons, dans le 17e volume des *Annales de philosophie chrétienne*, le plan d'une ancienne basilique, tiré de Godefroy Voigt, avec une explication de M. Guenebault, qui concordent parfaitement avec la description de Fleury. Nous y trouvons cependant quelques particularités omises par l'historien ecclésiastique, particulièrement sur la distribution du peuple dans l'église; nous allons les signaler.

Les églises les plus anciennes étaient divisées en quatre parties principales, savoir :
1° Le *Propylée, atrium* ou portique;
2° Le *Narthex* ou vestibule;
3° Le *Naos*, nef, ou église proprement dite;
4° Le *Béma, sacrarium* ou sanctuaire.

C'était dans le propylée que se tenaient les pénitents publics, revêtus d'habits de deuil, la tête couverte de cendres, prosternés, pleurant, et priant ceux qui entraient dans l'église d'intercéder pour eux auprès de Dieu. Aussi nomma-t-on ce lieu la place des Pleurants, *statio Lugentium*. Ce fut là que, dans la suite, on enterra les chrétiens, lorsqu'on eut cessé d'ensevelir dans les catacombes.

Dans le narthex ou avant-nef, partie la plus humble de l'église, se tenaient d'un côté, à gauche, les possédés ou énergumènes et les lépreux; à droite, les catéchumènes; au-dessus d'eux et plus près de la deuxième partie ou de la nef, étaient les écoutants ou auditeurs, c'est-à-dire tous ceux qui pouvaient entendre l'évangile et les épîtres, mais qui n'avaient pas le droit d'assister au saint sacrifice. Près de là, et sur la droite, était le baptistère, où l'on administrait le sacrement de baptême. — Pendant le moyen âge on donna de grandes dimensions et de grands développements au baptistère; aussi fut-il longtemps séparé de l'Eglise, et forma-t-il comme une espèce d'église à part.

La nef était divisée en trois parties. A l'entrée de celle du milieu se trouvait d'abord la place des prosternés, c'est-à-dire de ceux qui, après avoir accompli les pénitences publiques, étaient admis dans l'intérieur de l'église, mais ne participaient pas aux saints mystères. — En avançant, et à peu près au milieu, s'élevait l'ambon ou jubé et les pupitres. Autour d'eux et sous les yeux du peuple siégeaient les lévites et les trois chœurs de chant, composés : 1° de l'orchestre et des psalmistes; 2° des sous-diacres chantant l'épître; 3° des diacres pouvant seuls lire l'évangile, les lettres et les édits des évêques. Quelques fidèles privilégiés, et ceux des pénitents qui étaient arrivés au quatrième degré, se tenaient aussi aux environs de l'ambon. — Au-dessus était la place occupée par les moines, les solitaires et les enfants; et ainsi se trouvaient réunis au même lieu, et par une pensée digne de la haute philosophie chrétienne, les deux extrémités de la vie humaine, l'enfance et la vieillesse, le commencement et la perfection des vertus chrétiennes. — Plus haut, près du sanctuaire, était la place du chef de l'Etat et de sa famille; au côté opposé, mais à la même hauteur, se tenaient les chantres et les lecteurs. — L'aile ou galerie de droite était destinée aux hommes et celle de gauche aux femmes; on y entrait par des portes séparées, ouvertes dans le narthex.

Le sanctuaire se divisait en trois parties. Dans celle du milieu, proprement dite sacrée ou sanctuaire, se trouvait l'autel. Derrière l'autel, et faisant face aux grandes portes, était le siége de l'évêque, élevé de trois degrés au-dessus du sol, accompagné à droite et à gauche des stalles des archiprêtres et des prêtres officiant à l'autel; car les autres prêtres ainsi que les fidèles se tenaient debout.

A droite et à gauche du sanctuaire se trouvaient deux chambres ou dépendances à l'usage du clergé et des gens chargés de l'office divin; celle de droite, la *diaconie*, était celle où les diacres déposaient et gardaient les ornements et les vases sacrés; c'est ce que nous appelons maintenant la *sacristie*. A gauche était la *prothèse, sacrarium* ou *préparatoire*, où étaient préparées et conservées les provisions de pain et de vin nécessaires au sacrifice et à la communion des fidèles. Ces deux dépendances ont été aussi nommées *xénophylacion*; c'étaient de vastes bâtiments *destinés aux étrangers*, comme l'indique leur nom, sorte de grande hôtellerie pour les prêtres qui voyageaient. C'est là même que se sont tenus plusieurs conciles.

2. Les églises des Grecs ont généralement la forme d'une croix grecque; le chœur regarde toujours le levant. Quelques anciennes églises qui subsistent encore aujourd'hui ont deux nefs couvertes en dos d'âne, ou en forme de berceau, et le clocher est placé sur le fronton au milieu des deux toits; mais il n'y a pas de cloches depuis que les Turcs en ont interdit l'usage aux chrétiens. Les Grecs, suivant Tournefort, ont conservé l'usage des dômes, et les exécutent assez bien. Les églises des monastères sont toujours au milieu de la cour, et les cellules sont construites autour de ce bâtiment. La nef est la partie principale des églises grecques; on s'y tient debout, ou appuyé sur des siéges adossés au mur, de manière qu'il semble qu'on soit debout. Le siége du patriarche est tout au haut de la nef, dans les églises patriarcales; ceux des autres métropolitains sont au-dessous. Les lecteurs, les chantres, les jeunes clercs, se placent vis-à-vis; le pupitre sur lequel on lit l'Ecriture sainte est aussi dans la nef. Cette partie est séparée du sanctuaire par une cloison peinte et dorée, qui la ferme entièrement et qui a trois portes. Celle du milieu s'appelle *la porte sainte :* on ne l'ouvre que pendant les offices solennels et à la messe, lorsque le diacre sort pour aller lire l'évangile, ou quand le prêtre porte les espèces qu'il doit consacrer, ou enfin lorsqu'il vient s'y placer pour donner la communion au peuple. Le sanctuaire est la partie la plus élevée de l'église, elle se termine dans le fond par un demi-cintre.

On peut encore remarquer que les églises des Grecs sont divisées en trois parties distinctes, eu égard aux différentes personnes qui peuvent y prendre place; la première est le βῆμα ou sanctuaire réservé aux prêtres et aux autres membres du clergé; la seconde est destinée aux laïques qui n'ont point encouru les censures ecclésiastiques; ils se placent ἐν τῷ ναῷ, dans le temple ou la nef;

la troisième est pour les pénitents et les catéchumènes ; leur place est πρὸ τοῦ ναοῦ, sous le portail ou à l'entrée de l'église. Il y a encore une quatrième partie qui est le γυναικεῖον, gynécée ou galerie des femmes, qui est fermée de jalousies, suivant la coutume orientale.

3. Le Père Zampi distingue quatre sortes d'églises chez les Géorgiens : les premières sont de petites chapelles que les Mingréliens ont presque tous chez eux, et dans lesquelles ils vont faire leurs prières particulières ; les secondes sont celles que les princes ont dans leurs palais ; les troisièmes sont les paroisses, et les quatrièmes les cathédrales. Ces églises sont toutes bâties du côté de l'orient ; on y remarque un sanctuaire avec un autel rond où l'on dit la messe. Elles sont ornées de grandes images de cuivre doré ou argenté, garnies de perles ou de pierres plus ou moins précieuses. Parmi ces images, on voit celle de la Vierge à la grecque, celle du Père éternel, le Crucifix, les figures de plusieurs saints Pères grecs et autres, sans oublier celle de saint Georges, apôtre des Géorgiens, pour lequel ils ont une grande dévotion ; c'est pourquoi cette dernière est toujours accompagnée d'un grand nombre de cierges qui brûlent continuellement. Toutes ces images sont couvertes de rideaux de soie. — Les églises de la seconde sorte sont bâties pour la plupart en pierres, les autres en bois, mais sculptées en dedans, avec des coupoles couvertes de lames de cuivre, ou d'ais minces de chêne peint. Les chapelles ont leur sanctuaire et leurs autels pour y dire la messe, avec leurs rideaux de soie, quelques-uns brodés d'or. On y voit les portraits du prince et de la princesse, mêlés aux images des saints.

Les églises paroissiales sont construites, partie en pierre, partie en bois. On a soin de les bâtir sur un lieu élevé, pour préserver les peintures de l'humidité. Elles sont environnées de plusieurs grands arbres, dans des enclos de murailles ou de pieux. On enterre les morts dans ces enceintes, mais jamais dans l'église. On voit devant la porte un petit porche, où les femmes se tiennent quand elles vont à l'église ; ce qui n'a lieu que le jour de Pâques, au rapport du Père Zampi. Il n'y a que la princesse seule qui ait droit d'entrer dans l'église ; ce petit porche sert aussi de sépulture pour quelques nobles. Les portes de ces églises sont toujours fermées à clef ; et le prêtre qui demeure auprès ne les ouvre qu'au temps de la messe, ou pour faire un enterrement. Il y a une petite chambre au-dessus, où ils suspendent la cloche, quand il y en a : mais la plupart des églises n'en ont point ; ils appellent le peuple à l'église en frappant sur des planchettes de bois. Les Géorgiens offrent aux images suspendues dans leurs églises, des bois de cerfs, des mâchoires de sangliers, des plumes de faisans, des arcs et des carquois, pour obtenir des succès à la chasse. L'autel est au milieu de l'église, fait en rond, soutenu sur un pied de pierre ; au milieu est une image devant laquelle ils célèbrent la messe.

Les églises des évêques sont faites de pierre tendre, blanche comme le marbre ; elles ont au devant des porches construits de la même matière, ornés de peintures et de plusieurs inscriptions géorgiennes. Elles sont fort propres et fort nettes au dedans. On y voit en peinture la vie de Notre-Seigneur Jésus-Christ et les images des saints. Leurs images ont des cadres de la hauteur d'un homme ; elles sont, les unes d'argent, les autres de cuivre. Il y a d'autres images plus petites qui représentent la sainte Vierge, ou saint Georges, leur patron. Au milieu de l'église est un lustre de cuivre chargé de bougies. Ces églises ont des clochers garnis de fortes cloches ; quelques-unes sont fort anciennes, comme on le voit à l'épaisseur des murailles, à l'architecture et à la sculpture des pierres ; car la plupart des églises que l'on construit maintenant sont en bois.

4. Les églises des Arméniens sont tournées aussi à l'orient, en sorte que le prêtre qui célèbre la messe et tous les assistants regardent l'orient. Elles sont ordinairement divisées en quatre parties. La première est le sanctuaire ; la seconde, le chœur ; la troisième est pour les hommes laïques ; et la quatrième, qui est la première en entrant par la grande porte, est pour les femmes. Le chœur et la place des hommes sont séparés par une balustrade d'environ six pieds de hauteur. Le sanctuaire est plus élevé que le chœur de cinq ou six marches. Au milieu du sanctuaire est l'autel qui est petit et isolé, pour tourner et encenser tout autour. Presque toutes les églises ont un dôme, où il y a des fenêtres pour éclairer le sanctuaire. Il n'y a aucun siège dans cette dernière partie de l'église, parce que le prêtre célébrant et les autres clercs s'y tiennent toujours debout. Cependant, selon la liturgie, le prêtre doit s'asseoir pendant la prophétie et l'épître ; et alors, si c'est un évêque ou un prêtre âgé qui officie, on lui porte un siège. Il y a ordinairement entre les deux escaliers qui mènent du sanctuaire au chœur, une petite balustrade, sur laquelle les officiers de l'autel peuvent s'appuyer. A côté du sanctuaire, à gauche en entrant dans l'église, est la sacristie. Dans les grandes églises, de l'autre côté, à droite en entrant, il y a une autre sacristie qui sert de trésor. Ordinairement il n'y a qu'un autel dans chaque église. Le chœur n'est que pour le clergé ; les laïques n'y entrent point. Il n'y a point d'autre siège que la chaire de l'évêque, placée à gauche en entrant. S'il s'y trouve quelques autres évêques, on leur porte des chaises que l'on place près du siège épiscopal. Tous les autres se tiennent debout, ou à terre, les jambes croisées à la manière du pays. Il n'y a ni sièges, ni lutrin fixe pour les chantres ; et quand on veut faire les lectures, on porte un pupitre pliant qu'on place au milieu, sur lequel on met un grand voile orné qui couvre tout le bois. Il n'y a pas non plus de chaire fixe pour le prédicateur. Quand il doit prêcher, on place communément la chaire à la

porte du chœur; mais le patriarche prêche dans le sanctuaire. La troisième partie de l'église et la quatrième n'ont rien qui les distingue. Si les églises sont pauvres, le pavé est couvert de nattes, ou de beaux tapis, si elles sont riches, et pour ne rien gâter, on a près de soi un crachoir. Les fidèles ôtent leurs souliers avant d'entrer dans l'église.

5. Les églises des Abyssins sont tournées de l'occident à l'orient, afin qu'en priant on soit tourné vers l'orient. L'autel est isolé dans le sanctuaire, sous une espèce de dôme soutenu par quatre colonnes. Les Éthiopiens donnent le nom d'*arche* à cet autel, et il a, disent-ils, la figure de l'arche des Juifs, qu'ils prétendent posséder encore dans l'église d'Axum. Devant le sanctuaire, il y a deux rideaux avec des sonnettes au bas; en sorte que personne ne peut entrer ni sortir sans les faire sonner. Comme on se tient debout dans les églises, pendant les offices, il n'y a point de bancs dans les églises. Seulement on permet de s'appuyer sur des potences, c'est pourquoi il y en a un grand nombre à la porte. On y entre pieds nus; c'est pourquoi le pavé est couvert de tapis. On n'y entend ni parler, ni moucher; et personne n'y tourne la tête. Les hommes sont séparés des femmes qui se tiennent dans l'enceinte la plus éloignée du sanctuaire. Les lampes brûlent en plein jour dans les églises, et on y allume souvent une grande quantité de cierges. On n'y voit ni statues, ni images en bosse; les Abyssins les prendraient pour autant d'idoles; il n'y a que des tableaux et des peintures. En 1700, le sieur Poncet, consul de France, offrit à l'empereur Sigued un petit crucifix d'un travail exquis; le prince en fut enchanté et le baisa respectueusement, mais il n'osa le porter sur lui, dans la crainte de soulever le peuple et le clergé. — Il n'appartient qu'aux prêtres et aux diacres d'entrer dans le sanctuaire; l'empereur lui-même n'y entrerait pas, s'il n'était promu aux ordres. De là vient que ces princes se font ordonner diacres, et quelquefois prêtres, quand ils parviennent à la couronne. L'entrée de l'église est interdite à ceux qui sont attaqués d'une maladie cutanée, aux femmes qui ont leurs règles, aux époux qui ont usé du mariage la nuit précédente; les gens à cheval sont obligés de mettre pied à terre à une assez grande distance de l'église. Les femmes qui ont accouché d'un garçon sont exclues du temple pendant 40 jours, et pendant 80, si elles ont mis au monde une fille. — Les églises, au reste, sont loin d'être remarquables par leur construction et leur architecture; elles sont misérables comme la plupart des constructions de ce pays, et leur couverture est de paille ou de roseaux.

ÉGNATIE, nymphe révérée en qualité de déesse par les habitants de Gnatie, ville de l'Apulie; on croyait que le feu prenait de lui-même au bois sur lequel on mettait les victimes qu'on immolait en son honneur.

EGOBOLE. *Voy.* ÆGOBOLE.

EGOCÉROS. *Voy.* ÆGOCÉROS.

ÉGOPHAGE, ou ÉGOPHORE, surnoms de Junon. *Voy.* ÆGOPHAGE et ÆGOPHORE.

ÉGRÉGORES, nom que le livre apocryphe d'Enoch donne aux anges; il signifie *les veillants* ou *vigilants*. Lorsque les hommes se furent multipliés, il leur naquit des filles belles et agréables à la vue. Les égrégores les ayant vues, en furent épris et se dirent les uns aux autres : « Venez; choisissons-nous des épouses parmi les filles des hommes, et engendrons des fils. » Alors Samyasa, qui était leur prince, leur dit : « Je crains que vous renonciez à accomplir votre projet, et que je ne me trouve seul obligé de subir la peine de ce péché. » Ils lui répondirent : « Jurons tous, et lions-nous par un mutuel anathème, que nous accomplirons notre résolution. » Ils étaient au nombre de deux cents; tous s'engagèrent par serment sur le mont *Hermon*, ainsi appelé de l'anathème (en hébreu חרם *hérem*) qu'ils prononcèrent contre celui qui ne poursuivrait pas cette criminelle entreprise. Ils prirent donc des épouses d'entre les filles des hommes; et s'étant approchés d'elles, ils leur apprirent la magie et d'autres sciences secrètes, la manière de préparer les simples et de tailler les arbres. Ces femmes donnèrent le jour à des géants dont la taille était de 300 coudées. Les géants dévorèrent tout le fruit du travail des hommes, de telle sorte que ceux-ci ne trouvèrent plus de nourriture. Les géants se tournèrent contre les hommes; ils les dévorèrent, ainsi que les oiseaux, les bêtes sauvages, les reptiles et les poissons, et finirent par se dévorer entre eux et boire leur sang. Le Tout-Puissant condamna Samyasa et les égrégores ses compagnons à être attachés, pendant 70 générations, sous les collines de la terre, jusqu'au jour de leur jugement; puis à cette époque ils furent conduits aux lieux les plus profonds du feu, pour y être renfermés et tourmentés pendant les siècles des siècles.

EGRES, génies de la mythologie finnoise; ce sont les protecteurs de l'agriculture, ils veillent sur les pois, les fèves, les raves, le lin et les autres plantes.

ÉGYPTIENS (RELIGION DES ANCIENS). Voulant éviter de formuler aucune espèce de système, surtout par rapport à une religion sur laquelle on n'a pas encore dit le dernier mot, nous ne croyons pouvoir mieux faire que de rapporter ici l'exposé qu'en fait, dans son Egypte pittoresque, M. Champollion-Figeac.

« Selon quelques écrivains grecs ou romains, l'adoration des animaux et de certaines productions de la terre était un des préceptes de la religion égyptienne. Les premiers voyageurs grecs, témoins des cérémonies du culte, n'en comprirent pas l'expression emblématique, et n'en virent que la partie matérielle. D'après le rapport de quelques-unes de ces mêmes cérémonies avec les phénomènes célestes, ils jugèrent que cette religion était tout astronomique, et cherchèrent à interpréter, par ce moyen, tous les mythes sacrés, même les plus op posés dans leurs sources et dans leur motif réel ; des suppositions astronomiques, il n'y avait qu'un pas aux rêveries astrologiques, et on ne se fit faute d'en doter la sagesse égyptienne. Les monuments publics de l'Egypte démentaient hautement toutes ces suppositions, mais les voyageurs étrangers en ignoraient le langage et l'interprétation ; les suppositions les moins fondées, les moins raisonnables, s'accréditèrent ainsi, répétées par quelques écrivains de l'antiquité, et ceux des temps modernes ont encore ajouté à toutes ces erreurs par des suppositions nouvelles non moins hasardées que celles dont ils se faisaient les bénévoles plagiaires.

« C'est sur de si incertains témoignages que les anciens philosophes égyptiens, instituteurs d'une des plus illustres nations qui aient jamais existé, ont été déclarés ignorants de la divinité, enfoncés dans les ténèbres du polythéisme, n'adorant que des agents matériels ; en un mot, aveugles, impies et athées pour tout dire.

« Quelques philosophes cependant, plus disposés à bien voir, animés de quelque impartialité, et plus capables de sérieuses études, approchèrent peu à peu de la vérité, et furent ainsi récompensés de la fatigue de leurs veilles. Porphyre osa affirmer que les Egyptiens ne connaissaient autrefois qu'un seul Dieu ; Hérodote avait dit aussi que les Thébains avaient l'idée d'un Dieu unique, qui n'avait pas eu de commencement, et qui était immortel ; Jamblique, très-curieux scrutateur de la philosophie des anciens siècles, savait, d'après les Egyptiens eux-mêmes, qu'ils adoraient un Dieu maître et créateur de l'univers, supérieur à tous les éléments, par lui-même immatériel, incorporel, incréé, indivisible, invisible, et tout par lui-même et en lui-même, et qui, comprenant tout en lui, communiquait à tout ; et la doctrine symbolique, ajoute le philosophe que nous citons, nous enseigne que par le grand nombre de divinités, elle ne montra qu'un seul Dieu, et, par la variété des pouvoirs émanés de lui, l'unité de son pouvoir. C'est ainsi que parlaient les philosophes égyptiens eux-mêmes, et qu'ils s'exprimaient dans leurs livres sacrés.

« Un tel témoignage a une tout autre autorité que les plaisanteries des satiriques anciens et modernes ; et l'étude récente des ouvrages mêmes des Egyptiens, les tableaux religieux qui couvrent leurs monuments, et les textes écrits qui en donnent l'interprétation, ont ratifié enfin l'opinion des personnes de bonne foi, que n'offense pas l'antiquité de la raison humaine, et qui ne réservent pas orgueilleusement pour leur siècle et pour leurs amis, les révélations de l'esprit et les plus nobles inspirations de l'âme (1).

« Quelques mots peuvent suffire pour donner une idée vraie et complète de la religion égyptienne : c'était un *monothéisme* pur, se manifestant extérieurement par un *polythéisme symbolique*, c'est-à-dire un seul dieu dont toutes les qualités et les attributions étaient personnifiées en autant d'agents actifs ou divinités obéissantes (2).

« Dans cette religion antique, comme dans toutes celles de l'ancien monde, on remarque trois points principaux : le *dogme* ou la morale ; la *hiérarchie*, indiquant le rang et l'autorité des agents ; enfin, le *culte*, ou la forme de ces agents, et les cérémonies sacrées pratiquées en public ou dans le secret du sanctuaire.

« Le premier point, à l'égard des Egyptiens, est clairement établi par les faits et l'opinion des hommes les plus distingués, et il est très-vrai que les Egyptiens s'étaient élevés... à l'idée de l'unité de Dieu, de l'immortalité de l'âme et d'une autre vie qui serait celle des peines ou des récompenses. »

La hiérarchie consiste en une série de triades successives, découvertes par Champollion le jeune, dont le point de départ est Ammon-Ra, et qui se termine en Malouli. Nous en donnons un aperçu à l'article DIEUX, n.°2.

« Quant au culte proprement dit, continue M. Champollion-Figeac, aux cérémonies religieuses qui se pratiquaient à l'intérieur et à l'extérieur des temples, on peut croire, d'après l'étendue et la magnificence des édifices religieux, le grand nombre et la richesse de proportion et de matière des représentations figurées du grand dieu et des autres êtres divins, que cette magnificence et cette richesse ont été rarement égalées...; Cette multiplicité de représentations des êtres divins provenait d'abord de la multiplicité de ces êtres mêmes, et surtout de ce que le même personnage se reproduisait par un triple type.... La même divinité était représentée sous trois formes différentes : 1° la forme humaine pure, avec les attributs spéciaux au dieu ; 2° le corps humain, avec la tête de l'animal spécialement consacré à ce dieu ; 3° cet animal même avec les attributs spéciaux au dieu qu'il représentait, et parce que les qualités qui constituaient le caractère de cet animal avaient, selon les Egyptiens, quelque rapport avec les fonctions de ce dieu.... Les signes caractéristi-

(1) Certes, nous souscrivons de bon cœur à cette sagesse de l'antique Egypte ; cependant nous ne pouvons nous résoudre à en faire honneur à la raison humaine ; nous croyons que tout ce qu'il y a de juste, de bon, de vrai, dans les religions anciennes, est le résultat de la révélation, et un précieux reste des traditions primitives ; nous avouons ne pas admettre les révélations de l'esprit moderne, dont nous voyons toutefois tant de gens se targuer.

(2) Nous voudrions pouvoir admettre sans restriction cette assertion de M. Champollion. Nous croyons bien que le fond de la religion égyptienne était le monothéisme ; mais ce n'était pas un monothéisme pur ; et la majorité de la nation ne comprenait pas le symbolisme des personnifications. L'ouvrage de M. Champollion en fournit plus d'une preuve. De plus, Moïse, qui savait bien quelque chose de la philosophie égyptienne, et les autres écrivains hébreux, ne cessent de prémunir le peuple juif contre l'idolâtrie égyptienne.

ques de chaque divinité se voient sur sa tête et forment sa coiffure. »

Voir, pour les détails, aux articles spéciaux de ce Dictionnaire.

EIKENSKIALDI, un des génies que les Scandinaves appelaient *Dwergars*, et qui étaient la personnification des forces de la nature. Eikenskialdi était le protecteur des arbres et habitait au milieu d'eux.

EIKTON, ou ICTON, un des noms de *Knef*, divinité égyptienne. *Voyez* CHNEF.

EILAPINASTE, *dieu des festins*, surnom de Jupiter, que les habitants de l'île de Chypre honoraient par de grands festins (du grec Εἰλαπίνη, *festin*).

EIMARMENÉ, nom que les Grecs donnaient à la Destinée. Ils en avaient fait une déesse fille d'Uranus. Chronos, son frère, la mit au rang de ses concubines. *Voyez*, au mot DESTIN, le sentiment des philosophes grecs sur *Eimarmené*.

EINHERIARS, nom des âmes des héros qui habitent le Valhalla, paradis d'Odin, suivant la mythologie scandinave. Dans ce séjour, leurs divertissements journaliers consistent en des combats qui se prolongent jusqu'à l'heure du repas du soir. Ils rentrent alors dans le palais, sur leurs chevaux, et se mettent à table avec Odin. Leur nourriture est la chair du sanglier Sœhrimner, qui renaît tous les soirs pour être mangé de nouveau le lendemain. Leur boisson est appelée *aul* (d'où viennent le mot danois et suédois *œl*, et l'anglais *ale*) : elle est fournie par une chèvre céleste, et ce sont les Valkyries qui remplissent les fonctions d'échansons.

EIRA, divinité scandinave qui remplissait la fonction de médecin des dieux. C'était la déesse de la santé et la patronne des médecins.

EKYAM. On sait que les Hindous abhorrent l'effusion du sang non-seulement des hommes, mais aussi des animaux; toutefois, dans les temps les plus reculés, il y avait un sacrifice solennel, dans lequel on pouvait offrir quatre sortes de victimes; il prenait un nom différent et avait des rites particuliers suivant l'espèce de victime qui était immolée. Dans l'*Aswamédha* on sacrifiait un cheval; dans le *Gaumédha*, une vache; dans le *Radjasoumédha*, un éléphant; et dans le *Naramédha*, un homme. L'aswamédha est le seul qui ait été exécuté, au moins publiquement, jusque dans les derniers temps de la monarchie hindoue; encore ne l'était-il que de loin en loin et à des siècles de distance, parce qu'il exigeait des dépenses considérables et des conditions qu'il était fort difficile de réunir.

Maintenant ces quatre sortes de sacrifices sont remplacés par l'*Ekyam* ou *Egnyam*, dans lequel on immole un bélier; mais, pour ne point démentir l'horreur que les Indiens témoignent pour l'effusion du sang, on étouffe et on assomme l'animal au lieu de l'égorger. Cependant les brahmanes ne sont pas tous d'accord sur la légitimité de ce sacrifice. Les Vaichnavas le regardent comme une pratique abominable à laquelle ils refusent obstinément de participer; ils soutiennent que c'est une innovation bien postérieure à leurs antiques statuts, et qui en blesse le précepte le plus sacré et le plus inviolable, celui qui proscrit le meurtre, sous quelque forme et pour quelque raison qu'il soit commis. Ces principes des Vaichnavas sont un des principaux points de dissidence qui les font taxer d'hérésie par les autres brahmanes.

Voici la description que donne de ce sacrifice le savant abbé Dubois :

« Le sacrifice de l'Ekyam est, dans l'opinion des Hindous, le plus méritoire de tous : il est infiniment agréable aux dieux; la personne qui l'offre, ou qui le fait offrir, peut compter sur l'affluence des biens temporels et sur l'absolution totale des péchés qu'elle a commis durant cent générations. Il ne fallait rien moins que des avantages d'une telle consequence pour déterminer les brahmanes à surmonter l'horreur que leur inspire la destruction d'une créature animée. A eux seuls, aussi, appartient le privilége exclusif de faire ce sacrifice; les autres castes ne peuvent pas même y assister. Celles-ci néanmoins, par une grâce spéciale, sont autorisées à fournir aux dépenses qu'il exige : ces dépenses sont très-considérables; car il se rend à cette solennité une foule de brahmanes, à chacun desquels celui qui offre l'Ekyam est tenu de faire un présent. Au reste ce sacrifice a lieu rarement, attendu que peu de personnes peuvent ou veulent supporter les frais énormes qu'il entraîne.

« Celui qui doit présider à l'Ekyam fait annoncer, dans toute la province, le jour assigné pour le sacrifice, et invite tous les brahmes à y assister. Il faut qu'il s'y trouve des brahmanes des quatre Védas; s'il ne s'en présentait aucun de l'une de ces classes, on serait obligé de remettre la solennité. Les soudras, quelle que soit leur dignité, les brahmanes infirmes ou qui ont quelque vice corporel, tels qu'aveugles, boiteux, etc., enfin les brahmanes veufs, ne peuvent y être reçus.

« On fait choix d'un bélier qui a été préalablement soumis à l'inspection la plus minutieuse; il faut qu'il soit parfaitement blanc, de l'âge de trois ans environ, gras et bien conformé sous tous les rapports. Le pourohita proclame le moment favorable pour commencer la cérémonie : les brahmanes, quelquefois réunis au nombre de plus de deux mille, s'empressent de se rendre au lieu indiqué. On creuse d'abord une fosse; après le *Homa* et autres actes préparatoires d'usage, un grand feu est allumé et on l'entretient en y jetant des morceaux de bois tirés des arbres sacrés appelés aswattha, alai, itcha, porsou, et une grande quantité de l'herbe darbha; on arrose le tout avec du beurre liquide, qui fait monter la flamme à une grande élévation. Dans ces entrefaites, le pourohita récite à haute voix des mantras, dont quelques-uns sont répétés confusément et à grands cris par les assistants.

« Le bélier est amené au milieu de l'assemblée, on le frotte d'huile, on le met dans le bain, puis on le colore avec des *akchattas*; on pare de guirlandes de fleurs son corps et ses cornes, on le ceint ou plutôt on le lie fortement avec des cordes faites d'herbe darbha ; en même temps le pourohita récite plusieurs mantras, dont l'effet est de tuer la victime : on supplée à l'insuffisance de ce moyen en bouchant les narines, les oreilles et la bouche de l'animal, sur lequel les brahmanes font pleuvoir les coups de poing, tandis que l'un d'eux, lui appuyant fortement le genou sur le cou, achève de le faire mourir en le suffoquant; le pourohita et les assistants récitent en tumulte des mantras qui sont censés posséder la vertu d'accélérer la mort de la victime et de la lui procurer sans douleur. Ce serait un très-mauvais présage si le bélier poussait le moindre cri pendant qu'on lui fait endurer ces tortures.

« Dès que cet animal est mort, le brahmane qui préside à la cérémonie lui ouvre le ventre et en arrache le péritoine avec la graisse, qu'il tient suspendue sur le feu, afin que cette graisse y dégoutte à mesure qu'elle se fond ; on y verse en même temps du beurre liquide ; c'est une libation offerte à cet élément.

« La victime est ensuite écorchée et hachée en morceaux qu'on fait frire dans du beurre, et dont une partie est jetée au feu en forme d'oblation; le reste est partagé entre le brahmane qui a présidé au sacrifice et la personne qui en supporte la dépense ; ceux-ci distribuent leur portion aux brahmanes présents qui, se disputant à qui pourra en avoir, s'arrachent des mains les parcelles qu'ils en attrapent et les dévorent comme quelque chose de sacré qui doit porter bonheur. Cette particularité est d'autant plus remarquable que c'est le seul cas où les brahmanes puissent, sans crime, manger de ce qui a eu vie ou un principe de vie. On offre ensuite au feu du riz bouilli et du riz cru, mondé et bien lavé.

« Toutes ces cérémonies et un grand nombre d'autres étant terminées, on donne aux brahmanes du betel qui avait été auparavant placé tout autour du feu. Enfin, la personne, aux dépens de qui s'est fait le sacrifice, distribue des présents, en argent et en toiles, aux assistants, selon le rang et la dignité de chacun ; munificence qui, si l'on envisage la multitude de ceux qui y ont part, ne laisse pas d'être fort ruineuse.

« Le brahmane qui a présidé à l'Ekyam est désormais considéré comme un personnage important ; il a acquis le droit d'entretenir chez lui un feu perpétuel, et si ce feu, par quelque accident, venait à s'éteindre, il faudrait le rallumer, non avec des étincelles tirées d'un caillou, mais avec celles qu'on produit en frottant deux morceaux de bois sec l'un contre l'autre. Lorsque ce brahmane meurt, c'est avec ce feu que doit être embrasé le bûcher funèbre destiné à consumer son corps, et on le laisse après cela s'éteindre de lui-même.... Le feu de l'Ekyam porte le nom d'*Agniswara*, ce qui signifie le *dieu-feu*.

« Ce sacrifice n'est qu'un diminutif du grand Ekyam, que les frais immenses qu'il occasionnait ont fait tomber en désuétude. Cependant des personnes dignes de foi m'ont assuré qu'au commencement du siècle dernier, le roi d'Amber (Djayapoura), dans l'Hindoustan, l'avait fait faire dans toute sa pompe. Le présent seul qu'il fit à son gourou montait, dit-on, à un lakh ou cent mille roupies (250,000 francs) ; les brahmanes qui y assistèrent, au nombre de plusieurs milliers, reçurent tous des dons proportionnés à leur rang.

« L'histoire fabuleuse des Indiens parle beaucoup de ce somptueux sacrifice et des avantages qu'il procurait à ceux qui le faisaient faire. Les dieux surtout, et les géants, dans les guerres qu'ils se livraient entre eux, ne manquaient guère d'accomplir cet acte religieux, dont un des moindres effets était de procurer une victoire infaillible sur les ennemis ; les brahmanes y accouraient de toutes parts. Les solennités de l'Ekyam étant terminées, le prince, au nom de qui on les avait célébrées, se tenait l'espace de deux gharis (48 minutes), assis sur un trône élevé, et les brahmanes, durant ce temps-là, pouvaient lui adresser telle demande qu'il leur plaisait ; le prince, de son côté, était tenu de satisfaire à leurs prétentions, quelque exagérées qu'elles fussent, lui eût-on demandé son royaume, sa femme et tout ce qu'il avait de plus cher. S'il eût éconduit par un refus un seul de ces nombreux postulants, le sacrifice n'aurait produit aucun effet.

« Un ancien roi, dit une chronique indienne, ayant fait faire le grand sacrifice de l'Ekyam, avant d'entreprendre une guerre qu'il méditait contre un prince voisin, donna un boisseau de perles à chacun des brahmanes présents, dont le nombre s'élevait à trente mille. »

EL. Ce mot désigne dieu chez les Hébreux, les Syriens et les Phéniciens; il signifie proprement le *fort*, le *héros;* il diffère, quant à l'étymologie, des vocables *Eloah* en hébreu, et *Allah* en arabe, qui signifient l'adorable. Le mot אל *el* se trouve fort souvent dans le texte original de l'Ancien Testament, mais jamais seul, du moins dans la prose, quand il s'agit d'exprimer le vrai Dieu, sans doute afin qu'on ne le confonde pas avec l'adjectif אל *el*, fort, robuste, que l'on peut appliquer aux hommes. Ainsi on trouve la plupart du temps אל עליון *El élyon*, Dieu très-haut ; אל שדי *El schaddai*, Dieu tout-puissant ; אל קנא *El-cana*, Dieu jaloux ; אל חי *El khai*, Dieu vivant, אל אלהים *El élohim*, Dieu des dieux. On peut croire encore que les Hébreux ajoutaient à ce nom un attribut distinctif, pour bien exprimer qu'il ne s'agissait pas d'une divinité étrangère, car les païens donnaient aussi ce nom à leurs fausses divinités. Ainsi Melchisédech, qui habitait dans une contrée idolâtre, était prêtre d'*El élyon*, et c'est en son nom qu'il bénit Abraham : *Béni soit Abram par* EL ÉLYON (le Dieu suprême), *créateur du ciel et de la terre*. En poésie où l'écrivain a toujours plus de liberté, Dieu est souvent désigné par l'unique vocable *El*.

Les Grecs ont connu ce mot phénicien et le transcrivirent par ἤλ ou Ἴλος ; mais ils le prenaient pour un des noms de Saturne.

ELÆOSPONDA (du grec ἔλαιον, huile, et σπένδω, verser), sacrifices des anciens Grecs, dans lesquels on ne faisait que des libations d'huile.

ÉLAGABALE, divinité adorée à Emèse, ville de la Haute-Syrie; on croit que c'était le soleil ; c'est pourquoi les Grecs orthographiaient son nom *Héliogabale*, ἥλιος, soleil. Mais *Elagabale* est un mot syro-phénicien, que les uns dérivent de אל *el* et גבל *gabal*, dieu de la montagne, et d'autres de אל *el* et גביל *gabil*, dieu créateur. Ce dieu était représenté sous la figure d'une grande pierre de forme conique. L'empereur Antonin, surnommé Héliogabale, qui avait été, dans sa jeunesse, prêtre de cette divinité, résolut d'établir son culte dans tout l'empire, au préjudice des autres dieux. Il fit apporter sa statue d'Emèse à Rome, lui bâtit un temple magnifique, y fit transporter tout ce que la religion des Romains avait de plus sacré, comme le feu de Vesta, la statue de Cybèle, les anciles ou boucliers de Mars, etc. Enfin, il défendit de reconnaître d'autre divinité que son dieu, qu'il maria avec Céleste. Le règne de ce dieu ne dura pas plus longtemps que celui de son protecteur. Son successeur renvoya Elagabale à Emèse et supprima son culte à Rome.

ELAHIOUN, c'est-à-dire *les théistes* ; les musulmans appellent ainsi les philosophes qui ont admis un premier moteur de toutes choses, et une substance spirituelle, distincte de toute matière quelconque; et ils les préfèrent à l'autre école philosophique qui n'admet aucun principe hors de la nature et du monde matériel. Les Arabes appellent les partisans de ce dernier système *Tébaioun*, naturalistes ou matérialistes.

ÉLAPHÉBOLIE, ou ÉLAPHIÉE, surnoms de Diane chez les Grecs. Ce mot signifie *tueuse de cerfs*. Le second lui était donné par les Eléens.

ÉLAPHÉBOLIES, fêtes que les habitants de la Phocide célébraient, dans le mois élaphébolion, en l'honneur de Diane chasseresse. Voici l'origine de cette solennité :

Les Phocéens avaient à soutenir une guerre des plus désastreuses contre les Thessaliens qui voulaient les soumettre à leur empire. Daïphante leur proposa, comme dernière ressource, d'élever des bûchers pour leurs femmes, leurs enfants et toutes leurs richesses, et d'y mettre le feu, s'ils étaient vaincus, afin que leurs ennemis ne trouvassent que des cendres. On fit venir aussitôt les Phocéennes pour leur soumettre cet avis ; toutes l'approuvèrent d'une voix unanime, et donnèrent une couronne à Daïphante, en reconnaissance de ce qu'il avait bien présumé d'elles. Les enfants, appelés à leur tour dans l'assemblée, s'y comportèrent avec la même générosité. Les Phocéens marchèrent alors contre les ennemis, et les attaquèrent avec tant d'impétuosité et de fureur qu'ils les taillèrent en pièces. En mémoire de cet événement, ils établirent la fête des Elaphébolies, la plus solennelle de leur contrée. De là ce proverbe : *C'est le désespoir des Phocéens*, pour exprimer un succès obtenu contre toute espérance.

Les Athéniens avaient aussi une fête du même nom. C'étaient des espèces d'agapes pendant lesquelles on mangeait des gâteaux pétris de graisse, de miel et de sésame, qui avaient la forme de cerfs et qui en portaient le nom (*elaphi*). D'autres prétendent qu'on y sacrifiait des cerfs à Diane.

ELCESAITES, secte de juifs demi-chrétiens, connus aussi sous le nom d'*Osséniens* ou *Osséens*, qui semble être la même que celle des *Esséniens*. Ils habitaient dans l'Arabie, au voisinage de la Palestine, près de la mer Morte. Sous le règne de Trajan, ils eurent pour chef un nommé *Elxaï*, juif d'origine, mais qui n'observait pas la loi. Il avait composé un livre par inspiration, disait-il, et imposait à ses sectateurs une formule de serment par le sel, l'eau, la terre, le pain, le ciel, l'air et le vent. D'autres fois, il leur ordonnait de prendre sept autres témoins de la vérité: le ciel, l'eau, les esprits, les anges de la prière, l'huile, le sel et la terre. Ces serments étaient, pour eux, un culte religieux.

Elxaï était ennemi de la virginité et de la continence, et soutenait qu'on était dans l'obligation de se marier. Il disait que l'on pouvait, sans pécher, céder à la persécution, adorer les idoles et professer au dehors ce que l'on voulait, pourvu que le cœur n'y eût point de part. Pour autoriser cette hypocrisie, il apportait l'exemple d'un certain Phinées, sacrificateur, descendu d'Aaron et du premier Phinées, qui, pendant la captivité de Babylone, avait, disait-il, adoré Diane à Suse, sous le règne de Darius, afin d'éviter la mort.

Il disait que le Christ était le grand roi ; mais, par son livre, il ne paraissait pas s'il parlait de Jésus-Christ ou d'un autre Messie. Il défendait de se tourner vers l'orient pour prier, et voulait que l'on regardât vers Jérusalem. Il condamnait les sacrifices judaïques et rejetait l'autel et le feu. « Enfants, disait-il dans son livre, marchez, non vers la forme du feu, de peur de vous égarer, car ce n'est qu'erreur; vous le voyez fort proche, et il est fort loin; ne marchez donc pas vers sa forme; marchez plutôt vers la voix de l'eau. »

Il décrivait le Christ comme une vertu matérielle dont il donnait les dimensions; elle avait, suivant lui, vingt-quatre schènes en longueur, c'est-à-dire 96,000 pas ; six schènes ou 24,000 pas, en largeur, et une épaisseur proportionnée. Il faisait le Saint-Esprit du sexe féminin, sans doute parce qu'en hébreu le mot רוח *rouakh*, esprit, est de ce genre. Il prétendait que cet Esprit était semblable au Christ, et posé devant lui, droit comme une statue, sur un nuage, entre deux montagnes, mais d'une manière invisible. Il donnait à l'un et à l'autre la même dimension, et disait l'avoir connue par la hauteur des montagnes, parce que leurs têtes y parvenaient. Il enseignait une prière barbare, dont il défendait de chercher l'explication, et que saint Epiphane traduit ainsi : « La bassesse, la condamnation, l'oppression et la peine de mes pères est passée par la mission parfaite qui est venue.»

Les disciples d'Elxaï se joignirent à ceux d'Ebion. Ils gardaient la circoncision et le sabbat, et subsistèrent plusieurs siècles.

ÉLECTION. Dans les premiers siècles de l'Eglise on ne conférait, en général, la consécration épiscopale qu'à ceux qui avaient été élus par les suffrages réunis du clergé et du peuple chrétien. Saint Cyprien parle de cet usage comme étant de tradition apostolique. «Il faut observer avec exactitude, dit-il, ce que nous avons appris de la tradition divine et apostolique, et ce qui s'observe aussi chez nous et dans presque toutes les provinces, savoir, que pour célébrer les ordinations d'une manière convenable, tous les évêques de la province se rendent au lieu où il faut ordonner un pasteur, et que là il soit élu en présence du peuple qui connaît parfaitement la vie de chacun, l'ayant vu longtemps et ayant été témoin de sa conduite.» Ce fut conformément à cette règle que saint Corneille fut élu évêque de Rome, comme le témoigne le même saint Cyprien, par le suffrage du clergé et du peuple, *clericorum plebisque suffragio* (Ep. 41 et 42), ou, comme il le dit dans sa lettre 67, par le suffrage du clergé, en présence du peuple, *eligente clero, præsente populo.* Ce genre d'élection avait lieu fréquemment pour l'ordination des prêtres et même des diacres. Il a lieu encore en plusieurs contrées pour la promotion des évêques et pour la nomination des abbés. Mais, dans un grand nombre d'Etats de la chrétienté, la nomination à la dignité pontificale a été laissée, soit au pape seul, soit au clergé ou au chapitre, soit même au prince temporel, sauf toutefois l'approbation du saint-siége.

La promotion du souverain pontife a lieu encore par élection; mais on sait que, depuis bien des siècles déjà, cette élection est dévolue aux cardinaux, sans que le peuple romain y ait aucune part. S'il y a eu changement, on ne peut s'empêcher de convenir que ce changement ait été un progrès; car, lorsque les empereurs furent devenus chrétiens, ils ne tardèrent pas à vouloir disposer de l'élection, et l'on ne put créer de souverain pontife qu'avec leur agrément. De là des luttes incessantes entre ceux qui se regardaient comme souverains de droit de la ville de Rome, et ceux qui étaient de fait maîtres du territoire. Alors l'élection des papes était à la merci, tantôt des empereurs d'Orient, tantôt de ceux d'Occident, tantôt des exarques de Ravenne ; ce qui occasionna plusieurs fois de vives et sanglantes querelles, des factions, des schismes, etc. Enfin, c'est vers le XI° ou le XII° siècle que l'élection par les seuls cardinaux passa en coutume et en force de loi ; et si, pendant plusieurs siècles encore, on vit des abus et des schismes, c'est que les princes d'Occident trouvèrent encore moyen d'influencer ces élections. Et on a pu remarquer que moins les princes temporels se sont mêlés de l'élection du souverain pontife, plus le choix des cardinaux a été avantageux à l'Eglise.

On regarde Célestin II comme le premier pape qui ait été élu (en 1145) par les seuls cardinaux, sans la participation du peuple romain et des ministres de l'empereur. Le pape Honoré III, élu en 1216, ordonna que l'élection du pape aurait lieu dans un conclave. Innocent III, et après lui Grégoire X, qui régnait en 1271, réglèrent la forme et les lois de l'élection. Il y a trois manières différentes d'élire un pape, à savoir, par scrutin, par compromis et par inspiration. *Voyez* ces trois articles et celui de CONCLAVE.

ÉLEGWA, le diable, ou le génie du mal, chez les Yébous, peuple de l'Afrique occidentale. Il n'a ni temples, ni prêtres ; mais, en certains endroits maudits, signalés par un magot de bois ou par quelque autre signe connu, le passant jette un petit pain arrosé d'huile de palme, qu'il promène deux fois autour de sa tête, en détournant les yeux : c'est une sorte d'offrande expiatoire, qui devient la pâture des chiens d'alentour.

ÉLÉLÉIDES, surnom des bacchantes, pris de l'exclamation *Éléleu,* qu'elles poussaient dans les mystères de Bacchus.

ÉLÉLEU, acclamation fort usitée dans les cérémonies et les mystères qu'on accomplissait en l'honneur de Bacchus. Cette expression, isolée dans la langue grecque (ἐλελεῦ), et qui répugne à toute étymologie tirée du même idiome, nous paraît être la transcription de l'hébreu הללו *allelou,* ou הללו־יה, *allelou-Yah,* louez Jéhova! Le mot hébreu lui-même pourrait se prononcer *helelou* ou *helelou.* On sait que les mystères de Bacchus ont pris naissance dans l'Orient.

Bacchus lui-même est quelquefois surnommé *Éléléen* par les anciens, et ce surnom est tiré de l'exclamation *Éléleu.* Le même surnom est appliqué au soleil, sans doute pour une cause semblable, et non point du verbe grec ἐλελίττω, *faire tourner autour,* parce que le soleil tournerait autour de la terre. Cette dernière étymologie serait tout à fait incorrecte.

ÉLÉMENTS (CULTE DES). On appelle éléments les principes constitutifs des êtres matériels. Les anciens en admettaient généralement quatre, savoir : le feu, l'air, l'eau et la terre (1). Ils les considéraient comme ayant chacun proportionnellement concouru à la formation de l'univers ; en effet, cette opinion est assez juste à certains égards ; mais lorsque les traditions primitives commencèrent à s'obscurcir, les peuples commencèrent à prendre pour des réalités les personnifications symboliques des philosophes et des cosmologistes ; ils prêtèrent une intelligence, une volonté, une action libre à ces matières prétendues constitutives ; en un mot, ils les déifièrent ; de là le sabéisme.

C'est ainsi que les Égyptiens, dont le sol ne pouvait se passer des débordements annuels du Nil, pour suppléer au défaut des pluies, rendirent à l'eau un culte religieux sous la personnification du Nil. Ils adorèrent aussi le feu sous la figure du soleil, qui avait ses temples et ses prêtres à Memphis, à Héliopolis et dans la plupart des autres villes.—Les Grecs adoraient l'air tantôt sous le nom de Jupiter, tantôt sous celui de Junon ou sous celui de Minerve, ou bien ils lui conservaient son nom d'*Æther*; *Ouranos* (Uranus) où le Ciel était encore une de ses personnifications. *Ghé*, *Gaïa* ou la terre avait surtout part à leurs hommages. Elle avait des temples, des autels, des sacrifices et des oracles, à Sparte, à Athènes, à Delphes, sur le fleuve Crathis, et dans cent autres lieux. C'était elle qui était encore vénérée sous la personnification de Cybèle, de Cérès, d'Ops, de Rhéa, etc. Apollon était la personnification du feu; on entretenait un feu sacré dans ses temples, à Athènes et à Delphes, dans celui de Cérès à Mantinée, de Minerve, de Jupiter Ammon, et dans les prytanées de toutes les villes grecques, où brûlaient des lampes qu'on ne laissait jamais éteindre. Les Grecs regardaient l'eau comme la plus excellente des choses, ἄριστον μὲν ὕδωρ, dit Pindare. — Les Romains avaient à peu près les mêmes idées que les Grecs sur l'air, la terre et le feu ; ils entretenaient perpétuellement un feu sacré sous les auspices de Vesta ; le nom même de cette déesse, qui est le phénicien אשתא, *Esta* ou *Hesta*, feu, témoigne que le culte du feu avait été importé de l'Orient dans le Latium. L'Orient, en effet, est la patrie originaire du culte des éléments ; le feu surtout paraît être celui qui fut le plus en honneur ; on l'adorait sous l'emblème du soleil ou sous la personnification de Baal, de Moloch, de Mithra, etc.—Les Parsis ont perpétué jusqu'à nos jours le culte du feu ; ils ont aussi le plus grand respect pour l'eau.— L'abbé Dubois pense que la terre, l'eau et le feu sont le type des trois divinités qui composent la triade hindoue ; Brahma, pouvoir producteur, n'est autre que la terre ; le pouvoir fécondant, personnifié en Vichnou, convient parfaitement à l'eau ; et le feu est fort bien symbolisé par Siva, le pouvoir destructeur ; au reste, les Hindous adorent expressément les quatre ou cinq éléments qu'ils reconnaissent (2).— L'histoire ancienne de la Chine fournit de fréquents exemples du culte rendu autrefois aux cinq éléments ; le Chou-king en offre partout des traces.— Les quatre éléments formaient comme la base du calendrier et des révolutions astronomiques des Mexicains. — Nous pourrions ainsi parcourir la plupart des autres peuples ; mais on trouvera les données principales aux articles qui traitent de chacun de ces éléments en particulier.

ÉLENCHUS. Lucien, dans un de ses dialogues, parle d'Elenchus comme d'un dieu de vérité et de liberté, dont il est question dans une comédie de Ménandre, peut-être parce que ἔλεγχος, en grec, signifie *preuve*, *argument*.

ÉLÉNOPHORIES, fêtes grecques où l'on portait des vases de jonc et d'osier, appelés *élènes*, et qui contenaient des objets sacrés.

ÉLÉPHANT. 1. Dans la mythologie hindoue, un éléphant à trois trompes, du nom d'Airavata, sert de monture à Indra, dieu du ciel. Cet animal céleste naquit de l'agitation des flots de la mer, lorsque les dieux et les démons barattèrent l'Océan. *Voyez* BARATTEMENT DE LA MER. Les Indiens disent, en outre, que la terre est supportée par huit éléphants.

2. Ganécha, fils de Siva, est représenté avec une tête d'éléphant sur un corps humain. A la naissance de cet enfant, toutes les déités hindoues accoururent pour le contempler ; mais l'une d'elles, quelques-uns disent que ce fut Kali, sa propre mère, réduisit sa tête en cendre par l'éclat de ses regards. Siva, désolée d'avoir un fils acéphale, obtint de Brahma qu'on remplaçât la tête de Ganécha par celle du premier être que l'on rencontrerait dormant la face tournée vers le nord. On trouva un éléphant ; la tête de cet animal fut tranchée et placée sur les épaules du nouveau-né, qui conserva perpétuellement cette forme.

3. Les Chingalais ont aussi une divinité à tête d'éléphant : c'est, disent-ils, le dieu qui donne la sagesse, l'intelligence, les richesses et la santé.

4. Suivant Purchas, on pourrait presque mettre au rang des cultes religieux l'estime des Péguans et des peuples voisins pour l'éléphant blanc. Le roi du Pégu met dans ses titres qu'il est le souverain des éléphants blancs. On sert ces animaux dans de la vaisselle de vermeil ; on joue des instruments lorsqu'on les mène promener et boire, et pendant la marche, six personnages de distinction portent un dais au-dessus d'eux. Au sortir de la rivière, un gentilhomme de la cour s'avance avec un bassin d'argent et leur lave respectueusement les pieds.

---

(1) Le plus mince physicien sait aujourd'hui qu'aucune de ces quatre substances n'est un élément ; que le feu est un produit ; et les trois autres des substances composées ; mais nous n'avons pas à nous occuper ici des connaissances acquises à la physique, nous devons prendre ces substances dans le sens admis par les anciens.

(2) Le cinquième élément est l'*éther* qu'ils distinguent de l'air.

Cet animal est si estimé dans l'Orient, qu'on ne lui épargne pas les titres les plus pompeux. Les Persans l'appellent le symbole de la fidélité; les Egyptiens, de la justice; les Indiens, de la piété; les Arabes, de la magnanimité; les Sumatriens, de la Providence, et les Siamois, de la mémoire

5. Guerre de l'*Eléphant*. Voyez DÉLIVRANCE (*Année de la*).

6. L'ordre de l'*Eléphant* a été institué dans le Danemark, vers l'an 1478, par le roi Christiern Ier. On dit que ce prince étant à Rome demanda au pape Sixte IV la permission d'instituer cet ordre de chevalerie en l'honneur de la passion de Jésus-Christ, et que les rois de Danemark en fussent toujours les chefs. On ajoute que ce prince fonda une chapelle magnifique dans la grande église de Roschild, à quatre lieues de Copenhague, où tous les chevaliers doivent s'assembler. — Le collier de l'ordre n'était d'abord qu'une chaîne d'or, au bas de laquelle pendait un éléphant, qui, sur le côté, portait la figure d'une couronne d'épines et de trois clous ensanglantés; mais, dans la suite, ce collier fut composé de croix entrelacées d'éléphants, et au bas pendait un autre éléphant, tenant sous ses pieds une image de la Vierge, qui était aussi patronne de l'ordre. Depuis que les Danois se sont soustraits à l'Eglise romaine, le collier que portent les chevaliers est composé de plusieurs éléphants entrelacés de tours; chaque éléphant a sur le dos une housse bleue, et, au bas du collier, pend un éléphant d'or chargé de cinq gros diamants, en mémoire des cinq plaies de Notre-Seigneur. Il est émaillé de blanc et porte un petit Maure sur son dos.—L'habillement de cérémonie est un manteau de velours cramoisi, doublé de satin blanc, attaché avec des cordons d'argent et de soie rouge. Sur le côté gauche du manteau est brodée une croix entourée de rayons. Le chapeau est de velours noir, avec un bouquet de plumes rouges et blanches.

ELEUS, surnom d'Apollon et de Bacchus, comme inspirant l'un et l'autre des sentiments de miséricorde et d'humanité; du grec ἔλεος, *compassion*.

ÉLEUSINE, surnom de Cérès, pris des mystères d'Eleusis. Les Phénéates avaient érigé un temple à Cérès Eleusine, où cette déesse était adorée comme à Eleusis même.

ÉLEUSINIES, mystères de Cérès, qu'on célébrait tous les quatre ans chez les Céléens et les Phliasiens, et tous les ans chez les Phénéates, les Lacédémoniens, les Parrhasiens et les Crétois, mais plus spécialement à Eleusis, ville de l'Attique, d'où ils furent transportés par Adrien à Rome, où ils subsistèrent jusqu'au règne de Théodose Ier. C'était, de toutes les solennités grecques, la plus célèbre et la plus mystérieuse : aussi l'appelait-on *les mystères* par excellence.

Les uns attribuent leur établissement à Eumolpe, les autres à Orphée. Les Athéniens, qui se qualifiaient inventeurs de l'agriculture, en rapportaient l'origine à Cérès elle-même, qui, sous le nom et l'habit d'une simple mortelle, vint, en cherchant sa fille, chez Céleus, roi d'Eleusis. En effet, les campagnes qui environnaient cette ville étaient semées de monuments de l'histoire de Cérès. On y voyait entre autres une pierre nommée *la pierre triste*, sur laquelle, disait-on, la déesse s'était assise accablée de douleur. Diodore de Sicile en fait auteur Erechthée, quatrième roi d'Athènes, qui, venu d'Egypte avec une flotte chargée de blé, délivra l'Attique d'une famine alors universelle, et qui, placé sur le trône par la reconnaissance des habitants, leur enseigna le culte de Cérès.

Quoi qu'il en soit de l'origine de ces mystères, ils étaient divisés en grands et en petits. Dans les grands mystères, on était initié; mais on était purifié et préparé dans les petits. Selon Clément d'Alexandrie, après les lustrations venaient les petits mystères, où l'on jetait les fondements des doctrines secrètes, et où l'on préparait les initiés au secret qu'on devait leur révéler plus tard. Il ajoute que ce que l'on enseigne dans les grands mystères concerne l'univers; que c'est la fin et le comble de toutes les instructions; qu'on y voit les choses telles qu'elles sont, et qu'on y envisage la nature et ses ouvrages. D'après différents auteurs anciens la doctrine qu'on y enseignait avait pour but de répandre l'esprit d'union et d'humanité, de purifier l'âme de son ignorance et des souillures, de procurer l'assistance particulière des dieux, les moyens de parvenir à la perfection de la vertu, les douceurs d'une vie sainte, l'espérance d'une mort paisible et d'une félicité sans bornes. Les initiés devaient occuper une place distinguée dans les champs Elysées, y jouir d'une lumière pure et vivre dans le sein de la divinité, tandis que les autres avaient en partage, après leur mort, des lieux de ténèbres et d'horreur.

Ceux qui étaient admis aux petits mystères portaient le nom de *Mystes*, comme si nous disions *voilés*, et ils ne pouvaient pénétrer au delà du vestibule des temples. On n'avait entrée dans l'intérieur, et on ne voyait tout à découvert qu'après avoir été initié aux grands mystères; alors on prenait le nom *Epopte* ou contemplateur. Les grands mystères ne se célébraient que chaque cinquième année, tandis que les petits avaient lieu tous les ans, six mois avant les grands, mais il devait s'écouler au moins une année avant ces deux sortes d'initiation. L'initiation se faisait toujours de nuit, dans une chapelle; pendant la cérémonie on avait sur la tête une couronne de myrte, et lorsqu'on entrait dans le temple, on prenait de l'eau sacrée déposée à l'entrée.

Les petits mystères, consacrés plus particulièrement à Proserpine, étaient célébrés dans le mois anthestérion, à Agra, près d'Athènes, sur les bords de l'Ilissus, dont les rives, par cette raison, étaient appelées *mystiques*, et le fleuve lui-même avait le nom de *divin*. Il paraît constant qu'ils furent d'abord institués pour les étrangers, exclus dans les premiers temps de la participation aux mystères d'Eleusis, réservés aux seuls citoyens. Cette grâce même ne s'accordait que rarement; il fallait que le vice de la naissance fût racheté par un mérite éclatant. On compte, parmi les étrangers qui y furent admis, Hercule, Castor et Pollux, Esculape, Hippocrate, et le Scythe Anacharsis. Lorsque, dans la suite, les grands mystères furent devenus accessibles à toutes les nations, les petits ne servirent plus que de degrés pour parvenir à la pleine initiation.

Les postulants étaient préparés aux petits mystères par une longue suite de cérémonies et d'observances austères; on procédait ensuite à la purification, dans laquelle entraient du laurier, du sel, de l'orge, de l'eau de la mer, des couronnes de fleurs; on les faisait même passer au travers du feu; enfin on les plongeait dans l'eau, ce qui faisait donner au ministre chargé de cette fonction le nom d'*Hydranos* ou baptiseur. On terminait par le sacrifice d'une truie pleine, qu'on avait lavée auparavant. Lorsque toutes ces conditions étaient remplies, on prenait le nom de *Myste*, et on était admis aux petits mystères. On demandait à l'aspirant, s'il avait mangé du fruit de Cérès; il répondait : Ἐκ τυμπάνου ἔφαγον, ἐκ κυμβάλου ἔπιον, ἐκερνοφόρησα, ὑπὸ τὸν παστὸν ὑπέδυον. *J'ai mangé du tambour, j'ai bu de la cymbale, j'ai porté le vase d'argile, je me suis glissé dans le lit.* Nous ignorons s'il est ici question d'un lit de table ou d'un lit de repos. Nous trouvons une autre formule assez semblable à celle-là : *J'ai mangé du tambour, j'ai bu de la cymbale, je suis devenu initié.* Enfin une troisième formule est conçue en ces termes : *J'ai jeûné, j'ai bu du kikéon, j'ai pris de la corbeille, j'ai mis dans le panier; ayant opéré, j'ai remis du panier dans la corbeille.* On jeûnait donc avant cette cérémonie; ensuite on faisait goûter des fruits renfermés dans une espèce de boîte appelée tambour; on buvait de la liqueur nommée kikéon, contenue dans un vase qu'on appelait cymbale, à peu près comme nos gobelets de métal que nous appelons timbales. Ce kikéon était une mixtion de vin, de miel, d'eau et de farine. Le vase d'argile ou *kernos* que le candidat avait porté, contenait des pavots blancs, du blé, du miel, de l'huile. La corbeille et le panier renfermaient à peu près les mêmes choses : c'est cette corbeille qu'on voit toujours dans les peintures des mystères. Après ces questions et ces réponses, les récipiendaires étaient introduits dans le sanctuaire du temple, au milieu de l'obscurité la plus profonde. Tout à coup le voile se lève, et la plus vive lumière fait voir la statue de Cérès magnifiquement ornée. Tandis qu'on la considère, la lumière disparaît, et l'on est plongé de nouveau dans la nuit : l'horreur en est augmentée par tout ce que l'industrie humaine peut imaginer de terrible. Le tonnerre gronde de toutes parts, l'éclair brille, la foudre tombe avec fracas, l'air est rempli de figures monstrueuses, le sanctuaire tremble, la terre mugit. Enfin le calme succède à la tempête, au fracas des éléments déchaînés. La scène se déploie et s'étend au loin, le fond du sanctuaire s'ouvre, et l'on aperçoit une prairie agréable où l'on va danser et se réjouir.

C'était dans le temple de Cérès, à Eleusis, que se donnaient ces spectacles. Chaque initié était obligé de copier les lois de l'initiation, et ne pouvait quitter la robe qu'il portait jusqu'à ce qu'elle fût usée; alors on en faisait des langes pour les petits enfants, ou on la suspendait dans les temples. Dans les cérémonies de l'initiation, l'on montrait aux récipiendaires la figure de l'organe mâle, symbole de la nature fécondante, et celle de l'organe femelle, emblème de la nature fécondée. On y prononçait aussi ces mots barbares, étrangers à la langue grecque : Κόγξ ὄμπαξ, *Konx ompax*, dont on ignore la signification précise (1). Les profanes, les homicides même involontaires, les magiciens, les impies, les scélérats, étaient exclus de la célébration des mystères. Lorsque les étrangers y furent admis, il fallait qu'ils fussent présentés par un père adoptif, qu'on appelait *Pylios*, portier ou introducteur, du mot πύλη, porte.

Quatre ministres présidaient aux cérémonies de l'initiation; c'étaient l'*Hiérophante*, ou révélateur des mystères; le *Dadouque*, chef des lampadophores, porte-flambeaux; l'Assistant ou ministre de l'autel; et le *Céryce* ou *Hiérocéryce*, héraut sacré (*Voy.* les fonctions de ces ministres à leurs articles respectifs). Les mystères étaient dirigés par un prêtre qui portait le titre de *Roi* ou *Archonte-Roi*, et qui avait quatre assesseurs nommés par le peuple. Le roi présidait aux mystères et avait soin qu'on ne manquât à aucune des formalités; il était le grand-maître des cérémonies, lorsque la procession allait d'Athènes à Eleusis et qu'elle en revenait. Des quatre assesseurs, les deux premiers étaient toujours choisis dans les familles sacerdotales; le troisième était de la famille d'Eumolpe, et le quatrième un Céryce; mais tous devaient être citoyens d'Athènes. Il y avait encore dix officiers préposés pour les sacrifices, et qui portaient le nom d'*Hiéropoces*. Enfin il y avait des prêtresses. Outre la reine des sacrifices, qui présidait aux cérémonies les plus mystérieuses, il y en avait une dont le ministère particulier regardait l'initiation, et qui tenait un rang distingué dans le temple d'Eleusis. Elle était toujours tirée de la famille des Philides.

Les grands mystères commençaient le 15 du mois boédromion, et duraient neuf jours; pendant cet espace de temps, toute poursuite en justice était sévèrement prohibée; toute saisie contre un débiteur déjà condamné était suspendue. Le lendemain des fêtes, le sénat faisait des perquisitions sévères contre ceux qui, par des actes de violence, ou par d'autres moyens, auraient troublé l'ordre des cérémonies; la peine de mort, ou de fortes

---

(1) Quelques-uns pensent que ces mots signifient : *Peuples, prêtez l'oreille*, ou *faites silence.* Le Clerc prétend qu'ils veulent dire : *veiller et ne point faire de mal.*

amendes étaient prononcées contre les coupables. Le premier jour s'appelait *Agyrme*, ou jour de convocation; il était employé aux purifications, aux ablutions, à la réception des initiés. Le second se nommait *Halade mystæ*, ou des initiés à la mer, parce que le héraut se servait de la formule ἅλαδε μύσται, pour avertir les initiés que, ce jour-là, on se rendait à la mer pour continuer les purifications commencées. Le troisième jour était celui des sacrifices; ils consistaient en farine, en millet et en orge recueillis dans les champs d'Eleusis, en gâteaux, et en un barbeau. Ces offrandes étaient tellement sacrées que les prêtres eux-mêmes n'en pouvaient prendre leur part. Le quatrième était destiné à la procession du *Calathion*, corbeille sacrée qui représentait celle où Proserpine déposait les fleurs cueillies par elle, lorsqu'elle fut enlevée par Pluton. Cette corbeille était sur un char traîné par des bœufs, aux roues massives en forme de cylindre. Le char était suivi de femmes qui criaient par intervalle : Χαῖρε, Δήμητερ, Salut, Cérès ! Elles portaient des corbeilles mystiques, fermées avec des rubans couleur de pourpre, et qui contenaient du sésame ou blé d'Inde, des pyramides, de la laine travaillée, un gâteau, un serpent, du sel, une grenade, du lierre, des pavots, etc. Tandis que le char passait on ne pouvait le regarder d'en haut, ni des fenêtres, ni des toits. Le cinquième jour s'appelait jour des Torches, parce que, la nuit suivante, hommes et femmes couraient les rues, des flambeaux à la main, à l'imitation de Cérès cherchant sa fille ; c'était à qui aurait le flambeau le plus riche et le plus grand. Le sixième jour se nommait *Iacchos*, en l'honneur d'un jeune homme de ce nom qui avait aidé Cérès dans ses recherches. On portait sa statue en procession, d'Athènes ou du Céramique à Eleusis; il était représenté armé d'un flambeau, et avait, comme les initiés, une couronne de myrte, emblème de la douleur. On l'accompagnait en chantant et en dansant au son des instruments d'airain, en offrant des sacrifices et en accomplissant diverses cérémonies sur la route. Le chemin que suivait cette procession s'appelait *la voie sacrée*; elle était traversée par le Céphise, sur lequel on construisait un pont à l'occasion de la solennité. Ce pont était rempli de personnes qui prenaient plaisir à faire assaut de paroles avec ceux qui passaient. Le septième jour était consacré à des jeux et à des combats, dans lesquels le vainqueur recevait en récompense une mesure d'orge. Le huitième s'appelait les *Epidauries*, en mémoire de ce que, ce jour-là même, Esculape était venu d'Epidaure à Athènes pour se faire initier; et qu'on avait recommencé les cérémonies en sa faveur, parce qu'il était arrivé à la fin des mystères. En conséquence on procédait à l'initiation de ceux qui ne l'avaient pas encore reçue. Le neuvième jour était appelé *Plémochoé*, vase d'argile, parce que, ce jour-là, on prenait deux grands vases de terre, qu'on plaçait, après les avoir remplis d'eau et de vin, l'un au levant et l'autre au couchant; on se tournait successivement de leur côté, en récitant des prières, et lorsqu'elles étaient finies, on renversait l'eau dans une espèce de gouffre, en prononçant ce vœu : *Puissions-nous renverser, sous les meilleurs auspices, l'eau de ces vases dans le gouffre terrestre!*

Les Athéniens faisaient initier leurs enfants dès le berceau. C'était un devoir de l'être au moins avant la mort, et la négligence à cet égard passait pour un sacrilège. Les personnes de tout âge et de toute condition y étaient admises, après les préliminaires exigés. Il n'y avait d'exclusion que pour les criminels et ceux que nous avons indiqués plus haut; Néron, tout puissant qu'il était, n'osa profaner de sa présence le temple de Cérès.

Rien n'était plus expressément défendu que la divulgation des mystères. Révéler le secret, ou le surprendre, étaient deux crimes égaux. On ne voulait avoir aucun commerce avec ceux dont l'indiscrétion avait trahi des secrets aussi respectables : ils étaient bannis de la société; on évitait de se trouver avec eux dans le même vaisseau, d'habiter la même maison, de respirer le même air. L'entrée du temple était rigoureusement interdite aux profanes, et la mort fut le prix de la témérité de deux jeunes Acarnaniens qui avaient osé s'y introduire. Un silence qu'il était si dangereux de rompre a couvert de voiles presque impénétrables l'intérieur des mystères; c'est ce qui fait que nous sommes réduits à de simples conjectures sur la doctrine isotérique qui y était professée. Quant aux cérémonies de l'initiation proprement dite, plusieurs anciens nous en ont laissé quelques détails. Voici les cérémonies de l'initiation d'Apulée aux mystères, telles qu'il les expose lui-même.

Lorsque le moment fut arrivé, une troupe nombreuse de prêtres le conduisit au bain; on l'arrosa d'eau lustrale; on le fit entrer dans le temple, où on le plaça devant la statue de la déesse; on lui ordonna de jeûner pendant dix jours, sans manger de viande et sans boire de vin. Ces dix jours écoulés, on courut en foule pour le voir, et chacun lui fit des présents, suivant l'ancienne coutume. La foule retirée, on le revêtit d'une robe de lin et on l'introduisit dans le sanctuaire. Là, dit-il, je fus ravi jusqu'aux confins de la mort, et m'étant avancé jusque sur le seuil de Proserpine, je revins sur mes pas, après avoir été promené par tous les éléments. Au milieu de la nuit, j'aperçus le soleil étincelant de lumière; je vis les dieux des enfers et des cieux; je m'approchai d'eux et les adorai. Il ajoute qu'il ne peut dire ce qui se passa le reste de la nuit. Quand le jour fut arrivé, il fut placé sur un siège de bois, au milieu du temple, devant le siège de la déesse, avec un habit de lin, rayé de blanc, de pourpre, de bleu et d'écarlate. Il portait de plus un manteau long parsemé de dragons et de griffons, appelé *étole olympiaque*. De la main droite il tenait une torche allumée, et avait sur la tête des palmes blanches, arrangées en forme de rayons. Levant alors les voiles du temple, on le fit voir à tout le peuple; on célébra ensuite par un festin sa nouvelle naissance; on répéta les mêmes cérémonies deux jours après, et tout se termina par un repas fait aux prêtres et aux initiés, et par un sacrifice propitiatoire.

Stobée nous a conservé, dans son Dictionnaire, le passage d'un auteur ancien qui peignit d'une manière très-vive le spectacle effrayant des initiations. « L'âme, dit cet auteur, éprouve à la mort les mêmes terreurs qu'elle ressent dans l'initiation, et les mots même répondent aux mots, comme les choses répondent aux choses (1). Ce n'est d'abord qu'erreurs et incertitudes, que courses laborieuses, que marches pénibles et effrayantes à travers les ténèbres épaisses de la nuit. Arrivé aux confins de la mort et de l'initiation, tout se présente sous un aspect terrible : ce n'est qu'horreur, tremblement, crainte, frayeur. Mais dès que ces objets terribles sont passés, une lumière miraculeuse et divine frappe les yeux; des plaines brillantes, des campagnes émaillées de fleurs se découvrent de toutes parts, des hymnes et des chœurs de musique enchantent les oreilles. Les doctrines sublimes de la science sacrée y font le sujet des entretiens. Des visions saintes et respectables tiennent les sens dans l'admiration. Initié et rendu parfait, on est désormais libre, on n'est plus asservi à aucune contrainte. Couronné et triomphant, on se promène par les régions des bienheureux, on converse avec des hommes saints et vertueux, et l'on célèbre les sacrés mystères au gré de ses désirs. »

ÉLEUTHÈRE, ou ÉLEUTHÉRIEN, *Libérateur*, surnom donné à Jupiter en mémoire de la victoire remportée par les Grecs sur Mardonius, général des Perses; victoire qui assura la liberté de la Grèce. Les Grecs donnaient aussi à Bacchus le surnom d'Eleuthère, qui correspondait au *Liber Pater* des Latins.

ÉLEUTHÈRES, lieu de la sépulture de la plupart des soldats d'Adraste, qui avaient péri dans l'expédition d'Adraste, roi d'Argos, contre les Thébains.

ÉLEUTHÉRIE : 1° déesse de la liberté chez les Grecs. Quelquefois ceux-ci disaient au pluriel : Θεοὶ ἐλεύθεροι, dieux de la liberté; 2° fontaine voisine du temple de Junon, à Argos, où les prêtresses allaient puiser l'eau pour les sacrifices offerts à cette déesse.

ÉLEUTHÉRIES, fêtes célébrées par les Grecs en mémoire de Jupiter Eleuthère ou libérateur, en mémoire de la victoire remportée sur le persan Mardonius, d'après la proposition d'Aristide. Elle avait lieu tous les cinq ans à Platée; il y avait des courses de chariots et des combats gymniques. — On dit que les Platéens célébraient encore une autre fête du même nom, le 16 du mois memactérion, en l'honneur des guerriers morts pour la défense de la patrie; mais il est très-probable que c'était la même fête que la précédente. Voici en quoi elle consistait :

Dès la pointe du jour, on commençait une procession : les trompettes ouvraient la marche; suivaient des chariots ornés de myrte, de fleurs et de rubans, sur l'un desquels était un taureau noir. Des jeunes gens, choisis dans les meilleures familles, venaient ensuite, avec des vases remplis de vin, de lait, d'huile, de parfums : là ne paraissait aucun esclave. L'archonte de la ville de Platée fermait la marche, en habit de pourpre et l'épée à la main. Lorsqu'après avoir traversé toute la ville, la procession était arrivée aux tombeaux des héros dont on honorait la mémoire, on lavait ces tombeaux avec de l'eau puisée à une fontaine voisine, on les oignait d'huile, on égorgeait le taureau sur un bûcher, et après avoir invoqué Jupiter et Mercure l'infernal, on invitait au festin les mânes des héros morts pour la défense de la patrie, et le chef de la ville, prenant la coupe pleine de vin, disait : « Je bois à ceux qui ont désiré la mort pour défendre la liberté de la Grèce. »

Samos avait aussi ses *Eleuthéries*, en l'honneur du dieu Amour.

Enfin, les affranchis solennisaient sous le même nom le jour où ils avaient été rendus à la liberté.

ÉLEUTHO (du verbe ἐλεύθω, venir), déesse qui présidait aux accouchements. Les Romains l'invoquaient sous le nom d'*Ilithya*, qui paraît avoir la même étymologie.

ÉLÉVATION, nom que l'on donne communément à cette partie du saint sacrifice de la messe, dans laquelle le prêtre, après avoir prononcé les paroles de la consécration sur les espèces du pain et du vin, les élève au-dessus de sa tête, pour les montrer au peuple et les lui faire adorer. L'élévation proprement dite n'a lieu que dans l'Eglise latine; encore est-elle d'institution assez moderne. *Voyez* CONSÉCRATION.

ELF, ou ELFIN, génie de l'ancienne mythologie écossaise. *Voyez* ELVES, qui est le pluriel de ce nom.

ELGHÉTAS, une des sept fêtes solennelles des Nesseriés, sectaires orientaux, demi-musulmans, demi-chrétiens. *Elghétas* est l'Epiphanie; ce mot arabe signifie *baptême*, parce que la croyance commune des Orientaux est que le Christ a été baptisé le jour de l'Epiphanie.

ELICIUS, nom que les Romains donnaient à Jupiter, parce qu'ils croyaient pouvoir le faire descendre du ciel au moyen de charmes et de certains vers; ce qui a donné lieu à ce dystique d'Ovide :

Eliciunt cœlo te, Jupiter. Unde minores
 Nunc quoque te celebrant, Eliciumque vocant.

« On t'attire du haut des cieux, ô Jupiter ! C'est pourquoi on t'invoque encore aujourd'hui sous le nom d'Elicius. »

---

(1) En effet τελευτάω, mourir, et τελειόω, initier, paraissent avoir la même racine.

ÉLIE, prophète hébreu, qui n'a laissé aucun écrit, mais qui se rendit illustre par la sainteté de sa vie, par sa généreuse fermeté et par ses prodiges éclatants. Il fut l'interprète des ordres de Dieu auprès de l'impie Achab et de son fils Ochosias, rois d'Israël et adorateurs de Baal. Il ne craignit pas de leur reprocher en face leurs crimes et leur idolâtrie, et de leur annoncer les vengeances du Seigneur, il fit éclater, par ses miracles, la puissance du maître qui l'envoyait, et la faiblesse des idoles que le peuple adorait, à l'exemple de ses rois. Achab régnait depuis six ans sur les dix tribus, lorsque Elie le vint trouver, et lui déclara de la part de Dieu, qu'en punition de ses désordres, la terre serait privée de pluie et de rosée jusqu'à son retour. Il se retira ensuite dans une caverne, où il fut nourri par des corbeaux. De là il se rendit à Sarepta, en Phénicie, chez une veuve qui prit soin de sa subsistance, et dont, par reconnaissance, il ressuscita le fils. Cependant le royaume d'Israël était affligé, depuis près de trois ans, d'une horrible famine causée par la sécheresse. Achab faisait chercher partout le prophète Elie. Enfin Abdias, intendant de la maison du roi, le rencontra et le conjura de revenir à la cour. Elie, de retour à Samarie, engagea le roi, pour le faire rentrer en lui-même, de rassembler sur le mont Carmel les 450 prophètes de Baal et les 400 prêtres des faux dieux; ce qui ayant été accompli suivant ses désirs, il leur dit devant tout le peuple : « Immolez un bœuf; coupez-le en morceaux et les mettez sur l'autel, avec le bois préparé pour l'holocauste; invoquez ensuite Baal afin qu'il fasse tomber le feu du ciel sur la victime. J'en ferai autant de mon côté en invoquant le dieu que j'adore; et l'on verra, par l'effet, lequel est le plus puissant de mon dieu ou du vôtre. » La proposition fut acceptée. Les prêtres de Baal, après avoir préparé l'holocauste, invoquèrent vainement Baal, tandis qu'à la prière d'Elie, on vit le feu du ciel descendre sur son sacrifice et le consumer. Le peuple cria miracle, et animé par Elie, il mit en pièces tous les prêtres des faux dieux. Elie se mit en prières, et il tomba une pluie abondante. Ce saint prophète, pour éviter la colère de Jézabel, épouse d'Achab, qui voulait venger les prêtres de Baal, se retira sur le mont Oreb; après avoir été nourri par un ange, il y eut des visions mystérieuses, et y reçut l'ordre de sacrer Jéhu roi d'Israël, et de choisir Elisée pour son successeur. En s'en retournant, il trouva Elisée qui labourait avec douze paires de bœufs. Il lui mit son manteau sur les épaules, et dans l'instant même Elisée quitta ses bœufs pour le suivre. De retour dans le royaume d'Israël, Elie alla reprocher au roi Achab le meurtre de Naboth et l'usurpation de sa vigne; il lui annonça la vengeance que Dieu tirerait de ce double crime; vengeance qui s'accomplit, non pas sur Achab, parce que ce prince s'humilia devant le Seigneur, mais sur sa femme Jézabel et sur sa famille.

Ochozias ayant succédé à son père Achab envoya, dès la seconde année de son règne, consulter Beel-zébub, au sujet d'une blessure dangereuse qu'il s'était faite en tombant. Elie alla, par ordre du Seigneur, au-devant des envoyés, invectiva en leur présence contre la criminelle superstition du roi, et les chargea de lui dire qu'il mourrait de sa maladie. Ochozias ayant reçu ce message, et connaissant quel en était l'auteur, envoya un capitaine avec cinquante hommes pour l'arrêter; mais le feu du ciel, à la prière d'Elie, tomba sur le capitaine et sur ses gens, et les consuma. Ochozias en renvoya d'autres qui eurent le même sort. Ceux qui furent envoyés la troisième fois évitèrent la mort par leur conduite humble et respectueuse envers Elie; le prophète descendit avec eux de la montagne où il s'était réfugié, et confirma à Ochozias la nouvelle qu'il lui avait fait porter. Ce prince laissa, en mourant, la couronne à son frère Joram. Ce fut vers le commencement de ce règne qu'Elie fut enlevé au ciel. Ce prophète signala son départ de ce monde par un prodige éclatant. Ayant frappé les eaux du Jourdain avec son manteau, elles se divisèrent pour lui frayer un passage. Elie ayant traversé le fleuve à pied sec avec son fidèle Elisée, fut tout à coup emporté en l'air par un tourbillon de feu qui avait la forme d'un char avec des chevaux. Il laissa tomber son manteau qui fut ramassé par Elisée. On croit communément qu'Elie n'est point encore mort, et qu'il doit reparaître sur la terre avec Enoch, à la fin du monde. L'Eglise ne laisse pas cependant de lui rendre un culte, quoique, selon le sentiment le plus commun, il ne jouisse pas de la félicité des bienheureux; mais elle suppose que Dieu, l'ayant enlevé du milieu des hommes, l'a confirmé dans sa grâce et établi dans une sorte d'impeccabilité.

Les religieux Carmes le regardent comme leur fondateur, parce que leur ordre a pris naissance sur le mont Carmel, où le prophète Elie aurait établi, disent-ils, une communauté d'ermites, qui aurait subsisté jusqu'au temps des croisades, après avoir embrassé le christianisme. Mais rien n'est moins authentique. *Voy.* CARMEL, CARMES.

Les musulmans croient, comme les juifs et les chrétiens, qu'Elie n'est point mort, et qu'il reviendra à la fin des temps. Ils le regardent comme le protecteur de ceux qui voyagent sur terre, et disent qu'il réside dans une montagne près d'Holwan, ville de l'Irac, d'où il sort cependant fort souvent pour veiller à la sûreté des voyageurs qui l'invoquent. Ils le confondent fréquemment avec un autre personnage nommé *Khedher* ou *Khizr*, qu'ils prétendent avoir trouvé la fontaine de Jouvence. *Voy.* KHEDHER.

Les Parsis prétendent que Zoroastre, leur législateur, a été un des disciples d'Elie, ou au moins que leurs ancêtres ont été instruits par les disciples des deux prophètes Elie et Elisée. Ce qui a pu accréditer chez eux cette fable, c'est que le prophète Elie fit tomber plusieurs fois le feu du ciel, et qu'il a été enlevé dans un chariot de feu, élément qui est le principal objet du culte des mages.

ÉLIEULEP, un des esprits célestes des insulaires des Carolines occidentales; il était fils de *Saboukor* et d'*Halmeleul*. Elieulep épousa, dans l'île d'Ouléa, *Leteuhioul*, qui mourut à la fleur de son âge, et s'envola dans le ciel. Elle avait donné le jour à un fils nommé *Leugueileng*, qui est regardé comme le grand seigneur du ciel, dont il est l'héritier présomptif. *Elieulep* forme, avec *Leugueileng* et *Oulifat*, une espèce de trinité, à laquelle principalement les Carolins adressent leurs hommages.

ÉLION, ancienne divinité phénicienne; le même qu'Hypsistos, suivant Sanchoniaton : en effet, עליון *élyon*, en hébreu, signifie le Très-Haut, comme Ὕψιστος, en grec. Il épousa Bérouth (ברית *béryth?*) dont il eut Uranos et Ghé, c'est-à-dire le ciel et la terre. Cette théogonie semble être la traduction du premier verset de la Génèse : בראשית ברא אלהים את השמים ואת הארץ. *Bereschith bara elohim* (ou *Elion*) *eth haschamayim veeth haarets*. Au commencement, Dieu créa le ciel et la terre. Le mot *bara*, *creavit*, peut se traduire, à la rigueur, par *genuit*, ou *peperit*, du syrien בר *bar*, fils. *Bereschith* a pu être pris pour un nom propre de femme, *Beryth* ou *Bérécynthe*.

ELISÉE, prophète hébreu, héritier du manteau et de l'esprit prophétique d'Elie. Nous avons parlé de sa vocation à l'article de ce dernier. Après l'ascension de son maître, il se retira à Jéricho. Les habitants de cette ville s'étant plaints à lui que leurs eaux étaient malsaines et impotables, il y jeta du sel, et les rendit, par ce moyen, agréables au goût et salutaires. Allant de Jéricho à Béthel, il rencontra de jeunes enfants qui l'insultèrent en l'appelant *tête chauve*; il les maudit, et à l'instant il sortit d'un bois voisin deux ours qui se jetèrent sur eux et les dévorèrent. Les rois d'Israël, de Juda et d'Idumée, étant en marche pour aller attaquer le roi de Moab, manquèrent d'eau. Dans cette extrémité, ils allèrent consulter Elisée, qui, en considération de la piété de Josaphat, roi de Juda, leur en procura d'une manière miraculeuse, et leur prédit en même temps une victoire complète sur l'ennemi commun. Ce saint prophète étant allé à Samarie, une pauvre veuve, pressée par ses créanciers, vint lui exposer sa misère. Elle n'avait pour tout bien qu'un peu d'huile. Elisée donna à cette huile la vertu de se multiplier. La veuve en remplit une grande quantité de vases, vendit cette huile et en retira un grand profit. Une femme de la ville de Sunam éprouva aussi la puissance et les bienfaits du prophète. Elisée ayant logé quelque temps chez elle, et sachant qu'elle était affligée de n'avoir point d'enfants, pria le Seigneur de lui en donner un, et sa prière fut exaucée. Mais cet enfant étant mort au bout de trois ans, le prophète le ressuscita. Elisée prodiguait chaque jour les miracles. Un de ses serviteurs ayant fait cuire des coloquintes sauvages pour le repas des disciples, l'amertume de ce mets ne leur permit pas d'en manger; Elisée lui ôta son acrimonie, en y mêlant un peu de farine. Avec vingt pains, il rassasia une prodigieuse multitude de peuple. Il guérit de la lèpre Naaman, général des armées de Syrie, et fit passer cette infirmité à Giézi, son propre serviteur, qui n'avait pas craint d'arracher frauduleusement à ce grand personnage une forte somme d'argent et d'autres richesses. Il fit surnager le fer d'une cognée qu'un de ses disciples avait laissé tomber dans l'eau. Il rendit de grands services à sa patrie, en avertissant Joram, roi d'Israël de tous les projets formés contre lui par Bénadad, roi de Syrie. Bénadad irrité envoya un corps de troupe pour se saisir d'Elisée, qui était alors dans la ville de Dothain. Mais lorsque les gens du roi de Syrie entrèrent dans la ville, ils furent frappés d'une sorte d'aveuglement qui ne leur permit pas de reconnaître le prophète; ils le suivirent même jusqu'à Samarie, croyant qu'il les conduisait à la retraite d'Elisée. Ils furent bien surpris lorsqu'en entrant dans la capitale du royaume de Joram, leurs yeux s'ouvrirent, et qu'ils s'aperçurent de leur erreur; mais ce prince, par le conseil d'Elisée, les renvoya sains et saufs à leur roi. — Quelque temps après, Bénadad revint mettre le siége devant Samarie, et la famine réduisit bientôt la ville aux dernières extrémités. Joram, désespéré de tant de maux, s'en prit à Elisée qui, pouvant obtenir du Seigneur le salut de la ville, ne daignait pas le demander; et il envoya des gens pour le tuer. Il n'eut pas plutôt donné cet ordre, qu'il s'en repentit, et courut lui-même pour en empêcher l'exécution. Il serait venu trop tard, si Elisée, connaissant ce qui devait arriver, n'eût défendu qu'on laissât entrer les gens du roi. Joram, en arrivant, les trouva arrêtés à la porte. Elisée se présenta devant lui, et lui prédit que le lendemain, à pareille heure, il y aurait dans la ville une telle abondance de vivres que l'orge et la farine se donneraient à vil prix. L'événement justifia encore la prédiction de l'homme de Dieu; les assiégeants, saisis pendant la nuit d'une terreur panique, s'enfuirent précipitamment, laissant à la merci des assiégés un camp richement approvisionné. — Elisée se rendit ensuite à Damas, ville capitale de Syrie : Bénadad le consulta sur sa santé; le prophète répondit que sa maladie n'était pas mortelle, mais que cependant il ne s'en relèverait pas. Il prédit ensuite à Hazaël qu'il succéderait à Bénadad sur le trône de Syrie. Ce prince, de retour auprès du roi, l'étouffa avec une couverture mouillée, pour hâter l'accomplissement de la prophétie. Elisée revint à Samarie et y tomba malade. Le roi Joas vint le visiter, et le prophète lui prédit les victoires qu'il remporterait sur les Syriens. Elisée, étant mort quelque temps après, fut inhumé avec les plus grands honneurs. Les miracles l'accompagnèrent jusque dans le tombeau. Car peu de temps après ses obsèques, des gens qui portaient un corps à la sépulture, ayant aperçu des voleurs, jetèrent à la hâte le défunt dans le sépulcre d'Elisée, qui était tout proche, et prirent la fuite; mais le mort n'eut pas plutôt touché le corps du saint prophète, qu'à l'instant même il recouvra la vie. — Les chrétiens orientaux célèbrent la fête de cet illustre prophète le 14 juin; l'Eglise d'Occident en fait aussi mémoire.

ELLÉRIENS, ou RONSDORFIENS, secte protestante, qui prit naissance, vers l'an 1726, dans le duché de Berg, et s'étendit dans le voisinage. Elle eut pour fondateur Elie Eller, né à Ronsdorf, près d'Elberfeld. Eller se prétendait issu de la tribu de Juda; il épousa successivement trois femmes : la première, à cause de sa piété; la seconde, pour sa jeunesse, et la troisième, pour son argent. Celle-ci, Anne de Buchel, était fille d'un pâtissier d'Elberfeld; elle seconda puissamment son mari dans la fondation d'une nouvelle Eglise. Ils prirent le titre de *père* et de *mère de Sion*, et soutinrent qu'ils étaient les deux témoins annoncés dans le chapitre XI de l'Apocalypse. Eller consigna ses rêveries dans un écrit allemand intitulé *Hirtentasche* (la Pannetière), par allusion à celle de David qui contenait cinq pierres pour terrasser le géant Goliath. Il y disait qu'il conversait familièrement avec Dieu, comme un ami avec son ami; que l'Eglise étant tombée, Dieu, qui résidait en lui, l'avait suscité pour fonder une autre Eglise, la nouvelle Jérusalem, avec la coopération de sa femme à qui tous les secrets de la prédestination étaient révélés. Ce fanatique réussit à faire quelques prosélytes à Elberfeld, et leur communiqua son enthousiasme. En 1728, il leur ordonna de quitter la ville, en leur annonçant qu'elle allait être dévorée par les flammes, comme autrefois Sodome et Gomorrhe. Au jour fixé pour cette grande catastrophe, tous partirent de grand matin, et gravirent la montagne de Ronsdorf, pour être témoins de l'embrasement. Ils attendirent vainement jusqu'au soir. Ce mécompte amortit leur zèle sans les désabuser. Ils élevèrent, à Ronsdorf, des maisons disposées de manière que toutes avaient vue sur la demeure de leur patron. Eller devint le despote et ensuite le tyran de ce petit royaume; c'était un homme rusé et ambitieux, qui, pour dominer sa petite secte, employait l'espionnage. Il aimait les longs repas et les orgies, moins peut-être par goût pour la débauche, que pour saisir les secrets des hommes ivres; car il avait assez de retenue pour ne confier qu'aux adeptes sa doctrine, dont un des articles était de nier tout en cas de besoin.

En 1750, un synode de réformés, tenu à Waldeck, condamna Eller et ses adhérents; ils furent également condamnés par la faculté théologique de Marpurg, puis excommuniés dans un autre synode de réformés. La mort d'Eller, arrivée en 1750, refroidit l'enthousiasme, et détrompa la crédulité d'une foule de gens qu'il avait séduits. Le seul résultat heureux des rêveries d'Eller fut que Ronsdorf, qui n'était auparavant qu'une simple métairie, est devenue, par la colonie amenée par ce fanatique, une petite ville, bien peuplée et industrieuse.

ÉLOAH, nom de Dieu, en hébreu, אלוה; il vient de la racine orientale אלה *élah*, adorer, de même que l'arabe *Elah*, ou avec l'article *Alélah*, et par contraction *Allah*. Toutes ces expressions signifient donc *l'adorable*, et expriment bien les rapports de la créature à l'égard du Créateur. Ainsi les peuples sémitiques, dépositaires de la révélation, se servent, pour exprimer la Divinité, d'un vocable plus convenable, que les termes usités chez les autres peuples, qui n'impliquent en grande partie que l'idée de *céleste*, tels que le *Deva* sanscrit, le Θεός grec, le *Deus* latin, le *Thien* chinois, le *Tenghéri* des Tartares, etc., etc. Voy. la *Synglosse du nom de Dieu*, à l'article DIEU de ce Dictionnaire.

On sait que les Hébreux emploient presque constamment ce vocable dans sa forme plurielle אלהים *Elohim*; c'est ce que l'on appelle en hébreu, pluriel respectueux ou pluriel de majesté. En effet, il est presque toujours accompagné du verbe ou de l'adjectif au singulier : ברא אלהים *bara elohim*, creavit Deus; אלהים חי *Elohim Khai*, Deus vivens; אלהים צדיק *Elohim tsadiq*, Deus justus. Voy. la *Synglosse*, n. 1.

ÉLOIDES, nymphes de Bacchus; ce nom pourrait venir originairement de l'hébreu *Eloah* ou *Elohim*, dieu. En effet, nous remarquons une grande analogie entre certains mots étrangers usités dans les mystères de Bacchus, et les expressions bibliques; ainsi. *Evohé*, et *Jéhovah*; *Eléleu*, *Alalé*, et *Alleluyah*; *Ió Bacche* et *Yah*, etc.

ÉLOUL, sixième mois de l'année religieuse, et le douzième de l'année civile, dans le calendrier judaïque; il correspond à peu près aux mois d'août et de septembre. C'est la coutume dans les synagogues de sonner du cor, matin et soir, pendant tout le mois d'Eloul, en mémoire de la seconde ascension de Moïse sur le mont Sinaï, qui eut lieu pendant ce mois. Les rabbins disent que ce législateur ordonna de sonner du cor dans le camp pendant son absence, afin qu'on ne dît plus : Nous ne savons ce qu'est devenu Moïse. Les plus dévots d'entre les juifs se livrent pendant ce mois aux œuvres de pénitence, pour expier leurs péchés, et pour se préparer à entrer pieusement dans l'année qui va commencer le mois suivant. Ces pénitences consistent à examiner sa conscience, à confesser ses péchés, à se frapper la poitrine, à se plonger dans l'eau froide et à faire des aumônes.

ÉLOUS, nom que donnent aux esprits ou génies les insulaires des Carolines occidentales. Les *Elous-Mélafir* sont les bons génies, et les *Elous Mélabous*, les méchants ou les démons. Le principal, parmi ces derniers, est *Morogrog* qui, ayant été chassé du ciel pour ses manières grossières et inciviles, apporta sur la terre le feu jusqu'alors inconnu.

ELPIS, nom sous lequel les Grecs et les Romains honoraient l'*Espérance*. Ces derniers lui élevèrent plusieurs temples. Les poëtes la disaient sœur du Sommeil qui suspend nos peines, et de la Mort qui les finit. Pindare l'appelle la nourrice des vieillards.

ÉLUS. 1. L'Église donne le nom d'Elus, 1° aux bienheureux qui jouissent de la vue de Dieu dans le ciel; 2° aux ecclésiastiques qui ont été choisis canoniquement pour occuper un siége pontifical, mais qui n'ont pas encore reçu la consécration épiscopale; 3° aux clercs inférieurs appelés aux ordres majeurs; 4° aux catéchumènes admis à recevoir le sacrement de baptême; 5° enfin, saint Paul et les autres apôtres donnent le nom d'*élus* à tous ceux qui ont été appelés, par la grâce de Dieu, à entrer dans le giron de l'Eglise, et à y pratiquer la religion dans toute sa pureté.

2. L'impie Manès, auteur de la secte des manichéens, avait donné le titre d'Elus à ses plus intimes disciples. On distingua ces hérétiques en deux classes : les *Auditeurs* et les *Elus*. « Les Elus, dit l'historien Fleury, faisaient profession de pauvreté et d'une abstinence très-rigoureuse. Les Auditeurs pouvaient avoir du bien, et vivre à peu près comme les autres hommes. Ils devaient néanmoins tous s'abstenir du vin, de la chair, des œufs et du fromage, parce qu'ils disaient que ces corps n'avaient aucune partie de la substance divine. Entre les Elus, il y en avait douze qu'ils nommaient *Maîtres*, et un treizième qui était le premier, à l'exemple de Manès et de ses douze disciples ; au-dessous étaient soixante et douze évêques, ordonnés par les maîtres, et ces évêques ordonnaient des prêtres et des diacres. »

ELVES, génies mythologiques des anciens Ecossais; cependant, malgré les lumières du christianisme, la croyance à leur existence et à leur pouvoir est encore vivante parmi les paysans de l'Ecosse. Ce sont, disent-ils, de petits êtres d'une nature intermédiaire entre la matière et l'esprit, vifs, agiles, capricieux de caractère, utiles quand on les traite bien, dangereux quand on les irrite. Leur retraite ordinaire est le creux de ces collines vertes, en cône régulier, que l'on rencontre à tout moment dans les régions montagneuses, et que les anciens Gaëls désignaient sous le nom de *Sighan*. Ils en sortent à la nuit pour danser dans les prés au clair de la lune; et le lendemain matin, ajoute-t-on, on ne manque pas de trouver la terre soulevée de distance en distance, et le gazon couvert d'un grand cercle de verdure foulée, tracés certaines de leurs danses de la nuit. Ce sont les Elves qui envoient aux bestiaux les crampes qui les prennent au pâturage, et contre lesquels le pâtre n'a d'autre remède que de frotter le membre de l'animal avec son bonnet de laine bleue.

Une de leurs armes favorites contre ceux qui les insultent, car ils se vengent toutes les fois qu'on les attaque, sont des cailloux triangulaires, fort communs au bord des ruisseaux, et que l'on appelle à cause de cela *Elf-arrow heads* (tête de flèche des fées). Hors ces cas de guerre assez rares, les Elves sont de douces et innocentes créatures, vivant en bon accord avec ceux qui les accueillent, et quelquefois payant par des services réels l'hospitalité qu'on leur donne, auprès du foyer, ou sous la pierre du seuil; on leur donne alors le nom de *good neighbours* (bons voisins).

ELVINA, surnom de Cérès, tiré soit de la ville d'Elvium, soit du fleuve Elvis. Juvénal lui donne ce titre :

Me quoque ad Elvinam Cererem, vestramque Dianam.

ELXAI, faux prophète, juif d'origine, et chef d'une espèce de secte de demi-chrétiens, appelés de son nom *Elcésaïtes*, et encore *Osséniens*, *Esséniens*. *Voy*. ces articles.

ÉLYMÉEN, surnom de Jupiter, pris d'Elymaïs, ville de Perse, où il avait un temple magnifique.

On appelait de même, *Elyméenne* ou *Elymaïte*, une déesse du nom de *Nanée*, adorée dans la même ville, et que l'on prend tantôt pour Diane, tantôt pour Vénus, et tantôt pour Minerve.

ÉLYSÉE, ou **CHAMPS ÉLYSÉES** ou **ÉLYSIENS** (1), séjour heureux des ombres vertueuses. C'était la quatrième division des enfers, suivant les Grecs, et la septième, suivant les Romains. « Il y régnait un printemps éternel; l'haleine des vents ne s'y faisait sentir que pour répandre le parfum des fleurs. Un nouveau soleil et de nouveaux astres n'y étaient jamais voilés de nuages. Des bocages embaumés, des bois de rosiers et de myrtes, couvraient de leurs ombrages frais les ombres fortunées. Le rossignol avait seul le droit d'y chanter ses plaisirs, et il n'était interrompu que par les voix touchantes des grands poëtes et des musiciens célèbres. Le Léthé y coulait avec un doux murmure, et ses ondes y faisaient oublier les maux de la vie. Une terre toujours riante y renouvelait ses productions trois fois l'année, et présentait alternativement ou des fleurs ou des fruits. Plus de douleur, plus de vieillesse; on conservait éternellement l'âge où l'on avait été le plus heureux. Là, on goûtait encore les plaisirs qui avaient flatté durant la vie. L'ombre d'Achille faisait la guerre aux bêtes féroces, et Nestor y contait ses exploits. De robustes athlètes s'exerçaient à la lutte; des jeunes gens dans la vigueur de l'âge s'exerçaient à la lice, et des vieillards joyeux s'invitaient réciproquement à des banquets. Aux biens physiques se réunissait l'absence des maux de l'âme. L'ambition, la soif de l'or, l'envie, la haine, et toutes les viles passions qui agitent les mortels, n'altéraient plus la tranquillité des habitants de l'Elysée (2). »Sui-

---

(1) Article emprunté au *Dictionnaire mythologique* de Noël.

(2) Nous avons toujours considéré le paradis des Grecs et des Romains comme un des séjours les plus ennuyeux qui se puissent imaginer. La vie des âmes justes dans les champs Elysées est absolument celle d'un bon bourgeois, qui va passer l'été à sa campagne, et qui la plupart du temps en revient

vant Pindare, Saturne, souverain de ce charmant séjour, y règne avec sa femme Rhéa, et y fait revivre l'âge d'or qui fut si court sur la terre; suivant d'autres, tout s'y gouverne par les justes lois de Rhadamanthe.

Les uns ont placé les champs Elysées dans la lune; les autres, dans les îles Canaries, qu'on appelait Fortunées; d'autres, dans les îles de Schetland, ou dans l'Islande, qui est la Thulé des anciens. Homère et Hésiode les ont établis à l'extrémité de la terre et sur les bords de l'Océan. Denys le Géographe leur assigne les îles Blanches du Pont-Euxin; mais le plus grand nombre les a supposés au delà des Colonnes d'Hercule, dans les délicieuses campagnes de la Bétique. Bochart donne à cette fable une origine phénicienne. Il est plus vraisemblable que c'est une fable venue d'Egypte, comme toutes les autres fables grecques.

Les poëtes ne sont pas d'accord sur le temps que les âmes y devaient demeurer. Anchise semble insinuer qu'après une révolution de mille ans, les âmes buvaient de l'eau du fleuve Léthé, et venaient ensuite habiter d'autres corps; en quoi Virgile semble adopter le dogme de la métempsycose, qui devait encore son origine aux Egyptiens. Les peuples d'Italie, différant en cela des Grecs, ne croyaient pas les peines éternelles, excepté pour les grands scélérats. Les supplices des autres coupables cessaient après un temps limité par les juges infernaux. Ainsi rien de souillé par le vice n'entrait dans le lieu des plaisirs et de la paix; mais l'infortuné qui n'avait été que faible, dont le cœur avait gémi sur ses égarements, n'en était pas banni sans retour, et, après avoir souffert une punition juste et nécessaire, il était rendu à la tranquillité et au bonheur. — Nous voici au dogme catholique du Purgatoire.

ÉMAGUINGUILLIERS, nom tamoul des ministres de l'enfer. C'est une race de géants, soumise à Yama, dieu de la mort et roi des enfers; leurs fonctions consistent à tourmenter les âmes des damnés.

ÉMANCIPATEURS, secte des Etats-Unis, formée dans le Kentucky en 1805, par l'association d'un certain nombre de ministres et d'Eglises, appartenant au système baptiste. Les émancipateurs ne différent des baptistes que dans la décision qu'ils ont prise, tant en principe qu'en pratique, contre toute espèce d'esclavage. Ils regardent le maintien de l'esclavage comme un système odieux, criminel et dangereux, que tout honnête homme doit abandonner et s'efforcer d'abolir. Ils cherchent à procurer, autant qu'il est possible, et de la manière la plus prudente et la plus avantageuse pour les esclaves et pour leurs propriétaires, l'émancipation générale et complète de cette race nombreuse d'êtres ignorants et dégradés, qui sont maintenant, par les lois et les coutumes du pays exposés à une servitude héréditaire et perpétuelle.

EMBASIUS (du grec ἐμβαίνειν, s'embarquer), surnom d'Apollon, auquel les Grecs sacrifiaient avant de mettre à la voile.

EMBAUMEMENT DES CORPS. 1. On sait que l'embaumement des corps morts faisait, chez les Egyptiens, partie intégrante des funérailles et des rites sacrés ; les embaumeurs étaient considérés comme des ministres du culte, quoique dans un degré inférieur à celui des prêtres. Quand on portait un cadavre aux embaumeurs, ceux-ci, dit Hérodote, montraient aux parents des modèles de morts peints sur bois ; il y en avait de trois prix différents : pour les riches, les gens d'une fortune médiocre et les pauvres. Diodore de Sicile dit que l'embaumement coûtait pour les premiers un talent d'argent, pour les seconds, vingt mines, et se faisait presque pour rien en faveur des troisièmes. Voici les opérations de l'embaumement suivant ce dernier auteur.

Les embaumeurs, étant convenus du prix, prennent le corps et le donnent aux officiers qui doivent le préparer. Le premier est le désignateur ou l'écrivain; c'est lui qui désigne, sur le côté gauche du mort, le morceau de chair qu'il faut couper. Après lui vient l'inciseur, qui fait cet office avec une pierre d'Ethiopie ; mais il s'enfuit aussitôt de toute sa force, parce que les assistants le poursuivent à coups de pierres, comme un homme qui a encouru la malédiction publique ; car ils regardent comme un ennemi commun celui qui a fait quelque blessure ou quelque outrage que ce soit à un corps de même nature que le sien. Viennent ensuite ceux qui salent; ce sont des officiers très-respectés dans l'Egypte; ils ont commerce avec les prêtres, et l'entrée des lieux sacrés leur est ouverte, comme à des personnes qui sont elles-mêmes sacrées. Ils s'assemblent autour du mort qu'on vient d'ouvrir ; l'un d'eux introduit, par l'incision, sa main dans le corps, et en tire tous les viscères, excepté le cœur et les reins. Un autre les lave avec du vin de palme et des liqueurs odoriférantes. Ils oignent ensuite le corps pendant plus de trente jours avec de la gomme de cèdre, de la myrrhe, du cinnamome et d'autres parfums, qui, non-seulement contribuent à le conserver dans son intégrité pendant très-longtemps, mais qui lui font encore répandre une odeur très-suave. Ils rendent alors aux parents le corps revenu en sa première forme, de telle sorte que les poils même des sourcils et des paupières sont démêlés, et que le mort conserve l'air de son visage et le port de sa personne. Plusieurs Egyptiens, ayant gardé, par ce moyen, toute leur race dans des cabinets faits exprès, trouvent une consolation indicible à posséder leurs ancêtres, avec la même figure et la

excédé d'ennui. La description qu'en donne Fénelon, dans Télémaque, est beaucoup plus attrayante, mais elle est tracée sous l'inspiration chrétienne. A notre avis, ces simples paroles négatives d'Isaïe et de saint Paul laissent bien loin derrière elles toute description possible de paradis quelconque : « L'œil n'a point vu, l'oreille n'a point entendu, l'esprit humain ne saurait comprendre ce que Dieu a préparé à ceux qui l'aiment. »

même physionomie que s'ils étaient encore vivants. Quant aux femmes de qualité, lorsqu'elles sont mortes, on ne les donne pas sur le champ aux embaumeurs, non plus que celles qui sont très-belles, mais seulement trois ou quatre jours après leur mort. A l'égard de ceux qui ont été pris par un crocodile, ou qui se sont noyés dans le fleuve, auprès de quelque ville qu'ils soient jetés, ceux de la ville sont obligés de les embaumer, de les ajuster de la manière la plus magnifique, et de les déposer dans les tombeaux sacrés. Il n'est permis à aucun, soit de leurs parents, soit de leurs amis, d'y toucher ; les seuls prêtres du Nil les touchent et les ensevelissent comme des corps qui ont quelque chose au-dessus de l'humanité.

Hérodote rapporte d'autres circonstances de l'embaumement. Premièrement, dit-il, on tire avec un fer oblique la cervelle par les narines ; on la tire en partie de cette manière, et en partie par le moyen des drogues qu'on introduit dans la tête. Ensuite avec une pierre d'Ethiopie aiguisée, on fait une incision dans le flanc ; on tire par là l'estomac et les entrailles ; on les nettoie et on les passe au vin de palmier ; on les passe encore dans des aromates broyés, ensuite on emplit le ventre de myrrhe pure broyée, de cassie et d'autres parfums, excepté d'encens, et on le recoud. Après cela on sale le corps en le couvrant de natron pendant 70 jours. Il n'est pas permis de le saler plus longtemps. Quand ce temps de 70 jours est passé, on enveloppe tout le corps de bandes de toile de coton coupées et enduites de gomme. Les parents prennent ensuite le corps ; ils font un étui de bois en forme humaine ; ils y renferment le mort, et l'ayant fermé à clef, ils le déposent dans un appartement destiné à cet usage, où ils le placent tout droit contre la muraille. Telle est la manière la plus chère et la plus magnifique d'ensevelir les morts. Pour ceux qui ne veulent point faire de ces embaumements somptueux, ils choisissent le second mode que voici : On remplit des seringues d'une liqueur onctueuse tirée du cèdre ; on en injecte le ventre du mort, sans y faire aucune incision et sans en tirer les entrailles. Quand on a introduit l'extrait du cèdre par le fondement, on le bouche pour empêcher l'injection de sortir par cette voie ; ensuite on sale le corps pendant le temps prescrit. Au dernier jour on tire du ventre la liqueur du cèdre : elle a tant de force qu'elle entraîne avec elle le ventricule et les entrailles dissoutes. Le nitre dissout les chairs, et il ne reste du corps que la peau et les os. Quand tout cela est terminé, on rend le corps sans y faire autre chose. La troisième manière n'est employée que pour les plus pauvres. Après avoir lavé le ventre avec une certaine liqueur, on met le corps dans le nitre pendant 70 jours, et on le rend à ceux qui l'ont apporté (1).

Un des embaumeurs récitait au nom du défunt cette prière rapportée par Porphyre : *Soleil, roi suprême de toutes choses, et vous dieux de qui les hommes tiennent la vie, daignez me recevoir et m'introduire dans le séjour des immortels*

On est redevable à cette coutume égyptienne de l'innombrable quantité de corps humains embaumés qui nous sont parvenus si parfaitement conservés, et auxquels on a donné le nom de *momies*. On en voit dans tous les cabinets d'Europe ; on reconnaît celles des hommes à un appendice en forme de barbe tressée, qui est attaché au menton ; il n'y en a pas aux momies de femmes. Les momies d'enfant sont rares ; mais on en trouve un grand nombre d'animaux consacrés aux dieux, tels que d'ibis, de chats, de crocodiles, d'ichneumons, d'éperviers, de poissons, de serpents, de bœufs, de béliers, qui ont reçu les honneurs de l'embaumement ou momification.

2. Les Guanches possédaient aussi le secret de l'embaumement, et leurs momies, qu'ils appelaient *xaxos*, étaient préparées d'après une méthode analogue à celle des anciens Egyptiens. Suivant la tradition, il existait à Ténériffe une classe d'hommes et de femmes qui exerçaient le métier d'embaumeurs. « Ces gens-là, dit le père Espinosa, ne jouissaient d'aucune considération : ils vivaient isolés ; on fuyait leur contact, car on les regardait comme immondes, n'étant employés qu'à vider les cadavres. Ceux, au contraire, qui se chargeaient spécialement d'embaumer le corps avaient droit au respect de leurs concitoyens. » Voici ce que cet auteur rapporte sur la manière d'opérer : « Le corps du défunt était placé sur un banc de pierre pour procéder d'abord à sa dissection par l'extraction des intestins. On le lavait deux fois par jour avec de l'eau froide mêlée de sel, en ayant soin de bien imbiber les oreilles, les narines, les doigts des mains et des pieds, et toutes les parties délicates ; on l'oignait ensuite avec une composition de beurre de chèvre, d'herbes aromatiques, d'écorce de pin pilée, de résine, de poussière de bruyère et de pierre ponce, et d'autres matières astringentes et dessicatives ; puis on le laissait exposé au soleil pendant quinze jours. Pendant cet intervalle, les parents du mort chantaient ses louanges et se livraient à la douleur. Lorsque le corps était bien desséché et qu'il était devenu très-léger, on l'enveloppait dans des peaux de brebis et de chèvres tannées ou crues, suivant son rang, et on lui faisait une marque pour le reconnaître au besoin. Après cette opération, il était porté dans une des grottes sépulcrales destinées à ce pieux usage et situées dans des endroits presque inaccessibles. Les corps qu'on enfermait dans des sépulcres étaient placés debout contre les parois de la grotte ; les autres étaient disposés les uns à côté des autres, sur des espèces d'échafaudages en branches de genévrier, de mocan ou d'autres bois in-

---

(1) On a fait quelques objections contre certains procédés indiqués dans le récit d'Hérodote et de Diodore de Sicile ; mais nous en laissons l'appréciation aux connaisseurs.

corruptibles. » Quelquefois les momies ne reposaient que sur de simples couches de petites bûches.

Viana, qui a décrit la manière d'embaumer d'après les renseignements d'Espinosa, suppose que la pâte aromatique et astringente, qui servait à oindre le corps extérieurement, était aussi introduite dans l'intérieur; mais il a omis les bains d'eau saline, qui rapprochent si essentiellement la méthode des Guanches de celle des Egyptiens. Viera croit que l'ouverture des cadavres se faisait au moyen de pierres tranchantes, tirées de ces obsidiennes désignées par les anciens habitants sous le nom de *tabona*; ce qui rappellerait les pierres éthiopiques, employées pour ouvrir le corps sur le côté, et dont il est fait mention dans Hérodote. On a observé en effet l'incision pratiquée sur le flanc de plusieurs momies qui ont été découvertes.

On a trouvé un grand nombre de ces momies en différentes cavernes, où elles étaient les unes debout, les autres étendues sur des brancards; d'autres enfin empilées les unes sur les autres: les chairs, en état parfait de conservation, étaient recouvertes d'une peau aussi sèche que le parchemin; la peau a seulement acquis une couleur brune, mais sans grande altération de formes; les dents sont d'une extrême blancheur; les cheveux, la barbe, les sourcils se sont très-bien conservés. L'inspection de ces momies porte à croire que, chez les Guanches comme chez les Egyptiens, il existait des différences dans la manière d'embaumer, suivant le rang et la richesse des individus. On en a trouvé en effet qui avaient jusqu'à six enveloppes, tandis que d'autres n'étaient cousues que dans une seule peau de chèvre. Ces peaux tannées paraissent avoir été appliquées humides sur le cadavre, car quelques-unes avaient si bien pris les formes de l'individu, qu'après la destruction du corps, elles étaient restées moulées comme des cuirasses. Dans les momies d'une classe supérieure, les peaux mortuaires sont très-finement tannées, fort souples, cousues de plusieurs pièces avec une délicatesse admirable; les bandelettes qui les entourent et les tiennent liées ensemble sont aussi de la même matière. On peut de prime-abord distinguer les deux sexes à la position des bras: les hommes les ont étendus le long des cuisses, et les femmes les tiennent croisés sur le ventre.

3. Les peuples du Pérou avaient l'art d'embaumer les corps, de telle façon que, non-seulement ils résistaient à la pourriture et à la corruption, mais qu'ils acquéraient une dureté extraordinaire. Le corps de l'inca était ainsi embaumé et porté dans le temple du soleil à Cusco, et placé devant l'image de cet astre qui était regardé comme son père, pour y partager avec celui-ci les honneurs divins. On embaumait également les corps des grands personnages.

4. Les anciens habitants de la Virginie embaumaient les corps de leurs chefs par un procédé qui témoignait le peu de progrès qu'ils avaient fait dans les arts. Voici comment ils s'y prenaient, d'après le récit d'un ancien voyageur: « Ils fendent d'abord la peau tout le long du dos, et l'arrachent tout entière, s'il est possible. Ils décharnent ensuite les os sans offenser les nerfs, afin que les jointures puissent rester ensemble. Après avoir fait sécher les os au soleil, ils les remettent dans la peau qu'ils ont soin de tenir humide avec un peu d'huile ou de graisse; ce qui la garantit de la corruption. Lorsque les os sont bien placés dans la peau, ils en remplissent adroitement les vides avec du sable très-fin, et ils la recousent, en sorte que le corps paraît aussi entier que s'ils n'en avaient pas ôté la chair. Ils portent le cadavre ainsi préparé dans un lieu destiné à cet usage; ils l'y étendent sur une grande planche nattée, qui est à quelque élévation du sol, et ils le couvrent d'une natte pour le garantir de la poussière. La chair qu'ils ont tirée du corps est exposée au soleil sur une claie; et quand elle est tout à fait sèche, ils l'enferment dans un panier bien cousu, et la mettent aux pieds du cadavre. Ils placent dans ces tombeaux une idole de *Kiwasa*, qui, à ce qu'ils prétendent, a soin de garder ces corps. » Un prêtre se tient nuit et jour dans ce mausolée, auprès d'un feu allumé; c'est là qu'il s'acquitte de certains devoirs religieux à l'intention des défunts commis à sa garde.

5. Les habitants d'Apalache, dans la Floride, embaumaient pareillement les corps de leurs parents et de leurs amis défunts. Ils les laissaient à peu près trois mois dans le baume; après quoi ces corps, desséchés par la force des drogues aromatiques, étaient revêtus de peaux bien préparées, et mis dans des cercueils de cèdre. Les parents gardaient le cadavre chez eux l'espace de douze lunes; ensuite ils le portaient à la forêt voisine, où ils l'enterraient au pied d'un arbre.

Quant à leurs caciques décédés, ils embaumaient leurs corps de la même manière, les revêtaient de leurs ornements, les paraient de plumes et de colliers, et les gardaient ainsi trois années dans l'appartement où ils étaient morts, enfermés dans des cercueils de bois. Ce terme expiré, on les portait au tombeau de leurs prédécesseurs, et on les descendait dans une grotte dont on fermait l'ouverture avec de grosses pierres. On suspendait aux arbres voisins les armes dont le défunt s'était servi à la guerre, en témoignage de sa valeur. Enfin, on plantait un cèdre auprès de la grotte, et si cet arbre venait à mourir, on avait soin de le remplacer aussitôt.

EMBLA, ou EMLA, l'Eve de la mythologie scandinave, épouse d'Ask, le premier homme. *Voy.* Ask.

EMBUNGOULA, un des *Gangas*, ou prêtres du Congo. Il passe auprès des Nègres pour un sorcier si habile, qu'il peut, d'un coup de sifflet, faire venir devant lui qui bon lui semble, s'en servir comme d'un esclave, et le vendre même, s'il le juge à propos.

ÉMEPH, ou HÉMEPH, dieu des anciens Egyptiens, le même que Cnef, Cnouphis. Ils en faisaient le principe de l'ordre, la cause efficiente et éternelle de l'Univers. Ils le peignaient sous la forme humaine, pour marquer son intelligence ; androgyne, pour signifier son indépendance absolue dans ses productions, ayant sur sa tête un épervier, pour désigner son activité ; avec un œuf sortant de sa bouche, pour exprimer sa fécondité. De cet œuf est sorti *Phtha*, l'Hephæstos des Grecs et le Vulcain des Latins.

ÉMERAUDE. Cette pierre précieuse était considérée comme une divinité par les Péruviens de la vallée de Manta. Celle qu'ils adoraient était grosse comme un œuf d'autruche. On la montrait les jours de grande fête, et le peuple accourait de toutes parts pour voir sa déesse et lui offrir des émeraudes. Les prêtres et les caciques donnaient à entendre que cette déesse était bien aise qu'on lui présentât ses filles, et par ce moyen ils en amassèrent une grande quantité. Lorsque les Espagnols firent la conquête du Pérou, ils trouvèrent toutes les filles de la déesse ; mais les indigènes avaient si bien caché la mère, que jamais depuis on ne put savoir où elle était.

ÉMETH, la première divinité après Noétarque, suivant la théogonie des philosophes éclectiques. Ils la définissent, l'intelligence divine qui se connaît elle-même, d'où sont émanées toutes les intelligences, et qui les ramène dans son sein comme dans un abîme. Les Egyptiens plaçaient Eikton avant Emeth : c'était la première idée exemplaire ; on l'adorait par le silence. *Voy.* NOÉTARQUE, AMEM, EIKTON.

ÉMIR. Ce mot signifie proprement, *commandant*, et correspond chez les musulmans aux titres de roi, de prince souverain et de sultan ; mais il n'implique que la seule autorité temporelle, à la différence du titre d'*Imam*, qui exprime l'autorité spirituelle, et de celui de *khalife*, qui indique la réunion des deux pouvoirs.

Les descendants de Mahomet, par Fatima, sa fille, jouissent chez tous les peuples musulmans du privilége de joindre à leur nom la qualification d'*Emir*, ou celles de *saïd* et de *schérif*, qui signifient seigneur et noble. Quoiqu'en vertu de cette descendance, fort problématique pour la plupart, ils n'aient à remplir aucune fonction temporelle ou spirituelle, ils sont censés au nombre des personnes sacrées. Ils portent tous un turban vert de mer foncé, qui était la couleur du prophète, leur aïeul. La vénération qu'inspire le sang qui coule dans leurs veines a porté les magistrats séculiers à formuler en leur faveur plusieurs prescriptions légales, et à condamner, entre autres, ceux qui auraient la témérité de les frapper, à avoir la main droite coupée. Mais on élude cette défense, en ne les outrageant qu'après leur avoir ôté ce turban avec beaucoup de vénération et de respect. Ces émirs ont un supérieur qui a sous lui des gardes et des officiers et qui, dans certains pays, a seul droit de vie et de mort sur eux. Le nombre de ces émirs est très-considérable, et on en trouve dans tous les ordres de l'État, même dans les professions les plus abjectes et parmi les mendiants. On conçoit que la plupart se sont arrogé ce titre comme moyen de recommandation auprès de leurs concitoyens. Si cependant ils sont convaincus de l'avoir usurpé, ils sont condamnés à des peines sévères et à la prison. Le peuple croit qu'un véritable émir est exempt de toute infirmité corporelle, et qu'il ne peut jamais se trouver réduit à la mendicité ; d'où il résulte que tout émir estropié ou malheureux, donne lieu à des soupçons sur sa naissance, et les dévots se font alors un devoir de rechercher ses preuves.

ÉMIR AL-MOUMENIN, c'est-à-dire *chef des fidèles*, ou, comme traduisent nos historiens, *commandeur des croyants;* c'est le titre que les musulmans donnaient aux khalifes successeurs de Mahomet. Les chroniqueurs du moyen âge, qu'on pourrait appeler les bourreaux des langues de l'Orient, ont corrompu ce mot sous l'orthographe *Miramolin*.

EMIR HADJI, ou EMIR EL-HADJ, c'est-à-dire *chef des pèlerins;* on donne ce nom à ceux qui sont chargés de conduire les pèlerins à la Mecque, et particulièrement au pacha de Damas, aux beys ou grands seigneurs de l'Egypte et du Maroc, qui remplissent cette importante fonction. Plusieurs khalifes ont tenu à honneur de marcher eux-mêmes en tête des caravanes qui se rendaient à la Mecque pour accomplir les rites sacrés.

EMMANUEL, nom que le prophète Isaïe donne au Messie dont il annonce la venue. Le mot *Emmanuel* (ou, comme on prononce en hébreu, עמנואל *Immanou-el*) signifie Dieu avec nous.

EMMÉLIE, sorte de danse grecque, grave et sérieuse, inventée par un des compagnons de Bacchus, lors de son expédition à la conquête des Indes.

EMMURÉS. Le concile d'Albi, tenu en 1254, donne ce nom aux hérétiques albigeois que l'on enfermait comme convertis par force ; parce qu'en effet on les emprisonnait entre quatre murailles.

EMOL, génie invoqué par les basilidiens.

EMPANDA, divinité des Romains ; c'était la déesse protectrice des lieux ouverts, tels que bourgs et villages. Varron la confond à tort avec Cérès.

EMPLOCIES (du grec εμπλοκή, entrelacement) ; fêtes célébrées par les Athéniens, et dans lesquelles les femmes devaient paraître avec les cheveux tressés.

EMPOLÉE, surnom de Mercure, considéré comme protecteur des marchands et des cabaretiers.

EMPONG, esprits malfaisants, auxquels les habitants des îles Célèbes adressent des vœux, et en l'honneur desquels ils s'imposent des pénitences et des privations.

EMPUSE, spectre ou fantôme envoyé par Hécate pour épouvanter les hommes. On le représentait sous la forme d'une femme qui n'avait qu'un pied (d'où son nom grec, ἔμπουσα, qui marche, ἐν, avec, πούς ποδός, un pied); ou du moins Empuse n'avait qu'un pied dont elle pût se servir, c'était un pied d'âne; car l'autre était d'airain. Elle prenait encore toutes sortes de formes hideuses. On conjurait ce spectre en l'insultant et en lui disant des injures.

EMPYRÉE. Les anciens théologiens appelaient ainsi le onzième ciel, renfermant dans sa circonscription le premier mobile; c'était le séjour de Dieu et des bienheureux. Ils l'appelaient ainsi d'un mot grec qui signifie en feu ou enflammé (ἐμπύριος), non qu'ils le crussent réellement de la nature du feu, mais parce que, disaient-ils, le onzième ciel l'emporte en pureté sur les cieux inférieurs, comme le feu sur les autres éléments. Le terme empyrée est maintenant laissé aux poëtes et aux astrologues.

ENACHSYS, c'est-à-dire gardeuse de vaches; divinité malfaisante, singulièrement redoutée des Yakoutes. Elle passe pour nuire aux vaches, leur envoyer des maladies, et faire périr les veaux. Ceux qui possèdent des troupeaux l'honorent souvent par des sacrifices, afin de se la rendre favorable.

ENAGONE, surnom de Mercure, honoré à Olympie, comme Dieu des athlètes (ἐναγώνιος).

ENCADDIRES, nom donné par les Carthaginois à ceux de leurs prêtres qui étaient au service des dieux Abaddirs. Voyez ABADDIR.

ENCELADE, géant redoutable, fils du Tartare ou du Titan et de la Terre: Lors de la guerre des géants contre les dieux, Encelade, voyant ceux-ci victorieux, prenait la fuite, lorsque Minerve l'arrêta en lui opposant l'île de Sicile; et Jupiter l'accabla sous le poids énorme de l'Etna. C'est lui dont l'haleine embrasée exhale les feux que lance le volcan et l'épaisse fumée qui obscurcit l'air d'alentour; les mouvements qu'il fait pour se retourner occasionnent les tremblements de terre de la Sicile.

ENCÉNIES, fêtes célébrées à la dédicace d'un temple. L'Évangile selon saint Jean fait mention, ch. x, ỹ. 22, des Encénies célébrées à Jérusalem pendant l'hiver: c'était la dédicace solennelle que Judas Machabée avait ordonné de célébrer tous les ans pendant huit jours, en mémoire du rétablissement de l'autel des holocaustes, profané par les gentils. C'est sans doute la fête dont les Juifs actuels font encore mémoire le troisième jour du mois de casleu ou kislev.

Les Encénies des Grecs consistaient en danses et en festins, où l'on se couronnait de fleurs.

ENCENS. 1. Les Grecs, selon Pline, n'admirent l'usage de l'encens dans les sacrifices qu'après la guerre de Troie: jusque-là ils avaient employé les arbustes odoriférants. On lit, dans Arrien, que l'encens ne pouvait jamais être dérobé, dans quelque abandon qu'on le laissât, et cela par un privilège des dieux, qui préservaient des mains sacrilèges un parfum qui leur était si précieux. — Les Arabes avaient autrefois tant de respect pour l'encens, qu'ils observaient une exacte chasteté quand ils voulaient le recueillir.

2. Il paraît, par les premiers ordres romains, que l'encens n'a d'abord été introduit dans l'Eglise que pour purifier le lieu et le parfumer. Tel semble avoir été originairement l'usage primitif de l'encens. C'était proprement la suffumigation des anciens, nécessaire surtout dans les églises ou basiliques, à cause de la grande multitude de peuple qui s'y assemble, mais plus nécessaire encore lorsque les chrétiens s'assemblaient dans des caves, des cimetières et des lieux souterrains, sujets à exhaler des vapeurs délétères et malignes. Tel est, sur l'usage de l'encens, le sentiment des Pères, de saint Clément d'Alexandrie, de Tertullien, d'Arnobe, de Lactance, de saint Augustin, etc. Tous ont pensé que l'encens n'était employé, dans les premiers siècles de l'Eglise, qu'à cause de son effet le plus naturel, qui est de dissiper les mauvaises odeurs: au lieu que les païens en offraient à leurs idoles, et que, chez les Juifs, le parfum était consacré au Seigneur d'une façon si particulière, qu'il n'était pas même permis d'en composer de semblable pour en sentir l'odeur. Aussi, dit saint Thomas, l'Eglise n'emprunte-t-elle point précisément son encens de l'usage de la Synagogue; elle le tient de toutes les nations, qui, pour chasser le mauvais air d'un lieu et y répandre de bonnes odeurs, ont toujours employé des gommes odoriférantes et aromatiques. Depuis plusieurs siècles, cependant, l'encens n'est employé dans l'Eglise catholique que comme témoignage de respect et de vénération: ainsi on encense le saint sacrement, les offrandes destinées à la consécration, l'autel, le célébrant, les chantres, les ministres du culte, et même les simples fidèles. Le célébrant bénit l'encens en le mettant dans le feu, par ces paroles: *Ab illo benedicaris in cujus honore cremaberis; in nomine*, etc. « Soyez béni par celui en l'honneur duquel vous brûlerez. »

ENCENSEMENT. Le mode d'encensement, chez les anciens, était appelé *suffitus, suffitio, suffimentum* ou *suffumigatio*; il ne consistait probablement qu'à jeter de l'encens sur un autel destiné à cet effet, ou sur des cassolettes que l'on plaçait devant les objets que l'on voulait honorer ou parfumer. Il ne paraît pas qu'on les agitât de bas en haut, comme on fait actuellement dans l'Eglise catholique; mais on se contentait de les promener horizontalement autour des statues des dieux et des objets sacrés. Maintenant l'encensement consiste à agiter l'encensoir et à le lancer régulièrement en l'air. Les rubriques de l'Eglise ont déterminé le mode et le nombre des encensements qui doivent accompagner les diverses cérémonies de l'office public.

On a retrouvé l'usage des encensements chez les peuples du Mexique et du Pérou, parmi les Caraïbes des îles Antilles et dans la Virginie.

ENCENSEURS, ou **THURIFÉRAIRES**. On appelle ainsi les clercs dont la fonction est d'encenser l'autel et le chœur, à certaines parties de l'office.

ENCENSOIR, espèce de cassolette dont on se sert dans l'Église pour brûler l'encens et encenser. L'encensoir est fait en forme de petit réchaud couvert d'un dôme percé à jour, et suspendu à quatre chaînes, dont l'une sert à soulever le couvercle. Cet instrument est d'argent, ou de laiton doré ou argenté.

ENCHANTEMENT. « Ce mot, dit le mythologue Noël, doit se prendre en deux sens :

« 1° Il signifie les paroles et cérémonies dont usent les magiciens pour évoquer les génies, faire des maléfices, ou tromper la simplicité du peuple. Ce mot est dérivé du latin *in* et *canto*, je chante contre ou en faveur, soit que, dans l'antiquité, les magiciens eussent coutume de chanter leurs exorcismes, soit que les formules fussent conçues en vers ; de là *carmina*, dont nous avons fait *charme*.

« 2° Il désigne la manière de guérir les maladies, soit par des amulettes, des talismans, des phylactères, des pierres précieuses, qu'on porte sur sa personne, soit par des préparations superstitieuses de simples, etc. Ammon, Hermès, Zoroastre, passaient, chez les anciens, pour les auteurs de cette pratique médicinale, qu'Hippocrate, chez les Grecs, et Asclépiade, chez les Romains, firent céder aux lumières de la raison et de l'expérience. »

3° Il y a, dit l'auteur de l'*Histoire de la Virginie*, bien des occasions où les Virginiens emploient les enchantements. Le capitaine Smith étant tombé entre leurs mains, ils pratiquèrent à son occasion un sortilége dont nous allons donner la description. Il s'agissait de savoir s'il était bien ou mal intentionné pour eux, et si d'autres Anglais devaient arriver. On alluma dès le matin un grand feu, autour duquel on traça un cercle de farine ; après quoi, un homme, qui était apparemment le chef des prêtres ou magiciens, s'approcha du feu en faisant plusieurs gestes extraordinaires. Il était couvert d'une peau ; il avait sur la tête une couronne de plumes, avec des peaux de belettes et de serpents. En cet équipage, il commença l'invocation d'une voix tonnante et chanta des chants magiques, en quoi il fut secondé des autres prêtres, qui étaient au nombre de six. Le chant fut réitéré plusieurs fois. Dès qu'il cessait, les prêtres posaient quelques grains de blé à terre, et le grand-prêtre jetait de la graisse et du tabac dans le feu. Après cela, on traça deux autres cercles. Les prêtres prirent des bûchettes, et les mirent dans les intervalles des grains de blé, qui étaient à peu près cinq à cinq. La cérémonie dura trois jours. *Voyez* **Magie**, **Sortilége**, **Charme**, **Devin**, etc.

4° Les enchantements des Indiens consistent principalement à prendre des couleuvres et à les faire danser au son d'une flûte. Ceux qui en font métier ont plusieurs sortes de couleuvres, qu'ils gardent dans des paniers ; ils les portent de maison en maison, et les font danser pour recevoir quelque argent. Quand un particulier trouve quelques-uns de ces animaux dans sa maison ou dans son jardin, il s'adresse aux enchanteurs pour les faire sortir. Ceux-ci les font venir à leurs pieds au son de la flûte et en chantant quelques airs ; ils les prennent ensuite à pleine main, sans en éprouver aucun mal ; ils se gardent bien de les tuer, mais ils les conduisent à la campagne, ou les gardent avec eux pour les faire danser dans l'occasion. Un Indien ayant un jour fait sortir une couleuvre d'un corps de garde, où elle était cachée, elle fut tuée par un des soldats, ce qui jeta l'enchanteur dans une étrange consternation. Il la prit, et l'alla enterrer avec beaucoup de vénération et de cérémonies. Il mit dans le trou où il l'inhuma un peu de riz et de lait, comme pour expier l'injure qui lui avait été faite. — Ces enchanteurs s'attribuent aussi le pouvoir de charmer les tigres et les alligators, et de les empêcher de nuire.

ENCHANTEUR. D'après l'étymologie du mot, on donne le nom d'*Enchanteur* à celui qui s'attribue le pouvoir de charmer, *par ses chants*, les serpents et les animaux féroces, de conjurer les maladies, de chasser les démons, etc. Ainsi les Égyptiens qui luttèrent de prodiges avec Moïse, en présence de Pharaon, n'étaient point des enchanteurs proprement dits, mais des magiciens. Cependant il y avait beaucoup d'enchanteurs en Égypte, comme dans la plupart des pays infestés par les serpents. Il existe encore dans ce pays des hommes qui savent faire sortir les serpents de leurs retraites, ce qu'ils font en imitant le sifflement du serpent. Bonaparte a voulu assister à l'une de ces opérations, mais il n'eut pas le temps d'en attendre la fin. M. Geoffroy Saint-Hilaire assure qu'elle réussit complétement.

Les Juifs, qui résidèrent longtemps chez les Égyptiens, avaient tiré d'eux la connaissance de ces prestiges ; et David y fait allusion, dans un des Psaumes, lorsqu'il compare la fureur des méchants à celle de l'aspic, qui se bouche les oreilles pour ne point entendre la voix des enchanteurs : *Furor illis secundum similitudinem serpentis ; sicut aspidis surdæ, et obturantis aures suas, quæ non exaudiet vocem incantantium, et venefici incantantis sapienter* (Ps. LVII, ŷ. 5 et 6). Au reste, la loi de Moïse prononce des peines sévères contre ceux qui font le métier d'enchanteurs, et contre ceux qui vont les consulter ou réclamer leur secours.

Les poëtes latins parlent souvent du pouvoir attribué aux chants ou aux vers des enchanteurs. Virgile dit, dans sa huitième Églogue, que les enchanteurs peuvent faire descendre la lune sur la terre ; que c'est par la puissance de ses vers que Circé a changé en pourceaux les compagnons d'Ulysse ; que c'est par des enchantements qu'on fait mourir les couleuvres dans les prés :

Carmina vel cœlo possunt deducere lunam;
Carminibus Circe socios mutavit Ulyssis;
Frigidus in pratis cantando rumpitur anguis.

Ovide en parle dans les mêmes termes; Silius rapporte la même chose, en parlant des Marmarides, peuple d'Afrique, dont il admire la puissance, disant qu'ils trouvaient par leur chant le moyen de rendre les serpents dociles :

Ad quorum cantus serpens oblita veneni,
Ad quorum cantus mites jacuere cerastæ.

Enfin, tous les anciens conviennent qu'il y a eu des gens qui, par certains vers ou par certaines paroles, ont fait des choses étonnantes. Il y en avait même, selon Ovide, qui jouissaient du pouvoir de faire périr les moissons, tarir les fontaines, faire tomber les fruits, et cela en prononçant seulement quelques vers ou en chantant quelques chansons :

Carmine læsa Ceres sterilem vanescit in herbam,
Deficiunt læsi carmine fontis aquæ.
Ilicibus glandes, cantataque vitibus uva
Decidit, et nullo poma movente fluunt.

ENCHYTRIES, filles et femmes grecques qui, dans les funérailles, portaient l'eau lustrale et en faisaient des libations sur les tombeaux.

ENCLABRIS, table sur laquelle les prêtres romains mettaient la victime, pour considérer ses entrailles et en tirer des augures. *Voyez* ANCLABRIA.

ENCLYSÉUS, dieu particulier de Gaza, en Palestine.

ENCOLPION (ἐγκόλπιον, objet qui se porte sur le sein), nom que donnent les Grecs au reliquaire que les évêques portent suspendu à leur cou. Les prélats de l'Église latine portent également sur la poitrine, comme insigne de leur dignité, une croix d'or qui renferme des reliques, et qu'ils appellent *croix pectorale*, ce qui rend très-bien l'*encolpion* des Grecs.

ENCRATITES, c'est-à-dire *continents*, hérétiques du II° siècle, ainsi appelés, parce qu'ils faisaient profession de continence, rejetant absolument le mariage. Ils s'abstenaient de la chair des animaux et du vin, et disaient que la loi judaïque procédait d'un autre dieu que l'Évangile. L'auteur de cette secte fut Tatien, philosophe platonicien, qui se convertit au christianisme, se fit disciple de saint Justin, et se sépara de l'Église après la mort de ce saint martyr. Il adopta la plupart des erreurs des valentiniens et des marcionites, dont il fit un mélange à son usage. Il admettait les deux principes, soutenait que le Fils de Dieu n'avait eu que les apparences d'un corps, niait la résurrection de la chair et le salut d'Adam. Sa morale rigide lui fit quelques sectateurs, auxquels, outre le nom d'*Encratites*, on donna encore ceux d'*Hydroparastes* ou *Aquariens*, parce qu'ils n'offraient que de l'eau dans les saints mystères. Ils recevaient comme canoniques les actes d'André, de Jean, de Thomas, et plusieurs autres pièces apocryphes.

ENDÆTHYIA, surnom sous lequel les Mégariens adoraient Minerve, parce qu'elle s'était changée en plongeon (αἴθυια), pour porter sous ses ailes Cécrops à Mégare.

ENDOBOLICUS, divinité des anciens Espagnols; c'était le dieu tutélaire d'Huesca, le même qu'*Endovellicus*. *Voyez* ce nom.

ENDOURINGUÉ, nom mandchou des personnages divinisés, dans le système religieux des bouddhistes.

ENDOVELLICUS, dieu des anciens Espagnols. Son nom se trouve joint à celui d'Hercule, sans particule conjonctive, dans une inscription gravée sur un morceau de colonne tiré des ruines de l'amphithéâtre de Tolède : ce qui fait que quelques-uns prennent Endovellicus pour un surnom de ce héros divinisé. Mais d'autres pensent que c'est un personnage distinct, et le regardent comme le Mars des Espagnols. Au reste, on a trouvé en Espagne un grand nombre d'inscriptions qui démontrent que le culte de cette divinité était très-répandu. Il paraît même qu'il y avait un oracle sous son patronage.

ENDYMION, fils d'Ethlius et de Chalyce, et petit-fils de Jupiter, qui lui donna une place dans le ciel ; mais ayant manqué de respect à Junon, il fut condamné à un sommeil perpétuel, selon les uns, ou de trente ans seulement, suivant les autres. D'autres écrivains rapportent que Jupiter lui ayant laissé le choix de la peine, il demanda de dormir toujours, sans être assujetti aux atteintes de la vieillesse et à la mort. C'est pendant ce sommeil qu'on suppose que la Lune, éprise de sa beauté, venait toutes les nuits le visiter dans une grotte du mont Latmos, et en eut cinquante filles et un fils nommé Etolus; après quoi Endymion fut rappelé dans l'Olympe.

Des mythologues rapportent l'origine de cette fable à la Néoménie, fête égyptienne, où l'on célébrait l'ancien état de l'humanité. Pour cet effet, on choisissait une grotte écartée, où l'on plaçait une statue d'Isis avec son croissant, et à ses côtés Horus endormi, pour exprimer le repos et la sécurité dont jouissaient alors les humains. Cette figure s'appelait *Endymion*, ou la grotte de la représentation.

Selon d'autres, Endymion, au lieu d'être un berger de Carie, était le douzième roi d'Élide. Chassé de son royaume, il se retira sur le mont Latmos, où l'étude de l'astronomie à laquelle il se livra donna lieu à la fable de ses amours avec Diane.

Quant à nous, nous sommes portés à croire que la fable d'Endymion rappelle la prépondérance qu'acquit chez l'Orient l'année lunaire sur l'année solaire. En effet, *Endymion* peut se traduire par *le soleil endormi* (עין *en*, le soleil ou l'œil du jour, et דומי *doumi*, דומיון *doumion*, silencieux); le mont *Latmos* rappelle le verbe לאט *lat*, cacher, voiler; les cinquante filles nées du commerce de la lune avec Endymion endormi, sont les cinquante semaines de l'année lunaire ; et l'enfant mâle Etolus désignerait l'appoint de jours nécessaires pour la faire cadrer avec l'année solaire.

ENELIAXIS, fête grecque en l'honneur d'Enyalius, le même que Mars, ou, selon d'autres, un de ses ministres.

ENENTIUS, ENANTIUS, ou **EVENTHIUS,** un des dieux des Phéniciens.

ÉNERGUMÈNES. Par *Energumènes* l'Eglise entend tous ceux sur qui le démon exerce visiblement sa puissance, soit continuellement, soit par intervalles. Suivant la définition de Thiers, dans son livre *de l'Exposition du saint sacrement*, on nommait Energumènes ceux sur lesquels le démon avait quelque puissance et quelque autorité, en quelque manière que ce fût. Ainsi ceux qui étaient obsédés, ceux qui étaient travaillés de terreurs paniques, ceux qui étaient tourmentés de vaines illusions, et généralement tous ceux qui s'abandonnaient à l'impétuosité et à la fureur de leurs passions, s'appelaient Energumènes, dans le langage de saint Denis et de quelques autres anciens auteurs. Non-seulement ils étaient exclus de la participation aux saints mystères, mais ils étaient mis hors de l'église avec les catéchumènes, quand on était sur le point de commencer la messe des fidèles. Dans les anciennes basiliques, ils avaient une place réservée dans le *pronaos* ou l'avant-nef.

ENFANTS DE DIEU. Cette expression, assez fréquente dans l'Ancien Testament, se donne :

1° Aux anges, soit parce que leur essence spirituelle les approche de la nature divine, soit parce qu'on les considère comme les ministres du Seigneur. Les enfants de Dieu qui, dans le livre de la Genèse, sont représentés comme ayant eu commerce avec les filles des hommes, et ayant donné naissance aux géants, étaient des anges d'une nature corporelle, s'il fallait s'en rapporter à certains écrivains rêveurs, et surtout à quelques livres apocryphes, entre autres à celui d'Enoch.

2° Aux rois, considérés comme les vicaires de Dieu sur la terre, et animés de son esprit divin; c'est ainsi que les poëtes grecs appelaient aussi les princes de la terre, Διογενεῖς Βασιλῆες, *Deo geniti* ou *Jovis geniti reges*.

3° Aux hommes qui faisaient profession de servir Dieu avec zèle; et c'est ainsi qu'il faut entendre le passage de la Genèse, qui fait allusion à l'union des enfants de Dieu avec les filles des hommes. Les mariages contractés entre la race de Seth, dépositaire de la foi et de la piété, et la race maudite de Caïn, donnèrent naissance aux brigands qui, sous le nom de géants, désolèrent le monde antédiluvien.

ENFANTS DES DIEUX. D'après Noël, on donnait ce nom :

1° A plusieurs personnages poétiques, tels que l'Achéron, fils de Cérès; Écho, fille de l'Air, etc.

2° A ceux qui, imitant les actions des dieux, ou excellant dans les mêmes arts, passaient pour leurs fils tels qu'Orphée, Esculape, Linus, etc.

3° Aux habiles navigateurs, regardés comme enfants de Neptune.

4° A ceux qui se distinguaient par leur éloquence, et que l'on regardait comme fils d'Apollon.

5° Aux guerriers fameux, considérés comme enfants de Mars.

6° A ceux dont l'origine était obscure, et aux premiers habitants d'un pays, que l'on croyait enfants de la Terre.

7° A ceux que l'on trouvait exposés dans les temples, et qui passaient pour les enfants des dieux auxquels ces temples étaient consacrés.

8° A ceux qui naissaient d'un commerce scandaleux, et auxquels on donnait un dieu pour père.

9° Aux enfants qui naissaient du commerce des prêtres avec les femmes qu'ils subornaient dans les temples, et qui étaient censés enfants des dieux dont leurs pères étaient les ministres.

10° Enfin, à la plupart des princes et des héros que l'on déifiait, et auxquels on donnait des dieux pour ancêtres.

ENFANTS DE CHOEUR, nom que l'on donne aux enfants qui, dans les églises, sont chargés de chanter les répons brefs, les versicules, et d'accompagner les chantres dans les pièces de musique. Ils ont un costume ecclésiastique qui varie suivant les différents diocèses, et même de paroisse à paroisse. Ce sont eux encore, qui, à défaut d'ecclésiastiques dans les ordres, servent le prêtre à l'autel, et remplissent différentes fonctions dans toutes les cérémonies religieuses.

ENFER, ou **ENFERS.** 1. Ce que les chrétiens appellent *Enfer* est moins le lieu que l'état des esprits et des âmes qui ont été condamnés par le Tout-Puissant aux peines de l'autre vie. Le dogme de l'enfer et de l'éternité des peines est fondé sur plusieurs passages des livres saints, et sur le consentement unanime de tous les peuples de la terre; ce consentement est la conséquence des traditions primitives qui ont éprouvé moins d'altération sur ce sujet que sur la plupart des autres.

Les théologiens distinguent deux sortes de peines que souffrent les damnés dans les enfers : la peine du *dam*, qui consiste dans la privation de la vue de Dieu, et la peine du *sens*, qui est exprimée par un ver rongeur et un feu dévorant; nous disons, est exprimée, parce que les chrétiens ne sont pas obligés de croire que ce feu soit matériel, non plus que le ver rongeur.

Dans le sens propre et restreint, on appelle *Enfer* le lieu où les mauvais anges et les âmes des méchants, après la mort, souffrent une peine éternelle; mais dans un sens plus général, on donne ce nom au lieu où se trouvent les âmes des défunts qui ne sont pas dans le ciel. C'est ainsi qu'il est dit, dans l'Ecriture sainte, *descendre dans l'Enfer*, pour *mourir, descendre dans le tombeau* ou dans *le lieu des âmes*. C'est ainsi que Jésus-Christ est descendu dans les Enfers pour en retirer les âmes des justes qui n'avaient pu être introduites dans le ciel, parce que la faute originelle n'était pas encore effacée.

2. Les juifs appelaient שאול *schéol*, l'Enfer pris en général pour le lieu des âmes, et גיהנם *Gué-hinnom*, le lieu de souffrance où se trouvaient les âmes des damnés. Ce mot, qui signifie proprement *la vallée des enfants d'Hinnom*, était le nom d'une vallée, située à l'orient de Jérusalem, et fameuse par les sacrifices humains que les Jébuséens avaient autrefois offerts à Moloch; ce qui avait rendu ce nom un objet d'exécration et d'horreur.

Les rabbins disent que le feu de l'Enfer a été créé le second jour de la création, et que c'est là la raison pour laquelle on ne dit pas des œuvres de ce jour, comme des œuvres des autres : *et Dieu vit que cela était bon*. Dans un autre endroit du Talmud, l'Enfer est compté au nombre des sept choses qui furent créées avant que le monde fût tiré du néant. Il est dit dans le Zohar, que les damnés souffrent dans l'Enfer deux genres de supplices : le feu et l'eau glacée.

Les Talmudistes distinguent trois ordres de personnes qui comparaîtront au jugement dernier : les justes, les méchants, et ceux qui sont dans un état mitoyen, c'est-à-dire, qui ne sont, ni tout à fait justes, ni tout à fait impies. Les premiers seront aussitôt destinés à la vie éternelle, et les méchants aux peines de la géhenne ou de l'Enfer. Les mitoyens, tant juifs que gentils, descendront dans l'Enfer, avec leurs corps, et ils pleureront pendant douze mois, montant et descendant, allant à leurs corps et retournant en Enfer. Après ce terme, leurs corps seront consumés, et leurs âmes brûlées, et le vent les dispersera sous les pieds des justes. Mais les hérétiques, les athées, les tyrans qui ont désolé la terre, ceux qui engagent les peuples dans le péché, seront punis dans l'Enfer, pendant les siècles des siècles. — Les rabbins ajoutent que, tous les ans, au premier jour du mois de tisri, Dieu fait une espèce de révision de ses registres, et un examen du nombre et de l'état des âmes qui sont en Enfer.

3. Les Egyptiens appelaient les Enfers *Amenthi*, mais par ce nom ils entendaient tous les lieux que devait parcourir l'âme après la mort. M. Champollion le jeune a retrouvé sur les monuments égyptiens la description des enfers, qui manquait dans les livres que les anciens nous ont laissés. Ils étaient partagés en 75 cercles ou zones, auxquels présidaient autant de personnages divins de formes diverses, et armés de glaives. Ces cercles étaient habités par les âmes coupables qui subissaient différents genres de supplices. Les monuments nous les représentent presque toujours sous la forme humaine, quelquefois aussi sous la forme symbolique de la grue, ou celle de l'épervier à tête humaine, entièrement peint en noir, pour indiquer à la fois et leur nature perverse et leur séjour dans l'abîme des ténèbres. Les unes sont fortement liées à des poteaux, et les gardiens de la zone, brandissant leurs glaives, leur reprochent les crimes qu'elles ont commis sur la terre; d'autres sont suspendues la tête en bas; celles-ci, les mains liées sur la poitrine et la tête coupée, marchent en longues files; quelques-unes, les mains liées derrière le dos, traînent sur la terre leur cœur sorti de leur poitrine; dans de grandes chaudières, on fait bouillir des âmes vivantes, soit sous forme humaine, soit sous celle d'oiseau, ou seulement leurs têtes et leurs cœurs. A chaque zone et auprès des suppliciés, on lit toujours leur condamnation et la peine qu'ils subissent. « Ces âmes ennemies, y est-il dit, ne voient point notre dieu lorsqu'il lance les rayons de son disque; elles n'habitent plus dans le monde terrestre, et elles n'entendent point la voix du Dieu grand, lorsqu'il traverse leurs zones. »

4. L'Enfer des Grecs consistait, dit Noël, en des lieux souterrains où se rendaient les âmes après la mort pour y être jugées par Minos, Eaque et Rhadamanthe. Pluton en était le dieu et le roi. Les Grecs, après Homère, Hésiode, etc., concevaient l'Enfer comme un lieu vaste, obscur, partagé en diverses régions, l'une affreuse, où l'on voyait des lacs dont l'eau infecte et bourbeuse exhalait des vapeurs mortelles, un fleuve de feu, des tours de fer et d'airain, des fournaises ardentes, des monstres et des Furies acharnés à tourmenter les scélérats ; l'autre riante et paisible, destinée aux sages et aux héros. Ces peuples, qui ne connaissaient que notre hémisphère, qui bornaient même la terre aux rochers de l'Atlas et aux plaines de l'Espagne, s'imaginèrent que le ciel ne couvrait que cette partie du globe, et qu'une nuit éternelle et affreuse régnait au delà. Ces ténèbres absolues avaient précédé toutes choses, et conduisaient aux Enfers. Homère en place la porte aux extrémités de l'Océan. Xénophon y fait entrer Hercule par la péninsule Achérusiade, près d'Héraclée, ville du Pont. D'autres ont supposé l'Enfer sous le Ténare, parce que c'était un lieu obscur et terrible, environné d'épaisses forêts, et formé de sentiers entrecoupés comme les détours d'un labyrinthe. C'est par là qu'Ovide fait descendre Orphée. D'autres ont cru que la rivière ou le marais du Styx, en Arcadie, était l'entrée des Enfers, parce que les exhalaisons en étaient mortelles. Quel que fût, au reste, l'endroit par où l'on pouvait pénétrer aux Enfers, les Grecs croyaient qu'ils s'étendaient sous notre continent, et se divisaient en quatre départements distincts, que les poëtes et Platon lui-même ont compris ensuite sous le nom général de Tartare et de Champs-Elysées.

Le premier lieu, le plus voisin de la terre était l'Erèbe. On y voyait le palais de la Nuit, celui du Sommeil et des Songes : c'était le séjour de Cerbère, des Furies et de la Mort. C'est là qu'erraient, pendant cent ans, les ombres infortunées, dont les corps n'avaient pas reçu les honneurs de la sépulture; et lorsqu'Ulysse évoqua les morts, ceux qui apparurent ne sortirent que de l'Erèbe.

Le deuxième lieu était l'Enfer des méchants : c'est là que chaque crime était puni, que le Remords dévorait ses victimes, et que se faisaient entendre les cris aigus de la douleur. Les âmes des conquérants et de tous ceux dont la vie avait été funeste aux hommes, après avoir été plongées dans des lacs infects et glacés, ressentaient tout à coup l'ardeur des flammes vengeresses, et éprouvaient successivement tous les tourments que peuvent causer et des feux actifs et un froid extrême.

Le Tartare, proprement dit, venait après les Enfers : c'était la prison des dieux. Environné d'un triple mur d'airain, il soutenait les vastes fondements de la terre et des mers. Sa profondeur l'éloignait autant de la surface de la terre, que celle-ci était éloignée du ciel. C'est là qu'étaient renfermés, pour ne jamais revoir le jour, les dieux anciens, chassés de l'Olympe par les dieux régnants et victorieux. Uranus y précipita ses enfants les Cyclopes et les Géants. Saturne, ayant vaincu Uranus, l'y précipita à son tour; et Jupiter, étant parvenu au trône, y plongea Saturne et les Titans. Le dieu vainqueur délivra alors ses oncles les Cyclopes, qui, par reconnaissance, lui donnèrent la foudre et les éclairs. Quelque temps après, il adoucit le sort de Saturne en le faisant régner sur les champs Elysées ; mais les autres Titans, tels que Cottus, Gygès et Briarée aux cent mains, restèrent pour toujours dans le Tartare. La Terre, par son union avec ce lieu enflammé, produisit l'horrible Typhon, qui avait cent têtes de serpent. Le feu sortait de ses prunelles : il voulut détrôner le maître des dieux; mais celui-ci l'écrasa avec l'arme nouvelle qu'il tenait des Cyclopes, et lui fit partager la prison des Titans.

Les champs Elysées, séjour heureux des ombres vertueuses, formaient la quatrième division des Enfers. Il fallait traverser l'Erèbe pour y parvenir. *Voyez* ÉLYSÉE.

5. L'Enfer des Romains était assez semblable à celui des Grecs ; parmi les poëtes latins, quelques-uns l'ont placé dans les régions souterraines, situées directement au-dessous du lac Averne, dans la campagne de Rome, à cause des vapeurs empoisonnées qui s'élevaient de ce lac. Les Romains partageaient l'Enfer en sept lieux différents. Le premier renfermait les enfants morts en voyant le jour, et qui, n'ayant goûté ni les peines ni les plaisirs de la vie, n'avaient contribué ni au bonheur ni à l'infortune des hommes, et ne pouvaient être, par conséquent, ni récompensés, ni punis. — Le deuxième lieu était destiné aux innocents condamnés à mort. — Le troisième renfermait les suicides. — Dans le quatrième, nommé *le champ des Larmes*, erraient les amants parjures, et surtout la foule des amantes infortunées. On y voyait l'audacieuse Pasiphaé, la jalouse Procris, la courageuse Didon, la trop crédule Ariane, Eriphile, Evadné, Phèdre, Cénée et Laodamie. — Le cinquième lieu était habité par les héros dont la valeur avait été obscurcie par la cruauté : c'était le séjour de Tydée, de Parthénopée, d'Adraste. — Le sixième était le Tartare, c'est-à-dire le lieu des tourments. — Le septième, les champs-Elysées.

6. L'Enfer des Gaulois était une région sombre et terrible, inaccessible aux rayons du soleil, infestée d'insectes venimeux, de reptiles, d'ours dévorants et de loups carnassiers. Les coupables, toujours dévorés, comme le Prométhée des Grecs, renaissaient pour souffrir toujours. Les grands criminels étaient enchaînés dans des cavernes encore plus horribles, plongés dans un étang rempli de couleuvres, et brûlés par le poison qui sans cesse distillait de la voûte. Les gens inutiles, ceux qui n'avaient eu qu'une bonté négative, ou qui étaient moins coupables, résidaient au milieu de vapeurs épaisses et pénétrantes, élevées au-dessus de ces affreuses prisons. Le plus grand supplice était le froid glaçant qui tourmentait les corps des habitants, et qui donnait son nom (*Ifurin*), à cet enfer désolant.

7. Les Scandinaves reconnaissaient deux Enfers : le premier, appelé *Niflheim*, n'était pas éternel; il ne devait pas durer au delà de l'époque du renouvellement du monde; il était destiné aux timides, aux lâches et aux hommes qui mouraient ailleurs que sur le champ de bataille. Au centre était la fontaine *Vergelmer*, d'où coulaient neuf fleuves : l'Angoisse, l'Ennemi de la joie, le Séjour de la mort, la Perdition, le Gouffre, la Tempête, le Tourbillon, le Rugissement et le Hurlement. Un dixième fleuve, le Bruyant, coulait auprès des grilles du Séjour de la mort. Héla était la souveraine de ce ténébreux empire; son salon était la Douleur ; sa table, la Famine; son couteau, la Faim ; son valet, le Renard ; sa servante, la Lenteur ; sa porte, le Précipice ; son vestibule, la Langueur ; son lit, la Maigreur et la Maladie ; sa tente ; la Malédiction. On trouvait encore dans le *Niflheim*, *Loke*, le génie du mal, et le loup *Fenris*.

Après la destruction du Niflheim, à la fin des temps, Allfader, le tout-puissant, construira un nouvel Enfer, appelé *Nastrand* (le rivage des morts), qui sera situé dans la région la plus éloignée du soleil, et dont les portes seront tournées vers le nord. Il sera rempli de cadavres de serpents ; le poison y pleuvra par mille ouvertures ; il y coulera des torrents infects et glacés, dans lesquels se débattront les parjures, les assassins, les adultères. Un dragon noir volera sans cesse aux alentours, et rongera les corps des malheureux qui y seront renfermés.

8. Les Finnois plaçaient l'Enfer sous le pôle arctique ; il est représenté, dans le *Kalewala*, qui est leur épopée, comme un lac de feu qui doit engloutir les méchants, et qui est le séjour de tous les mauvais génies dont la fonction consiste à épouvanter et à tourmenter les humains.

9. D'après les docteurs musulmans, l'Enfer a sept portes, dont chacune a son supplice particulier. Quelques interprètes disent qu'il faut entendre par ces sept portes, sept étages différents, dans lesquels seront punis sept différentes sortes de pécheurs. Le premier, qui s'appelle *Djehennem*, est destiné aux ado-

rateurs du vrai Dieu ou musulmans qui auront mérité par leurs crimes d'y être précipités; le second, appelé *Ladha* ou *Léza*, est pour les chrétiens; le troisième, *Hotima*, pour les juifs; le quatrième, *Saïr*, pour les sabéens; le cinquième, *Sakar*, pour les mages et les guèbres, le sixième, *Djahim*, pour les païens et les idolâtres qui admettent la pluralité des dieux; le septième, *Hawiat*, qui est le plus profond, est réservé aux hypocrites, c'est-à-dire à ceux qui font semblant d'avoir une religion, tandis qu'intérieurement ils n'en professent aucune.

L'imam Mansour distribue d'une autre manière ces différents étages. Il prétend d'abord qu'il n'y en a point de particulier pour les mahométans, parce qu'ils ne doivent avoir dans l'enfer qu'une demeure passagère, et non pas éternelle comme les infidèles; il ne reste donc qu'à y placer ces derniers. Le premier étage est, suivant cet auteur, pour les matérialistes, qui croient l'éternité du monde, et n'admettent ni création, ni Créateur; le second, pour les dualistes ou partisans des deux principes, tels que les Manichéens et les Arabes idolâtres au temps de Mahomet; le troisième, pour les brahmanes des Indes, qui rejettent les prophètes et les livres tant de l'Ancien que du Nouveau Testament; le quatrième, pour les juifs qui n'admettent que l'Ancien Testament; le cinquième, pour les chrétiens qui reçoivent les deux Testaments; le sixième pour les mages de Perse, qui ont des livres attribués, soit à Abraham, soit à Zoroastre; le septième est, du consentement de tous, pour les hypocrites en religion. C'est de ceux-ci qu'il est si souvent parlé dans le Coran, car Mahomet savait parfaitement que plusieurs feraient profession de son symbole, sans y ajouter foi; c'est pourquoi il leur réserve toute sa colère et ses menaces.

Un autre théologien musulman soutient que les sept portes de l'Enfer sont les sept péchés capitaux, qu'il nomme en cet ordre : la cupidité, la gourmandise, la haine, l'envie, la colère, la luxure et l'orgueil. Il conclut que c'est par ces sept portes que l'on entre dans l'Enfer de l'éloignement et de la privation de Dieu. D'autres veulent que ces sept portes soient les principaux membres du corps humain, qui sont les instruments du péché, et par conséquent autant d'ouvertures pour descendre dans l'Enfer. Ces sept principaux membres sont : les yeux, les oreilles, la langue, le ventre, les organes de la génération, les pieds et les mains.

Les musulmans disent, comme les chrétiens, que la plus grande peine des damnés est la privation de la vue de Dieu. Quant à la peine matérielle, ils disent que l'Enfer est rempli de torrents de feu et de soufre, où les damnés, chargés de chaînes de 70 coudées de longueur, seront plongés et replongés continuellement par les démons. A chacune des sept portes, il y a une garde de 19 anges, toujours prêts à infliger aux malheureux damnés de nouveaux supplices; les infidèles surtout auront à endurer les supplices les plus rigoureux; ils seront à jamais enfermés dans ces prisons souterraines, où les serpents, les crapauds, les oiseaux de proie, exerceront sur eux leur fureur. Pendant toute la durée de leur supplice, les damnés souffriront la faim et la soif. On ne leur servira que des fruits amers et ressemblant à des têtes de démons. Leur boisson sera tirée de sources d'eaux soufrées et brûlantes, qui leur occasionneront des tranchées douloureuses. L'inspecteur des mauvais anges qui gardent l'entrée des sept portes, décidera de la rigueur des tourments, qui sera toujours proportionnée au crime et au plus ou moins de négligence à faire l'aumône et à satisfaire aux autres préceptes du Coran. Cependant, ainsi que nous l'avons déjà remarqué, la croyance commune est que les musulmans ne seront pas éternellement dans l'Enfer; suivant les uns, ils y demeureront au plus 7,000 ans, mais pas moins de 400 ans; suivant les autres, ils seront tous délivrés, lors du jugement général, à l'intercession de Mahomet.

10. Les Parsis établissent aussi, dit-on, que les damnés seront brûlés dans l'enfer par un feu matériel; d'autres cependant assurent que la peine du feu en est exclue, parce que cet élément est regardé par les Parsis comme l'image de la Divinité. Le *Sadder* parle de l'extrême puanteur des âmes des méchants; et l'auteur de l'*Erda-Viraph-namé* donne la description des tourments de l'enfer, dont il avait, dit-il, été le témoin. Il trouva une infinité d'âmes plongées jusqu'au cou dans les eaux froides et noires du torrent qu'elles n'ont pu passer, tandis que d'autres étaient condamnées à séjourner dans des cachots remplis de fumée, avec toutes sortes de reptiles dégoûtants et dangereux. Outre cela, les démons les piquaient sans cesse, les mordaient et les déchiraient cruellement. Il y vit une âme pendue par les pieds, à laquelle on donnait des coups de poignards. Un autre mourait continuellement de faim et de soif; l'âme d'une femme querelleuse et désobéissante à son mari y était aussi pendue, et la langue lui sortait par la nuque du cou. *Voy.* DOUZAKH.

11. Les Hindous ont sept *Patalas* ou régions inférieures, distribués en *Narakas* ou Enfers; ce sont le *Tamisra* et l'*Andhatamisra*, lieux de ténèbres; le *Rorava* et le *Maharorava*, séjour des larmes; le *Naraka* ou Enfer proprement dit; le *Kalasoutra*; le *Mahanaraka*; le *Sandjivana*; le *Mahavitchi*, fleuve aux grandes vagues; le *Tapuna* et le *Sampratapana*, séjour des douleurs; le *Samhata*; le *Sakakola*; le *Koudmala*; le *Poutimrittika*, lieu infect; le *Lohasankou*, place des dards de fer; le *Ridjicha*, lieu où les méchants sont rôtis dans une poêle de fer; le *Panthana*; la rivière *Salmali*; l'*Asipatravana*, forêt dont les feuilles sont des lames d'épées; et enfin le *Lohadaraka*.

Les malheureux condamnés aux supplices du Naraka sont ensevelis dans une nuit éternelle; on n'y entend que des gémissements et des cris affreux; les douleurs les plus aiguës y sont ressenties sans interruption. Il y a des supplices affectés à chaque genre de péché, à chaque sens, à chaque membre du corps : feu, fer, serpents, insectes venimeux, animaux féroces, oiseaux de proie, fiel, poison, puanteur, tout en un mot est mis en action pour tourmenter les damnés. Les uns ont les narines traversées par un cordon, à l'aide duquel ils sont traînés sans cesse sur le tranchant des haches affilées comme des rasoirs ; d'autres sont condamnés à passer par le trou d'une aiguille ; ceux-ci sont comprimés entre deux rochers aplatis, qui, se joignant ensemble, les écrasent sans les détruire ; ceux-là ont les yeux continuellement rongés par des vautours affamés ; on en voit des milliers qui nagent et se roulent dans des étangs d'urine de chien ou de mucosité sécrétée par les narines. Ceux qui ont violé les préceptes de la religion sont précipités sur des monceaux d'armes tranchantes, autant de fois qu'ils ont de poils sur le corps. Ceux qui ont outragé des brahmanes sont condamnés à se nourrir de cadavres réduits en putréfaction. Les adultères sont contraints de serrer, dans des embrassements continuels, une statue de fer rougie au feu. Les pères de famille qui ont manqué à leurs devoirs envers leur femme et leurs enfants et qui les ont abandonnés pour courir le pays, sont déchirés sans relâche par des corbeaux. Les méchants qui ont nui aux hommes ou tué des animaux, sont lancés dans des précipices pour y être tourmentés par les bêtes féroces. Ceux qui ont maltraité les vieillards et les enfants sont jetés dans des fournaises embrasées. Les débauchés qui se sont livrés aux caresses vénales des courtisanes sont condamnés à marcher sur des épines. Etendus sur des lits de fer rougi au feu, les médisants et les calomniateurs sont contraints de se nourrir d'immondices. Les avares servent de pâture aux vers. On fait rouler les faux témoins sur les flancs de montagnes escarpées et hérissées de pointes de rocher. Les voluptueux, les hommes sans pitié pour les affligés et pour les pauvres, sont enfermés dans des cavernes brûlantes, écrasés sous des meules, foulés aux pieds des éléphants, et leur chairs meurtries et déchirées sont dévorées par ces animaux. Les damnés, sans pouvoir succomber sous ces tortures épouvantables, poussent sans cesse des cris et des hurlements qui retentissent dans tout le Naraka, et augmentent encore l'horreur de cet affreux séjour.

La durée des peines du Naraka n'est pas déterminée ; elle est proportionnée à la gravité des fautes : seulement les Hindous n'admettent pas de peines éternelles. Après que les âmes qui habitent le Naraka y ont expié leurs crimes, elles sont renvoyées sur la terre pour y subir de nouvelles transmigrations. Leur rentrée dans le monde a toujours lieu sous la forme d'un animal immonde ; et, de métamorphose en métamorphose, elles peuvent, en acquérant la somme de vertus désirable, concevoir l'espérance de parvenir, au bout de quelques milliers d'années, à jouir de la suprême béatitude. *Voy.* MÉTEMPSYCOSE.

12. Les bouddhistes semblent avoir épuisé tout ce que l'imagination humaine peut concevoir de terrible pour peindre les tourments de l'Enfer. On peut voir à l'article BIRID la description des supplices inouïs qu'endurent les malheureux habitants de cet empire, et pourtant le Birid n'est encore qu'une espèce de purgatoire. Au-dessous de cette région infortunée se trouve l'Enfer proprement dit, que les Tibétains-Mongols appellent *Tamou*; c'est le lieu des longues et innombrables souffrances, le repaire des damnés.

Voici la description qu'en donne M. Ozanam, d'après Benjamin Bergmann. Seize ou dix-huit prisons composent l'empire du Tamou. Leur forme est quadrilatérale, des murailles de fer les environnent : des gardiens spéciaux y résident, officiers du grand juge, chargés du double emploi de geôliers et de bourreaux ; ils sont horribles à voir avec leurs têtes de chèvres et de serpents, de lions et de licornes. La moitié de ce royaume souterrain est destinée aux tortures par le froid ; l'autre au supplice du feu.

Dans la première des régions froides de l'Enfer soufflent des vents violents et glacés, qui couvrent la peau de hideuses pustules ; dans la seconde, on n'entend que des claquements de dents ; dans la suivante, le froid tourmente le corps jusqu'à le rendre bleu, jusqu'à faire éclater les lèvres en six parties ; dans les deux dernières enfin, les membres deviennent rouges de douleur, et les lèvres se brisent en lambeaux. Mais ces rigueurs ne sont point les seules que la féconde rêverie des bouddhistes a su inventer.

Une plus grande variété de formes est réservée à la peine du feu ; elle revêt successivement les plus affreuses modifications ; elle s'offre sous tous les points de vue concevables. Dans la première des prisons qui leur sont destinées, les criminels roulent incessamment sur des lames de poignards ; toujours au bord de la mort, toujours rendus à la vie, ils parcourent ainsi un cercle non interrompu de nouvelles douleurs ; la longueur de leur peine est fixée à 500 ans, mais chaque jour de ces prodigieuses années est égal à 9,000,000 d'années humaines. Dans la prison suivante, des scies déchirent continuellement le corps des damnés, et le temps de leurs souffrances est incommensurable ($1,000 \times 365 \times 370,000,000$ d'années). Au troisième degré se trouvent des meules de fer, entre lesquelles les malheureux sont écrasés comme le blé dans le moulin, et leurs membres sont guéris à chaque fois pour subir de nouveau les mêmes tourments. Au quatrième degré, les coupables sont rôtis dans le feu pendant 4000 longues périodes. Dans un cinquième lieu, le feu est entretenu des deux côtés. Dans le sixième, plus terrible encore, les patients sont exposés aux flammes dans de vastes chaudières, et percés ensuite de broches ardentes. La prison suivante offre le même supplice, mais avec un plus funeste appareil ; car là les broches ont trois pointes qui traversent la tête et les épaules. Enfin, dans le dernier et le plus formidable des Enfers, les damnés brûlent durant tout un âge du monde, puis leurs corps se renouvellent pour être brûlés de nouveau.

Toutefois, les châtiments de la vie future ne sont pas un triste privilége de la race humaine. Toutes les créatures vivantes, depuis l'insecte jusqu'au crocodile, sont exposées à de sévères punitions après leur mort, lorsqu'elles ont fait le mal. Les animaux domestiques expieront leurs crimes en gémissant sous des fardeaux; les animaux sauvages seront contraints de courir sans interruption et sans repos, tandis que les bêtes féroces se déchireront entre elles.

13. Les bouddhistes de Siam divisent l'Enfer en huit grands étages, dont chacun est de forme carrée, ayant à chaque face une porte conduisant à quatre petits enfers, ce qui porte à 136 le nombre entier des enfers grands et petits.

Dans le premier étage, en commençant par le sommet, les souffrances consistent en ce que l'on verse sur le malheureux des métaux bouillants et liquéfiés. Dès que le coupable meurt, l'infusion cesse pour recommencer dès qu'il a repris un peu de force. La durée du séjour en ce triste lieu est de 500 ans. Ceux qui n'ont pas voulu discerner le bien du mal, les voleurs, les assassins, subissent ce châtiment.

Le second étage est pour ceux qui ont offensé leur père ou leur mère, leurs maîtres ou leurs supérieurs, pour ceux qui ont embrassé des doctrines erronées; ils sont pendant 1,000 ans roulés et grillés sur des barres rougies à blanc.

Dans le troisième étage, les cnasseurs, les pêcheurs et tous ceux qui ont tué des animaux, sont, pendant 2000 ans, serrés, pressés, moulus entre deux poutres.

Ceux qui ont trompé leur prochain par des mensonges, ou qui se sont portés contre lui à des voies de fait, habitent le quatrième étage, où une flamme dévorante pénètre dans leurs corps par toutes les ouvertures, et les consume sans cesse pendant 4000 ans.

Ceux qui ont endommagé ou pillé le butin des Ponghis, des Kiaongs, etc., sont plongés dans le cinquième étage. Outre une flamme dévorante qui les consume extérieurement et intérieurement, on leur arrache des lambeaux de chair, on les presse dans un pressoir, jusqu'à ce qu'ils soient broyés et réduits en pâte, puis on jette cette pâte dans le feu, morceau par morceau. Ils endurent ces supplices pendant 8000 ans.

Dans le sixième étage souffle un vent impétueux qui précipite le malheureux du haut d'une montagne, et le fait tomber sur des lames de fer rouge. Ceux qui ont offensé un Bouddha, un Bodhisatwa, un Ponghi, souffrent en ce lieu pendant 16,000 ans.

Le septième étage est destiné à ceux qui ont osé blasphémer les trois choses précieuses (Bouddha, la loi et le clergé); ils y sont percés sans cesse avec des barres de fer rougies au feu. Leur supplice dure un demi *andraka*, ou la moitié d'un âge du monde.

Enfin, le huitième étage est une immense place échauffée en bas par une flamme d'environ trois lieues de long, et en haut par une autre flamme de la même dimension. Ceux qui ont tué leur père ou leur mère, ou un Ponghi, qui ont blessé un Bouddha, les schismatiques, les fauteurs d'hérésie, ceux qui détruisent les statues des dieux, les pagodes, souffrent en ce lieu pendant un andraka, quelquefois pendant plusieurs andrakas, quelques bouddhistes même prétendent que celui qui arrive à cet enfer n'en sort jamais.

14. La plupart des écrivains européens ont avancé que les anciens Chinois et ceux qui appartiennent maintenant à la secte dite des Lettrés, ne reconnaissaient ni peines ni récompenses futures; cela est possible quant aux lettrés actuels, qui, presque tous professent une espèce de matérialisme; mais nous ne croyons pas qu'il en fût ainsi dans la religion primitive de la Chine. En effet, nous voyons dans l'ancienne histoire que *Tchi-Yeou*, le Lucifer des annales chinoises, fut, en punition de sa révolte, précipité dans la *noire vallée des maux*, et que ce fut lui qui par sa rébellion alluma le feu des Enfers; c'est pourquoi il est appelé *Ho-tsai*.

15. Les Japonais de la secte du Bouts-do, ont sur l'Enfer à peu près les mêmes idées que les autres peuples bouddhistes, et croient que les âmes des méchants sont envoyées pour un temps déterminé dans l'Enfer, qu'ils appellent *Dsi-gokf* (*Voy.* ce mot). Quant à ceux qui suivent la croyance du Sin-to, ils ne connaissent pas d'autre supplice pour les âmes criminelles que d'être exclues du *Takama-no sakra*, lieu de félicité, et d'être condamnées à errer par les airs autant de temps que cela est nécessaire pour expier leurs fautes. D'autres pensent que ces âmes vont habiter le corps des renards, animal qu'ils regardent comme une incarnation du démon.

16. Les peuplades nombreuses qui habitent la Tartarie et l'Asie septentrionale, étant pour la plupart ou bouddhistes ou chamanistes, ont sur l'autre vie et sur l'Enfer à peu près la même croyance que les Tibétains-Mongols. Les Ostiakes et plusieurs autres s'imaginent qu'il n'y a que ceux qui meurent à la guerre ou à la chasse qui aillent dans le ciel après leur mort, et que ceux qui sont décédés d'une mort naturelle sont assujettis dans l'autre vie à un rude esclavage, sous un tyran sévère dont l'empire est souterrain.

Nous passons sous silence les croyances relatives à l'Enfer, répandues parmi la multitude des peuples barbares de l'ancien et du nouveau continent, parce qu'elles n'offrent rien de saillant, qu'elles n'ont pas été nettement formulées, et que chaque individu peut pour ainsi dire les modifier à son gré; nous ne nous arrêterons qu'aux opinions positives ou singulières que nous trouvons chez plusieurs d'entre eux.

17. Les Guanches, anciens habitants des îles Canaries, appelaient l'Enfer *Echeydé*;

ils se le figuraient comme une fournaise ardente, située au centre d'un volcan formidable, et dont le feu était sans cesse attisé par *Guayota*, le génie du mal.

18. Les nègres du royaume de Wida croient que l'Enfer est situé sous la terre et que les âmes des méchants y subissent le supplice du feu. Ceux de la côte de Benin pensent que ce lieu de tourments se trouve au-dessous de la mer, aussi bien que le Paradis.

19. Les Groënlandais, qui placent sous la mer le séjour du bonheur, mettent dans les cieux l'habitation des méchants. Ils disent que leurs âmes maigriront et mourront de faim dans les espaces vides de l'air, ou qu'elles y seront perpétuellement infestées et harcelées par des corbeaux, ou qu'elles n'y auront ni paix, ni trêve, emportées incessamment dans les cieux, comme par les ailes d'un moulin. D'autres placent l'Enfer dans les régions obscures de la terre, où la lumière et la chaleur ne pénètrent jamais.

20. Plusieurs nations de l'Amérique septentrionale mettent au nombre des supplices qui attendent les méchants dans l'autre vie, d'être confiné dans un pays malheureux où il n'y aura point de chasse.

21. Les anciens habitants de la Virginie donnaient le nom de *Popogousso* à l'Enfer, qu'ils disaient situé à l'extrémité occidentale du monde. C'était une fosse d'une immense profondeur, et remplie d'un feu dévorant, dans laquelle étaient précipités ceux qui s'étaient mal comportés pendant leur vie. D'autres prétendaient que les âmes des méchants étaient suspendues entre le ciel et la terre. Ils ajoutaient que la vérité de ces souffrances leur était confirmée par des morts qui de temps en temps leur apportaient des nouvelles de l'autre vie.

22. Les Apalachites assignaient pour demeure aux âmes des méchants les précipices qui se trouvent dans les hautes montagnes du Nord, en compagnie des ours et des autres animaux féroces, au milieu des neiges, des glaces et des frimas. Les autres peuples de la Floride appelaient *le bas monde* le lieu destiné à ceux qui avaient mal vécu sur la terre, comme ils donnaient le nom de *haut monde* au séjour des bienheureux. C'est dans le bas monde que régnait *Cupai*, le génie du mal.

23. Les Mexicains soutenaient que les âmes des méchants étaient condamnées à animer des insectes et des reptiles; mais auparavant elles devaient aller subir une autre peine dans l'Enfer. Cet Enfer, nommé *Mictlan*, était un lieu obscur dans le centre de la terre, et gouverné par un dieu nommé *Mictlan-Teuctli*. Pour y parvenir, il fallait d'abord passer entre deux montagnes qui frappaient sans cesse l'une contre l'autre; traverser deux endroits, dont l'un était gardé par un serpent et l'autre par un lézard vert; franchir huit collines et parcourir une vallée où le vent était si fort qu'il lançait à la figure des fragments de cailloux tranchants. On arrivait ensuite en présence de Mictlan-Teuctli, auquel les morts offraient les objets enterrés avec eux à cet effet. Pour sortir de ce lieu, il fallait traverser le fleuve *Chicunappa*, qui faisait neuf fois le tour du Mictlan. On n'en venait à bout qu'à l'aide d'un chien roux, que l'on tuait chaque fois que l'on enterrait un mort, et qui allait attendre l'âme dans cet endroit pour la passer sur l'autre rive.

24. Les Péruviens appelaient l'Enfer *Veupacha*, le monde inférieur, ou le centre de la terre; il était destiné aux méchants, qui allaient après leur mort y recevoir le châtiment de leurs crimes. Ce châtiment consistait dans l'assemblage des maux qu'on éprouve dans la vie présente, sans mélange de bonheur ni de consolation. Cet enfer était gouverné par un démon nommé *Cupaypa*; c'est pourquoi on l'appelait aussi *Cupaypa-Huacin*, maison du diable.

25. Les Mariannais appelaient l'Enfer *Zazarragouan*, ou la maison de *Kaïfi* (le diable). Kaïfi y entretient une fournaise ardente, où il chauffe les âmes, comme les forgerons chauffent le fer, et les bat continuellement. Ce n'étaient pas les méchants qui allaient dans l'Enfer, mais ceux qui étaient morts de mort violente, ou qui étaient tués à la guerre; au contraire de beaucoup d'autres peuples de l'Océanie, qui ne placent dans le séjour du bonheur que ceux qui ont perdu la vie les armes à la main.

26. Les insulaires de Taïti croyaient que, tandis que les âmes des justes étaient admises à partager la divinité et à devenir *eatouas*, celles des méchants étaient au contraire précipitées dans l'enfer, qui avait son ouverture sur la haute montagne Papéida, où se trouve un grand lac. — A Raïatea, autre île de la Société, près du grand cratère d'un volcan éteint, qui est pareillement devenu un lac, ils pensaient que le dieu *Tii* résidait sur les arbres voisins, et détachait la chair des os des malheureux à l'aide d'une coquille, qui en conséquence était déifiée, et dont il était défendu, sous peine de mort, de manger le mollusque.

27. Suivant la doctrine des Néo-Zélandais, tout homme décédé va prendre, au sortir de ce monde, le *Tokouaiatoua* (nom du sentier qui mène à l'empire de la mort). Ce chemin le conduit à une avenue appelée *Pirita*: il monte, descend, se repose et soupire après la lumière; et après s'être remis en marche, il arrive dans une maison appelée *Ana*; bientôt il en sort, trouve un autre chemin qui aboutit à un ruisseau dont les eaux font entendre un murmure plaintif; il franchit la colline de *Hérangui*, et le voilà au *Reinga* (Enfer). Quittant alors les régions inférieures situées au-dessous de la mer, il écarte le voile transparent qu'on trouve à l'entrée du chemin de *Motatau*, et gagne les plaines aériennes; après s'y être réchauffé aux rayons du soleil, il rentre dans la nuit, où il est livré à la tristesse, aux souffrances et aux maladies; de là il revient en ce monde pour reprendre ses ossements, et retourne encore au *Reinga* pour de longues années. Les insulaires croient que les morts ressuscitent ainsi, et

retournent alternativement dans le *Reinga*, jusqu'à ce que leurs corps soient transformés en un certain ver qu'ils appellent *Toke*, et que l'on trouve souvent en creusant la terre. La vie du *Reinga* est d'ailleurs, selon eux, tout à fait semblable à la vie présente: on y éprouve les mêmes besoins; ce sont les mêmes habitudes et les mêmes rapports.— D'autres Zélandais disent que les âmes des méchants sont condamnées à errer misérablement autour du *Pouke-tapou*, la montagne sacrée, sans pouvoir jamais espérer leur pardon, tandis que celles des justes, après avoir traversé le *Reinga*, parviennent à l'*Atamira*, lieu de délices et séjour du bonheur parfait.

ENGANGA-MOKISSO, prêtre du Congo, en Afrique, auquel est dévolue la fonction de faire des dieux. Lorsqu'un particulier se croit obligé de créer un *Mokisso*, il assemble tous ses amis et ses voisins, et réclame leur assistance pour construire une hutte de branches de palmier, dans laquelle il se renferme pendant quinze jours. De ces quinze jours, il doit en passer neuf sans parler. Pour le saluer pendant ce laps de temps, on frappe d'un petit bâton sur un bloc qu'il tient sur ses genoux, et qui porte gravée la figure d'une tête d'homme. Les Engangas donnent des blocs de trois sortes, de grands, de moyens, de petits, selon les vues de celui qui leur en demande. A la fin des quinze jours, toute l'assemblée se rend dans un lieu plat, uni et découvert, avec un tambour autour duquel on trace un cercle. Un homme commence à battre l'instrument et à chanter. Lorsqu'il paraît bien échauffé par cet exercice, l'Enganga donne le signal de la danse. Tout le monde, à son exemple, se met à danser en chantant les louanges du Mokisso. Le candidat entre en danse aussitôt que les autres ont fini. Il continue pendant deux ou trois jours, au son du même tambour, sans autre interruption que celle qui est exigée par les besoins indispensables de la nature. l'Enganga reparaît au bout de ce terme; il pousse des cris furieux, frappe sur différents blocs, prononce des paroles mystérieuses, fait de temps en temps des raies blanches et rouges sur les tempes du candidat, sur ses paupières, sur son estomac, et successivement sur chacun de ses membres. Alors celui-ci est tout d'un coup agité de convulsions violentes; il se donne mille mouvements extraordinaires, fait d'affreuses grimaces, jette des cris horribles, prend du feu dans ses mains, le mord en grinçant les dents. Quelquefois il se retire dans des lieux déserts, où il se couvre le corps de feuilles vertes. Ses amis le cherchent, battent le tambour pour le retrouver, passent quelquefois plusieurs jours sans le découvrir. Cependant il entend le bruit du tambour, il se montre et paraît de lui-même. On le transporte dans sa maison; il y demeure couché pendant quelques jours, sans mouvement et comme mort. L'Enganga choisit un moment pour lui demander quel engagement il veut prendre avec son Mokisso. Il répond avec des flots d'écume, et avec des marques d'une extrême agitation. On commence à chanter et à danser autour de lui, jusqu'à ce qu'il soit calme et tranquille. Enfin l'Enganga lui met un anneau de fer autour du bras, pour lui rappeler constamment la mémoire de ses promesses. Cet anneau est si sacré pour les nègres qui ont essuyé la cérémonie du Mokisso, que, dans les occasions importantes, ils jurent par leur anneau. On peut se fier à un serment ainsi prêté, ils perdraient la vie plutôt que de l'enfreindre. *Voy.* GANGA.

ENGASTRIMANTES (du grec ἐν, dans, γαστρί, ventre, et μάντις, devin); sorte de devins qui, chez les Grecs, prédisaient l'avenir et rendaient des oracles en parlant d'une voix qui semblait sortir de leur ventre. Ils n'étaient autres que des ventriloques.

ENGASTRIMYTHES, prêtresses d'Apollon qui, comme les Engastrimantes, rendaient des oracles sans remuer les lèvres.

ENGELS-BRUDERS, hérétiques d'Allemagne, sectateurs de Gichtel. *Voy.* FRÈRES-ANGÉLIQUES.

ENHODIENS, ou ENODIENS. Les anciens appelaient dieux *Enodiens* (de ἐν ὁδῷ, *in via*) ceux qui présidaient aux grandes routes et aux chemins; tels étaient entre autres Mercure et Hécate. On dressait sur les routes des pierres carrées, surmontées de la tête de l'une ou l'autre de ces divinités, et l'on y gravait l'indication des rues et des chemins qui aboutissaient à cet endroit.

C'étaient surtout les Colophoniens qui adoraient Hécate sous le nom d'*Enodie*, peut-être parce que, d'après une légende, elle avait été trouvée en chemin par Inachus. Ils lui sacrifiaient la nuit un petit chien noir.

ENHOLMIS, ou ENOLMIS, surnom de la prêtresse d'Apollon, à Delphes; ainsi appelée parce qu'elle était assise sur un trépied nommé en grec ὅλμος. Apollon lui-même était quelquefois surnommé *Enholmos*.

ENNOSIGÉUS (en grec Ἐννοσίγαιος, qui ébranle la terre), surnom de Neptune, parce qu'on croyait que c'était lui qui, par les coups répétés de son trident, causait les tremblements de terre.

ENOCH (*Livre d'*). Enoch, d'après la Genèse, était fils de Jared et fut père de Mathusalem. Il naquit l'an du monde 622. Le texte sacré, après avoir dit qu'à l'âge de 65 ans il engendra Mathusalem, ajoute qu'il marcha devant Dieu pendant 300 ans; et puis, sans parler de sa mort, il se sert de cette expression : *Il ne parut plus, parce que le Seigneur l'enleva.* Saint Paul, dans son Epître aux Hébreux, explique ce passage en ces termes : « C'est par la foi qu'Enoch fut enlevé, afin qu'il ne vît point la mort; et on ne le vit plus, parce que le Seigneur le transporta ailleurs. » L'Ecclésiastique dit qu'il fut transporté au paradis. Saint Jérôme l'entend du ciel, où il dit qu'il fut ravi comme Elie en corps et en âme.

Les Rabbins croient qu'Enoch, ayant été transporté au ciel, fut reçu au nombre des anges, et que c'est lui qui est connu sous le nom de *Métatron* ou de *Michel*, l'un des premiers princes du ciel, et que sa fonction est de tenir note des vertus et des péchés des Israélites.

Eupolème, d'après Alexandre Polyhistor, dit que les Babyloniens reconnaissent Enoch et non les Egyptiens, comme premier inventeur de l'astrologie; qu'à la vérité les Grecs attribuaient cette invention à Atlas, mais qu'Atlas n'est autre que le patriarche Enoch. Etienne le Géographe le nomme *Anacus*, et assure qu'il habita la ville d'Iconium en Phrygie. Il ajoute qu'un oracle avait prédit que tout le monde périrait après la mort d'Anacus. Celui-ci étant mort, après avoir vécu plus de 300 ans, les habitants en furent si affligés et le pleurèrent si longtemps, que ce deuil était passé en proverbe, et que l'on disait *pleurer Anacus*, pour exprimer une grande douleur. Il ajoute qu'en effet le déluge de Deucalion suivit de près sa mort.

Enoch, que les historiens musulmans appellent *celui que Dieu a enlevé*, a toujours été en grande faveur parmi eux. Ils lui attribuent une foule de découvertes, telles que celles de l'écriture, de la couture, de l'arithmétique et de l'astrologie. De même que les chrétiens d'Orient, ils le confondent assez souvent avec l'Orus ou l'Hermès des Egyptiens. Ils assurent que ce dernier a été roi, sacrificateur et législateur, et qu'il a ainsi mérité le nom de *Trismégiste* (trois fois très-grand), que les Grecs lui avait donné. *Voy.* EDRIS, FO-HI, HERMÈS.

La croyance commune de l'Eglise et de la Synagogue est qu'Enoch n'est point mort, et qu'il reparaîtra à la fin des temps, avec le prophète Elie, pour prêcher la foi et la pénitence, celui-ci aux juifs, et celui-là aux gentils.

On lui attribue un livre qui porte son nom, et qui est fréquemment cité par les Pères des premiers siècles. Saint Justin, Athénagore, saint Irénée, saint Clément d'Alexandrie, Lactance, y ont puisé la croyance que les anges s'allièrent aux filles des hommes et en eurent des enfants. Tertullien parle de cet ouvrage en plusieurs endroits de ses écrits. Il pensait que Noé l'avait conservé dans l'arche. Mais d'autres Pères, comme Origène, saint Jérôme, saint Augustin, le regardent comme apocryphe, et c'est aussi le sentiment de l'Eglise, comme c'était celui de la Synagogue, qui ne l'avait pas inséré dans son canon. Ce livre tomba même par la suite dans un tel discrédit, qu'il finit par disparaître tout à fait, à l'exception de quelques fragments que les anciens en avaient cités. Mais les chrétiens d'Ethiopie l'avaient religieusement conservé, traduit dans leur propre langue; c'est de ce pays qu'il fut rapporté en Europe, d'abord par le chevalier Bruce, et plus récemment par M. Ruppel; ce qui fit grand bruit parmi les savants. On s'empressa d'examiner ces manuscrits, de les copier, d'en faire des extraits, en attendant qu'on pût les traduire en entier. Mais à mesure qu'on avançait dans ce travail, on ne tarda pas à s'apercevoir que c'était une sorte d'œuvre gnostique, comme le faisaient déjà supposer les fragments que nous en avaient transmis les anciens. Ce livre est un récit de l'histoire antédiluvienne; il raconte ce qui s'est passé dans le ciel et sur la terre, et principalement l'histoire circonstanciée de l'union des anges avec les filles des hommes, et la lutte des bons anges contre les mauvais, les forfaits des géants, etc. Mais au milieu de l'obscurité et de l'absurdité qui règnent dans cet ouvrage, on ne peut nier qu'il ait aussi de grandes beautés et des choses fort curieuses. Il a été traduit en anglais en 1821 par le docteur Richard Laurence, professeur d'hébreu à l'Université d'Oxford. M. Silvestre de Sacy en avait traduit une bonne partie en latin. *Les Annales de philosophie chrétienne* en ont donné une traduction française presque complète dans le XVII° volume.

ÉNOPTROMANCIE (du grec ἐνοπτρον, miroir); divination faite au moyen d'un miroir magique qui montre les événements passés et futurs à celui-là même qui a les yeux bandés. L'opérateur était un jeune garçon ou une femme. Les Thessaliennes écrivaient leurs réponses sur le miroir en caractères de sang, et ceux qui les avaient consultées lisaient leurs destins, non sur le miroir, mais dans la lune, que ces magiciennes se vantaient de faire descendre du ciel; ce qu'il faut entendre apparemment, ou du miroir même qu'elles faisaient prendre pour la lune aux superstitieux qui recouraient à cette sorte d'enchantement, ou de l'image de la lune qu'elles leur montraient dans ce miroir.

ÉNORQUE (du grec ὀρχήσθαι, danser), surnom de Bacchus, tiré des danses avec lesquelles on célébrait ses fêtes.

ÉNOSICHTHON, surnom de Neptune; il a la même signification que le mot *Ennosigéus*, cité plus haut. Les Grecs donnaient ces surnoms à Neptune, à qui ils supposaient le double pouvoir d'ébranler la terre et de la raffermir. Sous ce dernier rapport, ils l'appelaient *Asphalion*. *Voyez* ce mot.

ENSABATÉS, ou ENSABOTÉS, nom que l'on donna dans le XII° siècle à des hérétiques vaudois, connus aussi sous le nom de *Pauvres de Lyon*. Ils furent ainsi nommés de l'ancien mot *Sabatœ*, qui signifiait des souliers; d'où sont venus d'autres noms de chaussures, et entre autres le nom de *Sabots*, dans notre langue. Ces souliers étaient d'une forme particulière, et coupés par-dessus, de façon à faire paraître les pieds nus, à l'exemple des apôtres. Les Ensabatés affectaient cette chaussure, pour marque de leur pauvreté apostolique. D'autres croient qu'on les appelait ainsi d'une marque particulière que les plus parfaits de la secte mettaient sur leurs souliers; cette marque était une croix, selon le témoignage d'un auteur contemporain, qui dit d'eux : *Sotulares cruciant*. Quelques-uns pensent que le nom d'Ensabatés ou d'Ensabotés fut donné à ces pauvres parce qu'ils portaient des sabots. Enfin, il en est qui écrivent leur nom *Insabbatés*, parce que disent-ils, ces hérétiques judaïsaient en observant le sabbat; mais cette dernière étymologie est fausse, aussi bien que le fait sur lequel on prétend l'appuyer.

Quoi qu'il en soit de l'origine du nom de ces sectaires, ils n'eurent d'abord aucun dogme particulier, et ne se faisaient remarquer que par une orgueilleuse et oisive pauvreté. On les voyait avec leurs pieds nus, ou plutôt avec leurs souliers coupés par-dessus, attendre l'aumône, et ne vivre que de ce qu'on leur donnait. Mais après avoir vécu quelque temps dans cette pauvreté prétendue apostolique, ils s'avisèrent que les apôtres n'étaient pas seulement pauvres, mais encore prédicateurs de l'Évangile. Ils se mirent donc à prêcher, sans mission, et malgré leur ignorance, ils ne tardèrent pas à émettre des doctrines subversives et dangereuses. Exclus par les prélats et ensuite par le saint-siège d'un ministère qu'ils avaient usurpé, ils ne laissèrent pas de continuer en secret, murmurant contre le clergé, qui, disaient-ils, ne leur interdisait la prédication, que parce que la doctrine et la sainteté des nouveaux apôtres condamnaient leurs mœurs corrompues. *Voyez* VAUDOIS, PAUVRES DE LYON.

ENSALMISTES, ou mieux *Anselmites;* nom que l'on donnait autrefois aux gens qui se vantaient d'avoir le pouvoir de guérir les plaies, en prononçant des paroles. Le nom d'*Ensalmistes* ferait supposer qu'ils se servaient de passages des Psaumes; mais ce n'est qu'une prononciation vicieuse pour *Anselmites*, qui est le mot propre, et qui vient, selon les uns, d'Anselme de Parme, astrologue, mort en 1440; ou, suivant Naudé, de saint Anselme de Cantorbéry, qu'ils regardaient comme leur patron.

ENTHÉE (du grec θεός, dieu); les Grecs appelaient ainsi en général tous les lieux où se rendaient les oracles et les personnages qui servaient d'organes à la divinité pour prédire l'avenir.

Ils donnaient aussi particulièrement le nom d'*Enthée* à Cybèle, considérée comme la déesse aux enthousiasmes.

ENTHOUSIASTE. Ce nom, qui dans son acception propre et primitive désigne un homme rempli de l'esprit de Dieu, se donne le plus communément à celui dont le zèle est exagéré, ou qui prend pour des inspirations ses propres rêveries. C'est pourquoi on a appelé ainsi d'anciens hérétiques qui se disaient mus et inspirés par l'Esprit saint, tandis que les gens sensés les regardaient plutôt comme agités par le démon. On a également donné le nom d'*Enthousiastes* aux anabaptistes, aux quakers et à plusieurs autres fanatiques.

ENTYCHITES, hérétiques qui parurent dans le premier siècle, et qui s'attachèrent à la doctrine de Simon le Magicien. Ils enseignaient que les âmes n'avaient été unies au corps qu'afin de pouvoir goûter toutes sortes de voluptés. Leurs actions étaient conformes à cette infâme doctrine.

ENVIE. Les anciens divinisèrent cette funeste passion; les Grecs en avaient fait un dieu, parce que, dans leur langue, φθόνος est masculin; les Romains en firent une déesse, fille de la Nuit. Ils la comparaient à l'anguille, dans l'opinion où ils étaient que ce poisson porte envie à tous les autres. Son nom latin, *Invidia*, vient de *in-videre*, regarder dans la conduite d'une personne, chercher ce qu'on peut y trouver à reprendre. Les Grecs donnaient aussi à l'envie le nom de *mauvais œil;* et pour garantir leurs enfants des influences de ce génie malfaisant, ils prenaient avec le doigt la boue qui se trouvait au fond des bains, et la leur appliquaient sur le front. Cette superstition règne encore chez les Grecs modernes, et l'on y craint encore l'Envie ou le mauvais œil. Aujourd'hui, comme du temps de Théocrite et de Pline, cracher dans son sein est regardé comme un des moyens les plus infaillibles de détourner l'influence de l'œil envieux. Au reste, la superstition du mauvais œil n'est pas moins répandue parmi les musulmans, les Hindous et une multitude d'autres peuples.

Les anciens représentaient l'Envie sous l'aspect d'un vieux spectre féminin, d'une maigreur affreuse, la tête ceinte de couleuvres, les yeux caves, le teint livide, des serpents dans les mains et un autre qui lui ronge le cœur. Quelquefois on place à ses côtés un hydre à sept têtes.

ENYALIUS, ancienne divinité qui paraît être la même que Mars; on trouve son culte établi chez les Assyriens, à Athènes, et chez les Sabins. Voici ce que rapporte Denis d'Halicarnasse au sujet de ce Dieu : « Au pays de Réate, dans le temps qu'il était habité par les Aborigènes, une vierge indigène, de la plus haute naissance, vint pour danser dans le temple d'Enyalius, que les Sabins et les Romains après eux appellent *Kurinus* (Quirinus), quoiqu'on ne puisse pas dire précisément s'il est Mars, ou si c'est un personnage différent auquel on rend les mêmes honneurs qu'à Mars; car les uns prétendent qu'ils désignent tous deux le dieu de la guerre; quelques autres croient au contraire que ce sont deux divinités guerrières différentes. Tandis que cette vierge dansait, saisie tout à coup d'une fureur divine, elle laisse la danse et se précipite dans le sanctuaire du dieu, qui la serre aussitôt dans ses bras, et elle en a un fils appelé *Medius Fidius*. »

ENYO, nom grec de Bellone, sœur de Mars et déesse de la guerre. *Voyez* BELLONE. C'était aussi le nom de l'une des Grées ou Graïes, filles de Phorcys et de Céto. *Voyez* GRÉES.

ENZAMBI, ou plutôt *Nzambi*, divinité des nègres du Congo. *Voyez* ZAMBI.

ÉOLE, dieu des vents et des tempêtes; il était fils de Jupiter ou, selon d'autres, d'Hippotas et de Ménalipe. Il régnait sur les îles Vulcaines, appelées depuis de son nom *Éolies;* sa résidence principale était à Lipara, l'une de ces îles. Son palais retentissait tout le jour de cris de joie et l'on y entendait sans cesse des chants harmonieux

Virgile rapporte, dans l'Enéïde, qu'il tenait les vents enchaînés dans une profonde caverne, pour prévenir des ravages pareils à ceux qu'ils occasionnèrent, lorsqu'ils séparèrent la Sicile du continent, et ouvrirent le détroit de Gibraltar. Ulysse ayant été jeté par les vents dans les États d'Éole, ce dieu l'accueillit favorablement, et lui fit présent d'outres dans lesquelles étaient renfermés les vents contraires à sa navigation. Cette fiction d'Homère fait peut-être allusion à quelque ancien usage, semblable à celui des sorciers lapons, qui vendent les vents à ceux qui s'embarquent, et leur promettent, moyennant une certaine somme d'argent, de tenir enfermés ceux qui pourraient troubler leur voyage. Mais l'indiscrète curiosité des compagnons d'Ulysse rendit inutile la prévoyance du dieu : en effet, ayant ouvert ces outres qu'ils supposaient contenir d'excellent vin, les vents s'en échappèrent tumultueusement et causèrent une tempête effroyable, qui submergea tous les vaisseaux. Ulysse, sauvé seul du naufrage, retourna chez Éole ; mais il en fut chassé avec indignation, comme un homme poursuivi de la colère des dieux.

Éole devait à Junon la faveur d'être admis dans l'Olympe, et son empire sur les vents ; cependant son autorité le cédait à celle de Neptune, dieu des mers. On lui donne douze enfants, six fils et six filles, qui se marièrent les uns avec les autres. Ces enfants désignent sans doute les douze vents principaux, ou ceux qui règnent dans chacun des douze mois de l'année, dont six étaient en effet sous la protection d'un dieu, et les six autres sous celle d'une déesse.

En réduisant toute cette fable à la vérité historique, dit Noël dans son Dictionnaire, il paraît qu'Éole fut un prince qui se livra à l'étude de l'astronomie, qui, par l'inspection du flux et du reflux, prédisait souvent avec justesse, plusieurs jours d'avance, quel vent devait souffler, et donnait des conseils utiles à ceux qui entreprenaient des voyages maritimes. On le représente avec un sceptre, symbole de son autorité.

Les Japonais ont aussi un dieu qui préside au vent. Il fait son séjour sur une des montagnes les plus élevées. Les dévots y grimpent avec des fatigues incroyables, en l'honneur de cette divinité.

Le dieu du vent, chez les Hindous, est Varouna. Voyez ce mot.

ÉONIENS. Éon de l'Étoile, gentilhomme breton, fit voir, dans le douzième siècle, qu'il n'y a point d'opinion si absurde et si extravagante, qui ne trouve des partisans dans un siècle d'ignorance et de superstition. L'articulation d'un mot latin lui donna lieu d'imaginer le système le plus insensé qui jusqu'alors eût entré dans la tête d'un chef de parti. Ayant entendu souvent chanter ces paroles du Symbole : *Per eum qui venturus est judicare vivos et mortuos*, « Par celui qui viendra juger les vivants et les morts », et se fondant sur l'articulation du pronom *eum*, celui, que l'on prononçait alors comme si l'on eût écrit *éon*, il s'imagina que c'était de lui-même qu'il était question, et que lui Éon, étant le fils de Dieu, devait en effet juger un jour les vivants et les morts. Son amour-propre saisit avidement cette chimère flatteuse, et il s'en pénétra si bien qu'il entreprit de le persuader aux autres. Ce qui est pour le moins aussi étonnant que la folie de ce gentilhomme, c'est qu'il réussit à faire des dupes, et qu'il se vit bientôt à la tête d'un parti assez nombreux. Il donna à ses sectateurs des titres en rapport avec le rôle qu'il s'était arrogé ; les uns avaient le nom d'*anges*, d'autres celui d'*apôtres*. Éon, que les gens sensés avaient d'abord méprisé, ne tarda pas à devenir redoutable. Car à la croyance qu'il avait imposée, il ajoutait la pratique de piller les églises et de brûler les monastères, ce qui sans doute ne contribua pas peu à accroître le nombre de ses partisans. Enfin, les brigandages qu'exerçaient ses anges et ses apôtres engagèrent plusieurs seigneurs à envoyer des gens pour s'emparer de ce fanatique. Éon, pour se défendre, employa des armes plus puissantes que le fer : il donna de l'argent à ceux qui étaient chargés de le prendre, et les régala si bien, qu'ils n'eurent pas le courage d'exécuter les ordres qu'ils avaient reçus. Pour s'excuser, ils répandirent le bruit qu'Éon était un magicien, qui s'était dérobé à leur poursuite par le pouvoir de ses charmes. Cette opinion s'accrédita parmi le peuple, et, pendant quelques temps, Éon passa pour un homme imprenable, et qui avait tout l'enfer à son service ; mais l'archevêque de Reims triompha de ce prétendu pouvoir surnaturel, et vint à bout de faire arrêter le gentilhomme. Interrogé dans un concile assemblé à Reims, il fit des réponses si absurdes et si extravagantes, que personne n'eut lieu de douter qu'il n'eût perdu la raison. Ainsi, sans s'amuser à réfuter ses erreurs, on le condamna à une prison perpétuelle. Cependant, quelques-uns de ses disciples s'étant opiniâtrés à soutenir la prétendue divinité de leur chef, furent livrés au bras séculiers, et ces pauvres fanatiques se laissèrent brûler plutôt que de renoncer à leur extravagance.

ÉONS, ou ÉONES, sorte de divinités ou de principes adoptés par Valentin, hérésiarque du IIᵉ siècle. Le mot αἰών, *éon*, au pluriel αἰῶνες, *éonès*, se trouve fréquemment dans l'Écriture sainte avec l'acception de *siècle* ; mais Valentin en faisait des êtres subordonnés les uns aux autres, suivant une hiérarchie imaginaire. Ils étaient au nombre de trente. Le premier et le plus parfait était dans une profondeur invisible et inexplicable, et il le nommait *Proon* (πρόων), préexistant, mais plus ordinairement *Bythos* (Βυθός), profondeur. Il était demeuré plusieurs siècles inconnu, en silence et en repos, en compagnie d'*Ennéa* (ἔννοια), la pensée, que Valentin nommait aussi *Charis* (χάρις), grâce, et *Sigué* (σιγή), silence, et qui était comme l'épouse de *Bythos*. Celui-ci ayant enfin voulu produire le principe de toutes choses, avait avec *Sigué* engendré *Nous* (νοῦς), son fils unique, semblable et égal à lui, seul capable de le comprendre. Ce fils était le père et le principe de tout ce qui existe. *Nous*, en grec, signifie *intelligence*, mais il est du genre masculin; c'est pourquoi ils en faisaient un fils; et quoiqu'il fût unique, ils lui donnaient pour sœur *Aléthia* (ἀλήθεια), la vérité. Ces deux premiers couples, *Bythos* et *Sigué*, *Nous* et *Aléthia*, formaient un carré, qui était comme la racine et le fondement de tout le système. Car *Nous* avait engendré deux autres Eons, *Logos* (λόγος) et *Zoé* (ζωή), le verbe et la vie; et ces deux en avaient encore produit deux autres, *Anthropos* (ἄνθρωπος) et *Ecclesia* (ἐκκλησία), l'homme et l'église. Ces huit Eons étaient les principaux de tous. Valentin prétendait les trouver dans le commencement de l'évangile de saint Jean. Dieu était *Bythos*; la grâce, *Sigué*; le principe, *Nous*. La vérité, le verbe, la vie et l'homme y sont en propres termes; il n'y a que l'Eglise, qui par malheur ne s'y trouve point. Mais suivons la généalogie.

Le verbe et la vie, voulant glorifier le Père, avaient encore produit dix autres Eons, c'est-à-dire cinq couples; car ils étaient tous deux à deux. L'homme et l'église avaient produit douze autres Eons, entre lesquels étaient le Paraclet, la Foi, l'Espérance, la Charité; les deux derniers étaient *Télétos* (Θελετὸς), le parfait, et *Sophia* (σοφία), la sagesse. Voilà les trente Eons, qui tous ensemble formaient le *Pléroma* (πλήρωμα), ou plénitude invisible et spirituelle. Ces trente Eons étaient figurés par les trente années de la vie cachée du Sauveur. Ils les trouvaient encore dans la parabole des vignerons, dont les uns sont envoyés à la première heure, d'autres à la troisième, d'autres à la sixième, à la neuvième, à la onzième. Car un, trois, six, neuf et onze font trente. Il y avait encore du mystère dans la division des Eons en huit, dix et douze: les douze étaient marqués par les douze ans que le Sauveur avait quand il disputa contre les docteurs, et par les douze apôtres: les autres étaient marqués par les deux premières lettres du nom de Jésus, en grec Ἰησοῦς, car *iota* vaut dix, et *éta* huit. Saint Paul désignait clairement le *Pléroma*, quand il disait qu'en Jésus-Christ habite toute la plénitude de la divinité.

Continuant leur fable, ils disaient que Sophie, le dernier ou plutôt la dernière des Eons, était sortie du Pléroma, qu'elle avait voulu connaître le premier Père, et comme cela lui était impossible, elle se serait égarée, si elle n'avait été retenue par la vertu qui conservait le Pléroma, nommée *Horos* (ὅρος), terme, ou autrement *Stauros* (σταυρός), c'est-à-dire croix. Horos donc avait remis Sophie dans le Pléroma; mais l'effort qu'elle avait fait pour en sortir, et son désir de voir le Père, était une substance spirituelle, faible et informe, qui était demeurée hors de la Pléroma. C'est ce qu'ils nommaient en grec *Euthymesis* (εὐθυμήσις), autrement *Hachamoth*

(חכמות), d'un nom hébreu qui signifie sagesse au pluriel, et qui se trouve souvent dans l'Ecriture pour le singulier. Après que sa mère Sophie avait été remise dans le Pléroma, et rendue à son époux Télétos, *Nous* avait produit un autre couple par la providence du Père, de peur qu'il n'arrivât à quelqu'un des Eons un accident semblable à celui de Sophie. Ce nouveau couple était le Christ et le Saint-Esprit, qui avaient affermi le Pléroma et l'union de tous les Eons. Le Christ leur avait appris à connaître le Père, ou plutôt à se contenter de savoir qu'il est incompréhensible; le Saint-Esprit leur avait appris à le louer, et à demeurer dans un parfait repos. Dans leur joie, tous les Eons, pour témoigner au Père leur reconnaissance, avaient produit de son consentement, et de celui du Christ et du Saint-Esprit, *Jésus* ou le Sauveur, contribuant chacun à ce qu'il avait de plus exquis; en sorte qu'il était comme la fleur de tout le Pléroma et portait les noms de tous les Eons, particulièrement ceux de Christ et de Verbe, parce qu'il procédait d'eux tous. C'est ainsi que les Valentiniens expliquaient cette parole de saint Paul: *Tout est rassemblé en Jésus-Christ*. Ils ajoutaient que pour faire honneur au Sauveur, avaient été produits en même temps des anges de même nature que lui, qui étaient comme ses gardes. Tout cela, disaient-ils, se trouvait dans l'Ecriture. La chute du dernier et douzième des Eons était marquée par la défection de Judas, le douzième des apôtres. La maladie de la femme affligée pendant douze ans d'une perte de sang désignait Sophie, dont la substance s'écoulait à l'infini, si la vertu du fils, c'est-à-dire Horos, ne l'avait arrêtée et guérie.

Cependant Hachamoth était demeurée hors de Pléroma, comme un misérable avorton, informe et imparfait. Christ en eut pitié, étendit sa croix et lui donna la forme de l'être, mais non de la connaissance. Ensuite il retira sa vertu, et la laissa dans une grande détresse, avec la conscience de sa misère et la douleur de se voir hors du Pléroma, sans pouvoir y pénétrer. Elle fut donc en butte à toute sorte de passions, à la tristesse, à la crainte, à l'angoisse. Enfin, elle se tourna vers celui qui lui avait donné la vie, et de là vint la matière et tout ce monde visible. Car ce mouvement de conversion fut la cause efficiente des âmes; la tristesse et la crainte produisirent la matière. Ses larmes donnèrent naissance aux fleuves et à la mer. Son découragement stupide et insensible produisit la terre. Voyez au *Supplément*, article COSMOGONIE, comment les valentiniens expliquaient l'origine de la matière et les opérations du Démiurge.

ÉORES, ou ÉORIES, fête instituée par les Athéniens pour détourner l'effet des imprécations d'Erigone, et en même temps pour honorer sa piété filiale. Icare, son père, ayant été tué par les bergers de l'Attique, auxquels il avait fait boire du vin, elle se pendit de désespoir, en priant les dieux de faire périr de la même manière les filles des

Athéniens, si ceux-ci ne vengeaient pas la mort de son père. Plusieurs, en effet, se pendirent, dans le désespoir d'un amour malheureux. Apollon, consulté, ordonna l'institution de cette fête, pour apaiser les mânes d'Erigone. Les filles y chantaient une chanson nommée *Alétis* ou la Vagabonde, en se balançant sur une escarpolette (αἰώρα), d'où la fête tirait son nom. On l'appelait encore ALÉTIDES. *Voyez* ce mot.

ÉOSTAR, ÉOSTER, ou ÉOSTRA, déesse adorée autrefois dans la Grande-Bretagne ; la même qu'*Easter*.

ÉOUS ou l'Oriental ; surnom d'Apollon, sous lequel les Argonautes consacrèrent à ce dieu l'île de Thymas, où il leur apparut, et où ils lui offrirent un sacrifice solennel.

ÉPACHTHES, fêtes célébrées à Athènes en l'honneur de Cérès, et en mémoire de la douleur que lui causa l'enlèvement de Proserpine, sa fille. Ce nom vient d'ἐπί, sur, et ἄχθος, douleur.

EPACRIUS, c'est-à-dire *qui réside sur les hauteurs*, de ἄκρος, élévation ; surnom de Jupiter, auquel on érigeait souvent des autels sur les collines et sur les montagnes.

EPACTÆUS, ou EPACTIUS, *qui préside au rivage* (de ἀκτή, rivage), surnom de Neptune chez les Samiens, du temple érigé à ce dieu sur le rivage de l'île de Samos. — C'était aussi un surnom de Mercure, comme dieu des promontoires, et que, pour cette raison, on représentait assis sur un amas de rochers.

ÉPACTE, nombre qui sert à déterminer, dans les calendriers, la différence de l'année lunaire d'avec l'année solaire. La lune achève sa révolution annuelle onze jours avant le soleil. Au bout de deux ans, elle a sur le soleil 22 jours d'avance ; la troisième année elle a 33 jours, et ainsi de suite pendant 30 ans, période au bout de laquelle la lune se trouve comme la première fois. Le chiffre de l'Epacte de l'année courante indique le jour de la nouvelle lune pendant tout le cours de l'année ; ainsi dans l'année 1849, le nombre vj est le chiffre de l'épacte ; donc, tous les jours de la même année qui portent le nombre vj dans la colonne des Epactes, seront les jours de néoménie ou de nouvelle lune. Pour avoir l'Epacte de l'année suivante, il faut ajouter 11 à l'année précédente ; l'épacte de 1850 sera donc xvij ; celle de 1851, xxviij ; si l'addition de 11 donne un chiffre supérieur à 30, on retranche ces trente, qui forment un mois, et le surplus donne l'Epacte. Ainsi, en ajoutant 11 à l'Epacte xxviij de l'année 1851, on aurait xxxix pour 1852 ; mais en laissant de côté trente pour un mois complet, il reste ix qui est l'Epacte véritable.

ÉPAGOMÈNES. Plusieurs peuples anciens et modernes ont fait l'année solaire de douze mois égaux, dont chacun avait trente jours, ce qui formait le total de 360 jours ; il en restait 5 pour compléter la révolution du soleil ; ces cinq jours étaient ajoutés à la fin de l'année, en dehors de tout mois ; les Grecs les appelèrent *Epagomènes*, c'est-à-dire *ajoutés*.

1. Les jours épagomènes étaient consacrés, chez les Egyptiens, à célébrer la naissance de cinq divinités, au sujet desquelles Plutarque rapporte cette curieuse légende : Le Soleil s'étant aperçu que Rhéa était devenue enceinte de Saturne, la maudit en prononçant contre elle cette imprécation, qu'elle ne pût accoucher dans aucun mois ni dans aucune année. Mais Mercure qui était amoureux de Rhéa, et qui en était bien traité, joua aux dés avec la Lune, et lui gagna la soixante-douzième partie de chaque jour ; il mit ensuite toutes ces portions bout à bout, et en forma cinq jours qu'il ajouta aux 360 dont l'année était alors composée. Ce sont ces jours que les Egyptiens appellent Epactes ou Epagomènes, et qu'ils célèbrent comme l'anniversaire de la naissance des dieux, parce que Rhéa accoucha ces jours-là. Au premier jour naquit *Osiris*, à la naissance duquel on entendit une voix qui criait que le Seigneur de l'univers venait de naître. *Arouéris* ou Apollon, appelé aussi Orus l'aîné, naquit le second jour ; *Typhon*, le troisième ; *Isis*, le quatrième ; et enfin au dernier jour, *Nephté*, que l'on appelle aussi *Téleuté* ou la fin, Vénus et la Victoire.

2. Chez les Perses, les cinq jours Epagomènes formaient une solennité particulière, qui avait son rituel et ses cérémonies propres ; ils servaient aussi à déterminer l'époque annuelle de cinq espèces de fêtes mobiles, dont les intervalles étaient déterminés à un certain nombre de jours, et qu'on avait établis en mémoire des six temps employés par le dieu suprême à la production de l'univers et à l'arrangement de ses diverses parties.

3. A l'époque de la révolution française, on avait également un calendrier dans lequel tous les mois étaient invariablement de 30 jours ; c'est pourquoi l'année était terminée par cinq jours épagomènes ou complémentaires, six dans les années bissextiles. On avait voulu aussi en faire des jours de fête, qui étaient dédiés, le premier, à la Vertu ; le second, au Génie ; le troisième, au Travail ; le quatrième, à l'Opinion ; le cinquième, aux Récompenses ; le sixième, dans les années bissextiles, était appelé le jour de la Révolution. *Voyez Calendrier républicain*, dans l'art. CALENDRIER.

ÉPAULIES (d'ἔπαυλις, cohabitation), nom que les Grecs donnaient au lendemain des noces, jour où les parents et les conviés faisaient des présents aux nouveaux mariés. On l'appelait *Epaulies*, parce que l'épouse n'habitait la maison de son époux qu'en ce jour. On donnait le même nom aux présents, surtout aux meubles que le mari recevait de son beau-père. Ces présents étaient portés publiquement et en cérémonie. Un jeune homme vêtu de blanc, et portant à la main un flambeau allumé, précédait la marche

ÉPÉE (*Ordre de l'*); ordre de chevalerie du royaume de Chypre, institué par Gui de Lusignan qui avait acheté, en 1192, l'île de Chypre, de Richard I*er*, roi d'Angleterre. Le collier était composé de cordons ronds de soie blanche, liés en lacs d'amour, entrelacés de lettres S fermées d'or. Au bout du collier pendait un ovale, où était une épée à lame émaillée d'argent, la garde croisettée et fleurdelisée d'or, et pour devise, *Securitas regni*. Le roi Gui donna cet ordre à son frère Amaury, connétable de Chypre, et à trois cents barons qu'il établit dans son nouveau royaume : la première cérémonie se fit le jour de l'Ascension de l'an 1195, en l'église cathédrale de Sainte-Sophie de Nicosie.

ÉPÉES (*Ordre des deux*). L'ordre des deux Épées de Jésus-Christ, autrement dit les Chevaliers du Christ des deux Épées, fut institué en 1193 pour la Livonie et la Pologne, dans la vue d'employer les armes des chevaliers pour défendre la religion. Ces chevaliers portaient dans leurs bannières deux épées en sautoir. Ils s'opposèrent avec succès aux entreprises des idolâtres contre les chrétiens.

ÉPÉOSCHÉ, un des dews ou mauvais génies créés par Ahriman, suivant la théogonie des Parsis. Epéosché est l'ennemi déclaré de Taschter, un des Izeds agricoles, qui préside spécialement à l'eau.

ÉPERON D'OR (*Ordre de l'*). L'ordre de ce nom fut établi par le pape Pie IV, en 1560. Les chevaliers portent une croix d'or à huit pointes, émaillée de rouge, au bas de laquelle pend un éperon d'or. Les nonces, les auditeurs de Rote et quelques autres personnes avaient le privilège de créer des chevaliers de l'Eperon ; mais cette faculté ayant dégénéré en abus, Grégoire XVI supprima, en 1842, tous ces privilèges, ordonna que tous les anciens brevets seraient soumis à un nouvel examen, et reconstitua ainsi l'ordre de l'Eperon d'or.

ÉPERVIER. 1. Oiseau symbolique, en grande vénération chez les Égyptiens, parce qu'il désignait chez eux Osiris et plusieurs autres divinités, que l'on représentait pour cette raison ou sous la forme d'épervier, ou avec la tête de cet oiseau sur un corps humain. La table Isiaque représente Osiris avec une tête d'épervier, assis, et tenant de la main le lituus, grand bâton recourbé par le haut, comme le bâton augural ; il a sur la tête un grand vaisseau, dans lequel est un autre vaisseau rond. — L'épervier ayant la vue perçante et le vol rapide, était encore l'emblème de Phré ou du Soleil. On le trouve aussi comme symbole de Phtha Sokharis, d'Horus, de Thoth ou Hermès Trismégiste, de Pooh ou dieu Lunus, de Mandou-Ré, etc. ; mais les attributs qui l'accompagnent empêchent de confondre ensemble ces divinités différentes.

Il y avait en Egypte un temple consacré à cet oiseau, dans une ville appelée pour cette raison *Hiéracopolis*, la ville des Éperviers. Les prêtres de ce temple étaient chargés du soin de nourrir un grand nombre d'éperviers, d'où ils furent appelés *Hiéracobosques*.

2. Chez les Grecs, cet oiseau était consacré au soleil, dont il était le prompt et fidèle messager. Il servait pour les présages. Il était aussi un des symboles de Junon, parce qu'il avait la vue fixe et perçante comme cette déesse, lorsque la jalousie l'animait.

ÉPHÉBIES, fêtes que les anciens célébraient lorsque leurs enfants étaient parvenus à l'âge de puberté ; du mot ἔφηβος, adolescent.

ÉPHÉMÉRIES, classes dans lesquelles les prêtres juifs étaient distribués. Il y en avait originairement huit, quatre des descendants d'Eléazar, et quatre des descendants d'Ithamar. Chaque Éphémérie vaquait au service divin durant une semaine. L'Ephémérie était subdivisée en six familles ou maisons, qui avaient chacune leur jour et leur rang, excepté le jour du sabbat, qui occupait l'Éphémérie entière. Un prêtre, durant sa semaine de service, devait s'éloigner de sa femme, s'abstenir de vin, se laisser raser, etc. La famille de service ne pouvait boire de vin, ni dans le temple, ni hors du temple. Comme les prêtres étaient répandus dans toute la contrée, ceux dont la semaine approchait se mettaient en route pour Jérusalem, se faisaient raser en arrivant, se baignaient ensuite, puis entraient dans le temple, le jour que leur service commençait. L'holocauste du soir offert, et tout disposé pour le service du lendemain, l'Ephémérie en exercice sortait et faisait place à la suivante. Ceux qui demeuraient trop loin restaient chez eux, où ils s'occupaient à lire l'Ecriture dans les synagogues, à jeûner et à prier.

ÉPHÈSE (DIANE D'). Rien n'égalait en grandeur, en richesses et en majesté, le temple dédié à Diane, à Éphèse, ville d'Ionie, et qui était l'une des sept merveilles du monde. Toute l'Asie, au rapport de Pline, concourut pendant 220 ans à l'orner et à l'enrichir ; aussi les trésors qu'il renfermait étaient incalculables. Le même auteur dit que la longueur de ce temple était de 420 pieds ; sa largeur de 220 ; qu'il était orné de 127 colonnes, hautes de 60 pieds, et dont 36 étaient travaillées. Il ajoute qu'il faudrait plusieurs volumes pour en décrire les ornements. Il était à quelque distance de la ville ; autour du temple il y avait un grand nombre d'édifices, destinés sans doute au logement des ministres du culte et aux autres objets qui y avaient rapport. Il jouissait du droit d'asile et d'autres prérogatives fort étendues. La statue originale de la déesse était d'ébène, selon Pline, ou de bois de cèdre, selon Vitruve. Les anciens rapportent plusieurs phénomènes ou événements merveilleux qui s'étaient passés dans ce sanctuaire. Ainsi on dit que l'architecte, chargé de la construction de l'édifice, désespérant de réussir à placer au-dessus de la porte une pierre d'une grosseur énorme, la déesse lui apparut la nuit, l'exhorta à ne pas perdre courage, et l'assura que ses efforts seraient secondés. En effet, le lendemain matin, cette lourde masse vint se placer d'elle-même au lieu où elle devait être. On raconte encore que l'escalier par lequel on montait jusqu'au faîte du temple était fait d'un seul cep de vigne. Peut-être faut-il entendre par là la rampe sur laquelle on s'appuyait. Comme les solennités de ce temple attiraient de toutes parts une multitude innombrable de pèlerins, les orfèvres de la ville gagnaient leur vie à faire de petites statues de Diane, sur le modèle de la statue principale. De plus, on en fit encore une infinité de copies de toute grandeur et de toutes sortes de matières. D. Bernard de Montfaucon a décrit ainsi deux des plus belles figures de la Diane d'Éphèse que les temps ont épargnées :

« La première, dit-il, a sur la tête une grande tour à deux étages; cette tour est posée sur une base qui s'élargit, et laisse deux grands demi-cercles à chaque côté de la tête de la déesse, sur lesquels sont des griffons ailés. La déesse a le visage assez gracieux, et les cheveux courts; de ses épaules pend une espèce de feston garni de fleurs et de fruits, qui laisse un vide où l'on voit un cancre. Elle étend ses deux mains, et à sur chaque bras un lion. Au-dessous du sein, entre les deux premières bandes, est une grande quantité de mamelles; on en compte jusqu'à dix-huit. Entre les deuxième et troisième bandes sont représentés des oiseaux; entre la troisième et la quatrième, une tête humaine avec des ailes, et un triton à chaque côté ; entre la quatrième et la cinquième, deux têtes de bœuf.

« La deuxième a sur la tête une grande tour à triple étage, et par-dessous un voile qui lui couvre les épaules. Un grand feston entouré de pointes lui descend sur la poitrine; dans le feston sont deux victoires qui tiennent la couronne sur un cancre. Elle a sur chaque bras deux lions. Tout le bas est divisé comme en quatre étages. Un grand nombre de mamelles occupe le premier ; le deuxième a trois têtes de cerf assez mal formées, et à chaque côté une figure humaine. Les deux autres ont chacun trois têtes de bœuf. Il sort outre cela, des deux côtés, des têtes et une partie des corps de certains animaux. »

Tous ces symboles paraissent désigner la nature avec toutes ses productions ; c'est ce que prouvent deux inscriptions trouvées sur deux de ces statues, dont l'une porte : *La nature mère de toutes choses;* et l'autre : *La nature pleine de diversités.* — On sait que le magnifique temple de la Diane d'Éphèse fut incendié par un fanatique, sans autre but que de faire passer son nom obscur à la postérité. En vain les magistrats de la ville défendirent-ils, sous des peines sévères, de proférer son nom, nous savons qu'il s'appelait *Erostrate.*

ÉPHÉSIENS (*Caractères*), en grec ἐφησία γράμματα; on appelait ainsi les caractères magiques, parce que les Éphésiens étaient fort adonnés à la magie, aux sortiléges et à l'astrologie judiciaire. On donnait encore ce nom aux caractères mystiques écrits sur la couronne, la ceinture et les pieds de la statue de Diane d'Éphèse. Quiconque les prononçait obtenait aussitôt l'objet de ses désirs. Les enchanteurs les faisaient prononcer à ceux qui étaient possédés d'un mauvais génie, en leur promettant la guérison, s'ils le faisaient avec exactitude. Les six premiers signifiaient, selon Hésychius, *les ténèbres, la lumière, lui-même, le soleil, la vérité et l'année.*

ÉPHÉSIES, fêtes célébrées à Éphèse en l'honneur de Diane. Les hommes s'y enivraient et passaient la nuit à mettre en tumulte la ville et surtout les marchés.

ÉPHESTIENS. Les Grecs appelaient *dieux éphestiens* ceux que les Latins nommaient Lares et Pénates ; ce nom vient d'ἐπί, sur, et ἑστία, foyer ; c'étaient les dieux du foyer.

ÉPHESTIES, fêtes de Vulcain, pendant lesquelles trois jeunes garçons, portant des torches allumées, couraient de toute leur force; celui qui le premier atteignait le but sans avoir éteint sa torche, gagnait le prix destiné à cette course. Ce nom a la même étymologie que le précédent, et ne vient point du nom grec de Vulcain *Hephestos.*

ÉPHESTION, favori d'Alexandre le Grand, qui, étant mort à Ecbatane en Médie, fut mis au rang des dieux par ordre de ce prince. On lui bâtit aussitôt des temples, on lui fit des sacrifices, on lui attribua des guérisons miraculeuses, et on lui fit rendre des oracles. Lucien dit qu'Alexandre, étonné de voir la divinité d'Ephestion si bien réussir, finit par la croire vraie lui-même, et se sut bon gré non-seulement d'être dieu, mais d'avoir encore le pouvoir d'en faire.

ÉPHESTRIES, fêtes établies à Thèbes en Béotie, en l'honneur du fameux devin Tirésias, qui deux fois avait changé de sexe. Ovide raconte que Tirésias, se promenant un jour dans une forêt, rencontra deux serpents accouplés, et leur donna un coup de bâton ; aussitôt il fut métamorphosé en femme, et demeura dans cet état pendant l'espace de sept ans. La huitième année, il rencontra les mêmes serpents, et les frappa encore, dans l'espérance de recouvrer sa première forme ; il ne fut pas trompé, il redevint homme à l'instant. C'est ce double changement que les Thébains célébraient dans les éphestries, dont le nom signifie changement d'habits. Durant cette fête on habillait en femme la statue de Tirésias, et on la promenait ainsi par la ville. Au retour de la procession, on la dépouillait pour lui remettre des vêtements d'homme.

ÉPHIALTES; c'étaient chez les Grecs la personnification du cauchemar et des songes pénibles. Ils en avaient fait des divinités malfaisantes. Les Latins les appelaient Incubes.

ÉPHIPPA, *équestre;* surnom sous lequel Énée avait ordonné d'honorer Vénus, sa mère, parce que, fatigué des voyages maritimes, il avait pris terre et s'était embarqué.

ÉPHOD, ornement du grand-prêtre des Juifs ; c'était une espèce de scapulaire sans manches, qu'il portait par-dessus la tunique et la robe. L'éphod était fendu sous les aisselles, et formait deux pans, dont celui de devant tombait sur la poitrine et sur l'estomac, et celui de derrière couvrait le dos ; ils étaient attachés sur les épaules par des agrafes d'or ornées de pierres précieuses, et serrés autour du corps par une ceinture. Cependant ce vêtement ne paraît pas avoir été propre au souverain pontife ; car David était revêtu d'un éphod lorsqu'il dansait devant l'arche. Le jeune Samuel en portait un aussi lorsqu'il servait le grand-prêtre. Mais ces éphods dont nous voyons revêtus les laïques et les ministres d'un ordre inférieur, étaient d'une matière et d'une forme différentes de celui du souverain pontife ; car l'éphod du grand-prêtre était tissu d'or, de pourpre, d'écarlate et de fin lin ; les autres étaient de simple toile.

ÉPHYDRIADES, nymphes qui présidaient aux eaux. *Voy.* Naïades et Hydriades.

ÉPI (Chevaliers de l'), ordre militaire de Bretagne, fondé, vers 1445, par François Ier, duc de Bretagne. Il fut ainsi nommé, parce que les chevaliers devaient porter un *collier d'or, fait en façon d'une couronne d'épis de blé*, joints les uns aux autres, et entrelacés en lacs d'amour ; une hermine sur un gazon d'hermines pendait au bout de ce collier avec ces mots : *A ma vie*, qui était la devise de l'ordre de l'Hermine, institué par le duc Jean V, dit le Vaillant.

ÉPIBATÈRE, surnom d'Apollon. Diomède, à son retour du siége de Troie, fit bâtir à Trézène un temple à Apollon, sous le nom d'*Épibatérios* (du grec ἐπιβαίνω, faire revenir), parce que le dieu l'avait sauvé de la tempête qui fit périr une partie des Grecs dans leur retour.

ÉPIBDA. Ce mot qui signifie proprement *le lendemain*, était le nom du quatrième et dernier jour de la fête des Apaturies. On appelait encore *Epibda* le lendemain d'une noce, d'une solennité quelconque, etc.

ÉPIBÈME, surnom sous lequel Jupiter était adoré dans l'île de Siphnos.

ÉPIBOMIE ; c'était, en général, chez les Grecs le nom des sacrifices (de ἐπί, sur, et βωμός, autel). Ils donnaient encore ce nom aux cantiques chantés devant les autels.

ÉPICARPE, surnom de Jupiter adoré dans l'île d'Eubée. Ce nom signifie *fructifiant*.

ÉPICÈNE, c'est-à-dire *commun à tous* ; surnom de Jupiter à Salamine.

ÉPICLIDIE, fête que les Athéniens célébraient en l'honneur de Cérès.

ÉPICRÉNÉ, fête des fontaines, que les Lacédémoniens célébraient en l'honneur de Cérès.

ÉPICURIENS. On appelle ainsi une certaine classe d'hommes qui se disent philosophes, et professent une doctrine qui favorise toutes les passions, niant la Divinité, ou du moins son action sur l'univers et sur les hommes, faisant consister le bonheur dans les voluptés sensuelles, n'admettant ni peines ni récompenses futures. Cette désolante doctrine compte encore maintenant une multitude de partisans, et très-probablement elle en aura toujours. Les épicuriens tirent leur nom d'Épicure, célèbre philosophe grec, qui naquit l'an 341 avant Jésus-Christ. Il ne faudrait pas cependant rendre ce philosophe responsable des égarements dans lesquels tombèrent plusieurs de ses disciples, et la multitude de ceux qui ont abusé de ses écrits, et tiré de ses principes des conséquences déplorables. En morale, Epicure enseignait que le plaisir est le souverain bien de l'homme et que tous nos efforts doivent tendre à l'obtenir ; mais il faisait consister le plaisir dans les jouissances de l'esprit et du cœur autant que dans celles des sens. En physique, il expliquait tout par le concours fortuit des atomes ; il niait l'immortalité de l'âme ; il admettait des dieux, êtres d'une nature supérieure à l'homme, mais il leur refusait toute action sur le monde, et niait la Providence ; il prétendait ainsi détruire par la racine toute superstition. Il enseigna d'abord à Lampsaque, et transporta ensuite son école à Athènes ; il fit dans cette ville l'acquisition d'un jardin où se réunissaient ses disciples qui vivaient en commun, ne buvant que très peu de vin, et n'usant que de viandes très-simples et très-communes. Quant à lui, on voit par ses lettres, qu'ordinairement ses meilleurs repas ne consistaient qu'en un peu de fromage joint au pain et à l'eau. On voit qu'il y a loin d'un pareil régime à celui que suivent aujourd'hui ceux qui se disent disciples d'Epicure. Mais déjà, dans le siècle de ce philosophe, plusieurs de ses adhérents avaient donné dans les mêmes excès, se vautrant dans toutes sortes de voluptés brutales. Lucrèce fut sans doute le premier qui fit connaître à Rome les principes d'Epicure, cinquante ans à peu près avant notre ère, dans son poëme *De Natura rerum*.

ÉPICURIUS, c'est-à-dire *secourable* ; surnom d'Apollon, qui lui fut donné pour avoir délivré l'Arcadie de la peste. En mémoire de ce bienfait, on lui avait élevé sous ce vocable un temple magnifique à Bassa, bourg de l'Arcadie.

ÉPIDAURIES. Les Grecs appelaient ainsi le huitième jour de la célébration des grands mystères, parce qu'à pareil jour Esculape était venu d'Epidaure à Athènes pour se faire initier ; mais que les cérémonies étant terminées, on les avait recommencées en sa faveur.

On nommait aussi Epidauries des fêtes en l'honneur d'Esculape, célébrées à Athènes et à Epidaure. Ce médecin déifié avait dans cette dernière ville un temple toujours rempli de malades, et dont les murailles étaient couvertes de tablettes suspendues en *ex voto*, sur lesquelles étaient consignées les guérisons opérées par son entremise. Autour du temple était un bois environné de grosses bornes, et dans cette enceinte on ne laissait mourir aucun malade ni accoucher aucune femme. Mais comme cette mesure était au détriment des pèlerins, Antonin le Pieux fit dans la suite bâtir une maison pour servir d'asile aux uns et aux autres.

ÉPIDÉLIUS, surnom d'Apollon. — Ménophanès, commandant la flotte de Mithridate, ayant pillé le temple d'Apollon à Délos, jeta dans la mer la statue du dieu. Elle fut portée par les flots sur la côte de Laconie ; les Lacédémoniens la recueillirent et lui consacrèrent au même endroit un temple sous le nom d'Apollon Épidélius. Pausanias remarque qu'une mort douloureuse suivit de près le sacrilége de Ménophanès.

ÉPIDÉMIES (du grec ἐπί, sur, et δῆμος, peuple), fête que les Argiens célébraient en l'honneur de Junon, et les habitants de Délos et de Milet, en l'honneur d'Apollon, lorsqu'ils avaient évoqué les dieux tutélaires de ces lieux, et qu'ils les croyaient présents dans leurs villes. Le dernier jour de cette solennité, on chantait une chanson nommée *apopemptique*, dans laquelle on leur disait adieu, et où on leur souhaitait un bon voyage.

On donnait encore le nom d'*Épidémies* à une fête célébrée par les particuliers, lorsqu'un de leurs parents ou de leurs amis revenait d'un long voyage.

ÉPIDIUS, individu qui, précipité dans les eaux du Sarnus, rivière de la grande Grèce, reparut avec des cornes, replongea un moment après, et fut en conséquence honoré comme un dieu.

ÉPIDOTE. C'était, 1° le nom d'un génie auquel les Lacédémoniens rendaient un culte ; 2° un surnom de Jupiter, de qui les hommes tiennent tous leurs biens. Ce mot vient du verbe ἐπιδίδωμι, donner par surcroît, accroître, et peut signifier le libéral, le bienfaisant. Jupiter était honoré sous ce nom, particulièrement à Mantinée. 3° Les Grecs appelaient encore *Épidotes* les dieux qui présidaient à la croissance des enfants.

ÉPIÈS, divinité égyptienne qu'on croit la même qu'Osiris.

ÉPIGIES, nymphes terrestres, vénérées par les Grecs.

ÉPIGÉE, fils d'Hypsistus ou Élion, et de Béruth. Son nom signifie *au-dessus de la terre* ou *monde supérieur*. C'est lui qui fut dans la suite honoré sous le nom d'URANUS. *Voyez* ce mot.

ÉPILÉNIE, fête que les Grecs célébraient en l'honneur de Bacchus ; on s'y disputait à qui foulerait une plus grande quantité de grappes. — L'Épilénie était aussi une danse pantomime qui imitait l'action des vendangeurs foulant le raisin.

ÉPIMÉLÈTES, ministres au culte de Cérès ; ils servaient le roi des sacrifices dans ses fonctions.

ÉPIMÉLIUS, surnom de Mercure en sa qualité de protecteur des troupeaux.

ÉPIMÉNIDE, prophète des Crétois, contemporain de Solon. Dans sa jeunesse, envoyé par son père pour garder les troupeaux dans la campagne, il s'égara et entra dans une caverne où il fut surpris d'un sommeil qui dura 57 ans. Réveillé au bout de cet espace de temps, il cherche son troupeau ; et, ne le trouvant plus, il retourne à son village. Tout y avait changé de face. Il veut entrer dans sa maison, personne ne le connaît : enfin son cadet déjà vieux parvient à le reconnaître. Le bruit de ce prodige s'étant répandu dans la Grèce, Epiménide fut regardé comme un homme favorisé des dieux. On l'appelait le nouveau Curète, et on l'allait consulter comme un oracle. Diogène Laërce ajoute qu'il devint vieux en autant de jours qu'il avait dormi d'années. Cependant il sut se faire aimer des nymphes qui lui donnèrent une drogue conservée dans une corne de bœuf, et dont une seule goutte le rendait pour longtemps vigoureux et sain, et l'exemptait de la nécessité de prendre aucune nourriture. Athènes, troublée par des spectres et des fantômes, consulta Épiménide sur les moyens d'apaiser la colère des dieux. Le prophète répondit qu'il fallait laisser aller dans les champs des brebis noires, et les faire suivre par des prêtres, pour les immoler dans les lieux où elles s'arrêteraient, en l'honneur des dieux inconnus. L'admiration et la reconnaissance voulurent combler Epiménide de présents et d'honneurs ; le philosophe les refusa et ne voulut accepter qu'une branche de l'olivier sacré, qu'il emporta dans sa patrie. On rapporte plusieurs de ses prédictions faites aux Athéniens et aux Lacédémoniens, et qui furent vérifiées par l'événement. On lui attribue un grand nombre d'ouvrages qui ne subsistent plus. Saint Paul, dans son Épître à Tite, cite un vers d'Epiménide, en lui donnant le titre de prophète des Crétois ; mais ce vers n'est pas à la louange de ses concitoyens ; le voici :

Κρῆτες ἀεὶ ψευσταί, κακὰ θηρία, γαστέρες ἀργαί.

C'est-à-dire : *Cretenses semper mendaces, malæ bestiæ, ventres pigri.*

Épiménide mourut âgé de 289 ans, selon la tradition des Crétois, qui lui firent après sa mort des sacrifices comme à un dieu. Les Lacédémoniens, qui se vantaient aussi d'avoir son corps, lui élevèrent dans leur ville des monuments héroïques.

ÉPIMÉNIES, sacrifices que les Athéniens faisaient aux dieux, à chaque nouvelle lune, pour la prospérité de la ville.

ÉPIMÉTHÉE, personnage allégorique, frère de Prométhée, et fils de Japet. Son nom signifie *celui qui apprend après coup, ou à ses dépens*, comme celui de son frère signifie *celui qui réfléchit avant d'agir ;* aussi on attribue à Épiméthée la création des hommes imprudents et stupides, et à Prométhée, celle des gens prudents et ingénieux. Ce fut Épiméthée qui épousa Pandore, et qui ouvrit la boîte fatale d'où sortirent tous les maux qui inondèrent le genre humain. Il fut le père de Pyrrha, épouse de Deucalion, et fut enfin métamorphosé en singe. *Voyez* PROMÉTHÉE, PANDORE.

ÉPINICIES, fête célébrée en action de grâces d'une victoire.

ÉPINICION, hymne de triomphe que l'on chantait dans les Epinicies. — On donnait encore ce nom aux vers que chantaient ceux qui se disputaient un prix, adjugé à celui qui avait le mieux chanté.

ÉPIOCHUS, fils de Lycurgue, auquel on rendait, en Arcadie, les honneurs divins.

ÉPIODIE, chanson qu'on chantait avant les funérailles chez les anciens Grecs. C'est ce que les latins appelaient *Nœnia*.

ÉPIPHANE, hérétique du IIe siècle, fils de Carpocras, qui l'instruisit des belles-lettres et de la philosophie de Platon. Sur les principes de ce philosophe, Épiphane composa un livre de la justice, où il définissait la justice de Dieu, une communauté avec égalité. Il prétendait prouver que la communauté en toutes choses sans exception venait de la loi naturelle et divine, et que la propriété des biens, et la distinction des mariages, n'avait été introduite que par la loi humaine. Il combattait ouvertement la loi de Moïse, particulièrement les deux derniers commandements du Décalogue touchant les désirs. Mais il ne combattait pas moins l'Evangile qu'il prétendait suivre; puisque Jésus-Christ approuve la loi, et y ajoute : « Quiconque a regardé une femme pour la désirer, a déjà commis adultère en son cœur. » Épiphane ne vécut que 18 ans ; et après sa mort il fut honoré comme un dieu, en la ville de Samos, dans l'île de Céphalonie. Là on lui consacra un lieu bâti superbement, avec des autels et des temples ; à la nouvelle lune, on célébrait sa fête par des sacrifices, des libations, des hymnes et des festins ; car le culte des Gnostiques était mêlé d'idolâtrie et de magie. Ils gardaient des images de Jésus-Christ, sur le modèle d'une qu'ils disaient avoir été faite par Pilate ; et d'autres de Pythagore, de Platon et d'Aristote, et leur rendaient les mêmes honneurs que les païens à leurs idoles.

ÉPIPHANÈS (du grec ἐπιφαίνομαι, apparaître), surnom de Jupiter, qui exprimait que ce dieu faisait souvent sentir sa présence sur la terre, ou par le bruit du tonnerre et des éclairs, ou par de véritables apparitions. *Voy.* THÉOPSIE.

ÉPIPHANIE, ou **THÉOPHANIE**, c'est-à-dire manifestation de Dieu ; fête que l'Eglise chrétienne célèbre le 6 janvier, jour où les Mages vinrent d'Orient en Judée pour adorer Jésus-Christ. L'Eglise vénère pendant cette fête une triple manifestation du Verbe fait chair : la première, lorsque les Mages vinrent l'adorer ; la seconde, lorsqu'à son baptême le Saint-Esprit descendit sur lui sous la forme d'une colombe, et que la voix du Père céleste le proclama son fils bien-aimé ; la troisième, lorsqu'il commença à exercer son pouvoir miraculeux en changeant l'eau en vin aux noces de Cana. Autrefois l'Eglise célébrait ces trois mystères le même jour ; mais depuis assez longtemps, dans l'Eglise latine, on fait mémoire de l'adoration des Mages le jour même de l'Epiphanie, du baptême de Notre-Seigneur, le jour de l'octave de cette fête, et du changement de l'eau en vin, le dimanche suivant.

1. On appelle vulgairement cette fête *le jour des Rois*, parce que le peuple est en possession de croire que les Mages étaient des rois de l'Orient. Cette opinion est peu probable ; mais elle a pu être accréditée par le passage suivant des Psaumes, répété plusieurs fois pendant l'office de ce jour, et qui est regardé comme une prophétie du mystère : *Les rois de Tharsis et les îles offriront des présents ; les rois d'Arabie et Saba apporteront des dons.* On a été plus loin : on a fixé à trois le nombre de ces prétendus rois, et on leur a donné les noms de Gaspard, Melchior et Balthasar. On prétend que leurs corps sont à Cologne.

C'est encore une coutume généralement répandue dans toutes les classes de la société, de *tirer les rois* ce jour-là ; c'est-à-dire d'établir un roi du festin dans chaque famille ; l'élection est remise au sort : celui à qui échoit la fève dans la distribution des parts d'un gâteau confectionné exprès, est proclamé roi aux acclamations des convives. Aussi l'appelle-t-on *roi de la fève*. Cette coutume empruntée à moitié au christianisme, à moitié au paganisme, a trop souvent donné lieu à des débauches et à des désordres regrettables.

Autrefois, le jour de l'Epiphanie, on indiquait au peuple, après l'évangile, toutes les fêtes mobiles de l'année, savoir : le jour des Cendres, le Carême, Pâques, l'Ascension, la Pentecôte, et le premier dimanche de l'Avent. Cette coutume est tombée en désuétude depuis que l'imprimerie a permis à tout le monde de se procurer chaque année des calendriers ; néanmoins plusieurs Eglises, surtout en France, ont conservé l'usage d'annoncer solennellement la fête de Pâques après l'évangile.

2. A Rome, il y a station à la basilique de Saint-Pierre. La messe est chantée par un cardinal-évêque ; le procureur général de l'ordre des Servites prononce le sermon. A Saint-Athanase des Grecs, un évêque de leur rite bénit solennellement l'eau en mémoire du baptême de Notre-Seigneur, et on y chante la messe en grec. Il y a aussi une grande solennité à la chapelle des Trois-Rois, au collège de la Propagande. Outre la messe solennelle, pendant toute la matinée le saint sacrifice est célébré en plusieurs sortes de langues, par des prêtres des diverses nations, chacun suivant le rite de son Eglise. Le dimanche dans l'octave, il y a un exercice public ou *académie* ; les élèves, venus de toutes les parties de la terre pour se préparer à prêcher l'Evangile chez les peuples infidèles, y récitent des compositions littéraires dans les langues qui se parlent et s'enseignent au collège. Ces compositions sont en l'honneur de l'enfant Jésus et des Mages. Quelquefois on n'y entend pas moins de quarante langues différentes.

3. Nous ignorons si on pratique encore en Espagne la cérémonie de l'offrande des calices par le roi, le jour de l'Epiphanie. Cette

offrande doit, dit-on, son origine à la piété de Charles-Quint, qui l'institua en mémoire de l'adoration et des offrandes des Mages. Chaque calice vaut environ trois cents ducats; on met dans l'un une pièce d'or, dans l'autre de l'encens, dans le troisième de la myrrhe. Après l'offrande, le roi envoie un de ces calices à la sacristie de Saint-Laurent de l'Escurial, les deux autres à telles églises ou monastères qu'il plaît à sa majesté catholique.

4. Dans l'Église grecque, le jour de l'Epiphanie, ou plutôt la veille, les évêques ou leurs vicaires généraux font l'eau bénite pour toute l'année; mais ils n'y mettent point de sel comme les Latins. Le peuple en boit, et pour cet effet il doit être à jeun et dans l'état de pureté. On asperge les maisons avec cette nouvelle eau bénite; si elle ne suffit pas, on en fait d'autre, et chacun en emporte chez soi. Les Papas vont arroser d'eau bénite toutes les maisons des particuliers. L'eau bénite de la vigile de l'Epiphanie se fait le soir; celle de la fête se fait le matin à la messe. Elle sert à donner à boire aux pénitents qu'on a exclus de la communion, à bénir les églises profanées, à exorciser les possédés. Ce jour-là on bénit les fontaines, les puits, et même la mer; les prêtres jettent dans toutes ces eaux de petites croix de bois, avant d'aller dire la messe.

5. Les Arméniens font, le jour de l'Epiphanie, une cérémonie qu'ils appellent la Bénédiction des eaux ou le Baptême de la croix. Voici la description de cette cérémonie, telle que le chevalier Chardin et Corneille le Bruyn la virent célébrer à Julfa, faubourg arménien près d'Ispahan.

On fit l'ouverture de cette solennité par la lecture, par des hymnes et par des messes, ce qui dura jusqu'au point du jour. Ensuite, les ecclésiastiques, qui étaient tous habillés de noir, à la réserve de l'évêque officiant, se couvrirent de leurs robes de cérémonie en brocard d'or, et l'évêque mit sa mitre enrichie de perles et de pierreries. Il tenait de la main droite couverte d'un mouchoir blanc brodé, une assez grande croix également ornée de pierreries, et de la gauche une autre moins riche. Le nombre des ecclésiastiques était d'environ vingt-cinq, qui sortirent de l'église, tenant les uns de petites croix à la main, les autres des livres, d'autres de petits bassins de laiton; ce sont des instruments de musique qu'on frappe l'un contre l'autre. Ils étaient précédés de la croix, de bannières et de torches. Ils se rendirent en cet ordre à un bassin carré, qui était dans la cour vis-à-vis de l'église, au milieu duquel on avait posé sur un trépied, élevé de vingt pouces au-dessus de la surface de l'eau, une grande chaudière de cuivre remplie d'eau; ils firent trois fois le tour du bassin, chantant assez bas et sans accord. Après cette procession, l'évêque se plaça dans sa chaire qui était au bord du bassin, vis-à-vis la porte de l'église, et y demeura deux grandes heures à lire et à chanter à diverses reprises;

après quoi il se leva, s'approcha de la chaudière, y trempa plusieurs fois la croix qu'il tenait à la main; ensuite, après une courte oraison qu'il récita d'une voix plus élevée que le reste, il plongea encore la croix dans la chaudière. Alors les Arméniens se jetèrent dessus, les uns pour s'y laver le visage et les mains, les autres pour y tremper leurs mouchoirs, d'autres pour en emporter. Ils se mirent à s'en jeter les uns aux autres, comme pour s'asperger; enfin ils renversèrent la chaudière, et c'est alors que la joie et les cris redoublèrent. Ainsi finit cette cérémonie, qui se fait aussi quelquefois sur le bord de la rivière, d'un étang ou d'un ruisseau, lorsqu'il ne fait pas trop froid. Le peuple s'imagine que le baptême des enfants n'est pas plus nécessaire que de baptiser la croix, et de s'asperger de l'eau dans laquelle elle a été trempée.

6. Chez les Mingréliens, chacun commence à manger une poule de bon matin, et à boire copieusement, en priant Dieu de les bénir; c'est là la méthode reçue de commencer toutes les fêtes. Après quoi on se rend à l'église à pied ou à cheval; de là on se rend en procession à la rivière la plus proche. La marche est ouverte par un homme qui sonne de la trompette; après lui vient celui qui porte la bannière, puis un autre qui tient un plat d'huile de noix, et une courge ou calebasse, sur laquelle sont attachées cinq bougies en forme de croix; enfin, un clerc porte le feu et l'encens. Le prêtre vient ensuite avec toute la foule, en chantant *Kyrie eleison*. Lorsqu'on est arrivé au lieu destiné à la cérémonie, le prêtre récite quelques prières sur l'eau, jette de l'encens sur le feu, verse l'huile dans l'eau, allume les cinq bougies attachées à la calebasse, et la fait flotter sur la rivière comme une nacelle. Il met ensuite une croix dans l'eau, et avec un goupillon asperge les assistants. Chacun s'empresse de se laver le visage dans la rivière, et d'emporter chez soi une bouteille de cette eau ainsi bénite.

7. Les chrétiens de Syrie se rendent au Jourdain, en mémoire du baptême de Jésus-Christ dans ce même fleuve. Là chacun se dépouille de ses vêtements, et se jette dans l'eau, sans s'embarrasser de la différence des sexes, pas plus que de la diversité des sectes; grecs, nestoriens, coptes, abyssins, hommes, femmes, enfants, entrent pêle-mêle dans le fleuve, et s'en font verser de l'eau sur la tête. D'autres se contentent d'y tremper des linges, et d'emporter de l'eau dans des bouteilles.

8. Les Abyssins pratiquent une cérémonie analogue. Le jésuite Alvarez rapporte que, le jour de l'Épiphanie, le roi, la reine et toute la cour se rendent au bord d'un étang, dont l'eau a été bénite par les prêtres pendant la nuit; et que là tout le monde se fait baptiser de nouveau, à commencer par l'Abouna ou patriarche, le roi et la reine, au moyen des paroles sacramentelles: *Je te baptise au nom du Père, et du Fils, et du Saint-Esprit;* il ajoute que les Abyssins ont, par

cette cérémonie, l'intention de conférer de nouveau un véritable baptême. Mais le chevalier Bruce, Henry Salt, et Pearce, tous trois protestants, s'inscrivent en faux contre la plupart des assertions d'Alvarez, et assurent qu'elle n'est qu'une simple commémoration du baptême de Jésus-Christ. Bruce, qui a assisté à toute la cérémonie, n'a pas vu qu'il fût question d'immersion, ni de prononcer les paroles sacramentelles. Les prêtres bénirent l'eau, y plongèrent de grandes croix de bois, en puisèrent avec des calices, en présentèrent à boire aux principaux personnages et en aspergèrent les autres. La cérémonie qui commence d'abord assez décemment dégénère en cohue; les diacres se mettent à troubler l'eau et en jettent sur tout le monde; la populace entre dans le fleuve ou dans l'étang; on y fait baigner les chevaux; les soldats y trempent leurs armes; les malades y lavent leurs plaies; on y purifie aussi les plats, les assiettes et les pots dont se sont servis les juifs et les mahométans.

ÉPIPHANIES, sacrifices ou fêtes établies chez les anciens Grecs, en mémoire de l'apparition des dieux.

ÉPIPOLLA, surnom sous lequel les Spartiates adoraient Cérès.

ÉPIPONTIA, surnom de Vénus, comme née de la mer.

ÉPIRNUTIUS, surnom que les Crétois donnaient à Jupiter.

ÉPISCAPHIES (de σκάφη, barque), fête des barques, célébrée à Rhodes.

ÉPISCÉNIES (de σκηνή, tente), fête des tentes, célébrées à Lacédémone. Les Juifs avaient aussi une fête des tentes, appelée des *Semaines* ou des *Tabernacles*. Voy. TABERNACLES (*Fête des*).

ÉPISCIRA, fête célébrée à Scira, dans l'Attique, en l'honneur de Cérès et de Proserpine.

ÉPISCOPAT, ordre sacré dans l'Eglise chrétienne; il est regardé comme le complément du sacerdoce; chez les Latins, il est considéré comme un même ordre avec la prêtrise, et désigné par le nom commun de sacerdoce, bien que les évêques aient reçu de tout temps une consécration particulière; mais les Grecs regardent l'épiscopat comme un ordre absolument distinct. Il donne à celui qui en est revêtu le pouvoir d'administrer le sacrement de confirmation, d'ordonner des prêtres, de gouverner l'Eglise avec juridiction sur les prêtres et les autres ministres inférieurs, d'avoir voix délibérative dans les conciles, etc. *Voy.* ÉVÊQUE.

ÉPISCOPAUX, nom que les presbytériens donnent aux protestants qui appartiennent à l'Eglise établie en Angleterre. Car ceux-ci, en se séparant de l'Eglise romaine, ont néanmoins conservé un certain nombre de cérémonies extérieures du culte, et entre autres l'ordre de la hiérarchie ecclésiastique; ainsi il y a parmi eux des évêques, des prêtres, des chanoines, des diacres, comme dans l'Eglise romaine. Les presbytériens au contraire se montrent tout à fait opposés à l'autorité des évêques, prétendant que tous les prêtres ou ministres ont une autorité égale, et que l'Eglise doit être gouvernée par des consistoires ou presbytères, composés de ministres et de quelques anciens pris dans l'ordre laïque. *Voy.* ANGLICANS, PRESBYTÉRIENS.

ÉPISCOPE, c'est-à-dire *surveillante*, surnom sous lequel Diane avait un temple à Elis. Sambucus l'ayant pillé, fut pris et soumis, durant un an entier, aux tourments les plus cruels, sans vouloir nommer ses complices. De là le proverbe : *Sambuco atrociora pati*, pour exprimer des peines extraordinaires.

ÉPISOZOMÈNE, c'est-à-dire *salut*, nom de la fête de l'Ascension dans la liturgie des chrétiens de Cappadoce; on le trouve ainsi mentionné dans les discours de Grégoire de Nysse. On s'en servait aussi à Antioche et dans quelques provinces d'Orient; il était connu du temps de saint Jean Chrysostome, puisqu'un de ses discours est intitulé, pour le dimanche de l'*Episozomène*.

ÉPISTATÈRE, *qui préside*, surnom de Jupiter, adoré dans l'île de Crète.

ÉPISTIUS (de ἑστία, foyer); autre surnom de Jupiter, comme président aux foyers.

ÉPISTOLIER, livre qui contient les passages des Epîtres et autres livres de la Bible, que le sous-diacre doit réciter publiquement pendant l'office divin.

ÉPISTROPHIE, c'est-à-dire *celle qui engage les hommes au bien*; surnom de Vénus, chez les Mégariens, qui lui avaient élevé un temple dans la rue qui menait à la citadelle.

ÉPITHALAMITÈS, surnom de Mercure, dans l'île d'Eubée; mais on ignore si ce nom dérive de θάλαμος, lit nuptial, ce qui ferait de Mercure un des dieux de l'hymen; ou de θαλαμίτης, rameur, d'où le même dieu serait un des protecteurs des voyages maritimes.

ÉPITHYMBIE, surnom de Vénus comme présidant aux deux termes de la vie, au commencement et à la fin. On lui avait érigé sous ce nom, dans le temple de Delphes, une statue auprès de laquelle les Grecs évoquaient les mânes par des libations et des dons funèbres.

ÉPITRAGIE, autre surnom de Vénus; ce mot signifie *assise sur un bouc*. Thésée ayant reçu de l'oracle ordre de prendre Vénus pour guide dans son voyage de Colchide, vit soudainement changer en bouc une chèvre qu'il lui sacrifiait sur le bord de la mer. On voit cette Vénus assise sur un bouc marin, dans plusieurs bas-reliefs, et surtout dans deux petites figures pareilles et bien conservées à la villa Albani.

ÉPITRES. 1. Les Epîtres des Apôtres forment une partie notable du Nouveau Testament. Elles sont au nombre de vingt et une. Il y a d'abord quatorze épîtres de saint Paul, adressées à des particuliers ou à des Églises particulières, savoir : une aux Romains, deux aux Corinthiens, une aux Galates, une aux Éphésiens, une aux Philippiens, une aux Colossiens, deux aux Thessaloniciens, deux à Timothée, une à Tite, une à Philémon et une aux Hébreux. Les sept autres épîtres ont été adressées par différents apôtres à toutes les Églises en général ; c'est pourquoi elles portent le titre de catholiques : on les appelle aussi canoniques, sans doute parce qu'elles ont été insérées dans le canon des Écritures, de préférence à d'autres qui étaient colportées sous le nom des apôtres, et dont l'authenticité n'a pas été constatée. De ces épîtres canoniques, une a été écrite par saint Jacques, deux par saint Pierre, trois par saint Jean, et une par saint Jude.

2. On appelle encore *Épître* la leçon de l'Écriture sainte que l'on récite publiquement avant l'évangile, dans l'office divin, parce qu'elle est ordinairement tirée des Épîtres des Apôtres. Quelquefois cependant elle est extraite d'un autre livre de l'Écriture sainte.

ÉPITRICADIES, fêtes grecques en l'honneur d'Apollon.

ÉPITROPIUS, surnom sous lequel les Doriens avaient élevé à Apollon un temple où ils s'assemblaient pour délibérer sur les affaires publiques. Ce nom signifie *tutélaire*.

ÉPONE, déesse des chevaux chez les Romains, qui la supposaient née d'un homme et d'une cavale. Ils la représentaient sous la figure d'une belle fille, vêtue comme les conducteurs de chars aux jeux du Cirque. Son nom est probablement une corruption de celui d'*Hippona*, qui vient d'ἵππος, cheval. Juvénal parle de cette divinité dans sa VIIIe satire, où il se moque agréablement de la passion d'un consul pour les chevaux, en ces termes :

Dans les fumiers impurs il cherche sa patronne,
Et sa bouche ne sait que jurer par Épone.

EPOOURI, nom de l'Olympe ou paradis des habitants des îles Wallis, dans l'Océanie. C'est qu'habite la foule des divinités ou des esprits auxquels les insulaires rendent leurs hommages. Il y règne une hiérarchie analogue à celle qui est établie dans les îles, c'est-à-dire que tous ces esprits reconnaissent un roi, qui choisit les principaux d'entre eux pour être les ministres de ses volontés. A l'un il confie le soin de telle île, à l'autre celui de faire observer les *tapou* ; celui-ci décide de la paix ou de la guerre ; celui-là est chargé de maîtriser les flots, de diriger les vents, de protéger les fruits, etc. D'autres aussi, et c'est le plus grand nombre, composent seulement la cour de l'*Atoua* ou divinité suprême, et ne visitent jamais la terre, si ce n'est par manière de promenade, et pour boire de temps en temps une tasse de kava. Les insulaires ne rendent guère de culte à ces derniers, et si parfois ils leur témoignent quelque respect, c'est uniquement pour qu'ils n'aillent pas les dénoncer auprès des dieux supérieurs.

ÉPOPTE, c'est-à-dire *contemplateur*, surnom sous lequel les habitants de Mégalopolis avaient élevé un temple à Neptune.

C'était aussi le titre qu'on donnait à ceux qui avaient été initiés aux grands mystères, et qui, en cette qualité, avaient le droit de tout voir.

ÉPOPTIQUES, nom des grands mystères, des mystères intimes, révélés aux candidats qui avaient passé par toutes les épreuves de l'initiation. *Voy.* ÉLEUSYNIES.

ÉPREUVES, moyens imaginés par l'ignorance et par la superstition, dans les siècles de barbarie, pour découvrir la vérité dans les cas douteux..

1. Pendant le moyen âge, ces épreuves étaient appelées *le jugement de Dieu;* en effet, il ne fallait rien moins qu'un miracle de sa part pour que l'épreuve ne fût pas funeste à l'innocent. Les épreuves les plus en usage étaient au nombre de cinq, savoir : le duel, ou combat singulier en champ clos ; l'épreuve par la croix, par l'eau froide, par l'eau bouillante et par le feu. Nous avons exposé, à l'article DUEL, ce qui concerne la première sorte d'épreuve ; il nous reste à parler des quatre dernières.

Voici en quoi consistait le jugement de Dieu par la croix : Deux personnes, étant debout, tenaient les bras étendus en forme de croix, et celui qui remuait le premier les bras ou le corps, perdait sa cause. — L'empereur Charlemagne ayant ordonné, en 788, que l'on rétablît les fortifications de la ville de Vérone, en Italie, qui étaient en fort mauvais état, il s'éleva une très-vive dispute, à cette occasion, entre les ecclésiastiques et les bourgeois. Il s'agissait de savoir lequel de ces deux ordres devait contribuer davantage à la dépense de cette réparation. Cette contestation fut décidée par le jugement de la croix. On choisit deux champions : l'archiprêtre Arégas pour la bourgeoisie, l'archidiacre Pacifique pour le clergé. Ils se placèrent tous deux, debout, vis-à-vis d'un autel où l'on célébra la messe. Lorsqu'elle fut achevée, le prêtre lut la passion selon saint Matthieu ; mais à peine était-il à la moitié, que le champion des bourgeois, ne pouvant plus résister à la fatigue, baissa les bras insensiblement, et, accablé de lassitude, se laissa enfin tomber à terre ; mais Pacifique, plus vigoureux, soutint jusqu'au bout une posture aussi gênante, et fut proclamé vainqueur. En conséquence, le clergé ne paya que le quart des réparations.

L'épreuve par l'eau froide se faisait en cette manière : On dépouillait l'accusé entièrement ; on lui liait le pied droit avec la main gauche, et le pied gauche avec la main droite, afin qu'il ne pût remuer, et le tenant par une corde, on le jetait dans la rivière, dans un bassin, ou seulement dans une cuve. S'il allait au fond de l'eau, comme cela doit arriver naturellement à un homme ainsi garrotté, il était reconnu innocent ; mais s'il surnageait sans pouvoir enfoncer, il était réputé coupable. Avant l'épreuve, on exorcisait l'eau, on faisait baiser à l'accusé la croix et le livre des Evangiles. On l'aspergeait d'eau bénite. L'accusé devait être à jeun. Il semble à juger cette épreuve par l'ordre naturel des choses, que personne ne devait être condamné après l'avoir subie, et qu'il devait arriver constamment que l'accusé enfonçât dans l'eau; cependant il paraît avéré que plusieurs surnageaient; il y a plus, c'est que, quand un homme était éprouvé pour plusieurs crimes dont il était soupçonné, on le voyait tantôt enfoncer dans l'eau, tantôt surnager, selon qu'il était innocent ou coupable de ces diverses fautes; c'est pourquoi on réitérait plusieurs fois l'épreuve. Le P. Lebrun, dans son *Histoire critique des pratiques superstitieuses*, parle d'une épreuve par l'eau froide qui eut lieu à Montigny-le-Roi, près d'Auxerre, le 5 juin 1696 : cinq personnes, hommes et femmes, ayant été accusées de sorcellerie, furent jetées dans la rivière de Senin, et deux d'entre elles surnagèrent constamment, bien qu'elles eussent été jetées à plusieurs reprises.

L'épreuve par l'eau bouillante consistait à plonger la main dans un vase d'eau bouillante pour y prendre un anneau béni, un clou ou une pierre qu'on y suspendait plus ou moins profondément. Il y avait des causes pour lesquelles on enfonçait la main jusqu'au poignet, d'autres jusqu'au coude, d'autres de toute la longueur du bras. Les roturiers faisaient l'expérience par eux-mêmes, mais les personnes qualifiées pouvaient la faire faire par d'autres. On enveloppait ensuite la main du patient avec un linge sur lequel le juge et la partie adverse apposaient leurs sceaux. Au bout de trois jours on les levait, et s'il ne paraissait point de marque de brûlure, on le renvoyait absous. Une des épreuves de ce genre les plus célèbres est celle à laquelle le roi Lothaire soumit Thietberge, son épouse, en l'an 860. Lothaire, qui voulait faire rompre son mariage, accusa cette princesse d'avoir commis un inceste avec son frère. Elle nia le fait, et prouva son innocence par un homme qui fit, pour elle, l'épreuve de l'eau bouillante sans se brûler; ce qui eut lieu solennellement avec le consentement du roi et de l'avis des évêques; sur quoi la reine fut rétablie en grâce. — Grégoire de Tours rapporte qu'un prêtre arien et un diacre catholique, disputant ensemble sur la foi et ne pouvant s'accorder, résolurent de s'en rapporter au jugement de Dieu. On alluma du feu dans une place publique, sur lequel on fit bouillir de l'eau dans une chaudière. On convint qu'on y jetterait un anneau, et que le catholique et l'hérétique enfonceraient le bras nu dans la chaudière d'eau bouillante, pour y chercher l'anneau dans le fond. Après quelques contestations, pour savoir qui le premier tenterait l'expérience, un diacre de Ravenne, catholique zélé, voyant que l'arien insultait au catholique, à cause que, par timidité, il s'était frotté le bras d'huile et d'onguent, plongea lui-même son bras dans l'eau bouillante, et y chercha durant près d'une heure l'anneau qu'il en retira enfin sans se brûler. L'arien crut qu'il pourrait faire la même chose, il enfonça son bras dans la chaudière, et sur-le-champ toutes ses chairs furent consumées jusqu'aux os.

L'épreuve par le feu était fort commune depuis le VIᵉ siècle jusqu'au XIIIᵉ; il nous en est resté ce proverbe : *J'en mettrais la main au feu*, pour assurer la vérité d'un fait dont on est persuadé. Elle avait lieu de différentes manières. — La première consistait à traverser, tout vêtu, un grand brasier sans en recevoir de dommage; on en a plusieurs exemples. En 1063, un disciple de saint Jean Gualbert, prêchant avec beaucoup de zèle contre la simonie qui régnait alors, soutint que Pierre, évêque de Florence, était simoniaque. Il offrit de le prouver en entrant dans un grand feu. Il y entra en effet nu-pieds, et y retourna pour ramasser son mouchoir qui était tombé au milieu du brasier, sans que le feu laissât la moindre impression sur lui, ni sur ses habits. Ce religieux devenu célèbre sous le nom de Pierre du Feu, *Petrus Igneus*, fut fait évêque et cardinal d'Albano, et mis ensuite au nombre des saints. L'évêque simoniaque fut déposé, et mena depuis une vie fort pénitente. — En 1103, le prêtre Luitprand prouva de la même manière la simonie de Grofulan, archevêque de Milan. Les partisans du prélat dressèrent deux énormes piles de bois longues de dix coudées, plus hautes que la taille humaine, et séparées l'une de l'autre par un espace d'une coudée et demie. Lorsque ces deux piles furent embrasées, Luitprand, les pieds nus, et revêtu de ses habits sacerdotaux, affronta d'un bout à l'autre cette étroite et affreuse carrière. Les tourbillons de flamme, au rapport de Landolphe, témoin oculaire du fait, se partageaient devant lui, et se répandaient au midi et au nord, comme si du centre de l'embrasement il se fût élevé deux vents contraires qui les eussent chassés. On le reçut avec acclamation au sortir du bûcher, où ses habits de lin et de soie n'avaient souffert aucun dommage. On observa seulement que sa main avait reçu quelque atteinte du feu, au moment où il y avait jeté de l'eau bénite et de l'encens. — En 1098, Pierre Barthélemi avait eu aussi recours aux flammes d'un bûcher pour prouver que la lance trouvée à Antioche par les croisés était bien celle qui avait percé le côté de Jésus-Christ; mais avec moins de succès. Il traversa en effet, en présence de plus de 40,000 personnes, un bûcher embrasé avec une intensité effrayante; mais il mourut douze jours après, les uns soutenant que la lance était endommagé extérieurement, et qu'à l'intérieur son corps avait été comme desséché par l'ardeur des flammes; les autres prétendant que sa mort avait été occasionnée par l'empressement inconsidéré de la foule qui s'était ruée sur lui au sortir du bûcher. — Plus communément l'épreuve par le feu avait lieu au moyen d'un fer rougi au feu. On prenait à la main une barre de fer rouge du poids d'environ trois livres, et on la portait l'espace de dix ou douze pas. On enveloppait la main du patient comme pour l'épreuve par l'eau bouillante ; et si, trois jours après, elle ne paraissait point endommagée par le feu, il était déclaré innocent. D'autres fois l'épreuve consistait à marcher sur des charbons ardents, ou sur des socs de charrue rougis au feu, ayant les pieds et les jambes nus jusqu'au genou. On préparait quelquefois six de ces fers, tantôt neuf, tantôt douze, suivant l'importance de l'accusation. Enfin, on se servait aussi d'une espèce de gant de fer rouge, qui montait jusqu'au coude. À mesure que ces épreuves devinrent plus fréquentes, on les accompagna de beaucoup de cérémonies. Au dixième et au onzième siècle, il y avait des abbayes qui regardaient comme un droit, celui qu'elles s'attribuaient de bénir le feu, et de conserver les fers et les chaudières destinés à ces usages.

Une autre sorte d'épreuve qui était en usage à l'égard de ceux qui étaient accusés de vol, consistait à leur faire manger un morceau de pain d'orge et de fromage de brebis. Cela était sans doute plus aisé que de manier un fer rouge ; mais les cérémonies que l'on pratiquait sur ce pain et sur ce fromage, avant de le faire manger à l'accusé, faisaient croire que, s'il était coupable, il ne pourrait jamais l'avaler, et qu'il en serait étranglé. Selon Ducange, c'est de là qu'est venue cette imprécation vulgaire : *Que ce morceau de pain puisse étrangler !* — Il y avait encore une foule d'autres épreuves, par la baguette, par l'Écriture sainte, par les sorts, etc., etc., que nous passons sous silence ou que nous renvoyons à leurs articles spéciaux.

L'Église a toujours regardé les épreuves, appelées *jugement de Dieu*, comme des pratiques superstitieuses, et si quelques prélats, de saints personnages, des conciles particuliers, ont paru les tolérer ou les toléraient, si les législateurs les ont fait entrer dans leurs codes comme moyens de parvenir à la connaissance de la vérité, d'autres pieux et savants personnages, d'autres conciles généraux ou particuliers, les ont condamnées comme injurieuses à la providence de Dieu qu'on tente ainsi témérairement, et comme pouvant induire la justice humaine en erreur ; ce qui a dû arriver dans une multitude de circonstances.

On est surpris lorsqu'on voit dans l'histoire plusieurs personnes sortir avec honneur de certaines épreuves, telles que celles de l'eau bouillante, du fer rouge, etc. ; et l'on ne sait à qui attribuer de pareils miracles. Certes, nous ne nions pas qu'en certaines circonstances importantes, Dieu n'ait pu manifester la justice et la vérité par un prodige éclatant ; mais nous avons de la peine à croire que Dieu ait voulu interrompre le cours ordinaire de la nature, pour se faire, pour ainsi dire, l'exécuteur habituel et bénévole des codes civils du moyen âge, et pour entretenir et favoriser une coutume extravagante et criminelle. Montesquieu dit que chez un peuple exercé à manier les armes, la peau dure et calleuse ne devait pas recevoir assez d'impression du fer chaud ou de l'eau bouillante, pour qu'il y parût trois jours après. Il est à présumer que plusieurs personnes avaient alors des secrets pour ralentir l'action du feu. On a plusieurs exemples de semblables artifices. Strabon parle des prêtresses de Diane, qui marchaient sur des charbons ardents sans se brûler ; le même fait a encore lieu presque journellement dans les Indes. Saint Épiphane rapporte que des prêtres d'Égypte se frottaient le visage avec certaines drogues, et le plongeaient ensuite dans des chaudières bouillantes, sans paraître ressentir la moindre douleur. Madame de Sévigné, dans une de ses lettres, dit qu'elle vient de voir dans sa chambre un homme qui a fait couler sur sa langue dix ou douze gouttes de cire d'Espagne allumée, et dont la langue, après cette opération, s'est trouvée aussi belle qu'auparavant. On a vu des charlatans se frotter les mains avec du plomb fondu ; enfin de nos jours des hommes prétendus incombustibles sortent impunément d'un four où ils sont demeurés assez longtemps pour y faire rôtir une volaille.

2. Les Juifs avaient un genre d'épreuve sanctionné par la loi divine, et fort propre à protéger une épouse innocente contre les fureurs d'un mari jaloux et brutal. On lit au cinquième chapitre des Nombres : « Si l'esprit de jalousie vient animer un homme contre sa femme, soit qu'elle ait été vraiment coupable, soit qu'il n'y ait contre elle que des soupçons, le mari jaloux conduira sa femme devant le prêtre, et présentera pour elle en offrande la dixième partie d'une mesure de farine d'orge ; il ne répandra pas d'huile dessus, et ne fera point brûler d'encens, parce que c'est une offrande de jalousie. Le prêtre prendra de l'eau sainte dans un vase de terre, et mettra dedans un peu de poussière ramassée sur le pavé du temple. Il découvrira la tête de la femme soupçonnée, mettra entre ses mains l'offrande de jalousie, puis il prononcera les plus terribles imprécations sur le breuvage amer qu'il se dispose à faire prendre à la femme. Il lui dira ensuite : Si tu ne t'es point souillée par le commerce d'un homme étranger, si tu n'as point profané le lit conjugal, ces eaux amères que j'ai maudites ne te nuiront point. Mais si tu as abandonné ton mari pour te livrer à un autre homme, les malédictions que je viens de prononcer s'accompliront sur toi. Que le Seigneur te maudisse, et fasse de toi un exemple au milieu de son peuple ! Que cette eau vengeresse fasse pourrir tes cuisses et enfler ton ventre. La femme répondra : Amen, amen. Le prêtre écrira ces imprécations sur un parchemin, et les effacera dans les eaux d'amertume. Il la donnera ensuite à boire à la femme accusée ; puis il prendra l'offrande d'entre ses mains, la déposera sur l'autel, et en fera brûler une poignée. Lorsque la femme aura bu, si elle est coupable, son ventre enflera, ses cuisses pourriront, et elle sera pour tout le peuple un objet de malédiction. Mais si elle est innocente, elle ne recevra aucun

mal de ce oreuvage, et elle n'en sera pas moins féconde par la suite. »

3. Les épreuves par le feu et par l'eau n'étaient pas inconnues aux anciens païens. Strabon parle d'un lieu assez près de Rome, où l'épreuve du feu se faisait souvent. On trouve la mention de pareilles épreuves dans Aristote, dans la Bibliothèque de Diodore de Sicile, dans Pline l'Ancien, dans la Vie d'Apollonius de Tyane par Philostrate. Denis d'Halicarnasse, Pline et Valère-Maxime rapportent la manière dont une vestale prouva la fausseté d'un inceste dont on l'accusait, en portant de l'eau dans un crible.

4. Julien l'Apostat rapporte que, quand un Gaulois soupçonnait la fidélité de sa femme, il la forçait à précipiter elle-même dans les eaux du Rhin les enfants qu'elle avait eus pendant son mariage. S'ils allaient au fond de l'eau, la femme était jugée coupable, et, comme telle, mise à mort. Si les enfants pouvaient gagner à la nage le bord du fleuve, c'était un signe que leur mère était innocente. — Les Celtes avaient en outre les épreuves par le duel, par le fer chaud, par l'eau froide et par l'eau bouillante, qui avaient lieu absolument de la même manière que nous avons décrite ci-dessus; ce qui démontre que les chrétiens du moyen âge avaient hérité des païens leurs ancêtres ces coutumes superstitieuses. De plus, on obligeait quelquefois l'accusé à recevoir des charbons ardents et à les porter dans ses vêtements sans les brûler.

5. Nous trouvons dans l'ancienne histoire des Perses un exemple d'épreuve par le feu. Soudabeh, femme de Kéi-kaus, deuxième roi de la dynastie des Kéyanides, était devenue éperdument amoureuse de Siawusch, fils du monarque, mais d'une autre femme. Ne pouvant réussir à lui faire partager son infâme passion, elle l'accusa auprès du roi du crime dont elle était seule coupable. Kéikaus, irrité de la prétendue insolence de son fils, voulut le faire mourir ; la justification du jeune prince ayant jeté quelques doutes dans l'esprit du roi, celui-ci, pour connaître la vérité, fit allumer un grand feu, et ordonna à l'un et à l'autre d'y passer. Siawusch se jeta au milieu du brasier, et en sortit aussi peu endommagé que le vent qui traverse la flamme ; mais Soudabeh effrayée par sa propre conscience, n'osa affronter les flammes, et fit voir par son refus qu'elle-même était coupable du crime dont elle accusait le prince. Le roi l'eût fait punir aussitôt, si Siawusch n'eût obtenu la grâce de sa belle-mère à force d'instances et de supplications.

6. Lorsque l'évidence d'une imputation, soit au civil, soit au criminel, ne peut être suffisamment démontrée, les Hindous ont souvent recours aux épreuves judiciaires ; cette manière de décider les cas douteux fait partie de leur jurisprudence. Les principales épreuves sont celles de la balance, du feu, de l'eau et du poison. Les mois d'avril, mai et décembre, sont les époques les plus favorables pour les épreuves : cependant celle de la balance peut avoir lieu en toute saison, lorsqu'il ne fait pas trop de vent. L'épreuve du feu doit se faire dans le temps des brouillards et des pluies ; celle de l'eau, dans les grandes chaleurs et en automne ; celle du poison, en hiver ou quand les brouillards règnent.

L'accusé, qui doit subir l'épreuve de la balance, doit s'y préparer par le jeûne et les ablutions, puis il va trouver les brahmanes et leur demande leur concours pour l'aider à se purger du crime dont il est accusé. On apporte une balance surmontée d'un petit drapeau blanc ; on plante en terre le pieu qui doit la soutenir, et le brahmane qui préside à la cérémonie récite des prières, fait des adorations à différents dieux, et leur offre des présents et des sacrifices, aux dépens de l'accusé. Celui-ci, qui est à jeun et qui a ses vêtements bien mouillés, est placé sur le plateau de la balance tourné à l'ouest ; on met dans l'autre des briques et de l'herbe darbha, jusqu'à ce que la balance soit dans un parfait équilibre. On fait alors descendre l'accusé, et on l'envoie faire ses ablutions sans ôter ses vêtements. Dans cet intervalle, le célébrant copie sur deux lignes d'égale longueur, et contenant chacune le même nombre de lettres, la formule suivante : « Soleil, lune, vent, feu, ciel, terre, eau, vertu, Yama, jour, nuit, crépuscule du soir et du matin, vous connaissez les actions de cet homme, et si le fait dont on l'accuse est vrai ou faux. » Il spécifie au-dessous le délit imputé au prévenu. Il place cet écrit sur la tête de l'accusé, et adresse des imprécations à la balance, pour que la vérité soit découverte. Il fait placer de nouveau l'accusé dans le plateau, et chante cinq fois une stance analogue à la circonstance ; si, sur ces entrefaites, le bassin où est l'accusé vient à descendre, il est déclaré coupable ; on le proclame innocent si le contraire arrive.

Pour l'épreuve par le feu, on trace d'abord à terre huit cercles, de seize doigts de diamètre chacun, et on laisse entre eux un espace de la même dimension. Ces huit cercles sont disposés sur deux lignes parallèles, et consacrés à huit divinités particulières ; un neuvième, tracé isolément, est consacré à tous les dieux. On purifie tous ces cercles en les enduisant de fiente de vache, et en y répandant de l'herbe darbha. On offre successivement le *poudja* (adoration) à la divinité assignée à chaque cercle. Pendant ce temps-là, la personne soumise à l'épreuve s'est baignée sans quitter ses vêtements ; et, encore toute mouillée, elle vient se placer sur le premier cercle de la ligne du côté de l'ouest, le visage tourné à l'est. On lui trempe les deux mains dans la farine délayée avec du lait caillé, et on les recouvre de sept feuilles de l'arbre aswattha, sept feuilles de choni et sept tiges de darbha. Le célébrant place au sud du neuvième cercle du feu qu'il purifie selon le rite du Véda, et offre un sacrifice. Un forgeron fait rougir à blanc une petite barre de fer de la longueur de huit doigts et du poids de cinquante roupies. Le brahmane la prend et la jette dans l'eau ; on la fait chauffer une seconde fois jusqu'à incandescence; le célébrant adresse au feu des imprécations; puis, prenant avec des pincettes la barre de fer rouge, il dit encore : « O feu ! tu connais tous les secrets des hommes, dévoile-nous maintenant la vérité. » A l'instant même il met le fer ardent sur les mains de l'accusé, qui doit, en le tenant, parcourir les cercles, de manière que ses deux pieds posent alternativement sur tous. Parvenu au huitième cercle, il jette le fer dans le neuvième sur de la paille qui doit s'enflammer par le contact. Au cas où, en fournissant sa course, il viendrait à laisser tomber le fer, l'épreuve serait à recommencer. Si l'inspection de ses mains atteste que la chaleur n'en a point offensé la peau, il est réputé innocent : une brûlure accidentelle dans toute autre partie du corps ne tirerait point à conséquence. Pour s'assurer que l'impression du feu n'a produit aucun effet visible sur l'épiderme, on donne à l'accusé une petite quantité de riz non pilé, qu'il doit séparer de la gousse en le frottant fortement entre ses deux mains.

Les formalités préparatoires pour l'épreuve par l'eau sont, à peu de chose près, les mêmes que dans les précédentes. Ici l'on trace un seul cercle, dans lequel on dépose des fleurs et de l'encens. On plante dans un étang où une rivière, dont le courant ne soit pas trop rapide, un pieu, près duquel l'accusé va se placer, ayant de l'eau jusqu'à la ceinture. Le brahmane officiant adresse une invocation à l'eau, le visage tourné vers l'orient ; puis on ordonne à une personne d'aller à une distance convenue, et de revenir. Durant tout le temps qu'elle met à faire cette course, l'accusé doit plonger tout entier, en tenant par la base le pieu fiché près de lui. Si, avant que cette personne soit de retour, il lève la tête hors de l'eau, il est réputé coupable ; s'il ne se montre qu'après, il est déclaré innocent. — Lorsque l'accusateur et l'accusé sont tous les deux condamnés à l'épreuve, on les fait plonger ensemble dans l'eau ; et celui qui vient le premier respirer à la surface est réputé coupable.

L'épreuve par le poison est précédée de toutes les cérémonies d'usage. On mélange avec du beurre liquéfié une petite quantité d'arsénic réduit en poudre, et après une invocation au poison, le brahmane donne la potion à l'accusé qui l'avale. Si, quoique indisposé, il survit trois jours, on le proclame innocent.

Il existe encore plusieurs autres genres d'épreuve chez les Indiens. De ce nombre est celle de l'huile bouillante, dans laquelle on délaie de la fiente de vache, et où l'accusé doit plonger le bras jusqu'au coude ; celle du serpent, qui consiste à enfermer un de ces reptiles, de l'espèce la plus venimeuse, dans un panier où l'on jette une pièce de monnaie ou une bague que l'accusé est tenu de prendre, les yeux bandés. Si, dans la première épreuve, il ne se brûle pas ; si, dans la seconde, il n'est pas mordu, son innocence est hautement avérée.

7. Quand les preuves ordinaires ne suffisent pas, les Siamois ont recours aux épreuves de l'eau, du feu, des vomitifs, etc. Pour l'épreuve du feu, on construit un bûcher dans une fosse, de telle sorte que la superficie du bûcher soit au niveau du sol. Il est large d'une brasse et long de cinq. Les deux parties le traversent, pieds nus, d'un bout à l'autre, et celle qui n'en a pas la plante des pieds offensée gagne son procès. Mais comme les Siamois sont accoutumés à marcher nu-pieds, et que leur peau est en conséquence devenue très-épaisse, on dit qu'il est assez ordinaire que le feu les épargne, pourvu qu'ils appuient bien le pied sur les charbons ; car le moyen de se brûler, c'est d'aller vite et légèrement. Communément deux hommes marchent à côté du patient, appuyant avec force sur ses épaules, pour l'empêcher de se dérober trop promptement à cette épreuve ; et bien loin que ce poids l'expose davantage à être brûlé, il étouffe au contraire l'action du feu sous ses pieds. Quelquefois l'épreuve par le feu se fait avec de l'huile ou autre matière bouillante, dans laquelle les parties plongent la main. Laloubère rapporte qu'un Français, à qui un Siamois avait volé de l'étain, se laissa persuader, faute de pouvoir fournir de preuves, de mettre sa main dans l'étain fondu, et il l'en retira presque consumée. Le Siamois, plus adroit, se tira d'affaire sans recevoir de brûlure, et fut renvoyé absous. Néanmoins, dans un autre procès où celui-ci se trouva engagé six mois après, il fut convaincu du vol dont le Français l'avait accusé.

L'épreuve par l'eau a lieu comme dans les Indes. Les deux parties plongent dans l'eau en même temps, se tenant chacune à une perche plantée à cet effet ; et celle qui demeure plus longtemps sous l'eau est censée avoir bonne cause. Tout le monde s'exerce donc, en ce pays-là, à se familiariser dès sa jeunesse avec le feu, et à demeurer sous l'eau le plus longtemps possible.

Une autre sorte d'épreuve est celle qui a lieu au moyen de certaines pilules préparées par les Talapoins, et accompagnées d'imprécations ; la preuve du bon droit est de pouvoir les garder dans l'estomac sans les rendre ; car ce sont des vomitifs.

Toutes les épreuves se font non-seulement devant les juges, mais en présence du peuple. Si les deux parties sortent également bien ou également mal d'une épreuve, on a recours à une autre. Le roi de Siam y a recours aussi dans ses jugements ; mais, outre cela, il livre quelquefois les parties aux tigres, et celle que ces animaux épargnent pendant un certain temps est censée innocente. Si les tigres les dévorent toutes deux, elles sont l'une et l'autre réputées coupables. Si au contraire les tigres les respectent toutes deux, on a recours à une autre épreuve, ou bien on attend que ces animaux se déterminent à dévorer l'une des parties, ou toutes les deux à la fois.

8. Les Singalais, au rapport de Knox, ont l'épreuve par l'huile bouillante, dans les oc-

casions extraordinaires. Lorsqu'on ne peut convaincre aucune des deux parties, on donne à chacune une permission écrite et signée de la main du gouverneur. Après cela elles se lavent le corps et la tête, suivant les rites de leur religion. On les enferme toutes deux, durant toute la nuit, dans une maison où l'on met une garde, et on leur enveloppe la main droite d'un linge sur lequel on appose le cachet du gouvernement, de peur qu'ils n'usent de quelque charme ou d'autres moyens pour endurcir leurs doigts. Le lendemain on les fait sortir, et elles renouvellent leurs ablutions; on attache à leur poignet la feuille sur laquelle est écrite la permission du gouverneur; puis elles se rendent sous le Bogaha, arbre consacré à Bouddha, sous lequel s'assemblent tous les officiers de la province avec un grand concours de peuple. On apporte sur le lieu des noix de coco, dont on tire l'huile à la vue de tout le monde, afin qu'on voie qu'il n'y a pas de fraude. Auprès est une chaudière dans laquelle on fait bouillir de l'eau et de la fiente de vache. On fait chauffer l'huile séparément, et lorsque le tout est bouillant, on prend une feuille de noix de coco, et on la trempe dans l'huile, afin que tous les spectateurs voient qu'elle est parvenue au plus haut degré de chaleur; les deux personnes en cause s'avancent alors de chaque côté de la chaudière, et l'une des deux dit : *Le Dieu du ciel et de la terre est témoin que je n'ai pas fait ce dont je suis accusé;* ou bien : *Les quatre dieux sont témoins que telle chose m'appartient.* L'autre jure le contraire. Le demandeur jure toujours le premier. Le défendeur tâche après lui d'établir son droit et son innocence. Ensuite on ôte les linges dont leurs mains étaient enveloppées. Le premier qui a juré répète les paroles du serment, trempe en même temps deux doigts dans l'huile bouillante, et en jette jusqu'à trois fois hors de la chaudière; ensuite il en fait autant à la fiente de vache qui bout; l'accusé fait la même chose. On leur enveloppe de nouveau les mains, et on les garde encore en prison jusqu'au lendemain. Alors on examine leurs mains et on leur frotte le bout des doigts avec un linge; et celui dont le doigt se pèle le premier est réputé parjure; on lui impose une grosse amende au profit du roi, et on l'oblige de donner satisfaction à son adversaire.

9. Dans le Tunkin, lorsque l'on manque de preuves en justice, on défère le serment aux parties; tous ceux qui sont en cause sont obligés de jurer, en demandant en même temps à Dieu de les préserver de maladie ou de quelque malheur que ce soit pendant trois mois. Si l'un d'eux vient à tomber malade pendant cet espace de temps, alors il est convaincu, soit d'avoir commis le crime dont il était accusé, soit d'avoir porté contre sa partie une accusation fausse.

10. Nous lisons dans les Annales des empereurs du Japon : Sous le règne d'Osi-ten-o, le premier ministre Také vint saluer le Daïri. Son frère Oumasi l'accusa, après son départ, d'avoir conspiré avec les peuples de San-kan pour se révolter, ce qui irrita le Daïri, au point qu'il envoya après lui pour le faire mettre à mort; mais son innocence ayant été reconnue, un de ses serviteurs, qui avait répandu le bruit de la rébellion, subit le sort destiné à son maître. Také se rendit en secret chez le Daïri pour lui prouver son innocence; les deux frères eurent l'ordre de se justifier devant les dieux, en plongeant la main dans de l'eau bouillante. Cette épreuve démontra pleinement l'innocence du premier, qui fut rétabli dans ses emplois. C'est de cette époque que date l'*oukisiyoo* ou la justification par l'eau bouillante.

11. Lorsque les Ostiaques soupçonnent la fidélité de leurs femmes, ils leur présentent une poignée de poil d'ours. Si la femme est innocente, elle reçoit ce poil sans difficulté; mais si elle se sent coupable, elle évite avec grand soin d'y toucher, dans la crainte de mourir de la patte de l'ours, auquel ces poils appartenaient; car les femmes sont persuadées que ce féroce animal ressusciterait au bout de trois jours pour dévorer la femme parjure. Or l'alternative que leur laisse cet aveu tacite de leur faute leur paraît moins terrible que cette mort cruelle; en effet, elles en sont quittes pour être répudiées, avec la liberté de se marier à un autre homme.

12. Dans le Congo, on emploie, pour découvrir les sorciers et les femmes adultères, le suc d'une racine extrêmement astringente. *Voy.* BONDA.

13. Les épreuves sont aussi fort en usage dans le royaume de Benin; si une plume de coq graissée perce facilement la langue de l'accusé; s'il retire aisément des plumes fichées dans une pâte; si ses yeux ne sont pas enflammés par le jus âcre de certaines herbes; si un cercle de cuivre rougi au feu ne lui brûle pas la langue; s'il n'est pas englouti par les eaux d'une rivière ou d'un gouffre, la loi le déclare innocent. — Quand on soupçonne qu'une personne n'est pas morte de mort naturelle, on se garde bien de la laver et de la pleurer avant d'avoir trouvé le coupable. Pour s'éclairer sur cet article, on prend une pièce de l'habit du mort, des rognures de ses ongles, un toupet de ses cheveux, on noue le tout ensemble, et l'on souffle dessus de la poudre d'un certain bois rouge. On attache ensuite ce petit paquet à un bâton, dont on pose les deux bouts sur la tête de deux hommes. Alors un de ceux qui est regardé comme le plus éloquent prend deux instruments de fer, comme deux haches, et frappant de l'une contre l'autre, il demande au défunt s'il est décédé de mort naturelle. Si cela est, l'esprit du défunt, qui agit sur les deux hommes, les contraint de baisser la tête, sinon ils la secouent involontairement. L'orateur renouvelle les interrogations pour découvrir la cause de la mort, et celui par lequel elle a été procurée. Enfin, lorsqu'on croit avoir découvert le coupable, on l'interroge et on le force d'avaler le matin, à jeun, la valeur de trois ou quatre calebasses pleines d'un breuvage amer qui se fait avec une certaine écorce d'arbre. Les nègres

sont persuadés que cette boisson tue l'accusé, s'il est coupable ; mais que, s'il ne l'est pas, il rend cette potion jusqu'à la dernière goutte. Si l'esprit ne donne aucune réponse, on s'imagine qu'un sort a été jeté sur lui ; alors on va trouver un sorcier pour lever le sort, et on réitère l'épreuve.

14. Les épreuves des nègres Quojas consistent également en une mixtion de la composition du Bellimo ou grand-prêtre. *Voy.* BELLIN.

15. Dans certaines parties de la Guinée, les femmes soupçonnées d'adultère sont soumises à une épreuve analogue à celle des femmes juives dans le même cas. La femme sur laquelle planent des soupçons doit se purger, en jurant par son Fétiche, en mangeant du sel et en buvant d'un certain breuvage. Elle ne hasarde pas le serment, lorsqu'elle se sent coupable, persuadée que le Fétiche la ferait mourir. Si elle est convaincue d'avoir souillé le lit conjugal, elle est répudiée, et son complice est soumis à une amende.

16. Les habitants du Monomotapa ont trois sortes d'épreuves. L'une consiste à faire avaler à l'accusé une certaine quantité de poison, ce qui est accompagné de quelques paroles de malédiction et d'exécration. Si l'accusé résiste à l'effet que doivent produire les malédictions jointes au poison, il est reconnu innocent, et l'accusateur est puni par la confiscation de ses biens, et même par celle de sa femme et de ses enfants. — Le *Choqua* est une autre épreuve par le fer chaud ; elle a lieu au moyen du fer d'une houe qu'on met au feu ; puis on le retire avec une tenaille et on l'approche de celui qui doit jurer. On lui ordonne de lécher ce fer ; s'il est innocent, il n'en reçoit aucun dommage ; sinon le fer lui met le feu à la langue, aux lèvres et au visage. Jean de Santos assure que les Maures usent du même moyen dans les circonstances analogues, et même les chrétiens à l'égard de leurs esclaves soupçonnés de larcin. — Le *Calano* est la troisième espèce d'épreuve ; elle paraît être la même que celle du *Bonda* pratiquée au Congo et en Guinée. C'est une boisson fort amère, que l'accusé doit avaler d'un seul trait et rendre à l'instant, sans qu'il lui en reste une seule goutte dans l'estomac. S'il ne la rend qu'avec peine et après des efforts réitérés, il est tenu pour coupable.

17. Les Madécasses ont différentes épreuves par lesquelles ils s'imaginent connaître la vérité. Les principales sont celles de l'eau, du feu et du *tanguin*. La première consiste à jurer par le cayman ; ceux qui s'y soumettent sont obligés de traverser une rivière où ces reptiles se trouvent en grande quantité, et de rester un certain temps dans le milieu ; si les caymans ne les attaquent pas, on les tient pour innocents. Les habitants du Sud ont une autre épreuve par l'eau ; dans celle-ci, on attend que la mer soit extrêmement courroucée ; alors on expose le coupable sur une roche placée en dehors du fort Dauphin, et s'il est respecté par les vagues, son innocence est reconnue. L'épreuve par le feu se pratique en passant un fer rouge sur la langue ; comme il est impossible qu'elle ne soit pas brûlée, ceux qui la subissent sont toujours regardés comme coupables. — Le tanguin est un des poisons les plus terribles du règne végétal : dans les cas douteux où les preuves manquent, on en fait avaler aux criminels.

18. Dans les îles Tonga, on suppose que les voleurs sont spécialement destinés à être dévorés par les requins. Si donc un individu est soupçonné d'avoir commis un vol, on le contraint à se baigner dans certains endroits de la mer fréquentés par les requins ; et s'il est mordu ou dévoré, son crime demeure avéré.

ÉPULA, mets préparés pour les dieux, dans les fêtes célébrées en leur honneur. La préparation de ces mets était du ressort des ministres des sacrifices, nommés *Epulons*. — Ceux qui étaient invités à ces repas sacrés portaient le titre d'*Epulares*.

ÉPULONS, prêtres romains, institués l'an 558 de la fondation de Rome, pour préparer les festins sacrés dans les solennités religieuses. Leur office était aussi de publier le jour où ces repas devaient avoir lieu en l'honneur de Jupiter et des autres dieux, de recueillir les legs que les particuliers faisaient pour ces festins, et d'obliger les héritiers à y satisfaire, même par la saisie de leurs biens. Leur nombre, qui n'était d'abord que de trois, fut porté successivement à sept et à dix ; de là les expressions de *Triumvirs*, de *Septemvirs* et de *Décemvirs*. Ils avaient le privilége de porter la robe bordée de pourpre comme les pontifes, et de donner leurs filles pour être vestales.

ÉPUNAMUN, un des dieux des Araucans d'Amérique ; c'est le génie de la guerre.

ÉPUNDA, déesse des Romains, qui, avec Vallonie, présidait aux objets exposés à l'air

ÉQUEIAS, déesse protectrice des cochers, des muletiers, des chevaux et des écuries. Cette divinité, dont l'image couronnée de fleurs était ordinairement placée dans les écuries, au-dessus du râtelier, s'appelait aussi *Epone*, nom que lui donne Juvénal dans les vers de sa VIII° satire, où il se moque de la passion d'un consul pour les chevaux. On a trouvé un buste de cette déesse, en 1807, à Mitrowicz en Hongrie ; il a été déposé au musée de Pesth.

ÉQUESTRES (COURSES). C'étaient des courses à cheval qui avaient lieu dans le cirque. Il y en avait de cinq sortes : celle des cavaliers, qui partaient de la barrière pour arriver à la borne ; celle des chars ; la cavalcade autour du bûcher sur lequel brûlait un mort ; les jeux nommés *Sévirales*, où paraissait une décurie de cavaliers commandés par un seul ; enfin la course en l'honneur de Neptune, à qui le cheval était particulièrement consacré.

ÉQUIRIES, fête instituée par Romulus, en l'honneur du dieu de la guerre. On y faisait des courses de chevaux au Champ-de-Mars, le 27 de février.

EQUIRINE, serment des Romains par *Quirinus*. C'est ainsi qu'ils disaient *Ecastor*, quand ils juraient par Castor. Voy., sur cette formule, l'article Ecastor.

ÉRAORAHAN, dieu des anciens Guanches, adoré dans l'île de Fer. Les hommes l'invoquaient comme l'être actif ou mâle ; peut-être l'identifiaient-ils avec l'astre du jour, qu'ils regardaient comme le principe de la chaleur, de la lumière et de la vitalité. L'épouse d'Eraorahan était *Moneyra* ou *Moreyba*, qui serait alors la lune. C'étaient ces deux divinités qui faisaient pleuvoir et qui fertilisaient la terre.

ÉRASTIENS, partisans du système d'Eraste sur la suprématie ecclésiastique. Thomas Eraste, né en 1523 ou 1525, à Auggenen, près de Bade-Dourlach, théologien et médecin à Heidelberg, publia d'abord des thèses dans lesquelles il accordait au magistrat le pouvoir exclusif de juger les contestations religieuses ; en sorte que l'Eglise n'était plus qu'une création de l'Etat. Théodore de Bèze ayant combattu cette doctrine, Eraste composa, pour le réfuter, un livre imprimé seulement après sa mort, et qui fit une grande sensation. — Jésus-Christ et ses apôtres n'ont prescrit, dit-il, aucune forme de discipline. La suprématie ecclésiastique appartient au pouvoir civil. L'Eglise de Jésus-Christ, étant une branche de la société politique, n'a ni le pouvoir des clefs, ni le droit d'excommunier. Ce droit appartient au magistrat, qui est simultanément fonctionnaire religieux et civil. Le texte de l'Evangile, ainsi conçu : *Si quelqu'un n'écoute pas l'Eglise, qu'il soit pour toi comme un païen et un publicain*, n'emporte pas l'idée d'excommunication. Ces mots : *Dis-le à l'Eglise*, signifient : Dis-le au magistrat qui est de la religion, avant de porter le litige devant une autorité profane. Voilà pourquoi, ajoute-t-il, saint Paul recommande aux fidèles d'élire entre eux des arbitres pour terminer les contestations. Par suite du même principe, il voulait que la multitude ordonnât et consacrât les ministres, et prétendait que la cène pouvait être célébrée sans leur intervention. Eraste, interprétant à sa manière les textes sacrés, refusait donc à l'Eglise toute juridiction spirituelle. Ce système avait pour but d'éviter que l'Eglise fût un Etat dans l'Etat, et d'empêcher la collision entre deux pouvoirs différents. Dans ses thèses, il s'était escrimé contre les catholiques, mais son livre posthume est dirigé contre Théodore de Bèze.

Le laïcisme est une conséquence qui émane directement du système érastien; aussi ces maximes furent-elles admises avec peu de modifications par les puritains d'Ecosse ; et elles forment la substance d'une pétition signée, en 1643, par sept cents ministres. Mais les autres théologiens protestants soutinrent en principe, que l'Eglise est une société particulière et spirituelle, ayant sa constitution, ses lois et ses officiers, et condamnèrent l'érastianisme. Cependant on pourrait jusqu'à un certain point considérer l'Eglise anglicane comme érastienne, puisque la suprématie en est dévolue au chef laïque de l'Etat. C'est le sentiment de plusieurs protestants qui la regardent comme une institution humaine et contraire à l'Ecriture sainte.

ÉRATO (du grec ἔρως, l'amour), l'une des neuf Muses ; elle préside à la poésie lyrique et anacréontique. On avait coutume de la représenter sous la figure d'une jeune fille, vive, enjouée, couronnée de myrte et de roses, tenant d'une main une lyre et de l'autre un archet. Auprès d'elle est un petit amour ailé, armé d'un arc et d'un carquois, ou d'un flambeau allumé, emblème, ainsi que les tourterelles qui se becquettent à ses pieds, des sujets amoureux qu'elle traite. Elle était invoquée par les amants, surtout au mois d'avril, qui, chez les Romains, était particulièrement consacré à l'amour.

ERBED, ERBAD, ou HERBED, ministre de la religion des Parsis. On appelle ainsi celui qui a subi la purification légale, qui a lu quatre jours de suite, sans interruption, l'*Izeschné* et le *Vendidad*, et qui est initié dans les cérémonies du culte ordonné par Zoroastre. C'est aux Erbeds qu'est dévolu le soin d'entretenir les temples dans l'ordre et dans la propreté. De ce degré ils peuvent passer à celui de *Mobed*, qui leur donne le droit d'exercer les fonctions sacerdotales, de lire en public le Vendidad et les autres livres liturgiques, mais non de les interpréter ; ce droit appartient aux *Destours*, appelés aussi *Destour-Mobeds*.

ERDAVIRAPH. Sous le règne d'Ardeschir, fils de Babek, premier roi persan de la dynastie des Sassanides, qui vivait environ 200 ans après Jésus-Christ, il s'éleva au sujet des dogmes religieux des disputes si vives, que la foi du monarque en fut ébranlée. Il convoqua tous les ministres du culte qui se trouvaient dans son royaume, et ils se réunirent au nombre de 80,000. Dans cette multitude, Ardeschir n'en choisit que sept, auxquels il confia la résolution des doutes qui affligeaient sa conscience. Or, parmi ces sept délégués, Erdaviraph était réputé pour le docteur le plus instruit dans la doctrine des mages, on résolut donc de s'en rapporter à lui. Mais celui-ci, voulant autoriser le caractère qu'on lui donnait d'*Homme divin*, feignit un sommeil profond, pendant lequel il assura que son âme s'était détachée de son corps pour aller consulter Dieu. Pendant cet espace de temps, son corps fut constamment gardé à vue par six mages auxquels le roi s'adjoignit aussi, et tous ensemble ils jeûnèrent et prièrent assidûment jusqu'à ce que l'âme du prophète fût de retour. Le huitième jour, Erdaviraph se réveilla, résolut sans peine les doutes du monarque, et consigna ce qu'il avait appris durant son voyage extatique, dans un ouvrage intitulé *Erdaviraph-namé*, c'est-à-dire livre d'Erdaviraph.

ÈRE. On appelle ainsi l'époque d'où l'on commence à compter les années. Dans un ouvrage tel que celui-ci, où se trouvent exposés les systèmes religieux de tous les peuples de la terre, nous ne saurions passer sous silence l'ère des différentes nations, d'autant plus que ces époques se rattachent, pour la plupart, à un grand événement qui s'est accompli en politique ou en religion.

ÈRE DES ANCIENS GRECS.

Les anciens ont toujours été fort avides de fêtes, de jeux et de spectacles publics. Les Grecs en ont eu de plusieurs sortes ; mais il ne s'en est pas vu de plus célèbres que les jeux Olympiques, qui étaient de plusieurs sortes, comme la course, la lutte et quelques autres exercices. Le premier qui inventa la course des jeux Olympiques fut Pélops, fils de Tantale, 545 ou 539 ans avant les Olympiades vulgaires ; ce qui revient à l'an 1321 ou 1315 avant l'Ere chrétienne. Il ne paraît pas qu'ils fussent alors extrêmement réglés ; peut-être même tombèrent-ils dans l'oubli, jusqu'à ce qu'ils furent rétablis par Hercule, 430 ans, suivant Eusèbe, ou 442 ans avant les Olympiades ordinaires, selon la chronique citée par saint Clément d'Alexandrie ; ce qui, suivant ce dernier calcul, reviendrait à l'an 1218 avant Jésus-Christ.

Ces jeux furent abolis encore une fois ; mais ils furent repris de nouveau par Iphitus, prince d'Elide dans le Péloponèse, 108 ans avant les Olympiades vulgaires, 884 ans avant l'ère vulgaire ; il ordonna même qu'on les célébrât tous les quatre ans. On y fut exact ; mais ces Olympiades ne servirent pas encore à fixer la date des événements : on ne commença à les employer à cet usage que 775 ans et demi avant Jésus-Christ. Depuis ce temps-là, on les trouve employées dans l'histoire, non point à la vérité par Hérodote, mais par Thucydide, Xénophon, Diodore de Sicile et beaucoup d'autres historiens grecs, qui souvent même les ont comparées avec les éclipses, méthode la plus certaine de fixer les années et les mois des faits historiques.

Il est une remarque à faire dans l'usage des années Olympiques, c'est qu'elles ne commencent qu'à la lune la plus voisine du solstice d'été, c'est-à-dire du 21 ou 22 juin, sans quoi il pourrait y avoir quelquefois erreur d'une année dans le calcul.

Chaque *Olympiade* durait quatre ans ; elle était spécifiée par son ordre numérique, auquel on ajoutait quelquefois le nom du vainqueur aux jeux Olympiques. Lors donc qu'on énonce un fait, on s'exprime de la sorte : *Alexandre le Grand naquit la deuxième année de la cent sixième Olympiade*. On cessa de compter par les Olympiades sous les empereurs romains, peu de temps après la naissance de Jésus-Christ.

La première année de la 657ᵉ Olympiade, ou la 2625ᵉ des Olympiades, commence dans le mois de juillet de l'année 1849.

ÈRE DES ANCIENS ROMAINS.

Elle date de la fondation de la ville qui eut lieu environ l'an 753 avant Jésus-Christ. Je dis environ, car il y a diverses manières de supputer les années des Romains ; mais les chronologies anciennes, qui paraissent les plus accréditées, sont celle de Varron, qui est la plus généralement suivie, et dont nous venons de donner la date, et celle des marbres Capitolins, qui recule d'une année seulement l'époque de la fondation de la ville.

Rome ayant chassé ses rois l'an 224 de sa fondation, elle établit deux consuls l'an 245, pour la régir et la guider dans les affaires du gouvernement, ainsi que dans les opérations militaires. C'est le nom de ces deux consuls qui tient le plus communément lieu de date dans le récit des historiens romains, qui s'exprimaient de la sorte : *Persée, roi de Macédoine, et Gentius, roi d'Illyrie, furent défaits par les Romains sous le consulat de Lucius Æmilius Paulus et de Caius Licinius Crassus* ; c'est-à-dire l'an 586 de la fondation de Rome, 168 avant Jésus-Christ.

L'an 1849 est le 2602ᵉ de la fondation de Rome.

ÈRE DE LA PÉRIODE JULIENNE.

C'est une époque astronomique qui commence 4713 ans avant Jésus-Christ. L'année 1849 est la 6562ᵉ de la période Julienne.

ÈRE DE NABONASSAR.

Un même esprit semble quelquefois se répandre en même temps sur les peuples. A peine les Olympiades avaient-elles été établies dans la Grèce, à peine Rome fut-elle fondée, du moins cette Rome depuis la fondation de laquelle on compta les années de cette ville, qu'un roi de Babylone établit une manière de compter les années, parfaitement assortie aux révolutions du soleil, et qu'on appela de son nom *Ere de Nabonassar*. Ce prince, qui venait d'arracher Babylone aux Assyriens, voulut que ses sujets eussent une manière de compter qui leur fût propre, et qui, transmettant à la postérité les succès de l'heureuse révolution qu'il venait d'opérer, effaçât en quelque sorte le souvenir de leur assujettissement à Ninive. Cette ère commença, selon les astronomes d'Alexandrie, un mercredi, le 26 février, 747 ans avant Jésus-Christ, à midi, au méridien de Babylone, et avec lui le règne de Nabonassar. Elle a l'avantage sur les Olympiades et sur la fondation de Rome, d'avoir une époque radicale, fixée avec la plus grande certitude, et avec une précision à laquelle on ne peut rien ajouter.

L'an 1849 est l'an 2596 de l'Ere de Nabonassar.

ÈRE DES SELEUCIDES, OU DES SYRIENS.

Elle fut longtemps en usage parmi les peuples soumis aux monarchies fondées par Alexandre le Grand, et prend son nom de Séleucus-Nicanor, fondateur de la monarchie des Séleucides dans la Syrie. Quelques auteurs la nomment simplement l'*Ere des Grecs* ; d'autres l'*Ere des Contrats*, et les Arabes *Tarikh Sekander Dhoul-Carnain*, Ere d'Alexandre aux deux cornes. Elle commença douze années après la mort d'Alexandre, le 1ᵉʳ octobre de l'an 312 avant Jésus-Christ,

442 de la fondation de Rome. On la trouve en usage dans les deux livres des Macchabées, avec cette différence néanmoins que, dans le premier livre, elle commence au mois de nisan ou de mars, et, dans le second, au mois de tisri ou septembre. Ainsi, dans le premier livre, elle devance de six mois la supputation du second. On l'a quelquefois nommée à tort Ere Alexandrine.

L'an 1849 est l'an 2161 de l'Ere des Séleucides.

ÈRE ALEXANDRINE.

Elle datait de la mort d'Alexandre, l'an 324 avant Jésus-Christ. Elle fut introduite par Ptolémée Lagus, surnommé *Soter*, fondateur de la dynastie gréco-égyptienne. Elle ne paraît pas avoir duré plus de 56 ans, et fut remplacée par l'Ere *Dionysienne*.

ÈRE DIONYSIENNE.

Ainsi nommée de Denys, astronome d'Alexandrie, qui, ayant opéré quelques corrections astronomiques dans le calendrier gréco-égyptien, commença une nouvelle ère qu'il data de la première année de Ptolémée Philadelphe, l'an 285 avant Jésus-Christ. Cette ère ne paraît pas avoir subsisté longtemps.

ÈRE D'ANTIOCHE.

Cette Ere qu'on a aussi appelée Ere des Séleucides, a été suivie par plusieurs historiens grecs, et entre autres par Evagre. Les Grecs la nommaient χρηματισμὸς ἢ αὐτονομία τῆς Ἀντιοχείας. Elle commence en l'automne de l'an 48 avant Jésus-Christ, l'an 706 de la fondation de Rome. Ce fut aussi la première année de la dictature de Jules César et celle de la liberté de la ville d'Antioche.

L'an 1849 correspond à l'année 1897 de l'Ere d'Antioche.

ÈRE ACTIAQUE.

Elle prend son nom du promontoire d'Actium en Epire, célèbre par la victoire qu'Auguste y remporta sur Marc-Antoine et Cléopâtre, victoire qui décida du sort du monde. C'est pourquoi elle forme une époque illustre dans l'histoire, d'où l'on commence à compter les années actiaques. La bataille fut livrée l'an 723 de la fondation de Rome, 31 ans avant Jésus-Christ, le deuxième jour de septembre, quatorze jours après une éclipse de soleil arrivée à Rome, et qui a été signalée par la chronique d'Alexandrie.

L'an 1849 est l'année 1880 de l'Ere Actiaque.

ÈRE ESPAGNOLE.

Elle commence l'an 716 de la fondation de Rome, 38 ans avant Jésus-Christ. Elle a cela de particulier sur toutes celles dont nous venons de parler, qu'elle a été reçue universellement dans l'Espagne, et dans la partie méridionale des Gaules, jusque environ l'an 1351, qu'on lui substitua l'Ere Chrétienne ; ce qu'il est important de savoir pour la lecture des actes des conciles, et pour les chroniques d'Idace, d'Isidore et des autres auteurs espagnols.

On croit qu'elle fut établie à l'occasion d'un certain tribut qu'Octave imposa aux Espagnols, et que ce nom d'*Ere*, en latin *æra*, vient de *ære*, monnaie. Le nom d'Ere dont nous nous servons maintenant pour exprimer une époque d'où l'on compte la suite des années, nous viendrait donc des Espagnols.

L'an 1849 est l'année 1887 de l'Ere espagnole.

ÈRE JULIENNE.

Jules César ayant remarqué beaucoup de confusion dans le calendrier, tel qu'il était en usage chez les Romains, fit travailler à sa réformation par Sosigènes, célèbre mathématicien d'Alexandrie, et l'on réduisit alors le cours de l'année avec celui du soleil. La première année Julienne commence au premier janvier de l'an 45 avant Jésus-Christ. Cependant, au bout de seize siècles, on s'aperçut qu'il y avait encore quelque changement à faire à l'année ; ce qui fut exécuté à Rome en 1582, par le pape Grégoire XIII. *Voyez* ANNÉE BISSEXTILE.

L'an 1849 est l'année 1894 de l'Ere Julienne.

ÈRE CHRÉTIENNE, OU DE L'INCARNATION, OU VULGAIRE.

C'est l'Ere en usage chez tous les chrétiens d'Europe et même parmi ceux de l'Asie, qui ont des communications avec les peuples d'Occident. Elle date de l'Incarnation ou plutôt de la naissance du Sauveur. Elle a pour auteur Denis le Petit, savant canoniste du sixième siècle, qui fut d'avis que les chrétiens, par respect ou par reconnaissance pour le Sauveur, comptassent les années du moment de sa naissance, au lieu de les supputer, comme on le faisait auparavant par les consuls romains. Cette nouvelle Ere s'établit successivement chez tous les peuples chrétiens de l'Occident.

Cependant, de l'aveu presque unanime des savants, il commit une erreur dans le calcul qu'il fit pour trouver l'époque précise de la naissance de Jésus-Christ ; en effet, il la plaça quatre années trop tard. Car Jésus-Christ étant né le vingt-cinquième jour de décembre de l'an 749 de la fondation de Rome, la quatrième année de la 193e Olympiade, l'an 4709 de la période Julienne, l'an 27 de l'Ere actiaque, il s'ensuit que ce grand événement eut lieu à la fin de la cinquième année, ou 4 ans et 7 jours avant l'Ere vulgaire. Plusieurs anciens auteurs avaient déjà soupçonné cette erreur, mais lorsqu'elle fut parfaitement démontrée, il n'était plus temps d'y apporter remède ; et l'on trouva qu'il y avait moins d'inconvénient à suivre l'Ere vulgaire qu'à apporter une perturbation universelle dans la chronologie.

Ainsi, en ne commençant à compter les années que du premier janvier qui suivit la naissance du Sauveur, il se trouve que l'an vulgaire 1849 est réellement l'année 1853 de l'Incarnation ou de l'Ere vulgaire.

ÈRE DE DIOCLÉTIEN, OU DES MARTYRS.

Cette Ere a été longtemps en usage dans

l'Eglise ; elle l'est même encore parmi les chrétiens de l'Orient. La persécution de Dioclétien fut si sanglante, il versa le sang de tant de martyrs, que les chrétiens datèrent les années de son règne, qui leur rappelait en même temps la gloire des martyrs.

Il y a deux manières de compter par l'Ere des Martyrs. La première commence à l'an 284 de Jésus-Christ, à la mort de Numérien, qui est la première année du règne de Dioclétien ; c'est celle qui a été le plus en usage. La seconde date de la 20ᵉ année du règne de cet empereur, qui fut en effet l'époque de la grande persécution, surtout en Egypte.

L'an 1849 correspond à l'an 1566 de l'Ere de Dioclétien ou des Martyrs, suivant la supputation commune, et à l'an 1546, suivant la supputation des Egyptiens.

ÈRE JUDAÏQUE.

Les anciens Israélites n'avaient point de date fixe pour classer chronologiquement les événements ; un historien biblique prend pour point de départ la sortie d'Égypte ; un autre, le commencement du règne d'un tel roi, etc.; ce qui laisse souvent un grand vague dans la classification des événements.

Les Juifs modernes ont pris pour ère l'époque de la création du monde, qu'ils placent, d'après le Thalmud, à l'an 3760 avant l'Ere chrétienne. Mais, dans l'usage habituel, ils suppriment les millénaires déjà écoulés, et disent, par exemple : *En l'année* 601, au lieu de, *en l'année* 5601 ; à peu près comme nous disons, la révolution de 89, au lieu de, la révolution de 1789.

L'année 5609 des Juifs commence à l'équinoxe d'automne, de l'an de Jésus-Christ 1848, et se termine à l'équinoxe d'automne de l'an 1849.

ÈRE MUSULMANE.

Cette Ere, qui est à l'usage des mahométans de toutes les régions, date de l'époque où Mahomet fut obligé de fuir de la Mecque pour échapper à la persécution des Coraïschites, la 14ᵉ année depuis qu'il eut commencé à prêcher sa religion. Cette époque, si mémorable pour les musulmans, arriva le jeudi 15 juillet de l'an de Jésus-Christ 622, et c'est du premier moharrem précédent qu'ils commencent à compter leurs années. — On sait que les années musulmanes sont purement lunaires et qu'elles ne sont composées que de 354 jours 8 heures et 48 minutes, d'où il résulte que les mahométans gagnent une année sur nous durant l'espace de 33 ans.

L'année 1265 des musulmans commence le 27 novembre 1848, et finit le 16 novembre 1849.

ÈRE PERSANE, OU YEZDÉGERDIQUE.

Elle date du commencement du règne de Yezdegerd, dernier roi, non-seulement de la dynastie des Sassanides, mais de toute la race persane. Il monta sur le trône l'an de Jésus-Christ 632, fut vaincu par les Arabes, sous le khalifat d'Omar, l'an 636, et mourut l'an 651. C'est donc à la première époque (l'an 632), le 16 juin, que commence l'Ère yezdégerdique ; elle a été en usage parmi les historiens persans et les astronomes arabes; cependant plusieurs de ces derniers ont reculé son commencement à l'époque de la mort de ce prince en 651.

L'an 1849 correspond à l'année 1218 de l'Ere yezdégerdique.

ÈRE DE DJELAL-EDDIN, OU DE MALEK-SCHAH.

C'est encore une ère musulmane ; elle prend son nom de Djelal-eddin Malek-schah, fils d'Alp-Arslan, troisième sultan de la dynastie des Seldjoucides, qui fit faire d'importantes observations astronomiques. Elle commence le lundi du cinquième de la lune de schaban, l'an 468 de l'hégire (1076 de Jésus-Christ). Il y a cependant des auteurs arabes qui fixent son commencement au jeudi, dixième jour de la lune de ramadhan, de l'an 471 (1079 de Jésus-Christ). Nos chronologistes suivent cette dernière date, et fixent son commencement à l'équinoxe du printemps, qui arriva le 15 mars de l'an 1079 de l'Ère chrétienne.

L'an 1849 correspond à l'année 771 de l'Ere de Djelal-eddin.

ÈRE DE HAMZA, OU DES DRUZES.

Les Druzes, connus dans l'histoire des croisades sous le nom d'Assassins, sont, comme on le sait, des sectaires musulmans qui habitent aujourd'hui le mont Liban. Leur Ère date de l'an 408 de l'hégire, 1017 de Jésus-Christ, époque où Hamza a manifesté ses prétentions à la divinité. Les années des Druzes ne sont que de 354 jours comme celles des musulmans.

L'année 1849 correspond à l'an 858 de l'Ere de Hamza.

ÈRE DES KHATAŸENS ET DES TURCS ORIENTAUX.

Les Tartares orientaux comptent leurs années depuis une période astronomique qui a commencé le 28 janvier de l'an 1444. Chacune de leurs périodes doit durer 10,000 ans; ils supposent qu'il y en a déjà eu 8,863 d'écoulées avant le cycle actuel. Chaque période est en outre divisée en cycles de 60 ans, qui portent chacun un nom particulier, et qui sont le produit de la combinaison des deux autres cycles, l'un de 12 années et l'autre de 10. Nous les passons sous silence, parce qu'ils ne sont pas de notre sujet et qu'ils appartiennent à l'astronomie.

L'an 1849 correspond à l'année 406 de la dernière période, ou à l'an 46 du cycle courant, appelé *Chang-wen*.

ÈRE DES GÉORGIENS.

Les Georgiens calculent les années d'après un cycle de 532 ans, qui a commencé l'an 457 de Jésus-Christ, et qui n'est autre que le cycle pascal, inventé par Victorius sous Léon le Grand. Le dernier cycle des Géorgiens a commencé en 1312 et fini en 1844.

L'année actuelle 1849 est donc la 5ᵉ du nouveau cycle des Géorgiens.

ÈRE ARMÉNIENNE.

Le patriarche Moïse II signala son pontificat par la réforme du calendrier de sa nation. C'était un homme éminent en savoir et en piété, et qui exerça sur son siècle une grande influence. Il rassembla à Tovin un grand nombre d'évêques et de savants, et ce fut dans cette espèce de concile scientifique qu'on fixa l'Ere nouvelle de la nation arménienne, le 11 juillet de l'an 552 de l'Ere chrétienne.

L'an 1849 correspond à l'année 1298 de l'Ere arménienne.

ÈRE DES CHINOIS, DES JAPONAIS, DES TUNKINOIS, ETC.

Les Chinois calculent la succession des années d'après une série de cycles de 60 ans, comme les Khataïens. Le premier cycle a commencé 2637 ans avant Jésus-Christ. Toutefois il y a divergence d'opinions au sujet des cycles écoulés.

L'an 1849 correspond à la 45e année du 75e cycle.

ÈRES INDIENNES.

Il y en a un grand nombre; mais nous ne citerons que les principales.

Ère du Kali-youga ou de Youdichtira.

Les Hindous assignent à l'existence de l'univers actuel une durée de 4,320,000 années, qu'ils partagent en quatre époques ou âges:
Le *Satya-youga*, ou âge d'or, a duré 1,728,000 ans.
Le *Tréta-youga*, ou âge d'argent, a duré 1,296,000 ans.
Le *Dwapara-youga*, ou âge d'airain, a duré 864,000 ans.
Le *Kali-youga*, ou âge de fer, doit durer 432,000 ans.
Le dernier âge est l'âge historique; il a commencé, suivant les Hindous, sous le règne de Youdichthira, célèbre prince de la dynastie lunaire, 3101 ans avant l'Ere chrétienne.

L'an 1849 correspond donc à l'année 4950 de l'ère de Youdichtira.

Ère de Vikramaditya.

Vikramaditya est considéré dans l'Inde comme un des princes les plus vertueux qui se soient assis sur le trône; c'est pourquoi on a fait une Ere de son règne. Cette ère a commencé l'an 3044 de l'Ere de Youdichthira, 56 ans avant Jésus-Christ.

L'an 1849 correspond à l'année 1905 de l'Ere de Vikramaditya.

Ère Saka.

Elle fut fondée par *Salivahana*, l'an 3178 de l'Ere de Youdichtira, l'an 134 de celle de Vikramaditya, l'an 78 de l'Ere chrétienne. Ce Salivahana était encore un puissant prince. Les Indiens supposent même qu'il vainquit Vikramaditya, bien qu'un espace de plus de cent ans sépare les deux règnes. Mais cette histoire n'est peut-être qu'allégorique, et la victoire de Salivahana n'indiquerait que la prééminence de son Ere sur celle de Vikramaditya. Son nom signifie *porté sur une croix*. Cette particularité, l'époque de sa naissance, et plusieurs autres circonstances dignes de remarque, ont fait supposer à Wilford et à plusieurs autres savants que ce personnage pourrait bien être le Christ, dont la vie et le caractère ont commencé à cette époque à être connus dans le sud de l'Inde, où l'on met en effet le siège de l'empire de ce prince.

L'an 1849 correspond à l'année 1772 de l'Ere appelée Saka.

ÈRE MEXICAINE.

« Les peuples de Culhua ou du Mexique, dit Gomara qui écrivait au milieu du XVIe siècle, croient, d'après leurs peintures hiéroglyphiques, qu'avant le soleil qui les éclaire maintenant, il y en a déjà eu quatre qui se sont éteints les uns après les autres. Ces cinq soleils sont autant d'âges dans lesquels notre espèce a été anéantie par des inondations, par des tremblements de terre, par un embrasement général, et par l'effet des ouragans. Après la destruction du quatrième soleil, le monde a été plongé dans les ténèbres pendant l'espace de 25 ans. C'est au milieu de cette nuit profonde, dix ans avant l'apparition du cinquième soleil, que le genre humain a été régénéré. Alors les dieux, pour la cinquième fois, ont créé un homme et une femme. Le jour où parut le dernier soleil porta le signe *tochtli* (lapin), et les Mexicains comptent 850 ans depuis cette époque jusqu'en 1552. Leurs annales remontent jusqu'au cinquième soleil. Ils se servaient de peintures historiques, même dans les quatre âges précédents; mais ces peintures, à ce qu'ils affirment, ont été détruites, parce que, à chaque âge, tout doit être renouvelé. »

L'Ere mexicaine a donc commencé l'an 702 de Jésus-Christ, et l'année vulgaire 1849 correspond à l'an 1147 de l'Ere mexicaine.

ÈRE RÉPUBLICAINE FRANÇAISE.

Nous n'ajouterons rien ici à ce que nous avons dit au premier volume, article CALENDRIER, au sujet du calendrier républicain. Nous nous contenterons d'établir le synchronisme.

Le 1er vendémiaire, an 57 de l'Ere républicaine, commence le 26 septembre 1848, et l'année se termine au 22 septembre 1849.

Nous croyons devoir faire suivre cet exposé du tableau de toutes les Eres diverses plus ou moins usitées en Orient; nous l'avons extrait des *Useful tables*, du savant Prinsep, et de M. l'abbé Guérin missionnaire au Bengale.

ÈRES DIVERSES PLUS OU MOINS USITÉES DANS L'INDE.	Commencement avant l'Ere chrétienne.		Sommes à retrancher à ces ères relativement à l'Ere chrétienne.
Kali-youga commence un vendredi, le 18 février, avant Jésus-Christ l'an 3102, mais la première année de l'Ere chrétienne est, dans ce comput, la 3162ᵉ du Kali-youga; il faut donc que le Kali-youga commence 3101 ans avant Jésus-Christ.	3102	—	3101
Ere de la naissance de Bouddha, d'après les Chinois.	1027	—	1026
Ere birmane, grande époque.	692	—	691
Sala, Ere d'Oudjein, peut-être l'époque de la mort du roi Salivahana.	685	—	684
Ere de Mahavira, pour les Djainas.	629	—	628
Ere qui commence à la mort de Bouddha, et qui est usitée dans l'Inde, à Ceylan, à Ava, à Siam et au Pégou.	594	—	593
Samvat, Ere qui date de la mort de Vikramaditya ; elle arriva à la nouvelle lune de mars, avant Jésus-Christ.	57	—	56 $\frac{3}{4}$
	Commencement après l'Ere chrétienne.		**Sommes à ajouter à ces ères relativement à l'Ere chrétienne.**
Ere javanaise, *Adji saha*, commence en mars, après Jésus-Christ	74	+	73
Saka, Ere de Salivahana, date de l'équinoxe du printemps	79	+	78 $\frac{1}{4}$
Ere birmane de Promé commence en mars	79	+	78 $\frac{1}{4}$
Ere de Bali commence en mars	81	+	80
Balabhi Samvat, de Somnath, commence en mars	318	+	317 $\frac{1}{4}$
San Hidjori, Ere usitée dans la province de Dacca	586	+	585
Fasli, Ere du sud de l'Inde	591	+	590
Fasli, Ere du nord de l'Inde	593	+	592 $\frac{3}{4}$
Vilayati, Ere d'Orissa	593	+	592 $\frac{3}{4}$
Bengli-san, Ere du Bengale	594	+	593 $\frac{1}{4}$
Chahour-san, Ere des Mahrattes	600	+	599
Hégire des musulmans (année lunaire), commence le 16 juill.	622	+	621
Me-kha-gya-tsho, Ere du Tibet, commence en mars	622	+	621
Ere de Yezdedjerg, de Perse, commence le 16 juin	632	+	631 $\frac{1}{2}$
Ere birmane vulgaire, commence en mars	639	+	638
Période de 1000 ans de Parasou-Rama; première année du quatrième cycle, au mois de septembre	825	+	824 $\frac{3}{4}$
Newar, Ere du Nepal, commence en mars	870	+	869
Samvat, Ere de Gopala, commence à la lune de mars	943	+	942 $\frac{1}{4}$
Djalali, Ere de Malik-schah, en Perse, commence en mars	1079	+	1078 $\frac{1}{4}$
Siva Singha Samvat, du Guzerate, commence en mars	1113	+	1112
San Moghi, Ere usitée chez les Moghs qui habitent du côté d'Assam	1639	+	1638
Djalous-san de Bidjapour commence au temps d'Adil-schah	1657	+	1656
Radj-Abhichek, des Mahrattes, commence au règne de Sivadji	1665	+	1664
Période de 90 ans, de Grahaparivrithi, la première année du 21ᵉ cycle, commence l'an de Jésus-Christ	1777	+	1776
Période de 60 ans de Jupiter, d'après Sourdjya, la première année du 84ᵉ cycle, commence l'an de Jésus-Christ	1796	+	1795
Période de 60 ans des Chinois, la première année du 76ᵉ cycle, commence l'an de Jésus-Christ	1804	+	1803
Période des Télingas, première année du 83ᵉ cycle (de 60 ans)	1807	+	1806
Période des Tibétains, première année du 14ᵉ cycle (de 60 ans)	1807	+	1806

ÉRÉ, nom des prêtres idolâtres de l'île de Nias près de Sumatra. Chaque famille des insulaires a, dans sa maison, de petites statues en bois très-grossièrement travaillées, représentant leurs parents défunts, ou faites du moins en leur honneur. Devant cette petite troupe rangée en ligne, est placée une statue plus grande qu'ils appellent le *grand dieu*. Ils leur offrent de temps en temps des sacrifices. Pour cela ils font venir l'*Eré* ou prêtre, auquel ils donnent deux poules qui doivent être sacrifiées. Avant de les immoler le prêtre arrache les plumes à ces animaux, et les place sur des feuilles de cocotier, dont les niches des idoles son. ornées; et il en place une dans la main de la grande idole, en récitant des prières que personne ne comprend. On tue ensuite les poules, dont on conserve le sang, et on les fait cuire avec du riz; le prêtre fait alors retirer tout le monde, et reste seul auprès des idoles auxquels il est censé donner à manger. Après être ainsi demeuré quelque temps tout seul, ce prêtre fait rentrer les assistants pour leur dire que la grande idole et les autres ont mangé des mets ; tout le monde est alors dans la joie, et l'on se partage ce qui reste du sacrifice. Avant de se retirer, le prêtre a bien soin de se faire payer, sans quoi le sacrifice ne saurait plaire aux dieux.

ÉRÈBE, fils du Chaos et de la Nuit, père de l'Ether et du Jour; il fut métamorphosé en fleuve, et précipité dans les enfers, pour avoir secouru les Titans. L'Erèbe est aussi la personnification d'une partie de l'enfer, ou de l'enfer même; son nom est un mot hébreu ou phénicien, ערב *éreb*, et signifie le soir ou le couchant; on sait que les anciens plaçaient en effet les enfers dans les contrées les plus reculées de l'Occident. Il y avait un sacerdoce particulier pour les âmes qui étaient dans l'Erèbe.

ÉRECHTHÉE, demi-dieu des Athéniens, qui le disaient *autochthone* ou né de la terre. Il fut le sixième roi d'Athènes. Les Egyptiens prétendaient qu'il était parti d'Egypte, dans un temps de famine, pour porter des blés aux Athéniens, qui, par reconnaissance, l'avaient fait roi; et qu'il avait établi dans cette ville le culte de Cérès et les mystères d'Eleusis. C'est en effet sous son règne que les marbres d'Arundel placent l'enlèvement de Proserpine et l'institution des mystères Eleusyniens. La fable lui donne quatre filles: Procris, Créuse, Chthonie et Orithyie, qui s'aimaient si tendrement qu'elles s'obligèrent par serment de ne pas survivre les unes aux autres. Erechthée étant en guerre avec les Eleusyniens, consulta l'oracle et en reçut l'assurance de la victoire s'il immolait une de ses filles. Chthonie fut choisie pour victime, et ses sœurs, fidèles à leur promesse, se dévouèrent également pour le salut de la patrie. Cette générosité valut au père et aux filles les honneurs divins. Les Athéniens bâtirent, dans la citadelle, un temple à Erechthée. On rapporte qu'après sa victoire, ce prince, ayant repoussé Eumolpe, fille de Neptune, fut tué d'un coup de foudre par Jupiter, à la prière du père outragé. Suivant Euripide, ce fut Neptune lui-même qui entr'ouvrit de son trident la terre, dans le sein de laquelle ce prince fut englouti tout vivant. On attribue à Erechthée une division de ses sujets en quatre classes assez semblables aux quatre castes des Hindous, savoir: les guerriers, les artisans, les laboureurs et les pâtres.

ÉRÉMÉSIUS, surnom de Jupiter, adoré dans l'île de Lesbos.

ÉRÉTHYMIES, fête en l'honneur d'Apollon, qui portait, chez les Lyciens, le surnom d'*Eréthymius*.

ERGANÉ, ou ERGATIS, c'est-à-dire l'*ouvrière*, du grec ἔργον, travail; surnom sous lequel on avait élevé, dans la Grèce, plusieurs temples à Minerve. On attribuait en effet à cette déesse l'invention de presque tous les arts, et entre autres, de l'architecture, de l'art de filer et de tisser le fil et la laine, de la fabrication des chars, de l'usage des trompettes et de la flûte, de la culture des oliviers, etc. On consacrait le coq à Minerve-Erganè, parce que le coq éveille les ouvriers; c'est pourquoi on la représentait avec cet oiseau sur son casque. Les descendants de Phydias, qui avaient la charge de nettoyer et d'entretenir la fameuse statue de Jupiter Olympien, faisaient un sacrifice à Minerve-Erganè, avant de se mettre à l'ouvrage.

ERGASTIES, ce mot signifie aussi les *ouvrières*; c'était le nom que les Grecs donnaient à de jeunes filles choisies pour tisser le péplos, ou robe de Minerve, que l'on portait en procession dans les Panathénées.

ERGATIES, fêtes célébrées à Sparte en l'honneur d'Hercule et de ses travaux.

ÉRICHTHON, ou ÉRICHTHONIUS. 1. Demi-dieu des Athéniens, fils de Vulcain et de Minerve, ou plutôt de la Terre. La fable rapporte que Jupiter, pour dédommager Vulcain d'être boiteux et contrefait, lui permit d'épouser Minerve; cette déesse n'y voulant pas consentir, Vulcain employa la violence; mais la force de Minerve triompha des entreprises de l'amant. Cette lutte donna pourtant naissance à Erichthon. La déesse voyant qu'il était contrefait comme son père, et que de plus il avait des jambes de serpent, le cacha dans une corbeille, et chargea Aglaure du soin de l'exposer, en lui défendant de l'ouvrir. La curiosité fut plus forte que la crainte, et Minerve punit la jeune fille, en infectant son cœur des poisons de la jalousie, qui causèrent sa perte. Erichthon régna 50 ans, avec une grande réputation de justice, et mérita après sa mort d'être placé dans le ciel, où il forme la constellation d'*Auriga* ou du Cocher. On lui attribue l'invention des chars, à cause de la difformité réelle de ses jambes, et c'est de là qu'on explique cette fable. D'autres prétendent qu'il ajouta des roues au traîneau inventé avant lui, ce qui lui fit remporter le prix dans la célébration des Athénées dont il fut l'instituteur.

2. Un des rois de la Troade porta aussi le nom d'Erichthonius. Homère le dépeint comme le plus opulent des hommes. Il avait un haras composé de trois mille juments et d'autant de poulains magnifiques. C'est de ces juments que Borée, changé en cheval, eut les douze fameuses cavales si légères, qu'elles effleuraient les épis sans en courber la pointe, et les vagues sans se mouiller les pieds.

ÉRIDAN, dieu d'un fleuve d'Italie, ainsi nommé de la chute d'Eridan ou Phaéton, qui fut précipité dans les eaux en voulant diriger le char du soleil. C'est le fleuve connu aujourd'hui sous le nom de Pô. Virgile le nomme le roi des fleuves, et lui donne des cornes dorées. En effet, les anciens le représentaient avec la tête d'un taureau, peut-être parce qu'il descendait des Alpes-Taurines. C'est sur ses bords que les sœurs de Phaéton, pleurant la mort de leur frère, furent changées en peupliers.

ÉRIDANATAS, surnom d'Hercule, adoré à Tarente.

ÉRIDÉMUS, surnom de Jupiter, adoré à Rhodes.

ÉRIGIREGER, démon ou esprit malfaisant dans la théogonie des Carolins occidentaux. Avant lui on ne connaissait point la mort; ce n'était qu'un court sommeil, par lequel les hommes quittaient la vie, le dernier jour du déclin de la lune, pour ressusciter dès que cet astre commençait à reparaître sur l'horizon. Mais Erigireger, jaloux de l'état fortuné des humains, importa dans le monde un nouveau genre de mort, contre lequel il n'y avait plus de ressource. C'est pourquoi on l'appelle *Elous-Mélabous*, tandis qu'on appelle les bons esprits *Elous-Mélafirs*.

ÉRIKÆ-BORIKSOM, divinités secondaires des chamanistes mongols; ce sont des génies qui habitent sur le pied du mont Soumerou; ils ont le front couronné de roses.

ÉRINNYS. 1. La première des Furies chez les Grecs; son nom vient d'ἐριννύω, se mettre en fureur. Cette déesse, après avoir troublé tous les dieux, fut chassée du ciel, et se réfugia près de l'Achéron. Elle avait une statue chez les Arcadiens, où elle était représentée, tenant de la main gauche une boîte de l'espèce de celles dont les juges se servaient pour y déposer leurs suffrages, et de la main droite, un flambeau, symbole de la vérité qu'elle savait découvrir et venger.

2. On donne en général à toutes les furies le nom d'Erinnyes ou Erinnydes. Les Athéniens leur avaient élevé, sous ce vocable, un temple proche de l'Aréopage.

3. Erinnys est encore un surnom de Cérès, pris de la fureur que lui causa l'insulte de Neptune, qui, métamorphosé en cheval, parvint à la surprendre, après qu'elle eut pris la forme d'une cavale pour se soustraire à ses poursuites. Elle avait à Thalpuse, ville d'Arcadie, un temple sous ce nom. Sa statue, haute de neuf pieds, tenait un flambeau de la main droite et une corbeille de la gauche.

ÉRIS, déesse de la discorde, suivant Lucien. *Voy.* DISCORDE.

ÉRISATHÉE, surnom d'Apollon, adoré dans l'Attique.

ÉRITÉRA, divinité suprême des Taïtiens, suivant Bougainville. C'était le roi du soleil et de la lumière; les insulaires ne le représentaient par aucune image. Les écrivains modernes, qui ont décrit la théogonie des Taïtiens, ne parlent pas de ce dieu.

ÉRITHIUS, surnom d'Apollon, adoré en Chypre, où il avait un temple sous ce vocable. C'était là que Vénus avait trouvé le corps d'Adonis, après sa mort. La déesse l'enleva; Apollon, la voyant inconsolable, la conduisit sur le rocher de Leucade, d'où il lui conseilla de se précipiter. Vénus le crut, se précipita, et se trouva guérie.

ÉROS, nom grec du Cupidon céleste, fils de Vénus et de Jupiter. *Voy.* AMOUR, CUPIDON.

ÉROSANTHIE (du grec ἔρως, l'amour, et ἄνθος, fleur); fête grecque célébrée dans le Péloponèse; les femmes se rassemblaient et cueillaient des fleurs.

ÉROTIDES, ou EROTIDIES, fêtes en l'honneur de l'Amour (Eros), que les Thespiens célébraient tous les cinq ans avec magnificence. Il y avait aussi des jeux du même nom.

ÉRYCINE, surnom de Vénus, pris du mont Eryx en Sicile, sur le penchant duquel elle avait un temple. Il était sur le terreplein où se trouve à présent la citadelle de Saint-Julien, et il devint le plus célèbre de la Sicile par la richesse des offrandes et par la magnificence des ornements. « Qui n'admirerait avec raison, dit Diodore de Sicile, la gloire de ce temple? Il y en a qui ont acquis de la célébrité, mais des révolutions les ont souvent abaissés. Quant à celui-ci, quoiqu'il tire son origine des siècles les plus reculés, il est le seul dont les honneurs, bien loin de diminuer, aient toujours été en augmentant. Car, après ceux que lui rendit Énée étant abordé en Sicile avant de se rendre en Italie, décora ce temple d'un grand nombre d'offrandes, comme étant consacré à sa mère. Les Sicaniens ensuite honorèrent la déesse pendant plusieurs générations, et ornèrent continuellement son temple de magnifiques présents. Les Carthaginois s'étant après cela rendus maîtres de cette partie de la Sicile, eurent pour la déesse un respect singulier. Enfin, les Romains, s'étant emparés de l'île entière, surpassèrent tous leurs devanciers par les honneurs qu'ils lui rendirent, et cela avec raison. Car, faisant remonter leur origine à cette déesse, et attribuant à cette cause les heureux succès qui accompagnaient toutes leurs entreprises, ils tâchaient de reconnaître cet accroissement de fortune par des grâces et des honneurs. Les consuls, les préteurs, tous les magistrats en un mot, qui venaient dans cette île, offraient à la déesse des sacrifices magnifiques, et lui rendaient de grands honneurs. Aussitôt qu'ils étaient arrivés au mont Eryx, ils mettaient de côté les marques imposantes de leur dignité, pour ne s'occuper gaiement que de jeux et de la société des femmes, croyant ne pouvoir se rendre agréables à la déesse qu'en se conduisant de la sorte. Le sénat romain, qui avait pour elle une singulière vénération, permit, par un décret, à dix-sept villes des plus fidèles de la Sicile, de porter de l'or en l'honneur de Vénus, et de faire garder le temple par deux cents soldats. »

Les habitants et les étrangers offraient tous les jours des sacrifices à Vénus Erycine, sur le grand autel qui était exposé à l'air. Les sacrifices duraient tous les jours jusqu'à la nuit; « et cependant, ajoute Elien, on n'aperçoit, au lever de l'aurore, ni charbons, ni cendres, ni restes de tisons sur l'autel, mais beaucoup de rosée, et de l'herbe nouvelle qui ne manque pas d'y croître toutes les nuits. Les victimes se détachent elles-mêmes des troupeaux et s'approchent de l'autel, suivant en cela l'impulsion de la divinité et la volonté de ceux qui ont la dévotion de les offrir. Voulez-vous sacrifier une brebis? la brebis se présente à l'autel; la cuvette sacrée y est aussi; il en est de même de la chèvre et du cabri. Si vous êtes riche, et que vous vouliez immoler une génisse ou même plusieurs, le bouvier ne vous surfera jamais, et vous conclurez votre marché à l'amiable; car la déesse a l'œil sur la justice de votre achat, et si vous l'observez, elle vous sera propice. Mais si vous voulez acheter à trop bon marché, en vain déposerez-vous votre argent: la victime s'enfuira et vous n'aurez rien à offrir. »

Ce temple, au rapport de Strabon, était plein de femmes attachées au culte de la déesse, et que les Siciliens et beaucoup d'étrangers lui avaient données en accomplissement de leurs vœux. Quoique esclaves, elles pouvaient se racheter, lorsqu'elles étaient en état de payer leur liberté. Témoin Agonis de Lilibée, qui était affranchie de Vénus Erycine, et dont les biens excitèrent la cupidité de Verrès. La dévotion se ralentit dans la suite; et quoique la montagne fût encore habitée du temps de Strabon, la ville l'était beaucoup moins qu'autrefois; le temple manquait de prêtres, et l'on n'y voyait plus tant de femmes dévouées aux autels de la déesse.

ÉRYX, fils de Butès et de Vénus, fut roi d'un canton de Sicile, appelé de son nom *Erycie*. Fier de sa force prodigieuse et de sa réputation au pugilat, il défiait au combat tous ceux qui se présentaient chez lui, et tuait le vaincu. Il osa même s'attaquer à Hercule qui venait d'arriver en Sicile. Le prix du combat fut, d'un côté, les bœufs de Géryon, et de l'autre, le royaume d'Eryx. Celui-ci fut d'abord choqué de la comparaison, mais il accepta l'offre, dès qu'il sut que Hercule perdrait avec ses bœufs l'espérance de l'immortalité. Il fut vaincu et enterré dans le temple de Vénus Erycine. Virgile en fait un dieu.

ESCHEM, le premier des sept esprits méchants créés par Ahriman, pour être opposé aux Amschaspands ou bons génies. Eschem est comme le lieutenant d'Ahriman; et en cette qualité il est opposé à Sérosch, génie qui préside à la terre et à la pluie.

ESCHRAQUIS, sectaires musulmans qui forment une espèce d'école pythagoricienne; car, comme les disciples de Pythagore, ils s'adonnent à la contemplation de l'idée de la divinité et des nombres qui sont en Dieu. Quoique persuadés de son unité, ils admettent cependant une espèce de trinité, qu'ils considèrent comme un nombre qui procède de l'unité; et, pour expliquer leur pensée, ils se servent de la comparaison de trois plis faits à un mouchoir, ce qui n'empêche pas cette pièce d'étoffe d'être unique. Ils font assez peu de cas du Coran, admettant cependant ce qu'ils y trouvent de conforme à leur doctrine, mais rejetant le reste, comme s'il était aboli. Comme ils sont persuadés que la seule contemplation de la divinité suffit au bonheur de l'homme, ils méprisent les rêveries et les imaginations grossières des musulmans touchant les délices du paradis. C'est parmi eux que l'on prend les scheikhs et les prédicateurs des mosquées impériales. Ils sont fort exacts à leurs pratiques religieuses, sobres dans leurs repas, de bonne humeur et agréables dans la conversation. Ils aiment la musique, se mêlent de la poésie, et composent des poëmes pour l'instruction de leurs auditeurs. Ils passent pour être généreux, et on dit qu'ils sont compatissants pour la misère des autres hommes. Ils ne sont ni avares, ni austères, ni admirateurs d'eux-mêmes: c'est pourquoi leur conversation est fort recherchée à Constantinople. Ils prennent grand plaisir à voir des jeunes gens bien faits et spirituels, et de là ils prennent sujet de s'élever à la contemplation de la beauté et des perfections de Dieu. Ils ont aussi beaucoup de charité pour le prochain, parce qu'ils le regardent comme créature de Dieu. Ils choisissent autant que possible des disciples bien faits, graves, intelligents, et les instruisent à être modérés, sages et prudents, en un mot à s'abstenir de toutes sortes de mauvaises actions et à pratiquer toutes les vertus. Tel est le portrait que Ricault fait des Eschraquis, dont le nom peut signifier *les lumineux* ou *les illuminés*. C'est moins une secte proprement dite qu'une réunion d'hommes qui s'encouragent mutuellement, par leurs discours et leurs exemples, à mener une vie édifiante, et qui voudraient spiritualiser le mahométisme.

ESCHRÉFIS, religieux musulmans qui reconnaissent pour fondateur de leur ordre Saïd Abdallah Eschref Roumi, mort à Tchin-Iznik, l'an 899 de l'hégire (1493 de l'ère chrétienne). *Voyez* DERWISCH.

ESCULAPE, dieu de la médecine, fils d'Apollon et de Coronis, qui l'enfanta sur le mont Titthion, du côté d'Epidaure, où l'avait amenée son père Phlégyas; et comme Coronis signifie *corneille*, en grec, on publia qu'Esculape était né, sous la figure d'un serpent, d'un œuf de cet oiseau. Selon d'autres, Coronis, étant enceinte de l'enfant, aurait eu commerce avec un étranger. Apollon, outré de dépit, perça l'infidèle d'un coup de flèche; mais, pour ne pas faire périr le fils innocent avec la mère coupable, il tira du sein de Coronis, déjà sur le bûcher, le petit Esculape, qu'il confia aux soins d'une femme nommée Trygone. Au bout de quelques années, le fils d'Apollon passa à l'école du centaure Chiron, où il fit des progrès rapides dans la connaissance des simples et dans la composition des remèdes. Il inventa lui même un grand nombre de remèdes salutaires, joignit la chirurgie à la médecine, et passa pour l'inventeur de cet art salutaire. Il accompagna Hercule et Jason dans l'expédition de la Colchide, et rendit de grands services aux Argonautes. Peu content de guérir les malades, il ressuscita même les morts; il rappela entre autres à la vie Hippolyte, fils de Thésée, qui avait été mis en pièces par ses chevaux. Ces cures si glorieuses lui devinrent funestes. Pluton le cita devant le tribunal de Jupiter, et se plaignit de ce que l'empire des morts était considérablement diminué et courait risque de se voir entièrement désert. Jupiter, de son côté, était courroucé de ce qu'un mortel eût osé entreprendre ce qui semblait réservé à la puissance des dieux; il vengea ses droits en frappant d'un coup de foudre le trop habile médecin. Apollon, indigné de la mort de son fils, tua les Cyclopes qui avaient forgé la foudre dont Jupiter s'était servi.

Peu de temps après sa mort, Esculape reçut les honneurs divins. Apollodore fixe l'époque de l'établissement de son culte à l'an 53 avant la prise de Troie; mais l'autorité d'Homère, qui ne parle jamais de lui que comme d'un simple particulier, porterait à conclure qu'il n'a été considéré comme dieu que longtemps après l'époque fixée par Apollodore. Ce culte fut établi d'abord à Épidaure, lieu de sa naissance, où il était honoré sous la figure d'un serpent, et de là il se répandit bientôt dans toute la Grèce. La ville de Rome ayant été affligée d'une peste terrible, l'an 462 de sa fondation, le sénat envoya consulter l'oracle de Delphes, sur les moyens de faire cesser ce fléau. L'oracle répondit que les Romains n'en seraient délivrés que lorsqu'ils auraient fait venir dans leur ville le fils d'Apollon. Sur cette réponse, le sénat dépêcha une ambassade à Épidaure, pour chercher Esculape et l'amener à Rome. Les députés, étant arrivés à Épidaure, furent introduits dans le temple du dieu, qui n'était autre chose qu'un serpent caché le plus souvent dans quelque trou du temple, et qui ne se montrait que fort rarement. Lorsque par hasard il paraissait, c'était un présage heureux et un sujet de joie pour toute la ville. Le hasard voulut qu'au moment où les ambassadeurs romains entrèrent dans le temple, le serpent sortit de sa retraite; et, non content de se promener dans son temple, il parcourut toute la ville d'Épidaure, honoré et fêté, comme on peut croire, partout où il passait. Cette promenade dura trois jours, au bout desquels il se rendit de lui-même dans le vaisseau qui avait apporté les Romains, et choisit pour son logement la chambre de Quintus Ogulnius, chef de la députation, qui, flatté de l'honneur que le dieu lui faisait, mit à la voile avec empressement pour retourner à Rome. Étant arrivé à Antium, le serpent, qui était toujours demeuré paisible dans le navire, s'élança à terre, et, gagnant un temple consacré à Esculape, se plaça sur un myrte, où il demeura trois jours. Pendant tout ce temps, les ambassadeurs eurent grand soin de le bien nourrir. Ils craignaient beaucoup qu'il ne voulût plus rentrer dans le vaisseau; mais il y revint au bout des trois jours, et les ambassadeurs continuèrent leur route vers Rome. Lorsqu'ils furent parvenus sur les bords du Tibre, le serpent gagna une île voisine, où les Romains lui élevèrent un temple. En même temps la peste cessa d'affliger Rome. Une aventure pareille était arrivée à ceux qui bâtirent, dans la Laconie, la ville de Liméra, et qui envoyèrent également chercher Esculape.

Les malades venaient en foule dans les temples de ce dieu, situés ordinairement hors des villes et environnés de bosquets, pour être guéris de leurs infirmités; et lorsqu'ils avaient reçu quelque soulagement, ils laissaient, en *ex voto*, leurs noms, le détail de leurs maladies, ou la figure de ceux de leurs membres qui avaient été guéris. Les temples d'Esculape étaient ce que nous appellerions aujourd'hui une maison de santé; les prêtres étaient des médecins qui soumettaient les malades à des remèdes appropriés, unis à un exercice modéré, à un régime convenable et à l'air sain de la localité. Tel était le dieu qui les guérissait; mais, pour faire attribuer des effets naturels à des causes surnaturelles, les prêtres ajoutaient au traitement quantité de pratiques superstitieuses. Auprès du temple il y avait une grande salle, où ceux qui venaient consulter Esculape, après avoir déposé sur la table des gâteaux, des fruits et d'autres offrandes, passaient la nuit, couchés sur de petits lits. Un des ministres leur ordonnait de s'abandonner au sommeil, de garder un profond silence, quand même ils entendraient du bruit, et d'être attentifs aux songes que le dieu leur enverrait pendant la nuit; puis il éteignait les lumières et recueillait les offrandes. Quelque temps après, les malades croyaient entendre la voix d'Esculape, soit qu'elle leur parvînt par quelque artifice ingénieux, soit que le ministre, revenu sur ses pas, prononçât sourdement quelques paroles autour de leur lit, soit enfin que, dans le calme de leurs sens, leur imagination réalisât les récits et les objets qui n'avaient cessé de les frapper depuis leur arrivée. La voix divine leur prescrivait les remèdes appropriés à leur état, et les instruisait en même temps des pratiques de dévotion qui devaient en assurer l'effet. Si l'on n'avait rien à craindre de l'issue de la maladie, ou si, en effet, le mal avait disparu, il était ordonné au malade de se présenter le lendemain au temple, de passer d'un côté de l'autel à l'autre, d'y poser la main, de l'appliquer sur la partie souffrante, et de déclarer hautement sa guérison en présence d'un grand nombre de spectateurs, que ce prodige remplissait d'un nouvel enthousiasme. Quelquefois, pour sauver l'honneur d'Esculape, on enjoignait aux malades d'aller au loin exécuter ses ordonnances; c'est dans le même but qu'à Épidaure on ne souffrait, dans le bois qui environnait le temple, ni malade à l'extrémité, ni femme au dernier terme de sa grossesse.

Esculape était souvent représenté sous la figure d'un vieillard avec une longue barbe: témoin cette barbe d'or que Denis lui enleva dans le temple de Syracuse, disant qu'il ne convenait pas que le fils eût de la barbe, tandis que le père n'en avait point. Ce dieu avait en main un bâton entouré d'un serpent. On lui immolait ordinairement une chèvre, parce que, disait-on, cet animal extrêmement chaud a toujours la fièvre. Le corbeau, le coq et la tortue lui étaient aussi consacrés, comme symboles de la vigilance et de la prudence nécessaires aux médecins.

ESCULAPIES, fêtes romaines, célébrées en l'honneur d'Esculape. *Voy.* ÉPIDAURIES ASCLÉPIES.

ESDRAS; prêtre et docteur de la loi ancienne; il était fils de Saraïas, souverain pontife des Juifs, que Nabuchodonosor fit mourir pendant la captivité des Hébreux à Babylone. Il gagna les bonnes grâces du roi Artaxerxès Longue-Main, et disposa ce prince à rendre la liberté à ses compatriotes. Artaxerxès, en renvoyant les Juifs dans leur patrie, leur donna Esdras pour chef; et, pour témoigner de plus en plus l'estime qu'il avait pour ce grand homme, il donna de riches présents pour le temple, et commanda aux gouverneurs des provinces voisines de fournir aux Juifs tout ce dont ils auraient besoin pour l'exercice de leur religion et la solennité du culte divin. Esdras, de retour à Jérusalem, exhorta ses compatriotes à rompre les mariages illégitimes qu'ils avaient contractés pendant leur captivité; et, pour leur rappeler le souvenir des fautes qu'ils avaient commises, il fit une lecture du livre de la loi, en présence de tout le peuple assemblé, qui témoigna son repentir par ses larmes. L'action la plus mémorable d'Esdras est la révision des livres saints, qu'il rétablit dans leur pureté originale, en corrigeant les fautes qui s'y étaient glissées par la négligence des copistes. Il substitua les caractères chaldéens auxquels les Juifs s'étaient accoutumés pendant leur captivité, aux caractères dont ils se servaient auparavant, et qui maintenant sont connus sous le nom de Samaritains. Il composa lui-même l'histoire du retour de la captivité, qui comprend un espace de 82 ans. Cet ouvrage est au nombre des livres canoniques de l'Ancien Testament. Il y a deux livres qui portent le nom d'Esdras; il n'est l'auteur que du premier; le second a été composé par Néhémie. On trouve aussi dans les Bibles des livres qui portent le nom de troisième et de quatrième d'Esdras, qui ont plusieurs fois été cités par les anciens Pères; mais l'Eglise ne les reconnaît pas pour authentiques.

ESES, dieux adorés par les Tyrrhéniens, et qui présidaient au bon destin. Leur nom vient de *αἶσα*, sort.

ESKÉNANE, les enfers ou plutôt le pays des âmes, suivant la croyance des Mingwés, peuple de l'Amérique septentrionale, plus connu en Europe sous le nom d'Iroquois. Comme tous les indigènes du Nouveau-Monde, les Mingwés pensaient que l'âme accomplissait, après sa séparation d'avec le corps, un voyage long et périlleux, à travers des régions inconnues. Si elle avait mal vécu sur la terre, elle arrivait dans un pays stérile, où elle était condamnée à souffrir éternellement les tortures de la faim et de la soif; si au contraire elle avait bien vécu, elle trouvait une contrée délicieuse où l'attendaient d'éternelles fêtes. Ce pays des âmes était gouverné par *Taroniawagon* et par son aïeule *Ataensik*.

Outre ce rapport général de l'Eskenane avec les enfers des anciens Grecs, les Mingwés ont une tradition qui rappelle celle de l'antique Orphée, arrachant à la mort son épouse Eurydice; nous la rapportons ici tout entière, tant parce qu'elle est bien propre à faire connaître ce qu'ils entendaient par le pays des âmes, que pour donner une idée du style et des conceptions de ces peuples réputés barbares.

Un jeune Mingwé, appartenant à la famille de la *Grande-Tortue*, avait une sœur nommée le *Petit-Epi*, qu'il aimait par-dessus toute chose. A la vérité, nulle jeune fille n'était aussi habile qu'elle à cultiver le maïs, à préparer les peaux, à orner les bottines de chevreuil avec le poil du porc-épic : elle était en outre si belle, que les chefs de trois villages avaient voulu répudier leurs femmes pour l'épouser; mais le *Petit-Epi* se trouvait heureuse près de son frère, qui était un bon chasseur et un grand guerrier.

Cependant la maladie tomba sur le village, et la jeune fille fut atteinte une des premières. Son frère partit en vain pour lui rapporter de la chair d'élan, le Petit-Epi avait perdu la faim; elle reçsait la tête appuyée sur son bras replié comme un faon que la flèche a blessé. On appela les *Agotsinochen* (voyants), pour deviner ce qui rendait le Petit-Epi malade; mais ils ne purent le découvrir, et la belle jeune fille mourut. Le frère fut désespéré de cette perte. Il plaça dans la tombe du Petit-Epi ce qu'il avait de plus précieux en colliers, en ornements, en fourrures; puis il partit pour la guerre, espérant se consoler en enlevant beaucoup de chevelures aux Leni-Lenapés.

Mais le souvenir de sa sœur lui revenait sans cesse. Il comprit qu'il ne pouvait vivre, s'il ne parvenait à la faire revenir sur la terre, et il supplia son *okki* de lui révéler les moyens de la retrouver. L'okki lui envoya un rêve par lequel il lui conseillait de s'adresser à un célèbre solitaire nommé *Sononkwiretsi*, ou la Longue-Chevelure. Le jeune Mingwé se rendit à sa cabane, lui exposa son désir, et, après avoir reçu ses instructions, il partit pour l'Eskénane.

Il marcha plusieurs mois vers l'ouest, trouvant à chaque pas des difficultés nouvelles qu'il put cependant surmonter, grâce aux avertissements de la Longue-Chevelure. Enfin, il arriva à une rivière qu'il fallait traverser sur une liane; encore ce pont était-il gardé par un chien terrible qui s'efforçait de précipiter dans l'onde ceux qui tentaient le passage. Mais le Mingwé avait pris ses précautions : au moment où il arriva au bord de la rivière, il lâcha à coup une martre que le chien se mit à poursuivre, et il profita du moment pour franchir le pont.

Il rencontra ensuite la cabane du génie chargé de conserver les cerveaux des morts; il lui fit présent d'une provision de *pémican* (1) qu'il avait apporté, et l'esprit reconnaissant lui donna une gourde pour renfermer l'âme du Petit-Epi. Enfin, peu de jours après, il aperçut une campagne ravissante parcourue par les âmes de toutes les bêtes

(1) Viande séchée au soleil, puis pilée et couverte de graisse fondue. Elle sert de provision pour les longs voyages.

fauves qui s'étaient successivement séparées de leurs formes dans le monde des vivants. Bientôt il entendit de loin le son du tambour et du chichikwé (1) qui marquaient la cadence pour la danse des âmes. Et, entraîné à l'instant par une sorte de charme tout-puissant, il se mit à courir vers le lieu où retentissait cette musique fascinante. A son aspect trois âmes se séparèrent de la ronde et vinrent, selon l'usage, pour le recevoir ; mais, en reconnaissant un vivant, elles s'enfuirent épouvantées.

Il arriva donc seul à la demeure d'Ataensik : c'était une cabane tapissée de fourrures précieuses et de colliers apportés par les morts. Le jeune Mingwé y trouva le dieu Taroniawagon assis près de son aïeule, et il leur dit : « Vous qui êtes des esprits, vous devez savoir pourquoi je suis venu vers vous du pays des vivants. Un grand oiseau noir a plané sur le village des Mingwés, et le vent de ses ailes a fait tomber les guerriers et les jeunes filles, comme les feuilles des arbres tombent à la lune des amours de l'élan (octobre). Ma sœur, le Petit-Epi, a été déposée dans la terre après beaucoup d'autres, et, depuis ce temps, mon âme est malade. Permettez donc, esprits des morts, qu'elle revienne avec moi au pays des Mingwés. Voici un collier que je vous offre pour ouvrir vos bras dans lesquels vous retenez le Petit-Epi, puis un second pour lier vos pieds, afin que vous ne puissiez la poursuivre, puis un troisième pour essuyer vos yeux, si vous pleurez son départ. » Taroniawagon et Ataensik répondirent : « Voilà qui est bien. Tu peux emmener le Petit-Epi. »

Cependant la vieille voulut auparavant offrir un festin au jeune Mingwé, et elle lui servit sous différentes formes des serpents dont le poison l'eût infailliblement tué, si Taroniawagon ne l'eût averti de n'en point manger. Le jeune homme s'approcha ensuite des âmes qui dansaient sous les arbres ; il se cacha derrière le feuillage, et, aidé par Taroniawagon, il surprit sa sœur au moment où elle passait près de lui, et l'enferma dans la calebasse qu'il avait apportée. Il reprit aussitôt la route du pays des vivants. Mais il avait tant de hâte d'y arriver qu'il oublia de redemander, en passant, au génie précédemment rencontré, le cerveau du Petit-Epi.

Il atteignit enfin son village, où il annonça le succès de son entreprise. Toute la tribu se réunit pour déterrer le corps de la jeune fille et y faire rentrer l'âme avec les cérémonies que Taroniawagon avait indiquées au Mingwé. Tout était prêt pour cette résurrection, lorsque le jeune homme, poussé par une curiosité irrésistible, voulut voir si l'âme se trouvait bien toujours dans la calebasse magique : il entrouvrit celle-ci ; mais au même instant, l'âme captive, se sentant libre, s'envola, et le voyage du Mingwé se trouva ainsi rendu inutile. Il ne rapporta d'autre avantage de son entreprise que celui d'avoir été à l'Eskénane, et d'en pouvoir donner des nouvelles sûres, qui ont été transmises à la postérité.

L'Eskénane semble calqué sur l'enfer des Grecs et des Latins ; on y retrouve les lieux de plaisir et le séjour des souffrances ; Taroniawagon et Ataensik rappellent Pluton et Proserpine. On y trouve également un fleuve infernal et le chien Cerbère. La légende du Mingwé a des rapports frappants avec l'Orphée grec. Dans les deux mythes, c'est l'amour (conjugal ou fraternel) qui conduit un vivant dans l'empire des morts ; c'est l'éloquence de sa prière qui touche les dieux infernaux ; c'est sa curiosité impatiente qui rend inutile ce qu'il avait obtenu.

ESMUN, un des Cabires Phéniciens, le troisième des enfants de Sydykct d'une Titanide. Sanchoniaton et Damascius le confondent avec Asclépius ou Esculape. Damascius dit que « c'était un jeune homme d'une si grande beauté, qu'Astronoé, reine de Phénicie, mère des dieux, soupira pour lui. Mais celui-ci, qui ne prenait plaisir qu'à tendre des pièges aux animaux des forêts, s'apercevant que la déesse lui en tendait à lui-même, et qu'il ne pouvait lui échapper par la fuite, se rendit eunuque d'un coup de hache. Astronoé, affligée de cet événement, lui donna le titre de *Pœan* ; et lui ayant rendu sa chaleur vivifiante, le mit au rang des dieux. C'est à cause de cette chaleur vitale qu'il fut appelé *Esmun* par les Phéniciens ; quoique d'autres pensent que ce fut parce que ce mot signifie *huitième*, et que ce nom lui fut donné à cause qu'il était le huitième fils de Sydyk. C'est lui qui portait la lumière au milieu des ténèbres. » Le nom d'*Esmun* est en effet un mot oriental, qui peut signifier *huitième* comme l'observe Damascius (en hébreu, השמני *haschmini*, huitième). Il peut aussi avoir la signification de feu vital, car la première syllabe אש *esch* veut dire *le feu* dans les langues de l'Orient, et שמין *schemen* est le nom du *ciel*.

ESPÉRANCE. 1. Les Grecs en avaient fait une divinité qu'ils appelaient *Elpis*. Les Romains la révéraient pareillement, et lui avaient érigé plusieurs temples. Ils lui offraient des sacrifices le 5 du mois d'août. Les poëtes la supposaient sœur du Sommeil qui suspend nos peines, et de la Mort qui les finit. Pindare l'appelle la nourrice des vieillards. On la représentait sous la figure d'une jeune nymphe, à l'air serein, souriant avec grâce, couronnée de fleurs naissantes qui annoncent des fruits, et tenant à la main un bouquet de ces mêmes fleurs. On lui affectait la couleur verte, comme emblème de la verdure nouvelle qui présage la récolte des grains

2. L'Espérance est, dans le christianisme, la seconde des trois vertus théologales. Elle nous fait espérer en Dieu, c'est-à-dire mettre notre confiance dans ses bontés et dans ses promesses. Les iconologistes la personnifient sous la figure d'une jeune fille, appuyée sur

---

(1) Calebasse dans laquelle sont enfermés de petits cailloux.

une ancre de navire et les yeux levés vers le ciel. *Voy.* VERTUS THÉOLOGALES.

ESPRIT (SAINT-). C'est la troisième personne de la sainte Trinité, qui, selon la croyance de l'Eglise catholique, procède, par voie de spiration, du Père et du Fils, ne fait avec eux qu'une seule et même divinité et leur est égale en toutes choses. Ces vérités sont appuyées sur plusieurs passages de l'Ecriture et sur la tradition. Le concile de Nicée n'avait pas insisté *ex professo*, dans son symbole, sur la divinité du Saint-Esprit, parce qu'alors cela n'était pas nécessaire; cela donna lieu à quelques hérétiques, comme les pneumatomaques et les macédoniens de soutenir que le Saint-Esprit n'était pas Dieu; mais ils furent condamnés par plusieurs conciles. Cette erreur a été renouvelée par ceux d'entre les protestants qui prennent la qualification d'*unitaires*. *Voy.* ce mot.

Quant à ce qui regarde la procession du Saint-Esprit, il était dit seulement dans le symbole du concile de Constantinople, que le Saint-Esprit procède du Père; sur quoi on jugea à propos d'ajouter, dans le premier concile de Tolède, tenu en 400, qu'il procède aussi du Fils, *Filioque*. Cette addition fut reçue dans toutes les Eglises d'Occident, comme une explication utile des paroles du concile de Constantinople, dont la trop grande brièveté pouvait exciter des disputes; car la croyance générale de l'Eglise avait toujours été que le Saint-Esprit procède également du Père et du Fils. Cependant les Grecs trouvèrent mauvais qu'un concile eût fait des additions aux définitions d'un concile précédent, et soutinrent que cela n'était pas permis. Photius, patriarche de Constantinople, saisit avidement ce prétexte pour exciter le schisme qu'il méditait; et l'Eglise grecque, pour un si faible sujet, se sépara de l'Eglise latine. Toutefois, dans le concile général de Florence, tenu l'an 1439, les députés des Grecs reconnurent que le Saint-Esprit procède également des deux premières personnes, approuvèrent l'addition *Filioque*, et se réunirent à l'Eglise romaine. Mais cette réunion dura peu, et la plupart des Eglises d'Orient persévérèrent dans leur erreur. De là la distinction qui existe encore maintenant entre les Grecs unis et les Grecs schismatiques.

Dans l'ancienne loi, il est souvent parlé du Saint-Esprit ou Esprit de Dieu, mais sans que sa nature soit nettement déterminée; d'où il résulte que les Juifs regardaient cet Esprit comme une émanation de la divinité, mais non comme une personne divine; ce mystère ne fut révélé que dans la loi nouvelle. Bien que les trois personnes divines concourent toutes, comme ne faisant qu'un seul Dieu, à tous les actes de la divinité, le Saint-Esprit est celuiqui vivifie et anime tous les êtres que le Père a tirés du néant, et qui sanctifie tous ceux que le fils a rachetés. *Voy.* TRINITÉ.

Le Saint-Esprit s'est manifesté deux fois d'une manière visible; la première, au baptême de Jésus-Christ, lorsqu'il descendit sur la personne du Sauveur sous la forme et l'apparence d'une colombe; la seconde, le jour de la Pentecôte, lorsqu'il descendit sur les apôtres et sur les disciples assemblés dans le cénacle sous la forme de petites flammes ou langues de feu. C'est pourquoi les peintres et les sculpteurs le représentent souvent sous la forme d'une colombe; ils le peignent aussi sous la forme de petites flammes, lorsqu'ils veulent représenter la scène de la Pentecôte.

ESPRIT (ORDRE DU SAINT-). Cet ordre, qui a fait des chevaliers jusqu'à Charles X, fut établi en France par le roi Henri III, en souvenir de ce que, le jour de la Pentecôte, il avait reçu deux couronnes, celle de Pologne et, plus tard, celle de France. Le roi s'en déclara chef souverain, et en unit pour jamais la grande maîtrise à la couronne. Il en solennisa la fête le 31 décembre 1578 et le premier jour de janvier 1579, en l'église des Augustins de Paris. Les statuts de cet ordre comprennent 93 articles. Le nombre des chevaliers fut limité à cent, parmi lesquels étaient compris neufs prélats; tous devaient faire preuve de noblesse, à l'exception du grand aumônier, qui était commandeur de droit.

La croix de l'ordre est d'or, à huit rais, émaillée, chaque rayon pommelé d'or, une fleur de lis d'or dans chacun des angles de la croix, et dans le milieu une colombe d'argent. Les chevaliers et officiers ont, de l'autre côté de cette colombe, un *Saint-Michel*, au lieu que les prélats portent la colombe des deux côtés de la croix, n'étant associés qu'à l'ordre du Saint-Esprit et non à celui de Saint-Michel. Le collier de l'ordre, auquel est suspendue la croix, était composé de fleurs de lis, d'où naissent des flammes et des bouillons de feu; d'H couronnés avec des festons et des trophées d'armes. C'est ainsi que le roi Henri IV le régla avec le chapitre, l'an 1597, en changeant quelque chose à celui qu'Henri III avait ordonné.

Voici les cérémonies qui étaient observées à la réception d'un chevalier. Le jour où il devait être reçu, il se rendait à l'église, en habit de novice, c'est-à-dire avec les chausses et le pourpoint de toile d'argent, la cape et la toque noires. Là, il se mettait à genoux devant le roi, et mettant la main sur le livre des Evangiles présenté par le chancelier de l'ordre, il prononçait le serment qui suit: « Je jure et voue à Dieu, en la face de son Eglise, et vous promets, Sire, sur ma foi et honneur, que je vivrai et mourrai en foi et religion catholique, sans jamais m'en départir, ni de l'union de notre mère sainte Eglise apostolique et romaine; que je vous porterai entière et parfaite obéissance, sans jamais y manquer, comme un bon et loyal sujet doit faire. Je garderai, et défendrai, et soutiendrai de tout mon pouvoir, l'honneur, les querelles et droits de Votre Majesté royale, envers et contre tous; qu'en temps de guerre je me mettrai à votre suite l'équipage tel qu'il appartient à personne de ma qualité; et en paix, quand il se présentera quelque occasion d'importance, toutes et quantes fois qu'il vous plaira me mander pour vous servir contre quelque per-onne qui puisse vivre et mourir, sans nul excepter, et ce jusqu'à la mort; qu'en telles occasions je n'abandonnerai jamais votre personne, ou le lieu où vous m'aurez ordonné de servir, sans votre exprès congé et commandement, signé de votre propre main, ou de celui auprès duquel vous m'aurez ordonné d'être, sinon quand je lui aurai fait apparoir d'une juste et légitime occasion; que je ne sortirai jamais de votre royaume spécialement pour aller au service d'aucun prince étranger, sans votre dit commandement; et je ne prendrai pension, gages, ou état, d'autre roi, prince potentat et seigneur que ce soit; ni m'obligerai au service d'autre personne vivante que de Votre Majesté seule; que je vous révélerai fidèlement tout ce que je saurai ci-après importer à votre service, à l'État et conservation du présent ordre du Saint-Esprit, duquel il vous plaît m'honorer; et ne consentirai, ni permettrai jamais, en tant qu'à moi sera, qu'il soit rien innové ou attenté contre le service de Dieu, ni contre votre autorité royale, et au préjudice dudit ordre, lequel je mettrai peine d'entretenir et augmenter de tout mon pouvoir. Je garderai et observerai très-religieusement tous les statuts et ordonnances d'icelui; je porterai à jamais la croix cousue, et celle d'or au cou, comme il m'est ordonné par lesdits statuts; et me trouverai à toutes les assemblées des chapitres généraux, toutes les fois qu'il vous plaira me le commander, ou bien vous ferai présenter mes excuses, lesquelles je ne tiendrai pour bonnes, si elles ne sont approuvées et autorisées de Votre Majesté, avec l'avis de la plus grande partie des commandeurs qui seront près d'elle, signé de votre main, et scellé du sceau de l'ordre, dont je serai tenu de retirer acte. » Après que le chevalier a prononcé le vœu, et qu'il l'a signé de sa main, le prévôt présente au roi le manteau et le mantelet de l'ordre; le roi en les donnant au chevalier lui dit : « L'ordre vous revêt et vous couvre du manteau de son aimable compagnie et union fraternelle, à l'exaltation de notre foi et religion catholique; au nom du Père, et du Fils, et du Saint-Esprit. » Le grand trésorier présente ensuite à Sa Majesté le collier qu'elle met au cou du chevalier, en lui disant : « Recevez de notre main le collier de notre ordre du benoît Saint-Esprit, auquel nous, comme souverain grand-maître, vous recevons ; et ayez en perpétuelle souvenance la mort et passion de Notre-Seigneur et Rédempteur Jésus-Christ. En signe de quoi nous vous ordonnons de porter à jamais cousue à vos habits extérieurs la croix d'icelui, et la croix d'or au col avec un ruban de couleur bleu céleste; et Dieu vous fasse la grâce de ne contrevenir jamais aux vœux et serments que vous venez de faire, lesquels ayez perpétuellement en votre cœur; étant cert in que si vous y contrevenez en aucune sorte, vous serez privé de cette compagnie, et encourrez les peines portées par les statuts de l'ordre; au nom du Père et du Fils et du Saint-Esprit. » A quoi le chevalier répond : « Sire, Dieu m'en donne la grâce, et plutôt la mort que jamais y faillir, remerciant très-humblement Votre Majesté de l'honneur et bien qu'il vous a plu me faire. » En achevant il baise la main du roi.

L'ordre du Saint-Esprit, supprimé par la révolution française, a été rétabli par les Bourbons lors de leur restauration sur le trône de leurs ancêtres. Il a été aboli de nouveau en 1830; et il n'y a pas d'apparence qu'il soit jamais rétabli.

ESPRIT AU DROIT DÉSIR (ORDRE DU SAINT-).

Louis de Tarente, roi de Jérusalem et de Sicile, comte de Provence, mari de la reine Jeanne Ire, avait institué, l'an 1353, l'ordre du *Saint-Esprit au droit désir*. Il était placé sous la protection de Saint-Nicolas de Bari, dont l'image pendait au bas du collier de l'ordre. Les chevaliers portaient sur leurs armes et leurs habits cette devise : *Si Dieu plaît*; quelques autres ajoutent un nœud d'or, en témoignage d'union et d'amitié. Les troubles qui suivirent la mort du roi Louis furent cause que cet ordre ne lui survécut pas. — On a prétendu que Henri III, revenant de Pologne en France, pour y prendre possession de la couronne, prit connaissance à Venise des statuts de cet ordre, contenus dans un précieux manuscrit, et que c'est ce qui lui inspira le dessein d'ériger un nouvel ordre du Saint-Esprit.

ESPRIT (CHEVALIERS DE L'HÔPITAL DU SAINT-).

Suivant quelques auteurs, le pape Paul II institua, à Rome, l'an 1468, des chevaliers de l'Hôpital du Saint-Esprit, qui portaient une croix patée blanche.

ESPRIT (CHANOINES RÉGULIERS DU SAINT-).

Dans le XIIe siècle, frère Guy, quatrième fils de Guillaume, fils de Sibille, seigneur de Montpellier, fonda dans cette ville un hôpital, auquel il donna le nom de *Saint-Esprit*. Le bon ordre qu'il y établit lui attira en peu de temps beaucoup de frères ou associés, qui se dévouèrent comme lui au service des pauvres, et qui allèrent dans plusieurs villes du royaume fonder de pareils établissements. Le pape Innocent III confirma leur institut, déclara la maison de Montpellier chef-lieu de l'ordre, et décida que toutes les maisons déjà établies ou à établir reconnaîtraient à perpétuité frère Guy et ses successeurs pour supérieurs généraux. En 1202, frère Guy alla à Rome pour y prendre soin de l'hôpital de Sainte-Marie *in Saxia*, que le pape unit à celui de Montpellier par un bref de l'année 1204. Cet ordre s'est conservé en Pologne et fleurit encore en Italie. Ses principales maisons, en France, étaient à Dijon, Besançon, Poligny, Bar-sur-Aube, Sainte-Phanfei en Alsace. Les religieux étaient habillés comme les ecclésiastiques ; ils portaient seulement une croix de toile blanche à douze pointes sur le côté gauche de leur soutane et de leur manteau. Ils avaient, dans l'église, une aumusse de drap noir, doublée et bordée d'une fourrure noire.

ESPRIT (Grand). 1. Les peuplades de l'Amérique septentrionale, que nous traitons de sauvages et de barbares, avaient et ont encore sur la divinité des idées beaucoup plus justes que bien des peuples réputés sages de l'ancien monde. La grande famille des Lenappés, les Canadiens et plusieurs autres nations reconnaissent et adorent, sous le nom de Kitchi-Manitou ou *Grand Esprit*, un dieu suprême, invisible, souverainement bon, auteur et conservateur de toutes choses. Ils le regardent comme la source de tout bien et seul digne d'être adoré. C'est lui, disent-ils qui a créé tout ce qui existe, et qui règle par sa providence les principaux événements de la vie. Les calamités qui assiégent le genre humain sont à leurs yeux des châtiments que sa justice inflige à notre perversité. C'est pourquoi les missionnaires catholiques ont conservé presque partout le terme de *Kitchi-Manitou*, comme expression générique du nom de Dieu chez ces peuples. A côté de lui ils placent un génie malfaisant, *Matchi-Manitou* (mauvais esprit), sans être pour cela dualistes, parce que la plupart le regardent à peu près comme nous faisons le démon, et non point comme une puissance égale au Grand Esprit. *Voyez* Manitou, Kitchi-Manitou, Matchi-Manitou.

2. Les platoniciens admettaient un esprit répandu dans l'univers, principe de toute génération et de la fécondité des êtres, flamme pure, vive et toujours active, à laquelle ils donnaient le nom de *Dieu*. Virgile a développé en beaux vers ce système poétique, qui a servi de base au spinosisme.

ESPRITS. On entend en général par le mot *Esprits* des substances intelligentes supérieures à notre nature humaine. — Mais y a-t-il des Esprits ? — Si nous posons cette question à la plupart de ceux qui se disent philosophes en ce siècle, leur réponse sera un sourire de dédain et de pitié. Suivant eux, croire aux Esprits, c'est l'effet d'une absurde superstition. Plusieurs même prétendent que l'esprit humain n'est que le résultat de l'organisation de la matière, et n'est en aucune sorte une substance distincte du corps. D'après ce système, l'homme qui ne différerait des autres animaux ou de la matière inerte que par une organisation un peu moins imparfaite, serait en même temps le *nec plus ultra* de la création. Et cependant ils reconnaissent qu'il y a dans la nature une chaîne ascendante des êtres qui arrive par une gradation insensible du minéral au végétal, du végétal au mollusque, du mollusque à l'homme. Ils avouent qu'il y a entre chaque règne des êtres qui participent en même temps au règne inférieur et au règne supérieur, tellement qu'il est fort difficile, pour ne pas dire impossible, de déterminer auquel des deux ils appartiennent réellement. Or, si nous voyons dans les animaux l'intelligence s'accroître à mesure qu'on passe du zoophyte aux mollusques, aux reptiles, aux poissons, aux oiseaux, aux mammifères, à l'homme, pourquoi l'échelle ascendante s'arrêterait-elle à ce dernier ? Pourquoi l'homme, doué d'un corps et d'un esprit, ne serait-il pas l'anneau qui servirait à monter à un degré supérieur comprenant les êtres purement spirituels, lesquels comblent en quelque sorte la distance qui sépare l'homme de Dieu ? Les hommes désespèrent de trouver jamais l'extrémité de l'échelle des astres ; ils viennent naguère d'avoir l'assurance que jamais ils ne pourront déterminer le terme des planètes qui appartiennent à notre système solaire, et ils s'imaginent avoir parcouru dans son entier la gradation des êtres animés !

Quoi qu'en disent les matérialistes, il y a eu de tout temps et il y a encore des effets surnaturels ; or, s'il y a des effets qui ne peuvent être produits par les corps, il faut nécessairement qu'il y ait dans l'univers autre chose que des corps. Donc, quand la religion ne nous aurait pas enseigné d'une manière claire et évidente l'existence d'esprits séparés des corps, on serait forcé d'admettre qu'il y a des êtres purement spirituels. Mais l'Ecriture ne nous permet aucun doute sur ce point. C'est assurément de tous les articles de foi, le mieux établi, le moins contesté, et le plus universellement répandu dans le monde. Maimonides prouve avec beaucoup d'érudition et de jugement, qu'avant Moïse, les Sabéens, les Egyptiens et les Chaldéens admettaient des génies bons et mauvais. Tous les anciens poètes et philosophes ont reconnu ce dogme, et nous ne craignons pas d'avancer que toutes les nations anciennes et modernes sont unanimes sur ce point. On se tromperait si l'on s'imaginait que c'est une preuve de la grossièreté de quelques nations. Les peuples les plus civilisés n'ont point différé en ce point de ceux qu'on appelait barbares ; et on peut voir dans les ouvrages de Porphyre, de Jamblique et de saint Clément d'Alexandrie, combien la doctrine des Grecs était semblable à celle des Egyptiens, touchant l'existence des bons et des méchants Esprits, c'est-à-dire des anges et des démons.

Toutefois, il paraît que tous les peuples n'ont pas cru les esprits purement spirituels ; plusieurs leur ont prêté un corps, mais un corps subtil, éthéré, formé par conséquent d'éléments moins grossiers que le corps humain. Les uns prétendaient qu'ils étaient immortels ; d'autres voulaient qu'ils fussent assujettis à peu près aux mêmes besoins que l'homme, et soutenaient qu'ils pouvaient engendrer, souffrir, être blessés et mourir comme nous ; d'autres pensaient qu'ils pouvaient à volonté changer de corps, et prendre les figures qu'il leur plaisait. Les uns leur assignaient le ciel pour séjour ; d'autres, les airs ou l'espace sublunaire ; d'autres, la surface ou les entrailles de la terre ; d'autres les montagnes ou les sombres forêts ; d'autres enfin voulaient qu'ils fussent répandus dans tous les corps de la nature.

Voyez ANGES, DÉMONS, DIABLES, DIV, GÉNIES, DJINN, AME, ASOURAS, etc., etc.

ESQUINISTES, ou ESCHINISTES. Secte de montanistes, qui suivaient le sentiment d'Eschine, disciple de Montan, et confondaient les personnes de la sainte Trinité; ce sentiment a été rendu célèbre par Sabellius. *Voyez* MONTANISTES, SABELLINISTES.

ESROUN-TÉGRI, nom d'un des principaux génies célestes de la théogonie bouddhique, chez les Mongols; le même que *Brahma* des Hindous. *Voyez* BRAHMA.

ESSÉENS, ou ESSÉNIENS. L'historien Josèphe, parlant des sectes qui subsistaient de son temps parmi ceux de sa nation, en marque trois, savoir : les Pharisiens, les Sadducéens et les Esséniens. Il préfère ceux-ci aux deux autres pour leur genre de vie. Il assure de plus qu'ils étaient juifs d'origine; si cela est, comme il paraît certain, saint Épiphane s'est trompé en les mettant au nombre des Samaritains. Les uns les ont comparés aux philosophes pythagoriciens, les autres aux moines chrétiens; et on leur a donné le nom d'Ascètes juifs. Philon distingue deux sortes d'Esséniens : les uns se mariaient et les autres vivaient dans le célibat; Josèphe même paraît faire allusion aux uns et aux autres. Serrarius, qui a écrit fort au long sur cette matière, fait, après Philon, deux classes d'Esséniens; la première est de ceux qu'il nomme pratiques, et qui vivaient en commun; la seconde est de ceux qu'il appelle théoristes, c'est-à-dire qui menaient une vie purement contemplative, vivant dans la solitude, et éloignés de tout commerce du monde. Il ajoute que Josèphe n'a fait mention que des premiers, et qu'il n'a point parlé des contemplatifs, appelés par Philon *Thérapeutes*, et qui étaient principalement en Egypte.

Après les écoles ou les communautés des anciens prophètes, les Hébreux n'ont rien eu de plus parfait ni de plus remarquable que leurs Esséniens. Voici le portrait que Josèphe nous en a laissé : Ces philosophes vivent entre eux dans une parfaite union, et ont en horreur la volupté, comme un poison dangereux. Ils font consister leur principale vertu à garder une exacte continence et à résister à l'attrait du plaisir. Ils ne se marient point, mais ils élèvent les enfants des autres comme s'ils étaient à eux, et leur inspirent, pendant qu'ils sont encore jeunes, leur esprit et leurs maximes. Ce n'est pas qu'ils condamnent le mariage en lui-même, ou qu'ils croient qu'on doit négliger la propagation de la race des hommes; mais ils sont toujours en garde contre l'intempérance et contre l'infidélité des femmes. Ils regardent les richesses avec la dernière indifférence, et possèdent tout en commun, en sorte que nul d'entre eux n'est plus riche que l'autre. C'est une loi inviolable de leur institut, de renoncer à la propriété de tous ses biens, et de les mettre dans la société, tellement que la pauvreté de l'un ne porte point envie à l'opulence de l'autre, et que les richesses des uns ne les élève point au-dessus des autres. Ils vivent comme frères, dans une entière égalité et de biens et de condition.

L'huile et les parfums sont en horreur parmi eux. Ils se purifient après en avoir seulement touché par hasard, comme s'ils avaient touché quelque chose d'impur. Ils se font un honneur de l'austérité qui paraît dans leur extérieur; mais ils évitent la malpropreté, et ont toujours des habits bien blancs. Ils établissent des dispensateurs qui ont soin de leurs biens, et qui les distribuent à chacun selon son besoin. Ils ne demeurent point tous dans une seule ville, ni toujours au même lieu, mais il y en a dans différents endroits. Ils reçoivent dans leur maison ceux de leur secte, et leur font part de tout ce qu'ils ont, comme d'un bien qui leur est commun. Aussi en voyage, ils ne prennent jamais de provision; ils portent seulement quelques armes pour se défendre contre les voleurs. Dans chaque ville, il y a un homme établi pour avoir soin des hôtes, et pour leur fournir les habits et les autres choses nécessaires.

Les enfants qu'ils élèvent sont tous vêtus et traités de la même sorte; et vivent sous la discipline de leur maître. Ils ne changent point d'habits que les leurs ne soient entièrement usés, ou si vieux qu'ils ne puissent plus servir. Ils ne vendent ni n'achètent rien entre eux; mais tout le commerce se fait par échange, chacun donnant ce qui lui est superflu, et recevant ce dont il a besoin. Et même il leur est libre de prendre sans échange tout ce qu'il leur faut, et d'user de tout ce qui est à leur frère, comme d'un bien propre. Ils font surtout profession d'une grande piété envers Dieu, et ne parlent pas avant le lever du soleil, si ce n'est qu'ils prononcent certaines prières qu'ils ont reçues de leurs pères, comme pour inviter cet astre à se lever. Après quoi ils sont envoyés par leurs supérieurs, chacun au travail et au métier qui lui est propre.

Après avoir travaillé jusqu'à la cinquième heure, ils s'assemblent de nouveau tous ensemble, et se ceignant avec des linges blancs, ils se baignent tous dans l'eau fraîche; après quoi ils se retirent dans leurs cellules, où il n'est permis à aucun étranger d'entrer. De là ils passent dans leur réfectoire commun, qui est à leur égard comme un temple sacré; ils se tiennent assis à table dans un profond silence. Celui qui a soin de faire le pain en donne à chacun à son rang, et le cuisinier leur sert à chacun un mets. Puis le prêtre fait la prière, car il n'est pas permis de goûter quoi que ce soit avant d'avoir loué Dieu par la prière. Après leurs repas, ils rendent de même grâce à Dieu, comme à l'auteur des biens qu'ils ont reçus. Ensuite ils quittent leurs habits blancs, qui sont pour eux comme des vêtements sacrés, et retournent au travail comme auparavant. Ils y demeurent jusqu'au soir, et alors ils reviennent au lieu où ils prennent leurs repas, et font manger leurs hôtes avec eux, s'il en est survenu quelques-uns.

Quoique pour tout le reste ils soient dans une entière dépendance de leurs supérieurs, toutefois ils ont la liberté de faire du bien, et de secourir leur prochain comme ils peuvent et autant qu'ils veulent. Mais ils ne peuvent rien donner à leurs parents, sans l'agrément de ceux qui les gouvernent. Ils sont très-religieux observateurs de leurs paroles, et leurs simples promesses sont plus inviolables que les serments les plus sacrés. Ils évitent le jurement comme le parjure même. Ils étudient beaucoup les ouvrages des anciens, y cherchant surtout ce qui peut servir à la perfection de leur âme et à la conservation de la santé. C'est ce qui les rend si habiles dans la connaissance des remèdes, des simples, des pierres et des racines. Ils ont un très-grand soin des malades, et ils leur fournissent du fonds commun tout ce dont ils ont besoin.

Ils n'accordent pas l'entrée de leur institut indifféremment à tous ceux qui le demandent ; mais ils éprouvent les postulants pendant un an au dehors de leur maison, dans l'exercice de leur genre de vie. Ils leur donnent une bêche, une large ceinture pour le bain et un habit blanc. Si le postulant donne des preuves de sa persévérance, on le reçoit premièrement au réfectoire commun et au bain ; mais on ne l'admet dans la maison qu'après deux autres années d'épreuves. Alors, s'il en est trouvé digne, il est reçu au nombre des Esséniens. Avant que de l'admettre à prendre sa nourriture avec les autres, on lui fait promettre, avec des serments terribles, de adorer Dieu dans une parfaite piété ; d'observer les lois de la justice envers les hommes ; de ne faire tort à personne ni volontairement, ni quand même on voudrait le forcer ; de fuir les méchants ; de protéger les gens de bien ; de garder la foi envers tous, et surtout envers les princes. On lui fait promettre aussi que, s'il se trouve établi au-dessus des autres, il n'abusera pas de son pouvoir pour les opprimer, et ne se distinguera de ses frères ni par la somptuosité de ses habits, ni par aucune autre chose ; qu'il ne cachera pas à ses confrères le secret de l'ordre, et ne les découvrira jamais à d'autres, mais qu'il les tiendra cachés, même au péril de sa vie ; qu'il n'enseignera que ce qu'il aura appris de ses maîtres, et conservera précieusement les livres de la secte et le nom des anges.

Si quelqu'un tombe dans une faute notable, ils le chassent de leur compagnie ; et celui qui est ainsi chassé meurt d'ordinaire misérablement ; car, étant lié par les serments dont on vient de parler, il ne peut recevoir de nourriture d'aucun étranger ; en sorte qu'il est obligé de brouter l'herbe comme une bête, et de se voir consumer petit à petit par la misère et la faim. Quelquefois les Esséniens, touchés de compassion, lui pardonnent et le retirent chez eux, lorsqu'ils le voient près d'expirer, croyant que sa pénitence a été assez longue et la satisfaction suffisante.

Lorsqu'ils délibèrent sur quelque affaire, ils s'assemblent d'ordinaire au nombre de cent ; ils examinent la chose avec un grand soin, et tout ce qu'ils ont résolu demeure irréfragable. Après Dieu, ils ont un souverain respect pour Moïse ; en sorte qu'un homme qui serait convaincu d'avoir mal parlé de lui, serait mis à mort. Ils se font un devoir d'obéir aux vieillards et au grand nombre ; en sorte que quand il y en a dix d'assemblés, nul ne parle que du consentement des neufs autres. Ils n'oseraient ni cracher devant eux dans l'assemblée, ni à leur droite.

Ils sont très-scrupuleux observateurs du sabbat : non-seulement ils n'allument point de feu et ne préparent rien à manger ce jour-là, mais ils ne remuent pas même un meuble, et ne se déchargent point des superfluités de la nature. Les autres jours, lorsqu'ils veulent satisfaire à cette nécessité, ils se retirent dans des lieux fort cachés, et après avoir creusé une fosse de la profondeur d'un pied, avec cette bêche dont nous avons parlé, ils se baissent et satisfont à leur besoin, se couvrant tout autour avec leurs habits, de peur de souiller et de ternir les rayons de Dieu. Ils remplissent ensuite de terre le trou qu'ils ont fait, et se purifient après cette action, comme si elle leur avait causé quelque souillure.

Ils sont partagés en quatre classes ; et ceux qui sont dans les dernières se croient si fort au-dessus des autres, que s'ils en avaient seulement touché un, ils s'en purifieraient comme d'une impureté pareille à celle qu'on contracte par l'attouchement d'un étranger. Ils vivent d'ordinaire fort longtemps, et plusieurs atteignent cent ans, ce qu'on attribue à la simplicité de leur nourriture et au bon règlement de leur vie. Ils font paraître une fermeté extraordinaire dans les maux ; et Josèphe dit qu'on en vit des exemples étonnants dans la dernière guerre des Juifs contre les Romains. Ils tiennent les âmes immortelles, et croient qu'elles descendent des plus hautes régions de l'air dans les corps, où elles sont amenées par un certain attrait naturel, auquel elles ont peine à résister ; elles y demeurent comme en prison tout le temps de la vie. Mais lorsqu'une fois elles en sont séparées par la mort, elles s'élèvent aussitôt avec rapidité vers le ciel, comme sortant d'une longue et triste captivité. Ils veulent que les âmes des gens de bien demeurent au delà de l'Océan, dans un pays où l'on ne sent ni la pluie, ni les vents, ni les excès du chaud et du froid, et où elles jouissent d'une béatitude naturelle, à peu près suivant l'idée que les poëtes grecs nous donnent des champs élyséens. Les âmes des méchants, au contraire, sont reléguées dans des lieux d'horreur, et exposées à tout ce que les saisons ont de plus fâcheux, où elles gémissent dans des peines éternelles.

Il y en a parmi eux plusieurs qui ont le don de prophétie, et d'ordinaire leurs prédictions sont suivies de l'effet ; Josèphe, dans son Histoire, en rapporte quelques exemples. Il attribue cela à la lecture continuelle qu'ils font des livres sacrés et des prophéties, et à la manière simple et pure dont ils vivent. Il y a parmi eux une société qui ne diffère des autres que par le mariage, dans lequel ils s'engagent, sans quitter aucune des pratiques de leur état. Ils ne prennent des femmes qu'après s'être assurés, pendant trois ans, si elles sont d'une bonne santé et propres à leur donner des enfants. Ils usent du mariage avec tant de modération, qu'ils ne s'approchent plus de leurs femmes dès qu'elles sont enceintes. Ils n'ont point d'esclaves, et regardent l'esclavage comme une injure faite à la nature humaine.

Les Esséniens reconnaissent que Dieu gouverne toutes choses sans exception; ils soutiennent que rien ne se fait que par ses décrets. Josèphe dit quelque part qu'ils attribuent tout au destin, et que rien n'arrive que par son ordre. Mais peut-être que par le mot destin il ne faut pas entendre autre chose que le décret absolu de Dieu, qui gouverne tout selon la nature de chaque chose, et par conséquent sans faire aucune violence au libre arbitre. Quoiqu'ils fussent les personnages les plus religieux de la nation, les Esséniens n'allaient point au temple de Jérusalem, de peur de se souiller par le contact des autres hommes, et n'offraient point de sacrifices sanglants, au moins dans ce saint lieu; ils se contentaient d'y envoyer leurs présents, et de les y consacrer comme des monuments de leur reconnaissance.

Il y avait donc trois sortes d'Esséniens : les premiers étaient ceux qui s'abstenaient du mariage; les seconds, ceux qui en usaient mais avec modération; les troisièmes étaient les Esséniens contemplatifs, dont parle Philon, et qui sont plus connus sous le nom de *Thérapeutes*, dont la plupart demeuraient en Égypte, et que plusieurs ont pris pour des chrétiens.

Enfin, il y avait des femmes qui suivaient le même institut, comme le remarquent Josèphe et Philon. Elles avaient à proportion le même noviciat et les mêmes exercices. Et parmi les thérapeutes, c'étaient des vierges ou des femmes âgées qui vivaient dans la continence. Elles assistaient aux instructions qui se donnaient le jour du sabbat, mais séparées des hommes par un mur de trois ou quatre coudées; elles pouvaient fort bien entendre la voix de celui qui parlait sans toutefois être vues. On les admettait aussi à la table commune; les hommes étaient à la droite, et les femmes à la gauche, couchés sur de gros tapis de table, tissus d'une matière dure et grossière. Les épouses des Esséniens qui se mariaient suivaient le même genre de vie que leurs maris.

On n'est pas d'accord sur l'étymologie du nom des *Esséens*, *Esséniens*, *Osséniens*, *Assidéens* ou *Hasidéens*, car on les a appelés de ces différentes manières. Saumaise veut qu'ils aient pris leur nom de la ville d'*Essa* en *Palestine*, dont parle Josèphe. D'autres dérivent ce nom de l'hébreu חשן *hoschen*, qui signifie le rational du grand-prêtre; d'autres, du chaldéen חסין *hasin*, fort, robuste; ou du syriaque אסן *asan*, être chaussé; ou de l'hébreu אסא *asa* guérir; ou de עשה *asa*, faire, agir; ou du nom de Jésus, ou de celui de Jessé; ou du verbe חזה *haza*, contempler; ou de שנה *schana*, d viser, séparer. répéter; d'autres, du grec ὅσιοι *hosii*, les saints; ou enfin de l'hébreu חסיד *hasid*, miséricordieux. Cette dernière étymologie nous paraît la meilleure; d'abord elle est sans contredit celle qui a donné naissance au mot *Hasidéens*; de plus, comme l'observe le savant Sylvestre de Sacy, le mot syriaque חסיא *hasia*, signifie la même chose que חסיד *hasid* en hébreu, et se dit des évêques, moines et autres personnes respectables par leurs vertus ou par leur rang dans l'Église. חסיא *hasié*, a formé très-naturellement en grec Ἐσσαῖοι; et on a pu dire aussi, suivant l'analogie de la langue syriaque חסינא *hasiné*, qui aura formé Ἐσσηνοί. Ainsi ceux que l'on avait appelés d'abord en hébreu חסידים *hasidim*, ont été nommés, quand le langage des Juifs s'est plus approché de celui des Syriens, חסיא *hésié*, et חסינא *hésiné*.

ESTÉRELLE, divinité que l'on dit avoir été autrefois adorée en Provence. Bouche, historien de Provence, révoque en doute son existence. « Je tiens, dit-il, pour suspect tout ce qui est dit dans la vie de saint Armentaire, de la fée Estérelle et de ses sacrificateurs, qui donnaient à boire des breuvages enchantés aux femmes stériles, pour leur procurer des enfants, ainsi que de la pierre vulgairement dite *lanza de la fada*, où se faisaient les sacrifices de cette divinité.

ESTHER, un des livres canoniques de l'Ancien Testament. Voici l'abrégé de son contenu. Assuérus, roi de Perse, donne un grand festin aux grands de sa cour et à tout le peuple de la ville de Suse; échauffé par le vin, il ordonne à la reine Vasthi de venir au milieu de l'assemblée pour faire admirer sa beauté. Cette princesse refuse de se soumettre à cet ordre inconvenant. Assuérus la répudie et ordonne de lui amener pour épouse une jeune fille d'une beauté accomplie, choisie dans un concours général de toutes les vierges de l'empire. De ce nombre se trouve une juive du nom d'Edissa, ou Esther, nièce d'un émigré de la tribu de Benjamin, nommé Mardochée; elle est choisie pour partager le trône du monarque. Celui-ci avait alors pour favori un Amalécite, appelé Aman, d'un orgueil insatiable et qui voulait se faire rendre les honneurs dus à un roi, exigeant que tout le monde se prosternât devant lui. Seul, Mardochée refuse de fléchir le genou. Aman indigné jure sa perte, et pour satisfaire sa vengeance obtient du roi un ordre de faire mainbasse sur tous les juifs résidant dans l'empire, en qualité d'ennemis de l'État. Esther, avertie par son oncle, invite à un repas le monarque et son favori, découvre au roi sa naissance et lui représente l'injustice de la sentence qu'Aman avait obtenu contre tous ceux de sa nation. Assuérus irrité ordonne de pendre le ministre à la potence que celui-ci avait fait préparer pour Mardochée; et comme une loi persane ne pouvait être rapportée, il permet aux juifs de prendre eux-mêmes les armes et de se défaire de leurs ennemis. Les juifs taillent en pièces tous ceux dont ils pouvaient avoir quelque chose à craindre. Cet événement mémorable arriva le 14 du mois d'adar; c'est pourquoi les juifs, depuis cette époque, ont toujours célébré la mémoire de ce jour par une fête anniversaire et solennelle, qu'ils appellent *Pourim*, c'est-à-dire les Sorts, parce que ce jour-là ils devaient être mis à mort, suivant le sort qu'Aman avait tiré.

Les versions grecques et latines du livre d'Esther ont cela de particulier, qu'elles contiennent des additions qui ne se trouvent pas en hébreu, et même qui ne paraissent pas avoir jamais été dans le texte original; mais l'Eglise les a adoptées comme canoniques. On les appelle deutérocanoniques ou canoniques de second ordre, tant parce qu'elles ne font point partie du canon des juifs, que parce qu'elles n'ont pas été dans le principe universellement admises par toutes les Eglises. Les protestants n'ont pas manqué de les retrancher de l'Ancien Testament.

ESTIÉES (du grec ἑστία, foyer), sacrifices à Vesta, dont il était défendu de rien emporter et de rien communiquer, excepté aux assistants; d'où est venue l'expression proverbiale: *sacrifier à Vesta*, laquelle s'appliquait à ceux qui agissaient avec mystère, ou plutôt aux avares, qui ne font point part à d'autres de ce qu'ils possèdent.

ÉSUS, ou HÉSUS, un des dieux principaux des anciens Gaulois; on en a plusieurs figures, une entre autres qui est sculptée sur un bas-relief appartenant à un autel trouvé sous le chœur de Notre-Dame de Paris. Il y est représenté vêtu de la blouse nationale, debout devant un chêne, dont il détache, avec une espèce de serpe, une branche de gui parfaitement reconnaissable à la forme des feuilles et à la régularité des ramifications. Sa tête est ornée d'une couronne de chêne; au-dessus de la figure se lit le nom d'ESUS en caractères latins. Les antiquaires se sont longuement exercés sur ce vocable, et ont proposé pour l'expliquer les systèmes les plus arbitraires. — Leibnitz identifie le nom d'*Esus* avec celui d'une divinité germanique, nommée *Erich*, dont il fait l'analogue de l'*Arès*, ou *Mars* des *Grecs*. — La Tour d'Auvergne et dom Martin, remarquant que *heuz*, en brezouneq, signifie horreur, épouvante, ont fait d'*Esus*, le dieu terrible, le dieu qui inspire la terreur. — M. Johanneau en fait un dieu rustique, le Sylvanus des Latins, en déduisant son nom du radical brezouneq, *gwez*, arbre. — Le même archéologue propose encore une autre étymologie, celle de *heus*, pluriel *heusou*, qui en breton veut dire guêtres, bottines; Esus serait donc le dieu botté, ce qui rappellerait l'épithète *bene ocreatus* qu'Homère applique à quelques dieux. Or, il est bon de remarquer qu'Esus est représenté nu-pieds. M. Amédée Thierry n'a voulu voir dans Esus qu'un chef de migration, qui, sous le nom de *Hu-cadarn*, a amené une colonie de Kimris dans l'île de Prydain. — D'autres enfin trouvent une grande analogie entre le nom d'Esus et le grec αἶσα, sort, destin; et pensent que ce dieu supérieur à tous les autres était le Destin. — Nous répudions ces étymologies diverses, qui toutes sont plus ou moins forcées et ne peuvent soutenir une critique sérieuse; et nous disons hautement qu'*Ésus* est corrélatif de l'*As*, *Æsir* des Scandinaves, de l'*Æsar* des Etrusques, peuples qui avaient une communauté d'origine avec les Celtes. Or, l'*As* des Scandinaves, l'*Æsar* des Etrusques, ne signifie pas autre chose que Dieu. Esus est donc le Dieu par excellence; remarquons cependant que son nom, tel qu'il nous est parvenu, est habillé à la latine, et que nos ancêtres ont pu dire fort bien *Esur*, où *Esyr*.

Quoi qu'il en soit, les Gaulois l'adoraient dans les bois sacrés où ils croyaient qu'il faisait sa résidence. Lorsqu'ils pénétraient dans ce bois, ils portaient une chaîne en témoignage de leur dépendance; et, s'il arrivait à quelqu'un de tomber, personne ne le relevait; il fallait qu'il se traînât lui-même hors de l'enceinte sacrée. Lucain, au troisième livre de sa Pharsale, nous fournit une description curieuse d'un de ces bois sacrés; en voici la traduction:

« Hors de l'enceinte de Marseille, il y avait un bois sacré que la cognée avait respecté pendant une longue suite de siècles. Les branches entrelacées des grands arbres formaient un ombrage épais et entretenaient une éternelle fraîcheur, dans des retraites inaccessibles aux rayons du soleil. Les Faunes, les Sylvains et les Nymphes champêtres n'habitaient point ces lieux destinés à des mystères barbares. Ce n'était de tous côtés qu'autels et arbres teints du sang des victimes humaines. Si l'on croit d'antiques traditions, nul oiseau n'osa jamais se percher sur les rameaux de ces bois, jamais bête fauve ne vint s'y reposer; le vent n'y pénètre jamais, et la foudre semble craindre de s'y abattre. Les chênes, que le moindre zéphyr n'agite jamais, portent dans tous les cœurs une sainte horreur, aussi bien que l'eau noire qui serpente dans les ruisseaux. Les simulacres des dieux sont grossiers et sans art; ils consistent en des troncs bruts et informes. La mousse jaunâtre, qui les couvre entièrement, inspire la tristesse. C'est le génie des Gaulois de n'être ainsi saisi de respect que pour des dieux d'une forme insolite; c'est pourquoi leur vénération et leur crainte augmentent à proportion qu'ils ignorent les dieux qu'ils redoutent. On dit que ces bois s'agitent et tremblent souvent; qu'alors des voix mugissantes sortent des cavernes; que les ifs abattus se redressent et poussent de nouveau; que la forêt paraît toute en feu sans se consumer, que les chênes sont étreints par des dragons monstrueux. Les Gaulois, par respect, n'osent habiter ces lieux; ils les abandonnent tout entiers à leurs dieux; seulement, au milieu du jour et au milieu de la nuit, un prêtre y va tout tremblant célébrer ses mystères redoutables, et craint toujours que le dieu ne se présente à ses regards. »

Les bois ou bocages sacrés des Gaulois

étaient de différentes sortes. Il y en avait de ronds; d'autres étaient oblongs. Leur grandeur était proportionnée à celle du canton auquel ils appartenaient. Au centre du bois, il y avait divers espaces circulaires, entourés d'arbres plantés fort près l'un de l'autre. Au milieu était couchée une grande pierre sur laquelle on immolait des victimes, comme sur un autel. Elle était entourée d'une rangée de pierres, qui servaient probablement à tenir le peuple éloigné des sacrificateurs. On voit encore un grand nombre de ces pierres dans la Bretagne et dans plusieurs autres provinces de France. *Voy.* DOLMEN.

Strabon dit que les Celtibériens adoraient le dieu sans nom, probablement Esus, et qu'en son honneur ils dansaient toute la nuit devant leurs maisons, au retour de chaque pleine lune. Il est à observer que le monument de Notre-Dame date de la décadence du druidisme; car, dans sa sévérité spirituelle, le druidisme ne tolérait pas plus les représentations sensibles des dieux, que les temples fermés dans lesquels les païens pensaient les emprisonner.

ESWARIÉS, sectaires musulmans, appartenant à la grande souche des Motazales, ou schismatiques, disciples d'un certain *Eswari*. Ils s'accordent pour la plupart des dogmes avec les *Nizamiyés*. *Voy.* NIZAMIYÉS.

ESYMNÈTE, surnom de Bacchus, d'après une de ses statues faite de la main de Vulcain, et donnée à Dardanus par Jupiter même. Selon quelques écrivains, ce mot exprime un jeune homme robuste; d'autres le dérivent d'αἰσυμνᾶν, gouverner. Homère fait mention d'un magistrat nommé *Esymnète*. La ville de Chalcédoine avait, en outre de son sénat, six magistrats portant le même titre et qui étaient changés tous les mois.

ÉTÉ, une des quatre saisons divinisées par les anciens, qui lui faisaient des offrandes pour obtenir des chaleurs modérées, et pour le prier d'éloigner les sécheresses et de modérer l'ardeur de la température, cause de tant de maladies. Ils symbolisaient l'été sous différentes figures. Sur une base ronde, que l'on voit à la villa Albani, l'été est représenté courant, avec un flambeau allumé à chaque main.

ÉTÉLA, déesse des anciens Finnois, qui la considéraient comme mère de la nature. Ils supposaient qu'elle accompagnait les troupeaux aux pâturages, et qu'elle leur procurait une nourriture abondante. C'était sans doute la même que *Suvetar*.

On lit dans l'épopée appelée Kalevala : « O Suvetar, douce femme, Etélä, mère de la nature! donne au troupeau sa pâture de miel, sa boisson de miel; donne lui le foin d'or, le foin d'argent, recueillis dans le champ de miel, sur le gazon de miel. Prends la corne du pasteur de la vallée, fais-la sonner avec force, afin que les collines se couvrent de fleurs, que les bords des champs arides se revêtent de gazon, que les ondes des marais roulent du miel, que l'orge croisse auprès des fontaines. Apporte un foin nouveau, apporte des fleurs d'or du fond des cataractes rapides, des mains des vierges fleuries, des enfants amis du gazon, des vierges qui habitent le nombril de la terre. Creuse un puits d'or aux deux limites du champ, afin que les troupeaux puissent y puiser l'onde fraîche, le doux miel pour leurs mamelles gonflées, leurs mamelles souffrantes. Emplis les mamelles des vaches, fais-leur distiller un lait pur. »

ÉTÉLATAR, déesse des chevaux, personnification du vent du midi dans la mythologie finnoise. On lit cette invocation dans le Kalévala . « Etélätär, jeune vierge, soulève une nuée de l'orient, amène une nuée du midi; du haut du ciel envoie un doux miel, envoie un doux miel du sein des nuages, sur les remèdes que nous préparons, sur notre œuvre encore inachevée. »

ÉTENDARD. Les étendards des anciens avaient quelque chose de sacré; ils étaient mis sous la protection de la Divinité dont ils portaient communément les emblèmes.

1. Les auteurs juifs décrivent d'une façon fort circonstanciée les étendards de leurs ancêtres, sous Moïse. D'après eux, chaque tribu avait son enseigne, et chaque corps, composé de trois tribus, avait un étendard général, commun aux trois tribus. Juda, Issachar et Zabulon portaient sur leur drapeau un lionceau, avec ces mots : *Que le Seigneur se lève, et que vos ennemis s'enfuient devant vous!* — Ruben, Siméon et Gad avaient sur leur étendard la figure d'un cerf, avec cette inscription : *Ecoute, Israël; le Seigneur ton Dieu est le seul Dieu.* — Ephraïm, Manassé et Benjamin portaient un enfant en broderie, avec ces paroles : *La nuée du Seigneur était sur eux pendant le jour.* — Enfin Dan, Aser et Nephthali portaient une aigle, avec ces mots : *Revenez, Seigneur, et demeurez avec votre gloire au milieu des troupes d'Israël.* Mais cette description est absolument arbitraire; car, sans parler des épigraphes dont plusieurs sont tirés de livres postérieurs à Moïse, on sait combien il était rigoureusement défendu aux Israélites d'avoir des figures peintes et sculptées. Or, tolérer ces représentations sur leurs drapeaux eût été encourager l'idolâtrie; car la plupart des nations païennes offraient de l'encens et des sacrifices aux objets portés sur leurs étendards.

2. Les étendards des Egyptiens portaient une tête de bœuf, en mémoire d'Apis; ceux des Assyriens, une colombe, oiseau consacré à Vénus ou Astarté. Les enseignes des Athéniens étaient ordinairement la chouette ou l'olivier, tous deux consacrés à Minerve; celles des Corinthiens, un cheval ailé ou Pégase. Les Germains prenaient le lion (ou plutôt l'ours qui est le lion du Nord), le serpent et le crapaud. De tous les peuples païens, les Romains étaient peut-être ceux qui avaient le plus de respect pour leurs étendards. Les aigles qui les surmontaient étaient révérées presque à l'égal des dieux. Dans les camps, il y avait une tente particulière où on les

déposait comme dans un temple; et ce dépôt sacré rendait cette tente un lieu inviolable.

3. Maintenant encore, dans les pays chrétiens, on a conservé la pieuse coutume de bénir les drapeaux ou étendards militaires.

4. Les musulmans gardent avec le plus grand respect, dans le sérail de Constantinople, l'étendard de Mahomet. Il est couvert d'un autre drapeau dont se servait particulièrement le khalife Omar, et de 40 enveloppes de taffetas, le tout dans un fourreau de drap vert. Au milieu de ces enveloppes sont renfermés un petit livre du Coran, écrit à ce que l'on croit de la main d'Omar, et une clef d'argent du sanctuaire de la Kaaba. Cet étendard, long de douze pieds, est surmonté d'une espèce de pommeau d'argent, de forme carrée, qui contient un autre exemplaire du Coran, écrit de la main du khalife Osman. Cette oriflamme fut apportée d'Asie à Constantinople sous l'escorte de mille janissaires; elle ne sort du sérail que lorsque le sultan ou le grand visir conduit en personne les armées contre les ennemis de l'État, ce qui n'a lieu qu'avec un grand nombre de cérémonies. Cependant l'étendard sacré tombant en lambeaux par le laps du temps, on en fit faire trois exemplaires d'après l'original, en attachant à chacun des trois drapeaux quelques lambeaux du véritable. L'un marche avec l'armée impériale et ne se sépare jamais du manteau du prophète; le second est confié au visir en cas de besoin, et le troisième reste constamment au trésor.

Les étendards des musulmans portent ordinairement des croissants, ou l'image du fameux sabre à deux lames divergentes, nommé Dhoul-Fécar, dont le khalife Ali avait hérité de Mahomet, et avec lequel il fit tant de prodiges de valeur.

ÉTÉOBUTADES, famille sacerdotale parmi les Athéniens; elle était consacrée à Minerve. Les Étéobutades étaient les vrais descendants d'un sacrificateur nommé Buta ou Butas. Ils avaient le privilège de porter le dais sous lequel on exposait la statue de Minerve, dans la procession des Scirrophories.

ÉTÉOCLÉES, surnom des Grâces, qu'on disait filles d'Étéocle, roi d'Orchomène en Béotie. Pausanias dit qu'il passa pour leur père, parce que le premier il éleva à ces divinités un temple et des autels, et qu'il régla les cérémonies de leur culte. Les Grâces venaient, dit-on, se baigner souvent dans la fontaine d'Acidalie.

ÉTERNALES, hérétiques qui parurent dans les premiers siècles du christianisme. Ils furent ainsi appelés, parce qu'ils enseignaient que le monde demeurerait, pendant toute l'éternité, tel qu'il est maintenant.

ÉTERNITÉ. 1. C'est un des principaux attributs de Dieu, qui, étant un être nécessaire et indépendant, est par conséquent éternel, c'est-à-dire qu'il n'a point eu de commencement et qu'il n'aura jamais de fin. Les chrétiens donnent aussi le nom d'*Éternité* au bonheur ou au malheur éternel, qui doit être le partage des hommes dans l'autre vie.

2. Les anciens avaient fait de l'*Éternité* une divinité allégorique qu'ils confondaient quelquefois avec le Temps. Les Égyptiens la représentaient sous le symbole d'un serpent qui se mord la pointe de la queue, faisant ainsi une sorte de cercle sans commencement et sans fin. Nous ne parlons pas des autres emblèmes de l'Éternité qu'on voit sur les médailles romaines, parce qu'ils sont fort vagues, et qu'ils n'indiquaient que la perpétuité de l'empire. Claudien, dans son deuxième livre des Louanges de Stilicon, donne une description assez ingénieuse de l'antre de l'Éternité : « C'est, dit-il, un lieu inconnu, où l'esprit humain ne peut pénétrer, et où les dieux eux-mêmes ont accès. Cette caverne, mère des années, toute hideuse de vieillesse, infinie dans sa durée, fait de son vaste sein partir tous les temps et les y rappelle. La Nature, dont la vieillesse n'altère point les grâces, fait la garde à l'entrée du vestibule; une foule d'âmes voltigent autour d'elle. Dans l'antre préside un vieillard vénérable, dont la bouche y dicte des lois éternelles. C'est lui qui règle le nombre, le cours et le repos des astres, par qui tout vit et tout périt selon les décrets immuables. Dans l'antre sont tous les siècles, distingués chacun par son métal, et tous dans la place qui leur est assignée. »

3. Les anciens voyageurs en Amérique rapportent que les indigènes de la Virginie offraient des sacrifices aux rivières et aux fontaines, parce qu'ils regardaient leur cours éternel comme l'image de l'éternité de Dieu.

ÉTERNUMENT. On date communément, dit l'abbé Vely, du siècle de Brunehaut, et du pontificat de saint Grégoire le Grand, l'usage si familier aujourd'hui de faire des souhaits en faveur de ceux qui éternuent. On prétend que, du temps de ce saint pontife, il régna dans l'air une malignité si contagieuse, que ceux qui avaient le malheur d'éternuer expiraient sur-le-champ; ce qui donna occasion au religieux prélat d'ordonner aux fidèles certaines prières accompagnées de vœux, pour détourner les effets dangereux de la corruption de l'air. C'est une fable imaginée contre toutes les règles de la vraisemblance, puisqu'il est constant que cette coutume subsistait de toute antiquité dans toutes les parties du monde connu.

1. Suivant la mythologie grecque, le premier signe de vie que donna l'homme de Prométhée fut un éternument. Après avoir fabriqué sa statue, Prométhée déroba, dit-on, une portion des rayons du soleil, et en remplit une fiole faite exprès, qu'il scella hermétiquement. Aussitôt il revole à son ouvrage encore inanimé, et lui présente son flacon ouvert. Les rayons solaires n'avaient rien perdu de leur activité; ils s'insinuèrent dans les pores de la statue et la firent éternuer. Le créateur, charmé du succès de son œuvre, se mit en prières et fit des vœux pour la conservation de cet être si singulier. Sa créature l'entendit; elle s'en souvint, et eut

DICTIONN. DES RELIGIONS. II.

grand soin, dans les occasions semblables, de faire l'application de ces souhaits à ses descendants, qui ont perpétué cet usage de génération en génération. Sans s'arrêter à cette fable, il est certain que l'usage de saluer celui qui éternue, et qui est enfin devenu un des devoirs de la vie civile, remonte à la plus haute antiquité. Aristote en a cherché la raison dans ses Problèmes. Il prétend que les premiers hommes, prévenus des plus hautes idées en faveur de la tête, qui est le siège principal de l'âme, cette substance intelligente qui gouverne et anime toute la masse, ont étendu leur respect jusque sur l'éternument, une des opérations de la tête les plus manifestes et les plus sensibles : de là ces différentes formules de compliments usités, en pareilles occasions, chez les Grecs et chez les Romains : *Ζεῦ, Salve! Vivez! Portez-vous bien! Que Jupiter vous conserve!* Nous croyons, nous, que cette coutume a une origine moins philosophique, et qu'elle vient simplement de la superstition, les anciens croyant qu'il y avait des éternuments qui portaient bonheur, comme il y en avait qui étaient d'un augure fâcheux. En effet, les anciens, fort superstitieux en fait de présages, n'ont pas manqué d'en tirer des éternuments. Ces présages étaient bons, si l'éternument avait lieu l'après-midi, mauvais, s'il arrivait le matin, mais tout à fait pernicieux en sortant du lit ou de la table; on se remettait au lit, quand on avait le malheur d'éternuer en se chaussant. Pénélope, dans Homère, tire un augure favorable de ce que Télémaque, en annonçant l'arrivée d'un étranger, a éternué de manière à faire retentir tout le palais. Xénophon, haranguant son armée, met à profit l'éternument d'un de ses soldats, pour faire prendre à son armée une résolution périlleuse. Enfin, le démon de Socrate n'était autre chose que l'éternument, s'il faut en croire Polymnis, dans Plutarque. Ce symptôme était décisif dans les liaisons galantes, et les poëtes grecs et latins disent des jolies femmes, que les Amours avaient éternué à leur naissance. Eustathe a remarqué qu'éternuer à gauche, c'était un signe malheureux, et qu'éternuer à droite était d'un favorable augure. Aussi Plutarque nous apprend qu'avant de livrer bataille à Xerxès, Thémistocle sacrifiant sur son vaisseau, et un des assistants ayant éternué, le devin Euphrantides prédit à l'instant la victoire aux Grecs. — Nous croyons donc que c'est le désir et l'intention de détourner les mauvais présages résultant de l'éternument qui a introduit l'usage de faire en cette occasion des souhaits de félicité.

2. S'il faut en croire les rabbins, depuis l'origine du monde les hommes n'éternuaient jamais qu'une seule fois dans leur vie; aussitôt ils mouraient subitement en quelque lieu qu'ils se trouvassent. Mais Jacob, qui ne goûtait pas cette façon de sortir du monde, demanda humblement à Dieu la faveur de ne point mourir, sans avoir auparavant mis ordre aux affaires de sa maison. Dieu exauça sa prière; Jacob éternua sans mourir. Tous les princes de la terre, informés de ce fait, furent plongés dans l'étonnement, car une semblable merveille n'était jamais arrivée depuis la création du genre humain. C'est de là qu'est venu l'usage de former des souhaits pour la vie et la prospérité de ceux à qui il arrive d'éternuer. La formule judaïque est חיים טובים *Khayim tobim*, ou, comme ils prononcent communément : *Hayem tofem*, Puissiez-vous vivre longtemps! (Mot à mot, *Vita bona.*)

3. La loi de Mahomet recommande de saluer celui qui éternue, par cette formule : *Yerhamek Allah*, Dieu te fasse miséricorde!

4. Le Sadder, livre sacré des Parsis, suppose que, quand on éternue, on est exposé au démon; c'est pourquoi il recommande de réciter, en cette occasion, des prières qui chassent et éloignent le mauvais esprit.

5. Après avoir éternué, un Hindou ne manque jamais de s'écrier, *Rama! Rama!* comme pour implorer le secours de cette divinité, et se recommander à Vichnou incarné. Les assistants font aussi des souhaits en sa faveur.

6. Les Siamois, selon le P. Tachart, croient que le premier juge des enfers repasse sans cesse dans un livre la vie et les mœurs de chaque particulier. Lorsqu'il est arrivé à la page qui contient l'histoire d'une personne, celle-ci ne manque jamais d'éternuer. C'est pour cela, disent-ils, que nous éternuons sur la terre; et de là est venue la coutume de souhaiter une heureuse et longue vie à tous ceux qui éprouvent cet accident. Ceux de Siam et de Laos disent ordinairement : *Que le jugement vous soit favorable!*

7. Les Européens, en doublant le cap de Bonne-Espérance, trouvèrent cet usage établi dans des régions où certainement il n'était pas venu par la tradition des Grecs et des Romains. Codignos, et d'autres avec lui, rapportent que quand il arrive à l'empereur du Monomotapa d'éternuer, cette nouvelle, transmise par des signaux, met en rumeur tout le peuple de la ville, et donne lieu à des acclamations et à des vœux solennels pour la santé du prince.

8. L'historien de la conquête de la Floride, Garcilaso de la Vega, nous assure qu'à l'arrivée des Espagnols la même formule de respect et de politesse était établie parmi les indigènes, qui, lorsque leur cacique éternuait, étendaient les bras, et priaient le soleil de le défendre et de l'éclairer.

ÉTHER. Les Grecs entendaient par ce mot les cieux distingués des corps lumineux. Au commencement, dit Hésiode, Dieu forma l'Ether, et de chaque côté étaient le chaos et la nuit, qui couvraient tout ce qui était sous l'Ether, ce qui signifie que la nuit était avant la création, que la terre était invisible à cause de l'obscurité qui la couvrait, mais que la lumière, perçant à travers l'Ether, avait éclairé l'univers. Hésiode dit ailleurs que l'Ether naquit avec le Jour, du mélange de l'Erèbe et de la Nuit, enfants du Chaos; c'est-à-dire que la nuit et le chaos ont précédé la création des cieux et de la lumière.

ÉTHIOPIENS (Religion des). *Voy.* Abyssins.

ETHNA-ASCHÉRIS, ou *duodécimains*, secte musulmane, appartenant à la grande branche des *Imamiens*, ou *Ismaéliens*. Elle doit avoir commencé vers l'an 148 de l'hégire. Ils reconnaissent les douze Imams, dont le dernier est le Mehdi qui doit reparaître un jour; ils assurent qu'ils furent tous désignés, par une volonté expresse de Mahomet, comme légitimes héritiers de l'imamat. Ils sont opposés en cela à d'autres imamiens qui ne poussaient pas la succession des imams au delà de Mousa, fils de Djafar. *Voy.* Imam, Imamiens, Ismaéliens, Schiites.

ETHNOPHRONES. Dans les premiers siècles de l'Eglise il ne fut pas toujours facile de déraciner de certains esprits les erreurs et les absurdités dont le polythéisme avait infecté les hommes. Il y en avait qui voulaient concilier la profession du christianisme avec les superstitions du paganisme; tels étaient les *Ethnophrones* (du grec έθνος, gentilité, et φρόνις, prudence), dont le nom exprimait l'erreur. Au milieu du VIIe siècle, on en trouvait encore qui pratiquaient les expiations des gentils, célébraient leurs fêtes, observaient comme eux les jours heureux ou malheureux, ajoutaient foi à l'astrologie, aux sorts, aux augures, aux différentes sortes de divination. Mais tous les jours, dit M. Bonnetty (*Annales de philosophie chrétienne*, t. III), la vive lumière de l'Evangile dissipait ces ténèbres, la honte de l'esprit humain, et élevait même les plus humbles des hommes à la simple et sublime connaissance du Père, en esprit et en vérité.

ETNA, célèbre volcan de la Sicile, qui, de temps immémorial, jette feu et flammes. Les anciens poëtes y plaçaient les forges de Vulcain et l'atelier des Cyclopes. Les habitants de la Sicile se servaient des feux du mont Etna pour présager l'avenir; car ils jetaient dans le gouffre des cachets d'or ou d'argent, et toutes sortes de victimes. Si le feu les dévorait, c'était un heureux augure; il était funeste, si les offrandes étaient rejetées. Sur le sommet du mont était un temple de Jupiter, bâti en mémoire de ce que la foudre de ce dieu avait précipité les géants dans le cratère. Elien parle encore d'un autre temple, érigé en l'honneur de Vulcain; il était entouré de murs et d'un bois sacré; on y gardait un feu perpétuel. C'est de là que ces dieux portent quelquefois le nom d'*Etnéens*.

ÉTOILE. 1. Les anciens Egyptiens, dit Noël dans son *Dictionnaire*, désignaient le dieu de l'univers par une étoile, parce que rien ne démontre plus visiblement l'existence et la puissance de Dieu que les astres. Les mêmes désignaient le dieu Pan, c'est-à-dire le tout, par une étoile, et le crépuscule par l'étoile de Vénus. Le brillant et le cours des étoiles ont servi à désigner métaphoriquement les hommes nobles et célèbres. Les anciens attribuaient aux étoiles les mêmes fonctions que nous attribuons aux anges. Aussi les étoiles, et surtout les comètes, servaient aux augures pour présager le bonheur ou le malheur des princes et des Etats. Les anciens Egyptiens, les Grecs et les Romains représentaient la destinée par une étoile, persuadés que le destin de chacun dépendait de l'aspect et de la disposition des astres, lors de sa naissance, et qu'en un mot, le ciel était un livre qui désignait en caractères visibles le sort de chacun en particulier. Les Etéens observaient, un certain jour de l'année, le lever de l'étoile Sirius : si elle paraissait obscure, ils croyaient qu'elle annonçait la peste. Les étoiles servaient aussi d'hiéroglyphes pour marquer le temps, qui est réglé et qui se succède avec exactitude. Elles exprimaient aussi l'esprit de recherches et de découvertes. Les Romains indiquaient les dieux Lares, ou les génies tutélaires de Rome, par deux étoiles placées sur la tête de Romulus et de Rémus, enfants allaités par une louve; on désignait de la même manière Castor et Pollux. Les étoiles gravées sur les tombeaux annonçaient que les âmes dont les corps y reposaient étaient admises dans le séjour des bienheureux. Souvent on indiquait le soleil par une étoile à six pointes.

2. La femme mystérieuse de l'Apocalypse est représentée comme environnée du soleil, ayant la lune sous les pieds, et autour de la tête une couronne de douze étoiles. Dans l'iconologie chrétienne on a coutume de donner ces attributs à la sainte Vierge, mère de Jésus-Christ, dont les images sont fréquemment surmontées d'une couronne de douze étoiles.

3. Les musulmans pensent que les étoiles filantes sont les sentinelles du ciel, qui empêchent les démons d'en approcher et de connaître les secrets de Dieu. D'autres les regardent comme autant de foudres que les anges lancent contre ces esprits malins.

4. Les Péruviens regardaient les étoiles comme les servantes de la lune, et non point du soleil, parce que ces astres n'apparaissent que pendant la nuit. Ils leur avaient érigé une chapelle dans le grand temple du soleil à Cusco. *Voy.* Sabéisme, Astrologie.

ÉTOLE. 1. Un des ornements sacerdotaux en usage dans l'Eglise catholique; il consiste en deux larges bandes d'étoffe de laine ou de soie, bordées de galons et ornées de broderies, et dont les extrémités qui vont en s'élargissant sont communément garnies d'une croix pareillement en galon ou en broderie. Il y a trois manières de la porter : les évêques la portent toujours pendante par devant; il en est de même des prêtres lorsqu'ils administrent les sacrements, ou qu'ils remplissent quelque fonction sacerdotale, ou qu'ils président quelque cérémonie publique; mais lorsqu'ils célèbrent le saint sacrifice, ils l'ont croisée sur la poitrine, sans doute en souvenir de la croix de Jésus-Christ; les évêques ne la croisent pas, parce qu'ils portent toujours une croix pectorale. Les diacres ne la portent que sur l'épaule gauche et en ramènent les deux extrémités sous le bras droit, afin d'être moins gênés dans l'exercice de leurs fonctions, et aussi, pour établir une distinction entre eux et les prêtres. Autrefois les évêques et les prêtres portaient toujours l'étole, même en voyage; aujourd'hui le pape est le seul qui en soit toujours revêtu. Il est même reçu maintenant, en droit commun, qu'un inférieur ne doit point porter l'étole en présence de son supérieur, à moins qu'il n'ait quelque fonction sacrée à remplir.

2. L'étole des Grecs est de la même largeur dans toute sa longueur, et on lit dessus ces paroles en guise de broderie : Ἅγιος, ἅγιος, ἅγιος, Saint, saint, saint. Les diacres la portent suspendue et flottante sur l'épaule gauche; mais au temps de la communion, afin de n'en être point embarrassés, ils la tirent de l'épaule gauche et la font passer de telle manière sur les épaules et sur la poitrine, qu'elle forme une croix de Saint-André devant et derrière.

ÉTRAFIYÉS, secte musulmane, appartenant à la grande branche des Kharidjis. Ils eurent pour chef un individu du Sedjestan, nommé Ghalib. Ils s'accordent avec les orthodoxes sur la doctrine du libre arbitre qu'ils nient comme eux; mais, comme les Hazimiyés, ils n'admettent point l'état privilégié du khalife Ali.

ÊTRE SUPRÊME, terme dont on se servait quelquefois en philosophie pour exprimer Dieu ; mais qui est devenu, en ce sens, absurde et ridicule, depuis que Robespierre et les théophilanthropes ont affecté de s'en servir à l'exclusion du nom de Dieu, qui leur paraissait trop superstitieux. Après avoir proclamé solennellement l'athéisme, le gouvernement français se ravisa, et voulut bien donner un brevet d'existence à celui qu'ils appelaient *l'auteur de la nature*. C'est le 18 floréal an II qu'intervint ce fameux décret: *Le peuple français reconnaît l'existence de l'Être suprême et l'immortalité de l'âme*, décret qui fut publié à son de caisse dans toutes les communes de la république ; on institua ensuite des fêtes à l'Être suprême, sans doute en guise d'amende honorable. Or cette expression d'Être suprême est par elle-même fort élastique ; on peut entendre par là Dieu, si l'on veut, mais aussi la nature, ou l'âme de la nature, ou l'âme et la vie universelle. Avec le dogme de l'Être suprême, tel que l'entendaient les théophilanthropes, on peut fort bien être théiste, panthéiste, bouddhiste et même athée.

EUBAGES, nom d'une classe de prêtres ou philosophes chez les Celtes ou Gaulois. C'était une division des druides qui, selon Ammien Marcellin et d'autres historiens, passaient leur temps à la recherche et à la contemplation des mystères de la nature. Leur occupation consistait à prendre les auspices, à tirer les augures, à exercer toutes les autres fonctions qui pouvaient avoir rapport à la divination. C'était à eux à ordonner les sacrifices de victimes humaines, à décider de la volonté du destin, en examinant de quelle façon tombait la victime, les convulsions qui l'agitaient en mourant, la manière dont le sang sortait de la plaie. On s'en tenait scrupuleusement à tout ce qu'ils décidaient.

EUBULE, c'est-à-dire *consolateur*; surnom de Pluton, parce qu'il secourait les hommes dans leurs peines que le trépas termine.

EUBULIE (en grec εὐβουλία, bon conseil), déesse du bon conseil. Elle avait un temple à Rome.

EUCADDIR, nom des prêtres carthaginois qui étaient au service des dieux appelés *Abaddirs*.

EUCHARISTIE, un des sept sacrements de la loi nouvelle, et celui de tous qui est le plus saint et le plus vénérable, puisqu'il contient réellement et substantiellement le corps et le sang de Notre-Seigneur Jésus-Christ, joints à son âme et à sa divinité, sous les espèces et apparences du pain et du vin. Les trois évangélistes saint Matthieu, saint Marc et saint Luc, et l'apôtre saint Paul, dans sa 1ʳᵉ Épître aux Corinthiens, racontent expressément le temps et la manière dont le Sauveur institua ce sacrement. Jésus-Christ étant à table avec ses apôtres, le jeudi soir, veille de sa mort, commença par manger avec eux l'agneau pascal avec les rites prescrits par la loi ancienne; passant des cérémonies figuratives à la réalité, il prit du pain en ses mains saintes et vénérables, le bénit, le rompit et le distribua à ses apôtres, en leur disant: *Prenez et mangez ; ceci est mon corps*. Il prit ensuite la coupe ou calice, et, après avoir rendu grâces, il le leur distribua également, en disant: *Buvez-en tous: ceci est mon sang, le sang de la nouvelle alliance, qui est répandu pour vous et pour plusieurs en rémission des péchés. Faites ceci en mémoire de moi ; toutes les fois que vous mangerez de ce pain et que vous boirez de ce calice, vous annoncerez la mort du Seigneur jusqu'à ce qu'il vienne*. Cette institution admirable n'était que la conséquence de la promesse qu'il avait faite aux Juifs, dans laquelle il leur avait annoncé clairement ce mystère, en leur disant: *Si vous ne mangez la chair du Fils de l'homme, et si vous ne buvez son sang, vous n'aurez point la vie en vous; celui qui mange ma chair et boit mon sang, a la vie éternelle, et je le ressusciterai au dernier jour; car ma chair est vraiment nourriture, et mon sang est vraiment breuvage*, etc. Ces paroles sont si claires, que jamais les païens qui embrassèrent le christianisme, et les chrétiens qui professaient la doctrine dans laquelle ils avaient été élevés, n'avaient songé à révoquer en doute la vérité du mystère; jusqu'à ce que, vers le commencement du XVIᵉ siècle (nous ne parlons pas de l'hérésie de Bérenger, qui causa plus de scandale que de désordre), il s'éleva des hommes qui prétendirent que ces paroles ne devaient point être prises à la lettre. Ces prodiges invisibles que contient l'Eucharistie: ce pain changé en la substance du corps de Jésus-Christ, et ce vin en la substance de son sang, par la vertu des paroles de la consécration; ces espèces et ces accidents du pain et du vin, comme on les appelle dans l'École, qui demeurent en entier après la consécration, sans être soutenus d'aucun sujet; tous ces mystères de transsubstantiation, effet de l'amour de Jésus-Christ pour les hommes, ont été des sujets de scandale pour ces hommes téméraires et incrédules, comme ils le furent autrefois pour les Juifs grossiers. Ils ont trouvé *cette doctrine trop dure*, et ont mieux aimé contredire ou défigurer le sens le plus clair et le plus naturel des paroles de l'Ecriture, que d'admettre ce qui surpassait leur faible raison. Il en résulte que maintenant, une des différences les plus saillantes qui existent entre les catholiques et les protestants, est que ceux-là croient à la présence réelle, et que ceux-ci soutiennent qu'on ne participe qu'en figure au corps de Jésus-Christ dans la communion. Notre *Dictionnaire* n'est point un ouvrage de théologie, encore moins de controverse; nous n'entrerons donc point dans la discussion de ce point important. Nous nous contenterons de poser une ou deux questions. Chacun conviendra que Jésus-Christ ne voulait point jeter, de propos délibéré, dans son Eglise une pomme de discorde, et qu'il devait parler clairement, surtout la veille de sa mort, et dans un fait qui est appelé son Testament. Ceci posé, nous demandons: 1° De quelles paroles devait se servir le Sauveur, s'il eût voulu établir la présence réelle? Celles-ci, *Ceci est mon corps; ceci est mon sang*, ne remplissaient-elles pas son but? — 2° Si Jésus-Christ, au contraire, né voulait donner son corps et son sang qu'en figure, aurait-il pu s'exprimer autrement, et dire, par exemple: *Ceci est la figure de mon corps; ceci est la figure de mon sang?* ne devait-il pas?

Toutes les Eglises chrétiennes d'Orient et d'Occident, à l'exception des protestants, ont toujours cru et croient encore à la présence réelle. En vain les protestants ont cherché à découvrir dans les Églises d'Orient des témoignages favorables à leur système; nous ne craignons pas d'avancer qu'ils n'ont jamais pu y réussir. Ils ont bien pu trouver des chrétiens orientaux, grossiers, ignorants, superstitieux, qui ne connaissaient pas le mot *transsubstantiation*, qui n'avaient jamais cherché à se rendre compte du mystère, pas plus que du reste des dogmes qu'ils croyaient; ils ont trouvé des soldats, des matelots, des marchands, à qui ils ont fait dire tout ce qu'ils ont voulu, absolument comme ils trouveraient encore bon nombre de catholiques romains dans le même cas; mais les docteurs, les théologiens, les liturgies, les rites et même la croyance commune, leur ont toujours donné un démenti formel.

Le sacrement de l'Eucharistie, suivant la doctrine catholique, a été institué, 1° pour perpétuer et renouveler jusqu'à la fin des siècles le sacrifice de la croix, dont il n'est que la continuation; 2° pour servir de nourriture à l'âme des chrétiens qui le reçoivent avec les dispositions requises, et pour lui donner les secours et les grâces nécessaires pour résister plus facilement au péché, pratiquer la vertu et parvenir ainsi au bonheur éternel.

Le sacrement de l'Eucharistie contenant réellement la divinité et l'humanité de Jésus-Christ vivant et glorieux, il s'ensuit qu'on peut et qu'on doit lui rendre les mêmes hommages qu'à la personne du Verbe fait chair; qu'on peut l'exposer dans les églises à la vénération des fidèles, et que lui rendre le culte d'adoration n'est point une idolâtrie, comme les protestants en accusent les catholiques. *Voyez* CONSÉCRATION, COMMUNION.

EUCHÉ, vœu ou *prière*; déesse grecque dont parle Lucien. D'après cet écrivain, on pouvait l'invoquer pour tout ce qu'on désirait obtenir, avec assurance de n'être point rejeté.

EUCHÉLÉON, ou EUCHÉLAION, c'est-à-dire *huile de la prière*, ce que nous appelons huile sainte, nom que les Grecs donnent au sacrement de l'Extrême-Onction. *Voyez* EXTRÊME-ONCTION, n° 2.

EUCHITES, c'est-à-dire *priants*, hérétiques du IVe siècle. Ils enseignaient aussi que les hommes ne retiraient aucun avantage du baptême et même de l'Eucharistie, soutenant que l'oraison continuelle dont ils faisaient profession détruisait le péché jusqu'à la racine. Ils demeuraient à la campagne avec leurs femmes et leurs enfants, et menaient une vie oisive et vagabonde. La nuit et le matin, ils s'assemblaient dans leurs oratoires, qui étaient ouverts par le haut, pour y chanter des cantiques spirituels, surtout l'oraison dominicale. Ils prenaient à la lettre les textes où l'Ecriture, exhorte les fidèles à vendre tous leurs biens et à prier sans interruption. Ils prétendaient avoir des visions, et recevoir des lumières extraordinaires; ce qui venait de leur imagination échauffée. On les appelait encore *Eutychites* et *Massaliens*.

EUCLÉA. Diane était honorée, sous ce nom, à Thèbes en Béotie. Il y avait devant son temple un lion de marbre, consacré par Hercule, après sa victoire sur Erginus, roi d'Orchomène. Quelques auteurs croient cette Diane fille d'Hercule et de Myrto, et sœur de Patrocle, morte vierge. Elle fut honorée des Béotiens et des Locriens. Dans toutes les places publiques de leurs villes, elle avait des autels, sur lesquels les fiancés et leurs futures faisaient des sacrifices avant le mariage. Comme le surnom d'Eucléa équivaut à *bonne réputation*, on voulait faire entendre que de la bonne réputation, fruit de la bonne conduite, dépend le bonheur des époux.

EUCNISMES, sacrifices que les Argiens avaient coutume d'offrir pour les morts. Aussitôt après le décès d'un parent ou d'un ami, ils sacrifiaient à Apollon; trente jours après, à Mercure, comme à celui qui recevait les âmes. Le prêtre d'Apollon, en échange d'orge, donnait des chairs de victimes. Alors on éteignait le feu, comme souillé, et on le rallumait un nouveau, et l'on faisait cuire cette chair. C'est de là que ce sacrifice tirait son nom, qui signifie *bonne odeur de chair rôtie*.

EUCOLOGE. 1° C'est ainsi que les chretiens grecs appellent le rituel contenant le détail de la liturgie et de toutes les cérémonies qui doivent être pratiquées dans leur Eglise. 2° On donne, en France, ce nom à un livre d'église à l'usage des laïques, qui renferme, en latin ou en français, quelquefois dans les deux langues, l'office des dimanches et des principales fêtes de l'année.

EUDÉMONIE, déesse du bonheur chez les anciens Grecs ; la même que la Félicité des Latins. *Voyez* FÉLICITÉ.

EUDISTES, congrégation de prêtres séculiers, établie en France sous le titre de *Jésus et Marie*, par le P. Eudes Mézeray, frère de l'historien de ce nom. Les associés s'occupent principalement à élever les jeunes clercs dans l'esprit ecclésiastique, à recevoir ceux qui veulent faire des retraites spirituelles pour avancer dans la perfection ou pour sortir de leurs désordres, et à faire des missions, principalement dans les campagnes, pour éclairer les personnes pauvres et oubliées. Cette congrégation, formée à Caen en Normandie, le 26 mars 1643, s'est répandue dans les autres lieux de la France, où elle dirigeait un grand nombre de séminaires. Elle était gouvernée par un supérieur auquel elle donnait trois assistants. Elle s'assemblait tous les cinq ans. Les Eudistes ne font aucun vœu, et leur habit n'est pas distingué de celui des autres prêtres ; ils sont seulement obligés d'obéir au supérieur, tant qu'ils demeurent dans la congrégation.

EUDOXIENS, hérétiques du IV° siècle, dont parle saint Epiphane. Ils avaient pour chef Eudoxe, patriarche d'Alexandrie et de Constantinople, grand défenseur de l'arianisme. Les Eudoxiens suivaient les erreurs des ariens et des eunomiens, soutenant que le Fils avait une volonté différente de celle du Père, et qu'il avait été fait de rien.

EUDROME, air de hautbois que l'on jouait dans les fêtes instituées à Argos, sous le nom de jeux Sthéniens, en l'honneur de Jupiter. Cet air avait été inventé par un Argien nommé Hiérax.

EUGÉRIE (sans doute de *gerere*, porter), nom d'une déesse à laquelle sacrifiaient les femmes romaines, pour être préservées d'accidents pendant leur grossesse.

EUHYAS, nom des Bacchantes, tiré de *Euhyus*, surnom de Bacchus. *Voyez* ÉVOHÉ.

EULOGIE. On donnait autrefois ce nom, qui signifie *bénédiction*, à la sainte Eucharistie. Mais on appelait plus communément ainsi des pains bénits par les évêques, et que l'on s'envoyait mutuellement en signe d'union fraternelle. Saint Grégoire de Nazianze parle des pains blancs marqués d'un signe de croix, qu'il avait coutume de bénir. Saint Paulin envoya ainsi un pain à saint Augustin, et un autre à saint Alipe, évêque de Tagaste, lui écrivant en même temps qu'en le recevant en esprit de charité, il en ferait une Eulogie. Les anciennes formules de Marculfe nous apprennent que, jusqu'au moyen âge, les évêques s'envoyaient mutuellement des Eulogies aux fêtes de Noël et de Pâques, et qu'ils en adressaient aussi aux rois, aux reines, aux princes et à d'autres personnages. Le pain bénit que l'on distribue à la sainte messe, en signe de communion, dans les églises de France, et que l'on peut emporter chez soi ou envoyer à d'autres personnes, représente assez bien ce que l'on appelait autrefois les Eulogies ; et les chrétiens grecs lui donnent encore ce nom.

EUMÉNÈS, ou le *Héros pacifique*, personnage honoré comme un dieu par les insulaires de Chio. C'est le même que Drimaque. *Voy.* DRIMAQUE.

EUMÉNIDES, c'est-à-dire *douces* ou *bienfaisantes* ; nom que les Grecs donnaient aux Furies. Les uns croient qu'elles furent ainsi appelées en mémoire de ce qu'à la sollicitation de Minerve elles avaient cessé de persécuter Oreste. Ce prince reconnaissant les aurait nommées *Euménides*, et les Athéniens leur élevèrent un temple sous ce titre, près de l'Aréopage. Mais il paraît, d'un autre côté, d'après un passage de Sophocle, qu'à l'époque de l'arrivée d'Oreste dans l'Attique, les Athéniens appelaient déjà les Furies Euménides ; ce qui a fait penser à d'autres qu'elles furent ainsi nommées par antiphrase, les anciens évitant généralement de prononcer des mots de mauvais augure. Dans un bois sacré, situé sur les bords de l'Asope, non loin de Titane, on voyait encore un temple des Euménides

On les représentait sous la figure de femmes d'un visage triste et d'un air effrayant, revêtues d'habits noirs et ensanglantés, ayant, au lieu de cheveux, des serpents entrelacés autour de leur tête ; tenant d'une main une torche ardente, et de l'autre un fouet. Elles étaient accompagnées de la Pâleur, de la Rage, de la Terreur et de la Mort. On leur immolait des brebis pleines et des tourterelles blanches. Dans ces sacrifices, on se servait de narcisse, de branches d'aubépine, d'aune, de cèdre, de safran et de genièvre, toutes plantes qui leur étaient consacrées. *Voy.* FURIES.

EUMÉNIDIES. 1. Fêtes annuelles célébrées à Athènes en l'honneur des Euménides. Ceux qui venaient sacrifier dans leur temple étaient couronnés de narcisse, fleur qui croît assez communément le long des sépulcres, ou peut-être à cause de l'équivoque du mot νάρκη, assoupissement. On leur offrait des guirlandes de cette fleur, des brebis pleines, des gâteaux pétris par les jeunes gens les plus distingués de la ville, avec des libations de miel et de vin. On n'admettait à ces solennités que des citoyens libres et de mœurs irréprochables.

2. Les habitants de Titane observaient également chaque année un jour de fête en leur honneur. Ils se rendaient au temple élevé sur les bords de l'Asope, et, comme les Athéniens, leur immolaient des brebis pleines. Ils usaient d'hydromel dans leurs libations, et, au lieu de couronnes, ils employaient des fleurs détachées. Ils honoraient à peu près de même les Parques, qui avaient leurs autels à découvert, dans le bois sacré qui environnait ce temple.

EUMOLPIDES, nom d'une famille sacerdotale d'Athènes, qui donna un hiérophante aux mystères d'Eleusis, tant que le temple de Cérès subsista parmi eux, c'est-à-dire pendant 1200 ans. Les Eumolpides étaient ainsi nommés d'Eumolpe, petit neveu d'un roi de Thrace, auquel Erechthée, roi d'Athènes, confia l'intendance des mystères de Cérès. Eumolpe, peu content du sacerdoce, voulut usurper la royauté, et fit la guerre à Erechthée. Le pontife et le roi ayant été tués dans le combat, leurs enfants firent un traité par lequel il fut arrêté que le trône resterait dans la famille d'Erechthée, et le sacerdoce dans celle d'Eumolpe. Les Eumolpides avaient une espèce de juridiction sur ce qui avait rapport au culte des dieux. C'étaient eux qui déterminaient la nature des fautes contre le culte mystérieux de Cérès, et la peine que méritaient ces infractions.

EUNOMIENS, disciples d'Eunome, évêque de Cyzique, qui défendit les erreurs d'Arius, et y en ajouta d'autres. Ainsi il soutenait qu'il connaissait Dieu aussi parfaitement que Dieu se connaissait lui-même; que le Fils de Dieu n'était pas Dieu, mais une créature, par la raison qu'une chose simple ne pouvait contenir deux principes différents, tels que ceux d'engendrant et d'engendré; que le Fils de Dieu ne s'était uni à l'humanité que par sa vertu et ses opérations; que la foi seule peut sauver, malgré les plus grands crimes, et même l'impénitence finale. Il rebaptisait ses adhérents au nom du Père qui n'est point engendré, du Fils qui est engendré, et du Saint-Esprit qui est produit par le Fils. Cette dernière personne était également exclue par lui de la divinité. Il donnait le baptême par une seule immersion, et ne faisait plonger dans l'eau que la tête et la poitrine des catéchumènes, regardant les parties inférieures comme infâmes et indignes du baptême. Comme plus tard les protestants, il rejetait le culte des martyrs et les honneurs rendus aux saints. Les Eunomiens portèrent aussi le nom d'*Anoméens*, du grec ἀνόμοιος, dissemblable, parce qu'ils disaient que le Fils et le Saint-Esprit différent du Père. On les appela aussi *Troglodytes*.

EUNOMIOEUPSYCHIENS, branche des Eunomiens, qui se séparèrent pour la question de la connaissance ou de la science de Jésus-Christ; ils conservèrent cependant les principales erreurs d'Eunome. Ils avaient pour chef particulier un nommé Eupsyque, et c'est de son nom réuni à celui d'Eunome, qu'ils tirent le leur. Ces Eunomioeupsychiens sont les mêmes que ceux qui sont appelés *Eutychites* par Sozomène, et auxquels il donne pour chef un nommé Eutychius. Il y a évidemment erreur sur le nom du chef de la secte. *Voy.* EUTYCHITES.

EUNOSTE, divinité adorée autrefois par les habitants de Tanagra, aujourd'hui Anatoria, dans l'Achaïe. Le nom de ce dieu signifie profit, bon revenu. Il avait à Tanagra un temple, dont l'entrée était si expressément interdite aux femmes, que, quand il arrivait quelque malheur à la ville, ou en attribuait toujours la cause à la violation de cette loi; on faisait alors des recherches très-exactes pour découvrir s'il ne serait point entré dans le sanctuaire quelque femme, soit exprès, soit par mégarde ou par distraction; et le cas échéant, elle était irrémissiblement punie de mort.

EUNOSTO, divinité tutélaire des moulins à blé. Hésychius tire son nom de la mesure de farine appelée νόστος, à laquelle Eunosto présidait. Il ne faut pas confondre cette divinité avec la précédente.

EUNUQUES, ou VALÉSIENS, secte de fanatiques qui avaient pour chef un philosophe arabe nommé Valésius. Celui-ci, né avec une forte disposition à l'amour, et placé dans un climat brûlant, ne connaissait point de plus grand ennemi de son salut que son tempérament. Il crut ne pouvoir conserver sa vertu et assurer son salut qu'en usant du moyen qu'Origène avait employé témérairement pour faire taire la calomnie. Il se fit donc eunuque, et prétendit que cet acte de prudence et de vertu ne devait point exclure des dignités ecclésiastiques. Il fit des sectateurs ou plutôt des dupes, auxquels il enseignait que la concupiscence anéantissait la liberté de l'homme et qu'en conséquence il fallait apporter au mal un remède rigoureux. Bien plus, ils regardèrent comme un devoir indispensable de charité chrétienne de mutiler tous les hommes dont ils pouvaient s'emparer, et ils ne manquaient point de faire cette opération à tous ceux qui passaient sur leur territoire, qui devint la terreur des voyageurs. Ce fut à l'occasion de ce fanatisme que le concile de Nicée défendit, dans son neuvième canon, de recevoir dans le clergé ceux qui se mutilent volontairement; et cette loi ecclésiastique subsiste encore.

EUPHÉMIES. Les Grecs païens appelaient ainsi les *bénédictions* que le prêtre prononçait dans les sacrifices. Ce mot grec signifie *bénédictions, louanges*.

EUPHÉMITES. Ce nom fut donné aux hérétiques massaliens, parce que, dans leurs assemblées, ils chantaient des cantiques de louange et de bénédiction.

EUPHRADE, génie domestique que les anciens honoraient comme le dieu de la joie. Il présidait aux festins; en conséquence on plaçait sa statue sur les tables lorsqu'on voulait se livrer à la joie et aux plaisirs.

EUPHRATÉENS, partisans de l'hérésiarque Euphrate, de la ville de Péra, en Cilicie, lequel admettait trois Dieux, trois Verbes et trois Saints-Esprits. *Voy.* PÉRÉENS ou PÉRATIQUES.

EUPHRONE, c'est-à-dire *bon conseil*; nom que les poëtes grecs donnaient à la déesse de la Nuit, parce que, suivant le proverbe, la nuit porte conseil. C'est pourquoi ils la supposaient encore la mère nourrice de la Prudence. Euphrone paraît être la même divinité qu'*Eubulie*.

EUPHRONOMIENS, hérétiques du IVe siècle, qui unissaient les erreurs d'Eunome à celles de Théophrone. L'historien Socrate dit que les différences de système entre Eunome et Théophrone sont si légères, qu'elles ne méritent pas d'être rapportées. *Voy.* EUTYCHITES.

EUPHROSYNE, une des trois Grâces, celle qui préside à la joie, ainsi que l'exprime son nom.

EUPLÉE (en grec εὔπλοια, bonne navigation), surnom de Vénus invoquée pour obtenir une heureuse navigation. Cette déesse avait trois temples à Cnide; le troisième lui était dédié sous ce nom. On y remarquait une magnifique statue, le plus bel ouvrage de Praxitèle, qui représentait Vénus toute nue. Un autre temple lui avait encore été élevé, sous la même dénomination, sur une montagne près de Naples, qui en avait pris le nom d'*Euplée*.

EUROPE, fille d'Agénor, roi de Phénicie et sœur de Cadmus, joignait à sa beauté une blancheur si éclatante, que l'on disait qu'elle avait dérobé le fard de Junon. Jupiter épris d'amour, la voyant un jour jouer sur le bord de la mer avec ses compagnes, se changea en taureau et se montra si doux et si caressant que l'imprudente Europe s'assit sur son dos. Le dieu l'enleva, se jeta aussitôt à la nage et la transporta dans l'île de Crète. C'est en cherchant sa sœur que Cadmus parvint dans l'Attique qu'il colonisa. Europe fut après sa mort honorée par les Crétois comme une divinité; ils instituèrent même en son honneur une fête nommée *Hellotie*, d'où l'on appela Europe *Hellotès*. C'est Europe qui, dit-on, a donné son nom à cette partie du monde dont les habitants surpassent en blancheur de la peau tous les autres peuples de l'univers.

Cette fable est assurément une allégorie qui rappelle la colonisation primitive de l'Europe, et la transmigration des peuples orientaux à l'occident. En effet, il est digne de remarque que les noms du frère et de la sœur expriment littéralement ces deux divisions primitives de la terre; Cadmus (en hébreu קדמי, *Cadmi*), signifie l'*orient* ou l'*oriental*, et Europe (en hébreu ערב, *éreb*, *eurep*), signifie l'*occident*. Jupiter changé en *taureau* exprime sans doute que l'émigration eut lieu par le mont *Taurus*, dans l'Asie Mineure, et l'île de Crète serait la première colonie fondée. Du reste, ces données concordent avec certaines traditions parvenues jusqu'à nous. *Voy.* CADMUS.

EURYMÉDON, père de Prométhée, géant dont Junon était devenue amoureuse avant d'épouser Jupiter. Il eut part à la guerre des géants et fut précipité dans les enfers. Peut-être la punition de Prométhée ne fut-elle qu'une vengeance de Jupiter qui le croyait fils de Junon.

EURYNOME, fille de l'Océan et de Téthys, que Jupiter rendit mère de trois Grâces. Une autre tradition la fait femme d'Ophion, et détrônée par Rhéa, qui la vainquit à la lutte, et la précipita dans le Tartare. Elle avait un temple près de Phigalie en Arcadie, dans lequel sa statue était liée avec des chaînes d'or. Femme jusqu'à la ceinture, elle ressemblait à un poisson par le reste du corps. Ce temple ne s'ouvrait qu'une fois l'an à un jour marqué; on y faisait des sacrifices publics et particuliers.

EURYNOMÉ, un des dieux infernaux, auquel les Grecs attribuaient la fonction ordinaire des vers, c'est-à-dire de ronger jusqu'aux os la chair des cadavres. Il avait, dans le temple de Delphes, une statue qui le représentait d'une couleur noirâtre, assis sur une peau de vautour, et montrant les dents comme un affamé.

EURYNOMIES, fêtes que les Grecs célébraient en l'honneur d'Eurynome. On confondait quelquefois cette déité avec Diane.

EURYSTERNON (c'est-à-dire *qui a une large poitrine*); c'était une statue de la déesse Tellus ou la Terre, ainsi appelée de sa surface prodigieuse. Cette déesse avait, sous ce nom, un temple, auprès d'Ægé dans l'Achaïe, un des plus anciens de la Grèce. La prêtresse élue pour le desservir devait n'avoir eu qu'un mari, et garder le célibat le reste de ses jours.

EUSÉBIE, nom grec de la Piété, considérée comme une divinité.

EUSÉBIENS, secte de demi-ariens, qui avaient pour chef Eusèbe de Nicomédie. Ce prélat, entêté des erreurs d'Arius, persécuta vivement tous les évêques orthodoxes, et mit en œuvre tout ce que la souplesse de son esprit put lui fournir de ressources et d'intrigues pour établir l'arianisme dans l'empire. Il sut s'insinuer adroitement dans l'esprit de l'empereur Constantin, et le prévenir en faveur d'Arius. Il attaqua par la plus noire calomnie la réputation de saint Athanase, ce grand défenseur de la foi, et vint à bout de le faire exiler. Il fit chasser de son siége Paul, évêque de Constantinople, qui soutenait les catholiques, et se fit élire en sa place. Par ses suggestions et son éloquence dangereuse, il séduisit tous les princes et princesses de la famille impériale, et leur fit embrasser l'arianisme. Enfin, dans un conciliabule qu'il convoqua à Antioche, l'an 341, il fit admettre la doctrine d'Arius comme conforme à la foi. Ce fut son dernier crime. L'Eglise, peu de temps après, fut délivrée, par la mort d'Eusèbe, d'un de ses plus ardents persécuteurs.

EUSTATHIENS, hérétiques du IVe siècle, ainsi appelés du moine Eustathe, que saint Epiphane nomme aussi Eutacte. Ce moine était si follement entêté de sa profession, qu'il condamnait tous les autres états. Il joignit à cette prétention d'autres erreurs. Il condamnait le mariage, et séparait les femmes de leurs maris, soutenant que les personnes mariées ne pouvaient être sauvées; il défendait à ses sectateurs de prier dans les maisons; il les obligeait à quitter leurs biens, comme incompatibles avec l'espérance du salut ; il les retirait des assemblées des autres fidèles, pour les enrôler avec lui dans des sociétés secrètes, et leur faisait porter un habit particulier. Il voulait qu'on jeûnât les dimanches, et disait que les jeûnes ordinaires de l'Eglise étaient inutiles, après qu'on avait atteint un certain degré de pureté qu'il déterminait. Il avait en horreur les chapelles bâties en l'honneur des martyrs et les assemblées qu'on y tenait.

Plusieurs femmes, séduites par ses discours, quittèrent leurs maris, et beaucoup d'esclaves s'enfuirent de la maison de leurs maîtres. On déféra la doctrine d'Eustathe au concile de Gangres, et elle y fut condamnée l'an 342.

EUTERPE, c'est-à-dire *qui sait plaire*, nom de l'une des neuf Muses. Elle présidait à la musique, et on lui attribuait l'invention de la flûte. On la représente ordinairement sous la figure d'une jeune fille couronnée de fleurs, et jouant de l'instrument qu'elle a inventé. Auprès d'elle sont des hautbois et des papiers de musique.

EUTHÉNIE, nom sous lequel les Grecs personnifiaient l'Abondance, divinité allégorique, à laquelle ils n'élevaient cependant ni temple ni autel.

EUTHYME, célèbre athlète qui, après avoir remporté le prix du pugilat, passa en Italie, et arriva à Témesse au moment où les habitants se disposaient à sacrifier une jeune fille à un génie malfaisant, qui avait exigé d'eux ce tribut annuel. Euthyme s'enferma dans le temple et vainquit le génie qui, honteux de sa défaite, alla se précipiter dans la mer. La main de la victime devint le prix de la victoire. Euthyme parvint à une extrême vieillesse, et disparut tout à coup, sans payer le tribut à la nature. Pline ajoute qu'il reçut les honneurs divins, tant de son vivant qu'après sa mort ; qu'on lui avait érigé deux statues, l'une en son pays, l'autre à Olympie, et que toutes les deux furent frappées de la foudre en un même jour.

EUTHYMIE, déesse de la joie et de la tranquillité de l'âme, la même que *Vitula*. Denys, tyran d'Héraclée, lui fit ériger une statue à la nouvelle de la mort d'Alexandre, dont il avait à redouter la vengeance.

EUTRÉSITE, surnom d'Apollon, tiré de la ville d'Eutrésis, où il avait un temple qui renfermait un oracle célèbre.

EUTYCHÉENS, ou EUTYCHIENS, célèbres hérétiques du v° siècle, qui ont pris leur nom d'Eutychès, archimandrite ou abbé d'un monastère de Constantinople. Il avait été un des plus grands adversaires de Nestorius, qui avait enseigné qu'il y avait deux personnes en Jésus-Christ ; mais à force de le combattre, il tomba dans une erreur opposée, jugeant que, puisqu'il n'y avait qu'une seule personne en Jésus-Christ, il ne devait y avoir en lui qu'une nature ; et il cherchait à appuyer son sentiment sur certains passages de l'Ecriture, et surtout sur quelques endroits des écrits de saint Cyrille, qui relevaient l'unité de la personne de Jésus-Christ. Il enseignait donc qu'il n'y avait qu'une seule nature dans la personne du Sauveur ; il ne voulait pas que l'on dît que Jésus-Christ était consubstantiel à son Père selon la nature divine, et à nous selon la nature humaine ; il soutenait que la nature humaine avait été absorbée par la nature divine, comme une goutte d'eau par la mer, ou comme la matière combustible jetée dans une fournaise est absorbée par le feu ; en sorte qu'il n'y avait plus en Jésus-Christ rien d'humain, et que la nature humaine s'était en quelque sorte convertie en nature divine.

Comme conséquence de cette fausse opinion, Eutychès soutint encore plusieurs autres erreurs, entre autres, que le Verbe, en descendant du ciel, était revêtu d'un corps qui n'avait fait que passer par le sein de la Vierge sa mère ; ce qui rapprochait Eutychès de l'hérésie des apollinarites, des valentiniens et des marcionites. Eutychès répandit sa doctrine, premièrement dans les esprits du grand nombre de moines qu'il dirigeait, et ensuite parmi ceux du dehors qui venaient le visiter ; il engagea dans son erreur beaucoup de personnes simples et peu instruites: elle se répandit en Egypte et passa en Orient, où les nestoriens avaient conservé des protecteurs, et où le zèle d'Eutychès lui avait suscité des ennemis. On ne saurait se faire une idée du trouble que cette querelle théologique excita parmi les peuples si ardents et si disputeurs de l'Orient ; des villes, des pays entiers se révoltèrent à cette occasion. Il fallut envoyer des armées contre les moines qui s'en étaient faits les champions avec l'épée et la plume.

Parmi ceux qui contribuèrent le plus à étendre et à perpétuer les erreurs d'Eutychès, il faut distinguer Dioscore, patriarche d'Alexandrie, homme ambitieux et violent, principal moteur des désordres qui bouleversèrent l'empire, et qui mourut déposé et exilé en 458. L'hérésie d'Eutychès fut solennellement condamnée dans le quatrième concile général tenu à Chalcédoine en 451. L'hérésiarque finit par tomber dans l'oubli ; l'histoire ne parle plus de lui à dater de l'an 454. Quant à ses sectateurs, ils subsistèrent avec plus ou moins d'influence jusque vers la fin du siècle suivant. Il y a même encore à présent plusieurs Eglises orientales infectées d'Eutychianisme, et qu'on distingue sous le nom de *Jacobites* ; tels sont les arméniens, les coptes, les abyssins.

Cette hérésie se fractionna en différentes branches ; tels furent les *Acéphales* qui reconnaissaient, il est vrai, deux natures en Jésus-Christ, mais qui néanmoins ne voulaient pas souscrire au concile de Chalcédoine ; les *Théopaschites*, sectateurs de Pierre le Foulon, qui prétendaient que la divinité avait été crucifiée ; les *Schématiques* ou apparents, qui n'attribuaient à Jésus-Christ qu'une image de chair et non une chair véritable ; les *Agnoètes*, qui attribuaient à Jésus-Christ quelque ignorance, et d'autres sectes plus obscures. Nicéphore en compte jusqu'à douze

EUTYCHITES, hérétiques du IVᵉ siècle, dont nous orthographions le nom de la sorte pour les distinguer des précédents. C'était une secte arienne ou eunomienne, qui s'éleva à Constantinople, lorsqu'on agitait la question de savoir si le Fils de Dieu connaissait la dernière heure du monde, d'après les passages de l'Évangile où Jésus-Christ semble dire que cette connaissance est réservée au Père à l'exclusion du Fils. Un nommé Eutychius soutint par écrit que le Fils avait également cette connaissance; et comme son sentiment déplut aux chefs du parti eunomien, il s'en sépara et alla trouver Eunome qui était alors en exil. Cet hérétique approuva le sentiment d'Eutychius, qui disait que le Fils n'ignorait rien de ce que le Père savait, et le reçut à sa communion. Eunome étant mort quelque temps après, le chef des eunomiens à Constantinople ne voulut point recevoir Eutychius, qui depuis ce temps là forma une secte particulière avec ceux qui suivirent son sentiment. Cet Eutychius et un certain Théophrone furent, à ce que l'on disait du temps de Sozomène, les auteurs des changements que les eunomiens avaient faits dans l'administration du baptême, et qui consistaient, au rapport de Nicéphore, en ce que l'on ne faisait qu'une immersion, et qu'on ne la faisait point au nom de la sainte Trinité, mais en mémoire de la mort de Jésus-Christ.

EUYLÉ-NAMAZI, prière que les Turcs musulmans font à l'heure de midi. Ils prétendent qu'elle a été instituée par Abraham, à l'occasion du sacrifice de son fils Ismaël. Elle peut avoir lieu depuis le moment où le soleil commence à décliner jusqu'à celui où l'aiguille du cadran solaire projette une ombre double de sa longueur.

ÉVAN, surnom de Bacchus, pris du cri des Bacchantes, *évan, évan,* ou du lierre qui lui était consacré. Saint Clément d'Alexandrie donne à ce vocable une antiquité plus grande. Les prêtresses, dit-il, courent en hurlant : *Évan,* nom d'Eve, qui se laissa séduire par le serpent. Ainsi il trouve dans cette cérémonie les traces de la tradition sur le péché de la première femme. *Voy.* ÉVOHÉ.

ÉVANDRE, divinité particulière aux Latins, qui le regardaient comme l'auteur et le fondateur de leur nation. D'après les traditions, Evandre fut le chef de la colonie des Arcadiens qui vinrent s'établir en Italie, aux environs du mont Aventin. On le disait fils de Mercure et de la prophétesse Carmenta, honorée elle-même comme une divinité par les Romains. Ce prince apporta dans ce nouveau pays l'agriculture et l'usage des lettres, qui, jusque-là, y avaient été inconnus. Il s'attira par là, et plus encore par sa sagesse, l'estime et le respect des aborigènes, qui, sans le prendre pour leur roi, lui obéissaient comme à un homme ami des dieux.

Evandre reçut chez lui Hercule, et quand il fut informé que c'était un fils de Jupiter, et que ses grandes actions répondaient à sa haute naissance, il voulut être le premier à l'honorer comme une divinité, même de son vivant ; il fit élever à la hâte un autel devant Hercule, et immola en son honneur un jeune taureau. Dans la suite, ce sacrifice fut renouvelé tous les ans sur le mont Aventin.

On prétend que c'est Evandre qui apporta en Italie le culte de la plupart des divinités des Grecs, qui institua les premiers Saliens, les Luperces et les Lupercales. Il bâtit à Cérès le premier temple sur le mont Palatin. Après sa mort, les peuples reconnaissants le placèrent au rang des immortels, et lui rendirent tous les honneurs divins. Quelques mythologues sont persuadés que c'était Evandre qu'on honorait dans Saturne, et son règne fut pour l'Italie l'âge d'or, appelé en effet par les poëtes *Evandria regna.*

ÉVANÈME, c'est-à-dire *qui donne un vent favorable.* Jupiter avait à Sparte un temple qui lui était érigé sous ce surnom.

ÉVANGÉLIAIRE, livre dans lequel sont contenus les Evangiles que le diacre doit réciter à haute voix pendant l'office divin ; on témoigne à ce livre le plus grand respect, on le porte accompagné de flambeaux, on l'encense, et même, dans les jours solennels, on le présente à baiser au clergé et aux autres personnes notables d'entre les fidèles.

ÉVANGÉLIDES. On appelait à Milet, Oracle des Evangélides, un oracle célèbre dont un nommé Évangélus avait été un des premiers ministres. On lui donnait encore le nom d'Oracle des *Branchides. Voy.* BRANCHIDES.

ÉVANGÉLIES, fête que les Ephésiens célébraient en l'honneur d'un berger nommé Pixodore, qui leur avait indiqué les carrières d'où l'on tira le marbre nécessaire à la construction du temple de Diane. En conséquence, on changea son nom en celui d'*Évangéliste* ou porteur de bonnes nouvelles. On lui faisait tous les mois des sacrifices, et on se rendait processionnellement à la carrière. On dit que ce fut le combat de deux béliers qui donna lieu à cette découverte. L'un d'eux ayant évité le choc de son adversaire, celui-ci alla si rudement donner de la tête contre une pointe de rocher qui sortait de terre, que ce fragment en fut brisé; le berger ayant considéré le grain de la pierre, trouva que c'était du marbre.

On appelait d'ailleurs *Evangélies* ou *Evangiles* toutes les fêtes célébrées à l'occasion de quelque heureuse nouvelle ; on y faisait des sacrifices aux dieux, on donnait des repas à ses amis, et l'on se livrait à des divertissements de toutes sortes.

ÉVANGÉLIQUE (ÉGLISE), nom donné à une Église protestante formée par la fusion qui eut lieu, en 1817, entre les luthériens et les calvinistes, dans le duché de Nassau. Cette fusion s'opéra la même année à Francfort-sur-le-Mein ; puis, en 1818, à Weimar, à Hanau et dans la Bavière rhénane ; en 1819, dans la principauté d'Anhalt-Bernbourg ; en 1821, dans celle de Waldek et le grand-duché de Bade ; en 1822, dans la Hesse, ainsi que dans une partie du Wurtemberg. En France, cette fusion ne s'est pas encore totalement opérée ; en Prusse, elle a éprouvé une grande résistance.

ÉVANGÉLIQUE (Société), association fondée en 1833 par les protestants français, dans le seul but, disent-ils, de propager les vérités évangéliques en France par tous les moyens que Dieu met à leur disposition. La société entretient des agents dans un grand nombre de villes, et fait répandre des Bibles et d'autres livres religieux, par le moyen d'émissaires nommés Évangélistes, aidés d'élèves évangélistes. Elle est entretenue au moyen de quêtes et de dons volontaires.

Les protestants français ont encore fondé une autre association sous le nom de *Société d'Évangélisation* ; elle date de 1838. Son siège est à Nîmes.

ÉVANGÉLISTE. On donne ce nom aux auteurs sacrés qui ont écrit l'Évangile, c'est-à-dire l'abrégé de la vie, des miracles et de la doctrine de Jésus-Christ. Ils sont au nombre de quatre : Saint Matthieu, saint Marc, saint Luc et saint Jean. Le premier et le dernier étaient en même temps apôtres, et ont écrit ce qu'ils ont vu et ce qu'ils ont entendu de la bouche même de Jésus-Christ ; les deux autres étaient disciples, l'un de saint Pierre et l'autre de saint Paul, et ont écrit ce qu'ils ont appris de la bouche de leurs maîtres et des autres apôtres. Dans l'iconographie chrétienne, ces quatre Évangélistes sont désignés et spécifiés par les quatre animaux symboliques de l'Apocalypse : Saint Matthieu par l'ange, saint Marc par le lion, saint Luc par le bœuf, et saint Jean par l'aigle.

On appelle aussi *Évangéliste*, dans quelques chapitres, celui qui lit l'Évangile à la messe solennelle.

ÉVANGÉLISTES. 1. C'est le nom que prirent les partisans de saint Jean l'Évangéliste, dans quelques communautés de franciscains. Parmi ces religieux, il s'éleva en Portugal, sous Jean V, dans le siècle dernier, une dispute assez niaise sur la prééminence relative entre saint Jean-Baptiste, précurseur de Jésus-Christ, et saint Jean l'Évangéliste, apôtre bien-aimé du Sauveur. Les anciens franciscains ou *Baptistes* tenaient pour le précurseur ; les franciscains réformés par sainte Claire, ou *Évangélistes*, étaient pour l'apôtre. Cette dispute fit naître divers opuscules imprimés sous le nom de *Rhapsodies*, titre donné sérieusement, mais qui, dans certaine acception de ce mot, pouvait fort bien leur convenir. Des couvents d'hommes cette dispute passant dans les cloîtres des religieuses, y produisit une effervescence inouïe, parce qu'elle y trouvait des têtes plus combustibles. Il en résulta un schisme dans toute la force du terme. Écoutons à ce sujet Rouillé,

ambassadeur français en Portugal (1) :

« Il n'y a point de couvent de filles en Portugal où il n'y ait dispute ouverte et deux partis formés sur la question de la prééminence entre saint Jean-Baptiste et saint Jean l'Évangéliste. Il n'est permis à aucune des religieuses de rester sagement dans l'indifférence, et d'honorer également les deux saints. Il faut de nécessité être *Baptiste* ou *Évangéliste*. Ce sont les noms des deux partis. Mais, pour le bien de la paix, les supérieurs commandent aux religieuses d'éviter, autant qu'il est possible, la dispute, et de se conduire chacune suivant leur sentiment sur le fait de la dévotion pour ces saints. Chaque parti, le jour de la fête du sien, prend soin de la solenniser avec le plus de magnificence qu'il peut, par musique, illuminations, et surtout par un sermon, dans lequel le prédicateur ne manque pas d'élever le saint qu'il prêche infiniment au-dessus de l'autre ; ce jour-là le parti contraire ne paraît pas à l'église, et marque par sa retraite qu'il proteste contre les honneurs qu'on rend à un saint qui lui semble ne pas les mériter, attendant avec impatience que le sien vienne, pour enchérir sur la beauté de la fête, et voir le parti opposé dans la retraite à son tour et dans la mortification. Telle est, sans exagération, la situation de tous les monastères de religieuses sur cet article. Cette contrariété a souvent produit des effets très-fâcheux. Mais le plus terrible est celui qui est arrivé, depuis quinze jours, dans un couvent de la ville de Béja. Les religieuses étant ensemble, le propos tomba malheureusement sur les deux saints. Aussitôt disputes, vivacités, et la querelle s'échauffant, injures et coups de poing. Le combat dura jusqu'à défaillance de part et d'autre ; mais la haine demeura si vive entre les deux partis, qu'ils ne songèrent depuis qu'à se venger l'un de l'autre, aux dépens du saint ennemi. Les Évangélistes furent les plus promptes. Elles se saisirent d'un saint Jean-Baptiste, le fouettèrent, lui firent mille autres indignités, l'enterrèrent dans une fosse qu'elles firent dans le jardin, et finirent par danser sur la fosse, en chantant des chansons les plus extravagantes. Les Baptistes étant les plus faibles, elles ne purent empêcher le désordre, ni tirer raison de l'injure faite à leur saint ; mais elles en ont été vengées d'une manière terrible. La nuit même de cette impiété, les Évangélistes, au nombre de vingt, soit par punition de Dieu, soit par l'effet du trouble d'un violent remords de conscience, tombèrent dans une espèce de maladie contagieuse, si dangereuse, qu'il en est mort treize en quatre jours, et que l'on espère peu des autres. »

Un prédicateur Évangéliste, mettant en parallèle les deux saints, s'attacha à prouver que saint Jean-Baptiste était de beaucoup inférieur à saint Jean l'Évangéliste, 1° parce qu'il était juif, ce qui ne lui fut pas difficile à prouver ; 2° qu'il était mort sans confes-

---

(1) Lettre de M. Rouillé, président au grand conseil, pendant qu'il était ambassadeur en Portugal · dans les *Mélanges historiques* de Michault, avocat, Paris, 1754.

sion, et par conséquent sans absolution; 3° que par manque de confession et d'absolution, il était allé en enfer, d'où Jésus-Christ ne l'avait retiré qu'après sa mort (ici il appliqua le texte : *Descendit ad inferos*); 4° que pour preuve de tout ce qu'il disait, l'Eglise s'était toujours opposée à ce que l'on chantât le *Credo* à la messe de sa fête, car il n'a jamais été honoré par elle comme chrétien, mais simplement comme précurseur de Jésus-Christ.

Heureusement, il y a déjà longtemps que ces sottises et ces absurdités sont tombées en Portugal dans un profond oubli.

2. On appelle *Évangélistes* les partisans de l'Eglise *protestante Évangélique*. Voyez ÉVANGÉLIQUE (*Eglise*.)

3. Les protestants appellent encore *Évangélistes* les ministres et autres personnes que la société Évangélique entretient pour répandre des bibles, propager l'Évangile, et attirer des partisans à leur doctrine. *Voy.* ÉVANGÉLIQUE (*Société*.)

ÉVANGILE. — 1. Livre sacré qui contient en abrégé l'histoire de la vie, des miracles et de la doctrine de Jésus-Christ, Fils de Dieu et Sauveur des hommes. Il porte le nom d'Evangile, c'est-à-dire *bonne nouvelle*, parce qu'en effet la venue du Messie, qui devait effacer la faute du genre humain et réhabiliter auprès de Dieu la créature pécheresse, était la plus heureuse nouvelle qu'il fût possible d'annoncer aux hommes. Les Évangiles authentiques sont au nombre de quatre; ils ouvrent la série des livres du Nouveau Testament, dont ils sont la partie la plus importante. Ils ont été écrits par quatre auteurs inspirés de Dieu, et ce qu'ils ont rapporté ils le tenaient de Jésus-Christ même, dont ils étaient les apôtres, ou des apôtres dont ils étaient les disciples.

Le premier Evangile a été écrit par saint Matthieu, à Jérusalem, quelques années après la mort du Sauveur. Il paraît certain qu'il a été composé en hébreu, ou du moins dans le dialecte syriaque parlé alors dans la Judée; mais l'original est perdu depuis longtemps, et c'est la version grecque qui en tient lieu.

Le second a été écrit par saint Marc, disciple et interprète de saint Pierre; il le fit à la prière des fidèles de Rome, et consigna dans son livre ce qu'il avait appris de la bouche de saint Pierre lui-même. Ce saint apôtre lut et approuva l'Évangile de son disciple et ordonna qu'on en fît dans l'Eglise un usage public. Cet Evangile a été probablement écrit en grec, comme les deux suivants, bien que quelques auteurs supposent, sans fondement, qu'il fut écrit en latin. Ces derniers se fondent surtout sur ce que cet Évangile, étant destiné aux Romains, devait être écrit en latin; mais le grec était presque langue vulgaire à Rome, du temps des Césars, et était entendu de tous les étrangers qui habitaient la ville, tandis que le latin ne l'était que des Romains seuls.

Le troisième Evangile est dû à la plume élégante et correcte de saint Luc, peintre et médecin d'Antioche, disciple et compagnon de saint Paul qui l'avait converti. Il entreprit cette narration pour réfuter la témérité de quelques faux apôtres qui publiaient les actions de Jésus-Christ autrement qu'elles n'étaient rapportées par saint Paul, et pour suppléer à ce qui avait été omis par les autres Évangélistes.

Saint Jean, l'apôtre bien-aimé et le confident des secrets du Sauveur, composa son Évangile le dernier, étant déjà fort avancé en âge, six ans après être revenu de son exil. Cet Évangile est assez différent des trois autres, en ce que ces derniers semblent appuyer davantage sur l'histoire et les miracles de Jésus-Christ, tandis que saint Jean se propose, pour but principal, de bien établir la divinité de Jésus-Christ et la sublimité de sa doctrine, et de réfuter ainsi les erreurs des corinthiens et des ébionites qui attaquaient la divinité du Sauveur. Pour se préparer à cet important ouvrage, il ordonna un jeûne public.

Ces quatre Évangiles ont toujours été reçus unanimement par toutes les Eglises du monde chrétien, tant de l'Orient que de l'Occident, à la différence de certains Évangiles apocryphes qui étaient à l'usage de sectes particulières, ou qui furent introduits par erreur en quelques Eglises.

2. On donne le nom d'*Évangile* à une leçon tirée d'un des quatre Évangiles et qu'on lit avant la célébration du saint sacrifice. Cette lecture, d'après un usage fort ancien et qui témoigne du respect qu'on a toujours eu pour cette parole sainte, ne peut être faite publiquement que par un diacre ou par un ecclésiastique d'un ordre supérieur.

ÉVANGILES APOCRYPHES. Saint Luc nous apprend, au commencement de son Évangile, que plusieurs, avant lui avaient entrepris de donner l'histoire des choses qui s'étaient passées dans l'origine du christianisme. Mais comme apparemment la plupart de ces écrits étaient ou trop abrégés, ou trop diffus, ou trop peu exacts, cet Évangéliste se crut obligé de composer quelque chose de meilleur, pour faire tomber ces compositions défectueuses. Il y réussit, et on reconnut dans son livre l'inspiration de Dieu. Les quatre vrais Évangiles, savoir : ceux de saint Matthieu, de saint Marc, de saint Luc et de saint Jean, ayant été les seuls approuvés par les apôtres et reçus dans les principales Eglises, les autres évangiles tombèrent peu à peu dans l'oubli.

Or, nous pouvons distinguer trois sortes d'Évangiles apocryphes. Les uns ont pu être composés de bonne foi, et contenir des vérités et des faits exacts, mais mêlés à des traditions puériles et accueillies sans discernement. — Les seconds seraient de pieux romans, dont les auteurs auront cru intéresser en rapportant une multitude de faits extraordinaires produits par leur seule imagination. — Les troisièmes ont été composés par les hérétiques pour accréditer leurs fausses doctrines et diminuer l'autorité des véritables Évangiles

Nous allons donner la liste des Evangiles apocryphes dont les titres sont parvenus jusqu'à nous.
1. L'Evangile selon les Hébreux.
2. L'Evangile selon les Nazaréens.
3. L'Evangile des douze Apôtres.
4. L'Evangile de saint Pierre. Ces quatre Evangiles paraissent être le même sous différents titres ; nous n'en avons que de courts fragments.
5. L'Evangile selon les Egyptiens ; nous en avons quelques fragments.
6. L'Evangile de la naissance de la sainte Vierge. On l'a en latin.
7. Le Protévangile de saint Jacques ; on l'a en grec et en latin
8. L'Evangile de l'Enfance du Sauveur. On l'a en grec et en arabe.
9. L'Evangile de saint Thomas ; probablement le même que le précédent.
10. L'Evangile de Nicodème ; on l'a en latin.
11. L'Evangile éternel.
12. L'Evangile de saint André.
13. L'Evangile de saint Barthélemy.
14. L'Evangile d'Apelles.
15. L'Evangile de Basilide.
16. L'Evangile de Cérinthe.
17. L'Evangile des Ebionites.
18. L'Evangile des Encratites.
19. L'Evangile d'Eve.
20. L'Evangile des Gnostiques.
21. L'Evangile de Marcion.
22. L'Evangile de saint Paul; le même que celui de Marcion.
23. Les Interrogations grandes et petites de Marie.
24. Le livre de la Naissance du Sauveur : apparemment le même que le Protévangile de saint Jacques.
25. L'Evangile de saint Jean : autrement le Livre du Trépas de la sainte Vierge. On le trouve manuscrit en grec.
26. L'Evangile de saint Matthias.
27. L'Evangile de la Perfection.
28. L'Evangile des Simoniens.
29. L'Evangile selon les Syriens.
30. L'Evangile de Tatien : le même que celui des Encratites.
31. L'Evangile de Thaddée ou saint Jude.
32. L'Evangile de Valentin.
33. L'Evangile de vie, ou l'Evangile vivant.
34. L'Evangile de saint Philippe.
35. L'Evangile de saint Barnabé.
36. L'Evangile de saint Jacques le Majeur.
37. L'Evangile de Judas Iscariote.
38. L'Evangile de la vérité; le même que celui de Valentin.
39. Les faux Evangiles de Leucius, de Séleucus, de Lucianus et d'Hésychius.

Il y en a encore plusieurs autres, mais ceux-ci sont les plus anciens et se trouvent cités par les auteurs ecclésiastiques. Cependant on pourrait les réduire à un moindre nombre, car plusieurs ont plus d'un titre.

ÉVANTES, nom des Bacchantes, tiré de celui d'Evan que l'on donne à Bacchus, ou plutôt de l'exclamation *Evan* qu'elles poussaient fréquemment. *Voy.* EVAN.

EVANTHÉ, nom de la mère des Grâces, que d'autres nommaient *Eurynome*.

EVATES. Strabon donne ce nom à une division des Druides. Les uns regardent les Evates comme naturalistes, et d'autres croient que c'étaient ceux qui prenaient soin des sacrifices et des autres cérémonies religieuses. Les Evates seraient ainsi ceux qui portent ailleurs le nom d'*Eubages*. *Voy.* ce mot.

ÈVE, ou mieux *Hève*, nom de la première femme, épouse d'Adam et mère de tout le genre humain. Le nom d'Eve, en hébreu חוה *hava*, peut se traduire par la *vivante* ou la *vivifiée*. Le texte sacré rapporte que Dieu la forma d'une des côtes d'Adam, qu'il lui avait tirée pendant son sommeil ; il l'amena ensuite à celui-ci qui s'écria en la voyant : « Voilà maintenant l'os de mes os, et la chair de ma chair ; c'est pourquoi dorénavant l'homme quittera son père et sa mère et s'attachera à sa femme ; et ils seront deux dans une seule chair. » Telle fut l'institution du mariage. Il y a des interprètes qui pensent que ces paroles : *L'homme quittera son père et sa mère, etc.*, ont été prononcées par Dieu et non par Adam, qui ne devait pas encore avoir une idée de la paternité et de la maternité. On sait qu'Eve fut la première qui se laissa séduire par le serpent ou le démon, et qui porta son mari à désobéir à Dieu en mangeant du fruit défendu ; de là tous les maux spirituels et temporels qui ont fondu sur le genre humain.

La Genèse dit encore qu'Adam donna à sa femme le nom d'*Ischa* (אשה femme) qui vient du mot איש *isch*, homme ; comme en latin le nom de *virgo* vient de *vir*, comme le mot *femina* peut venir de *homo, hominis*.

Les Hindous donnent à la première femme le nom de *Pracriti*, nom presque latin, qui signifie en sanscrit *procréée*, et la font femme de *Manou*, le premier homme, appelé aussi *Adima*.

Les Persans donnent aux deux premiers humains les noms de *Meschi* et de *Meschaneh*, qui rappellent ceux d'*Isch* et *Ischah* dont ils semblent une corruption ; tous deux se laissent séduire par le perfide Ahriman, et mangent des fruits qui leur sont offerts : « De cent béatitudes il ne leur en resta qu'une ; la femme, la première, succomba au poids du péché, et sacrifia aux esprits infernaux. »

L'Eve des Mexicains porte les noms de *Cihua-Cohuatl*, la femme au serpent, et de *Quilaztli* ou *Tonacacihua*, la femme de notre chair; elle est la compagne de *Tonacateuctli*. Les Mexicains la regardaient comme la mère du genre humain; elle occupait le premier rang après le dieu du paradis céleste, parmi les divinités d'Anahuac. On la voit toujours représentée en rapport avec un grand serpent. *Voy.* CIHUACOHUATL.

Les nègres Wolofs, d'après une tradition qui paraît antérieure à l'introduction du mahométisme dans leur contrée, donnent à Eve le nom d'*Awa*, comme en hébreu ; le premier homme s'appelle *Adamo*, et c'est de ces premiers humains qu'ils prétendent descendre. Le nom d'*Awa* est encore porté par beaucoup de négresses.

Les nègres de Haussa donnent à la mère de la race humaine le nom d'*Aminatou* ; elle est l'épouse d'*Adam*.

Les Taïtiens disent que le dieu Taaroa, après avoir formé l'homme avec de la terre rouge, le plongea dans un profond sommeil, et tira un os, *ivi*, dont il fit la femme. Ces deux êtres furent les chefs de la race humaine. Tout en citant ce récit, le missionnaire Ellis exprime des soupçons sur son authenticité ; il ajoute que l'analogie mosaïque pourrait bien ne résulter que d'une équivoque sur le mot *Ivi*, qui signifie à la fois *os, veuve* et *victime tuée à la guerre*.

Le même fait et la même analogie se reproduisent chez les Néo-Zélandais.

ÉVÊCHÉ. Ce mot a une triple signification ; il désigne : 1° L'étendue du pays soumis à la juridiction spirituelle et quelquefois temporelle d'un évêque ; 2° la ville où le siège épiscopal est établi ; 3° le palais habité par l'évêque.

ÉVÉHUS, EUHYAS, EVOUS, surnoms de Bacchus. *Voy.* ÉVOHÉ.

ÉVEILLÉS. Parmi les protestants de la Suède il s'est formé, vers le commencement de ce siècle, des sociétés de lecteurs, qui s'occupent spécialement de la lecture et de l'interprétation de la Bible ; elles sont distinguées en plusieurs classes, d'après les lieux où elles sont établies et les nuances d'opinion qui les différencient. La société des lecteurs, dans la Suède occidentale, a eu pour fondateur, vers 1808, Jacques-Otto Hoof, ministre à Sveuljunga, d'où ses auditeurs et ses partisans ont reçu le nom de *Hoofiens*; mais ils sont plus connus sous celui d'*Éveillés*, parce qu'ils se vantent d'avoir secoué la funeste léthargie dans laquelle leur conscience était plongée. Ils s'occupent beaucoup de la lecture de la Bible, à laquelle ils ajoutent les sermons de Luther, de Nohrborg, de Muhrbeck, de Pont-Oppidam, et l'ouvrage intitulé : *Le Chanteur de Sion*. Leur société s'est répandue dans plus de cent paroisses des provinces de Westgothland, de Halland et sur les frontières de Smaland. En été, ils se réunissent dans les forêts pour chanter les louanges de Dieu, et lui rendre des actions de grâce. Hoof, leur chef, a été plusieurs fois accusé, mais il s'est toujours défendu avec succès, et il a été acquitté par jugement du consistoire. Les ennemis de cette association s'accordent à rendre hommage à la pureté de mœurs et à la piété de ceux qui la composent.

ÉVÉMÉRION, ou EVHEMERION, c'est-à-dire celui qui procure d'*heureux jours* ; héros ou demi-dieu à qui les Sicyoniens rendaient tous les jours, après le coucher du soleil, les honneurs divins. C'était un des dieux de la médecine, honoré conjointement avec Esculape, Hygie et Télesphore. Pausanias conjecture qu'il était le même que les habitants de Pergame nommaient Télesphore, et les Epidauriens Acésins.

ÉVÊQUE. Ce mot, qui vient du grec ἐπίσκοπος, signifie *inspecteur, surveillant*. Cette étymologie pourrait servir de preuves contre certains hérétiques, qui ont voulu soutenir que la supériorité des Evêques sur les prêtres était de pure institution ecclésiastique, si l'on n'en avait point contre eux de plus positives encore. Ils ne nient point que, de tout temps, il n'y ait eu des Evêques, quoiqu'ils les disent bien inférieurs en autorité à ce qu'ils sont devenus par la suite. Au moins s'ensuit-il de cet aveu que, de tout temps, il y a eu des inspecteurs dans l'Eglise ; or, comme des inspecteurs sont toujours réellement supérieurs à ceux qu'ils inspectent, il faut donc avouer nécessairement que les Evêques ont toujours eu la supériorité dans les différents diocèses sur lesquels ils avaient inspection, et conséquemment sur les prêtres qui étaient dans ces diocèses. Au reste, l'histoire ecclésiastique fait foi que, dans tous les siècles, l'épiscopat a été considéré comme la plus haute dignité ecclésiastique, que les Evêques ont toujours été regardés comme les seuls véritables successeurs des apôtres, les pères et les pasteurs des fidèles, les supérieurs de l'Eglise de Jésus-Christ.

La juridiction des Evêques s'étend sur tout leur diocèse, et leurs lois obligent tous les fidèles qui se trouvent renfermés dans cette circonscription. Ils ont seuls le droit d'y assembler des synodes ; de proposer et de faire les règlements qu'ils jugent convenables au bien de leur Eglise et de leur clergé ; de punir les désobéissants, en les excluant de la participation aux saints mystères ; d'ordonner des prêtres ; d'établir des fêtes ; d'indiquer des jeûnes, etc. Partout où ils se trouvent dans leur diocèse, on leur défère la première place au chœur, aux chapitres, aux processions, etc. Revêtus de l'autorité divine, ils décident toutes les questions qui s'élèvent sur la foi ; ils conservent sans altération ce précieux dépôt ; ils maintiennent la discipline par de saintes lois ; ils prononcent des jugements contre les hérétiques et les pécheurs scandaleux ; par les peines spirituelles qu'ils leur imposent, ils les obligent à se soumettre, ou ils les retranchent du troupeau qu'ils pourraient corrompre ; et, par ces exemples, ils inspirent à leurs fidèles une crainte salutaire, propre à les préserver de la contagion de l'erreur et du vice. Eux seuls ont voix délibérative dans les conciles tant généraux que particuliers.

Les titres qui leur sont donnés, outre celui d'*Evêque* dont nous venons de parler, sont ceux de *Pasteur; de Préposé*, en grec Προεστώς; en latin *Præpositus, Præsul, Antistes*; de *Prélat*, en latin *Prælatus*, qui a la même signification ; de *Pontife*; de *Sacrificateur*, en grec Ἱερεύς, en latin *Sacerdos*, nom qui dans les derniers temps a été confondu avec celui de *Presbyter*, et attribué aux simples prêtres. — Les dignités d'Archevêque, de Primat, de Patriarche, etc., n'impliquent point un ordre différent, mais seulement certains degrés de subordination entre les Evêques.

Dans les premiers siècles, les Evêques étaient élus par les suffrages réunis du clergé et du peuple, ou bien par les suffrages du clergé, rendus en présence et avec le consentement du peuple; l'élection était ordinairement confirmée et approuvée par le métropolitain ou le patriarche. Plus tard, les princes et les rois, devenus chrétiens, s'arrogèrent le droit de choisir les Evêques ; ce droit a été laissé à un certain nombre d'entre eux, moyennant une convention ou un concordat passé entre eux et le pape, qui s'est réservé le pouvoir d'approuver ou de rejeter ces élections; mesure extrêmement sage et qui a prévenu bien des schismes et des désordres.

Dans la consécration des Evêques, selon le rite de l'Eglise latine, il y a plusieurs cérémonies mystiques et imposantes, que nous allons exposer. Nous disons *consécration* et non *ordination*, car l'épiscopat n'est pas regardé comme un ordre distinct de la prêtrise, mais comme la plénitude du sacerdoce. Elle a lieu communément le dimanche ou le jour de la fête d'un apôtre, et se fait à l'église en présence du concours des fidèles. L'élu est accompagné de deux évêques assistants, outre le prélat consécrateur. Celui-ci, lorsque le moment de commencer la cérémonie est arrivé, monte sur un trône, où on le revêt des ornements pontificaux; l'élu est conduit à un petit autel du côté de l'Evangile, où on lui met les ornements sacerdotaux. Les deux évêques assistants s'habillent de leur côté, et, tout étant prêt, le consécrateur descend de son trône et va s'asseoir dans un fauteuil placé sur les degrés du maître autel, le dos tourné à l'autel même. L'élu s'assied vis-à-vis l'Evêque consécrateur, au milieu des deux assistants. Un instant après, ils se lèvent tous trois, et le plus ancien des assistants, adressant la parole au célébrant, lui dit : « Très-révérend Père, la sainte mère Eglise catholique demande que vous éleviez à la charge épiscopale le prêtre ici présent. » Le consécrateur demande s'il a le mandement apostolique; ce mandement est remis au notaire de l'Evêque consécrateur, qui en donne lecture. Elle est suivie du serment de l'élu, que celui-ci prononce à genoux, entre les mains du consécrateur. Par ce serment, il promet d'être fidèle à saint Pierre, à la sainte Eglise romaine et au pape; de les défendre de tout son pouvoir; de ne point révéler les secrets que le saint Père lui aura confiés; de maintenir envers et contre tous le saint-siège et les régales de saint Pierre, les droits, les honneurs, les priviléges, l'autorité de la sainte Eglise romaine, du pape et de ses successeurs. Il jure qu'il n'entrera dans aucune ligue, faction ou union contre elle et contre son chef; qu'au contraire il s'y opposera de tout son pouvoir, et qu'il leur révélera fidèlement tout ce qui sera opposé à leurs intérêts; qu'il observera les règles des saints Pères, les décrets, les ordres, les provisions, les mandements apostoliques ; qu'il poursuivra de tout son pouvoir les hérétiques, les schismatiques et les rebelles au saint Père. Il promet encore de lui rendre compte de son administration, et de ce qui concerne l'état et la discipline de son Eglise; d'exécuter promptement et avec humilité les mandements apostoliques, soit par lui-même ou par ses ministres. Enfin, il s'engage à ne vendre, donner, ni aliéner, en quelque manière que ce soit, les revenus de son évêché, même avec le consentement de son chapitre, qu'après en avoir pris l'avis de Sa Sainteté. Il termine par ces paroles : « Ainsi Dieu me soit en aide, et les saints Evangiles de Dieu. » Il touche en même temps le texte des Evangiles. Ensuite tous s'asseient, et l'on procède à l'examen; le consécrateur interroge longuement l'élu sur sa foi, sur sa doctrine, sur ses pieuses résolutions, sur la disposition où il est d'enseigner à son troupeau la parole de Dieu par ses discours et par ses exemples; de rendre au pape et à l'Eglise la soumission qui leur est due, etc. Après que l'élu a répondu d'une manière convenable, il baise la main du célébrant; et l'on commence la messe, qui est continuée sans interruption jusqu'au graduel.

Cependant on ramène l'élu à l'autel qui lui a été préparé ; il y quitte sa chape, et les acolytes lui mettent les sandales ; on lui met la croix pectorale, l'étole, la tunique, la dalmatique, la chasuble et le manipule ; ainsi revêtu, il récite l'office de la messe, également jusqu'au graduel. Alors il va faire la révérence au célébrant, qui lui adresse ces paroles: « Le devoir d'un évêque est de juger, d'interpréter, de consacrer, de conférer les ordres, d'offrir à l'autel, de baptiser et de confirmer. » Le consécrateur invite tous les fidèles à prier pour l'élu ; alors tous se mettent à genoux, à l'exception de l'élu qui se prosterne tout entier à la gauche du célébrant, et l'on récite ou l'on chante les litanies des saints. Après la prière pour les défunts, le prélat consécrateur se lève, et, tourné vers l'élu, il demande à Dieu, en continuant les formules déprécatoires des litanies, de le bénir, de le sanctifier et de le consacrer. On achève les litanies ; l'élu se relève sur les genoux, le consécrateur prend le livre des Evangiles et le lui met tout ouvert sur le cou et sur les épaules. Puis le célébrant et les Evêques assistants imposent les deux mains sur la tête de l'élu en lui disant : « Recevez le Saint-Esprit. »

Le consécrateur récite ensuite une prière analogue aux fonctions épiscopales. On chante le *Veni Creator*, pendant lequel il oint avec le saint chrême toute la tonsure de l'élu, en disant : « Que votre tête soit ointe et consacrée dans l'ordre pontifical, par la bénédiction céleste. » Puis il récite une prière qui exprime les souhaits les plus heureux pour la sainteté, la grâce et les vertus du nouvel Evêque. On chante le psaume CXXXII, pendant lequel le consécrateur lui fait l'onction sur les deux mains; il bénit la crosse ou bâton pastoral, la lui met entre les mains; lui met au doigt l'anneau épiscopal; lui ôte de dessus les épaules le livre des Evangiles, le ferme et le lui présente à toucher; le tout est accompagné de paroles analogues à la cérémonie. Enfin, le consécrateur et les deux assistants donnent au nouvel Evêque le baiser de paix. Celui-ci est reconduit à son autel, où on lui essuie les onctions. La messe est continuée jusqu'à l'offertoire; alors le nouvel Evêque fait son offrande qui consiste en deux flambeaux allumés, deux pains et deux petits barils de vin. Ensuite il monte au maître autel, célèbre le reste de la messe conjointement avec le consécrateur, et reçoit de ses mains la communion sous les deux espèces. Après la bénédiction, le célébrant bénit la mitre et la met sur la tête du nouveau consacré; il bénit de même les gants et les lui donne, avec les formules inscrites au pontifical; enfin, on l'intronise, c'est-à-dire que le célébrant et le premier Evêque assistant le prennent chacun par la main, et le font asseoir sur le trône épiscopal. On chante le *Te Deum*, pendant lequel les Evêques assistants promènent dans l'église l'Evêque consacré, qui y donne la bénédiction au peuple; il marche ensuite vers l'autel, la mitre en tête et le bâton pastoral à la main; de là il bénit le peuple à haute voix; puis, se mettant lui-même à genoux devant le célébrant, il lui dit trois fois en chantant, et en s'approchant chaque fois : *Ad multos annos!* Le consécrateur le relève et lui donne le baiser de paix ; les assistants en font de même. Ainsi finit la cérémonie.

2. Pour la consécration d'un Evêque grec, deux Evêques assistants amènent l'élu au pied de l'autel après le trisagion ; et lui en font faire le tour; le prélat consécrateur lit cette formule : « La grâce divine qui guérit ce qui est malade, et qui supplée ce qui manque, promeut le très-religieux prêtre, un tel, à l'épiscopat pour une telle ville, par le suffrage et l'approbation des Evêques chéris de Dieu, des saints prêtres et des diacres. Prions donc pour lui, afin qu'il reçoive la grâce du Saint-Esprit. » On chante le *Kyrie eleison*. Aussitôt l'élu étant amené par les Evêques assistants, le patriarche ouvre le livre de l'Evangile, le lui met sur la tête et le cou; puis, lui imposant les mains avec les autres Evêques, il prononce une prière par laquelle il demande à Dieu que celui qu'il consacre, soumis à l'Evangile, reçoive, par l'imposition des mains, la dignité pontificale par l'avénement du Saint-Esprit sur lui. On récite encore d'autres prières, et l'officiant lui imposant encore les mains, prononce une oraison ; puis il le revêt de *l'homophorion*, qui est le principal des ornements épiscopaux

3. L'ordination épiscopale, suivant le rite des Syriens nestoriens, commence par plusieurs oraisons pour demander à Dieu qu'il accorde la grâce et le don du Saint-Esprit au nouvel Evêque. On lit des leçons de l'Evangile, qui ont rapport à la puissance que Jésus-Christ a donnée à ses apôtres ; puis on met le livre sur les épaules de celui qui reçoit l'ordination, et en même temps tous les Evêques présents lui imposent les mains. L'officiant prononce la formule, *La grâce divine*, citée plus haut, puis il dit une oraison, pour demander à Dieu qu'il confirme l'élection. Il fait sur lui le signe de la croix, et, imposant sa main droite sur la tête de celui qu'il ordonne, il élève la gauche vers le ciel, et prononce une assez longue oraison, dans laquelle on trouve ces paroles remarquables : « Suivant la tradition apostolique qui est venue jusqu'à nous pour l'ordination, et l'imposition des mains pour instituer les ministres sacrés, par la grâce de la sainte Trinité, et par la concession de nos saints pères qui ont été en Occident, dans cette Eglise de Kouki (1), mère commune de toutes les Eglises orthodoxes, nous vous présentons ce serviteur que vous avez élu pour être Evêque dans votre Eglise ; nous vous prions que la grâce du Saint-Esprit descende sur lui, qu'elle s'habite et repose en lui. qu'elle le sanctifie et lui donne la perfection nécessaire pour ce grand et noble ministère auquel il est présenté. » Puis il fait sur lui le signe de la croix. L'archidiacre avertit de prier pour un tel, prêtre, auquel on impose les mains, afin de le sacrer Evêque. Alors le peuple crie à haute voix, ἄξιος, il en est digne, ce qui se dit quelquefois en grec, quelquefois en syriaque. L'officiant dit une oraison, par laquelle il demande à Dieu qu'il donne à celui qui est ordonné la puissance d'en haut, afin qu'il lie et délie dans le ciel et sur la terre ; que par l'imposition de ses mains il puisse guérir les malades, et faire d'autres merveilles à la gloire de son nom; et que, par la puissance du même nom, il crée des prêtres et des diacres, des sous-diacres et des lecteurs pour le ministère de la sainte Eglise. Après cela le prélat consécrateur lui fait encore le signe de la croix sur le front ; puis on lui donne les ornements épiscopaux, après les avoir mis sur l'autel. Il bénit la crosse et la lui donne ; et, en lui faisant le signe de la croix sur le front il dit : « Un tel est séparé, sanctifié et consacré pour l'œuvre grande et relevée de l'épiscopat de telle ville ; au nom du Père, et du Fils, et du Saint-Esprit. »

4. Le rite jacobite est assez semblable. Après l'office du jour et diverses prières, un des Evêques fait à haute voix la proclamation suivant la formule : *La grâce divine*, etc. Ce qu'il y a de particulier, et qui ne se trouve pas dans le rite nestorien, est que les Evêques présentent au patriarche celui qui doit être ordonné ; celui-ci a entre les mains une confession de foi écrite et signée, dont il donne lecture, en suite de quoi il la remet entre les mains du consécrateur. L'Evêque officiant après avoir mis une particule du pain consacré dans le calice, et fait ce que les rituels appellent la *consommation* ou l'union des deux espèces, met les mains au-dessus du voile qui couvre la patène et le calice, pour les sanctifier en quelque manière, en les ap-

(1) C'est le nom de l'ancienne église de Séleucie, qu'ils prétendent avoir été bâtie par saint Maris, leur apôtre

prochant des saints mystères, puis imposant les mains à l'élu, il les élève et les abaisse par trois fois, pour figurer en quelque façon la descente du Saint-Esprit. En même temps les autres Evêques tiennent le livre des Evangiles élevé sur sa tête par-dessus les mains de l'officiant, qui, après quelques autres prières, dit : « Un tel est ordonné Evêque dans la sainte Eglise de Dieu, » ce qui est répété par les autres Evêques, et on nomme la ville. Après cela, le nouvel Evêque s'étant levé, l'officiant le prend par la main et le conduit au siége épiscopal. On le porte ensuite autour de l'Eglise, avec les acclamations de tous les assistants qui crient, ἄξιος, il est digne. Enfin, il reçoit la crosse ou bâton pastoral.

5. Dans l'Eglise anglicane, après la lecture du IIIe chapitre de la première Epître à Timothée, depuis le premier verset jusqu'au huitième, et quelques versets du chapitre X ou XXI de l'Evangile de saint Jean, avec la récitation du Symbole de Nicée, l'Evêque élu est présenté par deux autres Evêques à l'Archevêque de la province, ou à celui qui en tient la place, en lui adressant ces paroles : « Très-révérend Père en Jésus-Christ, nous vous présentons cet homme pieux et savant pour être consacré Evêque. » Alors l'Archevêque fait produire et réciter publiquement l'ordre du roi pour la consécration, et lui fait prêter le serment de suprématie avec celui d'obéissance avec son métropolitain; mais on n'exige pas ce dernier, s'il s'agit de sacrer un Archevêque. Le consécrateur, après avoir exhorté les assistants à implorer le secours du ciel, adresse ces paroles à l'élu : « Mon frère, il est écrit dans l'Evangile de saint Luc que Jésus-Christ notre Sauveur avait passé la nuit en prières, avant qu'il fît choix de ses apôtres, pour les envoyer dans le monde. Il est encore écrit dans les Actes des apôtres, que les disciples avaient employé le jeûne et la prière avant que d'imposer les mains à Paul et à Barnabé, et de les destiner aux fonctions du sacré ministère. Ainsi nous, à l'exemple de Jésus-Christ et des apôtres, nous emploierons la prière, etc. » On chante ensuite les Litanies, et après les paroles qui commencent en latin par ces mots: *Ut episcopos, pastores et ministros Ecclesiæ*, etc, on ajoute : « Nous vous prions, Seigneur, que vous daigniez répandre sur notre frère élu Evêque votre grâce et votre bénédiction, et qu'ainsi il puisse dignement remplir la charge à laquelle il est appelé pour l'édification de l'Eglise, etc. » Le peuple répond : « Exaucez-nous, Seigneur, etc. » Ces litanies se terminent par une oraison, après laquelle l'Archevêque, assis dans un fauteuil, adresse des questions à l'élu, en lui disant : « Mon frère, puisque l'Ecriture sainte et les anciens canons nous avertissent de ne point imposer témérairement les mains à personne, ni d'admettre trop promptement au gouvernement de l'Eglise de Jésus-Christ, qu'il a acquise par l'effusion de son sang; pour cette raison, avant de vous recevoir au sacré ministère, il est juste de vous faire quelques demandes. » Ces interrogations sont suivies de l'hymne *Veni Creator*, que l'on chante, et qui est terminée par une longue oraison, récitée par l'Archevêque. Celui-ci pose ensuite les mains sur la tête de l'Evêque élu, tous les autres Evêques présents faisant la même chose, et le consécrateur lui dit : « Recevez le Saint-Esprit, et souvenez-vous de ressusciter en vous la grâce de Dieu, qui vous a été donnée par l'imposition des mains, etc. » L'Archevêque, en prononçant ces paroles, et ayant une main sur la tête de l'élu, lui présente de l'autre une bible, et lui dit : « Soyez attentif à la lecture, à l'exhortation et à la doctrine qui sont contenues dans ce livre, etc. Ne vous conduisez pas en loup, mais en pasteur envers les brebis de Jésus-Christ. Soutenez les faibles; soyez rempli de miséricorde; exercez-vous dans la discipline. » Ensuite l'Archevêque communie, aussi bien que celui qu'il vient de consacrer, et tous les Evêques assistants. La cérémonie finit par une oraison en forme de collecte, où l'on demande à Dieu qu'il répande sa bénédiction sur le nouveau prélat.

ÉVERRIATEUR, nom que les Romains donnaient à l'héritier, parce qu'après les funérailles du défunt il était obligé de balayer (*everrere*) lui-même la maison, pour la purifier de toutes les souillures qu'elle pouvait avoir contractées par la présence du cadavre ; s'il se fût refusé à accomplir cette prescription, il eût eu à appréhender d'être tourmenté par les Lémures. Cette cérémonie était appelée *Everræ*.

ÉVHÉMÉRISME. On désigne par ce mot un système qui donnait à la mythologie grecque une source purement humaine et historique. Il expliquait toutes les légendes fabuleuses par l'apothéose : les dieux n'étaient que des rois déifiés : Jupiter était un ancien monarque de l'île de Crète, dont on voyait encore le tombeau. Les épicuriens et les stoïciens acceptèrent cette explication, qui fut, dans la suite, accréditée et répandue par les Pères de l'Eglise. Ce système avait pris son nom d'Evhémère, le premier philosophe qui l'avait énoncé.

Il y avait un autre grand système qui recourait, pour l'interprétation des fables ou mythes, à des allégories morales et à des explications cosmogoniques. Pythagore et les platoniciens l'avaient adopté.

ÉVIAS, ou EUHYAS, surnoms des Bacchantes. *Voy.* EVOHÉ et ÉVANTES

ÉVINTÈGRES, en latin *Ævintegri* (*ab œvo integro*), épithète commune à tous les dieux, et par laquelle les Latins exprimaient leur immortalité. *Voy.* ÉVITERNE.

ÉVITERNE. En latin *Æviternus* (*ab œvo æterno*); les anciens Latins adoraient sous ce nom un dieu ou un génie sans commencement et sans fin, de la puissance duquel ils se formaient une grande idée, et qu'ils paraissaient mettre au-dessus de Jupiter. Ils le distinguaient au moins des autres dieux, qu'ils appelaient pourtant quelquefois *Évi*-

ternes et *Evintègres*, pour exprimer leur immortalité.

ÉVIUS, surnom de Bacchus. *Voy.* Evoaí.

ÉVOCATION, action d'appeler et de faire apparaître les dieux, les démons et les âmes des morts.

1. Il y avait deux manières d'évoquer les dieux. La première était employée quand il s'agissait d'appeler les dieux dont la présence était jugée nécessaire. La formule en était contenue dans des hymnes ou prières, que l'on croyait propres à les attirer. *Voy.* Épidémies. Lorsque le danger pour lequel on les avait évoqués était passé, on célébrait leur départ dans d'autres hymnes appelées *apopemptiques*. Ces hymnes, dans lesquelles avait excellé Bacchylide, étaient plus longues que celles que l'on chantait pour faire venir les dieux, afin de différer le plus possible leur éloignement. — L'autre manière, qui s'appelait l'évocation des dieux tutélaires, consistait à inviter les dieux des pays où l'on portait la guerre à vouloir bien les abandonner et à venir s'établir chez les vainqueurs, qui leur promettaient en reconnaissance des temples nouveaux, des autels et des sacrifices. Aussi les peuples, et surtout les Romains, avaient-ils grand soin de tenir caché le nom du dieu tutélaire de la ville ou du pays. Ce nom, inconnu au vulgaire, n'était révélé qu'aux prêtres qui, pour prévenir ces évocations, en faisaient un grand mystère, et ne les proféraient qu'à voix basse dans les prières solennelles. Les assistants alors ne pouvaient évoquer ces dieux qu'en termes généraux et avec l'alternative de l'un ou de l'autre sexe, de peur de les offenser par un titre peu convenable. — Durant le siége de Tyr par Alexandre, un citoyen ayant déclaré en pleine assemblée qu'il avait vu en songe Apollon se retirer de la ville, les habitants lièrent sa statue d'une chaîne d'or, qu'ils attachèrent à l'autel d'Hercule, leur dieu tutélaire, afin qu'il retînt Apollon. — Tite-Live et Macrobe nous ont conservé les formules d'évocation, l'un, des dieux des Véiens par Camille; l'autre, des dieux des Carthaginois. Virgile fait allusion à cet usage, lorsqu'il peint la désertion des dieux tutélaires de Troie, quand cette ville fut embrasée.

2. L'évocation des mânes était la plus ancienne, la plus solennelle et la plus souvent pratiquée, soit qu'elle eût pour objet de consoler leurs parents et leurs amis, en leur faisant apparaître les ombres de ceux qu'ils regrettaient, soit qu'elle eût lieu à dessein de tirer un pronostic. Cette opération était regardée comme légitime parmi les païens, et elle était exercée par les ministres des choses saintes. Il y avait des temples consacrés aux mânes, où l'on allait consulter les morts; d'autres étaient destinés pour la cérémonie de l'évocation. Pausanias alla lui-même à Héraclée, ensuite à Phigalie, pour évoquer, dans un de ces temples, une ombre dont il était persécuté. Périandre, tyran de Corinthe, se rendit dans un pareil temple, situé dans la Thesprotie, pour consulter les mânes de Mélisse. Les voyages aux enfers que les poëtes font faire à leurs héros, tel que celui d'Orphée, dans la Thesprotie, pour évoquer l'ombre d'Eurydice; d'Ulysse, au pays des Cimmérites, pour consulter Tirésias; et d'Énée, pour s'entretenir avec Anchise, n'ont vraisemblablement d'autre fondement que les évocations auxquelles eurent autrefois recours des hommes célèbres, soit par persuasion, soit pour donner à leurs entreprises l'autorité de la religion. Ce n'était pas, au reste, l'âme qu'on évoquait, c'était une sorte de simulacre que les Grecs nommaient εἴδωλον, et qui tenait le milieu entre l'âme et le corps. Les magiciens succédèrent bientôt aux ministres légitimes, et employèrent dans leurs évocations les pratiques les plus folles et les plus abominables. Ils se rendaient sur le tombeau de ceux dont ils voulaient évoquer les mânes, ou plutôt, suivant Suidas, ils s'y laissaient conduire par un bélier qu'ils tenaient par les cornes, et qui ne manquait pas de se prosterner dès qu'il y était arrivé. Comme c'était ordinairement aux divinités malfaisantes que la magie goétique s'adressait dans ces sortes d'évocations, on ornait les autels de rubans noirs et de branches de cyprès, on sacrifiait des brebis noires; les lieux souterrains étaient les temples consacrés à ce culte infernal. L'obscurité de la nuit était le temps du sacrifice, et l'on immolait, avec des enfants ou des hommes, un coq, dont le chant annonce le jour, la lumière étant contraire au succès des enchantements.

3. La loi de Moïse ordonnait de mettre à mort ceux qui faisaient profession d'évoquer les morts, et défendait, sous les peines les plus sévères, d'aller les consulter. Le roi Saül lui-même les avait bannis du territoire. Cependant, sur le point de livrer sa dernière bataille contre les Philistins, il voulut consulter le Seigneur sur l'issue des événements; mais il ne reçut aucune réponse, ni en songe, ni par les prêtres, ni par les prophètes. Il résolut alors d'avoir recours à ceux qui évoquaient les morts, et ordonna à ses serviteurs de lui chercher une femme qui eût ce pouvoir. Ils lui répondirent qu'il y en avait une qui habitait à Endor. Alors il se déguisa, et ayant pris deux hommes avec lui, il alla trouver la pythonisse pendant la nuit, et lui dit : « Fais, je te prie, tes évocations, et fais-moi apparaître celui que je t'indiquerai. » — « Vous savez, répondit la pythonisse, ce qu'a fait Saül contre les devins et les magiciens, et qu'il les a exterminés du pays; est-ce un piége que vous me tendez pour me faire mourir ? » — Saül lui jura qu'elle ne serait aucunement inquiétée pour le service qu'il lui demandait. — « Qui évoquerai-je donc? » demanda la magicienne. — « Évoque Samuel, » répondit Saül. — La magicienne ayant évoqué l'ombre du prophète, jeta un grand cri, et dit au roi : « Vous m'en avez imposé; vous êtes Saül. » — « Ne crains rien, reprit celui-ci; qu'as-tu vu? » — « J'ai vu, répondit-elle, un dieu monter de la terre. » — « Quel est son

aspect? » dit le roi. — « C'est, répondit-elle, un vieillard revêtu d'un manteau. » — Saül comprit que c'était Samuel ; il se prosterna la face contre terre et l'adora. Samuel lui dit : « Pourquoi m'as-tu troublé en me faisant évoquer? » — Saül répondit : « Je suis dans le plus extrême embarras ; car les Philistins me livrent bataille, et Dieu s'est retiré de moi ; il n'a voulu me répondre, ni par les songes, ni par les prophètes. Je vous ai donc évoqué, afin que vous me disiez ce que j'ai à faire. »—Samuel reprit : « Pourquoi m'interroger ? puisque Dieu s'est retiré de toi, et qu'il est devenu ton ennemi. Le Seigneur accomplira ce qu'il a annoncé par mon entremise ; il arrachera la royauté d'entre tes mains pour la donner à David, ton gendre. Parce que tu n'as pas obéi à sa voix , parce que tu n'as pas exécuté la sentence qu'il avait portée contre Amalech, dans son courroux ; c'est pour cela que le Seigneur te traite de la sorte. Le Seigneur livrera Israël avec toi entre les mains des Philistins ; demain, toi et tes enfants serez avec moi. » A ces mots, Saül tomba à terre de toute sa hauteur, tant par la crainte que lui inspirèrent les paroles de Samuel , que parce qu'il était extrêmement faible, n'ayant rien mangé de toute la journée. La pythonisse s'approcha de lui , et voulut lui offrir à manger. Il refusa d'abord ; mais pressé par ses instances et par celles de ses serviteurs, il consentit à prendre un repas , puis il retourna dans sa maison. Le lendemain, en effet, l'armée d'Israël fut taillée en pièces , et Saül périt avec ses enfants.

ÉVOHÉ. Ce mot se trouve écrit de plusieurs manières différentes : *Evoé*, *Evœ*, *Evohé*, *Euhoé*, *Euie*, *Euhyus*, *Evius*, *Euan* ou *Evan*. C'est un des surnoms les plus célèbres de Bacchus ; mais les auteurs anciens ne sont pas d'accord sur son étymologie ; les uns prétendent que c'est une pure exclamation, qui, étant poussée fréquemment par les Bacchantes, devint pour cette raison le surnom du dieu ; d'autres, avec plus de raison, pensent que l'exclamation est venue au contraire de ce surnom ; et telle est l'origine qu'ils donnent à ce vocable : Dans la guerre contre les géants, tous les dieux étant sur le point d'être vaincus, Bacchus se métamorphosa en lion, se rua sur les ennemis, et tua l'un des géants. Jupiter, témoin de son ardeur, l'encourageait par ces mots : Εὖ υἱέ, *Euhyie*, *Evohe Bacche!* Bien! mon fils Bacchus ; d'où il reçut le nom de Εὖ υἱός, *Euhyios*, bon fils. C'est de cette exclamation de Jupiter que seraient venues les interjections grecque et latine εὐοῖ, *eheu*. Les Bacchantes et les adorateurs de Bacchus faisaient retentir les airs de ces exclamations pendant toute la durée des Bacchanales et des autres mystères célébrés en l'honneur du dieu. De là ils sont appelés par les poëtes *Euhyas*, *Evias*, *Evantes*, etc

Nous croyons que ce surnom a une origine beaucoup plus relevée et plus illustre. Les mystères de Bacchus, comme tous les autres mystères, ont pris naissance en Orient ; c'est donc dans l'Orient qu'il faut chercher l'interprétation des termes mystiques qui sont parvenus jusqu'à nous. Ces mystères avaient dans le principe une portée beaucoup plus haute que celles que leur supposaient les Grecs, lorqu'ils les eurent importés chez eux, tronqués, défigurés, et accommodés à leur absurde mythologie. Déjà bien des savants ont vu dans le mythe de Bacchus une donnée toute biblique ; nous n'avons pas exposé ce système, parce qu'il ne nous paraît pas encore appuyé sur des bases assez certaines ; mais il n'en est pas moins digne de remarque que les exclamations ou termes sacrés des mystères de Bacchus sont en même temps les mots sacrés de la langue sainte. Ainsi *Io* n'est autre que le nom de Dieu, *Iah* ou *Ioh*, prononcé *Iao* par saint Clément d'Alexandrie. *Eleleu* est l'hébreu *hallelou*, louez, chantez, célébrez. En réunissant les deux vocables, *Eleleu-Io*, on a l'hébreu *halleloulah* ; célébrez Iao ou Jéhova. Le mot *Evohé* est la reproduction fidèle de l'hébreu יהוה *Iéhova* ; nom mystérieux et ineffable, dont on ignore actuellement la véritable prononciation en hébreu, qui est appelé *tétragramme* ou composé de quatre lettres, toutes voyelles, comme le grec Εὐοῖ, comme le latin *Evoe*, *Eheu*, comme le vocable *Iovi*, qui n'est point du tout le datif de *Jupiter*. Le mot Evoé est donc le nom ineffable de Dieu, qu'il n'était d'abord permis de prononcer que devant les seuls initiés, mais qui, dans la suite, fut prostitué sur les lèvres d'impures Bacchantes. — Or, les Grecs, pour qui les langues étrangères étaient comme si elles n'existaient pas, qui avaient la manie de vouloir tout approprier à leur sol, à leurs idées, qui ne manquaient jamais de donner une origine grecque à tout ce qui était sous le soleil, ignorant d'ailleurs le sens primitif de ce vocable, l'ont ridiculement décomposé en ces deux mots Εὖ υἱέ, Courage, mon fils, et ne furent pas le moins du monde embarrassés pour composer une histoire qui justifiât cette étymologie. *Voy.* SABOÉ.

EWALTA, petites plates-formes élevées sur des colonnes de bois, auprès des *Mórais* ou lieux de sépulture, dans les îles de la Mer du Sud. Les navigateurs anglais les ont regardées comme des espèces d'autels, parce que les Taïtiens y plaçaient des provisions de toute espèce en offrandes à leurs dieux.

EWART, nom des prêtres païens dans les anciennes provinces méridionales de la Germanie. Ce mot signifie, à la lettre, gardien de la loi, *Ew-ward*. Le grand-prêtre portait le nom de *Furisto-Ewarto*. Ausone appelle *Patera* les prêtres du dieu Belenus. C'est sans doute une corruption de *Warto*, *Ewarto*.

EXALTATION DE LA CROIX, fête que l'Église catholique célèbre le 14 septembre, en mémoire du recouvrement de la sainte Croix. L'apparition miraculeuse de la Croix à Constantin et la découverte de ce bois sacré par Hélène, donnèrent occasion à l'établissement de cette fête, qui était déjà célébrée par les Grecs et les Latins, dans les ve et vi° siècles Le recouvrement de cet instrument de notre salut, sous le règne d'Héraclius, présenta un nouvel objet à cette solennité, et les Latins instituèrent une fête particulière pour célébrer la découverte de la vraie Croix par l'impératrice Hélène, et la placèrent le 3 mai.

Une grande partie de cette relique vénérable, qui était restée à Jérusalem, ayant été enlevée par Chosroès II, roi de Perse, Héraclius, qui gouvernait alors l'empire, déclara la guerre à ce prince et le vainquit en plusieurs combats, et ayant conclu la paix avec Siroès, fils de Chosroès, il obtint que la vraie Croix lui fût rendue. Le pieux empereur conduisit lui-même cette précieuse relique à Jérusalem, et, s'étant dépouillé de ses ornements impériaux, il la porta sur ses épaules jusqu'au Calvaire, et la replaça dans l'église du Saint-Sépulcre, quatorze ans après qu'elle en eut été enlevée. Les prodiges signalés qui éclatèrent à l'occasion de cette translation donnèrent lieu à une fête qui fut d'abord instituée sous le nom de *Rétablissement de la Croix*, puis sous celui d'*Exaltation*.

EXAMEN DE CONSCIENCE. Cet acte religieux fait partie intégrante du culte catholique ; il est obligatoire en certains cas : par exemple, lorsqu'il s'agit de confesser ses péchés pour recevoir le sacrement de pénitence. Il est de conseil pour les personnes qui ont à cœur de vivre en bons chrétiens, et de faire des progrès dans la vertu. Dans les communautés religieuses on est très-exact à faire tous les soirs l'examen des fautes que l'on a pu commettre durant le cours de la journée. De plus, on fait, vers midi, un examen qu'on appelle particulier, parce qu'il ne roule communément que sur la pratique d'une seule vertu, ou sur les efforts qu'on a faits pour éviter un défaut.

Dans plusieurs autres systèmes religieux, et surtout dans le bouddhisme, l'examen de conscience est recommandé et même ordonné.

EXARQUES, dignitaires de l'ancienne Église d'Orient, dont le rang correspondait à peu près à celui de patriarche, ou plutôt de primat, comme nous disons actuellement. Ils avaient juridiction sur tous les évêques et même sur les métropolitains d'une grande province. Ils ordonnaient les métropolitains, et connaissaient des causes des provinces, qui étaient portées devant eux par appel, surtout lorsque les évêques avaient lieu de se plaindre de leur métropolitain ; mais ils ne terminaient guère les affaires qu'avec le concours des Évêques qui relevaient d'eux, assemblés en concile.

EXAUGURATION. Lorque quelque divinité était révérée dans le lieu où l'on voulait bâtir un temple, les Romains avaient coutume de pratiquer certaines cérémonies, comme pour l'en faire sortir. C'est ce que l'on appelait *exaugurare*.

EXCOMMUNICATION. — 1. Sentence portée par un supérieur ecclésiastique, par laquelle un chrétien est privé de la communion de l'Église et de la participation aux sacrements. Ce châtiment, le plus grand que l'Église puisse infliger, est le dernier moyen qu'elle met en usage pour corriger les hérétiques opiniâtres, les pécheurs scandaleux et obstinés dans leur péché. On en distingue de deux sortes. — L'excommunication *majeure*, qui retranche absolument celui qui en est frappé du corps de l'Église, de manière qu'il ne peut plus ni recevoir, ni administrer les sacrements, ni assister aux offices divins, ni faire aucune fonction ecclésiastique. — L'excommunication *mineure* prive le fidèle de la participation passive des sacrements, et du droit d'être élu ou présenté à quelque bénéfice ou dignité ecclésiastique, sans lui ôter la faculté d'administrer les sacrements, d'élire et de présenter quelqu'un aux dignités ou bénéfices. — L'excommunication *ipso facto* est celle qu'on encourt par le seul fait, c'est-à-dire en faisant la chose défendue, sans qu'il soit besoin d'une sentence. — L'excommunication *latæ sententiæ* est celle qui est encourue en vertu d'une sentence fulminée. — L'excommunication *comminatoire* ou *sententiæ ferendæ* n'est qu'une menace d'excommunication en cas que l'on fasse ou que l'on omette telle chose. — L'excommunication *à jure* est générale contre toutes les personnes. — L'excommunication *ab homine* est portée contre un ou plusieurs individus nommés ou spécifiés. — On distingue encore les excommunications en réservées, et non réservées, en valides et invalides, en justes et injustes.

Tous les théologiens conviennent qu'il n'y a qu'un péché mortel qui puisse être une cause légitime d'excommunication ; d'où plusieurs concluent qu'il n'est pas selon la justice d'excommunier une ville, une province, ou un corps nombreux, dans lequel il est probable qu'il se trouve plusieurs innocents ; c'est le sentiment de saint Thomas. Une personne qui a encouru l'excommunication n'est plus censée être membre de la société ; il est défendu d'avoir aucun rapport avec elle, de la saluer, de prier, de travailler, d'habiter et de manger avec elle, ce qu'on a exprimé dans ces deux vers :

Si pro delictis anathema quis efficiatur,
Os, orare, vale, communio, mensa negatur.

S'il vient à entrer dans une église pendant la célébration du service divin, on doit cesser l'office, interrompre même le saint sacrifice, à moins que la consécration ne soit déjà faite, auquel cas on continue jusqu'à la communion, et le reste se termine dans la sacristie.

Voici les cas que l'on en excepte : les moyens de procurer sa conversion, les obligations du mariage, celles d'un fils envers ses père et mère, d'un domestique envers son maître, d'un vassal envers son seigneur, d'un sujet envers son roi, l'ignorance où l'on est de l'excommunication lancée, la nécessité indispensable de traiter avec l'excommunié, ce que l'on a renfermé dans ce distique :

Hæc anathema quidem faciunt ne possit obesso :
Utile, lex, humile, res ignorata, necesse.

On ne connaît d'excommuniés en France que ceux dont l'excommunication personnelle a été publiquement déclarée et publiée; c'est ce qu'on nomme excommuniés *dénoncés*. L'excommunication mineure ne se contracte qu'en communiquant avec un excommunié dénoncé.

Quand l'excommunication est valide, elle finit par l'absolution de l'excommunié, soit qu'elle ait été portée justement ou injustement. Si elle est injuste, mais valide, elle finit par la cassation ou la révocation. Si elle est invalide, elle finit par la seule déclaration de la nullité de la sentence. Quoiqu'un excommunié pour un temps indéterminé ait satisfait à ce qui a provoqué son excommunication, et qu'il ait promis d'obéir aux commandements de l'Eglise, il ne peut pas encore jouir de la communion, s'il n'a pas été absous. Celui qui a été excommunié par le saint-siège n'en est pas absous qu'il n'ait reçu un rescrit avec le salut ordinaire. Ceux qui meurent dans l'excommunication ne peuvent être inhumés en terre sainte, et s'il arrive qu'ils le soient par surprise ou autrement, on les exhume, et le cimetière, considéré comme profane, est bénit de nouveau.

La formule d'excommunication consiste aujourd'hui à porter une sentence motivée sans autres cérémonies; mais autrefois elle était accompagnée de cérémonies imposantes. Ainsi, lorsqu'un évêque fulminait une excommunication *extinctis candelis*, il se présentait devant le grand autel, revêtu d'ornements convenables à cette cérémonie, et accompagné de douze prêtres portant tous des cierges allumés. Le pontife montait sur un siège placé devant le grand autel, et de là il fulminait l'anathème. Quelquefois un diacre, revêtu d'une dalmatique noire, montait en chaire, et publiait à haute voix l'excommunication; cependant on sonnait les cloches, comme pour un mort. Après la fulmination de l'anathème, tout le clergé répondait à haute voix : *Fiat, fiat, fiat*. En même temps l'évêque et les prêtres jetaient à terre leurs cierges allumés, et les acolytes les foulaient aux pieds. On affichait ensuite et l'on publiait l'excommunication de peur que, par ignorance, on eût communication avec lui. Telle est encore la formule indiquée dans le pontifical romain. D'autres rituels y ajoutaient encore d'autres cérémonies plus frappantes et plus significatives, comme de renverser la croix, de répandre l'eau bénite, de jeter à terre le rituel, etc. Le dernier exemple d'excommunication célèbre est celle qui a été fulminée à Rome, le 10 juin 1809, par le pape Pie VII contre l'empereur Napoléon.

2. La formule de l'excommunication dont on se sert dans l'Eglise grecque déclare que celui qui en est frappé est privé de l'union avec le Père, le Fils et le Saint-Esprit; qu'il est retranché de toute communion avec les 318 Pères du concile de Nicée et avec les saints; qu'il est renvoyé à celle du diable et du traître Judas; enfin qu'il est condamné à rester, après sa mort, dur comme de la pierre ou comme du fer, s'il ne se repent. Le chevalier Ricault, anglican, cite une formule beaucoup plus longue, par laquelle on appelle sur la tête de l'excommunié toutes les malédictions dont il est parlé dans la Bible; on y souhaite entre autres choses qu'il soit indissoluble après sa mort tant en ce monde que dans l'autre. Ceci fait allusion à la croyance commune des Grecs touchant les vampires ou vroukolakkas. Il n'est pas rare de rencontrer chez eux des cadavres de personnes décédées depuis plus ou moins longtemps, lesquels sont parfaitement conservés, sans doute par quelque propriété naturelle au sol. Il paraît même que les ongles, les cheveux et la barbe continuent quelquefois de pousser; la terreur et l'effroi qu'inspirent ces cadavres font même croire aux gens superstitieux qu'ils font des gestes et des cris terribles dans leurs tombeaux; ils sont persuadés qu'ils en sortent la nuit pour sucer le sang des vivants, et on met sur leur compte tous les accidents et les malheurs qui arrivent dans les environs. Or, ils croient fermement que tous ceux qui meurent excommuniés deviennent nécessairement vroukolakkas après leur mort; et, pour empêcher les malheurs qui pourraient en être la suite, ils ont soin de démembrer leurs corps, et quelquefois de le brûler. Si quelque personne vient à mourir inopinément dans un village, on se rend au cimetière, on déterre les corps inhumés depuis un certain temps, et celui sur lequel on découvre des signes de vampirisme est impitoyablement brûlé. Malheureusement il n'y a pas, disent-ils, que les excommuniés qui deviennent vampires, mais ceux qui, pendant leur vie, ont été molestés par un vampire, sont menacés de le devenir après leur mort.

3. Les Anglicans ont, comme l'Eglise romaine, l'excommunication majeure, l'excommunication mineure et l'anathème. L'excommunication mineure retranche de la communion celui qui, après une citation dans les formes, refuse de comparaître à la cour ecclésiastique. Ce pouvoir d'excommunier peut être délégué par l'évêque à un prêtre anglican, auquel est adjoint le chancelier, premier official de l'évêque. Pour l'excommunication majeure, outre qu'elle retranche de la communion, elle exclut aussi en quelque sorte des affaires civiles, puisque l'excommunié ne peut être ni plaignant, ni témoin dans aucune cour, soit civile, soit ecclésiastique; et si l'on continue d'être rebelle pendant le terme de quarante jours, la cour de la chancellerie ordonne de saisir et d'emprisonner l'excommunié. L'évêque seul a le pouvoir de frapper de l'excommunication majeure; mais il ne l'emploie et ne doit l'employer que contre les crimes avérés et capitaux d'hérésie, d'adultère, d'inceste, etc. L'anathème est encore plus redoutable que l'excommunication majeure. Il déclare l'hérétique ennemi de Dieu et abandonné à la damnation éternelle. L'évêque lance l'anathème en présence du doyen et du chapitre, ou de douze autres ministres. Ces excom-

munications ne se font pas en public, non plus que l'absolution, mais dans l'officialité.

4. Les anciens Israélites avaient une sorte d'excommunication, dont nous parlons au mot ANATHÈME; mais les Juifs modernes distinguent la grande et la petite excommunication. Celle-ci ne consiste qu'en une simple malédiction qu'un rabbin prononce en public contre le coupable. Elle est communément de trente jours; mais on en peut être relevé beaucoup plus tôt, quelquefois à l'instant même qu'elle a été prononcée. — La grande excommunication est plus solennelle, et n'a lieu que dans des cas graves. Le peuple s'assemble dans la synagogue, qui n'est éclairée qu'avec des torches noires. Les rabbins, au son d'un cor, profèrent des malédictions contre celui qui a fait ou fera telle chose. L'effet de cette excommunication est si vif, que, suivant les rabbins, il pénètre dans le corps de l'excommunié par ses 248 membres. On doit s'éloigner de lui au moins d'une toise. Il ne lui est pas permis d'entrer dans la synagogue. On lui refuse tout secours humain; on ne pleure point sa mort, et l'on met une pierre sur son tombeau pour montrer qu'il a mérité d'être lapidé; il est interdit à ses parents de prendre le deuil. Le Juif Acosta, ainsi que nous lisons dans l'*Histoire des Juifs* de Basnage, est un exemple frappant de la sévérité de l'excommunication chez ceux de sa nation. Non-seulement il avait à endurer les grossièretés et les mauvais procédés de ses voisins, mais on excitait même les enfants à l'insulter en pleine rue, à lui jeter de la boue et des pierres, à le poursuivre jusque dans sa maison. Ils couraient après lui avec des huées, et le chargeaient de malédictions. On crachait en le rencontrant, et l'on exhortait les enfants à faire de même. Ses parents le fuyaient comme un homme attaqué de la peste. Personne ne l'alla voir dans ses maladies. Tant que dura son excommunication, un de ses frères fut autorisé à retenir ses biens. Tant d'humiliations le contraignirent à se soumettre et à solliciter sa réintégration. Elle lui coûta cher. Il lui fallut monter sur une estrade devant une nombreuse assemblée, et lire tout haut un écrit où il confessait qu'il avait mérité mille fois la mort. Étant descendu, il reçut ordre de se retirer dans un coin de la synagogue, où il se déshabilla jusqu'à la ceinture et se déchaussa. Le portier lui attacha les mains à une colonne, et, en cet état, le chantre lui donna trente-neuf coups de fouet, conformément à l'ancienne tradition. Le prédicateur vint ensuite, le fit asseoir par terre, et le déclara absous de l'excommunication.

5. L'excommunication était connue des païens. Les prêtres, qui étaient chargés de la prononcer, défendaient à ceux qui en étaient l'objet d'assister aux sacrifices, d'entrer dans les temples, et les livraient ensuite aux Furies avec des imprécations. C'étaient les Eumolpides qui en étaient chargés à Athènes. Cette cérémonie passa des Grecs aux Romains, qui en usèrent rarement. Le seul exemple frappant qu'on en rapporte est celui du tribun Atéius, qui maudit M. Crassus et son expédition contre les Parthes. Le citoyen frappé de cet anathème était vu avec horreur; on fuyait sa rencontre et son entretien; il n'était admis ni aux charges ni aux dignités, et mourait sans honneur et sans crédit. Lorsque l'excommunié venait à résipiscence, le prêtre, après une épreuve, le réintégrait. S'il venait à mourir avant, on pouvait offrir un sacrifice aux dieux Mânes, pour les prier de ne point maltraiter son âme.

6. Chez les Gaulois, l'excommunication était la punition la plus rigoureuse qu'employassent les Druides.

7. De tous les genres de châtiments, le plus sévère et le plus dur à supporter pour un Indien, est l'exclusion de la caste. Ceux qui ont droit de l'infliger sont les Gourous, et à leur défaut les chefs de tribu. Cette espèce d'excommunication civile, encourue pour la violation des usages ou pour quelque délit public qui déshonorerait toute la tribu, prive celui qui en est atteint de tout commerce avec ses semblables; elle le rend, pour ainsi dire, mort au monde, et ne lui laisse plus rien de commun avec la société des hommes. En perdant sa caste, il perd non seulement ses parents et ses amis, mais même quelquefois sa femme et ses enfants, qui aiment mieux l'abandonner tout à fait que de partager sa mauvaise fortune; personne n'ose manger avec lui, ou même lui verser une goutte d'eau; s'il a des filles à marier, elles ne sont recherchées de personne, et l'on refuse pareillement des femmes à ses fils; partout il est montré au doigt et regardé comme un réprouvé. Il n'a pas même la ressource d'être admis dans une caste inférieure; un simple soudra se regarderait comme dégradé, s'il avait le moindre commerce avec un brahmane excommunié. S'il ne peut réussir à se faire réhabiliter, il en est réduit à se réfugier dans la classe impure et abjecte des parias, rebut et sentine de la société. Pour encourir cette punition sévère, il n'est pas nécessaire d'avoir commis de grands crimes; il suffirait, par exemple, d'avoir mangé avec un individu d'une caste inférieure, quand même on eût ignoré la tribu à laquelle il appartenait; un brahmane serait excommunié s'il avait mangé de la chair, surtout celle de vache, ou un mets préparé par un paria.

On peut être réintégré dans sa caste, au moins en plusieurs cas. Lorsque l'exclusion n'a été infligée que par les parents, le coupable, après avoir gagné les principaux d'entre eux, se présente dans une humble posture, et avec les signes du repentir, devant la caste assemblée; là, il écoute sans se plaindre les réprimandes qu'on juge à propos de lui faire, reçoit les coups auxquels il est le plus souvent condamné, et paye l'amende qu'on lui impose. Enfin, après avoir solennellement promis d'effacer par sa bonne conduite la tache dont l'a souillé sa condamnation infamante, il verse des larmes de repentir, fait le *sachtanga*, ou prostration des six membres, devant l'assemblée, puis sert un repas aux personnes suivantes. Tout cela fait, il est rétabli dans sa tribu.

Lorsque l'exclusion de la caste a été prononcée pour des fautes graves, le coupable qui obtient sa réhabilitation est soumis à l'une des épreuves que voici : On lui brûle légèrement la langue avec un petit lingot d'or bien chaud, ou on lui applique sur différentes parties du corps un fer rouge, qui imprime à la peau certaines marques ineffaçables; ou il doit courir les pieds nus sur des charbons ardents ; ou on le fait passer plusieurs fois sous le ventre d'une vache. Enfin, pour consommer sa purification, on lui fait boire le *pantcha karia*, liqueur composée des *cinq substances* qui procèdent du corps de la vache, savoir : le lait, le caillé, le beurre liquéfié, la fiente et l'urine. Puis le réhabilité donne un grand repas aux brahmanes accourus de tous côtés pour y avoir part, leur fait des présents plus ou moins considérables, et rentre dans tous ses droits.

Il existe cependant des fautes si énormes aux yeux des Indiens, qu'elles ne permettent dans aucun cas à celui qui s'en est rendu coupable de rentrer dans la caste d'où il a été exclu ; telle est, par exemple, la faute d'un brahmane qui aurait notoirement cohabité avec une femme de la classe des parias ; ou celle qu'un Hindou d'une caste quelconque aurait commise en mangeant de la chair de vache.

8. L'histoire musulmane n'offre qu'un seul exemple d'excommunication ; elle a été prononcée l'an 9 de l'hégire (630 de J.-C.) par Mahomet lui-même, contre Abdalla-ibn-Obéi et deux autres disciples, qui seuls avaient refusé de concourir de leurs biens aux besoins de l'armée, lors d'un appel fait à tous les musulmans. Tout commerce leur fut interdit avec leurs coreligionnaires ; mais s'étant amendés quelques semaines après, Mahomet, touché de leurs larmes, leur fit grâce et les rétablit dans le droit commun.

EXEAT, mot latin qui signifie *qu'il sorte;* on s'en sert pour désigner la permission que donne un évêque à un prêtre, ou à un autre clerc de son diocèse, d'en sortir pour se faire incorporer dans un autre.

EXÉGÈSE, mot grec qui signifie *interprétation;* on appelle ainsi l'interprétation et l'explication du texte de la Bible, et principalement celle qui a lieu dans l'enseignement public des universités de l'Allemagne, où l'on a beaucoup trop sacrifié au rationalisme.

EXÉGÈTES, c'est-à-dire *interprètes* ; c'étaient, chez les anciens Grecs, des prêtres soumis à l'hiérophante, et qui étaient chargés d'interpréter les lois.

EXESTO, sors d'ici; formule employée par les anciens Romains dans les sacrifices. *Voyez* EXTEMPLO.

EXITERIES, du verbe ἐξιέιν, sortir. Les Grecs appelaient ainsi les prières et les sacrifices que l'on faisait avant une entreprise militaire, un voyage, ou la mort d'un parent ou d'un ami.

EXOCATACÈLES, officiers de l'ancienne Eglise de Constantinople ; ils étaient au nombre de six et appartenaient à l'ordre des diacres. Ils avaient été établis pour les affaires extérieures. L'économe tenait entre eux le premier rang.

EXODE, livre canonique de l'Ancien Testament ; il est le second du Pentateuque ou des cinq livres de Moïse. Son nom signifie *sortie,* parce que le fait principal qu'il rapporte est la sortie miraculeuse de l'Egypte, opérée par les Israélites. C'est à cette époque que commence à proprement parler l'histoire du peuple juif, considéré comme nation. L'auteur sacré y rapporte les circonstances de l'esclavage des Hébreux en Egypte ; la naissance et l'éducation de Moïse, sa fuite dans le désert, sa mission divine, les merveilles opérées pour la délivrance du peuple de Dieu, le passage de la mer Rouge, la loi de Dieu promulguée sur le mont Sinaï, les principales institutions ecclésiastiques, l'établissement des fêtes, celui du sacerdoce, la construction du tabernacle, et plusieurs prescriptions rituelles.

EXOMOLOGÈSE, mot grec qui signifie *confession*. Il est employé dans les Pères grecs sous différentes acceptions ; quelquefois il signifie pénitence publique. Tertullien l'emploie dans ce sens. Saint Cyprien en use pour signifier la confession proprement dite. Enfin, l'on trouve ce nom donné à des litanies, dont il est question dans un concile de Mayence tenu en 813.

EXORCISME. On appelle ainsi, dans l'Eglise chrétienne, les prières et cérémonies dont se servent les ministres de la religion, pour chasser les démons des personnes, des lieux ou des autres créatures. On distingue deux sortes d'exorcisme, l'*ordinaire*, par lequel on adjure le démon de renoncer à tout empire sur les catéchumènes que l'on présente au baptême, ou sur l'eau, le sel et les objets qui doivent être soumis à une bénédiction particulière ; et l'*extraordinaire*, que l'on emploie pour la délivrance des personnes réellement possédées du démon. Voici comme l'on procède à l'exorcisme extraordinaire, suivant le pastoral romain.—L'exorciste, qui doit être préparé par le jeûne, par la prière et par la confession, commence par implorer en son particulier l'assistance de Dieu. Revêtu du surplis et d'une étole violette, s'il est prêtre ou diacre, et suivi d'un ou de plusieurs ecclésiastiques aussi en surplis, il s'avance vers le bas de l'église, où doit se faire la cérémonie. Là, s'approchant du possédé, il lui met autour du cou le bout de son étole, et fait sur lui le signe de la croix, puis sur soi et sur les assistants. Il prend ensuite l'aspersoir et jette de l'eau bénite sur le possédé et sur ceux qui sont présents. Alors il se met à genoux, et commence les prières prescrites par l'Eglise, auxquelles répondent le clergé et le peuple. Ces prières consistent dans les litanies des saints, l'oraison dominicale, le psaume LIII, avec plusieurs versets. Le prêtre, s'étant levé, adresse une invocation au Tout-Puissant, et conjure ensuite le malin esprit, par nos plus redoutables mystères, de quitter le corps du possédé. Il récite ensuite un ou plusieurs évangiles, faisant au commencement de chacun le signe de la croix sur lui-même et sur celui qui est exorcisé. Il demande à Dieu, par une prière ou oraison propre, la foi, la force et le pouvoir nécessaire pour chasser l'ennemi du salut. Lorsqu'elle est achevée, il impose les mains sur la tête du possédé, et récite une autre oraison qui est l'exorcisme proprement dit, pendant lequel il fait plusieurs signes de croix et en imprime cinq sur le front de l'énergumène. Pendant une autre oraison, il lui fait encore un signe de croix sur le front et trois autres sur la poitrine; ces signes de croix sont réitérés en prononçant un second exorcisme. Le prêtre commande au démon de sortir du corps du possédé, au nom de Dieu, au nom de chacune des trois personnes de la sainte Trinité, au nom de la croix, etc. Puis vient le troisième et dernier exorcisme. Si la délivrance n'a pas lieu, on recommence les mêmes prières et les mêmes exorcismes; mais si le possédé est guéri, on récite une prière d'action de grâces. — Les rituels de plusieurs diocèses indiquent des prières et des cérémonies différentes de celles du pastoral romain.

Ces cérémonies, fort communes autrefois, sont maintenant devenues très-rares, surtout dans nos pays; mais il y a déjà longtemps que les rituels défendaient d'exorciser sans la permission de l'évêque, « à qui il faut toujours s'adresser, dit le rituel d'Alet, et lui découvrir tous les signes de la possession qu'on remarque, afin qu'il examine si elle est véritable, pour éviter toutes les fourberies qui se font en cette matière. » Souvent, en effet, il est arrivé de prendre pour des possessions du démon ce qui n'était que l'effet de la maladie, de l'aliénation mentale ou de l'imposture. Le rituel d'Alet regarde comme des marques certaines de possession, si la personne que l'on veut exorciser s'exprime très-bien et non point d'une manière à peine articulée, dans les langues qu'elle n'a pu jamais connaître; si elle révèle des choses secrètes et cachées, dont il soit impossible qu'elle ait connaissance; enfin, si elle fait des actions qui surpassent ses forces naturelles.

La superstition, qui défigure et qui corrompt ce que la religion a de plus respectable, a aussi ses exorcismes. Thiers, dans son *Traité des superstitions*, en rapporte plusieurs formules, qui, n'étant pas approuvées par l'Eglise, supposent un pacte tacite ou exprès avec les démons. « Je connais, dit-il, un sergent de village qui dit l'oraison suivante pour tous les malades et pour tous les blessés qui se présentent à lui et le prient de la leur dire : « Au nom du Père, et du Fils, et du Saint-Esprit. Madame sainte Anne qui enfanta la vierge Marie, la vierge Marie qui enfanta Jésus-Christ; Dieu te bénisse et guérisse, pauvre créature N., de renoueure, blessure, rompure et d'énervure, et de toute autre sorte de blessure, quelle que ce soit, en l'honneur de Dieu et de la vierge Marie, et de messieurs saint Côme et saint Damien. Amen. » Trois *Pater* et trois *Ave*. « Ce qu'il y a de singulier, ajoute le même auteur, est que cette oraison guérit presque tous ceux pour qui elle est dite, ainsi que me l'ont assuré plusieurs personnes dignes de foi. » — Le même sergent se sert encore de cette autre oraison pour guérir les maladies des yeux : « Monsieur saint Jean, passant par ici, trouva trois vierges en son chemin ; il leur dit : « Vierges, que faites-vous ici ? — Nous guérissons de la maille.— Guérissez, vierges, guérissez l'œil de N., » faisant le signe de la croix, et soufflant dans l'œil, il continue : « Maille, feu grief, feu quel que ce soit, ongles, migraine et araignée, je te commande n'avoir non plus de puissance sur cet œil qu'eurent les Juifs le jour de Pâques sur le corps de Notre-Seigneur Jésus-Christ. » Puis il fait encore le signe de la croix et souffle dans l'œil de la personne malade, lui ordonnant de dire trois *Pater* et trois *Ave*, au nom du Père, et du Fils, et du Saint-Esprit. — L'exorcisme suivant n'est pas moins superstitieux ni moins condamnable que les deux autres ; il s'emploie contre les fièvres. « *In nomine Domini, Jesu, Maria. Amen. Deus Abraham † Deus Isaac † Deus Jacob † Deus Moyses † Deus Isaiæ † Deus autem :* fièvre quarte, tierce, continue, quotidienne et toute autre fièvre, je te conjure de sortir de dessus N., et que tu n'aies non plus de puissance sur son corps que le diable en a sur le prêtre lorsqu'il consacre à la messe ; et que tu aies à perdre ta chaleur, ta force et la vigueur, tout ainsi que Judas perdit sa couleur, quand il trahit Notre-Seigneur. Au nom du Père, etc. » Il faut dire neuf *Pater* et neuf *Ave*, pendant neuf jours au matin, et attacher au cou du malade le billet où cette oraison est écrite.

Suivant le témoignage de Josèphe, les exorcismes étaient très-fréquents parmi les Juifs, qui prétendaient même en avoir de fort efficaces de la composition de Salomon. On voit par ces paroles de Jésus-Christ: *Au nom de qui vos enfants chassent-ils les démons?* que les Juifs avaient aussi chez eux des exorcistes, et certaines formules de prières pour conjurer l'esprit malin ; et il est rapporté dans les Actes que quelques exorcistes juifs qui couraient le pays se hasardèrent d'invoquer le nom du Seigneur Jésus sur ceux qui étaient possédés des malins esprits, en disant : Je vous conjure par le Jésus que Paul prêche.

EXORCISTE, un des quatre ordres mineurs dans l'Eglise catholique romaine. L'évêque confère cet ordre en mettant entre les mains de celui qui a déjà été élevé au rang de lecteur le livre des exorcismes, en lui disant : « Recevez, gardez dans votre mémoire, et ayez le pouvoir d'imposer les mains sur les énergumènes, tant catéchumènes que baptisés; » puis il prononce diverses prières pour supplier le Seigneur de lui accorder les grâces nécessaires à ses nouvelles fonctions. Néanmoins il y a déjà longtemps qu'on a interdit aux ecclésiastiques qui sont dans les ordres mineurs la faculté d'exorciser les catéchumènes ou les possédés. Il n'y a plus que les prêtres qui puissent prononcer les exorcismes, encore est-il exigé qu'ils aient une commission particulière de l'évêque, quand il s'agit de chasser les démons des corps des possédés. Dans les premiers siècles de l'Eglise, les possessions étaient fréquentes, surtout parmi les païens, et pour marquer un plus grand mépris de la puissance du diable, on donnait la charge de les chasser à un des derniers ministres de l'Eglise. C'étaient aussi eux qui exorcisaient les catéchumènes. Le pontifical marque au nombre de leurs fonctions celle d'avertir le peuple que ceux qui ne communient point fassent place aux autres; ce qui est une suite de ce qu'ils faisaient autrefois tant à l'égard des catéchumènes que des énergumènes, qu'ils faisaient sortir de l'église avant l'oblation des dons sacrés.

EXOTIQUES, sorcières des Grecs modernes. Elles rappellent les sorcières thessaliennes, qui métamorphosaient en animaux les hommes auxquels elles donnaient des breuvages magiques. Habitantes des cavernes, des lieux arides et des solitudes, on croit les entendre mêler leurs voix rauques aux hurlements des loups ou aux glapissements des chakals. Leur nom seul, qu'il est dangereux de prononcer, occasionne, dit-on, des malheurs. Elles forment des unions monstrueuses avec les vroucolakkas, dont les corps, frappés d'excommunication, ne peuvent se dissoudre dans le tombeau.

EXOUCONTIENS, secte d'ariens, ainsi nommés, parce qu'ils soutenaient que le Fils de Dieu avait été fait ἐξ οὐκ ὄντων, c'est-à-dire *de rien*.

EXPECTANTS, secte de fanatiques anglais, qui, prétendant que l'Eglise visible ne subsiste plus, attendaient le retour de l'apôtre saint Jean; ils soutenaient qu'il était encore vivant, et qu'il devait bientôt reparaître pour rétablir l'Eglise. Les uns croyaient qu'il résidait dans le canton de Suffolk, d'autres qu'il était dans la Transilvanie. Ils lui adressaient des lettres pour le supplier d'accélérer son arrivée, et quand ils voyaient un étranger, ils s'informaient s'il était l'apôtre attendu avec tant d'impatience. *Voy.* CHERCHEURS.

EXPECTATION DE LA SAINTE VIERGE, fête que l'Eglise catholique célèbre, en plusieurs diocèses, le 18 décembre; on l'appelle encore l'*attente de la Nativité*. C'est le jour où l'on commence à chanter les grandes antiennes de l'Avent, appelées les O, lequel tombe le 18 décembre pour plusieurs Eglises, et le 16 du même mois, pour d'autres, suivant l'usage des diocèses de chanter sept ou neuf de ces antiennes.

EXPIATEUR. On donnait ce nom aux dieux en général, mais particulièrement à Jupiter, parce qu'il était censé expier les hommes des crimes qu'ils avaient commis.

EXPIATION.—1. Les Juifs ont une fête à laquelle ils donnent le nom de *Kippour* ou d'*Expiation*; elle arrive le 10ᵉ jour du mois de tisri, et a été instituée pour la rémission des péchés de tout le peuple. Les autres fêtes étaient consacrées à la joie, mais celle-ci était destinée aux larmes et à la pénitence. L'emploi du grand sacrificateur avait, ce jour-là, quelque chose de plus solennel et de plus respectable. Il lui était alors permis d'entrer dans le sanctuaire, dont l'accès lui était interdit en tout autre temps. Il se préparait à cette grande cérémonie par une ablution générale de tout son corps, et par la continence durant l'espace de huit jours. On lui amenait devant le tabernacle deux boucs, sur lesquels il jetait le sort pour savoir lequel devait être sacrifié. L'Ecriture ne nous apprend pas de quelle manière le sort était jeté. Quelques anciens rabbins disent qu'on portait au sacrificateur une urne dans laquelle il y avait deux morceaux de bois, sur l'un desquels étaient gravés ces mots: *Pour Jéhova*; sur l'autre, on lisait: *Pour Azazel*. Le pontife, placé entre les deux boucs, secouait l'urne, y mettait les deux mains, et prenait de chacune un des morceaux de bois. Si celui où se trouvait écrit *Pour Jéhova* se trouvait dans sa main droite, ce qui était regardé comme un heureux présage, le bouc placé à sa droite était immolé au Seigneur, et le pontife arrosait de son sang le propitiatoire. Après le sacrifice, on lui amenait l'autre bouc; il mettait les mains sur la tête de cet animal, le chargeait de toutes les iniquités du peuple, et le faisait chasser dans le désert. *Voy.* AZAZEL et BOUC ÉMISSAIRE. C'était aussi dans ce même jour que le grand prêtre donnait au peuple la bénédiction solennelle dans laquelle il prononçait le nom redoutable de *Jéhova*; c'était la seule fois, mais personne ne l'entendait à cause du bruit des voix et des instruments de musique. Lorsqu'il sortait du Saint des saints, il marchait à reculons, le visage tourné du côté du propitiatoire, et la tête baissée.

Les Juifs modernes célèbrent cette fête par le jeûne; ils se rendent dès la veille à la synagogue; les plus religieux y passent la nuit; le jour de la fête, ils y vont de grand matin et y demeurent une partie de la journée, occupés à la prière, à la récitation des psaumes, à la confession de leurs péchés pour en obtenir de Dieu le pardon. Le soir, on sonne du cor pour annoncer la fin du jeûne; après quoi on sort de la synagogue en se souhaitant les uns aux autres une longue vie. Léon de Modène dit que plusieurs se baignent et se font donner 39 coups de fouet; que ceux qui retiennent le bien d'autrui, et en qui les remords de la conscience ne sont pas éteints, le restituent à cette occasion; qu'on demande pardon à ceux qu'on a offensés; enfin, qu'on fait des aumônes et généralement tout ce qui doit accompagner une sincère pénitence. Il ajoute qu'autrefois on pratiquait, la veille de cette fête, une cérémonie assez ridicule, qui consistait à se frapper trois fois la tête avec un coq vivant, et à dire chaque fois : *Qu'il soit immolé au lieu de moi!* mais elle a été abolie en Italie et au Levant, comme empreinte de superstition.

2. Les païens avaient aussi des expiations ou cérémonies religieuses par lesquelles ils prétendaient purifier les coupables et les lieux profanes. Il y en avait de plusieurs sortes, et chaque espèce avait des cérémonies particulières. Les principales étaient celles qui se pratiquaient pour l'homicide, pour les prodiges, pour les villes, pour les armées et pour les temples. Voici en quoi elles consistaient, d'après le Dictionnaire de Noël :

Expiation pour l'homicide. — Elle était accompagnée, dès les siècles héroïques, de cérémonies solennelles et gênantes. Lorsque le meurtrier était de haut rang, les rois eux-mêmes ne dédaignaient pas d'en faire la cérémonie. Ainsi Copreus, qui avait tué Iphise, est expié par Eurysthée ; Adraste, par Crésus, roi de Lydie ; Hercule, par Céix, roi de Trachine ; Oreste, par Démophoon, roi d'Athènes ; Jason et Médée, par Circé. Apollonius de Rhodes a décrit, dans le plus grand détail, les cérémonies de cette dernière expiation, mais elles n'exigeaient pas toutes des rites aussi pénibles. Achille, après avoir tué le roi de Lélèges, se contenta de se laver dans de l'eau courante. Énée n'ose toucher les dieux Pénates qu'il veut emporter, jusqu'à ce qu'il se soit purifié dans quelque fleuve. Les cérémonies romaines étaient différentes de celles des Grecs. Lorsque Horace fut absous après avoir tué sa sœur, les pontifes élevèrent deux autels, l'un à Junon, protectrice des sœurs, l'autre au génie du pays ; on offrit sur ces autels plusieurs sacrifices d'expiation, après lesquels on fit passer le coupable sous le joug.

Expiation pour les prodiges. — C'était une des plus solennelles chez les Romains. A l'apparition de quelque prodige, le sénat, après avoir fait consulter les livres sibyllins, ordonnait des jours de jeûne, des fêtes, des lectisternes, des jeux, des prières publiques, des sacrifices. Toute la ville était alors dans le deuil et dans la consternation, les temples ornés, les lectisternes préparés dans les places publiques, les sacrifices expiatoires réitérés pour détourner les malheurs dont on se croyait menacé. *Voy.* LECTISTERNE.

Expiation pour des villes et pour des lieux particuliers. — Il y avait dans le calendrier romain des jours marqués pour l'expiation de la ville de Rome : c'était le 5 février, où l'on immolait pour cela des victimes *amburbiales*. Outre cette fête annuelle, il y en avait une qui revenait tous les cinq ans, et c'est du mot *lustrare*, expier, qu'on donnait le nom de *lustre* à un espace de cinq ans. *Voy.* AMBARVALES, COMPITALES.

Expiation des armées. — *Voy.* ARMILUSTRE.

Expiation pour les temples ou pour les lieux sacrés. — Si quelque criminel entrait dans un lieu sacré, le lieu était profané ; il fallait l'expier. OEdipe, exilé de son pays, alla par hasard vers Athènes, et s'arrêta à Colone près du temple des Euménides, dans un bois sacré : les habitants, sachant qu'il était criminel, l'obligèrent de faire les expiations nécessaires. Ces expiations consistaient à faire des coupes sacrées de laine récemment enlevée de la toison d'une jeune brebis, à répandre de l'eau pure et non du vin, à verser entièrement et d'un seul jet la dernière libation, le tout en tournant le visage vers le soleil ; enfin, il fallait offrir trois fois neuf branches d'olivier (nombre mystérieux), en prononçant une prière aux Euménides. OEdipe, que son état rendait incapable de faire une pareille cérémonie, en chargea Ismène, sa fille.

Outre ces expiations, il y en avait encore pour être initié aux grands et aux petits mystères éleusyniens, à ceux de Mithras, aux orgies, etc. Il y en avait pour toutes les actions de la vie, un peu importantes : les noces, les funérailles, les voyages, étaient précédés ou suivis d'expiations. Tout ce qui était réputé de mauvais augure, la rencontre d'une belette, d'un corbeau ou d'un lièvre, un orage imprévu, un songe, et mille autres accidents, obligeaient de recourir aux expiations. *Voy.* PURIFICATIONS, SACRIFICES.

EXTEMPLO, terme usité dans les cérémonies religieuses chez les Romains. Lorsque les sacrifices étaient achevés, les hérauts criaient *Extemplo* pour avertir le peuple qu'il fallait sortir *du temple*. Cette expression correspondait ainsi à l'*Ite, Missa est*, que le diacre prononce après la messe. Par la suite du temps cette formule est devenue un simple adverbe, qui signifie *sur-le-champ*. *Voy.* EXESTO.

EXTISPICE, un des instruments qui servaient aux sacrificateurs romains à fouiller dans les entrailles des victimes pour les inspecter.

EXTISPICES, du latin *exta inspicere*, examiner les entrailles ; c'était le nom de certains ministres des sacrifices, qui avaient la charge d'inspecter les entrailles des victimes pour étudier la volonté des dieux, et en tirer des présages. Cette divination était très en vogue dans la Grèce. En Italie les premiers extispices furent des Étrusques, chez qui cet art était en grand crédit. *Voy.* ARUSPICES.

EXTISPICINE, inspection des entrailles des victimes. Les règles de cet art étaient fort incertaines. Tous les compilateurs assurent qu'on n'a jamais douté qu'un lobe double ne présageât les plus heureux événements. On lit pourtant dans l'OEdipe de Sénèque que c'était un signe funeste pour les États monarchiques. Vitruve donne à cette science prétendue une origine vraisemblable. « Les anciens, dit-il, considéraient le foie des animaux qui paissaient dans les lieux où ils voulaient bâtir ou camper ; après en avoir ouvert plusieurs, s'ils trouvaient les foies gâtés, ils concluaient que les eaux et la nourriture ne pouvaient être bonnes ; alors ils abandonnaient la localité. »

EXTRAVAGANTES, épîtres, décrétales et

constitutions des papes, publiées depuis les Clémentines. Elles furent ainsi appelées lorsque, n'étant pas encore mises en ordre, elles étaient comme hors du corps du droit canon; et depuis qu'elles y ont été insérées, elles ont toujours conservé le nom d'*Extravagantes*. Il y a deux recueils de ce nom : les Extravagantes de Jean XXII; ce sont vingt épîtres, décrétales ou constitutions de ce pape, distribuées sous quatorze titres, sans aucune division par livres; et les Extravagantes communes, qui sont les constitutions des papes qui occupèrent le saint-siége, soit avant Jean XXII, soit après lui : elles sont divisées par livres comme les décrétales.

EXTRÊME-ONCTION, sacrement de l'Eglise catholique, institué par Jésus-Christ, par le moyen duquel les malades sont purifiés des restes de leurs péchés, fortifiés dans la grâce, et même guéris de leur maladie, si cela est expédient pour leur salut. Il est parlé de ce sacrement de la loi nouvelle dans l'Epître de saint Jacques ; voici les paroles de l'apôtre : « Quelqu'un de vous est-il malade ? qu'il fasse venir les prêtres de l'Eglise; que ceux-ci prient sur lui, l'oignant d'huile au nom du Seigneur. La prière de la foi sauvera le malade, et le Seigneur le soulagera; et, s'il est souillé de quelques péchés, ils lui seront remis. » Ce passage a été pour les protestants, ennemis de l'Extrême-onction comme sacrement, un motif de rejeter l'Epître de saint Jacques comme apocryphe. Depuis quelque temps néanmoins la plupart l'ont réintégrée dans leurs éditions de la Bible, sans pourtant reprendre l'usage de l'Extrême-onction.

1. Les cérémonies de ce sacrement consistent dans les onctions que fait le prêtre sur les yeux du malade, ses oreilles, ses narines, sa bouche, sa poitrine (ou ses reins dans quelques diocèses), ses mains et ses pieds, avec de l'huile d'olive bénite par l'évêque, le jeudi-saint. En faisant ces onctions il prononce cette formule, modifiée suivant les membres qu'il oint : « Que Dieu, par cette onction de l'huile sacrée et par sa très-pieuse miséricorde, vous pardonne les péchés que vous avez commis par la vue..., par l'ouïe..., par l'odorat..., par le goût et la parole..., par l'ardeur des passions..., par le toucher... et par le marcher. » Les effets de l'Extrême-onction, lorsqu'elle est reçue avec les dispositions nécessaires, sont de conférer la grâce sanctifiante, d'effacer les péchés véniels, et même les mortels, quand le malade n'a pu s'en confesser, et qu'il en a un véritable repentir; de fortifier le malade, dans ses derniers moments, contre les tentations du démon et les horreurs de la mort, et quelquefois, ainsi que nous l'avons dit, de lui rendre la santé du corps, si cela est avantageux pour son âme.

Outre les cérémonies prescrites par l'Eglise pour l'administration de ce sacrement, plusieurs rituels anciens font mention d'un usage qui consistait à coucher les malades sur la cendre, et à les couvrir d'un cilice pendant qu'on leur donnait l'Extrême-onction. Voici ce qu'en disent les ordonnances synodales du diocèse de Grenoble : « Les curés et les prédicateurs expliqueront aux peuples la doctrine d'Innocent Ier, qui a écrit que le sacrement d'Extrême-onction était une espèce de pénitence, c'est-à-dire la pénitence des mourants, et de ceux qui ne sont plus en état d'en faire que de cœur par la contrition, et par l'acceptation des maux et des peines qu'ils endurent dans leur lit, et que c'est pour cette raison que la coutume de ce diocèse, qui subsiste encore dans nos rituels, a été, pendant 400 ans, de bénir des cendres, et d'en faire un lit, où l'on mettait le malade couvert d'un cilice bénit, pour recevoir l'Extrême-onction, et pour protester en cet état qu'il se reconnaissait pécheur, et que, s'il revenait en santé, il ferait la pénitence que ses péchés méritent.

D'autres rituels semblaient autoriser des pratiques qu'on peut taxer de superstition. Celui d'Autun, de 1545, porte textuellement : « Pendant que ces choses se feront et diront, les ministres feront allumer treize chandelles, qu'on fichera en quelques lieux divers par la chambre, à l'entour du malade. » Le rituel de Périgueux, de 1536, prescrit la même chose; et ces treize chandelles font voir, dit Thiers, jusqu'où allait la simplicité des anciens rituels, publiés avec si peu de précaution, qu'on y semait et autorisait des superstitions visibles.

Il y avait autrefois, dit l'auteur du *Traité des superstitions*, et peut-être y a-t-il encore aujourd'hui des gens assez fous pour croire qu'ils ne guériraient point de ce qu'ils mourraient bientôt, s'ils recevaient l'Extrême-onction dans leurs maladies, quelque besoin qu'ils eussent de la recevoir; comme si ce sacrement, qui a été institué pour rendre la santé de l'âme et celle du corps des malades, les eût empêchés de la recouvrer, ou qu'il eût avancé leur mort. Voici quelques autres superstitions qui regardent la même matière : les uns s'imaginent que la réception de ce sacrement diminue la chaleur naturelle; les autres croient qu'après qu'on l'a reçu, les cheveux tombent au malade; quelques-uns sont dans la pensée que quand une femme enceinte a reçu l'Extrême-onction, elle a plus de peine à accoucher, et que son enfant aura la jaunisse; plusieurs soutiennent que les mouches à miel, qui sont autour de la maison du malade, meurent peu de temps après ; il y en a qui sont persuadés que ceux qui ont reçu ce sacrement ne doivent point danser de tout le reste de l'année, parce qu'ils mourront, si cela leur arrive ; quelques-uns croient que ce serait un grand péché de filer dans la chambre du malade à qui on l'aurait administré, parce qu'il mourrait si on cessait de filer, ou que le fil vînt à se rompre; d'autres enfin prétendent qu'on ne doit point se laver les pieds que longtemps après l'avoir reçu, et qu'il faut toujours avoir une lampe ou un cierge allumé dans la chambre du malade, tant que dure sa maladie.

Il s'est trouvé des gens qui s'imaginaient qu'après avoir reçu l'Extrême-onction il n'était plus permis de rendre le devoir conjugal, de manger de la chair, de marcher pieds-nus. Plusieurs synodes excommunient ceux qui sont dans cette erreur. D'autres se sont imaginé qu'on ne pouvait plus faire son testament, ni disposer de ses biens. Il ne faut pas, disent quelques idiots, se tenir aux pieds des malades, vis-à-vis d'eux, lorsqu'on les administre, parce qu'on avance leurs jours et qu'ils meurent plus tôt.

2. Les Grecs appellent l'Extrême-onction *Euchéléon*, ce qui signifie *huile de la prière*, ou *accompagnée de la prière;* et ils procèdent à la collation de ce sacrement avec plus de solennité que chez les Latins. L'office se fait ordinairement par sept prêtres, parce que saint Jacques dit au pluriel : *Inducat presbyteros;* faute de sept prêtres, on peut se contenter de cinq et même de trois, mais on ne voit pas qu'on le fasse administrer par un seul. Ces cérémonies ont lieu très-souvent dans l'église, à moins que le malade ne soit pas en état d'y être transporté ; cela avait lieu fréquemment autrefois dans l'Église latine. On prend de l'huile d'olive, on la met dans une lampe à sept branches, et le plus ancien des sept prêtres récite les prières et des bénédictions ; ensuite on fait l'onction sur le malade en diverses parties de son corps, après avoir allumé la première branche, et ainsi des autres, en continuant les prières et faisant le signe de la croix.

On a prétendu que, dans la plupart des Églises orientales, lorsque les prêtres donnaient l'Extrême-onction à un malade, ils conféraient en même temps le même sacrement à toutes les personnes présentes, soit dans l'église, soit dans la maison ; mais les Orientaux les plus instruits soutiennent que les onctions que l'on fait alors aux personnes en santé ne font point partie du sacrement, mais sont des onctions faites à dévotion, et pour contribuer à la sanctification des personnes présentes.

3. Voici ce qui est prescrit pour l'Extrême-onction chez les Coptes, dans le rituel du patriarche Gabriel : On emplit de bonne huile de Palestine une lampe à sept branches, qu'on place devant une image de la sainte Vierge, et on met auprès l'Évangile et la croix. Les prêtres s'assemblent au nombre de sept, mais il n'importe qu'il y en ait plus ou moins. Le plus ancien commence l'oraison d'action de grâces, qui est dans la liturgie de saint Basile ; il encense avant la lecture de l'Épître de saint Paul, puis ils disent tous : *Kyrie eleison*, l'oraison dominicale, le psaume XXXI, et plusieurs oraisons. Quand il les a achevées, il allume une des branches, faisant le signe de la croix sur l'huile, et cependant les autres chantent des psaumes. Il récite d'autres oraisons, et lit la leçon de l'Épître de saint Jacques en copte, dont la lecture se fait ensuite en arabe ; puis *Sanctus, Gloria Patri*, l'oraison de l'Évangile, un psaume qu'il dit alternativement avec un autre prêtre, un évangile en copte et en arabe, une oraison au Père, une pour la paix, et une troisième générale, le symbole de Nicée et l'oraison qui le suit. Le second prêtre commence ensuite par la bénédiction de sa branche, en faisant le signe de la croix, et il l'allume ; puis il dit l'oraison dominicale et le reste à peu près comme le premier. Les autres, selon leur rang, font les mêmes prières ; de sorte que l'on dit sept leçons des Épîtres, sept des Évangiles, sept psaumes et sept oraisons particulières, outre les communes tirées de la liturgie.

Lorsque tout est achevé, le malade s'approche, si ses forces le lui permettent, et on le fait asseoir le visage tourné vers l'orient. Les prêtres soutiennent au-dessus de sa tête le livre des Évangiles et lui imposent les mains ; le plus ancien récite les oraisons propres, puis le malade se lève ; on lui donne la bénédiction avec le livre des Évangiles, et on dit l'oraison dominicale. On ouvre ensuite le livre, et on lit le premier passage sur lequel on tombe ; on récite le symbole et trois oraisons, après lesquelles on élève la croix sur la tête du malade, en prononçant sur lui l'absolution générale. Si le temps le permet, on dit encore d'autres prières, et on fait la procession dans l'église avec la lampe bénite et des cierges allumés, pour demander à Dieu la guérison du malade, par l'intercession des martyrs et des autres saints. Si le malade n'est pas en état d'aller lui-même auprès de l'autel, on substitue une personne à sa place. Après la procession, les prêtres font les onctions sur le malade, puis ils se font une onction les uns sur les autres de cette huile bénite, et ceux qui ont assisté à la cérémonie reçoivent aussi une onction, mais non en la manière qu'elle est faite sur le malade.

4. Les Jacobites syriens ont des rites et des prières assez semblables ; on n'y remarque que de légères différences qui ne sont pas essentielles ; et les Éthiopiens en ont une conforme au rituel d'Alexandrie. Il en est de même des Maronites et de la plupart des chrétiens orientaux.

EYATHREN, un des six Gahambars, génies des anciens Perses, ou personnifications des fêtes instituées pour conserver le souvenir de la lutte du bon et du mauvais principe.

EYRA, divinité des anciens Scandinaves ; c'était la déesse de la médecine ; elle soignait les dieux et les héros dans leurs maladies.

ÉZAGULIS, dieu de la mort chez les anciens Lithuaniens, qui célébraient en son honneur des fêtes funèbres appelées Skierstuwes.

ÉZAN, appel à la prière dans les nations mahométanes. On sait que les musulmans ne se servent point de cloches ; ils croient que la voix humaine est le seul instrument assez noble pour appeler le peuple à un devoir aussi auguste que celui de la prière. Aux cinq heures canoniques les Muezzins ou crieurs montent sur les galeries qui environnent les minarets des mosquées, et là, dans une attitude et avec des modulations déterminées, ils entonnent ces paroles : « Dieu très-grand! Dieu très-grand! Dieu très-grand! Dieu très-grand! J'atteste qu'il n'y a point d'autre dieu que Dieu! J'atteste qu'il n'y a point d'autre dieu que Dieu! J'atteste que Mahomet est l'apôtre de Dieu! J'atteste que Mahomet est l'apôtre de Dieu! Venez à la prière! venez à la prière! venez à l'œuvre de salut! venez à l'œuvre de salut! (*A la prière du matin on ajoute:* La prière vaut mieux que le sommeil, la prière vaut mieux que le sommeil.) Dieu très-grand! Dieu très-grand! Il n'y a point d'autre dieu que Dieu! » Le but de la répétition de ces formules est de donner plus de force aux invitations que fait le muezzin d'abandonner toute affaire temporelle pour vaquer au devoir de la prière. Mahomet le premier prononça l'Ezan. Les premiers khalifes ne dédaignaient pas de l'imiter en cela, et de remplir eux-mêmes la fonction de muezzin.

Cet Ezan se renouvelle cinq fois par jour, et cinq fois par jour il met en mouvement tous les peuples qui professent la religion de Mahomet. Au moment que la voix des muezzins se fait entendre, le musulman, quels que soient son état, son rang, sa condition, abandonne tout pour faire la prière : on s'en acquitte dans les mosquées, dans les maisons, dans les boutiques, dans les magasins, dans les marchés, dans les promenades publiques, enfin, partout où l'on se trouve. *Voyez* NAMAZ.

ÉZARIKÉ, sectaires musulmans, disciples de Nasir, fils d'Ezrak. Ils font partie de la grande branche des Kharidjis; ils regardent le khalife Ali comme un infidèle, et soutiennent qu'Ibn-Meldjem a eu raison de le tuer. Ils déclarent infidèles les compagnons de Mahomet : Osman, Zobéir, Talha et Aïscha sa femme; ils croient qu'il est permis de tuer les femmes et les enfants de leurs adversaires, et qu'il ne doit point y avoir de lapidation pour l'adultère, ni de peine pour ceux qui injurient les femmes.

ÉZÉCHIEL, l'un des quatre grands prophètes de l'Ancien Testament, fils du sacrificateur Buri, prophétisa pendant l'espace de vingt ans; et l'on prétend qu'il mourut martyr de son zèle et de son devoir, ayant été mis à mort par un prince auquel il reprochait son idolâtrie. Les Juifs montrent son tombeau, à une journée et demie de marche de Bagdad; dans ce désert ce tombeau est encore aujourd'hui très-fréquenté comme lieu de pèlerinage. Ezechiel nous a laissé un livre de prophéties, rempli de visions extraordinaires, de symboles et d'allégories, ce qui le rend très-difficile à entendre. Il y prédit particulièrement la captivité des Juifs, la ruine de Jérusalem; puis il annonce le retour des Israélites dans leur patrie et le rétablissement du temple.

ÉZÉCHIÉLITES, nom que l'on a donné aux partisans de Jacques Brothers, fanatique, qui s'annonça comme prophète à Londres, en 1774. Ils formèrent, dans le Yorkshire, une société de nouveaux Jérusalémites; mais les gazettes du temps les appelèrent *Ezéchiélites*, d'après une fausse interprétation qu'ils donnaient à un passage d'Ézéchiel. Ils attendaient le *millenium* ou règne de Jésus-Christ pendant mille ans, époque qui devait renverser tout ce qui existe pour y substituer un nouvel ordre de choses.

ÉZERNIM, un des dieux ou génies élémentaires des anciens Slaves; il avait dans ses attributions les étangs, les lacs et toutes les eaux stagnantes.

ÉZOUR-VÉDAM, nom vulgaire du second des Védas, appelé en sanscrit *Yadjour-Véda*. Dans le siècle dernier, les savants européens avaient fait mille efforts infructueux pour se procurer les livres sacrés de l'Inde. A force de soins et de sollicitations, ils avaient obtenu à grands frais des missionnaires catholiques l'envoi de quelques parties des Védas, en langue sanscrite et écrites en caractères bengalis, ce qui n'avançait guère les curieux, car ces langues leur étaient inaccessibles; on espérait cependant pouvoir les déchiffrer un jour. Mais, d'après les notices qui avaient accompagné ces envois, on savait qu'on ne les possédait pas dans leur intégrité, et qu'il manquait entre autres les parties les plus importantes. Mais voilà qu'un jour un membre du conseil de Pondichéry, arrivé à Paris, se déclare possesseur d'un manuscrit précieux. Ce n'était rien moins qu'un Véda, et à raison de son importance, présent en fut fait à la bibliothèque du Roi.

Ecoutons Voltaire rendre compte de cet événement :

« Un hasard plus heureux a procuré à la bibliothèque de Paris un ancien livre des brahmes; c'est l'*Ezour Védam*, écrit avant l'expédition d'Alexandre dans l'Inde, avec un *rituel* de tous les anciens rites des brahmanes, intitulé le *Cormo-Védam*. Ce manuscrit traduit par un brahme n'est pas à la vérité le Védam lui-même, mais c'est un résumé des opinions et des titres contenus dans cette loi. »

Voltaire dit ailleurs : « L'abbé Bazin, avant de mourir, envoya à la bibliothèque du Roi le plus précieux manuscrit qui soit dans tout l'Orient, c'est un ancien commentaire d'un brahme nommé Chumontou par le Védam, qui est le livre sacré des anciens brahmanes. Ce manuscrit est incontestablement du temps où l'ancienne religion des gymnosophistes commençait à se corrompre; c'est, après nos livres sacrés, le monument le plus respectable de la créance de l'unité de Dieu; il est intitulé *Ezour-Védam*, comme qui dirait le vrai Védam expliqué, le pur Védam. On ne peut douter qu'il n'ait été écrit avant l'expédition d'Alexandre... Quand nous supposerons que ce rare manuscrit a été écrit environ 400 ans avant la conquête d'une partie de l'Inde par Alexandre, nous ne nous éloignerons pas beaucoup de la vérité. »

Voltaire ajoute ailleurs que ce livre précieux a été traduit du *sanscrétan*, par le grand-prêtre ou archibrahme de la pagode de Cheringam, vieillard respecté par sa vertu incorruptible, qui savait le français et qui rendit de grands services à la compagnie des Indes.

Ce n'était pas sans arrière-pensée que notre philosophe se plaisait à vanter cet ouvrage et à lui supposer une si haute antiquité ; ce petit stratagème convenait à la guerre qu'il faisait à nos livres saints. De nos jours encore, et dans une intention bien différente, une autre école invoqua le témoignage de l'Ezour-Védam, comme celui d'une œuvre brahmanique. L'*Essai sur l'Indifférence* en cite les paroles, pour montrer l'existence des idées chrétiennes chez les Indiens longtemps avant le christianisme.

Ainsi l'Ezour-Védam était en possession d'un honneur insigne, auquel son auteur n'avait guère songé, et quoique ce livre ne répondit pas tout à fait à l'idée qu'on devait se former du brahmanisme, il passait pour un livre sacré, lorsque tout à coup les *Recherches asiatiques* de Calcutta font savoir à l'Europe que ce prétendu Védam est l'ouvrage d'un missionnaire jésuite. Un orientaliste anglais, qui se trouvait par hasard à Pondichéry, ayant obtenu de visiter la bibliothèque des missions étrangères, y avait découvert l'original de l'Ezour-Védam, et avec lui plusieurs autres manuscrits du même genre.

Grande rumeur parmi les savants. Quoi ! c'est ainsi qu'on nous a mystifiés ! un missionnaire jésuite nous a fait prendre son ouvrage pour un livre sacré des brahmanes ! Vouloir tromper toute l'Europe ! quelle fourberie ! quelle noirceur ! Et voilà encore une imposture ajoutée aux autres dans l'histoire de la compagnie de Jésus ; ce nouveau crime fut dénoncé au public avec autant d'indignation que jamais.

Ce qui embarrassait un peu les critiques, c'est que l'auteur des Pseudo-Védas parlait des quatre Védas des brahmanes pour les réfuter ; il en disait l'origine, il donnait même les noms de leurs auteurs. « C'est une chose inexplicable, dit M. Lanjuinais, que le missionnaire n'ait pas craint d'insérer dans son ouvrage ce qui était capable de le convaincre d'imposture. » Il y a peut-être une chose plus inexplicable encore, c'est que des hommes d'esprit et de goût se laissent impressionner par des préjugés, au point de fermer les yeux à l'évidence.

L'Ezour-Védam est tout simplement une réfutation des Védas, sous forme de dialogue entre Biache (*Vyasa*), rédacteur ou compilateur supposé des Védas, et Chumontou (*Soumanta*), qui remplit le rôle de missionnaire, et qui, suivant qu'il est exposé au début de l'ouvrage, « touché du sort malheureux des hommes, qui tous, livrés à l'erreur et à l'idolâtrie, couraient aveuglément à leur perte, forma le dessein de les éclairer et de les sauver. Pour dissiper donc les ténèbres épaisses qui avaient obscurci leur raison, il composa l'Ezour-Védam, où, les rappelant à leur raison même, il leur fait connaître et sentir la vérité qu'ils avaient abandonnée pour se livrer à l'idolâtrie. »

L'auteur, il est vrai, n'aborde pas la religion chrétienne dans son ouvrage, mais cela n'entrait point dans son plan, et aurait certainement nui à son œuvre ; son but était de préparer l'esprit et le cœur des brahmanes, et de les amener graduellement à une entière conversion. Il se contente de leur rappeler des traditions primitives, de leur faire sentir la vanité des faux dieux, de faire ressortir ce qui pouvait, dans leurs livres sacrés, favoriser la croyance de l'unité de Dieu, et ce qui était conforme à la droite raison. Pour se faire comprendre d'eux, il fallait prendre leur langage, et pour qu'ils fussent capables de distinguer la lumière, il était nécessaire de guérir préalablement leurs yeux malades. (Nous avons emprunté cet article presque intégralement à des *Notices sur la découverte des livres sacrés de l'Inde*, insérées par M. l'abbé Bach dans les *Annales de philosophie chrétienne*, tom. XVI et XVIII, 3ᵉ série.)

EZRAIL, ou AZRAIL, et IZRAIL, nom de l'ange de la mort chez les musulmans. *Voyez* AZRAÏL. Voici la description donnée de cet esprit par Mahomet lui-même, dans le récit de son fameux voyage nocturne. *Voyez* ASCENSION DE MAHOMET. Parvenu dans le quatrième ciel, il vit un des grands anges, assis sur un trône de lumière, et les autres anges inférieurs, à sa droite et à sa gauche, entièrement dépendants de sa volonté, et prêts à exécuter promptement ses ordres. Ses pieds s'étendaient jusque sous les extrémités de la septième terre, et son cou s'élevait jusque sous le trône de Dieu. Il avait à sa droite une table, et à sa gauche un grand arbre. Son aspect était imposant et sévère. « Dès que je vis cet ange, dit Mahomet, je tremblai de tous mes membres, et mes genoux vacillants s'entre-choquèrent de l'épouvante dont je fus saisi. Cependant je le saluai. Ezraïl me rendit le salut. Je me tournai ensuite vers Gabriel. O mon cher Gabriel ! lui dis-je, que signifient cette table que voilà à sa droite et ce grand arbre qui est à sa gauche ? O Mahomet ! me répondit-il, sur cette table que tu vois à sa droite sont écrits les noms de tous les enfants d'Adam ; et quand le temps de quelqu'un d'eux approche, l'ange de la mort se tourne à sa gauche vers l'arbre, et en coupe une branche ; aussitôt que les feuilles de cette branche se sèchent, il connaît que le terme de chacun de ceux à qui appartiennent ces feuilles est venu. Il coupe donc cette feuille, et dans le moment celui à qui elle appartient cesse de vivre. Alors je fis une grande révérence à cet ange, en lui disant : O mon bien aimé ! ange de la mort, explique-moi, je te prie, comment tu recueilles ces âmes. Il me répondit en ces termes : O Ahmed ! Dieu a mis sous ma conduite un nombre suffisant d'anges pour m'aider. J'en ai jusqu'à 500,000, et je les distribue sur la terre par troupes. Quand donc un homme a achevé de consumer ce qui était destiné pour sa nourriture et sa subsistance, que la mesure de son temps est tranchée, et que le terme de sa vie est parvenu à son dernier période, dans ce moment-là un ange se présente, et retire l'âme ou l'esprit qui anime son corps de toutes les parties dont il est composé, savoir: des veines, des jointures, des nerfs, des os, des chairs et du sang, jusqu'à ce que cette âme soit parvenue au gosier et au passage étroit du larynx. Alors, pendant que vous êtes présents à l'observer, nous sommes encore plus près de lui que vous, et, sans que vous vous en aperceviez, nous recueillons et nous emportons cette âme dans le lieu appelé *Alyoun*. Ici, je l'interrompis en lui disant : O ange de la mort! mon bien-aimé, quel est ce lieu appelé Alyoun? C'est, me répondit-il, le septième ciel, qui est le séjour des âmes justes; mais si cette âme est méchante et réprouvée, je la porte au lieu nommé *Sedjin*. Qu'est-ce que c'est que le Sedjin? lui demandai-je. C'est, repliqua-t-il, la septième terre, la plus basse de toutes, dans laquelle sont jetées les âmes des impies, sous l'arbre noir, sombre et ténébreux, où l'on n'aperçoit aucune lueur. »

[Cherchez par *Ph* les mots que vous ne trouverez pas ici par F.]

FABARIES, sacrifices que les Romains faisaient sur le mont Cœlius, et qui consistaient en un gâteau de farine de fève, nommé *Fabacie*, et du lard; ils avaient lieu le premier jour de juin, en l'honneur de Carna, épouse de Janus. De là le nom de *Fabaries* ou *Fabariennes*, donné aux calendes de ce mois.

FABIENS, prêtres romains qui formaient un des collèges des Luperces; ceux qui appartenaient à l'autre collège portaient le nom de *Quintiliens*; on dit que ceux-ci avaient été institués par Romulus, et ceux-là par Rémus. Voy. LUPERCES.

FABLE. Dans l'origine ce mot ne signifiait pas autre chose que *récit*, *histoire*. *Fabula* vient en effet du verbe *fabulari*, parler; puis il fut pris dans le sens d'*apologue*, et enfin dans celui de *récit mensonger* qu'il a aujourd'hui. Les poëtes en avaient fait une divinité allégorique, fille du Sommeil et de la Nuit. Ils ajoutent qu'elle épousa le Mensonge, et qu'elle s'occupait continuellement à contrefaire l'histoire. On la représente avec un masque sur le visage et magnifiquement habillée. La vérité emploie le voile de la fable pour nous faire goûter ses leçons; c'est ce qui est exprimé par les emblèmes où la Vérité est représentée toute nue, et se couvrant d'un voile chargé de figures d'animaux; mais ces idées et ces données sont comparativement très-modernes.

Le mot Fable est encore pris comme nom collectif renfermant l'histoire théologique, fabuleuse et poétique des Grecs et des Latins. Sous ce rapport, Banier la divise en fables historiques, philosophiques, allégoriques, morales, mixtes, et fables inventées à plaisir.

1° *Fables historiques;* elles forment le plus grand nombre : ce sont d'anciennes histoires mêlées à plusieurs fictions; telles sont celles où il s'agit des principaux dieux et des héros, comme de Jupiter, d'Apollon, de Bacchus, d'Hercule, de Jason, d'Achille, etc. Le fond de leur histoire est basé sur des faits véridiques.

2° *Fables philosophiques;* ce sont celles que les poëtes ont inventées comme paraboles propres à développer les mystères de la nature et de la philosophie; comme quand on dit que l'Océan est le père des Fleuves, que la Lune épousa l'Air, et devint mère de la Rosée, etc.

3° *Fables allégoriques*, espèce de paraboles qui cachaient un sens mystique, comme celle qui est dans Platon, de Porus et de Pénie, ou des richesses et de la pauvreté, d'où naquit l'Amour.

4° *Fables morales*, inventées pour exposer des préceptes propres à régler les mœurs, comme sont tous les apologues, ou comme celle qui dit que Jupiter envoie pendant le jour les étoiles sur la terre, pour s'informer des actions des hommes.

5° *Fables mixtes*, c'est-à-dire mêlées d'allégorie et de morale, et qui n'ont rien d'historique, ou qui, avec un fond historique, font cependant des allusions manifestes ou à la morale ou à la physique; telle est celle de Leucothoé changée en l'arbre qui porte l'encens, et aussi celle de Clytie en tournesol.

6° *Fables inventées à plaisir;* celles-ci n'ont d'autre but que d'amuser; telle est la fable de Psyché, et celles qu'on nommait *Milésiennes* ou *Sybaritides*.

Le même écrivain indique treize sources principales de la fable : ce sont : 1° l'amour du merveilleux, naturel aux hommes; 2° le défaut ou les variations de l'écriture, soit simple, soit figurée; 3° la fausse éloquence des orateurs, et la vanité des historiens; 4° les relations des voyageurs ignorants ou exagérateurs; 5° le théâtre, la poésie, la peinture et la sculpture; 6° la pluralité ou l'unité des noms; 7° l'établissement des colonies et l'invention des arts; 8° les cérémonies de la religion, la complaisance des prêtres, et les mensonges payés des généalogistes; 9° l'ignorance de l'histoire, de la chronologie, de la physique, de la navigation et des langues, et surtout de la langue phénicienne, féconde en équivoques; 10° les mots équivoques de la langue grecque; 11° la vanité des Grecs, qui changèrent les noms et les cérémonies des peuples de l'Orient, pour faire croire que les faits s'étaient passés dans leur pays, tandis que l'Egypte et la Phénicie étaient le vrai berceau des fables; 12° le prétendu commerce des dieux, imaginé à dessein de sauver l'honneur des dames, et appelé au secours de leur réputation; 13° les expressions figurées et métaphysiques prises insensiblement dans un sens littéral, comme le cruel Lycaon changé en loup, le stupide Midas doué d'oreilles d'âne, etc

FABRICA, déesse à laquelle on attribue, suivant Pline, l'invention des boucles d'oreilles, des colliers et autres bijoux qui entrent dans la parure des femmes.

FABULEUX (*Temps*), deuxième période du monde, selon Varron; elle a duré depuis le déluge jusqu'au siége de Troie. Cette période s'appelle tantôt *fabuleuse*, tantôt *héroïque*, à raison des héros ou demi-dieux que l'on suppose avoir existé alors

FABULINUS, divinité des Romains, a laquelle on offrait des sacrifices, lorsque les enfants commençaient à balbutier, pour obtenir à ceux-ci la faculté de s'énoncer clairement.

FACÉLINE, FACÉLIS, FASCÉLINE, ou **FASCÉLIS**, surnom de la Diane d'Aricie, ainsi nommée, dit-on, du faisceau de bois dans lequel Oreste et Iphigénie avaient caché sa statue, lorsqu'ils l'apportèrent de la Chersonèse Taurique. Elle avait sous ce nom un temple en Sicile, non loin du phare de Messine

FADES. Les Latins donnaient le nom de *fadæ, fatæ, fatidicæ*, aux magiciennes et aux devineresses gauloises et germaines. C'est de là que sont venues nos *fées*. *Voy.* FÉES.

FADJR, ou **FEDJR**, nom de la prière du matin chez les musulmans. *Voy.* NAMAZ.

FAHÉ-GUÉHÉ, nom des prêtres des idoles dans les îles de l'archipel Tonga ; ce mot signifie séparé, distinct. Les Fahé-Guéhé passent pour avoir une âme différente de celle du commun des hommes, et que les dieux se plaisent à inspirer. Ces inspirations se renouvellent fréquemment ; alors le prêtre a droit au même respect que le dieu lui-même, et si le roi est présent, il doit se retirer à une certaine distance, aussi bien que le reste des spectateurs. Les Fahé-Guéhé appartiennent le plus souvent à la classe des mataboulés ou chefs subalternes; ils n'ont rien qui les distinguent des autres hommes du même rang social, si ce n'est qu'ils sont peut-être plus réfléchis et plus taciturnes. Ils ne forment pas, comme aux îles Havaï ou Sandwich, un corps respecté, distinct, vivant séparément et tenant de fréquentes conférences ensemble. Leur manière de vivre et leurs habitudes sont celles des autres habitants, et leur qualité de prêtres ne leur donne droit au respect qu'autant qu'ils sont inspirés.

FAHFAH, nom de l'un des fleuves que les musulmans placent dans leur paradis

FAID, deuxième classe des Druides; les Faids étaient de l'ordre des prêtres, et jouaient un rôle important dans les actes publics de la religion ; ils étaient chargés de composer en l'honneur des dieux, des hymnes qu'ils chantaient dans les grandes solennités, au son des harpes et des autres instruments. Ils étaient, en un mot, les musiciens sacrés, les poëtes religieux, et les prétendus prophètes de toutes les nations celtiques qui les regardaient comme inspirés et favorisés des révélations du ciel, relativement à la connaissance de la nature des choses, de l'avenir et de la volonté des dieux. Les femmes qui jouissaient d'un pouvoir analogue portaient le nom de *Fâdes, Fates* ou *Fées*.

FAIM, divinité allégorique, qu'Hésiode dit fille de la Nuit. Virgile la place aux portes des enfers, d'autres sur les bords du Cocyte, où les arbres dépouillés de fleurs, de feuilles et de fruits, n'offrent qu'un ombrage désolé. Assise au milieu d'un champ aride, elle arrache avec ses ongles quelques plantes infertiles. Les Lacédémoniens avaient, à Chalciœcon, dans le temple de Minerve, un tableau de la Faim, dont la vue seule était effrayante. Elle y était représentée sous la figure d'une femme hâve, pâle, abattue, d'une maigreur effroyable, les tempes creuses, la peau du front sèche et retirée, les yeux éteints, enfoncés dans la tête, les joues plombées, les lèvres livides, les bras décharnés, ainsi que les mains qu'elle avait liées derrière le dos. Ovide, dans ses *Métamorphoses*, a fait de la Faim un portrait qui n'est pas moins énergique.

FAKA-ÉGUI, mot à mot, *faire noble*; cérémonie usitée dans l'archipel Tonga, pour rendre *tabou* ou prohibé, un lieu ou des objets quelconques. Il y a des mets, tels que la chair de tortue et celle d'une espèce de poisson, qui sont toujours tabou et dont on ne peut manger qu'après en avoir offert un petit morceau à la Divinité; mais toute espèce de provision peut le devenir au moyen de la prohibition appelée *Faka-égui*. Ce tabou jeté sur les fruits est quelquefois un acte de prudence, et a pour but d'empêcher certaines productions utiles de devenir rares, lorsque le peuple en a fait une grande consommation. Cette prohibition ne cesse qu'au moyen d'une autre cérémonie qui prend le nom de *Faka-lahi*, et qui rend à l'usage commun l'objet interdit.

FAKA-LAHI, cérémonie pratiquée dans les îles Tonga. *Voy.* FAKA-ÉGUI.

FAKA-VÉRI KÉRÉ, le génie principal, adoré dans l'île Futuna. Son nom n'est pas flatteur ; il signifie *celui qui fait la terre mauvaise*; il commande à la foule des génies subalternes, appelés *Atoua-Mouri*. *Voy.* ce mot.

FAKOU-BASI, temple du cheval blanc. Sous le règne de Sei-nin, onzième daïri du Japon, un Indien nommé Boupo, autrement dit Kobotus, apporta sur un cheval blanc le kio, livre qui renfermait sa religion et sa doctrine. Ce cheval est sans doute le même que d'autres historiens japonais disent être si agile à la course, qu'il faisait 1,000 milles par jour.

FAL, mot arabe qui veut dire *sort*. Les chrétiens de saint Jean donnent ce nom à un livre de divination dont ils font beaucoup de cas, et qu'ils consultent dans presque toutes les actions importantes de la vie.

FALACER, dieu que les Romains reçurent des Ombriens; on n'est pas d'accord sur ses fonctions : les uns en font le dieu des arbres fruitiers ; d'autres veulent qu'il ait présidé aux colonnes du cirque nommées *falæ*, dont parle Juvénal dans sa sixième satire. Falacer avait un prêtre particulier qui portait le même nom.

FALESTINIS, nom que l'historien arabe Makrisi donne à une secte de Juifs habitant la Palestine, qui avancent qu'Esdras est le fils de Dieu. Un autre écrivain musulman dit que quelques docteurs juifs étant venus trouver Mahomet, lui dirent : « Comment pourrions-nous vous suivre? Vous avez abandonné notre quibla (Jérusalem, vers laquelle Mahomet et ses disciples se tournaient dans les premiers temps de l'islamisme, à l'imitation des Juifs, pour faire la prière), et vous ne reconnaissez point Esdras pour fils de Dieu. » Il ajoute que c'est à cette occasion que Mahomet composa ce verset du Coran : « Les Juifs disent : Esdras est le fils de Dieu. Les chrétiens disent : Le Messie est le fils de Dieu. Telles sont les paroles de leurs bouches, elles ressemblent à celles des infidèles d'autrefois, etc. » Mais cette imputation est sans doute une calomnie, car il ne paraît pas que les Juifs aient jamais regardé Esdras comme fils de Dieu. Les mahométans justifient cette accusation de leur prophète par l'extrême vénération que les Juifs professaient pour le restaurateur de leur loi et de leur nation, et soutiennent qu'elle a dû être fondée, puisque les Juifs n'ont pas osé la contredire.

FAMILIERS, en latin *Familiares*; c'étaient les Lares des maisons de chaque particulier. — Les Romains donnaient aussi le nom de *Familiaris pars*, à la partie de la victime destinée à tirer les augures pour les choses intérieures et particulières.

FAMILISTES, ou FAMILLE D'AMOUR, secte qui a commencé en Hollande, dans le XVIe siècle, et qui a laissé en Amérique des traces encore subsistantes. Elle doit son origine à David Joris ou George, né à Delft, qui se sépara des anabaptistes pour se faire chef d'une société nouvelle, appelée *Famille d'amour*, à laquelle il persuada qu'il était un nouveau messie, fils bien-aimé du Père. Un autre anabaptiste d'Amsterdam, Henri Nichols, homme illettré, et qui haïssait dans les autres l'instruction, commença à dogmatiser, vers l'an 1550, et se fit un système indigeste par la confusion des sens charnel et spirituel ; il se prétendit plus grand que Jésus-Christ, qui n'avait été que son image, au lieu que lui était un homme déifié. Saint Paul déclare que ce que nous avons maintenant de science et de prophétie est très-imparfait ; mais que, lorsque nous serons dans l'état parfait, toute imperfection sera abolie. Ainsi, disait-il, la doctrine de Jésus-Christ était imparfaite, et la perfection ne se trouvait que dans la Famille d'amour, ainsi appelée, parce qu'ils n'admettaient dans la religion qu'une seule vertu, la charité, soutenant que la foi et l'espérance, bien loin d'être des vertus, n'étaient que des imperfections. Tous les membres de cette secte se regardaient comme des frères ; bien plus leur amour s'étendait à tous les hommes, car ils n'attachaient aucune importance à la diversité d'opinions sur la nature divine, pourvu que les cœurs fussent enflammés par l'amour et la piété. La charité tenait lieu de tout ; elle élevait les hommes à un tel degré de perfection, qu'il n'était plus possible qu'ils tombassent dans le péché ; ils étaient en quelque sorte déifiés ou transformés en essence dans la Divinité.

On a attribué aux Familistes une doctrine pire encore que leurs opinions ; on prétendit que Nichols autorisait le mensonge et le parjure devant le magistrat ou toute autre personne étrangère à leur société. On les accusa de grands désordres ; ils se disculpaient de leurs vices, et les imputaient à Dieu, sous prétexte qu'ils l'avaient invoqué, et qu'il leur avait refusé sa grâce. Ils étaient devenus si pervers, dit l'historien Fuller, que la charité même rougirait de les excuser.

Cette secte passa en Angleterre, où nous voyons les Familistes nombreux dès 1581 ; un de leurs adhérents, Samuel Gorton, la porta en Amérique, en 1636 ; et on assure qu'il y en avait encore des restes en 1809. *Voy.* GORTONIENS.

FAMINE. Les poëtes l'ont personnifiée comme la Faim. Ils dépeignent Bellone ravageant les campagnes et traînant après elle la Famine, au visage pâle et hâve, aux yeux enfoncés, au corps maigre et décharné. Ils l'appellent la conseillère des crimes, la fille de la Discorde et la mère de la Mort.

FA-MI-TAY, nom que les habitants de Laos donnent à une divinité qui doit succéder à Chaka, lorsque le règne de ce Bouddha, qui doit être de 5000 ans, sera expiré. Fami-tay sera, pour ainsi dire, l'antechrist de Chaka ; il détruira entièrement la religion établie par son prédécesseur, renversera les temples, brisera les statues et les images, brûlera les livres, persécutera toutes les religions, et en interdira l'exercice. Il donnera de nouvelles lois, contraires aux précédentes, publiera d'autres livres sacrés, choisira d'autres ministres, changera et réformera tout.

FAMULUS. Ce mot avait dans la religion romaine plusieurs significations ; 1° un ministre des dieux ; 2° une déité subalterne ; 3° un génie local, qui apparaissait ordinairement sous la forme d'un serpent.

FANATIQUE. Ce mot vient du latin *Fanum*, temple. — 1. Les Romains appelaient de ce nom des gens qui se tenaient dans les temples, et qui, entrant dans une sorte d'enthousiasme, comme animés et inspirés par la divinité qu'ils servaient, faisaient des gestes extraordinaires, branlaient la tête comme des Bacchantes, se tailladaient les bras et prononçaient des oracles. Ceux qui se tenaient dans le temple de Bellone se nommaient Bellonaires. Il y avait en outre des fanatiques d'Isis, de Sérapis, de Sylvain, etc. Cette appellation n'était pas d'abord déshonorante, mais elle ne tarda pas à le devenir. Du moins se trouve-t-elle prise en mauvaise part, et avec le même sens qu'il désigne aujourd'hui.

2. Dans ces derniers siècles, on a appelé *Fanatiques* certains sectaires qui parurent en Allemagne, et qui se donnaient pour des hommes inspirés du ciel. Ils voulaient faire passer les écarts de leurs cerveaux dérangés pour des illuminations célestes, et se croyaient obligés d'exécuter, comme des ordres de Dieu, tous les forfaits que leur suggérait une imagination déréglée. A la tête de ces fanatiques étaient Wigélius et Jacques Bohm. Ce dernier, de cordonnier devenu docteur et prophète, se parait du titre de *philosophe teutonique*, et montrait d'autant plus d'orgueil et d'ignorance qu'il était plus vil et plus ignorant. Il vantait beaucoup ses songes et ses visions, et consigna ses rêveries dans un ouvrage allemand qu'il intitula *le Grand mystère*. *Voy.* PIÉTISTES.

3. FANATIQUES DES CÉVENNES. *Voy.* CAMISARS.

4. Tous ceux qui divinisent les fantômes d'un cerveau échauffé, qui couvrent leurs passions du masque de la religion, et prétendent honorer Dieu par des crimes, sont de véritables fanatiques. Or, il y a des gens de cette espèce dans toutes les sectes répandues sur la terre; la véritable religion même a ses fanatiques, d'autant plus terribles et dangereux, que le motif dont ils s'autorisent est plus respectable et plus sacré.

FANATISME, espèce de frénésie et de fureur, déguisée sous le nom de zèle, qui porte à croire que les actions les plus extravagantes et les crimes les plus noirs sont permis et même commandés, lorsqu'ils peuvent être utiles au système politique ou religieux qu'on professe, et qu'on peut tout entreprendre légitimement contre ceux qui sont d'une secte et d'une opinion différente. Nous n'avons pas besoin d'aller chercher dans les histoires étrangères des exemples de ce fanatisme. Les convulsionnaires de Saint-Médard étaient des fanatiques, qui remuèrent toute la France par leurs extravagances; les assassins des rois Charles IX, Henri III, Henri IV, étaient aussi des fanatiques, mais d'un genre bien plus dangereux; les uns et les autres font le plus grand tort à la religion, et sont souvent le fléau le plus terrible pour les Etats.

FAN-CHIN, secte d'Epicuriens qui parurent en Chine dans le v⁵ siècle de notre ère. Le vice, la vertu, la providence, l'immortalité, etc., n'étaient pour eux que des mots vides de sens. Cette doctrine désastreuse n'eut heureusement que la durée d'un torrent; mais les torrents font bien des ravages en peu de temps, et il faut des années pour réparer les dommages d'un jour.

FANÈS, en latin *Fanæ* ou *Fatuæ;* déesses de la classe des Nymphes, dont on prétend que le nom a donné lieu à celui de *fanum*, c'est-à-dire endroit consacré à quelque divinité que l'on consulte sur l'avenir; car c'était là le principal objet du culte des Fanes.

FANIS, secte de samaritains; elle est aussi connue sous le nom de *Dostanis* ou Dosithéens. Un homme appelé *Fan*, s'étant élevé parmi les samaritains, s'arrogea le titre de prophète; il prétendit être celui dont Moïse avait annoncé la venue, et l'étoile dont il est parlé dans le Pentateuque. Cet événement arriva cent ans avant l'avénement du Messie, selon l'écrivain arabe Schahristani, qui ajoute que les samaritains se partagèrent alors en deux sectes : les Dostanis ou Fanis; ceux-ci soutiennent que les récompenses et les peines sont décernées dès ce monde; et les Kouschanis, qui enseignent que la rémunération ou le châtiment n'aura lieu que dans la vie future. Ils diffèrent aussi sur plusieurs articles de leurs lois.

FANNASHIBA, arbre que les Japonais plantent dans le voisinage des temples; et quand il est vieux, ils le brûlent dans les funérailles des morts.

FAN-OUANG, un des dieux des Chinois et des Cochinchinois.

FANOUN, ville royale, au temps fabuleux que les Arabes appellent *antéadamite*. C'était le siége des anciens Solimans ou Salomons qui régnaient sur les Djinns, créatures différentes de l'espèce humaine. *Voy.* DJAN, DEW.

FANSAL, demeure de Frigga, déesse de la mythologie scandinave; le palais de Fansal est élevé dans Asgard, ville des dieux.

FANUM, aire et place d'un temple qui devait être consacré aux dieux. De là *Fanum*, pris chez les Romains pour signifier un petit temple ou une chapelle. C'était aussi un monument qu'on élevait aux empereurs après leur apothéose. Plusieurs localités ont été nommées *Fanum*, parce qu'elles avaient été dans l'origine l'emplacement d'un temple ou d'une chapelle.

FANUS, dieu qui présidait à la marche, où, suivant d'autres, au cours de l'année. Macrobe dit que, sous ce dernier rapport, les Phéniciens le représentaient sous la figure d'un serpent formant le cercle et se mordant la queue, pour exprimer la révolution de l'univers.

FAOUROUAN, fête que les Ovas célèbrent à la fin de chaque année; le roi, en sa qualité de grand-prêtre distribue au peuple un grand nombre de bouvillons, et sacrifie une génisse tachetée aux tombeaux de ses ancêtres; il goûte de son sang, et rend des actions de grâces au dieu qu'il appelle le *roi parfumé*. Radama célébrait cette fête tous les ans; de plus, il pratiquait la même cérémonie à la tombe de son père, quand il revenait victorieux de quelque expédition.

FAQUIRS. Le mot *Faquir* est arabe et désigne proprement un pauvre dans cette langue; il vient de la racine *facara* qui, entre autres sens divers, signifie *éreinter*, *rendre malheureux*, d'où le verbe *fecor*, être pauvre. Faquir signifie donc *pauvre* en général, soit celui qui l'est par nécessité, soit celui qui l'est par choix et par profession. C'est dans ce dernier sens que ce mot est souvent employé comme synonyme de *derwisch*, expression persane, adoptée par la langue turque, et qui a le même sens que celui de *Faquir* en arabe, introduit également dans ces deux langues et dans plusieurs autres.

« Au reste, dit M. Marcel, le mot *Faquir* n'est

point au Caire synonyme de *derwisch*. Ce dernier désigne une espèce de religieux ou de moines musulmans, tandis que les Faquirs y sont des mendiants, le plus souvent affligés de folie ou d'idiotisme, qui vaguent dans les rues de la ville, implorant la charité publique par la répétition continuelle des deux mots turcs *Bou-Faquir*, ce pauvre! ou de la phrase arabe *Faquir-Oullah*, pauvre de Dieu! qu'ils articulent avec une espèce de cri poussé du fond du gosier et véritablement lamentable.

« Cette pauvreté, volontaire ou non, principalement si elle est accompagnée de la folie ou de l'idiotisme, leur assure les égards, même le respect et la vénération, mais surtout, et c'est là le but le plus important pour eux, les aumônes toujours abondantes des musulmans, et plus fréquemment encore des musulmanes; car, dans l'Orient comme dans tous les autres pays, la compassion et la sensibilité sont des vertus spécialement féminines. D'ailleurs, si l'aumône est un précepte canonique de la religion musulmane, d'un autre côté la pauvreté est louée et vantée dans plus d'un endroit du Coran. Dans le 13ᵉ chapitre, Mahomet annonce que lorsque les pauvres entreront au paradis, ils seront salués des anges par ces paroles: *Que le salut soit sur vous, parce que vous avez supporté votre pauvreté avec patience! — Efforcez-vous*, disait encore Mahomet à Bélal, qui de son esclave était devenu son muezzin, *efforcez-vous d'arriver pauvre et non riche en présence de Dieu, car dans sa demeure les premières places sont pour les pauvres*.

« On peut bien penser que les Faquirs du Caire sont tous d'une malpropreté insigne, couverts de haillons et des livrées les plus dégoûtantes de la misère; mais ce qu'on aurait peine à imaginer, si on ne savait généralement combien les mœurs des Orientaux sont opposées aux nôtres, surtout sous certains rapports; ce que nous-mêmes nous n'aurions pu croire, si nos propres yeux n'en avaient été les témoins, c'est que la plupart des Faquirs, que le peuple appelait *saints*, avaient l'habitude plus que singulière de vaquer à leur profession de mendiants, en parcourant les rues de la ville entièrement nus, sans même le plus petit des voiles réclamés par la pudeur. Les femmes du Caire, en allant par les rues, ne se trouvaient aucunement scandalisées de rencontrer ces *saints* absolument dans l'état de pure nature, et qui, dans leur simple appareil, semblaient s'être costumés pour réaliser ces paroles de Job: « Nu je suis venu au monde, nu j'en sortirai. » Bien plus, ces femmes, souvent jeunes et jolies, honnêtes d'ailleurs et pudiques, autant que femme égyptienne peut l'être, suivant les mœurs plus sévères du pays, car leur visage était scrupuleusement couvert, s'arrêtaient sans rougir pour faire l'aumône à ces saints indécents, et même pour baiser dévotement de leurs lèvres vermeilles les mains sales et rebutantes de ces idoles animées. Le costume adamique de ces saints Faquirs avait déplu à nos soldats dès leur arrivée au Caire: aussi ils n'en rencontraient pas un dans les rues qu'ils ne prissent le plaisir de la chasse à leurs dépens, en les poursuivant, comme par une battue générale, à coups de courroies et de ceinturons, d'un bout de la ville à l'autre; le claquement des coups de lanières, assénés sur les chairs nues de ces misérables, leurs contorsions grotesques, leurs exclamations baroques à chaque coup portant, leur agilité forcée pour se soustraire à leurs chasseurs opiniâtres, amusaient beaucoup ceux-ci, tout en scandalisant grandement les dévots et les dévotes du Caire. Cependant la leçon de civilité et de décence fut efficace; en peu de jours les Faquirs se décidèrent à abjurer la toilette inconvenante qui les faisait traquer de toutes parts comme des bêtes fauves, et on ne les rencontra plus dans la ville qu'à peu près vêtus. J'ignore, continue M. Marcel, si, depuis notre départ d'Egypte, le système de l'ancien costume proscrit par nous a repris faveur. »

Les Faquirs de la Perse, appelés aussi Calenders ou Téberras, sont vêtus comme des bouffons de théâtre, et enchérissent les uns sur les autres en excentricités; les uns ayant des vêtements de forme bizarre, et faits de pièces de toutes couleurs, arrangées sans art; d'autres ne portant que des peaux de tigre ou de mouton sur le dos, et des peaux d'agneau sur la tête; d'autres allant habillés de fer, d'autres demi-nus, d'autres teints de noir et de rouge, comme pour effrayer les passants; ils prétendent en cela faire paraître, l'un sa pauvreté volontaire, un autre le mépris qu'il a pour les vanités du monde, un autre sa mortification, celui-ci l'élévation de son esprit, celui-là ses combats contre le péché, et diverses vertus semblables. Quelques-uns portent des plumes droites sur l'oreille, et chacun d'eux affecte de couvrir sa tête de la façon la plus extravagante. Tous portent quelque chose à la main, tantôt un gros bâton, tantôt un sabre nu, tantôt une hache; ils ont aussi la plupart une écuelle de bois attachée à la ceinture, avec ce qui leur est nécessaire pour manger proprement ce qu'on leur donne à titre d'aumône. D'ordinaire ils vont isolément, excepté quelques-uns qui mènent avec eux par les rues un petit garçon qui entonne, en marchant, des vers à la louange de Dieu et des imams; quelques-uns prêchent dans les cafés, dans les places publiques, dans les mosquées, aux portes des maisons, afin de tirer quelque chose de la générosité des auditeurs. Ces vagabonds font souvent les inspirés, les possédés; et comme ils prétendent ressembler aux anciens prophètes, ils contrefont les extatiques et les enthousiastes, stimulant leurs transports au moyen d'opium ou d'autres breuvages excitants.

Leurs opinions sur la foi et sur la morale sont aussi diverses que leurs habits sont bizarres; car les uns prétendent que la béatitude est difficile à acquérir, les autres, qu'elle est aisée; les uns soutenant que la volupté sensuelle est interdite, les autres, qu'elle ne l'est pas ; et ceux-ci ont soin de corroborer leur doctrine par leur conduite; mais en général ce sont des hypocrites et des épicuriens qui se croient tout permis. Leur manière de vivre est fort relâchée, souvent même libertine, car ils vivent sans règlement, sans communauté et sans supérieurs. C'est pourquoi ils sont peu estimés des Persans, surtout des personnes de bon sens.

Dans l'Inde, on donne en général le nom de Faquirs à tous les religieux quels qu'ils soient, tant hindous que mahométans ; mais ce n'est qu'improprement qu'on le donne aux premiers, dont la qualification propre est celle de Djogui, de Bairagui, de Mouni, de Tapasi, etc. Les Faquirs musulmans peuvent être divisés en deux classes; les Faquirs vivant en communauté ou assujettis à un supérieur, ce sont les derwisch des Persans; et les Faquirs vagabonds

Les premiers sont attachés au service des mosquées ; ce sont eux encore qui desservent les chapelles construites sur les tombeaux des saints personnages, et qui sont préposés à la garde des chars qui servent à la grande solennité du *Déha*, qui tombe dans les premiers jours du mois de moharrem ; ils ont un costume particulier et président à la plupart des cérémonies du culte; en un mot, ils remplissent chez les musulmans des fonctions analogues à celles des brahmanes chez les Hindous, et des prêtres chez les chrétiens. Avant d'être admis dans cet ordre, il faut être reçu *mourid* ou aspirant. Celui qui désire se faire recevoir mourid doit être âgé de seize ans au moins, et se présenter à un *pir* ou *mourschid*, chef de la congrégation dans laquelle il veut entrer, et lui exposer sa demande. Si le mourschid l'agrée, il convoque une assemblée à laquelle tous les anciens mourids sont tenus d'assister; alors le chef fait placer devant lui le candidat, et lui adresse des paroles d'édification; puis il lui tend la main droite que le néophyte prend dans les siennes; en même temps le chef des Faquirs lit quelques passages du Coran et retire sa main : c'est la formalité du serment que prête le mourid d'être fidèle aux obligations de la vie religieuse. Le mourschid fait ensuite apporter un sorbet composé soit avec du lait, soit avec de l'eau et du sucre; il en boit une gorgée et donne le reste au mourid qui est tenu d'avaler le tout. A la suite de cette cérémonie le nouveau mourid, complimenté par tous les assistants, fait distribuer du bétel et des parfums, après quoi le public, qui jusque là a pu être admis, se retire. Les anciens mourids et le jeune novice restent avec le chef, qui s'approche du dernier et lui parle tout bas à l'oreille, formalité après laquelle il est définitivement reçu mourid; et en cette qualité il peut prendre le costume affecté à cet ordre, qui consiste en un bonnet nommé *tadj*, une chemise, un pagne pour la ceinture, un chapelet, des bracelets et un cordon de fils colorés.

Le mourid ne peut se disposer à entrer dans le faquirat que lorsqu'il a suffisamment acquis de connaissances en théologie. Le temps que durent ces études n'est pas limité; lorsque le candidat se croit assez instruit, il s'adresse au mourid qui convoque une assemblée générale, lui fait subir un examen public sur toutes les matières de la théologie musulmane, et de doctrines religieuses qu'il a dû étudier; puis il lui fait prêter un serment de fidélité et d'entière soumission aux préceptes du Coran, et enfin l'admet dans l'ordre des Faquirs. Le costume qui lui était facultatif, quand il n'était que mourid, lui devient obligatoire, une fois qu'il est investi du faquirat. Il y a parmi ces Faquirs des congrégations où le mariage est prohibé; dans les autres, il est permis.

Les Faquirs vagabonds diffèrent peu de ceux de l'Egypte et de la Perse, et des Djoguis hindous. Les uns vont par troupes, couverts de méchants haillons, ou de robes composées de pièces de différentes couleurs, ou à moitié nus; les autres marchent isolément, affectant l'extérieur le plus misérable. Il y en a qui traînent de grosses chaînes attachées aux jambes, et en font sonner les anneaux en les secouant, principalement lorsqu'ils font la prière, afin que le peuple soit témoin de leurs transports extatiques. Dans les endroits où ils passent on leur apporte à manger, ainsi qu'à leurs disciples; et ils prennent leurs repas, comme les cyniques, dans une rue ou dans une place publique. C'est aussi là qu'ils donnent audience aux dévots qui viennent les consulter

Les Faquirs, qui appartiennent à la religion brahmanique, poussent encore plus loin l'extravagance et le fanatisme : ils vont les uns par bandes, les autres isolément; les uns soumis à un costume particulier, les autres dans un état de complète nudité. Ce sont eux que l'on rencontre dans les places publiques, dans les rues et les marchés, sur les chemins et dans les forêts, se livrant à des actes de fanatisme qui étonnent les Européens. Les uns s'enterrent tout vivants dans une fosse où l'air et la lumière ne peuvent pénétrer que par une étroite ouverture; ils restent dans cet affreux séjour l'espace de neuf à dix jours, dans la même attitude, et sans prendre aucune nourriture. Les autres demeurent exposés aux rayons d'un soleil ardent, pendant une journée entière, soutenus seulement sur un pied ; de temps en temps ils mettent de l'encens dans un réchaud plein de feu, qu'ils tiennent à la main. Quelques-uns, accroupis sur leurs talons, tiennent leurs bras levés au-dessus de leur tête, et demeurent dans cette attitude gênante, des jours, des mois, et même des années, tellement que leurs muscles raidis ne leur permettent plus d'abaisser leurs membres. Plusieurs passent des années entières debout, s'appuyant seulement sur une corde suspendue à un arbre, lorsque le sommeil les accable. On en voit qui, suspendus par les pieds, se balancent au-dessus d'un brasier ardent qu'ils ont soin d'attiser eux-mêmes, la tête en bas; il en est qui font brûler lentement certaines drogues sur leur tête rasée ; d'autres, au contraire, ne coupent jamais ni leurs cheveux, ni leur barbe, ni leurs ongles, tellement qu'ils semblent des monstres armés de crinières formidables et de griffes prodigieuses. On serait tenté de regarder comme autant de fables ces pratiques de pénitence, qui semblent si fort au-dessus de la nature humaine, si elles n'étaient attestées par tous ceux qui ont été dans l'Inde, et si l'on ne savait quels effets peut produire, principalement sur des têtes aussi échauffées que celles des Indous, une imagination exaltée, aidée de certaines drogues ou liqueurs qui assoupissent les sens, et rendent insensibles aux douleurs les plus cuisantes. Ovington rapporte qu'il vit plusieurs de ces Faquirs qui buvaient souvent une infusion de chanvre, nommée *bang*, une des substances les plus enivrantes.

On n'aborde ces pauvres fanatiques qu'avec le plus grand respect; on quitte sa chaussure avant de s'approcher d'eux; on se prosterne humblement pour leur baiser les pieds. Ordinairement le Faquir donne sa main à baiser comme une faveur spéciale, et fait asseoir près de lui le consultant. Ce sont surtout les femmes qui viennent avec le plus de crédulité demander des conseils à ces imposteurs, qui se vantent de posséder mille secrets précieux, et qui leur enseignent, entre autres, le moyen d'avoir des enfants quand elles sont stériles, et l'art de se faire aimer de leurs maris. Ces Faquirs ont quelquefois à leur suite plus de deux cents disciples; ils les rassemblent au son d'un tambour ou d'un cor, et, quand ils s'arrêtent quelque part, leurs disciples plantent en terre des étendards, des lances et d'autres armes autour du petit camp.

Mais rien n'approche du respect que l'on porte à ceux qui se livrent aux mortifications dont nous venons de parler; leurs disciples ou les âmes dévotes se font un devoir et un mérite de nettoyer ceux qui ont fait vœu de ne point faire usage de leurs membres ; ils leur servent à manger et leur portent les morceaux à la bouche. Bien plus, il n'est pas rare de voir des femmes qui, par pure dévotion, vont baiser les parties les plus sales de leur corps, sans que ces saints obscènes paraissent s'en apercevoir. Aussi les regarde-t-on comme des êtres surhumains, qui ont su se mettre au-dessus des passions, et qui ont triomphé de tous les assauts de la chair.

FARCOUNIS, secte persane qui subsistait dans le VIIe siècle de notre ère; les Farcounis étaient une sorte de gnostiques qui admettaient deux principes, le Père et le Fils, et prétendaient que la querelle qui s'était élevée entre eux avait été apaisée par une troisième puissance céleste.

FAREINISTES, petite secte de convulsionnaires, qui tire son nom du village de Fareins, département de l'Ain, et sur laquelle Grégoire, dans son *Histoire des sectes religieuses*, donne les détails suivants :

« En l'année 1775, Bonjour aîné, originaire de Pont-d'Ain, fut nommé à la cure de Fareins; il sortait d'une cure de Forez où un essai de ses principes avait soulevé contre lui le seigneur de sa paroisse et la plus grande partie des habitants. Il avait pour vicaire son frère cadet; on prétend qu'il avait déjà reçu une semonce de l'archevêque Montazet, et qu'il lui avait promis de changer de conduite. Quoi qu'il en soit, les frères Bonjour se rendirent d'abord recommandables par la régularité de leurs mœurs, par leur piété, par leur charité, et surtout par leurs talents oratoires; ils avaient une grande douceur de caractère, des manières insinuantes propres à s'attirer l'affection générale. Après huit ans d'exercice régulier de ses fonctions, l'aîné Bonjour vint tout à coup déclarer au prône qu'il ne se croyait plus digne d'exercer ses fonctions, et surtout de participer au sacrement de l'Eucharistie, et dès ce moment il cessa de dire la messe; il y assistait cependant en affectant une grande piété.

« Son frère lui succéda, en 1783, dans les fonctions de curé, et il eut pour vicaire un nommé Furlay, imbu de leurs principes. Ils continuèrent de vivre ensemble; l'aîné se réduisit au modeste rôle de maître d'école. Il s'était, disait-on, condamné à une rigoureuse pénitence; on débita même qu'il passait le carême entier sans manger; mais dans la suite, en faisant l'inventaire de son mobilier, on le trouva bien garni de chocolat et de toutes sortes de confitures et de liqueurs.

« Bientôt on entendit parler de miracles. Un petit couteau à manche rouge, qui était devenu célèbre, et qui sans doute était d'une construction particulière, avait été enfoncé jusqu'au manche dans la jambe d'une fille, et il n'en était résulté aucun mal, ou plutôt il l'avait guérie d'une douleur.

« Quelque temps auparavant, une autre fille ayant fait des instances réitérées au curé pour qu'il la crucifiât, et que par là elle eût plus de ressemblance avec Jésus-Christ, le crucifiement eut lieu à l'église, dans la chapelle de la sainte Vierge, un vendredi, à trois heures après-midi, en présence des deux frères, du vicaire, du père Caffe, dominicain, et de dix à douze personnes des deux sexes, qui formaient le petit nombre de leurs adeptes.

« Ces *miracles* produisirent l'effet qu'ils en attendaient; ils leur attirèrent un grand nombre de prosélytes, surtout en filles et femmes. Elles se rassemblaient dans une grange pendant la nuit, sans lumière, et leur prêtre s'y rendait par la fenêtre. On entendait qu'il leur distribuait des coups à tort et à travers, et qu'elles en exprimaient leur satisfaction par des cris de joie; elles l'appelaient toutes du nom de *mon petit papa*, et même isolément elles le poursuivaient en le priant de leur distribuer quelques coups de bâton qui leur faisaient un merveilleux effet. Elles semblaient languir lorsqu'elles en étaient privées pendant quelque temps, et manifestaient par des soupirs le désir d'être fustigées par leur *petit papa*; elles en cherchaient l'occasion, et se trouvaient heureuses lorsqu'elles avaient reçu cette faveur.

« On les voyait souvent dans les chemins

avec un sac à ouvrage à leurs bras, tricotant des bas en se promenant. Les pères et les maris qui n'étaient pas de la secte souffraient impatiemment ces désordres ; il en résultait souvent des querelles de ménage assez vives, et, ce qui les aggravait beaucoup, c'est qu'ils s'apercevaient que les denrées disparaissaient des greniers ; car cette société établissait une communauté de biens comme les premiers chrétiens.

« Cependant un événement répandit l'alarme. Un des principaux habitants, qui s'opposait le plus aux déprédations de sa femme, mourut presque subitement d'une piqûre d'aiguille trouvée dans son lit ; alors il y eut des cris de toutes parts contre ces novateurs dangereux : des plaintes furent portées à l'archevêque et aux magistrats. Un grand vicaire fut envoyé sur les lieux pour faire une information sur les prétendus miracles opérés par le curé Bonjour, et d'après ce qui fut constaté par son interrogatoire, en présence de témoins, l'archevêque obtint trois lettres de cachet, dont deux exilaient Bonjour aîné et Furlay, vicaire, dans leur pays, et la troisième condamnait Bonjour cadet, curé, à être enfermé dans le couvent de Tanlay. De là il entretenait une correspondance suivie avec ses sectateurs, et, s'en étant échappé, il leur annonça son évasion comme un autre miracle. Un ange lui était apparu et lui avait dit : *Lève-toi ;* il marche, aussitôt les murs de sa prison s'entrouvrent respectueusement pour lui laisser un libre passage. Il se réfugie à Paris ; la fille crucifiée et une autre prophétesse viennent l'y joindre. Il soumet la crucifiée à de nouvelles épreuves. Elle est envoyée à Port-Royal, pieds nus, au mois de janvier, avec cinq clous plantés dans chaque talon. Elle avait passé tout un carême sans manger autre chose qu'une rôtie de fiente humaine chaque matin, et le curé Bonjour avait soin d'instruire ses sectateurs de ces nouveaux miracles. Plusieurs habitants de Fareins vendirent leur propriété pour en verser le produit dans la bourse commune et se rendirent auprès de lui.

« Le fait du crucifiement est bien constaté par le procès-verbal du grand vicaire ; ceux de la *rôtie* et du voyage à Port-Royal avec les clous dans les talons le sont dans l'interrogatoire, par l'un des juges du tribunal de Trévoux. Le curé Bonjour les a confirmés, dit-on, par son aveu.

« La révolution de 1789 lui parut un événement opportun pour faciliter sa rentrée dans sa cure. Il part, arrive à Fareins, et, dans un moment où le curé et le vicaire étaient absents, il entre avec une centaine de personnes dans le presbytère, prend les clefs de l'église, monte en chaire, en enflamme le zèle de ces fanatiques, qui ensuite se portent au jardin du presbytère, et décident d'y passer la nuit, d'y rester même jusqu'à ce que, de gré ou de force, on leur ait rendu leur curé. La maréchaussée de Trévoux vient à propos pour empêcher un désordre qui allait croissant, et qui continua jusqu'au coucher du soleil. Le lieutenant de maréchaussée ayant lu le procès-verbal qu'il avait dressé, Bonjour, qui en redoutait les suites, engage sa troupe à se retirer, et le jardin reste libre, après avoir été occupé 36 heures par ces séditieux...

« La délibération contre les frères Bonjour avait eu lieu le 27 septembre 1789, entre 52 des principaux habitants de Fareins, en tête desquels se trouvaient le seigneur, un chanoine, Merlino, qui depuis a été membre du corps législatif, deux chirurgiens et un notaire de Messimi. Aux faits racontés précédemment, ils ajoutent que le curé prêche une doctrine subversive de la religion et de la société. De ses prédications résulte l'insubordination des femmes envers leurs maris ; il attaque même le droit de propriété : *Adam n'a pas fait de testament.* Ils lui reprochent des tête-à-tête avec des dévotes affidées, des assemblées prolongées jusque dans la nuit, des extravagances scandaleuses de quelques obsédées, possédées, inspirées, dont une, à la procession de la Fête-Dieu, l'an 1787, se jeta en hurlant aux pieds du curé. Celui-ci prétendit qu'il exerçait une sorte d'empire sur les démons ; que Dieu lui avait parlé, et l'avait investi du don des miracles. On voit que d'autres prêtres adhéraient aux entreprises du prétendu thaumaturge, qui, par ses lettres et ses conseils, soutenait le courage ébranlé de ses adeptes. La plupart avait cessé de fréquenter l'église, lorsqu'on lui avait substitué un nouveau curé et un nouveau vicaire. Ils se rassemblaient secrètement la nuit.

« Bonjour, retourné à Paris, continua une correspondance suivie avec ses disciples qui formaient à peu près le quart des habitants de Fareins, jusqu'à ce que le gouvernement de Bonaparte exila les deux frères à Lausanne, en Suisse. »

Dans un écrit publié en faveur du curé Bonjour, soit par lui-même, soit par un de ses partisans, l'auteur, comme la plupart des convulsionnaires qui l'avaient précédé, prophétise l'apostasie des gentils, la conversion des Juifs, et ne manque pas d'annoncer le retour d'Élie qui rétablira toutes choses.

FARNUS, dieu des Romains, qui, dit-on, présidait à la parole.

FAROGHIS. Ce mot persan, qui signifie *illuminés*, est le nom d'une association indienne qui vit dans les bois et n'adore que le soleil. Les Faroghis ne mangent qu'après avoir rendu leurs hommages à cet astre, et n'oseraient mettre un morceau dans leur bouche, s'ils ne l'avaient vu. Ils sont persuadés que l'homme tout entier finit avec la vie ; et c'est peut-être cette persuasion qui les fait vivre comme des bêtes, sans distinction de sexe, d'âge, ni de parenté.

FARVARDIN. Dans la mythologie des Parsis, Farvardin est en même temps l'ange de l'air et des eaux, le génie qui commande aux Ferouers, la personnification des jours consacrés aux génies ou aux mânes.

FARZ. Les musulmans comprennent sous ce nom tous les préceptes de droit divin, inscrits dans le Coran. On les divise en six classes, savoir : 1° les préceptes absolus, qui sont d'une obligation indispensable, d'après l'opinion et les décisions unanimes des imams; 2° les préceptes non absolus, dont l'observance est d'une obligation moins stricte, vu le défaut d'unanimité et de concert dans l'opinion de ces imams; 3° les préceptes imposés à chaque fidèle en particulier, tels que la prière, le jeûne, la dîme, le pèlerinage, etc.; 4° les préceptes qui obligent tout le corps des fidèles en général, comme la guerre, la prière pour les morts, l'établissement d'un magistrat et d'un imam dans une ville; 5° les préceptes relatifs à la croyance, aux dogmes, etc.; 6° ceux qui embrassent tout à la fois le culte, la morale, l'ordre civil et l'ordre politique.

Les préceptes appelés *farz* sont ainsi distingués des articles d'obligation canonique, indiqués sous le nom de *wadjib*, lesquels ne se trouvent pas compris dans le Coran, et de ceux qui ne sont que de pratique imitative; ces derniers, connus sous le nom de *sunnet*, embrassent tout ce qui est relatif, non pas aux lois précises de Mahomet, mais à ses œuvres et à certains actes religieux pratiqués par lui et par ses premiers disciples.

FAS, divinité que quelques philosophes regardaient comme la plus ancienne de toutes : *Prima deûm Fas*; il est probable qu'alors ils le regardaient ce mot comme synonyme de *Fatum*, Destin, avec lequel il a une étymologie commune, *fari*, énoncer, décréter. *Fas* a été pris ensuite dans le sens de juste, équitable, permis, digne d'être énoncé; ce mot se trouve ainsi synonyme de *jus*, avec cette différence que le premier se rapporte aux dieux, et le second aux hommes. Dans cette dernière acception la divinité *Fas* est la même que Thémis ou la Justice.

FASCELINE, ou FASCELIS, surnom de Diane. *Voy.* FACÉLINE.

FASCINATION, sorte de charme par lequel on trompe les yeux, en faisant apparaître les objets sous une autre forme que celle qu'ils ont réellement. Le mot fascination exprime encore l'acte par lequel on ôte toute liberté de volonté et d'action aux personnes et aux animaux, au moyen de certaines puissances réputées magiques, afin de les dominer ou de les faire agir à sa fantaisie. L'art de fasciner n'ayant presque aucun rapport avec la religion, nous laissons le développement de cet article au *Dictionnaire des sciences occultes*.

FASCINUS, divinité tutélaire de l'enfance chez les Romains; son nom vient de *fasciæ*, les langes, ou de *fascinare*, fasciner; d'où on attribuait aussi à ce dieu le pouvoir de garantir des fascinations et des maléfices. C'est pourquoi Pline l'appelle le gardien des enfants et des empereurs. Dans les triomphes, on suspendait sa statue au-dessus du char, comme ayant la vertu de préserver le triomphateur des effets funestes de la jalousie des vaincus. Son culte était confié aux vestales. — On dit que c'était aussi un surnom de Priape, ou plutôt l'image même de cette divinité obscène.

FASTES, calendrier des Romains, dans lequel étaient marqués jour par jour leurs fêtes, leurs jeux, leurs cérémonies, sous la dénomination de jours *fastes* et *néfastes*, permis et défendus, c'est-à-dire les jours destinés au faire, *fas*, et au non-faire, *ne-fas*. Dans les uns on pouvait se livrer à ses travaux journaliers; dans les autres, ils étaient défendus. On attribue cette division à la sage politique de Numa. Les pontifes furent faits les dépositaires uniques et perpétuels du livre des Fastes; ce qui finit par leur donner une autorité suprême et parfois dangereuse, parce que, sous prétexte de jours fastes ou néfastes, ils pouvaient avancer ou reculer le jugement des affaires les plus importantes, et traverser les desseins les mieux concertés des magistrats et des particuliers. Cette autorité dura 400 ans. Plus tard on ajouta à ces fastes les événements les plus remarquables, les batailles gagnées ou perdues, les triomphes, les dédicaces des temples, les naissances et les morts des généraux les plus distingués, celles des empereurs, les prodiges, etc. On distinguait les grands fastes ou ceux que la flatterie consacra dans la suite aux empereurs; les petits fastes, ou fastes purement calendaires; les fastes rustiques, qui marquaient les fêtes de la campagne, les éphémérides, les histoires succinctes, où les faits étaient rangés suivant l'ordre chronologique; et enfin, les registres publics où l'on consignait tout ce qui concernait la police de Rome.

Dans la suite des temps, les jours de ce calendrier furent divisés en diverses classes : jours destinés au culte des dieux, *festi*; jours consacrés au travail manuel, *profesti*; jours partagés entre le culte et les affaires, *intercisi*; jours destinés aux assemblées du sénat, *senatorii*; jours consacrés aux assemblées du peuple, *comitiales*; jours propres à la guerre, *prœliares*; jours heureux, *fausti*; jours malheureux et marqués par les calamités publiques, *atri*, *infausti*. *Voy.* CALENDRIER *des anciens Romains*.

FATA, déité des anciens Romains : elle paraît être la même que *Fatua* ou *Fauna*, fille de Picus, ancien roi du Latium : Elle remplissait à peu près les mêmes fonctions que les *fades* des Gaulois. *Voy.* FADES, FATUA, FÉES.

FATALES (DÉESSES). Ce sont les Parques considérées comme les ministres ou les interprètes du Destin, *Fatum*.

FATALISME. La doctrine du fatalisme, dans l'antiquité, voulait que la toute-puissance de la cause première et universelle imposât une nécessité absolue à tout ce qui existe. Le fatalisme moderne consiste plutôt à substituer à l'action divine l'impulsion aveugle et invincible de la matière et de la nature. On distingue plusieurs sortes de fatalisme.

1° Le *Fatalisme panthée*; on le trouve dans la théologie hindoue, où l'âme n'est pas un agent libre et indépendant, mais une partie de Brahma, l'âme universelle; dans le système bouddhiste, où tout va nécessairement se confondre en Bouddha, et, par celui-ci, dans l'anéantissement final ; dans la théologie des stoïciens et d'une partie des anciens païens, qui, dans leur *fatum*, ou plutôt dans leur ἀνάγκη, établissaient un pouvoir supérieur à la volonté suprême, à Jupiter même, le premier de leurs dieux.

2° Le *Fatalisme de prescience*. Parce que Dieu prévoit tout infailliblement, il y en a qui concluent que l'homme ne peut être libre. Mais la prescience est la connaissance et non la cause des événements. En Dieu nulle différence de temps, nul passé, nul avenir ; tout se passe devant ses yeux dans ce point imperceptible de l'humanité que nous appelons *temps*.

3° Le *Fatalisme d'astrologie*, misérable abus de la science, si répandu dans l'ancien monde, et surtout dans l'école d'Alexandrie ; plusieurs peuples modernes n'en sont pas exempts ; c'est peut-être encore le système de ceux qui croient à la *fatalité* sans se rendre compte des motifs.

4° Le *Fatalisme de prédestination*. Il faut ranger sous ce titre les systèmes désolants de Mahomet, de Wiclef, de Luther, de Calvin, de Baïus, et enfin de Jansénius. Que l'action divine seule, par la prédestination ou la réprobation antécédente, sauve les uns, damne les autres, en déterminant invinciblement ceux-ci au mal, et ceux-là au bien ; tel est l'affreux principe sur lequel repose, en dernière analyse, tout système des prédestinateurs rigides.

5° Le *Fatalisme historique*, qui veut que l'humanité suive irrésistiblement une route déterminée, et soit entraînée nécessairement aux conséquences d'idées progressives ou stationnaires établies *a priori*. Ce système, tout à fait moderne, est contraire à la conscience des peuples et à toutes les notions historiques.

6° Le *Fatalisme phrénologique*, né aussi de nos jours, qui fait dépendre toutes les actions de l'homme de son organisme, contre lequel il lui est impossible de lutter.

7° Enfin, le *Fatalisme pratique* : c'est la mauvaise disposition de certains hommes qui, sans foi, sans règle divine, décident leur conduite d'après les événements, souvent d'après je ne sais quelles pratiques ou occurrences superstitieuses.

FATALITÉ. Nous ne croyons pas que ce mot soit synonyme de *destin* ; nous trouvons entre l'un et l'autre une énorme différence. Le destin, tel que l'entendaient les anciens, était l'expression de la volonté absolue de la cause première, universelle et intelligente, voilà pourquoi ils lui donnaient le nom de *fatum*, ce qui a été *dit*. Mais la fatalité est un mot tout nouveau, dont il serait assez difficile de donner une définition. C'est une sorte de puissance occulte n'émanant d'aucune volonté, n'en ayant point elle-même, qui n'est ni esprit, ni matière, et qui cependant détermine invinciblement l'état et les actions de chaque individu. Chose étrange ! ceux qui se targuent de ne point croire en Dieu et d'être exempts de superstition, croient à la Fatalité, et ils ne s'aperçoivent pas qu'ainsi ils sont les plus superstitieux de tous les hommes. *Voyez* DESTIN.

FATALITÉS DE TROIE (1). C'était une opinion répandue parmi les Grecs et les Troyens, que la ruine de Troie était attachée à certaines fatalités qui devaient être accomplies. — La première était que la ville ne pouvait être prise sans les descendants d'Éaque. On était fondé sur ce qu'Apollon et Neptune, employés à bâtir les murs de Troie, avaient prié ce prince de les aider, afin que l'ouvrage d'un homme mortel venant à être mêlé avec celui des dieux, la ville, qui sans cela aurait été imprenable, pût un jour être prise, si c'était la volonté du Destin. C'est ce qui fit que les Grecs firent tous leurs efforts pour arracher Achille, petit-fils d'Éaque, d'entre les bras de Déidamie, où sa mère l'avait caché, et qu'après sa mort on envoya chercher son fils Pyrrhus, quoiqu'il fût fort jeune. — Il fallait, en second lieu, avoir les flèches d'Hercule, qui étaient entre les mains de Philoctète, que les Grecs avaient abandonné dans l'île de Lemnos : le besoin qu'on crut avoir de ces flèches obligea les Grecs à députer Ulysse pour aller chercher Philoctète, et ce rusé capitaine réussit dans son entreprise. — La troisième et la plus importante fatalité était d'enlever le Palladium, que les Troyens gardaient soigneusement dans le temple de Minerve. Diomède et Ulysse trouvèrent le moyen d'entrer de nuit dans la citadelle, et d'enlever ce précieux gage de la sûreté des Troyens. — Il fallait, en quatrième lieu, empêcher que les chevaux de Rhésus, roi de Thrace, ne bussent de l'eau du Xanthe, et ne mangeassent de l'herbe des champs de Troie ; mais Ulysse et Diomède vinrent surprendre ce prince dans son camp, près de la ville, le tuèrent et emmenèrent ses chevaux. — Il était nécessaire, en cinquième lieu, avant de prendre la ville, de faire mourir Troïle, fils de Priam, et de détruire le tombeau de Laomédon, qui était sur la porte de Scée. Achille tua ce jeune prince, et les Troyens eux-mêmes abattirent le tombeau de Laomédon, lorsque, pour faire entrer le cheval de bois dans la ville, ils firent une brèche aux murailles. — Enfin, Troie ne pouvait être prise sans que les Grecs eussent, dans leur armée, Télèphe, fils d'Hercule et d'Augée ; mais ce Télèphe était allié des Troyens et avait épousé Astyoché, fille de Priam. Cependant, après un combat dans lequel il avait été blessé, il quitta les Troyens et se jeta dans le parti des Grecs.

FATIDIQUE. Ce mot indique celui ou celle qui annonce les arrêts du destin ; c'était un surnom d'Apollon qui avait un grand nombre d'oracles. Fatua ou Fanna était aussi appelée Fatidique. On donnait encore ce nom aux devins et aux devineresses.

FATIHA. Ce mot arabe, qui signifie *introït, ouverture*, est le titre du premier chapitre du Coran ; c'est celui que les musulmans répètent le plus fréquemment, car il fait partie

(1) Article emprunté sans modification au Dictionnaire de Noël.

des prières quotidiennes. Il est comme l'oraison dominicale des mahométans, et composé de sept versets, comme celle des chrétiens ; le voici :

« Au nom de Dieu clément et miséricordieux ! — Louange à Dieu, seigneur de l'univers, — très-clément, très-miséricordieux, — souverain roi du jour du jugement ! — C'est toi que nous adorons ; c'est toi que nous implorons. — Dirige-nous dans le sentier droit, — dans le sentier de ceux que tu as comblés de tes bienfaits, — de ceux qui n'ont pas encouru ta colère, ni de ceux qui se sont égarés. »

Par extension on a donné le nom de *Fatiha* à certaines prières liturgiques qui se font sur les morts, et particulièrement sur le tombeau ou en commémoration des saints personnages de l'islamisme. Nous allons en donner quelques-uns qui se trouvent dans l'Eucologe musulman de M. Garcin de Tassy.

Fatiha de l'illustre Mahomet, asile de la prophétie (que Dieu lui soit propice et lui accorde le salut !).

« O mon Dieu ! daigne, en faveur du premier des humains, de la plus excellente de tes créatures, de cet apôtre, don de ta miséricorde envers les hommes, du plus parfait des enfants d'Adam, du complément des révolutions des siècles, d'Ahmed, ton élu, de Mahomet, ton prédestiné (puisse-t-il être comblé de bénédictions, ainsi que sa race, ses compagnons et sa famille !) ; daigne, dis-je, m'accorder la grâce que je sollicite de ta bonté. »

Le fidèle lira ensuite le chapitre Fatiha, et le chapitre CXII du Coran.

Fatiha des quatre premiers khalifes (1).

« O mon Dieu ! en considération de l'intercesseur des pécheurs au jour du jugement, Aboubekr, le véridique, le pieux, ainsi que de ses cheveux blancs ; en considération d'Omar, le réparateur, le pieux, ainsi que de sa justice ; en considération d'Osman, le possesseur des deux lumières (2), le pur, ainsi que de sa libéralité ; en considération d'Ali, l'agréé, le parfait, ainsi que de son courage et de sa générosité, accorde-moi mes demandes. »

Autre Fatiha des quatre premiers khalifes, et de Hasan et Hoséin, enfants d'Ali.

« O mon Dieu ! par la véracité d'Aboubekr et son khalifat, par la fermeté d'Omar et sa qualité de beau-frère du prophète, par l'illustration d'Osman et sa libéralité, par la parenté d'Ali et sa bravoure, par la noblesse de Fatime (3) et son honorable extraction, par le martyre de Hasan et sa belle vie, par la gloire de Hoséin et de son martyre, je te supplie de m'accorder toutes mes demandes. »

Fatiha de sainte Ayéscha, femme du prophète (4).

« O mon Dieu ! je te supplie par la pénitence d'Eve et par son repentir, par la fuite d'Agar et par ses offrandes, par la foi d'Alia (5) et par son martyre, par la pureté de Marie (6) et par celui à qui elle donna le jour, par l'intercession de Khadidja (7) et par sa libéralité, par la véracité d'Ayéscha et par son attachement au prophète, de m'accorder ce que je demande. »

Fatiha du vénérable Ali (que Dieu l'agrée !) (8).

« Que Dieu daigne en faveur de cette âme pure, le frontispice du livre de la nature, la couture de la page de la création, le premier des humains après les prophètes, l'astre des mortels, auquel fait allusion ce verset du Coran : *L'homme a-t-il existé un instant sur la terre sans que nous nous soyons souvenus de lui ?* le joyau le plus précieux de l'écrin de a vertu, le seigneur des grands et des petits, celui qui occupera une place distinguée sur le pont de l'éternité, le *mihrab* de la bonne foi ; le mortel qui est assis sur le trône du palais de la loi, le vaisseau de l'océan de la religion, le soleil du firmament de la gloire, la force du bras de la prophétie, celui qui a mérité d'avoir accès dans le tabernacle de l'unité de Dieu, et de s'asseoir sur le tapis de l'indivisibilité, le plus profond des gens religieux, le médecin de la blessure faite par le maître de la vraie science ; l'aurore resplendissante des merveilles de Dieu, et l'objet de ses prodiges ; le père de la victoire et du triomphe ; l'imam de la porte du ciel ; l'échanson de l'eau du Kauser (9) ; celui qui mérita d'être loué par le plus excellent des hommes ; le saint martyr, émir des croyants et imam des fidèles, Ali fils d'Abou-Taleb, lion victorieux du Très-Haut, que Dieu, dis-je, daigne, en faveur de ce saint khalife, exaucer les vœux que je lui offre. »

Le fidèle récitera ensuite le chapitre *Fatiha* et le CXII^e du Coran

Fatiha de la bienheureuse Fatime, fille du prophète (que Dieu l'agrée !).

« Que le Très-Haut daigne m'accorder cette grâce, recevoir mon vœu, ma prière, en faveur des mérites de l'auguste et admirable Fatime Zohra, reine du ciel. »

Le fidèle récitera ensuite le chapitre Fatiha.

Fatiha des saintes femmes (10).

« Que l'Eternel arrose de la pluie de sa faveur la terre qui couvre le corps de l'orne-

---

(1) Ce Fatiha et le suivant ne sont récités que par les sunnites ou orthodoxes, mais non par les schiites qui regardent les trois premiers khalifes comme des usurpateurs.
(2) On le nomme ainsi, parce qu'il avait épousé successivement deux filles de Mahomet : Rokaia et Omm-Elkolsoum.
(3) Fille de Mahomet.
(4) Les sunnites seuls récitent ce Fatiha ; car les schiites ont en horreur Ayéscha, qui fut une ennemie acharnée d'Ali : cette prière sera mieux appelée *Fatiha des saintes femmes*.
(5) Femme de Pharaon.
(6) Mère de Jésus.
(7) Première femme de Mahomet et mère de Fatime ; c'est elle qui a perpétué la race du prophète.
(8) Ce Fatiha et les suivants sont à l'usage des schiites ou schismatiques de la Perse et de l'Inde.
(9) Un des fleuves du paradis.
(10) On le récite dans une fête musulmane en l'hon-

ment et de la couronne des femmes chastes et pudiques, la bienheureuse Fatime; des saintes Rocaïa (1), Hanifa (2), Khadidja, Hafza, Zainab, Ayésena (3), et de toutes les saintes femmes, et qu'il daigne les admettre dans son saint paradis. »

Le fidèle récitera ensuite le chapitre *Fatiha* et le cxii° du Coran.

Fatiha des deux imams Hasan et Hoséin (que Dieu soit satisfait d'eux!).

Que l'Eternel daigne accepter les vœux que je forme pour le repos de l'âme glorieuse des deux braves imams, des deux martyrs bien-aimés de Dieu, des innocentes victimes de la méchanceté, les bienheureux Abou-Mohammed el-Hasan et Abou-Abdallah el-Hoséin; et pour tous les douze imams, les quatorze purs (4), et les soixante-douze martyrs de la plaine de Kerbéla. »

Fatiha de Khizr ou Elie.

« Pour obtenir la santé spirituelle et corporelle, je m'appuie sur les bénédictions de celui qui satisfait les vœux des mortels, qui repousse loin d'eux les malheurs; à savoir, le Khadja Khizr, l'illustre Elie. »

Fatiha pour les trépassés

« O mon Dieu! daigne, en faveur des esprits purs qui environnent ton trône, en faveur de ton prophète élu, Mahomet, et en faveur aussi des mérites qu'a pu acquérir l'âme du défunt N., daigne, dis-je, faire luire sur son tombeau le jour de la miséricorde et de ta faveur; daigne arroser la terre qui couvre son corps de la pluie de ta grâce, et lui accorder le paradis pour demeure. Accorde la même faveur à tous les trépassés qui ont rendu le dernier soupir dans le sein de l'islamisme. »

Autre pour les mêmes, à la fête des Lampes dans l'Inde.

O notre Dieu! par les mérites de la lumière de l'apostolat, notre seigneur Mahomet, fais que les lampes que nous tenons allumées en cette sainte nuit soient pour les trépassés un gage de la lumière éternelle que nous te prions de faire luire sur eux. O Dieu! daigne les admettre dans le séjour de l'inaltérable félicité. »

Le fidèle récitera à cette intention le chapitre *Fatiha* et le cxii° du Coran.

FATIMITES. Ce mot exprime à la fois une secte et une dynastie mahométane, regardée par les autres musulmans comme schismatique et illégitime.

On sait que Mahomet mourut sans avoir clairement désigné un successeur à sa double autorité temporelle et spirituelle; Ali, son gendre et son cousin, qui semblait avoir plus de droit que tout autre, tant par sa parenté que par certaines promesses échappées au prétendu prophète, ne parvint cependant au khalifat qu'après trois autres compétiteurs; et lorsqu'il fut parvenu au souverain pouvoir, il eut des guerres sanglantes à soutenir contre Moawia, qui était parvenu à se faire proclamer khalife dans la Syrie et dans la Perse. Celui-ci le fit lâchement assassiner, et parvint à se faire reconnaître pour seul et unique chef des musulmans, au détriment des enfants d'Ali, qui furent aussi mis à mort, et leurs descendants réduits à l'état de simples particuliers, conservant toutefois le titre purement honorifique d'imams ou souverains pontifes de la religion. Cependant les partisans de la famille et des droits d'Ali, regardant les khalifes successeurs de Moawia comme des usurpateurs, ne demeurèrent presque jamais tranquilles, et de temps en temps ils cherchèrent à faire prévaloir leurs droits; mais les imams, qu'ils voulaient toujours mettre en avant, étaient, la plupart, des hommes faibles, qui presque tous payèrent de leur tête la turbulence de leurs adhérents. Il y eut même plusieurs imposteurs qui, se donnant faussement pour descendants d'Ali, causèrent plus ou moins de désordres dans les Etats des khalifes. On ne sait pas positivement si la dynastie des Fatimites doit être rangée dans le nombre de ces derniers; ses ennemis le soutiennent, mais les Fatimites ont dressé des arbres généalogiques que l'éloignement des temps ne nous permet pas d'apprécier.

Ce qui est certain, c'est qu'Obéid-Allah, surnommé le *Medhi*, fondateur de la dynastie des Fatimites, qui régna en Egypte, avec le titre de khalife et d'émir des fidèles, prétendait descendre de Mahomet par sa fille *Fatime*, seule enfant qu'il eût eue de ses nombreuses épouses. Il n'eut pas de peine à mettre dans son parti les schiites, éternels partisans de la légitimité d'Ali et de sa race, et se fit proclamer khalife en Egypte, l'an de l'hégire 297 (909 de J.-C.). Peu à peu cette dynastie nouvelle enleva aux khalifes abbasides non-seulement l'Egypte, mais les autres contrées de l'Afrique, la Syrie, le Diarbekr, la Sicile, les deux villes saintes, Médine et la Mecque, avec le Yémen en Arabie. La dynastie des Fatimites dura sans interruption pendant 270 ans. Nous ne parlons pas ici de la doctrine religieuse qu'ils professaient, et qui était celle des *schiites* ou plutôt des *ismaéliens* (Voyez ces deux mots). De plus, un de ces khalifes Fatimites, nommé Hakem Biamr-Allah, eut la prétention de se faire passer pour Dieu, et il en vint à bout à l'aide de son visir Hamza; ce qui donna naissance à l'absurde religion des Druzes, qui subsiste encore. Voyez DRUZES.

FATSMAN. Ce mot, qui veut dire *les huit étendards*, est le nom d'une divinité du sintoïsme, dans le Japon; elle préside à la guerre, comme le Mars des Romains et l'Arès des Grecs. Ce Fatsman était le seizième daïri

neur de Fatime, à laquelle les femmes les plus vertueuses peuvent seules prendre part. On ne permet à aucun membre de voir les offrandes qu'elles font à cette occasion à la fille du prophète.

(1) Fille de Mahomet.
(2) Seconde femme d'Ali.
(3) Ces quatre femmes sont autant d'épouses de Mahomet.
(4) Les quatorze purs sont Mahomet, Fatime et les douze imams.

ou empereur du Japon ; il monta sur le trône l'an 270 de Jésus-Christ, et régna 41 ans. Après sa mort, on l'honora comme un dieu, parce que sa mère, étant enceinte de lui, avait vaincu les peuples de San-kan ; on lui bâtit, dans la province de Bouzen, un temple nommé *Ousaï-no-miya* : à la construction de cet édifice, huit pavillons blancs descendirent du ciel ; c'est pourquoi on donna à cette divinité le nom de *Fatsman daï Bosats*, ou le grand Bodhisattwa aux huit drapeaux ; pendant sa vie, il avait porté le nom d'Osin-ten-o.
—Sous le règne de Sei-wa-ten-o, 56e daïri, qui régnait sur la fin du IXe siècle, le prêtre Kokio allant vers le temple, l'esprit de Fatsman lui apparut et lui révéla un grand nombre de secrets. Ce prêtre retourna à la capitale et les communiqua au daïri, qui fit construire en l'honneur de ce dieu un nouveau temple qui subsiste encore, près de Fousimi. On célèbre sa fête le 15e jour du huitième mois. Ce jour-là, les princes de la cour du Sio-goun vont en personne lui offrir un sacrifice de deux petits flacons de porcelaine remplis d'une liqueur appelée *zakki*.

Kæmpfer dit que Fatsman était frère de Tensio-daï-sin, le grand Esprit des Japonais ; mais c'est sans doute une erreur, car cet esprit femelle régnait dans les temps mythologiques, antérieurs d'au moins sept siècles avant l'ère vulgaire. D'un autre côté, Klaproth remarque avec raison que la dénomination de *Bosats* ou Bodhisattwa doit être d'une époque postérieure à celle d'Osin-ten-o ; car elle appartient à la religion bouddhique qui a été importée au Japon vers le milieu du VIe siècle de notre ère. On l'appelle encore *Fatsman-no-daï-sin*, le grand génie aux huit étendards, et *Osaï-no-Fatsman*, le Fatsman du district d'Ousaï, dans lequel l'empereur Kin-meï-ten-o lui érigea un temple vers l'an 571.

Taï-ko-sama, appelé aussi Fide Yosi, un des plus grands vice-rois du Japon, mort en 1598, avait fait élever à Méaco un temple magnifique, pour y être adoré lui-même sous le nom de *Chin-Fatsman*, ou nouveau Fatsman. Les ferrements de ce temple étaient des lames de sabre, n'étant pas convenable, disait ce prince, qu'aucune autre sorte de fer fût employée dans la fabrique d'un sanctuaire destiné à un dieu guerrier. Son apothéose fut célébrée avec le plus grand appareil en 1599.

FATS-SIO, ou *les huit observances* ; ce sont huit formes de la religion bouddhique, établies dans le Japon ; en voici les noms : 1° *Sanron*, 2° *Fots-sioô*, 3° *Kou-sia*, 4° *Zio-zits*, 5° *Rits*, 6° *Ke-gon*, 7° *Ten-daï*, 8° *Sin-gon*. Voyez à chacun de ces articles en quoi consiste chacun de ces rites ou systèmes religieux. Autrefois il n'y avait que ces huit observances, mais le nombre en est augmenté depuis quelque temps.

FATUA, fille de Picus et femme de Faunus. Animée sans cesse d'une inspiration divine, elle prédisait l'avenir, et donna son nom aux femmes qui, dans la suite, se prétendirent inspirées du même esprit prophétique. C'est vraisemblablement la même que *Fauna* ; elle est aussi appelée *Fata*, de *fari*, parler, révéler.

On donnait aussi ce nom à Cybèle, comme faisant parler les enfants, qu'à cet effet on déposait à terre au moment de leur naissance.

FATUAIRES, prétendus prophètes des Latins, qui paraissaient inspirés et prédisaient l'avenir.

FATUELIS, FATUELIUS, FATUUS, noms ou surnoms d'un dieu des forêts chez les anciens Latins, probablement le même que Faunus. Ces vocables, ainsi que les mots *Fata, Fatua, Fatidique*, etc., dérivent tous de *fari, fatum*, parler, énoncer, prophétiser ; le mot *vates* leur est aussi corrélatif. Ils étaient appliqués à *Faunus* et à sa femme, parce qu'ils passaient pour rendre des oracles.

FAULE, une des femmes d'Hercule, honorée par les Romains comme une divinité.

FAUNA, — 1° nom de Cybèle, dérivé de *favere*, favoriser, parce que cette déesse favorisait tous les humains.

2° La même que Fatua et Marica, fille de Picus, sœur et femme de Faunus. Elle fut mise au rang des immortelles, parce qu'elle avait poussé la retenue au point de ne vouloir jamais voir d'autre homme que son mari. Elle prédisait l'avenir aux femmes, comme Faunus l'annonçait aux hommes. On l'appela aussi la *Bonne déesse*, et sous ce nom les femmes lui offraient des sacrifices dont les hommes étaient exclus. Les branches de myrte n'y étaient point admises, parce que c'était avec cet arbrisseau que Faunus avait châtié le penchant de sa femme pour le vin, et, par une raison analogue, le lait était le seul breuvage qu'on y servît. Fauna a été souvent confondue avec Junon Sospita, et les Romains étaient dans l'usage d'adopter cette déesse et Faune son mari, pour leurs dieux Lares ou tutélaires.

FAUNALIES, fête que les villageois du Latium célébraient deux fois l'année en l'honneur de Faunus, c'est-à-dire, les 11, 13 et 15 février, pour célébrer le passage de ce dieu, d'Arcadie en Italie, et le 9 novembre ou 5 décembre, pour célébrer son départ, et obtenir la continuation de sa bienveillance. Les autels de Faunus avaient de la célébrité, même du temps d'Evandre ; on y brûlait de l'encens ; on y faisait des libations de vin, et on y sacrifiait des brebis et des chevreaux. Horace a composé un hymne en l'honneur de Faunus, à l'occasion de cette fête champêtre : « Faune qui aimez les nymphes timides, traversez mes propriétés et mes champs avec un esprit paisible, et ne vous éloignez pas sans avoir fait prospérer mes faibles nourrissons ; tandis qu'à la fin de chaque année je vous offre en sacrifice un jeune chevreau, et au compagnon de Vénus, du vin en abondance, et que des parfums multipliés brûlent sur votre autel antique. Qu'en ce jour, nones de décembre, les troupeaux jouent sur la prairie, et que tout le canton soit en fête, tandis que les bœufs reposent. Que l'agneau soit en assurance au milieu des loups ; qu'on sème vos pas de feuilles, et que le vigneron danse de joie sur une terre qu'il arrose si souvent de ses sueurs. »

FAUNE. — 1 *Voy.* FAUNUS.

2. Dieux rustiques du Latium, correspondant aux Pans des Grecs, les deux noms même ou probablement une étymologie commune. Les Romains les supposaient fils ou descendants de l'ancien roi Faunus. Comme les Sylvains et les Satyres, les Faunes habitaient les forêts ; on les eu distinguait cependant par le genre de leurs occupations, qui se rapprochait davantage de l'agriculture. Les poëtes leur donnent des cornes de chèvre ou de bouc, et la forme du bouc de la ceinture en bas ; mais les traits du visage moins hideux, une figure plus gaie que celle des Satyres, et moins de brutalité dans leurs amours. Quoiqu'on les regardât comme des demi-dieux, on croyait qu'ils mouraient après une longue vie. Le pin et l'olivier sauvage leur étaient consacrés. Les habitants des campagnes croyaient entendre souvent la voix des faunes dans l'épaisseur des bois.

Parmi les monuments conservés par D. Bernard de Montfaucon, on voit un Faune qui a toute la forme humaine, hormis la queue et les oreilles. Il étend son bras gauche, sur lequel est une peau de tigre ou de panthère. De l'autre main il tient un bâton pastoral. Un tigre qui marche devant lui semble être attentif à ses ordres. D'autres Faunes paraissent sur les monuments avec un thyrse et un masque. Celui du palais Borghèse est représenté jouant de la flûte.

FAUNUS. Faune, ou Faunus, était, dit-on, le troisième roi d'Italie, fils de Picus et petit-fils de Saturne. Il s'appliqua à faire le bonheur de ses sujets, et fit particulièrement fleurir l'agriculture. Il leur apprit lui-même la manière de rendre la terre fertile, et joignit l'exemple aux leçons. Ce fut lui aussi qui introduisit dans l'Italie le culte des dieux. Il mit Picus, son père, au rang des divinités, et conféra le don de prophétie à Fauna, sa femme. Le soin avec lequel il se tenait renfermé et se dérobait à la vue, ajouta au respect qu'il inspirait ; et la reconnaissance publique lui décerna, après sa mort, les honneurs divins. S'il faut en croire quelques auteurs, Faunus serait venu d'Arcadie dans le Latium, et y aurait importé l'agriculture ; il serait alors un personnage grec, le même sans doute que Pan, dont le nom aurait été latinisé. Horace suppose qu'il est le protecteur des gens de lettres ; et Virgile parle d'un oracle de Faune que tous les peuples d'Étrurie allaient consulter dans une vaste forêt, auprès de la fontaine d'Albunée. Le prêtre, après avoir immolé des brebis au Dieu Faune, pendant la nuit, étendait les peaux par terre et se couchait dessus. Pendant son sommeil, le dieu lui apparaissait en songe, et lui dictait la réponse qu'il devait faire le lendemain.

FAUSTITAS, divinité romaine, citée par Horace dans ses odes. C'était la déesse de la félicité, qui présidait à la fécondité des troupeaux.

FAVIENS, collège de jeunes garçons, qui, selon l'institution de Remus et de Romulus, couraient tout nus en célébrant la fête du dieu Faunus, n'ayant qu'une ceinture de peau.

FAVISSES, grands vases pleins d'eau, qui étaient à l'entrée des temples des Romains, pour se laver et se purifier avant d'y pénétrer. Suivant Varron, c'étaient des dépôts où l'on conservait les deniers publics et les objets consacrés aux dieux. Les Favisses du Capitole étaient des souterrains murés et voûtés, où l'on déposait les vieilles statues qui tombaient de vétusté, et les autres meubles et ustensiles, qui étaient devenus hors d'usage dans ce temple.

FAVONIUS, un des principaux vents ; c'était le zéphire des Grecs ; il venait du couchant.

FAYOUMIS, secte des Juifs, qui, suivant l'historien arabe Makrizi, interprétaient la loi, comme si les lettres qui la composent étaient des abréviations. On voit que c'étaient des cabalistes. Ils tiraient leur nom d'Ebn Saïd, de la ville de Fayoum.

FEBRUA, FEBRUALIS, FEBRUATA, déesse des purifications chez les Romains. On la confondait souvent avec Junon, et on l'honorait d'un culte particulier au mois de février. On lui attribuait aussi le soin de délivrer de l'arrière-faix les femmes nouvellement accouchées.

FEBRUALES, FEBRUES. On a d'abord appelé de ce nom tout ce qui servait à purifier dans les sacrifices, les expiations par lesquelles on déchargeait sa conscience et on effaçait ses péchés, et les cérémonies par lesquelles on se rendait les Mânes favorables. C'est pourquoi les Romains nommaient *Février* ou *Februales* les sacrifices qu'ils faisaient dans le mois de février, en l'honneur de Junon et de Pluton, pour apaiser les mânes des morts et se rendre propices les dieux infernaux. Ces rites expiatoires avaient lieu dans le mois de février, parce qu'à cette époque il était le dernier mois de l'année ; et c'est de là qu'il a tiré son nom de *Februarius*.

FEBRUALIS, FEBRUUS, surnoms donnés à Dis ou Pluton, du verbe *Februare*, expier, purifier. Quelques mythologues font de Februus un dieu particulier, père de Pluton et dieu des purifications.

FÉCIAL, ou FÉCIAUX. — 1. Prêtres ou officiers publics qui, chez les Romains, annonçaient les traités, la paix, les trêves et la guerre ; ils étaient les juges des torts que les étrangers imputaient aux Romains, et des sujets de plainte de ceux-ci contre les étrangers ou leurs alliés. Leur collège, institué par Numa, était composé de vingt membres, tirés de la noblesse, qui recevaient leur mission du sénat. D'après les anciennes lois, quand il fallait déclarer la guerre, un d'entre eux, qu'ils élisaient à la pluralité des voix, s'en allait, en habit sacerdotal et couronné de verveine, à la ville ou vers le peuple qui avait violé les traités ; et là, en présence du peuple, il exposait ses plaintes, en prenant à témoin Jupiter et les autres dieux, comme il demandait réparation de l'injure faite au peuple romain, et faisant des imprécations sur lui-même et sur la ville de Rome, s'il parlait contre la vérité. Si, au bout de trente jours, on ne rendait pas raison aux Romains, il se retirait, après avoir invoqué les dieux du ciel et les mânes contre les ennemis, et avoir lancé un javelot dans leurs champs. On comprend facilement que leur ministère tomba bientôt en désuétude. Dès le temps de Pyrrhus, la déclaration de guerre se fit à Rome même, dans le temple de Bellone, devant les sénateurs assemblés, et le Fécial lançait son javelot contre une colonne nommée la *colonne guerrière*, laquelle était située dans le parvis de ce temple.

2. Les habitants de Céram, l'une des îles Moluques, ont une cérémonie, presque en tout semblable à celle-ci, pour déclarer la guerre à leurs ennemis. Ils leur envoient une espèce de hérault ou Fécial, qui commence par prendre à témoins de leur conduite le ciel, la terre, les eaux et les morts ; après quoi il publie à haute voix les raisons qu'on a de faire la guerre, non par embuscades et par trahison, comme des brigands, mais à force ouverte. En certaines circonstances ce cri de guerre est répété jusqu'à neuf fois.

FÉCONDITÉ. Les Romains avaient divinisé cette précieuse qualité de la nature. Ils la représentaient sous la figure d'une femme presque nue, assise au pied d'un arbre, le bras gauche appuyé sur une corbeille remplie de fruits et de productions de la terre, entourant du bras droit un globe parsemé d'étoiles, autour duquel étaient quatre petits enfants. D'autres fois cette femme portait de la main gauche une corne d'abondance, et de la droite conduisait un petit enfant. Les médailles romaines nous offrent encore d'autres symboles de la Fécondité. Au rapport de Tacite, la flatterie fut poussée si loin à l'égard de Néron, que les Romains érigèrent un temple à la fécondité de la courtisane Poppée.

FÉDAYIS, ou *les dévoués*, sectaires musulmans, qui reconnaissaient pour imam légitime, Hassan, fils d'Ali Homéiri. *Voy.* HOMÉIRIS.

FÉERIE, puissance fabuleuse à laquelle on attribue la vertu de faire des prodiges et de prédire l'avenir. Ce pouvoir joue un grand rôle dans les romans de chevalerie et dans les contes à l'usage des enfants. *Voy.* FÉES.

FÉES. On croit communément que les Fées sont une conception assez moderne, et qui ne remonte pas plus haut que le moyen âge. C'est une erreur ; les fées sont aussi anciennes que les nations celtiques, et c'est surtout dans la Gaule qu'elles ont été pour ainsi dire nationalisées. Seul débris de l'antique religion de nos pères, elles ont survécu au druidisme, auquel elles étaient intimement liées ; elles ont traversé les siècles, malgré le christianisme, et après avoir été l'objet du profond respect des populations celtiques, après avoir été la terreur ou l'espoir des serfs du moyen âge, elles sont encore venues bercer notre enfance, occuper vivement notre esprit et présider à notre éducation. Hâtons-nous d'en dire quelques mots, pendant qu'il nous en reste encore quelque souvenir, car bientôt elles vont disparaître pour jamais ; l'Université, en les bannissant des livres d'éducation, leur a porté un coup auquel il est impossible qu'elles survivent. Nous pouvons partager l'existence des fées en trois phases bien distinctes.

1° Les *Fées* étaient un collége de femmes, remplissant des fonctions analogues à celles qui étaient le partage d'une certaine classe de Druides ; on les appelait alors *Fades*, mot que les Romains ont latinisé en ceux de *fatæ, fatuæ, fatidicæ*, qui exprimaient assez bien leur fonction principale qui était de prédire l'avenir et de rendre des oracles. On les trouve encore appelées *Fanæ* et *Faunæ*, et avaient ainsi des analogues dans les divinités que les Latins regardaient comme descendant de Faunus, et qui, elles aussi, rendaient des oracles ; ou plutôt les *Faunæ* du Latium étaient une colonie de *Fades*, qui étaient venues là de la Celtique. Nous avons dit ce qu'elles étaient à l'article DRUIDESSES. La connaissance profonde qu'elles avaient des secrets de la nature, leur air inspiré, certaines fonctions sacerdotales qui leur étaient dévolues, les forêts et les lieux écartés dans lesquels elles faisaient leur séjour, tout concourait à les faire regarder par les populations comme des êtres surhumains. On les croyait immortelles ; on leur attribuait un pouvoir surnaturel. Aussi leur influence persista longtemps, au mépris des édits des empereurs qui avaient interdit la religion druidique. Sous la seconde race de nos rois, époque où le druidisme était réduit à l'état de traditions antiques, ou plutôt dont le souvenir était totalement perdu, les *Fades* ou *Fées* exerçaient encore un grand empire sur l'esprit des Gaulois.

2° Cependant on peut placer vers cette époque la seconde phase de leur existence. Les dernières mortelles, qui faisaient métier de donner des conseils, de guérir les maladies et de prononcer des oracles, ayant enfin disparu, du moins comme institution religieuse, le peuple ne put se persuader qu'il était privé de leur concours ; il leur prêta alors une existence idéale. Il crut voir les Fées dans les ombres des forêts, dans les fantômes de la nuit ; il s'imagina entendre leur voix dans le murmure des arbres, dans le souffle du vent, dans les sons inconnus qui parvenaient à son oreille. On publia une foule d'histoires, d'apparitions, de faits prodigieux, de prédictions sur la destinée future des individus ; on mit sur le compte des Fées tous les phénomènes dont on ne pouvait se rendre compte, les événements extraordinaires, la bonne fortune des uns et le malheur des autres. On partagea les Fées en deux catégories : les unes, bonnes par caractère, aimaient à faire du bien, prenaient en affection certaines familles ou certaines personnes, et celles-ci étaient sûres de réussir dans tout ce qu'elles entreprenaient ; d'autres étaient violentes, colères, capricieuses, haineuses; et malheur aux maisons et aux individus qu'elles avaient pris en grippe. Les premières étaient de belles femmes, éternellement jeunes, à l'air gracieux, aux vêtements blancs et diaphanes; les autres étaient de petites vieilles, à la taille difforme, à l'aspect hideux, toujours grondantes et maudissantes. L'existence des Fées était considérée comme un fait hors de tout doute. Sous le règne de Charles VII cette croyance était encore universelle. Dans le procès de Jeanne d'Arc, on demanda plusieurs fois à la jeune héroïne si elle n'avait pas vu les Fées, si elle ne leur avait pas parlé, si elle n'avait pas été à leur arbre et à leur fontaine, près son village de Domremi, en Lorraine. On donnait pour habitation à ces Fées des grottes et des rochers. A la proximité de Dorat, dans le département de la Haute-Vienne, se trouve un grand nombre de rochers blancs, que l'on croyait avoir été l'asile des Fées. Au-dessus du Blanc, en Berry, à quelque distance de Lurai et du Château d'Issoudun, sur la Creuse, est une grotte qui passait aussi pour leur avoir servi de retraite. Près de celui de Sarbois, dans la même province, on voit une caverne, qu'on appelait autrefois *la Cave des Fées*. En Périgord, aux environs de Miremont, est une caverne nommée du Cluzeau, à laquelle on supposait la même destination. Elle a environ un quart de lieue de longueur; mais on prétendait qu'elle s'étendait sous terre, à la distance de 5 ou 6 lieues. Cette grotte est partagée en différentes chambres, ornées de stalactites et de coquillages fossiles, que l'imagination avait transformés en mosaïque, en peintures et autres ornements merveilleux; le ruisseau qui coule dans la grotte était un large fleuve. Personne n'osait aller explorer cette caverne, dans la crainte de périr victime de la vengeance des Fées. Plusieurs en effet ont pu facilement s'y égarer et y périr. La même foi régnait dans le Limousin, l'Angoumois, la Saintonge, le Poitou, et elle n'est pas encore éteinte en Bretagne.

3° Enfin, les romans du moyen âge s'emparèrent des Fées; ce qui leur offrait une grande ressource pour leurs livres de chevalerie; trop souvent même l'histoire fut traitée comme le roman; car il n'est pas rare de voir, dans des livres écrits sérieusement, des Fées présider à la naissance et à la destinée des preux chevaliers, des nobles damoiselles et des illustres personnages. Ce fut l'époque de transition qui amena enfin les Fées à l'état où nous les voyons maintenant, c'est-à-dire uniquement destinées à amuser les enfants, les seuls aujourd'hui qui s'intéressent encore à elles. Ou plutôt, comme nous l'avons déjà observé, leur règne est complétement passé; celui qui écrit ces lignes, et ceux qui les lisent, sont probablement les derniers qui se seront occupés des Fées; car, dans la génération nouvelle, on prétend bien faire de l'enfant sortant des bras de sa nourrice, un savant, un philosophe et un esprit fort.

Les Persans ont leurs Fées qui portent le nom de *Péri*.

FEHESCHTOESCH, un des dix gâhs ou izeds surnuméraires, dans la mythologie des Parsis; c'était un génie femelle qui présidait au cinquième des jours épagomènes.

FEIKE-GANI, petites crabes que les Japonais pêchent dans la mer de Simo-no-seki, et sur lesquelles ils croient voir une figure humaine en colère; on les vend quelques sous, avec un imprimé dont voici le contenu : « Sous le daïri Taka-Koura-no-in, dans la première année du nengo *Zi-zió* (1177), la désunion entre les familles de Feïko et de Ghen-si fut la cause d'une guerre sanglante qui dura jusqu'à la première année du nengo Boun-zi (1185). Enfin, la famille de Ghen-si extermina, par une force supérieure, les Feïke. Plusieurs chefs de ceux-ci, qui avaient échappé à la dernière bataille, tâchèrent de se sauver par la fuite; mais étant poursuivis de près par les Ghen-si, ils n'en virent pas la possibilité. Poussés par le désespoir, et voulant se soustraire à la honte d'être pris et mis à mort publiquement, ils se noyèrent dans le passage de Kokoura à Simo-no-seki. Le daïri Antok-ten-o fuyait également sous la garde de sa nourrice; celle-ci, désespérant à la fin de lui trouver un asile, et ne voyant point d'apparence d'échapper à ses persécuteurs, le prit dans ses bras, et sauta à la mer, où tous deux furent noyés. On dit que depuis cet événement l'on trouve dans cet endroit des crabes montrant sur leur dos une figure humaine qui exprime la rage. »

On ajoute que, depuis ce temps, le passage fut tellement infesté par les esprits, que personne ne pouvait le fréquenter, jusqu'à ce qu'on eût bâti à Simo-no-séki un temple dédié au dieu Amida, afin d'apaiser les esprits de la famille royale. Ce temple porte le nom d'*Amida-déra*. Depuis lors, les obsessions ont cessé, et n'inquiètent plus les voyageurs dans ces parages. Ce sont ces esprits que l'on trouve sous la forme des *Feike-Gani*.

FÉKI, confrérie japonaise, appartenant au culte de Sinto ou des génies. Elle a cela de particulier qu'elle est tout entière composée d'aveugles, soit de naissance, soit par accident. Elle succéda à une autre confrérie d'aveugles nommés *Bussets* (*Voy*. ce mot). Les *feki* sont regardés comme un ordre séculier; c'est pourquoi leur costume diffère peu des vêtements ordinaires des Japonais; les grades se distinguent néanmoins chez eux par des modifications dans l'habillement. Ils se font raser la tête comme les Bussets, ou aveugles réguliers; ils ne vivent point d'aumônes, mais ils exercent quelque industrie, chacun selon son talent, et ce qu'ils gagnent est rapporté à la communauté. Un des états qui s'accordent le mieux avec leur infirmité est celui de musicien; aussi sont-ils fréquemment appelés aux fêtes tant publiques que de famille. Celui qui est une fois reçu membre de la société, y doit demeurer toute sa vie. Ils sont dispersés dans tout l'empire, mais leur général réside à Méaco. La société est administrée à peu près comme nos ordres religieux; il y a des conseillers ou assistants, des provinciaux et différents autres degrés de hiérarchie. L'établissement de cet ordre a été un bienfait pour le Japon, car il a procuré des moyens d'existence à une classe de malheureux qui sont le moins en état de pourvoir à leur subsistance.

FÉLÈS, idole des anciens Arabes de la tribu des Beni-Khazerdjh. Elle fut détruite avec un grand nombre d'autres par les généraux de Mahomet.

FÉLICITÉ, ou EUDÉMONIE, divinité allégorique à laquelle les Romains avaient élevé un temple.

FELLENIUS, divinité particulièrement adorée dans la ville d'Aquilée.

FEMMES. — I. Sous le rapport des fonctions sacerdotales, il est des religions qui en ont totalement exclu les femmes; d'autres, au contraire, leur en ont confié une part plus ou moins grande.

1° Chez les Juifs, les fonctions sacrées étaient totalement interdites aux femmes; cependant, plusieurs d'entre elles furent inspirées de l'esprit prophétique, et honorées comme prophétesses, entre autres Débora.

2° Dans l'Eglise chrétienne des premiers siècles, on créa exprès pour elles un ordre ecclésiastique, celui de *diaconesses*, qui leur donnait une certaine autorité sur les simples fidèles, surtout sur les personnes de leur sexe. C'étaient elles qui aidaient l'évêque et les prêtres, lorsqu'on administrait le baptême aux femmes; il paraît même, suivant les constitutions apostoliques, que c'étaient elles qui oignaient de l'huile sainte le corps des femmes ou filles que l'on baptisait, après que le diacre avait fait sur celles-ci l'onction sur le front. Elles accompagnaient les clercs, toutes les fois que ceux-ci avaient quelque fonction à remplir auprès des femmes; elles maintenaient l'ordre dans le temple, dans la partie réservée aux personnes de leur sexe, et apportaient aux diacres les offrandes de celles-ci avant l'oblation du saint sacrifice. Elles prenaient soin des veuves, des orphelines, de celles qui étaient pauvres ou malades, et instruisaient celles qui se disposaient au baptême. A cet effet, elles recevaient une espèce d'ordination, et prenaient rang immédiatement après les diacres, avant tous les autres clercs d'un ordre inférieur. Cet ordre subsista dans l'Eglise jusque vers le VIII° siècle. Maintenant, il est totalement aboli, et les communautés religieuses actuelles n'appartiennent en aucune manière à l'ordre ecclésiastique. *Voy.* DIACONESSES.

3° Les musulmans, les parsis, les brahmanistes, les bouddhistes, et en général tous les peuples de l'Orient, chez lesquels les femmes sont dans un état de complète infériorité, n'admettent jamais celles-ci aux fonctions sacrées. Les Hindous ont, il est vrai, leurs *dévadassis*; mais leurs fonctions se bornent à chanter, à danser dans les temples, et à faire le métier de courtisanes. *Voy.* BAYADÈRES, DÉVADASSIS.

4° Le paganisme des Grecs et des Romains est, sans contredit, le système religieux qui a fait aux femmes une plus large part dans les fonctions sacerdotales. Nous ne les voyons pas, il est vrai, remplir les fonctions de sacrificateurs, qui, en effet, ne convenaient pas à leur sexe; mais nous les voyons prendre part et présider à une multitude de cérémonies religieuses; un grand nombre de temples n'étaient desservis que par elles; c'étaient elles qui rendaient les oracles dans les principaux sanctuaires. *Voy.* PRÊTRESSES, VESTALES.

5° Il en était à peu près de même du druidisme; chez les Gaulois les prêtresses étaient vénérées à l'égal des prêtres; plusieurs même d'entre elles passaient pour avoir un pouvoir bien supérieur à celui des pontifes même de la religion, et étaient l'objet d'une vénération beaucoup plus profonde. C'est pourquoi elles subsistèrent plus longtemps que les Druides. *Voy.* DRUIDESSES, FÉES.

6° Les Scandinaves avaient leurs prêtresses consacrées au culte de la déesse Frigga. *Voy.* GYDIOR.

7° Les peuplades de l'Afrique et de l'Amérique, et de l'Océanie, ne paraissent pas avoir associé généralement les femmes aux cérémonies du culte; il faut en excepter toutefois les Péruviens, chez lesquels les *vierges du soleil* remplissaient des fonctions analogues à celles des vestales chez les Romains.

II. Le poëte philosophe Simonide nous a laissé une description assez singulière de la création de la femme, dans laquelle il cherche à rendre raison de la différence de caractère qui existe dans les personnes appartenant à ce sexe : « Au commencement, dit-il, Dieu créa des âmes des femmes dans un état séparé de leurs corps, et les tira de différentes matières.

« Il forma les unes de ces ingrédients qui entrent dans la composition du pourceau. Une femme de cet ordre est sale dans sa maison, et goulue à sa table : elle est malpropre dans ses habits et dans sa personne, et la maison qu'elle occupe a tout l'air d'une écurie.

« Il tira une deuxième sorte d'âmes féminines des matériaux qui servent à former le renard. La femme qui en est pourvue a de l'esprit et du discernement; elle connaît le bien et le mal, et rien n'échappe à sa pénétration. Dans cette classe quelques-unes ont de la vertu et d'autres sont vicieuses.

« La troisième sorte fut prise des particules canines, et les femmes qui la reçoivent sont celles que nous appelons communément grondeuses, c'est-à-dire qu'elles imitent les animaux dont elles sont tirées, qui aboient sans cesse, grondent contre tous ceux qui les approchent, et vivent dans une criaillerie continuelle.

« La quatrième fut prise de la terre; celle-ci anime les paresseuses qui vivent dans l'ignorance et l'inaction, qui n'abandonnent pas leur foyer de tout l'hiver, et ne se portent avec ardeur qu'à la table.

« La cinquième fut tirée de la mer; celle-ci produit ces humeurs inégales, qui passent quelquefois de l'orage le plus terrible au calme le plus profond, et du temps le plus sombre au plus beau soleil du monde. Un inconnu qui verrait une de ces femmes dans sa belle humeur, la prendrait pour une merveille de la nature; mais qu'il attende un moment, ses regards et ses paroles changent tout d'un coup, elle ne respire que la rage et la fureur; c'est un véritable ouragan.

« La sixième est composée de ces ingrédients qui servent à former l'âne ou une bête de somme. Ces femmes sont naturellement d'une paresse extraordinaire; mais si leurs maris viennent à déployer leur autorité, elles se contentent de vivre fort maigrement, et mettent tout en usage pour leur plaire.

« Le chat fournit les matériaux pour la septième espèce; elles sont d'un naturel mélancolique, bizarre, chagrin, et toujours prêtes à égratigner leurs maris. D'ailleurs cette espèce de femmes est sujette à commettre de petits larcins et des friponneries.

« La jument avec sa crinière flottante, qui n'avait jamais subi le joug, servit à la composition de la huitième sorte; celles-ci, qui n'ont que peu d'égards pour leurs maris, passent tout leur temps à s'ajuster, à friser leurs cheveux et à les orner de fleurs. Une femme de cet ordre est un objet fort agréable pour un étranger, mais fort ruineux pour le possesseur, à moins que ce ne soit un roi ou quelque prince qui s'entête d'une pareille poupée.

« La neuvième a eu son extraction du singe; celles-ci sont laides et malicieuses. Comme elles n'ont rien de beau, elles tâchent de noircir et de tourner en ridicule tout ce qui paraît tel dans les autres.

« Enfin, la dixième et dernière espèce a été prise de l'abeille, et bienheureux est l'homme qui en trouve une de cette origine : elle n'est entachée d'aucun vice, sa famille prospère et fleurit par son économie; elle aime son mari et en est aimée; elle élève une race de beaux et vertueux enfants; elle se distingue de toutes les autres de son sexe; elle est environnée de grâces; elle ne se trouve jamais avec les femmes d'une vie déréglée, et ne perd point son temps en vain babil : elle est ornée de vertus et de prudence. C'est, en un mot, la meilleure femme que Jupiter puisse donner à l'homme. »

Est-ce une boutade de Simonide? est-ce un apologue? est-ce une donnée philosophique? Nous ne décidons pas; mais il est clair que le poëte eût pu exposer la création de l'âme de l'homme presque dans les mêmes termes.

On sait que les femmes n'ont jamais eu une part plus belle dans la société qu'en Occident, surtout depuis l'introduction du christianisme. L'Orient, comme nous l'avons déjà dit, regarde les femmes comme infiniment inférieures aux hommes; et dans les îles de l'Océanie, elles gémissent littéralement sous l'absurde interdiction du *tapou*. Mais aucun peuple, peut-être, n'a professé pour les femmes un plus profond mépris que les Juifs. Nous ne parlons pas des Israélites anciens; car, dans la Bible, les femmes ont une position assez belle; mais les Juifs du moyen âge,

imbus des rêveries du Talmud, se sont plus à rabaisser ce sexe au-delà de toute expression, non pas qu'ils les eussent maltraitées; nous voyons au contraire qu'ils avaient d'elles un grand soin, qu'ils les aimaient même tendrement; mais il semble qu'ils aient pris à tâche de leur faire comprendre qu'elles étaient d'une autre espèce que les hommes, que l'homme était leur fin dernière; en un mot, qu'elles étaient pour lui comme un *meuble*, meuble précieux, il est vrai, mais enfin un pur meuble. Ainsi, tandis que les rabbins comptent pour les hommes 248 préceptes impératifs, ils n'en reconnaissent que trois pour les femmes, qui sont : 1° de prévenir leurs maris quand elles ont leurs règles, et de ne point s'en approcher ensuite qu'après s'être baignées; 2° de faire, en achevant de pétrir le pain, un gâteau qui, autrefois, était offert au sacrificateur, et qu'on brûle aujourd'hui; 3° d'allumer la lampe le vendredi soir pour la nuit du sabbat. Il semble ainsi qu'elles soient dispensées de tous les autres préceptes religieux.

On lit aussi cet apologue peu galant dans les livres rabbiniques : « Dieu ne voulut point d'abord créer la femme, parce qu'il prévit que l'homme aurait bientôt à se plaindre d'elle. Il attendit qu'Adam la lui demandât, et celui-ci n'y manqua pas, dès qu'il eut remarqué que tous les animaux paraissaient devant lui deux à deux. Dieu prit, mais en vain, toutes les précautions possibles pour la rendre bonne. Il ne voulut point la tirer de la tête de l'homme, de peur qu'elle n'eût l'esprit et l'âme orgueilleux et évaporés; mais ce malheur n'en arriva pas moins, et le prophète Isaïe se plaignait, et a déjà bien longtemps, que les filles d'Israël allaient la tête levée et la gorge nue. Dieu ne voulut pas la tirer des yeux, de peur qu'elle ne jouât de la prunelle; cependant Isaïe se plaint encore que les filles de son temps lançaient des œillades séductrices. Il ne voulut point la tirer de la bouche, de peur qu'elle parlât trop; cependant il n'est jusqu'ici aucune puissance qui ait su mettre un frein à sa langue, ou une digue au flux de sa bouche. Il ne la prit point de l'oreille, de peur qu'elle ne fût écouteuse; cependant il est dit de Sara qu'elle écoutait à la porte de la tente de son mari, afin de surprendre le secret des anges. Dieu ne la forma point du cœur, de peur qu'elle ne fût jalouse; cependant combien de jalousie et d'envie déchire le cœur des femmes et des filles! Il ne voulut point la former des pieds ni de la main, de peur qu'elle ne fût coureuse, et que l'envie de dérober ne lui vînt; cependant Dina courut et se perdit, et, avant elle, Rachel avait dérobé les dieux de son père. Bref, il eut beau choisir une partie honnête et solide de l'homme, d'où il semble qu'il ne pouvait sortir aucun défaut, la femme ne laisse pas de les avoir tous. »

FENDEURS, ou FENDEURS-CHARBONNIERS; société secrète, établie dans l'Artois au commencement de ce siècle; elle paraît avoir été formée à l'instar des Bons-cousins du Jura, ou plutôt elle en faisait partie, car les Charbonniers de cette province étaient divisés en *coupeurs, scieurs* et *fendeurs. Voy.* BONS-COUSINS, CARBONARI.

FENRIS, loup monstrueux, le cerbère des Scandinaves; il était fils de Loke, le mauvais principe, et de la géante Angerbode; il avait une force si prodigieuse, qu'il rompait les chaines de fer et les liens les plus étroits. Cependant, dans la lutte des géants contre les dieux, un nain fabriqua un cordon souple et uni, dans lequel Fenris se laissa prendre, espérant le rompre avec la même facilité. Mais les efforts qu'il fit pour se délivrer ne firent que resserrer le nœud fatal, dont les dieux firent passer l'extrémité par le milieu d'un grand rocher plat qu'ils enfoncèrent dans les entrailles de la terre. Depuis ce temps il pousse d'horribles hurlements, et l'écume sort sans cesse de sa gueule avec tant d'abondance, qu'elle forme un fleuve appelé *Vam* ou les Vices. Mais au crépuscule des dieux, c'est-à-dire à la fin des temps, ce monstre, alors déchaîné, ouvrira son énorme gueule, dont les deux mâchoires atteindront en même temps la terre et le ciel, le feu sortira de ses yeux et de ses naseaux, et il dévorera le soleil. Il se réunira ensuite avec le grand serpent et les autres génies infernaux, pour faire aux dieux une dernière guerre. Fenris dévorera Odin; mais Vidar, un des génies célestes, fondra sur lui, et, appuyant son pied sur la mâchoire inférieure du monstre, il prendra l'autre de sa main, et le déchirera ensuite jusqu'à ce qu'il ait perdu la vie.

FÉRALES, ou FÉRALIES, fêtes célébrées à Rome, le 18 février, en l'honneur des morts, et pendant lesquelles on portait sur les tombeaux des offrandes consistant en couronnes de fleurs, accompagnées de quelques fruits ou plutôt de légumes, tels que des lentilles et des fèves avec du miel, des galettes salées, du pain trempé dans du vin, des violettes détachées; le tout posé sur une brique. Macrobe en rapporte l'origine à Numa, et Ovide à Énée, qui faisait, dit-il, tous les ans des offrandes au génie de son père. Pendant ces fêtes, qui duraient onze jours, les temples n'étaient point fréquentés. On n'offrait pas de sacrifices aux dieux. Il était défendu de célébrer les noces, et les gens mariés devaient vivre dans la continence. Les Romains étaient persuadés que, ces jours-là, les morts erraient autour de leurs tombeaux, et se repaissaient des mets déposés par la main de l'amitié. Ils croyaient aussi que, durant ce temps, les châtiments des âmes coupables étaient suspendus dans les enfers, et qu'elles jouissaient du repos et de la liberté. Cette solennité ayant été interrompue dans le désordre des guerres civiles, tous les tombeaux parurent en feu; les morts en sortirent, et firent entendre la nuit des hurlements plaintifs; ce qui fit rétablir les Férales avec toutes leurs cérémonies. On dérive ce mot de *fero*, porter, parce qu'on portait des mets sur les sépulcres des morts; ou de *fera*, cruelle, surnom que les Latins donnent à la mort.

On nommait aussi *Férales* les divinités des enfers.

FERCTUM, sorte de gâteau que les Romains offraient dans les sacrifices.

FÉRENTINE, déesse adorée par les Romains; elle avait un temple et un bois sacré près de Ferentinum, ville du Latium.

FÉRÉTRIEN, surnom donné à Jupiter chez les Romains, ou parce qu'il les avait secourus dans un combat (*opem* ou *pacem ferre*); ou parce qu'on portait dans son temple les dépouilles des vaincus (*ferre spolia*, ou *feretrum*, brancard); ou parce qu'il frappait les ennemis de terreur en faisant gronder la foudre (*ferire*). Romulus, au rapport de Plutarque et de Tite-Live, ayant taillé en pièces l'armée des Céniniens, après avoir tué de sa main leur roi dans la mêlée, revint triomphant à Rome, et se rendit au Capitole, en faisant porter devant lui sur un brancard fait exprès les dépouilles du général ennemi. Là, il les suspendit à un chêne regardé comme sacré par les pasteurs, traça les limites d'un temple qu'il avait l'intention d'élever à Jupiter, et donna à ce dieu le surnom de Férétrien, en proférant à haute voix ces paroles : « Jupiter Férétrien, moi le roi Romulus, je te consacre après ma victoire ces armes royales; et je te dédie le temple dont je viens de désigner les limites, comme le lieu où mes successeurs viendront apporter les dépouilles opimes qu'ils remporteront sur les rois et les généraux ennemis. » Telle est l'origine du premier temple qui ait été élevé par les Romains. Les vœux du fondateur ont été accomplis dans la suite. Les dépouilles des généraux ennemis ont été portées dans ce temple; cependant, ajoute Tite-Live, les dieux n'ont pas voulu que la gloire d'une offrande si glorieuse perdît de son prix par la fréquence. En effet, jusqu'au temps de cet historien, il n'y avait eu que deux triomphateurs qui eussent consacré à Jupiter des dépouilles opimes, tant cet honneur était devenu rare.

FÉRIES. — 1. Jours consacrés aux dieux chez les Romains, ainsi nommés *à feriendis victimis*, des victimes qu'on immolait ces jours-là. On en comptait de plusieurs espèces. Les principales sont :

Feriæ stativæ, les Féries à jours fixes, et qui étaient célébrées par tout le peuple, comme les Agonales, les Carmentales, les Lupercales, etc.

Feriæ conceptivæ, les Féries mobiles ou votives, que les magistrats ou les prêtres indiquaient chaque année pour des jours fixes, ou pour une époque incertaine : comme les Féries latines, les Sémentines, les Paganales, les Compitales.

Feriæ imperativæ ou *indictivæ*, que les consuls ou les préteurs indiquaient extraordinairement pour le salut de la république ou du prince, ou en actions de grâces d'une heureuse réussite.

Feriæ nundinæ, où l'on tenait les foires et les marchés. Les paysans venaient ces jours-là à la ville pour y apporter leurs denrées.

Il y avait des Féries qui avaient rapport

aux différents travaux de l'année, comme *Feriæ œstivales*, les Féries d'été, *Feriæ messis*, celles de la moisson, *Vindemiales*, celles des vendanges, etc. D'autres, à des cérémonies particulières, comme *Feriæ stultorum*, les Féries des fous ou des sots, qui se célébraient le 17 février ; *Præcidaneæ*, les vigiles des fêtes, etc. *Esuriales*, celles où l'on jeûnait ; *Victoriæ*, fêtes de la victoire dans le mois d'août.

On les divisait encore en *publicæ*, qui étaient établies pour le salut public, et dont l'observation était générale, et *privatæ* ou *propriæ*, propres à certaines familles, comme les Féries Claudiennes, Emiliennes, etc. Dans les premières on était obligé d'interrompre les travaux journaliers.

Les Féries *Latines* devaient leur origine à la politique de Tarquin le Superbe ; d'autres les font remonter plus haut. Les républiques confédérées du Latium se réunissaient tous les ans, par leurs députés, à Ferentum ; là, assistant aux mêmes sacrifices et aux mêmes repas, elles cimentaient leur union, et prenaient les mesures les plus efficaces pour leur conservation et leur prospérité. On y avait élevé un temple à Jupiter *Latialis*, où s'assemblaient les députés de 47 peuples.

Les Féries sementines ou des semailles étaient célébrées vers la fin de janvier, pour obtenir la prospérité des champs ensemencés. Ce jour-là les animaux de labour étaient couronnés de fleurs ; on faisait des processions autour des champs et des libations sur des autels rustiques. On offrait des gâteaux à Tellus ou à la terre cultivée, et à Cérès, comme mère des moissons. Ovide nous a conservé dans ses Fastes la prière qu'on offrait ce jour-là à ces déesses. « Déesses, qui d'un commun accord avez adouci les mœurs anciennes, et qui substituâtes au gland une nourriture excellente, donnez au laboureur avide une abondante moisson, accordez-lui une récompense digne de ses travaux. Que nos blés croissent chaque jour ; que le froid ne brûle pas cette herbe tendre. Lorsque nous semons, faites souffler des vents favorables ; lorsque nous hersons, envoyez-nous des pluies douces. Que des volées innombrables d'oiseaux ne dévastent pas nos champs ; que les fourmis ne les ravagent pas, elles en auront une meilleure part à la moisson. Que nos épis ne soient gâtés ni part la rouille, ni par la nielle ; qu'ils ne périssent ni de maigreur ni par une exubérance excessive ; qu'ils soient sans mélange de plantes nuisibles ; que nos terres nous rendent avec usure l'orge et le seigle, et le froment qui passe deux fois au feu. » Le poëte finit par des vœux pour une paix constante. « La paix, dit-il, est la nourrice de Cérès ; Cérès est le nourrisson de la paix. »

2. Dans le langage de l'Eglise romaine, tous les jours de la semaine sont appelés Féries, à commencer par le dimanche, qui cependant est appelé *Feria dominica*, la Férie du Seigneur, au lieu de *Feria prima*. La septième Férie est toujours nommée *sabbatum* ou *sabbat* et par corruption samedi (de *sabbati dies*). Au contraire des anciens Romains, l'Eglise appelle Féries les jours où l'on ne célèbre aucune fête publique ou particulière.

FÉRONIE, déesse des bois et des vergers chez les Romains, ainsi nommée de *fero*, porter, produire, ou de *Feronia*, ville située au pied du mont Soracte, chez les Falisques, où elle avait un temple dont on voit encore les restes. On prétend que son culte fut porté en Italie par les Lacédémoniens. Elle y était en grande vénération, et on lui faisait beaucoup d'offrandes. La famille des Hirpiens lui offrait, chaque année, dans un bois qui lui était consacré, un sacrifice, pendant lequel ceux de cette famille marchaient pieds nus et impunément sur le bûcher allumé pour ce sacrifice. Mais Pline dit que cette merveille arrivait pendant le sacrifice que les Hirpiens offraient à Apollon qui était honoré sur le mont Soracte. Les peuples voisins racontaient que le feu ayant un jour pris dans le petit bois qui lui était consacré, on voulut emporter sa statue pour la sauver de l'incendie ; mais le bois repoussa et reverdit tout à coup. Horace dit qu'il lui rendait ses hommages en se lavant le visage et les mains dans la fontaine sacrée qui coulait près de son temple. Les affranchis la regardaient comme leur déesse ; c'était dans son temple qu'ils prenaient le bonnet, signe de leur liberté et de leur condition nouvelle. Sur des médailles d'Auguste, on voit la tête de Féronie avec une couronne ; ce qui la faisait appeler *Philostephanos*, qui aime les couronnes. Servius la croit la même que Junon, et plusieurs inscriptions semblent le prouver, ainsi que sa qualité d'épouse de Jupiter Anxur. Sa tête, couronnée de lauriers et de grappes de raisin, se voit sur des médailles de la famille Petronia.

FÉROUER, êtres spirituels de la mythologie des Parsis, qui se présentent tantôt comme prototypes de tous les êtres, tantôt comme génies protecteurs et bienfaisants, tantôt comme faisant partie de l'âme humaine elle-même, et comme formant la base des êtres spirituels. « Les Férouers, dit Creuzer, sont les idées, les prototypes, les modèles de tous les êtres formés de l'essence d'Ormuzd, et les plus pures émanations de cette substance. Ils existent par la parole vivante du Créateur ; aussi sont-ils immortels, et par eux tout vit dans la nature. Ils sont placés au ciel comme des sentinelles vigilantes contre Ahriman, et portent à Ormuzd les prières des hommes pieux qu'ils protégent et purifient de tout mal. Sur la terre, unis à des corps, ils combattent sans cesse les mauvais esprits. Ils sont aussi nombreux et aussi diversifiés dans leurs espèces que les êtres eux-mêmes. » Entre les Férouers il y a la même hiérarchie, les mêmes rapports de supériorité et d'infériorité qu'entre les hommes qu'ils représentent, en sorte que le Férouer du roi est le plus élevé et le plus puissant de tous.

Les Persans leur rendaient un culte pendant les dix derniers jours de l'année ; c'était pour eux la fête des âmes, correspondant au culte des Pitris ou des Mânes dans l'Inde antique. Le Zend-Avesta contient une touchante et naïve invitation de célébrer leur culte, adressée aux vivants par les âmes des morts ou Férouers ; voici la traduction que M. Burnouf donne de ce passage. « Nous offrons le sacrifice aux bons, aux forts et aux saints Férouers des justes, eux qui descendent de leur demeure vers le temps de Hamaspathmaedha. Alors ils se répandent icibas pendant dix nuits, exprimant leur désir par les questions suivantes : Qui nous louera ? qui nous offrira le sacrifice ? qui répandra pour nous l'offrande ? qui nous plaira ? qui nous invitera, en portant à la main le lait de la vache et un vêtement, avec la prière qui fait obtenir la pureté à celui qui la prononce ? quel est celui d'entre nous dont on prononcera le nom ? quel est celui d'entre nous dont l'âme sera l'objet d'un culte ? quel est celui d'entre nous auquel sera donnée l'offrande, pour qu'il ait à manger une nourriture qui ne manque ni jamais ni à toujours ? — Alors l'homme qui leur offre le sacrifice, en portant à la main le lait de la vache et un vêtement, avec la prière qui fait obtenir la pureté à celui qui la prononce, ils le bénissent, satisfaits, favorables, bienveillants, les forts Férouers des justes en disant : Qu'il y ait dans cette maison un troupeau formé d'une vache et de ses veaux ! qu'il y ait un cheval rapide et un taureau vigoureux ! que ce soit un homme respecté, un homme sage, que celui qui nous offre sans cesse le sacrifice, en portant à la main le lait de la vache et un vêtement, avec la prière qui fait obtenir la pureté ! »

FERTEUR. On appelait ainsi, chez les Romains, celui qui offrait les gâteaux sacrés.

FÉRULE.—1. Plante consacrée à Bacchus. Hésiode dit que ce fut dans une tige de cette plante que Prométhée cacha le feu qu'il avait dérobé à Jupiter. Bacchus, suivant Diodore, ordonna aux premiers hommes qui burent du vin, de se servir de cannes de férule, parce que ces bâtons, assez forts pour servir d'appui aux buveurs chancelants, étaient trop légers pour blesser ceux qui s'en frappaient dans la chaleur de l'ivresse. C'était le bâton à l'aide duquel Silène ivre gardait l'équilibre sur le dos de sa monture.

2. On dit que cette tige tenait lieu de bâton pastoral ou de crosse aux évêques de la primitive Eglise ; c'était alors la marque de leur autorité.

FERVERDIN, ange de l'air et des eaux, dans la mythologie des Parsis. *Voy.* FARVARDIN.

FESSONIE, ou FESSORIE, du mot latin *fessus*, fatigué ; déesse des voyageurs qui avaient fait de longues courses. Les gens de guerre surtout l'invoquaient dans les travaux et les fatigues de leur métier, parce qu'ils croyaient que son emploi consistait à procurer du soulagement aux hommes.

FESTINS. Les festins ont été mêlés dans un grand nombre d'actes de religion, et considérés eux-mêmes comme des actes religieux chez presque tous les peuples. Ils étaient la conséquence des sacrifices, car les prêtres et le peuple mangeaient la chair des victimes après qu'on en avait offert certaines parties sur l'autel. Le mot *festin* a même étymologie commune avec *fête*, *feste*, *festum* ; l'un et l'autre viennent du latin *festum* pour *estum*, jour où l'on mange. Les Grecs et les Romains faisaient servir des festins aux dieux et aux morts ; il en était de même chez les Egyptiens, les Syriens et les autres nations de l'Orient. Chez les Hindous, il est peu de cérémonies religieuses qui ne soient accompagnées de festins ; le même usage se retrouve parmi les nombreuses peuplades de l'Afrique, de l'Amérique et de l'Océanie. Il est souvent question dans la Bible, des festins qui faisaient partie des solennités judaïques. Chez les chrétiens mêmes, l'Eucharistie est un festin mystique, qui en outre était accompagné dans les premiers siècles, de repas en commun appelés *Agapes*.

FÉSULE. C'était, chez les anciens, une Nymphe semblable aux Grâces, l'une des filles d'Atlas et des nourrices de Bacchus.

FÊTE, solennité publique en l'honneur de la Divinité. Toutes les religions en fournissent un nombre plus ou moins grand, qu'on trouvera, pour la plupart, dans ce Dictionnaire, suivant l'ordre alphabétique de leur dénomination. Nous consignerons ici les considérations générales et les fêtes qui ne peuvent être rangées sous un titre particulier.

Fêtes des Chrétiens.

Ce sont des jours institués par l'Eglise pour honorer Dieu, en célébrant les principaux mystères de la religion, ou la mémoire des saints qui ont fait éclater sa gloire. — L'établissement des fêtes est aussi ancien que le christianisme même. Il était naturel que les premiers fidèles conservassent la mémoire de ces jours mémorables, qui étaient autant d'époques de leur délivrance et de leur bonheur ; de ces jours consacrés par la naissance, la mort, la résurrection et l'ascension de leur divin maître. Les premières que nous trouvons d'institution apostolique sont celles de Noël, le 25 décembre ; de l'Epiphanie, le 6 janvier (dans plusieurs Eglises, ces deux fêtes étaient célébrées le même jour) ; de Pâques, précédée d'un jeûne de quarante jours, et célébrée à la pleine lune qui suit l'équinoxe du printemps ; de l'Ascension, quarante jours après Pâques ; et de la Pentecôte, dix jours après l'Ascension.

Aux Fêtes de Jésus-Christ succédèrent celles des martyrs, qui ont été les premiers saints du christianisme ; on les célébrait principalement dans les lieux où ils avaient rendu le glorieux témoignage de leur foi, et leurs tombeaux servaient la plupart du temps d'autel ; puis vinrent les fêtes des pontifes et des fidèles qui avaient illustré l'Eglise par la pratique éminente des vertus chrétiennes.

L'usage des premiers chrétiens était de relâcher, aux jours de fêtes, quelque chose de leurs austérités ordinaires ; il était même défendu de jeûner ces jours-là. « Il est vrai que les moines d'Egypte, dit l'abbé Fleury, usaient de grandes précautions pour empêcher que ce petit relâchement ne leur fît perdre le fruit de l'abstinence passée ; mais enfin, il marquait la distinction. » Saint Pacôme, suivant l'ordre de saint Palémon, son maître, prépara, le jour de Pâques, des herbes avec de l'huile, au lieu de pain sec qu'ils avaient accoutumé de manger. Un saint prêtre, inspiré de Dieu, apporta à saint Benoît, le jour de Pâques, de quoi faire un meilleur repas qu'à l'ordinaire ; et, pour marquer une autre sorte de réjouissance sensible, saint Antoine portait, à Pâques et à la Pentecôte, la tunique de feuilles de palmier qu'il avait héritée de saint Paul, premier ermite ; et saint Athanase se parait du manteau que saint Antoine lui avait laissé. C'était une coutume établie dès lors, entre les chrétiens, de prendre, aux jours de fêtes, des habits précieux, et de faire meilleure chère : d'où est venu le nom de *festin*, comme qui dirait un repas de *fête*. Les meilleures choses dégénèrent en abus. La joie sainte que les premiers chrétiens se faisaient un devoir de témoigner, dans la célébration de leurs fêtes, s'est changée trop souvent en une licence effrénée ; et plusieurs chrétiens ne connaissent plus maintenant des Fêtes de l'Eglise que les désordres et les débauches auxquels elles ont donné occasion : bien entendu que ceux qui se livrent à ces excès sont précisément ceux qui se font une triste gloire de ne prendre aucune part à nos solennités religieuses.

Dans l'Eglise catholique, on partage les fêtes en plusieurs classes : il y en a de *mobiles*, qui arrivent à des jours différents, d'après la Fête de Pâques, qui suit le cours de la lune ; et d'autres à jour fixe. Il y en a de *doubles*, de *semi-doubles* et de *simples*. Les Fêtes doubles sont elles-mêmes subdivisées en doubles de première, de deuxième et de troisième classe, ou, comme on s'exprime en d'autres diocèses, en *annuelles*, *solennelles* et *doubles*, qui se distinguent encore en *majeures* ou *mineures*. On peut encore les diviser en *Fêtes d'obligation*, auxquelles tout fidèle est obligé de prendre part, de cesser son travail et d'assister aux offices divins ; en *Fêtes de dévotion*, qui sont célébrées avec une certaine solennité, avec simple invitation aux chrétiens d'y concourir, autant que leurs devoirs civils et leurs occupations journalières peuvent le permettre ; et, enfin, en *Fêtes communes* et *ordinaires*, qui ne sont célébrées que dans les chapitres et les communautés religieuses, et par les prêtres dans leur office privé. Ces dernières occupent la plus grande partie des jours de l'année.

L'Eglise a le pouvoir d'établir de nouvelles fêtes ; elle a usé largement de cette faculté dans les derniers siècles. Nous avons vu que primitivement on ne connaissait guère que quatre ou cinq fêtes de Notre-Seigneur, et quelques mémoires des martyrs ; dans la suite on a établi celles des différentes phases de la vie de la sainte Vierge ; celles des apôtres, celles des martyrs principaux ; et enfin, celles de la Trinité, du Saint-Sacrement, du Sacré-Cœur de Jésus, etc.. etc. En France, depuis le concordat, l'Etat ne reconnaît que quatre fêtes, outre celles qui sont célébrées les dimanches ; ce sont celles de Noël, de l'Ascension de Notre-Seigneur, de l'Assomption de la sainte Vierge, et la Toussaint. Les autres ont été ou abolies, ou renvoyées au dimanche suivant, ou ne sont célébrées qu'à dévotion. *Voyez*, à leurs articles spéciaux, les Fêtes de Notre-Seigneur et de la sainte Vierge ; et aux CALENDRIERS DES CHRÉTIENS, les Fêtes principales à jour fixe qui sont célébrées dans les Eglises d'Orient et d'Occident.

Fêtes des Juifs.

Les Juifs, dans l'ancienne loi, avaient trois grandes Fêtes annuelles, celle de Pâques, qui tombait le 15 nisan ; celle de la Pentecôte ou des Semaines, le 6 sivan, et celle des Tabernacles ou des Tentes, le 15 tisri. Dans ces solennités, tout le monde, à moins d'empêchement légitime, devait se rendre à Jérusalem pour sacrifier. Il y avait en outre la fête du premier jour de l'an, et celle de l'Expiation, le 10 de tisri. Depuis, la synagogue a institué un certain nombre de Fêtes d'obligation ou de simple dévotion, que l'on trouvera à l'article CALENDRIER DES JUIFS.

Fêtes des Egyptiens.

Les Egyptiens avaient un grand nombre de Fêtes ; les historiens anciens en ont remarqué six principales : la 1re à Bubaste, en l'honneur de Bubastis ou Diane ; la 2e à Busiris, en l'honneur d'Isis ; la 3e à Saïs, en l'honneur de *Neith* ou Minerve ; la 4e à Héliopolis en l'honneur de Phré ou du Soleil ; la 5e à Butis, pour Bouto ou Latone ; et la 6e à Papremis, en l'honneur du Mars égyptien. Il y en avait en outre une multitude d'autres, car chaque divinité avait la sienne

Fêtes des Grecs.

Les premières Fêtes des Grecs furent caractérisées par la joie et par la reconnaissance. Après avoir recueilli les fruits de la terre, les peuples s'assemblaient pour offrir des sacrifices, et se livrer aux transports qu'inspire l'abondance. Ils célébraient le retour de la verdure, des moissons, de la vendange, et des quatre saisons de l'année ; et comme ces hommages s'adressaient à Cérès ou à Bacchus, les Fêtes de ces divinités étaient en plus grand nombre que celles des autres. — Dans la suite, le souvenir des événements utiles ou glorieux fut fixé à des jours marqués, pour être perpétué à jamais, de sorte que le calendrier des Grecs est comme un abrégé de leurs annales.

C'était une Fête pour les particuliers, lorsqu'il leur naissait des enfants ; c'en était une pour la nation, lorsque ces enfants étaient inscrits dans l'ordre des citoyens, ou lorsque, parvenus à un certain âge, ils montraient les progrès qu'ils avaient faits dans les exercices du gymnase. Outre les Fêtes qui regardaient toute la nation, il en était de particulières à chaque bourg.

Les solennités publiques revenaient tous les ans, ou après un certain nombre d'années. On distinguait celles qui, dès les plus anciens temps, furent établies dans le pays, et celles qu'on avait plus récemment empruntées des autres peuples. Quelques-unes se célébraient avec une extrême magnificence. Des victimes nombreuses étaient sacrifiées sur les autels ; de pompeuses processions parcouraient les villes, des représentations théâtrales étaient offertes à la curiosité du public ; il y avait des danses, des chants, des courses, des combats de toute sorte, dans lesquels brillaient tour à tour l'adresse et les talents. *Voyez* CALENDRIER DES ANCIENS GRECS.

Fêtes des Romains.

Voyez FÉRIES, et CALENDRIER DES ANCIENS ROMAINS.

Fêtes musulmanes.

Les musulmans sunnites ou orthodoxes n'ont que deux Fêtes dans l'année : la première appelée *Id-Fitr*, ou de la rupture du jeûne, a lieu le premier de la lune de schewal, à la suite du jeûne de ramadhan ; la seconde *Id-Adha*, ou *Id-Corban*, ou *Id-Bacar*, Fête du sacrifice, se célèbre 70 jours après, le 10 de la lune de dhoul-hidja. On les connaît aussi sous la dénomination turque des deux Beiram. *Voyez* ces différents articles.

Mais les mahométans schiites ou schismatiques de la Perse et de l'Inde en ont plusieurs autres, parmi lesquelles on remarque la Fête appelée *Déha* ou *Aschoura*, qui se célèbre les dix premiers jours de la lune de Moharrem, en commémoration de la mort de l'imam Hoséin. *Voyez* DÉHA, et CALENDRIER MUSULMAN.

Fêtes des Parsis ou Mages.

Les Parsis avaient, sous un certain rapport, autant de Fêtes qu'il y a de jours dans l'année ; car chaque mois, chaque jour du mois, et même chaque heure du jour, étaient consacrés à un génie particulier, qu'on devait honorer ; mais outre ces commémorations journalières qui correspondent assez aux saints des calendriers chrétiens, ils avaient des Fêtes solennelles et publiques ; entre autres celle du jour de l'an (*neurouz*), instituée en mémoire de la création du monde, de l'adoption de la loi de Zoroastre, et de la résurrection future, événements qui ont eu lieu ou qui doivent arriver à cette époque ; les Fêtes destinées à célébrer la mémoire des différentes époques auxquelles ont été produits les *Gahanbars*, êtres qui composent l'univers, ces fêtes anciennes sont les plus solennelles ; le *Mihr-Djan*, en l'honneur de Mithra, qui a lieu à l'entrée de l'automne ; enfin, les dix derniers jours de l'année consacrés au culte des *Férouers*, ou âmes des ancêtres, qui, à cette époque, viennent visiter la terre.

Fêtes des Hindous.

Chaque district de l'Inde, chaque pagode de quelque importance, a sa fête particulière qui revient plusieurs fois dans le cours de l'année, et où se rendent les habitants d'alentour. Il y en a en outre un grand nombre d'autres qui sont religieusement chômées partout, et qui ont lieu à des époques fixes. Ces jours-là sont consacrés aux réjouissances et aux divertissements ; les travaux sont suspendus ; les parents et les amis se réunissent, se donnent des festins ; ils ornent leurs maisons, se parent de leurs joyaux et de leurs vêtements les plus propres, et passent le temps à des jeux, la plupart bien simples et fort innocents. Ces Fêtes de famille ne ressemblent en rien à celles qui se célèbrent dans les pagodes, où le monde afflue de tous les côtés et qui offrent les scènes les plus scandaleuses. L'abbé Dubois affirme que les Hindous ont dix-huit Fêtes d'obligation : ceci est vrai pour l'Inde méridionale ; mais ce nombre varie dans les autres provinces, suivant les différents systèmes religieux qui y sont adoptés. *Voyez* CALENDRIER HINDOU.

Fêtes des Tibétains.

Voyez CALENDRIER TIBÉTAIN.

Fêtes des Chinois.

« Les cérémonies solennelles ou sacrifices en l'honneur du *Chang-ti* et des génies célestes avaient lieu, dit M. Ed. Biot (1), aux deux solstices et aux deux équinoxes La détermination précise de ces grandes époques de l'année faisait donc partie des rites, et c'est ainsi que l'observation de la longueur de l'ombre du gnomon au solstice d'été, dans la capitale, se trouve mentionnée comme un rite sacré dans le Tcheou-li. La cérémonie du printemps, qui commençait au solstice d'hiver, sous les Tcheou, s'appelait *Yo*. La cérémonie de l'été, à l'équinoxe vernal, s'appelait *Si*. Celle d'automne, au solstice d'été, s'appelait *Tching*, et celle de l'hiver, à l'équinoxe automnal, était nommée *Tchang*. Vers le commencement de l'année, un sacrifice était fait, dans chaque canton, au génie producteur de la terre et à l'esprit du lieu. Un sacrifice analogue se faisait en automne, après la récolte. Aux mêmes grandes époques de l'année, une cérémonie avait lieu, dans chaque famille, en l'honneur des ancêtres ; elle était suivie de grands repas et de réjouissances. » *Voyez* CHI. La plupart de ces Fêtes sont tombées en désuétude ; et si nous en exceptons ceux qui professent la religion bouddhique, les Chinois ont peu de Fêtes religieuses proprement dites. La plus célèbre est celle qui est appelée la Fête des Lanternes, qui donne occasion à de grandes réjouissances. Vers le solstice d'été, on célèbre encore la Fête des Eaux ou des Bateaux, appelée par les Chinois *Long-tchouen*, bateaux du dragon. — Les éclipses étaient aussi pour les anciens Chinois l'occasion d'une solennité, ou du moins d'une cérémonie religieuse, dans laquelle on faisait abstinence, on s'accusait de ses fautes, on faisait des génuflexions et des prostrations, etc.

Fêtes des Japonais.

La célébration des Fêtes solennelles est

---

(1) *Recherches sur les mœurs des anciens Chinois d'après le Chi-king*, dans le Journal asiatique, novembre 1843.

un point essentiel de la religion du Sinto; elle consiste à aller aux Mias ou temples des dieux et des grands hommes décédés. On peut s'y rendre en tout temps, mais il ne faut pas manquer à ce devoir, les jours qui sont particulièrement consacrés à leur culte, à moins que les fidèles ne se trouvent dans un état d'impureté, et n'aient pas les qualités nécessaires pour paraître en présence des dieux immortels, qui ont en abomination toute sorte d'impureté. Les dévots scrupuleux vont encore plus loin, et croient qu'il y a même de l'indécence à se présenter devant les génies, lorsqu'on a l'esprit affligé par les malheurs ou une infortune quelconque. Car, comme ces êtres immortels jouissent d'un état non interrompu de bonheur et de félicité, et qu'ils pénètrent les replis les plus cachés du cœur de l'homme, les Japonais sont persuadés que les prières de ceux qui sont dans une douleur et une affliction excessive leur seraient un objet désagréable.

Voici comment ils accomplissent leurs dévotions dans les temples: Après s'être lavés, ils mettent leurs meilleurs habits avec un kamisino ou robe de cérémonie, marchent d'un air grave et composé jusqu'à la cour du temple, et vont d'abord au bassin qui est dans le parvis, pour se laver les mains, si cela est nécessaire; puis, baissant les yeux, ils s'avancent avec un grand respect vers le Mia, et après avoir monté les degrés qui conduisent à la galerie qui règne autour du temple, ils se mettent à genoux, inclinent peu à peu, et avec beaucoup d'humilité la tête jusqu'à terre, la relèvent ensuite, étant toujours à genoux, et tournant les yeux vers le miroir qui est placé dans le temple, font une courte prière, dans laquelle ils exposent aux dieux leurs besoins; cela étant fait, ils jettent quelques petites pièces d'argent, ou dans le Mia, au travers des grilles, ou dans le tronc qui est auprès, comme une offrande faite aux dieux, ou un don charitable en faveur des prêtres. Ensuite ils frappent trois fois la cloche suspendue sur la porte du Mia, pour la récréation des dieux, qui, selon leurs idées, prennent un plaisir infini à entendre le son des instruments de musique; enfin, ils se retirent pour passer le reste du jour à se divertir, à se promener, à s'exercer à diverses sortes de jeux, à manger, à boire, et à se traiter les uns les autres. Ces dévotions peuvent être accomplies en tout temps, même lorsqu'on n'a pas ses plus beaux habits; mais, les jours de Fêtes, tous les sectateurs du Sinto ne manquent pas de les aller faire aux temples d'un ou de plusieurs dieux, en qui ils ont plus de confiance. Ils n'ont point de rites fixes et établis pour la célébration de leurs fêtes; chacun est libre de s'adresser aux dieux selon qu'il le juge à propos. En général, les Fêtes des Japonais paraissent plutôt destinées à se faire des compliments réciproques, qu'à s'acquitter des devoirs de la religion; aussi les appellent-ils *Rebi*, c'est-à-dire jours de visites. Ils se croient néanmoins obligés d'aller ces jours-là au temple de Ten-sio-daï-Sin, le premier et le principal objet de leur adoration, et aux temples des autres dieux et des héros; et bien qu'ils soient assez exacts à remplir ce devoir, cependant ils passent la plus grande partie de leur temps à faire des visites et des compliments à leurs supérieurs, à leurs amis et à leurs parents. Leurs festins, leurs noces, les audiences qu'ils donnent, et en général toutes leurs réjouissances, tant publiques que particulières, ont lieu ces jours-là, non-seulement parce qu'ils ont alors plus de loisir, mais surtout à cause qu'ils s'imaginent que les dieux mêmes se plaisent infiniment à voir prendre aux hommes des plaisirs et des divertissements innocents.

Les Japonais ont cinq jours de grande Fête qui sont considérés comme des jours fortunés et consacrés aux grandes réceptions; on les nomme *Go-sits*.

Le premier a lieu le premier jour du premier mois; d'autres disent le 7e jour du même mois; on l'appelle *Zin-sits*, ou Fête de l'homme.

Le second a lieu le 3e du 3e mois; on l'appelle *Sio-si*, ou le jour du serpent: on lui donne encore le nom de Fête des filles ou des femmes.

Le troisième, *Tango-no Sekou*, jour du cheval, se célèbre le 5e jour du 5e mois; c'est la Fête des garçons.

Le quatrième, *Sits-sek* ou *Sej-sek*, la soirée des étoiles, est célébré le 7e jour du 7e mois; on y vénère certaines constellations. Fête des écoliers.

Le cinquième a lieu le 9e jour du 9e mois; on l'appelle *Tchokio-no Sekou*; de grandes réjouissances ont lieu à cette occasion. *Voy.* ces différents noms.

Il y a en outre un certain nombre de Fêtes chaque mois; celles qui passent pour les plus solennelles sont celles qui arrivent le 1er, le 15e et le 28e jour du mois. Le premier jour, ou celui de la nouvelle lune, est plutôt un jour de compliments et de civilités réciproques que de dévotion; on se promène le soir et on se livre à toutes sortes de plaisirs. *Voy.* TSITATS. Le 15 du mois, ou jour de la pleine lune, les dieux du pays ont beaucoup plus de part aux visites des Japonais que les amis et les parents. Le 28 du mois, ou veille de la nouvelle lune, est peu célébré par les Sintos, mais les temples de Bouddha sont remplis de monde, parce que c'est une des fêtes mensuelles consacrées à Amida. *Voy.* CALENDRIER JAPONAIS.

Fêtes des Tunkinois.

Une des Fêtes les plus solennelles du Tunkin est celle que l'on célèbre au commencement de l'année. Le premier jour, chacun se tient renfermé dans sa maison, comme cela a lieu dans la Chine en pareille circonstance, sans même oser ouvrir ni les portes ni les fenêtres; à peine se permet-on de parler dans sa famille, tant on craint de voir quelque objet, ou d'entendre quelque parole de mauvais augure, qui pronostique une année malheureuse. Mais, les jours suivants, on se dédommage bien de cette contrainte. Tous les habitants de la même localité se rendent des visites mutuelles, et ne songent qu'à lier ensemble des parties de plaisir. La joie règne dans les rues, comme dans l'intérieur des maisons. Sur des théâtres élevés dans les places publiques, on représente des farces pour amuser les passants. De tous côtés on entend le son des instruments de musique, les chants et les cris de joie des gens qui se réjouissent. Les femmes mêmes, ordinairement fort réservées, ont la liberté de sortir en voiture pendant cette Fête; mais elles sont toujours bien escortées, de peur que, dans ce temps de licence, elles ne soient insultées par les passants. La Fête dure ordinairement douze jours, pendant lesquels le grand sceau de l'État reste enfermé dans une boîte. On ne rend la justice dans aucun endroit du royaume, et tous les travaux sont interrompus.

Une autre Fête non moins célèbre, et qui est d'obligation dans tout le royaume, est celle qui a lieu à la septième lune. Les enfants soupirent après elle plus que pour toutes les autres Fêtes de l'année; les bonzes la désirent avec impatience, parce qu'elle est pour eux l'occasion d'une abondante récolte; les courtisans, les prisonniers pour dettes ou pour des fautes légères, ne la souhaitent pas moins passionnément. En effet, cette solennité est entièrement destinée au soulagement des morts; et les Tunkinois s'empressent d'apporter aux temples en leur faveur de riches offrandes qui tournent au profit des bonzes. On se livre alors à des réjouissances de toutes sortes pour divertir et consoler les âmes des parents défunts. Vers le milieu de ce mois, lorsque la lune est dans son plein, chacun allume un feu au même endroit que le défunt occupait avant d'être enseveli, dans la pensée que l'âme s'étant purifiée par ce feu, comme l'or dans la fournaise, elle se rendra de là dans le ciel. Le roi ouvre à cette occasion les coffres de son épargne, et distribue ce jour-là des sommes considérables, en récompense des services rendus à la couronne. Il fait de riches présents aux enfants et aux neveux dont les pères ou les parents ont rendu service à l'État, se sont rendus recommandables par leur zèle et leur courage, et ont exposé leur vie pour la défense du royaume. Il prétend, par ce moyen, les engager à imiter leurs ancêtres, et les encourager à se dévouer à sa personne et à son royaume. Ce jour-là, il est défendu à tout marchand d'ouvrir sa boutique, de vendre ou d'acheter quoi que ce soit. Les prisonniers ont part à l'allégresse générale; ceux qui ne sont détenus que pour des fautes légères ont le loisir de s'acquitter de leurs pieux devoirs à l'égard de leurs ancêtres, et on leur procure les moyens de gagner cette espèce de jubilé.

Le dixième mois, les Tunkinois célèbrent une autre fête publique en l'honneur de *Tiensu*, ou du seigneur du ciel; c'est alors que les grands de l'État renouvellent au roi, dans un temple, leur serment de fidélité.

FÊTE-DIEU. Le pape Urbain IV institua sous ce nom, en 1264, une fête solennelle destinée à honorer particulièrement Jésus-Christ dans le saint sacrement de l'autel. Quoique le jeudi saint soit le jour de l'institution de l'Eucharistie, la tristesse de l'Église ne lui permet pas de célébrer alors ce mystère avec la pompe et l'appareil convenables. C'est pour cette raison que le pape Urbain plaça la Fête-Dieu au premier jeudi après l'octave de la Pentecôte. La procession solennelle qui accompagne aujourd'hui cette solennité ne fut établie qu'en 1316, par l'ordre du pape Jean XXII. Cette cérémonie est une des plus pompeuses et des plus magnifiques de toutes celles qui sont en usage dans la religion chrétienne. Jésus-Christ, sous les espèces du pain, est porté en triomphe au milieu des rues jonchées de fleurs, ornées de tapisseries de tentures, et parées de tous les ornements que la piété et le zèle peuvent imaginer. De distance en distance s'élèvent des reposoirs décorés avec la magnificence que comporte la localité; la procession s'y arrête, et l'officiant y donne la bénédiction du saint sacrement. Une description détaillée de cette pompe serait ici fort inutile, car la presque totalité de nos lecteurs ont pu en être témoins. Au reste, les cérémonies varient souvent beaucoup d'un diocèse à l'autre. Il suffit de faire remarquer que le but de cette procession est de faire à Jésus-Christ une espèce de triomphe, pour réparer les outrages que les hérétiques, les impies et les libertins lui font chaque jour dans le sacrement de l'Eucharistie; et afin d'obtenir de lui qu'il bénisse, par sa présence, tous les lieux par où il passe.

Il est à regretter que, contrairement à l'usage de toute la chrétienté, cette solennité ait été transférée, en France, du jeudi au dimanche suivant: cette mesure autorisée par le concordat ôte un peu à cette fête de sa spécialité.

Cette solennité dure huit jours; on fait le jour de l'octave une procession un peu moins solennelle. Les Églises d'Orient n'ont pas encore adopté cette fête.

FÊTE-D'AMOUR, sorte de repas religieux, ou agapes, qui a lieu dans certaines Églises protestantes, telles que celles des Haldanites, celle des Doops-Gezinden, des frères Moraves, etc. Chez ces derniers on les solennise quand le zèle paraît se refroidir, afin de le ranimer. Elles consistent en prières, en hymnes chantées, à la suite desquelles ils mangent en commun un petit gâteau, et prennent chacun du café dans le temple, ou, comme à Zeist, deux tasses de thé.

FETFA, ou FETWA. On donne ce nom, chez les Turcs, à des décisions prononcées par le moufti. Lorsqu'une affaire a été déférée au tribunal de ce pontife, il la fait examiner avec soin par un rapporteur qu'il nomme à cet effet; après quoi le moufti rend son jugement, et promulgue la sentence appelée *Fetfa*. Les Turcs ont plusieurs collections de Fetwas, qui embrassent toutes les matières contenues dans le code universel. Ces décisions sont rédigées par demandes et par réponses; ce sont des consultations qui correspondent à ce qu'on appelle chez nous *résolutions des cas de conscience*.

FÉTICHES. Ce mot, emprunté au portugais *fetisso*, objet fêté ou vénéré, et adopté par quelques peuplades nègres, s'emploie en général pour désigner les objets du culte des habitants de la Guinée, et des autres peuples barbares de l'Afrique.

Tout ce qui frappe l'imagination déréglée du nègre devient son Fétiche, son idole. Il adore, il consulte un arbre, un rocher, un œuf, une arête de poisson, un coquillage, un grain de datte, une corne, un brin d'herbe. Quelques peuples ont un Fétiche national et suprême. Dans l'Ouidah, un serpent est regardé comme le dieu de la guerre, du commerce, de l'agriculture, de la fécondité. Nourri dans une espèce de temple, il est servi par un ordre de prêtres; des jeunes filles lui sont consacrées. Dans le Benin, un lézard est l'objet du culte public; dans l'Achantie, on sacrifie à un vautour; à Ussue, c'est le chacal qu'on révère; au Dahomey, c'est un léopard. Quelques nègres donnent à leur Fétiche une figure approchant de l'humaine. Les nègres ont en outre des Fétiches particuliers qu'ils portent suspendus à leur cou en guise d'amulette, auxquels ils rendent journellement hommage, et qu'ils consultent dans les cas particuliers. Ils attribuent à leurs Fétiches leurs heureux succès, et font en leur honneur des libations de vin de palmier. Tel est le fanatisme des Africains pour ces prétendues divinités, qu'on ne saurait les outrager impunément. Un Français faillit un jour en faire la triste expérience: il avait tué, on ne sait comment, le serpent révéré par les Ouidahs; aussitôt la fureur populaire se souleva contre lui; pour échapper aux coups dont il était menacé, il fut obligé de s'abriter sous la protection d'un armateur portugais, et celui-ci, malgré tout son crédit sur les indigènes, ne put sauver, qu'au prix d'une somme considérable, le meurtrier de leur dieu.

Tous les nègres de la Guinée rendent un culte solennel aux Fétiches. Un énorme rocher, nommé *Tabra*, qui s'avance dans la mer en forme de presqu'île, est le Fétiche public du Cap-Corse. On lui rend des honneurs particuliers comme au chef et au plus puissant de tous les Fétiches. Tous les ans, on lui sacrifie une chèvre. Dans chaque semaine, il y a deux jours de fête chez les nègres; le premier est consacré au Fétiche domestique; ils célèbrent ce jour-là en prenant un pagne blanc, et en se faisant sur le visage des raies avec une terre blanche. Ils ne boivent du vin de palmier que vers le soir. Les nègres n'observent pas tous également la seconde fête; mais plusieurs, et surtout les nobles, font le sacrifice d'un coq, ou même celui d'un mouton, s'ils sont assez riches. Le sacrifice se fait aux Fétiches en général. On se contente d'avertir le simulacre, qu'on tue un animal en son honneur, et il n'y a pas d'autre cérémonie. Au reste, le sacrificateur n'a pas plus de part à la victime que le dieu auquel elle est immolée; car ses amis, avertis du sacrifice, se jettent sur l'animal, avant même qu'il soit expiré, le mettent en pièces avec les doigts et les ongles, grillent chaque morceau qu'ils ont pu emporter, et l'avalent aussitôt sans autre préparation. Les intestins n'excitent pas moins leur avidité; ils les hachent fort menus, les font bouillir avec un peu de sel et beaucoup de poivre de Guinée, et trouvent ce mets fort délicieux. Suivant le rapport des voyageurs, cette fête a lieu le mercredi, qui est en conséquence un jour de repos pour les nègres; on ne tient ce jour-là aucun marché, on ne se livre à aucune affaire temporelle, excepté au commerce avec les navires européens. Le mercredi donc, on élève au milieu de la place publique une table carrée, soutenue par quatre piliers de la hauteur de sept ou huit pieds. Cette table est un tissu de paille ou de roseau en forme de natte, et ses bords sont ornés de quantité de joyaux et de petits Fétiches d'écorce d'arbre ou de branches. On étale dessus diverses sortes de grains, avec quelques petits pots d'eau et d'huile de palmier. Toute l'assemblée se retire après avoir fait son offrande, et, vers le soir, on se rend dans le même lieu. Si l'on ne retrouve plus rien sur la table, chacun semble convaincu que les Fétiches ont mangé ce qu'on leur avait offert, et il ne vient à l'esprit de personne que les grains aient pu servir de pâture aux oiseaux. On répand alors un peu d'huile sur la table, et, si l'on juge que les Fétiches aient encore un peu d'appétit, on recommence à leur servir quelque partie des mêmes aliments.

Les princes ont une fête solennelle, qui est l'anniversaire de leur couronnement; ils l'appellent leur *jour Fétiche*. C'est dans ce jour que le roi fait des sacrifices publics à son Fétiche, qui est ordinairement le plus grand arbre du pays. Chaque roi célébrant la même fête à son tour, on a soin de les fixer à des jours différents, et le temps que l'on choisit est ordinairement celui de l'été.

On invoque les Fétiches dans toutes les circonstances de la vie, même les plus futiles; à plus forte raison jouent-ils un rôle dans les naissances, dans les mariages, dans les serments, et lorsqu'il s'agit de connaître l'avenir par la voie du sort. Ils président encore aux funérailles, ou plutôt les rois et les grands sont enterrés avec leurs Fétiches.

Les nègres d'Issini ont des notions fort confuses au sujet des Fétiches, et les plus vieux d'entre eux ont l'air embarrassé lorsqu'on les interroge sur cette matière. Ils ont appris seulement, par une ancienne tradition, qu'ils sont redevables aux Fétiches de tous les biens de la vie, et que ces êtres redoutables ont aussi le pouvoir de leur causer toutes sortes de maux. Ces Fétiches sont différents, suivant les idées ou plutôt le caprice de chaque nègre. L'un choisit pour son Fétiche une pièce de bois jaune ou rouge; l'autre, les dents d'un chien, d'un tigre, d'une civette, d'un éléphant; ceux-ci, un œuf, un os de quelque oiseau, la tête d'une poule, un bœuf, une chèvre; ceux-là, une arête de poisson, la pointe d'une corne de bélier remplie d'ordures, une branche d'épines, un paquet de cordes faites d'écorce d'arbre, une tuile, ou d'autres objets de même nature. La consécration des Fétiches se fait sans beaucoup de cérémonies. Lorsqu'un nègre a choisi quoi que ce soit pour en faire un Fétiche, il assemble toute sa famille, et, après avoir lavé l'objet de sa dévotion, il jette quelques gouttes de cette eau sur les assistants, et le Fétiche est fait. Les Fétiches nationaux sont ordinairement quelque grosse montagne, ou quelque arbre remarquable. Chaque village est aussi sous la protection d'un Fétiche particulier, orné aux frais du public et invoqué pour le bien commun. Ce dernier a, dans la place publique, son autel de roseaux, élevé sur quatre piliers, et couvert de feuilles de palmier. Les particuliers ont, dans leur enclos, un lieu réservé pour leur Fétiche, qu'ils parent suivant les mouvements de leur dévotion, et qu'ils peignent, une fois la semaine, de différentes couleurs. On trouve quantité de ces autels dans les bois et dans les bruyères; ils sont chargés de toute sorte de Fétiches, avec des plats et des pots de terre remplis de maïs, de riz et de fruits. C'est devant ces autels que les Issiniens accomplissent leurs actes de religion; car d'ailleurs ils n'ont point de temples.

Ils portent si loin le respect pour ces divinités, qu'ils observent religieusement tout ce qu'ils promettent en leur nom. Les uns s'abstiennent de vin en leur honneur; les autres, d'eau-de-vie; quelques-uns s'interdisent l'usage de certains mets et de quelques espèces de poisson; d'autres, celui du maïs, du riz, des fruits, etc. Tous les nègres, sans exception, se privent de quelque plaisir pour honorer les Fétiches, et perdraient plutôt la vie que de violer leur engagement. Ils ont grand soin de leur offrir, tous les matins, quelque partie de leurs meilleures provisions, persuadés que, s'ils manquaient à ce devoir, ils seraient menacés de mort avant la fin de l'année. Ont-ils besoin de pluie? ils mettent devant l'autel du Fétiche des cruches vides. Sont-ils en guerre? ils y déposent des sabres et des poignards, pour demander la victoire. Demandent-ils du poisson? ils offrent des os et des arêtes. Pour obtenir du vin de palmier, ils placent au pied de l'autel le ciseau qui sert aux incisions de l'arbre. Au moyen de ces démonstrations de respect et de confiance, les Issiniens se croient assurés d'obtenir l'objet de leur désir. Si leur attente se trouve trompée, ils attribuent ce malheur à quelque juste ressentiment de leur Fétiche, et tous leurs soins se tournent à chercher comment ils pourront l'apaiser. Dans cette vue ils s'adressent au devin pour faire la cérémonie appelée *Tokké*. Voyez ce mot.

Il arrive fréquemment qu'on offre aux Fétiches des victimes humaines; ces horribles sacrifices sont encore en usage chez les peuples de la côte de Guinée, chez les Achantis, les habitants de Dahomey et du Benin. Mac Queen, dans son *Geographical survey of Africa*, a rassemblé de nombreux extraits de Bowdich, Hutcheson, Dupuis et Lander, qui présentent une peinture effrayante de ces sinistres cérémonies, dans lesquelles des milliers de victimes sont souvent immolées à la fois. Ces sacrifices sont en usage dans toutes les contrées de l'Afrique occidentale, où l'islamisme n'a pas encore étendu son empire. Dans l'Issini, on immole aux Fétiches les prisonniers de guerre et les esclaves qui ont tenté de fuir. La victime est placée près du Fétiche auquel elle doit être sacrifiée, et on a soin de lui faire étendre le cou au-dessus du simulacre. Celui qui est désigné pour procéder à l'exécution, tire son poignard et perce la gorge de la victime, tandis que les autres la tiennent et font couler son sang sur le Fétiche. L'exécuteur accompagne cette action d'une prière qu'il prononce à haute voix, et qui revient à peu près à ceci: « O Fétiche! nous t'offrons le sang de cet esclave. » Aussitôt que la victime a rendu le dernier soupir, on la coupe en pièces, et on ouvre au pied de l'idole un trou dans lequel toutes les parties de son corps sont enterrées, à l'exception de la mâchoire qu'on attache au Fétiche même.

Le mot Fétiche exprime en outre quelque chose de religieux, de saint, de sacré; c'est ainsi qu'on dit *faire Fétiche*, pour sacrifier; *boire Fétiche*, pour confirmer un serment en buvant une certaine liqueur. C'est ainsi qu'on appelle Fétiches certaines classes d'animaux ou de végétaux qui, sans être précisément des divinités, sont regardées néanmoins comme ayant un caractère sacré. Il en est de même de certaines pierres qui bornent les champs. Il y a un petit oiseau considéré généralement comme Fétiche; il est de la taille d'un roitelet, a le bec d'une linotte; et il est marqueté de noir et de blanc sur un fond de plumage gris-brun. Si l'un de ces oiseaux vient à voler dans le jardin d'un nègre, c'est pour lui un présage de bonheur, et il lui jette aussitôt à manger. Le poisson-épée ou espadon est un poisson Fétiche; une certaine espèce de palmier est aussi décorée de ce titre. Un nègre qui passe devant un de ces arbres prend ordinairement quelques morceaux de son écorce et s'en entoure le bras ou le corps, persuadé que c'est un préservatif contre tous les dangers. C'est un grand crime parmi eux de couper ce palmier. En 1598, dix Hollandais ayant coupé quelques-uns de ces arbres, dont ils ne soupçonnaient pas la divinité, furent impitoyablement massacrés par les indigènes. Cette dernière classe de Fétiches a beaucoup d'analogie avec les objets *taboués*, parmi les Océaniens. *Voyez* TABOU. *Voyez* aussi GRIS-GRIS.

FÉTICHÈRES, ou FÉTISSEROS, nom que les voyageurs donnent aux prêtres nègres consacrés au culte des Fétiches.

FÉTICHISME. Ce mot, dans son sens strict et primitif, exprime l'adoration des Fétiches, le culte que les nègres rendent aux objets animés ou inanimés; mais par extension on a donné le nom de Fétichisme à tout culte rendu à des objets matériels et terrestres considérés comme divinités. Et sous ce dernier rapporLle Fétichisme n'est pas borné aux noirs de l'Afrique, il est même bien peu de systèmes religieux qui n'aient été atteints de la plaie du Fétichisme.

Nous considérons tous les faux cultes qui se sont simultanément ou successivement répandus sur la terre, comme de grandes hérésies de la religion véritable, révélée à l'homme dès l'origine du monde. La première a dû être incontestablement le sabéisme, ou adoration des astres, considérés d'abord comme symboles de la Divinité, puis comme ses organes, et enfin comme étant eux-mêmes autant de divinités; vint ensuite la déification des princes, des législateurs et des hommes illustres, les peuples n'ayant pas tardé de passer de l'admiration à la vénération et au culte ; enfin, l'idolâtrie proprement dite, par laquelle les images des dieux, des astres ou des héros furent, regardées comme dignes du culte d'adoration, comme ayant elles-mêmes quelque chose de sacré; et une certaine identité avec l'objet qu'elles représentaient. Mais concurremment avec ces grandes hérésies, s'éleva un culte plus monstrueux encore ; le Fétichisme, qui consistait à attribuer la divinité à des êtres ou à des objets qu'on avait sous la main. C'est dans ce culte seul que le fameux vers de Lucrèce peut trouver son application :

Primus in orbe deos fecit timor;

car le Fétichisme n'a pu être enfanté que par la superstition la plus absurde. Des philosophes modernes soutiennent, comme Lucrèce, que le Fétichisme a été la première expression de la religion sur la terre, que de là les hommes passèrent au polythéisme et par suite au monothéisme ; et ils font honneur de ce progrès à la sagesse de l'esprit humain; mais leur assertion est toute gratuite, et se trouve démentie par l'histoire de tous les peuples. Au reste, plusieurs ne dissimulent pas que, suivant eux, la quatrième phase du progrès doit être l'athéisme. Quant à nous, nous regardons comme démontré par l'étude approfondie de la philosophie des anciens peuples, que le monothéisme a précédé toutes les autres conceptions théosophiques, parce que la vérité doit nécessairement subsister avant l'erreur.

Nous allons maintenant, avec l'auteur de l'ouvrage intitulé *Culte des dieux Fétiches,* parcourir les principales religions païennes, et considérer avec lui les emprunts qu'elles ont faits au Fétichisme.

Fétichisme de la Perse.

Les Perses, du moins le peuple grossier, avaient pour Fétiches le feu et les grands arbres. Le premier des deux cultes y subsiste encore, malgré les persécutions dont on l'a accablé; et le second n'y est nullement aboli. Chardin y a mesuré un arbre dans un jardin du roi, à la partie méridionale de Chiraz, qui avait plus de quatre brasses de tour. Les habitants de la ville, voyant cet arbre usé de vieillesse, le croient âgé de plusieurs siècles, et y ont dévotion comme à un lieu saint. Ils affectent d'aller faire leurs prières à son ombre ; ils attachent à ses branches des espèces de chapelets, des amulettes et des morceaux de leurs habillements. Les malades ou les gens envoyés de leur part viennent y brûler de l'encens, y offrir de petites bougies allumées, et y faire d'autres pratiques semblables pour recouvrer la santé. Il y a partout en Perse de ces vieux arbres dévotement révérés par le peuple, qui les appelle *Derakht fasch,* arbres excellents. On les voit tout lardés de clous pour y attacher des pièces d'habillement ou d'autres enseignes votives. Les dévots, particulièrement les gens consacrés à la vie religieuse, aiment à se reposer dessous et à y passer les nuits. Si on les en croit, il y apparaît alors des lumières resplendissantes, qu'ils jugent être les âmes des saints, des bienheureux, qui ont fait leurs dévotions à l'ombre des arbres divins. Les affligés de longues maladies vont se vouer à ces esprits, et s'ils guérissent dans la suite, ils ne manquent pas de crier au miracle. — La petite rivière de Sogd était autrefois en grande vénération dans la ville de Samarcande, qu'elle traverse. Des prêtres préposés veillaient la nuit le long de son cours, pour empêcher qu'on n'y jetât aucune ordure : en récompense, ils jouissaient de la dîme des fruits provenant des fonds situés sur son rivage. — Les Perses avaient aussi un profond respect pour les coqs ; un Guèbre aimerait mieux mourir que de couper le cou à cet oiseau. Cependant ce respect paraît devoir être attribué à ce que le chant du coq marque le temps et annonce le retour du soleil, plutôt qu'aux rites fétichistes. — Peut-être faut-il penser de même du respect de cet ancien peuple pour les chiens, dont la conservation est fort recommandée par Zoroastre ; car toute sa législation paraît très-éloignée du Fétichisme. Les Perses lui doivent d'avoir été bien moins adonnés qu'aucune autre nation à ce culte grossier; et même le peu qu'ils en ont est beaucoup plus susceptible d'une meilleure interprétation qu'il ne l'est ailleurs. Ce n'est pas sans une apparence plausible qu'on a dit d'eux, que, ne pensant pas que la Divinité pût être représentée par aucune figure fabriquée de main d'homme, ils avaient choisi pour son image la moins imparfaite, les éléments primitifs, tels que le feu et l'eau, conservés dans toute leur pureté. Cependant, malgré ce qu'on a soutenu avec grande vraisemblance, que le feu n'était pour cette nation sabéiste que l'image du soleil, que le soleil lui-même n'était que le type de la Divinité suprême à laquelle seule on rapportait l'adoration, les Perses avaient dans leur rite une pratique en l'honneur du feu, des formules directes, tendantes au Fétichisme et très-significatives, comme : « Tiens, seigneur feu, mange. » *Voy.* Feu.

Fétichisme chez les Hindous.

Les Hindous joignent à une religion qui, au premier abord, paraît spiritualiste, le Fétichisme le plus grossier ; en effet, ils rendent un culte direct à une multitude d'objets tant animés qu'inanimés. Parmi les premiers, le taureau, et plus encore la vache, tiennent un rang distingué. Le caractère sacré de ces animaux l'emporte de beaucoup, aux yeux des Indiens, sur celui de l'homme, et même sur celui des simulacres des dieux. Tout ce qui appartient à cet animal est quelque chose de saint, de divin, d'adorable même ; le lait, le beurre, le caillé, la fiente, l'urine, ont une vertu éminemment purifiante pour le corps et pour l'âme. Aussi, est-ce un crime irrémissible de porter sur une vache une main meurtrière. La mort en ce monde ne saurait manquer d'être infligée au sacrilège comme une légère expiation, mais les supplices épouvantables de l'autre vie suppléeront infailliblement à l'insuffisance des peines de cette vie. On offre à ces animaux des adorations commandées dans certaines fêtes ou cérémonies ; mais les dévots ne manquent pas de se prosterner à leurs pieds partout où ils les rencontrent, dans les pâturages, dans les rues, dans les places publiques. Voy. BASWA. — Il en est de même des singes, qui rappellent une des incarnations de Vichnou. Voyez HANOUMAN. Dans les endroits fréquentés par ces animaux les Indiens érigent des idoles, et leur apportent chaque jour du riz bouilli, des fruits et d'autres mets, ce qui est un acte religieux du plus grand mérite. — L'oiseau Garouda (l'aigle du Malabar) n'est pas moins révéré. Tous les matins, les brahmanes, après avoir fait leurs ablutions, attendent, avant de rentrer chez eux, qu'ils en aient aperçu un ; c'est ce qu'ils appellent une heureuse rencontre ; ils ne doutent point qu'elle leur portera bonheur le reste de la journée. Le dimanche est spécialement consacré à leur culte ; les vaichnavas se rassemblent ce jour-là pour leur offrir leurs adorations ; ils leur jettent ensuite des morceaux de viande, que ceux-ci attrapent très-adroitement en l'air avec leurs serres. Voyez GAROUDA. — Il ne faut pas oublier le culte du serpent, si répandu dans l'Inde ; mais c'est surtout au serpent capel, l'un des plus dangereux, que s'adressent les hommages. Les dévots vont à la recherche des trous où se retirent ces redoutables divinités, et déposent à l'entrée du lait, des bananes et autres aliments qu'ils savent être de leur goût. Si l'un de ces reptiles vient à s'introduire dans une maison, les habitants se gardent bien de le chasser; au contraire, ils nourrissent copieusement cet hôte dangereux et lui offrent des sacrifices. Dût-il en coûter la vie à toute la famille, aucun de ses membres ne serait assez hardi pour porter sur lui une main téméraire. On lui a même érigé des temples, et il y a des fêtes instituées en son honneur. Les animaux aquatiques ont aussi part au culte des Hindous ; il est assez ordinaire de voir les brahmanes jeter du riz ou quelque autre aliment aux poissons qui peuplent les rivières et les étangs. Dans les lieux où les gens de cette caste jouissent de quelque autorité, la pêche est rigoureusement interdite. Outre ces êtres pris dans l'ordre des animaux, les Hindous rendent encore un culte idolâtrique à des substances inanimées ; il en est quatre surtout qui reçoivent de préférence leurs adorations : ce sont la pierre *salagrama*, espèce d'ammonite, l'herbe *darbha*, la plante *toulasi*, et l'arbre *aswattha*. Voyez ces mots. De plus, ils ne manquent pas de faire le *poudja* (acte d'adoration) à tous les objets ou instruments qui servent au culte, aux grains de riz des sacrifices, aux petites pierres qu'ils placent sur la terre dans les cérémonies des funérailles, au cordon brahmanique, aux armes, etc., etc.

Fétichisme des Chamans.

Le système religieux des bouddhistes paraît au premier abord exempt de fétichisme; mais en se répandant hors de l'Inde et surtout parmi les hordes tartares de l'Asie, il s'est mêlé avec le culte pratiqué antérieurement dans ces régions; c'est ce qui a donné naissance au Chamanisme. Outre la grande conception de Bouddha ou Bourkhan qui règne dans ces immenses contrées, chaque peuplade a ses divinités particulières. Les Chamanistes ont dans leur maison ou sous leurs tentes des idoles auxquelles ils adressent des prières et font des offrandes et des sacrifices le matin, le soir, et surtout la nuit, à la lueur d'un feu allumé exprès. Les Burètes, entre autres, suspendent à une petite tente une idole faite avec des chiffons de draps; ils l'appellent *Nouguit* ou *Nogat*, et égorgent en son honneur des chevaux, des bœufs, des moutons et des boucs.

Fétichisme des anciens Arabes.

L'ancienne divinité des Arabes n'était qu'une pierre carrée; un autre de leurs dieux célèbres, Disarès, le Bacchus de l'Arabie, était une autre pierre de 6 pieds de haut. On peut voir Arnobe sur les pierres divinisées tant en Arabie qu'à Pessinunte. Il n'y a guère lieu de douter que la fameuse pierre noire, si ancienne dans le temple de la Mecque, si révérée par les mahométans, et de laquelle ils font un conte relatif à Ismaël, ne fût autrefois un pareil Fétiche. Près de là le dieu Casius, dont la représentation se voit sur quelques médailles, était une pierre ronde coupée par la moitié; aussi est-elle nommée par Cicéron *Jupiter lapis* (Jupiter-pierre). L'objet du culte religieux de la tribu de Coréisch était un acacia. Khaled, par ordre de Mahomet, fit couper l'arbre jusqu'à la racine, et tuer la prêtresse. La tribu de Madhaï adorait un lion; celle de Morad, un cheval; les Hamiarites ou Homérites dans le Yémen, un aigle.

Fétichisme des Egyptiens.

Il est de mode, depuis quelques années, de professer une admiration pour tout ce qui tient à l'Egypte, pour les arts, les mœurs, les lois, le culte de cette antique contrée. On prétend que sa religion était purement métaphysique et symbolique, et, s'il faut en croire les panégyristes modernes, rien de plus pur, de plus judicieux, que le culte rendu à la Divinité par les Egyptiens. Les anciens ne pensaient pas de même, eux qui étaient en rapport avec les Égyptiens, qui étaient témoins des cérémonies de leur culte, qui se faisaient initier à leurs mystères. L'étude de l'ancienne histoire de l'Égypte nous amène à un semblable résultat. Ainsi, on ne peut guère douter que le serpent n'ait été, en Égypte comme en Nigritie, une des plus anciennes et principales divinités. On en a des témoignages dès le temps où l'Égypte commençait à se policer. Le plus ancien des historiens profanes dont il nous reste quelques fragments, Sanchoniaton, qui avait soigneusement recherché et extrait les livres de Toth, dit, dans son ouvrage *De Phœnicum elementis*, que Toth avait beaucoup observé la nature des dragons et des serpents; que c'était à cause de leur longue vie que les Phéniciens, ainsi que les Égyptiens, attribuaient la divinité à ces reptiles. Philon assure que le serpent avait été appelé par les Phéniciens *Agathodémon*, le bon génie, et par les Égyptiens *Knef*; dans Plutarque, le dieu Knef n'est pas un serpent, mais un vrai dieu intellectuel, principe de toutes choses. Quant aux autres fétiches généraux de l'Égypte, le Nil était partout un objet révéré. Le bras Canopique de ce fleuve et le bœuf Apis avaient leurs prêtres et leurs temples dans toute la basse Égypte; comme le bélier Ammon dans toute la haute. Si nous parcourons les provinces, le chat est une divinité à Bubaste; le bouc, à Mendès; la chèvre sauvage, à Coptos; le taureau, à Héliopolis; l'hippopotame, à Paprémis; la brebis, à Saïs; l'aigle, à Thèbes; l'épervier, à Thèbes et à Philée; le faucon, à Butus; le singe d'Éthiopie, à Babylone; le cynocéphale, à Arsinoé; le crocodile, à Thèbes et sur le lac Mœris; l'ichneumon, dans la préfecture Héracléotique; l'ibis, dans celle voisine d'Arabie; la tortue, chez les Troglodytes, à l'entrée de la mer Rouge; la musaraigne, à Athribis; ailleurs le chien, le lion, le loup, certains poissons, tels que le maïote, à Éléphantine; à Syène, l'oxyrrhynque; le lépidote, le latus et l'anguille sont l'objet d'une dévotion particulière dans chaque nome qui fait gloire de tirer son nom de celui de l'animal divinisé, *Léontopolis*, *Lycopolis*, etc., sans parler des pierres; car Quint-Curce décrit Jupiter-Ammon comme un Bétyle de pierre brute; sans parler non plus des plantes mêmes et des légumes, comme les lentilles, les pois, les porreaux, les ognons, qui, en quelques endroits, ne sont pas traités avec moins de vénération. Il paraît aussi que les grands arbres avaient en Égypte, comme en tant d'autres pays, leurs adorateurs, leurs oracles, leurs prêtres et leurs prêtresses. Il est visible que chacun des animaux mentionnés était le fétiche général de la contrée, par le soin qu'avaient pris les lois d'assigner à des officiers publics l'entretien de l'animal respecté. Ces charges étaient fort honorables et héréditaires dans les familles. Le chat était si honoré par ceux qui y avaient dévotion, que sa mort causait un deuil dans la maison, et ceux qui l'habitaient se rasaient les sourcils. Si le feu prenait à la maison, on s'empressait surtout à sauver les chats de l'incendie; preuve que le culte regardait l'animal même, qui n'était pas considéré comme un simple emblème. Ceux qui allaient en pays étranger emportaient souvent avec eux leur animal fétiche; on s'en faisait aussi accompagner à la guerre; ce qui prouve qu'outre le culte général de chaque contrée, les Égyptiens avaient aussi, comme les nègres, des patrons particuliers. Il n'y avait qu'un étranger capable de tuer un de ces animaux; on n'a pas même ouï dire, s'écrie Cicéron, qu'un pareil forfait ait jamais été commis par un Égyptien. Il n'y a point de tourment qu'il n'endurât plutôt que de faire du mal à un ibis, ou à un autre animal, objet de sa vénération. On trouve avec les momies, dans les tombeaux égyptiens, des chats, des oiseaux, ou autres cadavres d'animaux, embaumés avec autant de soin que les corps humains; il y a grande apparence que c'est le fétiche du mort qu'on a inhumé avec lui, afin qu'il pût le retrouver lors de la résurrection future, et qu'en attendant, il servit de préservatif contre les mauvais génies qu'on croyait inquiéter les mânes des morts.

Fétichisme des Syriens, des Phéniciens, etc.

Il est certain, par le témoignage de toute l'antiquité, que les Syriens adoraient, ou du moins avaient une profonde vénération pour les poissons et pour les colombes. Ils s'abstenaient de manger des poissons, dans la crainte que la divinité offensée ne leur fît venir des tumeurs sur le corps. S'ils étaient tombés en faute à cet égard, ils l'expiaient par une grande pénitence, en se couvrant de sac et de cendre, selon la coutume des Orientaux. Le Dagon des Philistins n'était autre sans doute que le dieu poisson. Le serpent et le bœuf étaient des objets ordinaires du culte chez les Syriens. Philon le Juif croit que le culte du premier est fort ancien parmi les Amorrhéens de Chanaan; et Philon de Biblos fait mention du serpent Ophionée, autrement Agathodémon, et du rite des Ophionites, ses adorateurs. Les Seraphs (qu'il ne faut pas confondre avec les anges appelés séraphins dans Isaïe) étaient des serpents fétiches, fort communs dans la Syrie. — Le dieu Abaddir des Phéniciens était un caillou, et la déesse de Biblos, à peu près la même chose. Nicolas de Damas décrit un de ces fétiches : c'est, dit-il, une pierre ronde, polie, blanchâtre, veinée de rouge, à peu près d'un empan de diamètre. Ces pierres divinisées sont fort connues sous le nom de Bétyles; leur culte est fort ancien, Sanchoniaton en fait remonter l'institution jusqu'à Uranus, père de Saturne; et il a subsisté jusqu'au temps de la décadence du paganisme. « Dès que j'apercevais, dit Arnobe, quelque pierre polie, frottée d'huile, j'allais la baiser comme contenant quelque vertu divine. »

Fétichisme dans l'Asie Mineure.

La Matuta des Phrygiens, cette grande déesse apportée à Rome avec tant de respect et de cérémonie, était une pierre noire à angles irréguliers. On la disait tombée du ciel à Pessinunte, comme on racontait aussi que la pierre adorée à Abydos était venue du soleil. La circonstance de leur chute du haut des airs n'a rien que de très-vraisemblable; c'étaient des pyrites ou aérolithes, comme il en tombe fréquemment encore. Un pareil événement devait paraître fort merveilleux aux peuples anciens, et l'on conçoit qu'ils leur aient attribué des vertus mystérieuses. Dans la Troade encore, Hélénus, fils de Priam, l'un des célèbres devins de l'antiquité, portait avec lui son fétiche favori, c'est-à-dire une pierre minérale marquée de certaines lignes naturelles. Lorsqu'il la consultait, elle faisait un petit bruit semblable, disait-on, à celui d'un enfant au maillot, mais peut-être plutôt semblable au murmure que font entendre les coquillages quand on les approche de l'oreille.—Ce que l'on a depuis appelé Diane d'Éphèse avait d'abord été une souche de vigne, selon Pline, ou, suivant d'autres, un tronc d'orme, autrefois posé par les Amazones. Le rat était adoré chez les Hamanites de Troade.

Fétichisme des Grecs.

Les divinités des Pélasges, qui habitèrent la Grèce jusqu'au temps où elle fut découverte par les navigateurs orientaux, étaient les fontaines, des chaudrons de cuivre, ou les grands chênes de la forêt de Dodone, l'oracle le plus ancien de la contrée, et dont il fallut avoir la permission pour adopter les autres divinités importées par les colonies étrangères. Parmi celles-ci, la préférence fut d'abord accordée aux dieux fétiches, surtout aux Bétyles, dont sans doute il y avait déjà un bon nombre dans le pays, indépendamment de certains cailloux divins que les anciens habitants de Lacédémone tiraient du fleuve Eurotas, et qui, s'il faut les en croire, s'élevaient d'eux-mêmes au son d'une trompette, du fond de la rivière à la surface de l'eau. La Vénus de Paphos, figurée sur une médaille de Caracalla, était une borne ou pyramide blanche; la Junon d'Argos, l'Apollon de Delphes, le Bacchus de Thèbes, des espèces de cippes; la Diane Oréenne de l'île d'Eubée, un morceau de bois non travaillé; la Junon Thespienne de Cythéron, un tronc d'arbre; celle de Samos, une simple planche, ainsi que la Latone de Délos; la Diane de Carie, un rouleau de bois; la Pallas d'Athènes et la Cérès, un pieu non équarri. Il ne faudrait pas que les noms que nous venons de citer fissent prendre le change; car ils ne furent donnés que plus tard à ces objets, et Hérodote convient que les divinités des anciens Grecs n'avaient point de noms personnels, et que ceux qu'on a depuis donnés aux dieux viennent d'Égypte. Eusèbe va même jusqu'à dire qu'avant le temps de Cadmus, on ne savait en Grèce ce que c'était que des dieux. « Le simulacre d'Hercule dans son temple d'Hyette en Béotie, dit Pausanias, n'est point une figure taillée, mais une pierre grossière à l'antique. Le dieu Cupidon des Thespiens, dont l'image est extrêmement ancienne, n'est aussi qu'une pierre brute; de même que dans un ancien temple des Grâces à Orchomène, on n'y adore que des pierres qu'on dit être tombées du ciel au temps du roi Étéocle. Chez nos premiers ancêtres, les pierres recevaient les honneurs divins. » Ailleurs, le même Pausanias dit avoir vu vers Corinthe, près de l'autel de Neptune Isthmien, deux représentations fort grossières et sans art, l'une de Jupiter bienfaisant, qui est une pyramide, l'autre de Diane Patroa, qui est une colonne taillée. Après même qu'on eut érigé des statues aux dieux, les pierres brutes qui en portaient les noms ne restèrent pas moins en possession du respect dû à leur antiquité; tellement, continue Pausanias, que les plus grossières sont les plus respectables, comme étant les plus anciennes. Quant aux animaux adorés, la Grèce n'a pas été moins bizarre dans son choix que l'Égypte, s'il faut en juger par le rat d'Apollon Smynthien, par la sauterelle d'Hercule Cornopien, et par les mouches des dieux Myagrius, Myodos, Apomyos, etc. Les lacs, les arbres, les fontaines, étaient divinisés chez les Grecs, comme ils le sont encore chez les nègres de la Guinée; et si certains quadrupèdes, oiseaux, poissons, reptiles, plantes, furent considérés par la suite comme le symbole des divinités particulières, il est probable que, dans l'origine, ils avaient été adorés pour eux-mêmes, et que ce ne fut que peu à peu qu'ils cédèrent la place aux divinités orientales dont ils restèrent les emblèmes. On trouve une preuve formelle de ce passage du type à l'antitype, de ce caractère de l'ancien fétichisme conservé au milieu du paganisme, dans ce que Justin raconte des javelines divinisées, puis jointes, en mémoire de l'ancien culte, aux statues des dieux.

Fétichisme des Romains.

Autant la religion des Grecs témoignait la frivolité et la légèreté de ces peuples, autant le culte des Romains était grave et sévère. La haute opinion que ce peuple altier conçut de lui-même, dès son enfance, se manifeste jusque dans sa religion. Il semblait dès lors que le ciel et les dieux ne fussent faits que pour la république et pour chacun des citoyens; tout se rapporte à l'accroissement ou à la législation de l'une, et à la conservation des autres. C'étaient la Victoire, Bellone, la Fortune romaine, le Génie du peuple romain, Rome même; c'était une foule de divinités qui présidaient à tous les actes de la vie, depuis la naissance jusqu'au tombeau. Ils ont cependant payé quelquefois à l'ignorance ce tribut de fétichisme dont bien peu de nations ont pu s'exempter, surtout dans leur enfance. Deux poteaux joints par une traverse, qui depuis s'appelèrent Castor et Pollux, faisaient l'une de leurs divinités. C'était sans doute une imitation du dieu des Sabins, formé par une pique transversale, soutenue de deux autres piques plantées debout, en plein air, et nommée de son propre nom *Quiris*, la pique, comme le peuple se nommait aussi *Quirités*, les piquiers.

Quod hasta Quiris priscis est dicta Sabinis.
(Ovide, *Fast.* lib. v.

« Le dieu Mars des Romains, dit Varron dans Arnobe, était un javelot. »—« Encore en ce temps, dit Justin parlant de la fondation de Rome, les rois, au lieu de diadèmes, portaient une javeline pour marque de souveraineté. Car, dès les premiers siècles, l'antiquité adorait des javelines au lieu des dieux immortels; et c'est en mémoire de cette ancienne religion que les statues des dieux ont aujourd'hui des lances. » Pline rapporte qu'on invoquait les pierres de tonnerre tombées du ciel pour obtenir un heureux succès.

Fétichisme des Celtes et des Germains.

En Germanie, les anciens Saxons avaient pour fétiches de gros arbres touffus, des sources d'eau vive, une barque, une colonne de pierre, par eux appelée *Irmensul*. Les Celtes regardaient comme des objets divins les chênes, le gui, les arbres creux par lesquels ils faisaient passer les troupeaux pour porter bonheur au bétail, de simples troncs d'arbres, semblables aux divinités actuelles des Lapons.

Simulacraque mœsta deorum
Arte carent cæsique exstant informia truncis.
(LUCAIN.)

Ils honoraient encore les gouffres des marais, ou les eaux courantes, dans lesquelles on précipitait les chevaux et les vêtements pris sur l'ennemi, et où les Hermondures, nation germaine, jetaient même les prisonniers de guerre; il en était de même des lacs où ils jetaient, par forme d'offrande, le plus précieux de leur butin, selon Aulu-Gelle, tel que celui de Toulouse, où les Tectosages avaient abîmé tant d'or et d'argent massif. Nous apprenons de Grégoire de Tours que, dans les Cévennes, les villageois s'assemblaient chaque année près d'une montagne du Gévaudan, sur les bords du lac Hélanus, où ils jetaient des habits, du lin, du drap, des toisons de brebis, de la cire des pains, des fromages et autres objets utiles dans leur ménage, chacun selon sa dévotion ou ses facultés. Le culte, chez les Gaulois, était mélangé, comme parmi tant d'autres nations. Bien qu'ils eussent des divinités qu'on peut appeler célestes, tels que Taranis, Belen, etc., et même des héros ou demi-dieux, tels que Aghem ou Ogmius (l'Hercule gaulois), ils honoraient aussi des objets terrestres. Ils déifiaient les villes, les montagnes, les forêts, les rivières, etc. Bibracte, Pennine, Ardenne, Yonne, sont des noms de leurs divinités que l'on retrouve dans les inscriptions anciennes. Ils adoraient des arbres, des pierres et des armes, au rapport de Pline. Le même auteur décrit la manière dont ils s'y prenaient pour obtenir l'œuf de serpent, espèce de concrétion animale de la nature du bézoar, dont on vantait la vertu pour avoir accès auprès des princes et gagner des procès. Il raconte les cérémonies employées pour cueillir le *selago* et le *samole*. Les mœurs nouvelles apportées par les Francs, lors de la conquête du pays, n'avaient rien que d'assez conforme à ces usages. Leurs divinités, dit encore Grégoire de Tours, étaient les éléments, les bois, les eaux, les oiseaux et les bêtes. Lors même que la Gaule fut devenue chrétienne, les évêques étaient obligés de défendre qu'on n'allât aux fontaines et aux arbres faire usage de phylactères. Une épée nue était encore une des divinités celtiques, coutume semblable à celle de la Scythie, où l'on adorait un cimeterre.

Fétichisme des Africains.

Voyez FÉTICHES. Ce que nous avons rapporté du fétichisme des nègres est applicable à la majeure partie des peuplades barbares de l'Afrique.

Fétichisme des Américains.

Les religions des indigènes de ce grand continent paraissent devoir être ramenées pour la plupart au dualisme, c'est-à-dire à l'idée d'un bon et d'un mauvais génie. Mais, outre ces deux principes, plus ou moins spirituels, les Américains sont encore adonnés au fétichisme le plus grossier. Les tribus du Nord ont en grande vénération certains animaux qu'ils regardent comme les auteurs de leur race et les fondateurs de leur société. C'est ainsi que les uns honorent le castor, d'autres l'ours, l'élan, l'écureuil, le chien, le rat, l'aigle, etc. De plus, il y a, sous le nom de *manitou*, des fétiches communs à chaque nation, et d'autres particuliers aux villages ou aux individus; ce sont des animaux vivants ou morts, des figures monstrueuses de bois ou d'autres matières. Les nations les plus avancées dans la civilisation, tels que les Péruviens, les Mexicains et les habitants de la Virginie, étaient celles où le culte des fétiches était le plus en honneur et où il y avait une hiérarchie sacerdotale organisée pour leur rendre un culte public.

Fétichisme dans l'Océanie.

Le fétichisme le plus grossier régnait dans la plupart des îles de l'Océanie, à l'exception de la partie connue sous le nom de Malaisie, dont les habitants sont mahométans ou brahmanistes. On voyait dans les maisons particulières, dans les chapelles, et surtout dans les *morais* ou cimetières, des figures grossièrement sculptées d'hommes, de femmes, de chiens et de cochons; c'étaient les effigies des dieux. L'institution du *tabou* semble aussi découler du fétichisme. *Voyez* TABOU, MORAÏ.

Fétichisme parmi les Chrétiens.

Loin de nous la pensée sacrilége de soutenir que le fétichisme fasse partie du culte chrétien. Il n'est pas rare cependant d'entendre les hérétiques et les impies proclamer que le christianisme, tel qu'il est pratiqué par les catholiques, n'est qu'un pur fétichisme. A les entendre, l'adoration de l'Eucharistie, l'invocation des saints, la vénération de la croix, des reliques, des images, les cérémonies religieuses, font du catholicisme un système religieux de très-peu supérieur à celui des nègres; et ceux qui le professent sont plus condamnables que les sauvages de l'Afrique et de l'Océanie, parce qu'ils résistent aux lumières de la civilisation et de la philosophie. A cela nous nous contenterons de répondre que, si Jésus-Christ est réellement et substantiellement présent sous les espèces sacrées, l'adoration de l'Eucharistie ne saurait être un acte de fétichisme; qu'il en est de même si les catholiques, au lieu d'adorer les saints, se contentent de les honorer comme amis de Dieu et exaltés en gloire, si le respect qu'ils témoignent à la croix, aux reliques, aux images, se rapporte non à l'objet matériel qu'ils ont sous les yeux, mais aux mystères dont il rappelle le souvenir, aux personnages à qui il a appartenu, ou dont il représente les actions ou la ressemblance; si, enfin, les cérémonies ne sont pas considérées comme une condition essentielle du culte même, mais comme des symboles dont il faut étudier l'esprit, ou des moyens d'élever l'âme, de la rendre attentive, et de rendre à Dieu un culte extérieur.

Nous ne nions pas cependant qu'il y ait parmi les chrétiens bon nombre de gens ignorants et superstitieux qui, contrairement à l'enseignement de l'Eglise, ne transportent à l'image elle-même le culte qui ne devrait être adressé qu'à l'original, et que d'autres ne rendent aux saints un culte exagéré, en leur attribuant une puissance et une vertu qui n'appartiennent qu'à Dieu seul. Ceux-là, nous en convenons, peuvent être considérés comme entachés de fétichisme. Ainsi, le roi Louis XI qui, agenouillé devant la statuette de plomb représentant la sainte Vierge, et attachée à son chapeau, lui demandait la permission de commettre encore un nouveau crime; qui implorait le secours de Notre-Dame de Cléry en cachette de Notre-Dame d'Embrun; qui ne voulait point jurer sur la croix de Saint-Lo, dans la persuasion que ceux qui se parjuraient sur elle mouraient dans l'année, peut à bon droit être considéré comme un fétichiste. Les gens du peuple qui n'ont confiance que dans telle image vénérée dans une localité particulière, ceux qui croient ne pouvoir obtenir l'objet de leur demande qu'au moyen de certaines pratiques superstitieuses, d'un certain nombre d'évolutions, de prostrations, de postures insolites; sans se mettre en peine de l'état de leur conscience; ceux qui ont plus de dévotion envers les saints, leurs reliques ou leurs images, qu'envers Dieu; ceux qui s'imaginent qu'en regardant le matin l'image de saint Christophe, ils ne mourront point ce jour-là, ni la nuit suivante; qu'en récitant chaque jour une prière à sainte Barbe, ils ne mourront point sans confession de quelque manière qu'ils aient vécu; qu'en récitant chaque jour, pendant un an, la couronne de sainte Anne, Dieu leur accordera infailliblement une des trois choses qu'ils lui demanderont à la fin de l'année; ceux qui portent l'image de saint Pierre en procession, au bord d'une rivière, pour obtenir de la pluie, et qui plongent dans l'eau l'image du bienheureux, s'il ne leur accorde pas l'objet de leurs prières à la troisième sommation; en un mot, la plupart de ceux qui accomplissent des actes de superstitions grossières, à l'occasion des images ou des reliques des saints, sont de véritables fétichistes. Nous croyons que les populations protestantes ne sont pas plus exemptes de ces désordres que les catholiques d'Orient et d'Occident. C'est aux pasteurs de l'Eglise à éclairer les fidèles confiés à leurs soins, à leur apprendre quel est le culte qu'ils doivent rendre à Dieu et celui qu'ils peuvent rendre aux saints et à leurs images, à bannir les pratiques superstitieuses qui se sont introduites dans les dévotions populaires, enfin, à établir, par tous les moyens possibles, une foi pure, une religion éclairée, et un culte judicieux et raisonnable.

FÉTISSERO, nom que l'on donne, dans le royaume de Benin, à un prêtre consacré au culte des fétiches, et dont on requiert l'assistance lorsqu'on veut consulter ces divinités.

FÉTRIES, déesses adorées chez les Romains. Macrobe, qui les nomme, ne nous apprend rien de particulier sur leurs fonctions et sur le culte qu'on leur rendait.

FEU. La première des grandes hérésies qui se détachèrent de la religion véritable fut le sabéisme. Le soleil, la lune et les autres corps célestes furent considérés d'abord comme les instruments de la Divinité, puis comme ses images, enfin comme des dieux. Le sabéisme ne tarda pas à amener la pyrolâtrie ou culte du Feu; car comme les hommes ne pouvaient pas toujours voir ces corps lumineux, ils cherchèrent quelque chose qui pût les dédommager, en quelque manière, des moments auxquels ils étaient dérobés à leurs yeux, et qui fût un symbole de ces prétendues divinités. Ils ne trouvèrent rien qui en approchât plus que le feu, et qui fût un signe plus sensible de la splendeur des astres, et particulièrement de celle du soleil, dont il était regardé comme une émanation. Ils ne le vénérèrent d'abord que comme une représentation de l'astre qu'ils adoraient; mais peu à peu ils en vinrent à l'adorer aussi lui-même.

1. Les Chaldéens furent les premiers qui lui rendirent les honneurs divins, et la ville d'Ur en Chaldée, d'où sortit Abraham, fut le lieu où ce culte prit naissance: c'est sans doute pour cela que cette ville porta le nom d'Ur, en hébreu אור, qui signifie *le feu*, bien que Gesenius et d'autres savants le tirent du persan *oura*, qui signifie *château*. L'émigration d'Abraham nous signale l'époque de l'introduction du culte du Feu; car ce fut probablement pour soustraire ce futur patriarche à ce nouveau genre d'idolâtrie que Dieu lui ordonna de quitter sa patrie. Cette supposition se trouve confirmée par les traditions des Orientaux, qui portent qu'Abraham fut précipité dans un grand feu, au milieu de la ville royale, et qu'il en sortit sain et sauf par la protection du Très-Haut.

Eusèbe rapporte une histoire assez plaisante, au sujet du feu adoré par les Chaldéens. Ces peuples prétendaient que leur dieu était le plus puissant et le plus fort de tous les dieux, et soutenaient qu'aucun n'était capable de lui résister. En effet, dès qu'ils pouvaient mettre la main sur une idole, ou un autre objet matériel vénéré par les autres nations, ils ne manquaient pas de le jeter dans le feu, où ce dieu étranger était infailliblement consumé; ainsi le dieu des Chaldéens passait publiquement pour le vainqueur de tous les autres dieux. Un prêtre de Canope, l'une des divinités de l'Egypte, où il y avait aussi une ville du même nom, trouva le moyen de faire perdre au Feu la grande réputation qu'il avait acquise. Il fit faire pour cela une idole d'une terre très-poreuse, dont on fabriquait des pots pour clarifier les eaux du Nil. Cette statue, d'un assez gros volume, fut remplie d'eau, et le prêtre boucha avec de la cire une multitude de très-petits trous qui s'y trouvaient; après quoi il proposa de faire entrer en lice son dieu Canopus avec le Feu des Chaldéens. Ceux-ci acceptèrent le défi, et préparèrent un bûcher, sur lequel le prêtre égyptien mit sa statue. La cire se fondit à la chaleur de la flamme, l'eau s'écoula par les petites ouvertures et finit par éteindre le feu. On publia aussitôt que Canope avait vaincu le dieu des Chaldéens ; et pour perpétuer la mémoire de cet événement, les Egyptiens firent toujours dans la suite, continue Eusèbe, un gros ventre et des pieds fort courts à l'idole Canope, parce que celle qui avait vaincu le Feu était faite de même. Cette anecdote d'Eusèbe est très-possible, mais nous ne croyons pas qu'elle ait donné lieu à la forme des Canopes, qui ont eu, dès l'origine, la figure sous laquelle ils sont connus.

2. Le culte du Feu ne reçut nulle part plus d'extension que chez les anciens Perses. Et c'est Zoroastre qui paraît l'avoir fixé et déterminé. Le Feu originel, suivant ce philosophe législateur, se manifeste dans différents êtres de diverses manières, qui sont appelés fils d'Ormuzd, ou parce qu'il y a un rapport plus intime entre Ormuzd et le Feu, qu'entre les autres créatures et celui dont elles ont reçu l'être, ou parce que cet élément est, comme Ormuzd, le principe le plus universel du mouvement et de la vie. C'est par lui que tout respire : la terre lui doit sa fécondité; l'animal, son existence; l'arbre, sa végétation. Non-seulement il anime les êtres, il forme encore leurs rapports, et son action par conséquent n'est pas moins ancienne que le monde.

Ce Feu primitif, si semblable à la Divinité et agissant comme elle, fut représenté par un feu visible et matériel, entretenu sur des autels dressés par l'ordre de Zoroastre. C'était devant eux que ses disciples faisaient presque toutes leurs prières, et, cinq fois par jour, les prêtres y mettaient du bois et des odeurs. Le Zend-Avesta défend d'y jeter du bois vert, du bois et des odeurs qu'on n'ait pas examinés trois fois; on ne doit même l'entretenir qu'avec du bois sans écorce et de l'espèce la plus pure. Le laisser mourir par négligence est un crime. Le feu commun lui-même ne doit pas être éteint avec de l'eau; l'eau étant révérée, en inonder le feu,

c'est établir un combat entre deux éléments sacrés. Dans le cas d'un incendie, les Parsis n'y remédient qu'en l'étouffant avec de la terre, des pierres, des tuiles, dont on comble le lieu enflammé; y employer de l'eau serait un péché irrémissible. Ce serait une profanation non moins grande, de souffler le feu avec la bouche, parce que l'intérieur du corps étant impur, l'haleine qui en sort souille cet élément; c'est pourquoi les prêtres n'osent s'approcher du Feu sacré, sans avoir la bouche couverte d'un linge, de peur qu'en s'exhalant, leur haleine ne le souille, précaution qu'ils prennent non-seulement lorsqu'ils accommodent le feu, mais encore lorsqu'ils en approchent pour y faire chaque jour la lecture de leur liturgie. On manque encore de respect au Feu, si on diminue son éclat en l'exposant au soleil, si on y brûle, ou seulement si on n'en éloigne pas les cadavres qui sont essentiellement impurs ; et alors il se trouve lui-même dans le cas d'être purifié. Tout cela n'empêchait point qu'on ne permît de jeter l'holocauste dans le Feu sacré; car ce fut un principe que cet élément n'est pas souillé par les victimes comme par les objets profanes. Les rois de Perse et leurs sujets les plus opulents alimentaient quelquefois le Feu avec des perles, des essences, des aromates, privilége qui était regardé comme un des plus beaux droits de la noblesse. Le Feu sacré était entretenu dans des temples découverts, appelés *Pyrées* par les Grecs. Quand les rois de Perse étaient à l'agonie, on éteignait le Feu dans les principales villes du royaume, et on ne le rallumait qu'après le couronnement de son successeur. Il paraît cependant qu'il y avait un temple où l'on gardait un feu perpétuel, qui, disait-on, était inaltérable et s'entretenait de lui-même. La chose est possible, et ce phénomène se voit encore en plusieurs lieux, entre autres à Bakou près la mer Caspienne, endroit fort vénéré des Parsis et des Hindous. *Voy.* BAKOU. Les Parsis actuels prétendent que ce Feu perpétuel subsiste encore ; mais aucun ne peut se vanter de l'avoir vu; ceux des Indes disent qu'il n'est point parmi eux, mais qu'il est entretenu en Perse; et ceux de Perse ne convenant point entre eux du lieu où il doit être, disent tantôt qu'il se trouve à Kirman, tantôt qu'il est à Yezd, ou dans une certaine montagne de ces contrées. Du temps de Chardin, le principal temple des Parsis était en effet dans une montagne à dix-huit lieues de Yezd ; c'était leur grand Pyrée, ou *Atesch-gah*, comme ils l'appellent. Ce lieu était en même temps leur oracle, leur académie et la résidence du *Destour-destouran*, leur souverain pontife.

Quant à l'idée que les Parsis se font du Feu sacré, il n'est pas facile de s'éclairer là-dessus. Tout le monde croit généralement qu'ils le tiennent pour dieu et qu'ils l'adorent, et les musulmans les en accusent expressément. D'autres pensent qu'ils le regardent seulement comme l'image de la Divinité; nous sommes du sentiment de ces derniers, et nous croyons que les passages de leurs livres sacrés qui traitent du culte du Feu peuvent fort bien être entendus dans ce sens. *Voy.* PARSIS.

3. Les Chananéens et les Phéniciens, professant le sabéisme, avaient aussi le culte du Feu comme l'emblème le plus frappant du soleil et des astres; c'est pourquoi ils entretenaient un Feu perpétuel dans des temples découverts, construits sur des collines ou des hauteurs, appelées par les Hébreux במות *bamoth*, et par les Grecs βωμοί, ou πυρεία, et ce sont sans doute les colonies phéniciennes qui ont fondé dans les diverses contrées de l'Europe tant de monuments consacrés au même culte, et dont le nom trahit une origine orientale; tels sont les *Nur-hag* de la Sardaigne (נור *nur*, le Feu); le *Nur-allao* du même pays (נור־אלהא *nur-éloah*, Feu de Dieu), qui rappellent le נור־גל *nourgal*, colline du Feu, des Cuthéens; *Urgel*, en Espagne, *Urglin* en Irlande (אור־גל *ur-gal*, également, colline du Feu); *Vesta*, chez les Romains; en syrien אשתא *eschta*, le Feu.

De l'Orient le culte du Feu passa chez les Grecs. Un Feu sacré brûlait dans le Prytanée à Athènes, dans le temple d'Apollon à Delphes, dans celui de Cérès à Mantinée, dans ceux de Minerve, de Jupiter Ammon, enfin dans les prytanées des différentes villes où brûlaient des lampes qu'on ne laissait jamais éteindre. Cependant nous ne voyons pas que ce Feu fût précisément adoré; il était entretenu comme un symbole et un objet sacré.

5. Il en était de même chez les Romains, qui cependant avaient donné au culte du Feu une organisation orientale. Cet élément était mis sous la protection de Vesta, déesse du Feu, ou plutôt la personnification du Feu primordial; le nom même de cette déesse n'est autre que la transcription du terme oriental אשתא *eschta*, le Feu. On entretenait dans son temple un feu perpétuel, dont la garde était confiée à un collège de vierges. Le laisser éteindre était pour elles un crime que la mort seule pouvait laver. Ce temple était de forme ronde, et on n'y remarquait aucun simulacre de la déesse, sinon ce Feu sacré. Ce foyer, toujours ardent, était regardé par les Romains comme une sauvegarde pour le salut de l'empire; on le renouvelait cependant tous les ans, aux calendes de mars. Si, par la coupable négligence d'une vestale, il venait à s'éteindre, on le rallumait aux rayons du soleil, au moyen d'un vase métallique concave, de forme conique rectangulaire. Dans l'origine, on se servait pour cela d'une planche de bois que l'on frappait à coups redoublés, ou que l'on perçait jusqu'à ce que, par un frottement violent et continu, la matière prît feu. *Voy.* VESTA, VESTALES.

6. Le culte du Feu constituait aussi une des vieilles superstitions de l'Irlande. Chaque année, à l'équinoxe du printemps, on célébrait la grande fête de *Baal-tinne*, ou jour du Feu de Baal. Alors, dans tous les districts de l'Irlande, il y avait ordre rigoureux et sévère d'éteindre pendant cette nuit tous les feux; et pas un seul, sous peine de mort, ne pouvait être rallumé avant que la pile des sacrifices, dans le palais de Tara, ne l'eût été elle-même de nouveau. Encore maintenant l'usage de faire des Feux de joie, la première nuit de mai, existe dans toute l'Irlande; et si l'on a transporté la solennité de l'équinoxe du printemps au commencement de mai, aussitôt après l'introduction du christianisme, c'est afin qu'elle ne se rencontrât pas pendant le saint temps du carême.

7. Le Feu est une divinité importante de l'Inde; plusieurs pensent que c'est cet élément qui est personnifié en Siva, comme la terre et l'eau le sont en Brahma et en Vichnou, et ces trois éléments primitifs forment ainsi la triade mystérieuse du panthéon hindou. En effet, le Feu, en pénétrant la terre et l'eau, leur communique une partie de sa vigueur, développe leurs propriétés, et amène tout dans la nature à cet état d'accroissement, de maturité et de perfection auquel rien ne saurait parvenir sans lui. Mais, cessant ensuite d'agir sur les choses créées, chacune d'elles périt; dans son état libre et visible, cet agent actif de la reproduction consume, par sa force irrésistible, les corps à la composition desquels il avait concouru; et c'est à cette faculté redoutable que le Feu dut son titre de dieu destructeur; tel est aussi le rôle que joue Siva dans la théogonie indienne. Un jour l'univers entier sera anéanti, tous les êtres, les dieux eux-mêmes seront consumés par le Feu de Siva, et ce dieu, réduit alors à la substance d'une flamme légère, dansera seul sur les débris du monde détruit par sa brûlante activité. Après une nuit immensément longue et ténébreuse, Siva réchauffera ces ruines refroidies, il reproduira les dieux et tous les autres êtres, et ainsi de suite pendant toute la durée de l'infini.

Ce culte adoré des Hindous est une émanation du soleil. « O soleil! disent les brahmanes, dans leurs prières journalières, le Feu est né de vous, et c'est de vous que les dieux empruntent leur éclat. Vous êtes l'œil du monde, vous en êtes la lumière. — Adoration à vous, ô Feu, qui êtes dieu! » Rien n'atteste mieux que c'est au Feu proprement dit qu'ils attachent l'idée d'essence divine, que leurs perpétuels sacrifices du Homa et celui de l'Ekya, dans lesquels on n'entrevoit pas d'autre objet de leurs adorations que cet élément lui-même. Ce culte remonte, dans l'Inde, à la plus haute antiquité; on trouve dans le premier Véda des hymnes adressés au Feu comme à un dieu réel. En voici un : « Avec des holocaustes, ô dieu magnifique, avec des chants divins et des offrandes, source de lumière, plein de majesté, nous t'adorons, ô Feu! nous t'adorons, ô Feu, avec des holocaustes; nous t'honorons avec des louanges, ô toi digne de tout honneur; nous t'honorons avec du beurre liquide, dieu, source de lumière. O Feu, visite notre offrande avec les dieux, accueille avec bonté la présentation que nous t'en faisons. O Dieu, nous te sommes tout dévoués; maintiens-nous toujours dans la voie du salut. »

Les Hindous personnifient encore le Feu dans la personne du dieu *Agni*, dont le nom signifie *le feu* en sanscrit, comme *ignis* en latin. *Voy.* AGNI.

« Le dieu du Feu, dit M. Nève, le puissant Agni, qui devient quelquefois terrible dans l'expansion de sa force, s'offre aux hommes comme le soutien de la vie, l'aliment de la végétation, le producteur de la nourriture et de tous les biens de la terre; c'est de la terre, son empire sans limites, qu'il s'élève vers les régions célestes que sillonnent les routes parcourues par les grands corps ignés. Ami des hommes, Agni consume leurs offrandes et appelle la foule des Dévas à la part qui leur est faite; tandis que de sa langue (la flamme qui dévore en vacillant), il s'empare de l'objet du sacrifice, il est le messager des assistants, il est le lumineux pontife présentant aux maîtres du ciel les libations et les dons des tribus et des familles. La présence du Feu a toujours constitué dans l'Inde un des rites essentiels du sacrifice; elle a dû être une prescription aussi ancienne que la naissance du sabéisme oriental, et l'on sait que l'adoration du Feu est devenue le symbole populaire et permanent dans le système religieux des mages, le fondement, ou, pour ainsi parler, la raison liturgique de toute la doctrine de Zoroastre. »

8. Les Chinois idolâtres qui habitent les confins de la Sibérie reconnaissent un dieu du Feu. Pendant le séjour de Pallas à Maimatchin, le feu prit dans la ville; plusieurs maisons étaient embrasées : aucun habitant n'essaya de porter du secours. On se tenait autour de l'incendie dans une consternation inactive; quelques-uns y jetaient seulement par intervalles des gouttes d'eau pour apaiser le dieu du Feu, qui, disaient-ils, avaient choisi leurs habitations pour un sacrifice. Si les Russes n'avaient pas éteint l'embrasement, toute la ville aurait été réduite en cendres.

9. Plusieurs peuples tartares ont une grande vénération pour le feu; ils évitent avec le plus grand soin de toucher le feu avec la lame d'un couteau, comme aussi de fendre du bois avec une cognée auprès du feu. Ils ne souffrent pas qu'un étranger les aborde, à moins de s'être purifié préalablement en passant entre deux feux allumés exprès. Avant de boire, ils se tournent vers le midi qui est le côté de l'horizon répondant au feu; c'est aussi dans le but d'honorer cet élément, qu'ils observent de tourner constamment vers le même point la porte de leur cabane.

10. Les Yakoutes, peuplade de la Sibérie, croient qu'il existe dans le feu un être auquel ils supposent le pouvoir de dispenser les biens et les maux, et ils lui offrent perpétuellement des sacrifices.

11. Le feu est l'objet d'un culte dans plusieurs contrées de l'Afrique. Au Monomotapa, il est regardé comme quelque chose de sacré et de divin. Quand l'empereur campe quelque part, on construit aussitôt une hutte, et on y allume un feu qu'on entretient avec soin. Tous les ans, ce monarque envoie, dans chacune des provinces de ses États, un des principaux seigneurs de sa cour, pour porter le feu nouveau à tous ses sujets. Ces commissaires éteignent d'abord tous les feux, et chacun se présente pour en recevoir du nouveau, qu'il faut payer à ces commissaires, ce qui sert à les défrayer. Ceux qui contreviennent à cet usage sont traités comme rebelles à l'empereur.

12. En Amérique, les Natchez avaient chez eux, de temps immémorial, une espèce de temple où ils conservaient du feu, qu'un prêtre préposé à la garde de l'édifice avait soin d'entretenir allumé. Ce temple était dédié au soleil dont ils prétendaient que la famille de leur grand chef était descendue.

13. Les Taensas adoraient la même divinité et lui consacraient aussi des temples, des autels et des prêtres qui, comme chez les Natchez, entretenaient le feu en son honneur.

14. Plusieurs cérémonies pratiquées par les anciens habitants de la Virginie portent à croire qu'ils rendaient au feu des honneurs religieux. Au retour d'une expédition militaire, ou lorsqu'ils s'étaient tirés heureusement de quelque péril imminent, ils allumaient des feux, et témoignaient leur joie, en dansant autour, avec une gourde ou une sonnette à la main; hommes, femmes et enfants, prenaient part à ce divertissement. Un de leurs actes de piété consistait à jeter au Feu le premier morceau de ce qu'ils mangeaient à leurs repas. Tous les soirs, ils allumaient des Feux, et formaient à l'entour des danses accompagnées de chants. Les corps des chefs étaient religieusement conservés après la mort dans des espèces de temples, où un prêtre entretenait nuit et jour un feu allumé.

15. Les indigènes des bords de la Colombie regardent le Feu comme un être puissant, mais il leur cause une crainte continuelle. Ils lui offrent constamment des sacrifices, le supposant doué également du pouvoir de faire le bien et le mal. Ils recherchent son appui, parce que lui seul peut intercéder auprès de leur protecteur ailé, et leur procurer tout ce qu'ils peuvent désirer, comme des enfants mâles, une pêche et une chasse abondantes; en un mot, tout ce qui constitue, dans leurs idées, la richesse et le bien-être

FEU NOUVEAU. — 1. Nous avons vu dans l'article précédent, que les païens faisaient quelquefois la cérémonie du Feu nouveau. Ils l'allumaient, à l'aide du vase concave ou d'un miroir, aux rayons du soleil, parce que le culte qu'ils rendaient à cet élément tirait son origine de l'adoration des astres.

2. Chez les chrétiens, le feu n'a jamais reçu aucun culte, mais il est employé fréquemment dans l'Église comme symbole, soit de la vie, soit de la lumière spirituelle, soit de la charité et de l'amour de Dieu. Voilà pourquoi la plupart des cérémonies religieuses ont lieu avec des cierges allumés. Pendant toute la durée du temps pascal, on place sur un candélabre fait en forme de colonne un grand cierge orné, et sur lequel est tracée une croix; ce cierge, appelé le cierge pascal, est le symbole de Jésus ressuscité. Il est béni solennellement par le diacre dans la nuit du samedi saint au dimanche de Pâques. Mais, pour mieux représenter la régénération et le re-

nouvellement que la résurrection du Sauveur a apportés à la terre, on a soin de l'allumer avec du feu nouveau bénit par l'évêque ou par le prêtre. Voici le détail de cette cérémonie : Le célébrant se rend, soit dans le vestibule de l'église, soit dans la sacristie, et là, après avoir tiré du feu d'un caillou et en avoir allumé des charbons, il prononce les prières de la bénédiction, puis il bénit cinq grains d'encens qui doivent être attachés au cierge pascal ; il met ensuite de l'encens sur le feu, y jette de l'eau bénite, et encense les grains d'encens. On prend un roseau surmonté de trois cierges, et on rentre processionnellement dans l'Eglise ; à l'entrée de la nef, le diacre allume une des bougies en chantant : « C'est la lumière du Christ. » La seconde bougie est allumée au milieu de la nef, et la troisième devant l'autel, en chantant les mêmes paroles. Le diacre, après avoir demandé la bénédiction au célébrant, se rend auprès du cierge pascal, et y chante le *Præconium*, pendant lequel il attache les grains d'encens en forme de croix au cierge pascal, l'allume avec le feu nouveau, ainsi que les autres cierges et les lampes. On doit faire en sorte que ce feu nouveau dure au moins jusqu'au soir du jour de Pâques ; car le cierge pascal doit brûler durant tout ce temps. Cette bénédiction du feu nouveau a lieu dans tous les diocèses, mais avec quelques variantes. Ainsi, à Paris et dans plusieurs autres églises de France, la cérémonie du roseau à trois branches n'a pas lieu.

3. On prétend que, dans les premiers siècles du christianisme, les lampes de l'église du Saint-Sépulcre, qu'on avait éteintes selon la coutume, le vendredi saint, étaient rallumées miraculeusement le jour suivant par un feu venu du ciel. On ajoute que ce miracle dura jusqu'au commencement du XII° siècle, époque où Dieu le fit cesser en punition des désordres des croisés. Telle est, dit-on, l'origine de la cérémonie superstitieuse que les Grecs pratiquent, tous les ans, au saint sépulcre, le jour du samedi saint. Les prêtres grecs ont persuadé au peuple que le miracle du feu céleste subsistait encore, mais que le miracle s'opérait hors des regards de la foule. Dans cette idée, les chrétiens orientaux de toutes les communions s'assemblent en foule, le samedi saint, dans l'église du Saint-Sépulcre. Thévenot dit, qu'en attendant la descente du feu sacré, ils font mille farces indécentes dans l'église. Ils y courent comme des insensés, poussant des cris et des hurlements affreux, se jetant les uns sur les autres, poursuivant à coups de pieds ; en un mot, donnant toutes les marques d'une véritable folie. Ils ont en main des bougies qu'ils élèvent de temps en temps vers le ciel, comme pour lui demander le feu saint. Sur les trois heures du soir, on fait la procession autour du saint lieu. Après qu'on a fait trois tours, un prêtre grec vient avertir le patriarche de Jérusalem que le feu sacré est descendu du ciel. Le prélat entre alors dans le saint sépulcre, tenant dans chaque main un gros paquet de bougies, et suivi de quelques évêques de sa nation. Il en sort quelque temps après les mains chargées de bougies allumées. Dès qu'on l'aperçoit, chacun s'empresse de s'approcher de lui pour allumer sa bougie aux siennes. Dans ce tumulte, on n'épargne pas les coups pour s'ouvrir un passage ; c'est un désordre effroyable ; et le patriarche court souvent le risque d'être écrasé, malgré les efforts de la milice turque qui frappe à droite et à gauche pour écarter la foule. L'église du Saint-Sépulcre est dans un instant illuminée d'un nombre prodigieux de bougies. Thévenot remarqua, dans la cérémonie dont il fut témoin, un homme qui, avec un tambour sur le dos, se mit à courir de toute sa force autour du saint sépulcre ; un autre, courant de même, frappait dessus avec des bâtons ; et, quand il était las, un troisième prenait sa place. Tout ce bruit et ce tumulte favorisent l'opération des prêtres qui, dans le saint sépulcre, battent le briquet sans crainte d'être entendus ; ils en allument des chandeliers à trois branches pour représenter la sainte Trinité, et, comme dans l'Eglise romaine, ils chantent trois fois : « C'est la lumière du Christ. » Au troisième cri, le patriarche pénètre dans le lieu saint, et c'est là qu'il trouve le feu prétendu miraculeux.

FEUILLANTINES, religieuses qui ont adopté la même réforme que les Feuillants. Leur premier couvent fut établi près de Toulouse, en 1590, et depuis transféré au faubourg de Saint-Cyprien, dans la même ville. Les Feuillantines avaient aussi un couvent dans le faubourg Saint-Jacques, à Paris, qui fut fondé, en 1622, par la reine Anne d'Autriche. Elles portaient le même habit que les Feuillants et étaient sous leur direction.

FEUILLANTS, religieux réformés de l'ordre de Citeaux, ainsi nommés de l'abbaye de Feuillans, en Languedoc, qui était chef d'ordre de cette congrégation. L'instituteur de la réforme des Feuillants est Jean de la Barrière, qui fut d'abord abbé commendataire de l'abbaye de Feuillans, et prit ensuite l'habit de religieux de Citeaux. Sa réforme fut approuvée par le pape Sixte V, et se répandit en France et en Italie. Les Feuillants étaient vêtus de blanc, et suivaient la règle de saint Bernard. Ils avaient dans le faubourg Saint-Honoré, à Paris, un couvent fondé par Henri III, dans lequel Jean de la Barrière vint lui-même s'établir, en 1587, avec 60 religieux. Cette réforme était divisée en deux congrégations, l'une en France sous le titre de *Notre-Dame de Feuillants*, l'autre en Italie, sous celui de *Réformés de saint Bernard*. La congrégation de France était séparée de celle d'Italie depuis 1630. Les Français avaient cependant conservé le couvent de Florence, celui de Pignerol, et un hospice à Rome. Ils avaient en France 24 monastères d'hommes et 2 de filles, partagés en trois provinces : Guyenne, France et Bourgogne. Le général était élu pour trois ans.

FÈVES (1). Les Egyptiens s'abstenaient d'en manger. Ils n'en semaient point et s'abs-

(1) Article emprunté au Dictionnaire de Noël.

tenaient de celles que le hasard leur offrait. Leurs prêtres, plus superstitieux encore, n'osaient pas même jeter les yeux sur ce légume, qu'ils tenaient pour immonde. Pythagore, instruit par les Egyptiens, en interdisait aussi l'usage à ses disciples ; et l'on dit qu'il aima mieux se laisser tuer par ceux qui le poursuivaient, que de se sauver à travers un champ de fèves. Aristote donne de cette défense plusieurs raisons, dont la moins mauvaise est que c'est un précepte moral par lequel le philosophe défendait à ses disciples de se mêler du gouvernement, fondé sur ce qu'en général le scrutin d'élection se donnait avec des fèves. Cicéron insinue que cette interdiction était basée sur ce que ce légume échauffant irritait les esprits, et ne permettait pas à l'âme de posséder la quiétude nécessaire pour la recherche de la vérité. Un autre auteur a prétendu qu'elles furent interdites par un principe de chasteté. D'autres disent que ce fut pour des raisons saintes et mystérieuses que les Pythagoriciens ne révélaient à personne. Quelques-uns aimèrent mieux mourir, dit Jamblique, que de trahir ce secret. Une pythagoricienne se coupa la langue, de peur que la rigueur des tourments ne lui arrachât la vérité.

Les fèves, surtout les noires, étaient une offrande funèbre. On s'imaginait qu'elles contenaient les âmes des morts, et qu'elles ressemblaient aux portes de l'enfer. Festus prétend qu'il y a sur les fleurs de ce légume une marque lugubre. Cette coutume d'offrir des fèves aux morts était une des raisons pour lesquelles Pythagore ordonnait à ses disciples de s'en abstenir.

FÉVRIER, maintenant second mois de l'année, autrefois dernier mois de l'année romaine. Il tire son nom de *Februa*, sacrifices expiatoires que les anciens offraient pour les morts. Il peut paraître singulier que ce mois n'ait que 28 jours, tandis que tous les autres en ont 30 et 31. En voici la raison : Lorsque Numa réforma l'ancien calendrier, il fixa les jours de l'année au nombre de 354 suivant Plutarque, ou de 355 selon d'autres, de manière à former une année lunaire. Il distribua ces 355 jours entre les mois, de façon que sept d'entre eux, janvier, avril, juin, août, septembre, novembre et décembre en eurent 29 : mars, mai, juillet et octobre, 31 ; tandis que février, regardé déjà comme un mois malheureux et le mois des morts, n'eut que 28 jours, nombre pair et malheureux, et par cela même consacré au mauvais génie. Plus tard, lorsque l'année fut ramenée au calendrier solaire, les mêmes raisons firent que février ne conserva que 28 jours. Jules César cependant porta atteinte à ce nombre mystique en intercalant un 29ᵉ jour dans les années bissextiles ; ou plutôt il le respecta, en voulant que ce jour complémentaire n'eût pas d'ordre numérique, mais fût considéré comme un dédoublement du sixième avant les calendes.

Le mois de février était chez les Romains consacré à Neptune. *Voyez* CALENDRIER.

FEY-CHI-TI-YO, le second des seize petits enfers des bouddhistes de la Chine. Là, des boules de fer pleines d'excréments brûlants s'élancent d'elles-mêmes contre les coupables, que la souffrance oblige à y porter les mains pour les éloigner ; mais rien ne peut les soustraire au mal qu'ils redoutent. Bientôt ils sont contraints de les introduire dans leur bouche et de les avaler, pendant que des insectes à bec de fer leur piquent les chairs et leur titillent douloureusement les os.

FIALAR ET GALAR, nains de la mythologie scandinave, qui tuèrent Kuaser, le plus sage des hommes, et firent de son sang l'hydromel des poëtes, appelé *suttung*.

FIANÇAILLES. On appelle ainsi les promesses que deux personnes de différent sexe se font réciproquement de s'épouser.

1. Dans quelques pays chrétiens, ces promesses se font à l'église, en présence du curé et de témoins, avec une certaine solennité ; et ce sont proprement celles qu'on appelle *Fiançailles*. Dans d'autres, où l'usage des fiançailles en face de l'Église n'est point établi, de simples promesses de mariage en tiennent lieu, lorsqu'elles sont publiques et notoires, et engagent autant que les fiançailles solennelles. On peut fiancer des enfants, pourvu qu'ils soient au-dessus de sept ans ; mais leurs promesses ne sont valides que lorsqu'ils les ratifient dans un âge plus avancé. On contracte par les fiançailles un engagement de droit naturel, qu'on ne peut rompre sans manquer à l'honneur et à la probité, à moins qu'on en ait une raison légitime, ou que la rupture se fasse d'un consentement réciproque. Un empêchement dirimant, qui survient après les fiançailles, un changement notable dans la personne ou dans la fortune, l'hérésie, le crime de fornication, l'entrée en religion, et plusieurs autres incidents, sont des motifs suffisants pour rompre les fiançailles ; mais, hors de ces cas, on ne peut violer cet engagement sans encourir l'empêchement de l'honnêteté publique, c'est-à-dire qu'on ne peut se marier avec une autre que sa fiancée, sans une dispense expresse. Lorsque c'est le fiancé qui se dégage, il perd tous les bijoux et autres effets qu'il a donnés à sa fiancée, et généralement toutes les dépenses qu'il a faites pour elle. Mais, si le mariage est rompu par la faute de la fiancée, elle est obligée de rendre les présents qu'elle a reçus au fiancé, ou, s'il vient à mourir, à ses héritiers.

2. Chez les Juifs modernes, la promesse de mariage se fait en présence de témoins. Après que le contrat a été dressé par les parents, l'accordé va voir sa future et lui dit : « Sois-moi pour épouse. » En même temps il lui met un anneau au doigt ; mais cette coutume n'est pas généralement établie, et dans certains pays, le fiancé donne seulement à sa fiancée une pièce de monnaie. Quelquefois on procède presque aussitôt au mariage, mais cela ne se pratique pas ordinairement en Italie, ni en Allemagne, où les promis demeurent fiancés six mois ou un an, quelquefois deux, suivant les conventions faites entre les parties.

3. C'était la nuit, et quelquefois au point du jour, que l'on procédait chez les Romains à la cérémonie des fiançailles. On évitait de les faire pendant les tremblements de terre, et dans les temps orageux et nébuleux. Le fiancé donnait des arrhes à sa fiancée, et lui envoyait un anneau de fer sans pierre précieuse, nommé *pronubum*. Il n'était pas permis aux contractants de proférer leurs véritables noms. Le fiancé prenait le nom de *Caius*, et la fiancée celui de *Caia*, en mémoire, dit-on, de Caia Cæcilia, femme de l'un des fils de Tarquin, si recommandable par sa vertu, qu'on lui éleva, dans le temple de Semo-Sancus, une statue chaussée de sandales et portant un fuseau, pour signifier que l'épousée devait garder la maison et s'y livrer aux occupations de son sexe. Mais nous sommes portés à croire que les termes *Caius* et *Caia* correspondaient, dans l'ancienne langue latine, aux mots *Herus*, *Hera*, qui expriment les maîtres de la maison. En effet, l'épouse disait à l'époux dans la cérémonie du mariage : *Ubi tu Caius, et ego Caia;* où vous serez le maître je serai la maîtresse.

FICARIENS, en latin *ficarii*, nom que les Romains donnaient aux Faunes, à cause des excroissances de chair (en latin *ficus*) que ces divinités avaient aux paupières et en d'autres parties du corps.

FICTEURS. Quand les anciens manquaient d'animaux pour les sacrifices, ils en immolaient des figures faites de cire, de pain, de fruits, etc. On appelait *ficteurs* (du verbe *fingere*, faire), ceux qui fabriquaient ces images.

FIDÈLE. Il n'y a guère que deux religions qui donnent à ceux qui les suivent le nom de *fidèles;* ce sont le christianisme et l'islamisme.

Chez les chrétiens nous voyons ce titre donné déjà par les apôtres. On le perd par l'hérésie, par l'apostasie et par l'excommunication. Les chrétiens appellent *infidèles* ceux qui ne sont pas enfants de l'Eglise, mais plus particulièrement ceux qui ne sont pas baptisés, comme les musulmans et les idolâtres.

Les musulmans de leur côté divisent également tous les peuples de la terre en fidèles ou infidèles ; les premiers sont les musulmans à l'exclusion de tous autres. Ceux-ci se montrent très-fiers de ce titre, qui s'articule en leur langue *Moumen* et *Moslim*, au pluriel *Moselman* ou *Musulman*. Ils ne souffrent pas qu'un autre qu'un mahométan se l'arroge; ils se donnent indistinctement à tous ceux qui ne sont pas de leur religion le nom de *Cafer* (Cafres) ou infidèles.

FIDÉLITÉ, ou BONNE FOI. Les Romains l'avaient mise au rang de leurs divinités, et lui avaient érigé des temples qui passaient pour avoir été fondés par Numa. On lui offrait des fleurs, du vin, de l'encens; mais il n'était pas permis de lui immoler des victimes. Ses prêtres, couverts d'un voile blanc, symbole de candeur, étaient conduits en pompe au lieu du sacrifice, dans un char en arc, la tête et les mains enveloppés dans un manteau. Cette déesse présidait aux serments. On la représente vêtue de blanc, tenant une clef à la main, avec un chien à ses pieds. On l'honorait publiquement le 5e du mois d'août, jour auquel on lui portait des offrandes dans le temple qui lui était consacré sur le mont Palatin.

FIDIUS, dieu de la bonne foi; il présidait, chez les Romains, à la religion des serments et des contrats. Un des juremens les plus communs était : *Me dius Fidius*, sous-entendant *adjuvet !* Ainsi le dieu Fidius me soit en aide! On ignore quelle est précisément sa généalogie, l'origine de ses différents noms, et même leur véritable orthographe. Les uns le confondent avec Jupiter; les autres avec un fils de ce dieu, *Dios Filius*. Quelques-uns le prennent pour Janus, et d'autres pour Sylvain ; d'autres enfin soutiennent que c'est une divinité empruntée des Sabins. *Voy.* à l'article ENYALIUS, comment Denis d'Halicarnasse rapporte les circonstances merveilleuses de sa naissance. Cet enfant, qu'il suppose fils de Mars ou de Kurinus, dieu des Sabins, étant devenu grand, fut d'une taille au-dessus de celle des mortels; sa figure était celle d'un dieu, et il se fit la réputation la plus éclatante par son habileté dans les combats. Il voulut ensuite fonder une ville, et après avoir rassemblé de tous les environs une troupe nombreuse, il bâtit en très-peu de temps une ville qu'il nomma *Kuréis* (Cures), du nom de la divinité dont il descendait, ou, selon d'autres, du nom de sa lance; car les Sabins appelaient les lances *kuris*. Ce Fidius laissa un fils nommé Sabin, qui fut le premier roi de ce peuple, et mit son père au rang des dieux.

Les sentiments ne sont pas moins partagés sur ses noms. Les plus communs étaient ceux de *Sancus*, de *Fidius* et de *Semi-Pater*. Ce dieu avait plusieurs temples à Rome : l'un dans la treizième région de la ville; un second appelé *Ædes dii Fidii sponsoris*, c'est-à-dire garant des promesses; et un troisième sur le mont Quirinal, où sa fête était célébrée le 5 juin. Un ancien marbre, qui existe encore à Rome, représente d'un côté, sous une espèce de pavillon, l'Honneur sous les traits d'un homme vêtu à la romaine, et de l'autre, la Vérité couronnée de lauriers, qui se touchent la main. Au milieu de ces deux figures est un jeune garçon, représenté tel qu'on dépeint l'Amour, et au-dessus on lit ces mots *Dius Fidius*.

FIÉSOLE, ou FÉSOLI (*Congrégation de*). C'est une société de religieux appelés aussi *Frères mendiants de saint Jérôme*. Elle a pour fondateur le bienheureux Charles, fils du comte de Montgranello. C'était un saint homme qui vivait dans la solitude, au milieu des montagnes de Fiésole, vers l'an 1386. Il y fut suivi par quelques compagnons qui donnèrent naissance à cette congrégation. Elle fut approuvée par Innocent VII, et confirmée par les papes Grégoire XII et Eugène IV, qui lui donnèrent la règle de saint Augustin.

FIÈVRE. Elle était considérée comme une divinité par les Grecs et les Romains qui lui avaient érigé des temples et des autels. On lui prodiguait les noms de *divine*, de *sainte* et de *grande*. Les Grecs en avaient fait un dieu, parce que, dans leur langue, le mot Πυρετός est masculin. À Rome, la Fièvre comptait trois temples : un sur le mont Palatin, un autre dans la place des monuments de Marius, le troisième au haut de la rue Longue. On apportait dans ces temples les remèdes contre la fièvre avant de les administrer aux malades, et on les exposait quelque temps sur l'autel de la déesse. On la représentait quelquefois sous la figure d'une femme couchée sur un lion, de la bouche duquel sort une vapeur, parce qu'au dire des anciens naturalistes, le lion est sujet à la fièvre, et surtout à la fièvre quarte. On faisait encore la Fièvre fille de Saturne, parce que la planète de ce nom passait pour être froide et sèche, et qu'on prétendait qu'elle dominait sur la bile et la mélancolie, considérées alors comme les causes de cette fièvre.

FIGHI, faquirs musulmans qui, dans le Fezzan, servent de lecteurs et de secrétaires. C'est sans doute le mot arabe *faquih*, jurisconsulte.

FIGOS FONGOUAN-SI SIO, secte religieuse du Japon. *Voyez* FONGOUAN-SI SIO.

FIGUIER. — 1. Chez les anciens païens, cet arbre était consacré à Mercure. Pausanias dit que Cérès l'avait donné à l'Athénien Phytalus, en reconnaissance de l'hospitalité qu'elle avait reçue de lui. Les Lacédémoniens en faisaient honneur à Bacchus, et pendant ses fêtes on portait des figues dans des corbeilles. — Aux mystères d'Isis et d'Osiris, c'étaient des personnes couronnées de feuilles de figuier qui portaient les corbeilles.

2. Les Romains avaient plusieurs figuiers sacrés. Tacite raconte que celui sous lequel Romulus et Rémus avaient été allaités par une louve, subsista 830 ans, et que s'étant desséché après ce long espace de temps, il reverdit de nouveau. La vérité est que les prêtres avaient soin d'en substituer un nouveau dès que le figuier vénéré venait à se dessécher. On l'appelait *Ruminalis*, de *ruma*, mamelle. — Il y avait à Rome un autre figuier que Tarquin l'Ancien avait fait planter dans les Comices, à l'endroit où l'augure Navius avait coupé en deux avec un rasoir une pierre à aiguiser. Un préjugé populaire attachait à la durée de cet arbre les destinées de Rome.

3. *Figuier des pagodes* ou *Ficus religiosa*, arbre qui croît dans les terrains sablonneux et pierreux de l'Inde, à Java, aux Moluques, etc. Persuadés que Vichnou s'est manifesté sous son ombrage, ou plutôt qu'il s'est incarné en cet arbre même, les Hindous lui rendent un culte religieux dont l'ancienneté est confirmée par Hérodote. On emploie ses feuilles et ses branches dans les cérémonies sacrées ; mais il y a des contrées, comme dans le Guzerate, où les habitants plus superstitieux craindraient d'enlever une seule de ses feuilles, dans la crainte de mourir avant la fin de l'année. Il n'est jamais permis d'en couper le tronc, quelles que soient sa grosseur et sa vétusté. La cime s'étend horizontalement, et est formée de branches garnies de feuilles portées sur de longs et grêles pédoncules, qui s'agitent en tout sens au gré du vent ; les fruits sont de la grosseur d'une aveline. *Voy.* ASWATTHA, ARÉALOU.

FIGURISTES. On a désigné sous ce nom les théologiens qui, dans l'Ancien Testament, ne voyant guère que les types du Messie et de son Église, envisagent ce livre comme l'histoire anticipée du Nouveau. En effet, Jésus-Christ s'applique lui-même divers passages de l'Écriture ; et saint Paul dit expressément en parlant de l'histoire des Hébreux : « Toutes les choses qui leur arrivaient étaient des figures ; elles ont été écrites pour nous servir d'instruction, à nous qui nous trouvons à la fin des temps. » Les Pères de l'Église ont en général suivi cette méthode, et saint Augustin dit à ce sujet avec sa justesse énergique : « L'Ancien Testament est le voile du Nouveau, le Nouveau est la manifestation de l'Ancien. » Mais la connaissance de ces figures n'est pas abandonnée au caprice individuel ; les règles tracées par saint Augustin ramènent constamment à la tradition. C'est en s'écartant de ces règles sages et de la tradition que, dans tous les âges, des hérésiarques ou des fanatiques ont abusé du sens figuratif pour répandre leurs erreurs ou leurs impostures. L'histoire des hérésies fourmille de ces rapprochements forcés ou du moins téméraires. C'est ainsi que dans ces derniers temps on vit une multitude de gens, les uns trompeurs, les autres trompés, appliquer le sens figuratif au charlatanisme des convulsions.

Les calvinistes, et surtout la secte des puritains, sont peut-être ceux qui ont poussé le plus loin la manie et l'abus des textes figuratifs, comme en font foi les guerres de religion en France, en Angleterre et en Écosse. Le figurisme a aussi excité chez les protestants hollandais de vives contestations. Vers le milieu du XVIIe siècle, les théologiens de ce pays se divisèrent en deux partis opposés ; les uns, avec Coccéius, trouvaient partout dans la Bible des figures et des mystères ; les autres, avec Voët, n'en voyaient presque nulle part. Nous donnons des détails sur les exagérations des uns et des autres aux articles COCCÉIENS et VOETIENS.

FIKO FO FO DE-MI-NO MIKOTO. C'est le quatrième des esprits terrestres qui régnèrent sur le Japon avant la race humaine. Il était fils d'*Ama-tsou fiko fiko fo-no ni ni Ghi-ne Mikoto*, le troisième des demi-dieux terrestres, qui l'avait chargé du gouvernement des montagnes, tandis que son frère aîné, *Fo-no Sousoro-no Mikoto*, avait le département de la mer. Quelque temps après, ils convinrent de changer cet état de choses : le cadet donna son arc et ses flèches à l'aîné et en reçut l'hameçon ; mais, peu satisfaits de cet arrangement, chacun voulut bientôt rentrer dans ses premières attributions. Cependant Fiko fo fo De-mi-no, ayant perdu l'hameçon, en voulut donner un autre à son frère, qui le refusa brutalement ; il en fit donc faire plusieurs de son épée, et les lui offrit dans un van à blé, en le priant d'en prendre autant qu'il voudrait. Mais l'aîné refusa encore, exigeant impérieusement que le sien lui fût rendu. Son frère en fut fort affligé; il parcourut le rivage pour chercher l'hameçon perdu, et rencontra un vieillard nommé *Sivo tsoutsou-no o si*, ou le vieillard de la terre salée, qui lui demanda pourquoi il errait si triste sur la plage. En ayant appris la cause, il l'exhorta à prendre courage, et lui promit de l'aider. Il construisit à l'instant une sorte de cloche de plongeur, y introduisit son protégé et le fit descendre au fond de sa mer. Celui-ci arriva près du palais du dieu de la mer. C'était une habitation de la plus grande magnificence : à l'entrée, il y avait un puits, sous l'arbre *Ye tsou-no katsoura*, dont les branches et les feuilles ombrageaient les environs. Une jeune fille d'une grande beauté, tenant à la main une jatte de jade oriental, sortit de la maison pour puiser de l'eau ; le nouveau venu s'approcha du puits ; elle en fut effrayée, rentra précipitamment, et raconta à ses parents ce qui venait d'arriver. Ceux-ci étendirent à l'instant dans le salon huit doubles nattes pour y recevoir l'étranger, allèrent à sa rencontre et l'introduisirent dans le palais. Après les premiers compliments, ils s'informèrent du motif de son voyage, et ayant appris ses aventures, ils ordonnèrent à tous les poissons, grands et petits, de s'assembler devant la salle. Ne voyant pas venir le poisson *Aka me* ou la dame rouge, ils interrogèrent les autres poissons sur la cause de son absence. Ceux-ci répondirent que l'Aka me avait, en ce moment, mal à la bouche, ce qui l'empêchait de venir. On dépêcha donc vers elle quelques poissons qui revinrent avec l'hameçon perdu.

Fiko fo fo De-mi-no Mikoto épousa alors la fille du dieu de la mer, nommée *Toyo tama fime*, et bâtit dans l'eau un palais où il passa trois ans à se divertir avec elle. Cependant le souvenir de son pays le tourmentait sans cesse, et il brûlait d'envie de le revoir. Sa femme s'en aperçut et en fit part à ses parents, qui lui permirent d'y retourner pour y porter l'hameçon. A son départ, ils lui donnèrent deux pierres précieuses, dont l'une avait la vertu d'occasionner le flux, et l'autre le reflux de la mer. « Si ton frère ne te permet pas de revenir, lui dirent-ils, jette la première dans la mer, et à l'instant tout le pays sera submergé ; si alors il t'accorde la faculté de t'en retourner, jette l'autre pierre, et bientôt les eaux s'écouleront. »

Quand il fut sur le point de partir, sa femme lui dit : « Votre épouse est enceinte et accouchera bientôt. Aidée par un gros vent et un flux considérable, elle gagnera le bord de la mer, où il faut lui préparer une demeure convenable pour qu'elle y fasse ses couches. » Il lui dit adieu, et se rendit chez son frère. Après lui avoir remis l'hameçon, il lui demanda la permission de rentrer dans la mer, mais ayant éprouvé un refus, il se vit contraint d'user du talisman de son beau-père, et jeta la pierre du flux dans la mer, qui submergea bientôt tout le pays. Cet événement effraya tellement son frère aîné, qu'il lui offrit d'obéir en tout à ses ordres, d'être son serviteur, et de faire tout ce qu'il désirerait, pourvu qu'il lui laissât la vie. Fiko fo fo De-mi-no Mikoto jeta donc dans la mer la pierre du reflux, et aussitôt elle rentra dans ses bornes ordinaires.

Bientôt après s'éleva un vent très-fort, accompagné d'un flux considérable. Fiko fo fo courut au rivage, et aperçut de loin son épouse, accompagnée de sa sœur cadette *Tama yori fime*. Après qu'il les eut jointes, sa femme lui dit qu'étant sur le point d'accoucher, il devait s'éloigner et s'abstenir de regarder. Il le promit et se retira. Mais il se cacha et l'épia pendant qu'elle accouchait. Elle s'en aperçut, mit au monde un fils, se changea aussitôt en dragon, et se plongea toute honteuse dans la mer. Depuis cet événement, elle ne revit plus son mari. Le nouveau-né fut nommé *Fiko naki sa take* ou *kaya fouki awa sesou-no Mikoto*. Son père vécut encore longtemps : il fut enterré sur le mont *Faka ya-no Yama*, dans la province de Fiouga. On peut remarquer dans ce mythe une réminiscence du déluge universel.

FIKO NA KISA TAKE OU KA YA FOUKI AWA SESOU-NO MIKOTO, le cinquième des esprits terrestres qui régnèrent sur le Japon avant la race humaine ; il était fils du précédent. Il eut de *Tama yori fime*, son épouse, quatre fils nommés *Fiko itsou se-no Mikoto*, *Ina iye-no Mikoto*, *Mi ke iri no-no Mikoto* et *Kan yamato Iwa are fiko-no Mikoto*. Il mourut dans le palais du royaume occidental, c'est-à-dire dans l'île de Kiouzou, et fut enterré sur le mont *A fira-no Yama*, dans le Fiouga. Tama yori fime, sa femme, était la fille cadette du dieu marin *Wada Houmi*. Le quatrième de ces enfants devint le fondateur de l'empire japonais. En la personne de Fiko na kisa take ou kaya finirent le second âge de la mythologie japonaise, et le règne des demi-dieux et génies terrestres.

FILGIA, HAMINGIA, SPADISA, divinités scandinaves, qui président à la naissance des hommes et les protègent. La première les accompagne, la seconde leur apparaît quelquefois, la troisième leur prédit l'avenir.

FILLES DE LA CHARITÉ, congrégation religieuse, établie en Pologne par la reine Marie de Gonzague. Elles avaient une maison à Paris, qui était la résidence des premières supérieures, et le noviciat général de toute la société ; elles avaient encore d'autres établissements dans le royaume. Leurs supérieures étaient élues pour trois ans. Ces religieuses étaient sous la direction du général de la congrégation de la Mission.

FILLES D'ENFER. On donne ce nom aux Furies.

FILLES DE LA SAGESSE. Voy. SAGESSE.

FILLES DE MÉMOIRE, les neuf Muses, filles de Jupiter et de Mnémosyne ou la Mémoire.

FILLES-DIEU. — 1. Communauté religieuse fondée en 1226, pour retirer les femmes qui avaient mené dans le monde une vie dissolue, et que le libertinage avait réduites à la mendicité; mais, dans les derniers temps, on ne reçut plus dans les monastères des Filles-Dieu, que des personnes vertueuses et de bonne famille.

2. On donnait aussi ce nom aux femmes qui demeuraient dans les hôpitaux nommés *Hôtels-Dieu*, ainsi qu'à certaines hospitalières. Les religieuses de Fontevrault, établies à Paris, portaient le nom de *Filles-Dieu*, parce qu'elles avaient succédé aux hospitalières ainsi nommées.

FILLES PÉNITENTES, religieuses établies en 1494, en l'honneur de sainte Madeleine, par Jean Tisseran, religieux cordelier de Paris, homme vertueux et grand prédicateur. Il savait si bien toucher les cœurs qu'il se trouva d'abord plus de deux cents filles ou femmes déréglées, converties par ses prédications, qui embrassèrent le nouvel institut. Elles eurent pour première maison le palais du duc d'Orléans, depuis roi de France sous le nom de Louis XII. On les obligea, en 1550, de garder la clôture, et, en 1572, elles furent transférées dans l'ancienne église de Saint-Magloire.

Jean-Simon de Champigni, évêque de Paris, leur dressa, en 1497, des statuts, dont voici les principaux, rapportés par Sauval. Ils serviront à faire connaître quel était le but de cet établissement.

« On ne recevra aucune religieuse qui n'ait mené, au moins pendant quelque temps, une vie dissolue; et, pour que celles qui se présenteront ne puissent pas tromper, à cet égard, elles seront visitées, en présence des mères, sous-mères et discrètes, par des matrones nommées exprès, et qui feront serment, sur les saints Évangiles, de faire bon et loyal rapport.

« Afin d'empêcher les filles d'aller se prostituer pour être reçues, celles qu'on aura une fois refusées, seront exclues pour toujours.

« En outre, les postulantes seront obligées de jurer, sous peine de leur damnation éternelle, entre les mains de leur confesseur et de six religieuses, qu'elles ne s'étaient pas prostituées à dessein d'entrer un jour dans cette congrégation; et on les avertira que si l'on vient à découvrir qu'elles s'étaient laissé corrompre à cette intention, elles ne seront plus réputées religieuses de ce monastère, fussent-elles professes, et quelques vœux qu'elles aient faits.

« Pour que les femmes de mauvaise vie n'attendent pas trop longtemps à se convertir, dans l'espérance que la porte leur sera toujours ouverte, on n'en recevra aucune au-dessus de l'âge de trente ans. »

Nous ignorons si ces singuliers statuts sont authentiques, et s'ils reçurent jamais leur application; mais, dans la suite des temps, les filles pénitentes admettaient parmi elles des personnes pieuses et honnêtes.

FILS DE DIEU. — 1. Les chrétiens désignent par ce nom la seconde personne de la très-sainte Trinité, qui s'est incarnée pour racheter les hommes de la mort éternelle à laquelle tous étaient condamnés en punition du péché de leur premier père.

2. On trouve assez fréquemment dans la Bible le titre de Fils ou *Enfants de Dieu*, appliqué, 1° aux anges, en qualité de ministres et de serviteurs du Tout-Puissant, ou parce que leur nature a plus de ressemblance que celle des hommes avec la nature de Dieu; 2° aux rois, qui sont regardés comme les vicaires et les représentants de Dieu sur la terre, et que l'on suppose animés et inspirés de l'esprit divin, lorsqu'ils sont vertueux; c'est dans ce sens que le psalmiste s'écrie, en parlant aux rois : « Pour moi, je dis : Vous êtes des dieux, vous êtes tous les fils du Très-Haut; mais vous mourrez comme le reste des humains. » Les Grecs appelaient de même les rois Διογενείς Βασιλήες, fils de Jupiter; 3° aux hommes pieux et surtout aux Israélites, qui formaient par excellence le peuple de Dieu. Mais, dans ces derniers cas, le titre de *Fils de Dieu* est purement honorifique, ou n'exprime qu'une sorte d'adoption; tandis que la seconde personne de la sainte Trinité est Fils de Dieu par nature, et en conséquence d'une génération éternelle. *Voy.* JÉSUS-CHRIST, TRINITÉ.

FIMAFENG ET ELDER. Ce sont, dans la mythologie scandinave, deux génies serviteurs d'Æger, dieu de l'Océan.

FINA KOUGE, nom que les Japonais donnent à des statuettes ou espèces de poupées auxquelles on offre des sacrifices, dans la seconde des cinq grandes fêtes annuelles. *Voy.* VINANINGIO et ONAGO-NO SEKOU.

FINAS, un des dieux principaux de l'île Wallis dans l'Océanie.

FIN DU MONDE. L'époque de la fin du monde présent est et sera toujours pour les hommes un mystère impénétrable; c'est un de ces secrets dont Dieu seul s'est réservé la connaissance. Quant à ce jour et à cette heure, dit Jésus-Christ, personne n'en a connaissance, ni les anges qui sont dans le ciel, ni le Fils, mais le Père seul. » Cependant, une curiosité indiscrète ou une piété peu éclairée, a mille fois cherché à découvrir ou du moins à préjuger cette époque célèbre. On a cru pouvoir y parvenir, soit en observant les événements physiques et naturels, soit en étudiant les textes de l'Écriture sainte, et en les soumettant à des interprétations cabalistiques.

1. Les philosophes et les naturalistes sont loin d'être d'accord à ce sujet. Les uns pensent que nous habitons un monde décrépit, prétendent que la nature n'a plus la même force productive et la même énergie qu'autrefois; que la matière s'use, que la durée de la vie des êtres diminue, et voient dans ces phénomènes les pronostics d'une fin peu éloignée. D'autres soutiennent, au contraire, que l'univers est encore brillant de jeunesse, que l'homme sort à peine du berceau, que les arts sont encore dans leur enfance, que l'homme n'a encore presque rien fait pour améliorer son être, qu'il ne peut pas avoir

été mis sur la terre pour s'arrêter à un si pauvre résultat, et que par conséquent la race humaine doit jouir encore d'une immense durée dans la profondeur des siècles à venir. Il en est qui soumettent la durée du monde à une chance fortuite et imprévue, avançant qu'un événement physique, tel que la rencontre d'une comète, peut occasionner d'un mois à l'autre une catastrophe finale; tandis que d'autres ne voient pas pourquoi le monde actuel ne serait pas éternel. Enfin, il s'est trouvé des savants qui ont cru pouvoir déterminer dans leurs calculs l'époque de la fin de l'univers. Mais là encore ils sont loin de s'accorder. Si nous en croyons les anciens philosophes, le monde finira lorsque les cieux et les astres auront achevé leur cours, c'est-à-dire lorsque ces corps célestes seront revenus au point où Dieu les a placés en les créant : cette grande révolution est, suivant les uns, de 7777 ans, de 9977, selon les autres; enfin, de 15,000, de 18,000, de 19,804 années. Aristarque croyait que cette révolution était de 2484 ans; Arétès de Dyrrhachium, de 5552 ans; Héraclyte et Linus, de 1800 ou 18,000 ans; Dion, de 10,884 ans; Orphée, de 100,020 ans; Cassandre, de 1,800,000,000 d'années. D'autres enfin ont prétendu que ce retour du ciel et des astres, au même point, était infini et impossible. Quelques astronomes modernes, avec Tycho-Brahé, la fixent après 25 ou 26,000 ans; d'autres après 40,000 ans, et plusieurs après 300,000 ans

2. Les Égyptiens croyaient qu'après une révolution d'années, qu'ils fixaient à 36,525, tous les astres se rencontraient au même point, et qu'alors le monde se renouvelait, ou par un déluge, ou par un embrasement général. Ils se figuraient que le monde avait déjà été renouvelé plus d'une fois de cette sorte, et qu'il devait encore se renouveler dans la suite des âges.

3. Les Juifs se sont aussi occupés de ce calcul. Le rabbin Abraham Barkhiya dit que les philosophes conviennent assez que le monde périra ou sera renouvelé après un certain nombre d'années, mais qu'ils ne sont pas d'accord sur leur nombre précis; les uns mettent 4,320,000 ans, à la fin desquels chaque chose doit retourner au premier point de sa création. D'autres croyaient que le monde durerait 360,000 ans, d'autres 49,000 ans, d'autres 7000 ans, après quoi le monde retournerait dans le chaos, puis serait rétabli dans le même état qu'auparavant. Mais toutes ces données ne sont fondées que sur des calculs astronomiques ou philosophiques

Quant aux opinions dérivées des croyances religieuses, nous lisons dans le Talmud que *le monde durera 6000 ans et sera détruit dans un;* ce que plusieurs rabbins expliquent d'un septième millénaire : après cela on verra un nouveau monde, lequel, après un pareil nombre de 6000 ans, retournera encore dans le chaos, et qu'ainsi, par une révolution continuelle, plusieurs mondes se succèderont ainsi durant l'espace de 49,000 ans. Ils appuient ce sentiment sur ce que Dieu a créé le monde en six jours, et l'Ecriture observe que mille ans ne sont devant Dieu que comme un jour. De plus, la lettre א *aleph,* qui se prend pour mille, se trouve six fois dans le premier verset de la Genèse. Enfin le Seigneur ordonne dans la loi de cultiver la terre pendant six ans, et de la laisser reposer pendant un an, et qu'au bout de sept semaines d'années, c'est-à-dire à la cinquantième année, on célèbre le jubilé. Les six ans marquent les 6000 ans de la durée du monde, et l'année du jubilé la dernière révolution et l'entier dépérissement de l'univers.

Le nombre six étant composé de trois binaires, la durée du monde se trouve partagée en trois parties égales, c'est-à-dire 2000 ans sous la loi de nature, 2000 ans sous la loi écrite, et 2000 ans sous la loi de grâce ou le règne du Messie. Conséquemment le Messie a dû venir à la fin du quatrième millénaire. Cette conclusion était celle que tiraient raisonnablement, d'après cette opinion, les premiers chrétiens; et, persuadés que le monde touchait à sa fin, ils pressaient les Juifs de se convertir. Mais la plupart, usant de subterfuge, répondaient que le Messie ne devait venir que pendant le cours ou à la fin du sixième millénaire, pour commencer alors un nouvel âge de 1000 ans dans un monde nouveau. Les cabalistes modernes voyant que le dernier millénaire est fort avancé, sans apparence que le Messie attendu par eux vienne à se manifester, ont rejeté absolument l'opinion qui ne donne au monde que 6000 ans d'existence.

4. Nous avons vu que l'opinion des premiers chrétiens concordait assez avec celle des Juifs; c'était aussi le sentiment commun des Pères de l'Église. Mais saint Augustin qui, dans la Cité de Dieu, se prononce pour cette période de 6000 ans, s'élève, dans son commentaire sur les Psaumes, contre la témérité de ceux qui ont osé assurer que le monde ne durerait que cet espace de temps, quand le Sauveur a prononcé, dans l'Évangile, que le Père seul s'est réservé la connaissance de ce dernier jour.

Une autre opinion, opposée à celle-ci, mais non moins répandue peut-être, était que la fin du monde était imminente; en effet, les premiers chrétiens s'appuyant de quelques textes des Épîtres des Apôtres, attendaient pour ainsi dire de jour en jour le second avénement du Fils de Dieu. Mais jamais cette croyance de la proximité de la fin des temps ne fut plus profondément enracinée que dans le x° siècle; on était convaincu que le monde devait finir mille ans précis après l'Incarnation. A mesure qu'on approchait du terme fatal, on cessait les affaires et les transactions, on n'achetait plus, on ne vendait plus, on ne bâtissait plus d'églises, on laissait les maisons tomber en ruine; c'était une consternation générale que venaient encore augmenter des phénomènes naturels, mais extraordinaires, les guerres, les famines et d'autres fléaux qu'on regardait comme les avant-coureurs certains de cette épouvantable catastrophe. Aussi rien ne peut exprimer l'étonnement des populations du moyen âge, lorsqu'elles virent les premières années du second millénaire se succéder sans le moindre bouleversement de la nature. On s'imagina alors qu'un second millénaire tout entier était donné au genre humain, et on appela ce nouveau sursis *les années de grâce*.

Cependant, depuis cette époque, des esprits curieux ou indiscrets cherchèrent encore à pénétrer le secret de Dieu. Saint Vincent Ferrier dit qu'il y avait certaines gens qui donnaient au monde, depuis la naissance de Jésus-Christ jusqu'à la consommation des siècles, autant d'années qu'il y a de versets dans le Psautier (il y en a environ 2537). D'autres prétendaient que le monde durerait autant depuis Jésus-Christ jusqu'au dernier jugement, qu'il avait duré depuis le commencement du monde jusqu'au déluge, c'est-à-dire 1656 ans (ceux-ci ont reçu un démenti de deux siècles). Enfin, il y en avait d'autres qui lui donnaient une bien plus grande durée, croyant que, depuis la venue de Jésus-Christ jusqu'à la fin du monde, il y aurait autant d'années que depuis la création du monde jusqu'au Messie, c'est-à-dire au moins 4000 ans. Ils se fondaient sur ces paroles d'Habacuc : « Seigneur, vous manifestez votre œuvre au milieu des années.» Enfin, de nos jours encore, nous voyons de temps en temps des esprits rêveurs publier le résultat de leurs calculs cabalistiques, fondés sur les nombres mystérieux de Daniel ou de l'Apocalypse, et nous annoncer la fin du monde pour une année plus ou moins rapprochée; et il se trouve toujours des dupes qui achètent leurs livres, et des sots qui ajoutent foi à ces productions de leurs cerveaux creux. Nos lecteurs peuvent se rappeler que l'année 1846 était une de ces époques fatales, que bien des gens appréhendaient sans pouvoir dire pourquoi.

5. Les Hindous divisent la durée du monde en quatre âges, dont le premier comprend un espace de 1,728,000 ans; le second, de 1,296,000 ans; le troisième, de 864,000 ans; le quatrième, de 432,000 ans, ce qui forme un total de 4,320,000 ans : il est digne de remarque que ce nombre se trouve consigné dans les cosmogonies citées par le rabbin Abraham bar Khiya. Les Hindous ajoutent que les trois premiers âges sont écoulés, et que le quatrième a commencé il y a 4950 ans; d'où il résulte qu'à dater de l'année chrétienne 1849, il reste encore d'ici à la fin du monde une somme de 427,050 ans.

6. D'après le système bouddhiste, lorsque le monde qui existe est près d'achever sa révolution, 100,000 ans seulement avant cette époque, un des esprits célestes se rend au milieu des hommes, tenant en sa main un bouquet rouge, et les exhorte à la pratique de la loi et à l'observance des préceptes qu'elle impose. Les hommes ayant présent devant eux ce grand événement, comme s'il devait arriver le lendemain même du jour où la nouvelle leur est annoncée, travaillent avec ardeur à marcher dans les voies mêmes que la loi enseigne. Les 100,000 ans écoulés, la fin du monde arrive sans qu'elle ait été amenée par aucune cause extérieure; seulement le monde ayant parcouru une série de myriades de centuries qui lui sont assignées pour sa durée, est arrivé au terme des révolutions qu'il doit subir; à peu près de même que le soleil, qui a fourni sa carrière diurne, disparaît sous l'horizon. Cependant, comme les bouddhistes ne se piquent pas d'être toujours conséquents avec eux-mêmes, ils assignent des causes qui produisent la destruction de notre globe et de la partie des cieux qui le couvrent. Le feu, l'eau et le vent sont les trois éléments qui concourent successivement à la destruction du monde dans la proportion suivante : le feu consume le globe sept fois successivement, et l'eau ne le détruit qu'une fois par son inondation; sur 65 fois que sa destruction a lieu par le feu, elle n'est produite qu'une fois par le vent. Lorsque le monde doit être détruit par le feu, 2 soleils paraissent et dessèchent les 500 petites rivières; 3 soleils paraissent ensuite, et dessèchent les cinq grands fleuves; 4 soleils viennent à bout des quatre grands lacs; 5 font disparaître les eaux de la mer; 6 réduisent en cendres la terre, les six contrées des bienheureux, jusqu'à la demeure de Brahma ! alors l'univers ne présente plus qu'un vide immense.

FINES TEMPLARES. Les anciens Latins appelaient *Fines templares* ou *sacrificales*, les confins de territoires ou de régions consacrés par l'érection d'un temple, d'un autel ou de quelque autre monument religieux. Les voyageurs s'y arrêtaient pour y offrir des sacrifices et y faire des libations.

FINNUS, ou **FLINNUS**, dieu des anciens Saxons, qui n'est connu que par le témoignage de Saxon le Grammairien.

FINS, branche de mennonites. Ces sectaires s'étaient divisés en deux partis vers le milieu du XVIe siècle, au sujet de l'excommunication, que les uns prodiguaient, en étendant fort loin ses suites, tandis que les autres, plus modérés, en restreignaient l'application et les effets; ce qui fit distinguer les mennonites en deux branches : les *Grossiers*, ou *Modérés*, ou *Waterlanders*, parce qu'ils étaient plus nombreux dans le comté de Waterland; et les *Fins*, ou *Raffinés*, ou *Subtils*, ou *Rigides*, ou *Flamands*. Voy. MENNONITES.

Les ukevallistes de Dantzig, qui avaient aussi embrassé les opinions de Mennon, se divisèrent également, dans l'année 1782, en deux classes : les *Grossiers* et les *Fins*. Ceux-ci ne peuvent pas friser leurs cheveux, ni les renfermer dans une bourse, ni se marier hors de leur secte; les autres n'attachent point d'importance à ce règlement.

Labarre de Beaumarchais, qui écrivait en 1738, dit que les *Fins* de Hollande, en affectant beaucoup de simplicité dans leur costume, tolèrent cependant l'usage des bagues, et que les dames *Fines* ont une simplicité très-recherchée. Il ajoute qu'outre les assemblées publiques, les élus en ont de particulières, dans lesquelles on discute, on critique, et qu'ensuite chacun se retire en louant Dieu d'être plus saint que son voisin et plus savant que son pasteur.

FIO, simulacre adoré par les chamanistes qui étaient à la suite de Genghis-khan.

FIROU-KO, dieu de la mer chez les Japonais. Il est fils du septième des esprits célestes; mais il ne fut pas en état de marcher ni de se tenir sur ses jambes jusqu'à l'âge de trois ans. Ses parents l'envoyèrent à la mer dans une barque céleste faite d'un tronc de camphrier. Il aborda dans la province de Sets, dont la capitale est Osaka. Son temple y est encore en grande vénération. On l'y voit représenté, portant une brême sous le bras, et tenant à la main une ligne de pêcheur. On l'appelle plus communément *Yebis san ro* ou simplement *Ibis*. Firou-ko paraît être la personnification des reptiles aquatiques; en effet, son nom signifie une sangsue; et les Japonais croient que les grenouilles et les crapauds n'ont point de pattes en naissant et qu'ils ne peuvent sauter avant l'âge de trois ans.

FISSICULATION. Les augures romains appelaient ainsi l'éparpillement des entrailles de la victime.

FITR, ou ID-AL-FITR, fête de la rupture du jeûne chez les musulmans, qui la célèbrent le premier jour de la lune de schewal, lorsque le jeûne du mois de ramadhan est terminé. C'est l'une des deux solennités que les Turcs appellent Beïram. *Voy.* ce mot. Dans l'Inde on l'observe de la manière suivante : Après l'office du matin, tous les musulmans doivent rentrer chez eux et faire leurs ablutions; puis, revêtus de leurs plus beaux habits, ils se réunissent et se rendent, aux sons d'un tambourin, en récitant des prières, à une mosquée bâtie dans l'intérieur ou à l'extérieur de la ville, mais spécialement consacrée à la célébration de l'Id-al-Fitr. Là tous les cadhis et les katibs sont convoqués pour faire en commun les prières. La cérémonie se termine par des réjouissances publiques et par des distributions de vivres et d'aumônes aux faquirs et aux pauvres.

Dans la Perse, cette fête est le jour du tribut capital que tout mahométan doit payer, consistant en quatre livres et demie de blé, ou la valeur en argent, qu'il faut donner aux pauvres. On paye le tribut ce jour-là, afin qu'il n'y ait personne qui n'ait de quoi se sustenter largement et prendre part à la fête. Les Persans passent cette journée en festins, pour se récompenser de la rude abstinence du mois précédent. Les artisans la chôment, et les jours suivants au nombre de cinq ou six, chacun à sa volonté. On n'entend partout qu'instruments de musique; les boutiques ouvertes sont parées, et l'on voit en tous lieux les marques d'une joie publique à laquelle chacun s'empresse de participer. On se fait aussi des présents mutuels les jours de cette fête, et l'on se rend des visites. Les grands se tiennent chez eux durant les trois premiers jours, pour recevoir les civilités, et traiter ceux qui viennent aux heures du repas; les jours suivants, ils vont rendre les visites.

FITTAZARS, nom que les nègres du Cap-Vert donnent à leurs sorciers.

FLAGA, magicienne ou fée malfaisante de la mythologie scandinave; elle avait un aigle pour monture.

FLAGELLANTS.— 1. Pénitents fanatiques et atrabilaires, qui se fouettaient impitoyablement, attribuant à la flagellation plus de vertu qu'aux sacrements pour effacer les péchés. Ils prirent naissance en Italie, vers le milieu du xiiie siècle, à l'époque où les querelles des guelfes et des gibelins désolaient cette contrée; ils crurent apaiser la colère de Dieu en lui offrant ainsi une expiation volontaire. Des milliers d'hommes de tout âge et de toute condition offrirent au public le spectacle de leur dévotion sanglante. Ils marchaient processionnellement deux à deux, précédés par des prêtres avec les croix et les bannières. Tous avaient à la main un fouet de courroies dont ils se frappaient si rudement qu'ils se mettaient tout en sang. Ils marchaient nus depuis la ceinture jusqu'en haut, par les plus grands froids de l'hiver et même durant la nuit, répandant beaucoup de larmes et poussant de longs gémissements; les monts et les campagnes retentissaient de leurs cris. Les femmes pratiquaient la même pénitence, enfermées dans leurs chambres. Ce spectacle extraordinaire produisit d'abord quelques bons effets, et inspira des sentiments de componction à plusieurs pécheurs. L'exemple de ces premiers Flagellants fit beaucoup d'imitateurs; de Pérouse où elle avait commencé, cette manie se communiqua à Rome, et, circulant ensuite de ville en ville, infecta toute l'Italie, et de là se répandit bientôt en Allemagne et jusqu'en Pologne. La superstition s'y mêla bientôt; les Flagellants soutinrent que personne ne pouvait être absous de tous ses péchés, s'il ne faisait cette pénitence pendant un mois. Ils se confessaient les uns aux autres, et se mêlaient de donner l'absolution, quoique laïques; ils la donnaient aux morts, même à ceux qui étaient réputés dans le ciel ou dans l'enfer; on citait des exemples de damnés rachetés par ces flagellations. Le pape ayant désapprouvé ce genre de dévotion, et les princes n'ayant pas voulu admettre ces pénitents dans leurs Etats, cette secte tomba dans le mépris et finit par être oubliée.

Cent ans après, une nouvelle secte de Flagellants s'éleva en Allemagne, à l'occasion d'une peste qui ravageait le pays. Ceux-ci n'étaient pas moins superstitieux que les premiers; ils disaient que le sang qu'ils répandaient en se fustigeant se mêlait avec celui de Jésus-Christ pour la rémission des péchés; ils prétendaient également s'absoudre les uns les autres, et se vantaient de faire des miracles et de chasser les démons; ils menaient avec eux des femmes qui prétendaient en avoir été délivrées. Ils avaient un chef principal et deux autres supérieurs, auxquels ils obéissaient aveuglément. Ils portaient à leurs processions des étendards de soie cramoisie, sur lesquels ils avaient peint des sujets. Ils appuyaient leurs opinions ridicules sur une lettre qu'ils supposaient avoir été apportée du ciel par un ange; on y lisait que Jésus-Christ était profondément irrité contre les hommes, mais que, touché de l'intercession de la sainte Vierge, il consentait à faire grâce à son peuple, à condition que chacun, sortant de sa patrie, se flagellât durant 34 jours, en mémoire des années que Jésus-Christ avait passées sur la terre. Ils firent une grande quantité de prosélytes. Mais le pape Clément VI et tous les prélats d'Allemagne s'étant élevés contre ces sectaires, vinrent à bout de les dissiper. Le roi de France Philippe de Valois leur défendit, sous peine de la vie, de mettre les pieds dans ses Etats.

Cette secte se releva pour la troisième fois, dans la Misnie, vers l'an 1414; un nommé Conrad renouvela la fable de la lettre apportée par les anges sur l'autel de Saint-Pierre de Rome, et joignit à cette imposture plusieurs erreurs dangereuses, prétendant que la forme de la religion allait être changée par l'institution des Flagellants; que l'autorité du pape et des évêques allait être abolie; que les sacrements étaient sans vertu, que la vraie foi ne se trouvait que parmi eux; qu'on ne pouvait être sauvé qu'en se faisant baptiser dans son sang. L'inquisiteur fit arrêter ces Flagellants, et l'on en brûla plus de 91.

2. Il ne faut pas confondre ces Flagellants hérétiques avec des confréries du même nom, instituées par le roi de France Henri III, et dont le principal tort était la superstition. Trop souvent en effet elles favorisaient la licence; ceux qui en faisaient partie croyaient pouvoir pécher avec impunité, persuadés que par leurs flagellations volontaires ils expiaient ensuite toutes leurs fautes. Henri assistait souvent aux processions de ces confréries avec la noblesse du royaume et les grands de sa cour. Georges de Joyeuse qui était ainsi allé nu-pieds à une procession de Flagellants, dans la nuit du jeudi au vendredi saint, 7 avril, y contracta une maladie dont il mourut. Maurice Poncet, célèbre prédicateur, fut exilé à Melun, pour s'être déchaîné en chaire contre ces sortes de dévotions.

Il y a encore aujourd'hui des confréries de Flagellants en Italie, en Espagne et en Allemagne. Le P. Mabillon vit à Turin, le vendredi saint, une procession de Flagellants à gage. « Ils commencèrent, dit-il, à se fouetter dans l'église cathédrale, en attendant son altesse royale; ils se fouettaient assez lentement, ce qui ne dura pas une demi-heure; mais d'abord que ce prince parut, ils firent tomber une grêle de coups sur leurs épaules déjà déchirées, et alors la procession sortit de l'église. Ce serait une institution pieuse, ajoute Mabillon, si ces gens se fustigeaient ainsi par une douleur sincère de leurs péchés, et dans l'intention d'en faire une pénitence publique, et non pour donner au monde une espèce de spectacle. » *Voy.* DISCIPLINANTS.

FLAGELLATION, supplice infligé à Jésus-Christ pendant sa passion, par l'ordre de Ponce-Pilate, gouverneur de la Judée. On ne condamnait à ce supplice que les esclaves, ou ceux qui, n'étant point citoyens romains, leur étaient assimilés. La loi des Juifs défendait de donner plus de 40 coups à ceux qui étaient condamnés à la flagellation, et afin de ne pas surpasser ce nombre, on s'arrêtait au 39e. Mais on pense que Jésus-Christ en reçut un plus grand nombre, car il était jugé par une commission romaine.

On donne communément le nom de *Flagellation* au tableau qui représente le Sauveur soumis à ce supplice.

FLAMBEAUX (Fête des) (1). Athènes célébrait, trois fois l'an, aux Panathénées, aux fêtes de Vulcain et à celles de Prométhée, la course aux flambeaux. A l'extrémité du Céramique était un autel consacré à Prométhée. La jeunesse athénienne qui voulait disputer le prix, se rassemblait sur le soir autour de cet autel, à la clarté du feu qui brûlait encore. Au signal donné, on allumait un flambeau. Les prétendants au prix devaient le porter tout allumé jusqu'au but, en traversant le Céramique, et courant à toutes jambes, si la course se faisait à pied, ce qui était le plus ordinaire, ou à toute bride, si elle avait lieu à cheval. Si le flambeau venait à s'éteindre entre les mains de celui qui s'en était saisi le premier, celui-ci, déchu de toute espérance, donnait le flambeau à un deuxième, qui, n'ayant pas été plus heureux, le remettait à un troisième, et ainsi de suite, jusqu'à ce qu'on eût épuisé le nombre de ceux qui se présentaient pour disputer le prix; et si aucun des prétendants n'avait réussi, le prix était réservé pour une autre fois.

Le jour de la fête de Cérès était appelé par excellence *le jour des Flambeaux*, en mémoire de ceux que la déesse alluma aux flammes du mont Etna pour aller chercher Proserpine.

FLAMINALES, nom des Flamines qui sortaient de charge. Ces prêtres ne perdaient leur titre de *Flamines* que par la mort de leurs femmes, seul cas qui pût les séparer d'elles.

FLAMINES, classe particulière de prêtres, instituée chez les Romains, par Romulus ou par Numa. Les Flamines étaient au nombre de quinze, divisés en grands et petits Flamines. Les grands Flamines, au nombre de trois, s'appelaient *Flamen Dialis*, Flamine de Jupiter, *Flamen Martialis*, de Mars, et *Flamen Quirinalis*, de Quirinus ou Romulus. Les douze petits Flamines, d'institution plus récente, étaient consacrés aux divinités secondaires. L'élection des uns et des autres était faite par le peuple, et ratifiée par l'inauguration, ou l'inspection de certains

---

(1) Article emprunté au Dictionnaire de Noël.

augures observés par le souverain pontife. Les services de chacun n'étaient affectés qu'à un dieu, et ils ne pouvaient remplir à la fois plusieurs sacerdoces. Leurs filles étaient exemptes d'être prises pour Vestales. Ils étaient nommés à vie; cependant il y avait des causes pour lesquelles on pouvait les déposer. Leurs bonnets, faits de peaux de brebis, s'attachaient sous le menton. Ils étaient surmontés d'une grosse houpe de fil ou de laine, ce qui les fit nommer *Filamines* ou *Flamines*. D'autres dérivent leur nom du *Flammeum*, espèce de voile couleur de feu, qu'ils portaient sur la tête et dont ils enveloppaient leurs cheveux.

Le plus considéré des Flamines était le *Flamen Dialis;* il jouissait des prérogatives les plus honorables, mais en même temps il était soumis aux prohibitions les plus gênantes. *Voy.* les unes et les autres à l'article DIALIS.

FLAMINIENS et FLAMINIENNES, jeunes garçons et jeunes filles qui servaient à l'autel le Flamine de Jupiter.

FLAMINIQUES, prêtresses romaines, femmes des Flamines, distinguées par des ornements particuliers et de grandes prérogatives. La *Flaminique Dialis* était vêtue d'habits couleur de flammes, et portait sur ses vêtements l'image de la foudre. Elle était soumise comme son mari à plusieurs prohibitions singulières; il lui était défendu d'avoir des souliers faits de la peau d'un animal mort de lui-même, il devait avoir été tué ; elle ne pouvait monter plus de trois échelons d'une échelle. Lorsqu'elle se rendait aux Argées, elle ne devait ni orner sa tête, ni peigner ses cheveux. Elle portait dans sa coiffure un rameau de chêne vert. Le divorce lui était interdit, et son sacerdoce finissait par la mort de son mari, de même que sa mort obligeait le Flamen Dialis à cesser ses fonctions.

FLAMMEUM, bonnet des Flamines; il était couleur de feu. C'était aussi le nom du voile que les femmes portaient le premier jour de leurs noces.

FLATH-INIS, paradis des anciens Celtes. Ces peuples reconnaissaient l'immortalité de l'âme et admettaient des récompenses et des peines après la mort. Dans cet état, les âmes étaient revêtues d'un corps aérien, susceptible de peine ou de plaisir. Celles qui avaient mérité d'être heureuses jouissaient d'un grand pouvoir dans le lieu qu'elles habitaient, mais avaient peu d'influence sur les affaires d'ici-bas. Ce séjour, où les Celtes plaçaient les âmes des hommes braves et vertueux, était nommé *Flath-Inis*, c'est-à-dire l'île des braves et des gens de bien. Dans cette île régnaient un printemps et une jeunesse éternels. Le soleil y versait ses rayons les plus doux ; de légers zéphyrs la tempéraient sans cesse, et des ruisseaux d'un cours toujours égal y entretenaient la vie et la fraîcheur. Les arbres étaient couverts d'oiseaux au mélodieux ramage, aux plumes éclatantes, et fléchissaient sous le poids des fleurs et des fruits. L'aspect de la nature, toujours calme et serein, portait dans tous les cœurs, étrangers désormais à toute impression pénible, le sentiment du bonheur. Ce paradis enchanté était situé dans une région inaccessible aux maux qui affligent le genre humain. Le passage de ce monde à ce lieu de délices, loin d'être sombre et terrible, comme celui que nous dépeint la fable grecque et romaine, était agréable et rapide; et l'âme, si elle n'était appesantie par aucune souillure, devait remonter avec joie et sans peine vers son élément natif. Cette notion du séjour des âmes braves, qui rendait la mort plus agréable que terrible, explique l'intrépidité avec laquelle les tribus celtiques affrontaient le trépas dans toutes les entreprises que leurs prêtres avaient jugées légitimes.

FLAVIANISME, erreur qui s'éleva parmi les luthériens ; elle consistait à soutenir que le péché originel était la substance même de l'homme. Cette doctrine insoutenable eut des partisans; elle était enseignée par Mathias Flavius, surnommé Illyricus, qui l'avait énoncée d'abord par précipitation et sans mauvaise intention, mais qui la soutint ensuite par pur entêtement.

FLÈCHES. — 1. La flèche est un attribut très-fréquent de la divinité parmi tous les peuples idolâtres. Elle désigne communément un dieu qui préside à la guerre. Mais il est digne de remarque que les Grecs avaient donné des flèches à Apollon, dont les fonctions étaient éminemment pacifiques. C'est que les flèches étaient le symbole des rayons du soleil, dont Apollon était la personnification. Ainsi, quand la mythologie rapporte que ce dieu, de concert avec Diane, sa sœur, tua les enfants de Niobé à coups de flèches, cela signifie que la peste, produite communément par l'ardeur excessive des rayons du soleil, fit périr les enfants de cette malheureuse. Nous voyons pareillement, dans Homère, qu'Apollon, pour se venger de ce que les Grecs retenaient captive la fille de son prêtre, lança contre eux ses flèches, et qu'aussitôt la peste survint dans le camp. Enfin, les flèches d'Apollon qui firent périr le serpent Python, formé du limon des eaux, exprime ingénieusement le dessèchement de la terre après le déluge, dont la chaleur solaire dissipa les émanations aqueuses et délétères.

2. On se servait aussi des flèches pour connaître l'avenir ou la volonté des dieux. *Voy.* BÉLOMANCIE.

FLÉKÉ et GÉRÉ, loups voraces de la mythologie scandinave, dont Odin se servait dans les batailles.

FLEURS. Dans toutes leurs fêtes et leurs réjouissances publiques, les Grecs se couronnaient de fleurs. Ils en couvraient les morts que l'on portait au bûcher, et en ornaient les tombeaux.

FLEUVES. Les Fleuves ont part aux honneurs de la divinité chez la plupart des peuples païens.

1. Les Perses portaient le respect pour eux jusqu'à défendre de s'y laver les mains et d'y jeter des ordures. Les Parsis, leurs descen-

dants, ont encore pour les Fleuves la plus grande vénération.

2. On sait que les Egyptiens avaient fait un dieu de leur Fleuve. *Voy.* NIL.

3. Les Grecs regardaient les Fleuves comme enfants de l'Océan et de Téthys. Hésiode en compte trois mille sur la face de la terre. Selon lui on ne devait pas les traverser sans s'y laver les mains en invoquant les dieux; autrement on courait le risque d'attirer sur soi l'indignation de la divinité. D'après la mythologie grecque, chaque Fleuve était gouverné par un dieu, ou plutôt était lui-même une divinité à laquelle on immolait des chevaux et des taureaux. Les peintres et les poëtes les dépeignent sous la figure de vieillards respectables, symbole de leur antiquité, avec une barbe épaisse, une chevelure longue et traînante, et une couronne de jonc sur la tête. Couchés au milieu des roseaux, ils s'appuient sur une urne d'où sort l'eau qui donne naissance au courant. Cette urne est inclinée ou de niveau pour exprimer la rapidité ou la tranquillité de leurs cours. Sur les médailles, les Fleuves sont tournés à droite ou à gauche, selon qu'ils s'écoulent vers l'Orient ou vers l'Occident. Quelquefois on les représente sous la forme de taureaux, ou avec des cornes, soit pour exprimer le mugissement des eaux, soit parce que les bras d'un Fleuve ressemblent en quelque manière à des cornes de taureaux. Elien nous apprend que les Agrigentins, pour exprimer le cour trajet que parcourait leur Fleuve, l'honoraient sous la figure d'un bel enfant, auquel ils avaient consacré une statue d'ivoire dans le temple de Delphes.

Les Grecs et les Romains considéraient comme Fleuves des Enfers, tous ceux dont les eaux avaient quelque mauvaise qualité, tels que l'Achéron, le Cocyte, le Phlégéthon, le Pyriphlégéthon, le Styx, l'Érèbe, le Léthé, le lac Averne, etc. Ces Fleuves n'en étaient pas moins regardés comme sacrés; c'était même par leurs noms qu'on faisait les serments les plus terribles.

4. Les Hindous, qui ont divinisé presque tous les êtres, n'ont pas manqué d'attribuer la divinité à la plupart des Fleuves; tous sont sacrés par eux-mêmes, mais il en est sept qui jouissent particulièrement de l'essence divine, et qui sont considérés comme dieux ou déesses; ce sont la Ganga, ou le Gange, la Godavari, la Yamouna, la Saraswati, la Kavéri, le Brahmapoutra et le Sindhou. Les Hindous accourent des contrées les plus éloignées pour offrir des sacrifices à ces saintes rivières, y faire leurs ablutions, en emporter de l'eau dans des fioles, pour en arroser le sol où ils doivent expirer. Mais bien plus heureux sont ceux qui ont la force de venir rendre l'âme sur leurs bords, ou qu'une main charitable vient plonger dans leurs ondes, lorsqu'ils sont près de la mort! Leur salut éternel est assuré.

FLINZ. Une chronique saxo-germanique, citée dans Moréri, dit que les Vandales, habitants du pays appelé aujourd'hui la Lusace, avaient une divinité nommée *Flinz*, mot qui en saxon signifie une pierre; que cette divinité était ordinairement représentée sur une grande pierre, sous la figure de la mort, couverte d'un long manteau, tenant dans sa main un bâton, avec une vessie de porc enflée; qu'elle avait encore sur son épaule gauche un lion, par qui ces peuples croyaient devoir être ressuscités. D'autres fois Flinz était représenté sous la figure d'un vieillard, avec une torche à la main.

FLORALES, fêtes que les Romains célébraient en l'honneur de Flore. Elles duraient six jours et se terminaient aux calendes de mars. C'est durant ces fêtes que les jeux floraux avaient lieu

FLORALIS, nom du flamine de la déesse Flore.

FLORAUX, jeux publics institués en l'honneur de Flore, dont le culte fut porté à Rome par Tatius, roi des Sabins; mais ils furent souvent interrompus. Ils n'étaient renouvelés que lorsque l'intempérie des saisons faisait craindre la stérilité, ou lorsque les livres Sibyllins l'ordonnaient. Ce ne fut que l'an de Rome 580, que ces jeux devinrent annuels, à l'occasion d'une stérilité qui dura plusieurs années, et qui avait été préparée par des printemps froids et pluvieux. Afin de fléchir la déesse et pour obtenir à l'avenir de meilleures récoltes, le sénat ordonna que les jeux Floraux seraient célébrés tous les ans régulièrement à la fin d'avril. Ils avaient lieu la nuit aux flambeaux dans la rue Patricienne, où se trouvait un cirque assez vaste. Ces jeux étaient accompagnés de débauches et d'infamies; on ne se contentait pas des chants les plus obscènes; on y rassemblait des courtisanes qui dansaient toutes nues au son de la flûte, et qui parcouraient même en cet état les rues de la ville, un flambeau à la main. Valère-Maxime rapporte que Caton d'Utique, ce Romain si célèbre par son austère vertu, assistant un jour par hasard aux jeux Floraux, on n'osa produire en sa présence les femmes nues sur le théâtre, comme c'était la coutume. Favonius, ami de Caton, lui fit remarquer que sa présence gênait tous les assistants. Caton se retira aussitôt; et le peuple, délivré d'un censeur importun, témoigna sa joie par ses applaudissements.

Quelques écrivains prétendent que les jeux Floraux furent institués en l'honneur d'une courtisane nommée *Flore*, qui, ayant acquis d'immenses richesses, les légua, en mourant, au peuple romain, et qu'on employa les biens de la défunte à célébrer sa mémoire par des jeux infâmes, dignes du métier qu'elle avait exercé pendant sa vie. Il est plus probable que les jeux célébrés en l'honneur de cette courtisane furent dans la suite confondus avec les fêtes de l'ancienne Flore, et que l'on joignit au culte innocent de la déesse du printemps, des infamies qui rappelaient le trafic honteux de la prostituée. La dépense de ces jeux fut prise d'abord sur les biens laissés par la courtisane; mais dans la suite, on y affecta les amendes et les confiscations auxquelles on condamnait ceux qui étaient convaincus de péculat.

FLORE. — 1. Déesse des fleurs que les Grecs nommaient *Chloris*. Son séjour primitif était dans les îles Fortunées. Elle sut inspirer de l'amour à Zéphyr, et fixer la légèreté naturelle de ce dieu, qui l'enleva et en fit son épouse, en lui conservant la fleur de sa première jeunesse, et en lui donnant pour douaire l'empire des fleurs. Son culte était établi chez les Sabins longtemps avant la fondation de Rome, et ce fut Tatius qui l'introduisit dans cette ville. Les Phocéens, fondateurs de Marseille, honoraient la même déesse, et son culte n'avait pas été moins célèbre en Grèce, comme le prouve une statue de Praxitèle dont parle Pline. Cicéron et Ovide lui donnent le nom de *Mère*. Elle avait un temple à Rome, vis-à-vis le Capitole. On la représente sous la figure d'une jeune Nymphe couronnée de fleurs, et tenant de la main gauche une corne d'abondance remplie de fleurs.

2. Une courtisane romaine, nommée *Flore*, ou, selon d'autres, *Laurentie*, ayant institué le peuple de la ville entière de ses grands biens, fut mise par reconnaissance au rang des divinités ; et l'on établit en son honneur des jeux infâmes, appelés *Floraux*, qui furent par la suite confondus avec les jeux innocents de l'ancienne Flore *Voy*. FLORAUX.

FLORIENS, une des sectes des gnostiques. *Voy*. GNOSTIQUES.

FLORIES (LES), ou *Pâques-Fleuri*, ancien nom du dimanche des Rameaux ; on le lui donna à cause des palmes, des branches de verdure et des fleurs qu'on portait ce jour-là à la procession.

FLORILÉGE, ou recueil de Fleurs ; nom donné à une espèce de bréviaire renfermant les principales fêtes de l'Eglise grecque. Il y a plusieurs recueils de ce nom à l'usage du clergé grec. Léon Allatius parle de ces sortes de livres avec sévérité, à cause des nouveautés qui s'y sont glissées.

FLORINIENS, hérétiques du IIe siècle, qui prirent leur nom de Florin, prêtre de l'Eglise romaine, déposé avec Blastus, pour ses erreurs. Ce Florin avait été disciple de saint Polycarpe, avec saint Irénée ; mais peu jaloux de conserver la foi pure de ces saints docteurs, il admettait un dieu auteur du mal, et par conséquent deux principes. Selon Philastrius, les Floriniens niaient aussi le jugement et la résurrection ; celle-ci, d'après eux, n'était autre que la génération. Ils ne croyaient point que Jésus-Christ fût né d'une vierge. On les accusait encore de tenir, le soir et dans les ténèbres, de criminelles assemblées, d'avoir des mœurs dissolues, et de conserver des pratiques superstitieuses, tirées du judaïsme et du paganisme. Saint Irénée adressa vainement à Florin une lettre que nous avons encore, et quelques autres traités qui sont perdus.

FLUONIE, déesse invoquée par les femmes romaines, soit dans leurs incommodités périodiques, soit dans les accouchements. Plusieurs pensent que Fluonie était la même que Junon.

FLUTE, instrument de musique, dont les poëtes attribuaient l'invention à Mercure, à Apollon, à Pallas, à Pan. Chacun de ces personnages a pu inventer un genre de flûte particulier, ou modifier celle qui existait déjà, car les anciens en connaissaient de différentes formes ; il y en avait des droites et des courbes, des longues et des petites, des simples et des doubles, etc. On distinguait encore les flûtes sarranes, phrygiennes, lydiennes ; celles des spectacles, qui étaient d'argent, d'ivoire ou d'os, et celles des sacrifices, qui étaient de buis. On dit que Minerve voulant jouer de la flûte, le cristal des eaux lui offrit l'image de ses joues ridiculement enflées ; de dépit la déesse jeta dans l'eau le malencontreux instrument.

La flûte est le principal attribut de Pan.

FLUVIALES, nymphes des fleuves chez les Romains.

FLUX. Les anciens donnaient une raison mythologique du flux et du reflux de la mer. Ils feignaient que Neptune avait deux femmes ; VENILIA, *cum venit ad terram* ; SALACIA, *cum redit ad salum*.

FO. Ce mot, qui signifie *la loi* (en chinois *fa*), entre dans la composition des titres des bonzes ou prêtres bouddhiques, dans le Japon. C'est ainsi qu'ils sont appelés suivant leurs degrés hiérarchiques : *Fo-ghen*, œil de la loi ; *Fo-kioo*, pont de la loi ; *Fo-si*, maître de la loi, et *Fo-yin*, cachet de la loi. Il ne faut pas confondre ce vocable *Fo*, avec *Fo*, nom de Bouddha en chinois.

FO, ou **FOE**, nom sous lequel Chekia-Mouni ou le Bouddha indien est connu à la Chine. Le nom entier paraît être *Fo-to*, transcription chinoise du mot Bouddha, car les Chinois n'ayant pas l'articulation du B et du D, y suppléent par les lettres F et T. C'est ainsi qu'ils donnent encore à ce même personnage le nom de *Pou-ssa*, qu'ils disent abrégé du terme indien *Pou-ti-sa-to*, nom que l'on donne à ceux qui ne sont pas encore bouddhas ; or, ce mot *Pou-ti-sa-to* est le sanscrit *Bodhisatwa*, vérité de l'intelligence.

On sait que la religion de Fo est le second des trois grands systèmes religieux professés à la Chine, où il a été importé vers l'an 65 de notre ère. Cette secte est celle dont les missionnaires disent que la doctrine est double : l'une exotérique, qui admet le culte des idoles, enseigne la transmigration des âmes, et défend de manger de ce qui a eu vie ; l'autre isotérique ou secrète, qui n'admet que le vide ou le néant, qui ne reconnaît ni peines ni récompenses après la mort ; qui veut qu'il n'y ait rien de réel, que tout ne soit qu'illusion, et qui regarde la transmigration des âmes dans le corps des bêtes, comme un passage figuré de l'âme aux affections et inclinations brutales de ces mêmes animaux ; doctrine qui à cet égard serait toute morale, comme ayant pour objet la victoire de l'âme sur ses affections déréglées, s'il pouvait y avoir une morale réelle où il n'y a rien de réel. Cette secte s'adonne beaucoup à la contemplation, mais à une contemplation incompréhensible, dont le but est un anéantissement qui va jusqu'à détruire l'être. Cet anéantissement doit-il être entendu au pied de la lettre ou dans le sens moral? Est-il réel ou mystique? La question est fort agitée par les savants de l'Europe; elle ne l'est peut-être pas moins par les docteurs bouddhistes. Elle ne peut être résolue qu'après une lecture attentive de cet article qui est un extrait littéral des livres de cette religion. *Voyez* aussi l'article BOUDDHISME.

Nous avons déjà donné plusieurs vies abrégées de ce grand législateur aux art. BOUDDHA, BOUDS, CHEKIA-MOUNI, etc. Mais comme chacune des nombreuses contrées, où s'est propagé le bouddhisme, a ajouté ou modifié quelque chose au thème primitif, nous croyons que cet ouvrage serait incomplet, si nous n'exposions ici la conception chinoise de la vie du philosophe. Nous la donnons d'après une traduction faite sur les originaux par le savant Deshauterayes, un des plus érudits sinologues du siècle dernier.

Histoire de Fo Chekia-Mouni.

La 24ᵉ année du règne de Tchao-wang, quatrième empereur de la dynastie des Tcheou (1027 ou 1028 avant l'ère chrétienne), au 8ᵉ jour du 4ᵉ mois, il parut plusieurs prodiges. L'empereur consulta à ce sujet Sou-Yeou, premier président du tribunal des mathématiques, qui lui répondit : « Un grand saint naît dans l'Occident, et tant de prodiges pronostiquent qu'après plus de mille ans, la religion fameuse de ce saint pénétrera dans cet empire. » Ce fut précisément dans ce moment que Fo naquit.

La 52ᵉ année de Mou-wang, successeur de Tchao-wang (948 ou 949 avant l'ère chrétienne), au 15ᵉ jour du second mois, il parut encore plusieurs prodiges. L'empereur consulta à cette occasion le premier président du tribunal des mathématiques, nommé Hou-to, qui donna cette réponse : « Un grand saint s'éteint dans l'Occident, » et précisément dans ce même moment Fo s'éteignait.

Ce que nous venons de dire est un récit des bonzes, duquel il n'est fait aucune mention dans les histoires chinoises. Le songe suivant se trouve à la vérité dans l'histoire, à l'endroit où elle traite des bonzes, mais elle ne l'assure pas; elle dit seulement : On le raconte ainsi, c'est ainsi que nous l'avons reçu. Voici le songe :

La 3ᵉ année de Ming-ti, empereur de la seconde dynastie des Han (61 de l'ère chrétienne), l'empereur vit en songe un homme de couleur d'or qui avait 16 pieds de haut, et qui, tout brillant de lumière, vola dans la cour du palais. Il consulta sur ce songe les grands de sa cour; le grand maître du palais, nommé Fou-Yi, répondit : « J'ai ouï dire qu'on adorait dans l'Occident un homme appelé Fo, qui acquit autrefois la sagesse; ne serait-ce pas ce même homme dont l'image s'est présentée à votre majesté? » L'empereur dépêcha dans l'Occident le chef des docteurs Wang-seun, et avec lui dix-sept autres envoyés pour en rapporter le culte de Fo.

Ces députés étant arrivés chez les Tartares Youe-chi, alors maîtres de l'Inde, rencontrèrent deux brahmanes, dont l'un s'appelait Chekia-Motem, et l'autre Cho-fa-lam, et les amenèrent à la Chine avec des images de Fo Chekia Mouni, peinte sur une toile fine des Indes, et 42 chapitres des livres canoniques indiens qu'ils mirent avec les images sur un cheval blanc; ils arrivèrent à Loyang, ville impériale de la Chine, la 10ᵉ année du young-ping (67 de l'ère chrétienne). Alors seulement les Chinois furent en possession des trois choses précieuses; savoir : Fo, sa doctrine, et l'institut des bonzes Ho-chang. L'empereur demanda à Chekia-Motem pourquoi Chekia-Mouni n'avait pas voulu naître à la Chine. Chekia-Motem répondit : « Le royaume Kia-po-li-wei est situé au centre de toutes les terres du monde, et c'est dans ce royaume que tous les Fo sont nés. Tous ceux qui ont du goût pour la sagesse y viennent renaître, et, par une première conversion vers Fo, ils y acquièrent la véritable sagesse. Les hommes des autres contrées n'avaient rien en eux qui pût attirer Fo; c'est pourquoi il ne leur est pas apparu, mais son éclat et sa splendeur se répandent jusqu'à eux, car chez les uns en cent ans, chez d'autres en mille ans, et chez quelques autres après plus de mille ans, il naît des saints qui leur annoncent l'illustre religion de Fo et les convertissent. » Peu de temps après l'introduction du culte de Fo à la Chine, il s'éleva sur son sujet une grande dispute; mais l'empereur ayant fait apporter les livres de cette religion et ceux des autres sectes, et les ayant tous fait jeter au feu pour terminer ce différend par un coup d'éclat, tous se trouvèrent brûlés, excepté ceux de la religion de Fo; ce qui mit fin à la dispute, et fit fleurir cette religion.

Généalogie de Fo Chekia-Mouni.

San-moto, le premier de tous les rois que les hommes élurent, transmit son royaume par ses descendants à Chi-chense-wang, issu de lui à la 33ᵉ génération; celui-ci fut le premier de tous qui obtint la dignité de pontife et régna sur les quatre terres ou grandes îles dont le monde est composé. Depuis ce roi jusqu'à Sesse-kie-wang, 1,010,056 rois en droite ligne ont tenu l'empire du monde. Le roi Sesse-kie-wang eut quatre fils, Sing-fan, Pé-fan, Hou-fan et Kan-lou-fan. Le roi Sing-fan eut deux fils, Siita-to et Nan-to. Le roi Pé-fan eut aussi deux fils, Ti-chaa et Nantikia. Hou-fan eut de même deux fils, Wi-leou-to et Potili-hia. Enfin Kan-lou-fan eut aussi deux fils, Onan-to et Aipo.

Siita-to, fils de Sing-fan, eut un fils unique nommé Lo-heou-to; Siita-to céda son royaume à son frère Nan-to, et se mit sous la conduite et la discipline d'un brahmane nommé Kiu-tan : il prit ensuite l'habit des brahmanes, et fut surnommé le petit Kiu-tan; de là le nom de Kiu-tan devint le nom propre de la famille de Siita-to. De plus, le quatrième fils d'un roi de cette race, nommé Yi-mo, se retira dans les montagnes Pin-soué; le roi Yi-mo, son père, l'ayant appris, dit en soupirant : « Mon fils est un homme véritablement *Chékia*, c'est-à-dire puissant. » Le Fo dont il s'agit ici avait donc pour nom de race *Ché* ou *Chékia* en chinois, *Chaka* en japonais, ce qui, en indien, veut dire puissant. Son nom d'enfance était *Siita-to*, et il fut aussi appelé comme par mignardise *Mouni* ou plutôt *Mani*, qui, en langue indienne, veut dire pierre précieuse. Ainsi, le nom de famille *Chékia* lui venait du fils du roi Yi-mo dont il descendait; le nom de *Siita-to*, de son ancien aïeul qui portait ce même nom, en lieu de *Kiutan*, de la famille brahmane Kiutan, dont ce même Siita-to avait autrefois pris le nom (1).

Vie de Fo Chékia-Mouni.

Un fort long espace de temps s'étant écoulé depuis la régénération du monde présent, lorsque l'âge de l'homme se trouva réduit à cent ans, dans la neuvième période moyenne, Chékia-Mouni, le Fo d'aujourd'hui, naquit. Mais, avant de renaître, son nom était Chen-hoei Poussa. Ce Chen-hoei Poussa, qui, par les lois de la transmigration, avait déjà paru plusieurs fois dans le monde sous différents noms, sous la figure de différents personnages, et en divers temps, ayant enfin mis le comble à ses mérites, était passé dans le ciel appelé *Teou-liu*, qui est le quatrième des six cieux de la cupidité, dont nous parlerons dans la suite. Etant dans le ciel, comme le moment marqué où il devait devenir Fo s'approchait, il fut annoncé par cinq présages. Alors Chen-hoei Poussa tint ce discours aux habitants des cieux dont il était le maître : « Je vous apprends que mon origine est aussi ancienne que les éternelles révolutions des régénérations du monde ; mais ce n'est qu'à cette seule vie nouvelle que je vais prendre, qu'il est attaché de délivrer et de sauver tout ce qui respire : il faut donc que j'aille renaître dans l'île ou terre appelée Yen-fou-ti (l'Inde Orientale). Comment et en quelle famille convient-il de naître ? » Alors les habitants des cieux ayant tenu conseil sur ce sujet, il fut conclu qu'il naîtrait dans le royaume Kia-pi-lo-wei, situé au milieu des mondes, dans la famille du roi Sing-fan, dont la femme vertueuse et chaste s'appelait *Mo-yé* (2). Pour l'exécution de ce conseil, il se glissa sous l'apparence d'un éléphant blanc dans le sein de cette reine, lorsqu'elle dormait ; et dix mois après, c'est-à-dire le huitième jour du quatrième mois de l'année, il sortit du sein de sa mère par le côté droit. Il fut reçu sur la fleur d'une espèce de nénuphar qui est en grande vénération aux Indes, et d'abord, levant la main droite, il s'écria d'une voix terrible : « Je suis le seul vénérable sur la terre et dans les cieux. » Dès qu'il fut né, on l'appela *Siita-to*, qui, en indien, signifie subitement heureux. Mais nous l'appellerons toujours de son nom ordinaire *Chékia*, jusqu'à ce qu'il parvienne à la dignité de Fo.

Sept jours après sa naissance, la reine *Mo-yé*, sa mère, mourut et s'en alla droit au ciel, où elle prit naissance sous le nom de *reine qui conserve la nature*. Sa mère étant morte, sa tante, sœur de sa mère, lui servit de nourrice; elle s'appelait *Moho-potou-poti*; *Moho*, en indien *Maha*, signifie *grande*. Elle convoqua des brahmanes pour tirer l'horoscope de l'enfant: ce qu'ils en dirent surprit et réjouit en même temps son père putatif. Ayant été présenté au temple dédié au ciel *des contents d'eux-mêmes*, toutes les statues des dieux se levèrent aussitôt lui par honneur, et, se prosternant à ses pieds, l'adorèrent, ce qui étonna extrêmement son père. A sept ans, le roi, son père, lui donna pour maître un habile brahmane, qui avoua tout aussitôt que son disciple en savait plus que lui, comme ayant la science infuse. Devenu plus grand, le roi voulut éprouver aux exercices la force de son fils : entre autres choses, on lui présenta un arc très-fort que personne ne pouvait bander ; il le banda aisément et en décocha une flèche. A dix-sept ans, on lui donna pour femme une fille très-vertueuse nommée *Ye-chou-to-lo*, avec laquelle il n'eut aucun commerce, vaquant toujours à la contemplation. Son serviteur fidèle s'appelait Onan-to.

Chékia se tenait toujours enfermé dans le palais de son père ; il demanda enfin la permission de s'aller promener. Dans sa première promenade, il rencontra un vieillard tout courbé : c'était le chef des cieux qui s'était ainsi déguisé, et qui continua de se déguiser en d'autres formes dans les promenades suivantes. La vue de ce vieillard lui fit faire des réflexions sur le triste état où l'on se trouvait en vieillissant, et ces réflexions l'engagèrent à retourner promptement au palais.

Dans une deuxième promenade, il rencontra un malade : les réflexions qu'il fit sur les maladies dont il pouvait être atteint comme les autres hommes, le déterminèrent à raccourcir encore plus sa promenade. Le roi, surpris d'un retour si prompt, comprit bien que son fils n'aimait pas le monde, et, craignant qu'il n'embrassât la vie religieuse, il lui donna, pour l'en détourner, un brahmane courtisan, qui devait l'accompagner quand il sortirait.

A la troisième promenade, il rencontra un mort que l'on conduisait au bûcher. Le brahmane le voyant extrêmement frappé de ce triste objet, prit occasion de lui dire que tous les rois qui avaient embrassé la vie religieuse ne l'avaient fait qu'après avoir goûté les cinq genres de volupté, qui consistent dans la jouissance des richesses, des plaisirs charnels, des plaisirs de la bouche, de la gloire mondaine ou de la réputation, et de ce qui peut satisfaire la curiosité, et il l'exhorta d'en faire autant, jusqu'à ce qu'il eût engendré un fils pour lui succéder. Chékia répon-

---

(1) Cette étymologie de *Mouni* est fausse. *Mouni* en indien signifie le saint solitaire (le moine).

(2) Mo-yé, en indien *Maya*, signifie *l'illusion*.

dit : « Je ne conçois aucun véritable plaisir dans les cinq genres de voluptés que vous dites, et la crainte que me donnent la vieillesse, les maladies et la mort, m'empêche de m'y attacher; mais, ajouta-t-il, ces rois dont vous parlez, dans quelle voie sont-ils enfin entrés? ne roulent-ils pas pour leurs cupidités en des corps de démons, ou de bêtes, ou d'hommes? Pour moi, je veux éviter par la fuite des voluptés les peines de ces transmigrations. »

Dans une quatrième promenade qu'il fit, il rencontra un religieux mendiant; l'ayant interrogé, le religieux répondit : « Il n'y a rien de durable ici-bas; je nourris mon âme de la sainte doctrine, afin qu'après avoir traversé le fleuve des peines de ce monde, je me trouve à l'autre bord, qui est celui de la sagesse et de la félicité. » Chékia, que ses trois premières promenades avaient attristé, se sentit consolé dans celle-ci; il prit donc la résolution de quitter le monde et d'embrasser l'état religieux. Le roi, s'en apercevant, fit tout ce qu'il put pour l'en détourner; il engagea même la femme de son fils et plusieurs autres femmes de mettre tout en œuvre pour le distraire de son dessein; sur quoi Chékia dit à son père : « Ne faut-il pas un jour se séparer de tout ce qu'on aime? Permettez-moi donc d'embrasser la vie religieuse. » Le roi n'y consentant pas, Chékia ajouta : « Je me rendrai à vos volontés, si vous pouvez remplir ces quatre souhaits qui m'occupent sans cesse : 1° de ne jamais vieillir; 2° d'être exempt de maladie; 3° de ne pas mourir; 4° de n'admettre aucune différence dans tous les êtres. » — « Qui le pourrait? » dit le roi. Et voyant qu'il ne pouvait pas le réduire par la raison, il ordonna aux gardes des portes de la ville de l'empêcher de sortir; et ensuite, comme il le pressait de donner du moins un successeur au royaume, avant de se faire religieux, Chékia, poussant son doigt contre le sein de sa femme, elle conçut aussitôt un fils, nommé Sohou ou So-heou-lo, qui, dans ce même moment, descendit du ciel pour passer dans son sein.

Chékia avait alors dix-neuf ans, et le temps où il devait renoncer au monde étant venu, les chefs des cieux, après s'être prosternés devant lui, le firent sortir miraculeusement par une des portes de la ville, sans que les gardes s'en aperçussent. Dès qu'il se vit en liberté, il se rendit dans une forêt, où d'abord il se coupa les cheveux, comme avaient fait, avant lui, les autres Fo, et se revêtit de l'habit de brahmane. A cette nouvelle, le roi dépêcha vers lui pour le faire revenir, mais ce fut inutilement. Chékia, devenu brahmane, se transporta dans une retraite d'hommes immortels, où, apercevant les uns mettre toute leur espérance dans les herbes et les fleurs, les autres n'user que d'écorces pour tout soulagement, d'autres ne se repaître que de fruits et de fleurs, d'autres adresser leur culte au soleil et à la lune, ou à l'eau, ou au feu, d'autres se coucher sur des épines, d'autres dormir tout près du feu ou de l'eau, d'autres encore ne manger qu'une fois par jour, et d'autres une fois seulement de deux jours en deux jours, tous enfin se tourmenter étrangement, il leur demanda en vue de quoi ils vivaient de la sorte. Ceux-ci lui répondirent : « En vue de renaître dans les cieux. » Il leur répliqua : « Quoiqu'on jouisse dans les cieux d'une joie pleine et entière, cependant quand le terme de cette félicité est accompli, il faut de nouveau subir les lois de la transmigration, et par conséquent retomber dans la misère; pourquoi donc vous tant tourmenter pour l'obtenir, en récompense, qu'un nouvel état misérable? »

Chékia, abandonnant ceux-ci, courut d'un côté et d'autre, traversant sans peine les montagnes et les vallées; et ayant rencontré, dans un désert, des pénitents contemplatifs, occupés de l'immortalité, il leur demanda quel art ils employaient contre la nécessité de naître, de vieillir, de devenir malade et de mourir. Ils lui répondirent : « La naissance de tout ce qui respire vient d'un principe d'ignorance; ce principe d'ignorance vient de la négligence; celle-ci, de la stupidité, de la contagion de l'amour; celle-ci, de la vapeur subtile des cinq plus petites choses. Cette vapeur vient des cinq grandes choses; celles-ci, de l'avarice, de la concupiscence, de l'indignation, de la colère et de tous les divers genres de vices. De là vient que tout ce qui vit roule comme dans un cercle de naissance, de vieillesse, de maladie, de mort, de tristesse et de souffrance. » — « Je comprends bien les causes que vous apportez de la vie et de la mort, dit Chékia; mais quel moyen employez-vous pour anéantir l'une et l'autre? » — « Ceux, répondirent-ils, qui entreprennent d'abolir entièrement la vie et la mort, doivent se livrer à la plus profonde contemplation; or, la contemplation se divise en quatre degrés : le premier est de ceux qui, se réveillant comme en sursaut de leur assoupissement, et se dépouillant tout à coup du vice et des erreurs de leurs fausses opinions, conservent pourtant encore l'idée de ce réveil, c'est-à-dire regardent encore en arrière; le 2°, de ceux qui, ayant chassé l'idée de réveil, ressentent de cette action une certaine joie humaine et imparfaite; le 3°, de ceux qui, rejetant cette voie vaine, changent par la rectification des sens, l'esprit en une joie parfaite et radicale, et par conséquent tiennent encore à l'être; le 4° enfin, de ceux qui, ne ressentant ni joie ni douleur et ne participant plus aux sens, jouissent d'une véritable tranquillité d'esprit. Ceux-là possèdent l'avantage de ne pouvoir plus rien imaginer. Ils ne tiennent plus à l'imagination ni au corps; ils se plongent dans le vide; ils n'imaginent plus qu'il y ait des choses différentes et opposées entre elles; ils entrent dans le néant; les images ne font aucune impression chez eux; ils se trouvent enfin dans un état où il n'y a ni imagination, ni inimagination, et cet état s'appelle la délivrance totale et finale de l'être : c'est là cet heureux rivage où les philosophes s'empressent d'arriver. » — Chékia, s'apercevant que cette prétendue délivrance finale ne pouvait pas consister dans cet état d'*inimagination*, leur dit : « Y a-t-il encore en vous de l'existence ou non? S'il n'y en a point, c'est vainement que vous admettez un état d'inimagination (parce qu'un état suppose l'être); s'il y en a encore, ce qui existe en vous a-t-il un entendement ou non? S'il n'a point d'entendement, il est donc semblable aux arbres et aux pierres; s'il en a un, il y a des causes qui doivent le frapper par la voie de l'appréhension ou de la perception. S'il y a des causes qui attaquent ces perceptions, il ne peut éviter la contagion qu'elles y introduiront; si la contagion s'y attache, on ne peut pas dire cet état une délivrance finale. » Ensuite, après leur avoir dit qu'ils n'étaient pas encore arrivés à ce rivage philosophique dont ils parlaient, il ajouta : « Quand vous serez entièrement dépouillés de cette existence qui reste encore en vous, et que toutes les imaginations de cet être seront entièrement effacées, alors vous pourrez appeler cet état la délivrance totale et finale. » Cette dispute finie, il les quitta.

Étant ensuite arrivé dans une forêt, sur le bord d'un fleuve où il y avait des pénitents, il s'y arrêta pour vaquer à la contemplation. Il vivait de très-peu de chose, et encore en faisait-il part au premier pauvre qui lui demandait l'aumône. Au bout de sept ans d'un jeûne fort rigoureux, faisant réflexion que si, à la suite d'une si grande austérité, il acquérait la véritable sagesse, les hétérodoxes ne manqueraient pas de dire que la perfection consiste seulement à macérer le corps par le jeûne, il résolut de manger un peu plus qu'il n'avait fait. Il mangea donc du riz cuit au lait; ensuite, s'étant assis sur un lit d'herbes à l'ombre d'un arbre, il s'abandonna à la contemplation la plus profonde. Les démons, surpris de le voir dans cet état de perfection, mirent tout en usage pour le distraire : les uns, sous la forme de filles lascives, tâchaient de le séduire; d'autres faisaient beaucoup de bruit pour troubler ses méditations; d'autres employaient les menaces pour l'épouvanter; mais tous leurs efforts furent inutiles. Il avait alors trente ans; et, dans cette même année, la 8ᵉ nuit du 2ᵉ mois, après quelques prodiges qui apparurent, se trouvant tout d'un coup environné d'une lumière miraculeuse, il acquit la véritable sagesse qui égalise ou identifie toutes choses, c'est-à-dire il devint *Fo*. Il contempla les trois mondes, c'est-à-dire le ciel, la terre et l'enfer, sans que cette vue lui causât aucune émotion, aucun sentiment; il découvrit les causes pourquoi tout ce qui naît vieillit et meurt, que ces causes avaient leur source dans la naissance même des êtres, et que ceux qui n'admettaient point de naissance ne pouvaient ni vieillir ni mourir. Sept jours s'étant ainsi écoulés, Fo dit en lui-même : « La sagesse que j'ai acquise est extrêmement profonde et très-difficile à comprendre; il n'est donné qu'aux seuls Fo d'en pénétrer les mystères. Comment donc les hommes pourraient-ils la concevoir, eux dont la prudence et la pénétration sont émoussées par l'avarice, la concupiscence, la colère, la haine, le dérèglement d'esprit, les erreurs des fausses opinions? » Ces réflexions lui firent prendre le parti de ne leur point découvrir sa religion, de peur qu'au lieu de la recevoir et de la suivre, ils n'en fissent un sujet de railleries, et ne se confirmassent encore plus dans leurs opinions erronées. Mais les chefs des cieux s'étant prosternés à ses pieds, et lui ayant représenté qu'après avoir anéanti la vie et la mort, et quitté femmes et biens pour trouver la véritable religion, il était juste qu'il l'enseignât aux autres; il se rendit à leur désir.

Il se mit donc à prêcher, disant que toutes les misères de ce monde tiraient leur origine de l'existence imaginaire qui est en chacun des hommes; que l'étude de la sagesse consistait à extirper ces misères par l'extinction de cette existence; que ceux qui ignoraient les quatre saintes distinctions, c'est-à-dire les quatre degrés distincts de contemplation, ne pouvaient être délivrés de ces misères; que, pour être sauvé, il fallait faire rouler trois fois la roue religieuse de ces quatre distinctions, ou des douze œuvres méritoires; que les couleurs, nos perceptions, nos pensées, nos actions, nos connaissances, qui sont les cinq choses imparfaites, étaient vaines et nulles, comme ayant cette fausse existence pour fondement. Il envoya ensuite plusieurs de ses disciples prêcher sa doctrine. Pour lui, il passa dans un certain royaume d'où, après avoir vaincu le dragon de feu que l'on y adorait, il convertit, par des miracles et des prodiges, ces adorateurs du feu. Il alla convertir un autre royaume, commençant par le roi, et ordonnant à ceux de ses disciples qui voulaient être cénobites, de se couper la barbe et les cheveux, et de revêtir l'habit de brahmane. Ses disciples s'énonçaient comme par oracle; en voici un exemple : « Toutes les choses intelligibles ou compréhensibles ont leur racine dans le néant; si vous pouvez vous tenir à cette racine, vous pourrez alors être appelés sages. »

Fo apprit un jour à ses disciples ce qu'ils avaient été autrefois; que ce qu'ils avaient fait de bien dans les vies précédentes n'avait pas été oublié dans cette vie présente (puisqu'il leur faisait mériter d'être admis au nombre de ses disciples); que pour lui, s'étant de tout temps appliqué à la vertu, et n'ayant jamais perdu de vue le dessein de devenir Fo par la pure contemplation, il était enfin parvenu au comble de la sagesse; qu'il les exhortait donc à s'attacher de toutes leurs forces à l'étude de cette sagesse, qui pourrait seule les rendre heureux.

Pendant l'espace de 49 ans, Fo ayant prêché plus de trois cents fois, et s'étant fait un très-grand nombre de disciples, comme il sentait approcher sa fin ou son extinction (car les Fo ne meurent pas, ils s'éteignent), il rendit compte de sa conduite à un grand nombre de ses disciples assemblés; après quoi il leur dit, qu'ayant achevé la grande affaire pour laquelle il était venu au monde, qui était leur conversion, il leur annonçait son extinction. Il les exhorta ensuite à instruire les hommes, à les engager de ne se pas livrer à l'oisiveté et au libertinage, et à secourir enfin les habitants des trois mondes, qui n'étaient pas encore délivrés des peines de la transmigration ; ajoutant que, quand par une mauvaise transmigration on vient à passer dans d'autres corps que des corps humains, on n'en peut recouvrer de pareils qu'avec peine. Toute l'assemblée fut touchée d'apprendre son extinction prochaine ; et l'un de ses disciples lui ayant fait quelques questions, il répondit : « Les hommes, par leur imprudence et leur folie, se livrent à toutes sortes de cupidités ; ils s'en rendent esclaves, et par là ils n'ont jamais l'esprit content ; s'ils pouvaient connaître clairement le néant des causes et des effets de tout ce qu'ils imaginent exister, évacuer entièrement leur être, et suivre l'impression de cette simplicité ou pureté innée qui se trouve en eux (c'est-à-dire le pur néant), ils ne penseraient plus alors aux trois mondes qui les tiennent en crainte. C'est là ma véritable doctrine, c'est mon dernier commandement ; ce commandement vous doit tenir lieu de maître, et les quatre degrés de contemplation doivent être pour vous une demeure fixe et assurée. » Etant ensuite interrogé au sujet de son corps, après qu'il serait mort, il répondit qu'ils devaient le brûler selon la coutume usitée pour les souverains pontifes, recueillir du bûcher ses os, aussi incorruptibles que le diamant, et les exposer au culte public dans des monuments ou tours à plusieurs étages, voulant d'ailleurs que les pauvres comme les riches eussent part au culte de ses os, « parce que, dit-il, tout ce qui est né est égal à mes yeux ; il n'y a point chez moi de distinction de rang et de personnes ; je fais du bien également à tous. » Et pour les consoler dans la tristesse où il les voyait : « Il vous restera, ajouta-t-il, après mon extinction, non-seulement mes os, mais aussi ma religion qui est perpétuelle, et qui est le terme où tous les hommes doivent tendre. Mes os, révérés religieusement, sont un reste précieux de Fo ; celui qui aperçoit Fo, aperçoit aussi sa substance intelligible ; quiconque aperçoit la substance ou la personne de Fo, aperçoit aussi la sagesse et la sainteté ; par la sagesse et la sainteté on découvre les quatre distinctions ou degrés de contemplation, et par là on parvient à l'extinction ; or, Fo et sa doctrine ne sont sujets à aucun changement, et sont le refuge et la fin dernière de tout le monde. » Alors Fo découvrit son corps d'or (1), d'où sortit une vive lumière ; après quoi il dit : » C'est pour l'amour de vous que, pendant le cours des innombrables régénérations des mondes, j'ai pris soin de perfectionner ma personne par des macérations et des tourments volontaires, qui m'ont fait enfin parvenir à l'état de Fo, et acquérir ce corps que vous voyez, aussi incorruptible que l'acier et le diamant. Il est doué d'une beauté parfaite, et ce n'est que par grâce qu'il est accordé de le voir. Mais comme mon extinction est proche, et que je vois en vous des cœurs sincères, je présente mon corps d'or à vos regards. Attachez-vous à mener une vie pure, et par là vous obtiendrez dans les siècles à venir la récompense d'en avoir un pareil, c'est-à-dire de devenir Fo comme moi. »

Après avoir répété trois fois ces choses, il s'éleva fort haut en l'air, et redescendit ensuite sur son siége ; il fit la même manœuvre 24 fois, après quoi il dit : « C'est pour la dernière fois que vous me voyez ; mon temps est venu ; je sens des douleurs partout mon corps. » Cela dit, il entra dans le premier ciel ou degré de la contemplation ; de celui-là il passa au second ; du second il parvint par degré à celui où il n'y a pas même d'imagination ; de celui-là, à la contemplation totale ou à l'extinction de l'être. Ensuite, en rétrogradant, il revint par degré du ciel de la contemplation totale au ciel de la première contemplation. Il recommença 27 fois ces révolutions en ordre direct et rétrograde, après quoi il dit : « De mes yeux de Fo je considère tous les êtres intelligibles des trois mondes ; la nature est en moi, et par elle-même dégagée et libre de tous liens ; je cherche quelque chose de réel parmi tous les mondes, mais je n'y puis rien trouver ; et comme j'ai posé la racine dans le néant, aussi le tronc, les branches et les feuilles sont entièrement anéantis (c'est-à-dire qu'il n'y a rien de réel, parce que, selon lui, c'est ignorance de croire qu'il y ait quelque chose de réel ; et n'y ayant rien de réel, la vieillesse et la mort ne sont qu'un songe) ; ainsi, lorsque quelqu'un est délivré ou dégagé de l'ignorance, dès lors il est délivré de la vieillesse et de la mort. »

Cette même année, Fo, âgé de 79 ans, après avoir entretenu l'assemblée la 15ᵉ nuit du second mois, comme ferait un testateur, se coucha sur le côté droit, le dos tourné à l'orient, le visage à l'occident, la tête au septentrion, et les pieds au midi, et il s'éteignit. En même temps plusieurs prodiges apparurent : le soleil et la lune perdirent leur lumière ; les habitants des cieux s'écrièrent en gémissant : « O douleur ! par quelle fatalité le soleil de la sagesse s'est-il éteint ? Faut-il que tout ce qui respire se trouve privé d'un bon et véritable père, et que les cieux perdent l'objet de leur vénération ! » Toute l'assemblée fondait en larmes ; on mit enfin le corps de Fo au cercueil ; mais quand on voulut le porter au bûcher, il fut impossible de le lever. Alors un d'eux s'écria en forme de prière : « O Fo ! vous égalisez et identifiez toutes choses ; n'admettant aucune différence entre elles, vous rendez également heureux les hommes et les habitants des cieux. » Cela dit, le cercueil s'élevant de lui-même fort haut, entra dans la ville de Kiou-che, par la porte

---

(1) Pythagore découvrit sa cuisse d'ivoire dans une assemblée des Grecs. Selon Jamblique, cette cuisse était d'or.

occidentale, en sortit par celle de l'orient, rentra par celle du midi, et ressortit par celle du septentrion ; il fit ensuite sept fois le tour de la ville ; la voix de Fo se fit entendre du cercueil. Tous les habitants des cieux accoururent à la pompe funèbre ; tout était en pleurs ; et cette semaine ainsi passée, on porta le corps de Fo sur un lit magnifique, on le lava d'eau parfumée, on l'enveloppa d'une toile et de plusieurs couvertures de prix ; ensuite on le remit dans le cercueil, où l'on répandit des huiles de senteur. On dressa un bûcher fort haut de bois odoriférant, sur lequel on posa le cercueil ; on mit ensuite le feu au bûcher, mais il s'éteignit subitement. A ce prodige, les spectateurs s'écrièrent douloureusement. Il fallut attendre l'arrivée d'un saint homme pour achever la cérémonie ; dès qu'il fut arrivé, le cercueil s'ouvrit de lui-même et livra en spectacle les pieds de Fo environnés de mille rayons. Alors on jeta des flambeaux allumés sur le bûcher, mais le feu n'y prit pas encore. Ce saint homme leur fit entendre que ce cercueil ne pouvant être brûlé par le feu même des trois mondes, à plus forte raison il ne pouvait l'être par un feu matériel. A peine eut-il parlé, que le feu épuré de la fixe contemplation, sortant de la poitrine de Fo par le milieu du cercueil, enflamma le bûcher qui, au bout d'une semaine, fut entièrement consumé. Le feu étant éteint, le cercueil parut dans son entier, sans même que la toile et les couvertures de prix, dont on avait enveloppé le corps, eussent été endommagées. On fit huit parts de ses os ; on les enferma en autant d'urnes que l'on déposa dans des temples ou tours à plusieurs étages, pour y être adorés selon le désir et la volonté de Fo : l'esprit de ce culte consistant à croire et à honorer l'existence seule de Fo, à sortir de son aveuglement, à rectifier ses mœurs, et à parvenir par là à la souveraine félicité, c'est-à-dire au néant.

Telle est la vie de ce fameux visionnaire, dont la double doctrine est une preuve manifeste de sa duplicité et de son incertitude ; tantôt il semble admettre des transmigrations réelles, et quelque chose de réel et d'existant, tantôt il n'admet plus rien. Il marcha à tâtons comme un aveugle, pour se précipiter enfin dans le néant. Mais il est temps d'examiner la doctrine professée par les bonzes Ho-chang, dépositaires, en Chine de la doctrine bouddhique. Nous allons encore suivre pas à pas le mémoire de Deshauterayes.

Des noms ou attributs de Fo, et des prérogatives de ce Dieu.

On donne à Fo dix noms ou titres, qui sont comme autant d'attributs des plus honorables.

1° *Conservant la simplicité primitive*, parce qu'il n'admet rien de vain ni de faux ;

2° *Le champ de la véritable félicité*, parce qu'il fournit tout ce qui est utile et nécessaire à la félicité ;

3° *Sachant tout*, parce qu'il connaît parfaitement tous les mondes intelligibles ;

4° *Possesseur de la théorie* ou *de la clarté*, et *de la pratique* ou *de l'action*, parce qu'il possède en perfection l'une et l'autre ;

5° *Qui sait s'en aller* ou *s'éteindre*, parce qu'il ne va ni ne revient par la voie de la transmigration ;

6° *Philosophe sans maître*, connaissant tout ce qui se passe dans les mondes, parce qu'il sait parfaitement ce qui se fait dans les deux générations ; l'une, de ceux qui naissent sur la terre, l'autre, de ceux qui naissent ailleurs ;

7° *Grand homme qui réprime et dompte*, parce qu'il peut réprimer et dompter les vices spirituels et corporels de tout ce qui respire ;

8° *Le maître des cieux et des hommes*, parce qu'il est comme l'œil de tout ce qui vit ;

9° *Fo*, ou en indien *Foto* (Bouddha), parce qu'il sait les règles du bien et du mal, et de ce qui n'est ni bien ni mal ;

10° Enfin, *le plus vénérable du monde*, parce qu'il n'y a jamais deux Fo en même temps, ni dans un même pays.

Les Fo, quand ils veulent s'incarner, descendent du ciel et se glissent dans le sein d'une femme ; c'est là leur conception. Quand ils veulent naître, ils quittent le sein maternel, s'ouvrant une voie par le côté droit ; quand ils veulent mourir, ils s'éteignent pour se retirer dans la région de l'apathie ou l'imperturbabilité.

Fo a la primauté sur toutes choses : il est le père et la mère des trois mondes ; il est la prudence et la sagesse même. Tout ce qui naît possède en soi la propre nature de Fo, laquelle, par succession de temps, dégénère en ignorance, d'où proviennent toutes les misères de la vie.

Fo, voyant dans tous les êtres vivants des images expresses de sa prudence, de sa pénétration et de toutes ses autres vertus qu'ils n'y discernent pas eux-mêmes, aveuglés qu'ils sont par leur folie et leurs égarements, dit : « Il faut que je leur persuade, par ma sainte doctrine, de rejeter éternellement leurs vaines imaginations ; car, si, par cette voie, ils peuvent une fois découvrir Fo qui est en eux, ils deviendront semblables à Fo par l'étendue de la sagesse. » Les Fo répandent dans les cieux une lumière infiniment plus éclatante que celle des cieux mêmes ; mais ici-bas, par l'éclat de leur sagesse et de leur prudence, ils percent les ténèbres les plus épaisses de l'ignorance humaine. Fo ne fait exception de personne ; son désir est que tous parviennent à la souveraine paix. Fo voyant que les hommes ne cessaient de commettre des crimes et de souffrir toutes sortes de misères, et que leurs passions déréglées étaient un obstacle qui les empêchait de connaître la véritable religion, il se chargea de leurs misères pour les sauver ; il les souffrit volontairement pour leur amour, et, à l'égard de ceux qui étaient détenus aux enfers ou dans des corps de bêtes, il devint leur caution, en se livrant pour eux en otage ; il délivra et sauva ces malheureux qu'il avait rachetés (rien n'existant que Fo, il ne peut se charger de ce qui n'existe pas).

Il faut savoir, disait un certain Fo, que

pendant un nombre innombrable d'années, il vous faudra subir les lois fâcheuses de la transmigration, toutes les peines de la vie et de la mort plusieurs fois réitérées. Comment donc se peut-il faire que vous ayez l'esprit tranquille sur ce sujet, et que vous ne cherchiez pas un moyen pour ne retomber jamais dans ces misères? (Ce moyen est d'admettre le néant.) L'entendement parfaitement épuré, l'esprit parfaitement intelligent, et les Fo ne sont qu'une même chose ; ainsi l'existence des êtres visibles et invisibles, corporels et spirituels, n'est qu'une production imaginaire d'un entendement qui n'est pas encore énoncé ; la différence qu'on met entre tous les êtres et Fo ne vient que des vaines pensées des hommes que l'aveuglement jette hors des voies de la raison. D'abord, la folie et la cupidité s'emparent de leur cœur, et de là vient l'aveuglement total; de cet aveuglement naissent les natures vaines et fantastiques, et de ce même aveuglement continué et perpétué, les mondes se produisent dans l'imagination. Voilà la cause qui les forme. L'entendement offusqué, comme le soleil l'est d'un nuage, se figure des espaces imaginaires et des existences de mondes ; aussi celui qui revient à son premier état naturel, qui se réveille comme en sursaut pour acquérir la sagesse de Fo, et qui l'acquiert véritablement, sent disparaître en lui tous ces mondes et ces espaces imaginaires. Les opinions, la cause des opinions et les pensées des hommes sont semblables à ces petits nuages qui paraissent voltiger devant les yeux débilités, et qui pourtant ne sont point réels. Il n'y a ainsi aucun objet qui existe réellement ; les Fo ne distinguent pas les mondes de leur entendement même. Tout ce qui est dans les mondes est l'entendement même des Fo (l'intelligence primitive, la nature intelligente), c'est-à-dire qu'il n'y a autre chose que Fo.

Définition de Fo ou Bouddha selon ses disciples.

Un bonze, interrogé par un empereur chinois, d'où venait Fo, quand il naissait, où il allait quand il s'éteignait, et puisqu'il est éternellement dans la nature, en quel lieu était-il maintenant, répondit : « Fo, sortant de l'inaction, prend naissance; quand il s'éteint, il retourne dans l'inaction. Sa substance régulière est semblable au vide et au néant. Il réside perpétuellement dans celui qui ne sent plus son cœur ; il passe de celui qui pense encore à celui qui ne pense plus, de celui qui existe encore à celui qui n'existe plus (ou qui n'admet point d'existence) : quand il vient, c'est pour tout ce qui est né; quand il s'en va, c'est aussi pour tout ce qui a pris naissance ; il est pur et transparent comme la mer ; sa substance demeure éternellement. Les sages doivent contempler ceci avec beaucoup d'attention et le repasser continuellement dans leur esprit, afin qu'il ne leur reste sur ce sujet aucun doute, aucune incertitude. » — « Mais, répliqua l'empereur, lorsque Fo voulut naître, il naquit dans le palais d'un roi ; quand il voulut devenir Fo, il se retira dans une forêt ; ensuite, après avoir prêché 49 ans, il niait encore qu'il y eût une religion à établir : Les montagnes, disait-il, les fleuves, les mers, les terres, les cieux et les astres, tout enfin subira une destruction totale, quand le temps marqué pour cela sera arrivé ; comment donc peut-on croire qu'après qu'il n'y aura plus rien, il puisse renaître et s'éteindre de nouveau ? C'est ce doute qui me reste encore, et qui ne peut être levé que par les sages. » — Le bonze répondit : « La substance de Fo, à proprement parler, n'agit point, ne produit rien ; une aveugle erreur a introduit de vaines distinctions d'êtres. Le corps de Fo est semblable au néant, il ne subit ni naissance ni dépérissement. Quand il y a sujet, les Fo se reproduisent dans le monde ; quand le sujet cesse, les Fo rentrent dans l'extinction. Cependant ils convertissent tout ce qui est né, ils sont semblables à l'image de la lune exprimée sur les eaux ; ils ne sont ni perpétuels, ni interrompus; ils ne naissent ni ne s'éteignent ; quand ils naissent, ce n'est pas réellement qu'ils naissent ; quand ils s'éteignent, ce n'est pas réellement qu'ils s'éteignent. Comme ils voient donc qu'il n'y a point de cœur réellement existant, ils n'ont aussi aucune religion à y établir.

« De toute éternité, l'inclination au bien, ainsi que l'amour, la cupidité et la concupiscence se trouvent naturellement dans tout ce qui prend naissance. De là vient la transmigration des âmes. Tout ce qui naît, de quelque manière qu'il naisse, soit de l'œuf, ou du sein maternel, ou de la pourriture, ou par transformation, tire sa nature et sa vie de la concupiscence, à laquelle la cupidité porte l'amour : ainsi, c'est de l'amour que la transmigration des âmes tire son origine. L'amour, excité par les cupidités de tout genre qui l'induisent à concupiscence, est la cause de ce que la vie et la mort se succèdent tour à tour par la voie de la transmigration. De l'amour vient la concupiscence, et de la concupiscence la vie. Tous les êtres vivants, en aimant la vie, ont aussi aimé l'amour. L'amour induit à concupiscence est la cause de la vie ; l'amour de la vie en est l'effet. Des objets de la concupiscence naît la distinction de ce qui plaît et déplaît; car souvent les mêmes objets qui nous ont inspiré de l'amour causent ensuite du dégoût, de l'aversion et de la haine. C'est par ces divers mouvements des passions que tous les crimes se commettent. C'est aussi la raison pourquoi les hommes passent dans les enfers, ou deviennent des démons faméliques par la transmigration. Ensuite, après avoir compris que la concupiscence est digne de haine, leur amour s'y tourne en dégoût pour le vice; alors ils rejettent le vice et embrassent la vertu, et repassent dans des corps d'habitants des cieux ; semblablement, après avoir compris que l'amour qui se livre à la concupiscence est digne de haine et de mépris, ils rejettent ce mauvais amour, abandonnent la volupté et s'attachent de nouveau à la racine de l'amour qui est l'inclination au bien ou le bon amour; c'est pourquoi ils s'adonnent aux bonnes actions, et ne cessent de faire le bien. Mais tous ceux-là ont un sort commun, qui est que, par l'obstacle de la transmigration, ils ne parviennent point à la parfaite sainteté. Que si ceux qui viendront par la suite prennent le parti de n'admettre ni concupiscence, ni amour, ni haine, ni transmigration éternelle, et s'ils tendent de toutes leurs forces à la parfaite sagesse qui est celle de Fo, tout aussitôt ils recouvreront la parfaite pureté et la netteté du cœur.

« L'étude de la sagesse a ses degrés; il faut monter du plus bas degré au plus haut; il faut passer de ce qui est petit et caché à ce qui est sublime et lumineux; il faut perfectionner le cœur par la religion, et de plus, il faut observer ces cinq préceptes : 1° de ne tuer rien de tout ce qui est animé; 2° de ne pas dérober; 3° de s'abstenir de l'œuvre de la chair; 4° de ne pas boire de vin; 5° de ne pas mentir; préceptes qui répondent diamétralement aux cinq vertus cardinales des philosophes chinois, savoir : la charité, la justice, la civilité, la prudence et la foi ou la fidélité.

« Les hommes contemplent différemment les trois mondes; la plupart, gens ignorants et qui n'approfondissent rien, tirent du plaisir de cette contemplation; ils s'imaginent que les mondes sont réels, ils se réjouissent dans celui où ils sont; ils s'y promènent, ils se livrent à toutes sortes de cupidités, ils suivent les mouvements de leur concupiscence. Quelques autres, à l'aspect contemplatif des mondes, conçoivent de la douleur et de l'inquiétude dans leur esprit, voyant les peines et les misères auxquelles on y est sujet; mais ceux qui sont parvenus à la connaissance de la sagesse, font tout avec sagesse, et ne se souillent par aucun crime, et quoiqu'ils soient dans le monde et parmi le monde, ils ne tiennent pourtant rien de la corruption du monde; aussi sont-ils exempts de la vicissitude de la vie et de la mort, c'est-à-dire des transmigrations réitérées ; ils ne songent plus, comme les hommes vulgaires, à venir revivre éternellement dans les mondes, ni ne sont pas en peine de chercher, comme les hommes au-dessus du commun, quelque moyen pour n'y plus revenir, jusqu'à ce qu'ils trouvent enfin qu'il n'y a que les imitateurs de Fo qui peuvent éviter la vie et la mort réitérées par les transmigrations. Mais leur esprit se repose déjà parfaitement dans la croyance certaine qu'il n'y a ni vie, ni mort, ni aucun monde dont il faille sortir. »

« Qu'est-ce que Fo? » demandait un roi indien à un disciple d'un saint des Indes, nommé Tamo. Ce disciple, appelé Poloti, répondit : « Fo n'est autre chose que la connaissance parfaite de la nature, ou la nature intelligente. » — « Où gît-elle, cette nature? » reprit le roi. — « Dans la connaissance de Fo, répondit le disciple, c'est-à-dire dans l'entendement qui conçoit cette nature intelligente. » — Le roi demanda encore : « Où réside-t-elle donc? » — Le disciple reprit : « Dans l'usage et la connaissance. » — « Quel est cet usage? dit le roi, car je ne le conçois point. » — Poloti repartit : « En cela même que vous parlez, vous usez de cette nature; mais, ajouta-t-il, vous ne l'apercevez pas à cause de votre aveuglement. » — « Quoi donc, reprit le roi, cette nature réside en moi? » — Le disciple repartit : « Si vous en saviez faire usage, vous la trouveriez partout; si vous n'en usez pas, vous ne pouvez discerner la substance. » — « Mais, répliqua le roi, par combien d'endroits se découvre-t-elle à ceux qui en usent? » — « Par huit, répondit le disciple; » et tout de suite il dit : « Quand nous sommes dans le sein de nos mères, on nous appelle des fœtus; quand nous en sortons pour voir le jour, on nous appelle des hommes; voir, ouïr, flairer, goûter, toucher, parler, marcher, sont nos facultés corporelles : mais il y a encore en nous une autre faculté qui y est répandue, laquelle embrasse en soi les trois mondes, et comprend toutes choses dans le petit espace de nos corps; cette faculté est appelée nature par les sages, et elle est appelée âme par les insensés. » Alors le roi vint à résipiscence, et ayant mandé Tamo par l'avis de Poloti, il embrassa la religion de Fo, dont Tamo lui fit une ample exposition.

Ce Tamo passa ensuite à la Chine sur un vaisseau, et arriva à Canton, l'an 527 de l'ère chrétienne. L'empereur, qui était fort attaché à la religion de Fo, le fit venir à Nanking, et lui ayant demandé quelle récompense il pouvait attendre de son zèle pour ce culte, Tamo répondit : « Dans tout ce que vous avez fait, il n'y a ni vertu, ni mérite. » — « Comment cela? » dit l'empereur. — « La récompense que vous espérez, reprit Tamo, qui est de renaître parmi les hommes ou parmi les habitants des cieux, est si vaine, qu'elle ne peut être appelée récompense. Tout cela n'est ni existant, ni permanent, et n'est qu'une pure ombre; la possession de pareils biens est une possession chimérique. » — « Quelle est donc la véritable vertu, le vrai mérite? » répliqua l'empereur. — Tamo reprit : « Lorsque l'entendement est parvenu à être parfaitement épuré, et que sa substance est entièrement dénuée d'elle-même et vidée de son être, alors c'est là la vraie vertu, le vrai mérite. » — L'empereur lui demanda ensuite l'explication de la sainte distinction ou des quatre degrés distincts de la contemplation. — Tamo répondit : « Toutes choses sont vaines et il n'y a aucune sainteté. » Mais voyant que l'empereur n'était pas encore assez fort pour comprendre un pareil discours, il se retira dans une maison de cénobites où il mourut, et peu de temps après, étant revenu à la vie, il dit qu'il retournait aux Indes.

Ce Tamo était fils d'un roi indien; on voit sa figure dans plusieurs temples des bonzes de la Chine; la couleur noire qu'on lui donne fait assez voir qu'il était originaire des Indes. Il fut un des principaux patriarches de la religion bouddhique. Son vrai nom indien était *Dharma*; *Tamo* n'en est que la transcription chinoise. Les anciens missionnaires, trompés par cette dernière articulation, l'ont confondu avec l'apôtre saint Thomas qui avait prêché l'Evangile dans les Indes, et même, suivant quelques-uns, à la Chine. *Voyez* DHARMA.

Réflexions générales sur la doctrine de Fo et de ses disciples.

Par tout ce que nous venons de dire, il est aisé de voir que les disciples, comme les maîtres, n'ont enseigné qu'une même doctrine, et que cette doctrine a deux faces : l'une qui présente quelque chose de réel, l'autre qui ne présente autre chose que le vide ou le néant. C'est aussi par rapport à cette dernière face que cette religion est ordinairement appelée la porte du vide, comme ramenant tout au vide et au néant, et qu'elle est aussi nommée la religion qui égalise ou identifie toutes choses, parce que, n'admettant dans l'univers qu'une seule et unique nature intelligente, il s'ensuit que toutes choses ne sont qu'une seule et même chose, que tout n'est qu'un, ou plutôt qu'il n'y a que Fo, qu'une seule nature intelligente qui existe, et conséquemment qu'il n'y a ni matière, ni esprit, ni corps, ni âme.

Quand on médite un peu sur le fond de la doctrine isotérique ou secrète des sectateurs de Fo, et qu'on cherche ensuite à en découvrir le fondement, il semble qu'on ne puisse disconvenir que ces gens-là ne se soient étudiés à connaître la nature de l'univers. Ils y ont d'abord trouvé des êtres visibles, et ils ont été pleinement persuadés de la spiritualité de l'être souverain; mais l'immortalité de celui-ci, et la matérialité de ceux-là, ont été pour eux une source d'erreurs; ils n'ont pu se résoudre d'admettre que la matière fût éternelle. Ils n'ont pu croire aussi que la matière pût être créée et produite de rien par un être purement spirituel; ainsi, d'un côté, voyant des êtres matériels, de l'autre, ne pouvant comprendre comment l'existence de la matière pouvait être compatible avec celle d'un être spirituel, qu'il pût y avoir quelque alliance entre deux êtres si différents, en nature et en propriété, que ce qui a des parties pût avoir quelque relation avec ce qui n'en a point, ils ont, dans cette suspension, pris parti pour l'être spirituel, et ils ont commencé par regarder comme incertaine l'existence réelle de la matière qui les embarrassait. Ensuite, faisant réflexion que le rapport des sens n'est jamais entièrement véritable, et que souvent même il est faux, l'apparence même de la matière est devenue un jeu de la nature, une illusion de l'entendement en délire; en un mot, la matière est disparue pour faire place à une seule et unique nature intelligente, qui existe par elle-même et nécessairement, qui seule a l'être et qui est tout l'être. Dès que cette seule nature intelligente a été admise, tout autre être spirituel a été nécessairement anéanti. S'il n'y a point de corps à gouverner et à conduire, à quoi bon des esprits, des âmes, des intelligences particulières? Ainsi, selon eux, l'âme n'est rien. L'existence de l'âme est une illusion, la pensée de son existence est une maladie qu'il faut guérir par la religion de Fo, jusqu'à ce que l'âme ne se sente plus, et qu'elle soit parfaitement anéantie. C'est là aussi tout l'objet et l'abus de leur contemplation. L'entendement doit s'épurer et se vider entièrement de la pensée de son être, et n'avoir plus aucune pensée, ni retour de pensée, de sorte que, toute opération cessant, il n'existe plus et soit véritablement anéanti. Ce n'est pas un anéantissement mystique, une séparation morale de l'âme d'avec le corps; c'est un anéantissement réel de toutes les puissances de l'âme. L'entendement, l'imagination, la volonté, la faculté de connaître, d'imaginer, de désirer, tout est anéanti; de sorte que l'âme, perdant entièrement son existence, Fo existe à sa place; c'est-à-dire que l'âme n'est rien, et qu'il n'y a que Fo qui existe. N'y ayant donc ni corps ni âme, il s'ensuit qu'il n'y a ni naissance, ni vie, ni vieillesse, ni maladies, ni mort, et conséquemment ni terre, ni cieux, ni enfers, ni transmigration des âmes, ni punition, ni récompense à espérer et à craindre après cette vie.

Voilà, ce semble, quelle est la doctrine intérieure ou secrète de Fo et de ses sectateurs, doctrine visionnaire, si jamais il en fût; voilà aussi quelle est leur contemplation dans son sujet et dans sa fin, contemplation inouïe, qui, à proprement parler, est une totale et parfaite inaction de l'âme, et par conséquent impossible. Au reste, la maxime de l'inaction est commune aux trois systèmes religieux de la Chine, mais dans des sens différents.

L'inaction des philosophes ou lettrés est, pour ainsi dire, tout agissante, n'excluant de l'action que le tumulte et l'inquiétude : ils veulent que ceux qui règnent ne prennent d'autre soin que celui de distribuer les charges aux sages, et d'avoir l'œil sur eux; après quoi, il doit ne leur rester autre chose à faire que de se tenir assis gravement sur le trône.

L'inaction des bonzes Ho-chang, sectateurs de Fo, est une espèce de fanatisme qui bannit indifféremment toute action, toute affection et tout sentiment; et les philosophes lui donnent avec raison le nom d'apathie stupide et brute, qui ne se peut acquérir qu'en devenant statue.

L'inaction des bonzes Tao-ssé tient en quelque façon le milieu entre celle des philosophes et celle des bonzes Ho-chang : c'est une apathie mitigée qui n'étouffe pas tous les sentiments de la nature, et qui n'exclut que ceux qui causent du trouble. Ces deux dernières inactions renoncent également à l'embarras des charges et des dignités. Cette secte des bonzes Tao-ssé, originaire de la Chine, est celle qui enseigne qu'on peut acquérir en cette vie l'immortalité par l'usage de certains secrets ou recettes chimiques. Ils disent que ceux qui l'ont acquise demeurent dans les bois et dans les montagnes ; c'est pourquoi ils les appellent habitants des montagnes. Au reste, rien n'est si ordinaire parmi les Chinois que d'appeler de ce nom honorable et flatteur les hommes et les femmes illustres, soit pendant leur vie, soit après leur mort.

A l'égard des deux autres sectes, si celle de Fo l'emporte sur celle des philosophes pour la connaissance du cœur et de la nature, celle-ci, de son coté, excelle souverainement pour ce qui est de perfectionner sa personne et de gouverner la république. Mais quoique ces trois sectes diffèrent entre elles sur la science des mœurs, elles s'accordent pourtant, mais en ce qui regarde la nature. Ces trois sectes s'accordent toutes dans ce principe que *toutes choses ne sont qu'un*, c'est-à-dire que, comme la matière de chaque être particulier est une portion de la matière première, de même leurs formes ne sont que des parties de l'âme universelle, qui fait la nature, et qui, au fond, n'est point réellement distincte de la matière. Il faut cependant faire cette distinction pour les sectateurs de la doctrine isotérique de Fo, que comme ils n'admettent ni matière ni forme, ce principe, *tout est un*, n'a son application que parce que, selon eux, Fo est tout, ou plutôt il n'y a que Fo.

Doctrine exotérique ou extérieure des sectateurs de Fo.

Tout ce que nous avons dit jusqu'ici regarde plus la doctrine intérieure de Chékia que l'extérieure ; c'est la conception philosophique professée par les bonzes les plus instruits, les plus avancés, et par ceux qui tendent sérieusement à devenir Fo ou Bouddha. Mais cette doctrine exotérique est communément voilée sous une riche conception mythologique, dans laquelle on voit des cieux, des terres, des enfers réels, les différentes transmigrations des âmes dans les divers ordres d'êtres animés, les productions et destructions successives du monde, et plusieurs autres choses de cette nature, dont le rapport avec la croyance des Indiens brahmanistes est tout à fait visible. Pour éviter des redites nous renvoyons ce sujet aux articles Cosmogonie, Métempsycose, et aux autres articles concernant le *Bouddhisme*, répandus dans ce Dictionnaire.

FOBEM, divinité japonaise, que l'on dit être le patron des Yen chuans, ancienne secte du Japon.

FO-HI, sacrifice offert par les Chinois pour détourner les malheurs dont on est menacé. *Voy.* Fou-hi.

FOHOU-KHESCHETRÉ, génie femelle de la Théogonie des Parsis ; c'est un des cinq gâhs ou izeds surnuméraires qui président aux cinq jours épagomènes.

FOI.—1. C'est, dans la religion chrétienne, la première des trois vertus théologales, parce qu'elle est le fondement des deux autres. Elle consiste à croire en Dieu, et à soumettre sa raison à toutes les vérités que Dieu a révélées et qu'il enseigne par son Eglise. Le catholicisme enseigne qu'on ne peut être disposé à recevoir la grâce sanctifiante que par la Foi, et que Dieu ne communique cette grâce, qui donne seule entrée dans le ciel, qu'à ceux qui sont fermement persuadés de tous les articles contenus dans le symbole des apôtres. Il enseigne même que, depuis le péché du premier homme, jamais personne n'a pu, sans la Foi, être justifié, ni conséquemment recevoir la rémission soit de son péché originel, soit de ses péchés personnels ; non qu'il ait fallu qu'avant la venue de Jésus-Christ, on eût une Foi aussi étendue et aussi développée que celle qui est nécessaire depuis son avénement ; mais en ce sens qu'on devait avoir la Foi au Médiateur, que Dieu avait promis, et qu'il devait envoyer pour réconcilier les hommes avec lui, en payant le tribut de satisfaction dont leurs péchés les rendaient redevables.

Depuis l'établissement du christianisme, il ne suffit pas, pour être justifié, d'avoir la Foi au Médiateur venu et donné aux hommes. Comme Jésus-Christ a développé les dogmes qui, avant sa venue, n'étaient connus que d'une manière obscure et confuse, il est nécessaire de les croire distinctement, et d'en avoir, comme on dit, une Foi explicite. Cependant, cette foi explicite, qui est la première disposition nécessaire et indispensable à la justification, ne doit pas s'étendre nécessairement à tous les dogmes enseignés par Jésus-Christ. Si elle embrassait ceux seulement qui sont contenus dans le symbole, elle suffirait, pourvu qu'elle fût accompagnée de la disposition sincère à croire tous les autres, dès qu'ils seront connus par les moyens que Dieu a établis pour en instruire les fidèles. Or, parmi tous ces moyens, le plus sûr, le plus facile, celui qui a été le plus universellement employé, surtout pour le commun des fidèles, c'est l'enseignement des pasteurs légitimes de l'Eglise.

La Foi des chrétiens doit être raisonnable, en ce sens qu'on doit, non pas comprendre clairement tous les dogmes et les mystères de la religion, mais pouvoir s'en rendre compte et en étudier les raisons.

C'est encore une vérité admise dans le catholicisme que la Foi sans les œuvres est une foi morte, et comme telle incapable de procurer la justification. Les protestants, au contraire, soutiennent que les œuvres sont inutiles, et qu'on n'est sauvé que par la Foi.

2. Les musulmans regardent la Foi comme la première de toutes les œuvres méritoires ; mais, par rapport au mérite de la Foi sans les œuvres, on voit parmi les sectes mahométanes les mêmes dissentiments que dans les diverses communions chrétiennes. Ainsi, l'opinion générale des sunnites est qu'avec la Foi seule on peut obtenir le ciel, et ils ne donnent aux bonnes œuvres d'autre mérite que celui d'acquérir au musulman, dans la béatitude éternelle, un degré de félicité proportionné à la nature et au nombre de ses œuvres. D'après ce principe, quiconque meurt dans la Foi musulmane est sûr de gagner le ciel. Ses péchés, ses transgressions

ne le soumettent, après la mort, qu'à des peines transitoires dans l'autre vie. — Les hétérodoxes des 72 sectes de l'islamisme, les motazales surtout, sont d'un sentiment tout différent; outre la nécessité de la Foi pour être sauvé, ils exigent encore le mérite des bonnes œuvres, et regardent comme certaine la réprobation de ceux qui en sont destitués au moment de la mort.

Les six articles de Foi, chez les musulmans, sont compris dans cette formule : *Je crois en Dieu, en ses anges, en ses livres, en ses prophètes, au jour du jugement dernier, et à la prédestination divine, soit pour le bien, soit pour le mal.*

3. La *Foi*, la *Bonne Foi* ou la *Foi publique* était une divinité romaine, dont le culte était établi dans le Latium avant Romulus. Suivant quelques auteurs, Enée lui avait bâti un temple sur le mont Palatin ; d'autres, avec plus de probabilité, ne font remonter la fondation de ce temple qu'à Numa Pompilius. Enfin, Cicéron rapporte qu'Attilius Calatinus lui en bâtit un sur le Capitole, auprès de celui de Jupiter. Elle avait des prêtres et des sacrifices qui lui étaient propres. Ces prêtres, dans leurs cérémonies, se couvraient la tête et les mains d'un voile blanc, symbole de candeur, et les sacrifices se faisaient sans effusion de sang. On représentait la Foi sous différents attributs ; tantôt comme une femme tenant des épis de la main droite, et de la gauche, un petit plat de fruits; tantôt sous le symbole de deux filles se donnant la main, ou seulement de deux mains l'une dans l'autre.

FOIE. L'inspection du foie des victimes faisait, chez les anciens Romains, une partie importante de la science des aruspices.

FOISME, la troisième des grandes sectes religieuses autorisées dans la Chine. C'est la religion de Fo ou Bouddha. *Voy.* Fo, BOUDDHISME.

FOKE-KIO, ou FOTS-KE KIO, un des livres sacrés des Japonais de la secte de Bouddha ; c'est le même qui porte en chinois le titre de *Fa-hoa-king*, ou livre de la fleur de la loi. On prétend qu'il fut apporté au Japon, vers l'an 804 de l'ère chrétienne, par Ko-bodaï-sin, auteur du syllabaire japonais, et l'un des propagateurs du bouddhisme dans cet empire. Le Foke-kio contient les principaux articles de la doctrine de Chaka, qui, dit-on, les avait tracés sur des feuilles d'arbres. Anan et Kasia recueillirent ces précieux manuscrits, dont ils formèrent l'ouvrage appelé *Kio* par les Japonais, c'est-à-dire le livre par excellence, ou *Foke-kio*, le Livre des belles fleurs. Cet ouvrage valut aux deux compilateurs les honneurs les plus distingués ; dans les temples de Chaka, ils sont représentés, l'un à la droite, l'autre à la gauche de leur maître. Ce livre est vénéré par les Japonais, comme la Bible l'est chez les chrétiens ; les bonzes et les prédicateurs en lisent quelques lignes, soit dans les temples, soit dans les places publiques, et le commentent en présence de leurs nombreux auditeurs.

FOKE-SIO (on trouve encore ce mot écrit *Foque-siu*, *Foquexus*, *Fokko-siu*) ; une des sectes religieuses professées au Japon. Les Foke-sio appartiennent à la religion de Chaka ou Bouddha. Ils vivent en communauté, interrompent leur sommeil au milieu de la nuit, et se réunissent dans un même lieu pour chanter ensemble des hymnes en l'honneur de Chaka, et lui adresser des prières.

FOLGAR, cérémonie pratiquée par les nègres musulmans à l'issue du jeûne de Ramadhan. Les femmes et les filles se présentent d'abord, partagées en quatre bandes, dont chacune est conduite par un Guiriot du même sexe, qui chante quelques vers convenables à la circonstance, et toute la bande répond en chœur. Elles s'avancent ainsi pour danser autour d'un grand feu allumé au milieu de la place. Les chefs et les principaux habitants sont assis sur des nattes et s'entretiennent tranquillement. On voit ensuite paraître une autre troupe composée de tous les jeunes hommes partagés, comme les femmes, en quatre compagnies, avec des tambours et d'autres instruments. Ils sont vêtus de leurs plus beaux habits, et chargés de leurs armes, comme s'ils étaient au moment d'une bataille. Ils font la procession autour du feu ; après quoi, quittant leurs habits, ils commencent à lutter homme contre homme avec beaucoup d'agilité. Les filles, rangées en ligne derrière eux, les encouragent de la voix et du geste. Ceux qui se signalent en reçoivent sur-le-champ la récompense par des chants en leur honneur et par des battements de mains. Cet exercice est suivi d'un bal où les deux sexes font assaut d'adresse et de légèreté. — Dans les funérailles, les nègres exécutent pareillement le Folgar, mais avec des modifications analogues à la circonstance.

FOLK-WANGER, nom de la demeure ou retraite de Fréya, déesse de la beauté et de l'amour, dans la mythologie scandinave.

FOMAGATA, l'esprit du mal chez les Muyscas de l'Amérique, qui le représentaient sous la figure d'un monstre qui n'avait qu'un seul œil, quatre oreilles et une longue queue.

FONDATEURS. Les villes grecques déféraient les honneurs divins à leurs fondateurs, et leur consacraient des temples, des statues et des fêtes. Ces mêmes villes décernaient, par reconnaissance, à d'illustres bienfaiteurs, les honneurs et le titre de *Fondateurs*. Il en était de même chez la plupart des peuples de l'antiquité.

FONDATION. — 1. C'est une des plus considérables des œuvres qu'on nomme *pies* dans l'Eglise catholique. Elle consiste à faire bâtir une église, un monastère, un hôpital, un collège, une chapelle, et à les renter ; à donner à certaines églises une somme d'argent pour y célébrer des messes, un office, ou réciter quelques prières à perpétuité. Le zèle pour établir des fondations commença à éclater, parmi les catholiques, dans le IVᵉ ou Vᵉ siècle. Il y a aussi quelques fondations moins considérables, qui ont pour but, par exemple, de faire exposer le saint sacrement à la vénération des fidèles, ou de le faire porter en procession, dans certains jours qui ne sont pas marqués par l'Eglise, afin d'honorer le patron d'une paroisse, ou quelque autre saint pour lequel on a une dévotion particulière. Les fondations les plus communes de notre temps et de notre pays consistent à établir à perpétuité des messes ou des services funèbres pour le repos de l'âme des fondateurs. Il est encore des personnes riches qui laissent des sommes plus ou moins considérables, à la charge de contribuer à la construction d'une église, d'un hospice, d'une école ou d'un autre établissement d'utilité publique.

2. Les fondations ne sont pas particulières à la religion catholique ; les musulmans, surtout, les regardent comme une des œuvres les plus méritoires. Ils regardent les fondations pieuses comme des biens, dont le donateur s'est dépouillé volontairement pour en céder la propriété absolue à Dieu, et l'usufruit ou la jouissance aux hommes. Ainsi, lorsque le fondateur a une fois disposé de ses biens, ni lui, ni sa postérité ne conserve plus aucun droit sur eux, et la donation devient irrévocable. — Il y a également différentes sortes de fondation chez les musulmans : les unes exigent des fonds considérables, comme la fondation d'une mosquée, d'un hospice, d'un collége, d'un pont, d'une hôtellerie pour les voyageurs ; les autres ne consistent qu'en des œuvres moins coûteuses, comme d'établir une fontaine, de creuser un puits, d'enclore un cimetière, de pourvoir à la subsistance d'un certain nombre de pauvres, ou même à celle des chiens de la ville (on sait que ces animaux n'ont point de maîtres chez les musulmans, et qu'ils rendent cependant de grands services à l'hygiène publique).

FONG-CHEN, cérémonie en usage dans les anciens temps de la Chine. C'est, dit un auteur chinois, une grande cérémonie, par laquelle un empereur qui monte sur le trône, avertit que sa famille a été choisie à la place de la précédente. Suivant le même écrivain, lorsque les anciens empereurs avaient fondé une nouvelle dynastie, et établi un gouvernement si parfait, que tout l'univers jouissait d'une heureuse et profonde paix, ils montaient sur le Taï-chan pour en avertir le peuple et remercier le ciel. Enfin, ils faisaient graver sur des pierres quelques lettres, non pour faire connaître leur mérite et leur vertu aux siècles à venir, mais simplement pour exprimer leur nom, et annoncer que tel empereur a remercié le ciel de ses bienfaits.

FONG-CHOUI (mot à mot, *vent et eau*). Les Chinois appellent ainsi une certaine influence bonne ou mauvaise, et un genre d'opération mystérieuse qui regarde la position des édifices, et surtout celle des tombeaux. — Si quelqu'un bâtit par hasard une maison dans une position qui offusque ses voisins, comme par exemple, si un angle du bâtiment était opposé au flanc de la maison d'un autre, c'est assez pour faire croire à ce dernier que tout est perdu ; il en résulte des haines qui durent aussi longtemps que l'édifice. Cependant, il existe un remède qui consiste à placer dans une chambre un dragon ou quelque autre monstre en terre cuite, qui jette un regard terrible sur l'encoignure de la fatale maison, et qui repousse ainsi toutes les influences qu'on pourrait en appréhender. Les voisins, qui prennent cette précaution contre le danger, ne manquent pas de visiter plusieurs fois par jour le monstre qui veille à leur défense, et de brûler de l'encens devant lui, ou plutôt devant l'esprit qui le gouverne, et qu'ils croient sans cesse occupé de ce soin. Les bonzes ont grand soin de venir en aide à l'embarras de leurs clients ; ils s'engagent, pour une somme d'argent, à leur procurer l'assistance de quelque esprit puissant, qui soit capable de les rassurer, nuit et jour, par des efforts continuels de vigilance et d'attention. Il se trouve des personnes si timides, qu'elles interrompent leur sommeil pour observer s'il n'est point arrivé de changement qui doive les obliger à changer de lit ou de maison ; et d'autres, encore plus crédules, qui ne dormiraient pas tranquillement, si elles n'entretenaient dans la chambre du dragon un bonze qui ne les quitte pas jusqu'à la fin du danger.

Outre la superstition qui regarde la situation des édifices, il en existe encore une autre sur la manière de placer les portes et le jour, de disposer le fourneau pour faire le riz, etc. Le pouvoir du Fong-choui s'étend encore davantage sur les sépulcres des morts. Certains imposteurs font leur métier de découvrir les montagnes et les collines, dont l'aspect est favorable ; et lorsque, après diverses cérémonies ridicules, ils ont fixé un lieu pour cet usage, on ne croit qu'il y ait de trop grosses sommes pour acheter cette heureuse portion de terre.

Les Chinois sont persuadés que le bonheur ou le malheur de la vie dépend de ce Fong-choui. Si quelqu'un se distingue entre les personnes du même âge par ses talents et sa capacité, s'il parvient de bonne heure au degré de docteur ou à quelque emploi, s'il devient père d'une nombreuse famille, s'il vit longtemps, ce n'est point à son mérite, à sa sagesse, à sa probité, qu'il en a l'obligation ; son bonheur vient de l'heureuse situation de sa demeure, ou de ce que la sépulture de ses ancêtres est sous l'influence d'un excellent Fong-choui.

FONG-HOANG, oiseau fabuleux chez les Chinois, qui joue, dans leur histoire ancienne, à peu près le même rôle que le phénix des Grecs et des Romains, et l'*anca* des Arabes. Aussi, les rares occasions où l'on prétend qu'il est apparu sont notées soigneusement ; car on croit que c'est un présage de bonheur. On dit qu'il a la tête d'un dragon, la queue d'un coq, les pieds d'une tortue, et que ses ailes sont ornées de cinq diverses couleurs. Les mandarins et les grands de la cour en portent la figure sur leurs habits ; et les femmes en portent sur elles des figures d'or, d'argent ou de cuivre, suivant leur fortune et leur qualité.

FONGOUAN-SI SIO, autrement *Iko sio* (c'est-à-dire le plus riche) ; secte de bouddhistes, dans le Japon, qui tire son nom du temple de Fongouan-si, chef-lieu de leur congrégation. Ils sont divisés en *Nis Fongouan-si sio*, ou sectateurs occidentaux de la secte de Fongouan, et en *Figos Fongouansi siu*, ou sectateurs orientaux de la même secte.

FO-NO AKARI-NO MIKOTO, une des anciennes divinités des Japonais ; il était fils du troisième des esprits terrestres. *Voy.* le récit de sa naissance à l'article AMATSOU FIKO-FIKO FO-NO.

FO-NO SOUSORO-NO MIKOTO, un des dieux de la mer chez les Japonais, fils, comme le précédent, d'*Amatsou fiko-fiko fo-no ni ni ghi-no Mikoto*. *Voy.* sa naissance à l'article consacré à son père.

FONSANFA, une des deux divisions de l'ordre religieux des Yama-botsi, au Japon. Ceux qui en font partie doivent aller en pèlerinage, une fois l'an, au tombeau de leur fondateur, au sommet d'une haute montagne, dans le district de Yosi-no. On dit que le froid y est excessif, et qu'elle est si escarpée et tellement entourée de précipices, que l'ascension en est extrêmement dangereuse. Les Japonais sont persuadés que si quelqu'un osait entreprendre un pareil voyage sans s'être dûment purifié et préparé pour cela, il courrait le hasard de tomber dans ces effroyables précipices où il serait mis en pièces ; il tomberait du moins dans une maladie de langueur, ou éprouverait quelque autre calamité qui le punirait de sa témérité sacrilége. C'est pourquoi les gens qui appartiennent à l'ordre de Fonsanfa se préparent à ce voyage annuel par la continence, par l'abstinence de certaines viandes, par des bains d'eau froide et par différentes mortifications du même genre. Durant tout le temps qu'ils sont en route, ils doivent se nourrir seulement des racines et des plantes qu'ils trouvent sur la montagne. *Voy.* YAMA-BOTSI, TOSANFA.

FONTAINES. Elles étaient, suivant les Grecs, filles de l'Océan et de Téthys. Les anciens avaient une vénération particulière pour les Nymphes ou génies des fontaines, surtout de celles dont les eaux avaient la vertu de guérir quelques infirmités.

Il y avait à Rome, dans le voisinage de la porte Capène, une fontaine qui passait pour avoir de grandes vertus, et en particulier celle d'effacer les tromperies, les ruses et les faux serments dont on s'était rendu coupable dans le commerce. C'est pourquoi les marchands s'y rendaient, le 15 mai, pendant la fête de Mercure, leur patron. Ils buvaient de son eau, et en emportaient dans des cruches pour purifier leurs maisons ; ils y trempaient des branches de laurier, avec lesquelles ils aspergeaient ensuite toutes leurs marchandises ; ils en aspergeaient aussi leurs cheveux, et terminaient par une prière adressée à Mercure, dans laquelle, suivant Ovide, ils demandaient pardon de leurs anciens parjures et de leurs faux serments, et sollicitaient la permission d'en faire de nouveaux, dans l'intérêt de leur commerce.

FONTINALES, fêtes célébrées à Rome en l'honneur des Nymphes qui présidaient aux fontaines. La solennité en était fixée au 13 octobre. On les célébrait à l'une des portes de la ville, nommée *Fontinale*. Ce jour-là, on jetait des fleurs dans les fontaines, et on couvrait les puits de guirlandes ; on en couronnait pareillement les enfants.

FONTS BAPTISMAUX. On appelle ainsi la piscine dans laquelle on conserve l'eau sacrée qui sert à conférer le sacrement de baptême. Ils sont ordinairement placés vers l'entrée de l'église, dans une chapelle consacrée à cet usage. Dans les premiers siècles, les fonts baptismaux étaient quelquefois dans un bâtiment plus ou moins vaste, séparé de l'église, et que l'on appelait baptistère ; d'autres fois ils étaient sous le porche du temple.

La forme des fonts baptismaux a beaucoup varié ; il y en avait en forme de bassin creusé dans le sol, et dans lequel on descendait par des marches ; ces bassins étaient souvent construits en marbre ou en porphyre. Mais, dans l'Eglise latine, depuis que l'on ne baptise plus par immersion, ils consistent presque partout en une cuvette de pierre ou de marbre, élevée sur un socle, une colonne, etc. On en cite plusieurs d'un travail exquis, et qui sont fort remarquables sous le rapport de l'art.

FO-RAI SAN (ou en chinois *Phung-lai Chan*), île fabuleuse, de la mythologie chinoise et japonaise ; on dit qu'elle est située dans la mer Orientale, et qu'elle est inaccessible. Elle est couverte de pavillons et de salles d'or et d'argent, qui servent de retraite aux génies chargés de garder le breuvage d'immortalité. Les Annales chinoises rapportent que, l'an 219 avant l'ère chrétienne, l'empereur Thsin-chi-hoang-ti envoya à cette île une expédition composée de quelques milliers de jeunes gens des deux sexes, sous la conduite d'un Tao-ssé, pour y chercher le remède qui rend immortel. Mais la flotte qui les portait ayant fait naufrage, il n'en revint qu'une seule barque qui apporta la nouvelle de ce désastre.

FORCE. — 1. Divinité allégorique des anciens, qui la supposaient fille de Thémis, et sœur de la Tempérance et de la Justice. Le lion était un de ses attributs.

2. Dans le christianisme, la force est une des quatre vertus cardinales.

FORCULUS, dieu des anciens Romains, qui présidait aux portes.

FORDICALES, ou FORDICIDIES, fêtes célébrées, dans l'ancienne Rome, le 15 avril, en l'honneur de Tellus ou la Terre. Ce jour-là on arrachait des veaux du corps de leurs mères, et, tandis que les prêtres faisaient brûler les intestins de celles-ci, après les avoir coupés par morceaux, la plus âgée des vestales réduisait en cendres leur fruit, pour en purifier le peuple, le jour des Palilies qui était peu éloigné. On disait que ces cérémonies avaient été prescrites par Numa, dans un temps où l'on n'avait aucun genre de récoltes.

FORIFI, sacrifices célébrés au Japon, le dernier jour du sixième mois, pour détourner les maux et demander aux dieux du bonheur. Ils furent institués par Ten bou ten o, 40ᵉ daïri, l'an 674 de l'ère chrétienne.

FORINA, déesse des Romains ; elle présidait aux égoûts.

FORNACALES, ou FORNICALES, fêtes romaines, instituées, dit-on, par Numa Pompilius, en l'honneur de la déesse Fornax. On y faisait des sacrifices devant les fours où l'on avait coutume de torréfier le blé ou de cuire le pain. On y jetait de la farine qu'on y laissait consumer. Les Fornacales étaient du nombre des fêtes mobiles ; le grand curion indiquait, chaque année, le 12 des calendes de mars, le jour où elles seraient célébrées.

FORNAX, divinité romaine, qui présidait aux fours et aux fournaises. On l'invoquait pour qu'elle ne laissât pas brûler le blé qu'on torréfiait alors dans les fours avant de le broyer pour s'en servir.

FORS, divinité romaine, la même que la fortune, qu'on appelait aussi *Fors Fortuna*. Cependant il y avait, suivant Donat, une différence entre *Fortuna* et *Fors Fortuna*. La première exprimait le hasard, un événement incertain, une fortune bonne ou mauvaise, tandis que la seconde ne s'entendait que d'un événement heureux. Servius Tullius bâtit à *Fors Fortuna* un temple, à côté duquel Carvilius en éleva un autre, l'an de Rome 459, du butin fait sur les Samnites. Tous deux se trouvaient dans la 14ᵉ région. Sous Tibère, on lui en érigea encore un troisième. La fête de la déesse Fors était célébrée le 24 juin, surtout par les gens du peuple, et par ceux qui vivaient sans état, au jour le jour.

FORSETE, le douzième des grands dieux scandinaves ; il était fils de Balder, et habitait un palais nommé Glitner. Sa fonction consistait à assoupir les querelles et à réconcilier les dieux et les hommes qui le prenaient pour juge de leurs procès ; aussi son tribunal passait-il pour le plus excellent qu'il y eût dans le ciel et sur la terre.

FORTUNE. Les anciens avaient fait de cet être imaginaire une divinité très-puissante, qui disposait à son gré des biens et des maux, et qui distribuait, selon son caprice, les sceptres, les couronnes, les dignités, les honneurs, la santé, les richesses. L'inconstance était son principal caractère. Elle se plaisait à combler de biens celui qu'elle avait accablé de maux, et à renverser celui qu'elle avait élevé. Ce n'étaient ni la vertu ni le mérite qui la déterminaient dans la distribution de ses faveurs comme de ses disgrâces ; elle ne consultait jamais que son seul caprice. Cependant les païens, peu conséquents, ne cessaient de l'importuner par des vœux inutiles ; et la Fortune, c'est-à-dire le pur hasard, était plus fêtée que toutes les divinités de l'Olympe ; chacun se promettait de fixer cette déesse inconstante et bizarre, qui avait à Rome plus de temples que tous les autres dieux ensemble. On a remarqué qu'elle était inconnue aux Grecs dans la plus haute antiquité ; en effet, on ne trouve son nom ni dans Homère ni dans Hésiode.

Les poëtes modernes la dépeignent chauve, aveugle, debout, avec des ailes aux pieds, dont l'un est suspendu en l'air, et l'autre repose sur une roue tournante. Les anciens la représentaient avec un soleil et un croissant sur la tête, pour donner à entendre que, comme ces deux astres, elle présidait à tout ce qui se passe sur la terre. Ils lui ont donné pour emblème un gouvernail, pour exprimer l'empire du hasard. Souvent, au lieu de gouvernail, elle a un pied sur une proue de navire, comme présidant à la fois sur la terre et sur la mer. Quelquefois la Fortune était assise sur un serpent, pour exprimer qu'elle est au-dessus de toute prudence humaine.

Pausanias fait mention d'une statue de la Fortune, à Egine, qui tenait dans ses mains une corne d'abondance, et avait auprès d'elle un Cupidon ailé, pour signifier, dit-il, qu'en amour la Fortune réussit mieux que la bonne mine. A Smyrne, elle avait l'étoile polaire sur la tête, et une corne d'abondance à la main, parce qu'elle gouverne et enrichit tout ici-bas.

Les temples les plus célèbres de la Fortune étaient ceux d'Antium et de Préneste. Cette dernière ville, aujourd'hui Palestrine, conserve encore dans son enceinte les ruines du temple antique. C'était un édifice, ou plutôt un assemblage d'édifices, qui, assis avec régularité sur différents plans, s'élevaient les uns au-dessus des autres, et en imposaient au loin par la majesté de leur ordonnance. Celui qui les couronnait tous, et qui sert aujourd'hui de palais aux princes de Palestrine, était, à ce qu'on croit, le lieu même où la Fortune rendait ses oracles. Cicéron fait entendre que sa statue avertissait, par quelque signe, comment il fallait tirer au sort avec les dés, ou autres objets semblables, qui étaient renfermés dans un coffre fait d'olivier. Il dit aussi qu'on voyait, dans le même endroit, un groupe qui représentait Junon et Jupiter, enfants, entre les bras de la Fortune, et que les mères avaient une singulière dévotion pour cette représentation.

Les Romains distinguaient plusieurs sortes de Fortunes, ou plutôt ils qualifiaient différemment cette prétendue divinité, suivant l'objet qu'ils avaient en vue. C'est ainsi qu'on trouve :

La *Bonne Fortune*, à laquelle Tullius avait élevé un temple ;

La *Fortune d'or* (*Fortuna aurea*), représentée, sur une médaille d'Adrien, sous la forme d'une belle femme ailée, couchée de son long, avec un timon à ses pieds ;

La *Fortune équestre*, à laquelle le censeur Q. Fulvius Flaccus érigea un temple, l'an de Rome 174, en accomplissement d'un vœu qu'il avait fait en Espagne, dans un combat contre les Celtibériens. Il enleva les tuiles de marbre du temple de Junon Lacinienne, pour en couvrir celui de la Fortune équestre; mais le sénat regardant cette action comme un sacrilége, ordonna qu'elles fussent reportées dans le temple d'où on les avait tirées, et que Junon serait apaisée par des sacrifices.

La *Fortune favorable* (*obsequens*), représentée sur une médaille d'Antonin le Pieux, sous la figure d'une belle femme, debout, qui de la main droite s'appuie sur un timon, et de la gauche tient une corne d'abondance.

La *Fortune féminine* (*muliebris*), à laquelle les Romains avaient élevé un temple, en mémoire de ce que la mère de Coriolan, avec les autres dames romaines, avait réussi à désarmer son fils et à lui faire lever le siége de la ville. Les dames seules avaient droit d'y entrer et d'y offrir des prières et des sacrifices à la déesse.

La *Fortune fortuite*, personnification d'un heureux événement inattendu. *Voy.* Fons.

La *Fortune permanente* (*manens*) est caractérisée sur une médaille de Commode, par une dame romaine, assise, tenant une corne d'abondance de la main gauche, et de la droite un cheval par la bride.

La *Fortune primigénie*. Plutarque rapporte que le roi Servius éleva un temple à la Fortune, sous le nom de *primigénie*, parce qu'elle avait pris soin de lui dès sa naissance.

La *Fortune publique* avait une fête célébrée le 25 mai.

La *Fortune redux*, ou *du retour*. On lui éleva un autel pour célébrer le retour d'un voyage qu'Auguste avait fait en Orient.

La *Fortune victorieuse* est caractérisée, sur les médailles, par une femme appuyée sur un timon, et tenant à la main une branche de laurier.

La *Fortune virile*. Les dames romaines lui offraient un sacrifice, le premier jour d'avril, pour obtenir la grâce de voiler les défauts corporels qu'elles pouvaient avoir.

FORTUNES ANTIATINES, prophétesses, ainsi nommées d'Antium, où elles étaient honorées et consultées. Martial, qui les appelle sœurs, dit qu'elles prononçaient leurs oracles sur le bord de la mer. On les appelait aussi *Geminæ*, parce que l'une était la cause des bons, l'autre des mauvais événements. Suivant le témoignage de Macrobe, c'étaient des statues qui se remuaient d'elles-mêmes, et dont les mouvements différents, ou servaient de réponse, ou marquaient que l'on pouvait consulter les sorts. Au reste, la Fortune avait un temple célèbre dans cette ville, et Horace lui donne le titre de souveraine d'Antium.

FO SIO YE, fête célébrée au Japon, dans le temple d'*Iwa si midzou*, en l'honneur d'*O sin ten o*. Elle a lieu le 15 du huitième mois. Le peuple y apporte tous les poissons et oiseaux qu'il a pu prendre ; on jette les poissons dans l'étang du temple, et l'on fait voler les oiseaux. Cette fête fut instituée, en 1069, par le 71ᵉ daïri, Go san sio-no in.

FOSITE, ou FOSTE, dieu des anciens Danois, honoré dans une île située à l'embouchure de l'Elbe, à laquelle il donna son nom. Cette terre qui lui était consacrée passait pour si sainte, que les païens n'osaient tuer les animaux qui y paissaient, ni parler en puisant de l'eau à une fontaine qui l'arrosait, persuadés que ceux qui mangeraient de la chair de ces animaux mourraient subitement, ou au moins contracteraient une maladie fort dangereuse.

FOSSOYEUR, ou FOSSOR, surnom d'Hercule. Ce héros, chassé de Tirynthe par Euristhée, se retira à Phénée, ville d'Arcadie, dont le territoire était inondé par le débordement du fleuve Olbios ; ouvrit à ses eaux un canal qui en procura l'écoulement, et rendit à l'agriculture les champs qu'elles avaient submergés. C'est à cet exploit qu'il dut ce surnom.

FOTO-KI, ou FOTOQUES, nom que les Japonais donnent aux divinités ou idoles de la religion bouddhique, à la différence des *Kami* ou *Sin*, qui sont les génies de la religion primitive de la contrée. Les temples des premiers sont appelés *Miya*, et ceux des seconds portent le nom de *Tira*. Le vocable *Fotoki* vient de *Foto*, transcription chinoise du nom de Bouddha. Le culte des Foto-ki fut importé dans le Japon, l'an 552 de l'ère chrétienne, sous le règne du 30ᵉ daïri, Kin meï ten o, qui le favorisa beaucoup. Il fit faire à la Chine des statues de Fo, que l'on transporta ensuite au Japon, où il leur éleva plusieurs temples. Les chroniques de l'empire disent qu'à cette époque le simulacre d'Amida parut environné de rayons, à la bonde d'un étang, dans un lieu nommé Naniwa, sans qu'on sût par qui il avait été apporté. Cette statue merveilleuse fut conduite dans le pays de Sinano, par Tondayosi-mits, prince d'une valeur héroïque et d'une grande piété, qui la plaça dans un temple où elle fit beaucoup de miracles. Ce simulacre avait été envoyé par le roi de la province de Fiaksaï en Chine. Depuis cette époque le culte des Foto-ki est extrêmement répandu dans le Japon ; il y a même, non loin de Miako, un temple dans lequel on n'en compte pas moins de 33,333 ; la principale de toutes ces idoles est celle de Bouddha. *Voyez* DAÏ-BOUTS.

FOTS SIOO SIO, c'est-à-dire *l'observance de la réflexion de la loi ;* une des sectes religieuses professées au Japon. Elle appartient à la religion bouddhique. Cette doctrine fut d'abord établie par Ghen Sio, et répandue dans le Japon, deux générations après lui, par le prêtre bouddhiste Ghen Bo, qui l'apporta de Chine, avec plus de 5000 volumes de théologie et un grand nombre d images ou fotoques. Mais ce réformateur traitait tout le monde avec dédain ; il avait défendu aux laïques d'imiter les manières et les usages des Chamans ou prêtres de Bouddha. Il se fit haïr de tout le monde, et l'on prétend que l'esprit de Firo-tsouki le tua pour se venger de lui. Sa mort arriva l'an 746 de l'ère chrétienne.

FOTTEI, que d'autres appellent *Mirokou*, dieu des marchands japonais, qui professent le Sintoïsme. Il préside à la santé, aux richesses et à la population. On le représente avec un gros ventre.

FO-TAI-TSOU. L'an 337, un bonze, nommé Heou-tse-kouan-jo, prit le titre de *Fo-tai-tsou*, c'est-à-dire prince héritier de Fo, prétendit s'emparer du petit royaume appelé *Siao-Tsin* ou le petit Tsin, et se fit appeler Li-tse-yang. Il se trouva en peu de temps à la tête d'un parti nombreux, et se retira dans les montagnes où il prit le titre de *Ta-hoang-ti*, c'est-à-dire le grand empereur. Il nomma des ministres, des officiers et des généraux d'armée ; mais il fut tué peu de temps après, et on lui coupa la tête. Le peuple, trompé par ses impostures, publia que, pendant dix jours, il n'en tomba aucune goutte de sang, et que son visage ne changea point. Che-hou, roi de Tchao, fut pénétré de respect pour la religion des bonzes samanéens. Tous les citoyens se rendaient en foule dans les monastères, se rasaient et quittaient leur famille pour se faire samanéens : ils ne connaissaient plus alors ni père, ni mère, ni patrie, ni le gouvernement ; ne vivaient que d'aumônes, et s'éloignaient du monde, afin de parvenir plus tôt à la pureté.

FO-TOU-TCHING, autre imposteur qui parut dans la Chine l'an 334 ; c'était un samanéen venu de l'Inde, qui s'annonça comme un homme singulier, prétendant avoir déjà vécu des centaines d'années, être en commerce habituel avec les esprits, et pouvoir opérer des miracles. Les empereurs de la dynastie des Tsin n'étaient pas alors maîtres de toute la Chine ; plusieurs petits souverains s'étaient établis en différentes provinces où ils étaient indépendants, et y avaient formé autant de petits royaumes. Ce samanéen se rendit dans celui de Tchao, où régnait un prince nommé Che-le ; il fit plusieurs de ses prestiges devant lui, et par là mérita sa confiance. Les Tao-ssé, toujours ennemis des bonzes de Fo, s'opposèrent inutilement aux progrès qu'il faisait dans l'esprit de ce prince et du peuple. Fo-tou-tching prétendait pouvoir disposer des pluies, des vents, des grêles et des orages ; il alla même jusqu'à dire qu'il ressusciterait les morts. Che-le venait de perdre un fils qu'il aimait beaucoup, et on allait mettre le corps dans le cercueil, lorsque ce samanéen jeta de l'eau sur lui et prononça quelques paroles ; ensuite le prenant par la main, il lui dit : « Levez-vous. » Aussitôt, dit-on, le mort ressuscita.

FOUCARA. Ce mot, qui est le pluriel du mot arabe *faquir*, est le nom d'une secte musulmane qui se trouve à Cours, ville du Dar-four en Afrique. Elle affecte, d'après le titre qu'elle a pris, une piété extraordinaire, mais elle se fait remarquer par son intolérance et sa brutalité envers les étrangers. Dans d'autres villes de la même contrée, et notamment à Cobbé, les enfants des pauvres sont instruits gratuitement par des musulmans de cette secte. Ceci est rapporté par Browne, dans son *Voyage en Egypte et en Syrie;* mais nous croyons qu'il est dans l'erreur, et qu'il a pris pour une secte la congrégation des faquirs. *Voyez* ce mot.

FOU-DO, idole des Japonais ; elle représente un saint célèbre de la secte des Yamabotsi, qui choisit pour sa pénitence de se placer au milieu du feu ; mais il n'en reçut, dit-on, aucune atteinte. Devant cette idole brûle une lampe alimentée d'huile d'inari ou lézard venimeux. C'est devant Fou-do que les Japonais accusés d'un crime se justifient, et l'épreuve a lieu dans la maison où le fait est supposé s'être passé. Pour arriver à la connaissance de la vérité, le bonze prononce une conjuration ; on lui fait boire un verre d'eau dans lequel est un papier magique chargé de figures d'oiseaux noirs ; ce breuvage a pour propriété de faire souffrir cruellement le coupable jusqu'à ce qu'il ait avoué son crime. Si ces épreuves sont insuffisantes, ils font passer trois fois la personne soupçonnée sur un brasier de charbon long d'une brasse ; si on peut parcourir cet espace sans se brûler la plante des pieds, on est déclaré absous.

FOUDRE (1), sorte de dard enflammé dont les peintres et les poëtes ont armé Jupiter. Cœlus, père de Saturne, ayant été délivré par Jupiter, son petit-fils, de la prison où le tenait Saturne, pour récompenser son libérateur, lui fit présent de la foudre qui le rendit maître des dieux et des hommes. Ce sont les Cyclopes qui forgent les foudres que le père des dieux lance souvent sur la terre, dit Virgile. Chaque foudre renferme trois rayons de grêle, trois de pluie et trois de vent. Dans la trempe des Foudres ils mêlent les terribles éclairs, le bruit affreux, les traînées de flamme, la colère de Jupiter et la frayeur des mortels. La foudre de Jupiter est figurée de deux manières : l'une est une espèce de tison flamboyant par les deux bouts, qui, en certaines images, ne montre qu'une flamme ; l'autre, une machine pointue des deux côtés, armée de deux flèches.

Selon les Etrusques, Jupiter a trois foudres : une qu'il lance au hasard et qui avertit les hommes qu'il existe ; une qu'il n'envoie qu'après en avoir délibéré avec quelques dieux, et qui intimide les méchants ; une qu'il ne prend que dans le conseil général des immortels, et qui écrase et qui perd.

---

(1) Article emprunté au Dictionnaire de Noël.

La principale divinité de Séleucie, dit Pausanias, était la foudre qu'on honorait avec des hymnes et des cérémonies toutes particulières: peut-être était-ce Jupiter même qu'on voulait honorer sous ce symbole. Stace, parlant de la Junon d'Argos, dit qu'elle lançait le tonnerre; mais il est le seul des anciens qui ait donné la foudre à cette déesse, puisque Servius assure, sur l'autorité des livres étrusques, où tout le cérémonial des dieux était réglé, qu'il n'y avait que Jupiter, Vulcain et Minerve qui pussent la lancer.

Les lieux atteints de la foudre étaient réputés sacrés, et on y dressait un autel, comme si Jupiter eût voulu par là se les approprier. On ne pouvait en faire aucun usage profane. Pline dit qu'il n'était pas permis de brûler le corps d'un homme frappé par la foudre; qu'il fallait simplement l'inhumer, et que c'était une tradition religieuse. Enfin, on regardait généralement tous ceux qui avaient le malheur de périr par la foudre, comme des impies qui avaient reçu leur châtiment du ciel. Quand la foudre était partie de l'orient, et que, n'ayant fait qu'effleurer quelqu'un, elle retournait du même côté, c'était le signe du bonheur parfait, *summæ felicitatis præsagium*, comme Pline le raconte à l'occasion de Sylla. Les foudres qui faisaient plus de bruit que de mal, ou celles qui ne signifient rien, étaient nommées *vana et bruta*, et la plupart des foudres de cette espèce étaient prises pour une marque de la colère des dieux: telle fut la foudre qui tomba sur le camp de Crassus; elle fut regardée comme un avant-coureur de sa défaite; et telle encore, selon Ammien Marcellin, fut celle qui précéda la mort de l'empereur Valentinien. De ces foudres de mauvais augure, il y en avait dont on ne pouvait éviter le présage par aucune expiation, *inexpiabile fulmen*, et d'autres dont le malheur pouvait être détourné par des cérémonies religieuses, *piabile fulmen*.

La langue latine s'enrichit de la confiance donnée aux augures tirés de la foudre. On appela *Consiliaria fulmina*, celles qui arrivaient lorsqu'on délibérait de quelque affaire publique; *Auctorativa*, celles qui tombaient après les délibérations prises, comme pour les autoriser; *Monitoria*, celles qui avertissaient de ce qu'il fallait éviter; *Deprecatoria*, celles qui avaient apparence de danger, sans qu'il y en eût pourtant effectivement; *Postulatoria*, celles qui demandaient le rétablissement des sacrifices interrompus; *Hospitalia*, celles qui avertissaient d'attirer Jupiter dans les maisons par des sacrifices; *Familiaria*, celles qui présageaient le mal qui devait arriver à quelque famille; *Prorogativa*, celles dont on pouvait retarder l'effet; *Renovativa*, coups de foudre qui signifient la même chose que les précédents, et qui demandent les mêmes expiations; *Publica*, celles dont on tirait des prédictions générales pour trois cents ans; *Privata*, celles dont les prédictions particulières ne s'étendaient qu'au terme de dix années; et *Peremptalia*, celles qui dissipaient la crainte que les coups précédents avait inspirée.

La foudre était la marque de la souveraine puissance; et une foudre ailée est ordinairement le symbole de la puissance et de la vitesse. C'est pourquoi Apelles peignit autrefois Alexandre, dans le temple de Diane d'Éphèse, tenant la foudre à la main, pour désigner une puissance à laquelle on ne pouvait résister.

Nous ajoutons ici les observations que M. Desobry a consignées dans son ouvrage intitulé *Rome au siècle d'Auguste:* « Les présages célestes les plus importants et les plus réels sont les foudres et les éclairs. Les Toscans imaginèrent les premiers de chercher dans les fulgurations un moyen divinatoire, et ils en ont composé une science qui comprend trois parties: *l'observation, l'interprétation et la conjuration*. Ils considèrent la foudre comme le plus puissant des présages, parce que, suivant eux, l'intervention de ce phénomène céleste anéantit tous les autres présages, et ses prédictions sont irrévocables et ne peuvent être changées par aucun autre signe, tandis que les menaces des victimes ou des oiseaux sont abolies par une foudre favorable.

« Il y a bien longtemps que les Romains ont reconnu l'habileté des Etrusques dans la science des fulgurations et l'art d'expliquer les prodiges. Autrefois, d'après un ordre du sénat, six enfants des premières familles étaient continuellement tenus chez chaque peuple de l'Etrurie, pour y étudier cette doctrine; on craignait qu'un si grand art, si on l'abandonnait à des gens de basse naissance, ne perdît sa majesté religieuse, et ne dégénérât en profession mercenaire.....

« On distingue trois espèces de foudres: la foudre *de conseil*, la foudre *d'autorité* et la foudre *d'état*. La première précède l'événement, mais suit le projet: par exemple, un homme médite un projet; un coup de foudre l'y confirme ou l'en détourne. — La seconde suit l'événement, et lui donne une interprétation favorable ou défavorable. — La troisième se montre à un homme tranquille, qui n'est occupé d'aucune action, ni même d'aucune pensée: elle apporte, soit des menaces, soit des promesses, soit des avis. »

La connaissance et l'appréciation des foudres étaient du domaine des augures et des aruspices.

FOU-HI, ou FO-HI, ancien héros des Chinois; plusieurs historiens en font le premier roi de la monarchie de cet empire; sa naissance fut accompagnée de merveilles. Sa mère était *Hoa-sse* (fleur attendue), fille du Seigneur. Se promenant un jour sur les bords d'un fleuve du même nom, elle marcha sur la trace du grand homme: elle s'émut; un arc-en-ciel l'environna; par ce moyen elle conçut, et au bout de douze ans, le quatrième jour de la dixième lune, elle accoucha vers l'heure de minuit; c'est pourquoi l'enfant fut nommé *soui*, ou l'année. On dit qu'il régna par la vertu du bois. Fou-hi avait le corps d'un dragon et la tête d'un bœuf, ou du

Ki-lin, animal merveilleux. D'autres disent qu'il avait la tête longue, les yeux beaux, les dents de tortue, les lèvres de dragon, la barbe blanche et descendant jusqu'à terre ; il était haut de neuf pieds un pouce ; il succéda au ciel et sortit à l'orient ; il était orné de toutes les vertus, et réunissait ce qu'il y a de plus haut et de plus bas.

Il ordonna les cérémonies pour les sacrifices aux esprits du ciel et de la terre ; établit les mariages, en soumettant à des lois l'union des sexes ; étudia le ciel, la marche des astres, divisa l'univers en degrés, inventa le cycle de 60 ans, fixa le calendrier. Il entoura les villes de murailles, donna un écoulement aux eaux stagnantes, inventa l'usage des armes et de la monnaie, la musique, la lyre à 27 cordes, et enfin l'écriture. Cette dernière invention lui fut révélée par un dragon marin portant sur son dos les huit symboles appelés KOUA. *Voy.* cet article. On dit des choses merveilleuses d'une vierge, sœur ou femme de Fou-hi, qui avait le corps de serpent et la tête de bœuf. On rapporte qu'elle obtint d'être vierge et épouse tout ensemble.

Plusieurs auteurs croient que le Fou-hi chinois n'est autre que l'Hermès égyptien. Voici quelques rapprochements qui ne manquent pas de justesse.

1° La première syllabe de son nom *Fou* est composée de deux caractères ou symboles, dont l'un signifie *chien* et l'autre *homme;* or, comme tous les caractères de la langue chinoise sont des hiéroglyphes, ce symbole répond parfaitement à l'*Anubis* des Égyptiens, dans la figure duquel une tête de *chien* était entée sur un corps d'*homme*, et qui était appelé pour cette raison *Anubis cynocéphale*.

2° La seconde syllabe *Hi* est un composé de symboles qui représentent l'*immolation des victimes*, et les Chinois assurent que Fou-hi fut le premier instituteur des sacrifices. Si Fou-hi et Anubis sont le même personnage, Anubis étant reconnu par tous les savants pour le plus ancien Hermès ou Mercure, il faudrait dire que Fou-hi et le premier Hermès sont le même. Hermanubis ou Hermès-Anubis fut regardé comme l'interprète des dieux ; les philosophes chinois prétendent que le *Ciel* ou souverain empereur s'expliqua par la bouche de Fou-hi et se servit de lui pour faire connaître ses volontés.

3° Cet Hermès ou Mercure fut nommé *Tris-Mégiste* (trois fois très-grand), ce qui s'accorde merveilleusement avec l'épithète de *Tai-Hao*, que les Chinois donnent à Fou-hi et qui a la même signification (*Tai*, très-grand, et *Hao* grand ; cette dernière syllabe est elle-même composée des caractères symboliques *parler* et *Ciel* ou *Dieu*, ce qui rappelle la fonction d'interprète des dieux attribuée à Hermès.

4° Cet Hermès fut appelé *Trismégiste*, parce qu'il fut à la fois grand roi, grand pontife et grand prophète ; Fou-hi eut le surnom glorieux de *Tai-Hao*, parce qu'il commandait à un grand empire, qu'il fut le souverain prêtre instituteur des sacrifices, et qu'il avait renfermé dans ses écrits les destinées de l'univers.

5° Mercure Trismégiste passa pour inventeur de toutes les sciences, de tous les arts et surtout des hiéroglyphes ; les Chinois en disent autant de leur Fou-hi, et nous avons exposé plus haut les principales inventions qu'on lui attribue ; il est surtout donné comme l'auteur des caractères hiéroglyphiques.

Quelques savants prétendent que le Mercure Trismégiste n'est pas différent du saint patriarche *Enoch*, et les annales chinoises semblent confirmer cette conjecture.

1° Le temps d'Enoch et le temps de Fou-hi concordent ; car on peut démontrer par les Chinois que Fou-hi a vécu avant le déluge.

2° Dans la suite des premiers patriarches, Enoch est le septième ; or, on trouve dans les vieilles chroniques de la nation chinoise une suite de personnages célèbres, dont le chef n'a rien avant lui, et le septième après ce chef est Fou-hi.

3° Enoch passa sur la terre 365 ans, après lesquels il fut enlevé : or, selon la chronique, Fou-hi fut ravi au ciel après 365 ans.

4° Les anciens auteurs nous rapportent que, selon les annales égyptiennes, le premier Hermès grava 36,000 caractères sur des pierres, dans des cavernes souterraines, parce qu'il savait que le déluge devait arriver et qu'il voulait faire passer à la postérité les anciens rites, les cérémonies et les mystères de la religion ; la tradition orientale rapporte la même chose du patriarche Enoch ; or, les caractères chinois inventés par Fou-hi sont au nombre d'environ 36,000.

Toutes ces ressemblances font conjecturer que le *Fou-hi* des Chinois, ou le *Hermès* des Égyptiens, était quelque patriarche vivant avant le déluge, et qui porta des noms différents, selon les différentes nations ; on l'appelait *Mercure* chez les Romains, *Hermès* chez les Grecs, *Adaris*, *Adris* et *Edris* chez les Arabes, *Ouriai* ou *Douvairai* chez les Chaldéens, *Taaut* chez les Phéniciens, *Thoth* chez les Égyptiens, *Tautatès* chez les Gaulois ; toutes ces nations parlent sous ces différents noms d'un législateur d'une très-grande antiquité, qui fut le maître de l'ancien monde et l'auteur de toute la littérature.

FOUMI YORI MIOO ZIN, dieu marin de la mythologie japonaise. Les annales du pays rapportent qu'il favorisa beaucoup la princesse Sin-gou Kwo-gou, qui régnait au Japon, l'an 201 de l'ère chrétienne, et qu'il contribua à la victoire qu'elle remporta sur le roi de Sinra.

FOUNG-CHAN, sacrifice que les anciens Chinois offraient à la Terre.

FOURIÉRISME, système tout à la fois religieux, philosophique, social et physique, inventé, il y a quelques années, par Charles Fourier, et qui est le démenti le plus formel donné à toutes les religions professées jusqu'ici sur la terre. Celles-ci, en effet, ont fait consister la vertu tout entière dans le sacrifice, mais ie Fouriérisme la place dans la jouissance. Plus de lutte entre la matière et l'esprit. La vertu ne sera jamais contraire à la jouissance physique, ni la jouissance à la vertu ; car, d'après ce système, je devrais dire cette rêverie, l'homme sera ce qu'il doit être, ce qu'il a le droit d'être, tout à la fois heureux et vertueux. Nous allons ici donner un exposé de ces aberrations inconcevables, d'après une série d'articles insérés par M. de Lourdoueix dans la *Gazette de France*, et reproduits dans les *Annales de philosophie chrétienne*.

« Le Fouriérisme a pour base l'application au monde moral du principe d'attraction, découvert par Newton dans le monde physique. Fourier s'est fondé sur l'unité de Dieu pour soutenir que la même loi doit diriger l'univers, et que cette loi doit avoir l'ordre pour résultat, quand elle n'est pas contrariée dans ses effets. Dieu, selon lui, a combiné tous les penchants naturels de manière à ce que les actions déterminées par ces penchants concourent, avec les phénomènes de la nature et la marche des astres, à l'harmonie universelle. Toute cette théorie se résume dans cette formule fondamentale de l'école sociétaire : *Les attractions sont proportionnelles aux destinées.*

« Ainsi, selon Fourier, les interdictions qui contrarient les penchants naturels produisent seules les désordres et détruisent cette harmonie : les hommes qui maintiennent ces interdictions, prêtres, législateurs, moralistes, font injure à la sagesse et à la bonté de Dieu ; car ils supposent qu'il aurait placé dans l'humanité des mobiles dont la puissance, souvent invincible, tendrait à la conduire au mal. Ce sont donc ces législateurs qui font le mal en gênant l'essor des passions. Ces passions sont bonnes, et les entraves qu'on leur oppose sont mauvaises.

« Cependant la sagesse de Dieu n'est pas tellement souveraine sur la terre, qu'elle n'ait besoin, selon Fourier, du concours de la sagesse humaine. Pour que tous ces penchants divers, toutes ces passions, ne produisent pas la confusion et les conflits, il faut *grouper* ensemble les individus dominés par la même passion. Ici apparaît ce que Fourier appelle l'*ordre sériaire*, c'est-à-dire qu'il forme, de tous ces groupes, des *séries*, engrenées ou contractées de telle sorte qu'elles puissent concourir à l'harmonie générale. La science musicale a fourni l'idée et les lois de cet ordre sériaire.

« Les groupes formés sur chaque passion sont comme les gammes d'un clavier ayant leurs *toniques, leurs modes majeur et mineur, leurs dominantes et sous-dominantes, leurs dièzes et bémols,* et pouvant former des accords de tierce, de quinte et d'octave. Du reste, en appliquant ces lois de la musique à l'organisation sociale, Fourier ne fait que se conformer à un principe universel : nonseulement il assure que les mondes planétaires forment aussi des gammes parfaites, mais il dit que les lettres de l'alphabet, les dents de la mâchoire humaine, les doigts de la main, et jusqu'aux pièces de notre charpente osseuse, sont placés dans des rapports analogues à ceux des notes de musique.

« Fourier ne doute pas que cet ordre sériaire, réalisé dans la société, ne produise la satisfaction complète des individus, la richesse et le bonheur de tous, et que le mal ne disparaisse de la terre. Comme conséquence de cette disparition du mal, il promet la santé parfaite, la longévité de la race humaine ; mais là ne s'arrêtent pas les heureuses conséquences de cette savante organisation sociale : le bien réalisé dans l'humanité modifiera le monde matériel ; la terre elle-même élevée en dignité prendra un rang plus honorable dans la gamme planétaire ; elle verra des globes moins heureux qu'elle descendre de leur rang de planètes et augmenter le nombre de ses satellites ; enfin, dans les temps, elle pourra arriver au rang *prosolaire* et même de *soleil*. Ces magnifiques pronostics sont basés sur cette doctrine que *toutes les âmes humaines sont des parcelles de la grande âme planétaire*. Il est donc naturel de croire que si toutes ces parcelles d'âme se perfectionnent, leur ensemble placera le grand corps qu'il anime dans les conditions d'une félicité plus complète. »

Après cette courte synthèse de la doctrine du Fouriérisme, M. de Lourdoueix en fait une analyse judicieuse. Il distingue dans ce système une partie théologique, une partie cosmogonique, une partie psychologique, une partie socialiste, une partie industrielle, et une partie critique. Nous n'en extrairons que ce qui est de nature à entrer dans ce Dictionnaire.

La partie théologique tient peu de place dans les travaux de Fourier, mais elle a pris d'assez grands développements dans les écrits de son école. Fourier établit une trinité nouvelle. « La nature, dit-il, est composée de trois principes éternels, incréés et indestructibles : 1° Dieu ou l'esprit (l'âme), principe actif et moteur ; 2° la matière, principe passif et mu ; 3° la justice ou les mathématiques, principe neutre, régulateur du mouvement. » Ailleurs il partage les attributs de Dieu en deux classes, qu'il nomme : Attribution *radicale*, comprenant la justice distributive, l'économie des ressorts, et l'universalité de providence ; et Attribution *pivotale*, qui consiste en l'unité de système.

« Quant à la destinée des âmes après cette vie, Fourier professe le dogme de la métempsycose, et détermine le nombre d'années qu'elles doivent passer dans leurs migrations successives. « Notre âme, dit-il, doit effectuer au moins trois fois le parcours des quatre planètes *lunigères*, avant d'être apte à résider dans le soleil et les *lactéennes*, d'où elle passera dans d'autres soleils, puis dans d'autres *univers, binivers, trinivers,* etc., variant à l'infini ses jouissances en matériel comme en spirituel, pendant l'éternité. En passant de l'une à l'autre *lunigère*, notre âme fait une station de vie en terre et ciel, dans l'étoile ambiguë. Nos âmes, à la fin de la carrière planétaire, auront alterné 810 fois de l'un à l'autre monde, en aller et retour, en émigration ou immigration, total : 1620 existences, dont 810 intra-mondaines et 810 extra-mondaines ; existences dont il faut réduire le nombre à moitié, parce que, durant les 72,000 ans d'harmonie, le terme de la vie est plus que double dans l'un et l'autre monde ; mais peu importe le nombre des migrations, puisqu'il s'agit, en dernière analyse, de 81,000 ans, dont 54,000 à passer dans l'autre monde, et 27,000 à passer dans celui-ci. Sur 810 existences, nous en aurons 720 très-heureuses, 45 existences favorables (comme celle d'un bon bourgeois, d'un bon fermier) et 45 fâcheuses (comme celle d'un Ésope contrefait, d'un esclave supplicié ou d'un chrétien captif dans les bagnes d'un musulman). »

Nos âmes auront, dans l'autre vie, un corps formé d'un élément nommé *arome* par Fourier, et d'éther. Les âmes des autres planètes en immigration sur la nôtre sont revêtues aussi de ce corps aromal éthéré, à l'aide duquel elles pénètrent les rochers, l'air et le feu même, et remplissent ainsi tous les éléments, habitants invisibles du même globe que nous. Fourier ne donne pas ces notions comme des hypothèses ou des révélations divines ; elles sont, suivant lui, les déductions rigoureuses de ses principes et le résultat de calculs positifs. Nous remarquerons, avec M. de Lourdoueix, qu'il n'y a ni récompense, ni peine pour les âmes, et cela est conséquent avec les doctrines de l'école sociétaire, puisque, les interdictions étant effacées de la morale, il n'y a plus en réalité ni bien ni mal dans les volontés humaines. Toutefois les disciples du novateur tentent, depuis quelque temps, de se rapprocher du christianisme, et présentent leur système comme un développement de la révélation du Christ.

Pour comprendre la cosmogonie de Fourier, il faut savoir que, selon lui, les planètes sont des êtres animés et intelligents. Les âmes des hommes sont des parcelles détachées de la grande âme du globe qu'ils habitent. L'âme de chaque planète est fractionnée en deux parties, l'une divisible qui se partage entre les habitants, l'autre indivisible qui est l'intelligence du globe. Les planètes sont en société entre elles ; elles composent des groupes appelés tourbillons, organisés d'après les lois de la musique : ce sont des claviers à 37 touches de gamme majeure et mineure, avec un foyer qui est le soleil. Elles sont en *conjugaison amoureuse* entre elles et avec leur foyer ; chaque planète est *androgyne* comme les plantes, elle se féconde elle-même.

Les planètes se fécondent aussi les unes les autres ; les productions animales, végétales et minérales sont les résultats de la fécondation qui est accompagnée de volupté. Pour expliquer ces rapports entre les planètes et leurs jouissances sociales, Fourier suppose l'existence d'un élément qu'il appelle *arome*, et qui est répandu dans le soleil, dans les planètes, dans leurs satellites ; cet arome croît ou décroît en vertu et en puissance dans chaque planète, selon le degré de perfection ou d'imperfection des humanités qui habitent ces planètes. Les hommes, selon lui, pouvant, par la culture, améliorer le climat terrestre, égaliser la température, il dépend d'eux de favoriser le perfectionnement de l'arome, de le purifier, d'en augmenter la puissance, d'en *élever le titre*, de même qu'en prolongeant l'état de désordre où ils sont, ils peuvent altérer cet arome et le vicier. Chaque globe a son arome particulier : le soleil a l'arome fleur d'oranger ; la terre, l'arome violette et jasmin ; Saturne, l'arome tulipe et lis ; Herschel, iris et tubéreuse ; Jupiter, jonquille et narcisse. C'est par une effusion d'arome venant d'un pôle à l'autre que les plantes androgynes se fécondent elles-mêmes ; c'est par des rayons d'arome dirigés d'une planète à l'autre qu'elles se fécondent mutuellement. C'est de cette manière que Vénus nous a donné la mûre et la framboise ; la terre s'est donné la cerise ; nous devons la fraise à Mercure, ainsi que la rose et la pêche, et les groseilles aux satellites ; le raisin nous vient du soleil, etc.

« Notre planète, dit Fourier, ne fournit plus d'arome au soleil. Ce n'est pas l'effet d'impuissance ou de vieillesse, car elle est fort jeune ; c'est une suspension d'exercice aromal, causée par la chute de l'astre, arrivée 50 ans avant le déluge. Cette crise est inévitable pour tous les astres ; excepté le soleil ; ils en souffrent tous plus ou moins, comme les enfants, de la dentition. La terre a si prodigieusement souffert, qu'une fièvre putride résultant de cet incident s'est communiquée à son satellite *Phœbé*, qui en est mort ; mais, dans son agonie, Phœbé se rua sur notre globe, l'approcha en périgée, et causa l'extravasion des mers (le déluge). » Phœbé est donc maintenant à l'état de momie ; elle est remplacée par Vesta, petite étoile nouvellement introduite *en plan*. La terre s'est parfaitement guérie de cette crise ; elle est, malgré sa petitesse, très-vigoureuse ; mais son arome, gâté par les vices des hommes, est méphitique, c'est pourquoi le soleil n'en veut pas. « Pendant trois siècles antérieurs au déluge, continue Fourier, la terre avait fourni son arome en *bon titre*, et le soleil put s'approvisionner d'une petite masse d'arome dont il a fait usage pour *implaner* une petite comète, aujourd'hui Vesta ; mais la provision était déjà épuisée au temps de César, où le soleil fut affecté d'une forte maladie, dont il a ressenti, en 1785, une nouvelle atteinte. Il est faux qu'il ait été malade en 1816, comme on l'a soupçonné ; c'était la terre seule qui était affectée, et qui l'est de plus en plus, ainsi qu'il appert par le dérangement des saisons. »

La terre a encore beaucoup à faire avant de parvenir à l'harmonie composée ; il faut d'abord qu'elle se débarrasse de la lune son satellite mort, qui ne peut que lui nuire ; il faut ensuite qu'elle soit régénérée d'arome, car n'en envoyant plus au soleil, cet astre ne peut fonctionner *en mécanique sidérale*, et tout notre système solaire en souffre ; de là tant de comètes qui attendent le moment d'être fixées *en plan*, tant de planètes secondaires qui ne demandent qu'à être conjuguées avec les planètes cardinales, et qui ne peuvent occuper la place qu'elles devraient posséder. Mais dès que notre globe sera parvenu en harmonie, il reproduira son auréole lumineuse ou couronne boréale qu'il portait avant le déluge, et qui est l'attribut des planètes cardinales. Nous aurons alors nos cinq lunes ou satellites qui désorbiteront de leurs entre-ciels pour se conjuguer sur nous, à peu près aux distances qui suivent : Phœbina, 2,000 lieues ; Junon, 4,000 ; Cérès, 6,000 ; Pallas, 8,000 ; Mercure, 20,000. Alors s'effectuera la fusion des glaces qui couronnent les deux pôles.

L'état vicié des aromes de notre planète a fait éclore en *subversif* beaucoup de germes qui devaient produire des animaux bienfaisants ; c'est ainsi que nous avons eu le loup, à la place du *chien mineur*, ou hypo-chien, apte à parcourir les abîmes ; de même en place de la loutre qui dévaste nos ruisseaux, nous devions avoir un *castor majeur*, aidant à traquer les poissons. Mais lorsque notre globe aura repris son arome et sa place, nous renouvellerons, par un travail *contremoulé*, tout le mobilier de la création. Ainsi nous laisserons le cheval pour les attelages et les parades, et nous aurons les services d'une famille de porteurs élastiques, tels que l'*anti-lion*, l'*anti-tigre*, l'*anti-léopard*, qui seront de dimension triple des moules actuels. Ainsi, un anti-lion franchira aisément quatre toises par bonds rasants, et le cavalier, sur le dos de ce coureur, sera aussi mollement que dans une berline suspendue. « Les nouvelles créations, qu'on peut voir commencer *sous cinq ans*, disait Fourier, donneront à profusion de telles richesses en tous règnes, dans les mers comme sur les terres. » Ainsi, l'*anti-baleine* traînera les vaisseaux dans les calmes ; l'*anti-requin* traquera le poisson, l'*anti-hippopotame* remorquera les bateaux en rivière. « Tous ces brillants produits seront les effets nécessaires d'une création *en aromes contre-moulés*, qui débutera par un bain aromal sphérique, purgeant les mers de leurs bitumes. Le reste de la cosmogonie de Fourier est dans le même goût ; passons à la psychologie.

Voici comme il en expose les principes : L'attraction *passionnelle*, dit-il, est l'impulsion donnée par la nature antérieurement à la réflexion, et persistante malgré l'opposition de la raison, du devoir et du préjugé. En tout temps, en tout lieu, l'attraction passionnelle a tendu et tendra à trois buts : 1° au luxe ou au plaisir des cinq sens ; 2° aux groupes et séries de groupes, liens affectueux ; 3° au mécanisme des passions, caractères, instincts ; et par suite à l'unité universelle.

Les sens, au nombre de cinq, donnent lieu à un premier ordre de passions dites *sensitives*. Fourier ne méconnaît pas l'infériorité relative de ces cinq passions, qui se rapportent à nos cinq sens.

Après elles viennent les passions qu'il appelle *affectives* ; elles sont au nombre de quatre ; ce sont celles qui portent à former les groupes d'*amitié*, d'*ambition*, d'*amour*, de *famille*. Les quatre groupes exercent successivement l'influence sur les quatre âges de la vie. Chacun d'eux est dominant dans l'une des phases.

Viennent ensuite les passions qu'il appelle *mécanisantes* ou *distributives*, parce qu'elles servent au mécanisme des caractères. Ces passions sont au nombre de trois : 1° la *cabaliste*, sentiment de l'émulation, goût de l'intrigue, principe et âme des dissidences, des coteries ; 2° la *papillonne*, besoin de variété, de situations contrastées ; 3° la *composite*, enthousiasme résultant de plusieurs excitations simultanées, sorte d'ivresse ou de fougue aveugle qui naît de l'assemblage de deux plaisirs au moins, l'un des sens, l'autre de l'âme.

Ces douze passions ont pour tendance collective, selon Fourier, l'*unitéisme*, la passion de l'unité, l'amour de l'ordre, l'accord universel. Elles produisent par leur mélange et leurs diverses combinaisons des *passions mixtes*, en grand nombre. La *dominante* d'une ou plusieurs passions est ce qui constitue *le caractère*.

C'est d'après la classification des passions que la société doit être organisée, et ici revient la prétendue analogie musicale. Les caractères des hommes et des femmes doivent être combinés de telle sorte que chaque groupe représente une *gamme passionnelle* parfaite, et puisse produire avec d'autres groupes des modulations harmonieuses. Les séries, qui sont l'ensemble de plusieurs groupes, sont aussi placées dans les rapports musicaux.

La phalange est la réunion de toutes les séries passionnelles, c'est-à-dire qu'elle doit être l'ensemble de tous les rapports où les individus peuvent se trouver placés successivement en se livrant à l'essor des douze passions. Ainsi, l'unité de la société harmonienne est la *phalange*, la commune sociétaire. L'habitation de la phalange, c'est le *phalanstère*. Il faut 1500 personnes pour tenir au complet le clavier de 810 caractères. Voici les divisions d'une phalange
1. Bambins et Bambines.
2. Chérubins et Chérubines.
3. Séraphins et Séraphines.
4. Lycéens et Lycéennes.
5. Gymnasiens et Gymnasiennes.
6. Jouvenceaux et Jouvencelles.
7. Adolescents et Adolescentes.
8. Formés et Formées.
9. Athlétiques et Athlétiques.
10. Mûrissants et Mûrissantes
11. Virils et Viriles.

12. Raffinés et Raffinées.
13. Tempérés et Tempérées.
14. Révérends et Révérendes.
15. Vénérables et Vénérables.
16. Patriarches et Patriarches.

« Les séries en exercices sont déterminées par les attractions ; les personnes qui ont du goût pour une occupation usuelle se réunissent pour s'y livrer en commun. Les travaux agricoles, industriels, culinaires, domestiques, sont ainsi exécutés par les hommes et les femmes qui sont attirés par ces travaux. Chacun peut s'y livrer pendant un court espace de temps et passer d'une occupation à une autre, selon ses dispositions, trouvant en même temps dans l'engrenage des caractères et dans les passions *sensitives*, *affectives* et *mécanisantes*, des satisfactions suffisantes pour tous les besoins de l'âme. Chacun devant céder à toutes les attractions, Fourier croit que l'ensemble de ces attractions empêchera l'immodération et les excès, ces passions se limitant les unes par les autres et formant contre-poids dans la volonté.

« L'ordre le plus parfait doit résulter, selon lui, de cette liberté. Il croit que les groupes d'amateurs de tulipes et les groupes d'amateurs de jacinthes entreront dans une rivalité qui fera contre-poids avec les passions que nous trouvons moins innocentes ; il pense que les cabales en faveur des poires de beurré gris contre les poires de beurré blanc suffiront à l'activité des esprits disposés à l'intrigue et les empêcheront de troubler la paix du phalanstère.

« Cette théorie de la liberté des passions conduit nécessairement Fourier et son école à des conséquences dont la bizarrerie n'est que le moindre défaut. Obligé, non-seulement d'autoriser l'inconstance des goûts et des affections, mais de légitimer cette maladie de l'âme qui est une des notes de son clavier social, il la préconise dans ses effets les plus choquants pour la dignité humaine. La famille n'étant point la base de la société qu'il veut établir, on conçoit que le mariage ne soit pour lui ni un lien religieux, ni même un contrat civil : mais il autorise dans les rapports des femmes et des hommes une liberté qui blesse les sentiments intimes dont ces rapports sont la source. Il justifie les infidélités dans les unions formées sur la foi d'engagements mutuels, détruisant ainsi l'identité de la parole et des actions. Au reste, cette identité ne saurait exister, puisque des êtres qui obéissent à leurs passions ne s'appartiennent pas, et ne peuvent par conséquent disposer d'eux-mêmes.

« Notre plume se refuse à analyser les solutions du Fouriérisme dans tout ce qui tient à ces sortes de relations ; bornons-nous à dire que cette partie si délicate de l'existence sociale est traitée dans les écrits du maître avec un cynisme qui révolte non-seulement la morale chrétienne, mais jusqu'à la pudeur naturelle.

« Dans le système de Fourier, la pureté et l'impureté ne sont que des notes de musique ; il approuve l'une comme l'autre.), organise un corps de *vestels* et de *vestales* pour satisfaire les idées de chasteté, et un corps de *bayadères* et de *bacchantes* pour répondre aux tendances contraires, plaçant au milieu de tout cela des séries de *céladons* et des *cours galantes*. L'amour de la chasteté n'est pas le seul mobile donné par Fourier à ce corps de vestales ; il leur offre la perspective d'être choisies pour épouses par les rois et les empereurs. Cette chance sera plus favorable qu'on ne croit ; car, en cas de stérilité, la première vestale n'aurait que le titre de *vice-épouse*, et le souverain s'adresserait à d'autres vestales, jusqu'à ce qu'il en trouvât une qui lui donnât un héritier et pût porter le titre d'*épouse*, titre purement honorifique, comme on le pense bien.

« C'est ainsi que Fourier et ses disciples croient résoudre la question de la liberté des passions dans les rapports des hommes et des femmes ; mais il y a une autre difficulté qui ne tient pas moins au fond du système. Les séries libres peuvent suffire aux genres de travaux qui sont appelés *attrayants* ; mais il y en a d'autres qu'il appelle avec raison *répugnants*, et qui, dans nos cités, ne s'exécutent que par l'appât du salaire. Rien n'est plus surprenant que la manière dont Fourier croit avoir surmonté cette difficulté. Il charge de ces travaux une corporation d'enfants de neuf à quinze ans, qu'il nomme *les petites hordes*, et il leur assigne pour mobile un sentiment d'honneur, exalté jusqu'au délire, et les plus grandes prérogatives sociales. Il leur donne des chevaux nains, des costumes grotesques et étourdissants, et il a l'idée singulière de leur imposer *un argot* et ce qu'il nomme *le ton poissard*, et il les divise en *chenapans* et *chenapanes*, en *sacripans* et *sacripanes*, et par une incohérence d'idées difficile à comprendre, il les entoure du respect et de la déférence des autres séries.

« Remarquons en passant que toutes ces inventions pour attirer dans ces fonctions utiles des êtres qui en seraient repoussés par la répugnance qu'elles inspirent, est un démenti donné au principe d'attraction naturelle, qui est la base du système ; car ici l'homme est obligé d'intervenir et de créer des attractions artificielles. Fourier n'est donc pas fondé à dire que l'ensemble de nos penchants doit suffire à tous les besoins sociaux, quand on les laisse à leur libre essor.

« Pour compléter cet aperçu de la *société harmonienne*, nous dirons que les enfants sont élevés en commun aux frais de la phalange, et qu'il y a pour les *poupons* et les *pouponnes* des séries de *bonnes* et de *berceuses*, où passent les personnes qui ont cette vocation.

« Tout ce travail sériaire est, comme on le pense bien, accompagné de chants et de danses, de décorations brillantes, de parfums et d'images variées, car il y a dans la phalange des ministres pour chacun des cinq sens ; on y voit même des cérémonies religieuses qui consistent à chanter des hymnes devant des autels élevés à des fondateurs de la société harmonienne, dont les bustes sont encensés.

« La sollicitude du Fouriérisme pour les plaisirs sensuels s'étend jusque sur les animaux ; les petites hordes sont chargées de veiller à leur bien-être, et les troupeaux doivent être gardés par des bergers à cheval, aidés par des chiens de tête et des chiens de police, ayant des grelots accordés en tierce.

« L'hérédité des propriétés est conservée en principe dans le phalanstère ; mais comme il n'y a pas de mariage véritable, et par conséquent pas de famille, il est douteux que ce principe pût s'y conserver.

« L'organisation politique est laissée dans une assez grande obscurité par Fourier et par son école. Il y est fait mention de hiérarchies aristocratiques et monarchiques très-étendues. Ainsi, nous voyons qu'il y a sur le globe harmonisé un *omniarque*, 3 *douzarques*, 12 *onzarques*, 48 *décarques* ou césars, 144 empereurs, 576 califes, 1,728 rois, 6,900 grands ducs, 20,000 ducs, 80,000 marquis, 250,000 comtes, un million de vicomtes et 3 millions de barons ; mais quelle autorité peuvent avoir ces dignitaires dans un état social, où personne n'a d'autorité que sur soi-même? Voilà ce qu'on ne nous dit pas. »

En voilà assez pour donner une idée du Fouriérisme : on voit que les idées théologiques en sont fort vagues, et, que, ainsi que les données cosmogoniques, elles rappellent d'une manière assez frappante le bouddhisme asiatique. Quant à la partie socialiste, ce n'est que la déification des passions.

FOURMI. La fourmi était un des attributs de Cérès. — Elle fournissait matière aux observations des augures. — Les Thessaliens honoraient ces insectes, dont ils croyaient tirer leur origine. *Voyez* MYRMIDONS. La vanité de ces peuples aimait mieux rapporter leur origine aux fourmis de la forêt d'Égine, que de reconnaître qu'ils étaient une colonie de race étrangère.

FOUROU, nom que les musulmans donnent aux ordres religieux secondaires, pour exprimer leur filiation des ordres cardinaux qu'ils appellent *Oussoul*.

FOUS (FÊTE DES), appelée aussi *Fête des Calendes*, et quelquefois *Fête des sots*, ou *des Innocents*. Cette fête était probablement un reste de ces réjouissances licencieuses et de ces indécentes bacchanales autrefois en usage chez les païens, aux calendes de janvier, c'est-à-dire au commencement de l'année. On sait que les Romains se masquaient ce jour-là ; puis revêtus de peaux d'ours, de biches, de cerfs, ils couraient les rues en grand nombre. Les chrétiens imitèrent en partie ces grossiers divertissements, et quelques-uns cherchèrent à les consacrer. Dès le IVe siècle, on voit saint Augustin s'élever avec force contre ces extravagances. Le IVe concile de Tolède, en 633, les proscrivit dans un de ses canons. Ce n'étaient pas seulement les laïques qui y participaient ; les clercs et les prêtres eux-mêmes y prenaient part. Bien plus, nous apprenons par une circulaire de faculté de théologie de Paris, en date de 1444, que dans le temps où les laïques avaient absolument renoncé à de pareilles folies, les clercs étaient les seuls qui entretenaient cette coutume ridicule. Beleth, qui florissait dans l'église d'Amiens, en 1181, dit, dans son livre *de l'Office divin* : « La fête des Sous-diacres, que nous appelons la *Fête des fous*, est célébrée par quelques-uns le jour de la Circoncision, par les autres le jour de l'Epiphanie, ou dans l'octave de l'une de ces deux fêtes. Il se fait quatre danses dans l'église, après Noël. La première troupe est composée de lévites (ou diacres) ; la 2e, de prêtres ; la 3e, d'enfants, c'est-à-dire de ceux qui sont plus jeunes, et qui appartiennent à un ordre inférieur ; la 4e, de sous-diacres. » Ces remarques de Beleth nous porteraient à croire que la première avait lieu le jour de Saint-Étienne, patron des diacres ; la seconde, le lendemain, fête de saint Jean, patron des prêtres ; et la troisième, le jour des saints Innocents, patrons des enfants. La fête des Sous-diacres aurait eu lieu alors le jour de la Circoncision. Plusieurs cependant pensent que le nom de *Fête des Sous-diacres* n'est qu'un calembourg, pour *saouls-diacres* ou *diacres-saouls*, parce qu'elle était célébrée par tous les clercs indistinctement, qui étaient pour la plupart dans un état d'ivresse. Il est bon d'observer que ces extravagances n'étaient pas générales ; mais malheureusement elles avaient lieu dans les cathédrales et les collégiales, et puis dans les monastères de religieux et de religieuses.

Ces abus n'étaient pas particuliers à l'Eglise d'Occident ; ils s'étaient aussi introduits dans l'Eglise grecque, mais seulement parmi les laïques. Anastase nous apprend que, dans un synode, on s'éleva contre la coutume de quelques laïques qui, pour se divertir, s'habillaient les uns en prêtres, les autres en évêques, et créaient même un patriarche, qui était ordinairement celui d'entre eux qui s'était le plus distingué par ses bouffonneries. Ils tournaient en ridicule les choses les plus sacrées, contrefaisant les élections, les promotions, les consécrations. Ils tenaient entre eux des assemblées qu'ils nommaient conciles, dans lesquelles, pour se moquer de la division qui régnait parfois entre les véritables prélats, les prétendus évêques de leur société étaient calomniés les uns par les autres, et souvent déposés en conséquence de ces calomnies.

La fête des Fous fut aussi appelée quelquefois *la liberté de décembre*, parce qu'on la célébrait sur la fin de ce mois. Beleth, que nous avons déjà cité, dit à ce sujet : « Il y a quelques églises dont les évêques et archevêques ont coutume de jouer, dans leurs couvents, avec leurs clercs, à différents jeux, et s'abaissent même jusqu'à jouer à la paume. Cette coutume a été appelée *la liberté de décembre*, parce qu'autrefois, chez les païens, les esclaves devenaient libres dans ce mois, et vivaient avec leurs maîtres dans une sorte d'égalité. Quoique dans de grandes églises, telles que celle de Reims, les prélats aient coutume de jouer avec leurs clercs, cependant il me paraîtrait plus convenable qu'ils ne jouassent point du tout. »

Parmi les extravagances usitées à cette fête, la plus remarquable était l'élection de l'abbé ou de l'évêque des Fous. On trouve plusieurs particularités curieuses sur cette élection, dans le cérémonial manuscrit de l'église de Viviers, année 1365. On y lit que, le 17 décembre, tous les clercs s'assemblent pour élire un abbé. Après qu'il est élu, on chante le *Te Deum*. Les principaux électeurs élèvent le prétendu prélat, et le portent sur leurs épaules dans une maison où les autres sont à boire autour d'une table. On le met à la place la plus honorable, et dans un siége orné exprès pour lui. Lorsqu'il entre, on doit se lever, et le véritable évêque lui-même, s'il se trouve présent. On sert l'abbé avec distinction. On lui présente à boire. Lorsqu'il a bu, il commence à chanter. Tous ceux qui sont de son côté chantent avec lui; ceux qui sont de l'autre côté leur répondent. Ces deux chœurs, s'animant à l'envi, font retentir la maison de leurs cris confus, et s'efforcent de se surpasser les uns les autres. Celui des deux chœurs qui, à force de crier, s'est fait entendre par-dessus l'autre, et est demeuré vainqueur, fait pleuvoir sur le parti vaincu une grêle de brocards, de railleries, et toutes les injures bouffonnes que peuvent suggérer les fumées du vin, la chaleur du combat et la joie licencieuse qui règne dans cette assemblée. Les vaincus s'efforcent de répondre; mais leur voix est toujours étouffée par celle des vainqueurs. Après ce débat bruyant, un portier, qui fait l'office de hérault, se lève et dit à haute voix : « De par monseigneur l'abbé et ses conseillers, je vous fais à savoir que vous ayez tous à le suivre partout où il voudra aller. » Il termine sa proclamation par la menace d'un châtiment comique et peu décent contre ceux qui désobéiront. Ensuite l'abbé et tous les autres sortent en foule de la maison et se répandent dans la ville. Tous ceux qui rencontrent l'abbé ne manquent jamais de le saluer respectueusement. Tous les jours, jusqu'à la vigile de Noël, l'abbé des Fous va chaque soir faire plusieurs visites dans la ville; et il ne sort point d'une maison qu'il n'en emporte quelque partie d'habillement, soit un manteau, soit une chape avec son capuce.

Le même cérémonial nous apprend que, le jour de la fête des saints Innocents, on élisait avec les mêmes cérémonies un évêque des Fous, qui était distingué de l'abbé. Il était porté sur les épaules des clercs, précédé d'une clochette, dans le palais épiscopal, dont toutes les portes s'ouvraient à son arrivée, soit que l'évêque véritable fût présent ou absent. On le portait devant une des fenêtres du palais, d'où il donnait sa bénédiction, tourné vers la ville. L'impiété se mêlait à cette bouffonnerie: le prétendu prélat remplissait toutes les fonctions du véritable évêque: il assistait aux offices dans la chaire de marbre destinée à l'évêque; et même il officiait pontificalement pendant trois jours, distribuant au peuple des bénédictions et des indulgences, accompagnées de formules impertinentes, dans lesquelles, par dérision, il souhaitait à ceux qu'il bénissait quelque maladie ou infirmité ridicule. Enfin, pour achever de faire connaître les excès auxquels on se portait dans cette fête, il suffit de rapporter ce qu'on lit à ce sujet dans la lettre circulaire de la faculté de théologie de Paris, déjà citée : « Dans le temps même de la célébration de l'office divin, des gens, ayant le visage couvert de masques hideux, déguisés en femmes, vêtus de peaux de lion, ou bien habillés en farceurs, dansaient dans l'église d'une manière indécente, chantaient dans le chœur des chansons déshonnêtes, mangeaient de la viande sur le coin de l'autel, auprès du célébrant, jouaient aux dés sur l'autel, faisaient brûler de vieux cuirs au lieu d'encens, couraient et sautaient par toute l'église comme des insensés, et profanaient la maison du Seigneur par mille indécences. » Cette fête s'était tellement accréditée, et les clercs la regardaient comme une cérémonie si importante, qu'un clerc du diocèse de Viviers, qui avait été élu évêque des Fous, ayant refusé de s'acquitter des fonctions de sa charge, et de faire les dépenses qui y étaient attachées, fut cité en justice comme un prévaricateur. L'affaire fut longtemps agitée par-devant l'official de Viviers, et enfin soumise à l'arbitrage des trois principaux chanoines du chapitre. Ces graves arbitres rendirent un arrêt qui condamnait l'accusé, nommé Guillaume Raynoard, aux frais du repas qu'il devait donner, en qualité d'évêque des Fous, et qu'il avait refusé de payer sans raison légitime, et lui enjoignait de donner ce repas à la prochaine fête de saint Barthélemy, apôtre.

« On s'est beaucoup scandalisé de ces fêtes, qui ont leur raison (et non leur excuse) dans la grossièreté de ces temps d'ignorance et dans une espèce de symbolisme ignoble, dit M. Guénebault, dans son *Glossaire liturgique*. On croyait témoigner sa piété par ces représentations bouffonnes de quelques-uns de nos mystères. Pour répondre aux détracteurs de l'Église, nous ne saurions mieux faire que de citer le passage suivant de Bergier : « On ne doit ni justifier ni excuser ces abus; mais il n'est pas inutile d'en rechercher l'origine. Lorsque les peuples de l'Europe, asservis au gouvernement féodal, réduits à l'esclavage, traités à peu près comme des brutes, n'avaient de relâche que les jours de fêtes, ils ne connaissaient point d'autres spectacles que ceux de la religion, et n'avaient point d'autres distractions de leurs maux que les assemblées chrétiennes; il leur fut pardonnable d'y mettre un peu de gaîté, et de suspendre pour quelques moments le sentiment de leurs misères. Les ecclésiastiques s'y prêtèrent par condescendance et par commisération; mais leur charité ne fut pas assez prudente, ils devaient prévoir qu'il en naîtrait bientôt des indécences et des abus. La même raison fit imaginer la représentation des mystères, mélange grossier de piété et de ridicule, qu'il fallut bannir dans la suite, aussi bien que les fêtes dont nous parlons. »

« L'Eglise fit toujours tous ses efforts pour extirper ces vieilles superstitions. Outre l'autorité de saint Augustin et du concile de Tolède, dont nous avons déjà parlé, nous citerons comme preuve des efforts de l'Eglise pour déraciner ces indignes profanations, la lettre de Pierre de Capoue, cardinal-légat en France, qui, en 1198, ordonnait à Eudes de Sully, évêque de Paris, de les supprimer; deux ordonnances de cet évêque, de 1198 et 1199, qui établissent la fête de la Circoncision à la place de ces fêtes; le synode de Worchester, en 1240; le synode Langres, en 1404; le concile de Nantes, en 1431; le concile de Bâle, en 1435, dont le décret fut adopté par la pragmatique-sanction, en 1438; la censure de l'Université de Paris, en 1444; le synode de Rouen, en 1445; les ordonnances de Charles VII, de la même année; le synode de Sens et de Lyon, en 1528, et celui de Vienne, en 1530. Tant d'efforts réunis, joints aussi à une civilisation plus exquise et plus raffinée, ont fait tomber toutes ces fêtes, ainsi que quelques autres, moitié civiles, moitié religieuses, telles que la Gargouille de Rouen, la Tarasque de Tarascon, etc.; il ne reste peut-être plus que les fameux jeux institués par le roi René, pour la procession de la Fête-Dieu de la ville d'Aix en Provence. Quoique déjà moins ignobles que ce qu'ils étaient au commencement, quoique même ils n'aient pas été joués en entier depuis bien longtemps, espérons qu'on les supprimera bientôt tout à fait. »

Terminons en observant, avec M. Magnin, dans son *Cours de littérature étrangère*, qu'on a beaucoup exagéré les désordres qui se commettaient pendant cette fête des Sous-diacres; qu'on a attribué au XII° siècle toutes les extravagances qui précédèrent immédiatement la réforme au XIV° et au XV° siècle; enfin, que ces fêtes, aussi bien que celle appelée *des Anes*, ont été le prélude de la sécularisation du théâtre, et un acheminement à la scène française.

FOU-TAN-NA, nom chinois de la sixième espèce de démons, dans le système religieux des bouddhistes. Ce sont des génies faméliques et fétides qui président aux maladies pestilentielles. Ce mot est une corruption du sanscrit *Poutana*.

FOUTSOU NOUSI-NO KAMI, un des génies célestes de la mythologie japonaise; c'est lui qui fut chargé de purifier la terre et de la délivrer du joug des génies terrestres. *Voyez* son histoire à l'article AMA TSOU FIKO FIKO FO-NO NI NI GHI-NO MIKOTO.

FRACTION DE LA LUNE, un des plus fameux miracles de Mahomet, au dire des musulmans crédules, qui racontent ainsi cet événement extraordinaire : Les chefs de la tribu des Coréïschites, ayant résolu de le confondre aux yeux de toute la nation, avaient gagné Habib, fils de Malek. Ce prince, âgé de 120 ans, connaissait toutes les religions, ayant été successivement juif, chrétien, mage. On somma Mahomet de comparaître devant lui. Le vieillard, entouré des princes arabes, était assis sur un trône au milieu de la campagne. Une foule de peuple l'environnait au loin. L'apôtre des musulmans s'avance avec confiance vers son juge, qui lui propose, pour prouver sa mission, de couvrir le ciel de ténèbres, de faire paraître la lune en son plein et de la forcer à descendre sur la Kaaba. Le parti est accepté. Le soleil était au plus haut de son cours; aucun nuage n'interceptait ses rayons. Mahomet commande aux ténèbres, et elles voilent la face des cieux; il commande à la lune, d'une voix qui se fit entendre de la Mecque et de toutes les bourgades d'alentour; aussitôt, docile à sa voix, la lune apparaît dans le firmament. Puis, quittant sa route accoutumée, elle bondit dans les airs et va descendre sur le sommet de la Kaaba. Elle en fait sept fois le tour, se prosterne devant la maison sainte, salue profondément le prophète, et de là va se placer sur la montagne d'Abou-Cobais, où, s'agitant comme une épée flamboyante, elle prononce en style élégant et fleuri un discours à la louange de Mahomet. Après quoi, elle pénètre par la manche droite de son manteau, en sort par la gauche, puis rentra par la gauche pour ressortir par la droite; s'insinuant ensuite par le collet de sa robe, elle descendit jusqu'à la frange d'en bas, d'où elle sortit au grand étonnement des spectateurs. A l'instant même, elle se fendit en deux parties égales; l'une des moitiés prit son essor vers l'orient, l'autre vers l'occident, puis se rapprochant insensiblement, elles se réunirent dans les cieux, et l'astre continua d'éclairer la terre.

Plusieurs pensent que ce miracle est consigné dans le Coran; en effet, on lit au premier verset du chapitre LIV : « L'heure approche et la lune s'est fendue; mais les infidèles, à la vue des prodiges, détournent la tête et disent : C'est un enchantement puissant. Entraînés par le torrent de leurs passions, ils nient le miracle, etc. » Mais d'autres commentateurs pensent que ce verset est l'annonce d'un des signes du jugement dernier. En effet, les plus instruits d'entre les musulmans nient le prétendu miracle de la fraction de la lune; et l'on sait que Mahomet ne se targuait pas de faire des miracles; il a même déclaré formellement dans le Coran qu'il n'avait pas ce don.

FRANCISCAINES, religieuses de l'ordre de Saint-François d'Assise. Il est assez singulier que saint François, ayant institué un ordre pour les personnes du sexe, sous la direction de sainte Claire, plusieurs femmes aient prétendu faire mieux que ce saint fondateur, en établissant des communautés calquées sur les constitutions, les usages, les réformes, qui régissaient les congrégations d'hommes; de là, les *Cordelières*, les *Capucines*, les *Récollectines*, etc. *Voir* ces articles, et CLARISSES, FRANCISCAINS.

FRANCISCAINS, nom que l'on donne aux

communautés ou congrégations fondées par saint François d'Assise. On sait que ce bienheureux patriarche a fondé trois ordres principaux : le premier fut d'abord appelé l'ordre des *Pauvres Mineurs*, par opposition aux *Pauvres de Lyon*, qui étaient des hérétiques vaudois; mais depuis ils prirent le nom de *Frères Mineurs*, pour n'avoir pas même sujet de se glorifier de la pauvreté dont ils faisaient profession. Cet ordre se divise en religieux *Conventuels*, et en religieux de l'*Observance*. Les premiers, contrairement à leur institution, obtinrent de leurs généraux, peu après la mort de leur fondateur, et ensuite des papes, la faculté de recevoir des rentes et des fondations. On les appela conventuels, parce qu'ils vivaient dans de grands couvents; au lieu que ceux qui suivaient la règle dans toute sa pureté demeuraient dans des ermitages ou dans des maisons basses et pauvres; et ce fut ce zèle pour la règle qui les fit nommer *Observantins*, ou Pères de l'*Observance régulière*. On donnait principalement ce nom à ceux qui suivaient la réforme établie conformément à leur institut primitif, et dont saint Bernardin de Sienne fut l'auteur, en 1419. Les réformes de cet ordre s'étant multipliées, Léon X, en 1517, les réduisit toutes à une, sous la dénomination de *Franciscains réformés*, et permit à chacune de ces deux grandes divisions d'avoir son général. Les Observantins de France ont été appelés *Cordeliers*, de la corde qui leur sert de ceinture. — Parmi les Observantins, quelques réformes plus sévères se sont maintenues, malgré l'union faite par Léon X, ou se sont établies depuis. On appelle ceux-ci *Observantins de l'étroite Observance*; on distingue parmi eux les *Franciscains déchaussés*, d'Espagne, qu'on nomme en Italie *Franciscains réformés*. Ils forment une congrégation distincte, qui a des couvents en Espagne, en Italie, au Mexique, dans les îles Philippines, etc. Citons encore les réformes des *Capucins* et celle des *Récollets*, qu'on trouvera à leurs articles respectifs.

Le second ordre de Saint-François est celui des *Pauvres Clarisses*, ainsi appelées de sainte Claire, collaboratrice de saint François d'Assise. Elles subirent également plusieurs réformes, telles que celle introduite dans le xv° siècle par la bienheureuse Colette Boilet, et celle dite des *Capucines*, commencée à Naples, en 1538, par la vénérable mère Marie-Laurence Longa.

Le troisième ordre de Saint-François fut institué par le saint lui-même, en 1221, à Poggi Bonzi en Toscane, et à Carnerio, dans la vallée de Spolète. Il était pour les personnes de l'un et de l'autre sexe, engagées dans le monde et même dans le mariage, lesquelles s'assujettissaient à certaines pratiques de piété compatibles avec leur état, mais dont aucune n'obligeait sous peine de péché. Ces exercices n'étaient que des règles de conduite qui n'emportaient ni vœu ni obligation. Après la mort de saint François, plusieurs personnes de ce troisième ordre se sont réunies en communauté, en différents temps et en différents lieux ; elles ont gardé la clôture, et ont fait les vœux solennels de pauvreté, de chasteté et d'obéissance. Elles regardent comme leur fondatrice sainte Elisabeth de Hongrie, duchesse de Turinge, qui mourut en 1231. Cet institut contient des personnes de l'un et de l'autre sexe, qui se divisent en plusieurs branches, dont quelques-unes se consacrent au service des malades dans les hôpitaux. *Voyez* MINEURS (*Frères*).

FRANC-MAÇONNERIE, association secrète qui a pris naissance en Angleterre, et qui est maintenant répandue sur tous les points du globe. Depuis l'époque de son établissement jusqu'à nos jours on a beaucoup discuté sur le but qu'elle se propose, sur le secret rigoureux qu'elle impose aux adeptes, sur les *travaux* auxquels les associés se livrent dans les *loges*. Les uns l'ont regardée comme une association de déistes qui avaient pour but d'abolir toutes les religions établies ; d'autres, comme une réunion politique qui ne tendait à rien moins qu'à renverser les trônes et à substituer le gouvernement populaire aux Etats monarchiques; d'autres, comme une société de libertins et de débauchés de toutes sortes de rang, d'état, de profession; d'autres enfin en ont fait des alchimistes, des souffleurs, des chercheurs de pierre philosophale. Nous croyons que ces accusations sont autant de calomnies, que le secret qu'on donne aux *apprentis* et aux *compagnons* est insignifiant, que cette société a uniquement pour but de faire, à des époques déterminées, des réunions fraternelles, et de se secourir mutuellement les uns les autres, quand quelques-uns des membres viennent à tomber dans la misère ou se trouvent dans une position fâcheuse. Il est possible qu'il y ait eu autrefois un secret important; mais nous sommes persuadé qu'il n'existe plus, ou du moins qu'il est le partage d'un très-petit nombre de hauts fonctionnaires de l'ordre. Le secret que l'on confie actuellement aux compagnons et aux adeptes n'est qu'un moyen de resserrer entre eux les liens de la fraternité. C'est donc à tort qu'on a mis sur leur compte la révolution française qui a renversé le trône et l'autel. Dans la plupart des Etats où ils ont été approuvés ou tolérés, ils ont conféré les hauts grades à des princes du sang et même aux rois ; ils ont compté parmi eux des magistrats, des nobles, et même des prêtres et des évêques ; et, quant à la religion, il est sévèrement défendu aux adeptes de soulever dans les loges des questions religieuses (1). La franc-maçonnerie n'en est pas moins condamnée par l'Eglise, en qualité de *société secrète*, parce qu'on peut sous son couvert se porter à des actes répréhensibles de divers genres, comme nous pensons que cela est arrivé plus d'une fois.

---

(1) Dans l'origine même il fallait être catholique pour faire partie de cette société ; et maintenant encore en plusieurs contrées, l'entrée en est interdite aux Juifs.

Plusieurs francs-maçons ont voulu faire remonter l'origine de leur société à la corporation d'ouvriers établis par Hiram, roi de Tyr, de concert avec Salomon, pour la construction du temple de Jérusalem, et qui se trouve détaillée dans le troisième livre des Rois et dans le premier des Paralipomènes; d'autres regardent Noé comme le premier franc-maçon, parce qu'il n'a pu procéder à une construction aussi longue et aussi compliquée que celle de l'arche, sans établir des catégories d'ouvriers; d'autres remontent jusqu'à la création du monde; en effet, Dieu est appelé dans cette société, le *Grand Architecte de l'univers*. Enfin, il en est qui rattachent l'existence de l'ordre aux anciens mystères célébrés dans le paganisme, ou à ceux des Templiers. La vérité est que cette association, telle qu'elle est constituée maintenant, a commencé en Angleterre, dans le XVIe siècle. Elle paraît avoir succédé à une corporation de maçons véritables, qui, dans le moyen âge, avaient pour ainsi dire le monopole de la construction des églises et des autres grands bâtiments d'utilité publique. Les francs-maçons ont conservé les instruments propres à la construction des édifices matériels, tels que l'équerre, le compas, le niveau, la truelle, le maillet, le tablier, etc., comme emblèmes de l'édifice moral qu'ils prétendent construire dans la société et dans l'humanité tout entière. Toutefois, ils soutiennent qu'ils sont encore véritablement maçons, parce que, disent-ils, ils élèvent des temples à la gloire du Grand Architecte de l'univers, pour y vénérer son nom et lui offrir l'encens de leur reconnaissance, et pour y rendre hommage à la vérité et à la vertu.

Nous allons maintenant, pour satisfaire la curiosité du lecteur, donner d'amples détails sur plusieurs de leurs solennités; nous les empruntons à l'introduction de l'*Histoire pittoresque de la franc-maçonnerie*, par M. B. Clavel, en nous bornant aux rites observés principalement en France.

Initiation d'un profane au grade d'apprenti.

Le profane, qui doit être majeur, de condition libre, de mœurs honnêtes, de bonne réputation, et sain de corps et d'esprit, est proposé à l'initiation dans la plus prochaine tenue de la loge. Son nom, ses prénoms, son âge, sa profession, et toutes les autres désignations propres à le faire reconnaître, sont inscrits sur un bulletin, et jetés à la fin des travaux dans un sac ou dans une boîte, appelé *sac des propositions*, qui est présenté à chacun des assistants, dans l'ordre de ses fonctions ou de son grade. Le bulletin est lu par le *vénérable*, ou président, à l'assemblée, qui est appelée à voter au scrutin de boules sur la prise en considération de la demande. Si toutes les boules contenues dans la capse sont blanches, il est donné suite à la proposition. S'il s'y trouve trois boules noires, le postulant est repoussé définitivement et sans appel. Une ou deux boules noires font ajourner la délibération à un mois de là. Dans l'intervalle, les frères qui ont voté contre la prise en considération sont tenus de se transporter chez le vénérable, pour lui faire connaître les motifs qui ont dirigé leur vote. Si ces motifs paraissent suffisants au vénérable, il le fait savoir à la loge dans la séance qui suit, et la proposition est abandonnée. Dans le cas contraire, il engage les frères à se désister de leur opposition. S'il n'y peut réussir, il rend la loge juge des raisons alléguées contre l'admission du profane; et lorsque la majorité partage son avis, il est passé outre à la prise en considération.

La règle veut qu'après ce premier scrutin le vénérable donne secrètement à trois frères la mission de recueillir des renseignements sur la moralité du profane. A la tenue suivante, les commissaires jettent leurs rapports écrits dans le sac des propositions, et le vénérable en donne lecture à l'assemblée. Si les renseignements obtenus sont défavorables, le profane est repoussé, sans qu'il soit nécessaire de consulter la loge; dans le cas contraire, le scrutin circule de nouveau, et, quand les votes sont unanimes, la réception du profane est fixée à un mois de là.

Le profane n'est jamais amené au local de la loge par le *frère présentateur*; un frère qu'il ne connaît pas est chargé de ce soin. A son arrivée, il est placé dans une chambre tapissée de noir, où sont dessinés des emblèmes funéraires. On lit sur les murs des inscriptions dans le genre de celles-ci : — « Si une vaine curiosité t'a conduit ici, va-t-en. — Si tu crains d'être éclairé sur tes défauts, tu n'as que faire ici. — Si tu es capable de dissimulation, tremble; on te pénétrera. — Si tu tiens aux distinctions humaines, sors; on n'en connaît point ici. — Si ton âme a senti l'effroi, ne vas pas plus loin. — On pourra exiger de toi les plus grands sacrifices, même celui de ta vie : y es-tu résigné ? »

Cette chambre est ce qu'on appelle le *cabinet des réflexions*. Le candidat doit y rédiger son testament et répondre par écrit à ces trois questions : — « Quels sont les devoirs de l'homme envers Dieu ? — Envers ses semblables ? — Envers lui-même ? » Pendant que le profane, laissé seul, médite dans le silence sur ces divers sujets, les frères, réunis dans la loge, procèdent à l'*ouverture des travaux*.

Ce qu'on nomme la *loge* est une grande salle ayant la forme d'un parallélogramme, ou carré long. Les quatre côtés portent les noms des points cardinaux. La partie la plus reculée, où siège le vénérable, s'appelle l'*Orient*, et fait face à la porte d'entrée. Elle se compose d'une estrade élevée de trois marches au-dessus du sol de la pièce, et bordée d'une balustrade. L'*autel*, ou bureau, placé devant le *trône* du vénérable, porte sur une seconde estrade haute de quatre marches; ce qui fait *sept* marches pour arriver du parvis à l'autel. Un dais de couleur bleu-ciel, parsemé d'étoiles d'argent, surmonte le trône du vénérable. Au fond du dais, dans la partie supérieure, est un delta rayonnant, ou *gloire*, au centre duquel on lit, en caractères hébraïques le nom de יהוה Jéhovah. A la gauche du dais est le disque du soleil; à la droite, le croissant de la lune. Ce sont les seules images admises dans la loge.

A l'occident, des deux côtés de la porte d'entrée, s'élèvent deux colonnes de bronze dont les chapiteaux sont ornés de pommes de grenades entr'ouvertes. Sur la colonne de gauche est tracée la lettre J; sur l'autre, on voit la lettre B (1). Près de la première se place le premier surveillant, et, près de la deuxième, le second surveillant. Ces deux officiers ont devant eux un autel triangulaire chargé d'emblèmes maçonniques. Ils sont les aides et les suppléants du vénérable, et, ainsi que lui, ils tiennent à la main un maillet, comme signe de leur autorité.

Le temple est orné dans son pourtour de dix autres colonnes, ce qui en porte le nombre total à *douze*. Dans la frise ou architrave, qui repose sur les colonnes, règne un cordon qui forme douze nœuds en lacs d'amour. Les deux extrémités se terminent par une houppe, nommée *houppe dentelée*, et viennent aboutir aux colonnes J et B. Le plafond décrit une courbe, il est peint en bleu-ciel et parsemé d'étoiles. De l'orient partent trois rayons qui figurent le lever du soleil.

La Bible, un compas, une équerre, une épée à lame torse, appelée *Epée flamboyante*, sont placés sur l'autel du vénérable, et trois grands flambeaux surmontés d'un long cierge sont distribués dans la loge : l'un à l'est, au bas des marches de l'*Orient ;* le deuxième à l'ouest, près du premier surveillant, et le dernier au sud. Des deux côtés de la loge règnent plusieurs rangs de banquettes, où prennent place les frères non fonctionnaires. C'est ce qu'on désigne sous les noms de *colonne du nord* et de *colonne du midi*.

Indépendamment du *Vénérable* et des *Surveillants*, qu'on appelle figurément *les trois lumières*, on compte dans la loge un certain nombre d'autres officiers qui, de même que les trois premiers, sont élus au scrutin, chaque année, à la Saint-Jean d'hiver. Tels sont l'*Orateur*, le *Secrétaire*, le *Trésorier*, l'*Hospitalier*, l'*Expert*, le *Maître des cérémonies*, le *Garde des sceaux*, l'*Archiviste*, l'*Architecte*, le *Maître des banquets*, et le *Couvreur* ou *Garde du temple*. La plupart de ces officiers occupent dans la loge une place déterminée, et chacun d'eux a devant lui un bureau ; ils sont aussi distingués par des insignes particuliers. Dans les autres contrées, et dans les loges dites *misraimites*, il y a des fonctionnaires en nombre plus ou moins grand. En Angleterre et aux Etats-Unis, il y a entre autres un chapelain chargé de prononcer les invocations et les prières dans les grandes occasions ; c'est ordinairement un ministre du culte, appartenant indifféremment à l'une ou à l'autre des communions existantes.

C'est toujours le soir que les frères se réunissent. Le temple, qui n'a point de fenêtres,
est éclairé par un nombre déterminé de lumières ou d'*étoiles*. Ce nombre est de neuf, de douze, de vingt-un, de vingt-sept, de trente-six, de quatre-vingt-un, suivant la grandeur de la salle ou l'importance de la solennité.

Lorsque le vénérable veut *ouvrir les travaux*, il frappe plusieurs coups sur l'autel avec son maillet. Alors les frères se mettent à la place qu'ils doivent occuper ; le couvreur ferme les portes. Tout le monde reste debout. Ce préalable accompli, le vénérable se place au trône, se couvre, saisit de la main gauche l'épée flamboyante, dont il appuie le pommeau sur l'autel, prend de la droite son maillet, frappe un coup que les surveillants répètent, et le dialogue suivant s'établit :

Le vénérable : Frère premier surveillant, quel est le premier devoir d'un surveillant en loge?

Le premier surveillant : C'est de s'assurer si la loge est *couverte*.

Sur l'ordre que lui en donne le vénérable, le premier surveillant charge le second *diacre* de s'informer auprès du couvreur s'il n'y a point de profanes dans le parvis, et si, des maisons voisines, on ne peut ni voir ni entendre ce qui va se passer. Le couvreur ouvre la porte, visite les pas perdus, s'assure que tout est clos à l'extérieur, et vient rendre compte de cet examen au second diacre, qui en fait connaître le résultat au premier surveillant.

Le premier surveillant : Vénérable, la loge est couverte.

Le vénérable : Quel est le second devoir?

Le premier surveillant : C'est de s'assurer si tous les assistants sont maçons.

Le vénérable : Frères premier et second surveillants, parcourez le nord et le midi, et faites votre devoir. A l'ordre, mes frères.

A cet appel du vénérable, tous les frères se tournent vers l'orient et se mettent dans la posture consacrée. Les surveillants quittent leurs places, se dirigent de l'ouest vers l'est, et examinent successivement tous les assistants, qui, à leur approche, font le signe maçonnique, de manière que ceux qui se trouvent devant eux n'en puissent rien voir. Cet examen terminé, et de retour à leur poste, les surveillants informent le vénérable qu'il n'y a dans la loge aucun profane

Après avoir interrogé les diacres et la plupart des autres officiers sur la place qu'ils occupent en loge et sur les fonctions qu'ils y remplissent, le vénérable continue ses interpellations.

Le vénérable : Pourquoi, frère second surveillant, vous placez-vous au sud ?

Le second surveillant : Pour mieux observer le soleil à son méridien, pour envoyer les ouvriers du travail à la récréation, et les rappeler de la récréation au travail, afin que le maître en tire honneur et contentement.

---

(1) Ces deux lettres sont les initiales des mots *Jachin* et *Booz* ou *Boaz*, noms des deux colonnes placées dans le temple de Salomon. Ces colonnes et les grenades entr'ouvertes qui les surmontent sont censées représenter les organes de la génération.

Le vénérable : Où se tient le frère premier surveillant ?

Le second surveillant : A l'ouest.

Le vénérable : Pourquoi, frère premier surveillant ?

Le premier surveillant : Comme le soleil se couche à l'ouest pour fermer le jour, de même le premier surveillant s'y tient pour fermer la loge, payer les ouvriers et les renvoyer contents et satisfaits.

Le vénérable : Pourquoi le vénérable se tient-il à l'est ?

Le premier surveillant : Comme le soleil se lève à l'est pour ouvrir le jour, de même le vénérable s'y tient pour ouvrir la loge, la diriger dans ses travaux et l'éclairer de ses lumières.

Le vénérable: A quelle heure les maçons ont-ils coutume d'ouvrir leurs travaux ?

Le premier surveillant : A midi, vénérable.

Le vénérable : Quelle heure est-il, frère second surveillant ?

Le second surveillant : Vénérable, il est midi.

Le vénérable : Puisqu'il est midi, et que c'est à cette heure que nous devons ouvrir nos travaux, veuillez, mes frères, me prêter votre concours.

Le vénérable frappe trois coups, que les surveillants répètent. Il se tourne ensuite vers le premier diacre, et, la tête découverte, il lui dit *la parole* à l'oreille. Le premier diacre va transmettre la parole au premier surveillant, qui, par le second diacre, l'envoie au deuxième surveillant.

Le second surveillant : Vénérable, tout est juste et parfait.

Le vénérable : Puisqu'il en est ainsi, au nom du Grand Architecte de l'univers, je déclare cette loge ouverte. A moi, mes frères.

Tous les assistants, les regards tournés vers le vénérable, font, à son exemple, *le signe et la batterie d'apprenti*, avec l'acclamation de *houzzé*, dans les loges écossaises ; de *vivat*, dans les loges françaises ; et *d'alleluia*, suivant le rite misraïmite.

Le vénérable : Les travaux sont ouverts. En place, mes frères.

Le vénérable engage alors le secrétaire à donner connaissance à l'assemblée de la *planche tracée* des derniers travaux, c'est-à-dire du procès-verbal de la séance précédente. Lorsque la lecture est terminée, il invite les surveillants à provoquer des observations des frères de leurs colonnes sur le *morceau d'architecture* qui vient de leur être communiqué. Puis, si aucune rectification n'est demandée, il requiert l'orateur de conclure, et les frères de manifester leur sanction ; ce qui se fait en élevant les deux mains et en les laissant retomber avec bruit sur le tablier.

C'est alors qu'on introduit les *visiteurs*, s'il y en a, c'est-à-dire les frères étrangers qui se présentent pour *visiter les travaux* ; ils sont reçus suivant un rite déterminé, et reçoivent des honneurs suivant le grade dont ils sont revêtus.

Le moment étant venu de recevoir le profane, le frère *terrible* se rend auprès de lui, dans le cabinet des réflexions, prend à la pointe de son épée son testament et ses réponses, et les apporte au vénérable, qui en donne connaissance à la loge. S'il ne s'y trouve aucune proposition contraire aux principes de la franc-maçonnerie, le frère terrible retourne près du candidat, lui bande les yeux, et lui ôte tous les objets de métal qu'il peut avoir sur lui ; ensuite il lui découvre le sein et le bras gauche, le genou droit, lui fait chausser du pied gauche une pantoufle, lui entoure le cou d'une corde dont il tient l'extrémité ; puis dans cet état il l'amène à la porte du temple, où il le fait heurter trois fois avec violence.

Le premier surveillant : Vénérable, on frappe à la porte en profane.

Le vénérable . Voyez quel est le téméraire qui ose ainsi troubler nos travaux.

En cet instant, le couvreur, qui a entr'ouvert la porte, pose la pointe de son épée sur la poitrine nue du récipiendaire, et dit d'une voix forte : Quel est cet audacieux qui tente de forcer l'entrée du temple?

Le frère terrible. Calmez-vous ; personne n'a l'intention de pénétrer malgré vous dans cette enceinte sacrée. L'homme qui vient de frapper est un profane désireux de voir la lumière, et qui vient la solliciter humblement de votre respectable loge.

Le vénérable : Demandez-lui comment il a osé concevoir l'espérance d'obtenir une si grande faveur.

Le frère terrible : C'est parce qu'il est né libre et qu'il est de bonnes mœurs.

Le vénérable : Puisqu'il en est ainsi, faites-lui décliner son nom, le lieu de sa naissance, son âge, sa religion, sa profession et sa demeure.

Le profane satisfait à toutes ces demandes ; ensuite le vénérable donne l'ordre de l'introduire. Le frère terrible le conduit entre les deux colonnes, c'est-à-dire au centre de la loge, et lui appuie la pointe de son épée sur le sein gauche.

— Que sentez-vous ? que voyez-vous ? dit le vénérable.

— Je ne vois rien, répond le profane ; mais je sens la pointe d'une arme.

— Apprenez, dit le vénérable, que l'arme dont vous sentez la pointe est l'image du remords qui déchirerait votre cœur, si jamais vous étiez assez malheureux pour trahir la société dans laquelle vous sollicitez votre admission, et que l'état d'aveuglement dans lequel vous vous trouvez figure les ténèbres où est plongé tout homme qui n'a pas reçu l'initiation maçonnique. Répondez, monsieur. Est-ce librement, sans contrainte, sans suggestion, que vous vous présentez ici ?

— Oui, monsieur.

— Réfléchissez bien à la démarche que vous faites. Vous allez subir des épreuves terribles. Vous sentez-vous le courage de braver tous les dangers auxquels vous pourrez être exposé ?

— Oui, monsieur.

— Alors je ne réponds plus de vous !...

Frère terrible, reprend le vénérable, entraînez ce profane hors du temple, et conduisez-le partout où doit passer le mortel qui aspire à connaître nos secrets.

On entraîne le récipiendaire dans le parvis. Là, pour le dérouter, on lui fait faire quelques tours sur lui-même; ensuite on le ramène à l'entrée du temple. Le couvreur a ouvert les deux battants de la porte; on a placé un peu en avant un grand cadre dont le vide est rempli par plusieurs couches de fort papier, et que soutiennent des frères de chaque côté.

— Que faut-il faire du profane? demande le frère terrible.

— Introduisez-le dans la caverne, répond le vénérable.

— Alors deux frères lancent violemment le récipiendaire sur le cadre, dont le papier se rompt, et lui livre passage. Deux autres frères le reçoivent du côté opposé, sur leurs bras entrelacés. On referme avec force les deux battants de la porte. Un anneau de fer, ramené plusieurs fois sur une barre crénelée du même métal, simule le bruit d'une serrure qu'on fermerait à plusieurs tours. Pendant quelques instants, on observe le plus profond silence. Enfin, le vénérable frappe un grand coup de maillet, et dit :

— Conduisez le récipiendaire près du second surveillant, et faites-le mettre à genoux. Profane, ajoute-t-il, quand cet ordre est exécuté, prenez part à la prière que nous allons adresser en votre faveur à l'auteur de toutes choses. Mes frères, continue le vénérable, humilions-nous devant le souverain Architecte des mondes; reconnaissons sa puissance et notre faiblesse. Contenons nos esprits et nos cœurs dans les limites de l'équité, et efforçons-nous par nos œuvres de nous élever jusqu'à lui. Il est un; il existe par lui-même, et c'est de lui que tous les êtres tiennent l'existence. Il se révèle en tout et partout; il voit et juge toutes choses. Daigne, ô Grand Architecte de l'univers, protéger les ouvriers de paix qui sont réunis dans ton temple; anime leur zèle, fortifie leur âme dans la lutte des passions; enflamme leur cœur de l'amour des vertus, et donne-leur l'éloquence et la persévérance nécessaires pour faire chérir ton nom, observer tes lois et en étendre l'empire. Prête à ce profane ton assistance, et soutiens-le de ton bras tutélaire au milieu des épreuves qu'il va subir. Amen! — Tous les frères répètent, Amen!

— Profane, reprend le vénérable, en qui mettez-vous votre confiance ?

— En Dieu, répond le récipiendaire.

— Puisque vous mettez votre confiance en Dieu, suivez votre guide d'un pas assuré, et ne craignez aucun danger.

Le frère terrible relève le récipiendaire et le conduit entre les deux colonnes.

Le vénérable poursuit : Monsieur, avant que cette assemblée vous admette aux épreuves, il est bon que vous lui donniez la certitude que vous êtes digne d'aspirer à la révélation des mystères dont elle conserve le précieux dépôt. Veuillez répondre aux questions que je vais vous adresser en son nom:

On fait asseoir le récipiendaire. Il est d'usage que le siège qu'on lui présente soit hérissé d'aspérités et porte sur des pieds d'inégale hauteur. On veut voir jusqu'à quel point la gêne physique qu'il en éprouve influe sur la lucidité de ses idées. Le vénérable lui adresse diverses questions sur des points de métaphysique. De ses réponses il doit résulter qu'il croit en Dieu, et qu'il est persuadé que tous les hommes se doivent réciproquement affection et dévouement, quelles que soient d'ailleurs leurs opinions religieuses et politiques, leur patrie et leur condition. Le vénérable commente toutes les réponses du récipiendaire, les développe, et lui fait, en quelque sorte, un cours de philosophie et de morale. Puis il ajoute:

— Vous avez convenablement répondu, monsieur. Cependant, ce que je vous ai dit vous a-t-il pleinement satisfait, et persistez-vous dans le dessein de vous faire recevoir franc-maçon ?

Sur la réponse affirmative du récipiendaire, le vénérable reprend : — Alors je vais vous faire connaître à quelles conditions vous serez admis parmi nous, si toutefois vous sortez victorieux des épreuves qu'il vous reste à subir. Le premier devoir dont vous contracterez l'obligation sera de garder un silence absolu sur les secrets de la franc-maçonnerie. Le second de vos devoirs sera de combattre les passions qui dégradent l'homme et le rendent malheureux, et de pratiquer les vertus les plus douces et les plus bienfaisantes. Secourir son frère dans le péril; prévenir ses besoins, ou l'assister dans la détresse; l'éclairer de ses conseils quand il est sur le point de faillir; l'encourager à faire le bien quand l'occasion s'en présente ; telle est la conduite que doit se tracer un franc-maçon. Le troisième de vos devoirs sera de vous conformer aux statuts généraux de la franc-maçonnerie, aux lois particulières de la loge, et d'exécuter tout ce qui vous sera prescrit au nom de la majorité de cette respectable assemblée. Maintenant que vous connaissez les principaux devoirs d'un maçon, vous sentez-vous la force et êtes-vous résolu de les mettre en pratique?

— Oui, monsieur.

— Avant d'aller plus loin, nous exigeons votre serment d'honneur; mais ce serment doit être fait sur une coupe sacrée. Si vous êtes sincère, vous pourrez boire avec confiance; mais si la fausseté est au fond de votre cœur, ne jurez pas : éloignez plutôt cette coupe, et craignez l'effet prompt et terrible du breuvage qu'elle contient. Consentez-vous à jurer?

— Oui, monsieur.

— Faites approcher cet aspirant de l'autel, dit le vénérable.

Le frère terrible conduit le récipiendaire au bas des degrés de l'autel.

— Frère sacrificateur, poursuit le vénérable, présentez à cet aspirant la coupe sacrée, si fatale aux parjures.

Le frère terrible met dans les mains du profane une coupe à deux compartiments, tournant sur un pivot. D'un côté, il y a de l'eau, de l'autre, une liqueur amère.

Le vénérable reprend : Profane, répétez avec moi votre obligation : « Je m'engage à l'observation stricte et rigoureuse des devoirs prescrits aux francs-maçons ; et si jamais je viole mon serment.... (ici, le frère terrible fait boire au récipiendaire une partie de l'eau contenue dans la coupe, puis, en lui pesant sur la main, pour l'empêcher de boire davantage, il fait pivoter le vase, de manière que le compartiment qui contient le bitter vient prendre la place de celui qui renferme l'eau, et se trouve à son tour du côté du profane), je consens que la douceur de ce breuvage se change en amertume, et que son effet salutaire devienne pour moi celui d'un poison subtil. » (Le frère terrible fait boire le bitter au récipiendaire.)

Le vénérable frappe un grand coup de maillet : — Que vois-je, monsieur? dit-il d'une voix forte. Que signifie l'altération qui vient de se manifester dans vos traits? votre conscience démentirait-elle les assurances de votre bouche? et la douceur de ce breuvage se serait-elle déjà changée en amertume ? Éloignez le profane.

On conduit le récipiendaire entre les deux colonnes.

— Si vous avez dessein de nous tromper, monsieur, reprend le vénérable, n'espérez pas y parvenir : la suite de vos épreuves le manifesterait clairement à nos yeux. Mieux vaudrait pour vous, croyez-moi, vous retirer à l'instant même, pendant que vous en avez encore la faculté ; car un instant de plus, et il sera trop tard. La certitude que nous acquerrions de votre perfidie vous deviendrait fatale ; il vous faudrait renoncer à revoir jamais la lumière du jour. Méditez donc sérieusement sur ce que vous avez à faire. Frère terrible, ajoute le vénérable, après avoir frappé un grand coup de maillet, emparez-vous de ce profane, et faites-le asseoir sur la sellette des réflexions (le frère terrible exécute cet ordre avec rudesse), qu'il soit livré à sa conscience, et qu'à l'obscurité qui couvre ses yeux se joigne l'horreur d'une solitude absolue.

Tous les assistants observent, pendant quelques minutes, le silence le plus complet.

— Eh bien, monsieur! reprend le vénérable, avez-vous bien réfléchi à la détermination qu'il vous convient de prendre? Vous retirerez-vous, ou persisterez-vous au contraire à braver les épreuves?

— J'y persiste, répond le récipiendaire.

— Frère terrible, dit le vénérable, faites faire à ce profane son premier voyage, et appliquez-vous à le garantir de tout accident.

Le frère terrible exécute cet ordre. Dirigé par lui, le récipiendaire fait trois fois le tour de la loge. Il marche sur des planchers mobiles posés sur des roulettes et hérissés d'aspérités, qui se dérobent sous ses pas. Il gravit d'autres planchers inclinés, à bascule, qui tout à coup fléchissent sous lui, et semblent l'entraîner dans un abîme. Il monte les innombrables degrés d'une échelle sans fin ; et lorsqu'il croit être parvenu à une élévation considérable, et qu'il lui est enjoint de s'en précipiter, il tombe à trois pieds au-dessous de lui. Pendant ce temps, des cylindres de tôle remplis de sable, et tournant sur un axe, à l'aide d'une manivelle, imitent le bruit de la grêle; d'autres cylindres, froissant, dans leur rotation, une étoffe de soie fortement tendue, imitent les sifflements du vent ; des feuilles de tôle suspendues à la voûte par une extrémité, et violemment agitées, simulent le roulement du tonnerre et les éclats de la foudre. Enfin, des cris de douleur, des vagissements d'enfants se mêlent à cet épouvantable fracas. Le voyage terminé, le frère terrible conduit le récipiendaire près du second surveillant, sur l'épaule duquel il lui fait frapper trois coups avec la paume de la main. A ce moment, le second surveillant se lève, pose son maillet sur le cœur du récipiendaire, et dit brusquement :

— Qui va là ?

— C'est, répond le frère terrible, un profane qui demande à être reçu maçon.

— Comment a-t-il osé l'espérer ?

— Parce qu'il est né libre et qu'il est de bonnes mœurs.

— Puisqu'il en est ainsi, qu'il passe.

— Profane, dit alors le vénérable, êtes-vous disposé à faire un second voyage ?

— Oui, monsieur, répond le récipiendaire.

Le second voyage a lieu. Dans celui-ci, le récipiendaire ne rencontre pas les obstacles qui ont entravé sa marche dans le précédent. Le seul bruit qu'il entende est un cliquetis d'épées. Lorsqu'il a fait ainsi trois tours dans la loge, il est conduit par le frère terrible au premier surveillant. Là se répètent le cérémonial, les questions et les réponses qui ont suivi le premier voyage. Alors le frère terrible saisit la main droite du récipiendaire et la plonge à trois reprises dans un vase contenant de l'eau.

Le troisième voyage a lieu ensuite, au milieu d'un profond silence. Après le troisième tour, le frère terrible conduit le récipiendaire à l'orient, à la droite du vénérable. Là se répètent encore le cérémonial, les questions et les réponses qui ont terminé les deux premiers voyages.

— Qui va là ? demande le vénérable, quand le récipiendaire lui a frappé sur l'épaule.

— C'est, répond le frère terrible, un profane qui sollicite la faveur d'être reçu maçon.

— Comment a-t-il osé l'espérer?

— Parce qu'il est né libre et qu'il est de bonnes mœurs.

— Puisqu'il en est ainsi, qu'il passe par les flammes purificatoires, afin qu'il ne lui reste plus rien de profane.

Au moment où le récipiendaire descend les marches de l'orient pour se rendre entre les deux colonnes, le frère terrible l'enveloppe de flammes à trois reprises, au moyen de poudre de lycopode injectée par un tube sur une lampe à esprit de vin.

— Profane, lui dit le vénérable, vos voyages sont heureusement terminés; vous avez été purifié par la terre, par l'eau et par le feu. Je ne saurais trop louer votre courage; qu'il ne vous abandonne pas cependant, car il vous reste encore des épreuves à subir. La société dans laquelle vous désirez être admis pourra peut-être exiger que vous versiez pour elle jusqu'à la dernière goutte de votre sang. Y consentiriez-vous?

— Oui, monsieur.

— Nous avons besoin de nous convaincre que ce n'est pas là une vaine assurance. Êtes-vous résigné à ce qu'on vous ouvre la veine à l'instant même?

— Oui, monsieur.

— Frère chirurgien, dit le vénérable, faites donc votre devoir.

Le frère chirurgien bande le bras du récipiendaire, et lui pique la saignée avec la pointe d'un cure-dents, puis on fait couler sur son bras de l'eau tiède, de manière à ce qu'il puisse croire que c'est son sang qui coule. L'opération terminée, on lui fait tenir son bras en écharpe.

Le vénérable lui dit ensuite que tous les maçons portent sur la poitrine une empreinte mystérieuse qui sert à les faire reconnaître; en conséquence, il ordonne de lui appliquer le sceau maçonnique; ce qu'on fait semblant d'exécuter, en lui appliquant sur la chair nue, au côté gauche, soit une bougie récemment éteinte, soit un verre légèrement chauffé. Enfin, pour dernière épreuve, le vénérable l'invite à faire connaître à voix basse au frère hospitalier, l'offrande qu'il a l'intention de faire pour le soulagement des maçons indigents.

— Vous allez bientôt, monsieur, lui dit le vénérable, recueillir le fruit de votre fermeté dans les épreuves, et des sentiments si agréables au Grand Architecte de l'univers, ceux de la pitié et de la bienfaisance que vous venez de manifester. — Frère maître des cérémonies, remettez le candidat au frère premier surveillant, afin qu'il lui apprenne à faire le premier pas dans l'angle d'un carré long. Vous lui ferez faire les deux autres, et vous le conduirez ensuite à l'autel des serments.

Les trois pas dans l'angle d'un carré long sont ce qu'on appelle *la marche d'apprenti*. Lorsque le premier surveillant a enseigné cette marche au récipiendaire, il est conduit à l'autel par le maître des cérémonies, qui le fait agenouiller, et lui appuie sur le sein gauche les pointes du compas. Le vénérable frappe alors un coup, et dit:

— Debout, et à l'ordre, mes frères. Le néophyte va prêter le serment redoutable.

Tous les frères se lèvent, saisissent une épée, et se tiennent, pendant la prestation du serment, dans la posture consacrée. Le serment prononcé, le maître des cérémonies conduit le récipiendaire entre les deux colonnes; tous les frères l'entourent et dirigent vers lui leurs épées nues, de manière qu'il soit comme un centre d'où partiraient des rayons. Le maître des cérémonies se place derrière lui, dénoue le bandeau qui lui couvre les yeux, et attend que le vénérable lui donne le signal de le faire tomber. En même temps, un frère tient la lampe à lycopode, à un mètre en avant du néophyte.

— Frère premier surveillant, dit le vénérable, maintenant que le courage et la persévérance de cet aspirant l'ont fait sortir victorieux de ses longues épreuves, le jugez-vous digne d'être admis parmi nous?

— Oui, vénérable, répond le premier surveillant.

— Que demandez-vous pour lui?

— La lumière.

— Que la lumière soit! dit le vénérable. Puis il frappe trois coups. Au troisième, le maître des cérémonies arrache le bandeau du récipiendaire, et, au même instant le frère qui a embouché la lampe à lycopode souffle fortement, et produit une vive clarté.

— Ne craignez rien, mon frère, dit le vénérable au néophyte, des glaives qui sont tournés vers vous; ils ne sont menaçants que pour les parjures. Si vous êtes fidèle à la franc-maçonnerie, comme nous avons sujet de l'espérer, ces glaives seront toujours prêts à vous défendre; mais si, au contraire, vous veniez jamais à la trahir, aucun lieu de la terre ne vous offrirait un abri contre ces armes vengeresses.

Tous les frères baissent la pointe de leurs épées, et le vénérable ordonne au maître des cérémonies de conduire le nouveau frère à l'autel. Lorsqu'il y est parvenu, on le fait agenouiller; le vénérable lui place la pointe de l'épée flamboyante sur la tête, et lui dit:

— Au nom du Grand Architecte de l'univers, et en vertu des pouvoirs qui m'ont été confiés, je vous crée et constitue apprenti maçon, et membre de cette respectable loge.

Ensuite il frappe trois coups sur la lame du glaive avec son maillet; il relève le nouveau frère; lui ceint un tablier de peau blanche, emblème du travail; lui donne des gants blancs, symbole de la pureté de mœurs prescrite aux maçons; lui remet des gants de femme, pour qu'il les offre à celle qu'il *estimera* le plus; puis il lui révèle les mystères particuliers au grade d'apprenti maçon, et lui donne le triple baiser fraternel.

Reconduit alors entre les deux colonnes, le néophyte y est proclamé sa nouvelle qualité, et tous les frères, sur l'ordre du vénérable, applaudissent à son initiation, par le signe, la batterie manuelle et l'acclamation d'usage. Le nouvel initié, après avoir repris les habits dont on l'avait dépouillé, est conduit par le maître des cérémonies à l'extrémité est de la colonne du nord, où il prend place, pour cette fois seulement, sur un siége particulier; et le frère orateur lui adresse un discours, dans lequel il lui expose fort au long les devoirs imposés aux maçons, l'origine de la maçonnerie, l'influence vraie ou prétendue que cette institution a exercée sur la société tout entière; les différentes organisations qui la régissent dans les diverses contrées, les règles à observer quand les travaux sont ouverts, etc., etc.

On ferme les travaux à peu près de la même manière qu'on les a ouverts.

Initiation au grade de compagnon.

Les travaux de compagnon s'ouvrent à peu près dans les mêmes termes que ceux du grade d'apprenti. Pour avoir droit d'y assister, il faut être au moins pourvu du compagnonnage. Les travaux ouverts, on lit le procès-verbal de la dernière tenue de compagnon, et l'on introduit les frères visiteurs.

Avant d'amener le candidat, on déploie sur le sol de la loge un tableau peint sur toile et chargé de divers emblèmes. Une fenêtre et une porte sont figurées à l'orient, à l'occident et au midi. Sept marches conduisent à la porte de l'occident, qui est flanquée des colonnes J et B. Au delà de cette porte s'étend un pavé en forme d'échiquier, blanc et noir. Un peu plus loin on voit une équerre dont les deux extrémités sont tournées vers l'orient. Il y a, à la droite de l'équerre, un maillet; à la gauche une planche où sont tracées des figures géométriques. Au-dessus de l'équerre sont représentés le portail d'un temple, le niveau, la ligne d'aplomb, une pierre dont la base est cubique et le sommet pyramidal, un globe céleste, une règle graduée de 24 divisions, une pierre brute, une truelle, une étoile flamboyante, un compas ouvert, les pointes dirigées vers le bas, le soleil et la lune. Trois flambeaux sont placés à l'orient, à l'occident et au midi, et la houppe dentelée entoure le tableau.

Le candidat, les yeux découverts et tenant à la main une règle dont il appuie une extrémité sur son épaule gauche, est amené à la porte de la loge par le maître des cérémonies, qui l'y fait frapper en apprenti.

— Voyez qui frappe, dit le vénérable.

— C'est, répond le maître des cérémonies, un apprenti qui demande à passer de la perpendiculaire au niveau.

Alors l'entrée de la loge est accordée au récipiendaire. Arrivé entre les deux colonnes, il s'arrête, et le vénérable demande au second surveillant, si le candidat qui sollicite une *augmentation de salaire* a fini son temps, et si les frères de sa colonne sont contents de son travail. Sur la réponse affirmative du surveillant, le vénérable adresse au récipiendaire une série de questions pour s'assurer s'il a bien saisi les emblèmes du premier grade; ensuite il ordonne au maître des cérémonies de lui faire faire les cinq voyages mystérieux. Le maître des cérémonies prend le récipiendaire par la main droite, et lui fait faire cinq fois le tour de la loge. Pendant le premier voyage, ou le premier tour, le récipiendaire a, dans la main gauche, un maillet et un ciseau; dans le second, une règle et un compas; dans le troisième, il tient une règle de la main gauche, et il appuie sur son épaule gauche l'extrémité d'une pince de fer; il porte, dans le quatrième voyage, une équerre et une règle; et dans le cinquième, il a les mains libres. A la fin de chaque voyage, il s'arrête à l'occident, et le vénérable lui explique l'emploi matériel des outils qu'on a mis entre ses mains, et lui en fait connaître la destination morale : le compagnon élève au Grand Architecte de l'univers un temple dont il est lui-même la matière et l'artisan; les outils symboliques doivent lui servir à faire disparaître les défectuosités des matériaux, et à leur donner des formes régulières et symétriques, afin que l'édifice soit harmonieux dans toutes ses parties et atteigne, autant que possible, à la perfection. Les cinq voyages terminés, le vénérable ordonne au récipiendaire de faire son dernier travail d'apprenti. A cet effet, le récipiendaire saisit un maillet, et en frappe trois coups sur la pierre brute qui se trouve peinte dans le tableau déployé sur le plancher. Le vénérable appelle ensuite son attention sur l'étoile flamboyante qui figure aussi dans le tableau, et lui dit :

— Considérez, mon frère, cette étoile mystérieuse, et ne la perdez jamais de vue; elle est l'emblème du génie qui élève aux grandes choses; et, avec plus de raison encore, elle est le symbole de ce feu sacré, de cette portion de lumière divine dont le Grand Architecte de l'univers a formé nos âmes, et aux rayons de laquelle nous pouvons distinguer, connaître et pratiquer la vérité et la justice. La lettre G que vous voyez au centre vous offre deux grandes et sublimes idées : c'est le monogramme d'un des noms du Très-Haut; c'est aussi l'initiale du mot *géométrie*. La géométrie a pour base essentielle l'application des propriétés des nombres aux dimensions des corps, et surtout au triangle, auquel se rapportent presque toutes leurs figures, et qui présente à l'esprit les emblèmes les plus sublimes.

Après cette allocution, le candidat est conduit à l'autel, où il prête son obligation. Il est ensuite constitué, initié et proclamé en sa nouvelle qualité par le vénérable; et la loge applaudit à sa réception. Lorsque toutes ces formalités sont remplies, le maître des cérémonies le fait asseoir en tête de la colonne du midi, et l'orateur lui adresse un discours, dans lequel il lui explique particulièrement le sens des symboles qui sont tracés sur le tableau déployé au milieu de la loge, et dont nous avons donné plus haut la description détaillée.

Le nouveau compagnon apprend alors que ce tableau représente dans son ensemble le temple de *Salomon*, dont le nom hébreu signifie *pacifique*. La première des deux colonnes qui en ornent l'entrée s'appelle *Boaz*, c'est-à-dire *force*; la seconde *Jachin* ou *stabilité*. L'une est blanche et l'autre noire, par allusion aux deux principes de création et de destruction, de vie et de mort, de lumières et de ténèbres, dont le jeu alternatif entretient l'équilibre universel. Les *sept degrés* par lesquels on arrive à la première porte, celle de l'orient, indiquent les épreuves successives par lesquelles l'initié doit passer pour atteindre à cette perfection qui ouvre l'accès du Saint des saints. L'échiquier formé de cases blanches et noires, ou le *pavé mosaïque*, désigne la double force qui, tour à tour, attire l'homme vers l'esprit et vers la matière, vers la vertu et vers le vice, rend ses épreuves d'autant plus pénibles, et retarde l'instant de l'éternelle béatitude à laquelle il est appelé. Le *compas* et l'*équerre* présentent la même pensée sous des emblèmes différents. Le compas est le ciel où l'initié doit tendre constamment; l'équerre, la terre où ses passions le retiennent. L'*étoile flamboyante* est le divin fanal qui le guide dans les ténèbres morales, comme l'étoile polaire dirige la marche du navigateur au milieu de la nuit. Les trois *portes* et les trois *fenêtres* qu'on voit à l'orient, à l'occident et au midi, figurent les trois points du firmament où se montre le soleil et par lesquels sa lumière éclaire le temple. Les trois *candélabres* retracent les trois grandes lumières de la maçonnerie : le soleil, la lune et le maître de la loge. Le *globe céleste* marque les limites du temple. Le *portail* désigne l'entrée de la *chambre du milieu*, c'est-à-dire la ligne qui sépare le temps qui finit et le temps qui commence, la mort et la vie, les ténèbres et la lumière. La *pierre brute* est le symbole de l'âme du maçon avant que le travail moral, qui lui est imposé, en ait fait disparaître les défectuosités. La pierre dont la base est cubique et le sommet pyramidal, ou la *pierre cubique à pointe*, est l'emblème de l'âme perfectionnée, qui aspire à remonter vers sa source; c'est l'attribut spécial du compagnon. Les outils de maçonnerie représentés dans le tableau rappellent en général au maçon la sainteté du travail. En particulier, chacun de ces outils renferme un précepte. Le *compas* prescrit au maçon d'élever autour de lui un rempart contre l'invasion du vice et de l'erreur; le *niveau*, de se défendre des séductions de l'orgueil; le *maillet*, de tendre sans cesse à se perfectionner; l'*équerre* et la *ligne d'aplomb*, d'être équitable et droit; la *truelle*, d'être indulgent pour ses frères et de dissimuler leurs défauts; la *planche à tracer*, de ne jamais s'écarter du plan que le maître lui a donné à suivre; enfin, la *règle de 24 pouces*, de consacrer tous ses instants à l'accomplissement de l'œuvre qu'il a entreprise. La *houppe dentelée*, ou le cordon formant des nœuds en lacs d'amour, qui entoure le tableau, apprend au maçon, que la société dont il fait partie enveloppe la terre, et que la distance, loin de relâcher les liens qui en unissent les membres l'un et l'autre, doit au contraire les resserrer davantage. Lorsque l'orateur a terminé son discours, on procède à l'exécution des travaux à l'ordre du jour; ensuite la loge est fermée de la même manière à peu près qu'elle a été ouverte.

Initiation au grade de maître.

Au grade d'apprenti et au grade de compagnon, la décoration du temple n'offre aucune différence. Au grade de maître, l'aspect en est complètement changé. La tenture est noire; des têtes de mort, des squelettes, des os en sautoir, y sont peints ou brodés en blanc. Une seule bougie de cire jaune, placée à l'orient, éclaire la loge, qu'on appelle alors la *chambre du milieu*. Le vénérable, à qui on donne le titre de *très-respectable*, a sur son autel, outre la Bible, l'équerre, le compas et son maillet de direction, qui est garni de bourre aux deux extrémités, une lanterne sourde formée d'une tête de mort, de laquelle la lumière s'échappe seulement par les ouvertures des yeux. Au milieu de la loge est un matelas recouvert d'un drap mortuaire. A la tête de cette espèce de tombe on place une équerre; aux pieds, vers l'orient, est un compas ouvert; au-dessus, une branche d'acacia. Tous les assistants ont la tête couverte, et portent, indépendamment de leur tablier et de leur cordon d'office, un large ruban bleu moiré, sur lequel sont brodés le soleil, la lune et sept étoiles. Ce ruban leur descend de l'épaule gauche à la hanche droite.

On procède aux travaux de ce grade de la même façon qu'on le fait dans les deux précédents. Il n'y a de changé que le formulaire de réception. Le candidat est amené à la porte de la chambre du milieu. Il a les pieds déchaussés, le bras et le sein gauche nus, une équerre attachée au bras droit. Une corde, dont son conducteur tient une extrémité, lui fait trois fois le tour de la ceinture, et on l'a dépouillé de tous les métaux qu'il pouvait avoir sur lui. Le maître des cérémonies le fait frapper en compagnon. A ce bruit l'assemblée s'émeut.

— Très-respectable, dit le premier surveillant d'une voix altérée, un compagnon vient de frapper à la porte.

Voyez, répond le très-respectable, comment il a pu y parvenir; et sachez quel est et ce que veut ce compagnon.

Le surveillant s'en informe, et il dit : — C'est le maître des cérémonies présentant à la loge un compagnon qui a fait son temps, et qui sollicite son admission à la maîtrise.

— Pourquoi, dit le très-respectable, le maître des cérémonies vient-il troubler notre douleur? n'aurait-il pas dû au contraire, dans un pareil moment, éloigner toute personne suspecte, et particulièrement un compagnon? Qui sait cependant si le compagnon qu'il amène n'est pas un de ces misérables qui causent notre deuil, et si le ciel lui-même ne le livre pas à notre juste vengeance? Frère expert, armez-vous et emparez-vous de ce compagnon; visitez avec soin toute sa personne; examinez surtout ses mains; assurez-vous enfin qu'il n'existe sur lui aucune trace de complicité dans le crime affreux qui a été commis.

L'expert se porte vivement près du candidat, le visite et lui arrache son tablier. Il rentre ensuite dans la loge, à la porte de laquelle il laisse le candidat sous la garde de quatre frères armés.

— Très-respectable, dit l'expert, je viens d'exécuter vos ordres. Je n'ai rien trouvé sur le compagnon qui indique qu'il ait commis un meurtre ; ses vêtements sont blancs, ses mains sont pures, et ce tablier que je vous apporte est sans tache.

—Vénérables frères, dit le très-respectable, veuille le Grand Architecte que le pressentiment qui m'agite ne soit pas fondé, et que ce compagnon ne soit pas un de ceux que doit poursuivre notre vengeance ! Ne pensez-vous pas néanmoins qu'il convient de l'interroger ? ses réponses nous apprendront sans doute ce que nous devons penser de lui.

Tous les frères font le signe d'assentiment.

—Frère expert, reprend le très-vénérable, demandez à ce compagnon comment il a osé espérer être introduit parmi nous.

—En donnant le mot de passe, répond le récipiendaire.

—Le mot de passe ! s'écrie le vénérable. Comment peut-il le connaître ? ce ne peut être que par suite de son crime.... Vénérable frère premier surveillant, transportez-vous près de lui et l'examinez avec un soin scrupuleux.

Le premier surveillant sort de la loge, examine en détail les vêtements du récipiendaire, lui visite ensuite la main droite, et s'écrie : Grands dieux ! qu'ai-je vu ? Puis il le saisit au collet, et lui dit d'une voix menaçante :

—Parle, malheureux ! Comment donneras-tu le mot de passe ? qui a pu te le communiquer ?

—Je ne le connais pas, répond le récipiendaire. Ce sera mon conducteur qui le donnera pour moi.

Cette réponse est transmise au très-respectable, qui dit :

—Faites-vous-le donner, vénérable frère premier surveillant.

Le maître des cérémonies prononce ce mot à l'oreille du premier surveillant, qui dit ensuite : — Le mot de passe est juste, très-respectable.

On introduit alors le récipiendaire en le faisant marcher à reculons, et on le conduit ainsi au bas du simulacre de tombe placé au milieu de la loge. Le dernier maître reçu s'y est étendu, couvert du drap mortuaire des pieds à la ceinture, et tenant à la main une branche d'acacia. Arrivé là, le récipiendaire se tourne du côté de l'orient.

Compagnon, lui dit le très-respectable, il faut que vous soyez bien imprudent, ou que vous ayez bien peu le sentiment des convenances, pour vous présenter ici dans un moment où nous déplorons la perte de notre respectable maître *Hiram-Abi*, traîtreusement mis à mort par trois compagnons, et lorsque tous les frères de votre grade nous inspirent de si justes soupçons ! Dites-moi,

compagnon : Avez-vous trempé dans cet horrible attentat ? êtes-vous un des infâmes qui l'ont commis ? Voyez leur ouvrage.

On montre au récipiendaire le corps qui est dans le cercueil.

—Non, répond-il.

—Faites voyager ce compagnon, dit le très-respectable.

Le maître des cérémonies prend alors le récipiendaire par la main droite, et lui fait faire le tour de la loge. Quatre frères armés l'accompagnent, et un expert le suit, tenant un bout de la corde qui lui entoure la ceinture. Arrivé près du très-respectable, il lui frappe trois coups sur l'épaule.

—Qui va là ? dit le très-respectable

—C'est, répond le maître des cérémonies, un compagnon qui a fait son temps, et qui demande à passer dans la chambre du milieu.

—Comment espère-t-il y parvenir ?

—Par le mot de passe.

—Comment le donnera-t-il, s'il ne le sait pas ?

—Je vais le donner pour lui

Le maître des cérémonies s'approche du très-respectable, et lui donne ce mot à l'oreille.

—Passe, T........ (1), dit le très-respectable.

Ce cérémonial accompli, le récipiendaire est conduit à l'occident, d'où on le fait revenir à l'orient par la marche mystérieuse du grade de maître. Parvenu à l'autel, il s'agenouille ; on lui pose les deux pointes d'un compas ouvert sur le sein ; et, la main étendue sur la Bible, il prononce son obligation.

—Levez-vous, frère J..... lui dit ensuite le très-respectable ; vous allez représenter notre respectable maître Hiram-Abi, qui fut cruellement assassiné lors de l'achèvement du temple de Salomon, ainsi que je vais vous le raconter tout à l'heure (2).

En ce moment, le très-respectable descend de son trône, se place au bas des marches de l'orient, vis-à-vis du récipiendaire, et le reste des assistants se groupe autour du cercueil, d'où, quelques instants auparavant, s'est furtivement retiré le frère qui y était couché. Tout étant ainsi disposé, le très-respectable parle au récipiendaire dans les termes suivants :

—Hiram-Abi, célèbre architecte, avait été envoyé à Salomon, par Hiram, roi de Tyr, pour diriger les travaux de construction du temple de Jérusalem. Le nombre des ouvriers était immense. Hiram-Abi les distribua en trois classes, qui recevaient chacune un salaire proportionné au degré d'habileté qui la distinguait. Ces trois classes étaient celles d'apprenti, de compagnon et de maître. Les apprentis, les compagnons et les

---

(1) Nous ne voulons pas avoir l'indiscrétion de remplir ces initiales, M. Clavel, que nous suivons pas à pas, n'ayant pas jugé à propos d'écrire ces mots tout entiers.

(2) *Hiram* (ou, comme il est appelé dans le troisième livre des Rois, *Adoniram*), était, en effet, l'architecte employé par Salomon pour présider à la construction du temple, et avoir la surveillance sur tous les ouvriers. C'était un Tyrien que Hiram, roi de Tyr, avait envoyé à cet effet à Salomon. Mais l'histoire de sa mort ne se trouve pas dans le récit de la Bible.

maîtres avaient leurs mystères particuliers, et se reconnaissaient entre eux à l'aide de mots, de signes et d'attouchements qui leur étaient propres. Les apprentis touchaient leur salaire à la colonne B; les compagnons à la colonne J ; les maîtres dans la chambre du milieu; et le salaire n'était délivré par les payeurs du temple à l'ouvrier qui se présentait pour le recevoir, que lorsqu'il avait été scrupuleusement *tuilé* dans son grade. Trois compagnons, voyant que la construction du temple approchait de sa fin et qu'ils n'avaient encore pu obtenir les mots de maître, résolurent de les arracher par la force au respectable Hiram-Abi, afin de passer pour maîtres dans d'autres pays, et de s'en faire adjuger la paye. Ces trois misérables, appelés Jubelas, Jubelos et Jubelum, savaient que Hiram-Abi allait tous les jours, à midi, faire sa prière dans le temple, pendant que les ouvriers se reposaient. Ils l'épièrent, et, dès qu'ils le virent dans le temple, ils s'embusquèrent à chacune des portes : Jubelas à celle du midi, Jubelos à celle de l'occident, et Jubelum à celle de l'orient. Là, ils attendirent qu'il se présentât pour sortir. Hiram dirigea d'abord ses pas vers la porte du midi. Il y trouva Jubelas, qui lui demanda le mot de maître, et qui, sur son refus de le lui donner avant qu'il eût fini son temps, lui asséna, en travers de la gorge, un violent coup d'une règle de vingt-quatre pouces dont il était armé.

En cet endroit de son récit le très-respectable s'arrête, et le récipiendaire est conduit par le maître des cérémonies près du second surveillant.

—Donnez-moi le mot de maître, dit le second surveillant.

—Non, répond le récipiendaire.

Cette demande et ce refus se répètent trois fois. A la dernière, le second surveillant frappe le récipiendaire à la gorge d'un coup de règle.

Hiram-Abi, reprend le très-respectable, s'enfuit à la porte de l'occident. Il trouva là Jubelos qui, ne pouvant, pas plus que Jubelas, obtenir de lui le mot de maître, lui porta au cœur un coup furieux avec une équerre de fer.

Ici le très-respectable s'interrompt de nouveau. Le récipiendaire est conduit près du premier surveillant, qui lui demande le mot de maître à trois reprises, et qui, se le voyant chaque fois refuser, le frappe au cœur d'un coup d'équerre. Cela fait, le récipiendaire est ramené devant le très-respectable, qui continue son récit en ces termes :

—Ebranlé du coup, Hiram-Abi recueillit ce qui lui restait de forces, et tenta de se sauver par la porte de l'orient. Il y trouva Jubelum, qui lui demanda, comme ses deux complices, le mot de maître, et qui, n'obtenant pas plus de succès, lui déchargea sur le front un si terrible coup de maillet, qu'il l'étendit mort à ses pieds.

En achevant ces mots, le très-respectable frappe vivement le récipiendaire au front avec son maillet, et deux frères, placés à ses côtés l'entraînent en arrière, et le couchent sur le dos dans le simulacre de tombe qui se trouve en ce moment derrière lui. On le couvre ensuite du drap mortuaire, et l'on met près de lui la branche d'acacia.

—Les trois assassins s'étant rejoints, poursuit le très-respectable, se demandèrent réciproquement la parole de maître. Voyant qu'ils n'avaient pu l'arracher à Hiram, et, désespérés de n'avoir pu tirer aucun profit de leur crime, ils ne songèrent plus qu'à en faire disparaître les traces. A cet effet, ils enlevèrent le corps et le cachèrent sous les décombres. La nuit venue, ils le portèrent hors de Jérusalem, et allèrent l'enterrer au loin sur une montagne. Le respectable maître Hiram-Abi ne paraissant plus aux travaux comme à l'ordinaire, Salomon ordonna à neuf maîtres de se livrer à sa recherche; ces frères suivirent successivement différentes directions, et, le deuxième jour, ils arrivèrent au sommet du Liban. Là, un d'eux accablé de fatigue se reposa sur un tertre, et s'aperçut que la terre qui le formait avait été remuée récemment. Aussitôt il appela ses compagnons et leur fit part de sa remarque. Tous se mirent en devoir de fouiller la terre en cet endroit, et ils ne tardèrent pas à découvrir le corps d'Hiram-Abi : ils virent avec douleur que ce respectable maître avait été assassiné. N'osant, par respect, pousser leurs recherches plus loin, ils recouvrirent la fosse, et, pour en reconnaître la place, ils coupèrent une branche d'acacia qu'ils plantèrent dessus. Alors ils se retirèrent vers Salomon, à qui ils firent leur rapport.... Mes frères, poursuit le très-respectable, imitons ces anciens maîtres. Vénérables frères premier et second surveillants, partez chacun à la tête de votre colonne, et livrez-vous à la recherche du respectable Hiram-Abi.

Les surveillants font le tour de la loge en sens inverse, se dirigeant l'un par le nord, l'autre par le midi. Le premier s'arrête près du récipiendaire, soulève le drap qui le couvre, lui met dans la main droite la branche d'acacia ; et se tournant ensuite vers le très-respectable, il lui dit :

—J'ai trouvé une fosse nouvellement fouillée, où gît un cadavre, que je suppose être celui de notre respectable maître Hiram-Abi. J'ai planté sur la place une branche d'acacia, afin de la reconnaître plus aisément.

—A cette triste nouvelle, reprend le très-respectable, Salomon se sentit pénétré de la plus profonde douleur. Il jugea que la dépouille mortelle renfermée dans la fosse ne pouvait être en effet que celle de son grand architecte Hiram-Abi. Il ordonna aux neuf maîtres d'aller faire l'exhumation du corps, et de le rapporter à Jérusalem. Il leur recommanda particulièrement de chercher sur lui la parole de maître; observant que, s'ils ne l'y trouvaient pas, ils devaient en conclure qu'elle était perdue. Dans ce cas, il leur enjoignit de se bien rappeler le geste qu'ils feraient et le mot qu'ils proféreraient à l'aspect du cadavre, afin que ce signe et ce mot fussent désormais substitués au signe et à la parole perdus. Les neuf maîtres se revêtirent de tabliers et de gants blancs; et, arrivés sur le mont Liban, ils firent la levée du corps..... Mes frères, ajoute le très-respectable, imitons encore en cela nos anciens maîtres, et essayons ensemble d'enlever les restes de notre infortuné maître Hiram-Abi.

Le très-respectable fait le tour du cercueil, à la tête de tous les frères. Arrivé à la droite du récipiendaire, il s'arrête et lui ôte des mains la branche d'acacia.

— Nous voici parvenus, dit-il, à l'endroit qui renferme le corps de notre respectable maître; cette branche d'acacia en est le sinistre indice. Vénérables frères, exhumons sa dépouille mortelle.

Le très-respectable soulève le drap mortuaire, et découvre le récipiendaire entièrement; ensuite il fait le signe et prononce le mot de maître, et il accomplit le reste du cérémonial consacré.

Lorsque le nouveau maître a renouvelé son serment, qu'il a été constitué, initié, proclamé et reconnu, on le fait asseoir à l'orient, à la droite du très-respectable, et l'orateur lui adresse un discours dans lequel il lui explique les types symboliques dont il vient d'être l'objet, et qui doivent représenter la *révolution annuelle du soleil*.

Puis on ferme les travaux comme dans les grades précédents.

Adoption d'un louveteau.

Un louveteau est le fils d'un maçon; il paraît qu'en effet, dans les anciens mystères d'Isis il prenait le titre de *loup* ou de *chacal*: c'est donc à tort qu'on écrit et qu'on prononce ce mot *lofton, loweton, loveton, loveson*, comme s'il avait une origine anglaise.

Lors donc qu'un maçon est devenu père d'un garçon, la loge est spécialement convoquée pour procéder à son adoption. On pare le temple de feuillage et de fleurs; on dispose des cassolettes pour y brûler de l'encens. Le louveteau et sa nourrice sont amenés, avant l'ouverture des travaux, dans une pièce voisine de l'atelier. Les travaux s'ouvrent. Les surveillants, parrains-nés du louveteau, se rendent près de lui à la tête d'une députation de cinq frères. Le chef de la députation recommande à la nourrice, non-seulement de veiller sur la précieuse santé de l'enfant confié à ses soins, mais encore de cultiver sa jeune intelligence, et de ne lui tenir jamais que des discours vrais et sensés. Le louveteau est alors séparé de sa nourrice, placé par son père sur un coussin, et introduit dans la loge par la députation. Le cortège s'avance sous une voûte de feuillage jusqu'au pied de l'orient où il s'arrête.

Qu'amenez-vous ici, mes frères? dit le vénérable aux deux parrains.

— Le fils d'un de nos frères, répond le premier surveillant, que la loge a désiré adopter.

Quels sont ses noms, et quel nom maçonnique lui donnez-vous?

Le parrain répond. Il ajoute au nom de famille et aux prénoms de l'enfant un nom caractéristique, tel que *Véracité*, *Dévouement*, *Bienfaisance*, ou autre semblable.

Alors le vénérable descend les marches de l'orient, s'approche du louveteau, et, les mains étendues au-dessus de sa tête, adresse au ciel une prière pour que cet enfant se rende digne un jour de l'amour et des soins que l'atelier va lui vouer. Ensuite il répand de l'encens dans les cassolettes; il prononce le serment d'apprenti, que les parrains répètent au nom du louveteau; il ceint celui-ci du tablier blanc, le constitue, le proclame enfant adoptif de la loge, et fait applaudir à cette adoption. Ce cérémonial accompli, il remonte au trône, fait placer les surveillants avec le louveteau, en tête de la colonne du nord, et leur retrace dans un discours les obligations auxquelles les astreint leur titre de parrains. Après la réponse des surveillants, le cortège, qui a introduit le louveteau dans la loge de réforme, le reconduit dans la pièce où il l'a pris, et le rend à sa nourrice.

L'adoption d'un louveteau engage tous les membres de la loge, qui doivent veiller à son éducation, et plus tard lui faciliter, s'il est nécessaire, les moyens de s'établir. On dresse un procès-verbal circonstancié de la cérémonie, qui est signé par tous les membres de la loge, et est remis au père du louveteau. Cette pièce dispense celui-ci de subir les épreuves, lorsqu'il a l'âge requis pour pouvoir participer aux travaux de la maçonnerie. On se borne alors à lui faire renouveler son serment.

Fêtes de la franc-maçonnerie.

La fête de l'ordre se célèbre deux fois par an: la première, à la Saint-Jean d'hiver; la seconde, à la Saint-Jean d'été. Chacune de ces réunions se termine par un banquet auquel tous les maçons, sans exception, sont obligés.

Je trouve, dans un *Rituel maçonnique*, qu'il y a quatre grandes fêtes dans l'année, qui se célèbrent aux équinoxes et aux solstices. Chaque dimanche, en outre, est également consacré à une solennité particulière; nous allons donner le tableau de toutes ces fêtes.

TRIMESTRE DU PRINTEMPS.

Jours.	Fêtes.
1er Dimanche.	DU RÉVEIL DE LA NATURE
2e —	de la Sincérité.
3e —	de l'Honneur.
4e —	de la Miséricorde.
5e —	de l'Amour fraternel.
6e —	du Désintéressement.
7e —	de la Sagesse.
8e —	du Patriotisme.
9e —	de la Fidélité.
10e —	de l'Amour du travail.
11e —	de la Modération.
12e —	de l'Union.
13e —	de la Confiance.

TRIMESTRE D'ÉTÉ.

Jours.		Fêtes.
1er Dimanche.		DU TRIOMPHE DE LA LUMIÈRE.
2e	—	de la Candeur.
3e	—	de la Raison.
4e	—	de l'Intégrité.
5e	—	de l'Amour paternel.
6e	—	de la Fermeté.
7e	—	de la Vérité.
8e	—	de l'Obéissance aux lois.
9e	—	de l'Aménité.
10e	—	de l'Équité.
11e	—	de la Franchise.
12e	—	de la Pitié.
13e	—	de la Gratitude.

TRIMESTRE D'AUTOMNE.

Jours.		Fêtes.
1er Dimanche.		DU REPOS DE LA NATURE.
2e	—	de la Bienfaisance.
3e	—	de la Paix.
4e	—	de la Générosité.
5e	—	de l'Amour filial.
6e	—	de la Probité.
7e	—	de la Bonté.
8e	—	de la Constance.
9e	—	de la Patience.
10e	—	de l'Hospitalité.
11e	—	de l'Humanité.
12e	—	de la Prudence.
13e	—	de la Charité.

TRIMESTRE D'HIVER.

Jours.		Fêtes.
1er Dimanche.		DE LA RÉGÉNÉRATION DE LA LUMIÈRE.
2e	—	de l'Espérance.
3e	—	de l'Amitié.
4e	—	de la Libéralité
5e	—	de l'Amour du prochain.
6e	—	de la Sobriété.
7e	—	de la Justice.
8e	—	de l'Indulgence.
9e	—	de la Réconciliation.
10e	—	de l'Impartialité.
11e	—	de la Concorde.
12e	—	de la Compassion.
13e	—	de la Modestie.

Nous n'entrerons dans aucun détail sur le rite observé dans ces fêtes ; nous nous contenterons de reproduire ici une invocation à Dieu et une hymne à la lumière, que nous trouvons dans le même rituel.

INVOCATION A DIEU.

Chœur.
Etre éternel, Dieu de bonté,
Toi qui remplis l'immense espace!
Nous t'implorons avec humilité :
Sur nous daigne verser ta grâce.

Solo.
Bénis nos innocents travaux,
Protège-nous de ta puissance :
Tu sais que la bienfaisance
Nous suivons les nobles drapeaux.
Adorateurs de ta sagesse,
Nous cherchons à suivre tes lois ;
De l'amitié nous employons la voix
Pour exhorter notre faiblesse.

Chœur.
Etre éternel, Dieu de bonté, etc.

HYMNE A LA LUMIÈRE.

Chœur.
Eclatante lumière,
Tes rayons radieux
Annoncent à la terre
La puissance des cieux.

Solo.
Toi qui nous charme et nous console (*sic*),
Salut, ô divine clarté !
Rien n'est égal à ta beauté,
Du ciel, ô brillante auréole !
Tu nous dévoiles notre Dieu...
Nous l'admirons dans son plus bel ouvrage
De son amour nous retrouvons le gage
Dans la vive ardeur de ton feu.

Chœur.
Eclatante lumière, etc.

Nomenclature des grades dont se composent les Systèmes ou rites maçonniques le plus généralement pratiqués.

Nous croyons devoir ajouter ici cette nomenclature, pour que le lecteur puisse se rendre compte de tout ce qui a rapport aux différents systèmes maçonniques, et parce qu'il serait fort difficile de soumettre ces divers articles à l'ordre alphabétique. Nous empruntons encore ce tableau à l'ouvrage de M. Clavel.

Rite ancien réformé. Ce rite, pratiqué en Belgique et en Hollande, est, à quelques légères modifications près, le rite moderne ou français.

Rite des anciens maçons libres et acceptés d'Angleterre. Il se divise en *Maçonnerie de Saint-Jean*, composée d'Apprentis, de Compagnons et de Maîtres ; et en *Maçonnerie de Royale-Arche*, qui compte cinq autres grades, savoir : ceux de Maître passé, d'Excellent maçon, de Très-excellent maçon, d'Arche et de Royale-Arche.

Rite ou Maçonnerie éclectique, composée des trois grades ordinaires.

Rite écossais ancien et accepté; il compte 33 grades partagés en sept classes, savoir : *Grades symboliques.* — 1re Classe. Apprenti, Compagnon, Maître. — 2e Classe. Maître secret, Maître parfait, Secrétaire intime, Prévôt et juge, Intendant des bâtiments. — 3e Classe. Maître élu des neuf, Maître élu des quinze, Sublime chevalier élu. — 4e Classe. Grand-maître architecte, Royale-Arche, Grand écossais de la voûte sacrée de Jacques VI. — 5e Classe. Chevalier d'orient, Prince de Jérusalem, Chevalier d'orient et d'occident, Souverain prince Rose-Croix. *Grades philosophiques.* — 6e Classe. Grand-pontife ou Sublime écossais, Vénérable grand-maître de toutes les loges, Noachite ou Chevalier prussien, Royale-Hache ou prince du Liban, Chef du tabernacle, Prince du tabernacle, Chevalier du Serpent d'airain, Prince de Merci, Souverain commandeur du temple. — 7e Classe. Chevalier du soleil, Grand écossais de Saint-André d'Ecosse, Grand élu chevalier Kadosch. *Grades administratifs.* — Grand-inspecteur-inquisiteur-commandeur, Souverain prince du royal secret, Souverain grand-inspecteur-général.

Rite écossais philosophique; il comporte douze grades : Les Chevaliers de l'Aigle noir ou Rose-Croix d'Hérédom de la Tour, divisés en trois grades, Chevalier du Phénix, Chevalier du Soleil, Chevalier de l'Iris, Vrai maçon, Chevalier des Argonautes, Chevalier de la Toison-d'or, Grand-inspecteur parfait initié, Grand-inspecteur grand écossais, Sublime maître de l'anneau lumineux.

Rite écossais primitif, principalement pratiqué en Belgique; il compte 33 grades : Apprenti, Compagnon, Maître, Maître parfait, Maître irlandais, Élu des neuf, É.u de l'inconnu. Élu des quinze, Maître illustre, Élu parfait, Petit architecte, Grand architecte, Sublime architecte, Maître en la parfaite architecture, Royale-Arche, Chevalier prussien, Chevalier d'orient, Prince de Jérusalem, Vénérable des loges, Chevalier d'occident, Chevalier de la Palestine, Souverain prince Rose-Croix, Sublime écossais, Chevalier du Soleil, Grand écossais de Saint-André, Maçon du secret, Chevalier de l'Aigle noir, Chevalier Kadosch, Grand élu de la vérité, Novice de l'intérieur, Chevalier de l'intérieur, Préfet de l'intérieur, Commandeur de l'intérieur.

Rite ou Système de Fessler, ou de la Grande-Loge *Royale York à l'Amitié* de Berlin; neuf grades : Apprenti, Compagnon, Maître, le Saint des saints, la Justification, la Célébration, la Vraie lumière, la Patrie, la Perfection.

Rite français ou Moderne : sept grades : *Grades bleus ou symboliques.* — Apprenti, Compagnon, Maître. *Hauts grades.* — Élu, Écossais, Chevalier d'orient, Rose-Croix.

Rite de la Grande-Loge aux trois globes, à Berlin, composé de dix grades.

Rite Haïtien; il se compose des trois grades du rite des anciens maçons libres et acceptés d'Angleterre, des grades du régime de Royale-Arche et de ceux des Chevaliers américains avec de légères modifications.

Rite d'Hérédom ou de Perfection; vingt-cinq grades : Apprenti, Compagnon, Maître, Maître secret, Maître parfait, Secrétaire intime, Intendant des bâtiments, Prévôt et juge, Élu des neuf, Élu des quinze, Élu illustre chef des douze tribus, Grand-maître architecte, Royale-Arche, Grand élu ancien maître parfait, Chevalier de l'épée, Prince de Jérusalem, Chevalier d'orient et d'occident, Chevalier Rose-Croix, Grand-pontife, Grand-patriarche, Grand-maître de la clef de la maçonnerie, Prince du Liban, Souverain prince adepte chef du grand consistoire, Illustre chevalier commandeur de l'Aigle blanc et noir, enfin Très-illustre souverain prince de la maçonnerie grand chevalier sublime commandeur du royal secret.

Rite de Misraïm ou d'Égypte; il compte 90 grades, partagés en 17 classes, soumises elles-mêmes à quatre séries. 1ʳᵉ *Série.* — 1ʳᵉ Classe. Apprenti, Compagnon, Maître. — 2ᵉ Classe. Maître secret, Maître parfait, Maître par curiosité, Maître en Israël, Maître anglais. — 3ᵉ Classe. Élu des neuf, Élu de l'inconnu, Élu des quinze, Élu parfait, Élu illustre. — 4ᵉ Classe. Écossais trinitaire, Écossais compagnon, Écossais maître, Écossais panissière, (parisien), Maître écossais, Élu des III (inconnus). Écossais de la voûte sacrée de Jacques VI, Éc s-ais de Saint-André. — 5ᵉ Classe. Petit architecte, Grand architecte, Architecture, Apprenti parfait architecte, Compagnon parfait architecte, Maître parfait architecte, Parfait architecte, Sublime écossais, Sublime écossais d'Hérédom. — 6ᵉ Classe. Royale-Arche, Grand-Hache, Sublime chevalier du choix chef de la première série. 2ᵉ *Série.* — 7ᵉ Classe. Chevalier du sublime choix, Chevalier prussien, Chevalier du temple, Chevalier de l'Aigle, Chevalier de l'Aigle noir, Chevalier de l'Aigle rouge, Chevalier d'orient blanc, Chevalier d'orient. — 8ᵉ Classe. Commandeur d'orient, Grand-commandeur d'orient, Architecte des souverains commandeurs du temple, Prince de Jérusalem. — 9ᵉ Classe. Souverain prince Rose-Croix de Kilwinning et d'Hérédom, Chevalier d'occident, Sublime philosophe, Chaos 1ᵉʳ discret, Chaos 2ᵉ sage, Chevalier du Soleil. — 10ᵉ Classe. Suprême commandeur des astres, Philosophe sublime, Mineur de clavi-maçonnerie, Laveur, Souffleur, Fondeur de clavi-maçonnerie, Vrai maçon adepte, Élu souverain, Souverain des souverains, Maître des loges, Très-haut et très-puissant, Chevalier de la Palestine, Chevalier de l'Aigle blanc, Grand élu chevalier Kadosch, Grand-inquisiteur-commandeur. 3ᵉ *Série.* — 11ᵉ Classe. Chevalier bienfaisant, Chevalier de l'Arc-en-ciel, Chevalier du B. ou de la Hhanuka (dit Hynaroth), Très-sage Israélite prince. — 12ᵉ Classe. Souverain prince Talmudim, Souverain prince Zakdim, Grand-Haram. — 13ᵉ Classe. Souverain grand-prince Haram, Souverain prince Hasidim. — 14ᵉ Classe. Souverain grand-prince Hasidim, Grand-inspecteur intendant régularisateur général de l'ordre. 4ᵉ *Série.* — La 15ᵉ et la 16ᵉ Classe comprennent neuf grades voilés — 17ᵉ Classe. Souverains grands-princes, Grands-maîtres constituants représentants légitimes de l'ordre pour la deuxième série, Souverains grands princes, etc. pour la troisième série, Souverains grands-princes absolus, Puissance suprême de l'ordre.

Rite ou Régime rectifié, ou *de la stricte observance* : cinq grades : Apprenti, Compagnon, Maître, Maître écossais, Chevalier de la cité sainte ou de la bienfaisance.

Rite ou Système de Schroeder; outre les trois grades ordinaires, il compte plusieurs hauts grades qui ont pour base la magie, la théosophie et l'alchimie.

Rite suédois; douze grades : A. Apprenti, Compagnon, Maître, B. Apprenti et Compagnon de Saint-André, Maître de Saint-André (ce grade donne la noblesse civile), Frère Stuart. C. Frère favori de Salomon, Frère favori de Saint-Jean ou du Cordon blanc, Frère favori de Saint-André ou du Cordon violet. D. Frère de la Croix-Rouge. — 1ʳᵉ Classe. Membre du chapitre non dignitaire. — 2ᵉ Classe. Grand-dignitaire du chapitre. — 3ᵉ Classe. Le maître régnant (le roi de Suède); il a pour titre: *Salomonis sanctificatus, illuminatus, magnus Jehovah.*

Rite ou Système de Svedenborg; six grades: Apprenti, Compagnon, Maître théosophe, Théosophe illuminé, Frère bleu, Frère rouge.

Rite ou ordre du temple; huit grades. *Maison d'initiation:* Initié, Initié de l'intérieur, Adepte, Adepte d'orient, Grand adepte de l'Aigle noir de Saint-Jean. *Maison de postulance:* Postulant de l'ordre, adepte du parfait Pélican. *Couvent:* Écuyer, Chevalier ou Lévite de la garde intérieure.

Rite ou Système de Zinnendorf; sept grades: — *Maçonnerie bleue*, ou grades de Saint-Jean: Apprenti, Compagnon, Maître. — *Maçonnerie rouge:* Apprenti écossais, Maître écossais. — *Chapitre:* Favori de Saint-Jean, Frère élu.

FRANCS-JUGES. L'association des Francs-juges, appelée aussi *Tribunal vehmique, Tribunal secret,* et *Consilium sanctissimum arcanumque detectissimorum integerrimorumque virorum,* très-saint conseil secret d'hommes choisis et très-intègres, paraît avoir pris naissance en Westphalie, dans le XIVe siècle, pour la répression des crimes et des forfaits qui désolaient alors la société. Les membres de l'ordre se partageaient en deux classes: ceux de la première s'appelaient *Loyaux Francs-juges, Chevaliers Francs-juges avec armes et écu;* ils étaient nobles et militaires; ceux qui composaient la seconde classe portaient le titre de *Véritables Francs-juges,* de *Saints juges du tribunal secret;* ils étaient pris en général parmi les bourgeois. Cette association était censée sous le patronage de l'empereur; mais on ne lui rendait compte des actes du tribunal qu'autant qu'il s'était fait initier. Les initiations avaient lieu la nuit, soit dans une caverne, soit dans une forêt écartée, soit sous le couvert d'une aubépine. Le récipiendaire s'agenouillait au milieu des Francs-juges, et, là, tête nue, l'index et le médium de la main droite posés sur le sabre du franc-comte, il prononçait ce serment: « Je jure d'être fidèle au tribunal secret, de le défendre contre moi-même, contre l'eau, le soleil, la lune, les étoiles, le feuillage des arbres, tous les êtres vivants, et tout ce que Dieu a créé entre le ciel et la terre; contre père, mère, freres, sœurs, femme, enfants, tous les hommes enfin, le chef de l'empire seul excepté; de maintenir les jugements du tribunal secret, d'aider à les exécuter, et de dénoncer au présent tribunal ou à tout autre tribunal secret les délits de sa compétence qui viendront à ma connaissance ou que j'apprendrai par des gens dignes de foi, afin que les coupables y soient jugés comme de droit, ou qu'il soit sursis au jugement avec le consentement de l'accusateur. Je promets, de plus, que ni l'attachement, ni la douleur, ni l'or, ni l'argent, ni père, ni mère, ni frères, ni sœurs, ni parents, ni aucune chose que Dieu ait créée, ne pourront m'engager à enfreindre ce serment, étant résolu de soutenir dorénavant, de toutes mes forces et de tous mes moyens, le tribunal secret dans tous les points ci-dessus mentionnés. Ainsi, Dieu me soit en aide et ses saints Evangiles. » Le franc-comte apprenait alors au récipiendaire les signes secrets au moyen desquels les Francs-juges se reconnaissaient entre eux.

Les crimes pour lesquels on pouvait être cité au tribunal secret étaient l'abjuration de la religion chrétienne, les pratiques de la magie, la violation et la profanation des églises et des cimetières, l'usurpation du pouvoir souverain consommé à l'aide de la ruse, les attentats commis dans les maisons ou sur les chemins publics, les violences sur les femmes enceintes, les malades et les marchands, le vol, le meurtre, l'incendie, la désobéissance au tribunal secret. La citation était écrite sur une large feuille de parchemin à laquelle pendait huit sceaux, celui de six Francs-juges, celui du franc-comte et celui du tribunal. L'huissier du tribunal attachait clandestinement la citation à la maison de l'accusé, ou dans son voisinage, et sommait le premier passant d'en informer celui qu'elle concernait. Si celui-ci répondait à la citation, il se rendait, trois quarts d'heure avant minuit, sur une place qui lui avait été indiquée, à laquelle aboutissaient au moins quatre chemins; là il trouvait un Franc-juge qui lui bandait les yeux, et après l'avoir désorienté, le conduisait au tribunal. Présent ou contumace, si la sentence de mort était prononcée contre lui, le franc-comte jetait une corde ou une branche de saule au milieu de l'audience, et les juges crachaient dessus. Dès ce moment on procédait à l'exécution du condamné, ou l'on envoyait à sa poursuite des Francs-juges avec ordre de le mettre à mort partout où ils le rencontreraient. On comprend combien ce tribunal était redoutable; aussi a-t-il fait la terreur de l'Allemagne jusque vers la fin du XVIIe siècle. Ceux qui parvenaient à surprendre les secrets du tribunal ou de l'association, étaient condamnés à être *palmondés,* c'est-à-dire qu'on leur passait au cou une branche de chêne, on leur bandait les yeux et on les jetait pendant neuf jours dans un cachot obscur: ce temps écoulé, on les amenait devant le tribunal, où ils étaient étranglés avec sept mains. Si un profane venait à s'introduire par curiosité dans l'assemblée des Francs-juges, on lui attachait les mains et les pieds avec une corde et on le pendait ainsi à un arbre. Le Franc-juge qui favorisait la fuite d'un condamné, par cette formule bien comprise de tous: « On mange ailleurs d'aussi bon pain qu'ici, » était considéré comme traître, et pendu sept pieds plus haut qu'un malfaiteur ordinaire.

Cette association, plutôt civile que religieuse, subsiste encore; mais elle n'a plus de séances secrètes, et se contente de juger les affaires de simple police et de délimitations de propriétés.

FRANKISTES, partisans de Jacques-Joseph Franc, juif converti au christianisme, ou plutôt baptisé. Ce fanatique, qui parut à Lemberg, vers le milieu du siècle dernier, prétendait réunir toutes les sectes en faisant un amalgame des lois judaïques avec les dogmes chrétiens. Il s'était choisi douze disciples qui, pour représenter les douze apôtres, en avaient pris les noms au baptême. Il affectait de parler comme Jésus-Christ en paraboles. Il invitait tout le monde à la communauté de biens, telle qu'il l'avait établie dans sa société. Il n'osait pas se donner tout à fait comme le Messie, mais il tolérait qu'on le regardât comme tel, qu'on lui rendît une espèce de culte, et que, dans des cantiques et des discours, on le suppliât de manifester au monde sa puissance et sa majesté. A Salonique, il avait annoncé que l'Antechrist était venu, ainsi que le prophète Elie; que le jour du jugement était prochain, et que Jésus-Christ était peut-être déjà sur la terre. Plus tard, craignant la concurrence d'un autre Juif polonais, qui voulait fonder une secte, il chercha à accroitre le nombre de ses partisans, en établissant en principe que, dans tout pays, un Juif est toujours Juif, pourvu que, dans son intérieur, il observe les rites mosaïques, et qu'il peut en public observer la religion du pays. En conséquence, il enjoignait à ses adhérents de se conformer extérieurement aux usages des contrées qu'ils habitaient. Ayant été mis en prison en Pologne, puis élargi, il passa en Moravie, où il se forma de nouveaux partisans, et se fixa avec eux à Offenbach, près de Francfort-sur-le-Mein. Après sa mort, les Juifs de son parti lui firent des funérailles solennelles, et l'enterrèrent sous la croix d'une des avenues de la ville. On prétend que la société fut ensuite gouvernée par la fille du fondateur, et Oppenheim devint le chef-lieu de la secte, qui a des partisans dans le nord, où ils pratiquent secrètement leur culte ; ils ont même encore, en Crimée et en Galatie, des synagogues qui n'ont rien de commun avec celles des autres Juifs.

FRATRICELLES, espèce de secte, qui parut vers l'an 1294; elle fut formée par un certain nombre de frères mineurs sortis de leurs couvents sous prétexte de mener une vie plus parfaite; ils furent imités par beaucoup de laïques. Tous ces aspirants à une sainteté extraordinaire formèrent une congrégation; les religieux s'appelaient *Frères*, et les séculiers, *Fratricelles*, *Frérots* ou *Bisoches*. Ils faisaient profession d'une pauvreté absolue, et, pour s'ôter absolument tout droit à quelque bien que ce soit, ils ne travaillaient point, et ne s'occupaient qu'à prier et à chanter l'office, disant que leur conscience ne leur permettait pas de travailler pour une nourriture qui périt. Malgré ce renoncement à tout, les Fratricelles ne manquaient de rien; les aumônes des fidèles suffisaient pour les entretenir largement dans cette molle oisiveté. Une multitude d'artisans, de charbonniers, de bergers, de charpentiers, abandonnèrent leurs travaux, leurs maisons, leurs troupeaux, pour prendre l'habit des Fratricelles. Tous les religieux mécontents de leur état, et surtout des franciscains, se joignirent à eux sous prétexte d'observer plus exactement la règle de saint François. Le pape Célestin V avait d'abord accordé à quelques religieux la permission de vivre en ermites; mais, à la vue des abus qui s'étaient glissés dans cette association, Jean XXII l'interdit, et excommunia les Fratricelles et leurs fauteurs. Alors ils jetèrent le masque, et s'insurgèrent contre les ordres du pape; et comme dès lors ils commencèrent à être poursuivis par les princes temporels, et qu'ils n'avaient plus ni églises, ni ministres, ils prétendaient avoir tous le droit d'absoudre, de célébrer le saint sacrifice, de donner le Saint-Esprit par l'imposition des mains, de prêcher publiquement, etc. Bien plus, ils soutinrent que hors de leur église il n'y avait pas de sacrements, que les ministres pécheurs ne pouvaient les conférer, et par là ils renouvelèrent les erreurs des donatistes, des vaudois et des albigeois. Ils firent d'assez grands progrès en Toscane et en Calabre ; mais les efforts des papes réussirent à les dissiper; les restes de cette association passèrent en Allemagne, où ils se confondirent avec les *Béguards*.

FRAUDE. Les Romains rendaient un culte à cette divinité allégorique, qu'ils disaient fille de la Mort et de la Nuit. Ils la représentaient sous la figure d'un monstre qui avait une tête humaine d'une physionomie agréable, le corps tacheté des différentes couleurs, la forme d'un serpent et la queue d'un scorpion. Elle faisait sa résidence dans le Cocyte, mais n'avait que la tête hors de l'eau; le reste du corps était toujours caché sous la vase du fleuve, pour marquer que les trompeurs offrent toujours des apparences séduisantes, et que leur soin principal est de cacher le piège qu'ils tendent.

FRÉA, ou FRÉYA. La plus illustre des déesses de la mythologie scandinave, après Frigga; elle était fille de Niord, dieu des eaux, et présidait à l'amour et aux poésies érotiques. C'est la Vénus des peuples du Nord ; et il est assez remarquable qu'elle soit née, sinon de la mer, comme la Vénus grecque, du moins d'une divinité des eaux. Elle épousa Oder, dont elle eut Nossa, fille si belle, qu'on appelle de son nom tout ce qui est précieux et beau. Oder la quitta pour voyager dans des contrées éloignées ; mais, plus fidèle que la Vénus orientale, elle ne cesse de pleurer son mari absent, et ses larmes sont des gouttes d'or. On lui donne plusieurs noms, parce qu'ayant été chercher son mari dans plusieurs contrées, chaque peuple lui a donné un nom différent. On lui donne aussi les titres de *Déesse de l'amour*, de *Fée aux larmes d'or*, de *Déesse bénigne et libérale*, etc. On l'a trouvée, à Magdebourg, sous la figure d'une femme nue, couronnée de myrte, une flamme allumée sur le sein, un globe dans la main droite, trois pommes d'or dans la gauche, sur un char attelé de cygnes, et les trois Grâces à sa suite. Le vendredi lui était consacré, comme il l'était à Vénus chez les Grecs et les Romains ; et encore maintenant tous les peuples du

Nord donnent à ce jour de la semaine le nom de *Fri-day*, *Frey-tag*, etc., c'est-à-dire jour de Fréa, ou Fréya. — Plusieurs écrivains ont à tort confondu cette déesse avec *Frigga*, épouse d'Odin.

FREE, ou FIGHTING-QUAKERS, c'est-à-dire *Quakers libres ou Combattants*. On appela ainsi, lors de la révolution d'Amérique, un certain nombre de Quakers qui, contrairement aux principes de la secte, crurent qu'on pouvait en sûreté de conscience accepter les charges du gouvernement et même porter les armes. En effet, plusieurs d'entre eux portèrent les armes avec distinction et rendirent de grands services à la cause de l'indépendance. Mais les anciens Quakers les ayant repoussés de leurs assemblées, ceux-ci furent réduits à former une congrégation séparée, qui eut quelques *meeting-houses*, une entre autres à Philadelphie. Ces schismatiques ne différaient des autres Quakers que par un peu moins de rigidité. Quelques biens possédés en commun étaient peut-être le lien de la secte, actuellement éteinte.

FREE-THINKER-CHRISTIANS, ou *Chrétiens libres-penseurs;* secte nouvelle qui prit naissance en Angleterre, en 1799. L'année suivante, ils publièrent un écrit dans lequel ils exposèrent leur doctrine et l'organisation de leur société, qu'ils prétendaient assimiler en tout à celle qui existait sous les apôtres. Ils rejetaient la divinité de Jésus-Christ, le péché originel, la doctrine d'élection et de réprobation, l'existence des bons et des mauvais anges, l'éternité des peines; mais ils reconnaissaient en Jésus-Christ une mission céleste pour instruire les nations. Toutefois, ils ne cherchaient pas à être unis dans l'identité d'opinions et de croyances; la vertu pratique devait être leur seul lien. Adorer Dieu, obéir aux commandements de Jésus-Christ, étaient les seuls actes par lesquels on pouvait espérer arriver au bonheur dont la résurrection de Jésus-Christ offre le gage. Ils n'avaient, en conséquence, ni baptême, ni cène, ni chant, ni prière publique; il suffisait d'adorer de cœur et de prier en soi-même. Ils avaient cependant des assemblées présidées par un ancien et deux diacres, élus pour trois mois, et qui n'étaient rééligibles qu'après trois mois d'intervalle. Au reste, chacun avait le droit d'enseigner dans leurs assemblées. Souvent ils apportaient des modifications dans leurs croyances; mais, loin de penser qu'on pût leur en faire un reproche, ils y trouvaient l'avantage d'avoir fait des progrès dans l'investigation de la vérité. L'Eglise anglicane tenta plusieurs fois d'interdire leurs réunions, mais ils se retranchaient derrière la liberté de conscience accordée en général à tous les dissidents; ayant été cependant obligés de quitter le local où ils tenaient leurs séances, ils bâtirent, en 1810, une maison d'assemblée, dans laquelle ils se réunissaient tous les dimanches sans être inquiétés. En 1811, leur nombre était de quatre à cinq cents. Ils subsistaient encore en 1821; nous croyons maintenant que cette secte n'existe plus.

FREE-WILL-BAPTISTS, ou *Baptistes du libre arbitre*, secte des Etats-Unis d'Amérique. Voyez *Baptistes arminiens ou du libre arbitre*, sous le titre BAPTISTES.

FRÈRE. Les chrétiens de la primitive Eglise se donnaient mutuellement le nom de *Frères*, comme étant tous enfants d'un même Dieu, professant la même foi, et appelés au même héritage céleste. Cette appellation est très-fréquente dans les écrits des apôtres.

Les papes et les évêques se donnèrent réciproquement la qualité de *Frères*, pendant environ mille ans; mais, au IXe siècle, les évêques de France furent réprimandés par Grégoire IV, pour avoir réuni les titres de *Pape* et de *Frère*, selon l'ancien usage; il aurait voulu qu'ils s'en fussent tenus au premier. En effet, depuis cette époque, les évêques n'ont plus employé cette qualification à l'égard des papes; et ceux-ci, qui jusqu'alors traitaient les évêques de *Très-chers Frères*, ne les ont plus appelés que *Vénérables Frères*.

Les religieux appellent *Frères* ceux de leur ordre qui ne sont pas du haut chœur, ou qui ne sont pas revêtus du sacerdoce; mais, dans les actes publics, tous les religieux, même ceux qui sont dans les ordres sacrés et les bénéficiers, ne sont qualifiés que de Frères. La même chose est observée à l'égard des chevaliers et commandeurs de l'ordre de Malte.

Dans la plupart des sociétés, tous les membres se traitent de *Frères*, même quand ces sociétés n'ont pas un but essentiellement religieux; les francs-maçons s'appellent Frères dans leurs assemblées; il en est de même de ceux qui font partie des différents compagnonnages; les ouvriers se donnent souvent entre eux le même titre, ainsi que ceux qui veulent faire parade de républicanisme; bien qu'un grand nombre ne se doute pas que le titre de Frère est une expression essentiellement évangélique et chrétienne.

FRÈRES ANGÉLIQUES, sectaires répandus en Allemagne et en Hollande, qui professent la doctrine de Jean-Georges Gichtel, né à Ratisbonne, en 1638, et mort en 1710, à Amsterdam. Cet esprit rêveur s'entêta des idées mystiques de Jacques Boëhm, auxquelles il ajouta les siennes. Gichtel ayant lu, dans l'Evangile, qu'après la résurrection les hommes n'auront point de femmes, ni les femmes de maris, mais qu'ils seront comme des anges dans le ciel, voulut astreindre ses disciples au célibat; ainsi que, voués à la contemplation, s'abstenant du travail des mains, et s'offrant eux-mêmes en sacrifice pour les autres, ils retraçassent le sacerdoce de Melchisédec, et imitassent les anges. C'est ce qui les fit nommer *Engels-Bruders* ou Frères Angéliques. Cette secte subsiste encore dans la Prusse occidentale et en quelques autres lieux. On les appelle aussi *Gichtéliens* du nom de leur fondateur.

FRÈRES BLANCS. Vers les premières années du XVe siècle, un prêtre, dont on ignore le nom, descendit des Alpes, accompagné d'une foule nombreuse d'hommes et de femmes; ils étaient tous vêtus de robes blanches, marchaient en procession, et parcouraient ainsi les villes et les campagnes, précédés d'une grande croix qui leur servait d'étendard, chantant des hymnes et des cantiques. Ce prêtre prêchait la pénitence aux peuples, et les exhortait à entrer dans une croisade contre les Turcs. Tout extraordinaire que fût cette manière de vivre, un grand nombre de personnes se constituèrent les disciples de ce prétendu inspiré. On les voyait aller de ville en ville par troupes de dix, vingt, trente et même quarante mille personnes. Ils se donnaient le nom de *Pénitents*. Ce pèlerinage durait souvent plusieurs mois, et pendant cet espace de temps ils jeûnaient au pain et à l'eau, et chantaient continuellement, implorant la miséricorde divine.—On comprend que de grands désordres durent se glisser au milieu d'une aggrégation si extraordinaire d'individus. Leur chef fut arrêté à Viterbe, et comme il fut trouvé coupable de plusieurs actions répréhensibles, on le condamna au feu. Le châtiment était sans doute trop cruel, il eût suffi de le renfermer. Ses disciples furent alors dispersés, et les processions des Frères blancs cessèrent tout à fait. Cependant il existe encore des confréries de *Pénitents blancs* dans un grand nombre de localités, surtout en Italie et en Espagne; mais ils se contentent de se réunir dans leurs paroisses respectives, et de faire des processions publiques dans les lieux de leur résidence.

FRÈRES CONVERS. Religieux subalternes non engagés dans les ordres sacrés, mais qui font des vœux monastiques, et sont ordinairement employés au service du monastère. On les appelle encore *Frères lais*. Voyez CONVERS.

FRÈRES DE BOHÈME, hérétiques d'Allemagne, qu'on a appelés aussi *Picards*, *Vaudois*, *Hussites*, bien qu'ils déclinent toute participation avec ces sectaires. Voy. BOHÉMIENS.

FRÈRES DE LA CHARITÉ. Voy. CHARITÉ.

FRÈRES DE LA ROSE-CROIX, ou FRÈRES INVISIBLES, association de cabalistes et d'alchimistes, qui paraît tirer son origine et son nom d'un Allemand nommé *Rosen-Creutz*, né en 1378, de parents pauvres, quoique nobles et de bonne maison. Après avoir appris la magie, il voyagea en Orient, où il s'instruisit de la cabale, et, revenu en Europe, il tenta d'établir en Espagne et en Allemagne l'institution de la Rose-Croix. Il mourut en 1484, dans une grotte qui, dit-on, fut ouverte cent vingt ans après, en 1604, par quatre sages qui, à cette occasion, rétablirent la société des *Frères de la Rose-Croix*. « Cette grotte, dit Naudé, était éclairée d'un soleil qui était au fond, et qui, recevant sa lumière du soleil du monde, donnait le moyen de reconnaître toutes les belles raretés qui étaient en icelle : premièrement, une platine de cuivre posée sur un autel rond, dans lequel était écrit : *A. C. R. C. Vivant, je me suis réservé pour sépulcre cet abrégé de lumière;* ensuite quatre figures avec leurs épigraphes; la première : *Jamais vide;* la seconde : *Le joug de la loi·* la troisième : *Liberté de l'Evangile*, et la dernière : *Gloire de Dieu entière*. Il y avait aussi des lampes ardentes, des clochettes et miroirs de plusieurs façons, des livres de diverses sortes, et le *petit monde*, que le Frère illuminé Rosen-Creutz avait industrieusement élaboré, semblable au grand dans toutes ses parties. » Suivant Naudé, les Frères de la Rose-Croix s'engageaient notamment à exercer gratuitement la médecine, à se réunir une fois chaque année, à tenir leurs assemblées secrètes. Ils prétendaient que la doctrine de leur maître était la plus sublime qu'on eût jamais imaginée; qu'ils étaient pieux et sages au suprême degré ; qu'ils connaissaient par révélation ceux qui étaient dignes d'être de leur compagnie; qu'ils n'étaient sujets ni à la faim, ni à la soif, ni aux maladies; qu'ils commandaient aux démons et aux esprits les plus puissants ; qu'ils pouvaient attirer à eux, par la seule vertu de leurs chants, les perles et les pierres précieuses; qu'ils avaient trouvé un nouvel idiome pour exprimer la nature de toutes les choses; qu'ils confessaient que le pape est l'Antechrist; qu'ils reconnaissaient pour leur chef et celui de tous les chrétiens l'empereur des Romains ; et qu'ils lui fourniraient plus d'or et d'argent que le roi d'Espagne n'en tirait des Indes, attendu que leurs trésors ne pouvaient jamais être diminués. Cette société se propagea rapidement en France, mais ses réunions étaient tenues si secrètes qu'on la considérait généralement comme imaginaire; quand, l'an 1623, les Frères firent afficher dans Paris sur des placards portant ces lignes manuscrites : *Nous, députés du collége principal des Frères de la Rose-Croix, faisant séjour visible et invisible en cette ville, par la grâce du Très-Haut, vers lequel se tourne le cœur des justes: nous montrons et enseignons sans livres, ni marques, à parler toutes sortes de langues des pays où nous voulons être, pour tirer les hommes, nos semblables, d'erreur de mort*.

Cette société se conserva jusqu'au commencement du XVIIIᵉ siècle, et donna naissance à l'association des Rose-Croix allemands, qui maintenant sont incorporés dans la franc-maçonnerie, dont elle forme un des grades. *Voyez* ROSE-CROIX.

FRÈRES DE LA VIE PAUVRE, hérétiques ou fanatiques qui parurent, au XIVᵉ siècle, dans la partie méridionale de l'Italie, et qui avaient pour chef un nommé Ange, de la vallée de Spolette, homme du commun et illettré. Ils tenaient des assemblées où ils semaient diverses erreurs, publiaient de prétendues indulgences, et entendaient les confessions, quoique laïques. Le pape enjoignit, en 1331, à l'évêque de Melfe et aux inquisiteurs du pays de les poursuivre.

FRÈRES EXTÉRIEURS; on a donné ce nom aux Frères lais ou convers, parce que le monastère les employait aux affaires du dehors.

FRÈRES EXTERNES, clercs et chanoines affiliés aux prières et suffrages d'un monastère, ou religieux d'un autre monastère qui sont affiliés de la même manière.

FRÈRES LAIS ou **LAÏQUES**, laïques retirés dans les monastères, où ils font profession, portent l'habit de l'ordre et observent les règles. Ils sont ordinairement employés au service de ceux qu'on nomme *Pères* ou *Moines du chœur*. Les Frères lais sont aussi appelés *Convers*.

FRÈRES LIBERTINS, fanatiques de la Hollande et du Brabant, dans le XVIe siècle. *Voy.* LIBERTINS.

FRÈRES MINEURS, religieux de l'ordre de Saint-François d'Assise. *Voy.* CORDELIERS, FRANCISCAINS, MINEURS.

FRÈRES MORAVES, branches d'anabaptistes. *Voy.* MORAVES.

FRÈRES PICARDS. On n'est pas d'accord sur l'origine et les croyances de ces hérétiques, qui firent quelque sensation dans la Bohême vers le commencement du XVe siècle. Peut-être sont-ils une branche des *Beggards*, que l'on appelait aussi *Biggards*, d'où a pu leur venir le nom de *Picards;* on les appela aussi *Adamites*. C'étaient des ignorants fanatiques, poussés par quelques chefs aux pratiques les plus absurdes. Ils faisaient profession de revenir à l'état de nature, et se dépouillaient, hommes et femmes, de tout vêtement dans leurs assemblées; quelques-uns mêmes se présentèrent en cet état dans les rues. On punit ou on contint facilement ces malheureux insensés.

FRÈRES POLONAIS. Les sociniens de Pologne se firent ainsi appeler, pour donner à entendre qu'ils étaient unis entre eux comme des frères, et que la charité était la base de leur secte.

FRÈRES PRÊCHEURS, religieux de l'ordre de Saint-Dominique. *Voy.* DOMINICAINS.

FRÈRES SERVANTS; ce sont dans les ordres de Malte et de Saint-Lazare, des chevaliers d'un ordre inférieur aux autres, et qui ne sont point nobles.

FRÈRES SUISSES, nom donné à une branche d'anabaptistes, chassés de Suisse et réfugiés en Moravie.

FRÈRES-UNIS, religieux arméniens qui, s'étant *réunis* à l'Eglise Romaine, fondèrent un nouvel institut, dans lequel ils vivaient sous la règle de saint Augustin, et selon les constitutions de saint Dominique. Cette réforme eut lieu par les soins d'un religieux dominicain nommé Barthélemi. Cet ordre fit d'abord des progrès assez considérables; les Frères-unis bâtirent des monastères en Arménie, en Géorgie, et même au delà du Pont-Euxin. Mais ces contrées étant tombées sous une domination étrangère, le nombre des Frères diminua peu à peu, et le reste finit par s'unir aux dominicains d'Europe, et se soumit au général de l'ordre.

FRÉROTS. *Voy.* FRATRICELLES.

FREVAK, un des pères de la race humaine, suivant le *Boundéhesch*, qui est la cosmogonie des Parsis. Si on étudie attentivement ce livre, on voit que Frévak n'est autre que le Noé de la Bible. En effet, il se trouve à la neuvième génération depuis Meschia et Meschiané, le premier homme et la première femme, comme Noé est le neuvième depuis Adam. Il est le père de trois races d'hommes formées de trois enfants nommés Hosching-Taz et Mazendran, comme Sem, Cham et Japhet devinrent les pères de tous les peuples de la terre. Il donna naissance à quinze chefs de peuples, comme nous voyons que Noé eut seize petit-fils qui furent l'origine de quinze peuples différents. Il est remarquable que ces quinze chefs de nations ou tribus se retrouvent encore dans les annales chinoises, mexicaines et ailleurs.

FREY, dieu scandinave, fils de Niord et frère de Freya, le plus doux de tous les dieux. Il présidait aux saisons de l'année, dispensait le soleil et la pluie, et gouvernait toutes les productions de la terre. C'était lui qu'on invoquait pour obtenir une saison favorable, l'abondance, la paix et les richesses.

FREYA, divinité scandinave, fille de Niord. *Voy.* FRÉA.

FREYER, un des anciens rois du Nord, successeur immédiat d'Odin; ses sujets le placèrent après sa mort au rang des dieux, et lui rendirent les honneurs divins dans la ville de Sigtuna. Ce n'est pas lui qui a donné son nom au vendredi (*frey-tag*), comme quelques écrivains l'avancent à tort, mais bien la déesse *Freya*.

FRIED-AILEK, déesse de l'amour chez les anciens Lapons, la même que Freya des Scandinaves. Comme celle-ci, elle donne son nom au vendredi.

FRIGGA, la plus grande des déesses de la mythologie scandinave. Fille de Fiorgun, épouse d'Odin, et mère des divinités inférieures, elle était confondue avec la Terre. Par ce mythe, les peuples du Nord exprimaient poétiquement le concours de la matière et de l'esprit créateur. Elle prévoyait l'avenir, et, en cette qualité, elle était la patronne des sibylles et des prophéties; cependant elle ne révélait jamais par elle-même les choses futures. Son palais était magnifique; il s'appelait *Fansal* (illustre demeure). Elle formait, avec Odin son époux, et Thor son premier-né, la triade sacrée, adorée avec tant de respect dans le temple d'Upsal. Frigga y était représentée couchée sur des coussins, entre Odin et Thor, avec divers attributs qui faisaient reconnaître en elle la déesse de l'abondance, de la fécondité et de la volupté. Comme elle passait pour la mère du genre humain, les hommes se regardaient comme des frères, et vivaient dans une étroite union pendant le peu de temps que durait sa fête, qui arrivait dans le croissant de la seconde lune de l'année. On s'adressait alors à elle pour obtenir la fécondité et la victoire: à cet effet on lui immolait le plus grand porc que l'on pût trouver. L'Edda nomme Frigga la plus favorable des déesses, la fait accompagner Odin dans les combats, et partager avec lui les âmes de ceux qui avaient été tués. Si nous ajoutons qu'elle était également invoquée pour les mariages et les accouchements, il demeurera constant qu'elle remplissait, chez les Scandinaves, le même rôle que Junon chez les Grecs et les Romains. — Plusieurs écrivains l'ont mal à propos confondue avec *Fréa* ou *Freya*, déesse de l'amour. *Voy.* FRÉA.

FRISCO, dieu de la paix et du plaisir, chez les anciens Saxons. Il était, dit-on, représenté sous la forme d'un énorme phallus.

FRISO, ou STAVO, dieu adoré autrefois dans la Frise, où il avait un temple, dans lequel on lui offrait chaque année une victime humaine. Ce temple fut abattu par saint Willibrod.

FRO, dieu de l'air et des tempêtes, dans la mythologie scandinave ; il était aussi appelé le *satrape* des dieux, et il avait un temple près d'Upsal. Hading, huitième roi des Danois, battu d'une tempête qui lui avait fait essuyer des pertes considérables, ne trouva point de remèdes à de si grands maux qu'après avoir immolé à Fro des victimes noires. Ce sacrifice passa en coutume annuelle, et les Suéons ou Suédois l'appelèrent *Froblosk*, sacrifice à Fro. Mais sous le règne de Hotherus, Balderus le changea en un sacrifice humain.

FROC, partie supérieure du vêtement des religieux, à laquelle est attaché le capuchon qui couvre la tête. Le froc, autrefois d'un usage presque universel, devint dans la suite tellement propre aux moines, qu'on dit proverbialement d'un religieux qui a renoncé à sa profession, qu'*il a jeté le froc aux orties*, ou qu'*il a quitté le froc pour le frac*.

FROSTI, un des génies qui président aux saisons, dans la mythologie finnoise.

FRUCTÉSA, FRUCTESCA, FRUCTÉSÉE, ou FRUGÉRIE, déesse des Romains, qui présidait aux fruits de la terre. On l'invoquait pour la conservation des fruits et pour obtenir une bonne récolte.

FRUTIS, nom de Vénus. Solin rapporte qu'Énée, arrivé sur le territoire de Laurentium, consacra, sous ce nom, à Vénus sa mère, une statue qu'il avait apportée de Sicile. Saumaise prétend qu'il faut lire *Erutis*; mais il est dans l'erreur, car Festus donne la même orthographe que Solin; et cite un temple dédié à cette déesse sous le nom de *Frutinal*. Scaliger ne voit dans *Frutis* qu'une corruption du mot grec ἀφροδίτη. Ce nom pourrait aussi venir de *frutex*, arbrisseau, ou de *frui*, jouir. On donnait aussi à Vénus le surnom de *Frugi*, honnête ou frugale.

FUDNO, une des divinités malfaisantes des anciens Lapons.

FUGALIES, fêtes que les anciens Romains célébraient en mémoire de ce que leurs anciens rois avaient été chassés de Rome ; elles étaient aussi appelées *Régifuge*. D'autres pensent qu'elles tirent leur nom de *Fugia*, déesse de la joie causée par la fuite des ennemis. Le roi des sacrifices prenait la fuite hors de la place publique et des comices, après avoir sacrifié. Les autres cérémonies étaient contraires à la pudeur et à l'honnêteté des mœurs.

FUGIA, déesse de la joie causée par la fuite des ennemis. Elle était vénérée par les Romains.

FULGOR, divinité romaine qui présidait aux éclairs, et qu'on invoquait pour être préservé de la foudre; c'était sans doute la même que Jupiter, appelé aussi *Fulgur*.

FULGORA, déesse veuve, au rapport de Sénèque, qui présidait aux éclairs. On pense qu'elle était la même que Junon, qui portait aussi le nom de *Fulgura*.

FULGURATEURS, devins de l'Étrurie, qui expliquaient pourquoi la foudre était tombée en tel lieu, et prescrivaient ce qu'il fallait faire pour en prévenir les suites.

FULGURATION, art de tirer des pronostics des tonnerres, des éclairs et de la chute de la foudre. Cette science était en grand honneur chez les Étrusques. *Voy.* FOUDRE.

FULGURITUM. Les Romains appelaient ainsi un lieu ou un objet frappé de la foudre. Ce lieu ou cet objet devenait sacré ; il n'était plus permis de les employer à des usages profanes ; on y élevait un autel. Les Grecs et les Romains plaçaient sous cet autel une urne couverte, où ils mettaient les restes des choses brûlées ou noircies par le tonnerre. Ces fonctions étaient remplies par les augures.

FULLA, déesse de la mythologie scandinave; elle était vierge, et avait les cheveux flottants sur les épaules. Son front était orné d'un ruban d'or. Sa charge consistait à prendre soin de la toilette et de la chaussure de Fréa ; elle était aussi la confidente de cette grande déesse.

FUNDANIUS, surnom d'Hercule.

FUNÈBRES (JEUX). On les célébrait aux funérailles des princes et des personnes de distinction : tels sont ceux qu'Achille fait, dans l'Iliade, en l'honneur de Patrocle, et, dans l'Énéide, Énée en l'honneur d'Anchise. Les Romains en donnèrent de très-somptueux, et les accompagnaient de combats de gladiateurs. Le peuple y assistait en habit de deuil, après quoi chacun s'habillait de blanc pour prendre part aux repas publics.

FUNÉRAILLES, derniers devoirs que l'on rend aux morts. Chez tous les peuples du monde, l'amour, la reconnaissance, ou le regret, souvent aussi la vanité, ont consacré ces devoirs par les plus augustes cérémonies. Une douleur sincère est soulagée en se manifestant involontairement au dehors ; des regrets simulés ont besoin d'un appareil extérieur pour être crus sincères. Ajoutons à cela le sentiment intime et universel de l'immortalité de l'âme; c'est pourquoi les funérailles ont été presque partout accompagnées d'actes religieux, et ont fait une partie essentielle du culte. Nous allons donc parcourir ce que les différents peuples offrent de plus saillant sur cette matière.

Peuples de l'Ancien Testament.

1. Les anciens *patriarches* n'étaient pas indifférents envers leurs parents qui n'étaient

plus, ni à ce que deviendrait leur propre corps après la mort. Abraham achète pour sa femme Sara un tombeau, avec une double grotte pour lui et les siens. Jacob fait jurer à son fils Joseph qu'il ne l'inhumera point en Egypte, mais qu'il transportera incontinent son corps dans le sépulcre de ses pères, situé dans la terre de Chanaan. Et Joseph, à son tour, prie ses frères de ne point laisser ses os dans la terre étrangère, mais de les transporter avec eux lorsqu'ils retourneront dans le pays promis à leurs ancêtres.—Lorsque Jacob fut mort, il fut enseveli par ses enfants, qui le firent embaumer à la manière égyptienne; et le deuil dura 70 jours. Moïse, bien qu'inhumé par le Seigneur dans un lieu inconnu aux Israélites, n'en fut pas moins pleuré par eux pendant 30 jours.

2. Chez les Juifs anciens, aussitôt qu'il était mort une personne dans une maison, tous ceux qui se trouvaient dans la chambre du mort, et tous les immeubles qui y étaient, contractaient une souillure qui durait sept jours. Tous ceux qui touchaient un cadavre, ou son sépulcre, ou ses os, ou qui en approchaient, contractaient la même impureté; et voici comment s'expiait cette souillure : On prenait de la cendre d'une vache rousse immolée par le grand-prêtre, à la fête de l'Expiation ; on en jetait dans un vase plein d'eau, et un homme exempt de souillure trempait de l'hysope dans cette eau, et en arrosait la chambre, les meubles et les personnes souillées. On faisait cette cérémonie le 3e et le 7e jour ; et au 7e jour, celui qui avait été souillé se mettait dans le bain, lavait ses habits et était ainsi purifié. L'Écriture sainte nous apprend fort peu de choses sur la manière de faire les funérailles; nous lisons, dans le premier livre des Paralipomènes, qu'à la mort d'Asa, roi de Juda, on le coucha sur un lit d'aromates et de parfums, et qu'on alluma pour lui un bûcher extrêmement grand; cependant le texte ne dit pas que le corps y fut brûlé; il paraît qu'on se contentait de livrer les meubles aux flammes. L'usage de la nation était d'inhumer les morts, après les avoir embaumés, quand les familles en avaient le moyen; cet embaumement n'était pas semblable à celui des Egyptiens, et ne préservait pas les corps de la corruption; il ne faisait que les conserver pendant quelque temps; on enduisait le corps d'huiles et d'aromates, et on le serrait avec des bandelettes. C'était aussi une coutume assez fréquente de louer des pleureuses pour assister aux funérailles, et cet usage subsiste toujours en Orient. Un autre usage universel, autrefois, était de déchirer ses vêtements; les Juifs le font encore aujourd'hui, mais ils ont grand soin de ne rien déchirer qui soit précieux ; ils prennent ordinairement le bout de la robe, encore n'en déchirent-ils qu'environ la largeur de la main. Les rabbins enseignent qu'on peut recoudre la déchirure au bout de trente jours, si elle n'a point été faite à la mort d'un proche parent; autrement elle ne doit pas être recousue.

3 Les Juifs modernes ont un rituel fort détaillé sur les funérailles; et il ne paraît pas qu'ils suivent les anciennes prescriptions bibliques. Quand quelqu'un est mort, on étend un drap sur le pavé, et on y couche le corps, dont on recouvre le visage d'un linge, et on place auprès de la tête une bougie allumée. On plie au mort le pouce au dedans de la main, et comme cette situation est violente, on l'y attache avec des fils tirés des houppes de son taled, et on fait en sorte que le pouce recourbé représente en quelque sorte le nom de שדי schaddai, par les replis qu'il fait ; le reste des doigts demeure étendu, pour montrer, disent les rabbins, qu'en mourant nous abandonnons tout ; au lieu que les enfants naissent avec les poings fermés, pour désigner qu'ils entrent en possession des richesses de la terre que Dieu leur a livrées. On lui fait ensuite des caleçons de toile, et on mande quelqu'un pour les coudre, mais ordinairement les femmes s'offrent à le faire comme une bonne œuvre. On lave bien le corps avec l'eau chaude, dans laquelle on a fait bouillir de la camomille et des roses sèches; après quoi on lui met une chemise et les caleçons; quelques-uns ajoutent une espèce de rochet de fine toile, son taled ou manteau carré, garni de houppes, et un bonnet blanc sur la tête. En cet état il est mis dans le cercueil, avec un linge au fond et un autre par-dessus. Quelques-uns veulent qu'avant de l'ensevelir, on lui coupe les cheveux. Il y a quelques différences sur les cercueils: il y a des endroits où on fait le cercueil pointu pour les personnes de considération ; pour un homme de lettres, on met dessus quelques livres. On couvre le cercueil d'un drap noir et on le porte hors du logis. Aussitôt on plie en deux son matelas, on roule les couvertures qu'on laisse sur la paillasse, et on allume une lampe qui brûle, au chevet, sans discontinuer pendant sept jours. Buxtorf dit qu'en quelques endroits, au moment où le mort est emporté de la maison, on jette après lui un vase de terre que l'on brise contre le pavé; c'est sans doute un emblème de la destruction opérée par la mort.

On regarde comme une bonne action d'accompagner le convoi d'un mort et de le porter en terre. C'est pourquoi chacun s'empresse d'assister au convoi, et même de le porter tour à tour sur les épaules. En plusieurs endroits, dit Léon de Modène, il y a des gens qui accompagnent le corps en tenant des cierges à la main, et en chantant des psaumes. Les proches parents sont en deuil, et suivent en pleurant. Lorsqu'on est arrivé au cimetière que les Juifs appellent *Beith hakhayim*, maison des vivants, on salue ceux qui y reposent déjà, en disant : « Béni soit le Seigneur, notre Dieu, roi de l'univers, qui vous a tous formés avec justice, qui vous a fait vivre avec justice, qui vous a nourris avec justice, qui sait le nombre de vous tous avec justice, et qui vous fera revivre un jour et vous relèvera avec justice. Béni soit le Seigneur qui fait revivre les morts. » On dépose le corps à terre, et on fait son éloge, s'il y a lieu ; puis ils récitent un assez long passage tiré du Deutéronome et appelé *Justice du jugement*. On met un petit sac de terre sous la tête du mort, et on cloue le cercueil. Si c'est un homme que l'on enterre, dix personnes font sept fois le tour du cercueil en récitant cette espèce de litanie :

« Puissant Dieu vivant et roi de l'univers, ayez maintenant compassion de lui, car c'est vous qui êtes la source de la vie ; afin qu'il marche continuellement dans la région des vivants, et que son âme repose dans le faisceau de la vie.

« Que le Dieu clément, par la multitude de ses miséricordes, pardonne ses iniquités ; que les bonnes œuvres se présentent devant lui ; qu'il vienne au-devant de lui avec tous ses fidèles, et qu'il marche devant lui dans la région des vivants. »

On répète : « Afin qu'il marche continuellement, etc. »

« Que son Dieu fort ait un bon souvenir de lui, afin qu'il hérite du bien de son créateur, et qu'il l'éclaire de sa divine lumière ; et afin qu'il accomplisse en lui la parole prophétique qu'il a prononcée : Mon alliance de vie et de paix a été avec lui ; et que son âme repose dans le faisceau de la vie.

« Afin qu'il marche, etc.

« Que tu trouves les portes des cieux ouvertes, qu'on te montre la cité pacifique et les habitations tranquilles ; que les anges de la paix viennent au-devant de toi pleins de joie ; que le sacrificateur se présente pour te recevoir, et que, toi allant à ta fin dernière, tu t'y reposes et y demeures.

« Afin qu'il marche, etc.

« Que ton âme aille dans la caverne double (1), et de là aux Chérubins. Là, Dieu sera ton pasteur, et là même, tu recevras un ordre pour suivre ta route jusqu'au jardin des délices ; là, tu verras une colonne qui s'élevera jusqu'au haut ; tu y monteras, et tu ne resteras point au dehors ; car, toi allant à ta fin dernière, tu t'y reposeras et y demeureras.

« Afin qu'il marche, etc.

« L'archange Michael ouvrira les portes du sanctuaire, il offrira ton âme en sacrifice devant Dieu. L'ange libérateur sera de compagnie avec toi jusqu'aux portes de l'empirée où est Israël. Tu mériteras de rester dans ce lieu agréable, et toi, allant à ta fin dernière, tu t'y reposeras et y demeureras.

« Afin qu'il marche, etc.

« Ton âme sera liée dans le faisceau de la vie avec les chefs des colléges, les chefs de la captivité, les Israélites, les sacrificateurs et les lévites, et avec les sept classes de saints et de justes. Tu reposeras dans le paradis et y resteras ; et toi, allant à ta fin dernière, tu t'y reposeras et y demeureras.

« Afin qu'il marche, etc. »

On descend ensuite le mort dans la fosse, le visage tourné vers le ciel, en lui disant : « Allez en paix, » ou plutôt : « Allez à la paix. » Quelques-uns lui tournent le visage vers l'orient, mais cela n'est point universellement observé. Les plus proches parents lui jettent les premiers de la terre sur le corps ; ensuite chacun des assistants en répand sur lui avec la main ou avec une pelle, jusqu'à ce que la fosse soit remplie. Alors on se retire en marchant à reculons, du moins cela a lieu en quelques endroits ; et, avant de sortir du cimetière, chacun arrache trois fois de l'herbe, et la jette derrière son dos en disant : *Ils fleuriront comme l'herbe de la terre*, et cela dans l'espérance de la résurrection, et pour apprendre que *toute chair est comme l'herbe, et que la gloire de l'homme est comme la fleur des champs*. Ils mettent aussi de la poussière sur leur tête, pour se souvenir qu'ils sont poudre et retourneront en poudre. Quelques-uns ajoutent comme une espèce d'adieu aux morts : « Nous vous suivrons, selon que l'ordre de la nature le demandera. » On se rend ensuite à la synagogue ou à la maison du mort, et on y récite des prières et des passages de l'Ecriture, analogues à la circonstance.

Les cérémonies que nous venons de décrire ne sont pas universellement observées par les Juifs, qui ont des rites et des usages assez différents, selon les pays qu'ils habitent.

Peuples chrétiens.

4. Dans les cérémonies funèbres pratiquées chez les catholiques, chacun sera à même de s'assurer que plusieurs ne sont pas généralement pratiquées ; aussi avons-nous intention d'exposer ce qui avait lieu autrefois et ce qu'on devrait faire encore, plutôt que ce qui est fait aujourd'hui ; au reste, ces cérémonies varient, non-seulement suivant les contrées, mais encore suivant les diocèses, et souvent d'une paroisse à une autre.

Quand le malade a expiré, le prêtre, qui a récité les prières pour l'agonie, prononce, debout et découvert, un répons pour appeler les saints et les anges au secours de l'âme du défunt, et récite quelques autres prières. En même temps on envoie sonner la cloche de la paroisse, pour avertir de la mort du paroissien, afin que chacun songe à prier Dieu pour l'âme du mort. En plusieurs endroits la manière de sonner indique l'âge, le sexe et la condition du défunt. Le prêtre se retire, et on accommode le corps, c'est-à-dire qu'on lui ferme les yeux et la bouche, ce qui se pratiquait aussi parmi les anciens. On l'enveloppe ensuite d'un suaire, ou on le laisse dans ses habits, comme cela a lieu en Italie. Il y a des pays où l'on lave le corps, et cette coutume est fort ancienne. On le place ensuite dans un lieu décent. Le mort doit tenir une petite croix entre les mains sur la poitrine ; quelquefois on lui met les mains en croix. On doit placer à ses pieds un vase plein d'eau bénite, et l'aspersoir, afin que ceux qui viendront lui rendre les derniers devoirs lui jettent de l'eau bénite et s'en aspergent eux-mêmes. Auprès du mort brûle un cierge bénit. Quelques ecclésiastiques viennent auprès du corps, où ils récitent

(1) La grotte qui est à Hébron, où les anciens patriarches sont inhumés

l'office des morts et d'autres prières pour le défunt, jusqu'à ce qu'on le porte en terre. Un auteur protestant reconnaît que cette coutume était en usage environ cent ans après le premier concile de Nicée. « Anciennement, dit-il, aussitôt que quelqu'un était mort, on appelait des ecclésiastiques qui passaient la nuit avec les parents du défunt, et les entretenaient de la parole de Dieu, pour leur instruction. Ils chantaient des psaumes par antiphones ou versets, se répondant les uns aux autres; ils recommandaient à Dieu l'âme du défunt, afin qu'il lui plût de la préserver de l'enfer, etc. » Si le mort est prêtre ou ecclésiastique, il doit avoir la tonsure de son ordre, le bonnet carré, et une petite croix sur la poitrine. Le prêtre ou l'évêque est également revêtu des ornements conformes à sa dignité.

On doit garder le corps mort avant l'inhumation, au moins pendant 24 heures; dans certaines occasions on le garde trois jours, et quelquefois sept, huit, et même plus, surtout lorsqu'il s'agit de grands personnages, et que le corps est embaumé. Quelques heures avant la cérémonie, on expose le défunt dans son cercueil, à la porte de la maison, où l'on pratique, à cet effet, une chapelle ardente. Les personnes pieuses, qui passent dans la rue, ont coutume de s'y arrêter pour prier et jeter de l'eau bénite. Lorsqu'il est temps de porter le corps à l'église, on sonne la cloche pour avertir les prêtres et les autres ecclésiastiques qui doivent assister aux funérailles, afin qu'ils s'assemblent en ordre, revêtus de leurs surplis et en bonnet carré, dans l'église paroissiale ou dans celle où la cérémonie doit avoir lieu. Après avoir fait leur prière, ils partent tous ensemble pour aller chercher le corps. L'exorciste, portant l'eau bénite, marche le premier, puis le porte-croix, les autres personnes du clergé ensuite, enfin, le célébrant revêtu sur le rochet ou surplis d'une étole noire et d'une chape de la même couleur. Lorsqu'on est arrivé au lieu où est déposé le corps du défunt, le porte-croix se place, s'il est possible, à la tête du défunt; le célébrant, aux pieds, vis-à-vis, en sorte qu'il regarde la croix; celui qui porte l'eau bénite, à la droite du célébrant, un peu en arrière; les autres membres du clergé se placent à droite et à gauche; les plus avancés dans les ordres sont les plus proches du célébrant. Souvent l'exiguité du local ne permet pas d'observer cet ordre; alors on se place comme on le peut, mais toujours le célébrant doit se tenir aux pieds du mort. Cependant on allume les cierges et les torches de cire, et on les distribue à ceux qui doivent les porter.

Le clerc présente l'aspersoir au célébrant, qui jette de l'eau bénite sur le cercueil, et impose une antienne, ou, dans d'autres diocèses, dit: *Requiescat in pace!* Alors les chantres entonnent le psaume *De profundis* qui se poursuit à deux chœurs, et qui se termine ainsi que tous les psaumes de l'office des morts par ces paroles: *Seigneur, donnez aux défunts le repos éternel, et que la lumière per-* *pétuelle luise sur eux*; on chante l'antienne ou des versicules et une oraison. Le célébrant asperge de nouveau le cercueil, et on se met en marche vers l'église. Si on a convoqué des pauvres, ils marchent les premiers, tenant chacun un cierge à la main; viennent ensuite les confréries, ensuite le clergé, dans le même ordre qu'il est venu; les membres du clergé ont aussi des cierges. Après le célébrant s'avance le cercueil, soit à nu, soit couvert d'un drap noir (le drap est blanc pour une jeune fille ou un garçon). Cette dernière coutume est la plus générale, quelquefois même il est découvert, et le mort apparaît à tous les yeux. Le cercueil est porté à bras, ou sur les épaules, ou sur un char funéraire traîné par des chevaux, et appelé corbillard. Les coins du drap sont quelquefois tenus par des personnes de considération, ou par des gens de la condition du défunt. Pendant le trajet on chante le psaume *miserere* ou un répons de l'office des morts. Les parents du défunt suivent en longs manteaux de deuil, les amis marchent ensuite, puis tous ceux qui avaient quelque considération pour le défunt. En quelques pays les femmes se joignent au convoi et marchent après les hommes; ailleurs les hommes seuls y assistent. A l'entrée de l'église, le célébrant jette de l'eau bénite sur le cercueil, en disant: « Ouvrez-moi les portes de la justice; j'y entrerai pour chanter les louanges du Seigneur. C'est ici la porte du Seigneur, les justes y entreront. » On place le cercueil dans le lieu préparé, vis-à-vis l'autel où l'on doit célébrer l'office; quelquefois on a préparé une estrade surmontée d'un dais ou baldaquin. Si le défunt est laïque, on lui tourne les pieds du côté du chœur, comme pour regarder l'autel; mais s'il est prêtre ou évêque, on lui fait regarder le peuple, comme pour exprimer la juridiction qu'il avait autrefois sur les fidèles. Il y a encore cette différence, que les ecclésiastiques sont exposés dans le chœur de l'église, et les laïques le sont ordinairement dans la nef. Autour du corps doivent brûler au moins quatre cierges, mais il y en a souvent davantage; il y a des funérailles dans lesquelles le catafalque en comporte une multitude. Le corps étant placé, le clergé prend place soit autour du cercueil, soit dans le chœur de l'église, et chante l'office des *morts* ou les commendaces. Ensuite on célèbre la messe, à moins que la cérémonie n'ait lieu dans la soirée. Il y a même des diocèses où l'on chante trois messes: la première, du Saint-Esprit, la seconde, de la sainte Vierge, et la troisième, des défunts. A l'offertoire, on fait l'offrande, qui a lieu en cette sorte: Le clergé se présente d'abord, puis les parents du défunt, dont le premier présente un cierge allumé, le second, un pain enveloppé d'une serviette; le troisième, un vase plein de vin; c'est un reste de l'ancien usage, par lequel les fidèles offraient en ce moment, à toutes les messes, les objets nécessaires au sacrifice: les autres parents et invités viennent ensuite, et déposent quelques pièces de monnaie. Après la messe, on procède à l'absoute, qui consiste en des répons que l'on chante, des versets et des oraisons que l'on récite pour le repos de l'âme du défunt ; ces prières sont accompagnées d'aspersion d'eau bénite, et quelquefois d'encensements. Ces aspersions et ces encensements se font par le célébrant qui circule autour du corps du défunt. Enfin, on porte le corps à la sépulture, dans le même ordre qu'on s'est rendu à l'église, toujours en chantant des psaumes ou des répons, suivant les usages des diocèses. Arrivé au cimetière, on se range autour de la fosse, auprès de laquelle on dépose le corps ; le célébrant la bénit par une aspersion; on chante encore diverses prières, entre autres le psaume *De profundis*, pendant lequel on descend le corps dans la fosse; dans quelques endroits on observe de tourner le visage des morts vers l'Orient. Le célébrant jette le premier, par trois fois, de la terre sur le cercueil, en disant : « La poussière retourne dans la terre dont elle a été tirée, tandis que l'esprit retourne à Dieu qui l'a donné. » Alors on achève de combler la fosse. Après la dernière oraison, le célébrant jette encore une fois de l'eau bénite sur le corps; ce que font ensuite tous les clercs et tous ceux qui ont assisté aux funérailles, en disant : *Qu'il repose en paix*.

Dans quelques villes de province, il est d'usage qu'après la mort de quelqu'un, un crieur public aille, le soir, avec une grosse cloche à la main, dans toutes les rues de la ville, et invite à haute voix tous les fidèles à prier pour le repos de l'âme de telle personne, de telle qualité et condition, décédée dans telle paroisse. Ce crieur est vêtu d'une espèce de dalmatique noire, avec une croix blanche par-devant et par-derrière. Cette coutume est encore en pleine vigueur dans le lieu habité par le rédacteur de ce Dictionnaire.

5. Chez les Grecs, les cérémonies des funérailles sont encore plus variées que chez les Latins. Cependant, comme dans nos contrées, le corps est conduit de la maison à l'église par le clergé, et suivi de toute la parenté. On loue des pleureuses qui s'acquittent bruyamment de leur office. On célèbre l'office des morts, après quoi on va baiser le crucifix, puis le front et la bouche du mort, et le corps est inhumé. Ce n'est pas l'usage de célébrer la messe en présence du corps; on ne commence à en faire dire que le lendemain de l'inhumation. Mais ce que les funérailles des Orientaux ont de particulier, c'est l'offrande de blé ou du froment cuit, garni d'amandes, de raisins secs, de grenades, de basilic, etc., que l'on apporte les jours suivants à l'église pour le clergé et pour les pauvres : *Voy.* COLYBES ou COLYVA.

6. Les Arméniens ont coutume de laver les corps de ceux qui viennent de décéder; les proches parents envoient aussitôt en donner avis aux prêtres, afin qu'ils prient Dieu pour le repos de l'âme du défunt. Les femmes assistent généralement aux enterrements. Les prêtres et les diacres chantent en chemin, pendant que le corps est porté sur une espèce de brancard, par quatre ou huit personnes qui se relaient quand la route est trop longue. On enterre le corps sans cercueil, la tête un peu haute. Le célébrant jette de la terre sur le défunt, en forme de croix, et tous les assistants après lui.

7. Les Coptes, descendants des anciens Égyptiens, n'embaument plus les morts à la manière de leurs pères; cependant cette coutume n'est pas tout à fait abolie, surtout pour les personnes riches. Dès que ces sortes de gens sont morts, on lave le corps plusieurs fois avec de l'eau de rose; on le parfume ensuite avec de l'encens, de l'aloès, et quantité d'autres odeurs; on a soin de boucher avec du coton aussi parfumé toutes les ouvertures naturelles. Après cela, on ensevelit le corps dans une étoffe mouillée, moitié soie, moitié coton; on couvre cette étoffe d'une autre qui est simplement de coton, et quelques-uns même y en ajoutent une troisième. On couvre aussi le mort d'un de ses plus beaux vêtements; les femmes particulièrement emportent toujours avec elles le plus riche de leurs habits. Pendant que le mort est dans la maison, les parentes et les amies de la personne défunte, outre les cris désespérés qu'elles poussent autour du corps, s'égratignent et se frappent le visage si rudement, qu'elles se le rendent livide et tout sanglant. Les discours ridicules qu'elles tiennent au cadavre, qui souvent pendant ce temps-là reste la face découverte, et les impertinentes questions qu'elles lui adressent, comme si elles en étaient entendues, ne contribuent pas moins que le reste à les faire croire hors de sens. Les gens de basse condition ont coutume d'appeler, en ces occasions, certaines joueuses de tambour de basque, dont la profession est de chanter des airs lugubres, qu'elles accompagnent du bruit de cet instrument, et de mille contorsions. Ces femmes conduisent le corps à la sépulture, mêlées avec les parentes et les amies de la personne morte, qui toutes ont ordinairement les cheveux épars la tête couverte de poussière, le visage barbouillé d'indigo, ou simplement frotté de boue.

Les femmes coptes vont prier et pleurer sur la sépulture des morts, au moins deux jours de la semaine ; et la coutume est de jeter alors sur les tombeaux une sorte d'herbe que les arabes appellent *rihan* (c'est notre basilic). On les couvre aussi de feuilles de palmier, pour procurer de l'ombrage aux défunts. Le samedi est encore un jour où l'on va généralement verser des larmes sur les tombeaux; on y fait dire beaucoup de prières, et on y répand de grandes aumônes à l'intention des défunts.

8. Au moment où un Abyssin rend le dernier soupir, tous les parents et amis présents poussent un long gémissement; ils s'arrachent les cheveux, se déchirent la peau des tempes, se jettent à terre, criant, sanglottant et désespérant. Ce ne sont pas seulement les parents de la personne décédée qui expriment ainsi leur douleur; les voisins, les sim-

ples connaissances, et les serviteurs se joignent à eux; et, durant quelque temps, il se fait un vacarme qu'on aurait beaucoup de peine à décrire.

Peu de temps après le décès, le corps est lavé soigneusement, parfumé d'encens, cousu dans un habit, et porté à la hâte au cimetière, sur les épaules des parents. Tandis qu'on le dépose dans la tombe, les prêtres récitent les prières d'usage; le prêtre jette un peu de terre dans la fosse, et dit: « Nous confions son corps à la terre ; nous rendons la poussière à la poussière, la cendre à la cendre, dans l'espoir d'une heureuse résurrection. » Le lendemain, ou aussitôt que les parents et amis peuvent se réunir, on célèbre le *toscar*, ou la fête en l'honneur du mort. Lorsque les parents sont des gens d'importance, on revêt de riches habits un mannequin représentant le défunt, on le place sur le mulet favori de celui-ci, et on le promène dans la ville ou le village voisin de sa résidence, puis on le conduit sur la fosse. Tous ses autres chevaux et mulets viennent ensuite, parés d'ornements que, selon la coutume, le défunt avait rassemblés pour cette cérémonie. Nombre de pleureuses louées suivent ce cortège, jetant continuellement les hauts cris, appelant le mort par son nom, et lui disant : « Pourquoi nous quittez-vous? n'avez-vous pas des terres et des maisons? n'avez-vous pas une femme qui vous aime? » Et elles l'accusent de cruauté d'abandonner ses amis de la sorte. En arrivant près de la tombe, leurs lamentations redoublent, les prêtres et les parents y joignent leurs *Alleluia* et leurs cris; on se déchire de nouveau la figure, et tout cela fait un concert épouvantable. Cette partie de la cérémonie terminée, on retourne à la maison du défunt, où l'on tue du bétail pour un festin, et où l'on verse assez de maïs et de *soua* pour enivrer toute la troupe. Cette étrange commémoration se renouvelle à de certains intervalles. Dans le cours de l'année qui suit le décès, les proches parents donnent, à l'envi les uns des autres, des festins magnifiques en l'honneur du défunt, et vont fréquemment visiter son tombeau. Assister à de telles réunions est le plus grand témoignage de considération qu'on puisse donner à une famille; mais les plus sensés d'entre les prêtres et la noblesse improuvent cet usage.

9. En Russie, dès que le malade est décédé, on envoie chercher les parents et les amis du mort, qui se rangent en pleurant autour du corps; des femmes, qui sont là aussi pour pleurer, demandent au défunt les raisons qu'il a eues de mourir; si ses affaires n'étaient pas en bon état; s'il n'avait pas de quoi vivre, etc. On fait ensuite un présent de bierre, d'eau-de-vie et d'hydromel au prêtre, afin qu'il fasse des prières pour l'âme du mort. On lave bien le corps, et, après l'avoir revêtu d'une chemise blanche, ou enveloppé d'un suaire, on lui chausse des souliers, et on le met dans le cercueil, les bras posés sur l'estomac en forme de croix. Les Moscovites font les cercueils du tronc d'un arbre creusé.

On couvre ce cercueil d'un drap, ou bien de la casaque du défunt. Le prêtre demeure auprès du corps, pour réciter des prières, lui donner de l'encens et de l'eau bénite, jusqu'au jour de l'inhumation, qui n'a lieu qu'au bout de huit ou dix jours, si le mort est de qualité et que la saison le permette. Le convoi se fait de la manière suivante : A la tête marche un prêtre portant l'image du saint que le mort a reçu pour patron à son baptême. Il est suivi de quatre filles, proches parentes du défunt, qui servent de pleureuses, ou, à leur défaut, de quelques femmes louées exprès pour cette lugubre cérémonie. Vient ensuite le corps que six hommes portent sur les épaules. Si c'est un religieux ou une religieuse, ses confrères ou ses compagnes lui rendent ce dernier devoir. D'autres prêtres marchent aux deux côtés du corps, et l'encensent en chantant, pour éloigner les mauvais esprits. Suivent les parents et les amis, chacun tenant un cierge à la main. Après l'office divin, célébré à l'église, on se rend au lieu de l'inhumation. Lorsqu'on est arrivé à la fosse, on découvre le cercueil, et on tient l'image du saint sur le mort, tandisque le prêtre fait les prières, ou récite quelques passages de la liturgie. Après cela les parents et les amis disent adieu au défunt en le baisant ou en baisant son cercueil. Le prêtre s'approche et lui met dans la main un passeport signé du métropolitain et du confesseur, qui, dit-on, le vendent plus ou moins cher, selon les moyens et la qualité des personnes qui l'achètent. Il contient un témoignage de la bonne vie, ou au moins de la repentance du défunt. Quand un mourant a reçu la dernière bénédiction du prêtre, et qu'après sa mort il tient à la main son certificat, le peuple ne doute plus qu'il ne soit reçu dans le ciel. Le prêtre adresse le mort à saint Nicolas. Enfin, on ferme le cercueil, on le descend dans la fosse, le visage du mort tourné du côté de l'orient, et on prend de lui un dernier congé, par une abondance de larmes plus ou moins sincères. Souvent on distribue des vivres et de l'argent aux pauvres qui se trouvent près de la fosse; puis on va terminer la cérémonie par un repas, où la tempérance n'est pas toujours observée.

10. Les luthériens ont aussi leurs cérémonies funèbres. En Saxe, le jour de l'enterrement, les parents, les amis et les voisins s'étant assemblés dans la maison du défunt, un ou plusieurs ministres s'y rendent aussi, avec un cortège plus ou moins nombreux de jeunes écoliers, qui ont à leur tête leurs maîtres d'école. Ces écoliers chantent d'abord devant la porte deux ou trois hymnes ou cantiques funèbres; après quoi ils marchent devant le convoi, ayant eux-mêmes un grand crucifix devant eux, ou une croix simple. Un petit clerc, ou quelqu'autre jeune écolier marche près du corps, avec une petite croix que l'on met ensuite sur l'endroit du cimetière où le mort a été enterré. Les parents et les amis suivent le corps, les hommes les premiers, les femmes ensuite. Pendant la marche, on sonne ordinairement les cloches, ce qui se

fait seulement pour honorer le défunt, et on chante des hymnes et des cantiques. L'usage est aussi, dit-on, d'ouvrir la bière près de la fosse et de regarder le mort; après quoi on la referme en chantant un cantique convenable. Ensuite le ministre dit une collecte, et prononce la bénédiction. La procession funèbre se rend ensuite à l'église, lorsqu'on doit y prononcer l'oraison funèbre du défunt, ou faire un sermon à son occasion. Un écrivain protestant dit que c'est un usage général de faire cette oraison funèbre pour quelque personne que ce soit, même pour celles qui étaient des conditions les plus basses. On en fait même pour les enfants qui meurent au berceau.

En Danemark, quand le corps a été déposé dans la fosse, le pasteur jette trois fois de la terre par-dessus, en disant la première fois : *Tu es né de la terre;* à la seconde : *Ture deviendras terre;* et à la troisième : *Tu ressusciteras de la terre.* Après cela, ceux qui ont porté le corps achèvent de remplir la fosse. Les funérailles se terminent par une oraison funèbre, s'il y a lieu.

Quand un Finlandais vient à mourir, on commence par envelopper son corps d'un suaire blanc; puis, 24 heures s'étant écoulées, on le dépose dans une chambre froide, où il reste seul jusqu'au moment de l'inhumation qui n'a lieu que longtemps après. Quand le jour fixé pour la cérémonie est arrivé, on dépose le corps dans un cercueil de bois façonné avec art, peint en noir, et recouvert çà et là de plaques et de larmes argentées. Si c'est un enfant, le cercueil est peint en blanc et enrichi de fleurs et de dentelles. Ensuite le cortège, composé des parents et amis du défunt, se dirige vers l'église, où le prêtre dit les prières selon le rite luthérien; enfin, de l'église on se rend au cimetière, et, sur le bord de la fosse, le défunt reçoit la dernière bénédiction du ministre, et le dernier adieu de ceux qui l'accompagnent. Il est à remarquer que, depuis la maison mortuaire jusqu'à l'église, et même jusqu'au cimetière, la route est jonchée de petites branches de sapin. Des croix et des tombes s'élèvent sur presque toutes les sépultures; elles portent des épitaphes qui, pour la plupart, expriment une pensée sainte ou philosophique.

L'usage de couronner les morts, connu et pratiqué dans l'antiquité, est resté, en faveur des jeunes garçons, en Frise, du moins dans quelques endroits. Divers Allemands l'observent aussi, mais principalement pour les enfants. Autrefois les Hollandais et les Frisons mettaient trois couronnes sur le cercueil de leurs morts; mais comme on couronnait généralement tous les défunts, on changea la couleur et l'arrangement de ces couronnes, selon la condition ou l'état dans lequel le mort avait vécu. On observe encore, dans cette contrée, plusieurs distinctions pour les garçons et pour les filles : par exemple, en quelques localités, on donne des bouquets de fleurs aux porteurs, on en jette sur le cercueil, et le poêle est garni de rubans. Souvent même de jeunes hommes portent le corps du garçon ou de la jeune fille. Au reste, plusieurs de ces usages se retrouvent dans les autres communions chrétiennes.

En Hollande encore, on ferme les portes et les fenêtres de la maison où il y a un mort. Lorsque celui-ci a été enseveli et couché dans son cercueil, on le pose sur deux tréteaux dans le vestibule que l'on tend ordinairement de noir, de même que l'appartement où les parents du défunt attendent debout, en habits de deuil, et de la manière la plus méthodique et la plus grave, la visite de leurs amis. Ceux qui annoncent les morts ont aussi en même temps la commission d'indiquer le jour et l'heure de ces compliments de condoléance, qui suivent ou précèdent l'enterrement du défunt selon que les parents le jugent à propos. Pour ce qui est du convoi, il est fixé en quelques endroits à vingt-quatre personnes, toutes vêtues de noir, qui sont des parents et des amis choisis du défunt; et si l'enterrement se fait de nuit, le convoi est éclairé d'autant de lanternes qu'il y a de rangs. Chaque lanterne renferme deux ou trois chandelles, et des gens gagés exprès les portent à côté des rangs. A la Haye et en quelques autres villes, le mort est porté sur un chariot destiné aux enterrements et couvert de deuil, suivi de plusieurs autres carrosses où sont les parents et les amis. C'est aussi ce qui a lieu à Paris pour les défunts de toutes les religions.

11 Les cérémonies funèbres des Anglicans sont fort simples; mais nous allons en faire précéder le récit de la manière dont on ensevelissait les morts en Angleterre au commencement du siècle dernier. Nous supposons que, depuis cette époque, on aura apporté des modifications à cet usage ou à cette loi. Dès qu'une personne était morte, on était obligé d'en aller donner connaissance au ministre de la paroisse, et à ceux qui avaient la commission de visiter les corps morts, et leur certificat était remis au clerc de la paroisse. Par acte du parlement, c'est-à-dire par une loi du pays, les morts devaient être ensevelis dans une étoffe de laine appelée flanelle, sans qu'il fût permis d'y employer seulement une aiguillée de fil de chanvre ou de lin. Cette étoffe était blanche, mais il y en avait de plus ou moins fine. Ces habits de morts se trouvaient tout faits, à tous prix, et de toutes grandeurs, chez les lingères et autres personnes qui ne s'occupaient qu'à cela. Après qu'on avait bien lavé le corps, et qu'on avait rasé la barbe, si le défunt était un homme, on lui donnait une chemise de flanelle, qui avait une manchette empesée au poignet. La chemise devait être plus longue que le corps étendu, d'un demi-pied au moins, afin qu'on y pût enfermer les pieds du défunt, comme dans un sac. Quand on avait ainsi plissé le bas de cette chemise sous la plante des pieds, on liait la partie plissée avec un fil de laine, de manière que le bas ou extrémité de la chemise formât une espèce de houppe. On mettait sur la tête du mort un bonnet attaché avec une large mentonnière, et on ajoutait des gants et une cravate, le

tout de laine. Au lieu de bonnet, on donnait aux femmes une certaine sorte de coiffure avec un bandeau. Il y en avait qui mettaient au fond du cercueil environ quatre doigts de son. La bière dans laquelle le corps était couché était quelquefois magnifique. En cet état, le mort était visité une seconde fois, pour voir s'il était enseveli avec de la flanelle, et si rien n'était attaché avec du fil. On le laissait ainsi trois ou quatre jours, pendant lesquels on préparait le deuil et les funérailles. Le jour arrivé, on posait le corps dans son cercueil sur deux tabourets, dans une chambre où chacun pouvait l'aller voir, et pour cet effet on lui ôtait de dessus le visage un petit carré de flanelle, fait tout exprès pour le couvrir. Quand on était prêt à partir, on clouait le dessus du cercueil; des valets ou des servantes présentaient aux invités des bassins pleins de branches de romarin, et chacun en prenait une qu'il portait jusqu'à ce que le corps fût mis dans la fosse. Alors chacun y jetait sa branche de romarin. Avant de partir et lorsqu'on était revenu, l'usage commun était de présenter à boire à l'assemblée, et chacun buvait deux ou trois coups. » Il faut remarquer que les hommes n'allaient point aux enterrements de femmes, ni les femmes aux enterrements d'hommes. La bière était recouverte d'un drap noir (ou blanc pour les garçons, les filles et les femmes mortes en couche), et si ample, qu'il couvrait jusqu'à la ceinture les six ou huit hommes vêtus de noir qui portaient le corps. Les coins du drap étaient tenus par des amis du défunt, qui avaient des crêpes et des gants noirs ou blancs selon l'occurrence. Tout étant prêt à partir, un ou plusieurs bedeaux ouvrent la marche, en tenant chacun leur long bâton, au bout duquel est une grosse pomme ou masse d'argent. Le ministre de la paroisse, ordinairement accompagné d'un autre ministre et du clerc, vient ensuite, et le corps s'avance immédiatement, porté comme nous venons de voir. Les parents en grand deuil et tous les invités deux à deux forment le cortége. Ordinairement on porte le corps dans l'église, au milieu de laquelle on le pose sur deux tréteaux, pendant qu'on fait ou un sermon contenant l'éloge du mort, ou son oraison funèbre, ou que l'on dit les prières marquées dans la liturgie. Si on n'enterre pas le corps dans l'église, on le porte au cimetière de la paroisse. Alors le ministre fait, sur le bord de la fosse, le service qui autrement a lieu dans l'église.

La liturgie anglicane porte que le prêtre, rencontrant le corps à l'entrée du cimetière, récite ou chante avec les clercs, en allant à l'église ou vers la fosse, les sentences suivantes: *Je suis la résurrection et la vie, dit le Seigneur*, etc. *Je sais que mon Rédempteur est vivant*, etc. *Nous n'avons rien apporté au monde*, etc. Quand on est entré dans l'église, on lit les psaumes XXXIX, et XC, ou seulement l'un des deux, puis une leçon tirée du XV⁰ chapitre de la première Épître de saint Paul aux Corinthiens. On se rend ensuite près de la fosse, dans laquelle on descend le corps, tandis que le prêtre récite ou chante quelques antiennes avec les clercs. Quelques-uns des assistants jettent de la terre sur le cercueil, et le prêtre dit en même temps: « Puisqu'il a plu à Dieu, en sa grande miséricorde, de retirer à soi l'âme de notre cher frère défunt, nous déposons son corps au sépulcre, les cendres aux cendres, la poudre à la poudre, dans la ferme et pleine assurance de la résurrection à la vie éternelle, par Jésus-Christ Notre-Seigneur, qui transformera notre corps vil, afin qu'il soit rendu conforme à son corps glorieux, selon cette efficace par laquelle il peut assujettir même toutes choses à soi. » Puis on chante une antienne, on dit le *Kyrie eleison*, l'oraison dominicale, deux oraisons, et le tout se termine par l'invocation de la sainte Trinité : *Gratia Domini nostri*, etc.

12. Sans doute on ne s'attend pas à trouver ici la description des funérailles des quakers, ces ennemis jurés de tout ce qui peut ressembler le moins du monde à une cérémonie. Elles consistent tout simplement à faire porter le corps du défunt, du logis au lieu de la sépulture, sans pompe, sans appareil, sans prière, sans larmes, et même sans cortége. On se contente de méditer à part soi sur la fragilité des choses humaines.

13. Les antitrinitaires ou sociniens observent les usages suivants dans les obsèques de leurs morts. D'abord, le corps, mis dans sa bière, est placé à l'entrée de la maison du défunt, pour y attendre le moment d'être porté au lieu de la sépulture. Le pasteur entonne un psaume, et le chante avec les fidèles qui font partie du convoi; après quoi il fait un petit sermon en forme d'exhortation et de consolation pour l'assemblée et pour les parents. Le sort de la vie humaine, sa brièveté, les péchés du mort et ceux des vivants, les vertus et les bonnes qualités de ce mort, ses défauts, etc., rien de tout cela ne doit y être oublié. Suivent les prières; elles sont déprécatoires eu égard aux péchés qui ont besoin de la miséricorde divine. Après les prières, tout le monde sort à la porte; et là, dit la Discipline, le pasteur prend congé de toute l'assemblée au nom du défunt. Nous ne parlons point de la marche qui n'a rien de particulier. Avant de descendre le corps dans la fosse, le pasteur fait encore une exhortation, suivie toujours d'un petit éloge funèbre proportionné au mérite du défunt. A tout cela on ajoutait, au temps où la discipline était écrite, un repas funèbre, où le vin était offert abondamment à tous ceux qui avaient rendu les derniers devoirs au mort.

14. Presque toutes les loges maçonniques ont un rituel pour les funérailles; elles en pratiquent les cérémonies soit à la maison du défunt, soit dans la loge, soit au cimetière. Ces rituels varient beaucoup, suivant les contrées et les différentes loges; nous en avons un sous les yeux qui expose les cérémonies, les *travaux* et les invocations, dans un grand détail; mais nous préférons insérer ici le cérémonial usité dans les loges anglaises et américaines, comme plus religieux et

moins théâtral. Nous empruntons ce morceau à l'*Histoire pittoresque de la franc-maçonnerie*, par M. Clavel, qui donne aussi la préférence à ce rite.

On ne rend, dans ces deux pays, les derniers honneurs qu'aux francs-maçons pourvus du grade de maître. Informé du décès et du jour où doivent avoir lieu les obsèques, le vénérable de la loge à laquelle appartenait le défunt adresse à tous les membres de l'atelier, et aux vénérables des loges existant dans la même ville et dans le voisinage, l'invitation d'assister à la cérémonie. En Ecosse et en Amérique, les frères s'y rendent munis de leurs tabliers, de leurs cordons d'office et de leurs bannières; en Angleterre, il faut qu'ils soient autorisés par la grande loge à porter ces insignes en public. Réunis à la maison mortuaire, les frères s'y décorent, s'il y a lieu, de leurs ornements et se rangent en ordre. Les plus jeunes frères et les loges les plus récemment constituées se placent aux premiers rangs. Chaque loge forme une division séparée et marche dans l'ordre ci-après: un *tuileur*, l'épée nue; les *stewards*, avec leurs baguettes blanches; les frères non officiers, deux à deux; le secrétaire et le trésorier, avec les marques de leurs offices; les deux surveillants, se tenant par la main; l'ex-vénérable et le vénérable en exercice. A la suite de toutes les loges invitées s'avance la loge dont le frère décédé faisait partie. Tous les membres portent à la main des fleurs ou des feuillages. Le tuileur est en tête; après lui viennent les stewards, les frères de l'harmonie, avec leurs tambours drapés et leurs trompettes garnies de sourdines; les membres de la loge sans fonctions; le secrétaire, le trésorier, les surveillants, l'ex-vénérable, le plus ancien membre de la loge, portant, sur un coussin voilé de deuil, la Bible et les statuts généraux; le vénérable en exercice, un chœur de chanteurs, le chapelain, le cercueil, sur lequel sont posés le tablier et le cordon du défunt, et deux épées en croix; à droite et à gauche, quatre frères tenant chacun un des coins du drap mortuaire; et derrière, les parents du mort. La marche du cortége est fermée par deux stewards et un tuileur.

Arrivés à la porte du cimetière, les membres de la loge du défunt s'arrêtent jusqu'à ce que les frères invités soient parvenus près de la fosse, et aient formé à l'entour un grand cercle pour le recevoir. Alors ils s'avancent vers la tombe; le chapelain et les officiers prennent place en tête; le chœur et l'harmonie, des deux côtés, et les parents aux pieds. Le chapelain récite une prière; on chante un hymne funèbre, et tous les assistants adressent un triple adieu à la dépouille inanimée de leur frère. Ensuite le cortége se reforme et retourne à la maison mortuaire, où les frères se séparent.

A quelque temps de là, le vénérable convoque la loge pour rendre au défunt les derniers honneurs maçonniques. Les murs sont tendus de noir; neuf lampes, dans lesquelles brûle de l'esprit de vin, sont distribuées dans l'enceinte; au centre, on a dressé un cénotaphe. Les travaux s'ouvrent au grade de maître; une cantate funèbre est exécutée; puis le vénérable fait entendre une percussion sourde et s'exprime ainsi: « Quel homme vivant ne verra pas la mort? L'homme marche séduit par de vaines apparences. Il accumule des richesses, et ne peut dire qui en jouira. En mourant, il n'emporte rien; sa gloire ne le suivra pas au tombeau. Il est arrivé nu sur la terre; il la quitte dans l'état de nudité. Le Seigneur lui avait accordé la vie, il la lui a retirée; que le Seigneur soit béni ! »

Quand le vénérable a cessé de parler, la colonne d'harmonie exécute un morceau funèbre. Les frères font le tour du cénotaphe, et jettent en passant des immortelles dans une corbeille placée au pied du monument. Cette cérémonie achevée, le vénérable saisit le rouleau mystique et fait ouvrir le cercueil. « Que je meure, dit-il, de la mort du juste, et que mon dernier moment soit semblable au sien ! » Il place le rouleau dans la tombe et ajoute: « Père tout-puissant, nous remettons entre tes mains l'âme de notre frère bien-aimé. » Tous les assistants frappent silencieusement trois coups avec la paume de leur main droite sur leur avant-bras gauche, et l'un d'eux dit: « Que la volonté de Dieu soit accomplie ! Ainsi soit-il. »

Ensuite le vénérable fait une prière, ferme le cercueil et retourne à l'autel; chacun prend place. Un des membres de la loge prononce l'oraison funèbre du défunt, le vénérable recommande aux assistants de s'aimer et de vivre en paix pendant leur rapide passage sur la terre, et tous forment la *chaîne d'union* et se donnent le baiser fraternel.

Les *apprentis* ont la faculté d'assister à cette cérémonie funèbre, bien que les travaux soient ouverts et fermés au grade de maître; on prend seulement la précaution de ne les admettre qu'après l'ouverture des travaux, et on leur fait *couvrir le temple*, c'est-à-dire qu'on les congédie au moment où l'on va les fermer.

Anciens peuples païens.

15. En Egypte, la religion dirigeait les actions de l'homme avec une autorité absolue; elle s'emparait de l'individu à sa naissance, et ne l'abandonnait plus, même après sa mort. Elle lui assurait d'honorables funérailles selon sa condition, et un lieu de repos où ses cendres devaient être pour toujours à l'abri de l'insulte, soit dans la sépulture des familles, soit dans les tombeaux publics. Enfin, elle prescrivait pour tous l'usage des procédés dûs à l'industrie pour la conservation presque éternelle des corps humains, dernier et attentif hommage à la dignité de l'espèce.

Quand le chef de la famille mourait, toutes les femmes se couvraient le front de boue, et se répandaient échevelées dans la ville. Les hommes suivaient le même usage à l'égard des femmes. Après ces premières manifestations de la douleur, les corps étaient livrés aux embaumeurs, pour être soumis aux longues opérations que nous avons décrites à l'article EMBAUMEMENT. Lorsque cet important travail était terminé, le corps, enveloppé de langes retenus par des bandelettes, était placé dans un cercueil en bois, en granit, en basalte, ou autres matières; ce cercueil était orné de peintures et de sculptures. Pour les personnages considérables, ce cercueil était enfermé dans un second, et celui-ci dans un troisième, tous également ornés de sujets religieux. On a trouvé dans ces cercueils des manuscrits, des bijoux de toute espèce, des objets de parure, de volumineuses perruques, de grosses tresses de longs cheveux, des chaussures, des instruments de diverses professions, et avec les momies des scribes sacrés, la palette à plusieurs godets, les calames et le canif pour les tailler; enfin, la coudée du marchand ou du géomètre, et avec les momies d'enfants, des joujoux de toute sorte.

Les parents et les amis accompagnaient religieusement le mort dans sa dernière demeure; ils se procuraient des figurines de dimensions et de matières diverses, en argile, en porcelaine, en bois ou en matières dures, et faites, le plus possible, à la ressemblance du défunt; son nom était inscrit dans la prière funèbre inscrite sur ces figurines, et tous ceux qui accompagnaient la momie déposaient ces figurines dans un coffre funéraire, qui était placé vers la tête du cercueil; les quatre vases *canopes* l'étaient deux à deux sur les côtés.

Diodore de Sicile donne d'autres détails sur les cérémonies de la sépulture. Les parents du mort, dit-il, fixent le jour des obsèques, afin que les juges, les proches et les amis du défunt aient à s'y trouver, et ils le déterminent, en disant qu'il doit passer le lac de son nome. Arrivent ensuite les juges, au nombre de plus de 40; ils se placent et forment un demi-cercle au delà du lac. On approche de ses bords un bateau que tiennent prêt ceux qui sont chargés de cette cérémonie, et sur lequel est un nautonnier que les Egyptiens nomment en leur langue Caron. Aussi dit-on qu'Orphée, ayant remarqué cet usage dans son voyage en Egypte, en prit occasion d'imaginer la fable des Enfers, en imitant une partie de ces cérémonies, et en y ajoutant d'autres de son invention. Avant que de placer sur le bateau le cercueil où est le corps du mort, la loi permet à chacun de l'accuser. Si l'on prouve qu'il a mal vécu, les juges le condamnent, et il est exclu du lieu de sa sépulture; s'il paraît qu'il a été accusé injustement, on punit sévèrement l'accusateur; s'il ne se présente personne pour l'accuser, ou si celui qui l'a fait est reconnu pour un calomniateur, les parents ôtent les insignes de leur douleur et font l'éloge du mort, sans parler de sa naissance, comme cela se pratique en Grèce, parce qu'ils pensent que les Egyptiens sont tous également nobles. Ils s'étendent sur la manière dont il a été élevé et instruit depuis son enfance, sur sa piété, sa justice, sa tempérance et ses autres vertus, depuis qu'il est parvenu à l'âge viril, et ils prient les dieux des enfers de l'admettre dans la demeure des gens pieux. Le peuple applaudit et glorifie le mort qui doit passer toute l'éternité dans les enfers avec les bienheureux. Si quelqu'un a un monument destiné à sa sépulture, on y dépose son corps; s'il n'en a point, on construit dans sa maison une chambre, et l'on pose sa bière droite contre la partie du mur la plus solide. On place dans leurs maisons ceux à qui on n'a point accordé la sépulture, soit à cause des crimes dont on les a accusés, soit à cause des dettes qu'ils avaient contractées; et il arrive quelquefois dans la suite qu'on leur donne une sépulture honorable, parce que leurs enfants devenant riches paient leurs dettes ou les font absoudre.

Il y avait, selon Plutarque, des lieux en Égypte, où l'on aimait à se faire enterrer préférablement à d'autres, comme les environs de Memphis et ceux d'Abydos. On enterrait dans des puits, dans des excavations souterraines fort profondes, faites en forme de grottes ou d'allées, et jusque sous les fondements des pyramides. On couchait les corps morts qui n'étaient qu'emmaillotés; mais ceux qui étaient enfermés dans des caisses de sycomore étaient placés debout dans des niches. Plusieurs auteurs ont avancé qu'on mettait une pièce de monnaie sous la langue des défunts; mais ce fait paraît n'avoir aucun fondement. Peut-être insérait-on dans la bouche des cadavres une feuille d'or plissée, comme un phylactère ou une amulette, ou simplement comme une représentation de feuille de *persea* ou pêcher.

16. Les règlements de Cécrops, chez les anciens Grecs, avaient pour objet de procurer à ses sujets une vie tranquille, et de leur attirer du respect au delà même du trépas. Il voulut qu'on déposât leurs dépouilles mortelles dans le sein de la terre, mère commune de tous les hommes, et qu'on ensemençât aussitôt le sol qui les couvrait, afin que cette portion de terrain ne fût point enlevée à la culture. Les parents, la tête ornée d'une couronne, donnaient un repas funèbre; et là, sans écouter la voix de la flatterie ou de l'amitié, on honorait la mémoire de l'homme vertueux et on flétrissait celle du méchant.

Plus tard prévalut la coutume de brûler les corps morts. Quand le malade avait rendu le dernier soupir, son corps était lavé, parfumé et revêtu d'une robe précieuse. On lui mettait sur la tête une couronne de fleurs; dans les mains, un gâteau de farine et de miel, pour apaiser Cerbère; et dans la bouche une pièce d'argent d'une ou deux oboles qu'il fallait payer à Caron. En cet état, le cadavre était exposé pendant un jour au moins dans le vestibule, et quelquefois entouré de cierges allumés; ces cierges étaient faits de jonc ou d'écorce de papyrus en forme de rouleaux couverts d'une couche de cire. A la porte du vestibule était un vase d'eau lustrale destinée à purifier ceux qui touchaient le cadavre. Le jour du convoi, on se rendait à la maison mortuaire avant le lever du soleil; on plaçait le corps sur un chariot, dans un cercueil de cyprès. Les hommes marchaient en avant, les femmes après; quelques-uns avaient la tête rasée; tous étaient vêtus de noir, et ils étaient précédés d'un chœur de musiciens qui faisait entendre des chants lugubres. On déposait le corps sur le bûcher préparé à cet effet, auquel on mettait le feu; on jetait assez souvent dans les flammes, soit les habits du défunt, soit quelques ornements ou étoffes précieuses; et pendant la cérémonie on faisait des libations de vin. Quand le cadavre était consumé, les plus proches parents en recueillaient les ossements et les cendres, et les renfermaient dans une urne, qui était ensuite ensevelie dans la terre. On élevait sur la place un monceau de terre, surmonté d'un cippe ou d'une colonne, portant le nom du mort et différentes sculptures.

Le neuvième et le trentième jour après le décès, les parents, habillés de blanc et couronnés de fleurs, se réunissaient encore pour rendre de nouveaux honneurs au défunt. On se rendait au lieu de la sépulture; on y faisait des libations d'eau, de vin, de miel, de lait; on y déposait des offrandes, et quelquefois on y offrait des sacrifices.

Quand on ne pouvait se procurer le corps du défunt, parce qu'il était mort dans un naufrage, ou à la guerre, ou dans un pays étranger, on l'appelait trois fois à haute voix, comme pour inviter ses mânes à venir à la cérémonie; on lui dressait un cénotaphe ou monument vide, devant lequel on faisait les sacrifices, les offrandes et les libations, et ces cénotaphes étaient presque aussi révérés que les tombeaux.

17. Chez les Romains, dès qu'un homme était mort, on lavait son corps avec de l'eau chaude, on le frottait de parfums, on le revêtait d'une robe blanche, on l'exposait sur le seuil de la porte, les pieds tournés du côté de la rue, et on plantait à l'entrée de la maison un cyprès, symbole de la mort. Ordinairement il demeurait exposé pendant sept jours; le huitième, après avoir acheté, dans le temple de la déesse Libitine, les choses nécessaires aux funérailles, on portait le corps au lieu où il devait être brûlé. Le convoi était différent, suivant la qualité et la dignité des personnes. Si le défunt était un homme illustre, on portait son corps dans la place de la ville, et là son oraison funèbre était prononcée, soit par son fils, soit par un autre parent. De là on se rendait au bûcher ou au lieu choisi pour la sépulture; c'était la volonté du défunt ou celle de ses parents, qui décidait s'il devait être brûlé ou enterré. Dans les premiers temps de la république on inhumait les morts dans quelque endroit de leur maison; mais, par la suite, les lois des xii tables défendirent d'enterrer ou de brûler les cadavres dans l'enceinte de la ville. Le bûcher était formé d'un amas de bois de pin, d'if, de mélèse et autres arbres résineux, arrangé en forme d'autel. Le corps, vêtu de sa robe, et arrosé de liqueurs précieuses, était couché dans un cercueil, où il avait le visage tourné vers le ciel, et tenait dans sa bouche une pièce d'argent, que l'on disait être le droit de passage dû à Caron. Le bûcher était environné de cyprès. Les plus proches parents y mettaient le feu en tournant le dos, au moyen d'un flambeau. Pendant que le feu s'allumait, on jetait sur le bûcher les habits, les armes et autres objets à l'usage du défunt pendant sa vie. Anciennement il était d'usage d'immoler des captifs et des prisonniers. Cette coutume fit place à celle de donner des combats de gladiateurs, et de représenter même des pièces de théâtre. La dépense de ces jeux funèbres devint, par la suite, si excessive, que Tibère défendit aux particuliers de l'entreprendre, à moins qu'ils n'eussent des propriétés pour la valeur de 400,000 sesterces. Enfin, quand on n'avait ni gladiateurs, ni prisonniers, alors, malgré la loi des xii tables, on voyait des femmes qui se meurtrissaient les joues pour donner au moins au bûcher l'apparence d'un sacrifice, et, dit Varron, pour satisfaire les dieux infernaux en leur montrant du sang. Sur la tombe des rois et des grands guerriers, on immolait des ennemis, quelquefois même leurs officiers ou leurs serviteurs.

Lorsque le corps était brûlé, on lavait ses os et ses cendres avec du lait et du vin, et on les enfermait dans une urne. Le sacrificateur, qui était présent à cette cérémonie, jetait trois fois de l'eau sur les assistants, pour les purifier. Il se servait, à cet effet, d'un goupillon fait de branches d'olivier. L'urne où étaient les os et les cendres se portait dans le sépulcre destiné au défunt. Devant ce sépulcre était un petit autel où l'on brûlait de l'encens et d'autres parfums. Les tombeaux des Romains, qui ordinairement se trouvaient sur des lieux élevés et le long des grands chemins, étaient plus ou moins ornés, suivant les richesses et la qualité des défunts. On y mettait différents objets, comme des lampes qu'on a prétendues inextinguibles; des urnes lacrymales, petits vases presque toujours faits de verre, où les Romains recueillaient les larmes répandues pour les morts. Le dehors était décoré d'inscriptions dont la plupart commencent par les lettres D M, initiales de *Diis Manibus*, aux dieux Mânes. La cérémonie des funérailles se terminait par un festin qu'on donnait aux parents et aux amis: quelquefois on faisait au peuple des distributions de viandes. Le deuil durait dix mois; il pouvait être abrégé pour quelque réjouissance publique. Au reste, il appartenait aux pontifes de décider quelles cérémonies il fallait observer dans les funérailles, et combien de temps devait durer le deuil.

Les Romains se faisaient un point de religion de ne parler jamais des défunts que d'une manière respectueuse. On mettait sur les tombeaux certaines formules de paroles pour empêcher qu'on ne les profanât, et qu'on ne fît des imprécations contre les mânes de ceux qui y étaient inhumés. La violation des tombeaux était regardée comme un des plus grands crimes. On ne pouvait faire le moindre changement aux sépulcres, ni même les réparer, sans l'autorité des pontifes. Il était défendu au flamine de Jupiter et aux augures de voir des corps morts, et d'entrer dans les maisons où il était mort quelqu'un, même cinq jours auparavant. La même défense avait lieu à l'égard des pontifes, lorsqu'ils avaient quelque sacrifice à offrir. Un exilé était-il mort dans le lieu de son exil, ou un magistrat, dans les fonctions d'une charge qui l'avait tenu éloigné de la capitale, les parents avaient soin de faire recueillir ses cendres et ses os dans des urnes très-riches, de les faire apporter à la ville, et de leur faire rendre de grands honneurs dans tous les lieux par lesquels passait le convoi.

18. César rapporte que les obsèques des Gaulois étaient somptueuses et magnifiques. On brûle, dit-il, le cadavre du mort, et on jette dans le feu tout ce qui faisait plaisir au défunt, jusqu'aux animaux. Il n'y a pas longtemps qu'avec le corps du maître on brûlait les esclaves et les clients qu'il avait affectionnés. Ces clients, que les Latins ont appelés *Soldurii*, étaient des hommes qui s'étaient dévoués au service d'un patron, pour le suivre partout pendant sa vie et à sa mort. Ils observaient leur engagement avec tant de fidélité et de scrupule, qu'on ne se souvenait pas qu'il s'en fût trouvé un seul qui eût refusé de mourir avec son maître. César ne fait mention que des clients et des esclaves; mais Pomponius Méla insinue que les femmes gauloises se faisaient aussi un point d'honneur de ne point survivre à leurs maris. Il se trouvait autrefois, dit ce géographe, Espagnol de nation, des personnes qui se précipitaient volontairement dans le feu où l'on brûlait le cadavre d'un homme qui leur avait appartenu, par le désir et dans l'espérance de vivre toujours ensemble. Les Celtes prêtaient de l'argent pour leur être rendu dans l'autre vie. Lorsqu'on brûlait un cadavre, ils profitaient de l'occasion pour écrire à leurs parents défunts, et leur envoyer un compte exact de l'état de leurs affaires, des dettes qui étaient rentrées depuis leur mort, etc.

19. Au contraire des Gaulois, les funérailles des Germains se faisaient sans aucune pompe; seulement on avait l'attention de choisir certains bois pour brûler le corps des hommes illustres. « Ils n'entassent sur le bûcher, dit Tacite, ni vêtements, ni parfums; ils ne brûlent avec le mort que ses armes, et tout au plus son cheval. Un simple tombeau de gazon tient lieu de ces superbes mausolées dont la masse leur paraît accablante pour celui qu'on veut honorer. Leurs larmes sont bientôt essuyées; mais leur douleur dure longtemps. Le devoir des femmes est de pleurer les morts; celui des hommes, de s'en souvenir. »

20. Les funérailles des Scandinaves ressemblaient à celles des Gaulois. Lorsqu'un héros avait péri glorieusement dans quelque combat, on accumulait, sur le bûcher où l'on brûlait son corps, tout ce qu'il avait le plus chéri pendant sa vie : ses armes, son or, son argent, son cheval et ses domestiques. Ses clients et ses amis se faisaient aussi très-souvent un devoir de mourir avec lui pour l'accompagner dans le palais d'Odin. Enfin, sa femme était ordinairement brûlée sur le même bûcher. Cependant on dit qu'avant l'arrivée d'Odin dans le Nord, on se contentait de placer le corps du défunt sous un monceau de terre et de pierre, en y joignant les armes dont il s'était servi. Quand l'usage de brûler les cadavres fut introduit, on recueillait les cendres et on les ensevelissait sur une colline.

21. Il en était de même des Lithuaniens; ils brûlaient les corps des défunts. Dans le feu qui les consumait, on jetait tout ce qui leur avait appartenu de plus précieux; leurs chevaux, leurs armes, leurs chiens de chasse, leurs oiseaux de proie, et celui de leurs esclaves qui les avait servis le plus fidèlement. On buvait beaucoup de lait, d'hydromel, de bière, auprès du bûcher, autour duquel on dansait au son des trompettes et des tambours.

22. Parmi les différentes tribus des Slaves, les unes enterraient leurs morts, et les autres les brûlaient. Les premières déposaient les cadavres dans des fosses, et elles élevaient au-dessus un monticule de sable ou de terre; elles s'assemblaient autour de ce monument d'argile, et y faisaient un festin religieux, appelé la *trizna*, dont le souvenir n'est pas encore perdu en Russie, car il ne s'y fait guère d'enterrement qu'on ne distribue aux assistants du thé, du café, du vin, du punch et d'autres liqueurs. — Les tribus qui brûlaient leurs morts commençaient la cérémonie par un festin; ensuite on livrait aux flammes le cadavre, dont on recueillait soigneusement les cendres et les os qui n'étaient pas entièrement consumés; on les renfermait dans des vases que l'on exposait sur des colonnes, près des villes ou des habitations. Quelquefois, pour honorer la mémoire d'un défunt, et signaler la fête funèbre qu'on faisait à ses obsèques, on sacrifiait des prisonniers de guerre.

23. Chez les Scythes, quand un roi venait à mourir, on enduisait son corps de cire, on en tirait les intestins, on le remplissait d'encens, de graine d'ache et d'anis, et on le recousait. Placé ensuite sur un char, on le conduisait par tous les lieux habités du royaume. Ses sujets se coupaient alors un peu de l'oreille, se tondaient en rond, se déchiquetaient les bras, se découpaient le front et le nez, se perçaient la main gauche avec une flèche. Quand on avait fait le tour du royaume, on portait le corps au pays des Gerrhes, où les rois avaient leur sépulture. Là on le mettait dans une grande fosse carrée, où il était comme couché dans un lit. On fichait en terre, de tous les côtés de la fosse, des javelines qui supportaient des perches posées en travers et couvertes de nattes. Dans le vide qui restait on enterrait la plus chérie de ses concubines, après l'avoir étranglée. On

tuait aussi son principal cuisinier, un de ses meilleurs palfreniers, un des huissiers de sa chambre, un courrier et quelques chevaux. On jetait tous ces corps pêle-mêle dans la fosse, avec les plus riches meubles du défunt. Au bout de l'année, on lui faisait de nouveau un service solennel, aux dépens de la vie de ceux de ses domestiques qu'il avait le plus aimés, et qui étaient tous Scythes naturels et de bonne race. On choisissait 50 de ses officiers, avec un pareil nombre de chevaux, qu'on étranglait. On leur ôtait les entrailles, et, après avoir bien nettoyé le corps, on le remplissait de paille avant de le recoudre. Enfin, on mettait sur des voûtes ces chevaux empaillés, auxquels on donnait des brides, et sur les chevaux les officiers aussi empaillés, que l'on assujettissait sur leurs montures par des pièces de bois. Ces sépulcres étaient placés entre le Gerrh, aujourd'hui Calenza, et le Borisbène ou Dniéper.

Après la mort de tout autre Scythe, on conduisait son corps dans une charrette par tous les lieux où demeuraient ses amis qui traitaient le convoi. Cela durait 40 jours; ce temps écoulé, le corps était ramené à la maison, on le lavait et on en nettoyait la tête. On le déposait ensuite dans un vaisseau fait en forme d'esquif, et plein de pierres luisantes. Ce vaisseau, placé à l'endroit où il devait rester, était retenu par trois pieux fichés en terre, et inclinés l'un vers les deux autres. Ces pieux servaient à supporter des couvertures de laine sous lesquelles se trouvait le cercueil. Les tombeaux étaient des lieux sacrés pour les Scythes.

24. Nous plaçons ici les funérailles des Lapons, parce que, bien qu'actuellement chrétiens, ils ont conservé une grande partie des cérémonies et des coutumes usitées dans le temps, encore peu éloigné, qu'ils étaient païens. Nous en empruntons les détails au missionnaire Leems.

Quand un Lapon est mort, quelle que soit la nature de la maladie qui a terminé ses jours, chacun sort de la hutte où est le cadavre, dans la persuasion qu'il y reste encore quelque chose de l'âme du défunt qui poursuit tout être nuisible. Cependant, quelques jours après ils reviennent pour ensevelir le corps, et lui rendre les derniers devoirs; si le défunt fut recommandable par ses actions, on l'ensevelit dans une pièce de toile la plus fine que l'on puisse se procurer, et l'on entoure sa tête et son corps d'une bande de la même pièce; s'il ne laisse après lui aucun héritage de grande valeur, on l'enveloppe dans un morceau de gros drap appelé *Woldemar*. Tel est l'usage à l'égard de ceux qui suivent la religion chrétienne, et les rites qu'elle prescrit. Quelques-uns cependant sont revêtus de leurs meilleurs habits et mis ensuite dans leur bière par une personne nommée ou louée à cet effet; le plus proche parent présente à cette personne un grand anneau de tombac, qu'elle met aussitôt à son bras droit: cet anneau est destiné à le préserver de tout le mal que pourrait lui faire l'esprit du défunt, qui, selon eux, entoure son corps, jusqu'à ce qu'il soit en terre; opinion qui se rapporte beaucoup à celles qu'avaient les anciens Grecs et Romains. La bière est ordinairement faite d'une pièce de bois creusée convenablement, quand le hasard ne leur en offre point d'excavée par le temps ; ceux qui sont sur des montagnes pelées, comme dans la Norwége et aux environs du cap Nord, où il ne croit aucun arbre, font usage d'un traîneau au lieu de bière. Autrefois, avant que ces peuples eussent embrassé le christianisme, et même longtemps après, ils avaient coutume d'ensevelir les morts au premier endroit qui leur paraissait propice, mais principalement dans les bois ; c'est ce qu'ils font encore aujourd'hui, quand ils sont très-éloignés de quelque église. Non-seulement alors ils renversent le traîneau qui sert de bière au défunt, mais encore ils le couvrent avec du gazon et des branches d'arbre, pour conserver le corps plus longtemps frais et empêcher les animaux sauvages de le mettre en pièces. Quand il se trouve à leur portée quelque grotte dans les montagnes, ils y déposent le corps, et en ferment l'entrée avec des pierres.

On ne doit ajouter aucune foi à ce que dit Pencer, savoir, que pour éviter d'être tourmentés par les mânes des morts, ils enterrent ceux-ci dans l'âtre de leur foyer; ils sont au contraire si éloignés de cet usage, qu'ils les portent toujours à une très-grande distance de leur habitation. Il est bon de remarquer qu'à l'instar des anciens Lapons, ceux qui ne sont que faiblement attachés au culte chrétien mettent avec le cadavre une hache, une pierre à fusil et un briquet, donnant pour raison de cet usage que, puisque le mort doit errer dans les lieux obscurs, il a besoin de la lumière que pourront lui procurer la pierre et le briquet, et que, pour s'ouvrir une voie à travers les bois où il est enseveli, il lui faudra une hache, lorsque viendra pour lui le jour du jugement. Cette opinion relative à l'obscurité des sentiers qui conduisent aux demeures éternelles, opinion si générale chez les peuples de la Grèce, qui eux-mêmes l'avaient empruntée des Egyptiens, comme beaucoup d'autres idées religieuses, pouvait d'autant plus facilement réussir parmi eux, qu'ils sont ensevelis, pendant un longtemps de l'année, dans de profondes ténèbres. Quant aux haches qui faisaient toujours partie de leurs provisions pour l'autre vie, Blans est d'opinion que les Lapons modernes la placent dans la bière des morts, parce qu'ils croient qu'après le trépas on doit reprendre la profession que l'on exerça pendant sa vie; c'est par la même raison que, lorsqu'ils ensevelissent une femme, ils mettent à ses côtés ses ciseaux et ses aiguilles, croyant que ces instruments pourront lui être utiles dans l'autre monde. Lundius dit encore qu'ils ajoutaient à ces objets quelques vivres; mais que cet usage n'avait lieu que parmi ceux qui étaient éloignés d'une église, dont le ministre pût veiller à leur instruction. Quant à ceux qui en étaient voisins, il ajoute qu'ils portaient le corps de leurs défunts à l'église, puis les enterraient dans les environs; il en est même qui achètent la permission de les enterrer dans le cimetière ou dans l'église. La seule difficulté qu'ils éprouvent en pareil cas est de trouver parmi eux quelqu'un pour creuser la fosse; car tous se refusent à ce travail, à moins que l'on ne rencontre quelque pauvre, Suédois ou Lapon, qui veuille bien, à prix d'argent, se prêter à ce travail; en ce cas, on rend au mort les derniers devoirs selon les usages reçus dans le culte chrétien, et le convoi est suivi par un deuil dont les personnes qui le composent portent leurs plus mauvais habits. Quand l'inhumation est finie, on laisse, dans le cimetière, sur la fosse, le traîneau du défunt, sous lequel on met tous ses vêtements, sa couverture, et jusqu'à la peau qui lui servait de lit; c'est un usage fondé sur la crainte où ils sont qu'il ne leur arrivât quelque mal, s'ils se servaient de ces meubles.

Trois jours après les obsèques, la famille se réunit à un repas commun; le mets principal est la viande du renne qui a traîné le corps au lieu de la sépulture; ils en enferment tous les os dans une sorte de coffre, sur lequel ils sculptent quelques traits qui caractérisent le défunt, et vont ensuite l'ensevelir près du lieu de la sépulture. S'ils ont de l'eau-de-vie, ils ne manquent pas de boire à la mémoire du défunt; ils appellent cette santé *saligavin*, c'est-à-dire la santé du bienheureux, dans la croyance où ils sont du bonheur dont il jouit. Rheen ajoute que, si le défunt était riche, ils sacrifient un renne en son honneur le jour anniversaire de son décès, et ce, pendant plusieurs années, et que chaque fois ils en ensevelissent les os de la victime de la manière que nous venons de rapporter. Il paraît d'après cela que les Lapons conservent un long souvenir de ceux qu'ils ont perdus, surtout quand ils tiennent au défunt par les liens du sang; ils concentrent en eux-mêmes leurs regrets, et n'en font point parade par des vêtements dont la couleur et la forme mentent si souvent ailleurs sur les sentiments de l'âme. Pendant les années dont il vient d'être fait mention, les parents ont coutume, de temps en temps, de creuser des trous sur les côtés de la fosse, et d'y déposer une petite quantité de tabac ou de quelque autre chose qui faisait les délices du défunt pendant sa vie, s'imaginant que le bonheur dans l'autre monde ne consiste qu'à manger, fumer et boire; ils étendent cette idée à cet égard jusque sur leurs rennes, et même jusqu'aux autres animaux de la création.

Peuples modernes de l'Asie.

25 Lorsqu'un musulman est mort, la loi fait un devoir de laver son corps en entier; cette lotion se fait soit avec de l'eau pure, soit avec une décoction d'aromates; les corps des hommes sont lavés par des hommes, et ceux des femmes le sont par des femmes; on couvre ensuite d'aromates la tête et la barbe, et l'on frotte de camphre les sept parties du corps qui portent à terre dans la prière liturgique. On procède ensuite à l'ensevelissement du corps; les linceuls consistent en trois pièces, savoir: une chemise et deux voiles, dont celui de dessus au moins doit être assez grand pour couvrir le corps tout entier, par-dessus le sommet de la tête et par-dessous la plante des pieds; aux femmes on ajoute ordinairement un voile pour couvrir la tête, et un autre sur le sein. Toutes ces pièces doivent être de coton pur; il ne doit y entrer ni or, ni argent, ni soie, ni broderies; on les parfume plusieurs fois avant de s'en servir pour envelopper le corps. Lorsque le mort a été ainsi purifié et enseveli, on procède à la prière funéraire qui est faite en présence de tous les parents, soit par un ministre de la religion, soit par le chef de la famille. Cette prière est conçue en ces termes:

« Dieu très-grand! Dieu très-grand! Il n'y a d'autre dieu que Dieu. Dieu très-grand! Dieu très-grand! La gloire appartient à Dieu.

« Sois loué à jamais, ô mon Dieu! que ton nom soit béni! que ta grandeur soit exaltée! Il n'y a d'autre dieu que toi. J'ai recours à Dieu contre le démon lapidé. Au nom de Dieu clément et miséricordieux.

« Dieu très-grand! Dieu très-grand! etc.

« O mon Dieu! sois propice à Mahomet et à sa famille, comme tu as été propice à Abraham et à sa famille; bénis Mahomet et la race de Mahomet, comme tu as béni Abraham et la race d'Abraham. Louanges, grandeurs, exaltations sont en toi et pour toi.

« Dieu très-grand! Dieu très-grand! etc.

« O mon Dieu! fais miséricorde à tous les fidèles vivants et morts, présents et absents, petits et grands, hommes et femmes. O mon Dieu! fais vivre dans l'islamisme ceux d'entre nous à qui tu conserves la vie, et mourir dans la foi ceux d'entre nous à qui tu donnes la mort. Distingue ce mort par la grâce du repos et de la tranquillité, par la grâce de la miséricorde et de la satisfaction divine. O mon Dieu! ajoute à sa bonté, s'il est du nombre des bons, et pardonne à sa méchanceté, s'il est du nombre des méchants. Accorde-lui paix, salut, accès et demeure auprès de ton trône éternel. Sauve-le des tourments de la tombe et des feux de l'éternité; accorde-lui le séjour du paradis et la compagnie des âmes bienheureuses. O mon Dieu! convertis son tombeau en un lieu de délices égales à celles du paradis, et non en fosse de souffrances semblables à celles de l'enfer. Nous t'en conjurons par la miséricorde, ô le plus miséricordieux des êtres miséricordieux. »

Au lieu de cette oraison, on dit la suivante, si le défunt est un enfant au-dessous de l'âge de raison, ou un insensé:

« O mon Dieu! fais que cet enfant soit notre précurseur dans la vie éternelle. O mon Dieu! qu'il soit le gage de notre fidélité et de ta récompense céleste, comme aussi notre intercesseur auprès de toi. Nous t'en conjurons par la miséricorde, ô le plus miséricordieux des êtres miséricordieux.

« Dieu très-grand! Dieu très-grand! etc.»

Le célébrant termine par un salut de paix

à droite et à gauche, avec une légère inclination de tête.

Le corps est porté directement de la maison au lieu de la sépulture; jamais il n'est conduit à la mosquée; on n'y fait même jamais la prière funéraire; car, disent les musulmans, le temple du Seigneur est pour les vivants et non pour les morts. Il est regardé comme louable et méritoire que chacun des fidèles assistants porte à son tour le cercueil, d'après cette parole de Mahomet : « Celui qui porte un corps mort l'espace de quarante pas se procure l'expiation d'un grand péché. » Chacun doit le porter successivement des quatre côtés de la bière, en commençant par l'épaule droite du mort, de là on passe à l'épaule gauche, ensuite au pied droit, et enfin au pied gauche. Le fidèle qui, en portant ainsi un mort, fait chaque fois quarante pas, expie quarante péchés. Observons que l'usage est de porter le cercueil à la hâte et à pas précipités; car, dit Mahomet, s'il est du nombre des élus, il est bon de le faire parvenir au plus tôt à sa destination, et s'il est du nombre des réprouvés, il convient de se décharger promptement de ce fardeau pénible. Le cercueil est couvert d'un voile noir et surmonté d'un turban à l'endroit de la tête, si c'est un homme qu'il renferme. Le transport a lieu sans chant ni aucune prière à haute voix; mais chacun peut, en son particulier, prier à voix basse. Les femmes n'assistent au convoi en aucun cas.

Le corps déposé à terre doit être mis sur-le-champ dans la fosse, le visage tourné vers la Kaaba de la Mecque. On doit y procéder en proférant ces paroles : « Au nom de Dieu et par sa grâce; dans la voie de Dieu, et conformément au culte du prophète de Dieu. » Dans l'inhumation des femmes, il faut voiler la fosse tout autour, pour ne rien exposer aux regards des assistants. Personne ne doit s'asseoir que le corps n'ait été inhumé et la fosse comblée; on la remplit de mottes de terre ou de roseaux, jamais de bois ni de briques; elle doit même s'élever d'une palme, en forme de dos de chameau. Immédiatement après l'inhumation, l'imam, assis sur ses genoux, fait la confession de foi; il commence par appeler trois fois le mort par son nom et par celui de sa mère; il n'articule jamais celui du père. En cas d'ignorance du nom de la mère, il substitue, pour les hommes, celui de *Marie*, en l'honneur de la sainte Vierge, et, pour les femmes, celui d'*Eve*, en l'honneur de cette mère commune des hommes; par exemple : *O Ahmed, fils de Maryam!* ou, *O Fatima, fille d'Hawa*. Puis il récite cette confession de foi : « Rappelle-toi le moment où tu as quitté le monde en faisant cette profession de foi : Certes, il n'y a d'autre dieu que Dieu; il est seul, il est unique, il n'a point d'associé; assurément Mahomet est le prophète de Dieu; assurément le paradis est réel; assurément la résurrection est réelle; assurément le jour du jugement est réel, il est indubitable; assurément Dieu ressuscitera les morts, il les fera sortir de leurs tombeaux. Certes, tu as reconnu Dieu pour ton Seigneur, l'islamisme pour ta religion, Mahomet pour ton prophète, le Coran pour ton guide, la Kaaba pour ta *quibla* (lieu vers lequel on se tourne pour prier), et les fidèles pour tes frères. Dieu est mon Seigneur; il n'y a d'autre dieu que lui; il est le maître de l'auguste et sacré trône des cieux. O N..., dis que Dieu est ton Seigneur (ce qu'il répète trois fois); ô N..., dis qu'il n'y a d'autre dieu que Dieu (ce qu'il répète aussi trois fois); ô N..., dis que Mahomet est le prophète de Dieu, que ta religion est l'islamisme, et que ton prophète est Mahomet, sur qui soit le salut de paix et la miséricorde du Seigneur. O Dieu! ne nous abandonne pas; tu es le meilleur des héritiers. »

Nous n'avons exposé que ce qu'il y a de digne d'intérêt dans les funérailles des musulmans, sans nous arrêter aux détails minutieux qui se trouvent dans les rituels. Ces rituels, qui ont tout prévu, n'ont pas moins de 126 points sur ce qui regarde les funérailles, dont il y en a 27 qui traitent des choses de préceptes ou commandées; 71, de celles qui sont de conseil et de perfection; 26, de celles qu'on doit regarder comme malséantes; et 2, de celles qui sont tout à fait illicites ou défendues.

Les Persans et les musulmans de l'Inde suivent en général les mêmes prescriptions que les autres mahométans; mais, en qualité de *Schiites* ou dissidents, ils ont apporté quelques modifications dans les prières funéraires. Lorsqu'on descend le corps dans la fosse, celui qui le reçoit dit : « Au nom de Dieu et avec Dieu, dans la voie, la religion et la profession du prophète de Dieu, sur qui soit le salut et la paix. O Dieu! ton serviteur s'est soumis lui-même à toi, et le fils de ton serviteur est descendu chez toi (1); et toi tu es le meilleur de tous ceux chez qui on puisse descendre. O Dieu! mets devant lui, dans cette fosse, la joie et le repos, et fais qu'il puisse parvenir auprès de son prophète. O Dieu! nous ne savons de lui que de bonnes choses; mais toi, tu sais mieux ce qui est de lui que nous ne le savons; car tu es sage et savant. »

La confession de foi consiste en ces termes : « O serviteur (ou servante) de Dieu! qu'il te souvienne de garder la foi, celle qui, en ce monde, nous distingue des autres religions, et en laquelle tu es parti du monde, qui consiste en la ferme créance et en la profession haute et découverte qu'il n'y a d'autre dieu que Dieu, que Dieu est unique, qu'il n'a point d'associé, qu'il est pur, simple et incomposé, vivant, essentiel, éternel, perpétuel, agissant à jamais et sans cesser, qu'il n'a ni d'égal ni de contemporain, qu'il n'en gendre ni n'est engendré, et que Mahomet est le sceau ou le dernier des prophètes, le Seigneur des prophètes, des apôtres et des saints législateurs, lequel Dieu a envoyé avec des préceptes droits et une véritable religion, afin

(1) Le terme original signifie *aller passer quelques jours chez un ami.*

de rendre sa voie claire et certaine par-dessus toute voie et toute religion, en dépit de ceux qui donnent à Dieu des compagnons, et qu'Ali est l'ami de Dieu, le successeur et l'exécuteur testamentaire de son prophète, et son vicaire après lui, s'occupant et s'entretenant dans les fonctions de sa charge, et que les enfants d'Ali, ses vicaires, successeurs et exécuteurs testamentaires, sont : Hassan, Hosséin, Ali-Zéin-Alabedin, Mohammed-Bakir, Djafar, Moussa, Ali-Riza, Mohammed-Taki, Ali-Askeri, Hosséin-Askeri, et Mohammed-Mehdi, maître des temps (dont nous attendons la venue); lesquels Dieu a établis sur tous les hommes pour leur révéler les secrets de la foi et la voie du salut.

« O serviteur de Dieu! il va venir vers toi deux anges (1), anges très-honorables et très-excellents, envoyés et commis de Dieu pour, t'interroger touchant ton Seigneur et ta religion; ils vont te demander quel est ton livre sacré, ton prophète, ton imam, ton *quibla*? Ne sois ni triste, ni inquiet; parle avec assurance et réponds fermement : Dieu est mon Seigneur, Mahomet est mon prophète, l'islamisme est ma religion, le Coran est mon livre sacré, la *Káaba* est mon quibla, Ali est mon imam, et les onze imams (nommés ci-dessus), qui sont les successeurs et exécuteurs légitimement constitués, sont mes imams après lui. C'est ce que j'approuve et confesse. Je confesse de plus que la mort est réelle et vraie, que l'interrogatoire de Nékir et Munkir, les très-excellents anges du sépulcre dans la fosse, est réel et vrai; que la résurrection est réelle et vraie; que l'information et le jugement des actions humaines sont réels et vrais; que le pont *Sirat* (2) est un chemin réel et vrai; que le feu de l'enfer est réel et vrai, et que la comparution en la présence de Dieu très-haut est réelle et vraie. C'est là ma créance : en cette foi j'ai été vivifié; en elle je suis mort, et en elle je serai ressuscité, s'il plaît à Dieu très-grand et très-bon. »

La dernière bénédiction consiste en ces paroles : « O Dieu! sois propice à ce corps dans sa solitude; sois sa compagnie et son assesseur dans sa solitude. Assure-le contre les craintes et les frayeurs, et fais jouir de ta miséricorde; miséricorde qui lui serve par-dessus toute autre miséricorde, selon que ta miséricorde est pour tous ceux qui s'y attendent. »

26. Les Parsis ne brûlent point les corps morts, ils ne les confient ni à la terre, ni à l'eau; ils craindraient de profaner des éléments dignes, suivant leur religion, de leurs plus profonds respects; ils les déposent au centre de grandes tours fermées de tous côtés, où ils sont exposés aux rayons du soleil, à l'influence des pluies et de la rosée, à la voracité des oiseaux de proie.

Ovington rapporte que, quand un malade a expiré, on le pose proprement à terre; un des amis du mort va battre la campagne et visiter les villages voisins pour chercher un chien. Lorsqu'il l'a trouvé, il l'attire en lui présentant du pain et le conduit le plus près du corps qu'il est possible. Plus le chien en approche, plus on estime que le défunt est voisin de la félicité; s'il en vient jusqu'à monter sur lui, et à lui arracher de la bouche un morceau de pain qu'on y a mis, c'est une marque assurée qu'il est véritablement heureux. Mais si le chien s'en éloigne, c'est un mauvais préjugé; on désespère presque de son bonheur. Quand la cérémonie du chien est terminée; deux Darous, se tenant debout, les mains jointes, à cent pas du cercueil, répètent à haute voix, pendant une demi-heure, une longue formule de prières; mais ils la disent si vite, qu'à peine se donnent-ils le temps de respirer. Pendant la cérémonie, le mort porte un morceau de papier blanc attaché à chaque oreille, et qui lui pend sur le visage, jusqu'à deux ou trois doigts au-dessous du menton. Après que les prières sont finies, le cadavre est porté au lieu de la sépulture, et tous les assistants suivent deux à deux, les mains jointes, en gardant un profond silence, parce que le sépulcre est un lieu de silence et de repos.

Voici la description que donne Chardin du sépulcre des Parsis qu'il a vu près d'Ispahan : « C'est, dit-il, une tour ronde, faite de grosses pierres de taille; elle a environ 35 pieds de haut et 90 pieds de diamètre, sans porte et sans entrée. Le peuple dit que, quand ils veulent enterrer un mort, ils font une ouverture à ce tombeau, en ôtant du bas trois ou quatre grosses pierres qu'ils remettent ensuite avec des couches de plâtre passé par-dessus; mais c'est une fable, et je sais de science certaine le contraire. Cette tour a au-dedans un escalier fait de hautes marches scellées dans le mur en tournant. Quand ils portent un mort dans ce tombeau, trois ou quatre de leurs prêtres montent, avec des échelles, sur le haut du mur, tirent le cadavre avec une corde et le font descendre le long de cet escalier, qui est cent fois plus dangereux et plus difficile qu'une échelle, n'y ayant rien à quoi on puisse se tenir; car ce ne sont que des pierres fichées dans le mur, à trois ou quatre pieds l'une de l'autre, non pas en ligne droite, mais en tournant, et qui n'ont pas plus de neuf pouces d'assiette; aussi avais-je bien peur de tomber tant en montant qu'en descendant. Ils n'y ont point fait de porte, de crainte que le peuple (musulman) ne l'enfonçât ou ne se la fît ouvrir, pour piller ou profaner ce lieu. Il y a, dans celui-ci, une espèce de fosse au milieu, que je vis remplie d'ossements et de haillons. Ils couchent les morts tout habillés, sur un petit lit fait d'un matelas et d'un coussin. Ils les rangent tout autour contre le mur, si serrés qu'ils se touchent les uns les autres, sans distinction d'âge, de sexe ou de qualité; et ils les étendent sur le dos, les bras croisés

---

(1) Ce sont les anges du tombeau, appelés *Munkir* et *Nékir*.

(2) Pont étroit jeté sur la géhenne de l'enfer, par-dessus lequel on doit nécessairement passer pour arriver dans le paradis.

sur l'estomac, contre le menton, les jambes croisées l'une sur l'autre et le visage découvert. On met proche du mort, à son chevet, des bouteilles de vin, des grenades, des coupes de faïence, un couteau et d'autres ustensiles, chacun selon ses moyens. Quand il n'y a point de place pour un mort, ils en font une en tirant les corps les plus consommés dans la fosse pratiquée au milieu du cimetière.»

A cinquante pas de ce sépulcre, il y a une petite maison de terre, devant laquelle on pose le corps du mort, et aussitôt le convoi s'en retourne, à la réserve des prêtres et des parents, qui se retirent dans cette petite case pour y achever les prières et les cérémonies liturgiques.

Dans l'Inde, et surtout à Bombay, où les Parsis sont puissants et considérés, ils n'ont pas besoin de prendre tant de précautions pour rendre leurs tours funéraires inaccessibles ; et les obsèques se font avec autant de pompe que de décence.

27. Les Hindous ont une multitude de coutumes différentes relativement aux funérailles, qui varient suivant les sectes, les castes, les contrées ; les rapporter toutes en détail formerait un volume considérable. Nous nous contenterons de reproduire ici les rites usités dans les obsèques des brahmanes, d'après l'ouvrage de M. l'abbé Dubois, intitulé *Mœurs et Institutions des peuples de l'Inde*.

Dès que le malade a rendu le dernier soupir, il est convenu que tous les assistants doivent pleurer ensemble à l'unisson, et sur un ton approprié à la circonstance. Le *chef des funérailles* va se baigner sans ôter ses vêtements, et se fait ensuite raser la tête, le visage et les moustaches. Il va au bain une seconde fois, pour se purifier de la souillure que lui a imprimée l'attouchement impur du barbier, qui appartient à la caste des soudras. A son retour, il se fait apporter du *pantcha gavia* (1), de l'huile de sésame, de l'herbe darbha, du riz cru et quelques autres ingrédients. Il se met au doigt du milieu de la main droite l'anneau *pavitram* (2) ; il fait le san-kalpa (direction de l'intention), offre le homam et le sacrifice au feu, afin que le défunt obtienne une place dans un des séjours de félicité. On lave ensuite le cadavre, et le barbier lui rase le poil par tout le corps. On le lave une seconde fois, on lui met au front du sandal et des akchattas (grains de riz cuit), sur le cou des guirlandes de fleurs ; on lui remplit la bouche de bétel ; on le pare de tous ses joyaux et de ses plus riches vêtements ; on le place enfin sur une espèce de lit de parade, où il reste exposé pendant le temps qu'on fait les préparatifs pour les funérailles.

Lorsqu'ils sont terminés, celui qui y préside apporte une pièce de toile neuve et pure, dans laquelle il enveloppe le défunt. Il déchire une bande de cette toile et ploie dans un des bouts un morceau de fer, sur lequel il verse un peu d'huile de sésame. Ayant ensuite roulé cette bande de toile en forme de triple cordon, il doit la conserver durant douze jours pour servir à diverses cérémonies qui ont lieu après les funérailles.

Sur deux longues perches, on attache en travers, avec des liens de paille, sept tringles en bois. C'est sur cette espèce de brancard qu'est placé le corps du défunt. On lui attache ensemble les deux pouces, on fait de même des deux orteils. Le linceul, jeté d'abord négligemment sur le corps, sert alors à l'ensevelir, et est assujetti fortement tout autour avec des liens de paille. Si le brahmane était marié, on lui laisse le visage découvert. Le chef des funérailles donne le signal du départ ; et, portant du feu dans un vase de terre, il marche en tête du convoi ; après lui vient le brancard funéraire, orné de fleurs, de feuillages verts, de toiles peintes, quelquefois d'étoffes précieuses, et entouré des parents et des amis, tous sans turban, n'ayant en signe de deuil qu'une simple toile sur la tête. Les femmes n'assistent jamais aux pompes funèbres ; elles restent à la maison, où elles poussent des cris effroyables. Chemin faisant, on a soin de s'arrêter trois fois. A chaque pause, on ouvre la bouche au mort et l'on y met un peu de riz cru et mouillé, afin qu'il puisse à la fois manger et boire. Ces stations, il faut le dire, ont pourtant un motif grave ; il n'est pas sans exemple, dit-on, que des gens qu'on croyait morts, ne l'étaient pas en effet ; et ces pauses qui durent chacune environ un demi-quart d'heure, ont pour but de donner au défunt le temps de revenir à lui ; d'autant plus, ajoutent les Hindous, qu'il arrive aux dieux des enfers de se tromper et de prendre une personne pour une autre.

Arrivé au lieu où l'on a coutume de brûler les cadavres, on commence par creuser une fosse peu profonde, de la longueur d'environ six pieds et de trois de largeur : cet espace de terrain est consacré par des *mantras* (formules mystiques) ; on l'arrose avec de l'eau lustrale, et l'on y jette quelques petites pièces de monnaie d'or. On dresse ensuite une pile de bois, sur laquelle le cadavre est déposé. Le chef des funérailles prend alors une motte de fiente de vache desséchée, y met le feu, la place sur le creux de l'estomac du défunt, et fait sur cette motte embrasée le sacrifice homam, auquel succède la cérémonie la plus extravagante, et en même temps la plus ignoble. Le chef des funérailles, approchant la bouche successivement de toutes les ouvertures du corps du défunt, adresse à chacune le mantra qui lui est propre, la baise, et verse dessus un peu de beurre liquide. Par cette cérémonie dégoûtante, ce corps est parfaitement purifié. Il finit en lui mettant dans la bouche une petite pièce de monnaie d'or ; et chaque assistant y introduit à son tour quelques grains de riz cru hu-

---

(1) Mixtion composée de cinq substances émanées de la vache, savoir : de lait, de caillé, de beurre liquéfié, de fiente et d'urine.

(2) Anneau préservatif fait de trois, cinq ou sept tiges de l'herbe darbha.

mecté. Les proches parents viennent alors dépouiller le cadavre de tous les joyaux dont il est orné, et même de son linceul. On le couvre ensuite de menu bois qu'on arrose légèrement avec du pantcha gavia. Le chef des funérailles fait trois fois le tour du bûcher, sur lequel il répand l'eau qui découle par un petit trou, d'une cruche qu'il porte sur l'épaule, et qu'il casse ensuite près de la tête du mort. Ce dernier acte est celui qui va suivre le constituent héritier universel du défunt.

On lui apporte une torche enflammée : avant de la recevoir, il est d'étiquette qu'il fasse encore éclater son affliction. En conséquence, il se roule par terre, se frappe la poitrine à grands coups de poing, et fait retentir l'air de ses cris. A son exemple, les assistants pleurent aussi, ou font semblant de pleurer, et se tiennent embrassés les uns les autres en signe de douleur. Enfin, prenant la torche, il met le feu aux quatre coins du bûcher. Aussitôt qu'il est bien allumé, tout le monde se retire, à l'exception des quatre brahmanes qui ont porté le cadavre, et qui doivent rester sur les lieux jusqu'à ce qu'il soit consumé.

L'héritier va immédiatement se baigner sans ôter ses vêtements ; et encore tout mouillé, il choisit par terre un lieu propre, et y fait cuire, dans un vase de terre neuf, qu'il doit soigneusement conserver durant les dix jours suivants, du riz et des pois mêlés ensemble. Dirigeant son intention vers le défunt, il fait à terre une libation d'huile et d'eau, répand par-dessus de l'herbe darbha, qu'il arrose du même mélange, et sur laquelle il place le riz et les pois cuits, après les avoir pétris en boule. Il fait sa troisième libation, récite des mantras, puis jette la boule de riz et de pois aux corneilles, oiseaux fort communs dans l'Inde, et que les Hindous regardent comme des génies malfaisants incarnés. L'offrande qu'on leur fait a pour but de les rendre propices au défunt. S'ils refusaient d'accepter cette pâture, ce qui arrive quelquefois, ce serait pour lui d'un très-mauvais présage, et il y aurait lieu de craindre qu'il n'allât en enfer.

Après que le cadavre est consumé, les quatre brahmanes, qui étaient restés près du bûcher, se rendent au lieu où sont réunies les personnes qui ont assisté aux obsèques. Ils font trois fois le tour de l'assemblée, demandent la permission de prendre le *bain du Gange*, puis vont faire leurs ablutions, pour expier le péché d'avoir porté le cadavre d'un brahmane. Le chef des funérailles invite tous les brahmanes présents à faire le bain de la mort à l'intention de leur confrère, dont le corps vient d'être livré aux flammes. Comme il a dû avoir très-chaud, on suppose que ce bain le rafraîchira. On leur distribue ensuite quelques petites pièces de monnaie et du bétel, et la livraison des *dasa-dana* (dix dons) est faite à qui de droit ; après quoi, tous se rendent à la porte de la maison du défunt, où personne n'entre, parce qu'elle est souillée. Enfin, chacun se lave les pieds et se retire chez soi.

Cependant il reste encore à l'héritier une autre cérémonie à faire : elle consiste à remplir de terre un petit vase dans lequel il sème neuf sortes de grains, savoir : du riz, du froment, du sésame, du millet, et des pois de cinq espèces ; il les arrose pour qu'elles puissent germer promptement, et servir dans les cérémonies du deuil.

Une attention d'une haute importance qu'il doit avoir ce jour-là, c'est de placer, dans le logement du défunt, un petit vase plein d'eau, au-dessus duquel il suspend un fil attaché par un bout au toit ou au plancher. Ce fil doit servir d'échelle au *prâna*, c'est-à-dire au souffle de vie qui animait le corps du défunt, et qui descendra par là, pour venir boire, pendant dix jours consécutifs ; on lui met aussi chaque matin, à côté du vase, une poignée de riz.

Ce n'est qu'après l'entier accomplissement de toutes ces formalités, que les personnes de la maison peuvent prendre de la nourriture ; car elles n'ont ni bu ni mangé depuis l'instant où le défunt a rendu l'âme. Encore faut-il que ce jour-là et les suivants, elles s'imposent une grande sobriété.

Mais là ne s'arrêtent pas les cérémonies : chacun des douze premiers jours qui suivent les funérailles a son rituel particulier et fort compliqué ; puis, de quinze jours en quinze jours pendant le reste de la première année, on se réunit pour renouveler des cérémonies dont nous avons donné le détail à l'article DEUIL. Toutes ces pratiques doivent être observées à la rigueur ; l'omission des plus frivoles et des plus ridicules ne serait pas celle qui occasionnerait le moins de clameurs et de scandale. Cependant la pauvreté est une excuse pour négliger celles qui entraînent des dépenses considérables ; la plupart des brahmanes seraient, par exemple, hors d'état de faire les dix dons appelés *dasa-dana*, et qui consistent en vaches, terres, graines de sésame, or, beurre liquéfié, toiles, diverses sortes de grains, sucre, argent et sel.

Le cérémonial funéraire est à peu près le même pour une femme mariée que pour un homme ; on y met un peu moins de façons pour une veuve mère de famille, et bien moins encore pour une veuve qui meurt sans enfants ; à peine les flammes du bûcher ont-elles dévoré la dépouille mortelle de celle-ci, qu'on ne pense plus à elle. Mais lorsqu'une brahmani vient à mourir, les femmes mariées, parentes ou amies de la famille, assistent à ses funérailles, et ce sont elles qui reçoivent les cadeaux et les distributions d'usage.

Les obsèques des kchatriyas et des vaisyas se célèbrent à peu près avec la même pompe que celles des brahmanes ; les cérémonies qu'on y observe durent douze jours.

Les derniers devoirs que les soudras rendent à leurs morts sont accompagnés de beaucoup moins de faste et d'assujettissement. Il n'y a pour eux ni mantras, ni sacrifices. Aussitôt qu'un soudra a expiré, on lave son corps, on le fait raser par le barbier; puis on s'occupe de sa toilette, que l'on cherche à rendre la plus élégante possible. On l'expose alors, assis, les jambes croisées, sur une espèce de lit de parade. Lorsque tout est prêt pour les obsèques, on le place, en lui conservant la même posture, dans une guérite ou niche ornée de fleurs, de feuillages verts et d'étoffes précieuses, ou bien dans un palanquin ouvert, splendidement orné. Le corps est porté au bûcher par douze personnes. Les convois des soudras sont accompagnés d'instruments de musique, ce qui n'a jamais lieu pour les castes supérieures; au reste l'orchestre ne consiste qu'en une longue trompette et une conque marine. La première, entonnant un *si bémol*, traîne sur cette note l'espace d'une demi-minute; l'autre reprend aussitôt en *sol dièze*, et ainsi tour à tour. Cette symphonie monotone et déchirante continue sans interruption depuis le moment du décès jusqu'à la fin des obsèques. Trois jours après, le chef des funérailles se procure trois cocos tendres, quatre branches de cocotier, une mesure de riz cru, du riz bouilli, des herbages, des fruits, etc.; il remplit de lait un vase de terre qu'il met dans une corbeille neuve; et, accompagné de ses parents et de ses amis, il se rend au lieu où le corps du défunt a été brûlé, précédé des deux instruments de musique dont nous venons de parler. A son arrivée, il puise de l'eau avec un vase de terre, et en arrose les cendres du bûcher. Il dresse au-dessus un petit pavillon soutenu par quatre piliers, recouvert de branches de palmier, et drapé intérieurement avec une pièce de toile. Il recueille les os qui ont résisté à l'action du feu, met le plus gros sur un disque fait de fiente de vache desséchée, et rassemble le reste en un tas. Il interpelle par son nom le défunt, et verse du lait sur ces divers ossements, au son des instruments. Il amoncelle ensuite les cendres sur les ossements entassés; à côté, il place la moitié d'un coco, et à la cime, les fragments d'un autre coco qu'il brise, et dont il répand le suc sur cette pyramide funéraire. Il dépose près d'elle un troisième coco, sur une feuille de bananier, et invoque Hari-Tchandra (un des noms de Vichnou). Enfin il pétrit en une masse ronde le riz et les autres substances alimentaires qu'il a apportées, et jette le tout aux corneilles, en prononçant le nom du défunt.

Alors les parents et les amis viennent à tour de rôle donner l'accolade au chef du deuil, le serrer entre leurs bras, pleurer avec lui. Ce dernier prend ensuite l'os mis en réserve, et tous, au son lugubre des instruments, vont le jeter dans l'étang voisin. Après s'être baigné, tout le monde reconduit le chef du deuil à sa maison; là, on le coiffe avec appareil d'un nouveau turban, et chacun s'empresse de faire honneur à un repas préparé pour la circonstance. Ainsi finit le cérémonial funèbre.

Dans quelques contrées, les Hindous de la caste des soudras enterrent leurs morts au lieu de les brûler. Ailleurs on jette le corps dans la rivière, en supposant, par l'intention, que cette rivière est le Gange. Ce genre de sépulture, le plus expéditif et le moins dispendieux de tous, est assez usité parmi les sectateurs de Siva et les soudras indigents (1).

28. Dans l'île de Ceylan, quelques jours après le décès d'une personne, on envoie chercher un prêtre, qui passe la nuit à chanter et à prier pour le salut du défunt. Le lendemain on lui sert à manger et on lui fait des présents; en récompense, celui-ci donne toutes les assurances requises sur la félicité de l'âme du mort, et certifie à ceux qui l'ont payé pour procurer du bonheur à cette âme dans l'autre vie, qu'elle y recevra les mêmes marques de bonté et de libéralité dont on a usé ici-bas envers lui. Consolés par cette assurance, les parents procèdent aux funérailles. Si le mort est une personne de qualité, on commence par bien laver le corps, puis on l'embaume, on le remplit de poivre, on l'enferme dans un cercueil fait d'un tronc d'arbre creusé exprès, et on le conduit au bûcher pour être brûlé; mais s'il s'agit du corps d'une personne de la cour, on ne peut le faire sans la permission du roi, qui quelquefois se fait attendre fort longtemps; en ce dernier cas, on fait un trou dans le plancher de la maison, et on y dépose le corps dans son cercueil, jusqu'à ce qu'on ait reçu l'autorisation de le brûler. Après que le feu a consumé le corps et le bûcher, on amasse les cendres en un monceau de la forme d'un pain de sucre; on plante une baie à l'entour et on y sème des herbes. Les hommes qui assistent à la cérémonie témoignent leurs regrets par des soupirs; les femmes, par des cris et des hurlements. Elles détachent leurs cheveux, les laissent flotter sur leurs épaules, et se mettant les mains derrière la tête, elles commencent avec un bruit épouvantable le récit des vertus du défunt. Ce deuil dure trois jours, et a lieu à deux reprises, savoir le matin et le soir. On plante l'arbre Bogaha dans l'endroit où le corps a été brûlé.

Il y a des morts que l'on enterre au lieu de les brûler, cela a lieu surtout pour ceux qui n'ont pas le moyen de faire les frais du bûcher; le corps est enveloppé d'une natte avant d'être mis en terre; on le couche sur le dos, la tête à l'occident et les pieds à l'orient. Tous les meubles du défunt sont enterrés avec lui; ses héritiers ne gardent que les instruments nécessaires pour cultiver la terre. Ceux qui ont inhumé le corps ou qui l'ont brûlé, sont obligés de se laver ensuite; car, d'après les prescriptions de leur religion, on ne saurait toucher un cadavre sans contracter une souillure.

Quant à ceux qui meurent de la petite vérole, on dit qu'ils sont brûlés sur des épines.

29. A. Hlassa, dans le Tibet, chef-lieu de la religion bouddhique, quand un homme est mort, on rapproche sa tête de ses genoux;

---

(1) Quant à la coutume des femmes de se brûler sur le cadavre de leur mari, voyez l'article Sati.

on lui place les mains entre les jambes et on le maintient ainsi avec des cordes ; puis on le revêt de son habit ordinaire, et on le met dans un sac de cuir ou dans un panier. Les hommes et les femmes le pleurent, après avoir, au moyen de cordes, suspendu le cadavre à une poutre. On invite les lamas à dire des prières, et, suivant ses moyens, on porte à certains temples du beurre pour le brûler devant les images divines. La moitié des effets laissés par le défunt est donnée au temple de Botala, l'autre moitié est employée au profit des lamas qu'on a fait venir pour réciter des prières, c'est-à-dire à leur donner du thé et à faire d'autres dépenses en leur faveur, de manière que les parents ne conservent aucun des effets qui ont appartenu au défunt. Quelques jours après la mort, on porte le corps sur les épaules à la place des découpeurs, qui, l'ayant attaché à une colonne en pierre, coupent le corps en petits morceaux qu'ils donnent à manger aux chiens, ce qui s'appelle *enterrement terrestre*. Quant aux os, on les pile dans un mortier de pierre, et on les mêle avec de la farine grillée ; on en fait des boulettes qu'on jette encore aux chiens ; ou bien on en nourrit les vautours, c'est l'*enterrement céleste*; on regarde ces deux manières d'être enterré comme très-heureuses (1).

Les découpeurs de morts ont pour chef un *dhéba*. Les frais pour faire découper un mort montent au moins à quelques dizaines de pièces d'argent valant 1 fr. 25 cent. Les cadavres de ceux qui n'ont pas d'argent sont jetés à l'eau ; c'est ce qu'on appelle *sépulture aquatique*; on la regarde comme un malheur. Quand un grand lama meurt, on brûle son corps avec du bois de sandal, et on lui élève un obélisque. Quand un pauvre meurt, ses parents et ses amis se cotisent pour venir au secours de sa famille. A la mort d'un riche, on apporte des mouchoirs, et on console ses parents et les gens de sa maison ; de plus on leur envoie du thé et du vin.

Une coutume presque journalière, ou du moins très-commune et qui s'observe à l'égard des personnages considérés, est celle de tirer l'âme du corps encore un peu chaud, par le sommet de la tête. C'est un lama qui remplit cette fonction ; il s'y prend de la manière suivante : il pince fortement la peau de la tête et la tire si brusquement et avec tant de violence, que, quand il la relâche, elle retombe en craquant. C'est dans ce moment, disent-ils, que l'âme sort du corps ; alors on procède à l'ensevelissement comme nous l'avons rapporté plus haut.

Nous croyons devoir ajouter ici quelques détails sur les cérémonies religieuses pratiquées à l'égard des personnes de considération, après que le cadavre a passé par les mains des découpeurs. Lors donc qu'il est mort un personnage de cette sorte, on voit accourir chez lui une foule de religieux et religieuses bouddhistes. Pendant que celles-ci forment un chœur au troisième étage, ou dans la chapelle domestique, et qu'un certain nombre de ceux-ci en forment un autre au second étage, le reste des lamas, qui sont venus pour la cérémonie, font des processions dans le lieu où est déposé le corps du défunt, autour des maisons des parents, dans les rues et autour des temples, en priant ensemble pour le mort. Ces cérémonies et ces prières durent au moins trois jours, et commencent dès le grand matin. Tantôt les religieux chantent à deux chœurs, tantôt tous ensemble, des prières tirées du *Kaghiour*. Le chant ne cesse de toute la journée que pendant l'heure du dîner, et pendant quelques autres moments que l'on prend pour boire du thé. Le dernier jour, on chante quelque chose avant le lever du soleil, et aussitôt commence une procession, où l'on va deux à deux, en prononçant des prières à voix basse. Le lama officiant, qui marche le dernier, porte une poupée faite des cendres du cadavre mêlées avec du beurre et de la farine d'orge, qui a deux petits cercles, l'un derrière la tête, l'autre entre les épaules. La pompe funèbre parcourt ainsi tous les coins de la maison, et descend ensuite dans le vestibule. Ici, le président fait quelques prières et accomplit certains rites sur un vase plein d'eau et sur un plat d'argent. Aussitôt on asperge tous les appartements et tous les murs intérieurs de la maison. On remonte pour porter la poupée sur la terrasse du toit, et on l'y tient quelque temps suspendue sur un petit feu où brûle de la sabine. Les gens de la maison se lavent les mains, et se mettent un peu de beurre sur la tête. Après ces cérémonies, ils se croient purifiés de toute souillure.

A l'égard des lamas et des religieux ordinaires, on porte leurs corps sur le sommet des montagnes, et on les y laisse exposés à l'air pour devenir la proie des oiseaux.

Mettre un cadavre dans une fosse, et le couvrir de terre, serait regardé par les Tibétains comme le comble de l'ignominie.

30. Les funérailles des Birmans, se font avec beaucoup de solennité et de grandes démonstrations de douleur : le corps des

---

(1) Les Kalmouks, qui sont aussi sectateurs de la religion lamaïque, ont l'usage de faire dévorer les cadavres par les chiens. Strabon, parlant des coutumes des Scythes nomades, conservées chez les Sogdiens et les Bactriens, dit : « Dans la capitale des Bactriens, l'on nourrit les chiens auxquels on donne un nom particulier, et ce nom, rendu dans notre langue, voudrait dire les *enterreurs*. Ces chiens sont chargés de dévorer tous ceux qui commencent à s'affaiblir par l'âge ou la maladie. De là vient que les environs de cette capitale n'offrent la vue d'aucun tombeau ; mais l'intérieur de ses murs est tout rempli d'ossements. On dit qu'Alexandre a aboli cette coutume. »

Cicéron attribue le même usage aux Hyrcaniens, lorsqu'il dit : *In Hyrcania plebs publicos alit canes : optimates, domesticos. Nobile autem genus canum illud scimus esse ; sed pro sua quisque facultate parat in quibus lanietur : eamque optimam illi esse censent sepulturam* (Quæst. Tuscul., I, 45).

Justin dit aussi des Parthes : *Sepultura vulgo aut avium aut canum laniatus est ; nuda denum ossa terra obruunt.*

gens riches est brûlé ; celui des pauvres est enterré ou jeté à la rivière.

Dans les funérailles d'un *rahan* ou *pounghi* (prêtre), on commence par embaumer le cadavre ; ensuite on le dépose dans un coffre plein de miel et fermé hermétiquement. Pendant ce temps, on prépare la cérémonie funèbre. Au jour fixé, une grande foule encombre une plaine désignée d'avance : là est un char élevé, sur lequel se dresse le bûcher qui doit recevoir le mort. A peine y est-il posé, que la foule se partage en deux bandes, l'une cherchant à faire avancer le char, l'autre à le faire reculer ; ce conflit ne se passe pas sans horions vigoureux donnés et reçus de part et d'autre. Enfin la victoire reste au parti qui doit embraser le bûcher. D'ordinaire on place le cadavre dans une espèce de mortier de bois rempli de poudre et de pièces d'artifice, et, à un signal donné, le char, le bûcher, les débris du prêtre font explosion et sautent en l'air. Ce pieux devoir une fois rempli, le silence le plus profond succède à des acclamations bruyantes. Contrairement à ce qui a lieu chez la plupart des autres peuples, où le soin de brûler et d'inhumer les morts appartient soit aux parents, soit aux ministres du culte, cette fonction est remplie dans cette contrée par les tchandalas qui sont les parias de la Birmanie.

Si une femme vient à mourir en couches, elle est, suivant les Birmans, transformée en un mauvais génie, et il est nécessaire de l'exorciser. Pour accomplir cet exorcisme, le mari marche en tête du convoi, agitant ses armes dans l'air, et se démenant comme un convulsionnaire. Quand on a constaté que la défunte est vraiment morte enceinte, on prononce le divorce, puis on ouvre le cadavre d'où l'on extrait le fœtus ; après quoi le mari fait trois fois le tour du cercueil, retourne chez lui et se lave la tête, pour ne reparaître qu'au moment de la combustion du corps.

31. Dans l'ancien royaume d'Arracan, aujourd'hui province de la Birmanie, on dépose le corps mort au milieu de la maison, et l'on fait venir les prêtres qui tournent autour du mort en récitant quelques prières, pendant que d'autres font des encensements. Cependant, les gens de la maison font le guet, et frappent sur de grandes pièces de cuivre, pour éloigner, disent-ils, le mauvais esprit qui ferait beaucoup de mal au mort, s'il venait à passer sur lui. Avant d'emporter le corps, on invite à un festin mortuaire certaine classe de gens appelés *Graï;* s'ils manquaient de venir, toute la famille serait dans la désolation ; car leur refus ou leur négligence est une preuve assurée que l'âme du défunt est condamnée à l'enfer, que ces peuples appellent *maison de fumée.* Comme ils croient à la métempsycose, on peint communément sur la bière des figures de chevaux, d'éléphants, de vaches, d'aigles, de lions, et des animaux les plus nobles, image de ceux dans lesquels l'âme trouverait un logement honorable. D'autres, au contraire, ordonnent, par un sentiment d'humilité, d'y peindre des rats, des grenouilles ou d'autres vils animaux, qu'ils regardent comme la demeure la plus convenable à leur âme corrompue. Le corps est ainsi porté dans la campagne où on le brûle. Les prêtres mettent le feu au bûcher, en présence des parents qui sont alors vêtus de blanc, avec un ruban noir autour de la tête.

32. Quand une personne meurt, les tribus Koukies en usent de différentes manières à l'égard du corps. Dans quelques villages, ils lui font plusieurs ouvertures dans le ventre, et, plaçant le corps sur le feu, ils marchent à l'entour jusqu'à ce que toutes les humeurs aient été absorbées, et que la chair s'y soit complétement desséchée ; en cet état, ils le gardent au logis pendant un an. Dans d'autres villages, ils creusent le tronc d'un arbre, et y placent le corps, ayant soin d'établir à l'entour une clôture pour empêcher les animaux sauvages d'en approcher. Un an après le décès, ils élèvent un appentis ou hangar à côté de l'endroit où le corps est conservé, et les parents et amis du mort s'y réunissent pour se livrer aux lamentations, aux chants, à la danse, pendant l'espace de quatre jours ; après quoi, ils transportent les os au sommet d'une montagne où sont déposés les restes de ceux de la même tribu, mettant avec le corps les armes, l'or, l'argent, les toiles et tout ce qui appartenait au défunt, ainsi que les têtes des animaux qu'il a tués pendant sa vie. Les amis même les plus chers ne se réservent pas la moindre chose : tout est laissé là, et le plus hardi voleur n'oserait y toucher.

Les Karians ont une coutume semblable à celle des Koukies, dans la manière de disposer leurs morts ; mais ils réduisent tout le corps en cendres, à l'exception d'un os qu'ils conservent pendant une année ; ensuite, après une fête de plusieurs jours, ils font de cet os, ainsi que des objets qui ont appartenu au mort, la même chose que les Koukies.

33. Dans le pays d'Assam, lorsqu'une personne riche vient à mourir, on met dans son cercueil des objets précieux, et on l'enterre la tête tournée du côté de l'orient. Mais s'il s'agit d'un prince, on creuse en terre une profonde excavation, puis on tue ses femmes et ses serviteurs et on les jette dans la fosse avec des éléphants vivants, des ustensiles d'or et d'argent, une pelisse, un tapis, quelques vêtements, des vivres même, enfin tout ce qui serait nécessaire à un vivant pendant plusieurs années. On bouche ensuite l'excavation avec d'énormes poutres, afin que l'édifice souterrain ne puisse se détruire. Près de cette tombe, on met une lampe avec son support et de l'huile ; un homme est chargé d'entretenir la lumière sans cesse et de veiller à ce qu'elle ne s'éteigne pas. Lors de la conquête de ce pays par le nabab Mir Mohammed, vers l'an 1662, ce prince ayant entendu parler de cette manière d'enterrer les morts, fit ouvrir une dizaine de ces tertres, et on retira, en vases et en objets précieux, la

valeur de près de 90,000 roupies (225,000 fr.). Le bruit se répandit aussi qu'on avait trouvé dans la tombe d'une princesse inhumée depuis 80 ans, une boîte de bétel, dont les feuilles s'étaient conservées parfaitement vertes.

34. Dans le Pégu, à la mort d'un maître de maison, les voisins se rassemblent dans celle de la veuve, et offrent aux divers membres de la famille des consolations et une petite somme d'argent. On leur distribue du riz, du carry, du pain, des noix de bétel, du thé en feuilles et des cigares ; on fait venir des musiciens qui amusent l'assemblée jusqu'à l'heure où elle se sépare, ce qui arrive vers les dix heures du soir. Le lendemain, on se rassemble encore dans la maison de la veuve, où l'on continue à prier, à manger et à pleurer. Le surlendemain, on place dans un cercueil très orné le corps du défunt, couvert de ses plus beaux vêtements, avec un turban sur la tête et des anneaux d'or aux doigts ; tout cela appartient au *thouparadza* (celui qui est chargé de la destruction des cadavres). La procession se met en marche, conduite par les prêtres ; huit ou dix jeunes gens portent le cercueil jusqu'à l'endroit situé hors de la ville, où l'on brûle les corps. On porte derrière lui les offrandes faites aux prêtres, qui consistent en feuilles de bétel, cannes à sucre, noix de cocos et thé ; les musiciens viennent après, suivis des parents et des amis.

Quand le corps est placé sur le bûcher, tout le monde se range à l'entour ; les prêtres ont soin de se placer, le visage tourné vers le nord ou vers l'est. Le peuple dit : « Prière, prière ! Avec le corps, la voix et le cœur, nous nous prosternons trois fois, et nous nous soumettons aux trois objets de notre adoration, les dieux, les lois et les prêtres, pour obtenir notre délivrance de la région où l'on est tourmenté par les vers, les bêtes et les démons, ainsi que des huit maux qui en sont la suite ; pour suivre le sentier de la pureté, de l'humilité, de la tolérance et de la bienveillance, et pour recevoir un jour l'anéantissement final. »

Les prêtres disent alors : « Que la récompense de ces trois excellentes vertus envers Dieu, ses lois et ses disciples, soit le pouvoir, pour avoir adoré Dieu ; la sagesse pour avoir obéi à ses lois, et l'augmentation des richesses, pour avoir respecté ceux qui sont chargés de les enseigner ; ainsi que l'exemption des onze passions et l'état de l'inquiétude appelé *nigban*. »

Le peuple répète alors trois fois les cinq préceptes : « O Seigneur, nous te prions de nous instruire dans l'observation des devoirs et des préceptes de la religion ; exalte-nous par la grâce, et enseigne-nous à obéir à tes lois. »

Le prêtre : « Répétez après moi ce que je vais dire. »

Le peuple : « Oui, seigneur. »

Le prêtre dit alors trois fois, et le peuple répète après lui : « Salutation respectueuse à la Divinité qui a mis de côté sa mortalité et a repris son immortalité, à celui qui sait tout et qui voit tout, dont les mérites et les attributs sont parfaits. »

Le prêtre dit ensuite trois fois, et le peuple répète après lui : « Nous adhérons à l'adoration des dix lois excellentes, des quatre devoirs et des quatre récompenses qui appartiennent à l'anéantissement. Nous nous plaçons sous la direction de ceux qui enseignent la religion, pour connaître les quatre règles et les quatre récompenses de la vertu. »

Le prêtre : « Les trois devoirs sont remplis. »

Le peuple : « Oui, seigneur. »

Le prêtre dit ensuite, et le peuple répète après lui : « Évitez le meurtre, évitez le vol, évitez l'abandon de la famille, évitez le mensonge, évitez les quatre liqueurs et les quatre substances enivrantes. »

Le prêtre dit : « Les devoirs et les préceptes ont été observés ; ne les oubliez pas. »

Sept jours après la mort d'une personne, ses parents et ses amis se rassemblent de nouveau dans sa maison, pour assister à une exhortation faite par le prêtre de la famille, après quoi on leur sert un repas.

Le corps d'un enfant au-dessous de dix ans ne doit pas être placé dans un cercueil orné, ni accompagné au tombeau par les musiciens. Les enfants, les pauvres et les personnes qui sont mortes d'une mort soudaine ou violente, sont enterrés au lieu d'être brûlés.

D'après le voyageur Purchas, quand le roi du Pégu est mort, on prépare deux barques, que l'on couvre d'un toit doré, s'élevant en pyramide ; au milieu de ces barques on dresse une table ou, pour mieux dire, un théâtre sur lequel on pose le corps du monarque défunt. Sous ce théâtre on allume un feu de toutes sortes de bois odoriférants, de benjoin, de storax, et d'autres drogues précieuses. Ensuite on laisse aller ces barques au courant de l'eau ; et, à mesure que le feu consume le corps, un certain nombre de talapoins, destinés à faire l'office funèbre, chantent et prient dans l'une de ces deux barques. Le chant dure jusqu'à ce que les chairs du cadavre soient entièrement consumées. Alors ils détrempent ces cendres dans du lait, en font une masse et la jettent dans la mer, près de l'embouchure d'un fleuve. Pour les os, ils les enterrent dans une chapelle qu'on bâtit en l'honneur du défunt.

Quant aux cadavres des simples particuliers, on les place sur un brancard couvert de cannes dorées, surmonté d'un dôme en forme de petite tour, et porté hors de la ville par quinze ou seize hommes, jusqu'à l'endroit où le bûcher est dressé. Le corps est suivi des parents, des amis et des voisins. Après que le feu a consumé le cadavre, on fait quelques présents aux talapoins qui ont assisté à la cérémonie funèbre. Ensuite on s'en retourne chez soi, et l'on fait une fête qui dure deux jours, au bout desquels la veuve du mort et ses amies vont pleurer le défunt sur la place où il a été brûlé. Lorsque le temps destiné aux pleurs est écoulé, ces femmes rassemblent et enterrent les os que le feu n'a pas achevé de consumer. Le deuil des hommes et des femmes consiste principalement à se raser la tête; c'est une marque d'affliction qui ne s'accorde qu'à des personnes extrêmement considérées, car on dit que ces peuples font un cas tout particulier de leur chevelure.

35. A Siam, dès qu'un homme est mort, on enferme son corps dans une bière de bois, vernie ou même dorée; et, afin qu'il ne s'exhale point de mauvaise odeur à travers les fentes, on tâche de consumer les intestins du mort avec du mercure; quelquefois on se sert d'une bière de plomb. Ce cercueil est placé sur une estrade ou sur un bois de lit; et tant que le corps est gardé au logis, soit pour attendre le chef de la famille, s'il est absent, soit pour préparer les funérailles, on brûle autour du corps des parfums et des bougies. Toutes les nuits les talapoins viennent chanter des prières, en pali, qui est la langue sacrée; on les nourrit pendant ce temps-là, et on leur donne quelque argent. Cependant la famille choisit un lieu à la campagne, pour y porter le corps et l'y brûler; ce qui a lieu d'ordinaire auprès d'un temple. Cette enceinte est environnée de bambous plantés en carré, et ornée de papiers peints ou dorés, découpés de manière à représenter des maisons, des meubles, des animaux. Au milieu de l'enclos est dressé le bûcher, composé entièrement ou en partie de bois odoriférant, suivant la richesse ou la qualité du défunt. Mais la plus grande marque d'honneur que l'on puisse donner à un mort est d'élever le bûcher le plus possible, à force de terre ou d'échafaudages. Le jour fixé pour la cérémonie étant arrivé, on porte le corps au bûcher, au son des instruments de musique. Le cercueil s'avance en tête, puis la famille du mort, hommes et femmes, tous habillés de blanc, et la tête couverte d'un voile de la même couleur. S'il y a beaucoup de chemin à faire, et qu'il se trouve une rivière, on va par eau. Dans les funérailles des grands, on porte de grandes machines de bambou couvertes de papier peint et doré, qui représentent des palais, des meubles, des éléphants, des animaux réels, et des monstres bizarres et fantastiques. On ne brûle pas le cercueil, mais on en retire le corps qu'on dépose sur le bûcher. Les talapoins du couvent près duquel est dressé le bûcher, viennent chanter et faire des prières pendant un quart d'heure; puis ils se retirent, parce qu'alors ont lieu des danses et des spectacles, auxquels ces religieux ne croient pas pouvoir assister sans pécher.

Sur le midi, un valet des talapoins met le feu au bûcher, qui brûle ordinairement pendant deux heures. Le feu ne consume presque jamais le corps, il le rôtit seulement, et souvent fort mal; toutefois, pour l'honneur du mort, il est toujours sensé que le cadavre a été totalement consumé en lieu éminent, et qu'il n'en reste que les cendres. Dans les funérailles d'un prince du sang, c'est le roi lui-même qui met le feu au bûcher, sans sortir de chez lui; il lâche à cet effet un flambeau allumé, le long d'une corde tendue depuis l'une des fenêtres du palais jusqu'au bûcher. Quant aux papiers découpés, qui sont naturellement destinés aux flammes, puisqu'ils représentent les objets que l'on brûlait autrefois avec le corps, les talapoins les en garantissent souvent, et les recueillent pour les prêter à d'autres funérailles. La famille du mort nourrit tous les invités, et fait des aumônes pendant trois jours, savoir: le premier jour, aux talapoins qui ont assisté au convoi; le lendemain, à tout le couvent; et, le troisième jour, à leur temple. Dans les obsèques des grands personnages, on tire des feux d'artifice, et on donne des spectacles pendant trois jours. Après que le corps a été brûlé, on en renferme les restes dans le cercueil, et on le dépose sous une de ces pyramides que l'on voit fréquemment autour des temples. Quelquefois on enterre avec lui des pierreries et d'autres richesses, qui sont là en lieu de sûreté, parce que la religion rend les tombeaux inviolables.

Les pauvres enterrent les corps de leurs parents sans les brûler; mais ils font en sorte de faire venir au convoi des talapoins qui ne marchent pas sans salaire. Ceux qui n'ont pas même cette faculté se contentent d'exposer leurs parents morts sur un lieu éminent, où les vautours et les corneilles viennent les dévorer. Il arrive quelquefois que les enfants font déterrer le corps de leur père, mort depuis longtemps, pour lui faire des funérailles magnifiques; cela a lieu surtout lorsque les enfants ont acquis des richesses, ou sont parvenus aux honneurs; ou bien encore, lorsque leur père est mort dans un temps d'épidémie, parce qu'alors on enterre les morts sans les brûler.

36. Quand un homme est mort, les Cambogiens ne l'enferment pas dans une bière, mais ils l'enveloppent dans une natte de roseaux recouverte de toile; quand on sort pour le convoi, on porte, devant et derrière, des bannières, et on l'accompagne avec des tambours et des instruments de musique; on sème tout le long du chemin du riz grillé, et l'on arrive ainsi loin des endroits cultivés, dans un lieu où il n'y a aucun habitant; on y laisse le corps, pour attendre que les oiseaux de proie, les chiens ou d'autres animaux viennent le dévorer. Quand le cadavre a été promptement dévoré, on dit que le père et la mère du mort sont heureux, et que le ciel récompense leurs bonnes actions; s'il n'est point dévoré, ou s'il ne l'est qu'imparfaitement, on attribue cela aux péchés de son père et de sa mère. Il y a cependant quelques habitants qui brûlent leurs morts: ce sont tous des descendants d'émigrés chinois.

Lorsqu'un père ou une mère viennent à mourir, on ne leur rend pas d'honneurs funèbres, comme en Chine: le fils se rase les cheveux, la fille en coupe aux deux côtés des joues de la grandeur d'un denier; et voilà, dit un écrivain chinois, toute leur piété filiale.—Il y a une sépulture avec une tour pour les rois; mais on ignore l'usage d'ensevelir les corps, et l'on n'enterre que les os.

37. Avant d'ensevelir les morts, les Tunquinois pratiquent plusieurs superstitions dans la maison mortuaire. Après lui avoir fermé les yeux, ils chargent une table de toutes sortes de viande et de vin, l'approchent du lit du défunt, et invitent celui-ci à boire et à manger avec eux, comme s'il vivait encore. On introduit ensuite les bonzes qui chantent ou récitent des prières; après quoi on consulte les devins, pour savoir d'eux le jour et l'heure qu'il convient de rendre les derniers devoirs au défunt, et le lieu où il doit être enterré. Ils prient alors un de ceux qui ont la charge d'ensevelir les morts, de le revêtir de ses plus beaux habits; ce qu'il fait après l'avoir lavé dans des eaux de senteurs. On renferme dans le cercueil des figures de bois peint, représentant des génies ou des démons. Il arrive quelquefois qu'on garde plusieurs mois le cadavre à la maison; cela arrive surtout lorsque l'année de la mort porte le même nom cyclique que celle où le défunt naquit. On laisse alors le cercueil ouvert, et on ne le ferme que le septième jour, afin de pouvoir mieux observer si l'âme reviendra de l'autre vie pour animer de nouveau ce cadavre. Quand ils n'ont rien remarqué qui puisse leur faire prévoir cette prétendue résurrection, ils font publier, dans le bourg, le jour dont ils sont convenus pour procéder aux obsèques, afin de réunir un grand concours d'assistants. A l'heure déterminée, le convoi se met en marche; le cortége s'ouvre par une multitude de gens qui portent des bannières, des drapeaux et des instruments de musique, tels que tambours, trompettes, hautbois, etc., au son desquels il y en a qui dansent, sautent et font des contorsions sous plusieurs déguisements, ou s'escriment avec des sabres, des bâtons, des armes à feu, dont ils font de temps en temps des décharges, pour épouvanter et mettre en fuite les mauvais génies. Vient ensuite le cercueil, suivi des parents. On se rend ainsi au milieu d'un champ appartenant au défunt, dans lequel on inhume son corps, afin qu'il en conserve la possession dans l'autre vie. Les gens riches font construire, au milieu d'une grande place, par où l'enterrement doit passer, un édifice en charpente de bois doré, orné de diverses figures d'hommes, de chevaux, d'éléphants, recouvertes également de papier doré, et ils y mettent le feu, dans la persuasion qu'une fois ces objets consumés ils se métamorphosent dans l'autre vie et reprennent un corps réel et véritable. La dépense de semblables funérailles est incroyable; les festins surtout qui ont lieu tant après les obsèques, que le 7e, le 30e et le 100e jour, absorbent une grand partie du revenu des survivants; mais les Tunquinois croient ne pouvoir trop faire pour témoigner leurs regrets ou leur reconnaissance, le mari envers sa femme, la femme envers son mari, les enfants envers leur père et leur mère. Ils ont aussi le plus grand soin du lieu de la sépulture; dès qu'ils s'aperçoivent qu'il y pousse quelques pointes d'herbes, ils n'attendent pas qu'elles soient grandies pour les arracher; s'ils manquaient à ces pratiques, ils encourraient le blâme public; et s'il leur arrivait quelque disgrâce, ils ne manqueraient pas de l'attribuer à leur défaut de piété envers les morts.

Lorsque les parents ont des enfants morts dans les pays étrangers, ou au loin, sans savoir précisément en quelle contrée, ils consultent les magiciens qui, au moyen de certains miroirs et au son de quelque tambour, évoquent l'âme du défunt. Mais si cette âme, insensible à leurs évocations, refuse d'apparaître, ils font une statue en plâtre, et la mettent dans un cercueil préparé à cet effet, et, continuant leurs prières, ils font croire que l'âme est entrée dans cette image; alors on procède aux funérailles comme si l'on avait réellement le corps du défunt. D'autres se contentent d'écrire sur une tablette le nom du mort, et lui rendent les mêmes honneurs que s'il était présent.

38. En Chine, dans le moment qu'un agonisant expire, un parent ou un ami prend la robe du mourant, et, se tournant vers le nord, appelle trois fois, à grands cris, l'âme du défunt; ces cris s'adressent au ciel, à la terre et à la moyenne région de l'air. Après cela, il replie la robe du défunt et va se tourner vers le midi; il déplie ensuite cette robe, et l'étend sur le mort, qui reste trois jours en cet état, pour attendre que son âme soit de retour. Les mêmes choses se pratiquent hors de la ville pour un mort qui a été tué.

Quand un Chinois est mort, la coutume veut qu'on dresse un autel dans un des appartements de la maison, qui d'ordinaire est tendu de blanc. On met une image du défunt sur cet autel, avec des parfums, des fleurs, des cierges, des étoffes précieuses, des papiers peints, et le corps est derrière dans son cercueil (1). Tous ceux qui viennent pour témoigner leur affliction, ou faire des compliments de condoléance, font quatre génuflexions devant cette image, se prosternent ou baissent la tête jusqu'à terre; mais avant ces hommages, ils lui offrent des parfums. C'est la cérémonie que les Chinois nomment *Tiao*. Les enfants du défunt, s'il en a, sont à côté du cercueil, en habits de deuil; ses femmes et ses parentes pleurent avec ar-

---

(1) Un Chinois tient à posséder de son vivant ce dernier asile; chacun veut s'assurer par avance d'un bois très-dur et très-solide pour se faire un cercueil. Les gens riches achètent pour eux et pour leurs parents des ais d'un bois incorruptible, qui leur coûte jusqu'à 2,000 écus; ils font cette dépense de bonne heure. C'est aussi un cadeau que l'ami offre à l'ami qu'il affectionne, le fils à son père. Ces cercueils sont construits avec quatre énormes pièces de bois d'une grande solidité; la plupart sont extérieurement dorés et couverts de ciselures délicates. La charité chinoise gratifie les indigents d'un cercueil.

pleureuses derrière un rideau qui les cache. Suivant les rituels chinois, dès qu'on a mis le corps du défunt dans le cercueil, il faut lui mettre dans la bouche du blé et du riz, même de l'or et de l'argent, selon que le permet la condition du mort. On met aussi dans de petits sacs, aux quatre coins du cercueil, des ongles et des ciseaux pour les couper. Avant que les Tartares eussent ordonné expressément aux Chinois de se couper les cheveux, ils en mettaient auprès de leurs morts avec des peignes.

Le jour des funérailles, tous les parents et tous les amis s'assemblent dans la maison du mort, en habits de deuil; forment tous ensemble avec les bonzes le convoi funèbre. On y voit des images d'hommes, de femmes, d'éléphants, de tigres, etc. Tout cela doit être brûlé pour le mort. Les prêtres, et ceux qui sont gagés pour réciter des prières en faveur du défunt, ou à son honneur, marchent ensuite. Les enfants du mort suivent immédiatement son cercueil; ils marchent à pied, appuyés sur un bâton, ce qui est une marque de tristesse. Après les enfants, viennent les femmes dans une chaise couverte, et les parents du défunt. Beaucoup de cérémonies accompagnent cette marche, qui a lieu au bruit des timbales, des tambours, des flûtes et de quelques autres instruments. Lorsque le cercueil a avancé environ une trentaine de pas, on y jette une certaine quantité de terre rouge. Chaque famille a son tombeau particulier sur une colline ou tout auprès; ces tombeaux sont ornés de figures et d'ornements semblables aux images que l'on porte au convoi. Les Chinois ont aussi l'usage des inscriptions et des épitaphes. C'est sur ces tombeaux que l'on s'assemble tous les ans au mois de mai, et que l'on sacrifie aux défunts, après avoir arraché les herbes et les broussailles qui ont pu croître à l'entour.

A ces détails nous ajouterons les suivants, extraits des lettres de M. l'abbé Voisin. Lorsque le malade est à l'agonie, on lui met une pièce d'argent à la bouche, et l'on a soin de lui boucher le nez et les oreilles, superstition propre à aggraver son mal et hâter le moment du trépas. A peine est-il mort, qu'on fait pratiquer un trou au haut de la maison, afin de donner aux esprits qui se sont échappés de son corps une plus grande facilité de sortir; puis on se hâte de faire venir les bonzes pour commencer des prières. Ceux-ci une fois arrivés, l'on érige d'abord la tablette de l'âme à côté du cercueil, au pied duquel est une table toute chargée de mets, de lumières et de parfums. Tous ceux qui viennent faire des compliments de condoléance et assister aux funérailles entrent dans la salle où est le cadavre, et se prosternent devant la table sur laquelle ils déposent ordinairement des lumières et des parfums; car ils ont toujours avec eux leurs petits cadeaux, à moins que l'héritier très-riche ne veuille rien accepter. Au dehors de la maison voltigent, suspendues à des bambous, plusieurs flammes de papier sur lesquelles sont tracées des figures.

Pendant que les bonzes récitent leurs prières en battant la mesure, ce qui dure plusieurs jours, l'on ne mange pas de viande; cependant on reçoit les hôtes qui arrivent, les traitant du mieux que l'on peut. Les bonzes, de temps à autre, appellent tout le monde à pleurer; à cette invitation, parents et étrangers s'approchent du cadavre et l'on n'entend plus que sanglots. Pendant qu'on est occupé à faire les préparatifs du repas funèbre, qui est fort dispendieux, s'il arrive un nouveau personnage et qu'il aille pleurer auprès du cadavre, tout le monde doit y courir avec lui. On riait il n'y a qu'une minute; le moment de pleurer est venu, il faut quitter les amusements et savoir grimacer comme les autres.

Cependant les bonzes, par la force de leurs prières, *font une brèche à l'enfer*, pour en faire sortir l'âme du défunt. C'est toujours là qu'elle va en quittant son corps, et les bonzes savent dans quel appartement infernal elle est détenue et ce qu'elle y souffre. Cette âme, une fois hors de l'enfer, doit passer sur un pont bâti sur un fleuve de sang, rempli de serpents et d'autres bêtes venimeuses; ce passage est dangereux, parce que, sur ce pont, il y a des diables qui l'attendent pour la jeter dans ce fleuve maudit; mais enfin elle passe, et les bonzes lui donnent une lettre de recommandation pour un des ministres de Fo, qui la fera recevoir dans le ciel occidental. D'après la doctrine de ces bonzes, chaque homme a trois âmes: l'une va animer un corps, l'autre va en enfer, enfin la troisième réside dans la tablette qui lui a été préparée. Pendant que les bonzes font ces ridicules cérémonies, l'on brûle une grande quantité de papier-monnaie, afin que le défunt ne manque pas d'argent dans l'autre monde; puis au jour choisi on procède à la sépulture.

Le mort est revêtu de ses plus beaux habits, quelquefois de quatre ou cinq couleurs différentes. Le cercueil est porté par quatre hommes, souvent par huit, à raison de sa pesanteur; les personnes qui accompagnent doivent toutes avoir la livrée du deuil qui est la couleur blanche. En grand deuil, au lieu de bonnet, on se met un simple linge autour de la tête; la robe, les bas, les souliers, la ceinture qui est de chanvre, tout doit être blanc. Ceux qui n'ont pas l'habillement complet ont au moins un linge blanc à la tête ou sur leur chapeau. En avant du convoi se trouvent un ou deux hommes qui jettent sur la route des sapeks de papier (1) pour acheter le passage, de crainte que les esprits n'arrêtent le cadavre. Arrivé au lieu où doit se faire la sépulture, et qui a dû être inspecté et reconnu propice, on enterre le mort en tirant quelques boîtes ou pétards. Dans les parties méridionales de la Chine, on enfouit les corps à une grande profondeur, et on entoure la place d'une enceinte en fer à che-

---

(1) Petite monnaie qui équivaut à un demi-centime environ.

val, sur laquelle sont gravées un grand nombre d'inscriptions. Dans le Nord, au contraire, on les pose sur le sol et on les abrite sous une voûte ornée de sculpture. Ceux qui ne sont pas assez riches pour faire exécuter de pareilles constructions, se contentent d'envelopper les bières d'une natte en bambou, sans les enfouir, et laissent le temps opérer son œuvre de dissolution.

Lorsque la cérémonie de l'inhumation est terminée, on revient à la maison pour faire un grand repas en mémoire et à l'honneur du défunt; ce repas s'appelle *kai-tien-tsiou*, parce qu'avant le festin on fait des libations de vin aux mânes du mort; l'on a fait rôtir quelques porcs, on les lui offre, puis on les mange. Tout le monde est admis à cette sorte de repas. Si les parents du défunt sont à leur aise, c'est une bonne aubaine pour les pauvres des environs, qui accourent tous au festin.

Il faut noter que les *tao-tchang* ou prières des bonzes, le jour de la sépulture, et le *kai-tien-tsiou*, sont des actions tout à fait distinctes, et que l'on sépare très-souvent, parce que le jour qui est favorable pour la sépulture ne l'est pas pour le repas funéraire. Il arrive aussi que le lieu où doit être enseveli le cadavre n'est pas encore propice, d'après les observations des astrologues, et qu'il faut attendre quelques mois ou même quelques années pour qu'il porte bonheur à la famille du défunt; en attendant le moment déterminé par les devins, on l'enterre dans un autre endroit, quitte à l'exhumer ensuite pour le transporter, au jour choisi, dans l'endroit désigné. Dans les contrées septentrionales où, comme nous l'avons observé, on se contente de déposer les cercueils à la surface du sol, lorsque le bois est détruit et les chairs anéanties, les parents vont recueillir les os du défunt; ils en dressent le catalogue, les placent dans une jarre qu'ils enfouissent eux-mêmes, pour venir, chaque année, sur la terre qui les recouvre, leur rendre les honneurs prescrits par la religion.

Cette sollicitude pour les restes de ceux qui ne sont plus fait que chacun veut avoir auprès de soi le cercueil qui les contient; aussi est-ce dans le champ qu'il va cultiver tous les jours que le père dépose son fils, et le fils son père. Ceux qui ne possèdent rien le laissent à l'entrée ou à la porte de leur demeure, ou bien le déposent dans un lieu où ils passent fréquemment. A Ning-po, à Chang-hai, à Chu-san, autour des fortifications, sur les bords des chemins, les plus petits lambeaux de terrain sont occupés par des cercueils.

39. Dans l'île Formose, après qu'un homme a rendu le dernier soupir, on bat, devant sa maison, un tambour fait d'un tronc d'arbre creusé, pour annoncer sa mort. On lave le corps, on l'habille, on le pare le mieux que l'on peut, on met ses armes auprès de lui, et on lui présente du riz; cet appareil dure deux jours. Dans l'intervalle on sacrifie un pourceau pour l'heureux voyage du mort. On élève, devant la maison, un bambou supportant une espèce de bannière, et l'on met auprès une grande cuve pleine d'eau. Le soir, on s'assemble et l'on boit à la santé du défunt; les proches parents se jettent sur le corps, et font au mort diverses questions sur la cause qui lui a fait quitter la vie. Les pleureuses viennent à leur tour, pour se lamenter, faire des prières, et demander aux dieux une bonne place pour l'âme du mort. Au bout de deux jours, on lave une seconde fois le corps, et souvent même une troisième et une quatrième. Le jour suivant, on place le mort sur un échafaud de six à sept pieds de haut, on l'y attache par les pieds et par les mains, et on le porte en cet état auprès d'un grand feu, où on le laisse sécher environ huit ou dix jours. Le cadavre étant sec, on l'ôte de dessus l'échafaud pour l'envelopper dans une natte; après quoi, on le rapporte au logis, et on le replace sur un échafaud plus élevé que le précédent; on l'environne de morceaux d'étoffes, de manière à former comme un pavillon. Alors on recommence la fête des funérailles. Souvent le corps reste là trois ans entiers : au bout de ce temps on enterre les ossements du mort dans sa maison; nouvelles cérémonies accompagnées de festins et d'ivresse. Si le mort a été homme de guerre, on rappelle et on préconise ses actions belliqueuses et le nombre d'ennemis qu'il a tués. On suspend au-dessus de sa tête un bambou, auquel on fait autant d'encoches que le défunt a tué d'ennemis pendant sa vie. Une personne commise exprès veille neuf jours auprès du mort; le dixième on se rend auprès de lui, avec des pleurs et des lamentations, et en faisant autour du corps une espèce de charivari, dont l'effet doit contribuer à chasser les mauvais esprit, qui, disent-ils, est toujours demeuré jusque là auprès de ce mort. Si le défunt était marié, sa veuve prie les dieux pour lui. Après la sépulture du corps, elle prend un balai et le jette vers le midi, en disant : « A qui appartient cette maison? Elle ne m'appartient plus; je n'ai pas besoin de m'en occuper davantage. »

En certains cantons de l'île, les Formosans élèvent au défunt une petite cabane, qu'ils environnent de verdure et de quelques autres ornements, pour y loger son âme. Quatre banderoles ornent les quatre coins de la hutte. Ils déposent dans l'intérieur une calebasse pleine d'eau fraîche, et un bambou, afin que l'âme puisse la prendre sans peine, quand elle aura besoin de se rafraîchir ou de se laver.

40. Les obsèques se font, dans tout le Japon, d'une manière assez uniforme, à quelques cérémonies près. Les adorateurs mêmes des Kamis appellent à leur mort les prêtres ou bonzes des Fotoques, se recommandent à leurs prières, et demandent à être enterrés suivant les usages et les cérémonies du culte de Bouddha.

Les classes inférieures se bornent à inhumer leurs morts dans les cimetières : on dépose le cadavre dans une tombe, après l'avoir couvert d'aromates, puis sur la terre qui le recouvre on plante des arbres et des fleurs. Les enfants, les plus proches parents du défunt, veillent à l'entretien du monument funéraire, pendant plusieurs années au moins, quelquefois durant toute leur vie. Ils cultivent, embellissent ce jardin, et viennent s'y reposer avec leur famille.

Quant aux riches, on ne les inhume pas ; on les brûle avec un cérémonial somptueux et un immense concours de témoins. Une heure environ avant que le convoi sorte de la maison mortuaire, une foule de parents s'y rendent, vêtus de leurs habits les plus riches, au lieu où le corps doit être brûlé ; les femmes, parentes ou amies de la famille, sont vêtues de blanc, ainsi que leurs suivantes, car le blanc est au Japon, comme en Chine, la couleur du deuil ; elles jettent en outre sur leur tête un voile bigarré. Alors arrive le supérieur de la secte à laquelle appartenait le défunt. Porté dans une grande litière, il se fait voir tout éclatant d'or et de soie, entouré de ses prêtres vêtus d'une espèce de surplis et d'un manteau de gaze ou de crêpe noir. Derrière lui chemine un homme habillé de gris, portant une torche de pin enflammée et suivi d'autres desservants qui chantent des hymnes à la louange de leur dieu. Ensuite défilent, sur deux rangs, d'autres acolytes tenant des piques au bout desquelles sont suspendus des paniers de carton remplis de roses et d'autres fleurs de papier, qu'ils secouent de temps en temps ; ces papiers flottants sont, dit-on, un signe que le mort est arrivé au séjour des bienheureux. Ils sont suivis de huit jeunes bonzes, divisés en deux bandes, portant de longues cannes, à l'extrémité desquelles flottent des banderoles, où on lit le nom de quelque divinité. Dix autres bonzes s'avancent ensuite, armés chacun d'une lanterne allumée, fermée d'une gaze diaphane. Ils sont accompagnés de deux jeunes gens revêtus d'habits bruns, tenant en main des torches éteintes. Après eux viennent d'autres personnages vêtus également de brun, et la tête couverte d'un petit chapeau de cuir noir vernissé, de forme triangulaire, auquel est attaché un billet portant le nom du défunt. Ce cortège processionnel, entremêlé de bannières et de norimons, de bonzes et d'amis, de séculiers et de religieux, se déroule, monte, serpente sur la hauteur où le bûcher a été dressé. Le nombre des assistants va parfois jusqu'à cinq et six cents individus ; toute l'étendue de la colline est couverte, que le corps du défunt n'a pas encore quitté son logis. Le norimon qui le porte arrive enfin ; le corps est placé dans la litière, vêtu de blanc, dans la posture d'un homme qui prie, assis, les mains jointes, la tête un peu penchée en avant. Il a par-dessus ses habits une robe de papier sur laquelle sont écrites des sentences tirées des livres saints. Autour de la litière du défunt, soutenue par six porteurs, se rangent ses enfants costumés avec la plus grande magnificence : le plus jeune tient une torche destinée à mettre le feu au bûcher. Une foule de peuple, avec des bonnets de cuir verni, ferme la marche.

Quand le norimon du mort est parvenu au lieu où le corps va être brûlé, le cortège se groupe dans l'enceinte funéraire en poussant des cris et des lamentations ; cette enceinte est formée de quatre murailles recouvertes de draps blancs, excepté les quatre portes par lesquelles on y pénètre. Au milieu est creusée une grande fosse remplie de bois, et de chaque côté sont dressées deux tables garnies de confitures, de fruits et de pâtisseries ; sur l'une de ces tables il y a un petit réchaud en forme d'encensoir, plein de charbons allumés, et un plat contenant du bois odoriférant. Lorsque le corps est près de la fosse, on attache une longue corde au cercueil, qui est en forme de petit lit, on le porte trois fois autour de la fosse, et on le dépose enfin sur le bûcher. En ce moment le supérieur des bonzes fait trois tours autour du corps avec la torche allumée, la passe trois fois sur sa tête, en prononçant certaines paroles non entendues des assistants, et la laisse tomber à terre ; elle est ramassée par le plus proche parent, ou par le plus jeune fils qui la fait passer trois fois sur le corps du défunt, et enfin la jette dans la fosse, où l'on a versé quantité d'huile, de parfums et de substances aromatiques. Pendant que le corps se consume, les enfants ou les plus proches parents s'approchent de l'encensoir qui est sur la table, et y mettent des parfums ; après quoi ils le prient et l'adorent. Cette cérémonie achevée, les parents et les invités se retirent, laissant aux pauvres le repas qui a été préparé. Le lendemain, les enfants, les parents et les amis du défunt viennent recueillir dans une urne de vermeil ses cendres, ses os et ses dents, et le vase est recouvert d'un voile précieux. Les bonzes s'y rendent aussi pour continuer leurs prières qui durent sept jours. Le huitième, on porte l'urne dans le lieu qui lui est destiné ; on l'enterre sous une plaque de cuivre, ou sous une dale de pierre, qui porte gravé le nom du défunt et celui du dieu auquel il était dévoué. On grave aussi sur des piliers de marbre les principales actions du mort, les emplois qu'il a exercés, le jour de sa naissance et celui de sa mort. Souvent aussi on voit dans ce même lieu l'image du défunt sculptée en marbre. L'homme est représenté assis, les jambes croisées sous sa robe, à la manière japonaise, et les mains jointes comme s'il priait. La femme au contraire les a étendues, et la tête un peu tournée vers l'épaule. Ordinairement on jette des fleurs sur le tombeau ; on y porte aussi à boire et à manger pour le mort.

41. Avant d'enterrer leurs morts, les Aïnos les revêtent d'un habit neuf, fait de l'écorce fine d'une espèce de saule, puis on les enveloppe dans une natte. Les Smérenkours brûlent le cadavre, recueillent les cendres dans une petite chapelle, l'y gardent pen-

dant quelques années, portent des offrandes à l'idole qui y est vénérée, et couvrent de branches d'arbres le lieu où le bûcher a été consumé par le feu. Ils y élèvent encore quelques arches en bois tout à fait semblables aux Torii des Japonais.

Dans l'île de Ieso et dans la partie méridionale du Karafto, on érige des pieux en l'honneur du défunt ; ces pieux ont diverses formes et sont ordinairement faits du bois qui a servi à la construction de la maison du décédé, laquelle est toujours détruite entièrement après sa mort. On retire, par le fondement, les entrailles du corps de riches, on les remplit d'herbes odoriférantes et on les laisse sécher pendant une année entière ; puis on les place dans un sépulcre travaillé avec beaucoup d'art, qui ressemble à un *mia*, ou temple des sintos au Japon. Ces sépulcres sont constamment vénérés ; la famille du défunt leur fait tous les ans une visite de cérémonie, le jour anniversaire de sa mort ; l'usage veut que, pendant ces visites, on ne parle nullement du défunt. Le deuil dure pendant plusieurs années. Les enfants et les amis d'un aïno qui a été tué se blessent entre eux dans un combat simulé, et offrent au *Kamoï* (génie ou dieu) le sang qui coule à cette occasion. Après la mort du mari, la veuve se cache dans les montagnes, et les plus proches parents se couvrent la tête pendant des années entières, car ils se regardent comme impurs, et ne se croient pas dignes que la lumière du soleil ou de la lune tombe sur leurs têtes. Les Japonais sont aussi censés impurs pendant la durée du deuil ; chez eux, les hommes se couvrent alors la tête d'un chapeau de roseau, et les femmes d'un mouchoir ouaté.

42. Les Coréens, s'il faut en croire le P. Martini, n'enterrent leurs parents décédés qu'au bout de trois ans ; pendant ce temps, qui est celui du deuil, ils les gardent chez eux, enfermés dans un cercueil sculpté et verni, comme ceux des Chinois, et leur rendent tous les honneurs et les respects auxquels ils avaient droit durant leur vie.

Les relations des Hollandais rapportent que les inhumations n'ont lieu en Corée que deux fois l'an, au printemps et en automne. Les corps de ceux qui meurent dans l'intervalle sont placés sous de petites cabanes en chaume, élevées exprès. Quand après cela ils jugent à propos de les enterrer, ils les rapportent d'abord au logis, et mettent dans le cercueil des vêtements et des bijoux. La nuit qui précède le convoi se passe dans les divertissements et dans la bonne chère ; le cercueil est emporté à la pointe du jour ; les porteurs marchent en cadence et en chantant ; les parents font retentir l'air de leurs lamentations. Le corps est enterré dans un caveau d'une montagne, désigné par les devins. Pour le menu peuple, on fait une fosse de cinq ou six pieds de profondeur, dans laquelle on jette le cadavre ; mais aux personnes distinguées on érige des monuments de pierre, avec leurs images, et une inscription, comme nous l'avons remarqué des Japonais.

Trois jours après la sépulture, les parents et les amis du mort retournent au lieu de la sépulture pour y faire des offrandes. A toutes les pleines lunes, ils font couper l'herbe qui se trouve sur la fosse, et y déposent du riz nouveau. Ce n'est pas tout : ils sont si attentifs au repos du mort, que, sur le moindre soupçon qu'il se trouve mal à l'aise, ils le transportent d'une place à l'autre ; ce sont les bonzes qui les informent des incommodités que le défunt éprouve dans la fosse, et du désir qu'il aurait d'être mieux placé.

43. Les Tartares Tou-kiue, avant leur réunion à la Chine, avaient coutume, dans les funérailles, de placer sous une tente le corps du défunt. Tous les parents, tant hommes que femmes, tuaient chacun des moutons ou des chevaux, et les rangeaient devant la tente. Alors ils se déchiquetaient le visage avec des couteaux, et mêlaient ainsi leur sang avec leurs larmes ; les historiens chinois disent qu'on recommençait jusqu'à sept fois ces douloureuses scarifications. Il paraît qu'on n'enterrait que deux fois par an, comme dans la Corée ; pour ceux qui mouraient au printemps ou dans l'été, il fallait attendre, pour les inhumer, que les feuilles fussent tombées des arbres. Quant à ceux qui mouraient en automne ou en hiver, on ne pouvait les mettre en terre que lorsque les arbres étaient couverts de fleurs et de feuilles. Ils amassaient des pierres sur le lieu de la sépulture et y plaçaient certaines marques ; on y mettait autant de pierres que le mort avait tué d'hommes durant sa vie. Le jour de l'inhumation, les garçons et les filles se rendaient au lieu de la sépulture, revêtus de leurs habits les plus beaux ; et, au retour, il se commençait souvent des liaisons qui se terminaient par le mariage.

44. Les Tartares Mongols enterrent quelquefois leurs morts ; souvent ils les laissent exposés dans leurs cercueils, ou bien ils les couvrent avec des pierres, en faisant attention au signe sous lequel le défunt était né, à son âge, au jour et à l'heure de son décès. Ces circonstances indiquent la manière dont il doit être inhumé ; ils consultent, à cet effet, les livres que les lamas leur expliquent.

D'autres fois ils brûlent les cadavres, ou bien les exposent aux bêtes féroces et aux oiseaux. Les parents dont les enfants meurent subitement les abandonnent sur les chemins, enveloppés dans des sacs de cuir, avec des provisions de beurre et de grains ; ils sont persuadés que, par ce moyen, ils éloignent les revenants. Les services funèbres sont célébrés, pour les défunts, selon la richesse et l'affection de leur famille. Le plus grand nombre 49 jours, pendant lesquels les lamas récitent continuellement des prières dans la maison du mort pour la purification de son âme. Ces prêtres reçoivent pour leur peine des bestiaux et d'autres choses. Les gens opulents font aussi de riches présents en bétail aux temples, afin que les lamas adressent aux dieux des prières pour l'âme du trépassé.

Les Chamans mongols sont enterrés par d'autres Chamans qui conjurent les esprits malfaisants pour les éloigner. Les Mongols croient que l'âme de ces hommes reste errante sur la terre sous la forme de malins esprits, ayant le pouvoir de nuire à autrui ; les Chamans profitent de ce préjugé religieux pour exiger des marques de respect et des sacrifices.

45. Les Eleuths doivent pleurer longtemps la mort d'un père et se refuser toutes sortes de plaisirs pendant le deuil. L'usage oblige les fils à renoncer, pendant plusieurs mois, au commerce même de leurs femmes. Ils ne doivent rien épargner pour donner de l'éclat aux funérailles ; et rien ne les dispense d'aller, au moins une fois chaque année, faire leurs exercices de piété au tombeau paternel. Ceux d'entre eux qui professent la religion musulmane sont moins exacts à rendre ces devoirs aux morts.

46. Benjamin Bergmann nous fournit les détails suivants sur les funérailles des Kalmouks, à propos de la mort du vice-khan Tchoutchei. « Il expira vers minuit, pendant que le lama et quelques-uns des principaux prêtres répétaient des prières, assis autour du lit du malade. D'après la croyance lamaïte, il est très-essentiel de connaître l'heure précise à laquelle la mort a lieu, car les cérémonies funèbres sont réglées là-dessus : on avait donc envoyé chez un des amis du prince pour chercher sa montre ; mais quelques instants après on la lui reporta, en lui annonçant qu'elle n'était plus nécessaire.

« On conserva le cadavre pendant trois jours, et le quatrième il fut livré aux flammes. Pour cette cérémonie, le lama se rendit dans la hutte du défunt, avec le grand pristaw, son épouse et les principaux prêtres : là il prononça un grand discours, après lequel Strakow fit aussi lire le sien en langue kalmouke. Une foule de prêtres étaient assis autour de la hutte du mort, et plus loin le peuple était assemblé. Le corps de Tchoutchei, porté assis sur une machine de bois, était enveloppé d'une toile imbibée de poix, et il avait sur la tête une couronne, derrière laquelle pendait un voile noir. Le lama assis sur une espèce de palanquin précédait le corps ; tous les prêtres suivaient nu-tête, et devant le lama se faisaient entendre les instruments de musique : une foule de peuple fermait la marche. Le bûcher était dressé à quelques centaines de pas de la hutte, et, à la place du fourneau que les Kalmouks sont en usage de fabriquer pour cette cérémonie, on avait seulement creusé la terre à la profondeur de deux archins, de manière à ce que tout le corps pût entrer dans cette fosse, à chaque angle de laquelle on avait ménagé, pour le courant d'air, des trous dans lesquels on avait mis des matières combustibles. Au bas, sur un trépied, était une grande marmite qui soutenait quelques morceaux de bois, sur lesquels le cadavre, soutenu par le cou, au moyen d'une pièce de bois, fut placé assis. Le lama lui-même mit le feu au bûcher et s'éloigna de suite avec la musique ; mais des personnes préposées pour soigner le bûcher restèrent auprès, pour verser continuellement la poix sur le cadavre. Le feu brûla pendant plusieurs heures ; lorsqu'il fut éteint, la cendre fut recueillie et conservée comme relique. On éleva à la mémoire du défunt un monument construit en terre glaise et en joncs. »

47. Les Kirghiz enterrent leurs morts ; sur la fosse ils élèvent des tombeaux en bois de forme carrée, ou des tertres, sur lesquels ils plantent des figures symboliques, comme une lance pour désigner un guerrier, un aigle sculpté pour indiquer la tombe d'un chasseur. Les Kirghiz riches, les plus dévots, transportent les restes de leurs parents dans le Turkestan, pour les enterrer près du tombeau des saints. Comme ils ne peuvent entreprendre ce voyage en hiver, faute de pâturages, ils suspendent les morts à des arbres, après les avoir enveloppés de feutres et d'étoffes de laine, en attendant le printemps. Quand on voyage dans ces steppes pendant l'hiver, on est frappé quelquefois de l'aspect hideux de ces cadavres suspendus, couverts de neige et agités par les vents.

Ceux qui ont de la fortune donnent, à l'occasion des obsèques de leurs parents, une grande fête à laquelle ils invitent les personnes les plus distinguées des tribus voisines. Ils dressent à cet effet plusieurs iourtes pour recevoir leurs hôtes. Pendant que les convives boivent du koumiz, les femmes du défunt pleurent, s'arrachent les cheveux, se déchirent le visage avec leurs ongles, en célébrant la valeur et les autres qualités du défunt. A une heure déterminée, on procède à des courses à cheval. Le but est placé à une fort grande distance ; il y a des prix gradués pour ceux qui arrivent les premiers au bout de la carrière. A une cérémonie de ce genre, qui eut lieu en 1813, en présence de Philippe Nazarow, le premier prix consistait en 75 chevaux et 7 Kalmouks ; le second, en 40 chevaux et 25 vaches ; le troisième, en 30 vaches et 20 moutons, etc. Après la course on mangeait ; on avait abattu pour le festin 80 chevaux et 60 moutons. La fête dura jusqu'au lendemain matin ; chaque convive reçut à son départ, comme marque de souvenir, un lambeau des vêtements du défunt, qui avaient été réunis en tas.

48. Dans la Petite-Boukharie, quand un homme est mort, plusieurs calenders montent sur la plate-forme de la maison, l'appellent et récitent des prières. Tous les parents mâles prennent le deuil et se coiffent de turbans de toile blanche. Le jour où un homme est mort, ou le lendemain, on le porte au-dehors de la ville ; on ne fait usage ni de bière ni de linceuls ; on se contente de l'envelopper d'une pièce de toile blanche. Tous les parents se rassemblent dans la maison du défunt pour réciter des prières, et contribuent, suivant leurs moyens, aux frais des funérailles. Les obsèques une fois termi-

nées, ils invitent plusieurs prêtres à réciter des prières funèbres. S'il reste quelque chose des dons des parents, ils le distribuent aux pauvres, ainsi que les hardes et les effets du défunt, dans l'espoir de le rendre heureux dans l'autre monde. Le bonheur dont il doit y jouir est proportionné à la quantité plus ou moins grande de ces aumônes. Le fils porte le deuil de son père et de sa mère ; la femme, celui de son mari, de ses frères et de ses proches parents ; ils le quittent au bout de 40 jours.

Les tombeaux ont, en général, la forme d'un cercueil en bois ; ceux des riches sont quelquefois de forme arrondie. Il arrive aussi qu'on les enferme dans des caveaux ; la plupart de ces tombeaux sont placés des deux côtés des grandes routes, afin que les voyageurs, qui vont et viennent, prient pour ceux qui y sont renfermés, et leur obtiennent le bonheur de l'autre vie.

49. Chez les Karatchaï, les femmes poussent des cris épouvantables à la mort d'un homme, se frappent le sein et s'arrachent les cheveux ; les hommes qui accompagnent le convoi se donnent sur le front de grands coups de fouet, et ils se percent le bout de l'oreille avec un couteau ; mais au retour du cimetière, on s'enivre avec de la bière pour calmer la douleur.

50. A la mort d'un Tcherkess ou Circassien, les femmes poussent des hurlements horribles. Autrefois, avant qu'ils fussent convertis à l'islamisme, les parents du défunt se frappaient la tête avec des fouets pour manifester leur douleur ; et ils mettaient dans le tombeau tout ce qui avait appartenu au décédé : maintenant on n'y dépose plus que ses vêtements habituels. On place les morts dans un tombeau revêtu de planches, le visage tourné vers la Mecque. Pendant l'inhumation, le moullah lit quelques passages du Coran ; il en est richement récompensé et reçoit ordinairement un des meilleurs chevaux du défunt. Les Tcherkess portent le deuil en noir, un an entier ; mais on ne prend pas le deuil pour ceux qui meurent en combattant les Russes, parce que l'on est persuadé qu'ils vont tout droit en paradis.

51. Lorsqu'un Ossète meurt, tous ses parents se rassemblent : les hommes se découvrent la tête et les hanches, et se fustigent jusqu'au sang ; les femmes s'égratignent la figure, se mordent les bras et poussent des cris épouvantables. La femme du défunt doit se montrer plus furieuse que les autres, et s'abstenir, pendant un an, de toute espèce de viande et des autres mets prohibés pendant le carême. Chaque famille a sa sépulture particulière, qui, chez quelques tribus, consiste en un vaste bâtiment carré, dont l'entrée est très-étroite. Deux hommes y entrent en traînant après eux le corps du défunt, qui est étendu sur des planches. Lorsqu'il est entièrement consumé, on mêle ses os avec ceux des autres, de manière que ces restes des personnes d'une même famille soient confondus ensemble. Quelques tribus, telles que les Dougours, enterrent leurs morts à la manière des autres nations : on les pare de leurs meilleurs habits, et on les dépose dans une fosse qui est peu profonde, mais de la longueur du corps, et revêtue de maçonnerie en dedans. On entasse des pierres par-dessus, et l'on y plante des arbres. On place sur les tombeaux des personnes de distinction, du côté de la tête, des pierres carrées, taillées irrégulièrement, et dont la hauteur excède celle d'un homme ; ils bâtissent rarement de petites voûtes sur les tombeaux. On place le défunt la tête tournée vers le couchant.

Quiconque est tué par la foudre passe pour très-heureux, parce qu'on croit qu'il a été enlevé par Elie. On pousse des cris de joie, on chante et on danse autour du corps, et tout le monde accourt pour se joindre à ceux qui dansent et chantent : *O Ellai, Ellai! eldaer tchoppeï!* c'est-à-dire, « O Elie, Elie! habitant les sommets des rochers. » Ils répètent ces mots en cadence, en dansant en rond, avançant et reculant alternativement : le coryphée chante le refrain, les autres le répètent. L'orage passé, on revêt le défunt d'autres habits ; on le replace, étendu sur un coussin, au même endroit et dans la même posture qu'il a été trouvé, et l'on continue à danser jusqu'à la nuit. Les parents du défunt chantent, dansent et montrent de la gaieté comme à une fête ; car un visage triste est regardé comme offensant pour Elie, et par conséquent comme digne de châtiment. Cette fête dure huit jours, après lesquels l'enterrement a lieu avec beaucoup de solennité, et il est suivi de festins ; enfin, on élève un grand monceau de pierres sur le tombeau, près duquel on suspend la peau d'un bouc noir à une grande perche, et les vêtements du défunt à une autre.

Pour assurer le repos des morts, les Ossètes ont un usage très-singulier, qu'ils appellent *dogh*. Deux ou trois cavaliers gravissent, à une distance d'environ dix werstes, une montagne escarpée, et celui qui arrive le premier au sommet est honoré et régalé par les autres ; tous les assistants expriment leur joie par des danses et des banquets.

52. A la mort d'un Vogoul, on le revêt d'un de ses habits, on lui passe un anneau au doigt, et on le porte au lieu de sa sépulture ; tous ses parents et ses voisins forment le convoi ; on enterre avec lui tous les meubles et les objets dont il s'est servi : son arc, ses flèches, sa marmite, ses écuelles, ses cuillers, ses ustensiles de cuisine, et surtout la corne où il renfermait son tabac, chose que tous les Vogouls, sans distinction de sexe, aiment passionnément ; enfin, un de ses meilleurs habits. Le tombeau est toujours dans une forêt, et à une certaine distance de la iourte. Dès que le mort est enterré, ils font un repas funèbre en son honneur ; ils préparent d'avance une aussi grande quantité de mets et de boisson qu'ils peuvent se la procurer, vont avec une partie devant la iourte du défunt, tournent le visage à l'ouest, s'inclinent profondément, et jettent à gauche derrière eux tout ce qu'ils ont apporté ; mais la quan-

tité n'en est pas considérable; ensuite ils retournent à leur iourte, et mangent, jusqu'au dernier morceau, le reste des provisions.

53. Les Ostiaks enterrent ceux qui meurent en été; quant à ceux qui meurent en hiver, ils cachent leurs corps sous la neige, avec leurs arcs, leurs flèches, leurs haches, leurs couteaux, leurs ustensiles de ménage. Lorsqu'ils ont perdu un parent ou un ami, ils font, près de son cadavre, de longues lamentations, à genoux et la tête couverte; ce deuil fini, on porte, sur des perches, le défunt au lieu où il doit être enseveli.

54. Les Youkaghirs, après avoir suspendu en l'air les cadavres des morts, et les avoir ornés de colliers de verre, les laissent sécher, et rendent à ces squelettes un culte religieux, les portant en procession autour des cabanes, et les honorant comme des idoles.

55. Lorsqu'un Toungouse meurt, on l'enterre avec ses habits et ses flèches, et, après avoir couvert son tombeau de pierres, on y fiche un pieu, auquel on attache le meilleur cheval du défunt, dont on lui fait un sacrifice. D'autres disent que les Toungouses suspendent leurs morts à des arbres, comme les Youkaghirs, et les y laissent jusqu'à ce qu'ils soient décharnés; alors ils en enterrent les os.

56. Les Kamtchadales n'osent rien porter de ce qui a servi à un mort; ils craindraient même de loger dans une habitation où serait un homme décédé. Ils donnent les cadavres humains à manger aux chiens, prétendant que ceux dont le corps aura été dévoré par ces animaux en auront de très-bons dans le monde souterrain.

Peuples païens de l'Afrique.

57. Les Guanches qui habitaient la grande île de Canarie enterraient leurs morts d'une manière particulière; ils choisissaient pour cela les nappes de lave connues aujourd'hui sous le nom de *mal pais*, où les éruptions volcaniques ont accumulé beaucoup de scories : c'était là qu'ils déposaient leurs morts dans de grandes fosses creusées jusqu'à une profondeur de six à huit pieds, et garanties des éboulements au moyen d'une voûte en pierres sèches, ou de planches de pin. Le tout était ensuite recouvert avec d'autres pierres accumulées en forme de pyramides. Ils couchaient le corps dans le fond, la tête tournée vers le nord; ils enfermaient avec lui des fruits d'une espèce de térébinthacée, des haches, des vases, etc.

Dans la plupart des autres îles de l'Archipel, les Guanches embaumaient les corps d'une façon assez semblable à la méthode égyptienne; ainsi que nous l'avons décrit à l'article EMBAUMEMENT, n. 2.

58. Chez les Mandingues, lorsqu'il meurt un personnage important, les parents et les amis se réunissent et manifestent leur chagrin par des pleurs et de grands cris. On tue un bœuf ou une chèvre pour les personnes qui viennent assister aux funérailles. La cérémonie a lieu, en général, le soir du jour même de la mort. Les nègres n'ont point de lieu de sépulture déterminé; souvent ils creusent la fosse dans le sol même de la hutte du défunt, ou sous quelque arbre qu'il affectionnait. Le corps est vêtu d'étoffe de coton blanc, et enveloppé dans une natte; il est porté au tombeau par les parents, à l'entrée de la nuit. Si la fosse est hors de l'enceinte de la ville, on la couvre de branches épineuses, pour empêcher les loups de déterrer le corps. Il ne paraît pas qu'on mette sur les tombeaux aucune espèce de monument.

Les Maures de la même contrée enterrent pareillement leurs morts, à l'entrée de la nuit, non loin de leur tente, et plantent sur la tombe un arbuste particulier, dont ils ne souffrent pas qu'un étranger arrache une feuille; ils ne veulent pas même permettre qu'il y touche tant est grande leur vénération pour les défunts.

59. Dans le Timanni, l'enterrement des morts est précédé de cérémonies superstitieuses, ayant pour but d'apaiser la colère des mauvais esprits. « Pendant mon séjour à Ma-Boung, dit le major Gordon-Laing, une jeune fille mourut presque subitement. Dès qu'elle eût rendu le dernier soupir, une centaine de personnes, qui s'étaient réunies pour être présentes à son agonie, firent entendre un cri lamentable; ensuite une troupe de plusieurs centaines de femmes parcourut la ville, quelques-unes d'entre elles battant sur de petits tambours. Elles mirent la main sur tous les objets qu'elles trouvaient hors des maisons; je ne pus apprendre la cause de ce privilége. Quelques heures après le décès de la jeune fille, les anciens et l'homme au grigri de la ville s'assemblèrent dans la cour des palabres, et tinrent une longue conférence, ou espèce d'enquête, sur la cause probable du décès; on prit des informations pour savoir si quelqu'un l'avait menacée pendant sa vie, et l'on supposa long-temps qu'elle avait pu être tuée par l'effet de la sorcellerie. Mais les sages, après une mûre consultation de trois jours, décidèrent que la mort avait été causée par la puissance du diable. Durant les deux premières nuits du temps de la délibération, des troupes nombreuses parcoururent la ville, frappant des mains, criant, hurlant, pour écarter le courroux du grigri : la troisième, qui était celle de l'enterrement, des offrandes considérables en riz, en cassave, en toile, en vin de palme, furent déposées aux maisons du grigri pour apaiser les mauvais esprits, et pour les prier de ne pas tuer plus de monde. A minuit, une demi-douzaine d'hommes, vêtus d'une manière singulière et même hideuse, se montrèrent et prirent les dons, en annonçant que tous les mauvais esprits étaient satisfaits, et que de longtemps personne ne mourrait dans la ville. Alors commencèrent des danses et des divertissements qui durèrent jusqu'au lendemain, longtemps après le lever du soleil. »

On trouve généralement, dans les villes timanniennes, des charniers où sont déposées les dépouilles mortelles des rois ou chefs; on n'ouvre jamais ces demeures des morts; on laisse dans les murs de petites ouvertures par lesquelles on introduit, de temps en temps, des mets préparés et du vin de palme; les Timanniens étant pénétrés de l'idée que ces aliments sont nécessaires aux morts, qui les consomment. Ils croient à leur existence spirituelle, les supposant des esprits d'une disposition bonne ou méchante, suivant leur caractère pendant leur vie. Avant de boire et de manger, les Timanniens ne manquent jamais d'en sacrer une petite portion aux morts, en la jetant à terre. Du reste cette coutume ne leur est pas particulière, car elle paraît être générale parmi les tribus païennes de l'Afrique, notamment chez les Fantins, chez les Achantis et chez d'autres nations de la Côte-d'Or.

60. Les Soulimas accompagnent les morts jusqu'au tombeau, et les enterrent dans le plus grand silence. Dans le courant du mois, on choisit un jour pour honorer la mémoire du défunt; l'assemblée, composée de tous les membres de la famille, se réunit dans la cour d'un des parents, et l'on passe la journée dans la joie la plus extravagante : les hommes dansent, crient et tirent des coups de fusil; les guiriots jouent de leurs instruments, et les femmes dansent par groupes, en se livrant à une pantomime qui sort des bornes de la décence.

61. Les anciens voyageurs décrivent ainsi l'ordre des funérailles dans la *Guinée*. Les nègres lavent le mort et le mettent dans une espèce de cercueil d'osier, d'écorce d'arbres, ou de jonc, qui n'est à proprement parler qu'un grand panier. Les parents, les amis, les voisins, se rendent à la maison du mort, y pleurent, s'y lamentent, demandent au défunt pourquoi il les a abandonnés; après cela, ils dansent, chantent des airs lugubres, tournent autour du logis et font grand bruit avec des ustensiles de métal. Cependant une femme va de maison en maison, et, de ce qu'elle amasse, achète un bœuf ou des brebis pour le prêtre qui assiste à la cérémonie, afin qu'il rende favorable au mort le fétiche qui doit le conduire en l'autre monde. Le prêtre, après avoir sacrifié l'animal qu'on lui a donné, en répand le sang en l'honneur des fétiches du défunt. Tous ces fétiches sont ensuite arrangés les uns auprès des autres, le plus grand au milieu, tous parés de grains de rassade, de corail, de plumes et de fèves. En même temps le plus proche parent du mort tue une poule, du sang de laquelle le prêtre arrose ces fétiches; les femmes ou les parents font cuire la poule et la leur présentent dans un plat. Ensuite le prêtre se fait un collier de certaines herbes, et commence une conjuration en marmottant quelques paroles; après quoi il prend dans sa bouche de l'eau ou du vin de palme, et la crache sur ces fétiches. Des herbes qui composent son collier, il prend de quoi faire une petite boule, qu'il fait passer et repasser deux ou trois fois entre ses jambes, saluant les anciens fétiches et leur disant adieu. Il continue à broyer et à rouler entre ses doigts le reste des herbes du collier, et, après les avoir mêlées avec le suif et la graisse des anciens fétiches, il fait du tout une grosse masse, dont il se frappe le visage; après quoi il la partage en plusieurs petits morceaux, qu'il passe dans un fil fait de l'écorce de l'arbre sacré, et en régale l'assemblée. Le reste de la masse est enterré avec le défunt, et c'est là le fétiche qui le conduit en l'autre monde.

Après ces cérémonies, le défunt est exposé une demi-journée en public, la tête couverte, les mains étendues, puis les femmes le portent au lieu de la sépulture; car il n'appartient qu'à elles d'enterrer les morts; celles du village suivent le corps. Les hommes ne vont à l'enterrement que quand il faut porter le mort dans quelqu'autre village; car ils ont tous la manie d'être enterrés dans le lieu de leur naissance, et pour lors les hommes accompagnent le corps à main armée. Le cadavre étant arrivé au lieu de la sépulture, on creuse une fosse de quatre à cinq pieds de profondeur, où on le dépose en le couvrant entièrement de bois, de telle sorte que la terre ne le touche pas. La plus aimée de ses femmes jette ses fétiches sur le défunt, met à côté de lui la meilleure partie des ustensiles dont ils se servait, et les objets qu'il aimait le plus. Alors les assistants tournent autour de la fosse, et disent au défunt le dernier adieu en poussant des cris effroyables. Quand le mort est enterré, les femmes qui ont fait l'inhumation passent et repassent en rampant par-dessus sa fosse; ensuite on s'en retourne, et le reste de la journée est consacré à un grand festin.

Quand le roi est mort, on l'expose en vue pendant plusieurs jours, et on le sert comme s'il était encore en vie. Lorsqu'il commence à sentir mauvais, quelques esclaves l'emportent et l'enterrent dans un endroit inconnu, avec ses fétiches, ses armes et toutes les provisions qu'ils lui croient nécessaires; quand ils ont bien couvert la fosse, ils reviennent au palais, se mettent à genoux à la porte sans rien dire, tendent le cou afin qu'on les tue, et qu'ils aillent ainsi servir leur maître en l'autre monde, persuadés qu'il les récompensera de leur fidélité en leur donnant les principales charges de ses nouveaux États. Pendant que ces esclaves enterrent le roi, le peuple va de tous côtés tuer des femmes, des filles, des garçons et des esclaves, pour servir le prince défunt. L'usage veut qu'on les tue par surprise, peut-être pour leur rendre la mort moins terrible. On enterre leurs corps avec lui; on expose leurs têtes sur des pieux autour de son tombeau, et deux gardes font sentinelle, afin qu'on n'enlève pas les provisions du défunt. La favorite surtout d'un roi ou d'un chef ne manque pas d'être sacrifiée pour être inhumée avec lui.

Depuis l'époque où les anciens voyageurs ont écrit leurs relations, bien des cérémonies et des coutumes se sont modifiées chez les nègres. Mais l'affreuse coutume des sacrifices humains est restée en vigueur, dans plusieurs tribus. Dans la capitale de Dahomey, un Européen fut témoin, il y a quelques années, d'un sacrifice de 1200 hommes. Tout récemment, dans le vieux Calabar, on a immolé 2000 esclaves. Dernièrement encore un roi, doué d'ailleurs de bonnes qualités, ayant eu la douleur de perdre une femme qu'il aimait, a enterré avec elle une esclave toute vivante.

62. Les nègres de Cabo de Monte commencent les obsèques par des pleurs et des lamentations, parmi lesquelles on mêle quelques beaux traits de la vie du défunt. Ensuite on lave le corps, on lui peigne les cheveux, on le dresse sur ses pieds, on l'arme de l'arc et de la flèche, et on le pare de ce qu'il possédait de plus beau; chacun alors lui apporte des présents. Les parents et les amis s'assoient sur les genoux auprès de lui, en lui tournant le dos, et tenant à la main un arc bandé, pour marquer qu'ils sont prêts à en faire usage contre quiconque pourrait avoir contribué à la mort de leur parent. Quand on le descend dans la fosse, on y jette aussi des présents et une partie des objets qui étaient à l'usage du défunt. S'il s'agit d'un prince ou d'un puissant personnage, on immole des esclaves pour le servir dans l'autre monde. Plus avant dans les terres, on creuse un arbre dans lequel on enferme, tout vivant, un jeune homme qui doit être dans l'autre vie l'esclave du mort. L'inhumation est suivie d'un certain temps consacré au deuil, durant lequel on doit avoir la tête rasée, et ne point porter de vêtements de couleur; il faut aussi passer ce temps dans le jeûne et dans la continence. A l'expiration du deuil, on fait un festin en l'honneur du décédé.

63. Dans le royaume de Benin, les funérailles sont toujours accompagnées d'un sacrifice d'esclaves. Dès que le mort est en terre, on passe sept jours à danser et à chanter sur sa fosse; quelquefois même on le déterre pour lui immoler de nouveau des esclaves et des animaux. — Quand le roi est mort, on creuse une fosse très-profonde, au milieu même de sa cour, et l'on y descend son corps. Les courtisans s'offrent à l'envi pour l'accompagner; mais cet honneur est réservé à ceux qu'il a le plus aimés pendant sa vie. Dès qu'on a fait choix des favoris du défunt, on les descend tout vivants dans la même fosse, et on en ferme l'ouverture avec une grosse pierre qu'on roule dessus. Celui qui meurt le premier dans cette fosse est toujours le plus honoré. Enfin, le nouveau roi ordonne un repas pour le peuple sur la même fosse, et c'est là la cérémonie de son sacre, qui est souvent suivie du massacre de quelques-uns de ses sujets en l'honneur de son avénement au suprême pouvoir.

64. Les habitants de la Côte-d'Or enterrent les morts dans leurs maisons. Le décès d'un individu est annoncé par des décharges de mousqueterie; les amis du défunt et les femmes sont chargés de pleurer et de conduire les cérémonies du deuil qui suit toujours cet événement. Le jour de l'inhumation, les membres de la famille, ayant tout le corps barbouillé de craie, vêtus de leurs plus beaux habits, arrivent séparément au lieu de l'inhumation, précédés d'une petite fille portant une boîte recouverte d'un drap et pleine de bouteilles d'eau-de-vie. C'est alors que commence un charivari des plus assourdissants; les hommes et les femmes, gorgés de liqueur, hurlent, sur un ton perçant, une sorte de chant funèbre, avec accompagnement de tambours et de décharges de mousqueterie. Cette scène se répète pendant sept jours, pour peu que le défunt soit un homme important, et on ne manque jamais de le renouveler tous les sept ans. Ces anniversaires sont encore plus bruyants et plus coûteux que l'enterrement, par les excès de tout genre auxquels on se livre.

65. Dans le royaume de Juida ou Wida, autrefois si florissant, et maintenant bien déchu de son antique splendeur, les grands faisaient enterrer le corps de leurs pères au milieu d'une galerie construite exprès. On mettait sur la fosse le bouclier, l'arc, les flèches et le sabre du défunt; on l'environnait de ses fétiches et de ceux de sa famille : plus le nombre en était grand, plus le tombeau était digne de respect. Les enfants du défunt devaient passer douze lunes entières sans entrer dans la maison qui avait appartenu à leur père; ils allaient loger ailleurs, quittaient les habillements qu'ils avaient coutume de porter, et ne se couvraient que de pagnes d'herbes. Ils devaient garder, pendant ce temps-là, une continence exacte, et s'abstenir de bagues, de colliers, de bracelets et de bijoux. Il n'était libre à personne d'abréger le temps du deuil, qui avait été déterminé par la loi.

Quand le roi était mort, on faisait faire une fosse de quinze pieds en carré, et de cinq de profondeur, au milieu de laquelle on creusait un caveau ou fosse beaucoup plus profonde, de huit pieds en carré; on déposait en cérémonie le corps du roi au milieu de ce caveau. Le grand-prêtre choisissait huit des favorites du défunt, les obligeait de se parer de leurs plus beaux vêtements, les chargeait de viandes et de boissons pour les porter au monarque décédé, et les faisait, sous ce prétexte, conduire au caveau, dans lequel on les enfermait toutes vivantes, et on les y laissait mourir; ce qui d'ailleurs ne pouvait tarder, car on les accablait de terre. Quelques-unes de ces malheureuses s'offraient d'elles-mêmes pour ce cruel sacrifice; c'était un honneur pour elles et pour leur famille. Après la mort de ces femmes, on amenait les hommes qui devaient aussi aller servir le roi défunt : le nombre n'en était pas fixé; il dépendait de la volonté du roi défunt et du grand prêtre; mais celui qui portait le titre de favori du prince, devait suivre le premier son maître. On lui tranchait la tête ainsi qu'aux autres victimes; on les plaçait assis ou couchés dans la fosse supérieure, leurs têtes à côté d'eux, et on les couvrait de terre. Lorsque tous ces corps étaient enfouis, on élevait sur cette fosse un monceau de terre, terminé en pyramide, au sommet de laquelle on plantait les armes dont le roi avait coutume de se servir, et on les environnait de quantité de fétiches pour les garder.

66. Dans le Boussa, les personnes d'un rang élevé sont enterrées, après leur mort, dans la cour de leur propre maison ; mais les gens du commun sont inhumés dans un terrain choisi à cet effet au milieu d'un bois épais, à quelque distance de la ville, et qui correspond assez bien à nos cimetières. Dès qu'un riche est mort, ses amis accourent à sa maison, et font des lamentations sur lui pendant sept jours ; durant cet espace de temps, ils portent leurs plus mauvais habits. Si le défunt est pauvre, ses parents l'accompagnent jusqu'au lieu de la sépulture, et restent dans le bois jusqu'à ce que leur douleur soit apaisée et que le temps du deuil soit tout à fait expiré.

67. Dans le Loango, dès que le malade a rendu le dernier soupir, les ministres de la médecine se retirent ainsi que les joueurs d'instruments; ses proches s'emparent de son corps qu'ils montent sur un échafaud, au-dessous duquel ils allument un feu qui rend une épaisse fumée. Quand le cadavre est suffisamment enfumé, on l'expose pendant quelques jours au grand air, en plaçant à côté une personne qui n'a d'autre emploi que de chasser les mouches qui voudraient s'en approcher. On l'enveloppe ensuite d'une quantité prodigieuse d'étoffes étrangères ou du pays : on juge de la richesse des héritiers par la qualité des étoffes, et de leur tendresse pour le mort par la grosseur du rouleau. La momie ainsi vêtue est conduite sur une place publique, et quelquefois on la loge dans une espèce de niche, où elle reste exposée plus ou moins de temps, selon le rang qu'elle occupait dans le monde de son vivant. L'exposition la moins longue est toujours de plusieurs mois, et souvent elle est d'une année entière. Pendant tout ce temps, les parents, les proches, les amis, et surtout les épouses du mort, qui ont placé leurs cases près de l'endroit où il est exposé, s'assemblent régulièrement tous les soirs pour pleurer, chanter et danser autour de la loge funèbre.

La veille du jour fixé pour l'enterrement, on enferme le corps, avec toutes les étoffes qui l'enveloppent, dans une grande bière travaillée avec art en forme de tonneau ; le lendemain, quand tous les parents et les amis sont arrivés, on met la bière sur une espèce de petit char funèbre, auquel des hommes sont attelés, et l'on se met en marche; on a eu soin d'aplanir les chemins par où le convoi doit passer. Pour les morts illustres, tels que les rois et les princes, on en perce de neufs à travers les campagnes, de la largeur de 30 à 40 pieds. Tout le long de la route, on fait le plus de bruit qu'il est possible ; on danse, on chante, on joue des instruments, et tout cela se fait avec de grandes démonstrations de douleur. Souvent la même personne danse, chante et pleure en même temps. Quand on est arrivé au lieu de la sépulture, qui est quelquefois fort éloigné des villes ou des villages, on descend la bière dans un trou d'environ quinze pieds de profondeur, percé en forme de puits, qu'on remplit aussitôt de terre. Les riches enterrent souvent avec le mort ses bijoux favoris, quelques pièces de corail ou d'argenterie. Il y en a qui exhaussent la tombe, et qui mettent à côté des provisions de bouche, des dents d'animaux, ou quelques antiquailles dont le défunt faisait le plus de cas, et qui étaient les instruments de sa superstition.

68. Au Congo, on enterre les morts vêtus depuis les pieds jusqu'à la tête, bien que, pendant leur vie, ces peuples aillent presque nus; ceux qui n'ont pas de quoi fournir à cette dépense, vont demander des habits aux riches, qui d'ordinaire ne les refusent point, quand même le défunt aurait été leur ennemi mortel. A la mort d'un grand seigneur, ses amis s'efforcent de lui témoigner l'affection qu'ils lui portaient par toutes sortes de présents, où les marchandises d'Europe, qui sont les plus chères, ne sont pas épargnées. Tout cela est enterré avec lui, et, de plus, deux ou trois de ses concubines toutes vives, qui disputent entre elles à qui aura cet honneur. Lorsque le roi de Congo mourait, on enterrait autrefois avec lui douze jeunes filles toutes vivantes ; ces filles s'offraient volontairement au service du monarque défunt, et se disputaient avec fureur la gloire d'être préférées ; chacune voulait marcher la première, et prendre le pas sur ses compagnes. Elles s'équipaient du mieux qui leur était possible pour cette tragique cérémonie, et leurs parents leur fournissaient une bonne provision de hardes et de tout ce qu'ils leur croyaient nécessaire dans l'autre monde.

69. Dans le royaume de Matamba, on embaume le corps de résine, on l'ensevelit nu dans une fosse très-profonde, et on fait garder le sépulcre par des esclaves, jusqu'à ce que le cadavre soit réduit en poudre ; de crainte que les habitants du pays, qui sont passionnés pour les reliques, ne viennent à déchirer ce corps pour en emporter chez eux quelque pièce, surtout si le défunt jouissait d'une certaine réputation.

70. A Angola, on suit à peu près les mêmes usages funèbres qu'à Loango et au Congo : on lave le mort, on le peigne, on le rase, on l'enveloppe dans une espèce de suaire, et on le pose ensuite sur un petit siége de terre. Le mort est paré suivant les moyens de la famille ; on égorge des animaux et on en verse le sang en son honneur.

71. Il en est de même dans l'Anzico des anciens voyageurs, le *Sala* actuel: après avoir lavé, parfumé et orné leurs morts, les indigènes les portent au tombeau, les assoient dans la fosse, et donnent aux hommes deux de leurs femmes pour les servir ; ensuite on ferme le caveau sur les vivants et sur les morts. La cérémonie finit par des plaintes et des regrets qui durent quelques jours. Tous les mois on réitère ce deuil, qui est accompagné de sacrifices et de festins mortuaires, suivant les ressources de la famille.

72. Quand un Hottentot est mort, toute la

parenté pousse des cris horribles, puis on s'occupe presque aussitôt de ses funérailles, qui sont fort simples : on roule le mort et on lui donne à peu près la posture qu'il avait dans le sein de sa mère, on l'enveloppe ainsi courbé dans son manteau qu'on assujettit avec des cordes. Puis, quelques heures à peine après qu'il a rendu l'esprit, on le porte au lieu de la sépulture; mais jamais on ne fait sortir le cadavre par la porte de la cabane; on pratique à cet effet une ouverture dans la paroi, ou on lève une des nattes qui la recouvrent. Ceux qui demeurent dans le voisinage des colons l'enterrent dans une fosse creusée exprès; mais ceux qui habitent plus loin dans les terres ne se donnent pas cette peine quand ils trouvent à leur portée soit une fente de rocher, soit quelque trou de bête sauvage, qui soit assez grand pour recevoir le cadavre. Il arrive assez souvent qu'il y devient la proie des bêtes féroces; cependant ils ont soin de boucher l'ouverture avec des broussailles ou un gros paquet d'épines. Les parents accompagnent le défunt en poussant de grands cris; à leur retour on tue une bête de son troupeau pour faire un festin.

Les Hottentots ont, ou du moins avait autrefois deux coutumes horribles: la première était d'abandonner les individus des deux sexes devenus vieux ou infirmes; ils les laissaient dans quelque trou ou dans un creux de rocher avec un peu de vivres, sans plus s'en occuper davantage; dans quelques tribus même on enterrait ces malheureux tout vivants. L'autre usage barbare était, quand une femme venait à mourir quelque temps après ses couches, d'enterrer avec elle son enfant vivant; jamais il ne leur était venu à l'idée de faire nourrir l'enfant par une autre femme.

73. On a peu de détails sur les funérailles des Caffres et autres hordes barbares qui habitent les immenses contrées du Mozambique et du Zanguebar. — Les uns conservent les os de leurs proches parents et leur rendent, tous les huit jours, une espèce de culte religieux. Ils s'habillent alors de blanc; leur présentent des viandes sur une table proprement couverte; et, après avoir prié les âmes pour leurs chefs et pour eux-mêmes, ils se régalent des mets qui ont composé ce repas funèbre.

D'autres enterrent les morts, habillés ou nus, dans l'état où ils les ont trouvés expirant: on fait un creux dans la terre et on y dépose le cadavre avec quelques provisions pour l'autre vie; on le couvre de terre et l'on met sur sa fosse la natte ou le siège sur lequel il a expiré. Il n'est pas permis de toucher ce siège, ni tout autre objet qui ait été en contact avec le corps mort. Le deuil dure huit jours; il est mêlé de pleurs, de danses et de chansons. Le soir on mange et on boit en l'honneur du défunt. Lorsque le roi vient à mourir, ses femmes s'empoisonnent pour l'aller servir dans l'autre monde; on lui donne aussi pour escorte quelques-uns des grands seigneurs du royaume.

Ailleurs on enveloppe, ou plutôt on emmaillotte le mort dans des étoffes noires avec des bandes de la même couleur, et on l'ensevelit avec ses armes, son équipage et des provisions de bouche. La natte sur laquelle il reposait, le siège sur lequel il était assis, les meubles qui étaient à son usage, sa maison même, tout cela est livré aux flammes. On met dans le sépulcre les cendres de tout ce qu'on a ainsi brûlé. Ceux qui ont touché au cadavre ou à ce qui lui appartenait, ont contracté une souillure qui les empêche de rentrer dans leur propre maison ou d'avoir des relations avec qui que ce soit, avant de s'être lavés et purifiés. Le deuil dure huit jours, deux heures chaque jour. Vers le minuit, un de la troupe entonne des lamentations, et toute l'assemblée répond sur le même ton. Pendant le jour on va porter des vivres sur la tombe du défunt; ceux qui sont chargés de ce soin ont la joue et l'œil gauche barbouillés de farine.

74. Les Malgaches, qui habitent les contrées visitées par Flacourt, lavent les morts, et les parent ensuite, autant que leurs facultés peuvent le permettre, de colliers de corail, de plaques d'or, de grains de rassade, etc. On prépare sept pagnes pour le mort, puis on l'enveloppe dans une grande natte pour le porter au tombeau. Mais avant de lui rendre ce dernier devoir, les parents, les amis et les esclaves du défunt viennent autour de lui pour le pleurer en cérémonie; d'autres jouent sur une espèce de tambour au son duquel des femmes et des filles dansent une danse grave, après quoi elles vont pleurer à leur tour. Ces pleurs sont entremêlés des louanges du défunt, de regrets réitérés de sa mort, et de questions à lui adressées sur les motifs qui ont pu le porter à quitter la vie; tout ce deuil dure jusqu'au soir; on tue alors des bœufs pour sacrifier et se régaler. Le lendemain on met le corps dans un cercueil fait de deux poutres creusées et bien jointes, et on le porte au tombeau qui est dans une maison de charpente; on y creuse six pieds en terre, et c'est là qu'on ensevelit le mort avec des provisions consistant en tabac, pagnes, ceintures, une écuelle de terre et un réchaud. On ferme ensuite la maison, et l'on roule devant l'entrée une pierre de douze à quinze pieds de largeur et de hauteur; on sacrifie quelques animaux et l'on partage ce sacrifice en trois parts : une pour Dieu, l'autre pour le diable, la troisième pour le défunt. Souvent on expose sur des pieux autour de ce mausolée les têtes des victimes sacrifiées. Les jours suivants, la famille envoie à manger au mort; on se recommande à lui, on va même lui sacrifier de temps en temps, et le consulter sur les affaires de ce monde. Dans une maladie, dans l'adversité, on envoie prendre ses avis par un Ombiasse qui, faisant une petite ouverture à la maison, évoque par là le mort, et lui demande le secours que le consultant croit pouvoir solliciter de lui, en vertu du rang que tient ce mort auprès de la Divinité. En effet, l'Ombiasse l'interpelle toujours par ces paroles : *Toi qui es l'ami de Dieu.*

75. Autrefois à la mort d'un Ova, son corps était enterré dans la sépulture de ses ancêtres. En conséquence de cette coutume, quand l'armée ova partit pour les expéditions qui eurent lieu de 1817 à 1824, chacun s'engagea solennellement par une promesse mutuelle à rapporter les ossements de ceux d'entre eux qui seraient tués, afin qu'ils fussent enterrés de cette manière. Ils furent fidèles à s'acquitter de ce pieux devoir, jusqu'au moment où le poids du fardeau et l'état des cadavres devint si préjudiciable à la santé des militaires, qu'il en résulta une fièvre qui se terminait par la mort. Le mal prit une si grande extension, que le roi Radama jugea nécessaire d'abolir cette pratique, et finit par persuader ses sujets que, bien que leurs ossements ne fussent pas enfermés avec ceux de leurs ancêtres et dans le lieu de leur naissance, ils étaient cependant déposés dans leur patrie.

Le corps reste généralement exposé pendant trois jours avant l'enterrement; durant ce temps, on distribue aux pauvres présents de la viande de bœuf en quantité proportionnée à la richesse du défunt. Les proches parents préparent la tombe, qui est généralement revêtue de planches brutes; le cadavre est enveloppé de la meilleure couverture que le défunt ait possédée, puis descendu dans la fosse, où on le recouvre de sable. Si c'est celle d'un personnage éminent, on y place des pièces de monnaie, et au-dessus on élève des perches surmontées de cornes; dans tous les cas elle est reconnaissable par un tas de cailloux ou à un entourage de pieux. A la mort de Radama, le 24 juillet 1828, ses sujets furent plongés dans l'affliction la plus profonde. Les maisons de la capitale étaient fermées; on n'entendait que les soupirs et les lamentations des hommes, des femmes, des enfants de tous les rangs et de tous les âges, qui avaient les cheveux épars et dégagés de leurs tresses, signes ordinaires du deuil; quelques-uns même avaient la tête rasée; 20,000 bœufs furent sacrifiés aux mânes du royal défunt, et l'on enterra avec lui des vases d'or et d'argent, les armes les plus riches, des montres et des pendules magnifiques, des joyaux, des portraits, entre autres celui de Georges IV, et la valeur de 150,000 piastres en monnaie d'or et d'argent et en lingots. Toutes ces offrandes faites à sa tombe, y compris son cercueil, formé de 14,000 piastres, furent estimés à une valeur de 60,000 livres sterling (1,500,000 fr.).

76. Souvent, dit-on, les habitants de l'île Socotora n'attendent pas que leurs parents soient morts pour les enterrer; ils s'empressent de leur rendre ce charitable devoir dès qu'ils les voient à l'agonie; et les mourants eux-mêmes, qui, comme on peut le croire, ont eux-mêmes exercé cette charité envers d'autres, voient tranquillement accomplir les cérémonies de leurs funérailles. Nous croyons qu'il y a de l'exagération dans ce récit, qui est démenti par ce qui suit:

Lors donc qu'un individu est mort, ses parents les plus proches lavent fortement son corps, l'ornent de menilles d'or, de pendants d'oreilles et de chaînes de corail. Ils l'ensevelissent dans deux ou trois linges très-fins. Les parents, les amis, les esclaves du mort se rendent à sa maison pour pousser des plaintes et des lamentations autour du corps, aux pieds duquel ils font brûler jour et nuit une chandelle. Pendant ce temps-là, plusieurs femmes et filles dansent au son du tambour des danses sérieuses; après avoir fait quelques tours, elles vont pleurer auprès du cadavre et se remettent ensuite à danser. Les hommes font aussi de temps en temps l'exercice des armes. Ceux qui se lamentent dans l'intérieur exaltent les vertus du mort, et témoignent hautement combien sa perte leur est sensible. Ils s'adressent à lui et lui parlent comme s'il vivait encore, lui demandant la raison qui l'a obligé à se laisser mourir; s'il lui manquait quelque chose; s'il manquait d'or, d'argent, de fer, de bétail, de fruits, d'esclaves et de marchandises? Enfin, après avoir formulé jusqu'au soir de semblables plaintes sur le corps mort, on tue des bœufs, et on en distribue à l'assemblée la chair rôtie ou bouillie.

Le lendemain matin on met le corps dans un cercueil fort épais, fait de deux troncs d'arbres creusés qui se joignent exactement, et on le porte ainsi au cimetière. Là on le met dans une fosse profonde de six pieds, sous un édifice bâti exprès, avec un panier de riz, une boîte à tabac, un plat de terre, un petit réchaud pour brûler des parfums, un habit et une ceinture. On ferme ensuite le sépulcre, et on en bouche l'entrée par une grosse pierre de 12 ou 15 pieds de hauteur; on immole plusieurs animaux dont on laisse une partie pour le mort, pour le diable et pour Dieu; et huit ou quinze jours après, les parents envoient par un esclave de la viande au défunt, et le font saluer comme s'il vivait encore. On met aussi les têtes des animaux qu'on a immolés sur des pieux autour du tombeau; et les enfants y viennent de temps en temps sacrifier un bœuf et demander conseil au défunt sur les choses qui les embarrassent, en lui disant : « Vous qui êtes maintenant avec Dieu, donnez-nous conseil sur telle ou telle affaire. » S'ils deviennent malades et qu'ils tombent en frénésie, les parents du malade envoient un prêtre pour aller chercher de l'esprit au cimetière. Il y va de nuit et creuse le tombeau. Il appelle l'âme du père de la personne malade, et lui demande de l'esprit pour son fils ou sa fille qui n'en a plus. Ensuite il met un bonnet sur le trou, le ferme promptement, le rapporte en courant à la maison, disant qu'il tient l'esprit, et met le bonnet sur la tête du malade qui prétend s'en trouver soulagé, et assure qu'il sent bien son esprit rentrer dans son cerveau.

Lorsque quelque personne de qualité vient à mourir loin de son pays, on lui coupe la tête pour l'emporter dans sa patrie, et on enterre le reste du corps au lieu où il est décédé. Si quelqu'un vient à être tué à la guerre, on l'enterre sur le lieu mais on l'exhume en temps de paix pour le transporter dans le tombeau de ses ancêtres.

Ces cérémonies et ces coutumes sont presque en tout semblables à celles des Malgaches, avec lesquels les habitants de Socotora paraissent avoir une commune origine.

Peuples de l'Amérique.

77. Dès qu'un Groënlandais est à l'agonie, on l'arrange dans ses beaux habits, on lui met ses bottes, et on lui attache les jambes. Aussitôt qu'il est mort, on jette, comme devant porter malheur, tout ce qui a touché sa personne ; on met également dehors jusqu'au soir tous les meubles et ustensiles, pour leur faire perdre l'odeur du cadavre. On ne fait jamais sortir le mort par la porte de la cabane, mais par la fenêtre ; ou, s'il est dans une tente, on élève, à cet effet, une des peaux qui en forment l'enceinte. Une femme tourne autour du logis, avec un morceau de bois allumé, en disant : *Pikserrukpok*, c'est-à-dire, Il n'y a plus rien à faire ici pour toi. Le corps, enveloppé et cousu dans la plus belle pelisse du mort, est porté par son plus proche parent, qui le charge sur son dos ou le traîne par terre; on se rend à la tombe pratiquée sur un endroit élevé, et garnie au fond d'un peu de mousse ; on y descend le cadavre qu'on couvre d'une peau, avec un peu de gazon vert, et par-dessus on entasse de larges pierres pour le garantir contre les oiseaux et les renards. A côté du tombeau, on met le kaïak ou canot du défunt, ses flèches et ses outils; si c'est une femme, on y laisse son couteau et ses aiguilles. Quelques-uns mettent la tête d'un chien sur la tombe d'un enfant ; car l'âme d'un chien, disent-ils, sait trouver son chemin partout, et ne manquera pas de montrer au pauvre enfant, qui ne connaît rien, le chemin des âmes. Mais depuis qu'on s'est aperçu que les effets déposés sur les tombeaux avaient été volés, sans crainte de la vengeance des spectres ou des mânes des morts, quelques Groënlandais ont supprimé ces sortes d'offrandes ou de présents. Quand la cérémonie funèbre est accomplie, les parents reviennent à la maison mortuaire, et là, au milieu du cortége accroupi et silencieux, le plus proche parent du décédé prononce son oraison funèbre, interrompue par les sanglots de l'assistance.

78. Chez les peuples de la baie d'Hudson, si un enfant vient à mourir, ses parents lui coupent une partie des cheveux, et en forment un paquet qu'ils suspendent dans leur cabane, comme ornement ; on y ajoute ce qu'il y a de plus précieux ; la mère porte son deuil pendant vingt jours.

79. Dès qu'un sauvage est mort, dit le baron de la Hontan (1), en parlant des peuples du Mississipi et du Canada, on l'habille le plus proprement qu'il est possible, et les esclaves de ses parents viennent le pleurer. Ni mères, ni frères, ni sœurs, n'en paraissent aucunement affligés. Ils disent qu'il est bienheureux de ne plus souffrir ; ils croient que la mort est un passage à une meilleure vie. Aussi ne connaissent-ils point de deuil ; ils ne parlent pas non plus des morts en particulier, c'est-à-dire en les nommant par leur nom. Dès que le défunt est habillé, on l'asseoit sur une natte de la même manière que s'il était vivant. Ses parents se rangent autour de lui, chacun lui fait une harangue à son tour, dans laquelle on raconte ses exploits et ceux de ses ancêtres. L'orateur qui parle le dernier s'exprime en ces termes : « Te voilà assis avec nous; tu as la même figure que nous ; il ne te manque ni bras, ni tête, ni jambes; cependant tu cesses d'être et tu commences à t'évaporer comme la fumée de cette pipe. Qui est-ce qui nous parlait, il y a deux jours? Ce n'est pas toi, car tu nous parleras encore ; il faut donc que ce soit ton âme, qui est à présent dans le grand pays des âmes avec celles de notre nation. Ton corps, que nous voyons ici, sera dans six mois ce qu'il était il y a deux cents ans. Tu ne sens rien, tu ne connais rien et tu ne vois rien, parce que tu n'es rien ; cependant, par l'amitié que nous portions à ton corps lorsque l'esprit l'animait, nous te donnons des marques de la vénération due à nos frères et à nos amis. »

Après que les harangues sont finies, les hommes sortent pour faire place aux femmes de la famille, qui font au défunt les mêmes compliments ; ensuite on l'enferme pendant vingt heures dans la cabane des Morts, et pendant ce temps, on fait des danses et des festins qui ne paraissent rien moins que lugubres. Les vingt heures expirées, ses esclaves le portent sur le dos jusqu'au lieu où on le met sur des piquets de dix pieds de hauteur, enseveli dans un double cercueil d'écorces, avec ses armes, ses pipes, du tabac et du blé d'Inde. Pendant que les esclaves portent le cadavre, les parents et les parentes dansent en l'accompagnant ; d'autres esclaves se chargent du bagage dont les parents font présent au mort, et le transportent sur son cercueil.

80. Les sauvages de la Rivière Longue brûlent les corps ; mais auparavant ils les conservent dans des canots, jusqu'à ce qu'il y en ait un assez grand nombre pour les brûler tous ensemble ; ce qui se fait hors du village, dans un lieu destiné pour cette cérémonie.

81. Quand un Mandan ou un Minnetari vient à mourir, on transporte son corps à deux cents pas du village, où on le place sur un échafaudage étroit de six pieds de long, et reposant sur quatre pieux d'une dizaine de pieds de haut; mais auparavant, on l'enveloppe dans des robes de bison et une couverture de laine. Le visage, qui a été peint en rouge, est tourné vers l'orient. Un grand nombre de ces échafaudages entou-

---

(1) Nous laissons à ce voyageur la responsabilité de son récit; on sait qu'on doit le lire avec beaucoup de circonspection, car souvent il a prêté aux sauvages ses propres idées; il a aussi cherché à les rehausser au détriment des peuples civilisés.

rent leurs villages, et quoiqu'ils avouent que cet usage est nuisible à la santé des habitants, ils n'y renoncent pourtant pas. Les corbeaux se perchent d'ordinaire sur ces échafaudages, et les indigènes n'aiment pas ces oiseaux, parce qu'ils mangent les chairs de leurs parents. Quand on demande à un Mandan pourquoi ils n'enterrent pas leurs morts, il répond : « Le Seigneur de la vie nous a dit, à la vérité, que nous venions de la terre et que nous y retournerions; mais nous avons pourtant commencé depuis peu à placer les corps des défunts sur des échafaudages, parce que nous les aimons et que nous voulons pleurer en les regardant. »

Ils croient que chaque homme a quatre âmes, une blanche une noire, une brune, et une d'une couleur claire; que cette dernière seule retourne vers le Maître de la vie. Ils disent qu'après la mort, on va habiter plusieurs villages situés vers le midi, et qui sont souvent visités par les dieux. Les hommes vaillants et distingués vont au village des bons, et les méchants dans un autre. Ils y vivent comme ils vivaient auparavant; ils y ont des aliments et des femmes; ils chassent et font la guerre. Ceux qui ont bon cœur et font beaucoup de présents aux autres, retrouvent là de tout en abondance; leur existence est conforme à la conduite qu'ils ont tenue sur la terre. Toutefois, une partie des Mandans a une autre opinion, et pense qu'après la mort, on va habiter le soleil ou l'une des étoiles. *Voy.* DEUIL, n. 29.

82. Chez les peuplades qui habitent les bords du lac Abbitibbi, dans le bas Canada, aussitôt qu'un guerrier vient à mourir, on l'enveloppe d'une couverture, on le descend dans une fosse d'environ un pied et demi de profondeur, et on dépose à côté de lui une chaudière, un couteau, un fusil et autres objets de première nécessité chez les sauvages. Quelques jours après l'enterrement, les parents du défunt s'assemblent pour fumer sur sa tombe. Ils suspendent alors à l'arbre le plus voisin, des présents, surtout du tabac, pour l'âme du défunt, qui doit venir de temps en temps fumer sur la fosse où repose le cadavre. Ils supposent que sa pauvre âme est errante non loin de là, jusqu'à ce que le corps soit en putréfaction; après quoi elle s'envole au ciel. Le corps du méchant, disent-ils, met beaucoup plus de temps à se corrompre que celui de l'homme de bien : ce qui prolonge son supplice; c'est, à leurs yeux, le seul châtiment d'une mauvaise vie.

83. Sur la rivière de Colombie, le malade n'a pas plutôt rendu le dernier soupir, qu'on lui bande les yeux avec des colliers de grains de verre; on lui remplit les narines de petits coquillages dont les sauvages se servent en guise de monnaie, et on le revêt de ses meilleurs habits qu'on recouvre d'un linceul. Quatre poteaux fixés en terre et unis par des traverses sont destinés à supporter la tombe aérienne du défunt : cette tombe est un canot placé sur les traverses à une certaine hauteur. Le corps y est déposé, la face vers la terre et la tête en avant, dans la direction que suit le cours du fleuve. Quelques nattes jetées sur le canot complètent la sépulture. A ces cérémonies succèdent les offrandes au défunt, offrandes dont la valeur varie avec la qualité des morts. On place à ses côtés son fusil, sa corne à poudre, son sac à plomb; des objets de moindre prix sont suspendus à des perches fixées autour du canot : une gamelle de bois, une chaudière, une hache, des flèches, etc. Vient ensuite le tribut des pleurs que les époux se doivent ainsi qu'à leurs enfants; pendant un mois et souvent davantage, ce sont des larmes continuelles, jour et nuit, accompagnées de cris lugubres et de gémissements qui s'entendent de fort loin. Le canot tombe-t-il de vétusté, on recueille les restes du cadavre, qu'on enveloppe d'un nouveau linceul, pour les déposer dans un second canot.

84. A la mort d'un chef ou de quelque guerrier renommé pour sa bravoure, chez les Soshomis, connus aussi sous le nom de *Serpents*, ses femmes, ses enfants et ses proches se coupent les cheveux : c'est là le grand deuil de ces sauvages. La perte d'un parent paraîtrait faiblement sentie, si elle n'arrachait que des larmes à sa famille, il faut qu'elle soit pleurée avec du sang; on se fait donc des incisions sur les membres; plus ces incisions sont profondes, plus on témoigne que l'attachement au mort était sincère. Une immense douleur, disent-ils, ne peut s'échapper que par de larges plaies. Toutefois ces gens si inconsolables dans le deuil ne se font pas faute d'abandonner sans pitié, aux bêtes féroces du désert, les vieillards, les malades, et tous ceux dont l'existence leur serait un fardeau.

Les funérailles d'un guerrier serpent s'accomplissent toujours par la destruction de ce qu'il possédait; il semble que rien ne doive lui survivre que le souvenir de ses exploits. Après avoir entassé dans sa hutte tout ce qui était à son usage, on coupe les supports de la cabane, et on met le feu aux décombres.

85. Les Youtes, qui forment une peuplade à part, bien qu'appartenant à la tribu des Soshomis, jettent dans le bûcher le corps du défunt, avec une hécatombe de ses meilleurs chevaux. Au moment où la fumée s'élève en tourbillons épais, ils croient que l'âme du sauvage s'envole vers la région des esprits, emportée par les mânes de ses fidèles coursiers; et, pour exciter ceux-ci à un plus rapide essor, ils poussent tous à la fois des hurlements affreux. Mais plus généralement, au lieu de brûler le cadavre, on l'attache, comme en un jour de bataille, sur son coursier favori; l'animal est ensuite conduit sur le bord de la rivière voisine; les guerriers, rangés en demi-cercle, lui ferment toute issue; une grêle de traits, un hourra universel le forcent à s'élancer dans le courant du fleuve qui doit l'engloutir. Alors ils lui recommandent, en redoublant leurs cris, de transporter sans délai son maître au pays des âmes.

86. Chez les Pottowatomis, quand le mari ou la femme vient à mourir, l'époux survi-

vant payé aux parents du défunt la *dette du corps*, en argent ou en chevaux, et chacun suivant ses moyens : celui qui négligerait cette dette serait en danger de voir détruire tout ce qu'il possède. La femme doit porter le deuil pendant une année après la mort de son mari, c'est-à-dire qu'elle ne peut ni se peigner, ni se laver; seulement, quand la vermine la ronge, une parente du défunt peut lui rendre ce service, par compassion.

Pendant une année entière, le Pottowatomi nourrit l'âme de son parent mort; à chaque repas qu'il prend, il jette une partie de la nourriture au feu, croyant que l'âme en reçoit du soulagement ou de la force. Quand un chef ou guerrier de la nation a expiré, tous les braves qui ont remporté quelque trophée sur l'ennemi s'assemblent pour lui rendre les derniers devoirs. Ils accompagnent la bière jusqu'au lieu de la sépulture, où l'un des principaux orateurs prononce l'oraison funèbre; il rappelle toutes les belles qualités du défunt, toutes les actions remarquables de sa vie, les ennemis que sa hache a immolés, les chevelures qu'il a arrachées, et les bêtes féroces qu'il a tuées. Ils le placent ensuite dans la tombe, le visage tourné vers le couchant; lui remettent sa carabine, sa lance, son arc et ses flèches; remplissent sa corne à poudre et son sac à plomb; placent à côté de lui sa pipe et son sac à tabac bien rempli, avec quelques autres provisions, telles que du sucre, de la viande sèche, du maïs, etc., dont il pourrait avoir besoin dans le pays des âmes. Tous lui souhaitent une heureuse journée, lui prennent la main pour la dernière fois, et la tombe se ferme. Ils plantent ensuite devant le tombeau le poteau des braves; au sommet, on peint en rouge l'animal ou *dodéme*, esprit tutélaire du défunt, et tous les assistants y font une ou plusieurs marques : ce sont des croix rouges, par lesquelles ils veulent représenter autant de mânes de leurs ennemis vaincus qu'ils destinent à servir d'esclaves à leur camarade dans l'autre monde. Un missionnaire a vu de ces poteaux qui portaient jusqu'à 80 ou 100 de ces croix.

Le même missionnaire (le P. de Smet) rapporte que, dans le tombeau d'un enfant, ses parents avaient pratiqué une petite ouverture pour donner passage à l'âme. La mère désolée garda la tombe pendant deux jours, pour découvrir si l'objet de sa tendresse avait rencontré quelque âme généreuse dans l'autre monde, ou bien s'il y était malheureux. Voici à quels signes elle prétendait le reconnaître : si elle voyait un joli oiseau ou quelque bel insecte, l'augure lui serait favorable; si, au contraire, elle rencontrait un reptile dégoûtant ou un oiseau de proie, alors tout serait perdu pour son enfant. Heureusement le temps était serein, les papillons et d'autres beaux insectes de toutes couleurs voltigeaient de tous côtés; la pauvre mère retourna donc chez elle toute consolée.

87. Les Ottoes étranglent ordinairement un ou deux de leurs meilleurs chevaux sur le tombeau de leur camarade, afin qu'il monte dessus, dans son grand voyage en l'autre monde, et ils suspendent les queues de ces chevaux sur de longues perches. Le paradis, conformément à leurs idées, est une immense prairie, située au delà du coucher du soleil, où le printemps est éternel, et qui est remplie d'innombrables espèces d'herbes, de buffles, de cerfs, de chevreuils, d'ours, et de gibier de toute espèce.

88. Autrefois, chez les Natchez, lorsque le chef ou la femme chef mourait, tous leurs gardes étaient obligés de les suivre dans l'autre monde; mais ils n'étaient pas les seuls à qui cet honneur était décerné, car c'en était un, et fort recherché. Il y avait tel chef dont la mort coûtait la vie à plus de cent personnes. Un Natchez tant soit peu considérable était au moins accompagné de quelques-uns de ses parents, de ses amis ou de ses serviteurs. Voici le récit des obsèques d'une femme chef, raconté par le P. Charlevoix, d'après un témoin oculaire :

« Le mari de cette femme n'étant pas noble, c'est-à-dire de la famille du soleil, son fils aîné l'étrangla, suivant la coutume; on vida ensuite la cabane de tout ce qui y était, et on y construisit une espèce de char de triomphe, où le corps de la défunte et celui de son époux furent placés. Un moment après, on rangea autour de ces cadavres douze petits enfants que leurs parents avaient aussi étranglés par ordre de l'aînée des filles de la femme chef, et qui succédait à la dignité de sa mère. Cela fait, on dressa dans la place publique quatorze échafauds ornés de branches d'arbres et de toiles, sur lesquelles on avait peint différentes figures. Ces échafauds étaient destinés pour autant de personnes qui devaient accompagner la femme chef dans l'autre monde. Les parents étaient tous autour d'elles, et regardaient comme un grand honneur pour leurs familles la permission qui leur avaient eue de se sacrifier ainsi. On s'y prend quelquefois dix ans auparavant pour obtenir cette grâce, et il faut que ceux ou celles qui l'ont obtenue filent eux-mêmes la corde avec laquelle ils doivent être étranglés.

« Ils paraissent, sur leurs échafauds, revêtus de leurs plus riches habits, portant à la main droite une grande coquille. Leur plus proche parent est à leur droite, ayant sous son bras gauche la corde qui doit servir à l'exécution, et à la main droite un casse-tête ; de temps en temps, il fait le cri de mort, et, à ce cri, les quatorze victimes descendent de leurs échafauds, et vont danser toutes ensemble au milieu de la place, devant le temple et devant la cabane de la femme chef. On leur rend, ce jour-là et les suivants, de grands respects; ils ont chacun cinq domestiques, et leur visage est peint en rouge. Quelques-uns ajoutent que, pendant les huit jours qui précèdent leur mort, ils portent à la jambe un ruban rouge, et que, pendant tout ce temps-là, c'est à qui les régalera. Quoi qu'il en soit, dans l'occasion dont je parle, les pères et les mères qui avaient étranglé leurs enfants, les prirent entre leurs mains, et se rangèrent des deux côtés de la cabane; les quatorze personnes qui étaient aussi destinées à mourir s'y placèrent de la même manière, et ils étaient suivis des parents et des amis de la défunte, tous en deuil, c'est-à-dire les cheveux coupés. Tous faisaient retentir les airs de cris si affreux, qu'on eût dit que tous les diables étaient sortis des enfers pour venir hurler en cet endroit. Cela fut suivi de danses de la part de ceux qui devaient mourir, et de chants de la part des parents de la femme chef.

« Enfin on se mit en marche : les pères et mères qui portaient leurs enfants morts, paraissaient les premiers, marchant deux à deux ; ils précédaient immédiatement le brancard où était le corps de la femme chef, que quatre hommes portaient sur leurs épaules. Tous les autres venaient après, dans le même ordre que les premiers; de dix pas en dix pas, ceux-ci laissaient tomber leurs enfants par terre ; ceux qui portaient le brancard marchaient dessus, puis tournaient tout autour d'eux; en sorte que, quand le convoi arriva au temple, ces petits corps étaient en pièces.

« Tandis qu'on enterrait dans le temple le corps de la femme chef, on déshabilla les quatorze personnes qui devaient mourir, on les fit asseoir par terre devant la porte, chacune ayant près d'elle deux sauvages, dont l'un était assis sur ses genoux, et l'autre lui tenait les bras par derrière. On leur passa une corde au cou, on leur couvrit la tête d'une peau de chevreuil, on leur fit avaler trois pilules de tabac et boire un verre d'eau, et les parents de la femme chef tirèrent des deux côtés les cordes en chantant jusqu'à ce qu'elles fussent étranglées. Après quoi on jeta tous ces cadavres dans une même fosse, qu'on couvrit de terre.

« Quand le grand chef meurt, s'il a encore sa nourrice, il faut qu'elle meure aussi. »

89. Les anciens habitants de la Virginie embaumaient les corps de leurs rois ainsi que nous l'avons décrit plus haut, à l'article EMBAUMEMENT, n. 4. Quant aux simples particuliers, ils les ensevelissaient dans des fosses assez profondes, après les avoir enveloppés de peaux ou de nattes. Les corps morts, habillés de la sorte, étaient posés sur des bâtons, on mettait auprès d'eux leurs armes et leurs principaux effets, et le tout était recouvert de terre. Après cette cérémonie, les femmes prenaient le deuil, c'est-à-dire qu'elles se barbouillaient le visage de charbon pilé détrempé dans l'huile; en cet état elles hurlaient et se lamentaient vingt-quatre heures de suite.

90. Les Apalachites embaumaient les corps de leurs parents et amis défunts, de la manière que nous le rapportons à l'article EMBAUMEMENT, n. 5; puis, après avoir gardé le cadavre chez eux pendant un an, ils l'inhumaient auprès d'un arbre. Quant aux corps de leurs chefs, ils les gardaient pendant trois ans ainsi embaumés, revêtus des ornements de leur dignité, et parés de plumes et de colliers; ce terme expiré, on les portait dans le tombeau de leurs ancêtres, sur le penchant d'une montagne. On les descendait dans une grotte, dont on bouchait l'ouverture avec de grosses pierres ; on suspendait aux arbres voisins les armes dont ils se servaient à la guerre comme autant de témoignages de leur valeur. On ajoute que les proches parents plantaient un cèdre auprès de la grotte, et qu'ils l'entretenaient avec soin à la gloire du défunt ; si l'arbre venait à se dessécher, on lui en substituait aussitôt un autre.

91. Les Floridiens, peuple disparu devant la civilisation, aussi bien que les Virginiens, ensevelissaient leurs paraoustis ou caciques, avec toute la magnificence possible ; ils environnaient le tombeau de flèches plantées en terre par la pointe. Au-dessus du monument, ils déposaient la coupe dont se servait le chef décédé; tous les autres objets à son usage étaient brûlés. On passait trois jours dans les pleurs et dans le jeûne, pour faire honneur à sa mémoire. Les autres paraoustis, ses alliés, venaient le pleurer à son tombeau avec les mêmes cérémonies. Dans certaines parties de la Floride, on enterrait tout en vie, avec les chefs, des esclaves, pour les aller servir dans l'autre monde. Les Floridiens ensevelissaient les corps des prêtres dans les maisons que ceux-ci avaient occupées pendant leur vie; après quoi on brûlait et la maison et les effets du défunt. Le deuil consistait à se raser la tête; les femmes allaient quelquefois semer leurs cheveux sur les tombes de leurs maris décédés à la guerre.

Les Floridiens d'Hirriga enterraient leurs morts dans les forêts ; les corps étaient déposés dans des cercueils couverts de planches non attachées, mais maintenues seulement par le poids de quelques pierres ou par des pièces de bois; et comme les bêtes sauvages étaient en grand nombre dans cette province de la Floride, les parents faisaient garder les cercueils par leurs esclaves.

92. Les Californiens, comme les Youtes, attachent le défunt sur son plus beau cheval, son arc entre ses mains, des bracelets aux bras, la chevelure de ses ennemis à l'arçon de sa selle; on le conduit ainsi auprès d'un torrent ou d'une rivière ; les guerriers font autour de lui un grand cercle qu'ils rétrécissent de plus en plus, en poussant des cris tels qu'on n'en a jamais entendu, jusqu'à ce que la terreur ait contraint l'animal éperdu, hors de lui, à se précipiter avec son fardeau dans le gouffre écumant.

93. Les habitants de Cinaloa, dit Purchas, creusaient une fosse, dès qu'ils voyaient l'un d'entre eux dangereusement malade ; lorsqu'il était expiré, on le brûlait avec sa maison et ses effets, puis on enterrait ses cendres. On répandait sur sa fosse une poudre, dont ceux qui honoraient la mémoire du défunt composaient une boisson tellement forte, qu'elle causait de l'ivresse à ceux qui en buvaient immodérément. C'est ce qui arrivait communément à ceux qui avaient pris part à la cérémonie funèbre.

94. Au Mexique, le soin des funérailles regardait toujours les prêtres ; mais les cérémonies qu'ils observaient n'étaient pas toutes semblables, parce qu'elles dépendaient en partie de la volonté des mourants. Les uns demandaient à être enterrés dans leurs héritages, ou dans les cours de leurs maisons; d'autres voulaient être portés dans les montagnes, à l'imitation des empereurs, qui avaient leurs tombeaux sur celle de Chapultépèque ; enfin quelquefois des particuliers ordonnaient que leurs corps fussent brûlés, et qu'on enterrât leurs cendres dans les temples, avec leurs habits et ce qu'ils avaient de plus précieux. Quelle que fût la volonté d'un mourant, on avertissait les prêtres de son quartier, dès qu'il avait rendu le dernier soupir. Les prêtres le mettaient à terre, assis à la manière du pays, et revêtu de ses plus beaux habillements. Les parents et les amis du mort venaient alors le saluer, et lui faire de riches présents. Si c'était un chef ou un grand de la cour, on lui offrait des esclaves, qui étaient égorgés sur-le-champ pour l'accompagner dans l'autre monde. Les officiers des seigneurs, et l'espèce de chapelain même qu'ils avaient chez eux pour régler les cérémonies religieuses, étaient les premiers immolés, aussitôt que le maître était expiré. On s'imaginait que les uns allaient préparer un nouveau domicile à leur maître, tandis que les autres lui servaient de cortège ; suivant ce principe, on enterrait avec le mort une grande partie de ses richesses. Si le défunt était un capitaine qui se fût distingué, on faisait autour de lui des amas d'armes et d'enseignes.

Les obsèques duraient dix jours, et se célébraient par une alternative de pleurs et de chants; les prêtres faisaient une sorte d'office des morts, chantant d'un ton lugubre, tantôt en chœur, et tantôt l'un après l'autre. Ils élevaient plusieurs fois le corps avec beaucoup de cérémonies; le tambour et la flûte accompagnaient les voix et les encensements qui semblaient se faire en cadence. Celui des prêtres qui tenait le premier rang, était revêtu des habits de la divinité que le seigneur défunt avait particulièrement honorée, et dont il avait été comme l'image vivante : car chaque noble représentait un dieu, et de là venait sans doute l'extrême vénération que le peuple avait pour la noblesse. Si le corps était brûlé, un prêtre en recueillait soigneusement les cendres; et, prenant un habit qui inspirait tout à la fois l'horreur et la crainte, il affectait de remuer ces cendres d'un air furieux, qui répandait la frayeur dans toute l'assemblée.

Aussitôt qu'on s'apercevait que l'empereur était attaqué d'une maladie mortelle, on couvrait de masques la face des principales divinités, et on les leur laissait jusqu'à la guérison ou la mort du monarque. Lorsqu'il était mort, on en donnait avis sur le champ à tous les caciques ou gouverneurs des différentes provinces, afin que le deuil fût général, et pour convoquer tous les seigneurs à la cérémonie des funérailles. Les plus proches devaient se rendre à la cour au bout de quatre jours. En leur présence on plaçait sur une natte le corps de l'empereur, qu'on avait déjà lavé et parfumé pour le garantir de la corruption. On le veillait toutes les nuits jusqu'au jour de l'enterrement, et on n'oubliait pas de faire éclater les pleurs et les gémissements.

Le jour destiné pour brûler le corps, on commençait par couper une poignée de cheveux au défunt, et on lui mettait dans la bouche une grosse émeraude. En le déposant sur la natte, on l'avait placé de façon qu'il était assis, et, dans cette posture qu'on avait soin de ne pas déranger, on lui couvrait les genoux de 17 couvertures fort riches. Par-dessus ces couvertures, on attachait la devise de la divinité qui était l'objet particulier de son culte, ou dont il avait été l'image. On lui couvrait le visage d'un masque enrichi de perles et de pierres précieuses, et on tuait ensuite, pour première victime, l'officier qui avait reçu l'emploi d'entretenir les lampes et les parfums de l'empereur, afin que le voyage du monarque dans un autre monde ne se fît point dans les ténèbres, ni sur une route où son odorat fût blessé. Après ce premier sacrifice, on portait le corps de l'empereur au grand temple, et, dans la route, ceux qui composaient le cortège poussaient de grands cris, ou chantaient d'un ton lugubre les louanges du défunt. Les seigneurs et les chevaliers étaient armés ; tous les domestiques du palais portaient des masses, des enseignes et des panaches. En entrant dans la cour du temple, on apercevait un grand bûcher auquel les prêtres mettaient aussitôt le feu ; et, pendant que la flamme augmentait, le grand prêtre proférait d'une voix plaintive des prières et des invocations. On attendait que le feu fût bien allumé pour y jeter le corps avec tous les ornements dont il était couvert, les enseignes et tout ce qu'on avait apporté dans le convoi. On lançait un chien au milieu du feu, afin qu'il annonçât par ses aboiements l'approche de l'empereur dans les lieux par lesquels il devait passer. Le grand sacrifice commençait alors; il fallait que les victimes fussent au moins au nombre de deux cents. Les prêtres leur ouvraient la poitrine pour en arracher le cœur, qu'ils jetaient dans le feu du bûcher. On ne mangeait point la chair de ceux qui étaient ainsi sacrifiés ; leurs corps étaient déposés dans des charniers où ils se consumaient peu à peu. Les victimes étaient ordinairement des esclaves et des officiers du palais, parmi lesquels on comptait plusieurs femmes. Dès que ces sanglantes exécutions étaient faites, chacun se retirait en silence; on faisait garder le bûcher toute la nuit, et on se rassemblait le lendemain. Les prêtres ramassaient les cendres, les dents, l'émeraude qu'on avait mise dans la bouche du mort. Après avoir mis ces dépouilles dans un vase, on le portait solennellement à la montagne de Chapultépèque. Ils plaçaient, dans une espèce de caverne pratiquée au pied de la montagne, le vase rempli des cendres de l'empereur, et la poignée de cheveux qu'on lui avait coupée peu de jours après sa mort. Ils bouchaient ensuite avec beaucoup de soin l'entrée de la caverne, et plaçaient au-dessus une statue de bois représentant la figure du mort. Pendant quatre jours consécutifs, les femmes de l'empereur défunt, ses filles, ses plus fidèles sujets, apportaient plusieurs offrandes au pied de la statue. Le cinquième jour, les prêtres immolaient 15 esclaves; le vingtième, 5; le soixantième, 3; enfin 9, le quatre-vingtième, pour terminer la cérémonie.

95. On observait plusieurs cérémonies singulières aux funérailles du cacique de Méchoacan, dont la puissance était peu inférieure à celle de l'empereur. Lorsque ce cacique se sentait proche de son heure dernière, il avait soin de nommer celui de ses enfants qu'il destinait à être son successeur. L'héritier faisait aussitôt avertir tous les seigneurs de la province et ceux qui avaient exercé quelqu'emploi sous l'autorité de son père qu'ils eussent à le reconnaître en qualité de cacique. Chacun s'empressait d'obéir, et apportait, en signe d'hommage, de magnifiques présents. L'appartement du cacique malade était fermé avec soin; aucun de ses anciens sujets n'avait la liberté d'y entrer; ses officiers seuls et plusieurs esclaves le servaient jusqu'à ce qu'il eût expiré. Alors ils en donnaient avis, et on convoquait une nombreuse assemblée de seigneurs et autres nobles. Les pleurs, les cris, les gémissements se faisaient entendre. Après ce triste début, on ouvrait l'appartement de l'ancien cacique; chacun entrait, le touchait à la main, lui jetait quelques gouttes d'une eau parfumée. On mettait ensuite au mort une chaussure de peau de chevreuil, qui était celle des caciques; on lui attachait aux genoux des sonnettes d'or; aux poignets, des bracelets du même métal; au cou, une chaîne de pierres précieuses; des pendants aux oreilles et des anneaux aux doigts. Ses lèvres mêmes étaient couvertes de pierreries; et ses épaules, de plusieurs tresses des plus belles plumes. Lorsque le mort était ainsi paré, on le plaçait sur une espèce de litière découverte, ayant auprès de lui, d'un côté, son arc et ses flèches; de l'autre, une grande figure représentant la divinité qu'il avait le plus révérée dans sa vie, et qu'on supposait empressée alors à récompenser son attachement et sa piété. Le fils, successeur du cacique, nommait ceux qui devaient accompagner son père, pour le servir dans l'autre vie. Quelques-uns regardaient comme une faveur d'être choisis, d'autres s'en affligeaient; mais les uns et les autres ne pouvaient éviter de subir le sort qui les attendait. On s'efforçait seulement, pour leur ôter toute crainte et toute faiblesse dans les derniers moments, de leur faire prendre toute sortes d'aliments et de liqueurs fortes qui les enivraient. Sept femmes d'une haute naissance devaient faire avec le mort le voyage de l'autre monde : on les disait chargées, l'une de garder tout ce que le cacique emportait de précieux; une autre de lui présenter la coupe à ses repas; la troisième de laver ses habits et son linge; et les quatre autres de ne pas le quitter un moment, et de lui rendre tous les services dont elles pouvaient être capables. Outre les victimes nommées par le nouveau cacique, on rassemblait encore celles qui venaient s'offrir volontairement, et celles que chaque ordre de l'État était obligé de fournir. On peignait de couleur jaune le visage de tous ceux qui devaient être sacrifiés; on leur mettait une couronne sur la tête, et on les enivrait pour leur sauver l'horreur des approches de la mort.

La marche funèbre commençait par les malheureuses victimes, à qui les vapeurs des liqueurs qu'on leur avait fait boire, ôtaient toute apparence de tristesse; cependant les airs que ces infortunés jouaient sur leurs instruments étaient lugubres, et leurs pas, lents et composés. Les parents du mort paraissaient ensuite, précédant de quelques pas la litière du cacique, portée par les principaux seigneurs du pays, et suivis de plusieurs musiciens qui chantaient une espèce de poëme fort triste sur des airs qui inspiraient de la mélancolie. Ceux qui avaient possédé des emplois, s'avançaient en donnant des marques de la plus vive douleur, et la marche était fermée par les domestiques du palais, chargés d'enseignes et d'éventails de plumes. Le peuple que la curiosité attirait pour voir l'ordre du convoi, veillait attentivement sur les victimes, et songeait à fermer le passage à celles qui auraient voulu prendre la fuite. Les rues de la ville, par lesquelles le convoi devait passer, étaient nettoyées avec plusieurs formalités. Le convoi, qui ne partait qu'à minuit, était éclairé d'une infinité de flambeaux. Lorsque la litière était arrivée au temple, on lui faisait faire quatre fois le tour d'un grand bûcher où l'on brûlait le corps avec tous ses ornements; pendant qu'il était dévoré par les flammes, on assommait toutes les victimes, et, sans leur ouvrir la poitrine, comme à Mexico, on les enterrait derrière le mur du temple. A la pointe du jour, les prêtres avaient soin de ramasser les cendres, les os du cacique, l'or fondu, les pierres calcinées, et portaient tous ces restes dans l'intérieur du temple, où ils les bénissaient en observant plusieurs cérémonies mystérieuses. Ils mêlaient ensuite à ces cendres, différentes sortes de pâtes, et en composaient une grande figure de forme humaine, qu'ils paraient de plumes, de colliers, de bracelets et de sonnettes d'or. Ils l'armaient d'un arc, de flèches, d'un bouclier, et la présentaient en cet état aux adorations du peuple. Tandis que chacun offrait ses hommages à la nouvelle divinité, les prêtres ouvraient la terre au pied des degrés du temple, et faisaient une large fosse dont les parties intérieures étaient aussitôt revêtues de nattes. Ils y dressaient une espèce de lit, sur lequel on mettait la statue, les yeux tournés au levant, et on suspendait autour d'elle plusieurs petits boucliers d'or et d'argent, des arcs, des flèches et des panaches. On plaçait auprès du lit quantité de bassins, de plats, de vases, et des coffres remplis de robes, de joyaux et d'aliments destinés pour les besoins du mort. Les prêtres fermaient ensuite la fosse avec un grand couvercle de terre, au-dessus duquel ils attachaient diverses figures bizarres pour veiller, à ce qu'ils prétendaient, à la conservation d'un monument aussi respectable.

96. Dans la province de Mistèque, quand un cacique était attaqué d'une maladie dangereuse, tous les monastères de son domaine offraient pour sa guérison des prières et des sacrifices; si, malgré cela, il venait à mourir, on feignait de croire que cet accident ne pouvait arriver, et on lui parlait comme s'il vivait encore. Pour suppléer à l'impossibilité de tirer de lui quelque réponse, on plaçait devant lui un esclave revêtu de tous les ornements de la dignité du défunt, et on rendait à cet esclave tous les honneurs dûs à un cacique. Quatre prêtres enlevaient le cadavre vers minuit, et allaient l'enterrer dans une cave ou dans les bois. A leur retour, l'esclave représentant le mort était étouffé; on l'ensevelissait avec un masque sur le visage, et le manteau de la dignité dont il n'avait eu que les apparences : on le jetait ainsi équipé dans une sépulture commune à tous ceux qui, avant lui, avaient joué le même rôle, et on ne le couvrait point de terre, comme on faisait aux particuliers à qui on rendait les honneurs de la sépulture. Tous les ans, on célébrait en l'honneur du dernier cacique une fête solennelle, mais elle n'avait lieu que le jour de sa naissance, car on affectait de ne point parler de celui de sa mort.

97. Chez les Caraïbes, anciens habitants des îles Antilles, maintenant anéantis ou refoulés dans l'Amérique du Sud, lorsque l'un d'entre eux était mort, on assemblait tous ses parents, afin que chacun d'eux fût bien convaincu par lui-même qu'il était décédé de mort naturelle, et qu'il n'y avait personne à accuser et à punir de ce malheur, sans quoi ils se fussent regardés comme obligés de venger leur parent, en tuant celui sur lequel auraient porté leurs soupçons. On peignait ensuite le corps du défunt en rouge, avec des bandes noires, dont on lui liait les cheveux derrière la tête; en cet état, on le descendait dans une fosse creusée non loin d'une cabane, d'environ 6 à 7 pieds de profondeur et de quatre pieds de diamètre; on y plaçait le mort accroupi, les coudes sur les genoux, les joues appuyées sur la paume de ses mains, et on l'ensablait jusqu'aux genoux, seulement pour le soutenir en cette posture. On déposait auprès de lui, son arc, ses flèches et son couteau. C'est alors que les parents convoqués examinaient le cadavre; l'examen terminé, on comblait la fosse. Quelques voyageurs ajoutent qu'on enterrait avec lui un valet pour le servir, et un chien pour le garder. Après la cérémonie, on allumait du feu auprès de la fosse, et tout le monde s'accroupissait à l'entour, les femmes devant et les hommes derrière elles; ceux-ci, donnaient le signal aux femmes en leur touchant le bras, alors tout le monde éclatait en même temps en plaintes, en sanglots, et en lamentations.

98. Les peuples de la Nouvelle-Grenade et des contrées adjacentes, donnaient à manger aux âmes, et célébraient des anniversaires pour les morts; c'est-à-dire que tous les ans, ils portaient un peu de maïs et de *chicali* sur le tombeau du défunt.

Ils ensevelissaient leurs caciques avec des colliers d'or, garnis d'émeraudes; ou bien ils enterraient avec eux ce qu'ils avaient possédé de plus précieux pendant leur vie, n'oubliant pas de mettre auprès du corps de quoi boire et manger. Quelquefois les femmes accompagnaient leurs maris dans l'autre monde.

Si une femme qui nourrissait son enfant venait à mourir, on enterrait l'enfant avec elle, afin qu'il ne restât pas orphelin; pour cela, on l'attachait à la mamelle de sa mère.

Ils ne croyaient pas qu'il y eût d'autres âmes immortelles que celles des grands hommes, et, pour avoir part à cette immortalité, plusieurs des gens du commun se faisaient mourir pour être inhumés avec eux, et participer ainsi, sous leur patronage, aux délices de l'autre vie qui consistaient à manger, boire, danser, aimer, et généralement à renouveler toute la sensualité animale.

Ils célébraient solennellement l'anniversaire de la mort de leurs guerriers; ces anniversaires consistaient en repas, en danses, en chants et en lamentations. Si le héros dont ils célébraient la mémoire avait péri dans le combat, ils fabriquaient une image de son ennemi, et la mettaient en pièces. Le lendemain, à la pointe du jour, on mettait l'image du défunt dans un grand canot, rempli d'objets qui avaient été autrefois à son usage, et le tout était brûlé et réduit en cendres. Les jeunes gens se faisaient des incisions avec une arête de poisson, et faisaient des libations du sang qui coulait de leurs plaies.

99. Les anciens Caribanes, enterraient leurs morts dans leurs cabanes; et ceux de Paria, après les avoir mis dans la fosse, faisaient porter des provisions auprès d'eux, persuadés que l'on avait besoin de se nourrir après la mort. Souvent ils desséchaient les cadavres au feu, et ensuite les suspendaient à l'air. Toute la cérémonie était accompagnée de chants funèbres et de lamentations, surtout quand le mort s'était distingué par ses exploits, ou avait bien mérité de la nation. On célébrait l'anniversaire de son trépas, et celle de ses femmes qu'il avait le plus chérie pendant sa vie, conservait comme une relique le crâne de son époux défunt.

100. Les Muyzcas regardaient comme très heureux ceux qui mouraient de mort subite ou frappés de la foudre. Quelques-unes de leurs tribus brûlaient les cadavres, d'autres les suspendaient dans des édifices consacrés à cet usage; mais ordinairement on allait les enterrer dans les champs, après les avoir enveloppés dans une pièce d'étoffe. On plaçait auprès d'eux de l'or et des émeraudes, et

l'on avait soin de planter un arbre sur la fosse, afin qu'on ne les déterrât pas pour les dépouiller. Les Espagnols ont découvert quelques-unes de ces sépultures et en ont recueilli des sommes considérables. Le P. Simon dit que, de son temps, on tira d'une seule 24,000 pesos de bon or.

A la mort d'un Zippa ou chef, tous ses sujets prenaient le deuil en se frottant d'ocre rouge; on plaçait son corps dans un tronc de palmier garni tant à l'intérieur qu'à l'extérieur de plaques d'or, ce qui a fait dire à Gomara qu'on l'enterrait dans un cercueil d'or; mais auparavant, on avait soin d'enlever les entrailles, et de remplir le cadavre d'une espèce de résine. On lui plaçait ensuite des émeraudes dans les yeux, les oreilles, les narines, la bouche et le nombril, et des ornements d'or au cou. Pendant six jours, on le pleurait en chantant ses exploits; au bout de ce temps, de vieux chèques le transportaient dans une tombe préparée dès le jour de son avénement, et dont la situation était inconnue. On enterrait avec lui quelques esclaves et quelques-unes de ses femmes, qui se dévouaient volontairement pour prouver leur affection; mais on avait soin de leur donner auparavant un breuvage qui les étourdissait sur leur situation.

101. Les indigènes qui habitaient les environs de l'Orénoque suspendaient dans leurs cabanes les squelettes de leurs morts, et, après que la chair était consumée, ils ornaient les ossements de plumes et de colliers.

102. On dit que les Arvaques qui habitaient au sud du même fleuve, réduisaient en poudre les os de leurs caciques; que les femmes et les amis de ces guerriers faisaient infuser cette poudre dans leur boisson, et, comme la veuve désolée de Mausole, ensevelissaient ainsi dans leurs entrailles, l'objet de leur affection ou de leur respect.

103. Sur la rivière des Amazones, il y a des tribus qui gardent les morts dans leurs maisons, afin d'avoir toujours, dit le P. d'Acunha, le souvenir de la mort présent devant les yeux; d'autres brûlent les cadavres dans de grandes fosses, avec tout ce qui avait appartenu aux défunts. Ils célèbrent leurs funérailles plusieurs jours de suite, pendant lesquels ils ne font que pleurer et boire jusqu'à l'excès.

104. Les Botecudos portent un grand respect aux morts et les ensevelissent avec toutes les marques d'un deuil profond. Quand un membre de la peuplade vient de fermer les yeux, son plus proche parent se place en pleurant à ses côtés, et lui exprime tous les sentiments que la douleur inspire à ceux qui aiment; ses doléances finies, un autre parent le remplace et fait de même; ensuite chacun des assistants témoigne à son tour l'affliction qu'il éprouve, et ces larmes ne tarissent souvent qu'au bout de six ou sept heures. Pendant ce temps, on prépare le cercueil, qu'on recouvre de feuillage après que le corps y est placé, et le convoi marche vers le lieu de la sépulture, où on le dépose doucement et en silence. D'autres mettent le corps dans la terre sans cercueil, les bras pliés sur la poitrine et les cuisses pliées sur le ventre; mais comme ils donnent aux fosses très-peu de profondeur, les genoux du cadavre sortent de terre lorsqu'elle commence à s'affaisser; c'est pourquoi un des parents veille tout armé auprès du tombeau, afin d'en écarter les bêtes féroces. Cette garde funèbre est ainsi continuée pendant neuf à dix jours par chacun des parents. Durant cet intervalle, il y a toujours avec la sentinelle quelques amis du défunt qui viennent gémir sur sa tombe, et s'entretenir avec son âme qu'ils croient présente, bien qu'invisible, car ils supposent qu'elle s'éloigne peu du corps qu'elle aima. En conséquence, ils élèvent autour de la fosse, une espèce de dais composé de bâtons verticaux et horizontaux soutenant un dôme de feuillage; et ils ont soin de balayer le chemin et d'orner, pour la satisfaction de l'âme errante du défunt, le dais du tombeau, du poil des bêtes et des plumes des oiseaux qu'ils rapportent de la chasse.

105. Quand un Puri vient à mourir, on l'enterre dans sa tente, et, si le mort est adulte, la tente est abandonnée. Le corps mis dans un vase, ou enveloppé de mauvaises toiles de coton, est déposé dans la terre, sur laquelle hommes et femmes viennent piétiner ensuite, en poussant des cris et des lamentations; on prononce même, à ce qu'il paraît, sur la tombe fraîche encore, une espèce d'oraison funèbre.

106. Les funérailles des Tupis comportaient une espèce de cérémonial. Les femmes s'embrassant et posant les mains sur les épaules l'une de l'autre, s'écriaient : « Il est mort, celui qui nous a tant fait manger de prisonniers! » Puis, quand on s'était ainsi lamenté pendant une demi-journée, on creusait une fosse ronde et profonde de cinq à six pieds; le cadavre y était enterré presque debout, avec les bras et les jambes liés autour du tronc.

107. Les Charruas, comme beaucoup de nations guerrières, enterrent les morts avec leurs armes. En signe du deuil de leur père, les fils adultes, soumis à un jeûne des plus rigoureux, se passent de longs roseaux dans la chair, sur la partie extérieure du bras, depuis le poignet jusqu'à l'épaule. On rencontre souvent parmi eux des femmes qui ont à chaque main un ou deux doigts de moins, et d'autres, qui ont les bras, le sein, les flancs sillonnés de coups de lance; ce sont autant de marques de deuil.

108. Les Péruviens avaient l'art d'embaumer les corps de telle façon que, non-seulement ils résistaient à la pourriture et à la corruption, mais qu'ils acquéraient même une dureté extraordinaire. On embaumait de cette façon le corps des incas.

Quand donc l'inca était mort, on retirait toutes les entrailles de son corps, et on les portait dans un temple à cinq lieues de Cusco, sur la rivière de Yucay; là, on les enterrait avec toute la vaisselle du prince, sa batterie de cuisine, ses habits, ses plus riches joyaux, les meubles de toutes ses maisons, comme s'il eût dû en faire usage dans l'autre vie. A l'égard des autres richesses placées dans les maisons royales, et qui étaient censées appartenir à l'État, comme les cuves, les bûchers, les arbres d'or et d'argent, etc., on n'y touchait point, et on les gardait avec respect pour ceux qui succédaient à la couronne. Après avoir embaumé le corps du roi, on le portait au temple du soleil, à Cusco; on le déposait vis-à-vis de l'image du soleil, et on lui offrait des sacrifices comme à un être divin, enfant de cet astre. On enterrait en même temps quelques-unes de ses femmes, avec quelques domestiques.

Tout le premier mois se passait en deuil; les habitants de la ville le pleuraient tous les jours, avec de grandes démonstrations de douleur. De tous les quartiers de la ville, on venait en procession, avec les enseignes de l'inca, ses bannières, ses armes, ses vêtements, et tout ce qu'il fallait enterrer avec lui pour honorer ses funérailles. Les lamentations étaient entremêlées du récit des victoires que le prince avait remportées, de ses exploits mémorables, du bien qu'il avait fait aux provinces. Le premier mois du deuil écoulé, on le renouvelait tous les quinze jours à chaque conjonction de la lune, pendant toute la première année; enfin on la terminait avec toute la solennité imaginable. Il y avait à cet effet des pleureurs, qui chantaient d'un ton lugubre les grandes actions et les belles qualités du défunt. Cela se pratiquait encore dans les autres provinces de l'empire : chaque seigneur y donnait toutes les marques possibles du regret qu'il avait de la mort de son souverain. On visitait les lieux que le prince avait favorisés de ses bienfaits, ou seulement de sa présence; c'était là surtout qu'on manifestait la violence de sa douleur, et qu'on exaltait le mérite du royal défunt.

Les Péruviens avaient grand soin de mettre de côté, pendant leur vie, les ongles ou les cheveux qui pouvaient leur tomber, et même les rognures des uns et des autres; et on déposait ces débris avec eux dans la tombe, afin qu'ils pussent les retrouver plus facilement, lorsqu'à la résurrection générale, ils devaient reprendre le même corps qu'ils avaient eu pendant cette vie.

Les grands du Pérou étaient également embaumés avec soin après leur mort, et placés sur une espèce de trône, on les transportait ainsi au lieu de la sépulture. Les femmes et les domestiques qui devaient être enterrés avec le défunt suivaient le brancard; d'autres portaient les provisions réputées nécessaires pour les besoins de l'autre vie. Le long du chemin, un des parents du mort lui soufflait dans la bouche quelque nourriture, au moyen d'une sarbacane. Après qu'il avait été enterré on avait coutume de mettre sur sa tombe une statue de bois. On déposait des armes sur celle d'un soldat, et les insignes de sa profession sur celle d'un artisan.

109. Quand un Payagua vient à mourir, on loue un homme pour le porter en terre. Les gens de cette tribu ont un soin extrême des sépultures; ils les balayent, les couvrent de huttes et de cloches ou pots de terre, ornés de peintures. Les hommes ne portent jamais le deuil; mais les femmes pleurent deux ou trois jours leur père ou leur mari.

110. Les Mbayes, entre autres traits de conformité avec les anciens Grecs, ont la coutume de sacrifier des chevaux sur la tombe d'un chef. Ils pratiquent en l'honneur de leurs parents décédés, un deuil de trois ou quatre lunes, marqué par le silence et par l'abstinence des viandes.

111. A la mort d'un Lengua, tous les autres membres de la tribu changent de nom, pour dépayser la mort qui, disent-ils, tient la liste de tous les vivants, et, quand elle reviendra, ne saura plus à qui s'en prendre.

112. Les Araucanos et les Pampas enterrent le guerrier avec ses armes, sacrifient un cheval sur sa tombe, et y déposent des comestibles pour nourrir le mort pendant le voyage de l'autre vie.

113. Les bergers qui errent dans les déserts de la république Argentine, bien que descendants des Espagnols, ne sont guère plus civilisés que les sauvages au milieu desquels ils vivent. Toutefois, ils tiennent beaucoup à être inhumés en terre sainte. Les parents et les amis d'un mort ne manquent jamais de lui rendre ce service; mais, quelques-uns d'entre eux demeurent si loin de toute église, qu'en général le cadavre est laissé dans les champs, couvert seulement de pierres et de branches d'arbres, jusqu'à ce qu'il n'en reste plus que les os, qui sont portés alors aux prêtres pour être inhumés. D'autres dépècent le mort, séparent les chairs des os avec un couteau, et portent les os au curé, après avoir jeté ou enterré le reste. Si la distance n'est pas de plus de 20 lieues, ils couvrent le défunt des habits qu'il portait de son vivant, le mettent à cheval, les pieds dans l'étrier, en le soutenant avec deux bâtons placés en croix par derrière, de sorte qu'à le voir, on croirait qu'il vit encore; et, dans cet état, ils le présentent au prêtre qui dessert la paroisse la plus voisine.

114. Les funérailles des Téhuelches ou Patagons sont accompagnées de nombreuses cérémonies, conséquence de leur respect pour les morts. Dans quelques-unes de leurs nations, dès qu'un homme a rendu le dernier soupir, une des femmes les plus distinguées de la tribu en forme le squelette, en détachant les chairs et en séparant les entrailles avec une adresse toute particulière; puis on l'enterre jusqu'au moment de l'enlever pour le placer dans le cimetière de ses ancêtres; chez d'autres, on se borne à les enterrer en grande pompe. Pendant la cérémonie, des sauvages tournent autour de la tente, barbouillés de noir, avec des chants tristes et lamentables, et frappent la terre

pour effrayer *Gualichu* (l'esprit du mal). Ils vont ensuite faire visite à la veuve ou aux veuves, et aux parents du défunt, se déchirent le corps, en leur présence avec des épines, et donnent tous les signes d'une douleur violente, mais non pas tout à fait désintéressée; car elle est payée de présents plus ou moins riches, suivant la fortune de la famille.

Certaines peuplades ensevelissent leurs morts dans des fosses carrées, de cinq pieds de profondeur, et les enterrent avec leurs armes, en les couvrant de leur meilleur habit. Selon Falconer, ces costumes mortuaires sont changés tous les ans par une femme âgée, qui est chargée du soin des morts; elle ouvre les tombeaux à cet effet, et ses fonctions lui assurent le respect de tous ses compatriotes. Il se fait chaque année, sur les tombeaux, des libations en l'honneur des morts. Les Patagons méridionaux ont un peu modifié ces usages. Les chevaux d'un défunt, surtout si c'est un chef, sont tués sur sa tombe, afin qu'il puisse les monter pour se rendre à *l'alhue mapou* (pays de la mort).

Les femmes seules portent le deuil, et le deuil est d'une année. Pendant tout ce temps, indépendamment de ce que, tous les effets du mort étant brûlés sur sa tombe, elles se trouvent souvent, avec leurs enfants, réduites au dénuement le plus absolu, elles sont encore astreintes à la retraite la plus rigoureuse, obligées de se barbouiller de noir, sans jamais pouvoir se laver, et de s'abstenir de certains mets. Il leur est, de plus, défendu de se marier pendant l'année du veuvage, et les liaisons formées par elles seraient punies de la mort des deux coupables.

Peuples de l'Océanie.

115. Autrefois les Battas, peuple barbare de l'île de Sumatra, étaient dans l'usage de manger leurs parents, quand ceux-ci devenaient trop vieux pour travailler. Ces victimes, résignées à leur sort, choisissaient une branche d'arbre horizontale, et s'y suspendaient par les mains, tandis que leurs parents et leurs voisins dansaient autour d'eux en chantant : « Quand le fruit est mûr, il faut qu'il tombe. » Cette cérémonie avait lieu ordinairement dans la saison des citrons, et à l'époque où le poivre et le sel aboudaient pareillement. Dès que les victimes fatiguées se laissaient choir, tous les assistants se précipitaient sur elles et les dévoraient. Cette coutume de manger les vieillards est aujourd'hui tombée en désuétude, mais les Battas se nourrissent encore avec délices de la chair des prisonniers de guerre et de ceux qui ont violé les lois du pays.

116. Chez les Réjangs, autre peuple de Sumatra, les funérailles se font au moyen d'une grande planche commune à tout un village, sur laquelle on étend le cadavre frotté avec de la glu, pour qu'il se conserve plus longtemps; on le porte ainsi au cimetière, où une fosse le reçoit, profonde à peine de deux pieds. Des femmes suivent le convoi, criant et glapissant, et le bruit ne cesse que lorsque la terre a recouvert la dépouille du mort.

On jalonne alors le tour de la fosse de petites banderoles, et l'on y plante un arbrisseau, symbole de deuil.

Les mânes de leurs ancêtres sont sacrés aux indigènes; c'est par eux qu'ils jurent, c'est à eux qu'ils s'adressent aux époques calamiteuses, comme une guerre, une famine, une épidémie. Ils s'imaginent que les âmes de leurs pères vont se loger dans les corps des tigres ; de là leur profond respect pour ces animaux.

117. Dans les îles Pogghi ou de Nassau, dès qu'un homme a rendu le dernier soupir, son corps est transporté dans un lieu destiné à cet effet, et placé sur un échafaud, nommé *ratiaki;* on le pare de coraux et des autres ornements qu'il portait de son vivant ; ensuite on le couvre de feuilles, sous lesquelles on le laisse pourrir, et les personnes qui composaient le convoi funèbre s'en retournent à la maison du défunt, où ils arrachent tous les arbres qui l'entourent.

118. A Java, les enterrements se font avec décence, sans cris, sans bruit; si un individu meurt dans la nuit, on l'enterre le lendemain; s'il meurt dans le jour, on l'inhume avant le coucher du soleil. Un tertre de terre, un entourage en bois indiquent l'emplacement de la tombe ; rarement on y ajoute une pierre tumulaire ou une inscription. Les cimetières sont entourés de kambayas dont la verdure semble inviter au respect et à la mélancolie.

Cependant, à la mort d'une personne riche et puissante, on observe un cérémonial plus pompeux. Tous les parents des deux sexes se transportent au domicile du défunt et y reçoivent quelques pièces d'argent ; à chacun des prêtres on donne une piastre, une pièce d'étoffe et une petite natte. On lave le corps, on l'enveloppe d'une toile blanche, et on le dépose dans une bière couverte d'une toile peinte et de guirlandes de fleurs. Plus un convoi est riche et fastueux, plus on y voit de belles lances et de beaux parasols. Le cortége d'amis et de parents suit le mort jusqu'à sa dernière demeure, et attend, pour se retirer, que le prêtre ait dit sur la tombe la prière finale. Ces prières se prolongent encore pendant une semaine dans la maison du défunt ; chaque jour, les imams et reviennent pour implorer Dieu en faveur de son âme. Les 3e, 7e, 14e, 100e et 1000e jours, il y a des fêtes nommées *Sidika*, qui consistent en une espèce de service funèbre et commémoratif. On conçoit que de pareilles formalités ne se pratiquent que pour les personnes mortes en laissant une grande fortune.

Suivant leurs coutumes nationales, les Chinois de Java ont des funérailles aussi somptueuses et beaucoup plus bruyantes.

Chez les Kalangs, on a l'habitude de briser une noix de coco, dont le lait est répandu sur la tombe et dont les fragments sont placés à la tête et aux pieds du cadavre.

119. Dans l'île de Bali, les habitants font embaumer le corps des personnes qui viennent de mourir, et ne le brûlent que le jour fixé par leurs brahmanes, qui ordinairement ne le désignent qu'une année après le décès ; quelquefois, au lieu de réduire le cadavre en cendres, ils le jettent à la mer.

Quand un radja meurt, son corps est conservé pendant un temps plus ou moins long, quelquefois un an, jamais moins de deux mois ; on le garantit de la putréfaction en le soumettant chaque jour à une fumigation de benjoin et d'autres substances ; on le brûle ensuite suivant l'usage des Hindous. Quant au corps des enfants qui n'ont point encore de dents, on les enterre immédiatement après leur mort, ainsi que les individus emportés par la petite vérole.

A Franjung-Alem, dit le voyageur Raffles, une dame âgée, d'un certain rang, étant décédée, toutes les femmes du village se rendirent d'abord à la maison de la défunte, en poussant des hurlements pendant une heure ou deux, après quoi on transporta le corps dans la maison commune, où tout le monde devait dîner. Le soir, il y eut, en présence de tout le monde assemblé, des danses et des chants, dans la salle où l'on avait déposé le corps. Le lendemain matin, le chef du village tua une chèvre et répandit son sang autour de la maison de la défunte, pendant que les jeunes filles, placées de manière à pouvoir être entendues de l'intérieur de la maison commune, criaient de toute la force de leurs poumons : « O mère, reviens ! mère, reviens ! » Ce bruit se prolongea jusqu'au moment où il fut décidé que le corps ne serait pas gardé plus longtemps. On l'enleva alors de la place où il était, on le transporta paisiblement hors du village, et on le descendit dans une fosse sans autre cérémonie.

Un Hollandais qui était à Bali en 1633 raconte ce qui suit : « Arrivé chez le prince de Gilgil, je le trouvai dans la désolation, à cause d'une épidémie qui avait fait périr ses deux fils. La reine mourut quelque temps après ; son corps fut brûlé hors de la ville, avec vingt-deux de ses femmes esclaves. On le porta hors du palais, par une ouverture qu'on fit à la muraille, à droite de la porte, dans la crainte superstitieuse du diable qui se place, suivant les Balinais, dans l'endroit par lequel le mort est sorti. Les esclaves qui étaient destinées à accompagner l'âme de la reine, marchaient en avant, selon leur rang ; elles étaient soutenues chacune par une vieille femme, et portées sur des litières de bambou. Après qu'elles eurent été placées en cercle, cinq hommes et deux femmes s'approchèrent d'elles et leur ôtèrent les fleurs dont elles étaient ornées. De temps en temps on laissait voler des pigeons et d'autres oiseaux, pour marquer que leurs âmes allaient bientôt prendre leur essor vers le séjour de la félicité.

« Alors on les dépouilla de leurs vêtements, excepté de leurs ceintures ; quatre hommes s'emparèrent de chaque victime : deux leur tenaient les bras étendus, et deux autres tenaient les pieds, tandis qu'un cinquième se préparait à l'exécution. Quelques-unes des plus courageuses demandèrent elles-mêmes le poignard, le reçurent de la main droite, le passèrent à la main gauche en l'embrassant ; elles se blessèrent le bras droit, en sucèrent le sang, en teignirent leurs lèvres et se firent, avec le bout du doigt, une marque sanglante sur le front ; elles rendirent l'arme aux exécuteurs, reçurent le premier coup entre les fausses côtes, et le second sous l'os de l'épaule, l'arme étant dirigée vers le cœur. Lorsque la mort approcha, on leur permit de se mettre à terre, on les dépouilla de leurs derniers vêtements et on les laissa totalement nues. Leurs corps furent ensuite lavés, recouverts de bois, mais la tête seule était restée visible, et l'on mit le feu au bûcher.

« Le corps de la reine arriva ; il était placé sur un magnifique *badi* de forme pyramidale consistant en onze étages, et porté par un grand nombre de personnes d'un haut rang. De chaque côté du corps, il y avait deux femmes, l'une tenant un parasol, et l'autre un éventail pour chasser les insectes. Deux prêtres précédaient le badi, dans des chars d'une forme particulière, tenant dans une main des cordes qui étaient attachées au badi, pour faire entendre qu'ils conduisaient la défunte au ciel, et dans l'autre main une sonnette, tandis que les gongs, les tambours, les flûtes et les autres instruments donnaient à la procession plutôt un air de fête que de funérailles. Lorsque le corps de la reine eut passé devant les bûchers qui étaient sur la route, on le déposa sur celui qui lui était préparé, qui fut aussitôt enflammé ; on y brûla la chaise, le lit et généralement tous les meubles dont elle avait fait usage. Les assistants firent ensuite une fête, tandis que les musiciens exécutaient une mélodie qui n'était pas désagréable à entendre ; on se retira le soir, lorsque les corps eurent été consumés, et on plaça des gardes pour conserver les ossements.

« Le lendemain, les os de la reine furent reportés à son habitation avec une cérémonie égale à la pompe du jour précédent. On y porta chaque jour un grand nombre de vases d'argent, de cuivre et de terre, remplis d'eau ; une bande de musiciens et de piqueurs escortaient les porteurs, précédée de deux jeunes garçons, tenant des rameaux verts, et d'autres qui portaient le miroir, la veste, la boite de bétel et d'autres effets de la défunte. Les os furent lavés pendant un mois et sept jours ; on les plaça sur une litière, on les transporta avec les mêmes égards que si le corps eût été entier, on les déposa dans un endroit où ils furent brûlés avec soin, recueillis dans une urne, et jetés en cérémonie dans la mer, à une certaine distance de la côte. »

Les veuves des grands personnages ont aussi la coutume de se brûler comme dans les Indes, avec le corps de leur mari. A la mort du chef de la famille de Karang-Assem, 74 femmes furent immolées sur son corps. Lorsque mourut le radja de Gilgil, ses femmes et ses concubines, au nombre de 150, se dévouèrent aux flammes. En 1813, 20 femmes se brûlèrent volontairement sur le bûcher du prince Wayaban-Jalanteg.

120. Dans l'île de Timor, les funérailles des rois sont aussi longues et dispendieuses que celles des particuliers sont simples et courtes. A la première nouvelle de la mort du radja, tous ses sujets se font raser la tête; ses femmes et ses concubines prodiguent les signes extérieurs du deuil, se tordent les bras, s'arrachent les cheveux, se frappent la poitrine. On fait des sacrifices publics; on égorge des buffles et des porcs. Ensuite on pare le cadavre, sur une table, au milieu de la maison; on le revêt de ses plus beaux habits; on le couvre de plaques d'or, de chaînes et de colliers; on le laisse ainsi pendant deux jours que l'on passe en lamentations déchirantes. Pendant ce temps, on a coupé, dans la forêt voisine, un grand tronc d'arbre, dans lequel on creuse un espace suffisant pour que le cadavre puisse y entrer avec tous ses joyaux. Quand tout y a été enfermé, on bouche l'ouverture avec de la gomme, et l'on porte cette espèce de momie dans une maison voisine, où elle doit rester jusqu'à ce qu'on ait ramassé l'argent nécessaire pour des funérailles très-coûteuses. La somme qu'il faut réunir est si forte, qu'il n'est pas rare de voir des souverains demeurer trois, quatre et cinq ans dans leurs troncs de bois. Enfin quand la collecte est faite, la cérémonie commence. Les radjas voisins y envoient leurs femmes pour pleurer et veiller avec les femmes du défunt auprès du cercueil. Les funérailles débutent par une altercation entre les femmes et les porteurs; celles-ci veulent garder le corps, ceux-là veulent le charger sur leurs épaules. Après une résistance assez courte, les femmes cèdent, et on dépose le corps dans son tombeau, le visage tourné du côté de l'orient, quelquefois debout, quelquefois couché, le tombeau étant en forme de puits. Auprès de l'endroit, on dépose du riz et du pinang, puis on tue des chevaux, des chiens et des buffles. Les funérailles se terminent par des cadeaux aux assistants; au peuple, du maïs et du riz; aux chefs, des plaques d'or.

21. Les noirs de Luçon pensent que les morts éprouvent des besoins; ils les ensevelissent armés et vêtus, et mettent dans leurs tombes des aliments pour plusieurs jours. A la cérémonie des funérailles, ils laissent au défunt une place vide au milieu d'eux, afin qu'il participe au banquet funèbre. Ils s'imaginent quelquefois le voir, et ils pensent qu'il jouit des pleurs que ses amis répandent.

122. Les Aétas des Philippines supposent que les défunts rendent quelquefois visite à l'humble foyer qu'ils ont quitté. Pour s'en assurer, on couvre le foyer de cendres, et si on y aperçoit le moindre dérangement, ou la trace d'un pied, ces sauvages tombent aussitôt dans une profonde affliction, s'imaginant que le mort a reparu pour exercer quelque vengeance, et, sur-le-champ, ils offrent des sacrifices à ses mânes pour l'apaiser.

123. Chez les Igorotes ou Nigritos du même archipel, quand un chef meurt, la coutume est de le venger en immolant d'innocentes victimes; on doit, en son honneur, tuer autant de personnes qu'il lui reste de doigts ouverts dans les mains. Ils choisissent la nuit pour ces expéditions, s'embusquent dans les chemins et derrière les arbres, armés d'arcs et de flèches; c'est le hasard qui choisit alors les sujets voués à cette expiation.

124. A la mort d'un indigène, les anciens insulaires des Mariannes, mettaient une corbeille auprès de sa tête pour recueillir son esprit; ils le conjuraient, puisqu'il quittait son corps de venir se placer dans cette corbeille pour y faire sa demeure, ou du moins pour s'y reposer quand il voudrait les venir voir. Quelques-uns frottaient les morts d'huiles odoriférantes, et les promenaient par les maisons de leurs parents, pour leur donner la liberté de choisir une demeure qui leur convînt.

Suivant le P. le Gobien, ces insulaires témoignaient leur douleur et leurs regrets par des démonstrations bruyantes et des paroles de regret; on les voyait verser des torrents de larmes et pousser des cris affreux; ils ne mangeaient pas, et restaient couverts de poussière. Ce deuil durait d'ordinaire sept ou huit jours, quelquefois davantage, suivant leur attachement au défunt. On faisait ensuite un repas sur la tombe même chargée de fleurs, de branches de palmier, de coquillages et d'objets précieux. La désolation des mères qui pleuraient leurs enfants était inconcevable: elles coupaient les cheveux de ces chers défunts, et les suspendaient à leur cou par un cordon auquel elles faisaient autant de nœuds qu'il s'était écoulé de nuits depuis la mort de leurs enfants.

Quand le défunt appartenait à la classe des nobles, la douleur était sans mesure; ils entraient dans une espèce de fureur et de désespoir, arrachaient les arbres, brûlaient leurs maisons, brisaient leurs bateaux, déchiraient leurs voiles et en livraient les débris au vent. Ils jonchaient ensuite les chemins de branches de palmier et élevaient des monuments expiatoires en l'honneur du défunt. Si le mort s'était signalé par la pêche ou par les armes, deux de leurs professions distinguées, ils couronnaient son tombeau de rames ou de lances. S'il s'était illustré par ces deux professions à la fois, ils lui élevaient une sorte de trophée avec des lances et des rames entremêlées. Tout cela était accompagné de lamentations. « Il n'y a plus de vie pour moi, » disait l'un. — « Le soleil qui m'animait s'est éclipsé, » répliquait l'autre; ou encore: « Je vais être enseveli dans une nuit profonde. — J'ai tout perdu; je ne verrai plus celui qui faisait la joie de mon cœur. — Quoi! notre plus grand guerrier est mort! qu'allons nous devenir? »

Les Mariannais gardaient respectueusement chez eux, dans des paniers, les os et les crânes de leurs ancêtres, ainsi que leurs figures grossièrement gravées sur des morceaux de bois. Ils les invoquaient quand ils se trouvaient dans l'embarras ou dans le malheur, en criant *Hou! hou!* et en les appelant par leur nom. « C'est maintenant, disaient-ils, que votre secours nous est nécessaire; secourez-nous, si votre famille vous fut jamais chère. » Quelques-uns déposaient ces ossements dans des cavernes voisines de leurs habitations, et nommaient ces espèces de charniers, *Goma alomsig*, maison des morts.

125. Les insulaires de l'archipel Hawaï ou des Sandwich se livraient à une désolation extrême, à des démonstrations exagérées, à la mort de leurs parents et surtout de leurs chefs. Lorsque le roi Tamea-Mea mourut, le 8 mai 1819, cette nouvelle, disent les historiens, se répandit comme un choc électrique, et couvrit les îles d'un voile funèbre. Sans qu'il fût nécessaire de régler le deuil, chacun se mit en devoir d'apporter son tribut de douleur. Ce fut un unanime concert de pleurs et de gémissements, qui n'étaient interrompus que pour raconter des traits de la vie du roi qu'ils avaient perdu. Hommes et femmes s'arrachaient les cheveux en se jetant à terre ; on se coupa à l'envi les oreilles, on se cassa les dents, on se rasa la tête, on se mutila, on se brûla la peau, on se marqueta le corps de blessures. Les hommes couraient presque nus, simulant la folie, et détruisant tout sur leur passage ; plusieurs insulaires poussèrent même le fanatisme de la douleur jusqu'à incendier leurs cases et leurs meubles et ravager leurs propriétés. *Voyez* un chant de deuil approprié à la circonstance, à l'article DEUIL, n. 37.

Ces témoignages publics de deuil se renouvelèrent à la mort de Keo-Pouo-Lani, veuve de Tamea-Mea. Aucune expression humaine ne saurait rendre cette douleur publique, cette scène grecque à qui il a manqué un Homère. Un récit de M. Stewart ne peut en donner qu'une idée approximative. « C'était à Mawi, les habitants de l'île, au nombre de plus de 5000, se portèrent vers la case de la défunte, hurlant, gémissant, se tordant les bras de désespoir, affectant les poses les plus bizarres et les plus expressives ; et ce n'était pas seulement le peuple qui manifestait ainsi ses regrets, mais les chefs et les seigneurs de la cour. Ces doléances avaient chacune son attitude et son expression individuelle ; les femmes échevelées, les bras tendus vers le ciel, la bouche ouverte et les yeux fermés, semblaient invoquer une catastrophe pour marquer le jour néfaste ; les hommes croisaient leurs mains derrière la tête et semblaient abîmés dans la douleur. Ici on se jetait la face contre terre en se roulant dans le sable, ailleurs on tombait à genoux, ou l'on simulait des convulsions épileptiques. Ceux-ci prenaient leurs cheveux à poignée, et semblaient vouloir s'épiler la tête. Tous multipliaient leurs gestes et leurs manifestations extravagantes, puis criaient lamentablement : *Auwe ! auwe !* en accentuant ce mot d'une manière saccadée et lente, et appuyant sur la dernière syllabe, comme pour la rendre plus expressive et plus douloureuse. Groupés ou distincts, courants ou au repos, avec toutes leurs poses si diverses, si effroyables, si caractérisées, ces insulaires en deuil, ce peuple faisant dans une pantomime générale l'oraison funèbre de sa reine, formait le tableau le plus bizarre que l'on puisse imaginer, mais aussi le plus touchant, le plus profond, le plus poétique. Interrogés sur le motif qui les engageait à manifester leur chagrin d'une manière si exagérée, ils répondaient que c'était trop peu encore, et qu'ils devraient garder des traces éternelles de cette douleur. »

126. Les cérémonies funèbres des habitants des îles Hogoleu ont quelque chose de singulier. A la mort d'un proche parent, on s'abstient de toute espèce de nourriture pendant 48 heures, et pendant un mois on ne mange que des fruits, en se privant entièrement de poisson, la plus grande friandise du pays. Pour la perte d'un père ou d'un époux, on se retire en outre dans une solitude sur les montagnes l'espace de trois mois. La mort d'un roi ou d'un chef principal est toujours célébrée par des sacrifices humains : plusieurs hommes, femmes et enfants sont choisis pour lui servir de cortége d'honneur dans le monde des esprits ; et ils sont fiers de cette distinction, car ils sont enterrés dans le même tombeau que lui. Dans ces occasions, et durant les deux mois qui suivent les funérailles d'un chef, il n'est permis à aucune pirogue de flotter sur l'eau.

127. Les Carolins orientaux revêtent leurs morts de tous leurs plus beaux ornements, enveloppent le corps de tissus, réunissent les deux mains sur le bas-ventre, et les enfouissent dans la terre, non loin de leurs habitations.

128. La coutume de la plupart des Carolins occidentaux est de jeter les cadavres des simples particuliers le plus loin qu'ils peuvent dans la mer, pour servir de pâture aux requins et aux baleines. Cependant, s'il meurt une personne d'un rang distingué ou qui leur soit chère, ses obsèques se font avec pompe et avec de grandes démonstrations de douleur. Au moment où le malade expire, on lui peint tout le corps en jaune avec de la poudre de curcuma ; ses parents et ses amis s'assemblent autour du corps pour pleurer la perte commune. Ceux qui veulent donner des marques plus sensibles de douleur, se coupent les cheveux et la barbe, qu'ils jettent sur le mort. Ils observent tout ce jour-là un jeûne rigoureux, dont ils ne manquent pas de se dédommager la nuit suivante. Il y en a qui renferment le corps d'un parent ou d'un ami dans un petit édifice de pierre au dedans de leur maison ; d'autres l'enterrent loin de leur habitation, et ils environnent la sépulture d'un mur de pierre ; ils mettent auprès du cadavre diverses sortes d'aliments, dans la persuasion que l'âme du défunt les suce et s'en nourrit.

Le corps d'un chef est enduit d'eyoug et d'huile de coco, ensuite on l'enveloppe de bandelettes fines que l'on serre étroitement, puis on l'enterre dans une fosse.

129. Dans les îles Marshal, les corps des défunts sont liés avec des cordes dans la posture d'hommes assis. Les chefs sont en-

terrés sur les îles, dans des enceintes carrées, entourées d'un mur de pierre et ombragées de palmiers ; les cadavres des hommes du peuple sont jetés à la mer. Suivant le rang, les corps des ennemis tués dans le combat sont traités de la même manière. Un bâton enfoncé en terre et marqué d'incisions annulaires, indique la tombe des enfants auxquels la loi indigène n'a pas permis de vivre.

130. Les habitants de l'île Pelew enterrent également leurs morts. On donne à cette occasion un repas funèbre qui se passe dans le plus grand silence ; puis le corps, attaché dans une natte, est placé sur une sorte de bière fabriquée avec des bambous. Quatre hommes la portent sur leurs épaules ; elle est suivie par une troupe de femmes qui se laissent aller aux pleurs et aux lamentations ; mais les hommes, quand ils y assistent, gardent un morne silence pendant toute la durée de la cérémonie. Les fosses sont semblables à celles des Européens, et surmontées également d'un petit *tumulus*, quelquefois encore de pierres placées sur une large dalle plate et beaucoup plus grande, le tout environné d'une petite palissade, pour empêcher qu'on ne marche dessus.

131. A Nouka-Hiva, lorsqu'un individu meurt, on dépose son corps dans un cercueil creusé dans une pièce solide de bois blanc, en forme d'auge, et de la grandeur exacte du cadavre. Ces cercueils sont polis et travaillés avec le plus grand soin. On les place sur un tertre élevé, soit dans une maison consacrée à cela, soit devant une maison tabouée, où on lui élève un petit édifice d'une étendue suffisante pour le contenir. La première de ces cérémonies se pratique surtout pour les femmes, la seconde pour les hommes ; un gardien est ensuite chargé de les veiller et de les protéger. Lorsque la chair est détachée des os, ceux-ci sont nettoyés avec soin ; on en garde une partie, qui sert de relique, et l'autre est déposée dans les moraïs.

Suivant un autre récit, après avoir lavé et orné le cadavre du mort, les prêtres le déposent dans une sorte de cercueil fabriqué avec des lances entrelacées de lianes, et le laissent ainsi plusieurs jours exposé à la vue. Pendant ce temps, des messagers tenant à la main un bâton à sept lanières, vont faire les invitations. La foule s'assemble au jour convenu, et les lamentations et les hymnes d'usage retentissent autour du cadavre. « Il est mort, chantent les femmes et les prêtres ; il est mort, l'homme couvert de tatouages ; lui devant qui les ennemis fuyaient comme des lézards. Il est mort, l'homme à la rame brodée, qui savait diriger dans les huit mers la double pirogue de guerre. Il est mort, celui qui était sage dans les conseils, et dont la voix était pour tous comme une brise rafraîchissante qui vient des îles éloignées. Il est mort, celui qui était plus qu'aucun autre l'ami de ses amis et l'ennemi de ses ennemis. Hélas ! il est parti pour des terres d'où personne n'est jamais revenu. » Après ces chants, le cercueil est déposé sous un appentis dressé dans ce but, et tout se termine par un repas où l'on prodigue aux invités le *kava* (1), les bananes et le porc rôti.

132. Dans les îles Gambier faisant partie de l'archipel Pomotou, lorsqu'un individu est mort, les indigènes enfoncent dans la terre un pieu de trois pieds de hauteur, terminé en forme de trépied, et qui soutient une planche sur laquelle ils étendent le cadavre bien enveloppé et recouvert d'un toit en jonc. Mais, auparavant, ils déposent le cadavre sur une pierre autour de laquelle ils exécutent les cérémonies funèbres : chacun des assistants va frapper quelques coups avec la main sur une caisse déposée auprès ; on porte le corps en procession, et pendant ce temps-là on exécute des danses, les femmes étant séparées des hommes. Au retour de la procession, on place le corps sur une espèce de catafalque couvert d'une grande pièce d'étoffe du pays aussi mince que du papier. Là les prêtres adressent des discours au mort avec un ton de reproche, quelques-uns même lui lancent à la tête des noix de cocos. Alors on enlève le corps et on le dépose sur le trépied dont nous avons parlé, et où il reste jusqu'à ce que les chairs soient entièrement desséchées.

Il est d'usage de mêler aux funérailles d'un chef l'éloge de sa bravoure et le récit de ses exploits. Voici un fragment de chant funèbre que le peuple redisait, avant l'arrivée des missionnaires, sur la tombe de ses plus illustres guerriers ; il n'a rien de bien remarquable, mais il peut faire apprécier la poésie nationale d'un peuple encore peu connu : « Le soleil a passé derrière la colline ; les ombres ont succédé au jour. Lumière, que tu tardes à revenir ! tu es aussi lente à reparaître que le poisson attendu par le pêcheur qui a jeté son hameçon dans la mer. Elle commence à briller sur les hauteurs de l'île, éveillé par ses feux, le papillon s'égaye sur les sentiers ; il vole, en se jouant, de la mer aux montagnes. » Dans ce chant se trouve une longue liste des chefs morts, dont un insulaire récite les noms, tandis que le peuple répond en gémissant : « Un tel n'est plus ; la lumière est à tous. »

133. A Taïti, dès qu'un individu décédait, le *tahoua-toutera* était chargé de rechercher la cause de sa mort : celui-ci prenait une pirogue et pagayait jusqu'à l'endroit où gisait le cadavre, car l'esprit en s'échappant devait lui apparaître et lui dire pourquoi il avait quitté le corps. S'il était mort par suite du courroux des dieux, l'action du sortilège se révélait par une flamme ; si les enchantements de quelque ennemi l'avaient perdu, une plume rouge en était le signe. Cela constaté de façon ou d'autre, le tahoua venait signifier aux parents du défunt le résultat de son enquête, et recevoir un sa-

---

(1) Cette boisson est l'infusion d'une plante mâchée par les femmes, puis mise dans l'eau et fermentée ; elle a une saveur poivrée.

laire proportionné à l'importance du mort. A ce jongleur succédait le *tata-faa-tere* ou *faa-touboua*, dont l'emploi était de détourner le même mal de dessus le reste de la famille. Il y procédait à grand renfort de prières et de cérémonies, après quoi il annonçait aux parents que le succès avait couronné ses efforts : il fallait payer encore un second mystificateur.

On procédait ensuite aux funérailles. Pour les pauvres et pour les hommes de la classe ordinaire, le corps était placé sur un lit de feuilles odorantes, et gardé par les parents en deuil ; les plus proches se déchiraient la figure, la poitrine et le reste du corps avec des dents de requins affilées ; le sang ruisselait sur tous leurs membres. Après cette longue veille, on enlevait le corps, puis, à l'aide de bandelettes, on le bridait de manière à ce que les genoux fussent fort rapprochés de la figure, tandis que les bras étaient croisés ou réunis. On l'enterrait ainsi.

Les corps des chefs avaient les honneurs du *toupapau*, c'est-à-dire qu'on les embaumait, et on les laissait exposés sur des plates-formes, jusqu'à ce qu'ils s'en allassent par lambeaux ; on recueillait ensuite les ossements pour les enterrer dans les moraïs. Des offrandes en vivres devaient être constamment exposées devant les toupapaus, car, d'après les naturels, les viandes et les fruits avaient des parties invisibles et subtiles qui s'exhalaient et nourrissaient les morts. Le principal personnage du deuil proférait quelques mots qu'il récitait jusqu'à son retour chez lui. Les Taïtiens s'enfuyaient à la vue du convoi ; le principal personnage restait seul après la cérémonie. Tous ceux qui avaient assisté au convoi allaient se laver dans la rivière et prendre leurs habits ordinaires ; car, pour suivre le convoi, ils devaient se barbouiller de noir depuis les pieds jusqu'aux épaules. Les femmes mêmes ne craignaient pas d'en faire autant, et de suivre le convoi nues et tout le corps noirci. *Voyez* MORAÏ, DEUIL, n. 38, TOUPAPAU.

134. Dans l'archipel Tonga, les funérailles des grands personnages s'accomplissaient avec le cérémonial le plus pompeux. Les femmes s'assemblaient dans la maison du défunt, vêtues de vieilles nattes déchirées, emblèmes de leur chagrin et de l'abattement de leur esprit ; et là elles versaient des larmes abondantes et se meurtrissaient le visage à coups de poing. Les hommes, réunis à part, témoignaient aussi leur douleur par des actes d'une extrême barbarie ; les uns se coupaient et se tailladaient dans tous les sens avec des pierres, des couteaux, des coquillages tranchants, ou se fendaient le crâne à coups de massues et de casse-tête si violemment assénés qu'on pouvait les entendre à quinze ou vingt toises de distance ; le gazon n'était qu'une nappe de sang. Les autres couraient en furieux, se précipitaient sur des piques, cherchant à s'en enfoncer la pointe dans les chairs ; d'autres se traversaient de part en part les cuisses ou les bras ; tous adressaient en même temps au défunt les mots les plus doux, les adieux les plus tendres. Aux funérailles de Mou-Mouï, un des serviteurs du mort alla jusqu'à s'oindre d'huile le corps et les cheveux, et à y mettre le feu ensuite. Il marchait gravement au milieu de l'arène avec sa chevelure embrasée. Après cette première troupe de fanatiques, il en paraissait quelquefois une seconde et une troisième, chaque bande faisant assaut de supplices volontaires avec celle qui l'avait précédée, chaque individu de la troupe cherchant à surpasser ses camarades par le raffinement de ses souffrances.

Aux obsèques du chef dont nous venons de parler, des chants mélancoliques et doux firent trêve à ces horribles scènes, et l'on vit arriver une légion d'environ 140 femmes marchant sur une seule file, et portant chacune une corbeille de sable : 80 hommes les suivaient avec une corbeille à chaque main, et ils chantaient : « Voici la bénédiction des morts ! » Puis les femmes répétaient le motet. Ensuite arriva une autre bande de femmes chargées d'une grande quantité d'étoffes, et faisant entendre le même mode plaintif. Ces trois troupes réunies se dirigèrent vers la tombe, tout en couvrant de belles nattes et d'étoffes précieuses la partie du tertre comprise entre la cabane, le lieu où était le cadavre et le tombeau. Bientôt, au son des conques, aux chants graves et plaintifs de la foule, le corps fut porté à la sépulture sur un gros ballot d'étoffes noires. Cela fait, les offrandes commencèrent ; on couvrit la tombe d'étoffes, de magnifiques nattes et d'objets précieux. Chaque naturel, chaque chef fit son cadeau, proportionné à son rang et à sa richesse. Cependant les supplices n'avaient pas cessé : quelques fanatiques se faisaient couper une phalange, d'autres se mutilaient le visage et se le défiguraient à l'aide de bourres de noix de cocos attachées à leurs poings. On déposa le corps dans un caveau, et on y jeta des étoffes et des nattes, tandis que les femmes et les enfants continuaient de pleurer à chaudes larmes, et d'appeler le défunt. On recouvrit la tombe d'une dalle énorme ; alors s'éleva un long cri, auquel tous les assistants répondirent en déchirant les guirlandes de feuilles de dracæna suspendues à leur cou. Le deuil et les cérémonies funèbres continuèrent pendant près d'un mois, mais avec moins de violence et d'exagération.

Les cérémonies des funérailles du touï-tonga, ou souverain pontife, se faisaient sur une échelle plus grande encore ; nous les décrivons à l'article LANDJI.

135. A Tonga-Tabou, dès qu'un indigène a rendu le dernier soupir, les voisins en sont informés, et à l'instant toutes les femmes viennent pleurer autour du corps. Jamais les hommes ne pleurent. On le garde ainsi un ou deux jours, pendant lesquels on s'occupe à ériger son tombeau près de la demeure de ses parents. La maison sépul-

crale est belle, bâtie sur une éminence, entourée d'une jolie palissade de bambous choisis ; l'enceinte est plantée de toutes sortes d'arbustes odoriférants et surtout d'immortelles. Enfin le monument est couvert d'un toit artistement travaillé. Pour le tombeau des rois ou des plus grands chefs, on va chercher des pierres colossales dans les îles lointaines, pour couronner le sépulcre ; il y a de ces pierres qui ont jusqu'à 24 pieds de longueur sur 8 de largeur, et 18 pouces d'épaisseur. Ces blocs sont amenés sur d'immenses pirogues.

A Tonga-Tabou, comme dans plusieurs autres îles de l'Océanie, les femmes qui pleurent les morts se coupent les doigts, se fendent le nez, les oreilles et les joues, et s'infligent différents autres genres de tortures.

136. Les insulaires de la Nouvelle-Zélande rendent de grands honneurs aux restes de leurs parents, surtout quand ils sont d'un rang distingué. D'abord on garde le corps durant trois jours, par suite de l'opinion que l'âme n'abandonne définitivement sa dépouille mortelle que le troisième jour après le trépas. Ce jour-là, son plus proche parent lui ferme les yeux, puis on le frotte avec du phormium vert, afin d'enlever, disent les naturels, les restes de la maladie ; ses cheveux sont arrangés avec élégance et ornés de feuillage ; il est revêtu avec magnificence et déposé dans une bière tapissée de verdure en dedans, et peinte en dehors de couleurs rouges et blanches ; ou bien on rassemble ses membres et on les maintient ployés contre le ventre au moyen de bandelettes. Les parents et les amis sont admis en sa présence, et témoignent leur douleur par des pleurs, des cris, des plaintes, et en se déchirant le corps d'une manière horrible, se traçant en lignes courbes des sillons sanglants sur le front, sur le visage, sur la poitrine et sur les bras.

Le moment de la sépulture arrivé, les hommes et les femmes accompagnent le convoi à l'*atamira* ou cimetière, en chantant tour à tour l'hymne de deuil. Là le corps est inhumé dans la terre, et on dépose auprès de lui ses armes, parce que, dit-on, le mort en a besoin pour faire la guerre dans la région de la nuit. Des pieux, des croix ou d'autres figures rougies à l'ocre et sculptées annoncent la tombe d'un chef; celle d'un homme du commun n'est indiquée que par un tas de pierres. D'autres fois, surtout quand il s'agit d'un chef, on place le cercueil sur un mausolée élevé en forme de colonne, orné de sculptures et peint en rouge ; les corps des simples particuliers sont aussi, en certaines localités, suspendus aux branches des arbres. Si l'on demande aux indigènes pourquoi ils suspendent ainsi en l'air leurs parents défunts : «Nous voulons, répondent-ils, qu'ils soient toujours présents à nos yeux et qu'ils vivent en quelque sorte toujours au milieu de nous. Ensevelis dans la terre, ils seraient gênés et ne voyageraient qu'avec peine dans les sentiers de la nuit : lorsque la guerre nous oblige de quitter nos vallées, nous les emportons plus facilement avec nous ; car nous ne saurions nous séparer des cendres de nos pères.» Les funérailles finies, ceux qui y ont été employés vont se purifier dans la rivière voisine ; un festin général de toute la tribu termine ordinairement la cérémonie ; on s'y régale de porc, de poisson et de patates ; les parents et les amis des tribus voisines y sont conviés.

Le corps ne reste en terre que le temps nécessaire pour que la corruption des chairs leur permette de se détacher facilement des os. Il n'y a pas d'époque fixe pour cette opération ; car cet intervalle peut varier depuis trois mois jusqu'à six mois, ou même un an ; cependant il y a des pays où tous ceux qui ont des parents défunts se réunissent pour y procéder tous ensemble. Quoi qu'il en soit, au temps désigné, les personnes chargées de cette cérémonie se rendent à la tombe, en retirent les os, et s'appliquent à les nettoyer avec soin ; un nouveau deuil a lieu sur ces dépouilles sacrées, certaines cérémonies religieuses sont accomplies ; enfin les os sont portés et solennellement déposés dans le sépulcre de la famille. Dans ces sépultures, qui sont des grottes ou des caveaux formés par la nature, les ossements sont communément étendus sur de petites plates-formes élevées à deux ou trois pieds au-dessus du sol.

137. Dans l'île Tawaï-Pounamou (l'une de celles qui composent la Nouvelle-Zélande), à la mort d'un chef, sa tribu se rassemble et se livre à la joie ; on mange des oiseaux, des anguilles, des patates, mais ni entrailles, ni viande crue. Une demi-heure après la mort, la tête est coupée pour être conservée. Le corps, placé dans une caisse qui est mise debout dans une maison bâtie tout exprès, y reste deux ans entiers ; ensuite on enlève les os pour les brûler. Le coffre passe à un nouvel occupant. Les hommes du peuple et les esclaves sont enveloppés, après leur mort, dans leurs propres nattes et jetés comme des chiens dans un trou creusé derrière les cabanes. Quelquefois, mais bien rarement, les amis du défunt viennent pleurer sur sa tombe pendant environ une demi-heure, ensuite on ne s'en occupe plus, pendant longtemps. Il arrive fréquemment que le corps d'un défunt de cette classe est déterré et mangé pendant la nuit ; mais c'est un crime puni de mort. Si ce cadavre reste enterré, on enlève les os au bout d'un certain temps, et on les brûle. Pour les enfants qui meurent à l'âge de deux ans, on observe les mêmes cérémonies que pour les chefs; les femmes sont traitées de la même manière, à l'exception des esclaves, qui sont brûlées immédiatement.

138. A Tikopia, quand un insulaire meurt, ses amis viennent chez lui, et, avec beaucoup de cérémonies, le roulent soigneusement dans une natte toute neuve, et l'enterrent dans un trou profond creusé près de sa maison.

139. Dans l'île Rotouma, lorsqu'une personne meurt, elle est exposée dans sa case sur une natte, un oreiller en bois sous la tête, la partie inférieure du corps couverte d'une natte, et l'autre peinte en rouge. Le cadavre étant resté en cet état un jour et une nuit, on l'enveloppe dans six nattes des plus fines, et on le porte au cimetière, sur une planche tenue par quatre hommes, au milieu des pleurs et des gémissements. La tombe est creusée dans la terre, à cinq pieds de profondeur, et le cercueil est remplacé par des pierres plates, qui forment une espèce d'auge dans laquelle le corps est placé. Les interstices des pierres sont soigneusement bouchées avec la résine d'un certain arbre. Pendant la cérémonie, le chef se tient assis à une extrémité de la tombe, et chante seul un hymne funèbre. Après avoir jeté la terre sur le tombeau et placé une grosse pierre funéraire, on se réunit à la maison du défunt, où un grand repas a été préparé par ordre du chef.

Pour marquer sa douleur, une femme qui perd son mari coupe sa chevelure, et, avec un bâton rougi au feu, couvre sa poitrine de points brûlants ; le veuf au contraire se taillade le front et les épaules avec une pierre aiguë. A la mort d'un chef, ses sœurs portent le même deuil que sa veuve, et toutes les familles s'étant rassemblées dans le cimetière, deux garçons de dix à douze ans, que la voix du sort appelle à cet honneur, sont tués par le successeur du défunt, qui les abat d'un coup de casse-tête, et on les enterre dans des fosses particulières, de chaque côté du personnage. Un pareil honneur est rendu à l'épouse d'un chef, et deux jeunes filles sont les victimes qu'on lui sacrifie.

140. Aux îles Wallis, lorsqu'un insulaire vient à mourir, ses parents et ses amis se réunissent autour de son corps ; si c'est un chef, ils tirent des coups de fusil, se font avec des coquilles des incisions sur les joues et se mettent toute la tête en sang ; les cris dont ils accompagnent ces marques de deuil ressemblent plutôt à des chants funèbres qu'à des sanglots. Vingt-quatre heures après le décès, on procède à la sépulture ; mais avant de se rendre au cimetière, il se fait encore un grand *kava* présidé par le mort, paré comme aux jours de fête et enveloppé dans plusieurs doubles de tape neuve. Comme celui-ci n'est pas à même de vider la coupe qu'on lui présente, on en arrose la terre à ses côtés. Après cela la foule accompagne le cadavre à la maison des morts, tandis que d'autres insulaires vont chercher du sable au bord de la mer, et reviennent en chantant vider leurs paniers sur le corps du défunt. C'est à ce moment surtout que, pour honorer sa mémoire, les cris redoublent, que le sang coule avec plus d'abondance, que les petits doigts sont coupés en grand nombre et jetés sur le cercueil. Horrible spectacle, dit un missionnaire, et qui devient plus révoltant encore lorsqu'il s'agit des funérailles d'un grand personnage ; car alors les hommes se meurtrissent la tête à coups de massues, de lances et de haches ; d'autres se mordent les bras, se déchirent la poitrine, ou s'appliquent sur la chair des charbons ardents ; on en a vu se passer leur lance au travers du corps. Les parents se rasent ensuite la tête, et célèbrent de dix en dix jours trois ou quatre fêtes semblables, où ils renouvellent leurs gémissements et leurs blessures. Quelquefois ce deuil barbare se prolonge pendant plus de six mois ; mais chaque cérémonie une fois terminée, on n'aperçoit, la plupart du temps, aucun signe de chagrin.

141. A la mort d'un indigène, dans les îles Allou-Fatou, on s'empresse de le laver, de l'oindre d'une huile odorante, et de l'envelopper de *siapos* ; on le pare comme aux plus beaux jours de fête, et on l'enterre encore tout chaud. Une fois débarrassée du cadavre, la famille se dispose à recevoir la visite de l'île entière, qui ne tarde pas à venir payer au défunt le tribut de ses pleurs, ou plutôt de ses cris. Chaque insulaire, en arrivant, commence par hurler sa douleur, et aussitôt, s'armant de deux coquillages, il se déchire de son mieux le visage, les bras et la poitrine : ces préliminaires sont de rigueur, si l'on veut avoir part au festin qui doit être servi. Une fois à table, adieu le deuil ! On croirait assister à un banquet de noces, tant la joie est franche et la fête animée. Dix jours durant, les divertissements se succèdent, avec quatre repas par jour, et promesse d'anniversaire à la dixième lune. Assez ordinairement, il y a lutte au pugilat en l'honneur du défunt ; les coups ne cessent que lorsque l'un des deux champions tombe sur l'arène : le vainqueur lui tend amicalement la main pour l'aider à se relever, et revient soutenir un second assaut contre un nouvel antagoniste, vengeur du premier. Quelquefois les deux combattants sont armés d'une branche de cocotier, moins dure, il est vrai, que le bois ordinaire, mais cependant assez forte pour casser les membres ; et ce jeu dure jusqu'à ce qu'il plaise aux vieillards de dire : « C'est assez. »

142. Dans l'archipel Viti, il n'y a point de cérémonie religieuse à la mort des insulaires ; les prêtres disent qu'il leur est inutile de venir après la mort, puisque l'âme du défunt est avec le dieu Ouden-Hi ; c'est avec lui que se rendent les âmes de tous les hommes, bons et méchants, amis et ennemis. Lorsqu'un chef vient à mourir, on tue plusieurs de ses femmes ; c'est un usage constant.

143. Chez les Papous, les hommages aux restes des morts semblent faire essentiellement partie de la religion. Ils prennent le plus grand soin des tombeaux, et déposent sur le tertre des offrandes et des statuettes bizarres. Quelques-uns de ces tombeaux ont des formes compliquées et symétriques ; ces tombeaux sont faits de roche dure de corail ; ils ont des coussinets en bois, ornés d'espèces de têtes de sphinx, et présentent une analogie extraordinaire avec ceux que l'on trouve sous la tête des momies, dans les nécropoles d'Égypte. Ils ont aussi des fêtes funèbres à la lueur des torches sur la plateforme de leurs cabanes. Là, après avoir présenté aux conviés des fétiches disposés

autour d'une table à manger, et auxquels chacun d'eux adresse une harangue, les membres de la famille du défunt témoignent leur douleur en savourant des cochons grillés, des bananes, des ignames et des taros rangés sur des plats.

144. Dans la terre du Roi-Georges, les funérailles sont accompagnées de lamentations bruyantes. On creuse une fosse de quatre pieds de long, trois de large et six de profondeur, au bas de laquelle on dépose une écorce, des rameaux verts et le corps par-dessus, enveloppé de son manteau, les genoux repliés vers la poitrine, et les bras croisés ; on couvre le tout de nouvelles branches et d'écorces, et enfin de terre pour remplir la fosse, qui est aussi marquée par des branches d'arbres, et par les lances, le couteau de pierre et le marteau du guerrier expiré. Les pleureurs gravent des cercles dans l'écorce des arbres voisins de la tombe, à la hauteur de six ou sept pieds du sol ; enfin ils allument un petit feu en tête, recueillent quelques rameaux qu'ils nettoient avec grand soin, pour qu'aucune parcelle terreuse n'y soit adhérente. On se couvre la face en noir ou en blanc ; on se fait quelques pustules au front, autour des tempes, sur les os des joues, marques de deuil qu'on porte assez longtemps ; on se coupe aussi le bout du nez, et on l'égratigne comme pour en faire couler des larmes. Durant le deuil, on ne porte ni ornements ni plumes. Il est défendu de prononcer, durant un certain temps, le nom du défunt, dans la crainte de provoquer par cet acte l'apparition de son *gnoit* (esprit). Comme il peut arriver que deux individus portent le même nom, l'homonyme survivant doit même changer le sien pendant tout le temps que dure l'interdiction.

Une femme est également ensevelie avec tous ses accoutrements et ustensiles.

D'autres relations nous apprennent que le corps du défunt est déposé quelquefois dans une petite pirogue en écorce, coupée de la longueur convenable, dans laquelle on met aussi les armes et les instruments de pêche du décédé ; durant ces apprêts, les femmes se lamentent et poussent des cris plaintifs et continuels, mais les hommes gardent un religieux silence. De temps à autre cependant, et sans aucun motif apparent, des hommes se lèvent deux à deux, et se portent, en l'honneur du défunt, de vigoureux coups de lance et de casse-tête. Deux naturels enlèvent cette espèce de cercueil, le placent sur leur tête et le portent au lieu de la sépulture, accompagnés des parents et des voisins qui agitent au-dessus du cadavre des paquets d'herbes pour éloigner l'esprit malin.

145. Dans l'Australie en général, les honneurs rendus aux morts varient de tribu à tribu, de zône à zône. Les uns les enterrent avec un certain cérémonial ; d'autres les brûlent en entier sur des foyers ; quelques-uns livrent le corps aux flots. Enfin (et cela a été observé notamment près de la baie Moreton), en certaines circonstances, les parents ou amis enlèvent la peau du défunt, et le reste du corps est consumé par le feu ; mais on n'a point su ce qu'ils faisaient de la peau. En tout cas, c'est une coutume presque générale de s'abstenir de prononcer le nom du défunt durant un certain espace de temps, dans la crainte de rappeler son esprit. Ces hommes évitent en outre de passer devant la tombe d'un mort, de peur de voir apparaître son fantôme, qui pourrait les étrangler. Aux Kerredais seuls appartient le droit de hanter impunément ces terribles lieux, et pour être reçu kerredai, il faut avoir eu le courage de dormir une nuit entière près d'une tombe. Durant ce sommeil, disent les naturels, l'esprit du mort a ouvert le ventre à l'initié, lui a retourné les entrailles, puis a remis le tout à sa place. Grâce à cette opération, il peut braver désormais la visite des esprits.

Quand une femme laisse en mourant un enfant à la mamelle, il est enterré sans pitié avec elle, si personne ne se présente pour en prendre soin.

Des placards noirs et blancs sur le visage sont les signes caractéristiques du deuil, et on les conserve plus ou moins longtemps, selon le degré d'affection que l'on portait au défunt. On s'écorche en outre le nez et on s'interdit tout ornement.

M. Britton rapporte que quatre hommes et deux femmes ayant été tués dans une querelle élevée entre deux tribus, les corps des hommes furent enterrés de manière à former une croix à eux quatre : ils furent placés sur le dos, tête contre tête, chacun d'eux étant lié à une perche par derrière le corps, au moyen de bandages au cou, à la ceinture, aux genoux et aux chevilles des pieds. Les deux femmes avaient les genoux recourbés et attachés au cou, tandis que les mains avaient été liées aux genoux ; puis elles furent placées le visage en bas. Cette disposition tient à des idées d'infériorité touchant les femmes, qui ne permettent point que celles-ci soient inhumées avec les hommes, ni de la même manière. A une certaine distance, les arbres d'alentour furent couverts, jusqu'à la hauteur de 15 ou 20 pieds, de figures grotesques, qui étaient censées représenter des kangarous, des émus, des opossums, des serpents, entremêlées de figures grossières des instruments dont se servent les indigènes. Autour de la tombe en forme de croix, ils tracèrent un cercle d'environ 30 pieds de diamètre, dans lequel le sol fut soigneusement dégagé de toute espèce de broussailles. En dehors, ils pratiquèrent un second cercle semblable, et dans l'intervalle étroit laissé entre ces deux cercles, ils placèrent des morceaux d'écorce, disposés comme les tuiles d'un toit, pour empêcher le malin esprit de pénétrer dans l'espace sacré. Quatre grands casse-tête furent aussi fichés en terre au centre de la croix, afin, dirent les naturels, qu'au moment où les défunts se relèveraient, ils ne fussent point sans armes, et qu'ils fussent en état de repousser le même esprit qui voudrait les faire rentrer en terre.

FUNÉRAIRE (Sacrifice). Les Romains avaient coutume d'offrir aux dieux des sacrifices sanglants ou non-sanglants à la mort de leurs parents ou de leurs amis.

FUNÈRES, nom que les Romains donnaient aux proches parentes d'un défunt, qui, pendant les funérailles, étaient renfermées dans la maison mortuaire, et se livraient ensemble aux lamentations usitées en pareil cas.

FURIES, divinités infernales, appelées aussi *Euménides*, considérées comme les ministres de la vengeance des dieux contre les méchants, et chargées d'exécuter sur eux les sentences des juges de l'enfer. Ce nom est pris de la *fureur* dont elles sont possédées et qu'elles inspirent en même temps. Mais les anciens mythologues ne sont pas d'accord sur leur naissance. Selon Apollodore, les Furies avaient été formées dans la mer du sang de la plaie faite par Saturne à Coelus. Hésiode les fait plus jeunes d'une génération ; il dit qu'elles naquirent de la Terre, qui les avait conçues du sang de Saturne. Ailleurs, il les représente comme filles de la Discorde, et nées le cinquième jour de la lune. Lycophron et Eschyle veulent qu'elles soient filles de la Nuit et de l'Achéron. L'auteur d'un hymne adressé aux Euménides assure qu'elles devaient la naissance à Pluton et à Proserpine. Sophocle les fait sortir de la Terre et des Ténèbres ; et Epiménide les suppose sœurs de Vénus et des Parques, et filles de Saturne et d'Evonyme.

On nomme ordinairement trois Furies : Mégère, Tisiphone et Alecton. Euripide leur adjoint la déesse Lyssa ; Plutarque n'en reconnaît qu'une, Adrastie. On les représente sous la figure de femmes, coiffées, au lieu de cheveux, de serpents et de couleuvres, les yeux étincelants de rage, la bouche écumante, les mains armées de torches ardentes.

Les Furies étaient chargées par Jupiter, ou plutôt par la Providence, de châtier les coupables dans cette vie et dans l'autre. C'étaient elles qui, du vivant des grands criminels, portaient l'effroi dans leur âme, les tourmentaient par des remords déchirants et par des visions effrayantes, qui les jetaient dans un noir égarement, lequel ne finissait souvent qu'avec leur vie. Oreste, le meurtrier de sa propre mère, est célèbre dans l'antiquité pour avoir été en butte aux fureurs de ces implacables déesses. C'étaient elles encore qui châtiaient les crimes de la société par des maladies pestilentielles, par des guerres, des famines, et par les autres fléaux de la colère céleste.

Des déités si redoutables s'attirèrent les hommages des hommes, qui cherchaient à les apaiser, ou à se les rendre favorables. Le respect qu'on leur portait était si grand, qu'on n'osait presque les nommer ; c'est pourquoi les Grecs les appelaient communément les *Euménides* (c'est-à-dire les bienveillantes). Elles avaient des temples en plusieurs endroits de la Grèce, à Sicyone, à Cérine, à Myrrhinunte, ville de l'Attique, à Mycènes, à Mégalopolis, à Sotnia, à Athènes, etc. Ces temples servaient d'asile inviolable aux criminels. Tous ceux qui paraissaient devant l'Aréopage étaient obligés d'offrir un sacrifice dans le temple des Furies qui était auprès, et de jurer sur leurs autels qu'ils étaient prêts à dire la vérité. Dans les sacrifices qu'on leur offrait, on employait le narcisse, le safran, le genièvre, l'aubépine, le chardon, l'hièble, et l'on brûlait des bois de cèdre, d'aune et de cyprès. On leur immolait des brebis pleines, des béliers et des tourterelles.

FURINALES, fêtes célébrées, le 25 juillet, en l'honneur de la déesse Furine, par les Romains, les Étrusques, les Pisans, les Apruans, les Liguriens, etc.

FURINALIS, ou **FURINAL**, nom du flamine, ou grand prêtre de la déesse Furine ; il présidait aux furinales.

FURINE, divinité romaine, sur les fonctions de laquelle les savants sont partagés ; quelques-uns dérivent son nom de *furere* ou *furor*, et en font la première des Furies : c'est le sentiment de Cicéron, qui en fait une divinité infernale. On a trouvé à Rome plusieurs autels qui lui étaient consacrés, sur l'un desquels elle est surnommée compatissante (*placabilis*). On a une médaille où elle est représentée avec des ailes de chauve souris et avec les autres attributs des Furies.

D'autres tirent son nom du mot *fur*, et en font la déesse des voleurs. Une troisième opinion la fait déesse du hasard, chez les Toscans. Quoi qu'il en soit, elle avait un temple dans la quatorzième région de Rome, et, pour le desservir, un prêtre appelé *Furinal*, l'un des quinze du collège des Flamines. Son culte était fort déchu du temps de Varron.

FURISTO-EWARTO, grand prêtre des anciens Germains ; il était le chef du collège des prêtres appelés *Ewarts* (Ew-ward), ou gardiens de la loi.

FUTILE, vase très-large à l'ouverture, mais tellement étroit par le bas qu'il ne pouvait se passer du secours des mains lorsqu'il contenait des liquides ; on s'en servait dans les sacrifices de Vesta. On lui avait donné cette forme, afin qu'on ne fût pas tenté de le déposer à terre ; car l'eau que l'on allait puiser à la fontaine Juturne devait être employée dans les cérémonies sans que le vase eût touché la terre.

FYLLA, divinité scandinave. *Voyez* Fulla.

G

[Cherchez par *Dj* les mots que vous ne trouverez pas ici par G, et par *Gh* et *Gu* les mots que vous ne trouverez pas par G simple.]

GABALE, dieu adoré à Émèse et à Héliopolis, sous la figure d'un lion à tête radieuse. C'était la personnification du soleil. *Voy.* Elagabale.

GABIE, ou **GABINE**, nom d'une déesse des Volsques, adorée à Gabie. On pense que c'était la même que Junon.

GABINUS CINCTUS, vêtement sacré retroussé à la manière des Gabiens. Ceux-ci, ayant été attaqués brusquement au moment où ils assistaient à un sacrifice, revêtus de leurs toges, marchèrent sur-le-champ contre l'ennemi pour le repousser; et, ramenant les pans de leur toge par derrière, ils la nouèrent pour se ceindre le corps. Les consuls romains étaient retroussés de la sorte lorsqu'ils déclaraient la guerre, ainsi que les conducteurs de colonies, et les prêtres dans l'exercice de leurs fonctions.

GABIO, nom de l'esprit malin chez les anciens Guanches.

GABRIEL, un des trois anges ou archanges nommés dans l'Ecriture sainte; son nom signifie en hébreu *force divine*. Ce fut lui qui révéla à Daniel l'époque où le Messie devait venir; qui annonça à Zacharie la naissance de Jean-Baptiste, et à Marie celle du sauveur Jésus.

Cet ange est fort révéré des musulmans, qui prononcent son nom *Djébraïl*, et qui le surnomment l'*esprit fidèle*, ou même le *saint esprit*; les Persans l'appellent encore le *paon du paradis*. Les mahométans lui font jouer un assez grand rôle dans leur système religieux. Il fut d'abord envoyé de Dieu aux Thémudites, ancien peuple qui avait refusé de prêter l'oreille aux prédications du prophète Saleh; celui-ci leur ayant annoncé qu'ils devaient périr dans trois jours, en punition de leur infidélité, les Thémudites, au lieu de se convertir et d'embrasser la foi, se creusèrent des caves ou des fosses dans leurs maisons, pour se mettre à couvert de l'orage dont ils avaient été menacés. Ils n'en sortirent que le quatrième jour, croyant que le temps de leur punition était passé, et voyant le soleil se lever radieux comme à l'ordinaire; mais l'ange Gabriel parut tout à coup devant eux; ses pieds reposaient sur la terre, et sa tête s'élevait jusqu'au ciel; ses ailes vertes s'étendaient depuis l'orient jusqu'à l'occident; ses pieds étaient de couleur aurore, ses dents blanches et luisantes, ses yeux brillants, ses joues enflammées, et les cheveux de sa tête rouges comme le corail; tout l'horizon en était couvert. Les Thémudites, épouvantés à la vue d'un objet si terrible, rentrèrent au plus vite dans leurs maisons et allèrent se cacher dans leurs profonds réduits. Gabriel cria alors d'une voix épouvantable: « Mourez tous; car vous êtes maudits de Dieu qui vous a condamnés » Ce cri de Gabriel retentit avec tant de puissance, que toutes les maisons des Thémudites en furent renversées, et le lendemain matin on les trouva ensevelis sous les décombres.

Plus tard, Gabriel fut envoyé à la vierge Marie, lui annonça la naissance miraculeuse de son fils, et la rendit féconde en soufflant sur son sein.

Ce fut lui encore qui, suivant les musulmans, révéla à Mahomet sa prétendue mission, et lui apporta successivement du ciel tous les chapitres et les versets du Coran; ce fut lui encore qui accompagna le prophète, lorsqu'il fit son voyage nocturne, monté sur Borak. *Voy.* Ascension de Mahomet.

Les musulmans disent encore que Gabriel apparut 12 fois à Adam, 4 fois à Enoch, 50 fois à Noé, 42 fois à Abraham, 400 fois à Moïse, 10 fois à Jésus-Christ, mais qu'il honora Mahomet de sa présence 24,000 fois. Il ne lui apparaissait jamais que le visage resplendissant de gloire et de lumière, exhalant autour de lui les parfums les plus odoriférants, et s'annonçant par un bruit sourd semblable au son de petites cloches.

Mahomet traça ainsi lui-même le portrait de cet ange lorsqu'il lui apparaissait: «Son teint, dit-il, était blanc comme la neige; ses cheveux blonds, tressés d'une manière admirable, lui tombaient en boucles sur les épaules. Il avait un front majestueux, clair et serein, les dents belles et luisantes, les jambes teintes d'un jaune de saphir; ses vêtements étaient tissus de poil et de fil d'or très-pur. Il portait sur son front une lame, où étaient écrites sur deux lignes éclatantes de lumière, ces paroles sacramentelles: *Il n'y a d'autre dieu que Dieu et Mahomet est l'apôtre de Dieu*. A cette vue, continue l'imposteur, je demeurai le plus surpris et le plus confus de tous les hommes. J'aperçus autour de lui 70,000 cassolettes, ou petites bourses, pleines de musc et de safran. Il avait 500 paires d'ailes, et d'une aile à l'autre il y avait la distance de 500 années de chemin. »

GABRIEL (Congrégation de Saint-). Cette congrégation fut fondée, dans le xviie siècle, par le vénérable César Bianchetti, Bolonais, pour instruire les ignorants de la doctrine chrétienne; elle fut d'abord établie dans l'église paroissiale de Saint-Donat, sous le nom de *Jésus* et de *Marie*, et ensuite transférée dans un autre lieu, où les confrères firent bâtir une chapelle sous l'invocation de saint Gabriel, dont le nom est resté depuis à cette congrégation.

Outre cette première institution, il en établit dans la suite une seconde, composée de confrères pieux et zélés, qui, vivant en communauté, concoururent aux saintes intentions et aux desseins des premiers confrères, d'autant plus efficacement que, débarrassés de tout autre soin, ils en faisaient leur unique affaire; ces seconds furent appelés *Conviventi*, comme vivant ensemble, à la différence des premiers, désignés sous le nom de *Confluenti*, parce qu'en certains jours ils se rendaient dans un même lieu destiné pour leur assemblée. Les *Conviventi* furent d'abord établis dans la maison de Saint-Gabriel; et ensuite, pour laisser cette maison entièrement libre aux *Confluenti*, ils furent transférés dans un autre quartier, où ils acquirent une maison, et firent bâtir une église sous le nom de tous les Saints: cette congrégation fut approuvée par un bref exprès du cardinal Barberin, en qualité de légat *a latere*, et vicaire général d'Urbain VIII, son oncle.

Elle ne devait être composée que de personnes laïques ayant un bien honnête et suffisant pour leur entretien, sans autre obligation pour l'habit que la couleur noire. Ils n'étaient astreints à aucun vœu; chacun s'employait sous l'obéissance du supérieur à enseigner les enfants et les ignorants, et à procurer le salut du prochain par tous les moyens conformes à son état; ces deux établissements ont produit de grands biens.

GABYRE, dieu indigète des Macédoniens.

GACHIB, un des quatre Bouddhas des Mongols; il parut dans le troisième âge du monde. C'est le même qui est appelé *Kasyapa* par les Hindous, *Hœsroung* par les Tibétains. Les Mongols l'appellent aussi dans leur langue *Gérel-sakiktchi*.

GAD, divinité adorée par les Babyloniens, la même probablement qui est aussi appelée *Bel* ou *Baal*; c'était la planète de Jupiter, considérée comme présidant à la bonne fortune. Isaïe parle, au chapitre LXV, de *Gad* et de *Meni*, qui tous deux étaient des dieux favorables; les planètes de Jupiter et de Vénus sont encore maintenant appelées par les orientaux *Al-sad al-akbar*, la Bonne Fortune majeure, et *Al-sad al-asghar*, la Bonne Fortune mineure. Gad était encore appelé *Baal-Gad*, le dieu de la Fortune.

GADAIRE, paysan que les Daces avaient divinisé à cause de sa force extraordinaire.

GADIR. A moitié chemin de Médine à la Mecque, on rencontre un lieu appelé *Gadir-Khoum*, ou l'étang de Khoum; c'est une station pour les caravanes, parce qu'il y a en cet endroit de petites fosses presque toujours remplies d'eau. Les musulmans de la secte des schiites l'ont en singulière vénération, parce que, lors de son dernier pèlerinage, Mahomet, étant arrivé à cette station, proclama solennellement Ali pour son successeur; c'est pourquoi ces dissidents ont établi, en mémoire d'un événement aussi important pour eux, une fête sous le nom d'*Id-Gadir* (fête de Gadir); elle est célébrée le 18 de Dhoul-Hidja. Ils passent alors la nuit en prières, font encore le matin une prière particulière et prennent des habits neufs. Il est recommandé de faire des bonnes œuvres et d'immoler des victimes; il y en a qui affranchissent des esclaves ce jour-là. Cette fête commença en Irac, l'an 252 de l'hégire, et en Égypte, l'an 362; elle est célébrée maintenant dans la Perse et dans l'Inde.

GADITAIN, surnom d'Hercule le Phénicien, pris de son temple à Gades, aujourd'hui Cadix. Ce temple, bâti par les premiers Phéniciens qui abordèrent dans l'île, était doublement célèbre, et parce qu'on prétendait que le corps d'Hercule y était enterré, et par la manière dont ce demi-dieu y était adoré. La divinité n'y était représentée par aucune image; il n'était pas permis aux femmes d'y entrer. Le sacrificateur devait être pur et chaste, avoir la tête rasée, les pieds nus et la robe détroussée. On y voyait deux colonnes de bronze de huit coudées de haut, que quelques-uns ont crues les véritables colonnes d'Hercule, et sur lesquelles étaient écrits en caractères phéniciens les frais faits pour la construction. Près du temple se trouvaient deux fontaines merveilleuses : l'une suivait régulièrement le flux et le reflux de la mer; et l'autre, tantôt le mouvement de la marée, tantôt un mouvement opposé.

GAETCH, divinité des Kamtchadales; c'est le dieu des enfers; il a pour espions sur la terre les lézards. Les Kamtchadales s'imaginent que ces petits animaux viennent prédire aux hommes leur mort prochaine; c'est pourquoi ils en ont une peur effroyable, et quand ils peuvent les attraper ils ne manquent pas de les couper en morceaux, pour qu'ils n'aillent rien dire au dieu des morts. Malheur à celui qui a vu un lézard et qui ne l'a pas attrapé : il tombe dans un état de tristesse, et meurt quelquefois de peur de mourir. Nous trouvons tout ce qui concerne cette divinité dans cet hymne de Béranger, imité de Steller et de Kracheninikof:

« Gaëtch, fils de Touïla, fils de Piliatchoutchi, dieu du monde souterrain, où les hommes vont habiter après leur mort, s'ils se sont purifiés dans cette vie, préservenous des éruptions des volcans et du débordement des rivières; parle aux vents qui grondent dans les cavernes, et défends-leur d'abattre les iourtes que nous habitons; préserve-nous de la foudre et des incendies; chasse les fantômes qui errent durant la longue nuit de l'hiver autour de nos cheminées fumantes : chasse-les, ces génies malfaisants, afin que nos femmes dorment en paix sur leurs nattes avec nos enfants et nos chiens. O Gaëtch! daigne nous accorder la santé qui dépend du feu, ton emblème; et s'il est vrai que, dans ton empire, il y ait des bosquets de bouleau, des prés verdoyants et un printemps éternel, accorde-nous une place dans ces douces régions, et condamne les ingrats et les paresseux à vivre éternellement sur les glaces flottantes qui roulent autour du pôle; écarte loin de nous le lézard venimeux, et le Russe dominateur, et le Cosaque impitoyable, qui nous accablent de coups et d'impôts; livre-les à la lèpre et à la vermine, et nous t'immolerons un loup blanc. »

GAH, nom des génies du quatrième ordre ou izeds, surnuméraires dans la mythologie persane : on en compte dix, dont cinq, du sexe féminin, président aux cinq jours épagomènes de l'année, et cinq, du sexe masculin, commandent aux cinq parties du jour. Les premiers se nomment, *Honouet*, *Oschtouet*, *Sépendomad*, *Fohou-Keschétré* et *Feheschtoesch*; les derniers, *Havan*, *Rapitan*, *Osiren*, *Efesrouthrem* et *Oschen*.

GAHANBAR. Suivant la mythologie persane, Ormuzd et ses génies créèrent l'univers dans l'espace de six époques, qui forment une révolution d'années ou de 365 jours distribués ainsi : le ciel ou l'atmosphère en 45 jours; l'eau en 60; la terre en 75; les arbres en 50; les animaux en 80 ; l'homme en 75. Les six jours de l'année, qui correspondent à la fin de chacune de ces époques, s'appellent *Gahanbars*, et sont autant de jours de fête; leur institution remonte, dit-on, à Djemschid. Plus tard, les Gahanbars furent personnifiés, comme autant de génies présidant à ces fêtes sous les noms de *Mediotsérem*, *Medioschem*, *Petschem*, *Eiathren*, *Mediareh* et *Hamespethmédem*.

GAIANITES, anciens hérétiques dont la secte était une branche de celle des eutychiens ; ils furent ainsi appelés d'un certain Gaïan qu'ils avaient pour chef. Ils soutenaient entre autres erreurs que Jésus-Christ, après l'union hypostatique, n'avait plus été sujet aux infirmités de la nature humaine.

GALATARQUE. Dans la ville d'Ancyre en Galatie, on célébrait des jeux publics en l'honneur d'Esculape; chaque année, on choisissait, pour y présider, un des principaux personnages de la ville, auquel on donnait le titre de *Galatarque* : c'était une espèce de pontife qui, au commencement et à la clôture des jeux, offrait des sacrifices à ses frais.

GALATÉE, nymphe marine, fille de Nérée et de Doris ; elle fut ainsi nommée du grec γάλα, lait, à cause de sa blancheur éblouissante. Elle inspira de l'amour au géant Polyphème et au berger Acis ; on devine qu'elle préféra le jeune et beau berger au Cyclope vieux et difforme, malgré les soupirs et les églogues de ce dernier qui nous ont été conservées par Théocrite et Ovide. Polyphème indigné de cette préférence lança sur Acis un énorme rocher qui l'écrasa. Galatée se précipita dans la mer et alla rejoindre ses sœurs les Néréides.

Une autre Galatée, fille d'un roi de la Celtique, et d'une beauté extraordinaire, se prit pour Hercule du plus violent amour ; elle eut de ce demi-dieu un fils, appelé Galatès, qui fut supérieur à tous ses compatriotes par sa force et par son mérite. Il s'acquit à la guerre une grande réputation de bravoure. C'est de lui, dit-on, que les Galates ou Gaulois tirent leur origine.

GALAVA, solitaire fameux dans la mythologie hindoue ; il fut disciple de Viswamitra, qui, dans un moment d'humeur, lui demanda pour récompense des soins qu'i lui avait prodigués, huit cents chevaux blancs avec une oreille noire. Ces chevaux donnés originairement au pieux Richika par Varouna, dieu du vent, avaient passé l'un après l'autre en la possession de différents princes. Galava s'adressa, pour les recouvrer, au roi Yayati, qui, ne pouvant rien pour lui, lui remit sa propre fille Madhavi : elle fut donnée successivement en mariage aux princes qui avaient de ces chevaux, et qui en faisaient cadeau à Galava au premier garçon qu'ils avaient de Madhavi : celle-ci, qui avait le don de rester toujours vierge, fut enfin donnée à Viswamitra en même temps que les 800 chevaux. Elle en eut un fils nommé Achtaka. Viswamitra lui laissa son héritage et son haras, et se retira dans les bois ; de là le lieu fut appelé Achtakapoura. Galava ramena ensuite Madhavi à son père, et finit ses jours dans la solitude.

GALAXIE, nom que les Grecs donnaient à la voie lactée. Suivant les poëtes, c'était le chemin qui conduisait au palais de Jupiter, et par lequel les héros entraient dans le ciel : à droite et à gauche étaient les habitations des dieux les plus puissants ; ils disaient que Junon ayant surmonté, par les conseils de Minerve, son antipathie pour Hercule, consentit à allaiter ce robuste enfant; mais celui-ci, aspirant le lait si fortement, en fit rejaillir une grande quantité qui forma dans le ciel cette immense tache blanche et lumineuse qui apparaît dans les nuits sereines.

GALAXIES, fête célébrée par les Grecs en l'honneur d'Apollon ; elle prenait son nom d'une bouillie ou gâteau d'orge cuit avec du lait, γάλα, qui faisait la matière principale du sacrifice.

GALÉANCON, ou GALIANCON, surnom de Mercure qui, suivant une tradition, avait un bras plus court que l'autre, ou qui avait les bras courts (du grec γαλῆ, belette, et ἀγκών, coude, bras ; cet animal a les pieds de devant fort courts).

GALÉNITES, branche de mennonites qui, en 1664, suivirent la doctrine de Galen Abraham Haan, médecin et ministre à Amsterdam. Les opinions de celui-ci étaient très-rapprochées de celles des sociniens, sur la divinité de Jésus-Christ et l'application de ses mérites; elles étaient presque identiques à celles des arminiens, qui insistaient moins sur la foi que sur les œuvres. Il voulait qu'on admît à la cène tous ceux qui avaient une bonne conduite, et qui reconnaissaient l'Ecriture sainte. Il eut pour adversaire un autre ministre mennonite de la même ville, nommé Samuel-Apostool, chef des Apostoliens.

GALÉOTÈS, fils d'Apollon et de Thémiste, était la grande divinité des Hybléens, peuple de Sicile, qui le représentaient sur un char avec son père.

GALÉOTES, devins de Sicile, se disaient descendus de Galéotès, fils d'Apollon, et se vantaient d'être très-experts dans l'art de prédire l'avenir. La mère de Denys le Tyran, étant enceinte, songea qu'elle accouchait d'un satyre. Les Galéotes consultés répondirent que son enfant serait le plus heureux des hommes de la Grèce; prédiction bien démentie par l'événement.

GALILÉENS. — 1. Secte de Juifs séditieux, qui avaient à leur tête Juda de Galilée. L'empereur Auguste ayant ordonné qu'on fît le dénombrement de tous ses sujets, les Galiléens excitèrent leurs compatriotes à ne point se soumettre à cet édit, leur représentant qu'ils ne devaient reconnaître d'autre maître et d'autre seigneur que Dieu seul, et qu'il était honteux pour le peuple juif de payer tribut à un prince étranger. Du reste ils paraissent être les mêmes que les Hérodiens, qui tiraient leur nom d'Hérode, roi de Galilée.

2. L'an 361, l'empereur Julien promulgua une loi pour ordonner que les chrétiens fussent appelés désormais *Galiléens*, en qualité de disciples de Jésus de Galilée; c'était le nom qu'il leur donnait lui-même par mépris.

GALINTHIADES, sacrifice solennel que les Thébains offraient en l'honneur de Galinthie, une des filles de Prœtus; il avait été institué par Hercule, dont les Thébains célébraient ensuite la fête.

GALLAIQUES, déesses mères, adorées dans le pays de Galice.

GALLANTES, surnom des Galles ou prêtres de Cybèle. *Voyez* GALLES.

GALLES, prêtres de Cybèle, qui tiraient leur nom, soit de Gallus, fleuve de la Phrygie, soit de leur fondateur, nommé Gallus, soit enfin d'un terme idiotique de leur pays, qui aurait signifié ceux qui tournent, qui s'agitent, qui font des contorsions. On a prétendu que les eaux du fleuve Gallus leur inspiraient une sorte d'enthousiasme ou de fureur qui les disposait à s'émasculer, ce qui est peu probable; le vin sans doute réussissait mieux. Quoi qu'il en soit, ils se mutilaient eux-mêmes en l'honneur d'Atys, autrefois le favori de Cybèle. Cette institution fanatique, dont la Phrygie était le berceau, se répandit dans la Grèce, en Syrie, en Afrique et dans tout l'empire romain. Lucien décrit ainsi les cérémonies de l'initiation :

« A la fête de la déesse se rend un grand concours, tant de la Syrie que des régions voisines; tous y portent les figures et les marques de leur religion. Au jour assigné, toute cette multitude s'assemble au temple; quantité de Galles s'y trouvent et y célèbrent leurs mystères; ils se taillaient les coudes, et se donnent mutuellement des coups de fouet sur le dos. La troupe qui les environne joue de la flûte et du tympanon; d'autres, saisis d'une sorte d'enthousiasme, chantent des chansons improvisées. Tout ceci se passe hors du temple, où cette troupe n'entre pas. C'est en ces jours-là qu'on fait des Galles; le son des flûtes inspire à plusieurs des assistants une sorte de fureur, et alors le jeune homme qui doit être initié jette ses habits, et, faisant de grands cris, vient au milieu de la troupe, dégaîne une épée et se fait eunuque lui-même. Il court après cela par la ville, portant entre ses mains les marques de sa mutilation; il les jette ensuite dans une maison, et c'est dans cette maison-là qu'il prend l'habit de femme. »

Les Galles étaient des coureurs, des charlatans qui allaient de ville en ville, jouant des cymbales et des crotales, portant des images de leur déesse pour séduire les gens simples et ramasser des aumônes qu'ils tournaient à leur profit; des fanatiques, des furieux, des misérables des gens de la lie du peuple, qui, en colportant les images de la mère des dieux, chantaient des vers par tout pays, et rendirent par là, dit Plutarque, la poésie fort méprisable, c'est-à-dire la poésie des oracles. « Ces gens-là, ajoute-t-il, rendaient des oracles, les uns sur-le-champ, les autres les tirant par le sort dans certains livres. Ils les vendaient au peuple et à des femmelettes charmées d'avoir ces oracles en vers et en cadence. Ces prestigiateurs firent tomber les vrais oracles prononcés sur le trépied. » Les lois des douzes Tables, chez les Romains leur permettaient de faire la quête et de demander l'aumône à certains jours, à l'exclusion de tout autre mendiant. Ils menaient en leur compagnie de vieilles enchanteresses, qui marmottaient certains vers, et jetaient des charmes pour troubler les familles; ils avaient à leur tête un chef nommé *Archigalle*, qui était vêtu de pourpre, portait la tiare et jouissait d'une assez grande considération.

Leurs sacrifices étaient accompagnés de contorsions violentes, de tournoiements de tête, et ils se heurtaient le front les uns contre les autres, comme des béliers. Souvent ils dansaient autour de la statue de Cybèle, et, dans les transports dont ils étaient agités, ils se faisaient de profondes incisions avec des lancettes en différentes parties du corps. Tous les ans, ils enveloppaient de laine un pin, et le portaient en cérémonie au temple de leur déesse, en mémoire de ce que Cybèle avait ainsi porté dans sa caverne le corps d'Atys. Ils étaient, pendant cette cérémonie, couronnés de violettes, fleurs qu'on supposait nées du sang de ce jeune homme lorsqu'il se mutila lui-même. Plusieurs d'entre eux gagnaient leur vie à promener sur un char ou sur un âne la déesse de Syrie, par les bourgs et les villages. Quand ils arrivaient au milieu d'une place publique, la procession s'arrêtait; un joueur de flûte commençait un air sacré. Alors tous les Galles, jetant à terre leurs mitres, baissant le cou et tournant la tête d'une façon extraordinaire, se déchiraient les bras avec des épées, se coupaient avec les dents des morceaux de la langue, et ne tardaient pas à paraître tout couverts de sang. Cette scène était suivie d'une quête pour l'entretien de la déesse; chacun des spectateurs bénévoles leur donnait soit de l'argent, soit quelque denrée. Toutes ces scènes superstitieuses, ridicules et révoltantes, sont exactement reproduites, de nos jours encore, par les charlatans de l'Inde et de la Chine, connus sous le nom de bonzes. Leur doctrine était aussi relâchée que leur conduite; ils soutenaient que tous les serments étaient illégitimes, et l'on dit que cette doctrine leur était commune avec tous les Phrygiens. — Bien que Cybèle fût en grande vénération à Rome, les Galles y étaient dans un souverain mépris; on les regardait comme des hommes infâmes et décriés; aussi aucun Romain ne voulut jamais embrasser leur profession, et il fallut faire venir des Galles de la Phrygie. Valère-Maxime nous fournit un exemple du cas qu'on en faisait dans cette ville : un certain Génutius, prêtre ou eunuque de Cybèle, ayant été, par décret du préteur, mis en possession d'un bien qui lui avait été légué par testament, Mamercus Æmilius Lepidus, alors consul, annula le décret, et dit que Génutius, n'étant ni homme ni femme, ne devait pas jouir d'un semblable privilège.

Lorsque l'un d'entre eux venait à mourir, ils le portaient hors de la ville, dans un endroit écarté, et là ils lui jetaient des pierres, jusqu'à ce qu'il en fût couvert; ils s'en retournaient ensuite chez eux, mais ils demeuraient sept jours sans pouvoir entrer dans le temple, comme ayant été souillés par cette action. Ils regardaient la colombe comme un oiseau sacré et ne se permettaient pas même de la toucher. S'il arrivait que quelqu'un d'eux en touchât une par mégarde, il était impur pendant tout le jour. C'est pour cette raison qu'on voyait dans leurs maisons des colombes qui s'y promenaient sans rien craindre, comme en pleine campagne.

GALLIAMBES, vers que les Galles, prêtres de Cybèle, chantaient en l'honneur de cette déesse.

GALLICANISME, opinion d'un certain nombre de membres du clergé et de la magistrature en France, qui consiste à admettre et à défendre, dans l'administration religieuse de ce royaume, des priviléges que l'on apelle *Libertés gallicanes*. Le gallicanisme n'est point une hérésie, ce n'est point une secte, c'est, comme nous l'avons nommée, une simple opinion; bien que les uns aient prétendu voir dans ces *libertés* une levée de boucliers contre le saint-siége, tandis que d'autres ont voulu y reconnaître des dogmes aussi sacrés que ceux qui servent de fondement au christianisme. Ces libertés cependant ont suscité entre les gallicans et les ultramontains des disputes qui durent depuis des siècles, et qui, au dire des premiers, n'ont jamais intéressé la foi; car, ajoutent-ils, jamais l'Eglise n'eut d'enfants plus fidèles et plus soumis que les Français, tandis que les seconds prétendent que ce système a amené insensiblement le jansénisme, et plus tard le schisme opéré par la constitution civile du clergé. Nous ne prendrons point parti dans cette querelle, que nous laissons aux théologiens; nous nous contenterons d'exposer succinctement ces libertés et quant à la discipline et quant aux coutumes, renvoyant pour les détails au *Dictionnaire de droit canon*, de M. l'abbé André.

1. On s'accorde généralement à regarder comme l'expression la plus pure et la plus complète des libertés gallicanes, la déclaration du clergé de France de 1682, rédigée par Bossuet, bien que ces libertés en elles-mêmes remontent beaucoup plus haut, et tirent peut-être leur origine des temps voisins de l'établissement de la religion chrétienne dans les Gaules.

Cette déclaration contient quatre articles, par lesquels l'assemblée établit :

Art. 1er. Que saint Pierre et ses successeurs, vicaires de Jésus-Christ, et que toute l'Eglise même, n'ont reçu de puissance que sur les choses spirituelles et qui concernent le salut, et non point sur les choses temporelles et civiles...; qu'en conséquence les rois et les souverains ne sont soumis à aucune puissance ecclésiastique, par l'ordre de Dieu, dans les choses temporelles; qu'ils ne peuvent être déposés, ni directement ni indirectement par l'autorité des clefs de l'Eglise; que leurs sujets ne peuvent être dispensés de la soumission et de l'obéissance qu'ils leur doivent, ni absous du serment de fidélité.....

Art. 2. Que la plénitude de puissance que le saint-siége apostolique et les successeurs de saint Pierre, vicaires de Jésus-Christ, ont sur les choses spirituelles, est telle que néanmoins les décrets du saint concile de Constance, contenus dans les sessions IV et V, approuvés par le saint-siége apostolique, confirmés par la pratique de toute l'Eglise et des pontifes romains, et observés religieusement dans tous les temps par l'Eglise gallicane, demeurent dans leur force et vertu, et que l'Eglise de France n'approuve pas l'opinion de ceux qui donnent atteinte à ces décrets, ou qui les affaiblissent, en disant que leur autorité n'est pas bien établie, qu'ils ne sont point approuvés, ou qu'ils ne regardent que les temps de schisme (1).

Art. 3. Qu'ainsi l'usage de la puissance apostolique doit être réglé suivant les canons faits par l'esprit de Dieu, et consacrés par le respect général; que les règles, les coutumes et les constitutions reçues dans le royaume et dans l'Eglise gallicane, doivent avoir leur force et leur vertu, et les usages de nos pères demeurer inébranlables; qu'il est même de la grandeur du saint-siége apostolique, que les lois et coutumes établies du consentement de ce siége respectable et des Eglises subsistent invariablement.

Art. 4. Que le pape a la principale part dans les questions de foi; que ses décrets re-

---

(1) Dans ces deux sessions, les Pères du concile établissent la supériorité d'un concile œcuménique sur le souverain pontife, et que le pape doit, en toute circonstance, obéir aux ordres, statuts, mandements et décisions de tout concile général, parce que celui-ci tient immédiatement sa puissance de Dieu même.

gardent toutes les Eglises, et chacune en particulier ; mais que cependant son jugement n'est pas irréformable, à moins que le consentement de l'Eglise n'intervienne.

2. « Les libertés de l'Eglise gallicane, dit d'Héricourt, ne sont autre chose que la possession dans laquelle s'est maintenue l'Eglise de France, de conserver ses anciennes coutumes, qui sont la plupart fondées sur les canons et sur la discipline des premiers siècles, et de ne point souffrir qu'on y portât atteinte, en introduisant une discipline à laquelle elle n'a point été soumise. Ainsi les libertés de l'Eglise gallicane ne consistent que dans l'observation de son ancien droit. »

De là les coutumes et les usages particuliers à l'Eglise de France, qui ont toujours été respectés et tolérés par les souverains pontifes, comme ceux-ci en ont agi envers les autres églises lorsque leurs coutumes antiques n'avaient rien de contraire à la foi et à l'équité. « Ainsi, dit M. l'abbé André, en vertu des anciennes coutumes, des anciennes libertés de l'Eglise gallicane, les évêques pouvaient se réunir périodiquement en conciles provinciaux, et faire des canons de discipline conformes aux temps et aux circonstances. Ainsi, en vertu de ces mêmes libertés, les métropolitains visitaient les diocèses de leurs suffragants, jugeaient en appel de leurs jugements, etc. » Ainsi, ajoutons-nous, en vertu de ces libertés, lorsque le pape, de concert avec Charlemagne, voulut substituer la liturgie romaine à l'ancienne liturgie gallicane, la plupart des diocèses conservèrent des rites et des formules respectables par leur haute antiquité ; le même fait se renouvela après les décisions du saint concile de Trente. De là cette multitude de rites et de cérémonies différents de ceux de l'Eglise romaine qu'on remarque dans les missels, les bréviaires et les rituels de France. Mais, dans le siècle dernier, une foule de diocèses abusèrent de ces libertés, en répudiant et les rites romains et leurs rites antiques pour en forger de nouveaux sous l'influence du jansénisme.

Cependant une réaction s'opère de nos jours ; le gallicanisme, après avoir été hautement enseigné, professé, soutenu et défendu jusqu'en ces dernières années par la majorité des évêques de France, et la plus grande partie du clergé, perd maintenant chaque jour de son influence, et menace de disparaître bientôt, au grand détriment, nous le craignons, des restes de nos coutumes antiques, qui seront absorbés par les usages romains.

GALOUNGAN, grande fête religieuse, célébrée par les habitants de l'île de Bali, à l'époque où l'on plante le riz ; elle dure cinq jours. Les Balinais en célèbrent une seconde au moment de la récolte ; ils appellent cette dernière *Kouningan*.

GAMÉLIEN et GAMELIENNE, surnoms de Jupiter et de Junon, invoqués tous deux dans les noces. Ces noms viennent du grec γάμος, mariage.

GAMÉLIES, fêtes athéniennes, célébrées dans le mois gamélion, correspondant à janvier, en l'honneur de Junon Gamélienne ou nuptiale ; il se faisait ce jour-là plus de noces qu'à l'ordinaire, parce qu'on le regardait comme un jour heureux.

GAMMON, fête que les nègres du Sénégal célèbrent chaque année pendant trois jours, en mémoire de la naissance de Mahomet.

GAMOULI, esprits qui, suivant la croyance des Kamtchadales, produisent les éclairs, en se jetant l'un à l'autre les tisons à demi consumés qui ont chauffé leurs huttes. Lorsqu'il tombe de la pluie, ce sont les Gamouli qui pissent.

GANA, divinité indoue. Gana est quelquefois considéré comme Siva lui-même, mais plus fréquemment comme son fils ; en cette dernière qualité, il est le chef des Ganas ou de la troupe des êtres spirituels qui adorent le dieu son père. Tous les Ganas composent, en quelque sorte, un seul Gana, représentant l'unité des êtres. Ils sont sortis un à un de la porte, franchissant le seuil de l'univers. Leur nom, qui signifie *dénombrement*, indique l'ordre et l'absence de toute confusion. *Voy.* GANÉSA.

GANAGA-MOUNI, ou ALTAN TCHIDAK-TCHI, le second Bouddha de la théogonie mongole, appelé aussi *Kanaka-Mouni* par les Hindous, et *Serthoubh* par les Tibétains.

GANAPATIHRIDAYA, une des déesses du système religieux des bouddhistes du Népâl.

GANAPATYAS, Hindous adorateurs de Ganésa ou Ganapati ; on peut à peine les considérer comme formant une secte, car tous les Indiens en général adorent cette divinité, pour obtenir de triompher des obstacles et des difficultés, et ils ont soin de l'invoquer avant de se mettre en voyage ou d'entreprendre quoi que ce soit. Quelques-uns cependant professent pour lui une dévotion particulière, et ce sont ceux-là seulement à qui on peut appliquer la dénomination de Ganapatyas. Toutefois Ganésa n'est jamais vénéré exclusivement, et lorsqu'on lui rend des adorations, ces hommages s'adressent à quelques-unes de ses formes, particulièrement à celles de Baktratounda et de Dhoundhiradj.

GANDHAMADANA. C'est, suivant les Hindous, l'une des quatre montagnes qui enferment la région centrale du monde, appelée Ilavritta, dans laquelle est située la montagne d'or des dieux ou le mont Mérou. Les Pouranas, dit M. Langlois, ne sont pas d'accord sur sa position : suivant le Vayou Pourana, il est à l'ouest, joignant le Nila et le Nichadha, chaînes du nord et du sud. Le Vichnou Pourana le place au sud, et nomme Vipoula la montagne occidentale. Il y a cependant un Gandhamadana à l'ouest, au milieu des branches projetées du Mérou. Le Bhagavata le place à l'est ; suivant le Padma Pourana, Kouvéra réside sur ce mont avec les Apsaras, les Gandharvas et les Rakchasas, génies de la mythologie hindoue.

GANDHARVAS, ou GANDHARBAS, génies

de la mythologie brahmanique; ils remplissent les fonctions de musiciens dans les cours des dieux Siva, Indra et Kouvera. Ils sont fils de Kasyapa et d'Aditi; ils ont des corps odorants, ne boivent pas de vin et ne mangent pas de chair. Ils sont fils du sage Kasyapa, et d'Arichta, l'une de ses femmes.

Les Hindous appellent encore *Gandharva* une sorte de mariage, ainsi défini dans le code de Manou : « L'union d'une vierge avec l'objet de son choix, et par leur consentement mutuel, c'est un mariage dont l'amour seul forme les nœuds. »

GANDHÉSA, un des huit Vitaragas de la mythologie hindoue; c'est le dieu des odeurs.

GANDJ-BAKHCHIS, sectaires indiens qui appartiennent aux Sikhs. On ignore en quoi ils diffèrent des autres partisans de la doctrine de Nanek. On dit que leur nom dérive de celui de leur fondateur. Ils ne paraissent pas être nombreux, ni avoir aucune importance. *Voy.* SIKHS.

GAN-EDEN, c'est-à-dire *Jardin de délices;* c'est le nom hébreu du paradis terrestre, dans l'Ecriture sainte; et, chez les juifs modernes, le lieu où les justes jouiront d'une béatitude éternelle dans leur union avec Dieu.

GANÉSA, ou POLÉYAR, ou VIGNE-SWARA, ou INAHIKA. Les Hindous le regardent comme le dieu de la sagesse, du destin, de la piété, de la chasteté, des nombres, de l'invention, de l'intelligence, de l'année; il est le chef et le précepteur des Dévas : il protége les sciences et les lettres; il inspire les résolutions utiles et les grandes pensées, préside au mariage, et garde cependant lui-même un célibat sévère. Dans le Kailasa où il réside avec Siva et Parvati, son emploi consiste à agiter l'air autour d'eux avec un chamara ou éventail de plumes. Ganésa a aussi pour mission de transmettre à son père les vœux et les prières des hommes.

Quelques-uns le regardent comme une personnification de Siva; d'autres, et c'est le sentiment commun, le font fils de ce dieu, et racontent ainsi sa naissance : Un jour la déesse Parvati, femme de Siva, sortant du bain, employa pour étancher sa sueur une herbe dont le suc est jaune. Elle en pétrit des brins entre ses doigts, et, par distraction, en fit une espèce de pâte à laquelle elle donna la forme d'un enfant. Son œuvre était si parfaite, qu'elle résolut de l'animer, et le nouvel être reçut d'elle le nom de Ganésa. Curieux de voir cette merveille, les dieux se rendirent en foule près de Parvati, et rendirent leurs hommages au merveilleux enfant. Sani seul (le Saturne indien), se tenait à l'écart, sachant que son terrible regard devait être funeste à l'enfant. Mais Parvati prenant cet éloignement pour une insulte, et ne voulant pas ajouter foi à cette propriété de ses yeux, le força par ses instances et ses reproches, à regarder son fils, dont la tête fut aussitôt réduite en cendres. Surprise et désolée de cet événement, la déesse éclata en menaces contre Sani, qui avait ainsi détruit son ouvrage. Deux partis se formèrent fortement animés l'un contre l'autre. Pour tout concilier, Brahma enjoignit à Sani d'aller trancher la tête du premier animal qu'il rencontrerait couché et tourné vers le nord (car on meurt quand on dort dans cette position). Ce fut un éléphant qu'il trouva ainsi; il lui coupa la tête et l'ajusta sur les épaules de Ganésa. Cet expédient fut loin de satisfaire Parvati; la déesse, pénétrée de douleur, versait des larmes abondantes; Brahma, pour la consoler, décida que son fils, mis au rang des dieux, recevrait à ce titre les hommages des hommes. Suivant une autre version, ce seraient les brûlants regards de sa propre mère qui auraient consumé la tête de Ganésa. Enfin, il en est qui soutiennent qu'il eut la tête tranchée par Siva, lorsqu'il voulait empêcher ce dieu d'entrer de force dans l'appartement de sa mère.

Les images de Ganésa se voient à chaque pas dans l'Hindoustan, dans les pagodes, dans les rues, sur les chemins, dans les campagnes, et souvent au pied de quelque arbre isolé. Il est représenté sous la forme d'un homme gros et court, avec un gros ventre et une tête d'éléphant. Il a quatre mains; l'une tient une conque, l'autre un disque, la troisième une massue, la dernière un lotus. Sur quelques-unes de ces images on voit dans une de ses mains une espèce de croc, dans l'autre un lotus, dans la troisième une feuille d'olle, qui sert de papier à écrire aux Hindous; dans la quatrième un gâteau de la forme d'un œuf. Sa tête d'éléphant n'a qu'une défense : Vichnou, incarné sous la forme de Parasou-Rama, voulant un jour pénétrer dans l'appartement de Siva, fut arrêté par Ganésa qui en gardait la porte : il s'ensuivit un combat dans lequel Ganésa perdit une défense. Dans ses images il est souvent représenté porté sur un rat, animal qui lui est consacré; en voici l'origine : Le géant Ghédjémonga-Soura ayant reçu des dieux l'immortalité, abusa de son pouvoir et fit beaucoup de mal aux hommes; ceux-ci implorèrent la protection de Ganésa. Le dieu, touché de leurs prières, s'arracha une de ses défenses et la lança avec tant de force contre le géant qu'elle lui pénétra profondément dans la poitrine et le renversa (autre origine de la perte d'une de ses défenses). Ghédjémonga-Soura furieux se transforma à l'instant en un rat gros comme une montagne et vint attaquer Ganésa, qui, sautant sur son dos et le maîtrisant par une force irrésistible, le condamna à lui servir éternellement de monture.

Ganésa est un des dieux les plus populaires des Hindous : au commencement de toutes les entreprises, en tête de tous les ouvrages, il reçoit un hommage de respect; tous les livres commencent par l'invocation : *Adoration à Ganésa!* Pour l'adorer, les Indiens croisent les bras, ferment les poings, se frappent les tempes, se prennent les oreilles, s'inclinent trois fois en pliant le genou, récitent des prières en se heurtant le front

Avant de s'engager dans une entreprise, telle par exemple que la construction d'un édifice, ils placent sur le terrain où ils veulent bâtir une statue de Ganésa, qu'ils adorent après l'avoir arrosée d'huile et couverte de fleurs. Ils croient que si cette cérémonie n'avait pas lieu préalablement, l'entreprise ne réussirait pas, et que le dieu leur ferait perdre le souvenir de l'objet qu'ils avaient en vue.

Les ressemblances de ce dieu avec le *Janus* ou *Janes* des peuples du Latium ont déjà été remarquées. C'est aux philologues à décider si *Janus*, le dieu du seuil, *janua*, est identique quant au mot même à *Gana* ou *Ganésa* qui a les mêmes fonctions. Comme Janus, Ganésa est adoré sur toutes les routes et placé sur tous les seuils; s'il ne porte pas de clefs comme Janus, il fonctionne comme lui à la porte, au passage, et comme lui, sa position est double; ce qu'indique sa double tête. Ganésa, comme Janus, est un dieu qui règle les temps, organise le calcul et se trouve par là en rapport avec le calendrier sacré ou profane.

GANGA. C'est, dit M. Langlois, un nom féminin par lequel on désigne le fleuve du Gange; car tous les noms de fleuves et de rivières en sanscrit, excepté un, sont du féminin. On fait aussi du Gange une déesse. Ses ondes sont sacrées, elles effacent les péchés, et le dernier espoir d'un Indien est de mourir à la vue du Gange. Ce fleuve a dû être le sujet de bien des fables mythologiques. Sortant de dessous les pieds de Vichnou, au pôle même du monde, il vient en vapeurs légères, traversant les airs et rasant le haut des plus hautes montagnes; puis il se repose dans le bassin de Brahmâ, qui est le lac Manasarovara; de là, encore par les airs, il vient tomber sur un roc en forme de tête, linga de Siva ou Mahadéva; il s'embarrasse dans ses cheveux et coule dans un bassin au-dessous, appelé Vindou-Sarovara. C'est au-dessus de cette chute qu'on trouve cet endroit fameux, appelé Gomoukha, ouverture que se font les eaux dans les monts Himalaya, et que les Indiens comparent, pour la forme, à la tête d'une vache. Plus loin se trouve la ville d'Haridwara, qui signifie porte d'Hari ou Vichnou; c'est l'endroit où le Gange entre dans les plaines de l'Hindoustan. Il poursuit sa route, allant heurter le pied des montagnes qu'il creuse, changeant de lit fort souvent et renversant les cités qu'il emporte dans son cours, comme les antiques villes d'Hastinapourâ et Patali-poutra. Il reçoit un grand nombre de rivières, qui viennent, dit-on, lui rendre hommage, et qui ensuite, lorsqu'il approche de la mer, le quittent pour s'y jeter chacune de leur côté. C'est ainsi qu'on explique les différentes bouches du Gange, auxquelles on donne le nom des rivières qui se sont réunies à lui.

La déesse Gangâ, continue M. Langlois, est représentée comme une femme vêtue de blanc, portant une couronne, assise sur un poisson, ayant dans la main droite un lotus et dans la gauche un luth. Elle fuit, dit-on, devant la mer, deux fois par jour. Cependant, autrefois elle épousa Santanou, incarnation du dieu de la mer et roi d'Hastinapoura, dont elle eut Bichma, aïeul des Pandavas. Par suite d'une imprécation de Vichnou, elle était obligée de tuer ses enfants à leur naissance; au huitième, son mari l'en empêcha et elle le quitta. Elle était descendue autrefois sur la terre, attirée par les dévotions de Bhaguiratha. Au moment où elle tomba du ciel, le prince craignit qu'elle n'écrasât la terre. Siva, qui demeurait sur l'Himalaya, la prit dans sa chevelure et la retint quelque temps; il en laissa couler une goutte sur la montagne; ensuite le dixième jour de la nouvelle lune de djyechtha (mai-juin), la déesse toucha la terre et suivit Bhaguiratha. De là le nom de Bhaguirathi qu'on lui a donné. Elle venait pour ramener à la vie les fils de Sagara (l'Océan) [*Voy.* ce mot]. Bhaguiratha ne pouvant pas lui dire positivement où étaient leurs restes, elle se divisa en cent torrents pour être plus sûre de les rencontrer. Sur sa route, elle avait troublé le sacrifice d'un sage, nommé Djahnou; dans sa colère, il l'avait prise et avalée; sur la prière de Bhaguiratha, il l'avait ensuite rendue: ce qui a fait donner aussi à la déesse du Gange le nom de Djahnavi. Quand elle descendit du ciel, les dieux, sachant quelle était la vertu de ses eaux, réclamèrent auprès de Brahma, qui consentit à ce qu'elle existât à la fois au ciel, sur la terre et aux enfers: au ciel on l'appelle *Mandakini*; sur la terre, *Gangâ*; aux enfers, *Bhagawati*. On voit facilement que toutes ces fables sur le Gange sont allégoriques, et servent à voiler des phénomènes purement naturels.

Il est rare que, dans les cérémonies sacrées, on emploie d'autre eau que celle du Gange, car on en transporte dans toutes les contrées de l'Inde; souvent les malades qui sont trop éloignés du Gange pour aller expirer sur ses bords ou dans ses ondes, font arroser un certain espace de terrain de cette eau précieuse acquise à grands frais, et s'y font coucher pour y rendre le dernier soupir. Quand on ne peut s'en procurer, on emploie de l'eau d'un autre fleuve ou d'un étang, et on lui attribue par la pensée, ou par des formules appelées *mantras*, la même vertu qu'à celle du Gange.

Les Indiens jettent dans les eaux du Gange de l'or, des perles et des pierreries, qui sont autant d'offrandes en son honneur. C'est principalement aux environs de Bénarès que les pèlerins se rassemblent. Avant de se baigner dans le fleuve, ils reçoivent de quelque brahmane deux ou trois brins de paille, qui servent à rendre l'ablution plus efficace, et que, pour cette raison, ils tiennent respectueusement entre leurs mains pendant qu'ils se baignent. En sortant de l'eau, des brahmanes leur marquent le front avec de la fiente de vache. Les pèlerins leur font en retour des présents en riz ou en argent, proportionnés à leurs facultés, sans préjudice des offrandes qu'ils doivent présenter aux idoles dans les temples élevés aux environs. Au même endroit est un puits fameux par la dévotion des peuples, dont les eaux, comme celles du Gange, ont la vertu de rendre purs et saints ceux qui s'y lavent. Les dévots y jettent tant de fleurs, qu'en se pourrissant elles infectent les eaux, ce qui n'empêche pas d'y descendre très-souvent par des escaliers pratiqués à dessein. L'eau en est extrêmement bourbeuse; mais cet inconvénient ne ralentit point la dévotion des Hindous, qui s'estiment heureux lorsqu'ils peuvent rapporter du fond un morceau de terre. Les Indiens croient qu'un de leurs dieux s'est autrefois baigné dans ce puits; telle est l'origine du grand respect qu'ils portent à ses eaux.

Les ablutions dans le Gange sont ordinairement accompagnées de prières, que l'on récite à voix basse. Pendant qu'on se baigne, il faut avaler de l'eau à trois reprises; mais cette dernière cérémonie, aussi bien que celle des prières, n'a lieu quelquefois qu'après être sorti du bain.

GANGA-GOMBERI, prêtresses des Mokissos, dans le royaume de Loango; on la consulte, comme une pythonisse, sur les choses cachées; elle rend ses oracles dans une grotte souterraine.

GANGA-GRAMMA, démon femelle ou déesse de la mythologie hindoue; les uns en font l'épouse de Siva, d'autres lui refusent un mari. Quoi qu'il en soit, on la représente avec une tête et quatre bras : elle a dans la main gauche une petite jatte, et dans la droite une fourchette à trois pointes. On trouve presque partout des pagodes bâties en son honneur; et il y a des fêtes qui lui sont consacrées; une, entre autres, appelée Pongol, ou Pongal, différente du Grand-Pongal, est célébrée par les soudras et par le petit peuple, mais jamais les brahmanes n'y prennent part. La matinée de cette fête est destinée à cuire du riz, et, l'après-midi, on promène sur un char l'idole de la déesse. On lui immole quantité de boucs, dont les desservants de la pagode coupent la tête avec un couteau particulier; on porte à cette procession une machine faite en forme de grue propre à enlever les fardeaux. Ceux qui, dans une maladie ou dans quelque autre danger, ont fait un vœu à Ganga, se font alors donner une espèce d'estrapade, au moyen de deux crochets qu'on leur enfonce dans la peau du dos, sous les omoplates, puis on les élève en l'air au moyen de la machine, et en cet état ils font diverses évolutions, comme de charger un fusil et de le tirer, de s'escrimer avec une épée, etc., aux grands applaudissements des spectateurs. Ce ne sont pas seulement des hommes qui se font ainsi accrocher, il y a des femmes qui s'offrent à subir cette torture; les uns et les autres prétendent ne point souffrir, mais les cris involontaires que la douleur pourrait leur arracher, sont couverts par le son des tambours et les clameurs des assistants. D'autres se font passer dans les chairs une ficelle, que l'on tire de côté et d'autre pendant qu'ils dansent en l'honneur de la déesse. On assure qu'en quelques endroits, il y a des gens assez dévots pour se prosterner devant le chariot de Ganga, afin qu'il leur passe sur le corps; plusieurs en sont écrasés et meurent sur la place. Quand la nuit est venue, on sacrifie un buffle à qui on adresse beaucoup de questions, et à chacune d'elles on va consulter l'idole, après quoi on coupe la tête à la victime avec un des couteaux dont nous avons parlé; on en recueille le sang dans un vase, on le place devant la statue de la déesse, et on assure qu'il ne s'y en trouve plus le lendemain. Il paraît qu'anciennement, au lieu d'un buffle, c'était un homme qu'on immolait à Ganga.

GANGA-ILIGUI, un des chefs des Gangas ou prêtres des nègres du Congo : c'est lui qui règle les sacrifices et les cérémonies dans les fêtes solennelles. Il reçoit les offrandes du peuple et les dépose sur l'autel; il prescrit aussi les réjouissances qui doivent terminer ces fêtes.

GANGA-KITORNA, supérieur ou grand prêtre des *Singhillis*, ministres de la religion, chez les nègres d'Angola; il passe pour le premier des dieux terrestres. C'est à lui qu'on attribue toutes les productions du sol, telles que les fruits et les grains. On lui en offre les prémices comme un juste hommage, et lui-même se vante de n'être pas sujet à la mort. Pour confirmer les nègres dans cette opinion, lorsqu'il se sent près de sa fin par la faiblesse de l'âge ou par la maladie, il appelle un de ses disciples, afin de lui communiquer le pouvoir qu'il a de produire les biens de la terre. Ensuite il lui ordonne publiquement de l'étrangler avec une corde ou de le tuer d'un coup de massue; ce qui est exécuté sur-le-champ, en présence d'une nombreuse assemblée. Si l'office de grand pontife se trouvait interrompu, les habitants sont persuadés que la terre deviendrait stérile, et que le genre humain ne tarderait pas de toucher à sa ruine. Les Gangas d'un rang inférieur finissent ordinairement leur vie par une mort violente et souvent volontaire.

GANGA-MATOMBOLA, Ganga ou prêtre des nègres du Congo, dont le pouvoir est si grand, qu'il prétend ressusciter les morts par son art magique. Un homme étant mort et enseveli, si les parents le prient de le ressusciter, il leur commande de le déterrer et de le porter dans un bois. Là, en présence de ses affidés, il tourne plusieurs fois autour du corps, et fait diverses figures et cérémonies ridicules, jusqu'à ce que le mort donne quelques signes apparents de vie en remuant les pieds, les mains ou la tête. Alors le prêtre redouble ses conjurations, jusqu'à ce que le mort se lève, dit-on, sur ses pieds, fasse quelques pas, prononce quelques sons articulés, et reçoive de la viande dans sa bouche. Le Ganga rend tout aussitôt le prétendu ressuscité à ses parents, mais il les charge en même temps de tant de préceptes impraticables, que comme, avant qu'ils soient bien loin, ils en ont enfreint quelqu'un, le cadavre mourant tombe pour ne plus se relever.

GANGA-MPEMBA, nom général que les nègres du Congo donnent à leur Mokissos ou fétiches.

GANGAS, prêtres des nègres du Congo, du Loango, d'Angola, etc., sur la côte occidentale de l'Afrique. Ils sont tout aussi ignorants, mais plus fourbes que le reste du peuple. Les plus vieux soumettent à des épreuves et à une infinité de cérémonies ridicules ceux qui veulent être aggrégés à leur corps. Personne ne doute que les Gangas n'aient commerce avec l'esprit du mal, et qu'ils ne connaissent les moyens les plus propres pour l'apaiser. Il paraît qu'on a autant et même plus de confiance en eux que dans les idoles; on les consulte pour connaître l'avenir et découvrir les choses les plus secrètes; on leur demande, comme au roi, la pluie et le beau temps; on croit que par la vertu de leurs enchantements, ils peuvent se rendre invisibles et passer au travers des portes, fussent-elles du bois le plus dur ou même de fer.

On n'a pas remarqué que les Gangas offrissent aucune espèce de sacrifice à la divinité; et, à considérer les fonctions de leur ministère, ils ne méritent que les noms de devins, de magiciens, ou de diseurs de bonne aventure. Il y en a parmi eux qui exercent la médecine, et qui font métier de guérir les malades au son des instruments, par des souffles et des enchantements.

A la naissance des enfants, on appelle les Gangas qui leur imposent quelques pratiques superstitieuses, auxquelles ils doivent être fidèles toute leur vie, et que leurs mères sont obligées de leur rappeler, lorsqu'ils parviennent à l'âge de raison. Ces pratiques sont plus ou moins austères ou ridicules, selon que le Ganga est inspiré pour le moment; mais quelles qu'elles soient, ceux à qui elles ont été prescrites ne manquent jamais de s'y soumettre religieusement. Les missionnaires ont vu, dans le village de Loubou, au royaume de Loango, un garçon et une fille auxquels le mariage était interdit, et qui étaient obligés, sous peine de mort, à garder toute la vie une continence parfaite. On ignore si cette loi leur était commune avec d'autres; s'ils se l'étaient imposée eux-mêmes, ou, ce qui est plus probable, si elle leur avait été prescrite dès leur naissance par leurs Gangas.

Ces prêtres qui, pour le reste, ne se piquent pas d'uniformité dans leur doctrine, enseignent tous unanimement qu'il y aurait un extrême danger à manger des perdrix, et personne n'oserait hasarder d'en faire l'essai. Aussi tous les habitants du pays les redoutent comme des oiseaux funestes, craignent surtout leur cri, en tuent le plus qu'ils peuvent et les portent aux Européens.

Quand un nègre est affligé de quelque maladie dangereuse, sa famille se hâte de faire venir un Ganga, qui commence des prières et des cérémonies ridicules. Si le malade ne guérit pas, et que ses facultés ne lui permettent pas de faire une nouvelle offrande, le prêtre lui ordonne de se tenir dans quelque posture gênante, et de ne la point quitter pour quelque raison que ce soit. Si celui-ci est trop faible pour résister à la gêne de cette attitude forcée, le Ganga prononce que le Mokisso, irrité de sa désobéissance, refuse de le guérir. Si, au contraire, le malade conserve assez de force pour garder constamment la posture prescrite, et que, malgré cela, il ne recouvre pas la santé, le prêtre alors assure qu'il est ensorcelé par quelque ennemi. Il se charge de le découvrir et de le citer devant l'assemblée des Gangas. S'il y a dans la ville quelqu'un à qui il veuille du mal, il l'accuse de ce prétendu sortilége. Il faut que l'accusé subisse, pour se justifier, différentes épreuves, comme celles de l'eau, du feu ou d'un certain poison qui doit ne lui faire aucun mal s'il est innocent. C'est encore pour le Ganga un moyen d'extorquer de l'argent; car pour peu que l'accusé soit riche et qu'il se montre disposé à faire un présent au prêtre, il sortira heureusement de toutes les épreuves, sinon il s'expose à de cruels accidents et à dépérir lentement.

Les Gangas sont en très-grand nombre et ont chacun leur département. Les uns sont chargés d'apaiser les dieux, de détourner les calamités publiques; l'emploi des autres est de guérir les maladies, de rompre les charmes et les sortiléges; ceux-ci savent prédire si le succès d'une guerre sera heureux, si telle entreprise doit réussir, si la récolte sera abondante, et marquent le temps propre pour semer, récolter, etc. Il y a parmi eux une hiérarchie assez compliquée : leur chef ou souverain pontife est le *Chalombé* ou *Chitombé*, qui jouit d'un pouvoir presque souverain. Viennent ensuite le *Negombo*, le *Negochi*, le *Népindi*, le *Ngosei*, le *Moutinou*, et une multitude d'autres. On trouve le nom et l'office des principaux à leurs articles respectifs.

GANGASIMÉKA, un des principaux Gangas ou prêtres du Loango : c'est lui qui impose à l'héritier présomptif de la couronne les prescriptions auxquelles il doit être soumis pendant toute sa vie; il lui défend, par exemple, de manger aucune espèce de volaille, s'il ne l'a tuée ou préparée lui-même, et lui ordonne d'en enterrer les restes.

GANGLAT et **GANGLOT**. Ce sont, dans la mythologie scandinave, le serviteur et la servante de Héla, déesse de la mort.

GANITRI, nom du cordon sacré, dont les insulaires de l'île de Bali se décorent comme les brahmanes de l'Hindoustan. *Voy.* CORDON BRAHMANIQUE.

GANPATI, un des dieux des Hindous, le même que Ganésa.

GANYMÈDE. — 1. Fils de Tros, roi de Troie. Il était d'une si grande beauté, que Jupiter résolut d'en faire son échanson. Un jour que le jeune Phrygien chassait sur le mont Ida, le dieu, sous la forme d'un aigle, l'enleva dans l'Olympe, le plaça dans le Zodiaque sous le nom de Verseau, et lui donna la charge de verser aux dieux le nectar, fonction remplie auparavant par Hébé, déesse de la jeunesse. Cette fable paraît avoir un fondement historique. Le roi de Troie ayant envoyé en Lydie son fils Ganymède offrir des sacrifices à Jupiter, Tantale, souverain de la contrée, qui avait le même surnom, prit les Troyens pour des espions, retint le jeune prince prisonnier, ou le fit servir d'échanson à sa cour. Peut-être aussi fut-il réellement enlevé par représailles; et l'aigle de la fable marque la vitesse du rapt, ou, selon d'autres, la rapidité de la course abrégée de sa vie. Cet enlèvement amena, entre les deux princes et leurs descendants, une longue guerre qui ne se termina que par la ruine de Troie.

2. Les Phiasiens donnaient autrefois le nom de *Ganymède* à la déesse qu'on a depuis appelée Hébé. Ils célébraient en son honneur une fête nommée *Kissotomos*, c'est-à-dire de la section du lierre. Son temple était un asile pour les criminels qui s'y réfugiaient; en sortant du temple, ils suspendaient leurs chaînes aux branches des arbres qui étaient à l'entour.

Le nom de *Ganymède* paraît venir du grec γάνος et μῆδος, celui qui est chargé de procurer la joie.

GAON, mot hébreu qui signifie *excellent*; il désignait, dans le moyen âge, un ordre de docteurs juifs qui parurent en Orient après la clôture du Talmud. Ils succédèrent aux Séburéens vers le commencement du sixième siècle, et finirent vers la fin du dixième. A cette époque, ce titre n'était conféré qu'aux seuls chefs d'académies judaïques. Les plus célèbres de ces docteurs sont Rabbi Saadias Gaon et Rabbi Scherira Gaon.

Les cabalistes prétendent que le terme *Gaon* exprime symboliquement les soixante livres dont se compose le Talmud; en effet, les caractères de ce mot hébreu גאן donnent ce nombre. On aurait donc appelé Gaon celui qui possédait le Talmud tout entier.

GAORI, un des noms de la déesse indienne Parvati ou Dourga, épouse de Siva.

Les Hindous célèbrent en son honneur, à la lune de septembre, une fête qui dure plusieurs jours. Le dernier jour, dit M. l'abbé Dubois, on fait avec de la farine de riz pétrie une représentation de la déesse : cette figure, placée dans une espèce de niche bien ornée, est promenée dans les rues avec la plus grande pompe. Cependant, cette fête paraît avoir pour objet spécial les dieux domestiques, qui sont représentés par les instruments, les outils, les ustensiles à l'usage des différentes professions.

Le laboureur rassemble en un tas ses charrues, ses pioches, ses faucilles, sur un emplacement qu'il a eu d'abord l'attention de bien purifier, en y étalant une couche de fiente de vache : il se prosterne devant eux la face contre terre, leur offre, à la manière accoutumée, le poudja et le neiveddia, puis va les remettre où il les avait pris.

Le maçon adresse les mêmes hommages à sa truelle, à sa règle, etc.; le charpentier, à ses haches, à ses scies et à ses rabots; le barbier, à ses rasoirs; l'écrivain, au stilet de fer dont il se sert pour écrire; le tailleur, à ses ciseaux et à ses aiguilles; le chasseur, à ses armes; le pêcheur, à ses filets; le tisserand, à son métier; le boucher, à son coutelas; et ainsi font tous les artisans.

Les femmes réunissent en un monceau leurs corbeilles, leurs paniers, la meule à moudre le grain, le mortier et le pilon à broyer le riz, enfin tous leurs ustensiles de ménage : elles se prosternent devant ces objets et les adorent de la même façon. Il n'est personne, en un mot, qui, durant cette solennité, ne considère comme autant de divinités les instruments qui lui servent à gagner sa vie; les prières et les honneurs qu'on leur adresse ont pour motif de les engager à continuer d'être utiles à ceux qui les possèdent. C'est une conséquence du principe professé par les Indiens, qu'il faut honorer tout ce qui est utile et tout ce qui peut nuire. *Voy.* DOURGA-POUDJA.

GARABIS, sectaires musulmans, de la branche des schiites ou partisans d'Ali; ils allaient plus loin que tous les autres et soutenaient que lorsque Dieu résolut de se susciter un prophète sur la terre, l'ange Gabriel se trompa, et au lieu de charger Ali de cette importante mission, ainsi qu'il en avait reçu l'ordre, il s'adressa à Mahomet. Leur signe pour se reconnaître quand ils se rassemblaient, c'était de dire : *Maudissez celui qui a des ailes*; à quoi le fidèle repondait : *Gabriel*.

GARAB-VANG-TSIOUGH, prince de l'enfer des Tibétains, appelé la région de la concupiscence. *Voy.* DHOD-KHAM.

GARACAYOC, un des neuf *Guacas* ou idoles principales, adorées à Guamachuco, du temps des incas.

GARAN, nom des temples bouddhiques dans le Japon : ce mot est prononcé *Kia-lan* par les Chinois. Les Japonais veulent qu'un temple complet soit composé des sept parties suivantes : la grande porte, le pavillon où les cloches sont suspendues, le séjour de la divinité, la demeure du chef des prêtres, la bibliothèque, l'escalier par lequel on monte jusqu'au faîte, et la cuisine.

GARDIEN, titre que l'on donne au supérieur dans les couvents des franciscains, et les maisons de la congrégation de la Sainte-Trinité, à Rome.

GARDOT, dieu des anciens Slaves; il pourvoyait à la sûreté des marins et des voyageurs.

GARDUNITIS, un des lares ou des esprits domestiques chez les anciens Slaves : sa fonction consistait à veiller sur les agneaux, et à favoriser leur éducation.

GARGA, mouni célèbre dans l'antiquité hindoue, issu d'une branche collatérale des rois d'Antarvédi. Né à Mithila, il se livrait aux pratiques de la pénitence sur les bords du fleuve Gandaki. Mais comme il s'était livré dès sa plus tendre jeunesse aux exercices les plus rigoureux de la piété et de la vie contemplative, il n'avait point d'enfants; ce qui est regardé, chez les Hindous, comme un opprobre et un malheur. On en fit un jour un sujet de plaisanterie, et on imputa sa continence volontaire à un motif d'impuissance. Il en fut irrité et jura de se venger. Il se retira dans un désert, cherchant à obtenir, par les mortifications les plus extraordinaires, la faveur de Siva; c'est ainsi qu'il vécut douze ans, couché sur des pointes de fer. Siva lui promit enfin un fils qui ne serait point vaincu par les Yadavas. En effet, d'une Apsara (nymphe céleste), exilée sur la terre et obligée de vivre au milieu des bergers, il eut un fils auquel il donna le nom de Kala-Yavana. Adopté par le roi des Yavanas, il lui succéda : appelé au secours des rois indiens vaincus par Krichna, il vint avec une armée immense de barbares, prit Mathoura, que les Yadavas avaient quitté pour aller s'établir à Dwarika, et périt bientôt au milieu des monts Raivatas, consumé, dit la légende, par le feu des yeux d'un ancien roi qu'il reveilla de son sommeil ; c'est-à-dire que les tribus guerrières des montagnes l'arrêtèrent et finirent par exterminer son armée.

Garga porte aussi en sanscrit le nom de *Pramathésa* (Prométhée). Si le héros grec forma l'homme d'un rayon céleste, le Pramathésa indien obtint un fils d'une manière miraculeuse; Prométhée fut dans la suite père de Deucalion, comme Pramathésa le fut du *Déva Kaloyavana*, prononcé vulgairement *Devkalyoun*. Le mot *Yavana* désigne en sanscrit les Grecs ou les Ioniens, appelés dans la bible *Iavan*. Pramathésa fut consumé sur une montagne par le feu, en punition d'avoir osé faire la guerre au dieu Krichna, comme Prométhée fut dévoré par un vautour sur le Caucase, pour avoir, en dérobant le feu du ciel, empiété sur les droits des dieux.

GARHONIA. Les Iroquois appelaient ainsi le ciel ou le maître du ciel, auquel les Hurons donnaient le nom de *Soronhiata* ou ciel existant. Les uns et les autres l'adoraient comme le grand génie, le bon manitou, le maître de la vie, c'est-à-dire l'Etre souverain.

GARMANES. Les auteurs anciens nous disent que les Garmanes étaient des religieux pénitents des Indiens, qui faisaient profession d'expier les péchés du peuple, et d'apaiser la colère des dieux par leurs austérités et leurs bonnes œuvres. Ils vivaient retirés dans les bois les plus solitaires, et les arbres leur fournissaient la nourriture et le vêtement. Lorsque les seigneurs du pays voulaient les consulter sur quelque entreprise importante, ils envoyaient vers eux un messager, auquel les Garmanes rendaient leurs réponses; car ces religieux se faisaient une loi de ne jamais parler aux grands.

Les *Garmanes*, nommés aussi *Germanes*, *Germains*, *Samanéens*, etc., sont ceux que nous appelons aujourd'hui *Chamans* ou *Chamanes*. Ce sont les prêtres de la religion bouddhique, nommés la plupart du temps par les Européens *Bonzes* ou *Lamas*. Tous ces vocables sont des transcriptions différentes de l'indien *sramana* ou *sarman*, qui exprime un saint religieux vivant dans les pratiques de la pénitence (de *sram*, se tourmenter, se torturer). Il en est de même du *Somona Codom* des Siamois, dont le nom exact est *Sramana Gautama*, Gautama le Samanéen, c'est-à-dire Bouddha, fondateur de la religion samanéenne.

GAROUDA, ou GAROURA, demi-dieu de la mythologie hindoue. C'est l'oiseau céleste; on le représente soit sous la forme d'un homme qui a la tête et les ailes d'un vautour, soit sous celle d'un oiseau avec la tête d'un adolescent. Garouda est fils de Kasyapa et de Vinata. Il naquit d'un œuf que celle-ci avait pondu 500 ans avant qu'il vînt à éclore. Sa mère ayant eu une dispute avec Kadrou, autre femme de Kasyapa et mère des serpents, Garouda devint l'ennemi de cette race à laquelle il fait une guerre cruelle. A la suite d'une gageure entre ces deux femmes, Vinata était devenue l'esclave de Kadrou, et les serpents, pour prix de la délivrance de la première, demandèrent à Garouda l'amrita, breuvage d'immortalité dont la lune est le réservoir. L'oiseau alla saisir la lune et la cacha sous son aile; mais il fut attaqué par les dieux qui avaient Indra à leur tête, et il les vainquit. Vichnou fut plus heureux, mais Garouda s'était si bien comporté dans cette affaire, qu'il obtint de son vainqueur une capitulation honorable. Vichnou le rendit immortel, et lui promit une place plus élevée que la sienne même. Garouda lui sert de monture; mais quand le dieu est porté sur un char, l'oiseau est placé au-dessus, en forme de bannière flottante. On croit que Garouda est une grande espèce de vautour, à laquelle les Indiens ont rendu les honneurs divins, à cause des services qu'il rend à la contrée en la purgeant des nombreux serpents qui l'infestent. Sonnerat prétend que c'est l'aigle de Pondichery de Brisson. Il a la tête et le cou blancs, et le reste du corps rougeâtre. Dans certains temples, les brahmanes donnent à manger à ces oiseaux, qu'ils ont habitués à venir chercher leur nourriture à des heures réglées. Ils les appellent au bruit de deux plats de cuivre qu'ils frappent l'un contre l'autre.

Les poëtes placent le séjour de l'oiseau céleste dans le Kousa dwipa, ou région de Kousa, que Wilford suppose être la terre de Cousch de l'Ecriture sainte, et comprendre les pays entre l'Indus, le golfe Persique et la mer Caspienne. Garouda est le roi des oiseaux appelés *souparnas*. Il se maria ; on pense bien que cet événement dut faire horriblement trembler les serpents, qui en effet se récrièrent. Il en fit un grand carnage; tous furent exterminés, à l'exception d'un seul qui, tombant aux pieds de Garouda, lui cria : « Epargne-moi, *Nâgântaka* (destructeur des serpents).» Celui-ci le prit et l'attacha comme trophée autour de son cou.

Les Hindous célèbrent en son honneur, le cinquième jour de la pleine lune de srawan, une fête appelée *Garouda-pantchami*; ils adorent, ce jour-là, les serpents, persuadés que, par cet acte, ils se délivrent de la crainte que leur inspirent ces animaux.

L'oiseau Garouda (aigle du Malabar) est placé sous la sauvegarde de la superstition, et le dimanche est particulièrement consacré au culte qu'on lui rend. Les vaichnavas se rassemblent souvent ce jour-là pour offrir à ces oiseaux leurs adorations; ils les appellent ensuite et leur jettent des morceaux de viande.

Tuer un de ces oiseaux serait un crime au moins égal à l'homicide, surtout aux yeux des sectateurs de Vichnou. Lorsqu'ils en rencontrent un qui est mort par quelque accident, ils lui font des funérailles pompeuses.

GARTÉSA, un des dieux des bouddhistes du Népal, qui le regardent comme la personnification de la forme prise par le dieu Mandjou-déva pour une portion de lui-même, afin de rendre les hommes savants et sages; c'est du moins ce qui résulte d'une stance assez obscure d'un petit poëme népali que j'ai sous les yeux.

GARTESWARA, un des huit Vitaragas de la mythologie hindoue.

GASTOS, esprits malfaisants de la mythologie des anciens Slaves.

GASTROMANCIE, divination par le ventre ou par l'estomac; le devin qui l'employait répondait sans remuer les lèvres, d'une voix qui semblait sortir de l'intérieur de son corps, ou qui paraissait aérienne; effet physique renouvelé par les ventriloques modernes. *Voy.* ENGASTRIMANTES *et* ENGASTRIMYTHES.

GATEAUX. Ils faisaient partie des offrandes que les anciens faisaient à leurs dieux. Ils étaient formés, pour la plupart, de farine de blé ou d'orge, avec du sel. Il ne se faisait point de sacrifices sans offrande de gâteaux : on en plaçait sur la tête des victimes; d'où vient le mot latin *immolare*, de *mola*, gâteau.

GATHA, un des livres sacrés des bouddhistes du Népal : c'est un ouvrage historique, contenant des contes moraux relatifs aux Bouddhas qui ont déjà paru sur la terre.

GAURES, pour *Gavr*, mauvaise prononciation du mot persan *Guebr*, adorateur du feu. *Voy.* GUÈBRES *et* PARSIS.

GAURI, c'est-à-dire jeune fille d'une complexion délicate ; un des noms que les Hindous donnent à Parvati ou Bhavani, épouse du dieu Siva : c'est elle qui, suivant quelques-uns, juge les âmes de ceux qui meurent après avoir été baignés dans le Gange.

GAURIC, génies que la superstition des villageois bas-bretons croit voir danser la nuit autour des dolmens et autres monuments de pierre élevés autrefois par les druides. C'est ce que les anciens Armoricains désignaient par l'expression *Chior gaur*, que les premiers moines traduisirent par celles-ci : *Chorea gigantum*, ou *Giants dance*, danse des géants.

GAUTAMA. « On ne distingue pas assez, dit M. Langlois, *Gotama* de *Gautama* : ce dernier est un nom patronymique, et signifiant descendant de Gotama; il n'est donc pas étonnant qu'on retrouve souvent ce Gautama, et à des époques différentes. Ainsi Gautama, le prêtre de Djanaka, doit être le fils de Gotama et d'Ahalya, autrement appelé Satananda. On donne encore le nom de Gautama à Sakya-Mouni, fondateur du bouddhisme, soit qu'il descendit de Gotama, soit qu'il ait suivi ses principes; car ce Gotama, qu'on écrit même encore souvent Goutama, est fondateur d'une secte philosophique, appelée le *Nyaya*. Son nom est cité dans les Védas. Il était né sur l'Himalaya, quelque temps avant Rama; son père se nommait Dirghatama. Il épousa Ahalya. On le trouve dans un ermitage d'abord à Prayaga, puis dans une forêt de Mithila, enfin sur le mont Himalaya. Tel est le Gotama dont parlent les ouvrages des brahmanes; mais d'un autre côté les bouddhistes font de Gotama ou Gautama leur quatrième législateur, quoique cependant les principes du Nyaya ne ressemblent point à ceux du bouddhisme. Les djinas le font disciple de leur grand saint, Mahavira. On reconnaît même son nom dans Somonacodom, Sramana Gautama. Il y a 2391 ans, en 1849, que Gotama-Bouddha a été exalté, et son règne doit durer 5000 ans : ce qui mettrait son apparition 542 ans avant notre ère. Or, environ 700 ans avant cette époque, Virabahou, de la race de Gotama, s'empara du trône de Dehli. Ce roi et ses trois successeurs régnèrent 108 ans. Le troisième de ces souverains, Mahipati, vivait dans le vi[e] siècle avant Jésus-Christ, et l'on peut supposer que Bouddha était sinon son fils, du moins son proche parent, peut-être par les femmes. Ainsi l'on expliquera le nom de Gautama donné à ce réformateur, qu'il soit fils d'un roi du pays de Magadha ou de Bénarès. Voilà certes des mystères, continue M. Langlois; la critique, maintenant si exercée, les expliquera un jour ; en tout cas, je soupçonne que le nom de Gautama doit avoir appartenu à plusieurs personnes que l'on a confondues. »

GAYATRI. Les Hindous appellent ainsi le plus saint des versets du Véda, le plus efficace pour effacer les péchés, celui dont la vertu s'étend jusqu'à faire trembler tous les dieux. Il est si ancien, disent-ils, que c'est lui qui a enfanté les Védas. Le brahmane seul a le droit de le réciter; il s'y prépare par des prières et par le plus profond recueillement : il doit toujours le prononcer à voix basse, et faire bien attention à ce qu'il ne soit pas entendu d'un soudra, ni même de sa propre femme, surtout quand elle se trouve dans un état d'impureté. Voici, d'après l'abbé Dubois, le texte sacramentel de cette célèbre formule:

*Tat Savitourou varaniam bhargo dévassiah
Dimahi diyo yona pratcho dayat.*

C'est une prière en l'honneur du Soleil, dont un des noms est *Savitourou;* elle est tout à fait mystérieuse : chaque mot et même chaque syllabe renferment des allusions dont le sens n'est compris que d'un très-petit nombre de brahmanes; fort peu sont en état d'en donner une traduction intelligible. Le n° 27 de l'*Asiatic journal* de 1818, en donne deux versions différentes :

1° « Adorons la lumière de Dieu, plus grand que vous, ô Soleil! qui peut bien diriger notre esprit. Le sage considère toujours ce signe suprême de la divinité. »

2° « Adorons la lumière de ce Soleil, le dieu de toutes choses, qui peut bien diriger notre esprit, comme un œil suspendu à la voûte des cieux. »

Nous en avons vu une troisième traduction anglaise différente de celles-ci; nous ignorons laquelle mérite la préférence. Il y a encore quelques autres formules védiques qui portent le nom de *Gayatri*; mais celui que nous avons cité est le plus usité de tous; et un brahmane commettrait un crime impardonnable, un sacrilége horrible, s'il le communiquait à des profanes.

GÉ, ou GÉA (prononcez *Gué*, *Guéa*), la Terre, fille d'Elion et de Béruth, selon Sanchoniaton, c'est-à-dire du Très-Haut et de la Création. Elle épousa Uranus ou le Ciel, son frère, qui lui donna quatre enfants, Chronos, Bétyle, Atlas et Dagon. Son mari ayant eu d'autres enfants de différentes concubines, elle lui en fit des plaintes amères; Uranus la répudia, mais la reprit ensuite, et eut d'elle encore d'autres enfants. Gé est une déesse bien connue des anciens Grecs, et même des Latins qui l'ont adorée sous le nom de Tellus. Elle avait un temple dans la citadelle d'Athènes, une fête et des jeux solennels.

GÉADA, GÉDA, ou GÉTA, divinité adorée autrefois dans la Grande-Bretagne; on croit que c'est un ancien héros mis au rang des dieux.

GÉANTS. Rien n'est plus célèbre dans l'antiquité que les géants; les poëtes, les historiens, les auteurs sacrés et profanes, la tradition de tous les peuples, les monuments les plus anciens, rendent témoignage à l'existence de ces hommes fameux, qui furent la terreur de leur âge, par la grandeur extraordinaire de leur taille, par l'excès de leur force et de leur audace, et qui poussèrent la témérité jusqu'à oser s'attaquer à la divinité. Comme les hommes aiment passionnément le merveilleux, et qu'on se plaît à ajouter encore à ce qui tient du grand et du singulier, les poëtes et souvent même les historiens ont tellement exagéré cette matière, qu'on a toutes les peines du monde à la réduire dans ses bornes naturelles et légitimes.

1. Plusieurs ont reproché à Moïse d'avoir cru aux géants, et peut-être d'avoir accrédité cette fable, en la consignant le premier dans ses livres sacrés, ajoutant que c'est d'après ses textes que la plupart des peuples ont admis l'existence des géants, et raconté leurs entreprises audacieuses contre les dieux. Nous admettons volontiers cette dernière assertion : oui, tous les peuples ont pu tirer du récit de la Genèse mal entendu, ce mythe à peu près universel, et ce fait nous démontrerait que les livres de Moïse sont antérieurs aux théogonies les plus antiques; cependant nous aimons mieux croire que cette conception semi-historique est, chez les anciens peuples, bien antérieure au siècle de Moïse, et qu'elle est un reste corrompu des traditions primitives, que le législateur hébreu a conservé seul dans toute leur pureté. Quant à la première assertion, que Moïse a consigné dans la Genèse l'existence des géants comme une vérité, nous répondons d'abord que si cet homme inspiré a parlé des géants comme ayant existé, c'est qu'ils ont réellement existé; mais nous observons, en second lieu, qu'aucun terme du texte sacré ne fait allusion à des géants d'une taille monstrueuse, comme nous les figurons communément. « Quand vous entendez, dit Philon, que Moïse avance qu'alors il y avait des géants sur la terre, vous vous imaginez peut-être qu'il veut marquer ce que les poëtes ont débité des géants : nullement; ce qu'il dit est infiniment éloigné de la fable. Il n'a aucun dessein de vous entretenir des géants fabuleux. Il vous dépeint seulement, sous ce nom, des hommes attachés à leur volonté, à leurs intérêts, esclaves de leurs plaisirs. » Voici au reste les passages de Moïse :

« Or il arriva, lorsque les hommes commencèrent à se multiplier sur la terre et qu'il leur naquit des filles, que les enfants de Dieu (c'est-à-dire la race de Seth) virent que les filles des hommes (c'est-à-dire de la race de Caïn) étaient belles, et ils les prirent pour femmes après les avoir choisies..... En ces jours-là, les *Néphilim* étaient sur la terre; après que les enfants de Dieu eurent eu commerce avec les filles des hommes, celles-ci leur donnèrent des enfants : ce sont ces héros, ces hommes si renommés dans toute l'antiquité. » (*Genèse*, VI, 1, 2, 4.)

Qu'était-ce que les *Néphilim*? nous l'ignorons. A coup sûr ce mot n'exprime pas en lui-même des êtres d'une taille démesurée; venant de la racine נפל *naphal*, tomber, il indiquerait plutôt un *avorton*, et *néphilim* peut fort bien se traduire par des hommes *déchus*. Nous voici bien loin des géants à haute stature. Toutefois nous convenons que le terme *néphilim* n'offrait pas aux hébreux l'idée d'hommes déchus et impuissants; il peut avoir une autre étymologie que nous ne connaissons pas, et Moïse l'explique aussitôt par *héros* et *hommes renommés*. C'est pourquoi les Juifs ne tardèrent pas à les concevoir comme les autres peuples comprenaient les géants : aussi, lorsque, plus tard, Moïse envoya lui-même des espions pour explorer la terre de Chanaan, ceux-ci, découragés à la vue de la forte et robuste population de la contrée, ne manquèrent pas de dire, dans le rapport qu'ils firent aux Israélites, à leur retour : « La terre que nous avons parcourue dans notre exploration est une terre qui dévore ses habitants, et tous les gens que nous y avons vus sont des hommes de taille. Nous y avons vu des *Néphilim*, enfants d'Anac, des descendants des anciens *Néphilim* : nous étions à nos propres yeux comme des sauterelles, et nous devions leur paraître tels (*Nombres*, XIII, 32, 33). » Il n'est personne qui ne comprenne combien le rapport de ces explorateurs peureux était exagéré.

Cependant ce sont moins ces textes qui ont servi de type à la fable des géants, que le récit de la construction de la tour de Babel. « Il n'y avait sur la terre qu'une seule langue, dit le texte sacré; et les enfants de Noé, étant partis de l'orient, trouvèrent une plaine dans le pays de Sennaar et s'y établirent. Puis ils se dirent l'un à l'autre : Allons, faisons des briques et cuisons-les au feu. Ils se servirent donc de briques au lieu de pierres, et de bitume au lieu de ciment. Puis ils dirent : Allons, bâtissons-nous une ville avec une tour dont le sommet atteigne jusqu'au ciel; et faisons-nous un nom (*ou un signal*), de peur que nous ne soyons dispersés sur toute la face de la terre. Or Jéhova descendit pour voir la ville et la tour que bâtissaient les enfants des hommes, et il dit : Voilà que les hommes ne forment qu'un peuple, et ils parlent la même langue : maintenant qu'ils ont commencé, s'arrêteront-ils dans la hardiesse de leurs entreprises? Venez donc, descendons, confondons leur langage, afin que l'un n'entende plus la langue de l'autre. Jéhova les dispersa donc de ce lieu dans toutes les contrées, et ils cessèrent de bâtir la ville; c'est pourquoi on l'appela *Babel*, parce que c'est là que toutes les langues furent confondues, et de là Jéhova dispersa les hommes sur toute la surface de la terre. » (*Genèse*, XI. 1.)

On le voit, dans ce passage, les géants et les néphilim ne sont pas même nommés; ce sont simplement les enfants des hommes qui mettent la main à l'œuvre. Mais cet orgueilleux édifice, à peu près terminé, dont les huit étages semblaient huit montagnes superposées, que les hommes avaient voulu élever, peut-être pour braver un nouveau déluge universel, a dû passer par la suite pour l'œuvre des géants. L'intention réelle ou hyperbolique de pousser ce monument jusqu'au ciel, les observations astronomiques qu'on y fit par la suite, le premier temple idolâtrique qui fut construit au sommet, ont suggéré l'idée d'une escalade contre le ciel et d'une guerre contre Dieu. Ces paroles que Jéhova semble adresser à ses anges : *Venez, descendons*, ont fait croire qu'une armée était organisée dans les régions célestes pour repousser par la force les entreprises audacieuses de ces téméraires mortels. La dispersion des hommes a été traduite par la défaite des géants. Telle est, selon nous, l'origine de cette fable répandue parmi toutes les nations; avec cette différence que les unes en ont fait l'objet d'un mythe fortuit et délimité, tandis que d'autres y ont vu la lutte éternelle du bon et du mauvais principe.

2. Ce ne sont pas seulement les peuples païens qui ont adopté la fable des géants; les juifs eux-mêmes ont étendu le texte sacré, et ont forgé des mythes ou au moins des apologues sur les données bibliques; on en trouve l'exposé, soit dans les livres rabbiniques, soit surtout dans un ancien livre attribué à Enoch. Voici en substance ce que rapporte ce dernier livre :

Or il arriva, lorsque les fils des hommes se furent multipliés en ces jours-là, qu'il leur naquit des filles belles et agréables. Les anges, fils des cieux, les virent, en furent épris, et se dirent entre eux : « Venez, choisissons-nous des épouses parmi les filles des hommes, et engendrons des fils..... » Ils prirent donc des épouses,..... et, s'étant approchés d'elles, ils leur apprirent la magie et d'autres sciences secrètes, la manière de préparer les simples et de tailler les arbres. Ces femmes donnèrent le jour à des géants dont la taille était de 300 coudées. Ces géants dévorèrent tout le fruit du travail des hommes, de telle sorte que ceux-ci ne trouvèrent plus de nourriture. Les géants se tournèrent contre les hommes, ils les dévorèrent, ainsi que les oiseaux, les bêtes sauvages, les reptiles et les poissons, et finirent par se dévorer entre eux et boire leur sang. Alors la terre porta plainte contre les injustes..... Les saints anges Michael, Gabriel, Raphaël, Souryan et Ouryan regardèrent du haut du ciel, et virent des fleuves de sang qui coulaient sur la terre, et toutes les iniquités dont elle était couverte; ils se dirent entre eux : « Les cris de la terre sont parvenus jusqu'à la porte du ciel, et maintenant, ô saints des cieux! les âmes des hommes se plaignent vers vous, disant : faites-nous rendre justice auprès du Très-Haut. » Alors les anges s'adressent au Seigneur leur roi, et le prient de venger le sang des justes qui a été répandu sur la terre. Dieu se détermine à faire périr la race des méchants par un déluge universel. Il députe plusieurs de ses anges, les uns à Noé pour lui annoncer le châtiment qui menace les enfants des hommes, et lui indiquer le moyen d'y échapper; les autres aux anges rebelles, pour leur découvrir le jugement porté contre eux. Gabriel est envoyé vers les géants. « Va, lui dit le Seigneur, va vers les trompeurs, vers les réprouvés, vers les fils de fornication, et fais disparaître les fils de fornication, les fils des vigilants du milieu des hommes. Qu'ils sortent et qu'ils combattent les uns contre les autres, et qu'ils périssent massacrés ; l'éternité des jours ne luira point pour eux. Ils t'adresseront leurs prières ; mais bien que leurs pères espèrent la vie éternelle, on ne leur accordera même pas en échange 500 ans de vie mortelle. »

Plus loin nous voyons Enoch envoyé aux vigilants, pères des géants. « Ecoute, lui dit le Seigneur; ne crains rien, Enoch, homme juste, et scribe de justice ; approche avec confiance, et sois attentif à ma voix. Va et dis aux vigilants qui t'ont envoyé pour intercéder pour eux : C'était à vous à prier pour les hommes, et non aux hommes à prier pour vous. Pourquoi avez-vous abandonné le ciel élevé et saint, qui est depuis les siècles ? et pourquoi vous êtes-vous souillés avec les femmes filles des hommes? pourquoi avez-vous pris des épouses, comme le font les fils de la terre, pour en avoir des enfants qui sont devenus des géants ? Vous, spirituels, saints, vivant de la vie des siècles, vous vous êtes souillés avec les femmes, et vous avez commis les mêmes souillures, les mêmes crimes que les hommes, qui sont chair et sang. Eux sont mortels ; c'est pour cela que je leur ai donné des femmes, afin qu'ils en aient des enfants sur toute la terre. Mais vous, vous avez été créés dès le commencement, spirituels, vivant de la vie des siècles, et ne devant jamais mourir. C'est pourquoi je ne vous ai point donné d'épouses, puisque vous étiez spirituels et habitant le ciel. Maintenant les géants qui sont nés de l'esprit et de la chair seront appelés les mauvais esprits sur la terre, et ils y feront leur séjour. Les mauvais esprits sont sortis de leur chair; ils ont été créés d'en haut; leur commencement et leur source viennent des saints vigilants. Ils seront l'esprit mauvais sur la terre, et on les appellera les esprits des mauvais ; les esprits du ciel habiteront le ciel; les esprits de la terre, qui ont pris naissance sur la terre, y habiteront. Les esprits des géants seront comme des nuées, qui opprimeront, corrompront, tomberont, combattront, briseront tout sur la terre, et la couvriront de deuil. Ils ne pourront manger du froment, et ils auront soif ; ils se tiendront cachés, et les esprits s'élèveront contre les fils des hommes et contre les femmes, parce qu'ils viennent d'eux. Ils périront tous jusqu'au jour du grand jugement qui sera consommé sur les vigilants et les impies.....»

3. Suivant la mythologie des Grecs, tous ceux qu'avaient enfantés le Ciel et la Terre étaient d'une grandeur et d'une force plus qu'humaine; mais ils étaient odieux au Ciel leur père, qui, à mesure qu'ils naissaient, les cachait dans les entrailles de leur mère, ne leur laissait point voir le jour, et se faisait un jeu de cette brutale violence. La Terre en gémissait et en séchait de douleur : le ressentiment lui suggéra une vengeance également adroite et cruelle. Lorsqu'elle eut tiré de son sein le fer et les métaux, elle en fit une faux tranchante et s'ouvrit à ses enfants de son dessein. « Vous voyez, leur dit-elle, la conduite cruelle de votre père ; si vous voulez m'en croire, nous vengerons les outrages qu'il vous fait et le mettrons hors d'état de réitérer ses traitements indignes. » La crainte dont ils étaient saisis ne leur permit pas de répondre; mais le rusé Saturne, plus hardi que les autres, lui répliqua : « Ma mère, je me charge de l'exécution; le crime dont notre père se rend coupable me dispense d'avoir pour lui les sentiments d'un fils. » La Terre satisfaite l'aposta dans un lieu secret où il ne pouvait être aperçu, lui mit à la main la faux tranchante qu'elle avait aiguisée, et lui dit l'usage qu'il en devait faire. Le soir étant venu, le Ciel répandit sur l'univers les ténèbres de la nuit, et lorsqu'il s'étendait pour s'approcher de son épouse, Saturne, d'une main hardie, mutila son père, et jeta bien loin derrière lui le membre tranché. Mais le sang du Ciel ne pouvait cesser d'être fécond : autant il en tomba de gouttes sur la terre, autant il en sortit de nouveaux êtres. De là sont nés les terribles Furies, les géants armés et exercés à la guerre, et les nymphes qui errent sur la terre sous le nom de Mélies.

Les géants avaient une taille monstrueuse et une force proportionnée, un regard farouche et effrayant, de longs cheveux, une grande barbe, des jambes et des pieds de serpents, et, quelques-uns, cent bras et cinquante têtes. Jupiter les appela à son secours dans la guerre qu'il eut à livrer aux Titans, autres enfants du Ciel, et, avec leur aide, il remporta la victoire. Ce succès les rendit audacieux; ils résolurent de faire la guerre aux dieux pour leur propre compte, et de détrôner Jupiter ; pour y réussir, ils entassèrent Ossa sur le mont Pélion, et l'Olympe sur Ossa, d'où ils essayèrent d'escalader le ciel, lançant contre les dieux des chênes et des arbres enflammés, la lave des volcans, et des rochers dont les uns tombant dans la mer devenaient des îles, et les autres retombant sur la terre formaient des montagnes. Les plus redoutables d'entre eux étaient Porphyrion et Alcionée. Jupiter, effrayé à la vue de si redoutables ennemis, appela les dieux à sa défense; mais ils furent impuissants à le secourir; quelques-uns même ont avancé qu'ils s'enfuirent tous en Egypte, où la peur les fit cacher sous la forme de différents animaux, d'où l'iconolâtrie égyptienne. — Un ancien oracle avait prononcé que ces géants seraient invincibles, et qu'aucun des dieux ne pourrait leur ôter la vie, à moins qu'ils n'appelassent un mortel à leur secours. Jupiter, ayant défendu à l'Aurore, à la Lune et au Soleil d'annoncer ses desseins, réussit à tromper la vigilance de la Terre qui cherchait à soutenir ses enfants, et, par l'avis de Minerve, fit venir Hercule pour combattre avec lui. Porphyrion attaqua à la fois Hercule et Junon : celle-ci allait succomber, lorsque Hercule à coups de flèches, et Jupiter avec ses foudres, lui ôtèrent la vie. Ephialte et Othus son frère, tous deux surnommés les Aloïdes, et qu'on dit être fils de Neptune et d'Iphimédie, femme du géant Aloée, s'attaquèrent surtout au dieu Mars ; mais le premier eut l'œil gauche crevé par les traits d'Apollon, et le droit par les flèches d'Hercule. Euryte qui attaqua ce héros fut tué avec une branche de chêne, pendant qu'Hercule, ou plutôt Vulcain, terrassa Clytius avec une masse de fer rouge. Encelade voyant les dieux victorieux prenait la fuite; mais Minerve l'arrêta, en lui opposant l'île de Sicile. Polybotès, poursuivi par Neptune, et fuyant à travers les flots de cette île, arriva à l'île de Cos ; mais Neptune ayant arraché une partie de cette île, en couvrit le corps de ce géant, et de là vint l'île de Nisyros. Minerve, de son côté, ayant vaincu le géant Pallas, l'écorcha, s'arma de sa peau et lui porta son nom. Mercure, couvert du casque de Pluton, tua le géant Hippolyte ; et Diane, le géant Gration, Agrius et Thaon périrent de la main des Parques. On cite encore Tityus et le redoutable Typhon, qui seul, dit Homère, donna plus de peine aux dieux que tous les autres géants ensemble. Cependant, suivant d'autres anciens auteurs, Typhon n'était point du nombre des géants. C'est après cette victoire signalée que les dieux décernèrent à Jupiter l'empire de l'univers, et que celui-ci leur distribua les divers emplois qu'ils conservèrent par la suite.

4. Pour les géants de la mythologie hindoue, *Voyez* Soura, Asouras, Barattement de la mer, etc.

GÉAOQUE. Les grecs appelaient γαιάοχος, γαιήοχος, γαιόχος ou γαιοῦχος, le dieu tutélaire d'un pays; on donnait particulièrement ce nom à Neptune, parce qu'il environne la terre (ὁ τὴν γῆν συνέχων). Ce dieu avait sous ce nom un temple près de Thérapné en Laconie.

GÉBÉLEIZIS, divinité des anciens Gètes, peut-être la même que *Zamolxis*. Ce nom paraît venir de deux noms lithuaniens, *gyva* et *leysis*, et signifier celui qui donne le repos.

GÉFIONÉ, déesse vierge de la mythologie scandinave; c'est la Diane des peuples du Nord; elle prend à son service, après leur mort, les filles chastes et pures.

GÉHENNE, mot employé dans l'Ecriture sainte pour désigner le feu de l'enfer; il a fourni à la langue française les mots *gêne, gêner*, etc. En voici l'origine : Il y avait au sud-est de la ville de Jérusalem une vallée appelée la vallée des enfants d'Hennom, ou simplement la vallée d'Hennom, en hébreu *Gué-Hinnom*, du nom de son ancien propriétaire. Du temps que cette ville appartenait aux Jébuséens, c'était là que l'on offrait des enfants à Moloch, en les faisant rôtir, et ces horribles sacrifices avaient encore été renouvelés par les Israélites mêmes, lorsqu'ils tombèrent dans l'idolâtrie; toutefois il arrivait fréquemment qu'on se contentait de faire passer ces enfants par les flammes comme pour les consacrer à Moloch. Pour mettre fin à ces pratiques cruelles ou superstitieuses, le roi Josias détruisit ce lieu et le profana en le faisant servir de cloaque. Mais le souvenir des sacrifices sanglants qu'on avait offerts en ce lieu, du feu qu'on y avait entretenu sans doute journellement, des horribles clameurs arrachées aux victimes par la souffrance, et des vociférations plus grandes encore poussées par les spectateurs pour étouffer la voix de ceux qui étaient immolés, donna aux Juifs l'occasion d'employer le mot *Gué-Hinnom* ou *géhenne* pour exprimer les supplices de l'enfer.

GÉLASIE, mot qui signifie en grec, *ris, joie*. C'est le nom d'une des Grâces, d'après un ancien monument où elle est nommée avec Lécoris et Comasie. Cependant elles sont nommées presque partout ailleurs Aglaé, Thalie et Euphrosyne.

GELASINOS, ou GELASIOS, dieu des ris et de la joie.

GÉLOSCOPIE, espèce de divination que les Grecs tiraient du rire; ils prétendaient acquérir ainsi la connaissance du caractère d'une personne et de ses penchants bons ou mauvais.

GÉMARE, ou mieux *Guémare*, nom de la seconde partie du Talmud de Babylone. La première, appelée *Mischna*, contient les traditions qui forment le droit civil et canonique des Juifs. La Guémare en est comme le supplément et le commentaire; elle comprend en effet des décisions nouvelles, et entre dans de plus grands détails sur celles qui se trouvent déjà dans la Mischna. Ces deux parties font autorité, plus peut-être que la Bible; car les Juifs les regardent comme la parole de Dieu conservée par une tradition non interrompue, depuis Moïse jusqu'à la compilation du Talmud, qui fut terminée vers l'an 500 de l'ère chrétienne.

GÉMATRIE, ou mieux *Guématria*, du grec γεωμετρία, une des divisions de la Cabale chez les Juifs. Elle consiste à prendre numériquement chaque lettre d'un mot hébreu dont le sens est obscur ou caché, et à l'interpréter par un autre terme dont les caractères additionnels donnent le même total. *Voyez* au mot Cabale, les détails et les exemples que nous donnons sur la Gématrie.

GÉMEAUX, le troisième des douze signes du zodiaque, qui représente, selon Manilius, Apollon et Hercule l'Egyptien, ou, selon Hygin, Triptolème et Jasion, tous deux favoris de Cérès. D'autres veulent que les Gémeaux soient Amphion et Zéthus, fils de Borée; mais les poëtes s'accordent pour la plupart à placer dans cette constellation les deux Tyndarides, Castor et Pollux.

GEMINUS, surnom de Janus, pris de sa face.

GÉNÉA, c'est-à-dire *famille, génération*; fille des fondateurs de la race humaine, selon Sanchoniaton. Elle demeurait en Phénicie avec son frère Génos ou Geinos, dont elle eut trois enfants d'une taille prodigieuse, savoir: Phos (*la lumière*), Pyr (*le feu*), et Phlox (*la flamme*). Ce sont eux qui découvrirent le feu en frottant deux morceaux de bois l'un contre l'autre.

GENERAL-BAPTISTS, c'est-à-dire *Baptistes généraux* ou *universalistes*, sectaires des Etats-Unis, appelés ainsi par opposition aux *Baptistes particuliers*. Voyez *Baptistes arminiens*, sous l'article Baptistes.

GENÈSE, en grec γένεσις, naissance, origine; nom du premier livre du Pentateuque et de la collection entière de l'Ecriture sainte. La Genèse est sans contredit le livre le plus curieux de la Bible : sans adopter la forme doctrinale ou didactique, il expose clairement la création de la matière, la naissance de l'homme, l'enfance du monde, l'origine du bien et du mal, toutes ces graves questions qui ont agité pendant si longtemps les écoles antiques et modernes, privées des lumières de la révélation. Quand même on ne considérerait pas la Genèse comme une œuvre divine, elle n'en serait pas moins intéressante pour l'historien, le philosophe, le géologue, le physicien, le géographe. Seul entre tous les livres, celui-ci nous découvre quel était l'état de la société dans le monde antédiluvien, et il a cela de particulier que si, par impossible, il venait à être perdu, il serait possible de le rétablir, au moins dans sa première partie, à l'aide des traditions répandues parmi tous les peuples de la terre. En effet, il n'est pour ainsi dire aucun verset des douze premiers chapitres qui n'ait sa justification, son commentaire ou son application, soit dans la science, soit dans l'histoire profane. Sa cosmogonie a été violemment attaquée dans le siècle dernier, mais les nouvelles et précieuses découvertes que nous devons à la science actuelle, sont venues justifier le législateur hébreu, et n'ont plus laissé aux incrédules que cette alternative : ou l'auteur du Pentateuque a possédé seul des connaissances absolument étrangères à son époque, et à laquelle la société humaine n'a pu parvenir que plus de trente siècles après lui ; ou bien les faits qu'il rapporte sont la conséquence d'une révélation.

La Genèse contient en cinquante chapitres l'histoire de la création du monde, de la chute de l'homme, de la dépravation du genre humain, du déluge universel, de la fondation des sociétés primitives ; la vie détaillée des anciens patriarches, et particulièrement d'Abraham, d'Isaac, de Jacob et de Joseph, et se termine à la mort de ce dernier dans la terre d'Egypte. Voyez COSMOGONIE, au supplément.

GENESIOS, surnom donné à Neptune, regardé comme auteur de la génération, en sa qualité de dieu des eaux. Il avait sous ce nom un temple sur le bord de la mer, dans un bourg du même nom.

GENÉTHLIAQUES, astrologues qui dressaient des horoscopes, ou qui prédisaient l'avenir par le moyen des astres, qu'ils supposaient avoir présidé à la conception ou à la naissance des hommes.

GÉNÉTHLIES. Les Grecs appelaient ainsi les fêtes qu'ils donnaient à l'anniversaire de la naissance, ou les présents qu'ils faisaient à cette occasion.

GÉNÉTHLIOLOGIE, divination pratiquée par les généthliaques, en consultant les astres qui avaient présidé à la naissance.

GÉNÉTHLIOS, surnom que les Lacédémoniens donnaient à Jupiter et à Neptune ; au premier, comme auteur de la fécondité, et au second, parce qu'il était le dieu des eaux qui donnent la vie à tout.

GENETTE (ORDRE DE LA). On prétend que cet ordre de chevalerie fut institué par Charles Martel, duc des Français et maire du palais, l'an 726, après sa victoire sur Abdérame, général des Sarrasins. Quelques historiens rapportent que Charles Martel ayant gagné cette fameuse bataille, fit bâtir au même lieu une chapelle en l'honneur de saint Martin de Tours, second apôtre des Gaules, qui fut appelée Saint-Martin de Bello, puis par corruption, Saint-Martin le Bel. Ils ajoutent que, parmi les dépouilles des ennemis, on trouva une grande quantité de riches fourrures de genettes, et même plusieurs de ces animaux en vie, que l'on présenta à Charles Martel. Celui-ci en donna aux princes et aux seigneurs de son armée, et, pour conserver la mémoire d'une victoire aussi importante, il aurait institué un ordre appelé de la Genette. Cet animal est presque semblable à la fouine, et approchant d'un chat d'Espagne en grandeur et en grosseur. Charles Martel, ayant reçu le premier le collier de cet ordre, s'en serait déclaré le chef. Ce collier était d'or, à trois chaînons entrelacés de roses, émaillés de rouge, et au milieu pendait une genette d'or, émaillée de noir et de rouge, et posée sur une terrasse émaillée de fleurs. Cet ordre fut fort estimé en France sous le règne des rois de la seconde race ; mais Robert, fils de Hugues-Capet, ayant institué l'ordre de l'Etoile, celui de la Genette se trouva aboli. — Suivant plusieurs critiques, cet ordre serait tout à fait fabuleux.

GÉNÉTYLLE. Hésychius nous apprend que c'était le nom d'une fête célébrée par les femmes, en l'honneur d'une déesse, qui probablement était Vénus, comme présidant à la génération. On lui sacrifiait un chien

GÉNÉTYLLIDES, mystères, dont parle Lucien, auxquels les femmes seules étaient admises. Cette solennité est sans doute la même que la précédente.

Les Grecs donnaient encore le nom de Génétyllides à des déesses qui présidaient à la génération et à la naissance. On met au nombre des Génétyllides Hécate et Vénus ; selon d'autres, c'étaient des génies femelles de la suite de Vénus et de Diane.

GENIALES. Les Romains appelaient ainsi les dieux qui présidaient à la génération, ou, suivant d'autres, au plaisir : c'étaient, suivant Festus, les quatre éléments ; d'autres nomment Vénus, Priape, le Génie et la Fécondité. Les astrologues appellent dieux Géniales, le soleil, la lune et les douze signes du zodiaque.

GÉNIE. 1. Les Latins appelaient Génie ce que les Grecs nommaient Δαίμων. Le Génie, pris au singulier, était pour eux le dieu de la nature, celui qui donnait à tout l'être et le mouvement. Ce nom dérive de gignere, engendrer ; et Censorin dit qu'on les appelle ainsi, soit parce que les Génies sont chargés de faire naître les hommes, soit parce qu'ils naissent en même temps qu'eux, soit parce qu'ils les reçoivent et les prennent sous leur garde après leur naissance. Il y en a qui ont appelé Génies, l'eau, la terre, le feu et l'air, parce qu'ils les considéraient comme le principe et les éléments de tous les êtres. On a encore donné ce nom aux douze signes, au soleil et à la lune. Plusieurs anciens assurent que le Génie est le même que le dieu Lare. Euclides prétendait que chacun de nous avait deux Génies, c'est-à-dire deux Lares ou Pénates. Le Génie était regardé par d'autres comme le dieu de la volupté et l'auteur des sensations agréables; d'où est venue l'expression Genio indulgere, c'est-à-dire, suivre son penchant. Par la même raison, defraudare Genium signifiait se mortifier, vivre de privations.

Les empires, les provinces, les villes et les lieux particuliers avaient leur Génie tutélaire. A Rome, on adorait le Génie public, c'est-à-dire la divinité protectrice de l'empire. On jurait par le Génie des empereurs, et, le jour de leur naissance, on lui faisait des libations. Chaque homme avait aussi son Génie, ou même deux, comme nous l'avons vu plus haut; l'un portait au bien, l'autre inspirait le mal. Chacun, le jour de sa naissance, sacrifiait à son Génie, et lui offrait du vin, des fleurs, de l'encens; mais on ne répandait point de sang dans ces sortes de sacrifices.

Sur les médailles, le bon Génie est représenté sous la figure d'un jeune homme nu, couronné de fleurs et tenant une corne d'abondance. Le plane lui était consacré. On lui tressait des couronnes avec les feuilles de cet arbre. Un bas-relief trouvé à Rome le montrait sous la forme d'un jeune homme à l'air riant, couronné de pavots, tenant d'une main des épis de blé, et de l'autre des pampres chargés de feuilles et de raisins. Le mauvais Génie se présentait sous la forme d'un vieillard, ayant barbe longue et cheveux courts, portant sur la main un hibou, oiseau de mauvais augure. C'est ainsi que, selon Plutarque, il apparut à Brutus.

Les Génies tenaient le milieu entre les dieux et les hommes; leur séjour était la moyenne région de l'air : on voit que ces êtres surnaturels avaient assez de rapport avec ceux que les chrétiens appellent les Anges gardiens. *Voyez* ANGES, DÉMONS, DIABLE, ESPRITS.

2. Les Chaldéens partageaient le ciel en trois régions : le ciel mobile ou des planètes, le firmament ou ciel fixe des étoiles, et la région de l'infini ou espace sans bornes. Ces régions étaient habitées par des génies de différents ordres, plus ou moins subtils, selon qu'ils étaient plus ou moins éloignés du séjour de la Divinité. Ces Génies descendaient souvent sur la terre, unis à des corps éthérés qui leur servaient comme de véhicule, et par le moyen desquels ils pouvaient voir et connaître ce qui se passait dans le monde sublunaire. Les âmes humaines n'étaient autres que ces esprits, qui, avec leurs corps éthérés, s'unissaient au fœtus humain. Le dogme de la métempsycose était une suite naturelle de ce principe; et l'on supposa que les âmes, unies au corps de l'homme, par la volonté de Dieu, rentraient dans un autre lorsque la mort les avait dégagées de leur première enveloppe. L'esprit humain, toujours inquiet sur sa destination, rechercha la fin que Dieu s'était proposée en unissant l'âme au corps. L'idée de la bonté de Dieu, la beauté du spectacle de la nature, le rapport de tout ce que la terre produit avec les besoins et le plaisir de l'homme, firent juger que l'âme était unie au corps, afin de rendre heureux par cette union; et comme on supposait la matière sans activité et incapable de se mouvoir par elle-même, la formation du corps humain, la production des fruits, tous les effets de la nature furent attribués à des esprits bienfaisants. C'étaient ces esprits qui faisaient parcourir au soleil sa carrière, qui répandaient la pluie, qui fécondaient la terre; et l'on attribua à ces génies des fonctions et des forces différentes. Dans cet espace même qui est au-dessous de la lune, au milieu de la nuit, on voyait se former des orages; les éclairs sortaient de l'obscurité des nuages; la foudre éclatait et désolait la terre : on jugea qu'il y avait des esprits ténébreux, des démons matériels répandus dans l'air. Souvent, du sein de la terre même, où tout est ténébreux, on voyait sortir des flots de flammes; la terre était ébranlée par des volcans : on supposa des puissances terrestres ou des démons dans le centre de la terre. Tous les mouvements des corps, tous les phénomènes, furent attribués à des Génies. Les tonnerres, les volcans, les orages, semblaient destinés à troubler le bonheur des hommes, on crut que les démons qui les provoquaient étaient malfaisants, et haïssaient les humains; on leur attribua tous les événements malheureux, et l'on imagina une espèce d'hiérarchie entre les mauvais Génies, semblable à celle qu'on avait supposée pour les bons.

Si l'on objectait aux Chaldéens qu'il était peu convenable à la bonté de la Divinité de souffrir que ces mauvais Génies tourmentassent ainsi les hommes, ils répondaient que la majesté de Dieu ne devait point s'abaisser jusqu'à faire la guerre à des êtres qui lui étaient si inférieurs; qu'il laissait les bons et les mauvais Génies combattre entre eux, sans se mêler de ces débats subalternes. Quelques-uns disaient qu'il n'était pas au pouvoir de Dieu de détruire ces mauvais Génies; mais que, pour défendre les hommes contre leurs attaques, il leur avait donné pour protecteurs des bons Génies, chargés de veiller à leur conservation; que les bons Génies avaient renfermé dans le centre de la terre les esprits malfaisants, et les y retenaient captifs; mais que souvent, malgré leur vigilance, les prisonniers s'échappaient et faisaient sur la terre de grands ravages. Il était de l'intérêt des hommes de chercher les moyens de faire connaître à leurs protecteurs les dangers où ils se trouvaient, et de les appeler quand ils en auraient besoin. Dans cette idée, ils leur forgèrent des noms composés de certaines combinaisons des lettres de l'alphabet. Ils attribuèrent à ces noms la vertu d'attirer les Génies, et croyaient qu'il suffisait de les prononcer pour forcer ces esprits à paraître. Ces mêmes noms servaient quelquefois à chasser ces esprits malfaisants : c'étaient des espèces d'exorcismes; car on croyait que ces Génies étaient relégués dans le centre de la terre, et qu'ils ne faisaient du mal que parce qu'ils avaient trompé la vigilance des Génies destinés à les tenir renfermés, et qu'ils s'étaient échappés dans l'atmosphère.

On croyait que ces Génies malfaisants, lorsqu'ils entendaient prononcer le nom des Génies qui les tenaient renfermés dans le centre de la terre, s'enfuyaient à peu près comme un prisonnier échappé, qui entend appeler la garde. Telle est l'origine de la cabale.

Comme on avait supposé dans le nom des Génies, ou dans les signes qui exprimaient leurs fonctions, une vertu ou une force qui les obligeait à se rendre auprès des hommes lorsqu'ils étaient invoqués, on crut que le nom ou le signe du Génie, gravé ou écrit, fixerait, pour ainsi dire, le Génie auprès de celui qui le porterait; et telle est sans doute l'origine des talismans faits avec des caractères gravés ou des figures symboliques.

3. Quant à l'idée que se forment des Génies les musulmans et les Persans, voir les articles DJINN, DJAN, DEW, PÉRI, DIV.

4. L'ancienne religion de la Chine, encore professée par les lettrés, est, pour ainsi dire, la religion des Génies. Au-dessous du Chang-ti, suprême empereur du ciel, les Génies (Chin) composent une hiérarchie céleste, semblable à celle des dignitaires sous l'empereur. Ces Génies habitent l'air et surveillent les actions des hommes. Chaque famille a ses ancêtres pour génies tutélaires; ainsi nous voyons, dans le Chiking, que Heou-tsi, Wen-wang, Wou-wang, étaient les Génies tutélaires de la famille Tcheou. Dans l'ode v^e du même livre, deux amis disent, en se donnant des témoignages d'affection : « Le Génie qui entend nos paroles les approuve et confirme la concorde de nos âmes. » Outre les Génies spéciaux à chaque famille, chaque montagne, chaque grande rivière a son Génie particulier; chaque canton même a son Génie protecteur. Aux époques de grande prospérité, les Génies apparaissaient autrefois sous la forme d'un quadrupède fabuleux, le khi-lin, ou d'un oiseau également fabuleux, le foung-hoang. On prétend que le premier a paru dans la maison de Confucius, lors de la naissance de ce philosophe.

Le Chin-yi-tien (histoire des dieux et des prodiges) fait mention du Génie du soleil, de celui de la lune, et des Génies des cinq planètes. Les esprits de la terre sont regardés par les Chinois comme ayant en effet habité et gouverné la terre dans les temps antiques; c'est aussi le sentiment des Persans (Voir les articles DIV, DJAN, etc.). Les Chinois croient qu'ils sont maintenant relégués dans des montagnes et des déserts inaccessibles ; il existe plusieurs cosmographies chinoises qui font connaître les lieux où ils résident, le sujet pour lequel on les invoque, et les figures qu'on leur suppose; parmi ces figures, on en voit qui ont une tête d'homme ou de femme sur un corps d'animal, comme de cheval, de bélier, de serpent; d'autres ont plusieurs têtes avec un ou plusieurs corps ; quelques-uns sont de purs animaux; il y en a qui ont une forme tout à fait fantastique.

5. Les Génies lumineux, dit l'Edda des Scandinaves, sont plus brillants que le soleil ; mais les noirs sont plus noirs que la poix. Ces Génies noirs habitent sous la terre, et sont fort différents des autres par leur air, et surtout par leurs actions.

Les Chinois appellent ordinairement les bons Génies *Chin*, et les mauvais *Kouei* ; pour exprimer les Génies en général, ils joignent ordinairement ces deux mots : *Kouei-chin*.

Voy. pour les autres peuples de la terre, les articles ANGES, DÉMONS, AMES, etc.

GÉNITA-MANA, déesse qui présidait, chez les Romains, à tout ce qui naissait, et par conséquent aux enfantements, comme l'assurent Pline et Plutarque. On lui sacrifiait un chien, et on lui adressait cette prière en forme de vœu : *Que, de tout ce qui naît dans la maison, rien ne devienne bon !* Le sens de cette espèce d'imprécation est obscur ; peut-être entendait-on par là, non les personnes, mais les chiens, qui, pour défendre la maison, doivent être méchants et terribles ; ou bien, le mot *bons* se prenant quelquefois pour les morts, était-ce pour demander à la déesse, en termes couverts, que rien de ce qui naissait dans la maison ne vînt à mourir ?

GÉNITALES, dieux des Romains qui présidaient à la génération, ou qui avaient produit les hommes. On donnait aussi ce nom aux dieux Indigètes. Les *dii Genitales* étaient distincts des *dii Geniales*.

GENNAIDES, déesses des Phocéens, les mêmes que les Génétyllides.

GÉNOVÉFAINS, chanoines réguliers de l'ordre de Saint-Augustin, ainsi appelés de l'abbaye de Sainte-Geneviève, à Paris, chef d'ordre de leur congrégation en France. Cette congrégation avait été fondée ou plutôt réformée à Senlis, vers l'an 1615, et approuvée en 1622 par un bref de Grégoire XV. Elle était la plus nombreuse et la plus étendue de l'ordre des chanoines réguliers et comptait plus de cent maisons. Les membres étaient employés à l'administration des paroisses et des hôpitaux, à la célébration de l'office divin, à l'instruction de la jeunesse dans les collèges et les séminaires. Ils portaient l'habit blanc, le rochet ou un scapulaire de toile. Les Génovéfains étaient chargés de la garde du tombeau et de la châsse de sainte Geneviève. La cérémonie de la descente et de la procession de la châsse renfermant ses reliques n'avait lieu que dans les occasions importantes, et par arrêt du parlement en conséquence des ordres de la cour.

GENTILITÉ. On appelle de ce nom toutes les nations idolâtres, ou le culte des idoles. *Voy.* GENTILS.

GENTILS (du latin *gentes*, nations; en grec ἔθνοι a la même signification); c'est le nom que l'Écriture sainte donne aux peuples païens, et en général à tous ceux qui n'étaient pas Juifs. Lorsque Dieu choisit les Israélites pour être son peuple de prédilection, et les dépositaires de la promesse de salut faite au genre humain, la plupart des autres hommes répandus sur la face de la terre s'étaient laissé aveugler par les passious de leur esprit et de leur cœur, et avaient perdu la connaissance du vrai Dieu. Ils prostituaient leurs hommages à de vaines idoles, enfants de leurs caprices. Les Juifs, environnés de tous ces gentils, et possédant presque seuls la vérité, étaient comme une perle au milieu d'un vaste fumier. Il est à croire cependant que quelques gentils, plus fidèles aux traditions antiques ou éclairés par une lumière céleste, conservaient au milieu même de l'idolâtrie, des notions pures sur la Divinité; l'Ecriture nous parle entre autres de Melchisédech, roi de Salem, de Job et des philosophes ses amis, des mages, et de plusieurs autres encore; mais le nombre en était bien petit en comparaison de la prodigieuse multitude d'idolâtres et de polythéistes. Enfin, lorsque le peuple juif eut fatigué par son ingratitude et ses révoltes la bonté du Dieu qui l'avait choisi ; lorsque, après avoir fait expirer Jésus-Christ sur la croix, il tourna sa rage contre les apôtres et les disciples de celui qui était venu pour les sauver de préférence à tous les autres peuples ; Dieu alors réprouva cette nation perverse et lui substitua les gentils. Les apôtres reçurent l'ordre de porter à toutes les nations la lumière de l'Evangile. Un capitaine romain, nommé Corneille, fut le premier païen qui crut en Jésus-Christ et reçut le baptême. Les apôtres alors se répandirent dans toutes les contrées de la terre, pour porter à tous les hommes la parole du salut, et leurs travaux eurent des succès si rapides, que, dès le premier siècle, il n'y eut aucune nation de l'empire romain qui ne vît s'élever dans son sein de nombreuses églises, et peu à peu la religion de Jésus-Christ se trouva établie triomphante sur les ruines de l'idolâtrie.

Saint Paul qui, entre tous les apôtres, se distingua par son zèle, par ses écrits, et par ses nombreux voyages dans un grand nombre de nations païennes, mérita le titre glorieux d'*Apôtre des Gentils*.

GÉOMANCIE, espèce de divination pratiquée par les anciens, tantôt en traçant par terre des lignes ou des cercles, sur lesquels ils prétendaient découvrir ce qu'ils avaient intérêt d'apprendre; tantôt en faisant au hasard, sur la terre ou sur le papier, plusieurs points sans garder aucun ordre ; ces figures formées ainsi par hasard leur servaient à porter un jugement sur l'avenir. D'autres fois ils se contentaient d'observer les fentes et les crevasses qui se font naturellement à la surface du sol, et dont s'échappaient parfois des exhalaisons, regardées comme prophétiques, ainsi que cela avait lieu dans l'antre de Delphes.

GEORGE (Chevaliers de Saint-), ordre militaire, institué vers l'an 1468 par l'empereur Frédéric IV, et confirmé la même année par le pape Paul II. Le but de cette institution était de défendre les frontières de la Hongrie et de la Bohême contre les incursions des Turcs, qui faisaient en ce temps-là d'étranges ravages. Les chevaliers portaient la cotte d'armes blanche, la croix rouge pleine ; l'écu de leurs armes était d'argent à croix de gueules. Frédéric voulut que cet ordre fût gouverné par un grand maître, élu par les chevaliers du consentement du chef de la maison d'Autriche, et qu'il fût composé de chevaliers et de prêtres soumis à un prévôt dépendant lui-même du grand maître. Il ordonna aussi qu'ils feraient vœu d'obéissance et de chasteté, mais non de pauvreté, et il voulut que leurs biens meubles ou immeubles appartinssent à l'ordre après leur mort. Il donna au premier grand maître le titre de prince, et lui promit pour lui et pour les siens la ville et abbaye de Millestadt en Carinthie, où l'on fonda aussi un collège de chanoines réguliers de Saint-Augustin, sous la direction de l'évêque qui devait être choisi de leur corps.

En 1493, Jean Sibenhirter, alors grand maître, donna un nouveau lustre à l'ordre, en instituant une confrérie de Saint-Georges, où toutes sortes de personnes étaient reçues les unes pour combattre les Turcs, les autres pour contribuer à la construction du fort. L'empereur Maximilien 1er approuva cette confrérie, et le pape Alexandre VI, non content de la confirmer en 1494, voulut s'y faire inscrire. Les chevaliers qui en étaient les chefs, au lieu d'une croix rouge qu'ils portaient sur leurs soutanes, prirent une croix d'or avec la permission de l'empereur, qui leur donna aussi le droit de porter une couronne et un cercle d'or à leur chapeau ou à leur bonnet, avec le titre de chevaliers couronnés, et voulut qu'ils précédassent tous les autres chevaliers.

Une institution si magnifique subsista peu. Dans les guerres de la réforme, au XVIe siècle, les princes s'emparèrent des biens de l'ordre; il n'en restait plus en 1598 que la maison de Millestadt ; elle fut donnée aux jésuites par l'empereur Ferdinand II.

GEORGE DE GÊNES (Chevaliers de Saint-), ordre militaire fondé dans la république de Gênes. Les chevaliers portaient à leur cou une chaîne d'or à laquelle pendait une croix d'or émaillée de rouge : sur leurs manteaux, elle était en broderie. Mais comme les auteurs qui ont écrit l'histoire de Gênes ne font aucune mention de cet ordre, il y a lieu de douter de son existence : ce qui est certain, c'est que la république regardait saint Georges comme son patron.

GEORGE DE ROUGEMONT (Confrérie de Saint-), confrérie de nobles, instituée en 1390, dans le comté de Bourgogne, par Philibert de Miolans. Ce gentilhomme ayant élevé une chapelle en l'honneur de saint George, auprès de l'église paroissiale de Rougemont, dont il était seigneur en partie, y fit transférer les reliques du saint qu'il avait apportées du Levant. Il fonda quelques services et offices, auxquels d'autres gentilshommes s'engagèrent à assister. Il leur plut en même temps de faire quelques règlements pour leurs assemblées, et de former une confrérie dont le fondateur même fut le chef, avec le titre de bâtonnier. Dans une assemblée tenue en 1485, on statua que chaque confrère aurait rang selon l'ordre de sa réception dans la confrérie, sans égard aux dignités dont quelques-uns pourraient être revêtus. Lorsqu'un confrère était mort, les autres devaient porter son corps à l'église, ou au moins l'accompagner à son enterrement. Le nombre des membres, qui originairement ne devait être que de 50, fut porté jusqu'à 107 en 1504. Il fallait faire preuve de noblesse pour y être agrégé. En 1569, on donna au bâtonnier le titre de gouverneur, et l'on statua que les frères feraient serment de vivre et de mourir dans la religion catholique.

GEORGE EN ARAGON (CHEVALIERS DE SAINT-), ordre de chevalerie institué, en 1201, par dom Pèdre, roi d'Aragon, sous le nom de *Chevaliers de Saint-George d'Alfama*. L'antipape Benoît, reconnu en Aragon pour pontife légitime, incorpora cet ordre à celui de Montéra.

GEORGE IN ALGA (CHANOINES RÉGULIERS DE SAINT-), ordre de chanoines séculiers, fondé à Venise par l'autorité du pape Boniface IX, l'an 1404. Barthélemi Colonna, romain, qui prêcha en 1396, à Padoue et dans quelques autres villes de l'Etat de Venise, donna lieu à cette congrégation par la conversion d'Antoine Corrario, depuis cardinal, neveu du pape Grégoire XII. Gabriel Condelmeri, ensuite souverain pontife sous le nom d'Eugène IV, et Laurent Justinien, depuis patriarche de Venise, en furent les instituteurs. Les chanoines portaient la soutane blanche, et par-dessus une robe ou chappe de couleur bleue ou azur, avec le capuchon sur les épaules. Le pape Pie V les obligea, l'an 1570, de faire profession, et leur permit néanmoins de garder le nom de chanoines séculiers, pour qu'ils pussent avoir le pas sur les religieux. Le monastère chef-d'ordre était à Venise, et il y avait douze autres maisons en Italie. Mais leur conduite devint enfin si scandaleuse, que Clément IX les supprima en 1668, et donna leurs biens à la république.

GÉOSCOPIE, divination tirée de l'observation de la nature et des qualités du sol.

GÉRARES, ou GÉRÈRES (en grec γεραραί, c'est-à-dire les vénérables), prêtresses athéniennes qui présidaient à la célébration des Bacchanales. On donnait encore ce nom aux quatorze Athéniennes qui assistaient la reine des sacrifices dans les fonctions sacrées.

GERDA, déesse de la mythologie scandinave, fille du géant Ymer et épouse du dieu Frey.

GÉRÉAH. Parmi les esprits il y en a neuf dont les Singalais font dépendre leur fortune et leur bien-être, ce sont les *Géréahs*, soumis aux influences des planètes. Ils sont persuadés que s'ils ont le bonheur de se rendre ces divinités favorables, il n'y a aucun obstacle qui puisse s'opposer à leur fortune, et que tous les biens viendront se répandre dans leurs maisons. Ceux qui veulent mériter leur protection, pétrissent de l'argile, et en forment autant de petites statues qu'il y a de génies malfaisants dont ils redoutent le courroux. Ils donnent à ces statuettes une figure hideuse, les barbouillent de diverses couleurs, et leur font pendant la nuit des offrandes consistant en différents mets servis devant elles. La cérémonie est accompagnée de danses au son du tambour, qui durent jusqu'au lever du soleil. Alors ils jettent ces statues sur les grands chemins, et abandonnent aux pauvres les mets qui leur ont été présentés.

GÉRÉON, ou GÉRION (CHEVALIERS DE S.-), ordre militaire fondé en Palestine par l'empereur Frédéric Barberousse, selon l'opinion commune. Les seuls gentilshommes allemands étaient reçus au nombre des chevaliers, et ils étaient, dit-on, sous la règle de saint Augustin. Ils portaient l'habit blanc avec la croix de sable pleine. On n'est pas bien d'accord à ce sujet. Les uns donnent à ces chevaliers pour marque de la dignité de leur ordre, une croix patriarcale d'argent, posée sur trois montagnes de sinople, en champ de gueules. D'autres, qui se croient aussi bien informés que les premiers, prétendent qu'ils avaient sur un habit blanc une croix noire en broderie, sur trois montagnes de sinople ; et d'autres leur donnent encore une croix différente. On ne sait pas même au juste quelle était la règle imposée aux chevaliers, si c'était celle de saint Basile, qui était si commune en Orient, ou s'ils étaient soumis à celle de saint Augustin, comme l'a avancé Favin.

GÉRESTIES, fêtes célébrées à Géreste ville d'Eubée, en l'honneur de Neptune, où ce dieu avait un temple.

GERGITHIOS, surnom d'Apollon, pris de la ville de Gergis en Troade, où était née la huitième sibylle, laquelle était enterrée dans le temple d'Apollon. De là les Gergithiens mettaient sur leurs médailles la figure de la sibylle accompagnée d'un sphinx.

GERIS, ou GÉRYS, nom d'une divinité qu'Hésychius croit la même que Cérès ou la Terre.

GERMANES, secte de philosophes indiens. Les plus considérés d'entre eux, selon Strabon, étaient les Hylobiens, ainsi nommés (ὕλη, sylva, et βίος, vita, *sylvicolœ*), de ce qu'ils habitaient dans les bois, où ils vivaient de fruits sauvages, n'ayant d'autres habits que ceux qu'ils se faisaient avec des écorces d'arbres, et s'abstenant de l'usage du vin et du mariage. Lorsque les rois les consultaient sur quelque chose, ils leur envoyaient leur réponse par des messagers. Ceux à qui on rendait de plus grands honneurs après les habitants des forêts étaient les médecins, comme s'appliquant à être utiles aux hommes. Ces derniers, bien qu'ils vécussent avec frugalité, ne menaient pas cependant une vie aussi austère que les premiers. On leur attribuait, entre autres choses, la vertu de rendre féconds les hommes et les femmes. Il y en avait d'autres qui passaient pour des devins, pour des enchanteurs et pour être très-habiles en certaines pratiques ; ceux-ci erraient de ville en ville et de village en village. Enfin, il y en avait d'autres qui, moins sauvages que ceux des classes précédentes, communiquaient plus facilement avec les hommes, et ne dédaignaient pas même de recevoir des femmes au nombre de leurs disciples.

Ces Germanes ou Garmanes ne sont autres que les *Sramanas, samanéens*, ou Chamans de l'Inde, que nous appelons communément *bonzes*. Tout ce que rapporte Strabon à leur sujet est encore très-exact, et trouve aujourd'hui même son application dans un grand nombre d'ordres religieux parmi les bouddhistes et les brahmanistes.

GERNINGAR, opération magique, employée par les anciens Finnois, soit pour déconcerter l'ennemi au milieu des combats, soit pour exciter sur terre des orages, afin de mettre une armée en déroute, ou sur mer des tempêtes qui fissent périr des flottes entières.

GÉRONTHRÉES, fête qui était célébrée tous les ans dans une des îles Sporades, en l'honneur de Mars, par les Géronthréens. Ce dieu avait chez eux un temple célèbre, où il n'était permis à aucune femme de pénétrer durant la solennité.

GÉROPARI, chef des Ouiaoupias ou mauvais génies chez les Tupinambas, peuple de l'Amérique du Sud.

GERSÉNIE, divinité scandinave, fille de Freya et sœur de Nossa.

GERYNTHIOS, nom d'Apollon chez les Thraces.

GÉRYON, fils de Chrysaor et de Callirhoé, le plus fort de tous les hommes, et roi d'Erithye, suivant Hésiode, ou d'Epire, suivant Bochart, qui a suivi d'autres auteurs anciens. Les poëtes en ont fait un géant à trois corps, qui avait, pour garder ses troupeaux, un chien à deux têtes et un dragon à sept. La défaite de ce géant et l'enlèvement de ses troupeaux fut le dixième travail imposé à Hercule, qui en effet tua Géryon et ses défenseurs, et s'empara de ses bœufs. On croit que ce Géryon, vaincu par Hercule, était un roi de la Bétique; ses trois corps pourraient être ou trois puissantes armées, ou trois provinces, ou enfin trois fils que leur union n'aurait pas garantis de leur perte. Hercule ayant pénétré en Espagne appela les trois enfants de Chrysaor en combat singulier, les vainquit et leur ôta la vie. Il conquit ensuite toute la péninsule et emmena ces fameux troupeaux de bœufs et de vaches dont il avait envié la possession. Etant arrivé chez un roi du pays, homme recommandable par sa piété et son équité, il en reçut de grands honneurs, et en récompense lui fit présent d'une partie de ses vaches. Le roi consacra aussitôt à Hercule le troupeau qu'il venait de lui donner, et depuis il lui sacrifia, tous les ans, le plus beau taureau qui en provenait. On conserva, pendant plusieurs siècles, en Espagne, la race de ces troupeaux consacrés à Hercule.

D'autres allégoristes ont cru reconnaître, dans le triple corps de Géryon, la triple propriété de la foudre qui perce, brûle et écrase.

GÉRYS, divinité qu'Hésychius dit être la même qu'Achero, Opis, Hellé, la Terre et Cérès. Il est certain que son nom est presque homophone à celui de Cérès.

GEYA, un des livres sacrés des bouddhistes du Népal. Les Geyas sont des ouvrages en langage mesuré, contenant les louanges des Bouddhas et des Bodhisatwas.

GHAIBIYÉS, sectaires musulmans qui croient à un Dieu créateur, mais qui a cessé d'exister après avoir tiré du néant l'univers. Ils disent que Dieu, après avoir créé la terre, l'homme et les animaux, et avoir réglé et dirigé toutes choses, s'est envolé dans les airs, où son âme, son intelligence s'est évanouie et a disparu, laissant le monde tel qu'il l'avait fait. Les Ghaibiyés tirent leur nom du mot arabe *ghaïb*, absence, chose cachée.

GHANTA-KARNA, un des dieux de la mythologie hindoue; c'est un des serviteurs de Siva, et comme il est représenté dans les Pouranas sous la figure d'un jeune homme d'une rare beauté; il est invoqué contre les accidents ou les maladies qui pourraient défigurer le visage. On l'adore, dans le Bengale, sous la figure d'une cruche; et on a institué en son honneur une fête qui arrive le 29 phalgoun (15 mars). Le but de la cérémonie est exprimé dans cette prière qu'on lui adresse, en présentant à la cruche des fruits et des fleurs : « O Ghanta-Karna! toi qui guéris les maladies, préserve-moi de la crainte des affections cutanées. »

GHASANIYÉS, sectaires musulmans, disciples de Ghasan de Cufa. Ils disent que la foi consiste non-seulement dans la connaissance de Dieu, mais aussi dans celle de Mahomet son prophète; que la foi ne croît et ne décroît point; que l'ignorance des préceptes positifs ne constitue pas encore l'infidélité.

GHÉ, la Terre, divinité des anciens Grecs. *Voy.* Gé.

GHELLOUNG, nom des Chamans, ou prêtres bouddhistes, chez les Kalmouks; ils appartiennent à la première classe; ceux de la classe moyenne s'appellent *ghet-zull*, et ceux de la classe inférieure, *mandchi*. Les Ghelloungs reçoivent leur investiture du lama ou pontife, et ils payent plus ou moins, selon leurs moyens de fortune lors de leur nomination. Les lois du lama imposent aux nouveaux reçus, dès qu'ils ont été consacrés, le devoir de se promener pendant la nuit suivante autour de la Khouroull ou maison des prêtres; ils font cette procession nu-pieds, la tête rasée et découverte, les yeux baissés vers la terre, faisant rouler entre leurs doigts les 108 grains de leur chapelet. Ils portent ordinairement un habit rouge; mais, les jours de cérémonie, ils ont par-dessus une pièce de soie jaune plissée avec une multitude de petits plis parallèles, qui pend depuis les épaules jusqu'aux talons, couvre le bras gauche, et laisse le bras droit à découvert;

leur tête est coiffée d'un bonnet de peau de renard. Benjamin Bergmann assure qu'il n'existe pas dans le monde des gens aussi oisifs que les prêtres kalmouks, surtout ceux de la classe des Ghelloungs; ils se reposent sur les prêtres du second rang et sur d'autres Tartares, du soin de leurs troupeaux, de leur table et de leurs habits, et ne songent absolument qu'à boire, à manger et à dormir. Les jours de fête, ou, comme les Tartares les appellent, *les bons jours*, donnent à ces prêtres oisifs une espèce d'occupation, qui consiste à réciter tour à tour des prières, et à exécuter avec des trompettes, des chalumeaux et des cymbales une musique très-peu harmonieuse. Leur loi les oblige au célibat; plusieurs cependant sont mariés, mais on les regarde comme des gens peu édifiants.

GHET, formule des lettres de divorce chez les Juifs. *Voy.* DIVORCE, n. 1.

GHET-ZULL, prêtres de la seconde classe chez les Kalmouks; ils ont le pas sur les *Mandchi*, et le cèdent aux Ghelloungs. Ils sont comme les serviteurs de ces derniers.

GHIAOUR. Ce mot qui se trouve fréquemment dans les anciens voyageurs en Orient, comme une dénomination appliquée par les Turcs aux chrétiens, est le mot persan *guèbre*, infidèle, ou adorateur du feu. C'est un terme injurieux dont les musulmans gratifient largement, non-seulement les sectateurs de l'ancienne religion persane, mais les infidèles et les idolâtres, et spécialement les chrétiens. Ce mot se trouve encore écrit et prononcé *ghebr*, *ghiaber*, *gaber*, *gaver*, *gaur* et *ghaour*, etc.

GHIA TCHIN, dieu des bouddhistes du Tibet, le même que Indra, dieu du ciel, chez les Indous.

GHIEN-NO GHIO-SA, fondateur de l'ordre des *Yama-botsi*, ou solitaires montagnards, dans le Japon. Il parut dans le VIIe siècle de l'ère chrétienne. On ignore les particularités de sa vie; tout ce que l'on sait, c'est qu'il embrassa le premier cette vie austère, et qu'il passa ses jours dans des lieux déserts et sauvages. Il eut un grand nombre de disciples qui imitèrent son genre de vie. *Voy.* YAMA-BOTSI.

GHILGOUL (en hébreu לגלג, *revolutio*). 1. Les Juifs appellent ainsi le *roulement des morts* à la fin du monde. Plusieurs rabbins ont cru que ceux de leur nation, qui mouraient parmi les gentils et étaient ainsi inhumés dans une terre polluée, ne pourraient ressusciter au jour du jugement qu'au moyen de ce roulement des cadavres; c'est-à-dire, que Dieu pratiquera exprès pour eux des conduits étroits et souterrains, par lesquels leurs corps *rouleront* jusque dans la terre sainte, où ils sortiront de la terre. C'est pour s'éviter ce désagrément après leur mort, qu'on voyait autrefois un certain nombre de Juifs faire dans leur vieillesse le voyage du pays de leurs ancêtres, afin d'y mourir. Les partisans de ce sentiment l'appuient sur ces paroles d'Ezéchiel, ch. XXXVII, v. 13 : « Lorsque j'aurai ouvert vos tombeaux, que je vous aurai retirés de vos sépulcres, et que je vous aurai introduits dans votre pays, je mettrai mon esprit en vous, et vous vivrez. » Ce n'est donc que là, ajoutent-ils, que l'âme pourra se réunir au corps. Le rabbin David Kimkhi dit que les opinions sont partagées au sujet de ceux qui meurent hors du pays d'Israël : les uns pensent qu'ils sortiront de terre au lieu même où ils seront inhumés; et les autres croient que les cadavres seront roulés comme des tonneaux dans des cavernes souterraines, jusqu'au-dessous de la montagne des Oliviers où ils ressusciteront.

2. *Ghilgoul* se prend encore pour métempsycose ou transmigration des âmes. Quelques Juifs ont adopté cette opinion, sans être pour cela regardés comme hérétiques par leurs coreligionnaires. Ils prétendent trouver la preuve de leur système dans quelques passages de l'Ecriture, la plupart tirés de l'Ecclésiaste et du livre de Job.

GHIO-DZOU-TEN-O, c'est-à-dire l'Auguste du ciel à tête de bœuf; nom d'un dieu japonais, appelé aussi *Ghi-won*. On voit partout son image imprimée et collée sur les portes des maisons du peuple; les Japonais croient que ce dieu préserve de toute sorte de maladies, et principalement les enfants de la petite vérole. *Voy.* GHI-WON.

GHI-WON, dieu des Japonais, le même que *Ghio-dzou-ten-o*, ou *Go-dsu-ten-o*. Il est pour le peuple le principal objet de la fête annuelle qui se célèbre le septième jour de la septième lune, correspondant à notre mois d'août. Dans tous les carrefours de la ville, on dresse des théâtres où, dès le point du jour, le peuple accourt en foule, chacun tâchant d'être des premiers, afin d'être bien placé. La cérémonie commence par une procession, à la tête de laquelle s'avancent quinze ou vingt chars, tirés chacun par 40 hommes, et représentant un corps de métier. Ces chars, couverts d'étoffes de soie, sont remplis de jeunes garçons, dont les uns chantent, et les autres jouent des instruments; viennent ensuite d'autres chars couverts des mêmes étoffes, où sont reproduites les belles actions des héros japonais. Tous ces chars sont traînés lentement, et passent devant le temple consacré au dieu dont on fait la fête. Sur le soir, on en tire deux riches litières, dans l'une desquelles est ce dieu, et dans l'autre sa concubine. Les porteurs du premier chancellent comme s'ils ployaient sous le faix, croyant par là rendre l'idole plus vénérable. Quelque temps après paraît la litière de la déesse, femme légitime de Ghi-won. Aussitôt qu'elle est sortie du temple, et qu'on a feint de l'avertir que son époux et la favorite la viennent voir, ses porteurs courent d'un autre côté, affectant tous les transports que la jalousie peut causer. Le peuple, ému de ces grimaces, blâme le dieu, plaint la déesse, et la prie à genoux de ne point troubler son repos, en prenant garde de trop près à la conduite de son mari, et d'oublier ses injus-

tices. La déesse paraît s'adoucir : le peuple en témoigne sa joie, et c'est un signal pour les porteurs de Ghi-won et de sa favorite, de joindre la litière de l'épouse, et de rentrer ensemble au temple; ce qui termine la fête.
— *Voy.* d'autres détails sur la même fête, aux articles Sits-sek, Sitsi-gwats.

GHOLAT, ou **Ghoulat**, c'est-à-dire *les Exagérés*; secte musulmane, dont le zèle impie ennoblissait les imams, descendants d'Ali, des attributs de la Divinité. Cette secte extravagante, qui faisait de Dieu un être corporel, avait dû sa naissance à la vénération superstitieuse d'Abdalla, fils de Saba, juif d'origine, converti à l'islamisme, pour Ali, gendre et cousin de Mahomet. Elle prit de grands accroissements et se subdivisa en 18 branches, dont toutes se réunirent pour déifier leur imam. Ces insensés soutenaient que, bien qu'il eût quitté la terre, il n'avait point été soumis à la mort, et qu'il reparaîtrait un jour, porté sur un nuage resplendissant, pour faire régner la justice et pour réformer les abus. Ils établissaient, comme une vérité de fait, que Dieu avait souvent apparu sous la forme humaine, et que c'était sous ce voile qu'il venait dicter ses lois et manifester sa volonté; et comme, depuis le prophète, aucun être n'a paru sur la terre aussi parfait qu'Ali, on ne peut, disent-ils, révoquer en doute que Dieu ne se soit déguisé sous sa forme; et c'est en ce sens qu'ils attribuaient à cet imam et à ses descendants les propriétés divines. Plusieurs de ces hérétiques se glorifiaient, pour prix de leur foi, de participer à la dignité divine de leurs imams. Un certain Bastami ne parlait jamais de lui sans dire : *Louange soit à moi !* Un de ces fanatiques fut condamné à mort pour avoir dit : *Je suis la vérité*. Cette extravagance fit de si grands progrès, que des hommes grossiers aspirèrent à la gloire d'être dieux : plusieurs renoncèrent au travail pour se livrer à des exercices bizarres, à des jeûnes et à des austérités meurtrières, pour purifier leur âme, et la rendre le sanctuaire de la Divinité. Quelques imams ont favorisé ce délire; et, non contents de tolérer qu'on les prît pour Dieu même, ils ont encore eu l'impiété de soutenir qu'ils jouissaient de cette prérogative. Les 18 sectes, qui partagent les Gholats, sont les *Sabaiyés*, les *Kamiliyés*, les *Béyaniyés*, les *Moghairiyés*, les *Djenahiyés*, les *Mansouriyés*, les *Khatabiyés*, les *Ghorabiyés*, les *Heschamiyés*, les *Zérariyés*, les *Younisiyés*, les *Scheitaniyés*, les *Rezamiyés*, les *Mofawadhiyés*, les *Bédaiyés*, les *Nosairiyés*, les *Ishakiyés* et les *Ismaëliens*. Voyez ce que chacune de ces sectes avait de particulier à leurs articles respectifs.

GHORABIYÉS, c'est-à-dire partisans du corbeau ; sectaires musulmans de la grande branche des Gholats ; ils disent que Mahomet ressembla à Ali, comme un corbeau à un autre, de sorte que Gabriel portant le message de Dieu à Ali, se trompa en le délivrant à Mahomet. Ils tiennent l'un et l'autre pour des dieux, mais Ali pour le plus excellent. Quelques-uns d'entre eux reconnaissent cinq dieux : Mahomet, Ali, son gendre, Fatima, sa fille, et Hasan et Hoséin, ses petits-fils ; ils ne prononcent cependant pas le nom de Fatima, pour ne pas compromettre la Divinité par une terminaison féminine.

GHOSL, ou **GHOUSL**. Les musulmans appellent de ce nom la lotion générale de tout le corps, qui doit avoir lieu lorsqu'on a contracté une souillure majeure ; ce qui a lieu par l'acte conjugal, par les infirmités périodiques du sexe, par les couches, par des pollutions nocturnes. En ces occasions, on est obligé, avant de s'adonner à la prière, de recourir à la lotion appelée *ghosl ;* on doit encore la faire les vendredis, et les deux fêtes du Beyram, avant la prière publique, lorsqu'on se dispose à faire le pèlerinage de la Mecque. Le *ghosl* consiste à se rincer la bouche, les narines, les oreilles, et à se bien laver et frotter tout le corps, à dénouer même les tresses de ses cheveux, afin que l'eau puisse bien pénétrer partout ; il faut renouveler ces pratiques jusqu'à trois fois. On doit aussi pratiquer cette lotion sur les cadavres des morts avant de les ensevelir. A cet effet, on prend de l'eau très-limpide et surtout inodore, que l'on fait chauffer ; quand elle est bien chaude, on y délaie du camphre, des essences et des aromates. Cela fait, on entoure d'un rideau l'endroit destiné pour la lotion, qu'on doit avoir choisi dans la partie la plus reculée de la maison ; puis on étend le cadavre sur une banquette, et l'opération commence. On est tenu d'y procéder avec la plus grande précaution : on va même jusqu'à presser les intestins, pour tâcher d'en faire sortir les matières qui auraient pu y séjourner. Ces devoirs sont rendus aux défunts par des personnes du même sexe.

Dans toute autre circonstance, on se contente, avant la prière, de l'ablution partielle de certaines parties du corps. *Voy.* Abdest.

GHOUL, mauvais génie ou démon des Arabes. Les Ghouls correspondent assez bien à ce que nous nommons Empuses, Ogres, Vampires ; ils passent pour déterrer les cadavres dans les cimetières, afin de se nourrir de leurs chairs.

GHOULI-BINBAN. Les Afghans croient que les déserts de leur pays sont habités par des démons, qu'ils appellent *Ghouli-Binban*, esprits de la solitude. Ils qualifient souvent la férocité d'une tribu, en disant qu'elle est sauvage comme le démon du désert.

GICHTÉLIENS, secte allemande qui tire son nom de Jean George Gichtel, né à Ratisbonne, en 1638. *Voyez* Frères Angéliques.

GILBERTINS, ordre de religieux, ainsi nommés de leur fondateur Gilbert, qui institua cet ordre, l'an 1148, dans le Lincolnshire, province maritime d'Angleterre. On n'y recevait que des gens qui eussent été mariés. Le fondateur avait bâti deux monastères contigus, mais séparés néanmoins par de hautes murailles, l'un pour les hommes et l'autre pour les femmes. Celles-ci suivaient la règle de saint Benoît, et les hommes, celle des chanoines réguliers de saint Augustin ; mais il avait ajouté à l'une et à l'autre quelques nouvelles constitutions. Cet ordre, approuvé par le pape Eugène III, fut aboli, avec plusieurs autres, sous le règne d'Henri VIII.

GILBOG, dieu bienfaisant des anciens Slaves, considéré comme le protecteur de l'humanité, et le dispensateur de tous les biens. On le représentait la tête surmontée de deux ailes, le visage ensanglanté et couvert de mouches qui se repaissaient de son sang, par allusion, sans doute, à son amour pour les créatures auxquelles il était toujours prêt à dévouer son existence. On l'appelait aussi *Bel-bog*, le dieu blanc. *Voyez* BEL-BOG.

GIMLE, la plus belle des villes du céleste empire, dans la mythologie scandinave ; elle a été bâtie par les douze Ases, ou dieux principaux, à l'extrémité du ciel, vers le midi. On lui donne encore les noms de *Simle* et de *Vingolf*. Le mot *Gimle* est corrélatif du teutonique *Himmel*, *Himle*, qui signifie le ciel. Voici ce que nous lisons au sujet de cette cité des dieux, dans l'Edda : « On nous a dit qu'il y a, vers le midi, un autre ciel plus élevé que celui-ci, et que l'on nomme *bleu-clair*, et au-dessus de celui-là est un troisième ciel plus élevé encore, appelé *le vaste*, dans lequel nous croyons que doit être la ville de Gimle... ; cette ville est plus brillante que le soleil même, et subsistera encore après la destruction du ciel et de la terre. Les hommes bons et intègres y habiteront pendant tous les âges... ; mais, pour le présent, il n'y a que les génies lumineux qui y demeurent. »

GINGRAS, ou GINGRIS, nom phénicien d'Adonis. De là le nom de la *Gingre*, flûte phénicienne, qui rendait un son fort lugubre, et dont on se servait pour accompagner les pleurs et les gémissements qui retentissaient de tous côtés, à la fête d'Adonis.

GINNUNGAGAP, nom de l'abîme ténébreux du néant dans la mythologie scandinave.

GIOERNINCA VÉDUR. Les Islandais appellent ainsi le don magique d'exciter des orages et des tempêtes, et de faire périr en mer les barques et les bâtiments ; genre de superstition qui appartient autant à la magie moderne qu'à l'ancienne. Les ustensiles que les initiés employent sont très-simples : par exemple, une bajoue de tête de poisson, sur laquelle ils peignent ou gravent différents caractères magiques, entre autres, la tête du dieu Thor, dont ils ont emprunté cette espèce de magie. Le grand art consistait à n'employer qu'un ou deux caractères, et tout leur secret était que les mots *thors*, *hafot* ou *hafut*, pussent être lus devant eux ou en leur absence, sans être compris de ceux qui n'étaient pas admis à la connaissance des mystères.

GIOU-TO-TEN-O, divinité des Japonais. *Voyez* GHIO-DZOU-TEN-O.

GIR, idoles des Tchoutkis, peuplade kamtchadale. Ce sont des morceaux de bois de différentes formes, avec des têtes sculptées. Dans leurs cérémonies, ils leur frottent le visage avec de la moelle de rennes. C'est avec ces idoles qu'ils font du feu par friction. Ce peuple a un dieu du feu, un dieu du bien, un dieu du mal.

GIUSPEGANAGUAY, idole des anciens Péruviens. On apportait des offrandes à cette divinité, pour qu'elle fît réussir la teinture des étoffes. Chaque fois que l'on en préparait pour la famille du roi, on célébrait une fête en l'honneur de cette idole.

GIWON, divinité japonaise. *Voyez* GHIWON.

GLADHEIM, séjour de la joie ; palais d'or de la ville céleste d'Asgard, dans la mythologie scandinave ; dans cette salle magnifique, étincelante d'or au dehors et au dedans, étaient placés, outre le trône d'Odin, douze autres sièges pour les assesseurs du dieu, chargés de prononcer dans les différends qui surgissent parmi les hommes.

GLADIATEURS. Dans les temps héroïques, l'usage était d'immoler des captifs aux mânes des grands hommes morts dans les combats. Ensuite on sacrifia des esclaves aux funérailles des personnes considérables. Bientôt il parut plus humain de les armer et de les faire battre les uns contre les autres. La profession de gladiateur devint alors un art qui eut ses maîtres, ses écoles et ses principes. On apprit à se battre, à tomber avec grâce, à mourir avec fierté ; on s'y exerça, et les jeux de gladiateurs firent partie des fêtes publiques. C'est surtout chez les Romains que ce goût devint une fureur. Les gladiateurs se servaient de deux courtes épées, s'attaquant et se défendant des deux mains. Le sort des vaincus dépendait du peuple, qui faisait ordinairement grâce aux braves, et donnait le signal de tuer ceux qui s'étaient comportés lâchement. On offrait, dit-on, à Jupiter, du sang des gladiateurs. On les recevait dans le temple d'Hercule, et ceux qui avaient obtenu leur congé attachaient leurs armes à la porte. Les tyrans de Rome forcèrent plus d'une fois les sénateurs et les chevaliers de paraître dans ces scènes tragiques ; et, du temps de Commode, on vit des dames romaines exercer volontairement ce métier honteux, et tirer vanité de leur courage et de leur infamie. Depuis l'introduction du christianisme, les empereurs interdirent souvent les combats de gladiateurs ; cependant, ce n'est qu'au ve siècle qu'ils furent entièrement abolis par un édit d'Honorius. Il paraît que cet édit fut provoqué par la mort de saint Almaque ou Télémaque, qui, témoin d'un combat de gladiateurs, se jeta entre entre eux pour arrêter l'effusion du sang ; mais son zèle lui coûta la vie.

GLASSITES, sectaires qui opérèrent un schisme dans l'Eglise d'Ecosse. Ils avaient pour chef un ministre presbytérien, nommé John Glass, né en 1695. Il se mit à attaquer l'Eglise écossaise, en enseignant que tout établissement civil, en faveur d'une religion, est contraire à l'Ecriture sainte. Il fut en conséquence cité devant le presbytère, en 1728, et suspendu, ce qui ne l'empêcha pas de continuer ses fonctions. Alors il fut déposé par le synode. Il se fit des partisans à Dundée, à Edimbourg, à Perth, à Glascow et en d'autres villes, ce qui causa une grande rumeur dans l'Eglise d'Ecosse ; car c'était le premier schisme depuis la révolution de 1688.

Les Glassites voulaient qu'on interprétât toutes les paroles de Jésus-Christ dans leur sens naturel ; ils prétendaient, par leur croyance et par leur conduite, se conformer à la primitive Eglise, pratiquer la discipline qu'elle suivait, et éviter soigneusement tout ce que Notre-Seigneur et les apôtres avaient condamné. Le schisme des Glassites en amena un autre, celui des Sandemaniens; les deux partis furent plusieurs fois réunis et plusieurs fois séparés ; toutefois, il y a entre eux des différences plutôt métaphysiques que réelles. Ces deux Eglises subsistent encore. *Voyez* à l'article SANDEMANIENS, les points de doctrine et de discipline qu'ils professent ; ils sont à peu près les mêmes que ceux des Glassites.

GLAUCUS, fils de Neptune et de Naïs, ou, selon d'autres, d'Anthédon et d'Alcyone, ou encore d'Eubée et de Proserpine. C'était un pêcheur célèbre de la ville d'Anthédon en Béotie. Un jour, ayant mis sur l'herbe du rivage les poissons qu'il venait de prendre, il s'aperçut qu'ils s'agitaient d'une manière extraordinaire, et se jetaient ensuite dans la mer. Pour s'assurer si cette herbe avait une vertu particulière, il en goûta, et suivit leur exemple. L'Océan et Téthys l'ayant alors dépouillé de ce qu'il avait de mortel, l'admirent dans leur empire au nombre des dieux marins. Ce mythe indique, sans doute, que Glaucus était un habile plongeur, qui finit par se noyer; mais les habitants d'Anthédon, persuadés que sa disparition avait quelque chose de mystérieux, lui élevèrent un temple et lui offrirent des sacrifices. Au temps de Pausanias, on voyait encore dans cette ville le *Saut de Glaucus*, c'est-à-dire le lieu où il s'était précipité dans la mer. Il y eut même, dans la suite, un oracle souvent consulté par les matelots. On a ajouté d'autres fables à cette première. Athénée le fait devenir amoureux d'Ariane, lorsqu'elle fut enlevée par Bacchus dans l'île de Dia : le dieu, pour le punir, le garrotta avec des sarments de vigne, mais il trouva moyen de s'en dégager. Selon Diodore de Sicile, ce fut lui qui apparut aux Argonautes sous la figure d'un dieu marin, lorsque Orphée, à l'occasion d'une tempête, fit un vœu solennel aux divinités de Samothrace. Dans le combat livré entre Jason et les Tyrrhéniens, il se mêla avec les Argonautes, et fut le seul qui en sortit sans blessures. Interprète de Nérée, il prédisait l'avenir, et avait appris d'y lire à Apollon lui-même. Enfin, Strabon le fait métamorphoser en Triton, et c'est ainsi que le peint Philostrate. « Sa barbe, dit-il, est humide et blanche, ses cheveux flottent sur ses épaules ; il a les sourcils épais et réunis, de sorte qu'ils semblent n'en faire qu'un ; ses bras sont faits en forme de nageoires, et sa poitrine est couverte d'herbes marines; le reste de son corps se termine en poisson, dont la queue se recourbe jusqu'aux reins. »

GLEMUR, dieu des Scandinaves : son nom signifie *éclat, splendeur*. C'était l'époux de Suna, déesse du soleil.

GLITNER, une des villes célestes, dans la mythologie scandinave : les murs, les colonnes et l'intérieur en étaient d'or, et le toit d'argent; c'était la demeure de Forsète, dieu de la paix.

GLOBE, symbole du monde, de puissance ou d'éternité; sur les anciens monuments de la Perse, le dieu Ormuzd est figuré ayant sur la tête un globe, emblème de l'univers, et dans la main droite une couronne qu'il présente à un prince nouvellement élu. Sur ces mêmes monuments et sur une multitude de médailles persanes, le roi est ordinairement pour coiffure un globe entouré d'une couronne fermée. L'on sait qu'en effet les anciens monarques de la Perse prenaient habituellement le titre de *rois du monde*.

Un globe avec un gouvernail exprime la souveraineté des mers ; surmonté d'un aigle aux ailes éployées, la consécration; d'un phénix, l'éternité; placé sur un trépied, il est l'attribut d'Uranie. Une médaille de Jules César offre un globe céleste, placé sur la tête de Vénus. Lorsque, sur les médailles, il est surmonté d'une Victoire ailée, tenant une couronne, il indique que c'est à la victoire que le prince doit l'empire du monde. Le temps tenant entre ses mains un grand globe, marque qu'il renferme en lui, pour ainsi dire, tout l'univers, parce qu'il règle, avec le soleil, la durée des heures et des jours, et qu'il engloutit tous les événements dans cette durée.

GLYCON, nom donné, suivant Lucien, au dieu imaginé par Alexandre l'imposteur. On l'appelait le troisième sang de Jupiter, le nouvel Esculape, qui apportait la lumière aux hommes.

GLYPHIES, nymphes honorées dans une caverne du mont Glyphius.

GNA, déité scandinave ; c'est l'Iris, messagère de Frigga ou Fréa, dans les différents mondes. Elle est montée sur un cheval qui court dans les airs et à travers les feux.

GNA-LOUNG, cérémonie en usage chez les sauvages de l'Australie, qui consiste à arracher ou casser une dent aux jeunes garçons parvenus à l'âge requis : c'est une sorte d'initiation, après laquelle ils prennent rang parmi les hommes et jouissent de tous les droits de la virilité; elle est exécutée par le ministère des prêtres. Voici les détails d'une de ces cérémonies, transmis par des témoins oculaires.

Sur un terrain préparé à l'avance, les naturels vinrent d'abord, dans leurs plus beaux atours, exécuter des danses et des joutes : ce terrain de 25 pieds de long sur 16 de large se nomme *you-lang*. Ces petits préparatifs accomplis, parurent les *kerredais* ou prêtres, auxquels est dévolu le privilége d'arracher les dents. Ces kerredais appartiennent presque tous à la tribu de Kemmiraï. Arrivés sur le lieu de la cérémonie, ils se placèrent debout et armés à l'un des coins de la place, tandis que les pauvres enfants destinés à subir l'opération se tenaient à l'autre extrémité, entourés de leurs parents et amis.

La cérémonie commença par l'entrée en scène d'une troupe d'hommes armés qui poussaient un cri particulier, et frappaient leurs boucliers et leurs lances, en soulevant autour d'eux des tourbillons de poussière. L'un d'eux, en arrivant près des enfants, se détacha de la troupe, enleva l'un des garçons, puis retourna vers ses collègues qui l'accueillirent par un cri, en faisant semblant de prendre le jeune enfant sous leur protection. Tous les enfants présents, au nombre de quinze, furent ainsi enlevés tour à tour et transportés à l'autre extrémité du you-lang, où ils demeurèrent assis, les jambes croisées, la tête basse et les mains jointes. Ils devaient passer la nuit dans cette position, et sans prendre aucune nourriture.

Après avoir ainsi disposé leurs victimes, les kerredais accomplirent quelques rites mystiques. L'un d'eux s'étendit par terre, et s'y roula comme un forcené jusqu'au moment où il fut délivré d'un certain os. Une foule de naturels l'entourait en poussant des cris, et le frappant sur le dos comme pour l'aider à se débarrasser de cet os fâcheux. Après une suite d'efforts et de cris, le maniaque se retira épuisé de fatigue et baigné de sueur, mais feignant d'être délivré de toute souffrance. Cette jonglerie se répéta plusieurs fois, et chaque fois le kerredai montrait un os dont il s'était muni à l'avance. Suivant l'explication donné au gouverneur Collins, cette parade n'avait lieu que pour persuader aux enfants qu'ils n'auraient pas beaucoup à souffrir, la douleur des kerredais, dans l'extraction de ces os, étant à déduire de leurs propres souffrances. Tels sont les préludes de la cérémonie, et le programme du premier jour.

Le second jour, au lever du soleil, les enfants étant encore dans la posture qu'on leur avait imposée la veille, les kerredais se levèrent, et, au nombre de quinze ou seize, défilèrent plusieurs fois de suite autour du you-lang, en marchant à quatre pattes, et imitant l'allure d'un chien; un sabre de bois passé derrière eux et retenu par leur ceinture, figurait assez bien la queue de l'animal. Chaque fois qu'ils défilaient devant les enfants, ils faisaient sauter sur eux la poussière et le sable avec les pieds et les mains. Cette figure avait pour but de conférer aux enfants le pouvoir et la prééminence sur le chien, dont les qualités utiles se trouvaient ainsi signalées.

Peu après arrivèrent deux naturels, dont l'un portait un kangarou façonné avec des joncs et des herbes, et l'autre un paquet de broussailles. Malgré la légèreté du fardeau, l'un et l'autre semblaient en être accablés : tous les deux se traînaient et s'arrêtaient de temps à autre, comme pour prendre du repos. Enfin, ils déposèrent leur charge auprès des jeunes garçons, et se retirèrent avec l'air d'hommes exténués de fatigue et de peine. Par cette nouvelle figure, on concédait aux enfants le droit de tuer les kangarous, dont la retraite était indiquée par les broussailles.

Cette scène fut suivie d'un long entr'acte, durant lequel les enfants restèrent toujours immobiles dans la même position. De leur côté, les kerredais s'étaient retirés à l'écart, pour s'ajuster derrière le dos une longue queue en touffes d'arbres. Puis ils se rapprochèrent du lieu de la scène, en imitant la démarche du kangarou, tantôt bondissant sur leurs pattes de derrière, tantôt s'arrêtant pour se gratter avec leurs pattes de devant. Deux naturels armés les suivaient dans les broussailles, et semblaient épier le moment de les frapper avec leurs lances, tandis qu'un autre sauvage battait la mesure sur un bouclier, à l'aide de son casse-tête. Cette pantomime figurait la chasse au kangarou, et les naturels chargés de représenter ces animaux jouaient leur rôle avec un talent vraiment étonnant.

Arrivée sur la place du you-lang, cette troupe grotesque défila devant les enfants, en continuant ses bonds et ses gambades; après quoi, jetant au loin sa queue d'herbe, chacun se saisit d'un jeune garçon, le chargea sur ses épaules, et l'emporta au lieu où devait se jouer le dernier acte de cette comédie. A peu de distance, les enfants furent déposés à terre et réunis en un groupe qui devait se tenir debout, la tête basse et les mains jointes, dans l'attitude du plus profond recueillement. Derrière eux, se placèrent plusieurs kerredais, la lance à la main; devant étaient deux troncs d'arbres, à 12 ou 15 pas de distance l'un de l'autre. Sur chacun de ces troncs s'assit un naturel, tenant un autre homme sur ses épaules, et tous les quatre avaient les bras tendus en avant. Entre ces deux groupes assis étaient plusieurs naturels couchés, la face contre terre, les uns auprès des autres; on fit marcher les enfants près de ces groupes, et, comme ils approchaient, ceux qui étaient assis sur les troncs commencèrent à faire, avec les yeux, la bouche et toute la figure, les contorsions et les grimaces les plus hideuses. Les enfants furent ensuite promenés par-dessus les corps étendus à terre, et ces corps se tordirent comme des agonisants, en rendant un bruit sourd et lugubre. Cette scène avait pour but d'aguerrir les enfants, et de les endurcir aux dangers et au spectacle des batailles.

Après ce nouvel épisode, la troupe entière, kerredais et enfants, fit encore quelques pas; puis elle s'arrêta dans un endroit où les enfants furent de nouveau placés et assis l'un près de l'autre. Munis de leurs lances et de leurs boucliers, les kerredais se rangèrent en demi-cercle devant eux. Au milieu et faisant face aux autres, se tenait le kerredai qui avait joué le principal rôle dans la cérémonie. D'une main il tenait un bouclier, et de l'autre un casse-tête avec lequel il battait la mesure. Au troisième coup frappé par cette espèce de pontife, tous les kerrodais agitaient leurs lances, les baissaient, et venaient en même temps toucher le centre de son bouclier; manœuvre qui produisait un effet assez curieux par sa précision et sa simultanéité. Elle était pour les enfants le symbole de l'usage de la lance.

Quand cela eut duré quelques minutes, les kerredais procédèrent à l'extraction de la dent, but principal de la réunion. On débuta par un jeune garçon qui n'avait que dix ou douze ans, et qu'on plaça sur les épaules d'un naturel. Le kerredai qui devait opérer, représenta un des os qui était censé avoir été extrait la veille du corps de l'un des prêtres : c'était une espèce d'instrument taillé en biseau de manière à pouvoir couper la gencive à la racine de la dent. On coupa ensuite un *womara* (bâton à jeter la lance) à huit ou dix pouces de son extrémité; on appliqua l'un de ses bouts sur la base de la dent, puis on la fit tomber en frappant avec une grosse pierre sur l'autre bout du petit bâton. La dent partie, on emmena l'enfant à l'écart, où l'on travailla à raffermir la gencive avec des compresses; puis on le revêtit du costume qu'il devait porter pendant plusieurs jours de suite. Ce costume, espèce de toge d'adulte, consiste en une ceinture à laquelle est suspendue une épée de bois. Sa tête est enveloppée d'un bandeau surmonté de bandelettes de xanthorrea, dont la blancheur tranche sur la couleur enfumée de l'individu. La main gauche est appliquée sur la bouche qui doit rester fermée tout le jour, sans que l'enfant puisse ni manger, ni parler. Tous les jeunes garçons furent ainsi opérés tour à tour, pendant que les spectateurs criaient à leurs oreilles sans relâche *wah-wah! gagagaga!* avec l'intention apparente de distraire leurs douleurs et d'étouffer leurs plaintes. Le sang qui coulait des mâchoires ne fut point essuyé; on le laissa couler sur l'enfant et sur la tête de l'homme qui le portait. Le nom de ce porteur s'ajoutait ensuite à celui de l'enfant, ce qui établissait entre eux une sorte de parrainage. Le sang qui établissait cette parenté adoptive ne se lavait pas de plusieurs jours, et chaque individu, homme et enfant, en gardait assez longtemps la trace.

A la suite de ces épreuves, les enfants sont admis à tous les droits de la virilité, comme ils sont obligés d'en supporter toutes les charges. Ainsi ils peuvent user de la lance et du casse-tête, figurer de leur personne dans les combats, et même enlever les filles dont ils voudraient faire leurs femmes. Le *gna-loung* serait donc, par le fait, une véritable initiation marquant le passage de l'enfance à l'âge adulte, circonstance singulière chez des hommes aussi barbares, institution qui ne s'est rencontrée jusqu'ici que chez des peuples avancés dans la civilisation.

GNENNÉ, jeûne des Tibétains, qui consiste à ne faire qu'un repas, sur le soir; mais il est permis de boire pendant la journée. Il y a une autre sorte de jeûne, appelé *Ngunné*, qui dure 24 heures, et dans lequel il n'est pas même permis d'avaler sa salive.

GNOMES (du grec γνώμη, pensée, intelligence), agents de la nature invisibles et fantastiques, imaginés par les philosophes gnostiques, et dont les poëtes et les cabalistes se sont emparés. Les Gnomes, disent ces derniers, sont des génies bienfaisants qui habitent dans l'intérieur de la terre, comme les Sylphes dans l'air, les Salamandres dans le feu, les Ondins dans les eaux. Ils sont d'une taille très-minime, mais pleine de grâce dans ses proportions. Ils habitent les grottes cristallines et les mines d'or et d'argent que recèlent les entrailles de la terre. Ces petits êtres invisibles et silencieux servent et défendent l'homme à son insu, toutes les fois que Dieu le leur commande. Le gnome Rubezahl a une grande célébrité en Allemagne.

GNOSIMAQUES, c'est-à-dire *ennemis de la science*; hérétiques des premiers siècles, qui se déclarèrent ennemis de toutes les sciences, même de celles qui avaient la religion pour objet, prétendant qu'un chrétien devait se borner à faire des bonnes œuvres; qu'il était inutile d'étudier l'Ecriture, de chercher à la comprendre et à l'interpréter; qu'il valait beaucoup mieux marcher avec simplicité, sans s'inquiéter du dogme; en un mot, qu'il ne fallait point s'engager dans des recherches et des études qu'ils taxaient de vanité, et dans lesquelles, disaient-ils, il entrait toujours plus de curiosité et d'orgueil que d'amour pour la vérité. Les Gnosimaques ont été combattus par saint Jean Damascène.

GNOSTICISME, doctrine monstrueuse et confuse qui, émanée des sanctuaires de l'Orient, tenta, dès le commencement du deuxième siècle, de s'infiltrer dans le christianisme, en associant aux dogmes de la religion de Jésus, les mystères de la magie chaldéenne, de la cabale judaïque, de la théurgie égyptienne et de l'éclectisme alexandrin. Les plus fameux propagateurs de cette doctrine furent : Marcion, hérétique de Syrie; Cerdon, sorti de l'Asie mineure; Saturnin, d'Antioche; Bardesane, d'Edesse; Tatien, de Mésopotamie; Basilide, Valentin, Carpocrate, tous trois d'Alexandrie. Chacun d'eux apporta au fonds commun ses propres rêveries, qui le modifièrent, comme on peut le voir à chacun des articles qui leur sont consacrés.

Les Gnostiques regardaient comme insuffisante et inexacte la révélation contenue dans les livres saints, et prétendaient avoir seuls la vraie science (γνῶσις) de la Divinité et de toutes les choses divines ; ils la devaient, soit à une intuition directe, soit à une tradition qui remontait sans interruption au berceau de l'humanité et qu'ils plaçaient au-dessus de toute autre révélation. Ils admettaient, pour expliquer le monde, trois choses nécessaires ; la matière, le Démiurge (auteur du monde actuel), et le Sauveur; ils plaçaient le Sauveur au-dessus du Démiurge et le chargeaient de réformer l'ouvrage de celui-ci. La plupart joignaient à ces dogmes celui de l'émanation, faisant émaner toutes choses du sein d'un Dieu suprême, être ineffable et irrévélé.

Saturnin disait qu'il y avait un seul Père, inconnu à tous, qui avait fait les anges, les archanges, les vertus et les puissances; mais que sept anges avaient créé le monde et l'homme même; que le Dieu des Juifs était un de ces anges, qui s'étaient révoltés contre le Père. Pour détruire ce Dieu des Juifs, le Christ, qui était inconnu et incorporel, avait paru sous la figure humaine, afin de perdre les méchants et de sauver les bons; car il prétendait que les anges avaient fait les hommes les uns bons et les autres méchants. Il condamnait le mariage et la génération, comme étant une invention de Satan, ange opposé aux auteurs du monde. Il attribuait les prophéties, les unes aux anges créateurs, les autres à Satan, d'autres enfin au Dieu des Juifs.

Basilide vint ensuite, et inventa de nouvelles fables, ou, suivant ce qu'il disait, révéla des mystères plus élevés et plus sublimes. Il soutenait que le Père, qui n'a point d'origine avait produit Νοῦς, l'Intelligence, qui avait donné naissance au Λόγος, ou Verbe; de celui-ci était venue la Prudence (Φρόνησις); qui avait produit la Sagesse (Σοφία) et la Puissance (Δύναμις); celles-ci avaient produit les vertus, les princes et les anges, qui avaient fait le premier ciel. Ces derniers en avaient à leur tour produit d'autres qui avaient fait un second ciel ; d'autres un troisième, puis un quatrième, et ainsi de suite, jusqu'au nombre de 365 cieux, d'où venait, selon Basilide, le nombre des jours de l'année. Le Dieu des Juifs n'était que le chef des anges du dernier ordre, qui, ayant voulu se soumettre toutes les nations, avait excité contre lui tous les autres princes. Alors le Père, ou souverain Dieu, avait envoyé *Nous*, son premier-né, pour délivrer le genre humain de la puissance des anges auteurs du monde. Ce *Nous* était le Christ, qui avait paru sur la terre en forme humaine, et avait été nommé JÉSUS. Car, étant une vertu incorporelle, il prenait telle figure qu'il voulait ; ainsi quand les Juifs le voulurent crucifier, il prit la forme de Simon le Cyrénéen, qui avait porté sa croix, et donna sa forme à Simon ; en sorte que les Juifs crucifièrent celui-ci pour Jésus, qui les regardait faire, et se moquait d'eux ; puis il se rendit invisible et remonta à son Père qui l'avait envoyé.

De là les Gnostiques concluaient qu'il ne fallait point adorer, ni confesser le crucifié ; autrement l'on était encore sujet aux puissances, qui avaient fait le corps. Ainsi ils évitaient le martyre, mangeaient des viandes offertes aux idoles, et dissimulaient leur croyance suivant l'occasion, en conséquence de cette maxime : Connais les autres, mais que personne ne te connaisse. Basilide faisait observer à ses disciples cinq ans de silence, comme Pythagore, et recommandait de tenir ses mystères fort secrets, traitant tous les autres hommes de porcs et de chiens, à qui, suivant l'Evangile, il ne fallait pas exposer les choses saintes. Il avançait que l'âme était punie en cette vie des péchés qu'elle avait commis auparavant ; il enseignait la métempsycose et niait la résurrection de la chair, parce que le salut n'avait pas été promis au corps. Il enseignait aussi qu'en chaque homme, il y avait autour de l'âme raisonnable plusieurs esprits qui excitaient les différentes passions ; que loin de les combattre, il fallait leur obéir, en s'abandonnant à des impuretés de toute sorte. Il divisait le corps humain en 365 membres, afin d'en attribuer un à l'influence de chacune des vertus célestes, et faisait faire des images chargées de ces noms, et principalement du mot Ἀβρασάξ, dont les caractères, pris numériquement, forment le nom mystique 365. *Voy.* ABRASAX.

Carpocrate, à son tour, enseigna que Jésus-Christ était fils de Joseph, né comme les autres hommes et distingué seulement par sa vertu ; que les anges avaient fait le monde ; et que, pour arriver à Dieu, qui est au-dessus d'eux, il fallait avoir accompli toutes les œuvres du monde et de concupiscence, à laquelle par conséquent on devait obéir en tout, disant qu'elle était cet adversaire à qui l'Evangile ordonne de céder, tandis que l'on est avec lui dans la voie. L'âme qui résistait à sa concupiscence en était punie, en passant après la mort dans un autre corps, et ensuite dans un autre, jusqu'à ce qu'elle eût tout accompli. Ainsi le plus sûr était de s'acquitter de cette dette au plus tôt, en accomplissant dans ce corps où l'on se trouve, toutes les œuvres de la chair ; car ils soutenaient qu'il n'y avait point d'action bonne ou mauvaise en soi, mais seulement par l'opinion des hommes. De ce principe il s'ensuivait que toutes les impudicités étaient non-seulement permises, mais commandées. Aussi n'y en avait-il point que les Gnostiques ne pratiquassent.

Ils détestaient le jeûne, disant qu'il venait de l'auteur du monde ; ils se nourrissaient de chair, de vin et de viandes délicieuses ; se baignaient et se parfumaient le corps jour et nuit. Souvent ils faisaient leur prière entièrement nus, pour exprimer la liberté qu'ils avaient recouvrée. Les femmes étaient communes entre eux, et quand ils recevaient un étranger dans leur secte, ils commençaient à lui faire faire aussi bonne chère que le permettaient leurs moyens ; puis le chef de la maison offrait lui-même sa femme à son hôte, et cette infamie se couvrait du beau nom de charité. Ils nommaient aussi leurs assemblées *Agapes*, et l'on dit qu'après les excès de bouche auxquels ils se livraient alors, ils éteignaient la lumière, et donnaient indifféremment carrière à tous leurs désirs. Toutefois ils s'efforçaient d'empêcher la génération ; on les accusait même de faire avorter les femmes, et de commettre plusieurs autres abominations sacriléges, rapportées par saint Epiphane.

Valentin réduisit la totalité des êtres à trois choses : le pléroma, l'âme du monde, et le monde corporel et visible : c'étaient les trois mondes des platoniciens. Le *pléroma* était la plénitude de la Divinité, la source, le type, l'idée des êtres, le lien des *Eons*. C'était le monde intelligible de Platon, le *plerum*, l'*amon* ou le *piromis* des Égyptiens. Dans le pléroma il y avait trois émanations, trois hiérarchies d'Eons, engendrés les uns des autres, et descendant d'une source inconnue, l'abîme, le *Bythos*. Ces triades sont encore empruntées aux doctrines égyptiennes. Les Eons semblent n'être que les manifestations variées d'un Dieu unique et universel, les diverses faces d'un vaste et subtil panthéisme; car les valentiniens ne niaient point l'unité du principe divin, et, parmi les Eons, se trouvent pêle-mêle, comme êtres ou comme idées distinctes, le Verbe, le Christ, Jésus, les anges, les hommes, l'Eglise.

Aux confins de ce monde intelligible, et par des séries décroissantes, étaient relégués deux ordres de choses accessibles aux sens, l'âme vivante du monde, et l'univers visible. Un chaos avait été fécondé par une émanation échappée irrégulièrement du pléroma, la *Sophia*, la mère des êtres, *Akhamoth*, qui joue un grand rôle dans la théosophie de Valentin. C'est de l'ignorance, de l'impuissance, des larmes et du sourire de *Sophia* que naquit ce monde de matière, de folies et de passions, d'espérance et de déceptions, que le Christ est venu achever et réformer. On connaît la grande illusion, la *Maya* des Indiens; on sait que pour eux ce monde est un rêve de Dieu qui dort éternellement, une scène changeante et, comme dit un brahmane, l'une des 70,000 comédies qui amusent les loisirs de Brahmâ.

Pour expliquer la régénération du monde, il fallait bien recourir au christianisme, puisqu'on se disait chrétiens; mais les Gnostiques, disciples de Valentin, imaginèrent un sauveur formé du mélange de toutes les émanations divines, ni dieu, ni homme; un être de raison, un être impossible; tenant le milieu entre le fini et l'infini; impassible, immortel, et qu'il ne fallait confondre ni avec le Verbe, ni avec le Sauveur, ni même avec le Christ.

Il fallait cependant, pour ne pas révolter les croyants les moins scrupuleux, colorer les impiétés valentiniennes d'une apparence de culte extérieur. Aussi Marc, le hardi prédicant des Gaules, emprunta à l'Eglise ses cérémonies les plus saintes, travestit son culte, son sacerdoce, son sacrifice, ses rites sacramentels. Ils eurent donc un simulacre de baptême qui rappelait les initiations des mystères païens; on déployait la pompe d'une fête nuptiale; on prononçait, comme aux mystères d'Eleusis, des paroles emphatiques hérissées de consonnances barbares; on faisait, comme les catholiques, quelques onctions, et on s'arrogeait une perfection inamissible, illimitée, supérieure à celle des anges.

Les doctrines du Gnosticisme furent combattues à la fois par les Pères de l'Eglise, notamment par saint Clément, Origène, saint Irénée, Théodoret, saint Epiphane, Tertullien, saint Augustin; et par les philosophes, spécialement par Plotin.

GNOSTIQUES. Ce mot, qui pourrait se rendre par *savants* ou *illuminés*, fut donné d'abord aux chrétiens, qui l'acceptèrent, parce qu'ils possédaient la véritable *gnôse* (γνῶσις, *connaissance, intuition*), ou du moins ils appliquaient cette glorieuse qualification à ceux d'entre eux qui étaient les plus parfaits et les plus avancés dans la science divine; nous trouvons, en effet, dans les Stromates de saint Clément d'Alexandrie le portrait du vrai gnostique, c'est-à-dire du philosophe chrétien; mais ils l'abandonnèrent, lorsque ce nom commença à être usurpé et profané par les théosophes, les cabalistes et les hérétiques du second siècle : c'est ce qui explique comment les chrétiens furent plusieurs fois accusés des erreurs monstrueuses et des infamies des Gnostiques.

GOBAR-DHAN PADIWA, c'est-à-dire le premier jour de Gobar-dhan. Les Hindous appellent ainsi le premier jour de la grande fête de Déwali, qu'ils célèbrent dans le mois de kartic, correspondant à novembre; parce qu'ils offrent alors à la déesse Lakchmi, sous le nom de *Gobar-dhan*, des mets cuits qu'ils distribuent ensuite aux pauvres, en accompagnant cet acte d'aumônes et d'autres bonnes œuvres. *Voyez* DÉWALI.

GOBELINS, espèce de démons domestiques qui se retirent dans les endroits les plus cachés de la maison, sous des tas de bois; on les nourrit des mets les plus délicats, parce qu'ils apportent à leurs maîtres du blé volé dans les greniers d'autrui. Ce nom peut venir des *Cobales*, génies malins de la suite de Bacchus, ou des *Coboli*, *Colfi*, *Coboldi* de la mythologie slave.

GODAMA, nom sous lequel le bouddha Chakya Mouni, surnommé *Gautama*, est connu et adoré par les Barmans. Les livres barmans le représentent comme un roi qui, après avoir déposé le pouvoir, se retira dans un lieu solitaire, où, revêtu de l'habit de talapoin, il se livra avec ardeur à l'étude de la religion. Avant sa dernière apparition sur la terre, il avait déjà éprouvé, pendant la durée de 400 millions de mondes, cinq cents transmigrations successives dans les états heureux, en passant de l'état de petit oiseau à celui d'éléphant et de bienheureux. A 35 ans, il obtint la sagesse, qui consistait, 1° à connaître les pensées des hommes; 2° à voir toutes les choses futures; 3° à savoir les mérites et les démérites de chacun; 4° à pouvoir opérer différents miracles, entre autres celui de faire sortir en même temps du feu et de l'eau des yeux et des oreilles, et de faire sortir du feu d'un œil, tandis que l'autre répandrait de l'eau; 5° enfin, cette sagesse consistait dans un amour ardent pour l'humanité. Entre autres miracles opérés par Godama, on cite le suivant : c'est qu'à peine venu au monde, il fit sept pas vers le septentrion en prononçant ces paroles : « Je suis noble et grand parmi tous les hommes; c'est la dernière fois que je suis enfanté; il n'y aura plus pour moi d'autre conception. » Dans sa stature même et dans les autres parties de son corps, il y avait du prodige : il avait neuf coudées de hauteur; ses oreilles touchaient aux épaules; quand il faisait sortir sa langue de sa bouche, elle lui atteignait au nez, et quand il se tenait debout, ses mains touchaient à ses genoux; lorsqu'il marchait, ses pieds ne foulaient pas le sol, et en étaient élevés d'une coudée. Ses vêtements étaient éloignés de sa chair de la distance d'une palme, et quelque chose qu'il prît, elle restait toujours à la même distance de ses mains. Dans les 45 ans qu'il vécut comme dieu, il prêcha sa loi à tous les mortels; le nombre prodigieux de discours et d'enseignements qu'il publia lui obtinrent le *nirvana* (la béatitude finale). Il mourut à l'âge de 80 ans, d'une dyssenterie occasionnée par la chair de porc dont il avait mangé avec excès.

Voici la traduction d'un petit traité composé en barman par un talapoin chef d'ordre, en 1763; il fera connaître comment les Barmans entendent le bouddhisme.

« Les dieux qui ont paru dans le monde et qui ont acquis la béatitude finale sont au nombre de quatre, savoir : Chauchasan, Gonagou, Gaspa et Godama; ce dernier est celui dont la loi est observée actuellement. Il acquit la divinité à l'âge de 35 ans; après avoir prêché sa loi pendant le cours de 45 années et avoir sauvé tous les vivants, il obtint la béatitude finale à l'âge de 80 ans, qu'il mourut; et depuis cette époque jusqu'à ce moment (1763), il s'est écoulé 2306 ans. Voici les paroles que prononça Godama, et ce qu'il enseigna : « Moi, dieu, après être sorti de ce monde, j'y conserverai encore ma loi et mes disciples pendant 5000 ans.

« Puis il ordonna et recommanda d'adorer, pendant cet espace de temps, sa statue et les restes de son corps; de là vient la coutume de les adorer. Outre le nirvana qu'obtint Godama, on doit ajouter qu'il ne fut plus sujet aux quatre grandes misères suivantes : la conception, la maladie, la vieillesse et la mort, puisque tout le bonheur du nirvana consiste à en être exempt. Mais rien ne peut nous donner l'idée d'une chose comme l'acquisition de cette chose même. Qu'un homme, par exemple, surpris par une maladie grave, parvienne à être guéri au moyen de remèdes excellents, nous disons alors que cet homme a recouvré la santé; que si quelqu'un voulait savoir comment la chose a eu lieu, on lui répondrait que guérir ne veut dire autre chose que d'être exempt de l'infirmité et avoir regagné la santé. On doit parler de la même manière de l'acquisition du nirvana.

« Voici ce qu'enseigne Godama :

« *Demande.* — Godama est-il le seul véritable dieu dans ce monde?

« *Réponse.* — Oui; Godama est le seul véritable et pur dieu; lui seul connaît la loi des quatre *sezza*, et peut donner le nirvana. De même qu'à la fin d'un règne, de nombreux aspirants au trône se présentent et ambitionnent les insignes royaux, de même aussi, quand arriva le terme fixé à la loi du prédécesseur de Godama, c'est-à-dire de Gaspa, et bien que, depuis mille ans, on eût annoncé qu'un autre dieu devait apparaître, six personnes, chacune ayant une suite de 500 disciples, se crurent des dieux et se présentèrent comme tels.

« *Demande.* — Ces six faux dieux prêchèrent-ils et enseignèrent-ils quelque loi?

« *Réponse.* — Oui, ils en prêchèrent; mais ce qu'ils enseignèrent était faux et erroné : l'un enseigna que la cause réelle de tous les biens et de tous les maux qui arrivent au monde, pauvreté, richesse, noblesse, vertu, etc., était un certain *Nat* des bois, qui, pour cette raison, devait être adoré de tous. Un autre enseigna qu'après la mort les hommes ne passaient pas dans l'état des animaux, et que les animaux ne devenaient point hommes, mais que seulement les hommes renaissaient hommes, et que les animaux redevenaient animaux. Un autre nia l'existence du nirvana, et prétendit que tous les êtres vivants prennent leur origine du sein de leur mère, comme ils doivent trouver leur fin dans la mort, et que c'est dans la mort que consiste le nirvana. Un autre soutint que les êtres vivants n'ont point eu de commencement et ne doivent point avoir de fin avec l'acquisition du nirvana, et nia le sort des bonnes et des mauvaises œuvres, et il assura que tout arrive sur la terre par l'influence d'un destin aveugle. Un autre enseigna que le nirvana ne consiste que dans la durée de la vie de quelques Nats ou Brahmas supérieurs, qui vivent pendant toute la durée d'un monde; il affirma que c'était une bonne action de vénérer ses parents, de souffrir la faim, la soif, la chaleur du feu et du soleil, et que tuer les animaux n'était point une action illicite; que ceux qui auraient suivi ces enseignements recevraient une récompense dans l'autre vie, ou un châtiment, s'ils avaient agi autrement. Un autre enfin enseigna qu'il existait un être supérieur, créateur du monde et de toutes choses, et qu'il n'y a que cet être seul qui soit digne d'adoration. Tout ce qu'enseignent les six faux dieux s'appelle la loi des six Déittis.

« *Demande.* — Quand le vrai dieu Godama parut, ces faux dieux renoncèrent-ils à leurs doctrines?

« *Réponse.* — Quelques-uns y renoncèrent; les autres s'obstinèrent à vouloir les enseigner. Alors Godama porta à ces Déittis un défi, savoir, lequel ferait le plus grand prodige sous un manguier; et Godama demeura vainqueur, alors le chef des Déittis, de honte et de dépit, se précipita dans le fleuve, après s'être attaché au cou un grand pot. Ce chef une fois mort, les uns abandonnèrent leur fausse doctrine, les autres y persévérèrent. Il est facile d'extraire une épine de la main ou du pied avec les ongles et avec une pince à épiler, mais il est fort difficile d'enlever la fausse doctrine des esprits des Déittis.

« *Demande.* — Mais ne peut-on l'en arracher par aucun moyen?

« *Réponse.* — Oui, on le peut avec la doctrine du dieu Godama et avec les enseignements des hommes de bien ; ces enseignements et cette doctrine seraient pour cela efficaces comme la pince à épiler.

« *Demande.* — Quels sont cette doctrine et ces enseignements?

« *Réponse.* — 1° Ceux qui tuent les animaux ou commettent les actions contraires aux dix commandements, sont sujets au sort des mauvaises actions ; tandis que ceux qui font l'aumône, qui exercent les dix bonnes œuvres, adorent Bouddha, la loi et les Talapoins, doivent jouir du sort réservé aux bonnes actions. — 2° Il n'y a que ces deux sorts, de bonnes œuvres ou de mauvaises actions, qui accompagnent les vivants dans les transmigrations des mondes futurs, comme l'ombre accompagne le corps. Ces deux sorts sont les causes essentielles de tous les biens et de tous les maux qui arrivent aux hommes, et c'est par eux que les uns naissent vils, aveugles, etc., les autres, nobles, riches, etc.; c'est encore par eux qu'après leur mort les hommes passent dans l'état des animaux, des Nats et des êtres infernaux. Ces doctrines ont été révélées par le dieu Godama, qui a fait connaître la véritable pince capable d'arracher de l'esprit des Déittis leurs fausses opinions.

« *Demande.* — Quelle est la doctrine que la loi de Godama impose à tous les hommes?

« *Réponse.* — Sa doctrine consiste spécialement dans l'observance des cinq commandements et dans l'abstinence des dix mauvaises œuvres.

« Voici les cinq commandements : 1° de ne tuer quelque animal que ce soit; 2° de ne point voler; 3° de ne point violer la femme et la fille d'autrui; 4° de ne point mentir, ni tromper; 5° de s'abstenir de l'usage du vin, de toute liqueur qui peut enivrer, et de l'opium. Quiconque observe ces cinq commandements dans toutes les futures transmigrations successives, naîtra homme noble, ou nat noble, et ne sera point sujet à la pauvreté et à toutes les autres misères de la vie.

« Les dix mauvaises actions se divisent en trois classes : Dans la première sont contenues les actions contraires aux trois premiers commandements, c'est-à-dire le meurtre de quelque animal que ce soit, le vol et l'adultère. Dans la seconde, la première mauvaise action est de mentir; la deuxième, de semer la discorde; la troisième, de parler avec aigreur ou avec colère; la quatrième, de dire des paroles oiseuses ou inutiles. Dans la troisième et dernière classe, la première action mauvaise est de désirer le bien d'autrui, la deuxième est le désir ou l'envie du malheur ou de la mort du prochain ; la troisième, de suivre la doctrine des Déittis. On dit de celui qui s'abstient de ces dix actions mauvaises, qu'il observe le *sila*, et quiconque l'observe deviendra, après sa mort, un homme excellent, ou un nat, comblé de richesses, d'honneurs; qu'il aura une longue vie dans ses transmigrations successives, avançant de plus en plus dans la pratique des bonnes œuvres, qu'enfin il deviendra digne de trouver un bouddha, d'écouter sa doctrine, et d'obtenir par là le nirvana, dans lequel il sera délivré des quatre misères.

« *Demande.* — Outre ces bonnes œuvres, en est-il encore d'autres?

« *Réponse.* — Oui; elles sont au nombre de deux : la bonne œuvre de *Dana* et celle de *Bavana*. La première consiste à faire l'aumône aux Talapoins; la seconde, de prononcer en les méditant ces trois paroles : *aneizza, dokcha, anatta*. La première veut dire qu'on doit se mettre dans l'esprit qu'on est sujet aux inconvénients de la vie; la seconde, qu'on est sujet aux misères de cette même vie, et la troisième, qu'on a le pouvoir de se délivrer de ces inconvénients et de ces misères. Quiconque meurt sans avoir exercé quelques-unes de ces bonnes actions, passera infailliblement dans un des états infernaux des Niria, Preitta, Asourikè, ou dans celui des animaux. Celui qui meurt sans avoir le mérite d'une de ces bonnes œuvres peut se comparer à celui qui se met en voyage à travers des déserts et des lieux inhabités, sans les provisions nécessaires, ou bien à celui qui pénètre sans armes dans un lieu rempli de voleurs et de bêtes féroces, ou bien à celui qui, avec une petite barque détraquée, ose passer un large fleuve rempli de tourbillons et bouleversé par une tempête. Un homme, quel qu'il soit, talapoin ou séculier, qui se livre aux cinq actions charnelles, c'est-à-dire à celles qui se commettent par les cinq sens du corps, et qui n'observe point les cinq commandements, ou ne s'abstient point des dix mauvaises actions, cet homme est comme un papillon qui, attiré par la lumière, vole alentour jusqu'à ce qu'il s'y brûle; ou comme celui qui, voyant du miel sur le tranchant d'une épée, se coupe la langue en le léchant et meurt; ou comme un oiseau qui avale le grain sans voir le filet qui est caché ; ou comme un cerf qui, courant animé après sa biche, ne fait point attention aux armes et aux embûches des chasseurs. C'est ainsi que cet homme, ne considérant point les périls futurs, et s'adonnant aux cinq œuvres charnelles, ira aux demeures malheureuses. — Telles sont les comparaisons dont se sert le dieu Godama. »

GODAN, ou WODAN, un des dieux des anciens Germains; on le prend communément pour Mercure ; nous croyons qu'il est le même qu'Odin. *Voy.* ODIN, WODAN. Il est même possible que ce soit simplement le mot *God* ou *Gott*, qui signifie *Dieu* en général.

GODANA, c'est-à-dire *don de vaches*; une des aumônes regardées comme les plus méritoires par les Hindous. Ce don se fait aux brahmanes en certaines circonstances, surtout lorsqu'on les a convoqués pour présider à des cérémonies religieuses ou de famille, comme à des mariages, à des funérailles, etc. Le *Godana* fait partie des *dasa-dana* ou dix sortes de dons qu'on doit faire en ces circonstances aux membres de cette caste distinguée. C'est aussi un acte très-méritoire de faire ce présent avant sa mort; et comme la volonté du moribond doit être manifestée par des témoignages certains et publics, celui-ci doit toucher l'animal qu'il offre, et à cet effet on lui en met la queue entre les mains. On voit dans les pagodes de nombreux tableaux où cette belle action est consignée, pour l'édification des fidèles, et afin qu'ils se piquent à leur tour de générosité.

GO-DSU-TEN-O, divinité japonaise. *Voy.* GHIO-DZOU-TEN-O, *et* GHI-WON.

GOERREL-SAKIKTCHI. Ce personnage divin est, suivant le système religieux des Mongols, le troisième bouddha qui parut sur la terre dans la période actuelle du monde, lorsque la durée de vie humaine n'était plus que de 20,000 ans. Il avait succédé à Altan Tchidiktchi, et est maintenant remplacé par Dchagdchamouni, le bouddha actuel.

GOÉTIE (du grec γοητεία, magie, enchantement); art d'évoquer les esprits malfaisants. Nuit obscure, cavernes souterraines à la proximité des tombeaux, ossements de morts, sacrifices de victimes noires, herbes magiques, lamentations, gémissements, immolation de jeunes enfants, dans les entrailles desquels on cherchait l'avenir; tels étaient les accessoires de cet art ridicule et funeste, dont l'unique objet était de séduire le peuple, d'exciter les passions déréglées, et de porter au crime.

GOETO-SYRUS, *le bon astre;* divinité des Scythes. On conjecture avec beaucoup de vraisemblance que c'était le soleil. En effet, *Goeto* pourrait être la même chose que *God*, *Gott*, *Khoda*, dieu; et *Syrus* n'est autre chose que *Sourya*, le soleil.

GO-FIAK KAI, c'est-à-dire *les cinq cents préceptes*. Les Japonais de la secte de Bouts-do, outre les cinq commandements principaux de la loi de Bouddha, qu'ils appellent *Go kai*, ont cinq cents conseils ou avis, appelés *Go-fiak kai*, dans lesquels sont déterminés avec la dernière exactitude toutes les actions à mettre en pratique ou à éviter. La multitude de ces préceptes secondaires est cause qu'il n'y a que fort peu d'individus qui se mettent en peine de les observer religieusement; d'autant plus que la plupart aboutissent à une telle mortification du corps, et imposent des pratiques si minutieuses et si gênantes, qu'ils accordent à peine ce qui est nécessaire pour ne pas mourir de faim. Il n'y a que l'ambition d'acquérir une grande réputation de vertu et de sainteté en ce monde, et le désir d'être élevé dans l'autre vie à un poste éminent, qui puisse pousser un Japonais à subir continuellement une discipline aussi exacte que celle qui est prescrite par le Go-fiak kai. Il y a même fort peu de religieux qui s'y résignent; la plupart de ceux-ci mêmes seraient très-fâchés de se priver des moindres satisfactions de la vie présente.

GO-GOUATS GO-NITSI-NO SIOBOU, une des cinq fêtes annuelles des Japonais; son nom signifie *fête du 5ᵉ jour du 5ᵉ mois*, c'est en effet l'époque où elle arrive; cette date correspond au 4 juin. On lui donne encore le nom de *Tan-go-no sekou* ou fête du premier jour du mois du cheval. Elle est à proprement parler la fête des garçons. Depuis le premier jour jusqu'au sixième, on attache à de longs bambous des pavillons de soie, de toile de chanvre ou de papier, décorés des armoiries d'un prince, d'un grand officier, ou de quelque guerrier célèbre; parmi le bas peuple, on y peint des armes ou quelque autre figure. A Miyako, à Yédo et dans les villes capitales des provinces, ces bambous sont élevés sur les bastions, sur les boulevards, sur chaque porte du château, et devant le palais des princes. A Nangasaki et dans toutes les autres villes, les bourgs et les villages, on les dresse devant les maisons où il y a des enfants mâles. On place aussi à l'entrée de la maison, des cuirasses, des casques, des arcs et des flèches, des fusils, des piques et d'autres armes faites de bois ou de bambou, recouvertes de papier et vernissées; dans la rue, dans le vestibule ou dans l'appartement de devant, on place des figures d'hommes fameux par leur courage, ou de cavaliers armés de toutes pièces. On donne aux garçons, pour jouets, des sabres, des épées, des piques, des arcs, des flèches et d'autres armes de bois ou en bambou, pour les animer, dès leur bas âge, à la bravoure et au service militaire, et embraser leur jeune cœur par le souvenir des grands exploits de leurs ancêtres.

GO-KAI, c'est-à-dire *les cinq préceptes*. Les Japonais bouddhistes appellent ainsi les cinq principaux commandements de Bouddha, ceux desquels découlent tous les autres; ils consistent, 1° à ne rien tuer de ce qui a vie; 2° à ne point dérober; 3° à ne point commettre d'impureté; 4° à ne point mentir; 5° à ne point boire de liqueurs fortes.

GO-KOU-RAKF, paradis des Japonais de la secte de Bouts-do; c'est le séjour des plaisirs éternels. Les plaisirs qu'on y goûte ont divers degrés. La gloire et la félicité des bouddhas sont plus parfaites que celles des âmes qui ne sont pas encore parvenues à ce haut degré de sainteté; et celles-ci sont récompensées chacune suivant son mérite respectif. Cependant cette heureuse demeure est tellement remplie de félicité, qu'aucun de ses habitants ne porte envie à la gloire et au bonheur des autres. Amida est le chef suprême de ce séjour céleste; c'est par lui que les hommes peuvent obtenir la rémission de leurs péchés, c'est de lui qu'ils attendent leur bonheur à venir, c'est lui qui les introduit après leur mort dans le Go-kou-rakf, et qui détermine la quotité de bonheur dont ils sont appelés à jouir.

GOKERNESWARA, une des divinités du Népal; c'est un des huit Vitaragas. Un hymne népali, que nous avons sous les yeux, dit que c'est le fils ou plutôt une émanation de Khagandja, et qu'il a pris la forme du lotus, sur les bords de la rivière Vagmati pour conserver Gokerna, engagé dans les pratiques d'une pénitence austère. Klaproth ajoute que Gokerneswara est un linga érigé par le prince Gokerna.

GOLI-KORO, déesse adorée dans l'archipel Viti; elle habite dans le ciel; elle a sur la terre des prêtresses qui lui sont consacrées.

GOM, ou DJOM; l'Hercule des Egyptiens. *Voy.* DJOM.

GOMARISTES, appelés aussi *Rigides calvinistes* ou *Contre-remontrants*, disciples de François Gomar, théologien protestant et professeur à Leyde. Arminius, autre professeur à la même université, donnait à l'homme tout le mérite des bonnes œuvres, contrairement à la doctrine de Luther et de Calvin, qui avaient enseigné que Dieu prédestinait également les élus à la gloire et les réprouvés à la damnation éternelle, et qu'en conséquence l'homme était sans liberté pour faire le bien et le mal. Gomar prit la défense de Calvin, et s'éleva avec force contre un sentiment qui lui paraissait anéantir les droits de la grâce. Il parvint, par ses déclamations, à mettre dans ses intérêts les ministres, les prédicateurs et le peuple. Les gomaristes obtinrent qu'on assemblât à Dordrecht un synode, où l'on discuta les sentiments d'Arminius et la doctrine de Calvin; ce qui, loin de rapprocher les partis, les aigrit davantage. Le synode établit que le décret de damnation a eu pour motif la chute de l'homme et le péché originel; que tous les hommes étant coupables du péché originel, ils naissent dignes de l'enfer; que Dieu, dans sa miséricorde, a résolu d'en tirer quelques-uns de la masse de perdition, tandis qu'il y laisse les autres. Le synode ne niait pas ouvertement la liberté, comme Luther et Calvin; il reconnaît dans l'homme des forces naturelles pour connaître et pratiquer le bien; mais il soutient que ses actions sont toujours vicieuses, parce qu'elles partent toujours d'un corps corrompu; il reconnaît que la grâce ne contraint pas la volonté de l'homme, mais qu'elle lui laisse l'usage de ses facultés volitives. Les gomaristes voulaient contraindre les arminiens de se soumettre aux décrets de ce prétendu concile : inconséquence risible dans des sectaires qui rejetaient l'autorité de l'Eglise, et qui ne connaissaient point de tribunal infaillible en matière de dogme. Aussi les arminiens ne manquèrent-ils pas de faire à leurs adversaires tous les reproches que les protestants ont faits au concile de Trente, qui les a condamnés. Ils dirent que ceux qui s'arrogeaient le droit de les juger étaient leurs accusateurs et leurs parties; qu'un synode devait être libre; que les accusés devaient y être admis à se défendre et à se justifier; que leurs prétendus juges se rendaient arbitres de la parole de Dieu, etc., etc. On n'eut aucun égard à leurs plaintes ni à leurs clameurs. Il est constant aujourd'hui que le synode de Dordrecht ne fut autre chose qu'une farce politique, jouée par Maurice de Nassau, prince d'Orange, pour se défaire de quelques républicains qui lui portaient ombrage. *Voy.* ARMINIENS.

GOMÉDHA, sacrifice de la vache, autrefois en honneur chez les Hindous, dans des circonstances solennelles; mais qui est maintenant totalement aboli; il serait même considéré comme un sacrilège. Il est aujourd'hui remplacé, comme celui de l'homme, de l'éléphant et du cheval, par l'immolation d'un bélier. *Voy.* EKYA. Toutefois il paraît que le Gomédha a été très-célèbre dans l'antiquité; nous trouvons le sacrifice du taureau indiqué dans la cosmogonie du Boundehesch, et figuré sur les monuments mythriaques. Il existait aussi chez les Pélasgues de l'Attique; mais dans ces pays, comme dans l'Inde, il finit par tomber en désuétude et fut envisagé avec horreur; c'est le contraire des nations sémitiques, où le sang des génisses continua de couler.

M. d'Ekstein observe que, d'après un ancien rite d'hospitalité, une vache était jadis immolée, en honneur de chaque hôte important qui venait s'abriter sous le toit hospitalier du père de famille indien. De là le nom de *Goghna*, tueur de vaches, que l'on donnait à l'hôte. Par ce rite, l'étranger était reçu dans la communion de la famille. Suivant le rituel du Samavéda, cette vache était consacrée à Yama, à la mort. Attachée par la corde du sacrifice, elle devait périr dans ce monde, pour que l'immolateur vécût par elle, déjà ici-bas, comme s'il existait au sein de l'autre monde. La vache, dégagée par son immolation des chaînes de la vie, était alors invoquée comme fille des Vasous, mère des Roudras, et sœur des Adityas. On voit qu'à ces époques lointaines, les Hindous, tout en respectant la vache, n'avaient point pour elle cette vénération presque idolâtrique qui leur fait considérer maintenant le meurtre d'une vache comme aussi criminel, aussi irrémissible, que l'assassinat d'un brahmane.

GONDULA, l'une des déesses qui, dans la mythologie celtique ou scandinave, présidaient aux combats, et conduisaient vers Odin les âmes des héros morts dans les batailles. On les représentait à cheval, coiffées d'un casque et armées d'un bouclier. *Voy.* GUNNUR.

GONES, ou GONNIS, classe de prêtres, dans l'île de Ceylan; ils sont vêtus d'une robe jaune plissée autour des reins avec une ceinture de fil; ils vont toujours tête nue et les cheveux rasés. Le peuple les respecte presque à l'égal des idoles; on se courbe devant eux quand on les rencontre, mais eux, ne saluent personne. Partout où ils vont, on étend sur un siège une natte ou un linge blanc par-dessus, pour qu'ils s'y asseyent, honneur qu'on ne fait qu'au roi. Il leur est défendu de travailler, de se marier et même de toucher une femme. Ils ne doivent manger qu'une fois par jour, à moins que ce ne soit du riz et de l'eau, des fruits et des légumes. Le vin leur est interdit; mais ils peuvent manger de la viande, pourvu qu'ils n'aient contribué en rien à la mort de l'animal, et qu'ils la trouvent tout apprêtée. Ils peuvent renoncer à leur ordre et se marier ensuite; mais pour cela ils doivent jeter leur vêtement distinctif dans la rivière et se laver la tête et le corps.

GONFALON, ou GONFANON, bannière d'église à trois ou quatre fanons, ou pièces pendantes et aboutissantes, non pas en carré, comme les bannières, mais en pointes à demi rondes. C'est la définition qu'en donne le Dictionnaire de Trévoux. — Il y avait, en Italie, une confrérie du Gonfalon, instituée, dit-on, par saint Bonaventure, qui lui donna le nom de *Recommandés de la Vierge*, et prescrivit aux confrères l'habit blanc, avec la croix rouge et blanche dans un cercle, sur l'épaule; ce qui les fit appeler *Pénitents blancs*. Ce vêtement est une robe de toile ou de serge, appelée sac; on le serre avec une ceinture. Un capuchon pointu couvre le visage du confrère; il y a seulement deux ouvertures pratiquées à l'endroit des yeux. Toutes les confréries portent sur leur sac un écusson, où l'on voit l'image du patron ou la livrée de la paroisse à laquelle elles appartiennent.

GONFALONIER, ou GONFANONIER, celui qui porte le gonfalon. Cette fonction paraît avoir été accordée autrefois comme un honneur à de hautes dignités ecclésiastiques ou civiles; car ceux qui se déclaraient protecteurs des églises portaient le titre de *Gonfaloniers*.

GONGIS, la dernière des quatre sectes principales des Banians. Elle comprend les faquirs, c'est-à-dire les moines banians, les ermites, les missionnaires, et tous ceux qui se livrent à la dévotion par état. Ils font profession de reconnaître un Dieu créateur et conservateur de toutes choses, auquel ils donnent divers noms, et qu'ils représentent sous différentes formes; ils passent pour de saints personnages, et n'exercent aucun métier; ils ne s'attachent qu'à mériter la vénération du peuple. Une partie de leur sainteté consiste à ne rien manger qui ne soit cuit ou apprêté avec de la bouse de vache, qu'ils regardent comme ce qu'il y a de plus sacré. Ils ne peuvent rien posséder en propre. Les plus austères ne se marient point, et ne toucheraient pas même à une femme. Ils méprisent les biens et les plaisirs de la vie; le travail n'a point d'attrait pour eux; ils passent leur vie à courir les chemins et les bois, où la plupart vivent d'herbes vertes et de fruits sauvages. D'autres se logent dans des masures ou dans des grottes, et choisissent toujours les plus sales. D'autres vont nus, et ne font pas difficulté de se montrer en cet état au milieu des villes et des grands chemins. Ils ne se font jamais raser la tête, encore moins la barbe, qu'ils ne lavent et ne peignent jamais, non plus que leur chevelure; aussi paraissent-ils couverts de poils, comme autant de sauvages. Quelquefois ils s'assemblent par troupes sous un chef, auquel ils rendent toutes sortes de respects et de soumissions. Quoiqu'ils fassent profession de ne rien demander, ils s'arrêtent près des lieux habités qu'ils rencontrent, et l'opinion qu'on a de leur sainteté, porte toutes les autres sectes banianes à leur offrir des vivres. Enfin, d'autres, se livrant à la mortification, exercent en effet d'incroyables austérités. Il se trouve aussi des femmes qui embrassent un état si dur. — Les pauvres mettent souvent leurs enfants entre les mains des Gongis, afin qu'étant exercés à la patience, ils soient capables de suivre une profession si sainte et si honorée, en cas qu'ils ne puissent subsister par d'autres voies.

Cet article, emprunté au Dictionnaire de Noël, nous paraît tiré d'un observateur peu exact. Les Banians ne font point une secte dans l'Inde; on appelle ainsi la corporation des marchands. Nous l'avons reproduit cependant, parce que plusieurs écrivains anciens nous ont parlé des Banians comme ayant une doctrine particulière. Les religieux, cités ici sous le nom de Gongis, ne sont probablement pas autres que les contemplatifs hindous appelés *Djoguis* ou *Yoguis*.

GONIADES, nymphes qui habitaient les bords de la rivière Cythérus. L'opinion commune était que les eaux des nymphes Goniades rendaient la santé aux malades qui en buvaient.

GONIGLIS, dieu des pasteurs chez les anciens Lithuaniens.

GONYCLISIE, de γονυκλισία, (action de fléchir les genoux); prière liturgique qui était dite par les chrétiens grecs, le soir du dimanche de la Pentecôte, ou le lendemain au matin; elle est citée dans saint Epiphane et dans le Typicon.

GOO, papier magique, couvert de caractères et de représentations de corbeaux ou d'autres oiseaux noirs, employé par les religieux japonais, appelés *Yama-botsi*, pour éloigner les esprits malfaisants, ou découvrir les crimes cachés. Dans le premier cas, on le colle aux portes des maisons. Il est fait indifféremment par tous les yama-botsi, mais le plus efficace vient de Koumano, d'où il est appelé *Koumano-goo*. Lorsqu'un individu est accusé d'un crime, et qu'il n'y a pas de preuves suffisantes pour le condamner, on le force à boire une certaine quantité d'eau, dans laquelle on a mis tremper un morceau de koumano-goo; si l'accusé est innocent, cette boisson ne produit sur lui aucun effet; mais s'il est coupable, on assure qu'elle lui cause de cruelles douleurs jusqu'à ce qu'il ait fait l'aveu de son crime.

GOPI, ce mot sanscrit, qui signifie littéralement *vachères*, mais qui peut se rendre plus élégamment par *laitières*, sont les noms des paysannes ou nymphes du pays de Vradja ou Braj, au milieu desquelles le dieu Vichnou, incarné en Krichna, a passé sa jeunesse. Il en épousa seize mille huit, dont huit avaient le titre de reines, les autres étaient ses concubines; la principale d'entre elles avait nom Roukmini. Il formait avec elles des danses dont le souvenir s'est perpétué par des fêtes publiques. En qualité de dieu du jour et de la lumière, Krichna est représenté quelquefois entouré de douze Gopis, avec lesquelles il danse en rond; c'est l'allégorie du soleil et des douze mois.

GOPINATHA, c'est-à-dire *seigneur des Gopis*, surnom de Krichna. On lui rend hommage, en cette qualité, par des danses appelées *rdsas*, accompagnées de chants, en mémoire des danses que ce dieu incarné exécutait dans sa jeunesse avec les nymphes du pays de Braj. Elles ont lieu, au commencement de l'automne, et sont faites par des jeunes gens habillés en bergers et en bergères.

GO REO YE, fête religieuse instituée par les Japonais, l'an 863 de notre ère. Elle eut lieu à l'occasion d'une maladie contagieuse qui affligea la contrée pendant plusieurs années, et qui fit périr beaucoup de monde. Ces désastres furent attribués à l'influence des âmes de certains personnages décédés depuis plusieurs années. On leur offrit donc des sacrifices pour les apaiser ; mais nous ne pensons pas que cette solennité fut renouvelée.

GORGONE, GORGONIE, ou GORGONIENNE, surnom de Minerve chez les Cyrénéens. On le donnait aussi à la lune, à cause de l'espèce de face qu'on y découvre, et que les anciens prenaient pour celle d'une Gorgone.

GORGONES (1). C'étaient trois sœurs, filles de Phorcus, dieu marin, et de Céto. Elles se nommaient Sthénée, Euryale et Méduse, et demeuraient, dit Hésiode, au delà de l'océan, à l'extrémité du monde, près du séjour de la Nuit. Elles n'avaient à elles trois qu'un œil et une dent dont elles se servaient l'une après l'autre, mais c'était une dent plus longue que les défenses des plus forts sangliers ; leurs mains étaient d'airain, et leurs cheveux hérissés de serpents : de leurs seuls regards elles tuaient les hommes, et, selon Pindare, elles les pétrifiaient. Après la défaite de Méduse, leur reine, elles allèrent habiter, dit Virgile, près des portes de l'Enfer, avec les Centaures, les Harpies et les autres monstres de la fable.

Diodore prétend que les Gorgones étaient des femmes guerrières, qui habitaient la Libye, près du lac Tritonide ; qu'elles furent souvent en guerre avec les Amazones, leurs voisines, qu'elles étaient gouvernées par Méduse, leur reine, du temps de Persée, et qu'elles furent entièrement détruites par Hercule.

Selon Athénée, c'étaient des animaux terribles qui tuaient de leur seul regard. « Il y a, dit-il, dans la Libye, un animal que les Nomades appellent Gorgone, qui ressemble à une brebis, et dont le souffle est si empoisonné, qu'il tue sur-le-champ tous ceux qui l'approchent. Une longue crinière lui tombe sur les yeux, et elle est si pesante que l'animal a bien de la peine à l'écarter pour voir les objets qui sont autour de lui ; mais quand il s'en est débarrassé, il tue tout ce qu'il voit. Quelques soldats de Marius en firent une triste expérience dans le temps de la guerre contre Jugurtha ; car, ayant rencontré une de ces Gorgones, et ayant voulu la tuer, elle les prévint, et les fit périr par ses regards. Enfin, quelques cavaliers nomades, ayant fait une enceinte, la tuèrent de loin à coups de flèches. »

Quelques auteurs prétendent que ces Gorgones étaient de belles filles qui faisaient sur les spectateurs des impressions si surprenantes, qu'on disait qu'elles les changeaient en rochers ; d'autres, au contraire, qu'elles étaient si laides, que leur vue pétrifiait pour ainsi dire ceux qui les regardaient. Pline en parle comme de femmes sauvages. « Près du Cap occidental, dit-il, sont les Gorgates, ancienne demeure des Gorgones. Hannon, général des Carthaginois, pénétra jusque-là, et y trouva des femmes qui, par la vitesse de leur course, égalent le vol des oiseaux. Entre plusieurs qu'il rencontra, il ne put en prendre que deux, dont le corps était si hérissé de crins, que, pour en conserver la mémoire, comme d'une chose prodigieuse et incroyable, on attacha leurs peaux dans le temple de Junon, où elles demeurèrent suspendues jusqu'à la ruine de Carthage. »

Paléphate rapporte que les Gorgones régnaient sur trois îles de l'océan, qu'elles n'avaient qu'un seul ministre qui passait d'une île à l'autre (c'était là l'œil qu'elles se prêtaient tour à tour), et que Persée, qui courait alors cette mer, surprit ce ministre au passage de ces îles, et voilà l'œil enlevé dans le temps que l'une d'elles le donne à sa sœur ; que Persée offrit de le rendre, si, pour sa rançon, on voulait lui livrer la Gorgone, c'est-à-dire une statue de Minerve, haute de quatre coudées, que ces filles avaient dans leur trésor ; mais que Méduse, n'ayant pas voulu y consentir, fut tuée par Persée.

Parmi les modernes qui ont expliqué cette fable, il y en a qui prennent les Gorgones pour des cavales de la Libye, enlevées par des Phéniciens, dont le chef avait nom Persée. Ce sont là, disent-ils, ces femmes toutes velues de Pline, qui devenaient fécondes sans la participation d'un mari ; ce qui convient aux juments, selon la croyance populaire dont Virgile fait mention dans ses Géorgiques, où il dit qu'elles conçoivent en se tournant du côté du zéphyr. Fourmont trouve, dans le nom oriental des trois Gorgones, celui de trois vaisseaux de charge qui faisaient commerce sur la côte d'Afrique, où l'on trafiquait de l'or, des dents d'éléphants, des cornes de divers animaux, des yeux d'hyènes, et d'autres pierres précieuses. L'échange qui se faisait de ces marchandises en différents ports de la Phénicie et des îles de la Grèce, est l'explication du mystère de la dent, de la corne et de l'œil que les Gorgones se prêtaient mutuellement. Ces vaisseaux pouvaient avoir quelques noms et quelques figures de monstres. Persée, qui courait les mers, s'empara de ces vaisseaux marchands, et en apporta les richesses dans la Grèce.

Court de Gébelin ne veut voir dans les Gorgones que la lune, partagée en trois quartiers (car il ne fait pas mention du quatrième où elle est invisible), qui, dès qu'elle paraît sur

(1) Article emprunté entièrement au *Dictionnaire* de Noël.

l'horizon, semble tuer les hommes, en les plongeant dans le sommeil.

GORI, un des noms de la déesse Dourga, épouse de Siva. *Voy.* DOURGA, GAORI.

GORINIA, divinité des anciens Slaves ; c'était le dieu des montagnes.

GOROTMAN, paradis des anciens Parses ; c'était la voûte céleste, l'empire de la lumière, le séjour des férouers et des bienheureux; on y arrivait par le pont Tchinevad, jeté sur le sommet du mont Albordj. Ormuzd régnait dans cette heureuse contrée.

GORTONIENS, petite secte des Etats-Unis, qui est une branche des anabaptistes ; elle avait pour chef Samuel Gorton, qui vint à Boston en 1636 ; c'était un cerveau exalté qui prêchait des doctrines analogues à celles des *familistes ;* il est difficile de saisir ce qu'elles avaient de spécial ; mais comme il s'était posé en adversaire du clergé protestant, il fut emprisonné, puis banni ; il se retira ensuite à Warwick, où il se fit quelques prosélytes.

GOSAINS, sorte de religieux hindous, appartenant à une secte de vaichnavas, qui ont pour fondateur un nommé Tchaitanya, né, il y a environ 400 ans, et qui passe pour être une incarnation moderne de Vichnou. Leur nom véritable est *Goswami*, mais on prononce vulgairement *Gosain*. Ils n'admettent pas la distinction des castes, et forment un corps nombreux et puissant. Ils demandent l'aumône en dansant au son de castagnettes formées de deux planchettes de bois sec, qu'ils frappent l'une contre l'autre. Dans leurs chansons appelées *dohas*, ils tournent habituellement en ridicule l'avarice reprochée aux vaisyas. Il arrive assez souvent aux Gosaïns de prendre du service dans les armées des princes qui consentent à les employer, et, dans cette carrière si opposée en apparence à leur institution primitive, ils se montrent constamment braves, entreprenants et dévoués. Alors ils élisent un chef qui porte le titre de *Mahanta*, et qui doit appartenir à leur secte. On les reconnaît principalement au *djatta*, longue tresse de cheveux qu'ils roulent en forme de turban autour de leur tête. En général, ils amassent de grandes richesses ; et lorsqu'ils abandonnent la vie militaire, ils se réunissent en communauté et nomment des *tchélas* ou supérieurs, qui, à leur tour, choisissent parmi eux un *gourou*, à qui est remise la direction suprême du monastère.

GO SEKF, ou GO SITS, nom général des *cinq fêtes* annuelles des Japonais : la première, appelée *So-gouats*, ou *Nanakousa*, est le premier jour de l'année ; la 2ᵉ, *San-gouats, San-nits* ou *Onago-no sekou*, arrive le 3ᵉ jour du 3ᵉ mois ; la 3ᵉ, *Go-gouats go-nits* ou *Tango-no sekou*, le 5ᵉ jour du 5ᵉ mois ; la 4ᵉ, *Sitsigouats fanouka* ou *Seï sekou, le* 7ᵉ jour du 7ᵉ mois ; et la 5ᵉ, *Kou-gouats kou-nits* ou *Tchokio-no sekou*, le 9ᵉ jour du 9ᵉ mois. Elles ont été fixées à ces époques doublement impaires, parce qu'en cette qualité elles passent pour malheureuses.

GOSSA PENNOU, dieu des forêts ou plutôt le dieu-forêt, chez les Khonds, peuple indien de la côte d'Orissa. Dans le territoire de chaque village il y a un lieu qui lui est consacré. On y entretient un bosquet assez considérable d'arbres propres à la charpente, pour réparer les dommages qui pourraient résulter soit d'un incendie, soit d'une incursion des ennemis. Cet enclos est dédié à Gossa-Pennou, et regardé comme sacré. Un prêtre le consacre en traçant tout autour une ligne avec un bambou fendu à l'une de ses extrémités, et à l'autre bout duquel est attachée une volaille destinée à servir d'offrande au dieu. L'oiseau est en effet sacrifié au centre du bosquet, et l'on offre en même temps du riz et des œufs clairs. On invoque le nom du dieu bocager, puis celui de toutes les autres divinités. On élague de temps en temps les jeunes arbres, mais on n'en peut couper un seul rejeton sans le consentement formel du village, et il n'est pas permis d'y porter la hache avant de s'être rendu favorable Gossa Pennou, en lui sacrifiant une brebis ou un porc.

GOSWAMI, secte de religieux hindous. *Voyez* GOSAINS.

GOT, ou GOTA. Quelques auteurs disent que ce mot est le nom que les anciens Germains donnaient à leur Mercure ; il serait plus exact de dire que c'était le nom générique de tous les dieux. Ce vocable, diversement orthographié suivant les différentes langues d'origine teutonique (*Guth, Gotha*, en gothique ; *Kot, Got, Gkot*, en théotisque ; *Gott*, en allemand ; *God*, en anglais et en hollandais ; *Godt*, en flamand ; *Gud*, en suédois, en danois, etc.), n'est autre que le pehlewi *Khoda*, dérivé lui-même de *Qa-data* (donné de lui-même), et exprime simplement la divinité, abstraction faite de toute personnification.

GOTAMA, personnage historique hindou, fondateur de la secte philosophique du Nyaya, et chef de la famille dont naquit Bouddha, appelé pour cette raison Gautama. *Voy.* GAUTAMA.

GOTESCALC, moine bénédictin de l'abbaye d'Orbais, dans le diocèse de Soissons. Une lecture assidue, mais peu approfondie, des écrits de saint Augustin, le porta à émettre les plus étranges erreurs sur la destinée de l'homme, sur le sort que Dieu lui a fixé, sur la prédestination et la grâce, matière si profonde, et dans laquelle la curiosité de l'esprit humain ne peut que s'égarer. Gotescalc enseigna donc que Dieu a prédestiné, de toute éternité, les uns à la vie éternelle, les autres à l'enfer, par un décret absolu et indépendant des vertus ou des vices des hommes ; ainsi que Dieu ne veut pas sauver tous les hommes, mais seulement les élus ; qu'en conséquence, Jésus-Christ n'est mort que pour ces derniers ; que telle est la triste condition de l'homme depuis sa chute, qu'il n'a plus de liberté pour opérer le bien, mais seulement pour faire le mal. Cette doctrine absurde et désolante fut d'abord condamnée par Raban-Maur, archevêque de Mayence, dans un concile tenu en 848 ; puis, par Hincmar, archevêque de Reims, dans un concile tenu à Quiercy-sur-Oise, en 849.

Cependant elle ne laissa pas de jeter un certain trouble dans l'Eglise de France. Plusieurs docteurs, qui semblaient avoir pris quelque chose de l'esprit étroit et disputeur des Grecs, soutinrent Gotescalc, ou ne s'accordèrent pas sur le sens des condamnations portées contre lui. Mais cette contestation finit bientôt par la lassitude ou par la mort des combattants.

Ces erreurs furent renouvelées plus tard par les protestants et par les jansénistes.

GOUDARAS, sectaires hindous, appartenant aux saivas, adorateurs de Siva, ainsi nommés d'un bassin de métal qu'ils portent avec eux, et dans lequel ils gardent un peu de feu pour brûler du bois odorant dans la maison des personnes dont ils reçoivent des aumônes. Ils ne demandent ces aumônes qu'en répétant le mot *Alakh*, qui exprime la nature indescriptible de la Divinité. Ils ont un costume particulier, portent un large bonnet rond et une longue robe teinte avec de l'ocre. Quelques-uns ont des anneaux aux oreilles, comme les kanphata djoguis, ou un petit cylindre de bois passé à travers le lobe de l'oreille; ils l'appellent *khetchari moudra*, et le regardent comme le symbole de la Divinité.

GOUHYAKA, génies de la mythologie hindoue; ce sont les serviteurs du dieu Kouvéra, (le Plutus indien) et les gardiens de ses trésors.

GOUHYESWARI, déesse de la théogonie bouddhiste du Népal. Voici, à son sujet, une légende citée par M. Hodgson, d'après le Sambhou-pourana : « Lorsque Mandjounath fut sorti des eaux, la forme lumineuse de Bouddha apparut. Mandjounath résolut d'élever un temple par-dessus; mais l'eau bouillonnait avec tant d'activité, qu'il ne put en poser les fondements. Ayant eu recours à la prière, la déesse Gouhyeswari se montra, et l'eau s'apaisa. » Suivant Klaproth, Gouhyeswari, la déesse de la forme cachée, a été probablement empruntée à la théogonie mystique des saïvas.

GOULAL-DASIS, classe de religieux hindous qui appartiennent à l'ordre des Bairaguis. *Voy.* BAIRAGUIS et VAIRAGUIS.

GOULÉHO, génie de la mort chez les insulaires de l'archipel des Amis. Il gouvernait une espèce de champs Elysiens, où se rendaient les âmes des chefs qui, au moment de leur mort, quittaient d'elles-mêmes leurs dépouilles. Là, on ne meurt plus, on se nourrit d'aliments exquis, qui sont préparés en abondance.

GOULIA RAVARO, déesse adorée dans l'archipel Viti. Des prêtresses sont attachées à son culte.

GOUNYA. D'autres écrivent *Gounja* ou *Gounga* ; c'est le dieu suprême des Hottentots. Quelques voyageurs ont avancé que ces peuples n'avaient pas la moindre idée de la Divinité. C'est un fait démenti par les missionnaires protestants qui travaillent maintenant à leur conversion. Il est vrai qu'ils n'ont que des idées assez vagues sur la Divinité, et que plusieurs tribus paraissent s'en occuper fort peu. Des voyageurs anciens, entre autres Saar, Tachard, Boving et Kolben, rendent également témoignage à leur croyance. Ce dernier s'est assuré, dit-il, par mille recherches faites chez les Hottentots, et par mille déclarations expresses, qu'ils reconnaissent un Dieu suprême, créateur, arbitre de l'univers, qui donne la vie et le mouvement à tout ce qui existe. Ils l'appellent *Gounya*, ou *Gounya Tiquoa*, le Dieu des dieux. Ils disent qu'il ne fait jamais de mal à personne, qu'il habite au-dessus de la lune, et que personne n'a lieu de redouter son pouvoir. Quelques-uns soutiennent que ce Dieu suprême est quelquefois descendu sur la terre sous une forme visible, et qu'il a toujours paru avec les habits, la taille et la couleur qu'ont les plus beaux d'entre eux. Mais les plus intelligents regardent comme des visionnaires et des fous ceux qui avancent ces erreurs. Comment, disent-ils, serait-il possible que le Dieu suprême daignât venir parmi nous, puisque la Lune, qui n'est qu'une divinité inférieure, ne s'est jamais abaissée à cela ? quelle vue, quel intérêt assez grand pourrait engager cet être à s'humilier jusqu'à ce point? Cependant ils ne paraissaient pas rendre aucun culte à Gounya, assurant qu'il n'avait besoin ni des hommes ni de leurs biens, et qu'étant incapable de faire jamais aucun mal, les hommes n'avaient aucun intérêt à l'adorer et à le servir.

GOUPILLON, instrument dont on se sert dans les églises catholiques pour faire les aspersions d'eau bénite. Le Dictionnaire de Trévoux dit que ce mot est dérivé de l'ancien français *goupil*, qui signifie renard, parce qu'autrefois on se servait de la queue de cet animal pour faire des aspersions d'eau.

GOUROU, mot sanscrit qui signifie *grave*, *vénérable* (le latin *garuis*, *gravis* est, analogue à cette racine) ; c'est le nom que les Indiens donnent à un brahmane qui est le directeur spirituel d'une famille ou d'un individu. C'est lui qui admet les jeunes gens à l'initiation religieuse propre à leur caste, qui préside aux cérémonies qui ont lieu à la naissance et au mariage ; qui prononce les *mantras* ou formules consacrées et sanctifiantes, qui donne aux enfants des brahmanes et des kchatriyas l'investiture du triple cordon, qui est le signe caractéristique de ces castes. Le gourou peut être le père naturel ou le précepteur religieux d'un enfant. Si des obligations sont imposées au maître sous le rapport du bon exemple dont il doit appuyer ses leçons, le disciple a aussi, dit M. Langlois, des devoirs sévères à remplir envers son directeur. Il doit le respecter plus que ses parents, même dans le cas où il serait ignorant et vil ; il doit se prosterner devant lui, en lui demandant sa bénédiction. Quand le gourou arrive dans la maison de son disciple, toute la famille se prosterne, et il met son pied droit sur la tête de chacun. On lui lave les pieds, et l'on boit, pour se purifier, l'eau qui a servi à cette ablution. On lui présente des fleurs et des parfums ; on lui sert à manger, et l'on se dispute ses restes. La fonction de gourou est souvent héréditaire.

GOURZ-SCHER, mauvais génie de la théogonie des Parsis. Sous la forme d'une comète, il trompera la surveillance de la Lune, et s'élancera furieux sur la terre. Il produira par son choc une commotion telle, que les tombeaux seront ouverts ; les bons et les méchants reprendront leurs corps, sortiront de leurs demeures; et tout sera rétabli comme aux premiers jours de la création. Ahrimane sera précipité dans l'abîme des ténèbres, dévoré par l'airain fondu ; et l'univers se réjouira de n'avoir plus d'autre seigneur qu'Ormuzd.

GOUSCHASP, un des génies émanés de *Berécécingh*, le feu primitif. Gouschasp était le feu des étoiles, ou plutôt d'Anahid, l'étoile de Vénus.

GOVINDA, surnom du dieu Krichna, qui fut berger dans sa jeunesse. Il y a un poëme, intitulé *Guita-Govinda*, par Djaya-Déva, qui célèbre les amours de ce dieu avec les Gopis.

Dans le Bengale, on a institué une fête, le 13 mars, en l'honneur de cette divinité incarnée parmi les bergers ; on l'appelle *Govinda dwadasti*, parce qu'elle est célébrée le 12º jour de la quinzaine lumineuse de la lune de Phalgoun. Elle n'est observée que par le bas peuple.

GOVIND-SINHIS, sectaires hindous, appartenant au système des Sikhs ; ils forment même la branche la plus importante des disciples de Nanek. Cependant, bien qu'ils prétendent avoir reçu leur foi nationale de ce célèbre réformateur, et qu'ils aient sa mémoire en grande vénération, leur croyance est fort éloignée du quiétisme de Nanek; car ils ont l'âme guerrière, et ils s'adonnent avec énergie à toutes les affaires temporelles. Gourou Govind leur fondateur dévoua ses disciples aux armes ; c'est pourquoi ils rendent un culte au sabre, parce qu'ils s'en servent tant contre les Hindous que contre les musulmans. Il ordonna à ses adhérents de laisser croître leurs cheveux et leur barbe, et de porter des habits bleus ; leur permit de manger toutes sortes de viandes, excepté de celle des vaches, et admit à embrasser sa foi et sa cause les membres de toutes les castes, et tous ceux qui voulurent abandonner les institutions brahmaniques ou musulmanes, pour la fraternité des armes et la vie de pillage. C'est ainsi que les Sikhs se constituèrent en peuple distinct, et qu'ils se séparèrent des autres Indiens, tant par leur constitution politique que par leurs dogmes religieux. Cependant on peut encore les appeler Hindous jusqu'à un certain point ; car ils adorent les mêmes divinités que les Hindous, célèbrent leurs fêtes, tirent leurs légendes et leur littérature des mêmes sources, et rendent de grands respects aux brahmanes. Les Govind-sinhis rejettent les Védas, et lisent à leur place le *Das Padchah ki granth* (livre du dixième roi), compilation de Gourou Govind, qui vivait vers la fin du XVIIº ou au commencement du XVIIIº siècle, *Voy.* SIKHS.

GRACE. On appelle de ce nom en général tout don gratuit que Dieu fait aux hommes. On distingue la *grâce naturelle* et la *grâce surnaturelle*. Dans la première sont compris tous les biens que Dieu fait aux hommes dans l'ordre de la nature, tels que la vie, la santé, l'esprit, les forces du corps, etc. Par la seconde, nous recevons les biens qui ont rapport au salut, comme la crainte de Dieu, la contrition des péchés, le désir de la vertu, etc. La grâce surnaturelle se divise en habituelle et actuelle. La grâce *habituelle*, qu'on appelle aussi *justifiante* ou *sanctifiante*, est celle qui nous rend justes et saints devant Dieu; elle consiste dans l'exemption du péché. La grâce *actuelle* est ce mouvement intérieur que Dieu nous inspire pour nous porter au bien et nous détourner du mal. C'est sur cette sorte de grâce qu'il s'est élevé tant de disputes, parmi les théologiens qui ont voulu expliquer la manière dont Dieu agit sur la volonté et la liberté de l'homme. De là tant de sentiments différents, les uns d'accord avec la tradition et la doctrine de l'Eglise, les autres encore en litige et simplement tolérés par elle; les autres enfin injurieux à la bonté ou à la justice de Dieu, professés par les hérétiques et condamnés par l'Eglise. Nous n'entrerons pas ici dans la discussion des points dogmatiques niés ou professés par les pélagiens, les semi-pélagiens, les prédestinatiens, les calvinistes et autres protestants, les jansénistes, etc., ou controversés entre les thomistes et les molinistes (consulter à ce sujet chacun de ces articles dans ce Dictionnaire). Nous laisserons également aux controversistes les différentes dénominations et définitions de la grâce *efficace* et de la grâce *suffisante;* ainsi que des grâces qu'ils appellent *prévenante, concomitante* et *subséquente*. Beaucoup ont passé leur vie à approfondir ces questions, et à poursuivre sur la grâce des disputes interminables, qui eussent fait plus sagement de la demander à Dieu, et de se mettre en devoir d'y correspondre. Nous nous contenterons d'exposer succinctement la doctrine de l'Eglise sur la grâce, et ce qui est admis par tous les théologiens orthodoxes.

1º La grâce nous est donnée gratuitement, et sans que nous la méritions.

2º Nous ne pouvons faire aucune œuvre méritoire pour le ciel sans le secours d'une grâce actuelle.

3º Il n'y a point d'homme à qui Dieu n'accorde au moins autant de grâces qu'il lui en faut pour opérer son salut. Ce n'est pas à dire que Dieu distribue également ses grâces à tous les hommes; il est certain qu'il y a des âmes privilégiées auxquelles il en donne beaucoup plus qu'aux autres. Etant maître de ses dons, il peut sans injustice les partager comme il lui plaît.

4º La grâce ne détruit point le libre arbitre, et l'homme conserve toujours le pouvoir de lui résister.

GRACES, appelées en grec *Charites*, étaient filles de Jupiter et d'Eurynome ou

Eunomie; selon d'autres, du Soleil et d'Eglé, ou de Jupiter et de Junon, ou selon la plus commune opinion, de Bacchus et de Vénus. La plupart des poëtes en ont fixé le nombre à trois, et les nomment *Aglaé* ou *Eglé*, *Thaïe* et *Euphrosyne*. Homère et Stace donnent à l'une des trois le nom de *Pasithée*. Les Lacédémoniens n'en admettaient que deux, qu'ils nommaient *Auxo* et *Hégémone*. En plusieurs endroits de la Grèce on en reconnaissait quatre, et on les confondait quelquefois avec les Heures ou avec les quatre Saisons de l'année. Pausanias met au nombre des Grâces la *Persuasion*, insinuant par là que le principal moyen de persuader est de plaire. Compagnes de Vénus, la déesse de la beauté leur devait le charme et l'attrait qui assurent son triomphe. Les anciens attendaient de ces déités bienfaisantes les plus précieux de tous les biens. Leur pouvoir s'étendait à tous les agréments de la vie. Elles dispensaient aux hommes, nonseulement la bonne grâce, l'égalité d'humeur, l'aménité des manières, et toutes les autres qualités qui font le charme de la société, mais encore la libéralité, l'éloquence, la sagesse. La plus belle de leurs prérogatives, c'est qu'elles présidaient aux bienfaits et à la reconnaissance. Chrysippe nous a transmis ce que les anciens pensaient sur leurs attributs, et nous a révélé les mystères que ces attributs cachaient. « D'abord on appelait ces déesses *Charites*, nom dérivé d'un mot grec qui veut dire *joie*, pour marquer que nous devons également nous faire un plaisir, et de rendre de bons offices, et de reconnaître ceux qu'on nous rend. Elles étaient jeunes, pour nous apprendre que la mémoire d'un bienfait ne doit jamais vieillir; vives et légères, pour faire connaître qu'il faut obliger promptement, et qu'un bienfait ne doit pas se faire attendre. Aussi les Grecs avaient-ils coutume de dire qu'une grâce qui vient lentement cesse d'être grâce; ce qu'ils exprimaient par un de ces jeux de mots dont ils n'étaient pas ennemis. Elles étaient vierges, pour donner à entendre : 1° qu'en faisant du bien, on doit avoir des vues pures, faute de quoi l'on corrompt son bienfait; 2° que l'inclination bienfaisante doit être accompagnée de prudence et de retenue. C'est pour cette seconde raison que Socrate, voyant un homme qui prodiguait les bienfaits sans distinction et à tout venant: *Que les dieux te confondent!* s'écria-t-il ; *les Grâces sont vierges, et tu en fais des courtisanes*. Elles se tenaient par la main, ce qui signifiait que nous devons, par des bienfaits réciproques, serrer les nœuds qui nous attachent les uns aux autres. Enfin, elles dansaient en rond, pour nous apprendre qu'il doit y avoir entre les hommes une circulation de bienfaits, et de plus, par le moyen de la reconnaissance, le bienfait doit naturellement retourner au lieu d'où il est parti. »

Des divinités si aimables ne pouvaient manquer d'autels et de temples. Etéocle, roi d'Orchomène, passait pour être le premier qui leur en eût élevé. L'opinion commune faisait de ce séjour enchanté, et des bords riants du Céphise, le séjour préféré de ces déesses; aussi les anciens poëtes les appellent-ils communément déesses du Céphise ou d'Orchomène. Les Lacédémoniens disputaient cette gloire à Etéocle, et l'attribuaient à Lacédémon, leur quatrième roi. Elles avaient des temples à Elis, à Delphes, à Pergé, à Périnthe, à Byzance, etc. Elles en avaient aussi de communs avec d'autres divinités, telles que l'Amour, Mercure et les Muses. Les Spartiates sacrifiaient aux Grâces et à l'Amour avant d'en venir aux mains, pour faire voir qu'on doit tenter tous les moyens de douceur avant de combattre. On célébrait plusieurs fêtes en leur honneur; mais le printemps leur était particulièrement consacré, comme étant la saison des grâces. On les invoquait à table, ainsi que les Muses, et on les révérait les unes et les autres par le nombre de coupes qu'on buvait en leur honneur. Enfin, l'on attestait leur divinité. Toute la Grèce était remplie de leurs tableaux, statues, inscriptions et médailles. On voyait à Pergame un tableau de ces déesses, peint par Pythagore de Paros; un autre à Smyrne, de la main d'Apelles ; Socrate avait fait leurs statues en marbre, et Bupale en or.

Dans l'origine leurs statues n'étaient que de simples pierres brutes et non taillées; bientôt on les représenta sous la forme humaine : c'étaient de jeunes filles habillées de gaze ou même toutes nues, sans doute pour exprimer que rien n'est plus aimable que la simple nature, et que, si quelquefois elle appelle l'art à son secours, elle ne doit employer qu'avec retenue les ornements étrangers. On les représentait jeunes et vierges, parce qu'on a toujours regardé les agréments naturels comme le partage de la jeunesse. Cependant Homère marie deux des Grâces, et les partage assez mal; car il donne pour époux à l'une un dieu qui dort toujours, le Sommeil; et à l'autre, Vulcain, le plus laid de tous les dieux. On peignait encore les Grâces, petites et d'une taille élancée, parce que les agréments consistent quelquefois dans les choses les plus simples, un geste, un souris, etc. Leur attitude dansante marquait qu'amies de la joie innocente, elles ne s'accommodent pas d'une gravité trop austère. Elles se tenaient par la main, ce qui exprimait que les qualités agréables sont un des plus doux liens de la société. Sans agrafes ni ceintures, elles laissaient flotter leurs voiles au gré du zéphyr, parce qu'il est dans les ouvrages de l'esprit, comme dans tout le reste, une sorte de négligé, d'heureuses négligences, infiniment préférables à une froide régularité. Dans le groupe qui les représentait à Elis, l'une tenait une rose, l'autre un dé à jouer, et la troisième une branche de myrte, symbole que Pausanias explique ainsi : « Le myrte et la rose sont particulièrement consacrés à Vénus et aux Grâces; et le dé est l'image du penchant que la jeunesse, âge des grâces, a pour les jeux et les ris. » Enfin, les anciens représentaient quelquefois les Grâces au milieu des plus laids Satyres. Assez souvent même ces statues étaient creuses, et, en les ouvrant, on y trouvait de petites figures de Grâces. Aurait-on voulu indiquer par là qu'il ne faut pas juger des hommes sur l'apparence, que les défauts de la figure peuvent se réparer par les agréments de l'esprit, et que parfois un extérieur disgracié cache de brillantes qualités? C'était à ces figures emblématiques que se comparait Socrate.

GRACES, ou ACTION DE GRACES.—1. Petite prière que les chrétiens adressent à Dieu, après leurs repas, pour le remercier de tous les bienfaits qu'ils en reçoivent sans cesse, et spécialement de la nourriture qu'ils viennent de prendre. Cet usage si juste, si touchant, si vénérable par son antiquité, est malheureusement tombé presque partout en désuétude, et n'est plus guère observé que dans les communautés religieuses et par les personnes pieuses.

2. Les Juifs ont une assez longue formule d'action de grâces, qui varie suivant les solennités que l'on célèbre, et dans laquelle on remercie Dieu et on le bénit de toutes les grâces qu'il a répandues sur son peuple, ainsi que de la nourriture qu'il a donnée, dans sa miséricorde, à toutes les créatures. On y récite une espèce de litanies, puis celui qui a prononcé les prières prend un verre de vin sur lequel il a rendu grâces, et dit : « Je prendrai la coupe du salut, et j'invoquerai le nom du Seigneur. Béni soit le Seigneur notre Dieu, qui a créé le fruit de la vigne. » Il le boit, et continue : « Béni soyez-vous, ô Seigneur notre Dieu, roi de l'univers, pour la vigne et pour le fruit de la vigne; pour les revenus des champs, et pour la terre désirable, bonne et ample, qu'il vous a plu de donner en héritage à nos pères, pour qu'ils mangeassent de son fruit, et pour qu'ils se rassasiassent de son bien. Seigneur notre Dieu, ayez pitié de nous, de votre peuple d'Israël, de votre ville de Jérusalem et de la montagne de Sion, votre glorieuse habitation; rebâtissez promptement et dans nos jours la ville sainte de Jérusalem, faites-nous-la réhabiter; car vous êtes bon et vous faites du bien à tous. Béni soit le Seigneur pour la terre et pour la vigne. »

GRADIVUS, nom de Mars chez les Romains. Festus le tire du verbe *gradiri*, marcher, parce que les armées vont à la guerre *gradatim et per ordines*. Cette étymologie nous semble peu probable. Suivant le même auteur, il pourrait encore signifier l'action de brandir une lance; ce qui s'exprime en grec par κραδαίνειν. Il ajoute que d'autres font dériver ce mot de *gramen*, parce que le gazon était consacré à Mars, et que la couronne de gramen était une des récompenses les plus glorieuses de la bravoure militaire. Servius avance avec plus d'apparence de raison, qu'on ne doit pas chercher l'étymologie de Gradivus dans la langue latine, ni même dans la langue grecque; que ce mot est thrace d'origine, et signifie un brave, un guerrier; d'où le dieu Mars est appelé *Gradivus* en temps de guerre, et *Quirinus* en temps de paix. Il avait, sous le premier vocable, un temple sur la voie Appienne, et un autre, sous le second, dans l'enceinte de la ville.

GRADUEL, fragment tiré de l'Ecriture sainte, qui se chante à la messe solennelle entre la lecture de l'Epître et de l'Evangile, ou que le prêtre récite lui-même dans les messes privées. Cette pièce de chant est nommée *Graduel*, parce qu'anciennement on montait sur un degré (*gradus*) ou au jubé, pour la chanter. Depuis Pâques jusqu'à la Septuagésime, on fait suivre le Graduel d'un verset, accompagné du chant de l'*alleluia*; mais depuis la Septuagésime jusqu'à Pâques, l'*alleluia* est remplacé par un fragment de psaume, qui se chante d'un seul trait, sans solo, ni versets, et que pour cette raison on appelle *trait*.

GRADUÉS. On donne ce nom à ceux qui sont revêtus des degrés de docteur, de licencié, de bachelier, ou de maître dans l'une des quatre facultés d'une université. Les gradués des universités fameuses et privilégiées avaient droit de posséder, exclusivement à tout autre, la troisième partie des bénéfices du royaume; et voici quelle était l'origine de ce droit. En 1438, il s'assembla un concile à Bâle, pour travailler à l'extirpation du schisme qui désolait alors l'Eglise. Plusieurs docteurs des plus fameuses universités assistèrent à cette assemblée, et leurs lumières furent d'un grand secours aux pères du concile. Lorsqu'il fut question de considérer les abus qui s'étaient glissés dans la discipline ecclésiastique, ces docteurs ne manquèrent pas d'insister vivement sur l'article des bénéfices. Ils représentèrent qu'ils étaient fort mal distribués, que c'étaient trop souvent des ignorants et des gens sans mœurs qui les obtenaient; tandis que les gens lettrés et vertueux étaient frustrés d'un bien qui semblait destiné à être la récompense de leurs travaux. Sur ces plaintes, le concile ordonna que les gradués des grandes universités auraient le droit de requérir la troisième partie de tous les bénéfices, et qu'on ne pourrait les conférer à d'autres qu'à eux. La pragmatique-sanction confirma ce droit des gradués, et ajouta que, des bénéfices affectés aux gradués, les deux tiers appartiendraient aux suppôts de l'université; que tous les collateurs ecclésiastiques tiendraient un rôle exact de tous les bénéfices dont ils pouvaient disposer, et que sur trois ils en conféreraient un aux gradués, à tour de rôle. Le concordat changea quelque chose à ces dispositions, sans cependant diminuer en rien le droit des gradués. Il ordonna que tous les bénéfices qui viendraient à vaquer pendant quatre mois de l'année, à savoir, octobre, janvier, avril et juillet, seraient conférés aux gradués; et c'est ce qui s'est pratiqué longtemps. Sur les quatre mois, il y en avait deux qu'on appelait *mois de faveur*; c'étaient avril et octobre. Ils étaient ainsi nommés, parce que les gradués simples, c'est-à-dire ceux qui n'avaient simplement que leurs grades et leur attestation du temps d'étude, pouvaient être pourvus des bénéfices vacants dans le cours de ces deux mois. Janvier et juillet étaient des *mois de rigueur*; les bénéfices qui vaquaient pendant ces deux mois ne pouvaient être conférés qu'aux gradués nommés, c'est-à-dire à ceux qui avaient obtenu de l'université des lettres de nomination sur certains collateurs. Les bénéfices consistoriaux et électifs, ceux qui étaient à la nomination du roi ou d'un patron laïque, n'étaient point du nombre de ceux qui étaient affectés aux gradués. Lorsqu'un gradué avait une fois obtenu, en vertu de ses grades, un bénéfice de la valeur de 400 livres, il n'était plus reçu à en demander d'autres. S'il était pourvu d'un bénéfice de 600 livres, quoique ce fût par une autre voie que par ses grades, il ne pouvait plus requérir aucun bénéfice en qualité de gradué. Il n'y avait que les bénéfices vacants par mort, auxquels les gradués eussent droit. Enfin, la province de Bretagne ne reconnaissait point le droit des gradués et ne l'a jamais admis.

GRAHAMATRIKA, déesse de la théogonie des bouddhistes du Népal : c'est une des manifestations spontanées de la matière.

GRAHASTA. *Voy.* GRIHASTHA.

GRANDE MÈRE, nom de Cybèle, considérée comme la mère de la plupart des dieux, et comme la personnification de la Terre, mère commune de tous les hommes.

GRANDMONTAINS, religieux de l'ordre de Saint-Benoît, fondés, l'an 1073, par saint Étienne de Thiers. Ce saint se retira dans la forêt de Muret, au diocèse de Limoges, vers l'an 1076. Ce fut dans cette solitude profonde que plusieurs gens de bien vinrent se rassembler autour de lui : il leur donna la règle de saint Benoît, à laquelle il ajouta quelques constitutions. Ces religieux vivaient ensemble des aumônes qu'on apportait au monastère, et du travail de leurs mains; mais il n'était pas permis d'aller faire la quête au dehors. Ils demeuraient dans des cellules séparées et renfermées dans un même enclos. Les papes Urbain III et Célestin III approuvèrent cet ordre qu'on appela *de Grandmont*, parce qu'après la mort d'Étienne, les religieux se retirèrent à Grandmont en Limousin, l'année 1130, emportant avec eux le corps de leur saint patriarche. Saint Étienne refusa toujours le nom de *Maître* et d'*Abbé*, se contentant du simple titre de *Correcteur*. Comme la règle était un peu trop austère, elle fut mitigée par Innocent IV en 1247, et par Clément V en 1309. Le relâchement s'étant par la suite introduit dans cet ordre, Jean XXII s'efforça de le rétablir dans sa pureté, et érigea Grandmont en abbaye, car jusqu'alors cet ordre n'avait été gouverné que par des prieurs. Il y avait en France quatre prieurés simples de Grandmont, dont un était à la nomination du pape. Les Grandmontains avaient un collège à Paris, rue du Jardinet, avec une chapelle appartenant à l'université.

GRANDOUVERS, nom tamoul de la 8ᵉ tribu des Dévatas indiens. Ils ont des ailes, et voltigent sans cesse dans l'air avec leurs femmes. Ce sont les *Gandharvas*, ou musiciens célestes. *Voyez* GANDHARVAS.

GRANNUS, un des noms d'Apollon, dans les Gaules et dans d'autres contrées de la Celtique; on a trouvé une inscription portant : *Apollini Granno Mogouno*. Cambden croit qu'il correspondait à l'Apollon Ἀκερσεκόμης, ou aux longs cheveux; il se fonde sur ce que Isidore appelle *granni* les cheveux longs des Goths. Pelloutier pense qu'Apollon *Grannus* est le soleil, ainsi nommé, parce qu'on le servait dans des bocages toujours verts (du teutonique *green*, *grün*, *groen*, *verd*).

GRANTH, c'est-à-dire *le livre* par excellence ; nom du code sacré des Sikhs de l'Inde. Il a été composé par Nanek, fondateur de cette religion, qui l'écrivit en vers dans le dialecte du Pendjab, avec des caractères inventés par lui, et nommés en conséquence *Gourou moukhi* (de la bouche du maître). « Ce livre, dit M. Garcin de Tassy, enseigne qu'il n'y a qu'un Dieu tout-puissant et présent partout, qui remplit tout l'espace, et pénètre toute la matière, et qu'on doit l'adorer et l'invoquer; qu'il y aura un jour de rétribution, où la vertu sera récompensée et le vice puni. Non-seulement Nanek y commande la tolérance universelle, mais encore il défend de disputer avec ceux d'une autre croyance. Il défend aussi le meurtre, le vol et les autres mauvaises actions ; il recommande la pratique de toutes les vertus, et principalement une philanthropie universelle, et l'hospitalité envers les étrangers et les voyageurs. » Ce livre est le seul objet que les Sikhs admettent dans leurs temples, d'où est bannie toute espèce de figure.

GRECQUE (ÉGLISE). Lorsque les apôtres se répandirent parmi les gentils, pour y porter la lumière de l'Évangile, chacun établit, dans la région qui lui était échue en partage, les rites, les usages, les cérémonies et la discipline qu'il jugea les plus convenables à l'esprit et aux mœurs des peuples qu'il était appelé à convertir, tout en inculquant la même croyance, les mêmes dogmes, les mêmes mystères et les mêmes sacrements. Plusieurs modifications furent pareillement introduites, suivant les circonstances, et dans la suite des temps; mais toutes ces Églises diverses vivaient dans l'unité de foi et de communion. Il est même abondamment prouvé que l'Église Romaine avait partout la primauté d'honneur et de juridiction, bien que les persécutions et la difficulté des communications ne permissent pas de recourir à elle aussi souvent qu'on le fait actuellement pour l'institution des métropolitains, et de la consulter sur tous les points de discipline et de controverse. Cette heureuse harmonie entre les Églises dura huit siècles.

On pourrait trouver le germe du schisme des Grecs dans l'acte par lequel l'empereur Constantin transporta le siège de l'empire de Rome à Byzance, qu'il appela Constantinople. Ce changement politique n'apporta d'abord aucune perturbation dans l'ordre ecclésiastique; mais plus tard les patriarches de cette capitale prétendirent que la nouvelle Rome ayant hérité de tous les droits de l'ancienne, la suprématie spirituelle devait lui appartenir aussi bien que la suprématie temporelle. Ces prélats refusaient de reconnaître la primauté de l'Eglise Romaine, et prenaient le titre de patriarche œcuménique ou universel. Les papes, de leur côté, soutenaient avec fermeté les prérogatives de leur siége, et s'opposaient vigoureusement aux prétentions et aux empiétements des patriarches de Constantinople, qui avaient le chagrin de voir leur rival jouir dans tout l'Orient de l'autorité que lui donnait la prééminence de sa dignité. Photius, qui monta sur le trône patriarcal l'an 858, non moins ambitieux, mais plus habile que ses prédécesseurs, comprit qu'il ne serait jamais indépendant, tant que l'Eglise grecque demeurerait unie avec l'Eglise latine. Il n'en fallut pas davantage pour lui faire projeter un schisme, sous prétexte que l'Eglise Romaine avait adopté plusieurs erreurs; mais il ne put exciter qu'un trouble passager, qui se termina par l'exil de cet ambitieux. Cependant sa disgrâce ne put détruire les semences du schisme, qui subsistaient toujours; et l'entreprise dans laquelle Photius avait échoué, fut renouvelée, vers le milieu du XIe siècle par Michel Cérularius. Ce prélat attaqua vivement le pape sur quatre griefs, qui étaient, 1° que, dans l'Eglise latine, on se servait, pour la consécration, de pain sans levain; 2° qu'on mangeait des viandes étouffées; 3° qu'on jeûnait les samedis; 4° qu'on ne chantait point *Alleluia* pendant le carême.

Le pape, qui était alors Léon IX, réfuta les accusations de Cérularius, et lui fit de vifs reproches sur l'aigreur et l'animosité qu'il témoignait par sa conduite. Cérularius feignit d'être persuadé par la réponse du pape, et parut ne chercher que l'union et la paix. L'empereur grec témoigna les mêmes dispositions; ce qui engagea le pape à députer à Constantinople des légats pour terminer cette affaire. L'empereur leur fit un très-bon accueil; mais le patriarche ne voulut pas même les voir. Les légats, après avoir fait tous leurs efforts pour le ramener par la douceur, se virent enfin obligés de l'excommunier publiquement. Cérularius s'en vengea en excommuniant à son tour les légats. Il fit plus, il souleva le peuple, jaloux de l'honneur de son patriarche; lui peignit le pape et l'Eglise latine sous les plus noires couleurs, et vint à bout d'établir si solidement le schisme, que l'empereur, malgré ses dispositions pacifiques, ne jugea pas qu'il fût sûr pour lui de s'y opposer. Cérularius, par sa conduite insolente, s'attira le même sort que Photius, et mourut en exil. Mais le schisme qu'il avait provoqué ne s'éteignit pas avec lui; et, bien que les empereurs de Constantinople entretinssent toujours avec le pape quelques relations d'intérêt, le peuple ne reconnaissait plus d'autre chef de l'Eglise que son patriarche.

Sous le règne des empereurs latins, dans le XIIIe siècle, il y eut une espèce de demi-réunion, encore ne fut-elle qu'extérieure. Cependant, sous Jean Ducas, il y eut quelques propositions de paix entre le pape et le patriarche; mais elles ne produisirent que des disputes très-vives des deux côtés, qui se terminèrent sans qu'on eût pu convenir de rien. Le projet de réunion eût été effectué sous Michel Paléologue, si ce prince eût été le maître des opinions et des sentiments de ses sujets. Il avait envoyé au concile de Lyon des ambassadeurs chargés de présenter une profession de foi conforme à celle de l'Eglise latine, et signée de 25 métropolitains d'Asie; mais le peuple se souleva contre lui, et refusa toujours de se soumettre au pape. En vain, pour l'y forcer, il employa les persécutions et les supplices; il ne fit que se rendre odieux. Pendant qu'il luttait ainsi contre l'obstination de ses sujets, ses ambassadeurs revinrent du concile de Lyon, avec des nonces du pape, qui exigeaient que l'empereur, pour consommer l'ouvrage de la paix, réformât le symbole, et y ajoutât ces mots *Filioque*, et du Fils, à l'article de la procession du Saint-Esprit; car c'était là le principal champ de bataille entre les deux Eglises. L'empereur, surpris de cette nouvelle demande, refusa d'y souscrire, parce qu'il désespérait d'en venir à bout; ce refus le fit excommunier.

Mourad ou Amurat, sultan des Turcs, ayant établi le siège de son empire à Andrinople, l'empereur Jean Paléologue, qui sentait le besoin qu'il avait du pape et des princes d'Occident, fit tous ses efforts pour se réunir avec l'Eglise latine. L'acte de réunion fut dressé : il était extrêmement avantageux à l'empereur et à l'empire; mais les Grecs, s'embarrassant peu de tomber au pouvoir des Turcs pourvu qu'ils ne fussent pas soumis au pape, et consultant plutôt leur haine contre l'Eglise latine que les intérêts de leur patrie, refusèrent avec une opiniâtreté invincible d'accéder à ce traité. L'empereur, ayant à la fois pour ennemis ses sujets et les Turcs, ne put défendre sa capitale, qui fut prise par Mahomet II. Depuis la prise de Constantinople, le schisme a toujours continué, quoiqu'on ait tenté plusieurs fois de réunir les deux Eglises. Le caractère opiniâtre des Grecs, et leur ignorance, qui, sous l'asservissement, ne fait que s'accroître de jour en jour, rendaient cet ouvrage extrêmement difficile. Cependant les missionnaires que l'Eglise latine entretient dans les contrées de l'Orient ont ramené l'espérance; déjà des diocèses, des métropoles et des provinces entières ont reconnu leur erreur, abandonné le schisme et se sont réunis au siège de saint Pierre; d'où vient maintenant la distinction entre les *Grecs unis* et les *Grecs schismatiques*.

Les uns et les autres ont les mêmes rites, la même discipline, la même liturgie, et même à peu près les mêmes usages, dont les uns sont approuvés, les autres tolérés par l'Eglise Romaine. Seulement les Grecs unis ont dû renoncer à quelques erreurs qui s'étaient glissées dans le dogme, entre autres à celle par laquelle les schismatiques soutiennent que le Saint-Esprit ne procède pas du Fils, mais du Père seul.

Quant aux points sur lesquels l'Eglise grecque diffère de la latine, nous croyons ne pouvoir mieux faire que de rapporter ici les 31 erreurs citées par Caucus, seigneur vénitien et archevêque de Corfou, dans le livre qu'il a écrit à ce sujet, et qu'il a adressé au pape Grégoire XIII. Toutefois il est bon de remarquer que ces 31 articles ne sont pas tous des erreurs; qu'un certain nombre ne représente pas la doctrine généralement reçue dans l'Église grecque, que d'autres sont de simples abus; nous les reproduisons cependant, parce que les uns expriment assez bien les usages des Grecs, et qu'on a pu reprocher les autres à juste titre à un grand nombre de Grecs ignorants, du temps de l'archevêque Caucus.

1° Ils rebaptisent tous les Latins qui se rangent à leur communion.

2° Ils diffèrent le baptême des enfants jusqu'à trois, quatre, cinq, six, dix et dix-huit ans. (Cet abus n'est pas général : ils font baptiser les enfants huit jours après leur naissance, et même avant, s'ils sont en danger de mort.)

3° Des sept sacrements de l'Eglise, ils ne reçoivent point la confirmation, ni l'extrême-onction. (Nous concevons peu cette assertion de Caucus, car les prêtres grecs donnent la confirmation immédiatement après le baptême, et donnent l'extrême-onction d'une manière très-solennelle.)

4° Ils nient le purgatoire, quoiqu'ils prient Dieu pour les morts.

5° Ils ne reconnaissent point la primauté du pape.

6° En conséquence, ils nient que l'Eglise Romaine soit la véritable Eglise catholique, et qu'elle soit maîtresse de toutes les autres Eglises. Ils mettent leur Eglise au-dessus de l'Église latine, et ils excommunient, le jour du jeudi saint, le pape et tous les évêques latins, comme hérétiques et schismatiques.

7° Ils nient que le Saint-Esprit procède du Père et du Fils.

8° Ils refusent d'adorer le saint sacrement, à la messe des prêtres latins qui consacrent avec du pain sans levain, selon l'ancienne coutume de l'Eglise Romaine, confirmée par le concile de Florence. Ils lavent même les autels où les Latins ont célébré; et ils ne veulent point que les prêtres latins célèbrent sur leurs autels, parce qu'ils prétendent que le sacrifice se doit faire avec du pain levé.

9° Ils disent que les paroles ordinaires en lesquelles les Latins font consister la consécration, ne suffisent pas pour changer le pain et le vin au corps et au sang de Notre-Seigneur, si l'on n'y ajoute quelques prières et bénédictions des Pères.

10° Ils assurent qu'il faut donner aux enfants la communion sous les deux espèces, avant même qu'ils sachent discerner cette viande d'avec une autre, parce que cela est de droit divin. C'est pourquoi ils donnent la communion aux enfants immédiatement après le baptême; et ils tiennent pour hérétiques les Latins qui sont dans un sentiment contraire.

11° Ils tiennent qu'il est d'obligation divine aux laïques de communier sous les deux espèces, et ils traitent d'hérétiques les Latins qui croient le contraire.

12° Ils affirment qu'on ne peut pas contraindre les fidèles, quand ils ont atteint l'âge de discernement, de communier tous les ans à Pâques, mais qu'il faut les laisser en liberté de conscience.

13° Ils ne portent ni respect, ni culte, ni vénération au très-saint sacrement de l'eucharistie, lors même que leurs prêtres célèbrent; et ils le portent aux malades sans lumière. De plus, ils le gardent dans un petit sac ou dans une boîte, sans autre cérémonie que de l'attacher à la muraille, tandis qu'ils allument des lampes devant leurs images.

14° Ils croient que l'hostie consacrée le jour du jeudi saint est bien plus efficace que celles qu'on consacre aux jours ordinaires.

15° Ils nient que le sacrement de mariage soit un lien qu'on ne puisse rompre; c'est pourquoi ils accusent d'erreur l'Eglise Romaine, qui enseigne qu'on ne peut rompre le mariage dans le cas d'adultère, et qu'il n'est permis à personne de se remarier en ce cas-là. Ils enseignent le contraire et le pratiquent tous les jours.

16° Ils condamnent les quatrièmes noces.

17° Ils ne veulent point célébrer les solennités de la Vierge, des apôtres et les fêtes des autres saints instituées par l'Eglise catholique et par les Pères, aux mêmes jours que les célèbrent les Latins; mais outre qu'ils le font d'une autre manière, ils méprisent les fêtes de plusieurs autres saints très-anciens.

18° Ils disent qu'il faut abroger le canon de la messe des Latins, comme étant rempli d'erreurs.

19° Ils nient que l'usure soit un péché mortel.

20° Ils nient que le sous-diaconat soit aujourd'hui un ordre sacré.

21° De tous les conciles généraux qui ont été tenus dans l'Eglise catholique par les papes en différents temps, ils ne reçoivent que jusqu'au septième concile général, qui est le second de Nicée, assemblé contre ceux qui rejetaient les images. Les Grecs ne reconnaissent point du tout les autres, et ne veulent point se soumettre à leurs ordonnances.

22° Ils nient que la confession auriculaire soit de précepte ou de droit divin, soutenant qu'elle est seulement de droit positif et ecclésiastique.

23° Ils disent que les confessions des laïques doivent être arbitraires. C'est pourquoi on ne contraint point parmi eux les laïques à se confesser tous les ans, et on ne les excommunie pas pour ne le point faire.

24° Ils prétendent que, dans la confession, il n'est pas nécessaire, ni de droit divin, de confesser tous ses péchés en particulier, ni dans le détail, non plus que de dire toutes les circonstances qui changent la nature du péché.

25° Ils donnent la communion aux laïques, soit qu'ils se portent bien, ou qu'ils soient malades, sans qu'ils aient auparavant confessé leurs péchés à un prêtre ; et cela, parce qu'ils sont persuadés que la confession est arbitraire, et que la foi est la seule et véritable préparation pour recevoir l'Eucharistie.

26° Ils se moquent des vigiles des Latins aux fêtes de Notre-Seigneur, de la Vierge et des apôtres, aussi bien que des jeûnes des quatre-temps. Ils affectent même de manger, ces jours-là, de la viande par un mépris qu'ils ont pour les Latins. (Voici encore une assertion que nous ne pouvons laisser passer ; les Grecs peuvent ne pas jeûner les mêmes jours que les Latins ; mais leurs jeûnes sont beaucoup plus rigoureux, et leurs quatre carêmes remplacent surabondamment nos quatre-temps.)

27° Ils taxent d'hérésie les Latins, parce qu'ils mangent des viandes étouffées et d'autres viandes condamnées dans l'Ancien Testament.

28° Ils nient que la simple fornication soit un péché mortel.

29° Ils affirment qu'il est permis de tromper son ennemi, et que ce n'est pas un péché de lui faire tort.

30° Quant à la restitution, ils sont d'avis que, pour être sauvé, il n'est pas nécessaire de restituer ce qu'on a volé.

31° Ils croient enfin que celui qui a été une fois prêtre peut retourner à l'état laïque.

En somme, nous croyons qu'il y a beaucoup d'exagération dans ces accusations de Caucus ; les seules erreurs dogmatiques que l'on puisse reprocher à l'Eglise grecque en général sont leur croyance sur la procession du Saint-Esprit, et leur opiniâtreté à méconnaître la suprématie de l'évêque ou patriarche de Rome. Le reste tient à la discipline ; tels sont la confirmation conférée par les prêtres, l'usage d'une langue et d'une liturgie particulière, le mariage des clercs, les quatre carêmes, ou temps de jeûnes et d'abstinence, le chant de l'*alleluia* en carême et aux enterrements, la consécration avec du pain fermenté, la communion donnée aux laïques sous les deux espèces, l'usage du calendrier julien non réformé, ce qui fait que leurs fêtes sont célébrées huit ou quinze jours après celles des Latins, etc., etc.

Les protestants, dès les commencements de la prétendue réforme, ont voulu attirer les Grecs dans leur parti, et soutenir qu'ils professaient les mêmes dogmes que l'Eglise orientale ; mais cette Eglise a fait justice des innovations de son patriarche Cyrille Lucar, qui avait donné dans les erreurs des novateurs, et publia une profession de foi, sur les sacrements, conforme en tout avec l'enseignement de l'Eglise Romaine.

GRÉES, filles aînées de Phorcus et de Céto, et sœurs des Gorgones. On en compte trois : *Enyo, Péphredo et Dino*, mais Hésiode ne nomme que les deux premières ; il ajoute qu'elles vinrent au monde avec des cheveux blancs, et que, pour cette raison, les dieux et les hommes les appelèrent Grées (en grec Γραῖαι, *vieilles*). Elles étaient toujours couvertes d'un voile magnifique, et, comme leurs sœurs les Gorgones, elles n'avaient entre elles qu'un œil et qu'une dent, dont elles se servaient tour à tour. Hésiode leur accorde pourtant de la beauté. Les mythologues expliquent leurs cheveux blancs par les flots de la mer, qui blanchissent lorsqu'elle est agitée.

GRÉPIS, une des classes des prêtres dans le royaume d'Arracan.

GRIHASTHA, ou, comme on prononce communément, *Grahastha*; seconde condition d'un brahmane hindou. Elle succède à celle de *Brahmatchari*, ou d'initié, qui lui est conférée dans son enfance. Le mot *Grihastha* peut se traduire par chef de maison ou père de famille ; c'est pourquoi on ne donne proprement ce titre qu'à celui qui est marié et qui a déjà des enfants. Un jeune brahmane, après son mariage, cesse à la vérité d'être brahmatchari ; mais aussi longtemps que la jeunesse de sa femme la retient chez ses parents, il n'est pas censé être un vrai Grihastha, il n'a droit à cette qualification qu'après avoir acquitté *la dette des ancêtres*, en engendrant un fils. Ce sont les brahmanes de cette dernière condition qui forment le corps de la caste, qui en soutiennent les droits, qui sont les arbitres des différends qui y surgissent ; ce sont eux aussi qui doivent veiller à l'observation des usages, et les recommander par leurs leçons et par leurs exemples.

GRIOTS, ou GUIRIOTS, c'est-à-dire indépendants ; espèce de secte que l'on trouve parmi les nègres du Sénégal et des contrées adjacentes. Les Griots ne veulent être ni chrétiens, ni mahométans, ni idolâtres ; pour eux, la religion consiste à manger, à boire et à dormir ; ce sont les épicuriens de la race noire. Ils font le métier de jongleurs et de baladins, mais ils sont aussi mauvais musiciens que mauvais poëtes. Il y a aussi des femmes Griotes, et en grand nombre. On voit toujours une foule de ces bardes noirs à la cour des rois nègres, auxquels ils prodiguent les louanges et les flatteries les plus basses et les plus absurdes, avec autant d'intrépidité que le pourraient faire les courtisans d'Europe. Les nègres les regardent comme des sorciers, comme des ministres du diable, et croient qu'en cette qualité, ils attireraient la malédiction sur la terre, ou même sur les eaux qui auraient reçu leurs corps. Aussi ils les enferment, après leur mort, dans les troncs creux du baobab, et les y laissent dessécher.

GRISGRIS, ou GRIGRIS, amulettes des noirs de l'Afrique. Les voyageurs s'accordent tous à représenter ces Grisgris comme des charmes ou des espèces de talismans ; mais ils varient dans la description qu'ils en donnent. Les uns prétendent que les Grisgris sont simplement des bandes de papier chargées de caractères arabes ; plusieurs assurent que ce sont de petits billets arabes, entremêlés de figures magiques ; quelques autres les représentent fort grands, et disent qu'ils contiennent quelquefois une feuille ou deux de papier commun, remplies de grandes lettres arabes, qui sont écrites avec une plume et une sorte d'encre composée des cendres d'un bois particulier ; d'autres, enfin, croient que les Grisgris ne sont que des passages du Coran, et d'autres sentences en caractères arabes. De tous ces rapports on peut conclure que les Grisgris, regardés avec la même vénération par tous les nègres, reçoivent quelque variété dans leur forme, suivant les contrées où ils sont fabriqués. Quoi qu'il en soit, et en quelque lieu qu'on les compose, il est certain que les marabouts ont seuls le pouvoir de tracer sur du papier les traits ou les caractères qui constituent l'essence des Grisgris. Les particuliers qui les achètent ont soin de les envelopper avec de la soie, dans de petites bourses de cuir, ou dans des étuis d'or ou d'argent, suivant leur dévotion ou leurs facultés. Notre compatriote Caillé, dans son voyage à Tombouctou, s'accuse d'avoir gagné sa vie, le long du chemin, à fabriquer des Grisgris pour les nègres crédules.

Chaque Grisgris a sa vertu particulière : l'un empêche de se noyer ; l'autre préserve de la blessure des flèches et des lances, ou de la morsure des serpents. Il y en a qui doivent rendre invulnérable à toute espèce d'arme offensive, qui aident les nageurs et les plongeurs, ou qui procurent une pêche abondante. Plusieurs éloignent l'occasion de tomber en esclavage, procurent de belles femmes et beaucoup d'enfants, enfin sont propres à favoriser l'accomplissement de tous les désirs, ou à mettre à l'abri de tous les dangers. La confiance des nègres est si aveugle pour ce charme, qu'un grand nombre d'entre eux ne feraient pas difficulté, avec un tel préservatif, d'affronter un coup de flèche. Le plus pauvre des nègres, s'il est obligé d'aller à la guerre, achète des marabouts un Grisgris, dans l'idée qu'il le garantira de toutes sortes de blessures. Si le charme n'a point d'effet, les marabouts en rejettent la faute sur la mauvaise vie du nègre, que Mahomet n'a pas jugé digne de sa protection. Dans les maladies, les douleurs et les moindres enflures, l'usage des nègres est d'appliquer un Grisgris sur la partie affligée. En vertu de cet excès de confiance, on peut aisément s'imaginer qu'il n'y a rien dont un nègre ne soit prêt à se priver pour obtenir un Grisgris de première qualité ; car il y en a de tout prix, et conséquemment de plus efficaces les uns que les autres. Les Grisgris qui se portent sur la tête sont en croix depuis le front jusqu'au cou, et depuis une oreille jusqu'à l'autre. Ceux qu'on met au cou ont la forme d'un collier, et les épaules et les bras n'en sont pas moins garnis ; de sorte que cette religieuse parure devient un véritable fardeau. Les rois et les grands en ont la tête et le corps tellement couverts, qu'étant presque incapables de se remuer, ils ne peuvent monter à cheval qu'avec le secours de quelqu'un. Ils couvrent également leurs chevaux de Grisgris, afin de les rendre hardis et invulnérables. Ceux qu'ils mettent sur l'estomac sont de la taille d'un grand livre in-4° et d'un pouce d'épaisseur, et ils leur donnent ordinairement la forme d'une croupe de cheval. A l'égard des Grisgris que les nègres mettent sur leur tête en allant au combat, ils les font faire de la figure de cornes de cerf ou de taureau sauvage, pour se donner un air plus terrible. Cependant ils reconnaissent que leurs Grisgris ne sont point à l'épreuve des armes à feu, et ils avouent ingénument que rien ne peut résister aux *poufs*, nom qu'ils donnent aux balles.

On confond quelquefois les Grisgris avec les fétiches. *Voy.* FÉTICHES.

On donne encore ce nom aux sorciers ou magiciens des nègres, à ceux qui se mêlent de communiquer avec le diable, qui découvrent les choses cachées, et qui annoncent l'avenir. Ils se vêtent, chacun à sa volonté, d'une manière bizarre et fantastique. Le major Gordon Laing en vit un dont la tête soutenait un énorme échafaudage de crânes, d'ossements et de plumes ; il avait les cheveux et la barbe tressés en forme de serpents ; son approche était annoncée par le carillon et le son des morceaux de fer qui, attachés à ses jointures, marquaient chacun de ses mouvements.

GRONINGIENS, nom d'un parti de mennonites moins exaltés que les autres, et qui, entre autres points de dissidence, voulaient restreindre l'application et les effets de l'excommunication. On les appelait *Groningiens*, parce qu'ils avaient des assemblées périodiques à Groningue. On leur donnait encore les noms de *Grossiers* et de *Waterlanders.*

GROSSIERS, les mêmes que les *Groningiens*; on leur donnait ce nom par opposition aux mennonites du parti rigide, qu'on appelait les *Fins*, les *Raffinés* ou les *Subtils.*

GRUNDULES, sorte de dieux Lares, établis, dit-on, par Romulus en l'honneur d'une truie qui avait mis bas trente petits ; on leur érigea même une chapelle. Le nom des Lares *Grundules* vient du vieux verbe *grundire* pour *grunnire*, grogner.

GUACAS, ou HUACAS, idoles des anciens Péruviens ; c'étaient généralement de grandes pierres sculptées, mais il y en avait aussi de façonnées en bois. Les Péruviens faisaient pour les Guacas de grands coussins fort bien travaillés, sur lesquels ils les plaçaient. Le coussin était très-orné et peint des couleurs les plus brillantes, quand il était destiné aux dieux principaux ; plus simple, quand il devait recevoir ceux d'un ordre inférieur. Ils mettaient l'idole sur ce coussin, dans un panier tressé avec des baguettes blanches, en forme presque triangulaire, et dont ils bouchaient le petit bout qui était couvert avec un filet, pour que le Guaca ne pût sortir par là. Quand l'idole était placée dans ce panier, ils recouvraient le tout d'un tissu de laine, et ensuite ils l'habillaient comme un seigneur avec une tunique de *cumln*, étoffe tissée de la plus fine laine des moutons du pays. Ils posaient par-dessus un *elanto* ou manteau garni de bijoux, et fermé avec des agrafes d'or ou d'argent, ensuite ils plaçaient les plus belles plumes sur sa tête, et mettaient à côté de ces idoles des vases de *chica* et des frondes ou *guaracas*. Le dieu résidait dans ces espèces de poupées, et parlait aux prêtres, mais à eux seulement; le peuple le croyait.

Quand les prêtres devaient consulter le Guaca, les serviteurs attachés au temple le nettoyaient avec un grand soin, et suspendaient devant lui une pièce d'étoffe de diverses couleurs, pour que le peuple ne vît pas celui qui le consultait ; mais le dieu répondait si haut, que tout le monde pouvait entendre ce qu'il disait. Quand les Péruviens avaient obtenu la réponse de l'oracle, ils célébraient des fêtes et des danses, sacrifiaient des coyes et des brebis, dont ils offraient le sang au dieu.

Les Guacas avaient une espèce de majordome pour les servir, et des enfants des deux sexes particulièrement chargés du soin de les habiller; des bergers pour garder les troupeaux qui leur appartenaient, et d'autres serviteurs qui remplissaient toutes les fonctions nécessaires dans les sacrifices.

Du temps des incas on adorait, à Guamachuco, neuf Guacas ou idoles principales ; chacune possédait un grand nombre de trompettes, et ce qui valait beaucoup mieux, des troupeaux et de grandes richesses que les incas leur avaient données. Chacune d'elles avait ses prêtres et ses serviteurs particuliers; elles se nommaient *Ulpillo*, *Pomacama*, *Coaquilca*, *Quangachugo*, *Noniadoi*, *Garacayoc*, *Guanacatequil*, *Casipoma* et *Llaiguen*.

GUACHARO. Dans la montagne de Tumeriquiri, située dans le gouvernement de Cumana, en Amérique, se trouve la caverne du *Guacharo*, fameuse parmi les indigènes. Elle est immense, et sert de retraite à des milliers d'oiseaux nocturnes dont la graisse donne l'huile du Guacharo. Il en sort une assez grande rivière. L'entrée est si vaste, qu'on peut faire 200 pas sous la voûte sans qu'il soit nécessaire d'allumer des torches. Au delà de ce point seulement commence la région obscure, où vit le Guacharo ; quand on pénètre sous ces profondeurs, un bruit épouvantable et des cris aigus comme ceux de la corneille révèlent la présence de ces oiseaux ; les indigènes n'osent y pénétrer, persuadés que leur témérité serait punie par une prompte mort ; ils attribuent ces cris aux âmes des défunts, qu'ils croient toutes forcées d'entrer dans cette caverne pour passer dans l'autre monde. Mais elles n'en obtiennent la faculté que lorsque leur vie a été sans reproche ; dans le cas contraire, elles sont retenues dans la caverne plus ou moins de temps, selon la gravité de leurs fautes. Ce séjour ténébreux, incommode, douloureux, leur arrache des gémissements et les cris plaintifs qu'on entend au dehors.

Les naturels doutaient si peu de la vérité de cette tradition, qu'immédiatement après la mort de leurs parents ou de leurs amis, ils se rendaient à l'embouchure de la caverne, pour s'assurer que leurs âmes n'avaient point rencontré d'obstacle. S'ils ne croyaient pas avoir distingué leurs voix, ils se retiraient tout joyeux, et célébraient l'événement par l'ivresse et par les danses qui exprimaient leur joie ; mais, s'ils avaient cru entendre dans la caverne la voix du défunt, ils se hâtaient de noyer leur douleur dans des boissons enivrantes, au milieu de danses propres à peindre leur désespoir. Ainsi, quel que fût le sort de l'âme du défunt, ses parents et ses amis se livraient aux mêmes excès ; il n'y avait de différence que dans le caractère de la danse.

Tous les Américains du gouvernement de Cumana et de l'Orénoque non convertis à la foi, et même un grand nombre de ceux qui se disent chrétiens, ont encore pour cette opinion autant de respect que leurs ancêtres peuvent en avoir eu. Parmi ces peuples, jusqu'à 200 lieues de la caverne, *descendre au Guacharo* est synonyme de mourir. Cette superstition a été jusqu'ici aux Européens un obstacle pour explorer la caverne dans toute son étendue ; car aucun indigène ne veut consentir à leur servir de guide dans la région ténébreuse.

GUACHECOAL, idole des anciens Peruviens ; c'était une grande pierre dressée au milieu de chaque village, et que les habitants regardaient comme le dieu tutélaire de l'endroit.

GUACHEMINES, peuples mythologiques de l'ancienne cosmogonie des Péruviens. Voy. GUAMANSOURI.

GUALICHOU, ou HUOCOUVOU, mauvais génie, dans la religion des Patagons. Il rôde sans cesse au dehors, et commande à beaucoup d'esprits malfaisants qui errent dans le monde ; il est le principe et la cause de tous les maux qui affligent l'humanité.

GUAMANSOURI, génie de la cosmogonie péruvienne. Il avait été créé par Atagoujou, le démiurge qui l'envoya sur la terre pour procéder à la création des Péruviens. Il arriva dans la province de Guamachuco, où il trouva des peuples appelés *Guachemines*, qu'on prétendait être des chrétiens. Ceux-ci, le voyant pauvre et abandonné, en firent un esclave, et le forcèrent à travailler pour eux. Ces chrétiens avaient une sœur nommée *Camptaguan*, qu'ils gardaient avec le soin le plus scrupuleux, ne la laissant voir à personne ; mais, un jour qu'ils étaient absents, Guamansouri trouva moyen d'avoir accès auprès d'elle, et de la séduire par des présents. Bientôt après elle devint grosse. Quand ses frères s'en aperçurent, ils s'emparèrent de Guamansouri et le brûlèrent. Ce fut, pour le moment, ce qui empêcha la création des Péruviens. Au bout de quelques jours, Camptaguan accoucha de deux œufs, et mourut dans les douleurs de l'enfantement. Ses frères prirent les œufs, les jetèrent sur un fumier, et il en sortit deux enfants qui se mirent à jeter des cris. Une sainte les prit et les éleva ; l'un se nommait le grand *Apo-Catéquil*, prince du mal, et l'idole la plus respectée qui fût dans le Pérou. Son frère se nommait *Piguérao-Catéquil*; il s'approcha du cadavre de sa mère, et la ressuscita. Sa mère lui remit deux *guaracas*, ou frondes que Guamansouri lui avait données avec ordre de les remettre à ses enfants, afin qu'ils s'en servissent pour tuer les Guachemines, lorsqu'ils seraient en âge de manier ces armes ; ce que Catéquil exécuta. Ceux qui échappèrent s'enfuirent au loin. *Voy.* PIGUÉRAO-CATÉQUIL.

GUANACATÉQUIL, un des neuf Guacas ou idoles principales des Péruviens de Guamachuco. *Voy.* GUACAS.

GUASTALLINES, congrégation de filles établie à Milan par Louise Torelli, comtesse de Guastalla. L'habit de ces filles est à peu près semblable à celui des religieuses de Saint-Dominique. Saint Charles Borromée leur donna des constitutions, qui furent approuvées en 1625 par le pape Urbain VIII.

Il y avait une autre communauté de Guastallines, appelée aussi *Collége de Guastalla*, fondée par la même comtesse, dont le principal but était l'éducation des jeunes filles de qualité qui restent orphelines. Il y en avait toujours 18 entretenues dans la maison pendant l'espace de 12 ans, et instruites de tout ce qu'elles devaient savoir. Ce terme expiré, elles étaient libres ou de se faire religieuses dans le couvent, ou de se marier. Si elles prenaient ce dernier parti, on leur constituait une dot de 2000 livres.

GUAYAVA-COUNNI, un des dieux des Patagons ; c'est le seigneur de la mort. Il est secondé par d'autres divinités bienfaisantes, dont chacune préside à une famille, et qui habitent des lieux déserts, des cavernes, des lacs et des collines.

GUAYOTA, mauvais génie que les Guanches, habitants de l'île Ténériffe, opposaient à Alcorac, principe du bien. Guayota faisait sa résidence dans le centre de la terre, ou dans le volcan formidable de cette île. Il était sans cesse occupé à attiser la fournaise de l'enfer.

GUÈBRES. C'est le nom que les musulmans donnent aux anciens mages, ou aux adorateurs du Feu, dans l'ancienne Perse. Par extension, ils qualifient de *Guèbres* tous les idolâtres, et même, parfois, les chrétiens, et tous ceux qui ne sont pas de leur religion. C'est le même mot qui est quelquefois prononcé *Gaures, Gavres, Ghiaours*, etc. *Voy.* PARSIS.

GUÉCOUBI, le mauvais principe, chez les habitants de l'Araucana en Amérique ; le même que le *Gualichou* des Patagons.

GUELLÉS, divinités qui, suivant les Lapons, faisaient leur séjour au-dessous de la surface de la terre. On leur offrait des sacrifices.

GUÉRINOTS, secte de fanatiques et d'illuminés, qui fut découverte, en 1634, dans le pays Chartrain et en Picardie. Ils avaient pour apôtres deux moines apostats, et Pierre Guérin, curé de Roye, d'où leur vint le nom de *Guérinots*. Ils condamnaient l'abstinence, le jeûne, les macérations, abusant des saintes Ecritures, dont ils tordaient le sens pour l'adapter à leurs penchants désordonnés. Ainsi, de ces paroles de saint Paul aux Romains : *Si ton ennemi a faim, donne-lui à manger ; s'il a soif, donne-lui à boire*, ils tiraient l'induction suivante : L'ennemi, c'est le corps ; donc il faut en satisfaire tous les appétits. Ils prétendaient avoir, par révélation, une méthode d'oraison particulière et une règle de conduite pour s'unir à Dieu : lorsqu'on est arrivé à ce point, disaient-ils, on est dispensé de produire aucun acte, parce que Dieu seul agit en nous. On les accusait des infamies des adamites. Ces illuminés, mais les femmes surtout, avaient des signes mystérieux à leur cou ; c'étaient des rubans qui portaient des noms bizarres, tels que le mignon, le galant, l'assassin, etc. Ils donnaient aux femmes le droit de prêcher, et ils entretenaient des missionnaires des deux sexes dans toutes les provinces, et spécialement dans l'Anjou, la Beauce, la Normandie, la Picardie. Le cardinal de Richelieu donna aux juges de Roye et de Montdidier l'ordre de poursuivre ces extravagants. *Voy.* ILLUMINÉS, n. 4.

GUÉROUDER, nom tamoul d'une classe de Dévatas, ou génies célestes, représentés avec des ailes et le bec recourbé comme celui d'un aigle. *Voy.* GAROUDA.

GUESCA, victime que les habitants de Cundinamarca, en Amérique, immolaient dans un sacrifice solennel, offert au soleil, tous les quinze ans, époque du renouvellement du cycle. C'était un enfant arraché à la maison paternelle, dans un village qui avait le privilége exclusif de fournir cet impôt du sang ; on l'appelait *guesca*, c'est-à-dire errant, sans demeure. On l'élevait avec beaucoup de soin dans le temple du Soleil, jusqu'à l'âge de dix ans. Lorsqu'il était parvenu à cet âge, on le promenait par tous les chemins que Bochica, le législateur, avait parcourus pour appeler les peuples à la civilisation. A quinze ans révolus, la victime faisait une nouvelle promenade solennelle : on la conduisait vers une colonne qui paraît avoir servi à mesurer les ombres solsticiales ou équinoxiales, et les passages du soleil par le zénith. Les prêtres suivaient la Guesca, masqués comme les anciens pontifes de l'Égypte. Les uns représentaient Bochica ; d'autres figuraient la lune ; ceux-ci avaient la face couverte de masques représentant des grenouilles, par allusion au premier signe de l'année muysca ; ceux-là offraient la ressemblance de Fomagata, le génie du mal. Dès que la procession était arrivée au terme de sa course, on liait le Guesca à la colonne, qui s'élevait au milieu d'une enceinte circulaire, et on le perçait d'une nuée de flèches. On lui arrachait immédiatement le cœur, qu'on offrait à Bochica, le roi-soleil ; son sang était recueilli dans des vases, et la cérémonie ainsi terminée, l'assemblée se dispersait.

GUI DE CHÊNE, plante parasite qui s'attache au chêne, et qui était regardée comme sacrée par les druides. Ils le recueillaient avec beaucoup d'appareil et de solennité. « Le gui, dit Pline le Naturaliste, est fort difficile à trouver (1). Quand on l'a découvert, les druides vont le chercher avec des sentiments mêlés de respect. C'est, en tout temps, le 6e jour de la lune, jour si célèbre parmi eux, qu'ils l'ont marqué pour être le commencement de leurs mois, de leurs années, de leurs siècles même, qui ne sont que de trente ans. Le choix qu'ils font de ce jour vient de ce que la lune a pour lors assez de force, quoiqu'elle ne soit pas encore arrivée au milieu de son accroissement. Enfin, ils sont tellement prévenus en faveur de cette date, qu'ils lui donnent, en leur langue, un nom exprimant qu'elle guérit de tous les maux. Lorsque les druides ont préparé sous l'arbre tout l'appareil du sacrifice et du festin qu'ils doivent y faire, ils font approcher deux taureaux blancs, qu'ils attachent alors par les cornes pour la première fois. Ensuite un prêtre, revêtu d'une robe blanche, monte sur l'arbre, coupe le gui avec une faucille d'or, et on le reçoit dans un *sagum* blanc. Cette cérémonie est suivie de sacrifices offerts par les druides, qui demandent à Dieu que son présent porte bonheur à ceux qui en seront honorés. Au reste, ils tiennent que l'eau du gui rend féconds les animaux stériles qui en boivent, et qu'elle est un spécifique infaillible contre toutes sortes de poisons ; ce qui prouve, continue Pline, que la religion des hommes n'a souvent pour objet que des matières frivoles. » A l'article AU GUI L'AN NEUF, nous donnons de plus grands détails sur la récolte du gui par les druides. *Voyez* aussi DRUIDES.

Les anciens Germains, qui professaient la même religion que les Gaulois, avaient également une grande vénération le gui de chêne, qu'ils désignaient par le nom de *guthil* ou *gutheil*. Ils lui attribuaient des vertus merveilleuses, particulièrement contre l'épilepsie. Ils le recueillaient avec les mêmes cérémonies que les Gaulois. Dans quelques cantons de la haute Allemagne, où il s'est conservé plusieurs superstitions païennes, les habitants sont encore aujourd'hui dans l'usage de courir de maison en maison, et de frapper aux portes et aux fenêtres, en criant : *Gutheil ! gutheil !*

Les peuples du Holstein et des contrées voisines ont conservé à cette plante le nom de *marentaken*, arbrisseau des spectres, sans doute à cause des propriétés magiques qui lui étaient attribuées.

Les Scandinaves s'imaginaient qu'un homme, muni de gui de chêne, non-seulement ne pouvait être blessé, mais encore était sûr de blesser tous ceux contre lesquels il lançait une flèche. Cette croyance avait sa base dans leur théogonie, dans laquelle le dieu Balder, le bon, est mis à mort par le génie du mal au moyen d'une branche de *mistel* ou de gui, seul arbrisseau dont on n'eût point exigé le serment de ne point nuire au fils de Fréa. *Voyez* BALDER.

GUIGHIMO, Nom sous lequel les nègres de la Gambra, et même de presque toutes les contrées appelées Nigritie, adoraient autrefois le *Seigneur du ciel*, c'est ce que signifie ce vocable : maintenant ils lui ont substitué l'*Allah* des Arabes.

GUILLELMITES, ou GUILLEMINS, appelés aussi *Blancs-manteaux*. Ordre religieux qui eut pour fondateur saint Guillaume de Malaval, gentilhomme français, qui se retira dans la solitude de Malavalle près de Sienne, où il mourut en 1157. Les solitaires qui s'étaient associés à lui bâtirent un ermitage avec une chapelle sur le tombeau du saint, et, leur nombre s'étant accru, ils se répandirent bientôt en Italie, en France, en Allemagne et dans les Pays-Bas. Ces ermites allaient nu-pieds, et jeûnaient presque continuellement ; mais le pape Grégoire IX mitigea l'austérité de leur règle, et les mit sous celle de saint Benoît. Cette congrégation a depuis été réunie à celle des ermites de saint Augustin, à l'exception de douze maisons dans les Pays-Bas qui suivirent toujours l'ancienne règle des Guillelmites. Ces douze maisons étaient gouvernées par un provincial élu pour quatre ans. — En 1256, ils s'étaient établis au village de Montrouge, près de Paris, d'où le roi Philippe le Bel les transféra à Paris, en 1298, et le nom du monastère qui prit le nom de *Blancs-manteaux*, de la couleur de leur habit ; ils y restèrent jusqu'en 1618, que le prieur de ce monastère y introduisit les Bénédictins de la congrégation de Saint-Maur, sous prétexte de les réformer ; ce qui restait des Guillemins se retira à Montrouge, où le dernier mourut en 1680.

GUILLEMETTE. La secte de Guillemette de Bohême parut à Milan, dans le XIIIe siècle. Cette fanatique se contrefit si bien pendant toute sa vie, que, malgré ses impiétés, elle mourut en odeur de sainteté, vers l'an 1300, et fut enterrée comme une sainte par les moines de Cîteaux. Elle s'était associé un nommé André Séramite, avec lequel elle présidait, dans un souterrain, des assemblées nocturnes composées de jeunes gens et de jeunes femmes veuves ou mariées. Guillemette, revêtue des ornements sacerdotaux, montait à l'autel, y récitait plusieurs prières,

---

(1) Ceci ne doit s'entendre que du gui du chêne, car celui qui croît sur les autres arbres est fort commun.

après lesquelles on mettait, par son ordre, les chandelles sous le boisseau, et l'on se livrait à des impudicités de toutes sortes. Toutes les femmes admises dans ces assemblées, tenues avant le jour, étaient ordonnées prêtresses et portaient la tonsure cléricale. Ce fut un marchand de Milan, nommé Burad, qui, ayant un jour suivi sa femme dans ces assemblées, découvrit toutes ces abominations. Il invita alors à un repas plusieurs de ses amis et de ses voisins dont il avait reconnu les femmes, et, après le repas, il décoiffa sa femme, persuada aux convives d'en faire autant chacun à la sienne, et leur montra la tonsure qu'elles portaient. On donna avis de tout à Matthieu, prince de Milan. L'inquisition fit saisir André Séramite, qui, à la question, avoua que ces infamies duraient depuis onze ans. André et plusieurs autres, convaincus des mêmes crimes, furent brûlés avec les os de Guillemette qui furent déterrés. Puricelli n'accuse Guillemette que de fanatisme; et en effet, le procès fait par l'inquisition ne fait point mention de crimes d'impureté. Ces malheureux soutenaient que Guillemette était le Saint-Esprit incarné, qu'elle n'était morte que selon la chair, qu'elle ressusciterait avant la résurrection générale, et monterait au ciel à la vue de ses disciples; qu'elle avait laissé un vicaire en terre, et que c'était une religieuse de l'ordre des Humiliés, nommée Manfréda, laquelle célébrait la messe sur le tombeau de Guillemette; que Manfréda serait élevée sur la chaire de saint Pierre; qu'elle éloignerait tous les cardinaux, et qu'elle n'aurait que quatre docteurs qui composeraient quatre nouveaux évangiles. Les disciples de Guillemette célébraient sur son tombeau, le jour de la Pentecôte, la commémoration de sa mort, arrivée cependant le jour de saint Barthélemy; mais c'était peut-être le jour de la translation de son corps du cimetière de Milan au couvent de Caravalle.

GUIMBOUROUDER, dieux ou génies de la quatrième classe, suivant les Tamouls; ils paraissent être les mêmes que les *Gandharvas*, musiciens célestes.

GUIMPE, partie de l'habillement d'une religieuse. C'est une espèce de mouchoir rond, d'une toile fine et blanche, qu'elles attachent des deux côtés de la tête, et qui leur sert à se couvrir la gorge.

GUINÉRER, génies de la troisième classe des divinités indiennes, suivant les Tamouls. Ils jouent des instruments de musique. Ce sont les mêmes que les *Kinaras*.

GUINGUERER, génies malfaisants de la théogonie hindoue, suivant les Tamouls. Ce sont des géants doués d'une force extraordinaire; ils servirent les Asouras, en qualité de soldats, lors de la guerre de ceux-ci contre les dieux. Leur séjour est dans le Patala ou enfer.

GUIRIOTS, sorciers et bardes des nègres de l'Afrique. *Voyez* GRIOTS.

GULLWEIGA, ou la *peseuse d'or*; une de filles des géants, dont l'arrivée, suivant la mythologie des peuples du Nord, troubla l'harmonie du monde primitif. Tuée par les dieux qui la jetèrent trois fois sur un bûcher, trois fois elle renaquit de sa cendre, et elle vit encore.

GULSCHÉNIS, ordre de derwischs ou religieux musulmans, fondé par Ibrahim Gulschéni, mort au Caire l'an 940 de l'hégire (1533 de Jésus-Christ). On appelle encore ces religieux *Rouschénis*, du nom de Dédah Omar Ronschéni, qui fut le précepteur et le consécrateur d'Ibrahim Gulschéni.

GUNNUR, l'une des déesses des combats, dans la mythologie scandinave. Ses compagnes étaient *Gondula*, *Gierskogul*, *Goll*, *Geirahod*, *Hildur*, *Hilda*, *Hlock*, *Herfioter*, *Hiorthrimul*, *Reginleif*, *Rota*, *Radgryd*, *Raandgryd*, *Skoggold*, *Swipul*, *Sangryd* et *Thrudur*; c'étaient des vierges d'une beauté ravissante, qui, dans le Walhalla, ou palais d'Odin, accueillaient les héros morts en combattant et les vaillants guerriers, auxquels elles servaient à boire. On les représentait à cheval, et armées de pied en cap.

GURCHO, ou CURCHO, un des dieux des anciens Prussiens.

GURME, chien redoutable, le Cerbère de la mythologie des peuples du Nord. Pendant l'existence du monde, ce chien est attaché à l'entrée d'une caverne; mais au dernier jour il doit être lâché, attaquer le dieu Thor, et le mettre à mort.

GWON SO ZIO, nom d'une haute dignité ecclésiastique dans le clergé bouddhique du Japon.

GYALONGS, ou GHÉLONGS, religieux ou prêtres des bouddhistes du Tibet. Ils se partagent en trois classes, les *Touppas*, les *Tohbas* et les *Ghyalongs* proprement dits. Les premiers sont des enfants qu'on admet dès l'âge de huit ou dix ans, pour les préparer à la profession religieuse. A l'âge de 15 ans ils passent dans la seconde classe, où ils remplissent les fonctions inférieures du ministère, tout en continuant l'étude de la doctrine. A 21 ans, après avoir subi un examen scrupuleux, ils sont investis de la dignité de Gyalong, et jouissent de tous les privilèges attachés à cette qualité. A partir de ce moment, ils vivent dans une réclusion presque absolue, et ne s'occupent que de pieux exercices. Le soir, les portes de leur couvent sont fermées à toute personne étrangère, afin qu'ils puissent méditer en paix et éviter toute occasion de violer les règles d'une rigoureuse chasteté. *Voyez* LAMAS, GHELLOUNGS.

GYMNOPÉDIE (du grec γυμνός, nu, et παῖς, παιδός, jeune homme), danse en usage à Sparte, et qui avait été instituée par Lycurgue. Elle faisait partie d'une fête solennelle, célébrée en mémoire d'une victoire remportée sur les Argiens, près de Thyrée. Deux troupes de danseurs nus, la première de jeunes garçons, la seconde d'hommes faits, composaient la gymnopédie. Le che[f] de chaque troupe portait sur la tête une couronne de palmier nommée thyréatique. On y chantait les poésies lyriques de Thalétas et d'Alcman, ou les péanes de Dionysodote. Ces danses avaient lieu dans la place publique, et présentaient une image adoucie de la lutte et du pancrace. La fête était consacrée à Apollon pour la poésie, et à Bacchus pour la danse.

GYMNOSOPHISTES. Les Grecs donnaient aux sages de l'Inde le nom de *Gymnosophistes*, à cause de leur nudité. Ils ne portaient en effet qu'une simple tunique qui laissait plusieurs parties du corps découvertes, sans manteau par-dessus, sans coiffure, sans chaussure. Porphyre, dans le IIIe siècle de l'ère chrétienne, les distingue, comme Bardesane dans saint Jérôme, en *Brachmanes* et en *Samanéens*; Philostrate, plus ancien que Porphyre, en *Brachmanes* et en *Hyrcaniens*; mais ce nom ne se trouve employé par aucun autre auteur pour désigner les philosophes indiens; Origène, qui est du même temps, en *Brachmanes* et en *Samanéens*; Clément d'Alexandrie, maître d'Origène, en *Brachmanes* et en *Sarmanes* : il dit ailleurs que les Samanéens sont les prophètes ou les philosophes des Bactriens; Strabon, dans le premier siècle, en *Brachmanes* et en *Germanes*. Il donnait aussi à d'autres le nom d'*Hylobiens*, parce qu'ils étaient retirés dans les forêts, où ils ne vivaient que de feuilles et de fruits sauvages. Les brachmanes n'étaient originairement qu'une même tribu; tout Indien, au contraire, pouvait être samanéen, parce que ce nom exprime une profession et un genre de vie particulier.

Tous ces détails sont encore aujourd'hui parfaitement exacts. Les Gymnosophistes sont les religieux de l'Inde que nous appelons communément Bonzes; ils appartiennent en effet à deux sectes bien distinctes, les brahmanes et les bouddhistes ou *Sramanas*, appelés par les anciens *Samanéens*, *Sarmanes* ou *Germanes* ; chacun est libre d'embrasser le bouddhisme, mais il est impossible de devenir brahmane quand on n'est pas né dans cette caste. Mais voyons les détails que nous ont transmis les anciens sur les Gymnosophistes brahmanes.

Ils consacraient une grande partie de leur vie à l'étude, à la retraite, à la prière, à des exercices durs et austères, jeûnant fréquemment, quelquefois trois jours de suite sans rien prendre, et, lorsqu'ils mangeaient s'abstenant de tout ce qui avait eu vie, de l'usage du vin et du commerce des femmes. Pour la moindre faute, ils se purifiaient le visage, les mains, les pieds, quelquefois tout le corps et leurs habits. Ils regardaient cette pureté comme nécessaire pour offrir des sacrifices. Il n'était permis qu'à eux d'exercer la divination par les augures ou autrement. Les sujets pour lesquels ils l'exerçaient, étaient toujours publics et importants. Ils se disaient inspirés par la divinité même, avec laquelle ils conversaient familièrement. Ils croyaient ou voulaient que l'on crût, que rien ne leur était caché, non pas même les pensées et le nom d'un étranger. Suivant Strabon, le temps de la vie était pour eux l'état du fœtus enfermé dans le sein de sa mère; et la mort, une naissance à une vie véritable et heureuse. Ils déploraient, selon Porphyre, le sort de ceux qui étaient obligés de demeurer dans ce monde, et regardaient comme heureux ceux qui en sortaient, parce qu'ils allaient jouir de l'immortalité. Aussi se donnaient-ils quelquefois la mort volontairement, et dressaient eux-mêmes le bûcher qui devait leur servir d'autel. Après avoir passé 37 ans dans la carrière de la vie pénible qu'ils menaient, il leur était permis de passer à une vie commune et aisée, d'habiter les villes, de porter des ornements. Mais il leur était défendu de révéler aux femmes qu'ils prenaient alors (car ils ne condamnaient point la polygamie) la doctrine et les mystères de la secte. Quoiqu'ils eussent quitté leur premier régime, ils ne perdaient rien de la vénération qu'on avait eue pour eux. Lorsqu'un Indien, de quelque tribu que ce fût, désirait entrer dans la classe des Samanéens, il devait le déclarer au chef de la ville ; il faisait, en sa présence, l'abandon de tout son bien, de sa femme, qui retournait chez ses parents, et de ses enfants, qui étaient élevés et nourris par ordre du prince; et il faisait vœu de chasteté. Ces philosophes habitaient hors des villes et logeaient dans des maisons que le roi du pays avait pris soin de faire construire. Là, uniquement occupés de la prière et des choses célestes, ils n'avaient pour toute nourriture que des fruits et des légumes. Suivant Strabon et Pline, ils se soumettaient à des pénitences pareilles à celles qui sont recommandées dans les Védas. Les Gymnosophistes proprement dits sont ceux que l'on appelle maintenant dans l'Inde *Digambaras*, c'est-à-dire vêtus de l'air ambiant.

GYNÉCIE, nom que, suivant Plutarque, les Grecs donnaient à la divinité que les Romains appelaient la Bonne déesse.

GYNÉCOTHOAS, surnom de Mars, sous lequel les femmes de Tégée lui avaient élevé une statue au milieu de la place publique, après que, sous la conduite d'une veuve nommée Marpessa, elles eurent contribué à la victoire éclatante que leurs maris remportèrent sur les Lacédémoniens.

GYNIDE. Ce mot signifie la même chose qu'*Androgyne*; on honorait sous ce nom Bacchus représenté avec les deux sexes.

GYNIRAS, un des noms d'Adonis.

GYROMANCIE, sorte de divination, qu'on pratiquait en marchant en rond, ou en tournant autour d'un cercle, sur la circonférence duquel étaient tracées des lettres. A force de tourner, on s'étourdissait jusqu'à se laisser tomber; et de l'assemblage des caractères qui se rencontraient aux divers endroits où l'on avait fait des chutes, on tirait des présages pour l'avenir.

H

[Cherchez par KH les mots que l'on ne trouve pas ici par H simple.]

HABACUC en hébreu *Khabaccouc*, en grec *Ambacoum*, le huitième des petits prophètes ; il était de la tribu de Siméon, et vivait sous le règne de Joakim ; lorsque Nabuchodonosor approcha pour mettre le siège devant Jérusalem, il se sauva à Ostracine, dans l'Arabie, près du lac Sirbon. Mais, après la ruine de Jérusalem, lorsque les Chaldéens eurent abandonné la Judée, il retourna dans sa patrie, pendant que les autres Juifs, qui n'avaient pas été emmenés captifs à Babylone, se retiraient en Egypte. Il s'occupa de la culture de ses champs ; et, un jour, comme il se disposait à porter à dîner à ses moissonneurs, il fut tout d'un coup transporté par les cheveux à Babylone avec la nourriture qu'il destinait à ses ouvriers, et déposé dans la fosse aux lions où Daniel était enfermé. Après que celui-ci eut mangé, Habacuc fut transporté en Judée par la même main qui l'avait amené à Babylone. Il mourut et fut enterré dans sa patrie, deux ans avant la fin de la captivité de Babylone. Il a composé un livre de prophéties qui fait partie des livres canoniques ; mais on lui en attribue plusieurs autres que nous n'avons plus. Plusieurs le croient aussi l'auteur des appendices du livre de Daniel, qui renferment l'histoire de Susanne, la destruction de l'idole de Bel, celle du Dragon, et le récit de son transport miraculeux à Babylone. D'autres veulent qu'Habacuc le prophète soit différent de celui qui fut enlevé miraculeusement.

HABDALA (הבדלה), c'est-à-dire *distinction*, *séparation*, cérémonie qui a lieu chez les Juifs modernes, le soir du jour du sabbat, pour marquer la séparation de la lumière et des ténèbres, du jour du repos qui vient de finir et des jours de travail qui vont commencer. On y procède lorsque deux ou trois étoiles ont déjà paru dans le firmament. On allume un flambeau ou une lampe, et l'on prépare une boîte de senteurs, d'épiceries ou au moins de fruits ; le maître de la maison, debout, en présence de la famille et des domestiques, prend de la main droite un verre plein de vin ou de bière, et récite tout haut plusieurs prières. Il bénit ensuite le vin et en verse à terre tant soit peu. Après la bénédiction, il prend le verre de la main gauche et les senteurs de la droite ; il prononce une bénédiction sur ces odeurs, les flaire et les fait flairer aux assistants : après quoi il reprend le verre de la main droite, s'approche du flambeau, examine avec attention les ongles de sa main gauche. Les doigts de la main doivent être pliés en dedans ; mais il les étend aussitôt après, examine une seconde fois les ongles de la même main, tout proche de la lumière, et prononce une troisième bénédiction par laquelle il bénit Dieu, créateur de la lumière. Il pratique la même cérémonie à l'égard de la main droite. Cette inspection des ongles a pour but de s'assurer si les mains sont propres au travail de la semaine qui va commencer. Il reprend le verre de la main droite et bénit Dieu qui a séparé le jour saint des jours profanes ; la lumière, des ténèbres ; Israël, des autres peuples ; et le septième jour, des six jours de travail. En récitant ces formules il répand encore un peu de vin, en boit quelques gouttes et présente ensuite le verre à la compagnie.

La cérémonie que nous venons de décrire est suivant le rite des Juifs allemands ; elle a des variantes suivant les diverses contrées. Ces pratiques sont assurément fort minutieuses et sentent la superstition ; mais plusieurs prétendent qu'elle est emblématique et s'efforcent d'en tirer des applications édifiantes ou encourageantes pour le travail.

HABIT ECCLÉSIASTIQUE, ou **RELIGIEUX**. Chez la plupart des peuples les ministres du culte ont un costume particulier, surtout lorsqu'ils président aux cérémonies religieuses.

1. Le Pentateuque, et surtout l'Exode, aux chapitres XXVIII et XXIX, déterminent la matière et la forme de chacun des vêtements des prêtres et du souverain pontife. Les habits de ce dernier étaient de laine teinte en pourpre et en écarlate, et de fin lin. Il portait par-dessus sa robe un éphod ou scapulaire tissu de pourpre et d'or, ainsi que la ceinture, et deux onyx brillaient sur les bretelles ou épaulettes ; un rational d'or, et enrichi de douze pierres précieuses, lui tombait sur la poitrine, suspendu par deux chaînettes d'or. La frange de la robe ou du manteau était entremêlée de grenades et de sonnettes d'or très-pur. Le turban, le bonnet et les caleçons étaient de fin lin, et sur le front il portait un diadème d'or pur sur lequel était écrit : *La sainteté appartient à Jéhova*. Les autres prêtres portaient des robes, des ceintures et des tiares de fin lin.

2. Il est certain que, dans les premiers siècles du christianisme, les évêques et les prêtres ne portaient pas au dehors un vêtement différent de celui des laïques et même des païens ; les persécutions ne le permettaient pas ; mais on ne saurait douter qu'ils n'eussent des vêtements particuliers pour les cérémonies sacrées. L'Eglise était composée de fidèles tirés de la Synagogue et de la religion grecque ou romaine ; or les uns et les autres étaient habitués à voir leurs pontifes officier avec un grand appareil et des vêtements consacrés, et ils eussent conçu peu de respect pour les nouveaux mystères, s'ils les eussent vu célébrer avec les habits journaliers et la livrée du travail. Les apôtres ont donc dû tarder peu à adopter un costume à la fois orné et sévère, qui s'est depuis tou-

jours conservé dans l'Église, avec des modifications plus ou moins importantes. Nous croyons cependant que les ornements de l'Église orientale ont conservé plus religieusement la forme primitive que l'Église latine ou d'Occident.

Mais les ornements sacerdotaux ne sont pas précisément ce qu'on appelle l'habit ecclésiastique; on entend ordinairement par cette expression le vêtement que portent les clercs hors de l'église et dans le commerce ordinaire de la vie, vêtement qui les distingue tout d'abord des séculiers. Ce costume s'est trouvé adopté insensiblement et d'abord sans décret formel de l'Église; nous avons déjà observé que les clercs comme les laïques portaient le même vêtement dans les premiers siècles; c'était, dans l'empire romain, la toge ou longue robe qui couvrait entièrement le corps. Or, lorsque les Barbares pénétrèrent dans l'empire, vers le IVᵉ siècle, le peuple adopta peu à peu leur manière de se vêtir, mais les clercs conservèrent toujours le costume romain comme plus austère et plus décent. Peu à peu les évêques, les souverains pontifes et les conciles publièrent des ordonnances à ce sujet; on défendit aux clercs de porter des habits de couleurs éclatantes; le noir et le brun furent d'abord laissés au choix; puis le brun devint la couleur des religieux et le noir celui des prêtres séculiers. Les évêques adoptèrent aussi le brun ou violet comme professant une régularité plus grande que les simples prêtres. Maintenant le costume ecclésiastique se compose d'une longue robe de drap, appelée *soutane*, fendue par devant et boutonnée dans toute sa longueur, avec un collet noir ou blanc; en France le collet est remplacé par le rabat et on y ajoute une ceinture; cet habit et tous les autres vêtements doivent être noirs; les évêques portent le même habit, mais de couleur violette, et les cardinaux, de couleur rouge.

L'habit des religieux est une longue robe comme celui des prêtres, mais il en diffère, dans beaucoup d'ordres, quant à la forme, à la coupe, à la couleur; quelques ordres y ajoutent encore d'autres pièces, telles qu'un scapulaire, un capuchon, etc. Il est à remarquer que le vêtement de plusieurs ordres religieux n'a pas été composé à plaisir, mais que le fondateur a adopté le costume le plus modeste en usage de son temps; les modes ayant varié parmi les gens du monde, les religieux ont toujours conservé l'ancien usage. On peut en dire autant du costume des religieuses. D'autres ordres cependant ont inventé un costume extraordinaire, soit dans un but symbolique, soit pour séparer totalement ceux qui se consacraient à Dieu de ceux qui restaient dans le siècle.

Nous ne parlerons pas ici du costume adopté par les ministres du culte dans les autres religions; ce détail deviendrait fastidieux et il trouve sa place dans les articles spéciaux.

HABITIS, ou HABITIYÉS, sectaires musulmans, appartenant à la grande branche des motazales: ils tirent leur nom de leur fondateur Ahmed, fils de Habit. Ce chef de secte, dit M. Silvestre de Sacy, mériterait à peine d'être compté parmi les musulmans, s'il n'avait fondé sa doctrine sur des passages du Coran. Il admettait deux dieux, l'un ancien et éternel, l'autre créé dans le temps qui était le Messie, Jésus, fils de Marie. Il enseignait que le Messie est Fils de Dieu, et que ce sera lui qui, au dernier jour, fera rendre compte aux hommes de leurs actions. C'était, suivant lui, ce que signifie ce passage du Coran: *Qu'attendent-ils, si ce n'est que Dieu vienne à eux dans une tente de nuages?* Sur cette parole de Mahomet, que Dieu a créé Adam à son image, il disait que cela signifie qu'il le créa à l'image d'Adam lui-même. M. de Sacy présume qu'il entendait par l'image, l'idée éternelle de Dieu, archétype de la créature. Il disait aussi que, dans cette parole de Mahomet: *Vous verrez votre Seigneur dans le paradis, comme vous vîtes la lune à la journée de Bedr*, c'était de Jésus qu'il était question. Il enseignait aussi qu'il y avait des prophètes parmi les quadrupèdes, les oiseaux, les reptiles, et même parmi les moucherons, les cousins et les mouches, fondant cette extravagance sur la prétendue parole de Dieu dans le Coran: *Il n'y a point de peuple qui n'ait eu ses prédicateurs*; et ailleurs: *Les quadrupèdes qui vivent sur la terre et les oiseaux qui volent dans l'air sont des peuples semblables à vous*; ainsi que sur ce mot de Mahomet: *Si les chiens n'étaient un peuple semblable à vous, j'aurais assurément ordonné de les tuer*. Avec cela il adopta le dogme de la métempsycose. Il disait que Dieu avait commencé la création dans le paradis, et que ceux qui en étaient sortis avaient mérité cette exclusion par leurs péchés. Il blâmait le grand nombre de femmes de Mahomet, et il enseignait que les biens ou les maux temporels sont la récompense des bonnes œuvres et le châtiment des péchés. Enfin il soutenait l'incarnation successive de l'esprit de Dieu dans les imams.

HADA, divinité des Babyloniens, qu'on croit être la même qu'Adargatis, et qui correspond à la Junon des Grecs.

HADAD, nom du grand dieu des Syriens, et sans doute aussi des Iduméens. Il est appelé Adod par les écrivains profanes.

HADAKIEL, ange qui, suivant le sentiment des Orientaux, est supposé présider au signe de la Balance.

HADBIIS, sectaires musulmans, appartenant à la famille des motazales; ils tirent leur nom de Fadhl Hadbi. Leur croyance diffère peu de celle des HABITIS. *Voyez* ce mot.

HADÈS, ou HAIDÈS, nom grec de Pluton. Ce mot se prend aussi pour l'enfer. *Voyez* PLUTON.

HADIS, ou HADITH. Les musulmans entendent par cette expression les paroles, faits et gestes de Mahomet, c'est, après le Coran, la plus grande autorité sur laquelle on puisse s'appuyer. Les Hadis embrassent 1° toutes les paroles, tous les conseils, toutes les lois orales du faux prophète ; 2° ses actions, ses œuvres, ses pratiques; 3° son silence même sur différentes actions des hommes, ce qui, emportant une approbation tacite de sa part, implique leur légitimité et leur conformité à sa doctrine. Ces lois traditionnelles se partagent en quatre classes différentes, selon le degré d'autorité qu'on accorde à chacune d'elles. Ce sont :

1° Les lois orales d'une notoriété publique et universelle, parce qu'elles ont été généralement et également connues, avouées et enseignées dans les trois premiers siècles de l'hégire; siècles réputés les plus heureux du mahométisme, comme tenant de plus près à sa naissance, suivant cette parole de Mahomet : « Mon siècle est le meilleur, le plus heureux de tous les siècles ; le second le sera moins, et moins encore le troisième, qui sera suivi de la propagation du mensonge et de l'erreur. »

2° Les lois orales d'une notoriété publique : ces lois, quoique connues dans le premier siècle, n'ont cependant été enseignées et reçues que dans les deux suivants.

3° Les lois orales privées, comme ayant été peu connues dans le premier siècle, et moins encore dans les deux autres.

4° Les lois orales de faible tradition, parce qu'elles ont été presque ignorées, et que l'enseignement en a été rare dans les deux derniers siècles, plus encore dans le premier, leur tradition n'ayant pas, comme celle des trois premières classes, un fil suivi et non interrompu qui remonte jusqu'au prophète.

Ces traditions ont été recueillies de la bouche d'Aïscha, épouse bien-aimée de Mahomet, et de la bouche de ses proches parents et de ceux qui ont communiqué avec lui pendant sa vie. Zohari est le premier qui en ait fait un recueil. Bokhari prétend qu'il s'en est publié jusqu'au nombre de 600,000, tant vraies que fausses. Kouarezmi en a recueilli 5266. Abdallah el-Hafiz en savait un fort grand nombre, et prétendait que l'eau du puits de la Mecque, nommé Zemzem, qu'il avait bue à longs traits, lui avait fortifié la mémoire. C'est le recueil de Bokhari qui fait foi parmi les musulmans.

HADJ. La loi de Mahomet exige que chaque musulman fasse une fois dans sa vie un pèlerinage à la Mecque, pour y remplir ses devoirs religieux dans la *Kaaba* ou maison carrée; c'est ce qui est exprimé par le mot *Hadj*, qui signifie *pèlerinage*. Les formalités prescrites sont en substance : 1° de prendre le costume affecté aux pèlerins, nommé *Ihram*, dès qu'arrivé sur le territoire de la Mecque, on a aperçu la lune du mois dhoulhidja. 2° Après avoir accompli les cérémonies ordinaires, dans la Kaaba, ou doit aller visiter les montagnes *Arafat*, *Safa* et *Merwa* et la vallée de *Mina*. 3° De retour à la Kaaba, on doit célébrer la fête du sacrifice. *Voyez* PÈLERINAGE, KAABA, ID EL-CORBAN, et les autres noms propres indiqués ci-dessus.

HADJI, titre honorifique que portent les musulmans qui ont fait le pèlerinage de la Mecque. Les hommes de tout rang et de toute condition qui se sont acquittés de ce devoir, conservent pendant toute leur vie le droit d'ajouter à leur nom cette qualification. De plus, ils laissent croître leur barbe, comme étant une pratique consacrée par la loi et par l'exemple de leur prophète; tandis que le reste des Turcs et beaucoup d'autres mahométans se la font raser sans scrupule.

HADRANUS, dieu particulier aux anciens Siciliens. *Voyez* ADRANUS.

HADRIANALES, jeux établis par Antonin, à Pouzzoles, en l'honneur d'Hadrien, son père adoptif. Il lui fit élever un temple magnifique, dans lequel il institua un flamine du nom d'Hadrien, avec un collège de prêtres destinés au service du nouveau dieu. Hadrien n'avait pas attendu jusque-là pour avoir les honneurs divins, et se les était attribués de son vivant. Après avoir construit à Athènes un temple magnifique en l'honneur de Jupiter Olympien, il s'y consacra à lui-même un autel et une statue. Bientôt ce temple, qui avait un demi-mille de circuit, ne fut rempli que de ses images, parce que chaque ville grecque se fit un devoir d'en envoyer. Les Athéniens, toujours plus flatteurs que les autres peuples de la Grèce, lui érigèrent un colosse qu'ils placèrent derrière le temple. A mesure qu'il passait par les villes de l'Asie, il multipliait les édifices consacrés en son honneur. Les Hadrianales étaient de deux sortes, les unes annuelles, les autres quinquennales.

HADRIANÉES, nom des temples que l'empereur Hadrien se fit élever à lui-même, comme à une divinité. *Voyez* HADRIANALES et ADRIANIES.

HADRIANISTES. C'est le nom de quelques hérétiques, disciples de Simon le Magicien; ils parurent dans le premier siècle de l'Église.

L'histoire fait mention d'une autre secte d'Hadrianistes, qui eurent pour chef un anabaptiste nommé *Hadrien*.

HÆ-SROUNG, le troisième des quatre Bouddhas qui ont déjà paru, suivant le système thibétain. Il porte le nom de *Gachib* ou de *Gœrel sakiktchi*, en mongol, et de *Kanakamouni*, en sanscrit. Il régnait lorsque la vie des hommes était réduite à 20,000 ans.

HAFÉDA, idole des Adites, tribu arabe qui, dans les temps les plus reculés, habitait la contrée d'Hadramaut, dans le Yémen, et qui fut détruite à l'époque du prophète Houd (l'Héber de la Bible). On invoquait cette idole pour obtenir un heureux voyage.

HAFIZ. Les musulmans donnent ce titre, qui signifie *hommes sachant de mémoire*, à ceux qui savent tout le Coran par cœur. Ils les regardent comme des personnes sacrées que Dieu a faites dépositaires de sa loi. Les hommes pieux s'en font un devoir. Plusieurs des khalifes et des sultans ottomans ont eu également cette ambition. Tous ces Hafiz en général sont attentifs à réciter en entier le Coran, une fois tous les quarante jours, dans l'espoir d'accumuler sur eux des mérites pour cette vie et pour l'autre. Ahmed Ier avait coutume de faire réciter en sa présence, toutes les semaines, la nuit du jeudi au vendredi, différents chapitres de ce livre par douze de ces Hafiz, tous officiers de sa maison. Ceux qui se soumettent à réciter régulièrement chaque jour une partie du Coran, joignent encore au surnom d'*Hafiz* celui de *Daur-khan*, c'est-à-dire récitateurs exacts ou de tous les jours.

HAFSIIS, ou HAFSIYÉS, sectaires mahométans, disciples d'Abou-Hafs, fils d'Aboul-Micdem. C'est une fraction des *Ibadhiyés*, qui sont eux-mêmes une branche des *Kharidjis* ou protestants du musulmanisme. Ils enchérissent sur les Ibadhiyés en disant que la connaissance de Dieu est un moyen terme entre la foi et l'idolâtrie; que celui qui connaît Dieu sans croire aux prophètes, à l'enfer, est un *infidèle* sans pour cela être un *idolâtre*. Ce sentiment, assez raisonnable, est contraire à l'opinion commune des musulmans, qui traitent d'idolâtres tous ceux qui ne sont pas de leur religion.

HAFTORANG, génie de la mythologie des Parsis; il est le gardien de la région septentrionale du ciel, et a l'inspection sur les étoiles qui se trouvent dans cette plage. Il réside dans la Grande Ourse; d'autres disent qu'il fait son séjour dans l'orbe de Behram ou Mars.

HAFVA, divinité de la Belgique, dont on a trouvé le nom dans une inscription ainsi conçue : *Herculi Magusano et Hafvæ*. Il est probable que cette divinité n'était autre que le ciel, dont le nom est *Heaven*, dans les langues teutoniques.

HAGGADA, lecture que les Juifs sont tenus de faire le soir de la veille de Pâques, au retour de la prière. Ils se mettent à une table sur laquelle il doit y avoir quelques morceaux d'agneau rôti, avec des pains azymes, des herbes amères, comme de la chicorée, de la laitue, etc.; ils prononcent cet Haggada en tenant à la main un verre de vin. C'est le récit des misères que leurs pères endurèrent en Egypte sous la domination des Pharaons, et des merveilles que Dieu opéra pour les en délivrer. Cette narration a lieu en conséquence de ces paroles du Seigneur, Exode, chap. XIII : « Tu raconteras cela à ton fils, ce jour-là même en disant : Voilà ce que le Seigneur a fait pour moi quand je suis sorti de l'Egypte. »

HAGNITAS, surnom d'Esculape, pris du bois dont sa statue était formée (ἄγνος, sorte d'osier appelé *vitex*). Les Lacédémoniens lui avaient érigé un temple sous ce titre.

HAGNO, fontaine mystérieuse, située en Arcadie, sur le mont Lycée. Dans les temps de sécheresse, le prêtre de Jupiter Lycéus, tourné vers la fontaine, adressait ses prières au dieu, et lui offrait des sacrifices; il jetait ensuite une branche de chêne sur la surface de l'eau; cette légère agitation en faisait sortir des exhalaisons qui s'épaississaient en nuages, lesquels, retombant en pluie, arrosaient et fertilisaient la contrée. Cette fontaine tirait son nom de la nymphe Hagno, une de celles qui, suivant les Arcadiens, avaient nourri Jupiter. Elle était représentée à Mégalopolis, tenant une cruche d'une main et une bouteille de l'autre.

HAGOMEL (BÉNÉDICTION DU), prière que les Juifs récitent devant l'arche ou devant la Bible, pour rendre grâces à Dieu quand on vient de voyage, ou qu'on sort de prison, ou qu'on relève de maladie, ou qu'on est délivré de quelque danger. Elle correspond à la prière d'action de grâces des chrétiens. Voici en quoi elle consiste.

Celui qui rend grâces dit : « Béni soit le Seigneur notre Dieu, roi de l'univers, qui rend de bons services même à ceux qui en sont indignes, et qui m'a rendu toutes sortes de bons services. »

Le ministre répond : « Que ce Dieu qui vous a rendu de si bons services, et qui vous a comblé de ses grâces et de ses miséricordes, soit béni et soit exalté au-dessus de toutes bénédictions et louanges ; et que lui-même, par ses miséricordes, vous garde et vous rende éternellement de bons services. Amen. Sélah. »

HAHUNGA, cérémonie en usage chez les Néo-Zélandais, pour descendre des arbres où ils sont exposés les restes des corps morts de leurs parents et les déposer dans l'intérieur du bois sacré. Cette translation a quelque chose d'imposant pour les étrangers. Voici en quoi elle consiste : les notables frappent le cercueil avec une baguette, en prononçant des paroles magiques ; ensuite on le dépose à terre; on remplace le vêtement mortuaire du défunt par d'autres ornements, et le premier des chefs le prenant sur ses épaules, s'avance suivi de la foule et précédé d'un homme qui porte à la main une branche d'arbre, vers le lieu destiné à l'inhumation. Là, le cadavre est placé sur un tapis de feuillage, les chairs sont ensevelies dans une fosse; une vieille femme toute ruisselante d'huile et pompeusement parée, reçoit le crâne dans les plis de son manteau. Alors commence le *pihé* ou chant funèbre; suivent des discours longs et bruyants; enfin, après avoir peint les ossements en blanc et en rouge, on les lie en un faisceau pour les déposer dans leur dernier asile. Avant de se séparer, les naturels passent plusieurs jours en réjouissances, et se chargent de présents mutuels.

HAIDARIENS, dénomination que prennent les schiites, dissidents musulmans qui soutiennent qu'Ali, gendre de Mahomet, est le seul légitime successeur de ce faux prophète, que les khalifes qui l'ont précédé et qui l'ont suivi n'étaient que des usurpateurs, que le véritable imamat ne se trouve que dans les descendants de ce prince. Ils répudient le nom de *Schiites* qui veut dire sectaires ou dissidents, et préfèrent être appelés *Imamiens*, ou *Haidariens* ; cette dernière qualification vient de *Haidar*, surnom d'Ali, qui signifie le lion. On l'appelait encore

Assad Allah, le lion de Dieu ; il devait ces titres à sa valeur incontestable dans les combats.

Il y a aussi chez les musulmans un ordre de religieux nommés Haidariens, dont le chef Haïdar, mort l'an 618 de l'hégire, passe pour avoir introduit l'usage du haschisch.

HAILA, fille de Saba, changée en pierre à cause de son impiété, devint pourtant une idole des anciens Arabes, qui adoraient sa statue placée sur la montagne de Merva, proche de la Mecque.

HAIRAMBAS, ancienne secte d'Hindous qui faisaient partie des *Outchichthas*, adorateurs de Ganésa ; ils avaient abrogé tout rituel obligatoire et toute distinction de caste.

HAIRE, petit vêtement en forme de chemise, qui est tissu de crins, et extrêmement rude à la peau. C'est un des instruments de pénitence en usage parmi les moines et les personnes qui se livrent aux pratiques de la pénitence.

HAIRETIS, ou les *Etonnés*, secte de philosophes musulmans, ainsi appelés parce qu'ils doutent de tout et ne déterminent jamais rien. Ils ne peuvent souffrir que l'on dispute, ni que l'on se mette en peine de chercher la vérité. Ils ne prennent jamais à tâche de persuader ni de dissuader aucune chose, et disent, comme les académiciens et les pyrrhoniens, que le mensonge peut être fardé et embelli de telle sorte par l'adresse et la subtilité de l'esprit des hommes, qu'il passe pour une vérité infaillible; tandis qu'au contraire la vérité peut être tellement déguisée et travestie par des sophismes et de faux raisonnements, qu'elle paraît aussi difforme et aussi hideuse que l'erreur. En conséquence ils assurent qu'il n'y a rien de probable, et qu'inutilement on s'efforce de prouver quelque chose par une démonstration. Aussi disent-ils ordinairement, lorsqu'il s'agit de quelque point de controverse : *Dieu le sait; cela nous est inconnu*. Toutefois il ne laisse pas d'y avoir des prédicateurs de cette secte, qui de là sont élevés peu à peu à la charge de moufti, dans l'exercice de laquelle ils se comportent, comme en toute autre chose, avec leur négligence ordinaire; de sorte qu'ils sont toujours prêts à signer des sentences en faveur de ceux qui les consultent, en ajoutant presque toujours au bas : *Dieu connaît ce qui est préférable*.

Quant à ce qui regarde leur vie et leur conduite, ils observent ponctuellement les cérémonies de la religion musulmane, et les prescriptions des lois civiles. Ils retiennent pourtant toujours quelque chose de leurs inclinations naturelles, et se laissent quelquefois aller à l'impétuosité de leurs passions. Ils boivent du vin, afin, disent-ils, de ne point paraître d'humeur chagrine et insociable ; mais ils prennent ordinairement les sorbets dans lesquels il entre de l'opium, ce qui sert à augmenter leur stupidité dans les affaires ; de sorte que lorsqu'ils ont le cerveau rempli des vapeurs de cette drogue, ils demeurent d'accord de tout ce qu'on leur propose, quelque contradiction qu'il puisse y avoir dans les questions qui leur sont soumises. Ce n'est pas, disent-ils, qu'ils soient persuadés de la vérité d'une proposition plutôt que de l'autre, mais ils le font par complaisance pour leurs amis.

HAKÉ, dieu égyptien, qui formait avec Chnoufis, son père, et la déesse Neith, sa mère, une triade adorée dans le grand temple d'Esneh.

HAKEM BIAMR ILLAH, c'est-à-dire celui qui gouverne par l'ordre de Dieu : nom du sixième khalife de la dynastie des Fatimites, qui régnait en Egypte. Il naquit l'an 375 de l'hégire (985 de Jésus-Christ), et monta sur le trône à l'âge de onze ans. Sa vie fourmille d'inconséquences et d'actes qu'on ne peut attribuer qu'à la folie ; elle offre un mélange inconcevable de traits de cruauté et de clémence, de tyrannie et de tolérance, de démence et de sagesse. Les Druzes soutiennent que la divinité s'est incarnée en lui et le regardent comme dieu.

La dynastie des Fatimites suivait la doctrine des Batenis ou Baténiyés, qui appartenaient à la secte des ismaéliens, branche des schiites, partisans d'Ali. Plusieurs de ces hétérodoxes avaient poussé leur admiration et leur respect pour Ali jusqu'aux dernières limites. On avait commencé par le regarder comme le légitime successeur de Mahomet, à l'exclusion des autres khalifes qui l'avaient précédé et qui l'avaient suivi; puis d'autres en firent l'égal du prophète; d'autres le placèrent fort au-dessus de celui-ci ; d'autres enfin soutinrent qu'il était animé de l'esprit de Dieu, qu'il renfermait en lui son essence, qu'il était Dieu lui-même. Une fois arrivé à ce point il était difficile de s'arrêter ; on fit participer les descendants d'Ali aux priviléges et même à la divinité de leur ancêtre à l'aide du dogme de la métempsycose ; et, comme ces descendants légitimes ou supposés étaient en très-grand nombre, il se forma autant de sectes et de partis qu'il s'élevait de prétendants à l'imamat. Les ismaéliens soutenaient la transmission de l'imamat par Ismaël fils de Djafar Sadic. Mais les khalifes fatimites eux-mêmes soutenaient aussi qu'ils descendaient de la race des imams ; de là les prétentions exagérées de plusieurs d'entre eux, qui amenèrent enfin Hakem à se faire définitivement reconnaître pour dieu.

Mais ce ne fut que l'an 408 de l'hégire, la 22e année du khalifat de Hakem, que sa divinité fut proclamée et authentiquement reconnue. Un nommé *Daruzi* paraît être le premier qui ait suggéré cette monstrueuse idée au khalife, et c'est de lui peut-être que les sectateurs de la nouvelle religion ont pris le nom de *Druzes*. Mais celui qui contribua le plus à propager cette doctrine insensée fut un persan nommé Hamza. Il invita le peuple à embrasser la doctrine de Daruzi, et envoya à cet effet un certain nombre de *daïs* ou missionnaires en Egypte, en Syrie et dans les contrées adjacentes ; il s'efforçait même de persuader aux juifs et aux chrétiens que Hakem était le vrai Messie. Pour convaincre les uns et les autres, on établit un système d'espionnage, que le khalife et son vizir ne dédaignaient pas d'exercer eux-mêmes, en écoutant aux portes des maisons, dans les rondes nocturnes, en subornant des femmes pour inspecter l'intérieur des harems, et en entretenant des espions qui rôdaient jour et nuit dans la ville du Caire et aux environs, et lui rendaient compte de tout ce qui se passait. Quand donc le lendemain Hakem disait : « Un tel a fait telle chose dans sa maison ; il est arrivé à celui-ci et à celui-là telle ou telle aventure; » chacun demeurait stupéfait, et le peuple se persuadait qu'il connaissait effectivement les choses cachées. Cependant il n'en imposait pas à tout le monde : un homme, plus fin que les autres, lui présenta un placet dans lequel se trouvaient ces vers : « Nous avons bien voulu souffrir l'injustice et la tyrannie, mais nous ne pouvons supporter l'impiété et la folie : si tu connais les choses cachées, dis-nous le nom de celui qui a écrit ce billet. » Ce sarcasme produisit son effet, et Hakem ne parla plus de sa prétention.

Il se vantait aussi de converser avec Dieu de la même manière que Moïse l'avait fait sur la montagne de Sinaï. Il ordonna que lorsque le khatib prononcerait son nom dans la khotba (prône), tous les assistants en files se levassent par respect pour lui, ce qui se pratiqua dans tous ses États et jusque dans les deux villes saintes de Médine et de la Mecque. Les habitants du Caire poussaient encore la chose plus loin, car ils se prosternaient quand le khatib nommait le khalife, et à ce mouvement la canaille qui se trouvait en dehors dans les places publiques, les imitait et se prosternait aussi. Quand il passait dans les rues, il y avait des imbéciles qui se prosternaient et criaient : « O le seul! l'unique! ô toi qui donnes la vie et la mort!» On prétend même que plusieurs personnes, pour ne l'avoir pas fait, eurent la tête coupée. Comme Hakem avait des émissaires qui invitaient les idiots et les gens d'un esprit faible à embrasser cette doctrine absurde, il se trouva des personnes qui y souscrivirent par ambition ou par cupidité, pour faire fortune ou gagner ses bonnes grâces. Quelquefois un juif ou un chrétien, qu'il avait autrefois contraint d'abandonner sa foi, le rencontrant, lui disait : « Mon dieu, j'ai envie de retourner à mon ancienne religion. » Hakem lui répondait : « Fais comme bon te semble; » et il abjurait l'islamisme, au grand scandale des musulmans. Grégoire Bar-Hebreus le compare, à cause de cette impiété, à Pharaon. « Il disait, ajoute-t-il, suivant l'expression du prophète : Le Nil est à moi, c'est moi qui l'ai fait. » Certaines gens, en entrant chez lui, le saluaient en disant : « Salut à toi, le seul et l'unique ; salut à toi qui donnes la vie et la mort, qui distribues les richesses et la pauvreté. » La chose alla si loin, qu'un de ses adulateurs étant entré à la Mecque dans le lieu de prière des musulmans, frappa d'une lance la pierre noire et l'endommagea en disant : « Pourquoi adorez-vous et baisez-vous, ô insensés! ce qui ne peut ni vous être utile, ni vous nuire, tandis que vous négligez celui qui est en Egypte, qui donne la vie et la mort?»

Hakem livré ainsi à une extravagance impie, ne devait plus se déclarer le protecteur de l'islamisme contre les juifs et les chrétiens, ni zélé partisan des schiites. Les livres des Druzes nous apprennent effectivement qu'il renonça aux pratiques de l'islamisme, qu'il cessa de faire la prière pendant plusieurs années, et rendit un édit pour supprimer la dîme et les autres prestations légales ; qu'il enfreignit et fit enfreindre la loi du jeûne ; qu'il suspendit le pèlerinage de la Mecque durant plusieurs années. Son irréligion dut le rendre tolérant ; il rendit aux juifs et aux chrétiens qu'il avait tant persécutés auparavant, une pleine liberté de conscience, il restitua aux églises les terres qui leur appartenaient, et dispensa les chrétiens de porter sur leurs habits les marques distinctives auxquelles ils étaient assujettis.

Hakem mourut l'an 411 (1020), assassiné, comme il est probable, aux instigations de sa sœur. Mais comme le meurtre avait eu lieu en secret, et que cet événement fut toujours enveloppé de mystère, beaucoup de gens, parmi le peuple, prétendirent qu'il était toujours vivant, et cette illusion dura pendant tout le règne de son fils, c'est-à-dire durant 16 ans; d'où il arriva que plusieurs imposteurs, affectant de prendre son costume, cherchèrent à se faire passer pour lui, et se montrèrent de temps en temps dans les montagnes.

Terminons par un extrait de l'exposé de la religion des Druzes relatif à la divinité de Hakem. « Dieu est un, et il est le seul être qui doive être adoré. — Sa divinité est incompréhensible et ne peut être définie. — Il s'est manifesté plusieurs fois aux hommes sous une forme humaine, semblable à la leur. — Dans la dernière de ces personnifications, il a paru sous le nom de *Hakem*, et il a fait des actions extraordinaires, remplies d'une profonde sagesse. — Depuis la disparition de la figure nommée *Hakem*, il n'y a plus d'autre manifestation ou personnification de la divinité à attendre, jusqu'à l'époque où Hakem doit paraître de nouveau parmi les hommes, pour faire triompher la religion unitaire et punir les incrédules. » *Voyez* DRUZES, HAMZA.

HAKEM-BORCA, imposteur juif, qui parut dans le VIIIe siècle. Il prétendait être non-seulement inspiré de Dieu, à la manière des anciens prophètes, mais même uni immédiatement à lui de l'union la plus étroite qu'il fût possible de concevoir. En un mot il publiait qu'il était Dieu. On dit qu'il avait l'art de faire sortir, toutes les nuits, du fond d'un puits, un corps lumineux semblable à la lune, qui répandait sa lumière à plusieurs milles de là. On assure que, pour échapper à la vive poursuite des Sarrasins, il se jeta dans une cuve pleine d'eau forte, espérant que son corps s'y consumerait entièrement, et qu'ainsi on croirait après sa mort ce qu'il s'était efforcé d'accréditer pendant sa vie; mais, malheureusement pour l'imposteur, on trouva ses cheveux dans l'eau forte. Personne n'ignore l'histoire d'Empédocle, qui se jeta dans les flammes du mont Etna, afin qu'après être ainsi disparu tout d'un coup, on s'imaginât qu'il était devenu dieu ; mais ses souliers qu'il laissa imprudemment, ou que l'éruption volcanique rejeta hors du cratère, découvrirent l'extravagance du philosophe. Ces deux événements se ressemblent fort, et sont peut-être aussi vrais l'un que l'autre. Quoi qu'il en soit, on donna à Hakem le surnom de *Borca*, qui signifie *masque* en langue arabe, parce qu'ayant perdu un œil dans une bataille, il se couvrait le visage d'un masque d'or, pour dissimuler sa difformité : mais ses sectateurs soutenaient qu'il le faisait, comme Moïse, dans la crainte d'éblouir les hommes par la majesté de son visage.

HAKEMIS, appelés aussi *Mohakkims*, sectaires musulmans de la secte des kharidjis. Ils se soulevèrent contre Ali à Siffin, en disant que le jugement n'appartenait qu'à Dieu et non aux hommes. Ils se retirèrent à Horoura, d'où ils sont appelés aussi Horouris, et ensuite à Nahrevan. Ils avaient engagé Ali à remettre à des arbitres, qui jugeraient suivant la décision du Coran, le droit contesté entre lui et Moawia ; mais, mécontents de la conduite des arbitres et de l'issue de cet arbitrage, ils en conçurent un tel dépit, qu'ils abandonnèrent Ali et prirent pour signe de ralliement ces mots : *Le jugement n'appartient qu'à Dieu et à son apôtre.* Ils adoptèrent aussi quelques opinions particulières.

HALA-API-API, un des dieux de la mer et des voyages, dans l'archipel de Tonga. Il a deux temples desservis par deux ou trois prêtres ; l'un de ces temples est à Vavaou et l'autre à Lafouga.

HALALCOMÉNIDE, un des surnoms de Minerve, ainsi dénommée, soit d'Halalcomène, ville de Béotie, où on lui rendait un culte, soit du sculpteur Alalcomène qui avait fait sa statue, soit enfin du verbe ἀλαλκεῖν, repousser, à cause du secours qu'elle portait à ses favoris, comme à Hercule dont elle fut la protectrice contre les persécutions de Junon. On prononçait aussi ce nom *Alalcoménéis*.

HALCYONS, secte peu nombreuse, qui prit naissance aux États-Unis, dans le siècle actuel. Elle a pour but de réunir toutes les sociétés qui professent la foi en Jésus-Christ, et de déraciner le *sectarianisme*. En conséquence les Halcyons rejettent les confessions de foi, les catéchismes, les symboles. Ils admettent l'Ancien et le Nouveau Testament comme livres sacrés ; ils regardent la Bible comme un don du ciel pour aider la raison à se former une idée juste du caractère divin et des choses divines.

Adam, disent-ils, était la figure de Jésus-Christ ; l'alliance avec Jésus-Christ est un pacte qui ne peut être détruit par une transgression, et aucune transgression ne peut ravir à l'homme son droit inné à la vie heureuse dans l'éternité ; il ne peut perdre que la vie naturelle et les bénédictions naturelles.

Le premier office de Jésus-Christ sur la terre fut d'expliquer à l'homme les lois éternelles de la religion.

Les Halcyons baptisent, par immersion ou par aspersion, suivant qu'on le désire, et au nom de Jésus-Christ, qui, dans sa personne glorieuse, retrace le Père, le Fils et le Saint-Esprit. Cette forme, qui paraît être la même que celle des swedenborgistes, entraîne la nullité du baptême. Ils ne se marient pas, l'union conjugale étant à leurs yeux une loi purement humaine, mais ils se choisissent un compagnon spirituel, *spiritual mate*. Le plan de leur conduite paraît être d'accomplir le mystère d'iniquité. Leur chef était un individu détestable ; il trahit, dit-on, la confiance d'un homme à moitié fou, qui l'avait envoyé à Philadelphie pour toucher, en son nom, une somme considérable, et, avec cet argent, il acheta une vaste étendue de terrain, où il invita ses adhérents à s'établir. Il y a quelques Halcyons dans le comté de Miamy, dans la chaîne des Alleghany et à Marietta.

HALDAN, divinité privée, ou un des dieux pénates chez les Cimbres.

HALDANITES, secte religieuse née et morte en Écosse dans le commencement de ce siècle. Vers 1799, deux frères, Robert et James Haldane, habitants d'Aithrie, pénétrés d'un zèle religieux, résolurent d'aller aux Indes orientales pour y former une colonie chrétienne. L'aîné vendit ses propriétés et décida trois ministres à l'accompagner ; mais la compagnie des Indes orientales refusa la permission.

Robert Haldane, contrarié dans ce projet, tourna son attention vers son pays, et fit bâtir à Edimbourg un temple appelé le *Tabernacle*, assez spacieux pour contenir environ 3000 personnes, un autre à Glascow, un troisième à Dundée, à peu près de la même dimension. Les deux frères s'étaient faits prédicateurs ; mais l'aîné s'étant rompu une veine, ne put continuer son ministère ; son frère cadet fut préposé à l'église d'Edimbourg, et deux de leurs compagnons aux deux autres églises. Jusque-là ils étaient restés en communion avec l'Église établie d'Ecosse ; mais cette connexité fut promptement rompue ; leur administration ecclésiastique s'organisa sur le plan des Indépendants d'Angleterre.

Les Haldanites nient que l'Écriture soit une lettre morte, et qu'elle contienne des sens mystiques. Ils disent que la foi est un assentiment à l'évidence, que les inspirations du Saint-Esprit sont toujours conformes à la parole écrite, dont ils s'occupent beaucoup, sans attacher aucune importance aux écrits théologiques.

Suivant eux, le Nouveau Testament contient le modèle parfait du gouvernement ecclésiastique, dans lequel ne doit jamais s'immiscer l'autorité civile. Jésus-Christ seul a le droit de faire des lois religieuses ; le droit de les appliquer appartient à chaque congrégation, qui choisit des anciens, et leur confie ce pouvoir ; la cène doit être célébrée chaque premier jour de la semaine; le même jour, tout les frères réunis assistent à la *fête d'amour*, et se saluent par le saint baiser, conformément à l'ordre apostolique. On fait une collecte pour les pauvres; on distribue les aumônes. L'admission d'un prosélyte à la société exige le consentement de toute l'assemblée. Une action qui blesse la foi, les mœurs, la charité, est punie par une réprimande particulière, ou même publique, si cela est nécessaire pour amener le coupable à résipiscence. L'obstination dans son crime provoque son expulsion.

Cette forme de discipline n'étant pas populaire en Ecosse, les Haldanites virent promptement leur crédit s'affaiblir; il s'éleva d'ailleurs des difficultés sur divers articles. On contesta le titre de *révérend* donné aux ministres, et même la qualification de *ministre*, l'adoption d'un costume noir préférablement à toute autre couleur, l'utilité des sermons préparés, au lieu d'exhortations improvisées, et l'exposition du sens des Ecritures. La secte des Haldanites avait fait, en Ecosse, des progrès rapides, comme celle des méthodistes en Angleterre, mais beaucoup moins durables. Ces nouvelles congrégations ne tardèrent pas à s'approcher des glassites, des indépendants écossais nommés vulgairement *société de David Dale*, et des baptistes nommés *société de Maclean*; ces trois sectes sont à peu près homogènes pour la discipline et la croyance, qui est un calvinisme raffiné, ce qui longtemps les a fait taxer d'hérésie par les calvinistes d'Angleterre et d'Ecosse. Les Haldanites, après avoir éprouvé diverses métamorphoses se sont confondus avec les baptistes écossais; et la plupart des édifices construits aux frais de Haldane, ont été appropriés à divers usages, ou cédés à d'autres sociétés religieuses.

HALÉA ET HALÉUS, surnoms de Minerve et d'Apollon, pris, dit-on, le premier d'Haléus, qui avait élevé à la déesse un temple à Tégée, où l'on gardait les défenses du sanglier de Calydon; le second d'ἀλᾶν, errer, parce que Philoctète, après avoir mis fin à toutes ses courses bâtit à Apollon un temple près de Crotone, dans la grande Grèce, et y consacra au dieu l'arc et les flèches d'Hercule. — Ces sortes d'origines et d'étymologies ont été souvent forgées après coup, pour expliquer des termes dont on avait perdu la signification primitive. Il est possible qu'*Haléus* et *Haléa* ne soient autres que la transcription du terme oriental אלה *Aléa*, qui signifie dieu ou déesse.

HALIES, fêtes que les Rhodiens célébraient en l'honneur du soleil. *Voy.* ALIES.

HALLGRIM, un des géants de la mythologie finnoise, tué, comme Cacus, dans sa caverne, par un autre Hercule.

HALMÉLEUL, épouse de Saboucer, et mère d'Elieulep, anciens génies de la cosmogonie des Carolins occidentaux. *Voy.* ELIEULEP.

HALOA, surnom de Cérès, tiré communément du verbe ἀλοάω, battre le blé; mais qui vient peut-être du terme oriental אלוה *Aloa*, dieu ou déesse. *Voy.* ALOÉES.

HALOSYDNE, déesse de la mer; la même qu'Amphitrite. On donnait aussi ce surnom à Thétis.

HALTIA, génie tutélaire de la mythologie finnoise. Chaque individu, chaque maison, chaque forêt, chaque lac, chaque montagne a son Haltia, ou esprit consulteur. Le Haltia des maisons, appelé aussi *Tonttu*, y annonce sa présence pendant la nuit par un bruit significatif, et vient déposer aux pieds du maître toutes les choses qui lui appartiennent. Le génie gardien des trésors porte le nom d'Aarnion Haltia. *Voy.* AARNI.

Les Lapons donnent ce nom aux vapeurs qui s'élèvent des lacs, et qu'ils prennent pour les esprits auxquels est commise la garde des montagnes.

HAMA, un des dieux des anciens Saxons, suivant Saxon le Grammairien. C'était un insigne lutteur qui fut tué par le géant Dan, au lieu où depuis fut bâtie la ville de Hambourg, qui paraît avoir tiré son nom de ce héros (*Hambourg* signifie ville de *Ham* ou *Hama*).

HAMADRYADE, sœur et femme d'Oxylos, suivant Athénée; elle donna naissance à huit filles, appelées *Hamadryades* du nom de leur mère, mais différentes de celles de l'article suivant. Les noms de ces huit filles désignent autant d'arbres différents : *Carya*, le noyer; *Balanos*, le chêne ou marronnier; *Crania*, le cornouiller; *Oréa*, le hêtre; *Ægiros*, le peuplier noir; *Ptéléa*, l'orme; *Ampelos*, la vigne; et *Syké*, le figuier.

HAMADRYADES, nymphes dont le destin dépendait de certains arbres, avec lesquels elles naissaient et mouraient; ce qui les distinguait des Dryades. C'était principalement avec les chênes qu'elles avaient cette union, d'où le nom d'*Hamadryades* (ἅμα, ensemble, et δρύς, chêne). Elles n'en étaient cependant pas absolument inséparables, puisque, suivant Homère, elles s'échappaient pour aller sacrifier à Vénus dans les grottes avec les Satyres; et que, selon Sénèque, elles quittaient leurs arbres pour venir entendre les chants d'Orphée. Reconnaissantes envers ceux qui les garantissaient de la mort, elles punissaient sévèrement ceux dont la main sacrilège osait attaquer les arbres dont leur vie dépendait. Les Hamadryades n'étaient donc point immortelles; mais la durée de leur vie, suivant la supputation la plus modérée des mythologues, s'étendait jusqu'à 9720 ans; calcul qui ne s'accorde guère avec la durée des arbres.

HAMAXAIRES, nom donné aux chrétiens dans les anciens actes de leur martyre; il est cité dans l'Apologétique de Tertullien; nous ignorons pourquoi on leur donnait ce titre, qui vient du grec ἅμαξα, char.

HAMDALLAH, c'est-à-dire *gloire à Dieu!* nom que les musulmans donnent à leur action de grâces après le repas. Elle consiste en ces paroles : *Gloire à Dieu souverain maître de l'univers!*

HAMEL, un des douze anges gardiens des

constellations zodiacales, suivant la mythologie des Parsis; il préside au signe du Bélier.

HAMESPETMÉDEM, génie de la théogonie des Parsis; un des six Gahanbars. *Voyez* Gahanbar.

HAMKAR. Dans la théogonie des Parsis, suivant le savant Anquetil, les génies qui sont censés partager le ministère d'un autre génie, sont nommés les Hamkars, c'est-à-dire coopérateurs, ou agissant ensemble. Par exemple les Hamkars de Mithra sont l'amschaspand *Schahriver*, génie qui préside aux métaux; *Khour*, le soleil; *Asman*, le ciel, et *Aniran*, la lumière primitive. On voit que les attributs de ces génies offrent entre eux quelque analogie. Les autres génies ont de même des Hamkars; et les jours qui leur sont consacrés on récite la prière du Hamkar, après celle du génie qui préside à la fête. Par exemple on prononce la prière de Mithra, le jour de Khour, et celle de Khour le jour de Mithra, parce que ces deux génies sont Hamkars l'un pour l'autre.

HAMMON, le même qu'Ammon, divinité égyptienne. Plusieurs font dériver ce nom, ainsi orthographié, du *Ham* ou *Cham* biblique, second fils de Noé; ce qui ne manque pas de probabilité. *Voyez* Amon-Ra.

HAMOYS, divinité des peuples du Nord, qu'on croit être la même que le dieu Thor. On le révérait aux environs de Hambourg, qui, dit-on, lui devrait son nom. *Voyez* une autre origine, à l'article Hama.

HAMRAWIS, sectaires musulmans, branche des schiites, disciples d'Ishac, surnommé *Ahmar*; ils paraissent être les mêmes que les Ishaquis. *Voy*. Ishaquis.

HAMZA. Nous avons vu, à l'article Hakem, que Hamza a été le principal propagateur de la religion des Druzes; après avoir procuré la déification de son maître, du vivant de celui-ci, il ne voulut pas se contenter du simple rôle d'apôtre, de prophète ou de précurseur. Il imagina une série de *ministres*, sorte d'esprits ou intelligences célestes, qui avaient concouru avec Dieu, à la création et à l'édification du genre humain. Ces ministres étaient partagés en deux classes, supérieure et inférieure. Les cinq ministres de la classe supérieure étaient l'*Intelligence*, l'*Ame*, la *Parole*, le *Précédant* et le *Suivant*. Naturellement Hamza s'arrogea le premier rôle, celui de l'*Intelligence universelle*, seul ministre dont la création fût l'ouvrage immédiat de la Divinité, et celui qui avait produit tous les autres. Cette intelligence renferme en elle-même tous les dogmes, toutes les vérités de la religion; ou plutôt l'intelligence universelle est elle-même la réunion de toutes ces vérités personnifiées, qu'elle tient immédiatement de la Divinité. Tout ce que les autres ministres et tous les fidèles possèdent de connaissance de ces vérités, ne sont que des émanations de l'Intelligence, des impressions produites par son action immédiate ou médiate.

Le Créateur, digne de louanges, est-il dit dans les livres des Druzes, produisit donc, de sa lumière rayonnante, une figure parfaite et pure qui est la *Volonté*. C'est elle qui est la matière de toutes choses, et c'est par elle qu'elles sont produites, suivant ce qui est dit : « Quand il veut une chose, il n'a qu'à lui dire : Sois ! et elle est. » Il nomma cette figure *Intelligence*. L'Intelligence était parfaite en lumière et en force, accomplie en œuvre et en figure. Dieu l'établit l'imam des imams, qui existe dans tous les temps et dans tous les âges. C'est un être capable d'être compris, qui tombe sous les sens, qui mange et qui boit, et non pas un être incapable d'être saisi par l'imagination et la pensée. L'Intelligence est considérée comme un être mâle, il a une femme ou épouse, qui, est l'Ame, le second ministre. Cette figure, qui n'est autre qu'Hamza, s'est manifestée sept fois sur la terre avant le temps de Hakem. Dans l'âge d'Adam, il a paru sous le nom de *Schatnil*; du temps de Noé, on l'appelait Pythagore; du temps d'Abraham, son nom était *David*; il se nommait *Schoaïb*, du temps de Moïse; du temps de Jésus, il était le vrai Messie, et se nommait *Eléazar*; du temps de Mahomet, on l'appelait *Salman* le persan; enfin du temps de Saïd, on le nommait *Saleh*. Toutes ces manifestations n'étaient que le prélude de celle qui devait avoir lieu à la fin des temps, sous la figure nommée *Hamza*, en même temps que la Divinité se montrerait aux hommes, sous la figure nommée *Hakem*. La connaissance de Hamza, de ses éminentes qualités, de sa grandeur, de sa puissance, du ministère qui lui est confié, de ses rapports avec la divinité Hakem, avec les autres ministres et les unitaires; de sa disparition pour un temps, de son retour futur, et des jugements qu'il exercera sur les hommes : tel est, après le dogme de l'unité de Dieu et de ses manifestations, le principal objet de la religion des Druzes. Pour rapporter tout ce que les livres des Druzes disent de Hamza, il faudrait, pour ainsi dire, les transcrire en entier. Nous passerons sous silence les opérations auxquelles il est censé avoir pris part dans l'abstruse cosmogonie des Druzes, et les actes prétendus mystérieux de sa vie. Nous nous contenterons d'observer que sa manifestation sur la terre eut lieu l'an 408 de l'hégire (1017 de Jésus-Christ), et que cette époque mémorable est devenue une ère pour les Druzes, qui comptent encore par les années de Hamza. Ces sectaires n'ont pas assez d'épithètes et de qualifications pour caractériser cet imposteur; ils l'appellent le Point du compas, la Voie droite, le Fondateur de la vérité, l'Imam du siècle, l'Intelligence, le Précédant, le Prophète généreux, l'Esprit saint, Celui qui touche à l'éternité, la Cause des causes. On lui donne quatre femmes, c'est-à-dire les quatre autres ministres également manifestés, savoir : *Ismaïl* fils de Mohammed, *Mohammed* fils de Wahab, *Selama* fils d'Abdal-Wahab, et *Ali* fils d'Ahmed. Nous renvoyons, pour plus de détails, à l'*Exposé de la reli-*

gion *des Druzes*, par M. Silvestre de Sacy. Voir aussi, dans ce Dictionnaire, l'article DRUZES.

HAMZIYÉS, sectaires musulmans, de la branche des kharidjis, disciples de Hamza fils d'Edrek; ils établissent la libre volonté de l'homme, disent que Dieu veut seulement le bien et non les péchés, que les enfants qui n'ont pas encore l'âge de raison sont capables d'infidélité, et qu'en conséquence les enfants des infidèles vont en enfer.

HANAN, MÉNAN ET DÉYAN. On donnait ces noms à trois colonnes d'ébène qui se trouvaient dans la Kaaba ou sanctuaire de la Mecque. Comme on fut obligé de rééditier ce temple, en 1629, on fit du bois de ces colonnes des chapelets, que la piété des pèlerins leur faisait acheter bien cher. Maintenant encore on donne ces noms à tous les chapelets qui se débitent annuellement dans cette cité; ils sont, comme ceux des derwischs, de 99 grains, nombre qui répond à celui qu'ils donnent aux attributs de la Divinité.

HANAN-PACHA, c'est-à-dire le *haut monde*, nom que les Péruviens donnaient au paradis; c'était là que les gens de bien recevaient la récompense de leurs œuvres. La terre s'appelait *Hurin-Pacha*, le bas monde, et l'enfer *Veu-Pacha*, le monde central ou inférieur. Les Amautas ou docteurs péruviens faisaient consister le bonheur qu'on goûtait dans Hanan-Pacha à mener une vie paisible et exempte des inquiétudes de celle-ci. Ils ne comptaient point parmi les plaisirs de ce séjour les voluptés charnelles et tout ce qui flatte les sens; ils réduisaient la félicité future à la tranquillité de l'âme et du corps.

HANBALITES. On appelle ainsi les musulmans orthodoxes qui suivent la doctrine et l'interprétation de l'imam *Hanbal*, né à Mérou dans le Khorasan, l'an de l'hégire 164. Il vivait du temps des khalifes Abdallah III et Mohammed III, tous deux réputés hérétiques, à cause de leur opposition au dogme relatif à la nature du Coran, que les mahométans regardent généralement comme incréé et éternel. Il fut du nombre des proscrits, pour s'être élevé contre cette hérésie, et Mohammed III le fit même fustiger en sa présence. Il mourut à Bagdad, en odeur de sainteté, l'an 241 (855 de Jésus-Christ), âgé de 80 ans. C'est dans cette ville que sa doctrine a eu le plus grand nombre de partisans. *Voyez* IMAM, n. 3.

HANDA, nom sous lequel les Singalais adorent la lune. Ils joignent quelquefois à ce nom celui de *Hamoui*, titre d'honneur des personnes les plus relevées, et celui de *Dio* qui, dans leur langue, signifie Dieu.

HANÉFITES, musulmans qui suivent la doctrine orthodoxe de l'imam Abou-Hanifa. C'est le plus ancien des quatre docteurs dont les formules disciplinaires soient approuvées, bien qu'elles diffèrent sur un grand nombre de points. Les siennes ont joui d'une grande réputation, parce qu'il a pu recueillir les dogmes du musulmanisme et les lois orales du prophète dans les écoles de six des principaux disciples qui vivaient encore de son temps. Il ajouta encore à ses lumières par les conversations fréquentes qu'il eut avec Aïscha, la plus chérie et la plus savante des femmes de Mahomet. Il mourut à Bagdad, l'an 150 de l'hégire (767 de Jésus-Christ), empoisonné, dit-on, par Abdallah II. Son tombeau est très-vénéré à Bagdad, et il y reçoit continuellement les visites et les pieux hommages des musulmans qui suivent son rite. C'est dans l'Irac que s'établirent principalement les Hanéfites.

HANGSPORI, génie de la mythologie scandinave: il présidait aux hauteurs et aux collines.

HANH-KHIEN, démon ou mauvais génie, que les Cochinchinois croient être changé chaque année, et remplacé par un autre. Ils l'invoquent dans leurs imprécations.

HANNO, ou HANNOULAPPÉ, nom du génie qui règne sur chacune des îles basses de l'archipel des Carolines; c'est lui qui les pourvoit de tout ce qui leur est nécessaire. Au reste, suivant les naturels, il est subordonné à un être qui lui est infiniment supérieur. Peu d'individus jouissent de la prérogative de voir cet esprit, de l'entendre et de connaître ses ordonnances, et ils ne la doivent qu'à l'intercession de leurs enfants morts en bas âge. Ces élus sont parfois sujets aux attaques d'un esprit malveillant, qui demeure dans les coraux sur lesquels ces îles reposent, parce que celui-ci leur envie la faveur de contempler le front serein d'Hanno qui est à jamais invisible pour lui.

Lorsque l'esprit malfaisant s'établit dans le corps d'un élu, on en consulte de suite un autre. On conduit d'abord le possédé dans la maison commune destinée aux hommes non mariés. A peine arrivé, l'infortuné pousse des hurlements affreux, fait mille contorsions épouvantables et se roule par terre. Le conjurateur arrive, il examine pendant quelque temps le malade avec la plus sérieuse attention, et finit par déclarer que le malin esprit s'est emparé de lui, et qu'il doit sur-le-champ se préparer à combattre un ennemi aussi formidable; après quoi il le quitte en donnant ordre de faire chercher des cocos. Il revient au bout de quelques heures, peint, huilé, paré et armé de deux lances, criant, se tordant les mains, et faisant tout le bruit imaginable à mesure qu'il approche de la maison du malade. En entrant, il attaque directement le possédé, qui à l'instant se lève et se précipite sur son agresseur pour se mettre à l'abri de ses coups. Après un vigoureux combat, ils jettent leurs lances, et conjurateur et possédé se saisissent de leurs *gour-gour* ou bâtons, dont ils se servent en dansant. C'est alors que la scène la plus ridicule succède à ce combat, qui paraissait devoir être à outrance; ils se mettent tous deux à danser de la manière la plus burlesque, en jetant autour d'eux des cocos, jusqu'à ce qu'ils soient complétement épuisés et hors d'état de pouvoir continuer. Ce combat se répète et se prolonge à différents intervalles, souvent pendant plusieurs semaines de suite, jusqu'à ce que le conjurateur ait remporté la victoire.

Dans les temps de calamité, on consulte les hommes inspirés, qui cherchent, dans de pareilles circonstances, à pénétrer les intentions d'Hanno par l'intermédiaire de leurs enfants morts en bas âge. Il arrive que les oracles rendus sont ambigus et souvent diamétralement opposés.

Les insulaires de cet archipel célèbrent annuellement, en l'honneur d'Hannoulappé, des réjouissances qui durent un mois entier et qui exigent les plus grands préparatifs. Pendant l'espace de deux mois, le mari est banni du lit nuptial; tant que dure la fête, il n'est pas permis d'attacher de voiles aux canots; aucune barque ne peut s'éloigner du rivage durant les huit premiers jours, et il est défendu aux étrangers d'aborder la côte. Les quatre jours qui précèdent la grande solennité sont employés à recueillir autant de cocos verts qu'il est possible, et à en préparer les noix avec le fruit de l'arbre à pain, dont on compose différents mets. Une grande pêche a lieu la veille de la fête; on transporte toutes les provisions au *led*, maison ordinaire qui sert de temple à Hannoulappé, et qui, pour cette seule nuit de l'année, reste fermée. Le lendemain, entre le lever du soleil et sa plus grande hauteur sur l'horizon, tous les habitants mâles, à l'exception des enfants, se rassemblent pour voir entrer dans le temple, par la porte du nord, le *tamol*, paré de tout ce qu'il a de plus beau en habits, colliers, bracelets, etc. Son regard est sombre et fixé vers la terre; il tient à la main un bâton, avec lequel il a l'air de se frayer un chemin, paraît concentré en lui-même, et uniquement occupé d'un monologue auquel personne ne peut rien comprendre. Son frère, aussi richement paré, le devance, et fait son entrée dans le temple par la porte opposée, à la tête des habitants le plus distingués : ils s'asseyent; dès que le tamol paraît, l'assemblée se lève; il se place sur trois belles nattes qui lui ont été préparées, et ce n'est que lorsqu'il est assis que les habitants se permettent de s'asseoir par terre; le chef une fois entré, le temple est fermé pour tout autre. Le frère du tamol s'approche alors des provisions, et prend une petite portion de chaque plat, dont le nombre s'élève au moins à cinquante. Il y joint le plus grand poisson et le plus grand coco, met le tout dans un panier fait de feuilles de cocotier, et le présente à son auguste frère, pour lequel il ouvre en outre 50 à 60 cocos. Il distribue ensuite le reste des provisions à l'assemblée réunie, se place auprès de son frère, pour partager avec lui le repas qu'il vient de préparer, et reçoit en récompense les enveloppes fibreuses de tous les cocos qui ont été ouverts; offrande de grand prix, à cause des cordages qu'on en retire. Au bout d'une demi-heure, cette fête, qui a coûté de si grands apprêts, se trouve terminée; le temple se transforme en maison ordinaire, commune à tous ceux qui veulent s'y rendre, s'y établir, s'y coucher, y faire du feu, etc., ayant soin seulement de ne pas toucher aux cendres, de crainte que l'île ne devienne enchantée. Cette maison ou temple d'Hannoulappé est le séjour ordinaire des malades; mais personne ne se hasarderait à y demeurer seul, parce que l'esprit d'Hanno y réside.

HANNON, Grec insensé, qui voulait se faire passer pour un dieu. A cet effet, il apprivoisa des oiseaux de plusieurs espèces, et leur apprit à prononcer ces paroles : *Hannon est dieu;* puis il leur donna la liberté pour aller prêcher de tous côtés cette nouvelle; mais les oiseaux oublièrent la leçon, et Hannon se vit frustré de son fol espoir. Le même fait est raconté d'un Libyen appelé *Psaphon*, qui réussit un peu mieux. *Voyez* PSAPHON.

HANOUKA, c'est-à-dire en hébreu, *inauguration, dédicace;* fête que les Juifs célèbrent le 25 du mois de kislev, qui répond à notre mois de décembre, en mémoire de la victoire que Judas Machabée remporta sur les Grecs; on y renouvelle en même temps la mémoire de la dédicace du temple qui avait été profané par les gentils. La fête du Hanouka dure huit jours; on allume une lampe le premier jour, deux le second, et ainsi de suite en augmentant jusqu'au dernier, où l'on allume huit lampes. Ceci est fondé sur ce que les ennemis étant déjà entrés dans la ville et dans le temple, et ayant déjà profané celui-ci, ils furent chassés par Johanan et ses enfants. Et comme, au retour de cette expédition, Johanan ne trouva pour allumer les lampes qu'un peu d'huile non profanée, suffisante à peine pour une nuit, il se trouva qu'elle dura huit jours par miracle. Outre les lampes qu'on allume ce jour-là dans les synagogues, chaque Juif en allume aussi dans sa maison; ce sont les femmes qui sont chargées de ce soin. Pendant ces huit jours on peut vaquer à ses affaires journalières, excepté toutefois le jour du sabbat incident; car la fête ne consiste que dans l'ordre d'allumer ces lampes, et dans les lectures ou prières particulières ajoutées aux prières ordinaires.

Voici la bénédiction que l'on prononce en allumant les lampes :

« Béni soit le Seigneur notre Dieu, roi de l'univers, qui nous a sanctifiés par ses commandements, et qui nous a ordonné d'allumer les lampes de Hanouka.

« Béni soit le Seigneur notre Dieu, roi de l'univers, qui a fait des miracles pour nos pères dans ces jours-ci et dans ce temps-ci.

« Béni soit le Seigneur notre Dieu, roi de l'univers, qui nous a vivifiés, qui nous a conservés, et qui nous a fait arriver à ce temps-ci.

« Nous allumons ces lampes pour les miracles, le rachat, les choses de la plus grande force, les délivrances, les merveilles que vous avez faites pour nos pères, et pour les consolations que vous leur avez données dans ces jours et dans ce temps-ci, par la voie de vos saints sacrificateurs. Toutes les lampes de ces huit jours de Hanouka, que nous allumons, sont sacrées ; et il ne nous est point permis de nous en servir, mais de les voir seulement, afin de célébrer des louanges à votre nom pour les miracles, les délivrances et les merveilles que vous avez faites. »

HANOUMAN, l'une des divinités hindoues les plus populaires ; c'était le ministre de Sougriva, roi des singes (satyres ou montagnards), et singe lui-même, comme toute sa nation ; il contribua puissamment aux triomphes de Rama, et, en conséquence, il a sa part des hommages que l'on rend à ce dieu conquérant. Voici un abrégé de sa biographie et de ses exploits, d'après M. Langlois et les livres indiens.

Il était fils d'Andjana, femme du singe Kesari ; mais la légende scandaleuse lui donne pour père Siva lui-même. Pavana, dieu du vent, intermédiaire officieux entre Siva, amoureux d'une toute autre personne, et Andjana, fut ensuite regardé comme le père de ce singulier personnage, qui, dès sa naissance, fort joueur et fort plaisant, prenant le soleil pour un fruit ou un jouet d'enfant, s'était élancé vers le char de ce dieu, et l'avait brisé. Indra, effrayé, l'avait foudroyé, et Pavana avait obtenu qu'il revînt à la vie. Cependant, en tombant, il s'était brisé les os de la joue, et c'est depuis cet accident qu'il fut nommé *Hanouman* (aux os des joues proéminents). Cet être est immortel, et on l'honore pour obtenir une longue vie. Il était doué d'une force et d'une légèreté extraordinaires : dans le poëme *Ramayana*, on le représente franchissant d'un saut le détroit qui sépare du continent l'île de Ceylan, et transportant une montagne entière, sur laquelle se trouvait une plante jugée nécessaire pour sauver les jours de Lakchmana.

Ses espiègleries lui avaient une fois attiré la malédiction des brahmanes, qui méditaient, les yeux fermés, au bord d'un lac ; il y avait jeté un énorme rocher qui avait fait remonter l'eau et forcé les brahmanes à s'éloigner. Puis il avait repris le rocher, et quand les saints personnages, ayant achevé leurs prières, voulurent faire leurs ablutions, ils virent que le lac s'était retiré. Cette plaisanterie s'était renouvelée jusqu'au moment où, s'apercevant qu'ils étaient joués, les brahmanes l'avaient, par une imprécation, privé de sa force. C'est alors que le malin singe, pour les fléchir, devint leur humble serviteur, leur apportant des fruits et des racines qu'il allait chercher dans la forêt. Ils le bénirent, et lui prédirent qu'il verrait Rama, et posséderait alors le double de la force qu'il avait perdue. Dans la guerre de Rama contre Ravana, tyran de l'île de Ceylan, il se mit au service du premier avec toute sa nation, et lui montra le plus grand dévouement. Envoyé comme espion à Lanka, capitale de l'île, il franchit le détroit comme nous l'avons dit plus haut, pénètre dans le palais du tyran, découvre la retraite de Sita, la console, et lui donne des preuves du tendre intérêt que lui porte son époux, de l'expédition gigantesque qu'il a entreprise pour la délivrer des mains de son ravisseur. Il eût même transporté la belle dans les bras de son époux, mais celle-ci refusa de se laisser emporter par lui, ne voulant pas, par un excès de chasteté, qu'un autre que son mari mît la main sur sa personne. Avant de retourner rendre compte de sa mission, il ne veut pas laisser passer l'occasion de jouer quelques méchants tours à Ravana, et porte dans sa capitale le désordre et la mort. Arrêté par Indradjit, fils de Ravana, il paraît devant le tyran, qui ordonne d'entourer sa queue de matières combustibles et inflammables et d'y mettre le feu ; mais ce fut pour le malheur de Lanka ; Hanouman, sautant de maison en maison, communique ce feu à toute la ville. Il retourne auprès de son maître, et, à l'aide de ceux de sa nation, il jette dans la mer d'immenses quartiers de rocher, qui forment un pont sur lequel Rama peut entrer dans l'île avec son armée, défaire le tyran et délivrer son épouse. Ce sont les débris de ce pont qui, suivant les Indiens, font encore aujourd'hui les écueils parsemés dans le détroit et si redoutés des navigateurs. Plus tard, Hanouman sauva encore la vie à Rama et à son frère.

On ne le représente pas seulement comme un guerrier, on veut qu'il ait été poëte, et qu'il ait célébré les exploits de Rama en vers gravés sur le roc. On prétend que Valmiki, auteur du *Ramayana*, vit ce poëme, et voulut sacrifier son propre ouvrage ; que le généreux singe jeta alors à la mer les pierres qui étaient les monuments de son esprit ; que plus tard on en retrouva quelques fragments qui, arrangés et augmentés par Damodara Misra, devinrent un drame intitulé *Hanouman Nataka*.

Dans les temples consacrés à Vichnou (incarné sous le nom de Rama), il y a presque toujours une petite chapelle dédiée à Hanouman, où celui-ci reçoit les honneurs divins. Dans la ville de Calicut, sur la côte de Malabar, on voit une pagode magnifique, élevée en l'honneur de ce fameux singe, et dont le portique est soutenu par sept cents piliers de marbre.

Hanouman était sans doute historiquement un des chefs des montagnards du sud, qui, sous le nom d'*Ours* et de *Singes*, prirent part à l'expédition de Rama sur l'île de Ceylan. *Voyez* RAMA-TCHANDRA.

HAN-PING TI-YO, le seizième et dernier des petits enfers, suivant les bouddhistes de la Chine. Le froid et la gelée y sont d'une telle violence, qu'ils détachent les chairs des réprouvés, brisent leurs os et les font tomber par fragments.

HANSA, oiseau qui, suivant les poëtes hindous, est la monture du dieu Brahma.

Les uns croient que c'est le cygne; d'autres pensent que c'est l'oie; ces derniers ont pour eux le mot latin *anser*, corrélatif du sanscrit *hansa*. — A la cour d'Indra, roi du ciel, il y a des oiseaux merveilleux, appelés *Hansas*, qui ont un chant harmonieux et une parole douce et flatteuse.

HAOUMEA, déesse bienfaisante de l'archipel Hawaï ou Sandwich; suivant la cosmogonie des insulaires, le premier habitant de cette contrée descendait de cette divinité.

HAPHTARA, leçon tirée des prophètes que les Juifs lisent le samedi dans leurs synagogues, après la lecture courante du Pentateuque.

HAR, ou HARA, un des noms du dieu Siva. *Voyez* SIVA et HARIHARA.

HARET. Les musulmans disent qu'Iblis, ou le démon, portait dans le ciel, avant son péché, le nom d'*Haret*, nom cependant peu convenable à un ange de lumière, car il désigne un être d'*un mauvais caractère*. Après la chute d'Eve, Satan chercha encore à circonvenir cette malheureuse femme, et, en lui exagérant les douleurs et les embarras de sa maternité future, à obtenir d'elle qu'elle nommât son premier enfant *Abd-el-Haret*, serviteur d'Haret, au lieu d'*Abd' Allah*, serviteur de Dieu; et ce, afin de faire ainsi tomber nos premiers parents dans l'idolâtrie, en consacrant leur fils au service du démon. Les musulmans prétendent qu'il réussit, et que tel fut en effet le surnom de Caïn.

HARÉTHIS, sectaires musulmans, disciples d'Aboul Hareth; ils appartiennent aux Kharidjis et à la branche des *Ibadhiyés*; voyez cet article. Ils ne diffèrent de ceux-ci qu'en ce qu'ils ne croient pas que les actions des hommes soient créées.

HAR-HAT, dieu égyptien, personnification de la science et de la lumière céleste; il formait, avec la déesse Hathor et leur fils Harsont-Tho, une triade vénérée dans le grand temple d'Edfou. Har-hat était aussi identifié avec le soleil; c'est le grand Hermès trismégiste.

HARI, un des noms indiens du dieu Vichnou, seconde personne de la triade indienne. Par suite, ce mot est employé pour exprimer la Divinité elle-même; et c'est de là peut-être que sont dérivés le latin *herus* et le teutonique *herr*, qui expriment la domination. — Par suite encore, les Hindous appellent *Haris* différents êtres célestes, tels que Yama, Indra, l'air, le soleil, la lune, Siva, Brahma, le feu, plusieurs animaux et diverses couleurs. *Voyez* VICHNOU et HARIHARA.

HARIDRA-GANAPATIS, ancienne secte d'Hindous, adorateurs de Ganapati ou Ganesa.

HARIHARA, mot indien, composé des noms réunis de Vichnou et de Siva. « Des statues de Hara et Hari, dit M. Langlois, on faisait quelquefois un seul groupe, ressemblant aux Hermapollons des Grecs. La statue avait quatre bras et deux pieds; une moitié était noire et l'autre blanche; on l'appelait *Harihara*. On raconte à ce sujet qu'un jour Lakchmi et Dourya se disputaient devant Siva sur la prééminence de leurs époux. Vichnou survint, et, pour prouver qu'ils étaient égaux, il entra dans le corps de Siva, et ne forma qu'un tout avec lui. On rapporte encore d'une autre manière l'origine de ce symbole: On dit que Siva pria un jour Vichnou de reprendre cette forme de femme qui avait autrefois charmé les asouras; et que Vichnou avait consenti à ce désir, et que Siva, épris de cette beauté, l'avait poursuivie; qu'en vain Vichnou avait repris sa première forme; Siva s'était confondu avec lui, comme Salmacis avec le fils de Mercure. »

HARISTCHANDIS, sectaires indiens, adorateurs de Vichnou; ils appartiennent aux classes les plus basses, et remplissent dans les provinces de l'ouest les fonctions de balayeurs. Ils tirent leur nom d'Haristchandra, ancien prince hindou, mentionné dans les Pouranas, qui, ayant été acheté comme esclave par un homme d'une caste impure, instruisit son maître dans les doctrines de la secte. Au reste, on ignore ce qu'ils étaient, et il est douteux qu'il en existe encore.

HARITI, déesse d'un rang inférieur, adorée par les bouddhistes du Népal. Elle a un temple dans l'enceinte du Sambhounath, et est aussi adorée par les Hindous brahmanistes.

HARIVANSA, un des livres sacrés des Hindous; il forme comme un appendice au Mahabharata; il renferme l'histoire de Krichna, incarnation d'Hari ou Vichnou; il remonte cependant à l'origine des choses, et l'on y trouve des renseignements précieux sur la mythologie, la philosophie religieuse et la cosmogonie des Hindous. M. Langlois en a donné une traduction en deux volumes in-4°.

HARKA, dieu des anciens Egyptiens.

HARMONIE. *Voyez* HERMIONE.

HARMONISTES, secte formée dans les Etats-Unis au commencement du siècle actuel, par une société d'émigrants allemands, ayant à leur tête un paysan nommé George Rapp, qui s'étaient réfugiés en Amérique, pour fuir la persécution des Luthériens dont ils s'étaient séparés. Ils s'établirent sur l'Ohio, où ils bâtirent un village, auquel ils donnèrent le nom d'*Harmonie*, sans doute pour annoncer l'union qui existait entre eux. Là ils développèrent rapidement leurs talents pour les sciences, les arts mécaniques et l'agriculture. Puis ils vendirent leur établissement à des mennonites allemands, et allèrent fonder une autre colonie du même nom dans l'Indiana, où ils avaient trouvé un lieu plus avantageux. Ils professent la religion protestante, sous la direction spirituelle et temporelle de George Rapp; mais ils admettent une tolérance universelle. Ils font le guet toutes les nuits, chacun leur tour, et crient, après avoir annoncé l'heure: « Une heure est passée, et un pas est fait vers notre fin; notre vie s'écoule, et les joies du ciel sont notre récompense. »

Une autre colonie, sans rapport avec celle de George Rapp, et appelée *New Harmony*, fut fondée plus tard par un Ecossais nommé Robert Owen. Celui-ci voulait, dit-on, y introduire la communauté de biens, et affranchir ses disciples de tous les liens du mariage et de la religion ; c'était ériger en maxime l'anarchie et la dissolution. Cependant il y a des voyageurs qui déchargent Owen de l'accusation d'athéisme. Quoi qu'il en soit, sa colonie, dispersée à la fin de 1827, est absolument dissoute.

HAROTEA, nom des adeptes de troisième classe dans la société des Aréoïs, chez les Taïtiens ; comme marque distinctive, ils étaient tatoués depuis les aisselles jusqu'aux hanches. *Voyez* Aréoïs.

HAROUT ET MAROUT. Les musulmans appellent ainsi deux anges, dont le vin et la concupiscence causèrent la perte ; et plusieurs ajoutent que Mahomet se fonda sur leur légende pour prohiber à ses sectateurs l'usage du vin. Ces deux anges dirent une fois à Dieu : « Seigneur, comment se fait-il que vous pardonniez si fréquemment aux hommes, tandis qu'ils s'amendent si peu et ne cessent de vous offenser ? Cent fois, mille fois, vous exercez envers eux votre clémence, et ils persistent toujours dans leurs mauvaises voies. » — « Ah ! répondit le Très-Haut, si vous connaissiez quelle est la force de la concupiscence ! » — « Eh bien ! Seigneur, dirent les deux anges, donnez-nous-la, afin que nous voyions un peu ce qui en est. » Dieu leur accorda leur demande, et les mit dans un corps mortel. Ils vinrent dans le monde ; mais, dès qu'ils y furent, ils se lancèrent dans une succession non interrompue de débauches, s'adonnant au vin et aux femmes. Dans le nombre de celles qu'ils séduisirent, il s'en trouva une plus adroite que les autres, qui, ayant découvert leur naissance, leur notifia qu'elle ne consentirait à leurs désirs qu'à la seule condition qu'ils l'emmèneraient avec eux lorsqu'ils retourneraient dans le ciel. Ils y consentirent, et, après avoir donné carrière à leurs passions désordonnées, ils remontèrent au ciel, emmenant cette femme avec eux. Gabriel ayant aperçu celle-ci vint lui demander en vertu de quel droit elle se trouvait ainsi dans le paradis ; elle répondit qu'elle y avait été amenée par Harout et Marout. Irrité de l'audace de ces anges qui avaient voulu introduire jusque dans le ciel l'objet de leur concupiscence, il les précipita sur la terre, dans un puits profond, près de Babylone, où ils sont suspendus par les pieds ; s'occupant à enseigner aux Juifs la magie, et tous les pernicieux secrets par lesquels les hommes et les femmes cherchent à nuire à la société par leurs ténébreuses pratiques. — Suivant une autre version, cette femme aurait seulement fait semblant de consentir aux mauvais désirs des anges, à la condition qu'ils lui apprendraient préalablement les paroles dont ils se servaient pour monter au ciel, et que les ayant apprises, elle s'éleva sur-le-champ jusqu'au trône de Dieu, qui, pour récompenser sa vertu, la transforma en une étoile brillante.

HAROWITH, dieu ou idole des anciens Germains.

HARPE. — 1. Instrument de musique, qui, chez les Grecs, était un des symboles d'Apollon et des Muses.

2. Chez les Calédoniens, lorsqu'un guerrier célèbre était exposé à un grand péril, les harpes, disaient-ils, rendaient d'elles-mêmes un son lugubre et prophétique ; souvent les ombres des aïeux du guerrier en pinçaient les cordes. Les bardes alors entonnaient un chant de mort, sans lequel aucun guerrier n'était reçu dans le palais de nuages, et dont l'effet était si salutaire, que les fantômes retournaient dans leur palais, pour y recevoir avec empressement et revêtir de ses armes fantastiques le héros décédé.

HARPHRÉ, dieu des Egyptiens ; il formait avec Mandou, son père, et Ritho, sa mère, une triade vénérée dans le temple d'Hermonthis.

HARPOCRATE, dieu égyptien, fils d'Osiris et d'Isis qui le mit au jour avant terme. Aussi naquit-il avec une si grande faiblesse dans les parties inférieures du corps, qu'il demeura dans l'attitude où sont les enfants dans le sein maternel, c'est-à-dire les mains sur la bouche. Les Grecs donnèrent à cette attitude une interprétation différente, et la prirent pour le commandement du silence. Quelques-uns l'ont cru un philosophe qui parlait peu. Les anciens disent qu'il était fils d'Isis, et que sa mère, l'ayant perdu dans sa jeunesse, prit la résolution de le chercher par terre et par mer, jusqu'à ce qu'elle l'eût trouvé. On assure que ce fut en cette occasion qu'elle inventa les voiles, ajoutées par elle aux rames. Ce trait a fait croire aux plus habiles mythologues qu'Harpocrate est le même qu'Horus. Sa statue se trouvait à l'entrée de la plupart des temples ; ce qui voulait dire, au sentiment de Plutarque, qu'il faut honorer les dieux par le silence, ou que les hommes, en ayant une connaissance imparfaite, n'en doivent parler qu'avec respect. Les anciens avaient souvent sur leurs cachets une figure d'Harpocrate, pour apprendre qu'on doit garder le secret des lettres. On le représentait sous la figure d'un jeune homme nu, ou vêtu d'une robe traînante, couronné d'une mitre à l'égyptienne, la tête tantôt rayonnante, tantôt surmontée d'un panier, tenant d'une main une corne d'abondance, et de l'autre une fleur de lotus, et portant quelquefois un carquois. Comme on le prenait aussi pour le soleil, la corne marquait que cet astre produit l'abondance des fruits, et par là donne la vie à tous les animaux. Le carquois désigne ses rayons, qui sont comme autant de flèches qu'il décoche de toutes parts. Quant à la fleur de lotus, elle est dédiée au soleil, parce qu'elle s'ouvre, dit-on, au lever de cet astre, et se ferme à son coucher. La chouette, symbole de la nuit, placée derrière lui, exprime, dit

Cuper, le soleil qui tourne le dos à la nuit. Le doigt qu'il met sur sa bouche est le deuxième doigt, appelé *salutaire*, dont on se sert pour imposer silence. On offrait à cette divinité des lentilles et les prémices des légumes ; mais le lotus et le pêcher lui étaient particulièrement consacrés, parce que, dit Plutarque, les feuilles du pêcher ont la figure d'une langue, et son fruit celle du cœur ; emblème du parfait accord qui doit exister entre le cœur et la langue.

HARPYIES (1), monstres, enfants de Neptune et de la Mer, et, selon Hésiode, de Thaumas et d'Electra, fille de l'Océan. Virgile ne nomme que Celæno (*l'obscurité*). Hésiode en nomme trois : Iris, Ocypète (*qui vole vite*) et Aëllo (*tempête*). D'autres les appellent Alope, Achéloé et Ocythoé ou Ocypède. Ces monstres, au visage de vieille femme, au bec et aux ongles crochus, au corps de vautour et aux mamelles pendantes, causaient la famine partout où ils passaient, enlevaient les viandes sur les tables, et répandaient une odeur si infecte, qu'on ne pouvait approcher de ce qu'ils laissaient : on avait beau les chasser, ils revenaient toujours ; enfin c'étaient les chiens de Jupiter et de Junon, qui s'en servaient contre ceux qu'ils voulaient punir. C'est ainsi qu'ils persécutèrent Phinée, roi de Thrace, que Calaïs et Zéthès délivrèrent en leur donnant la chasse jusqu'aux îles Strophades, dans la mer d'Ionie, où ils fixèrent leur demeure. — Dans la suite, les Troyens, sous la conduite d'Enée, ayant pris terre dans leur île, et trouvant plusieurs troupeaux de bœufs errants dans les campagnes, en tuèrent une partie pour leur nourriture. Les Harpyies, auxquelles ces troupeaux appartenaient, sortent tout à coup des montagnes, faisant retentir l'air du bruit effroyable de leurs ailes, et viennent fondre en grand nombre sur les viandes des Troyens, dont elles enlèvent la plus grande partie et souillent le reste. Ceux-ci courent sur ces affreux oiseaux pour les percer de leurs épées ; mais leurs plumes les garantissent des coups et les rendent invulnérables.

Le Clerc, Vossius et l'abbé Pluche prennent les Harpyies pour un amas de sauterelles qui, après avoir ravagé une partie de l'Asie Mineure, se jetèrent sur la Thrace et sur les îles voisines, et y causèrent la famine ; et, comme le vent du nord en délivra le pays en les poussant jusque dans la mer d'Ionie, où elles périrent, on publia que les enfants de Borée leur avaient donné la chasse. Banier croit plutôt y voir des corsaires qui faisaient de fréquentes descentes dans les Etats de Phinée, et dont les brigandages y mettaient la famine. Cette explication s'accorde assez avec le récit d'Apollodore, qui rapporte qu'une des Harpyies tomba dans le Tigris, sur les côtes du Péloponèse, et que l'autre vint jusqu'aux Eschinades, d'où elle rebroussa chemin, et se laissa tomber de lassitude dans la mer.

(1) Article emprunté au *Dictionnaire* de Noël.

La peinture et la sculpture personnifient les vices par des Harpyies ; par exemple, une Harpyie sur des sacs d'argent désigne l'avarice.

HARRANIS, une des sectes des Sabéens de la Chaldée ; ils enseignaient que le créateur est unique et multiple, unique par son essence, multiple, parce qu'il se multiplie dans *les corps*, aux yeux de l'homme. Or, les corps sont les sept planètes qui gouvernent le monde, et les corps terrestres des hommes de bien, doués de science et d'excellence, dans lesquels Dieu paraît et se montre sous une forme sensible, sans cesser pour cela d'être unique. C'est cette doctrine que les Orientaux appellent la *personnification divine*, c'est-à-dire l'union de la divinité à un être créé dans lequel il fait sa résidence.

HARSONT-THO, dieu égyptien, fils d'Harhat et de la déesse Hathor ; il formait avec son père et sa mère une triade vénérée dans le grand temple d'Edfou. Harsont-Tho est considéré par Champollion comme l'Horus, soutien du monde, qui est à peu près Eros ou l'Amour des mythes grecs.

HASAN, HASSAN, ou HAÇAN, le second des douze imams, ou souverains spirituels, suivant la doctrine des musulmans de la secte des schiites. Il était fils aîné d'Ali, et petit-fils de Mahomet par Fatima sa mère. Ce prince avait plutôt hérité de la piété de son père que de sa valeur. En effet, ayant été proclamé khalife à Koufa, après la mort d'Ali, il tenta d'abord de s'opposer à l'usurpation de Moawia ; mais, à la vue de l'armée ennemie, il abdiqua le khalifat en faveur de son compétiteur, se réservant seulement la qualité d'imam, et se retira à Médine sa patrie, où il mourut l'an 50 de l'hégire, âgé de 47 ans, empoisonné par sa femme, qui avait été subornée par Moawia. Celui-ci s'était porté à ce crime dans la crainte qu'après sa mort Hasan ne fût un obstacle à ce que son fils Yézid lui succédât paisiblement. Hasan n'avait gardé le khalifat que six mois ; ce court espace de temps complète, selon quelques-uns, les trente années que devait durer le khalifat parfait, suivant la prédiction de Mahomet. Quoiqu'il eût laissé plusieurs enfants mâles, on s'accorde généralement, surtout parmi les schiites, à convenir que l'imamat passa à son frère Hoséin. Il est, avec son frère, un des plus grands saints vénérés par ces sectaires, et l'objet de la fête solennelle célébrée pendant les dix premiers jours du mois de moharrem. Voy. DÉHA.

HASAN, ou HASSAN ASKÉRI, fils aîné d'Ali Askéri. Il est compté par les schiites pour le onzième imam de la postérité d'Ali, gendre de Mahomet. Il naquit à Médine, l'an 232 de l'hégire. Il vint avec son père et ses frères dans la ville d'Asker, d'où ils prirent le surnom d'*Askéri*. Il mourut dans la même ville, l'an 260, âgé de 28 ans, empoisonné par le khalife Motamed, fils de Motawakkel. Il ne laissa qu'un fils, Mohammed surnommé *Mahdi* ou *Mehdi*, le messie des schiites. On donne à Hasan Askéri les surnoms de *Zaki*, le pur, *Khalis*, le sauveur, et *Tchiragh*, la lampe ; ce qui indique ses qualités, ou les espérances qu'on avait fondées sur lui.

HASIDÉENS, ou HASSIDÉENS, en hébreu *Hasidim* חסידים, ancienne secte de Juifs. *Voy.* ESSÉENS.

HATHOR, une des grandes déesses des Egyptiens, correspondant à la Vénus des Grecs ; elle est représentée, dans le temple d'Edfou, comme épouse d'Har-Hat ou du soleil, et mère d'Harsont-Tho. On la représentait sous la forme humaine, avec une coiffure symbolique, surmontée d'un épervier ; ou bien la tête couverte de la dépouille d'une pintade, au-dessus de laquelle était la figure d'une porte de temple, avec des fleurs bleues rayonnant autour. On la figurait encore avec une tête de vache.

HATIM, un des murs de la Kaaba, ou maison sacrée de la Mecque ; il est vénéré par les musulmans à l'égal du temple lui-même, parce que c'est là que reposent, disent-ils, les cendres d'Agar et d'Ismaël. Il est rapporté qu'Aïscha, épouse de Mahomet, avait fait vœu de s'acquitter de la prière *namaz* dans le sanctuaire même, s'il tombait au pouvoir de son mari. Après cette conquête, comme elle se disposait à accomplir son vœu, Mahomet la prit par la main, la conduisit à ce mur *hatim*, et lui ordonna d'y faire sa prière, en lui disant que son vœu serait parfaitement rempli, parce que ce lieu faisait partie de la maison sainte.

HATTARA, un des mauvais génies de la mythologie finnoise ; il s'occupe, avec Ajattara, Onkelvoinen et Lemmas, à égarer les chasseurs et à détourner les voyageurs du droit chemin.

HATTARAT, autres génies de la mythologie finnoise. Suivant Ganander, ce sont des géants terribles qui dirigeaient leurs attaques contre le ciel ; mais M. Léouzon le Duc pense que Ganander a trouvé ces Hattarat dans la mythologie d'Athènes plutôt que dans celle du Nord.

HATTÉMISTES, hérétiques de Hollande, qui devaient pour chef Pontian de Hattem, ministre en Zélande, déposé à cause de son attachement à plusieurs idées de Spinosa, et décédé en 1706. Les Hattémistes professaient extérieurement le calvinisme, mais exagérant la doctrine de l'Eglise réformée sur les décrets absolus, ils donnaient la main aux fatalistes, et prétendaient que tout est soumis à une invincible nécessité. Ce principe posé, ils niaient la distinction naturelle entre le bien et le mal moral, ainsi que la corruption de la nature humaine ; d'où ils concluaient que l'homme n'est pas obligé de travailler à se corriger et à se perfectionner, en obéissant à la loi divine ; que toute la religion consiste à se soumettre avec plaisir et patience à tout ce qui arrive par la volonté divine, et que la seule étude de l'homme devait être de conserver son âme dans une tranquillité parfaite. Outre ces principes, qui concordaient avec ceux des Verschoristes, Hattem affirmait que Jésus-Christ n'avait pas proprement satisfait à la justice divine, ou expié les péchés des hommes par ses souffrances et par sa mort ; qu'il nous avait seulement fait connaître par sa médiation qu'il n'y avait rien en nous qui pût offenser la Divinité, et que c'était ainsi qu'il justifiait ses serviteurs, en les présentant sans tache au tribunal de Dieu.

On ajoute que les Hattémistes regardent tous les péchés comme imaginaires. Suivant eux, Adam n'a pas péché, il a seulement cru pécher. Jésus-Christ nous a délivrés de cette imagination ; et, s'il existe un péché, c'est de croire que quelque chose est péché. De telles maximes réduites en pratiques seraient subversives de la morale ; cependant on ne leur imputa jamais de prêcher directement le vice ; ils avaient même pour maxime, que Dieu ne punit pas les hommes pour leurs péchés, mais par leurs péchés. C'est reconnaître implicitement, dit l'évêque Grégoire, la possibilité et même la certitude du châtiment en cette vie et dans l'autre.

Les Hattémistes, aussi bien que les Verschoristes, ont été appelés *Hébreux*, parce qu'ils regardaient la langue hébraïque comme nécessaire à quiconque veut être chrétien ; aussi tout le monde parmi eux s'y appliquait avec une égale ardeur, même les femmes et les filles. Ces deux sectes ont fini par se fondre avec les autres protestants, bien que leurs principes aient encore des partisans parmi les réformés des diverses nuances.

HAUDRIETTES, nom que portaient les religieuses, dites de l'Assomption de Notre-Dame, fondées par Etienne Haudry, l'un des secrétaires de saint Louis. Cet ordre était annexé à celui de Saint-Augustin.

HAUGIENS, sectaires de Norvége, qui tirent leur nom de Hans Nielsen Hauge, né en 1771, dans la province d'Agghershuus. C'étaient de malheureux fanatiques qui, sous prétexte d'être inspirés par le Saint-Esprit, se livraient à toutes sortes de désordres. Leurs chefs s'attirèrent diverses persécutions vers la fin du siècle dernier, par différents écrits qu'ils propagèrent, et dans lesquels ils s'élevaient contre la religion établie, prêchaient la communauté des biens, et aussi, dit-on, la promiscuité des sexes ; avec mille autres absurdités, qui eurent pour résultat de causer des divisions dans les familles et dans les paroisses où la secte pénétrait, et de troubler les esprits, à tel point que plusieurs de ses adhérents tombèrent en démence. Nous n'en citerons qu'un exemple tiré de l'*Histoire des sectes religieuses* de Grégoire.

Dans la paroisse de Lexvigen, un nommé Anders Andersen, qui jusqu'alors avait eu des mœurs réglées et une conduite irréprehensible, était devenu, de soldat, prêtre haugien. Pour s'assurer si l'esprit était éveillé dans huit néophytes, proposés pour remplacer le curé luthérien, il les avait enveloppés dans un drap et mis dans un lit, les uns sur les autres, comme des harengs encaqués dans un tonneau; ils étaient suants et gémissants dans cette pénible position, pendant que Andersen pérorait comme un énergumène. Son sermon ayant été troublé par les cris d'un enfant au berceau, dans la même chambre, Andersen s'écrie que l'esprit impur, qui est dans le corps de l'enfant, ne peut souffrir la parole de Dieu; il part de là pour censurer les prêtres de la secte qui avaient abandonné l'usage des exorcismes. En terminant cette objurgation, il donne à l'enfant un coup de poing qui lui brise la cervelle. Une fille de cinq ans, sœur de l'enfant assassiné, voyant son frère privé de la vie, jette les hauts cris; elle aurait éprouvé le même sort, si elle n'avait été soustraite à la fureur d'Andersen par une fille plus âgée, qui courut chez le maire; celui-ci arrive avec la force armée, trouve les huit néophytes entassés dans le lit et le meurtrier qui continue de prêcher. Andersen livré à la justice avoue son crime sans rougir, en disant qu'il a sauvé l'âme de l'enfant, et qu'à son tour il va, comme le Sauveur, mourir pour le salut du peuple. Le père de l'enfant, qui était un des auditeurs, Baldstad, son fils naturel, qui était un des huit novices, et un nommé Leerstad, interrogés pourquoi ils n'ont pas empêché le crime, répondent qu'Andersen a fait une action louable, que par là il s'est assuré de son salut éternel. Baldstad et Leerstad sont condamnés aux travaux forcés pendant un an à la citadelle de Droutheim, et Andersen réputé fou, est enfermé dans un hôpital.

Nous ne saurions donner un exposé d'un système aussi rempli d'incohérence que celui des Haugiens. L'autorité civile fut obligée de sévir contre ces fanatiques dangereux; dès ordres sévères furent donnés aux magistrats et à la police en 1804. L'année suivante, on instruisit le procès de Hauge, à cause de ses écrits; le procès dura longtemps; enfin, en 1813, il fut condamné à mille écus d'amende et aux frais du procès.

HAU-ROU-WA, nom de deux enfers du système bouddhiste des Siamois. Dans le quatrième enfer, nommé le petit Hau-rou-wa, une flamme dévorante pénètre dans le corps des damnés par toutes les ouvertures, et les consume sans interruption pendant 4000 ans. Cet enfer est destiné à ceux qui ont maltraité un être quelconque, et trompé le prochain par un mensonge.

Dans le cinquième enfer, ou grand Hau-rou-wa, outre une flamme dévorante qui consume les réprouvés tant à l'intérieur qu'à l'extérieur, on arrache à ces malheureux des lambeaux de chair, on les presse dans un pressoir jusqu'à ce qu'ils soient broyés et réduits en pâte; puis on jette cette pâte au feu, morceau par morceau. Ceux qui, pendant leur vie, on endommagé ou pillé le butin des Ponghis, des Kiaongs, etc., souffrent ces supplices pendant 8000 ans.

HAUTS-LIEUX. L'Ecriture sainte appelle ainsi, non pas, comme plusieurs le croient, les collines et les éminences naturelles sur lesquelles sacrifiaient les Syriens et les Juifs idolâtres, mais des constructions en pierre, affectant plus ou moins la forme pyramidale, au moyen d'assises en retraite qui servaient à monter au sommet. Ces monuments consacrés, pour la plupart, au culte de Baal ou du Soleil, étaient souvent d'une grande dimension. Leur forme était empruntée à l'Asie, et particulièrement à la Perse, où le sabéisme était plus généralement répandu. La Bible, dans le chapitre IX du livre des Juges, nous fournit des notions curieuses sur le haut-lieu qu'on voyait à Sichem. Ce monument était, comme les autres hauts-lieux importants de la Judée, une grande tour conique ou pyramidale, dans un temple assez vaste pour qu'on pût y célébrer des repas publics, et au sommet de laquelle était un autel composé de deux degrés, le premier en pierre, et le second construit de la cendre des cuisses des victimes, particularité aussi étrange que curieuse, attestée par Pline et par Pausanias.

Les hauts-lieux sont appelés en hébreu *Bamoth*; et comme nous lisons constamment dans l'Ancien Testament: *bâtir des Bamoth, détruire, faire, éloigner, ôter les Bamoth*, il est évident qu'il s'agit de constructions artificielles, et non d'éminences naturelles; il est vrai que souvent les *Bamoth* étaient construits sur des collines. De *Bamoth* (במות) vient sans doute le grec $\beta\omega\mu\acute{o}\varsigma$, autel.

Les autres nations antiques avaient également l'usage de construire les édifices consacrés au culte, sur les lieux élevés. Chez les Grecs toutes les montagnes, toutes les collines, tous les promontoires étaient, pour ainsi dire, hérissés de temples. Il en est de même chez les Hindous; là, il est peu de montagnes, surtout s'il s'y trouve un puits ou une source, qui ne soient surmontées d'un établissement de ce genre. Le choix de ces emplacements ne paraît point dû au caprice; quelques auteurs ont pensé que le culte des astres ayant toujours, d'une manière plus ou moins apparente, fait partie des croyances du paganisme, les idolâtres construisaient leurs temples à une certaine élévation et à l'exposition de l'orient, afin que le soleil, à son lever, pût remplir de ses rayons l'intérieur de ces temples, et éclairer les cérémonies religieuses qui s'y célébraient à cet instant du jour; sans doute aussi prétendaient-ils par là se rapprocher, autant qu'il était en eux, des puissances aériennes qu'ils invoquaient. Les fonctions des augures exigeaient souvent au reste qu'ils pussent apercevoir le ciel; et même, s'il faut s'en rapporter à l'étymologie attribuée au mot *templum* (à *tuendo*) et qu'on retrouve dans *con-templari*, c'est abusivement qu'on a donné quelquefois ce nom à des édifices érigés, dans des lieux bas, en l'honneur des divinités célestes.

HAVAN, génie de la mythologie des Parsis; il préside à la première des cinq parties du jour. *Voy.* **Gah**.

HAVATNAAL, ou *discours sublime*; on appelle ainsi la seconde partie de l'ancien Edda, poëme sacré des Scandinaves. Elle est composée de 120 strophes, dans lesquelles le dieu Odin donne des leçons de sagesse et de morale; on dit qu'elles ont été composées par Odin lui-même. Voici quelques-unes des pensées les plus saillantes.

« La paix brille plus que le feu pendant cinq nuits entre des amis mauvais; mais elle s'éteint quand la sixième approche, et l'amitié fait place à la haine.

« Le loup couché ne gagne point de proie, ni le dormeur de victoire.

« Il vaut mieux vivre bien long-temps. Quand un homme allume du feu, la mort est chez lui avant qu'il soit éteint.

« Louez la beauté du jour quand il est fini, une femme quand vous l'aurez connue, une fille après qu'elle sera mariée, la glace quand vous l'aurez traversée, la bière quand vous l'aurez bue.

« Ne vous fiez ni à la glace d'un jour, ni à un serpent endormi, ni aux caresses de celle que vous devez épouser, ni à une épée rompue, ni au fils d'un homme puissant, ni à un champ nouvellement ensemencé.

« Il n'y a point de maladie plus cruelle que de ne pas être content de son sort.

« Si vous avez un ami, visitez-le souvent. Le chemin se remplit d'herbes, et les arbres le couvrent bientôt, si l'on n'y passe sans cesse.

« Soyez circonspect lorsque vous avez trop bu, lorsque vous êtes près de la femme d'autrui, et quand vous vous trouvez parmi des voleurs.

« Ne riez point du vieillard, ni de votre aïeul. Il sort souvent des rides de la peau, des paroles pleines de sens. »

HAVEITOU, un des dieux de l'île Vapou, dans l'archipel des Marquises. C'est le père du roi actuel, qui a été ainsi déifié.

HAYÉTIS, sectaires musulmans qui reconnaissent le Messie. Ils croient que le Christ s'est incarné dans le temps, qu'il reviendra sur la terre avec le corps dont il s'est déjà revêtu, qu'il règnera 40 ans et détruira l'empire de l'Antechrist, après quoi la fin du monde arrivera. Les *Hayétis* sont les mêmes que les *Habitis;* on les trouve ainsi appelés dans plusieurs auteurs arabes. *Voy.* HABITIS.

HAZIMIS, sectaires musulmans qui appartiennent à la branche des Kharidjis; ce sont les disciples d'Hazim, fils d'Athim. Ils n'admettent pas l'état privilégié d'Ali.

HEBDOMADAIRE, ou **HEBDOMADIER**. On appelle ainsi, dans les chapitres et les communautés religieuses, le chanoine ou le religieux chargé de faire les offices pendant la semaine. Ce nom est tiré du grec *hebdomada*, semaine.

HEBDOMAGÈNE, surnom d'Apollon, que les Delphiens prétendaient être né le septième jour du mois busion. C'était proprement ce jour-là qu'Apollon venait à Delphes, comme pour payer sa fête, et qu'il se livrait, dans la personne de sa prêtresse, à tous ceux qui le consultaient.

HEBDOMÉ, fête grecque observée le septième jour de chaque mois lunaire, en l'honneur d'Apollon, à qui tous les septièmes jours étaient consacrés, parce qu'il était né à cette époque du mois. Les Athéniens y chantaient des hymnes en l'honneur de ce dieu, et portaient des branches de laurier, dont ils ornaient les plats que l'on servait à table. Il y avait des chœurs de musique envoyés par les îles Cyclades.

Une autre fête du même nom était célébrée dans les familles particulières, le septième jour après la naissance d'un enfant; c'est alors qu'on lui imposait un nom; la cérémonie était accompagnée d'un grand festin.

HÉBÉ, déesse de la jeunesse, fille de Jupiter et de Junon, suivant Homère; selon d'autres, Junon seule était sa mère. Invitée à un festin par Apollon, celle-ci y mangea tant de laitues sauvages, que, de stérile qu'elle avait été jusqu'alors, elle devint enceinte d'Hébé. Jupiter, charmé de la beauté de sa fille, l'éleva au rang de déesse de la jeunesse et lui confia la charge de servir à boire aux immortels; mais, s'étant un jour laissée tomber d'une manière peu décente, Jupiter lui retira son emploi pour le donner à Ganymède. Junon la retint à son service et lui confia le soin d'atteler son char. Hercule, après sa déification, l'épousa dans le ciel, et eut d'elle une fille nommée Alexiare et un fils appelé Anicète. Ce mariage est sans doute une allégorie qui indique l'union de la jeunesse et de la force. A la prière d'Hercule, elle rajeunit Iolas. Elle avait plusieurs temples, un entre autres chez les Phliasiens, qui avait droit d'asile; la déesse portait une petite ville sous le nom de Ganymède. On la représentait sous la forme d'une jeune fille couronnée de fleurs, tenant une coupe d'or à la main. On plaçait souvent sa statue auprès de celle de Junon.

Il nous semble trouver, dans ce mythe, une réminiscence confuse des traditions primitives : Hébé ou, comme on prononçait en grec, Ἥβη (*Hévé*) rappelle le nom d'Eve (*Héva*), la mère du genre humain. Ce nom signifie, en grec, *entrer dans l'âge de puberté*, comme *Hava*, *vivre*, en hébreu. L'une est venue au monde sans père et sans mère, et l'autre doit sa naissance à sa mère seule. La concupiscence a perdu l'une, et un accident honteux a fait déchoir l'autre de sa céleste dignité.

HÉBON, dieu adoré autrefois dans la Campanie. On croit que c'est le même que Bacchus, ou plutôt le Soleil.

HÉBONA, déesse des anciens Etrusques.

HÉCAERGE, c'est-à-dire *qui chasse ou repousse au loin;* divinité favorable aux chasseurs, nymphe de la campagne et des bois, passionnée pour la chasse, et la terreur des animaux, que ses traits atteignaient de loin. Les filles de Délos lui consacraient leur chevelure. Hécaërge était fille de Borée et d'Orithyie, et sœur de la déesse Opis. D'autres la prennent pour Diane elle-même, à laquelle on donnait ce nom aussi bien qu'à son frère Apollon, ou le soleil, dont les rayons font sentir au loin leur influence. Homère dit : « La jeunesse grecque passa la journée à chanter pour apaiser la Divinité; ils chantèrent un joyeux Péan (nom des hymnes d'Apollon), en célébrant Hécaërge. »

HÉCALÉSIES, fête célébrée à Hécale, bourg de l'Attique, en l'honneur de Jupiter, qui avait un temple en ce lieu, d'où il était surnommé Hécalésien.

HÉCATE, fille de Jupiter et de Latone, et sœur d'Apollon, que l'antiquité appelle la Lune dans le ciel, Diane sur la terre, et Proserpine dans les enfers. On ignore l'étymologie de son nom; s'il dérive du grec, il ne peut venir que d'ἑκατόν, *cent*, parce qu'on lui offrait cent victimes, ou qu'elle retenait cent ans sur les bords du Styx les âmes dont les corps avaient été privés de la sépulture; ou d'ἑκάς, *loin*, parce que la lune darde ses rayons au loin; mais ces étymologies nous paraissent peu satisfaisantes.

Les anciens ne sont pas d'accord sur sa naissance : Hésiode et Musée la font fille du Soleil; Orphée, du Tartare et de Cérès; Bacchylide, de la Nuit; et Phérécide, d'Aristée. D'autres la font naître du titan Persée et d'Astérie. Chacun lui donne un caractère conforme à sa généalogie; ou plutôt, l'Hécate de chaque pays est un personnage différent, dont les mythologues ont compliqué les qualités et cumulé les actions. — L'ancienne Hécate, celle d'Hésiode, est une divinité bienfaisante, pour laquelle Jupiter a plus d'égards que pour aucune autre divinité; il lui a donné les plus grands privilèges, et lui laisse exercer son pouvoir sur terre et sur mer. Déjà, sous le règne du lumineux Cœlus, elle avait les mêmes honneurs, et les dieux la respectaient infiniment. « De même aujourd'hui, dit Hésiode, si quelqu'un offre des sacrifices ou fait des expiations suivant le rite prescrit, il ne manque jamais d'invoquer Hécate, et son respect ne demeure point sans récompense. La déesse écoute favorablement ses vœux; elle répand sur lui les richesses et l'abondance, parce qu'elles sont en son pouvoir. De tous les enfants du Ciel et de la Terre, aucun n'a eu d'aussi grandes prérogatives; Jupiter ne lui a retranché aucune de celles dont elle jouissait déjà sous le règne des Titans ou des anciens dieux : elle a conservé sa dignité telle qu'elle lui était échue dès le commencement. Quoique déesse unique, elle n'en est pas moins révérée; son pouvoir s'étend, comme auparavant, sur toute la terre, dans le ciel et sur la mer; il est même augmenté, parce que Jupiter lui accorde ses bonnes grâces. La déesse protège et fait prospérer qui elle juge à propos; elle se rend respectable dans l'assemblée du peuple. Lorsque les guerriers prennent leurs armes pour marcher au combat, il dépend d'elle de leur accorder la victoire et de faire triompher leur valeur. Elle est assise à côté des rois, lorsqu'ils prononcent des arrêts; elle se trouve au milieu des combattants sur l'arène, pour animer l'ardeur de celui qu'elle veut favoriser : bientôt, victorieux par son secours, il se couvre d'une gloire immortelle, qui rejaillit sur toute sa famille. Fidèle à suivre les cavaliers dans leurs courses et les navigateurs dans leurs voyages, elle les exauce lorsqu'ils adressent leurs vœux à Hécate et au bruyant Neptune. Souvent la déesse accorde une proie abondante à celui qui l'invoque, souvent elle l'arrache à celui qui croyait déjà la tenir. Elle est occupée, avec Mercure, à multiplier les troupeaux dans les étables, les bœufs, les chèvres, les moutons; elle les fait croître et diminuer comme il lui plaît. Comme elle est le seul enfant de sa mère, elle exerce ce pouvoir immense parmi les dieux. Jupiter l'a chargée encore de conserver le jour aux enfants qui viennent de naître, et de les faire grandir. »

La fille du titan Persée est peinte sous d'autres traits. Chasseresse habile, elle frappe de ses traits les hommes comme les animaux. Savante empoisonneuse, elle essaye ses poisons sur les étrangers, empoisonne son père, s'empare du royaume, élève un temple à Diane, et fait sacrifier à la déesse tous les étrangers que le hasard jette sur les côtes de la Chersonèse Taurique; ensuite elle épouse Éétès, et forme dans son art deux filles bien dignes d'elle : Médée et Circé. Déesse des magiciennes et des enchantements, c'était elle qu'on invoquait avant de commencer les opérations magiques qui la forçaient de paraître sur la terre. Présidant aux songes et aux spectres, elle apparaissait à ceux qui l'invoquaient. Ulysse, voulant se délivrer de ceux dont il était tourmenté, lui consacra un temple en Sicile. Enfin, déesse des expiations, sous ce titre on lui immolait de petits chiens et on lui élevait des statues dans les carrefours.

Le culte de Diane, originaire d'Egypte, fut porté en Grèce par Orphée. Les Éginètes, qui le reçurent les premiers, lui élevèrent un temple, dans une place fermée de murs, où, chaque année, ils célébraient une fête en son honneur. Apulée nous apprend qu'elle était la même qu'Isis. Plusieurs mêlèrent le culte de cette déesse à celui de Diane; et c'est ainsi qu'elle fut adorée à Ephèse, à Délos, à Brauron dans l'Attique, à Magnésie, à Mycènes, à Ségeste et sur le mont Ménale. Les Athéniens lui offraient des gâteaux sur lesquels était imprimée la figure d'un bœuf, parce qu'on l'invoquait pour la conservation de ces animaux utiles; et les Spartiates teignirent ses autels du sang des hommes. A Rome, son culte fut aussi célèbre sans être aussi cruel; on l'appelait *Dea feralis*, et l'on croyait qu'elle fixait le dernier instant de l'homme et présidait à sa mort. Amiterne et Formies lui élevèrent des autels, et Spolette lui dédia un temple qui lui fut commun avec Neptune, regardant la mer comme le plus vaste et le plus peuplé des tombeaux.

Alcamène fut le premier qui donna un triple corps à Hécate; Myron, au contraire, ne lui en donne qu'un. La manière d'Alcamène devait prévaloir chez un peuple amateur des allégories; ainsi ses trois faces expriment, suivant Cléomède, les trois aspects de la lune. Suivant Servius, l'une représente Lucine, qui favorisait la naissance; la deuxième, Diane, qui conservait les jours; la troisième, Hécate, qui les terminait. Tantôt ses têtes sont des têtes humaines, ceintes d'une guirlande de roses à cinq feuilles; tantôt ses statues offrent une tête de chien, une de cheval et l'autre de sanglier. Quand elle est forcée de répondre aux évocations magiques de Médée, elle paraît coiffée de serpents, une branche de chêne à la main, entourée de lumière, et faisant retentir autour d'elle les aboiements de sa meute infernale et les cris aigus des nymphes du Phase. Lorsque Phèdre l'implore, dans Sénèque, elle est armée d'une torche ardente, d'un fouet ou d'une épée. Souvent elle tient un flambeau propre à diminuer les ténèbres du Tartare, ou une patère pour sacrifier aux dieux Mânes. Quelquefois elle porte une clef d'une main, et de l'autre des cordes ou un poignard, dont elle lie ou frappe les criminels. Sur un jaspe du cabinet de la bibliothèque nationale, on la voit avec ses trois têtes, sur lesquelles s'élèvent des boisseaux. Elle n'a qu'un seul corps, auquel tiennent six bras. Deux sont armés de serpents, deux de torches enflammées, et les deux autres de vases propres aux expiations.

Le chêne lui était consacré particulièrement, et on la couronnait des branches de cet arbre, entrelacées de serpents. Le nombre trois servait encore à la désigner. L'autel élevé en son honneur différait de celui des autres divinités, en ce qu'il était triangulaire et avait trois côtés comme sa statue, d'où vient l'épithète de *Tribômos*. Elle en avait un semblable à Rome, dans le temple d'Esculape. Le chien lui était consacré. Ceux qu'on lui offrait en sacrifice devaient être noirs, et on les immolait au milieu de la nuit. Les cris plaintifs de ces animaux mourants éloignaient, dit-on, les spectres affreux envoyés souvent par cette déesse.

HÉCATÉES. Les Grecs appelaient ainsi les apparitions de spectres d'une grandeur prodigieuse qui avaient lieu dans les mystères d'Hécate. — Ils donnaient le même nom aux statues érigées à cette déesse devant les maisons d'Athènes.

HÉCATÉSIES, fêtes et sacrifices célébrés tous les mois à Athènes, à l'époque de la néoménie, en l'honneur d'Hécate. On y vénérait cette déesse comme la protectrice des familles et des enfants. Le soir de chaque nouvelle lune, les gens riches donnaient dans les carrefours un repas public, où la divinité était censée présider, et qui s'appelait le *repas d'Hécate*. La déesse était supposée consommer ces provisions en les faire consommer par ses serpents. Entre autres mets, on y servait des œufs, soit qu'on leur crût une vertu expiatoire, soit que l'œuf, considéré comme symbole de la génération, dût être l'attribut d'une déesse qui représentait la force productrice de la nature. Ces repas publics étaient surtout destinés aux pauvres.

HÉCATOMBE, sacrifice de cent victimes, proprement de cent bœufs ($\dot{\epsilon}\kappa\alpha\tau\grave{o}\nu$, cent, $\beta o\tilde{\upsilon}\varsigma$, bœuf), mais qui s'appliqua dans la suite au sacrifice de cent animaux de même espèce, même de cent lions ou de cent aigles, qui était le sacrifice impérial. Ce sacrifice, qui se faisait en même temps sur cent autels de gazon, par cent sacrificateurs, était offert dans des cas, soit heureux ou malheureux, comme après avoir remporté une victoire signalée, ou dans des temps de peste et de famine. Homère fait voyager Neptune en Éthiopie, pour acheter des hécatombes de taureaux et d'agneaux. Calchas en fait conduire une à Chrysa, pour apaiser Apollon, irrité contre les Grecs. On a peine à concevoir aujourd'hui cette quantité de victimes ainsi offertes, qu'on est porté à taxer de profusion inutile et désastreuse. Il y avait cependant encore des sacrifices bien plus considérables : lors de la dédicace du temple de Jérusalem, l'Écriture sainte dit que Salomon n'immola pas moins de 22,000 bœufs et 120,000 brebis. Mais, dans un temps où presque tout le monde était avant tout cultivateur et pasteur, il devait nécessairement y avoir beaucoup plus d'animaux qu'aujourd'hui ; il faut considérer, de plus, que le nombre des victimes était en rapport avec la multitude au nom de laquelle elles étaient offertes. Ces sacrifices n'avaient lieu qu'à l'occasion de concours extraordinaires, tels que pour une armée considérable, ou dans des assemblées composées d'une grande partie de la nation. Ces victimes étaient nécessaires pour la subsistance du peuple rassemblé sur le même point, souvent pour plusieurs jours ; seulement on les faisait égorger par les sacrificateurs, qui en offraient certaines parties à la Divinité : et c'était en quoi consistait le sacrifice.

1. Quant aux hécatombes proprement dites, il y a des auteurs qui en rapportent l'institution aux Lacédémoniens, qui, ayant cent villes dans leur territoire, en prirent occasion d'établir une fête annuelle dans laquelle ils immolaient un bœuf pour chaque ville, ce qui sans doute n'était pas une trop grande profusion ; mais, dans la suite, le concours étant devenu moins considérable, ils trouvèrent la dépense trop forte, et substituèrent aux cent bœufs un pareil nombre d'animaux de moindre valeur, comme des brebis, des agneaux, etc. Plusieurs même prétendent que, pour diminuer encore les frais, les Lacédémoniens s'imaginèrent que le sacrifice serait complet, pourvu qu'il s'y trouvât cent pieds de victimes, et qu'alors on n'immola plus que vingt-cinq bœufs au lieu de cent : à cet égard, le sacrifice eût été appelé *Hécatoimpode*. Une des hécatombes les plus célèbres est celle qu'offrit Pythagore, en action de grâces de ce qu'il avait trouvé la démonstration du carré de l'hypothénuse ; mais des écrivains prétendent qu'elle consista en cent bœufs de cire ou de pâte, son

système ne lui permettant pas d'immoler des animaux vivants.

2. En certains temps de l'année, et avant certains jeûnes dont ils se sont imposé l'obligation, les principaux habitants de l'île Socotora s'assemblent et font un sacrifice de cent têtes de boucs ou de chèvres.

HÉCATOMBÉES, fêtes célébrées par les Grecs, et dans lesquelles on immolait des Hécatombes. Plusieurs solennités portaient ce nom. Les Athéniens en célébraient une en l'honneur d'Apollon, le premier mois de l'année civile ; il paraît qu'ils offraient plusieurs Hécatombes durant le cours du mois, qui prit de là le nom d'*Hécatombéon*. Les Éginètes avaient une fête du même nom, en l'honneur de Jupiter ; les Argiens, en l'honneur de Junon. Ces derniers distribuaient au peuple les cent victimes qui avaient été immolées, et donnaient ensuite des jeux, dont le prix était un bouclier d'airain et une couronne de myrte.

HÉCATOMPÉDON, temple élevé dans la citadelle d'Athènes ; il avait cent pieds de long sur autant de large, d'où son nom (ἑκατόν, cent, et ποῦς, pied). Lorsqu'il fut achevé, les Athéniens renvoyèrent libres toutes les bêtes de charge qui avaient été employées à la construction, et les lâchèrent dans les pâturages comme des animaux consacrés. Un d'eux étant allé se mettre à la tête de ceux qui traînaient des charrettes à la citadelle, comme pour les encourager, ils ordonnèrent par un décret qu'il serait nourri jusqu'à sa mort aux dépens du public.

HÉCATOMPHONEUME, sacrifice où l'on offre cent victimes de la même espèce ou de différentes sortes. Athènes en célébrait un pareil en l'honneur de Mars.

HÉCATOMPHONIES (d'ἑκατόν, cent, et φόνος, meurtre), fêtes que célébraient, chez les Messéniens, ceux qui avaient tué cent ennemis à la guerre. Aristomène eut trois fois cet honneur.

HÉCATONCHIRES, c'est-à-dire aux cent mains (ἑκατόν, cent, et χείρ, main) ; nom collectif des trois géants Cottus, Briarée et Gygès, fils du Ciel et de la Terre, qui avaient chacun 50 têtes et 100 bras. Leur père ne put en supporter la vue, et, à mesure qu'ils naquirent, il les cacha dans les sombres demeures de la Terre et les chargea de chaînes. Jupiter les remit ensuite en liberté par le conseil de la Terre. Aussi combattirent-ils pour lui avec une vivacité que les titans ne purent soutenir ; et, les couvrant à chaque instant de 300 pierres lancées à la fois de leurs 300 mains, ils les repoussèrent jusqu'au fond du Tartare, et les y enfermèrent dans des cachots d'airain. La nuit se répandit trois fois à l'entour, et Jupiter en confia la garde aux Hécatonchires.

HÉCATOS, un des surnoms du Soleil ; il vient, selon les uns, d'ἑκάς, loin, parce que cet astre darde au loin ses rayons : suivant les autres, d'ἑκατόν, cent, parce que, d'après une tradition, Apollon avait tué le serpent Python de cent coups de flèches : c'est pourquoi, ajoute-t-on, le nom d'*Hécatos* était plus agréable à ce dieu que celui de Phytien. Il se pourrait aussi que le nom *Hécatos* soit simplement considéré comme le masculin d'*Hécaté*, le Soleil ayant été presque partout considéré comme l'époux ou le frère de la Lune.

HÉ-CHA-TI-YO, c'est-à-dire *l'enfer du sable noir* ; le premier des seize petits enfers, suivant les bouddhistes de la Chine. Là, un vent enflammé, soufflant sur le sable, l'échauffe, le pousse sur la peau et sur les os des patients, et, par ce contact, leur occasionne d'affreuses douleurs.

HÉ-CHING-TI-YO, le second des grands enfers, suivant les bouddhistes de la Chine. Les démons y attachent les damnés avec des chaînes de fer incandescent, les décapitent, leur scient le corps et calcinent leurs os, dont la chaleur fait fondre et ruisseler la moelle.

HECTOR, héros troyen, fils de Priam et d'Hécube. Les oracles avaient prédit que l'empire des Troyens ne pourrait être détruit tant que vivrait le redoutable Hector. Il fut tué par Achille. Philostrate dit que les Troyens, après avoir rebâti leur ville, lui rendirent les honneurs divins.

HÉDI. Les musulmans appellent ainsi les sacrifices faits à la Mecque ou dans le territoire sacré, le jour du Beyram. On les distingue en majeurs et en mineurs. Dans les premiers, on immole un chameau, un bœuf ou une vache ; dans les autres, un mouton, un agneau ou une chèvre. Une partie de la victime doit être rôtie et mangée par le pèlerin même qui en a fait l'offrande ; le reste est distribué aux pauvres. *Voy.* ID-EL-CORBAN.

HÉGÉMONE, une des deux Grâces chez les Athéniens. C'était aussi un des surnoms de Diane. Diane Hégémone, ou conductrice, était représentée portant des flambeaux, et honorée sous cette forme et sous ce titre en Arcadie.

HÉGÉMONIES, fêtes que les Arcadiens célébraient en l'honneur de Diane Hégémone.

HÉGIRE, en arabe *hedjra*, c'est-à-dire *fuite*, les musulmans appellent ainsi l'époque où Mahomet fut obligé de fuir de la Mecque pour échapper à la persécution des coréischites, la quatorzième année depuis qu'il eut commencé à prêcher sa religion. Cet événement mémorable pour les mahométans arriva le jeudi 15 juillet 622 de l'ère chrétienne ; et c'est du 1er moharrem précédent qu'ils commencent à compter les années. — Les années des mahométans étant lunaires ne sont composées que de 354 jours 8 heures 48 minutes ; mais, pour obtenir un nombre rond, sans fractions d'heure ou de minute, ils ajoutent onze fois, dans une période de trente ans, un jour supplémentaire au dernier mois de leur année ; cette espèce de cycle est donc composée de 10,631 jours. — On voit que, dans ce système, l'année musulmane est plus courte que la nôtre d'environ onze jours, d'où il résulte pour eux une précession perpétuelle sur notre ère, tellement que, dans l'espace de 33 ans, ils gagnent une année sur nous.

Nous croyons que nos lecteurs nous sauront gré de rapporter ici l'histoire de la fuite de Mahomet, avec quelques-unes des merveilles dont les musulmans prétendent qu'elle fut accompagnée.

Mahomet, disent-ils, ayant appris par le ministère de l'ange Gabriel, que les habitants de la Mecque devaient venir le poignarder pendant la nuit, ordonna à son cousin Ali de se coucher dans son lit revêtu de son manteau vert, l'assurant qu'il ne lui arriverait aucun mal. L'intrépide Ali se coucha sans répliquer. Alors Mahomet, ouvrant la porte, aperçut les gens apostés pour l'assaillir ; il passa au milieu d'eux sans qu'ils le vissent, et, prenant une poignée de sable, il la jeta sur leurs têtes en prononçant ces paroles du Coran, chap. XXXVI : « Nous avons couvert leurs yeux d'un voile, et ils ne voient rien. » Quelqu'un survenant alors leur dit : « Mahomet est parti, et il a jeté de la terre sur vos têtes ; » mais ils se mirent à regarder avec attention à travers les fentes de la porte, et, voyant Ali revêtu du manteau du prophète, ils dirent : « Mahomet dort tranquillement ; » puis ils restèrent en observation jusqu'au matin, et demeurèrent étrangement surpris en reconnaissant Ali. Ils l'interrogèrent sur ce qu'était devenu son cousin, et comme il leur répondit qu'il l'ignorait, ils le quittèrent pour se mettre à la poursuite de Mahomet.

Celui-ci, en sortant de sa maison, s'était rendu à celle d'Aboubekr, son beau-père. « Le moment est venu, lui dit-il ; il faut fuir ; le ciel l'ordonne. — Vous accompagnerai-je ? demanda Aboubekr. — Suivez-moi, répondit Mahomet. Aboubekr pleura de joie ; puis ils engagèrent Abdallah, fils d'Oraïcat, jeune idolâtre, à leur servir de guide. Ils se hâtèrent de quitter la ville, et, après une heure de chemin, ils arrivèrent à la caverne de Thour, située au-dessous de la ville, et y demeurèrent cachés pendant trois jours. Quelques-uns de leurs amis vinrent se réunir à eux.

Cependant le bruit de l'évasion de Mahomet s'était répandu dans la Mecque, et on avait envoyé de tous côtés des gens à sa poursuite. Une troupe d'explorateurs qui battaient la campagne s'approcha de la caverne ; Aboubekr, entendant le bruit des hommes et des chevaux, fut saisi de frayeur ; mais le prophète le rassura par ces paroles : « Ne vous affligez pas, car Dieu est avec nous. » Les coureurs arrivèrent en effet à l'entrée de la caverne, mais lorsqu'ils y voulurent pénétrer, ils virent deux colombes qui avaient fait leur nid à l'entrée et pondu deux œufs ; de plus, l'ouverture était bouchée par une toile d'araignée. A cette vue, ils firent ce raisonnement : « Si quelqu'un était entré dans cette caverne, il eût infailliblement cassé les œufs de la colombe, et rompu la toile d'araignée ; » ce qui les détermina à se retirer.

Le quatrième jour, Mahomet continua sa route avec ses amis et quelques provisions, se dirigeant sur Médine par les côtes de la mer Rouge. Les coréischites avaient promis cent chameaux à quiconque le leur amènerait mort ou vif. Or, de tous ceux que l'appât de cette récompense avait déterminés à le poursuivre, Soraca, fils de Malek, un des meilleurs écuyers de l'Arabie, fut le plus heureux. Il connut, par le moyen des flèches divinatoires, le chemin qu'avait pris le prophète, et ne tarda pas à le joindre. Il avait devancé ses gens, et fondait sur Mahomet, la lance à la main. « Prophète de Dieu, s'écria Aboubekr, voilà que ceux qui nous cherchent nous ont atteints. — Ne vous affligez pas, répéta encore Mahomet, car Dieu est avec nous. » Puis il implora le secours divin, se tourna vers Soraca, et l'appela par son nom ; à l'instant même le cheval de Soraca s'enfonça dans le sable jusqu'au ventre. Soraca dit alors : « O Mahomet ! implorez Dieu pour qu'il me délivre, et je m'engage à éloigner ceux qui vous poursuivent. » Le prophète fit en effet des vœux en sa faveur et son ennemi fut délivré ; Mahomet s'échappa. Soraca néanmoins jeta de nouveau le sort et se remit encore plus vivement à la poursuite du fugitif ; et comme il était sur le point de le joindre, Mahomet implora de nouveau le secours de Dieu, et de nouveau le cheval de Soraca s'enfonça. Celui-ci demanda grâce une seconde fois, promettant encore de faire cesser les poursuites. Le prophète l'exauça et lui prédit qu'un jour il verrait ses poignets ornés des bracelets des rois de Perse ; prophétie qui reçut son accomplissement quinze ans après, sous le règne d'Omar. Soraca se jeta à ses pieds, lui demanda un écrit pour lui servir de sauvegarde, et arrêta tous ceux qu'il rencontra occupés à la recherche du prophète, en leur disant : « Dispensez-vous de le chercher ; il n'est pas de ce côté. » On raconte encore un autre événement miraculeux arrivé pendant ce voyage. Lorsque les fugitifs furent parvenus au bourg de Djama, situé dans le territoire de Kodaïd, ils passèrent devant la tente d'une femme nommée Omm-Mabed. Elle était alors assise à la porte de sa tente, buvant et mangeant. Ils la prièrent de leur fournir des fruits et de la viande, offrant de payer argent comptant ; mais ils ne purent rien obtenir d'elle. Cependant ils commençaient déjà à souffrir de la disette ; mais l'apôtre de Dieu ayant aperçu, au travers des fentes de la tente, une brebis extrêmement maigre et alténuée, il l'appela à lui, lui passa doucement la main sur la tête, et elle donna aussitôt une grande abondance de lait. Il fit ensuite apporter une coupe, la remplit et la présenta à Omm-Mabed, qui en but un peu ; il en donna aussi à ses compagnons qui apaisèrent pleinement leur soif, et lui-même en but autant qu'il en avait besoin. Il remplit une seconde fois la coupe, qu'il laissa à cette femme ; la paya et continua son chemin. Le mari, à son retour, ayant appris ce qui s'était passé, courut promptement après le prophète, et crut en lui.

Mahomet, avec ses compagnons, arriva à Coba, bourg situé à deux milles de Médine, et y fonda, avant de partir, une mosquée appelée *El-Tacoua*, de la Piété. Après être demeuré cinq jours à Coba, il s'en alla et à chaque maison devant laquelle il passait, les habitants s'écriaient : « Viens vers nous, ô prophète de Dieu ; nous sommes riches et nombreux. » Puis ils cherchaient à entraîner sa chamelle ; mais il leur disait : « Laissez-la libre dans sa route, car elle obéit à l'ordre d'en haut. » Lorsqu'il fit son entrée dans Médine, le peuple vint en foule au-devant de lui, et l'apôtre s'avançait sous un dais de feuillage, porté par ses disciples. Arrivé sur la propriété de deux orphelins, enfants d'Amrou, sa chamelle s'agenouillant, reposa son poitrail sur la terre. Le prophète descendit alors, acheta ce terrain aux orphelins, bien qu'ils voulussent lui en faire présent, et y fit bâtir une mosquée et sa maison. De ce moment date, à proprement parler, l'extension de la religion musulmane ; c'est pourquoi les musulmans en ont fait leur ère nationale.

HEIA, nom que les chamans des Samoyèdes donnent au dieu souverain.

HEIL, idole des anciens Saxons, en Angleterre. Elle était vénérée sur les bords du Frome, en Dorsetshire.

HEIMDALL, dieu de la mythologie scandinave, fils de neuf vierges qui étaient sœurs. On l'appelle aussi le dieu *aux dents d'or*, parce qu'il a les dents de ce métal précieux. Il est le portier et le gardien des autres dieux. Il réside dans le *fort céleste*, château construit à l'extrémité du pont *Bifrost* (l'arc-en-ciel), par lequel le ciel communique avec la terre, afin d'empêcher les géants de forcer le passage. Heimdall a le sommeil plus léger que celui d'un oiseau, et il jouit de la faculté d'apercevoir, le jour comme la nuit, les objets à la distance de plus de cent lieues. Son oreille est si fine, qu'il entend croître l'herbe des prés et la laine des brebis. Il tient d'une main une épée, et de l'autre une trompette, dont le son se fait entendre dans tous les mondes. A la fin des temps, lorsque les fils de Muspell viendront avec Loke, le loup Fenris, le grand Serpent, pour attaquer les dieux, il soufflera avec force dans sa trompette pour réveiller ceux-ci ; lui-même attaquera Loke, le mauvais génie ; ils lutteront corps à corps, et se terrasseront mutuellement, et ils s'arracheront la vie.

HEKO-TORO, divinité de la Nouvelle-Zélande ; c'est le dieu des charmes et des enchantements. On dit qu'ayant jadis perdu sa femme, il se livra longtemps à de vaines recherches. Il désespérait de la trouver jamais, lorsque, abordant enfin à la Nouvelle-Zélande, elle s'offrit tout éplorée à ses regards. Heureux de cette rencontre imprévue, les deux époux séchèrent leurs larmes, et, au moyen d'une pirogue suspendue au firmament par ses deux extrémités, ils rejoignirent leur céleste demeure, où ils brillent encore sous la forme d'une constellation.

HÉLA, déesse de la mort, dans la mythologie scandinave ; elle est fille de Loke, le mauvais principe, et d'Augerbode, messagère de malheurs ; ses frères sont le loup Fenris et le grand Serpent. Précipitée dans le Niflheim (les enfers), on lui donna le gouvernement de neuf mondes, pour qu'elle y distribuât des logements à ceux qui lui étaient envoyés, c'est-à-dire à tous ceux qui mouraient de maladie ou de vieillesse. Elle possédait dans ce lieu de vastes appartements fort bien construits et défendus par des grilles formidables. Sa salle était la Douleur, sa table la Famine, son couteau la Faim, son valet le Retard, sa servante la Lenteur, sa porte le Précipice, son vestibule la Langueur, son lit la Maigreur et la Maladie, sa tente la Malédiction. La moitié de son corps est bleue, l'autre moitié est revêtue de la peau et de la couleur humaine. Elle a un regard effrayant, qui la fait aisément reconnaître.

HÉLÈNE, appelée aussi *Sélène* ou la lune, femme native de Tyr, et concubine de Simon le Magicien, qui la disait descendue du ciel, où elle avait créé les anges, qui l'y avaient retenue. Il soutenait qu'elle était la même Hélène qui fut l'occasion de la guerre de Troie ; ou plutôt cette guerre, suivant lui, n'était que le récit allégorique d'une autre guerre allumée par sa beauté entre les anges qui avaient créé le monde, et qui s'étaient entre-tués, sans qu'elle eût souffert aucun mal.

HÉLÉNIES, ou HÉLÉNOPHORIES, fête que les Lacédémoniens célébraient en l'honneur d'Hélène, épouse de Ménélas, qui avait un temple dans cette ville. Elle était célébrée par de jeunes filles montées sur des mules ou des chariots, et portant les mystères dans des vases formés de joncs ou de roseaux entrelacés.

HELHEIM, l'empire de la mort, ou simplement Hel, la mort ; un des trois mondes souterrains de la mythologie scandinave, qui, avec les régions appelées *Dokalfaheim* et *Niflheim*, était sous la domination de *Héla*, déesse de la mort. C'est de ce mot qu'est venu le *Hell, Hölle*, des nations teutoniques, qui désigne l'enfer.

HÉLIADES, filles du Soleil et de Clymène, et sœurs de Phaéton. Elles se nommaient Lampétie, Phaétuse et Phœbé. La mort de leur frère leur causa une si vive douleur qu'elles le pleurèrent durant quatre mois entiers. Les dieux les changèrent en peupliers, et leurs larmes en grains d'ambre.

HÉLIAQUES, fêtes et sacrifices en l'honneur du Soleil, dont le culte passa de Perse en Cappadoce, en Grèce et à Rome.

HÉLICITES, moines relâchés du VIe siècle, qui faisaient consister le service de Dieu à danser avec des religieuses, en chantant des cantiques. C'était, disaient-ils, pour imiter l'exemple de Moïse et de Marie sa sœur. Ils eurent fort peu d'imitateurs.

HÉLICON, montagne de Béotie, célèbre parmi les Grecs; elle était située entre le Parnasse et le Cythéron, et avait été consacrée aux Muses par Ephialtès et Otus, qui, les premiers, leur avaient sacrifié sur cette montagne. On y voyait un temple dédié à ces déesses, la fontaine d'Hippocrène, la grotte des nymphes Libéthrides, le tombeau d'Orphée et les statues des principaux dieux, faites par les plus habiles statuaires de la Grèce. Les Thespiens célébraient, dans le bois sacré, une fête annuelle en l'honneur des Muses, et une autre en l'honneur de Cupidon.

HÉLICONIADES, surnom des Muses, pris du mont Hélicon, où elles faisaient leur séjour habituel.

HÉLIOGABALE. *Voy.* ELAGABAL.

HÉLIOGNOSTIQUES, secte juive qui, dit-on, adorait le soleil.

HÉLION, fils d'Hypérion et de Basilée, et petit-fils d'Uranus, premier roi des Atlantes; Hélion et sa sœur Sélène (c'est-à-dire le soleil et la lune) étaient admirables par leur beauté et par leur vertu. Le premier fut jeté dans l'Eridan par ses oncles qui venaient de massacrer son père, et Sélène, de désespoir, se précipita du haut de son palais. Vivement affligée de ces événements tragiques, Basilée court sur les bords du fleuve pour y chercher son fils; elle s'y assoupit par l'excès de la fatigue et de la douleur. Alors Hélion lui apparait et lui prédit que les Titans seront punis de leur cruauté; qu'elle et ses enfants seront mis au rang des dieux; que le flambeau céleste, ou le feu sacré qui éclaire les hommes, s'appellerait désormais *Hélion* (Ἥλιος, le soleil), et que la planète qui se nommait auparavant *Méné* prendrait le nom de Sélène (Σελήνη, la lune). Basilée, à son réveil, raconte son rêve, ordonne qu'on rende à ses enfants les honneurs divins, et, prenant en main les jouets de sa fille, elle parcourt l'univers, les cheveux épars, et dansant au son des cymbales, au grand étonnement de ses sujets, qui voulurent l'arrêter, par compassion pour son état; mais dès qu'on l'eut touchée, malgré ses ordres, le ciel parut en feu, il tomba une pluie affreuse, mêlée d'horribles coups de tonnerre, et Basilée disparut en même temps. Les peuples la mirent au rang des déesses, sous le nom de la *grande mère des dieux*. Ils lui offrirent des sacrifices, au bruit des tambours et des cymbales, et ils adorèrent ses enfants, Hélion et Sélène, comme étant les flambeaux de l'univers. *Voy.* ÉLION.

HÉLIOS, *le Soleil*, le premier des astres, et peut-être la première des créatures adorées par les sabéens et les idolâtres; son culte s'est répandu dans presque toutes les nations païennes. — Le nom grec d'Hélios (Ἥλιος) paraît venir de l'oriental עליון, *hélion*, le Très-Haut, Dieu. — Les Egyptiens comptaient Hélios au nombre des dieux qui avaient autrefois gouverné leur empire. Il est remarquable qu'ils le font succéder à *Héphaistos*, ou le feu, et lui donnent 1000 ans de règne; comme dans la cosmogonie mosaïque, le soleil fut créé, et illumina l'univers dans la période postérieure à la création de la lumière, אור ou du feu.

HÉLITOMÉNOS, un des jumeaux qu'Isis eut de son commerce avec Osiris après sa mort. L'autre était Harpocrate, qui naquit estropié.

HELKA, une des bonnes déesses de la mythologie finnoise; c'est elle qui cicatrise les plaies et ferme les blessures reçues sur les champs de bataille. On l'invoque de cette manière, dans l'épopée de Kalévala: « Viens ici, viens, ô Helka, belle femme! ferme avec du gazon, bouche avec de la mousse le trou béant; cache-le avec de petites pierres, afin que le lac ne déborde point, que le sang rouge n'inonde point la terre. »

HELLÉNISTES. On appelle ainsi une espèce de corporation parmi les Juifs, que quelques-uns ont prise à tort pour une secte. D'autres ont prétendu que c'étaient des Grecs convertis à la religion judaïque; d'autres pensent que les Juifs Hellénistes étaient ceux qui parlaient la langue grecque, et qui portaient des noms grecs; tels étaient, entre autres, les sept premiers diacres, dont il est parlé dans les Actes des Apôtres. Enfin, il est certain qu'on donna le nom d'Hellénistes aux colons juifs qui se rendirent en Egypte, après la destruction du royaume de Juda, l'an 600 avant Jésus-Christ, et dont le nombre fut accru, en 331, par ceux qu'Alexandre appela pour peupler Alexandrie. Au temps d'Auguste, on en comptait au moins un million en Egypte.

HELLI, ou **SELLI**, nom des prêtres du temple de Dodone.

HELLOTÈS, ou **HELLOTIDE**, surnom de la Minerve de Corinthe. Les Doriens ayant mis le feu à cette ville, Hellotis, prêtresse de Minerve, se réfugia dans le temple de la déesse et y fut brûlée. Quelque temps après, une peste violente désola le pays; on eut recours à l'oracle, qui déclara que, pour faire cesser le fléau, il fallait apaiser les mânes de la prêtresse et réédifier le temple. Les autels et le temple furent donc relevés; et on les consacra à Minerve Hellotide, afin d'honorer en même temps Minerve et sa prêtresse.

HELLOTIES, fêtes que les Corinthiens célébraient en l'honneur de Minerve Hellotide. Elles étaient accompagnées de jeux et de combats solennels, dans lesquels les jeunes gens s'exerçaient à courir, tenant en main une torche allumée.

Les habitants de l'île de Crète célébraient des fêtes du même nom, en l'honneur d'Europe, fille d'Agénor, qu'ils vénéraient sous le nom d'Hellotis. On portait dans cette solennité une couronne de myrte de vingt coudées de circonférence, qu'on appelait du nom de la déité, avec une grande châsse que l'on disait contenir ses os.

HELVÈTE, séjour de Héla, déesse de la mort; nom de l'enfer scandinave. *Voy.* HELHEIM.

HELVIDIENS, hérétiques du IVᵉ siècle, disciples d'Helvidius, arien, qui avait à peine la première teinture des lettres ; il niait la virginité de Marie, et prétendait que Jésus-Christ avait eu des frères et des sœurs, nés de saint Joseph. Ses sectateurs furent appelés *Antidicomarianites*.

HÉMACURIES (d'αἷμα, sang, et κοῦρος, jeune homme), fête que les habitants du Péloponèse célébraient sur le tombeau de Pélops. Les jeunes gens s'y fouettaient jusqu'au sang.

HÉMATITES, (du grec αἷμα, sang). Saint Clément d'Alexandrie nomme ces hérétiques, sans expliquer quelle était leur hérésie. Spencer a cru qu'ils étaient ainsi appelés, parce qu'ils mangeaient des viandes suffoquées ou consacrées aux idoles ; d'autres pensent qu'ils ont eu ce nom, parce qu'ils offraient du sang humain dans la célébration des mystères.

HÉMÉRÉSIE, c'est-à-dire propice ; surnom de Diane adorée à Luses, et ainsi nommée, parce que Mélampus guérit dans cette ville les Prœtides furieuses.

HÉMÉROBAPTISTES, ancienne secte de Juifs, dont parle saint Epiphane ; ils étaient ainsi appelés, parce qu'ils se baignaient tous les jours, et soutenaient que, si on manquait à cette prescription, on ne saurait jouir de la vie (éternelle). Aux traditions pharisiennes les Hémérobaptistes joignaient l'incrédulité des sadducéens, en niant avec ceux-ci la résurrection des morts.

HÉMITHÉE, divinité de Castalie, ville de Carie, où elle était en singulière vénération. On venait de fort loin faire des sacrifices dans son temple, et y offrir de riches présents, parce qu'on croyait que tous les malades qui y dormaient se trouvaient guéris à leur réveil, et que plusieurs avaient été ainsi délivrés de maladies incurables. On disait aussi qu'elle présidait aux accouchements difficiles et périlleux, et que les femmes qui avaient recours à elles se trouvaient toujours soulagées. L'opinion de son pouvoir était si répandue, non-seulement parmi les habitants de la province, mais dans toute l'Asie Mineure, que son temple, renfermant de grandes richesses, bien que sans murailles, fut toujours respecté par les Perses, qui pillèrent tous les autres temples de la Grèce, et par les brigands même, pour qui ordinairement il n'y a rien de sacré. Hémithée n'avait pourtant que le titre de demi-déesse (ce que signifie son nom Ἡμιθέα), et c'est la seule de ce titre dont il soit parlé dans tous les mythologues. Son premier nom avait été Molpadie. On dit qu'Apollon l'avait sauvée au moment qu'elle se jetait dans la mer, pour se soustraire à la fureur de son père. On lui faisait des offrandes de vin mêlé de miel, et il n'était pas permis d'entrer dans son temple, quand on avait touché ou mangé du porc.

HEMPHTA, nom que les anciens Egyptiens donnaient à leur grand dieu, le Jupiter des Grecs et des Latins. Ce mot peut signifier celui qui est dans *Phta*. *Voy.* PHTA.

HENIOCHA, c'est-à-dire *celle qui tient les rênes* (Ἡνίοχα) ; déesse à laquelle sacrifiaient ceux qui voulaient consulter l'oracle, dans l'antre de Trophonius. On pense que c'était Junon.

HENNIL, idole des Vandales : ce dieu était honoré dans tous les hameaux sous la figure d'un bâton, avec une main et un anneau de fer. Lorsque la commune était menacée de quelque danger, on portait en procession ce simulacre, et le peuple criait : *Réveille-toi, Hennil, réveille-toi*.

HÉNOCH, ancien patriarche biblique, que les chrétiens orientaux prennent pour le Mercure Trismégiste des Egyptiens. On a sous son nom un livre apocryphe. *Voyez* ENOCH (*Livre d'*), FOU-HI.

HÉNOTIQUE, c'est-à-dire *édit d'union* ; fameux édit publié par l'empereur Zénon, à la sollicitation d'Acace, patriarche de Constantinople, pour la réunion des catholiques et des eutychiens, et pour le rétablissement de la paix dans l'Eglise, l'an 482, sous le pontificat de Simplicius. La foi de l'Eglise catholique était assez bien exposée dans ce décret ; tout y paraissait orthodoxe en apparence ; mais on avait affecté de n'y faire aucune mention du concile général de Chalcédoine, ce qui favorisait les hérétiques eutychiens, qui rejetaient ce concile. Le pape Félix III, successeur de Simplicius, prononça anathème contre tous ceux qui recevaient l'Hénotique de Zénon. L'empereur, de son côté, employa toute son autorité et toute sa puissance pour contraindre ses sujets à le recevoir. Ce conflit entre la puissance spirituelle et le pouvoir temporel excita de grands troubles dans l'Eglise.

HENRICIENS, hérétiques qui parurent au commencement du XIᵉ siècle, et qui furent ainsi appelés du nom d'Henri de Bruys, moine ou ermite italien, dont ils suivaient la doctrine. Henri était venu en France, et s'était mis à parcourir les principales villes du midi et de l'ouest. Une croix à la main, il fit son entrée à Toulouse, à Bordeaux, à Poitiers, au Mans ; cette dernière ville l'avait appelé avec instance, sur le bruit de sa réputation ; car il passait pour un saint et un grand prédicateur. Il était vêtu pauvrement, marchait toujours nu-pieds, même dans les froids les plus rigoureux de l'hiver ; il ne logeait que dans les cabanes des paysans, ou même demeurait le jour sous des portiques, et couchait la nuit dans les endroits découverts ; il prenait un frugal repas sur des lieux élevés et en présence de la multitude ; sa barbe était rasée contrairement à l'usage de l'époque. Il avait la voix forte, une éloquence naturelle, un ton capable d'épouvanter ; de plus il passait pour avoir l'esprit de prophétie. Il fut donc reçu dans la ville du Mans comme un ange de Dieu ; chacun courut en foule à ses prédications, et le clergé exhortait le peuple à y assister. Voyant l'ascendant qu'il avait sur la multitude, il se mit à déclamer contre le baptême conféré aux enfants, à condamner l'usage des églises et des temples, à blâmer le culte de la croix, à décrier l'ordre ecclésiastique, à s'élever contre les fêtes et les cérémonies de l'Eglise, à défendre de célébrer la sainte messe et de prier pour les morts. Le peuple adopta avec fureur ces opinions erronées ; en conséquence, son premier mouvement fut de se déchaîner contre les prêtres qui lui avaient jusqu'alors enseigné une doctrine tout opposée. Les ecclésiastiques se virent tout à coup exposés aux insultes de la populace; plusieurs furent maltraités. Ce fut en vain que le chapitre du Mans, en l'absence de l'évêque, défendit à Henri de prêcher ; cet hérétique, se sentant le plus fort, brava la défense ; il tint même des assemblées secrètes. L'évêque Hildebert, à son retour de Rome, entreprit d'arrêter le désordre ; et, après avoir pris les informations nécessaires, il s'adressa au prédicant en présence du peuple, et lui demanda quelle était sa profession. Henri ne répondit point, sans doute parce qu'il ne comprit pas ce mot. Hildebert lui demanda alors quelle charge il occupait dans l'Eglise. Il répondit qu'il était diacre. L'évêque lui demanda s'il avait assisté à l'office ; il répondit que non. « Eh bien ! reprit l'évêque, récitons les hymnes qu'on chante à Dieu ce matin. » Henri objecta qu'il ne savait point l'office qu'on disait tous les matins. Alors l'évêque commença à chanter les hymnes à la sainte Vierge ; Henri, qui ne les savait pas, demeura interdit et confus : il confessa qu'il ne savait rien, mais qu'il s'était étudié à faire des discours au peuple. Henri quitta le Mans et passa dans le Périgord, parcourut le Languedoc et la Provence, où il se fit des disciples. Mais enfin, par les soins du pape Eugène III et de saint Bernard, Henri fut arrêté et confiné dans les prisons de l'archevêché de Toulouse, où il finit ses jours. Les protestants regardent Henri de Bruys comme l'un des précurseurs de la réforme.

HÉORTASTIQUES, de ἑορτή, fête. Les chrétiens orientaux appelaient lettres héortastiques celles que les patriarches envoyaient pour annoncer le jour où l'on devait célébrer la fête de Pâques. C'est ce que l'on nomme maintenant lettres *pastorales*. « Il reste, dit M. Guénebault, de beaux vestiges de ces circulaires dans l'histoire de l'Eglise d'Alexandrie. Elles étaient ordinairement adressées à des particuliers recommandables par leur science et leur piété. Une de ces précieuses lettres venant de saint Denys, évêque d'Alexandrie, fut retrouvée en 1580, et publiée dans le XVIᵉ siècle. A partir du concile de Nicée, les lettres héortastiques devinrent circulaires et annuelles. Saint Athanase passe pour le premier qui en ait envoyé à toutes les églises connues. Depuis, ce furent les papes qui se chargèrent de cette annonce. Ceux qui portaient ces lettres étaient bien reçus dans les villes; on les défrayait du voyage ; les voitures et les chevaux étaient à leur disposition. »

HÉOU-THOU, sacrifice que les anciens Chinois offraient à la terre. Ce nom signifie *terre-reine*.

HÉOU-TSIE, héros ou demi-dieu des anciens Chinois. On dit que sa mère le conçut sans avoir eu commerce avec aucun homme ; le sens propre du mot *Héou-tsie* signifie le *prince des semences*, qui préside aux grains et aux végétaux, et qui donne la fécondité à toute la nature ; les interprètes, suivant la tradition ancienne, donnent un époux à Khiang-youen, sa mère, qu'ils nomment *Tiko* ; c'est le même que le Chang-ti ou souverain seigneur.

HÉPATOSCOPIE, *inspection du foie* ; divination qui avait lieu par l'inspection du foie des victimes immolées dans les sacrifices.

HÉPHAISTOS, ou HÉPHÆSTUS, nom grec de Vulcain, dieu du feu. *Voyez* VULCAIN. C'est aussi le nom que les historiens et les mythologues ont donné au dieu adoré par les Egyptiens sous le nom de *Phta*. Suivant la vieille chronique, conservée par le Syncelle, Héphaistos fut le premier des dieux qui dominèrent sur l'Egypte, ou plutôt sur toute la terre, et son règne, qui fut de 9000 ans, précéda celui du Soleil. Ce mythe rappelle en même temps et les traditions mosaïques, et les nouvelles découvertes de la géologie moderne, soupçonnées par les anciens. En effet les livres saints nous apprennent que la lumière, ou le feu primordial, fut créée dès le commencement, et son règne ou son existence dans l'univers précéda celui du soleil ; et la géologie démontre d'autre part, que le globe terrestre a dû être antérieurement dans un état d'incandescence et de conflagration générale.

D'après la tradition égyptienne, Héphaistos ou Phta avait été produit par un œuf sorti de la bouche de Cnef ou Cnoufis le Démiurge. Il était regardé comme un des dieux les plus anciens et les plus puissants ; l'obélisque dont nous avons la version d'Hermapion lui donne le titre de *père des dieux* (Ἥφαιστος ὁ τῶν Θεῶν πατήρ), et le Grec pseudo-Calisthènes l'appelle le proto-parent des dieux. *Voyez* PHTHA.

HÉRA, c'est-à-dire *souveraine* ; nom grec de Junon. Il est corrélatif du latin *herus, hera*, seigneur, maîtresse, et du sanscrit *hara*, employé pour exprimer la divinité. De là les mots *herœa, hérœon, heras*, pour désigner les lieux consacrés à Junon. On donnait aussi ce nom à Isis et à d'autres déesses. On le trouve assez souvent sur les médailles qui les représentent.

HÉRACLAMMON, statue représentant à la fois Hercule et Jupiter Ammon, et réunissant les attributs de ces deux divinités.

HÉRACLÉES, fêtes quinquennales en l'honneur d'Hercule, célébrées à Athènes et à Sicyone ; dans cette dernière localité la solennité durait deux jours. — A Linde, dans l'île de Rhodes, on en observait une autre, dans laquelle on n'entendait que des imprécations et des mots de mauvais augure, en mémoire de ce que ce héros, ayant enlevé les bœufs d'un laboureur, celui-ci avait envoyé à son adresse une multitude d'injures dont il n'avait fait que rire : un mot heureux était censé profaner la fête. — Pareille solennité avait lieu sur mont OEta, où l'on croyait qu'était le tombeau d'Hercule. On les disait instituées par Ménétius, roi de Thèbes. — Enfin, à Cos, il y avait en l'honneur du même dieu une fête, où le prêtre paraissait en habits de femme.

HÉRACLÉONITES, hérétiques du deuxième siècle, disciples d'Héracléon, attaché lui-même à la secte des valentiniens, à laquelle il apporta quelques modifications. Il chercha à justifier le système des *Eons* par des allégories forcées, empruntées à l'Evangile, et par une sorte de cabale tirée de l'Ecriture sainte. Les Héracléonites soutenaient que l'âme est mortelle et corruptible; et cependant on dit qu'Héracléon, leur chef, était dans l'habitude de faire sur les morts certaines invocations, pour les rendre invisibles aux puissances supérieures.

HÉRACLÈS, nom grec d'Hercule ; on le fait dériver communément du grec Ἥρα, Junon, et κλέος, gloire; comme si les persécutions de Junon n'avaient été pour ce héros qu'une occasion de gloire. D'autres traduisent *gloire de l'air*, c'est-à-dire le soleil. Hérodote prétend que ce mot est égyptien. *Héra-kles*, en sanscrit, pourrait signifier Siva le destructeur. *Voyez* HERCULE

HÉRANGUI, colline que les âmes des trépassés doivent franchir avant de parvenir au *Reinga*, ou enfer, suivant la mythologie des insulaires de la Nouvelle-Zélande.

HÉRATÉLÉE, sacrifice que les Grecs offraient à Junon le jour de leurs noces. Dans ce sacrifice, on offrait à la déesse des cheveux de la mariée, et une victime dont on jetait le fiel au pied de l'autel, pour marquer que les époux seraient toujours unis. Le mot *Héra-telée* vient d'*Héra*, nom grec de Junon, et de τελεία, parfaite. On donnait ce nom à la déesse, comme présidant aux noces, parce qu'on ne se marie que dans un âge parfait, qui est celui de la puberté.

HERBAD, prêtres parsis de la troisième classe ; c'est à eux qu'est dévolu le soin d'entretenir les temples. Ils ont les joues rasées, mais la barbe du menton fort longue. Sur la tête ils portent un bonnet terminé en pointe, ou d'une figure presque conique. Leur chevelure est longue, et il leur est défendu de la couper hors le temps du deuil pour les morts.

HERCÉEN (en grec *Herkeios*, *Herkios*, d'ἕρκος, mur, clôture), surnom de Jupiter, invoqué comme le protecteur de ceux qui logeaient dans l'enceinte du même mur, c'est-à-dire dans la même maison. D'autres prétendent qu'on lui donnait ce titre sur les autels qu'on lui consacrait dans l'intérieur des maisons.

Chez les Grecs, les dieux *Hercéens* correspondaient aux Pénates des Latins.

HERCULE. — Qu'est-ce qu'Hercule? Est-ce un mythe, une allégorie, une personnification, un personnage historique? Quelle est sa patrie? Est-il de l'Orient ou de l'Occident? A-t-il existé plusieurs Hercules? n'y en a-t-il eu qu'un seul? ou bien a-t-on attribué à un personnage déjà fameux tous les hauts faits et les exploits que la renommée a fait retentir aux oreilles des peuples ? Toutes questions sur lesquelles nous craindrions de nous prononcer péremptoirement ; chacune des réponses qu'on pourrait faire a compté des défenseurs nombreux et tenaces, tant dans l'antiquité que dans les temps modernes. Nous allons exposer quelques-uns des sentiments les plus répandus chez les anciens.

Le nom d'Hercule selon Diodore de Sicile, fut d'abord porté par deux hommes, dont l'un naquit en Egypte, et dressa une colonne en Afrique, après avoir soumis à sa puissance une grande partie de la terre ; le deuxième était Crétois, et fut un des dactyles idéens, devin, commandant d'armées ; ce fut lui qui institua les jeux Olympiques. Un troisième, fils de Jupiter et d'Alcmène, exista peu de temps avant la guerre de Troie, parcourut presque toute la terre pour obéir aux ordres d'Eurysthée ; heureux dans toutes ses entreprises, il éleva une colonne en Europe. Diodore aurait pu ajouter un quatrième Hercule : le phénicien, sans parler de l'Hercule gaulois, etc. Hérodote et Diodore donnent le premier rang d'antiquité à l'Hercule égyptien (*Djom* ou *Gom*), et le font un des douze principaux dieux qui régnèrent dans cette contrée.

Cicéron en compte six. « Le plus ancien, dit-il, celui qui se battit contre Apollon, parce que, la prêtresse ayant refusé de répondre, il avait, dans sa colère, mis en pièces le trépied sacré, est fils de Lysite et du plus ancien de tous les Jupiter; le deuxième est l'Egyptien, qui passe pour fils du Nil ; le troisième est un des dactyles du mont Ida ; le quatrième, fils de Jupiter et d'Astérie, sœur de Latone, est honoré par les Tyriens, qui prétendent que Carthage est sa fille ; le cinquième, nommé, Bel est adoré dans les Indes (1) ; le sixième est le nôtre, fils d'Alcmène et de Jupiter. »

Varron en compte 43, ou parce que plusieurs personnes se sont fait honneur de porter un nom aussi illustre, ou bien parce qu'Hercule était plutôt un nom appellatif qu'un nom propre, donné aux célèbres voyageurs qui couraient les mers et les terres pour découvrir de nouveaux pays et y importer des colonies. La vanité grecque a chargé l'histoire de l'Hercule thébain des exploits de tous les autres, de ce grand nombre de pérégrinations et d'expéditions dont parlent les poëtes, et de tant d'aventures auxquelles ne pourrait suffire la vie d'un seul homme

---

(1) Il ne faut pas croire que Cicéron se soit trompé ici, et ait voulu parler de Bel l'assyrien ; ce Bel, indien, est *Bala-Rama*, frère de Krichna, dont le caractère et les exploits sont assez semblables à ceux de l'Hercule grec. *Voyez* BALA-DÉVA.

Nous croyons, nous, qu'il n'était pas nécessaire à un grand homme de s'appeler Hercule, pour enrichir à ses dépens la biographie du héros thébain; les Grecs savaient fort bien s'approprier tout ce qu'ils trouvaient chez les nations barbares. Leur polythéisme était ramené à une sorte d'unité, en ce qu'ils le voyaient répandu parmi toutes les nations : le dieu principal d'un peuple quelconque, qu'il s'appelât Baal, Ormusd, Brahma, Teutatès ou Jéhova, était nécessairement leur Jupiter; tout héros était leur Hercule; tout exploit extraordinaire était son fait; toute construction gigantesque était son œuvre. Ils prirent donc pour leur Hercule le Candaule lydien, le Melkart de Tyr, le Djom des Égyptiens, le Rama ou le Baladéva hindou, l'Ogmius des Gaulois, etc; et de là sans doute l'origine de ses prétendues pérégrinations.

Donnons cependant la biographie de l'Hercule principal, de celui qu'honoraient les Grecs et les Romains, et auquel se rapportent presque tous les anciens monuments; non pas tel qu'elle était dans l'origine, mais telle qu'elle nous est parvenue, successivement modifiée dans la suite des âges.

L'Hercule thébain est fils de Jupiter et d'Alcmène, épouse d'Amphitryon. La nuit qu'il fut conçu dura, dit-on, l'espace de trois nuits, sans que l'ordre des temps en fût dérangé, parce que les nuits suivantes furent plus courtes. Le jour de sa naissance, les coups redoublés du tonnerre se firent entendre à Thèbes, et plusieurs autres prodiges présagèrent la gloire future du fils de Jupiter. Alcmène accoucha de deux jumeaux, Hercule et Iphiclus. Amphitryon, voulant savoir lequel des deux était son fils, dit Apollodore, envoya deux serpents auprès de leur berceau; Iphiclus parut saisi de frayeur, et voulut s'enfuir; mais Hercule étrangla les deux serpents, et montra dès sa naissance qu'il était digne d'avoir Jupiter pour père. Mais la plupart des mythologues disent que ces deux serpents furent envoyés par Junon. Cette déesse, outrée de jalousie contre Alcmène, déversa sa haine sur l'enfant qu'elle avait eu de Jupiter; elle suscita contre lui deux horribles dragons pour le dévorer dans son berceau; mais le futur héros, sans s'étonner, les prit à belles mains, et les mit en pièces. La déesse se radoucit alors, à la prière de Pallas, et consentit même à l'allaiter pour le rendre immortel. L'enfant aspira le lait avec tant de force qu'il s'en échappa quelques gouttes, lesquelles s'étendant sur la surface du firmament, y forma une immense traînée blanchâtre, appelée en conséquence la *voie lactée*. Diodore raconte cette fable d'une autre manière. Alcmène, craignant la jalousie de Junon, n'osa s'avouer la mère d'Hercule, et l'exposa, dès qu'il fut né, au milieu d'un champ. Minerve et Junon ne tardèrent pas à y passer, et comme Minerve regardait l'enfant avec des yeux d'admiration, elle conseilla à Junon de l'allaiter. Junon le fit, mais l'enfant lui mordit le sein avec tant de violence que la déesse en ressentit une douleur aiguë, et laissa là l'enfant. Minerve le prit alors, et le porta chez Alcmène, comme chez une nourrice à qui elle l'aurait recommandé.

Hercule eut plusieurs maîtres : Rhadamanthe et Euryte lui apprirent à tirer de l'arc; Castor à combattre tout armé; Chiron lui enseigna l'astronomie et la médecine; Linus, selon Élien, lui apprit à jouer d'un instrument qui se touchait avec l'archet; et comme Hercule détonnait en touchant, Linus le reprit avec quelque sévérité; l'élève peu docile lui jeta son instrument à la tête et le tua du coup. Il devint d'une taille extraordinaire et d'une force de corps incroyable. C'était aussi un grand mangeur : un jour qu'il voyageait avec son fils Hyllus, tous deux ayant grand'faim, il demanda des vivres à un laboureur qui était à sa charrue; et parce qu'il n'en obtint rien, il détacha un des deux bœufs, l'immola aux dieux, et le mangea. Cet appétit dévorant l'accompagna jusque dans le ciel; aussi Callimaque exhorte Diane à prendre, non pas des lièvres, mais des sangliers et des taureaux, parce qu'Hercule n'avait point perdu entre les dieux la qualité de grand mangeur qu'il avait eue parmi les hommes. Il devait être encore un grand buveur, si l'on en juge par la grandeur énorme de son gobelet; il fallait deux hommes pour le porter; quant à lui, il n'avait besoin que d'une main pour s'en servir lorsqu'il le vidait.

« Hercule, devenu grand, sortit en un lieu à l'écart, dit Xénophon, pour penser à quel genre de vie il s'adonnerait : alors lui apparurent deux femmes de grande stature, l'une fort belle, qui avait un visage majestueux et plein de dignité, la pudeur dans les yeux, la modestie dans tous les gestes et une robe blanche; c'était la Vertu. L'autre avait beaucoup d'embonpoint, était haute en couleur; ses regards libres et ses habits magnifiques la faisaient reconnaître pour ce qu'elle était; c'était la Mollesse ou la Volupté. Chacune des deux s'efforça de le gagner par ses promesses; il se détermina enfin à suivre le parti de la Vertu (qui se prend ici pour la Valeur). C'est peut-être ce que l'on a voulu représenter sur une médaille, où l'on voit Hercule assis entre Minerve et Vénus.

Ayant donc embrassé, de son propre choix, un genre de vie dur et laborieux, il alla se présenter à Eurysthée, sous les ordres duquel il devait entreprendre ses combats et ses travaux, d'après le sort fixé à sa naissance. Des mythologues prétendent que cette démarche ne fut pas volontaire, et qu'il refusa d'abord de se soumettre aux lois d'Eurysthée. Junon, pour le punir de sa désobéissance, le frappa d'un tel délire, qu'il tua ses enfants, croyant tuer ceux d'Eurysthée. Revenu à la raison, il fut si affligé, qu'il renonça pendant quelque temps à la société des hommes : il consulta ensuite l'oracle d'Apollon, qui lui enjoignit de se soumettre pendant douze ans aux commandements d'Eurysthée, conformément à l'intention de Jupiter, lui annonçant qu'il serait mis au rang des dieux, lorsqu'il aurait rempli ses glorieuses destinées. Eurysthée, excité par Junon toujours irritée contre Hercule, lui imposa les choses les plus dures et les plus difficiles ; c'est ce qu'on appelle les douze travaux d'Hercule.

Premier travail : victoire sur le lion de Némée. — Dans une forêt voisine de Némée, ville de l'Argolide, était un lion d'une taille monstrueuse, qui dévastait la contrée située entre Mycènes et Némée. Comme on ne pouvait le blesser ni avec le fer, ni avec l'airain, ni avec les pierres, il fallait nécessairement employer la force des bras pour s'en rendre maître. Le monstre se retirait habituellement dans une grande caverne, au pied de la montagne. Hercule, qui avait déjà inutilement épuisé contre cet animal invulnérable les traits de son carquois, se jeta après lui dans la caverne, en boucha l'entrée, l'attaqua corps à corps, et, après une lutte épouvantable, il parvint à lui étreindre le cou entre ses mains puissantes : il l'étrangla, lui enleva la peau avec ses ongles, et s'en servit dans la suite de vêtement, et même de bouclier dans les combats.

2e Travail : victoire sur l'hydre de Lerne. — Lerne était le nom d'un lac ou marais du territoire d'Argos, dans lequel les Danaïdes avaient autrefois jeté les têtes de leurs maris égorgés. Or ce marais était infesté par une hydre ou serpent marin qui avait plusieurs têtes (sept, disent les uns ; cinquante, suivant les autres ; quelques-uns en comptent cent). Ce monstre avait de plus cette propriété terrible, qu'à mesure qu'on lui tranchait une tête, il en renaissait deux à la place. Hercule, après l'avoir combattu pendant un certain temps, ayant remarqué ce phénomène, commanda à Iolas, son écuyer, d'appliquer aussitôt le feu sur le tronçon coupé, afin d'arrêter sa reproduction; cette ruse eut son effet. Il parvint ainsi à trancher toutes les têtes de l'hydre, malgré les attaques incessantes d'un cancre qui défendait le monstre ; et trempa ses flèches dans son fiel, afin que chaque trait qu'il décocherait dans la suite contre un ennemi ou un autre monstre lui portât un coup mortel. Quelques-uns ajoutent qu'il desséchait le lac ; ce qui est peu probable, car il existait encore du temps de Pausanias, et il paraît que Néron, cherchant à le dessécher, le fit sonder, sans pouvoir en trouver le fond.

3e Travail : victoire sur le sanglier d'Erymanthe. — Cet animal ravageait les campagnes d'Arcadie ; quoique moins terrible en apparence que les deux autres monstres, ce travail était rendu plus difficile par l'ordre donné à Hercule par Eurysthée de lui amener le sanglier tout vivant. En effet, en le ménageant, Hercule risquait d'être vaincu par lui ; en le poussant avec trop de vigueur, il pouvait le tuer. Mais le héros s'y prit avec tant d'adresse, qu'il réussit à s'en emparer, et l'apporta tout vif à Eurysthée. A la vue de cet animal formidable qu'Hercule portait sur ses épaules, ce roi fut saisi d'une telle frayeur, qu'il s'alla cacher sous une cuve d'airain.

4e Travail : victoire sur la biche aux cornes d'or et aux pieds d'airain. — Ici la difficulté gisait dans la vélocité de l'animal, qui parcourait, plus rapide que le vent, les défilés du mont Ménale en Arcadie. Aussi donna-t-elle beaucoup d'exercice au héros, qui ne voulait pas la percer de ses traits, parce qu'elle était consacrée à Diane. Cependant il réussit à la prendre vivante ; les uns disent que ce fut à la course ; d'autres, qu'il la fit tomber dans des filets, d'autres enfin, qu'il s'en saisit lorsqu'elle traversait le Ladon. Hercule l'apporta sur ses épaules à Mycènes.

5e Travail : expulsion des oiseaux du lac Stymphale. — Les environs de ce lac d'Arcadie étaient infestés par des myriades d'oiseaux aux ongles crochus, au bec de fer, qui ravageaient tous les fruits ; de plus, on prétendait que, dressés au combat par Mars lui-même, ils lançaient des dards de fer contre ceux qui les attaquaient. Ils étaient en si grand nombre et d'une grosseur telle, qu'en volant leurs ailes interceptaient la clarté du soleil. Songer à les exterminer les uns après les autres, était chose absurde. Hercule imagina des cymbales d'airain qui, frappées continuellement par lui, rendaient un son assourdissant qui épouvanta les oiseaux, et les mit en fuite. Il avait reçu ces cymbales de Minerve.

6e Travail : nettoyage des étables d'Augias. — Ce roi de l'Élide avait de vastes étables contenant 3000 bœufs ; mais comme elles n'avaient pas été nettoyées depuis trente ans, c'eût été s'exposer à une mort infaillible que de remuer un fumier aussi infect. Eurysthée joignant l'insulte à la peine, ordonna à Hercule de les nettoyer sans l'aide de personne. Hercule craignant de se déshonorer en transportant lui-même le fumier, chercha un moyen de se tirer avec gloire de cette injonction flétrissante. Il détourna le fleuve Alphée, le fit passer par les étables, et toutes les immondices furent ainsi entraînées. Ce travail ne fut pour lui que l'ouvrage d'un jour. Augias se montra ingrat pour un service aussi signalé, et refusa à Hercule le prix de son travail. Le héros indigné pilla la ville d'Elis, tua Augias, et donna ses États au fils du prince.

7e Travail : victoire sur le taureau de Crète. — Hercule passa dans l'île de Crète, dompta un taureau formidable, envoyé par Neptune contre Minos, et l'amena dans le Péloponèse.

8e Travail : enlèvement des cavales de Diomède. — Diomède, roi de Thrace, avait des cavales si furieuses, qu'on était obligé de les lier avec des chaînes de fer, et de leur donner à manger dans des mangeoires d'airain. On les nourrissait de chair humaine, et on leur donnait à dévorer les malheureux étrangers qui abordaient dans la Thrace et que l'on mettait en pièces. Hercule se saisit d'abord de Diomède, le donna à manger à ses propres cavales, profita du moment pour s'en emparer, et les amena à Eurysthée qui les consacra à Junon et les lâcha sur le mont Olympe. Les uns disent qu'elles y furent dévorées par les bêtes sauvages ; d'autres qu'elles s'y propagèrent, et que leur race subsista jusqu'au temps d'Alexandre.

9e *Travail: expédition contre les Amazones.* — Eurysthée ayant commandé à Hercule de lui apporter la ceinture d'Hippolyte, reine des Amazones, le héros traversa la mer du Pont, à laquelle il donna le nom d'Euxin, arriva aux embouchures du fleuve Thermodon, déclara la guerre aux Amazones, et campa près de leur capitale appelée Themiscyre. Il demanda d'abord la ceinture, et comme elle lui fut refusée, il livra bataille, et tua d'abord Mygdon et Amicus, frères de la reine, qui s'opposaient à son passage. Une fois en présence, tandis que la foule des guerrières s'attaquait à ses soldats, les plus vaillantes combattirent contre lui-même, et firent l'une après l'autre des prodiges de valeur. La première fut Aella (la tempête), ainsi nommée à cause de la légèreté de sa course; mais elle trouva un ennemi encore plus léger. La seconde fut Philippis ; elle tomba sur-le-champ, frappée d'une blessure mortelle. Vint ensuite Prothoé, qu'on disait être sortie victorieuse de sept combats singuliers, elle eut le même sort, ainsi qu'Eriboée, qui se présenta la quatrième. Céléno, Eurybie et Phœbé combattirent ensuite ; elles accompagnaient ordinairement Diane à la chasse, et savaient parfaitement tirer de l'arc ; mais leur habileté fut impuissante contre Hercule, et elles demeurèrent sur la place. Il vainquit de la même manière Alcippe, Astérie, Déjanire, Marpé et Tecmesse. Le reste des Amazones fut mis en fuite; la reine perdit ses Etats et sa liberté: Hercule la fit prisonnière avec plusieurs autres; l'emmena et la donna en mariage à son ami Thésée. Suivant une autre version, Hippolyte se serait rachetée en abandonnant sa ceinture, et c'est l'Amazone Antiope qui aurait été donnée en présent à Thésée.

10e *Travail: enlèvement des vaches de Géryon.* — Eurysthée imposa à Hercule la tâche d'enlever les vaches de Géryon, qui paissaient sur les côtes de l'Ibérie. Le bruit s'était répandu par toute la terre que Chrysaor, ainsi nommé à cause de ses grandes richesses, régnait alors sur toute l'Ibérie; qu'il avait trois fils remarquables par leur force et par leurs exploits, qui combattaient ordinairement avec lui ; que de plus chacun d'eux commandait de puissantes armées, toutes composées de vaillants hommes. Eurysthée croyant qu'il était impossible de le vaincre, ne manqua pas de donner cette périlleuse commission à Hercule, qui regarda ce péril avec autant de fermeté qu'il avait envisagé les autres. Il leva une armée, s'embarqua avec ses troupes, passa dans l'île de Crète, qu'il purgea à tout jamais des bêtes sauvages qui la ravageaient ; relâcha en Afrique, où il tua le géant Antée, qui faisait périr les étrangers en luttant avec eux ; pénétra en Egypte, où il tua Busiris ; traversa la Libye, où il fonda la ville d'Hécatompyle; parvint au détroit de Gadès, où il éleva deux colonnes sur les bords de l'un et l'autre continent, et pénétra enfin en Espagne. Il marcha contre les enfants de Chrysaor, les appela en combat singulier, les vainquit et les mit à mort. Il conquit ensuite toute l'Espagne, et emmena ces fameux troupeaux de vaches qu'il cherchait. Il en donna une partie à un pieux roi du pays, qui les conserva précieusement, les consacra au héros comme à un dieu, et, tous les ans, lui sacrifiait le plus beau taureau qui en provenait.

C'est sans doute à l'expédition nécessitée par le onzième travail qu'il faut rapporter la plupart des voyages d'Hercule. Nous avons vu qu'en se rendant en Espagne il avait pénétré jusqu'à l'Océan, et là, s'il faut en croire la fable, il aurait exécuté un travail gigantesque, bien plus considérable que ses douze travaux. Au dire de quelques-uns, les deux continents étaient autrefois fort éloignés l'un de l'autre; il résolut de les rapprocher, jusqu'à ne laisser entre eux qu'un étroit passage, qui ne permît plus aux monstres de l'Océan de pénétrer dans la Méditerranée. D'autres prétendent au contraire que les deux continents étaient réunis, qu'Hercule coupa l'isthme, et fit communiquer les deux mers. Il avait déjà mis à fin des travaux du même genre; il avait, par le moyen d'un canal, mis à sec la délicieuse vallée de Tempé, qui antérieurement était tout inondée; dans la Béotie, au contraire, il avait créé un grand lac en détruisant les rivages de la rivière qui coulait auprès de la ville de Minye. Après avoir conquis l'Espagne, Hercule en confia le gouvernement aux princes les plus vertueux, et passa dans la Celtique, parcourut toute cette contrée et y abolit plusieurs coutumes barbares, entre autres celle de faire mourir les étrangers. Comme il y avait dans son armée quantité de gens qui l'étaient venus trouver de leur plein gré, il bâtit une ville qu'il nomma Alésie ou Alexie, nom tiré des longues courses qu'il avait faites; c'est aujourd'hui Alise en Bourgogne. Voulant ensuite passer en Italie, il prit le chemin des Alpes ; de rudes et difficiles qu'étaient les routes de ce pays, il les rendit si douces et si aisées, qu'une armée pouvait y passer sans peine avec tout son bagage. Les habitants de ces montagnes avaient coutume de tailler en pièces et de voler toutes les troupes qui les traversaient. Hercule dompta cette nation, en fit punir les chefs, et rétablit la sûreté des chemins.

Ici notre héros traverse la Ligurie et arrive sur le mont Palatin. Il y avait alors en cet endroit une petite ville habitée par les aborigènes. Potitius et Pinarius, les plus considérables d'entre eux, le reçurent d'une manière très-généreuse et lui firent des présents magnifiques. Hercule quitta ensuite les rives du Tibre et parcourut les côtes maritimes de l'Italie; il entra sur le territoire de Cumes, dans lequel on dit qu'il y avait des hommes très-forts, mais très-scélérats ; on les nommait les Géants. Cette contrée s'appelait aussi *Champs Phlégréens*, à cause d'une montagne de ce pays-là qui jetait des flammes ; c'est le mont Vésuve. Les Géants, sur la nouvelle qu'Hercule était entré dans leur pays, s'assemblèrent et marchèrent contre lui en ordre de bataille. Le combat fut très-rude; mais Hercule remporta la victoire avec l'aide des dieux, tua plusieurs de ses ennemis, et rétablit la tranquillité dans la contrée. Il continua son chemin, et exécuta plusieurs travaux sur le lac Averne, qui était consacré à Proserpine. Les eaux de ce lac se déchargeaient autrefois dans la mer; Hercule ferma le canal de communication, et pratiqua une route le long des côtes de la mer. Etant arrivé sur les confins du pays de Rhége et de la Locride, la fatigue d'une longue course le contraignit de se reposer; mais, incommodé par une grande quantité de cigales qui troublaient son repos, on dit qu'il pria les dieux de l'en délivrer; sa prière eut un plein succès, et jamais depuis les cigales ne reparurent dans ce pays. Il passa ensuite en Sicile, et y vainquit à la lutte Eryx, fils de Vénus et du roi Buta. Arrivé à Syracuse, il institua des fêtes et des assemblées solennelles en l'honneur de Proserpine. A Agyre, il consacra un bois à Iolas, son compagnon d'armes. Il fit ensuite à pied le tour de la mer Adriatique, et rentra dans le Péloponèse par l'Epire.

11ᵉ *Travail : enlèvement des pommes d'or du jardin des Hespérides.* — A peine de retour, Eurysthée lui imposa cette nouvelle obligation. Il lui fallut donc se remettre en mer, et faire voile vers l'extrémité de l'Afrique, pour enlever ces fruits merveilleux, qui étaient sous la garde d'un horrible dragon. Hercule tua le redoutable gardien, enleva les pommes d'or, et les apporta à Eurysthée. *Voy.* d'autres détails de ce mythe au mot HESPÉRIDES.

12ᵉ *Travail: descente aux Enfers.* — Thésée s'était engagé témérairement avec son ami Pirithoüs, à aller enlever des Enfers Proserpine, épouse de Pluton; mais les deux amis payèrent leur audace par la perte de leur liberté. La Fable dit que, fatigués de la longue traite qu'ils avaient faite, ils s'assirent sur une pierre, mais ils y demeurèrent collés sans pouvoir se relever. Eurysthée enjoignit à Hercule d'aller délivrer Thésée, et d'enchaîner le chien Cerbère, qui s'opposait à la sortie de quiconque avait pénétré dans les Enfers. Le héros ayant reçu cet ordre, le plus glorieux de tous ceux que lui avait imposés son ennemi, prit le chemin d'Athènes, et se fit initier aux mystères d'Eleusis, dont Musée, fils d'Orphée, était alors le grand maître. Il se rendit ensuite aux extrémités de la terre, pénétra dans les Enfers, fut reçu comme un frère par Proserpine, qui lui permit d'emmener avec lui Thésée et Pirithoüs. Il lia Cerbère avec des chaînes de fer, le tira hors des Enfers, et le fit voir aux hommes.

Tels sont ce qu'on appelle les douze travaux d'Hercule ; mais on lui attribue bien d'autres actions mémorables. Outre celles dont nous avons parlé dans son dixième travail, il extermina les Centaures, tua Hippocoon, Eurytus, Périclymène, Licus, Cacus, Laomédon, et plusieurs autres tyrans; il délivra Hésione du monstre qui allait la dévorer,
et Prométhée de l'aigle qui lui rongeait le foie; il soulagea Atlas, qui pliait sous le poids du ciel, dont ses épaules étaient chargées; il combattit contre le fleuve Achéloüs, à qui il enleva une de ses cornes; enfin, il alla jusqu'à combattre contre les dieux eux-mêmes. Homère dit que ce héros, pour se venger des persécutions auxquelles il était en butte de la part de Junon, tira contre cette déesse une flèche à trois pointes, et la blessa au sein, dont elle ressentit de si grandes douleurs, qu'il semblait qu'elles ne devaient jamais être apaisées. Le même poète ajoute que Pluton fut aussi blessé d'un pareil trait à l'épaule, dans la sombre demeure des morts, et qu'il fut obligé de monter au ciel pour se faire guérir par le médecin des dieux. Un jour qu'il se trouvait incommodé des ardeurs du soleil, il se mit en colère contre cet astre, tendit son arc pour tirer contre lui: le soleil admirant son grand courage, lui fit présent d'un gobelet d'or, sur lequel, dit Phérécide, il s'embarqua. La singularité du fait vient du mot grec σκάρος, qui signifie une *barque* et un *gobelet*. Enfin, Hercule s'étant présenté aux jeux Olympiques pour disputer le prix, et personne n'osant se commettre avec lui, Jupiter lui-même voulut lutter contre son fils, sous la figure d'un athlète ; et comme, après un long combat, l'avantage fut égal des deux côtés, le dieu se fit connaître, et félicita son fils de sa force et de sa valeur.

Hercule eut plusieurs femmes et un plus grand nombre de maîtresses: les plus connues sont Mégare, Omphale, Iolé, Epicaste, Parthénope, Augé, Astyochée, Astydamie, Déjanire, et la jeune Hébé qu'il épousa dans le ciel après sa déification; on parle aussi des cinquante filles de Thestius qu'il aurait rendues mères en une même nuit. Mais comme une multitude de grands personnages tenaient à honneur de passer pour descendants de ce héros, on lui supposa gratuitement une multitude de femmes et une quantité prodigieuse d'enfants. Il en eut plusieurs de Mégare, qu'il tua lui-même avec leur mère, dans un de ces accès de fureur auxquels il était quelquefois sujet.

La mort d'Hercule fut un effet de la vengeance du centaure Nessus qu'il avait tué, et de la jalousie de Déjanire qui se voyait trop souvent abandonnée. Cette princesse, instruite des nouvelles infidélités de son époux, lui envoya une tunique teinte du sang du centaure, croyant ce présent propre à l'empêcher d'aimer d'autres femmes; le héros, qui se disposait à offrir un sacrifice, ne s'en fut pas plutôt revêtu, que le venin dont elle était imprégnée fit sentir son funeste effet; se glissant dans les veines, il pénétra en un instant jusqu'à la moelle des os. Il tâcha en vain d'arracher de dessus ses membres la robe fatale; elle s'était collée à sa peau et comme incorporée à sa chair; à mesure qu'il la déchirait, il se déchirait aussi la peau et les membres. Dans cet état, il pousse des cris effroyables, et fait les plus terribles imprécations contre sa perfide épouse, qui s'étrangle de désespoir. Voyant tous ses membres desséchés, et que sa fin approchait, il fait dresser un grand bûcher sur le mont OEta, étend sa peau de lion, se couche dessus, place sa massue sous sa tête, et ordonne à ses amis d'y mettre le feu; Philoctète seul obéit, et Hercule lui fait présent de son arc et de ses flèches. Dès que le bûcher fut allumé, on entendit un violent coup de tonnerre; la foudre tomba, et réduisit tout en cendres en un instant, pour purifier ce qu'il y avait de mortel dans Hercule. Jupiter l'enleva alors dans le ciel, et voulut l'aggréger au collége des douze grands dieux; mais il refusa cet honneur, suivant Diodore; disant que, comme il n'y avait point de place vacante dans le collége, il ne devait point y entrer comme surnuméraire, et qu'il serait injuste de dégrader quelqu'autre divinité afin de l'y introduire. Il se contenta donc du rang de demi-dieu.

Philoctète et ses compagnons, persuadés de l'apothéose d'Hercule, élevèrent un tombeau sur les cendres du héros, et lui offrirent des sacrifices comme à un nouveau dieu. Les Thébains et les autres peuples de la Grèce, témoins de ses hauts faits, lui érigèrent, à leur tour, des temples et des autels. Monoétius, ancien ami d'Hercule, lui sacrifia un taureau, un sanglier et un bouc, et ordonna que tous les ans on lui offrît le même sacrifice dans la ville des Opuntiens. Son culte fut porté à Rome, dans les Gaules, en Espagne, et jusque dans l'île Taprobane. Hercule eut plusieurs temples à Rome, entre autres celui qui était proche du cirque de Flaminius, qu'on appelait le temple du grand Hercule gardien du cirque, et celui qui était au Marché aux Bœufs. C'est dans ce dernier qu'il n'entrait jamais ni chien ni mouche, parce que, dit Solin, Hercule l'avait demandé au dieu Myagrius. Enfin, il y avait un temple célèbre d'Hercule à Cadix, dans lequel on voyait les fameuses colonnes.

Un ancien auteur le peint extrêmement nerveux, avec des épaules carrées, un teint noir, un nez aquilin, de gros yeux, la barbe épaisse, les cheveux crépus et horriblement négligés. Sur les monuments, il paraît ordinairement sous les traits d'un homme fort et robuste, la massue à la main, et armé de la dépouille du lion de Némée, qu'il porte quelquefois sur un bras; et quelquefois sur la tête. On lui donne pour attributs l'arc et le carquois. Il nous reste de lui une magnifique statue, héritage de l'antiquité, et chef-d'œuvre de l'art, c'est l'Hercule Farnèse, dû au ciseau de Glicon l'Athénien, qui l'a représenté appuyé sur sa massue, et couvert par le haut seulement de sa peau de lion. On le voit assez souvent couronné de peuplier blanc; cet arbre lui était consacré, parce qu'il s'en était ceint la tête, lorsqu'il descendit aux enfers; ce qui touchait sa tête conserva la couleur blanche, mais la partie extérieure contracta une teinte fuligineuse; c'est pourquoi les feuilles de l'arbre sont restées telles jusqu'à ce jour.

Maintenant, nous terminons comme nous avons commencé, en demandant : qu'est-ce qu'Hercule? — Les uns le prennent pour la personnification de l'humanité; ses travaux et ses exploits seraient autant de symboles des conquêtes successives de l'homme, tant dans l'ordre physique que dans l'ordre moral. — D'autres veulent qu'il soit le symbole du cours annuel du soleil, et que ses douze travaux représentent les constellations zodiacales : ça été entre autres le système de Court de Gébelin et de Dupuis; mais il nous semble qu'il faut plus que la bonne volonté pour trouver le symbole des constellations dans les douze travaux d'Hercule ; d'autant plus que la conception de ces douze travaux est d'une origine comparativement moderne ; Homère, Hésiode, Pindare, Béotien comme Hercule, paraissent avoir ignoré le nombre ainsi déterminé des travaux de ce grand homme; le premier ne parle que de l'enlèvement de Cerbère, et le second ne cite que deux ou trois des douze travaux en compagnie d'autres prouesses. Ce ne fut qu'à l'époque alexandrine que les poëtes et les mythographes fixèrent à douze le nombre de ses travaux. — D'autres ont voulu voir, dans les hauts faits d'Hercule, des réminiscences des victoires de Josué et des exploits de Samson, lesquels auront été mis sur le compte de l'Hercule tyrien, d'où ils auront passé dans la Grèce. — Il ne tiendrait même pas à quelques-uns qu'Hercule ne fût une prophétie et une figure de Jésus-Christ. Issu du père des dieux, Junon veut le faire périr dès son berceau (ce qui fait allusion aux poursuites d'Hérode contre Jésus enfant); il étouffe les deux serpents qui devaient le tuer; il est tenté par une femme qui lui propose toutes les richesses, toutes les jouissances de la terre : c'est la volupté; mais il s'attache à celle qui représente la vertu; enfin, après ses travaux, il succombe dans sa lutte pour l'humanité; et, du milieu des flammes de son bûcher, il s'élève à la céleste demeure. Nous pensons qu'il serait très-facile de faire un rapprochement semblable dans la plupart des mythes païens; mais celui-ci ne nous paraît pas heureux. — Il en est enfin qui pensent qu'Hercule est un personnage historique, qui a existé environ 1300 ans avant l'ère chrétienne; et nous nous rangeons de leur avis. Hercule était un prince thébain, qui portait ombrage à Eurysthée, roi d'Argos; celui-ci, cherchant à se défaire d'un compétiteur redoutable, l'exposa à une multitude de dangers dont il sortit toujours triomphant; d'une force et d'un courage à toute épreuve, il s'illustra par des travaux utiles à sa patrie, améliora le sol, fit d'heureuses innovations en agriculture, réforma des abus, éleva des constructions puissantes, se signala dans les combats, le tout sans s'éloigner de son pays. Le peuple reconnaissant lui décerna, après sa mort, les honneurs divins. Ce pas une fois fait, on ne tarda pas à lui attribuer, en les exagérant, les prouesses et les entreprises extraordinaires dont on entendit parler; on grossit encore son histoire, en mettant sur son compte presque tout ce qu'avaient fait de considérable les hommes puissants des autres contrées. Devenu bientôt le dieu de toute la nation, on pouvait s'en rapporter aux Grecs du soin de préconiser leur héros et d'amplifier sa biographie. Il semble même, en y regardant de près, que la conception des douze travaux indique les connaissances successives que les Grecs acquirent des autres contrées; ainsi, les deux premiers eurent lieu dans l'Argolide; les troisième, quatrième et cinquième, en Arcadie, le sixième en Elide; jusqu'ici ils sont concentrés dans le Péloponèse; le septième se passe en Crète, et le huitième dans la Thrace; nous sortons de la péninsule, mais nous sommes encore dans la Grèce. Le neuvième nous conduit dans l'Asie Mineure; le dixième dans l'Ibérie occidentale; le onzième dans l'Hespérie Africaine, et le dernier aux extrémités de la terre. On voit que cet ordre est plutôt géographique que chronologique. Souvent même on changea la tradition qui faisait de certains lieux le théâtre de tel ou tel exploit. Ainsi, Hécatée, qui précéda Hérodote, disait que le dixième travail, l'enlèvement des bœufs de Géryon, avait eu lieu en Epire; plus tard, on transporta la scène en Ibérie : il en est de même de la biche aux cornes d'or; les uns dirent qu'elle avait été prise en Arcadie; les autres supposèrent qu'Hercule l'avait poursuivie jusque dans le pays des Hyperboréens.

HÉRÉENNES, ou HÉRÉES, fêtes en l'honneur d'Héra ou Junon, que les Grecs célébraient annuellement à Argos, à Egine et à Samos. Des hommes armés marchaient devant la prêtresse, portée sur un char traîné par des bœufs blancs. Arrivée au temple, la procession y offrait une hécatombe. Les jeux qui accompagnaient la fête consistaient à renverser un bouclier d'airain fortement fixé sur le théâtre. Le prix destiné au vainqueur était une couronne de myrte et un bouclier d'airain; c'est pourquoi ce lieu se nommait Aspis, bouclier.

A Elis, on célébrait, tous les cinq ans, une fête du même nom, dans laquelle seize femmes de qualité étaient chargées de confectionner un vêtement pour la déesse. Aux jeux institués par Hippodamie, le prix de la course était disputé par de jeunes filles distribuées en différentes classes, suivant leur âge.

Ce nom était encore donné à un jour de deuil, que les Corinthiens célébraient en mémoire des enfants de Médée, égorgés par eux et enterrés dans le temple de Junon Acréenne. On prétendait qu'ils avaient engagé le poëte Euripide, par une somme d'argent, à représenter pour la première fois Médée comme auteur de ce meurtre odieux.

Pellène célébrait aussi une fête du même nom, où le prix du vainqueur était une robe magnifique.

HÉRÉNAQUES. On appelait ainsi, en Irlande ou Hibernie, de simples clercs tonsurés, chargés de recueillir les revenus ecclésiastiques, dont une partie était donnée à l'évêque, une autre distribuée aux pauvres, et la troisième consacrée à l'entretien des églises et aux dépenses qui se faisaient dans les temples.

HÉRÈS. Les Romains honoraient sous ce nom une divinité qui présidait aux héritages. On la surnommait *Martea*, en qualité de compagne du dieu Mars, qui, plus que tout autre, fait vaquer des successions. Les héritiers, dès qu'ils étaient pourvus, ne manquaient pas d'offrir à cette déesse des sacrifices d'action de grâces.

HÉRÉSIARQUE, c'est-à-dire *chef d'hérésie*; on donne ce nom à tous ceux qui ont suscité dans l'Eglise une hérésie importante. Ainsi, Arius, Nestorius, Eutychès, Donat, Pélage, Luther, Calvin, etc., sont des hérésiarques.

HÉRÉSIDES. — 1. Nymphes attachées au service de Junon, et dont la fonction principale était de préparer le bain de la déesse.

2. Prêtresses de Junon à Argos; elles étaient tellement respectées, que leur sacerdoce était l'époque publique d'où l'on comptait les années et d'où l'on datait les événements mémorables. C'est pourquoi leurs noms étaient inscrits sur des tables publiques. Celle qui avait le titre de *canéphore* et de *cistophore*, exécutait les premières cérémonies des sacrifices. Les autres formaient une espèce de société, où les fonctions du ministère se trouvaient partagées entre plusieurs personnes; la principale d'entre elles prenait le titre de mère, comme cela a lieu actuellement dans les communautés religieuses.

HÉRÉSIE. On appelle ainsi toute opinion contraire à la foi orthodoxe de l'Eglise catholique et soutenue avec opiniâtreté. Il est certain que l'hérésie a toujours été et sera toujours la plus grande plaie de l'Eglise; et cependant l'apôtre saint Paul dit : *Il faut qu'il y ait des hérésies*; ce qui s'entend de plusieurs manières. 1° Il faut qu'il y ait des hérésies, parce qu'il est impossible que les hommes, avec leur libre arbitre, avec leurs passions, avec leur amour-propre, avec leur demi-science, s'accordent tous à soumettre leur esprit et leur raison à la foi, à la parole de Dieu et à l'autorité de l'Eglise. 2° Il faut qu'il y ait des hérésies, parce qu'il entre dans l'économie de la religion que l'erreur lève la tête, afin d'étudier la vérité, de la faire triompher, d'amener le développement du dogme et de la morale. 3° Il faut qu'il y ait des hérésies, parce que l'homme, jouissant de la liberté, ne saurait être forcé d'embrasser la vérité, et que sa foi doit dépendre, non de la contrainte et de la nécessité, mais du libre choix et de la conviction.

Il est remarquable que toutes les sectes qui se sont séparées de l'Eglise catholique ont, par là même, perdu tout principe vital; elles ont bien pu jeter d'abord une sorte d'éclat, conséquence inévitable de l'effet produit par la nouveauté; mais, une fois passé l'intérêt du moment, elles se sont étiolées d'elles-mêmes. Le gnosticisme, l'arianisme, l'eutychianisme, le monothélisme, le manichéisme, le pélagianisme, etc., n'existent plus qu'à l'état de souvenir, et n'appartiennent plus qu'à l'histoire de la théologie ; si l'on trouve encore en Orient des nestoriens, bien loin d'avoir progressé, ils ne sont pas même restés stationnaires; et il y a déjà bien des siècles qu'on ne voit plus chez eux ni vie, ni science, ni vertu. Les nombreuses sectes connues sous le nom de protestantisme sont bien loin de leur doctrine primitive, et maintenant voilà qu'elles se précipitent à grands pas dans le rationalisme, ou plutôt dans le naturalisme. Les protestants eux-mêmes conviennent que leur système religieux n'a fait aucun pas et n'a pris aucune extension depuis les guerres de religion, et qu'au contraire de l'Eglise catholique, les églises protestantes ont plutôt perdu que gagné du terrain.

En effet, il n'a pas pu en être autrement. «Toutes les fois qu'une secte quelconque, dit M. Bonnetty, s'est séparée de la grande famille, a secoué l'autorité de l'Eglise, qui, guide fidèle, doit la conduire dans la voie de la vérité, nécessairement et sans qu'elle l'ait jamais évité, elle a péri contre l'un ou l'autre de ces deux écueils : — Ou ces chrétiens scissionnaires sont tombés sous la domination du pouvoir temporel ; et alors celui-ci leur a dicté ses volontés comme des révélations de Dieu, leur a imposé ses dogmes, ses prêtres, sa morale, sa vérité, soit par la séduction des honneurs ou de l'or, soit par la persécution du fer et de l'ignominie, état qui ne laisse plus voir une église, pas même une société d'hommes, mais une dégradation pire que l'esclavage; car ce n'est que le corps d'un esclave que l'on enchaîne, au lieu qu'ici c'est l'esprit même qui, saisi à son arrivée en ce monde par les ordres du tyran, se débat en vain toute sa vie sous ces ignobles fers. — Ou bien, le pouvoir leur accordant toute liberté, ce qui ne se voit que rarement, alors ces chrétiens, sans chef, sans guides, suivent toutes les aberrations de l'esprit particulier, sans barrière contre les plus humiliantes croyances, sans frein contre les plus extravagants emportements. Et alors après le premier mouvement d'effervescence, le sens commun se soulevant naturellement contre de telles absurdités, de dépit et d'impuissance, ils renoncent à toute croyance, et demeurent suspendus dans le vide, le cœur altéré, l'esprit irrésolu, ne sachant s'ils sont coupables ou seulement malheureux.»

Nous consacrerons, dans ce Dictionnaire, un article particulier à chacune des hérésies qui se sont élevées dans l'Eglise, depuis l'établissement du christianisme jusqu'à nos jours

Bien que le nom d'hérésie ne s'applique communément qu'aux doctrines opposées aux dogmes ou aux croyances de la religion catholique, il nous arrive quelquefois de l'employer à l'occasion des religions étrangères au christianisme, afin d'éviter les circonlocutions : c'est ainsi que nous appelons hérétiques les musulmans schiites, par rapport aux sunnites considérés comme orthodoxes par le gros des mahométans.

HÉRÉTIQUES. On donne ce nom à ceux qui soutiennent opiniâtrément une hérésie, et à ceux qui professent publiquement une doctrine opposée à celle de l'Eglise catholique, soit par leur propre choix, soit par le malheur de leur naissance. Parmi ces derniers, il peut s'en trouver un certain nombre qui, retranchés par là même du corps de l'Eglise, appartiennent cependant à son âme. *Voy.* EGLISE.

HÉRÉWIS, ou HIZRÉWIS, ordre de religieux Turcs, qui prit naissance du temps d'Orkhan, le second des empereurs ottomans, dans la ville de Pruse, alors capitale de l'empire. Héréwi, leur fondateur, étendait sa charité jusque sur les chiens et les chats de la ville, pour lesquels il avait coutume d'acheter des fressures de veau et de mouton. Ses disciples et quelques autres personnes religieuses l'imitent encore aujourd'hui dans ces pieuses libéralités. Héréwi faisait profession de pauvreté, mortifiait son corps par le jeûne et pleurait ses péchés avec tant de force, que les anges, dit-on, descendaient du ciel pour être témoins de sa pénitence. Il passait pour fort habile en chimie, et donnait de l'or au lieu d'aspres à ceux qui voulaient entrer dans son ordre. Il portait une veste verte, raccommodait lui-même ses habits, était cuisinier de sa communauté, et vivait fort sobrement. Il fonda des mosquées et des hôpitaux, et leur assigna de grandes sommes d'argent. Ces religieux suspendent aux portes de leurs couvents et de leurs maisons des chapelets, des rubans, des morceaux de taffetas, des cornes et autres objets de même genre.

HERHILAINEN, génie de la mythologie finnoise; personnification de la guêpe, créée par Karilaïnen, le Vulcain des Finnois : celui-ci la produisit en fouillant la terre avec l'orteil et le talon. — *Herhilaïnen* est aussi l'oiseau d'Hiisi, le génie du mal ; comme tel il règne sur l'atmosphère, et se nomme encore *Hijjen-Lintu.*

HERMAMMON, groupe vénéré des Egyptiens, qui représentait Mercure et Jupiter Ammon.

HERMANUBIS, c'est-à-dire Mercure Anubis, divinité égyptienne, dont la statue réunissait les attributs de Mercure et d'Anubis. On la représentait sous la figure d'un homme à tête de chien, de chacal ou d'épervier, et tenant un caducée. Quelquefois Hermanubis est vêtu en sénateur; il tient d'une main le caducée et de l'autre un sistre.

HERMAPHRODITE, fils de Mercure et de Vénus, comme l'indique la composition de son nom. Il fut élevé par les Naïades sur le mont Ida. Son visage réunissait aux traits de son père les grâces et les beautés de sa mère Un jour, épuisé de fatigue, il s'arrêta sur les bords d'une fontaine, dont l'eau claire et paisible l'invita à s'y baigner. La nymphe

Salmacis qui y présidait fut éprise de ses charmes, et ne pouvant le rendre sensible, se jeta à son cou en priant les dieux de les unir d'une manière indissoluble. Ses vœux furent exaucés; les deux corps se réunirent et n'en firent plus qu'un qui conservait les deux sexes. Hermaphrodite ne voulant pas se trouver seul au monde en cet état étrange, obtint des dieux, à son tour, que tous ceux qui se baigneraient dans la même fontaine devinssent semblables à lui.

HERMAPOLLON, statue composée de Mercure et d'Apollon, sous la figure d'un jeune homme réunissant les symboles des deux divinités, c'est-à-dire du pétase et le caducée, avec l'arc et la lyre.

HERMATHÈNE, figure représentant Mercure et Minerve. On voit de ces statues qui ont d'une part l'habit, le casque et l'égide de Minerve; et de l'autre la bourse, attribut de Mercure, les ailerons au casque, le coq sous l'aigrette et un sein d'homme. On pourrait encore mettre au rang des Hermathènes ces statues antiques dont le personnage réunit la barbe aux attributs du sexe féminin.

HERMÉENNES, fêtes en l'honneur de Mercure, célébrées dans le Péloponèse, en Béotie et ailleurs. Dans l'île de Crète, au rapport d'Athénée, les maîtres y servaient leurs esclaves à table, et leur rendaient les mêmes offices qu'ils en recevaient pendant toute l'année. Cet usage s'observait aussi chez les Athéniens, à Babylone, et même à Rome pendant les Saturnales.

HERMENSUL, héros des Saxons, qu'on a mal à propos confondu avec Mercure ou Hermès; l'orthographe la plus générale est IRMENSUL. *Voy.* cet article.

HERMÉRACLES, statue composée d'Hermès et d'Héraclès (Mercure et Hercule) : c'était une statue de Mercure avec les attributs d'Hercule, c'est-à-dire la massue et la peau de lion. On lui donnait la forme humaine jusqu'à la ceinture, et le reste se terminait en colonne carrée. On mettait communément les Herméracles dans les académies ou lieux d'exercices, parce que Mercure et Hercule, c'est-à-dire l'adresse et la force, doivent y présider.

HERMÉROS, statue composée de Mercure et de l'Amour (en grec *Eros*). On représente Herméros sous la figure d'un jeune enfant, tel qu'on dépeint le fils de Vénus; il tient d'une main la bourse, et de l'autre le caducée, attributs de Mercure.

HERMÈS, nom grec de Mercure, comme interprète ou messager des dieux, et comme ayant donné aux hommes la faculté de s'exprimer. On le révérait sous ce nom comme dieu de l'éloquence; et, sous ce rapport, on le représentait sous la figure d'un homme de la bouche duquel sortaient de petites chaînes aboutissant aux oreilles d'autres figures humaines, pour exprimer la manière dont l'art de la parole enchaîne l'attention des auditeurs.

Les Athéniens et, à leur exemple, les autres peuples de la Grèce, et même, par la suite, les Romains, représentaient Hermès par une figure cubique, c'est-à-dire à arrêtes vives de tous les côtés, sans pieds et sans bras, mais avec la tête. Servius cherche à rendre raison de cet usage par une fable. Selon lui, des bergers ayant un jour rencontré Mercure ou Hermès endormi sur une montagne, lui coupèrent les pieds et les mains pour se venger d'une peine qu'il leur avait causée; c'est-à-dire, sans doute, qu'ayant trouvé une statue de ce dieu, ils la mutilèrent de la sorte, et en placèrent le tronc à la porte d'un temple : de là a pu venir l'usage de placer ces Hermès, non-seulement à la porte des temples et des maisons, mais encore dans les carrefours et dans les champs. C'est de ces *Hermès* grecs qu'est venue l'origine des *Termes* que l'on met aujourd'hui aux portes et aux balcons des bâtiments, et dont on décore les jardins publics. D'après cette origine, on devrait plutôt les appeler *Hermes* que *Termes*, mais la dernière articulation a prévalu, sans doute à cause qu'elle exprimait plus justement la fonction de ces statues qui servirent quelquefois à borner les *termes* ou les limites d'un champ.

Le nom d'*Hermès* se trouve fréquemment dans les auteurs anciens et modernes, comme synonyme de celui de *Thot*, homme-dieu égyptien, à qui on rapporte l'honneur de toutes les découvertes faites par la société dans les sciences et dans les arts. Il présidait à la fois à la grammaire, à la philosophie, à l'astronomie, à l'éloquence, à la musique, etc. On lui attribue l'invention de l'écriture, et on le représentait accompagné de volumes ou rouleaux au nombre de 36525; ce qui, suivant Dupuis, est l'expression décimale qui représente exactement le nombre des jours de l'année, comprenant 365 jours un quart, ou 365,25. — Il porte le surnom de *Trismegiste*, ou *trois fois très-grand*.

On a voulu retrouver Hermès ou Thot dans l'*Enoch* de la Bible, qui passa en effet 365 ans sur la terre, avant d'être enlevé au ciel, et auquel on attribue aussi l'invention de l'écriture et des arts. Les Arabes l'appellent *Edris*; les Chaldéens, *Ouriaï* ou *Douvairaï*; les Phéniciens *Taaut*; c'était peut-être aussi le *Teutatès* des Gaulois, et le *Fou-hi* des Egyptiens. *Voy.* THOT.

HERMÉSIANISME, secte plutôt philosophique que religieuse, qui a pris naissance, il y a quelques années, en Allemagne, mais qui a été poussée au point d'intéresser la foi, et de s'attirer les censures de l'Eglise; elle compte encore un certain nombre de partisans au delà du Rhin; c'est pourquoi nous ne devons pas la passer sous silence. Nous allons donner un aperçu de cette doctrine, d'après les savants articles insérés dans les *Annales de philosophie chrétienne*, tome XVII.

La philosophie hermésienne a eu pour fondateur Georges Hermès, né en 1775, à Dregelwald, en Westphalie, ordonné prêtre en 1799, et mort en 1831. Son système est consigné dans un ouvrage qui a pour titre :

Dogmatique chrétienne catholique, précédé de deux volumes d'*Introduction de la théologie*.

« Les intentions directes d'Hermès et de ses disciples étaient bonnes et louables; ils voulaient défendre la croyance catholique contre les attaques et les reproches de la nouvelle philosophie allemande. Voyant que la nouvelle terminologie philosophique demandait des réponses nouvelles de la part des catholiques, ils essayèrent de créer une nouvelle philosophie catholique, qu'ils crurent appelée à remplacer la philosophie scolastique. Malheureusement ils ne furent pas assez sur leurs gardes, et ne s'aperçurent pas qu'en croyant seulement changer la forme et les termes, ils changeaient aussi le fond. Ainsi, un essai infructueux de défense de la religion, trop de concessions accordées à l'autorité temporelle sur l'enseignement catholique, une soumission pas assez prompte, tels sont les griefs qu'on a pu reprocher aux catholiques hermésiens.

« Hermès donc, voulant concilier les devoirs de la foi catholique avec ce qu'il appelait les intérêts de la pensée humaine, se dévoua à créer un système qui répondit à la fois aux exigences de la pensée la plus sévère et à celles de la plus pure orthodoxie, en créant une démonstration rigoureusement philosophique du catholicisme. Dans toutes les philosophies jusqu'à lui, tacitement ou ouvertement, on supposait toujours que le christianisme était une vérité, puis on essayait de l'appuyer par des démonstrations philosophiques; c'est ce qu'on a appelé du nom de *doute méthodique*, de *doute négatif*, lequel, retenu dans ses bornes, n'est pas un véritable doute. Hermès, au contraire, fit *positivement* abstraction de tout ce qu'il croyait, de tout ce qu'il savait; supposa qu'il n'y avait rien de certain et de vrai dans le monde, non-seulement la religion catholique, mais encore toute autre vérité, telle que l'existence de Dieu, celle du monde, etc., et c'est ce qu'on appelle le *doute positif*. Prenant donc pour point de départ le doute positif, il entreprit de vaincre ce doute par les seules forces et les seules lumières de la pensée, et de trouver un premier principe de cognition sur lequel il pourrait solidement élever successivement et par un enseignement rigoureux, la vérité simple, la vérité religieuse, la vérité chrétienne, la vérité catholique, de telle sorte qu'il pût être autorisé à poser à tout homme ce dilemme : Ou il n'y a point de vérité, ou la vérité c'est le catholicisme. »

Ainsi, dans l'*Introduction à la théologie*, Hermès ne s'occupe pas positivement des dogmes du catholicisme; il y traite simplement des principes généraux de la connaissance humaine et de leur connexion réciproque. Dans l'*Introduction philosophique*, qui forme le premier volume, il recherche successivement le premier fondement de toute connaissance, qu'il croit être la pensée. De là il déduit le monde intérieur et extérieur, Dieu, ses qualités, la nécessité d'une révélation, la possibilité de la connaître. Dans le second volume, *Introduction positive*, Hermès, partant du point où il vient de s'arrêter, recherche quelles sont les sources de la révélation divine immédiate, et les trouve dans les livres saints, dans la tradition et dans le ministère apostolique résidant dans l'Eglise.

« On voit que ce sont à peu près les questions traitées dans la plupart des livres de philosophie; mais ce qui était propre à Hermès et ce qui constituait le fond de son système, c'est qu'il appliquait à chacune des vérités qu'il voulait établir la méthode de démonstration intérieure et extérieure, théorique et pratique; et pour faire mieux comprendre combien cette méthode est obscure, arbitraire, insuffisante, nous allons l'appliquer à un seul fait, la résurrection de Jésus-Christ. Les hermésiens admettent d'abord le doute positif sur cette vérité, et, pour en sortir, ils ont recours d'abord à la raison théorique.

« Selon eux, la force de la raison théorique consiste en ce que d'abord elle établisse, comme une chose nécessaire, une cause suffisante de chaque fait; ensuite il faut qu'elle soit obligée d'établir cette cause, lorsqu'il lui est démontré qu'il est impossible d'en établir aucune autre, de telle manière qu'il lui faudrait renoncer à toute autre cause, ce qui répugne à la raison, si on n'établissait pas celle-là.

« On voit déjà que pour savoir qu'il est impossible d'établir aucune autre cause, il faudrait connaître toutes les forces de la nature; alors seulement on aurait cette connaissance *intime, intrinsèque, pleine et parfaite, et absolument requise*, d'après Hermès. Aussi les hermésiens avouent-ils qu'il arrive peu souvent que l'on puisse avoir la démonstration théorique d'une vérité, et alors, pour suppléer au défaut de la raison théorique, ils ont recours à la raison pratique, laquelle, ne pouvant donner une certitude théorique qui rende l'assentiment *physiquement nécessaire*, donnera une *certitude morale*. Or, quelle est cette certitude?

« La certitude morale ne peut être autre que celle qui naît d'un assentiment moralement nécessaire, et qui lui est intimement unie.

« Eclaircissons cela par un exemple donné par les hermésiens mêmes, et que l'on peut appliquer à Jésus-Christ mort.

« Supposez un corps pâle, livide, inanimé, même fétide et tombant en dissolution. Il faut d'abord avoir un *doute positif* si c'est un cadavre ou un corps vivant; pour sortir de ce doute, recourons à la *raison théorique*; elle sera impuissante, parce que, pour savoir que c'est vraiment un cadavre, il faudrait qu'elle connût toutes les forces de la nature, et en particulier, s'il ne pourrait pas exister quelque parcelle de vie dans quelque partie du corps. Il faut donc avoir recours à la *raison pratique*, et chercher si elle ne peut pas nous donner une *certitude morale* que le corps est un cadavre. Cette certitude, on la trouvera dans le *devoir moral* d'ensevelir le cadavre. De là découle naturellement la né-

cessité morale d'affirmer que le corps est mort. »

Qu'il nous suffise d'avoir donné cet échantillon du système d'Hermès, et de ses abstraites et inadmissibles conséquences. Il est facile de voir combien cette méthode devait jeter de trouble dans toute l'économie de la doctrine catholique. Ces conséquences étaient encore compliquées par la constitution de l'université de Bonn, dans laquelle Hermès fut appelé à professer. L'autorité protestante y avait établi une faculté de théologie catholique, en dehors de la juridiction ecclésiastique. Il s'ensuivit un conflit entre les partisans de la nouvelle doctrine, et les gens mieux avisés qui prévoyaient que les hermésiens couraient droit à l'hérésie ou au schisme. Enfin, intervint, en 1835, la condamnation en forme, par le souverain pontife, des écrits et de la doctrine d'Hermès. Alors se renouvelèrent les distinctions, les justifications, les appels du pape mal informé au pape mieux informé, et toutes les menées qui ont lieu ordinairement à l'origine d'une nouvelle erreur, et qui agitèrent si longtemps les esprits à l'occasion du jansénisme. Il y eut pareillement des évêques qui soutinrent l'hermésianisme, d'autres le condamnèrent; les hermésiens envoyèrent même des députés au pape; plusieurs se soumirent, mais il en est encore un certain nombre qui cherchent à le défendre.

Nous ne saurions mieux faire, pour montrer les tendances funestes de l'hermésianisme, et l'influence qu'il avait déjà sur la foi et la discipline, que de reproduire ici, dans leur intégrité, les dix-huit propositions que l'archevêque de Cologne enjoignit aux hermésiens de signer :

1° Je crois et je confesse que c'est une erreur condamnable, que de chercher à établir le *doute positif* comme la *base* de toute recherche théologique, parce que c'est là une voie ténébreuse, conduisant à toutes sortes d'erreurs, et qui s'écarte du chemin royal, suivi par la tradition et par tous les saints Pères, dans l'exposition et la défense des vérités de la foi.

2° Je crois et je confesse que c'est une tentative condamnable, que de s'efforcer de rejeter la grâce de la foi dans laquelle nous sommes nés, par la miséricorde de Dieu, de la rejeter, dis-je, dans le but, en partant du *doute positif* et avec le secours de la *raison* toute seule, de rechercher la foi, de telle manière qu'on puisse tout à fait la rejeter, si la raison ne trouve pas la foi où la nécessité de la foi.

3° Je crois et je confesse que la foi est *un don de Dieu* et une *lumière*, dont étant *éclairé*, l'homme donne un assentiment ferme et une adhésion entière aux choses qui ont été divinement révélées, et sont proposées par l'Eglise à notre croyance.

4° Je rejette totalement et je condamne cette erreur, qui établit que la raison est *la règle principale et l'unique moyen* que l'homme possède de parvenir à la *connaissance* des vérités surnaturelles.

5° Je crois et je confesse que c'est une opinion erronée que celle qui donne à la raison humaine une souveraine autorité pour enseigner et *juger* les choses de la foi; mais que c'est plutôt la foi qui est la *porte de notre salut*, sans laquelle personne, en cette vie, ne peut *trouver Dieu*, ni l'invoquer, ni le servir, ni lui plaire, et que c'est là surtout le propre de la foi, de réduire toute intelligence en *servitude* pour l'obéissance au Christ.

6° Quant à ce qui concerne la nature de la foi et la règle des choses à croire, les saintes Ecritures, la révélation et l'enseignement de l'Eglise, les motifs de crédibilité, les croyances qui servent d'ordinaire à *prouver et à confirmer* l'existence de Dieu, son essence, sa sainteté, sa justice, sa liberté, et la fin qu'il se propose dans ses œuvres, que les théologiens appellent *ad extra*, la nécessité et la distribution de sa grâce, la rétribution des récompenses et l'application des peines, l'état de nos premiers parents, le péché originel et les forces de l'homme déchu, je m'engage à ne rien tenir et enseigner que ce que l'Eglise tient et enseigne.

7° Je crois et je confesse que tous les hommes, par leur seule génération de la race d'Adam, naissent sous le joug du péché originel, comprenant *l'offense et la peine du péché*; et que ce péché, qui est un dans sa source, et qui, étant transmis à tous par la génération et non par imitation, devient propre à chacun, et qu'outre ce péché originel, unie à lui, et venant de lui, la concupiscence, effet du péché et inclinant au péché, s'est répandue dans tous les hommes.

8° Cependant, en ce qui touche à la conception de la bienheureuse immaculée Vierge Marie, mère de Dieu, je me conformerai à ce qui a été établi par le décret *Sanctissimus* du pape Grégoire XV, de l'an 1622, et par la bulle *Sollicitudo* d'Alexandre VII, qui permettent d'enseigner en public et en particulier, que la Vierge Marie a été conçue sans la tache originelle; et qui défendent, sous peine d'excommunication encourue par le seul fait, de soutenir le sentiment contraire, c'est-à-dire d'enseigner ou de prétendre en public ou en particulier, que la bienheureuse Vierge Marie a été conçue avec le péché originel. Outre cela, je tiendrai ce que tient l'Eglise, à savoir, que la bienheureuse Vierge Marie a été exempte, durant tout le temps de sa vie, de tout péché, même véniel, et je promets de n'enseigner jamais rien en public ni en particulier, sur ce qui regarde la perpétuelle virginité de la bienheureuse Vierge Marie, si ce n'est que le Christ Seigneur est né sans *aucune* diminution de sa maternelle virginité, et que Jésus-Christ est sorti du sein maternel sans aucun détriment de sa maternité virginale, ce qui a été fait par la vertu du Saint-Esprit, lequel a assisté à la conception du Fils et à l'enfantement de la mère, pour lui donner la fécondité et lui conserver une perpétuelle virginité.

9° Je crois et je confesse que, sans l'inspiration prévenante du Saint-Esprit, et sans son assistance, l'homme ne peut croire, espérer, aimer ou se repentir comme il le faut, pour que la grâce de la justification lui soit conférée. Je crois également et je confesse que la grâce divine est donnée par Jésus-Christ, non pas seulement afin que l'homme puisse *plus facilement* vivre selon la justice et mériter la vie éternelle, comme si, par le libre arbitre et sans la grâce, il pouvait faire l'un et l'autre, quoique pourtant avec peine et difficulté.

10° Je crois et je confesse que chacun reçoit la grâce selon la mesure que l'Esprit saint répartit à chacun, *comme il le veut*, et selon la propre disposition et coopération de chacun; et que la prière non-seulement prépare l'esprit à recevoir les dons de Dieu, mais est le moyen recommandé par le Seigneur Christ, pour que Dieu soit porté à accorder ce que nous demandons, pourvu que ce que nous demandons ne soit pas opposé à notre salut.

11° Je crois et je confesse que nous sommes justifiés par la *justice de Dieu*, inhérente en nous, laquelle est répandue en nous par les mérites du Christ.

12° Je condamne et j'anathématise, comme enseignant une grande erreur, toute personne qui dit que les hommes sont justifiés, ou par la seule imputation des mérites du Christ, ou par la seule rémission des péchés, en excluant la grâce et la charité que le Saint-Esprit répand dans les cœurs et qui leur est inhérente, ou même que la grâce qui nous justifie n'est autre chose que la *faveur* de Dieu.

13° Je crois et je confesse que la prédestination est un mystère digne de notre admiration et de notre vénération, qu'il faut croire pieusement et dévotement, et non point pénétrer trop curieusement avec sa raison, et sur lequel il ne faut disputer qu'avec circonspection et devant des personnes d'un âge mûr. Egalement je crois et je confesse que les bienheureux doivent leur salut à la miséricorde de Dieu, et que pourtant les bonnes œuvres qu'ils ont faites sur la terre, par la grâce de Dieu et les mérites de Jésus-Christ, dont ils ont été les membres vivants, ne sont pas tellement les dons de Dieu, qu'on ne puisse les appeler leurs mérites; et de plus, que les réprouvés ne peuvent accuser personne qu'eux-mêmes de leur perte.

14° Je crois et je confesse que Dieu a fait toutes choses *pour lui-même*, et l'impie aussi pour le jour mauvais (*Prov.* XVI), et que la cause finale de notre justification est la *gloire* du Christ et la vie éternelle.

15° Je crois et je confesse que, selon l'esprit de l'Eglise, la satisfaction est imposée dans la confession, non-seulement comme une garde pour une vie nouvelle, et comme un remède pour notre infirmité, mais encore comme une punition et une peine pour les péchés passés.

16° Je crois et je confesse que Dieu punit les méchants de peines éternelles, d'après la justice que l'on appelle vindicative, *à cause de la malice interne du péché*.

17° Je déclare et je promets vouloir observer, dans le sens le plus strict, le décret du concile de Trente, ayant pour but de réprimer la trop grande pétulance de certains esprits, lequel est conçu en ces termes : « Que personne, se confiant en son propre jugement, n'ait l'audace de tirer l'Ecriture sainte à son sens particulier, ni de lui donner des interprétations ou contraires à celles que lui donne et lui a données la sainte mère l'Eglise, à qui il appartient de juger du véritable sens et de la véritable interprétation des saintes Ecritures, ou opposées au sentiment unanime des Pères, encore que ces interprétations ne dussent jamais être publiées. »

18° Je promets à mon archevêque respect et obéissance, sans aucune restriction mentale, dans *toutes les choses* qui ont rapport à la *doctrine* ou à la *discipline*; et je confesse que je ne puis ni ne dois appeler du jugement de mon archevêque à personne autre, selon l'ordre de la hiérarchie catholique, si ce n'est au pape, chef de toute l'Eglise. Je confesse que le pontife romain tient la primauté d'ordre et de juridiction sur toute l'Eglise; qu'il est le successeur de saint Pierre, prince des apôtres, le véritable vicaire du Christ, le chef de toute l'Eglise, le centre de l'unité, le pasteur des pasteurs, le père et le *docteur* de tous les fidèles du Christ, et je tiendrai toujours dans mon esprit, et je prouverai par mes paroles et par mes œuvres, que c'est à lui, dans la personne de Pierre, que le Christ a donné plein pouvoir de paître les agneaux et les brebis, de diriger et de gouverner l'Eglise universelle; et, dans l'espèce, je fais profession et promesse que je veux obéir aux *décrets* du souverain pontife dans les *choses de la foi et des mœurs*.

HERMHARPOCRATE, statue de Mercure, surmontée d'une tête d'Harpocrate. Le personnage a des ailes aux talons, et met le doigt sur sa bouche. On le représente assis sur une fleur de lotus, tenant d'une main un caducée; et portant sur la tête un fruit de pêcher, arbre consacré à Harpocrate. Peut-être a-t-on voulu faire entendre, par la réunion du dieu du silence avec celui de l'éloquence, que le silence est quelquefois éloquent.

HERMHÉRACLE. *Voy.* HERMÉRACLES.

HERMIENS, hérétiques du II° siècle, disciples d'Hermias. Ils soutenaient que la matière était éternelle comme Dieu; que les âmes des hommes étaient de feu et de vent; que les anges les avaient créées. Ils n'usaient point du baptême d'eau, parce que saint Jean avait dit : *Il vous baptisera par l'esprit et par le feu*. Ils disaient que ce monde était l'enfer, et qu'il n'y avait point d'autre résurrection que la génération ordinaire.

HERMION, ancien roi des Germains, que sa valeur fit mettre après sa mort au rang des dieux. On voyait sa statue dans presque tous les temples de ces contrées; il était représenté en costume de guerrier, tout bardé de fer, tenant une lance de la main droite et une balance de la gauche. On voyait un lion sur son bouclier. *Hermion* est le même mot que *Her-mann*, *Ger-main*, *Ar-minius*, *Ir-men-sul*.

HERMIONE, ou HARMONIE, fille de Mars et de Vénus, ou, selon Diodore de Sicile, de Jupiter et d'Electre, une des Atlantides, et femme de Cadmus. Les dieux, à l'exception de Junon, avaient assisté à leurs noces, et leur avaient fait beaucoup de présents. Elle passe pour avoir importé chez les Grecs les premières connaissances de l'art qui porte son nom. Elle eut un fils nommé Polydore, et quatre filles, Ino, Agavé, Autonoé et Sémélé. Toute cette famille essuya de grands malheurs, d'où l'on a imaginé cette fable : Vulcain, pour se venger de l'infidélité de Vénus, donna à Hermione un vêtement teint de toutes sortes de crimes ; ce qui fit que tous ses enfants furent des scélérats. Hermione et Cadmus, après avoir éprouvé beaucoup de malheurs, et par eux-mêmes et dans la personne de leurs enfants, se virent changés en serpents. *Voy.* CADMUS, EUROPE.

HERMITAGE (SOCIÉTÉ DE L'), secte d'illuminés qui se répandit dans la basse Normandie, et qui se livrait à des extravagances incroyables. On rapporte qu'en 1659, allant processionnellement du village de Silly à Argentan, sous le costume le plus grotesque, ils criaient : « Nous sommes fous de Jésus-Christ ; malheur à ceux qui ne viennent pas avec nous en Canada ! malédiction aux jansénistes ! »

HERMITE, ET ERMITE, du mot grec ἔρημος, *désert.*— 1. Ce mot exprime particulièrement un homme qui, par principe de religion, s'est retiré dans la solitude pour mener une vie plus sainte et plus austère, et fuir les dangers et la corruption du monde. Dans les premiers siècles du christianisme, plusieurs personnes, soit pour se dérober à la cruauté des persécuteurs du nom chrétien, soit pour se livrer en liberté à toutes les rigueurs de la pénitence, abandonnaient la société des hommes, et se retiraient dans des déserts affreux. Là, ils partageaient leur temps entre la prière et le travail. Leur logement, leurs habits, leur nourriture, tout respirait la pauvreté et la pénitence. Ils habitaient dans des cavernes, couvraient leur corps de feuilles de palmier, buvaient de l'eau, mangeaient des racines, jeûnaient presque tous les jours, et méditaient continuellement. Saint Paul égyptien, dont saint Jérôme nous a donné la vie, est le premier que l'on connaisse, qui ait embrassé la vie hérémitique ; il passa 90 ans dans le désert, sans y rencontrer aucun être humain. Saint Antoine, saint Hilarion, marchèrent sur ses traces, ensuite une infinité d'autres. Il y eut même des femmes qui embrassèrent ce genre de vie, entre autres sainte Marie d'Egypte, célèbre pénitente. On peut regarder ces premiers hermites comme les instituteurs de la vie monastique ; car plusieurs, ennuyés de vivre dans l'isolement, et trouvant plus de consolation et d'édification dans la sainte vie de leurs frères, se rapprochaient les uns des autres, vivaient en commun, et formèrent ainsi de petites congrégations. Les hermites proprement dits portaient aussi le nom d'*anachorètes*, c'est-à-dire vivant en dehors de la société ; et ceux qui vivaient en communauté étaient appelés *cénobites*, ainsi que l'exprime leur nom, qui signifie vie commune ou en commun.

2. Quelques ordres religieux ont retenu le nom d'*Hermites*, bien qu'ils vivent en communauté, tels sont les *Hermites de saint Augustin* et ceux de *saint Jérôme ;* mais ils n'ont pas été fondés par ceux dont ils portent le nom ; ils ont seulement adopté une partie du règlement de vie indiqué par ces saints personnages. *Voy.* AUGUSTINS, HIÉRONYMITES.

3. Il y eut aussi des hermites dits *de saint Paul*, qui subsistent encore aujourd'hui en Hongrie, en Autriche et en Pologne. Ils eurent pour fondateur le bienheureux Eusèbe de Strigonie, riche seigneur, qui se retira dans les forêts après avoir distribué son bien aux pauvres. Plusieurs personnes s'étant jointes à lui, il fonda le monastère de Silésie, sous le titre de saint Paul, premier hermite, mais sous la règle des chanoines réguliers de saint Augustin. Il mourut le 20 janvier 1270.

4. Plusieurs religions étrangères ont aussi leurs hermites, qui vivent dans les déserts et loin de la société des hommes ; tels sont quelques *santons*, chez les musulmans ; quelques *djoguis*, les *sanyassis*, les *vanaprasthas*, chez les Hindous brahmaniques ; les *yamabolsi*, chez les Japonais ; et d'autres religieux dans presque toutes les nations bouddhistes.

HERMITHRA, statue représentant un personnage qui réunit les attributs de Mercure et de Mithra, divinité des anciens Perses.

HERMODE, dieu de la mythologie scandinave ; il est fils d'Odin, et surnommé l'agile. Après la mort de Balder (dont nous avons donné le récit à l'article BALDER), Frigga, sa mère, sollicita quelqu'un des Dieux de descendre aux enfers et d'offrir à la Mort la rançon qu'elle exigerait pour lui rendre son fils. Hermode se chargea de cette commission ; il monta à cheval, et, pendant neuf jours et neuf nuits, il voyagea dans des vallées profondes et ténébreuses, et arriva enfin au bord du fleuve Giall, sur lequel était jeté un pont d'or. La garde de ce pont était confiée à une fille appelée *Mod Gudur* (l'adversaire des dieux). Hermode eut quelque peine à se faire livrer passage ; lorsqu'il fut parvenu au bord opposé, il continua sa route et arriva à la grille des enfers, qu'il franchit d'un bond de son cheval. Il aperçoit bientôt Balder assis à la place la plus distinguée du palais. Il prie Héla de lui permettre d'emmener Balder ; mais elle lui répond que, pour être assurée des regrets universels causés par la mort du dieu, elle exigeait que toutes choses animées et inanimées, sans aucune exception, versassent des larmes en témoignage de leur douleur. De retour dans le ciel, Hermode rendit compte à Frigga du résultat de sa mission. Alors les dieux envoyèrent des messagers de toutes parts, avec ordre de pleurer pour délivrer Balder. Tous les êtres s'y prêtèrent volontiers : les hommes, les bêtes, la terre, les pierres, les arbres, les métaux, tout pleurait ensemble, et les larmes formaient un déluge général. Satisfaits du succès qu'ils avaient obtenu, les messagers se hâtaient de revenir à Asgard, la ville céleste, lorsque, chemin faisant, ils aperçurent dans une caverne une magicienne nommée Thok. Les messagers l'ayant priée de vouloir bien pleurer pour la délivrance de Balder, elle répondit : « Thok pleurera d'un œil sec la perte de Balder ; qu'Héla garde sa proie. » On conjecture que cette magicienne n'était autre que Loke lui-même, le génie du mal, l'ennemi éternel des dieux. Il était cause que Balder avait été tué ; il fut cause aussi qu'on ne put le délivrer de la mort.

HERMOGÉNIENS, hérétiques du deuxième siècle. Hermogène, leur chef, était un philosophe stoïcien, qui importa dans le christianisme les erreurs de sa secte. Pour rendre raison de l'origine du mal, il soutenait qu'il fallait admettre une matière préexistante, coéternelle à Dieu, rebelle à ses ordres, et dont il n'avait pu corriger les défauts. C'est la même question que quelques incrédules modernes ont soulevée, et à laquelle on ne peut faire de réponse raisonnable que celle de la croyance catholique. Il disait de plus que les démons seraient un jour réunis à la matière, et que le corps de Jésus-Christ était dans le soleil. Les disciples d'Hermogène furent assez nombreux dans la Galatie, et en Afrique; ils ont été réfutés par saint Justin et par Tertullien.

HERMO-PAN, divinité qui réunissait les attributs de Mercure et de Pan.

HERMOSIRIS, idole égyptienne qui réunissait les attributs de Mercure et d'Osiris ; comme le premier, elle tenait à la main un caducée; et elle avait une tête d'épervier, symbole du second.

HERMOTIME, divinité honorée à Clazomène. C'était un individu de la même ville, dont l'âme, à ce qu'on prétendait, avait la faculté de se séparer de son corps, qu'elle laissait à demi vivant, et allait voir ce qui se passait en des pays fort éloignés, d'où elle revenait ensuite ranimer son corps. Hermotime racontait alors ce qu'il avait vu dans ses pérégrinations lointaines. Et comme les nouvelles qu'il débitait ainsi avaient une apparence de vérité, et ne semblaient pouvoir être inventées, les Clazoméniens ajoutaient foi à ses paroles, le regardaient comme un homme inspiré des dieux, et ils lui rendirent, après sa mort, les honneurs divins. Ils lui élevèrent même un temple, dans lequel aucune femme n'osait entrer.

HERRNHUTERS, sectaires moraves, dont le nom signifie *gardiens du Seigneur*. Des descendants des anciens moraves persécutés s'étaient réfugiés, en 1721 et dans les années suivantes, en Pologne, en Saxe, en Silésie et dans le Brandebourg, où ils s'attachèrent, les uns à l'Église calviniste, les autres à l'Église luthérienne. Un certain nombre d'entre eux trouvèrent protection à Berthelsdorf, village de la Haute-Lusace; et, l'année suivante, ils commencèrent à élever quelques maisons dans les environs. Telle fut l'origine de l'établissement des *Herrnhuters*, dont ils ont célébré l'année séculaire en 1822. Cet établissement s'accrut par l'arrivée de quelques autres Moraves, persuadés que c'était là qu'ils devaient asseoir leur pied. A eux se réunirent aussi des Schwenkfeldistes, expulsés de la Silésie ; mais ils citent spécialement l'année 1727, comme l'époque de leur résurrection et de leur liaison avec leurs frères, les luthériens et les réformés. *Voyez* MORAVES, ZINZENDORFIENS.

HÉRODIENS, secte judaïque, qui existait du temps de Jésus-Christ ; elle tirait son nom d'Hérode, roi de Galilée, mais on ignore duquel des princes qui ont porté le même nom. On ne connaît pas davantage en quoi consistait l'hérésie des Hérodiens ; plusieurs ont cru qu'ils regardaient Hérode comme le Messie; c'est possible. Le poëte païen Perse parle d'une fête d'Hérode qu'on célébrait à Rome avec de grandes illuminations, et où l'on buvait largement

Herodis venere dies, unctaque fenestra
Dispositæ pinguem nebulam vomuere lucernæ..
. . . . Tumet alba fidelia vino.

D'autres pensent que les Hérodiens étaient les mêmes que les sadducéens. Nous ne nous arrêterons pas à exposer les sentiments divers qu'on a émis à ce sujet; on en compte sept ou huit.

HÉROIDE, une des trois fêtes qu'on célébrait à Delphes tous les neuf ans. Les deux autres s'appelaient *Charilée* et *Septérion*. Les cérémonies de l'Héroïde étaient des symboles représentant divers événements fabuleux, et dont il n'y avait que les Thyades qui eussent l'intelligence. On croit que l'apothéose de Sémélé y jouait un rôle important.

HÉROISME, sorte de déification qui avait lieu chez les Grecs. Elle consistait à entourer les tombeaux des héros d'un bois sacré, près duquel se trouvait un autel auquel on allait, à des temps marqués, arroser de libations et charger de présents. C'est ce qu'on appelait monuments héroïques; tel était le tombeau qu'Andromaque avait élevé aux mânes d'Hector, son époux. Les honneurs héroïques étaient aussi accordés à des femmes, telles que Cassandre, Alcmène, Hélène, Andromaque, Andromède, Coronis, Hilaïre et Phœbé, Latone, Manto, etc.

HÉROS, nom qui est, chez les Grecs, synonyme de *demi-dieu* : ils le donnaient aux grands hommes qui s'étaient rendus célèbres par une force prodigieuse, une suite de belles actions, ou par des services signalés rendus à leurs concitoyens. Après leur mort, leurs âmes s'élevaient, disait-on, jusqu'aux astres, séjour des dieux, et par là devenaient dignes des honneurs rendus aux dieux mêmes. Lucain leur assigne pour demeure la vaste étendue d'espace qui se trouve entre le ciel et la terre. — Le culte des héros était distingué de celui des dieux, qui consistait en sacrifices et libations, pendant que celui des héros n'était qu'une espèce de pompe funèbre : ainsi l'on sacrifiait à Hercule Olympien, comme étant d'une nature immortelle, et l'on faisait à Hercule Thébain des funérailles comme à un héros. Mais cette distinction ne fut pas toujours bien observée, parce que le héros devenait bientôt dieu, et avait ainsi part aux honneurs divins. — Après la mort d'un héros, la mythologie et la poésie ne tardaient pas à s'emparer de son histoire; on le chargeait d'actions et de prouesses incroyables, et on lui donnait presque toujours une extraction divine, en le supposant le fruit des amours d'un dieu avec une mortelle.

HERSÉ, fille de Cécrops; elle fut un jour aimée de Mercure, qui vint la demander en mariage. Aglaure, sa sœur, jalouse de la préférence, troubla les amours du dieu; celui-ci la frappa de son caducée, et la changea en pierre. Les Athéniens élevèrent un temple à Hersé, lui décernèrent les honneurs héroïques, et instituèrent, en mémoire d'elle, une fête appelée *Herséphories*, qui se confondait avec les ARRHÉPHORIES. *Voyez* cet article.

HERSILIE, épouse de Romulus; après la mort, ou plutôt l'enlèvement de son mari au ciel, son cœur fut pénétré de la plus vive douleur. Junon, touchée de compassion, la fit conduire par Iris sur le mont Quirinal, dans un bois sacré, où Romulus lui apparut tout resplendissant de lumière, et l'éleva au rang des immortelles. Les Romains lui décernèrent les honneurs divins dans le temple de Quirinus; ils l'invoquaient sous le nom d'*Hora*, la même qu'*Hébé*, ou d'*Horta*.

HERTHA, divinité des anciens Germains, dont la statue était placée sur un chariot couvert, dans un bois appelé en latin *Castum nemus*. Elle avait à son service un prêtre qui, seul, avait le privilége de l'aborder. « Je n'ai rien à remarquer sur ces peuples, dit Tacite, en parlant de certaines contrées de la Germanie, si ce n'est qu'ils se réunissent pour honorer la déesse Hertha. Ils s'imaginent que cette divinité vient de temps en temps prendre part aux affaires des hommes, et se promener de contrée en contrée. Dans une île de l'Océan est un bois qui lui sert de temple; on y garde son char : c'est une voiture couverte que le prêtre seul a droit de toucher. Dès qu'il reconnaît que la déesse est entrée dans le sanctuaire mobile, il y attelle des génisses, et la suit en grande cérémonie. L'allégresse publique éclate de toutes parts. Ce ne sont que fêtes et réjouissances dans les lieux où la déesse daigne passer et séjourner. Les guerres sont suspendues; on cesse les hostilités; chacun resserre ses armes. Partout règne une paix profonde, que l'on ne connaît, que l'on n'aime que dans ces jours privilégiés. Enfin, lorsque la déesse a suffisamment demeuré parmi les mortels, le prêtre la reconduit au bois sacré; on lave ensuite, dans un lac écarté, le char, les étoffes qui le couvraient, et la déesse elle-même, à ce que l'on prétend. Aussitôt le lac engloutit les esclaves employés à cette fonction : ce qui pénètre les esprits d'une frayeur religieuse, et réprime toute profane curiosité sur un mystère que l'on ne peut connaître sans qu'il en coûte la vie à l'instant. »

Hertha était la Cybèle des Germains. En effet, le mot *erth*, *erd*, signifie encore *la terre* dans les langues teutoniques. L'île dont parle Tacite pourrait être celle d'*Heilige-lande* (terre sainte), située à l'embouchure de l'Elbe. On lui offrait aussi des sacrifices sur la cime du Brocken, dans le Hanovre. Ses autels étaient d'énormes blocs de pierre, entassés les uns sur les autres; on les nomme encore aujourd'hui *la chaire du diable*, et *l'autel des sorcières*, parce que la tradition porte que ces cimes servirent à d'anciens sacrifices. On croit encore assez généralement, dans le Hartz, que les sorcières s'y assemblent la nuit, au premier jour de mai, pour célébrer leur sabbat.

HERWELÉ, pratique que les pèlerins musulmans observent dans les cérémonies qu'ils exécutent à la Kaaba, ou maison sacrée de la Mecque. Elle consiste à tourner autour du temple sept fois de suite. Le pèlerin doit faire les trois premiers tours en se balançant alternativement sur chaque pied, et en sautillant. Les quatre autres doivent être exécutés d'un pas lent et grave. On prétend que ceci a lieu en mémoire de ce qui a été observé par Mahomet, l'an 7 de l'hégire. Les femmes en sont dispensées.

HESCHAMIS.—1. Hérétiques musulmans, disciples de Hescham, fils d'Amrou al-Couthi, et surnommé Fouti. Ils poussèrent plus loin que tous les autres cadris la doctrine de la libre volonté de l'homme. Ainsi, ils n'admettaient point ces expressions du Coran, que *c'est Dieu qui a uni étroitement les cœurs des musulmans*, que *c'est lui qui inspire l'amour de la foi aux fidèles, et qui égare les incrédules*. Ils soutenaient que le paradis et le feu de l'enfer sont incréés; que les vierges du paradis demeureront toujours vierges, même après avoir servi aux plaisirs des élus; que Satan n'entre point dans le cœur de l'homme, qu'il lui suggère les tentations par une opération qui se passe hors de l'homme, et que c'est Dieu qui fait parvenir ces suggestions au cœur de celui qui est tenté (sans doute, néanmoins, sans exercer aucune influence sur la détermination de sa volonté). Ces sectaires ne voulaient point que l'on dit de Dieu qu'il a créé l'infidèle, parce que, dans ce mot, l'idée de l'infidélité se trouve jointe à celle de l'homme, ce qui semble attribuer à Dieu la production de l'infidélité. Ils retranchaient des noms de Dieu ceux-ci : *celui qui nuit*, et *celui qui est utile*. Ils portaient atteinte à la véracité du Coran, en niant que la mer se fût ouverte pour livrer passage à Moïse, que sa verge eût été changée en serpent, que Jésus eût ressuscité les morts par la permission de Dieu, et que la lune se fût fendue en deux à l'ordre de Mahomet. Ils avaient sur l'imamat des opinions singulières; car ils ne reconnaissaient point d'imam dans les temps de guerre civile, d'insurrection et de division entre les musulmans. Suivant eux, ce n'est que quand tous les fidèles sont réunis dans la même opinion, et vivent en paix, qu'ils ont un imam chargé de les gouverner ; mais si, le peuple étant divisé et dans un état de révolte et de guerre, l'imam vient à être tué, alors l'imamat ne réside dans personne. De là ils concluaient qu'Ali n'avait point été, en effet, imam, parce qu'il avait été élevé à la souveraineté dans un temps de trouble et de division, après le meurtre d'Othman. Ce sentiment leur était commun avec d'autres motazales.

2. Il y a d'autres sectaires musulmans, du même nom, qui appartiennent à l'hérésie des schiites, tandis que les précédents font partie des motazales. Ils sont disciples de Heschami, fils de Hakem al-Djewaliki. Ils croient que Dieu est un corps qui a de la longueur, de la largeur et de la profondeur ; qu'il est comme la lumière d'une masse de métal fondu, laquelle s'élance de tous côtés en rayons éclatants ; qu'il a couleur, goût, odeur ; qu'il s'asseoit, qu'il se meut, qu'il se repose ; qu'il sait ce qui se passe sous la poussière, par le moyen des rayons qui émanent de lui ; qu'il connaît les choses seulement après leur existence, et non pas avant ; qu'il touche aux cieux par sept palmes égaux entre eux ; que sa parole est un attribut incréé ; enfin, que les imams sont des innocents.

HESPÉRIDES, petites-filles d'Hespérus, et filles d'Atlas et d'Hespéris, suivant Diodore de Sicile, qui en compte sept. Hésiode les fait filles de la Nuit, et Chérécrate dit qu'elles durent leur naissance à Phorcus et à Céto, divinités de la mer. On n'en compte ordinairement que trois, Eglé, Aréthuse et Hyperéthuse. Cependant, il y a des poëtes qui en nomment encore d'autres, telles que Hespéra, Erythéis et Vesta. Leur pays était situé à l'extrémité occidentale de l'Afrique, où elles avaient un jardin planté d'arbres qui portaient des pommes d'or. On dit que ces arbres avaient été donnés par Junon à Jupiter, lors de son mariage avec le roi des dieux. Leurs fruits avaient des vertus surprenantes ; ce fut avec une de ces pommes que la Discorde brouilla les trois déesses qui aspiraient à l'empire de la beauté ; ce fut avec un fruit des mêmes arbres qu'Hippomène adoucit la fière Atalante. Aussi ces pommes d'or avaient-elles été mises sous la garde d'un horrible dragon à cent têtes, et qui poussait à la fois cent sifflements formidables. Les Hespérides avaient des voix charmantes, une beauté et une sagesse peu communes ; sur leur réputation, Busiris, roi d'Egypte, conçut le dessein de s'en rendre maître, et commanda à des pirates de pénétrer dans leur pays, de les enlever et de les lui amener. Ces pirates trouvèrent dans le jardin les filles d'Atlas, qui se divertissaient ; ils se saisirent d'elles, les entraînèrent au plus vite, et les embarquèrent sur leurs vaisseaux. Sur ces entrefaites, Hercule avait reçu d'Eurystée l'ordre d'enlever les pommes d'or du jardin des Hespérides, et de les lui apporter. Le héros se mit en route ; sur les côtes de la Mauritanie, il rencontra les pirates ravisseurs, qui prenaient leur repas près du rivage ; et, ayant appris des jeunes vierges le malheur qui leur était arrivé, il tua les brigands, et rendit les Hespérides à leur père ; Atlas, par reconnaissance, donna non-seulement à Hercule les pommes d'or qu'il était venu chercher, mais encore lui enseigna à fond l'astronomie ; c'est ce qu'on a voulu exprimer en ajoutant que Hercule soutint le ciel sur ses épaules à la place d'Atlas, pendant que celui-ci alla cueillir les fameux fruits. Ce récit est à peu près celui de Diodore ; mais d'autres mythologues avancent que le héros alla droit au dragon, l'attaqua, le vainquit, et s'empara des pommes d'or.

Plusieurs auteurs, même parmi les anciens, prétendent que les objets si bien gardés dans le jardin des Hespérides n'étaient pas des pommes d'or (oranges ou citrons), mais des brebis à riche toison ; telles, par exemple, que celles que nous appelons maintenant *mérinos* ; en effet, le mot grec μῆλον signifie en même temps *pomme* et *brebis*. Cette opinion nous paraît assez plausible.

D'autres ont pris cette fable pour une allégorie : Noël le Comte ne voit dans le dragon qu'une image de l'avarice, laquelle se consume pour garder un or qui lui est inutile, et auquel elle ne veut pas que personne touche. — Suivant Vossius, ce mythe est un tableau des phénomènes célestes : les Hespérides sont les heures du soir ; le jardin est le firmament ; les pommes d'or sont les étoiles ; le dragon est le zodiaque qui coupe l'équateur à angles obliques. Hercule ou le soleil enlève les pommes d'or ; c'est-à-dire que cet astre, quand il paraît, fait disparaître du ciel tous les astres. — Mayer y trouve tous les principes de l'art de la transmutation des métaux ; d'autres, Josué qui pille les troupeaux des Chananéens, ou la désobéissance du premier homme.

HÉSUS, dieu des anciens Gaulois. *Voyez* Esus.

HÉSYCHASTES, c'est-à-dire quiétistes ; secte de chrétiens grecs, fondée dans le XIVe siècle, par Siméon, moine du mont Athos. On les appelait encore *Omphalophysiques*, c'est-à-dire ayant l'âme au nombril, à cause de la posture dans laquelle ils se mettaient pour méditer et prier, et qui est décrite dans un traité spirituel du moine Siméon. Voici comme il s'exprime : « Etant seul dans ta cellule, ferme la porte et assieds-toi en un coin. Elève ton esprit au-dessus de toutes les choses vaines et passagères ; ensuite appuie ta barbe sur ta poitrine, tourne les yeux avec toute ta pensée au milieu de ton ventre, c'est-à-dire au nombril. Retiens encore ta respiration, même par le nez ; cherche dans tes entrailles la place du cœur, où habitent pour l'ordinaire toutes les puissances de l'âme. D'abord, tu y trouveras des ténèbres épaisses et difficiles à dissiper; mais si tu persévères, continuant cette pratique jour et nuit, tu trouveras, merveille surprenante, une joie sans interruption; car sitôt que l'esprit a trouvé la place du cœur, il voit ce qu'il n'avait jamais su; il voit l'air qui est dans le cœur, et se voit lui-même lumineux et plein de discernement. »

La lumière que les Hésychastes croyaient ainsi voir s'échapper de leur nombril, était, suivant eux, incréée, éternelle, bien que perceptible aux yeux du corps. C'était une émanation de celle qui entourait Jésus-Christ à sa transfiguration sur le Thabor.

Barlaam, moine calabrois, de l'ordre de Saint-Basile, se trouvant alors en Grèce, combattit ce mysticisme, et se moqua des omphalophysiques. Il trouva un adversaire dans Grégoire Palamas, autre moine du mont Athos, et ensuite archevêque de Thessalonique, qui, partisan de ces rêveries, soutint par ses discours et ses écrits, que cette lumière ombilicale était incréée et incorruptible comme celle du Thabor. L'ascendant qu'il acquit parmi les hésychastes fit donner à ceux-ci le nom de *palamites*, qui prévalut ensuite. La dispute s'échauffa à tel point que, pour la juger, on assembla un concile où Barlaam fut condamné, ce qui n'empêcha pas d'autres écrivains d'entrer en lice pour réfuter Palamas. Mais l'erreur des palamites acquit plus de consistance et d'étendue par les soins de Philothée, patriarche schismatique de Constantinople, qui composa un office pour Palamas, réputé un saint, dont il introduisit le culte. Il l'égale à la sainte Vierge, et l'exalte comme s'il avait rendu plus de services à l'Eglise que les Athanase, les Basile et les Augustin. Parmi les Grecs, l'usage s'établit que le second dimanche de carême, appelé le dimanche de l'Orthodoxie, on récite à l'église un symbole de foi hétérodoxe, ouvrage de Palamas. Allatius part de là pour faire sentir l'inconséquence des Grecs qui reprochent aux Latins l'insertion du *Filioque* dans le symbole de Nicée.

HÉSYCHIDES, nom que l'on donnait dans l'Arcadie aux prêtresses des Furies.

HÉSYCHIES, nom que portaient, à Clazomène, les prêtresses de Pallas, qui remplissaient leurs fonctions dans le plus grand silence. Leur nom, comme celui des Hésychides, vient en effet du grec ήσυχία, *silence, tranquillité*.

HÉTÉROUSIENS, nom que l'on donna aux hérétiques ariens qui soutenaient que le Fils de Dieu est d'une autre substance que le Père. Leur erreur est exprimée dans leur nom (ἕτερος, *autre*, et οὐσία, *substance*).

HEURES. Les Heures furent d'abord, chez les Grecs, la personnification des saisons; on les disait filles de Jupiter et de Thémis. Hésiode en compte trois: Eunomie, Dicé et Irène, c'est-à-dire le Bon ordre, la Justice et la Paix. Homère les nomme les portières du ciel, et leur confie le soin d'ouvrir et de fermer les portes éternelles de l'Olympe, en écartant ou rapprochant le nuage épais qui leur sert de barrière, c'est-à-dire en dissipant ou en condensant les nuées qui dérobent la vue du firmament. La mythologie grecque ne reconnut d'abord que trois Heures ou trois Saisons, savoir: l'Hiver, le Printemps et l'Eté; plus tard l'Automne donna lieu à une quatrième, et même à une cinquième; on les appela Carpo et Thalatte; la première présidait aux fruits, et l'autre aux fleurs. Homère en connaît quatre: l'une étend un tapis admirable; la seconde porte des corbeilles d'or; la troisième verse du vin; la quatrième allume du feu; ce sont bien les quatre saisons de l'année. Enfin, quand le jour eut été partagé en douze parties égales, les poëtes multiplièrent le nombre des Heures jusqu'à douze, toutes au service de Jupiter, et les nommèrent les douze sœurs. Hygin en compte dix, avec des noms tout différents. Ils supposèrent encore qu'elles avaient pris soin de l'éducation de Junon; et quelques statues de cette déesse ont les Heures au-dessus de leur tête. On les voyait aussi avec les Parques, dit Pausanias, sur la tête d'une statue de Jupiter, pour signifier que les Heures lui obéissent, et que les saisons et les temps dépendent de sa volonté suprême. Les Heures étaient reconnues pour des divinités dans la ville d'Athènes, où elles avaient un temple bâti en leur honneur par Amphyction. Les Athéniens leur offraient les prémices des fruits de chaque saison de l'année, en leur demandant d'éloigner les chaleurs excessives, les sécheresses, les froids rigoureux, les intempéries de l'air. Pendant la fête, on ne mangeait que de la viande bouillie et non rôtie. — Les modernes les représentent ordinairement avec des ailes de papillon, accompagnées de Thémis, et soutenant des cadrans ou des horloges.

HEURES CANONIALES. — 1. On appelle ainsi les prières publiques de l'Eglise, qui ont lieu à des heures réglées; elles sont au nombre de huit, et paraissent avoir été fixées originairement de trois heures en trois heures. Les trois Nocturnes avaient lieu aux trois premières veilles de la nuit, les Laudes à la quatrième; pendant le jour on priait à la première heure, à la troisième, à la sixième et à la neuvième; ces prières ont tiré de cet ordre la dénomination qu'elles portent encore. Maintenant cependant ces heures sont dites dans un autre ordre: *Matines* et *Laudes* forment l'office de la nuit; on les réunit ordinairement ensemble. *Prime, Tierce, Sexte* et *None* sont ce qu'on appelle les petites heures; on les récite aux heures dont elles portent le nom suivant l'ancien comput romain; les *Vêpres* se chantent ou se récitent vers le soir, et les *Complies* sont comme la prière du soir que l'on récite avant de prendre le repos de la nuit.

Ces heures canoniales ne sont chantées ou récitées solennellement tous les jours que dans les chapitres et dans les monastères; dans les paroisses, cela n'a lieu que les dimanches et les jours de fêtes; mais tous les ecclésiastiques revêtus des ordres sacrés, et les religieux profès sont tenus de les réciter journellement en particulier, sans être astreints rigoureusement à le faire à l'heure indiquée.

2. Les musulmans ont aussi dans la journée cinq heures canoniques, dans lesquelles ils sont obligés de réciter des prières déterminées : 1° La prière du matin, *salat-subh* ou *salat fedjr*, en turc, *sabah-namazi*, a lieu depuis l'aurore jusqu'au lever du soleil. 2°. Celle de midi, *salat zouhr*, en turc, *évilé-namazi*, depuis le moment où le soleil commence à décliner jusqu'à l'heure de la prière de l'après-midi. 3° Celle de l'après-midi, *salat-asr*, en turc, *ikindi-namazi*, commence au moment que le cadran solaire présente une ombre double de la longueur du gnomon et finit au coucher du soleil. 4° La prière du soir, *salat maghrib*, en turc, *ahscham-namazi*, est depuis le coucher du soleil jusqu'à l'heure où commence la prière de la nuit. 5° Celle de la nuit, *salat ischa*, en turc, *yatsi-namazi*, compte depuis l'entière obscurité de l'horizon jusqu'à l'aurore.

Tout musulman, quelle que soit sa condition, est tenu à ces cinq prières canoniales; et l'heure à laquelle on doit les faire est annoncée par les muezzins ou crieurs publics du haut des minarets qui accompagnent les mosquées. *Voy.* EZAN, MUEZZIN, NAMAZ, etc.

HEURIPPE, surnom que portait Diane chez les Phénéates. On dit que ce fut Ulysse qui lui bâtit sous ce nom un temple, en mémoire de ce qu'après avoir cherché ses cavales dans toute la Grèce, il les avait trouvées à Phénéon. Le nom d'Euripe vient en effet d'εὑρεῖν, trouver, et ἵππος, cheval.

HÉUS, un des dieux des anciens Bretons, sans doute le même qu'Hésus ou Esus.

HEVADJRA, un des dieux des bouddhistes du Népal; il appartient au système des Swabhavikas.

HEXAPTÉRYGE, instrument en usage dans les cérémonies de l'Eglise grecque; c'est une espèce de disque supporté par un manche, placé à chaque côté de l'autel. Le plus souvent il est en bois peint et doré, avec la représentation d'un séraphin à six ailes (c'est de là que lui vient son nom, ἕξ, six, et πτέρυξ, aile). Ce séraphin tient lui-même de chaque main un petit hexaptéryge sur lequel on lit : Ἅγιος, ἅγιος, ἅγιος. Pendant les processions et autres cérémonies, les deux clercs qui accompagnent le célébrant portent à la main un hexaptéryge, et, comme souvent les disques sont garnis de petites lames de métal, on les agite en certains moments de la liturgie pour avertir les assistants de s'incliner. On trouve dans le *Magasin pittoresque* de l'année 1840 le dessin d'un magnifique hexaptéryge qui se trouve au Mégaspiléon, couvent situé en Achaïe, non loin de Patras; il est en argent massif, tout brodé d'arabesques niellés, et de figures de vermeil travaillées au repoussé. On voit au milieu la Panagia (la toute sainte) avec les initiales de son titre de Mère de Dieu. Huit cercles disposés à l'entour contiennent alternativement quatre séraphins tenant de petits hexaptéryges, et les quatre animaux symboliques des évangélistes. Ces sujets sont entourés de plusieurs grands cercles de rinceaux et d'ornements d'une grande délicatesse. Le disque est porté par un manche ciselé, auquel il est joint par un support d'un travail fort élégant.

HI ET HO, deux génies qui, selon les anciens Chinois, présidaient au soleil et à la lune, et qui avaient soin de les faire sortir et rentrer alternativement pour produire la nuit et le jour. C'étaient sans doute deux ministres d'État qui vivaient dans les temps anté-historiques; on les a ensuite placés dans le ciel, et on supposa qu'ils avaient créé le soleil et la lune, et qu'ils gouvernaient ces deux astres. Plus tard, on donna ce nom au collége des prêtres qui présidaient au culte des astres.

HIA, sacrifice offert tous les trois ans, par les Chinois, à la dixième lune. Toute la famille se rassemble au tombeau de ses ancêtres et y fait un grand festin.

HIAMKAI, fête solennelle que les Malabares célèbrent tous les ans à l'Ile de France, et à laquelle ils attachent beaucoup d'importance. Ils en font longtemps d'avance les préparatifs : leurs décorations sont presque toutes de papier de couleur. Au milieu d'un temple très-élevé, qui figure une pagode de leur pays, se voit une idole monstrueuse, à laquelle ils vont rendre leurs hommages. Le lendemain de la fête, ils démolissent tout l'édifice. C'est ce que rapporte Milbert, dans son *Voyage à l'Ile de France*, imprimé en 1812; mais je soupçonne que ces cérémonies sont accomplies non par des Malabares, mais par des Chinois, et que le nom de la fête est HIANG-KAI.

HIANG-PO, sorte de divination pratiquée par les Chinois. Lorsqu'un étudiant a subi son examen, il conjecture, d'après les bruits qu'il entend chez lui le soir, s'il sera reçu ou non. De grands bruits sont regardés comme un bon augure, parce qu'ils présagent qu'il viendra beaucoup de monde féliciter le nouveau docteur.

HIATA NOHO-LANI, dieu des îles Hawaï; son nom signifie habitant le ciel et saisissant les nuages.

HIATA WAWAHI-LANI, autre dieu des îles Hawaï, dont le nom signifie déchirant le ciel et saisissant les nuages.

HICORY-QUAKERS, sobriquets que l'on donne, dans les Etats-Unis, aux quakers mitigés, qui se plient aux usages du monde; *Hicory* est le nom d'un arbre dont les rameaux sont très-flexibles. On les appelle encore *Wet* ou humides, par opposition aux quakers rigides auxquels on donne le nom de *Dry* ou secs.

HIÉRACITES, hérétiques qui parurent à la fin du III° siècle, quelque temps après l'hérésie des manichéens; ils avaient pour chef un médecin égyptien nommé Hiérax ou Hiéracas. Homme savant, de mœurs austères, d'une éloquence rare, et très-versé dans la lecture des livres saints, il voulut ajouter, retrancher, mêler du sien aux vérités évangéliques. Il admettait trois principes de toutes choses : Dieu, la matière et le mal. Abhorrant la matière et la chair, il niait la résurrection des corps, prétendant que l'âme seule ressuscitait, et qu'ainsi la résurrection n'était que spirituelle. Il condamnait le mariage qui, d'après lui, avait pu être toléré sous l'Ancien Testament, mais était incompatible avec la loi nouvelle et le royaume de Dieu; aussi Hiéracas ne recevait dans sa société que des célibataires, des moines, des vierges et des veuves. Lui et ses disciples menaient, en général, une vie fort austère, s'abstenant de l'usage des viandes et du vin; mais après sa mort, plusieurs d'entre eux tombèrent dans l'hypocrisie, et menaient en secret une vie assez dissolue. Hiéracas, savant en grec et en égyptien, a écrit plusieurs livres en ces deux langues, l'un, entre autres, sur les six jours de la création, rempli de fables et d'allégories ridicules. Les Hiéracites furent réfutés par saint Epiphane.

HIÉRACOBOSQUES (du grec ἱέραξ, épervier, et βόσκω, nourrir), prêtres d'Egypte, chargés de nourrir les éperviers consacrés à Apollon ou au soleil.

HIÉRARCHIE. Ce mot, qui peut se traduire par ordre ou puissance sacrée, désigne :
1. Le rang et la position relative qu'occupent les divers membres du corps ecclésiastique ou pastoral.

Dans l'ordre ecclésiastique, la hiérarchie se compose par degrés ascendants, de l'ordre de portier, de celui de lecteur, de celui d'exorciste, de celui d'acolythe, du sous-diaconat, du diaconat, de la prêtrise et de l'épiscopat.

Dans l'ordre pastoral, le pape ou souverain pontife qui est à la tête de toute l'église; puis les autres prélats, qui gouvernent chacun une portion déterminée du troupeau du Seigneur. Il y a entre eux différents degrés de pouvoir, de dignité ou de juridiction. Les évêques ont pour supérieurs les archevêques ou métropolitains, qui sont eux-mêmes soumis quelquefois à des primats ou à des patriarches. Au-dessous de l'ordre pontifical sont les prêtres qui régissent, sous l'autorité des prélats, une partie d'un diocèse; parmi eux sont les curés, auxquels incombe le soin des paroisses; puis les autres prêtres qui doivent concourir, chacun suivant sa fonction, à l'édification de l'Eglise; enfin, les diacres et les ministres inférieurs.

2. On emploie encore le mot hiérarchie pour exprimer les divers degrés de la milice céleste; les saints Pères comptent neuf chœurs des anges, que l'on divise en trois ordres, savoir : premier ordre, les Séraphins, les Chérubins et les Trônes; second ordre, les Dominations, les Principautés et les Vertus; troisième ordre, les Puissances, les Archanges et les Anges. Ces trois ordres et ces neuf degrés forment ce qu'on appelle la hiérarchie céleste.

HIÉRATIQUE (ÉCRITURE), ou sacerdotale, ou sacrée; on donne ce nom au second système d'écriture usité chez les Egyptiens, parce qu'il était à l'usage des prêtres; cette écriture n'exigeait pas, comme l'écriture dite hiéroglyphique, la connaissance du dessin; ce n'était qu'une sorte de tachygraphie des signes hiéroglyphiques mêmes; ainsi, chaque signe hiéroglyphique, qu'il soit figuratif, symbolique ou alphabétique, a son abrégé hiératique, et cet abrégé a la même valeur absolue que le signe même dont il est la réduction. Par exemple, au lieu de la figure entière du lion couché, qui représente la lettre L, on se contentait, dans l'écriture hiératique, de peindre la partie postérieure, ou seulement la queue de cet animal. Cette écriture était donc composée du même nombre de signes que l'écriture hiéroglyphique, et par conséquent fort compliquée; c'est pourquoi on réduisit de beaucoup ce nombre en faveur du peuple et de ceux qui n'appartenaient point à l'ordre sacerdotal. L'écriture hiératique ainsi réduite prenait le nom de démotique ou populaire.

HIÉROCÉRYCE, chef des hérauts sacrés dans les mystères de Cérès. Sa fonction était d'écarter les profanes et toutes les personnes que la loi excluait des mystères, d'avertir les initiés de garder un respectueux silence, ou de ne prononcer que des paroles convenables à l'objet de la cérémonie; enfin, de réciter les formules de l'initiation. L'Hiérocéryce représentait Mercure; il avait des ailes au bonnet et un caducée à la main. Son sacerdoce était perpétuel et n'imposait point la loi du célibat.

HIÉROCORACES, ministres de Mithra, ainsi nommés, parce que ces prêtres du soleil portaient des vêtements dont la couleur était en rapport avec celle des corbeaux (en grec κόραξ). De là les fêtes mithriaques étaient aussi appelées Hiérocoraciques.

HIÉRODULES, c'est-à-dire ministres des choses sacrées; nom que les Grecs donnaient aux prêtres qui desservaient les temples du dieu Pharnace, dans le royaume du Pont.

HIÉROGLYPHES. Lorsqu'il s'agit de l'écriture hiéroglyphique des Egyptiens, nous ne saurions mieux faire que de reproduire ce qu'en ont dit MM. de Champollion, dont le nom rappelle involontairement les découvertes précieuses et inattendues que la science a faites dans ce système graphique, jusqu'ici réputé indéchiffrable. Nous emprunterons donc cet article à l'Egypte et au Traité d'archéologie de M. Champollion-Figeac.

L'ancienne écriture égyptienne est généralement connue sous le nom d'écriture hiéroglyphique, composée de signes nommés hiéroglyphes, et qui sont, en effet, suivant l'étymologie du mot, des caractères sacrés sculptés. Ces signes n'ont pas une expression uniforme, et les différences qui les divisent en trois classes, indiquent très-vraisemblablement l'origine et le perfectionnement successif du système graphique tel qu'il est aujourd'hui constitué. Ce qui s'est passé presque sous nos yeux, parmi les peuples du nouveau monde, nous révèle plus vraisemblablement encore ce qui se passa dans l'ancien, et en Egypte comme ailleurs, quand l'idée d'écrire se révéla à l'homme.

a. Les objets matériels frappèrent ses regards ; il reconnut leurs formes, et quand il voulut conserver ou transmettre le souvenir d'un de ces objets, il en traça la figure, et ce tracé fut un caractère d'écriture, caractère purement *figuratif*, peignant directement l'objet, et non pas indirectement l'*idée* de ce même objet, toutefois sans indication de temps ni de lieu ; c'est à ce point que sont parvenus et que se sont arrêtés les peuples de l'Océanie.

b. L'insuffisance de ce premier moyen dut se faire sentir bientôt ; en traçant la figure d'un homme, on n'indiquait pas un individu en particulier ; il en était de même des figures des lieux. Le besoin de distinctions individuelles créa l'usage d'une autre sorte de signes dont chacun devint particulier à un homme ou à un lieu : ces signes furent pris ou des qualités physiques des individus, ou d'assimilations à des objets matériels ; et comme ces signes n'étaient plus proprement figuratifs, ils ne furent que des symboles, et on les nomma, pour cette raison, caractères *tropiques* et *symboliques*, signes auxiliaires des caractères figuratifs, et employés simultanément avec eux. C'est là que sont arrivés les Mexicains, et ils ne sont pas allés au delà. Il nous est parvenu des listes d'individus et des listes de noms de lieux en écriture mexicaine ; chaque individu est désigné par une tête humaine, signe *figuratif*, et auprès de sa bouche est tracé un objet choisi ou dans la nature ou dans l'industrie humaine, et qui était un signe *symbolique* ; de sorte que l'on voit clairement que les individus s'appelaient le Serpent, le Loup, la Tortue, la Table, le Bâton ; et les villes, dont un carré était le signe *figuratif*, et un serpent, un poisson, le signe *symbolique*, se nommaient la ville du Serpent, la ville du Poisson, etc.

c. De la représentation de ces objets physiques à l'expression des idées métaphysiques, le pas à faire était immense ; les peuples de l'ancien monde le franchirent ; ils exprimèrent par des signes écrits les idées *dieu*, *âme*, et celles des passions humaines ; mais ces signes furent arbitraires et conventionnels en quelque sorte, quoique tirés d'analogies plus ou moins vraies entre le monde physique et le monde moral ; le lion fut pris comme l'expression de l'idée *force*. Cette nouvelle espèce de signes, nommés *énigmatiques* et ajoutés aux deux premières classes, les figuratifs et les symboliques, fut inventée et employée par les Egyptiens et par les Chinois, et le système d'écriture qui résultait de ces trois éléments était entièrement *idéographique*, c'est-à-dire composé de signes qui exprimaient directement l'*idée des objets*, et non pas le *son des mots* qui désignaient ces mêmes objets. Ce genre d'écriture était aussi une peinture, puisque la fidélité de leur expression dépendait de la fidélité du tracé de chacun d'eux, qui devait être un portrait.

d. Ce système d'écriture pouvait suffire aux usages du peuple, qui, l'ayant imaginé, en possédait complétement la théorie et la pratique, mais seulement tant qu'il n'eut pas besoin de rendre son écriture intelligible à des sociétés ou à des individus étrangers. Mais dès que ce besoin se fut manifesté, et qu'il fallut seulement écrire le nom d'un seul individu étranger à ce peuple, les signes figuratifs, symboliques ou tropiques, ne suffisaient plus, parce que le nom de l'individu étranger, n'ayant aucun sens dans la langue du peuple qui voulait l'écrire, et ne lui présentant ainsi aucune idée, ce nom ne pouvait pas être écrit par des signes qui n'exprimaient que des idées.

On s'arrêta donc, on ne sait comment, aux *sons* qui formaient ce même nom, et on comprit en même temps de quelle utilité seraient des signes qui exprimeraient ces mêmes sons : nouveau et dernier progrès dans l'art graphique, et qui en fut le plus ingénieux perfectionnement, si régulièrement favorisé par la nature des langues de ce temps-là, qui étaient généralement formées de mots et de racines d'une seule syllabe. On introduisit donc dans l'usage les signes des sons, signes généralement nommés *phonétiques*, et dont le choix ne fut pas difficile, puisqu'on n'eut qu'à choisir dans les signes figuratifs, pour chaque syllabe à exprimer phonétiquement, le signe représentant un objet dont le nom, dans la langue parlée, était cette syllabe même : ainsi le disque du soleil exprima la syllabe *re*, parce que cette syllabe était le nom même du soleil, et ainsi des autres. Les Chinois arrivèrent à ce procédé *syllabique*, et ils l'ont conservé sans progrès jusqu'à nos jours pour écrire les noms et les mots étrangers à leur langue. Les Egyptiens parvinrent, par cette même voie, à un véritable système *alphabétique*, et l'introduisirent dans leur système d'écriture sans changer la nature de leurs signes figurés.

Dans le système d'écriture hiéroglyphique des Egyptiens, on doit principalement considérer deux choses :

a. La forme matérielle des signes qui constitue trois espèces de caractères nommés :

Hiéroglyphiques ; caractères soigneusement dessinés ou sculptés et coloriés, ou simplement linéaires ou silhouettes.

Hiératiques, ou sacerdotaux ; les mêmes, mais au simple trait.

Démotiques, ou populaires, au simple trait encore, mais en moindre nombre que dans l'écriture hiératique.

b. La valeur ou expression particulière de chaque signe, laquelle constitue trois espèces de signes qui sont :
Figuratifs,
Symboliques ou tropiques,
Phonétiques.

1. Les signes figuratifs expriment tout simplement l'idée de l'objet dont ils repré-

duisent les formes ; l'idée du soleil, de la lune, d'une montagne, d'un arbre, d'un cheval, d'un chien, d'une tortue, d'un ver, d'un glaive, d'un arc, d'une flèche, etc., est exprimée graphiquement par la figure même de chacun de ces objets ; la figure du soleil, d'où s'échappent des rayons par en bas, exprime la lumière ; un corps humain étendu à terre sur le dos, un cadavre ; le sens de ces caractères ne peut présenter aucune incertitude.

2. Les signes symboliques, ou tropiques, ou énigmatiques, exprimaient une idée *physique* ou *métaphysique*.

Dans le premier cas, ils étaient comme des radicaux qui désignaient des objets d'un genre plus ou moins voisin, et dont l'individualité était exprimée soit par un autre symbole, soit par des caractères phonétiques. C'est à peu près le rôle que jouent les caractères chinois, que l'on appelle *clefs*. En voici quelques exemples :

Personnage barbu : radical déterminatif des *noms de dieux* ; le même personnage porte quelquefois la coiffure habituelle du dieu et ses insignes ordinaires.

Femme assise ; radical des *déesses*. Quelquefois on trouve ajoutés à cette figure les insignes caractéristiques de la déesse.

Homme : radical des noms propres et des noms communs, de professions, de parenté, etc.

Femme : radical des noms de femmes, de professions, de degrés de parenté, etc.

Moitié postérieure d'une peau de bœuf ou d'autre animal : radical de tous les noms de quadrupèdes, à défaut de déterminatif figuratif.

Oie, canard : radical des noms d'*oiseaux* de toute espèce.

Reptile : radical de tous les noms de reptiles.

Poisson : radical des *poissons*.

Arbre : radical des différentes espèces d'*arbres*.

Tige fleurie : radical de noms de *plantes*, d'*herbes*, de *fleurs*.

Grains ou minerai : radical des *métaux*, des *pierres précieuses*, etc.

Oreille : radical des *membres* ou parties du corps humain.

Étoile : radical des *étoiles*, des *constellations*, etc.

Soleil : radical des *divisions du temps*.

Dent, angle : radical des noms de *localités*.

Eau : radical des noms de *fluides*.

Autel sur lequel brûle du feu : radical des noms relatifs au *feu*.

Pierre : radical des *pierres*.

Maison, habitation : radical des noms d'*édifices*, d'*habitations*, etc.

Moineau : radical des choses *impures, nuisibles*, etc.

Plumes : radical des noms relatifs à l'*art d'écrire*.

Deux jambes : radical des *actions* et du *mouvement*.

Les signes symboliques expriment une idée *métaphysique* par l'image d'un objet physique dont les qualités avaient une analogie, vraie selon les Égyptiens, directe ou indirecte, prochaine ou éloignée avec l'idée à exprimer. Cette sorte de caractère paraît avoir été inventée et recherchée pour les idées abstraites, qui étaient du domaine de la religion, ou de la puissance royale si intimement liée avec le système religieux.

L'*abeille* était le signe symbolique de l'idée de *roi* ;

Des bras élevés, le symbole de l'idée *offrir* ou *offrande* ;

Un vase d'où l'eau s'épand, le symbole de la *libation*, etc.

3. Les signes phonétiques exprimaient les sons de la langue parlée, et avaient dans l'écriture égyptienne les mêmes fonctions que les lettres de l'alphabet dans la nôtre. Ces signes expriment ces sons ou ces voix d'après un principe général qui explique aussi leur grand nombre, et ce principe est qu'un signe alphabétique égyptien représente le *son* ou la *voix* par lequel commence, dans la langue parlée, le nom de la chose même représentée par ce signe : ainsi le *lion* représente L, parce que le nom du lion était *labo* ; la *main* est un T, parce que le nom de la main était *tot*, etc. On pourrait donc écrire, avec un alphabet hiéroglyphique toutes les langues connues, en suivant ce même principe.

L'écriture hiéroglyphique diffère donc essentiellement de l'écriture généralement usitée de notre temps, en ce point capital qu'elle employait à la fois dans le même texte, dans la même phrase et quelquefois dans le même mot, les trois sortes de caractères figuratifs, symboliques et phonétiques, tandis que nos écritures modernes, semblables en cela aux écritures des autres peuples de l'antiquité classique, n'emploient que les caractères phonétiques, c'est-à-dire alphabétiques, à l'exclusion de tous les autres.

Toutes les fois qu'il s'agit de particulariser un individu, on ajoute au signe symbolique qui caractérise l'espèce, les signes phonétiques qui indiquent la prononciation de son nom. Ainsi

Caractères phonétiques.	Caractères symboliques.		Signification.
Amn (prononcez Amon)	+ Dieu	=	le dieu Amon.
Isé	+ Déesse	=	la déesse Isis.
Sn (son)	+ Homme	=	frère.
Snt (sonet)	+ Femme	=	sœur.
Ocht	+ Arbre	=	pêcher.
Schnin	+ Fleur ou Plante	=	lotus.
Sf (saf)	+ Soleil	=	hier.
Hbb (hebb)	+ Eau	=	source.

Carac es phonétiques.	Caractères symboliques.	Signification.
St (sote)	✝ Feu	= flamme.
Rp (rpe)	✝ Habitation	= temple ou demeure d'un dieu.
Skaï	✝ Plume	= écriture.

Il en était de même quand il s'agissait de phrases ou périodes; ainsi en supposant cette phrase : *Dieu a créé les hommes*, l'écriture hiéroglyphique s'exprimait très-clairement : 1° ce mot *Dieu* par le caractère *symbolique* de l'idée de Dieu ; 2° *a créé*, par les signes *phonétiques* représentatifs des lettres qui formaient le mot égyptien *créer*, précédé ou suivi des signes phonétiques *grammaticaux*, qui marquent que le mot radical *créer* est à la troisième personne masculine du prétérit de l'indicatif de ce verbe; 3° *les hommes*, soit en écrivant phonétiquement ces deux mots selon les règles de la grammaire, soit en traçant le signe figuratif *homme*, suivi de trois points, signe grammatical du pluriel; et il n'y avait point d'équivoque dans l'expression de ces signes, 1° parce que le premier, qui était symbolique, n'avait une valeur ni comme signe figuratif, ni comme signe phonétique ; 2° parce que le signe figuratif *homme*, qui termine la phrase, n'avait que ce même sens figuratif; 3° parce que les signes phonétiques intermédiaires exprimaient des sons qui formaient le mot indispensable à la clarté de la proposition ; et, malgré cette différence de signes, l'Egyptien qui lisait cette phrase écrite la prononçait comme si elle avait été entièrement écrite en signes alphabétiques.

HIÉROGRAMMATES, *scribes* ou *interprètes sacrés*; prêtres égyptiens qui présidaient à l'explication des mystères de la religion. Ils déterminaient et traçaient les hiéroglyphes et les expliquaient au peuple, aidaient les rois de leurs lumières et de leurs conseils, et se servaient pour cela de la connaissance qu'ils avaient des astres et des mouvements célestes; ce qui leur donnait une grande considération.

HIÉROGRAMME, *caractères sacrés*; figures et symboles dont se composait l'écriture des prêtres égyptiens. *Voy.* HIÉROGLYPHES, HIÉRATIQUE (ÉCRITURE).

HIÉROMANCIE, nom général de toutes les sortes de divinations tirées des diverses offrandes faites aux dieux, et surtout des victimes. D'abord les présages furent tirés de leurs parties externes, de leurs mouvements, de leurs entrailles et autres parties intérieures, de la flamme du bûcher qui les consumait; ensuite on en vint jusqu'à tirer des conjectures de la farine, des gâteaux, de l'eau, du vin, etc.

HIÉRONYMITES. On compte quatre sociétés différentes qui portent le nom de Hiéronymites ou Hermites de saint Jérôme, non qu'elles aient été fondées par cet illustre solitaire , mais parce qu'elles le regardent comme leur principal patron, et que, dans leur première institution, elles suivaient des règles fort austères, composées d'après les épîtres de saint Jérôme. Depuis, ces règles furent changées ou modifiées, et on y substitua celles de quelques autres ordres.

1. La première et la plus considérable de ces sociétés est celle des Hiéronymites d'Espagne, fondée en 1370, par le bienheureux Thomas de Sienne, profès du tiers-ordre de Saint-François, qui, par humilité, se faisait appeler *Tomaduccio* , c'est-à-dire le petit Thomas. Il rassembla dans le monastère de Lupiana plusieurs hermites qui se mirent sous sa direction, et leur donna le nom de *Hiéronymites*, parce qu'ils se proposèrent pour modèle la vie que saint Jérôme avait menée dans sa solitude de Bethléem. Leur institut fut approuvé, en 1373, par le pape Grégoire XI, qui leur donna la règle de saint Augustin. L'ordre des Hiéronymites s'étendit considérablement en Espagne, et acquit un grand nombre de monastères. Les deux plus célèbres sont celui de saint Laurent de l'Escurial, et celui de saint Juste; le premier est fameux par le vaste et magnifique palais élevé à si grands frais par les rois d'Espagne; le second, par la retraite de l'empereur Charles-Quint, lequel y fixa son séjour après son abdication, et y termina sa vie.

2. Il y a en Lombardie une seconde congrégation de Hiéronymites, à laquelle on a quelquefois donné le nom de *Saint-Isidore*. Loup d'Olmédo, son instituteur, fut d'abord général des Hiéronymites d'Espagne. Ne trouvant pas la règle de son ordre assez austère, il y voulut ajouter de nouvelles pratiques qui furent rejetées par les religieux. Cette résistance lui donna occasion de quitter son ordre, en 1424, avec la permission du pape Martin V. Il se retira dans les montagnes de Gazalla au diocèse de Séville, accompagné de quelques disciples imitateurs de son zèle et de sa ferveur. Il fonda six monastères dans ces montagnes. Etant ensuite passé en Italie, il en acquit encore plusieurs autres. Il donna à tous une règle qu'il avait dressée lui-même sur les écrits de saint Jérôme, et qui fut approuvée par Martin V. Toutefois elle ne subsista pas longtemps, et l'on reprit celle de saint Augustin. Les monastères que Loup d'Olmédo avait fondés en Espagne furent réunis à la première congrégation des Hiéronymites. Ceux d'Italie, au nombre de 17, formèrent la nouvelle congrégation, dite *de l'Observance* ou *de Lombardie*. Ils possèdent l'Eglise de Saint-Alexis à Rome; mais leur général réside dans le couvent d'Ospitaletto, au diocèse de Lodi.

3. Pierre Gambacorta, connu sous le nom de Pierre de Pise, institua une troisième société de Hiéronymites, à Montebello dans l'Ombrie, l'an 1380. Il fonda d'abord une église et fit bâtir douze cellules pour loger ceux qui s'étaient mis sous sa conduite. Il choisit saint Jérôme pour patron de sa congrégation, parce que ce Père, après avoir visité les différents hermitages de l'Egypte

et de la Syrie, avait pris de chacun d'eux ce qui lui paraissait plus parfait dans les exercices de la vie solitaire. Il prescrivit quatre carêmes à ses moines; de plus, il leur ordonna de jeûner les lundis, les mercredis et les vendredis de toute l'année; il arrêta encore qu'ils resteraient deux heures en prières après matines qui se disaient à minuit. Leurs austérités étaient si grandes, qu'on les regarda comme au-dessus des forces humaines, et on traita les religieux de sorciers; cette absurde accusation faillit les compromettre vis-à-vis des inquisiteurs; mais Martin V arrêta les poursuites en approuvant leur institut. Ces religieux furent appelés *Hermites de saint Jérôme de la congrégation du B. Pierre de Pise*. Ils retranchèrent depuis beaucoup de choses de leur première austérité, et, les papes leur ayant été favorables, ils s'étendirent considérablement en Italie, où ils eurent plus de 40 maisons.

4. La quatrième congrégation des Hiéronymites fut établie sous le nom de *Société de Saint-Jérôme*, par le bienheureux Charles de Montegranelli, l'an 1360, et approuvée par le pape Innocent VII, en 1406. Eugène IV donna à ces nouveaux religieux la règle de saint Augustin; et comme leur plus ancien monastère était situé dans la ville de Fiésoli, il voulut que leur ordre fût appelé *Société de Saint-Jérôme de Fiésoli*. Le pape Clément IX supprima cette congrégation en 1668, et réunit les religieux à celle du bienheureux Pierre de Pise.

HIÉROPHANTE, c'est-à-dire *révélateur des choses sacrées*; souverain prêtre de Cérès, et le chef des mystères. C'est lui qui recevait les initiés. Il n'était pas permis de prononcer son nom; il portait les symboles du démiurge. Il était remarquable par son costume, par sa chevelure, par son diadème ou sa couronne. Il devait être athénien, et ne pouvait être attaché à aucune autre divinité. Il était à vie, et gardait une continence perpétuelle, du moins à Athènes; car, chez les Céléens, l'Hiérophante changeait tous les quatre ans, et pouvait se marier: aussi n'était-il pas obligé de faire usage de ciguë. Les Hiérophantes d'Athènes étaient de la race d'Eumolpe, c'est pourquoi on les appelait *Eumolpides*. On donnait aussi à l'Hiérophante le nom de *Mystagogue*, c'est-à-dire directeur des initiés. Voici un fragment d'un des hymnes que l'Hiérophante chantait à l'ouverture des mystères:

« Je vais déclarer un secret aux initiés; qu'on ferme aux profanes l'entrée de ces lieux. O Musée! toi qui es descendu de la brillante Sélène, sois attentif à mes accents; je t'annoncerai des vérités importantes. Ne souffres pas que des préjugés et des affections antérieures t'enlèvent le bonheur que tu souhaites, de puiser dans la connaissance des vérités mystérieuses. Considère la nature divine, contemple-la sans cesse, règle ton esprit et ton cœur; et, marchant dans une voie sûre, admire le maître de l'univers. Il est un, il existe par lui-même; c'est à lui que tous les êtres doivent leur existence; il opère en tout et par tout; invisible aux yeux des mortels, il voit lui-même toutes choses. »

HIÉROPHANTIDES, prêtresses consacrées au culte de Cérès, et subordonnées à l'Hiérophante.

HIÉROPHORES, ceux qui, dans les cérémonies religieuses des Grecs, portaient les statues des dieux et les choses sacrées.

HIÉROPSALTES. Les Egyptiens, dans leurs cérémonies publiques, avaient des chants accompagnés du son des instruments, surtout des sistres: c'étaient les *Hiéropsaltes* ou chantres sacrés qui présidaient à ces deux sortes de chœurs.

HIÉROSCOPIE, divination qui consistait à examiner tout ce qui se passait pendant les sacrifices et toutes les cérémonies de la religion, pour tirer des présages, même des moindres circonstances.

HIGOULÉO, une des divinités adorées dans l'archipel Tonga: c'est un dieu puissant, vénéré surtout par la famille du Toui-Tonga ou souverain pontife. Il n'a ni prêtres ni édifices qui lui soient consacrés, et ne visite jamais les îles Tonga.

HIIDEN-EMANTA, mauvais génie femelle de la mythologie finnoise. C'est l'hôtesse d'Hisii, chef des démons. De ses cheveux le dieu Wäinämöinen fabrique des cordes pour son kantele, et tire de cet instrument les sons les plus harmonieux.

HIIDEN-HEJMOLAINEN, mauvais génie de la mythologie finnoise; il est parent d'Hiisi, génie du mal, qui lui a confié l'empire des montagnes.

HIISI, l'esprit du mal par excellence dans la mythologie finnoise. C'est un géant puissant, horrible à voir, pasteur des loups et des ours; on l'appelle encore *Lempo*, *Pirou*, *Perkele*, *Kilka* et *Juutas*. M. Léouzon le Duc pense que ce dernier vocable est le même que le nom du traître Judas, appliqué par les Finnois convertis ou non convertis à leur démon païen. La maison d'Hisii est nombreuse: il a une femme, des enfants, des chevaux, des chiens, des chats, des domestiques, tous affreux et méchants comme lui, et qui ont chacun son domaine et sa fonction particulière.

HIJEN-PESAT, région fabuleuse de la mythologie finnoise; elle est située au sein des montagnes, et c'est là qu'habitent les divinités qui président aux métaux et aux minéraux. C'est le séjour de Kamulainen et de la foule des Wuoren-Väki, génies travailleurs, occupés à durcir les rocs de granit et à les fixer sur leurs bases; de Wuolangoinen, le père du fer; de Rauta-Rekhi, le dieu du fer; de Ruojuatar, la nourrice du fer; des trois vierges mystérieuses dont les mamelles distillent trois espèces de fer; de Karilainen, boiteux comme Vulcain, sans toutefois que ses fonctions ressemblent aux siennes, puisqu'elles consistent à protéger contre les effets pernicieux du fer. On reconnaît, à ces diverses divinités, la mythologie d'un pays montagneux, où le fer abonde, et où, dès les temps les plus reculés, il a été mis en œuvre.

HIJJEN-HEVONEN, cheval d'Hiisi, génie infernal des Finnois; il emporte dans sa course, vers les rochers de l'enfer, la peste et les autres fléaux qui désolent la terre. Voici, à ce sujet, les conjurations qu'on lit dans la mythologie de Ganander :

« O fléau, pars; peste, prends la fuite, loin de la chair nue. Je te donnerai pour te sauver un cheval dont le sabot ne glisse point sur la glace, dont les pieds ne glissent point sur le rocher. Va où je t'envoie. Prends, pour faire la route, le coursier infernal, l'étalon de la montagne. Fuis sur les montagnes de Turja, sur le roc d'airain. Va à travers les plaines sablonneuses de l'enfer pour te précipiter dans l'abîme éternel, d'où tu ne sortiras jamais. Va où je t'envoie, dans la forêt épaisse de Laponie, dans les sombres régions de Pohja. »

HIJJEN-HIRVI, mauvais génie des Finnois; c'est l'élan d'Hiisi, esprit du mal.

HIJJEN-IMMI, servante du même Hiisi; ses cheveux, ainsi que ceux d'Hiiden-Emäntä, et les crins d'Hijjen-Hirvi, l'élan infernal, servent à faire des cordes sonores pour le kantèle, instrument de musique dont le dieu Wäinämöinen tire des sons harmonieux.

HIJJEN-KISSA, ou KIPINATAR, chat infernal de la mythologie finnoise; la terreur qu'il inspire force les voleurs à rendre ce qu'ils ont pris.

HIJJEN-LINTU, oiseau infernal de la mythologie finnoise. Hiisi lui a donné l'empire de l'air. On l'appelle encore *Herhilainen.*

HIJJEN RUNNA, cheval infernal de la même mythologie; il galope sans cesse à travers les plaines et les déserts.

HIJJEN-WAKI, nom des furies de la mythologie finnoise : ce sont elles qui servent Hiisi, le génie du mal, et elles sont continuellement à ses ordres.

HIJTOLAINEN, divinité fatale des montagnes, suivant la même mythologie; sa chevelure est composée de serpents.

HILARIES, fêtes que les Romains célébraient en l'honneur de Cybèle. Elles duraient plusieurs jours, et, pendant ce laps de temps, toute espèce de cérémonie lugubre était interdite. On promenait par la ville la statue de la déesse, et chacun faisait porter devant elle ce qu'il avait de plus précieux. Chacun accompagnait la procession, vêtu à son gré, et orné des insignes de telle dignité qu'il lui convenait. La cérémonie avait pour but d'invoquer la Terre sous le nom de mère des dieux, afin d'obtenir pour elle du soleil une chaleur modérée et favorable à la conservation des fruits. Ces fêtes avaient lieu au commencement du printemps, parce qu'alors la nature travaille à se renouveler.

HILLERWO, divinité finnoise ; c'est la déesse des loutres, elle est l'épouse de Juoletar, le Neptune des Finnois.

HIMÉRA, déesse de la ville d'Himère, en Sicile. Est-ce une personnification de cette ville? ou bien lui aurait-elle donné son nom? Nous penchons pour la première alternative.

HIMÉROS, *désir;* ce dieu est, suivant les poëtes, le frère de Cupidon ; il préside aux désirs amoureux. Les Mégariens lui avaient érigé une statue dans le temple de Vénus.

HIMINBORG. C'est, suivant que l'indique ce nom, une ville céleste de la mythologie scandinave, située sur la frontière de l'empire des dieux, à l'endroit où le pont Bifrost touche le ciel.

HINA. — 1. Suivant la cosmogonie des Taïtiens, Hina est l'épouse de Taaroa, le dieu créateur, et elle concourut avec son mari à la formation de l'ordre du monde. Elle mit au monde Taï, le premier homme, et une fille nommée Hina-Arii-re-Monaï. Plus tard, s'étant transformée en une jeune et belle femme, elle se maria encore à Taata, fils de sa fille, et enfanta Ourou et Fana, les véritables fondateurs de la race humaine. *Voy.* TAAROA.

2. Les Néo-Zélandais connaissent aussi la déesse Hina. Ils disent que c'est elle qui, pour se venger d'une raillerie de Kae, fit succéder la nuit au jour. Il arriva qu'un jour Rona, sa fille, étant allée ramasser du bois parmi les broussailles pour préparer le repas, en revint les pieds tout ensanglantés. La vue de son sang et la vive douleur qu'elle éprouvait firent entrer Rona en fureur; dans son emportement elle maudit la lune, en lui criant : « Puisses-tu être dévorée ! puisque tu n'es pas venu m'éclairer au moment où j'allais me blesser les pieds. » Indignée de cette malédiction, la lune jeta un hameçon sur Rona, et l'ayant attirée jusqu'à elle, la plaça dans son disque avec la batterie de cuisine qu'elle tenait à la main et l'arbre auquel elle s'accrochait pour n'être pas enlevée. La déesse-mère, pour punir la lune, lui ôta le pouvoir de jeter à l'avenir des hameçons sur la terre.

HINDIS, nom que les musulmans donnent aux derwischs étrangers, sans doute parce qu'ils les regardent comme originaires de l'Inde; ils ont pour eux moins de vénération que pour les religieux appartenant aux ordres établis du vivant de Mahomet.

HINGNOH, nom de la première femme, suivant les Hottentots; elle fut avec son mari, Noh, envoyée sur la terre par Tikquoa pour peupler le monde, et apprendre à leurs enfants tous les arts utiles. *Voy.* NOH.

HIPPA, déesse des anciens Finnois ; elle est fille d'Hiisi, le génie du mal; quoique divinité infernale, elle peut cependant rendre service aux gens de bien; car elle tourmente horriblement les voleurs, et les contraint ainsi à restituer ce qu'ils ont dérobé.

HIPPIEN (du grec ἵππος, cheval); surnom de Neptune, auquel les anciens attribuaient l'art de dompter les chevaux. Il avait sous ce nom auprès de Mantinée un temple fort ancien, où personne n'entrait. Ulysse lui avait également érigé sous le même nom, dans la vallée de Phénéon, en Arcadie, un temple en action de grâces de ce que ce dieu lui avait fait retrouver ses cavales. Le surnom d'*Hippien* ou *Hippienne* est encore donné à d'autres dieux ou déesses, à cause des statues équestres qui les représentaient.

HIPPOCAMPES, chevaux marins qui n'avaient que deux pieds et dont la croupe se terminait en queue de poissons; les poëtes les mettent au service de Neptune et des autres divinités de la mer.

HIPPOCENTAURES, monstres que la mythologie grecque fait enfants des Centaures. D'autres croient que les Hippocentaures différaient des centaures, en ce qu'ils étaient moitié hommes et moitié chevaux; tandis que ces derniers avaient la partie antérieure de l'homme, et la partie postérieure du taureau. *Voyez* CENTAURES.

HIPPOCRATIE, fête célébrée en Arcadie à l'honneur d'Hercule Hippien. Les chevaux étaient exempts de tout travail pendant la durée de l'Hippocratie; on les promenait par les rues et dans les campagnes superbement enharnachés et ornés de guirlandes de fleurs. Les Romains célébraient, sous le nom de *Consuales*, une fête semblable.

HIPPOCRÈNE, fontaine célèbre parmi les poëtes de l'antiquité, qui attribuaient à son eau la faculté d'exciter la verve; on la disait née d'un coup de pied du cheval Pégase, d'où lui vient son nom (ἵππος, cheval, κρήνη, fontaine). Cette source, suivant la tradition historique, avait été découverte par Cadmus qui apporta aux Grecs la connaissance des sciences phéniciennes, ce qui a pu la faire regarder comme consacrée aux Muses. Celles-ci sont en conséquence surnommées *Hippocrénides*.

HIPPOLYTE, fils de Thésée; sa grande beauté le fit aimer de Vénus; mais cette déesse se voyant dédaignée de lui, inspira à Phèdre, sa belle-mère, une passion violente pour Hippolyte. Mais, ne pouvant vaincre la sagesse du jeune prince, la princesse l'accusa auprès de Thésée du crime dont elle était seule coupable. Le malheureux père dévoua son vertueux fils à la vengeance de Neptune, qui lui avait promis d'exaucer trois de ses vœux. Un monstre affreux, suscité par le dieu des mers, effarouche les chevaux d'Hippolyte, qui est renversé de son char, traîné par ses chevaux, et qui périt enfin victime des fureurs d'une marâtre et de la crédulité d'un père. Suivant Ovide, Esculape lui rendit la vie, et Diane le couvrit d'un nuage pour le faire sortir des enfers.

Les Trézéniens lui rendirent les honneurs divins, dans un temple que Diomède lui fit élever. Un prêtre perpétuel présidait à son culte, et sa fête revenait tous les ans. Les jeunes filles, avant de se marier, coupaient leurs cheveux et les consacraient dans le temple d'Hippolyte. Dans la suite, les prêtres publièrent qu'Hippolyte n'était pas mort traîné par ses chevaux, mais que les dieux l'avaient ravi et placé dans le ciel parmi les constellations, où il formait celle qu'on appelait *Boötès*.

Il ne faut pas confondre le temple bâti à Trézène par Diomède, avec l'*Hippolytion*, autre temple que Phèdre avait fait construire auprès de la même ville, en l'honneur de Vénus et auquel elle donna le nom de l'objet de sa passion criminelle. Dans la suite on l'appela le temple de Vénus *spéculatrice*, parce que, sous prétexte d'offrir ses vœux à la déesse, cette princesse s'y rendait pour avoir occasion de voir Hippolyte s'exercer à la chasse dans la plaine voisine.

HIPPOMANCIE, divination par le moyen des chevaux, en usage chez les Celtes. Ces peuples tiraient leurs pronostics du hennissement et du mouvement de certains chevaux blancs, nourris publiquement dans les bois et les forêts sacrés, où ils n'avaient d'autre couvert que les arbres. On les faisait marcher immédiatement après le char sacré. Le prêtre et le roi, ou chef du canton, observaient tous leurs mouvements, et en tiraient des augures auxquels ils accordaient une ferme confiance, persuadés que ces animaux étaient confidents du secret des dieux, tandis qu'ils n'étaient eux-mêmes que leurs ministres. Les Saxons tiraient aussi des pronostics d'un cheval sacré nourri dans le temple de leurs dieux, et qu'ils en faisaient sortir avant de déclarer la guerre à leurs ennemis : quand le cheval avançait d'abord le pied droit, l'augure était favorable; sinon, le présage était mauvais, et ils renonçaient à leur entreprise.

HIPPONE, déesse des chevaux et des écuries. Les Latins l'appelaient *Epone*, et la disaient fille d'une cavale et d'un certain Fulvius. On retrouve cette divinité dans le Nordgaw, sous le même nom et sous celui d'Epan-burg. *Voy.* EPONE, EQUEIAS.

HIPPOPOTAME, ou cheval marin, animal qui fréquente les eaux du Nil. Les Egyptiens le regardaient comme le symbole de Typhon, le génie du mal, à cause de son naturel malfaisant. Typhon était souvent représenté avec une tête d'hippopotame sur un corps humain. Cet animal était honoré à Hermopolis et à Paprémis.

HIRANYA-GARBHA, personnification de l'une des évolutions de Brahma, considéré comme démiurge. Son nom signifie *ventre d'or*, et il est regardé comme ayant porté dans ses flancs et produit tous les êtres. Voici, d'après M. d'Ekstein, un exposé des cosmogonies hindoues sur ce sujet :

Hiranya-Garbha (appelé aussi, dans quelques systèmes philosophiques, le néant, la mort, ou la faim) voulant acquérir la connaissance de son être, s'adora d'abord lui-même; et comme il faut verser une libation à l'objet qu'on adore, il produisit l'eau sous forme de la substance éthérée, qui remplissait le vide de cet espace que Hiranya-Garbha occupait seul, comme figure du temps sans bornes. L'eau en se condensant produisit la terre, encore nue et stérile. Après ces premiers travaux, Hiranya-Garbha se repose, épuisé de fatigue ; une sueur abondante le couvre ; de là procède la chaleur qui enveloppe aussitôt la mer éthérée, en laquelle s'est transformé l'espace. Hiranya-Garbha se divisa alors en trois êtres ; il devint la chaleur naturelle ou le feu, le soleil intellectuel et l'air, ou le souffle de vie. Voulant sortir de l'universalité des êtres, pour produire leur spécialité, il se revêtit ensuite d'un corps élémentaire. Sa volonté donna l'origine à la parole, et cette parole est la forme des trois Védas et des trois mondes. Sous cette nouvelle forme, il produisit le soleil physique, qui fut constitué au bout d'une année. Mais après l'apparition de cet astre, Hiranya-Garbha, pressé de la faim, ouvrit la bouche pour dévorer son propre ouvrage ; le soleil, plein de terreur, laissa échapper le cri de *Bhânou* (lumière). Le vorace Démiurge, considérant qu'en dévorant son propre ouvrage il diminuerait son aliment, résolut au contraire de l'étendre, et de ce mot bhânou, proféré par l'astre du jour, il tira tous les genres de créatures et leur donna un nom. L'univers a donc pour origine le sacrifice. Hiranya-Garbha engendra ensuite les animaux et enfin l'homme ; tout ce qu'il enfantait, il voulait le dévorer, aussi le nomme-t-on celui qui mange toute chose. Il en est de même du Kronos des Grecs qui dévorait ses enfants, et, comme Hiranya-Garbha, figurait le temps sans bornes ; les Latins l'appelaient *Saturnè*, le grand mangeur, le dieu rassasié ou repu (*satur*).

HIRANYA-KASIPOU, asoura ou mauvais génie de la mythologie hindoue. Il avait obtenu de Brahma la faculté de ne pouvoir être tué, ni le jour, ni la nuit, ni dans sa maison, ni hors de sa maison, ni par les dieux, ni par les hommes, ni par les animaux, ni par l'eau, ni par le fer, ni par le feu. Enorgueilli d'un tel privilége, il tenta d'abolir le culte des divinités et de se faire adorer seul sur la terre. Son fils Pralhada refusa de souscrire à ce vœu sacrilége ; les caresses, les menaces, les mauvais traitements du géant ne purent vaincre la résistance de son fils. Un soir, au moment du crépuscule, Hiranya-Kasipou, sur le seuil de sa maison, renouvelait ses instances auprès de son fils pour lui faire abandonner sa religion. « Où est ton dieu ? lui demanda-t-il. — Il est partout, répondit l'enfant. — Quoi ! même en ce pilier ? — Assurément. » Aussitôt Hiranya-Kasipou soulève sa pesante massue et en frappe le pilier. A l'instant même il en sortit un être moitié homme, moitié lion, qui saisit le géant et le déchira. La forme du monstre, les circonstances du temps et du lieu, le genre de mort du blasphémateur, offrirent des combinaisons qui rendirent inutile l'assurance que lui avait donnée Brahma. On appelle *Nrisinha* cette forme composée de l'homme et du lion ; elle n'était autre que Vichnou, et on la compte pour la quatrième incarnation.

HIRCA-I SCHÉRIF, ou la sainte robe ; c'est un des vêtements de Mahomet, conservé à Constantinople comme une précieuse relique. *Voy.* BORDA.

HIRO, dieu de l'Océan chez les Taïtiens, qui le regardaient comme un grand voyageur. En effet, ne craignant ni les gouffres sous-marins, ni les tempêtes les plus furieuses, il parcourait la mer dans tous les sens, tantôt à la surface, tantôt dans les abîmes, pour visiter les monstres de la mer et s'entretenir avec eux. Un jour qu'il s'était endormi dans une des cavernes les plus profondes, l'ouragan souffla avec violence sur une pirogue montée par des amis d'Hiro : son sommeil eût donné gain de cause à la tempête ; mais les voyageurs parvinrent à l'éveiller par leurs cris ; il remonta plein de courroux à la surface des eaux, apaisa la violence des flots et sauva ses amis.

Les Néo-Zélandais prétendent aussi qu'il voyage continuellement ; mais, suivant eux, il n'aborde que rarement à la Nouvelle-Zélande. Au reste ils redoutent son arrivée, car ses visites amènent toujours à leur suite des maladies et la mortalité.

HISTORIQUE (AGE). A quelle époque doit-on faire remonter l'âge historique des peuples ? — Dans le siècle dernier, où il était de mode de trouver partout le contrepied des livres saints, on ne craignait pas de donner au monde et à la société humaine une antiquité qui remontait à des milliers et même à des millions d'années. En dépit des notions les plus saines de l'histoire, on saisissait avec avidité les exagérations de certains écrivains bien inconnus qui, pour donner à leur pays du relief au-dessus des autres nations, avaient fait remonter leur origine à des milliers de siècles. Ces fausses chronologies n'ont pu tenir contre la science moderne. Voici, d'après les écrivains les plus judicieux, l'époque où commence *l'histoire certaine* pour les principaux peuples de l'antiquité.

Chinois	IXe siècle	
Japonais	VIIe	
Grecs	VIIe	avant l'ère chrétienne.
Romains	VIe	
Egyptiens	V^e	
Géorgiens	IIIe	
Arméniens	IIe	
Tibétains	Ier siècle	
Persans	IIIe	
Arabes	V^e	après l'ère chrétienne.
Hindous	XIIe	
Mongols	XIIe	
Turcs	XIVe	

L'histoire incertaine des peuples les plus anciens, tels que les Chaldéens, les Égyptiens, les Chinois, les Hindous, ne remonte à peu près qu'à 3000 ans avant notre ère. Il est vrai qu'on ne doit pas la rejeter entièrement ; mais il faut en user avec circonspection, quand il s'agit de donner la certitude historique aux faits douteux qu'elle rapporte. Cette limite extrême qui est donnée par Leibnitz et Newton entre les anciens, et par MM. Deluc, de Guignes, William Jones, Champollion-Figeac, Cuvier, Klaproth, Biot, entre les modernes, est parfaitement d'accord avec les livres saints ; car il est à remarquer que les auteurs sacrés n'ont jamais prétendu donner une chronologie exacte et universelle, qui n'entrait point dans leur plan. Les calculs des principaux chronologistes qui ont travaillé sur l'Ecriture sainte diffèrent d'un ou deux milliers d'années. On ignore donc et on ignorera toujours l'époque précise des grands événements bibliques, comme la création, le déluge universel. Cette limite de 3000 ans pour l'histoire incertaine des grandes nations concorde également avec les notions acquises en géologie et en physique.

HITIDZI, talismans ou charmes fabriqués par les Ompanorates, prêtres de Madagascar, et qu'ils vendent aux grands du pays.

HITTAWAINEN, dieu des chasseurs dans la mythologie finnoise. Il exerce, avec Tapio et Knippana, une puissance absolue sur les animaux des bois; ce sont eux qui les enchaînent dans leurs repaires ou les lancent au-devant des chasseurs.

HIVER, l'une des quatre saisons personnifiées par les anciens. On lui offrait des sacrifices pour obtenir d'elle de modérer la rigueur du froid.

HLA, nom que les Tibétains donnent à la Divinité en général. Ce mot correspond au *Déva* sanscrit, qui signifie *habitant du ciel*.

HLA-DHÈ, nom des génies chez les bouddhistes du Tibet. Ce mot correspond au *Dévata* sanscrit.

HLADOLET, dieu des anciens Slaves; son nom dérive du mot *hlad*, la faim. Il représentait le temps qui devore tout ce qu'il produit. Il avait pour épouse Zlòtababa, qui l'avait rendu père de Bielbog et de Tchernobog, le dieu noir et le dieu blanc, ou le bon et le mauvais principe.

HLÆVANGR, génie de la mythologie scandinave; il présidait aux eaux, et habitait dans les fleuves.

HLA-KOU, *image de la divinité*, nom des idoles des Tibétains.

HLA-MO, déesse de la théogonie tibétaine. Il y a dans la contrée de Hlassa un temple où se trouvent cent de ces divinités; les Tibétains vont faire leurs adorations devant ces images pour se purifier de leurs péchés.

HLA-SA, ville sainte des Tibétains; son nom veut dire pays des dieux ou de Bouddha; c'est en effet le siége de la religion lamaïque; c'est là que réside le Dalaï-Lama, pontife suprême de tous les bouddhistes répandus dans les immenses contrées de l'Asie. On y compte un grand nombre de temples desservis par une multitude prodigieuse de bonzes ou lamas. A l'ouest de Hla-sa se voit le riche monastère de Botala, dont le toit est d'or, et dans lequel réside le grand lama, que l'on suppose une incarnation vivante de Bouddha; mais ce chef de la religion est bien déchu de son ancienne gloire; il ne lui reste plus que les apparences du pouvoir souverain, car, de fait, il est réellement sujet de l'empereur de la Chine.

HLIDSKIALF, nom du trône d'Odin, dieu suprême des Scandinaves; il est dans la ville céleste d'Asgard.

HLUDANUS HLUDONIA, divinités des Celtes et des anciens peuples du Nord. Leurs noms ne sont connus que par des inscriptions, et on manque de détails sur eux.

HOANG-THIAN, c'est-à-dire *auguste ciel*; nom que les Chinois donnent au souverain être qui réside dans le ciel. *Voy.* THIAN, CHANG-TI *et* CHANG-THIAN.

HOANG-TI, le premier empereur de la Chine, à dater des temps historiques. Les Chinois lui donnent une naissance mystérieuse; sa mère le conçut à l'aspect d'une nuée très-brillante, et accoucha de lui sur une montagne; dès le moment de sa naissance, il eut une intelligence extraordinaire et sut parler. Devenu chef de l'Etat, il reçut le titre de *Hoang-ti*, l'empereur jaune, tandis que ses prédécesseurs n'avaient que le titre de *vang* ou roi. Il institua des sacrifices et rendit un culte public au *Chang-ti* ou suprême empereur, dont il se regardait comme le lieutenant et le vicaire sur la terre; l'élément théocratique fut ainsi importé dans le gouvernement de l'Etat, c'est pourquoi il se fit appeler *Hoang-ti*: le mot *Hoang* veut dire jaune; cette couleur est l'emblème de la terre, et la terre était en communication visible avec cet empereur; car, suivant les livres chinois, il régnait même par la vertu de la terre. *Hoang-ti* veut donc dire le *dieu jaune* ou le *dieu de la terre*, ou celui qui est sur la terre ce que le *Ti suprême* est dans le ciel. Il régna cent ans; il était monté sur le trône 2698 ans avant Jésus-Christ.

D'autres voient dans *Hoang-ti*, empereur jaune ou de la terre, l'Adam biblique, dont le nom signifie en même temps *terre* et *rouge*; en effet, on l'appelle encore *Kong-sun*, le père universel de tous; *Yeou-kiong*, celui qui possède, domine les quadrupèdes féroces. Sa femme s'appelait *Loui-tsou*; ce nom est formé de *tsou*, aïeule, et de *loui*, qui entraîne les autres dans son propre mal. Il est certain que ces rapprochements sont frappants; mais nous ne les pousserons pas plus loin, de peur de bâtir un système à la légère.

HOBAL, idole des anciens Arabes; elle était auparavant vénérée dans la Syrie où on l'invoquait pour obtenir la pluie dont on avait besoin. Amrou, fils de Lohai, fils de Harith, roi du Hedjaz, voyageant en cette contrée, rencontra des hommes qui adoraient des idoles. Leur ayant demandé ce qu'étaient ces idoles, ils lui répondirent: «Ce sont des dieux que nous avons faits à l'image des étoiles et des hommes. Nous leur demandons du secours, et nous en obtenons; nous en implorons de la pluie, et ils nous en donnent.» Amrou, rempli d'étonnement, leur demanda une de ces idoles, et ils lui donnèrent Hobal qu'il rapporta à la Mecque, et plaça sur la Kaaba avec les 360 autres images qui couronnaient la partie supérieure de cet édifice. La statue d'Hobal était de pierre rouge; elle avait les traits d'un vieillard vénérable portant une longue barbe. Sa main droite ayant été rompue dans le voyage, les Coreischites en firent faire une d'or pour la remplacer, et mirent en cette main sept flèches de celles qui servaient à tirer le sort. Hobal était regardé comme la divinité principale des Coréischites; aussi, dans le combat que ceux-ci livrèrent à Mahomet sur la montagne d'Ohod, ils s'écriaient : « Elève-toi, Hobal ! » c'est-à-dire fais triompher la religion. Lorsque Mahomet fut devenu maître de la Mecque, il fit renverser la statue d'Hobal et celles de tous les autres faux dieux.

HOBAMOKKO, divinité des sauvages de la Nouvelle-Angleterre : c'était le démon ou le génie du mal; ils le redoutaient extrêmement, et ils ne l'adoraient que par un principe de crainte.

HO-CHANG, nom que les Chinois donnent aux bonzes qui professent la religion de Fo, ou Bouddha, et particulièrement à ceux qui enseignent la doctrine isotérique. Les Ho-chang nient l'existence de la matière et de l'esprit, et admettent à leur place une sorte de nature intelligente. Suivant eux l'âme n'est rien; l'existence de l'âme est une illusion; la pensée de son existence est une maladie dont il faut s'efforcer de se guérir en tendant perpétuellement à se vider de la pensée de son être, et à parvenir à l'anéantissement final. Ils prétendent parvenir à cet état ou plutôt au non-être par une contemplation inouïe, qui, à proprement parler, est une totale et parfaite inaction de l'âme, et par conséquent impossible. Cette inaction des Ho-chang est une espèce de fanatisme qui bannit indifféremment toute action, toute affection et tout sentiment; et les philosophes chinois lui donnent avec raison le nom d'apathie stupide et brute, qui ne se peut acquérir qu'en devenant statue. *Voyez* Fo.

HODAMO, nom des prêtres des habitants de l'île Socotora; ils desservent les Moquamos ou temples; leur charge est annuelle, et les insignes de leur dignité consistent en un bâton et une croix qu'il ne leur est point permis de donner ou de laisser toucher à personne, sous peine de perdre la main.

HODÉILIS, hérétiques musulmans, fraction de la secte des motazales; ce sont les disciples d'Abou Hodéil, fils de Hamdan. Ils confondent les attributs avec l'essence de Dieu, et disent que les actions des élus et des damnés sont créées, sans qu'ils puissent s'en faire un mérite ou en être accusés.

HODER, dieu du hasard dans la mythologie scandinave. Il était aveugle, mais extrêmement fort, et très-célèbre par ses exploits guerriers. Son nom était néanmoins de sinistre augure parmi les dieux et les hommes, parce que c'était lui qui avait donné involontairement la mort à Balder, en lui décochant une branche de gui, que Loke, le génie du mal, lui avait remise entre les mains. *Voy.* BALDER.

HODJDJA, c'est-à-dire *le témoin*; nom que les Druzes donnent au quatrième des ministres secondaires de leur religion. Suivant eux, chaque imam, en quelque temps qu'il ait paru, avait des Hodjdjas répandus sur toute la terre, et qui se partageaient toutes les nations de l'univers pour les diriger. Le nombre de ces ministres a toujours été de douze, comme celui des imams était de sept. Ainsi Adam, le premier des imams, avait douze Hodjdjas : le premier fut Enoch, natif de Basra; le second, Schark, de la ville de Sirména; c'est celui que nous nommons Seth; suivant les Druzes, il était fils spirituel et non naturel d'Adam. Le troisième Hodjdja d'Adam fut Josué, fils d'Amram; le quatrième, David, fils d'Hermès; le cinquième, Jésus, fils de Lamech; le sixième, Abid, fils de Sirhan; le septième, Azrawil, fils de Salmou; le huitième, Habil, fils de Badis; le neuvième, Danil (Daniel?), fils de Hirataf; le dixième, Ayyasch, fils de Habil; le onzième, Platon, fils de Kaïsoun; le douzième, Caïdar, fils de Lamk. Ces douze personnages, dont la contemporanéité ne fait pas honneur à la science chronologique des Druzes, furent les ministres de la loi d'Adam et les anges de sa prédication. — Au reste, on donne aussi le nom de Hodjdja à tous les ministres de la religion unitaire; ainsi Hamza était le Hodjdja de Hakem.

HOEI-HO TI-YO, le onzième enfer des bouddhistes de la Chine; au milieu coule un immense fleuve de cendres, qui exhale des vapeurs pestilentielles. Ses flots se heurtent et se poussent avec un bruit effroyable; son lit est tout hérissé de pointes de fer, et sur son rivage sont des forêts d'épées. Les branches, les feuilles, les fruits et les fleurs de ces arbres métalliques sont autant de dards aigus. Abandonnés au cours du fleuve, les corps des réprouvés sont constamment déchirés par les pointes acérées qui les atteignent au passage, et leur causent dix mille douleurs. Entreprennent-ils d'échapper à ce supplice, ils se blessent aux dards et aux épées qui garnissent les bords; et s'ils parviennent à surmonter ces premières souffrances, ils se trouvent en face de loups et de panthères qui se précipitent sur eux et déchirent leurs chairs vivantes. Les arbres ne leur offrent point un refuge contre la rage de leurs assaillants; et, s'ils essayent de se loger dans leur feuillage, les aspérités dont ils sont couverts leur déchirent les mains et les flancs. Leurs pieds foulent des lames tranchantes qui réduisent leurs membres en lambeaux, et, dans le même instant, un oiseau à bec de fer leur perce le crâne et leur ronge la cervelle. Alors ils se replongent dans le fleuve de cendres, où ils ne font que changer de tourments. Cependant ces tortures ont un terme; ils perdent avec la vie la faculté de sentir; mais il ne tarde pas à s'élever un vent frais qui les ressuscite, et ils passent dans un nouvel enfer.

HOGOTIUS, ancien héros, dont quelques peuples avaient fait un dieu.

HO-HO, un des huit enfers glacés, selon les bouddhistes de la Chine.

HO-HOA-PO, sorte de divination pratiquée par les Chinois; elle a lieu par l'inspection des mouchons qui se forment au bout de la mèche d'une lampe.

HOLI, une des grandes fêtes des Hindous; elle commence le 16 mars et dure dix jours; les deux premiers sont consacrés aux préparatifs de la solennité. On se revêt d'habits neufs, rouges ou jaunes, et les familles se livrent ensemble à la joie et aux plaisirs. L'un des principaux amusements consiste à se jeter les uns sur les autres de l'*abir* et du *goulal*, poudres teintes en jaune ou en rouge, et à s'asperger mutuellement avec de l'eau à laquelle on a donné une couleur orangée. On envoie aussi à cette époque des missives indiquant des rendez-vous aux personnes qu'on sait n'être pas chez elles, et l'amusement est en proportion des démarches et des courses inutiles faites par ceux qui sont l'objet de cette mystification. Les Hindous, si tranquilles et même si apathiques en tout autre temps, semblent à cette fête être possédés d'une espèce de vertige. On voit dans les rues et sur les places publiques des gens qui chantent des chansons licencieuses; d'autres engagent des colloques avec ceux qu'ils rencontrent, et les interpellent sur des faits controuvés et impossibles. Ils s'expriment autant que possible de manière à provoquer le gros rire des auditeurs, et ne se font pas faute d'user pour cela de termes fort libres. On entend aussi de tous côtés des tambours, des trompettes et d'autres instruments qui font un tintamarre épouvantable. On voit que le Holi des Indiens est absolument le carnaval des Européens; aussi les cipays anglais au service de la compagnie prennent part, comme les natifs, à toutes les folies de la fête.

Les femmes célèbrent le Holi dans leur intérieur; elles se rassemblent entre elles, chantent des chansons et s'amusent à toutes sortes de jeux. Les jeunes filles prennent le nom de *gopi*, ou laitières, en mémoire des gopis au milieu desquelles le dieu Krichna passa sa jeunesse; elles en revêtent le costume et se font mille espiègleries. Les hommes n'assistent pas à ces réunions, si ce n'est quelquefois les maris curieux de voir les jeux folâtres de leurs femmes. Les jeunes gens envoient à leurs maîtresses de petits cadeaux consistant en fleurs, en fruits et en confitures.

Pendant la durée de la fête, un homme affublé d'une manière grotesque et souvent même indécente, représentant le personnage du Holi, parcourt les rues en adressant aux passants des propos très-licencieux.

Le huitième jour on procède d'une façon un peu plus sérieuse; on place dans un lieu convenablement orné la statue de Govinda ou Krichna; on l'adore, on répand sur lui de l'abir, et on l'arrose d'eau colorée en jaune. La journée et la fête se terminent par un feu de joie, dans lequel on brûle un mannequin représentant le Holi. Dans les villes et les villages non soumis à la police anglaise, le peuple ayant choisi une place découverte, y transporte toutes sortes de matières combustibles, telles que bois, broussailles, herbes sèches, fiente de vache desséchée, etc. Les chefs de villages ou de tribus contribuent les premiers à fournir les matériaux nécessaires, puis le peuple s'empare de tout ce qui tombe sous sa main; palissades, planches, poteaux, portes de maison, ils enlèvent tout ce qu'on n'a pas soin de garder soigneusement; une fois que ces objets sont placés sur le bûcher, le propriétaire n'a plus le droit de le réclamer. On fait faire alors le Poudja (adoration rituélique) par un brahmane, et on met le feu au bûcher. Les enfants chantent autour de ce feu des chansons plaisantes; cette cérémonie a pour but de préserver les enfants de la crainte des démons et des mauvais génies.

Cette fête tire son nom d'une Rakchasi, ou démon femelle, appelée *Hori*, *Holi* ou *Holika*, qui autrefois, dit-on, molestait les petits enfants. Elle paraît être la même que *Poutana*, déité malfaisante, qui voulut faire périr Krichna dans sa tendre enfance, en lui faisant sucer ses mamelles empoisonnées; mais le petit dieu, sachant à qui il avait affaire, aspira si fort et si longtemps, qu'il retira toute la vie du corps de la Rakchasi. La légende populaire ajoute que le corps mort de la méchante fée disparut, et que les bergers de Mathoura ne la brûlèrent qu'en effigie. On dit que ce fut Krichna lui-même qui institua cette fête, pour préserver les enfants d'un semblable malheur.

HOLOC, dieu des eaux et du tonnerre chez les Tlascaltèques, peuples du Mexique.

HOLOCAUSTE, mot grec qui signifie *brûlé totalement* (de ὅλον, tout, et καυστόν, brûlé). On appelait ainsi le sacrifice dans lequel la victime était intégralement livrée au feu, tandis que dans les autres sacrifices on se contentait d'offrir à la divinité une partie de la victime, et le reste était mangé par les prêtres et par les assistants.

1. Les Juifs, sous l'ancienne loi, offraient fréquemment à Dieu des holocaustes; ils les appelaient dans leur langue עלה, *ola*, c'est-à-dire objet que l'on fait *monter* sur l'autel, ou כליל; *kalil*, ce qui est offert *tout entier*. Le premier chapitre du Lévitique distingue trois sortes d'holocaustes, celui de gros bétail, celui de menu bétail et celui de volailles. L'individu qui voulait offrir un holocauste de gros bétail devait fournir un bœuf ou veau sans défauts, et l'amener à l'entrée du tabernacle. Là il mettait la main sur la tête de l'animal et l'égorgeait. Les prêtres offraient le sang et le répandaient autour de l'autel; puis on dépouillait la victime et on la coupait par morceaux. Les prêtres dressaient un bûcher sur l'autel, disposaient dessus les pièces de la victime, la tête et la graisse, et y mettaient le feu; ils lavaient ensuite les entrailles et les jambes et les jetaient dans le feu, où le tout était ainsi consumé à l'exception de la peau. — Dans l'holocauste de menu bétail, l'offrande consistait en brebis et en chevreaux, qui devaient être mâles, et le sacrifice s'accomplissait avec les

mêmes rites que pour un veau ou un bœuf.— Lorsque le fidèle ne pouvait sacrifier que des volailles, comme des tourterelles ou des pigeonneaux, le prêtre les offrait sur l'autel, leur rompait le cou, en versait le sang sur un des côtés de l'autel, ôtait les plumes et le jabot, fendait l'animal entre les ailes, sans toutefois le séparer, et le faisait consumer sur l'autel.

L'holocauste était, par le fait même, une reconnaissance authentique du souverain domaine de Dieu sur l'homme et sur toutes les créatures. Celui qui l'offrait protestait par là même qu'il appartenait totalement à Dieu, et l'holocauste n'était, pour ainsi dire, que la figure de l'offrande de lui-même qu'il devait au Tout-Puissant.

2. Les Grecs avaient aussi leurs holocaustes. Dans les sacrifices faits aux dieux infernaux, on n'offrait que des holocaustes; on brûlait l'hostie tout entière et on la laissait consumer sur l'autel, sans que personne pût manger de ces viandes immolées pour les morts; le motif de s'en abstenir n'était donc pas le même que chez les Hébreux. Les anciens, selon Hésiode et Hygin, faisaient de grandes cérémonies aux sacrifices, consumaient les victimes entières dans le feu. Mais la dépense était trop grande pour que les pauvres pussent faire de semblables sacrifices; c'est pour cela que Prométhée, que la puissance de son génie a fait passer pour avoir dérobé le feu du ciel, obtint de Jupiter qu'il fût permis de jeter seulement une partie de la victime dans le feu, et de se nourrir de l'autre. Afin de donner lui-même l'exemple et d'établir une coutume pour les sacrifices, il immola deux taureaux et jeta leur foie dans le feu. Il sépara d'abord la chair d'avec les os, fit deux monceaux et les couvrit si habilement de l'une des peaux, qu'ils paraissaient être deux taureaux. Il donna ensuite à Jupiter le choix des deux. Le dieu, trompé par Prométhée, croyant prendre un taureau pour sa part, ne prit que les os; et, depuis ce temps, la chair des victimes fut toujours mise à part pour nourrir ceux qui sacrifiaient; les os, qui étaient la part des dieux, étaient consumés sur l'autel. Cette fiction, malgré sa bizarrerie, démontre qu'au moins en quelques contrées on a autrefois brûlé des victimes tout entières.

HOM, ou HOMA, ancien législateur des Parsis; il est regardé comme un Ized ou divinité secondaire, et comme le fondateur du magisme; son nom rappelle le trigramme sacré des brahmanes, *Aum*, et le Soma, le plus ancien sacrifice indien, mentionné dans les Védas. On lui avait surnommé *Zaéré*, couleur d'or, et cette épithète l'a fait confondre avec Zoroastre, de beaucoup postérieur à lui, et que les livres Zends appellent *Zéréthoschtro*. C'est lui qui a secondé l'ized Taschter, dans la distribution de la pluie; il préside à l'arbre *Homa*, auquel on attribue la vertu de conférer l'immortalité, et avec lequel il est souvent identifié. Il est saint; son œil d'or est perçant; il habite le mont Albordj, bénit les eaux et les troupeaux, instruit ceux qui font le bien: son palais a cent colonnes. Il a publié la loi sur les montagnes, apporté du ciel la ceinture et la chemise de ses fidèles, et il lit sans cesse l'Avesta; c'est lui qui a écrasé le serpent à deux pieds, et créé l'oiseau qui ramasse les graines qui tombent de l'arbre Homa, et les répand sur la terre. On lui adresse des prières, et on bénit, à son intention, la tête, l'oreille gauche ou l'œil gauche des animaux. C'est lui, dit-on, qui a instruit Zoroastre et lui a communiqué miraculeusement sa doctrine.

Nous regrettons que M. Bournouf n'ait pas encore tenu la promesse qu'il a faite, de donner le résumé mythologique destiné à faire suite à ses études sur les textes zends, qui ont trait à Homa, et à mettre en lumière le rôle de cette divinité. En attendant, nous allons reproduire ici quelques passages du Vendidad-Sadé, propres à faire juger du caractère de cet ized. Nous nous servirons de la version de M. Burnouf, en conservant cependant les noms mythologiques d'Anquetil.

« Au moment de la journée nommée Havan, Homa vint trouver Zoroastre, qui nettoyait le feu et qui chantait des hymnes. Zoroastre lui demanda: Quel homme es-tu, toi qui, dans le monde existant, apparais à ma vue comme le plus parfait avec ton corps beau et immortel? — Alors Homa le saint, qui éloigne la mort, me répondit: Je suis, ô Zoroastre, Homa le saint, qui éloigne la mort. Invoque-moi, ô saîpetman! extrais-moi pour me manger; loue-moi pour me célébrer, afin que d'autres, qui désirent leur bien, me louent à leur tour.

« Alors Zoroastre dit: Adoration à Homa! Quel est, Homa, le mortel qui, le premier dans le monde existant, t'a extrait pour le sacrifice? Quelle sainteté a-t-il acquise? Quel avantage lui en est-il revenu? — Alors Homa le saint, qui éloigne la mort, me répondit: Vivengham est le premier mortel qui, dans le monde existant, m'a extrait pour le sacrifice. Il a acquis cette sainteté, cet avantage lui en est revenu, qu'il lui est né pour fils Djemschid le brillant, le chef des peuples, le plus resplendissant des hommes nés pour voir le soleil; car il a, sous son règne, affranchi de la mort les mâles des troupeaux, de la sécheresse les eaux et les arbres, et il a rendu inépuisables les aliments dont on se nourrit. Pendant le glorieux règne de Djemschid, il n'y eut ni froids ni chaleurs excessifs, ni vieillesse, ni mort, ni envie produite par les Dews. Les pères et les fils avaient également tous la taille d'hommes de quinze ans, tant que régna Djemschid, le chef des peuples, fils de Vivengham.

« Quel est, Homa, le mortel qui, le second dans le monde existant, t'a extrait pour le sacrifice? Quelle sainteté a-t-il acquise? Quel avantage lui en est-il revenu? — Alors Homa le saint, qui éloigne la mort; me répondit: Athvian est le second mortel qui, dans le monde existant, m'a extrait pour le sacrifice. Il a acquis cette sainteté, cet avantage lui en est revenu, qu'il lui est né pour fils

Féridoun, ce guerrier issu d'une famille brave, qui a tué Zohak, le serpent homicide aux trois gueules, aux trois têtes, aux six yeux, aux mille forces, les Dews, le Daroudj qui détruit la pureté ; le Darvand qui ravage les mondes, et qu'Ahriman a créé le plus ennemi de la pureté, dans le monde existant, pour l'anéantissement de la pureté des mondes.

« Quel est, Homa, le mortel qui, le troisième dans le monde existant, t'a préparé pour le sacrifice? Quelle sainteté a-t-il acquise? Quel avantage lui en est-il revenu ? — Alors Homa le saint, qui éloigne la mort, me répondit : Sam le bienfaisant est le troisième mortel qui, dans le monde existant, m'ait préparé pour le sacrifice. Il a acquis cette sainteté, cet avantage lui en est revenu, qu'il lui est né deux fils, Ourwakhsch et Guerschasp ; le premier, religieux, qui fit régner la justice; le second, haut de taille, actif et armé de la massue à tête de bœuf. C'est lui qui tua le serpent agile qui dévorait les chevaux et les hommes, ce serpent venimeux et vert, sur le corps duquel ruisselait un vert poison de l'épaisseur du pouce. Guerschasp fit chauffer au-dessus de lui de l'eau dans un vase d'airain, jusqu'au Gah Rapitan (à midi) ; et le monstre homicide sentit la chaleur et il siffla. Le vase d'airain, tombant en avant, répandit l'eau qu'il contenait ; le serpent effrayé s'enfuit, et Guerschasp, au cœur d'homme, recula.

« Quel est, Homa, le mortel qui, le quatrième dans le monde existant, t'a extrait pour le sacrifice ? Quelle sainteté a-t-il acquise? Quel avantage lui en est-il revenu ? — Alors Homa, le pur, qui éloigne la mort, me répondit : Poroschasp est le quatrième mortel qui, dans le monde existant, m'a extrait pour le sacrifice. Il a acquis cette sainteté, cet avantage lui en est revenu, que tu es né son fils, toi, Zoroastre, le juste, dans la demeure de Poroschasp, toi, l'ennemi des Dews, l'adorateur d'Ormuzd, toi qui es célèbre dans l'Iran, ta patrie. C'est toi, ô Zoroastre, qui, le premier, as prononcé la prière nommée *Honover*, cette prière retentissante qui se fit entendre ensuite avec un bruit plus énergique. C'est toi, ô Zoroastre, qui as forcé tous les Dews à se cacher sous terre, ces Dews qui, auparavant, couraient sur cette terre sous la figure d'hommes ; car tu as été le plus vigoureux, le plus ferme, le plus actif, le plus rapide et le plus victorieux d'entre les créations de l'être intelligent.

« Alors Zoroastre dit : Adoration à Homa ! Homa, le bon, a été bien créé ; il a été créé juste, créé bon ; il donne la santé ; il a un beau corps ; il fait le bien ; il est victorieux, de couleur d'or ; ses branches sont inclinées pour qu'on le mange ; il est excellent, et il est pour l'âme la voie la plus céleste. O toi, qui es de couleur d'or, je te demande la prudence, l'énergie, la victoire, la beauté, la santé, le bien-être, la croissance, la force qui pénètre tout le corps, la grandeur qui se répand sur toute la forme. Je te demande de marcher, roi souverain, sur les mondes, triomphant de la haine, frappant le Daroudj. Je te demande de triompher de la haine de tous ceux qui en ont ; de la haine des Dews et des hommes, des démons et des Péris, des êtres pervers, aveugles et sourds, et des meurtriers à deux pieds, et des êtres hypocrites, et des loups à quatre pattes, et de l'armée aux larges bataillons, qui court, qui vole. La première grâce que je demande, Homa, qui éloignes la mort, c'est d'obtenir la demeure excellente des saints, lumineuse et abondante en tous biens ; la seconde, c'est la stabilité de ce corps ; la troisième, c'est une longue vie ; la quatrième, c'est de pouvoir, énergique et joyeux, parcourir la terre, anéantissant la haine, frappant le Daroudj ; la cinquième, c'est de pouvoir, vainqueur et frappant le méchant, marcher sur la terre, anéantissant la haine, frappant le Daroudj ; la sixième, c'est que nous puissions apercevoir les premiers le voleur, le meurtrier, le loup, qu'aucun d'eux ne nous voie le premier, et puissions-nous être les premiers à les voir tous ! — Homa donne aux cavaliers qui excitent leurs chevaux à la course, la force ainsi que la vigueur. Homa rend les femmes stériles mères de beaux enfants et d'une postérité pure. Homa donne à tous ceux qui lisent les Nasks (de l'Avesta) l'excellence et la grandeur. Homa donne à celles qui sont restées longtemps filles sans être mariées, un homme sincère et actif, lui qui fait le bien aussitôt qu'on l'implore. Homa a frappé le tyran cruel, celui qui s'est élevé avec le désir d'être roi, celui qui a dit : qu'après moi, l'Atharvan (le prêtre) ne parcoure pas les provinces, suivant son désir, pour les faire prospérer ; celui-là est capable de détruire toute prospérité, d'anéantir tout bonheur. — Gloire à toi, Homa, qui, par ta propre énergie, es un roi souverain. Gloire à toi ! Tu connais les nombreuses paroles dites avec vérité. Gloire à toi ! Tu ne sollicites pas à force de questions la parole dite avec vérité. C'est à toi que Mazda a présenté la première ceinture étincelante d'étoiles, fabriquée par l'être intelligent, qui est la bonne loi des adorateurs de Mazda. Alors tu l'as revêtue sur le sommet des montagnes, prononçant et chantant la parole sacrée, pour la répandre au loin. Homa, chef des maisons, des villages, des villes, des provinces, Homa, chef par la perfection de la science, je t'invoque, et pour la grandeur et pour la victoire, en faveur de mon corps, et pour une nourriture abondante en aliments. Eloigne-nous des haines de ceux qui haïssent ; enlève le cœur à ceux qui empoisonnent. S'il existe dans ce lieu, dans cette maison, dans ce village, dans cette province, un homme qui soit nuisible, ôte-lui la force de marcher ; offusque-lui l'intelligence ; brise-lui le cœur en lui disant : ne prévaux pas par les pieds, ne prévaux pas par les mains. »

HOMA, sacrifice que font les Hindous en l'honneur du feu ; ils jettent dans un brasier du beurre clarifié et d'autres offrandes, en accompagnant cet acte de prières et d'invocations relatives à l'objet du sacrifice. Le système Mimansa distingue quatre sortes de Homa : l'oblation simple, l'immolation d'une victime, la présentation du jus exprimé de la plante *sôma*, et l'offrande jetée dans le feu, à l'intention de se rendre une divinité propice. On offre le Homa en différentes circonstances importantes, entre autres à la célébration des mariages, et le douzième jour après les couches d'une femme. Il n'y a que douze espèces de bois qui puissent servir à entretenir le feu du Homa; Sonnerat dit que ce sacrifice, pour être bien fait, doit consumer 108 ou 1008 morceaux de bois. Dans les funérailles, ce feu est entretenu avec l'herbe darbha et de la fiente de vache séchée et pulvérisée.

HOMAGYRIEN, (du grec ὁμοῦ, ensemble, et ἀγυρεῖν, rassembler); surnom de Jupiter, honoré à Egium, où son temple s'élevait sur le bord de la mer. Ce surnom vient de ce qu'Agamemnon avait rassemblé en ce lieu les troupes qui allèrent au siége de Troie.

HOMEIRIS, sectaires musulmans, disciples d'Hassan, fils d'Ali Homéiri, scheikh qui, après avoir prêché en Perse et en Syrie en faveur des Fatimites d'Egypte contre la dynastie des Abassides de Bagdad, finit par débiter de faux commentaires sur le Coran, et par élever, l'an 483 de l'hégire (1090 de Jésus-Christ), une nouvelle secte qui le mit bientôt en possession de presque toute la province du Kohistan. Ses sectateurs, appelés de son nom *Homéiris*, portèrent encore celui de *Fédayis* ou dévoués, à cause de l'enthousiasme avec lequel ils exposaient leur vie en marchant sous ses drapeaux. Ses descendants, enflés de leurs succès, prirent le titre d'Imams, et résistèrent pendant un siècle et demi à toutes les armes des khalifes et des princes circonvoisins.

HOMÉLIE, ou, comme on disait autrefois, *Homilie*, ce qui est plus conforme à l'étymologie du mot, ὁμιλία, qui signifie *entretien*, *conférence*. On a donné ce nom aux instructions familières que les prélats faisaient au peuple dans leurs églises, pendant les cinq premiers siècles du christianisme. Il y a, selon Photius, cette différence entre l'homélie et le sermon, que la première était une espèce de conférence qui se faisait familièrement, et pendant laquelle le prélat interrogeait les assistants, et répondait à son tour aux questions que ceux-ci lui adressaient, tandis que le sermon est un discours oratoire, travaillé avec soin, et prononcé en chaire sans aucune interruption.

Maintenant on entend par homélie un discours qui contient une glose ou une explication de l'Évangile tout entier, qu'on a lu auparavant; tandis que le sermon est le développement oratoire d'un seul texte, d'un seul passage, souvent fort court, ou même d'une seule pensée.

HOMÈRE. « La vénération des hommes pour ce grand poëte, dit Noël dans son *Dictionnaire*, ne se borna pas à l'estime qu'on eut pour lui, et aux éloges qu'on fit de ses ouvrages, elle alla jusqu'à lui élever des temples. Ptolémée Philopator, roi d'Egypte, lui en érigea un très magnifique, dans lequel il plaça la statue d'Homère; et, tout autour de cette statue, il mit les plans des villes qui se disputaient l'honneur de l'avoir vu naître. Ceux de Smyrne firent bâtir un grand portique de figure carrée, et au bout un temple à Homère avec sa statue. A Chio, on célébrait, tous les cinq ans, des jeux en l'honneur de ce poëte, et on frappait des médailles pour conserver la mémoire de ces jeux. On faisait la même chose à Amastris, ville du Pont. Les Argiens, quand ils sacrifiaient, invitaient à leurs festins Apollon et Homère. Ils lui firent même des sacrifices particuliers, et lui érigèrent dans leur ville une statue de bronze. Ces honneurs rendus à Homère donnèrent à un ancien sculpteur de pierre, appelé Archélaüs, l'idée de faire en marbre l'apothéose de ce poëte. On voit Homère assis sur un siége, accompagné d'un marchepied; car c'était le siége qu'on donnait aux dieux, comme on le voit dans l'Iliade, où Junon promet au Soleil un trône d'or, qui sera accompagné d'un marchepied. Le poëte a le front ceint d'un bandeau, marque de la divinité, comme étant roi ou dieu des poëtes; aux deux côtés de sa chaise sont deux figures à genoux, qui représentent l'Iliade et l'Odyssée. Le poëte y est précédé d'Apollon et des neuf Muses, pour indiquer que c'est par la route des Muses qu'Homère est arrivé à l'immortalité. »

HOMMA, déesse de la mythologie scandinave; elle arrête le sang qui coule des blessures reçues dans les combats.

HOMME. La foi et la tradition universelle nous apprennent que l'homme a été créé de Dieu, et doué, au moment de sa naissance, de la raison et de la parole, attributs d'un avantage immense, et qui, de prime abord, mettent entre l'homme et la brute une énorme différence. En vain quelques matérialistes ont-ils voulu faire ressortir les analogies qui existent entre l'homme et les animaux, et qui deviennent plus frappantes à mesure qu'on parcourt l'échelle ascendante des corps organisés; en vain se sont-ils efforcés de constater la similitude presque identique du corps humain avec celui des mammifères et surtout des singes, la raison et la parole suffisent pour faire de l'homme un être tout à fait à part; nous dirons toujours: le corps n'est rien, et l'homme pourrait avoir absolument la même forme, la même organisation qu'un loup, un oiseau ou un saurien, sans pour cela en être moins homme. C'est pourquoi, si nous parcourons toutes les cosmogonies de l'ancien monde et du nouveau, nous verrons partout le dogme de l'origine divine de l'homme, établi, reconnu, professé et célébré. C'est une de ces vérités qui ont survécu au naufrage de tant d'autres dogmes également révélés. On nous citera peut-être quelques poëtes ou philosophes grecs et latins, qui font allusion à l'époque où l'homme passa, par les seules forces de sa nature, de l'état de brute à celui d'être parlant et raisonnable ; mais un système philosophique est loin d'être un dogme ; et ceux qui ont voulu soutenir cette théorie n'en ont pas moins été condamnés par les traditions et l'enseignement de leur propre pays ; il n'en est pas moins vrai que l'homme, supposé à l'état de brute, ne saurait inventer la parole sans avoir auparavant la faculté de raisonner ; que, d'un autre côté, il ne peut avoir cette faculté sans la parole ; qu'il faut en conséquence que l'une et l'autre lui soient données, ou par une révélation directe, ou par la société qui en est l'organe. Quelques individus, trouvés accidentellement à l'état de brute, ont pleinement confirmé cette vérité ; plusieurs étaient parvenus à l'âge adulte, et aucun n'avait, pas plus que les animaux, la faculté de raisonner et de se faire comprendre. *Voyez* COSMOGONIE, au Supplément.

Une autre question agitée par les philosophes et les naturalistes est l'unité d'origine de l'espèce humaine. Les livres saints, d'accord en cela encore avec la plupart des autres cosmogonies, font remonter l'universalité des hommes à un seul couple ; mais des savants modernes se sont hardiment prononcés pour la pluralité, sans pour cela s'entendre entre eux ; car les uns admettent deux souches différentes (les blancs et les noirs) ; d'autres en demandent une troisième pour l'Amérique, d'autres une quatrième pour la Malaisie et la Polynésie ; d'autres, pour satisfaire à toutes les exigences, en réclament une cinquième, une dixième, une quatorzième. Mais ces systèmes, émis par des naturalistes superficiels et passionnés, sont forcés de céder devant la science et une étude faite sans prévention ; ils sont en désaccord avec les recherches profondes des maîtres de la science, tels que les Buffon, les Cuvier, les Blumenbach, les Lacépède, les Virey, etc.

Nous ne nions pas qu'il y ait dans la race humaine des types qui se reproduisent plus fréquemment dans la même contrée, et qui ont leur cause dans la nature du sol, l'influence de l'air, la différence de nourriture, les habitudes locales, etc., etc. Mais cette variété de types ne constitue pas un ordre à part. Les individus appartenant aux races mongole, malaie, éthiopienne, américaine, ont le même nombre d'os, de vertèbres, de dents, de muscles, la même organisation physique que ceux qui font partie de la race caucasique. N'est-il pas vrai que l'on peut trouver en France, à Paris même, des individus et même des familles qui, par les traits de la figure, la capacité du crâne, la conformation extérieure, diffèrent plus de leurs compatriotes que les Malais, les Australiens ou les Hottentots ?

Quant aux nègres, Buffon dit expressément : « La différence des nègres d'avec les blancs serait une forte preuve d'une différence d'origine entre les uns et les autres, si, présentement, on n'était pas assuré que les blancs peuvent devenir noirs, et les noirs devenir blancs, et si l'on ne connaissait pas les causes de la noirceur d'une partie des habitants de la terre. » Cuvier dit de même : « On a remarqué que les propriétés les plus variables dans les corps organisés sont la *grandeur* et la *couleur*. La première dépend surtout de l'abondance de la nourriture ; la seconde de l'influence de la lumière, et de plusieurs autres causes si cachées, qu'elle paraît souvent varier par pur hasard. » On sait en outre que les descendants des nègres finissent par devenir blancs dans nos climats, tandis que les descendants des Portugais établis il y a trois siècles sur les côtes de l'Afrique et dans l'Inde, sont devenus noirs ou basanés comme les indigènes.

Les habitants de l'Amérique ne sauraient soulever de difficultés : on supposait déjà autrefois que cette contrée avait pu être peuplée par des émigrations de l'ancien continent ; cette supposition s'est changée en preuve. On a trouvé entre certaines tribus de l'Amérique et des hordes de la haute Asie similitude de physionomie, d'usages singuliers, de coutumes extraordinaires, d'objets religieux, de sculptures, de calendrier, et même affinité d'idiomes. Il en est de même des myriades d'îles du grand Océan, à travers lesquelles on peut suivre, à l'aide de la langue, les migrations successives des tribus sorties originairement de la Malaisie asiatique.

HOMME-DIEU, nom que les catholiques et les trinitaires donnent fréquemment à Jésus-Christ, parce qu'il réunit dans sa personne la nature divine et la nature humaine. Comme Dieu, sa nature divine est *identique* ou *consubstantielle* à celle de Dieu le Père ; comme homme, sa nature humaine est *semblable* à celle du reste des hommes.

HOMOGYRE, cultivateur de l'Argolide, qui, dit-on, inventa l'art d'atteler les bœufs à la charrue. Il fut un jour frappé de la foudre, ce qui fit croire qu'il avait été mis au rang des dieux. On lui rendit en conséquence les honneurs divins.

HOMOLÉES, ou OMOLÉES, fêtes célébrées en Béotie, en l'honneur de Jupiter, sur le mont Homole ou Omole, ancienne demeure des Centaures.

HOMOPATORIES, fête ou assemblée chez les Athéniens ; les pères dont les enfants devaient être reçus dans les curies se rassemblaient ce jour-là.

HOMOPHORION, terme grec qui pourrait être traduit par scapulaire ; c'était un ornement que les empereurs du IVe siècle donnèrent aux prélats comme marque d'honneur ; c'est ce que nous appelons aujourd'hui le *pallium*. L'Homophorion était une espèce de manteau impérial qui ressemblait assez à nos chapes. Depuis, ce ne fut qu'une espèce d'étole qui pendait par devant et par derrière, chargée de quatre croix d'écarlate disposées sur les quatre côtés du pallium. Comme cet honneur était une pure grâce des empereurs, on ne donnait point le pallium sans leur permission.

HOMORIOS, surnom grec de Jupiter. C'était le même que Jupiter Terminalis des Latins. Les uns et les autres adoraient ce dieu sous la forme d'une pierre. C'était par elle que se faisaient les serments les plus solennels.

HOMUNCIONITES. Ce nom fut donné aux hérétiques sectateurs de Photin, qui enseignaient que Jésus-Christ n'était qu'un pur homme. — Suivant le P. Sirmond, les Homuncionites soutenaient que l'image de Dieu était imprimée, non dans l'âme de l'homme, mais sur son corps.

HONGAS, déesse de la mythologie finnoise; elle veille sur l'ours et l'empêche d'attaquer les troupeaux.

HONGATAR, nymphe illustre des bois, dans la mythologie finnoise; elle est la patronne des pins, l'épouse d'Hongonen, la mère et la nourrice de l'ours, animal qui est l'objet d'une sorte de culte.

HONGONEN, dieu des Finnois, époux d'Hongatar, et père de l'ours. Il habite, ainsi que son épouse, l'épaisse forêt de Romentola.

HONORINUS, dieu des Romains, auquel sacrifiaient les femmes dont les maris s'étaient mis en voyage, afin que ceux-ci reçussent un accueil honorable des étrangers dont ils devaient parcourir le pays.

HONOUET, un des cinq gâhs, ou génies personnifiés qui président aux cinq jours épagomènes. *Voyez* GAHS. Honouet est le génie vénéré le premier de ces cinq jours.

HONOVER, prière célèbre parmi les Parsis, qui soutiennent qu'elle a été révélée par Ormuzd à l'origine des temps; elle naquit de cette divinité avant tous les êtres, et c'est au moyen de cette parole qu'Ormuzd a fabriqué l'univers. Elle n'est autre chose que le résumé des droits et des devoirs. Le mot Honover correspond en quelque sorte au Jéhova biblique, ou plutôt à cette définition que Dieu a donnée de lui-même, *Ego sum qui sum*; car il paraît venir du zend *Enohe-verihe*, c'est-à-dire : *Je suis*. Le Vendidad-Sadé dit que c'est par le moyen de cette parole que Zoroastre a contraint les Dews à abandonner l'empire du monde, et à se cacher sous la terre.

HOOFIENS. Jacques-Otton Hoof, ministre à Sveuljonga, est cité comme fondateur de la société des *Lecteurs*, dans la Suède occidentale. Depuis la fin de l'année 1808, la doctrine de la croix était l'objet sur lequel il insistait le plus dans ses sermons qui lui attiraient un nombreux auditoire. Ses talents, comme prédicateur, rehaussés par l'éclat d'une vie intègre, lui gagnèrent une foule de sectateurs, qu'on appela *Hoofiens*, du nom de leur chef, et plus souvent *Éveillés*, parce qu'ils prétendaient avoir secoué la funeste léthargie dans laquelle leur âme était plongée. Ils s'occupaient beaucoup de la lecture de la Bible, à laquelle ils ajoutaient les sermons de Luther, de Nohrborg, de Muhrbeck, de Pontoppidam, et l'ouvrage intitulé *Le Chantre de Sion*. Leur société s'est répandue dans plus de cent paroisses de Westgothland, de Halland et sur les frontières de Smaland. En été, ils se réunissent dans les forêts pour chanter les louanges de Dieu, et lui rendre des actions de grâces. Ils paraissent être les plus pieux des protestants de la Suède, et leurs adversaires les plus déclarés ont toujours rendu hommage à la pureté de leurs mœurs. On a porté plusieurs accusations contre Hoof, à cause de sa doctrine; on l'attaqua entre autres, en 1818 et 1819; mais il fut toujours acquitté par jugement du consistoire. Les Hoofiens sont une espèce de piétistes.

HO-PAMÉ. A l'occident de ce monde, il y a, suivant les Tibétains, un autre monde qui est éternel, sans commencement et sans fin; c'est là qu'est le paradis où règne le dieu *Ho-pamé*, dont le nom signifie *splendeur infinie*. Il a au-dessous de lui une multitude de disciples, appelés *Tchang-tchoub*, ce sont les âmes de ceux qui ont atteint le plus haut degré de perfection; Ho-pamé leur enseigne la loi. Ce dieu avait, dit-on, deux têtes, mais il en a donné une à *Djian-rai-zigh*; voici en quelle occasion : celui-ci, dans une de ses profondes méditations sur le monde, voyant les hommes s'égarer loin du sentier de la sainteté, en conçut une si grande tristesse et un tel désespoir, qu'il alla donner de la tête contre un mur, et se la brisa en onze morceaux. Ho-pamé accourut du plus haut des cieux, ramassa toutes ces parties et en forma autant de têtes à Djian-rai-zigh. Non content d'avoir si largement réparé le dommage, il plaça encore une de ses propres têtes sur toutes les autres comme pour couronner son œuvre merveilleuse. Cette dernière est rayonnante, a le visage rouge, une chevelure bleue et bouclée. Du milieu du front sort une boucle longue et blanche; et, du sommet de la tête, une tumeur comme un petit globe de chair, surmontée d'une petite pierre tirant sur l'or et d'un grand éclat. Le front est ceint d'une couronne d'or, sur laquelle sont gravées des fleurs, et elle est enrichie de pierres précieuses très-brillantes. Quand on représente Ho-pamé seul, on lui donne la tête que nous venons de dépeindre; de plus il soutient des deux mains un globe surmonté d'un autre plus petit.

HOPITAL, maison de charité, fondée pour loger, nourrir et soulager les pauvres. — 1. L'initiative de ces établissements si utiles à l'humanité souffrante est due à l'Église chrétienne. Dès les premiers siècles du christianisme, lorsque l'Église fut délivrée des persécutions, on bâtit diverses maisons de charité, que nous appellerions maintenant *hôpitaux*; mais on les distinguait en grec par différents noms, suivant le genre de personnes auxquelles ils étaient destinés. La maison où l'on nourrissait les petits enfants à la mamelle, exposés ou autres, s'appelait *Brephotrophium*; celle des orphelins, *Orphanotrophium*. *Nosocomium* était l'hôpital des malades ; *Xenodochium*, le logement des étrangers et des passants, que l'on appelle proprement en français *hôpital* ou maison d'hospitalité. *Gerontocomium* était la retraite des vieillards ; *Stochotrophium* était un hôpital général pour toutes sortes de pauvres. Il y avait de ces maisons de charité dès avant qu'on leur eût donné ces noms ; et on en établit bientôt dans toutes les grandes villes. C'était pour l'ordinaire un prêtre qui en avait l'intendance, comme à Alexandrie, saint Isidore, sous le patriarche Théophile ; à Constantinople, saint Zotique, et ensuite saint Samson. Il y avait des particuliers qui entreprenaient de construire des hôpitaux à leurs dépens, comme saint Pammachius à Porto, et saint Callican à Ostie. Ce dernier avait été patrice et consul ; et c'était, dit Fleury, une merveille qui attirait des spectateurs de toutes parts, de voir un homme de ce rang, qui avait eu les ornements du triomphe et l'amitié de l'empereur Constantin, de le voir, dis-je, laver les pieds des pauvres, les servir à table, et donner aux malades toutes sortes de soulagements.

2. Les musulmans ont emprunté au christianisme les actes de bienfaisance dont ils se glorifient. Des personnes riches et pieuses consacrent des sommes considérables à faire construire, soit pendant leur vie, soit après leur mort des hôtelleries et des hôpitaux. Les enfants des écoles et les étudiants des collèges vont prendre leur nourriture dans les premières ; on y fait aussi des distributions de vivres à des malheureux, auxquels on donne du pain, et deux plats chauds en viande de mouton et en légumes. On joint encore à ces aliments une libéralité de trois, quatre, cinq et même jusqu'à dix aspres par tête chaque jour (1). Il y a en outre des hôpitaux, surtout dans les grandes villes. Les hôpitaux ordinaires reçoivent environ 150 malades ; les autres jusqu'à 300 ; dans quelques-uns on admet indistinctement les mahométans et les chrétiens. Mais ces établissements sont loin d'être établis sur le pied de ceux que l'on voit en Europe. Ils ne sont que des asiles très-imparfaits pour les personnes qui gémissent sous le poids de la misère et des infirmités. De larges sofas, qui garnissent le pourtour des chambres et des salles, leur servent de lits. La nourriture est la partie la mieux soignée. De nombreux domestiques servent ces malheureux ; mais on y néglige les secours de la médecine. Dans les hospices où l'on reçoit aussi les femmes, elles sont absolument séparées des hommes, et toujours soignées par des personnes de leur sexe.

3. Aux environs de Surate, on voit, disent les anciens voyageurs, un grand hôpital pour les animaux estropiés, malades ou usés par la fatigue. La charité va plus loin encore : près de cet établissement on en voit un autre pour les puces, pour les punaises, etc. Afin de nourrir ces insectes de la manière qui leur convient, on loue de temps en temps un pauvre homme, qui s'engage à passer la nuit sur un lit, dans le lieu de retraite destiné à cette vermine ; et l'on a la précaution d'attacher le patient, de peur que la douleur des piqûres ne l'oblige à se retirer avant le jour. Au moyen de cette précaution, ces insectes se nourrissent tout à leur aise de son sang. Un autre voyageur rapporte que les Banians se sentant dévorer de la vermine, et n'osant pas la détruire, envoient appeler sans façon un de leurs Djoguis, qui se charge de la nourrir à ses dépens, et lui assigne de quoi vivre sur sa tête et sur les autres parties de son corps. Nous laissons ces assertions sur le compte d'Ovington et de Purchas ; nous ne les avons vues répétées par aucun des écrivains modernes.

HOPKINSIENS, branche des *Nécessariens*, qui prétendent que les êtres moraux agissent par une nécessité soit physique, soit morale. Ce système, développé par Jonathan Edwards (*Voyez* NÉCESSARIENS), a été modifié par Samuel Hopkins, né en 1724, à Waterbury, en Connecticut, mort en 1803, pasteur de la première église congrégationaliste de Newport, et qui est devenu le père d'une secte à laquelle il a donné son nom. D'après lui, toute vertu, toute sainteté consiste dans l'amour désintéressé. Cet amour a pour objet Dieu et les créatures intelligentes ; car on doit rechercher et procurer le bien de celles-ci autant qu'il est conforme au bien général, qui fait partie de la gloire de Dieu, de la perfection et du bonheur de son royaume. La loi divine est la règle de toute vertu, de toute sainteté ; elle consiste à aimer Dieu, le prochain et nous-même. Tout ce qui est bon se réduit à cela, tout ce qui est mauvais se réduit à l'amour-propre qui a *soi-même* pour dernière fin ; c'est une inimitié dirigée contre Dieu. De cet amour désordonné et de ce qui le flatte, naissent, comme de leur source, l'aveuglement spirituel, l'idolâtrie, les hérésies. Selon Hopkins, l'introduction du péché dans le monde aboutit au bien général, attendu qu'il sert à faire éclater la sagesse de Dieu, sa sainteté et sa miséricorde. Dieu avait coordonné le monde moral sur ce plan : que si le premier homme était fidèle, sa postérité serait sainte ; que s'il péchait, elle deviendrait coupable. Il pécha, et fut par là, non la cause, mais l'occasion pour nous d'imiter sa chute : son péché ne nous est pas transféré. De même la justice de Jésus-Christ ne nous est pas transférée, sinon nous l'égalerions en sainteté ; mais nous obtenons le pardon par l'application de ses mérites. Le repentir, qui précède la foi en Jésus-Christ, peut exister sans la foi, mais celle-ci suppose le repentir, selon les paroles de l'Ecriture : *Faites pénitence, et croyez à l'Evangile.*

La nécessité des philosophes est à peu près identique à la prédestination des calvinistes. Entre ceux-ci et les Hopkinsiens, la différence, dit un écrivain, est comme entre la tige d'un arbre et ses branches, ou entre le principe et ses conséquences. Les Hopkin-

---

(1) Il faut 120 aspres pour faire une piastre, qui équivaut à 2 francs.

siens rejettent l'imputation, et sur cet article ils diffèrent des calvinistes; mais comme eux ils maintiennent la doctrine de la prédestination absolue, l'influence de l'esprit de Dieu pour nous régénérer, la justification par la foi, l'accord de la liberté et de l'inévitable nécessité.

HOPLOSMIA (du grec ὅπλον, arme), surnom que les habitants d'Elis donnaient à Pallas, armée de pied en cap.

HOR, divinité des Egyptiens. *Voy.* Horus.

HORA. 1. Fille d'Uranus; ce prince céleste voulant se défaire de Chronos, son fils, lui envoya Astarté, Rhéa et Dioné, ses filles, afin qu'elles le fissent périr par quelque artifice; mais Chronos les retint prisonnières et en fit ses femmes. A cette nouvelle, Uranus détacha contre lui Eimarméné et Hora avec une armée; mais Chronos gagna l'affection de celles-ci, et les garda auprès de lui.

2. Hora est le nom d'une déesse de la beauté, mentionnée dans Ennius.

3. C'est encore le nom de la déesse de la jeunesse, appelée aussi Horta. *Voy.* ce mot.

4. *Voy.* Heures.

HORACANG, clocher des Talapoins de Siam; c'est une tour de bois qui contient une cloche sans battant de fer, et sur laquelle on frappe avec un marteau de bois.

HORAGALLÈS, appelé aussi *Horangallès*, *Horanorias*, *Horesgudsk* et *Atziégadzé*; dieu des Lapons, qui appartient à la troisième classe de divinités, c'est-à-dire à celles qui habitent sous le ciel dans les différentes régions de l'air. C'était un des dieux les plus anciens et les plus honorés des Lapons. Il est représenté sur le tambour magique par un double marteau. Tous ses noms, que nous avons rapportés, signifient, selon Jessens, une seule et même chose, c'est-à-dire le serviteur de la toute-puissance du père. Horagallès était aussi considéré comme l'image de Thor, le dieu créateur.

HORCHIA, déesse adorée autrefois dans l'Etrurie.

HORCIUS, c'est-à-dire dieu par lequel on jure, ou qu'on atteste dans les serments; c'est un surnom de Jupiter. — Le Jupiter placé dans le lieu où s'assemble le sénat d'Athènes, dit Pausanias, est, de toutes les statues de ce dieu, celle qui inspire aux parjures une plus grande terreur: on l'appelle Jupiter Horcius, parce qu'il préside aux serments. Il tient de chaque main un foudre; c'est devant lui que les athlètes, avec leurs pères, leurs frères, et les maîtres du gymnase, jurent sur les membres découpés d'un sanglier immolé, qu'ils n'useront d'aucune supercherie dans la célébration des jeux Olympiques. Les athlètes jurent aussi qu'ils ont employé dix mois entiers à s'exercer aux jeux dans lesquels ils doivent disputer la palme. Ceux qui président au choix des jeunes garçons et des jeunes chevaux, jurent encore qu'ils ont porté leur jugement selon l'équité, sans s'être laissé corrompre par des présents, et qu'ils garderont un secret inviolable sur ce qui les a obligés de choisir ou de rejeter tels ou tels.

HORDICALES, ou HORDICIES, fêtes qu'on célébrait à Rome, le 15 avril, en l'honneur de la Terre, à qui l'on sacrifiait trente vaches pleines pour célébrer sa fécondité. Une partie des victimes était immolée dans le temple de Jupiter Capitolin, et brûlée par la plus âgée des vestales. Ce sont les mêmes fêtes que les Fordicales. *Forda* ou *Horda* veut dire vache pleine.

HORÉES, sacrifices solennels, consistant en fruits de la terre que l'on offrait au commencement du printemps, de l'été et de l'hiver, les seules saisons reconnues par les anciens, afin d'obtenir des dieux une année douce et tempérée. Ces sacrifices étaient offerts aux Heures ou aux Saisons. *Voy.* Heures.

HORESGUDSK, divinité des Lapons. *Voyez* Horagallès.

HOREY, nom que les nègres de la Gambra donnent au démon; l'imposture des marabouts sait trouver le moyen d'en imposer au peuple, en apostant quelques-uns des leurs qui en jouent le rôle. C'est ainsi que les cérémonies de la circoncision ne manquent jamais d'être accompagnées des mugissements d'Horey; ce bruit ressemble au son le plus bas de la voix humaine. Il se fait entendre à quelque distance, et rien n'inspire autant de frayeur aux jeunes gens. Dès qu'il commence, les nègres préparent des aliments pour le diable, et les lui portent sous un arbre. Tout ce qu'on lui présente est dévoré sur-le-champ, sans qu'il en reste un os. Si la provision ne lui suffit pas, il trouve le moyen d'enlever quelque jeune homme qui n'a pas encore été circoncis; car il semble qu'il ne s'en prend jamais aux femmes, ni même aux jeunes filles. Les nègres prétendent qu'il garde sa proie dans son ventre jusqu'à ce qu'il ait reçu plus de nourriture et que plusieurs jeunes gens y ont passé jusqu'à dix ou douze jours. Après leur délivrance même, ces victimes demeurent muettes autant de jours qu'elles en ont passé dans le ventre du diable. Le capitaine Jobson, anglais, vit un exemple de cette prévention populaire dans une ville des Foulis. Un jeune nègre d'environ 15 ans était sorti, disait-on, du ventre de Horey, la nuit précédente. Il eut la curiosité de le voir; et tous ses efforts ne purent lui faire ouvrir la bouche pour parler, bien qu'il lui présentât le bout de son fusil, que les nègres appréhendaient beaucoup alors. Au bout de quelques jours, le même jeune homme parut librement au milieu des Anglais, et leur raconta des choses étranges, tirées apparemment de son imagination frappée. Enfin, tous les nègres parlent avec le dernier effroi de cet esprit malin; et l'on est surpris de la confiance avec laquelle ils assurent qu'ils ont été non-seulement enlevés, mais avalés par ce terrible monstre.

HORMÈ, c'est-à-dire *impétuosité*; les Grecs en avaient fait une déesse, invoquée par ceux qui mettaient de l'activité dans la conduite de leurs affaires. Pausanias nous apprend qu'elle avait un autel à Athènes.

HORMOS, une des danses principales des Lacédémoniens, dans laquelle de jeunes garçons et de jeunes filles, disposés alternativement, dansaient en rond, en se tenant tous par la main. Selon les traditions les plus anciennes, ces rondes ou danses circulaires avaient été instituées à l'imitation du mouvement des astres. Les chants qui accompagnaient ces danses étaient divisés en strophes et en antistrophes : pendant les strophes, on tournait d'orient en occident; et dans l'antistrophe, on prenait une direction opposée; la pause que faisait le chœur en s'arrêtant se nommait épode.

HORMUZD, nom du bon principe des Parsis; l'orthographe régulière est *Ormuzd*; en zend, *Ahura Mazdao*; en persépolitain, *Auramazda*; c'est-à-dire la grande lumière. Cependant on le trouve écrit *Hormuzd*, même chez les orientaux, sans doute pour reproduire l'aspiration qui se trouve en zend, à la seconde syllabe. Les Mongols ont encore renforcé la première syllabe en prononçant et écrivant le mot *Khourmouzda*; et ils ont fait du personnage qui porte ce nom le premier des trente-trois Tægris ou esprits célestes. *Voy.* AHURA MAZDA, ORMUZD.

HOROSCOPES. Étudier l'astronomie et prévoir les événements futurs, même les actions libres, par l'inspection des astres, était, chez les Egyptiens, la fonction des ministres nommés Horoscopes, dont les prophètes étaient distingués en ce qu'ils prédisaient moins l'avenir, qu'ils ne décidaient en dernier ressort du sens des prédictions et des oracles. Les Horoscopes étaient persuadés qu'on pouvait tirer des présages pour l'avenir, des actions, des mouvements, et, pour ainsi dire, des gestes des bœufs, des crocodiles, des ibis, des lions et de tous les animaux consacrés. Quand ils marchaient en pompe, ils portaient une horloge et un phénix, ou, selon d'autres, une palme.

Horoscope est encore le nom que l'on donne au thème astrologique tiré de la naissance de quelqu'un; c'est même la signification propre du mot, qui indique l'*inspection de la position relative des astres à l'heure* de la nativité.

HOROSCOPIE, art de prédire, par l'observation des astres et leur position respective dans le ciel, au moment de la naissance d'un individu, ce qui doit lui arriver dans le cours de la vie. Cette science absurde a été en grande estime dans les nations les plus civilisées, et est encore fort appréciée en Orient; il n'y a pas encore bien longtemps qu'on y ajoutait, dans toute l'Europe, une foi explicite.

HOROURIS, sectaires musulmans, appelés aussi *Mohakkims* et *Hakémis*; ils appartiennent à la branche des kharédjis; ils se séparèrent d'Ali, lorsqu'il eut cédé le khalifat à Moawia, en soutenant que le jugement de cette grande cause appartenait à Dieu et non aux hommes. Ils se retirèrent à Horoura, ce qui leur fit donner le nom d'*Horouris*. Al' en vint aux mains avec eux. *Voy.* HAKÉMIS.

HORTA, déesse de la jeunesse chez les anciens Romains, qui attribuaient à sa bénigne influence les mouvements secrets et les inspirations heureuses qui portaient les jeunes gens à faire le bien; c'est pourquoi on l'appelait aussi *Stimula*. Son temple n'était jamais fermé, pour exprimer le besoin continuel qu'on avait d'être porté au bien. Quelques-uns disent que cette déesse n'était autre qu'Hersilie, femme de Romulus, qu'après sa mort elle fut mise, ainsi que son mari, au rang des dieux, et invoquée sous le nom d'*Hora* ou *Horta*.

HORUS, ou HOR. Selon Champollion le jeune, « tous les dieux des Egyptiens ne sont que des formes et de pures abstractions d'Ammon, le grand être, point de départ et point de réunion de toutes les essences divines, et chacune de ces formes devient successivement actif et passif, principe fécond et principe générateur, de manière à former une suite non interrompue de triades qui descend des cieux, et se matérialise jusqu'aux incarnations humaines qui ont lieu sur la terre. « La dernière de ces incarnations, dit-il, est celle d'Horus, et cet anneau extrême de la chaîne divine forme, sous le nom d'*Horammon* l'oméga des dieux, dont *Ammon Horus* (l'esprit actif et générateur) est l'alpha. Le point de départ de la mythologie égyptienne est une triade formée des trois parties d'Amon-Ra, savoir : Amon (le mâle et le père), Mouth (la femelle et la mère) et Khons (le fils enfant). Cette triade, s'étant manifestée sur la terre, se résout en Osiris, Isis et Horus. Mais la parité n'est pas complète, puisqu'Osiris et Isis sont frères. C'est à Kalabscha que j'ai enfin trouvé la triade finale, celle dont les trois membres se fondent exactement dans trois membres de la triade initiale : Horus y porte en effet le titre de mari de la mère; il est le fils qu'il a eu de sa mère, et qui se nomme Malouli (le Mandouli dans les Proscynéma grecs). Ainsi la triade finale se formait d'Horus, de sa mère Isis et de leur fils Malouli, personnages qui rentrent exactement dans la triade initiale, Amon, sa mère Mouth, et leur fils Khons. »

Chacune de ces triades divines présidait à une région du ciel ou de la terre; et l'autorité comme le rang diminuaient à mesure que le dieu s'occupait plus directement des affaires terrestres. Osiris, Isis, Horus, formaient la triade à laquelle était commise la conservation de l'ordre dans le monde sublunaire; ils étaient en quelque sorte le dernier anneau de cette grande chaîne théogonique qui embrassait l'univers entier. Ils devaient donc être plus habituellement l'objet de l'adoration et des prières des hommes; ils étaient en Egypte comme les dieux populaires; leurs noms ont dû l'être aussi; et les foules incultes, dit M. Champollion-Figeac, qui s'introduisirent, des diverses parties de l'ancien monde, dans les cités égyptiennes, ne durent y apprendre que les noms et les idées religieuses répandus parmi la population égyptienne qu'ils purent fréquenter, et ce fut toujours celle du dernier rang. C'est ce qui explique pourquoi les noms de ces trois divinités du dernier ordre sont parvenus jusqu'à nous, comme étant les plus connus populairement, et comment ils ont été répétés d'âge en âge par l'antiquité classique, qui ne put s'élever au delà de ces noms et de ces pratiques populaires. « Il n'en est pas moins certain, continue le même écrivain, qu'Osiris, Isis, Horus, qui étaient, on pourrait dire, les dieux les plus à la portée de l'ignorance et de la misère humaine, et quoique occupant presque la dernière place du système religieux, ne perdaient rien en puissance ni en dignité; Horus enfin devenait, à son tour, le chef d'une triade, c'est-à-dire qu'il en faisait partie comme père, Isis comme mère, Malouli comme fils, et, par cet extrême anneau de la chaîne des êtres divins, Horus, qui n'était que la dernière incarnation d'Ammon, le grand être, se rattachait à cette puissance suprême et rentrait en elle-même, pour que ce même être fût tout en lui-même, le commencement et la fin. »

D'après les classiques, Horus fut le dernier des dieux qui régnèrent sur l'Egypte. Il fit la guerre au tyran Typhon, meurtrier d'Osiris; et, après l'avoir vaincu et tué de sa main, il monta sur le trône de son père. Mais il succomba ensuite sous la puissance des princes Titans, qui le mirent à mort. Isis, sa mère, qui possédait les plus rares secrets de la médecine, celui même de rendre immortel, ayant trouvé son corps dans le Nil, lui rendit la vie, lui procura l'immortalité, et lui apprit la médecine et l'art de la divination. Avec ces talents, Horus se rendit célèbre, et combla l'univers de ses bienfaits.

Les figures d'Horus accompagnent fréquemment celle d'Isis, dans les monuments égyptiens, et entre autres, sur la table Isiaque. Il est ordinairement représenté sous la figure d'un jeune enfant, tantôt vêtu d'une tunique, tantôt emmailloté sur les genoux de sa mère, avec un cercle sur la tête de la mère et sur celle de l'enfant. On lui met dans les mains le lituus, ou un bâton terminé par une tête d'oiseau ou par un fouet. On le représentait encore avec la forme ou au moins la tête d'un épervier.

HOSANNA, de l'hébreu הושע־נא *hoscha-nna*, qui signifie *sauvez, je vous prie*. Cette courte obsécration biblique passa en formule de bénédiction et d'heureux souhaits. L'Evangile rapporte qu'à l'entrée de Jésus-Christ à Jérusalem le peuple criait d'une voix unanime: *Hosanna au fils de David!* ce qui pouvait signifier, suivant l'étymologie du mot : O Dieu ! conservez le fils de David; comblez-le de faveurs et de prospérités ; ou, dans un sens plus large : Gloire, honneur, bénédiction au fils de David ! C'est dans ce dernier sens que l'entend l'Eglise, qui chante l'Hosanna, au sacrifice de la messe, avant la consécration.

Les Juifs appellent *Hosanna* la fête des Tentes ou des Tabernacles, qu'ils célèbrent le quinzième jour du mois de tisri, qui correspond à septembre. Elle dure une semaine entière. Le septième jour s'appelle *Hosanna-rabba*, le grand Hosanna, et arrive le 21 du même mois. Ils donnent à cette solennité le nom d'Hosanna (c'est-à-dire *sauvez, nous vous en prions*), parce qu'ils prient alors pour la rémission des péchés du peuple, et pour la prospérité de l'année qui vient de commencer. C'est pourquoi la plupart des prières de cette fête contiennent des formules par lesquelles on demande le salut et la miséricorde; on les appelle en conséquence *Hosannoth*.

Les Juifs donnent encore le nom d'*Hosanna* aux branches de saule ou aux palmes qu'ils portent à cette fête, parce qu'en agitant ces rameaux, ils chantent *Hosanna !*

HOSÉIN, HOSSÉIN, HOSAIN, ou HOCÉIN, second fils d'Ali et de Fatima, et petit-fils de Mahomet ; il succéda à son frère Hassan dans la dignité d'imam ; mais, moins pusillanime que son aîné, il voulut aussi recouvrer celle de khalife, et refusa de reconnaître comme tel Yézid, fils de Moawia : obligé en conséquence de se réfugier à la Mecque, il fut invité par les habitants de Koufa à venir dans leur ville, où il serait proclamé khalife et Yézid déclaré usurpateur. Il se mit en effet en route avec son harem, ses enfants et 72 cavaliers tous de sa famille, escorté seulement de quelques troupes d'infanterie arabe. Ce qu'ayant appris, Obéidallah, fils de Ziyad, général de l'armée de Yézid, il marcha contre lui avec un corps de 10,000 chevaux et le rencontra dans le désert de Kerbéla, non loin de Koufa. Hoséin, abandonné de son escorte, manquant de tout et surtout de vivres et d'eau, y périt avec tous les siens, en combattant avec un courage digne d'un meilleur sort, l'an 61 de l'hégire. Son fils Ali, surnommé Zéin-el-Abédin, échappa seul au massacre et fut regardé comme le cinquième imam par les Schiites.

Hoséin est considéré par les musulmans Schiites de la Perse et de l'Inde comme un martyr, et ils lui rendent en conséquence des honneurs extraordinaires. Son culte a commencé à Bagdad l'an 352 de l'hégire ; ce fut Moezz-Eddaulet, sultan Buide, qui l'institua sous le nom de *Yaum-Aschoura*, ou fête du dixième jour. En conséquence, le 10 du mois de moharrem, jour de deuil et de tristesse, à cause de l'anniversaire de la mort de ce malheureux prince, toute la cour et le peuple prennent l'habit noir. Il n'est permis à personne de travailler ; boutiques, magasins, marché public, tout est fermé. Les femmes en pleurs parcourent les rues, le visage couvert, les cheveux épars, faisant retentir l'air de leurs gémissements, de leurs sanglots, et offrant le spectacle le plus triste, le plus lugubre, le plus effrayant. Cette fête, bien loin d'avoir perdu de sa solennité et de sa pompe en traversant les siècles, a vu constamment accroître son appareil avec la dévotion et le fanatisme des peuples. Elle dure maintenant dix jours entiers, qui se passent dans les larmes, dans les narrations épisodiques de ce tragique événement, dans des chants élégiaques, dans des représentations scéniques, dans des processions solennelles, dans des austérités rigoureuses, dont on peut voir le détail à l'article DÉHA.

HOSIES, prêtres de Delphes, préposés aux sacrifices que l'on offrait avant de consulter l'oracle. Ils immolaient eux-mêmes les victimes, et apportaient toute leur attention à ce qu'elles fussent pures, saines et entières. Il fallait que la victime tremblât et frémît dans toutes les parties de son corps, lorsqu'elle recevait les effusions d'eau et de vin; ce n'était pas assez qu'elle secouât la tête, comme dans les sacrifices ordinaires; sans cela les Hosies n'eussent point installé la Pythie sur le trépied sacré. Ces ministres étaient perpétuels, et la sacrificature passait à leurs enfants. On les croyait descendus de Deucalion, Ὅσιος, en grec, veut dire *saint*, et la victime s'appelait *Hosiote*, sainteté.

HOSPES ET HOSPITALIS, surnoms que les Romains donnaient à Jupiter, comme dieu protecteur de l'hospitalité.

HOSPICE. 1. Petit couvent de religieux, destiné à recevoir les religieux étrangers du même ordre.

2. On a donné aussi le nom d'*Hospice* à des maisons bâties dans les grandes villes pour servir de retraite pendant la guerre, et dans les temps fâcheux, aux religieux et religieuses, dont les couvents, situés dans les campagnes, étaient par là exposés au pillage.

3. Maintenant le mot *Hospice* est à peu près synonyme de celui d'*Hôpital*, et, dans beaucoup de villes, on se sert indifféremment de l'un ou de l'autre. Nous croyons cependant, d'après l'usage reçu, que le nom d'*Hôpital* désigne plus particulièrement un établissement destiné à recevoir et à soigner les malades; tandis que l'*Hospice* est celui qui a été fondé pour recevoir à demeure une certaine classe de malheureux; c'est ainsi que l'on dit l'*Hospice des Enfants trouvés*, l'*Hospice de la vieillesse*, etc. Ce qui a porté à confondre les deux dénominations, c'est que, dans un grand nombre de petites villes, le même établissement est consacré à l'une et à l'autre destination.

Ces sortes d'établissements, qui ont pour base la charité, doivent leur origine au christianisme; mais parmi eux, il en est qui n'ont jamais été imités par les religions étrangères, ce sont les Hospices pour les enfants trouvés. On en fait communément honneur à saint Vincent de Paul, sans doute c'est lui qui, le premier, a établi en grand des asiles pour l'enfance malheureuse, et qui a provoqué, dans tout le monde chrétien, ces secours intelligents et efficaces pour recueillir et élever ces petits êtres abandonnés par des parents malheureux ou dénaturés, et pour leur procurer les moyens de pourvoir un jour à leur subsistance; mais ce serait une erreur grossière de croire que l'Église avait attendu seize siècles pour recueillir dans son sein ces *petits enfants* que son maître lui avait recommandés. Dès les premiers siècles, l'Église recueillait les enfants délaissés, et les élevait dans des maisons établies à cet effet, et qu'on appelait *Brephotrophium*, hospice des petits enfants. Au XIIᵉ siècle, le frère Guy, le saint Vincent de Paul du moyen âge, avait fondé à Montpellier, sous l'invocation du Saint-Esprit, un hospice où il recevait les enfants exposés. Un siècle à peine après la fondation de leur ordre, les enfants de maître Guy, les frères hospitaliers du Saint-Esprit, remplissaient l'Europe; l'Italie, la Sicile, l'Allemagne, l'Angleterre, la France, l'Espagne, avaient vu surgir ces établissements de charité ouverts aux enfants exposés; et, pendant trois siècles, les mains de ces saints religieux recueillirent ces innocentes victimes. La tempête des guerres religieuses du XVIᵉ siècle les enleva aux malheureux; ce fut saint Vincent de Paul qui recueillit leur héritage, et organisa d'une manière durable ces établissements qui maintenant sont regardés comme de nécessité première par tous les gouvernements chrétiens. Il est bon de remarquer que, quand le malheur des temps ne permettait pas d'avoir ces sortes d'établissements, c'était l'Église qui, presque toujours, prenait soin des enfants abandonnés: les parents les exposaient sous le porche des églises pendant la nuit; les chefs des paroisses les recueillaient, les confiaient à des nourrices, et s'ingéniaient à leur assurer un sort pour l'avenir.

HOSPITA, surnom des déesses que l'on croyait présider à l'hospitalité. Vénus *Hospitalière* avait un temple à Memphis, et Minerve était honorée à Sparte sous la même qualification.

HOSPITALIÈRES. On appelle ainsi les congrégations de religieuses qui se dévouent au soin des pauvres; il y en a un assez grand nombre; les plus connues sont:

1. Les Sœurs hospitalières de *Saint-Jean de Jérusalem*, aussi anciennes que les chevaliers de même nom. Voyez HOSPITALIERS, n. 2.

2. Les Sœurs hospitalières de *Notre-Dame de Paris*, fondées en 1624, par la mère Françoise de la Croix, sous la protection de la reine Anne d'Autriche, pour le service et le soulagement des pauvres filles et femmes malades. Elles appartenaient à l'ordre de Saint-Augustin. Leur habit était gris brun, le même que celui de l'ordre de Saint-François; elles portaient un scapulaire blanc et un voile noir. Ces religieuses faisaient les trois vœux ordinaires de religion; mais elles y joignaient un quatrième vœu, celui d'hospitalité.

3. Les Hospitalières *de la Miséricorde de Jésus* étaient aussi de l'ordre de Saint-Augustin; elles reconnaissaient pour supérieur l'archevêque de Paris. Leur habillement, en été, consistait en une robe blanche et un rochet de fin lin; en hiver, elles se couvraient d'un grand manteau noir par-dessus le rochet.

4. Les Hospitalières de *Saint-Thomas de Villeneuve*, instituées en 1660, par le père Ange le Proust, religieux augustin réformé.

HOSPITALIERS. On désigne en général sous le nom d'*ordres hospitaliers* tous les ordres religieux qui avaient pour but de recevoir et de soigner les voyageurs, les pèlerins, les pauvres et les malades. Voici les principaux :

1. Le plus ancien des ordres hospitaliers fut fondé à Sienne, vers la fin du IXe siècle, par un pieux habitant de cette ville, qui y ouvrit l'hôpital dit *della Scala*.

2. Les Hospitaliers de *Saint-Jean de Jérusalem*, appelés aussi *Chevaliers de Rhodes*, *Chevaliers de Malte*. Cet ordre fut établi à Jérusalem, après la prise de cette ville par les croisés en 1099, par Gérard Tom, né à Martigues en Provence. Il eut originairement pour but de recevoir les pèlerins auxquels la dévotion faisait entreprendre le voyage de la Palestine pour visiter les saints lieux, de pourvoir à leurs besoins et de les soigner dans leurs maladies. Avant la prise de Jérusalem, Gérard s'étant déjà associé à quelques négociants italiens de la ville d'Amalfi, à qui leurs relations commerciales dans le Levant assuraient beaucoup de crédit, avait obtenu du soudan d'Egypte, alors maître de la Palestine, la permission de bâtir, près de l'église du Saint-Sépulcre, un hospice destiné à recevoir les pèlerins. Cette fondation ne subsista d'abord qu'au moyen des aumônes envoyées de toutes les parties de la chrétienté; mais elles devinrent bientôt si abondantes, qu'on se trouva en état d'élever un second hospice pour les femmes. Tous les Latins, de quelque nation qu'ils fussent, étaient accueillis dans cet établissement, et soignés lorsqu'ils tombaient malades. Le gouvernement en était confié à des religieux de Saint-Benoit. C'est dans cet état qu'étaient les choses lorsque Godefroy de Bouillon entra dans la ville sainte; l'hospice des hommes était régi par Gérard Tom, et celui des femmes par une dame romaine nommée Agnès.

Godefroy de Bouillon, proclamé roi, et affermi sur le nouveau trône par l'éclatante victoire d'Ascalon, accorda une protection spéciale à l'hospice de Saint-Jean, dont il était tous les jours à même d'apprécier les services. Pour contribuer à son entretien, il lui donna la propriété de la seigneurie de Montboire, qui faisait partie de son domaine dans le Brabant. Ce fut la première dotation de l'établissement, dont, par suite, la libéralité des princes chrétiens accrut prodigieusement les richesses.

Plusieurs gentilshommes, qui avaient reçu dans cette maison l'hospitalité la plus charitable, renoncèrent volontairement à leur patrie, pour se consacrer au service des pauvres pèlerins. De ce nombre était Raymond Dupuy, qui succéda à Gérard Tom.

Dès le vivant de ce dernier, et sur sa proposition, les Hospitaliers et les Hospitalières s'étaient engagés à quitter le monde, et avaient pris l'habit régulier. Cet habit consistait en une robe noire, sur laquelle était, du côté du cœur, une croix blanche à huit pointes. Le pape Pascal II, en approuvant l'institut, soumit l'ordre à la règle de saint Augustin, et accorda aux religieux de grands priviléges, et notamment celui d'élire leur supérieur.

Raymond Dupuy, élu grand maître,(1) à la mort de Gérard Tom, vit avec chagrin que les courses des brigands qui infestaient alors les chemins de la Palestine, exposaient chaque jour les pèlerins à de nouveaux dangers; et, pour ne pas borner les secours de l'ordre aux soins qui leur étaient prodigués dans l'hospice, il résolut de les protéger au dehors par la force des armes. L'exécution de ce projet fut d'autant plus facile, que les Hospitaliers étaient presque tous des guerriers qui avaient combattu pendant la croisade. C'est ainsi que l'ordre de Saint-Jean devint tout à la fois un ordre hospitalier et militaire.

Raymond pourvut aux statuts de l'ordre qu'il partagea en trois classes. Dans la première furent admis, en qualité de chevaliers, ceux que leur naissance et les grades qu'ils avaient occupés dans les armées rendaient plus propres à la guerre; la seconde se composa des prêtres et des chapelains; et la troisième de ceux qui, n'étant ni nobles ni ecclésiastiques, étaient nommés frères servants. Malgré ces distinctions de titres, tous les religieux ne formaient qu'un corps, et participaient également à la plupart des droits et priviléges de la religion. Le costume fut d'abord commun à tous les Hospitaliers, mais les nobles ayant par suite témoigné de la répugnance à entrer dans un ordre où ils étaient confondus avec les frères servants, le pape Alexandre IV décida que les seuls chevaliers pourraient désormais porter, dans la maison, le manteau noir, et en campagne, une sopraveste, ou cotte d'armes rouge, avec la croix blanche, pareille à l'étendard de la religion. Un statut particulier privait de la croix et de l'habit tout chevalier qui abandonnait son rang sur le champ de bataille et prenait la fuite.

On ne pouvait être admis dans l'ordre qu'à l'âge de 13 ans, et pour se faire recevoir chevalier, il fallait être issu de légitime mariage, et de maison noble de nom et d'armes. Il était défendu de donner l'habit à aucun religieux qui eût déjà fait partie d'une autre congrégation. Les profès étaient assujettis aux trois vœux de chasteté, d'obéissance et de pauvreté volontaire; ils s'engageaient aussi à combattre pour la religion chrétienne et le culte divin, à prendre toujours la défense de la cause juste, à délivrer les opprimés, et à secourir la veuve et l'orphelin. Les chevaliers, en cas de guerre entre des princes chrétiens, devaient garder la plus exacte neutralité.

L'autorité suprême appartenait au conseil, dont le grand maître était le chef, et où

(1) Il est compté pour le deuxième grand maître mais il fut le premier qui prit ce titre.

il avait deux voix en cas de partage; d'où l'on peut juger que la forme de cet institut était dès lors, comme elle a toujours été depuis, purement aristocratique. Le grand maître et le chapitre réglaient l'usage des revenus. La régie des biens fut d'abord confiée à d'anciens Hospitaliers appelés *précepteurs*, dont l'emploi était révocable à la volonté du grand maître et du conseil. On leur substitua par la suite des chevaliers qu'on nomma *commandeurs*, du titre de leur commission, *commendamus*. Ils étaient soumis à la surveillance des *prieurs*, chargés d'inspecter les *commanderies* ou établissements que possédait l'ordre dans les différentes provinces de la chrétienté. A l'égard des *baillis*, c'étaient les commandeurs subalternes ou régisseurs des commandeurs, et qui, moyennant une rétribution, exploitaient les commanderies. On appelait *grands baillis* des officiers supérieurs aux commandeurs eux-mêmes. Toutes ces dignités fiscales, qui devinrent très-lucratives, éprouvèrent successivement divers changements.

L'élection du grand maître était soumise à l'approbation du pape, mais ce n'était qu'une simple formalité canonique et réglementaire, qui n'emportait pas le droit de refus ou d'acceptation. Une prérogative plus réelle dont se trouvait revêtu le souverain pontife, était de sanctionner la convocation des chapitres généraux, de pouvoir les annuler, de signer les statuts de la religion, et d'avoir auprès de son gouvernement un inquisiteur, dont l'emploi consistait à suivre toutes les affaires du ressort de la juridiction ecclésiastique, et de veiller à l'exécution des bulles et des brefs. Du reste l'ordre, absolument indépendant, avait un caractère de souveraineté reconnu par toutes les puissances, de quelque religion qu'elles fussent, et entretenait des ambassadeurs auprès des différentes têtes couronnées de l'Europe.

Sous le magistère même de Raymond Dupuy, l'ordre était devenu déjà tellement nombreux, qu'on jugea à propos de le partager en sept *langues*, qui furent distinguées par les noms de *Provence, Auvergne, France, Italie, Aragon, Allemagne* et *Angleterre*. Cette dernière ne compte plus depuis l'hérésie qui a séparé la Grande-Bretagne de la communion catholique. Les langues de *Castille* et de *Portugal* ont été ajoutées à celle d'*Aragon*. Cette division a toujours subsisté, avec cette exception cependant, que les prieurés, bailliages et commanderies qui, dans les premiers temps de l'ordre, appartenaient en commun à tous les chevaliers, ont été depuis affectés, suivant leur origine, à chaque langue et à chaque nation particulière.

On sait avec quel zèle les chevaliers se vouèrent à la défense de la religion, et combien de services ils rendirent aux rois de Jérusalem. Le courage qu'ils déployèrent dans toutes les occasions, et la terreur qu'ils inspirèrent aux musulmans, firent surnommer l'ordre, le boulevard de la chrétienté.

L'histoire des diverses révolutions qu'a subies cet ordre depuis le déclin de la puissance chrétienne en Orient, offre un tableau du plus grand intérêt. Lorsque Saladin eut pris Jérusalem en 1187, les chevaliers se retirèrent dans le château de Margat, situé sur les confins de la Palestine, dont ils avaient acquis la possession de Renaud par voie d'échange et qu'ils avaient fortifié. Ils s'emparèrent ensuite de Saint-Jean-d'Acre et s'y établirent. Après la prise de cette ville par les infidèles, ils se réfugièrent dans l'île de Chypre, où ils demeurèrent, quoiqu'on leur offrit un asile en Italie, parce qu'ils ne voulaient pas s'éloigner de la Terre Sainte. C'est alors qu'ayant armé des bâtiments pour conduire et protéger les pèlerins qui allaient visiter les saints lieux, ils commencèrent ces courses maritimes qui causèrent tant de préjudice aux musulmans, et dans lesquelles ils accrurent prodigieusement leurs richesses. En 1308, le grand maître, Foulquier de Villaret, fixa l'établissement des chevaliers dans l'île de Rhodes; le sultan Soliman les en chassa vers 1523, sous le magistère de Villiers de l'Isle-Adam, après un siége aussi long que meurtrier, pendant lequel ces défenseurs de la foi firent des prodiges de valeur. Le grand maître se retira avec sa flotte en Sicile, où le vice-roi lui offrit, au nom de l'empereur Charles-Quint, la ville et le port de Messine pour refuge. Après y avoir séjourné quelque temps, il alla débarquer dans le golfe de Baïes. Ses tentatives auprès du pape Adrien VI, pour en obtenir un lieu convenable où il pût se fixer, furent infructueuses; mais Jules de Médicis qui succéda à ce dernier, et qui avait été lui-même religieux de l'ordre, permit aux chevaliers de se retirer à Viterbe. Le service le plus signalé que leur rendit ce pontife, fut de donner une bulle par laquelle il leur défendait de se séparer, ce qui empêcha une dissolution qui paraissait inévitable : alors s'entamèrent de longues négociations, dont le résultat fut la cession que leur fit Charles-Quint de l'île de Malte, dont ils prirent possession en 1530.

Cette île, que les chevaliers s'appliquèrent à fortifier, soutint contre les Turcs, en 1565, un siége célèbre dans l'histoire, et que les infidèles furent contraints de lever, après avoir essuyé des pertes immenses. Le grand maître, Jean de la Valette, qui, par son courage et ses talents, avait puissamment contribué au succès de cette défense, fit bâtir sur le principal emplacement qui avait été le théâtre de sa gloire une ville qui, de son nom, fut appelée la *cité Valette*.

Les sultans firent encore par la suite quelques tentatives contre Malte, mais elles se bornèrent à des débarquements partiels, et n'eurent jamais de résultat important; tandis que les chevaliers, dans leurs courses armées, continuèrent à se rendre redoutables au commerce et à la marine turque.

L'ordre se maintint dans la possession de l'île de Malte jusqu'en 1798, époque à laquelle Bonaparte, général en chef de l'expédition d'Égypte, parvint à s'en rendre maître. Aux termes de l'article premier du traité de reddition, conclu le 12 juin de la même année, les chevaliers renoncèrent, en faveur de la république française, aux droits de souveraineté et de propriété qu'ils avaient tant sur cette île, que sur celles de Goze et de Camino.

Par suite de cet événement, les membres de l'ordre se dispersèrent. Le baron d'Hompesch abdiqua la dignité de grand maître qui fut déférée à l'empereur de Russie, Paul I*er*, qui, depuis quelque temps, avait accepté le titre de *protecteur* de l'ordre, et auprès duquel un grand nombre de chevaliers avaient été chercher un asile. Quoique ce choix fût contraire aux statuts de la religion, le pape le ratifia néanmoins, par la considération qu'une protection aussi puissante devenait nécessaire aux chevaliers, dans l'état déplorable auquel ils se trouvaient réduits (1).

Cependant, deux ans après la prise de Malte par les Français, la garnison qui l'occupait fut obligée de capituler, et de remettre l'île aux troupes anglaises qui l'assiégeaient, et qui en prirent possession le 5 septembre 1800, au nom du roi d'Angleterre.

Le traité de paix signé à Amiens, en 1802, portait, article x, que l'île de Malte, serait restituée aux chevaliers de Saint-Jean de Jérusalem, sous la condition que l'ordre établirait une nouvelle langue en faveur des Maltais, et que ceux-ci seraient admissibles à tous les emplois du gouvernement et à toutes les dignités de la religion, d'où ils étaient précédemment exclus.

Les événements politiques ultérieurs empêchèrent l'exécution de ce traité. L'Angleterre, engagée dans une nouvelle guerre contre la France, et effrayée de la rapidité des conquêtes de Napoléon sur le continent, refusa constamment de rendre l'île de Malte aux chevaliers, alléguant pour motif qu'ils étaient hors d'état d'en assurer l'indépendance. Les Anglais continuèrent donc à l'occuper jusqu'au traité de Paris, conclu le 30 mai 1814 entre les grandes puissances européennes, et qui proclama définitivement l'union de Malte à la Grande-Bretagne.

Depuis, l'ordre n'exista plus, pour ainsi dire, que de nom, sans établissement fixe. Son siége fut transféré en 1801 à Catane, puis à Ferrare, et enfin à Rome, en 1831.

3. Il y a en Italie une congrégation de religieux hospitaliers, établie dans le XII*e* siècle par le pape Innocent III, qui donnent l'hospitalité aux pèlerins et aux voyageurs, et prennent soin des enfants trouvés. Leur habillement est à peu près le même que celui des prêtres; ils en sont distingués par une croix blanche qu'ils portent sur leur soutane et sur leur manteau.

4. En 1297, le pape Boniface VIII institua l'ordre des religieux hospitaliers de Saint-Antoine, sous la règle de saint Augustin, dans le diocèse de Vienne en Dauphiné. Ils servaient principalement ceux qui étaient attaqués de la maladie nommée *les ardents* ou *le feu sacré*, pour laquelle on invoquait saint Antoine. Le pape leur donna le titre de chanoines réguliers; ils portaient sur leurs habits comme marque distinctive un T ou potence.

5. On donne encore le nom d'Hospitaliers aux chevaliers *Teutoniques*, aux frères *de la Charité* ou *de Saint-Jean-de-Dieu*; à celle des *Bons-Fils*, fondée en 1615, à Argentières, et à quelques autres congrégations.

HOSPITALITÉ, acte de charité qu'on exerce envers les passants et les voyageurs, en leur fournissant un asile et les choses nécessaires à la vie. L'hospitalité fut autrefois en honneur chez presque toutes les nations, qui la regardèrent comme un devoir religieux.

1. Les bons Israélites la pratiquaient avec le plus grand soin. L'Ecriture sainte en fournit plusieurs exemples, entre autres celui d'Abraham. Ce patriarche était assis à l'entrée de sa tente dans la vallée de Mambré, à l'heure de la plus grande chaleur du jour, lorsqu'il aperçut trois hommes qui venaient à lui. Il se leva aussitôt pour aller à leur rencontre, et se prosternant devant eux: « Faites-moi la grâce, leur dit-il, de ne point passer devant la maison de votre serviteur, sans vous y arrêter. Je vais vous apporter de l'eau pour vous laver les pieds, et des vivres pour réparer vos forces; et vous continuerez ensuite votre route. En attendant veuillez vous reposer sous cet arbre. » En même temps Abraham rentra dans sa tente, ordonna à Sara, sa femme, de prendre trois mesures de farine et de faire cuire des pains sous la cendre; il courut ensuite à son troupeau, en choisit le veau le plus gras et le plus tendre, et commanda à ses gens de le faire cuire. Lorsque tout fut prêt, il apporta lui-même les mets à ses hôtes, et y joignit du beurre et du lait. Pendant le repas, il se tint debout auprès de l'arbre, attentif à les servir. C'étaient trois anges que le bienheureux patriarche reçut ainsi sous la forme humaine.

On trouve dans la Bible plusieurs autres exemples d'une semblable prévenance; aussi la loi divine recommandait-elle expressément d'exercer l'hospitalité envers les étrangers.

2. « L'hospitalité était d'un usage ordinaire, même entre les païens, dit l'historien Fleury; chez les Grecs et les Romains, les hôtelleries publiques n'étaient guère fréquentées par les honnêtes gens. Dans les villes où ils pouvaient avoir affaire, ils avaient des amis qui les recevaient, et qui réciproquement logeaient chez eux, quand ils venaient à leur ville. Ce droit se perpétuait dans les familles: c'était un des principaux liens d'amitié entre les villes de Grèce

---

(1) L'empereur Alexandre, à son avénement au trône, s'est simplement déclaré *protecteur de l'ordre de Saint-Jean de Jérusalem*, pensant que ce titre convenait mieux à son rang. Il laissa aux commandeurs et aux profès la liberté de se choisir un grand maître d'après leurs lois et leurs statuts.

et d'Italie ; et il s'étendit depuis par tout l'empire romain. Ils regardaient ce droit comme une partie de leur religion. Jupiter, dit-on, y présidait. La personne de l'hôte, et la table où l'on mangeait avec lui, étaient sacrées. Quelques auteurs rapportent que lorsqu'un étranger demandait l'hospitalité, le maître du logis, avant de le recevoir, lui faisait mettre un pied sur le seuil de la porte ; il en faisait autant de son côté ; et, dans cette posture, ils s'engageaient tous deux, par le serment le plus solennel, de ne se nuire l'un à l'autre en aucune manière : c'est pourquoi l'on mettait au rang des scélérats et des parjures ceux qui violaient les droits sacrés de l'hospitalité. La fable de Philémon et Baucis, si élégamment écrite dans les Métamorphoses d'Ovide, fait voir que les anciens regardaient l'hospitalité comme une des vertus les plus agréables aux dieux. »

Dans les temps héroïques, les droits de l'hospitalité, circonscrits plus tard entre certaines familles, était communs à tous. A la voix d'un étranger, toutes les portes s'ouvraient, tous les soins étaient prodigués ; et, pour rendre à l'humanité le plus beau de ses hommages, on ne s'informait de son état et de sa naissance qu'après avoir prévenu ses besoins.

3. « Il ne faut pas s'étonner, dit encore l'abbé Fleury, si, dans les premiers siècles de l'Eglise, les chrétiens exerçaient l'hospitalité, eux qui se regardaient tous comme amis et comme frères, et qui savaient que Jésus-Christ l'a recommandée entre les œuvres les plus méritoires. Pourvu qu'un étranger montrât qu'il faisait profession de la foi orthodoxe, et qu'il était dans la communion de l'Eglise, on le recevait à bras ouverts. Qui eût pensé à lui refuser sa maison eût craint de rejeter Jésus-Christ même ; mais il fallait qu'il se fît connaître. Pour cet effet, les chrétiens qui voyageaient prenaient des lettres de leur évêque ; et ces lettres avaient certaines marques qui n'étaient connues que des chrétiens. Elles faisaient voir l'état de celui qui voyageait ; s'il était catholique ; si, après avoir été hérétique ou excommunié, il était rentré dans la paix de l'Eglise ; s'il était catéchumène ou pénitent ; s'il était clerc, et en quel rang ; car les clercs ne marchaient point sans le dimissoire de leur évêque. Il y avait aussi des lettres de recommandation pour distinguer les personnes de mérite, comme les confesseurs ou les docteurs, ou ceux qui avaient besoin de quelque assistance particulière.

« La première action de l'hospitalité était de laver les pieds aux hôtes, et ce soulagement était nécessaire, vu la manière dont les anciens étaient chaussés ; de là vient que, dans saint Paul, l'action de laver les pieds est jointe à l'hospitalité. Si l'hôte était dans la pleine communion de l'Eglise, on priait avec lui, et on lui déférait tous les honneurs de la maison : de faire la prière, d'avoir la première place à table, d'instruire la famille. On s'estimait heureux de l'avoir ; le repas où il prenait part était estimé plus saint. On honorait les clercs à proportion de leur rang ; et, si un évêque voyageait, on l'invitait partout à faire l'office et à prêcher, pour montrer l'unité du sacerdoce de l'Eglise ; c'est ainsi que le pape saint Anicet en usa envers saint Polycarpe. Il y a eu aussi des saints à qui l'hospitalité, exercée envers des clercs ou d'autres qui venaient prêcher l'Evangile, a été une occasion de martyre, comme on dit du fameux saint Alban, en Angleterre, et de saint Gentien, à Amiens. Les chrétiens exerçaient l'hospitalité, même envers les infidèles. Ainsi ils exécutaient avec grande charité les ordres du prince, qui les obligeaient à loger les gens de guerre, les officiers et les autres qui voyageaient pour le service de l'Etat, ou à leur fournir des vivres. Saint Pacôme, ayant été engagé fort jeune à servir dans les troupes romaines, fut embarqué avec sa compagnie, et aborda en une ville où il fut étonné de voir que les habitants les recevaient avec autant d'affection que s'ils eussent été leurs anciens amis. Il demanda qui ils étaient, et on lui dit que c'étaient des gens d'une religion particulière, que l'on appelait *Chrétiens*. Dès lors il s'informa de leur doctrine ; et ce fut le commencement de sa conversion. »

4. On ne connaît point dans l'Abyssinie les hôtelleries ni les auberges. Lorsqu'un voyageur arrive dans un village, s'il doit y faire un séjour de plus de trois heures, on lui fournit un logement convenable pour lui et pour sa suite. Le maître de la maison où il est entré donne aussitôt avis à tout le village qu'il est descendu chez lui un étranger. Alors chacun s'empresse de contribuer à la dépense. L'un fournit du pain, l'autre de la bière ; un plus riche une vache, on s'ingénie à bien traiter l'étranger, afin de le renvoyer satisfait, car s'il avait lieu de se plaindre, le village serait condamné à une grosse amende. Malheureusement, une foule de vagabonds, qui infestaient le pays, ont fait dégénérer en abus une si pieuse coutume.

5. Les Arabes du désert ont conservé dans l'exercice de l'hospitalité des coutumes toutes patriarcales. A quiconque pénètre sous leur tente ils présentent le pain et le sel, et dès que l'étranger y a touché, il devient l'hôte de la famille, il devient un être sacré que chacun s'empressera de défendre et de protéger au péril de sa vie. On ne lui demandera pas son nom avant l'expiration du troisième jour, et, en ce moment-là même, si l'on découvre que l'hôte est un ennemi de la tribu ou de la famille, fût-il le meurtrier dont on a juré la mort pour venger celui d'un proche ou d'un père, on lui laissera au moins un quart de jour de distance, depuis sa sortie de la tente, avant de se remettre à sa poursuite. Cette touchante hospitalité est surtout remarquable dans les tribus nomades qui ne vivent que de pillage et de déprédation. « Ce même guerrier, dit M. Desvergers, en parlant des anciens Arabes, que la soif du pillage, le désir de la vengeance, l'amour-propre offensé, portaient à des actes d'une cruauté inouïe, devenait, sous sa tente,

un hôte libéral et plein de courtoisie. L'opprimé qui recherchait sa protection ou se confiait à son honneur était reçu non-seulement comme un ami, mais comme un membre de la famille. Sa vie devenait sacrée, et son hôte l'eût défendue au péril de la sienne, quand même il eût découvert que l'étranger, assis à son foyer, était l'ennemi dont il avait cent fois désiré la perte. Peut-être ne se fût-il pas fait scrupule d'enlever par force ou par adresse le chameau de son voisin, pour offrir à son hôte une hospitalité plus grande et plus généreuse...... Non-seulement les anciens Arabes accueillaient avec empressement, dans leur libéralité, le voyageur que le hasard conduisait sous leur tente, mais souvent des feux étaient allumés pendant la nuit sur les hauteurs, et servaient de phares pour guider l'étranger vers le lieu où l'attendaient repos et protection. Cette protection s'étendait même au delà du trépas. »

6. « L'hospitalité, dit Châteaubriand dans ses *Mémoires d'outre-tombe*, est la dernière vertu restée aux sauvages américains au milieu de la civilisation européenne; on sait quelle était autrefois cette hospitalité : le foyer avait la puissance de l'autel. Lorsqu'une tribu était chassée des bois, ou lorsqu'un homme venait demander l'hospitalité, l'étranger commençait ce qu'on appelait la danse du suppliant; l'enfant touchait le seuil de la porte et disait : *Voici l'étranger!* et le chef disait : *Enfant, introduis l'homme dans la hutte.* L'étranger, entrant sous la protection de l'enfant, s'allait asseoir sur la cendre du foyer. Les femmes disaient le chant de la consolation : *L'étranger a retrouvé une mère et une femme;* le soleil se lèvera et se couchera pour lui comme auparavant. »

HOSTIE. Ce mot est synonyme de victime, et désigne l'objet sacrifié et offert à la divinité. Ce mot vient, suivant Ovide, du mot *hostis*, ennemi :

Hostibus a domitis hostia nomen habet;

comme *victima* peut venir de *victus*, vaincu, ou de *vinctus*, enchaîné. Serait-ce parce que les anciens auraient offert en sacrifice aux dieux les *ennemis vaincus*, ou les *captifs* faits à la guerre? ou bien, parce que l'on offrait des sacrifices d'animaux, afin d'obtenir la victoire *contre les ennemis*, ou en action de grâces de les avoir mis en déroute? Festus pense que le nom d'*Hostie* vient d'un sacrifice que l'on offrait aux Lares pour éloigner les ennemis, d'où les Lares étaient appelés *hostioli*. Enfin, il y a des auteurs qui pensent que ce mot dérive de l'ancien verbe latin *hostire*, que l'on trouve dans Pacuve, avec la signification de *ferire*, frapper. Cette dernière étymologie nous semble la plus naturelle.

1. Les Romains donnaient le nom d'*hostie* à l'animal qu'un général d'armée immolait aux dieux avant la bataille, afin d'obtenir la victoire sur les ennemis; celui qu'il sacrifiait, après en avoir triomphé, était appelé *victime*; telle est la différence que met Isidore entre ces deux mots. Le même écrivain ajoute que les *victimes* étaient pour les sacrifices solennels et qui se faisaient avec grand appareil, et les *hosties* pour les sacrifices de moindre importance; que les premières se prenaient du gros bétail, et les secondes, des troupeaux à laine. Si l'on en croit Aulu-Gelle, toute sorte de prêtres pouvaient indifféremment sacrifier l'*hostie;* mais le droit d'immoler la *victime* était réservé au général vainqueur. Les anciens distinguaient plusieurs sortes d'hosties, dont nous allons donner la nomenclature.

Hostiæ puræ : c'étaient des agneaux et de petits cochons qui n'avaient que dix jours.

Hostiæ præcidaneæ : hosties immolées la veille des fêtes solennelles.

Hostiæ bidentes : hosties de deux ans, lesquelles, à cet âge, avaient deux dents plus élevées que les autres.

Hostiæ injuges : animaux qui n'avaient jamais subi le joug.

Hostiæ eximiæ : hosties choisies entre les plus belles d'un troupeau, et mises à part comme les plus dignes des dieux.

Hostiæ succedaneæ : hosties qui se succédaient les unes aux autres. Lorsque la première n'était pas favorable, ou lorsqu'en l'immolant, on avait manqué à quelque cérémonie essentielle, on en sacrifiait une autre. Si on ne réussissait pas mieux, on passait à une troisième, et ainsi de suite, jusqu'à ce qu'il s'en trouvât une favorable.

Hostiæ ambarvales : hosties qu'on promenait, avant de les immoler, autour des champs ensemencés, afin d'obtenir des dieux une heureuse récolte.

Hostiæ amburbiales : hosties promenées de la même manière autour des murs de la ville.

Hostiæ caveares, ou *caviares :* hosties qui étaient présentées au sacrificateur par la queue, parce que cette partie de l'animal s'appelait *caviar*.

Hostiæ prodicæ : hosties qui étaient entièrement consumées par le feu.

Hostiæ piaculares : hosties expiatoires que l'on immolait pour se purifier de quelque souillure.

Hostiæ ambegnæ ou *ambiegnæ :* brebis ou vaches qui avaient mis bas deux agneaux ou deux veaux, et que l'on sacrifiait à Junon avec leurs petits.

Hostiæ harvigæ ou *harugæ :* hosties dont on examinait les entrailles, pour en tirer des présages.

Hostiæ mediales : hosties noires, que l'on sacrifiait en plein midi.

2. Les chrétiens donnent le nom d'*Hostie* à Jésus-Christ, fils de Dieu fait homme, qui, par sa mort, est devenu une véritable victime expiatoire pour la rémission des péchés de tous les hommes. Par une conséquence naturelle, on appelle du même nom le pain et le vin consacrés au sacrifice de la messe, et qui sont, non point une hostie différente, mais la même hostie qui a été immolée sur la croix. Les espèces sont appe-

lées *hostie*, même avant la consécration, lorsqu'elles sont offertes à Dieu. Enfin, on donne abusivement le nom d'*hostie* au pain confectionné, comme celui qui sert à la consécration, lors même qu'il est employé à des usages profanes.

HOSTILINE, déesse des Romains, qu'on invoquait pour la fertilité des terres, et pour obtenir une moisson abondante : son nom vient d'*hostire*, égaler ; *hostimentum*, égalité. A proprement parler, on lui attribuait le soin du blé, dans le temps que les derniers épis s'élevaient à la hauteur des autres, et que la surface de la moisson était partout égale. Selon d'autres, on invoquait Hostiline quand l'épi et la barbe de l'épi étaient de niveau.

HOTOUA. Les habitants de l'archipel Tonga donnent le nom d'*Hotouas* à des dieux ou êtres supérieurs, peut-être éternels, dont les attributs sont de répartir aux hommes le bien et le mal suivant leurs mérites. Leur Hotoua ressemble assez à l'*Atoua* des Taïtiens ; mais son symbole est entouré d'une plus grande obscurité qu'à Taïti.

HOTOUA-HOUS, divinités malfaisantes des îles Tonga ; ces dieux sont très-nombreux ; mais on n'en connaît que cinq ou six qui résident à Tonga pour tourmenter les hommes plus à leur aise. On leur attribue toutes les petites contrariétés de cette vie. Ils égarent les voyageurs, les font tomber, les pincent, leur sautent sur le dos dans l'obscurité ; ce sont eux qui donnent le cauchemar, qui envoient les songes affreux, etc. Ils n'ont ni temples, ni prêtres, et on ne les invoque jamais.

HOTRA, personnification hindoue de la parole qui accompagne l'offrande consumée par le feu ; on en a fait une épouse d'Agni, dieu du feu.

HOTRI. Dans les temps les plus anciens de la théologie hindoue, le récitateur, ou chantre des hymnes sacrés, portait le nom de *Hotri*, celui qui invoque, l'auteur de l'invocation. « Sa présence, dit M. Nève, était indispensable à l'accomplissement légal de tout sacrifice, comme l'hymne sacré lui-même l'était à son efficacité. Le rôle de Hotri était attribué au dieu du feu, porteur des offrandes, messager du sacrifice auprès de l'assemblée des Dévas. Agni n'est pas seulement loué dans plusieurs stances du Rig-Veda comme le pontife, comme le prêtre resplendissant du sacrifice, il l'est encore en qualité de Hotri, c'est-à-dire de chantre sacré, de récitateur de l'invocation. »

HOU, pronom arabe de la troisième personne du singulier, *lui* ; mais, d'après le génie des langues sémitiques, il emporte souvent avec lui l'idée du verbe substantif, *il est*. Les musulmans en ont fait, en conséquence, un des noms de Dieu, qui correspond assez bien au *Jéhova* des Hébreux, et à la définition que le Tout-Puissant a donnée de lui-même à Moïse : *Je suis celui qui suis*. Ils inscrivent ordinairement ce mot au commencement de tous leurs ouvrages, et en tête de tous les rescrits, passeports, lettres patentes des princes et des gouverneurs, missives particulières, etc. Ceux qui font profession d'une vie plus dévote et plus religieuse, en font l'entretien de leur piété, et le prononcent souvent dans leurs prières, leurs contemplations et leurs élévations spirituelles. Il en est qui le répètent si fréquemment et avec tant de force en criant sans intermission : *Hou! hou! hou!* qu'à la fin ils s'étourdissent, et tombent dans des syncopes qu'ils appellent extases. Dans les communautés de derwischs, lorsque le président des assemblées religieuses a lu quelques passages du Coran, ou psalmodié les prières indiquées par la règle, les autres répondent en chœur, tantôt *Hou*, tantôt *Allah*. Les derwischs danseurs exaltent encore leur fanatisme en répétant le même monosyllabe, jusqu'à perdre haleine.

HOUA, nom des adeptes de quatrième classe de la société des Aréoïs, chez les Taïtiens ; ils portaient, comme marque distinctive, deux ou trois petites figures tatouées sur chaque épaule. *Voyez* Aréoïs.

HOUAM, société infâme parmi les musulmans. Thévenot en parle comme de gens vagabonds, qui logent sous des tentes comme les autres Arabes. Ils ont une loi toute particulière qui les oblige à se rendre toutes les nuits sous un pavillon, sans aucune lumière, pour y faire des prières et pratiquer certaines cérémonies ; après quoi, plus déréglés que les adamites, ils assouvissent leur passion brutale sur la première personne qui se trouve à leur portée, père, mère, sœur ou frère. Thévenot ajoute qu'on trouve des houams cachés dans les villes, entre autres à Alexandrie ; mais quand ils sont reconnus pour tels, ils sont brûlés vifs.

HOUAN-TÉOU, génies fabuleux, dont parlent les livres chinois. Ils font leur séjour à l'extrémité de la mer du Sud ; ils ont le visage d'un homme, les ailes et les pattes d'un oiseau ; ils se nourrissent des poissons qu'ils pêchent, et ne craignent ni la pluie, ni les vents.

HOUCHA, dieu des Tapuyas, ancien peuple du Brésil ; c'était un génie malfaisant, qui commandait à d'autres génies de même nature que lui, et qui voulait être imploré avec mystère. Toutefois il semblait se jouer des prières et des vœux qui lui étaient adressés, et le caprice seul était le mobile des faveurs et des grâces qu'il accordait. Les prêtres de Houcha étaient les confidents et les exécuteurs de ses volontés suprêmes. C'était au milieu d'horribles convulsions qu'ils se mettaient en communication avec lui, et qu'ils transmettaient ses ordres au peuple. En conséquence, bien que les Tapuyas eussent des chefs politiques auxquels on obéissait aveuglément, ces prêtres n'en étaient pas moins les arbitres souverains de tous les actes de la nation. C'étaient eux qui décidaient de la paix et de la guerre, qui formulaient les traités, qui fixaient les époques des fêtes religieuses ou civiles, qui présidaient à toutes les transactions privées, à toutes les pratiques du culte. Ils s'occupaient aussi de divination et de médecine, et leur méthode curative passait pour d'autant plus certaine, qu'ils la devaient aux inspirations mystérieuses d'Houcha. Le principal instrument de leurs conjurations consistait en une gourde creuse, appelée *maraca*, qu'ils portaient constamment avec eux. Dans l'intérieur de cette gourde, ils introduisaient quelques cailloux, et produisaient, en les agitant, un bruit sourd qu'ils donnaient pour la voix de la divinité. Etaient-ils appelés dans une cabane pour faire parler l'oracle, ils plaçaient le maraca sous une couverture de coton, y soufflaient des bouffées de tabac par l'orifice supérieur, l'agitaient violemment, et démêlaient la volonté d'Houcha dans le son confus résultant du choc des cailloux contre les parois de l'appareil magique. Le plus souvent, avant de se livrer à leurs opérations, ils attachaient le maraca à l'extrémité d'une perche plantée dans le sol de la cabane; ils l'ornaient de belles plumes, et ordonnaient aux consultants de lui offrir des mets et des liqueurs, afin de le mieux disposer à répondre aux questions qui lui seraient adressées. Cette espèce de tabernacle était en grande vénération chez tous les peuples qui habitaient le Brésil.

HOUD, ancien prophète des Arabes, le même que la Bible nomme *Heber*. Il a plu à Mahomet de l'appeler ainsi, parce que, pensant, ainsi que plusieurs auteurs l'ont cru, que le nom d'*Hébreu* était dérivé de celui du patriarche Heber, l'analogie le porta à conclure que celui de *Yahoud*, qui signifie Juif, devait être formé de celui de *Houd* ; en conséquence, Houd et Heber étaient pour lui le même nom. Mais si la Bible se tait sur la vie et les actions de cet ancien patriarche, il est l'objet de plusieurs légendes musulmanes, dont nous allons rapporter la principale.

Houd était donc fils de Saleh, fils d'Arphaxad, fils de Sem, fils de Noé; il naquit dans l'Arabie, parmi les Adites, tribu qui descendait d'Ad, fils de Hus, fils d'Aram, fils de Sem, fils de Noé. Dieu le destina à prêcher aux tribus d'Ad et de Schédad l'unité de son essence et la vanité des idoles. Ces idoles étaient *Sakia*, invoquée pour obtenir de la pluie; *Haféda*, à qui on recourait pour être préservé de mauvaises rencontres pendant les voyages; *Razéca*, qu'on croyait fournir les choses nécessaires à la vie; et *Saléma*, qu'on implorait dans les maladies, pour recouvrer la santé. Ces tribus habitaient dans l'Arabie Heureuse, en une contrée nommée Ahkaf. Houd prêcha inutilement à ce peuple pendant plusieurs années, jusqu'à ce que Dieu se lassa enfin de les attendre à la pénitence.

Le premier châtiment que Dieu leur envoya fut une famine de trois ans consécutifs, pendant lesquels le ciel fut fermé pour eux. Cette famine, jointe à beaucoup d'autres maux qu'elle causa, emporta une grande partie de ce peuple, le plus fort, le plus riche et le plus puissant de toute l'Arabie. Les Adites se voyant réduits à une telle extrémité, et ne recevant aucun secours de leurs fausses divinités, résolurent de faire un pèlerinage en un lieu de la province de Hedjaz, où est située présentement la Mecque. Il s'élevait pour lors en cet endroit une colline de sable rouge, autour de laquelle on voyait toujours un grand concours de divers peuples; et toutes ces nations, tant fidèles qu'infidèles, croyaient obtenir de Dieu, en la visitant avec dévotion, tout ce qu'ils lui demanderaient concernant les besoins et les nécessités de la vie.

Les Adites, ayant donc résolu d'entreprendre ce voyage religieux, choisirent soixante-dix hommes, à la tête desquels ils mirent Mortadh et Kil, les deux personnages les plus recommandables du pays, pour s'acquitter au nom de tout le peuple de ce devoir religieux, et obtenir du ciel, par ce moyen, la pluie, sans laquelle tout était perdu chez eux. Ces gens, étant partis, arrivèrent auprès de Moawia, qui régnait alors dans le Hedjaz, et en furent très-bien reçus. Ils lui exposèrent le sujet de leur voyage et lui demandèrent la permission d'aller faire leurs dévotions à la colline rouge, pour obtenir de la pluie.

Mortadh, qui était le plus sage de cette troupe et qui avait été persuadé par les prédications du prophète Houd, remontrait souvent à ses compagnons qu'il était inutile d'aller faire des prières en ce lieu-là, si auparavant on n'adhérait aux vérités que le prophète leur prêchait et si l'on ne faisait une sérieuse pénitence du péché d'incrédulité. « Comment voulez-vous, leur disait-il, que Dieu répande sur nous la pluie abondante de sa miséricorde, si nous refusons d'écouter la voix de celui qu'il a envoyé pour nous instruire? » Kil, qui était des plus obstinés dans l'erreur, et par conséquent des plus contraires au prophète, entendant les discours de son collègue, pria aussitôt le roi Moawia de retenir Mortadh prisonnier, pendant que lui et les siens iraient faire leurs prières sur la colline. Moawia se rendit à ses instances, et, retenant celui-ci prisonnier, permit aux autres de poursuivre leur voyage et d'accomplir leur vœu.

Kil, demeuré seul chef de ces fourvoyés, étant arrivé avec eux sur le lieu saint, prononça cette prière : « Seigneur, donnez au peuple d'Ad de la pluie telle qu'il vous plaira. » Il ne l'eut pas plutôt achevé, qu'il parut au ciel trois nuées, l'une blanche, l'autre rouge, et la troisième noire; en même temps on entendit retentir au plus haut des airs cette parole : « Choisis celle des trois que tu veux. » Kil choisit la noire, la croyant plus chargée et plus abondante en eau; et, après avoir fait ce choix, il reprit la route de son pays, s'applaudissant de l'heureux succès de son voyage.

A son arrivée dans la vallée de Moghaith, au pays des Adites, Kil fit part à ses compatriotes de la réponse favorable qu'il avait reçue, et leur annonça la nuée qui devait bientôt arroser leurs terres. Ces peuples insensés sortirent tous de leurs habitations pour la recevoir; mais cette nuée, qui n'était grosse que de la vengeance divine, ne produisit qu'un vent très-froid et très-violent, appelé *sarsar* par les Arabes, lequel, soufflant pendant sept nuits et sept jours entiers, extermina tous les infidèles du pays, et ne laissa en vie que le prophète Houd, avec le petit nombre de ceux qui l'avaient écouté et qui avaient embrassé la vraie foi. Houd se retira avec eux à la Mecque, suivant les uns; dans la province d'Hadramaut, suivant les autres; et il y finit ses jours.

HOUDKOUZ, géant célèbre parmi les Dives de la mythologie persane, sur lesquels il eut l'autorité après la défaite d'Ardjenk et de Demrousch, tués par Tahamourath. Ce prince lui déclara la guerre, à l'instigation de la péri Merdjane; mais le prince des Dives le défit et vengea par sa mort celle de ses deux prédécesseurs.

HOULIS, les Muses hindoues. La légende rapporte que Krichna étant descendu sur la terre, il y rencontra les neuf Houlis jouant de divers instruments, chantant et se divertissant entre elles; le dieu fut assez galant pour multiplier sa forme et leur présenter neuf Krichnas, qui leur donnèrent la main pour danser. Cette aventure est rappelée dans les fêtes indiennes en l'honneur de Krichna; on y exécute des danses mêlées de chants, dont le refrain est *Houli! houli! houli!* Voyez HOLI.

HOUMANI, génie femelle de la mythologie hindoue; il gouverne le ciel et la région des astres.

HOURA-HOURA, fête célébrée par les habitants de l'île Vaitohou, dans l'Océanie orientale. Les femmes, couvertes de longues robes blanches, marchent les premières sur deux rangs; à leur suite, et dans le même ordre, s'avancent les hommes, d'un pas lent et grave. Quand la procession est parvenue au lieu de la réunion, les prêtres se rangent en cercle autour de quelque tronc d'arbre creux, qui leur sert de tambour, le frappent en mesure, en y joignant leurs voix et des battements de mains. D'autres, ornés de plumes de coq, exécutent une danse bizarre; et de temps en temps l'assemblée pousse des cris prolongés, de manière à être entendus de fort loin, en prononçant de temps à autre le mot *Atoua*, nom de la Divinité. Alors une voix à peu près semblable leur répond du milieu de la montagne, et cet effet naturel de la répercussion de la voix humaine est pris par eux pour la voix de leur dieu. Cependant les hommes seuls se livrent à ces démonstrations et à ces clameurs; les femmes demeurent tranquilles, réunies en groupe à une certaine distance des hommes, parce que le lieu de la cérémonie est *tapou* ou sacré pour elles.

HOURIS, vierges célestes, aux yeux noirs comme ceux des gazelles, que la doctrine musulmane promet aux voluptés des musulmans dans le paradis. On lit en effet dans le Coran, chap. LV : « Là (dans les jardins du paradis) seront de jeunes vierges au regard modeste, que jamais n'a touchées ni homme ni génie, semblables à l'hyacinthe et au corail. Là il y aura des vierges jeunes et belles, des vierges aux yeux noirs, renfermées sous des pavillons; jamais homme ni génie n'attenta à leur pudeur, etc. » Les traditions musulmanes enchérissent encore sur ces peintures voluptueuses : Un ange, d'une beauté ravissante, viendra présenter à chacun des élus, dans un bassin d'argent, une poire ou une orange des plus appétissantes; l'heureux musulman prendra ce fruit pour l'ouvrir, et il en sortira aussitôt une jeune fille dont les grâces et les charmes seront au-dessus de l'imagination, même orientale. Il y a dans le paradis quatre sortes de ces filles : les premières sont blanches, les secondes vertes, les troisièmes jaunes, les quatrièmes rouges. Leurs corps sont composés de safran, de musc, d'ambre et d'encens; et si par hasard une d'entre elles venait à cracher dans la mer, ses eaux n'auraient plus d'amertume. Elles ont la face découverte, et sur elles on lit ces paroles engageantes, écrites en lettres d'or : « Quiconque a de l'amour pour moi, qu'il accomplisse la volonté du Créateur, qu'il me voie et me fréquente : je m'abandonnerai à lui et le satisferai. » Tous ceux qui auront observé exactement la loi du prophète, et surtout les jeûnes du ramadhan, se marieront à ces charmantes filles, sous des tentes de perles blanches, où chacune des ces vierges trouvera 70 planches de rubis, sur chaque planche 70 matelas, et sur chaque matelas 70 esclaves, lesquelles auront encore chacune une autre esclave pour les servir, et revêtiront les houris de 70 robes magnifiques, si légères et si transparentes, que les regards pénétreront à travers jusqu'à la moelle de leurs os. Les bons musulmans resteront mille ans dans les embrassements de ces célestes épouses, qui se retrouveront encore vierges. Les dix premiers apôtres de Mahomet, et surtout les quatre premiers khalifes, seront encore mieux partagés que les autres : placés dans les régions les plus élevées et les plus ravissantes du ciel, chacun d'eux jouira de la possession de 70 pavillons tout éclatants d'or et de pierreries; chaque pavillon sera garni de 700 lits éblouissants, et chaque lit sera entouré de 700 Houris.

HOUSCANAWER. Les anciens habitants de la Virginie nommaient ainsi les cérémonies de l'initiation de ceux qui étaient destinés à être prêtres et devins, et l'espèce de noviciat qu'on leur faisait subir. Ces cérémonies avaient lieu tous les quinze ou seize ans, à moins qu'un certain nombre de jeunes gens ne se trouvassent en état d'y être admis avant cette époque. C'était une discipline par laquelle ils devaient tous passer, avant d'être reçus au nombre des grands hommes de la nation. Les chefs du lieu où devait se faire la cérémonie, choisissaient les jeunes hommes les mieux faits et les plus intelligents qu'ils pussent trouver, pour être houscanawés. Ceux qui auraient refusé de subir l'épreuve de cette discipline, n'eussent osé demeurer au milieu de leurs compatriotes. On peignait les candidats de blanc, et on les conduisait devant une assemblée nombreuse de prêtres et de peuple, présidée par le wérowance ou chef ; tous ceux qui la composaient tenaient à la main des gourdes et des branches d'arbre. Le peuple passait toute la matinée à danser et à chanter autour des jeunes gens ; l'après-midi, on les plaçait tous sous un arbre, et l'on faisait entre eux une double haie de gens armés de faisceaux de petites cannes. On choisissait alors des individus qui allaient prendre tour à tour un de ces garçons, le conduisaient à travers la haie, et s'efforçaient de le garantir à leurs dépens, et avec une patience merveilleuse, des coups de baguettes qu'on faisait pleuvoir sur eux. Cet exercice était si cruel, qu'il arrivait quelquefois que les enfants en mouraient ; c'est pourquoi leurs mères apprêtaient en pleurant et en se désolant, des nattes, des peaux, de la mousse et du bois sec, pour servir aux funérailles de leurs enfants, le cas échéant. Cependant, ceux-ci n'étaient encore qu'au commencement de leurs douleurs. On les enfermait ensuite pendant plusieurs mois dans un lieu de retraite isolé, sans avoir, dans leur solitude, d'autre nourriture que l'infusion ou la décoction de quelques racines qui leur bouleversaient le cerveau. En effet, ce breuvage qu'ils appelaient *wisoccan*, joint à la sévérité de la discipline, rendait ces novices fous à lier. Ils continuaient quelque temps en cet état ; cependant on les gardait dans un enclos bien fermé et fait exprès pour cet usage. Cet enclos avait la figure d'un pain de sucre ; il était ouvert en manière de treillis, pour donner passage à l'air. C'est là que ces nouveaux initiés, perdaient le souvenir de toutes choses, oubliant biens, parents, amis, et même leur propre langue. Lorsque les prêtres trouvaient que les novices avaient assez bu de wisoccan, ils en diminuaient peu à peu la dose, jusqu'à ce qu'ils les eussent ramenés à leur premier bon sens ; mais avant qu'ils fussent rétablis, ils les conduisaient à leurs différents villages. Après cette cruelle fatigue, les jeunes gens n'auraient osé dire qu'ils se souvenaient de la moindre chose, dans la crainte d'être houscanawés de nouveau. En ce cas, le traitement est si rude, qu'il en est peu qui en réchappent. Il faut qu'un novice devienne sourd et muet, et qu'il rapprenne tout à nouveaux frais. Que l'oubli de ces jeunes gens fût feint ou réel, il est sûr qu'ils ne voulaient rien reconnaître de ce qu'ils avaient su autrefois, et que leurs gardiens les accompagnaient jusqu'à ce qu'ils fussent censés avoir tout appris de nouveau. En un mot ils recommençaient à vivre, après être morts en quelque manière, et devenaient hommes en oubliant qu'ils avaient été autrefois enfants. La peine que les gardiens de ces jeunes gens se donnaient était si extraordinaire, et ils devaient observer durant tout le cours de cette rude discipline un secret si religieux, que c'était la chose du monde la plus méritoire, que de se bien acquitter de cette charge. C'était aussi un moyen sûr de parvenir aux grands emplois.

L'auteur de l'*Histoire de la Virginie* ajoute que ceux qu'on avait houscanawés de son temps étaient de beaux garçons bien tournés et pleins de feu, de l'âge de 15, 20 et 25 ans, et qui passaient pour riches. Cela, continue-t-il, me faisait croire d'abord, que les vieillards avaient trouvé cette invention pour s'emparer des biens des jeunes gens, puisqu'en effet ils les distribuent entre eux, ou les destinent, disent-ils, à quelque usage public. Les indigènes cependant prétendaient qu'on n'employait ces moyens violents, que pour délivrer la jeunesse des mauvaises impressions de l'enfance, et de tous les préjugés qu'elle contracte avant que la raison puisse agir. Ils soutenaient que, remis en pleine liberté de suivre les lois de la nature, ils ne risquaient plus d'être les dupes de la coutume ou de l'éducation, et qu'ils étaient plus en état d'administrer la justice, sans avoir aucun égard à l'amitié ni au parentage.

HOUSCHENG, fils de Siameck, et petit-fils de Kaïoumarath, second roi de la dynastie des Pischdadiens. On prétend qu'il régna sur les Péris, après la mort de son aïeul. Ses peuples le surnommèrent *Pischdad*, qui signifie le juste et le législateur, parce qu'il fut l'auteur des plus anciennes lois de l'Orient, suivant lesquelles il gouverna ses sujets, et régla admirablement la police de ses Etats. Ce titre honorable passa à ses successeurs, qui furent appelés de son nom Pischdadiens, bien qu'ils ne fussent pas tous aussi bons justiciers que lui.

Houscheng fut le premier qui apprit à fouiller les mines, et à en tirer les métaux pour le service de l'agriculture et de la guerre. Il creusa des canaux dans toute l'étendue de l'empire, fonda la ville de Sous, ou Suze, celles de Babylone et d'Ispahan, et on le dit auteur d'un livre intitulé *la Sagesse éternelle*, que l'on a surnommé dans la Perse et dans tout l'Orient, *le Testament d'Houscheng*. Ce prince fut aussi l'un des plus célèbres conquérants de son temps ; il accomplit tous ses exploits monté sur un animal à douze pieds, nommé *Rakhsch*, né de l'accouplement d'un crocodile et de la femelle d'un hippopotame. Il le trouva dans l'île Sèche ou nouveau continent, où il se nourrissait de chair de serpents et de dragons. Houscheng eut beaucoup de mal à s'en rendre maître et à le dompter ; il lui fallut pour cela joindre l'adresse à la force. Mais après l'avoir soumis, il ne trouva pas de géant si terrible, de monstre si épouvantable qu'il ne terrassât. Il passa même, monté sur ce monstre, jusqu'au pays des *Mahi-ser*, peuples ainsi nommés parce qu'ils ont une *tête de poisson* ; ce sont peut-être ceux que nous nommons *Ichthyophages*. Enfin, ce monarque invincible, après avoir étendu ses conquêtes jusqu'aux extrémités de la terre, et fait fleurir dans ses Etats la justice et les arts, fut tué ou plutôt écrasé par un énorme quartier de roche, que les géants, ses ennemis mortels, lancèrent sur lui du haut des montagnes de Damavend qu'ils occupaient.

HUACAS, idoles des anciens Péruviens; ils donnaient aussi ce nom à leurs emblèmes sacrés, aux offrandes qu'ils faisaient au soleil, aux génies et aux héros immortalisés, aux figures d'hommes et d'animaux, aux arbres, aux rochers, aux cavernes, aux tombeaux et aux temples, que la divinité sanctifiait par sa présence, ou par lesquels elle rendait ses oracles. *Voy.* GUACAS.

HUAN, fête que les Muyscas de Sogamoso célébraient à l'anniversaire du jour où Ramiriqui, leur premier roi, était monté au ciel pour devenir le soleil. Douze hommes, vêtus de rouge et coiffés d'une mitre qui se terminait en croix, ainsi que douze autres vêtus de bleu, répétaient en chœur des vers qui disaient que tous les hommes étaient mortels, que leurs corps se convertiraient en poussière, mais qu'on ne savait pas ce que deviendrait leur âme. Ils chantaient d'un ton si lugubre, qu'ils faisaient venir les larmes aux yeux de tous ceux qui les entendaient; mais la fête se terminait par une orgie qui ne tardait pas à ramener la gaieté.

HUAYNA-CAPAC, ancien roi du Pérou, qui passait pour l'enfant le plus chéri du Soleil, dont tous les incas prétendaient descendre. Ses vertus éminentes, et les qualités dignes d'un grand roi qui avaient éclaté en lui dès sa plus tendre enfance, lui avaient mérité les adorations des hommes pendant sa vie même. Aussi son corps embaumé était-il placé, dans le temple de Cusco, vis-à-vis l'image du soleil, tandis que ceux des autres rois de la même race étaient placés sur les côtés.

HUBÉRIANISME, secte issue du luthéranisme; elle tire son nom d'Huber, natif de Berne, et professeur en théologie à Wittemberg, vers l'an 1592. Il ne put s'accommoder de la doctrine de Luther, qui avait enseigné que Dieu déterminait les hommes au mal comme au bien, et qu'ainsi Dieu seul prédestinait la créature au salut ou à la damnation. Hubert trouva ces principes contraires à l'idée de la justice, de la bonté et de la miséricorde divine. Il chercha à prouver par l'Ecriture, que non-seulement Dieu voulait le salut de tous les hommes, mais encore que Jésus-Christ les avait en effet tous rachetés, et qu'il n'y en avait point pour lesquels le Fils de Dieu n'eût satisfait réellement et de fait; en sorte que les hommes n'étaient damnés que parce qu'ils tombaient de cet état de justice dans le péché par leur propre volonté, et en abusant de leur liberté. Huber fut chassé de l'université pour avoir professé cette doctrine.

HUBERT (CHEVALIERS DE SAINT-), ordre militaire institué par Gérard V, duc de Clèves et de Gueldres, en mémoire de la victoire que ce prince remporta en 1444, le jour même de saint Hubert, sur la maison d'Egmont, qui lui disputait ses Etats. Les chevaliers portaient un collier d'or, orné des attributs des chasseurs, et auquel était suspendue une médaille représentant saint Hubert, laquelle tombait sur leur poitrine. Aujourd'hui les chevaliers portent le collier d'or, avec une croix et une image du saint.

HUGUENOTS. On s'est souvent demandé pourquoi on a donné en France le nom de *Huguenots* aux calvinistes. D'anciens auteurs, notamment Pasquier et Guy Coquille, ont donné à ce mot de vaines origines. On lit dans les recherches de Pasquier, que Huguenot dérive de *Huguet* ou *Hugon*, nom d'un lutin que les habitants de Tours honoraient du titre de roi, et qui, disait-on, courait pendant la nuit les rues de la ville, comme les premiers protestants qui allaient de nuit à leurs assemblées, ce qui les aurait fait appeler les disciples du roi Hugon, *Hugonets* ou *Huguenots*. Suivant Coquille, on appelait ainsi les calvinistes, parce qu'ils soutenaient les droits des descendants de *Hugues* Capet contre les Guise, qui se disaient fils de Charlemagne.

Le père Maimbourg, dans son *Histoire de la Réforme*, paraît être le premier auteur français qui ait donné la véritable origine du nom. Les partisans de la liberté à Genève, s'étant fait admettre parmi les confédérés suisses, se nommèrent *Eignots* ou *Huguenots*, du mot allemand *eidgenossen*, confédérés, et de *Hugues*, nom du citoyen qui avait négocié l'alliance avec les cantons. Le terme d'Huguenot s'introduisit en France, et, vers le temps de François II, commença l'usage de l'appliquer aux calvinistes, coréligionnaires des Genevois. Sismondi donne la même origine, en expliquant, avec citation d'autorités, la transformation d'*Eignots* en *Huguenots*. Quant à la doctrine des Huguenots, *Voy.* l'article CALVINISME.

HUILES SAINTES, ou SAINTES HUILES. Sous ce nom général on comprend l'huile des catéchumènes, l'huile des infirmes et le saint chrême. Les deux premières sont de l'huile d'olive pure, et n'ont de différence que leur destination et la bénédiction particulière qui a été prononcée sur elles. Le saint chrême est un composé d'huile et de baume. Comme elles ont reçu une sorte de consécration solennelle par les cérémonies de l'Eglise, il n'y a que les ecclésiastiques engagés dans les ordres sacrés qui puissent y toucher : on les tient soigneusement renfermées dans des boîtes d'argent ou d'autre métal.

1. La cérémonie de la bénédiction des saintes huiles se fait, dans l'Eglise latine, avec beaucoup de solennité; elles ne peuvent être consacrées que par un évêque, et seulement le jeudi saint. On a choisi originairement ce jour plutôt qu'un autre, parce qu'anciennement on en avait besoin pour le baptême solennel et général qui avait lieu le samedi suivant. Or, comme on n'offre point le sacrifice de la messe le vendredi saint, et

que ces sortes de bénédictions et consécrations avaient lieu à la messe, on ne pouvait pas placer celle-ci plus commodément que le jeudi saint. Sans décrire ici les longues cérémonies pratiquées en cette circonstance, nous nous contenterons de remarquer qu'après la réconciliation des pénitents publics, l'évêque consécrateur procède à la célébration du saint sacrifice de la messe, accompagné de douze prêtres, de sept diacres et de sept sous-diacres, outre ses ministres ordinaires et le reste du clergé ; les prêtres représentent les douze apôtres, et les diacres les sept premiers diacres. Le prélat quitte plusieurs fois l'autel pendant la célébration de la messe, et se rend au milieu du chœur, où sont placées sur une table les huiles qui doivent être bénites ; et là, sans parler des génuflexions, des antiennes, des oraisons, des processions, et autres cérémonies accessoires, il exorcise, bénit et consacre les trois sortes d'huiles ; après quoi il les salue, ainsi que tous les ministres qui ont concouru à la bénédiction, par une triple génuflexion accompagnée de ces paroles : *Ave, sanctum oleum*, Je vous salue, huile sainte, ou *Ave, sanctum chrisma*, Je vous salue, saint chrême. Les saintes huiles sont portées avec pompe à la sacristie, et on achève le saint sacrifice. Immédiatement après on envoie de ces huiles consacrées dans toutes les paroisses du diocèse, pour servir à la bénédiction des fonts baptismaux le samedi saint, à la collation des sacrements, et à d'autres cérémonies sacrées pendant le reste de l'année. On brûle ce qui reste des saintes huiles de l'année précédente.

L'huile des infirmes ne sert que pour donner le sacrement de l'extrême-onction aux malades, et à la bénédiction des cloches.

L'huile des catéchumènes s'emploie dans le baptême, à l'ordination des prêtres, au sacre des rois, etc.

Le saint chrême est employé dans les sacrements de baptême et de confirmation, à la consécration des évêques, à celle des églises, des autels, des calices, à la bénédiction des cloches, etc.

2. Chez les Grecs, c'est aussi l'évêque qui consacre les huiles saintes, le jeudi saint. Mais le saint chrême est composé d'une multitude de substances aromatiques qui lui donnent la consistance du beurre ; il y entre, parmi d'autres substances, du vin, du *calamus aromaticus*, du baume, de l'échinante, du poivre, de la myrrhe, de la *xylocassia*, des *folia indica*, etc. Le prêtre ayant à ses côtés deux diacres qui tiennent l'éventail à la main, et précédé du domestique et d'autres diacres qui marchent avec des lampes, porte cette composition dans une boîte d'albâtre, ou plutôt dans un petit vase qui porte ce nom, parce qu'autrefois il était d'albâtre, quoique aujourd'hui il soit de verre ou de cristal. Arrivé à la porte du sanctuaire, il présente le vase couvert d'un voile à l'évêque qui le pose sur la sainte table au côté gauche. Alors un diacre dit : « Acquittons-nous de nos prières au Seigneur. » Ensuite le pontife s'avance au bord de cette sainte table, et après avoir découvert le voile, il le consacre et le bénit par un triple signe de croix, suivi d'une assez longue prière.

3. Dans plusieurs communions orientales, les prêtres bénissent l'huile des infirmes immédiatement avant de donner l'extrême-onction. *Voy.* EXTRÊME-ONCTION.

HUITACA, appelée aussi *Xubchasgaqua*, ancienne divinité des Muyscas d'Amérique ; elle s'efforça de pervertir les hommes en leur prêchant une mauvaise doctrine, et les engagea à se livrer à tous les vices. C'est pourquoi Chiminzigagua la changea en chouette, et ordonna qu'elle ne pourrait paraître que la nuit. On la confond quelquefois avec *Bachue*.

HUITZILOPOCHTLI, dieu des Mexicains, appelé communément par les anciens voyageurs *Vitzliputzli*; son culte fut importé dans le Mexique par les Aztèques, lorsque ceux-ci s'établirent dans la contrée.

Le Mexique fut peuplé par diverses nations sorties, d'après la tradition, d'un endroit nommé Chicomoztoc, ou les sept cavernes. Ce furent les Mexicains qui se mirent en route les derniers, et qui vinrent, après avoir erré longtemps de côté et d'autre, s'établir dans une petite île du lac de Mexico. Ils s'étaient mis en route sous le commandement d'un vaillant chef nommé *Huitziton*, qui remporta de grandes victoires contre les nations qui s'opposaient à leur passage, et mourut enfin chargé de gloire et d'années. Les prêtres racontèrent qu'après sa mort il leur était apparu à la gauche du dieu *Tezcatlipuca*, d'où il fut appelé *Huitzilopochtli*, de son nom *Huitziton* et *Opochtli*, à gauche (1). Ils ajoutèrent qu'il avait promis de continuer à les protéger et à les guider, et qu'après avoir renfermé ses ossements dans une urne précieuse, ils les consultaient dans toutes les occasions importantes. Cette origine, racontée par Veitia, paraît à M. Ternaux-Compans bien plus sensée que les légendes racontées par Torquemada et Sahagun, et qui sans doute n'étaient admises que par les classes inférieures. Nous allons cependant les rapporter ici.

Ces derniers racontent qu'il y avait à Coatepec une femme nommée Coatlicue, qui était très-dévouée au culte des dieux. Un jour qu'elle était dans le temple, suivant son habitude, elle vit une balle faite de diverses espèces de plumes, qui descendait du ciel. Elle la ramassa et la plaça dans son sein, projetant d'en employer plus tard les plumes à la décoration du temple. Elle fut très-surprise, en rentrant chez elle, de ne plus la retrouver, et bien plus surprise encore en se voyant enceinte. Ses enfants l'ayant décou-

---

(1) Selon M. de Humboldt, ce nom est formé de *Huitzilin*, colibri, et *opochtli*, à gauche ; parce qu'il était peint avec des plumes de colibri sous le pied gauche.

vert résolurent de la mettre à mort. Coatlicue ayant deviné leur dessein était plongée dans la plus sombre tristesse, quand elle entendit une voix qui sortait de son ventre, et qui lui disait de ne rien craindre, et que tout tournerait à sa gloire.

Cependant ses fils, guidés par leur méchante sœur Cojolxauqui, persistaient dans leurs mauvais desseins. L'un d'eux pourtant, nommé Quavitlicac, éprouva des remords, et avertit Coatlicue de ce qui se passait. Celle-ci s'était réfugiée sur une montagne où ses enfants étaient sur le point de la surprendre, quand Huitzilopochtli vint au monde, le bras gauche armé d'un bouclier, tenant un javelot de la main droite, la tête couverte d'une couronne de plumes vertes, et le corps rayé de bleu. Il saisit un serpent de résine enflammée, et le lança autour du corps de sa méchante sœur qui fut consumée en un instant. Il attaqua ensuite ses frères, et malgré leur opiniâtre résistance, il les tua tous et présenta leurs dépouilles à sa mère. Il se mit ensuite à la tête des Mexicains, et ce fut lui qui les guida pendant leurs longues marches, et les conduisit dans l'endroit où ils fondèrent plus tard leur capitale.

Son idole était gigantesque, et représentait un homme assis sur une pierre bleue, des quatre coins de laquelle sortaient quatre serpents ; c'était au moyen de ces quatre serpents, qui tenaient lieu de bâtons, que les sacrificateurs portaient l'image du dieu sur leurs épaules, quand on devait la promener en public. Son front était aussi peint en bleu ; mais sa figure et le derrière de sa tête étaient couverts d'un masque d'or. Elle avait la tête surmontée d'un casque de plumes de diverses couleurs, en figure d'oiseau, avec le bec et la crête d'or bruni. Le dieu avait au cou un collier composé de dix plaques d'or en forme de cœurs humains. Il tenait dans la main droite, en guise de massue, une couleuvre ondoyante peinte en bleu, et portait au bras gauche un bouclier sur lequel on voyait cinq balles de plumes disposées en forme de croix. Au-dessus du bouclier on voyait un étendard d'or, et quatre flèches que les Mexicains prétendaient leur avoir été envoyées du ciel. Un grand serpent d'or servait de ceinture à l'idole, et son corps était orné de diverses figures d'animaux en or et en pierres fines, qui toutes avaient une signification.

Cette idole était placée dans un temple vaste et magnifique. Voici la description qu'en donne l'auteur de *la Conquête du Mexique*.

« On entrait d'abord dans une grande place carrée, et fermée d'une muraille de pierre, où plusieurs couleuvres en relief, entrelacées de diverses manières au dehors de la muraille, imprimaient de l'horreur, principalement à la vue du frontispice de la première porte qui en était chargé, non sans quelque signification mystérieuse. Avant d'arriver à cette porte, on rencontrait une espèce de chapelle qui n'était pas moins affreuse ; elle était de pierre, élevée de trente degrés, avec une terrasse en haut, où l'on avait planté sur un même rang, et d'espace en espace, plusieurs grands troncs d'arbres taillés également, qui soutenaient des perches passant d'un tronc à l'autre. On avait enfilé par les tempes, à chacune de ces perches, quelques crânes des malheureux qui avaient été immolés, dont le nombre, qu'on ne peut rapporter sans horreur, était toujours égal, parce que les ministres du temple avaient soin de remplacer celles qui tombaient par l'injure du temps.

« Les quatre côtés de la place avaient chacun une porte ; elles se répondaient, et étaient ouvertes sur les quatre principaux vents. Chaque porte avait sur son portail quatre statues de pierre, qui semblaient, par leurs gestes, montrer le chemin, comme si elles eussent voulu renvoyer ceux qui n'étaient pas bien disposés : elles tenaient le rang de dieux liminaires ou portiers, parce qu'on leur rendait quelque révérence en entrant. Les logements des sacrificateurs et des ministres étaient appliqués à la partie intérieure de la muraille, avec quelques boutiques qui occupaient tout le circuit de la place, sans retrancher beaucoup à sa capacité, si vaste, que 8 à 10,000 personnes y dansaient commodément aux jours de fêtes solennelles.

« Au centre de cette place s'élevait un grand édifice de pierre, qui, par un temps serein, se découvrait au-dessus des plus hautes tours de la ville. Elle allait toujours en diminuant, jusqu'à former une demi-pyramide, dont trois des côtés étaient en glacis, et le quatrième soutenait un escalier ; édifice somptueux, et qui avait toutes les proportions de la bonne architecture. Sa hauteur était de 120 degrés, et sa construction si solide, qu'elle se terminait en une place de 40 pieds en carré, dont le plancher était couvert fort proprement de divers carreaux de jaspe de toutes sortes de couleurs. Les piliers ou appuis en forme de balustrade qui régnaient autour de cette place étaient tournés en hélice, et revêtus sur les deux faces de pierres noires semblables au jais, appliquées avec soin, et jointes au moyen d'un bitume rouge et blanc ; ce qui donnait beaucoup de grâce à tout cet édifice.

« Aux deux côtés de la balustrade, à l'endroit où l'escalier finissait, deux statues de marbre soutenaient deux grands candélabres d'une exécution extraordinaire. Plus avant s'élevait une pierre verte de cinq pieds de haut, taillée en dos d'âne, où l'on étendait sur le dos le misérable qui devait servir de victime, afin de lui fendre l'estomac, et d'en tirer le cœur. Au-dessus de cette pierre, en face de l'escalier, on voyait une chapelle dont la structure était solide et bien entendue, couverte d'un toit de bois rare et précieux, sous lequel était placée l'idole de Huitzilopochtli, sur un autel fort élevé, entouré de rideaux.

« Une autre chapelle, à gauche de la première, et de la même fabrique et grandeur, enfermait l'idole du dieu Tlaloc. Le trésor de ces deux chapelles était d'un prix inestimable ; les murailles et les autels étaient couverts de joyaux et de pierres précieuses, sur des plumes de couleur. »

Trois fois par an, les Mexicains célébraient une grande fête en l'honneur de Huitzilopochtli. La première avait lieu dans le cinquième mois de l'année, nommé *toxcatl*. Sur un squelette fait du bois *mizcuitl*, on faisait avec la pâte de la graine *tzohualli* une image de Huitzilopochtli, que l'on revêtait du costume et des ornements symboliques de ce dieu. On la plaçait ensuite sur l'autel, et l'on apportait devant elle un rouleau de papier d'aloès qui avait vingt brasses de long, une de large et un doigt d'épaisseur, et sur lequel on avait peint et représenté tous ses exploits : on brûlait des parfums devant cette idole, les prêtres et les prêtresses dansaient à l'entour de la statue, et tout le peuple en faisait autant dans la cour et sur les parvis du temple. Ensuite on immolait un esclave.

Au neuvième mois, nommé *tlaxuchimaco*, on renouvelait les danses et les sacrifices. Mais c'était dans le quinzième mois appelé *panquetzaliztli*, qu'avait lieu la fête principale. Deux jours auparavant, des espèces de vestales, appelées *filles de la pénitence*, mais qui pendant cette solennité prenaient le nom de *sœurs de Huitzilopochtli*, pétrissaient avec du miel et de la farine de maïs une figure de ce dieu. Tous les seigneurs assistaient à la composition. Ensuite on parait l'idole d'habits et d'ornements magnifiques ; on la plaçait sur un trône couleur d'azur, posé sur un brancard. Le jour de la fête, aux premiers rayons du soleil, toutes les jeunes filles, vêtues de robes blanches, couronnées de grains de maïs rôti, les poignets ornés de bracelets de mêmes graines, les bras couverts de plumes rouges, et les joues peintes de vermillon, portaient le brancard sacré jusqu'au temple. De jeunes hommes prenaient l'idole de pâte et la plaçaient au pied des grands degrés ; le peuple venait se prosterner devant elle, en se mettant sur la tête un peu de terre que chacun prenait sous ses pieds. On organisait ensuite une procession, qui se rendait d'abord vers la montagne de Chapultepèque, où on offrait un sacrifice. De là on allait à Atlacuya, lieu célèbre par les traditions de leurs ancêtres, et enfin à une troisième station nommée Cuyoacan. On revenait à Mexico sans s'arrêter, car cette procession qui était d'environ quatre lieues devait être faite en quatre heures, d'où lui venait le nom d'*Ypaina*, c'est-à-dire voyage précipité. Les jeunes hommes portaient le brancard au pied des grands degrés, où ils l'avaient pris, et l'élevaient au sommet du temple à grand renfort de poulies et de cordes, au bruit de toutes sortes d'instruments. Les adorations du peuple redoublaient pendant cette cérémonie. L'idole était placée dans une riche cassette, au milieu des parfums et des fleurs. Dans l'intervalle, de jeunes filles apportaient des morceaux de la même pâte dont elles avaient fabriqué la statue, pétris en forme d'os, et qu'on appelait pour cela les os et la chair de Huitzilopochtli. Les sacrificateurs venaient à leur côté, parés de guirlandes et de bracelets de fleurs, faisant porter à leur suite les figures de leurs dieux et de leurs déesses. Ils se plaçaient autour des morceaux de pâte, qu'ils bénissaient par des chants et des invocations. Cette bénédiction était suivie des sacrifices, et, dans cette solennité, le nombre des victimes était beaucoup plus grand qu'aux autres fêtes. Les jeunes filles chantaient au son d'un tambour, et tous les seigneurs répondaient à leurs chants, en manière de chœur ; pendant ce temps-là on dansait autour de l'idole et du temple, mais il n'y avait que les nobles qui y prissent part, revêtus de leurs ornements les plus riches ; le peuple jouissait du spectacle, mais à quelque distance, et ne s'y mêlait que par ses acclamations. Cette danse se nommait *quinacoain*, et ce fut pendant qu'on la célébrait qu'eut lieu, sur l'ordre d'Alvarado, le massacre de la noblesse mexicaine. La chaîne était formée par des danseurs des deux sexes, placés alternativement et se tenant par la main. Ceux qui s'étaient distingués à la guerre avaient seuls le privilége de passer leur bras autour de la taille de leur danseuse, ce qui était sévèrement interdit aux autres. Quand la danse était terminée, l'on faisait une nouvelle procession solennelle ; les guerriers y figuraient une escarmouche, et y mettaient un tel acharnement qu'il en périssait quelquefois un grand nombre. Après les réjouissances de la fête, les prêtres brisaient l'idole de pâte, ainsi que les morceaux appelés les os de Huitzilopochtli, et en distribuaient les fragments aux assistants qui les mangeaient avec toutes les apparences d'une grande dévotion. Si l'on en croit le récit des historiens espagnols, cette sorte de communion avait les plus grands rapports avec les rites catholiques ; ainsi les communiants étaient persuadés qu'ils mangeaient la chair de leur dieu ; c'était un péché de premier ordre de prendre quelque autre nourriture avant midi ; tout le monde était averti de s'en garder, on allait jusqu'à cacher l'eau pour en priver les enfants. On portait même aux malades de ces mets consacrés. La solennité finissait par un discours du grand prêtre, qui recommandait l'observation des lois et des cérémonies.

HUMANITARIENS, nom qu'on donne quelquefois, en Angleterre et aux États-Unis, aux *Unitaires*, parce qu'ils réduisent et ravalent la dignité du Messie à la seule qualité d'homme, nient sa conception divine, la rédemption par ses souffrances, l'efficacité du baptême pour effacer la tache originelle, puisqu'ils nient également sa transmission à la postérité du premier homme. Ils rejettent conséquemment le symbole des apôtres ; en un mot, ils ont adopté un système contigu au déisme ; mais comme le déisme est assez généralement décrié en Angleterre, les théistes, pour échapper à l'improbation dont il est frappé dans l'opinion publique, s'agrégent aux Humanitariens. *Voy.* UNITAIRES.

HUMILIÉS (ORDRE DES), ordre fondé dans le XIIe siècle par quelques gentilshommes de Milan, qui, du consentement de leurs femmes, se réunirent en corps de congrégation, prirent le nom d'*Humiliés*, et ajoutèrent le vœu de chasteté à la pratique des pieux exercices qu'ils faisaient en commun. Cet institut subsista cent ans sans règle écrite. Saint Bernard, étant venu à Milan en 1134, lui en dressa une qui fut adoptée. Quelques années après, saint Jean Oldralo, appelé vulgairement *de Méda*, y introduisit la règle de saint Benoît. Mais au commencement du XVIe siècle, ils étaient tombés dans un tel relâchement qu'il n'y avait que 170 religieux pour les 90 monastères que possédait leur congrégation. Leurs supérieurs, qu'on appelait *prévôts*, faisaient de leurs revenus l'usage qu'ils jugeaient à propos, et vivaient sans règle. Saint Charles Borromée, alors archevêque de Milan, obtint du pape deux brefs qui l'autorisaient à faire ce qu'il jugerait convenable pour les réformer. Il fit assembler à cet effet un chapitre général à Crémone, où il publia des règlements propres à ranimer la ferveur primitive de l'institut. Les religieux reçurent avec plaisir ; mais les prévôts et les frères convers refusèrent de s'y soumettre. Trois des prévôts résolurent même la mort du saint archevêque, et soudoyèrent un prêtre du même ordre, qui lui tira un coup d'arquebuse, mais le bienheureux fut préservé d'une manière toute providentielle ; la balle s'aplatit sur son rochet. Le pape Pie V abolit cet ordre, et employa leurs revenus à des usages pieux.

HUMMA, dieu souverain des Cafres, qui fait tomber la pluie, souffler les vents, et qui donne le froid et le chaud ; mais ils ne croient pas qu'on soit obligé de lui rendre hommage, parce que, disent-ils, tantôt il inonde les terres de pluie, tantôt il les brûle de chaleur et de sécheresse, sans garder la moindre proportion.

HUNKEAR-IMAMI, nom que l'on donne, à Constantinople, aux imams du sérail, qu'on pourrait appeler les aumôniers du sultan. Ce sont eux qui sont chargés de faire le namaz (prière canonique) et de prononcer la khotba (le prône), les vendredis, en présence du sultan. Il y a deux officiers du sérail qui portent ce titre, et qui remplissent ces fonctions, chacun leur semaine.

HUNZAHUA, héros des temps mythologiques chez les Muyscas ; il régna 250 ans sur toute la contrée, et fonda la ville de Hunza, dont les Espagnols ont fait Tunja. La légende rapporte qu'Hunzahua étant devenu amoureux de sa sœur, il vit bien qu'il ne pourrait pas réussir dans ses mauvais desseins, tant qu'elle serait sous la surveillance de sa mère. Il annonça donc qu'il allait faire un voyage chez les Chipataes, pour acheter du coton que cette province produit en abondance, et demanda à sa mère de lui donner sa sœur pour l'accompagner. L'ayant obtenue, il profita de cette occasion pour la séduire, et la ramena ensuite à la maison. Mais bientôt la mère s'aperçut que sa fille était enceinte ; elle fut saisie d'une telle colère, qu'elle voulut la frapper du bâton avec lequel elle remuait la chicha qu'elle était occupée à préparer dans ce moment ; mais celle-ci s'étant heureusement baissée assez vite, elle n'atteignit que le vase qui fut brisé en morceaux : la chicha se répandit par terre et donna naissance à une source que l'on appelle actuellement la source de Donato.

Hunzahua fut tellement irrité des mauvais traitements qu'éprouvait sa sœur, que, montant sur une colline qui domine la ville et la vallée de Tunja, il les accabla de malédictions : c'est depuis cette époque que ce district est froid et stérile. Il appela ensuite sa sœur au son d'une trompette de bois. Quand elle l'eut rejoint, ne sachant de quel côté se diriger, il lança en l'air une flèche garnie d'un grelot, et marcha dans la direction qu'elle avait prise. Elle le conduisit dans la province des Laches, où sa sœur mit au monde un fils. Ne sachant qu'en faire, il le changea en pierre et le cacha dans une caverne où il est encore aujourd'hui. Les deux époux continuèrent leur vie errante et arrivèrent enfin sur le territoire de Bogota. Mais parvenus auprès du saut de Téquentama, ils se sentirent tellement épuisés de fatigue, qu'ils s'arrêtèrent dans cet endroit, où ils furent changés en deux rochers que l'on y voit encore aujourd'hui.

HUOCUVU, HOUOKOUVOU, mauvais esprit de la théogonie des Patagons. *Voy.* GUALICHU.

HURIN-PACHA, nom que les Péruviens donnaient au monde terrestre que nous habitons, par opposition à *Hanan-Pacha*, le monde supérieur, et à *Veu-Pacha*, le monde inférieur ou enfer.

HUSSITES, hérétiques du XVe siècle, ainsi nommés de Jean de Hus ou de Hussinets, petite ville de Bohême, et communément *Jean Hus*.

Cet hérésiarque fit ses études dans l'université de Prague, y prit les degrés, et en fut même recteur pendant quelque temps. On assure que ses mœurs étaient graves et austères. Il avait de la science et de l'éloquence, comme on en avait dans ce temps-là ; c'est-à-dire que son esprit fut de bonne heure rempli et préoccupé de toutes ces questions oiseuses qui partageaient les écoles : querelles de privilége entre les différents ordres réguliers et mendiants ; questions scolastiques entre les étudiants ; questions de droit naturel, d'autorité, de hiérarchie, de réforme, toutes palpitantes en ce moment.

Les disputes soulevées par Wiclef en Angleterre avaient eu du retentissement jusqu'en Allemagne. Jean Hus, attaché aux saines doctrines, blâma d'abord fortement les idées de ce chef de secte ; bientôt il se familiarisa avec elles, et quand il fut prêtre et prédicateur, il se mit comme Wiclef à prêcher une réforme rude et sévère, désespérante même, comme son caractère tout âpre et absolu. Les abus qui s'étaient introduits dans le régime ecclésiastique, les désordres trop fréquents dont il était témoin, le faste, le déréglement et l'ignorance d'une grande partie du clergé, les excommunications réciproques des antipapes qui, de son temps, se disputaient le siége apostolique, les croisades qu'ils faisaient prêcher l'un contre l'autre, les indulgences qu'ils prodiguaient à leurs partisans, tout acheva d'irriter le zèle de Jean Hus. Il ne dissimula pas ses sentiments, et commença à prêcher avec feu contre la corruption des ecclésiastiques, et contre leurs richesses excessives. Mais il ne sut point s'arrêter dans cette route périlleuse. Il enseigna qu'aucun homme en état de péché mortel ne peut être pape, ni évêque, ni prince, ni seigneur; qu'on n'est point de l'Église à moins qu'on n'imite la vie de Jésus-Christ et des apôtres; qu'en conséquence les pécheurs ne sont point membres de la communauté des chrétiens; qu'il n'y a point d'autre chef de l'Église que Jésus-Christ; que les sujets et les particuliers doivent reprendre les vices de leurs supérieurs; que les inférieurs ont le droit d'examiner et de juger les lois de leurs supérieurs et de leurs maîtres; que toute action faite sans la charité est un péché, etc. On voit que la première source des erreurs de Jean Hus venait d'un rigorisme outré, et qu'il voulait introduire une réforme pire que les abus qu'il voulait réprimer. Cependant cette doctrine se fit des partisans en Bohême et en Moravie.

L'archevêque de Prague et le pape ne purent laisser passer sans condamnation de si étranges principes. Jean, qui prétendait avoir à réformer le monde, y compris les évêques et le pape, fut loin de se soumettre. Il continua de prêcher avec plus de vivacité que jamais; il prit la défense des livres de Wiclef, qui venaient d'être condamnés au feu tout récemment; non pas qu'il voulût encore justifier toutes les opinions erronées de cet hérésiarque, mais il soutenait que, loin de brûler les livres des hérétiques, il fallait les laisser entre les mains du peuple, et lui donner l'instruction nécessaire pour le mettre en état de les juger par lui-même et d'en apercevoir le faux. Il appliqua ce principe à l'Écriture sainte, et soutint que pour savoir ce que nous devons croire ou rejeter, il faut que chacun consulte les livres saints et les commente de son autorité privée. Cette règle, établie dans le siècle suivant par les protestants, le poussa aussi à nier plusieurs autres dogmes, entre autres la présence réelle de Jésus-Christ dans l'eucharistie. Il attaqua aussi la confession, soutenant que le pouvoir de lier et de délier accordé aux apôtres n'était qu'un pouvoir ministériel, qui n'opérait rien par lui-même; que Jésus-Christ seul avait le pouvoir de lier et de délier; d'où il concluait que les péchés étaient remis par la seule contrition, et non par l'absolution du prêtre, qui déclarait seulement que le pardon avait été accordé.

À ces erreurs majeures en fait de religion, Jean Hus joignait d'autres querelles de philosophie et de partis, vaines, futiles à nos yeux, mais qui alors étaient au moins d'une aussi grande importance, et qui aigrirent les esprits contre lui autant que ses opinions hérétiques. La querelle des réalistes et des nominaux était alors flagrante à l'université de Prague. Jean Hus soutenait le parti des réalistes, et le soutenait avec l'acharnement qu'on mettait alors à ces petites questions. En qualité de recteur de l'université, il persécuta à outrance les nominaux; il souleva en outre toute la nation allemande de cette université, en lui faisant perdre deux des trois voix qu'elle avait eues jusqu'alors dans les assemblées. C'était de ces offenses qui ne se pardonnaient pas en ce temps-là; aussi le recteur des Allemands, suivi de plus de 2000 écoliers, déserta Prague pour se rendre à Leipsik.

Jean Hus, en butte à tous les orages suscités contre lui par sa conduite et par ses opinions, ne voulait pas pourtant sortir du giron de l'Église catholique. Aussi, pour parer aux condamnations portées contre lui par son archevêque et par le pape, il eut recours à la méthode employée par tous ceux qui étaient condamnés, à un appel au futur concile, protestant qu'il se soumettrait à son jugement. Lorsque le concile de Constance s'ouvrit, il y vint, muni d'un sauf-conduit de l'empereur Sigismond, et y soutint avec opiniâtreté de nombreuses thèses contre l'université de Paris. Cependant sa doctrine ne put être approuvée, et le concile la condamna expressément. Jean, ne voulant rien céder, chercha à s'échapper et à retourner en Bohême, où il avait de nombreux partisans, surtout parmi le peuple des villes et des campagnes; mais il fut arrêté déguisé en charretier, et ramené à Constance. Là il soutint jusqu'au bout son caractère inflexible, et refusa toute rétractation. Les Pères du concile le déclarèrent dégradé de la prêtrise et privé de tous les priviléges ecclésiastiques. Il fut livré au bras séculier qui s'empara de lui, et, sur l'ordre de l'empereur, il fut brûlé en cette ville le 6 juillet de l'année 1415. Jean Hus subit ce supplice avec un courage et une fermeté dignes d'une meilleure cause.

Sa mort, loin d'affaiblir et d'intimider ses partisans, les rendit plus opiniâtres dans les doctrines nouvelles qu'ils avaient embrassées. Aux opinions de leur chef ils joignirent une nouvelle erreur, qui leur fut suggérée par un curé de Prague nommé Jacobel. Cette erreur consistait à soutenir que la communion sous les deux espèces était absolument nécessaire au salut, suivant ces paroles de Jésus-Christ : « Si vous ne mangez la chair du Fils de l'homme et si vous ne buvez son sang, vous n'aurez point la vie en vous. » Le sentiment de Jacobel avait été approuvé par Jean Hus, alors au concile de Constance. Après le supplice de celui-ci, et bien que ses partisans eussent été excommuniés par le concile, ils continuèrent à soutenir et à enseigner ces doctrines. Dans plusieurs endroits de la Bohême et de la Moravie, on commença même à administrer la communion sous les deux espèces ; mais les curés et les prêtres catholiques s'opposèrent avec tant de force à cette innovation, que les prêtres hussites furent obligés de se retirer sur une montagne, et d'y ériger une chapelle pour donner la communion à leur manière. Cette montagne fut appelée *Thabor*, mot qui, dans la langue du pays, signifie *tente* ou *camp*. Le peuple accourait en foule au Thabor, et la communion sous les deux espèces semblait s'accréditer par les obstacles mêmes qui la devaient détruire. Les Hussites, poussés à bout par les rigueurs exercées contre eux, ne consultèrent plus que la rage et le désespoir, et prirent les armes pour se défendre. Zisca, chambellan du roi Wenceslas, se mit à leur tête. Cet homme, qui possédait toutes les qualités d'un grand capitaine, rendit le parti des Hussites redoutable aux plus puissants princes. Il fit bâtir une forteresse sur le Thabor, rassembla les Hussites en un corps d'armée, les forma au service militaire, et les jeta ensuite sur les ennemis. La victoire le suivit partout. Il ravagea la ville de Prague, massacra les sénateurs, pilla et brûla les monastères. Ses soldats étaient animés au carnage par la vue d'un tableau où l'on avait peint un calice qu'il faisait porter devant eux. Sigismond voulut s'opposer aux progrès rapides de Zisca ; il mena contre lui des armées formidables qui furent taillées en pièces. Vaincu trois fois, il commençait à négocier un traité, lorsque Zisca, qui était aveugle depuis plusieurs années, fut emporté par la peste. Après sa mort, les Hussites se divisèrent en trois corps. Les uns ne voulurent point de chef, et furent appelés *Orphelins* ; les autres choisirent des chefs, et prirent le nom d'*Orébites* ; le troisième corps, et le plus considérable, donna pour successeur à Zisca un de ses élèves, appelé Procope *le Rasé*, qui fut surnommé *le Grand*. Cette division des Hussites ne nuisit point à leurs conquêtes. Ils étaient toujours réunis lorsqu'il fallait combattre contre les catholiques. Les papes firent prêcher contre eux des croisades. Des armées composées de 100,000 croisés attaquèrent les Hussites bien inférieurs en nombre, et furent mises en déroute. Enfin le pape et l'empereur, rebutés d'une guerre si malheureuse, voulurent tenter les voies de l'accommodement. Ils invitèrent les chefs des Hussites à se rendre au concile de Bâle, en leur donnant toute sûreté pour leurs personnes. L'invitation fut acceptée. Les députés hussites, entre lesquels était Procope, étant arrivés au concile, demandèrent, 1° que l'on administrât aux laïques la communion sous les deux espèces ; 2° que tous les prêtres eussent pleine liberté de prêcher la parole de Dieu ; 3° que la possession et la propriété des biens temporels fût interdite aux ecclésiastiques ; 4° que les magistrats fussent exacts à infliger des peines aux crimes publics. Le concile n'ayant pas voulu satisfaire les députés sur ces quatre articles, ils s'en retournèrent ; et l'on vit bientôt la guerre se rallumer aussi vivement que jamais, mais avec moins de succès pour les Hussites. Ils perdirent leurs meilleurs généraux, et furent vaincus en plusieurs rencontres, ce qui rabattit un peu leur orgueil, et les rendit plus attentifs aux propositions de paix que le concile leur fit renouveler. On fit donc un traité par lequel on permettait aux Hussites la communion sous les deux espèces, à condition qu'ils se soumettraient à tous les autres usages de l'Eglise catholique, et lui rendraient l'obéissance filiale qui lui est due. Une autre condition portait que les prêtres de Bohême, avant de donner la communion sous les deux espèces, avertiraient le peuple de ne pas croire que, sous l'espèce du pain, il n'y eût que le corps de Jésus-Christ, et que son sang sous l'espèce du vin, mais qu'il était tout entier sous chaque espèce. La communion sous les deux espèces s'accrédita dans la plupart des églises de Bohême ; mais les prêtres négligèrent d'avertir le peuple qu'elle n'était pas nécessaire. *Voy.* CALIXTINS, THABORITES.

HUTCHINSONIENS, secte ou plutôt parti protestant, qui suit la doctrine de John Hutchinson, né en 1674 dans le Yorkshire. Celui-ci, ayant fait une étude spéciale de l'hébreu, se persuada que les saintes Ecritures, dont l'original est dans cette langue, contiennent un système complet de philosophie et de théologie. Voici, d'après l'abbé Grégoire, le précis de ses idées :

Les choses invisibles échappent à nos sens, et nous ne pouvons les connaître que par la révélation. La nature, qui est l'ouvrage de Dieu, nous découvre les perfections et la puissance infinie du Créateur. Le Psalmiste et saint Paul nous l'assurent. La nature est en quelque sorte le commentaire des pensées divines ; elles y sont écrites dans un langage qui ne peut être confondu, dans un texte qui ne peut être interpolé. L'aspect des choses visibles élève nos âmes vers le souverain Etre, les dispose à lui offrir l'hommage de l'adoration et de la reconnaissance. — Le monde créé renferme les types des choses invisibles : ainsi le firmament par ses trois agents, le feu, la lumière, l'air, est une image de la Trinité ; comme elle, il a unité de substance dans ses trois parties constituantes, qui représentent les trois pouvoirs suprêmes de la Divinité dans le gouvernement du monde. C'est au Père que doivent s'appliquer ces paroles de l'Ancien et du Nouveau Testament : *Dieu est un feu dévorant*. Le Fils est désigné par saint Jean, comme la lumière qui est venue éclairer le monde. Le Consolateur, troisième personne de la Trinité, est désigné sous le nom d'Esprit ou de vent.

Hutchinson laissa son nom à un parti qui s'accrut considérablement après sa mort, arrivée en 1727, surtout dans l'université d'Oxford. Les Hutchinsoniens ne repoussent pas l'étude des auteurs profanes ; mais ils se défient d'une philosophie qui n'a pas le sceau du christianisme, et oes théories enfantées par l'imagination, au lieu d'être appuyées sur des raisonnements certains ou sur des faits positifs. — La nature leur offre des marques évidentes du déluge universel, et, comme tous les bons physiciens, dans l'étude des fossiles ils trouvent les preuves de cette subversion du globe. — La langue hébraïque, ayant été formée sous l'inspiration divine, est la plus appropriée pour transmettre aux hommes les volontés du Tout-Puissant ; les termes radicaux de cette langue renferment des vérités importantes. L'Ecriture sainte a, presque partout, un sens figuratif ; on y trouve les emblèmes de la naissance, de la vie, des souffrances, et de la mort du Rédempteur. Les types de l'Ancien Testament sont l'histoire anticipée du Nouveau.

Cette nouvelle secte, attaquée, en 1758, par John Douglas, évêque de Salisbury, le fut encore dans d'autres ouvrages anglais. On l'accusa même, contre l'évidence des faits, d'être anti-chrétienne. Elle n'a pas formé d'Eglise séparée ; mais elle s'est fait un certain nombre de partisans, tant chez les anglicans que parmi les dissidents. Toutefois leur nombre diminue peu à peu.

HUTTÉRIENS, ou HUTTÉRITES, secte d'anabaptistes qui, sous la conduite d'Hutter, fondèrent un établissement en Moravie, et prirent de là le nom de *frères Moraves*, sous lequel ils sont plus connus. *Voy.* MORAVES.

HUTTITES, autre secte d'anti-luthériens, sectateurs de Jean Huttus ; ils se croyaient réellement les enfants d'Israël, venus pour exterminer les Chananéens. Ils disaient encore que le jour du jugement approchait, et qu'il fallait s'y préparer en mangeant et en buvant.

HYACINTHIES, fête que les Lacédémoniens célébraient tous les ans pendant trois jours, en l'honneur d'Apollon, auprès du tombeau d'Hyacinthe. Cet Hyacinthe avait été autrefois tendrement aimé du dieu des Muses. Zéphyre, d'autres disent Borée, qui était aussi amoureux du jeune homme, jaloux de voir la préférence qu'il accordait à Apollon, s'en vengea d'une manière cruelle. Un jour que le dieu jouait au palet avec son favori, Zéphyre détourna au moyen de son souffle le disque d'Apollon, qui alla frapper mortellement le jeune Hyacinthe. Apollon désespéré fit de vains efforts pour le rappeler à la vie, et le métamorphosa en la fleur de son nom, qui porte inscrit sur ses pétales ce cri de douleur αἴ, αἴ. C'est en mémoire de ce triste événement que les Lacédémoniens célébraient les Hyacinthies. Le premier jour était un jour de deuil et de tristesse ; on ne portait point de couronnes à table, on ne chantait point d'hymnes, on ne mangeait pas de pain. Le second jour était consacré à la joie ; les jeux et les spectacles étaient ouverts ; les jeunes gens se promenaient ; on organisait des cavalcades, des concerts, des danses, des spectacles. Le lendemain, on célébrait les Saturnales ; les maîtres et les domestiques mangeaient à la même table.

HYAMIDES, nom que portaient, dans la ville de Pise, les prêtres de Jupiter.

HYBLÉA, déesse adorée en Sicile ; elle avait un temple à Hybla, dans le territoire de Syracuse.

HYBRISTIQUES (du mot grec ὕβρις, *honte, insulte*), nom d'une fête célébrée à Argos, en l'honneur des femmes qui, sous la conduite de Télésilla, avaient pris les armes et sauvé la ville assiégée par les Lacédémoniens commandés par Cléomène, lesquels eurent *la honte* d'être repoussés par des femmes ; d'où la fête a pris son nom. Dans cette solennité, les hommes s'habillaient en femmes et les femmes en hommes.

HYDATOSCOPIE, divination par l'eau, *Voy.* HYDROMANCIE.

HYDRAGES, nom des ministres qui, dans les mystères des Grecs, assistaient les aspirants à l'initiation. Ils étaient ainsi nommés, parce qu'ils employaient l'eau (ὕδωρ) pour les purifications préliminaires.

HYDRANOS, ou *baptiseur* ; nom du ministre qui, dans les mystères d'Eleusis, plongeait dans l'eau l'initié. Il immolait ensuite à Jupiter une truie pleine, sur la peau de laquelle on plaçait le récipiendaire. *Voy.* ELEUSINIES.

HYDRE DE LERNE. *Voy.* HERCULE, *deuxième travail.*

HYDRE, ou HYDRIA, vase percé de tous côtés, qui représentait, en Egypte, le dieu de l'eau. Les prêtres le remplissaient d'eau à certains jours, l'ornaient avec beaucoup de magnificence, et le plaçaient ensuite sur une espèce de théâtre public. Tout le monde, dit Vitruve, se prosternait alors devant lui, les mains élevées vers le ciel, et rendait grâces aux dieux des biens que lui procurait cet élément. Le but de cette cérémonie paraît avoir été d'apprendre aux Egyptiens que l'eau est le principe de toutes choses, et qu'elle avait donné à tout ce qui respire le mouvement et la vie. L'Hydria était appelée *Canope* par les Egyptiens. *Voy.* CANOPE.

HYDRIADES, nymphes des eaux qui, suivant les Grecs, dansaient quand on jouait de la flûte.

HYDROMANCIE, art de prédire l'avenir par le moyen de l'eau. Varron la dit inventée par les Perses, et fort pratiquée par Pythagore et Numa. On en distingue plusieurs espèces :

1. Lorsqu'à la suite d'invocations et autres cérémonies magiques on voyait écrits sur l'eau les noms des personnes ou des choses au sujet desquelles on consultait le sort, ces noms se trouvaient tracés à rebours.

2. On se servait d'un vase plein d'eau et d'un anneau suspendu à un fil ou à un cheveu, et cet anneau frappait spontanément sur les parois du vase un certain nombre de coups, qui indiquaient soit le nombre demandé, soit la réponse convenue.

3. On jetait successivement, et à de courts intervalles, trois petites pierres dans une

eau tranquille et dormante, et des cercles formés à la surface du liquide et de leur intersection on tirait des présages.

4. On examinait attentivement les divers mouvements et l'agitation des flots de la mer: Les Siciliens et les Eubéens étaient fort adonnés à cette superstition.

5. On tirait des présages de la couleur de l'eau et des figures qu'on croyait y voir. C'est ainsi que, selon Varron, on apprit à Rome quelle serait l'issue de la guerre contre Mithridate. Certaines rivières ou fontaines passaient chez les anciens pour être plus propres que d'autres à ces opérations.

6. C'était encore par une espèce d'hydromancie que les anciens Germains éclaircissaient leurs soupçons sur la fidélité de leurs femmes. Ils jetaient dans le Rhin les enfants dont elles venaient d'accoucher; s'ils surnageaient, ils les tenaient pour légitimes, et pour bâtards s'ils allaient au fond.

7. On remplissait d'eau une tasse, et après avoir prononcé dessus certaines paroles, on examinait si l'eau bouillonnerait et se répandrait par-dessus les bords.

8. On mettait de l'eau dans un bassin de verre ou de cristal; puis on y jetait une goutte d'huile, et l'on s'imaginait voir dans cette eau, comme dans un miroir, ce dont on désirait être instruit.

9. Les femmes des Germains en pratiquaient une neuvième sorte, en examinant les tours et détours et le bruit que faisaient les eaux des fleuves dans les gouffres ou tourbillons qu'ils formaient, pour deviner l'avenir.

10. Enfin, on peut rapporter à l'hydromancie une superstition qui a été longtemps en usage en Italie. Lorsqu'on soupçonnait plusieurs personnes d'un vol, on écrivait leurs noms sur autant de petits cailloux qu'on jetait dans l'eau.

HYDROMISTE, titre d'office dans l'Eglise grecque. Les fonctions de l'Hydromiste étaient de faire l'eau bénite et d'en asperger le peuple.

HYDROPARASTES, nom que l'on a donné aux encratites, hérétiques du IIe siècle, parce qu'ils n'offraient que de l'eau dans l'eucharistie. Ils s'abstenaient de vin, même hors du sacrifice, et refusaient de communiquer avec ceux qui en buvaient. *Voy.* ENCRATITES.

HYDROPHORIES, fêtes funèbres célébrées à Athènes et chez les Egiustes, en mémoire des Grecs qui avaient péri dans le déluge de Deucalion et dans celui d'Ogygès. Chez les Athéniens, elles avaient lieu le premier jour du mois anthestérion; on portait avec pompe de l'eau dans des vases, ainsi que l'exprime le nom de la cérémonie, et on allait la verser dans un gouffre d'environ une coudée de large, qui se trouvait auprès du temple de Jupiter, et par lequel on croyait que s'étaient écoulées les eaux du déluge. On y jetait ensuite un gâteau de farine et de miel, comme une offrande pour apaiser les dieux infernaux.

HYEMANTES, ou *Hivernants*; nom donné à certains pénitents par un synode d'Ancyre, et qui s'appliquait surtout à ceux qui étaient affectés de lèpre, ou qui s'étaient rendus coupables de péchés contre nature. On les trouve également cités dans saint Maxime. Zonare pense qu'on les nommait ainsi, parce qu'ils restaient hors de l'église et sans aucun abri, exposés aux intempéries des saisons.

HYÉTIOS, ou *le Pluvieux*; les Athéniens honoraient Jupiter sous ce nom, et lui avaient élevé un autel sur le mont Hymette.

HYGIE, ou HYGIÉE, — 1. déesse de la santé chez les Grecs, qui la disaient fille d'Esculape et de Lampétie. Dans un temple consacré à son père, à Sicyone, elle avait une statue couverte d'un voile, à laquelle les femmes de cette ville dédiaient leur chevelure. D'anciens monuments la représentent couronnée de lauriers, tenant de la main droite un sceptre, en qualité de reine de la médecine. Sur son sein est un grand dragon à plusieurs replis, qui avance la tête pour boire dans une coupe qu'elle tient de la main gauche. On a un grand nombre de statues de cette déesse qui sont autant d'*ex voto*. Les Romains avaient adopté son culte dans leur ville, et lui avaient érigé un temple, comme à celle de qui dépendait le salut de l'empire.

2. On appelait du même nom un gâteau arrosé de vin et d'huile qu'on offrait dans les sacrifices.

HYGROMANCIE, divination par les eaux et par les choses humides.

HYLO, divinité des bergers, adorée autrefois en Westphalie.

HYLOBIENS, philosophes indiens, qui se retiraient dans les forêts pour vaquer plus librement à la contemplation de Dieu et de la nature. *Voy.* GYMNOSOPHISTES.

HYMEN, ou HYMÉNÉE, dieu des Grecs qui présidait au mariage. Les poëtes le supposent fils de Bacchus et de Vénus; mais on raconte au sujet de son origine une autre légende qui ne manque point de probabilité.

Un jeune Athénien nommé Hyménée, doué d'une parfaite beauté, conçut, dès l'âge le plus tendre, une violente passion pour une jeune fille d'Athènes, d'un état et d'un rang bien supérieur au sien. N'osant, par cette raison, lui découvrir son amour, il se déguisa en fille, travestissement que favorisaient sa jeunesse et la délicatesse de ses traits. Dans cet équipage non suspect, il suivait partout sa belle, sans la perdre de vue. Un jour que les dames athéniennes s'assemblaient sur le bord de la mer pour la célébration des fêtes de Cérès; Hyménée, sachant que sa maîtresse devait s'y trouver, se glissa dans l'assemblée à la faveur de son déguisement. Au milieu de la fête, des pirates descendant tout à coup sur le rivage, enlèvent toutes les femmes, et Hyménée avec elles, les jettent dans leurs vaisseaux et mettent à la voile. Hyménée dans cette circonstance manifesta une prudence et un courage qui auraient pu déceler son sexe. Les corsaires, n'ayant aucune défiance de cette troupe de femmes, leur avaient laissé beaucoup de liberté, et se tenaient peu sur leurs gardes. Hyménée, profitant de leur sécurité, exposa à ses compagnes la grandeur du péril où elles se trouvaient, leur inspira son courage, et les détermina à tuer leurs ravisseurs; il se mit à leur tête, et tous les pirates furent égorgés. Il se rendit ensuite à Athènes, où le bruit de l'enlèvement des matrones et des jeunes filles faisait le sujet de toutes les conversations, déclara, dans une assemblée du peuple, qui il était, et ce qui lui était arrivé, et promit de faire revenir toutes les prisonnières, à condition qu'on lui donnerait pour épouse celle des captives qu'il choisirait. Sa proposition fut acceptée avec joie; il alla chercher toutes ses compagnes, et épousa celle qu'il aimait, aux acclamations de toute la ville. C'est en faveur d'un mariage aussi heureux, que les Athéniens l'invoquèrent après sa mort, comme le dieu du mariage, et célébrèrent en son honneur des fêtes appelées *Hyménées.*

D'autres auteurs ont écrit qu'Hymen était un jeune homme qui fut écrasé dans sa maison le jour de ses noces, et que, pour expier ce malheur, les Grecs avaient établi qu'on l'invoquerait dans ces sortes de cérémonies. — On représentait toujours l'Hymen sous la figure d'un jeune homme couronné de fleurs, surtout de marjolaine, tenant de la main droite un flambeau, et de la gauche un voile jaune, couleur affectée autrefois aux noces.

HYMÉNÉES. 1. Chansons nuptiales, acclamations, refrains consacrés à la solennité des noces.

2. Les *Hyménées* étaient aussi des fêtes célébrées en l'honneur du dieu des mariages.

HYMETTIEN, surnom de Jupiter, pris du mont Hymette, dans le voisinage d'Athènes, sur lequel ce dieu avait un temple. On dit que les abeilles du mont Hymette avaient nourri Jupiter enfant, et qu'en récompense le dieu leur avait accordé le privilége de faire le miel le plus délicat de toute la contrée; fable fondée sur ce que le miel qui venait de cette montagne était fort estimé chez les anciens.

HYMNE, chant composé en l'honneur de la Divinité.

1. Les anciens regardaient la poésie comme un art divin, et particulièrement destiné à chanter la gloire de leurs dieux. Ils avaient des hymnes de différentes sortes : les uns théurgiques ou religieux; les autres poétiques ou populaires, d'autres enfin philosophiques ou propres aux seuls philosophes. Les premiers étaient particuliers aux initiés, et ne renfermaient, avec des invocations singulières, que les attributs divins exprimés par des noms mystiques. Tels sont les hymnes attribués à Orphée. Les hymnes poétiques ou populaires en général faisaient partie du culte public, et roulaient sur les aventures fabuleuses des dieux. On en voit plusieurs exemples dans les poëtes anciens, tels qu'Homère, Pindare, Callimaque, Virgile, Horace. Enfin les hymnes philosophiques ou n'étaient point chantés, ou l'étaient seulement dans les festins décrits par Athénée, et sont, à proprement parler, un hommage secret que les philosophes ont rendu à la Divinité. Telle est la palinodie attribuée à Orphée, et l'hymne attribué à Cléanthe, Lycien, le second fondateur du portique, et conservé par Stobée. Comme cet hymne est fort beau, nous allons en donner la traduction, et nous le ferons suivre de l'hymne au soleil, qui nous a été conservé par Marcianus Capella; nous en reproduirons le texte latin, parce qu'il est peu connu.

HYMNE DE CLÉANTHE.

« O père des dieux! toi qui réunis plusieurs noms, et dont la vertu est une et infinie; toi qui es l'auteur de cet univers, et qui le gouvernes selon les conseils de ta sagesse; je te salue, ô dieu tout-puissant! car tu daignes nous permettre de t'invoquer.

« Nous qui rampons sur la terre, ne sommes-nous pas l'ouvrage de tes mains, et comme l'image de ta parole éternelle?

« Tu seras, ô Jupiter! la matière de mes louanges, et ta souveraine puissance sera le sujet ordinaire de mes cantiques.

« Tu ordonnes les biens et les maux, selon les conseils de ta loi, loi éternelle, qu'osent braver les impies.

« Malheur à ces impies! S'ils étudiaient ta loi, s'ils lui obéissaient, ils couleraient des jours heureux dans l'innocence et dans la paix; mais ils ne suivent que les lois de leur aveugle instinct. Ils sont les vils esclaves et les misérables jouets de toutes les passions. »

HYMNE AU SOLEIL.

Ignoti vis celsa patris vel prima propago,
Fomes sensificus, mentis fons, lucis origo;
Regnum naturæ, decus atque assertio divum,
Mundanusque oculus, fulgor splendentis Olympi.
Ultra mundanum fas est cui cernere patrem :
Et magnum spectare deum, cui circulus Æthræ
Paret et immensis moderaris raptibus orbes :
Nam medium tu curris iter, dans solus amicam
Temperiem superis, compellensque atque coërcens
Sidera sacra deum cum legem cursibus addis.
Hinc quod est quarto jus est decurrere circo,
Ut tibi perfecta numerus ratione probetur.
Nonne a principio geminum tu das tetrachordon?
SOLEM te Latium vocitat, quod *solus* honore
Post patrem sis lucis apex radiisque sacratum
Bis senis perhibent caput aurea lumina ferre,
Quod totidem menses, totidem quod conficis horas.
Quatuor alipedes dicunt te flectere habenis,
Quod solus domites quam dant elementa quadrigam.
Nam tenebras prohibens, retegis quod cærula lucet,
Hinc PHŒBUM perhibent prodentem occulta futuri;
Vel quia dissolvis nocturna admissa LYÆUM;
Te SERAPIM, Nilus; Memphis veneratur OSIRIM;
Dissona sacra MITHRAM, DITEMQUE, ferumque TY-
[PHONEM;
ATYS pulcher item, curvi et PUER almus *Aratri*;
AMMON et arentis Libyes, et Biblius ADONIS.
Sic vario cunctus te nomine convocat orbis.
Salve vera deum facies, vultusque paterne,
Octo et sexcentis numeris, cui littera trina
Conformat sacrum nomen, cognomen et omen.
Da, pater, æthereos mentis conscendere cœtus,
Astrigerumque sacro sub numine noscere cœlum.

« Force suprême du père inconnu, son premier-né, principe du sentiment et de l'intelligence, source de lumière, règne de la nature, gloire des dieux, preuve de leur existence, œil du monde, éclat de l'Olympe resplendissant, auquel seul il est permis de voir le père placé au delà du monde et de considérer le grand dieu ; toi qui, dans ton circuit immense, gouvernes l'univers et ses révolutions; car tu en parcours le milieu, donnant seul aux mondes supérieurs une chaleur tempérée, et dictant les lois aux astres sacrés des dieux, parce que tu es placé dans le quatrième orbite, et que ton *nombre* t'a été assigné par la droite raison, en sorte que, dès le commencement, tu nous donnes un double tétracorde.

« Le Latium t'appelle Soleil, parce que *seul* tu es, après le père, la source de la lumière. Douze rayons couronnent ta tête sacrée, parce que tu formes autant de mois, autant d'heures. Quatre coursiers sont attelés à ton char, parce que seul tu domptes le quadrige formé par les éléments. Comme en dissipant les ténèbres tu manifestes la lumière des cieux, on t'appelle Phébus, qui découvres les secrets de l'avenir ; et Lyéus, parce que tu dissipes les mystères de la nuit. Le Nil t'adore sous le nom de Serapis; Memphis sous celui d'Osiris. Dans les fêtes d'hiver tu es appelé Mithra, Dis, le féroce Typhon. On te révère aussi sous les noms du bel Atys, de l'enfant chéri de la *charrue*. Dans la brûlante Libye, tu es Ammon, et à Biblos, Adonis. Ainsi l'univers entier t'invoque sous des noms différents.

« Salut à toi, véritable figure des dieux, image de ton père, à toi dont trois lettres valant en nombre six cent huit, forment le nom sacré, le surnom et le présage. Accorde-nous, ô père! de monter dans les assemblées éthérées de l'esprit; et de contempler, à la faveur de ton nom sacré, le ciel étincelant d'astres lumineux. »

2. L'Eglise chrétienne a aussi sa poésie et ses hymnes. Dès l'origine du christianisme, l'apôtre saint Paul invitait les fidèles à s'édifier mutuellement par le chant des psaumes, des hymnes et des cantiques spirituels. Les psaumes eux-mêmes étaient des hymnes véritables, laissés par la synagogue ; il y en avait d'appropriés aux différents actes religieux et solennels; l'évangéliste remarque qu'après sa dernière cène, Jésus-Christ chanta ou récita avec ses apôtres l'hymne d'action de grâces. Les premiers chrétiens, suivant la prescription de l'Apôtre, chantaient des hymnes, ainsi que le remarque saint Augustin. Toutefois les hymnes proprement dites (1), c'est-à-dire celles qui étaient assujetties au mètre et au rhythme ne s'introduisirent qu'assez tard dans l'office public. Les sentiments furent même partagés alors au sujet de leur admission. Les uns prétendaient qu'on pouvait les admettre, les autres soutenaient le contraire. Le concile de Bragué, tenu en 563, défendit de rien insérer dans l'office divin qui ne fût tiré de l'Ecriture sainte ; il en bannit notamment toute hymne et toute composition humaine ; c'était sans doute pour arrêter l'invasion de plusieurs hymnes d'origine suspecte, et qui n'étaient pas exemptes d'un levain d'hérésie. Mais d'autres Eglises firent un choix d'hymnes composées par des auteurs parfaitement orthodoxes, et crurent pouvoir les insérer dans l'office divin. Saint Ambroise, archevêque de Milan, fut un des premiers à les introduire dans la liturgie; lui-même en avait composé plusieurs. Cet usage s'établit peu à peu dans les autres Eglises ; celle de Tolède les admit un siècle après la décision du concile de Brague; mais au x° siècle, on ne voyait pas encore d'hymnes dans la liturgie romaine; la semaine sainte et la semaine de Pâques sont encore à présent un monument de cette ancienne discipline. Les Eglises de Lyon et de Vienne n'en avaient pas encore admis au commencement du XVIII° siècle. Maintenant nous croyons que, dans toute l'Eglise latine, l'usage des hymnes a prévalu. Il y en a même une dans chacune des huit parties de l'office.

Les plus anciens et les plus féconds hymnographes sont : saint Hilaire de Poitiers, saint Ambroise et Prudence. Saint Thomas d'Aquin a composé celles qui se chantent à l'office du saint sacrement. Mais, dans la plupart de ces compositions, les pieux auteurs avaient consulté plutôt leur dévotion que les règles de la métrique latine; aussi, à l'époque de la renaissance des lettres, les puristes les trouvèrent prosaïques et barbares ; c'est pourquoi plusieurs travaillèrent, non pas à les remplacer, mais à les corriger, et à les rendre plus poétiques; cette œuvre fut bien accueillie par le pape Urbain VIII, et les hymnes ainsi corrigées furent insérées dans les bréviaires de l'Italie et de quelques Eglises d'Allemagne, d'Espagne, etc. La France, qui avait d'abord religieusement conservé l'ancien texte, alla cependant beaucoup plus loin dans le siècle suivant; un grand nombre de diocèses firent main basse sur la presque totalité des anciennes hymnes, qui avaient pour elles le cachet de l'antiquité, celui de la piété et la sanction de l'Eglise universelle, et leur substituèrent des hymnes composées par des personnages suspects d'hérésies, mais d'une latinité que l'on jugea très-pure, et d'un mètre calqué sur celui des odes profanes d'Horace. Nous ne nous prononcerons pas sur l'opportunité de cette substitution, et sur la question de savoir jusqu'à quel point on avait le droit de l'opérer; nous observerons seulement que si nous avons gagné quelque chose en latinité et en poésie, nous avons certainement perdu en piété et en clarté. Néanmoins, pour être justes, nous conviendrons que les bréviaires de France contiennent plusieurs hymnes modernes d'une grande

---

(1) Les grammairiens français ont décidé, nous ne savons trop pourquoi, que les *hymnes* de l'Eglise catholique seraient du genre féminin et les hymnes non rhythmiques de la même Eglise, et ceux qui appartiennent aux autres religions, du genre masculin,

beauté, et qui ne manquent pas de foi et de piété; nous citerons, entre autres, celles de l'office canonial du dimanche, et l'hymne *Christe, quem sedes revocant paternæ*, adoptée par plusieurs diocèses pour la fête de l'Ascension; mais nous n'avons jamais compris l'engouement qu'a provoqué la fameuse hymne de Santeul, *Stupete, gentes*, qui n'est, comme presque toutes les autres hymnes du même poëte, qu'une assez ennuyeuse série d'antithèses, sans le plus petit mot pour la piété, pour l'âme et pour le cœur.

Les hymnes de l'Eglise, considérées dans leur contexture, peuvent être partagées en trois classes : 1° les hymnes métriques, et dont les strophes sont composées d'après les règles de la poésie latine, comme sont presque toutes les hymnes modernes et un petit nombre d'anciennes; 2° les hymnes assujetties au nombre des syllabes et à la rime, comme un grand nombre de celles composées dans le moyen âge, entre autres celles de saint Thomas d'Aquin; c'est ce qu'on appelle vers léonins ; 3° les hymnes assujetties au nombre des syllabes seul, sans mètre, sans rime, comme un grand nombre d'hymnes anciennes.

Nous ne donnons point d'exemples d'hymnes latines, parce qu'elles sont entre les mains de tout le monde.

3. L'Eglise grecque a aussi ses hymnes, d'une grande richesse de poésie : nous allons en donner un spécimen.

HYMNE AU SAUVEUR (*de Clément d'Alexandrie*).

Στόμιον πώλων ἀδαῶν,
Πτερὸν ὀρνίθων ἀπλανῶν,
Οἴαξ νηπίων ἀτρεκής,
Ποιμὴν ἀρνῶν Βασιλικῶν,
Τοὺς σοὺς ἀφελεῖς
Παῖδας ἄγειρον,
Αἰνεῖν ἁγίως,
Ὑμνεῖν ἀδόλως,
Ἀκάκοις στόμασιν
Παίδων ἡγήτορα Χριστόν.

Βασιλεῦ ἁγίων,
Λόγε πανδαμάτωρ,
Πατρὸς ὑψίστου
Σοφίας πρύτανι,
Στήριγμα πόνων,
Αἰωνοχαρές·
Βροτέας γενεᾶς
Σῶτερ Ἰησοῦ,
Ποιμήν, ἀροτήρ,
Οἴαξ, στόμιον,
Πτερὸν οὐράνιον
Παναγοῦς ποίμνης·
Ἁλιεῦ μερόπων,
Τῶν σωζομένων,
Πελάγους κακίας
Ἰχθῦς ἁγνοὺς
Κύματος ἐχθροῦ,
Γλυκερῇ ζωῇ δελεάζων,
Ἡγοῦ, προβάτων
Λογικῶν ποιμήν
Ἅγιε, ἡγοῦ,
Βασιλεῦ, παίδων ἀνεπάφων.

Ἴχνια Χριστοῦ,
Ὁδὸς οὐρανία,
Λόγος ἀέναος,
Αἰὼν ἄπλετος,

Φῶς ἀίδιον,
Ἐλέους πηγή,
Ῥεκτήρ ἀρετῆς,
Σεμνὴ βιοτὴ
Θεὸν ὑμνούντων, Χριστὲ Ἰησοῦ.

Γάλα οὐράνιον
Μαστῶν γλυκερῶν,
Νύμφης χαρίτων
Σοφίας τῆς σῆς ἐκθλιβόμενον,
Οἱ νηπίαχοι
Ἀταλοῖς στόμασιν
Ἀτιτολλόμενοι,
Θηλῆς λογικῆς
Πνεύματι δροσερῷ
Ἐμπιπλάμενοι
Αἴνους ἀφελεῖς,
Ὕμνους ἀτρεκεῖς,
Βασιλεῖ Χριστῷ
Μισθοὺς ὁσίους
Ζωῆς διδαχῆς
Μέλπωμεν ὁμοῦ,
Μέλπωμεν ἁπλῶς,
Παῖδα κρατερόν·
Χορὸς εἰρήνης,
Οἱ Χριστόγονοι,
Λαὸς σώφρων,
Ψάλωμεν ὁμοῦ Θεὸν εἰρήνης.

« Frein des jeunes coursiers indomptés; aile des oiseaux qui ne savent pas voler, gouvernail assuré de l'enfance, pasteur des agneaux du roi, rassemble tes enfants exempts de duplicité, pour célébrer saintement, et chanter avec candeur, d'une bouche innocente, le Christ conducteur des enfants.

« O roi des saints ! Verbe triomphateur suprême, dispensateur de la sagesse du Père tout-puissant, soutien des travaux, toi qui te réjouis dans l'éternité, Jésus, Sauveur de la race mortelle; pasteur, laboureur, gouvernail, frein, aile céleste du troupeau très-saint, pêcheur des humains que tu es venu sauver; toi qui, avec l'amorce d'une vie pure, retires tes innocents poissons des flots odieux de la mer du vice; saint pasteur, conduis tes brebis spirituelles ; ô roi ! dirige tes enfants intacts.

« Les vestiges du Christ sont la voie du ciel. Parole incessante, éternité sans bornes, éternelle lumière, fontaine de clémence, source de toute vertu, ô Christ Jésus! vie irréprochable de ceux qui chantent les hymnes à Dieu.

« Nous, petits enfants, qui de nos tendres bouches suçons le lait céleste exprimé des douces mamelles de ta sagesse, la grâce des grâces; abreuvés de la rosée de l'esprit qui découle de la nourrissante parole, chantons ensemble des louanges ingénues, des hymnes sincères au Christ roi. Chantons les saintes récompenses de la doctrine de vie; chantons avec simplesse l'enfant tout-puissant : chœur pacifique, enfants du Christ, troupe innocente, chantons tous ensemble le Dieu de paix. »

Voyez, au premier volume, *l'hymne chérubique* qu'on chante, dans l'Eglise grecque, lorsque le prêtre porte les dons de la prothèse au grand autel ; article CHÉRUBIQUE ; et l'hymne chantée à la communion par les Arméniens, article COMMUNION, n. 5.

4. Presque tous les peuples païens ont des hymnes en l'honneur de la Divinité. Dans l'impossibilité de donner un échantillon de tous ces poëmes religieux ou théosophiques, nous nous contenterons de reproduire ici des extraits de l'Hymne à Parvati, attribuée au théosophe Sangkara Atcharya, et traduite du sanscrit en français par M. Troyer.

Hymne à Parvati (1).

« Siva peut tout produire quand il est réuni à Sakti (son épouse); sinon ce dieu ne saurait rien mouvoir convenablement. Comment donc un homme qui n'est pas sanctifié sera-t-il en état de t'offrir son adoration et sa louange, à toi qui dois être vénérée par Hari, Hara, Virintchi et les autres dieux?...

« Toi qui es pour les ignorants, le soleil qui dissipe les ténèbres et crée la lumière; pour les stupides, le vase de la sainte doctrine qui contient le nectar du bouquet divin; pour les indigents, le collier de joyaux du désir; toi qui nous offres, à nous qui sommes plongés dans l'océan de l'existence, les défenses du sanglier, au moyen desquelles l'ennemi de Moura (Vichnou) souleva l'univers.

« Hormis toi, chacune des divinités peut de ses mains accorder la grâce de la sécurité; toi seule, tu n'as pas besoin même d'un signe extérieur pour manifester ta protection contre tout danger; tes pieds mêmes sont en état, ô protectrice des mondes ! de nous préserver de la crainte, et de nous donner une récompense au delà de nos désirs.....

« O fille du mont Hima ! le dieu sans corps (l'Amour), qui porte, avec cinq flèches, un arc de fleurs dont la corde se compose d'abeilles, qui est accompagné du printemps et du vent de Malaya, et qui est monté sur un char d'armes, après avoir d'un coin de ton œil reçu quelque signe de pitié, devient seul le vainqueur de ce monde entier.....

« Ceux qui sont heureux te vénèrent comme l'onde de la béatitude intellectuelle, toi qui fais ta demeure de la couche de Siva, sous le dais orné des symboles de ce dieu ; dans le palais de Brahma, au milieu de l'océan d'ambroisie, sur l'île de joyaux, qui est environnée d'une enceinte d'arbres divins, comme d'un jardin de kadambas.....

« Tu arroses l'espace au moyen des torrents d'ambroisie qui s'écoulent de tes pieds, et au moyen de la lumière des Védas que tu répands. Ayant pris possession de la terre, et l'étant, pour te placer, formée toi-même en un bracelet semblable à un serpent, toi qui es l'ornement des familles, tu dors dans la caverne.....

« Comment Brahma et les autres chefs des poëtes peuvent-ils comparer à quelque chose la beauté? ô fille du mont de glace ! Les épouses des immortels, quand elles ont satisfait leur empressement à l'apercevoir, entrent rapidement dans l'état d'union intime avec (Siva) le dieu qui sommeille sur les montagnes, quoique cet état soit difficile à obtenir, même par des austérités religieuses.....

« Comment les discours des hommes vertueux ne contiendraient-ils pas la douceur réunie du miel, du lait et de la grappe de raisin, quand ces hommes se sont une fois inclinés devant toi, toi qui es blanche comme la lumière de la lune d'automne, et ornée de la tiare que forment tes cheveux noués, qui sont surmontés du croissant ; devant toi qui protéges contre toute malédiction effroyable, et qui portes dans ta main un livre et un rosaire de globules de cristal?

« Ces saints entretiennent l'émotion de l'assemblée au moyen des paroles profondes que leur inspire l'épouse de Brahma ; ces saints qui te vénèrent, toi qui éclaires l'esprit des poëtes éminents, comme la splendeur naissante du jour illumine un assemblage touffu de lotus. N'es-tu pas l'aurore même et l'onde du jeune amour?.....

« O toi, dont les membres répandent en abondance la lumière ou l'ambroisie, et dont la forme a la majesté du rocher du mont Hima ! celui qui te porte dans son cœur dompte, semblable à (Garouda) roi des faucons, la fureur des serpents ; et d'un regard dont s'écoule du nectar, il réjouit le malade brûlé par la fièvre.

« Des hommes magnanimes jouissent de l'onde de la béatitude suprême; lorsque, le cœur délivré de l'illusion du péché, ils te voient, toi qui es subtil comme le trait de la foudre, et qui, réunissant en toi le soleil, la lune et le feu, te reposes dans une forêt de cent milliards de lotus, sur un trône de six cercles mystiques qui font partie de toi.

« O Bhavani ! jette un regard de pitié sur moi ton serviteur. A celui qui, avec le désir de te louer, invoque ton nom *Bhavani*, tu montres l'état d'union intime avec tes pieds qui resplendissent par le reflet de la couronne épanouie d'Indra, de Brahma et de Moukounda.....

« Que tout ce que j'ai proféré devienne une prière prononcée à demi-voix et adressée à toi ; que tout mon art soit un exercice de mes doigts dans l'acte de ma dévotion ; ma locomotion, une marche révérencieuse autour de toi ; mon aliment, ce sacrifice que j'accomplis en nourrissant tout ce qui a vie; mon sommeil, une attitude de vénération ; que tout mon plaisir soit placé dans ton sein, et que toute ma volupté soit un excès de zèle à te servir.....

« L'intelligence, c'est toi; le ciel, c'est toi; tu es le vent, tu es (le feu) son conducteur ; tu es l'eau, tu es la terre ; rien n'existe hors de toi, en qui est le complément de tout ; ô épouse de Siva ! pour réjouir ton propre être au moyen du corps de l'univers, tu embellis par ton pouvoir la forme de la pensée et de la béatitude.....

---

(1) Parvati est l'épouse de Siva, troisième personne de la triade hindoue; mais ici elle est considérée comme principe de tous les dieux. Cet hymne porte en sanscrit le titre de l'*Onde de la Béatitude*. Il a 102 stances, mais nous avons dû en retrancher un grand nombre.

« O fille du mont Hima! qui peut célébrer dignement ton diadème d'or, lequel est solidement composé d'admirables joyaux célestes et de rubis? En se confondant avec sa lumière, le croissant mobile de la lune brille, semblable à l'arc d'Indra; oh! comme il fascine l'esprit!....

« O fille du seigneur des monts! au gré de tes yeux fermés ou ouverts, tombe ou s'élève ce monde : ainsi disent les sages. Les ouvres-tu, l'univers renaît; oui, je crois qu'en t'abstenant de fermer les yeux, tu préserves le monde de la destruction.....

« O toi qui, éternelle, dois être adorée par les êtres infiniment subtils, rayons de lumière sortis de ton corps. *Ce que tu es, je le suis*: celui qui pense toujours ainsi, quelle merveille, s'il prend pour de l'herbe les richesses réunies de (Siva) le dieu aux trois yeux! Le feu de la grande destruction du monde ne lui paraîtra qu'une splendide illumination.....

« O trésor de Kouvéra (dieu des richesses)! toi qui, douée d'un sourire éternel et de qualités sans bornes, maîtrises les lois de la morale; toi qui es sans commencement, toi qui es la véritable connaissance et la seule demeure de ceux qui sont versés dans les exercices religieux; toi qui es indépendante du destin, et le thème essentiel de louanges de tous les écrits sacrés; toi qui ne crains pas la destruction et qui es éternelle, écoute aussi cet hymne que je te consacre.... »

HYMNIE, surnom sous lequel Diane était invoquée en Arcadie. Sa prêtresse était une vierge, mais Aristocrate ayant voulu lui faire violence, on la remplaça par une femme mariée. Diane avait encore, dans le territoire d'Orchomène, un temple desservi par un homme marié, mais qui ne devait avoir aucun commerce avec les autres hommes.

HYMNODES, chanteurs d'hymnes : c'étaient tantôt de jeunes filles, tantôt des chœurs composés des deux sexes, quelquefois le poëte ou les prêtres et leurs familles.

HYMNOGRAPHE, compositeur d'hymnes. Les principaux hymnographes de l'Eglise latine sont saint Hilaire de Poitiers, saint Ambroise de Milan, Prudence, Sédulius, saint Grégoire, Venance Fortunat, saint Thomas d'Aquin, Santeul, Coffin, Robinet, etc.

HYPANTE, ou HYPAPANTE; c'est le nom que les Grecs donnent à la fête de la Purification de la sainte Vierge et de la Présentation de Jésus au temple. Ce mot grec, ὑπαντὴ ou ὑπαπαντὴ, signifie *rencontre*, parce que ce jour-là Jésus et sa Mère se rencontrèrent avec le vieillard Siméon et Anne la prophétesse.

HYPAR (ὕπαρ, vision réelle); mot par lequel les Grecs exprimaient les deux marques sensibles de la manifestation des dieux, c'est-à-dire les songes et l'apparition réelle; ce dernier mode pouvait avoir lieu, soit qu'ils se montrassent eux-mêmes, soit qu'ils rendissent leur présence sensible par quelque merveille. *Voy.* AORASIE, THÉOPSIE.

HYPATOS, c'est-à-dire *souverain*; surnom de Jupiter adoré en Béotie. Il avait aussi, sous ce nom, un autel à Athènes, sur lequel on ne devait offrir rien d'animé; on ne pouvait même s'y servir de vin pour les libations.

HYPERCHYRIE. Junon ou Vénus avait sous ce nom un temple à Lacédémone. Les femmes qui avaient des filles à marier s'y rendaient pour y offrir des sacrifices.

HYPERDULIE. Les théologiens catholiques appellent ainsi le culte que l'Eglise rend à Marie, mère de Jésus, culte supérieur à celui de *dulie*, que l'on rend aux autres saints.

HYPÉRÈTES, dieux du second ordre, que les Chaldéens vénéraient comme les ministres du Dieu suprême.

HYPÉRION, l'un des titans, fils d'Uranus, frère de Japet et de Saturne, épousa Thia, selon Hésiode, et fut père du soleil, de la lune et de tous les astres. Diodore explique cette fable, en disant que ce prince Titan découvrit, par l'assiduité de ses observations, le cours du soleil et des autres corps célestes; ce qui le fit passer pour le père du soleil et de l'astronomie. Diodore lui fait épouser sa sœur Basilée, dont il eut un fils et une fille, Hélion et Sélène (le soleil et la lune), tous deux célèbres par leur vertu et leur beauté; ce qui attira sur Hypérion la jalousie des autres titans, qui conjurèrent entre eux de l'égorger, et de noyer dans l'Eridan son fils Hélion, encore enfant. *Voy.* HÉLION. On donne aussi ce nom au soleil, parce qu'il l'emporte (ὑπὲρ ἰὼν) sur les autres astres.

HYPERTHÈSE. Ce mot grec (ὑπέρθεσις), qui répond à celui de *superposition*, désignait un jeûne extraordinaire ajouté à ceux que l'on s'imposait pendant la semaine sainte. Il consistait à ne rien prendre jusqu'au chant du coq ou jusqu'au point du jour suivant; ce qui comprenait un jour et deux nuits passés dans la récitation des saints offices.

HYPÈTHRES, ou SUBDIALES. Les Grecs appelaient ainsi des lieux découverts, mais entourés d'un double rang de colonnes, et remplis de statues de différentes divinités. Vitruve cite, entre autres, le temple de Jupiter Olympien à Athènes; et Pausanias, celui de Junon, sur le chemin de Phalère à Athènes, lequel n'avait ni toit ni portes. Jupiter et Junon étant souvent pris pour l'Air ou le Ciel, il convient, disait-on, que leurs temples soient à découvert, et non renfermés dans l'enceinte étroite des murailles, puisque leur puissance embrasse l'univers.

HYPHIALTES. Les Grecs appelaient ainsi certaines divinités nocturnes à peu près semblables aux songes, et qui molestaient les hommes pendant le sommeil. Les Latins les nommaient *Incubes*.

HYPOSTATRIE, prêtresse qui, dans les sacrifices des Grecs, tenait le vase destiné à recevoir le sang de la victime.

HYPOPHÈTES, ordre des ministres qui présidaient aux oracles de Jupiter. Ils différaient des *prophètes* en ce que ceux-ci prédisaient l'avenir, tandis que les Hypophètes interprétaient les oracles déjà prononcés. Leur principale fonction consistait à recevoir les oracles des ministres du premier ordre, et à les transmettre au peuple.

HYPORCHÈME, sorte de poésie consacrée au culte d'Apollon et destinée à accompagner la danse qui s'exécutait autour de l'autel de la divinité, pendant que le feu consumait la victime.

HYPSISTAIRES, hérétiques du IVe siècle qui faisaient profession de n'adorer que le Dieu très-haut (ὕψιστος). Leur doctrine était un mélange de paganisme et de judaïsme. Les Hypsistaires adoraient, il est vrai, le Très-Haut, mais ils révéraient aussi le feu et les lampes, observaient le sabbat, comme les Juifs, et faisaient une distinction entre les viandes mondes et immondes.

HYPSISTOS, dieu des Phéniciens qui le vénéraient comme le père et le plus grand des dieux. Ce mot grec, qui signifie le *Très-Haut*, n'est que la traduction de son nom phénicien *Elion*. Les Phéniciens lui donnent pour femme *Béryth* ou la création, d'où lui naquit un fils nommé *Uranus* ou le Ciel, et une fille appelée *Ghé* ou la Terre. Cette théogonie se trouve ainsi la traduction presque littérale du premier verset de la Genèse. Plus tard on confondit cette divinité suprême avec un Hypsistos qui demeurait aux environs de Biblos, et qui fut tué à la chasse. *Voy.* ÉLION. Les Grecs donnaient aussi ce nom à Jupiter.

HYPSURANIOS, c'est-à-dire *Ciel suprême* ou *qui est au-dessus du ciel*, traduction grecque d'un nom d'un dieu syrien, qui, suivant Sanchoniaton, était fils d'un des premiers géants, et inventa l'art de construire des cabanes de roseaux et l'usage du papyrus. Après sa mort, ses enfants lui consacrèrent des pièces informes de bois et de pierres, qu'ils adorèrent, et ils établirent des fêtes annuelles en son honneur.

HYSIOS. Apollon avait sous ce nom un temple à Hysie en Béotie, dans lequel il rendait des oracles au moyen d'un puits dont l'eau mettait le prêtre en état de donner des réponses sûres.

HYST, dieu des Finnois. Il protégeait les hommes contre les bêtes féroces ; divers lieux en Finlande doivent leur nom au culte qu'on lui rendait, et il paraît que, dans tous ces lieux, cet être divin, mâle ou femelle, était adoré.

HYSTÉRIES, fêtes grecques consacrées à Vénus, ainsi appelées, parce que dans les sacrifices qu'on offrait à la déesse on ne mettait sur son autel que les cuisses ou la partie postérieure (ὕστερον) des victimes.

HYSTÉROPOTMES (d'ὕστερος, dernier, et πότμος, fin, mort); chez les Grecs on donnait ce nom à ceux qui revenaient dans leur famille après un voyage si long qu'on les avait crus morts. On ne leur permettait d'assister à la célébration d'aucune cérémonie religieuse qu'après avoir été purifiés ; ils devaient alors se revêtir d'une espèce de robe de femme, afin que, de cette manière, ils parussent comme nouvellement nés.

HYYTAMOINEN, dieu des Finnois, père de l'Hiver et de Pakkanen, personnification du froid.

HYYTO, déesse du froid, épouse du précédent ; elle était fille de Puhuri ou Pupuli.

I

[Cherchez par J ou par Y les mots qui ne se trouvent pas ici par I.]

IACCHOGOGUES, ministres de la religion, qui, aux fêtes d'Eleusis, portaient en procession la statue d'Iacchus ; ils avaient la tête couronnée de myrte.

IACCHUS, un des noms de Bacchus ; on le fait dériver du grec ἰάχειν, crier ; il est remarquable que le mot *Bacchus* lui-même a la plus grande analogie avec l'oriental בכה *bakha*, pleurer, בכי *békhi*, pleurs ; mais il serait possible que le verbe ἰάχειν vînt lui-même des clameurs que l'on poussait communément dans les mystères anciens, en criant *Iacche!* Quelques auteurs distinguent Iacchus de Bacchus, et le disent fils de Cérès. Cette déesse l'ayant pris avec elle pour aller chercher Proserpine, quand ils furent arrivés à Eleusine, chez la vieille Baubo, il divertit sa mère, et lui fit oublier un moment sa douleur, en lui donnant à boire une liqueur nommée *kikéon*. C'est pour cela que, dans les sacrifices appelés Eleusiniens, on l'honorait avec Cérès et Proserpine. D'autres le disent fils de Baubo, et le même que le héros Cyamite. Des neuf jours destinés à la célébration annuelle des mystères de Cérès, le sixième était consacré à Iacchus.

IAES, dieu des anciens habitants de la Silésie et de la Pologne ; c'était une personnification du soleil.

IAH, un des noms de Dieu, assez souvent mentionné dans la Bible. On lit, entre autres, dans le psaume VI, v. 4 : ביה שמו. IAH *est son nom*. Il entre encore dans la formule si connue *Hallelou-Iah!* Louez Iah ou Dieu. Ce nom paraît être un abrégé de Iao ou Jéhova. *Voy.* IAO.

IALÈME, fils de Calliope ; il présidait aux funérailles et à tous les devoirs funèbres que les vivants rendent aux morts. On donnait le même nom aux chants lugubres.

IALYSIENS, nom des dieux Telchines, adorés à Ialysus, ville de l'île de Rhodes.

IAMBE, divinité champêtre, fille de Pan et d'Echo, et suivante de Métanire, femme de Célée, roi d'Eleusine. Personne ne pouvant consoler Cérès affligée de la mort de sa fille, Iambe sut la faire rire et adoucir sa douleur par les contes plaisants dont elle l'entretenait. On lui attribue l'invention des vers iambiques.

IAMIDES, famille grecque, spécialement destinée aux fonctions d'augures dans le temple de Jupiter à Olympie ; elle descendait d'Iamus, qui passait pour fils d'Apollon ; on disait que son père lui avait accordé le don de prophétie, avec le privilége de le transmettre à ses descendants.

IANA, premier nom de Diane ; on l'aura appelée d'abord *Dea Iana*, et, par contraction, *D'Iana;* c'est ce que rapporte Nigidius.

IAO, nom de Dieu chez les Syriens ; il n'est autre que le tétragramme biblique יהוה *Iéhova*, qu'on peut très-bien prononcer *Iahoh*, d'autant plus qu'on le trouve souvent écrit יהו *Ieho, Iahou, Iaho*. On le retrouve encore dans le *Iuve* des Etrusques, le *Iovi* et le *Iu-piter* des Latins. Ce nom a pu être connu dans les temps les plus reculés de la Grèce. Macrobe cite un oracle d'Apollon Clarius, dont le vers suivant fait partie :

Φράζεο τὸν πάντων ὕπατον Θεὸν ἔμμεν Ἰάω.

« Songe que *Iaho* est le dieu suprême de toutes choses. » Cet oracle était fort ancien, car Conon et Strabon disent qu'il fut rendu quand vivait le fameux devin Mopsus, contemporain du siége de Troie. L'abbé Barthélemy n'a vu dans ce vocable qu'une désignation de la puissance du soleil ou de la chaleur. L'I chez les Grecs était la lettre symbolique de l'astre du jour ; l'alpha et l'oméga qui venaient ensuite, dont l'un commence l'alphabet grec et l'autre le termine, indiquaient que ΙΑΩ, ou la chaleur, était le principe et la fin de toutes choses.

Iao était aussi le nom que les habitants de Claros donnaient à Pluton.

IBADHIS, sectaires musulmans, qui font partie des kharidjis. Ce sont les disciples d'Abd-Allah, fils d'Ibadh ; ils déclarent la guerre contre les infidèles qui ne sont pas idolâtres proprement dits. Ils disent que le pays qu'ils habitent est le vrai pays de l'islamisme, à l'exception du camp de leur sultan ; que celui qui commet un grand péché est cependant encore *mouwahid*, c'est-à-dire professant l'unité de Dieu, quoiqu'il ne soit plus *moumin*, c'est-à-dire vrai croyant ; que l'action du serviteur a été créée par Dieu ; que les pécheurs sont des infidèles, parce que l'infidélité est de l'ingratitude envers Dieu. Ils se subdivisent en quatre sectes : les *Hâfsiyés*, les *Yézidis*, les *Haréthis* et les *Ibadhis* proprement dits, qui soutiennent en outre que tout ce qui se fait conformément aux ordres de Dieu est obéissance, quand même Dieu ne serait pas le but des actions.

IBBA, c'est-à-dire *le réfractaire, le désobéissant*; nom que les musulmans donnent à Eblis ou Satan, prince des anges apostats, parce qu'il refusa avec opiniâtreté d'adorer Adam, immédiatement après la création de celui-ci, nonobstant le commandement exprès qu'il en avait reçu de Dieu. Ibba justifiait sa désobéissance en soutenant que lui et ses compagnons ayant été tirés de l'élément du feu, il ne convenait pas qu'ils fussent assujettis à une créature formée de l'élément de la terre ; ce qui a fait dire à un poëte persan : « Le feu, qui est l'origine de la nature et de l'orgueil d'Ibba, sera éternellement l'instrument de sa peine. » *Voy*. EBLIS.

IBIS, oiseau sacré chez les Egyptiens ; il ressemble à la cigogne. Quand il met sa tête et son cou sous ses ailes, il offre, dit Elien, une figure qui rappelle celle du corps humain. Les Egyptiens lui rendaient de grands honneurs ; il y avait peine de mort contre ceux qui tuaient un Ibis, même par mégarde; après sa mort on l'embaumait avec soin, et il nous est venu de l'Egypte une quantité considérable de momies de cet oiseau. Les anciens ont attribué cette espèce de culte rendu à l'ibis au service qu'il rendait au pays en le purgeant des serpents ; mais il est connu aujourd'hui que l'ibis ne fait point la guerre à ces reptiles ; il se contente des chenilles et des sauterelles, ce qui n'est pas un mince bienfait. Cet oiseau ne niche point en Egypte ; il y arrive dès que le Nil commence à croître, et disparaît avec l'inondation.

L'ibis était consacré au grand dieu Thôth, le second Hermès, inventeur des sciences et des lettres ; on ajoute que ses plumes blanches et noires représentaient l'une et l'autre parole, l'extérieure ou articulée, et l'intérieure qui s'adresse à nous-mêmes, c'est-à-dire la réflexion ou la voix de la conscience. Il est figuré sur un grand nombre de monuments ; on le voit entre autres sur la table Isiaque. On attribue aussi à cet oiseau l'invention des clystères ; on raconte que, lorsqu'il est malade, il s'injecte de l'eau dans l'anus au moyen de son bec et de son cou qui sont fort longs.

IBMEL, le souverain des dieux chez les Lapons idolâtres ; on trouve encore son nom écrit *Iubmel, Jumala*. Les Lapons convertis ont conservé ce vocable pour exprimer le vrai Dieu ; ils appellent les trois personnes de la Trinité, *Ibmelen-Atzhié*, Dieu le Père ; *Ibmelen-Barné*, Dieu le Fils ; et *Ibmélen-Ailès-Wuoign*, Dieu Esprit-Saint. *Voy*. JUMALA.

IBOUM, mot hébreu qui signifie *épouser sa belle-sœur;* c'est le nom que les Juifs modernes donnent au mariage qu'un homme contracte avec la veuve de son frère défunt, lorsque celui-ci est mort sans enfants. Un tel mariage, qui aujourd'hui est contraire aux lois des chrétiens, était autrefois recommandé aux Juifs par la loi de Moïse. Celui qui refusait de se conformer à cette prescription était regardé avec mépris, comme un homme sans cœur, qui s'embarrassait peu de laisser périr le nom de son frère ; car les enfants qui naissaient de ce mariage héritaient des biens du défunt et continuaient sa généalogie. La veuve se rendait aux portes de la ville ; elle y faisait assembler les vieillards et leur disait : « Le frère de mon époux ne veut point perpétuer la postérité de son frère en Israël. »

Les vieillards faisaient alors venir le beau-frère, et lui demandaient s'il était vrai qu'il refusât d'épouser la veuve de son frère; après qu'il avait manifesté son refus, la veuve s'approchait de lui, le déchaussait et crachait devant lui, en disant : « Ainsi fera-t-on à l'homme qui n'édifie pas la maison de son frère; et sa maison sera nommée, dans Israël, la maison du déchaussé. »

Les juifs modernes nomment cette cérémonie *khalitsa*, ce qui signifie *extraction* du soulier. Il est rare maintenant qu'ils se chargent des veuves de leurs frères; ils préfèrent les mettre en liberté; ce qu'ils font avec des cérémonies à peu près semblables à celles qui sont indiquées dans la loi. Trois rabbins et deux témoins vont, la veille, choisir un lieu où ils puissent procéder à ces prescriptions. Le lendemain, après les prières du matin, ils se rendent, suivis du peuple, au lieu déterminé. Là, les rabbins s'étant assis font comparaître devant lui la veuve et son beau-frère; ils font plusieurs questions à celui-ci et l'exhortent à épouser sa belle-sœur, et sur son refus, ils lui font chausser un certain soulier propre à tous pieds; la femme s'approche de lui, et, aidée par le rabbin, elle dit en hébreu le verset 7 du chapitre XXV du Deutéronome : « Le frère de mon époux ne veut point perpétuer la postérité de son frère en Israël, et il ne veut point m'épouser comme beau-frère. » A quoi le beau-frère répond par le verset suivant : « Il ne me plaît pas de la prendre. » Alors la femme se baisse, dénoue le soulier, le retire, le jette à terre, et crache devant lui, en disant en hébreu : « Ainsi fera-t-on à l'homme qui n'édifie pas la maison de son frère, et sa maison sera appelée, dans Israël, la maison du *pied nu*. » Elle dit ces paroles par trois fois, et les assistants répètent trois fois : *pied nu! pied nu! pied nu!* Le rabbin lui déclare alors qu'elle peut se remarier et lui en donne acte.

Quelques juifs abusent de cet usage pour satisfaire leur avarice; car leurs belles-sœurs ne pouvant redemander leur dot, ni se remarier qu'après avoir été affranchies par cette cérémonie, ils les font attendre longtemps, afin de tirer d'elles de l'argent. C'est pourquoi, lorsqu'un juif marie sa fille à un homme qui a des frères, on stipule quelquefois dans le contrat que, si le mari meurt sans laisser d'enfants, le frère du défunt l'affranchira gratuitement. D'autres obligent le mari, lorsqu'il est sur le point de mourir, d'affranchir sa femme, afin qu'elle ne tombe point au pouvoir de son beau-frère.

Le Talmud fait plusieurs questions importantes au sujet de ce déchaussement. Il demande d'abord comment une femme qui serait privée de la main droite pourrait l'effectuer; et il répond qu'elle pourra retirer le soulier avec les dents. Les docteurs examinent encore si l'action est légitime, lorsque le soulier est trop grand ou trop petit, lorsqu'il est cousu avec du ligneul contrairement à l'usage; s'il suffit de prononcer les paroles sans déchausser, ou de déchausser sans prononcer les paroles, etc.

IBRAHIM, épellation arabe du nom du patriarche Abraham. *Voy.* ABRAHAM.

ICADES (du mot εἰκάδος, *vingtaine*), fête que les philosophes épicuriens célébraient tous les mois en l'honneur d'Epicure, le 20ᵉ jour de la lune, époque de sa naissance. Ils ornaient, ce jour-là, leur demeure, portaient le portrait de leur maître de chambre en chambre, et lui faisaient des sacrifices et des libations. On appelait *Icadistes* ceux qui célébraient cette fête.

ICARE, Athénien, fut honoré comme un dieu par ses compatriotes; il était fils d'OEbale et père d'Erigone, et vivait sous le règne du second Pandion. Bacchus, pour le récompenser de l'hospitalité qu'il avait reçue de lui, lui enseigna l'art de planter la vigne et de faire du vin. Il en fit boire à quelques bergers de l'Attique, qui s'enivrèrent, et, se croyant empoisonnés, se jetèrent sur lui et le tuèrent. Bacchus vengea cette mort en inspirant aux femmes de l'Attique une fureur qui les tourmenta jusqu'à ce qu'on eût ordonné des fêtes expiatoires conformément aux ordres de l'oracle. On dit qu'après sa mort, Jupiter le plaça parmi les astres, où il forma la constellation de Boötès. En conséquence il fut mis au rang des dieux, et on lui offrait en sacrifice du vin et des raisins.

Il ne faut pas confondre cet Icare avec le prétendu fils de Dédale, qui s'échappa avec son père de l'île de Crète où il était retenu prisonnier. Oubliant les sages conseils de son père, il s'approcha trop près du soleil, dont la chaleur fit fondre la cire qui agglutinait les plumes de ses ailes, et il fut précipité dans la mer appelée de son nom *Icarienne*. Ce mythe indique probablement qu'un certain Icare ayant voulu naviguer au moyen de voiles, récemment inventées par Dédale, gouverna maladroitement ou malheureusement, et fit naufrage.

ICHNEUMON, espèce de rat, qui, en Egypte, était consacré à Latone, et auquel les habitants d'Héracléopolis rendaient les honneurs divins comme à un être bienfaisant, parce que ce petit animal cherche sans cesse les œufs des crocodiles pour les casser.

ICHONOUPHIS, dieu des Egyptiens, le même que Chnef ou Chnouphis.

ICHOR; ce mot, qui signifie en grec *rosée, vapeur légère*, est le nom de la substance qui, suivant Homère, coule dans les veines des dieux au lieu de sang; car, dit ce poëte, les dieux ne se nourrissant ni des dons de Cérès, ni des présents de Bacchus, n'ont pas un sang terrestre et grossier comme le nôtre.

ICHTHYOCENTAURE, demi-dieu marin, moitié homme et moitié poisson. On donne ce nom à Triton, fils de Neptune.

ICHTHYOMANCIE, divination que pratiquaient les anciens en examinant les entrailles des poissons. Pline rapporte un autre genre d'ichthyomancie : à Myre en Lycie, on jouait de la flûte à trois reprises pour faire approcher les poissons de la fontaine d'Apollon; si ces poissons dévoraient la viande, qu'on leur jetait, c'était un bon augure; mais s'ils la refusaient et la repoussaient avec la queue, c'était un mauvais présage.

Athénée décrit ce dernier procédé avec plus de détails. Il dit qu'il y avait en Lycie, assez près de la mer, une fontaine appelée Dina, consacrée à Apollon. Ceux qui voulaient consulter l'oracle du dieu, offraient aux poissons qui venaient de la mer les prémices des victimes attachées à des broches de bois, tandis qu'un prêtre assis auprès observait attentivement ce qui se passait pour en tirer des augures. — Suivant le même écrivain, on croyait trouver des présages dans la nature, la forme, le mouvement et la nourriture des poissons de la fontaine Phelley.

ICHTHYS, ou ICHTHUS (*ἰχθύς*, c'est-à-dire *poisson*), un des plus anciens symboles du christianisme; c'était pour les premiers fidèles comme un mot de passe qui servait à les distinguer, et par lequel ils pouvaient se reconnaître sans livrer les mystères sacrés à la curiosité indiscrète et profane des païens. Ce symbole se rattache aux idées les plus pures du christianisme, aux faits évangéliques les plus populaires, les plus fréquemment commentés. Les apôtres étaient bateliers et pêcheurs; Jésus-Christ leur avait annoncé qu'ils seraient pêcheurs d'hommes: les eaux, les scènes de pêche, figurent dans les premiers et les derniers récits de l'Evangile; la vocation des apôtres, les multiplications de pains, les apparitions de Jésus ressuscité, les pêches miraculeuses, rappelaient cet emblème.

Le chrétien, comme le poisson, trouvait la vie dans les eaux du baptême, et regardait le Christ comme descendu dans les grandes eaux du monde pour les féconder et les bénir. Les premiers fidèles, exilés, persécutés, se comparaient tantôt au poisson captif dans l'élément des tempêtes, retiré de l'abîme par l'appât de la grâce; tantôt au jeune Tobie, errant le long du fleuve de l'exil, aux prises avec un poisson qui l'effraie d'abord, puis le sauve et guérit la cécité paternelle. L'imagination populaire trouve une foule d'analogies pittoresques; l'Ἰχθύς fut écrit, fut sculpté sur les anneaux, sur les vases, sur les urnes, sur les tombeaux, sur les baptistères, sur le parchemin des manuscrits. On retrouve le poisson jusque sur les sculptures de nos pères, au moyen âge, dans la plupart des tableaux anciens de la cène, et dans les lettres ornées de plusieurs manuscrits.

Il y a plus; le poisson était pour les chrétiens un symbole non-seulement quant à sa figure, mais aux lettres qui composaient son nom grec. Sous le premier point de vue, il distinguait les fidèles des païens; sous le second, il les séparait des hérétiques. La grande hérésie des deux premiers siècles était le gnosticisme, qui scindait Jésus-Christ, le partageait en plusieurs éons, et établissait une absurde distinction entre le Christ, le Fils de Dieu et le Sauveur des hommes. Les apôtres et les fidèles répondaient que Jésus, le Christ, le Fils de Dieu, le Sauveur, ne sont qu'un; or, tout cela était dit en un seul mot ΙΧΘΥΣ, par la réunion des initiales de Ἰησοῦς, Χριστός, Θεοῦ Υἱός, Σωτήρ. *Jésus-Christ, Fils de Dieu, Sauveur*. Ce symbole est donc exclusivement catholique; car il présente un groupe d'idées orthodoxes qui ne peuvent appartenir à aucune secte gnostique, et qui réfute surtout le système des marcionites.

On a découvert, il y a quelques années, à Autun, une inscription grecque, dans laquelle Jésus-Christ est constamment nommé *Ichthys*; de plus les cinq lettres de ce mot forment les initiales des cinq premiers vers (la pièce, composée de onze vers, est acrostiche, et présente cette formule : Ἰχθύς εἰς ἄσην; le Poisson est venu dans la souffrance). En voici les six premiers vers, suivant la restitution qui nous paraît préférable; le reste est malheureusement fort délabré, et ouvre un champ plus large aux conjectures.

Ἰχθύος οὐρανίου θεῖον γένος ἤτορι σεμνῷ,
Χρῆσε λαβὼν ζωὴν ἄμβροτον ἐν βροτέοις.
Θεσπεσίων ὑδάτων τὴν σὴν, φίλε, θάλπεο ψυχήν,
Ὕδασιν ἀενάοις πλουτοδότου σοφίης.
Σωτῆρος δ᾽ ἁγίων μελιηδέα λάμβανε βρῶμον,
Ἔσθιε, πῖνε, λαβών, Ἰχθὺν ἔχων παλάμαις.

Le céleste Ichthys, fils de Dieu, du fond de son cœur sacré,
A rendu des oracles, et pris au milieu des mortels une vie immortelle.
Ami, rajeunis ton âme dans les eaux divines,
Aux sources intarissables de la sagesse prodigue en trésors.
Prends l'aliment doux comme le miel du Sauveur des saints;
Prends, mange et bois : Ichthys est dans tes mains.

Outre les dogmes signalés plus haut, on remarque dans ce petit nombre de vers la mention du baptême, de la présence réelle de Jésus-Christ dans l'eucharistie, de la communion sous les deux espèces, etc. Nous avons extrait la plus grande partie de ces documents d'un savant mémoire sur l'inscription d'Autun, inséré dans les *Annales de philosophie chrétienne*.

ICONOCLASTES. « Quoi de plus naturel, dit M. Bonnetty, dans les *Annales de philosophie chrétienne*, que le désir de posséder une image qui rappelle une personne qui nous est chère? et, si nous l'avons, quoi de plus permis, de plus simple, de plus involontaire presque, que de lui accorder quelque part de la vénération et du respect que nous portons à l'objet qu'elle représente? Il ne saurait donc y avoir rien de plus étroit, de plus mesquin, de plus déraisonnable, que de vouloir proscrire les images, ou interdire les marques de respect qu'on leur porte. Mais il faut convenir qu'à côté de ces pratiques avouées par la saine raison, et consacrées par la tradition générale des peuples, se trouve le danger, lorsqu'il s'agit d'images faites pour nous rappeler Dieu ou les purs esprits, 1° de faire croire que Dieu ou les purs esprits peuvent être représentés sous une forme corporelle; 2° de porter le respect et l'amour rendus à ces images jusqu'à l'adoration de ces objets matériels. Aussi doit-on enseigner « qu'il faut garder et retenir, surtout dans les temples, les images de Jésus-Christ, de la sainte Vierge et des autres saints, et leur rendre l'honneur et la vénération qui leur sont dus; non que l'on croie qu'il y a en elles quelque divinité ou quelque vertu pour laquelle on les doit honorer, ou qu'il faut leur demander quelque chose, ou qu'il faut mettre sa confiance en elles, comme les païens la mettaient dans leurs idoles; mais parce que l'honneur que l'on rend aux images se rapporte aux originaux qu'elles représentent, de manière qu'en les baisant, en nous découvrant et en nous prosternant devant elles, nous adorons Jésus-Christ, et nous honorons les saints dont elles sont les figures. »

« Telle est la croyance catholique exprimée dans le décret du concile de Trente; telle a toujours été la foi de l'Eglise. Cependant on ne saurait croire combien des idées si simples ont eu de contradicteurs, ont causé de troubles, de persécutions et de massacres dans les siècles qui nous ont précédés.

« Un soldat ignorant et grossier, devenu empereur, Léon Isaurien, poussé par quelques conseillers qui paraissaient avoir emprunté leur haine pour les images aux mahométans et aux juifs, défendit par un édit le culte des images, comme une idolâtrie, et ordonna de les abattre dans toutes les églises. Depuis l'an 724 jusqu'en 741, il persécuta les pasteurs et les peuples de l'Eglise grecque par des massacres et des cruautés incroyables, pour les forcer à obéir à ses ordres. Les mêmes rigueurs furent continuées par Constantin Copronyme, son fils. En 726, un concile d'évêques, gagnés par l'empereur, condamna le culte des images; et les chrétiens grecs, déjà si divisés, furent encore partagés en *Iconomaques*, ennemis des images, *Iconoclastes*, briseurs d'images d'un côté, et *Iconodules*, *Iconolâtres*, serviteurs, adorateurs d'images de l'autre côté.

« Cette fureur dura encore sous le règne de Léon IV, et ne fut réprimée que sous celui de Constantin Porphyrogénète, grâce au bon sens de l'impératrice Irène, sa mère. Alors se tint, en 787, le second concile œcuménique de Nicée, qui annula la décision du conciliabule de Constantinople, et les catholiques purent honorer en paix les images. Mais, vers 797, Constantin s'étant soustrait à l'autorité de sa mère, défendit d'obéir au concile de Nicée. La fureur des Iconoclastes se ralluma, et dura sous les règnes de Nicéphore, de Léon V, de Michel le Bègue et de Théophile. Mais, en 852, une femme encore, l'impératrice Théodora, fit cesser cette ignoble persécution, et dispersa les restes de ce parti.

« Dans le XIIe siècle, l'empereur Alexis Comnène, pour piller les églises, déclara de nouveau la guerre aux images. » Vers la même époque, plusieurs hérétiques renouvelèrent la même erreur en Occident. Enfin, dans le XVIe siècle, les différentes sectes protestantes, et surtout les calvinistes,

montrèrent la même animosité contre le culte des images, et renouvelèrent tous les scandales donnés par les premiers Iconoclastes.

ICONODULES ET ICONOLATRES. Ces noms, qui signifient *serviteurs* et *adorateurs d'images*, étaient donnés dans le VIIIe siècle aux catholiques qui vénéraient les images. Le second surtout ne leur était pas applicable, car les chrétiens éclairés ne doivent pas rendre aux images un culte d'adoration. Cette qualification, aussi bien que celle d'*Idolâtres*, est encore fréquemment donnée par les protestants aux catholiques. *Voyez* ICONOCLASTES.

ICONOMAQUES, c'est-à-dire ceux qui *combattent* le culte des *images*. On a appelé de ce nom les iconoclastes du VIIIe siècle. *Voyez* ICONOCLASTES.

ICONOSTASE, nom que l'on donnait, dans les premiers siècles, aux images placées au-dessus de la balustrade du sanctuaire, dans les basiliques chrétiennes.

IDA, vallée qui, dans la mythologie scandinave, est située au milieu du fort d'Asgard, ville des dieux. C'est là que se tient l'assemblée des douze juges établis par Allfader, le père universel, au commencement du monde.

IDACANÇAS, personnage divin des Muyscas d'Amérique, que l'on croit être le même que Bochica.

IDÉE, ou IDÉENNE, surnom de Cybèle, honorée sur le mont Ida en Crète. Tous les ans on y célébrait sa fête par des sacrifices et des jeux, et l'on promenait sa statue dans les rues, au son de la flûte et du tympanon. Ses prêtres étaient un phrygien et une phrygienne; ils parcouraient la ville portant ses images sur la poitrine, et ramassant des aumônes pour la grande mère des dieux.

Jupiter était également appelé *Idéen*, parce qu'il avait été nourri et élevé sur le mont Ida, qui pour cela lui était spécialement consacré. — On donnait aussi ce nom aux Dactyles.

ID EL-ADDHHA, fête des sacrifices chez les musulmans. *Voyez* ADHHA.

ID EL-CORBAN, fête du sacrifice chez les musulmans. *Voyez* CORBAN, n. 2.

ID EL-FITR, fête de la rupture du jeûne, chez les musulmans. *Voyez* FITR.

IDES. Les Ides étaient chez les Romains une des trois divisions du mois; elles arrivaient le 15e jour dans les mois de mars, de mai, de juin et d'octobre, et le 13e dans les autres mois. Quelques-uns croient que le mot Ides, en latin *Idus*, vient de l'ancien verbe *Iduare*, qui signifie *diviser*, parce que les Ides partagent le mois en deux parties presque égales. Varron pense que ce mot a son étymologie dans les langues sabine ou étrusque.

On faisait pendant les Ides des sacrifices qu'on appelait Idulies; on y immolait à Jupiter une brebis qui prenait le nom d'*Idulis*. Les Ides de mars étaient consacrées à Mercure, parce qu'on prétendait qu'il était né ce jour-là ; dans la suite, elles furent mises au nombre des jours malheureux, parce que Jules César avait été assassiné ce jour-là. Les Ides d'août étaient consacrées à Diane, et les esclaves les célébraient comme une fête. *Voyez* au CALENDRIER DES ANCIENS ROMAINS, les fêtes célébrées aux ides de chaque mois.

IDIOMÈLES, nom que les chrétiens grecs donnent aux cantiques propres à une fête. On en attribue l'invention à un archevêque de Candie, nommé communément André de Crète ou le Jérosolymitain, qui vivait dans le VIIIe siècle.

IDOLATRES, on donne ce nom à tous ceux qui adorent de faux dieux, et qui rendent aux idoles fabriquées de la main des hommes le culte qui n'est dû qu'à Dieu.

IDOLATRIE, IDOLES. La religion primitive de tous les peuples de la terre était pure et exempte des mensonges que l'ignorance ou la corruption du cœur y apportèrent par la suite. Basée sur la tradition conservée par les anciens patriarches, elle consistait dans l'adoration du vrai Dieu, dans le repentir de la déchéance primordiale, et dans l'attente du suprême réparateur. Leur culte était simple, reposant sur la prière et sur le sacrifice sanglant. Le père de famille, à la fois pontife et roi, régissait les membres avec une sage équité ; il offrait au Très-Haut, comme médiateur choisi, les prières et les victimes ; il terminait les différends, et sous ce régime patriarcal, tous jouissaient d'une paix profonde.

Mais les enfants de la race maudite de Cham, qui perpétua la race mauvaise et antédiluvienne de Caïn, troublèrent bientôt l'harmonie qui régnait parmi les descendants de Sem et de Japhet. Ayant rejeté de bonne heure la tradition de leurs pères, ils suivirent la voie perverse de l'orgueil et de la concupiscence ; ils substituèrent au culte du vrai Dieu des honneurs rendus aux êtres secondaires de la création. Ayant perdu l'idée nette et précise de Dieu, la connaissance de ses attributs essentiels, ils ne purent cependant oublier qu'il y avait au-dessus d'eux un être souverain et nécessaire ; ils en sentaient instinctivement le besoin. Incertains et flottants, ils levèrent les yeux vers le ciel ; ils y virent briller cet astre radieux qui produit les jours et dispense la lumière, qui, par sa chaleur féconde, ranime la nature languissante, qui fait mûrir les fruits, qui réjouit l'univers par sa présence, et le plonge par son absence dans la tristesse et dans la nuit, qui paraît être en un mot l'âme de l'univers. Cet astre dont ils recevaient tant de biens leur parut, comme il était en effet, un des principaux organes de la providence divine, comme l'image du souverain Etre. Comme tel, ils lui rendirent un culte qui avait en lui-même quelque chose d'élevé et de grand ; il est possible même que, dans le principe, une pensée coupable n'en altérât pas la majesté, et que l'idée du Dieu unique, inondant de ses clartés tous ces pâles miroirs de sa puissance, semés avec profusion dans l'espace, dominât l'ensemble de ces conceptions, fruit d'un noble effort de l'intelligence. Mais bientôt ils confondirent la créature avec le Créateur ; leur esprit étroit et ignorant ne put s'élever au delà de l'astre qui roulait sur leurs têtes dans toute la splendeur de sa gloire, et dont leurs faibles yeux ne pouvaient soutenir l'éclat. Ils l'appelèrent Dieu, se prosternèrent en tremblant devant lui et l'adorèrent. La lune et les étoiles, qui leur semblaient être les ministres du soleil, eurent aussi part à leurs hommages. De là le *sabéisme* qui prit naissance dans les plaines de la Chaldée, dont le peuple manifesta toujours un goût irrésistible à lire dans l'écriture mystérieuse des astres les secrets du ciel et ses propres destinées terrestres.

Mais comme les hommes ne pouvaient pas toujours voir ces corps lumineux, ils cherchèrent quelque chose qui pût les dédommager en quelque manière des moments auxquels ils se dérobaient à leurs yeux, et qui fût un symbole de ces prétendues divinités. Le feu leur parut l'image la plus sensible des corps célestes ; ils trouvèrent quelque chose de divin dans cet élément si pur, si noble, si impétueux, répandu dans presque tous les corps ; ils le vénérèrent d'abord comme une représentation ou une émanation de l'astre qu'ils adoraient ; mais peu à peu ils en vinrent à l'adorer aussi lui-même. De là la *pyrolâtrie*, professée particulièrement par les Perses et les Chaldéens ; peut-être même ce nouveau culte prit-il naissance dans une ville de cette dernière contrée, qui en prit le nom de Ur (אור), c'est-à-dire *la ville du feu*.

L'apothéose des grands hommes fut aussi une des causes principales de l'erreur. Ceux qui pendant la vie s'étaient distingués par des exploits extraordinaires, par de grandes conquêtes, par quelque invention utile à l'humanité, furent regardés comme des hommes divins, animés d'un esprit supérieur, et envoyés sur la terre par le Dieu suprême pour le bonheur des mortels : lorsqu'ils mouraient, on cultivait leur mémoire, on établissait en leur honneur des fêtes commémoratives ; on leur érigeait des statues. Les rhapsodes rappelaient leurs actions mémorables dans des récits et des chants ornés de tout l'attrait que pouvait y ajouter la pompe de l'imagination orientale. Leurs actions véritables se trouvèrent ainsi dénaturées, à une époque où il n'y avait d'autres historiens que les poètes ; d'années en années, leur biographies s'entourait d'une nouvelle auréole de merveilleux ; on attribua à ces héros tout ce qui s'était fait de beau, de grand, de extraordinaire ; on y ajouta tout ce que l'esprit pouvait concevoir de prodigieux ; enfin, on leur bâtit des temples, on leur consacra des autels, on les invoqua, on leur offrit des sacrifices. De là les fables inextricables de la mythologie grecque, car la plupart des personnages adorés par les Grecs n'étaient point des êtres absolument chimériques ; c'étaient des hommes déifiés, dont l'histoire altérée par la superstition, par l'ignorance et par l'amour du merveilleux est devenue telle que nous la connaissons, un amas d'impertinences et d'absurdités.

Mais ce ne fut pas là le dernier degré de l'erreur. Les statues qu'on avait érigées à ces héros déifiés, autour desquelles on se rassemblait, devant lesquelles on brûlait de l'encens et on offrait des sacrifices, parurent à quelques-uns être réellement la Divinité. D'autres avaient, au moyen de la peinture et de la sculpture, exposé des symboles de la Divinité qui résidait dans le ciel, et l'avaient représentée sous la forme humaine; ils avaient aussi taillé des figures d'animaux comme emblèmes des attributs divins; le peuple grossier et charnel, ne comprenant point ces symboles, finit par les adorer; et c'est là l'idolâtrie proprement dite.

L'auteur sacré du livre de la Sagesse décrit ainsi l'origine de l'idolâtrie : « Le premier essai de former des idoles a été un commencement de prostitution, et leur perfection a été l'entière corruption de la vie humaine. Les idoles n'étaient pas au commencement, et elles ne subsisteront pas toujours. C'est la vanité des hommes qui les a introduites dans le monde ; c'est pourquoi on en voit bientôt la fin. Un père, désolé de la mort prématurée de son fils, s'avisa, pour charmer sa douleur, de fabriquer une représentation de l'objet qui lui était si cher ; puis il se mit à adorer comme Dieu celui qui comme homme était mort peu auparavant, et il établit en l'honneur de cette vaine image un culte et des sacrifices. Cette coutume criminelle s'accrédita par la suite des temps. L'erreur devint une loi, et les idoles furent adorées par le commandement des princes. — De même encore les hommes, ne pouvant honorer ceux qui étaient bien loin de leur pays, firent apporter leur image du lieu où ces personnages se trouvaient, et ils exposaient devant tout le monde la représentation du héros à qui ils voulaient rendre hommage, pour faire ainsi révérer comme présent, avec une soumission religieuse, celui qui était éloigné. — Le génie et l'habileté de l'ouvrier contribuèrent beaucoup à tromper les ignorants et à leur inspirer le dessein de leur rendre un culte. L'artiste, jaloux de plaire à celui qui l'occupait, épuisa son art à bien rendre les traits de celui qu'il voulait représenter. La multitude, entraînée par la beauté de l'ouvrage, adora comme un dieu celui qui auparavant avait été honoré comme homme. Tel fut l'égarement déplorable des hommes. Les hommes, poussés par leur affection particulière, ou trop complaisants pour les rois, ont donné à la pierre et au bois le nom incommunicable. »

Plusieurs nations trouvèrent moyen de descendre encore un échelon plus bas, en prodiguant leurs hommages à des objets informes, tels qu'une pierre, un os, une plume, une figure grotesque, un tronc d'arbre, etc. ; c'est ce que nous appelons le *fétichisme*, religion de la plupart des nègres de l'Afrique.

Dans l'usage habituel, on appelle idolâtrie, c'est-à-dire adoration des images, tous les systèmes dont nous venons de parler, parce que tous en effet transportent à un objet sensible et matériel le culte d'adoration qui est dû à Dieu seul. Les peuples qui adorent les génies, sans les représenter par des figures, comme les anciens Chinois, ne doivent point être appelés idolâtres.

Nous allons maintenant parcourir les principaux peuples idolâtres de la terre, et voir quelle est l'idée qu'ils se forment de leurs idoles, et quel est le culte qu'ils leur rendent; cependant nous examinerons moins la doctrine ésotérique que la formule exotérique, la seule qui soit accessible au gros des populations ; car nous conviendrons volontiers que dans la plupart des nations civilisées, les savants, les penseurs et les gens instruits savaient établir une différence entre la Divinité et ses images ou ses emblèmes. Mais nous n'admettons pas, comme le voudraient entendre quelques écrivains modernes, que le commun du peuple ait eu assez de lumières par lui-même ou ait été suffisamment éclairé, pour élever son esprit au-dessus d'une image grossière. Il n'est pas rare de trouver aujourd'hui de prétendus penseurs qui, tout en soutenant d'un côté que les catholiques qui vénèrent les images sont de vrais *idolâtres*, que leur culte a l'image pour objet direct, voudraient faire croire que le peuple ignorant des anciens âges avait assez de science et de philosophie pour élever ses vœux et son cœur jusqu'à l'Être infini et incompréhensible dont les attributs auraient été exposés à leurs regards d'une manière sensible. Ceux qui soutiennent ce malheureux système méconnaissent l'histoire et n'ont pas lu les philosophes. Il y a plus ; c'est que bien des gens qu'on pouvait supposer instruits et éclairés, ne voyaient rien au delà de l'idole ; nous n'en voulons pas apporter d'autre preuve que ces vers d'Ovide.

Felices illi qui non simulacra, sed ipsa
 Quique deum coram corpora vera vident.
Quod quoniam nobis invidet inutile fatum,
 Quos dedit ars vultus effigiemque colo.
Sic homines novere deos, quos ipse colebat
 Occulit, et colitur pro Jove forma Jovis.
(Lib. III *de Ponto*. Eleg. 8.)

« Heureux ceux qui contemplent face à face non les simulacres, mais la substance même des dieux ! Ce n'est que parce qu'un destin jaloux les dérobe à mes regards, que j'adore une effigie due au ciseau d'un artiste. Les hommes ne connaissent que par leurs images les dieux cachés dans la profondeur du ciel, et ils *adorent la figure* de Jupiter, au lieu de Jupiter lui-même. »

1. Les Babyloniens paraissent être les premiers qui se soient livrés à l'idolâtrie proprement dite. Bien que le sabéisme ait été la première hérésie dans laquelle ils soient tombés, il est certain que, dès la plus haute antiquité, ils érigèrent des statues à leurs divinités et qu'ils les adorèrent comme étant la divinité elle-même. On connaît leur temple fameux, élevé sur les ruines de la tour de Babel, ou peut-être la tour de Babel elle-même, dans lequel on adorait Bélus, soit que ce Bélus fût le fondateur de leur empire, soit plutôt que ce Bélus (ou *Baal*, mot qui signifie *dieu*) fût la personnification du soleil. Au sommet de l'édifice était la statue du

dieu, cachée dans une chapelle intérieure; elle était d'or, ainsi que les meubles et les autels qui l'entouraient. Outre cette première statue assise, il y en avait une autre du même dieu, exposée à la vénération du public, également en or, travaillée au repoussé; elle était debout, un pied placé devant l'autre, dans l'attitude d'un homme qui marche, et avait douze coudées de haut. — La plus importante divinité des Babyloniens, après Bel, était *Mylitta*, la déesse nature; son simulacre était assis sur un siége radié, vêtu d'habits splendides, avec les fruits du pavot et de la grenade, emblèmes de sa fécondité. Une troisième divinité était *Nébo* ou *Nabo*, médiateur entre le principe du bien et celui du mal. Bérose nous en fait connaître une quatrième, l'Hercule *Sandès*. On consacrait à ces divinités des statues colossales en or; car, dans les idées de ces peuples, l'exagération des formes et la richesse de la matière rendaient visibles la puissance et la grandeur du dieu. Les historiens grecs, pleins des récits des prêtres, et frappés de la magnificence de ces temples, ne craignent pas d'affirmer que ces statues sont d'or massif, et de leur attribuer un poids immense. Mais nous ne devons pas accepter leur témoignage sans contrôle, car sous le coup d'un spectacle étrange, ils exprimaient plutôt une admiration naïve et crédule que le résultat d'un examen éclairé; ils racontaient ce qu'ils avaient entendu, sans songer à le vérifier, sans peut-être le pouvoir. Heureusement nous avons des contemporains dont les renseignements sont irrécusables, des observateurs que leur position préservait des prestiges d'un spectacle merveilleux, des témoins auxquels leur religion interdisait un enthousiasme irréfléchi; et ces contemporains, ces observateurs, ces témoins, ce sont les prophètes hébreux, dont plusieurs ont habité Babylone, et qui regardaient sans extase des divinités qui n'étaient pour eux que des ouvrages d'artistes. Or, ils nous ont laissé, tant sur la fabrication de ces idoles que sur leur conformation, des détails circonstanciés. Isaïe nous raconte par quels procédés et de quelle manière elles étaient faites, et avec l'aide des autres prophètes nous pouvons compléter ces détails. Isaïe dit donc, en se moquant fort spirituellement des adorateurs d'idoles:

« Quel est celui qui a fabriqué un dieu, et fondu une idole qui n'est propre à rien?... L'ouvrier en métaux emploie la lime; il met le fer dans le feu, et à l'aide du marteau, il forge une idole par la force de son bras; il souffre la faim jusqu'à n'en pouvoir plus; il endure la soif jusqu'à tomber en défaillance. — Le charpentier étend sa règle sur le bois, il le dessine avec la craie, il le travaille avec le rabot, le forme au compas, et en fait une figure d'homme, une magnifique statue pour la placer dans un temple. — L'ouvrier abat un cèdre, ou bien il choisit un orme, ou un chêne qui a crû parmi les arbres de la forêt, ou encore un pin que la pluie a fait pousser; cet arbre doit servir à l'homme pour brûler; il en a pris lui-même pour se chauffer, il en a mis au feu pour cuire son pain; de ce qui reste il fait un dieu qu'il adore, une statue devant laquelle il se prosterne. Il a mis au feu une partie de ce bois; il en a pris une autre pour cuire sa viande; il a fait un rôti, il s'est rassasié, il s'est chauffé, et il a dit: Bon! je me suis chauffé, j'ai fait bon feu; du reste de ce bois, il se fait un dieu, une idole, il se prosterne et l'adore, en disant: Sauve-moi; tu es mon dieu. Pauvres insensés, qui ne comprennent rien! génies étroits et bouchés, leurs yeux sont privés de la vue, et leur cœur d'intelligence. Nul d'entre eux ne rentre en soi-même; nul n'a de connaissance ou d'intelligence pour dire: J'ai fait du feu de la moitié de ce bois; sa braise m'a servi à cuire du pain, à rôtir de la viande, que j'ai mangés, et du restant je ferais un fétiche! je me prosternerais devant une bûche! » (*Chap.* XLIV.)

Jérémie nous fournit des renseignements sur les ornements et les attributs qu'on donnait à ces idoles. Nous les trouvons dans sa lettre insérée dans la prophétie de Baruch. *chap.* VI:

« Comme on pare une jeune fille qui aime à orner son visage, ainsi l'on revêt ces idoles d'or. Ces dieux ont des couronnes d'or sur la tête; mais il arrive quelquefois que les prêtres leur dérobent l'or et l'argent, et le détournent à leur profit; ils le prêtent à des femmes entretenues et à des prostituées, et après que celles-ci le leur ont rendu, ils en parent de nouveau leurs dieux. Mais ceux-ci ne sauraient se préserver de la rouille ni des vers. Après les avoir revêtus d'une robe de pourpre, les prêtres sont obligés de nettoyer leur face à cause de la poussière qui s'élève du lieu où ils sont. L'un porte un sceptre, comme un homme qui a le gouvernement d'une province, mais il ne saurait punir celui qui l'offense; l'autre a une épée ou une hache à la main, mais il ne peut se défendre à la guerre ou contre les voleurs; ce qui doit vous convaincre que ce ne sont pas des dieux. »

Daniel, en plusieurs endroits de son livre, confirme et développe ces témoignages. Nous pouvons donc conclure de ces divers passages que les simulacres gigantesques des temples babyloniens étaient des troncs d'arbres équarris et sculptés en forme humaine, puis revêtus de lames d'or et d'argent d'une assez grande épaisseur.

Telles étaient les divinités qui étaient le plus souvent dans les temples l'objet de l'adoration des Chaldéens. Nous disons *adoration* dans le sens strict du mot; car, outre ce que nous avons dit plus haut, nous voyons par les livres saints que les peuples regardaient les idoles comme des divinités réelles. Bien que ces prétendus dieux parussent aux yeux de la foule dans la même attitude immobile, ils n'en croyaient pas moins que, pendant la nuit, ou durant le jour, à certaines heures, ils descendaient de leur autel ou de leur piédestal pour manger, boire, prendre du repos, etc., comme nous le voyons dans le livre de Daniel par rapport à l'idole de Bel. C'est pourquoi on leur préparait des lits, on leur servait des vivres, quelquefois même on enfermait dans le temple de jeunes vierges qui s'imaginaient jouir des embrassements du dieu.

2. L'idolâtrie des Syriens et des Phéniciens avait beaucoup de rapport avec celle des Babyloniens, des Chaldéens et des Assyriens. Lucien avance que les Syriens n'avaient point d'images ni de simulacres du soleil ni de la lune, parce que ces astres, visibles à tout le monde, n'avaient pas besoin d'être représentés par des figures étrangères. Mais cette assertion est contredite tant par le témoignage des auteurs anciens que par les monuments. Selden assure, d'après Hérodien, que les Syriens honoraient le soleil sous la figure d'une pyramide de pierre noire, d'une grandeur extraordinaire, supportée par une base circulaire; telle était, ajoute Selden, la figure du soleil à Armée. Macrobe rapporte aussi qu'à Hiérapolis le soleil était représenté sous la figure d'un homme ayant un long visage, une barbe pointue, portant sur la tête une corbeille, etc. Sur les médailles, le même astre est figuré par une tête couronnée de rayons. La déesse de Syrie, selon Vossius, était communément représentée sous la forme d'une femme coiffée d'une tiare ou d'un diadème en forme de croissant; de la main droite elle tient une chouette, et de la gauche une espèce de spatule; elle est revêtue d'une robe déchirée et a le sein découvert.

Il est hors de doute que les Syriens rendaient certain culte aux poissons; le témoignage des anciens à cet égard est aussi général que formel, quoiqu'il diffère sur certaines circonstances. Artémidore dit dans Strabon que les Syriens mangent du poisson, à l'exception de ceux qui adorent Astarté. Hygin dit en général que les Syriens mettent les poissons et les colombes au nombre des dieux, et n'en mangent point. Phurnutus ne parle pas d'une manière moins positive, quand il assure que les Syriens honorent leur déesse, en s'abstenant de manger des pigeons et des poissons. Xénophon avait rapporté longtemps auparavant, que le fleuve Chalcis abondait en poissons très-gros et apprivoisés, auxquels les Syriens ne permettaient pas que l'on touchât, non plus qu'aux colombes. Mais le culte de ces peuples ne se bornait pas là. Quand ils allaient invoquer leur déesse, ils lui offraient des poissons d'or et d'argent, selon Athénée, qui ajoute que les prêtres mettaient devant la statue de la même déesse des poissons cuits qu'ils mangeaient ensuite. Les Syriens, au rapport d'Hygin, avaient aussi des figures de poissons, revêtues d'une légère couche d'or; qu'ils honoraient comme leurs dieux Pénates. Enfin, s'il leur arrivait de manger des poissons, ils expiaient cette faute par une grande pénitence, en se couvrant de sacs et de cendres, selon la coutume des Orientaux.

3. Il y a déjà bien des siècles qu'on est en possession de regarder l'Egypte comme le foyer des superstitions les plus grossières; tous les genres d'idolâtrie s'y trouvaient liés, coordonnés entre eux, depuis le sabéisme jusqu'à l'adoration des hommes, des animaux, et au fétichisme le plus stupide. Saint Clément d'Alexandrie rapporte que les temples égyptiens étaient de magnifiques édifices, resplendissants d'or, d'argent et de pierres précieuses tirées de l'Inde et de l'Ethiopie. « Les sanctuaires, ajoute-t-il, sont ombragés par des voiles tissus d'or; mais si vous avancez dans le fond du temple et que vous cherchiez l'idole, un employé s'avance d'un air grave en chantant un hymne en langue égyptienne, et soulève un peu le voile, comme pour vous montrer le dieu. Que voyez-vous alors? un chat, un crocodile, un serpent indigène, ou quelque autre animal dangereux. Le dieu des Egyptiens paraît!... C'est une bête sauvage, se vautrant sur un tapis de pourpre. »

M. Champollion-Figeac s'inscrit en faux contre ces paroles de saint Clément d'Alexandrie. « Tous les sanctuaires de l'Egypte, dit-il, renfermaient en effet un animal vivant; ce n'était pas l'animal qu'on adorait, mais la divinité dont il était le *symbole vivant et consacré*. Les exclamations de saint Clément sont donc sans objet. Les Egyptiens pensèrent qu'il était plus digne de leurs dieux de les adorer dans des symboles animés de leur souffle créateur, que dans de vains simulacres de matières inertes; ils croyaient d'ailleurs que l'intelligence des animaux les liait de parenté avec les dieux et les hommes. »

Assurément nous rendons hommage aux profondes études et aux précieuses découvertes qu'a faites M. Champollion dans l'archéologie égyptienne; mais il nous permettra de préférer au témoignage d'un savant qui déchiffre des hiéroglyphes dont la clef était perdue depuis douze siècles, celui d'un écrivain contemporain, tel que saint Clément, Egyptien lui-même, et qui n'était pas étranger à la science des caractères sacrés; celui de presque tous les auteurs anciens, qui, idolâtres eux-mêmes, s'émerveillaient de la superstition et de l'idolâtrie égyptienne; celui du féroce Cambyse, qui poignarda le bœuf Apis, pour prouver aux Egyptiens que cet animal n'était pas un dieu (1) · celui de Juvénal qui dit plaisamment :

---

(1) Ce prince insensé rendit sa mémoire plus exécrable aux peuples d'Egypte en tuant le bœuf Apis, qu'il ne le fit par ses cruautés sans nombre et par l'affreuse tyrannie qu'il fit peser sur ce peuple. « Cambyse fit-il bien, dit Voltaire, quand il eut conquis l'Egypte, de tuer de sa main le bœuf Apis? Pourquoi non? Il faisait voir aux imbéciles qu'on pouvait mettre leurs dieux à la broche sans que la nature s'armât pour venger ce sacrilège. » Voilà ce que décide lestement Voltaire; mais peu d'hommes sages se rangeront de son avis. Cambyse a fait gratuitement un acte d'impiété et impolitique, n'ayant rien de mieux à proposer à l'adoration des Egyptiens,

Porrum et cepe nefas violare ac frangere morsu.
O sanctas gentes, quibus hæc nascuntur in hortis
Numina!

« C'est un crime impardonnable de porter la dent sur un porreau ou un oignon. O le saint peuple, qui voit ses dieux pousser dans ses potagers! »

Nous conviendrons avec M. Champollion que l'intention des premiers théurges n'était pas sans doute de matérialiser les objets du culte, que les animaux et les végétaux étaient consacrés à des divinités diverses; qu'ils ne furent employés d'abord que comme symboles religieux ou comme ornements sacrés, dans les temples et les cérémonies publiques; mais ils devaient bien prévoir que le peuple ne tarderait pas à prendre le change. Comment en effet ne pas regarder comme une divinité un objet environné de tant de respect et de vénération, placé dans le lieu le plus saint du temple, auquel on offrait des sacrifices, devant lequel on brûlait de l'encens et on chantait des hymnes, dont on défendait si impérieusement de se nourrir, qu'on embaumait avec tant de solennité après sa mort? Ce fut en effet ce qui arriva. De là cette multitude d'animaux sacrés pour les Egyptiens, tels que le bélier, le chacal, le chat, le singe, le crocodile, l'épervier, l'ibis, le taureau, le scarabée, le bœuf, le vautour, diverses espèces de serpents, quelques insectes, avec quelques arbres, arbustes et plantes.

Il en était de même des statues ou idoles proprement dites, bien que, dans le passage que nous avons cité ci-dessus, M. Champollion semble avancer que les Egyptiens ne rendaient point de culte à de vains simulacres. Il y avait cependant chez eux plusieurs idoles célèbres, entre autres celle d'Ammon, qui avait une tête de bélier, et qui était quelquefois revêtue de la peau de cet animal; la statue parlante ou musicale de Memnon ou Pi-Amenoph, visitée d'abord comme objet de curiosité, puis vénérée dans la suite comme un objet sacré, devant lequel on ne se présentait plus qu'en offrant des sacrifices et des libations; l'idole de Sérapis, placée dans le grand temple d'Alexandrie; elle était monstrueuse comme la précédente, et de ses deux bras elle touchait les deux murailles opposées du temple. Elle avait l'aspect d'un vénérable vieillard, de longs cheveux, une barbe fournie; mais on y avait ajouté la figure monstrueuse d'un animal à trois têtes; la plus grosse, placée au milieu, était celle d'un lion; du côté droit sortait celle d'un chien caressant, et du côté gauche celle d'un loup ravissant. Ces trois têtes étaient liées ensemble par un serpent entrelacé. Cette bizarre statue était un composé de bois, de plusieurs métaux et de pierres précieuses. On avait ménagé dans le temple une petite fenêtre parfaitement dissimulée, qu'on ouvrait à un jour et à une heure déterminés par les astronomes, de manière que les rayons du soleil vinssent frapper sur la figure et la bouche du dieu; et le peuple croyait fermement que le soleil venait rendre visite à son idole; aussi était elle-une des plus vénérées de l'Egypte, surtout à Alexandrie, qui était le centre de son culte.

Les Egyptiens avaient en outre une multitude innombrable de divinités, dont chacune était représentée avec des attributs distinctifs, tantôt sous la forme humaine pure, tantôt sous une forme humaine surmontée de la tête de l'animal son symbole, tantôt enfin sous la figure de l'animal lui-même. La tête de bélier caractérisait Ammon, Cnef, le Nil : mais des attributs particuliers distinguaient chacun d'eux; la tête de chacal désignait Anubis; celle d'hippopotame, Typhon, le génie du mal; celle de crocodile, Chronos ou Saturne; celle d'épervier, Phtha-Sokharis, Horus, la lune, le soleil, le second Hermès, spécifiés chacun par des appendices particuliers; celle de scarabée, Thoré, l'une des formes de Phtha; celle de lionne, Tafnet; celle de vache, Athor ou Vénus, etc., etc. Ces figures, gravées sur les obélisques, sur les propylées, sur les murs des temples, ne recevaient aucun hommage; mais elles étaient quelquefois exposées dans les sanctuaires des temples, et alors elles étaient l'objet d'un culte religieux; surtout celles d'Osiris, d'Isis et d'Horus, les dieux les plus populaires de l'Inde, bien que les derniers de l'échelle théogonique. Si ces figures n'eussent pas été adorées par les Egyptiens, la loi de Dieu n'eût pas fait des injonctions si sévères pour prohiber au milieu des Juifs toute espèce d'images.

4. Dans la Grèce et dans l'Asie Mineure, les premiers simulacres des dieux n'étaient que des troncs d'arbres, ou des pierres soit carrées, soit coniques; on se réunissait auprès pour faire des libations et des sacrifices; plusieurs de ces monuments informes traversèrent les âges, et subsistaient encore dans les beaux siècles de la Grèce, et ce n'étaient pas les idoles les moins vénérées; elles avaient assisté pour ainsi dire à la naissance de la religion; leur antiquité les rendait vénérables; c'est pourquoi on les conservait avec le plus grand respect dans les temples. Plus tard, on en sculpta grossièrement le sommet en lui donnant la figure humaine; enfin, à mesure que l'art de la sculpture se perfectionnait, on l'appliqua aux monuments religieux. Les premiers qui s'avisèrent de sculpter le corps humain tout entier, qui détachèrent les jambes l'une de l'autre, qui surent donner de l'expression à la physionomie, passèrent pour avoir fait marcher les statues et pour leur avoir donné la vie. Une fois que le goût des beaux arts se fut répandu dans la Grèce, on s'appliqua à donner aux figures des dieux la forme la plus correcte, la plus gracieuse ou la plus imposante. Nous ne voyons pas chez ce peuple ami du beau ces formes monstrueuses si communes dans la sculpture égyptienne; il est vrai qu'il n'avait pas, comme en Egypte, la manie des emblèmes poussée jusqu'à l'absurde; il ne cherchait qu'à frapper les sens, et il prétendait encourager la dévotion en proposant

aux hommages de la multitude des objets d'une beauté réelle ou idéale.

On employait généralement pour les statues des dieux les matières les plus pures et les plus précieuses, tels que le marbre, les bois rares et d'une nature compacte, l'ivoire, l'or et l'argent; on les couvrait de voiles, qu'on changeait et qu'on lavait de temps en temps. Avant de les revêtir de ces voiles, on en faisait une espèce de consécration, en les mettant aux pieds des divinités, ou sur leurs genoux, lorsque celles-ci étaient représentées assises. Pausanias dit que les Athéniens étaient les seuls qui voilaient les statues jusqu'au bout des pieds. Ces voiles n'étaient pas les seuls vêtements en usage pour les statues ; elles étaient aussi couvertes de tuniques, et quelquefois d'un manteau par-dessus la tunique. La dévotion des particuliers y ajoutait encore diverses parures et des ornements. Il y avait même des circonstances, comme celle des fêtes, où l'on barbouillait leurs visages de certaines couleurs. C'est pourquoi il fallait aussi les baigner et les laver de temps en temps, parce que les exhalaisons du sang, la fumée des chairs et de la graisse brûlées dans les sacrifices, les ternissaient. Ainsi les jeunes filles d'Argos allaient laver la statue de Pallas dans les eaux de l'Inachus. Ces lotions étaient regardées comme des cérémonies expiatoires. Dans quelques villes, certaines familles étaient chargées d'entretenir la propreté des statues. De plus, comme les temples des Grecs n'étaient pas fermés par des vitres, et que plusieurs même étaient absolument découverts, les statues n'auraient pas toujours été garanties des ordures des oiseaux, si on ne les avait recouvertes d'une espèce de petit toit en forme de dôme, appelé *polos*, tel que Vénus en avait un à Sicyone.

Nous n'appliquerons pas aux idoles des Grecs ce que nous avons dit de celles des Babyloniens et autres Orientaux, savoir, qu'exposées d'abord comme images elles finirent par passer pour une réalité, et qu'on regarda enfin comme sacré, divin, digne d'un culte de latrie, ce qui n'avait été originairement qu'un mémorial, une représentation ou un emblème. Nous pensons au contraire qu'à mesure que les Grecs firent des progrès dans les arts et dans les sciences, ils ne voyaient dans leurs idoles que ce qu'il y avait en effet, c'est-à-dire une pure image (nous faisons toujours abstraction du peuple ignorant et grossier). Aussi voyons-nous que dans la lutte qui s'établit entre le christianisme naissant et le vieux paganisme, les chrétiens s'appliquaient moins à démontrer aux païens la vanité des idoles que la vanité des faux dieux ; et s'ils condamnaient le culte des idoles, c'était en premier lieu parce qu'il était intimement lié à celui des faux dieux, et en second lieu parce qu'ils soutenaient que la divinité ne pouvait et ne devait pas être représentée par des images sensibles.

En preuve de ce que nous avançons nous citerons l'exposé de la polémique entre les païens et les chrétiens des premiers siècles, qui se trouve dans le *Panégyrique des martyrs* du diacre Constantin, récemment découvert par le savant cardinal Mai. Ce passage fait précisément partie du fragment cité et approuvé par le second concile de Nicée, tenu sur la question des images.

« Croyez-vous donc, dirent les juges aux martyrs, que nous attendions notre salut de l'airain et du bois, et que nous ne tournions pas plutôt nos regards vers une certaine force providentielle, qui renferme tout, et par laquelle tout bien nous arrive? — Pourquoi dès lors, répliquèrent les martyrs, vos modeleurs et vos statuaires multiplient-ils, sous des formes si diverses, une foule de figures, et les placent-ils dans les temples? Pourquoi leur offrez-vous un culte et des sacrifices, et leur demandez-vous la solution de vos doutes? Mais pourquoi vos tyrans nous persécutent-ils ? La divinité que vous reconnaissez, n'est-elle pas exprimée par des images? Pourquoi donc nous adressez-vous de si cruels reproches, *vous qui n'agissez pas à cet égard autrement que nous-mêmes?* Mais puisque vous portez contre nous, au sujet du culte des images, une accusation bien facile à réfuter, laissez-nous vous ôter sur ce point toute erreur et toute équivoque. Pour nous, nous n'entendons aucunement représenter, sous de certaines formes et sous une figure précise, la Divinité qui est simple et incompréhensible; et nous ne pensons pas qu'on puisse honorer par des images de cire ou de bois la substance *supersubstantielle* et sans commencement. »

Les martyrs exposent ensuite l'économie de la rédemption du genre humain, opérée par le Fils de Dieu, devenu homme semblable à nous, qui est né, a vécu, a souffert, est mort, est ressuscité sous la réalité de la figure humaine, et qu'en conséquence on peut représenter par des images. « Voilà pourquoi, continue Constantin, nous le représentons par des figures, selon la forme sous laquelle il nous apparut, et sous laquelle il a communiqué et vécu avec les hommes, afin de réveiller par ce type divin la mémoire du salut qu'il nous a apporté, et non pas, comme vous faites, pour créer à notre gré de capricieuses figures, et pour frapper les yeux par la diversité des formes. Chez vous, en effet, un dieu est mâle et barbu, un autre est du genre féminin; un troisième est hermaphrodite; celui-là, déjà avancé en âge, a passé les années de la jeunesse; celui-ci est dans toute la fleur de la vie; et, pour le dire en un mot, vous n'avez su imaginer les dieux que sous les figures les plus multiples et les plus diverses. Or, d'où avez-vous appris l'exactitude de toutes ces vaines représentations ? »

Précédemment il avait dit sur le même sujet : « Peu de mots suffisent pour exprimer ce que nous pensons du culte des idoles ; elles sont à nos yeux comme les poisons dangereux et mortels, comme les serpents les plus malfaisants, avec cette différence que les poisons et les reptiles venimeux ont des morsures légères, qui ne peuvent atteindre que le corps et une matière périssable, au lieu que les idoles s'attaquent à la fois au corps et à l'âme, et les déchirent avec bien plus de cruauté et de violence. »

On voit par ces citations que les chrétiens condamnaient les idoles, 1° parce qu'elles offraient l'image d'un objet qui n'avait pas de type ; 2° parce qu'elles étaient l'expression d'un culte vain et faux ; 3° parce qu'on leur offrait des sacrifices ; 4° parce qu'elles servaient à corrompre le sentiment religieux et la morale, en rappelant le souvenir d'actions souvent honteuses et indignes de la Divinité, et, qu'en tout état de cause, elles favorisaient l'anthropomorphisme, en portant les peuples à croire que la Divinité avait un corps fait à l'image des hommes.

5. Un ancien roi des Romains avait judicieusement interdit de donner à Dieu la figure de l'homme ou d'un animal ; mais cette sage défense ne fut pas même observée pendant l'espace de deux siècles. L'usage de fabriquer des statues de divinités se propagea bientôt avec une exubérance inouïe, il n'y a peut-être aucun peuple qui ait eu jamais plus d'idoles que les Romains. Un ancien a dit qu'il y avait à Rome un peuple de marbre et de bronze, qui égalait presque le nombre des citoyens. Ces statues représentaient les dieux et les hommes. Un temple ne pouvait être consacré sans la statue du dieu auquel il était dédié, et cette image devait être placée au milieu de l'édifice. A ses pieds était un autel, sur lequel la première offrande qu'on faisait était de légumes cuits dans l'eau, et une espèce de bouillie que l'on distribuait aux ouvriers qui avaient élevé la statue. Elle était quelquefois dans une niche, et regardait le couchant, afin que ceux qui venaient lui rendre hommage eussent le visage tourné vers l'orient. Les Romains, contrairement à l'usage des Grecs, ne faisaient point leurs statues nues ; de plus, ils leur donnaient des draperies : on les couvrait aussi quelquefois des peaux des animaux immolés. Les jours de fête, on rougissait le visage de la statue de Jupiter.

Les idoles des Romains, comme celles des Grecs, étaient l'objet de la vénération publique ; et il n'est pas douteux que bien des adorateurs n'avaient pas dans le culte qu'ils leur rendaient d'autre objet que l'image elle-même ; et presque tout le monde croyait à la sainteté des Pénates. Nous avons déjà vu Ovide se plaindre que la figure de Jupiter était honorée aux dépens de Jupiter lui-même : *Colitur pro Jove forma Jovis.* Horace met plaisamment ces paroles dans la bouche d'un Priape :

Olim truncus eram ficulnus, inutile lignum,
Quum faber incertus scamnum faceretne Priapum,
Maluit esse deum. Deus inde ego...

« Je n'étais autrefois qu'un tronc de figuier, qu'un morceau de bois inutile ; un ouvrier, longtemps incertain s'il ferait de moi un escabeau ou un Priape, se détermina à en faire une divinité. Me voilà donc devenu dieu... » Ce trait a été rendu dans notre langue avec des grâces nouvelles, par le prince des fabulistes ;

Un bloc de marbre était si beau
Qu'un statuaire en fit l'emplette.
Qu'en fera, dit-il, mon ciseau ?
Sera-t-il dieu, table ou cuvette ?
Il sera dieu ! Même je veux
Qu'il ait en ses mains un tonnerre.
Tremblez, humains, faites des vœux ;
Voilà le maître de la terre.

6. Les Celtes n'avaient point d'images ni de statues qui représentassent sous la figure d'un homme ou d'un animal les objets de leur vénération. Tacite dit expressément des Germains, qu'ils estimaient indigne de la majesté des dieux de les représenter sous quelque figure humaine. Ils avaient cependant des espèces de simulacres. Une colonne était chez eux, selon Witikind, la représentation de Mars. Pelloutier distingue les Celtes nomades ou errants d'avec les autres. Le simulacre des premiers était, dit-il, une épée nue ou une lance, qu'ils plantaient sur un tertre naturel, ou sur une éminence qu'ils avaient eux-mêmes formée avec de la terre et des fascines. C'était autour de cette lance ou de cette épée qu'ils s'assemblaient et qu'ils pratiquaient leurs cérémonies. Les Celtes qui avaient une demeure fixe, et qui tenaient leurs assemblées dans les forêts, choisissaient ordinairement un grand et bel arbre pour leur tenir lieu de simulacre, et pour être l'objet sensible de leur culte. Les Celtes adorent aussi Dieu, dit Maxime de Tyr; mais le simulacre de Jupiter est, parmi eux, un grand chêne. Quand un arbre consacré mourait de vieillesse ou par quelque accident, on en ôtait l'écorce, on le taillait en pyramide ou en colonne ; sous cette forme nouvelle on lui rendait les mêmes honneurs qu'auparavant. Quelques tribus celtes, du nombre de celles qui avaient une demeure stable, plaçaient au milieu de leur sanctuaire un caillou ou quelque grosse pierre non équarrie. Si l'on a trouvé, dit Pelloutier, parmi les Celtes des simulacres qui avaient la forme humaine ou celle d'un animal, ils n'appartenaient pas à la religion primitive de ces peuples ; ils étaient empruntés des peuples voisins, ou de ceux qui vinrent s'établir dans la Celtique. Au reste, il ne faut pas, continue-t-il, prendre pour des simulacres toutes les figures d'animaux dont les Celtes ont pu se servir dans leurs pratiques religieuses. Ainsi le taureau d'airain sur lequel les Gaulois prêtaient ou faisaient prêter serment, n'était qu'un vaisseau consacré pour recevoir le sang des victimes humaines. Le serment qu'ils prêtaient sur ce vase marquait qu'ils voulaient être égorgés comme des prisonniers, s'ils manquaient jamais à leur parole. Le serment qu'ils exigeaient sur ce même vaisseau avertissait celui qui le prêtait que, s'il venait jamais à tomber entre leurs mains, après avoir manqué à sa parole, il aurait infailliblement le sort des autres captifs dont il voyait couler le sang dans la cuve. Dans le temple de Gadès (Cadix), consacré à Hercule, il n'y avait non plus aucune image, au rapport des anciens auteurs.

Cependant, dans les temps postérieurs, on

fabriqua dans toute l'étendue de la Celtique une multitude d'images de divinités ; on en conserve encore maintenant un grand nombre dans les cabinets et les musées. Mais aucune de ces figures n'est antérieure à l'invasion romaine ; c'est pourquoi elles portent pour la plupart des inscriptions en caractères grecs ou latins. Les Romains avaient coutume d'accommoder à leurs habitudes et à leur rituel la religion des peuples vaincus; ils donnèrent donc aux dieux de la Celtique les noms des divinités romaines, leur firent élever des temples, et dresser des statues, concurremment avec les images qu'ils avaient importées de Rome et de l'Italie.

7. Les anciens habitants de l'Irlande, qui appartenaient à la grande famille celtique, mais qui, d'un autre côté, semblent avoir entretenu des relations assez fréquentes avec l'Orient, avaient pour objet de leur culte des tertres, des éminences, et des pierres dressées comme les Gaulois; la plus célèbre d'entre ces dernières est l'idole *Crom-Cruach*, qui subsista jusqu'à l'arrivée de saint Patrice : c'était une pierre à tête d'or, autour de laquelle étaient dressées douze autres pierres grossières. On l'adorait comme une divinité, on lui sacrifiait les premiers-nés d'entre les animaux ; on répandait même en son honneur le sang humain, surtout celui des enfants; ce qui fit donner au lieu où on l'adorait le nom de *Magh-sleacth*, champ du massacre. Plus tard les statues travaillées furent introduites dans la contrée, sans doute en conséquence de modifications importées dans le culte, peut-être par une colonie venue de l'Orient ; c'est aussi à ce même rite nouveau qu'appartenaient ces images dont on a trouvé quelques fragments, et qui, d'après la description qui en a été donnée, étaient de bois noir, couvertes et enduites d'une légère plaque d'or, et ornées d'un travail ciselé consistant en une multitude de rayons qui partaient d'un centre commun, ainsi que sont d'ordinaire les rayons du soleil. Il y avait aussi, dans cette seconde période religieuse, un objet d'adoration que l'on appelait *Kerman-Kelstach*, idole favorite des Ultoniens, laquelle avait pour piédestal la pierre d'or de Clogher, et avait à peu près la même forme que l'ancien Hermès des Grecs.

8. Les Scandinaves représentaient leurs dieux sous la forme humaine, du moins dans les derniers siècles. Le grand temple d'Upsal renfermait les statues de Thor, d'Odin et de Frigga. Adam de Brême, dans son Histoire ecclésiastique du Nord, dit que dans la capitale des Suéons, appelée *Ubsolol*, et voisine de la ville de Siétonie, était un temple revêtu d'or, dans lequel les statues de ces trois divinités étaient exposées aux adorations du peuple. Celle de *Thor*, placée sur un trône, occupait le milieu, comme le dieu le plus puissant ; à ses côtés étaient *Woden* et *Fricco*. Ces divinités étaient caractérisées par un symbole différent. Odin ou Woden était représenté une épée à la main ; Thor avait une couronne sur la tête, un sceptre dans une main et une massue dans l'autre. Quelquefois on le peignait sur un chariot traîné par deux boucs de bois, avec un frein d'argent ; sa tête était environnée d'étoiles. Frigga était représentée avec les deux sexes et un énorme phallus.

9. Les Slaves ou anciens Sarmates avaient une multitude d'idoles, dont la forme monstrueuse rappelle celles de l'Inde. C'étaient, entre autres : *Zolotaia Baba*, la femme d'or, la mère des dieux, tenant dans ses bras sa petite-fille ; les populations faisaient de fréquents pèlerinages à son temple ; *Peroun*, dont l'image avait une tête d'argent, les moustaches et les oreilles d'or, les jambes de fer, le reste du corps du bois le plus incorruptible ; *Prověe* ou *Prono*, dont le simulacre était sur un chêne très-élevé, autour duquel on voyait une multitude d'idoles en sous-œuvre, et chacune d'elles avait deux ou trois faces ; *Radegast*, qui de la main droite tenait un bouclier sur lequel était représenté un taureau, et dont il se couvrait la poitrine ; sa main gauche était armée d'une pique ; *Séva*, femme toute nue, aux cheveux pendant jusqu'aux jarrets, tenant une pomme de la main droite et un anneau de la gauche ; *Bieloi-Bog*, au visage barbouillé de sang et couvert de mouches ; *Regevithe*, qui avait sept visages à une seule tête, sept épées dans leur fourreau suspendues, à un seul baudrier, une épée nue à la main droite ; *Porevithe*, qui avait cinq têtes ; *Porenuce*, qui avait quatre visages à la tête et un cinquième à l'estomac ; *Svétovide*, qui avait les cheveux frisés et quatre visages imberbes ; enfin, une foule d'autres divinités domestiques de différentes formes, et qui avaient deux, trois, quatre et cinq têtes. Tous étaient honorés comme des dieux véritables.

10. Les Finnois honoraient Jumala sous la figure d'un homme assis sur une espèce d'autel, ayant sur la tête une couronne ornée de douze pierres précieuses, et au cou un collier d'or. Ils honoraient encore le soleil, les animaux, l'ours particulièrement, les eaux, les arbres, les herbes, les pierres et les rochers, et entre autres un rocher qu'ils appelaient Semès, lequel s'avance sur la mer au-dessus d'un gouffre ; ils lui faisaient des offrandes de farine d'avoine mêlée de beurre, qu'ils répandaient sur lui pour obtenir une heureuse navigation.

11. Un Lapon qui voulait représenter le dieu pour lequel il avait le plus de dévotion, en faisait la figure d'un tronc de bouleau, de la grosseur d'une coudée et de la hauteur de deux. Il avait soin que cette figure eût quelque ressemblance avec le caractère qui, sur les tambours runiques, exprimait la même divinité. Il était d'usage d'ériger la représentation d'une divinité sur l'endroit où l'on avait enterré la part d'un sacrifice qu'on lui avait destiné. On traçait sur l'image le nom du dieu, soit afin que chaque divinité pût reconnaître le sacrifice qui lui avait été offert, soit afin que l'une ne s'appropriât pas par erreur ce qui était consacré à une autre. Il fallait l'arroser du sang de la victime, en frotter les yeux de la graisse de

l'hostie, y tracer en divers endroits, surtout sur la poitrine, des croix et d'autres caractères. Aux côtés du simulacre on mettait deux branches de bouleau, qui venaient se joindre à leur partie supérieure. A chaque côté du simulacre qui représentait *Beive* ou *Ankaka*, on avait coutume de placer une branche de bois terminée par le haut en cercle hérissé de plusieurs pointes. La statue d'*Horagallès* devait représenter un marteau. Auprès de la figure de *Rutu* on élevait des branches de sapin teintes du sang des victimes. Si le sacrifice était offert aux *Saïwo*, on frottait des pierres du sang et de la graisse des animaux immolés. Il fallait que dans les statues des dieux la racine du bouleau fût taillée en tête, et que les autres parties du corps fussent prises sur le tronc. On élevait de ces sortes de simulacres sur tous les sacrifices offerts aux anciens dieux de la nation, à *Sarakka*, au *Saiwo*, aux *Jabmeks*, en observant de planter le tronc en terre, afin que la racine qui représentait la tête se trouvât en haut. Mais si l'on avait offert un sacrifice à *Radien-Atzhié* ou à *Radien-Kieddé*, on dressait leur simulacre en sens contraire.

La Laponie est la contrée de l'Europe où le paganisme a subsisté le plus longtemps, et au moment où nous écrivons ceci il n'est pas encore tout à fait éteint. Dans le XVII° siècle, des voyageurs français virent dans une petite île située au milieu du lac Tornotresk un autel fameux dédié à *Seyta;* tous les Lapons de la province allaient faire des sacrifices à cette idole grossière et informe, qu'ils couvraient du sang et de la graisse des victimes immolées ; elle était environnée de plusieurs autres qu'on disait être la femme et les enfants de Seyta.

12. Les anciens Scythes, d'après Hérodote, n'érigeaient d'autels et de simulacres qu'au dieu de la guerre ; ils le représentaient en dressant sur un autel immense une épée de fer. Ils lui consacraient des bocages, dans lesquels ils cherchaient à avoir quelques chênes d'une grandeur extraordinaire. Ces arbres étaient si sacrés à leurs yeux, qu'ils tenaient pour sacrilége et digne de mort quiconque en eût arraché la plus petite branche ou entamé l'écorce. Ils les arrosaient du sang des victimes, au point que l'écorce des plus vieux en était pour ainsi dire incrustée. Le Danube, le Palus-Méotide, étaient aussi des objets de culte pour les Scythes qui habitaient aux environs. Les Massagètes honoraient également le Tanaïs ou Don.

13. Les Arabes antérieurs à Mahomet mêlaient au sabéisme le culte des idoles. La Kaaba, qui paraît avoir été de toute antiquité le sanctuaire national de l'Arabie, devint le panthéon de ce fétichisme : chacune des tribus y plaçait son idole particulière, qu'elle venait adorer régulièrement chaque année, et à laquelle on demandait toutes les faveurs temporelles qu'on désirait obtenir. On dit qu'il n'y en avait pas moins de 365 qui couronnaient le fronton de cet édifice ; on y remarquait entre autres les statues de Jésus et de Marie. Les idoles principales étaient *Hobal*, en agate rouge, sous la forme d'un homme tenant sept flèches dans sa main ; *Ménat*, grande pierre informe et grossière, à laquelle on attribuait des effets merveilleux. *Ozza* était un acacia, auquel les coréischites sacrifiaient leurs propres filles ; *Lat* était un rocher que Mahomet ordonna de détruire ; à cet arrêt, toute la tribu qui l'adorait fut plongée dans l'affliction; les femmes surtout ne pouvaient se consoler ; elles employèrent les prières et les larmes pour obtenir qu'on laissât subsister le simulacre pendant trois ans encore, puis pendant un mois, mais elles ne purent rien obtenir. *Ners* était un aigle, *Sava* une femme, *Wadd* un homme, *Yangh* un lion, *Yauk*, un cheval.

14. Le sabéisme et la pyrolâtrie étaient la religion des anciens Perses, comme ils sont encore l'objet du culte des Parsis, leurs descendants. Il ne paraît pas que les Perses aient jamais été idolâtres, bien qu'ils eussent cultivé la sculpture ; leurs palais étaient couverts d'une foule innombrable de figures sculptées ou gravées, et remplis de statues de toutes dimensions ; mais elles étaient purement historiques, commémoratives ou symboliques. Et si nous parlons ici de ces peuples, ce n'est que pour faire remarquer que les statues de Mithra, qui devinrent si communes sous les derniers empereurs d'Occident, et qui furent importées dans la religion grecque et romaine, étaient dues au ciseau des Romains, qui, même en cela, tombèrent dans une erreur étrange ; car ils regardaient Mithra comme la personnification du soleil chez les Perses, tandis que c'était un personnage femelle, représentant la Vénus céleste.

15. Nous voici arrivés dans la haute Asie, pays des idoles par excellence; elles fourmillent chez les brahmanistes, les bouddhistes et les chamanistes.

Les brahmanistes ont deux sortes d'idoles; les unes ne sont à leurs yeux que de pures images, et n'ont droit au respect public qu'autant qu'elles ont été affectées au culte, et qu'elles ont reçu préalablement une consécration particulière ; les autres leur paraissent identiques en quelque sorte avec la divinité, parce qu'ils supposent que Vichnou ou quelque autre de leurs divinités, s'est incarné un jour en telle statue, ou parce que l'image a été fabriquée d'un arbre qui est lui-même une incarnation du dieu. Les unes et les autres sont le but des mêmes hommages, avec cette différence néanmoins que les secondes, étant plus rares, sont l'objet d'un culte plus étendu et plus solennel, qui attire une multitude de pèlerins de toutes les contrées de cette vaste péninsule ; telle est entre autres la fameuse idole de *Djagat-natha*.

Tous les temples servent d'asile à un certain nombre d'idoles ; il y en a qui en sont encombrés. La principale idole est ordinairement dans une niche ; elle est vêtue d'habits plus ou moins magnifiques ; dans les grandes solennités, on la pare quelquefois d'étoffes d'un haut prix et de riches joyaux. On lui voit assez souvent sur la tête une couronne d'or enrichie de pierreries ; mais la plupart des idoles en pierre ont une espèce de bonnet en pain de sucre, ce qui donne à la figure entière l'apparence d'une pyramide; car les Indiens paraissent avoir pour la forme pyramidale un goût tout particulier, qui est dû peut-être à quelque idée emblématique. On sait que divers peuples de l'antiquité, entre autres les Égyptiens, regardaient la pyramide comme le symbole de l'immortalité, et encore comme celui de la vie, dont le commencement était représenté par la base, et la fin ou la mort par le sommet. Elle était aussi l'emblème du feu.

Il ne faut pas aller dans l'Inde pour étudier dans les statues des divinités l'idéal du beau, du bon goût, de l'élégance et de la justesse des proportions, comme dans les idoles de la Grèce. Celles des Hindous sont calquées sur les traditions mythologiques qui prêtent occasionnellement aux dieux les formes les plus bizarres ; celui-ci a quatre têtes, cet autre quatre, huit, douze, trente bras et plus ; celui-ci a sur un corps humain une tête d'éléphant, de singe ou de taureau ; cet autre a un long collier de têtes de morts ; il semble que le sculpteur ait pris à tâche de produire l'œuvre la plus hideuse et la plus effrayante. Aussi les Indiens ont beau les surcharger d'ornements, elles n'en sont pas moins affreuses à voir. La physionomie de celles mêmes qui sont le mieux exécutées est en général d'une laideur horrible, qu'on a soin de rehausser encore en barbouillant, de temps à autre, ces pauvres dieux d'une couche de peinture noirâtre. Quelques-uns, grâce à la piété généreuse de certains riches dévots, ont des yeux, une bouche et des oreilles d'or ou d'argent; agréments qui contribuent à les enlaidir encore, s'il est possible. Il n'y a aucune proportion dans les membres ; les attitudes qu'on leur donne sont ou ridicules ou grotesques, souvent obscènes. Au total rien n'est omis pour en faire des objets de dégoût pour quiconque ne serait pas familiarisé avec la vue de ces monstres bizarres.

Les idoles exposées à la vénération publique dans les temples sont de pierre ; celles qu'on porte en procession dans les rues sont de métal, ainsi que les dieux domestiques que chaque brahmane garde et adore dans sa maison. Il n'est pas permis de faire des dieux de bois ou d'autres matières faciles à détériorer. Il y en a cependant quelques-unes en bois, comme celle de Vichnou sous le nom de *Djagat-natha*, et en général celles de la déesse *Mari-amma*. On rencontre aussi fréquemment des statues en argile ou en maçonnerie ; mais ce sont des idoles de bas aloi, qui n'inspirent que fort peu de vénération.

Une idole, quelle qu'elle soit, ne peut devenir un objet de culte avant d'avoir été consacrée par une foule de cérémonies : il faut que la divinité soit évoquée, qu'elle vienne s'y fixer, s'y incorporer; et c'est l'affaire d'un brahmane pourohita. Les nouveaux temples sont également soumis à une inauguration solennelle, et l'on consacre scrupuleusement tous les objets destinés à leur service. Cependant ces temples et ces idoles sont sujets en mainte occasion à être profanés. Si, par exemple, un Européen, un mahométan, un paria venait par malheur à pénétrer dans un sanctuaire ou à toucher une idole, la divinité délogerait à l'instant même. Or, pour la rappeler de nouveau, il faudrait recommencer de plus belle et à grands frais toutes les cérémonies.

Outre les idoles qui se trouvent dans l'intérieur de chaque temple, les murs et les quatre faces des piliers qui soutiennent l'édifice, sont chargés de diverses sculptures. Sur la façade, on a pratiqué des niches dans lesquelles sont placées des figures symboliques d'hommes et d'animaux, dans des attitudes infâmes. Les murs d'enceinte, dont la solidité répond à celle de l'ensemble des bâtiments, sont aussi quelquefois tout couverts de ces images obscènes ou bizarres.

Au nombre des idoles des Indiens nous ne devons pas oublier de mentionner les honteuses figures du *Lingam* et du *Yoni*, qui sont vénérées par les sivaïtes à l'égal de Siva lui-même; le taureau, et surtout la vache, les singes, les serpents, le vautour Garouda, et quelques autres animaux ; la pierre *salagrama*, l'herbe *durbha*, la plante *toulsi* et l'arbre *aswattha*. Tous ces objets sont réellement adorés, au moins en certaines circonstances; il est même peu d'objets qui ne puissent devenir un objet de culte pour l'Hindou ; il est telle fête, telle cérémonie dans laquelle il doit offrir le *poudja* (l'adoration) aux outils de son état, aux armes qu'il porte, à la lampe ou au feu qu'il allume, au cadavre qu'il enterre, au riz qu'il mange, à l'eau qu'il boit, etc., etc.

16. Nous réunirons sous un seul article l'idolâtrie des bouddhistes du Tibet, de la Birmanie, de Siam, de Ceylan, de la Cochinchine, du Tunkin, de la Chine et du Japon, bien qu'en examinant les choses de près on pourrait y signaler des différences et des modifications qui tiennent aux localités, aux mœurs et au degré d'instruction plus ou moins avancé des peuples nombreux qui professent ce système de religion.

Comme on a fort différemment écrit sur cette matière, nous préférons suivre pas à pas un mémoire de M. Bigaudet, missionnaire apostolique qui a vécu longtemps parmi les bouddhistes, et qui paraît avoir fort bien étudié et approfondi leurs doctrines. Quoiqu'il eût spécialement en vue la Birmanie, ce qu'il en dit est applicable à la plupart des pays bouddhistes. « En examinant de plus près, dit-il, le bouddhisme, dépouillé de tout ce que la superstition, l'ignorance et l'intérêt semblent y avoir ajouté, on verrait que ce système athée (1) n'offre à la vénération

---

(1) Nous avons dit, à l'article BOUDDHISME, que ce système religieux nous paraissait plutôt *panthéiste*, qu'*athée* proprement dit.

de ses partisans que les idées abstraites de vertu, de renoncement à soi-même, de détachement de tout ce qui existe, sans leur présenter un ou plusieurs objets qui méritassent exclusivement une adoration réelle de latrie. Aussi l'auteur de ce système, quel qu'il soit, a dû être profondément frappé du ridicule et de la vanité du culte des idoles. Mais quel qu'ait été le bouddhisme primitif, celui qui a formulé le bouddhisme actuel n'a pu s'élever à la reconnaissance de l'Être suprême, parfait et seul digne des adorations de toutes les créatures ; il s'est jeté dans un excès opposé, en ne proposant à ses disciples que des idées de vertu, de morale, des abstractions sans aucun objet réel auquel ils puissent rapporter leurs hommages. Ses efforts ont été vains et sans succès. L'homme a aussi besoin d'objet d'adoration que son corps a besoin d'air pour vivre et de nourriture pour se soutenir ; s'il n'adore pas le Créateur, il se prosternera devant la créature et lui rendra les hommages qu'il se sent pressé d'adresser à quelque chose en dehors de lui. Les disciples de Bouddha ou du fondateur du bouddhisme ne sont pas restés longtemps sans idoles; on en trouve dans tous leurs temples; et quoiqu'elles ne soient pas aussi multipliées ni si variées que dans les temples des brahmanes de l'Inde, on peut être sûr que les pagodes bouddhiques sont passablement bien pourvues de ce côté-là.

« Voici l'origine que les écrits bouddhiques et les prêtres de cette religion donnent aux idoles : Gautama étant sur le point de disparaître, d'entrer dans le Nirvana, c'est-à-dire de mourir, appela ses disciples et leur dit : « Voilà que dans peu je ne serai plus au milieu de vous, mais je vous laisse ma loi, mes statues et mes reliques; ces statues, ces reliques, seront comme mes représentants au milieu de vous ; elles tiendront ma place et vous leur rendrez le même honneur que vous rendriez à ma personne. » Par là la plus haute sanction est donnée au culte des idoles. Mais quelle est la nature de ce culte idolâtrique ? est-il relatif ou absolu ? C'est une question qui a toujours excité ma curiosité, et à la solution de laquelle je me suis appliqué d'une manière toute particulière. Voici le résultat de mes recherches :

« Les bouddhistes ne reconnaissent dans les idoles aucune vertu qui soit inhérente à leur nature; ils ne croient pas que l'idole puisse leur accorder aucune faveur de quelque genre que ce soit; ils ne croient pas que la vie ni l'intelligence, même au moindre degré, se trouvent dans ces statues. Si donc un bouddhiste se prosterne devant les idoles, il ne le fait que pour obéir au commandement de Gautama; il regarde les prostrations devant ces images, les sacrifices qu'il leur fait, comme des actes bons et méritoires, prescrits par la loi, et à l'accomplissement desquels sont attachés bien des mérites; quand il fait une bonne œuvre quelconque, il sait qu'il gagne tels et tels mérites qui sont très-soigneusement énumérés dans le livre de la loi ; de même aussi quand il fait une idole, bâtit une pagode, fait des offrandes aux idoles, les adore, etc., etc., il ne le fait que pour gagner les mérites que la loi lui accorde fort libéralement pour tout cela. Le bouddhiste n'a rien autre chose en vue. Dire qu'il a intention de rapporter son culte à *Phra Gautama*, c'est se tromper grossièrement, puisqu'il sait bien que son *Phra* n'est plus, qu'il a disparu, qu'il n'entre pour rien dans les affaires de ce monde, qu'en un mot il a cessé d'être; or, un être qui n'est pas ne peut être l'objet d'adoration, quelle qu'elle puisse être. Qu'on adore de fausses divinités que, par une erreur, l'on croit existantes quelque part, cela se conçoit ; mais que quelqu'un pense à rapporter le culte qu'il rend à une image ou à une statue, à son prototype, qu'il sait n'exister nulle part sous aucune forme, c'est ce qui ne peut entrer dans l'imagination de personne.

« J'ai souvent entendu des Birmans intelligents me dire, lorsque je disputais avec eux, que c'était par respect pour Phra Gautama qu'ils adoraient les idoles, en ce sens que ces idoles représentaient la figure de Phra, et que d'ailleurs ils avaient son ordre formel de les adorer comme lui-même, comme ses représentants ; mais pas un ne m'a dit qu'il pensait à rapporter à Phra Gautama les marques de respect, de vénération, les offrandes enfin qu'il faisait à ces idoles; tous au contraire avouaient qu'ils avaient en vue l'idole présente sous leurs yeux et rien au delà. Combien donc sont mensongères et pitoyables les assertions des protestants et de nos incrédules ! Les premiers prétendent que l'honneur que les catholiques rendent aux images du Sauveur, de sa sainte mère et des saints, est semblable à celui que les idolâtres rendent aux idoles; ils ne veulent pas savoir que les catholiques ne se servent de ces objets visibles que pour s'élever aux objets invisibles et sacrés qu'ils représentent, et que l'honneur rendu à une image, ils le rapportent tout entier à son type : ce que ne fait pas l'idolâtre. Et si la différence est si grande, même à l'égard du bouddhisme, qui est le moins grossier de tous les cultes idolâtriques, que serait-ce si nous examinions les autres religions païennes? Les seconds, qui ont avancé tant de choses avec une grande hardiesse qui leur servait de preuve, ont voulu trouver chez les idolâtres un culte relatif. Je ne veux pas parler des autres idolâtries, mais seulement de celle du bouddhisme, qui est pratiquée par près d'un quart du genre humain. Je puis assurer qu'en théorie et en pratique, les bouddhistes adorent, véritablement et strictement parlant, les idoles, comme étant, avec la loi et l'assemblée des justes, les seuls objets laissés à leur adoration.

« J'ai avancé que les bouddhistes ne croyaient pas qu'aucune vertu particulière résidât dans les images de Phra ; ils admettent cependant que les reliques de Bouddha, comme parties d'un corps qui avait été doué des plus hautes perfections, ont conservé quelques vertus secrètes au moyen desquelles de grandes merveilles s'opèrent aux lieux où elles ont été déposées. Les pagodes qui renferment ces précieux dépôts sont quelquefois tout éclatantes de lumières pendant la nuit ; on les a vues se couvrir d'or subitement. Pendant mon séjour à Merguy, on vint m'annoncer un beau matin qu'une pagode avait été dorée subitement pendant la nuit : je me mis à rire ; mais, pour satisfaire mes Birmans, je voulus m'y rendre avec eux ; arrivés sur les lieux, nous ne vîmes rien de tout ce qu'on annonçait ; alors on se contenta de dire que la vertu miraculeuse de la relique étant épuisée, la merveille avait disparu. Suivant la légende la plus authentique, les reliques de Phra étaient fort peu considérables ; mais l'intérêt et l'ignorance les ont multipliées à un point extraordinaire. Il n'y a presque pas de pagode un peu fameuse qui ne se vante d'en posséder ; quelques Ponghis et charlatans birmans, pour se faire un nom et obtenir une nombreuse clientèle, ont la prétention d'en avoir aussi quelques portions.

« Les hommages extérieurs que les bouddhistes rendent aux idoles consistent en prostrations et offrandes de fleurs, de parfums, de banderoles élégamment découpées, de parapluies blancs ou dorés, etc. Quelquefois, mais assez rarement, on leur offre des fruits, du riz, etc. ; mais ces sortes d'offrandes sont réservées plus spécialement aux nats. C'est aux quatre quartiers de la lune, mais surtout aux nouvelles et pleines lunes, que l'on voit les pagodes, les maisons des Ponghis se remplir d'offrandes de toute espèce ; à ces fêtes-là aussi les pagodes sont plus ou moins illuminées, suivant le plus ou moins de fortune ou de piété de ceux qui doivent subvenir aux frais. Rarement on voit les Birmans réparer des idoles ou des pagodes, parce qu'ils prétendent qu'il y a beaucoup plus de mérite à en faire de nouvelles ; ils croient aussi que les mérites qui sont le fruit des réparations tourneraient au profit du premier fondateur. En effet, disent-ils, de nombreux mérites sont accordés par nos livres saints à ceux qui font des pagodes ou des idoles, mais on ne dit rien en faveur de ceux qui les réparent. Cependant en pratique on ne suit pas toujours cette belle théorie.

« Les prières que les bouddhistes font devant les idoles, dans les pagodes, consistent à rappeler des traits de la vie de Phra, à célébrer ses vertus, ses triomphes sur les passions et sur tous les ennemis qui s'opposaient à son acheminement à la dignité de Phra. Mais jamais on ne trouve dans ces prières une seule expression qui indiquerait que l'on demande quelque grâce, quelques faveurs, la délivrance de quelques périls. Le bouddhiste, fidèle à son principe de fatalité, dit toujours : De même que Phra a pratiqué telle vertu, puissé-je la pratiquer moi-même, etc., etc. Les prières renferment aussi de nombreuses citations de la loi ; on y trouve aussi les plus belles expressions pour louer cette loi sublime. Enfin, on y trouve aussi des louanges à l'honneur des Ariahs ou des justes qui sont bien avancés dans la pratique de la loi ; mais il n'y a pas une seule expression qui donne une idée de prières proprement dites. »

Les idoles bouddhiques sont la représentation des différents Bouddhas qui se sont succédé dans la suite des âges et des modifications que chacun a éprouvées dans les transmigrations diverses par lesquelles chacun d'eux a passé ; elles représentent aussi les Boddhisatwas, ou fils spirituels de ces Bouddhas, leurs épouses ou énergies actives. De plus, les bouddhistes honorent encore la plupart des divinités du panthéon hindou qu'ils ont accommodées à leur système. Ces figures sont le plus souvent représentées assises, soit sur un socle, soit sur la fleur du lotus ; elles ont chacune leur posture, leur couleur, leur costume et leurs attributs particuliers.

17. Le Tibet a cela de particulier qu'étant, sinon la patrie originaire de ce vaste système religieux, du moins la terre sainte du bouddhisme et le siège du souverain pontifical, c'est là que le Bouddha suprême et la multitude innombrable des boddhistawas se sont perpétués sans interruption, en s'incarnant successivement, de race en race, dans des individus qui les représentent et qui sont censés être animés de leur esprit, jouir de leurs prérogatives, agir par leur vertu, en un mot, qui sont identiquement les mêmes et qui ne font que changer de corps ; de là, une véritable *anthropolâtrie*. En effet, on leur rend absolument le culte qui appartient aux êtres divins dont ils sont l'incarnation vivante ; hommages, prières, invocations, prostrations, adorations, offrandes. *Voyez* les articles LAMAS, DALAÏ-LAMA, etc.

18. Les bouddhistes du Japon ont beaucoup plus d'idoles que leurs coreligionnaires des autres contrées, avec lesquels ils ont, du reste, peu de relations. Leurs idoles sont quelquefois monstrueuses ; celle de Dai-Bouts, à Méaco, est d'une telle grandeur qu'on a été obligé de percer le toit du temple pour en laisser passer la tête. Il y a tel de ces temples qui contient les images de mille divinités ; il y a même, au rapport de Kœmpfer, une pagode auprès de Méaco, qui renferme 33,333 idoles.

En général, les sectateurs de la religion des Esprits, au Japon, n'ont pas d'images dans leurs temples, à moins qu'une circonstance particulière ne les engage à y en mettre ; comme serait la grande réputation de sainteté du sculpteur, ou quelque miracle éclatant qu'aurait fait le Kami. Dans ce dernier cas, on place dans le lieu le plus éminent du temple, vis-à-vis de l'entrée ou du frontispice grillé, une châsse renfermant l'idole, devant laquelle les adorateurs du Kami se prosternent. L'idole n'est extraite de la châsse que le jour où l'on célèbre la fête du dieu qu'elle représente, ce qui n'arrive qu'une fois tous les cent ans. On enferme aussi dans cette châsse les reliques du même personnage déifié, comme ses os, ses habits, ses épées et les ouvrages qu'il a exécutés de ses propres mains. Quelquefois ces idoles avec les reliques sont portées en procession dans des chapelles portatives ; mais on fait auparavant retirer le bas peuple, comme une race impure et profane, indigne de voir des choses si saintes. *Voy.* KAMI.

19. Les Chinois qui appartiennent à la secte des lettrés rendent à Confucius des honneurs presque divins ; cependant ce n'est pas à ses images qu'ils rendent un culte, mais à des tablettes sur lesquelles est inscrit son nom. Dans les édifices qui lui sont consacrés, cette tablette est placée sur une espèce d'autel éclairé par des bougies, et sur lequel brûlent des parfums. Quatre principaux disciples de ce philosophe, qu'on honore comme sages du second ordre, et dix autres qui sont vénérés comme sages du troisième ordre, ont dans le même endroit leurs tablettes ou cartouches. Les offrandes qu'on présente à Confucius sont ordinairement du pain, du vin, des cierges, des parfums, du papier doré, souvent quelque animal, tel qu'un mouton. Une des cérémonies qui se pratiquent dans ce temple consiste simplement à se prosterner, et à frapper neuf fois du front devant la tablette du philosophe dont l'âme est censée résider dans la tablette, ainsi que le porte l'inscription. C'est ce que font les mandarins, quand ils prennent possession de leurs gouvernements ; les lettrés, quand on leur donne leurs degrés. Tous les quinze jours, les gouverneurs des villes sont obligés d'aller, avec les gens de lettres du lieu, rendre cet honneur à Confucius, au nom de toute la nation. Car, par tout l'empire, il a des palais ou, si l'on veut, des temples sur le frontispice desquels on lit les inscriptions les plus pompeuses, comme : *Au grand maître*, *Au premier docteur*, *Au premier saint*. Lorsqu'un magistrat passe devant un de ces temples, il ne manque jamais de descendre de son palanquin, de se prosterner la face contre terre, et de marcher ensuite à pied pendant quelque temps. En certaines occasions on lui offre un sacrifice solennel, dans lequel on égorge une ou plusieurs victimes : ce sont ordinairement des pourceaux ; on lui offre en même temps du vin, des fruits, des semences, des étoffes de soie qu'on brûle en son honneur. Ceux qui mangent des chairs de la victime sont persuadés qu'ils auront part aux faveurs de Confucius.

Les Chinois de toutes les sectes rendent aussi aux mânes de leurs ancêtres des honneurs que les uns ont regardés comme idolâtriques, et que d'autres ont prétendu tolérer comme étant une simple marque de respect et de souvenir rendue aux parents qu'on a perdus. Dans chaque maison un peu considérable, il y a une salle consacrée uniquement à ce culte et qu'on appelle *salle des ancêtres*. Les noms des défunts appartenant à la famille sont inscrits sur des tablettes, et chaque jour on va leur rendre hommage par des inclinations, des prostrations, et même par des offrandes de riz, de papiers dorés et autres menus objets.

20. Nous n'entrerons point dans le détail de toutes les pratiques idolâtriques des nombreuses tribus tartares qui presque toutes professent ou le bouddhisme ou le chamanisme. Chaque horde a pour ainsi dire ses divinités favorites ; on peut en voir la description et même les figures dans les relations de Pallas, Gmélin et autres voyageurs russes. Ils ont des idoles dans leurs maisons ou sous leurs tentes ; ils leur adressent des prières et leur font des offrandes et des sacrifices le matin, le soir, et surtout la nuit, à la lueur d'un feu allumé exprès.

Depuis que les Mantchoux sont civilisés, ils ont chez eux, suivant leurs facultés, une petite table en forme d'autel, et même une sorte de petit tabernacle supérieurement travaillé et orné, où ils déposent leurs offrandes et font leurs dévotions journalières.

Il y a chez les Kalmouks des simulacres de bronze et de glaise, ainsi que des images peintes. Plusieurs de ces figures sont monstrueuses ; elles ont plusieurs têtes, plusieurs bras, ou n'ont qu'un œil, etc. La tête de quelques-unes d'entre elles est coiffée de plusieurs têtes de morts. Un de leurs simulacres a jusqu'à neuf et même onze têtes. — Les Kalmouks et les Mongols portent communément à leur cou une petite idole de terre cuite ou de quelque métal ; ils vont la chercher au Tibet.

21. Les Bouraïtes égorgent, pendant l'automne, des chevaux, des bœufs, des moutons et des boucs en l'honneur de leur *Nouguit*, idole faite avec des chiffons de drap, et qu'ils suspendent à une petite tente. La viande de ces victimes sert surtout à la nourriture des idoles et des esprits, dont les prêtres se chargent de surveiller et de consommer l'approvisionnement. Ils ont en outre un respect particulier pour une montagne voisine du lac Baikal.

22. Au lieu d'honorer et de prier le Dieu créateur qu'ils reconnaissent, les Tongouses s'adressent, dans leurs besoins, à des simulacres que chacun fait soi-même, d'un morceau de bois, auquel il donne, le mieux qu'il peut, une figure humaine. Ils honorent ou maltraitent ces simulacres selon qu'ils croient avoir lieu de s'en louer ou de s'en plaindre.

Tous les ans, ils font dans les bois un sacrifice solennel, dans lequel ils immolent un animal de chaque espèce. Après le sacrifice, ils rendent une sorte de culte aux peaux des victimes qu'ils suspendent aux arbres les plus élevés et les plus touffus de la forêt. Quelques Tongouses plantent un piquet, sur lequel ils étalent la peau d'une zibeline ou d'un renard blanc, et rendent des honneurs à cette fourrure.

23. Chez les différentes peuplades qui habitent la pointe nord-ouest de l'Asie, il y a ordinairement deux sortes de simulacres : les uns publics, les autres domestiques. Les uns et les autres ne sont guère que des bûches arrondies avec une espèce de tête grossièrement façonnée. Les simulacres privés

sont sujets à être maltraités étrangement, s'ils ne prennent pas assez de soin de la petite fortune de ceux à qui ils appartiennent.

24. Bien que les Kamtchadales, avant leur conversion au christianisme, reconnussent un Dieu suprême, ils révéraient, de préférence à lui, les génies bons et mauvais dont leur théogonie avait peuplé le ciel et la terre. Ils croyaient apaiser les uns, appeler sur eux les bienfaits des autres, en leur élevant des images figurées sur des modèles singuliers qu'ils plaçaient dans les champs, dans leurs huttes, et devant lesquelles ils consacraient, en manière d'offrande et de sacrifice, les nageoires et les queues de poissons qui ne sont d'aucun usage. Ils avaient cela de commun avec d'autres peuples asiatiques, qui n'offraient à leurs dieux que ce qui leur était inutile. — Outre ces divinités, ils adoraient les animaux qui pouvaient leur nuire. Ils allumaient du feu à l'entrée des terriers des martres et des renards, pour les conjurer. Quand ils étaient sur mer, à la pêche, ils priaient les baleines et les chevaux marins de ne point renverser leurs bateaux. Dans les bois, à la chasse, ils priaient les ours et les loups de les épargner.

25. Les Ostiaks ne paraissent pas connaître d'autres dieux que leurs simulacres; ils en ont un grand nombre. Les uns sont, ou des figures d'airain assez bien travaillées, représentant des femmes les bras nus, des oies, des serpents, etc., ou d'assez belles plaques sur lesquelles sont figurés divers animaux, tels que des cerfs, des chiens, etc. Les autres sont, ou des morceaux de bois presque sans forme, avec un nœud en haut qui figure la tête; ou plusieurs morceaux de bois longs et épais, joints ensemble, sans aucune figure, et enveloppés de guenilles de toutes sortes. Chacun se fabrique à soi-même son simulacre, et l'abandonne quand il juge à propos. C'est ordinairement sur de hautes montagnes qu'on les place, ou bien on les met au milieu d'une forêt, dans une petite cabane de bois, avec une petite hutte à côté, pour y serrer les os des animaux qui sont offerts. Le nom commun des simulacres, soit publics, soit domestiques, est *scheitan* (Satan). Parmi les simulacres publics, il y en a trois qui sont distingués des autres. Le premier n'est qu'un morceau de bois informe, sans figure de corps, n'ayant dans le haut qu'une grosseur pour représenter la tête. Il est couvert d'une étoffe rouge, coiffé d'un bonnet doublé de peau de renard noir. Le second, qui est près de l'autre, est une oie d'airain, avec les ailes déployées. Cette oie n'a d'inspection que sur les canards et les autres bêtes du pays. Le troisième s'appelle *le vieux de l'Oby*. Tous les trois ans, on a coutume de lui faire changer de pays, le transportant sur la rivière d'Oby, d'un lieu en un autre, avec beaucoup de solennité, et dans une barque faite exprès. Ce simulacre n'est que de bois, a un groin ferré, comme celui d'un pourceau, deux petites cornes à la tête, et deux yeux de verre. Cette divinité préside à la pêche; mais on la bat, on l'outrage lorsque la pêche est mauvaise : en récompense, on lui frotte le groin avec la graisse du poisson, si la pêche est abondante.

On n'invoque les simulacres que quand on a besoin de leur secours. Ainsi les jours et les heures des sacrifices ne sont point réglés. Les uns offrent à l'idole des poissons vivants. Ils mettent les poissons devant elle, les y laissent quelque temps, les font cuire, les mangent et frottent la bouche du simulacre avec la graisse de la victime. Il y en a qui lui donnent des habits ou des morceaux d'étoffe. Quelques-uns sacrifient des rennes, des élans, des chevaux. Ils traînent devant le simulacre la bête destinée au sacrifice, et lui lient les jambes. Alors un prêtre prononce une sorte de prière, dans laquelle il fait marché avec l'idole, et convient de lui sacrifier l'animal présent, à condition qu'elle accordera aux assistants telle ou telle grâce. Le silence du dieu est interprété comme un consentement exprès à tout ce qu'on lui demande. Le prêtre donne un coup sur la tête de la victime, et, dans le même instant, un homme posté vis-à-vis, un arc à la main, tire une flèche sur l'animal, tandis qu'un autre lui perce le ventre avec une broche. Après qu'on a reçu dans un vase tout le sang de la victime, on la traîne par la queue, et on lui fait faire trois fois le tour du simulacre. On l'écorche ensuite, on lui coupe la tête, les pieds et la queue, que l'on suspend au haut d'un grand arbre. On fait avec le sang de l'animal une espèce d'aspersion sur les cabanes; on en barbouille aussi la bouche de l'idole, on en boit même par dévotion. Après le sacrifice, on fait un festin, selon l'usage. On finit par frotter l'idole avec la graisse de la victime. Une opinion particulière à ces peuples, c'est que l'âme de la divinité vient, pendant le sacrifice, habiter le simulacre qui la représente, et s'en retourne après la cérémonie. Ils célèbrent ce départ de l'âme avec de grands cris, et s'escriment alors avec des bâtons qu'ils agitent en l'air.

26. Les Barabinski n'ont, à ce qu'on rapporte, d'autre divinité qu'un certain simulacre de bois, grossièrement sculpté, revêtu d'une robe composée de plusieurs pièces de différentes couleurs. Cette divinité n'a pour temple qu'une armoire où elle est renfermée, jusqu'à ce que les habitants sortent du village pour chasser, ou pour aller faire quelque expédition. Dans ces occasions, on tire le simulacre d'une son obscurité, et on le conduit sur un traîneau, à la tête de la troupe. De plus grands honneurs l'attendent au logis : l'expédition ou la chasse a-t-elle été heureuse, ce succès lui est attribué; on l'en remercie. On l'expose au haut d'une cabane, revêtu des plus précieuses fourrures, qui dès lors ne servent plus à aucun autre usage. On dit aussi que, quand on le conduit à la chasse ou à quelque expédition, la première personne qu'on rencontre est une victime qu'on lui sacrifie.

27. Les Vogouls, adorateurs du soleil et de

28. Presque toutes les peuplades de l'Afrique qui ne professent pas le christianisme ou le musulmanisme sont livrées au fétichisme le plus grossier ; nous ne répéterons pas ici ce que nous avons dit aux articles FÉTICHISME, GRISGRIS, GRIOTS. Nous signalerons seulement les usages qui, en quelques contrées, ont plus de rapport avec l'idolâtrie proprement dite.

29. Les anciens habitants de l'île Canarie vénéraient les idoles : elles étaient placées dans des niches, les unes rondes, les autres carrées. Les navigateurs portugais, envoyés, en 1341, par le roi Alphonse IV, rapportèrent à Lisbonne une de ces idoles ; elle était en pierre, et représentait un homme nu, tenant un globe dans sa main. Les annotations d'André Bernaldez nous signalent un autre fait qui donnerait à la religion de ce peuple une apparence d'idolâtrie. « Dans la Grande-Canarie, dit cet historien, il y avait un édifice destiné au culte, qu'ils appelaient *Tirma*. C'était là qu'on vénérait une idole en bois, de la longueur d'une demi-lance, représentant une femme nue, et sculptée de manière à montrer toutes ses formes. Devant cette femme se voyait une autre sculpture figurant une chèvre disposée à l'accouplement, ayant derrière elle un bouc prêt à la couvrir pour la féconder. C'était devant ce groupe qu'on faisait des libations de lait et de beurre, en manière d'offrande, de dîme ou de prémices. »

Au centre de l'île, dans la profonde vallée d'Acéro, il existe un roc escarpé qui se dresse comme un immense obélisque. Les naturels l'appelaient *Idafe*, et avaient pour lui la plus grande vénération. La crainte de voir l'énorme monolithe s'écrouler tout à coup, et les écraser sous ses ruines, motivait sans doute l'espèce de culte qu'ils lui avaient voué, et c'était probablement pour prévenir ce désastre qu'ils lui apportaient des présents et lui adressaient leurs prières. Pleins de respect pour ce roc redoutable, ils ne s'en approchaient qu'en tremblant, et déposaient à la base le cœur, le foie et les poumons des animaux dont ils faisaient leur principale nourriture. Les offrandes étaient toujours présentées par deux personnes. La première s'avançait en chantant ces paroles : *Tomberas-tu, Idafe?* et la seconde répondait : *Donne-lui, et il ne tombera pas.* D'autres fois, c'étaient des victimes entières qu'on sacrifiait au rocher de la vallée, en les précipitant du haut des escarpements.

30. Les idoles du Congo sont des simulacres qui se ressemblent peu dans la forme. Les unes sont des statues qui représentent grossièrement la figure de l'homme, d'autres, sous la forme d'une chèvre, ont la tête faite d'une écaille de tortue, avec les jambes et les pieds de quelque autre animal. Quelques-unes ne sont que des bâtons garnis de fer par le bout, ou décorés d'un peu de sculpture; des roseaux, des cordes ornées de petites plumes ou de deux ou trois petites cordes; des pots remplis de terre blanche ; des cornes de buffles, revêtues de la même terre, et garnies d'un anneau de fer à l'extrémité, et mille autres bagatelles semblables, qui sont des fétiches proprement dits.

Les habitants du Kakongo maltraitent quelquefois, brûlent même leurs simulacres, par dépit, lorsqu'ils s'adressent vainement à eux dans leurs calamités.

Les hommages que chaque particulier rend à son dieu consistent à se prosterner devant lui, à fléchir les genoux, à faire brûler en son honneur quelque matière qui rende beaucoup de fumée.

31. Le soleil, sous la figure d'un homme, la lune, sous celle d'une femme, sont, dit-on, les dieux des Anzikos, qui ont d'ailleurs une infinité d'autres simulacres.

32. La plupart des nations de l'Amérique, étant nomades et n'ayant point d'habitations fixes, n'étaient pas idolâtres ; il n'y avait que celles qui étaient le plus avancées en civilisation qui eussent des temples, des statues et des idoles ; et ces nations étaient en petit nombre.

Nous avons parlé des idoles des Péruviens à l'article GUACAS.

33. Les Muyscas avaient un grand nombre d'idoles grossièrement sculptées. Il y en avait en or, en argent, en bois et même en cire. Elles étaient habillées d'étoffes faites du poil de différents animaux, qui étaient les plus estimés parmi eux. Ils avaient toujours soin de placer dans leurs temples une idole mâle à côté d'une idole femelle ; chaque indigène avait en outre pour divinité un lac, une montagne, une roche ou quelque autre objet qui s'était révélé à lui par le tremblement dont il avait été saisi en passant auprès. Quand il voulait implorer son assistance, il jeûnait pendant un certain nombre de jours.

Les offrandes faites aux divinités qui avaient des temples, étaient jetées par le prêtre dans de grands vases en terre cuite, auxquels on avait donné, tant bien que mal, la figure du dieu qui y était adoré. Quand ce vase était plein, on allait l'ensevelir mystérieusement dans un endroit qui n'était connu que des principaux prêtres du temple. Les Espagnols, devenus maîtres de la contrée, ont découvert plusieurs de ces cachettes et en ont retiré des figures en or fort extraordinaires. Presque toutes sont couronnées de rayons qui paraissent sortir de la tête. De chaque main elles tiennent une espèce de sceptre, au bout duquel est la figure d'un oiseau. Quelques-unes, au lieu de rayons, ont sur la tête une espèce de bonnet. Elles ont le nez et les oreilles percés et ornées de pendants, et sont vêtues d'une espèce de manteau comme les indigènes en portent encore aujourd'hui. Mais ce qu'il y a de plus singulier, c'est que presque toutes ont de la barbe, et que les organes des sexes y sont toujours indiqués, ce qui ferait supposer une origine égyptienne ou phénicienne. On trouve aussi des figures d'insectes, de lézards, d'oiseaux et de serpents. On a de même rencontré quelquefois dans les tombeaux des espèces de dieux pénates en or, en argent ou en terre cuite que les Muyscas suspendaient à leur cou, surtout quand ils marchaient au combat.

34. Presque toutes les nations mexicaines avaient leurs simulacres et leurs idoles; il en existe un assez grand nombre dans les musées et les cabinets des curieux. Plusieurs jouissaient d'une grande célébrité, et étaient l'objet d'un culte très-solennel. On peut voir l'article Huitzilopochtli, où nous donnons la description de la plus fameuse idole de Mexico. On y remarquera cela de particulier, qu'outre l'idole principale, on faisait, pour la grande solennité annuelle, une seconde idole en pâte, qui, après avoir reçu les hommages et les adorations de tout le peuple, était brisée en morceaux et distribuée aux assistants, qui la mangeaient avec beaucoup de religion en signe de communion.

35. Dans les îles innombrables de l'Océanie, une partie des habitants était autrefois, et quelques-uns sont encore aujourd'hui, livrés à l'idolâtrie et au fétichisme.

Dans les îles Hawaï, l'un des dieux les plus hideux de l'archipel était Karaï-Pahoa. Cette idole, qui fut brisée à la mort du roi Tameamea et partagée entre les principaux chefs de l'île, était faite d'un bois tellement vénéneux, que l'eau que l'on y renfermait devenait bientôt mortelle.

36. Les insulaires de Nouka-Hiva honorent des dieux pénates, ainsi que de petites figurines représentant des divinités; elles sont ordinairement faites d'ossements humains, et ils les portent suspendues à leur cou. Les dieux vulgaires sont sculptés grossièrement sur les manches de leurs éventails, sur leurs échasses, sur leurs bâtons, et plus particulièrement sur leurs casse-tête. Mais ceux-ci sont traités sans aucun respect; on les vend, on les échange, on les donne avec la même indifférence que tout autre objet. Quant aux idoles des Moraïs, on leur témoigne plus de vénération; quelquefois on se réunit plusieurs ensemble devant ces idoles, on s'assied devant elles pendant des heures entières, en frappant des mains et en chantant des hymnes en leur honneur. Ces idoles sont placées dans de petits édifices en miniature, ornés de lambeaux d'étoffes et de différents ustensiles propres à la pêche.

37. Une preuve que les habitants des îles Gambier regardaient leurs simulacres comme des divinités réelles, c'est que, quand les missionnaires catholiques, ayant aboli l'idolâtrie, encouragèrent les insulaires à abattre eux-mêmes l'idole d'Aruino, leur dieu principal, ceux qui étaient demeurés spectateurs, la voyant frapper à coups de hache, ne purent s'empêcher de s'écrier : *Pauvre Aruino! comme il souffre!*

38. Les Néo-Zélandais ont des figures de bois et de pierre qu'ils portent suspendues à leur cou, ou qu'ils exposent sur les tombeaux et aux portes de leurs cabanes; ils paraissent y tenir beaucoup, mais les voyageurs et les missionnaires sont unanimes à déclarer qu'ils ne les adorent pas, et qu'ils ne leur rendent aucun culte. Il en est de même dans un certain nombre d'îles de l'Océanie.

39. Lorsque les officiers de *la Coquille* abordèrent à Vaiguiou, l'une des îles des Papous, ils trouvèrent, dans un village, une pagode ou chapelle ornée de plusieurs effigies bizarres, barbouillées de diverses couleurs, ornées de plumes et de nattes disposées d'une manière symétrique. Cette chapelle devait être un temple; ces figures en bois, des images de divinités. On ne put, du reste, rien savoir de plus sur les croyances religieuses de ce peuple.

40. Quant aux idoles de la Nouvelle-Irlande, *voyez* l'article Bakoui.

IDOLOTHYTES, viandes immolées ou offertes aux idoles. On les présentait ensuite en cérémonie, tant aux prêtres qu'aux assistants, qui les mangeaient une couronne sur la tête. En raison de cette espèce de consécration, les premiers chrétiens les regardaient comme immondes; et dans le premier concile, tenu par les apôtres eux-mêmes à Jérusalem, il fut interdit aux fidèles d'en manger.

IDULIE, ou *IDULIUM*, nom de la victime que les Romains offraient à Jupiter le jour des ides.

IDUNA, déesse de la mythologie scandinave; elle était femme de Braghé, dieu de l'éloquence. Elle gardait, précieusement renfermées dans une boîte, des pommes vivifiantes, dont les dieux mangeaient quand ils se sentaient vieillir, parce qu'elles avaient le pouvoir de les rajeunir. C'est par ce moyen qu'ils devaient subsister jusqu'aux ténèbres des derniers temps. Loke leur joua un jour le mauvais tour d'enlever Iduna et son trésor, et de les cacher dans un bois, où il les fit garder par un géant. Les dieux qui commençaient à sentir la caducité, ayant découvert l'auteur de l'enlèvement, lui firent de si terribles menaces, qu'il fut obligé de mettre toute son adresse à leur restituer Iduna et ses pommes. Selon Noël, on retrouve dans cette fiction le système favori des Celtes sur le dépérissement insensible de la nature et des dieux qui lui étaient unis ou qui dépendaient d'elle.

IFTAR, nom que les musulmans donnent aux repas qu'ils font le soir, pendant tout le cours du mois de ramadhan. Ce n'est qu'alors qu'ils rompent le jeûne. Ceux qui ont quelque fortune réunissent leurs parents et leurs amis, et font un festin splendide.

IFURIN, c'est-à-dire *le froid*; nom de l'enfer des Gaulois. *Voyez* Enfer, n. 6.

IGHITH-BASCHIS, ordre religieux musulman, fondé par Schems-Eddin Ighith-Baschi, mort à Magnésie, l'an 951 de l'hégire (1544 de Jésus-Christ).

IGNICOLE. Ce mot correspond exactement au grec *pyrolâtre*, et au persan *Atesch-pe-*

rest. Les uns et les autres signifient *adorateur du feu.* On donnait autrefois ce nom aux anciens Perses; il appartient encore aux Guèbres ou Parsis, leurs descendants.

IGNISPICE, art de deviner par le feu; suivant le rapport de Pline, il fut inventé par Amphiaraüs.

IGNORANTINS, surnom donné aux frères de la Doctrine chrétienne, institués en France par le bienheureux de la Salle, pour instruire les enfants des premiers principes de la religion, et leur apprendre à lire et à écrire. Si, en les appelant ainsi, on prétendait exprimer qu'ils instruisent les *ignorants*, ce surnom n'aurait rien que d'honorable; mais si on veut par là les taxer eux-mêmes d'ignorance, c'est une étrange erreur; car ils ont toujours été à la hauteur de leurs importantes fonctions; et maintenant aucun d'eux n'est approuvé pour l'instruction qu'après avoir subi un examen public et reçu un brevet de capacité.

IHRAM, manteau pénitentiel que doit prendre tout musulman qui fait le pèlerinage de la Mecque. Il consiste en deux pièces d'étoffe de laine, blanches et neuves, ou du moins bien lavées et très-propres, mais sans coutures, l'une pour couvrir la partie inférieure et l'autre la partie supérieure du corps. L'objet que doit avoir en vue le pèlerin, en se revêtant du manteau pénitentiel, est de se préparer dignement, comme l'indique le mot *Ihram*, à entrer sur un territoire réputé si saint par les musulmans. Le pèlerin ne peut avoir sur le corps que son ihram, et il n'a la liberté de le quitter que pour le temps de sa purification; mais ce manteau n'est pas d'obligation pour les femmes; si elles le prennent, elles ne doivent pas pour cela se dépouiller entièrement de leur habit, comme les hommes; la pudeur au contraire les oblige à garder chemise et caleçon, et même à se dérober aux regards des hommes, moyennant un voile qui leur couvre la tête sans toucher le visage.

On doit prendre l'ihram au moment où l'on entre sur le territoire sacré, ou même avant, pourvu que l'on soit dans le mois de Dhoulcada, qui est celui du pèlerinage, et il faut le garder jusqu'à la fête du Beyram, ce qui fait l'espace d'environ 40 jours. Du moment que le pèlerin est couvert de ce manteau, il doit s'abstenir de toute œuvre mondaine et charnelle, ne se permettre aucun commerce avec sa femme, aucun propos libre et scandaleux, aucune querelle particulière, aucun acte d'hostilité, excepté pour sa défense personnelle. Il ne lui est pas non plus permis, tant qu'il est couvert de cet habit, de faire usage de parfums et d'aromates, de se couper les ongles et la moustache, de se faire raser les cheveux ou le poil, de se couvrir la tête et le visage. Les seules choses qu'il puisse porter avec l'ihram, sont de la monnaie d'or ou d'argent, mais dans une bourse ou dans une ceinture, un sabre, un cachet au doigt, et le livre du Coran dans un sac pendu à son côté.

IKO, ordre de religieux du Japon, qui ont la faculté de se marier et même d'élever dans le couvent les enfants mâles qui naissent de leur mariage.

IKOU TSOU FIKO NE-NO MIKOTO, divinité japonaise, le quatrième des enfants de Sasan-no o Mikoto. *Voy.* sa naissance merveilleuse à l'article SASAN-NO O MIKOTO.

IL, nom sous lequel les Phéniciens adoraient Chronos ou Saturne; mais ce mot est la désignation propre de la divinité en général, et correspond à l'hébreu אל *el*, qui signifie dieu.

ILA, dieu du second ordre de la mythologie des Slaves; il développait ou secondait la vigueur musculaire. On l'appelait aussi Krepkibog.

ILAH ou *Elah*, nom de Dieu chez les Arabes; ils prononcent communément *Allah*, avec l'article *al* ou *el*, et l'élision de la première voyelle. *Voy.* ALLAH.

ILICET, pour *Ire licet;* expression dont se servait à Rome celui qui présidait aux funérailles, pour avertir, lorsqu'elles étaient finies, ceux qui y avaient assisté de se retirer. Elle correspond à la formule catholique *Ite, missa est.*

ILISSIADES, ou ILISSIDES, surnom des Muses, pris du fleuve Ilissus, sur les bords duquel elles avaient un autel. Les eaux de ce fleuve étaient réputées sacrées.

ILITHYIE, déesse qui, chez les Grecs, présidait aux accouchements; elle était fille de Junon, qui elle-même était invoquée par les femmes en couches. Homère fait mention de plusieurs Ilithyies, toutes filles de Junon, et les arme de traits qui expriment les douleurs de l'enfantement. Olen, poëte lycien, la qualifie du titre de *belle fileuse*, la dit plus ancienne que Saturne, et la prend pour une Parque. Phurnutus la confond avec la lune. Les femmes enceintes, ou en couches, lui faisaient des vœux qui consistaient ordinairement à lui consacrer des hastes et à lui promettre des génisses, si elles étaient heureusement délivrées. Elle avait à Rome un temple où l'on portait une pièce de monnaie à la naissance et à la mort de chaque citoyen, et lorsqu'on prenait la robe virile. Ilithyie était sans doute la même divinité que Lucine.

ILLAPA ou INTIRAPPA, le troisième des grands dieux, chez les Péruviens, qui le supposaient résider dans le ciel. Ils le représentaient sous les traits d'un homme armé d'une fronde ou d'une massue, et tenant dans sa main la pluie, la grêle, le tonnerre et tous les autres météores qui se forment dans la région de l'air où sont les nuées. A Cusco, on lui sacrifiait de jeunes enfants, comme au soleil.

ILLUMINÉS. — 1. Secte de visionnaires et de fanatiques, appelés *Alumbrados* en espagnol, et qui parurent en Espagne vers l'an 1575. Ils prétendaient contracter, par le moyen de l'oraison mentale, une union si intime avec Dieu, et s'élever à un tel degré de perfection, qu'ils devenaient impeccables; ils soutenaient qu'une fois parvenus à cet état de sainteté, les sacrements, les bonnes œuvres et tous les moyens de salut que fournit la religion leur étaient inutiles; qu'ils pouvaient, sans pécher, commettre toutes sortes d'actions et se livrer à tous les plaisirs de la chair, parce que l'âme ne participe point aux crimes du corps. L'inquisition les accusa de soixante-seize erreurs, et elle poursuivit 'ces extravagants avec tant de vigueur, qu'elle vint à bout de les dissiper. On les vit cependant reparaître en 1623, dans le diocèse de Séville; mais don André Pachecho, alors évêque de cette ville, et qui avait en même temps la charge d'inquisiteur général du royaume, fit condamner au feu sept des principaux chefs; ce qui intimida tellement les autres, que quelques-uns renoncèrent à leurs erreurs, et le reste se déroba par la fuite aux recherches de l'inquisition. *Voy.* ALUMBRADOS.

2. Vers l'an 1525, il avait paru, dans les Pays-Bas et dans la Picardie, une espèce d'*Illuminés*, assez conformes à ceux d'Espagne. Ces illuminés flamands avaient pour chefs un tailleur nommé Quintin, et un certain Copin, artisan de pareille étoffe. Le pouvoir de prêcher était dévolu indifféremment à tout membre de la secte. On leur attribue d'avoir enseigné que l'intention seule fait le péché, que l'Esprit de Dieu participe à toutes les actions des hommes, que vivre tranquille, sans se former ni doutes, ni scrupules, c'est vivre dans l'innocence. Cette intention seule qui fait le péché, et cet esprit intimement uni à Dieu pendant que le corps pèche tout à son aise, paraissent à peu près la même chose. Il n'est pas difficile de comprendre quelles seraient les suites funestes de ces dogmes dans une société gouvernée par des fanatiques si unis à Dieu et si parfaitement détachés de la matière.

3. Vers le commencement du xviiie siècle, il parut dans le Languedoc une société de gens assez bornés dont on a parlé fort diversement. Les uns ont cru qu'ils se disaient *Illuminés*, et qu'ils avaient quelque rapport avec la société des *Rose-Croix*. D'autres les ont regardés comme des fanatiques de bonne foi, reste du fanatisme des Cévennes. D'autres enfin prétendaient que c'étaient des libertins et des débauchés de profession, qui couvraient leurs infamies sous des mystères extravagants, où se mêlaient quelques apparences de religion. Quoi qu'il en soit, ces Illuminés disaient, ou du moins on leur faisait dire, que le Père et le Fils ayant eu leur règne, il fallait que l'Esprit régnât à son tour, et c'était ce dernier règne qu'ils prétendaient rétablir. A cet effet, ils employaient plusieurs cérémonies puériles opposées à l'Evangile, entre lesquelles il y en avait quelques-unes de judaïques. Ils fêtaient également le samedi et le dimanche. Ils initiaient aux mystères de leur secte par un baptême d'eau-de-vie; et, avec ce baptême, on assure qu'ils pratiquaient aussi la circoncision. Les chefs de cette secte étaient vêtus de robes blanches dans les assemblées, et portaient sur la tête des couronnes et des bonnets surmontés d'une aigrette. Les couronnes étaient surmontées de douze plumets, qui signifiaient, disaient-ils, les douze apôtres; le verre dont elles étaient composées représentait la pureté par sa transparence; l'aigrette du bonnet était l'emblème de l'inconstance des choses humaines. Ils portaient aussi un baudrier orné de rubans de plusieurs couleurs, de fleurs de lis, etc. On ajoute qu'un taffetas blanc, dont les bonnets ou couronnes étaient environnés, représentait l'innocence; que la dentelle qui bordait ce taffetas désignait le salut et l'amour de Dieu; que les rubans de la couronne noués en croix signifiaient que Jésus-Christ avait couvert nos péchés comme d'un chapeau.

4. Une autre secte d'*Illuminés* parut, dans le xviie siècle, dans la Picardie et dans le pays chartrain. On les appela *Guérinots*, du nom d'un de leurs chefs, Pierre Guérin, curé de Saint-Georges de Roye. D'autres enthousiastes se joignirent à lui, et tous ensemble ne formèrent qu'une seule et même société sous le nom d'*Illuminés*. Ils disaient que Dieu avait révélé à l'un de leurs confrères, nommé Antoine Benquet, une méthode particulière d'oraison et une nouvelle règle de conduite, par le moyen de laquelle on acquérait en peu de temps une perfection et une sainteté aussi grande que celle des bienheureux et même de la sainte Vierge. Quand on était une fois arrivé à cet état sublime d'union avec Dieu, on n'avait plus besoin d'en produire aucun acte; c'était Dieu seul qui agissait en nous. Ces voies sublimes avaient été inconnues aux plus grands saints. Saint Pierre et saint Paul n'avaient jamais été que des enfants et des novices dans la vie spirituelle: les seuls Illuminés possédaient ce qu'il y a de plus raffiné dans la dévotion, et savaient les plus sublimes voies de la spiritualité. Ils ajoutaient que, dans l'espace de dix ans, leur secte serait répandue dans tout l'univers, et qu'alors la religion prendrait une nouvelle face; que toutes les cérémonies extérieures seraient abolies, et que le christianisme ne consisterait plus que dans une union intime des âmes avec Dieu. Louis XIII employa toute son autorité pour détruire cette secte. Il fit faire des recherches si exactes de ces hérétiques, et ceux qui furent saisis furent traités avec tant de rigueur, qu'en 1635 on n'entendit plus parler de ces Illuminés. *Voy.* GUÉRINOTS, HERMITAGE (*Société de l'*).

5. Adam Weishaupt, professeur en droit, à Ingoldstadt, fonda, en 1776, une nouvelle secte d'*Illuminés*. Cette société secrète fut organisée sur le plan de celle des jésuites, et tenait aussi de la franc-maçonnerie; son but déclaré était de porter les hommes à s'assister mutuellement en les élevant aux sentiments les plus purs de la moralité et de la vertu; mais elle tomba bientôt dans le mysticisme. Cette société compta jusqu'à 2,000 membres, pris dans toutes sortes de religions; mais ayant voulu étendre son in-

fluence jusque sur les affaires publiques, elle excita par là même les défiances du gouvernement bavarois, qui en ordonna la dissolution en 1784.

6. Il y a eu des *Illuminés* dans tous les temps et dans toutes les religions. Nous signalons chacune de ces sociétés sous le nom qui les distingue. *Voy.* entre autres les *Illuminés* proprement dits de la religion musulmane, à l'article ESCHRAQUIS.

ILLYRICAINS, hérétiques du vi⁰ siècle, qui soutenaient que les bonnes œuvres n'étaient pas nécessaires pour le salut, et qui renouvelaient les erreurs de l'arianisme. Ils furent ainsi nommés parce qu'ils avaient pour chef Matthias Francowitz, natif d'Albonne en Illyrie, et pour cette raison surnommé *Illyricus*.

ILMARINEN, dieu des anciens Finnois; il exerce, ainsi que Ukko, sa puissance dans le ciel. Il est le dieu de l'air, des vents et des orages, à peu près comme l'Éole des Grecs; il commande à l'eau et au feu. Mais, suivant M. Léouzon Leduc, sa qualité la plus distinctive est celle de forgeron. Les Runas l'appellent le forgeron éternel. C'est, en effet, lui qui a fait le ciel, qui a forgé le couvercle de l'air, où n'apparaissent ni les traces du marteau ni les morsures de la tenaille. Devenu veuf, il se forgea une épouse d'argent; pendant le règne des ténèbres, il forge pour les nations désolées un soleil d'argent et une lune d'or.

IMAGES.— 1. Dieu avait totalement prohibé les images dans l'ancienne loi, du moins dans tout ce qui tenait au culte, dans la crainte que les Israélites, sortis de l'Egypte, contrée des images et des symboles, et entourés de Chananéens, adorateurs des idoles, ne finissent par adorer eux-mêmes les images et les statues. En effet, la conduite du peuple juif suffit pour justifier cette prohibition; car, toutes les fois qu'ils se détournaient du culte du vrai Dieu, ils ne manquaient pas d'adorer soit les idoles des peuples au milieu desquels ils vivaient, soit de se fabriquer eux-mêmes des images auxquelles ils prodiguaient leurs vœux et leur encens. Bien plus, Moïse ayant élevé dans le désert un serpent d'airain, par l'ordre du Seigneur, soit comme type de salut, soit comme moyen curatif contre les serpents dont la morsure causait la mort, cette figure fut adorée par la suite, tellement que le saint roi Ezéchias fut obligé d'ordonner la destruction de ce précieux et antique monument.

2. Dans la religion chrétienne, le culte des images paraît fort ancien, quoique les protestants soutiennent qu'il n'a commencé que vers le quatrième siècle, ce qui est déjà une belle antiquité. Il est possible, en effet, que, dans les trois premiers siècles, les apôtres et les premiers propagateurs de la foi eussent jugé prudent de ne point exposer d'images à la vénération publique, dans la crainte que les païens n'accusassent les chrétiens d'avoir seulement changé d'idoles, et aussi afin de ne point mettre devant les fidèles une pierre d'achoppement. Mais lorsque trois siècles de doctrine pure eurent passé sur l'Église, lorsque le culte des idoles fut tombé en discrédit même parmi les païens, lorsque les fidèles furent bien affermis dans la foi, il n'y eut plus le même danger d'exposer à leur vénération les images de Jésus-Christ, de sa sainte mère et des glorieux martyrs dont on célébrait la mémoire. Il est certain que, dès l'origine du christianisme, il y avait déjà des images vénérées; nous en trouvons encore sur les tombeaux des martyrs, et l'on a des preuves que d'autres étaient gardées très-précieusement; mais elles étaient en fort petit nombre, et elles ne paraissent pas avoir été l'objet d'un culte spécial; mais, vers le iv⁰ et le v⁰ siècle, on les multiplia de telle sorte, qu'il y avait peu d'églises qui n'en fussent ornées. Cependant on s'abstenait de reproduire par des figures les objets invisibles, et on prohibait généralement les images de Dieu, de la Trinité, des anges, etc. Il eût été à désirer qu'on s'en fût toujours tenu là. Nous avons vu à l'article IDOLATRIE, n° 4, que les chrétiens se disculpaient devant les païens de prétendre comme ceux-ci représenter la divinité par des images sensibles, et qu'ils se contentaient d'offrir aux regards la figure traditionnelle de la sainte humanité de Jésus-Christ, pour rappeler le grand souvenir de la rédemption.

Plusieurs cependant condamnaient l'exposition des images dans les églises, les regardant comme dangereuses, à une époque où l'idolâtrie n'était pas encore entièrement abolie. Enfin, dans le viii⁰ siècle s'éleva la grande hérésie des *iconoclastes* ou briseurs d'images, qui désola l'Église d'Orient pendant plus d'un siècle, sous prétexte d'un faux zèle. Cette erreur fut renouvelée de temps en temps par plusieurs sectes qui s'élevèrent successivement contre l'Église, mais sans que leur haine pour les images eût eu des suites bien importantes, jusqu'à ce qu'enfin toutes les hérésies qui surgirent dans le xvi⁰ siècle, et qui se coalisèrent contre le catholicisme sous le nom de protestants, s'élevèrent en masse contre le culte rendu aux images, taxèrent les catholiques d'idolâtres, et les détruisirent partout où ils se virent les plus forts. Maintenant encore les protestants n'ont rien perdu de leur haine contre les images; tous les rejettent absolument (quelques-uns cependant ont conservé la croix), et ils traitent encore d'idolâtres ceux qui les admettent, bien qu'ils sachent parfaitement qu'ils ne les adorent pas. *Voy.* ICONOCLASTES.

Il est sagement défendu par les décrets du concile de Trente d'exposer dans les églises aucune image extraordinaire et inusitée, sans l'approbation de l'évêque; d'y en souffrir d'indécentes, de mutilées, qui puissent causer quelque scandale ou inspirer aux peuples une fausse doctrine, et leur donner occasion de tomber dans quelques erreurs dangereuses qui soient contraires à la vérité des saintes Écritures, ou aux histoires des saints approuvées dans l'Église, ou qui offrent quelque représentation fausse, apocryphe ou superstitieuse. Ce même concile enjoint aux évêques d'instruire le peuple avec soin de ce que les images signifient, et de l'usage que l'Eglise en fait, qui est de nous remettre en mémoire le mystère de notre rédemption ou les vertus des saints. Les images exposées dans les églises doivent être préalablement bénites par un évêque ou par un prêtre.

3. Les Grecs et autres Orientaux ont beaucoup de respect pour les images; cependant ils n'admettent dans leurs églises que des images plates ou peintures, et non point les statues en ronde bosse. Quand on célèbre la fête d'un saint, ils placent son image au milieu de l'égl se; alors tous ceux qui sont présents vont *adorer* l'image (προσκυνεῖν et non point λατρεύειν). Cette adoration ne se fait point à genoux ni avec une inclination du corps, mais simplement en baisant l'image. Si c'est une figure de Notre-Seigneur, on lui baise ordinairement les pieds; si c'est une image de la Vierge, on lui baise les mains, et on baise à la face l'image d'un saint. Il est cependant d'autres occasions où l'on fait devant les images des génuflexions ou des inclinations profondes.

4. Ce serait faire preuve d'une grande ignorance que de taxer les musulmans d'idolâtrie, car leur religion leur interdit sévèrement toute espèce d'image, non-seulement dans ce qui regarde le culte, mais dans l'usage ordinaire de la vie. Il leur est interdit d'avoir chez eux aucune figure d'hommes et d'animaux; ils ne mettent pas même communément sur leurs monnaies l'image du souverain, mais seulement son nom et ses titres. Ils ne poussent cependant pas le scrupule jusqu'à s'interdire l'usage d'une monnaie étrangère portant l'empreinte de la figure du prince. Il y a aussi des peintres musulmans qui font quelquefois des portraits, ou qui ornent les manuscrits de figures et de scènes en miniature, et ces manuscrits sont fort recherchés des curieux. Mais les mahométans austères ne laissent pas de comprendre dans le même anathème toute représentation d'objets animés.

IMAM (1). — 1. Les musulmans désignent par ce titre le chef suprême de la religion, le souverain pontife. Ce mot, dans son étroite signification, indique un personnage qui, par les droits de sa place, préside un corps d'assemblée, pour y exercer en chef les fonctions du sacerdoce, c'est-à-dire la prière publique des vendredis et des deux fêtes de Beyram, à l'exemple de Mahomet et des premiers khalifes. C'est à l'Imam à veiller à l'observation des préceptes de la loi, à faire exécuter les peines légales, à défendre les frontières, à lever les armées, à percevoir les dimes fiscales, à réprimer les rebelles et les brigands, à juger les citoyens, à vider les différends qui s'élèvent entre les sujets, à admettre les preuves juridiques dans les causes litigieuses, à marier les enfants mineurs qui manquent de tuteurs naturels, enfin à procéder au partage du butin légal.

L'établissement d'un Imam est un point canonique arrêté dès le premier siècle du mahométisme; ce point fait partie des lois réputées apostoliques, et il intéresse la loi et la doctrine; car, suivant la sentence de Mahomet : *Celui qui meurt sans reconnaître l'autorité de l'Imam de son temps, est censé mort dans l'infidélité.* C'est pourquoi, aussitôt après la mort du prétendu prophète, et avant même de procéder à ses obsèques, ses sectateurs élurent un Imam; et cette pratique a été également observée dans la suite, à la mort de chacun des successeurs de Mahomet. Le peuple musulman doit donc être gouverné par un Imam. Il doit être seul et unique; son autorité doit être absolue; elle doit tout embrasser; tous doivent s'y soumettre et la respecter; nulle ville, nulle contrée ne peut en reconnaître un autre, sous peine de tomber dans le schisme. Enfin l'Imam doit appartenir à la tribu des coréischites, qui était celle de Mahomet.

On voit par cet exposé, tiré des livres musulmans, que l'Imam doit être le chef suprême de la nation, tant pour le temporel que pour le spirituel; aussi les premiers successeurs de Mahomet portaient-ils indifféremment le nom de *Khalifes* ou vicaires, et celui d'*Imams* ou souverains pontifes. Mais, dans la suite, ce titre d'Imam a été affecté d'une manière particulière au khalife Ali, à ses deux enfants Hassan et Hosséin, et à neuf autres princes descendants de Hosséin, qui sont les douze Imams par excellence, comme ayant eu au sacerdoce un droit plus réel que les khalifes Ommiades et Abbassides, parce qu'ils étaient non-seulement de la tribu et de la famille du prophète, mais ses propres enfants. Hassan, après l'abdication de la dignité de khalife, ne se réserva que le titre d'Imam, et le transmit à ses descendants, qui résidèrent d'abord à Coufa, puis à Sermenrai. Ces derniers tentèrent pendant plusieurs siècles, et toujours inutilement, de faire revivre les droits de leur maison sur le khalifat. Mais aujourd'hui, les musulmans réputés orthodoxes regardent la maison ottomane, bien qu'étrangère à la tribu du prophète, et même à la nation arabe, comme ayant hérité légalement des droits des khalifes et des Imams. Cette double dignité fut transférée à Sélim Ier, l'an 1517 de l'ère chrétienne.

Mais les musulmans de la secte des schiites ou dissidents soutiennent que les trois khalifes, Abou-Bekr, Omar et Osman, successeurs de Mahomet et prédécesseurs immédiats d'Ali, n'ont été que des usurpateurs; que Moawia, le premier des khalifes Ommiades, qui s'empara du khalifat au détriment de Hassan et de Hosséin, n'y a pas eu plus de droit; en conséquence, ils les maudissent tous les jours, et soutiennent que toute la religion musulmane n'a jamais eu d'autres chefs temporels et spirituels que les descendants de Mahomet, et que maintenant on est dans un moment de transition, en attendant

(1) Et non pas *Iman*, comme on le trouve écrit dans plusieurs ouvrages français. Le mot *Iman* veut dire la foi.

la manifestation du seul et véritable Imam. Voici la succession des Imams, telle qu'ils l'établissent, avec l'année de leur mort :

	Ans de l'hégire.
1. Ali, fils d'Abou-Taleb, cousin et gendre de Mahomet.	40
2. Hassan, fils aîné d'Ali.	50
3. Hosséin, frère cadet de Hassan.	60
4. Ali, surnommé Zéin el-Abédin, fils de Hosséin.	75
5. Mohammed Baquir, fils de Zéin el-Abédin.	114
6. Djafar Sadic, fils de Mohammed Baquir.	148
7. Moussa, fils de Djafar.	183
8. Ali-Riza, fils de Moussa.	203
9. Abou-Djafar Mohammed, fils d'Ali-Riza.	220
10. Ali-Askéri, fils d'Abou-Djafar.	254
11. Hassan-Askéri, fils d'Ali-Askéri.	260
12. Mohammed, surnommé Mehdi, fils de Hassan-Askéri.	264

Ce dernier se perdit dans une caverne à l'âge de douze ans. Mais les schiites prétendent qu'il n'est pas mort ; ils disent que Dieu le garde d'une manière miraculeuse jusqu'à la fin des temps, époque à laquelle il reviendra sur la terre avec Jésus-Christ, pour rétablir l'imamat parfait.

Les ismaélis, autre secte hérétique, ne reconnaissent que sept Imams, savoir : les six premiers, mentionnés ci-dessus, et Ismaïl, autre fils de Djafar, dont ils tirent leur dénomination. *Voyez* ISMAÉLIENS.

Les Druzes, qui tirent leur origine des ismaélis, ont cependant sept autres Imams, savoir :
1. Ismaïl, fils de Mohammed ;
2. Mohammed, fils d'Ismaïl ;
3. Ahmed, fils de Mohammed ;
4. Abdallah, fils d'Ahmed, de la race de Maïmoun Kaddah ;
5. Mohammed, fils d'Abdallah ;
6. Hoséin, fils de Mohammed, de la race de Maïmoun Kaddah ;
7. Abdallah, père du Mehdi, et qui se nommait aussi Ahmed.

Ces sept Imams sont appelés *les Imams cachés*, parce qu'ils étaient obligés de se tenir cachés, pour se soustraire aux persécutions des Abbassides. Ils ont dû exercer leur ministère occulte, à partir de Mohammed, fils d'Ismaïl, jusqu'aux dernières années du III° siècle de l'hégire.

2. On appelle encore *Imam* les ministres de la religion musulmane qui s'acquittent, dans les mosquées, des fonctions de l'imamat, au nom et sous l'autorité sacerdotale du souverain, l'Imam suprême. Si ce dernier correspond en quelque sorte au pape des catholiques, les autres Imams représenteraient les prêtres ; ce sont eux qui président aux cinq prières canoniques et journalières, à l'exception de celles du vendredi, auxquelles sont spécialement préposés les khalifes. Le premier de ces Imams a le titre d'*Imam el-Haih* ; c'est celui qui assiste à la circoncision, au mariage, à la sépulture des gens de son district, dont il est comme le curé. Au reste, ils portent tous le nom général d'*Imam el-Am*, Imams publics, par opposition à ceux qui sont comme les chapelains des grands, et qu'on appelle pour cette raison *Imam el-Khass*, Imams particuliers.

3. Enfin on donne encore le nom d'*Imam* aux docteurs des premiers siècles de l'islamisme, comme étant les plus anciens théologiens, et les premiers interprètes du Coran et des lois de Mahomet. Les quatre principaux, réputés fondateurs des quatre rites orthodoxes, sont, l'imam Azam Abou Hanifa ; l'imam Schafii ; l'imam Malek et l'imam Hambal.

IMAMAT, fonction et dignité d'imam. Les mahométans ne sont pas d'accord entre eux sur ce qui concerne l'imamat. Les uns le croient de droit divin, et attaché à une seule famille (celle des coréschites), comme le pontificat d'Aaron ; les autres soutiennent d'un côté qu'il est de droit divin ; mais, de l'autre, ils ne le croient pas tellement attaché à une famille, qu'il ne puisse passer dans une autre ; et ils avancent de plus que l'imam devant être, selon eux, exempt non-seulement des péchés griefs, comme l'infidélité, mais encore des autres moins énormes, il peut être déposé s'il y tombe, et sa dignité transférée à un autre. Un sentiment analogue a été émis par quelques chrétiens relativement au pape, et il est devenu une des principales hérésies de Wiclef.

Quoi qu'il en soit de cette question, il est constant parmi ceux qui passent pour orthodoxes dans le musulmanisme, qu'après qu'un imam a été reconnu pour tel par les mahométans, celui qui doute que son autorité vienne immédiatement de Dieu, est un impie, et celui qui s'ingère de le contredire, doit passer pour un ignorant.

IMAM-BARA. Les musulmans de l'Inde, qui appartiennent à la secte des schiites, appellent ainsi un édifice érigé à la mémoire de l'imam Hosséin, et dans lequel on s'assemble, pendant les dix premiers jours du mois de moharrem, pour célébrer la fête que nous avons décrite sous le nom de DÉHA.

« Cet édifice, dit M. Garcin de Tassy, est désigné aussi sous le nom de *maison du deuil*; il est connu dans l'Inde seule, et spécialement destiné à la célébration de la fête funèbre, instituée en mémoire du martyre d'Hosséin. L'historien hindoustani Afsos nous apprend que les Imam-baras sont en très-grand nombre à Calcutta. Le moindre musulman aisé, homme ou femme, dit-il, en fait construire un attenant à sa maison, avec un petit cénotaphe, élevé de deux ou trois coudées sur une sorte de terrasse de la même longueur et largeur. Il l'entoure souvent d'un enclos et y joint d'autres édifices accessoires, sans être arrêté par les frais énormes qu'entraînent ces constructions. »

C'est là que s'assemblent, pendant le *Déha*, les musulmans, la plupart vêtus de noir ou de vert, pour entendre lire, du haut de la chaire qui y est dressée, la tragique histoire de la mort d'Hosséin, à laquelle on ajoute quelquefois la narration de la mort d'Hassan, et des autres saints de la même famille. On y porte aussi des oblations de volaille rôtie, de pain et de riz cuit.

De grands personnages font élever des Imam-baras non-seulement en mémoire d'Hosséin, mais aussi pour leur servir de sépulture à eux-mêmes. A Lakhnau, capitale de l'ancienne nababie d'Aoude, qui forme aujourd'hui un royaume, Assaf ed-Daula, l'un des nababs de cette province, décédé en 1797, est enseveli dans un magnifique Imam-bara qu'il a fait construire dans cette ville. Des cierges brûlent jour et nuit dans ce monument, et des prêtres y récitent constamment des versets du Coran.

IMAMIS, c'est-à-dire partisans de la succession ou de la doctrine des imams. Sectaires musulmans qui font partie des Raféḍhis. Ils soutiennent que l'imamat appartenait de droit à Ali après Mahomet, et que le prophète l'avait expressément désigné pour son successeur. Mais les Imamis sont divisés entre eux sur l'ordre de la succession à l'imamat après Ali. *Voyez* IMAM.

La plupart des Imamis soutiennent que les compagnons de Mahomet se sont tous rendus coupables d'apostasie, excepté Ali, ses fils Hassan et Hosséin, Abou-Dharr Ghifari, Salman le persan et un très-petit nombre d'autres, en privant Ali et ses enfants de leur droit à l'imamat. Le premier auteur de la doctrine des Imamis fut Ali, fils d'Ismaïl, fils de Maïtham, surnommé Tammar. Maïtham était un des compagnons d'Ali.

Les schiites sont appelés généralement *Imamis*, dans l'Inde; ils prennent eux-mêmes cette qualification et rejettent celle de *schiites*, qu'ils regardent comme injurieuse, parce qu'elle signifie *dissidents*.

IMAN. Les musulmans appellent ainsi la foi; ils en distinguent de deux sortes : la foi spéculative, qui est le sujet de leur théologie spéculative, et la foi pratique, qui comprend leur morale et leur jurisprudence.

IMARETS, hôtelleries des musulmans, bâties communément dans le voisinage d'une mosquée, en vertu d'une pieuse fondation. C'est là que les enfants des écoles et les étudiants des collèges vont prendre leur nourriture. On y distribue aussi des vivres à un certain nombre de malheureux. On leur fournit du pain avec deux plats chauds en viande de mouton et en légumes. On joint encore à ces aliments un don de quelques aspres. Les khalifes et les personnes riches se font un devoir de fonder de ces établissements de bienfaisance dans les principales villes.—On donne aussi le nom d'Imarets aux hôpitaux pour les malades et les insensés.

IMITATEURS DE JÉSUS-CHRIST (*The followers of Christ*), sectaires des États-Unis, disciples d'un fanatique venu du Canada, en 1817, qui, affectant des mœurs austères et jouant l'inspiré, parvint à séduire quelques familles. Plusieurs bandes de ses prosélytes, hommes, femmes, enfants, costumés d'une manière particulière, emportant leur mobilier, partirent sous sa direction pour aller s'établir sur les rives de l'Ohio. Ces sectaires rejetaient la qualification de *monsieur* (*sirnames*), mangeaient debout; les femmes se prosternaient pour prier, avec la figure retournée. La malpropreté était réputée une vertu, d'après l'exemple du prophète, qui, depuis sept ans, n'avait pas changé de linge; ils faisaient, dit-on, des pénitences fréquentes pour l'expiation de leurs péchés, et proscrivaient le mariage; mais la promiscuité des sexes était autorisée. Tel est en abrégé le tableau que présentent les journaux américains, de la corruption d'une société dont les membres s'arrogeaient la qualité de vrais imitateurs de Jésus-Christ. L'usurpation de ce titre ne peut être qu'une dérision sacrilége.

IMMERSION, une des trois manières de conférer le sacrement de baptême dans l'Eglise chrétienne. Le baptême par immersion a lieu en plongeant dans l'eau le catéchumène; c'est la méthode la plus ancienne, et la forme la plus naturelle du baptême, dont le nom signifie proprement l'*action de plonger*. Aussi, dans les premiers siècles, on ne ferait guère ce sacrement par infusion ou par aspersion, que quand il y avait impossibilité ou difficulté de recourir à l'immersion.

L'immersion doit avoir lieu trois fois, et ce nombre, qui est de tradition apostolique, rappelle, suivant tous les anciens Pères, les trois personnes de la sainte Trinité. Cependant la triple immersion n'a jamais été regardée comme étant de l'essence du sacrement. En effet, le pape saint Grégoire permit aux Espagnols de n'employer dans le baptême qu'une seule immersion, à cause des hérétiques de leur pays, qui prétendaient autoriser leurs erreurs sur la Trinité par cette triple immersion, de laquelle ils inféraient qu'il y avait trois substances dans la Trinité.

La plupart des Eglises d'Orient ont conservé jusqu'à présent l'usage du baptême par immersion; mais, dans presque tout l'Occident, on lui a substitué le baptême par infusion, vers le XIVe siècle. Il est probable que la principale cause de ce changement était l'embarras de faire chauffer l'eau en hiver, pour les enfants que l'on apportait indifféremment chaque jour à l'église, souvent sans en avoir prévenu les ministres; au lieu que, dans les premiers siècles, le baptême n'étant guère conféré solennellement qu'aux fêtes de Pâques et de la Pentecôte, on avait tout le temps de prendre les précautions nécessaires.

IMMOLATION.—1. Ce mot a exprimé d'abord la consécration faite à la divinité d'une victime, en mettant sur sa tête une pâte salée ou gâteau d'orge, appelé en latin *mola*. De là est venu le terme *immoler*, pour exprimer la consommation du sacrifice, bien que, dans l'origine, cette cérémonie n'en fût que le préliminaire.

2. Les chrétiens emploient aussi quelquefois le mot *immolation*, pour exprimer le sacrifice volontaire de Jésus-Christ sur la croix; mais on ne peut s'en servir qu'improprement pour désigner le sacrifice de la

messe, parce que, alors, Jésus-Christ n'y est pas réellement *immolé*, suivant la force du terme, qui signifie maintenant ôter la vie à la victime. L'immolation du Sauveur et l'effusion de son sang y sont seulement figurées par le pain et le vin consacrés séparément l'un de l'autre.

IMMORTALITÉ DE L'AME, un des dogmes de la révélation primitive, qui ne s'est jamais effacé du souvenir des peuples. C'est une vérité constante et métaphysique, fondée 1° sur la justice du Créateur, qui doit récompenser, dans une autre vie, la vertu souvent persécutée dans la vie présente, et punir, après la mort, le crime et le vice souvent heureux en ce monde; 2° sur la nature même de l'âme qui, étant une substance simple et indécomposable, ne saurait par là même être sujette à la dissolution; 3° sur l'excellence de l'âme, dont les opérations sont si différentes de celles du corps, et qui doit, par conséquent, éprouver un sort tout à fait différent; 4° sur le sentiment naturel et invincible qui nous fait sans cesse étendre nos désirs et nos espérances au delà des bornes de cette vie; 5° sur l'accord unanime de tous les peuples du monde; 6° sur la foi et la religion, etc.

Nous avons dit que le dogme de l'immortalité de l'âme est du petit nombre de ceux qui ont survécu au naufrage dans lequel se sont englouties anciennement tant d'autres vérités. Citer les peuples ou les sociétés qui admettent cette croyance serait citer toutes les nations de la terre; car, quand il y aurait quelques misérables peuplades qui, par ignorance ou par incurie, n'auraient jamais songé à ce que devient l'âme après la mort, cela ne pourrait en aucune manière tirer à conséquence; encore moins doit-on s'arrêter aux désolants systèmes de quelques prétendus philosophes qui parlent la plupart contre leur conviction intime. Ainsi tous les peuples, tant anciens que modernes, tant de l'ancien continent que des terres récemment découvertes, tant barbares que civilisés, sont unanimes à considérer l'âme comme immortelle. De là le culte, les adorations, les sacrifices, la prière pour les morts, les cérémonies funèbres, la déification des personnages décédés, l'invocation des mânes, la vénération pour les reliques, et mille autres pratiques qui se trouveraient absurdes et sans but, sans la croyance à l'immortalité de l'âme.

On nous objectera peut-être le système bouddhiste professé par un tiers peut-être du genre humain, et qui paraît croire à l'anéantissement des âmes. Mais compterons-nous pour rien ces transmigrations successives des âmes dans l'échelle des êtres, ces myriades de siècles, dans lesquels les âmes doivent traverser tous les lieux de purification, cette multitude de paradis et d'enfers qui attendent les âmes vertueuses ou prévaricatrices, avant l'annihilation? Au surplus, cette annihilation, ou plutôt ce *nirvana* ou *neiban* des bouddhistes, est-il bien ce que nous entendons par anéantissement absolu? Les peuples qui suivent ce système religieux mettent la suprême félicité, en ce monde et dans l'autre, à être exempt de toute impression quelconque, à jouir d'un repos, d'une inaction complète; ils s'imaginent qu'ils y arriveront un jour, à mesure que leur âme s'épurant parviendra à n'être affectée d'aucune passion, d'aucune sensation, agréable ou chagrinante, enfin, à n'avoir plus pour ainsi dire la conscience *du moi*. Mais comme ce bienheureux état est, suivant eux, fort difficile à acquérir, que fort peu atteignent ce but désirable; que tous cependant doivent y arriver tôt ou tard, mais après avoir tourbillonné pour ainsi dire dans des millions d'univers d'une durée incommensurable, il nous semble, ou bien nous nous trompons étrangement, que ce sentiment ne saurait infirmer en rien la croyance générale à l'immortalité de l'âme, mais qu'au contraire il la corrobore.

IMMUNES, nom que donnaient les Romains aux six premiers confrères du grand collège du dieu Sylvain. Ces prêtres avaient droit de sacrifier dans les assemblées.

IMPAIR. Le nombre impair passait, chez les anciens, pour être agréable à la divinité; on connaît cet hémistiche de Virgile:

Numero deus impare gaudet.

Les Romains croyaient que les nombres pairs étaient de mauvais augure, parce que les sommes de ce genre, pouvant être divisées également, étaient le symbole de la mortalité et de la destruction. C'est en conséquence de ce principe que le roi Numa, corrigeant l'année de Romulus, y ajouta un jour, afin de rendre impair le nombre de ceux qu'elle contenait. Dans les formules et les rites des sacrifices, des mystères et des cérémonies religieuses, nous voyons que les anciens procédaient souvent par trois, par sept, ou par d'autres nombres également impairs.

Dans la religion chrétienne les nombres impairs semblent aussi consacrés; les grands mystères sont de ce genre: l'unité de Dieu, la trinité des personnes, les sept sacrements, les sept jours de la semaine, les neuf chœurs des anges, etc.

Les musulmans citent cette parole de Mahomet: « Certes, Dieu étant impair aime l'imparité. »

IMPANATION. C'est le terme dont se servent les théologiens pour exprimer le sentiment des anciens luthériens, qui croyaient, avec leur chef, que le corps de Jésus-Christ est dans l'eucharistie simultanément avec la substance du pain (*in pane, cum pane* ou *sub pane*); tandis que les catholiques soutiennent qu'après la consécration, la substance du pain n'existe plus, mais est changée en celle du corps de Jésus-Christ, et qu'il n'en reste que l'apparence.

IMPECCABLES, branche d'anabaptistes, qui croyaient qu'après leur régénération par le baptême, reçu dans l'âge adulte, il était facile de se préserver de tout péché. Ils croyaient en effet n'en plus commettre; c'est pourquoi ils retranchaient de l'Oraison dominicale ces paroles: *Pardonnez-nous nos offenses*; et comme ils s'imaginaient être justes, ils n'invitaient jamais personne à prier pour eux.

IMPETRITUM, INAUGURATUM, terme sacré des anciens Romains, par lequel on exprimait que les augures étaient favorables.

IMPLUVIUM; on appelait ainsi, dans les premiers siècles du christianisme, une sorte de cour ou d'aire qui se trouvait devant les basiliques. Cet *impluvium* était souvent planté d'arbres et environné de portiques; il servait souvent de cimetière vers le ve ou le vi^e siècle. Avant cette époque, on y déposait quelquefois les corps des personnages illustres par leur sainteté; de là vient peut-être l'usage ancien de placer les reliques aux portes de l'église ou dans le narthex.

IMPORCITOR, dieu de la campagne, chez les anciens Romains; il présidait aux sillons, appelés en latin *porca*, d'où son nom *Imporcitor*, celui qui trace les sillons. Le flamine de Cérès invoquait ce dieu dans le sacrifice qu'il offrait à Cérès et à la Terre.

IMPOSITION DES MAINS. Ce rite est observé dans la religion pour consacrer à Dieu les personnes et les choses; il exprime aussi l'autorité, de la part de celui qui impose les mains.

Nous avons des exemples de l'imposition des mains en forme de consécration, dans l'ancienne loi, où nous voyons que les prêtres mettaient la main sur la tête de la victime avant de l'offrir à Dieu; il en était de même des simples particuliers qui amenaient au temple un animal pour le sacrifier; ils lui mettaient aussi la main sur la tête avant de le livrer aux prêtres. Dans la loi nouvelle, les prêtres étendent de même les mains, pendant le sacrifice de la messe, sur le pain et le vin qui doivent être consacrés.

L'Ancien Testament nous offre également des exemples d'imposition des mains pour bénir, pour conférer un pouvoir ou pour exprimer l'autorité. C'est ainsi que Jacob mourant impose les mains à ses enfants pour les bénir; que Moïse impose les mains à Josué, pour l'établir à sa place chef du peuple de Dieu.

Chez les chrétiens, ce genre d'imposition des mains est très-fréquent; il est peu de sacrements ou de cérémonies dans lesquels on ne l'emploie. Il est une marque d'autorité dans les exorcismes; il exprime une grâce conférée dans le baptême, dans l'absolution, dans la confirmation; il confère une autorité dans le sacrement de l'ordre. L'imposition des mains est même regardée comme absolument essentielle dans la confirmation et dans l'ordination des ministres. Les protestants eux-mêmes l'ont conservée dans la consécration de leurs ministres.

IMPRÉCATIONS, divinités nommées par les Latins *Diræ*, nom que l'on prétend tiré de *Deorum iræ*. Les Romains n'en reconnaissaient que deux, et les Grecs trois. On les invoquait par des prières et des chants contre les ennemis.

Les imprécations étaient aussi une espèce d'excommunication. On en faisait encore contre les violateurs des sépulcres, qu'une sage politique avait fait considérer comme des lieux sacrés. Voici quelques-unes des formules employées en cette occasion « Que le violateur meure le dernier de sa race! qu'il s'attire l'indignation des dieux! qu'il soit précipité dans le Tartare! qu'il soit privé de sépulture! qu'il voie les ossements des siens déterrés et dispersés! que les mystères d'Isis troublent son repos! que lui et les siens soient réduits au même état que le mort dont il a troublé les mânes. »

IMPUDENCE, déesse des anciens. L'Impudence et l'Injure avaient à Athènes un temple commun. Il y avait dans l'aréopage deux masses d'argent taillées en forme de siéges, sur lesquelles on faisait asseoir l'accusateur et l'accusé. Cette ébauche de culte fut perfectionnée par Epiménide, qui commença par élever à ces deux divinités allégoriques des autels dans les formes, et qui, bientôt après, leur bâtit un temple.

IMPURETÉS LÉGALES. Le soin et la propreté, nécessaires à tous les hommes, mais beaucoup plus à ceux qui habitent dans les climats chauds, sont l'origine de cette foule de lois sur la pureté extérieure que l'on trouve établies chez la plupart des peuples de l'Orient. Or, comme, dans l'origine, les lois civiles et de simple police étaient basées sur la religion, aussi bien que tout ce qui avait rapport à la société, il arriva que ces prescriptions et ces prohibitions furent revêtues de la sanction religieuse, et furent regardées comme des obligations sacrées.

1. Dans la loi des Juifs il y avait une multitude de choses qui pouvaient rendre les hommes impurs. Les premières regardaient les animaux dont il était défendu de manger la chair. Parmi les quadrupèdes, les seuls qu'il leur fût permis de manger, étaient ceux qui ruminent et qui en même temps ont l'ongle du pied entièrement fendu en deux ou séparé, comme le bœuf, la brebis, la chèvre. Tous les autres étaient prohibés; ainsi ils ne pouvaient manger du chameau ni du lièvre, parce que ces animaux, bien qu'appartenant à l'ordre des ruminants, n'ont pas le sabot fendu en deux; ni du porc qui, ayant l'ongle divisé, ne rumine pas; ni du cheval, ni de l'âne, qui ne ruminent pas, et qui n'ont pas le sabot divisé. — Parmi les poissons, il n'était permis de manger que de ceux qui ont des nageoires et des écailles. Tous les oiseaux de proie étaient prohibés, ainsi que tous les insectes, à l'exception de quelques espèces de sauterelles. Non-seulement il était sévèrement défendu de manger de la chair de ces animaux, mais celui qui aurait porté ou touché leur cadavre demeurait impur jusqu'au soir; tout objet sur lequel reposait ou tombait une partie seulement de leur cadavre devenait également impur; cet objet devait être brisé ou détruit, s'il était destiné à contenir quelque aliment, sinon, il fallait le purifier par l'eau. Celui qui aurait touché au cadavre d'un animal pur, mais mort de maladie, ou qui aurait

mangé de sa chair, était également impur jusqu'au soir, il devait se baigner et laver ses vêtements avant de rentrer dans la société et de communiquer avec les autres hommes.

Une femme qui était accouchée d'un enfant mâle était impure durant sept jours; et elle devait encore s'abstenir pendant 33 autres jours d'entrer dans le temple et de toucher aux choses saintes; ces deux périodes étaient d'une durée double, lorsqu'elle avait mis au monde une fille. Elle devait ensuite se présenter au prêtre et faire un sacrifice de purification.

Toute personne affectée de lèpre était absolument impure pendant le temps que durait son infirmité; elle ne pouvait communiquer avec les personnes saines; lorsqu'elle croyait sa lèpre passée, elle devait faire constater sa guérison par les prêtres. Il en était de même des meubles, des vêtements ou des murs sur lesquels il naissait une sorte de chancre assez semblable à la lèpre.

L'homme affecté de la gonorrhée et la femme qui souffrait de son infirmité périodique, étaient également impurs pendant plusieurs jours et rendaient impurs les personnes et les objets qu'ils touchaient; et quiconque aurait touché à ces objets rendus impurs par ce contact devenait impur lui-même.

Les devoirs rendus aux morts, bien que recommandés comme une œuvre de religion et de charité, ne laissaient pas de rendre impurs tous ceux qui avaient touché, enseveli, porté ou inhumé le cadavre; cette impureté durait jusqu'au soir.

2. La loi des Hindous sur les impuretés légales ressemble beaucoup à celle des Juifs; le cinquième livre des lois de Manou semble à quelques égards calqué sur le Lévitique de Moïse. On y remarque d'abord la distinction des animaux entre purs et impurs; la division ou la solidité du sabot des quadrupèdes sert également, chez les Hindous, de signe distinctif, bien que les viandes permises ne soient pas exactement les mêmes que chez les Hébreux; les oiseaux carnivores leur étaient également défendus, aussi bien que la plupart des poissons. La prohibition s'étendait aussi sur certains végétaux, tels que l'ail, l'oignon, le poireau, qui n'étaient pas défendus aux Juifs.

A la mort d'un individu, tous les proches parents sont impurs pendant un espace de temps plus ou moins long, qui peut varier depuis un jour jusqu'à dix jours, suivant l'âge et les qualités du défunt. A la naissance d'un enfant, le père et la mère deviennent impurs, mais le premier recouvre la pureté après une simple ablution. La pollution simple rend impur pendant un jour, et le commerce avec une femme pendant trois jours. La femme qui a ses règles est impure tout le temps que dure cette incommodité. Comme chez les Hébreux, un objet quelconque devient impur par le contact d'une personne souillée, et rend impur celui qui vient ensuite à le toucher; comme chez les Hébreux encore, l'impureté disparaît par le bain ou l'ablution, après un laps de temps déterminé.

3. Chez les musulmans, les cadavres ou les déjections des hommes ou des animaux souillent les personnes et les objets qu'ils touchent ou sur lesquels ils tombent.

Quant aux impuretés personnelles, les unes ne demandent qu'une simple ablution pour en être purifié; ce sont les évacuations ordinaires du corps, les évacuations accidentelles, telles que les vers, les sables, les pierres, etc., les vents, le sang sortant d'une blessure au visage, aux bras ou aux pieds; le vomissement, la démence, l'ivresse, l'allucination, l'éclat de rire au milieu de la prière, les embrassements voluptueux, le sommeil. Les autres sont considérées comme souillures majeures, et exigent une lotion générale de tout le corps; ce sont, la pollution, le commerce charnel, les règles et les couches.

IMSAK. Les musulmans appellent ainsi une espèce de collation, qu'ils font durant toute la durée du mois de ramadhan, un peu avant l'aurore, et une demi-heure avant la prière du matin, pour se préparer au jeûne, qui doit durer jusqu'au coucher du soleil.

INACHIES, fête que les Grecs célébraient en l'honneur d'Io, surnommé *Inachis*, comme fille d'Inachus.

INAONE, déesse des îles Gambier, dans l'Océanie; elle est l'épouse de Tiki, et tous deux passent pour avoir été les premiers parents des insulaires.

INARCULUM, petite branche de grenadier que la reine des sacrifices mettait autour de sa tête en immolant les victimes.

INARI DAI MIO SIN, une des divinités du Japon; c'est le dieu des renards. On célèbre sa fête tous les ans, le 8e jour du 11e mois, et on la renouvelle le 8e jour de chaque mois.

INAUGURATION, cérémonie religieuse pratiquée chez les Romains pour la réception d'un prêtre; elle lui conférait le pouvoir d'exercer ses fonctions; elle était ainsi appelée de l'observation des augures, qui en était le préliminaire.

On donne aussi quelquefois le nom d'inauguration à la solennité du sacre des empereurs, des rois et des prélats.

INCA ou YNCA. La race des Incas, au Pérou, pourrait être assez bien comparée à la caste des brahmanes dans l'Inde : c'était de cette famille que l'on tirait les rois et les prêtres; et le souverain, qu'on appelait *l'Inca* par excellence, réunissait, comme le Daïri du Japon, comme le Daïlaï-Lama du Tibet, la double autorité temporelle et spirituelle. Ces princes étaient en quelque sorte les dieux de leurs sujets, qui les regardaient comme les enfants du soleil; après leur mort, on leur décernait les honneurs de l'apothéose, sans toutefois les considérer comme des dieux, ou les honorer à l'égal du soleil. Dans les fêtes solennelles, les Incas seuls présentaient à l'astre du jour les vœux et les offrandes du peuple. Tout ce qui leur appartenait, tout ce qui était destiné à leur usage était considéré comme sacré. La superstition avait sanctifié jusqu'à leurs plaisirs; leurs sérails étaient des maisons religieuses, et leurs concubines portaient le titre de filles du Soleil. Il y avait, en différentes provinces du Pérou, plusieurs de ces couvents, dans lesquels on recevait des filles de toutes sortes de conditions, nobles ou plébéiennes, légitimes ou bâtardes, pourvu qu'elles fussent belles; avec cet avantage, elles pouvaient devenir filles du Soleil, c'est-à-dire épouses de l'Inca. Elles jouissaient des mêmes priviléges que les vierges spécialement consacrées au culte du Soleil, étaient comme elles servies par des demoiselles de condition, et entretenues aux dépens du prince. Elles passaient leur temps à filer et à faire quantité de vêtements, tant pour l'Inca que pour ceux que ce prince en voulait bien gratifier. Ceux qui attentaient à l'honneur des femmes de l'Inca, étaient punis aussi rigoureusement que celui qui aurait violé une des vierges consacrées au Soleil; c'est-à-dire que le téméraire était pendu, et sa complice enterrée toute vive. Les filles qu'on avait une fois choisies pour être les concubines du prince, et qui avaient eu commerce avec lui, ne pouvaient retourner dans leurs familles; mais elles servaient dans le palais en qualité de dames d'honneur ou de femmes de chambre de la reine. Quelquefois cependant, lorsqu'elles étaient avancées en âge, le roi leur permettait de retourner dans leur pays, où elles étaient honorées et servies avec un respect religieux, parce que chacun tenait à posséder dans sa maison une personne sanctifiée par l'intimité de l'Inca. Quant à celles qui étaient restées au palais jusqu'à la mort du prince, son successeur leur donnait le titre de *Mamacuna*, avec la charge d'instruire et de gouverner les jeunes filles consacrées à son service personnel.

Outre leurs concubines, les Incas avaient une épouse en titre, qui était ordinairement leur propre sœur; ils prétendaient suivre en cela l'exemple du Soleil, qui avait épousé la Lune, sa sœur. Ils ne voulaient pas d'ailleurs souiller la postérité de l'astre, leur père, en mêlant son sang divin avec un sang étranger.

Garcias Lasso de la Véga, historien du Pérou, surnommé l'Inca, par ce qu'en effet il appartenait à cette race par sa mère, décrit ainsi le costume de l'Inca : « Ce prince, dit-il, portait ordinairement sur la tête une espèce de cordon, appelé *auta*, de la largeur du pouce et d'une forme presque carrée, faisant quatre ou cinq tours sur la tête, avec une bordure de couleur qui allait d'une tempe à l'autre. Son habit consistait en une camisole descendant jusqu'aux genoux; les Péruviens la nommaient *uncu* et les Espagnols *cusma*. Il portait, en guise de manteau, une sorte de casaque appelée *yacola*. Les religieuses faisaient aussi pour l'Inca une espèce de bourse carrée, qu'il portait comme en écharpe attachée à un cordon fort bien travaillé, de la largeur de deux doigts. Ces bourses, qu'on appelait *chuspa*, ne servaient qu'à mettre l'herbe *cuca*, que les Américains ont coutume de mâcher, et qui alors était moins commune que présentement, car il n'était permis qu'au seul Inca d'en manger, ou du moins à ses parents, et à certains chefs auxquels le roi en envoyait des paniers tous les ans, par une faveur toute particulière.

Les prêtres du Soleil étaient tous Incas de naissance, et par conséquent du sang royal; mais ils avaient au-dessous d'eux des prêtres ou ministres inférieurs, qui n'étaient Incas que par privilége, c'est-à-dire qui avaient été élevés à ce rang à cause de leur mérite. Ils n'élisaient pour souverain pontife qu'un des oncles ou des frères du roi, ou à leur défaut un individu né du même sang que le prince. Les prêtres n'avaient point de costume particulier; mais dans toutes les provinces, où le soleil avait des temples en fort grand nombre, il n'y avait que ceux qui en étaient natifs et parents du seigneur de chaque province, qui pussent exercer cette charge religieuse. Quant au principal prêtre, qui correspondait en quelque sorte à nos évêques, il fallait absolument qu'il fût Inca. Afin même que dans leurs sacrifices et leurs cérémonies ils se rendissent conformes à leur métropolitain, ils élisaient les Incas pour supérieurs en temps de paix et de guerre, sans démettre ceux du pays, afin qu'on ne les accusât pas de les mépriser et d'user de tyrannie envers eux. Le grand prêtre déclarait au peuple quelles étaient les demandes qu'il avait adressées au Soleil, et ce que cette divinité lui avait ordonné de dire aux hommes.

Il y avait dans le temple du Soleil plusieurs appartements pour les prêtres et pour les ministres qui étaient du nombre des Incas privilégiés; car aucun Péruvien, quelque grand seigneur qu'il fût, ne pouvait y entrer s'il n'était Inca. Les femmes n'y entraient point non plus, pas même les filles ou les femmes du roi. Les prêtres servaient dans les temples par semaines, qu'ils comptaient par les quartiers de la lune; durant ce temps-là, ils s'abstenaient de leurs femmes, et ne sortaient du temple ni jour ni nuit. Pendant qu'ils remplissaient leurs fonctions, ils étaient nourris et entretenus sur les *revenus du Soleil*; c'est ainsi qu'on appelait le produit de certaines terres, cédées au Soleil comme son domaine, et qui se montaient ordinairement à un tiers du territoire d'une province.

INCARNATION, 1. second mystère de la religion chrétienne. Ce terme désigne l'union de la nature divine et de la nature humaine dans la personne du Verbe, fils unique de Dieu, seconde personne de la sainte Trinité, et un même Dieu avec le Père et le Saint-Esprit. L'homme, déchu par le péché, n'avait par lui-même rien qui pût expier sa prévarication, et payer sa dette. Un Dieu seul pouvait offrir à un Dieu une réparation égale à l'offense, et digne de celui qui était offensé. Mais comme il n'y a qu'un seul Dieu, la faute originelle fût demeurée irréparable, si la sagesse et la toute-puissance divine n'eût trouvé le moyen de rendre la divinité elle-même solidaire pour ainsi dire de l'humanité, en revêtant d'un corps mortel, tiré de la race humaine, une des personnes de la Trinité. Ce Dieu fait chair a reçu le nom de Jésus et la qualité de Christ ; le premier signifie *sauveur*, et Christ veut dire *oint*, *sacré*, non par une huile matérielle, mais par l'onction céleste. Jésus-Christ forme ainsi un composé appelé *théandrique* par les théologiens, mot qui exprime l'union des deux natures ; c'est pourquoi on lui donne assez souvent la qualification d'*Homme-Dieu*. La nature divine, étant unie hypostatiquement à la nature humaine, ne forme qu'une même personne ou hypostase avec elle, qui est la personne ou hypostase du Fils de Dieu. Telle est la foi de l'Église catholique ou universelle, définie par les conciles généraux contre les hérésies des premiers siècles, et surtout contre celle d'Arius. Le mystère de l'Incarnation fait, avec celui de la Trinité et celui de la Rédemption, le fondement de la religion chrétienne.

2. *Incarnations de Vichnou*. Voyez AVATARA et VICHNOU.

INCESTUEUX. On donna ce nom, dans le xi⁰ siècle, à ceux qui voulaient compter les degrés de consanguinité prohibitifs du mariage d'après le droit civil établi par Justinien, suivant lequel chaque personne fait un degré, tandis que, suivant le droit canonique, il faut deux personnes pour un degré ; en sorte que les frères qui, selon les lois civiles, sont au second degré, ne sont qu'au premier, d'après les canons. Or, à cette époque, il y avait empêchement de mariage jusqu'au septième degré. On appela donc *hérésie des Incestueux* l'opinion de ceux qui soutenaient qu'on pouvait contracter mariage une fois que l'on avait atteint le 8⁰ degré civil, tandis qu'on n'était alors qu'au 4⁰ degré ecclésiastique. Le pape Alexandre II tint, pour éclaircir la question et condamner cette erreur, deux conciles la même année, que l'on croit être 1065.

INCONNU. Il y avait sur le territoire des Athéniens un autel dédié au *dieu inconnu*. Les uns disent que Philippide ayant été envoyé vers les Lacédémoniens pour traiter avec eux d'un secours contre les Perses, il lui apparut un fantôme qui se plaignit de n'avoir point d'autel à Athènes, tandis que les habitants de cette ville en avaient érigé à tous les autres dieux. Il promit ensuite de secourir les Athéniens, si on lui décernait un culte et des honneurs divins. Quelque temps après, ayant remporté la victoire, ils l'attribuèrent au dieu inconnu, et lui élevèrent un temple et un autel. Selon d'autres, les Athéniens, dans un temps de peste, s'étant inutilement adressés à tous les dieux, crurent ce fléau envoyé par une divinité qu'ils ne connaissaient pas, et lui dédièrent un temple avec cette inscription : *Au dieu d'Europe, d'Asie et de Libye, au dieu inconnu et étranger*. Quoi qu'il en soit, l'apôtre saint Paul, introduit dans l'aréopage, prit occasion de l'inscription qu'il venait de lire sur un autel dédié au dieu inconnu, pour annoncer aux sénateurs la doctrine chrétienne.

Tertullien rapporte qu'il y avait à Rome un temple dédié au même dieu ; on raconte la même chose des anciens Arabes.

INCORRUPTIBLES, hérétiques du vi⁰ siècle, qui étaient une branche des eutychiens. Ils soutenaient que le corps de Jésus-Christ avait été *incorruptible* pendant la vie comme il le fut après sa résurrection. Conséquemment, ils enseignaient que, dès qu'il fut formé dans le sein de sa mère, il ne fut susceptible d'aucune altération, d'aucun changement, d'aucun besoin, d'aucune passion quelconque, de telle sorte qu'il mangeait sans avoir faim, buvait sans avoir soif, prenait du repos sans être fatigué. Il s'ensuivait que le Sauveur n'avait pas souffert pour les hommes. L'empereur Justinien embrassa lui-même cette hérésie, et la soutint de son autorité : il persécuta même les évêques, pour les contraindre à l'embrasser ; mais presque tous furent inébranlables.

INCUBES. Les païens donnaient ce nom à certains génies lascifs et malfaisants, qu'ils supposaient venir la nuit presser les hommes et les femmes du poids de leur corps pour les étouffer ; attribuant ainsi à des êtres surnaturels ce qui est l'effet d'une indisposition assez commune, produite par l'oppression de l'estomac, et que nous appelons maintenant cauchemar. On donnait encore ce nom aux faunes, aux sylvains, à des dieux champêtres, et à certains démons lascifs, que l'on croyait se glisser, pendant la nuit, dans le lit des femmes pour leur faire violence. Les démons femelles qui sollicitaient les hommes à la lubricité étaient appelés *succubes*. On voit que les anciens avaient ainsi personnifié les effets d'une imagination déréglée.

Pan, un des dieux les plus lubriques, était aussi appelé *Incube*.

INCUBO, génie gardien des trésors de la terre. Le petit peuple de Rome s'imaginait que les trésors cachés dans les entrailles de la terre étaient gardés par des esprits nommés *Incubones*, qui avaient de petits chapeaux, dont il fallait d'abord se saisir. Si on pouvait y réussir, on devenait leur maître, et on pouvait les contraindre à déclarer et à découvrir où étaient ces trésors. C'est apparemment sur ces contes qu'on a bâti les fables des *Gnomes* et du *Chapeau de Fortunatus*.

INDÉPENDANTS, secte qui prit naissance dans le presbytérianisme d'Écosse et des Provinces-Unies. Sous prétexte d'une plus grande réforme, quelques enthousiastes entreprirent d'abolir tout gouvernement monarchique, pour former une république à laquelle chacun pût avoir part à son tour ; ils voulurent adopter le même système dans le régime spirituel, et, prétendant porter la liberté évangélique plus loin que les puritains, ils rejetaient non-seulement les évêques, mais même les synodes, soutenant que chaque assemblée devait se gouverner elle-même, sans s'assujettir à une autre. C'est en cela, disaient-ils, que consistait la liberté des enfants de Dieu. D'abord on n'avait distingué ces nouveaux sectaires des autres presbytériens que comme on distingue les fervents des tièdes, et les parfaits des relâchés ; mais peu à peu ils développèrent leurs maximes sur l'indépendance et prétendirent les mettre en pratique; ces maximes se propagèrent, ils se firent de nombreux partisans parmi les presbytériens, qui trouvaient cette secte plus commode et plus libre, parce qu'elle rejetait toute suprématie ecclésiastique. Les Indépendants prétendaient que, pour prêcher, on n'avait besoin ni d'imposition des mains, ni d'aucun témoignage extérieur de députation ou de mission ; qu'il n'y avait qu'à suivre le mouvement intérieur du Saint-Esprit, que chacun, de quelque condition qu'il fût, pouvait faire des instructions publiques, selon qu'il se sentait inspiré de Dieu, parce que les dons de Dieu se donnent à tout le monde. *Voy.* CONGRÉGATIONALISTES.

INDEX. — 1. *Index* ou *Indicateur*, surnom donné à Hercule, à l'occasion d'un événement raconté ainsi par Cicéron : « On avait dérobé dans le temple d'Hercule une coupe d'or d'un grand poids. Le dieu apparut en songe à Sophocle et lui indiqua le voleur. Sophocle n'en ayant point tenu compte, la vision reparut encore deux fois ; après quoi le poëte en alla rendre compte à l'aréopage. Le voleur fut arrêté et mis à la question ; il confessa le vol et rendit la coupe. Ce temple fut depuis appelé le temple d'Hercule *Index*. »

2. *Congrégation de l'Index*. Voyez CONGRÉGATION DES CARDINAUX, n. 4.

INDICTION, terme de chronologie ecclésiastique, emprunté par l'Eglise aux usages Romains. L'indiction est une révolution de quinze années, qu'on recommence toujours, après l'expiration de la quinzième année.

INDICTIVES (FÉRIES), fêtes ordonnées par les magistrats romains.

INDIFFÉRENTS ou INDIFFÉRENTISTES, nom que l'on a donné à différentes branches des sectes protestantes : 1° à des anabaptistes qui n'avaient point pris de parti en matière de religion, et qui regardaient tous les systèmes religieux comme également bons ; 2° à des luthériens allemands, qui voulaient qu'on conservât les pratiques de l'Eglise romaine ; ils n'étaient attachés à aucune confession de foi, et n'en condamnaient aucune, les regardant toutes comme indifférentes.

Il y a maintenant une multitude d'Indifférents, pris dans toutes les communions chrétiennes, et qui, sans faire une secte à part, s'accordent tous à croire et à enseigner que toutes les religions du monde sont également bonnes, indifférentes ou même inutiles ; suivant eux, il faut être catholique à Rome, calviniste à Genève, luthérien en Allemagne, anglican à Londres, mahométan en Orient, brahmaniste dans l'Inde... pourquoi pas féfichiste en Afrique ? La religion est pour eux une affaire de climat ou de gouvernement ; mais il est à remarquer que ces hommes si larges dans l'approbation qu'ils donnent à toutes les religions n'en pratiquent jamais aucune.

INDIGÈTES. Les Romains appelaient ainsi certains mortels divinisés, qui devenaient les protecteurs des lieux où on les adorait comme dieux ; tels étaient Minerve à Athènes, Didon à Carthage, Faune, Vesta, Romulus, Enée à Rome ; ce dernier même avait le surnom de Jupiter Indigète, et on lui offrait des sacrifices à son tombeau, élevé sur les bords du Tibre. On fait venir ce mot de *in diis agere*, être parmi les dieux, ou *inde genitus* ou bien *in loco degens*, né dans le pays ou qui y demeure.

INDIGITAMENTS, livres pontificaux de l'ancienne religion romaine, dans lesquels étaient les noms des dieux et les cérémonies propres au culte de chacun d'eux. On donnait encore le même nom à des hymnes en l'honneur des dieux, et particulièrement des dieux indigètes.

INDRA, un des dieux principaux des Hindous ; c'est le roi du ciel, son règne dure cent années divines, c'est-à-dire 211 trillons 40 billions d'années humaines, après lesquelles un autre parmi les dieux, les asouras ou les hommes, s'élève par son mérite à cette dignité suprême. C'est pourquoi ce dieu surveille attentivement les saints et les pénitents dont les austérités et les vertus portent ombrage à son pouvoir, et emploie toutes sortes de moyens et d'artifices pour leur faire perdre le fruit de leurs mérites trop éminents. Un mortel peut encore parvenir au rang d'Indra par le sacrifice *aswamédha* répété cent fois ; fort heureusement pour le roi actuel du ciel, il est presque impossible de l'accomplir même une seule fois. D'après les légendes hindoues, Nahoucha, roi de Pratichthana, parvint un jour à détrôner Indra, par cent oblations de l'aswamédha ; mais son règne fut de courte durée. *Voy.* AGASTYA. Or le cours d'une création, appelé *kalpa*, est partagé en quatorze périodes, dont chacune est régie par un Indra particulier. La couleur caractéristique d'Indra est le blanc ; on le représente assis sur un éléphant, la main droite armée du tonnerre, et la main gauche d'un arc ; son corps est couvert d'yeux au nombre de mille. On voit par cette description qu'Indra est la personnification de l'air, car l'arc en ciel est son arc, et ses mille yeux sont les étoiles ; son foudre et sa qualité de roi du ciel en font un Jupiter aux yeux des Latins et des Grecs. Il est aussi un des dix gardiens des points cardinaux, sa station est fixée à l'Est. Sa résidence est dans la ville céleste d'Amaravati, au milieu du swarga ou ciel ; son palais a été construit par Viswakarma, et tout y est d'une magnificence extrême ; l'or et les pierres précieuses y brillent de toutes parts. On y trouve tous les plaisirs réunis ; ce sont des danses et des chants continuels ; c'est le théâtre où s'exercent sans interruption les talents musicaux et chorégraphiques des gandharvas et des apsaras ; c'est le rendez-vous de tous les dieux et des génies bienfaisants. L'épouse d'Indra est Satchi ; de là vient qu'on l'appelle *Satchipati* (seigneur de Satchi). On lui donne encore une multitude de surnoms et d'épithètes, au nombre desquels il en est un qui fait allusion à une tradition mythologique assez singulière. Jadis les montagnes avaient des ailes, et pouvaient ainsi se transporter de côté et d'autre, de manière qu'il leur arrivait souvent d'écraser des cités entières. Indra leur brûla les ailes avec sa foudre ; c'est depuis ce temps qu'elles sont restées stationnaires.

Les Pouranas sont remplis de légendes de toute espèce dont ce dieu est le héros ; on lui prête un caractère extrêmement porté au plaisir, et on le voit souvent engagé dans des aventures galantes, dont il ne sort pas toujours avec honneur. C'est ainsi qu'il séduisit Ahalya, femme de Gautama, son directeur spirituel, en prenant la forme de son mari. Mais si nous remontons au delà des Pouranas, et si nous consultons les Védas, Indra ne joue plus un rôle secondaire dans la mythologie hindoue ; il apparaît alors sous les traits d'un autre Jupiter, vainqueur des Titans, et possesseur jaloux de l'Olympe. Il est le dieu suprême et sans rival, le maître absolu du ciel, commandant à une infinité de puissances subordonnées ; il est le pouvoir agissant, dont tous les autres pouvoirs célestes ne sont que les ministres, et c'est à lui seul que reviennent les louanges qui leur sont adressées. « Lui-même, il est immense, dit M. Nève, dans son *Essai sur le mythe des Ribhavus*, il est le dieu remplissant tout, et, à cet égard, on pourrait l'appeler le premier-né du panthéisme indien, quoique l'on retrouve çà et là dans ses louanges les caractères essentiels d'une divinité créatrice.

« Résidant aux confins de cet espace éthéré, fort de la propre force, maître d'une intelligence invincible, ô Indra, tu as fait, pour notre bien, la terre image de ta puissance : tu environnes et tu possèdes l'atmosphère, l'air, le ciel.

« Tu es l'image de la terre ; tu es le soutien du ciel immense, plein d'une force resplendissante ; tu remplis l'air de ta grandeur : certes, personne n'est semblable à toi.

« Toi que le ciel et la terre ne peuvent contenir ; toi dont les torrents de l'air (les masses des nuages) n'atteignent point la limite, personne ne possède ta force, tandis que tu combats avec joie (Vrita) retenant pour lui les eaux de la pluie ; seul, tu as fait complétement tout ce qui existe autre que toi. »

« Dans plusieurs passages des hymnes du Rigvéda, continue M. Nève, la poésie fait agir Indra en maître absolu du firmament : « Loué par les fils d'Angiras, ô être admirable ! tu as repoussé l'obscurité par l'aurore, par le soleil, par ses rayons : tu as manifesté au loin la hauteur de la terre, ô Indra! tu as soutenu la base resplendissante du ciel. » Ailleurs le même Indra est comparé au soleil en force et en éclat : « Comme le soleil, disent les chantres, dans la région de l'air supérieure et vénérable, il a supporté le ciel et la terre, fort de ses belles actions. » Ailleurs encore, Indra ramène et soutient le soleil dans les hauteurs du ciel pour qu'il voie tout, pour qu'il éclaire l'univers..... Indra, mis plus tard au second rang, dans la hiérarchie divine du brahmanisme, n'en a pas moins conservé les attributs de roi des dieux, ainsi que les prérogatives d'une cour céleste ; mais le règne véritable d'Indra, c'est la période du sabéisme hindou, pendant laquelle il n'a d'autres rivaux que les deux grands pouvoirs lumineux, le feu et le soleil, pouvoirs associés au sien, ou confondus avec le sien..... Non-seulement, du haut des airs, Indra veille au bien-être des hommes, dissipe par le souffle des brises les exhalaisons pestilentielles qui les atteignent, et leur envoie la nourriture que fournit en abondance la terre fécondée par les pluies ; mais encore, il défend les serviteurs qui lui sont fidèles contre des agresseurs barbares, il donne la victoire aux bergers qui sacrifient sur les êtres sanguinaires, étrangers aux idées de justice et d'humanité ; il déjoue en faveur des hommes les ruses des hordes impies, comme il déjoue la magie du sombre Vrita et de ses ennemis célestes. »

INDRADJIT, personnage de la mythologie hindoue, fils du rakchasa Ravana, roi de Lanka, capitale de l'île de Ceylan. L'oracle avait prononcé qu'il serait tué par un prince qui viendrait consommer un certain sacrifice qu'il aurait commencé. Lakchmana en fut averti par Vibhichana, et vint avec les siens attaquer le parti de rakchasas que commandait Indradjit. Celui-ci quitta son sacrifice pour les secourir et fut tué par Lakchmana. Le premier nom d'Indradjit était Méghanâda, qui signifie *bruit des nuages*, *tonnerre*. Caché derrière un nuage, il avait vaincu Indra, dieu de l'air, et l'avait attaché aux pieds de son cheval. Le sens de cette allégorie n'est pas difficile à saisir. Il rendit cependant la liberté au roi des dieux, à la prière de Brahmâ, mais en y mettant pour condition qu'il prendrait le nom d'Indradjit, qui veut dire vainqueur d'Indra.

INDRALOKA, c'est-à-dire, monde d'Indra, ou *Swarga*, c'est-à-dire le ciel ; nom du premier paradis des Indiens. Il est destiné aux âmes qui ont mérité d'être délivrées d'un long séjour sur la terre ; c'est celui qui est le plus voisin du globe terrestre. Les routes qui y conduisent sont belles et spacieuses. De toutes parts on ne rencontre que des chœurs de gandharvas, et des groupes d'apsaras ; les premiers font entendre une harmonie ravissante, et les autres se livrent à des danses voluptueuses. On y voit des palais magnifiques où tout est servi avec profusion ; des étangs où flottent des lotus sacrés ; des arbres touffus procurant un délicieux ombrage. Le sol est jonché de fleurs qui y tombent perpétuellement en pluies abondantes. Les dieux s'y promènent à cheval ou sur des éléphants, dans de riches palanquins ou sur des chars superbes. De nombreux serviteurs les abritent sous de blanches ombrelles, et les rafraîchissent en agitant autour d'eux de larges éventails. Tout ce qui peut flatter les sens et satisfaire les désirs, tout ce que l'imagination la plus brillante peut concevoir de richesses, de plaisirs sans mélange, de repos sans ennui et de bonheur sans fin, se trouve réuni dans ces lieux enchantés. On peut juger par cette peinture des avenues de l'Indraloka, de ce que doit être ce paradis lui-même. Les jouissances les plus ineffables y sont réservées aux bienheureux qui l'habitent, et, comme dans le paradis de Mahomet, de magnifiques jardins les couvrent de leur ombre ; des fleurs d'une innombrable variété de formes et de couleurs récréent leur vue et les embaument des plus suaves parfums ; d'exquises liqueurs, versées à grands flots dans des coupes d'or, délectent leur palais et leur procurent une douce ivresse, qui, loin d'amortir leurs sensations, en développe au contraire toute l'énergie. Toutefois les élus ne demeurent pas éternellement dans ce fortuné séjour ; et, à l'expiration d'une longue période d'années, ils reviennent sur la terre pour y recommencer une nouvelle vie. *Voy.* SWARGA. *Voy.* aussi VAIKOUNTA, paradis de Vichnou; KAILASA, celui de Siva ; BRAHMA-LOKA, DEVA-LOKA, ou SATYA-LOKA, paradis de Brahma.

INDRANI, déesse hindoue, épouse d'Indra, roi du ciel, la même que *Satchi*. Lorsque son mari fut détrôné par Nahoucha, roi de Pratichthana, elle lui fit recouvrer son empire céleste par la ruse. Nahoucha réclama la possession d'Indrani; celle-ci feignit d'y consentir, à condition qu'il viendrait à elle dans l'appareil le plus noble et le plus imposant. Le prince orgueilleux s'imagina qu'il ne pouvait rien faire de plus glorieux que de se faire porter sur le dos d'un brahmane. Il choisit à cet effet le saint personnage Agastya, et celui-ci avançant trop lentement au gré de ses désirs, il osa le frapper en lui disant : *Sarpa, sarpa,* avance, avance ! (*serpe, serpe*). Agastya indigné lui répliqua par les mêmes mots, mais en leur donnant un autre sens : Avance, serpent ! (*serpe, serpens*). La malédiction eut aussitôt son effet : Nahoucha fut métamorphosé en serpent, et Indra recouvra son trône.

INDULGENCE, rémission ou commutation des peines canoniques ou temporelles dues aux péchés actuels. Dans une matière aussi scabreuse et sur laquelle on a tant écrit et d'une façon aussi diverse, nous ne saurions mieux faire que de reproduire ici ce qu'a dit Bossuet au sujet des indulgences, dans son *Exposition de la doctrine de l'Église catholique.*

« Les catholiques, dit-il, enseignent d'un commun accord que le seul Jésus-Christ, Dieu et homme tout ensemble, était capable, par la dignité infinie de sa personne, d'offrir à Dieu une satisfaction suffisante pour nos péchés. Mais ayant satisfait surabondamment, il a pu nous appliquer cette satisfaction infinie en deux manières : ou bien en nous donnant une entière abolition, sans réserver aucune peine ; ou bien en commuant une plus grande peine en une moindre, c'est-à-dire, la peine éternelle en des peines temporelles. Comme cette première façon est la plus entière et la plus conforme à sa bonté, il en use d'abord dans le baptême; mais nous croyons qu'il se sert de la seconde dans la rémission qu'il accorde aux baptisés qui retombent dans le péché, y étant forcé en quelque manière par l'ingratitude de ceux qui ont abusé de ses premiers dons; de sorte qu'ils ont à souffrir quelques peines temporelles, bien que la peine éternelle leur soit remise.

« Il ne faut pas conclure de là que Jésus-Christ n'ait pas entièrement satisfait pour nous ; mais au contraire qu'ayant acquis sur nous un droit absolu par le prix infini qu'il a donné pour notre salut, il nous accorde le pardon, à telle condition, sous telle loi, et avec telle réserve qu'il lui plaît.

« Nous serions injurieux et ingrats envers le Sauveur, si nous osions lui disputer l'infinité de son mérite, sous prétexte qu'en nous pardonnant le péché d'Adam, il ne nous décharge pas en même temps de toutes ses suites, nous laissant encore assujettis à la mort et à tant d'infirmités corporelles et spirituelles que ce péché nous a causées. Il suffit que Jésus-Christ ait payé une fois le prix par lequel nous serons un jour entièrement délivrés de tous les maux qui nous accablent : c'est à nous de recevoir avec humilité et avec actions de grâces chaque partie de son bienfait, en considérant le progrès avec lequel il lui plaît d'avancer notre délivrance, selon l'ordre que sa sagesse a établi pour notre bien, et pour une plus claire manifestation de sa bonté et de sa justice.

« Par une semblable raison, nous ne devons pas trouver étrange, si celui qui nous a montré une si grande facilité dans le baptême se rend plus difficile envers nous, après que nous en avons violé les saintes promesses. Il est juste, et même il est salutaire pour nous, que Dieu, en nous remettant le péché avec la peine éternelle que nous avions méritée, exige de nous quelque peine temporelle pour nous retenir dans le devoir, de peur que sortant trop promptement des liens de la justice, nous ne nous abandonnions à une téméraire confiance, abusant de la facilité du pardon.

« C'est donc pour satisfaire à cette obligation que nous sommes assujettis à quelques œuvres pénibles, que nous devons accomplir en esprit d'humilité et de pénitence ; et c'est la nécessité de ces œuvres satisfactoires qui a obligé l'Église ancienne à imposer aux pénitents les peines qu'on appelle canoniques.

« Quand donc elle impose aux pécheurs des œuvres pénibles et laborieuses, et qu'ils les subissent avec humilité, cela s'appelle satisfaction ; et lorsqu'ayant égard, ou à la ferveur des pénitents, ou à d'autres bonnes œuvres qu'elle leur prescrit, elle relâche quelque chose de la peine qui leur est due ; cela s'appelle indulgence.

« Le concile de Trente ne propose autre chose à croire, sur le sujet des indulgences, sinon que *la puissance de les accorder a été donnée à l'Eglise par Jésus-Christ, et que l'usage en est salutaire;* à quoi ce concile ajoute qu'*il doit être retenu avec modération toutefois, de peur que la discipline ecclésiastique ne soit énervée par une excessive facilité;* ce qui montre que la manière de dispenser les indulgences regarde la discipline. »

Suivant le savant Thiers, les indulgences, dans la plus ancienne, la plus commune, la plus solide et la plus sûre opinion des théologiens, sont une relaxation ou remise des peines imposées dans le sacrement de pénitence, ou ordonnées par les canons de l'Eglise. Le concile de Trente en dit huit choses remarquables : 1° que le pouvoir d'accorder des indulgences a été donné à l'Eglise par Jésus-Christ ; 2° que l'Eglise a usé de ce pouvoir dès les premiers siècles ; 3° que l'usage des indulgences étant très-salutaire aux chrétiens, et approuvé par l'autorité des saints conciles, on doit le conserver dans l'Eglise ; 4° que ceux qui disent qu'elles sont inutiles, et que l'Eglise n'a pas le pouvoir d'en donner, méritent d'être frappés d'anathème ; 5° qu'il ne faut les accorder qu'avec modération, suivant la pratique ancienne et approuvée de l'Eglise ; 6° qu'il s'y est glissé des abus qui ont donné lieu aux hérétiques de les calomnier, et qu'il est juste de les corriger ; 7° qu'un de ces abus qu'on doit entièrement abolir est le gain sordide qu'on en peut tirer, et qui est la source de beaucoup d'autres abus ; 8° que la superstition, l'ignorance, l'irrévérence et autres choses semblables y ont introduit plusieurs autres abus, dont les évêques doivent faire le rapport au pape, afin qu'il puisse statuer ensuite ce qui sera plus expédient pour le bien de l'Eglise universelle.

C'est en conséquence de ces sages principes que la congrégation des indulgences et des reliques a donné, en 1676, un décret approuvé par le pape Innocent XI, qui condamne une infinité d'indulgences, ou supposées, ou entièrement fausses, ou apocryphes, ou révoquées, ou surannées, et par conséquent nulles. Déjà, avant la fulmination de ce décret, plusieurs théologiens fameux avaient condamné expressément ces indulgences de plusieurs milliers de jours, de plusieurs milliers d'années, etc. Gerson dit que les indulgences que l'on vante de 2000 ans, aussi bien que celles que l'on s'imagine pouvoir gagner, en disant, par exemple, cinq *Pater* devant une telle image, et autres semblables, sont impertinentes et superstitieuses. Soto témoigne que les indulgences de cent ans sont monstrueuses, qu'il n'est jamais entré dans la pensée d'aucun pape de les donner; que ces indulgences excessives étaient de l'invention des frères quêteurs, qui les ont ridiculement proposées aux fidèles. Maldonat assure que les indulgences d'un si grand nombre d'années sont de véritables abus, et des tromperies qu'on ne doit point imputer à l'Eglise, mais aux particuliers qui en font commerce. Estius dit positivement que les indulgences de cent ans et de mille ans sont absurdes, qu'elles ne doivent jamais être attribuées au saint-siege, et qu'elles sont inventées à plaisir, ou extorquées avec imprudence, parce que jamais les canons de l'Eglise n'ont prescrit de si longues pénitences pour les péchés les plus énormes, et qu'ils n'ont pu même les prescrire, à cause de la brièveté de la vie humaine.

Thiers cite ensuite quelques exemples de ces indulgences absurdes, abusives et impertinentes. Le chevalier Edwin Sandis rapporte, dit-il, qu'aux Augustins de Padoue il y avait une indulgence plénière depuis le baptême jusqu'à la dernière confession, avec 28,000 ans de plus pour l'avenir, et l'indulgence d'Alexandre VI, de 30,000 ans, pour ceux qui diront un *Ave, Maria* devant l'autel de Notre-Dame ; qu'à Venise, au sépulcre de Notre-Seigneur, il y avait une indulgence de 80,000 ans, donnée par Boniface VIII, et confirmée par Benoît XI, pour ceux qui récitaient une oraison de saint Augustin qui y était attachée, etc. Les habitants de la ville d'Ancône prétendaient avoir reçu du pape Alexandre III, pour tous les premiers dimanches du mois, des indulgences en aussi grand nombre que ce pape put ramasser de grains de sable dans ses deux mains jointes ensemble.

Disons, en terminant, que l'application des indulgences authentiques a lieu ou en récitant des prières, ou en visitant des églises, des chapelles ou des autels, en disant, en faisant dire, ou en entendant des messes, en assistant à certains offices et à certaines processions, en se confessant et en communiant, en donnant l'aumône, en accomplissant certaines œuvres de miséricorde, en portant le scapulaire, des croix, des chapelets, des couronnes, etc., etc. Plusieurs de ces indulgences peuvent être appliquées pour le soulagement des âmes du purgatoire; mais on ne doit point ajouter foi à celles par lesquelles il est dit qu'en faisant telle œuvre de piété, ou en récitant telle prière, on délivrera une âme du purgatoire ; parce que l'Eglise ignore combien cette âme qu'on voudrait délivrer est redevable à la justice divine.

INDULT, grâce que le pape accorde, par une bulle, aux rois, aux prélats, aux communautés, ou à quelque personne en particulier, pour faire ou pour obtenir quelque chose contre la disposition du droit canon. C'est ainsi que les papes accordent quelquefois aux évêques le pouvoir de dispenser de certains empêchements de mariage.

C'est en vertu des Indults accordés par le saint-siège aux rois de France, que ceux-ci avaient autrefois le pouvoir de nommer aux bénéfices consistoriaux de leur royaume. Les cardinaux ont aussi un Indult en vertu duquel ils peuvent conférer en commende, tenir les bénéfices réguliers comme les séculiers, et ne peuvent être prévenus dans les six mois qu'ils ont pour conférer les bénéfices à leur nomination. Cet indult s'appelle ordinairement *Indult du compact*.

L'Indult du parlement de Paris avait été accordé à cet illustre corps par le pape Eugène IV, et confirmé par les papes Paul III et Clément IX. En vertu de cet Indult, les chanceliers de France, les présidents, conseillers et autres officiers du parlement pouvaient, une fois pendant leur vie, être nommés par le roi à un collateur de France, et, au moyen de cette nomination, être pourvus du premier bénéfice vacant par mort, à la disposition de ce collateur. Si les officiers du parlement n'étaient pas capables de bénéfice, ils pouvaient présenter un clerc à leur place.

INDUT. Dans l'Eglise de Paris et dans plusieurs autres diocèses de France, on donne ce nom à des ecclésiastiques ou clercs qui, aux fêtes solennelles, assistent à la messe, revêtus (*induti*) d'une aube et d'une tunique, pour servir et accompagner le diacre et le sous-diacre.

INFAILLIBILITÉ, une des propriétés de la véritable Eglise, et partant de l'Eglise catholique. *Voyez* EGLISE. La promesse divine faite aux premiers pasteurs de l'Eglise, s'étend à tous les temps et à tous les jours; mais elle ne regarde que l'unanimité ou totalité morale des pasteurs, et non chacun en particulier (1). Soit donc que les pasteurs assemblés en un même lieu, et après avoir délibéré ensemble, rendent un décret sur la doctrine ; soit que tous ou la plupart, résidant chacun dans son église, s'accordent sur un article de la doctrine, ils impriment également à cet article, comme à ce décret, le sceau de l'infaillibilité. La doctrine que le corps des pasteurs enseigne d'une manière infaillible, comprend tout ce qui a été révélé à l'Eglise par Jésus-Christ, conséquemment tous les dogmes et toutes les maximes qu'il a enseignés lui-même. Mais, afin que leur enseignement soit infaillible, il faut qu'ils proposent les dogmes et les maximes comme choses fixes, certaines, arrêtées, conclues, enfin en imposant aux fidèles l'obligation d'y déférer. L'Eglise a deux moyens qui garantissent son infaillibilité, l'un naturel et l'autre surnaturel ; le premier est la connaissance de la tradition, et le second, l'assistance de l'Esprit saint, qui lui a été promise par son divin fondateur.

INFÉRIES (du verbe *inferre*, porter sur), sacrifices ou offrandes que les Romains faisaient sur les tombeaux des morts. Les victimes humaines, les gladiateurs qui leur succédèrent, les animaux immolés, furent aussi désignés par le même nom. Dans cette dernière sorte de sacrifice, on égorgeait une bête noire, on répandait son sang sur la tombe, on y versait des coupes de vin et de lait chaud, on y jetait des fleurs de pavot rouge ; on terminait en saluant les mânes du défunt et en les invoquant. Si l'on ne répandait que du vin, ce vin s'appelait *infe-*

(1) Nous nous tenons totalement en dehors de la question agitée entre les catholiques, et qui consiste

rium. Suivant Festus, ce nom lui était donné, parce que la liqueur devait être au-dessous des rebords de la coupe : cette étymologie est peu probable.

INFERNAUX.—1. Les dieux infernaux, ou des enfers, étaient, chez les païens, Pluton et Proserpine. Les Grecs donnaient aussi le nom d'*Infernal* à Jupiter, adoré à Argos dans un temple de Minerve. Sa statue était en bois; elle avait trois yeux, symbole de sa triple puissance sur les cieux, sur la terre et dans les enfers.

2. On a donné le nom d'*Infernaux* à des hérétiques du XVI° siècle, qui soutenaient que, quand Jésus-Christ descendit aux enfers, il y fut tourmenté comme les damnés. Calvin a osé avancer que le Sauveur y avait souffert jusqu'à sa résurrection.

INFIDÈLES.—1. Les chrétiens appellent de ce nom tous ceux qui ne sont pas baptisés et qui ne croient pas en Jésus-Christ, tels que les mahométans, les idolâtres, etc. Les hérétiques, bien que n'ayant pas le titre de fidèles, ne sont cependant pas rangés au nombre des infidèles, parce qu'ils sont baptisés et qu'ils croient à Jésus-Christ. Les Juifs ne sont pas non plus appelés infidèles, parce que leur religion a été révélée, et qu'ils font profession de croire au Messie.

2. Les musulmans taxent de *kafirs* ou d'infidèles tous ceux qui ne suivent point les lois de l'islamisme ; et ils rangent dans la même classe les schiites ou dissidents. D'après leur code religieux, le caractère d'infidélité est encouru, 1° par celui qui refuse de croire aux livres sacrés ; 2° par celui qui regarde le péché, le crime, la transgression de la loi comme des choses licites ; 3° par celui qui voit le péché d'un œil d'indifférence, ou qui se permet des railleries sur les préceptes de la loi et du culte divin ; 4° par celui qui n'a point d'espérance en Dieu ; 5° par celui qui ne redoute point ses menaces et ses châtiments ; 6° enfin, par celui qui ajoute foi aux prédictions des devins sur les événements occultes et à venir.

INFRALAPSAIRES, une des branches de l'arminianisme. Soutenir que Dieu n'a créé un certain nombre d'hommes que pour les damner, sans leur donner les secours nécessaires pour se sauver, s'ils le veulent, c'est une hérésie que tous ses partisans ne soutiennent pas de la même manière. Elle se divise en deux sectes : les uns disent que Dieu, indépendamment de tout, et antérieurement à toute connaissance ou prévision de la chute du premier homme, a résolu de manifester sa miséricorde et sa justice : sa miséricorde, en créant un certain nombre d'hommes pour les rendre heureux durant toute l'éternité ; sa justice, en en mettant sur la terre un certain nombre d'autres pour les punir éternellement dans l'enfer. Les autres soutiennent que Dieu n'a pris cette détermination qu'en conséquence du péché originel et de la prévision de ce péché que,

à savoir si le souverain pontife est infaillible ou non, dans les matières qui touchent à la foi.

de toute éternité, il a vu qu'Adam commettrait. Car, disent-ils, l'homme par ce péché ayant perdu la justice originelle et la grâce, il ne mérite plus que des châtiments ; tout le genre humain n'est plus qu'une masse de corruption que Dieu peut punir et abandonner aux supplices éternels. Cependant, pour ne pas faire éclater seulement sa justice, mais aussi sa miséricorde, il a résolu d'en tirer quelques-uns de cette masse pour les sanctifier et les béatifier. Il donne à ceux-ci des grâces qui les sanctifient et les conduisent enfin à la béatitude éternelle. Pour les autres, il les abandonne à leur malheur, et ne leur fournit aucun secours pour en sortir, ou, s'il leur en donne quelques-uns, ce ne sont que des secours passagers qu'ils perdront bientôt, et qui ne les conduiront point au bonheur éternel. Ceux qui défendent ce sentiment de la première manière s'appellent *Supralapsaires*, parce qu'ils croient que Dieu a pris la détermination de perdre un certain nombre d'hommes, *supra lapsum Adami*, avant la chute d'Adam, et indépendamment de cette chute ; les autres se nomment *Infralapsaires*, parce qu'ils veulent que Dieu ne l'ait prise qu'après la prévision de la chute du premier homme, *infra lapsum Adami*, et en conséquence de cette chute. Les infralapsaires appuient, comme les jansénistes, la réprobation et le refus des secours nécessaires au salut sur la prévision du péché originel.

INFULE, bandelette de laine blanche, qui couvrait la partie chevelue de la tête jusqu'aux tempes, et de laquelle tombaient de chaque côté deux cordons pour l'assujettir. Cette espèce de diadème était, chez les Romains, la marque de la dignité sacerdotale.

INGÉNICULE, ou AGENOUILLÉE, surnom sous lequel Ilithyie avait un temple à Tégée, en Arcadie. Ce nom venait de ce qu'Augé, fille d'Aléus, ayant été remise à Nauplius par son père, était tombée sur les genoux en mettant un enfant au monde, à l'endroit où depuis on bâtit un temple à Lucine.

INGHAMITES, branche de méthodistes, qui avaient pour chef Ingham : celui-ci s'étant séparé des wesléiens, commença à dogmatiser vers l'an 1735, et forma en Amérique plusieurs communautés nombreuses où l'on était admis par le tirage au sort. Chaque prosélyte devait dévoiler l'état de son âme en présence de l'assemblée, afin qu'elle pût juger quel changement s'était opéré dans son cœur. Quelques-uns, pensant qu'il y aurait une vanité coupable à révéler ce qui pourrait leur attirer des éloges, se bornaient à déclarer que, pénétrés de leur indignité, ils ne fondaient leurs espérances que sur Jésus-Christ. D'un autre côté, l'emploi du tirage au sort, lorsqu'il était défavorable, entraînait l'inconvénient d'inquiéter les consciences, en faisant croire que par là Dieu manifestait sa volonté. Ces considérations portèrent Ingham à modifier ses sentiments et sa discipline. Il publia un ouvrage qui est en réputation chez les indépendants, dont sa doctrine diffère cependant sur quelques points. Le principal est la Trinité, car il condamne l'usage de parler de trois personnes comme distinctes, mais il croit que le salut ne s'obtient que par l'imputation de la justice de Jésus-Christ.

Les Inghamites ne croient pas que la présence de plusieurs anciens soit nécessaire pour administrer la cène. Ils soutiennent le baptême des enfants, et font grand cas des écrits de Sandeman. Le nombre ne s'est point grossi, surtout depuis qu'ils sont devenus plus stricts dans tout ce qui concerne l'office public.

INGOUL, ou INNAKOU, simulacres de bois, auxquels les habitants des îles Kouriles offrent les premiers animaux qu'ils prennent à la pêche ou à la chasse, ou du moins la peau de ces animaux, car les chasseurs en mangent la chair.

ING-TCHAO, génie de la mythologie chinoise. Il a le corps d'un cheval, le visage d'un homme, la peau mouchetée d'un tigre, et les ailes d'un oiseau. C'est lui qui préside à la montagne Hoaï-Kiang ; sa domination s'étend jusqu'à la mer d'occident. Les esprits du ciel et les démons affamés qui président aux maladies pestilentielles, demeurent dans la contrée qui lui est soumise. Les esprits du ciel ont le corps d'un bœuf, la queue d'un cheval, huit pieds et deux têtes ; et comme ils se laissent voir publiquement, il y a, dans la ville où ils résident, des soldats pour les garder et les défendre en cas de besoin. Quant aux démons faméliques, ils habitent chacun un côté de la montagne Hoaï-Kiang. (M. Bazin, *Notice d'une Cosmographie fabuleuse attribuée au grand Yu.*)

INITIATION, cérémonies sacrées, mystérieuses, imposantes, précédées d'épreuves quelquefois longues et douloureuses, par lesquelles les candidats sont admis à la connaissance de certains mystères, ou agrégés à une société secrète, ou simplement incorporés à telle classe de la société.

Initiation chez les Juifs.

Il paraît certain que, chez les Juifs, il y avait, outre l'enseignement public, une doctrine secrète, mais authentique et reconnue, qui n'était révélée qu'aux sages de la synagogue, et qui se transmettait de docteur en docteur et de prophète en prophète. Cette doctrine n'était point opposée à celle qui était exposée dans les livres saints et que l'on expliquait au peuple; mais elle révélait aux initiés des vérités, des traditions, des dogmes, dont il eût été téméraire ou dangereux de donner connaissance au peuple. C'est ainsi que, s'il faut en croire certains travaux assez récents sur les antiquités judaïques, les docteurs de la Synagogue avaient, bien avant Jésus-Christ, une connaissance plus ou moins explicite des mystères de la Trinité, de Dieu fait homme, de sa naissance miraculeuse, de la fécondité d'une vierge, de la médiation du Messie, de l'invocation des saints, etc., etc. Il ne paraît pas cependant que les initiés à cette doctrine isotérique eussent été soumis à une initiation proprement dite.

Mais il y avait parmi les Juifs une secte, ou plutôt une société de personnes religieuses, qui soumettait les aspirants à une initiation précédée d'un noviciat d'une année, durant lequel il était astreint à toutes les règles de la communauté, bien qu'il demeurât en dehors des habitations communes : c'étaient les Esséens ou Esséniens. On donnait au postulant une bêche, un habit blanc et un tablier. Si, pendant ce temps d'épreuve, il manifestait les aptitudes convenables, on lui permettait de participer aux ablutions sacrées ; mais il n'était pas encore admis dans l'association : il lui fallait subir deux autres années d'épreuves, pendant lesquelles, assuré de sa tempérance, on examinait son esprit et ses sentiments. S'il sortait victorieux de cet examen, il était enfin reçu membre de la confrérie. Toutefois, avant de prendre place à la table commune, il faisait des serments redoutables, s'engageant solennellement à servir Dieu religieusement, à observer la justice envers tous les hommes, à garder toujours inviolablement ses promesses, à aimer la vérité et la défendre, à ne point révéler les secrets de la société aux étrangers, lors même que sa vie serait menacée. *Voy.* ESSÉENS. Il en était à peu près de même des *Thérapeutes*.

Initiation chrétienne.

A l'origine du christianisme, l'Eglise pouvait passer pour une société secrète, non pas qu'il fût entré dans l'intention des apôtres d'établir une institution isolée au milieu des peuples, car leur but avoué était d'y initier tous les hommes, sans distinction d'âge, de sexe, de condition, de nation ; c'est à cela que tendaient leurs travaux, leurs discours, leurs longues pérégrinations ; bien plus, c'était le but direct de la nouvelle doctrine ; mais cette doctrine était secrète en ce sens qu'on ne la révélait aux profanes qu'après des épreuves et une initiation convenables ; les mystères de l'Evangile étaient trop saints et trop opposés aux conceptions païennes pour être jetés indifféremment à la curiosité des idolâtres ; de là le secret du sacrifice, appelé proprement les saints mystères ; de là le soin de soustraire les saintes Ecritures aux yeux des païens ; de là aussi les absurdes accusations qui plusieurs fois circulèrent à ce sujet parmi les infidèles. La doctrine chrétienne était encore considérée comme un secret et un mystère, du temps de saint Clément d'Alexandrie, lorsqu'il s'écriait devant les initiés : « O *mystères* véritablement sacrés ! ô lumière pure ! A la lueur des flambeaux tombe le *voile* qui couvre Dieu et le ciel. Je deviens saint dès que je suis *initié*. C'est le Seigneur lui-même qui est l'*hiérophante* ; il appose son *sceau* à l'*adepte* qu'il éclaire ; et, pour récompenser sa foi, il le recommande éternellement à son Père. Voilà les *orgies* de mes mystères. Venez vous y faire recevoir. »

Les assemblées des chrétiens, principalement celles où l'on célébrait les saints mystères, étaient secrètes ; on n'y était admis qu'à des conditions déterminées. On n'arrivait à la connaissance complète de la doctrine qu'en franchissant plusieurs degrés d'instruction, que nous pouvons réduire à trois. Les initiés étaient en conséquence partagés en trois classes : la première était celle des *auditeurs* ; la seconde, celle des *catéchumènes* ou *compétents*, et la troisième, celle des *fidèles*. Les auditeurs constituaient une sorte de novices que l'on préparait par certaines pratiques et par certaines instructions, à recevoir la communication des dogmes du christianisme. Une partie de ces dogmes était révélée aux catéchumènes, lesquels, après les purifications et les épreuves exigées, recevaient le baptême, ou l'*initiation de la théogénésie* (génération divine), comme l'appelle saint Denys, dans sa *Hiérarchie ecclésiastique* ; ils devenaient dès lors *domestiques de la foi*, et avaient accès dans les églises. Il n'y avait rien de secret ni de caché dans les mystères pour les fidèles : tout se faisait en leur présence ; ils pouvaient tout voir et tout entendre ; ils avaient droit d'assister à toute la liturgie ; il leur était prescrit de s'examiner attentivement, afin qu'il ne se glissât point parmi eux de profanes ou d'initiés d'un grade inférieur ; et le signe de la croix leur servait à se reconnaître les uns les autres.

Initiation égyptienne.

Le principal centre d'initiation en Egypte était situé à Memphis, dans le voisinage de la grande pyramide. Le secret le plus profond entourait le cérémonial sacré, et, pour s'en former une idée, le public était réduit aux conjectures et aux suppositions. Les initiés gardaient sur ce sujet un silence d'autant plus rigoureux qu'il y allait de la vie pour l'imprudent qui eût osé soulever le voile qui couvrait le sanctuaire. Ils ne pouvaient s'entretenir qu'entre eux de ce qui concernait les mystères, ou, s'ils étaient obligés d'en parler devant des profanes, ils devaient se servir de phrases énigmatiques qui n'eussent de sens précis que pour eux seuls. Des peines sévères ayant plusieurs fois été prononcées pour des demi-révélations, on comprend que peu d'indiscrétions furent commises par les adeptes ; aussi, aux détails qui suivent se bornent les renseignements que nous ont laissés sur les mystères égyptiens les historiens de l'antiquité ; nous les empruntons à l'*Histoire de la franc-maçonnerie* de M. Clavel.

Les mystères étaient divisés en grands et en petits. Les petits, qui étaient ceux d'Isis, se célébraient à l'équinoxe du printemps ; les grands comprenaient ceux de Sérapis et ceux d'Osiris ; les premiers avaient lieu au solstice d'été ; les seconds, à l'équinoxe d'automne. Nous ne parlerons ici que de l'initiation aux mystères d'Isis, les seuls sur lesquels les anciens nous aient laissé quelques détails un peu circonstanciés.

La faculté de se présenter à l'initiation n'était accordée qu'aux hommes qui pouvaient se prévaloir d'une vie sans tache; à plus forte raison en interdisait-on l'accès aux meurtriers. Il en était de même chez les Grecs. L'aspirant à l'initiation égyptienne devait s'abstenir de tout acte de génération, ne prendre qu'une nourriture légère, et se garder surtout de manger de la chair des animaux. Il devait en outre laver les souillures de son corps au moyen d'ablutions fréquemment renouvelées, et, à un certain jour, plonger sept fois sa tête dans les eaux du Nil ou dans celles de la mer. On usait de pratiques semblables dans toutes autres initiations.

Lorsqu'il était convenablement préparé, l'aspirant, accompagné d'un initié qui lui servait de guide, se rendait, au milieu de la nuit, à la grande pyramide, ayant eu soin de se munir d'une lampe et de tout ce qui était nécessaire pour l'allumer. Il montait seize marches du monument et parvenait ainsi à une ouverture d'un mètre carré. Là s'ouvrait devant lui une galerie basse, où, sa lampe à la main, il pénétrait en rampant. Après de longs détours, il atteignait enfin un puits à large orifice, qui lui paraissait sans fond, et dans lequel pourtant il lui fallait s'aventurer. L'obscurité lui cachant des échelons de fer qui aidaient à y descendre, et que d'abord son guide évitait à dessein de lui indiquer, il arrivait souvent que l'aspirant, glacé de terreur, retournait sur ses pas et renonçait à sa périlleuse entreprise. Si cependant il conservait sa fermeté, l'initié qui l'accompagnait descendait le premier et veillait à ce qu'il pût le suivre sans danger. Au soixantième échelon, le candidat rencontrait une ouverture qui servait d'entrée à un chemin creusé dans le roc et descendant en spirale pendant un espace d'environ 45 mètres. A l'extrémité se trouvait une porte d'airain à deux battants, qu'il ouvrait sans effort et sans bruit, mais qui, se refermant d'elle-même derrière lui, produisait un son éclatant qui retentissait au loin et semblait ébranler les voûtes du souterrain. Ce signal annonçait aux prêtres qu'un profane s'engageait dans les épreuves de l'initiation ; et, dès ce moment, les zacons, ministres du dernier ordre, préparaient tout pour le recevoir.

Une grille de fer se trouvait en face de la porte d'airain. L'aspirant apercevait à travers les barreaux une immense galerie bordée des deux côtés par une longue suite d'arcades éclairées par des torches et des lampes qui répandaient une vive lumière. Il entendait les voix des prêtres et des prêtresses d'Isis chantant des hymnes funèbres qu'accompagnaient des instruments mélodieux. Ces hymnes admirablement composés, ces sons tristement modulés, que l'écho des voûtes rendait plus imposants et plus lugubres encore, fixaient l'attention de l'aspirant et le plongeaient dans une extase mélancolique. Son guide le laissait s'y livrer un instant ; puis, l'arrachant à sa rêverie, il le faisait asseoir à ses côtés sur un banc de pierre, et l'interrogeait de nouveau sur sa résolution. S'il persistait à se faire initier, tous deux s'engageaient alors dans une galerie de 2 mètres de largeur, dont le faîte était soutenu par des arcades. Sur le fronton d'une de ces arcades l'aspirant ne tardait pas à lire cette inscription tracée en noir sur une table de marbre blanc : « Le mortel qui parcourra seul cette route, sans regarder et sans retourner en arrière, sera purifié par le feu, par l'eau et par l'air, et, s'il peut surmonter la frayeur de la mort, il sortira du sein de la terre ; il reverra la lumière et il aura droit de préparer son âme à la révélation des mystères de la grande déesse Isis. » En cet instant, l'initié qui accompagnait l'aspirant lui déclarait qu'il ne pouvait le suivre plus loin ; que de graves dangers allaient commencer pour lui ; qu'il lui faudrait, pour en triompher, une grande force d'âme et une présence d'esprit inaltérable ; que, pour peu qu'il doutât d'en sortir victorieux, il devait renoncer à les affronter, et retourner sur ses pas ; qu'il était encore libre de se retirer, mais qu'un moment de plus il serait trop tard. Le candidat se montrait-il inébranlable, son guide l'exhortait à fortifier son âme contre la crainte, l'embrassait avec tendresse et l'abandonnait à lui-même avec regret. Cependant, conformément à la règle, il le suivait de loin, pour pouvoir au besoin lui porter secours, si le courage venait à lui faillir, et pour le reconduire hors des souterrains, en lui recommandant, au nom de la déesse Isis, de garder le silence sur ce qui lui était arrivé, et d'éviter à l'avenir de se présenter à l'initiation dans aucun des douze temples de l'Égypte.

Resté seul, l'aspirant suivait, pendant un espace de 140 mètres, la galerie dans laquelle il s'était engagé, remarquant des deux côtés des niches carrées dans lesquelles des statues colossales en basalte et en granit étaient assises sur des cubes tumulaires, dans l'attitude de momies qui attendent le jour de la résurrection. Sa lampe ne répandait autour de lui qu'une clarté vacillante. A chaque pas, il lui semblait voir des spectres ; mais ces apparitions se dissipaient à son approche. Enfin il arrivait à une porte de fer gardée par trois hommes armés d'épées et coiffés de casques en forme de tête de chacal, qui, à sa vue, s'avançaient vivement vers lui. Un d'eux lui adressait ce discours : « Nous ne sommes point ici pour vous empêcher de passer. Continuez votre route, si les dieux vous en ont donné le pouvoir. Mais prenez garde que, si vous franchissez le seuil de cette porte, il faudra que vous atteigniez le but de votre entreprise, sans tourner la tête et sans reculer. Dans le cas contraire, vous nous retrouveriez à notre poste pour nous opposer à votre retraite, et vous ne sortiriez plus de ces lieux souterrains. » En effet, si, après avoir passé cette porte, l'aspirant, pressé par la peur, revenait sur ses pas, les trois gardes le saisissaient et le conduisaient dans les appartements inférieurs du temple, où il était enfermé pour le reste de ses jours. Toutefois, sa réclusion n'était pas très-austère ; il était apte à devenir officier subalterne, et il pouvait épouser une des filles des ministres du second ordre. Du reste, il ne devait plus avoir aucun rapport avec les profanes, et il fallait qu'il écrivît à sa famille un billet ainsi conçu : « Le ciel a puni ma témérité ; je suis pour jamais séquestré du monde ; mais les dieux justes et miséricordieux m'ont accordé une retraite douce et tranquille. Craignez et vénérez les immortels ! » Dès ce moment il passait pour mort. Mais lorsque, joignant la présence d'esprit au courage, l'aspirant assurait que rien ne pourrait ni troubler ses sens ni ébranler sa résolution, alors les gardes s'écartaient pour lui livrer passage.

Il n'avait pas fait 50 pas qu'il apercevait une lumière très-vive, qui augmentait d'intensité à mesure qu'il avançait. Bientôt il se trouvait dans une salle, haute d'environ 30 mètres et d'égales dimensions en longueur et en largeur. Des deux côtés brûlaient des matières inflammables : des branches d'arbres, du bitume, des baumes. La fumée qui s'en dégageait s'écoulait par de long tuyaux dont la voûte était percée. Il fallait que l'aspirant traversât cette fournaise, dont la flamme se réunissait en berceau au-dessus de sa tête. A ce péril en succédait immédiatement un autre : au delà du foyer s'étendait à plat sur le sol un vaste gril de fer qui avait été rougi au feu, et dont les compartiments en forme de losanges laissaient à peine assez de place, dans les vides qu'on y avait ménagés, pour que l'aspirant pût y poser le pied. A peine avait-il surmonté cette double épreuve, dans laquelle il lui avait fallu déployer autant d'adresse que de résolution, qu'un nouvel obstacle se présentait devant lui. Un canal large et rapide, alimenté par le Nil, lui barrait le chemin. Il fallait qu'il le passât à la nage ou à l'aide de deux balustrades qui sortaient du fond de l'eau et étaient principalement destinées à empêcher que le courant ne l'emportât hors de la direction qui lui était tracée. Alors il se dépouillait de ses vêtements, les roulait et les attachait sur sa tête au moyen de sa ceinture, ayant soin de fixer au-dessus sa lampe allumée, pour se diriger dans l'obscurité qui régnait au bord opposé. Puis il se jetait dans le torrent, qu'il franchissait avec effort. Parvenu sur l'autre rive, il se trouvait à l'entrée d'une arcade élevée, conduisant à un pallier de 2 mètres carrés, dont le plancher dérobait à la vue un mécanisme sur lequel il reposait. A sa droite et à sa gauche se dressaient deux murs d'airain servant d'appui au moyen de deux vastes roues de même métal, et devant lui se présentait une porte d'ivoire garnie de deux filets d'or qui indiquaient qu'elle s'ouvrait en dedans. Vainement essayait-il de s'ouvrir un passage à travers cette porte ; elle résistait à tous ses efforts. Tout à coup, deux anneaux très-brillants s'offraient à ses regards ; il y portait les mains pour s'assurer si, en les tirant à lui, il ne réussirait pas enfin à faire céder la porte. Mais quelles étaient sa surprise et sa terreur, lorsqu'ayant à peine saisi ces anneaux, les roues d'airain tournaient subitement sur elles-mêmes avec une rapidité et un bruit formidable ; que le plancher, se dérobant sous lui, le laissait suspendu aux anneaux, au-dessus d'un abîme d'où s'échappait un vent impétueux ; que sa lampe s'éteignait, et qu'il restait plongé dans les plus épaisses ténèbres ? Pendant plus d'une minute, il demeurait dans cette cruelle position, assourdi par le fracas des machines, glacé de froid par le courant d'air qui sortait des profondeurs de la terre, et craignant que, les forces venant à lui manquer, il ne fût entraîné par son propre poids dans les entrailles du gouffre béant sous ses pieds. Peu à peu cependant le bruit cessait ; le plancher reprenait sa première place ; les anneaux redescendaient et avec eux le récipiendaire, qui se trouvait enfin à l'abri de tout danger. Alors les deux battants de la porte d'ivoire s'ouvraient devant lui, et il apercevait un vaste temple tout étincelant de lumières.

La porte par laquelle il entrait dans le sanctuaire était pratiquée dans le piédestal de la triple statue d'Isis, d'Osiris et d'Horus, groupe divin dont la nature devait plus tard lui être révélée, s'il en était jugé digne. Sur les murs étaient tracées des images mystérieuses : un serpent vomissant un œuf, symbole de l'univers, renfermant en lui le germe de toutes choses, que développe la chaleur de l'astre du jour ; la croix ansée, imitation du lingam indien, et représentant, comme cet emblème, la puissance génératrice active et passive de la nature ; un autre serpent roulé sur lui-même en ligne circulaire et dévorant sa queue, figure mystique de la révolution éternelle du soleil ; enfin d'autres peintures allégoriques, qui faisaient de ce temple un véritable microcosme, ou monde en petit. Là le néophyte était reçu par les prêtres, rangés sur deux lignes et revêtus de leurs insignes mystérieux. A leur tête était le porte-flambeau, tenant dans ses mains un vase d'or en forme de navire, duquel s'élevait une flamme brillante : c'était l'image du soleil, qui répand sa lumière dans tout l'univers. Venaient ensuite le porte-autel, représentation vivante de la lune, puis un troisième ministre avec les attributs de Mercure, la palme à feuilles d'or et le caducée, qui figurait la voix divine, le *logos*, la vie universelle. Parmi les autres ministres, il y en avait un qui portait une main de justice et un vase en forme de mamelle, symboles qui avaient rapport au jugement des âmes et à la voie lactée, qu'elles devaient suivre pour retourner à leur source première, la lumière incréée. Un second portait le van mystique, et un troisième un vase rempli d'eau, emblèmes des purifications que les âmes devaient subir avant d'être admises au séjour des dieux. Un quatrième portait le crible sacré, à travers lequel se faisait le triage des âmes, et qui désignait aussi l'initiation. Un autre était chargé de la *ciste* ou corbeille sainte, image du cléis, organe générateur de la femme, dans lequel reposait le phallus, marque de virilité, deux emblèmes qui figuraient la double puissance fécondante de la nature. Enfin un dernier ministre tenait dans ses mains un vase appelé *canope*, de la forme ellipsoïde de l'œuf, autour duquel s'entortillait un serpent : c'était encore l'image de l'univers qu'entoure le signe du zodiaque.

Frappé de la majesté de ce spectacle, le néophyte se prosternait la face contre terre. Le maître des cérémonies le relevait et le conduisait près du grand prêtre, qui l'embrassait et le félicitait sur le succès que son courage avait obtenu. Ensuite il lui présentait une coupe contenant un breuvage composé de miel et de lait. « Buvez, lui disait-il ; cette liqueur vous fera oublier les fausses maximes du monde. » Il le faisait alors agenouiller devant la triple statue, et, lui posant une main sur la tête, il prononçait à haute voix cette prière, que tous les assistants répétaient en se frappant la poitrine : « O grande déesse Isis ! éclaire de tes lumières ce mortel qui a surmonté tant de périls et accompli tant de travaux ; fais-le triompher encore dans les épreuves de l'âme, afin qu'il soit tout à fait digne d'être initié à tes mystères. » La prière achevée, le grand prêtre faisait lever le néophyte, et lui présentait un second vase renfermant un breuvage amer. « Buvez encore cette liqueur, lui disait-il ; elle vous rappellera les leçons de sagesse que vous allez recevoir de nous. » En ce moment, une musique harmonieuse se faisait entendre, à laquelle de jeunes prêtres mêlaient des hymnes en l'honneur de la déesse Isis. Puis tout se taisait, et le néophyte était conduit à l'appartement qui lui était destiné dans les bâtiments dépendant du temple. Il ne devait en sortir que lorsque son initiation serait terminée.

Ici commençait pour lui une autre nature d'épreuves, qui devaient durer un espace de 81 jours. Après un repos de vingt-quatre heures, pendant lequel il lui était interdit de quitter sa chambre, il était soumis à une série de jeûnes graduellement plus sévères, et qui finissaient par devenir fort rigoureux. Tout cela tendait à purifier le corps. Venait concurremment la purification de l'âme, qui se divisait en deux parties : l'invocation et l'instruction. L'invocation consistait à assister pendant une heure, matin et soir, aux sacrifices ; l'instruction, à prendre part, chaque jour, à deux conférences. La première roulait sur des matières religieuses ; dans la seconde, le néophyte recevait un enseignement moral. Enfin, pour couronner toutes ces épreuves, un silence absolu de 18 jours lui était prescrit. Pendant ce temps, il avait la faculté de se promener dans les jardins du temple et d'écrire ses réflexions ; mais il lui était formellement interdit de communiquer, même par signes, ses pensées aux ministres du temple qu'il pourrait rencontrer sur son chemin, de répondre à leurs questions, et de rendre, fût-ce par un simple sourire, le salut que les femmes de ces officiers lui adresseraient en passant. Il fallait qu'il fût muet et impassible comme une statue. Cependant on essayait par mille moyens de lui faire rompre le silence. On l'entretenait des choses qui l'intéressaient le plus vivement ; on lui rappelait les actions les plus secrètes de sa vie, et dont il s'imaginait n'avoir eu d'autre témoin que le ciel ; on l'éveillait en sursaut, pour lui annoncer quelque fausse nouvelle de nature à l'impressionner fortement ; et, malgré tout cela, la moindre parole qu'il eût proférée lui eût été imputée à crime et lui eût fait perdre le fruit de tous ses travaux.

On comprend que le néophyte voyait approcher avec joie le terme de cette longue torture. La veille du jour où il devait cesser, trois prêtres venaient lui annoncer que le lendemain il recueillerait le fruit de ses pénibles épreuves, et qu'il serait agrégé, par son initiation, à une société d'élite, investie des plus beaux privilèges en cette vie et dans l'autre. Le jour suivant, en effet, la parole lui était rendue. On le conduisait devant le collège des prêtres, et il y était interrogé touchant ses opinions sur la divinité, sur la mission que la société humaine était appelée à remplir ici-bas et sur les principes de la morale individuelle. Mais ce n'était là qu'une pure formalité : le néophyte ayant été convenablement instruit et préparé, ses réponses devaient naturellement satisfaire ses juges. Dès ce moment commençaient pour lui les douze jours de la manifestation.

Le premier jour, au lever du soleil, il était conduit devant la triple statue d'Isis, d'Osiris et d'Horus ; on lui faisait fléchir le genou, et, après l'avoir consacré aux trois divinités, on le revêtait des douze étoles sacrées et du manteau olympique. Sur les premières étaient brodées les images des constellations du zodiaque ; le dernier se rattachait, par les emblèmes dont il était chargé, au ciel des étoiles fixes, séjour des dieux et des âmes bienheureuses. On parait ensuite le néophyte d'une couronne de palmier dont les feuilles figuraient des rayons autour de sa tête, et on lui plaçait un flambeau dans les mains. Ainsi habillé en soleil, il prononçait un serment conçu à peu près en ces termes : « Je jure de ne révéler à aucun profane rien de ce que je verrai dans ces sanctuaires, ni aucune des connaissances qui m'y seront communiquées ; j'en prends à témoin les dieux du ciel, de la terre et des enfers, et j'appelle leur vengeance sur ma tête, si jamais je suis assez malheureux pour devenir parjure. » Après avoir rempli cette formalité importante, le néophyte était introduit dans la partie la plus secrète de l'édifice sacré. Un prêtre qui l'accompagnait lui expliquait le sens de tous les symboles qu'il lui était permis de connaître. Il lui faisait parcourir des jardins embellis par toutes les créations de l'imagination la plus poétique. C'était, lui disait-il, une image bien imparfaite des lieux divins qu'habitaient, après la mort, les âmes des bienheureux. Il lui expliquait l'origine des dieux, la formation du monde, les lois qui les gouvernent, la chute des âmes, les épreuves au prix desquelles elles peuvent espérer de retourner à leur source divine. Les connaissances que l'on communiquait au nouvel initié ne se bornaient pas à la théologie et à la morale : elles embrassaient toutes les sciences. Les prêtres avaient consigné dans des livres, les seuls qui existassent dans ces anciens temps, leurs observations et leurs découvertes sur l'astronomie, la physique, la chimie, la mécanique, la statique, la médecine, la diététique, en un mot sur toutes les matières qui intéressaient le bien-être et le progrès des sociétés. Ces trésors, qu'on désignait généralement sous le nom de *livres d'Hermès*, étaient ouverts à l'initié; on lui en facilitait l'étude, et il ne sortait ensuite du sanctuaire que pour se placer à bon droit au premier rang de ses concitoyens.

Lorsqu'il avait reçu le complément des révélations auxquelles il pouvait aspirer, tout se disposait pour la solennelle procession qu'on appelait le *triomphe de l'initié*. La veille de ce grand jour, quelques prêtres de l'ordre inférieur, magnifiquement parés et montés sur des chevaux dont les housses étaient couvertes d'hiéroglyphes brodés en or, se rendaient devant le palais du roi et proclamaient à son de trompe que, le lendemain, un nouvel initié serait conduit processionnellement par la ville. Ils répétaient la même annonce dans tous les quartiers où devait passer le cortège sacré, et dont les habitants tapissaient, dès ce moment, le devant de leurs demeures de guirlandes de fleurs et d'étoffes de prix.

Le jour de la cérémonie arrivé, on parait l'intérieur du temple de tout ce que le trésor des prêtres possédait de plus riche et de plus précieux. On y apportait aussi, des souterrains, le tabernacle d'Isis. Il était couvert d'un voile de soie blanche semé d'hiéroglyphes d'or, que cachait à moitié un second voile de gaze noire. Les pontifes lui offraient un sacrifice, pendant lequel les filles des prêtres, qui ne paraissaient en public que dans les grandes solennités du culte de la déesse, exécutaient des danses sacrées, au son des instruments. Ensuite la procession se mettait en marche. En tête se trouvaient les hérauts qui avaient fait la proclamation de la veille, et qui, de moment en moment, exécutaient des fanfares. Des prêtres du même ordre suivaient à pied, rangés sur deux files, et bordaient dans toute sa longueur le cortège sacré. Immédiatement après les hérauts venait un groupe nombreux de prêtres, prophètes et comastes, vêtus d'une tunique de lin recouverte d'une robe noire, bleue, rouge ou violette, suivant la fonction de chacun, et dont un pan ramené sur leur tête la cachait presque entièrement. Ensuite marchaient quelques ministres, dont les uns portaient les livres d'Hermès, un autre la table isiaque, plaque d'argent sur laquelle étaient tracés des hiéroglyphes relatifs aux mystères de la déesse; et plusieurs différents ustensiles dont on se servait dans les sacrifices. Derrière eux s'avançaient les prêtresses directrices, entourées de filles des prêtres, qui étaient rangées sur quatre files, en se donnant le bras deux par deux. Un chœur de musique, exécuté par les prêtres et leurs enfants, précédait le tabernacle d'Isis, que huit ministres portaient sur leurs épaules, et devant lequel de jeunes prêtresses exécutaient des danses religieuses en s'accompagnant de sistres et de crotales. L'encens brûlait à l'entour dans des cassolettes, et les nuages de fumée qui s'en dégageaient laissaient à peine apercevoir au peuple le coffret mystérieux. A la suite venait le grand prêtre, qui marchait seul, la tête couverte d'une mitre, le bâton augural à la main, et vêtu d'une longue tunique blanche, que recouvrait une robe de couleur pourpre doublée d'hermine, dont deux jeunes lévites soutenaient la queue. Après lui s'avançaient, à quelque distance, un groupe considérable de prêtres, portant pour la plupart des instruments symboliques dont il était fait usage dans le culte public ou dans les mystères; une troupe de joueurs de flûtes, de sistres et de crotales; des bannières où l'on avait peint divers emblèmes sacrés; puis les initiés des différents nomes de l'Egypte et les initiés étrangers, habillés d'une veste de lin qui leur descendait aux genoux, et qui formait leur vêtement habituel. C'était généralement celui-là même dont ils avaient été revêtus lors de leur réception, et qu'ils ne devaient quitter que lorsqu'il tombait en lambeaux. Enfin paraissait le nouvel initié. Il avait la tête couverte d'un voile blanc, qui lui tombait jusque sur les épaules et qui cachait complètement son visage, sans l'empêcher de se diriger lui-même. Sa tunique de même couleur était serrée à la ceinture par une écharpe ponceau, avec des broderies et des franges d'or. Une épée à poignée d'acier pendait à sa gauche, au bas d'un baudrier blanc brodé de noir. Il portait à la main une palme, et son front était ceint de la même couronne dont on l'avait paré le jour où il avait prêté son serment. Enfin il avait près de lui, d'un côté, le plus jeune des prêtres; de l'autre, le plus âgé des initiés. La marche du cortège était fermée par le char de triomphe, attelé de quatre chevaux blancs. C'était le même qui servait à promener à travers l'Egypte les généraux d'armée qui avaient remporté quelque victoire signalée.

La vue de l'initié provoquait les applaudissements de la foule assemblée sur son passage. De toutes parts on lui jetait des fleurs, et l'on répandait sur lui des essences précieuses. C'est ainsi qu'il faisait le tour de la ville, et qu'il était amené ensuite sous le balcon du palais du roi, qui l'y attendait entouré de toute sa cour. Là l'initié montait sur une estrade qui avait été dressée à cet effet, posait le genou sur un coussin, s'inclinait, se relevait et tirait son épée, comme pour la mettre à la disposition du monarque; puis il descendait de l'estrade, et il se rendait dans le temple, tenant toujours son épée nue à la main. Un trône fort élevé lui avait été préparé; il s'y plaçait, suivi de deux ministres de l'ordre inférieur, qui tiraient deux rideaux pour le soustraire un moment à la vue du peuple. Ensuite, pendant que les voix des prêtres faisaient retentir les voûtes du temple d'hymnes sacrés, on dépouillait l'initié de son costume d'apparat et on le revêtait de la tunique blanche qu'il devait porter habituellement. Cette formalité achevée, les rideaux étaient ouverts, et l'initié, montré alors à découvert aux regards des assistants, était salué par les plus vives acclamations. Ainsi se terminait cette grande et solennelle cérémonie, qui était généralement suivie de festins sacrés qui se répétaient pendant trois jours, et dans lesquels le nouvel initié occupait la place d'honneur.

Ce n'étaient là cependant que les petits mystères ; lorsque l'initié aux mystères d'Isis et d'Horus en était jugé digne, on l'admettait aux mystères de Sérapis et enfin à ceux d'Osiris, qui formaient le complément de l'initiation égyptienne. Nous n'en donnerons cependant pas la description, parce que les anciens ne nous ont laissé que fort peu de détails à leur sujet.

Initiation phénicienne.

On a peu de détails sur les cérémonies qui accompagnaient l'initiation adonisienne. Lucien nous apprend que les récipiendaires sacrifiaient une brebis, mangeaient de la chair de cet animal, en mettaient la tête sur la leur et posaient un genou sur une peau de faon étendue sur le parvis. Dans cette attitude, ils adressaient leurs prières aux dieux ; ils se mettaient ensuite dans un bain, buvaient de l'eau froide et se couchaient à terre. Il est probable, dit M. Clavel, qu'ils représentaient le personnage d'Adonis, et passaient fictivement par toutes les phases de la catastrophe qui l'avait privé de la vie.

Initiation grecque.

Les Grecs avaient de nombreux mystères, tels que ceux d'Adonis, empruntés aux Syriens, des Cabires, des Dactyles, des Curètes, des Corybantes, d'Eleusis, de Bacchus, de Cotytto, les Orphiques, les Mithriaques, les Thesmophories, réservées aux femmes, etc. Chacun d'eux avait son mode d'initiation particulier, sur lequel on devait garder le silence le plus absolu. La tête de Diagoras fut mise à prix pour avoir révélé le secret des Eleusinies. Androtide et Alcibiade, accusés du même crime, furent cités pour ce fait devant le tribunal d'Athènes, le plus terrible qui fût jamais, puisqu'il traduisait le coupable devant le peuple, ignorant et crédule, qui devait prononcer. Le poëte Eschyle, à qui l'on reprochait d'avoir mis sur la scène des sujets mystérieux, ne put se faire absoudre qu'en prouvant qu'il n'avait jamais été initié. Enfin Aristote, signalé comme impie par l'hiérophante Eurymédon, pour avoir sacrifié aux mânes de sa femme suivant le rite usité dans les mystères d'Eleusis, fut obligé de se réfugier à Chalcis. *Voyez* dans ce Dictionnaire les différents noms cités plus haut, et entre autres les articles ELEUSINIES, DIONYSIADES, MITHRIAQUES, où nous décrivons une partie des cérémonies de l'initiation.

Initiation romaine.

Les mystères de Cotytto, qui avaient beaucoup d'analogie avec ceux d'Atys et de Cybèle, furent d'abord établis dans la Thrace. De là ils furent portés dans la Grèce, à Chio, à Corinthe, à Athènes. On a peu de renseignements sur cette initiation ; on sait seulement que les initiés prenaient le nom de *Baptes*, sans doute à cause de quelque ablution préparatoire, et qu'ils buvaient dans un vase ayant la forme du phallus. De la Grèce les mystères de Cotytto passèrent à Rome, à l'époque de la fondation de cette ville, s'y modifièrent, y prirent le nom de mystères de la *Bonne Déesse*, et y furent spécialement consacrés aux femmes. Les vestales en étaient les prêtresses. Ces mystères se célébraient la nuit, en leur présence, dans la maison du consul, dont la mère ou la femme présidait aux rites sacrés. Les hommes ne pouvaient y assister ; tous les tableaux qui en représentaient quelqu'un y étaient scrupuleusement voilés. Il en était de même de tous les animaux mâles. Non-seulement la curiosité, mais le hasard même ne pouvait sans crime faire tomber les regards d'un homme sur les objets de ce culte mystérieux. On ne sait rien de l'initiation à ces mystères : Clodius les ayant profanés en y pénétrant déguisé en femme pour y trouver sa maîtresse, épouse de César, la cérémonie cessa ; on couvrit d'un voile les choses sacrées ; les initiées éperdues s'enfuirent aussitôt pour aller dénoncer le sacrilége qui eut bien de la peine à échapper à la mort.

Si l'on en croit Juvénal, les hommes eurent aussi leurs mystères dont les femmes furent exclues. Pour observer en quelque sorte les anciens rites, ils s'habillaient eux-mêmes en femmes, et s'ornaient la tête de bandelettes et le cou de colliers. Avant de commencer la célébration de ces mystères, le héraut faisait une proclamation où il disait : «Loin d'ici, profanes ! On n'entend point en ces lieux les accents plaintifs de vos cors et de vos chanteuses. »

Initiation druidique.

Les druides gaulois associaient au sacerdoce par une initiation les sujets qui leur paraissaient aptes à recevoir l'instruction sacrée. Vingt ans suffisaient à peine aux études préparatoires qu'ils imposaient à leurs élèves ; aucun livre, aucune tradition écrite, ne pouvait soulager leur mémoire ; les druides auraient craint qu'un œil profane ne pénétrât le secret de leurs mystères. Après ce long cours d'études, et à la suite d'épreuves et d'examens rigoureux, les élèves étaient admis à l'initiation. Egaux à leurs maîtres, ils étaient dès ce moment entourés comme eux de la vénération publique.

Initiation maçonnique.

Voyez FRANC-MAÇONNERIE.

Initiation ismaélienne.

La secte des ismaéliens, non moins politique que religieuse, avait le plus haut intérêt à s'assurer de la discrétion de ses adeptes ; c'est pourquoi ils établirent un système d'épreuves auxquelles ils soumettaient le candidat pour s'assurer s'il était capable de la *mission* ou non. Il était défendu, suivant leur langage allégorique, de *jeter de la semence dans de la terre salée*, c'est-à-dire d'engager comme prosélytes des gens incapables *de parler dans une maison où il y aurait une lampe*, c'est-à-dire en présence d'un savant ou homme de la loi.

Cette première reconnaissance du candidat s'appelait *teferrus*, connaissance de la physionomie ; venait ensuite le *tanis*, c'est-à-dire l'art de se familiariser avec les candidats, en les flattant chacun au gré de ses désirs. Le 3ᵉ degré de l'initiation était le *teschkik*, c'est-à-dire la mise en avant des doutes sur les fragments des chapitres ou des lettres, détachés du Coran, et sur la casuistique des prières et des jeûnes. Le 4ᵉ degré, *rabt* ou engagement, consistait en deux choses : 1° la promesse du secret à garder ; 2° l'engagement de recourir à l'imam pour la solution des cas difficiles. Le 5ᵉ degré, *tedlis*, consistait en ce que les candidats fussent mis en rapport avec les hommes les plus illustres de l'Etat et du culte pour accroître leur inclination. Le 6ᵉ était le *tasis* ou l'affermissement dans les promesses ; enfin le 7ᵉ était le *khali* ou le dépouillement de toute croyance aux dogmes positifs. Arrivé à ce degré, le prosélyte était mûr pour être initié à la doctrine de l'indifférence des actions et de l'exégèse du sens intérieur des écritures, selon leur but. Il ne s'agissait plus que de recevoir son serment, ce qui avait lieu de la sorte, suivant l'historien arabe Nowaïri, traduit par feu M. de Sacy.

Le Daï s'adressant à celui dont il prend l'engagement et le serment, lui dit : « Vous promettez et vous vous engagez devant Dieu et envers lui, vous vous engagez pareillement envers son apôtre, ses prophètes, ses anges et ses envoyés, conformément aux promesses, aux pactes et aux engagements qu'il a toujours exigés des prophètes, de tenir secret tout ce que vous avez entendu ou que vous entendrez, tout ce que vous avez su ou tout ce que vous saurez par la suite, tout ce que vous avez déjà connu ou connaîtrez à l'avenir, de relatif à moi ou à celui qui demeure en ce pays comme ministre et délégué du maître de la vérité, de l'imam, de celui que vous savez que je reconnais pour tel, et dont j'aime sincèrement tous les partisans liés avec lui par des engagements, ou enfin de relatif à ses frères, à ses amis, à ses enfants, aux gens de sa maison, qui lui obéissent en suivant cette religion, et en lui portant un attachement pur et sincère, hommes ou femmes, grands ou petits. Vous promettez que vous ne révélerez rien de tout cela, ni peu, ni beaucoup ; que vous ne direz absolument rien de ce qui pourrait le faire découvrir, à moins que ce ne soient des choses dont il vous ait été permis de parler, soit par moi-même, soit par le chef qui demeure en ce pays ; que vous vous conformerez en cela à mes ordres, sans les transgresser ni leur donner aucune extension. La règle de votre conduite, avant comme après l'engagement que vous contractez aujourd'hui, soit dans vos discours, soit dans vos actions, c'est de reconnaître qu'il n'y a point d'autre dieu que Dieu, qu'il est unique et n'a point d'associé, que Mahomet est son serviteur et son apôtre ; que le paradis, le feu de l'enfer, la mort et la résurrection sont des choses véritables et réelles ; que l'heure du jugement dernier arrivera certainement et sans aucun doute ; que Dieu ressuscitera certainement ceux qui seront dans les tombeaux ; de vous acquitter de la prière au temps prescrit, de payer la dîme ainsi qu'elle est due, de jeûner le mois de ramadhan, de faire le pèlerinage à la maison sainte, de combattre pour la cause de Dieu, comme il est d'obligation de le faire, suivant l'ordre qui en a été donné par Dieu et par son apôtre ; d'avoir pour amis les amis de Dieu et d'être l'ennemi de ses ennemis ; de reconnaître les lois obligatoires émanées de Dieu, ses ordonnances, ainsi que les lois fondées sur l'autorité et la pratique de son prophète, tant dans le secret et intérieurement, que publiquement et à l'extérieur. Car l'engagement que vous contractez aujourd'hui consolide toutes ces obligations, loin de les détruire ; les affermit, au lieu de les anéantir ; en rend l'obligation plus proche, bien loin de l'éloigner ; la confirme, bien loin de l'infirmer ; la rend d'une nécessité plus étroite, loin de l'abroger, et en éclaircit le sens, bien loin de l'obscurcir. Il en est ainsi, quant au sens extérieur et au sens intérieur, et quant à tout ce que les prophètes ont annoncé de la part de leur seigneur, suivant les conditions et les clauses expliquées dans le présent engagement. Vous vous engagez à être fidèle à tout cela. Répondez : *Oui.* »

Le prosélyte dit *oui*, après quoi le Daï continue en ces termes : « L'observation de cet engagement et la conservation du dépôt qui vous est confié exigent que vous ne réveliez en aucune manière les engagements qu'on vous fait contracter, ni durant votre vie, ni après votre mort, ni de force, ni de gré, ni dans l'espoir d'aucun bien, ni dans la crainte d'aucun mal, ni dans l'affliction, ni dans la prospérité, ni dans la vue d'aucun intérêt, ni pour éviter aucun dommage, et que vous paraissiez devant Dieu emportant avec vous ce secret, et la fidélité à garder ce dépôt, conformément aux conditions exprimées dans le présent engagement.

« Vous promettez aussi, vous vous obligez et vous vous engagez envers Dieu, et pareillement envers son apôtre, de me défendre, moi et tous ceux qui je vous nommerai et que je vous désignerai contre tous les dangers dont vous vous garantiriez vous-même ; d'avoir un attachement sincère, tant extérieurement qu'intérieurement, pour nous et pour votre chef qui est l'ami de Dieu. Gardez-vous d'user de perfidie envers Dieu et envers son fidèle ami, ni envers nous, ni envers aucun de nos frères, de nos amis et de ceux que vous saurez nous appartenir, et de leur faire aucun tort pour quelque cause que ce puisse être, ni dans leur famille, ni dans leurs biens, ni par aucun conseil, ni en recourant, par rapport à vos engagements et à vos promesses, à des interprétations qui en annuleraient l'effet.

« Si vous faites quelqu'une des choses qui vous sont interdites ici, sciemment, avec la connaissance que vous manquez en cela à votre engagement, et ayant présente à votre esprit la promesse que vous faites aujourd'hui, en ce cas vous n'aurez plus rien de commun avec Dieu, le créateur du ciel et de la terre, qui vous a formé, qui a composé et uni les parties de votre être, qui vous a comblé des biens de la religion et de ceux de cette vie et de la vie future. Vous n'aurez plus rien de commun avec ses envoyés, tant ceux des siècles anciens que ceux du dernier âge, avec ses anges favoris, avec les chérubins spirituels, les paroles parfaites (le décalogue), les sept versets (premier chapitre du Coran), le Coran vénérable, l'Évangile, le Psautier, l'Avis sage (le Coran), avec toute religion qui a été agréée de Dieu dans les temps qui ont précédé la dernière demeure, ni avec tout serviteur qui a mérité de lui plaire. Vous cesserez de faire partie de la troupe de Dieu, et d'être du nombre de ses amis, et vous serez agrégé à la troupe de Satan, et mis au nombre de ses amis; Dieu vous livrera à un abandon absolu, vous fera éprouver promptement la vengeance et les châtiments, et vous précipitera dans le feu de l'enfer, où il n'y a point de miséricorde. Vous n'aurez plus aucun droit à prétendre au secours de la force et de la puissance de Dieu, mais vous serez abandonné à votre propre force et à votre propre puissance. La malédiction que Dieu a prononcée sur Iblis tombera sur vous, la malédiction par laquelle il l'a exclu du paradis et confiné pour toujours dans le feu. Si vous contrevenez à quelque chose de tout cela, vous trouverez Dieu irrité contre vous au jour de la résurrection, en ce jour où vous comparaîtrez devant lui. Vous serez soumis envers Dieu, comme par un vœu obligatoire, à faire trente fois, à pied, tête et pieds nus, le pèlerinage à la maison sainte, sans que vous puissiez vous acquitter de cette obligation envers Dieu, par aucune compensation ou d'aucune autre manière que par l'accomplissement littéral. Tout ce que vous possédez au moment de votre contravention appartiendra, à titre d'aumône, aux pauvres et aux indigents avec lesquels vous n'aurez aucune liaison de sang ou de parenté, sans que Dieu vous doive, pour ces aumônes, aucune récompense, ni qu'il en résulte aucun mérite en votre faveur. Tout esclave qui sera en votre possession, ou que vous pourrez acquérir jusqu'au jour de votre mort, mâle ou femelle, deviendra libre devant Dieu; toutes les femmes que vous aurez épousées ou que vous épouserez, jusqu'au jour de votre mort, seront, par une suite de votre contravention, séparées de vous par un divorce absolu et définitif, par un divorce légal et irrévocable, sans espoir d'aucun retour ni d'aucune réconciliation; la jouissance de tout ce qui vous appartiendra, personnes ou biens, vous sera interdite, et tout divorce absolu sera pour vous d'une obligation rigoureuse.

« Moi, je prends de vous ce serment au nom de votre imam et de votre hodja, et vous, vous le leur prêtez à l'un et à l'autre. S'il arrive que vous ayez dans l'intention, dans la volonté ou dans la pensée, quelque chose de contraire à ce que j'exige de vous et dont je vous fais jurer l'observation, ce serment, depuis le commencement jusqu'à la fin, conserve néanmoins toute sa force contre vous, est obligatoire pour vous, et Dieu ne recevra de vous aucune autre satisfaction que l'accomplissement exact de tout ce qu'il contient, et des conventions faites entre vous et moi. Dites : *Oui.* »

Le prosélyte répond : *Oui.*

Cette formule de serment n'offre rien de contraire aux doctrines musulmanes, et il semble au premier abord qu'il n'y ait pas besoin de tant de mystère pour enseigner des dogmes reçus de tout bon mahométan; mais tout cela n'était qu'un leurre pour amener dans la suite le prosélyte à des dogmes regardés comme impies dans l'islamisme; car, quand il en était jugé digne et capable, on lui enseignait qu'il n'y avait point de livres révélés; que la loi de Mahomet était abrogée, qu'il n'y avait point d'anges, ni de créatures célestes, qu'il y a existé des hommes antérieurement à Adam, etc., etc.; on lui révélait aussi une doctrine particulière sur l'imamat; on lui apprenait même à fasciner les yeux du vulgaire par des tours de gobelets, par une adroite prestidigitation, afin de lui faire croire que la secte avait le pouvoir de faire des miracles. Tout cela avait pour but de former un parti à un chef qui se tenait caché en attendant qu'il se crût assez fort pour lever l'étendard de la révolte. C'est de là, en effet, que sortit la dynastie des fatimites, parmi lesquels s'éleva le khalife Hakem, qui se fit passer pour Dieu. *Voyez* ISMAÉLIENS.

Initiation unitaire.

Le système religieux et politique des Druzes est encore en grande partie un mystère, malgré les savants travaux et les savantes recherches du baron Silvestre de Sacy. Leur formulaire ou catéchisme (1), semblable à celui des francs-maçons, n'enseigne pas le fond de leur doctrine; on ne peut l'apprendre que des aquels ou docteurs, qui n'en exposent les mystères qu'après avoir fait subir des épreuves et fait faire des serments terribles. Deux anecdotes racontées par M. Laurent, dans sa *Relation historique des affaires de Syrie*, nous mettront à même de connaître quel voile impénétrable couvre cette association mystérieuse.

M. B***, qui habite le pays depuis longtemps et qui possède parfaitement la langue, s'était rendu possesseur, moyennant quelques piastres, d'un catéchisme druze trouvé parmi des manuscrits arabes, provenant du

---

(1) On trouve ce formulaire dans ce Dictionnaire, article DRUZES.

pillage de la maison d'un scheikh druze, pendant la première campagne des Egyptiens en Syrie, en 1832. M. B*** se mit à apprendre ce catéchisme, et lorsqu'il l'eut bien dans sa tête, il se présenta à un aquel, en lui disant que son père qui était de la secte des Druzes d'Alger, et qui se trouvait actuellement en France, après lui avoir appris le catéchisme druze, lui avait dit que, pour le salut de son âme, il devait se rendre auprès des savants aquels, afin d'être initié dans les mystères de cette religion. L'aquel auquel M. B*** s'adressa, confiant dans ses paroles, l'admit dans le cercle des aquels ; on lui fit connaître tous les signes convenus entre eux, mais sans cependant l'initier aux grands mystères. M. B*** insistait toujours pour voir arriver cet heureux moment sans jamais y réussir. Enfin, un jour qu'il insista plus fortement que de coutume, l'aquel, son protecteur, lui dit : « Nous sommes disposés à t'initier à nos saints mystères, à la seule condition que voici : Tu nous as dit que ton père habite la France ; eh bien ! mande-lui de nous écrire *la première lettre*. » M. B***, confondu par cette condition insidieuse à laquelle il ne s'attendait pas, fit néanmoins bonne contenance en promettant d'écrire à son père, et ne trouva d'autre moyen, pour se tirer d'embarras à l'époque où la réponse devait arriver, que d'annoncer la mort de son père ; il lui devint donc impossible d'aller plus loin, et les choses en restèrent là.

Un pacha n'ayant pu savoir, ni par prières, ni par cadeaux, ni par menaces, quel était le fond de la religion des Druzes, s'avisa du stratagème suivant. Il avait deux esclaves noirs qui lui étaient très-attachés ; il leur fit apprendre le catéchisme des Druzes, et, au bout de quelques années, ces deux nègres, par leur persévérance et leur intelligence, furent initiés aux fameux mystères des Druzes. Lorsque le pacha sut que ses deux esclaves étaient parfaitement instruits de tout, il les fit venir pour lui donner les détails qu'il désirait connaître depuis longtemps. Ces deux noirs refusèrent d'obéir à leur maître ; il leur fit alors donner la bastonnade : même silence. Le pacha furieux leur fit endurer toutes les tortures imaginables, sans obtenir un résultat plus favorable à son désir. Enfin il les fit pendre, et tous deux moururent sans divulguer aucun des mystères auxquels ils avaient été initiés après avoir subi des épreuves terribles, et avoir fait des serments qui les obligeaient à mourir plutôt que de rompre le silence.

Initiation brahmanique.

Ce n'est plus ici une cérémonie secrète pour initier un adepte ou un profane à une société mystérieuse, dans laquelle on révèle des dogmes inconnus au vulgaire ; il n'y a point de stage à faire, point d'examens à passer, point d'épreuves à subir ; c'est une cérémonie religieuse au moyen de laquelle le jeune enfant d'un brahmane est introduit dans la caste sacrée de son père, et revêtu solennellement du cordon distinctif par lequel il sera désormais distingué des castes inférieures. On admet en général à cette investiture les enfants de cinq à neuf ans. Mais cette initiation n'a lieu que pour ceux qui sont nés d'un père et d'une mère brahmanes ; toutes les cérémonies et les initiations du monde ne sauraient faire un brahmane d'un individu né dans les castes des kchatriyas ou des soudras. En voici la description telle que M. l'abbé Dubois l'a tirée du *Nittyá-karma*.

Le père du candidat doit commencer par se procurer un grand nombre de pièces de toile, beaucoup de petite monnaie d'or et d'argent, pour être distribuées en présent aux convives. Il doit aussi faire une ample provision de riz, de farine, de légumes secs et verts, de fruits, d'huile de sésame, de beurre liquéfié, de laitage, etc., pour le festin ; de sandal, de vermillon, de safran, et surtout de noix d'arèque et de bétel ; de vases de terre de toute espèce et de toute forme, attendu qu'à chacun des quatre jours que dure la fête on doit en employer de neufs ; ceux qui ont servi une fois dans cette circonstance, comme dans celle du mariage, devant être irrévocablement cassés. Quand il a tout préparé, le père va consulter le pourohita, pour qu'il détermine un jour qui se trouve placé sous d'heureuses influences.

Ce jour-là, le pandel (la tente) est dressé dans la cour de la maison ; les femmes décorent les murs intérieurs et extérieurs du logis en y traçant alternativement de larges bandes rouges et blanches. Les convives étant rassemblés sous le pandel, le pourohita s'y rend de son côté, apportant un cordon composé de trois petites cordelettes formées chacune de neuf fils de coton, et une peau de gazelle. Après avoir fait le *san-kalpa*, c'est-à-dire, après avoir dirigé son intention conformément au rituel, il offre le *poudja* ou l'adoration à Ganésa, dieu des obstacles, représenté par un petit cône de fiente fraîche de vache, placé au milieu du pandel, et lui présente de l'herbe appelée *garika*, du sandal, des grains de riz pilés et teints en rouge, de l'encens et une lampe allumée. Après ce sacrifice, le maître de la maison donne du bétel aux brahmanes, et ils vont tous ensemble faire leurs ablutions.

A leur retour, on fait asseoir le néophyte sur une estrade de terre élevée au milieu du pandel. Les femmes mariées entonnent des cantiques, frottent d'huile la tête et le corps de l'enfant, le lavent à l'eau chaude, lui peignent les paupières avec de l'antimoine, et le revêtent de bracelets et de colliers. La toilette terminée, le père et la mère se placent à ses côtés sur l'estrade, et les femmes font la cérémonie de l'*aratti*, pour détourner l'influence du mauvais œil. On offre le poudja aux dieux domestiques, et les prémices de tous les mets préparés pour le repas. Puis tous les convives s'asseyent, les femmes séparément des hommes ; ils prennent les aliments qui leur ont été préparés, et qui sont servis par les femmes de la maison. On sert ensuite le bétel aux convives, et chacun se retire.

Le lendemain, on se rassemble de nouveau; le récipiendaire est assis sur l'estrade, entre son père et sa mère; tous les trois ont le visage tourné vers l'orient. On lui ceint les reins d'une toile pure et nette; les femmes mariées lui font sa toilette en chantant. Le pourohita s'approche ensuite, tenant dans ses mains un réchaud de terre plein de charbons ardents. Il fait le san-kalpa, puis il consacre ce brasier, qui, par la vertu de ses mantras, devient un dieu, auquel il offre le sacrifice appelé *homa*, en jetant dessus quelques morceaux de l'arbre aswattha, du riz bouilli et du beurre liquéfié. Aussitôt neuf brahmanes désignés pour cela font sur ce feu le même sacrifice du homa, en l'honneur des neuf planètes. Enfin, choisissant chacun une femme mariée, ils vont ensemble, en chantant, porter ce feu sacré dans un lieu séparé, où il doit être entretenu soigneusement, jour et nuit, jusqu'au dernier jour de la fête. Ce serait un bien funeste présage, si, par un manque d'attention ou autrement, il arrivait qu'il s'éteignît.

Vient ensuite l'inauguration du *dieu ami*. Les femmes mariées se munissent d'un grand vase de cuivre, neuf, blanchi extérieurement avec de la chaux. Elles vont, en chantant, et précédées des instruments de musique, le remplir d'eau au puits ou à la rivière. De retour à la maison, elles mettent sur l'orifice du vase quelques feuilles de manguier, et par-dessus une noix de coco teinte en jaune avec de la poudre de safran; elles entourent le vase d'un linge de la même couleur. Le vase est déposé à terre sur un petit tas de riz; puis on suspend à son col des feuilles de palmier roulées et teintes en rouge, un collier de petits grains noirs et quelques autres bijoux de femme. Le pourohita évoque alors le dieu ami et le fixe sur ce vase, qui devient dès ce moment une divinité femelle, à laquelle les femmes offrent d'abord un sacrifice de fleurs, d'encens, de riz cuit, une lampe allumée et du bétel. La mère du jeune néophyte se met ensuite sur la tête la nouvelle divinité, et, accompagnée des autres femmes qui chantent en chœur et sont précédées des instruments de musique, elle fait le tour du village sous une espèce de dais. De retour à la maison, elle remet le vase à sa place, et, aidée de quelques autres femmes, elle attache, en l'honneur du dieu ami, deux toiles neuves, à usage de femme, autour des deux piliers du milieu du pandel. Elles vont ensuite chercher processionnellement de la terre sur une fourmilière de fourmis blanches, et en remplissent cinq petits pots dans lesquels elles sèment neuf sortes de graines, qu'elles ont soin de bien arroser avec de l'eau et du lait, afin qu'elles germent vite. Le pourohita s'approche de ces cinq vases, et, par la vertu de ses mantras, il en fait autant de divinités. Les femmes leur offrent le poudja ordinaire, s'inclinent profondément, les déposent dans un petit van, et les placent auprès du dieu ami.

On fait ensuite l'évocation des dieux, des planètes et des ancêtres; on attache, en invoquant tous les dieux, un morceau de safran au poignet droit du récipiendaire. Le barbier lui taille les ongles des mains et des pieds, et lui rase la tête, au son des instruments de musique qui accompagnent les chants des femmes.

Le petit brahmane va se baigner pour se purger de la souillure que lui a imprimée l'attouchement du barbier, homme de la dernière caste. Après cette ablution, les femmes lui font de nouveau sa toilette et le revêtent de toiles pures. Le pourohita, à son tour, le purifie, à l'aide de ses mantras, de tous les péchés d'ignorance qu'il a commis depuis le jour de sa naissance. Il lui fait avec de l'herbe darbha tressée, une ceinture qui lui entoure trois fois le corps; puis le père fait aux brahmanes présents une distribution de quelques pièces de petite monnaie.

On apporte ensuite un bâton de l'arbre madouga, long de trois coudées, et dix de ces morceaux de toile qui servent de langoutis. On trempe ceux-ci dans de l'eau de safran pour les jaunir, et on les suspend, à la file, sur le bâton de madouga, que le candidat se met sur les épaules. Alors le pourohita récite le mantra du cou, passe au néophyte le triple cordon, le lui suspend en bandoulière de l'épaule gauche à la hanche droite, et le constitue brahmane. Pendant cette cérémonie, les femmes chantent, les musiciens jouent, les cloches sonnent, et, pour compléter le concert, les assistants frappent sur des plaques de bronze et sur d'autres objets retentissants.

Après son investiture, l'initié assiste au festin des jeunes gens, c'est-à-dire à un repas préparé pour lui et pour les autres jeunes brahmanes conviés qui ont été récemment décorés du cordon. A l'issue de ce repas, il vient s'asseoir sur l'estrade de terre, le visage tourné du côté de l'orient; son père prend place à côté de lui, le visage tourné vers l'occident. On tire alors des rideaux qui les dérobent aux regards de l'assemblée. Les femmes recommencent à chanter, et les instruments de musique à jouer. Pendant ce temps, le père lui dit tout bas à l'oreille les secrets et les mantras convenables à sa nouvelle condition de brahmane. On assure qu'il lui adresse entre autres ces paroles remarquables : « Souviens-toi, mon fils, qu'il n'y a qu'un seul Dieu, maître souverain et principe de toutes choses; que tout brahmane doit l'adorer en secret ; mais sache aussi que c'est un mystère qui ne doit jamais être révélé au stupide vulgaire; si tu le faisais, il t'arriverait de grands malheurs. » Cependant ces instructions sont données en sanscrit et dans un style qui certainement ne peut pas être compris de celui qui les reçoit.

Les brahmanes invités mettent ensuite sur la tête de leur nouveau collègue des grains de riz consacrés, et les femmes lui font la cérémonie de l'aratti. Enfin, on donne du bétel aux convives; ceux-ci vont faire leurs ablutions et reviennent pour le repas, qui, ce jour-là, doit être abondant et splendide.

Le soir du même jour, au moment où on allume les lampes, les parents et les amis étant réunis sous le pandel, l'initié s'assied sur l'estrade de terre. Alors des femmes mariées vont chercher le réchaud dans lequel est contenu le feu consacré; elles l'apportent auprès de lui avec solennité et en chantant. Le pourohita fait le san-kalpa, récite des mantras sur ce feu; les chants et la musique recommencent de plus belle, et le jeune brahmane, debout, fait sur le réchaud, pour la première fois de sa vie, le sacrifice appelé *homa*, attendu que l'investiture du cordon lui a donné ce droit. Après ce sacrifice, et un autre qu'il fait particulièrement au feu, les femmes vont en procession reporter le réchaud à sa place, puis reviennent faire l'aratti à l'initié. La journée se termine par une distribution de bétel aux brahmanes, et l'on se sépare.

Le troisième jour, même réunion, même répétition de la plupart des cérémonies du jour précédent, notamment du homa; le tout terminé, comme à l'ordinaire, par un repas.

Le cérémonial du quatrième et dernier jour offre quelques particularités accessoires. Après la répétition des préliminaires d'usage, les dames de la fête vont chercher, processionnellement et en chantant, le feu sacré; elles l'apportent auprès de l'initié, qui, s'étant levé, met quelques tiges de l'herbe darbha autour du réchaud, puis fait le homa, en jetant sur le brasier des morceaux de l'arbre aswatha, du riz bouilli, du beurre liquéfié et du sucre brut.

On va de là auprès du dieu ami; on lui offre le poudja, et on l'invite à s'en aller comme il est venu; en même temps on verse un peu de l'eau lustrale que contient le dieu-vase dans le creux de la main de chaque assistant, qui la boit aussitôt, et l'on va jeter le reste dans le puits. On dépouille aussi ce dieu de la toile jaune et du petit morceau de safran dont on l'avait orné, et, ayant adressé certaines prières à ces différents objets, on permet de même à leur divine essence de s'en séparer. Le morceau de safran attaché au poignet de l'initié lui est également ôté, et on le met tremper dans du lait.

On apporte un grand vase de terre neuf, et cinq plus petits, avec leurs couvercles, tous enduits de chaux à l'extérieur. Les cinq petits vases sont en premier lieu remplis d'eau, que l'on survide dans le grand; on recouvre celui-ci, on le place contre le pilier qui est au milieu du pandel, et auquel on suspend une guirlande de fleurs qui vient descendre sur l'orifice du vase; on lui offre un sacrifice de sandal, de grains de riz, de fleurs, de gâteaux, etc. On asperge ensuite es assistants avec l'eau lustrale contenue dans ce vase.

On passe aux cinq petits vases pleins de terre dont il a été question plus haut, le poudja leur est offert. On les range sur une file, et ils reçoivent chacun le nom d'une de ces cinq divinités, Brahma, Vichnou, Varouna Roudra, Dévendra. Ils sont après cela portés séparément au pied de cinq des piliers du pandel. On les appelle alors par les noms qu'on vient de leur imposer; on leur fait le poudja, et on les invite à retourner au lieu d'où ils sont venus. On offre aussi le poudja aux cinq petits vases vides, et l'on fait la même invitation aux esprits célestes qu'ils représentent. Vient le tour des dieux en général, des planètes et des ancêtres, qu'on avait sommés dès le commencement de se rendre à la fête; on récite des litanies en leur honneur, et on les prie poliment de prendre congé. Enfin, on célèbre les louanges du dieu *Mantapa*, c'est-à-dire du pandel lui-même, et l'on congédie aussi ce dieu-là.

Les femmes font alors en chantant l'aratti à l'initié, et, tout le monde s'étant assis pour le banquet, le nouveau brahmane vient prendre place parmi les anciens. Après le repas, il est présenté successivement aux principaux convives et leur fait une prostration; ceux-ci, de leur côté, le complimentent sur sa promotion, et lui souhaitent toutes sortes de prospérités. Le maître de la maison distribue à ses hôtes de l'argent et des pièces de toiles dont la valeur est proportionnée à la fortune de celui qui régale. On en a vu qui y ajoutaient le don d'une vache.

Cependant, avant de se séparer, tous les convives, hommes et femmes, accompagnent l'initié assis dans un riche palanquin ouvert, à une promenade solennelle qu'on lui fait faire dans les rues. Au retour, les femmes lui expriment, par des chants, les vœux qu'elles font pour son bonheur, et terminent la fête par la cérémonie de l'aratti. Quant au nouveau brahmane, il doit encore faire ponctuellement le homa, soir et matin, durant l'espace de trente jours.

Initiation des nègres de la Guinée.

Dans plusieurs peuplades de la Guinée, pour avoir commerce avec les esprits, et pouvoir assister aux assemblées nationales, il faut mourir et renaître. Les mystères de ces sociétés de régénérés sont cachés aux femmes et aux étrangers. Si l'initié avait l'indiscrétion de révéler à quelqu'un ces secrets divins, les esprits puniraient de mort l'indiscrétion de l'un et la curiosité de l'autre. L'initiation des nègres de Cabo del Monte n'a lieu qu'une fois en vingt-cinq ans; et ils n'en parlent qu'avec une espèce d'enthousiasme. On meurt, on passe par le feu, on change entièrement d'habitude, on est dépouillé de sa corruption, revêtu de l'intégrité spirituelle, et on reçoit un entendement nouveau. Les marques du *belli-paaro* (c'est le nom de la régénération des nègres) sont des taillades le long du cou et des épaules. Ceux qui sont ainsi marqués passent pour être beaucoup plus intelligents que les autres; ils assistent aux conseils civils et criminels. Tous ceux qui ne sont pas régénérés sont considérés comme des profanes, gens impurs, ignorants, incapables de donner leur jugement sur une affaire ou de paraître dans les assemblées.

Lorsqu'il s'agit de recevoir des jeunes gens à l'initiation, on choisit dans les bois, par ordre du roi, un lieu agréable, rempli d'oliviers, d'arbres fruitiers et d'autres productions naturelles, nécessaires à la subsistance. Des vieillards initiés y conduisent les candidats, demeurent auprès d'eux, et les élèvent sous leur discipline. Ils leur enseignent les usages et la conduite qu'ils doivent suivre, les exercent à une certaine danse fort pénible, et leur apprennent des poésies sacrées. Tous ces régénérés reçoivent un nouveau nom. Cette mystérieuse régénération dure quatre ou cinq ans, et pendant tout ce temps-là on y amène toujours quelques jeunes gens, même des esclaves. Les derniers venus ont l'avantage de passer moins longtemps dans ce rude noviciat, car l'initiation finale a lieu en même temps pour tous. Une fois entrés dans le lieu de retraite, les jeunes gens ne peuvent plus en sortir ni communiquer avec les profanes, encore moins avec les femmes. Les environs sont estimés sacrés à trois ou quatre lieues à la ronde; les non initiés n'y peuvent pénétrer, et si une nécessité inévitable oblige d'y mettre les pieds, on doit s'annoncer en chantant de toute sa force. Ceux qui méprisent cet ordre disparaissent pour jamais, et on fait courir le bruit qu'ils ont été enlevés par les esprits.

Lorsque le terme de la régénération est expiré, les vieillards mènent tous les initiés dans des cabanes où des femmes leur apportent à manger. C'est là leur première entrevue avec le sexe; c'est là aussi que les vieillards leur enseignent tout ce qui concerne leur politique et leur morale. Au sortir de là, les initiés affectent de paraître étrangers et nouveaux venus dans le monde; ils ne connaissent plus ni père, ni mère, ni ami; car l'oubli du passé doit être le premier fruit de cette vie nouvelle. Leurs parents, de leur côté, ont peine à les reconnaître sous leur costume bizarre. Ils reparaissent au milieu d'eux tout couverts de plumes, ayant sur la tête un bonnet d'écorce qui leur couvre une partie de la face, des grelots et des sonnettes aux jambes, et des dents de léopard autour du cou en guise de collier. En cet état, ils vont danser solennellement sur la place publique la danse mystérieuse du *belli*, qu'ils ont apprise pendant le temps de leur régénération. Cette danse est si essentielle que ceux qui ont le malheur de ne pouvoir pas l'exécuter dans les assemblées solennelles sont méprisés du peuple. Après la danse, les anciens appellent les initiés par leur nouveau nom, et les présentent à leurs parents.

Les femmes ont aussi des mystères, qui aboutissent à une espèce de circoncision. Les matrones les plus respectables entre les négresses emmènent avec elles dans le bois sacré des filles d'un certain âge, et les remettent entre les mains d'une espèce de prêtresse, qui fait manger des poulets à l'assemblée; ce qui forme un engagement entre elles, car ces poulets sont appelés *poulets d'alliance*. Ensuite on rase ces initiées, et on les conduit à une rivière au bord de laquelle la prêtresse les circoncit. Après cette opération, la même prêtresse leur fait ôter tous leurs habits, et les garde trois ou quatre mois auprès d'elle pour leur apprendre quelques danses très-difficiles et fatigantes, et des vers sacrés. Lorsque le terme de la retraite est près d'expirer, elles se font d'autres habits d'écorces d'arbres; leurs parents leur apportent de quoi se parer pour l'entrée qu'elles doivent faire dans leur village; et cette entrée est suivie d'une fête accompagnée de danses et de chansons.

Initiation de Widah.

Dans l'ancien royaume de Widah ou Juidah, en Afrique, on rendait au serpent un culte solennel, et on consacrait, chaque année, à cette divinité un certain nombre de jeunes filles, avec un mode d'initiation tout particulier. Les vieilles prêtresses chargées de ce soin prenaient le temps où le maïs commençait à verdir, et sortant de leurs maisons, qui étaient à peu de distance de la ville, armées de gros bâtons, elles entraient dans les rues, par bandes de trente ou quarante, y couraient comme des furieuses, depuis huit heures du soir jusqu'à minuit, en criant *Nigobodiname*, c'est-à-dire arrêtez, prenez. Toutes les jeunes filles de l'âge de 8 ans jusqu'à 12, qu'elles pouvaient arrêter dans cet intervalle, leur appartenaient de droit; et, pourvu qu'elles n'entrassent point dans les cours ou dans les maisons, il n'était permis à personne de leur résister. Elles auraient été soutenues par les prêtres, qui auraient achevé de tuer impitoyablement ceux qu'elles n'auraient pas déjà assommés de leurs massues. Mais comme les parents se font souvent un honneur d'avoir des filles consacrées au serpent, ils se mettent eux-mêmes à la porte de leurs maisons, afin qu'elles soient enlevées et consacrées à ce prétendu dieu. Ces prêtresses couraient ainsi par tout le royaume, et leurs courses duraient ordinairement quinze nuits, à moins qu'elles n'eussent plus tôt rempli le nombre de celles qu'on voulait consacrer au serpent cette année-là; dans le cas contraire, elles continuaient leur chasse jusqu'à ce qu'il le fût.

Les jeunes filles ainsi enlevées sont menées dans la maison des prêtresses, et renfermées dans des appartements destinés à cet usage, où on les traite d'abord avec beaucoup de douceur. On leur apprend les danses et les chants sacrés qui servent au culte du serpent; mais la dernière partie de leur noviciat est très-sanglante. Elle consiste à leur imprimer sur toutes les parties du corps, avec des poinçons de fer, des figures de fleurs, d'animaux, et surtout de serpents. Comme cette opération ne se fait pas sans de vives douleurs et sans une grande effusion de sang, elle est suivie fort souvent de fièvres dangereuses. Les cris touchent peu ces impitoyables vieilles; et personne n'osant approcher de leurs maisons, elles sont sûres de n'être pas troublées dans cette barbare cérémonie. La peau devient fort belle après la guérison; on la prendrait pour un satin noir à fleurs; mais sa principale beauté aux yeux des nègres est de marquer une consécration perpétuelle au service du serpent. Cette qualité attire à ces jeunes filles le respect du peuple, et leur donne quantité de priviléges, dont le principal est de tenir dans une profonde soumission les hommes qui ont la folie de les épouser. Un mari qui entreprendrait de corriger ou de répudier une femme de cette classe, s'exposerait à la fureur de tout le corps des prêtresses.

Aussitôt que l'instruction est achevée, et les blessures parfaitement guéries, on assure aux néophytes que c'est le serpent qui les a marquées. Elles doivent le croire, ou du moins elles feignent de le croire; car on tâche de leur inculquer que si elles répondent mal à leur initiation, ou si elles révèlent les mystères qu'on leur a communiqués, elles seront emportées et brûlées vives par le serpent. Alors leurs maîtresses prennent l'occasion d'une nuit fort obscure pour les reconduire dans leurs familles. Elles les laissent à la porte, avec ordre d'appeler leurs parents, qui ne manquent guère de les accueillir avec joie, et d'aller rendre grâces au serpent de l'honneur qu'il a fait à leur famille. Quelques jours après, les vieilles prêtresses viennent demander aux parents le prix qu'elles jugent à propos d'exiger pour le logement et l'éducation de leurs élèves. Il n'en faut rien rabattre, si l'on ne veut qu'il soit doublé ou triplé, sans aucune espérance de diminution. Ces contributions se divisent en trois parts, dont l'une appartient au grand sacrificateur, l'autre aux prêtres, et la troisième aux prêtresses.

Les initiées, rentrées dans leurs familles, retournent de temps en temps au lieu de leur consécration pour y répéter les instructions qu'elles ont reçues. Lorsqu'elles deviennent nubiles, c'est-à-dire vers l'âge de 14 ou 15 ans, on célèbre la cérémonie de leurs noces avec le serpent; en conséquence elles sont honorées, tout le reste de leur vie, du titre d'épouses du grand serpent. *Voyez* SERPENT.

Initiation de Matomba.

Dans la province de Matomba, ceux qui se dévouent ou s'engagent à *Maramba*, dieu de la contrée, sont enfermés par les Gangas ou prêtres dans une maison fort obscure, où ils sont obligés de passer un certain nombre de jours dans une grande abstinence. Après cette retraite, on leur impose un silence de plusieurs jours, sans qu'il leur soit permis de le rompre pour quelque sujet que ce soit, et quelque mauvais traitement qu'on leur fasse, ce qui ne leur manque pas, puisque c'est par là qu'on éprouve leur patience. Quand le temps du silence est expiré, on conduit les néophytes devant Maramba, et on leur fait deux taillades en demi-lune sur les épaules; puis on les asperge légèrement avec le sang qui découle des plaies, et ils sont ainsi consacrés à Maramba. Ils doivent lui être fidèles et porter sur eux son image. Après l'initiation, ils ne doivent plus manger de certaines choses, qui cependant ne sont pas également défendues à tous; car aux uns il est défendu de manger de tel aliment, aux autres, de tel autre. On initie de cette manière les enfants de l'un et de l'autre sexe, lorsqu'ils ont atteint l'âge de douze ans.

Initiation virginienne.

Voyez HOUSCANAWER.

Initiation algonquine.

Les nations algonquines, les Hurons, les Iroquois, avaient aussi leurs initiations. On y soumettait les jeunes gens qui étaient parvenus à l'âge de puberté; ceux-ci se retiraient dans les bois, les garçons sous la direction d'un ancien ou d'un devin, et les jeunes filles sous la conduite d'une matrone. Pendant ce temps là ils étaient astreints à un jeûne fort sévère, et se noircissaient le visage et la partie supérieure de la poitrine et des épaules. Ils devaient observer leurs rêves avec grand soin, et en faire un rapport exact à leurs directeurs. Ceux-ci examinaient avec un soin scrupuleux la conduite de leurs disciples, et conféraient avec eux de tout ce qui leur arrivait pour pouvoir déterminer quel *manitou* ils devaient choisir, quel genre de culte ils devaient lui rendre pour être toujours heureux; enfin quel genre d'état ils devaient embrasser et suivre désormais.

Initiation mexicaine.

Outre les épreuves que devaient subir, dans les temples, généralement tous les Mexicains de l'un et de l'autre sexe, parvenus à un certain âge, il y avait encore des initiations particulières pour obtenir les différents grades de chevalerie, tels que les ordres de l'Aigle, du Tigre et du Lion. Mais au-dessus de tous les autres était un ordre, fondé par le monarque, en faveur des princes et des nobles, et dont les membres prenaient le titre de *Tecuille*, et formaient la première dignité de l'État.

Trois ans avant l'initiation, l'aspirant à l'ordre de Tecuille prévenait de son intention ses parents, ses amis, les seigneurs de sa province et tous les anciens Tecuitles. Cet intervalle paraît avoir été établi pour donner le temps aux parties intéressées de faire des recherches sur la conduite du candidat, et pour s'assurer de son courage et de la pureté de ses mœurs. On examinait également s'il n'arrivait rien, durant un si long espace de temps, qui pût passer pour un mauvais augure.

Le jour de l'assemblée, tous ceux qui la composaient, parés de leurs plus riches ornements conduisaient le récipiendaire au temple; il se mettait à genoux avec de grandes démonstrations de dévouement et de piété. Alors un prêtre s'approchait de lui, lui perçait le nez de plusieurs petits trous, avec un os pointu de tigre, ou d'ongle d'aigle, et y insérait de petits morceaux d'ambre pour empêcher les chairs de se rejoindre. Après cette douloureuse opération qu'il devait souffrir sans donner aucune marque d'impatience, le prêtre lui adressait un discours aussi fatigant par sa longueur, que piquant par les injures dont il était rempli; et passant des paroles aux actions, il lui faisait diverses sortes d'outrages qui aboutissaient à le dépouiller de tous ses habits. Il se retirait nu dans une salle du temple, où il s'asseyait à terre pour y passer en prières le reste du jour. Pendant ce temps-là, toute l'assemblée faisait un grand festin, auquel il ne prenait aucune part; et quoique la joie fût poussée fort loin en sa présence, c'était sans lui adresser un seul mot. A l'entrée de la nuit, tout le monde se retirait, sans le regarder et sans lui dire adieu. Alors les prêtres apportaient un manteau grossier pour le vêtir, de la paille pour le coucher, et une pièce de bois pour lui servir d'oreiller. Ils lui donnaient de plus de la teinture pour se frotter le corps, des poinçons pour se percer les oreilles, les bras et les jambes, un encensoir et de la poix grossière pour encenser les idoles. On lui laissait pour compagnie trois vieux soldats, des plus endurcis aux fatigues de la guerre, qui étaient chargés non-seulement de l'instruire, mais de troubler continuellement son sommeil, car il ne devait dormir que quelques heures, et assis, pendant l'espace de quatre jours. S'il paraissait un peu s'assoupir, ils le piquaient avec des poinçons pour le réveiller. A minuit, il devait encenser les idoles et leur offrir quelques gouttes de son sang. Il faisait une fois, pendant la nuit, le tour de l'enclos du temple; et, creusant la terre en quatre endroits, il y enterrait des cannes et des cartes teintes du sang de ses oreilles, de ses pieds, de ses mains et de sa langue. Ensuite il prenait son repas, qui consistait en quatre épis de maïs et un verre d'eau. Ceux qui voulaient faire montre de résolution et de persévérance, ne prenaient rien pendant les quatre jours. A la fin de ce pénible terme, le récipiendaire demandait congé aux prêtres pour aller continuer son noviciat dans les autres temples. Ses exercices y étaient moins rigoureux, mais ils duraient pendant tout le reste de l'année; et dans une si longue épreuve, il ne pouvait ni aller à sa maison, ni s'approcher de sa femme.

Vers la fin de l'année, il choisissait un jour heureux pour sortir avec des augures aussi favorables qu'il était entré; et lorsqu'il croyait avoir bien trouvé, il en prévenait ses amis qui le venaient prendre au point du jour. On le lavait, on le nettoyait soigneusement; on le ramenait, au son des instruments et avec des cris de joie, au premier temple, qui était celui de l'idole camatzlèque. Là ses amis le dépouillaient de l'habit grossier qu'il avait porté si longtemps, et lui en faisaient prendre un très-riche. Ils lui liaient les cheveux d'un ruban rouge, et le couronnaient des plus belles plumes. On lui mettait un arc dans la main gauche, et des flèches dans la droite. Le grand prêtre lui faisait une longue harangue, qui ne contenait que des éloges de son courage et des exhortations à la vertu. Il lui recommandait particulièrement de défendre sa patrie et sa religion; et lui rappelant qu'il avait eu le nez percé d'un os de tigre et d'une griffe d'aigle, le nez, c'est-à-dire la plus haute partie de l'homme et celle qui se présente la première, il l'avertissait qu'aussi longtemps qu'il porterait les cicatrices de ces glorieuses blessures, il devait faire éclater dans toutes ces actions la noblesse de l'aigle et l'intrépidité du tigre. Enfin le grand prêtre lui donnait un nouveau nom, et le congédiait en le bénissant. L'initiation se terminait par une fête solennelle et un grand festin.

Initiation caraïbe.

Lorsqu'un jeune Caraïbe aspirait à devenir devin ou prêtre, il devait fournir une longue carrière sous la conduite d'un vieux devin, qui en était tellement le maître, que ses amis et ses plus proches parents n'avaient pas la liberté de le voir et de lui parler: pendant ce temps d'épreuves, il était astreint à s'abreuver de potions abominables de jus de tabac, à des jeûnes prolongés, à des assauts fréquents que lui livraient, durant la nuit, les autres devins qui lui déchiquetaient tout le corps avec des dents d'acouti. Enfin le myste venait trouver son disciple à l'entrée de la nuit qui devait mettre un terme à ses épreuves. Il lui représentait fort au long la sublimité du rang auquel il allait être élevé, lui exagérait l'honneur et les avantages qu'il en recevrait, ayant à son service un esprit familier, qu'il pourrait évoquer quand il lui plairait, et dont il pourrait se servir selon qu'il en aurait besoin. Il lui expliquait enfin tout ce qui devait se passer dans le cours de cette nuit, et l'exhortait à ne point se laisser épouvanter par les choses extraordinaires qui devaient lui arriver.

Cependant les femmes, par ordre du devin, nettoyaient une cabane, y suspendaient trois hamacs, l'un pour l'esprit, le second pour le devin, et le troisième pour le prosélyte; elles dressaient ensuite, avec des paniers ou de petites tables d'osier et de latanier, qu'elles mettaient les unes sur les autres, une espèce d'autel à l'extrémité de la cabane, sur lequel on mettait quelques pains de cassave et un vase plein d'ouicou, pour l'esprit à qui on en faisait le sacrifice.

Vers le milieu de la nuit, le devin et son disciple entraient seuls dans la cabane. Le premier, après avoir fumé une feuille de tabac roulée, entonnait de toutes ses forces et presqu'en hurlant, une chanson magique, suivie, s'il faut en croire les barbares, d'un bruit horrible dans les airs, mais un peu éloigné. Le devin, l'ayant entendu, éteignait le feu et en couvrait jusqu'à la moindre étincelle; car les esprits, à ce qu'ils assuraient, n'aimaient que les ténèbres et l'obscurité.

Aussitôt que les feux étaient éteints, le *maboia* ou esprit entrait dans la cabane par le toit, avec la même véhémence et le même fracas que fait la foudre qui tombe au plus fort d'un violent orage. Le devin et son prosélyte lui rendaient leurs devoirs, et il se liait entre eux une conversation, dont ceux qui étaient dans les cabanes voisines, attentifs à ce qui se passait, ne perdaient pas une parole. L'esprit commençait à parler le premier d'une voix contrefaite ; il demandait au devin pour quel sujet il l'avait évoqué, et l'assurait en même temps qu'il était prêt à l'écouter et à exaucer tous ses désirs. Le devin le remerciait, et le priait en peu de paroles de prendre place, et de toucher au festin préparé pour lui ; après quoi il gardait pendant quelque temps un profond silence. L'esprit, répondant à cette invitation, prenait d'abord possession de son hamac, avec une agitation qui faisait trembler toute la cabane ; il se disposait ensuite à manger, et on entendait un cliquetis retentissant de dents et de mâchoires, comme si en effet il mangeait et dévorait tout ce qui lui était présenté. Ce n'était cependant qu'un jeu, car on ne manquait jamais de trouver, après la cérémonie, les pains aussi entiers et les vases aussi pleins que lorsqu'ils avaient été déposés sur l'autel. Les Caraïbes cependant étaient persuadés que l'esprit en prenait ce qui lui convenait, et ce qui en restait était regardé comme sacré. Les anciens devins avaient seuls le droit d'en manger, encore devaient-ils être purifiés pour cela.

Ce bruit de dents étant fini, le devin quittait son hamac, et se mettait à terre en posture de suppliant, assis sur ses talons, et parlait en ces termes : « Je t'ai appelé, non-seulement pour te rendre les devoirs de mon respect, mais encore pour mettre sous ta protection ce jeune homme ici présent. Fais donc en sorte qu'il descende ici dès maintenant un autre esprit semblable à toi, afin que ce jeune homme le serve et s'engage à lui aux mêmes conditions et pour la même fin que je te sers depuis tant d'années. » — « Je le veux bien, répondait l'esprit avec des marques d'une joie sensible ; vous allez être exaucés à l'instant. » En effet, un second esprit donnait à l'heure même des signes de sa présence par un bruit aussi effroyable que celui qu'avait fait le premier à son arrivée. Leurs sens étaient alors fascinés, pendant un assez long espace de temps, par des prestiges sans nombre, qui les mettaient presque hors d'eux-mêmes.

Le jeune prosélyte effrayé et presque mort de peur sautait alors de son hamac, et se mettant aussi en posture de suppliant, prononçait ces paroles d'une voix tremblante : « Esprit, qui veux bien me prendre sous ta protection, sois favorable, je te prie, à mes desseins. Je suis perdu sans ton secours ; ne me laisse pas mourir misérablement, et rends-toi propice à mes demandes, de manière que je puisse t'évoquer toutes les fois que je le voudrai, et que cela sera nécessaire pour le bien de ma nation. » — « Prends courage, répondait l'esprit invoqué : sois-moi fidèle, je ne t'abandonnerai point dans tous tes voyages de terre et de mer, et je serai à tes côtés dans tous les dangers où tu te trouveras ; mais sache aussi que si tu ne me sers pas avec fidélité, et de manière à me contenter, tu n'auras pas de plus cruel ennemi que moi. » Cela dit, les esprits s'évanouissaient, faisant retentir toute la cabane et tout le voisinage d'un coup éclatant de tonnerre, qui mettait le comble à l'effroi du myste et de son disciple.

On accourt alors, sans perdre de temps, de toutes les cabanes voisines, avec de la lumière ; on entre en foule dans celle où vient de se passer toute cette scène, et on enlève dans leur lit les deux initiés qu'on trouve renversés par terre, tremblants, demi-morts et presque sans sentiment. Leurs parents et leurs amis mettent tout en usage pour les faire revenir. On les réchauffe en allumant un grand feu, et on les fait boire et manger. Le jeune initié fait dès lors partie du corps des devins.

Initiation Galibi.

Le Galibi qui voulait entrer dans l'ordre des guerriers, venait d'abord dans la case de réception avec une rondache sur la tête, baissant les yeux, sans parler à personne, sans même en faire part à sa femme et à ses enfants. On lui construisait dans cette case un retranchement fort étroit, dans lequel il pouvait à peine se remuer, et on suspendait son hamac dans le haut, afin qu'il ne pût parler à personne. Dans cette position on lui faisait garder pendant six semaines un jeûne rigoureux, ne lui donnant qu'un peu de millet bouilli et de cassave. Cependant les capitaines voisins viennent le visiter soir et matin, et lui représentent que s'il veut parvenir à la gloire de capitaine à laquelle il aspire, il doit être courageux, et se comporter vaillamment dans toutes les rencontres où il se trouvera au milieu des ennemis ; qu'il ne doit craindre aucun danger pour soutenir l'honneur de sa nation, et pour tirer vengeance de ceux qui ne manquent pas de maltraiter ses compatriotes quand ils les ont faits prisonniers. Après cette harangue, il s'agit de lui donner un avant-goût des tourments qu'il aurait à endurer s'il était pris par les ennemis. A cet effet, on le fait tenir debout au milieu du carbet, les mains sur la tête ; chaque capitaine lui décharge sur le corps trois grands coups d'un fouet fait de racines de palmiste. Le premier coup est sanglé autour des mamelles, le second au milieu du corps, le troisième autour des cuisses ; chacun de ces coups étant donc appliqué avec force et de manière à environner le corps, il en résulte qu'il s'enlève des lambeaux de chair et que le sang ruisselle à grosses gouttes. Le candidat doit le recevoir sans remuer le moins du monde et sans donner aucun signe de douleur. Si le nombre des capitaines présents est grand, ce sont autant de bras frais et vigoureux qui lui assènent ces coups furieux. Après cette cruelle épreuve, le patient se recouche dans son hamac, et on dépose au-dessus de lui tous les fouets dont il a été frappé, comme autant de trophées. Le même manége recommence ainsi chaque jour pendant six semaines, et chaque fois avec des fouets neufs.

Ce terme expiré, les chefs de la contrée préparent un grand festin. Puis ils se dispersent dans les buissons et dans les halliers, où tous ensemble ils poussent des cris et des hurlements horribles ; ils se précipitent ensuite dans la case du guerrier, l'arc bandé et la flèche sur la corde ; ils se saisissent du candidat exténué par le jeûne et déchiré de coups de fouet ; ils l'apportent dans son hamac qu'ils attachent à deux arbres, et le font lever. On l'encourage comme auparavant, et pour éprouver sa force d'âme, chaque capitaine lui donne encore un coup de fouet de toute sa force. Il se remet dans son lit, et l'on amasse tout autour une grande quantité d'herbes très-fortes et très-puantes ; on y met le feu, de telle sorte qu'il ne le touche pas, mais qu'il en sente seulement la chaleur, qui, jointe à une fumée épaisse, lui cause des douleurs intolérables ; il devient comme fou dans son hamac où il demeure constamment, et il y tombe dans de telles syncopes qu'on le dirait mort. Quand on le voit dans cet état, on lui donne à boire pour le faire revenir à lui ; on l'exhorte derechef à être courageux, et on redouble le feu jusqu'à ce que les matières combustibles soient consumées.

Pendant que ce pauvre misérable souffre ces affreuses tortures, les autres font honneur au festin, boivent et mangent à outrance ; mais voyant le candidat presque mort, ils songent enfin à le faire revenir à lui au moyen d'un étrange remède. Ils lui font un collier et une ceinture de palmiste, qu'ils remplissent de grosses fourmis noires, dont une seule piqûre cause une cuisson douloureuse qui dure trois ou quatre heures. On lui met ce collier et cette ceinture qui produisent bientôt leur effet. Il se lève ; alors on lui verse sur la tête, au travers d'un crible, une chaudière pleine d'une certaine liqueur. Le néophyte va aussitôt se laver dans la rivière ou dans une fontaine voisine ; et rentrant dans sa case, il se remet de nouveau en retraite, et recommence un nouveau jeûne, mais moins sévère que le premier. Enfin, lorsqu'il est parvenu au terme de cette rigoureuse carrière, il est proclamé capitaine, et on lui donne un arc tout neuf avec des flèches et tout ce qui est nécessaire pour remplir son nouvel emploi.

Toutes ces épreuves ne font cependant qu'un petit capitaine ; il en faut de bien plus rigoureuses pour un grand chef ; on en ignore le détail : on sait seulement qu'une de ces épreuves consistait à enterrer le candidat, jusqu'à la ceinture, dans une fourmilière pleine de ces grosses fourmis dont nous venons de parler.

Cependant il ne faut pas croire que ces initiations soient encore en usage en Amérique ; depuis que les peuplades de ce grand continent ont perdu leur nationalité, et ont été englobées ou plutôt refoulées par la civilisation, elles ont perdu beaucoup de leurs anciens usages. Plusieurs de ces tribus ont même disparu tout à fait.

Initiation brésilienne.

Parmi certaines peuplades du Brésil, lorsque les filles sont parvenues à la nubilité, elles sont soumises à une initiation qui peut passer pour un véritable martyre. Dès qu'elles ont donné les premières marques de leur état, on commence par leur brûler les cheveux, ou par les leur couper avec une dent de poisson, le plus près possible de la peau. Après quoi on les fait tenir debout sur une pierre plate à polir, et, avec une dent d'acouti, on leur tranche la chair depuis le haut des épaules jusqu'au dos, en forme de croix de saint André ; on leur fait aussi plusieurs autres découpures, de manière que le sang ruisselle de toutes parts. On s'aperçoit bien de la douleur affreuse que ressentent ces pauvres filles, à leurs contorsions et à leur grincement de dents ; mais la honte les retient, et pas une n'ose laisser échapper un seul cri. On frotte ensuite toutes ces plaies avec de la cendre de courge sauvage, non moins corrosive que la poudre à canon ou le salpêtre, en sorte que jamais les marques ne s'effacent ; on leur lie ensuite les bras et tout le corps avec des cordes de coton, on leur pend au cou les dents d'un certain animal, et on les couche dans leur hamac, si bien enveloppées que personne ne peut les voir. Elles y sont au moins trois jours entiers sans pouvoir en descendre, et passent tout ce temps-là sans parler, sans boire et sans manger.

Ces trois jours étant expirés, on les fait descendre de leur hamac pour les délier, et on leur fait poser les pieds sur la même pierre, afin que d'abord elles ne touchent point la terre. De là elles sont remises dans leur lit, où elles sont nourries de racines cuites et d'un peu de farine et d'eau, sans qu'elles puissent user de quelque autre viande ou de quelque autre breuvage que ce soit. Elles demeurent dans cet état jusqu'à la seconde purgation, après laquelle on leur découpe tout le reste du corps, depuis la tête jusqu'aux pieds, d'une manière encore plus cruelle que la première fois. On les remet de nouveau dans leur hamac, où elles sont un peu moins gênées durant ce second mois, et où elles sont soumises à une abstinence un peu moins austère ; mais elles ne peuvent encore sortir, ni converser avec qui que ce soit de la cabane, et ne s'occupent qu'à filer et à éplucher du coton. Le troisième mois, on les frotte d'une couleur noire, faite d'huile de jenipat, et elles commencent à sortir pour aller aux champs.

Initiation péruvienne.

On n'admettait à cette initiation, dans le Pérou, que les enfants de la race du soleil, c'est-à-dire les fils des incas, race nombreuse qui était celles des rois et des prêtres de l'empire. On recevait à ces initiations vers l'âge de 15 à 16 ans ; et elles étaient absolument nécessaires pour sortir de l'enfance, recevoir les insignes honorifiques de l'âge viril et jouir de ses prérogatives. Elles étaient en même temps un noviciat des plus rigoureux, dans lequel on exerçait ces jeunes gens à supporter toutes sortes de travaux et à se rendre capables de soutenir toutes les disgrâces de la fortune. Il était pour ces novices du plus haut intérêt de sortir de ces épreuves avec honneur; car si, pendant le cours de cet examen, ils laissaient paraître de la faiblesse ou de la lâcheté, il en rejaillissait sur eux et sur leurs parents les plus proches, une infamie qui les déshonorait. Aussi les pères, les mères, les frères, les sœurs, les oncles, et les jeunes gens eux-mêmes, ne cessaient de faire, pendant ce temps-là, des vœux continuels au soleil, accompagnés de sacrifices, de jeûnes, de mortifications et de toutes sortes de pratiques religieuses, afin que cette divinité leur donnât la force et le courage nécessaires, pour fournir avec gloire la pénible carrière de ces violentes épreuves.

Chaque année donc, ou de deux ans en deux ans, on faisait choix de jeunes princes propres à être initiés, et on les mettait dans une maison consacrée à cet usage, sous la conduite de quelques vieillards expérimentés, qui avaient la charge de les éprouver et de les instruire.

Les épreuves commençaient par des jeûnes de plusieurs jours de suite, pour leur apprendre à souffrir la faim et la soif. On les réduisait presque à l'inanition, et on ne leur donnait, à certains temps marqués, que quelques poignées de maïs et de l'eau pure. On doublait ces périodes de jeûnes, à mesure qu'ils se montraient plus capables de les supporter, et on les leur faisait pousser aussi loin que cela se pouvait sans leur causer la mort. Après les avoir accoutumés à dompter leur corps par la faim et la soif, on leur apprenait à le mater aussi par les veilles. On les mettait en sentinelle des dix et douze jours de suite, pendant lesquels ils étaient surveillés attentivement, et si on en surprenait quelqu'un endormi, on le renvoyait comme trop enfant pour être admis aux honneurs.

Le temps de ces premières épreuves étant passé, on les exerçait à la course. On les conduisait à cet effet dans un lieu sacré, où ils commençaient une course qu'ils continuaient ju qu'au pied de la citadelle, éloignée de là d'une lieue et demie. Là était planté un étendard destiné à celui qui parvenait le premier au but, et qui dès ce moment était proclamé le chef de ses compagnons. Quant à ceux qui arrivaient les derniers, ils étaient notés d'infamie et renvoyés avec honte.

On leur apprenait à travailler de leurs mains, à fabriquer tout ce qui leur était nécessaire, et particulièrement les armes, les souliers, et tout ce qui concernait l'équipage d'un soldat. On leur montrait ensuite à se servir de ces armes, à lancer le javelot, à tirer de l'arc, à se servir de la fronde, à porter de lourds fardeaux. Souvent on les faisait lutter les uns contre les autres. Quelquefois on les divisait en deux troupes; on leur faisait attaquer et défendre une place, non sans effusion de sang. Quelquefois un de leurs maîtres, prenant un bâton à deux bouts ou une pique, se mettait au milieu d'eux, faisait le moulinet, s'escrimant avec une vitesse et une légèreté incroyables, portant ce bâton ou cette pique, tantôt à l'un, tantôt à l'autre, jusqu'à leurs yeux, comme s'il voulait les leur crever, ou sur leurs jambes, comme pour les rompre. Ceux qui baissaient tant soit peu la vue, ou qui retiraient le pied, étaient aussitôt mis hors des épreuves; parce que, disait-on, s'ils appréhendaient si fort des armes qu'ils savaient bien ne pas devoir leur nuire, ils ne sauraient soutenir l'aspect de celles de leurs ennemis. On exerçait d'autres fois leur patience, en frappant leurs bras et leurs jambes nus avec de grandes branches d'osier, et s'ils paraissaient trop sensibles à ces coups, on les expulsait, en disant que puisqu'ils ne pouvaient souffrir les coups de baguettes si tendres et si fragiles, ils seraient encore moins à l'épreuve des blessures et des coups violents qui partiraient de la main de leurs ennemis.

En les rompant ainsi à la fatigue et aux travaux corporels, on n'oubliait pas leur esprit et leur cœur; on leur rappelait sans cesse la noble race à laquelle ils avaient l'honneur d'appartenir; on leur mettait devant les yeux les vertus et les actions héroïques de leurs ancêtres, leur religion, leur piété, leur amour pour la justice, leur zèle contre le vice, leur valeur, leur clémence et leur douceur à l'égard de leurs subordonnés, leur modération, leur tendresse pour les pauvres, leur libéralité, etc., etc.

L'héritier présomptif de la couronne, bien loin d'être dispensé de toutes ces épreuves, était traité avec encore plus de rigueur que les autres, et était dressé d'une manière toute particulière aux grandes fonctions qu'il aurait à remplir un jour.

Enfin, après que les candidats avaient fourni cette longue et pénible carrière, le souverain leur faisait la cérémonie de leur percer les oreilles et les narines. Les principaux princes de la cour les revêtaient des insignes de leur nouvelle dignité. Ils étaient alors proclamés Incas ou véritables fils du soleil; et cette solennité était terminée par des sacrifices et par les autres marques de réjouissance qui accompagnaient les plus grandes fêtes.

Initiation australienne.
Voy. GNA-LOUNG.

INNAKOU, idole des îles Kouriles. *Voy.* INGOUL.

INNOCENTS. — 1. Fête de l'Église catholique, dans laquelle on célèbre la mémoire des petits enfants de Bethléem, mis à mort par l'ordre du roi Hérode, dans l'intention d'envelopper dans ce massacre le Messie qui venait de naître, et dont l'avènement lui portait ombrage. On considère généralement ces enfants comme les premiers martyrs de la religion chrétienne. L'Église latine célèbre cette fête le 28 décembre; les Grecs, les Syriens et les Coptes, le 29; les Éthiopiens, le 26 du même mois. Les Orientaux portent le nombre des Innocents, les uns à 1014, les autres à 14,000 : le premier nombre serait possible, mais le second est fort exagéré.

2. Dans le moyen âge, on appelait *fête des Innocents*, des réjouissances scandaleuses et indécentes, qui se célébraient dans l'église même, par les clercs et les enfants de chœur, la veille et le jour même des saints Innocents. *Voy.* Fous (*Fête des*).

INO, fille de Cadmus et d'Hermione ; elle épousa en secondes noces Athamas, roi de Thèbes, dont elle eut deux fils, Léarque et Mélicerte. Elle traita les enfants de son mari en vraie marâtre, et chercha à les faire périr, parce que, par le droit de primogéniture, ils devaient succéder à leur père, à l'exclusion des enfants d'Ino. Pour réussir plus sûrement dans son entreprise, elle en fit une affaire de religion. La ville de Thèbes se trouva, vers ce temps-là, désolée par une cruelle famine, dont on prétend qu'elle était elle-même la cause, parce qu'elle aurait empoisonné le blé semé l'année précédente, ou, suivant Hygin, parce qu'elle l'aurait fait mettre dans l'eau bouillante pour en brûler le germe. On alla consulter l'oracle, comme c'était la coutume dans les calamités publiques ; or, les prêtres ayant été gagnés par la reine, répondirent qu'il fallait immoler aux dieux les enfants de Néphélé, première femme d'Athamas. Ceux-ci évitèrent par une prompte fuite le sacrifice qu'on allait faire de leurs personnes. Athamas ayant découvert les cruels artifices de sa femme, fut tellement transporté de colère, qu'il tua Léarque, un de ses fils, et poursuivit Ino jusqu'à la mer, où elle se précipita avec Mélicerte, son autre enfant.

Les Grecs trouvèrent moyen de faire une divinité de ce monstre, dont la légende précédente paraît historique. Voici maintenant, d'après Ovide, la fable pour laquelle on en faisait une héroïne malheureuse.

« Junon, irritée de ce qu'après la mort de Sémélé, Ino, sa sœur, avait osé se charger d'élever le petit Bacchus, jura de s'en venger. Elle agita Athamas de furies, et lui troubla tellement le sens, qu'il prit son palais pour une forêt, sa femme et ses enfants pour des bêtes féroces ; et, dans cette manie, il écrasa contre un mur le petit Léarque, son fils. Ino, à cette vue, saisie elle-même d'un violent transport qui tenait de la fureur, sort tout échevelée, tenant dans ses bras son autre fils, et va se précipiter avec lui dans la mer. Mais Panope, suivie de cent nymphes, ses sœurs, reçut dans ses bras la mère et l'enfant, et les conduisit sous les eaux jusqu'en Italie. L'implacable Junon les y poursuit, et anime contre eux les Bacchantes. La pauvre Ino allait succomber sous les coups de ces furieuses, lorsque Hercule, qui revenait d'Espagne, entendit ses cris et la délivra de leurs mains. Elle alla ensuite consulter la célèbre Carmenta, pour savoir quelles devaient être sa destinée et celle de son fils. Carmenta, remplie de l'esprit d'Apollon, lui annonça qu'après tant de peines essuyées, elle allait devenir une divinité de la mer, sous le nom de *Leucothoé* pour les Grecs, et de *Matuta* pour les Romains ; en effet, Neptune, à la prière de Vénus, dont elle était petite-fille, reçut la mère et le fils au nombre des divinités de son empire. »

INOÉES, fêtes annuelles célébrées à Corinthe en l'honneur d'Ino. A Mégare, elle était pareillement honorée sous le nom de Leucothoé. Dans la Laconie, il y avait, près de l'île d'Épidaure, un lac consacré à Ino, qui y rendait des oracles. Le jour de la fête de cette divinité, on y jetait des gâteaux ; s'ils allaient au fond de l'eau, on en tirait un bon augure, et un mauvais, s'ils remontaient à la surface.

INQUISITEURS, membres du tribunal de l'inquisition dont nous parlons dans l'article suivant ; le chef avait le titre d'*Inquisiteur de la foi* ou de *Grand Inquisiteur*.

INQUISITION, tribunal ecclésiastique établi pour s'opposer au progrès de l'hérésie et la réprimer, pour *rechercher* les hérétiques, travailler à les convertir, et même en certains cas pour les punir.

Au seul mot d'inquisition, nous voyons la plupart du monde s'élever en masse pour condamner cette institution, l'anathématiser, et appeler sur elle la réprobation universelle. Et pourquoi ? parce qu'on a lu deux ou trois livres ou mémoires concernant l'inquisition, écrits par des personnes mal intentionnées, qui se sont plu à recueillir tous les abus, tous les scandales qui avaient pu être commis sous l'ombre de la religion, et qui n'ont pas eu l'impartialité de rapporter en même temps tout le bien que cette institution a pu produire. Et tout cela pour faire retomber sur l'Église entière la responsabilité de quelques actes iniques commis en son nom ; pour discréditer un ordre religieux qui regardait la charge d'inquisiteurs de la foi comme le plus beau de ses titres ; pour faire passer l'un des plus grands saints de l'Église, saint Dominique, pour le fondateur de l'inquisition ; tandis que les fonctions d'inquisiteurs ne furent confiées aux Frères prêcheurs qu'en 1233, douze ans après la mort de saint Dominique.

Mais dans l'établissement de l'inquisition, il est nécessaire de distinguer deux choses, l'institution ecclésiastique et l'institution civile : quant à la première, nous croyons que l'Église n'a point outre-passé ses droits et son devoir ; car il faut accorder à cette grande société le droit et le devoir qu'on accorde aux plus petits États, de veiller à leur sûreté, d'éloigner les fauteurs de troubles et de doctrines funestes, et de réprimer les incorrigibles ; aussi s'élève-t-il en général peu de récriminations sur la manière dont l'inquisition était exercée dans la plupart des États chrétiens, et entre autres dans les États pontificaux, car nulle part elle n'a été plus douce et plus modérée qu'à Rome et sous les yeux du pape. Si plus tard les rois d'Espagne et de Portugal ont cherché à consolider leur pouvoir par cette institution, ou si un zèle aveugle et exagéré les a fait renchérir sur les rigueurs premières, l'Eglise n'en saurait être responsable. Au reste, sans prétendre excuser les tortures, tous les actes reprochés à l'inquisition espagnole, nous croyons qu'on en a fort exagéré la rigueur, la cruauté et la fréquence. Des rapports faits par des gens qui avaient été recherchés par ce tribunal, et jetés dans les prisons de l'inquisition, attestent qu'on était quelquefois cinquante ans sans voir d'exécution capitale. Or cette inquisition espagnole n'était ni plus redoutable, ni plus cruelle que l'*inquisition* anglaise, qui jusqu'au siècle dernier a sévi d'une manière implacable contre les catholiques. Or on n'a jamais crié contre l'inquisition anglaise, parce qu'elle ne portait pas le nom d'*inquisition*, et parce que ses rigueurs étaient exercées par des protestants.

Nous n'entrerons point dans le détail des procédures, des questions, des tortures, des cachots, des condamnations, des supplices et de toutes les horreurs vraies ou fausses mises sur le compte de l'inquisition espagnole ou portugaise, parce qu'il est fort difficile, au milieu de tant de rapports contradictoires, de distinguer la règle de l'abus. Nous préférons reproduire ici une judicieuse appréciation faite par M. Combeguille au sujet de cette institution.

« En ce qui concerne l'inquisition, dit-il, nous ne doutons point qu'on ne revienne bientôt des idées si étranges et pourtant si répandues sur ce tribunal; et ce sera un grand pas que d'avoir pu rompre le charme de certains mots qui épouvantent de loin, comme des figures fantasmagoriques. Alors on s'habituera à prononcer ce terrible mot d'*inquisition*, sans plus d'effroi que celui d'*enquête*, d'*instruction judiciaire*; telle qu'elle est absolument indispensable pour asseoir une procédure quelconque. On comprendra peu à peu qu'à une époque où la société était avant tout catholique, où l'unité de croyance et de culte, considérée comme une loi non-seulement religieuse, mais encore politique, comme la première condition d'un ordre social régulier, force était bien à cet ordre de ne point laisser sans défense un principe sur lequel reposait sa force, sa grandeur, son existence elle-même. On comprendra que si jamais personne n'a jamais contesté à une cité, à un corps de nation constitué conformément aux lois de la justice, le droit de veiller à sa conservation et de résister, par des voies légales, à ses ennemis intérieurs et extérieurs, la chrétienté, cette magnifique création des papes du moyen âge, formée de toutes les nations catholiques réunies sous la loi de l'Evangile, au sein de l'Eglise de Jésus-Christ, pouvait bien prétendre sans doute à exercer ce même droit. On se convaincra de plus, en lisant l'histoire sans prévention, que pour juger sainement des actes de l'inquisition, il est absolument indispensable de distinguer les époques, ce tribunal ayant complétement changé de nature avec le laps du temps, et étant passé des mains du pouvoir spirituel dans celles du pouvoir temporel. Or, qu'on veuille bien le remarquer, tant que cette institution conserva son caractère ecclésiastique, elle semblerait à bon droit mériter les sympathies de notre siècle, puisqu'elle ne fut autre chose qu'un véritable *jury*, ayant à prononcer seulement sur le fait de la culpabilité, sans s'occuper de l'application de la peine temporelle réservée tout entière au juge séculier, jury composé, il est vrai, non pas au hasard et de manière à jouer la vie humaine comme sur un coup de dé, mais d'hommes choisis parmi les plus capables, les plus considérés, les plus religieux. Si, plus tard, ce même tribunal perdit de sa renommée de justice et de modération, ce fut lorsque, suivant la décadence générale dont l'histoire des xiv°, xv° et xvi° siècles offre le triste tableau, il cessa d'être une institution religieuse, pour devenir un instrument politique entre les mains des princes et de leurs ministres, qui, par conséquent, sont demeurés seuls responsables de tous les faits et gestes subséquents. Enfin, et au bout du compte, il demeurera toujours de plus en plus établi, car ceci est au-dessus de toute contestation, que l'inquisition romaine avec tout son prétendu cortége d'*auto-da-fé*, de *san-benito*, de bûchers, de tortures, de bourreaux sacrés, de moines sanguinaires, n'a pas versé la cent millième partie du sang qu'a fait répandre le principe opposé de *tolérance absolue*, et qu'à tout prendre, l'Angleterre seule, d'où sont parties tant d'invectives contre le saint-office, a immolé plus de victimes, sous trois règnes seulement, et avec des circonstances bien autrement atroces, que n'en a frappé, durant quatre ou cinq siècles, toute la justice inquisitoriale de la chrétienté. Ce tribunal célèbre, n'eût-il donc fait autre chose que défendre les Etats où il fut établi contre les schismes et les hérésies, contre l'esprit de division et de destruction qui a obscurci toute vérité, anéanti toute foi, ébranlé les fondements de tout ordre social, et couvert l'Europe de sang et de ruines ; ce tribunal, disons-nous, aurait bien mérité de l'humanité, et l'histoire lui devrait une place entre les grandes et utiles institutions. Qu'on ne s'étonne donc plus si les papes et l'Eglise, au xiii° siècle, regardaient comme infiniment honorable et toute de confiance, la charge d'*Inquisiteur de la foi*, si l'ordre des Frères prêcheurs a toujours mis au nombre de ses nobles priviléges celui d'être constamment investi d'un titre qui demandait tant de lumières, de sagesse, d'impartialité ; si ses anciens écrivains n'en parlent qu'avec une sorte d'enthousiasme, comme se trouvant placés par là au premier rang des défenseurs de la foi chrétienne contre ses plus mortels ennemis. »

INSITOR, dieu des Romains, qui présidait à la greffe et aux autres opérations du jardinage. Le *flamine dialis* en faisait mention dans les sacrifices offerts à Cérès.

INSPIRATION.—1. Secours extraordinaire

que Dieu a accordé aux auteurs des livres sacrés, tant de l'Ancien que du Nouveau Testament, pour les exciter à écrire, et pour les préserver de toute erreur dans la composition de leurs ouvrages.

2. L'inspiration est encore une des manières d'élire un pape, lorsque les cardinaux, sans s'être entendus auparavant, s'accordent tous à proclamer instantanément qu'un tel est pape. Quelquefois cette inspiration est simulée : plusieurs cardinaux s'étant préalablement assurés quelques voix pour les appuyer, s'écrient tout à coup : Un tel est pape. Cette audace a réussi plusieurs fois. Cependant ces élections par inspiration sont fort rares. *Voy.* ÉLECTION, ADORATION.

INTERCIDON et INTERCIDONE, divinités romaines qui présidaient à la coupe des bois ; leur nom vient en effet d'*intercidere*, couper par le milieu. Elles étaient surtout révérées par les bûcherons et les charpentiers. — Il paraît qu'on leur donnait aussi la fonction de veiller à la conservation des femmes enceintes, qui les invoquaient avec Pilumnus et Deverra, pour en être défendues contre les insultes de Sylvain.

INTERCIS. Les Romains appelaient ainsi des jours mixtes, qui étaient en même temps *fastes* et *néfastes* ; on pouvait rendre la justice ces jours-là, mais seulement à certaines heures, c'est-à-dire dans l'entre-temps de la victime égorgée, *inter cæsa et porrecta*, dit Varron, pendant qu'on ouvrait et considérait les entrailles, et avant qu'on les présentât sur l'autel des dieux.

INTERDIT, censure ecclésiastique qui suspend les prêtres de leurs fonctions, prive le peuple de l'usage des sacrements, du service divin et de la sépulture ecclésiastique. On distingue plusieurs sortes d'interdits : le général, qui a pour objet un royaume, une ville, une communauté ; le particulier, qui tombe sur un certain lieu, par exemple, sur une église, une chapelle, un cimetière, etc.; le personnel, qui est jeté sur telle ou telle personne.

Dans les premiers siècles de l'Église, il ne paraît pas que les pasteurs aient fait usage de l'interdit ; il n'était pas nécessaire. Ce n'est que dans le IXᵉ siècle que l'on a commencé à infliger cette punition aux princes et aux seigneurs rebelles à l'Église, et qui étaient trop puissants pour que l'on pût les réduire autrement. On défendait l'administration des sacrements et la célébration de l'office divin dans leurs États. Les peuples épouvantés forçaient le souverain, par leurs murmures, de se soumettre à l'Église. L'interdit local n'empêche pas cependant d'administrer le baptême aux enfants, de célébrer la messe à huis-clos, et même avec appareil, dans les grandes solennités, d'entendre les confessions des malades en danger de mort, et de leur administrer le saint viatique, etc. La prudence des papes a rendu très-rare une correction aussi sévère, qui enveloppe une multitude d'innocents dans le châtiment d'un coupable ; et on voit d'ailleurs que les secours religieux de première nécessité n'en sont pas moins accordés aux fidèles qui se trouvent dans une province ou une ville frappée d'interdit.

L'interdit personnel est infligé plus fréquemment, surtout à l'égard des clercs. Il consiste dans la révocation des pouvoirs accordés à ceux qui ont charge d'âmes, ou dans la défense d'exercer les fonctions de leur ordre. L'interdit fulminé contre un laïque le prive de la communion, de l'entrée de l'église, de la sépulture chrétienne après sa mort, etc.

INTERDUCA, ou *ITERDUCA*, nom sous lequel les Romains invoquaient Junon, lorsqu'on conduisait la mariée dans la maison de son époux.

INTÉRIMISTES. L'empereur Charles V, voyant que le concile général réclamé par les luthériens, et qui d'abord s'était tenu pendant quelque temps dans la ville de Trente, avait été interrompu et transféré à Bologne, et jugeant que, dans l'état où étaient les choses, ce concile ne serait pas rétabli de longtemps, ne trouva pas d'autre moyen pour apaiser les troubles de l'Allemagne au sujet de la religion, que de dresser une formule de foi qui contînt tout ce qu'il fallait absolument croire et observer sur les points contestés entre les catholiques et les luthériens. Jules Pfluvius, évêque de Naümbourg, Michel Helding, évêque titulaire de Sidon, et Jean Agricola d'Islében, prédicateur de l'électeur de Brandebourg, furent les trois théologiens auxquels l'empereur commit le soin de dresser ce formulaire, qui fut appelé *Intérim*, c'est-à-dire *provisoire*, parce qu'il devait servir de règlement de foi aux luthériens de l'empire, en attendant la décision du concile. Il comprenait trente-six articles. Lorsqu'il fut terminé, on en fit lecture dans la diète qui se tint à Augsbourg en 1548. L'empereur l'envoya ensuite au pape qui le fit examiner. Ce formulaire, à la réserve de quelques expressions équivoques, était conforme à la doctrine de l'Église catholique. Il n'y avait que deux points sur lesquels on avait eu plus d'égard aux prétentions des luthériens qu'à la discipline ecclésiastique. Ces deux points étaient le mariage des prêtres et la communion sous les deux espèces. Le pape fut choqué que ces deux articles fussent autorisés dans le formulaire ; il ne le fut pas moins que l'empereur voulût se mêler de régler les affaires de la religion. Charles-Quint, informé du mécontentement du pape, corrigea seulement quelques expressions peu essentielles ; mais il laissa les deux articles du mariage des prêtres et de la communion sous les deux espèces, et publia un édit par lequel il était enjoint à tous les luthériens de l'empire, qui ne voudraient pas se réunir entièrement à l'Église catholique, d'observer les règlements contenus dans le formulaire, et d'attendre en paix la décision du concile général.

L'*Intérim* fut attaqué par un grand nombre de catholiques zélés, qui regardaient cet édit comme injurieux à l'autorité de l'Eglise, et contraire à la discipline ecclésiastique. Ils firent des comparaisons odieuses de l'*Intérim* de Charles V, avec l'hénotique de l'empereur Zénon, l'ecthèse d'Héraclius et le type de Constant. L'empereur Charles V trouva des défenseurs qui soutinrent qu'il y avait bien de la différence entre approuver les pratiques contraires à la discipline ecclésiastique, ou seulement les tolérer, pour entretenir la paix avec les protestants, jusqu'à la décision du concile général.

Les luthériens zélés rejetèrent l'*Intérim* avec autant d'indignation que les catholiques les plus scrupuleux. En effet, il était opposé à presque toutes leurs erreurs. L'empereur employa toute son autorité pour les contraindre à s'y conformer; mais il ne put y réussir, parce que la plupart ne voulurent pas souffrir qu'on apportât le moindre changement à la doctrine de Luther. Quelques-uns cependant voulaient qu'on se soumît à l'édit pour le bien de la paix. Ces derniers, qui avaient Mélanchthon à leur tête, furent nommés *Intérimistes* et *Adiaphoristes*, c'est-à-dire Indifférents.

INTERPRÈTES, nom que les Chaldéens donnaient à cinq planètes. Ces cinq planètes commandaient, disaient-ils, à trente étoiles subalternes, qu'ils appelaient *dieux conseillers*, dont la moitié dominait tout ce qui est au-dessous de la terre, et l'autre observait les actions des hommes, ou contemplait ce qui se passait dans les cieux. De dix en dix jours, une étoile était envoyée sous la terre par les planètes, et il en partait une de dessous, pour leur apprendre ce qui s'y passait. Ils comptaient douze dieux supérieurs qui présidaient chacun à un mois et à un signe du zodiaque, hors duquel ils déterminaient douze constellations septentrionales et douze méridionales. Les douze qui se voyaient dominaient sur les vivants, celles qui ne se voyaient pas, sur les morts, et ils les croyaient juges de tous les hommes.

INTI, nom du soleil, une des principales divinités des anciens Péruviens: c'est à lui qu'étaient dédiés les temples les plus magnifiques; il en avait dans toutes les provinces de l'empire. A Cusco, son temple était desservi par des prêtres Incas, et par conséquent du sang royal. On offrait à Inti, outre les sacrifices, de l'or et ce qu'on avait de plus précieux; souvent même le tiers de toutes les terres labourables des pays conquis lui était assigné. Le nombre de ses troupeaux était infini. Parmi les animaux domestiques qui lui étaient consacrés, les agneaux, les moutons et les brebis bréhaignes étaient ceux dont on croyait que le sacrifice lui était le plus agréable; On lui offrait aussi des lapins privés, tous les oiseaux bons à manger, du suif, des épices, des légumes, de l'herbe et les habillements les plus fins. On brûlait toutes ces offrandes pour remercier Inti d'avoir accordé tant de choses propres à l'usage de l'homme. Quelquefois les Péruviens lui présentaient aussi un breuvage dont ils usaient, et qui était composé d'eau et de maïs.

A leurs repas ils trempaient toujours le bout du doigt dans cette boisson, et, regardant le ciel, ils le secouaient en l'air pour l'offrir à Inti, après quoi ils donnaient deux ou trois baisers à l'air. Cependant ils n'observaient cette cérémonie que la première fois qu'ils buvaient.

C'était encore à Inti qu'étaient consacrées des filles vouées à une virginité perpétuelle, ou destinées à devenir les épouses du roi. On célébrait en son honneur une fête solennelle, appelée *Capas Raymi* ou *Intup Raymi*. *Voyez* RAYMI.

INTIPCHURIN, un des noms sous lesquels les Péruviens adoraient Manco-capac, leur législateur, qui passait pour fils d'Inti ou du soleil. *Voyez* MANCO-CAPAC.

IN-TO-LO, un des principaux dieux des bouddhistes de la Chine; c'est l'Indra des Hindous. Ils lui donnent le titre de Seigneur des dieux, et le regardent comme le souverain du ciel étoilé. Il réside sur le mont Mérou avec trente-deux autres Dévas, ministres de ses volontés. Le palais qu'il habite est d'une magnificence ravissante. Aux quatre angles se dressent quatre pavillons construits en or et en argent, et à chacune de ses quatre faces, on voit un jardin quadrangulaire, renfermant un lac d'eau pure, limpide, fraîche, douce et tranquille, qui désaltère et qui nourrit, et qu'on appelle *conforme* aux désirs; c'est dans ces jardins que les dieux se livrent aux plaisirs de la promenade. Le premier se nomme *le jardin des chars*, parce que, lorsque les dieux s'y présentent, des chars apparaissent aussitôt pour les recevoir; le second, *le jardin des objets terribles*, parce que, si les dieux ont la fantaisie de combattre, des cuirasses, des lances et d'autres armes se forment instantanément et leur permettent de se donner ce passe-temps; le troisième, *le jardin des objets mélangés*, parce qu'une foule d'objets agréables s'y montrent aux regards des dieux pour leur offrir des sujets de récréation; le quatrième enfin, *la forêt délicieuse*, parce qu'elle abonde en produits variés, propres à flatter le goût ou à charmer les yeux.

INTROIT, première partie de l'office de la messe; c'est une antienne alternée avec un verset de psaume et la doxologie, que le chœur chante pendant que le prêtre fait son entrée à l'autel, et que le peuple entre dans l'Église; c'est de là que lui vient le nom d'*Introïtus*, ou d'*Ingressa*, suivant le missel ambroisien: l'un et l'autre mot signifient entrée. L'Introït est différent pour chaque office.

INTRONISATION DU PAPE A SAINT-JEAN DE LATRAN. Le nouveau pontife étant arrivé au principal portique de Saint-Jean de Latran, dans l'ordre que nous avons décrit à l'article CAVALCADE, le premier chanoine de cette église, suivant le *cérémonial romain*, présente la croix à baiser au pape. Le cardinal diacre la reçoit, et l'approche de la bouche du pontife, qui auparavant il a auparavant baisé la tiare. Après que le saint-père a baisé la croix, on lui met la mitre, et on donne la tiare à un auditeur. Le pape est ensuite conduit par les chanoines devant la porte principale de l'église, qui est à gauche, et qu'on nomme *stercoraire*. Là ils le font asseoir sur un siège de marbre. Un instant après, les cardinaux s'approchent et le relèvent honorifiquement, en disant : « Il tire l'indigent de la poussière, et le pauvre de dessus le fumier, pour le faire asseoir avec les princes, et le placer sur un trône de gloire. » Le pontife, en se relevant, prend dans une bourse que lui présente le camérier qui est auprès de lui autant de pièces de monnaie qu'il en peut tenir dans sa main, mais parmi lesquelles il n'y en a aucune d'or ni d'argent; il les jette au peuple en disant : « Je n'ai ni or ni argent; ce que j'ai, je vous le donne. » Il entre ensuite dans l'église, et, après avoir fait sa prière devant le grand autel, et béni le peuple, il se place sur un trône où les chanoines de Saint-Jean viennent lui baiser les pieds; après quoi le pape est conduit au palais de Latran, et s'assied sur un trône dans la salle du concile, pendant que l'on chante les laudes. De là il passe à la chapelle de Saint-Silvestre; devant la porte de cette chapelle, il y a deux sièges de porphyre qui sont percés. Le pape s'assied dans le premier, et le premier chanoine de Saint-Jean vient lui offrir à genoux une férule, symbole de la correction et du gouvernement, avec les clefs de la basilique et du palais de Saint-Jean de Latran, pour marquer le pouvoir qu'il a de fermer et d'ouvrir, de lier et de délier. Le pape s'assied ensuite sur le second siége, et là il rend au premier chanoine la férule et les clefs. Celui-ci ceint le pontife d'une ceinture de soie rouge, où pend une bourse de la même étoffe et de la même couleur; dans laquelle il y a douze pierres précieuses avec du musc. Alors le pontife reçoit de la main de son camérier quelques pièces d'argent qu'il jette au peuple, en disant : « Il a répandu ses biens sur les pauvres; sa justice demeure dans les siècles des siècles. » Après toutes ces cérémonies, Sa Sainteté va faire sa prière dans le sanctuaire, d'où elle revient à la chapelle de Saint-Silvestre, quitte la plupart de ses ornements, et ne gardant que le pluvial et la mitre simple, s'assied sur un trône où les cardinaux viennent lui rendre leurs hommages. Pendant qu'ils baissent la tête, le saint-père jette dans l'ouverture de leurs mitres deux pièces d'or et deux pièces d'argent, puis leur donne sa main à baiser. Les autres prélats non cardinaux reçoivent dans l'ouverture de leur mitre une pièce d'or et une pièce d'argent, et baisent le genou droit du pontife. Ceux qui ne sont ni évêques ni archevêques reçoivent l'argent dans la main, et baisent les pieds de sa sainteté.

Une partie de ces cérémonies sont actuellement tombées en désuétude. Voici la description que donne de l'intronisation l'auteur du *Tableau de la cour de Rome*: « Le pape étant arrivé au principal portique de Saint-Jean de Latran sort de sa litière et se met à genoux. Le cardinal archiprêtre lui présente la croix à baiser; puis Sa Sainteté va au trône, qui lui est préparé sous le même portique, où on le revêt de ses ornements pontificaux et de la mitre. Lorsqu'il y est assis, les chanoines de Saint-Jean viennent lui baiser les pieds ; le cardinal archiprêtre lui fait une harangue au nom du chapitre, et lui présente les clefs de l'Église, qui sont, l'une d'or et l'autre d'argent, mises dans un bassin de vermeil rempli de fleurs. La clef d'or marque, dit-on, la puissance d'absoudre, la clef d'argent, celle d'excommunier. Après cette cérémonie, les cardinaux se revêtent de leurs parements sacrés, et le pape s'achemine à la principale porte de la basilique, où le cardinal archiprêtre lui présente un goupillon avec lequel il prend de l'eau bénite et en jette sur les assistants; puis le même cardinal encense trois fois le pape. Quand cela est fait, il entre dans sa chaise, et ses estafiers le portent le long de la nef, sous un dais soutenu par les chanoines de Saint-Jean de Latran, jusqu'au maître-autel où il fait sa prière. On le porte ensuite dans le chœur sur un trône, où les cardinaux lui viennent rendre l'obéissance; après quoi les deux cardinaux-diacres lui mettent et ôtent la mitre, pendant qu'il donne la bénédiction, selon qu'il est prescrit dans le cérémonial. Quand cela est achevé dans le chœur, on porte le pape au palais de Saint-Jean de Latran, où l'on chante plusieurs antiennes, à la fin desquelles le premier cardinal-prêtre dit quelques oraisons. Lorsqu'elles sont achevées, on met la tiare sur la tête du pape, et on le porte dans une loge qui est au-dessus du porche de la basilique de Saint-Jean, d'où il bénit le peuple par deux fois. Ensuite le pape distribue aux cardinaux des médailles d'or. Le trésorier général jette au peuple quantité de monnaie d'argent, battue exprès aux armes du nouveau pontife, et pendant ce temps-là on crie de toutes parts : *Vive Sa Sainteté!*

INUUS, nom du dieu Pan, selon Macrobe, et de Faune, suivant Servius. On le donnait sans doute à l'un et à l'autre; ces deux divinités étaient adorées dans le Latium.

INVENTION DE LA SAINTE CROIX, fête que les Églises latine et orientale célèbrent le 3 mai, en mémoire de l'heureuse découverte que fit sainte Hélène de la Croix de Jésus-Christ. Cette pieuse impératrice, étant allée en pèlerinage à la terre sainte, eut le bonheur de trouver les trois croix sur lesquelles Jésus-Christ et les deux larrons avaient été attachés; car c'était autrefois la coutume d'enterrer avec les condamnés à mort l'instrument de leur supplice. L'embarras était de savoir laquelle de ces trois croix était celle du Sauveur. On amena une femme mourante, à laquelle on fit toucher successivement deux croix sans aucun effet; mais elle n'eut pas plutôt touché la troisième, qu'elle recouvra à l'instant une santé parfaite. Ce miracle fit reconnaître la croix que l'on cherchait. Sainte Hélène trouva, avec la croix, les clous et l'écriteau, reliques précieuses, qui furent dans la suite données à des églises qui partagèrent avec d'autres ces trésors.

Sainte Hélène fonda une église à l'endroit

où la croix avait été trouvée, et l'y déposa avec une grande vénération, après l'avoir fait renfermer dans un étui d'argent extrêmement riche. Elle en donna cependant une partie à l'empereur Constantin, son fils, qui la reçut à Constantinople avec beaucoup de respect. Elle en envoya une autre partie à l'église qu'elle fonda à Rome, et qui porte le nom de *Sainte-Croix de Jérusalem*. Elle fit présent à la même église du titre de la croix du Sauveur; on y conserve encore ces deux précieuses reliques. C'est de ce morceau de la vraie croix qu'on détache une multitude de parcelles, pour satisfaire la dévotion des églises et des simples particuliers.

Nous remarquerons à cette occasion que si on réunissait les fragments innombrables, dits de la vraie Croix, répandus dans tout le monde chrétien, on trouverait assez de bois pour rétablir non-seulement une croix tout entière, mais même plusieurs croix. On explique cette profusion extraordinaire, en avançant que Dieu multiplie miraculeusement ce bois précieux à mesure qu'on en détache des parcelles. Nous croyons, nous, que cette exubérance est due à la fraude et à l'imposture; car, premièrement, nous ne voyons nulle part constaté ce prétendu miracle; en second lieu, Dieu est bien le maître de multiplier tel bois et tel objet qu'il lui plaît; mais, s'il multipliait le bois de la vraie Croix, tout Dieu qu'il est, il ne pourrait faire que ce bois *accru* ainsi miraculeusement fût celui sur lequel Jésus-Christ a versé son sang. Les personnes ou les églises qui en recevraient des parcelles auraient un bois miraculeux, et non celui qui fut arrosé du sang de l'Homme-Dieu.

INVESTITURE DES BIENS ECCLÉSIASTIQUES. C'est le droit que s'arrogeaient autrefois les empereurs et les rois d'investir et de mettre en possession de leurs dignités les archevêques, évêques et abbés de leurs États. Ces prélats recevaient de la main du prince la crosse et l'anneau, symbole de leur dignité; telle était la cérémonie ordinaire des investitures, cependant elle n'était pas d'une nécessité absolue. Le prince pouvait encore donner l'investiture, ou par écrit, ou de bouche, ou par un simple signe. Si l'on en croit quelques historiens, l'empereur Henri II investit un prélat de l'évêché de Paderborn, en lui présentant un de ses gants. L'usage des investitures a commencé peu de temps après Charlemagne, et s'est continué depuis, presque sans obstacle, jusqu'au temps de saint Grégoire VII, qui, à la vue des désordres que cet abus entraînait dans la discipline ecclésiastique, entreprit d'ôter cette faculté aux princes temporels. Il s'éleva à ce sujet entre le sacerdoce et l'empire une querelle célèbre, dont nous allons donner quelque idée au lecteur.

Dans l'origine, les empereurs et les rois ne prétendaient point conférer aux prélats la puissance spirituelle, ni leur donner leur mission, en les investissant de leur prélature. Cette investiture n'était qu'une cérémonie qui marquait la soumission et la fidélité que les évêques et les abbés, en tant que seigneurs temporels, devaient à leurs princes. Depuis que l'Église avait commencé à posséder des terres sous Pépin et sous Charlemagne, les évêchés et les autres bénéfices considérables étaient devenus de véritables fiefs. Les princes donnaient l'investiture des fiefs aux seigneurs laïques, et prétendaient avoir droit de la donner aux seigneurs ecclésiastiques; mais Grégoire VII, persuadé que les biens possédés par les ecclésiastiques changeaient de nature, ne voulut point souffrir que les bénéfices fussent donnés par les laïques, en aucune manière. Les grands abus qui résultaient du droit des investitures le déterminèrent à l'abolir. Il voyait avec douleur que les élections n'étaient plus libres; que les princes faisaient élire, pour remplir les sièges, non les sujets les plus dignes, mais ceux qui leur plaisaient davantage; que, l'élection la plus canonique devenant inutile sans l'investiture du prince, on ne pouvait élever à l'épiscopat qu'un sujet qui lui fût agréable; de là le trafic honteux des bénéfices; de là ces évêques vendus à la faveur, et déshonorant leur dignité par la plus basse flatterie. Animé par tous ces motifs, Grégoire VII défendit à tout ecclésiastique, sous peine d'excommunication, de recevoir l'investiture de la main des princes temporels; il excommunia même l'empereur Henri IV qui prétendit lui résister. Victor III et Urbain II, successeurs immédiats de Grégoire VII, marchèrent sur les traces de leur prédécesseur. Il s'ensuivit de là de grands débats, des troubles, des désordres. L'empereur Henri V se transporta à Rome, sous prétexte de conférer avec le pape Pascal II; mais il fit arrêter celui-ci et l'emmena prisonnier. Le pontife résista longtemps à toutes les suggestions et à tous les outrages qu'on lui fit pour l'amener à consentir aux désirs de l'empereur; mais il se rendit enfin, et lui délivra une bulle pour la concession des investitures. Le pape, remis en liberté, assembla un concile, en 1112, pour examiner plus amplement la question; on y déclara nulle la concession arrachée au pape par la contrainte; et on y décréta que l'investiture des évêchés et des abbayes reçue par une main laïque était une hérésie. Enfin, en 1122, il y eut, entre Henri V et le pape Calixte II, un accord par lequel l'empereur renonça solennellement à donner l'investiture par l'anneau et la crosse, et le pape lui accorda de donner l'investiture des régales par le sceptre.

L'Angleterre fut vivement agitée par la querelle des investitures; mais la France s'en ressentit peu. Peut-être Grégoire VII craignit-il de se brouiller à ce sujet avec la cour de France; ou bien les démêlés qu'il eut à soutenir en Allemagne ne lui permirent-ils pas de surveiller aussi attentivement ce qui se passait dans ce royaume. Néanmoins, sous les papes suivants, les rois de France renoncèrent d'eux-mêmes au droit de donner l'investiture par la crosse et l'anneau; car c'était cette cérémonie qui choquait particulièrement les souverains pontifes.

INVITATOIRE. On appelle ainsi, dans l'office divin, l'antienne que l'on chante ou que l'on récite au commencement des matines, pour inviter les fidèles à louer Dieu; cet invitatoire se répète après chaque division du psaume *Venite, exultemus*. Il n'y avait pas autrefois d'invitatoire; il n'y en a point encore aux matines du jour de l'Épiphanie et des trois derniers jours de la semaine sainte, qui ont conservé l'ancien rite. On n'en chante point non plus à l'office des morts, excepté dans l'Église de Paris et dans quelques autres diocèses, où il y en a un pour l'office solennel de la Commémoration des morts. Dans les fêtes solennelles, l'Invitatoire est chanté par six, huit et jusqu'à douze choristes revêtus de chappes.

IO.—1. Fille d'Inachus, roi d'Argos, ou, selon Ovide, du fleuve Inachus. Jupiter devint amoureux de cette princesse, et, pour éviter la fureur de Junon, jalouse de cette intrigue, il la couvrit d'un nuage et la changea en vache. Junon, soupçonnant le mystère, parut frappée de la beauté de cet animal, et le demanda à Jupiter; le dieu n'ayant osé le lui refuser, de peur d'accroître ses soupçons, elle le donna en garde au berger Argus qui avait cent yeux. Mais Jupiter envoya Mercure qui endormit le gardien vigilant par les doux accords de sa flûte, lui coupa la tête, et délivra Io. Junon irritée envoya une furie, d'autres disent un taon, persécuter cette malheureuse princesse, qui fut si agitée qu'elle traversa la mer à la nage, alla dans l'Illyrie, passa le mont Hémus, arriva en Scythie et dans le pays des Cimmériens, et, après avoir erré dans d'autres contrées, s'arrêta sur les bords du Nil, où, Jupiter ayant réussi à apaiser Junon, sa première figure lui fut rendue. Ce fut là qu'elle accoucha d'Epaphus; mais étant morte quelque temps après, les Égyptiens l'honorèrent sous le nom d'Isis; du moins c'est ce que rapportent les Grecs : mais c'est une erreur, car l'Isis égyptienne n'était point d'origine étrangère : Isis étant représentée souvent avec la tête ou les cornes d'une vache, et Io ayant été métamorphosée en cet animal, c'est ce qui a porté les Grecs à confondre les deux personnages.

Suivant le Dictionnaire de Noël, pour ramener ces fables à l'histoire, Io, prêtresse de Junon, fut aimée d'Apis, roi d'Argos, surnommé Jupiter; la reine, jalouse de cette préférence, la fit enlever et la confia à la vigilance d'un homme appelé Argus. Apis se défit du gardien; mais Io, craignant la vengeance de la reine, s'embarqua sur un vaisseau qui portait à la proue la figure d'une vache. Quant au nom de déesse Isis qui ne lui appartient pas, on croit qu'Inachus ayant apporté d'Égypte en Grèce le culte d'Isis, les Grecs la regardèrent comme sa fille, et la confondirent avec Io.

2. Io était encore un des noms de Bacchus, pris de l'oriental יה, *Iah*; c'était aussi une exclamation qu'on poussait dans ses fêtes, et qui était tirée des mystères, ainsi que les autres termes consacrés, tels que *Evohé*, יהוה, *Jéhova*; *Saboé*, צבאות, *Sabaoth*; *Eleleu*, הללו, *allélou*, etc.

IOLAS, neveu d'Hercule, et son écuyer dans les combats. Après la mort de ce héros, il se mit à la tête des Héraclides qu'il conduisit à Athènes, pour les mettre sous la protection de Thésée. Dans une extrême vieillesse, il voulut commander l'armée des Athéniens contre Eurysthée; mais dès qu'il eut pris les armes, il se trouva tellement accablé sous leur poids, qu'il fallut le soutenir. Cependant, à peine fut-il en présence des ennemis, que deux astres s'arrêtèrent sur son char et l'enveloppèrent d'un nuage épais; c'était Hercule et Hébé, son épouse, qui venaient donner à leur ami une nouvelle jeunesse. Iolas en sortit en effet sous les traits d'un jeune homme plein de vigueur et de feu. Il fit ensuite des voyages en différentes contrées, fonda des colonies, et revint en Grèce, où on lui éleva après sa mort des monuments héroïques. Hercule en avait donné l'exemple; car il avait, en Sicile, dédié un bois à Iolas, et institué des sacrifices en son honneur.

Les habitants d'Argyre lui vouaient leurs chevelures. Son temple était si respectable, que ceux qui négligeaient d'y faire les sacrifices accoutumés perdaient la voix et devenaient comme morts. Cependant ils étaient rétablis dans leur premier état, dès qu'ils avaient fait vœu de réparer leurs torts, et qu'ils avaient donné les garanties convenables. Les Argyréens avaient nommé Herculéenne la porte devant laquelle ils faisaient leurs offrandes à Iolas. Ils célébraient sa fête tous les ans, et admettaient les esclaves même aux danses, aux tables et aux sacrifices. Plutarque dit qu'on obligeait les amants d'aller jurer foi et loyauté sur le tombeau d'Iolas.

IOLÉES, fêtes instituées en l'honneur d'Hercule et d'Iolas, son écuyer. Elles duraient plusieurs jours : le premier était consacré aux sacrifices, le deuxième aux courses de chevaux, et le troisième aux combats de la lutte. Les prix des vainqueurs étaient des couronnes de myrte, et quelquefois des trépieds d'airain. On célébrait ces fêtes dans un lieu appelé *Ioléon*, où étaient le tombeau d'Amphiaraüs et le cénotaphe d'Iolas. Ces monuments étaient alors couronnés de fleurs.

IOMERGAL, dieu des anciens Germains. — Dans la cathédrale d'Hildesheim, la statue de la sainte Vierge est placée sur une colonne apportée de Westphalie, et qui, suivant une tradition locale, servait autrefois de piédestal à l'idole d'Iomergal; mais il est plus probable que c'était la colonne d'Irmensul, abattue par Charlemagne.

IONIDES, nymphes qui présidaient à une fontaine située près d'Héraclée, village de l'Élide, à 50 stades d'Olympie, et qui se jetait dans le fleuve Cythère. Sur les bords de cette fontaine était un temple où se rendait une foule de gens pour la guérison de leurs maux; les bains qu'on prenait dans cette fontaine avaient la réputation de guérir les lassitudes et toute sorte de rhumatisme. Ces nymphes s'appelaient Calliphaé, Synallaxis, Pégée et Iasis. Leur nom d'*Ionides* venait d'Ion, Athénien, fils de Gargettus, qui s'était établi à Héraclée.

IO PÉAN, cri de joie et de triomphe que les Grecs répétaient dans les sacrifices, dans les jeux solennels et dans les combats où ils avaient l'avantage.

IORD, personnification de la Terre, dans la mythologie scandinave. Suivant l'Edda, elle est la fille et la femme d'Odin, et la mère de Thor. Peut-être est-elle la même que Frigga.

IORMUNGANDUR, serpent énorme qui, selon la mythologie scandinave, embrasse tout le globe de la terre, et auquel le dieu Thor livre des combats furieux.

IOTHUN, nom générique des géants ou des génies de la mythologie scandinave. Ils habitaient un palais appelé *Iothunheim*, situé dans les hautes montagnes de la Scandinavie.

IPABOG, déesse des anciens Slaves, appelée aussi Trigla, Sénovia et Marzéna; elle par il correspondre à la Diane des Grecs et des Romains.

IRAKIS, ancienne secte des Juifs orientaux qui, suivant l'historien arabe Makrizi, ne sont point d'accord avec ceux du Khorasan pour les époques auxquelles ils célèbrent leurs fêtes, et pour la manière de calculer les jours. Les Irakis commencent les mois à l'apparition de la nouvelle lune, tandis que les autres déterminent par le calcul la célébration des néoménies.

IRÈNE, l'une des trois Saisons, filles de Jupiter et de Thémis. Les deux autres s'appelaient Eunomie et Dicé. Chacune d'elles, dit Diodore de Sicile, est chargée des différents temps de la vie de l'homme, et elles l'avertissent par leurs trois noms, que rien ne peut la lui procurer heureuse que *l'ordre, la justice* et *la paix*.

IRÉSIONE, rameau d'olivier entouré de laine et de fruits, que les Grecs portaient en certaines fêtes. On le suspendait aussi devant la porte des maisons pour écarter la famine, suivant le précepte de l'oracle d'Apollon.

IRICH ou IERICH, faisceau sacré, devant lequel les Tchouwaches, peuplade sibérienne, font leurs prières. Ce faisceau est composé de jets choisis de rosier sauvage, au nombre de quinze, d'égale grosseur, et longs d'environ quatre pieds, qu'on lie par le milieu avec une bande d'écorce, à laquelle on suspend un petit morceau d'étain. Chaque maison en a un pareil qui se place dans une des chambres collatérales, qu'on a soin de tenir bien propre; le faisceau sacré se met dans l'angle le plus apparent. Il n'est permis à personne de le toucher, jusqu'en automne. Alors, quand toutes les feuilles sont tombées, on va en cueillir un nouveau, et jeter dévotement l'ancien dans une eau courante.

IRIS, fille de Thaumas et d'Electre, messagère des dieux, et particulièrement de Junon. Toujours assise près du trône de sa maîtresse, elle était à chaque instant prête à exécuter ses ordres. C'est elle qui avait soin de l'appartement de Junon, de faire son lit et de l'aider à sa toilette; et lorsque cette déesse revenait des enfers dans l'Olympe, c'était Iris qui la purifiait avec des parfums. Junon l'aimait beaucoup parce qu'elle ne lui apportait jamais que de bonnes nouvelles. Toutefois Pausanias prétend que les messages qu'elle portait tendaient à la discorde et à la guerre, comme ceux de Mercure à la paix et au repos. Les poëtes prétendaient que l'arc-en-ciel était la trace du pied d'Iris descendant rapidement du ciel en terre; c'est pourquoi on la représentait couronnée de ce phénomène céleste.

IRMENSUL. Si nous nous en rapportons à la plupart des historiens, *Irmensul* serait le nom d'un dieu des anciens Saxons, et il aurait eu un temple magnifique sur la montagne d'Eresbourg, aujourd'hui Stadtberg. D'autres veulent qu'il soit le même que le dieu Mars; mais ce personnage est tout simplement un héros bien connu dans l'histoire romaine sous le nom d'*Arminius*, transcription latine de son nom teutonique *Hermann* (qui signifie homme de guerre).

Hermann, chef des Chérusques, était fils de Siegmer; il fut élevé à Rome, décoré du titre de chevalier, et servit dans les armées d'Auguste, mais sans perdre l'espoir de sauver un jour sa patrie. Ce fut lui en effet qui défit les armées romaines, commandées par le proconsul Varus. Après avoir délivré son pays, Hermann ne demeura pas inactif; il détruisit les forts que les Romains avaient fait bâtir sur l'Elbe, le Wéser et le Rhin, lutta avec persévérance contre la puissance romaine, mit un terme à la guerre civile qui désolait la monarchie, et eut la gloire de sauver ses compatriotes de l'oppression de chefs ambitieux, qui les menaçait dans l'intérieur. Sa gloire et ses services ne le garantirent pas des atteintes de la haine et de l'envie, et il périt à l'âge de 37 ans, victime d'un complot de ses proches, l'an 19 de l'ère chrétienne.

Les Germains lui décernèrent après sa mort ce que les Grecs auraient appelé les honneurs héroïques; ils lui érigèrent à Hildesheim une image que les historiens ont nommée Irmensul, et dont le nom tudesque *Hermann-säule* désignait indistinctement une colonne ou une statue en l'honneur d'Hermann; car ces peuples barbares n'avaient encore qu'un même nom pour ces deux formes diverses de l'art, qui sans doute devaient se ressembler beaucoup sous le ciseau de leurs artistes. On dit qu'Irmensul y était représenté sous la forme d'un guerrier tenant de la main droite un étendard sur lequel était une rose, et de la gauche une balance. Sa poitrine était couverte d'une peau d'ours avec un écusson chargé d'un lion. On ajoute que dans les fêtes célébrées en son honneur, la noblesse du pays se trouvait à cheval, armée de toutes pièces, et qu'après quelques cavalcades autour de la statue, chacun se jetait à genoux et faisait des offrandes recueillies par les prêtres. Cette statue fut renversée par Charlemagne en 772. Les Saxons substituèrent dans la suite, au milieu de leurs villes, à cette image du héros germain, celle du héros carlovingien, Roland. On rencontre encore aujourd'hui dans quelques cités de la Saxe, à Hall, à Halberstadt, le *Rolandsäule*, espèce de colosse de pierre érigé à quelque coin de la place principale, et ressemblant plus à une masse informe qu'à une figure humaine.

Les Allemands viennent d'élever à la mémoire d'Hermann une nouvelle statue de bronze, d'une hauteur totale de 14 mètres 617 c. Elle est posée sur un socle de près de 30 mètre de hauteur, dans la forêt de Teutobourg, où se livra la fameuse bataille contre les Romains. Ce monument déjà fort élevé a été placé sur une montagne haute de 390 mètres.

IRRÉGULARITÉ. C'est un empêchement canonique, qui rend ceux lesquels il se rencontre incapables de recevoir les ordres sacrés, ou, s'ils les ont reçus, d'en exercer les fonctions. On encourt l'irrégularité soit par des défauts, soit par des crimes.

Les défauts qui rendent irréguliers sont de plusieurs sortes : les uns attaquent l'esprit ; tels sont l'imbécillité, la démence, la possession, l'ignorance crasse. Les autres attaquent le corps : tels sont la mutilation ou la privation d'un membre nécessaire pour célébrer avec décence les saints mystères ; les infirmités corporelles qui rendent l'individu hideux et méprisable. Les défauts qui concernent la naissance et la réputation emportent aussi l'irrégularité : ainsi les bâtards, les esclaves, les gens infâmes, sont inhabiles à recevoir les saints ordres. Il en est de même de ceux qui n'ont pas l'âge porté par les canons; qui ont été mariés deux fois; qui, dans les charges qu'ils ont exercées, ont contribué, soit directement soit indirectement, à la mort de quelqu'un, comme les soldats, les juges; ceux enfin qui, ayant eu l'administration d'un bien, n'en ont pas encore rendu compte.

Les crimes par lesquels on contracte l'irrégularité sont l'homicide volontaire, l'hérésie professée publiquement, la violation des censures, la réception non canonique des ordres ; faire les fonctions ecclésiastiques dans un lieu interdit, ou exercer un ordre qu'on n'a pas reçu ; avoir réitéré sciemment et volontairement son baptême; et plusieurs autres crimes énoncés dans les canons.

Les évêques peuvent dispenser de plusieurs irrégularités ; le pape dispense de toutes celles qui ne sont pas fondées sur le droit naturel, telles que l'ignorance. Mais, selon la doctrine du concile de Trente, il n'y a de dispense légitime que celle qui est fondée sur une cause urgente et juste, et sur le grand avantage que l'Église peut en retirer.

ISA, un des noms de Roudra ou Siva, troisième dieu de la triade indienne. Ce mot signifie *seigneur*.

ISAIE, ou ÉSAIE, le premier des quatre grands prophètes de l'Ancien Testament, fils d'Amos et neveu d'Amasias, roi de Juda, moins célèbre encore par son illustre naissance que par la sainteté de sa vie et son admirable éloquence. L'auteur de l'Ecclésiastique fait le plus magnifique éloge d'Isaïe. Il fut, dit-il, un prophète grand et fidèle devant Dieu. L'Esprit divin lui dévoila l'avenir. Il annonça ce qui devait se passer à la fin des temps, et consola ceux qui pleuraient dans Sion. Il prophétisa sous Osias, Joathan, Achaz et Ezéchias, rois de Juda. C'est lui qui annonça à ce dernier prince de la part de Dieu, d'abord qu'il allait mourir, ensuite que sa vie serait prolongée de quinze ans. Pour confirmer cette promesse, il fit rétrograder l'ombre du gnomon de dix degrés sur le cadran d'Achaz. L'impie Manassès, irrité du zèle de ce prophète, qui lui reprochait ses désordres avec une sainte fermeté, ordonna qu'il fût scié en deux avec une scie de bois. Isaïe subit cet affreux supplice vers l'an 694 avant Jésus-Christ.

Il a laissé un livre de prophéties en 66 chapitres. C'est le plus sublime et le plus éloquent des prophètes. Ses idées sont subtiles, ses tableaux énergiques, et son style d'une véhémence extraordinaire. On admire surtout le cantique sur la ruine de Babylone. C'est un des prophètes les plus clairs sur Jésus-Christ et son Église ; il parle avec tant de précision de divers événements de la vie de Jésus-Christ, que quelques-uns l'ont appelé l'Évangéliste de l'Ancien Testament.

ISANA, le huitième des dieux protecteurs des huit points cardinaux du monde, que les Hindous appellent ACHTA DIKOU PALAKA (*Voy.* cet article). Il protège la partie nord-est. Il a obtenu de paraître sous la figure de Siva, avec lequel il est communément confondu. On le représente de couleur blanche, et monté sur un bœuf.

ISA-NAGHI-NO MIKOTO, septième et dernier des esprits célestes qui régnèrent sur le Japon, ou plutôt sur le monde entier, avant la naissance des hommes. Il monta sur le pont du ciel avec le génie femelle *Isa-nami-no Mikoto*, et ils se dirent l'un à l'autre : « N'y aurait-il pas dans les profondeurs qui sont au-dessous de nous des pays et des îles?» En conséquence ils dirigèrent en bas la pique céleste de pierre précieuse rouge, et remuèrent le fond. En retirant la pique des eaux troublées, il en tomba des gouttes qui formèrent une île. Les deux génies descendirent alors et allèrent l'habiter. Cette île est la colonne du milieu sur laquelle est basé l'empire japonais. Le génie mâle marcha du côté gauche, et le génie femelle suivit le côté droit. Ils se rencontrèrent à la colonne de l'empire, et s'étant reconnus, l'esprit femelle chanta ces mots : « Je suis ravie de rencontrer un si beau jeune homme. » Le génie mâle répondit d'un ton fâché : « Je suis un homme, ainsi il est juste que je parle le premier. Comment, toi qui es une femme, oses-tu commencer? » Ils se séparèrent alors et continuèrent leur chemin. S'étant rencontrés de nouveau à l'endroit d'où ils étaient partis, le génie mâle chanta le premier ces paroles : « Je suis fort heureux de trouver une jeune et jolie femme. » Ils s'unirent alors pour ne plus se quitter.

Isa-nami-no Mikoto étant devenue enceinte, accoucha successivement de toutes les îles qui composent l'empire du Japon; puis elle donna naissance à la mer, aux rivières, aux montagnes, aux arbres et à la bruyère qui fut la mère de toutes les autres plantes, à l'exception des raisins, qui furent produits par une tresse de cheveux noirs jetée par Isa-naghi-no Mikoto. Les deux génies créateurs ayant réfléchi qu'il manquait encore un être pour gouverner le monde qu'ils avaient produit, donnèrent naissance à une fille divine appelée vulgairement *Ten sio dai sin*, c'est-à-dire l'esprit céleste de l'éclat du soleil. Cette fille avait la figure resplendissante et l'air spirituel ; ses parents en furent enchantés; mais la trouvant trop belle pour la terre, ils résolurent de l'envoyer au ciel et de la charger du gouvernement universel. La mère accoucha ensuite de *Tsouki-no Kami*, ou la déesse de la lune, d'une figure moins resplendissante ; elle fut aussi envoyée au ciel et gouverne le monde, conjointement avec sa sœur. Puis naquirent deux autres enfants : *Firou ko* ou la sangsue, et *Sasan-no o-no Mikoto*, le dieu des tempêtes. Ayant fini la création, Isa naghi-no Mikoto retourna avec sa femme au ciel, après avoir construit dans l'Awasi une petite cabane, en mémoire de leur séjour sur cette île. Leur habitation, dans le ciel, porte le nom de palais de l'Aurore.

ISA-NAMI-NO MIKOTO, déesse japonaise, épouse du génie *Isa-naghi-no Mikoto*, et mère de tous les êtres. *Voy.* l'article précédent.

ISANI, un des noms de Dourga, épouse de Siva, nommée aussi *Isana;* c'est le pouvoir actif ou l'énergie de ce Dieu, car les Hindous ont personnifié sous la forme d'une déesse cette faculté des principales divinités mâles. Isani est regardée communément comme la déesse de la nature. *Voy.* DOURGA, PARVATI.

ISAWIS, secte de Juifs orientaux. Voici ce qu'en rapporte un historien arabe, Schahristani : « Les Isawis sont ainsi nommés d'Abou-Isa, fils de Yacoub, natif d'Ispahan, qui vivait du temps du khalife Mansour. Il prétendit être prophète, et avait commencé à répandre sa doctrine sous les derniers temps de la dynastie des Ommiades. Il fut suivi d'une très-grande multitude de Juifs, qui lui attribuèrent des prodiges et des miracles. Ils disaient que quand on lui faisait la guerre, il traçait à ses sectateurs une ligne avec du bois de myrte, et leur ordonnait de se tenir en dedans de cette ligne. L'ennemi s'avançait avec violence pour fondre sur eux ; mais quand il était parvenu jusqu'à cette ligne, il était contraint de se retirer. On dit qu'il fut tué, lui et ses sectateurs, en faisant la guerre contre Mansour. Il prétendait être prophète et l'envoyé du Messie attendu. Dieu, disait-il, lui avait parlé et l'avait chargé de délivrer les enfants d'Israël d'entre les mains des nations qui les vexaient et des rois qui les tyrannisaient. Dans le livre qu'il écrivit, il interdisait tous les sacrifices, et défendait de manger d'aucun être animé ; il imposa aussi aux Juifs l'obligation de faire dix prières par jour. » *Voy.* ISBAHANIS.

ISBAHANIS, ou ISPAHANIS. C'est le nom que l'historien arabe, Makrizi, donne à une secte de Juifs appelés aussi *Isawis*, parce qu'Abou-Isa, leur chef, était d'Ispahan. *Voyez* ce que nous en disons à l'article précédent. Le même Makrizi ajoute que cet imposteur voulut faire croire qu'il était monté au ciel, que Dieu lui avait touché la tête avec sa main, qu'il avait vu Mahomet, et que ce prophète des Arabes avait cru en lui. Les Juifs d'Ispahan, qui ne croyaient pas en lui, le regardaient comme l'antechrist.

ISCHÉNIES, fêtes annuelles célébrées à Olympie, en mémoire d'Ischénus, petit-fils de Mercure, qui, dans un temps de famine, s'était dévoué pour son pays. C'est pourquoi les habitants de la ville lui avaient élevé un monument près du stade olympique.

ISCHWAMBRAT, divinité des anciens habitants de la Prusse; c'était le dieu des oiseaux.

ISÉTÉRIES, fête célébrée à Athènes, lorsque les magistrats entraient en charge; c'est de là qu'elle tirait son nom (εἴσειμι, entrer dans). On s'assemblait dans le temple de Jupiter *Boulæos* et de Minerve *Boulæa* (conseillers, ou de bon conseil), et l'on y faisait des prières et des vœux pour la conservation de la république.

ISHAQUIS, sectaires musulmans, qui sont une des branches des schiites. Ils disent que l'on ne peut révoquer en doute l'apparition des esprits sous une forme corporelle, parce que Gabriel a paru sous la figure d'un homme, et Satan sous celle d'une brute. Dieu même, selon eux, s'est manifesté sous la figure d'Ali et de ses enfants, a parlé par leur bouche et touché par leurs mains ; c'est pourquoi ils les appellent des dieux, et soutiennent qu'ils avaient été rendus participants des mystères les plus intimes de la divinité. Ils ajoutent que Mahomet tuait les idolâtres, et Ali, les hypocrites. Leur chef était Ishac, surnommé Ahmar.

Makrizi compte aussi une secte nommée *Ishâki*, parmi les diverses branches des Kéramis ; mais il ne paraît pas que celle-ci soit la même que la précédente, car les Kéramis ne sont point favorables à Ali.

ISIAQUES, prêtres de la déesse Isis. On les voit représentés sur les monuments, vêtus de longues robes de lin, avec une besace et une clochette à la main. Ils portaient quelquefois sur leurs épaules la statue de la déesse, et se servaient du sistre dans leurs cérémonies religieuses. Après avoir chanté les louanges d'Isis au lever du soleil, ils parcouraient, durant la journée, la ville et les campagnes pour faire la quête, et ne rentraient que le soir dans leur temple, où ils adoraient debout la statue d'Isis. Ils ne se couvraient les pieds que de l'écorce fine du papyrus, ce qui a fait croire qu'ils allaient nu-pieds. On dit qu'ils étaient vêtus de lin, parce que la déesse avait appris aux hommes la culture et l'usage de cette plante. Ils ne mangeaient ni cochon, ni mouton, et ne salaient jamais leur viande pour être plus chastes. Ils trempaient leur vin et se rasaient la tête. Toutefois Cicéron leur reproche de favoriser la débauche, et dit que, de son temps, les temples d'Isis ne servaient que trop souvent de rendez-vous de galanterie aux dames romaines.

ISIES, ou ISIENNES, fêtes célébrées en Egypte en l'honneur de la déesse Isis. On n'admettait pas indifféremment tout le monde à y prendre part; il fallait pour cela avoir été initié; et ceux qui l'étaient, devaient garder un secret inviolable sur tout ce qui s'y passait; ce qui fit croire qu'elles étaient accompagnées d'infamies et d'abominations qu'on s'efforçait de cacher; elles duraient neuf jours. Le sénat romain les abolit, l'an de Rome 696; mais Auguste les rétablit, et les mystères de la déesse devinrent de nouveau ceux de la galanterie, de l'amour et de la débauche. Commode les remit en crédit, se mêla lui-même aux prêtresses d'Isis, et y parut la tête rasée, portant Anubis.

ISIS. Les historiens anciens et modernes regardent Isis comme la plus grande déesse de l'Egypte, formant une espèce de trinité suprême avec Osiris, son mari, et Horus, leur fils. Mais d'après M. Champollion, cette triade serait au contraire la plus infime du système égyptien, celle à laquelle était confiée la conservation du monde sublunaire; et il explique fort bien la prépondérance de leur culte dans le public, parce qu'en effet cette triade était la plus populaire, celle qui, en raison de la place qu'elle tenait dans la série des dieux, était l'objet le plus fréquent des vœux et des sacrifices des mortels. Les divinités, ou triades supérieures, étaient plutôt du domaine de la théologie et du culte plus éclairé des prêtres. *Voy.* HORUS.

Lorsque les Grecs eurent conquis l'Egypte, ils recueillirent sans critiques toutes les traditions et les légendes répandues parmi le peuple, et, suivant leur habitude constante, les coordonnèrent avec leur propre théogonie. Ils formèrent ainsi un composé hybride dont nous allons donner le résultat, tel que l'a exposé Noël, dans son Dictionnaire.

Plutarque fait Isis fille de Saturne et de Rhéa; il ajoute, suivant une tradition extravagante, qu'Isis et Osiris, conçus dans le même sein, s'étaient mariés dans le ventre de leur mère, et qu'Isis, en naissant, était déjà grosse d'un fils. Les deux époux vécurent dans une parfaite union, et tous deux s'appliquaient à civiliser leurs sujets, à leur enseigner l'agriculture et plusieurs autres arts nécessaires à la vie. Diodore de Sicile ajoute qu'Osiris ayant formé le dessein d'aller jusque dans les Indes, pour les conquérir, moins par la force des armes que par la douceur, leva une armée composée d'hommes et de femmes, et qu'après avoir établi Isis, régente de son royaume, et laissé auprès d'elle Mercure et Hercule (Hermès et Djom), dont le premier était chef de son conseil, et le second, intendant des provinces, il partit pour son expédition, où il fut si heureux, que tous les pays où il pénétra se soumirent à son empire.

De retour en Egypte, ce prince trouva que son frère Typhon avait fait des brigues contre le gouvernement et s'était rendu redoutable. Julius Firmicus ajoute même qu'il avait suborné sa belle-sœur Isis. Osiris, prince pacifique, entreprit de calmer cet esprit ambitieux; mais Typhon, loin de se soumettre à son frère, ne songea qu'à le persécuter et à lui dresser des embûches. Plutarque nous apprend de quelle manière il lui fit enfin perdre la vie. « Typhon, dit-il, l'ayant invité à un superbe festin, proposa, après le repas, aux conviés, de se mesurer dans un coffre d'un travail exquis, promettant de le donner à celui qui serait de même grandeur. Osiris s'y étant mis à son tour, les conjurés se levèrent de table, fermèrent le coffre et le jetèrent dans le Nil. Isis, informée de la fin tragique de son époux, se mit en devoir de chercher son corps; et ayant appris qu'il était dans la Phénicie, caché sous un tamarin, où les flots l'avaient porté, elle alla à la cour de Byblos, où elle se mit au service d'Astarté, afin d'avoir plus de facilité pour le découvrir. Enfin, après des peines infinies, elle le trouva, et fit de si grandes lamentations, que le fils du roi de Byblos en mourut de regret; ce qui toucha si fort le roi, son père, qu'il permit à Isis d'enlever ce corps et de se retirer en Egypte. Tiphon, informé du deuil de sa belle-sœur, ouvrit le coffre, mit en pièces le corps d'Osiris, et en fit porter les membres en différents endroits de l'Egypte. Isis ramassa avec soin ces membres épars, les enferma dans des cercueils, et consacra les représentations des parties qu'elle n'avait pu trouver (de là l'usage du phallus, devenu célèbre dans toutes les cérémonies religieuses des Egyptiens). Enfin, après avoir répandu bien des larmes, elle le fit enterrer à Abydos, ville située à l'occident du Nil. » Si les anciens placent le tombeau d'Osiris en d'autres endroits, c'est qu'Isis en fit élever un pour chaque partie du corps de son mari, dans le lieu même où elle l'avait trouvée.

Cependant Typhon songeait à affermir son nouvel empire; mais Isis ayant donné quelque relâche à son affliction, fit promptement assembler ses troupes, et les mit sous la conduite d'Horus, son fils. Ce jeune prince poursuivit le tyran, et le vainquit dans deux batailles rangées.

Après la mort d'Isis, les Egyptiens l'adorèrent avec son mari; et parce qu'ils avaient durant leur vie, dirigé leurs soins vers l'agriculture, le bœuf et la vache devinrent leurs symboles. On institua en leur honneur des fêtes, dont une des principales cérémonies fut l'apparition du bœuf Apis. On publia dans la suite que les âmes d'Osiris et d'Isis étaient allées habiter le soleil et la lune, et qu'ils étaient devenus, eux-mêmes ces astres bienfaisants, en sorte que leur culte était confondu avec le leur. Les Égyptiens célébraient la fête d'Isis dans le temps qu'ils la croyaient occupée à pleurer la mort d'Osiris. C'était lorsque l'eau du Nil commençait à monter; ce qui leur faisait dire que ce fleuve, après s'être grossi des larmes d'Isis, inonde et fertilise leurs terres.

Isis passa ensuite pour la nature, ou la déesse universelle, à laquelle on donnait différents noms, selon ses divers attributs. Hérodote la croit la même que Cérès; Diodore la confond avec la Lune, Cérès et Junon; Plutarque, avec Minerve, Vénus, Diane, Proserpine, Cérès, Junon, Bellone, Hécate et Rhamnusia. Il paraît, cependant, par le culte qu'on lui rendait, et par les divers symboles dont on ornait sa statue, que les Egyptiens la regardaient comme leur Cérès. Isis était surtout honorée à Bubaste, à Coptos et à Alexandrie. « A Coptos, dit Elien, on honore la déesse Isis en bien des manières; une, entre autres, est le culte que lui rendent les femmes qui pleurent la perte de leurs maris, de leurs enfants et de leurs frères. Quoique le pays soit plein de grands scorpions dont la piqûre donne promptement la mort, et est sans remède, et que les Égyptiens soient fort attentifs à les éviter, ces pleureuses d'Isis, bienqu'elles couchent à plate-terre, qu'elles marchent pieds nus et même, pour ainsi dire, sur ces scorpions pernicieux, n'en souffrent jamais de mal. Ceux de Coptos honorent aussi les chevrettes, disant que la déesse Isis en fait ses délices ; mais ils mangent les chevreuils. » Un homme étant entré dans le temple d'Isis, à Coptos, pour savoir ce qui se passait dans les mystères de cette déesse, et en rendre compte au gouverneur, il en fut en effet témoin, et s'acquitta de sa commission; mais il mourut aussitôt après, dit Pausanias, qui ajoute à cette occasion : Il semble qu'Homère ait eu raison de dire que l'homme ne voit point les dieux impunément.

Le culte d'Isis se répandit dans diverses contrées; mais les Romains l'adoptèrent avec beaucoup de répugnance : ils le proscrivirent longtemps, peut-être à cause de ses figures bizarres ; mais après qu'il eut forcé les obstacles, il s'y établit si bien, qu'un grand nombre de lieux publics, à Rome, prit le nom d'Isis. Il est vrai qu'on donna à ses statues une forme plus supportable.

Ce culte se répandit ensuite dans les Gaules où l'on adora cette déesse sous son véritable nom d'Isis; et des savants ont cru que la ville de *Paris* et les *Parisis* avaient été ainsi nommés d'un temple qui y était situé, παρὰ Ἴσιδος, *par Isis*. Cette déesse était, en effet, regardée comme la protectrice de la ville de Paris; on croyait qu'elle y était venue sur un vaisseau, et c'est la raison pour laquelle cette ville a un vaisseau dans ses armoiries ; c'était peut-être aussi parce qu'Isis présidait à la navigation. Le temple d'Isis était situé à l'endroit où est aujourd'hui l'église Saint-Germain des Prés, et la partie inférieure de la tour qui domine le grand portail est encore même, dit-on, un reste de ce fameux temple. Lorsque la religion chrétienne fut établie en France, ce monument de l'idolâtrie fut démoli, et Childéric fit bâtir, sur ses ruines, une église dédiée d'abord à saint Vincent. Les prêtres d'Isis demeuraient à Issy, village voisin de Paris, qui leur doit son nom ; on voyait même encore, au commencement du XVIIe siècle, les ruines du château où ils faisaient leur séjour. Les revenus du fief et du territoire d'Issy leur appartenaient; et lorsque Clovis eut fait détruire leur temple, il donna ces mêmes revenus à l'église Saint-Pierre et Saint-Paul, aujourd'hui Sainte-Geneviève. On a longtemps conservé, dans un coin de l'église Saint-Germain des Prés la statue d'Isis ; mais quelques femmes superstitieuses s'étant avisées de faire brûler des cierges devant cette idole, le cardinal Briçonnet, abbé de Saint-Germain des Prés, la fit mettre en pièces pour prévenir cet abus.

Isis est représentée, tantôt sous les traits d'une femme, avec les cornes d'une vache, symbole des phases de la lune, tenant un sistre de la main droite et un vase de la gauche ; tantôt elle porte un voile flottant, a la terre sous ses pieds, la tête couronnée de tours comme Cybèle, et quelquefois des cornes droites. On la voit aussi avec des ailes et un carquois sur l'épaule, une corne d'abondance dans la main gauche, et dans la droite un trône qui porte le bonnet et le sceptre d'Osiris, et enfin avec une torche enflammée, et le bras droit entrelacé d'un serpent. Les Romains la peignent encore quelquefois entourée d'un serpent, lequel, après lui avoir entouré les jambes, se glisse sur son sein, comme pour se nourrir du lait de ses mamelles.

Fête du vaisseau d'Isis.

Solennité égyptienne qui avait lieu au mois de mars, en l'honneur du vaisseau d'Isis, comme un hommage rendu à cette déesse, en qualité de reine de la mer, pour l'heureux succès de la navigation, qui recommençait à l'entrée du printemps.

En voici quelques détails, tels qu'Isis les apprit elle-même à Apulée, lorsqu'elle lui apparut dans toute sa majesté, comme le feint agréablement cet auteur. « Mes prêtres, lui dit-elle, doivent m'offrir demain les prémices de la navigation, en me dédiant un navire tout neuf ; c'est présentement le temps favorable, parce que les tempêtes, qui règnent pendant l'hiver, ne sont plus à craindre, et que les flots, qui sont devenus paisibles, permettent qu'on puisse se mettre en mer. » Apulée nous étale ensuite toute la grandeur de cette solennité, et la pompe avec laquelle on se rendait au bord de la mer pour consacrer à la déesse un navire construit très-artistement, et qui était couvert d'hiéroglyphes. On purifiait ce bâtiment avec une torche ardente, des œufs et du soufre; sur la voile, qui était de couleur blanche, on lisait en grosses lettres les vœux qu'on renouvelait tous les ans pour obtenir une navigation favorable. Les prêtres et le peuple s'empressaient ensuite de porter dans ce vaisseau des corbeilles remplies de parfums, et tout ce qui était propre aux sacrifices; et, après avoir jeté dans la mer une composition faite avec du lait et autres matières, on levait l'ancre pour abandonner, en apparence, le vaisseau au caprice des vents.

Cette fête passa chez les Romains, qui la solennisèrent, sous les empereurs, avec une grande magnificence. On sait qu'il y avait un jour marqué dans les fastes pour cette célébration. Le vaisseau d'Isis, objet de cette grande solennité, à Rome, s'appelait *Navigium Isidis:* après qu'il avait été lancé à l'eau, on revenait dans le temple d'Isis, où l'on faisait des vœux pour la prospérité de l'empereur, de l'empire et du peuple romain, ainsi que pour la conservation des navigateurs pendant le cours de l'année; le reste du jour se passait en jeux, en processions et en réjouissances.

Les Grecs, si sensibles au retour de la belle saison qui leur ouvrait la navigation, ne pouvaient manquer de mettre au nombre de leurs fêtes celle du vaisseau d'Isis, eux qui avaient consacré tant d'autels à cette divinité. Les Corinthiens étaient en particulier des adorateurs si dévoués à cette déesse, qu'au rapport de Pausanias ils lui dédièrent, dans leur ville, jusqu'à quatre temples, donnant à l'un, le nom d'*Isis Pélagienne,* et à l'autre, le titre d'*Isis Egyptienne,* pour faire connaître qu'ils ne la révéraient pas seulement comme la première divinité de l'Egypte, mais aussi comme la patronne de la navigation et la reine de la mer.

Plusieurs autres peuples de la Grèce célébrèrent, à l'exemple de Corinthe, la fête du vaisseau d'Isis. Ce vaisseau, nommé par les auteurs *Epsadra,* est encore plus connu sous le nom égyptien de *Bari.* Il est même assez vraisemblable que le vaisseau sacré de Minerve, qu'on faisait paraître avec tant de pompe aux grandes Panathénées, n'était qu'une représentation du navire sacré d'Isis. — Enfin, nous avons vu que ce vaisseau sacré était devenu, selon quelques auteurs, les armes de la ville de Paris.

ISLAM, ISLAMISME, nom que Mahomet a donné à sa religion. Le mot *Islam* signifie proprement en arabe, *résignation, soumission* à la volonté de Dieu et aux lois prescrites par son apôtre. On peut encore entendre par *Islam,* la religion *salutaire;* car il vient des verbes *salama* ou *aslama,* entrer dans l'état de salut. C'est de la même racine que vient le mot *Moslem,* au pluriel *Moslemân,* musulman, celui qui professe l'islamisme.

L'Islam propose à la croyance des fidèles six principaux articles, savoir :

1° L'unité de Dieu. La divinité ne peut être attribuée à d'autres qu'à lui seul; il n'a point eu de commencement et il n'aura jamais de fin; on ne peut le comparer ni l'assimiler à rien; il n'a ni père, ni mère, ni épouse, ni fils; il n'a aucune forme; il est l'être pur par excellence et il n'éprouve aucun besoin.

2° L'existence des anges. Ils sont les serviteurs de Dieu; ils sont innocents et exempts de péchés mortels et véniels; ils rendent sans cesse gloire à Dieu; ils ne négligent point de le faire un seul instant; ils ne sont d'aucun sexe; ils ne sont assujettis à aucun besoin de la vie, tels que le manger, le boire, le sommeil, le plaisir; ils portent des ailes. Personne, Dieu excepté, ne connaît leur nombre; il y a quatre anges principaux : l'ange Gabriel, messager de Dieu auprès des prophètes dont il est le gardien; l'ange Michel, qui prévient les besoins des créatures; l'ange Israfil, destiné à ressusciter les morts au dernier jour, au son de sa trompette; et l'ange Israïl, qui préside à la destinée des êtres.

3° Les livres inspirés. Il faut admettre qu'ils sont vrais et exacts; qu'ils sont la parole de Dieu même; qu'il est descendu du ciel quatre livres sacrés, et cent livres dits *Sahifa,* dont 50 destinés à Seth, 30 à Edris ou Enoch, et 20 à Abraham; que les quatre livres sacrés furent remis, la Loi à Moïse, les Psaumes à David, l'Evangile à Jésus-Christ, et le Coran à Mahomet; que celui qui niera un seul de ces livres ou son contenu, sera réputé infidèle.

4° Les prophètes. Ils sont les serviteurs de Dieu; ils furent exempts de tout péché; ce qu'ils ont avancé est juste et vrai : ils ont été envoyés de Dieu; leur nombre n'est pas connu; quelques-uns prétendent qu'il montait à 124,000; le premier fut Adam, et le dernier Mahomet. Ces 124,000 prophètes furent divisés en deux classes; 313 furent appelés *Morsel* et le reste *Nabi.* Les Morsels reçurent les messages de Dieu par l'entremise de l'ange Gabriel; il n'en fût pas de même à l'égard des Nabis, qui entendirent la voix du Très-Haut soit pendant leur sommeil, soit en veillant. Les Morsels sont supérieurs aux Nabis, mais inférieurs aux possesseurs des livres sacrés, des Sahifas, et des codes de lois religieuses. De tous les prophètes Mahomet est le plus grand et le plus juste.

5° La fin du monde. Elle aura lieu sans aucun doute; le bien et le mal existent par la volonté de Dieu, qui aime le bien et déteste le mal.

6° La résurrection. Au premier coup de la trompette, toutes les créatures périront; au second, elles ressusciteront; les actions de chacune d'elles seront jugées : les justes jouiront éternellement du paradis; les méchants seront condamnés aux flammes éternelles.

Il y a cinq obligations religieuses pour le musulman, savoir :

1° Se conformer à la profession de foi ci-dessus mentionnée;

2° Observer la prière canonique, cinq fois par jour, précédée des purifications légales;

3° Pratiquer l'aumône ou donner la dîme légale;

4° Observer le jeûne du mois de ramadhan;

5° Faire le pèlerinage à la maison sainte de la Mecque.

Dans l'*Histoire orientale* d'Hottinger, on trouve les devoirs d'un bon musulman plus développés; on en rapporte l'énoncé au persan Salman qui les tenait de la bouche du prophète. Ayant un jour ouï dire à Mahomet que celui de ses disciples qui serait fidèle aux quarante préceptes ou devoirs, entrerait infailliblement dans le paradis, et qu'au dernier jour Dieu le ressusciterait avec les saints et les prophètes, il lui demanda quels étaient ces quarante articles; sur quoi Mahomet répondit qu'ils consistaient: 1° à croire en Dieu; 2° à croire au dernier jour; 3° à croire au livre; 4° à croire aux prophètes; 5° à croire à la résurrection; 6° à croire à la Providence par rapport à la répartition des biens et des maux; 7° à témoigner qu'il n'y a qu'un Dieu et que Mahomet est son apôtre; 8° à prier au temps déterminé, après s'être purifié, et à faire les inclinations prescrites; 9° à payer la dîme; 10° à jeûner pendant tout le mois de ramadhan; 11° à faire le pèlerinage de la Mecque, si on est en pouvoir de le faire; 12° à prier tous les jours et toutes les nuits pendant les douze rikas ou prostrations ordinaires, et de plus pendant trois rikas de surérogation; 13° à ne point prêter à usure; 14° à s'abstenir de vin; 15° à ne point jurer vainement; 16° à ne prendre Dieu à témoin, ni contre un parent, ni contre un étranger; 17° à ne point juger témérairement; 18° à n'user d'aucune fraude envers son frère, soit devant, soit derrière lui; 19° à ne point chasser ou répudier une femme chaste; 20° à ne reprocher à personne ses défauts; 21° à n'employer contre qui que ce soit les armes de la violence ou du ridicule; 22° à ne point braver les châtiments de Dieu; 23° à n'être ni médisant, ni calomniateur; 24° à rendre grâces à Dieu pour tous les bienfaits qu'on en a reçus; 25° à souffrir avec patience les maux dont on est affligé; 26° à ne jamais désespérer de la miséricorde de Dieu; 27° à reconnaître que tout ce qui nous arrive nous était destiné; 28° à ne point provoquer la colère de Dieu par l'amour des créatures; 29° à ne point préférer ce monde à la vie à venir; 30° à ne point refuser par avarice à un frère fidèle ce qu'il demande; 31° à avoir dans les affaires de la religion des égards pour celui qui est au-dessus de nous, et, dans les affaires du monde, à en avoir pour celui qui nous est inférieur; 32° à ne point faire de serment; 33° à ne contracter aucune liaison avec Satan; 34° à renoncer à la vanité; 35° à ne point s'emparer des biens d'un orphelin; 36° à prêter l'oreille à un cri que l'on entend; 37° à instruire sa famille et ses enfants de tout ce qui peut leur servir auprès de Dieu, et les lui gagner; 38° à faire du bien à ses voisins, et à se prêter à tous leurs besoins; 39° à ne maudire aucune créature; 40° à louer Dieu de tout son pouvoir; à être assidu à la lecture du Coran, dans quelque situation que l'on soit, pourvu que l'on n'ait aucune souillure légale; enfin, à faire à un autre ce que nous serions bien aise qu'il nous fît.

Dans cet exposé, comme dans l'abrégé qui précède, on distingue deux parties, l'une purement dogmatique et spéculative, et l'autre pratique. Les mahométans appellent la première *Imân*, la foi, et ils donnent à la seconde le nom de *Din*, religion.

Le symbole musulman se résout dans cette formule: « Je crois en Dieu, en ses anges, en ses livres, en ses prophètes, au jour du jugement, et à la prédestination divine, soit pour le bien, soit pour le mal. » On voit qu'ici le sixième article diffère de celui que nous avons cité en premier lieu. Or, tel qu'il est rapporté ici, il contient un des points fondamentaux de la doctrine musulmane. Voici ce qu'en dit M. Noël Desvergers, dans l'*Arabie* de Firmin Didot:

« Le dogme de la prédestination, l'un des plus importants de la religion musulmane, puisqu'on attribue à son influence l'état d'immobilité dans lequel, malgré la marche du temps, sont restées les nations qui pratiquent l'islamisme, a été mal compris par l'Occident, et souvent par les Islamites eux-mêmes. La loi religieuse a toujours envisagé les musulmans sous deux points de vue essentiellement différents, et relatifs, l'un à l'état temporel, l'autre à l'état spirituel. Sous le premier rapport, l'homme qui s'acquitte avec exactitude de tous ses devoirs, qui accomplit toutes les prescriptions du culte et de la morale, est désigné sous le nom d'observateur de la loi; celui qui néglige ses devoirs ou viole ses obligations, est un prévaricateur. Sous le second rapport, l'homme qui a la foi, seule vertu nécessaire pour mériter le ciel, est qualifié du titre de *saïd*, qui veut dire heureux, élu pour le bonheur. Celui auquel il manque la foi est un *kafir*, c'est-à-dire un réprouvé ou un infidèle. C'est sous ce dernier rapport seulement que la doctrine de la prédestination est applicable, et que les hommes sont destinés de toute éternité à être au nombre des élus ou des réprouvés. Mais les plus anciens imams, les docteurs les plus célèbres ont décidé que nier le libre arbitre et attribuer les actions de l'homme à la seule volonté divine, c'était pécher contre la religion de l'Islam. Dans toutes les circonstances de la vie, le musulman doit implorer les lumières du ciel par l'intercession du prophète et celle des bienheureux admis déjà aux récompenses de la vie future; mais, après avoir ainsi cherché à placer chaque action importante sous l'invocation du Très-Haut, il faut encore réfléchir, consulter ses propres lumières et appeler à son secours les règles de l'expérience ou de la raison. Ce n'est qu'après avoir mis en œuvre les ressources de l'intelligence, qu'on peut attribuer aux éternels décrets de la Providence les événements quels qu'ils soient, et dès lors il faut s'y soumettre avec la plus complète résignation.

« Telle est l'interprétation donnée par les premiers docteurs de l'Islam au dogme de la prédestination, et, malgré leurs efforts, un préjugé toujours dominant a fait prévaloir, auprès d'un grand nombre de musulmans, la croyance d'une intervention divine dans toutes les actions civiles ou morales de l'homme. On s'en tint au principe d'un destin immuable excluant les effets du libre arbitre, et dès lors la fatalité, introduite dans les événements publics comme dans les actes de la vie privée, a détruit l'énergie, éteint l'enthousiasme, déguisant, sous le nom de résignation, l'engourdissement dans lequel l'empire d'Orient attend, sans le prévoir, le moment de sa chute. »

Si la foi est la seule obligation spirituelle imposée au musulman, il doit encore se soumettre au culte extérieur, dont l'expression, ainsi que nous l'avons vu plus haut, consiste dans ces cinq points fondamentaux : la profession de foi, la prière ou namaz, la dîme ou aumône, le jeûne du ramadhan, et le pèlerinage. Nous parlons de tout ce qui a rapport à ces devoirs, à leurs articles respectifs. Mais le législateur des Arabes a imposé encore d'autres obligations à ses sectateurs ; nous mettons au premier rang la circoncision, qui n'est cependant pas de précepte formel, mais d'obligation imitative, car on en dispense l'enfant trop faible ou mal conformé, et l'infidèle qui embrasse l'islamisme dans un âge avancé.

« A l'instar du législateur des Hébreux, dit M. Noël Desvergers, Mahomet a donné une forme religieuse aux prescriptions hygiéniques, aux lois somptuaires ; et les détails de la vie usuelle, l'usage de certaines viandes, la proscription de certaines autres, la manière de les préparer, la coupe, l'étoffe des vêtements, l'autorisation ou la défense de certains amusements, sont prévus par le Coran. « Il est interdit aux croyants, dit ce livre, de manger les animaux morts, le sang, la chair de porc, tout ce qui a été tué sous l'invocation d'un autre nom que le nom de Dieu ; mais il leur est permis de se nourrir de la chair de leurs troupeaux et des animaux tués à la chasse, pourvu qu'ils aient été placés sous l'invocation du Seigneur, au moment où on leur a donné la mort. » Il résulte de ces restrictions, que les musulmans ne se nourrissent en général que des viandes de boucherie dont ils connaissent la provenance, afin d'être bien sûrs que les rites ordonnés par la religion ont été accomplis. Quant au gibier, à moins qu'ils ne l'aient tué eux-mêmes, ils n'osent s'en nourrir, de peur qu'il n'ait été tué contrairement à l'esprit de la loi. »

« Si l'on t'interroge sur le vin comme sur le jeu, a dit Mahomet, réponds que l'un et l'autre sont de grands péchés. Celui qui boit du vin est comme celui qui adore les idoles, et sachez que le vin, le jeu et les idoles sont des abominations suggérées par les artifices du démon. Abstenez-vous-en pour votre bien, pour votre salut. En vérité, c'est par le vin et par le jeu que l'esprit des ténèbres veut nous armer de haine et d'inimitié les uns contre les autres. C'est par là qu'il vous détourne de Dieu, de la prière, de la méditation. Que ne vous en abstenez-vous ? » On pense bien qu'après une défense aussi formelle, il n'est pas un vrai croyant qui puisse goûter au vin, ou jouer à un jeu de hasard, sans mettre en péril son salut éternel.

Mahomet qui s'est montré si rigoureux pour les plaisirs de la table, pour le luxe des habits et des meubles, pour les arts de pur agrément, pour la musique, pour la peinture, surtout quand elle a pour objet le portrait, n'a pas été à beaucoup près aussi sévère pour les plaisirs de la chair ; car si, d'un côté, il recommande aux femmes la modestie la plus sévère, s'il les condamne à la retraite la plus absolue, de l'autre, il permet aux hommes de prendre jusqu'à quatre femmes à titre d'épouses, et autant de concubines qu'il peut leur convenir. « Epousez les femmes qui vous plaisent, dit le Coran ; épousez-les au nombre de deux, trois et même quatre. Mariez-vous, a dit le Seigneur, multipliez ; car au jour du jugement, je me glorifierai dans la multitude de mes peuples. » Il est douteux que la faculté accordée par Mahomet remplisse bien cette intention prétendue du Créateur.

Nous terminons en observant que le Coran a la prétention d'être tout à la fois un code religieux, un recueil de morale et de philosophie, un code politique et guerrier, un code civil et judiciaire, et de régler ainsi les rapports des hommes entre eux et avec Dieu dans chacune des phases de la vie. Mais ce prétendu code universel est nécessairement incomplet, par cela même qu'il a voulu tout prévoir ; de plus il est incohérent et contradictoire dans plusieurs de ses chapitres : plusieurs de ces incohérences et de ces contradictions ont passé dans la pratique de la religion, de la morale et des lois.

ISMAEL, ou ISMAIL. — 1. Fils d'Abraham. L'Ecriture sainte nous apprend que Sara, femme de ce patriarche, voyant qu'elle était trop avancée en âge pour lui donner des enfants, et que cependant Dieu avait promis à Abraham de lui donner une nombreuse postérité, fit présent à son mari de sa servante Agar ; et de cette union naquit Ismaël. Mais, quelque temps après, Sara étant elle-même devenue mère par un effet de la toute-puissance divine, ne put souffrir l'orgueil et l'insolence d'Agar, et contraignit son mari à chasser l'esclave et son fils. Ils se retirèrent tous deux dans le désert, où l'ange du Seigneur prédit à Agar que son fils serait le père d'une race nombreuse. Ismaël devint, en effet, la souche de douze tribus connues sous le nom d'Ismaélites, et qui, dans la suite, se confondirent avec les Arabes. Tous les musulmans soutiennent que ce fut Ismaël et non Isaac, qui fut sur le point d'être offert en sacrifice à Dieu par Abraham, et ils en célèbrent la mémoire à la fête du sacrifice.

Voyez CORBAN. Ils assurent aussi que Mahomet descendait d'Ismaël; ce qui est assez probable, bien qu'on ne doive pas ajouter à leurs généalogies une foi explicite.

2. Il y a un autre Ismaël ou Ismaïl, fils de Mohammed, qui vivait au temps de Hakem et de Hamza; il est regardé par les Druzes comme une incarnation de l'Ame universelle, second ministre de leur religion; cette âme a été produite par l'Intelligence universelle, en vertu d'une sorte d'émanation; elle tient le rang de la femme à l'égard de l'Intelligence, qui est à son égard comme le mâle; mais elle occupe le rang de mâle par rapport aux ministres inférieurs.

ISMAÉLIENS, ISMAILIENS, ISMAÉLIS, secte fameuse des musulmans, qui tire son origine des schiites ou partisans de la légitimité d'Ali; elle se partage elle-même en plusieurs branches, dont les principales sont les *Karmates*, si célèbres dans l'histoire de l'islamisme par leurs dévastations et leurs sacriléges; les *Fatimites*, qui ont régné pendant plus de trois siècles en Afrique et en Egypte; les *Assassins* avec leur chef, connu sous le nom de *Vieux de la Montagne*; les *Nosaïriens* et les *Druzes*, qui subsistent encore aujourd'hui en Syrie.

Tous les schiites, en général, ne veulent pas admettre d'autre autorité que l'imamat, ou souverain pontifical, qui a d'abord appartenu de droit à Ali, gendre de Mahomet, à l'exclusion de tout autre, et qui s'est perpétué dans sa postérité, pour se fixer enfin dans la personne d'un de ses descendants privilégiés dont le règne doit subsister jusqu'à la fin des temps. Nous avons vu, à l'article IMAM, que tous ne sont pas d'accord sur le nombre, l'ordre et la succession des imams; les schiites proprement dits en reconnaissent douze, jusqu'au Mahdi, qu'ils soutiennent vivre encore, mais caché et inconnu aux hommes; les Ismaéliens n'en admettent que sept, savoir: Ali, gendre du prophète; ses deux fils Hassan et Hosséin; Ali, surnommé Zéin el-abedin; Mohammed, fils de cet Ali; Djafar, le véridique, fils de Mohammed; et enfin Ismaïl, fils de Djafar, ou plutôt Mohammed, fils de cet Ismaïl. C'est sans doute du vivant d'Ismaïl que la secte des Ismaéliens se forma, puisqu'elle porte son nom, et Djafar, père d'Ismaïl, étant mort en l'an 148 de l'hégire, on ne saurait reculer à une époque plus ancienne l'établissement de cette secte; il est même vraisemblable qu'elle ne fut définitivement formée que du vivant de Mohammed, fils d'Ismaïl, qui est regardé par la plupart des Ismaéliens, comme ne faisant avec son père qu'un seul et même imam; et cela s'explique d'autant mieux que, suivant un récit assez vraisemblable, Ismaïl était mort avant son père Djafar, et que son droit éventuel à l'imamat ne fut réalisé que dans la personne de son fils Mohammed, après la mort de Djafar. Ce qu'il y a de certain, d'après tous les monuments de cette secte qui nous sont parvenus, c'est que, suivant leur doctrine, c'est dans la personne de ce Mohammed, fils d'Ismaïl, que s'est fixé pour toujours l'imamat; que, depuis sa mort, ou pour parler le langage de sa secte, depuis sa disparition, tous les personnages qui ont été à la tête des Ismaéliens n'ont été que ses lieutenants; que l'attente de son retour était le dogme le plus essentiel de tout ce système; que c'était en son nom et sous son autorité que tout se faisait; et tout homme qui entrait dans sa secte par l'initiation, s'enrôlait au service de Mohammed, fils d'Ismaïl, pour être prêt à le suivre lorsqu'il paraîtrait.

Dans l'origine, les Ismaéliens étaient des musulmans plutôt schismatiques qu'hérétiques; ils avaient conservé toute la croyance et les pratiques de l'islamisme; mais, vers le milieu du IIIe siècle de l'hégire, ils commencèrent à émettre une doctrine monstrueuse, au point de vue musulman. L'étude de la philosophie des Grecs eut une grande influence sur la formation de ce système; l'ancienne religion des Perses, le dualisme et la croyance aux génies, émanations de la divinité et chargés de l'administration de l'univers, lui avaient aussi fourni une portion des idées fondamentales. Enfin l'allégorie jouait le plus grand rôle dans cet enseignement qui avait pour dernier terme le pur matérialisme, et dont le point de départ cependant était une prétendue révélation, dont les idées, prises à la lettre, étaient plus près d'un anthropomorphisme grossier que du spiritualisme.

Cette secte n'était pas moins politique que philosophique; car la religion pour elle n'était qu'un prétexte pour avoir le moyen de soulever, dans une occasion favorable, les peuples contre le souverain; c'est, en effet, ce qui est arrivé plusieurs fois. Il était donc important pour les Ismaéliens de ne point manifester indistinctement à tous ceux dont ils voulaient faire la conquête la honteuse nudité de leurs principes et l'effroyable tableau de leurs conséquences. Mais les chefs de cette société secrète avaient bien senti que les hommes, quelle que soit la corruption de leur cœur, ne pouvaient être amenés que par degrés et par des voies tortueuses et presque insensibles, à une entière dépravation de l'esprit, et que si on est sûr de les séduire en flattant leurs passions, il faut, pour ne pas révolter leur conscience, faire d'abord illusion à leurs lumières ou à leurs préjugés, en affectant un respect hypocrite pour l'autorité même qu'on veut anéantir. Aussi le *daï* ou missionnaire de la secte devait-il être d'abord schiite avec les partisans d'Ali, sunnite avec les orthodoxes, chrétien ou juif, pieux ou libertin, hardi ou réservé, suivant le caractère de ceux dont il voulait faire des prosélytes; il ne devait dévoiler sa doctrine que peu à peu; un petit nombre seulement pouvait être admis au rang des adeptes; pour les autres, l'enseignement devait s'arrêter à des degrés différents. La seule condition commune à tous était une obéissance aveugle au chef de la secte et à ses délégués, et une disposition sincère à consacrer toutes ses facultés naturelles et pécuniaires au succès de ses entreprises et à l'exécution de ses volontés.

De là différents degrés dans l'initiation : les uns les portent à sept, d'autres à neuf. Dans le premier degré, il s'agissait seulement de se concilier l'esprit du profane par un extérieur religieux et une affectation hypocrite de piété, et d'exciter sa curiosité par des questions adroitement imaginées, par des discours énigmatiques et par des interprétations singulières de certains textes des Ecritures.

Le second degré n'est que le développement et la conséquence de ce qui a été insinué dans le premier, savoir, que les imams seuls ont reçu de Dieu la mission d'instruire les musulmans, et que toutes les erreurs qui ont altéré la pureté de l'islamisme ne viennent que de ce qu'on a abandonné les imams pour écouter des docteurs sans autorité.

Au troisième degré, les daïs introduisent le prosélyte dans le dogme qui distingue les Ismaéliens de toutes les autres branches des schiites, en lui apprenant que le nombre des imams est borné à sept; dans le but d'exclure de la succession Moussa, fils de Djafar, et de rassembler toutes les forces de la secte autour d'Ismaïl ou de son fils Mohammed, et par là autour de ceux qui représentent cet imam prétendu.

L'enseignement du quatrième degré est d'une grande importance, parce que, sans révéler encore le but ultérieur de la secte, il y prépare les voies en diminuant l'importance de la religion révélée. Voici l'abrégé très-succinct de ce degré de l'initiation.

Depuis l'origine du monde, la suite des siècles se partage en sept périodes, dont chacune a eu sa religion fondée par un prophète qui, dans le langage de la secte, est nommé *Natek*, c'est-à-dire parleur ou législateur. Chaque prophète législateur a eu pour successeur une suite de sept lieutenants ou vicaires, qu'on appelle *Samet* ou taciturnes, parce qu'ils n'ont rien enseigné de nouveau; et de ces vicaires, celui qui a assisté le législateur et qui lui a succédé immédiatement, reçoit le nom d'*Asas*, fondement, ou *Sous*, source, racine. Les sept prophètes législateurs, et leurs aides ou premiers vicaires sont : 1° *Adam* et *Seth*; 2° *Noé* et *Sem*; 3° *Abraham* et *Ismaël*; 4° *Moïse* et *Aaron*, remplacé ensuite par *Josué*; 5° *Jésus* le messie et *Simon Céfas*; 6° *Mahomet* et *Ali*; 7° *Mohammed*, fils d'Ismaïl, qu'on appelle le chef du siècle. C'est, disent-ils, en la personne de celui-ci que se terminent toutes les doctrines des anciens, et que commence la science du sens intérieur et mystique de toutes les lois précédentes. C'est lui qui l'a dévoilée, et c'est de lui seul qu'on en doit recevoir l'explication; le suivre, se soumettre à lui, s'abandonner aveuglément à sa conduite, est une obligation dont personne n'est exempt; parce qu'en se conformant à sa doctrine, on est dans le droit chemin, et qu'au contraire, en se détournant de lui, on est dans l'égarement et dans l'étourdissement. Le prosélyte qui admet cette doctrine cesse dès lors d'être musulman, puisqu'il reconnaît un prophète postérieur à celui des Arabes, contre la déclaration précise de Mahomet; en outre, en admettant la doctrine allégorique comme la seule vraie, il fraie la voie à l'anéantissement de toutes les lois positives, de tous les préceptes fondamentaux de l'islamisme.

Dans le cinquième degré de l'initiation, on inspire au prosélyte le mépris des traditions; on le détourne du sens littéral du Coran, et par là on le dispose à faire peu de compte de toutes les observances légales, telles que la prière, le jeûne, le pèlerinage, et à croire que toutes ces pratiques doivent être entendues dans un sens mystique plus relevé. On commence, en même temps, à l'initier à la connaissance des opinions philosophiques, sur la nature des éléments, sur la vertu des nombres; on lui donne aussi quelques principes de géométrie pour qu'il connaisse la valeur des figures. Tout l'enseignement de ce cinquième degré tend à disposer insensiblement le prosélyte à préférer la philosophie et ses auteurs aux religions révélées et aux prophètes qui se sont donnés pour des envoyés célestes.

Ces semences d'incrédulité et de rationalisme se développent dans le sixième degré. Ici le daï explique au prosélyte le sens spirituel et mystique de toutes les ordonnances légales, et les ramène toutes à un seul point, qui est la soumission entière aux imams; de là il conclut qu'aucune de ces ordonnances n'est obligatoire au sens littéral pour quiconque en connaît le sens mystique, et que les prophètes législateurs n'ont établi ces lois et institué ces ordonnances que comme des moyens politiques propres à retenir le vulgaire dans une dépendance et une subordination nécessaires au repos de la société.

Bien des daïs ne pénétraient pas eux-mêmes au delà de ce sixième degré, et c'était là aussi que s'arrêtait l'initiation pour le plus grand nombre des affiliés, qui pourtant se croyaient initiés à tous les secrets de la secte. Mais les daïs qui avaient été jugés dignes d'en connaître à fond la doctrine ésotérique et de la communiquer, poussaient plus loin l'enseignement, quand ils trouvaient parmi les prosélytes des hommes disposés à ne s'effrayer d'aucune conséquence.—On avait établi dans un des précédents degrés de l'initiation, que chacun des prophètes législateurs et instituteurs d'une nouvelle religion figurative, avait eu, pour l'assister, pour propager et pour conserver sa doctrine, un second ou un vicaire nommé *Sous*. « Or, disait le daï au prosélyte, si cela est ainsi dans le monde inférieur, c'est parce que la même chose a lieu dans le monde supérieur. Il y a donc toujours eu, dès l'origine des choses, deux êtres qui sont le principe commun de l'organisation de l'univers et en maintiennent l'harmonie : l'un d'eux est plus élevé, *il donne*; l'autre inférieur, *il reçoit*. » On reconnaît les deux principes de plusieurs nations anciennes; l'un mâle et fécondant, l'autre femelle et fécondé. Par ce moyen on détourne le prosélyte du dogme fondamental de l'unité de Dieu, et on lui persuade que le titre de créateur et l'œuvre de la création sont communs à deux êtres.

Dans le huitième degré, on expose la nature et l'origine de ces deux êtres, principes de tous les autres, dont l'un est nommé *Sabic* ou précédent, et l'autre *tali* ou *lahic*, c'est-à-dire suivant; leurs rapports de prééminence et de subordination, et la part que chacun d'eux a dans la production des êtres. M. de Sacy croit que, parmi les Ismaéliens, les uns admettent au-dessus du *précédent* un être sans nom, sans attribut, dont il n'est point permis de parler, auquel on ne doit aucun culte, être dont la seule pensée, en se réfléchissant sur elle-même, avait produit le *précédent*; et que d'autres ne reconnaissaient rien au-dessus du précédent: — Un autre dogme de ce huitième degré, c'est que, depuis le daï ou le dernier degré de la hiérarchie jusqu'au *suivant*, c'est-à-dire jusqu'au second principe de l'univers, tous les êtres qui remplissent cette chaîne peuvent s'élever successivement jusqu'au degré de *précédent*, par une suite de révolutions et dans une série de périodes sans fin. Ce nouveau dogme nous transporte en plein bouddhisme. — Enfin on établit que la résurrection, la fin du monde, le jugement dernier, la distribution des peines et des récompenses futures ne sont que des expressions emblématiques, qui signifient les révolutions successives et périodiques des astres et de l'univers, la destruction et la restauration de tous les êtres, produites par la disposition et la combinaison des éléments.

Parvenu au neuvième degré, le prosélyte, en qui on a anéanti toute croyance, toute soumission à une autorité autre que sa propre raison, est abandonné à lui-même pour choisir, parmi les systèmes des philosophes, celui qui lui plaît davantage. L'un adopte l'éternité de la matière, et attribue tout ce qui existe à la combinaison spontanée des principes élémentaires. D'autres font intervenir un être intellectuel dans la formation des êtres matériels. Quelques-uns adoptent le dualisme des mages, ou celui de Manès, ou enfin celui de Bardesane. Il en est qui suivent exclusivement Platon et Aristote. D'autres enfin empruntent de chacun de ces systèmes des idées qu'ils combinent ensemble.

On voit que, dans le système des Ismaéliens, tout tend à un seul but, l'anéantissement de toute révélation pour y substituer le pur rationalisme. *Voy.* DRUZES.

ISMÉNIE, surnom de Minerve; cette déesse avait à Thèbes deux temples dont l'un lui était consacré sous le nom d'Isménie, parce qu'il était bâti sur le bord de la rivière Isménus. Apollon portait aussi le surnom d'Isménien pour la même raison. Ce fleuve ou plutôt cette fontaine s'appelait d'abord *le pied de Cadmus*; voici en quelle occasion: Cadmus ayant tué à coups de flèches le dragon qui gardait la fontaine, et craignant que l'eau n'en fût empoisonnée, parcourut le territoire pour en chercher une autre. Arrivé à l'antre corcyréen, il enfonça le pied droit dans le limon, et en le retirant fit sourdre une rivière qu'on appela le Pied de Cadmus.

ISOCHRISTES, hérétiques du vi° siècle, disciples d'un certain Nonnus, moine origéniste; ils enseignaient qu'à la résurrection les apôtres seraient rendus égaux à Jésus-Christ: leur nom exprime en effet cette singulière doctrine.

ISPARETTA, dieu suprême, adoré par une tribu de la côte de Malabar. Ces Hindous disent qu'antérieurement à toute création Isparetta se changea en un œuf, d'où sortirent le ciel, la terre et tout ce qu'ils contiennent. Ils croient que ce dieu embrasse les sept cieux et les sept terres. Ils le représentent avec trois yeux et huit mains, une sonnette pendue au cou, une demi-lune et des serpents sur le front. Isparetta produisit Kiwelinga, père de Brahma, Vichnou et Iswara.

ISRAEL, ISRAÉLITES. Israël est un des noms du patriarche Jacob. On lit dans l'Ecriture sainte que Jacob, à son retour de Mésopotamie, ayant passé le torrent de Jaboc, lutta avec un ange pendant une nuit entière; celui-ci, voyant qu'il ne pouvait venir à bout de le terrasser, lui toucha le nerf de la cuisse qui sécha sur l'heure, ce qui fit boiter Jacob. Il lui dit ensuite : « Laissez-moi aller, car voilà l'aurore qui commence à paraître. — Je ne vous laisserai point aller, répondit Jacob, que vous ne m'ayez béni. — Quel est votre nom? reprit l'ange. — Je me nomme Jacob, répondit le patriarche. — Désormais, lui dit l'ange, vous ne porterez plus le nom de Jacob, mais vous vous appellerez *Israël*, car vous avez lutté avec les êtres divins et avec les hommes, et l'avantage vous est resté. » *Israël*, en effet, peut se traduire par *puissant en Dieu* ou *contre Dieu*.

Jacob devint, comme on sait, père de douze tribus qui furent appelées de son nom les tribus d'Israël ou les Israélites.

Dans la suite, Roboam, roi des Juifs, fils et successeur de Salomon, ayant, par la dureté de son gouvernement, provoqué un soulèvement dans ses Etats, dix tribus se révoltèrent ouvertement contre lui; et ayant mis à leur tête Jéroboam, ils formèrent un royaume particulier, qui fut appelé *Israël*, par opposition au royaume de *Juda*, composé des deux tribus de Juda et de Benjamin, qui seules étaient restées fidèles à Roboam. *Voy.* JUIFS.

ISRAFIL, un des quatre principaux anges des musulmans; c'est l'ange du jugement dernier, et le gardien de la trompette céleste. A la fin des temps, il en sonnera une première fois; alors tout le genre humain périra. Quarante ans après, il l'embouchera une seconde fois, et tous les hommes ressusciteront pour comparaître au jugement. — Le nom d'*Israfil* paraît être une corruption de celui de *Séraphin*.

ISWARA (1). Ce mot signifie maître, sei-

(1) Ce nom est encore écrit par les voyageurs *Eswara*, *Ixora*, *Ichuren*, *Isuren*, etc.

gneur; c'est le nom que les Hindous donnent particulièrement à Siva, troisième personne de la triade indienne. Ce dieu est envisagé sous un double aspect; l'un brillant et lumineux, l'autre noir et menaçant. Comme dieu favorable, on l'appelle *Bhava, Bhaghis, Bhagavan, Déva-Nasa* (Dionysios), le père, le bienfaiteur, le générateur, le roi des montagnes. Comme dieu redoutable, il est *Roudra, Hara, Siva, Ougra, Kala,* etc. Quelquefois ces deux caractères se confondent, et alors il reçoit les dénominations d'*Isa, Isana, Iswara, Mahadéva*, qui signifient le maître, le seigneur par excellence, le grand dieu. *Voy.* ROUDRA *et* SIVA.

Le nom d'Iswara n'est cependant pas tellement propre à Siva, qu'on ne le trouve quelquefois donné à d'autres divinités; il est même employé pour exprimer la divinité en général, et comme synonyme du mot *Dieu*. On le trouve en ce sens dans les bibles en langues indiennes. Cependant les chrétiens catholiques, pour éviter tout malentendu de la part des païens, ont soin de le faire précéder du qualificatif *parama*, très-haut, souverain, excellent, sous la forme *Parameswara*, le souverain Seigneur.

ITA, quatrième état des voyageurs, c'est-à-dire de ceux qui parcourent le cercle des transmigrations, suivant le système religieux des Tibétains. Les *Itas* sont des démons faméliques, dont les corps ressemblent à des spectres et à des squelettes. Ils n'ont que la peau et les os, mais leur ventre est tendu par le vent et gonflé comme un ballon. Ils ne respirent qu'avec la plus grande peine, tant ils ont la gorge étroite et petite. Tout ce qu'ils respirent n'est que feu; ils souffrent cependant le froid, et sont tourmentés de la faim et de la soif. Chakya-Mouni descend souvent dans leur séjour, pour adoucir leurs tourments.

ITERDUCA. *Voy.* INTERDUCA.

ITHOMATE, surnom sous lequel les Messéniens honoraient Jupiter, dans un temple sur le mont Ithome. Ces peuples, qui se vantaient que Jupiter avait été élevé sur cette montagne, lui consacrèrent un culte particulier et une fête annuelle. La statue du dieu était l'œuvre d'Agéladès. Un prêtre, dont le sacerdoce ne durait qu'un an, la gardait chez lui.

ITHOMÉES, fête annuelle que les Messéniens célébraient en l'honneur de Jupiter-Ithomate. La cérémonie consistait à porter dévotement de l'eau, du bas de la montagne dans un vaste réservoir construit au sommet. Cette eau était destinée au service du dieu, c'est-à-dire à l'usage des ministres de son temple. On proposait dans cette fête un prix de musique, qui attirait un grand concours de musiciens.

ITHYMBE, chanson et danse des anciens Grecs en l'honneur de Bacchus.

ITHYNTÉRION, baguette que les prophètes des dieux, chez les Grecs, portaient à la main comme insigne de leurs fonctions.

ITHYPHALLE, figure de l'organe générateur mâle, faite de bois de figuier, que l'on portait ou que l'on exposait solennellement dans les mystères de Bacchus et de quelques autres divinités grecques ou égyptiennes. C'était encore une espèce de bulle que l'on suspendait au cou des enfants, et, dit-on, à celui des Vestales; on lui attribuait de grandes vertus. Pline dit que c'était un préservatif pour les empereurs mêmes, que les Vestales le mettaient au nombre des objets sacrés et l'adoraient comme un dieu, qu'on le suspendait au-dessus du char de celui qui avait les honneurs du triomphe pour le défendre contre l'envie.

ITHYPHALLES, ou ITHYPHALLOPHORES. On appelait ainsi, dans les orgies ou mystères de Bacchus, ceux qui portaient le phallus. Dans les processions ou courses des Bacchantes, des gens habillés en femmes ou déguisés en faunes portaient aussi ces figures obscènes, et dans leur ivresse réelle, ou simulée, ils chantaient en l'honneur du dieu des cantiques assortis à leur honteux équipage, avec des gestes d'une révoltante impudeur.

ITIHASAS, livres sacrés des Hindous; ils contiennent, ainsi que l'exprime ce nom, des histoires anciennes, et principalement le *Ramayana*, attribué à Valmiki, et le *Mahabharata*, attribué à Vyasa Déva. Ce sont deux grandes épopées dont la première contient l'histoire de *Rama-Tchandra*, incarnation de Vichnou, et le second, les événements qui se sont passés immédiatement avant le commencement du quatrième et dernier âge du monde, entre autres, la fameuse guerre entre les Pandavas et les Kauravas; le *Baghavat-Guita*, ou chant divin, en est un épisode. Ces deux poëmes, auxquels on ne peut contester une haute antiquité, bien qu'ils aient été interpolés par la suite, renferment les origines de la mythologie actuelle des Hindous.

ITOGAY, idole des Tartares. *Voy.* NATIGAY.

ITONIE et ITONIDE; surnoms sous lesquels Cérès avait un temple en commun avec Plutus, dieu des richesses, à Coronée, dans la Béotie.

ITS KO SIO (1), nom de celles des observances bouddhiques, qui actuellement est la plus répandue dans le Japon. Elle avait été fondée par *Sin ran*, de la famille de *Fi no*, qui mourut l'an 1262 de notre ère, à l'âge de 91 ans. Dix ans après sa mort, cette secte nouvelle avait déjà fait de grands progrès. Bien que les prêtres de cette observance suivent la doctrine de Chakia-Mouni, il y a une différence essentielle entre eux et ceux des autres ordres. On les regarde comme étant de la parenté du Daïri; c'est pourquoi on leur donne le titre de *Monzek*, qui ne

---

(1) Ce mot est orthographié *Icoxus* dans plusieurs relations.

s'accorde qu'aux princes du sang impérial. Leur tête n'est pas rasée; en voyage, ils ne portent point l'habit religieux, mais l'habit ordinaire japonais et deux sabres. Leurs norimons ou chaises à porteur sont comme ceux des autres prêtres, mais leurs chevaux sont harnachés comme ceux des princes du sang. Ils sont tous exercés dans l'art militaire; ils mangent du poisson et de la viande, et se marient ordinairement dans les premières familles, ou avec des parentes des Daïris.

Cet ordre étant très-riche et puissant, et répandu par tout l'empire, les Seogouns le traitent avec beaucoup d'égards. A l'avénement d'un Seogoun, les prêtres de tous les autres ordres reçoivent de lui une patente, scellée d'un sceau en vermillon. Les prêtres de l'observance de Its ko sio, au contraire, lui offrent un écrit dont le sceau est aspergé de leur sang, et s'engagent par là de l'assister dans toutes les occasions en cas de troubles ou de révolutions. C'est pour cette raison qu'ils jouissent d'une grande considération à la cour de Yedo.

ITSOU SE-NO MIKOTO, personnage mythologique des Japonais, fils de *Fiko na kisa*, le cinquième des esprits terrestres qui régnèrent sur le Japon. Son frère *Zin mou ten-o*, devint le fondateur de l'empire japonais. Itsou se-no, quoique son aîné, combattit pour le défendre contre les dieux célestes qui voulaient envahir le pays; mais il fut blessé et mis hors de combat. *Voy.* ZIN MOU TEN O.

IULES, hymnes que les Grecs chantaient en l'honneur de Cérès, et les Romains dans les fêtes consacrées à Libéra. Ce nom vient du grec οὖλος ou ἴουλος, *gerbe*.

IVI, nom de la première femme, chez les Taïtiens; il rappelle singulièrement le nom d'Eve. — Taaroa, après avoir fait le monde, forma l'homme avec de la terre rouge (*araea*), qui servit même d'aliment à la créature jusqu'à l'apparition de l'arbre à pain. Un jour Taaroa plongea l'homme dans un profond sommeil et en tira un os (*ivi*) dont il fit la femme. Ces deux êtres furent les chefs de la famille humaine Tout en citant cette légende singulière, le missionnaire protestant Ellis exprime des soupçons sur son authenticité; il ajoute que l'analogie mosaïque pourrait bien ne résulter que d'une équivoque sur le mot *ivi*, qui signifie à la fois, *os*, *veuve* et *victime tuée à la guerre*.

Mais une tradition non moins frappante et presque identique se retrouve à la Nouvelle-Zélande. D'après cette tradition, le premier homme fut créé par le concours des trois *Mawis*; le premier de ces dieux eut la plus grande part à cette œuvre; la première femme fut formée d'une des côtes de l'homme. Les insulaires donnent aux os en général le nom d'*ivi*, qui pourrait bien, ainsi que le pensent Nicholas et d'Urville, n'être qu'une corruption du nom de la mère du genre humain, suivant les écrits de Moïse.

IXION, un des fameux damnés de l'antiquité. Il avait épousé Clia, fille de Déionée, et refusa à celui-ci les présents qu'il lui avait promis pour obtenir sa fille, ce qui obligea Déionée à lui enlever ses chevaux. Ixion dissimula son ressentiment, attira chez lui son beau-père, et le fit tomber dans une fosse ardente où il perdit la vie. Ce crime fit horreur; Ixion ne trouva personne qui voulût faire pour lui les cérémonies expiatoires, et fut obligé de fuir tous les regards. Abandonné de tout le monde, il eut recours à Jupiter, qui, prenant pitié de ses remords, le reçut dans le ciel et l'admit à la table des dieux. Ebloui des charmes de Junon, l'ingrat Ixion eut l'insolence de lui déclarer sa passion. La déesse, justement offensée de sa témérité, alla se plaindre à Jupiter, qui, pour voir jusqu'où irait l'audace du téméraire mortel, forma d'une nuée un fantôme semblable à son épouse. Ixion tomba dans le piège, et de ce commerce imaginaire naquirent les Centaures. Jupiter, le regardant comme un fou dont le nectar avait troublé la raison, se contenta de le bannir; mais voyant qu'il se vantait de l'avoir déshonoré, il le précipita d'un coup de foudre dans le Tartare, où Mercure, par son ordre, alla l'attacher à une roue environnée de serpents, qui tournait sans relâche. C'était en effet l'opinion des anciens, que ceux qui avaient une fois goûté le nectar des dieux ne pouvaient mourir que d'un coup de tonnerre. La fable ajoute que lorsque Proserpine fit son entrée aux enfers, Ixion fut délié pour la première fois. Virgile suppose aussi que les accords mélodieux de la lyre d'Orphée suspendirent la roue à laquelle il était attaché.

Noël explique de la manière suivante la donnée historique de cette fable : un prince, surnommé Jupiter, ayant accordé à Ixion, roi des Lapithes, l'hospitalité que tous ses voisins lui refusaient, l'ingrat reconnut ce bienfait par une noire perfidie, et devint amoureux de l'épouse de son bienfaiteur. Celui-ci mit à la place de sa femme une esclave nommée Néphélé (*nuée*), et ne put douter des intentions criminelles de son hôte. Ixion, s'étant vanté ensuite d'avoir rendu la princesse sensible à ses vœux, fut chassé de la cour, et mena depuis une vie agitée et inquiète, haï et méprisé de tout le monde.

IYAR, le second mois de l'année ecclésiastique et le huitième de l'année civile, chez les Juifs. Le 15 de ce mois on renouvelle la pâque, en faveur de ceux qui n'ont pu prendre part à la première dans le mois de Nisan.

IYNX, fille du dieu Pan et d'Echo. Cette nymphe était la suivante d'Io. Junon l'accusa d'avoir rendu Jupiter épris d'Io, par l'effet de ses enchantements, et pour la punir la changea en oiseau, sans doute en hochequeue.

Ce mythe, dit Noël dans son Dictionnaire, doit son origine à une espèce de cérémonie magique, par laquelle on prétendait pouvoir s'assurer de l'affection d'une personne chérie. Cette cérémonie consistait à attacher un de ces oiseaux sur une petite roue qu'on tournait, et qu'on appelait en grec *strophalos*, *hécaticos* ou *rhombos chalceos*. On s'imaginait qu'à mesure que cet oiseau était étourdi, à force de le tourner avec la roue, on inspirait aussi de l'anxiété à l'amant, et que, par ce moyen, on l'obligeait à venir auprès de sa maîtresse. Pour atteindre plus sûrement le but qu'on se proposait, on prononçait en même temps certaines paroles magiques. Il paraît que la longueur de cet oiseau et sa langue pointue ont donné lieu à cette superstition. Il y a dans son aspect quelque chose qui ressemble à un serpent, et l'on sait que les serpents jouaient un grand rôle dans les cérémonies magiques des anciens.

IZE (PÈLERINAGE D'), ou d'*Isje*, comme écrit Kæmpfer : le plus célèbre des pèlerinages du Japon ; il tire son nom de la province d'Ize, où naquit Ten-sio Daï sin. *Voy.* SANGA.

IZED, ou YEZD, bons génies du second ordre, suivant la doctrine des Parsis. Ils sont au nombre de vingt-quatre, et remplissent auprès des hommes les fonctions de ministres directs des Amschaspands, ou génies du premier ordre, appelés aussi quelquefois *Izeds*. En général, le nom d'Ized est, en persan, le titre de tous les êtres divins auxquels s'adresse l'adoration des hommes ; en effet, il vient du zend *Yazata* ou du sanscrit *yadjata*, qui signifient l'un et l'autre, « un être digne d'être honoré par le sacrifice (*yadja*). » C'est pourquoi il exprime assez souvent la Divinité en général.

IZESCHNÉ, un des livres sacrés des Parsis, œuvre de Zoroastre ; il forme avec le *Vispéred* et le *Vendidad* proprement dit, la collection comprise sous le nom de *Vendidad-Sadé*. C'est proprement un rituel ; Zoroastre y recommande le mariage entre cousins germains ; loue la subordination ; ordonne d'établir un chef pour les communautés de prêtres, de soldats, de laboureurs et de commerçants ; il recommande le soin des animaux. Il y est parlé d'un âne à trois pieds, placé au milieu de l'Euphrate ; cet animal a six yeux, neuf bouches, deux oreilles et une corne d'or ; il est blanc, et il est nourri d'un aliment céleste ; mille hommes et mille animaux peuvent passer entre ses jambes. C'est lui qui purifie les eaux de l'Euphrate, et arrose les sept climats de la terre. Quand il se met à braire, les poissons créés par Ormuzd engendrent, et les êtres formés par Ahriman avortent.

Izeschné se prend aussi pour une prière ou un hommage adressé à un être divin ; ainsi *faire izeschné* signifie prier, louer, célébrer. L'ouvrage qui porte ce titre est composé de 72 *hás* ou chapitres ; voici la traduction du douzième, qui se trouve en tête du *Vendidad-Sadé* ; cette traduction est due à Anquetil.

« Au nom de Dieu ! Au nom de Dieu, juste juge ! Je prie avec ferveur, avec pureté de pensée, avec pureté de parole, avec pureté d'action. Je me livre à toute bonne pensée, à toute bonne parole, à toute bonne action ; je renonce à toute mauvaise pensée, à toute mauvaise parole, à toute mauvaise action. Je me donne aux Amschaspands ; je les célèbre, je les prie de toutes mes pensées, de toutes mes paroles, de toutes mes actions. Dans ce monde, je leur consacre mon corps et mon âme ; je les invoque avec étendue.

« L'abondance et le Behescht (le paradis) sont pour le juste qui est pur. Celui-là est pur qui est saint, qui fait des œuvres célestes et pures.

« Je célèbre, je fais connaître, moi, serviteur d'Ormuzd selon la loi de Zoroastre, la réponse d'Ormuzd dont le Dew est ennemi. Ce Vendidad donné à Zoroastre, pur, saint et grand, je lui fais *izeschné* et *néaesch* (prière et soumission). Je veux lui plaire ; je lui adresse des vœux. Je fais *izeschné* aux temps (c'est-à-dire aux génies), qui sont les jours, les mois, les années ; je leur fais *néaesch*, je veux leur plaire, je leur adresse des vœux.

« Que Serosch (le génie de la terre) pur, fort, corps obéissant, éclatant de la gloire d'Ormuzd, me soit favorable ! Je lui fais *izeschné* et *néuesch*, je veux lui plaire, je lui adresse des vœux, etc. »

FIN DU TOME DEUXIÈME

www.ingramcontent.com/pod-product-compliance
Lightning Source LLC
Chambersburg PA
CBHW050100230426
43664CB00010B/1382